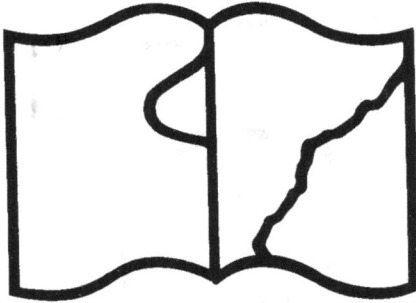

Texte détérioré — reliure défectueuse

NF Z 43-120-11

Contraste insuffisant
NF Z 43-120-14

CAMILLE FLAMMARION

DICTIONNAIRE

ENCYCLOPÉDIQUE

UNIVERSEL

CONTENANT TOUS LES MOTS DE LA LANGUE FRANÇAISE, ET RÉSUMANT L'ENSEMBLE
DES CONNAISSANCES HUMAINES A LA FIN DU XIX⁵ SIÈCLE

Illustré de 20.000 figures

R-Z

PARIS

ERNEST FLAMMARION, ÉDITEUR

RUE RACINE, 26, PRÈS L'ODÉON

DICTIONNAIRE ENCYCLOPÉDIQUE

TOME HUITIÈME

PARIS

IMPRIMERIE GÉNÉRALE LAHURE

9, RUE DE FLEURUS 9

CAMILLE FLAMMARION

DICTIONNAIRE
ENCYCLOPÉDIQUE
UNIVERSEL

CONTENANT TOUS LES MOTS DE LA LANGUE FRANÇAISE, ET RÉSUMANT L'ENSEMBLE

DES CONNAISSANCES HUMAINES

Illustré de nombreuses figures et cartes.

R-Z

PARIS

ERNEST FLAMMARION, ÉDITEUR

26, RUE RACINE, PRÈS L'ODÉON

TABLEAU DES ABRÉVIATIONS

a.	actif.
abrév.	abréviation.
absol.	absolument.
adj.	adjectif.
adject. ou adjectiv.	adjectivement.
Admin.	Administration.
adv.	adverbe ou adverbial.
adv. ou adverbial.	adverbialement.
Agric.	Agriculture.
Alg.	Algèbre.
all.	allemand.
anal.	analogie.
Anat.	Anatomie.
anc.	ancien ou ancienne.
angl.	anglais.
Antiq.	Antiquité ou Antiquités.
Anthrop.	Anthropologie.
ar.	arabe.
Archéol.	Archéologie.
Arch. ou Archit.	Architecture.
Arith.	Arithmétique.
arr.	arrondissement.
art.	article.
Artill.	Artillerie.
Astrol.	Astrologie.
Astron.	Astronomie.
augm.	augmentatif.
B.-Arts.	Beaux-Arts.
bas-lat.	bas-latin.
Banq.	Banque.
bass.	bassement.
Biol.	Biologie.
Blas.	Blason.
Bibliog.	Bibliographie.
Bot. ou Botan.	Botanique.
c.	canton.
c.-à.-d.	c'est-à-dire.
celt.	celtique.
Bouch.	Boucherie.
Céram.	Céramique.
Charp.	Charpentier.
Ch.	Chasse.
Chim.	Chimie.
Chir. ou Chirur.	Chirurgie.
Chron.	Chronologie.
civ.	civil.
coll. ou collect.	collectif ou collectivement.
Comm. ou comm.	Commerce ou commercial.
conj.	conjonction.
conj. ou conjug.	conjugaison.
Cout.	Coutume.
corrupt.	corruption.
démonstr.	démonstratif.
dép.	département.
didact.	didactique.
dimin.	diminutif.
Diplom.	Diplomatique.
Dr.	Droit.
Dr. can.	Droit canon.
Dr. crim.	Droit criminel.
ecclés. ou ecclésiast.	ecclésiastique.
Econ. pol.	Economie politique.
ellipt. ou elliptiq.	elliptiquement.
Entom.	Entomologie.
Equit.	Equitation.
Erpét.	Erpétologie.
Escr.	Escrime.
esp.	espagnol.
étym.	étymologie.
ex.	exemple.
exag. ou exagér.	exagération.
ext. ou extens.	extension.
Fauc.	Fauconnerie.
f. ou fém.	féminin.
fam. ou famil.	familier ou familièrement.
Féod. ou Féod.	Féodal ou féodalité.
fig. ou figur.	figurément.
Fin.	Finances.
Fortif.	Fortification.
fréq.	fréquentatif.
g.	genre.
Géogr.	Géographie.
Géod.	Géodésie.
Géol.	Géologie.
Géom.	Géométrie.
gr.	grec.
Gram.	Grammaire.
Grav.	Gravure.
hébr.	hébreu.
Hist.	Histoire.
Hist. nat.	Histoire naturelle.
Horlog.	Horlogerie.
Hortic.	Horticulture.
Hydraul.	Hydraulique.
hyperb.	hyperboliquement.
Icht.	Ichtyologie.
Impr. ou Imprim.	Imprimerie.
impers.	impersonnel.
Ind.	Industrie.
infin.	infinitif.
interj.	interjection.
interrog.	interrogation.
inus.	inusité.
invar.	invariable.
iron. ou ironiq.	ironiquement.
irrég.	irrégulier.
ital.	italien.
Jardin.	Jardinage.
Jurisp.	Jurisprudence.
lat.	latin.
Législ.	Législation.
Ling.	Linguistique.
Litt.	Littérature.
Lit. ou Litur.	Liturgie.
loc. ou locut.	locution ou locutions.
Log. ou Logiq.	Logique.
m. ou masc.	masculin.
m.	mort.
Mamm. ou Mammal.	Mammalogie.
Man.	Manège.
Manuf.	Manufacture.
Mar.	Marine.
Math. ou Mathém.	Mathématique.
Méc. ou Mécan.	Mécanique.
Méd. ou Médec.	Médecine.
Métall.	Métallurgie.
Météor.	Météorologie.
Mét.	Métier.
Métrol.	Métrologie.
mil. ou milit.	militaire.
Min. ou Minér.	Minéralogie.
m. s.	même sens.
Mus.	Musique.
Myth ou Mythol.	Mythologie.
n.	nom.
n.	neutre.
Numism.	Numismatique.
Obs. gram.	Observation grammaticale.
Obst.	Obstétrique.
opp. ou opposit.	opposition.
Opt.	Optique.
Ornith.	Ornithologie.
Pal.	Palais.
Paléog.	Paléographie.
Paléont.	Paléontologie.
part.	participe.
Path.	Pathologie.
Pêc.	Pêche.
Peint.	Peinture.
péj. ou péjor.	péjoratif.
pers.	personnel.
Perspect.	Perspective.
Pharm.	Pharmacologie.
Philol.	Philologie.
Philos.	Philosophie.
Phys.	Physique.
Physiol.	Physiologie.
pl. ou plur.	pluriel.
poét.	poétique ou poétiquement.
pop. ou popul.	populaire ou populairement.
poss.	possessif.
Prat.	Pratique.
préf.	préfixe.
prép.	préposition.
prim.	primitivement.
priv.	privatif.
Pr.	Prononcez.
Procéd.	Procédure.
pron.	pronom ou pronominal.
prop.	proprement.
Pros.	Prosodie.
prov. ou proverb.	proverbial ou proverbialement.
prov.	provençal.
prov.	province.
R.	Racine ou radical.
rad.	radical.
Rel. ou relig.	Religion.
Relat.	Relation.
Rhét.	Rhétorique.
rur.	rural.
s. ou subst.	substantif.
sanscr.	sanscrit.
scand.	scandinave.
Sculpt.	Sculpture.
sign. ou signifie.	signifie ou signification.
sing.	singulier.
subst. ou substant.	substantivement.
suff.	suffixe.
syn. ou Syn.	synonyme ou Synonymie.
T.	terme de.
Techn. ou Technol.	Technologie.
Télég.	Télégraphie.
Térat.	Tératologie.
Théol.	Théologie.
Thérap.	Thérapeutique.
Thermod.	Thermodynamique.
Toxic.	Toxicologie.
triv.	trivial ou trivialement.
Typ. ou Typogr.	Typographie.
unipers.	unipersonnel.
us.	usité.
v.	verbe.
v.	ville.
vég.	végétal.
Vén.	Vénerie.
Versif.	Versification.
Vét.	Vétérinaire.
Vitic.	Viticulture.
V. ou Voy.	Voyez.
vulg.	vulgaire ou vulgairement.
vx.	vieux.
Zool.	Zoologie, ou zoologique.

NOTA. — Indépendamment des abréviations ci-dessus qui sont en usage dans tous les Dictionnaires, nous avons adopté le système de ne pas répéter, dans les exemples, le mot qui fait le sujet de l'article. Nous nous contentons de le rappeler, en écrivant simplement soit la syllabe initiale, soit la première ou les deux premières lettres du mot. On comprend aisément que nous ayons cherché tous les moyens qui, sans nuire à la clarté, nous permettaient de condenser le plus de choses possible dans l'espace limité du cadre que nous nous sommes imposé.

R

R. s. f. et m. La dix-huitième lettre de notre alphabet et la quatorzième de nos consonnes. Lorsqu'on la nomme *Erre*, suivant la prononciation ancienne et usuelle, le nom de cette lettre est féminin. *Une R* (*erre*). Lorsqu'on l'appelle *Re*, suivant une méthode qu'on a cherché sans succès à substituer à l'ancienne, il est masculin. *Un R* (*re*).

Obs. gram. — La lettre R a toujours le son *re*, comme dans *Ragoût, règle, rivage, Rome, ruine.* Au commencement et au milieu des mots, cette lettre conserve la prononciation qui lui est propre; à la fin des mots, au contraire, il arrive souvent qu'elle ne se prononce pas; mais l'usage seul peut faire connaître les cas où cette consonne est muette. C'est ainsi qu'on ne la fait pas entendre à la fin des adjectifs et des substantifs en *ier*, comme *Coutelier, officier, pionnier, entier, singulier,* qu'on prononce *Coutelié, officié,* etc., comme s'il y avait un accent aigu sur l'e. On excepte l'adjectif *Fier,* qu'on prononce *fièr,* en articulant l'r. Elle ne se prononce pas non plus à la fin des verbes en *er,* tels que *Aimer, aller, chanter, danser, entrer,* etc., qu'on prononce comme s'il y avait *aimé, allé,* etc. La prononciation de l'r est également nulle à la fin de la plupart des substantifs et adjectifs terminés en *er,* comme *Berger, danger, passager, léger,* etc., qu'on prononce *Bergé, légé.* Toutefois l'r se prononce dans beaucoup de mots de cette classe, ex. : *Amer, cancer, enfer, hiver, magister;* dans les mots monosyllabes, *Fer, mer, cher,* etc.; et dans les noms propres soit de personnes, soit de lieux, *Glocester, Esther, Jupiter, Munster, Niger,* etc. Enfin, l'r finale est muette dans *Monsieur, messieurs,* etc. — La lettre R se redouble quelquefois, mais le plus souvent on la prononce comme si elle était simple; ex. : *Parrain, barricade, carrosse,* que l'on prononce *Parin, baricade, carosse.* Seulement, les deux r rendent la voyelle précédente plus longue, et si cette voyelle est un e, on la prononce plus ouverte. Au contraire, on fait sentir ce doublement dans *Error* et ses dérivés, dans *abhorrer, concurrent, interrègne, narration, terreur, torrent,* et quelques autres; dans tous les mots qui commencent par *irr,* tels que *Irrégulier, irritation,* etc.; dans les futurs et les conditionnels des verbes *Acquérir, mourir, courir,* et ses dérivés. Cependant *Je pourrai* se prononce *Je pourai.* — Quant à la lettre H, que l'on trouve dans certains mots après R, c'est une simple lettre étymologique destinée à indiquer que ces mots viennent, soit de mots grecs où la consonne R était accompagnée d'un esprit rude, soit de mots empruntés à l'hébreu ou à l'arabe, et alors *rh* représente une aspiration qui n'existe pas dans notre langue. Au reste, cette H ne change en rien la prononciation de la consonne R.

Ling. — La lettre R est une consonne soutenue orale, c.-à-d. dont le son peut être prolongé, et dont l'émission exige de certaines parties de la bouche se mettent en opposition les unes avec les autres. Les grammairiens la rangent parmi les consonnes linguales, à cause du rôle que joue la langue dans son articulation. Les Romains l'appelaient *lettre canine,* parce que le chien la fait entendre quand il gronde. Elle est difficile à articuler; aussi les enfants et beaucoup de personnes ne peuvent la prononcer qu'en grasseyant. Voy. GRASSEYEMENT. Cette consonne se trouve dans toutes les langues, le chinois excepté; mais, dans le mongol et le mandchou, aucun mot ne commence par cette lettre. Dans l'épigraphie latine, R. signifie *Roma, rex, responsio, regio,* etc.; R. P. veut dire *respublica;* R. C., *romana civitas, romanus civis, romana cohors;* Rc., *rescriptum;* R. S., *responsum:* RR., *reverendissimus;* RR.R., *rerum romanarum;* etc. Dans la numération romaine, R seule représente le nombre 80, et, avec une petite barre horizontale au-dessus, le nombre 80,000. Chez les modernes, R est quelquefois employée pour représenter les noms propres *Raymond, Raphaël,* etc., et les mots *Reçu, racine, rixdaler,* etc. R° veut dire *recto.* En liturgie, ℟ est l'abréviation de *répons.*

RAAB, v. forte de Hongrie, au confluent du *Raab* et du Danube; 21,000 hab.

RAAB, femme de Jéricho, sauva les Israélites envoyés par Josué pour reconnaître la Terre promise.

RABÂCHAGE. s. m. Défaut ou discours de celui qui rabâche. *Il est sujet au r. Tout ce qu'il dit n'est que du r., n'est qu'un r.*

RABÂCHEMENT. s. m. [Pr. *raba-cheman*]. Action de rabâcher.

RABÂCHER. v. n. (orig. inconnue, peut-être celtique). Redire sans cesse et sans utilité la même chose. *Il rabâche toujours les mêmes choses.* Absol., *Il ne fait que r.* = RABÂCHÉ, ÉE. p.

RABÂCHERIE. s. f. Discours, écrit plein d'inutilités et de répétitions fatigantes. *Ce discours n'est qu'une continuelle r. Je suis forcé d'entendre chaque jour ses éternelles rabâcheries.*

RABÂCHEUR, EUSE. s. Celui, celle qui rabâche. *Un vieux r. Une vieille rabâcheuse.*

RABAIS. s. m. [Pr. *ra-bè*] (R. *rabaisser*). Diminution du prix, de la valeur primitive d'une chose. *Vendre, donner, mettre des marchandises au r. Je vous ferai un r. de tant. J'ai pris tant d'exemplaires de ce livre, afin d'obtenir un r. plus considérable.* — En parlant des monnaies, Diminution que fait le gouvernement sur la valeur nominale pour laquelle la monnaie avait cours, afin de ramener cette valeur nominale à la valeur réelle. — Les pièces de *six francs et de trois livres ont subi un r.* — Fig. et fam., *Mettre trop au r. quelqu'un, quelque chose,* En parler trop désavantageusement. *Vous mettez trop au r. cet auteur, cet ouvrage.* || *Rabais,* se dit encore d'une différence ou moins dans la valeur présumée d'une chose. *On lui a promis une dot de cent mille francs, mais il y aura bien du r., il y trouvera un grand r.* || Mode d'adjudication publique suivant lequel les ouvrages, les travaux, les fournitures sont adjugés à celui des concurrents qui s'en est chargé au moindre prix. *Adjudication au r. Proposer une entreprise au r. Il a pris ces travaux au r.*

RABAISSEMENT. s. m. [Pr. *rabè-seman*]. Action de rabaisser. *Le r. des monnaies. Le r. de la contribution foncière. Ce r. est injuste.* Peu usité.

RABAISSER. v. a. [Pr. *rabè-ser*] (R. re, préf., et *abaisser*). Mettre plus bas, placer une chose au-dessous du lieu où elle était. *Ce tableau est trop haut, il faut un peu le r. Il faudrait r. cette corniche.* — *Cet oiseau a rabaissé son vol,* Il est descendu de la hauteur où il s'était élevé, il vole plus bas. Fig., *Cet homme a rabaissé son vol,* Il a réduit sa dépense; il vit dans un moindre éclat qu'auparavant; ou il a modéré les prétentions qu'il avait. — *R. la voix,* Élever moins la voix. Fig. et fam., *R., rabattre le caquet de quelqu'un, à quelqu'un,* Le confondre par ses raisonnements; Forcer quelqu'un qui parle avec orgueil ou avec insolence, à se taire, ou à parler avec plus de modestie, de modération. On dit dans le même sens, *R. le ton de quelqu'un. Il parle un peu trop insolemment, je lui ferai bien r. le ton.* — Fig., *R. l'orgueil de quelqu'un,* Réprimer son orgueil, sa vanité. || Diminuer. *R. le taux des denrées. R. les monnaies. R. le taux de l'escompte.* || Déprécier, estimer au-dessous de la valeur, ravaler. *Vous rabaissez trop cette marchandise. On rabaisse trop ce homme, le mérite de cet artiste. Chacun veut au r. les autres ou s'en distinguer.* || T. Man. *R. les hanches d'un cheval,* Asseoir un cheval disposé à s'élever sur les jarrets, ou à marcher et à travailler sur les épaules. || T. Techn. *R. les plats d'un livre,* les amincir du côté de la gouttière. — SE RABAISSER. v. pron. *Ce tableau ne peut se r. davantage. Combien d'hommes croient s'élever qui se rabaissent aux yeux du sage.* = RABAISSÉ, ÉE. p. = Syn. Voy. ABAISSER.

RABAISSEUR. s. m. [Pr. *rabè-seur*]. Celui qui rabaisse.

RABAISSURE. s. f. [Pr. *rabè-sure*]. T. Techn. Action de rabaisser, dans la reliure.

RABAN. s. m. (holl. *raaband,* m. s., de *band,* lien, et *raa,* vergue). T. Mar. Se dit de bouts de cordage de différentes espèces et de différentes longueurs qu'on emploie pour divers amarrages.

RABANER ou **RABANTER.** v. a. T. Mar. Lier avec des rabans. = RABANÉ, ÉE ou RABANTÉ, ÉE. part.

RABASTENS, ch.-l. de c. (Hautes-Pyrénées), arr. de Tarbes; 1,200 hab.

RABASTENS, ch.-l. de c. (Tarn), arr. de Gaillac; 5,000 hab.

RABAT. s. m. [Pr. *ra-ba*]. Action de rabattre. || Partie de l'habillement ecclésiastique et de quelques autres costumes, qui consiste en un morceau d'étoffe qui descend sur la poitrine, et est divisé en deux portions distinguées. *Le r. des ecclésiastiques est de crêpe noir avec un liséré blanc. Les gens de robe, les professeurs, les frères de la Doctrine chrétienne portent des rabats blancs.* || T. Chasse. L'action de rabattre le gibier. || T. de paume. Le toit qui sert à rejeter la balle. *Être au r. Tenir le r.* Par extens., Le coup qui vient du rabat. *Jouer le r.* || T. Jeu de quilles. Voy. VENUE. || Fig. *R. de prix,* rabais. || T. Techn. Pièce de peau qui dans un soufflet d'orgue rassemble les éclisses. — Dessus d'une cage. — Sable argileux qui sert à dégrossir le marbre.

RABAT ou **ARBATE,** v. forte et maritime du Maroc; 30,000 hab.

RABAT-EAU ou **RABAT-L'EAU.** s. m. [Pr. *raba-to* ou *raba-lo*]. T. Techn. Morceau de cuir ou de feutre, appliqué au-dessus de l'auge d'une meule pour arrêter l'eau que le mouvement de l'outil fait jaillir contre l'ouvrier.

RABAT-JOIE. s. m. [Pr. *raba-joua*]. Sujet de chagrin qui vient troubler l'état de joie où l'on était. *Comme il était à se divertir, il apprit la perte de son procès, et ce fut un grand r.-joie pour lui.* || Se dit aussi d'une personne triste, grondeuse, ennemie de la joie des autres. *C'est un r.-joie. Voici le père r.-joie.* — Ce mot est familier.

RABATTAGE. s. m. [Pr. *raba-ta-je*]. T. Techn. Action de rabattre. *Le r. de la laine.*

RABATTEMENT. s. m. [Pr. *raba-teman*]. Opération qui consiste à rabattre. || T. Géom. Action de rabattre une figure sur elle-même, un plan sur un autre plan. || T. Dr. *R. de défaut,* suppression du défaut prononcé contre quelqu'un.

RABATTEUR, EUSE. s. [Pr. *raba-teur, euze*]. Celui, celle qui rabat. || T. Chasse. Celui qui rabat le gibier.

RABATTOIR. s. m. [Pr. *raba-touar*]. Outil qui sert à rabattre les bords d'un objet. || Outil à rabattre l'ardoise.

RABATTRE. v. a. [Pr. *ra-batre*] (R. re, préf., et *abattre*). Rabaisser, faire descendre. *R. ses cheveux sur son front. Rabattez votre voile. Le vent rabat la fumée.* — Fig., Abaisser, réprimer. *R. l'orgueil, la hauteur, le ton, la fierté de quelqu'un.* Fam., *Il lui a bien rabattu son caquet.* || Diminuer, retrancher du prix qu'on demande d'une chose. *Il faut r. beaucoup du prix que vous demandez. Combien en voulez-vous r.? Il n'en rabattrait pas un sou.* — Fig., au sens moral. *R. de l'estime qu'on avait pour quelqu'un. J'avais une grande estime pour votre frère, mais j'en ai beaucoup rabattu. J'en rabats de moitié. J'en rabats la moitié. J'en rabats moitié.* On dit aussi d'un homme qui, dans une affaire, ne veut rien diminuer de ses prétentions, *Il n'en veut rien r.* || T. Agric. *R. les avoines,* Faire passer un rouleau sur les avoines déjà levées, pour aplanir la terre. *R. un arbre,* Le couper de manière qu'il ne soit plus aussi élevé. *R. une branche,* La tailler pour qu'elle produise un rameau plus vigoureux. || T. Arts et Métiers. Faire disparaître de la surface d'un objet les inégalités, les saillies qu'elle présente. *Il faut r. ces arêtes. R. les plis, les coutures d'un habit, d'une robe. R. les sillons, les ornières,* Les remplir de la terre qui s'est élevée au bord. — *R. l'ardoise,* la tailler. *R. le marbre,* Le dégrossir. || T. Géom. *R. un plan sur un autre,* Le faire tourner autour de l'intersection des deux plans jusqu'à ce qu'il s'applique sur le second. || T. Teint. *R. une couleur,* en diminuer l'intensité. || T. Palais. Révoquer le défaut qui avait été donné contre la partie non comparante. *Il se présenta à l'audience et fit r. le défaut qui avait été obtenu contre lui.* || T. Chasse. *R. le gibier,* Battre la campagne pour rassembler le gibier dans l'endroit où sont les chasseurs. || T. Escr. *R. un coup,* Le détourner, le rompre en rabaissant l'arme de son ennemi. — Fig. et fam., *R. les coups,* Adoucir, apaiser des gens aigris les uns contre les autres, ou calmer le ressentiment d'une personne en état de nuire à une autre. || T. Man. *R. les courbettes,* Forcer un cheval qui travaille à courbettes de poser à terre, en un seul et même temps, les deux pieds de devant. *Ce cheval rabat bien les courbettes.* = RABATTRE. v. n. Quitter un chemin, se détourner tout d'un coup pour passer dans un autre. *Quand vous serez vers le bois, vous rabattrez à main droite. Il faut r. par tel endroit.* = SE RABATTRE. v. pron. Descendre, retomber. *La fumée se rabat. Un col de chemise qui se rabat sur les épaules.* || *Les perdrix se sont rabattues dans cette pièce de blé,* Elles s'y sont remisées, retirées. *L'armée, après divers mouvements, se rabattit sur telle place,* Elle quitta tout d'un coup la route qu'elle tenait pour se porter sur telle place. || Au sens moral, Changer tout d'un coup de propos après avoir parlé de quelque matière. *Après avoir parlé quelque temps de choses indifférentes, il se rabattit sur la politique.* || Sign. encore se borner, se restreindre. *Après avoir déduit tous ses prétendus droits, il se rabattit à demander simplement que...* = RABATTU, UE. part. || *Épée rabattue,* Épée sans pointe ni tranchant. || *Dames rabattues.* Sorte de jeu. Voy. DAME. || Prov., *Tout compté, tout rabattu,* ou *Tout bien compté, bien rabattu,* Tout bien examiné. = Conj. Voy. BATTRE. = Syn. Voy. ABATTRE.

RABAUT-SAINT-ÉTIENNE, ministre protestant, contribua à faire accorder un état civil aux réformés (1787), fut membre de la Constituante, puis de la Convention, et périt sur l'échafaud comme girondin (1743-1793).

RABBIN ou **RABBI**. s. m. [Pr. *ra-bin*]. En hébreu, *Rabb* signifie maître, et *Rabbi* mon maître. C'est du mot *Rabbinou*, notre maître, que vient le français *Rabbin*. Chez les Juifs, ce mot était un titre honorifique, équivalent à celui de docteur, qui fut d'abord réservé aux savants versés dans la loi mosaïque, et que l'on donna plus tard à toute personne lettrée. Mais, dans l'histoire littéraire, on entend particulièrement par *Rabbins*, les écrivains juifs qui, depuis le premier siècle de l'ère chrétienne, ont commenté et expliqué la Bible, ou composé des traités sur des sujets religieux. En même temps, on nomme *Rabbinisme*, l'ensemble de leurs doctrines; et l'on appelle *Rabbinistes*, autrefois *Rabbanistes*, ceux qui suivent leurs opinions, ou qui étudient leurs écrits. Enfin, on applique l'épithète de *rabbiniques* à l'idiome, à l'écriture dont ils ont fait usage, ainsi qu'à leurs interprétations, à leurs écoles et à leur littérature. Le rabbinisme est sorti des écoles théologiques qui commencèrent à fleurir en Palestine environ un siècle avant notre ère, sous la direction d'Hillel et de Schammaï. Après la dispersion de Jérusalem, les rabbins s'emparèrent de la direction religieuse, intellectuelle et morale de la nation, et, afin de maintenir les Juifs rigoureusement séparés des peuples au milieu desquels ils vivaient, ils furent amenés à surcharger la religion mosaïque d'observances et de pratiques étrangères à la loi primitive, de manière à étreindre la vie des Israélites dans tous leurs actes et dans tous les instants. Mais, en même temps qu'ils parvenaient ainsi à conserver le séparatisme du peuple juif, ces mêmes docteurs n'échappèrent pas à l'influence des doctrines de la gnose orientale, de telle sorte que le rabbinisme tomba à la fois dans le formalisme le plus étroit et le plus exclusif quant à la pratique, et dans les conceptions les plus étranges quant à la doctrine. De là l'origine du mot *Rabbinage*, usité, dans notre langue, pour désigner, par dénigrement et dérision, l'étude des livres des rabbins. Pour la langue dite *rabbinique*, elle a été formée, pendant le moyen âge, par les rabbins espagnols, et adoptée presque aussitôt par ceux des autres pays. Comme ces docteurs avaient à exprimer une foule d'idées dont il n'est pas question dans la Bible, ils se virent obligés de pourvoir à cette pénurie, soit au moyen d'emprunts faits à l'arabe, soit en attribuant aux anciens mots hébreux des significations nouvelles, soit, enfin, en créant des mots nouveaux avec des anciennes racines hébraïques.

Aujourd'hui, on appelle *Rabbins* les ministres principaux du culte israélite. En France, on donne, en outre, le titre de *Grand rabbin* à celui qui est le chef d'une synagogue ou d'un consistoire départemental et celui de *grand rabbin de France* au chef religieux de tous les israélites français.

Lorsque le mot *rabbin* précède immédiatement le nom d'un docteur juif, on supprime l'*n* finale et l'article. Ainsi on dit : « Je ne suis point du sentiment *de rabbi* Aben Ezra sur ce mot du Pentateuque », et non pas *du rabbin* Aben Ezra. De plus, quand on parle à un rabbin, on doit toujours lui dire *Rabbi* : « Que dites-vous, *rabbi*, de cette interprétation ? »

RABBINAGE. s. m. [Pr. *rabi-naje*]. Étude des livres rabbiniques. Se dit en mauvaise part.

RABBINIQUE. adj. 2 g. [Pr. *rabi-nike*]. Relatif aux rabbins. *La littérature r.* — *Ecole r.*, École qui forme des rabbins. — *L'hébreu r.*, Hébreu mêlé d'araméen et d'arabe qu'écrivaient les rabbins du moyen âge. Voy. RABBIN.

RABBINISER. v. n. [Pr. *ra-bini-zer*]. Se livrer aux études rabbiniques.

RABBINISME. s. m. [Pr. *rabi-nisme*]. Doctrine des rabbins. || Subtilité comme en font les rabbins.

RABBINISTE. s. m. [Pr. *rabi-niste*]. Partisan des doctrines des rabbins.

RABDOLOGIE. s. f. (gr. ῥάβδος, verge; λόγος, discours). Espèce d'arithmétique, qui consiste à faire des calculs par le moyen de petites baguettes sur lesquelles sont écrits les nombres simples. Voy. CALCUL.

RABDOMANCIE. s. f. (gr. ῥάβδος, verge; μαντεία, divination). Divination au moyen d'une baguette. Voy. BAGUETTE.

RABELAIS (FRANÇOIS), né près de Chinon (Indre-et-Loire), auteur des *Faits et gestes de Gargantua et de son fils*

Pantagruel, roman satirique et allégorique (1490 ou 1495-1553).

RABELAISIEN, IENNE. adj. [Pr. *rabelè-zi-in*, *ièn*]. Qui rappelle le genre de Rabelais. *Rire r.*, Rire largement épanoui. *Plaisanterie rabelaisienne*, Plaisanterie grasse.

RABÊTIR. v. a. (R. *re*, préf., et *abêtir*). Rendre bête, stupide. *Vous rabêtissez cet enfant à force de le maltraiter.* == RABÊTIR. v. n. Devenir bête. *Il rabêtit de jour en jour.* Fam. dans les deux sens. == RABÊTI, IE. part. == Syn. Voy. ABÊTIR.

RABETTE. s. f. [Pr. *rabè-te*] (Dimin. de *rave*, qui se dit *rabe*, dans certains patois). T. Bot. Variété de rave. Voy. CHOU, III. — Nom donné quelquefois à la *Navette*.

RABIAU. s. m. Voy. RABIOT.

RABIAUTER. v. n. Voy. RABIOTER.

RABIBOCHER. v. a. T. Pop. Raccommoder. || T. Jeux. Remettre en fonds un joueur décavé.

RABIOLE, RABIOLLE ou **RABIOULE**. s. f. (lat. *rapa*, rave). T. Bot. Un des noms de la Rave. Voy. CHOU, III.

RABIOT. s. m. [Pr. *ra-bio*]. T. Milit. Ce qui reste de vin après la distribution faite à une escouade. || Ce qui reste de temps à passer au régiment à un soldat après sa libération, par suite d'une peine disciplinaire. || Fig. Excédent. *Un franc de r.*

RABIOTER. v. n. T. Milit. Boire le rabiot || Fig. Faire de petits profits par surcroît.

RABIQUE. adj. 2 g. [Pr. *ra-bike*] (lat. *rabies*, rage). T. Méd. Qui est causé, produit par la rage. *Le virus r.*

RABIRIUS (CAIUS), chevalier romain, accusé d'avoir assassiné le tribun Saturninus, fut défendu devant le peuple et sauvé par Cicéron (63 av. J.-C.).

RÂBLE. s. m. (esp. *rabo*, queue). La partie de certains quadrupèdes qui s'étend depuis le bas des épaules jusqu'à la queue. *Le r. d'un lièvre, d'un lapin.* — Famil. et par plaisant., se dit des personnes fortes et robustes. *Il a les épaules larges et le r. épais.*

RÂBLE. s. m. T. Mar. Chacune des pièces de bois transversales dont se garnissent le fond d'un bateau plat et sur lesquelles on cloue les semelles.

RÂBLE. s. m. (bas lat. *rotabulum*, du lat. *rutabulum*, m. s.). T. Boulanger. Instrument de fer en forme de râteau plein et à long manche de bois, dont on se sert pour remuer la braise dans le four. || T. Métall. Barre de fer ou crochet qui sert à remuer les matières qu'on calcine. — Outil pour étendre en table le plomb coulé. — Pelle pour enlever la terre qui recouvre le charbon quand il est à point. — Râteau de bois avec lequel le teinturier agite le liquide dans la cuve.

RÂBLÉ, ÉE ou **RÂBLU, UE** adj. Qui a le râble épais. *Un lièvre bien râblu* ou *râblé.* — Fam., *C'est un gros garçon bien râblé.*

RÂBLER. v. a. Remuer le feu avec un râble. || Nettoyer le plâtre ou charbon qui s'y trouve mêlé. || Nettoyer la poêle ou se fait le sel. == RÂBLÉ, ÉE. part.

RABLOT. s. m. [Pr. *ra-blo*]. Petit râble, pour tisonner le feu.

RABOBINER. v. a. (R. *re*, préf., à, préf., et *bobiner*). Rapiécer tant bien que mal. Pop.

RABONNIR. v. a. [Pr. *rabo-nir*] (R. *re*, préf., et *abonnir*). Rendre meilleur; ne s'emploie qu'en parlant de certaines choses qui, n'étant guère bonnes d'elles-mêmes, ou qui ayant été gâtées, deviennent ensuite meilleures. *Les bonnes caves rabonnissent le vin.* == RABONNIR. v. n. Devenir meilleur. *Le vin rabonnit en bouteille.* == RABONNI, IE. part.

RABOT. s. m. [Pr. *ra-bo*] (R. *raboter*). T. Techn. Instrument pour dresser la surface du bois. || Fig. *Passer le r. sur un ouvrage*, le polir, le perfectionner par des retouches successives.

> L'autre, en vain se lassant à polir une rime
> Et reprenant vingt fois le rabot et la lime.
> BOILEAU.

Techn. — *Rabot* est le terme générique par lequel on désigne certains outils propres aux ouvriers qui travaillent le bois, et dont on se sert, soit pour dresser et aplanir la surface du bois, soit pour y produire certaines moulures. Le *R. simple* ou *R. ordinaire*, se compose d'un parallélipipède de bois dur, le plus souvent de cormier, dont la longueur est le double de la base. On pratique dans ce bois ou *fût* un trou incliné, appelé *lumière*, dans lequel on introduit un fer ou un ciseau à un tranchant. On fixe ce fer par un coin de bois enfoncé à coups de marteau, de manière qu'on peut le retirer et le replacer à volonté. Le tranchant du fer ne doit dépasser la base du fût que d'une quantité pour ainsi dire imperceptible, et son biseau doit être tourné en dessous. On donne le nom de *Joues* aux deux faces latérales de la lumière, celui de *Talon* à son côté postérieur, celui de *Nez* à son côté antérieur, et enfin celui de *Coupe* à son inclinaison. Le r. s'emploie spécialement pour aplanir les pièces et leur donner une surface unie. On appelle *Varlope*, *Galère* ou *Demi-varlope*, et *Riflard*, des espèces de r. de bien plus grandes dimensions: les plus grands d'entre eux doivent être mus par deux hommes, l'un pour pousser en avant, l'autre pour tirer à lui. A cet effet, le fût est traversé par deux chevilles de bois qui servent de poignée. La *Colombe* des tonneliers et des layetiers n'est autre chose qu'un r. extrêmement lourd, et même si lourd, qu'on ne peut le manœuvrer à la main. En conséquence, on le fixe à demeure en l'air, et l'on promène sur celle-ci le bois à travailler. Les instruments désignés sous les noms de *Bouvet*, *Feuilleret*, *Guillaume*, *Mouchettes*, etc., varient par différents détails de construction, afin de les rendre propres à leurs fonctions particulières, c.-à-d. à former des rainures, des languettes et diverses sortes de moulures; mais nous ne pouvons en donner la description.

On désigne encore le nom de *Rabot* à un instrument en forme de T, et composé d'une petite planche ajustée perpendiculairement au bout d'un long manche, dont les maçons se servent pour mêler et pétrir la chaux et le sable dans la fabrication du mortier. Les cultivateurs emploient aussi un instrument tout à fait analogue et qu'ils nomment de même, pour ramasser le grain épars, après qu'il a été battu sur l'aire. Enfin on appelle encore r. un couteau dont se servent les fondeurs pour enlever les parties superflues des caractères, une pince tranchante pour raser le velours ou la peluche, un outil de bois dur qui sert à polir les marbres ou les glaces, une planchette à long manche pour agiter le minerai dans les eaux de détrempe, une planchette à long manche pour troubler l'eau afin de prendre plus facilement le poisson, etc.

RABOTAGE. s. m. Action de raboter.

RABOTEMENT. s. m. [Pr. *rabote-man*]. Action de raboter.

RABOTER. v. a. (vx fr. *rabouter*, heurter, de *re*, à, et *bouter*). Rendre uni avec le rabot. *On n'a pas bien raboté cette planche.* || Fig. et fam., Corriger, polir un ouvrage d'esprit. *Il est en train de r. sa tragédie.* = RABOTÉ, ÉE. part.

Techn. — *Machine à raboter.* — La machine à r., le plus souvent appelée RABOTEUSE dans les industries du bois et du fer est déjà ancienne. La première, mise en œuvre en Angleterre par le général Bentham, date de la fin du siècle dernier; elle était spécialement destinée à r. le bois et se composait d'une sorte de rabot ordinaire mû mécaniquement. En 1802, apparaît la raboteuse de Bramah constituée par une sorte de disque métallique horizontal armé sur son pourtour d'un certain nombre de lames creuses, en forme de gouges et en arrière desquelles se trouvait un rabot égalisant les entailles faites par les lames qui suivaient le mouvement de rotation imprimé au disque sur lequel elles étaient montées. On peut encore citer comme l'une des plus anciennes machines à r., celle de l'américain Daniels qui, tout en conservant le disque horizontal de Bramah, supprimait les gouges et les remplaçait par deux lames tranchantes transversales, corroyant

le bois que l'ouvrier avançait progressivement sous la roue horizontale.

Depuis cette époque, les constructeurs mécaniciens ont singulièrement perfectionné les machines à r.; ils en ont établi de spécialement destinées au rabotage du bois et d'autres aussi pour dresser, planer et r. le fer, l'acier, la fonte, et en général tous les métaux. On peut donc diviser les machines à r. en deux grandes catégories: les *raboteuses à bois* et les *raboteuses à métaux*.

1º Dans les *machines à raboter le bois*, les lames tranchantes de Daniels ainsi que le disque sont remplacés par un arbre porte-outil dont le fonctionnement diffère suivant le type de la machine à r. Dans les *machines à chariot et outil rotatif horizontal*, celles dont la forme est la plus proche de la précédente, le bois est griffé sur un plateau qui se meut longitudinalement à des vitesses variables sur un banc en fonte; un retour rapide ramène ce plateau dans une position convenable pour commencer le travail. L'arbre porte-outil, placé lui aussi sur un chariot, monte et descend à volonté, suivant les épaisseurs à obtenir ou la quantité de bois à enlever. Au moyen d'organes additionnels faciles à monter et à démonter, on peut exécuter du rabotage et de la moulure d'une façon continue. Dans ce dernier cas, les couteaux droits sont remplacés par des outils à moulures ou profilés suivant le travail à obtenir.

Un second type de machine à r. le bois est la machine dite: *Machine à outil rotatif en dessous*. Elle se compose d'un bâti en fonte d'une seule pièce sur lequel glissent deux *tables-coins* manœuvrées par des volants à boudin et des vis; un porte-outil, armé de couteaux tourne sous ces tables à une très grande vitesse; enfin un guide sert à mettre les bois d'équerre ou à faire des chanfreins lorsqu'il est incliné. Faisant face au guide, le dessus de la table de gauche est toujours placé tangentiellement à la circonférence décrite par les extrémités des couteaux, tandis que la table de droite se trouve occuper une position plus basse que celle de la première, d'une quantité égale à l'épaisseur de bois à enlever. Le guide est disposé de façon à pouvoir s'incliner jusqu'à 45 degrés; il peut aussi s'avancer sur les tables pour se fixer à un endroit voulu. Cette disposition a une grande importance; elle permet d'abord de travailler aussi près que possible du palier d'avant, ce qui est plus commode et moins dangereux, et en outre d'user les couteaux plus uniformément. De plus, les lèvres entre lesquelles passent les outils sont très rapprochées l'une de l'autre. Quant au porte-outil, dans cette machine, il est d'une seule pièce et rigoureusement équilibré.

La machine précédente ne travaille les bois que sur deux faces, c'est pourquoi, dans l'industrie, on a souvent recours à une *raboteuse à deux* ou à *quatre cylindres*. Avec elle, on tire le bois d'épaisseur et de largeur; en le faisant passer entre la table et les outils, il est entraîné d'une façon continue au moyen de cylindres presseurs qui tournent automatiquement. Cette machine s'emploie aussi pour blanchir les bois minces et les panneaux assemblés qui n'ont pas été dégauchis; dans ce cas le bois est redressé par les cylindres presseurs avant d'être soumis à l'action des outils.

La table sur laquelle repose le bois monte et descend au moyen d'un volant à boudin, et une règle graduée indique en millimètres les distances entre cette table et le porte-outil, et, par conséquent, l'épaisseur que possédera le bois après son rabotage. Un débrayage permet d'arrêter instantanément le mouvement de rotation des cylindres d'entraînement.

Ajoutons encore que l'on construit actuellement des machines à r. et à dégauchir, des machines à r., bouveter et moulurer, les unes et les autres travaillant à la fois sur deux ou sur quatre faces, etc.

2º Les *machines à r. les métaux*, tout en étant basées sur le même principe que celui des machines à bois, sont, cela se conçoit, d'une construction beaucoup plus robuste que celles-ci. En général, les *raboteuses à métaux* se composent d'un solide banc en fonte sur lequel coulisse une table à rainures qui reçoit son mouvement de va-et-vient des poulies motrices, par l'intermédiaire de roues d'angles, d'une crémaillère et d'un pignon en fer. Le mouvement de recul de cette table est accéléré de façon le plus possible de perte de temps dans la reprise du travail. Deux montants boulonnés de chaque côté du châssis et entretoisés à leur partie supérieure portent une trousse de hauteur réglable à la main. Le porte-outil peut être fixé sous différents angles, et se déplacer verticalement ou obliquement, ce déplacement étant exécuté à la main. Il est monté sur un chariot horizontal coulissant sur la traverse de hauteur, avec mouvement à la main ou automatique à plusieurs vitesses. Une transmission intermédiaire avec débrayage donne toute facilité pour arrêter instantanément le fonctionnement de la raboteuse ou la mettre en marche.

Tout comme pour les machines à r. le bois, on construit nombre de types de raboteuses à métaux pouvant indistinctement r. horizontalement et verticalement. Naturellement leur dispositif est plus compliqué que celui de la machine que nous venons de décrire et qui est la plus simple. Nous citerons notamment la machine à r. les plaques d'acier destinées aux blindages des navires. Dans ce cas, la raboteuse se compose d'un châssis horizontal recevant trois montants verticaux reliés ensemble par un bâti, portant deux cuvettes horizontales sur lesquelles coulisse une glissière verticale avec retour accéléré. Ce déplacement s'obtient au moyen de deux vis horizontales reliées ensemble par des engrenages coniques recevant leur mouvement de rotation de poulies motrices par l'intermédiaire d'engrenages. La glissière verticale reçoit le chariot porte-outil se déplaçant transversalement à la main pour régler la position de l'outil. Le mouvement vertical est automatique avec retour accéléré, au moyen d'une vis verticale qui reçoit son mouvement de rotation par l'intermédiaire des poulies motrices. Les mouvements de serrage à plusieurs vitesses, soit horizontalement ou verticalement, sont le plus souvent automatiques, mais quelquefois cependant, ils se font à la main. Enfin des curseurs mobiles règlent la course du chariot porte-outil dans les deux sens.

RABOTEUR. s. m. Ouvrier qui se sert du rabot pour les parquets, les huisseries, les cadres, les marches d'escalier, etc.

RABOTEUX, EUSE. adj. [Pr. *rabo-teu, euze*] (vx fr. *rabouter*, heurter). En parlant du bois, noueux, inégal. *Les planches raboteuses. Ce bois est r.* En parl. d'une superficie quelconque, inégale. *Un chemin r.*

Dans un chemin montant, raboteux, malaisé.

LA FONTAINE.

Une allée raboteuse. || En parl. du style, grossier, rude, mal poli. *Style r. Vers r. Phrase raboteuse.* = Subst. RABOTEUSE. Machine à raboter. Voy. RABOTER.

RABOTIER. s. m. ou **RABOTIÈRE.** s. f. T. Techn. Table marquée de sillon, dans lesquels le monnayeur arrange les carreaux l'un contre l'autre.

RABOTURE. s. f. Copeaux produits par l'action du rabot.

RABOUGRIR. v. a. et n. (R. *re*, préf., et l'inus. *abougrir*, qu'on trouve le subst. *abougrissement*, dont l'orig. est inconnue). Se dit des arbres et des plantes qui ne profitent point, qui ont le tronc court, noueux et noueux. *A force d'éteter les arbres, on les rabougrit. Les grandes gelées, les vents continuels ont r. ce jeune bois.* = SE RABOUGRIR. v. pron. Devenir rabougri. *Quand les racines touchent le tuf, les arbres se rabougrissent.* = RABOUGRI, IE. part. *Des arbres tout rabougris.* || Adj. et fig., se dit d'une personne petite, mal faite et de mauvaise mine. *Un petit homme r.*

RABOUGRISSEMENT. s. m. [Pr. *rabougri-seman*]. État d'une chose rabougrie.

RABOUILLÈRE. s. f. [Pr. *rabou-llère, ll* mouillées] (angl. *rabbit*, lapin?) Espèce de terrier peu profond que les lapines creusent pour y faire leurs petits.

RABOUTER. v. a. (R. *re*, préf., et *abouter*). T. Techn. Joindre deux bouts de fer par un ajustement. = RABOUTÉ, ÉE. part.

RABOUTIR. v. a. (R. *re*, préf., et *aboutir*). Mettre bout à bout. *R. deux morceaux de drap.* = RABOUTI, IE. part.

RABRAQUER. v. a. (R. *re*, préf., et *abraquer*). T. Mar. Embraquer de nouveau, reprendre un cordage. = RABRAQUÉ, ÉE. part.

RABROUER. v. a. (R. *re*, préf., et *brave*). Rebuter quelqu'un avec rudesse; se dit surtout quand il s'agit de propositions que l'on désapprouve, que l'on rejette. *Si vous lui parlez de cela, il vous rabrouera terriblement. C'est un homme qui rabroue tout le monde.* Fam. = RABROUÉ, ÉE. part. = Conj. Voy. JOUER.

RABROUEMENT. s. m. [Pr. *rabrou-man*]. Action de rabrouer.

RABROUEUR, EUSE. s. Celui, celle qui rabroue.

RACAGE. s. m. (orig. german.). T. Mar. Sorte de collier composé de boules de bois appelées *Pommes*, dans lesquelles on fait passer un cordage. *Le r. fait le tour du mât de hune et sert à faire glisser plus facilement les vergues.*

RACAHOUT. s. m. [Pr. *ra-ka-ou*] (mot arabe). Mélange composé de fécule de pommes de terre, de glands doux, etc., qu'on aromatise avec la vanille. *Les propriétés analeptiques du r. ne sont pas autres que celles des fécules les plus ordinaires.*

RACAILLE. s. f. coll. [Pr. *ra-ka-lle, ll* mouillées]. Lie et rebut du peuple, ce qu'il y a de plus vil dans la populace. Terme de mépris, d'une personne seule. *Je ne veux plus avoir affaire à cette r.* || Fig., Se dit de toute chose de rebut. *Il a vendu tout ce qu'il avait de bon, il ne lui reste plus que de la r.* — Fam. dans tous les sens.

RACAMBEAU. s. m. [Pr. *rakan-bo*]. T. Mar. Anneau de fer ou de bois servant à divers usages.

RACAN, poète français, fit partie de l'Académie à sa création ; auteur de *Bergeries*, de *Mémoires sur la vie de Malherbe*, son maître (1589-1670).

RACASTILLAGE. s. m. [Pr. *rakasti-llaje, ll* mouillées]. Réparation à l'accoutillage d'un navire.

RACASTILLER. v. a. [Pr. *rakas-tiller, ll* mouillées]. Travailler au radoub des œuvres mortes d'un navire ou à la refonte de ses hauts. = RACASTILLÉ, ÉE. part.

RACCOINTER. v. a. [Pr. *ra-kouin-ter*] (R. *re*, préf., et *accointer*). Accointer de nouveau. = RACCOINTÉ, ÉE. part.

RACCOMMODAGE. s. m. [Pr. *rako-mo-daje*]. Le travail d'un ouvrier qui a raccommodé, réparé quelque meuble, quelque vêtement, etc.

RACCOMMODEMENT. s. m. [Pr. *rako-modeman*]. Réconciliation entre des personnes qui étaient brouillées. Fam.

RACCOMMODER. v. a. [Pr. *rako-moder*] (R. *re*, préf., et *accommoder*). Réparer, remettre en bon état. *R. une maison, une muraille, une porte, une fenêtre. R. un meuble, une chaise, une voiture. R. un fusil, une montre. R. un habit, une chaussure.* || Remettre en ordre, dans un état plus convenable. *Raccommodez vos cheveux, votre coiffure. Raccommodez votre manteau, il est tout de côté* || En parl. des ouvrages d'esprit, réformer ce qu'il peut y avoir de mauvais. *Il y a trop à r. à ce chapitre, il vaut mieux le refaire en entier.* || Se dit aussi des affaires. *Il a tellement gâté ses affaires, qu'il a de la peine à les r. Cet événement ne raccommoda pas sa fortune.* — *R. une sottise.* La réparer. || Mettre d'accord des personnes qui s'étaient brouillées. *Il y avait entre eux de la mésintelligence, on les a raccommodés.* = SE RACCOMMODER. v. pron. Être réparé. *Cette paire de bottes ne peut se r.* || Se remettre d'accord. *Se r. avec quelqu'un. Ils se sont raccommodés.* = RACCOMMODÉ, ÉE. part. = SYN. Voy. ACCORDER.

RACCOMMODEUR, EUSE. s. [Pr. *rako-modeur, euze*]. Celui, celle qui raccommode ; se dit des gens qui raccommodent habituellement certaines choses. *R. de faïence. Une raccommodeuse de dentelle.* || *R. des voies de roulage*, ouvrier employé dans les mines à l'entretien des voies.

RACCORD. s. m. [Pr. *ra-kor*] (R, *re*, préf., et *accord*). T. d'Arts. Liaison, accord qu'on établit entre deux parties contiguës d'un ouvrage qui offrent ensemble quelque inégalité de niveau, de surface, dont l'une est vieille et l'autre récente, etc. *On ne voit pas le r. fait à la façade de ce bâtiment. On n'aperçoit pas le r. de ces deux planches, de cette ancienne peinture avec la nouvelle. Ces raccords sont habilement faits.* || Fig., *Il a été obligé de faire quelques raccords dans son poème, dans sa partition, et ils ne sont pas heureux.*

RACCORDEMENT. s. m. [Pr. *ra-korde-man*]. Action de raccorder, de faire des raccords à quelque ouvrage. || *Courbe de r.*, Qui sert à passer sans ressaut d'un alignement à un autre. || *R. d'une bouche à feu*, Jonction de l'âme de la bouche à feu avec la chambre qui reçoit la poudre.

RACCORDER. v. a. [Pr. *ra-korder*] (R. re, préf., et *accorder*). Faire un raccord, des raccords. *Il a fait un projet pour r. ces deux bâtiments. Il a fait quelques coupures dans sa pièce, il faut maintenant r. tout cela.* = RACCORDÉ, ÉE. part.

RACCOUPLER. v. a. [Pr. *rakou-pler*] (R. re, préf., et *accoupler*). Remettre ensemble des œuvres qui avaient été accouplées. = RACCOUPLÉ, ÉE. part.

RACCOURCIR. v. a. [Pr. *ra-kour-sir*] (R. re, préf., et *accourcir*). Rendre plus court. *R. une corde, un manteau, une jupe. Ce sentier raccourcit le chemin de moitié. Il faudrait r. ce chapitre, cet épisode, cet ouvrage. Cet accident a raccourci ses jours.* || *R. le bras*, Le plier en dedans. *R. les pas en dansant*, Les étendre moins. *R. des étriers*, Rehausser, relever les étrivières auxquelles tiennent les étriers. || T. Man. *R. un cheval*, Ralentir son allure en le retenant dans la main, en le rassemblant sous le cavalier. || T. Chasse. *R. une enceinte*, Resserrer l'enceinte où se trouve enfermé le cerf. || T. Pop. *R. quelqu'un*, le décapiter. = RACCOURCIR. v. n. Devenir plus court. *Les jours commencent à r. Cette toile raccourcit au blanchissage.* = SE RACCOURCIR, v. pron. Devenir plus court. *Cette pièce de toile s'est raccourcie d'un demi-mètre. Voici l'époque où les jours se raccourcissent.* || Se replier, se ramasser sur soi-même. *Il s'était raccourci pour ne pas être aperçu.* = RACCOURCI, IE. part. *Un manteau raccourci. Ma jupe a été raccourcie. Les jours sont raccourcis d'une demi-heure. — A bras raccourci*, Voy. BRAS. || Sign. quelquefois trop court. *Une taille raccourcie. Cet habit a un air raccourci.* || Sign. encore abrégé, résumé. *Je ne puis vous présenter qu'un tableau fort raccourci de tous ces grands événements. Je vous ai exposé l'affaire en r.* || T. Blas. *Pièces raccourcies*, Pièces honorables qui ne vont pas jusqu'au bord de l'écu.

RACCOURCI. s. m. [Pr. *rakour-si*] (R. raccourcir). T. Peint. Aspect que présente une figure ou une partie de figure qu'on ne voit pas dans tout son développement. *Tout objet que l'on regarde de bas en haut est vu en r. Ce peintre entend bien les raccourcis. Des raccourcis admirables.* || Un détour qui raccourcit le chemin.

RACCOURCISSEMENT. s. m. [Pr. *rakour-si-se-man*]. L'action de raccourcir; le résultat de cette action. *Le r. d'un habit. Le r. d'un pendule.*

RACCOURIR. v. n. [Pr. *ra-kou-rir*] (R. re, préf., et *accourir*). Revenir en courant.

RACCOURS. s. m. [Pr. *ra-kour*] (R. raccourcir). Diminution de longueur d'une pièce d'étoffe mal fabriquée.

RACCOUTREMENT. s. m. [Pr. *rakou-treman*]. L'action de raccoutrer. Le résultat de cette action. Vx.

RACCOUTRER. v. a. [Pr. *rakou-trer*] (R. re, préf., et *accoutrer*; lat. *cultura*, culture). Raccommoder, réparer. *Faire r. un manteau, un fauteuil.* = RACCOUTRÉ, ÉE. part. Vx.

RACCOUTREUR, EUSE. s. [Pr. *ra-koutreur, euze*]. Celui, celle qui raccoutre. Vx.

RACCOUTUMER (SE). v. pron. [Pr. *rakou-tumer*] (R. re, préf., et *accoutumer*). Reprendre une habitude. *Il se raccoutume à notre manière de vivre. Il commence à se r. avec nous.* Fam. = RACCOUTUMÉ, ÉE. part.

RACCROC. s. m. [Pr. *ra-kro*] (R. raccrocher). Succès dû au hasard. *Il s'est sauvé par un coup de r. Il a fait la bille par un r. Avec ses raccrocs, il va gagner la partie.*

RACCROCHER. v. a. [Pr. *rakro-cher*] (R. re, préf., et *accrocher*). Accrocher de nouveau. *R. un tableau, une tapisserie.* || Fig. et fam., Recouvrer une chose qu'on a perdue. *Il retourna jouer pour tâcher de r. quelque chose.*

— Se dit aussi des filles de mauvaise vie qui pressent les passants d'entrer chez elles. = RACCROCHER. v. n. Aux jeux d'adresse. Faire un ou plusieurs coups de raccroc. *Il ne fait que r.* = SE RACCROCHER. v. pron. *Se r. à une chose*, La saisir, s'en aider pour se sauver d'un danger, pour se tirer d'un embarras. *Il était noyé, s'il ne s'était raccroché à cette branche. Quand on le presse, il se raccroche à des prétextes.* || Fig. et fam., *Se r. à une chose*, S'y attacher pour regagner d'un côté ce qu'on avait perdu de l'autre. *Il n'avait pas réussi dans la peinture, il s'est raccroché au commerce des tableaux. — Il s'est raccroché au service*, se dit d'un homme qui avait quitté le service et qui y est rentré. — Abs., *Se r.*, Regagner en tout ou en partie les avantages qu'on avait perdus. *Laissez-le faire, il trouvera bien moyen de se r.* = RACCROCHÉ, ÉE. part.

RACCROCHEUR. s. m. [Pr. *rakro-cheur*]. Celui qui, dans les jeux d'adresse, ne fait guère que des coups de raccroc.

RACCROCHEUSE. s. f. [Pr. *rakro-cheu-ze*]. Fille de mauvaise vie qui raccroche les passants.

RACCROUPIR (SE). v. pron. [Pr. *rakrou-pir*] (R. re, préf., et *accroupir*). S'accroupir de nouveau. = RACCROUPI, IE. part.

RACE. s. f. coll. (anc. haut all. *reiza*, ligne). Lignée, tous ceux qui viennent d'une même famille. *Il est d'une bonne r., d'une r. ancienne, illustre.*

> Une profonde nuit enveloppe sa race.
>
> RACINE.

La r. d'Abraham. La r. des Héraclides. Cet homme est r. juive. Il est de la r. royale. Sous les rois de la troisième r. La r. des Carlovingiens. Les auteurs de sa r. C'est une r. éteinte. Il n'est pas de r. à faire une lâcheté. — La r. mortelle, la r. humaine, Les hommes en général. Poét. *La r. future, les races futures, les races à venir*, Les hommes à naître. || Fig. et en mauvaise part, se dit d'un certain nombre d'hommes qui exercent la même profession, qui ont des inclinations, des habitudes communes. *Les usuriers sont une r. maudite, une méchante r. La r. des pédants est insupportable. La r. des fripons est fort nombreuse. — Fam., Méchante r., méchante petite r.*, se dit à de petits enfants par manière de réprimande. *Ces petites races-là font un bruit perpétuel.* || Dans le langage scientifique, R. sign. une variété constante d'une même espèce, variété qui se conserve par la génération. En ce sens, il se dit de l'homme, des animaux, et quelquefois des végétaux. *Les races humaines. La r. blanche, jaune, noire, etc. Les races chevalines, bovines, ovines, porcines. Cet éleveur a obtenu une nouvelle r. de moutons. Cette espèce végétale comprend plusieurs races.* Voy. HOMME, CHEVAL, CHIEN, etc. — *Ce chien, ce cheval est de bonne r. Je veux avoir de la r. de cette jument-là.* Absol., *C'est un cheval de r.*, De bonne r. || Figur. et prov., *Bon chien chasse de r.*, Les enfants tiennent des mœurs et des inclinations de leurs pères. On dit dans le même sens, *Cet homme chasse de r.*, et cette expression s'emploie soit en bonne, soit en mauvaise part; mais quand on parle d'une femme, elle se prend toujours en mauvaise part. *Cette fille chasse de r.*, Elle est vicieuse, comme l'était sa mère. || Dans l'Écriture sainte, *R. de vipères*, Les Pharisiens, et, par ext., Les gens pervers.

Zool. — La domestication forçant les animaux à vivre dans des conditions particulières de milieu et de régime autres que celles de l'état sauvage, a amené, dans les individus, des variations de caractères plus ou moins nombreuses, plus ou moins grandes suivant le degré de flexibilité des espèces. Quand ces variations individuelles sont peu apparentes, quand elles se produisent irrégulièrement, l'homme ne les remarque guère. Au contraire, quand elles donnent un caractère particulier aux individus, quand elles se renouvellent constamment sous l'influence des mêmes conditions, elles constituent ce qu'on appelle une *variété*. Enfin si ces variations peuvent être toujours transmises au moyen de croisements, elles constituent une *race*.

L'homme a pu ainsi multiplier les races de ses animaux domestiques, leur faire acquérir des qualités nouvelles en dirigeant les croisements, en choisissant intelligemment les individus reproducteurs; c'est ce choix fait par les éleveurs que l'on désigne sous le nom de *sélection artificielle*, pour l'opposer à la *sélection naturelle*, qui se fait passivement, à l'état de nature, et qui peut donner naissance aussi à des *races naturelles*.

Les races diffèrent en général des espèces en ce qu'elles peuvent se croiser entre elles et donner naissance à des produits féconds; ces produits portent le nom de *métis*; tels sont les croisements entre un blanc et une négresse, dans l'espèce humaine. Les métis sont en général féconds, ce qui les distingue des HYBRIDES (Voy. ce mot); mais il y a quelques exceptions à cette règle, ou du moins la fécondité est très limitée; tels sont par ex., les croisements entre le chat du Paraguay et notre chat domestique, entre le cochon d'Inde et le cobaye du Brésil.

Hortic. — On sait que toutes les plantes se multiplient par leurs graines, et que plusieurs d'entre elles se reproduisent par leurs racines, par les tiges ou les branches, même par les feuilles. Mais la multiplication par graines peut seule produire de nouvelles races ou variétés. Cependant toutes les plantes ne sont pas susceptibles, au même degré, de modifications dans leurs caractères. Il en est qui ne semblent varier dans aucune condition de sol et de climat, tandis que d'autres évoluent avec facilité. En général, les plantes qui ont été longtemps assujetties à nos cultures sont celles qui ont le plus de tendance à modifier leurs formes, et c'est aussi chez elles que l'on constate les races les plus caractérisées et les plus stables. Il en est telles d'entre elles qui se conservent si semblables à elles-mêmes pendant une longue suite de générations, que bien des personnes les regardent comme de véritables espèces. C'est surtout parmi nos plantes potagères que se montrent ces races tranchées et persistantes; on peut les remarquer dans les divers groupes des choux, des melons, des oignons, des pois, des carottes, etc. Ces variations, lorsqu'elles se produisent, n'ont souvent qu'une durée passagère, c.-à-d. que l'individu qui en est affecté ne les transmet pas à sa postérité; d'autres fois cependant les caractères nouveaux se conservent, en totalité ou partiellement, dans les générations suivantes. Pour fixer ces caractères, un éleveur, à part de tous autres individus, ceux chez qui la variation s'est manifestée, ayant soin surtout de les mettre à l'abri du croisement par des sujets de forme typique, et c'est ce qu'on nomme la *sélection*, et il n'est pas rare que cette sélection ayant été continuée pendant un certain nombre de générations, le nouveau type se fixe et se reproduise régulièrement de ses graines. Une nouvelle r. se trouve ainsi constituée.

RACÉMEUX, EUSE. adj. [Pr. *rasé-meu, euze*] (lat. *racemus*, grappe de raisin). T. Bot. Qui a les fleurs disposées en grappe.

RACÉMIFÈRE. adj. 2 g. (lat. *racemus*, grappe de raisin; *fero*, je porte). T. Bot. Qui porte des fleurs disposées en grappe.

RACÉMIFORME. adj. 2 g. (lat. *racemus*, grappe de raisin; *forma*, forme). T. Bot. Qui ressemble à une grappe.

RACÉMIQUE. adj. 2 g. (lat. *racemus*, grappe de raisin). T. Chim. L'acide r. est une variété d'acide tartrique qui est dénuée du pouvoir rotatoire et qui résulte de la combinaison en quantités égales des acides tartriques dextrogyre et lévogyre. Voy. TARTRIQUE.

En général, lorsqu'une substance chimique se présente sous deux modifications qui possèdent des pouvoirs rotatoires égaux, mais de sens inverses, la combinaison en quantités égales de ces deux variétés en fournit une troisième qui est sans action sur la lumière polarisée et qu'on peut toujours dédoubler en ses composants. Cette variété est dite r. ou *inactive par compensation*. Il en existe souvent une quatrième, inactive aussi, mais non dédoublable, qui est dite *inactive par nature*.

RACER. v. n. (R. *race*). Se dit des oiseaux qui produisent des petits entièrement semblables à eux.

RACHALANDER. v. a. (R. *re*, préf., et *achalandise*). R. une boutique, la remettre en achalandise, y faire revenir les chalands. = RACHALANDÉ, ÉE. part.

RACHAT. s. m. [Pr. *ra-cha*] (R. *re*, préf., et *achat*). Action par laquelle on rachète ce qu'on avait vendu, en ce rendant le prix à l'acheteur. *Vendre avec faculté de r. Vente à pacte de r.* Voy. VENTE. || *Le r. d'une rente, d'une pension, d'une servitude, etc.*, L'action d'éteindre une rente, etc., en payant une certaine somme convenue ou fixée

par la loi. || Délivrance, rédemption. *Le r. des captifs.* || T. Droit féod. Voy. FIEF, 5°.

RACHE. s. f. (lat. *rasum*, sup. de *radere*, gratter). Se dit vulgairement des diverses maladies éruptives de la tête, et surtout de la teigne.

RACHE. s. f. (esp. *rasgo*, trait de plume, du lat. *rasum*, sup. de *radere*, gratter). Trait fait avec un compas sur une pièce de bois pour indiquer le travail à faire.

RACHE. s. f. (lat. *rasis*, poix). Lie de mauvais goudron et d'huile.

RACHÉE. s. f. (anc. fr. *rach*, souche). Souche de bois qui a été coupée et sur laquelle il repousse des branches.

RACHEL. 2° fille de Laban, épousa Jacob, et fut mère de Joseph et de Benjamin.

RACHEL (Mlle). célèbre tragédienne française (1821-1858).

RACHER. v. a. (R. *rache*). Faire avec un compas, sur une pièce de bois, le tracé nécessaire pour la tailler. || Terminer une pièce de bois pour lui donner des points symétriques.

RACHETABLE. adj. 2 g. Qu'on a droit de racheter. *Une rente r. Cette terre est r. dans tant de temps.*

RACHETER. v. a. (R. *re*, préf., et *acheter*). Acheter ce qu'on a vendu. *J'avais vendu mon cheval à un tel; je viens de le lui r.* — Acheter des choses de même espèce pour remplacer celles qu'on n'a plus. *Il avait vendu ses tableaux, il en a racheté d'autres. On m'avait pris ce livre, j'en ai racheté un autre exemplaire.* || *R. une rente, une pension, une servitude, etc.*, Se décharger d'une rente, d'une pension, moyennant une certaine somme une fois payée. || Délivrer à prix d'argent un captif, un prisonnier. — *R. de captivité, R. les prisonniers.* — En parl. de Jésus-Christ, sign. Sauver. *Jésus-Christ a racheté le genre humain par son sang. Il a voulu mourir pour r. les hommes.* — Fig., on dit d'une personne qui est morte et dont on regrette beaucoup la perte, *Je voudrais l'avoir racheté de mon sang.* || Compenser, faire pardonner, faire oublier. *Elle rachète ces petits défauts par d'excellentes qualités. Ne devez-vous pas r. votre gloire par quelques chagrins? Sa bonté rachète bien tous ses ridicules.* — *R. ses péchés par l'aumône.* || T. Archit. Corriger, rendre moins sensible quelque irrégularité, quelque défaut de construction ou de décoration. *On a racheté la forme irrégulière de cette pièce par des pans coupés.* — SE RACHETER, v. pron. Se délivrer à prix d'argent. *Se r. de captivité. L'esclave accumulait son pécule pour se r.* On dit, dans un sens anal., *Se r. d'un service foncier. Se r. du pillage. Etc.* || Être compensé. *Ces défauts se rachètent en lui par de précieuses qualités. Cette petite peine se rachète par un plaisir bien doux.* || T. Jeux. Payer un enjeu convenu pour rentrer au jeu quand on en a été écarté. = RACHETÉ, ÉE. part.

RACHETEUR. s. m. Celui qui rachète.

RACHEUX, EUSE. adj. [Pr. *ra-cheu, euze*] (vx fr. *rache*, souche). Se dit d'un bois noueux, difficile à polir.

RACHEVAGE. s. m. (R. *rachever*). Action de perfectionner et de finir une pièce de poterie déjà ébauchée ou tout autre ouvrage.

RACHÈVEMENT. s. m. [Pr. *rachè-veman*] (R. *rachever*). Action de terminer une chose.

RACHEVER. v. a. (R. *re*, préf., et *achever*). Donner la dernière façon à un ouvrage quelconque. = RACHEVÉ, ÉE. part.

RACHIALGIE. s. f. [Pr. *ra-chialji*] (gr. ῥάχις, épine du dos; ἄλγος, douleur). T. Méd. Douleur qui a son siège en un point quelconque de la colonne vertébrale.

RACHIALGIQUE. adj. 2 g. [Pr. *ra-chi-aljike*]. Qui a le caractère de la rachialgie.

RACHIDIEN, IENNE. adj. [Pr. *rachidi-in, ième*] (R.

rachis). T. Anat. Qui a rapport, qui appartient à la colonne vertébrale. *Canal r. Trous rachidiens. Veines rachidiennes.*

RACHIGLOSSES. s. m. pl. [Pr. *ra-chi...*] (gr. ῥάχις, épine du dos; γλῶσσα, langue). T. Zool. Groupe de Mollusques formant une division du sous-ordre des *Cténobranches.* Voy. ce mot.

RACHIODON. s. m. [Pr. *ra-chiodon*] (gr. ῥάχις, épine du dos; ὀδούς, ὀδόντος, dent). T. Erpét. Espèce de couleuvre. Voy. COULEUVRE.

RACHIS. s. m. [Pr. *ra-chiss*] (gr. ῥάχις m. s.). T. Anat. La colonne vertébrale. Voy. VERTÈBRE. ||T. Bot. L'axe central de l'épi des Graminées.

RACHITIQUE. adj. 2 g. (gr. ῥαχῖτις, m. s.). Qui tient du rachitisme, qui a rapport au rachitisme. *Affection r. Une constitution r.* || Qui est affecté, atteint de rachitisme. *Une personne r. Un enfant r.* On dit aussi subst., *Un r. Les rachitiques.* || Par anal., se dit des végétaux rabougris, des blés avortés. *Des arbres, des blés rachitiques.*

RACHITISME ou **RACHITIS.** s. m. (R. *rachis*). T. Méd. On désigne ainsi une maladie générale due à une perturbation, à un ralentissement de la nutrition des tissus d'ossification; par suite de cet état, le développement de l'organisme tout entier s'arrête, le tissu osseux se ramollit, ce qui entraîne des déformations variées. Ces troubles sont attribués à une assimilation insuffisante de phosphate de chaux dont la pénurie tient à la qualité inférieure des aliments ou à leur élaboration défectueuse comme dans certaines dyspepsies. Les mauvaises conditions hygiéniques, le terrain scrofuleux sont les conditions les plus favorables au développement du r. qui apparaît généralement chez les enfants de l'âge de six mois à l'âge de trois ans. Des modifications anatomiques importantes se produisent dans le tissu osseux; la couche cartilagineuse, peu marquée à l'état normal, se développe dans de grandes proportions (*tissu chondroïde*); un tissu spécial spongieux (*tissu spongoïde*) se développe au niveau de la couche osseuse; c'est à la présence de ces tissus anormaux que doivent être attribuées les lésions du r. dont nous allons indiquer les principaux symptômes.

Dès le début de la maladie, l'état général est moins bon : l'enfant maigrit, devient triste; le moindre mouvement lui cause une douleur insupportable, de sorte qu'il recherche l'immobilité et pousse des cris quand on veut le remuer; les troubles digestifs apparaissent ensuite, la diarrhée est habituelle, les urines sont abondantes et riches en phosphates, les sueurs sont fréquentes, la fièvre existe souvent. Bientôt les épiphyses se gonflent (*nouures*); ces lésions s'observent principalement aux genoux, aux pieds, aux poignets, aux extrémités antérieures des côtes (*chapelet rachitique*); la poitrine est aplatie latéralement, le sternum fait saillie en avant (*poitrine de pigeon*); la colonne vertébrale s'incurve à ses différents niveaux; il y a persistance des fontanelles et on trouve une disproportion sensible entre le crâne et la face, le ventre présente presque toujours un volume considérable, la dentition est enrayée. Si cet état persiste, le malade finit par succomber; quand il doit guérir, les symptômes s'amendent, les consolidations s'accomplissent peu à peu, mais les déformations persistent toujours.

Le traitement est surtout hygiénique; les bains salés, les bains de mer sont utiles; les phosphates de chaux, l'huile de foie de morue rendent de grands services; certains exercices gymnastiques et différents appareils orthopédiques permettent d'atténuer, dans quelques cas, les déformations.

RACINAGE. s. m. (R. *racine*). Décoction d'écorce, de feuilles de noyer, de coques de noix, propre pour la teinture. || Dessin imitant des racines qu'on forme sur les couvertures des livres.

RACINAL. s. m. (R. *racine*). T. Charp. Grosse pièce de bois qui sert au soutien ou à l'affermissement des autres. *Les racinaux d'un pont. Des racinaux d'écluse, de comble. Racinaux d'écurie,* petits poteaux qui supportent la mangeoire.

RACINE. s. f. (bas lat. *radicina*, dimin. du lat. *radix, radicis,* m. s.). La partie des végétaux par laquelle ils sont fixés au sol et y puisent certains matériaux nécessaires à leur nutrition. *Cet arbre jette de profondes racines. Les*

saules prennent r. très facilement. Ce plant avait été coupé; il a repoussé de r. Un meuble de r. d'orme. Une boîte de r. de buis. Du buis de r. — Se dit particul. de certaines racines charnues, telles que navets, carottes, etc., qui s'emploient comme légumes. *Faire cuire des racines. Potage aux racines.* Vx. — *Racines apéritives majeures,* Ache, asperge, fenouil, etc. — *Racines apéritives mineures,* Chiendent, câprier, etc. || T. Jurispr. *Fruits pendants par racines,* Voy. FRUIT. || Par anal., se dit de la partie des dents, des ongles, des cheveux, des poils, par où ils sont implantés; des filets par lesquels les nerfs semblent naître des centres nerveux; et des prolongements qu'un polype, une verrue, un cancer, etc., envoie dans les tissus voisins. *La r. de la dent est gâtée, attaquée. L'ongle du gros orteil est décharné jusqu'à la r. Il souffre depuis la plante des pieds jusqu'à la r. des cheveux. Couper un cor jusqu'à la r.* || T. Topog. *R. d'une montagne,* Partie par où elle commence à s'élever au-dessus du sol. || Fig., au sens moral, *La vertu a jeté de profondes racines dans son cœur. Le vice ne saurait prendre r. dans un cœur comme le sien. Il faut couper le mal dans sa r. Couper r. à une erreur.* || T. Gramm. Forme monosyllabique d'où dérivent les mots ayant un sens commun par l'addition de suffixes, préfixes, flexions, etc. Voy. ÉTYMOLOGIE. || T. Math Voy. plus loin.

Bot. — La *Racine* est cette partie du végétal qui, occupant son extrémité inférieure et cachée le plus souvent dans la terre où elle fixe la plante, croît en sens inverse de la tige, c.-à-d. de haut en bas. Examinée de près, cette pointe se montre recouverte d'une sorte de bonnet ou de doigt de gant (Fig. 13) qu'on appelle la *Coiffe* ou la *Pilorrhize.* Cette coiffe protège la pointe molle et délicate de la r. contre la pression des frottements qu'exercent sur elle les particules solides et anguleuses du sol où elle se développe ordinairement. Dans certaines plantes aquatiques, c'est contre les animalcules du milieu ambiant qu'elle exerce son rôle protecteur. Au-dessus de la coiffe, la r. jeune porte des poils *radicaux* dont le rôle est d'absorber dans le sol les éléments dont le végétal a besoin pour sa nutrition. Presque toutes les espèces sont munies de racines. Il faut en excepter les espèces placées aux derniers degrés de l'échelle végétale par la simplicité de leur organisation, et plusieurs végétaux parasites qui, vivant sur d'autres plantes, tirent de celles-ci, tout élaborés, les éléments de leur nutrition, et pour lesquels les racines seraient dès lors sans usage. À sa partie supérieure la r. se continue par la tige. Le plan qui sépare la r. de la tige s'appelle le *collet* de la r. Le plus souvent ce plan est idéal, c.-à-d. qu'il est impossible de reconnaître exactement où finit la r. et où commence la tige. C'est ce qui arrive généralement pour les arbres. Mais dans certaines plantes herbacées comme la Carotte, le Navet, etc., le collet est bien apparent.

Nous avons dit, en parlant de la *germination* (Voy. ce mot), de quelle manière s'opère le développement de la radicule dans l'embryon. Une fois cette radicule émise, elle s'allonge en se dirigeant verticalement vers l'intérieur de la terre. Mais, dans ce développement ultérieur, elle se comporte de deux manières différentes. 1° La jeune r. s'enfonce dans la terre, et émet de distance en distance des racines secondaires, qui à leur tour se ramifient un plus ou moins grand nombre de fois; et enfin les dernières ramifications se couvrent d'une foule de petits filaments appelés *Radicelles,* dont l'ensemble constitue ce qu'on nomme le *Chevelu.* 2° La r., à peine sortie des enveloppes de la graine, s'arrête dans son allongement, se détruit même à son extrémité, tandis que la partie qui persiste se recouvre de racines secondaires destinées à remplacer dans ses fonctions la partie axile ou principale qui s'atrophie. Ces racines secondaires sont souvent extrêmement nombreuses, s'accroissent beaucoup et ressemblent assez, dans leur ensemble, à un écheveau de fil. — Les plantes pourvues d'une r. principale qui semble continuer la tige, et que les botanistes appellent *Pivot,* sont communément nommées *plantes à r. pivotante,* tandis que celles qui sont dépourvues de pivot sont dites *plantes à racines fibreuses.* Les racines pivotantes appartiennent aux Dicotylédones, tandis que les Monocotylédones n'ont que des racines de la seconde espèce. Au reste, entre ces deux modifications extrêmes, on peut observer tous les degrés intermédiaires, par suite de l'atrophie plus ou moins tardive du pivot et de la prédominance relative que peuvent acquérir les racines secondaires. En outre, ce qui diversifie beaucoup les racines, c'est que, tandis que les unes sont purement *ligneuses,* les autres sont plus ou moins *charnues* et gorgées de sucs, et parfois présentent des renflements de formes variables remplis d'une substance féculente. Ces renflements contenant de la fécule reçoivent le nom de *Tubercules*, et les racines elles-mêmes sont dites *tuberculeuses*. Tout le monde sait que ce sont ces modifications particulières de certaines racines qui leur valent

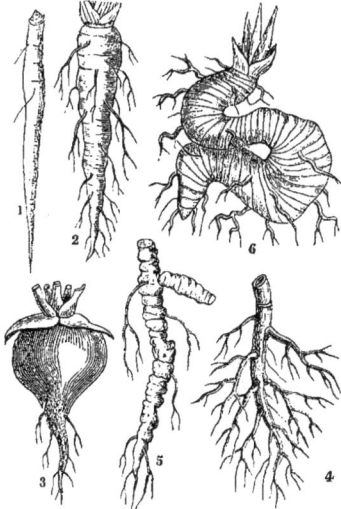

leurs propriétés alimentaires. Les principales formes de racines sont distinguées dans les ouvrages de botanique par des dénominations caractéristiques. La Scorsonère (Fig. 1)

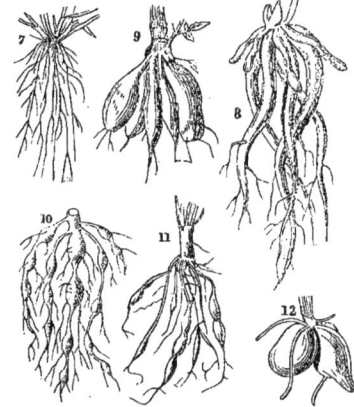

nous offre le type le plus parfait des *racines pivotantes*. Mais celles-ci sont en outre dites, *coniques* (Fig. 2. R. de la Carotte), *fusiformes*, *napiformes* ou *en toupie* (Fig. 3. R. de la Rave), *rameuses* (Fig. 4. R. du Chêne), *noueuses* (Fig. 5), selon la forme particulière qu'elles affectent. On appelle encore *contournée* la r. qui est tordue sur elle-même,

comme celle de la Bistorte (Fig. 6), et *succise* ou *tronquée*, celle qui semble avoir été coupée à son extrémité opposée à la tige. Au contraire, le type des *racines fibreuses* proprement dites se rencontre dans les Graminées (Fig. 7). On nomme *fasciculées* les racines fibreuses dont les fibres épaisses et charnues forment un véritable faisceau, comme celles de l'Asphodèle jaune (Fig. 8). Parfois la r. fasciculée est composée de véritables racines tubéreuses, comme dans le Dahlia (Fig. 9), où chaque fibre primitive est renflée en tubercule à peu près fusiforme. Les racines *moniliformes* ou *en chapelet* sont des racines tubéreuses qui présentent une série de renflements sur toute leur longueur, comme dans le Pelargonium triste (Fig. 10), ou sur une partie seulement de cette longueur, comme dans la Spirée filipendule (Fig. 11). Enfin, parmi les racines tubéreuses, nous signalerons celles qui sont formées par la soudure de plusieurs racines et se présentent sous formes de corps ovoïdes ou digités remplis d'amidon : telles sont les formations bulbeuses des *Orchis* (Fig. 12, *Orchis mascula*), des *Ophrys*, des *Gymnadenia* et autres Orchidées.

Indépendamment des racines dont il vient d'être question et qui constituent le système descendant du végétal, il en est d'autres qui se développent sur la tige elle-même, et qui viennent en aide aux racines proprement dites ou les remplacent quand celles-ci périssent. Ces sortes de racines sont dites *adventives*. Dans le Blé, le Seigle, et en général dans toutes les Graminées, la tige se couche un peu vers sa base, et de cette partie couchée naissent quelques racines adventives qui servent à mieux fixer la plante et concourent à son développement. Mais c'est surtout dans certains arbres de la grande classe des Monocotylédones, tels que les Palmiers et les Pandanées, que ces racines acquièrent un développement extraordinaire, jusqu'à représenter des câbles d'une grosseur considérable (Voy. PANDANÉES). Quelquefois même la partie inférieure de la tige disparaît, et l'arbre se trouve soutenu au-dessus du sol par une sorte de support formé de plusieurs racines. Ce n'est pas indifféremment à tous les points que se développent les racines adventives ; elles apparaissent de préférence aux nœuds des tiges, aux endroits où il se rencontre une tumeur accidentelle, une déchirure, une rupture de l'épiderme, souvent sur les lenticelles. Parfois, avant de se montrer à l'extérieur, les racines adventives rampent sur une longueur considérable sous l'épiderme de la tige, qu'elles grossissent notablement. — Dans quelques végétaux, les branches émettent des racines adventives qui se dirigent verticalement vers la terre, dans laquelle elles pénètrent, pour y remplir aussitôt les fonctions qui leur sont propres : ces racines sont spécialement appelées racines *aériennes*, et le plus célèbre de ces végétaux est le Figuier des Banians (*Ficus religiosa*), dont il sera parlé au mot URTICACÉES. Il est à remarquer que ces racines restent minces et conservent à peu près le même diamètre, tant qu'elles n'ont pas atteint le sol ; mais aussitôt qu'elles en peuvent tirer des matériaux nutritifs, elles grossissent rapidement. Parmi les plantes parasites vivant sur les arbres, beaucoup produisent des racines de ce genre : nous mentionnerons le Clusia rosea, qui croît sur les grands arbres de l'Amérique. Il émet, d'une hauteur de 25 à 30 mètres, de fortes racines aériennes, qui, une fois arrivées dans la terre, grossissent considérablement, puis, se touchant latéralement, se soudent souvent l'une à l'autre de manière à former un tube plus ou moins complet autour de l'arbre. Celui-ci, privé d'air par ce cylindre qui l'entoure, finit par périr, et, quand son bois a été décomposé par les agents atmosphériques, le Clusia végète seul supporté par sa colonne creuse de racines. La Vanille, dont les fruits sont si estimés pour leur arôme, est une Orchidée grimpante qui, dans les forêts de l'Amérique tropicale, s'enroule autour des arbres les plus élevés, où elle se développe avec vigueur. Mais, comme les racines de cette plante ne suffiraient pas pour apporter à toute la masse les sucs nourriciers dont elle a besoin, la tige de la Vanille émet de distance en distance des racines adventives qui flottent dans l'atmosphère constamment humide de ces épaisses forêts, et y puisent certains éléments nutritifs. L'extrémité de ces racines aériennes verdit souvent avec leur moins d'intensité.

La structure de la r. doit être étudiée sur un organe très jeune, à peu de distance du sommet, au point où les tissus sont définitivement constitués ; on connaîtra ainsi sa structure *primaire*. Une coupe transversale montre immédiatement deux parties bien distinctes : une partie centrale résistante, le *Cylindre central*, et une sorte de manchon périphérique, très épais, l'*Écorce*.

L'écorce (Fig. 14) comprend à l'extérieur, une assise (*a*) dépourvue de stomates, ayant plusieurs de ses cellules prolongées en poils ; c'est l'*assise pilifère*. Au-dessous de l'assise pilifère existe une assise (*b*) composée de cellules polyédriques, plus grandes que celles de l'assise pilifère et dont les parois se tubérifient de bonne heure : c'est l'*assise tubéreuse* destinée à remplacer l'assise pilifère dont l'existence est éphémère. Le parenchyme cortical présente le plus souvent deux zones distinctes : une *zone externe* (*c*) avec des cellules polyédriques irrégulières disposées et une *zone interne* (*d*) avec des cellules régulières, disposées en files radiales et en couches concentriques et présentant entre elles des méats quadrangulaires. L'assise la plus interne de l'écorce offre sur ses parois radiales des plissements qui se présentent sur la coupe transversale comme des points noirs situés au milieu des faces radiales ; cette assise est l'*Endoderme* (*e*).

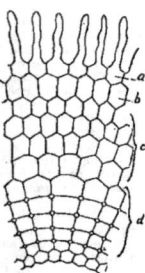

Fig. 14.

Le *Cylindre central* (Fig. 15) commence par une assise de cellules à parois minces, alternant régulièrement avec les

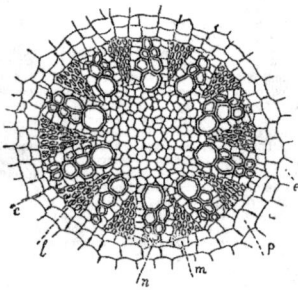

Fig. 15.

cellules de l'endoderme : c'est le *Péricycle* (*p*). En dedans du péricycle se trouvent les faisceaux conducteurs. Les uns (*v*) se présentent sous la forme de rayons plus ou moins allongés : ce sont les *faisceaux ligneux*, avec des vaisseaux étroits tout contre le péricycle et des vaisseaux plus larges à la partie interne. Les autres (*l*) se présentent sous la forme d'îlots et ils occupent, appliqués contre le péricycle, l'intervalle de deux lames vasculaires voisines : ce sont les *faisceaux libériens* ; ces faisceaux sont séparés les uns des autres par du tissu conjonctif (*c*) et lorsque les lames vasculaires ne se rejoignent pas au centre, ce tissu conjonctif forme une *moelle* centrale.

La structure primaire que nous venons de décrire est absolument identique dans tous les groupes du règne végétal et l'on n'y relève que des différences secondaires. Mais tandis que dans les Cryptogames vasculaires et les Monocotylédones elle est permanente et reste identique à elle-même pendant toute la durée de la vie de la plante, dans les Gymnospermes et les Dicotylédones, au contraire, elle se modifie et se transforme en une structure *secondaire* toute différente. Ces formations secondaires sont constituées par des faisceaux libéro-ligneux en tout semblables à ceux que l'on trouve dans la tige, de telle sorte qu'à mesure que les tissus secondaires se forment et vont s'épaississant avec les années, on voit s'effacer peu à peu la différence si nette qui existe à l'origine

entre la structure primaire de ces deux organes. Après l'exfoliation de l'écorce et du liber primaire, il ne reste plus pour caractériser la r., que les lames rayonnantes du bois primaire centripète, situées vers le centre, et pour distinguer la tige, que les pointes ligneuses des faisceaux libéro-ligneux primaires faisant saillie dans la moelle.

Comme tout le monde le sait, les racines servent à fixer le végétal dans le sol qui doit le nourrir. En conséquence, elles sont ordinairement en rapport avec la dimension de la tige et des rameaux. Un Chêne, un Orme, un Platane, ont des racines très fortes, très vigoureuses, et qui s'enfoncent très profondément dans la terre, tandis que les plantes herbacées ont en général des racines menues et qui ne poussent qu'à une très faible profondeur. Cependant cette règle souffre des exceptions. Certains arbres d'assez grande taille, les Palmiers, par ex., ont des racines fort peu développées, et ne peuvent résister à l'action du vent ; et il y a beaucoup de petits végétaux qui ont des racines très volumineuses. Telle est la Luzerne, dont la tige a quelques décimètres seulement de hauteur, et dont les racines pénètrent parfois jusqu'à 3 mètres de profondeur. Tel est encore l'*Ononis arvensis*, vulgairement appelé *Arrête-bœuf*, parce que ses racines sont assez longues et dures pour résister à la charrue. Les plantes aquatiques, soit qu'elles restent submergées, soit que leurs feuilles et leurs fleurs s'élèvent au-dessus de la surface du liquide, se fixent, en général, au fond de l'eau par leurs racines. Néanmoins, dans un petit nombre de cas, comme dans celui de la Lentille d'eau, les racines demeurent simplement plongées dans l'eau sans s'enfoncer dans le sol, de sorte que la plante entière flotte librement. Chez d'autres végétaux aquatiques, tels que le Nénuphar et le Ményanthe, on observe deux espèces de racines : les unes sont enfoncées dans la vase et les fixent ainsi au sol ; les autres, au contraire, sont libres et flottantes dans la masse liquide. Mais la fonction principale de la r. est d'absorber les liquides et les sels nécessaires à la nutrition qui se trouvent dans le milieu ambiant ; c'est donc avant tout un organe d'*Absorption*. Les racines absorbent uniquement des liquides ou des matières à l'état de dissolution, et qu'elles sont absolument impénétrables aux poussières même les plus ténues. — Les racines présentent en outre deux phénomènes remarquables par leur constance : elles sont *positivement* géotropiques, c.-à-d. qu'elles sont sollicitées par la pesanteur à se diriger de haut en bas ; elles sont en outre *négativement* héliotropiques, c.-à-d., qu'elles ont une tendance à fuir la lumière.

Agric. — 1. *Conservation des racines*. — Les racines alimentaires étant principalement destinées à la nourriture du bétail pendant l'hiver, il importe de les conserver à l'abri de toute altération, jusqu'à ce que la luzerne verte, le trèfle incarnat, ou autres fourrages précoces, viennent les remplacer. La grande quantité d'eau de végétation que ces racines contiennent, leur tendance à se pourrir, lorsqu'elles ont été froissées ou meurtries, la nécessité de les entasser en grandes masses, et par suite, le développement d'une forte chaleur dans l'intérieur du tas, sont autant de circonstances qui compliquent le problème de conservation et obligent à des soins de tous les instants. Les conditions qu'il faut rigoureusement observer pour maintenir parfaitement saines les différentes racines pendant les six mois sont de les soustraire aux influences de la gelée, de la chaleur, de l'humidité et de la lumière. On satisfait de plusieurs manières à ces conditions, suivant l'espèce de r. et la plus ou moins grande quantité qu'on en récolte. Dans les grandes exploitations, on emploie des fosses ou terre ou *silos* ; dans les petites, on se borne à des caves ou celliers ; dans les fermes auxquelles sont annexées des sucreries, des distilleries de betteraves ou des féculeries, on fait usage de magasins. Examinons rapidement ces divers modes de conservation.

— On emploie les fosses ou silos quand on a de grandes masses de pommes de terre, de betteraves, de carottes, et que l'insuffisance des bâtiments ou celliers force à les enfouir dans la terre. A l'origine, on creusait des fosses au sol sec, non sujet aux infiltrations, des fosses circulaires ou quadrangulaires, à une profondeur à l'abri de la gelée ; on y empilait les racines après qu'elles s'étaient ressuyées autant que possible, puis on recouvrait la masse d'un lit de paille, et l'on bouchait l'ouverture supérieure avec une couche de terre épaisse et bien tassée ; mais on a renoncé à ces souterrains, à cause de la difficulté de surveiller l'état des racines. Lorsque celles-ci, par suite de la fermentation qui se développe après l'enfouissement, venaient à s'altérer à cause de la forte proportion de leur eau de végétation, il fallait vider totalement les fosses pour isoler les parties gâtées, travail qui nécessitait beaucoup de temps, de main d'œuvre et d'argent. Maintenant, on établit les silos partie en terre et partie sur le sol. Souvent même on les pratique au niveau du sol, sur le champ même où la récolte a été faite. Voici une bonne manière de les construire. Dans un terrain bien sec, on creuse une fosse de 1m,60 de largeur sur 0m,27 à 0m,32 de profondeur, et d'une longueur indéterminée, comme on le ferait pour établir une couche de jardin. On remplit cette fosse de racines qu'on amoncelle jusqu'à 0m,81 au-dessus du niveau du sol, les deux côtés formant des pentes de 45 degrés, qui viennent se terminer au bord de la fosse; en sorte que le tout représente la toiture d'un bâtiment. On jette sur les racines la terre retirée de la fosse, à une égale épaisseur sur tous les points, de manière qu'il en résulte une butte de terre prismatique, et l'on étend le tas en longueur autant qu'il est nécessaire. Lorsque le travail est terminé, on creuse le long des deux côtés un fossé de 0m,64 de profondeur que l'on trace à 0m,48 du bord de la fosse, et dont on rejette la terre sur les racines, de manière qu'il y ait partout une couche de terre d'au moins 0m,32 d'épaisseur; on bat fortement cette terre, pour que l'eau de pluie coule facilement le long des deux pentes et s'écoule par les fossés. On comprend qu'il est important que ceux-ci soient plus profonds que la fosse et qu'ils aient un écoulement facile à leurs extrémités. A mesure que l'on construit un silo, on ménage, de 4 mètres en 4 mètres, des soupiraux que l'on construit avec des tuiles creuses placées debout, l'une contre l'autre, et noyées dans la terre qui recouvre les racines; l'extrémité supérieure de ces tuiles forme l'orifice d'un tuyau par lequel la masse des racines communique avec l'air extérieur. L'humidité de l'intérieur se dégage aisément par ces ouvertures, et la fermentation qui se manifeste reste modérée, parce que les gaz trouvent partout des issues faciles. A l'approche des fortes gelées, on bouche les soupiraux et l'on recouvre toute la surface du silo d'une couche de paille, de feuilles sèches ou de fumier long. — Voici un autre mode de conservation qui donne d'excellents résultats. Dans une excavation creusée dans un sol sec et revêtue d'un mur de soutènement en briques, on place d'abord un lit de sable fin parfaitement desséché, puis une couche de tubercules ou racines à conserver, puis alternativement un lit de sable et un lit de racines, jusqu'à ce qu'on soit arrivé au niveau du sol. On recouvre la dernière couche de paille et de terre. On a vu des pommes de terre, ainsi traitées, se conserver deux ans, sans perdre, ni leur saveur, ni leurs propriétés germinatives. — Dans beaucoup de fermes normandes, on suit une méthode de conservation pour les betteraves, carottes, navets, qui présente les avantages d'être fort expéditive et d'éviter les frais assez élevés des silos. Les racines arrachées, nettoyées, les fanes étant coupées, sont entassées sur place dans des fosses rondes ayant 0m,33 de profondeur et 1m,50 de diamètre; ou monte le tas en forme de pain de sucre, jusqu'à 1m,20 environ, au-dessus du niveau du sol. Les racines étant disposées, on revêt les cônes d'une couche de paille et d'un recouvrement de terre fortement tassé à la bêche, épais de 0m,30 du côté du nord, et de 0m,20 du côté du midi; puis on dispose en pente le terrain qui environne, pour l'écoulement des eaux de pluie. Quand la petite fosse est terminée, on ferme le haut avec un bouchon de paille qu'on peut enlever à volonté, pour donner de l'air par les temps doux.

Conservation en cave. — Les caves destinées à cet usage doivent être creusées dans un sol sec et mises à l'abri des infiltrations par un bon revêtement en ciment hydraulique. Le plancher est bien battu, ou même carrelé, et, dans tous les cas, recouvert d'une couche épaisse de mousse, de feuilles sèches, de paille, et préférablement de poussier de charbon. La porte d'ouverture est pratiquée au sud; la partie supérieure est percée d'ouvertures placées en regard dans les murs; ces ouvertures, susceptibles d'être fermées à volonté, sont destinées à établir une ventilation convenable. Pendant les grands froids, on tient toutes les ouvertures hermétiquement fermées, et on les calfeutre à l'extérieur avec des bottes de paille. Les racines ne doivent être rentrées dans les caves qu'après s'être ressuyées convenablement sur le sol, et lorsque la température n'est pas trop élevée. Il suffit de quelques voitures de racines humides pour développer un foyer de fermentation qui altère toute la masse. On entasse les racines dans les caves les unes sur les autres, à la hauteur de 2m à 2m,70; on réserve, de distance en distance, des allées qui vont jusqu'aux murs, en partant du centre où règne, dans toute la longueur, un espace suffisamment large pour le service. — Généralement, il ne faut pas trop nettoyer les racines destinées à être mises en cave ou en silos, parce qu'on leur fait des blessures ou contusions dangereuses; tandis que la

terre, qui reste adhérente, n'a d'autre inconvénient que de prendre un peu de place.

Conservation en magasin — Dans les fermes où l'on a annexé une sucrerie ou une distillerie de betteraves, on conserve celles-ci, pendant toute la durée du traitement d'hiver, dans des magasins placés à proximité de la fabrique, ce qui offre plus de commodités que les autres modes de conservation. Les murailles de ces bâtiments ont assez d'épaisseur pour empêcher la gelée de pénétrer; le jour n'arrive que par quelques lucarnes vitrées, suffisantes pour éclairer les ouvriers. On y dispose les betteraves en couches de 3m,00 à 4m,90 de hauteur, au maximum, parce que le poids d'une colonne plus pesante altérerait les couches inférieures. Pour éviter la trop grande chaleur dans des masses de racines aussi considérables, outre les allées, on les divise moyen d'épaisseur pour l'interposition de fascines qui permettent la pénétration facile de l'air; enfin des couloirs réservés à propos permettent d'entamer le tas où il se développerait de la fermentation.

Conservation en plein air. — Parmi les racines alimentaires de grande culture, il en est quelques-unes qui, peu sensibles à la gelée, peuvent être gardées longtemps sans recourir aux soins que nous avons indiqués. Dans cette catégorie, on peut ranger les raves, les navets, les turneps, les rutabagas et généralement les racines charnues des Crucifères. Immédiatement après l'arrachage, qui doit avoir lieu par un temps sec, on coupe les feuilles et l'on entasse les racines dans un endroit très sec, dans un coin de cour, sous un hangar; on y fait des tas d'un mètre cube environ; on les recouvre d'une bonne couche de paille, puis de terre. Souvent on laisse les navets dans les champs, et on ne les enlève qu'à mesure des besoins de la consommation. Au printemps, s'il en reste, on les donne aux vaches avec leurs fanes qui poussent hâtivement et deviennent d'un bon secours. Il n'y a que les navets très déchaussés et restant nus au-dessus du sol qui craignent la gelée. On doit les arracher et les conserver en tas sous la paille, après les avoir décolletés; la seule précaution à prendre, c'est de les préserver de l'humidité et du contact trop vif de l'air.

II. *Multiplication de certaines plantes par les racines.* — Toutes les plantes se multiplient par leurs graines, mais plusieurs d'entre elles ne se reproduisent artificiellement dans nos cultures que par leurs racines. C'est un des moyens de perpétuer sans altération les variétés obtenues par le semis. Si l'on prend un tronçon de r. d'un arbre très répandu aujourd'hui, le *Paulownia*, qu'on expose une des extrémités à l'air, l'autre bout étant fixé en terre, bientôt on voit se former, entre le bois et l'écorce interne, un cercle de bourrelets verdâtres qui se changent en bourgeons, d'où naîtront incessamment de nouveaux rameaux. On multiplie par le même procédé : l'oranger des Osages (*Maclura*), les angéliques épineuses (*Aralia*); les anones (*Asimina triloba*), l'ilex de Virginie, les ailantes, les lilas (*Syringa*), le sumac (*Rhus coriaria*); les lyciets (*Lycium*), etc.

Arith. — On appelle *Racine*, $m^{ième}$ d'un nombre A, et l'on désigne par le symbole $\sqrt[m]{A}$ un nombre qui élevé à la puissance m reproduit A. m s'appelle l'indice de la r. Ainsi, on dit que 6 est la r. 2e ou *carrée* de 36, $6 = \sqrt{36}$, parce que $6 \times 6 = 36$; que 3 est la r. 3e ou *cubique* de 27, $\sqrt[3]{27} = 3$, attendu que $3 \times 3 \times 3 = 27$; que 5 est la r. 4e de 625, $\sqrt[4]{625} = 5$, car $5 \times 5 \times 5 \times 5 = 625$; etc. Le symbole $\sqrt{\ }$, dont l'invention paraît due au mathématicien Christophe Rudolph (1522), et qui n'est autre chose que la lettre R déformée, initiale du mot r., est appelé *Radical*. On n'écrit pas l'indice quand il est égal à 2. C'est pourquoi nous avons écrit plus haut : $\sqrt{36} = 6$. L'opération par laquelle on recherche et l'on obtient le nombre qui, multiplié par lui-même un certain nombre de fois, reproduit un nombre proposé, se nomme *Extraction de la r.* de ce dernier nombre.

1° *Racine carrée des nombres entiers.* — Étant donné un nombre entier A, il n'en existe pas en général un autre dont le carré soit égal à A. Ainsi, il n'y a aucun nombre dont le carré soit égal à 54. L'opération de l'extraction de la r. carrée, *à une unité près*, a pour but de chercher le plus grand nombre dont le carré puisse être retranché du nombre donné. Ainsi, dans l'ex. précédent, la r. carrée de 54, à une unité près, est 7, parce que 7 est le plus grand nombre dont le carré 49 puisse être retranché de 54. L'excès de 54 sur ce carré 49 qui est ici de 5 unités s'appelle le *reste* de la r. On remarquera que le reste ne peut pas dépasser le double de la r. Si en effet x est la r., A le nombre donné, et R. le reste, on doit avoir :

$$x^2 \leq A < (x+1)^2.$$

Mais $A = x^2 + R$, et, d'après la règle de formation du carré d'une somme

$$(x+1)^2 = x^2 + 2x + 1$$

Donc $\qquad x^2 + R < x^2 + 2x + 1$

d'où $\qquad R < 2x + 1$.

La valeur maximum de R est donc $2x$.

Pour établir la théorie de l'opération, remarquons d'abord que si le nombre donné est plus petit que 100, on trouve immédiatement sa r. carrée dans la table de multiplication. C'est ainsi que nous avons vu précédemment que la r. carrée de 54 est 7 parce que 54 est compris entre $49 = 7^2$ et $64 = 8^2$. Si le nombre donné dépasse 100, sa r. est plus grande que 10 et comprend des dizaines et des unités. Or, *on trouve le nombre des dizaines de la r. en extrayant la r. du nombre des centaines du nombre proposé.* Soit par ex. à extraire la r. carrée de 36524. Appelons x la r. de 365. Je dis que la r. de 36524 est comprise entre $10x$ et $10(x+1)$. On a en effet par hypothèse :

$$x^2 \leq 365 < (x+1)^2$$

et en multipliant par 100, et remarquant que

$$x^2 \times 100 = (x \times 10)^2 :$$
$$(x \times 10)^2 \leq 36500 < [(x+1) \times 10]^2.$$

Si l'on ajoute 24 unités au nombre intermédiaire, la première inégalité subsiste *à fortiori*, et la seconde n'est pas détruite parce que les deux nombres qui le composent diffèrent d'au moins 100 unités, tandis que je n'ai ajouté que 24 unités au plus petit. On a donc :

$$(x \times 10)^2 \leq 36524 < [(x+1) \times 10]^2,$$

inégalités qui démontrent la proposition annoncée.

Soit maintenant à extraire la r. carrée du nombre 56821444. On aura les dizaines de la r. en extrayant la r. de 568214; mais cette r. est elle-même plus grande que 10 et l'on aura ses dizaines en extrayant la r. de 5682, et les dizaines de celle-ci en extrayant la r. de 56. On est ainsi conduit à extraire successivement les racines des nombres 56, 5682, 568214, 56821444, et dans chaque opération, on connaît les dizaines par l'opération précédente. Il suffit donc de savoir résoudre le problème suivant : *Connaissant les dizaines de la r., calculer les unités.* Soit par ex. 568214. Nous supposons qu'on connaisse la r. de 5682 qui est 75. Alors la r. cherchée contient 75 dizaines et peut être représentée par $750 + u$, u étant un nombre d'un seul chiffre. On doit avoir :

$$(750 + u)^2 < 568214$$

ou $\qquad \overline{750}^2 + 2 \times 750 \times u + u^2 < 568200 + 10 + 4.$

Mais $\qquad 75^2 = 5625, \qquad \overline{750}^2 = 562500$

et $\qquad 5682 - 5625 = 57$

qui est le reste de l'opération précédente. Si donc on retranche $\overline{750}^2$ des deux membres de l'inégalité précédente, on aura :

$$2 \times 750 \times u + u^2 < 5700 + 10 + 4$$

et *à fortiori*

$$2 \times 750 \times u < 5700 + 10 + 4.$$

Mais le premier membre est un nombre exact de dizaines qui ne peut dépasser le nombre de dizaines du second, on a donc :

$$2 \times 750 \times u < 5700 + 10$$

et en divisant par 10

$$2 \times 75 \times u < 571,$$

inégalité qui montre que si l'on divise 571 par 2×75 on trouvera ou bien u ou bien un nombre plus grand. Soit u' le quotient. Pour savoir si ce quotient n'est pas trop fort, il suffit de savoir si le nombre u' vérifie l'inégalité

$$(750 + u')^2 < 568214$$

ou l'inégalité équivalente :

$$2 \times 750 u' + u'^2 < 5714,$$

et l'excès du premier membre sur le second sera le reste. Or le premier membre peut s'écrire $(2 \times 750 + u') u'$ et se calcule en écrivant le chiffre u' à la suite de 2×75 en multipliant le résultat par u'. Dans notre ex. $2 \times 75 = 150$.

Le quotient de 571 par 150 est 3. On aura donc à vérifier si 1503×3 est plus petit que 5714 ou $4509 < 5714$, ce qui est vrai. Donc le 3 est exact, la r. de 568214 est 753 et le reste 5714 — 4509 = 1205. Si le quotient avait été trop fort, on l'aurait diminué d'une unité et essayé de nouveau. De ces explications découle la règle suivante :

On sépare le nombre proposé en tranches de deux chiffres à compter par la droite, la première tranche à gauche pouvant ne contenir qu'un seul chiffre; on prend la r. du plus grand carré contenu dans la première tranche à gauche, et l'on retranche de cette première tranche à gauche le carré du chiffre trouvé. Alors on abaisse à côté du reste la seconde tranche à gauche, dont on sépare le dernier chiffre par un point, puis on divise la partie à gauche de ce chiffre par le double de la r. déjà trouvée. On écrit le quotient à droite du double de la partie de la r. déjà connue et l'on multiplie le nombre ainsi formé par le chiffre du quotient. Si le produit peut se retrancher du nombre qu'on a formé en abaissant la tranche de deux chiffres, le quotient est le chiffre suivant de la r.; sinon, il faut le diminuer d'une unité et l'essayer de nouveau, et ainsi de suite jusqu'à ce qu'on trouve un chiffre qui convienne. A la droite du reste de la soustraction on abaisse la tranche suivante, et l'on opère comme précédemment jusqu'à ce qu'on ait épuisé toutes les tranches du nombre proposé.

Voici un exemple de la disposition des calculs :

6·57·83·36	2564		
4			
25·7	45	506	5124
22 5	× 5	× 6	× 4
3 28·3	125	3036	20496
3 03 6			
24 73·6			
20 49 6			
4 24 0			

Dans la deuxième opération, on avait à faire le quotient de 25 par 4. Ce quotient est 6; mais on a reconnu que 6 était trop grand parce que $46 \times 6 = 276$ est supérieur à 257. On a donc remplacé ce quotient 6 par 5 qui a réussi. Dans les opérations suivantes, les quotients sont tels qu'on les a trouvés. La r. de 6 578 336 est donc 2564, et le reste est 4240.

On fait la preuve en faisant le carré de la r. et en ajoutant le reste : on doit retrouver le nombre proposé :

$$\overline{2564}^2 + 4240 = 6\,578\,336.$$

Il faut aussi s'assurer que le reste ne dépasse pas le double de la r.

Racine carrée d'un nombre entier ou fractionnaire avec une approximation donnée. — *Racine carrée des nombres décimaux.* — Nous nous bornerons au cas où l'approximation est donnée par une fraction décimale. Soit par ex. à extraire la r. carrée de 365,945 à 0,001 près. Cela veut dire qu'il faut trouver le plus grand nombre de millièmes dont le carré puisse être retranché de 365. Si on désigne par x ce nombre *entier* de millièmes, on doit avoir :

$$(x \times 0,001)^2 \leq 365,945 < [(x+1) \times 0,001]^2,$$

ou, en multipliant par 1 000 000 :

$$x^2 \leq 365,295 \times 1\,000\,000 < (x+1)^2.$$

Il suffira donc d'extraire à une unité près la r. de $365,295 \times 1\,000\,000$. Mais, multiplier par 1 000 000 c'est déplacer la virgule de 6 rangs vers la droite, en suppléant les chiffres manquants par des zéros. On aura donc à extraire la r. de 365 295 000. Or, les trois tranches de deux chiffres qu'on a ainsi fait passer dans la partie entière donnent précisément les trois derniers chiffres de x, c.-à-d. les trois chiffres décimaux de la r. Il est donc inutile de déplacer la virgule et de se préoccuper à l'avance de l'approximation. Il suffit d'appliquer la règle suivante qui est générale si l'on observe que tout nombre entier ou décimal peut être écrit avec une virgule et un nombre indéfini de zéros vers la droite :

Pour extraire la r. carrée d'un nombre entier ou décimal avec une approximation donnée, on divise le nombre en tranches de deux chiffres à partir de la virgule, on applique la règle de l'extraction de la r. carrée des nombres entiers, en ayant soin de mettre une virgule à la racine au moment où l'on abaisse la première tranche décimale du nombre proposé. On arrête l'opération quand on a trouvé le nombre de chiffres décimaux nécessaires.

Voici la disposition des calculs. Il est inutile d'écrire d'avancer les tranches de deux zéros. On les abaisse au fur et à mesure des besoins.

```
3·65,94·50    19,129
1                 29     381    3822    38249
26·5             × 9    × 1    × 2    × 9
26 4             261    381    7644    344241
49·4
38 1
11 35·0
7 64 4
3 70 60 0
3 44 24 1
26 35 9
```

La r. à un millième près est 19,129; mais, comme le reste dépasse la racine, il vaut mieux forcer, c.-à-d. prendre la r. par excès : 19,130.

Si le nombre dont on veut extraire la r. est plus petit que 1, il faut observer que, pour conserver aux chiffres leur signification, il est nécessaire que chaque tranche de deux zéros précédant les chiffres significatifs soit représentée à la racine par un zéro. Ex. : r. de 0,000 01 à 0,000 001 près. Chaque tranche décimale devant avoir deux chiffres, je poserai :

```
0,00·00·10          0,003162
9                      61    626    6322
40·0                  ×1    × 6    × 2
6 1                    61    3756   12644
3 90·0
3 75 6
14 40·0
12 64 4
1 75 6
```

La r. commence par trois zéros, un pour les unités et deux pour les deux premières tranches décimales.

Si l'opération ne se termine pas par un reste nul avec la dernière tranche de chiffres significatifs, elle ne se terminera jamais. En effet, on peut toujours supposer que la virgule est placée après cette dernière tranche, ce qui revient à extraire la r. carrée d'un nombre entier. Or cette r. ne peut pas être fractionnaire, car le carré d'une fraction est une autre fraction et jamais un nombre entier. La r. ne peut pas non plus être périodique, car une fraction décimale périodique est égale à une fraction ordinaire. Voy. FRACTION. On voit ainsi que si un nombre entier n'est pas un carré parfait, sa r. ne peut être représentée par une fraction. C'est un *nombre incommensurable*. Il en est de même de la r. carrée d'une fraction lorsque cette fraction étant réduite à sa plus simple expression, ses deux termes ne sont pas des carrés parfaits. Voy. INCOMMENSURABLE.

Racines cubiques. — On peut donner des règles analogues pour les racines cubiques et en général pour les racines d'ordre quelconque; mais, le plus souvent, on calcule ces racines par les *logarithmes* (Voy. ce mot). Nous nous bornerons à donner la règle d'extraction de la r. cubique d'un nombre entier que se démontre par des raisonnements analogues aux précédents :

Voici d'abord la table des cubes des neuf premiers nombres :

```
1    2    3    4     5     6     7     8     9
1    8   27   64   125   216   343   512   729.
```

Partagez le nombre en tranches de trois chiffres, à partir de la droite, la dernière tranche à gauche pouvant n'avoir que 2 chiffres ou même un seul; dans tous les cas, le nombre des tranches sera égal à celui des chiffres de la racine. Extrayez la r. du plus grand cube contenu dans la première tranche à gauche (ce cube sera facile à trouver en jetant un coup d'œil sur la liste des cubes des neuf premiers nombres); écrivez la r., et retranchez son cube de cette première tranche. Abaissez à côté du reste le premier chiffre de la seconde tranche, et divisez le nombre ainsi formé par trois fois le carré du chiffre déjà trouvé à la r.; écrivez le quotient à la droite de ce chiffre et élevez l'ensemble des deux chiffres au cube. Si ce cube est plus grand que l'ensemble des deux premières tranches du nombre proposé, diminuez le quotient d'une ou de plusieurs unités, jusqu'à ce que vous obteniez

un cube qui puisse se retrancher de l'ensemble des deux premières tranches; faites la soustraction, et abaissez à côté du reste le premier chiffre de la troisième tranche et opérez comme précédemment jusqu'à ce que vous ayez épuisé toutes les tranches.

Pour extraire la r. cubique d'un nombre décimal entier ou fractionnaire avec une approximation donnée, on le partage en tranches de trois chiffres dans les deux sens à partir de la virgule, et l'on applique la règle précédente en prenant les mêmes précautions que pour la racine carrée.

Dans le premier des deux exemples qui suivent, la r. cubique du nombre proposé 596947688, est 842 sans reste; dans le second, le nombre proposé étant 8755 dont on veut avoir la r. cubique à moins d'un centième près, celle-ci est 20,61.

```
                      8·755 | 20·61
596·947·688 | 842     07·55
849·47                12
192                   8000
5927 04               7550·00
                      4200
42436·88              87418 16
21168
5969476 88            131840·00
0000000 00            127308
                      87545529 81
                      4470 19
```

Alg. — On enseigne dans les traités d'algèbre une méthode pour extraire les racines carrée, cubique, etc. d'un polynôme ordonné par rapport à une lettre x. Ces règles servent à trouver la racine si le polynôme donné est une puissance exacte, et dans le cas contraire, à représenter la racine par une série. Elles sont simples, mais nous ne pouvons nous y arrêter ici.

On appelle r. d'une équation à une inconnue tout nombre qui, mis à la place de l'inconnue dans cette équation, la transforme en identité. Voy. ÉQUATION.

RACINE (JEAN), célèbre poète tragique français (1639-1699), dont les principales pièces sont *Andromaque, les Plaideurs, Britannicus, Bajazet, Mithridate, Iphigénie en Aulide, Phèdre* (de 1667 à 1677); puis *Esther* (1689) et *Athalie* (1691), composées pour la maison de Saint-Cyr.

RACINE (LOUIS), 2e fils du précédent (1692-1763), auteur du poème de *la Religion*.

RACINER. v. a. (R. *racine*). T. Techn. Teindre en couleur fauve. ‖ Faire un racinage sur la couverture d'un livre. = RACINER. v. n. T. Hortic. Se dit des boutures qui commencent à produire des racines. = RACINÉ, ÉE. part.

RACINIEN, IENNE. adj. [Pr. *rasini-in, iène*]. Qui ressemble au style de Racine.

RACK. s. m. Voy. ARACK.

RACLAGE. s. m. Action de racler.

RACLE. s. f. Outil qui sert à racler.

RACLÉE. s. f. (R. *racler*). Une volée de coups. *Il a reçu une r.* Popul.

RACLEMENT. s. m. [Pr. *rakle-man*]. Action de racler.

RACLER. v. a. (lat. *rasus*, rasé, par l'intermédiaire d'une forme *rasiculare*, raser). Ratisser, enlever avec quelque chose de rude ou de tranchant les aspérités, les impuretés que présente la surface d'un corps. *R. des peaux, du parchemin, R. de l'ivoire, de la corne de cerf. R. les ongles. R. des allées.* ‖ *R. une mesure de grain*, Passer la racloire sur une mesure pour faire tomber le grain qui s'élève au-dessus des bords. ‖ Fig. et fam., se dit d'un breuvage ou de certaines autres choses qui produisent une sensation d'âpreté, qui déterminent des tranchées, etc., *Cela racle le gosier, racle les boyaux.* — *R. du violon, de la basse, etc.*, se dit d'un homme qui joue mal du violon, de la basse, etc. On dit encore, par dénigrement, qu'*il racle le boyau*, ou absol., qu'*il racle. Il ne fait que r. toute la journée.* On dit aussi, *R. un air.* = RACLÉ, ÉE. part.

RACLERIE s. f. (R. racler). Petits ouvrages qui se font dans les forêts avec le hêtre. || Action de racler sur une guitare, un violon, etc.

RACLETTE s. f. [Pr. ra-klè-te]. Petite racle.

RACLEUR, EUSE. s. Celui, celle qui racle. || T. Dénig. Un mauvais joueur de violon.

RACLOIR. s. m. [Pr. ra-klouar]. Instrument avec lequel on racle du bois, du parchemin, etc.

RACLOIRE. s. f. [Pr. ra-klouare]. Planchette qui sert à racler le dessus d'une mesure, pour faire tomber le grain qui s'élève au-dessus des bords. || T. Méd. Instrument qui sert à enlever les matières qui chargent la langue. || Anneau de fer mobile à frottement dans une main de fer, qui servait autrefois de heurtoir.

RACLON s. m. (R. racler). Engrais préparé avec du gazon pourri. || Boue ramassée dans la ville ou sur les routes.

RACLURE. s. f. Action de racler. || Grattage du minerai. || Les petites parties qu'on a emportées de la superficie de quelque corps en le raclant. R. d'ivoire, d'ongles. Des raclures de parchemin.

RACOLAGE. s. m. Action de racoler. || Métier de racoleur.

RACOLER. v. a. (R. re, préf., et accoler). Engager, soit de gré, soit par astuce, des hommes pour le service militaire. || Fig. et fam., Cet homme a racolé quelques partisans, quelques admirateurs. Ce poète lâche de r. quelqu'un qui écoute ses vers. = RACOLÉ, ÉE. part.

RACOLEUR, EUSE. s. Celui, celle qui fait profession d'engager les gens pour le service militaire. || Racoleuse, Raccrocheuse.

RACONDE. s. m. Le pelage du Coypou. Voy. CASTON.

RACONTABLE. adj. 2 g Qui peut être raconté.

RACONTAGE s. m. (R. raconter). Bavardage.

RACONTAR s m. (R. raconter). Commérage.

RACONTEMENT. s. m. [Pr. rakon-teman]. Action de raconter. Vx.

RACONTER. v. a. (R. re, préf., et vx fr. aconter, conter). Conter, narrer une chose vraie ou fausse. R. une histoire, un fait. Il nous a raconté de point en point toutes ses aventures.

> À raconter ses maux souvent on les soulage.
> CORNEILLE.

R. sommairement, brièvement, fidèlement, simplement. R. au vrai. J'ai ouï r., j'ai entendu r. cela à un tel. — Fam., En r., Raconter beaucoup. Quand il est revenu de ses voyages, il ne finissait pas d'en r. Il en a raconté bien long. Il en racontait de belles. || Fig. Les cieux racontent la gloire de Dieu, le font connaître par leurs merveilles. = SE RACONTER. v. pron. Se r. soi-même, raconter sa propre histoire. = RACONTÉ, ÉE. part. = Syn. Voy. CONTER.

RACONTEUR, EUSE. s. Celui, celle qui a la manie de raconter. Un ennuyeux r. Fam.

RACORNIR. v. a. (R. re, préf., et le verbe inus. acornir, de corne). Donner à quelque chose la consistance de la corne. Le toucher du violon racornit l'extrémité des doigts. || Dessécher, rendre dur et coriace. Le feu a racorni ce cuir, ce parchemin, a tout racorni cette viande. = SE RACORNIR. v. pron. Devenir dur et coriace. Le cuir se racornit au feu. La viande se racornit à force de cuire. Ces fruits se sont tout racornis. = RACORNI, IE. part. || Fig. et fam., Un petit vieillard tout racorni. Il a un rhumatisme qui le tient tout racorni, qui lui donne un air racorni.

RACORNISSEMENT. s. m. (Pr. rakor-nisc-man]. État de ce qui est racorni. Le r. de cette viande, de ce cuir, etc. || Fig. Le r. de la pensée.

RACQUÉRIR. v. a. [Pr. ra-kérir] (R. re, préf., et acquérir). Acquérir de nouveau. = RACQUIS, ISE. part.

RACQUIT. s. m. [Pr. ra-ki]. T. Écon. Action de se racquitter, de regagner tout ce qu'on avait perdu.

RACQUITTER. v. a. [Pr. raki-ter] (R. re, préf., et acquitter). Faire regagner ce qu'on avait perdu. Il avait beaucoup perdu; mais j'ai pris son jeu et je l'ai racquitté. Une seconde affaire l'a racquitté de ce qu'il avait perdu dans la première. || Fig., R. le temps perdu, Réparer le temps que l'on a perdu. = SE RACQUITTER. v. pron. Regagner ce qu'on avait perdu. Il avait perdu tout son argent, mais il s'est racquitté. Vous vous racquitterez une autre fois. Il avait perdu dans son premier marché, il s'est racquitté dans le second. On se racquitte d'une défaite par une victoire.

> Peut-être mon esprit prompt à ressusciter,
> Du temps qu'il a perdu saurait se racquitter.
> BOILEAU.

= RACQUITTÉ, ÉE. part.

RADAGAISE, chef de Germains, pénétra en Italie jusqu'à Florence, fut vaincu et mis à mort par Stilicon (406).

RADCLIFFE (ANNE), célèbre romancière anglaise (1764-1823), dont les écrits, et surtout les Mystères d'Udolphe, eurent un grand succès en France.

RADE. s. f. (anc. scand. reida, équipement des vaisseaux). T. Mar. Espace de mer enfermé en partie par des terres, où les navires peuvent jeter l'ancre et sont à l'abri des vents et des lames qui ont une certaine direction. Une bonne, une mauvaise r. Cette r. n'est pas sûre. R. close ou fermée. Celle où l'on est à l'abri de tous côtés; R. ouverte ou foraine, Celle qui est battue par plusieurs vents. || Être en grande r., en petite r., Être mouillé dans la partie de 'a rade la plus éloignée ou la plus rapprochée du port. Mettre en r., Sortir du port et passer dans la rade. Voy. PORT.

RADEAU. s. m. [Pr. ra-do] (lat. ratis, navire, par l'intermédiaire d'une forme diminut. ratellus). Assemblage de plusieurs pièces de bois qui sont liées ensemble de manière à former une sorte de plancher ou de bateau plat, dont on se sert, soit pour porter sur l'eau des hommes, de l'artillerie, des chevaux, des marchandises, soit pour se sauver dans un naufrage. Il fit passer son infanterie sur des radeaux. Il a fait venir plusieurs pièces de vin sur des radeaux. Les naufragés se sauvèrent sur un r. — R. de fortune, R. que l'on construit dans un sinistre en mer. — Pont de radeaux, Pont militaire sur radeaux. || Espèce de train de bois à brûler, de bois de construction, de planches, etc., que l'on fait descendre à flot sur une rivière. || Plate-forme faite d'un assemblage régulier de poutres recouvertes de planches bien ajustées, et encadrée d'un bordage sur ses quatre faces, dont on se sert pour réparer les parties inférieures de la coque d'un navire.

RADEGONDE (SAINTE), reine de France, femme de Clotaire 1ᵉʳ; se retira dans un monastère à Poitiers (521-587).

RADER. v. a. (R. rade). T. Mar. R. un navire, Le mettre à la rade. = RADÉ, ÉE. part.

RADER. v. a. (R. radoire). Passer la racloire ou la radoire sur une mesure pleine de grains, de sel, etc., pour faire tomber ce qui dépasse les bords et avoir la juste mesure. R. du grain, du sel. || Entamer avec le ciseau un bloc de pierre, au-dessus et en-dessous, pour le diviser. = RADÉ, ÉE. part.

RADESYGE. s. f. (danois, rada, mauvais; syge, maladie). T. Méd. Nom donné, en Norvège, à une maladie qui offre une certaine analogie avec le pian.

RADET (J.-B.), spirituel vaudevilliste fr. (1752-1830).

RADET, général fr. (1762-1825).

RADETZKY, feld-maréchal autrichien, né en Bohême, vainqueur de Charles-Albert, à Novare, en 1849 (1766-1858).

RADEUR. s. m. Mesureur de sel. Vx.

RADIABLE. adj. 2 g Qui peut être radié, effacé.

RADIAIRE. adj. 2 g. [Pr. ra-dière] (lat. radius, rayon). T. Zool. Qui est disposé en rayons. = RADIAIRES. s. m. pl. T. Zool. Synonyme de RAYONNÉS.

RADIAL, ALE. adj. (lat. radialis, m. s., de radius, rayon). T. Anat. Qui a rapport au radius. Nerf r. Artère radiale. Muscle r. antérieur, et substantiv., Le r. antérieur. Etc. || T. Techn. Qui rayonne. || T. Géom. Courbe radiale, courbe rapportée à des coordonnées polaires. Voy. COORDONNÉES.

RADIANT, ANTE. adj. (lat. radians, part. prés. de radiare, rayonner, de rad). T. Phys. Qui émet des rayons lumineux, calorifiques, etc. Si l'on suppose le corps r. suspendu dans une enceinte fermée. Chaleur radiante. || T. Astron. Point r. Point du ciel d'où semblent venir les étoiles filantes. Voy. ÉTOILES FILANTES. || T. Bot. Couronne radiante, couronne où les fleurs dépassent le disque (Composées).

Phys. — Matière radiante. — On sait que lorsque l'on fait passer la décharge d'une machine électrostatique ou d'une bobine d'induction à travers un tube contenant un gaz raréfié à environ un millième d'atmosphère, l'étincelle est remplacée s'éloigner suffisamment les unes des autres pour pouvoir cheminer en ligne droite sans être choquées par d'autres molécules. Comme le dit Crookes, le chemin libre de la molécule devient très grand et l'on a un véritable quatrième état de la matière qui est aussi éloigné de l'état gazeux que celui-ci l'est de l'état liquide. C'est ce que Crookes a appelé la matière radiante.

Donc la matière radiante se meut en ligne droite. On voit dans la figure ci-dessous différents genres de tubes ou ampoules destinés à montrer ses propriétés ainsi que le dispositif général de l'expérience avec la bobine d'induction comme source d'électricité.

Les tubes 2, 3 et 7 montrent que les rayons se propagent normalement à l'électrode négative. Dans le tube 7 on a donné à la cathode a' la forme d'un miroir concave. On constate alors que les rayons forment un faisceau conique qui vient rendre le verre lumineux là où il le rencontre.

Le tube n° 1 montre d'une façon très nette la propagation rectiligne des rayons émanés de la cathode. On a placé à une petite distance de celle-ci une croix métallique qui arrête les rayons, et l'on voit une ombre portée obscure au milieu de la fluorescence du verre.

par une lueur qui s'étend d'un bout du tube à l'autre. Ce sont les tubes de Geissler. En faisant un vide de plus en plus parfait, en poussant la raréfaction jusqu'à quelques millionièmes d'atmosphère, le phénomène change complètement d'aspect. L'étincelle ne s'étend plus d'un bout du tube à l'autre : aux deux fils métalliques qui amènent l'électricité : il y a un vide. En face de l'électrode négative le verre du tube s'illumine d'une fluorescence verdâtre ; l'électrode négative ou cathode paraît lancer des rayons spéciaux que l'on a appelés cathodiques. Ces rayons vont en ligne droite sans s'occuper de la position de l'électrode positive. M. Crookes, dont le nom restera attaché à ces expériences, admettait l'hypothèse d'un véritable bombardement des molécules gazeuses ayant pour origine l'électrode négative et se faisant suivant des trajectoires rectilignes. D'après ce savant, le gaz est alors tellement raréfié que ses molécules peuvent

Si l'on fait converger les rayons sur une lame de platine fixée au milieu d'une ampoule (n° 4), le métal est porté à l'incandescence et peut même fondre.

Le tube n° 5 est destiné à montrer les actions mécaniques produites par la matière radiante. Il renferme un petit moulinet très léger à ailettes non conductrices mobile sur deux petits rails en verre. Dès que l'on fait passer le courant, le moulinet se met à tourner comme si les ailettes recevaient une impulsion venant du pôle négatif. Voy. RADIOMÈTRE.

Les substances phosphorescentes et fluorescentes placées dans les tubes de Crookes s'illuminent vivement (tubes n° 6 et n° 9). Enfin la « matière radiante » est déviée par un aimant. Voy. RAYON.

RADIATIFLORE. adj. 2 g. (lat. radiatus, radié; flos, floris, fleur). T. Bot. Qui a des fleurs radiées.

RADIATIFORME. adj. 2 g. (lat. *radiatus*, radié; *forma*, forme). T. Bot. Qui a des fleurs augmentant de longueur du centre vers la circonférence.

RADIATION. s. f. [Pr. *radia-sion*] (bas lat. *radiare*, qui est la traduction barbare du fr. *rayer*). T. Fin. et Pal. Action de rayer; se dit quand, par autorité judiciaire ou administrative, on raye quelque article d'un compte ou l'on biffe quelque acte, quelques parties d'un écrit pour les annuler. *Cet article est sujet à r. R. de compte.* — *La r. d'une inscription hypothécaire.* Voy. HYPOTHÈQUE. || Action d'effacer le nom d'une personne, d'une matricule, d'une liste. *On prononça sa r. du tableau des avocats. Il a obtenu sa r. du rôle des patentes.*

RADIATION. s. f. [Pr. *...sion*] (lat. *radius*, rayon). T. Phys. Les mots *Radiation* et *Rayonnement* ont absolument la même signification, et se disent des rayons lumineux ou calorifiques qui émanent d'un corps, soit directement, soit par réflexion. Néanmoins, dans le langage ordinaire de la physique, on emploie de préférence le second en parlant de la propagation de la lumière ou de la chaleur dans l'espace, et le premier quand on parle de l'action même que ces rayons exercent sur les corps qui les reçoivent. C'est ainsi que les physiciens distinguent, dans les rayons solaires, quatre sortes de radiations, savoir: la *R. lumineuse*, la *R. calorifique*, la *R. chimique* et la *R. phosphorogénique*, selon les séries particulières d'effets qui résultent de l'action des rayons solaires. Voy. DISPERSION. Ces radiations diverses produisent des effets variés non seulement sur les corps inertes, mais encore sur les corps organisés. C'est ainsi que les plantes croissent différemment et que les feuilles prennent des colorations et des aspects variés suivant qu'on les cultive sous des chassis formés par des verres colorés et ne laissant arriver que certaines sortes de radiations.

Enfin, on emploie souvent ce mot pour indiquer des rayons ayant une propriété spéciale quelconque. La science s'est enrichie récemment de l'étude de nouvelles radiations: rayons cathodiques, rayons X, rayons uraniques, etc. Voy. RAYON.

RADICAL, ALE. adj. (lat. *radicalis*, m. s., de *radix, icis*, racine). T. Bot. Qui appartient à la racine, ou qui naît de la racine. *Les fibrilles radicales. Pédoncules radicaux.* || Fig. Qui est regardé comme le principe, l'origine d'une chose, ou qui a rapport à ce principe, etc. — T. Méd. *Humide r.,* Voy. HUMIDE. — *Vice r.,* Vice duquel dérivent nécessairement d'autres vices. — *Guérison, cure radicale,* Guérison qui a détruit le mal dans son principe. || T. Jurispr. *Nullité radicale,* Nullité qui vicie un acte de manière qu'il ne puisse jamais être valide. || T. Gramm. *Terme r.,* ou substant., *R.,* Mot d'où dérivent plusieurs autres. — *R.* d'un mot, se dit aussi dans les langues à flexion de la forme nue, dépouillée de ses flexions. Ainsi, dans le verbe lat. *amara,* le r. est *am.* *Lettres radicales,* Celles qui sont dans le mot primitif et qui se conservent dans les mots dérivés. = RADICAL. s. m. T. Chim. Voy. plus bas. || T. Math. Voy. RACINE, et plus bas. || T. Politiq. Se dit de ceux qui réclament les réformes les plus complètes et qui veulent extirper tout abus jusqu'à la racine. *C'est un r. Les radicaux.* — On dit aussi adject., *Le parti r.*

Chim. — Lavoisier donna le nom de *radicaux* aux corps qui sont unis à l'oxygène dans les oxydes ou les acides anhydres, et il fit remarquer que, dans les acides minéraux, le r. est ordinairement *simple,* c.-à-d. constitué par un seul élément chimique, tandis que les acides organiques contiennent des radicaux *composés* jouant le même rôle qu'un corps simple. Cette idée d'un ensemble d'éléments fonctionnant comme un élément unique fut reprise plus tard et développée par Berzélius, Liebig, Dumas, etc.; mais tous les composés organiques on admit l'existence de pareils radicaux, que l'on considère comme les véritables éléments de ces composés, et qu'on espérait isoler un jour comme on l'avait fait pour le cyanogène. Cette théorie des radicaux vint prêter son aide à la théorie dualistique. Voy. CHIMIE, XI.

Pour les chimistes d'aujourd'hui, un radical ne représente plus qu'un groupe d'atomes ou fait partie d'une molécule et que l'on isole par la pensée. Un pareil groupe reçoit le nom de r. lorsqu'il possède assez de stabilité pour se transporter sans modifications d'une molécule dans une autre, à la manière des corps simples. Quand on transforme par ex. l'alcool ordinaire en éthers, en éthylamine, en sels d'éthylamine, etc., le r. éthyle C^2H^5, qui était contenu dans l'alcool, se conserve dans tous ses dérivés. Le plus souvent l'analogie qui existe entre les radicaux et les corps simples est assez faible. Toute-fois, dans certains cas elle est si grande que le r. peut être rapporté à une famille déterminée de métaux ou de métalloïdes; ainsi l'ammonium se comporte dans les sels ammoniacaux comme un métal alcalin, tandis que le cyanogène, dans les cyanures, fonctionne comme un métalloïde de la famille du chlore.

Les radicaux, de même que les atomes des corps simples, peuvent être électro-positifs ou électro-négatifs, univalents ou plurivalents. Un r. contenu dans un composé saturé est univalent lorsqu'il résulte de la soustraction d'un atome ou groupe univalent; la suppression d'un atome bivalent ou de deux atomes univalents dans .le composé produirait un r. bivalent, et ainsi de suite. Comme un r. n'est jamais saturé, il ne peut pas exister à l'état libre. Quand on cherche à l'isoler, il arrive le plus souvent que deux groupes s'unissent en se saturant réciproquement, à la manière des atomes simples, pour former une molécule. C'est ainsi que le r. cyanogène $Az \equiv C$— se combine avec lui-même pour donner naissance à la molécule $Az \equiv C$— $C \equiv Az$ du cyanogène à l'état libre. Quelquefois les valences disponibles trouvent à se saturer dans r. — CH^2 — CH^2 — donne naissance à l'éthylène $CH^2 = CH^2.$

En général les noms des radicaux sont affectés du suffixe *yle.* Le Congrès international de Chimie a fixé la nouvelle nomenclature des radicaux organiques. Voy. NOMENCLATURE.

Alg. — On appelle r. le symbole $\sqrt{}$ qui sert à désigner l'opération de l'extraction de la racine m^{me} et par extension, on désigne sous le même nom la racine elle-même. Si l'on tient compte des valeurs imaginaires, le radical $\sqrt[m]{A}$ a m valeurs quel que soit A, car, calculer $\sqrt[m]{A}$ c'est résoudre l'équation $x^m - A = 0,$ et toute équation de degré m a m racines. Il est convenu qu'on n'écrit pas l'indice 2 quand il s'agit d'une racine carrée. Si l'on suppose A positif, le r. $\sqrt[m]{A}$ a une valeur positive et une seule qui peut se calculer par les règles de l'arithmétique. C'est cette valeur positive qu'on appelle la valeur *arithmétique* du r.

Calcul des radicaux arithmétiques — Toutes les règles que nous allons énoncer se justifient de la même manière: elles se traduisent chacune par une égalité qu'on démontre en élevant les deux membres à la puissance $m,$ ou à une même puissance quelconque. Comme les deux membres sont positifs par hypothèse, si leurs puissances m^{mes} sont égales, ils sont égaux eux-mêmes. Cette remarque nous dispensera de développer séparément chaque démonstration.

1° *Pour multiplier plusieurs radicaux de même indice, il suffit de multiplier les quantités sous ces radicaux,* ou encore: *pour extraire la racine m^{me} d'un produit, il suffit d'extraire la racine m^{me} de chaque facteur.* — Ces deux énoncés se traduisent tous deux par l'égalité:

$$\sqrt[m]{abc} = \sqrt[m]{a}\,\sqrt[m]{b}\,\sqrt[m]{c}.$$

Cette règle comporte comme cas particulier l'opération qui consiste à *faire sortir* du r. un facteur qui est une puissance m^{me} exacte, ou à *faire entrer* un facteur sous le r. en l'élevant à la puissance m:

$$\sqrt[m]{a^m b} = a\sqrt[m]{b}.$$

2° *Pour diviser deux radicaux de même indice, il suffit de diviser les quantités qui sont sous les radicaux,* ou encore: *pour extraire la racine m^{me} d'un quotient, il suffit d'extraire la racine m^{me} de chacun des deux termes:*

$$\sqrt[m]{\frac{a}{b}} = \frac{\sqrt[m]{a}}{\sqrt[m]{}}.$$

Si l'un des termes est une puissance m^{me} exacte, il sort du r.:

$$\sqrt[m]{\frac{a}{b^m}} = \frac{\sqrt[m]{a}}{b}.$$

3° *Pour élever un r. à une certaine puissance, il suffit d'élever à cette puissance la quantité sous le r.:*

$$\left(\sqrt[m]{a}\right)^p = \sqrt[m]{a^p}.$$

4° *Pour extraire une racine d'un r., il suffit de multiplier les deux indices :*

$$\sqrt[p]{\sqrt[m]{a}} = \sqrt[mp]{a}.$$

5° *On ne change pas la valeur d'un r. si l'on multiplie l'indice du r. par un certain nombre, et si l'on élève en même temps la quantité placée sous le r. à la puissance marquée par ce nombre, ou encore : on ne change pas la valeur d'un r. si l'on divise par un même nombre l'indice du r. et l'exposant de la quantité qui est dessous :*

$$\sqrt[m]{a} = \sqrt[]{a^p}$$

$$\sqrt[15]{a^{20}} = \sqrt[3]{a^4}.$$

Dans le second exemple on a :

$$\sqrt[3]{a^4} = \sqrt[15]{(a^4)^5} = \sqrt[15]{a^{4 \times 5}} = \sqrt[15]{a^{20}},$$

ce qui justifie la règle.

6° *La règle précédente permet de simplifier un r.,* comme dans l'exemple précédent, ou de réduire plusieurs *radicaux au même indice par une règle identique à celle qui sert à réduire des fractions au même dénominateur.*
7° *Pour multiplier ou diviser des radicaux d'indices différents*, on *les réduit au même indice, et on opère* suivant la règle 1 ou 2. Exemple :

$$\sqrt[3]{a^3bc}\sqrt[3]{a^2bc^3}\sqrt[4]{a^3b^3c^2} = a\sqrt[]{abc} \times \sqrt[3]{a^2bc^2} \times bc\sqrt[4]{a^3bc^3}$$
$$= abc^2\sqrt[12]{a^6b^4c^6}\sqrt[12]{a^8b^4c^3}\sqrt[12]{a^9b^3c^9}$$
$$= abc^2\sqrt[12]{a^{23}b^{13}c^{23}} = abc^2 \cdot abc\sqrt[12]{a^{11}b^2c^{11}}$$
$$= a^2b^2c^3\sqrt[6]{b}\sqrt[12]{a^{11}c^{11}}.$$

Les règles précédentes sont la base du calcul des exposants fractionnaires, l'analogie des calculs des radicaux avec ceux des fractions ayant conduit à représenter un r. par la notation suivante :

$$\sqrt[m]{a^p} = a^{\frac{p}{m}}.$$

Voy. Exposant.

Géom. — *Axe radical, centre r.* — On appelle *axe r.* de deux cercles le lieu des points qui ont la même puissance par rapport à ces deux cercles (Voy. Puissance). On démontre aisément que ce lieu est une ligne droite perpendiculaire à la ligne des centres et qu'il se confond avec la sécante commune quand les deux cercles se coupent, avec la tangente commune au point de contact s'ils sont tangents. En géométrie analytique, on dit que deux cercles se coupent toujours en deux points réels ou imaginaires, distincts ou confondus, et l'axe r. est toujours la droite qui joint ces deux points.
Si l'on a trois circonférences, et si les axes radicaux des deux couples se coupent en un point C, ce point aura la même puissance par rapport aux trois cercles, et alors il sera sur l'axe r. du troisième couple. Ainsi les axes radicaux de trois cercles considérés deux à deux passent par un même point qui est appelé *centre r.* des trois cercles.
Cette propriété sert à construire l'axe r. de deux cercles qui ne se coupent pas. Il suffit de les couper tous les deux par un troisième cercle quelconque. Ce cercle auxiliaire détermine dans chacun des deux cercles donnés une sécante commune, et ces deux sécantes communes se coupent en un point M. Il suffit d'abaisser de ce point M une perpendiculaire sur la ligne des centres des deux cercles donnés.
Si les centres des trois cercles sont en ligne droite, leurs trois axes radicaux sont parallèles et le centre r. est rejeté à l'infini ; mais si les trois cercles passent par deux mêmes points réels ou imaginaires, ils ont la même sécante commune et par suite le même axe r. Au lieu de trois cercles on peut en avoir une infinité qui ont tous le même axe r. Les cercles qui ont un axe r. commun jouissent de propriétés importantes. Voy. Involution, Puissance.

RADICALEMENT. adv. [Pr. radikale-man]. Essentiellement, dans le principe, dans la source. Guérir r. une maladie. Acte r. nul. Raisonnement r. faux.

RADICALISME. s. m. T. Polit. Système, opinion des radicaux.

RADICANT, ANTE. adj. (lat. *radicare*, pousser des racines, de *radix*, racine). T. Bot. Se dit d'une tige couchée ou grimpante qui émet des racines adventives.

RADICATION. s. f. [Pr. radika-sion] (lat. *radicare*, pousser des racines). T. Bot. Ensemble ou disposition des racines d'une plante. || Action par laquelle les plantes poussent des racines.

RADICELLAIRE. adj. 2 g. [Pr. radi-sel-lère]. Qui a rapport à la radicelle. || Qui a la forme d'une petite racine.

RADICELLE. s. f. [Pr. radi-sèle] (Dimin. du lat. *radix, radicis*, racine). T. Bot. Nom donné aux ramifications secondaires, ordinairement grêles, que porte la racine principale.

RADICIFLORE. adj. 2 g. (lat. *radix, radicis*, racine; *flos, floris*, fleur). Dont les fleurs naissent d'une tige souterraine.

RADICIFORME. adj. 2 g. (lat. *radix, radicis*, racine; *forma*, forme). Qui ressemble à une racine.

RADICIVORE. adj. 2 g. (lat. *radix, radicis*, racine; *vorare*, dévorer). T. Zool. Qui se nourrit de racines.

RADICULAIRE. adj. 2 g. [Pr. radiku-lère] (lt. radicule) T. Didact. Qui a rapport à la racine, ou à la radicule.

RADICULE. s. f. (lat. *radicula*, dimin. de *radix, radicis*, racine). T. Bot. Partie inférieure de l'axe de l'embryon qui, en se développant, deviendra la racine de la plante.

RADIÉ, ÉE. adj. (lat. *radiatus*, m. s., de *radius*, rayon). Qui est disposé en rayons partant d'un centre commun. || T. Bot. *Fleur radiée*, Fleur composée formée de fleurs tubuleuses (*fleurons*) au centre et de fleurs ligulées (*demifleurons*) à la circonférence. *Plante radiée*, et subst., *Une radiée*, Celle qui a des fleurs de ce genre. Voy. Composées. || T. Blas. et Numismat. *Couronne radiée*. Voy. Couronne.

RADIÉES. s. f. pl. (R. radié). T. Bot. Tribu de plantes de la famille des *Composées*. Voy. ce mot.

RADIER. s. m. [Pr. radié] (lat. *ratis*, radeau, poutres liées ensemble). T. Archit. hydraul. Construction de charpente ou de maçonnerie sur laquelle on établit dans l'eau les fondations des écluses, des bâtardeaux, des piles, etc.

RADIER. v. a. (bas lat. *radiare*, qui n'est que la traduction barbare du fr. *rayer*). Rayer d'une liste, d'un compte. = Radié, ée. part. = Conj. Voy. Prier.

RADIÉS. s. m. pl. (lat. *radius*, rayon). T. Zool. Syn. de *Héliozoaires*. Voy. ce mot.

RADIEUX, EUSE. [Pr. radieu, ieuze]. (lat. *radius*, rayon). Qui émet des rayons de lumière. *Corps r. Point r.* — Se dit surtout en poésie. *Le soleil r. Un éclat r. Front r.* || Fig. et fam., *Avoir le visage r., l'air r.*, Avoir un air de satisfaction, de joie, de contentement. On dit de même, *Il était r. Je l'ai trouvé tout r.*

RADIO-CARPIEN, IENNE. adj. [Pr. radiokarpi-in, ièn]. Qui a rapport au radius et au carpe.

RADIOCONDUCTEUR. adj. m. (lat. *radius*, rayon, et fr. *conducteur*). T. Phys. Nom donné à une série de corps qui deviennent conducteurs de l'électricité sous l'influence des ondes hertziennes. Ce sont en général de petites colonnes de limaille de nickel, d'argent, de presque n'importe quel métal contenu entre deux électrodes métalliques dans un petit tube en verre. Lorsque ces corps sont devenus conducteurs par le passage d'une onde, il suffit de leur donner un petit choc pour qu'ils redeviennent non-conducteurs. Ces appareils jouent un grand rôle dans la télégraphie sans fils ou télégraphie hertzienne. Voy. Télégraphie.

RADIO-CUBITAL, ALE. adj. Qui a rapport au radius et au cubitus.

RADIOCULTURE s. f. (lat. *radius*, rayon; *cultura*, culture). Ce nom a été donné par M. Flammarion à l'étude de l'action des différentes radiations du Soleil sur la végétation. Les expériences ont été faites à l'observatoire de Juvisy dans des serres munies de verres de différentes teintes. Ces travaux ont établi que les radiations rouges, reçues à l'exclusion des autres, exaltent la végétation. Dans le rouge, les plantes croissent avec une rapidité remarquable; dans le bleu, elles ne subissent aucun changement. Ainsi, dans les serres-rouges les sensitives acquièrent une hauteur 15 fois plus grande que dans les serres bleues. M. Flammarion a montré que ces transformations sont dues surtout aux radiations lumineuses, que la chaleur entre pour une faible part dans ces résultats observés dans les serres blanche, rouge, verte et bleue.

Les résultats avec le spectre de la lumière électrique concordent absolument avec ceux des verres de couleur monochromatiques obtenus avec des cloches en verre à double paroi contenant des solutions monochromatiques. La végétation ne paraît pas possible dans le vert monochromatique où les plantes ne tardent pas à périr. La transpiration des végétaux est maximum dans le rouge et l'orangé; il en est de même pour l'assimilation du carbone. Les verres bleu foncé arrêtent le développement végétatif en entretenant la vie et empêchent la chute des feuilles.

Les colorations des végétaux sont dues pour la plupart à la lumière et les expériences de r. montrent que l'on peut classer les plantes en trois groupes d'après la cause de coloration : 1° La coloration est due à l'action directe de la lumière; 2° elle est due à l'action de la lumière et aux aliments contenus dans les feuilles; 3° elle n'est pas due à l'action de la lumière. La coloration du lilas est due à la lumière, les feuilles pourprées de l'*Alternanthera amœna*, du géranium et des *coleus* changent de couleur, de dimensions et de forme suivant les radiations. Les fleurs du *Cobœa*, du *Mina lobata*, de la *Verveine caméléon* se colorent sous l'influence de la lumière, etc., etc. L'action de la lumière sur les tissus est sans nul doute un phénomène d'ordre chimique et dans la coloration la lumière paraît intervenir directement pour mettre en liberté certains principes qui réagissent sur les leucites incolores possédant des propriétés chimiques spéciales et individuelles.

M. Flammarion a étendu ces expériences au règne animal. Des vers à soie ont été élevés sous des verres colorés. Les diverses radiations du spectre solaire produisent des résultats différents sur le nombre, le poids et les sexes obtenus, ainsi que sur la soie produite par les cocons.

RADIOGRAPHIE. s. f. (lat. *radius*, rayon et gr. γράφω, j'écris). T. Phys. Se dit des procédés qui permettent d'obtenir des épreuves photographiques au moyen des rayons X. Voy. RAYONS X.

RADIOLAIRES. s. m. pl. (lat. *radius*, rayon). T. Zool. Classe de Protozoaires caractérisée par la présence d'une membrane chitineuse (*capsule centrale*) située dans le corps même de l'animal, au milieu du protoplasma. Cette capsule, qui forme une sorte d'enveloppe tout autour de la région nucléaire, est percée de trous permettant au protoplasma central (*endoplasme*) de communiquer avec le protoplasma périphérique (*ectoplasme*) qui envoie tout autour de l'animal des pseudopodes très fins, rayonnants et ramifiés. De plus cet ectoplasme sécrète un squelette siliceux très délicat et de formes très variées.

Les Radiolaires se reproduisent par spores ou par division. Ils vivent tous dans la mer, généralement flottant à la surface ou entre deux eaux quand le temps est couvert. Après leur mort, leurs squelettes tombent dans les vases du fond où ils ont contribué à former les couches géologiques.

RADIOLITE. s. f. (lat. *radius*, rayon; gr. λίθος, pierre). T. Minér. Variété de Mésotype, en masses radiées, de Brevig (Suède). || T. Paléont. Zool. Genre de Mollusques Lamellibranches, fossiles dont les espèces sont communes dans l'étage cénomanien du terrain crétacé.

RADIOMÈTRE. s. m. (lat. *radius*, rayon; gr. μέτρον, mesure). T. Astron. Instrument, aujourd'hui tout à fait abandonné, dont on se servait autrefois en mer pour prendre la hauteur du soleil. Le r. était aussi appelé Arbalestrille.

Phys. — Le radiomètre de Crookes se compose d'une ampoule de verre à l'intérieur de laquelle est mobile un petit moulinet horizontal dont les ailettes en métal léger sont brillantes d'un côté et noircies de l'autre (Fig. ci-dessous). Le vide a été fait dans cette ampoule comme pour les expériences sur

la matière *radiante* (Voy. ce mot). Lorsqu'on expose cet appareil à la lumière, le moulinet se met à tourner, les faces noircies marchent en sens inverse de la lumière incidente, comme s'il y avait répulsion.

Le mouvement des ailettes paraît dû à l'échauffement inégal des deux faces qui n'ont pas même pouvoir absorbant.

RADIOMÉTRIE. s. f. (R. *radiomètre*). T. Phys. Comparaison de l'intensité des radiations au moyen du *radiomètre* (Voy. ce mot). On admet que plus les ailettes du radiomètre tournent vite, plus la radiation à laquelle on le soumet est intense. Il est à remarquer toutefois que cet appareil ne peut donner que des indications vagues et que ce n'est pas un instrument de mesure.

RADIO-PALMAIRE. adj. 2 g. Qui a rapport au radius et à la paume de la main.

RADIS. s. m. [Pr. *ra-dî*] (lat. *radix*, racine). T. Bot. Genre de plantes Dicotylédones (*Raphanus*), de la famille des *Crucifères*. Voy. ce mot.

Hortic. — Le r. est une plante annuelle qu'on suppose importée de Chine mais que des botanistes, peut-être plus avisés, croient n'être qu'une variété, très améliorée par une longue culture, du *Raphanus raphanistrum* vulgaire, ou du *R. Landra*, autre espèce sauvage du Midi, ayant la plus grande analogie avec la variété de r. longs cultivée dans la région. Dans tous les cas, le r. a donné naissance à une foule de variétés et sous-variétés, qu'on peut répartir en deux groupes assez naturels : les r. de *petite race* et ceux de *grosse race*. Les principales variétés de petite race sont : r. *blanc hâtif; blanc ordinaire; demi-long, rose, blanc et écarlate; gris d'été; jaune d'été; à chair jaune*. — La plupart de ces variétés, surtout les petits radis ronds, se sèment presque toute l'année : 1° Sur couche en hiver et au premier printemps; 2° en pleine terre dans les autres saisons. Pour obtenir, dans les terres légères, des radis bien ronds, il faut que la terre soit fortement piétinée avant de semer. Dans les chaleurs, il faut beaucoup d'eau, un peu d'ombre et semer peu à la fois. — Les gros radis se sèment plus tard que les précédents, ordinairement à fin de mai à Paris, et plus tard encore dans le Midi; faute de quoi, ils montent à fleur avant que leur racine ait eu le temps de grossir. De copieux arrosages leur sont peut-être plus nécessaires qu'aux premiers. C'est à tort qu'à Paris on donne aux radis longs le nom de *raves*, ce qui peut entraîner des confusions regrettables.

RADIUS. s. m. [Pr. l's finale] (lat. *radius*, m. s.). T. Anat. Os long et prismatique qui occupe le côté externe de l'avant-bras, et qui s'articule avec le carpe par son extrémité inférieure, et avec l'humérus par son extrémité supérieure, qu'on appelle *tête* à cause de sa forme arrondie. — Le mot *Radius* entre dans la formation de plusieurs termes anatomiques, tels que *Radio-carpien, Radio-cubital*, etc. || T. Entom. Première nervure du bord externe de l'aile des Insectes.

RADJHAH. s. m. Voy. RAJAH.

RADJPOUTANA ou **RADJASTÂN.** État indigène au N.-O. de l'Inde; 10.300.000 hab.

RADNOR. Comté d'Angleterre (pays de Galles) 23,500 hab. Cap. *Presteign*.

RADOIRE. s. f. [Pr. *ra-douare*] (bas-lat. *rasitoria*, m. s. de *radere*, raser). Instrument qui sert à rader le sel.

RADOTAGE. s. m. Discours sans suite, dénué de bon sens. *Ce discours n'est qu'un r.* || État de celui qui radote. *Il est tombé dans le r.*

RADOTEMENT. s. m. [Pr. *rado-teman*]. Action de radoter. Vx.

RADOTER. v. n. (orig. germ. : holl. *dutten*, angl. *to dote*, m. s.). Tenir des discours, des propos qui prouvent un manque de sens, un affaiblissement d'esprit, résultant de la vieillesse. *Il est si vieux, qu'il radote. Il commence à r. Il ne fait que r.* || Par ext., se dit de quelqu'un qui tient des propos de ce genre, bien que l'âge n'ait point affaibli ses facultés originaires. *Il n'a jamais fait que r. toute sa vie.*

RADOTERIE. s. f. Extravagance qu'on dit en radotant. *Il ne dit que des radoteries.*

RADOTEUR, EUSE. adj. et s. Celui, celle qui radote. *Un vieux r. Une vieille radoteuse. Il n'est pas si r. que vous le dites.*

RADOUB. s. m. [L'Académie dit qu'il faut pr. *radoub*, mais les marins disent *radou*] (R. *radouber*). T. Mar. On entend par *Radoub* toute réparation que l'on fait, soit à la coque, soit à la mâture d'un bâtiment. Pour exécuter ce travail, on est conduit à construire à l'intérieur des ports, des bassins appelés *cales* ou *formes de r.*, bassins disposés de telle manière, que les navires qui doivent être réparés puissent y être introduits lorsque la marée monte et puissent en sortir, le r. terminé, avec la même facilité. Le radier se trouve suffisamment en contre-bas du chenal pour que le bâtiment entre dans le bassin sans qu'il soit nécessaire de le désemparer ou de l'alléger en aucune manière. Des portes d'écluse à fermeture hermétique closent la forme de r. que l'on met à sec au moyen de pompes d'épuisement à grand débit. Généralement il existe, se faisant suite l'un à l'autre et séparés par des portes étanches, deux bassins de r., le premier ayant une profondeur moindre que le second et spécialement destiné à recevoir les bâtiments de faible tonnage. Le deuxième dont la profondeur de radier se trouve souvent de 10 à 12 mètres au-dessous du niveau de la basse mer ne reçoit que les navires ayant un tirant d'eau et des dimensions plus considérables. Des escaliers permettent d'approcher des carènes mises à sec et d'examiner de près les réparations à exécuter. La forme intérieure du bassin de radoub rappelle en plus grandes dimensions celle des navires qu'on y amène pour les réparer.

Autrefois, dans les anciens ports, le procédé employé pour radouber les navires consistait dans l'*abatage en carène*, c.-à-d. dans le renversement du navire, au moyen d'un appareil qui le couchait alternativement sur les deux côtés. Mais l'abatage avait l'inconvénient de fatiguer au plus haut point les grands navires, et d'être en outre impraticable pour les bateaux à vapeur. On a eu alors recours à une autre méthode consistant à se servir du *ras de carène*, c.-à-d. d'une espèce de radeau ou de plate-forme flottante recevant le navire qu'on voulait radouber. Dans quelques ports on fait encore usage, notamment dans les chantiers de construction de navires qui n'appartiennent pas à l'amirauté, du *railway marin*, plan incliné sur lequel on hale le navire à terre, où il est travaillé comme dans le chantier. On emploie encore le *dock hydrostatique*, plate-forme qui, placée au fond de l'eau, reçoit le bâtiment et l'élève à la surface; enfin le *dock flottant*, machine que l'on fait enfin afin de recevoir le navire, puis qui, au moyen d'un système de pompes, par lesquelles l'air est substitué à l'eau dans des compartiments ménagés *ad hoc*, remonte à la surface avec son fardeau. Quel que soit le système usité pour radouber un bâtiment, dès qu'il est à sec, tout d'abord on le débarrasse de son vieux doublage quand on a affaire à des navires en bois. Les ouvriers calfats procèdent au *décrochetage*, c.-à-d. extraient l'étoupe du travail antérieur. Alors a lieu le *chauffage*, feu de bouteau dont on dirige la flamme le long des flancs du navire et qui ronge les corps étrangers restés attachés au bois. Les charpentiers visitent ensuite la carène et procèdent aux travaux de réparation. Quand cette œuvre est achevée, on applique le doublage qui est la dernière opération du r. On distingue le *petit*, le *moyen* et le *grand r.*, suivant le temps que l'on a mis pour exécuter les travaux et les dépenses que ces travaux ont occasionnées. Comme on le voit, on ne peut classer le r. que lorsqu'il est terminé : c'est qu'en effet il est à peu près impossible de savoir réellement à quoi l'on s'engage quand on commence une opération de ce genre. Lorsque les frais égalent la valeur de la moitié du bâtiment, l'opération prend le nom de *refonte*.

RADOUBER. v. a. (R. *re*, préf., et *adouber*). T. Mar. Faire des réparations au corps d'un bâtiment. *R. un vaisseau, une frégate, un brick.* — Par ext., on dit quelquefois, *R. des voiles. R. une poudre avariée.* == SE RADOUBER, v. pron. Fig. et fam., Réparer une perte, un dommage qu'on a souffert, reprendre de la santé. *Il s'est bien radoubé. Il s'est radoubé tout à l'aise.* == RADOUBÉ, ÉE. part.

RADOUBEUR, EUSE. Celui, celle qui radoube. || Rebouteur, rebouteuse. Vx.

RADOUCIR. v. a. (R. *re*, préf., et *adoucir*). Rendre plus doux. *La pluie a radouci le temps. On radoucit les métaux par une fonte réitérée.* || Fig., Apaiser, rendre moins rude. *R. quelqu'un. Je saurai bien r. son humeur, r. son caractère. Radoucissez votre ton.* == SE RADOUCIR. v. p. Le temps s'est bien radouci depuis peu. Son ton s'est fort radouci. Il n'est plus si courroucé, il commence à se r.* == RADOUCI, IE. part.

RADOUCISSEMENT s. m. [Pr. *radou-si-seman*]. Diminution d'une température excessive; se dit surtout par rapport au froid. *Le r. du temps, de la saison.* || Fig. Diminution dans les maux; changement en mieux dans les affaires. *La fièvre n'est plus si violente, il y a du r. Les esprits étaient fort aigris contre lui, mais il y a eu quelque radoucissement.*

RADULA ou **RADULE.** (lat. *radula*, petite râpe). T. Zool. Nom que l'on donne à l'appareil qui sert aux mollusques céphalés (Gastéropodes, Céphalopodes, Scaphodes et Amphineures) à prendre leur nourriture. La R. est une membrane chitineuse couverte d'un grand nombre de dents microscopiques, tendue sur le plancher buccal au-dessus de deux pièces musculaires ou cartilagineuses qu'on appelle *cartilages odontophores*. La forme et la disposition des dents de la R. fournissent des caractères employés dans la systématique des mollusques.

RADZIWILL, anc. famille polonaise de Lithuanie, dont l'un des membres, CHARLES-STANISLAS (1734-1790), lutta contre la Russie sans pouvoir empêcher le démembrement de sa patrie (1772).

RAFALE. s. f. (R. *re*, préf., et *affaler*, qui sign. en T. de Mar. pousser à la côte). Coup de vent soudain, mais de peu de durée, en sorte qu'avant et après, le vent est modéré. *Les rafales ont surtout lieu après les tempêtes. Les rafales résultent parfois de la configuration des lieux.*

RAFALÉ, ÉE. adj. T. Mar. Qui a subi une rafale. || Fig. Qui vient de subir un revers de fortune.

RAFF. s. m. [Pr. *raf*]. Se dit des nageoires du Flétan et de la peau grasse à laquelle elles adhèrent. *Le r. salé et séché passe pour un mets délicat.*

RAFFE. s. f. Voy. RAFLE.

RAFFERMER. v. a. [Pr. *ra-fermer*] (R. *re*, préf., et *affermer*). Affermer de nouveau.

RAFFERMIR. v. a [Pr. *ra-fermir*] (R. *re*, préf., et *affermir*). Rendre ferme ce qui était ébranlé, ce qui n'avait pas une solidité suffisante. *Le soleil, le beau temps a raffermi les chemins. Cet opiat raffermit les dents et les gencives.* || Fig., Remettre dans un état plus assuré, plus stable. *L'air de la campagne a raffermi sa santé. Son discours raffermit le courage des soldats. Cet événement le raffermit sur le trône, raffermit son trône. Ce succès raffermit son autorité. Mes observations l'ont raffermi dans son projet.* == SE RAFFERMIR. v. pron. Devenir plu' ferme, plus stable; se dit au prop. et au fig. *Les chemins se raffermissent. Ses chairs se raffermirent promptement. Sa santé se raffermit tous les jours. Son autorité se raffermit de jour en jour. Le crédit public ne tardera pas à se r. Il s'est raffermi dans sa résolution.* == RAFFERMI, IE. part.

RAFFERMISSEMENT. s. m. [Pr. *rafer-mise-man*]. Ce qui remet une chose dans l'état de fermeté, de stabilité où elle était. *Le r. des chairs. La r. de l'autorité royale. Le r. du crédit.*

RAFFET, peintre et dessinateur fr. (1804-1860).

RAFFILER. v. a. [Pr. *ra-filer*] (R. re, préf., et *affiler*). Arrondir le bout des doigts d'un gant. ‖ Dresser le tranchant d'une pierre.

RAFFINADE. s. f. [Pr. *ra-finade*] (R. *raffiner*). Espèce de sucre, le plus pur et le plus beau de tous.

RAFFINAGE. s. m. [Pr. *rafi-naje*] (R. *raffiner*). Opération qui consiste à séparer d'une substance les matières étrangères qui en altèrent la pureté. *Le r. des métaux. Le r. du sucre, du salpêtre.* Voy. Cuivre, Plomb, Sucre, etc.

RAFFINEMENT. s. m. [Pr. *rafi-neman*] (R. *raffiner*). Extrême subtilité. *C'est un trop grand r., un r. ridicule. R. de politique. R. de spiritualité. La délicatesse du langage ne doit point aller jusqu'au r.* ‖ L'excès de recherche que l'on met en certaines actions, en certaines habitudes de la vie. *Les raffinements du luxe, de la volupté. Il a fait cela par un r. de méchanceté, de cruauté.*

RAFFINER. v. a. [Pr. *rafi-ner*] (R. re, préf., et *affiner*). Rendre plus fin, plus pur. *R. du cuivre. R. le salpêtre, le sucre.* ‖ *R. le papier,* réduire les chiffons effiloqués à la plus grande ténuité, de manière à rendre la pâte du papier plus fine. ‖ *R. le fromage,* le soumettre à une fermentation. = RAFFINER. v. n. Faire des progrès, des découvertes nouvelles. *Il a bien raffiné sur cette science. Vous parlez de chimie; on y a bien raffiné depuis l'époque où je l'étudiais.* Vx et fam. ‖ Subtiliser. *Il raffine sur tout. R. sur le point d'honneur. R. sur la langue.* = SE RAFFINER. v. pron. Se purifier, être raffiné. *Le sucre se raffine avec le noir animal.* ‖ Devenir plus fin, moins simple. *Le monde se raffine tous les jours. Ce garçon commence à se r. depuis qu'il est à Paris.* = RAFFINÉ, ÉE. *Sucre raffiné.* ‖ Adject., *C'est un esprit trop raffiné pour être naturel.* = RAFFINÉ. s. m. Se disait autrefois de certains gentilshommes qui se piquaient de raffiner sur le point d'honneur et avaient des duels sans nombre.

RAFFINERIE. s. f. [Pr. *ra-finerie*]. Lieu où l'on raffine, et partic., Usine où l'on raffine le sucre.

RAFFINEUR, EUSE. s. [Pr. *ra-fineur, euze*]. Celui, celle qui raffine. *R. de sucre, de salpêtre, etc.* = RAFFINEUSE. s. f. Pile qui achève la trituration du chiffon pour le transformer en pâte à papier.

RAFFINOSE. s. f. [Pr. *ra-finoze*] (R. *raffiner*, et la term. *ose* des sucres). T. Chim. Matière sucrée qui accompagne le sucre ordinaire (saccharose), dans les mélasses de betteraves et qu'on rencontre aussi dans la manne d'Australie. La r. est cristallisable, insipide, fortement dextrogyre, soluble dans l'eau et dans l'alcool. Elle perd de l'eau de cristallisation à 108° et fond à 119°. Elle fermente facilement sous l'influence de la levure de bière. Traitée par l'acide sulfurique étendu, elle se dédouble en lévulose et mélibiose, puis la mélibiose se scinde à son tour en glucose et galactose.

RAFFLÉSIACIÉES. s. f. pl. [Pr. *ra-flé-zia-sé*] (R. *rafflésie*). T. Bot. Famille de végétaux Dicotylédones de l'ordre des Apétales inférovariées.
Caract. bot. : Plantes sans tiges, réduites à une sorte de thalle qui se développe dans les racines ou la tige de la plante nourricière et qui produit au dehors une sorte de tubercule d'où naissent les fleurs. Fleurs hermaphrodites, ou monoïques, ou dioïques. Calice formé de 3 à 10 sépales, ordinairement charnus, concrescents en tube ou en cloche. Androcée comprenant quelquefois 8, ordinairement un grand nombre d'étamines concrescentes, soit en une colonne centrale, soit en trois groupes superposés aux sépales. Pistil formé de 3 à 8 carpelles concrescents en un ovaire uniloculaire à placentas pariétaux, terminé par un style court surmonté d'un stigmate globuleux ou lobé; ovules très nombreux, orthotropes ou anatropes. Fruit bacien avec un grand nombre de graines; albumen abondant au très réduit; embryon très p it ou homogène.

Cette famille ne comprend que 8 genres et 25 espèces, qui toutes sont originaires, les unes des Indes orientales, où elles vivent sur les tiges des *Cissus,* les autres de l'Amérique du Sud, où elles se développent sur les branches de certains arbres de la famille des Légumineuses.
Les genres de cette famille se groupent en deux tribus :
TRIBU I. — *Hydnorées.* — Fleurs hermaphrodites (*Hydnora,*

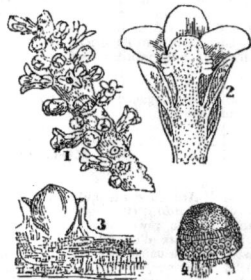

Fig. 1.

Prosopanche). L'*Hydnora africana* se trouve au cap de Bonne-Espérance, où elle croît en parasite sur les racines des Euphorbes. Cette plante, qui vit à moitié enterrée dans le

Fig. 2.

sol, et dont l'aspect ne peut se comparer qu'à celui de certains Champignons, tels que le *Géaster,* a une odeur analogue à celle d'un morceau de viande rôtie et à demi gâtée. Néanmoins les Hottentots la mangent après l'avoir fait griller.
TRIBU II. — *Rafflésiées.* — Fleurs unisexuées (*Rafflesia, Brugmansia, Cytinus, Pilostyles, Apodanthes,* etc.). [Fig. 1. — 1. *Pilostyles Berterii,* Fleur mâle; 2. Coupe verticale d'une fleur; 3. Jeune fleur se frayant un passage à tra-

vers l'écorce ; **4**. Faisceau d'étamines. — Fig. 2. — *Cytinus hypocistis*. — Fig. 3. — **1**. *Cytinus hypocistis*, Fleur femelle ; **2**. Coupe longitudinale de la même ; **3**. Coupe transversale de l'ovaire.]

L'espèce la plus célèbre de la tribu est le *Rafflesia Arnoldi*, qui habite Sumatra. Elle apparaît d'abord sur la tige de l'arbre où elle vit en parasite, sous la forme d'un petit tubercule qui ressemble presque à un léger gonflement de l'écorce. Ce tubercule grossit incessamment jusqu'à ce qu'il ait

Fig. 3.

atteint le volume d'un gros chou, qui n'est autre que le bouton de la fleur. Alors celle-ci commence à s'épanouir. Lorsqu'elle est arrivée à son développement complet, elle a 1 mètre de diamètre ou 3 de circonférence ; elle pèse près de 7 kilogr., et la cavité du centre de la fleur peut contenir 8 lit. 50. Les pétales n'ont pas moins de 36 millimètres d'épaisseur, près de leur base. Ils sont couleur rouge-brique tirant sur l'orange, et marqués de taches blanches, ainsi que de points de la même couleur que le fond, mais plus foncés. Le *Raffl. Patma* s'emploie à Java, dans le relâchement et la débilité de l'appareil génito-urinaire : on le regarde comme un styptique énergique. La *Brugmansie* (*Brugmansia*) passe pour posséder des propriétés analogues. Le *Cytinus hypocistis*, vulgairement appelé *Cytinelle*, vit en parasite sur les racines des Cistes dans le midi de l'Europe. Il contient de l'acide gallique. On prépare avec les baies de cette plante un extrait brun noirâtre, légèrement acide et astringent qui, dans l'Europe méridionale, s'administre contre les hémorrhagies et la dysenterie.

RAFFLÉSIE. s. f. [Pr. *ra-flé-zi*] (R. *Raffles*, n. d'un homme d'État angl.). T. Bot. Genre de plantes Dicotylédones (*Rafflesia*) de la famille des *Rafflésiacées*. Voy. ce mot.

RAFFLÉSIÉES. s. f. pl. [Pr. *ra-flé-zié*] (R. *Rafflésie*). T. Bot. Tribu de plantes de la famille des *Rafflésiacées*. Voy. ce mot.

RAFFOLER. v. n. [Pr. *ra-foler*] (R. *re*, préf., et *affoler*). Se passionner follement pour quelqu'un ou pour quelque chose. *R. de quelqu'un, de quelque chose. Elle raffole de la danse. Ce jeune homme lui plaît infiniment, elle en raffole.* Fam.

RAFFOLIR. v. n. [Pr. *rafo-lir*] (R. *re*, préf., et *affolir*). N'est usité que dans cette phrase, d'ailleurs peu usitée, *Vous me feriez r.*, Vous me feriez devenir fou.

RAFFRANCHIR. v. a. [Pr. *ra-franchir*] (R. *re*, préf., et *affranchir*). T. Hortic. Améliorer en parlant des arbres. = RAFFRANCHI, IE. part. *Poirier raffranchi.*

RAFFUBLER. v. a. [Pr. *ra-fubler*] (R. *re*, préf., et *affubler*). Affubler de nouveau.

RAFFUTAGE. s. m. [Pr. *ra-futaje*]. Action de raffuter. — Façon entière que l'on donne à un chapeau, à des outils.

RAFFÛTER. v. a. [Pr. *ra-fûter*] (R. *re*, préf., et *affûter*). T. Techn. Affûter de nouveau, mettre de nouveau en état. — *R. un chapeau*, de remettre à neuf. = RAFFUTÉ, EE. part.

RAFIAU. s. m. [Pr. *ra-fio*]. T. Mar. Petit bateau à rames, gréé d'une voile à antenne sur un mât portant foc.

RAFISTOLAGE. s. m. Action de rafistoler ; résultat de cette action.

RAFISTOLER. v. a. Remettre en état. Fam. = RAFISTOLÉ, ÉE. part.

RAFLAGE. s. f. (R. *rafle*). État d'un pain de sucre, qui est raboteux à sa superficie.

RAFLE. s. m. (all. *rappe*, grappe de raisin). T. Bot. Pédoncule central d'une grappe de groseille, d'un épi de maïs, etc. Quelques-uns disent *Raffe* ou *Râpe*. || T. Méd. vétér. Maladie éruptive qui a été observée sur la vache, et qui occupe ordinairement la partie interne des membres postérieurs. *La r. consiste en une éruption de pustules qui s'ouvrent, puis se dessèchent.*

RAFLE. s. m. (R. *rafler*). T. Chasse et Pêche. Espèce de filet dont on se sert pour prendre de petits oiseaux, etc. || T. Jeu. Se dit quand les dés amènent chacun le même point. *R. d'as, de six. Amener, faire r.* — Fig. et prov., *Faire r.*, Enlever tout sans rien laisser. *Les voleurs sont entrés dans cette maison et y ont fait r.* || Fig. *La police a fait une r. de vagabonds.*

D'une humeur vagabonde,
Faisant rafle partout de la brune à la blonde.
REGNARD.

RAFLER. v. a. (all. *raffen*, m. s., qui est du même radical que le lat. *rapere*, enlever). Enlever avec promptitude tout ce qui se trouve dans un lieu. *Les ennemis sont entrés dans le pays, les voleurs sont entrés dans cette maison et ont tout raflé.* Fam. = v. n. Faire rafle au jeu de dés. = RAFLÉ, ÉE. part.

RAFLEUR, EUSE. adj. (R. *rafle*). Dont la surface est inégale et raboteuse.

RAFRAÎCHIR. v. a. (R. *re*, préf., et l'inus. *afraichir*, de *frais*). Prendre frais, donner de la fraîcheur. *R. le vin. R. l'eau. Cette pluie a rafraîchi l'air, le temps.* — *R. le sang*, Le rendre plus calme par les remèdes ou par le régime. *L'usage du lait lui a rafraîchi le sang. Le sommeil rafraîchit le sang.* Fig., *R. le sang* se dit d'une chose qui fait plaisir, qui calme les inquiétudes, qui donne de la tranquillité. *Cette nouvelle m'a rafraîchi le sang.* — *R. un canon*, humecter l'intérieur quand on a tiré plusieurs coups. — Absol., *Rafraîchir*, se dit de toute substance propre à calmer la soif et à diminuer la température du corps. *Les boissons acidulées rafraîchissent.* On dit aussi, avec un régime, *Prenez de la limonade, cela vous rafraîchira.* || *Réparer, mettre en meilleur état. R. un mur*, Y mettre un nouvel enduit. *R. des lits de pierre*, les retailler. — *R. le mortier*, y remettre de l'eau, du lait de chaux. — *R. le sol*, y faire un nouveau labour. *R. un tableau*, Le nettoyer et le vernir de nouveau pour rendre à ses couleurs leur vivacité primitive. *R. une tapisserie*, La raccommoder aux endroits où elle est gâtée. On dit encore, dans un sens analogue, *R. le bord d'un chapeau; R. un manteau; R. les cheveux; R. les racines, les branches d'un arbre; R. un câble, une manœuvre*, ce qui se fait en enlevant ou en coupant l'extrémité de ces choses. || En parl. de troupes de soldats, Les rétablir par la bonne nourriture. *Il faut mettre ces troupes dans de bons quartiers pour les r.* — *R. une place d'hommes et de munitions*, ou simplement, *R. une place*, Y faire entrer de nouvelles troupes et de nouvelles munitions. On dit de même, *Cette escadre, cette flotte a besoin d'être rafraîchie. Se r. la tête*, Se reposer, se calmer l'esprit. *R. à quelqu'un la mémoire d'une chose*, Lui en rappeler le souvenir. = RAFRAÎCHIR, IE. part. v. n. Devenir frais. *Tandis que le vent rafraîchit.* || Boire un coup, manger quelque chose. *Faites r. vos gens, vos chevaux.* = SE RAFRAÎCHIR. v. pron. Devenir frais. *L'air, le temps se rafraîchit. L'eau se rafraîchit promptement dans un courant d'air.* || Se rétablir par la bonne nourriture et le repos. *Ces troupes se sont rafraîchies dans de bons quartiers.* || Boire un coup, faire collation, etc. *Il faut vous r. Venez vous r.* = RAFRAÎCHI, IE. part.

RAFRAÎCHISSANT, ANTE. adj. [Pr. *ra-frè-chi-san*]. T. Méd. Se dit de toute substance propre à rafraîchir le corps, à en éteindre la trop grande chaleur, à diminuer l'éréthisme nerveux. *Tisane, potion rafraîchissante. La laitue est* *rafraîchissante.* || On dit subst., au masc., *Donner des rafraîchissants à un malade. Il ne lui faut que des rafraîchissants.*

RAFRAÎCHISSEMENT. s. m. [Pr. *ra-frè-chise-man*]. Action de remettre en sa fraîcheur perdue. *Le r. d'un tableau. Ce qui rafraîchit. Prendre un r. Vous avez besoin de r.* || Effet de ce qui rafraîchit. *Cela vous procurera du r.* || T. Méd. Remède qui enlève l'irritation. || Fig., Recouvrement des forces par le repos et par une alimentation abondante. *L'armée a besoin de r. Quartier de r.*, Lieu où des troupes fatiguées sont établies pour se rafraîchir. — Se dit aussi des vivres qu'on fait entrer dans une place pour la rafraîchir, ou des aliments frais qu'on embarque sur un bâtiment, par opposition aux aliments secs ou salés dont on y fait ordinairement usage. *La flotte toucha à tel endroit pour y prendre des rafraîchissements.* || Dans les fêtes, les soirées, se dit des boissons fraîches, des fruits et autres choses semblables, que l'on sert ou que l'on offre aux personnes présentes, *Il y avait à ce bal beaucoup de rafraîchissements. C'est lui qui a payé les rafraîchissements.*

RAFRAÎCHISSEUR. s. m. [Pr. *rafrè-chi-seur*]. T. Techn. Appareil à rafraîchir. — Vase où l'on fait rafraîchir des liqueurs, des substances alimentaires, au moyen de la glace. — Vase où l'on place le sirop, dans les sucreries, après sa sortie de la chaudière à cuire. — Partie de l'alambic que l'on remplit d'eau froide.

RAGAILLARDIR. v. a. [Pr. *raga-llar-dir*, *ll* mouillées] (R. *re*, préf., et *agaillardir*). Redonner de la gaîté. *Allons, bonhomme, buvez un coup, cela vous ragaillardira. Cette nouvelle l'a tout ragaillardi.* Fam. = RAGAILLARDI, IE. part.

RAGANAGE. s. m. T. Forest. Opération par laquelle on enlève les dessous des branchages inférieurs des bois.

RAGE. s. f. (lat. *rabies*, m. s.). Maladie contagieuse qui s'accompagne parfois de délire furieux, avec horreur des liquides et envie de mordre. *Ce chien a la r. Écumer de r. Un accès de r.* Voy. plus bas. || Proverb.

> Qui veut noyer son chien l'accuse de la rage.
>
> MOLIÈRE.

|| Par exagér., se dit fam., D'une douleur extrêmement violente. *C'est une r. Avoir une r. de dents.* || Fig., se dit de l'excès de certaines passions, d'un penchant outré, d'un goût incessant. *Une r. d'amour. Aimer quelqu'un jusqu'à la r. Il a la r. du jeu. Il joue sans cesse, c'est une r. Tout Paris court à ce spectacle, c'est une r. Il lui a pris une r. de travail. Il a la r. d'écrire, de faire des vers.* — Absolument, signifie une haine portée au plus haut degré, une cruauté extrême, un accès violent de colère, de fureur. *Exercer sa r. contre quelqu'un. Assouvir, satisfaire sa r. Ce discours a excité sa r. Ce martyr, par sa patience, lassa la r. de ses bourreaux. Il a la r. dans le cœur. Il écume de r. Il est dans une r. si grande, que... Sa r. était au comble. Il étouffait de r. Il a eu un violent accès de r.* || Fig. et fam., *Faire r.,* Faire un grand désordre. *Les soldats ont fait chez lui, et ils y ont fait r.*

> Le vent, la pluie et l'orage
> Contre l'enfant faisaient rage.
>
> LA FONTAINE.

— Sign. aussi, Faire des efforts extraordinaires, faire tout son possible, se signaler en quelque chose. *L'avocat a fait r. contre son adversaire. Ce soldat a fait r. dans le combat. Mon ami fit r. pour mes intérêts.* — Dire r. de quelqu'un, En dire tout le mal imaginable. **Pathol.** — La r. est une maladie virulente, contagieuse, frappant surtout le chien, les ruminants, et se transmettant à l'homme par suite de la morsure d'animaux enragés. Il s'agit probablement d'une affection microbienne, mais le germe en est encore inconnu. Au début de la maladie, le chien présente certains caractères qui permettent de la reconnaître; il devient triste, inquiet; plus tard, il présente un grand état d'agitation, avale ou déchire les objets qui sont à sa portée; il est bientôt en proie à des accès de fureur, poursuit les animaux qu'il rencontre et les mord; la soif est très vive, mais la déglutition est douloureuse et est rendue difficile par le spasme du pharynx. L'animal ne tarde pas à succomber par paralysie; à l'autopsie on trouve le cerveau très congestionné; les glandes salivaires sont tuméfiées (lysses); le poumon est hypérhémié

Tout individu mordu par un chien enragé ne contracte pas fatalement la maladie; il faut qu'il soit en état de réceptivité; les blessures faites aux régions recouvertes de vêtements n'ont pas la même gravité que les morsures faites aux parties nues (visage, mains). La durée d'incubation de la maladie, après la pénétration du virus rabique dans l'organisme, est d'environ d'un ou deux mois; elle est parfois beaucoup plus longue; à cette période succède habituellement un stade d'invasion marqué par un abattement profond, de l'insomnie, de la dépression morale suivie d'excitation. Les symptômes suivants surviennent rapidement : *hyperesthésie* excessive de tous les organes des sens, dysurie et érections douloureuses souvent suivies d'éjaculation, l'*hydrophobie* apparaît; la soif est ardente, mais le malade préfère s'abstenir de boire afin d'éviter les spasmes laryngo-pharyngés, très douloureux, que provoquent les mouvements de déglutition; la simple vue du liquide ou des vases renfermant de l'eau suffit à les déterminer; la salive est constamment rejetée de la bouche; les *convulsions* sont fréquentes; le malade a des frissons, des accès de fureur avec troubles respiratoires, il pousse des cris rauques; ces crises sont séparées par des périodes de rémission, mais elles deviennent de plus en plus nombreuses et sont bientôt suivies d'un *état paralytique* avec collapsus qui entraîne la mort par asphyxie. Les symptômes d'état dure deux ou trois jours. A l'autopsie on trouve les méninges congestionnées et le bulbe enflammé.

Le traitement consiste à laver la plaie le plus tôt possible, à la cautériser au fer rouge; il faut empêcher la pénétration du virus dans la circulation et, si la morsure a été faite à un membre, le comprimer fortement au-dessus de la plaie que l'on fera saigner; les calmants, les hypnotiques (chloral) sont indiqués en cas de frayeur et d'excitation; il ne faut pas négliger l'état moral. Enfin ces diverses précautions prises, le malade devra se soumettre, le plus tôt possible, au traitement pratiqué à l'Institut Pasteur, qui consiste dans l'injection sous la peau, de virus rabiques atténués; cette inoculation a pour but de rendre les sujets réfractaires à la maladie, de les *vacciner* contre la rage. L'application de la méthode pastorienne a fait baisser considérablement la mortalité par la rage; elle était autrefois de 14 pour 100, elle est aujourd'hui tombée à 0,22; le pronostic des morsures faites par les loups enragés, très redoutées autrefois, est devenu également moins sombre.

RAGENCER. v. a. [Pr. *rajan-ser*] (R. *re*, préf., et *agencer*). Agencer de nouveau. = RAGENCÉ, ÉE. part.

RAGER. v. n. (R. *rage*). Se fâcher, s'irriter. *Impuissant à se défendre, il se débattait rageant et criant.* — Conj. Voy. ENRAGER.

RAGEUR, EUSE. s. Celui, celle qui s'irrite aisément, *C'est un r. C'était une petite rageuse.* || Adject., *Avoir un caractère r.*

RAGEUSEMENT. adv. [Pr. *rajeu-ze-man*]. Avec rage.

RAGLAN (lord), général anglais (1788-1855), commanda les troupes anglaises dans l'expédition de Crimée, en 1854-1855.

RAGOT, OTE. adj. et s. [Pr. *ra-go*, *g* dur] (wallon, *roguin*, jeune cochon). Qui est de petite taille, court et gros. *Un homme r. C'est une petite ragote.* || T. Man. Cheval ramassé, bien pris dans sa taille, et qui a le cou court. *Ce cheval est un bon r. Je montais un excellent r.* || T. Chasse. Sanglier qui a quitté les compagnies, mais qui n'a pas encore trois ans faits.

RAGOT. s. m. [Pr. *ra-go*, *g* dur]. Commérage. Fam.

RAGOTZKI ou **RAKOCZY**, nom de princes de Transylvanie, dont l'un lutta contre les Autrichiens (1701-1711), et se retira en France après la soumission des Hongrois.

RAGOÛT. s. m. (lat. *regostatus*, goûté de nouveau). Assaisonnement. *On y mange un peu de grosse viande sans r.* — Par ext., Mets composé pour exciter l'appétit. *Ce r. est*

excellent. Un r. de champignons. Une poitrine de veau en r. Je n'aime point les ragoûts.

Une langue en ragoût, de persil couronnée.

BOILEAU.

|| Fig. et fam., Ce qui irrite, excite les désirs. *Il y a un r. dans la nouveauté. Je trouve une espèce de r. dans la difficulté à vaincre. Cet homme dépravé ne trouve une sorte de r. que dans le vice.* Vieux. — Fam. *Quel r. trouvez-vous à cela? Quel plaisir y trouvez-vous?* || T. Peint. *R de couleur,* Couleur animée par des reflets harmonieux et piquants qui flattent la vue. *Ce peintre a du r. dans sa couleur.* Vx.

RAGOÛTANT, ANTE. adj. (R. *ragoûter*). Qui plaît au goût, qui excite l'appétit. *Ce mets-là n'est guère r. Il nous faudrait quelque chose de plus r.* || Fig. et fam., Qui ne déplaît point, qui a quelque agrément. *Voilà une femme assez ragoûtante. Une figure ragoûtante.* — On dit encore d'une chose qui est peu engageante, qui inspire de la répugnance, qu'*Elle est peu ragoûtante. Le travail que je fais est peu r. La commission dont vous me chargez n'est guère ragoûtante.*

RAGOÛTER. v. a. (lat. *regustare*, goûter à plusieurs reprises). Redonner du goût, remettre en appétit. *Ce mets-là n'est guère r.* Redonner du goût, remettre en appétit. *Ce vous malade. Cela vous ragoûtera.* || Fig. et Fam., Réveiller le désir. *Il est tellement blasé que rien ne peut le r.* = SE RAGOÛTER. v. pron. Se remettre en appétit. *Il fait ce qu'il peut pour se r.* Peu us. = RAGOÛTÉ, ÉE. part.

RAGRAFER. v. a. (R. *re*, préf., et *agrafer*). Agrafer de nouveau. *Ragrafez votre manteau, votre ceinture.* = RAGRAFÉ, ÉE. part.

RAGRANDIR. v. a. (R. *re*, préf., et *agrandir*). Rendre plus grand ce qui l'était déjà. *Il a fait r. son salon. R. un trou avec une tarière.* = SE RAGRANDIR. v. pron. Devenir plus grand. *L'ouverture s'est ragrandie.* = RAGRANDI, IE. part.

RAGRÉAGE. s. m. T. Mar. Action de ragréer.

RAGRÉER. v. a. (R. *re*, et *agréer*). T. Archit. Mettre la dernière main à une construction, soit en corrigeant tous les petits défauts que la négligence des ouvriers y a laissés, soit en terminant les corniches et les moulures qui ne sont qu'en masse; ou remettre un édifice à neuf par une opération analogue. *R. une maison, une façade.* — On dit de même, R. *un ouvrage de menuiserie, de serrurerie.* || T. Hortic. *R. une branche d'arbre,* Après qu'une branche a été sciée, coupée, enlever avec la serpette la superficie du moignon. = SE RAGRÉER. v. pron. T. Mar. Se réparer, se pourvoir de ce qui manque. *Ils travaillèrent se r. d'un mât d'artimon.* On dit aussi, absol., *Se r.* = RAGRÉÉ, ÉE. part. — Conj. Voy. CRÉER.

RAGRÉMENT. s. m. [Pr. *ragré-man*]. Action de ragréer un ouvrage, ou le résultat de cette action.

RAGUE. s. f. T. Mar. Petit bloc de bois, percé diamétralement pour recevoir le cordage appelé bâtard. On appelle encore la r. pomme de racage, à cause de sa forme presque sphérique.

RAGUER. v. a. (angl. *to rag,* m. s.). T. Mar. User par le frottement. = RAGUÉ, ÉE. part. *Câble ragué.*

RAGUET. s. m. (R. *raguer*). T. Pêche. Morue de rebut.

RAGUSE, v. forte de Dalmatie, sur l'Adriatique; 24,183 hab. = Duc de RAGUSE. Voy. MARMONT.

RAI. s. m. (lat. *radius,* m. s.). Rayon. Vx. *Les rais de la lune.* || T. Blas. Rayon. *Etoile à rais d'argent.* || T. Techn. Chacune des parties de la roue qui vont du moyeu aux jantes. || T. Archit. *Rais à cœur,* baguette séparant des ornements, en forme de cœur évidé.

RAÏA. s m. Voy. RAYA.

RAIDE. adj. 2 g. (lat. *rigidus,* m. s.) Qui est fort tendu,

qu'on a de la peine à plier, qui manque de flexibilité, de souplesse. *Cette corde n'est pas assez r., il faut la tendre davantage. Ce ressort est trop r. Il était tout r. de froid. Ce cheval a les jambes raides. R. comme une barre de fer. — Ce linge est tout r. d'empois, il est empesé tout r., Il est trop ferme, trop dur, parce qu'on y a mis trop d'empois.* Fam., *Tomber r. mort. Être tué r.,* Tomber mort tout d'un coup.

Raide mort étendu sur la place il le couche.

LA FONTAINE.

|| Dans les arts d'imitation, Qui manque ou paraît manquer de souplesse, de grâce. *Des contours raides et secs. Une draperie r. Une altitude r. Des mouvements raides.* — Fig., Dur, opiniâtre. *C'est un homme r., un esprit r. Il a un caractère r. Se tenir r.* Ne pas fléchir, persister dans sa résolution. — On dit encore Fig., *Un style r.,* Un style qui manque de souplesse; *Une voix r.,* Une voix qui manque de flexibilité. || Qui est dès difficile à monter. *Cette pente est r. Cet escalier est trop r. pour moi.* || Qui se meut avec force et rapidité. *Le cours de cette rivière est r. Les pigeons ont le vol fort r.* || Fig. Difficile à accepter. *Un dénouement r.* = RAIDE. adv. Vite. *Cela va aussi r. qu'un trait d'arbalète. Pour bien jouer au volant, il faut jouer bas et r.* || Fam., On *a mené cette affaire bien r.,* On l'a poussée fort vivement. On dit de même, *On a mené cet homme bien r. Il a mené les ennemis bien r.* || *R. comme balle,* qui va sans dévier.

Obs. gram. — Ce mot et ses dérivés sont encore écrits quelquefois *roide, roideur,* etc. L'orthographe *raide* a été adoptée par l'Académie dans l'édition de 1877.

RAIDEUR. s. f. Qualité de ce qui est raide. *La r. d'une corde tendue. La r. d'une barre de fer. Il lui est resté de la r. dans le bras. La r. des mouvements. La r. des contours.* — Fig., Fermeté excessive, extrême sévérité. *Une r. inflexible. Il a de la r. dans l'esprit, dans l'humeur, dans le caractère. Il met trop de r. dans les affaires.* || Se dit d'une pente difficile à monter et à descendre. *La r. d'un escalier. La r. d'une montagne. La r. d'une descente.* || Rapidité de mouvement. *La r. du cours d'un torrent. Une balle lancée avec r. La r. dont va un boulet de canon. Ce cheval, courant de r., s'abattit.*

RAIDILLON. s. m. [Pr. *là* mouillées] (Dimin. de *raide*). Petite pente raide, petite élévation qui se trouve dans un chemin. || Fig. Homme de caractère un peu raide.

RAIDIR. v. a. (R. *raide*). Tendre ou étendre avec force, rendre raide. *R. une corde. Raidissez le bras. Le froid m'a raidi les jambes.* = RAIDIR. v. n. Devenir raide. *Le linge mouillé raidit par la gelée.* = SE RAIDIR. v. pron. Devenir raide. *Ses membres se raidissent.* || Fig., Tenir ferme, résister avec effort, s'opiniâtrer. *A quoi bon se r. contre la force? Il faut se r. contre l'adversité. Se r. contre les obstacles, les difficultés.* = RAIDI, IE. part.

RAIDISSEMENT. s. m. [Pr. *rèdi-se-man*]. Action de raidir, de se raidir.

RAIE. s. f. [Pr. *rè*] (lat. *radius,* rayon). Trait tiré de long avec une plume, un crayon, un pinceau, un instrument pointu, etc. *Faire, tirer une r. sur une feuille de papier, sur une muraille. Effacez ce mot, tirez une r. dessus.* || Toute ligne beaucoup plus longue que large, naturelle ou artificielle. *Ce cheval a une r. noire sur le dos. Le marbre est marqué de raies noires. Etoffe à petites, à grandes raies —* T. Physiq. *Les raies du spectre.* Voy. DISPERSION. || L'entre-deux des sillons. *Le long de la r. Une r. de champ.* || Séparation des cheveux qui se fait, naturellement ou avec le peigne, sur le haut de la tête. || *R. du dos,* ligne médiane qui sépare en arrière les deux parties symétriques du corps humain. || *R. de mulet,* ligne foncée allant de la crinière à la queue chez certains animaux à robe claire. || T. Archit. *Raie de cœur.* Voy. RAI.

RAIE. s. f. (lat. *raia,* m. s.). T. Icht. Les *Raies* (*Raia*) forment une grande famille de Poissons des *Sélaciens.* De même que celle des Squales, cette famille comprend un grand nombre de genres. Les poissons qui la composent sont faciles à reconnaître à leur corps aplati horizontalement et assez semblable à un disque, à cause de son union avec des pectorales fort amples et charnues qui se joignent en avant l'une à l'autre, ou avec le museau, et qui s'étendent en arrière des deux côtés de l'abdomen jusque vers la base des ventrales : les omoplates de ces pectorales sont articulées avec l'épine derrière les branchies. Les yeux sont, tantôt au-dessus, tantôt sur les côtés de la tête; derrière eux existent les ouvertures, toujours très visibles, des évents. La bouche est toujours située à la face ventrale. Les nageoires dorsales sont presque toujours sur la queue. La peau est en général lisse et mince et constamment enduite d'une abondante mucosité que sécrètent des cryptes épars sur la tête et sur les ailes, mais disposés quelquefois avec beaucoup de régularité. Cependant elle est fréquemment hérissée d'aspérités plus ou moins fines, et elle porte en même temps des espèces d'écussons armés d'épines recourbées, qu'on appelle les *Boucles* des Raies. On rencontre aussi parfois des épines placées régulièrement le long de la colonne vertébrale, tantôt sur un rang, tantôt sur trois. Mais certaines espèces, au lieu de ces armes offensives, ont la peau toute couverte de granulations calcaires serrées les unes contre les autres, et adhérant au tégument avec une telle force, que les arts ont su en tirer parti. La peau de ces espèces sert à fabriquer une sorte de parchemin recouvert d'un réseau hexagonal d'une très grande soli-

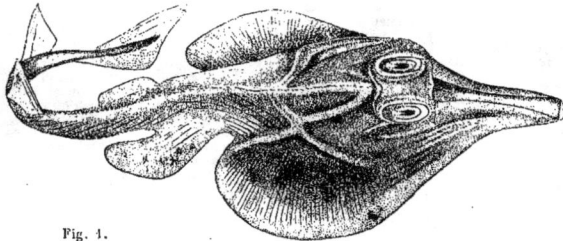

Fig. 2.

dité et susceptible de prendre un très beau poli, que l'on désigne sous le nom de *Galuchat*. Les œufs des Raies sont bruns, coriaces, carrés, avec les angles prolongés en pointe. Les genres les plus intéressants de la famille sont les genres *Rhinobate, Torpille, Raie* proprement dite, *Pastenague, Mourine* et *Céphaloptère*.

1° Les *Rhinobates* (*Rhinobatis*) sont surtout caractérisées par leur queue grosse, charnue et garnie de deux dorsales et d'une caudale bien distinctes, par où ces poissons se rapprochent des Squales. Le rhomboïde formé par leur museau et leurs pectorales est aigu en avant et bien moins large à proportion que dans les autres genres de la famille. Leurs dents sont serrées en quinconce, comme de petits pavés plats. Dans les unes, telles que la *Rhinobate lisse* (Fig. 1), qui habite la mer Rouge, la première dorsale est encore sur les ventrales; dans d'autres, telles que la *Rhinobate ordinaire* de la Méditerranée, elle est plus en arrière.

2° Les *Torpilles* (*Torpedo*), ou *Raies électriques*, ont la queue courte et assez charnue; cependant leur corps est aplati et arrondi en disque. Cet élargissement est dû, comme dans les Raies proprement dites, à la grandeur des nageoires pectorales; mais, dans les Torpilles, la ceinture humérale loge dans une grande échancrure un appareil particulier, qui remplit l'intervalle existant entre le bout du museau et l'extrémité de la nageoire, de manière à compléter le disque du corps. Cet appareil, dans lequel réside la puissance électrique qui a rendu ces poissons si célèbres, se compose de petits tubes membraneux serrés les uns contre les autres comme des rayons d'Abeilles et disposés sur deux plans, l'un supérieur, l'autre inférieur. Ces tubes sont divisés par des diaphragmes horizontaux en petites cellules hexagonales remplies de mucus. Enfin, tout l'appareil est animé par des nerfs abondants qui viennent de la huitième paire. La décharge de cet appareil n'a lieu qu'à la volonté du poisson lui-même; il peut

ainsi, ou conserver toute la charge de sa batterie, ou la lancer contre l'animal qu'il veut abattre. La commotion électrique causée par la décharge de la Torpille est assez forte et

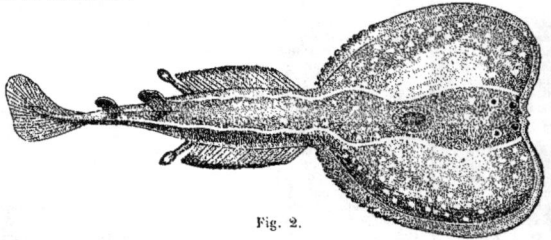

Fig. 1.

détermine un engourdissement marqué. La puissance de l'appareil paraît d'ailleurs varier selon les espèces; ainsi, d'après Al. de Humboldt, la Torpille du Camana est beaucoup plus vigoureuse que celle de la Méditerranée, et l'on dit que celle du cap de Bonne-Espérance est la plus redoutable de toutes.

La peau des Torpilles est parfaitement lisse; c'est du reste un caractère commun à tous les poissons électriques. Nous citerons comme type de ce genre la *Torpille à une tache* (Fig. 2), qui se trouve dans la Méditerranée.

3° Les *Raies* proprement dites (*Raia*) ont le disque de forme rhomboïdale, la queue mince, garnie en dessus, vers la pointe, de deux petites dorsales, et quelquefois d'un vestige de caudale. Leurs dents, menues et serrées, sont disposées en quinconce sur les mâchoires. La chair de ces poissons est dure et coriace; cependant elle est estimée quand elle a été attendrie : c'est ce qui fait qu'on les recherche davantage dans les lieux éloignés de la mer que dans les ports mêmes. Nos mers nourrissent un assez grand nombre d'espèces de Raies, que l'on distingue surtout par l'armure de leur tégument. L'une des plus estimées est la *R. bouclée* (*Raia clavata*), qui se distingue par les gros tubercules

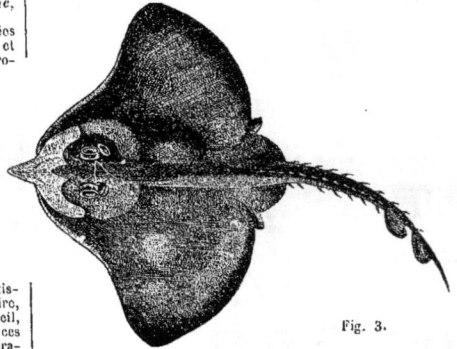

Fig. 3.

osseux et ovales, garnis chacun d'un aiguillon recourbé, qui hérissent irrégulièrement ses deux surfaces, et qu'on nomme *boucles*. La *R. bordée* (Fig 3) a la queue armée de trois rangs d'aiguillons : elle doit son nom à la large bordure noire qui entoure son corps, excepté du côté de la tête, à la face ventrale. La *R. blanche* ou *cendrée*, appelée aussi

Coliart (*R. batis*), n'a qu'une seule rangée d'aiguillons sur la queue : c'est l'espèce qui atteint les plus grandes dimensions, on en pêche qui pèsent plus de 100 kilogrammes.

4° Les *Pastenagues* (*Trygon*) se distinguent aisément des Raies par leur queue armée d'un aiguillon dentelé en scie des deux côtés. La *Pastenague commune* (*T. pastinaca*), qui se trouve dans nos mers, a le disque rond et lisse ; son aiguillon passe pour venimeux ; mais il n'en est rien ; seulement ses dentelures rendent plus dangereuses les blessures qu'il fait. Certaines espèces ont en outre le dos plus ou moins épineux ou tuberculé. Ce genre renferme plusieurs espèces qui habitent les eaux douces ; mais toutes sont propres à l'Amérique méridionale.

5° Les *Mourines* ou *Myliobates* (*Myliobatis*) ont la tête saillante hors des nageoires pectorales. En outre, celles-ci sont beaucoup plus larges transversalement que dans les autres Raies, ce qui leur donne jusqu'à un certain point l'aspect d'un oiseau de proie qui aurait les ailes étendues.

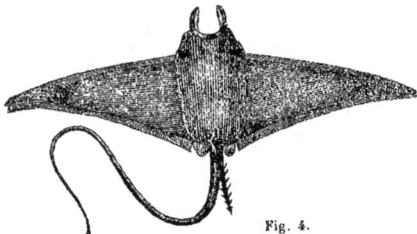

Fig. 4.

Leur queue, extrêmement grêle et longue, se termine en pointe ; elle est armée, comme celle des Pastenagues, d'un fort aiguillon dentelé en scie des deux côtés : dans quelques espèces, il y a deux ou trois aiguillons. Nous avons, dans la Méditerranée et dans l'Océan, une espèce de ce genre qui atteint une très grande taille : c'est le *Myliobate aigle* (*Myl. aquila*), qu'on appelle vulgairement *Aigle de mer*, ou *Rate-penade*, nom populaire de la *Chauve-Souris*.

6° Enfin, le genre *Céphaloptère* a la queue, l'aiguillon et les pectorales étendues en largeur comme les Mourines ; mais ce qui distingue sur-le-champ ces poissons, c'est que leur tête est tronquée en avant, et que les pectorales, au lieu de l'embrasser, prolongent chacune leur extrémité antérieure en pointe saillante, ce qui leur donne l'air de l'avoir deux cornes. La Méditerranée nourrit une espèce de ce genre qui atteint une taille gigantesque : on l'appelle *Céphaloptère giorna* (Fig. 4) ; elle a le dos noir, bordé de violâtre.

RAIFORT. s. m. [Pr. *rè-for*] (anc. fr. *rais*, racine, et *fort*). T. Bot. Nom vulgaire du *Cochlearia armoracia*, plante de la famille des *Crucifères*. Voy. ce mot.

Hortic. — Cette plante se cultive dans les jardins, pour sa racine que l'on râpe et que l'on mange sur le bouilli en place de moutarde. Elle est vivace, aime la terre franche, ombragée, et se multiplie de tronçons de racines que l'on met en terre, au printemps. La racine de r. est un antiscorbutique très apprécié.

RAIGUILLER. v. a. [Pr. *rè-gui-ller*, *ll* mouillées] (R. *re*, préf., et *aiguiller*). Faire de grands points avec de la ficelle. = RAIGUILLÉ, ÉE. part.

RAIGUISER. v. a. [Pr. *rè-gui-zer*] (R. *re*, préf., et *ai-guiser*). Aiguiser de nouveau. = RAIGUISÉ, ÉE. part.

RAIL. s. m. [Pr. *rèl* ou *ra-lle*, *ll* mouillées] (mot angl. qui sign. propr. barreau). Bande de fer, d'acier, de bois ou de pierre, posée sur le sol d'une chaussée et destinée à être parcourue par les roues des véhicules. On n'emploie plus aujourd'hui que des rails d'acier. Voy. CHEMIN DE FER, TRAMWAY.

RAILLE. s. f. [Pr. *ra-lle*, *ll* mouillées]. Outil pour remuer la braise d'un fourneau. || Rateau à long manche dont on se sert dans les salines.

RAILLER. v. a. [Pr. *ra-ller*, *ll* mouillées] (lat. *radere*,

gratter, par l'intermédiaire de formes diminutives, *radulare* ou *radiculare*). Plaisanter quelqu'un, le tourner en ridicule. *R. quelqu'un agréablement, finement. Le r. grossièrement. Il raille ses meilleurs amis. On l'a beaucoup raillé là-dessus.* Absolum., *Il raille sans cesse.* — Se dit quelquefois des choses. *Vous raillez ma douleur*, Vous la tournez en dérision. == RAILLER. v. n. Se dit des personnes et des choses.

Votre petit esprit se mêle de railler.

MOLIÈRE.

R. de tout le monde. Il raille des choses les plus saintes. || Badiner, ne pas parler sérieusement. *On ne sait s'il raille ou s'il parle sérieusement. Je ne raille point.* == SE RAILLER. v. pron. Se moquer. *Il se raille de tout ce qu'on peut dire. C'est se r. du monde que de faire de pareilles propositions.* || Badiner. *Vous vous raillez, je crois. Ne voyez-vous pas qu'il se raille?* == RAILLÉ, ÉE. part.

RAILLERIE. s. f. [Pr. *ra-llerie*, *ll* mouillées]. Action de railler, plaisanterie. *R. fine, plaisante, agréable, innocente. R. piquante, offensante. Une froide, une méchante r. Un trait de r. Ses railleries m'ont plus diverti qu'elles ne m'ont offensé. Il a tourné cela en r., au lieu de s'en fâcher.* — Fam., *La r. en est-elle?* Peut-on railler librement sans crainte d'offenser? *Cela passe la r.*, se dit d'une *r. trop forte*, qui est offensante, ou d'une chose qui a des suites fâcheuses. *Entendre la r., Entendre r., Ne pas entendre r.* Voy. ENTENDRE. || Fam., *C'est une r., c'est une plaisante r.*, se dit d'une chose qu'on entend dire, mais qu'on ne croit point, qui ne paraît pas vraisemblable. On dit à peu près de même : *C'est une r. de nous venir dire que... C'est une r. de croire que...*, C'est une chose ridicule, une absurdité ; et, dans le sens contraire : *Il n'y a point de r. à cela, ce n'est point une r.*, Ce que je vous dis est sérieux, ce que je vous rapporte est très vrai. == On dit encore, *R. à part, sans r.*, Sérieusement, tout de bon.

RAILLEUR, EUSE. adj. [Pr. *ra-lleur*, *euze*, *ll* mouillées]. Qui raille, qui est porté à la raillerie. *Esprit r. Humeur railleuse. Cet homme est trop r.* || *Discours r., paroles railleuses, ton r.*, Discours plein de raillerie, paroles dites pour railler, ton de plaisanterie. == RAILLEUR, EUSE. s. Celui, celle qui aime à railler. *Un agréable r. Un mauvais, un froid r. Une fine railleuse.* Prov., *Souvent les railleurs sont raillés.* || Famil., *Vous êtes un r., une railleuse*, se dit à quelqu'un qu'on soupçonne de ne pas parler sérieusement.

RAILLEUSEMENT. adv. [Pr. *ra-lleu-zeman*, *ll* mouillées]. D'une manière railleuse.

RAILURE. s. f. [Pr. *rè-lure*]. Petite rainure de chaque côté du trou d'une aiguille.

RAILWAY. s. m. [Pr. *rèl-ouaï*] (mot angl. formé de *rail*, rail, et *way*, chemin). Chemin de fer. Voy. ce mot.

RAIMONDI (MARC-ANTOINE), graveur italien, reproduisit par la gravure les principaux ouvrages de Raphaël (1475-1534).

RAIMONDITE. s. f. [Pr. *rè-mondite*] (R. *Raimond*, n. d'homme). T. Minér. Sulfate ferrique hydraté, cristallisé en tablettes hexagonales jaunes.

RAIN. s. m. [Pr. *rin*] (haut. allem. *rain*, bord). T. For. Lisière d'un bois.

RAINCEAU. s. m. [Pr. *rin-sô*]. Voy. RINCEAU.

RAINCY (LE), ch.-l. de c. (Seine-et-Oise), arr. de Pontoise ; 4091 hab. || Jadis parc et château appartenant à la famille d'Orléans.

RAINE. s. f. [Pr. *rè-ne*] (lat. *rana*). Vx mot qui signifie Grenouille, et qui est encore usité dans quelques provinces.

RAINEAU. s. m. [Pr. *rè-no*] (R. *rain*). Pièce de charpente qui lie les têtes des pilotis dans une digue ou dans les fondations d'un édifice.

RAINER. v. a. [Pr. *rè-ner*] (R. *rain*). T. Techn. Faire une rainure dans quelque chose. *R. une planche.*

721

RAINETTE. s. f. [Pr. rè-nè-te]. T. Bot. Voy. RHINETTE.

RAINETTE. s. f. [Pr. rè-nè-te] (lat. rana, grenouille).
T. Erpét. Le genre Rainette (Hyla) appartient à l'ordre
des Batraciens anoures, où il constitue le type de la
famille des Hylædidés. Les Rainettes se distinguent essentiellement des Crapauds et des Grenouilles par leurs doigts
que terminent des pelotes ou disques élargis, à l'aide desquels elles peuvent se fixer aux corps et grimper aux arbres.
Pendant l'été, elles se tiennent ordinairement sur les arbres
et y poursuivent les insectes, dont elles se nourrissent. Pendant l'hiver, elles se retirent au fond de l'eau, comme les
Grenouilles. Le mâle a sous la gorge une poche qui se
gonfle, quand il crie. Ce genre ne comprend qu'une seule
espèce européenne : c'est la R. commune (H. arborea ou
viridis) [Fig. ci-dessous), verte dessus, pâle dessous, avec
une ligne jaune et noire le long de chaque côté du corps. Ce

Batracien, qui est encore connu sous les noms vulgaires de
Grenouille verte, Grenouille d'arbre, Graisset, etc., est
très commun dans le midi de la France, où il habite les jardins, les bois et le voisinage des étangs, et se nourrit de vers
et de petits insectes. Confiant dans sa couleur verte qui ne
permet guère de le distinguer des feuilles, il est moins craintif
que la Grenouille; sa voix est forte, se fait entendre de très
loin, et n'est pas sans analogie avec celle des Canards. Quoique les Rainettes préférent le voisinage des eaux, elles s'en
éloignent quelquefois; mais elles y retournent à l'époque des
amours, et c'est dans l'eau qu'elles s'accouplent. L'accouplement a lieu au mois d'avril et le têtard achève sa métamorphose au mois d'août. Dans le Midi, les gens du peuple se
servent fréquemment de cet animal en guise de baromètre. A
cet effet, ils le tiennent dans un bocal à moitié plein d'eau,
où est placée une petite échelle. A en croire l'opinion populaire, la R. plonge dans l'eau quand il doit pleuvoir, et se
tient, au contraire, hors de l'eau quand il va faire beau. —
Parmi les espèces étrangères, nous citerons la R. bicolore
(H. bicolor), bleu céleste en dessus et rosée en dessous; et
la Patte-d'oie (H. palmata), qui est rayée en travers irrégulièrement de roux et de fauve. Celle-ci, qui est d'une
grande taille, appartient à l'Amérique septentrionale, tandis
que celle-là est propre à l'Amérique du Sud.

RAINFROI, maire du palais de Neustrie, fut battu à Vincy
(717) et à Soissons (719) par Charles Martel et les Aus-
trasiens.

RAINOIRE. s. f. [Pr. rè-nouare]. Outil servant à rainer.

RAINURE. s. f. [Pr. rè-nure] (R. rainer). T. Arts et
Métiers. Petite entaillure faite en long sur l'épaisseur d'un
morceau de bois, etc., pour y assembler une autre pièce, ou
pour servir à une coulisse. || T. Anat. Se dit des cavités
allongées, en forme de fentes, qui se remarquent à la surface
des os, et dans lesquelles passent ou s'insèrent différentes
parties. La r. mastoïdienne du temporal.

RAIPONCE. s. f. [Pr. rè-ponse] T. Bot. Espèce de plante
Dicotylédonée (Campanula Rapunculus) de la famille des
Campanulacées. Voy. ce mot.
Hortic. — On sème cette plante à la fin de juin et en
juillet, sur terre préalablement bien labourée et ameublie;
la graine étant très fine, on la mélange avec 15 ou 20 fois
son volume de sable fin ou de terre sèche tamisée, pour
rendre le semis plus facile et plus régulier On recouvre avec
du terreau fin; puis on bassine régulièrement tous les jours,

au besoin, deux fois par jour. Souvent on sème la r. parmi
les radis, l'oignon, la salade, ce qui réussit fort bien, pourvu
qu'on lui procure les soins indiqués En février, mars et avril
suivants, on mange en salade la plante entière, dont la racine
est blanche, charnue et ferme. Il existe deux variétés de r.,
l'une velue, l'autre glabre, mais elles ne sont pas cultivées
séparément.

RAIRE ou **RÉER.** v. n. (ital. raitare, m. s.). T. Vén.
Se dit du cri du cerf. Les cerfs raient quand ils sont en
rut.

RAIRE. v. a. (lat. radere, m. s.). Raser. Vx. || Prov. A
barbe de fou on apprend à raire, on apprend son métier
en faisant des expériences sur ceux qui ont la sottise de s'y
prêter. — Un barbier rait l'autre, les gens du métier se
soutiennent entre eux.

RAIS. s m. pl. Voy. RAI.

RAISIN. s. m. [Pr. rè-zin] (lat. racemum, petit rameau).
Le fruit de la vigne. Raisins blancs, raisins noirs, Grappe,
grain, pépin de r. Cueillir des raisins, du r. Un panier de
raisins. Raisins secs. R. de caisse. R. de damas. R. de Co-
rinthe. || Vulgair., on appelle R. d'Amérique ou du Canada,
la Phytolaque commune, PHYTOLACCACÉES. R. des bois ou
de bruyère, l'Airelle myrtille, ÉRICACÉES; R. de chèvre, le
Nerprun, RHAMNÉES; R. de mars, le Groseillier commun,
SAXIFRAGACÉES; R. de mer, l'Ephedra distachya, GNÉTACÉES;
R. de loup, la Morelle noire, SOLANACÉES. R. d'ours, la Bus-
serole, ÉRICACÉES; R. de renard, la Parisette, LILIACÉES. ||
T. Zool. R. de mer. Nom donné aux œufs des CÉPHALOPODES.
|| Fig. Prov. Moitié figue, moitié r., moitié sérieusement,
moitié en plaisantant. || T. Artill. Grappe de r., mitraille. ||
T. Pap. Grand r., Nom d'une sorte de papier employé surtout pour les éditions de luxe et qui était ainsi nommé à
cause de son grand format et d'une grappe de r. qu'il portait
comme marque. Voy. PAPETERIE.
Vitic. — Le grain de raisin est formé, comme on sait, de
trois parties distinctes. Il y a, vers le centre, les pépins entourés de fibres spongieuses, baignant dans un liquide abondant, lequel est retenu par une enveloppe corticale mince,
flexible, assez résistante avant la maturité complète du fruit.
Les pépins, normalement au nombre de quatre, contiennent un tanin spécial et deux sortes d'huiles, dont l'une, facilement altérable à l'air, est soluble dans le sulfure de carbone.
La composition des autres parties du r. est très variable
suivant le cépage, le degré de maturation et la composition
du sol. Ainsi l'une des substances les plus précieuses de ce
fruit, le sucre, varie de 2 ou 3 p. 100 jusqu'à 25 p. 100. La
partie insoluble de la chair du grain reste toujours la portion
la plus acide. La partie liquide, ou jus de r., contient, en
proportions très variables, un très grand nombre de substances que nous ne ferons qu'énumérer ici. Ce sont d'abord
les sucres, glucose, lévulose, avec trace de saccharose, dans
la proportion de 15 à 40 p. 100 du jus; de 2 à 3 p. 100 de
matières gommeuses, pectiques, mucilagineuses; deux sortes
de dextrines ou plutôt deux matières réduisant le réactif cu-
pro-potassique et donnant de l'acide mucique par oxydation;
des substances grasses en faible proportion; des matières
albuminoïdes; des acides organiques, malates, surtout des tar-
trates, rarement des citrates, en partie saturés par de la potasse, de la chaux, avec un peu de soude, d'ammoniaque, de
magnésie, d'alumine, de fer, de lithine, de silice; des phosphates; une faible proportion de chlorures; une trace de fluor;
enfin de 60 à 80 p. d'eau. On y trouve aussi quelques gaz : de
l'acide carbonique, de l'azote, mais pas d'oxygène. — Le
nombre des substances organiques qui prennent naissance
dans la pellicule des raisins est peut-être celui qui varie le
plus sous les influences du cépage, du sol et de la maturation.
En général, ce nombre est considérable dans les raisins des
grands crus dont le sol est riche en calcaire. Outre un tanin
spécial, une catéchine, la presque totalité de la matière
colorante et la majeure partie du bitartrate de potasse, on
y trouve encore une substance résinoïde et une série fort
importante d'huiles essentielles ou hydrocarbures, dont l'intervention est considérable dans la qualité des vins, puisque
ce résinoïde et ces hydrocarbures leur procurent les saveurs
et les arômes délicats qui les caractérisent. D'après M. Olivier de Rawton, auquel nous devons la découverte de ces
corps, on peut les isoler en épuisant par l'éther les marcs
préalablement privés d'une partie de leur eau par dessiccation.
L'extrait éthéré est ensuite repris par le sulfure de carbone.

La partie insoluble dans ce dernier agent est reprise par l'alcool bouillant. Par le refroidissement, le résinoïde se dépose en longues aiguilles brillantes se groupant en étoiles. La masse poisseuse dissoute dans le sulfure de carbone est soumise à une distillation fractionnée; on isole ainsi une série très nombreuse d'hydrocarbures se volatilisant à partir d'environ 60 degrés jusqu'à 350 degrés et au delà. Après leur isolement, toutes ces substances sont insipides; mises en contact avec les autres éléments du vin, elles ne tardent pas à se dédoubler. Une partie devient insoluble dans l'alcool et dans l'eau, l'autre s'oxyde et s'éthérifie. La fonction principale du résinoïde est de communiquer aux liqueurs vineuses la senteur délicate qui caractérise les grands vins, ce qu'on terme vulgaire on appelle « le coup de nez ». Sa constitution pourrait être établie par la formule suivante : $(C^{10}H^{15} + 1/2\,O + H^2O)^2 = C^{20}H^{30}O^3$. Les hydrocarbures procurent à ces mêmes liqueurs, vins ou eaux-de-vie, le moelleux, la plénitude, c.-à-d. qu'ils impressionnent longuement et agréablement le palais après la dégustation. La puissance aromatique et savoureuse de ces diverses substances est si intense, qu'il suffit, par ex., d'introduire dans un hectolitre d'eau-de-vie, neutre de goût, 1 gramme du résinoïde, et quelques gouttes des trois essences extraites des marcs de la *folle-blanche*, et distillant entre 220 degrés et 231 degrés, pour communiquer très suffisamment à cette eau-de-vie les agréments recherchés par les gourmets dans les fines champagnes.

II. — Si les raisins servent à faire les vins qui nous occuperont plus tard, une faible partie cependant est consommée en nature, à l'état frais ou sec. Les raisins de table, dont le type par excellence peut être représenté par le chasselas de Fontainebleau cultivé à Thomery, sont recherchés surtout parmi les variétés blanches et dorées; ils ont la peau fine et la saveur délicate. Voici la liste des variétés les plus prisées : *Chasselas précoce*, grains inégaux, gros, blancs, coulant souvent; mûrit fin août sous le climat parisien. *Muscat blanc précoce*; apporté de la Calabre par le roi René; mûrit difficilement sous le climat de Paris; tailler long. *Tokai de Syrie*, grains ovoïdes, jaunes; mûrit à Paris vers la fin de septembre. *Tokai rouge*, grains rouges, ronds, assez gros; tailler long, terre légère; mûrit fin septembre. *Muscat rose*, grains gros; climat du Midi. *Frankenthal* (Rhin), grains noirs, gros, ovales; mûrit fin septembre. *Madeleine noire*, grains petits, allongés; mûrit à la fin de juillet. *Malingre*, grains ronds, blancs; mûrit en juillet. *Gromier du Cantal*, grains gros, ronds, roses; mûrit difficilement sous le climat de Paris. *Corinthe blanc* (Zante), grains blancs, petits, ronds, et *Corinthe violet* (Zante), grains d'un jaune violacé, petits, ronds; ces deux dernières variétés sont surtout cultivées dans le Midi où l'on fait sécher leurs grains; taille longue; mûrit à la mi-septembre. *Panse Pandoulan*, grains très gros, oblongs, blancs; climat du Midi; on fait sécher les grappes; tailler long. *Muscat d'Alexandrie*, grains très gros, oblongs, pointus, blancs; climat du Midi, on fait sécher les grappes; tailler long. *Chasselas Napoléon*, grains gros, longs, jaunes; mûrit difficilement sous le climat de Paris. *Boudalès précoce*, grains noirs, gros, oblongs; ne mûrit que sous le climat du Midi; on le cultive dans le Nord pour ses grains employés comme condiment sous le nom de *Vert-jus*. *Malvoisie de la Drôme*, grains moyens, ovales, blancs; climat du Midi. — Ce sont surtout les soins intelligents donnés aux raisins, depuis la floraison jusqu'à la maturité, qui ont contribué, pour une large part, à faire le succès des cultivateurs de Thomery. Ces soins peuvent être résumés de la manière suivante : suppression des grappes trop nombreuses et leur ciselement; épamprement raisonné des ceps; abris protecteurs; incision annulaire. Nous allons entrer rapidement dans quelques détails. Une trop grande quantité de raisins laissés sur les ceps offre autant d'inconvénients pour la vigne que pour les autres arbres fruitiers. Si l'on tend à récolter un grand nombre de grappes, elles restent petites, les grains n'ont pas de qualité, et les ceps sont épuisés pour l'année suivante. Si l'on fait les retranchements nécessaires, on obtient le même poids de récolte, mais il a plus de valeur. En général, on ne doit laisser sur les ceps de vigueur moyenne qu'un nombre de grappes égal à celui des coursons, si ces grappes sont belles. On pourra augmenter la proportion si elles sont petites, ou si les ceps sont vigoureux. Lorsque les grains de r. ont atteint le tiers de leur développement, il convient de les soumettre à l'opération du ciselement. A cet effet, au moyen de ciseaux à lames étroites et à pointes émoussées, on coupe sur chaque grappe, d'abord tous les grains avortés, puis tous

ceux qui sont dans l'intérieur de la grappe, et enfin quelques-uns de ceux qui sont placés à l'extérieur, lorsqu'ils sont trop serrés. Si les grappes sont très longues, ce qui arrive souvent sur les jeunes sujets trop vigoureux, il faut encore couper la pointe de ces grappes qui mûrirait plus tardivement. Il résulte de ces opérations de ciselement que, toutes choses égales d'ailleurs, les raisins sont mûrs quinze jours plus tôt, que les grains sont d'un tiers plus gros et que les grappes destinées à être conservées pendant l'hiver se gardent mieux. — Au moment où l'on fait le ciselement, on doit appliquer un premier épamprement ou suppression de feuilles. On enlève alors quelques-unes de celles qui sont dirigées contre le mur, puis celles qui sont plus ou moins frisées ou détériorées. Lorsque les raisins commencent à devenir transparents, on pratique un second épamprement. On supprime alors quelques feuilles placées en avant, sur les points où elles sont trop rapprochées; mais on conserve avec soin celles qui couvrent les grappes, *les parasols*. Enfin lorsque les grains complètement clairs commencent à jaunir, on découvre les grappes en coupant les feuilles qui les ombragent. Si on les découvrait plus tôt, les grains durciraient et ne grossiraient plus, car c'est la feuille qui nourrit la grappe. Les raisins ainsi découverts se trouvent alors exposés aux alternatives de la rosée et du soleil, qui leur font acquérir cette belle couleur fauve qui distingue les chasselas de Thomery. Quand le r. est près d'atteindre sa grosseur, quelques praticiens estiment qu'il est avantageux, spécialement dans les années sèches, de l'arroser au moyen d'une pompe à main; cette opération attendrit la peau et fait grossir le fruit. Les effeuillements successifs, conduits avec prudence, ont encore pour résultat d'arrêter progressivement la végétation annuelle de la vigne. La maturation, qui commence plus tôt, s'achève complètement avant les premiers froids. Pour avancer cette maturation d'une quinzaine de jours, quelques industriels usent encore de l'incision annulaire; mais ce moyen s'est peu répandu; on en donne pour raison la difficulté de pratiquer convenablement l'opération sur un sarment encore herbacé, et cette autre, moins valable peut-être, de fatiguer l'arbuste. Les raisins noirs exigent un soin particulier quant à l'épamprement. Il ne faut pas commencer à effeuiller avant que les grains soient complètement colorés. L'opération du ciselement serait aussi efficace dans le Midi que dans le Nord; mais l'épamprement serait plutôt nuisible. On devrait se borner à enlever quelques feuilles qui couvrent les grappes, mais seulement peu de jours avant la maturité complète. Si l'on se propose de conserver des raisins sur la treille jusqu'aux fortes gelées, on enfermera chaque grappe dans un sac de papier ou de crin, huit ou dix jours avant la maturité. Cet abri la protège également contre les mouches, les guêpes et les oiseaux.

III. — La récolte du r. de table ne doit être faite que lorsque la maturation est complète; plus on retarde l'opération, surtout dans le nord et le centre de la France, plus la saveur est développée. Il faut cependant prévenir les premières gelées d'automne, auxquels le r. est très sensible. La récolte est effectuée par un temps sec. A Thomery, chaque grappe est saisie par la queue, et détachée au moyen du sécateur, de manière qu'on enlève un morceau assez long du sarment qui supporte la grappe. A mesure qu'ils sont cueillis, les raisins sont déposés sur une sorte de claie que deux personnes transportent horizontalement, jusqu'à la fruiterie, ou jusqu'au lieu où l'on emballe le r. pour la vente. Cependant on s'efforce de garder sur les treilles le plus grand nombre possible de grappes; on choisit les plus belles et les mieux exposées au levant. Ces raisins sont moins aqueux et moins sensibles aux froids. D'ailleurs on les abrite sous des feuilles de fougères sèches, et même avec des paillassons; on en conserve ainsi parfois jusqu'à Noël. — Les raisins destinés à être consommés plus tard, jusqu'en mai, sont choisis, sur les espaliers, parmi les grappes qui ont été le mieux abritées contre l'humidité atmosphérique. On donne la préférence à celles qui ont subi l'opération du ciselement, et dont les grains sont plus gros et moins serrés. On les récolte du 1er au 15 octobre. Le local où l'on conserve le r. est une pièce dépendant ordinairement de l'habitation et exclusivement consacrée à cet usage. Des tablettes superposées et offrant une largeur de quelques centimètres couvrent les murailles, depuis le sol jusqu'au plafond. Au milieu, à 0m,80 des tablettes latérales, une autre série de tablettes est aménagée selon les mêmes dispositions. Sur ces tablettes sont placées de petites bouteilles pleines d'eau avec un morceau de charbon de bois au fond. Dans chacune de ces bouteilles on enfonce le sarment qui porte la grappe, de manière que celle-ci pend en dehors de la bouteille. Cette sorte de fruiterie présente les inconvénients suivants : on est souvent obligé d'y introduire de la chaleur pour la défendre des froids de l'hiver ; de là, des changements de température nuisibles à la conservation du fruit. L'accumulation de l'humidité force aussi d'aérer de temps en temps ; or, l'intervention d'un air nouveau apporte toujours des effets fâcheux ; sous son influence le r. se dessèche, se ride et perd, sinon de sa qualité, du moins de sa valeur commerciale. Il ne faut pas perdre de vue qu'une bonne fruiterie doit posséder les qualités suivantes : 1° une température égale, environ 8 à 10 degrés centigrades au-dessus de zéro ; 2° être privée de l'action de la lumière ; 3° ne renfermer que la quantité d'oxygène rigoureusement nécessaire pour qu'on puisse y pénétrer sans danger, et conserver, par conséquent, tout l'acide carbonique dégagé par les raisins ; 4° une atmosphère plutôt sèche qu'humide.

IV. — Les raisins frais et mûrs sont nourrissants, rafraîchissants et légèrement laxatifs. Ils conviennent aux constitutions sèches et irritables, aux tempéraments sanguins et bilieux, dans les maladies inflammatoires, etc. En Allemagne, on vante la *cure aux raisins*. Des légions d'Allemands s'en vont, vers la fin d'août, passer six semaines dans diverses localités, à Durkheim (Bavière), à Vevey (Suisse), et y pratiquer cette cure. La quantité qu'il convient d'absorber chaque jour varie de 1 à 5 kilogrammes et au delà, prise en trois, quatre ou cinq fois, autant que possible pendant la promenade. Il se produit un effet diurétique et laxatif assez prononcé. Comme la réaction est alcaline, et que le r. contient une quantité appréciable de lithine, la cure est utile pour les graveleux, les goutteux et dans toutes les affections qui réclament l'intervention des eaux de Vichy et autres sources alcalines. Les raisins secs, plus sucrés que les raisins frais, sont émollients et relâchants, à cause de la lévulose qu'ils contiennent en plus grande quantité.

RAISINÉ. s. m. [Pr. rè-ziné] (R. *raisin*). Espèce de confiture liquide qu'on fait avec du raisin doux, auquel on ajoute parfois des poires ou des coings. *Un pot de r. R. de Bourgogne.*

RAISINIER. s. m. [Pr. rè-zini-é]. T. Bot. Nom vulgaire de plusieurs espèces de *Coccoloba*, plantes de la famille des *Polygonacées.* Voy. ce mot.

RAISON. s. f. [Pr. rè-zon] (lat. *ratio*, m. s.). L'intelligence en général, la faculté collective de connaître. *La r. humaine est bornée. Les lumières de la r. La r. de l'homme ne saurait atteindre jusque-là. Confondre la r. Cultiver, former sa r. Sa r. s'affaiblit, s'égare.* — *Perdre la r.,* Tomber en démence. *Recouvrer la r.,* Cesser d'être fou. Par exagér., on dit aussi à un homme qui a fait une sottise, commis une absurdité : *Il faut que vous ayez perdu la r. Vous avez donc perdu la r.* || Particul., La faculté de percevoir les rapports des choses et l'ordre qui en dérive, et, par suite, de distinguer le vrai du faux, de discerner le bien du mal, et de régler sa conduite d'après cette connaissance.

Ma raison, il est vrai, dompte mes sentiments.
CORNEILLE.

L'homme est capable de r., pourvu de r. L'animal est un être privé de r. La r. est pour les hommes ce que l'instinct est pour les animaux. Cet enfant n'a pas encore l'usage de la r., n'est pas encore en âge de r. Il faut que les passions soient soumises à la r. En tout, il faut consulter la r. — *Être de r.,* Voy. ÊTRE. || Le bon usage des facultés intellectuelles, la justesse d'esprit, le bon sens, la sagesse. *Avant tout, il faut de la r. Il n'y a pas de r. à lui de se conduire comme il fait. Il n'a point de r. Il manque de r. Sa conduite est pleine de r. J'en appelle à votre r. Il a plus de r. que d'imagination. Cela choque la r. La r. s'y oppose. La r. a fait de grands progrès chez ce peuple. La r. publique repousse cette innovation.* — *Parler r.,* Parler sagement, raisonnablement. *C'est un homme qui parle toujours r. Il faut autant qu'on peut parler r. aux enfants.* Sign. aussi, devenir raisonnable, accommodant, traitable. *Voilà parler r. C'est parler r. cela.* — *Mariage de r.,* Mariage où les convenances de position et de fortune ont été plus consultées que l'inclination. — Fig. et fam., *Il n'y a ni rime ni r.,* se dit d'un raisonnement faux, d'un discours dénué de sens, d'un ouvrage d'esprit très mal fait, etc. *Il n'y a ni rime ni r. à tout ce qu'il dit. Cet auteur a fait une pièce où il n'y a ni rime ni r.* On dit de même,

Ce discours n'a ni rime ni r. N'entendre ni rime ni r., Voy. ENTENDRE. || Ce qui est de devoir, de droit, d'équité, de justice. *Se rendre à la r. Réduire, ranger, amener, mettre quelqu'un à la r. Mettre la r. de son côté. La droite r. le veut. Cela est contre tout droit et r., contre toute r.* Prov., *Où force domine, r. n'a point de lieu.* — *Avoir r.,* Être fondé dans ce qu'on dit, dans ce qu'on fait. *Vous avez tort, c'est lui qui a r. C'est un homme qui veut toujours avoir r. Il a eu r. en cela. Vous n'avez pas eu r. de vous emporter ainsi contre lui.* Prov., *La r. finit toujours par avoir r.,* Finit toujours par faire connaître son droit, par prévaloir. — *Entendre r.,* Voy. ENTENDRE. — *Donner r. à quelqu'un,* Prononcer en sa faveur, décider qu'il est fondé en ce qu'il fait. — Fam., *Mettre quelqu'un à la r.,* sign. quelquefois réduire quelqu'un par la force. — *Comme de r.,* Comme il est juste, comme il est raisonnable de faire. — *Plus que de r.,* Plus qu'il n'est raisonnable. — T. Pal. *Pour valoir, pour servir ce que de r.,* pour être ordonné ce que de r., Pour valoir ou pour être ordonné ce qui sera de justice, d'équité. || Satisfaction, contentement sur une chose qu'on prétend, qu'on demande. *Je vous ferai avoir r. de vos prétentions. Je ne saurais tirer r. de ce débiteur.* — Sign. particul., la réparation d'un outrage, d'un affront. *Il a tiré r. de cet affront. S'il m'a offensé, je lui en demanderai r. J'en aurai r.* — *Faire r. d'une offense,* En faire réparation ; se dit le plus souvent d'une réparation les armes à la main. *Je vous ferai r. l'épée à la main.* On dit aussi. *Faire r. à quelqu'un d'une santé qu'il a portée,* Boire avec lui à la santé de la personne qu'il a nommée. *Se faire r. soi-même, à soi-même,* Se faire justice par force, de sa propre autorité. Fam., *Faites-moi r. d'un tel,* Rendez-moi compte des motifs pour lesquels il en use comme il fait. — *Demander à quelqu'un r. de quelque chose,* Demander à quelqu'un qu'il rende compte d'une chose qu'il a faite ou dite, qu'il en explique les motifs. *Demander r.,* sign. aussi provoquer en duel. — *Rendre r. de quelque chose,* En rendre compte, en expliquer les motifs. *On lui a fait rendre r. d'un pareil procédé. Je suis prêt à rendre r. de ma conduite. Rendre r. à quelqu'un,* sign. quelquefois se battre en duel avec lui. Dans toutes les acceptions qui précèdent *Raison* a le pluriel. — Sujet, cause, motif. *Juste, grande, bonne r. J'ai de bonnes raisons pour agir ainsi. Chacun a sa r., ses raisons. Le cœur a ses raisons que la raison ne connaît point* (Pascal). *Il y a r. de douter. Vous m'attaquez sans r. Je lui ai demandé la r. de cette démarche, il n'a pas voulu me la dire. R. d'État, r. de famille.* Les considérations par lesquelles on se conduit dans un État, dans une famille. *La r. d'État n'a pas permis que... C'est une r. de famille qui a fait ce mariage.* — *A plus forte r.,* Avec d'autant plus de sujet, par un motif d'autant plus fort. — *Pour r. à moi connue,* Pour un motif que je ne veux pas faire connaître. On dit de même, *Pour r. à vous connue,* Pour un motif que je n'ai pas besoin de vous dire. — Fig. et fam., *Conter ses raisons à quelqu'un,* Voy. CONTER. || Argument, discours tendant à prouver une chose. *Grande, forte, puissante r. R. probable, démonstrative, décisive, péremptoire, convaincante. Faible r. R. frivole. R. fausse, plausible, spécieuse. Chercher, trouver, apporter, développer des raisons.*

La raison du plus fort est toujours la meilleure.
LA FONTAINE.

Donnez-moi de bonnes raisons. Il a de bonnes raisons à fournir, mais il ne saura pas les faire valoir. Je suis frappé, touché de vos raisons. Il m'a payé de mauvaises raisons. Dites-moi vos raisons. Déduire ses raisons. — Fam., *Point tant de raisons.* Façon de parler dont se sert un supérieur envers un inférieur pour lui imposer silence et lui marquer que ses objections et ses répliques déplaisent. || T. Prat. Se dit des titres et prétentions qu'une personne peut avoir. *Céder ses droits, noms, raisons et actions.* || T. Comm. *R. sociale,* ou simpl., *R.,* se dit des noms des associés, rangés et énoncés de la manière que la société a déterminée pour signer les lettres missives, billets et lettres de change. *Cette maison de banque est sous la r. Gautier, Lefèvre et compagnie.* — *Livre de r.,* sign. nom du Grand-livre. Voy. COMPTABILITÉ. || T. Math. Le rapport de deux quantités soit étendues, soit numériques, c.-à-d. le résultat de la comparaison qu'on fait entre elles pour savoir combien l'une est en excès sur l'autre, ou combien l'une contient de fois l'autre. — *R. directe,* Le rapport de deux choses qui augmentent ou diminuent dans le même rapport, et, *R. inverse,* Celui de deux choses dont l'une diminue dans le même rapport que l'autre augmente. *La vitesse d'un corps qui tombe est en r. directe des carrés du temps. L'intensité de la lumière est en r. inverse du carré des distances.* R. *arithmétique,* R. *géométrique,* R. *composée,* Voy. PROPORTION. — T. Charpent. *Mettre les pièces de bois en leur r.,* Mettre chacune d'elles en sa place, dans la position qu'elle doit avoir par rapport aux autres. == A TELLE FIN QUE DE RAISON. locut. adv., qui se dit pour exprimer qu'on fait une chose dans la pensée qu'elle pourra être utile, sans dire précisément à quoi. *Il fit faire un procès-verbal de l'état des lieux, à telle fin que de r.* == POUR RAISON DE QUOI. loc. adv. A cause de quoi. == A RAISON DE, EN RAISON DE. loc. prép. A proportion de. *On paya cet ouvrier à r. de l'ouvrage qu'il avait fait. Je vous payerai cette étoffe à r. de dix francs le mètre. Il doit être payé en r. du temps qu'il y a mis.* ||En considération de. *En r. de son extrême jeunesse. En r. des circonstances.*

Philos. — Le mot r. est employé par les auteurs qui ont traité de questions philosophiques dans des acceptions assez différentes et quelquefois assez vagues. Néanmoins on peut ramener les divers sens du mot à trois.

Le premier sens du mot r. est celui par lequel on entend l'ensemble des facultés intellectuelles qui distinguent l'homme de l'animal. L'adjectif correspondant est *raisonnable.* C'est ainsi qu'on dit que l'homme est un animal raisonnable. Cette acception très générale du mot r. donne lieu à peu d'observations. Voy. INTELLIGENCE, INSTINCT. Dans le même ordre d'idées, mais dans un sens un peu plus restreint, le mot r. désigne la faculté par laquelle nous nous formons une opinion, et nous oblige à conduire à la suite d'un examen plus ou moins approfondi de ce qui nous entoure, d'une critique de nos idées, d'un raisonnement destiné à nous faire connaître les liens logiques de nos idées et les conséquences de ce que nous voulons faire. Ici encore l'adjectif correspondant est *raisonnable;* mais le mot r. s'oppose alors à *instinct* et à *sentiment.*

Dans le deuxième sens du mot, la r. est la faculté par laquelle l'homme prétend se faire une opinion sur toutes choses par ses seules lumières et en l'absence de toute révélation divine. Dans ce cas, la r. s'oppose à la *foi.* C'est ainsi que les théologiens prétendent que la r. humaine est impuissante à nous faire connaître ce qui est nécessaire à notre salut, et que par suite, la révélation est nécessaire, tandis que leurs adversaires qualifiés de *rationalistes* rejettent toute révélation. C'est dans ce sens que Calvin a pu dire qu'il n'y a pas de peste pire que la raison humaine. Il est à remarquer que si l'on peut être excellent philosophe et croire à la révélation, cependant la philosophie est nécessairement rationaliste. En d'autres termes, l'homme qui médite sur la philosophie peut croire à la révélation ; mais les ouvrages qu'il écrira seront écrits comme si la révélation n'existait pas, autrement ce ne seraient pas des ouvrages de philosophie, mais bien de théologie. C'est qu'en effet, l'essence même de la philosophie est la critique et le raisonnement auxquels échappe nécessairement toute révélation. Si la raison humaine est impuissante, la philosophie l'est tout autant ; mais on ne peut introduire l'idée même de révélation dans la philosophie sans en frapper immédiatement la nature. A plus forte raison ce que nous venons de dire s'applique-t-il à la science qui est aussi nécessairement rationaliste.

Le troisième sens du mot r. est de beaucoup le plus important. C'est celui que lui attribuent les philosophes toutes les fois que la précision du langage devient nécessaire. Par r. on entend la faculté par laquelle l'intelligence humaine est capable de concevoir les idées d'infini, d'absolu, de parfait, etc. On peut encore définir la r. la faculté de concevoir des idées en dehors des sens et de l'expérience parce qu'en effet, les idées ainsi conçues présentent précisément le caractère d'absolu et d'inconditionné. C'est dans la langue de Kant *la raison pure,* c.-à-d. pure de toute donnée expérimentale. Dans ce sens, la r. s'oppose à l'empirisme, et l'adjectif correspondant est *rationnel.* On dit les *idées rationnelles* par opposition aux idées empiriques.

Toutes les discussions auxquelles peut donner lieu cette acception précise du mot r. sont évidemment les mêmes que celles qui concernent les idées d'infini et d'absolu et l'origine même de nos idées. Ainsi toutes les doctrines sensualistes qui prétendent que toutes les idées viennent des sens ne peuvent reconnaître la r., telle que nous l'entendons ici, comme une véritable faculté de l'âme, et ne peuvent voir dans ce mot qu'un vocable vide de sens inventé par les métaphysiciens. Au contraire, ceux qui croient aux idées innées, à l'infini, à l'absolu considèrent la r. comme la plus haute faculté de

l'homme puisque c'est celle qui lui révèle l'infini et qui, par là, le met en communication avec Dieu. On voit ainsi que tout le problème philosophique repose sur la manière dont on comprend la r. Les relations de l'être fini avec l'infini, l'examen et la critique des notions premières constituent ce qu'on appelle la *métaphysique.* Toute théorie de la r. contient ainsi la métaphysique tout entière. Nous ne nous y arrêterons pas ici et nous nous contenterons de renvoyer aux nombreux articles où nous avons traité les questions de cette nature. Voy. CERTITUDE, IDÉE, INFINI, MÉTAPHYSIQUE, etc.

Nous terminerons en disant quelques mots d'une théorie qui a fait beaucoup de bruit dans l'école éclectique : celle de la *raison impersonnelle.* — « La raison est *impersonnelle* de sa nature, dit V. Cousin. Ce n'est pas nous qui la faisons ; elle est si peu individuelle, que son caractère est précisément le contraire de l'individualité, savoir : l'universalité et la nécessité... Elle descend de Dieu et s'incline vers l'homme, comme un hôte qui apporte des nouvelles d'un monde inconnu dont il donne à la fois l'idée et le besoin. Si la raison était personnelle, elle serait de nulle valeur et sans autorité hors du sujet et du *moi* individuel. » Fr. Bouillier proclame aussi la nature divine et impersonnelle de la raison : « De cette nature divine, dit-il, découlent tous ses caractères : si elle est universelle, absolue, souveraine, c'est qu'elle a pour essence l'essence de Dieu même. Si, au contraire, on fait de la raison une faculté personnelle, ou, avec Kant, une pure forme de l'entendement, on aboutit rigoureusement à cette conséquence que l'homme ne peut voir les choses telles qu'elles sont en elles-mêmes, mais seulement telles qu'elles sont par rapport à lui... Le scepticisme est ruiné dans son fondement par la doctrine de l'impersonnalité de la raison. En effet, la connaissance de l'infini s'opérant par un terme unique à la fois sujet et objet, il n'y a plus de rapport qui puisse imprimer un caractère de relativité, il n'y a plus de métamorphose de l'absolu en relatif, plus d'intermédiaire, plus de milieu à traverser, plus de réfraction à subir, plus d'organe qui dénature ce qu'il reçoit. Si l'œil qui voit et la vérité qui est vue s'identifient au sein de la connaissance de l'infini, le plus obstiné des sceptiques ne sera-t-il pas obligé de renoncer à objecter contre la possibilité de la vérité absolue la constitution particulière de l'œil qui la perçoit. » Cette théorie fameuse est abandonnée aujourd'hui. Elle repose en effet sur une confusion. Ce n'est pas la r. qui est impersonnelle, c'est son objet. Chacun dit, et très bien, ma r., comme il dit ma sensibilité, ma vue, etc. Quant à cette formule que, dans la r., la connaissance de l'infini s'opère par un objet unique, à la fois sujet et objet, c'est une de ces phrases pompeuses et inintelligibles dont la philosophie s'est si souvent et si maladroitement encombrée, et qui ne sont bonnes qu'à éloigner les esprits sérieux et précis. En ce qui concerne l'objection que l'on tombe dans le scepticisme si l'on n'admet pas l'impersonnalité de la r. parce que rien ne garantit la vérité des idées acquises par la r., elle est fort d'aucune valeur. Quelle que soit la théorie qu'on veuille imaginer, le sceptique pourra toujours répondre que rien ne garantit les bases de la théorie. Ce n'est ni avec de pareils arguments, ni avec des phrases creuses qu'on peut répondre au scepticisme. Voy. PYRRHONISME.

RAISONNABLE. adj. 2 g. [Pr. rè-zo-nable] (R *raisonner*). Qui est doué de raison, qui a la faculté de raisonner. *L'homme est un être r.* — Qui agit, qui se gouverne selon la raison, suivant le droit et l'équité. *Ce jeune homme est fort r. Il ne voit que des personnes raisonnables. Vous n'êtes pas r. de vous conduire ainsi. Vous êtes trop r. pour exiger cela. Il n'est pas r. là-dessus. Allons, soyez r.* — Sign. quelquefois Résigné. *Après le malheur qui lui est arrivé, je l'ai trouvé beaucoup plus r. que je ne pensais.* ||En parl. des choses, Conforme à la raison, à l'équité. *Il m'a tenu des discours fort raisonnables Sa conduite est fort r. Vos prétentions ne sont pas raisonnables.* — Qui est suffisant, qui est convenable. *On lui a donné une pension r. Le blé est à un prix r.*

> Le porc à s'engraisser coûtera peu de son ;
> Il était, quand je l'eus, de grosseur raisonnable.
>
> LA FONTAINE.

— Qui est au-dessus du médiocre. *Il jouit d'un revenu r. Il est d'une taille r. Cet appartement est d'une grandeur r.*

RAISONNABLEMENT. adv. [Pr. rè-zona-ble-man]. Avec raison, conformément à la raison, à l'équité. *Il parle r. Vous en usez trop r. pour n'être pas approuvé.* || Suffisamment, convenablement. *Il a du bien r. Je veux être payé r. C'est* *r. vendu.* || Passablement, d'une manière au-dessus du médiocre. *Sa maison est r. grande. Il mange et boit r.* Par plaisant., *Elle est r. laide*, Elle est fort laide.

RAISONNAILLERIE. s. f. [Pr. *rèzo-na-llerie, ll* mouillées]. Abus du raisonnement.

RAISONNÉ, ÉE. adj. [Pr. *rè-zoné*] (part. pass. de *raisonner*). Qui est appuyé de raisons et de preuves. *Requête raisonnée. Projet r.* || Qui rend raison des règles d'une science, d'un art. *Arithmétique, grammaire raisonnée. Analyse raisonnée.*

RAISONNEMENT. s. m. [Pr. *rè-zone-man*]. La faculté ou l'action de raisonner. *C'est un homme qui a le r. bon, profond, juste, solide. Cet homme a une grande justesse, une grande puissance de r. Il y a dans cet ouvrage une grande force de r.* || Se dit aussi des divers arguments qu'on emploie en raisonnant, et des raisons dont on se sert dans une question, dans une affaire. *R. solide, juste, clair, net, R. faux, obscur, captieux. A quoi tendent tous ces raisonnements? Je vous prie de suivre mon r. Mon r. s'appuie sur des faits incontestables.* — Fam., *Faire des raisonnements à perte de vue,* Voy. PERTE. S'emploie souvent en mauvaise part.

En beaux raisonnements vous abondez toujours....
Raisonner est l'emploi de toute ma maison,
Et le raisonnement en bannit la raison.
                    MOLIÈRE.

|| Fam., *Point de r., point tant de raisonnements,* Façons de parler dont un supérieur se sert à l'égard d'un inférieur pour lui marquer qu'il veut être obéi sans réplique.

Log. — I. *Définition, division et importance du raisonnement.* — Le *Raisonnement* est une opération par laquelle notre esprit passe d'une affirmation à une affirmation nouvelle au moyen de la considération de certains rapports et à l'aide de procédés particuliers. Ces procédés sont au nombre de deux seulement. Tantôt le *r.* s'élève d'une vérité particulière à une vérité générale; tantôt, au contraire, il descend d'une vérité générale à une vérité particulière; le premier procédé a reçu le nom d'*Induction*, et le second celui de *Déduction*. Le *r.*, sous sa double forme inductive et déductive, est l'une des sources les plus fécondes de la connaissance humaine. « Supposons un instant, dit Ch. Jourdain, l'homme réduit à la conscience, aux sens et à la mémoire; il ne connaîtrait que les vérités qu'il peut atteindre par l'observation directe et immédiate. Dès lors l'avenir et la plus grande partie du présent lui échapperaient. Il serait dénué, et de la prévoyance qui va au-devant des événements, et de la science qui pénètre les parties obscures et mystérieuses des choses. Mais à l'aide du r., chaque idée acquise devient un germe fécond d'où sortent sans cesse de nouvelles idées; le cercle si étroit de nos perceptions et de nos souvenirs est franchi; la pensée voit son domaine s'étendre indéfiniment. Tant de jugements que nous portons tous les jours sur les objets les plus frivoles et les plus graves, sur le caractère et la conduite des autres, sur la pluie et le beau temps, sur la santé et la maladie, sur les récoltes, etc., tous les calculs, projets et sentiments qui en découlent, n'ont pas d'autre origine que le r. inductif. C'est aussi l'induction qui est le fondement de la physique et des sciences naturelles dont le principal objet est l'étude des lois et du plan de l'univers. La déduction n'a pas moins d'importance. Que nous servirait de concevoir des vérités universelles, si nous n'avions pas le pouvoir d'en faire l'application aux cas particuliers, et de dégager toutes les conséquences qu'elles renferment? Combien de connaissances indispensables, combien de règles de conduite, combien de sciences et d'arts manqueraient à l'homme! C'est par déduction que procèdent le mathématicien, le moraliste, le jurisconsulte. »

II. *De la déduction.* — La forme du r. déductif a été pendant des siècles employée d'une manière si exclusive, et elle est encore si usitée et si connue, que, dans un langage ordinaire, quand on dit simplement r., on entend presque toujours la méthode déductive. C'est pour le même motif que nous en parlons sous ce chef. Quant au procédé inductif, nous avons exposé son principe et sa marche au mot INDUCTION. La *Déduction* étant l'opération intellectuelle qui consiste à déterminer une vérité particulière en la tirant et la faisant sortir d'un principe plus général, il s'agit de savoir deux choses : 1° si le principe donné et qui sert de base à la déduction est une vérité, et quelle est sa valeur en tant que prin-

cipe; 2° si la vérité particulière que nous prétendons en déduire est véritablement contenue dans le principe posé.

Il faut, pour déduire, posséder un principe général dont la vérité soit assurée, ou un principe obtenu par une légitime induction, ou simplement un principe général secondaire déjà déduit d'un principe ou nécessaire ou induit. Dans tous les cas, les connaissances ou vérités que la déduction tire des principes généraux, ont précisément la valeur et l'autorité des principes d'où elles sont déduites.

La *démonstration* n'est autre chose que la déduction elle-même s'appuyant sur des principes certains et aboutissant à des conclusions également certaines, ce qui a lieu toutes les fois que celles-ci sont implicitement contenues dans les principes posés. On désigne sous le nom générique d'*arguments*, les artifices logiques employés pour manifester clairement la légitimité du r. déductif. Mais tous les arguments dénombrés et classés par l'école peuvent se ramener au *syllogisme*, qui est l'expression la plus rigoureuse du procédé de r. En conséquence, c'est de l'argument ainsi appelé que nous devons d'abord nous occuper.

III. *Du syllogisme.* — Ce mot qui signifie littéralement « assemblage de propositions », désigne « Une énonciation dans laquelle, deux jugements étant donnés, il s'ensuit nécessairement un troisième. » Ainsi, par ex., les trois propositions suivantes constituent un syllogisme : Tous les corps sont pesants; Or l'air est un corps; Donc l'air est pesant. Comme on le voit, le syllogisme se compose de trois propositions qui ont entre elles certaines relations précises. La première proposition étant posée, il faut que la seconde soit implicitement contenue dans la première, et que la troisième soit de même contenue dans la seconde, d'où il résulte que la troisième est nécessairement aussi contenue dans la première. Le plus grand terme ou attribut de la première proposition (c'est *pesant,* dans l'ex. ci-dessus) se nomme le *Grand terme* ou le *Majeur,* parce qu'il contient les deux autres; le dernier terme (*air*) se nomme le *Mineur* ou le *Petit terme,* parce qu'il est en effet le plus petit des trois; considérés tous deux ensemble, ils se nomme les *Extrêmes.* Le terme intermédiaire (*corps*), qui est contenu dans le majeur et qui contient le mineur, est appelé *Moyen terme.* Les propositions tirent leur nom des deux termes extrêmes : celle qui renferme le plus grand terme dans toute sa compréhension (*tous les corps sont pesants*) se nomme la *Majeure;* celle qui renferme le plus petit terme (*l'air est un corps*) se nomme la *Mineure;* considérées toutes deux sous un point de vue commun, on les appelle les *Prémisses,* parce qu'elles précèdent la *Conclusion* (*l'air est pesant*) qui en sort logiquement et fatalement.

IV. *Des modes et des figures du syllogisme.* En étudiant les propositions au point de vue logique, nous avons vu qu'on en distinguait quatre sortes principales, les *propositions universelles affirmatives* qui se représentent par A, les *propositions universelles négatives,* représentées par E, les *propositions particulières affirmatives,* représentées par I, et les *propositions particulières négatives,* représentées par O. Or, selon que les deux propositions qu'on assemble sont de *qualité* ou de *quantité* différentes, la conclusion en est inévitablement affectée : le syllogisme conclut ou ne conclut pas; en d'autres termes, il a lieu ou il n'a pas lieu. Il a donc fallu, pour établir la théorie du syllogisme, examiner toutes ces combinaisons possibles. C'est ce qu'a été fait par Aristote, et il a trouvé que, sur les 64 combinaisons que peuvent donner quatre termes pris trois à trois, il n'y en a que 14 qui soient concluantes, c.-à-d. où la chaîne logique n'est pas rompue et donne une conclusion nécessaire. Ces combinaisons, qui sont uniquement relatives à la quantité et à la qualité des propositions, sont désignées sous le nom de *Modes.* Maintenant si l'on considère la place occupée par le moyen terme dans les prémisses de ces 14 modes, on trouve qu'il peut occuper 4 positions différentes, car il peut être ou sujet ou attribut, soit dans la majeure, soit dans la mineure. Ces diverses positions du moyen terme constituent ce qu'on appelle les *Figures* du syllogisme. Dans la 1re fig., le moyen terme est *sujet* de la majeure et *attribut* de la mineure (Tous les *hommes* sont mortels; or, Pierre est un *homme;* donc Pierre est mortel). Dans la 2e, il est *attribut* dans la majeure et la mineure (Nul menteur n'est *croyable;* tout homme de bien est *croyable;* donc nul homme de bien n'est menteur). Dans la 3e, il est *sujet* dans toutes deux (Il y a des *colères* qui ne sont pas blâmables; toute *colère* est une passion; donc il y a des passions qui ne sont pas blâmables). Enfin, dans la 4e, il est *attribut* de la majeure et *sujet* de la mineure (Tous les maux de la vie sont des *maux passagers;* or, les *maux passagers* ne sont point à craindre; donc, nul des maux qui sont à craindre n'est un mal de cette vie). Le vers mnémonique suivant, où les syllabes *sub* et *præ* représentent les mots *subjectum* (sujet) et *prædicatum* (attribut), servait autrefois dans les écoles à rappeler la position du moyen terme dans les quatre figures :

Sub, præ; tum præ, præ; tum sub, sub; denique præ, sub.

Mais les quatorze modes concluants du syllogisme se partagent inégalement entre les quatre figures. — La 1re figure en a 4, que les scolastiques indiquaient par les mots mnémoniques : *bArbArA*, *cElArEnt*, *dArII*, *fErIO*, où les lettres en majuscules marquent la nature, c.-à-d. la quantité et la qualité des trois propositions qui constituent le syllogisme. Comme on le voit par la simple inspection de ces mots bizarres, la 1re figure peut offrir une conclusion universelle affirmative, une conclusion universelle négative, une conclusion particulière affirmative, et une conclusion particulière négative. — La 2e figure contient également 4 modes, représentés par les mots *cEsArE*, *cAmEstrEs*, *fEstInO*, *bArOcO*; mais comme on le voit, elle ne donne jamais que des conclusions négatives, soit universelles, soit particulières. — La 3e figure renferme 6 modes : néanmoins elle est plus incomplète encore que la précédente, car elle n'a que des conclusions particulières, soit affirmatives, soit négatives, ainsi que l'indiquent les formules qui représentent ces modes : *dArApiI*, *fElAptOn*, *dIsAmIs*, *dAtIsI*, *bOcArdO*, *fErIsOn*. — La 4e figure contient 5 modes, représentés dans la Logique de Port-Royal par les mots *bArbArI*, *cAlEntEs*, *dIbAtIs*, *fEspAmO*, *frIsEsOm*, et dans les anciennes logiques par les mots *bArAlIpton*, *cElAntEs*, *dAbItIs*, *fApEsmO*, *frIsEmOrum*. Les conclusions que peut donner cette figure sont, ou affirmatives particulières, ou négatives, tant universelles que particulières. Si maintenant on considère les 14 modes du syllogisme au point de vue de la quantité de leurs conclusions, on trouve que 4 modes donnent des conclusions universelles, et 10 des conclusions particulières; et si on les envisage au point de vue de la qualité, on voit que 5 donnent des conclusions affirmatives, et 9 des conclusions négatives.

V. *Règles du syllogisme.* — Les combinaisons diverses que nous venons d'indiquer sommairement sont soumises à certaines règles générales qui toutes sortent de la définition même du syllogisme. Dans l'école, on avait résumé les plus importantes de ces règles dans les huit vers mnémoniques qui suivent :

Terminus esto triplex, medius, majorque minorque.
Latius hunc quam præmissæ conclusio non vult.
Nunquam contineat medium conclusio fas est.
Aut semel aut iterum medius generaliter esto.
Utraque si præmissa negat, nihil inde sequitur.
Nil sequitur geminis ex particularibus unquam.
Ambæ affirmantes nequeunt generare negantem.
Pejorem sequitur semper conclusio partem.

Les quatre premières de ces règles, comme on le voit, sont relatives aux termes, tandis que les quatre dernières ont rapport aux propositions. Au reste, en voici la traduction et l'explication. — 1° *Tout syllogisme doit renfermer trois termes, le grand, le petit et le moyen.* Un terme de plus, un terme de moins, il n'y a plus de syllogisme. Donc, il ne faut pas d'une proposition à l'autre changer le sens des termes, car alors les mêmes mots n'exprimant pas les mêmes idées, on pourrait au lieu de trois idées, en avoir quatre ou un plus grand nombre. Tel est cet exemple bien connu : Le rat *rouge*; or, rat est une syllabe; donc une syllabe est rouge. Le vice de l'argument réside dans ce que le mot *rat* est pris dans deux sens, celui de l'animal ainsi appelé, et celui de la syllabe qui forme son nom : ce syllogisme prétendu a donc quatre termes au lieu de trois.— 2° *Aucun terme ne peut être plus étendu dans la conclusion que dans les prémisses.* Cette règle est facile à concevoir, puisque la conclusion doit être implicitement contenue dans les prémisses, et qu'évidemment un objet plus grand ne peut être contenu dans un objet plus petit. Le syllogisme suivant serait donc radicalement vicieux : Les planètes sont des astres; or, les planètes tournent autour du soleil; donc, tous les astres tournent autour du soleil. En effet, le mot *astres* reçoit ici dans la conclusion un sens plus général que dans les prémisses. — 3° *Le moyen terme ne doit jamais entrer dans la conclusion.* Car le moyen terme a pour unique fonction de servir les deux extrêmes, et il est étranger à la conclusion, qui est l'expression du rapport entre les extrêmes. — 4° *Le moyen terme doit être pris au moins*

une fois *universellement dans les prémisses.* Cette règle se fonde sur ce qu'il n'y a qu'un terme universel dont on connaisse exactement la compréhension et les limites, et dont on puisse affirmer qu'un autre terme, qui en est la conclusion, y est ou n'y est pas contenu. Si le moyen était pris deux fois particulièrement, il pourrait exprimer deux idées différentes, et l'on ne serait plus en droit de conclure que le grand terme et le petit terme se conviennent entre eux. C'est, par ex., ce qui a lieu dans ce syllogisme : Certains triangles sont des triangles isoscèles; or, certains triangles sont des triangles scalènes; donc les triangles isoscèles sont des triangles scalènes. Ce ne sont point les mêmes triangles qui sont isoscèles et scalènes. — 5° *De deux prémisses négatives on ne peut pas tirer de conclusion.* En effet, deux propositions négatives séparent le sujet du moyen et l'attribut du même moyen. Or, de ce que deux choses sont séparées de la même chose, il ne s'ensuit, ni qu'elles soient, ni qu'elles ne soient pas la même chose. De ce que les Espagnols ne sont pas Turcs, et de ce que les Turcs ne sont pas chrétiens, il ne s'ensuit pas que les Espagnols ne soient pas chrétiens. — 6° *De deux prémisses particulières il ne s'ensuit rien.* En effet, lorsque les prémisses sont toutes deux particulières, le moyen terme y est pris pour une partie seulement de son étendue. Or, on a vu tout à l'heure que le moyen terme doit être pris au moins une fois universellement. — 7° *Deux prémisses affirmatives ne peuvent donner une conclusion négative.* Lorsque les deux prémisses sont affirmatives, on déclare que les deux extrêmes conviennent avec le moyen; mais si les deux extrêmes conviennent avec le moyen, ils s'accordent nécessairement entre eux. — 8° *La conclusion suit toujours la plus faible partie*, c.-à-d. qu'elle est négative, si l'une des prémisses est négative; qu'elle est particulière, si l'une des prémisses est particulière; qu'elle est particulière et négative, si l'une des prémisses est particulière et l'autre négative. En effet, dès qu'il y a quelque chose de particulier ou de négatif dans les prémisses, il est impossible qu'il y ait dans la conclusion rien d'universel ni d'affirmatif. Le contenu ne peut être plus grand que le contenant.

Les règles que nous venons d'exposer résument parfaitement les conditions requises pour qu'un syllogisme soit concluant; néanmoins leur multiplicité a engagé les logiciens modernes à les simplifier. C'est ce qui a été fait surtout par les auteurs de l'*Art de penser*, d'après Descartes, et ils ont réduit toutes ces règles aux deux règles suivantes : 1° *Nul terme ne peut être plus général dans la conclusion que dans les prémisses.* 2° *Le moyen terme doit être pris au moins une fois universellement;* et encore la première de ces règles implique la seconde. — « Lorsque, dit la Logique de Port-Royal, on veut prouver une proposition dont la vérité ne paraît pas évidemment, il semble que tout ce qu'on a à faire soit de trouver une proposition plus connue qui renferme celle-là, laquelle, pour cette raison, on peut appeler la proposition *contenante*. Mais, parce qu'elle ne peut la contenir expressément et dans les mêmes termes, puisque, si cela était, elle n'en serait pas différente et ainsi ne servirait de rien pour la rendre plus claire, il est nécessaire qu'il y ait encore une autre proposition qui fasse voir que celle que nous avons appelée contenante contient en effet celle que l'on veut prouver; et celle-là peut s'appeler *applicative*. Dans les syllogismes affirmatifs, il est souvent indifférent laquelle des deux on appelle *contenante*, parce qu'elles contiennent toutes deux, en quelque sorte, la conclusion, et qu'elles servent mutuellement à faire voir que l'autre la contient. Néanmoins, comme la majeure est presque toujours plus générale, on la regarde d'ordinaire comme la proposition *contenante*, et la mineure comme l'*applicative*. Pour les syllogismes négatifs, comme il n'y a qu'une proposition négative, et que la négation n'est proprement enfermée que dans la négation, il semble qu'on doive toujours prendre la proposition négative pour la *contenante*, et l'affirmative pour l'*applicative*, soit qu'elle forme la majeure, soit qu'elle forme la mineure. Il n'est pas difficile de montrer que toutes les règles des anciens ne servent qu'à faire voir que la conclusion est contenue dans l'une des premières propositions, et que l'autre le fait voir, et que les arguments ne sont vicieux que quand on manque à observer cela, et qu'ils sont toujours bons quand on l'observe. Car toutes ces règles se réduisent à deux principales, qui sont le fondement des autres. L'une, que *nul terme ne peut être plus général dans la conclusion que dans les prémisses;* or, cela dépend visiblement de ce principe général, que *les prémisses doivent contenir la conclusion* : ce qui ne pourrait pas être si, le même terme étant dans les prémisses et dans la conclusion, il avait moins d'étendue dans celles-là que dans celle-ci ; car le moins général ne contient pas le plus général ; *quelque homme* ne contient pas *tout homme*. L'autre règle générale est, que *le moyen doit être pris une fois au moins universellement* ; ce qui dépend encore de ce principe, que *la conclusion doit être contenue dans les prémisses*. En effet, un terme particulier n'ayant point d'étendue rigoureusement déterminée, on ne verra jamais que la proposition qui l'enferme contient nécessairement la conclusion, si elle n'est unie à une autre proposition où le moyen est pris universellement. »

VI. *Des diverses sortes de syllogismes.* — Indépendamment des modes et des figures, les auteurs distinguent plusieurs sortes de syllogismes. Nous nous bornerons à peu près à définir ces différentes espèces. — 1° On appelle syllogisme *simple*, celui qui se compose de propositions simples ; ex. : La vertu est louable ; or, la tempérance est une vertu ; donc la tempérance est louable. C'est de cette sorte particulière de syllogisme que nous avons surtout parlé. — 2° Le syllogisme *complexe* est celui qui se compose de propositions complexes, et particulièrement celui dont la conclusion est une proposition complexe : ex. : La loi divine ordonne d'obéir aux lois de son pays : or, la loi du pays commande de payer l'impôt ; donc, la loi divine ordonne de payer l'impôt. Pour juger si un syllogisme complexe conclut valablement, il faut le réduire à un syllogisme simple, en supprimant les propositions incidentes, lorsque la chose se peut faire, et alors il est soumis aux règles ordinaires. Si l'on ne peut supprimer les phrases incidentes, les mêmes règles lui sont encore applicables, mais il faut distinguer et peser bien exactement les termes. — 3° On nomme *composés* ou *conjonctifs*, les syllogismes dont la majeure est une proposition composée. On en distingue trois espèces, savoir : le syllogisme *conditionnel*, le syllogisme *disjonctif* et le syllogisme *copulatif*. A. Le syllogisme est dit *conditionnel*, lorsque la majeure est conditionnelle, c.-à-d. est composée de deux parties unies par la conjonction *si* : on appelle *Antécédent* le membre qui contient la condition, et l'autre est nommé le *Conséquent*. Ex. : Si Dieu est juste, il punit les méchants ; or, Dieu est juste ; donc il punit les méchants. B. Le syllogisme *disjonctif* est celui dont la majeure est disjonctive, c.-à-d. dont les parties sont jointes par *ou*. Ex. : Il faut dominer ses passions ou leur obéir ; or, la raison veut que nous les dominions ; donc, nous ne devons pas leur obéir. C. Enfin, on appelle syllogisme *copulatif* celui dont la majeure est une proposition copulative négative, dont ensuite on établit une partie pour nier l'autre. Ex. : On ne peut tout ensemble être serviteur de Dieu, et idolâtre de son argent ; or, l'avare est idolâtre de son argent ; donc, il n'est pas serviteur de Dieu.

VII. *Des autres espèces d'arguments.* — La forme syllogistique du r. n'est guère usitée, dans toute sa rigueur, que dans l'étude des mathématiques, et parfois en philosophie. Mais, dans l'art oratoire, sa sécheresse et sa monotonie la font proscrire. L'orateur a donc recours à d'autres sortes d'arguments, qui ne présentent pas le même inconvénient, mais qui cependant ont la même valeur que le syllogisme ; car, lorsque ces arguments sont valables, ils peuvent toujours se ramener à ce dernier. — Le plus usité peut-être de ces arguments est l'*Enthymème*. Or, cet argument n'est autre chose qu'un syllogisme dont on supprime l'une des prémisses : ex. : Il faut aimer ce qui nous rend heureux ; donc il faut aimer la vertu ; ou bien, la vertu nous rend heureux ; donc il faut aimer la vertu. Dans le premier ex. c'est la mineure qui est sous-entendue ; dans le second c'est la majeure. Dans les deux cas, la première proposition se nomme *Antécédent*, et la seconde *Conséquent*. Comme on voit, l'enthymème est un syllogisme parfait dans l'esprit ; il n'est imparfait que dans l'expression, et c'est cette imperfection de forme qui fait la vivacité et le mérite de l'argument. Ce vers de la *Médée* d'Ovide, cité par Quintilien, offre un bel ex. d'enthymème : *Servare potui ; perdere an possim, rogas ?* Citons encore cet autre enthymème rapporté par Aristote : « Mortel, ne garde pas une haine immortelle. » — L'*Épichérème* est un syllogisme où l'une au moins des prémisses est accompagnée de sa preuve. Tout le discours de Cicéron pour Milon se réduit à un épichérème très développé. La majeure est qu'il est permis de tuer celui qui nous dresse des embûches ; les preuves de cette majeure se tirent de la loi naturelle, du droit des gens, des exemples. La mineure est que Clodius a dressé des embûches à Milon, et les preuves de cette mineure sont l'équipage de Clodius, sa suite, etc. La conclusion est, qu'il a été permis à Milon de tuer Clodius. — Le *Sorite* se compose d'une série de propositions (il en faut au moins quatre), qui s'enchaînent de telle manière que l'attribut de la première

devient le sujet de la seconde ; l'attribut de la seconde le sujet de la troisième, et ainsi de suite, jusqu'à ce qu'on arrive à une dernière proposition qui réunit le sujet de la première à l'attribut de l'avant-dernière : Ex. : Celui qui honore Dieu, respecte ses commandements ; qui respecte les commandements divins, pratique la charité ; qui pratique la charité, contribue à prévenir le crime par le soulagement de la misère ; qui prévient les actions criminelles sert les intérêts de l'État ; donc celui qui honore Dieu sert les intérêts de l'État. La meilleure manière de donner au sorite de la force et de la vérité, c'est d'en prouver chaque partie à mesure qu'on l'emploie : c'est en outre l'unique moyen de faire que cet argument ne paraisse pas fastidieux. Cette forme d'argumentation a été employée par Cicéron dans son plaidoyer pour Roscius d'Amérie. — Le *Dilemme* est un double syllogisme où deux propositions contraires aboutissent à une seule et même conclusion, de telle sorte que, dans une discussion oratoire, par ex., l'adversaire ne puisse y échapper : de là le nom vulgaire d'*argument cornu* et d'*argument à deux tranchants*, sous lequel on le désigne parfois. Voici un ex. de dilemme : En ce monde, on suit ses passions, ou on ne les suit pas ; si on les suit, on est malheureux de la honte qu'on s'attire en s'y abandonnant ; si on ne les suit pas, on est malheureux des efforts qu'il faut faire pour leur résister ; donc, on est toujours malheureux en ce monde. Le dilemme s'emploie fréquemment dans les luttes oratoires, car il produit toujours de l'effet, lors même qu'il n'est pas nécessairement concluant. Pour qu'il soit tel, il faut que la proposition disjonctive n'admette pas de milieu ; que la conclusion des deux parties soit nécessaire ; et que l'argument ne puisse pas être rétorqué contre celui qui l'emploie. Ainsi, le dilemme suivant pèche contre les deux dernières règles : Ta femme sera belle ou elle sera laide ; si elle est belle, elle te causera de la jalousie ; si elle est laide, elle te déplaira ; donc il ne faut point te marier. Le fameux dilemme de Protagoras pèche contre la troisième. Le sophiste, dit-on, était convenu avec son élève Évathlus de lui enseigner l'art oratoire, moyennant une somme déterminée, dont moitié serait payée d'avance et l'autre moitié après le gain de sa première cause. L'occasion de payer ne se présentant pas à l'élève assez tôt au gré de Protagoras, celui-ci le cite en justice et réclame le reste du prix convenu : « Si tu persuades mes juges, dit-il à Évathlus, que tu ne me dois rien, tu auras gagné ta première cause, et tu seras tenu de me payer, en vertu de nos conventions ; si, au contraire, tu ne peux les convaincre, tu seras condamné, et il faudra bien que tu payes. » Le disciple rétorqua ainsi le dilemme : « Si les juges me condamnent à payer, je ne te dois rien, en vertu de nos conventions ; s'ils me donnent raison, je ne te payerai également rien, parce que j'aurai gagné ma cause. » — L'*Induction* est un enthymème dont l'antécédent renferme une énumération de parties d'où l'on doit tirer la conclusion : l'or, l'argent, le cuivre, le fer, le zinc, se liquéfient ; donc tous les métaux sont liquéfiables. La conclusion de cet argument ne peut être nécessaire que dans le cas où l'énumération est complète : ce qui n'a jamais lieu. En conséquence, l'induction n'est qu'un argument oratoire. — Il en est de même de l'*Exemple*, car de l'énoncé d'un fait particulier on ne peut déduire une preuve nécessaire et incontestable. — Enfin, nous en dirons autant de l'*Argument personnel*, espèce d'enthymème qui renverse les moyens et les prétentions de l'adversaire en lui opposant ses propres faits ou ses propres paroles.

RAISONNER. v. n. [Pr. rè-zoner]. Se servir de sa raison pour chercher et connaître le vrai, pour juger des rapports des choses, pour démontrer, etc. *C'est le propre de l'homme de r. R. faux. R. juste, R. de travers. Il raisonne bien, mal. R. conséquemment. R. sur de faux principes. C'est ainsi que raisonne la haine, l'amour. Les passions ne raisonnent pas.* — Fig. et fam., *R. comme un coffre, comme une cruche, comme une pantoufle, r. pantoufle,* Raisonner de travers, d'une manière absurde. ‖ Se dit quelquefois pour discuter. *Nous avons beaucoup raisonné de cette affaire. La loi ne raisonne pas, elle commande.* ‖ Répliquer, alléguer des excuses pour s'excuser.

> Qui sait porter une couronne,
> Quand il a prononcé, n'aime point qu'on raisonne.
> CORNEILLE.

Je n'aime pas les enfants qui raisonnent. Les maîtres veulent qu'on ne raisonne pas et qu'on obéisse. — *Ne raisonnez pas tant ; si vous raisonnez davantage, etc.,* Façons de parler dont on se sert envers une personne fort inférieure à soi, lorsqu'on se sent offensé ou importuné de ses discours, de ses répliques. || T. Mar. Se dit d'un bâtiment qu'on a envoyé reconnaître par la chaloupe, et qui est obligé de montrer ses papiers de bord. *Faire r. un bâtiment.* = RAISONNER. v. a. *C'est un homme qui raisonne toutes ses actions, toutes ses démarches,* Qui les calcule, qui en prévoit et pèse toutes les conséquences. — *Cet acteur raisonne bien ses rôles,* Il s'en rend compte, il cherche à en saisir l'esprit. || Chercher à amener quelqu'un à la raison. *J'ai eu beau le r. il n'a rien voulu entendre.* = SE RAISONNER. v. pr. Être discuté. *Un ordre militaire ne se raisonne pas.* = RAISONNÉ, ÉE. part.

RAISONNEUR, EUSE. s. [Pr. *rèzo-neur, euze*]. Celui, celle qui raisonne. *C'est un bon, un excellent r. Un détestable r.* — Se dit ordinairement en mauvaise part, d'une personne qui fatigue, qui importune par de longs raisonnements. *C'est un ennuyeux r., un r. perpétuel.* || Absol., se dit de celui qui, au lieu de recevoir docilement les réprimandes qu'on lui fait ou les ordres qu'on lui donne, a l'habitude de répliquer ou d'alléguer des excuses bonnes ou mauvaises. *Ce valet fait bien le r. Elle fait bien la raisonneuse.* — On dit aussi adject., *Cet enfant est bien r. C'est une grande raisonneuse.* || T. Théâtre. Personnage de comédie, dont le langage est ordinairement celui de la morale et du raisonnement. *Il est engagé à ce théâtre pour jouer les raisonneurs. Cléante, du Tartufe, est le plus beau rôle de l'emploi des raisonneurs.*

RAJAH ou **RADJAH.** s. m. T. Relat. Le mot *Rajah* ou *Radjah* est un mot hindou qui répond à nos mots *roi* et *prince,* et qui est l'antique titre des princes indiens. Les Rajahs appartiennent à la caste des Kschatryas ou guerriers. Il n'y a plus dans l'Inde en deçà du Gange, qu'un fort petit nombre de Rajahs indépendants; tous les autres ont été dépossédés par l'Angleterre ou sont devenus ses vassaux. Mais, dans les îles de l'archipel Indien, il y a encore des souverains indépendants qui portent ce titre. Un titre supérieur est celui de *Maharadjah,* qui signifie *grand prince,* et qui se donne à celui dont dépendent plusieurs autres rajahs. Le souverain de Lahore, Rundjet-Sing, prenait le titre de Maharadjah.

RAJEUNIR. v. a. (R. *re,* préf., et l'inus. *ajeunir,* de *jeune*). Faire redevenir jeune. *Cet alchimiste prétendait avoir le secret de r. les vieillards.* — Fig., *On ne rajeunit pas une nation décrépite.* || Rendre l'air de la jeunesse. *Sa perruque le rajeunit de dix ans. Cette bonne nouvelle l'a tout rajeuni.* || Par ext., se dit aussi des choses. *R. un arbre, une vigne en les taillant. R. un vieux mot. R. une pensée par l'expression.* = RAJEUNIR. v. n. Redevenir jeune, reprendre l'air et la vigueur de la jeunesse. *Depuis son mariage, il a rajeuni. Il semble que cette femme rajeunisse.* — Fig., *Au printemps, la nature rajeunit, les arbres rajeunissent, tout rajeunit.* = SE RAJEUNIR. v. pron. Se donner l'air jeune. *Il croit se r. en portant perruque.* || Fam., Se dire plus jeune qu'on ne l'est réellement. *Elle dit n'avoir que trente ans, je crois qu'elle se rajeunit un peu.* = RAJEUNI, IE. part.

RAJEUNISSEMENT. s. m. [Pr. *rajeuni-se-man*]. Action de rajeunir; état de celui qui est ou paraît rajeuni. *Le r. d'Éson.*

Hortic. — Quels que soient les soins que l'on donne aux arbres fruitiers soumis à la taille depuis un certain nombre d'années, il arrive qu'il se forme, à chacun des points occupés par les rameaux à fruits, des nœuds déterminés par l'ablation et le renouvellement successif de ces rameaux. Ces nodosités deviennent des obstacles graves à la circulation de la sève. Cette cause de souffrance est encore augmentée par les couches corticales dures et desséchées qui s'accumulent sans cesse à la surface des branches et de la tige, comprimant leurs organes, gênant la circulation des fluides et s'opposant ainsi à la libre expansion du végétal. Bientôt sous l'influence de cet état languissant, l'arbre se couvre d'une quantité considérable de fleurs dont les unes, pour la plus grande partie est stérile; tandis que celles qui fructifient, ne recevant pas une nourriture suffisante, ne présentent que de chétifs produits. Cette floraison surabondante achève d'épuiser le sujet, qui dépérit rapidement. Si la décrépitude est due à une taille vicieuse, ou à la vieillesse plutôt qu'à la mauvaise qualité du sol, il est possible de rétablir ces arbres et de les gratifier d'une seconde jeunesse quelquefois aussi vigoureuse que la première. Il y a cinquante ans que nous avons vu pratiquer, sur de

vieux poiriers en espaliers, les opérations que nous allons indiquer, et les mêmes arbres sont encore aujourd'hui en pleine végétation. Ces opérations, effectuées successivement, ont pour but de provoquer l'apparition de nouveaux boutons à bois vigoureux et le développement de nouvelles racines, enfin de remédier à l'organisation imparfaite des couches d'aubier et de liber. On devra donc s'efforcer de remplacer ces parties essentielles par de nouveaux organes sains et vigoureux, et de concentrer, à cet effet, sur certains points, la vie répandue sur toute l'étendue de la tige. Pour les arbres en espalier, on coupe les branches à 0m,20 ou 0m,25 de la base, sauf quelques-unes qui sont laissées entières Ces dernières, dont le nombre ne doit pas dépasser le cinquième des amputées, sont choisies parmi celles qui seraient jugées inutiles à la forme que l'on se propose de donner à la nouvelle charpente de l'arbre. D'ailleurs ces branches sont momentanément conservées, dans la crainte que le sujet ainsi recepé, n'ait pas la force de développer immédiatement, sur la vieille écorce, les nouveaux bourgeons nécessaires à l'entretien de la fonction des racines. Pour faciliter la sortie des bourgeons sur le moignon des branches coupées, on enlève, à l'aide d'un grattoir quelconque, toute l'écorce desséchée, puis on badigeonne les parties mises au vif avec un lait de chaux éteinte. La sève concentrée sur une étendue de branches très restreinte, y détermine bientôt la formation de boutons qui se développent vigoureusement. Vers le milieu de juin, on choisit, parmi ces nouvelles productions, les jets les mieux placés pour former les branches principales d'une charpente régulière; les autres sont tordus vers le milieu de leur longueur. L'année suivante, au printemps, on taille ces rameaux principaux de manière à leur imposer la forme qu'on destine à l'arbre, puis on casse les rameaux tordus à 0m,06 de leur naissance. Pendant l'été, on commence à pincer les bourgeons non destinés à former les branches principales, pour en faire des rameaux à fruits. Au printemps suivant, en supprime les quelques branches conservées primitivement; elles sont alors inutiles. A mesure que la tige subit cette sorte de r., les mêmes changements se produisent sur les racines. Aussitôt que de nombreux et vigoureux bourgeons apparaissent sur les branches coupées, les feuilles qu'ils développent envoient vers les racines une grande quantité de filets ligneux et corticaux. Ceux-ci rencontrant les couches radicales durcies et privées des fluides qui faciliteraient le passage, dévient de leur direction naturelle, percent l'écorce de la racine et donnent naissance à de nouveaux organes nourriciers plus sains, plus vigoureux que les anciens qui finissent par s'atrophier complètement et pourrir. Pour assurer le succès complet de l'opération, il est bon de pratiquer, à l'automne de la troisième année, une tranchée circulaire, qui établie à 1 mètre du pied de l'arbre, présenterait une largeur d'un mètre et une profondeur de 0m,70. Cette tranchée doit être comblée avec une terre neuve, de consistance moyenne, et suffisamment améliorée par du terreau. — Pour les poiriers en plein vent, on opère d'après les mêmes principes. S'il s'agit d'arbres en cône, on coupe la tige vers la moitié de sa longueur; les branches latérales restantes sont taillées d'autant plus long qu'elles sont plus rapprochées de la base, afin de conserver à l'arbre sa forme conique, c.-à-d. que les inférieures doivent être coupées à 0m,60 de leur naissance et celles du sommet à 0m,15 seulement. Cependant il y a généralement plus d'avantage à greffer ces branches en couronne, parce que la sève, répartie sur une trop grande quantité de tige, n'aurait pas une force suffisante pour développer vigoureusement de nombreux bourgeons. On pourrait opérer le ravalement de toutes les branches dès la première année, car les boutons restants suffisent pour entretenir la fonction des racines. Pendant les premières années qui suivront le r. des cônes, il sera nécessaire de tailler très court les rameaux du sommet, afin de les empêcher d'absorber une trop forte quantité de sève au détriment de ceux de la base. — Les procédés de r. que nous venons de décrire s'appliquent de tous points au pommier. — Les vices de tailles, adoptés trop communément pour le pêcher, ont pour résultat de dégarnir les branches de productions utiles, à mesure qu'elles s'allongent; la négligence apportée dans le pincement fait que les rameaux à fruits trop vigoureux ne portent des fleurs qu'à leur sommet, ce qui oblige à les tailler très longs. Ces rameaux ne développent alors à leur base aucune production nouvelle et laissent un vide impossible à combler. Lorsque ces arbres présentent encore un degré de vigueur convenable, il n'existe d'autre moyen de les rétablir que de supprimer les branches principales immédiatement au-dessus du point où elles sont développés les rameaux gourmands les plus rapprochés de la base. On conserve ceux qui sont convenablement placés, de manière que l'ensemble de l'arbre puisse être ramené à un aspect à peu près régulier. Si les branches des pêchers étaient complétement dégarnies, même de rameaux gourmands, il faudrait nécessairement renoncer à ce moyen et essayer du recepage, procédé qui ne réussit pas toujours. — On doit suivre les mêmes méthodes pour le r. des autres arbres à fruits à noyaux, dont la durée est loin d'être aussi longue que celle des arbres produisant des fruits à pépins. Leur décrépitude s'annonce par le peu de développement de bourgeons annuels, par la dessiccation successive des rameaux à fruits sur les branches principales, par le petit nombre et le mince volume de leurs fruits, enfin par l'aspect languissant de toutes les parties. Cet état se manifeste plus tard sur les arbres à haut vent que sur ceux qui sont soumis à une taille annuelle. La non-réussite du r. des arbres à noyaux a pour cause la difficulté qu'éprouvent les boutons latents ou adventices à percer les vieilles écorces. Voy. TAILLE *des arbres.*

RAJEUNISSEUR. s. m. [Pr. *rajeuni-seur*]. Celui qui rajeunit, renouvelle.

RAJOUTER. v. a. (R. *re,* préf., et *ajouter*). Ajouter de nouveau. = RAJOUTÉ, ÉE. part.

RAJUSTEMENT. s. m. [Pr. *rajuste-man*]. Action de rajuster ; le résultat de cette action.

RAJUSTER. v. a. (R. *re,* préf., et *ajuster*). Ajuster de nouveau, remettre en bon état. *Rajustez ce ressort, cette serrure. Rajustez votre chute, votre manteau.* || Fig., au sens moral, *La mort dérange et rajuste bien des choses. Cette succession a bien rajusté ses affaires. Il y a entre les deux frères une grave contestation ; cela sera difficile à r.* = SE RAJUSTER. v. pron. Réparer le désordre de ses vêtements, de sa toilette. *Ces dames se rajustèrent à la hâte et du mieux qu'elles purent.* = RAJUSTÉ, ÉE. part.

RAJUSTEUR, EUSE. s. Celui, celle qui rajuste.

RÂLE. s. m. (R. *râler,* à cause du cri de l'oiseau?) T. **Ornith.** Sous le nom de *Râles* (*Rallus*) ou *Rallidés,* on dé-

signe un genre ou un petit groupe d'Échassiers qui fait partie de la famille des *Macrodactyles.* Les oiseaux qui le composent ont, de même que les Foulques, les ailes dépourvues d'éperons ; mais ils se distinguent de ces derniers par l'absence, sur le front, de cette sorte d'écusson qui est formé par le prolongement du bec. Les Râles ont en outre le corps comprimé, les tarses allongés et terminés par des doigts grêles et séparés, les ailes moyennes, la queue très courte et cunéiforme, et le bec de longueur très variable. Les mœurs des Râles rappellent beaucoup celles des Poules d'eau. Très craintifs, ils se dérobent au danger en fuyant de loin, ou en se tenant cachés dans une immobilité complète. Ils

marchent avec grâce, la tête haute, les pieds levés, et courent avec une extrême agilité ; mais leur vol est lourd, peu soutenu, bas, et s'exécute en ligne droite ou à peu près. Ils se tiennent cachés sous l'herbe pendant le jour, et cherchent leur nourriture le soir et le matin sur le bord des eaux où poussent les plantes aquatiques. Leur régime est à la fois animal et végétal. Ils se nourrissent de vers, d'insectes, de petits mollusques, qu'ils rencontrent sur les bords fangeux des rivières, ou de graines et de pousses tendres des plantes aquatiques. Ils ne se réunissent jamais en famille, même lorsqu'ils émigrent. Ils nichent à terre dans les herbes, et les petits abandonnent leur nid dès leur naissance, saisissant eux-mêmes la nourriture que leur mère leur indique. La chair de quelques Râles est d'un goût exquis, surtout en automne ; elle a plus de fumet et plus de délicatesse que celle des Poules d'eau et se mange comme celle de la Bécasse, c.-à-d. un peu faisandée. Les diverses espèces de ce genre ne se distinguent que par les proportions de leur bec. — Le *R. d'eau d'Europe* (*R. aquaticus*) a le bec plus long que la tête. Il est brun fauve, tacheté de noirâtre dessus, cendré bleuâtre dessous, à flancs rayés de noir et de blanc. Très commun sur nos ruisseaux et nos étangs ; il nage assez bien, et il court fort légèrement sur les feuilles des herbes aquatiques. Sa chair sent le marais. — Parmi les espèces à bec plus court, la plus commune chez nous est le *R. des genêts* (*R. Crex*), vulg. appelé *Roi des cailles* parce qu'on le voit arriver et partir avec ces oiseaux, ce qui a fait croire qu'il les conduisait. D'un brun fauve, tacheté de noirâtre dessus, de grisâtre dessous, aux flancs rayés de noirâtre, aux ailes rousses, le R. des genêts vit et niche dans les champs où on le trouve solitaire. Il se nourrit de graines aussi bien que d'insectes et de vermisseaux. C'est un excellent gibier. — Le *R. varié à gorge rouge* des États-Unis (*R. ruficollis* ou *noveboracensis*) Fig. ci-contre, appartient au même sous-genre. Cuvier y range aussi la *Marouette,* ou *Petit râle tacheté* (*R. porzana*), qui est brun foncé, piqueté de blanc, à flancs rayés de blanchâtre ; mais quelques auteurs rapportent cette espèce aux Poules d'eau. Cet oiseau habite notre pays, et ne nous quitte que dans le fort de l'hiver. Il se tient près des étangs et fait avec du jonc un nid en forme de nacelle, qu'il attache à quelque tige de roseau. Il nage et plonge fort bien.

RÂLE. s. m. (orig. germ. : *bant* all. *rasseln,* faire du bruit ; flam. *ratelen,* râler). Le r. de la mort, de l'agonie, Le bruit qui, chez les moribonds, est produit par le passage de l'air à travers les mucosités accumulées dans le larynx, la trachée et les grosses divisions des bronches. *On croit qu'il va mourir, il a déjà le r.* || T. Méd. Murmure, bruit anormal qui se fait dans les voies respiratoires au passage de l'air. Voy. AUSCULTATION.

RALEIGH (sir WALTER), favori de la reine Élisabeth d'Angleterre (1552-1648), découvrit la Virginie, en Amérique (1584). Disgracié par Jacques Ier, il fut enfermé pendant douze ans à la Tour de Londres (1604-1616), et, après une expédition en Guyane, accusé de haute trahison et décapité.

RÂLEMENT. s. m. [Pr. *râle-man*]. Action de râler, état de celui qui râle. *Ce malade a un r. qui le fatigue beaucoup.*

RALENTIR. v. a. [Pr. *ralan-tir*] (R. *re,* préf., et l'inus. *alentir,* de *lent*). Rendre plus lent. *R. sa course, sa marche. R. le pas. R. le mouvement d'une machine.* || Fig., Modérer, diminuer. *Cet accident a ralenti son zèle. L'âge ralentira cette activité, cette ardeur.* || T. Man. *R. un cheval,* Ralentir sa marche. = SE RALENTIR. v. pron. Devenir plus lent, moins actif. *Ce mouvement s'est ralenti. J'ai peur que cette ferveur ne se ralentisse. Les préparatifs de guerre semblent se r.* = RALENTI, IE. part.

RALENTISSEMENT. s. m. [Pr. *ralan-tise-man*]. Diminution de mouvement, d'activité. *Le r. du pendule. Le r. des travaux d'un siège.* || Fig., Le r. de son zèle, de son ardeur.

RÂLER. v. n. (R. *râle*). T. Méd. Faire entendre, en respirant, un son anormal ; se dit particulièrement des agonisants. *Il est très mal, il commence à r.* — Par ext., *R. en dormant.*

RALINGUE. s. f. (angl. saxon *raa,* vergue et *loccan,* saisir). T. Mar. Cordage que l'on coud autour des bords d'une voile pour la fortifier. *R. de têtière* ou *d'envergure*, Celle qui borde la partie supérieure de la voile, par laquelle elle est lacée avec la vergue; *R. de fond* ou *de bordage*, Celle qui borde le côté inférieur; *R. de chute*, Celle qui borde les côtés verticaux. — *Mettre une voile en r.*, Mettre ses ralingues dans une position parallèle à celle du vent, en sorte qu'elle ne le reçoive sur aucune face.

RALINGUER. v. a. Garnir une voile de ses ralingues. *Les voiles sont faites, il n'y a plus qu'à les r.* ‖ Absol., sign. Orienter les voiles d'un bâtiment de manière que leur plan se trouve dans la direction du vent. = RALINGUÉ, ÉE. part.

RALLENTANDO. s. et adv. [Pr. *ra-lin-tando*]. T. Mus. Mot italien indiquant qu'on doit peu à peu retarder la mesure.

RALLIDÉS. s. m. pl. [Pr. *ral-lidé*] (R. *râle*). T. Ornith. Petite famille d'*Échassiers*. Voy. RÂLE.

RALLIEMENT ou **RALLÎMENT.** s. m. [Pr. *rali-man*]. T. Guerre. Action de se rallier. Action des troupes qui, après avoir été rompues ou dispersées, se rassemblent. *Le r. des troupes eut lieu à tel endroit.* On dit de même, *Le r. d'une flotte, d'une armée navale.* ‖ *Point de r.*, L'endroit indiqué par avance aux troupes pour se rallier; par ext., le lieu où les personnes d'une même société, d'un même parti se rassemblent; et Fig., opinion sur laquelle s'accordent des sectes, des personnes divisés sur d'autres points. ‖ *Mot de r.*, Le mot qu'un chef donne à ses troupes pour se reconnaître lorsqu'elles se rallient. Voy. MOT. — *Signe de r.*, Signe convenu dans le même but, comme de frapper sur la giberne ou dans la main. — *Fig., Mot, signe de r.*, Se dit aussi du mot, du signe caractéristique auquel une secte, un parti se reconnaît, ou par lequel on le désigne.

RALLIER. v. a. [Pr. *rali-er*] (R. *re*, préf., et *allier*). T. Guerre et Mar. Rassembler, remettre ensemble. *R. des troupes. R. un escadron, un bataillon. R. une flotte. Il rallia ses vaisseaux.* ‖ Fig., *Cette proposition rallia tous les esprits.* ‖ T. Mar. *R. son poste*, Aller le reprendre. *R. un bâtiment, un port, une terre*, S'en rapprocher. *R. le vent, r. au vent*, Gouverner au plus près. = SE RALLIER. v. pron. Se réunir, se remettre ensemble. *Ils se rallièrent derrière l'infanterie. Les vaisseaux égarés se sont ralliés autour de l'escadre.* ‖ Fig., *Se r. aux gens de bien. Se r. à un parti politique. Tous les esprits se rallièrent à cette proposition conciliatrice.* ‖ T. Mar. *Se r. à terre*, S'approcher de terre. = RALLIÉ, ÉE. part. = Conj. Voy. PRIER.

RALLÎMENT. s. m. Voy. RALLIEMENT.

RALLONGE. s. f. [Pr. *ralon-je*] (R. *rallonger*). Ce qui sert à rallonger une chose. *Mettre une r. à une robe, à une table.*

RALLONGEMENT. [Pr. *ralon-je-man*]. s. m. Action de rallonger, ou le résultat de cette action.

RALLONGER. v. a. [Pr. *ra-lon-jer*] (R. *re*, préf., et *allonger*). Rendre une chose plus longue en y ajoutant quelque pièce du même genre. *R. un habit. R. une jupe. R. une table.* ‖ Abusivem. *R. des étrivières, des étriers*, Les allonger. = RALLONGÉ, ÉE. part. = Syn. Voy. ALLONGER.

RALLUMER. v. n. [Pr. *ra-lu-mer*] (R. *re*, préf., et *allumer*). Allumer de nouveau. *On a éteint ces bougies, il faut les r. R. le feu qui était éteint.* ‖ Fig., *R. la guerre. R. la sédition. La présence de son ennemi ralluma sa fureur.*

> Et je bénis déjà cette heureuse froideur
> Qui de notre amitié va rallumer l'ardeur.
> RACINE.

La vue de sa maîtresse ralluma sa passion. R. le zèle, l'ardeur de quelqu'un. = SE RALLUMER. v. pron. S'allumer de nouveau. *L'incendie qu'on croyait éteint se ralluma par toute l'Europe. La querelle s'est rallumée. À cette vue, sa colère se ralluma. Il sentit sa passion se r* = RALLUMÉ, ÉE. part.

RALSTONITE. s. f. (R. *Ralston*, n. pr.). T. Minér. Fluorure hydraté d'aluminium, de sodium, de magnésium et de calcium; en cristaux octaédriques.

RALUTS. s. m. pl. T. Monn. Angelots d'or frappés à Paris en 1427, par Henri VI d'Angleterre.

RAMA. Une des incarnations de Vichnou dans la mythologie indienne, héros de l'épopée indienne le *Ramayana*.

RAMADAN ou **RAMAZAN.** s. m. Le neuvième mois de l'année musulmane, pendant lequel il est prescrit de jeûner. Voy. CALENDRIER et MAHOMÉTISME.

RAMADO. s. m. T. Icht. Espèce de poisson du genre *Mulet*. Voy. MUGILOÏDES.

RAMADOUER. v. a. (R. *re*, préf., et *amadouer*). Radoucir quelqu'un en le caressant. = RAMADOUÉ, ÉE. part.

RAMAGE. s. m. (bas-lat. *ramaticum*, m. s. de *ramus*, rameau). Rameau, branchage; ne se dit que d'une représentation de rameaux, de branchages, de feuillages, de fleurs, etc., sur une étoffe. *Velours à r. Damas à grands ramages.* = Le chant des petits oiseaux. *Un joli r. Un doux r. Chaque oiseau a son r. particulier. C'est un pinson, je le connais à son r.*

> Si votre ramage
> Se rapporte à votre plumage
> Vous êtes le phénix des hôtes de ces bois.
> LA FONTAINE.

‖ Fig. et Fam., Le babil des enfants. *Quel r. font ces enfants-là!* — Se dit encore de discours dénués de sens. *Il vous faudra apprendre le r. des gens du bel air. Les vers de ce poète ne sont qu'un insipide r.*

RAMAGE. s. m. (R. *rame*). Action d'effacer les plis des draps et de donner une largeur uniforme à la pièce en la mettant sur la rame.

RAMAGER. v. n. Se dit des oiseaux qui font entendre leur ramage. Peu us. = Conj. Voy. MANGER.

RAMAIGRIR. v. a. [Pr. *ramè-grir*] (R. *re*, préf., et *amaigrir*). Rendre maigre de nouveau. *Ce cheval était très bien refait, mais ce long voyage l'a ramaigri.* = RAMAIGRIR. v. n. Redevenir maigre. *Il avait repris son embonpoint; mais depuis quelque temps il ramaigrit tous les jours.* = RAMAIGRI, IE. part.

RAMAIGRISSEMENT. s. m. [Pr. *ramè-gri-se-man*]. Action de ramaigrir; état de celui qui est ramaigri.

RAMAILLAGE. s. m. [Pr. *rama-lla-je*, *ll* mouillées]. Action de ramailler; son effet.

RAMAILLER. v. a. [Pr. *rama-ller*, *ll* mouillées]. T. Techn. Donner à une peau la façon nécessaire pour la passer en chamois. = RAMAILLÉ, ÉE. part.

RAMAIRE. adj. 2 g. [Pr. *ra-mère*] (lat. *ramus*, branche). T. Bot. Qui naît sur les rameaux, qui appartient aux rameaux.

RAMAS. s. m. [Pr. *ra-ma*] (R. *re*, préf., et *amas*). Assemblage de diverses choses. *Il a fait un r. de toutes sortes de vieux livres, de toutes sortes de curiosités. Faire un r. de tableaux bons et mauvais.* — On dit aussi, *Un r. de bandits, de vagabonds;* et, au sens moral, *Ce discours n'est qu'un r. de lieux communs.* — Ce mot, comme on le voit, emporte toujours une idée de mépris ou de dénigrement.

RAMASSE. s. f. [Pr. *rama-se*] (ital. *ramazza*, m. s., de *ramo*, branche d'arbre). Espèce de traîneau guidé par un homme, et dans lequel les voyageurs descendent des montagnes où il y a de la neige.

RAMASSEION. s. m. Voy. RHAMSEION.

RAMASSER. v. a. [Pr. *rama-ser*] (R. *re*, préf., et *amasser*). Faire un amas, un assemblage de plusieurs choses. *Il a ramassé tout ce qui lui était dû en plusieurs endroits, et il en a fait une grande somme. J'ai ramassé tout ce que j'ai pu trouver de médailles de telle époque. Il a ramassé tous les passages des anciens sur ce sujet.* ‖

Réunir, rassembler ce qui est épars. *On a ramassé tout ce qu'on a pu trouver de soldats. A l'aspect du faucon, la poule ramasse ses poussins sous ses ailes.* — Au Jeu, *R. les cartes, des cartes,* les réunir, les rassembler. || Fig., *R. ses forces.* Réunir toutes ses forces pour un effort extraordinaire. = Prendre, relever ce qui est à terre. *R. ses gants. R. son chapeau. R. un livre. R. les épis dans les champs. R. une personne qui est tombée.* || Fig. et fam., *Où avez-vous ramassé cet homme-là?* Où avez-vous été chercher cet homme-là? *Cette femme est si charitable, qu'elle ramasse tous les pauvres qu'elle rencontre.* Qu'elle les recueille et se charge d'eux. = SE RAMASSER. v. pron. Se réunir. *Ils s'étaient ramassés sur la voie publique* || Se replier sur soi-même, se pelotonner. *Le hérisson se ramasse dès qu'on le touche.* = RAMASSÉ, ÉE. part. || S'emploie quelquefois adjectiv., et sign. épais, trapu, vigoureux. *Cet homme est ramassé. Ce cheval est bien ramassé.* On dit de même, *Avoir la taille ramassée.* || T. Bot. Se dit des parties d'une plante qui sont serrées en grand nombre les unes contre les autres.

RAMASSER. v. a. [Pr. *rama-ser*] (R. *ramasse*). Traîner dans une ramasse. = RAMASSÉ, ÉE. part.

RAMASSETTE. s. f. [Pr. *rama-sète*]. Léger clayonnage dont on garnit les faux pour ramasser les tiges à mesure qu'on les coupe.

RAMASSEUR, EUSE. s. f. [Pr. *rama-seur, euze*] (R. *ramasser*). Celui, celle qui ramasse. *Un r. de bouts de cigares.*

RAMASSEUR. s. m. [Pr. *rama-seur*] (R. *ramasse*). Celui qui conduit une ramasse.

RAMASSIS. s. m. [Pr. *rama-si*]. Assemblage de choses ramassées sans choix. *Un r. de papiers inutiles. Ce livre n'est qu'un r. de vieilles anecdotes. Il y avait dans cette maison un r. de toutes sortes de gens.*

RAMASSOIR. s. m. [Pr. *rama-souar*] (R. *ramasser*). Tringle de bois pour marbrer le papier.

RAMASSOIRE. s. f. [Pr. *rama-souare*] (R. *ramasser*). Planchette pour nettoyer l'eau sur laquelle nagent les couleurs.

RAMAYANA, épopée sanscrite où sont racontées les aventures de Rama qui n'est que le dieu Vichnou incarné pour purger la terre des démons. Ce poème est remarquable par les analogies qu'il présente avec l'*Iliade* et l'*Odyssée* ; mais il leur est bien antérieur.

RAMAZAN. s. m. Voy. RAMADAN.

RAMBADE. s. f. [Pr. *ran-bade*] (ital. *rambata*, m. s.). T. Mar. Construction élevée à la proue d'une galère, d'où les combattants dominaient les ennemis.

RAMBEAUD, général fr. tué à Saint-Jean-d'Acre (1745-1799).

RAMBERGE. s. f. [Pr. *ran-berje*] (angl. *rowbarge*, barge à rames). T. Mar. Ancien bâtiment de mer des Anglais.

RAMBERVILLERS, ch.-l. de canton (Vosges), arr. d'Épinal ; 5,700 hab.

RAMBOUILLET, ch.-l. d'arr. du dép. de Seine-et-Oise, à 32 kil. S.-O. de Versailles, 48 de Paris ; 5,900 hab. Ancien château royal et forêt.

RAMBOUILLET (CATHERINE DE VIVONNE, marquise DE), femme de Ch. d'Angennes, réunissait dans son hôtel, situé rue Saint-Thomas du Louvre à Paris, une société d'élite, vers le milieu du XVIIe siècle (1588-1665). Voy. PRÉCIEUSE.

RAMBOUR. s. m. [Pr. *ran-bour*]. T. Hortic. Variété de pommes. Voy. POMMIER.

RAMBUTEAU (comte DE), administrateur français (1781-1869), fut préfet de la Seine de 1833 à 1848.

RAME. s. f. (lat. *remus*, m. s.). Aviron, longue pièce de bois plate par un bout, arrondie par l'autre, et dont on se sert pour faire voguer une embarcation légère.

La rame inutile
Fatigua vainement une mer immobile.
RACINE.

Le plat ou *la pale d'une r. Manier la r. Galère à trois rangs de rames. Faire force de rames. Tirer à la r.* Voy. AVIRON. || Fig. et fam., *Être à la r., tirer à la r.,* Travailler beaucoup, être dans un emploi très pénible.

RAME. s. f. (esp. *resma*, m. s. de l'arabe *rizma*, ballot). Vingt mains de papier mises ensemble. — *Mettre un livre à la r.,* En vendre les feuilles, faute de débit, à certains marchands pour leur servir à envelopper des marchandises. || Réunion de vingt rouleaux de papier de tenture. || Convoi de bateaux naviguant ensemble.

RAME. s. f. (lat. *ramus*, branche). T. Hortic. Rameau de bois sec qu'on met en terre pour servir d'appui à des plantes grimpantes, comme pois, haricots, etc. || T. Techn. Bâti de bois sur lequel on rame le drap. Voy. DRAP. — Chacune des ficelles qui soutiennent les lices du métier du rubanier.

RAMÉAIRE. adj. 2 g. [Pr. *ramé-ère*] (lat. *ramus*, branche). T. Bot. Qui naît sur des rameaux.

RAMÉAL, ALE. adj. (lat. *ramus*, branche). T. Bot. Qui a le caractère de branche, de rameau. || Qui naît ou est placé sur ces rameaux.

RAMEAU. s. m. [Pr. *ra-mo*] (lat. *ramus*, m. s.). Division d'une branche d'arbre, ou branche de faible dimension. *Des rameaux verts. Chaque r. de cette plante se termine par une fleur. Un r. d'olivier.* Fig., *Présenter le r. d'olivier,* Offrir la paix, faire des propositions d'accommodement. — *Le dimanche, le jour des Rameaux,* Le dimanche d'avant Pâques. Voy. PÂQUES. || Par anal., se dit des divisions et des subdivisions d'une chose principale, celle-ci étant comparée à un tronc. *Les rameaux d'une artère, d'une veine. Ce nerf se partage en plusieurs rameaux. Cette mine envoie des rameaux dans toutes les directions. La branche aînée de cette famille a donné naissance à plusieurs rameaux.* — Se dit aussi d'un assemblage de montagnes. Voy. MONTAGNE. || T. Fortif. Galerie de petite dimension qui établit une communication entre deux galeries, entre une galerie principale et un fourneau de mine, etc.

Arboric. — *Obtention et entretien des rameaux féconds sur les arbres fruitiers.* — Les rameaux à fruits, que le praticien doit s'appliquer à produire, résultent du développement des boutons à bois en bourgeons peu vigoureux. Pour obtenir une série continue de ces bourgeons sur toute la longueur d'un r. de prolongement d'une branche de la charpente, il est nécessaire de raccourcir un peu ce r. ; autrement, les boutons à bois qu'il porte resteront endormis sur une certaine étendue de sa base qui se trouve dès lors privée de r. à fruits. Il conviendra donc de retrancher sur ce prolongement la moitié ou le tiers de sa longueur, suivant qu'il sera placé dans une position verticale ou oblique, et cela, pour refouler la sève vers la moitié ou le tiers inférieur. En retranchant davantage, comme on le fait souvent, ce serait déterminer une trop grande vigueur dans les bourgeons, qui ne produiraient alors que des rameaux à bois ; en retranchant moins, il se produirait un vide à la base. Mais supposons que ce retranchement a été convenablement fait. Dès les premiers jours du mois de mai, ce r. sera couvert de bourgeons sur toute son étendue. Alors, il conviendra de procéder à l'*ébourgeonnement,* c.-à-d. à la suppression des bourgeons inutiles. Cette opération est pratiquée le plus tôt possible, aussitôt que les bourgeons ont atteint une longueur de 0m,06. On les coupe tout près du r. avec la lame du greffoir. Cette opération terminée, les bourgeons conservés seront d'autant plus vigoureux, qu'ils seront plus rapprochés du sommet, et ces derniers pourraient prendre un grand développement s'ils n'étaient pas arrêtés. Or, ce sont seulement les bourgeons faibles qui produisent des rameaux à fruits. Il importe donc de diminuer la vigueur trop grande des végétations du sommet. On obtient ce résultat en les soumettant au pincement. Aussitôt donc que les bourgeons destinés à former des rameaux à fruits ont atteint une longueur d'environ 0m,10, on en coupe la pointe avec l'ongle. Beaucoup de praticiens effectuent le pincement, d'une manière trop intense; ils laissent à la base du bourgeon seulement deux ou trois feuilles. Un double inconvénient peut en résulter. Tantôt ce fragment de bourgeon cesse de végéter, et après la chute des feuilles, on obtient un petit bout de r. qui se dessèche pendant l'année suivante et laisse un vide à sa place. Ce fait se produit surtout pour certaines variétés de poires dont les bourgeons n'offrent pas d'yeux dès leur base : tels sont entre autres, le *bon-chrétien d'hiver*, le *beurré magnifique*, les *doyennés*, l'*épargne*, etc. Parfois, cependant, on voit apparaître, un an ou deux après ce pincement, deux boutons placés de chaque côté du point d'intersection de ce petit r., lesquels se transforment en boutons à fleurs trois ans après leur naissance. Le vide laissé par le r. primitif se trouve ainsi rempli ; mais on perd deux années sur la formation des boutons à fleurs. D'autres fois, lorsque les feuilles inférieures de ces bourgeons offrent des yeux à leur aisselle, on voit ces yeux se transformer en bourgeons anticipés, puis en rameaux moins bien constitués et qui se mettent tardivement à fruit. Il est donc préférable de pratiquer le pincement de façon à laisser au bourgeon une longueur de 8 à 9 centimètres. — Enfin, il peut arriver que le r., ayant subi l'opération du pincement, soit pourvu d'un bouton si favorablement placé, quant à l'action de la sève, que sa vigueur ne soit qu'imparfaitement diminuée et qu'il donne lieu à un r. trop vigoureux ; alors on soumet ce bourgeon au traitement suivant. Lorsqu'il aura atteint une longueur de 0ᵐ,05 à 0ᵐ,06, on le coupera à la base, en conservant seulement son empâtement. Les deux bourgeons stipulaires qui accompagnaient le bouton primitif, donneront lieu presque immédiatement à deux petits boutons, beaucoup moins forts que le bouton principal. On supprimera de plus vigoureux des deux, et celui que l'on conservera, qui sera soumis au pincement, si c'est nécessaire, n'émettra qu'un petit r. qui se mettra facilement à fruit. — Si quelques bourgeons ont été oubliés lors du pincement et que l'on s'en aperçoive au moment où ils ont atteint une longueur de 0ᵐ,20 à 0ᵐ,30, au plus, il serait trop tard pour les pincer. Si, en effet, on les rompait à 0ᵐ,10 de leur base, on verrait tous les yeux placés à l'aisselle des feuilles et que l'on destinait à être transformés en boutons à fleurs, se développer immédiatement en boutons anticipés sous l'influence de l'action de la sève qui, ayant pris son essor vers ce point, se trouve tout à coup sans emploi. Il convient alors, pour ces bourgeons oubliés, de remplacer le pincement par la torsion que l'on pratique à 0ᵐ,10 de leur base. Il sera bon, en outre, de pincer leur sommet. Par cette double opération, les yeux de la base grossiront sans se développer en bourgeons anticipés. — L'obtention des rameaux à fruits que nous venons d'exposer se rapporte surtout aux arbres à fruits à pépins. Il existe une différence bien caractéristique entre ces rameaux et ceux des arbres à fruits à noyau. Dans les premiers, la lambourde ne peut être formée que dans l'espace d'environ trois ans ; mais dès qu'elle est constituée, elle peut vivre et fructifier indéfiniment, pourvu qu'on lui applique les soins qu'elle réclame. Dans les arbres à fruits à noyau, notamment dans le pêcher, les rameaux à fruits épanouissent leurs fleurs dès le printemps qui suit leur naissance, mais ils n'en produisent plus de nouvelles. Celles qui apparaissent l'année suivante ne sortent que sur les rameaux nouveaux, qui se sont développés pendant l'été précédent sur le r. primitif. D'où il suit que, pour ces arbres, on doit s'occuper d'abord de faire naître les rameaux à fruits, puis de les remplacer chaque année, tandis que, dans les fruits à pépins, il suffit de les conserver après les avoir fait naître. Voy. TAILLE *des arbres à fruits*.

RAMEAU, compositeur de musique fr. (1683-1764), auteur de nombreux opéras, *Castor et Pollux, Dardanus*, etc.

RAMÉE. s. f. (lat. *ramus*, rameau). Assemblage de branches entrelacées naturellement ou de main d'homme. *Danser sous la r. Le rossignol chantait dans la r.* || Se dit de branches coupées avec leurs feuilles vertes. *Apporter de la r. Tapisser une porte de ramée.*

Un pauvre bûcheron, tout couvert de ramée.
LA FONTAINE.

RAMÉE (DANIEL), architecte fr., né à Hambourg (1806-1887).

RAMEL, général fr., proscrit par le Directoire au fructidor (1797), assassiné par des volontaires royalistes à Toulouse en 1815

RAMENABLE. adj. 2 g. Qui peut être ramené, corrigé.

RAMENDAGE. s. m. [Pr. *raman-daje*]. Action de ramender, de réparer. || Morceau de feuille d'or avec lequel les doreurs réparent les endroits gercés.

RAMENDER. v. a. [Pr. *raman-der*] (R. *re*, préf., et *amender*). Amender une seconde fois la terre. || T. Techn. Remettre une étoffe à la teinture. — Redorer un cadre dans les parties détériorées. || Dans divers Arts et Mét., retoucher un ouvrage pour en corriger les défauts, pour le remettre en meilleur état. || Pop., on dit encore, *Les boulangers ont ramendé le pain*, En ont baissé le prix. = RAMENDER. v. n. Diminuer de prix ; ne se dit que des vivres, des denrées. *Le blé est bien ramendé. Tout ramende.* = RAMENDÉ, ÉE. part.

RAMÈNEMENT. s. m. [Pr. *ramè-neman*]. Action de ramener.

RAMENER. v. a. (R. *re*, préf., et *amener*). Amener de nouveau. *Vous n'aviez amené cet enfant, je vous prie de me le r. Il ramena plusieurs fois ses troupes à la charge.* — Au jeu de dés, *Il avait amené six et as* ; il *ramena ce même nombre.* || Remettre à l'endroit d'où l'on était parti. *Les gendarmes l'ont repris et ramené en prison. Il ramena l'armée dans ses quartiers. Montez dans ma voiture, je vous ramènerai. Je vous ramène votre fils sain et sauf. R. les troupeaux à l'étable.* || Mener d'un lieu dans un autre, à son retour. *Il avait emmené du vin, et il a ramené du blé. Il est allé à mon ancien logement, et m'a ramené mes meubles, mes livres, etc.* || Fig., Faire revenir. *R. quelqu'un à la raison.* Le *r.* à la vertu, à son devoir, *Il a l'art de r. les esprits, de r. les autres à son opinion.* — Absol., *R. quelqu'un*, Le faire revenir à la raison, ou calmer son ressentiment. *Laissez-moi, je le ramènerai bien.* — Fam., on dit que *Un médecin a ramené son malade*, qu'*Il l'a ramené des portes de la mort*, Lorsqu'il l'a tiré d'une maladie qui semblait désespérée. — On dit encore Fam., *R. des affaires de bien loin*, Rétablir des affaires qui paraissaient désespérées. || Fig., aussi, Faire renaître, rétablir. *La paix a ramené l'abondance. Cette mesure a ramené l'ordre. Le printemps ramène les beaux jours. R. une vieille mode.* || T. Man. *R. un cheval*, Faire baisser le nez à un cheval qui porte au vent. On dit encore, *Ce cheval se ramène bien*, Il porte bien la tête ; et, *Son mors le ramène bien*, Son mors lui fait bien porter la tête. || T. Jeu de paume. Rechasser un coup de volée. *Ce joueur ramène bien. Il a bien ramené ce coup-là.* = RAMENÉ, ÉE. part. = Conj. Voy. GELER.

RAMÈNERET. s. m. [Pr. *ramè-nerè*]. Trait au cordeau que le charpentier fait pour prendre la longueur des arétiers d'un toit.

RAMENEUR. s. m. Celui qui ramène.

RAMENTACÉ, ÉE. adj. [Pr. *ramin-ta-sé*] (lat. *ramentum*, raclure). T. Bot. Qui est couvert de petites écailles membraneuses, sèches et éparses. *Tige ramentacée.*

RAMENTEVOIR. v. a. [Pr. *raman-tevoar*] (anc. fr., *amentevoir*, de à et *mentevoir*, du lat. *mente habere*, avoir dans l'esprit). Remettre en mémoire, rappeler au souvenir. *R. une chose à quelqu'un.* — SE RAMENTEVOIR. v. pron. Se souvenir, se rappeler. *Se r. une chose.* — Vieux.

RAMEQUIN. s. m. [Pr. *rame-kin*] (all. *rahm*, crème). Sorte de pâtisserie faite avec du fromage. *On servit des ramequins à l'entremets.*

RAMER. v. a. (R. *rame*). Soutenir au moyen de rames des pois ou quelque autre plante dont la tige a besoin d'appui. *R. des pois, du houblon, du lin.* — Fig. et prov., *Il s'y entend comme à r. des choux*, se dit de quelqu'un qui veut faire une chose à laquelle il n'entend rien. || T. Techn. *R. une pièce de drap*, Voy. DRAP. = RAMÉ, ÉE. part. *Balles ramées, Boulets ramés*, Deux balles ou deux boulets attachés ensemble par une chaîne. || T. Blas. Se dit du cerf et du daim quand leur bois est d'un émail particulier.

RAMER. v. n. (bas-lat. *remare*, de *remus*, rame). Tirer à la rame. *R. contre le courant. Vous ne savez pas r.* || Fig. et fam., Prendre bien de la peine, avoir beaucoup de fatigue. *Il aura bien à r. avant que de parvenir où il veut. R. contre le courant*, contre le fil de l'eau, S'y prendre à rebours. || En parlant de l'oiseau, voler en manœuvrant les ailes comme des rames.

RAMEREAU. s. m. [Pr. *rame-ro*] (Dimin.). Jeune ramier. || T. Art culin. Petite galantine de pigeon que l'on glace dans un moule ayant la forme d'un ramier.

RAMESCENCE. s. f. [Pr. *ramex-san-se*] (lat. *ramus*, branche). T. Bot. Disposition en forme de rameaux.

RAMETTE. s. f. [Pr. *ramè-te*] (Dimin. de rame). Voy. PAPETERIE, IV, et TYPOGRAPHIE.

RAMEUR, EUSE. s. Celui, celle qui rame. *Notre canot avait d'excellents rameurs.* || T. Zool. Les *rameurs*, Insectes hémiptères nageant à la surface de l'eau.

RAMEUTEMENT. s. m. [Pr. *ramen-teman*]. T. Chasse. Action de rameuter.

RAMEUTER. v. a. (R. re, préf., et *ameuter*). T. Chasse. Ramener les chiens qui donnent trop en avant vers ceux qui sont restés en arrière. = RAMEUTÉ, ÉE. part.

RAMEUX, EUSE. adj. [Pr. *ramen, euze*] (lat. *ramosus*, m. s.). T. Bot. Qui a des rameaux. *Tige rameuse. Le romarin est une plante très rameuse.*

RAMEY (CLAUDE). Statuaire fr. (1754-1838).

RAMGANGA (LE), fleuve de l'Hindoustan, tributaire du Gange; 450 kilomètres.

RAMICORNE. adj. 2 g. (lat. *ramus*, branche; *cornu*, corne). T. Zool. Qui a des antennes rameuses.

RAMIE. s. f. T. Bot. Nom vulgaire du *Bœhmeria nivea*, plante textile de la famille des *Urticacées*. Voy. ce mot.

RAMIER. s. m. [Pr. *ra-mié*] (lat. *ramus*, branche). Grand amas de branches et de tiges rassemblées pour être mises en fagot.

RAMIER. s. m. (lat. *ramus*, rameau). T. Ornith. Espèce de *Colombe*. Voy. PIGEON.

RAMIÈRE. s. f. (lat. *ramus*, rameau). Bordure d'arbres de haute ou de demi-futaie entremêlée de cyprès et de buissons, sur un sol gazonnant.

RAMIFICATION. s. f. [Pr. *ramifi-ka-sion*] (lat. *ramificatio*, m. s., de *ramus*, branche, et *ficare*, faire). T. Bot. Production de rameaux, la disposition des branches. || Par analog., se dit de différentes choses qui se subdivisent ou que l'on conçoit comme subdivisées à la manière des branches ou rameaux des arbres. *La r. des artères, des veines, des nerfs. Ramifications vasculaires, nerveuses.* || Fig., se dit des subdivisions d'une science qu'on analyse. *Il a étudié jusqu'aux moindres ramifications de sa matière.* — On le dit encore en parl. d'une conspiration, d'un complot. *Les ramifications de ce complot s'étendaient fort loin.*

Bot. — La *Ramification* résulte du développement des bourgeons qui, après avoir apparu à la tige, s'allongent en *branches*, lesquelles à leur tour portent des bourgeons nouveaux, qui donnent naissance à des *rameaux*, et ainsi de suite. Les branches sont véritablement des tiges nouvelles entées sur la tige principale dont elles tirent leur nourriture, de sorte qu'on peut considérer la première génération de branches sur la tige d'un végétal quelconque, comme une production d'axes secondaires, d'où peuvent naître et naissent le plus souvent des axes tertiaires, quaternaires, etc. En règle générale, les bourgeons d'où procéderont les branches naissent à l'aisselle des feuilles : par conséquent, on peut dire théoriquement que la situation relative des branches n'est autre que celle des feuilles, et que leur arrangement suit les lois de la phyllotaxie. Ainsi les branches et les rameaux sont opposés ou alternes quand les feuilles sont opposées ou alternes. Mais, en fait, il s'en faut beaucoup que tous les bourgeons nés à l'aisselle des feuilles se développent à la fois. Le plus grand nombre des bourgeons avortent par suite de causes diverses. Ainsi, généralement, la sève tendant à monter avec plus de force et d'abondance vers les extré-

mités des branches, les bourgeons inférieurs se trouvent ordinairement arrêtés dans leur évolution. La privation des rayons lumineux, par l'ombre que projette la partie supérieure du végétal, est encore une cause puissante d'avortement pour les bourgeons inférieurs. D'autres fois, c'est le défaut d'air, ou une mauvaise veine de terre qui empêche le développement des bourgeons sur l'un des côtés de la plante. Dans certains végétaux cependant, l'avortement des bourgeons s'opère avec une régularité remarquable, de telle sorte que ceux qui se développent sont situés à des intervalles bien déterminés : alors on peut dire d'avance quelles feuilles émettront des rameaux de leur aisselle et quelles feuilles n'en émettront pas. Le bourgeon terminal, qui est en général plus gros que les autres, produit l'élongation de la tige et des rameaux. Dans les Monocotylédones à tige ligneuse, comme les Palmiers, etc., c'est le seul qui se développe. Aussi, la tige de ces végétaux représente une colonne simple et nue. Dans la plupart des Dicotylédones, la tige s'accroît en hauteur par le développement de son bourgeon terminal, chaque année en produisant un nouveau. Il résulte de là que, si l'on supprime le bourgeon terminal ou s'il vient à avorter, la tige cesse de s'accroître et le développement du végétal s'opère exclusivement dans les directions latérales. — Indépendamment des modifications produites dans la ramification par l'avortement des bourgeons terminaux ou axillaires, il en est d'autres qui résultent du déplacement de ces derniers, qui, au lieu de naître à l'aisselle des feuilles, se montrent à une certaine distance de ce point, et, pour ce motif, sont appelés *extraaxillaires*. La production des bourgeons et de rameaux extraaxillaires peut être déterminée, tantôt par l'avortement complet de certaines feuilles, tantôt par la soudure de la tige avec la partie inférieure de celles-ci, comme le pétiole (le bourgeon paraît alors plus bas que la feuille), soit avec le bas du rameau axillaire (le bourgeon ou le rameau semble alors plus haut que la feuille). Mais, comme on le voit, ces anomalies ne sont qu'apparentes. — Enfin, la r. peut encore varier par la multiplication des bourgeons; mais ce cas s'observe beaucoup plus rarement que celui de l'avortement. Chez quelques végétaux, tels que le Noyer, on voit quelquefois plusieurs branches naître à l'aisselle d'une même feuille. Mais la modification de la r. par multiplication des bourgeons, a surtout lieu dans le cas des bourgeons *adventifs*. Les bourgeons ainsi appelés se produisent sur tous les points de la tige, lorsqu'une cause quelconque y détermine une accumulation de sucs nutritifs et excite la vitalité de la partie cellulaire sous-jacente à l'écorce.

Ce qu'on appelle le *port* des végétaux, c.-à-d. leur aspect général, dépend en grande partie de leur r., non seulement en raison du nombre et de la disposition relative des branches, mais encore en raison de leur longueur et de leur direction. En général, les branches inférieures sont plus longues que les supérieures, et on les voit diminuer insensiblement d'étendue jusqu'au sommet de la tige : l'arbre offre alors une forme générale qui est à peu près *pyramidale*. Cette forme, qui est très commune dans nos arbres forestiers, est surtout remarquable dans les Pins, les Sapins et les Mélèzes. Dans certains arbres, la tige s'allonge peu, tandis que les branches latérales prennent un grand développement, de sorte que la tête ou la cime de l'arbre prend la forme *globuleuse* ou *hémisphérique*. Cette forme hémisphérique est parfois appelée cime ou *parasol* : elle est naturelle dans le Pin pignon qui fait l'ornement des villas de l'Italie. La manière dont les branches partent de la tige modifie aussi singulièrement la physionomie des plantes. En effet, quelle différence d'aspect ne nous présente pas le Peuplier d'Italie, dont les rameaux sont *dressés*, c.-à-d. s'élèvent vers le ciel en faisant un angle très aigu avec la tige, et le Cèdre dont les branches sont *étalées* et se projettent horizontalement. Enfin, dans quelques arbres, les branches se penchent vers la terre. Tel est le Saule pleureur, dont les rameaux longs et faibles retombent par leur propre poids; tel est encore le Frêne pleureur, dont les rameaux, quoique assez ruides et fermes, se dirigent aussi vers le sol, mais en prenant cette direction dès leur origine. Les rameaux peuvent quelquefois se dilater latéralement, s'élargir, et s'aplatir de manière à offrir l'apparence de feuilles; c'est ce qu'on observe, par ex., dans plusieurs espèces des genres Fragon, Xylophylla, etc. Mais ce développement des rameaux en organes foliacés se lie toujours à l'avortement complet ou presque complet des véritables feuilles, qui sont alors réduites à l'état de petites écailles : aussi est-ce de l'aisselle de ces dernières que naissent les rameaux foliacés dans les végétaux dont nous parlons.

RAMIFIER (SE). v. pron. (bas-lat. *ramificare*, m. s., de *ramus*, rameau, et *ficare*, faire). Se diviser en plusieurs branches, en plusieurs rameaux. Se dit des arbres, des artères, des nerfs, des conduits, des filons, et autres choses analogues. || Fig., *Cette science, cette secte se ramifie à l'infini.* = RAMIFIÉ, ÉE. part. = Conj. Voy. PRIER.

RAMIFLORE. adj. 2 g. (lat. *ramus*, rameau ; *flos*, fleur). T. Bot. Se dit des plantes dont les fleurs paraissent naître directement sur les rameaux, comme le Nerprun.

RAMIFORME. adj. 2 g. (lat. *ramus*, branche ; *forma*, forme). T. Bot. Qui ressemble à un rameau.

RAMILLES. s. f. pl. [Pr. les *ll* mouillées] (bas-lat. *ramilia*, du lat. *ramulus*, dimin. de *ramus*, rameau). T. Bot. Se dit des plus petites et dernières divisions des rameaux. || Dans le langage ordin., Petites branches d'arbres qui ne sont bonnes qu'à mettre en fagots.

RAMILLIES, village de Belgique, près de Louvain, où Villeroi fut battu par Marlborough en 1706.

RAMINGUE. adj. 2 g. (ital. *ramingo*, de *ramo*, branche, se disait d'abord du faucon qui vole de branche en branche, puis s'est appliqué au cheval qui ne se tient pas tranquille). T. Man. *Cheval r.*, Cheval qui se défend de l'éperon, qui refuse d'avancer lorsqu'on le lui fait sentir.

RAMIPARE. adj. 2 g. (lat. *ramus*, branche ; *parere*, engendrer). T. Bot. Qui pousse des rameaux.

RAMIRE, nom de trois rois des Asturies (IXᵉ, Xᵉ s.) et de deux rois d'Aragon (XIᵉ, XIIᵉ s.), qui luttèrent contre les Arabes.

RAMIRET. s. m. (Dimin. de *ramier*). T. Ornith. Espèce de *Pigeon*. Voy. ce mot.

RAMMELSBERGITE. s. f. (R. *Rammelsberg*, n. d'un chimiste all.). T. Minér. Bi-arséniure de nickel NiAs², en cristaux orthorhombiques.

RAMOINDRIR. v. a. [Pr. ra-mouin-drir] (R. *re*, préf., et *amoindrir*). Rendre moindre. = RAMOINDRIR. v. n. et SE RAMOINDRIR. v. pr. Devenir moindre. = RAMOINDRI, IE. part.

RAMOIR. s. m. [Pr. ra-mouar] (R. *ramer*). Outil pour tailler et polir le bois.

RAMOITIR. v. a. [Pr. ramoua-tir] (R. *re*, préf., *a*, préf., et *moite*). Rendre moite. || Typog. R. *les tympans*, les humecter avec une éponge. = SE RAMOITIR. v. pron. Devenir moite. = RAMOITI, IE. part.

RAMOITISSEMENT. s. m. [Pr. *ramoua-ti-seman*]. Action de ramoitir, résultat de cette action.

RAMOLLIR. v. a. [Pr. *ramo-lir*] (R. *re*, préf., et *amollir*). Amollir, rendre mou, diminuer la cohésion des parties. *La chaleur ramollit la cire. R. du cuir. La pluie a ramolli la terre.* || T. Fauconn. *R. un oiseau*, Redresser son pennage avec une éponge trempée. = SE RAMOLLIR. v. pron. Devenir mou, perdre de sa cohésion. *Dans cette maladie, le tissu osseux se ramollit.* || Fig., *Son cœur s'est un peu ramolli*, se dit d'un homme qui n'est plus ni si dur, ni si courroucé qu'il était auparavant. = RAMOLLI, IE. part.

RAMOLLISSANT, ANTE. adj. [Pr. *ramo-li-san*]. T. Méd. Se disait autrefois des remèdes qui ramollissent. Inus. ; on dit Émollient.

RAMOLLISSEMENT. s. m. [Pr. *ramoli-se-man*]. Action de se ramollir.

Pathol. — On désigne sous ce nom un mode particulier de lésion organique qui est essentiellement caractérisé par une diminution de la cohésion naturelle à chaque tissu, et qui paraît résulter de certains troubles dans la nutrition, succédant le plus souvent à une inflammation, à une thrombose, etc. Tous les tissus normaux et anormaux sont susceptibles de r. ; mais les cas les plus remarquables, parmi les lésions de ce genre, sont les r. *des os* (Voy. OSTÉOMALACIE, RACHITISME) et le r. du tissu nerveux dont l'encéphale et la moelle épinière peuvent être affectés, et qu'on nomme, selon le siège de la maladie, *r. du cerveau* et *r. de la moelle épinière.* Sous le nom de R. *du cerveau*, et des *centres nerveux* en général, on désigne l'état de dégénérescence des tissus résultant de troubles de nutrition des territoires nerveux causés par des lésions artérielles de ces régions : *embolie* ou *athérome.* Dans le premier cas le début est brusque et le malade est souvent frappé d'hémiplégie (Voy. PARALYSIE) ; le second processus est plus fréquent chez le vieillard, la paralysie peut manquer, mais il existe généralement des signes de débilité mentale, la démence sénile en est la conséquence.

RAMON. s. m. (anc. fr. *raim*, de *ramus*, rameau). Balai de rameaux. Vx.

RAMONAGE. s. m. (R. *ramoner*). On appelle *Ramonage*, l'opération par laquelle on enlève la suie qui s'est accumulée dans les tuyaux de cheminée. Le plus ancien procédé est le r. *à la corde*. Il consiste à promener, de haut en bas, dans la cheminée, une longue corde à laquelle on attache le r. d. un fagot de sarments ou de branchages, et que deux hommes placés, l'un sur le toit, l'autre dans l'appartement, tirent alternativement. Quand les dimensions du tuyau ne permettent pas l'emploi de ce fagot, on le remplace par un *Hérisson*, c.-à-d. par une espèce de tête de loup formée de lames minces et courtes de fer ou d'acier. Le r. *à la main* est fait par de jeunes enfants, qui grimpent dans la cheminée, en appuyant leurs pieds et leurs épaules sur deux parois opposées, et détachent au fur et à mesure la suie avec une raclette de fer qu'ils tiennent à la main. On peut aussi ramoner une cheminée en la *brûlant*, c.-à-d. en y allumant un grand feu qui consume la suie ; mais ce procédé n'est applicable que lorsque la maçonnerie est extrêmement solide, et qu'on n'a pas à craindre l'incendie. Dans les villes, le r. des cheminées est obligatoire, sous peine d'une amende de 1 à 5 francs, qui est prononcée par le tribunal de simple police. On doit en outre se conformer, sous la même peine, aux arrêtés de l'autorité municipale qui règlent cette opération. L'amende ci-dessus est encore prononcée lorsque le feu éclate dans une cheminée, et qu'il est établi que l'incendie provient du défaut de ramonage.

RAMONER. v. a. (R. *ramon*). Nettoyer le tuyau d'une cheminée, en ôter la suie. = RAMONÉ, ÉE. part.

RAMONEUR. s. m. Celui dont le métier est de ramoner les cheminées.

RAMONNETTE. s. f. [Pr. *ramo-nè-te*] (Dimin. de *ramon*). Sorte de brosse.

RAMOTH, une des villes lévitiques de l'anc. Palestine. Voy. LÉVITE.

RAMPANT, ANTE. adject. [Pr. *ran-pan*]. Qui rampe. *Animal r. Plante rampante. Tige rampante.* Se dit de la tige d'un végétal qui reste couché sur le sol et émet de distance en distance des racines et des rameaux. Cette disposition est celle du Fraisier. || Fig., Qui s'abaisse lâchement devant les puissants, qui descend à de basses complaisances pour obtenir des faveurs, des emplois. *C'est un homme vil et r. Médiocre et r. on arrive à tout.* On dit de même, *Un caractère r. Une âme rampante. Des manières rampantes.* || On dit quelquefois d'un style bas et plat, *C'est un style r.* || T. Archit. Se dit de certaines constructions qui se prolongent en s'abaissant par une ligne non interrompue. *Arc r. Voûte rampante. Limon r.*, limon d'un escalier tournant que n'interrompt aucun palier. — Subst. *Le r.*, la surface inclinée d'un comble. — On dit encore subst., *Le r. d'un fronton, d'un mur de terrasse.* || T. Blas. Se dit de tous les animaux qui sont dressés sur leurs pattes de derrière, la tête tournée vers le côté dextre de l'écu. *Lion r. Levrier, sanglier, renard r.* || T. Chir. *Bandage r.*, qui tourne autour de la partie malade.

RAMPE. s. f. [Pr. *ran-pe*] (R. *ramper*). T. Archit. La balustrade de fer, de pierre ou de bois qu'on met le long de l'escalier pour empêcher de tomber ou pour servir d'appui à ceux qui montent ou qui descendent. || Se dit aussi quelquefois pour voûte d'escalier, ou la suite de degrés entre deux paliers. || Plan incliné par lequel on monte et l'on descend, et qui tient lieu d'escalier dans les jardins, dans les places fortes, etc. || Par ext., La pente d'une colline. *Cette colline*

vous mène par une r. douce dans une vallée charmante.
|| Dans les théâtres, Rangée de lumières qui est placée au
bord de la scène, et qu'on lève ou qu'on baisse à volonté.
Lever la r. Allumer la r.

RAMPEMENT. s. m. [Pr. *ran-peman*]. Action de ramper. Inus. ; on dit *Reptation*.

RAMPER. v. n. [Pr. *ran-per*] (orig. germ. : flam. *raper*,
attirer à soi ; angl. *to ramp*, grimper. Ramper sign. primitivement grimper en s'accrochant). Se traîner sur le ventre ; se
dit propr. des reptiles et d'une foule d'animaux invertébrés.
Les couleuvres, les vers rampent. || Par anal., se dit des
plantes dont la tige ou les branches se couchent sur la terre
ou s'attachent aux arbres, aux murailles. *Le lierre rampe à
terre, autour des arbres, contre des murailles.* || Fig., se
dit de ceux qui s'abaissent lâchement devant les gens puissants, qui les flattent bassement, etc. *C'est un homme qui
rampe devant les ministres.* — Se dit encore des personnes
qui sont dans un état abject et humiliant. *Cet homme rampe
dans l'abjection, dans la misère. Malgré tous ses efforts,
il rampe encore dans la foule.* || Fig., *Cet auteur rampe,
il ne fait que r.*, Il n'écrit rien que de bas et de très commun. *Son style rampe, Son style est bas et plat.*

RAMPIN. adj. et s. m. [Pr. *ran-pin*]. Syn. de *Pinçard*.

RAMPISTE. s. m. [Pr. *ran-piste*]. Ouvrier qui fait des
rampes, des balustrades d'escalier.

RAMPON, général fr. (1759-1842).

RAMPOUR, v. de l'Indoustan (Sendjab); 74,250 hab.

RAMS. s. m. Sorte de jeu de cartes.

RAMSAY (chevalier DE), écrivain écossais, auteur d'une
Vie de Turenne écrite en français (1686-1743).

RAMSÈS, nom de onze rois de l'ancienne Égypte, dont le
premier appartient à la XIXe dynastie, et les dix autres à la
XXe dynastie. Le plus célèbre est Ramsès II Méïamoun ou
Sésostris (XVIe siècle av. J.-C.).

RAMSGATE, v. d'Angleterre (comté de Kent) à l'embouchure de la Tamise ; 22,600 hab.

RAMULEUX, EUSE. adj. [Pr. *ramu-leu, euze*] (lat.
ramus, branche). T. Bot. Divisé en petits rameaux.

RAMUNCULE. s. f. [Pr. *ramon-cule*] (Dimin.). Petit
rameau.

RAMURE. s. f. (lat. *ramus*, rameau). Le bois d'un cerf,
d'un daim. Voy. CERF. || L'ensemble des branches d'un arbre.
Peu usité.

RAMUS (PIERRE DE LA RAMÉE, dit), philosophe fr., professeur au Collège de France, attaqua dans ses écrits la philosophie d'Aristote. Ayant embrassé le calvinisme, il périt dans
le massacre de la Saint-Barthélemy (1515-1572).

RAMUSCULE. s. m. (lat. *ramusculus*, dimin. de *ramus*,
branche). T. Bot. et Anat. Se dit des rameaux les plus petits.

RAN. s. m. T. Vitic. Fosse qu'on creuse pour planter la vigne.

RANÂTRE. s. f. (lat. *rana*, grenouille). T. Entom. Genre
d'insectes *Hémiptères.* Voy. HYDROCORISES.

RANAVOLO-MANJAKA. nom de trois reines de Madagascar, dont la première est née vers 1800 et dont la troisième, née en 1862 et montée sur le trône en 1883, fut
dépossédée par les Français qui s'emparèrent de l'île en 1895.

RANCART (AU). loc. adv. [Pr. *ran-kar*]. De côté. *Mettre
une chose au r.* Popul.

RANCE. adj. 2 g. (lat. *rancidus*, m. s.). Qui a contracté
de l'âcreté, une odeur forte, un goût désagréable ; se dit
proprement des corps gras ou huileux, quand, sous l'influence de l'air dont ils absorbent l'oxygène, ils donnent lieu
à la formation d'acides gras. *Ce lard est r. Cette huile est*

r. — Abus., se dit des confitures quand elles sont trop vieilles.
Cette marmelade d'abricots est r. || Subst., au masc., *Ce
lard sent le r. Cette huile a pris un goût de r.* Voy. GRAISSE.

RANCE, riv. de France, passe à Dinan et à Saint-Malo.
80 kilomètres.

RANCÉ (DE), réformateur de l'ordre monastique de la
Trappe (1627-1700).

RANCESCIBLE. adj. 2 g. [Pr. *ranses-sible*]. Susceptible
de devenir rance.

RANCHE. s. f. (bas-lat. *ramica*, pieu). Barre, pieu. || Barre
transversale d'un rancher. || Pieu qui soutient les ridelles
d'une charrette.

RANCHER. s. m. (R. *ranche*). Sorte d'échelle : pièce de
bois garnie de chevilles appelées *Ranches*, qui la dépassent
de chaque côté et servent d'échelons.

RANCHET. s. m. [Pr. *ran-ché*] (R. *ranche*). Ranche de
clavette. || Montant des voitures d'artillerie, unissant la ridelle
au brancard.

RANCHIER. s. m. [Pr. *ran-chié*]. T. Blas. Daim ou renne
pourvu d'une ramure plate et couchée en arrière.

RANCIDITÉ. s. f. (lat. *rancidus*, rance). État d'un corps
gras ou contenant une matière grasse, et qui est devenu rance.

RANCIO. adj. m. Mot espagnol qui sign. Rance, et qu'on
emploie dans cette expr., *Vin r.*, Vin d'Espagne qui de rouge
qu'il était est devenu jaunâtre en vieillissant. || Subst.
Moelleux qu'acquiert l'eau-de-vie en vieillissant dans le fût.

RANCIR. v. n. Devenir rance. Voy. GRAISSE. = RANCI,
IE. part.

RANCISSURE. s. f. [Pr. *ransi-sure*]. Voy. RANCIDITÉ.

RANCŒUR. s. f. [Pr. *ran-keur*] (lat. *rancor*, rancissure).
Ressentiment tenace.

RANÇON. s. m. (ital. *rancone*, petite faux, du lat. *runcina*, instrument tranchant). T. Archéol. Hallebarde dont le
fer était recourbé des deux côtés. Voy. LANCE.

RANÇON. s. f. (lat. *redemptio*, rachat). Prix qu'on donne
pour délivrer un captif, un prisonnier de guerre. *Grosse,
forte r. Payer r.*, exiger une r. *Mettre, prendre à r.* || La
composition en argent, moyennant laquelle un corsaire relâ-
che un bâtiment marchand ennemi qu'il a capturé. || Prov.
C'est la r. d'un roi, une somme qu'un roi seul pourrait
payer pour sa rançon.

RANÇONNEMENT. s. m. [Pr. *ranso-neman*]. Action de
rançonner. || Fig., L'action par laquelle on exige des choses
un prix exorbitant. Peu usité dans les deux sens.

RANÇONNER. v. a. [Pr. *ranso-ner*]. Mettre à rançon ;
se dit d'un corsaire qui relâche un bâtiment marchand,
moyennant une certaine somme. *Cet armateur, dans sa
course, a rançonné tant de bâtiments.* || Par ext., se dit
des gens de guerre et autres, qui exigent de force des sommes
ou des choses qui ne leur sont point dues. *L'ennemi, en
entrant dans cette ville, a rançonné les habitants. En
temps de guerre, il est difficile d'empêcher le soldat de
r. le paysan. Cette route est infestée de voleurs qui ran-
çonnent les passants.* || Fig., Exiger de quelqu'un plus qu'il
ne faut, en se prévalant du besoin où il est ou du pouvoir
qu'on a sur lui. *N'allez pas dans cette auberge, on y rançonne tout le monde. Cet avoué vous rançonnera.* = RAN-
ÇONNÉ, ÉE. part.

RANÇONNEUR, EUSE. s. [Pr. *ranso-neur, euze*]. Celui,
celle qui rançonne en exigeant plus qu'il ne faut d'une chose
dont on a besoin. Fam. et peu usité.

RANCUNE. s. f. (lat. *rancus*, rance). Ressentiment qu'on
garde d'une offense. *Vieille r. Il a une r., il a de la r.
contre lui. Il lui garde r.* — Fam., *Sans r., point de r.*,
Oublions les anciens torts, les sujets que nous pouvons avoir

de nous plaindre l'un de l'autre — R. à part se dit pour exprimer qu'on laisse de côté, au moins pour un temps, les motifs de mécontentement que l'on peut avoir. Dans le sens contraire, on dit. R. tenante ou R. tenant.

RANCUNEUX, EUSE. adj. [Pr. ranku-neu, euze]. Qui a de la rancune.

RANCUNIER, IÈRE. adj. [Pr. ranku-nié, ière] Qui garde sa rancune. C'est un homme r., un esprit r. Il a l'âme rancunière. || On dit encore subst., C'est un r., une rancunière. — Ce mot est familier.

RANDAN, ch.-l. de c. (Puy-de-Dôme), arr. de Riom; 1,700 hab. Château restauré par la princesse Adélaïde d'Or-.éans.

RANDANITE. s. f. T. Minér. Silice hydratée pulvérulente, qui est formée de carapaces d'infusoires et qu'on trouve principalement à Randan (Puy-de-Dôme). Elle est utilisée pour la fabrication de la dynamite.

RANDERS, v. maritime du Danemark (Jutland); 17,000 hab.

RANDIE. s. f. (R. Rand, n. d'un botan. angl.). T. Bot. Genre de plantes Dicotylédones (Randia) de la famille des Rubiacées. Voy. ce mot.

RANDON. s. m. (anc. fr. randir, courir rapidement). Mouvement rapide. Vx. || T. Chasse. Fondre en r., s'élever avec impétuosité, en parlant du faucon.

RANDON (Comte), maréchal de France (1795-1870), ministre de la guerre en 1851, gouverneur de l'Algérie (1852), soumit la Kabylie (1857), et fut de nouveau ministre de la guerre de 1859 à 1867.

RANDONNÉE. s. f. [Pr. rando-née] (part. pass. de randonner). T. Chasse. Tour ou circuit que fait autour du même lieu une bête qui, après avoir été lancée, se fait chasser dans son enceinte avant de l'abandonner. || Par ext. et fam., Faire une grande, une longue r., Marcher longtemps sans s'arrêter. Vx.

RANDONNER. v. n. (R. randon). Courir rapidement. Vx.

RANELLE. s. f. (dimin. du lat. rana, grenouille). T. Zool. Genre de Mollusques Gastéropodes très voisin des Tritons mais dont la coquille présente deux rangées de varices continues. Une espèce Ranella gigantea se trouve dans la Méditerranée.

RANG. s. m. [Pr. ran] (all. ring, cercle). Ordre, disposition de plusieurs personnes ou de plusieurs choses sur une même ligne. Un r. d'hommes. Un r. de colonnes. Un r. d'arbres. Un r. de sièges. Un r. de perles. Le r. d'en haut. Le r. d'en bas. Une écurie à un ou plusieurs rangs de chevaux. Garniture à deux rangs, à trois rangs. || T. Guerre. Suite de soldats placés à côté les uns des autres. Le r. est de flanc en flanc, et la file de la tête à la queue. Mettre une troupe sur deux rangs, sur trois rangs. Le premier r., le second r. Les rangs d'une armée, d'un bataillon. Serrez, ouvrez, gardez, tenez vos rangs. Quitter son r. Sortir des rangs. Rompre, percer, enfoncer les rangs ennemis. Parcourir les rangs. Aller de r. en r. — Entrer dans les rangs d'une armée, Être admis, incorporé dans une armée. On dit de même, J'ai combattu, j'ai servi dans vos rangs. Il fut chassé des rangs de l'armée. || T. Tournoi. Se mettre sur les rangs, paraître sur les rangs, être sur les rangs, Se présenter au combat, montrer qu'on est prêt à entrer en lice. — Fig., Être sur les rangs, Être en état, en concurrence pour parvenir à quelque charge, etc. Cette place est à donner, tels et tels sont sur les rangs. Se mettre sur les rangs, Se mettre au nombre des concurrents, des prétendants. || La place qui appartient, qui convient à chaque personne ou à chaque chose parmi plusieurs autres. Dans ce corps, on prend r. selon l'ordre de sa réception. Ils prirent séance chacun selon son r., chacun à son r. Chacun d'eux marchait selon son r., en son r. Chacun opine selon son r. Garder, prendre, perdre son r. R. d'ancienneté, de taille. Opiner, parler à son r., Opiner, parler selon son r., selon la place qu'on occupe. || Fig., Le degré d'honneur qui est attribué à certains hommes en raison de leur naissance, de leur dignité, de leur

DICTIONNAIRE ENCYCLOPÉDIQUE. — T. VIII.

emploi. R. éminent, élevé, distingué. Un haut r. La distinction des rangs. On lui conteste, on lui dispute son r. Il garde bien, il tient bien son r. Il est digne du haut r où il est parvenu. Maintenir, soutenir son r. Conserver son r. Les personnes du premier r. Être déchu de son r. — Se dit aussi des différentes classes de la société. Cette révolution a confondu tous les rangs, a effacé la distinction des rangs. Il ne fréquente que des gens du plus bas r., du dernier r. Les rangs intermédiaires, les derniers rangs de la société. || Fig., Le degré où est une personne ou une chose dans l'estime, dans l'opinion des hommes. Platon et Aristote tiennent le premier r. parmi les philosophes de l'antiquité. Homère est au premier r. parmi les poètes. C'est un savant, un écrivain du premier r., du r. le plus distingué. Entre les pierres précieuses, on assigne le premier r. au diamant. || Fig., Mettre au r., Mettre au nombre. Ce général peut être mis au r. des plus grands capitaines.

Et l'on doit mettre au rang des plus cuisants malheurs
La mort d'un ennemi qui coûte tant de pleurs.

CORNEILLE.

L'Église a mis ce martyr au r. des saints. Les Romains mettaient leurs empereurs au r. des dieux. Ses découvertes l'ont mis au r. des savants les plus distingués. || T. Mar. Vaisseaux du premier r., du second r., du troisième r., Voy. VAISSEAU. || T. Milit. Sortir des rangs, obtenir le grade d'officier sans avoir passé par les écoles militaires. = EN RANG D'OIGNON, loc. adv. Voy. OIGNON.

Syn. — Rangée. — Rang a un sens absolu et abstrait, il indique une disposition essentielle, telle qu'elle doit être; rangée, au contraire, a un sens relatif et concret, il exprime une disposition de fait. On dit absolument le premier rang, le second rang, être en rang, tandis qu'il. faut toujours joindre à rangée le nom des choses qui sont en rang, comme une rangée d'arbres, une rangée de chaises, etc.

RANGAEN ou **RANGOON** ou **RANGOUN,** cap. de la Basse-Birmanie près de l'embouchure de l'Irraouaddy; 181,200 hab. Gisements de pétrole.

RANGE. s. f. Rang de pavés qui sont tous de même grandeur.

RANGÉE. s. f. [Pr. rang]. Suite de plusieurs choses mises sur une même ligne. Une r. d'arbres. Une r. d'oignons. Une r. de voitures, de sièges.

RANGEMENT. s. m. [Pr. ranje-man]. Action de ranger.

RANGER. v. a. (R. rang). Mettre dans un certain ordre, dans un certain rang. R. des livres, des papiers, des meubles. R. des troupes en bataille. R. des gens deux à deux. R. des bataillons. — R. une chambre, un cabinet, une bibliothèque. Mettre chaque chose à sa place dans une chambre, un cabinet, etc. R. ses affaires, Les mettre en ordre. || Mettre au nombre, mettre au rang. On range avec raison ce poète parmi les auteurs classiques. || Mettre de côté, détourner pour rendre le passage libre. Rangez cette table, cette chaise. Rangez cet enfant de peur qu'on ne le blesse. Les gardes firent r. le peuple. || Fig., R. sous sa domination, sous sa puissance, sous ses lois, un peuple, une province, un pays, En faire la conquête et le soumettre. — R. quelqu'un à la raison, à son devoir, L'obliger à faire ce qu'il doit. Dans le langage famil., R. quelqu'un, s'emploie quelquefois absolum., et sing., Le réduire à faire ce qu'on exige de lui. S'il veut faire le méchant, je saurai bien le r. || T. Mar. R. la terre, Passer auprès de la terre. R. la côte, Naviguer en côtoyant le rivage. R. le vent, Cingler près du rumb d'où vient le vent. = SE RANGER. v. pron. Se mettre en rang. L'armée se rangea en bataille. || Se mettre, se placer. Il se rangèrent autour du feu, autour d'une table. || S'écarter pour faire place. On se rangea pour laisser passer le cortège. Rangez-vous un peu. Rangez-vous donc. || Se ranger sous les étendards, sous les drapeaux d'un prince, Embrasser le parti d'un prince, servir dans ses troupes. — Fig., Se r. sous l'obéissance d'un prince, Se soumettre à sa domination. Se r. à l'obéissance, Se résoudre à obéir. Se soumettre. || Fig., Se r. du côté, du parti de quelqu'un, Embrasser le parti de quelqu'un. — Se r. à l'avis, à l'opinion de quelqu'un, Déclarer qu'on est de son avis. Tous les opinants se rangèrent à son avis. || Fam., Adopter une manière de vivre mieux ordonnée, plus régulière.

723

C'était un libertin, un dissipateur, mais il s'est rangé. ||
T. Mar. *Le vent se range au sud, au nord,* etc., Le vent
commence à souffler du côté du nord, du sud. == RANGÉ, ÉE.
part. *Bataille rangée.* Voy. BATAILLE. || *Un homme rangé,
très rangé,* Un homme qui a beaucoup d'ordre dans sa conduite, dans ses affaires. = Conj. Voy MANGER. = Syn. Voy.
ARRANGER.

RANGER ou **RANGIER.** s. m. (danois, *rensdyr,* m. s.). T.
Blas. Ancien nom du *Renne,* qui est encore usité dans l'art
héraldique.

RANGETTE (λ ι.A) [Pr. *ran-jèle*]. En rang, à la file. Vx.

RANGEUR, EUSE. s. Celui, celle qui aime à ranger.

RANGIER. Voy. RANGER.

RANGOON ou **RANGOUN.** Voy. RANGAEN.

RANGUILLON. s. m. [Pr. *ran-ghi-llon, g* dur, *ll* mouil-
lées]. Petit crochet qui fait partie d'un hameçon. || Petite
pointe de fer qui avance sur le tympan d'une presse typogra-
phique et qui fait la pointure.

RANIDÉS. s. m. pl. (lat. *rana,* grenouille). T. Zool.
Famille de Batraciens anoures dont le type est le genre *Grenouille.* Voy. ce mot.

RANJERI (ANT.). écrivain ital. (1806-1888).

RANIFORMES. s. m. pl. (lat. *rana,* grenouille, *forma,*
forme). T. Zool. Syn. de *Ranidés.*

RANIMER. v. a. (R. *re,* préf., et *animer*). Rendre la vie,
redonner la vie. *Dieu seul peut ranimer les morts. R. un
cadavre.* || Par ext., et fig., se dit tant au phys. qu'au moral,
dans le sens de rendre l'activité, la sensibilité, vigueur et
l'éclat.

> Sa vue a ranimé mes esprits abattus.
>
> RACINE.

*R. par des frictions un membre engourdi, paralysé. R.
les sens de quelqu'un. R. le courage du soldat. Ce discours ranima les troupes. Ce spectacle a ranimé son ardeur, sa fureur, son amour. La danse lui a ranimé le
teint. Le printemps ranime toute la nature. Il faut r. ce
feu qui s'éteint. R. les couleurs d'un tableau. Cette réforme ranima l'industrie. Il ranima la conversation qui
tombait.* = SE RANIMER. v. pron. Reprendre de la vie, de
nouvelles forces. *Les morts se ranimaient à sa voix. La
nature se ranime. Le feu se ranime. Sa colère s'est
ranimée.* = RANIMÉ, ÉE. part.

RANINE. s. f. (lat. *rana,* grenouille). T. Zool. Genre de
Crustacés. Voy. DÉCAPODES.

RANINE. adj. f. (lat. *rana,* grenouille). T. Anat. *Artère
r., veine r.* Artère et veine qui appartiennent à la langue.

RANKE (LÉOPOLD DE), historien allemand, né en 1795, auteur de nombreux travaux, parmi lesquels on cite *Papes romains aux XVIe et XVIIe siècles,* l'*Histoire de l'Allemagne
au temps de la réforme,* l'*Histoire de Prusse,* l'*Histoire de
la France au XVIe et XVIIe siècles.*

RANTZAU, famille danoise, dont le membre le plus célèbre fut JOSIAS, comte DE RANTZAU (1609-1650), qui, par
ses services éclatants dans l'armée française mérita le bâton
de maréchal de France (1848).

RANULAIRE. adj. 2 g. [Pr. *ranu-lère*] (lat. *ranula,*
dimin. de *rana,* grenouille). T. Anat. Syn. de *Ranine.* Inus.

RANULE. s. f. (lat. *ranula,* petite grenouille). T. Méd.
Syn. de *Grenouillette.* Voy. SALIVE. || T. Anat. Chacune des
deux veines situées sous la langue.

RANZ. s. m. Ne se dit que dans cette loc., *Le r. des vaches,*
Ancienne mélodie nationale de la Suisse que les pâtres chantent ou jouent sur la cornemuse en gardant leurs troupeaux.

RAON-L'ÉTAPE, ch.-l. de c. (Vosges), arr. de Saint-Dié;
4,000 hab.

RAOUL ou **RODOLPHE,** duc de Bourgogne, puis roi de France
après la mort de Robert, duc de France, son beau-père (923-
926), lutta contre Rollon et contre Guillaume Longue-Épée, ducs
de Normandie. = RAOUL Ier, comte de Vermandois de 1102 à
1151. = RAOUL II, comte de Vermandois de 1451 à 1168.

RAOUL-ROCHETTE, archéologue français (1789-1854),
secrétaire perpétuel de l'Académie des Beaux-Arts (1839).

RAOUT. s. m. [Pr. *ra-oul*] (angl. *rout,* m. s.). Assemblée
nombreuse de personnes du grand monde. *Un r. brillant.*
— On écrit quelquefois *rout.*

RAPA, île française de l'Océanie.

RAPACE. adj. 2 g. (lat. *rapax, acis,* de *rapere,* ravir). Au
propre, se dit des oiseaux de proie, parce qu'ils ravissent d'autres
animaux pour se nourrir de leur chair. || Fig. et fam., Qui est
avide et enclin à la rapine. *C'est un homme r., très rapace.*

RAPACES. s. m. pl. (R. *rapace*). T. Ornith. Dans le plus
grand nombre des méthodes ornithologiques, et notamment
dans celle de Cuvier, le premier ordre de la classe des Oiseaux
est désigné sous le nom d'*Oiseaux de proie* ou de *Rapaces
(Accipitres),* parce que cet ordre en effet ne comprend que
des oiseaux qui vivent de rapine. — Les caractères essentiels
des Rapaces sont : bec robuste, crochu à la pointe et couvert
à sa base d'une membrane qu'on appelle *cire;* jambes charnues, emplumées jusqu'au talon et quelquefois jusqu'aux
doigts; quatre au nombre de quatre, trois devant, un en arrière, libres, très flexibles, verruqueux en dessous; ongles
mobiles, plus ou moins rétractiles, épais à la base, comprimés
latéralement, et généralement très crochus; ailes taillées pour
un vol facile et soutenu. Les Rapaces sont, dans la classe des
Oiseaux, ce que sont les Carnassiers dans celle des Mammifères. Ils se nourrissent exclusivement de chair. Les uns pur-
gent la terre des cadavres; les autres attaquent les animaux
vivants; quelques-uns se font la guerre qu'aux Poissons et aux
Reptiles; d'autres enfin vivent d'Insectes. Tout dans leur organisation indique la force, et ils acquièrent souvent une très
grande taille. Les femelles sont en général plus grandes que
les mâles : chez quelques espèces cette différence est d'un tiers.
Doués de moyens puissants de locomotion aérienne, ils sont
de tous les oiseaux ceux qui s'élèvent le plus haut dans l'atmosphère, et ils parcourent en très peu de temps des espaces
immenses. Dans leur vie errante, ils fuient en général la
société de leurs semblables, et fréquentent des lieux déserts
et inaccessibles où ils construisent leur nid : ce nid, qu'on
appelle *aire,* est parfois très vaste et construit avec une
extrême solidité. Leur ponte est rarement de plus de 4 œufs.
Les Rapaces ont la vue perçante, ce qui était indispensable
à des oiseaux qui vivent de proie; mais les uns ne chassent
qu'au grand jour, tandis que les autres sont offusqués par
une vive lumière, et ne sortent, pour chercher leur nourriture, que pendant le crépuscule du soir ou du matin. C'est
d'après cette différence d'organisation qu'on a établi dans cet
ordre deux grandes divisions, celle des *Diurnes* et celle des
Nocturnes. Les *Diurnes* ont les yeux dirigés de côté, la
tête grosse, le cou court, le doigt externe dirigé en avant et
ordinairement réuni par sa base au médian par une petite
membrane. Leur plumage est serré, terne et sans éclat, leurs
pennes sont fortes, leur vol est puissant; leur estomac est
presque entièrement membraneux; leurs intestins sont peu
étendus et leurs cæcums très courts. Cette division forme
deux familles bien tranchées, qui ont reçu les noms de *Fal-
conidés* et *Vulturidés.* Nous avons parlé de ces espèces principales qui appartiennent à la première de ces sections aux
mots FAUCON, AIGLE, AUTOUR, MILAN, BONDRÉE, BUSE, BUSARD
et MESSAGER; nous parlerons de ceux qui composent la seconde
au mot VAUTOUR. Enfin, pour la division des *Nocturnes,* nous
avons indiqué les principaux genres qui la composent dans
un seul et même article, sous le nom du genre le plus répandu
chez nous, nom qui s'emploie d'ailleurs vulgairement pour
désigner tous les Rapaces nocturnes sans distinction, c.-à-d.
au mot CHOUETTE.

RAPACITÉ. s. f. (lat. *rapacitas,* m. s.). Avidité avec la-
quelle l'animal se jette sur sa proie. *La r. du vautour.* ||
Fig., L'avidité d'un homme qui s'empare du bien d'autrui.
*Rien ne peut assouvir la r. de cet usurier. Ce village se
trouva exposé à la r. des soldats.*

RÂPAGE. s. m. Action de râper.

RAPAISEMENT. s. m. [Pr. *rapè-zeman*] Action de rapaiser; état de ce qui est rapaisé.

RAPAISER. v. a. [Pr. *rapè-zer*] (R. *re*, préf., et *apaiser*). Ramener à la paix.

Je viens prendre le temps de rapaiser Alcmène.
MOLIÈRE.

== RAPAISÉ, ÉE. part.

RAPATÉE. s. f. T. Bot. Genre de plantes Monocotylédones (*Rapatea*) de la famille des *Xyridacées*. Voy. ce mot.

RAPATÉES. s. f. pl. T. Bot. Tribu de végétaux de la famille des *Xyridacées*. Voy. ce mot.

RAPATELLE. s. f. [Pr. *rapa-tèle*]. Toile de crin qui sert à faire des tamis, des sacs.

RAPATRIAGE. s. m. (R. *rapatrier*). Réconciliation. *Depuis leur r. ils vivent fort bien ensemble.*

RAPATRIEMENT. s. m. [Pr. *rapatri-man*] (R. *rapatrier*). Action de faire rentrer quelqu'un dans sa patrie, de le ramener à son point de départ. || Réconciliation. Peu us. dans ce sens.

Admin. — On rapatrie un enfant d'origine française abandonné à l'étranger ou celui d'origine étrangère abandonné en France, ainsi qu'un aliéné étranger soigné en France, et *vice versa*. Les préfets sont chargés, dans ces divers cas, de traiter avec les gouvernements étrangers des questions relatives au r.; mais ils ne peuvent le faire que par l'entremise du ministre des affaires étrangères. — Dans la législation maritime, le r. est un droit accordé au marin qui est éloigné de son quartier, et l'administration doit y pourvoir, quelle qu'en soit la cause. Mais les frais de retour ne restent pas toujours à la charge de l'État. C'est tantôt l'armateur, tantôt le capitaine, et tantôt le matelot rapatrié qui les doit, suivant les conditions légales ou conventionnelles de l'engagement de celui-ci. Dans tous les cas, lorsque l'État a rapatrié un marin, il est subrogé aux droits de ce dernier.

RAPATRIER. v. a. (R. *re*, préf., et *patrie*). Rendre quelqu'un à sa patrie. *R. des émigrants.* || Réconcilier des personnes qui étaient brouillées. *Il y avait longtemps qu'ils étaient brouillés, on les a rapatriés.* == SE RAPATRIER. v. pron. Se réconcilier. *Ils se sont rapatriés. Voulez-vous vous r. avec lui?* Ces mots sont familiers. == RAPATRIÉ, ÉE. part. == Conj. Voy. PRIER.

RAPATRONNAGE. s. m. [Pr. *rapatro-naje*] (R. *re*, préf., *a*, préf., et *patron*). T. Forest. Réunion du tronc d'un arbre coupé à une souche qui reste en terre, pour vérifier si l'un est sorti de l'autre.

RÂPE. s. f. (R. *râper*). Ustensile de ménage qui consiste essentiellement en une plaque métallique hérissée d'aspérités et percée de trous, qui sert à réduire certaines substances en poudre ou en menus fragments. *Une r. de fer-blanc. On se sert surtout de la r. pour le sucre, le chocolat, les pommes de terre, etc.* == R. à tabac, Râpe plate dont on se sert pour pulvériser le tabac. || T. Techn. Espèce de grosse lime. Voy. LIME. || T. Méd. *Bruit de r.*, bruit que l'on entend dans certaines maladies du cœur et qui a de l'analogie avec le frottement d'une r. sur le bois. || T. Agricult. Syn. de *Rafle*. — Partie d'un épi qui soutient les graines. — Marc de raisin. || T. Vétér. *Râpes*, au plur., se dit des crevasses ou fentes transversales qui se forment au pli du genou d'un cheval. *Les râpes sont transversales, au lieu d'être longitudinales comme les malandres.*

RÂPÉ. s. m. (R. *râpe*, rafle). Raisin nouveau qu'on met dans un tonneau pour raccommoder le vin quand il se gâte. *Passer, du vin par le r., sur le r.* || Le vin qui a passé par le r. *Il ne nous a donné à boire que du r.* || Se dit aussi d'un vin qui se fait en mettant des grappes de raisin dans un tonneau qu'on remplit d'eau. || *R. de copeaux*, Une certaine quantité de copeaux qu'on met dans un tonneau pour éclaircir le vin.

RÂPER. v. a. (anc. haut. all. *raspon*, ramasser, râtisser). Mettre en poudre avec la râpe. *R. du sucre, de la croûte de pain, du tabac, etc.* || User la surface d'un corps avec l'espèce de lime appelée râpe. *R. un morceau de buis, d'ivoire, avant de le polir.* == RÂPÉ, ÉE. part. || Fig. et fam., *Un habit râpé*, Un habit usé jusqu'à la corde.

RAPETASSAGE. s. m. [Pr. *râpe-ta-saje*]. Action de rapetasser. Ouvrage rapetassé.

RAPETASSER. v. a. [Pr. *râpe-ta-ser*] (R. *re*, préf., et une forme inus. *apetasser*, dont le radical se trouve dans le provençal *pedas*, morceau, sans doute du lat. *pittacium*, morceau de toile ou de cuir). Raccommoder grossièrement de vieilles hardes, de vieux meubles, y mettre des pièces. || Fig. et fam., Corriger, modifier. *Il est en train de r. un vaudeville.* == RAPETASSÉ, ÉE. part.

RAPETASSEUR, EUSE s. m. [Pr. *râpe-ta-seur, euze*]. Celui, celle qui rapetasse. Savetier. || Fig. Compilateur, arrangeur.

RAPETISSEMENT. s. m. [Pr. *rapeti-seman*] Action de rapetisser quelque chose, de se rapetisser.

RAPETISSER. v. a. [Pr. *rapeti-ser*] (R. *re*, préf., et *apetisser*). Rendre ou faire paraître plus petit. *R. un manteau. La distance rapetisse les objets.* == RAPETISSER. v. n. Devenir plus petit. *Les jours rapetissent. Ce vieillard rapetisse sensiblement.* == SE RAPETISSER. v. pron. Devenir plus petit. *Cette étoffe se rapetisse dans l'eau.* || Fig., au sens moral, Se faire petit, s'amoindrir. *La vraie grandeur sait se r. sans s'avilir.* == RAPETISSÉ, ÉE. part.

RÂPEUR. s. m. Ouvrier occupé à râper une substance.

RÂPEUX, EUSE. adj. [Pr. *râ-peu, euze*]. Qui a le caractère du bruit d'une râpe ou le toucher d'une râpe.

RAPHAËL, archange qui conduisit Tobie au pays des Mèdes (Bible).

RAPHAËL SANZIO, le plus grand des peintres de la Renaissance, et peut-être de tous les temps, né à Urbino (États du pape), fut élève du Pérugin. Il commença à se faire connaître par son tableau du *Mariage de la Vierge*, décora la sacristie de Sienne, peignit un certain nombre de Vierges, orna de fresques les salles du Vatican (*les Chambres*), ainsi que la cour des *Loges*, et mourut sans avoir achevé son tableau de la *Transfiguration* (1483-1520).

RAPHANÉES. s. f. pl. (lat. *raphanus*, radis). T. Bot. Tribu de plantes de la famille des *Crucifères*. Voy. ce mot.

RAPHANIE. s. f. (lat. *raphanus*, radis). T. Méd. Maladie analogue à l'ergotisme, qui s'observe assez fréquemment en Allemagne et en Suède, et que Linné attribuait au *Raphanus raphanistrum*, vulgair. appelé Ravenelle, dont les semences se trouvent quelquefois mêlées avec le blé.

RAPHANOSMITE. s. f. (gr. ῥάφανος, rave, chou; ὀσμή, odeur). T. Minér. Séléniure de plomb et de cuivre.

RAPHÉ. s. m. (gr. ῥαφή, couture). T. Anat. et Bot. Ligne saillante qui ressemble à une couture. *Le r. périnéal. Le r. d'une graine.* Voy. GRAINE.

RAPHIA. s. m. (gr. ῥαφίς, chou sauvage). T. Bot. Genre de plantes Monocotylédones de la famille des *Palmiers*. Voy. ce mot.

RAPHIDE. s. f. (gr. ῥαφίς, aiguille). T. Bot. Faisceau de cristaux en aiguilles d'oxalate de chaux qu'on trouve surtout dans les tissus de la plupart des Monocotylédones.

RAPHIDIE. s. f. T. Entom. Genre d'Insectes *Pseudo-Névroptères.* Voy. TERMITIDES.

RAPHILITE. s. f. (gr. ῥαφίς, aiguille; λίθος, pierre). T. Minér. Variété de trémolite, en longues aiguilles accolées, d'un gris cendré.

RAPIDE (LE). r. des États-Unis (Missouri); 730 kil.

RAPIDE. adj. 2 g. (lat. *rapidus*, m. s.). Qui est extrêmement vite, qui se meut avec vitesse. *Le vol r. d'un aigle. Le Rhône est très r. Un courant r. Une marche, une course r.* || Fig., Qui se fait avec une grande célérité. *Une expédition r. Des conquêtes rapides.*

Emporté par le courant rapide
Des flots impétueux de ses bouillants désirs.
CORNEILLE.

Ses succès, ses progrès furent rapides. J'ai jeté un coup d'œil r. sur cet ouvrage, sur cette affaire. — *Un style r.,* Un style où les idées, les mouvements se succèdent sans interruption. *Une narration r.,* Une narration où les faits se pressent. *Une éloquence r.,* Une éloquence animée, qui entraîne. = RAPIDE. s. m. T. Nav. Voy. CATARACTE.

RAPIDEMENT. adv. [Pr. *rapide-man*]. Avec rapidité, d'une manière rapide. *Une rivière qui coule r. Nos jours s'écoulent r. L'art s'acheminait r. à sa décadence.*

RAPIDITÉ. s. f. (lat. *rapiditas*, m. s.). Célérité, grande vitesse. *La r. du mouvement. La r. du vol de cet oiseau. La r. d'un torrent, d'une rivière. Il prononce, il débite avec beaucoup de r. Le temps fuit avec r.* || Fig., *La r. de ses conquêtes a déconcerté l'ennemi. La r. de ses progrès me confond. J'aime la r. de son style.*

RAPIDOLITE. s. f. T. Minér. Syn. de *Wernérite.*

RAPIÉÇAGE. s. m. Action de rapiécer.

RAPIÉCEMENT. s. m. [Pr. *rapié-seman*]. Action de rapiécer, résultat de cette action.

RAPIÉCER. v. a. (R. re, préf., *a*, préf., et *pièce*). Mettre des pièces à du linge, à des habits, à des meubles. = RA-PIÉCÉ, ÉE. part.

RAPIÉCETAGE. s. m. Se dit de l'action de rapiéceter, et des choses rapiécetées. *Il a donné tant pour le r. Cela n'est fait que de r.*

RAPIÉCETER. v. a. (R. re préf., *a* préf., et *piécette*). Mettre beaucoup de petites pièces à une chose pour la raccommoder. *R. des meubles, des habits.* = RAPIÉCETÉ, ÉE. part.

RAPIÈRE. s. f. Sorte d'épée longue en usage au XVIIᵉ siècle.

J'ai des archers de nuit vu briller les rapières.

V. HUGO.

|| En plaisant., se dit d'une épée, quand on veut jeter quelque ridicule sur celui qui la porte. *Il portait une r. à son côté.* — Voy. ÉPÉE.

RAPIFORME. adj. 2 g. (lat. *rapa*, rave ; *forma*, forme). Qui est en forme de rave.

RAPILLI. s. m. pl. (corruption de l'italien *lapilli*, petites pierres). T. Géol. Amas de petits fragments de lave poreuse. Voy. VOLCAN.

RAPIN. s. m. On nomme ainsi, dans les ateliers de peinture, les jeunes élèves que l'on charge des travaux les plus grossiers et des commissions. || Par ext., se dit d'un peintre dépourvu de talent.

RAPIN (NICOLAS), écrivain fr., l'un des principaux auteurs de la *Satire Ménippée* (1540-1608).

RAPIN (RENÉ), jésuite, auteur d'un poème latin des *Jardins* (1621-1687).

RAPIN DE THOYRAS, historien fr. (1771-1825).

RAPINE. s. f. (lat. *rapina*, m. s., de *rapere*, ravir). Action de ravir quelque chose par violence. *C'est un animal né pour la r.* || Ce qui est ravi par violence. *Cet oiseau vit de r.* || En parl. des hommes, Pillage, volerie, concussion. *Tout ce qu'il a ne vient que de r. Il s'est enrichi par ses rapines. Les rapines de ce général ont bien terni sa gloire.*

RAPINER. v. n. (R. rapine). Prendre injustement et en abusant des fonctions, de l'emploi dont on est chargé. *Ce gouverneur a rapiné sur toute la province. Ce valet rapine sur tout ce qu'il achète.* || Famil., s'emploie quelquefois actif, *Il rapine toujours quelque chose.* = RAPINÉ, ÉE. part.

RAPP (comte), général fr. (1773-1821), défendit Dantzig contre les Russes (1813).

RAPPAHANNOCK, fleuve des États-Unis, se jette dans la baie de Chesapeake ; 280 kil.

RAPPAREILLER, v. a. [Pr. *rapa-rè-ller*, *ll* mouillées] (R. re, préf., et *appareiller*). Rejoindre à une chose une ou plusieurs choses pareilles, lorsqu'elles manquent. *On m'a cassé un de ces deux vases, je voudrais r. celui qui me reste.* = RAPPAREILLÉ, ÉE. part.

RAPPARIER. v. a. [Pr. *rapa-rier*] (R. re, préf., et *apparier*). Rejoindre à une chose une autre chose qui en fasse la paire. *R. un gant.* || Se dit le plus ordin. des animaux domestiques qu'on a par paires. *R. un bœuf. R. un cheval, pour refaire un attelage.* = RAPPARIÉ, ÉE. part. = Conj. Voy. PRIER.

RAPPE. s. m. T. Monn. Monnaie suisse valant un peu plus d'un centime avant l'adoption du système décimal (1850) et valant maintenant un centime.

RAPPEL. s. m. [Pr. *ra-pel*] (R. re, préf., et *appel*). Action par laquelle on rappelle ceux qu'on avait envoyés en quelque endroit ; se dit partic. des ambassadeurs, et de ceux qui ont été disgraciés ou exilés. *Cet ambassadeur a obtenu son r. Après son r. à la cour. Lettres de r.* — *R. de ban,* Lettres du prince, par lesquelles il rappelait quelqu'un du bannissement.* || Dans le lang. parlementaire, *R. à l'ordre, à la question, au règlement,* Action de rappeler à l'ordre, etc., l'orateur qui s'en est écarté. *Le président a prononcé le r. à l'ordre. Il demanda la parole pour un r. au règlement.* || T. Jur. *R. à succession,* Disposition qui appelle à une succession des parents qui en étaient naturellement exclus. — *R. de compte,* invitation à acquitter ou à toucher le surplus d'un paiement reconnu incomplet. || T. Milit. Batterie de tambour ou sonnerie de clairon qui a pour objet d'avertir les troupes de se rassembler immédiatement, ou de rentrer au drapeau. *Battre le r. Vous n'avez donc pas entendu le r. ?* || Fig. Réunir toutes les ressources nécessaires. *Il a battu le r. de ses fonds.* || T. Admin. Mesure par laquelle on alloue à un fonctionnaire une portion d'appointements qui était restée en suspens ou en arrière. *Ses appointements ayant été augmentés à partir de telle époque, il a droit à un r.* || T. Peint. *R. de lumière,* Artifice qui consiste à proportionner la lumière dont les divers objets d'un tableau sont éclairés au degré d'importance qu'ils doivent avoir dans l'ensemble de la composition. *Ce peintre dispose bien les rappels de lumière.* || *R. de médaille,* dans une composition, action de rappeler la médaille obtenue par un exposant, qui empêche de lui décerner la même récompense. || En Angleterre, *R. de l'union,* se dit de la dissolution de l'union législative établie en 1801 entre l'Angleterre et l'Irlande. *O'Connell a été pendant toute sa vie un infatigable promoteur du r.*

RAPPELABLE. adj. 2 g. [Pr. *ra-pe-lable*]. Qui peut ou doit être rappelé.

RAPPELER. v. a. [Pr. *ra-pe-ler*] (R. re, préf., et *appeler*). Appeler de nouveau. *Je l'ai appelé et rappelé sans qu'il m'eût répondu.* — Figur. et famil., *Ce vin rappelle son buveur,* Il l'excite à continuer de boire. || Faire revenir une personne qui s'en va, encore qu'on ne l'ait point déjà appelée.

Qu'on rappelle mon fils, qu'il vienne se défendre.

RACINE.

Je m'en allais, et il m'a rappelé, il m'a fait r. — Fig., *Mes affaires me rappellent à la ville,* Mes affaires m'obligent d'y retourner. *R. à la question,* Faire revenir quelqu'un à la question dont il s'écarte. || Fig., *R. quelqu'un à la vie,* Le faire revenir à la vie, l'empêcher de mourir. Dans le style religieux, *Dieu l'a rappelé à lui,* Il est mort. — *R. ses esprits, r. ses sens, r. son courage,* Reprendre ses sens, ses esprits, son courage. *R. sa mémoire,* Tâcher de se ressouvenir. *R. la mémoire, le souvenir de quelque chose,* La faire revenir à l'esprit. *Il avait oublié cette affaire, je lui en ai rappelé la mémoire. Sa présence me rappelle bien des souvenirs. Ne rappelons point le passé. Ne rappelez pas des temps qu'il faut oublier. R. quelqu'un à son devoir,* Le faire rentrer en son devoir. Dans le langage parlementaire, *R. un orateur à l'ordre,* Le réprimander pour s'être écarté du bon ordre, des bienséances. || Faire revenir quelqu'un d'un lieu où on l'avait envoyé pour y exercer certaines fonctions, pour y remplir un emploi. *R. un ambassadeur. Le gouvernement rappela son ambassadeur de*

Madrid. *Les malversations de cet agent sont cause qu'on l'a rappelé.* — Se dit aussi de ceux qui ont été disgraciés, exilés. etc. *Il avait été disgracié, mais le roi l'a rappelé. Il a été rappelé d'exil, de l'exil.* || T. Jurispr. *Le testateur a rappelé un de ses parents à sa succession,* Par son testament, il a ordonné que ce parent aurait part à sa succession, quoique la coutume ou la loi l'exclue. || T. Milit. Battre le tambour ou sonner du clairon d'une certaine manière, pour rassembler des soldats, pour les faire revenir au drapeau ou pour rendre honneur à certaines personnes. *On a rappelé à telle heure. Les troupes battaient au champ pour le roi; mais pour les princes, elles ne faisaient que r.* || T. Peint. *R. la lumière.* Voy. RAPPEL. == SE RAPPELER, avec le pron. *se pour à soi.* Se ressouvenir de. *Vous rappelez-vous ce fait? Je me le rappelle parfaitement. Je ne me le rappelle pas. Rappelez-moi à son souvenir. Je me rappelle avec attendrissement les jours que j'ai passés dans ces lieux. Je me rappelle qu'il m'a raconté cette histoire. Je me rappelle d'avoir vu ce spectacle.* == RAPPELÉ, ÉE. part. = Conj. Voy. APPELER.

Obs. gram. — Le verbe *Rappeler* étant un verbe actif, on ne saurait en aucun cas le construire, comme le v. *Souvenir*, avec un complément indirect de chose. En conséquence, c'est une faute grossière de dire : *Je me rappelle de cet événement; Je m'en rappelle,* Il faut dire ; *Je me rappelle cet événement; Je me le rappelle.* Toutefois, si *Se rappeler de quelque chose* est une faute, l'usage tolère qu'on dise : *Se rappeler d'avoir fait quelque chose.* Dans ce cas, la préposition *de* est employée, soit par euphonie, soit par analogie avec les constructions : *espérer de, désirer de,* etc.

RAPPLIQUER. v. a. [Pr. *ra-pli-ker*] (R. *re,* préf., et *appliquer*). Appliquer de nouveau. == RAPPLIQUÉ, ÉE. part.

RAPPOINTEMENT. s. m. [Pr. *ra-pouin-teman*] (R. *re,* préf., et *appointer*). Action de raccommoder, de réconcilier.

RAPPOINTIR. v. a. [Pr. *ra-pouin-tir*] (R. *re,* préf., et *appointir*). T. Techn. Refaire une pointe émoussée ou cassée. == RAPPOINTI, IE. part

RAPPOINTIS. s. m. [Pr. *ra-pouin-ti*] (R. *pointe*). Morceau de fer pointu qu'on enfonce dans le bois qui doit être recouvert d'un enduit et qui sert à faire tenir le plâtre.

RAPPORT. s. m. [Pr. *ra-por*] (R. *re,* préf., et *apport*). Se dit de certaines choses qui ont été apportées d'un autre endroit, le plus souvent pour être jointes à d'autres. *Terres de r. Cette terrasse n'est pas solide, elle n'est que de terres de r. — Pièces de r.,* Petites pièces, ordinairement de diverses couleurs, soit de bois, soit de métal, soit de pierre, que l'on assemble et ajuste de manière à former un tout. *Une table de pièces de r. La mosaïque est un ouvrage de pièces de r. Cette ouverture est toute de pièces de r.* Fig., *Ce livre n'est qu'un ouvrage de pièces de r.* || T. Jurispr. L'action par laquelle celui qui a reçu une somme, une valeur, la rapporte à la masse de la succession, de la communauté, etc., pour faire compte au partage. *Les fruits de la chose donnée ne sont pas sujets au r.* — En Admin. se dit aussi d'un comptable. *Toute dépense rejetée soumet le comptable au r. de la somme.* || T. Méd. Éructation. *J'ai des rapports acides. L'ail donne des rapports.* = Le revenu, le produit que rend une terre, une maison, un emploi, etc. *Ce pré est d'un bon r. Cette vigne est d'un faible r. Cette vigne en charge d'un grand r.* — On dit qu'*Une terre est en plein r.,* Quand elle produit autant qu'elle est susceptible de le faire ; qu'*Elle n'est pas encore en plein r.,* Quand elle ne produit pas encore tout ce qu'elle pourra produire. On dit aussi, *Cette vigne, etc., n'est pas encore en r.,* Quand elle est encore trop jeune pour produire. == Récit, témoignage. *Je fidèle, inexact. Voilà le r. de ce que j'ai vu. Je m'en tiens à son r. J'en crois son r. Suivant son r., Selon son r., d'après son r., la chose s'est passée ainsi. Au r. de tel historien, Je ne sais cela que sur le r. d'un tel.* || Se dit, en mauvaise part, des récits que l'on fait, par indiscrétion ou malignité, de certaines choses qu'on a vu faire ou entendu dire. *Faire de mauvais rapports. On vous a fait contre moi un faux r. On les a brouillés par de faux rapports.* || T. Jurispr. Compte rendu que l'on fait sur une chose quelconque dont on a été chargé. *La commission du budget a déposé son r. Faire un r. sur des pétitions. Le r. du juge d'instruction à la chambre du conseil. L'affaire a été jugée au r. de tel conseiller. Les con-

clusions d'un r. Le tribunal a commis un médecin pour lui faire son r. On a nommé des experts, et l'on jugera sur leur r. Le r. d'un officier de police.* || T. Vénér. *Faire le r., faire son r.,* Rendre compte de la quête qu'on a faite, et du lieu où est la bête qu'on a détournée. *Dès que le valet de limier eut fait son r.* == *Rapport,* se dit de la coexistence ou de la succession des choses, en parlant de la manière d'être que nous concevons subsister entre elles. On distingue des *Rapports métaphysiques, mathématiques, logiques, moraux ;* des *Rapports d'origine, de convenance, de disconvenance, de similitude, de différence, d'analogie, de diversité, d'ordre ;* des *Rapports naturels, vrais, faux. Montrez-moi le r. que ces choses ont ensemble. Il n'y a aucun r. entre ces deux doctrines. Je ne vois aucun r. entre ces deux événements. Ce que vous dites là n'a nul r. à la question. Il ne faut point confondre un simple r. avec un r. parfait entre la masse et les détails de cet édifice. Le style de cet ouvrage n'est pas en r. avec le sujet, avec les idées.* || Se dit souvent de la relation des choses à une fin, de leur tendance vers un but. *Les actions humaines sont bonnes ou mauvaises, selon le r. qu'elles ont à une bonne ou à une mauvaise fin.* On dit de même : *Toutes les actions d'un chrétien doivent être faites par r. à Dieu; Cet homme ne fait rien que par r. à lui, que par r. à ses intérêts,* Il ne fait rien que dans la vue de ses intérêts. *Il fait cela par r. à vous, par r. à telle chose,* Dans la vue de vous obliger, de vous plaire, dans l'idée d'obtenir telle chose, de réussir dans telle affaire, etc. || Se dit aussi des connexions des relations sociales qui existent entre les hommes. *Rapports d'intérêt, de parenté, d'amitié, de confraternité. Je n'ai jamais eu aucun r. avec lui. Je n'ai plus aucun r. avec lui. — Mettre une personne en r. avec une autre,* La lui faire connaître, la mettre en communication ensemble. || T. Gramm. La relation que les mots ont les uns avec les autres, dans la construction. *Le r. de l'adjectif au substantif. R. vicieux.* || T. Math. Voy. plus bas. || T. Chim. Se dit pour Affinité. == PAR RAPPORT A. loc. prép. Pour ce qui est de, quant à ce qui regarde. *Par r. à lui, par r. à moi, Par r. à cela.* || Par comparaison, en proportion de. *La terre est très petite par r. au soleil.*

Obs. gram. — Une chose *a r. à une autre,* quand l'une conduit à l'autre, ou parce qu'elle en dépend, ou parce qu'elle en vient, ou parce qu'elle en fait souvenir, etc. Les actions humaines sont bonnes ou mauvaises, selon qu'elles ont *r. à* une bonne ou à une mauvaise fin. Une chose *a r. avec une autre,* quand elle lui est analogue, conforme, semblable. La langue italienne *a un grand r. avec* la langue latine. Ainsi : *Cela n'a point de r. à ce que vous m'avez dit,* signifie, Cela ne s'y rattache pas : et, *Cela n'a point de r. avec ce que vous m'avez dit,* signifie, Il y a contradiction entre cela et ce que vous m'avez dit.

Math. — *Rapport de deux grandeurs.* — On appelle en général *grandeur* tout ce qui peut être conçu comme plus grand ou plus petit; mais, on ne peut faire entrer dans les calculs que les grandeurs qui peuvent être représentées par des nombres. On dit souvent que les seules grandeurs qu'on peut soumettre au calcul sont celles pour lesquelles on peut définir avec précision l'égalité et l'addition. Cela n'est pas tout à fait exact parce qu'il y a des grandeurs qu'on peut non mesurer à proprement parler, mais simplement *repérer.* Tel est le cas de la température. Il est impossible de définir l'addition de deux températures, ou moins dans le sens ordinaire et élémentaire du mot. On définit seulement l'écart de deux températures et l'addition de ces écarts. Ainsi, il ne serait pas correct de dire que la température de 100° est la somme d'une température de 25° et d'une température de 75°, parce que cet énoncé cesserait d'être vrai si l'on changeait le zéro du thermomètre; mais il est parfaitement correct de dire qu'un écart de température de 100° est la somme de deux écarts, l'un de 25°, l'autre de 75°, parce que ces écarts sont indépendants du choix de la température 0.

Quoi qu'il en soit, dès qu'on a défini l'égalité et l'addition, toutes les autres opérations se trouvent définies de la manière suivante :

La *soustraction* est l'opération inverse de l'addition : retrancher une grandeur A d'une grandeur B, c'est en trouver une troisième C telle que la somme A + C reproduise B ou une grandeur égale à B. — *Multiplier une grandeur A par un nombre entier n*, c'est ajouter *n* grandeurs égales à A. — *Diviser une grandeur A par un nombre entier n*, c'est trouver une grandeur B dont le produit par le diviseur *n* reproduise A, ou une grandeur égale à A. — *Multiplier une grandeur A par un nombre fractionnaire $\frac{p}{q}$*, c'est diviser le multiplicande A par le dénominateur entier *q* et multiplier le résultat par le numérateur entier *p*. On dit quelquefois, mais avec moins de précision, que multiplier une grandeur par une fraction, c'est prendre la même fraction du multiplicande, définition identique à la précédente. — Enfin, *diviser une grandeur A par un nombre fractionnaire $\frac{p}{q}$*, c'est trouver une grandeur B dont le produit par le diviseur $\frac{p}{q}$ reproduise le dividende A ou une grandeur égale à A. Il est aisé de reconnaître que l'opération peut se faire en multipliant le dividende A par le *diviseur renversé* $\frac{q}{p}$. Il faut montrer que

$$A \times \frac{q}{p} \times \frac{p}{q} = A.$$ Or, d'après les définitions précédentes, il faut, pour déterminer le premier membre, diviser A par *p*, soit A' le résultat, multiplier A' par *q*, puis diviser le résultat par *q*, ce qui reproduit A', et enfin multiplier A' par *p* ce qui reproduit bien A.

On voit que dans la multiplication d'une grandeur par un nombre les deux facteurs ne jouent pas le même rôle. La division a pour objet de trouver le facteur concret quand on connaît le produit qui est une grandeur et le facteur numérique. Il y a une autre opération inverse de la multiplication qui consiste à trouver le facteur numérique quand on connaît le produit et le facteur concret. C'est le résultat de cette opération qu'on nomme *rapport* des deux grandeurs données. Ainsi *le rapport de deux grandeurs A et B est le nombre entier ou fractionnaire par lequel il faut multiplier la seconde grandeur donnée B pour retrouver la première A*. Si ce rapport est entier, on peut dire qu'il exprime combien de fois la première contient la seconde. Si, par ex., ce rapport est 4 on écrit :

$$\frac{A}{B} = 4,$$

ce qui veut dire que A est égal à B × 4, ou que A contient 4 fois B. Si le rapport est fractionnaire, il exprime combien de fois la première grandeur A contient une certaine partie aliquote de la seconde B. Ainsi l'égalité

$$\frac{A}{B} = \frac{3}{4}$$

veut dire que A = B × $\frac{3}{4}$ ou que A contient 3 fois le quart de B.

Il résulte de là que si les deux grandeurs ont une partie aliquote commune, leur rapport est le quotient des deux nombres entiers qui expriment combien de fois chacune des deux grandeurs contient cette partie aliquote. Par ex., s'il existe une grandeur C contenue 5 fois dans A et 7 fois dans B, c'est que A contient 5 fois la septième partie de B, et le rapport de A à B est $\frac{5}{7}$:

$$\frac{A}{B} = \frac{5}{7}.$$

En général deux grandeurs quelconques n'admettent pas de partie aliquote commune. Alors le rapport ne peut être représenté qu'approximativement, de la manière suivante. Soient A et B les deux grandeurs. Divisons B en *n* parties égales, et ajoutons ces parties à elles-mêmes jusqu'à ce que nous trouvions deux résultats consécutifs comprenant entre eux la grandeur A. Supposons par ex. que A contienne *p* de ces parties, et n'en contienne pas *p* + 1. On dira que les deux fractions $\frac{p}{n}$ et $\frac{p+1}{n}$ sont les valeurs approchées du rapport $\frac{A}{B}$ à $\frac{1}{n}$ près, la première par défaut, et la seconde par excès,

et l'on écrira :

$$\frac{p}{n} < \frac{A}{B} < \frac{p+1}{n}.$$

Quant au rapport $\frac{A}{B}$ lui-même, il est dit *incommensurable*. Voy. ce mot.

Les propositions fondamentales des rapports sont représentées par les deux égalités suivantes :

$$\frac{A}{B} \times \frac{B}{A} = 1$$

$$\frac{A}{C} : \frac{B}{C} = \frac{A}{B}.$$

La première est presque évidente. Si par ex. $\frac{A}{B} = \frac{5}{7}$, c'est qu'il existe une grandeur C contenue 5 fois dans A et 7 fois dans B. Alors $\frac{B}{A} = \frac{7}{5}$ et le produit des deux rapports est bien égal à 1.

La seconde proposition, si l'on tient compte de la première, peut aussi s'écrire :

$$\frac{A}{C} \times \frac{C}{B} = \frac{A}{B}.$$

On l'établit de la manière suivante. Supposons que $\frac{A}{C}$ et $\frac{B}{C}$ soient deux fractions que nous réduirons au même dénominateur, par ex. $\frac{3}{4}$ et $\frac{5}{7}$ que nous remplacerons par $\frac{21}{28}$ et $\frac{20}{28}$:

$$\frac{A}{C} = \frac{21}{28} \qquad \frac{B}{C} = \frac{20}{28},$$

ce qui veut dire que A contient 21 fois, et B 20 fois la 28ᵐᵉ partie de C. Alors cette 28ᵐᵉ partie de C est une partie aliquote commune à A et à B, et le rapport $\frac{A}{B} = \frac{21}{28}$ qui est bien le quotient des deux fractions précédentes.

Nous nous sommes bornés au cas où les rapports sont commensurables. L'extension de ces théorèmes au cas des rapports incommensurables, pour être faite rigoureusement, exigerait des développements assez longs qu'il nous est impossible de donner ici ; mais on peut observer que les nombres incommensurables ne sont connus que par leurs valeurs approchées et que les théorèmes précédents restent vrais si l'on remplace les grandeurs données par d'autres en différant très peu et choisies de manière à fournir des valeurs approchées des rapports considérés ; en d'autres termes, les théorèmes sont vrais, si on remplace les rapports incommensurables par leurs valeurs approchées, et cela quelle que soit l'approximation. Puisqu'on n'opère jamais que sur les valeurs approchées, les théorèmes doivent être tenus pour vrais dans tous les cas.

La mesure des grandeurs se rattache intimement à la théorie des rapports. Pour mesurer une grandeur, il faut faire choix d'une grandeur de même espèce qu'on appelle l'*unité*, et chercher le rapport de la grandeur donnée à cette unité. Ainsi la *mesure d'une grandeur c'est son rapport avec l'unité*. Si dans le second de nos théorèmes nous supposons que la grandeur que nous avions appelée C soit l'unité, nous obtenons cette proposition importante :

Le rapport de deux grandeurs est égal au quotient des nombres qui les mesurent quand elles ont été mesurées avec la même unité.

C'est ce théorème qui permit de remplacer, dans tous les raisonnements, les grandeurs par les nombres qui les mesurent.

En arithmétique, on appelle quelquefois *rapport* le quotient de deux nombres ; mais cette dénomination est abusive. Autrefois on appelait antécédent et conséquent les deux termes du rapport que nous appelons aujourd'hui numérateur et dénominateur.

RAPPORTABLE. adj 2 g. [Pr *rapor-table*]. T. Jurispr. Se dit des choses qui sont sujettes à être rapportées, pour être procédé à un partage, à une répartition.

RAPPORTER. v. a. [Pr. *rapor-ter*] (R. *re*, préf., et *apporter*). Apporter une chose du lieu où elle est, au lieu où elle était auparavant. *Rapportez mon fauteuil dans mon cabinet. Rapportez-moi le livre que je vous ai prêté. Il m'a rapporté tout ce que je lui avais donné.* || Apporter quelque chose en revenant d'un lieu. *Il a rapporté de Rome une belle collection d'antiques. Les soldats rapportèrent au camp tout le butin qu'ils avaient fait.* — Fig., *Il a rapporté de ses voyages moins d'instruction que de suffisance.* — *Il a rapporté beaucoup de gloire de cette action, de cette affaire,* Il y a acquis beaucoup de gloire. *Il n'en a rapporté que de la honte,* Il n'en a retiré que de la honte. — Fam., *Il n'en a rapporté que des coups,* se dit d'un homme qui a été blessé en quelque occasion. On dit de même, *Ce soldat n'a rapporté de l'armée que des coups de fusil.* || T. Chasse. Se dit d'un chien qui apporte au chasseur le gibier qu'il a tué, ou qui rapporte l'objet qu'on lui a jeté. *Il n'y a guère que les barbets qu'on puisse accoutumer à r. la bécasse. Rapporte mon gant.* Absol., *Ce chien rapporte bien. Il sait r. Je le dresse à r.* || *R. des terres en quelque endroit,* Les aller prendre dans un lieu afin de les porter dans un autre. *R. des terres pour élever une terrasse.* || Joindre, ajouter quelque chose à ce qui ne paraît pas complet. *Il a fallu r. une bordure à ce châle. J'ai fait r. un collet à mon manteau.* || T. Jurispr. Remettre dans la masse des biens qui font partie d'une succession, qui appartiennent à une société, ce qu'on a reçu d'avance, ce qu'on a touché, etc. *R. à la masse. Un fils qui a été avantagé doit r. ou moins prendre.* = Produire soit en fruits, soit en argent; donner un certain revenu. *Des arbres qui rapportent de beaux fruits. Cette terre rapporte tant par an. Sa maison lui rapporte huit pour cent du prix d'achat. Son argent lui rapporta six pour cent. Combien lui rapporte ce qu'il a? Cet emploi ne rapporte ni profit ni honneur,* Il n'est ni profitable ni honorable. — Fig., *Cette mauvaise action ne lui rapportera rien,* Il n'en tirera aucun profit, aucun avantage. = Faire le récit de ce qu'on a vu, ou entendu, ou appris. *Il a rapporté fidèlement tout ce qu'il avait vu. Cet historien rapporte que... Le témoin rapporte le fait suivant. R. un fait comme il s'est passé. Vous ne rapportez point la chose au vrai.* || Dire, faire connaître. *On m'a rapporté qu'ils étaient brouillés. Il y a dans cette aventure des circonstances qu'on ne peut r. Je suis trop votre ami pour ne pas vous r. ce que j'entends dire de vous. On m'a rapporté que vous aviez dit beaucoup de mal de moi.* || Redire par légèreté ou par malice ce qu'on a entendu dire. *On n'oserait rien dire devant lui, il rapporte tout. Il ne faut rien devant lui que ce qu'on veut bien qui soit rapporté.* || Faire le narré, l'exposition d'une affaire, pour un comité, d'une commission, etc. *C'est un tel qui doit r. cette pétition.* On dit mieux, *Faire le rapport sur...* || T. Palais. Déduire, exposer l'état d'un procès par écrit. *R. un procès, une affaire. Ce juge a fort bien rapporté le fait et les moyens des parties.* Absol., *Ce conseiller rapporte bien.* || Alléguer, citer. *Le prédicateur a rapporté des passages des Pères. L'exemple qu'il rapporte ne prouve rien.* = Référer, diriger vers une fin, vers un but. *Il faut r. toutes ses actions à une bonne fin. Il rapporte tout à soi, à son profit, à son utilité particulière.* || Attribuer, faire remonter. *La famille des Jules rapportait son origine à Énée et à Vénus. On rapporte à tel prince la fondation de cette ville. On rapporte cet événement à l'an...* — *R. l'effet à la cause,* Attribuer un certain effet à une certaine cause. || T. Légist. et Admin. Révoquer, abroger, annuler. *R. une loi, un arrêté.* || Dans les Arts graphiques, Tracer sur le papier des figures semblables à des figures données. *Rapportez d'abord sur le papier un polygone semblable et réduit dans la proportion voulue. R. des angles.* = SE RAPPORTER, v. pron. Avoir de la conformité, de la convenance, de la ressemblance. *Leurs caractères se rapportent en toutes choses. Ces deux couleurs se rapportent bien. La déposition de ce témoin ne se rapporte point avec celle du précédent. Toute sa conduite se rapporte assez à ce que vous m'aviez dit.* || Avoir relation. *Cela se rapporte à des événements bien antérieurs. Cet article de ma lettre se rapporte à ce que j'ai écrit précédemment. Les louanges que nous donnons aux autres se rapportent souvent par quelque endroit à nous-mêmes.* — En T. Gram., on dit, *Ce pronom doit se mettre en concordance avec le substantif auquel il se rapporte.* || Se r. à quelqu'un de quelque chose, ou absol., S'en r. à quelqu'un, S'en remettre à sa décision sur quelque chose. *Ils sont d'accord sur le partage des immeubles de la succession, mais ils se sont rapportés des soultes à un tel. Ils sont demeurés d'accord de s'en r. à la décision d'un tel. Je m'en rapporte aux maîtres de l'art. À qui voulez-vous que nous nous en rapportions? Je m'en rapporte à vous-même.* — S'en r. au serment de quelqu'un, S'en remettre à son serment en justice pour la décision d'une affaire. || S'en r. à quelqu'un, à quelque chose, Y avoir confiance, y ajouter foi. *Je m'en rapporte à vous, à votre témoignage. S'il faut s'en r. aux anciennes traditions. Je ne m'en rapporte qu'à ce que j'ai vu.* — Fam., *Je m'en rapporte à ce qui en est,* et simplem., *Je m'en rapporte,* se dit quand on n'est pas persuadé, mais qu'on ne veut ni contester, ni examiner ce qui est en question. *Vous me dites que cela est arrivé ainsi, je m'en rapporte.* Peu usité. = RAPPORTÉ, ÉE. part. *Ouvrage de pièces rapportées, Ouvrage de pièces de rapport. Des terres rapportées.*

RAPPORTEUR, EUSE. s. [Pr. *rapor-teur, euze*]. Celui, celle qui, par légèreté ou par malice, a coutume de rapporter ce qu'il a vu ou entendu. *Défiez-vous de lui, c'est un r. Il avait dans cette maison des rapporteurs à gages.* || T. Palais. Celui qui fait le rapport d'un procès, d'une affaire. *Demander un r. au président.*

Aborder sans argent un clerc de rapporteur.
                 BOILEAU.

On m'a donné tel juge pour r. Conseiller r. — *Officier r.,* ou simpl., *Rapporteur,* L'officier qui fait les fonctions de juge d'instruction et d'accusateur public dans un conseil de guerre ou de discipline. || *Le r. d'un comité, d'une commission,* Celui qui est chargé par un comité, etc., d'exposer l'opinion de ce comité sur une question, sur une affaire. *Le r. du budget. R. de la commission des pétitions.* || T. Géom. Instrument pour la mesure des angles qui consiste en un demi-cercle de cuivre ABD, dont la circonférence est

divisée en 180 degrés et fractions de degré. Les extrémités du demi-cercle sont unies par une lame de cuivre AD dont l'arête intérieure qui représente le diamètre du cercle présente trois entailles *m, C, p,* qui correspondent au centre et aux extrémités. On fait aussi des rapporteurs en corne transparente : ceux-ci n'ont pas besoin d'entailles et sont seulement percés d'un trou très fin à leur centre.

RAPPRENDRE. v. a. [Pr. *ra-prandre*] (R. *re*, préf., et *apprendre*). Apprendre de nouveau ce qu'on a su, mais oublié. = RAPPRIS, ISE. part.

RAPPRÊTER. v. a. [Pr. *ra-prê-ter*] (R. *re*, préf., et *apprêter*). Donner un nouvel apprêt. = RAPPRÊTÉ, ÉE. part.

RAPPRIVOISER. v. a. [Pr. *ra-pri-voua-zer*]. Apprivoiser de nouveau un animal. || Fig. Dans le même sens. = SE RAPPRIVOISER. v. pron. Reprendre des habitudes avec. = RAPPRIVOISÉ, ÉE. part.

RAPPROCHAGE. s. m. [Pr. *ra-pro-chaje*]. Action de tailler une bordure, une haie, une palissade devenue trop épaisse.

RAPPROCHEMENT. s. m. [Pr. *raproche-man*]. Action de rapprocher, ou le résultat de cette action. *Le r. des lèvres d'une plaie.* || Fig., Essai d'accommodement entre personnes qui étaient brouillées. *Travailler au r. de deux familles.* || Fig., Action de rapprocher des idées ou des faits, de manière qu'ils s'éclairent l'un par l'autre; le résultat de cette action. *Le r. des circonstances éclaircit beaucoup cette affaire. Un r. ingénieux. Un r. forcé. Des rapprochements nouveaux, singuliers, inattendus.*

RAPPROCHER. v. a. [Pr. *rapro-cher*] (R. *re*, préf., et *approcher*). Approcher de nouveau. *Éloignez les lumières, vous les rapprocherez dans un moment.* || Approcher de plus près. *Rapprochez cette table. Il faut r. ces deux meubles. Rapprochez cet enfant du feu.* — Fig., *Les lunettes à longue vue rapprochent les objets.* Elles les font paraître plus proches. Au sens moral, *L'amour rapproche les distances.* Les personnes qui s'aiment ne considèrent pas l'inégalité des conditions. || Fig., *R. deux personnes.* Les mettre sur la voie d'une réconciliation, les disposer à un raccommodement. *Ils se sont brouillés, on tâche de les r.* — Se dit aussi, dans un sens plus général, pour disposer à l'union, à la bienveillance. *L'intérêt divise les hommes, et c'est encore lui qui les rapproche. L'infortune rapprocha ces deux misérables.* || Fig., Mettre des idées, des faits en regard les uns des autres, pour les comparer et en mieux saisir les rapports. *Si l'on rapproche toutes les circonstances de sa conduite, on en devine le motif. En rapprochant ces idées, vous verrez sur-le-champ en quoi elles sont incompatibles.* || T. Vén. *R. un cerf,* Faire tenir doucement aux chiens la voie d'un cerf qui a passé deux ou trois heures auparavant. = RAPPROCHER. v. n. T. Mar. *Un navire qui rapproche du vent,* qui diminue son angle avec la direction du vent. = SE RAPPROCHER. v. pron. S'approcher de nouveau, de plus près. *Rapprochez-vous que je vous parle. Il s'est rapproché de mon quartier. Ils se sont rapprochés l'un de l'autre.* || Fig., Être disposé à un raccommodement, à un accord. *Ils étaient brouillés, mais ils se sont rapprochés depuis peu. Nous étions divisés d'opinion, nous commençons aujourd'hui à nous r.* = RAPPROCHÉ, ÉE. part.

RAPPROPRIER. v. a. [Pr. *ra-pro-prier*] (R. *re*, préf., et *approprier*). Remettre en état de propreté. = RAPPROPRIÉ, ÉE. part.

RAPPROVISIONNER. v. a. [Pr. *ra-pro-vizio-ner*]. Approvisionner de nouveau. = RAPPROVISIONNÉ, ÉE. part.

RAPSODE, RAPSODIE. Voy. RHAPSODE, RHAPSODIE.

RAPT. s. m. [On fait sonner le *t* final.] (lat. *raptus*, part. pass. de *rapere*, ravir). T. Droit crim. On donne le nom de *Rapt* à l'enlèvement par violence ou par séduction d'une fille ou d'une femme. Sous l'ancienne législation, ce crime était très sévèrement puni. Dans la législation actuelle, les lois l'atteignent également, mais sous d'autres noms, et principalement sous ceux d'*Enlèvement* et de *Détournement de mineure.* Néanmoins, dans le langage juridique, on se sert encore du mot *Rapt* pour spécifier l'enlèvement avec violence. Le crime d'enlèvement d'une mineure est puni de peines infamantes. Ainsi, quiconque, par fraude ou par violence, a enlevé ou fait enlever des mineurs, les a entraînés, détournés ou déplacés, ou fait entraîner, détourner ou déplacer des lieux où ils étaient mis par ceux à l'autorité ou à la direction desquels ils étaient soumis ou confiés, est frappé de la peine de la réclusion. La peine est celle des travaux forcés à temps, lorsque la jeune fille enlevée ou détournée n'a pas 16 ans accomplis, et lors même qu'elle a suivi volontairement le ravisseur, âgé de 21 ans et au-dessus. Si le ravisseur n'a pas encore 21 ans, il est puni d'un emprisonnement de 2 à 5 ans. Si le ravisseur a épousé la fille qu'il a enlevée, il ne saurait être poursuivi que sur la plainte des personnes qui ont droit de demander la nullité du mariage, ni condamné qu'après que cette nullité a été prononcée. Si la fille enlevée ou détournée a plus de 16 ans, la question de libre consentement à son enlèvement doit être posée, ou peut peut détruire la culpabilité de l'auteur du fait. Enfin, l'enlèvement qui s'exerce avec violence sur une personne majeure et maîtresse de ses droits constitue le crime puni par la loi sous le nom de *Séquestration.* (C. Pénal, 354-7.)

RÂPURE. s. f. Ce qu'on enlève avec la râpe ou en grattant. *R. de buis. R. d'ongle.*

RAPUROIR. s. m. [Pr. *rapu-rouar*] (R. *re*, préf., et *apurer*). T. Techn. Futaille où l'on met le salpêtre de la première cuite.

RAQUE. s. f. [Pr. *ra-ke*] (holl. *rak*, m. s.). T. Mar. Boule percée servant à faire un racage.

RAQUETIER. s. m. [Pr. *rake-tié*]. Fabricant, marchand de raquettes.

RAQUETON. s. m. Grande raquette dont se servent les joueurs de paume.

RAQUETTE s. f. [Pr. *ra-kè-te*] (ital. *racchetta*, dimin. du bas-lat. *racha*, qui est un mot arabe, sign. paume de la main). Instrument fait d'un bâton courbé, formant une espèce d'ovale et garni de cordes à boyau en long et en travers ; les deux bouts du bâton, attachés ensemble et couverts de cuir, forment le manche. *R. pour la paume, pour le volant. Le bois, les cordes d'une r.* — *Monter une r.,* La garnir de cordes. || Prov. *C'est une affaire venue sur la r.,* Qui s'est présentée pour ainsi dire d'elle-même. || T. Chasse. Piège à détente servant à prendre les oiseaux et les petits quadrupèdes. || Sorte de chaussure employée au Canada pour marcher sur la neige ; la r. se compose d'une bande de cuir entourée de bois durci au feu ayant environ 1 mètre de long sur 0^m,40 ou 0^m,43 de large ; elle est arrondie à l'extrémité antérieure et terminée en pointe par derrière. || T. Bot Nom vulgaire de l'*Opuntia vulgaris,* plante de la famille des Cactées. Voy. ce mot.

RARE. adj. 2 g. (lat. *rarus*, m. s.). Qui n'est pas commun, qui n'est pas ordinaire, qui se trouve difficilement. *Une chose r. Un oiseau r. Un livre r. L'argent est fort r. Une pièce r. Elle est d'une r. beauté. C'est un homme r., d'un r. esprit, d'un r. mérite, d'une vertu r. Il est r. d'avoir des amis fidèles. Les beaux jours sont rares dans cette saison.* Subst., *J'aime le beau et l'utile ; mais je ne recherche pas le r.* — *C'est un homme r.,* se dit d'un homme qui a un mérite extraordinaire. On dit aussi ironiq., *Vous avez eu là une étrange conduite ; en vérité, vous êtes un homme r.* On dit encore des choses, *Cela est r., c'est une chose r.,* Cela est singulier, bizarre. — Fam., *Devenir r., se rendre r.,* Aller moins souvent dans les sociétés qu'on avait l'habitude de fréquenter. || Clairsemé. *Il a la barbe r. On voyait à peine dans les champs quelques herbes rares et desséchées.* || T. Phys. Qui est peu serré, dont les molécules sont écartées ; se dit par opposition à *compacte* ou *dense. Plus les corps sont rares, plus ils sont légers. L'air est plus r. que l'eau.* || T. Méd. *Pouls r.,* Dont les battements sont très espacés. *Respiration r.,* Celle qui se fait par des inspirations et des expirations reproduites à de longs intervalles.

RARÉFACTIF, IVE. adj. (bas-lat. *rarefactivus*, m. s.). Qui raréfie. Vx.

RARÉFACTION. s. f. [Pr. *raré-fak-sion*] (R. raréfier). T. Physiq. Diminution de la densité d'un corps et augmentation de son volume, par l'écartement de ses molécules. *La r. de l'air augmente à mesure qu'on s'élève dans l'atmosphère.*

RARÉFIABLE. adj. 2 g. Qui est susceptible de se raréfier.

RARÉFIANT, ANTE. adj. Qui raréfie. Vx.

RARÉFIER. v. a. (lat. *rarus*, rare ; *ficare,* faire). Augmenter le volume d'un corps, sans augmenter sa matière propre ni son poids ; se dit par opposition à *condenser. La chaleur raréfie l'air.* = SE RARÉFIER. v. pron. Devenir moins dense, se dilater. *L'air se raréfie sous la cloche de la machine pneumatique à mesure qu'on fait le vide.* = RARÉFIÉ, ÉE. part.

RAREMENT. adv. [Pr. *rare-man*]. Peu souvent, peu fréquemment. *Cela n'a lieu que r. Il va r. à la campagne.*

RARETÉ. s. f. (R. rare). Se dit des choses qui sont en petit nombre, en petite quantité. *La r. du vin, des denrées. Cette étoffe est chère à cause de sa r. La r. des diamants contribue beaucoup à leur prix.* Suivant quelques auteurs, *la valeur des choses se fonde sur leur r.* Voy. VALEUR. || Se dit aussi des choses qui n'arrivent pas souvent. *C'est une r. que de voir des asperges en hiver. C'est une r. que de nous voir.* Par ext. et fam., *Vous êtes, vous devenez d'une grande r.* — Prov., *Pour la r. du fait,* Pour la singularité de la chose. *Je voudrais bien avoir cela pour la r. du fait.* || *Raretés,* au plur., se dit d'objets rares, curieux, singuliers. *Son cabinet est plein de raretés. Il aime les raretés.*

Fais-lui voir de ces lieux toutes les raretés.

                                     LA FONTAINE.

RARIFEUILLÉ, ÉE. adj. [Pr. *rarifeui-llé*, *ll* mouillées] (lat. *rarus*, rare, et fr., *feuille*). T. Bot. Qui a peu de feuilles.

RARIFLORE. adj. 2 g. (lat. *rarus*, rare; *flos*, *floris*, fleur). T. Bot. Dont les fleurs sont peu nombreuses.

RARISSIME. adj. 2 g. [Pr. *rariss-sime*] (lat. *rarissimus*, m. s., superl. de *rarus*, rare). Très rare. *Livre r. Voici quelques médailles rarissimes.*

RAS, ASE. adj. [Pr. *ra, ra-ze*] (lat. *rasus*, part. pass. de *radere*, raser). Qui a le poil coupé jusqu'à la peau. *Il a le menton bien ras. Avoir la barbe rase, la tête rase.* || Qui a le poil fort court. *Un chien à poil ras. Du velours ras. C'est une espèce de serge fort rase.* || *Boisseau ras. Mesure rase,* Mesure remplie de manière que ce qu'elle contient soit bien de niveau avec les bords; se dit par opposition à *comble. Vendre à boisseau ras, à mesure rase. Verser du vin à ras de bord,* Verser plein le verre jusqu'au bord. || *Rase campagne,* Campagne fort plate, fort unie, et qui n'est coupée ni d'éminences, ni de vallées, ni de bois, ni de rivières. *Les deux armées se battirent en rase campagne. Au sortir de ce parc, on trouve la rase campagne.* || *Table rase,* Voy. TABLE. || T. Mar. *Bâtiment ras,* Bâtiment qui a très peu d'élévation au-dessus du niveau de l'eau, ou dont la mâture a été abattue. = RAS. s. m. Se dit d'étoffes unies de laine ou de soie dont le poil ne paraît point. *Ras de Saint-Lô. Ras de Saint-Maur.* || T. Marine. *Ras de carène,* Voy. RADOUB. || *Au ras de l'eau, à ras l'eau,* Presque au niveau de l'eau. *Cette embarcation est à ras l'eau.* || *Ras de marée.* Voy. RAZ.

RASADE. s. f. [Pr. *ra-zade*] (R. ras). Se dit du contenu d'un verre qui est plein jusqu'aux bords. *Boire r. Ils burent force rasades. Ils se portèrent des rasades.*

RASAGE. s. m. [Pr. *ra-za-je*]. Action de raser.

RASANT, ANTE. adj. [Pr. *ra-zan*]. T. Fortif. Qui rase. *Ligne de défense rasante,* Ligne droite qui, partant du flanc d'un bastion, se trouve être dans la direction de la face du bastion voisin. *Flanc r.,* Le flanc d'où part cette ligne. *Feu r.,* Feu qui en part. || *Vol r. des oiseaux,* Qui rase le sol. || T. Peint. *Vue rasante,* Vue qui s'étend à proximité sur un pays uni et varié. || T. Phys. *Incidence rasante,* se dit des rayons lumineux qui tombent sur une surface dans une direction presque tangente à cette surface.

RASCASSE. s. f. [Pr. *ras-ka-se*] T. Icht. Nom vulgaire des Scorpènes. Voy. JOUES *cuirassées.*

RASCETTE. s. f. [Pr. *ras-sè-te*] (vx fr. *rachète*, paume de la main). T. Chiromancie. Partie de la paume de la main voisine du poignet. Voy. CHIROMANCIE et DIVINATION.

RASEMENT. s. m. [Pr. *raze-man*]. Action de raser, de tondre. || Action de raser une fortification, une place, etc.; le résultat de cette action. || T. Vétér. Usure progressive des incisives chez le bœuf, le cheval.

RASENNES, autre nom des Étrusques. Voy. ce mot.

RASER. v. a. [Pr. *ra-zer*] (lat. *radere*, racler) Couper le poil tout près de la peau. *Se r. la barbe. On condamnait autrefois les femmes convaincues d'adultère à être rasées et enfermées dans un couvent.* || Absol., se dit ordinairement pour couper la barbe. *Se faire r. par un barbier. Un perruquier qui rase bien, qui rase mal. Voici un rasoir qui rase parfaitement.* Prov., *Un barbier rase l'autre,* Voy. BARBIER. || Fam. *R. quelqu'un,* Le fatiguer par de longs discours. || En abattant un bâtiment, d'un édifice, abattre rez pied, rez terre. *R. une maison. On a rasé les fortifications, les éléments de cette place. On dit de même, R. une place.* — *R. un vaisseau,* Ôter à un vaisseau la partie supérieure de ses œuvres mortes. *On a rasé ce bâtiment pour en faire un ponton.* || Fig., Passer tout auprès avec rapidité, en encore, toucher légèrement, effleurer. *Un boulet de canon lui rasa l'épaule. Une balle lui rasa le visage,* et fam., *lui rasa la moustache. Les hirondelles rasent quelquefois la terre, la surface de l'eau. Ce cocher a rasé la borne. Notre navire rasa un écueil, et pensa périr. Nous rasâmes le rocher de bien près.* — *R. la côte,* sign. aussi, naviguer

le long de la côte. || T. Man. *Ce cheval rase le tapis,* Ses épaules ont peu de mouvement, et il ne relève point assez les pieds en marchant. = RASER. v. n. Se dit d'un cheval qui ne marque presque plus, chez lequel la cavité des dents incisives s'efface. *Ce cheval rase, commence à r.,* Voy. CHEVAL. = SE RASER. v. pron. Se couper la barbe avec un rasoir. *Se r. soi-même. Il ne sait pas se r.* || Se faire r. *Quand voulez-vous vous r.? Je ne veux me r. que demain.* || T. Chasse. Se tapir contre terre pour se cacher. *La perdrix se rase quand elle aperçoit l'oiseau.* = RASÉ, ÉE. part. *Une tête rasée. Il est tout frais rasé. Un vaisseau rasé. Un lièvre rasé dans son gîte.*

RASETTE. s. f. [Pr. *ra-zè-te*] (R. *raser*). T. Mus. Petite tige de métal qui sert à accorder l'anche d'un tuyau d'orgue. Voy. ORGUE, ANCHE.

RASEUR, EUSE. s. [Pr. *ra-zeur, ra-zeu-ze*]. Celui, celle qui rase. || Fam. Celui, celle qui fatigue par de longs discours.

RASIBUS. prép. [Pr. *razi-bus*] (lt. *ras*), Tout contre, tout près. *Le coup lui passa r. du nez.* Pop.

RASIÈRE. s. f. [Pr. *ra-zière*] (R. *raser*). Ancienne mesure de capacité encore employée dans certains départements, entre autres en Normandie. *Une r. de pommes à cidre,* environ 70 litres 14 centilitres.

RASOIR. s. m. [Pr. *ra-zouar*] (bas lat. *rusorium*, m. s., de *rasum*, sup. de *radere*, raser). Instrument d'acier qui a le tranchant très fin et dont on se sert pour raser la barbe. *Affiler un r. Le manche, la lame d'un r.* Fam., *Couper comme un r.,* Couper fort bien. || *Cuir à r.,* Voy. CUIR, VI, G. *Pierre à r.,* Voy. PIERRE, II.

RASON. s. m. [Pr. *ra-zon*]. T. Icht. Genre de Poissons osseux. Voy. LABRIDÉS.

RASPAIL, médecin et homme politique fr. (1793-1878).

RASSADE. s. f. [Pr. *ra-sade*]. Petits grains de verre ou d'émail de diverses couleurs, qu'on porte aux nègres d'Afrique et dont ils se parent. *Un collier de r. Grains de r.*

RASSAILLIR. v. a. [Pr. *ra-sa-llir*, *ll* mouillées]. Assaillir de nouveau. = RASSAILLI, IE. part.

RASSASIANT, ANTE. adj. [Pr. *ra-sa-zian*]. Qui rassasie.

RASSASIEMENT. s. m. [Pr. *ra-sa-zi-man*]. État d'une personne rassasiée pour avoir beaucoup mangé. — *C'est le r. qui lui cause ce dégoût.* || Fig., *Le r. des plaisirs,* L'état de satiété que produit l'abus des plaisirs.

RASSASIER. v. a. [Pr. *ra-sa-zier*] (lat. *satiare*, m. s., de *satis*, assez, avec les deux préfixes *a* et *re*). Apaiser la faim, satisfaire l'appétit. *Il est de si grand appétit, qu'on ne peut le r.* — Par anal., se dit des désirs, des passions. *L'homme a des désirs qu'il ne peut r. Il n'a pu encore r. sa curiosité. Il n'est jamais rassasié d'argent. Il devrait être rassasié de gloire.* || Satisfaire jusqu'à la satiété, jusqu'au dégoût.

Même beauté, tant soit exquise,
Rassasie et soûle à la fin.

LA FONTAINE.

On les rassasia de bonne chère. On les rassasia de fêtes, de musique. Le public est rassasié de vers. — *R. quelqu'un de dégoûts, d'injures, d'opprobres,* L'en accabler, lui en faire éprouver autant qu'il est possible. = SE RASSASIER. v. pron. Manger jusqu'à satiété. *Il a trouvé ce mets à son goût et s'en est rassasié.* — Par anal., *Se r. de plaisirs, d'émotions.* = RASSASIÉ, ÉE. part. *Sa faim est rassasiée. Ils sont rassasiés l'un de l'autre. Rassasié d'années et de jours.* = Conj. Voy. PRIER.

RASSE. s. f. [Pr. *ra-se*] (bas lat. *rassa*, faix). T. Techn. Panier à charbon, dans une forge.

RASSÉE. s. f. [Pr. *ra-sé*]. Quantité de charbon contenue dans une rasse.

724

RASSEMBLEMENT. s. m. [Pr. *ra-san-bleman*]. Action de rassembler ce qui est épars. *Le r. des pièces de cette affaire sera une opération fort longue.* — Se dit plus ordinairement des troupes. *Se rendre au lieu de r. Point de r. Le r. des quartiers ne put se faire à temps.* || Concours, attroupement de personnes. *Cela causa un r. Il se fit un r. Disperser les rassemblements.*

RASSEMBLER. v. a. [Pr. *ra-san-bler*] (R. re, préf., et *assembler*). Assembler de nouveau des personnes ou des choses qui étaient dispersées. *R. les débris d'une armée. Enfin, après cette longue séparation, le sort nous a rassemblés. Rassemblez vos papiers qui sont en désordre.*

· Et quel fâcheux démon, durant des nuits entières,
Rassemble ici les chats de toutes les gouttières.
                   BOILEAU.

|| Mettre ensemble, réunir des personnes ou des choses qui étaient isolées. *R. des troupes. Il rassemble chez lui une foule de gens qui ne se connaissent pas. Il a rassemblé quantité de curiosités, quantité de tableaux. R. des faits pour composer une histoire. R. des preuves contre un accusé.* — Fig., *Le cœur humain rassemble les passions les plus contraires. R. ses forces. R. ses idées.* || T. Techn. Remettre dans l'état où elles étaient des pièces désassemblées. *On a démonté cette charpente, il faut la r.* || T. Man. *R. un cheval,* Agir simultanément des mains et des jambes, de manière que le cheval, s'asseyant sur les hanches, ait le devant plus libre pour l'exécution des mouvements. = SE RASSEMBLER. v. pron. Se réunir. *Tous les soldats dispersés se rassemblèrent autour du drapeau. C'est chez lui que nous nous rassemblons. La Chambre ne se rassemblera que dans un mois.* = RASSEMBLÉ, ÉE. part. = Syn. Voy. ASSEMBLER.

RASSEOIR. v. a. [Pr. *ra-souar*] (R. re, préf., et *asseoir*). Asseoir de nouveau, replacer. *Il faut r. ce malade, cet enfant. R. une statue sur sa base. R. une pierre. R. un fer au pied d'un cheval.* || Reposer, calmer. *Donnez-lui le temps de r. ses esprits.*

C'est ce qui doit rasseoir votre âme effarouchée.
                   MOLIÈRE.

Voilà de quoi r. son esprit agité. || T. Techn. *R. un fer à cheval,* le remettre en état. = SE RASSEOIR. v. pron. Se remettre sur son siège. *Rasseyez-vous. Il s'est rassis.* Avec ellipse du pronom, *Je m'étais levé pour sortir, mais il me fit r.* || Fig., Se calmer, se remettre. *Après cette violente secousse, mes esprits eurent quelque peine à se r.* Avec ellipse du pron. *Il est trop ému, laissez r. son esprit.* || En parl. des liqueurs, s'éparurer et se reposant. *Ce vin a besoin de se r.* Avec ellipse du pronom, *Il faut laisser r. ce vin.* = RASSIS, ISE. part. Fig., *De sens rassis,* Sans être ému, sans être troublé. *Il a fait cela de sens rassis. Cet homme n'est jamais de sens rassis.* — Esprit rassis, esprit calme, mûri par la réflexion. *Ce jeune homme n'a pas encore l'esprit rassis.* On dit de même, *Un homme rassis.* || Adject., *Du pain rassis,* Du pain qui n'est plus tendre. = Conj. Voy. ASSEOIR.

RASSÉRÉNEMENT. s. m. [Pr. *rasé-rène-man*]. Action de redevenir serein.

RASSÉRÉNER. v. a. [Pr. *rasé-réner*] (R. re, préf., *a*, préf., et *serein*). Rendre serein. *Le soleil parut et rasséréna le temps.* || Fig., *Il paraissait chagrin, cette nouvelle lui a rasséréné le visage.* = SE RASSÉRÉNER. v. pron. Devenir serein, *Le temps s'est rasséréné. A cette nouvelle, son front s'est rasséréné.* = RASSÉRÉNÉ, ÉE. part. = Conj. Voy. CÉDER.

RASSIÉGER. v. a. [Pr. *ra-sié-jer*] (R. re, préf., et *assiéger*). Assiéger de nouveau. = RASSIÉGÉ, ÉE. part. = Conj. Voy. PROTÉGER.

RASSIETTE. s. f. [Pr. *ra-siè-te*] (R. re, préf., et *assiette*). T. Anc. dr. Nouvelle assiette de terre pour reconstituer un bien dotal.

RASSIGNER. v. a. [Pr. *ra-si-gner*, gn mouill.] (R. re, préf., et *assigner*) Assigner de nouveau. = RASSIGNÉ, ÉE. part.

RASSIS. s. m. [Pr. *ra-si*] (part. pass. de *rasseoir*).

fer de cheval qu'on rattache avec des clous neufs, lorsqu'il est encore bon. *Deux rassis valent un fer.* || Des rassis, Gâteaux ou débris rassis que le pâtissier vend au rabais.

RASSIS, ISE. adj. Voy. RASSEOIR.

RASSORTIMENT. s. m. [Pr. *rasor-timan*]. Action de rassortir. || Nouvel assortiment de marchandises.

RASSORTIR. v. a. [Pr. *rasor-tir*] (R. re, préf., et *assortir*). Assortir de nouveau. *Je voudrais r. cette robe, ce ruban.* = RASSORTI, IE. part

RASSOTEMENT. s. m. [Pr. *ra-so-teman*]. Action de rassoter. État de celui qui est rassoté.

RASSOTER. v. a. [Pr. *ra-so-ter*] (R re, préf., et *assoter*). Infatuer, entêter. *On l'a rassoté de cette fille, il veut l'épouser.* = SE RASSOTER. v. pron. *Allez-vous vous r. de quelque nouvel amour?* = RASSOTÉ, ÉE. part. *Il est rassoté de sa nouvelle maison. Voilà une mère rassotée de son fils.* Vieux et fam.

RASSOURDIR. v. a. [Pr. *ra-sourdir*] (R. re, préf., et *assourdir*). Assourdir de nouveau ou simplement, assourdir. = RASSOURDI, IE. part.

RASSURANCE. s. f. [Pr. *ra-suranse*]. Qualité de ce qui est propre à rassurer, à rendre la confiance. Vx.

RASSURANT, ANTE. adj. [Pr. *ra-suran*]. Qui est propre à rassurer, à rendre la confiance, la sécurité. *Avis r. Cela est r., n'est pas r., n'est guère r. Des nouvelles rassurantes.*

RASSUREMENT. s. m. [Pr. *ra-sureman*]. Action de rassurer; état de celui qui est rassuré.

RASSURER. v. a. [Pr. *ra-surer*] (R. re, préf., et *assurer*). Raffermir, rendre stable. *Il faut r. cette muraille, elle menace ruine. R. une terrasse par des arcs-boutants.* — Au sens moral, *Il rassura ma foi chancelante. La défaite des révoltés rassura le pouvoir du prince.* || Redonner l'assurance, rendre la confiance, la tranquillité. *Les soldats commençaient à s'ébranler, mais la vue de l'empereur les rassura. Son crédit me faitpeur, mais l'intégrité des juges me rassure. Vous me rassurez par vos raisons. Votre indulgence me rassure. R. le crédit, les capitaux,* Rendre confiance aux commerçants, aux capitalistes. = SE RASSURER. v. pron. Reprendre l'assurance, la confiance. *Je me rassure par votre parole, d'après ce que vous me dites.*

Mon cœur tant soit peu se rassure.
                   MOLIÈRE.

Rassurez-vous, il n'y a pas de danger. || *Il faut attendre que le temps se rassure,* Qu'il se remette entièrement au beau. = RASSURÉ, ÉE. part.

RASTADT, v. du grand-duché de Bade; 11,700 hab. — Congrès de 1713-1714 qui mit fin à la guerre de la succession d'Espagne, et de 1797-99 pour amener la paix entre la France et l'Allemagne.

RASTAQUOUÈRE s. m. [Pr. *rasta-kou-ère*] (esp. *rastracuero,* traîne-cuir). Personnage exotique étalant un luxe et des titres suspects.

RASTOLITE. s. f. T. Minér. Synonyme de *Voigtite.*

RASURE. s. f. [Pr. *ra-zure*]. Action de raser, de faire la barbe. Vx.

RAT. s. m. [Pr. *ra*] (orig. celt. ou germ. : gaël, *radan*; bas-breton, *raz,* m. s.; les langues germaniques ont des mots du même radical). Petit quadrupède de l'ordre des rongeurs. Voy. plus bas. — Fig. et fam., *Il est gueux comme un rat d'église,* ou simpl., *comme un rat,* se dit d'un homme très pauvre. *A bon chat bon rat,* Voy. CHAT. *Un nid à rats,* Voy. NID. || T. Théât. *Un rat,* Une élève de la classe de danse. || Fig. et fam., *Avoir des rats dans la tête,* ou simplem., *Avoir des rats,* Avoir des caprices, des bizarreries, des fantaisies. *C'est une femme qui a des rats.* On dit de même : *Il lui passe tous les jours des rats dans la tête. Il lui a pris depuis peu un nouveau rat. — Prendre un rat*, se dit d'une arme à feu quand le coup ne part pas. On le dit aussi ironiq. de quelqu'un qui a manqué son

Fig. 1.

dessein ou son coup. || *Une serrure qui a un rat*, Dont le ressort ne joue pas, sans cause apparente. || T. Techn. *Rat de cave*, Petite bougie flexible et pliée qu'on tient à la main

Rat des champs, le Mulot et le Campagnol, Voy. ci-après, et CAMPAGNOL. *Rat doré*, le Muscardin, Voy. LOIR. *Rat d'eau*, Voy. CAMPAGNOL. *Rat d'Égypte* ou *Rat de Pharaon*, la Mangouste, Voy. CIVETTE. *Rat épineux*, Voy. ci-après. *Rat de Madagascar*, le Microcèbe, Voy. LÉMURIENS. *Rat musqué*, le Desman, Voy. MUSARAIGNE, et l'Ondatra, Voy. CAMPAGNOL. *Rat taupe*, le SPALAX, Voy. ce mot. *Rat à trompe*, le Macroscélide, Voy. MUSARAIGNE. *Rat volant* et *Rat pennade*, nom vulgaire des Chauves-Souris.

Fig. 2.

Mamm. — Le petit animal si connu sous le nom de *Rat* (**Mus**) est le type d'une nombreuse famille de Rongeurs, qu'on appelle *Muriens* ou *Muridés*. Les caractères des animaux qui

Fig. 3.

pour s'éclairer. — *Queue-de-rat*, Lime ronde. Voy. LIME. — *Mort aux rats*, Nom vulg. de l'acide arsénieux. Voy. ARSENIC. || T. Mar. *Queue-de-r.* Cordage plus gros d'un bout que de l'autre. || *R. de cave*, Commis des contributions indirectes qui visite les caves pour empêcher les fraudes. || T. Mamm. *Rat araignée*, la Musaraigne, Voy. ce mot. *Rat bipède*, la Gerboise, Voy. ce mot. *Rat des bois*, le Mulot, Voy. ci-après.

composent cette famille sont ainsi établis par Isid. Geoffroy Saint-Hilaire : Membres postérieurs seulement un peu plus longs que les antérieurs; pattes postérieures non palmées, ou palmées en partie seulement; queue arrondie ou comprimée; deux, trois ou quatre molaires. Les espèces comprises dans cette famille sont réparties par le savant naturaliste dans une quinzaine de genres, dont les principaux sont les genres *Rats*,

Echimys, Hétéromys, Hydromys, Campagnol, Ondatra, Lemming, Otomys, Capromys et *Hamster.*

Les *Rats* proprement dits ont la queue longue, écailleuse, presque dépourvue de poils; les doigts minces et libres, au nombre de quatre, avec un pouce rudimentaire, en avant, et au nombre de cinq en arrière; trois dents molaires partout, dont l'antérieure est la plus grande et dont la couronne est

Fig. 4.

divisée en tubercules mousses qui, en s'usant, lui donnent la forme d'un disque diversement échancré. Ces animaux, bien qu'en général d'assez petite taille, sont des ennemis redoutables pour l'homme à cause de leur fécondité extrême et de la voracité avec laquelle ils rongent et dévorent des substances

Fig. 5.

de toute nature : ils sont du reste peu remarquables par leur instinct. Plusieurs espèces habitent nos demeures, et nous les transportons involontairement partout où nous nous établissons. L'espèce la plus ancienne parmi celles qui habitent dans nos demeures est la *Souris* (*Mus musculus*) [Fig. 1]. Elle paraît originaire d'Europe, et il en est question dans les auteurs les plus anciens. C'est un joli petit animal qui ne

dépasse pas 16 à 19 centimètres, dont plus de la moitié pour la queue. Son pelage est généralement gris brun. Assez fréquemment il est varié de gris et de blanc; quelquefois même il est tout blanc; mais c'est alors un cas d'albinisme. La Souris a un air vif et même assez fin. Timide par nature, familière par nécessité, elle ne sort de son trou que pour chercher à vivre; elle ne s'en écarte guère et y rentre à la première alerte. Elle a les mœurs douces, et s'apprivoise jusqu'à un certain point, mais sans s'attacher. Les souris vivent en abondance dans nos maisons et jusque dans l'intérieur de nos meubles. Elles creusent dans les planchers et dans les vieilles murailles des galeries plus ou moins compliquées, et elles causent de grands dégâts en rongeant le linge, les livres, etc. Bien qu'elles se nourrissent de substances végétales, elles dévorent de préférence le lard, le suif, le savon. Elles multiplient extrêmement, surtout dans les pays chauds. Les femelles font chaque année plusieurs portées de 6 à 8 petits. — Le *Rat domestique*, ou *Rat noir* (*M. Rattus*), a le pelage noirâtre passant graduellement au cendré foncé en dessous (Fig. 2). Il est plus que double de la Souris dans toutes les dimensions. Il paraît avoir pénétré d'Asie en Europe à l'époque des croisades; mais il n'en est pas moins très répandu dans les endroits que le Surmulot n'a pas envahis. Chez nous, il se tient de préférence dans les granges et les greniers, sous les toits de paille et dans les maisons abandonnées. Quelquefois aussi il vit dans des terriers qu'il se creuse lui-même. Il devient un véritable fléau par les dégâts qu'il occasionne. — Le *Surmulot* (*M. decumanus*) est d'un poil brun roussâtre et d'un quart plus grand que le rat (Fig. 3). C'est la plus féroce et la plus redoutable de toutes les espèces de Rats qui vivent en Europe. Elle n'existe dans cette partie du monde que depuis le milieu du XVIIIe siècle, et paraît avoir été amenée de la Perse ou de l'Inde par des navires anglais. On constata pour la première fois sa présence en France aux châteaux de Chantilly, de Marly et de Versailles, et on lui donna le nom de *Surmulot*, à cause de sa ressemblance avec le Mulot et de sa grosseur. Le Surmulot passe pour l'ennemi le plus acharné des Rats noirs, et en effet ceux-ci ne tardent guère à disparaître d'une localité lorsque les Surmulots y arrivent. Toutefois on les voit vivre ensemble dans les lieux où les aliments abondent. Ils s'établissent dans les magasins, les caves, les celliers, les égouts, etc. A Paris, les établissements d'équarrissage en nourrissent par milliers. Leur reproduction est très rapide, car les femelles font 10 à 12 petits par portée. — A la différence des espèces précédentes, le *Mulot* (*M. sylvaticus*) (Fig. 4) vit loin de nos demeures, et habite de préférence nos jardins et nos champs, ainsi que les bois. Cette espèce se distingue par son museau acuminé, sa queue velue, ses oreilles grandes, et son pelage fauve jaunâtre plus ou moins vif en dessus, blanc en dessous. Sa taille égale celle de la Souris ou la dépasse un peu. Le Mulot pullule parfois à tel point, qu'il devient un véritable fléau, en coupant les tiges de blé, en ruinant les jeunes plants, etc. En hiver, il se retire dans les meules de blé, et parfois jusque dans les caves. — Nous avons encore en France une autre espèce de Rat campagnard, mais qui ne se trouve que dans quelques provinces : c'est le *Rat nain* ou *Souris naine* (*M. minutus*), dont la taille en effet n'est guère que la moitié de celle de la Souris. Tout le dessus de son pelage est d'un beau fauve jaunâtre, tandis que le dessous est d'un beau blanc. Il vit principalement dans les blés. Quand la femelle veut mettre bas, elle entrelace plusieurs tiges de blé sur pied, et établit vers le milieu de leur hauteur un nid qui rappelle celui des Mésanges : il est recouvert, très artistement tressé et oscille au gré des plantes qui le supportent (Fig. 5). — Parmi les Rats étrangers, nous nous contenterons de mentionner le *Rat de Barbarie* (*M. barbarus*), dont la taille est intermédiaire à celle du Mulot et du Rat noir, et dont le dos est strié de 10 lignes longitudinales brunes; la *Souris du Caire* (*M. cahirinus*), remarquable par les poils raides et épineux qu'elle a sur le dos; le *Rat géant* (*M. giganteus*), de l'Inde, qui atteint la longueur de 70 centimètres, dont moitié pour la queue; et le *Rat musqué* ou *Pilori des Antilles* (*M. pilorides*), qui est encore plus grand que le précédent: car il est long de 40 centimètres sans la queue, qui est encore plus longue que le corps. Cette dernière espèce commet parfois des dégâts énormes dans les plantations.

Les genres *Campagnol*, *Lemming*, *Ondatra* et *Otomys*, se distinguent principalement des Rats par leur queue velue et par quelques modifications dans leur système dentaire. Aussi plusieurs auteurs en font un groupe particulier qu'ils désignent sous le nom d'*Arvicoliens*. Nous en avons parlé au mot CAMPAGNOL.

Les *Échimys* sont caractérisés par quatre mâchelières formées, les supérieures de deux lames ployées en V, les inférieures d'une lame ployée et d'une simple. Leur corps est supérieurement couvert d'un mélange de piquants aplatis et de poils, et terminé par une longue queue, revêtue dès son origine d'écailles et de poils en proportions variables. Ces rongeurs appartiennent tous au nouveau monde. Nous citerons dans ce genre l'*Échimys à queue dorée* (*Ech. chrysuros*), qui habite la Guyane, et dont la taille est presque double de celle du Surmulot; et l'*Échimys roux* ou *Rat épineux*, qui est grand comme un Rat, et que l'on trouve au Brésil et au Paraguay, où il se creuse de longs boyaux souterrains.

Les *Hydromys* se rapprochent beaucoup des précédents, mais ils se distinguent de tous les Rats par leurs pieds de

Fig. 6.

derrière, qui sont palmés aux deux tiers. Leurs molaires, au nombre de deux partout, ont leur couronne divisée en lobes obliquement quadrangulaires dont les sommets sont creusés en cuiller. Ces rongeurs sont aquatiques. Ils appartiennent à l'Australie et sont quelquefois doubles du Surmulot. Nous mentionnerons l'*Hydromys à ventre jaune* (*H. chrysogaster*) [Fig. 6], dont le pelage est brun foncé, avec le ventre fauve; sa queue, longue, est noire à la base et blanche dans sa moitié postérieure.

Le genre *Capromys* est caractérisé par la forme de ses mâchelières, au nombre de 4. Toutes les espèces qui le composent sont du nouveau monde. Le genre *Hamster* et le genre *Hétéromys* ont un caractère commun, celui d'être munis d'abajoues; mais, tandis que le Hamster a les mêmes dents à peu près que les Rats, l'Hétéromys a les dents des Échimys et leur ressemble par ses formes extérieures, ainsi que par son pelage formé à la fois de poils fins et d'épines roides et lancéolées. Ce dernier genre est propre à l'île de la Trinité. Voy. CAPROMYS et HAMSTER.

RATA. s. m. Ragoût. Pop.

RATAFIA. s. m. On appelle *Ratafias* des liqueurs alcooliques très sucrées, qui sont surtout destinées à l'usage de la table. Il en existe un grand nombre de variétés, telles que les ratafias d'absinthe, d'anis, d'angélique, de brou de noix, de café, de cacao, de cannelle, de cassis, etc.; mais on les distingue en trois catégories, suivant leur mode de préparation. Les *Ratafias* proprement dits se font avec des fruits. Les *Liqueurs* s'obtiennent par simple macération. Enfin, les *Crèmes* ou *Huiles liquoreuses* se fabriquent par distillation. Ordinairement on colore artificiellement les ratafias de manière à imiter la nuance des substances qui leur servent de base. Ainsi, on colore en vert la liqueur d'absinthe, en jaune celle de citrons, en rose celle de roses, etc. La couleur

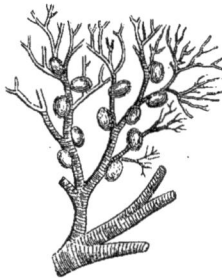

jaune s'obtient au moyen du safran que l'on a exposé à la vapeur d'eau et fortement exprimé, pour lui enlever son odeur On colore en rouge avec la cochenille et l'alun dont on varie les proportions suivant la nuance que l'on veut produire, depuis le rose tendre jusqu'au cramoisi foncé. La couleur verte peut se préparer en filtrant du suc d'épinards, faisant sécher le filtre et le traitant par l'alcool qui dissout la chlorophylle. On a émis plusieurs opinions sur l'origine du mot *ratafia*. La moins invraisemblable est que ce mot ne serait qu'une corruption des mots *rack* ou *rhum*, et *tafia*, liqueurs avec lesquelles on a, dit-on, fait les premiers ratafias.

RATANHIA. s. m. et f. (mot péruvien). T. Pharm. Nom sous lequel on désigne la racine du *Krameria Triandra*, et du *Krameria ixina*, de la famille des *Polygalées*. Voy. ce mot.

RATANHINE. s. f. (R. *ratanhia*). T. Chim. Substance azotée, ressemblant à la tyrosine et contenue dans la racine de ratanhia. Elle cristallise en fines aiguilles molles, groupées en mamelons, solubles dans l'eau. Elle se combine avec les acides et avec les bases. Sa formule est $C^{10}H^{13}AzO^3$.

RATAPLAN. s. m. (onomat.). Mot exprimant le bruit du tambour.

RATAPOIL. s. m. [Pr. *rata-poal*] (R. *rat à poil*). Mot appliqué par plaisanterie aux partisans exagérés du césarisme ou du militarisme.

RATATINER (se). v. pron. Se raccourcir, se resserrer en se plissant. *Le parchemin se ratatine au feu.* = RATATINÉ, ÉE. part. *Une pomme ratatinée*, Une pomme ridée, flétrie. [[Fam , se dit aussi des personnes, et sign. Raccourci, rapetissé, ridé, par l'âge ou par la maladie. *Un petit vieillard ratatiné*. *Une vieille toute ratatinée.* *Avoir une mine toute ratatinée.*

RATATOUILLE. s. f. [Pr. *ll* mouillées]. Ragoût de viande et de pommes de terre peu appétissant. Popul.

RATE. s. m. Femelle du rat.

RATE. s. f. (holl. *râte*, rayon de miel, qu'on a rattaché au lat. *radius*, rayon). T. Anat.

Anat. — La r. est une glande vasculaire sanguine, de consistance molle, spongieuse, située dans l'hypochondre gauche, au-dessous du diaphragme, entre la grosse tubérosité de l'estomac et les cartilages des fausses côtes. Sa couleur est d'un rouge violet, sa longueur (diamètre vertical) est de 12 centimètres, sa largeur (diamètre antéro-postérieur) de 8 centimètres et son épaisseur de 3 centimètres; son poids est d'environ 200 grammes. Lisse sur toute sa surface externe, elle présente à sa face interne une scissure, *hile de la r.*, par laquelle pénètrent les vaisseaux et les nerfs spléniques.

La r. est revêtue d'une membrane séreuse que lui fournit le péritoine et d'une membrane propre, de nature fibreuse qui envoie dans son parenchyme un grand nombre de *trabécules* ou lamelles; celles-ci, en s'entre-croisant, partagent l'intérieur de l'organe en une multitude de loges renfermant le tissu spécial de la r. ou parenchyme, appelé *pulpe* ou *bouc splénique* à cause de sa consistance et de sa couleur lie de vin; les éléments qui la constituent sont analogues à ceux de la substance médullaire des ganglions lymphatiques; elle renferme de nombreux leucocytes La circulation de la r. est lacunaire, comme dans les ganglions lymphatiques; les artères viennent de l'artère splénique, leurs branches ne s'anastomosent pas entre elles et gagnent des troncs veineux différents, les territoires qu'elles desservent sont donc bien distincts; c'est ce qu'on peut mettre en évidence en injectant dans ces branches des substances

de couleur variée; le sang veineux est amené à la veine splénique. Sur le trajet des capillaires artériels on remarque de petits renflements, *corpuscules de Malpighi* (fig. ci-contre) qui ont la structure des ganglions lymphatiques. Les nerfs viennent du plexus solaire.

Physiol. — Les fonctions de la r. sont encore mal définies, on tend à lui attribuer un rôle hématopoïétique; elle contribuerait à la constitution du sang, à la formation des globules rouges; pour certains physiologistes, au contraire, le sang sortant de la rate serait moins riche en globules que celui qui y est amené; d'autres attribuent à la r. l'action particulière du suc pancréatique sur les matières albuminoïdes.

Après les repas, l'ingestion de liquide, une course forcée, la r. augmente de volume. Cette modification est due à l'afflux du sang et provoque dans certains cas une douleur assez vive. Les expériences physiologiques ont montré que la vie est compatible avec l'absence de r.; cette notion est, du reste, appliquée en chirurgie.

Pathol. — La *splénite* est l'inflammation de la r., elle est habituellement consécutive à une maladie générale, à un traumatisme : marche forcée; cette affection assez rare du reste peut aboutir à la formation d'abcès, on la traite par les antiphlogistiques. L'*hypertrophie* de la r. reconnaît différentes causes : congestion, impaludisme, cirrhose du foie, affections cardiaques, lymphadénie, etc.

La *syphilis*, le *cancer* peuvent présenter des localisations dans cet organe.

Les *kystes hydatiques* de la r. ne sont pas rares. Citons également les kystes séreux.

La *splénotomie* (extirpation de la r.) a été pratiquée avec succès dans certaines tumeurs.

RÂTEAU. s. m. [Pr. *ra-to*] (lat. *rastellus*, dimin. de *rastrum*, m. s.). T. Agric. Instrument composé de dents de fer ou de bois fixées à une traverse à laquelle s'ajoute un long manche. || Dans les maisons de jeu, instrument en forme de r. sans dents avec lequel on ramasse l'argent sur les tables de jeu. || Outil de pêche pour gratter le sable et en retirer les coquillages, les poissons. || T. Techn. Garde d'une serrure. — Fourche à charger le charbon dans les fourneaux. — Racle horizontale placée sur la pierre dans la presse lithographique. — Segment de roue dentée qu'une aiguille fait mouvoir pour avancer ou retarder une montre.

RATEL. s. m. T. Mamm. Espèce de *Carnivore*. Voy. GLOUTON.

RATELAGE. s. m. Action de rateler; résultat de cette action. || Action de ramener, avec un rateau, l'herbe qui reste sur le pré après l'enlèvement du foin.

RÂTELÉE. s. f. Ce qu'on peut ramasser en un seul coup de râteau. Une r. de foin. || Fig. et prov., *Dire sa r.*, Dire librement ce qu'on sait ou ce qu'on pense de quelque chose.

RÂTELER. v. a. (R. *râteau*). R. *des foins, des avoines, etc.*, Les amasser avec le râteau. *R. des allées*, Y passer le râteau pour en ôter les cailloux, les feuilles, etc., et pour les rendre plus unies. = RÂTELÉ, ÉE. part. — Conj. Voy. APPELER.

RÂTELEUR, EUSE. s. Celui, celle qu'on paye pour râteler des foins, des avoines, etc.

RÂTELEUX, EUSE. adj. [Pr. *râte-leu, euze*]. Sujet au mal de rate. Vx.

RÂTELIER. s. m. (R. *râteau*, par assimilation de forme). Sorte de balustrade qui ressemble à une échelle posée horizontalement et qu'on attache au-dessus de la mangeoire, dans les écuries, dans les étables, pour contenir le foin ou la paille que mangent les chevaux, les bœufs, etc. *Mettre du foin au r. Le r. est tout plein. Attacher des chevaux au r.* — Fig. et fam., *Manger à deux, à plusieurs râteliers, à plus d'un r.*, Tirer du profit de plusieurs emplois différents. *Mettre le r. bien haut à quelqu'un*, Lui rendre une chose si difficile, qu'il ne puisse y parvenir qu'avec beaucoup de peine. || Se dit aussi de deux montants garnis de chevilles ou de crochets sur lesquels on pose horizontalement les fusils, des carabines, etc., ou de deux pièces de bois horizontales, établies à un mètre environ l'une au-dessus de l'autre, et qui servent à placer les fusils verticalement, dans un certain ordre. *Mettez vos fusils au r.* — Fig. et fam.,

Remettre les armes au r., Quitter les armes, ne plus faire la guerre. || Petite étagère pour recevoir des pipes. || T. Mar. Planche munie de chevilles autour desquelles on tourne les manœuvres courantes. || T. Techn. Tringle attachée au côté de l'établi du menuisier pour recevoir les outils à manche. — Traverse qui porte les cordages, dans une corderie. || Fig. et fam., se dit des deux rangées de dents. *Il a un beau r., un vilain r. Un r. de fausses dents, un faux r.* On dit mieux, dans ce dernier sens, Un dentier.

RATELLE. s. f. [Pr. *ra-tè-le*] (R. *rate*). T. Vétér. Maladie des porcs où la rate est gorgée de sang.

RATER. v. n. (R. *rat*, dans le sens fig. de caprice). Se dit d'une arme à feu qui manque à tirer, soit que l'amorce ne prenne pas, soit que le coup ne parte pas. *Son fusil rata deux fois.* || On dit activ., R. *un lièvre, etc.*, Lorsque, en tirant une pièce de gibier, le coup ne part pas; et Fig., R. *une place, une affaire, etc.*, Lorsqu'on ne réussit pas dans la recherche d'une place, etc. = RATÉ, ÉE. part.

RATHERY, historien et littérateur fr. (1807-1875).

RATHOLITE. s. f. T. Minér. Variété de pectolite.

RATIBOR, v. de Prusse (Silésie) sur l'Oder; 21,000 hab.

RATIER, IÈRE. adj. et s. (R. *rat*). Qui a rapport au rat. *Chien r.* ou subst. un r., un chien qui chasse les rats. || Se dit d'une personne pleine de bizarreries, de caprices, de fantaisies. *Il est r. C'est une ratière.*

RATIÈRE. s. f. Petite machine à prendre les rats. *Tendre une r.* Prov., *Il a été pris comme dans une ratière.* || T. Techn. Métier de rubanier pour la ganse.

RATIFICATIF, IVE. adv. Qui ratifie.

RATIFICATION. s. f. [Pr. ...*sion*] (lat. *ratificatio*, m. s.). Approbation, confirmation dans la forme requise de ce qui a été fait ou promis. R. *expresse, tacite. R. sous seing privé. Donner sa r.* || L'acte, l'écrit dans lequel la ratification est contenue. *Le traité a été fait tel jour, mais on attend l'échange des ratifications.*

RATIFIER. v. a. (lat. *ratificare*, m. s., de *ratus*, certain, et *ficare*, faire). Approuver, confirmer ce qui a été fait ou promis, R. *par écrit.* R. *verbalement.* R. *un contrat, un acte, un traité. Les obligations faites par un mineur deviennent nulles, s'il ne les ratifie à sa majorité. Je ratifie tout ce qu'on vous a promis de ma part.* = RATIFIÉ, ÉE. part. — Conj. Voy. PRIER.

RATINAGE. s. m. Action de ratiner.

RATINE. s. f. (holl. *rate*, gaufre). T. Techn. Sous le nom de *Ratine*, on désigne une sorte de drap croisé dont le poil est tiré en dehors et frisé de manière à former comme de petits grains. L'opération qui consiste à tirer et à friser ces poils s'appelle *Ratinage* : elle ne s'applique pas seulement au drap, mais encore aux peluches et à diverses espèces d'étoffes de laine. Elle se fait au moyen d'une machine appelée *Frise*, qui se compose essentiellement de deux madriers superposés sans se toucher, et dont l'inférieur est immobile, tandis que le supérieur peut être à volonté écarté ou rapproché du premier, selon l'épaisseur des tissus que l'on veut ratiner. Après avoir passé entre les deux madriers, l'étoffe passe encore sur un rouleau hérissé de pointes, où elle achève de se friser.

RATINER. v. a. Manufacturer en *ratine*. Voy. ce mot. = RATINÉ, ÉE. part.

RATINEUSE. s. f [Pr. *ratineu-ze*]. Machine destinée à faire le ratinage.

RATIOCINATION s. f. [Pr. *ra-sio-sina-sion*] (lat. *ratiocinatio*, m. s.). Action de ratiociner. Vx.

RATIOCINER. v. n. [Pr. *ra-sio-si-ner*] (lat. *ratiocinari*, m. s.). Faire des raisonnements. Vx.

RATION. s. f. [Pr. *ra-sion*] (lat. *ratio*, mesure). La porou journalière de vivres qu'on distribue aux militaires et aux marins, etc. *R. de pain, de viande, de légumes. R. de biscuit, d'eau-de-vie, de bœuf salé, etc.* On lui accorda double *r. Mettre à la demi-r. La r. est déterminée par les règlements.* || On dit de même, en parlant des chevaux, d'*un r. d'un cheval. Une r. de foin, de paille.*

RATIONAL. s. m. [Pr. *ra-sional*] (lat. *rationale*, m. s.). T. Antiq. judaïques. Ornement que le grand prêtre portait sur la poitrine. *Le r. consistait en un morceau carré d'étoffe précieuse, orné de douze pierres fines dont chacune portait le nom de l'une des douze tribus.* || Manuel des offices divins qui contient les raisons historiques et mystiques de la liturgie.

RATIONALISME. s. m. [Pr. *ra-sio-nalisme*] (lat. *rationalis*, rationnel). Le mot *Rationalisme*, pris dans son sens étymologique, signifie simplement l'emploi de la raison et du raisonnement dans les recherches philosophiques et religieuses. De même, le mot *Rationaliste*, qui en dérive, veut dire : Qui se fonde sur la raison, ou Qui a rapport au r., ou encore Qui est partisan du r. Toute philosophie est nécessairement rationaliste, car c'est uniquement de la raison qu'elle procède; d'où il suit qu'aucune classe de philosophes ne mérite particulièrement d'être qualifiée de rationaliste. Cependant, r. se dit, par opposition à *révélation*, de tout système qui proclame qu'il n'y a pas d'autres vérités que celles que l'homme peut atteindre à l'aide de ses facultés intellectuelles, et qui nie la nécessité, ainsi que la réalité de la révélation divine. Dans le domaine de la théologie, on appelle r. le système de ceux qui prétendent expliquer d'une manière naturelle les faits miraculeux invoqués par toutes les religions.

RATIONALISTE. adj. 2 g. [Pr. *ra-sio-naliste*]. Qui appartient au rationalisme. || Se dit aussi subst., et sign. Partisan du rationalisme.

RATIONALITÉ. s. f. [Pr. *ra-sio-nalité*]. Qualité de ce qui est rationnel. || T. Math. Qualité des quantités dites rationnelles.

RATIONNEL, ELLE. adj. [Pr. *ra-sio-nel*, *nèle*] (lat. *rationalis*, m. s.). Se dit de ce qu'on ne conçoit que par l'entendement. *Les abstractions ont dans notre esprit une sorte d'existence rationnelle.* || Qui est conforme à la raison, qui est raisonné, qui est fondé sur le raisonnement; se dit par oppos. à Empirique. *Méthode rationnelle. Traitement r.* || T. Géom. et Astron. *Horizon r.*, Voy. Horizon. || T. Alg. *Expression rationnelle*, celle qui ne contient pas l'indication d'autre opération que les additions, soustractions, multiplications et divisions. — *Nombre r.* Nombre commensurable.

RATIONNELLEMENT. adv. [Pr. *ra-sio-nèle-man*]. D'une manière rationnelle.

RATIONNEMENT. s. m. [Pr. *ra-sio-neman*]. Action de rationner, résultat de cette action.

RATIONNER. v. a. [Pr. *ra-sio-ner*]. Distribuer par rations. || Mettre à la ration. = RATIONNÉ, ÉE. part.

RATIS. s. m. Graisse que les bouchers détachent des boyaux ou le ratissant.

RATISBONNE, v. de Bavière, sur le Danube ; 36,000 hab. Elle fut prise par les Français en 1809, après un combat où Napoléon fut légèrement blessé.

RATISSAGE. s. m. [Pr. *rati-sajc*]. Action de ratisser.

RATISSER. v. a. [Pr. *rati-ser*] (anc. fr. *rater*, effacer, ôter, qui vient sans doute du lat. *radere*, gratter). Enlever, emporter, en raclant, la superficie d'une chose ou l'ordure qui s'est attachée dessus. *R. un cuir. R. des carottes. R. les allées d'un jardin.* || Fig. et fam. *Je t'en ratisse*, se dit au refus, se dit en montrant un doigt qu'on fait semblant de ratisser. = RATISSÉ, ÉE. part.

RATISSETTE. s. f. [Pr. *rati-sè- te*]. Outil du briquetier.

RATISSOIRE. s. f. [Pr. *rati-souare*]. Instrument de fer avec lequel on ratisse les allées, une cour, etc.

RATISSURE. s. f. [Pr. *rati-sure*]. Ce qu'on ôte en ratissant.

RATITES. s. m. pl. (lat. *ratis*, radeau). T. Ornith. Sous-classe d'*Oiseaux* correspondant aux *Brévipennes* de Cuvier. Les Ratites sont des Oiseaux coureurs dont les membres antérieurs sont en général atrophiés et toujours impropres au vol. Le sternum est plat, en forme de radeau, les clavicules libres peu développées et même quelquefois absentes. Si l'on réunit les espèces fossiles aux espèces vivantes, on peut diviser les Ratites en trois ordres :

1° Les *Odontolcæ*, tous fossiles, qui possédaient des dents et dont le membre antérieur est réduit à une sorte de stylet osseux (humérus). Ex. : *Hesperornis* du Colorado et du Kansas.

2° Les *Aptérygiformes* qui diffèrent des précédents par l'absence de dents. Ex. : *Dinornis* et *Æpyornis*, espèces éteintes et *Apteryx* espèce vivant actuellement à la Nouvelle-Zélande.

3° Les *Struthioniformes* dépourvus de dents et à membre antérieur complet qui renferment les Autruches, les Casoars et les Nandous de l'époque actuelle. Voy. AUTRUCHE et CASOAR.

RATOFKITE. s. f. T. Minér. Fluorine bleue terreuse de Ratofka (Russie).

RATON. s. m. Petit rat. || T. Mamm. Genre de *Carnassiers*. Voy. plus bas. || Fig. et fam., se dit quelquefois à un très jeune enfant. *Viens, mon r., mon petit r.*

Mamm. — On désigne sous ce nom un genre de Mammifères qui appartient à l'ordre des *Carnassiers*, à la section des *Carnivores plantigrades*, et à la famille des *Ursiens*. Les caractères qui distinguent ce genre sont : trois arrière-

molaires tuberculeuses, dont les supérieures sont presque carrées, et trois fausses molaires pointues en avant, formant une série continue jusqu'aux canines, qui sont droites et comprimées; la tête large à la région des tempes et terminée par un museau assez effilé, quoique beaucoup moins que celui des Coatis; les pattes peu fortes, à peu près dans les proportions de celles des Chiens, et terminées par 5 doigts dont les ongles assez forts sont un peu aigus, et les talons de celles de derrière s'appuyant que momentanément sur le sol ; la queue longue, pointue, cylindrique et non prenante. Les *Ratons (Procyon)* ont la forme générale beaucoup plus massive que celle des Ours. Leur fourrure, douce et épaisse, est à peu près de la nature de celle des Renards. Ils vivent de substances animales et végétales, comme les Ours, auxquels ils ressemblent encore par leur intelligence. Mais, étant faibles et mal armés, ils sont timides et craintifs ; en présence d'un danger, ils ne songent qu'à la fuite et non à la défense. On ne connaît bien que deux espèces de ce genre, et toutes deux appartiennent à l'Amérique. — Le *R. laveur* (Pr. *lotor*) [Fig. ci-dessus], appelé *Rackoon* par les Anglo-Américains et *Mapach* par les Mexicains, est gris noirâtre, avec le museau et les oreilles blanchâtres. En outre, l'œil est entouré d'une tache noire qui descend obliquement jusque sur la mâchoire inférieure, et la queue est annelée de brun et de blanc. Cet animal, dont la taille n'atteint pas 66 centimètres, se nourrit de racines, d'œufs, de jeunes oiseaux. On l'apprivoise aisément; en captivité, il mange du pain, de la chair cuite ou crue. Cet animal a la singulière habitude de ne rien manger sans l'avoir plongé dans l'eau, ce qui lui a valu son surnom de *laveur*. Le *R. crabier* (Pr. *cancrivorus*), un peu plus grand que le précédent, est d'un cendré brun clair uniforme. Il a le même genre de vie que le R. laveur; seulement il se nourrit de crustacés qu'il va chercher sur le rivage de la mer. Le R. laveur habite toute l'Amérique du Nord, et le Crabier l'Amérique du Sud, particulièrement la Guyane.

RATON. s. m. (flam. *rate*, rayon de miel). Petite pièce de pâtisserie faite avec du fromage mou en forme de tarte. Vx.

RATTACHAGE. s. m. [Pr. *rata-chaje*]. Action de rattacher.

RATTACHER. v. a. [Pr. *rata-cher*] (R. re, préf., et *attacher*). Attacher de nouveau. *Rattachez ce chien. Rattachez les bas de cet enfant.* || Attacher. *Le manteau royal était rattaché d'une agrafe de diamants.* — Fig., *R. une question à une autre*, établir un lien entre elles. = SE RATTACHER. v. pron. Être rattaché. *Un vêtement qui vient se r. sur l'épaule. Cette question se rattache à de grands intérêts.* ||Fig., *Il y a des gens qui, en amitié, se détachent et se rattachent avec une grande facilité. Il s'est rattaché à cette femme qu'il avait quittée.* = RATTACHÉ, ÉE. part.

RATTACHEUR, EUSE. s. [Pr. *rata-cheur, euze*]. Ouvrier, ouvrière qui rattache les brins de coton ou de laine dans les filatures.

RATTAQUER. v. a. [Pr. *ra-ta-ker*] (R. re, préf., et *attaquer*). Attaquer de nouveau. = RATTAQUÉ, ÉE. part.

RATTAZZI (Urbain), homme d'état ital. (1808-1873).

RATTEINDRE. v. a. [Pr. *ra-tindre*] (R. re, préf., et *atteindre*). Rattraper. *Le prisonnier s'était échappé; on est parvenu à le r.* || Rejoindre une personne qu'on vient de quitter et qui a pris les devants. *Il vient de partir, mais j'espère le r. bientôt.* = RATTEINT, EINTE. part.

RATTELER. v. a. [Pr. *ra-teler*] (R. re, préf., et *atteler*). Atteler de nouveau. = RATTELÉ, ÉE. part.

RATTENDRIR. v. a. [Pr. *ra-tandrir*] (R. re, préf., et *attendrir*). Faire redevenir tendre. = RATTENDRI, IE. part.

RATTISER. v. a. [Pr. *ra-tizer*] (R. re, préf., et *attiser*). Attiser de nouveau. = RATTISÉ, ÉE. part.

RATTRAPER. v. a. [Pr. *ratra-per*] (R. re, préf., et *attraper*). Reprendre, ressaisir. *On a rattrapé ce prisonnier.* || Rejoindre quelqu'un à qui on a laissé prendre les devants, *Allez devant, je vous aurai bientôt rattrapé.* Fam. Regagner, recouvrer ce qu'on avait perdu. *Il avait perdu cinq cents francs, mais il les a rattrapés. Il a de la peine à r. la santé.* Fam. || Attraper de nouveau, attraper une seconde fois. *Quand un renard s'est échappé d'un piège, il est bien rare de l'y r.* — Fig. et fam., *Il avait déjà perdu beaucoup d'argent avec ces fripons; comment s'y est-il laissé r.?* On dit aussi, *On ne m'y rattrapera plus; bien fin qui m'y rattrapera*, Je serai tellement sur mes gardes, qu'on ne me trompera plus en pareil cas; ou, Je ne m'exposerai plus à semblable aventure. = SE RATTRAPER, v. pron. Se retenir. || Fig. Se remettre au courant. = RATTRAPÉ, ÉE. part.

RATURE. s. f. (bas lat. *raditura*, de *radere*, gratter). Action d'enlever en grattant. || Ce qu'on enlève. || Effaçure faite par quelques traits de plume qu'on passe sur ce qu'on a écrit. *Un écrit chargé de ratures. Le notaire et les parties ont approuvé les ratures de l'acte.* || T. Techn. Ce qu'on enlève du dessus des peaux dont on fait le parchemin. — Ce que le potier enlève en tournant l'étain. — Ce que l'essayeur enlève du lingot à essayer.

RATURER. v. a. (R. *rature*). Effacer ce qui est écrit, en passant quelques traits de plume par-dessus. *Il est difficile*

d'écrire bien correctement sans r. beaucoup. || T. Techn. Enlever le dessus des peaux pour faire du parchemin. = RATURÉ, ÉE. part. *Un manuscrit très raturé*, Où il y a beaucoup de ratures. — Syn. Voy. EFFACER.

RATUREUR. s. m. Ouvrier qui rature les peaux.

RAU, orientaliste allem. (1603-1677).

RAU, jurisconsulte fr., né à Saverne (1803-1877)

RAUCH, le plus grand sculpteur de l'Allemagne, auteur du monument de Frédéric le Grand à Berlin (1777-1857).

RAUCITÉ. s. f. (lat. *raucitas*, m. s., de *raucus*, rauque). *La r. de la voix*, Son de la voix lorsqu'il est âpre et comme voilé. Peu usité.

RAUCOURT, ch.-l. de c. (Ardennes), arr. de Sedan; 1,800 hab.

RAUCOURT (Mlle), célèbre tragédienne du Théâtre-Français (1756-1815).

RAUMITE. s. f. T. Minér. Variété de Pyséolite de Raumo (Finlande).

RAUQUE. adj. 2 g. [Pr. *rô-ke*] (lat. *raucus*, m. s.). Rude, âpre, et comme enroué; se dit du son de la voix. *Une voix r. Des cris rauques. Il a quelque chose de r. dans la voix.*

RAUWOLFIE. s. f. (R. *Rauwolf*, n. d'un botan. all.). T. Bot. Genre de plantes Dicotylédones de la famille des *Apocynées.* Voy. ce mot.

RAVAGE. s. m. (R. *ravir*). Dégât fait avec violence et rapidité. *Les ennemis firent de grands ravages dans cette province.*

Le ravage des champs et le pillage des villes.

CORNEILLE.

Les sangliers font beaucoup de r. dans ce pays. || Dommage causé par les tempêtes, les orages, les pluies, les vents, etc. *La tempête a fait de grands ravages dans la campagne. La gelée, la grêle a fait bien du r. dans les vignes. Cette inondation a fait d'affreux ravages. Rien n'est à l'abri des ravages du temps.* — Se dit aussi des maladies. *Cette épidémie a fait de grands ravages dans le département. La petite vérole a fait un grand r. sur sa figure.* || Fig., se dit du désordre causé par les passions. *Les passions font de grands ravages dans le cœur des hommes. L'amour a fait bien du r. dans le monde.* || Fam., On dit, *Faire r. dans une maison*, Y faire beaucoup de bruit, de désordre. Peu usité.

RAVAGEMENT. s. m. [Pr. *ravaje-man*]. Action de ravager.

RAVAGER. v. a. (R. *ravage*). Faire du ravage. *Les ennemis ont ravagé la province. Des maraudeurs ont ravagé mon jardin. Les sangliers ont ravagé cette pièce de blé. Les pluies, les orages ont ravagé ces contrées. La petite vérole a ravagé son visage.* = RAVAGÉ, ÉE. part. = Conj. Voy. MANGER. = Syn. Voy. DÉSOLER.

RAVAGEUR, EUSE. s. [Pr. *rava-jeur, euze*]. Celui, celle qui ravage, *Ces ravageurs de provinces que l'on nomme conquérants.* Ne se dit que dans le style soutenu. || T. Pop. Celui, celle qui fouille les ruisseaux, la vase, pour en retirer les objets de valeur, la ferraille, etc., entraînés par les eaux.

RAVAILLAC, assassin de Henri IV, fut écartelé (1578-1610). C'était une sorte de fanatique mystique.

RAVALEMENT. s. m. [Pr. *ravale-man*] (R. *ravaler*). T. Archit. Travail par lequel les ouvriers constructeurs, après avoir élevé tout l'édifice, y mettent la dernière main, en opérant de haut en bas, à mesure qu'ils démontent les échafaudages; l'ouvrage qui résulte de ce travail. *Faire le r. d'un mur. Le r. de cette maison est de plâtre.* —Le ragrément d'une construction de pierre. *On vient de terminer le r. de* cet édifice. || T. Techn. Recépage des souches coupées trop haut. — Diminution de l'épaisseur d'une pièce de bois. || Fig., l'action de ravaler, de déprimer quelqu'un ; ou l'abaissement, l'avilissement dans lequel est tombée une personne. *Beaucoup de gens croient établir leur réputation par le r. et le mepris de leurs rivaux. Il a été quelque temps fort considéré, puis il est tombé dans un grand r.* Peu usité, surtout dans la seconde de ces deux acceptions.

RAVALER. v. a. (R. *re,* préf., et *avaler*). Avaler de nouveau. *Les chiens ravalent souvent ce qu'ils ont vomi.* — R. *sa salive,* La faire descendre de la bouche dans le gosier. — Fig. et fam., R. *ce qu'on voulait dire,* Se retenir par quelque considération, au moment de dire une chose, et s'abstenir de la dire. *Je lui ferai bien r. ses paroles,* Je l'empêcherai bien de se servir de paroles offensantes, ou je le ferai repentir de s'en être servi. || Rabattre, remettre plus bas. R. *un capuchon sur les épaules.* Peu us. || Fig., Déprimer, rabaisser. *On parlait de lui trop avantageusement, mais vous l'avez trop ravalé.*

     La partie animale
Dont l'appétit grossier aux bêtes nous ravale !
               MOLIÈRE.

Il veut r. le mérite de tout le monde. R. *la gloire d'une belle action.* || T. Archit. Faire un ravalement. R. *un mur, une façade.* R. *en plâtre, en mortier.* || Diminuer l'épaisseur d'une pièce de bois. || Creuser un corps de maçonnerie, de menuiserie, pour y pratiquer un enfoncement. || Recéper des souches coupées trop haut. = SE RAVALER. v. pron. Se déprimer, se rabaisser. *Il s'est bien ravalé par cette lâcheté. C'est trop se r.*

    Qu'à des pensers si bas mon âme se ravale.
               CORNEILLE.

= RAVALÉ, ÉE. part. *Des bas ravalés,* Qui tombent sur les pieds. == Syn. Voy. ABAISSER.

RAVALEUR, EUSE. s. Celui, celle qui ravale. || Ouvrier maçon qui ravale les murs.

RAVALOIR. s. m. [Pr. *rava-louar*]. Outil qui sert à ravaler.

RAVAUDAGE. s. m. [Pr. *ravô-daje*]. Action de ravauder. Raccommodage à l'aiguille de mauvaises hardes. *Le r. de ces bas coûtera cher.* || Fig. et fam., se dit de tout travail mal fait, fait grossièrement. *Vous n'avez fait là que du r.*

RAVAUDER. v. a. [Pr. *ravô-der*] (lat. *readvalidare,* m. s., de *re,* préf., *ad,* préf., et *validare,* rendre fort). Raccommoder de méchantes hardes à l'aiguille. R. *des bas, un caleçon, etc.* Absolum., *Elle gagne sa vie à r.* || Fig. et fam., Tracasser dans une maison, s'occuper à ranger des hardes, des meubles, etc. *Il n'a fait que r. pendant toute la journée.* || Fig. et fam., Maltraiter de paroles, ou importuner par des discours incohérents et hors de propos. *Je le ravauderai bien. Qu'est-ce que vous venez me r. ?* Peu usité. = RAVAUDÉ, ÉE. part.

RAVAUDERIE. s. f. [Pr. *ravô-deri*]. Discours plein de niaiseries. *Quelles ravauderies me vient-il conter ?* Fam. et peu usité. || Œuvre faite de pièces et de morceaux. || Le fait de rapiécer, de raccommoder et Fig. Raccommodage de gens brouillés.

RAVAUDEUR, EUSE. s. [Pr. *ravô-deur, euze*]. Celui, celle dont le métier consiste à raccommoder de vieilles hardes ; se dit surtout au féminin. *Une ravaudeuse.* || Fig. et fam., Personne importune qui ne dit que des balivernes. *Ne prenez pas garde à ce qu'il vous dit, c'est un r.* Peu usité. || Celui, celle qui fait des œuvres de compilation.

RAVAUX. s. m. pl. T. Chasse. Perches garnies de branchage, pour battre les oiseaux dans la chasse aux flambeaux.

RAVE. s. f. (lat. *rapa,* m. s.). T. Bot. Nom vulgaire donné aux diverses variétés du *Brassica Rapa,* plante de la famille des *Crucifères.* Voy. ce mot et CHOU.

   Agric. — La r. est une des plantes à racines alimentaires le plus anciennement cultivées. Quoique la pomme de terre en ait un peu restreint l'usage dans quelques contrées, elle forme encore la base de l'agriculture en Angleterre, en Alsace,

en Hollande. Dans la première de ces contrées, ses racines composent la nourriture principale des moutons, et elle y est considérée comme le meilleur aliment pour l'engraissement de tous les bestiaux. Dans beaucoup de localités, les chevaux ne consomment que cette racine mélangée avec la paille hachée. Les feuilles sont aussi recherchées que les racines par les ruminants. — La r. a l'avantage de pouvoir être semée très tard, et de permettre de préparer convenablement la terre ; on peut aussi la cultiver en récolte intercalaire. Elle supporte sans souffrir les hivers peu rigoureux, de sorte qu'on peut l'arracher seulement à mesure des besoins. Mais, à côté de ces avantages, il faut reconnaître qu'elle est, à volume égal, moins riche en principes utiles que la pomme de terre, la carotte et la betterave. — La r., *rabioule* ou *turneps* des Anglais (*Brassica rapa*), que l'on a tort de confondre parfois avec le navet (*Brassica napus*), a produit deux races, différant seulement par la forme aplatie ou oblongue de leurs racines. On distingue en outre, dans ces deux races, un grand nombre de variétés. L'espèce type, qui a fourni ces diverses variétés, est originaire, comme la plupart des autres espèces de choux, des côtes maritimes du nord et des parties tempérées de l'Europe. Aussi les raves demandent-elles un ciel brumeux et une atmosphère humide ; c'est ce qui explique le grand succès de leur culture en Angleterre, dans les Pays-Bas et dans les contrées de la France dont le climat présente les mêmes caractères. Mais si cette plante aime l'humidité dans l'atmosphère, elle la redoute dans le sol ; elle préfère les terrains légers ou de consistance moyenne, qui ne sont pas exposés à la sécheresse, et surtout ceux qui sont de nature calcaire. En résumé, la r. est très avide de chaux, de potasse et d'acide phosphorique. De Gasparin estime que ses racines et ses feuilles enlèvent au sol 43 p. 100 de leur poids d'engrais.

RAVELIN. s. m. (ital. *rivellino,* m. s.). T. Guerre. Syn. de *Demi-lune.* Voy. FORTIFICATION, IL. || T. Techn. Chaussure défraîchie en magasin.

RAVENALA. s. m. (mot malgache). T. Bot. Genre de plantes Monocotylédones de la famille des *Scitaminées.* Voy. ce mot.

RAVENNE, ch.-l. de la prov. de Ravenne en Italie, sur la Montone, à 6 kil. de l'Adriatique ; 60,300 hab. Capitale de l'Empire d'Occident sous Honorius, puis de l'Exarchat. Elle fut enlevée aux Lombards par Pépin le Bref, qui en fit don au Saint-Siège (754). == La prov. a 221,100 hab.

RAVENSARA. s. m. (mot malgache). T. Bot. Nom vulgaire de l'*Agatophyllum aromaticum,* plante de la famille des *Lauracées.* Voy. ce mot.

RAVESTAN. s. m. Panier dont on se sert dans les verreries pour conserver les pièces jusqu'à l'empaillage.

RAVET. s. m. T. Entom. Nom vulgaire d'un genre d'Insectes *Orthoptères.* Voy. BLATTE.

RAVETTE. s. f. T. Bot. Voy. RABETTE.

RAVEZ, avocat et homme politique fr. (1770-1849), fut président de la Chambre des députés sous Louis XVIII et Charles X.

RAVIER. s. m. (R. *rave*). Petit ustensile de table, généralement en forme de bateau, où l'on sert les radis et autres hors-d'œuvre.

RAVIÈRE. s. f. Champ semé de raves.

RAVIGNAN (Le père DE), jésuite prédicateur fr. (1705-1858).

RAVIGOTE. s. f. (R. *ravigoter*). T. Art culinaire. Sauce verte et piquante, composée principalement de civette, d'estragon, de pimprenelle, de cerfeuil, etc.

RAVIGOTER. v. a. (anc. fr. *ravigorer,* redonner de la vigueur). Redonner un peu de force à une personne, à un animal qui semblait faible et exténué. *Il se sentait faible, on lui a fait prendre un doigt de vin qui l'a un peu ravigoté.* = SE RAVIGOTER. v. pron. Se r. *en buvant un petit verre d'eau-de-vie.* = RAVIGOTÉ, ÉE. part. Ce mot est familier.

RAVILIR. v. a. (R. *re*, préf., et *avilir*). Rabaisser, rendre vil et méprisable. *Il ne faut pas r. sa dignité.* = SE RAVILIR. v. pron. Se rendre méprisable. *En faisant des actions d'humilité, un chrétien ne se ravilit pas.* = RAVILI, IE. part.

RAVILISSEMENT. s. m. [Pr. *ravili-seman*]. Action de ravilir. État d'une personne ravilie.

RAVIN. s. m. (lat. *rapere*, arracher). Lieu que la ravine a creusé. *Il y a beaucoup de ravins dans ces montagnes. Le bord d'un r.* || Par ext., se dit quelquefois d'un chemin creux. *Ils se cachèrent dans un r.*

RAVINE. s. f. (lat. *rapina*, action d'entraîner, de ravir, de *rapere*, arracher). Torrent passager qui se forme subitement et descend avec impétuosité, après une grande pluie. *Les ravines ont creusé toutes ces vallées. La r. était si furieuse, qu'elle entraînait des arbres et des rochers.* || Le lieu que la r. a cavé. *Ce ne sont que ravines et précipices.*

RAVINEMENT. s. m. [Pr. *ravine-man*]. Action de raviner, résultat de cette action.

RAVINER. v. a. Creuser le sol de ravins. = RAVINÉ, ÉE. part. *Rue ravinée par un orage.*

RAVINEUX, EUSE. adj. [Pr. *ravi-neu, euze*]. Coupé de ravins, creusé par les torrents.

RAVIOLI. s. m. (mot ital.). T. Cuisine. Mets italien composé d'œufs, de fromage et d'herbes hachées.

RAVIR. v. a. (lat. *rapere*, m. s.). Enlever de force, emporter avec violence. *R. une femme. R. une fille de la maison de son père. R. un enfant d'entre les bras de sa mère. R. une proie. R. le bien d'autrui.* — Fig., *R. l'honneur d'une fille.*

Quelle main en un jour t'a ravi tous tes charmes?
RACINE.

La mort lui a ravi ce qu'il avait de plus cher. || T. Bibl. Transporter au ciel. || Fig., Charmer le cœur ou l'esprit de quelqu'un, faire éprouver un transport d'admiration, de plaisir, etc.

Que tu sais bien, Racine, à l'aide d'un acteur
Émouvoir, étonner, ravir un spectateur!
BOILEAU.

Les merveilles que vous me racontez me ravissent. C'est une beauté qui ravit tous ceux qui la voient, qui ravit tous les cœurs. Cette musique a ravi tous les auditeurs. Cet orateur a ravi son auditoire. = A RAVIR. loc. adv. Admirablement bien. *Elle chante, elle danse à r. Peindre à r. Parler à r. Cette femme est belle à r. Être mise à r., coiffée à r.* Fam. = RAVI, IE. part. *Un homme ravi de joie, d'étonnement, d'admiration, etc.,* Transporté de joie, etc. || *Être ravi en extase,* Être transporté hors de soi par un sentiment vif d'admiration; ou, dans le langage mystique, être transporté hors de soi par une forte contemplation et par l'effet d'une grâce particulière. *A la vue de ce chef-d'œuvre, je fus ravi en extase. Cette sainte a été plusieurs fois ravie en extase.* || Fam. et par exag., *Être ravi de quelque chose,* En éprouver un vif plaisir, en être bien aise. *Je suis ravi de vos succès. Je suis ravi qu'il ait gagné son procès. J'en suis ravi.* = Syn. Voy. ARRACHER.

RAVISEMENT. s. m. [Pr. *ravi-ze-man*]. Action de se raviser.

RAVISER (SE). v. pron. [Pr. *ravi-zer*] (R. *re*, préf., et *aviser*). Changer d'avis. *Il voulait faire telle acquisition, mais il s'est ravisé. Vous vous raviserez.* = RAVISÉ, ÉE. part.

RAVISSANT, ANTE. adj. [Pr. *ravi-san*]. Qui ravit, qui enlève par force. *Un loup r. Animaux ravissants. Les mains ravissantes des exacteurs.* || Fig., Merveilleux, qui charme l'esprit ou le sens. *Un discours r. Une beauté ravissante. Un concert r. Cela est d'un goût r.* — Fam., *C'est un homme r., d'une humeur ravissante,* se dit d'un homme qui se rend très agréable dans la société. *Cette*

femme est ravissante, Elle est pleine d'agréments et très aimable.

RAVISSEMENT. s. m. [Pr. *ravi-se-man*]. Action de ravir. Enlèvement fait avec violence; ne se dit que dans ces loc., *Le r. d'Hélène, le r. de Proserpine.* || L'état, le mouvement de l'esprit, lorsqu'il est transporté de joie, d'admiration, etc. *R. de joie, d'admiration. L'extase est un r. d'esprit.* — *Le r. de saint Paul,* L'état de saint Paul enlevé au troisième ciel.

Vous seriez charmé de le connaître,
Et vos ravissements ne prendraient point de fin.
MOLIÈRE.

RAVISSEUR, EUSE. s. [Pr. *ravi-seur, euze*]. Celui, celle qui ravit, qui enlève avec violence. *Un injuste r. l'a dépouillé de son bien.* Ne se dit guère que dans le style élevé. || Celui qui enlève une femme ou une fille. *On poursuivit le r. Autrefois on punissait de mort les ravisseurs.*

RAVITAILLEMENT. s. m. [Pr. *ravita-lle-man*, ll mouillées]. Action de ravitailler. *Il fut chargé du r. de la place.*

RAVITAILLER. v. a. [Pr. *ravita-ller, ll* mouillées] (R. *re*, préf., à, préf., et *victuailles*). *R. une place, une armée,* Lui faire parvenir des vivres et des munitions. = RAVITAILLÉ, ÉE. part.

RAVIVER. v. a. (R. *re*, préf., et *aviver*). Rendre plus vif; se dit surtout en parl. du feu. || Ranimer, exciter de nouveau. *Cet élixir ravive les esprits.* — Fig., *Cette nouvelle a ravivé mes espérances. Sa vue a ravivé en moi des souvenirs que je croyais effacés.* || T. Chir. *R. une plaie,* L'exciter pour y augmenter l'activité vitale. On dit aussi, *R. les bords, les lèvres d'une plaie,* Retrancher les parties superficielles, pour faciliter la réunion des bords. || T. Peint. *R. un tableau,* Rendre à ses couleurs l'éclat qu'elles ont perdu. On dit de même, *R. des couleurs, de la dorure.* = SE RAVIVER. v. pron. Se ranimer. *Les inimitiés se ravivèrent.* = RAVIVÉ, ÉE. part.

RAVOIR. v. a. [Pr. *ra-vouar*] (R. *re*, préf., et *avoir*). Avoir de nouveau. *J'avais un logement commode, je veux essayer de le r.* || Recouvrer. *Il plaide pour r. son bien.* = SE RAVOIR. v. pron. Réparer ses forces, sa vigueur. *Il a été bien malade, mais il commence à se r.* Vx et fam. — Ce verbe ne s'emploie qu'à l'infinitif.

RAYA ou RAIA. s. m. T. Relat. Le mot *Raya* est arabe et signifie *troupeau.* Les écrivains arabes l'emploient pour désigner la population d'un État, sans distinction de religion; mais, en Turquie, le gouvernement ottoman l'applique exclusivement à ceux de ses sujets qui ne sont pas musulmans. Les rayas sont aussi appelés *Kharadji,* à cause du *kharatch,* sorte de capitation à laquelle ils sont soumis, à l'exclusion des musulmans, et qui est une compensation à l'exemption du service militaire.

RAYEMENT. s. m. [Pr. *rè-ie-man*]. Action de rayer.

RAYER. v. a. [Pr. *rè-ier*] (R. *raie*). Faire des raies. *Prenez garde de r. cette glace, cette vaisselle en la nettoyant. R. du papier avec le crayon pour écrire droit.* || Effacer, raturer, par un trait de plume sur ce qui est écrit. *Il faut r. cette clause, ce mot. On a rayé cet article sur son compte. On l'a rayé, on a rayé son nom de la liste. On lui a rayé sa pension, On a supprimé sa pension.* — Prov., *Rayez cela de vos papiers,* Voy. PAPIER. || T. Chasse. *R. les voies d'une bête,* Les marquer par des raies pour les signaler aux chasseurs. || Fig., Supprimer. *Combien de chrétiens ont rayé la charité du nombre de leurs devoirs. R. quelqu'un du nombre des vivants.* = RAYÉ, ÉE. part. *Vaisselle rayée. Diamant rayé.* || Adject., Qui a des raies. *Une étoffe rayée. Taffetas rayé. Cet animal a le dos rayé de noir et de fauve.* || T. Arqueb. et Artill. *Canon rayé, Canon d'arme à feu, qui a de petites cannelures en dedans.* Voy. CANON et FUSIL. || T. Bot. *Vaisseaux rayés,* Vaisseaux ligneux portant des ornements qui se présentent sous forme de raies disposées perpendiculairement à l'axe et plus ou moins parallèles entre elles.

RAYÈRE. s. f. [Pr. *rè-ière*] (R. *rayer*). Ouverture verticale, longue et droite, pratiquée dans le mur d'une tour pour éclairer l'intérieur.

RAYET (Olivier), archéologue fr. (1848-1887).

RAYEUR. s. m. [Pr. *rè-ieur*]. Instrument servant à rayor le papier.

RAY-GRASS. s. m. [Pr. *rè-gra*] (mot angl., de *ray*, rayon, et *grass*, herbe). T. Bot. Nom donné à plusieurs espèces d'Ivraie (*Lolium*) et particulièrement à l'*Ivraie vivace* (*Lolium perenne*). Voy. GRAMINÉES et IVRAIE.

RAYMOND, nom de sept comtes de Toulouse : RAYMOND IV, comte de 1088 à 1105, fut l'un des chefs de la première croisade. || RAYMOND VI, comte en 1194, prit parti pour les Albigeois, fut excommunié par Innocent III (1208), vaincu et dépouillé de ses États par Simon de Montfort ; puis, rappelé par ses sujets, il vainquit à son tour Simon de Montfort, qui fut tué devant Toulouse ; il est mort en 1122. || Son fils, RAYMOND VII, triompha d'Amaury de Montfort, et conclut avec Louis IX un traité qui termina la guerre des Albigeois (1229).

RAYNAL (l'abbé), littérateur fr. (1713-1796), auteur de l'*Histoire philosophique des établissements et du commerce des Européens dans les deux Indes*, etc.

RAYNOUARD, poète et littérateur fr. (1761-1836), auteur de la tragédie des *Templiers*, d'un *Lexique roman*, etc., secrétaire perpétuel de l'Académie fr.

RAYON. s. m. [Pr. *rè-ion*] (vx fr. *rai*, m. s., du lat. *radius*, m. s.). Trait de lumière qu'on imagine parti d'un corps lumineux. *Un r. de lumière. Les rayons du soleil. Le soleil darde ses rayons. Une forêt impénétrable aux rayons solaires. Il ne faut qu'un r. de soleil pour sécher la terre.* — En T. Phys., on appelle *rayons lumineux, calorifiques*, etc., Les lignes droites suivant lesquelles se propagent les vibrations de la lumière, de la chaleur, etc. Voy. plus bas. || Fig., au sens moral, émanation, lueur, apparence. *Un r. de la sagesse divine éclaira son âme. Un r. d'espérance luit à ses regards. Un r. de joie pénétra dans son âme. Il a vu briller un r. de faveur, un r. de gloire qui s'est promptement éclipsé.* || T. Géom. Ligne droite tirée du centre d'un cercle à un point quelconque de la circonférence. *Tous les rayons d'un cercle sont égaux entre eux.* Voy. CERCLE. — Par ext., *A dix lieues, à vingt lieues de r.* A dix lieues, à vingt lieues à la ronde. *A dix lieues de r. autour de Paris, on ne trouverait pas un aussi beau château.* On dit aussi, *Dans un r. de tant de lieues.* — Par anal., se dit de choses qui partent d'un centre commun et vont en divergeant. *Une étoile à cinq rayons, à huit rayons. Les rayons d'une roue. Les rayons d'une ombrelle. Les rayons médullaires. Les rayons branchiostèges. Les rayons des nageoires.* Voy. POISSON, II. || T. Agric. Petit sillon tracé en ligne droite. *Semer, planter en rayons,* En lignes parallèles. || T. Menuiserie. Se dit des planches ou tablettes posées dans les armoires, dans les bibliothèques, dans les magasins des marchands, et qui forment des séparations pour y ranger différents objets. *Mettre du linge sur un r. Prenez cette pièce d'étoffe sur le r. d'en haut. Ce livre est au troisième r.* || Groupe des articles de même espèce dans les grands magasins. *Le r. de parfumerie, de la chaussure, de la ganterie,* etc. — *Chef de r.* Celui qui a la direction d'un de ces groupes. || *R. de miel,* Morceau de gâteau de cire fait par les abeilles, lorsque le miel y est encore. Voy. ABEILLE.

Phys. — Les rayons. La physique s'est enrichie de la découverte d'un certain nombre de phénomènes que nous allons passer rapidement en revue.

I. RAYONS CATHODIQUES. — Nous avons expliqué à l'article *matière radiante* la production de rayons dans le tube de Crookes. L'électrode négative ou cathode devient le centre d'émission de rayons spéciaux dont la nature exacte n'est pas connue. M. Lénard a montré que ces rayons peuvent sortir du tube à travers une plaque très mince en aluminium mais seulement à une faible distance.

Ces rayons rendent lumineux certains corps fluorescents et impressionnent les plaques photographiques. Ils sont déviés par un aimant.

II. RAYONS BECQUEREL OU RAYONS URANIQUES. — M. Becquerel a découvert que l'uranium et ses composés émettent des rayons possédant certaines propriétés des rayons X. (Ac-

tions de luminosité, décharge des corps électrisés, actions photographiques.)

Enfin, M. et Mme Curie ont constaté dans la pechblende des traces d'un corps nouveau, le *polonium*, qui émet des radiations analogues aux rayons uraniques. Ils ont aussi découvert de petites quantités d'un corps qu'ils ont nommé *radium* et qui émet très activement ce genre de radiations.

La théorie de ces phénomènes n'est pas encore faite.

III. RAYONS X ou RAYONS ROENTGEN. — Les tubes de Crookes dont nous avons déjà parlé (Voy. MATIÈRE RADIANTE, et plus haut RAYONS CATHODIQUES) émettent plusieurs genres de radiations dont la nature n'est pas encore bien connue et parmi lesquels sont les rayons X découverts par Roentgen. Ces rayons ont néanmoins permis de réaliser des expériences des plus intéressantes et ont conduit à des applications pratiques de la plus haute importance.

La production de ces rayons paraît avoir lieu en même temps que celle des rayons cathodiques dans des tubes où l'on a laissé un petit résidu de gaz raréfié à une pression d'environ 0,000002 ou 0,000001 d'atmosphère. Le rayon X se propage en ligne droite paraissant émaner de la cathode et se mouvoir normalement à la surface de celle-ci. Le verre du tube exposé à ce rayonnement devient alors lumineux et présente une fluorescence verdâtre. Cette partie fluorescente du tube émet alors des rayons X qui se répandent en ligne droite dans toutes les directions autour de la luminosité. Ces rayons ne produisent aucune impression sur l'œil. Leur présence peut être reconnue de trois façons : 1° Ils rendent lumineuses les substances fluorescentes telles que le platino-cyanure de baryum, le tungstate de sodium, etc. ; 2° Ils impressionnent les plaques photographiques ; 3° Ils déchargent les corps électrisés. Nous allons passer en revue ces trois points et en examiner les principales applications.

1° *Actions de fluorescence.* — On étend une couche de platino-cyanure de baryum sur une feuille de carton. Cet écran exposé aux rayons X devient aussitôt lumineux. (C'est de cette manière que le professeur Roentgen a découvert les rayons nouveaux.) Si maintenant nous interposons un objet entre l'écran et le tube qui émet les rayons, différents cas peuvent se présenter. Ou bien l'objet est transparent pour ces rayons, il les laisse passer et l'écran fluorescent reste lumineux, ou bien la substance est opaque pour les rayons et les intercepte. Il se produit alors une ombre portée qui se détache en noir sur l'écran. Le bois, le papier, la chair, le diamant laissent passer les rayons X ; les métaux, le verre, les silicates, les os, etc., les interceptent. On voit de suite que si l'on place un objet hétérogène devant l'écran on apercevra sur celui-ci l'ombre des parties opaques seulement, les parties transparentes ne donneront pas de traces de leur présence. Plaçons, par ex., une main devant l'écran, les os seuls arrêteront les rayons et donneront une ombre. La chair transparente pour les radiations n'empêchera pas l'éclairement de l'écran et l'on verra ainsi une silhouette noire de l'ossature de la main. On a aujourd'hui des appareils assez puissants pour explorer ainsi à travers toute l'épaisseur du corps humain. Ce procédé d'exploration auquel on a donné le nom de fluoroscopie rend tous les jours d'immenses services à la chirurgie. On peut ainsi se rendre compte exactement et immédiatement de la nature des fractures des os, ou reconnaître facilement l'endroit exact où se trouve logé un projectile dans le corps, etc.

Comme le bois, le cuir, les étoffes et la plupart des substances organiques sont transparentes aux rayons X, cette méthode permettra d'examiner l'intérieur de colis fermés et d'y reconnaître la présence de substances opaques aux rayons telles que métaux, verre, etc.

Enfin, l'on distinguera de suite un vrai diamant d'une imitation en strass. Car le diamant (carbone cristallisé) est transparent aux rayons, tandis que le strass (verre lourd) les arrête.

2° *Actions photographiques. Radiographie.* — Les rayons Roentgen impressionnent les plaques photographiques, le développement de l'image se fait par les moyens ordinaires. Le mode opératoire est des plus simples. La plaque sensible est enfermée dans un châssis en bois, substance transparente aux rayons. Le tube de Crookes est placé à 20 ou 30 centimètres du châssis et l'objet sur le châssis aussi près que possible de la plaque. La durée de l'exposition est très variable suivant l'épaisseur et l'opacité relative de l'objet et la puissance de l'appareil dont on dispose. L'image du squelette d'une main peut s'obtenir aujourd'hui en quelques secondes.

Ce procédé auquel on a donné le nom de *radiographie*

pourra servir dans les mêmes cas que la fluoroscopie et fixer dans un cliché les renseignements fugitifs que donne le premier procédé.

3° *Décharge des corps électrisés.* — Les rayons X ont la singulière propriété de décharger les corps électrisés. Il suffit d'exposer à ces rayons un électroscope chargé pour voir aussitôt les feuilles d'or retomber.

Cette action comme les précédentes peut se produire à plusieurs mètres de distance.

4° *Action sur les gaz.* — Les radiations que nous venons de décrire ont aussi la singulière propriété de rendre les gaz conducteurs de l'électricité. C'est probablement de cette manière qu'ils déterminent la décharge des corps électrisés.

RAYONNAGE. s. m. [Pr. *rè-iona-je*] (R. *rayonner*). Action de tracer des rayons dans un champ.

RAYONNANT. ANTE. adj. [Pr. *rè-io-nan*]. Qui rayonne. *Le soleil est r. Moïse descendant de la montagne parut le visage tout r. de lumière.* || Fig., *Être tout r. de gloire*, se dit de celui qui vient d'acquérir beaucoup de gloire, de renommée. *Être r. de joie*, ou simpl., *Être r.*, se dit de celui dont la figure exprime une vive satisfaction. On dit de même, *Un visage r., une figure rayonnante.* || T. Phys. *Chaleur rayonnante.* Voy. CHALEUR, V. || T. Bot. *Ombelle rayonnante*, qui a des fleurs régulières au centre et des fleurs irrégulières plus grandes à la circonférence.

RAYONNÉ, ÉE. adj. [Pr. *rè-io-né*]. Disposé en rayons, en lignes qui partent d'un centre commun et vont en divergeant.

RAYONNEMENT. s. m. [Pr. *rè-ione-man*]. Action de rayonner. *Le r. des astres. Le r. du feu, de la flamme, de la lumière. Le r. du calorique.* Voy. RADIATION.

RAYONNER. v. a. [Pr. *rè-io-ner*]. Émettre des rayons lumineux, calorifiques, etc. *Le soleil commençait à r. sur la cime des montagnes. Un corps incandescent rayonne le calorique dans toutes les directions.* || Fig., *Son visage rayonne de joie, il rayonne de joie,* Sa figure exprime une joie très vive.

RAYONNÉS. s. m. pl. T. Zool. Vers le milieu du XIX° siècle, les zoologistes désignaient sous le nom de *Rayonnés*, de *Radiaires*, ou de *Zoophytes*, une multitude d'animaux dont les diverses parties de l'économie, au lieu d'être disposées par paires de chaque côté d'un plan longitudinal, se groupent autour d'un axe ou d'un point central, de manière à donner à l'ensemble du corps une forme rayonnée ou sphérique : de là le nom de *Rayonnés* qu'on appliquait à tout l'embranchement.

Le groupe des *Rayonnés* correspond à peu près actuellement au premier type de structure des *Métazoaires*, aux *Phytozoaires.* Voy. ZOOLOGIE.

RAYONNEUR. s. m. [Pr. *rè-io-neur*] (R. *rayonner*). T. Agric. Instrument à plusieurs socs qui, dans la culture en rayons, sert à tracer les sillons où sera déposée la semence.

RAYURE. s. f. [Pr. *rè-iure*] (R. *rayer*). La manière, la façon, dont une étoffe est rayée. *La r. de cette étoffe est fort agréable.* || Les rayures du diamant sur le verre. || *La r. d'une carabine, d'un canon, etc.,* Les cannelures faites dans l'intérieur d'un canon de carabine, d'une bouche à feu.

RAZ ou **RAS.** s. m. [Pr. *ra*] (bas breton *raz*, m. s.). T. Géogr. On nomme *Ras* ou *raz de marée*, mais fort improprement, car il n'a aucun rapport avec le flux et le reflux, un phénomène maritime qui s'observe fréquemment dans les mers tropicales. Dans ces parages, où l'action de la marée est presque insensible, et où les vents alizés et généraux soufflent presque constamment, il arrive, à certains jours de l'hivernage, que leur cours est subitement interrompu. La mer est alors calme au large, et paraît parfaitement unie aussi loin que la vue peut s'étendre. Cependant, aux abords du rivage, elle soulève des vagues monstrueuses qui viennent se briser avec fracas sur la plage, comme si elles étaient poussées par une tempête furieuse. Les navires au mouillage en deçà du point où commence le raz de marée ne peuvent résister à la violence du flot. Ils chassent sur leurs ancres et viennent se briser à la côte, d'autant plus inévitablement, que

l'absence de tout vent ne leur permet pas d'user de leurs voiles pour regagner la haute mer. La durée de ce terrible phénomène est fort irrégulière ; le plus souvent il ne dure que 24 heures, mais on l'a vu persister une semaine. Bien que les raz de marée aient surtout lieu dans les mers tropicales, on en a observé plusieurs sur nos côtes : tels sont ceux du 30 nov. 1716, dans la baie de Cancale ; du 16 juin 1717, à Agde ; du 13 juillet 1725, à Flamanville ; du 27 juin 1817 et du 8 juillet 1829, à Marseille ; du 17 juill. 1841, à Cette, etc. La cause de cet effrayant phénomène est encore inexpliquée. Quelques auteurs l'attribuent à des tremblements de terre sous-marins ; mais la plupart pensent qu'il résulte d'une perturbation atmosphérique qui se produit loin du lieu où se manifeste le raz de marée, et qui agite assez la masse des eaux pour que, par la seule force ondulatoire, le mouvement se propage dans une direction donnée jusqu'à ce qu'il rencontre un obstacle qui l'arrête et le brise. La baisse considérable du baromètre, qui annonce assez exactement son approche, donne une grande vraisemblance à cette explication. Ajoutons que le raz de marée est parfois un signe précurseur de ces ouragans effroyables qui désolent les pays intertropicaux, et qu'il les accompagne presque toujours. On observe aussi de semblables raz de marée sur le lac de Genève ; ils y sont connus sous le nom de *Seiches.* — En termes de géographie, on désigne encore sous le nom de *Ras* ou *Raz*, certains passages étroits où la marée entravée dans son cours, soit par la configuration des terres, soit par leur rapprochement, produit des courants irréguliers et violents, qui y rendent la navigation très dangereuse : tel est le *Ras de Blanchard*, dans la Manche et sur la côte de la France. Dans ce dernier sens, *ras* vient du mot arabe *raz*, qui signifie cap.

RAZ (Pointe du), à l'extrémité occidentale du dép. du Finistère, vis-à-vis de l'île de Sein.

RAZON. s. m. T. tcht. Syn. de RASON.

RAZZIA. s. f. [Pr. *ra-zia*] (ar. *rhaziat*, m. s.). Invasion faite sur le territoire ennemi, dans le but d'enlever les troupeaux, les grains, etc. *Faire une r., des razzias.*

RAZZIER. v. a. [Pr. *ra-zier*]. Soumettre à une razzia.

RE—. Préfixe tiré du lat. *re*, m. s., qui entre dans la composition de beaucoup de mots, et qui sert ordinairement à indiquer un sens itératif (*Redire, Refaire*), adversatif (*Repousser, Réagir*), ou augmentatif (*Retentir, Rembourrer, Rétrécir*), ou encore le retour en arrière (*Rejeter, Reculer*). Devant un *a* ou un *e*, l'*e* du *re*, disparaît le plus souvent : *Ravaler, Ranimer, Réchapper*, etc., ou bien il prend l'accent aigu : *Réagir, Réapparaître.*

RÉ. s. m. (R. première syllabe du mot *resonare*). T. Mus. Deuxième note de la gamme. Voy. GAMME. || Dans les instruments à cordes, se dit de toute corde qui, à vide, donne cette note.

RÉ (ILE DE), île de France dans l'océan Atlantique, à 4 kilomètres de la côte, forme deux cant. de l'arr. de la Rochelle, dont les ch.-l. sont *Saint-Martin* et *Ars*; 15,700 hab.

RÉA. s. m. T. Mar. Roue à gorge, poulie. — *Filer un cordage à réa,* Le laisser courir sur le réa de la poulie sans le retenir.

RÉABONNER. v. a. [Pr. *réabo-ner*]. Abonner de nouveau. = SE RÉABONNER, v. pron. *Se r. à un journal.* = RÉABONNÉ, ÉE. part.

RÉABSORBER. v. a. Absorber de nouveau. = RÉABSORBÉ, ÉE. part.

RÉABSORPTION. s. f. [Pr. *réabsorp-sion*]. Nouvelle absorption.

RÉACCOMMODER. v. a. Accommoder, arranger de nouveau. = RÉACCOMMODÉ, ÉE. part.

RÉACQUÉRIR. v. a. Acquérir de nouveau ce qu'on avait perdu. = RÉACQUIS, ISE. part.

RÉACTIF, IVE. adj. (R. *re*, préf., et *actif*). Qui réagit,

Force réactive. = RÉACTIF. s. m. T. Chim. Se dit de toute substance connue dont on se sert pour découvrir la nature d'un corps inconnu, au moyen de l'action qu'elle détermine dans ce dernier.

RÉACTION. s. f. [Pr. *réak-sion*] (R. re, préf., et *action*). T. Phys. et Mécan. Action d'un corps sur un autre qui agit en vient d'agir sur lui. *La* r. *est toujours égale à l'action.* Voy. ACTION. || T. Chim. La manifestation des propriétés caractéristiques d'un corps déterminée par l'action d'un autre corps. || T. Physiol. Action organique qui se manifeste à l'occasion d'une stimulation ou d'une influence morbifique. || T. Man. Secousse qu'un cheval en action imprime à un cavalier par contre-coup. || Fig., se dit de tout mouvement, de toute action qui a lieu en sens inverse d'un mouvement précédent, d'une action antérieure, et qui est provoqué par le fait antécédent. *Les réactions politiques. Il faut craindre les réactions des partis. Soyez convaincu qu'il s'opérera bientôt une* r. *littéraire contre l'école aujourd'hui dominante. — La* r., le parti conservateur, qui combat l'action du parti républicain.

RÉACTIONNAIRE. adj. 2 g. [Pr. *réak-sio-nère*]. Qui tend à opérer une réaction politique. *Le parti* r. = Subst. Partisan de la réaction.

RÉACTIONNEL, ELLE. adj. [Pr. *réak-sio-nel*, *nèle*]. Qui a rapport à une réaction organique.

RÉACTIONNER. v. a. [Pr. *réak-sio-ner*]. Actionner de nouveau. = RÉACTIONNER, v. n. T. Fin. Réagir contre la hausse.

RÉADING, v. d'Angleterre ; 42,000 hab., sur la Tamise.

RÉADING, v. des États-Unis (Pensylvanie) ; 43,000 hab.

RÉADMETTRE.. v. a. Admettre de nouveau. = RÉADMIS, ISE. part.

RÉADMISSION. s. f. [Pr. *ré-admi-sion*]. Nouvelle admission.

RÉAFFIRMER. v. a. [Pr. *ré-a-firmer*]. Affirmer de nouveau. = RÉAFFIRMÉ, ÉE. part.

RÉAGGLUTINER. v. a. [Pr. *ré-a-glutiner*]. Agglutiner de nouveau. = RÉAGGLUTINÉ, ÉE. part.

RÉAGGRAVE. s. m. [Pr. *ré-a-grave*] (R. *réaggraver*). T. Dr. can. Dernier monitoire qu'on publie après trois monitions et après l'aggrave. *Avant de fulminer l'excommunication sur un monitoire on publie un aggrave et un* r. Voy. EXCOMMUNICATION.

RÉAGGRAVER. v. a. [Pr. *ré-a-graver*] (R. re, préf., et *aggraver*). Déclarer que quelqu'un a encouru les censures portées par un réaggrave. *On a réaggravé les auteurs de ce sacrilège.* = RÉAGGRAVÉ, ÉE. part.

RÉAGIR. v. n. (R. re, préf., et *agir*). T. Méc. Se dit d'un corps qui agit sur un autre dont il a éprouvé l'action. *Un corps élastique réagit sur le corps qui le choque. Tous les astres qui composent le système solaire agissent et réagissent les uns sur les autres.* || Par anal., *La nature réagit en nous contre les causes morbifiques.* || Fig., au sens moral, *Les sentiments manifestés par un auditoire réagissent souvent sur l'orateur. Les partis réagissent constamment les uns contre les autres. La philosophie d'un siècle réagit presque toujours contre celle du siècle précédent.* || Faire un effort pour résister. *R. contre la douleur.*

RÉAIMANTER. v. a. Aimanter une seconde fois. = RÉAIMANTÉ, ÉE. part.

RÉAJOURNEMENT. s. m. [Pr. *ré-ajourne-man*]. T. Procéd. Ajournement réitéré.

RÉAJOURNER. v. a. Ajourner une seconde fois. = RÉAJOURNÉ, ÉE. part.

RÉAL (ANDRÉ), conventionnel fr. (1752-1832).

RÉAL (comte), préfet de police pendant le 1er Empire et les Cent-Jours (1757-1834).

RÉAL. s. m. et **RÉALE.** s f. (esp. *real*, royal). Ancienne pièce de monnaie d'argent espagnole. Le plur. du masc. est *Réaux*, et celui du fém. est *Réales.* Voy. MONNAIE. = RÉAL, ALE. adj. Autrefois on appelait *Galère réale*, la principale des galères du roi. On disait aussi subst., *La réale*, et l'on appelait *Pavillon* r., *Patron* r., *etc.*, Le pavillon, le patron de cette galère.

RÉALGAR. s. m. (esp. *rejalgar*, m. s., d'orig. arabe). T. Chim. Bisulfure d'arsenic. Voy. ARSENIC.

RÉALISABLE. adj. 2 g. [Pr. *ré-ali-zable*]. Qui peut se réaliser.

RÉALISATION. s. f. [Pr. *ré-ali-za-sion*]. Action de réaliser. || T. Droit. Voy. COMMUNAUTÉ, III, 1°, B.

RÉALISER. v. a. [Pr. *ré-ali-zer*] (lat. *realis*, réel). Rendre réel et effectif. *Réalisez vos promesses. Il a réalisé toutes les espérances qu'il avait données. Il ne put* r. *son projet.* || *R. sa fortune,* Convertir en espèces les biens qu'on peut avoir en terres, en immeubles, en rentes sur l'État, en actions industrielles, etc. Se dit aussi de celui qui convertit en bien-fonds une fortune immobilière. || *R. des abstractions,* Attribuer une existence objective à des choses qui ne sont que dans l'esprit. || T. Pal. *R. des offres,* Faire des offres à deniers découverts. = SE RÉALISER, v pron. S'effectuer. *Vos conjectures se réalisent. Mes espérances se réalisèrent.* = RÉALISÉ, ÉE. part. = Syn. Voy. EFFECTUER.

RÉALISME. s. m. (lat. *realis*, réel). T. Phil. Doctrine qui proclame la réalité objective des idées générales, par opposition au *nominalisme* qui la nie. Voy. NOMINALISME, et UNIVERSAUX. || T. Beaux-Arts et Littér. Se dit de la reproduction servile de la nature. *L'école du* r.

Beaux-Arts. — On a donné le nom de *réalistes* à des écoles de peinture, de sculpture et de littérature qui avaient la prétention de se borner à représenter la réalité telle qu'elle est. Par exemple, en peinture les réalistes proscrivent les anges, les figures allégoriques, les paysages de convention, etc. En littérature ils repoussent les caractères imaginés de toutes pièces et veulent que l'auteur prenne pour modèles des hommes et des femmes tels qu'ils sont, avec leurs vertus et leurs vices. Naturellement, l'école réaliste néglige complètement, si elle ne la nie, la valeur moralisatrice de l'art. Nous nous bornerons à citer deux noms célèbres : le peintre COURBET et le romancier FLAUBERT. Il faut reconnaître que ce ne sont pas les artistes qui se sont appelés eux-mêmes réalistes ; ce nom leur a été donné par les critiques et il est assez mal choisi pour caractériser la tendance de l'école en question. A la rigueur le r., pris dans son sens absolu, pourrait se concevoir en peinture ; mais alors tous les peintres seraient unanimes à le repousser ; aucun n'accepterait de voir son rôle réduit à la copie servile de la nature : tous sont d'accord pour affirmer que l'artiste doit représenter son œuvre non pas telle qu'elle est dans l'absolu, mais telle qu'il la voit, la sent et la comprend, qu'il doit négliger certains détails pour mettre en relief ceux qui l'ont frappé davantage. En littérature le r. absolu est tout à fait inconcevable puisque la matière qui vit n'est que de récits imaginés par l'auteur. La vérité c'est que l'école réaliste s'est caractérisée par la haine du convenu, le retour à l'observation sincère de la nature, l'amour de la vérité, l'affirmation très nette et très féconde que l'art peut trouver des aliments dans les sujets les plus humbles, les situations en apparence les plus vulgaires, et en cela son influence a été des plus heureuses ; malheureusement, il est arrivé que certains artistes entraînés par l'esprit de secte se sont plu à représenter de préférence ce qu'il y a de plus laid et de plus répugnant dans la nature et dans l'âme humaine, et par là, ils ont mérité une certaine réprobation et jeté le discrédit sur une tendance honorable et féconde. Quoi qu'il en soit le r., tel que nous l'entendons ici, s'est rencontré à toutes les époques de rénovation de l'art.

Toutes les fois que le sentiment artistique allait en s'affaiblissant, et que les artistes se bornaient à copier la manière de leurs maîtres, les esprits véritablement bien doués ont senti le besoin de s'écarter des règles convenues et de chercher dans la nature une nouvelle source d'inspiration. Raphaël était un grand réaliste. Ses vierges ne sont plus la reproduction du type accepté jusqu'alors, c'est le portrait de la Fornarina. Rubens, les Hollandais, les Flamands, étaient aussi des réalistes. En littérature, le mouvement romantique du commencement du XIXᵉ siècle était aussi réaliste ; il voulut rompre avec les formules étroites de l'art classique, et introduire dans ses œuvres des mots, des choses, des situations que l'ancienne école repoussait parce qu'ils n'étaient pas *nobles*. Toute l'histoire de l'art nous montre cet éternel mouvement de bascule : Les uns s'obstinent dans les voies déjà tracées et finissent par se perdre dans l'imitation stérile des anciens, tandis que les autres se jettent dans les sentiers nouveaux au grand scandale des esprits timorés et des cerveaux façonnés à ne penser que par autrui, et au risque de se laisser entraîner à des exagérations répréhensibles.

RÉALISTE. adj. 2 g. Qui a rapport au réalisme. || Subst., au masc., Celui qui est partisan du réalisme.

RÉALITÉ. s. f. (lat. *realitas*, m. s.). Existence effective, chose réelle. *En philosophie, il ne faut pas confondre la r. et la vérité. Ce n'est pas une fiction, c'est une r. L'imagination va toujours au delà de la r. Combien les réalités diffèrent de ces douces chimères.* || Chose réelle.

    Elle fait des tableaux couvrir les nudités,
    Mais elle a de l'amour pour les réalités.
                    MOLIÈRE.

== **EN RÉALITÉ.** loc. adv. Réellement, effectivement. *Il est heureux en apparence, mais il ne l'est pas en r.*

RÉALLÉGUER. v. a. [Pr. *ré-al-lé-gher*, g dur]. Alléguer de nouveau. == RÉALLÉGUÉ, ÉE. part

RÉALMONT. ch.-l. de c. (Tarn), arr. d'Albi ; 3,800 hab.

RÉAMARRER. v. a. [Pr. *ré-ama-ré*]. Amarrer de nouveau. == RÉAMARRÉ, ÉE. part.

RÉAMONCELER. v. a. Amonceler de nouveau. == RÉAMONCELÉ, ÉE. part.

RÉANIMER. v. a. Animer de nouveau. == RÉANIMÉ, ÉE. part.

RÉAPLANIR. v. a. Aplanir de nouveau. == RÉAPLANI, IE. part.

RÉAPPARAÎTRE. v. n. [Pr. *ré-a-pa-rêtre*]. Apparaître de nouveau. == RÉAPPARU, UE. part.

RÉAPPARITION. s. f. [Pr. *ré-a-pa-rision*]. Action de réapparaître, d'apparaître de nouveau. *La r. de la fièvre annonce que.... La r. de cette comète n'aura pas lieu avant un siècle.*

RÉAPPEL. s. m. [Pr. *ré-a-pel*]. Second appel, appel qui se fait après le premier.

RÉAPPELER. v. a. [Pr. *ré-a-peler*]. Faire un second appel, recommencer l'appel. Absolument, *On va r.* || T. Dr. Interjeter appel de nouveau. == RÉAPPELÉ, ÉE. part.

RÉAPPOSER. v. a. [Pr. *ré-a-po-zer*]. Apposer de nouveau. == RÉAPPOSÉ, ÉE. part.

RÉAPPOSITION. s. f. [Pr. *ré-a-po-zi-sion*]. Action de réapposer.

RÉAPPRÉCIATION. s. f. [Pr. *ré-apré-sia-sion*]. Action d'apprécier pour la seconde fois.

RÉAPPRÉCIER. v. a. [Pr. *ré-a-pré-sier*]. Apprécier de nouveau. == RÉAPPRÉCIÉ, ÉE. part.

RÉARGENTER. v. a. [Pr. *ré-ar-jan-ter*]. Argenter de nouveau. == RÉARGENTÉ, ÉE. part. *Des couverts réargentés.*

RÉARMEMENT. s. m. [Pr. *ré-arme-man*]. Action de réarmer.

RÉARMER. v. a. Armer de nouveau. *R. un vaisseau.* == RÉARMÉ, ÉE. part.

RÉASSIGNATION. s. f. [Pr. *ré-a-si-gna-sion*, *gn* mouill.].

Seconde assignation devant un juge. || Nouvelle assignation sur un autre fonds que celui qui avait d'abord été affecté au payement d'une somme. Vx.

RÉASSIGNER. v. a. [Pr. *réa-si-gner*, *gn* mouil.]. Assigner une seconde fois. || Assigner sur un autre fonds. Vx. == RÉASSIGNÉ, ÉE. part.

RÉASSURANCE. s. f. [Pr. *réa-su-ranse*]. Assurance par laquelle l'assureur s'assure lui-même contre les risques dont il s'est chargé.

RÉASSURER. v. a. [Pr. *réa-su-rer*] (It. *re*, préf., et *assurer*). Assurer l'assureur contre les risques dont il s'est chargé. == RÉASSURÉ, ÉE. part.

RÉASSUREUR. s. m. [Pr. *ré-a-su-reur*]. Celui qui fait une réassurance.

RÉATTAQUER. v. a. [Pr. *ré-a-ta-ker*]. Attaquer de nouveau. == RÉATTAQUÉ, ÉE. part.

RÉATTELER. v. a. [Pr. *ré-a-teler*]. Atteler de nouveau. == RÉATTELÉ, ÉE. part.

REATU (IN). [Pr. *inn ré-atu*]. Expression latine qui s'employait dans cette phrase de Palais, *Être in reatu*, Être accusé et prévenu d'un crime.

RÉAUGMENTER. v. a. [Pr. *ré-og-man-ter*]. Augmenter de nouveau. == RÉAUGMENTÉ, ÉE. part.

RÉAUMUR. physicien et naturaliste fr. (1683-1757), auteur de *Mémoires pour servir à l'histoire des Insectes*, et inventeur du thermomètre divisé en 80 degrés.

RÉAUMURIE. s. f. (R. *Réaumur*, n. d'un savant français). T. Bot. Genre de plantes Dicotylédones (*Reaumuria*) de la famille des *Tamaricacées*. Voy. ce mot.

RÉAUMURIÉES. s. f. pl. (R. *Réaumurie*). T. Bot. Tribu de plantes de la famille des *Tamaricacées*. Voy. ce mot.

RÉAUX. s. m. pl. Syn. de *réalistes*.

REBADIGEONNER. v. a. [Pr. *rebadijo-ner*]. Badigeonner de nouveau. == REBADIGEONNÉ, ÉE. part.

REBAIGNER. v. a. [Pr. *rebê-gner*, *gn* mouill.]. Baigner de nouveau. == REBAIGNÉ, ÉE. part.

REBAIS. ch.-l. de c. (Seine-et-Marne), arr. de Coulommiers ; 1,300 hab.

REBAISER. v. a. [Pr. *rebê-zer*]. Baiser de nouveau. == REBAISÉ, ÉE. part.

REBAISSER. v. a. [Pr. *rebai-ser*]. Baisser de nouveau. || T. Techn. Ajuster les carreaux des monnaies pour en rendre le poids exact. == REBAISSÉ, ÉE. part.

REBANDER. v. a. Bander de nouveau. == REBANDÉ, ÉE. part.

REBANNIR. v. a. [Pr. *reba-nir*]. Bannir de nouveau. == REBANNI, IE. part.

REBAPTISANTS. s. m. pl. [Pr. *reba-ti-zan*]. Se dit de tous les hérétiques qui rebaptisaient ceux qui avaient déjà été baptisés.

REBAPTISATEUR. s. m. [Pr. *reba-ti-zateur*]. T. Théol. Celui qui rebaptise. || Syn. de rebaptisant.

REBAPTISATION. s. f. [Pr. *reba-ti-za-sion*]. Action de rebaptiser.

REBAPTISER. v. a. [Pr. *reba-ti-zer*]. Baptiser une seconde fois. Voy. ANABAPTISTE, BAPTÊME et PROTESTANTISME. == REBAPTISÉ, ÉE. part.

RÉBARBATIF, IVE. adj. (anc. fr. *se rebarber*, se mettre barbe contre barbe, faire face à l'ennemi, du lat. *barba*, barbe). Rude et rebutant. *Un visage, un air r. Une mine, une humeur rébarbative.* Fam. || Fig. *Un mot r.*

REBARBE. s. f. (R. *re*, préf., et *barbe*). T. Techn. Petit rebord que laisse le burin du graveur en coupant le cuivre et qu'on enlève avec l'ébarboir. Voy. GRAVURE, I, 4°.

REBARDER. v. a. (R. *re*, préf., et *barder*). T. Horlic. Tirer d'une planche un peu de terre pour retenir dans le milieu l'eau des arrosements et de la pluie. = REBARDÉ, ÉE. part.

REBASSINER. v. a. [Pr. *reba-si-ner*]. Bassiner de nouveau. = REBASSINÉ, ÉE. part.

REBÂTIR. v. a. Bâtir de nouveau. = REBÂTI, IE. part.

REBATTAGE. s. m. [Pr. *reba-taje*]. Action de rebattre. || T. Artill. Polissage de la surface des boulets.

REBATTEMENT. s. m. [Pr. *reba-teman*] (R. *rebattre*). T. Blas. Division extraordinaire de l'écu où les figures sont opposées. Voy. HÉRALDIQUE.

REBATTERET. s. m. [Pr. *reba-terë*]. T. Techn. Outil pour façonner l'ardoise.

REBATTRE. v. a. [Pr. *re-batre*]. Battre de nouveau. || *R. un matelas,* Le refaire et battre avec des baguettes la laine qu'il contient. || *R. un tonneau,* En resserrer les douves, en frappant sur les cerceaux pour les faire avancer du côté de la bonde. || *Ce chien rebat ses voies,* se dit d'un chien courant qui revient à plusieurs reprises sur les mêmes voies. || Fig. et fam., Répéter inutilement et d'une manière ennuyeuse. *Vous rebattez trop souvent la même chose. Cet avocat n'a fait que r. ce qu'il avait dit à la première audience.* || T. Mus. Répéter une note. = REBATTU. UE. p. *Un discours, un conte rebattu. Une phrase, une objection, une pensée rebattue. Un chemin rebattu,* Où l'on passe souvent. || Fig. et fam., *Être rebattu de quelque chose, en avoir les oreilles rebattues,* Être las d'en entendre parler.

REBAUDIR. v. a. [Pr. *rebô-dir*] (R. *re*, préf., et *baudir*). T. Chasse. *R. un chien,* Le caresser. = REBAUDI, IE. part. = REBAUDIR. v. n. S'animer, en parlant du chien, et par extens. dresser la queue.

REBEC. s. m. (arr. *rabeb*, m. s.). T. Archéol. Espèce de violon à trois cordes.

RÉBECCA. femme du patriarche Isaac, mère d'Ésaü et de Jacob (Bible).

REBELLATION. s. f. [Pr. *rebè-lasion*] (R. *rebelle*). Action de se révolter.

REBELLE. adj. 2 g. [Pr. *rebè-le*] (lat. *rebellis*, m. s., de *re*, préf., et *bellum*, guerre : propr. qui recommence la guerre) Qui désobéit à une autorité légitime, qui se soulève contre elle. *R. aux ordres de Dieu. Un sujet r. au roi, à la république. R. à la justice. On l'a déclaré r. Ce fils est r. aux volontés de son père. C'est un esprit r. Une province r.* — Les esprits rebelles, les démons. = Subst., *C'est un r. Punir les rebelles.* || Fig., se dit de tout ce qui résiste à l'action qu'on veut exercer. *La chair est r. à l'esprit. Une femme r. à l'amour. Une beauté r. Une langue r.*

Jamais à ses désirs mon cœur ne fut rebelle.
CORNEILLE.

Un sujet, une matière r. à la poésie, Qui ne peut pas se traiter ou ne peut se traiter que fort difficilement en vers. *Une fièvre, une humeur, un ulcère, etc., r. aux remèdes,* Une fièvre, etc., qui ne cède point aux remèdes. *Un métal r.,* Qui a de la peine à entrer en fusion.

REBELLER (SE). v. pron. [Pr. *rebèl-ler*] (lat. *rebellare,* m. s., de *rebellis,* rebelle). Devenir rebelle, se soulever contre l'autorité légitime. *Il s'est rebellé contre sonprince. Plusieurs villes se rebellèrent.*

En sa faveur déjà la ville se rebelle.
CORNEILLE.

|| Fig., *Les passions, les sens se rebellent contre la raison.* = REBELLÉ, ÉE. part.

RÉBELLION. s. f. [Pr. *rébel-lion*] (lat. *rebellio,* m. s., de *rebellis,* rebelle). Révolte, soulèvement, résistance ouverte aux ordres de l'autorité légitime. *Grande r.* || *Dompter, punir la r.* || L'ensemble des rebelles. || Fig., *La r. des sens contre la raison,* La résistance qu'ils opposent à la raison. || T. Pal. Action d'empêcher par violence et par voies de fait l'exécution des ordres de la justice. *Faire r. à la justice. Procès-verbal de r.* = Syn. Voy. INSURRECTION.

Législ. — Le Code pénal définit la *Rébellion :* « Toute attaque, toute résistance avec violences et voies de fait envers les officiers ministériels, les gardes champêtres ou forestiers, la force publique, les préposés à la perception des taxes et des contributions, les porteurs de contraintes, les préposés des douanes, les séquestres, les officiers ou agents de la police judiciaire ou administrative, agissant pour l'exécution des lois, des ordres ou ordonnances de l'autorité publique, des mandats de justice ou jugements. » Suivant les circonstances, la r. est qualifiée de *crime* ou *délit.* Elle est crime, lorsqu'elle a été commise par plus de 20 personnes, armées ou non armées. Les coupables sont punis des travaux forcés à temps dans le premier cas, et de la réclusion dans le second. Elle est encore crime et punie de la réclusion, quand elle a été commise par une réunion armée de 3 personnes ou plus, jusqu'à 20 inclusivement. Dans les autres cas, la r. est un simple délit et puni correctionnellement. (C. P., 209 à 212.) Voy. ATTROUPEMENT et COMPLOT.

RÉBELLIONNAIRE. s. m. [Pr. *rebel-lio-nère*]. T. Jurispr. Celui qui fait rébellion.

RÉBELLIONNER (SE). v. pron. [Pr. *rebel-lio-ner*]. Faire rébellion.

REBÉNIR. v. a. Bénir une seconde fois. = REBÉNI, IE. part.

REBÉQUER (SE). v. pron. [Pr. *rebé-ker*] (R. *re*, préf., et *bec*). Répondre avec quelque fierté à une personne à qui l'on doit du respect. *Il s'est rebéqué contre son précepteur.* Fam.

REBER, compositeur de musique fr. (1807-1880).

REBIFFER. v. a. [Pr. *rebi-fer*] (R. *re*, préf., et vx *biffe*, sorte d'étoffe : propr. remettre l'étoffe dans ses plis, et par extens., rengorger). Rabroucr. = REBIFFER. v. pron. Se mettre en état de résistance. = REBIFFÉ, ÉE. part.

REBINAGE. s. m. Nouveau binage.

REBINER. v. a. (R. *re*, préf., et *biner*). Faire un nouveau binage. = REBINÉ, ÉE. part.

REBLANCHIR. v. a. Blanchir de nouveau. = REBLANCHI, IE. part.

REBLESSER. v. a. [Pr. *reblè-ser*]. Blesser de nouveau = REBLESSÉ, ÉE. part.

REBOIRE. v. a. [Pr. *re-bouare*]. Boire une seconde fois. || Reprendre des habitudes d'ivrognerie. *Il reboit.*

REBOISEMENT. s. m. [Pr. *reboua-ze-man*]. T. Sylvic. Action de reboiser. *Le r. des montagnes.*

Dr. admin. — En vue de remédier aux maux des inondations rendues plus fréquentes et plus terribles par le déboisement des montagnes, le législateur a édicté des mesures consistant non seulement à mettre obstacle, chaque fois que l'intérêt public l'exige, au défrichement des bois ou forêts, mais à rendre obligatoires, dans certains cas, à encourager, dans d'autres, le r. et le gazonnement des terrains situés sur le sommet ou sur la pente des montagnes. Les observations et les études faites depuis la loi du 28 juillet 1860 ont amené une refonte complète de la législation sur cette matière qui est aujourd'hui régie par la loi du 4 avril 1882 et le décret portant règlement d'administration publique du 11 juillet de la même année. L'intérêt général peut exiger que les travaux de restauration soient déclarés obligatoires. Dans ce cas, une loi fixe le périmètre des terrains sur lesquels ces travaux doivent être effectués Ils sont exécutés par les soins de l'administration et aux frais de l'État qui, à cet effet, doit acquérir, soit à l'amiable, soit par expropriation, les terrains nécessaires. Toutefois les particuliers, les communes et les établissements publics peuvent conserver la propriété de leurs fonds, en s'entendant avec l'État pour exécuter dans les conditions indiquées les travaux de restauration qui leur sont indiqués. Dans les pays de montagne, en dehors des périmètres obligatoires, des subventions, consistant en graines, plants, argent, travaux, sont accordées aux communes, aux associations ou aux particuliers, à raison des travaux entrepris par eux pour l'amélioration, la consolidation du sol et la mise en valeur des pâturages. D'autre part, sur la requête de l'Administration des Forêts, la mise en défends des terrains et pâturages en montagne peut être prononcée par décret rendu en Conseil d'État, toutes les fois que l'état de dégradation du sol ne paraît pas encore assez avancé pour nécessiter des travaux de restauration. La mise en défends dont la durée ne peut dépasser dix ans a pour effet de priver les propriétaires des terrains compris dans le périmètre fixé par le décret de la jouissance de leurs fonds, sur lesquels l'État se réserve le droit d'exécuter les travaux nécessaires à la consolidation du sol. Les propriétaires des terrains ainsi interdits ont droit à une indemnité. Enfin, la loi de 1882 impose aux communes assujetties à l'application de ses dispositions l'obligation de soumettre chaque année à l'approbation du préfet un règlement indiquant la nature et les limites des terrains communaux soumis au pacage, les diverses espèces de bestiaux et le nombre de têtes à y introduire, l'époque du commencement et de la fin du pâturage, ainsi que les autres conditions relatives à son exercice. (Pour plus de détails, voir *Études sur l'économie alpestre et l'application de la loi du 4 avril 1882*, par Briot, Paris, 1896.)

REBOISER. v. a. [Pr. *rebom-zer*] (R. re, préf., et *boiser*). Planter des arbres, recouvrir de bois une partie de terrain qui avait été déboisée. = Reboisé, ée. part. *Une montagne reboisée.*

REBOND. s. m. [Pr. *re-bon*] (R. re, préf., et *bond*). Saut que fait la balle quand elle a touché le sol ou un mur. || Bond en arrière.

REBONDI, IE. adj. (R. *rebondir*). Se dit de certaines parties charnues que la graisse fait paraître plus arrondies. *Des joues rebondies. Une croupe rebondie.* On dit de même, *Cette femme est grasse et rebondie.* Fam.

REBONDIR. v. n. (R. re, préf., et *bondir*). Faire un ou plusieurs bonds. *Un ballon qui rebondit.*

REBONDISSANT, ANTE. adj. [Pr. *rebondi-san*]. Qui rebondit. T. Méd. *Pouls r.*, Se dit du pouls dicrote. Voy. Pouls.

REBONDISSEMENT. s. m. [Pr. *rebondi-seman*]. Action d'un corps qui rebondit, qui fait plusieurs bonds.

REBONDONNER. v. a. [Pr. *rebondo-ner*] (R. re, préf., et *bondonner*). T. Techn. Mettre un nouveau bondon. = Rebondonné, ée. part.

REBORD. s. m. [Pr. *re-bor*] (R. re, préf., et *bord*). Bord élevé et ordinairement ajouté, rapporté. *Le r. de cette table empêche l'argent de tomber. Les rebords d'un quai. — Le r. d'une cheminée.* Le bord en saillie d'une cheminée. || Bord replié, renversé. *R. d'un manteau de velours.*

REBORDER. v. a. (R. re, préf., et *border*). Mettre un nouveau bord. *R. une jupe, des souliers, etc.* Garnir d'un bord relevé. *Des oreilles rebordées.* = Rebordé, ée. part.

REBORNER. v. a. Borner de nouveau. = Reborné, ée. part.

REBOTTER. v. a. [Pr. *rebo-ter*]. Botter de nouveau. = se Rebotter. v. pr. Remettre ses bottes. = Rebotté, ée. part.

REBOUCHAGE. s. m. (R. re, préf., et *bouchage*). Action de boucher les trous des bois, des murs, avec du mastic, avant d'appliquer la peinture.

REBOUCHER. v. a. Boucher de nouveau. *R. une bouteille.* = se Reboucher. v. pron. *On avait débouché l'ori-*

fice de ce tuyau, il s'est rebouché. || Se fausser, se replier. *L'épée se reboucha contre sa cuirasse. La pointe de cette épée se rebouche.* = Rebouché, ée. part.

REBOUILLIR. v. n. [Pr. *rebou-llir*, *ll* mouillées]. Bouillir de nouveau.

REBOUISAGE. s. m. [Pr. *rebouï-zaje*]. T. Chapel. Action de rebouiser.

REBOUISER. v. a. [Pr. *rebouï-zer*] (R. re, préf., et *bouis*). R. un chapeau, Le nettoyer et le lustrer à l'eau simple. = Rebouisé, ée. part.

REBOUL, poète fr., était boulanger à Nîmes (1796-1864).

REBOURGEONNER. v. n. [Pr. *rebour-jo-ner*]. Bourgeonner de nouveau.

REBOURS. s. m. [Pr. *re-bour*] (lat. *reversus*, retourné). Sens contraire de ce qui est ou de ce qui doit être; se dit principalement du contre-poil des étoffes. *Prendre le r. d'une étoffe pour la mieux nettoyer.* || Fig. et fam., Contre-pied, tout le contraire de ce qu'il faut. *C'est tout le r. de ce que vous dites. Tout ce qu'il fait est le r. du bon sens.* — À REBOURS, AU REBOURS. loc. adv. et prép. En sens contraire, tout au contraire de ce qu'il faut. *Vous brossez mon chapeau à r. Lire à r. Marcher à r. Il prend tout au r., il fait tout à r. Cela est fait au r. du bon sens.* = Rebours, ourse. adj. Revêche, peu traitable. *Un esprit r. Il est si r. que... Humeur rebourse.* Fam. et n'est guère usité qu'au masculin.

REBOURSER. v. a. (R. *rebours*). Mettre en œuvre le reboursoir. = Reboursé. part.

REBOURSOIR. s. m. [Pr. *rebour-souar*] (R. *rebourser*). Instrument servant à relever à rebours le poil des draps.

REBOUTEMENT. s. m. [Pr. *reboute-man*]. Action de rebouter.

REBOUTER. v. a. (R. re, préf., et *bouter*). Remettre un membre luxé par des procédés empiriques. = Rebouté, ée. part.

REBOUTEUR, EUSE. s. (R. *rebouter*). Celui, celle qui fait métier de remettre les membres luxés, disloqués. — Les rebouteurs sont généralement fort ignorants en anatomie, et il y a souvent danger à se confier à eux. Cependant, il est incontestable qu'ils obtiennent quelquefois de réels succès. On dit aussi *renoueur.*

REBOUTONNER. v. a. [Pr. *rebouto-ner*] (R. re, préf., et *boutonner*). Boutonner de nouveau. = se Reboutonner. v. pron. Reboutonner son vêtement. = Reboutonné, ée. part.

REBRAS. s. m. [Pr. *re-bra*]. Action de rebrasser. Vx. || Prov. *Donner un soufflet à double r.*, de toute sa force. || Bord retroussé d'une manche. || T. Techn. Partie du gant qui recouvre le bras.

REBRASSER. v. a. (bas lat. *rebrachiare*, de re, préf., et *brachium*, bras). Retrousser, R. ses manches, son chapeau. Vx et fam. = Rebrassé, ée. p. || T. Blas. Qui a un rebras. *Robes rebrassées d'hermine.*

REBRIDER. v. a. Brider de nouveau. = Rebridé, ée. part.

REBROCHER. v. a. Brocher de nouveau. || T. Tiss. Brocher par-dessus ce qui est déjà broché. = Rebroché, ée. part.

REBRODER. v. a. Broder sur ce qui est déjà brodé. *R. du point de Venise.* || Refaire une broderie. *Il faudra r. le collet de cet habit.* = Rebrodé, ée. part.

REBROUILLER. v. a. [Pr. *rebron-ller*, *ll* mouillées]. Brouiller de nouveau. = Rebrouillé, ée. part.

REBROUSSEMENT. s. m. [Pr. *rebrou-se-man*]. Action de rebrousser, état de ce qui est rebroussé. || T. Géom. *R. d'une courbe. Point de r.* Voy. plus bas. *Arête de r. d'une surface développable.* Voy. DÉVELOPPABLE.

éom. — On appelle point de r. d'une courbe plane un où s'arrêtent brusquement deux branches de courbes entes entre elles. Le r. est dit de *première espèce* si la ente est entre les deux branches de courbe (Fig. 1), de

Fig. 1.   Fig. 2.

onde espèce, si les deux branches de la courbe sont du ne côté de la tangente (Fig. 2). Les points de r. de seconde èce se rencontrent beaucoup plus rarement que ceux de mière espèce. Voy. MULTIPLE.

REBROUSSER. v. a. [Pr. *rebrou-ser*] (R. *rebours*). Rele- les poils en sens contraire de leur direction naturelle. *R. le il, les cheveux, la moustache.* || Fig., *R. chemin*, Retour- r subitement en arrière. *Quand il apprit cette nouvelle, il roussa chemin.* Absol., *Cette nouvelle le fit r. tout court.* T. Techn. *R. le drap*, en relever le poil couché. *R. le cuir,* frotter la fleur en sens contraire pour abattre le grain. = À BROUSSE-POIL. loc. adv. À contre-poil. *Nettoyer un chapeau rebrousse-poil.* || Fig. et fam., À contre-sens. *Prendre e affaire à rebrousse-poil.* = REBROUSSÉ, ÉE. part.

REBROYER. v. a. [Pr. *rebro-ier*]. Broyer de nouveau. REBROYÉ, ÉE. part.

REBRÛLER. v. a. Brûler une seconde fois. || T. Techn. stiller une seconde fois l'eau-de-vie. = REBRÛLÉ, ÉE. part.

REBRUNIR. v. a. Brunir une seconde fois. = REBRUNI, IE. rt.

REBUFFADE. s. f. [Pr. *rebu-fade*] (anc. fr. *rebuffe*, de iat. *ribuffo*, m. s., de *ri*, pour *re*, préf., et *buffo*, souffle). Mauvais accueil, refus accompagné de paroles dures. *Rece- oir une r. Il a eu bien des rebuffades.* Fam.

RÉBUS. s. m. [Pr. *ré-bus*] (lat. *rebus*, abl. plur. de *res*, hoses). On entend par *Rébus* un jeu d'esprit qui consiste à xprimer des mots ou des phrases par des figures d'objets ont les noms offrent à l'oreille une ressemblance plus ou moins complète avec les mots ou les phrases que l'on devrait aturellement employer. Les rébus sont donc des espèces d'énigmes parlantes. Autrefois les marchands en faisaient mettre ouvent sur leurs enseignes. Plus tard vint le tour des éven- ails et des assiettes. Enfin, aujourd'hui, les journaux illustrés ont beaucoup contribué à les mettre à la mode. Quant à l'ori- gine du mot *rébus*, on l'explique comme il suit. Ancienne- ment les basochiens de Picardie faisaient, pendant le carnaval, les libelles intitulés *De rebus quæ geruntur* (Sur les choses u temps), et qui renfermaient, sous la forme hiéroglyphique ropre à ce jeu d'esprit, la chronique scandaleuse de la ville. Du titre du livre, le nom de rébus serait ainsi passé au con- enu. Ce qui rend cette origine assez vraisemblable, c'est que, u XVᵉ siècle et au suivant, les rébus étaient appelés *rébus picards*.

REBUT. s. m. [Pr. *re-bu*]. Action de rebuter. *Il a essuyé beaucoup de rebuts.* || Ce qu'on a rebuté, ce dont on n'a pas voulu, ce qu'il y a de plus mauvais en chaque espèce. *Il a vendu ce qu'il avait de meilleur; il n'a plus que du r. Vous n'avez que le r. d'un tel.* || *Marchandises de r.,* cho- ses de r., Marchandises, choses qui ont été rebutées ou qui méritent de l'être. — On dit, *Mettre une chose au r.,* La mettre à part, parmi les choses sans valeur. Dans l'Admin. des Postes, *Mettre une lettre au r.,* c'est aussi la mettre à l'écart, quand on a renoncé à trouver la personne à qui elle est adressée. || Fig. et fam., on dit d'un homme vil et méprisable, *C'est le r. de la nature, le r. du genre humain.*

REBUTANT, ANTE. adj. Qui rebute, qui décourage. *Tra- vail r. Étude rebutante.* || Choquant, déplaisant. *Un homme r. Un air r. Manières rebutantes.*

REBUTER. v. a. (littéral. *éloigner du but*). Rejeter avec dureté, avec rudesse. *R. un solliciteur. Quand je lui parlai de cette affaire, il me rebuta.*

> L'œil humide de pleurs par l'ingrat rebutés.
> RACINE.

R. une demande, une proposition. || Décourager, dégoûter par des obstacles, par des difficultés, etc. *La moindre chose le rebute.*

> Si cette cruauté ne rebute un amant.
> ROTROU.

Les contrariétés ne m'ont point rebuté. Il est rebuté de la guerre, rebuté de combattre. Vous gourmandez trop ce cheval, vous le rebuterez. || Choquer, déplaire. *Il a un air, une mine qui rebute. Il a des manières qui rebutent tous ceux qui ont affaire à lui.* || Se dit quelquefois pour Refu- ser, comme étant de mauvaise qualité. *De cinquante pièces de toile qu'on lui présenta, il en rebuta vingt.* = SE RE- BUTER. v. pron. Se décourager, se dégoûter. *Il ne se rebute pas aisément. Prenez garde que ce cheval ne se rebute.* = REBUTÉ, ÉE. part.

REBUTTAGE. s. m. [Pr. *rebu-taje*]. T. Techn. Sortie de la flamme par la porte du four à chaux.

RECACHER. v. a. Cacher de nouveau. = RECACHÉ, ÉE. part.

RECACHETER. v. a. Cacheter de nouveau. = RECA- CHETÉ, ÉE. part.

RÉCALCITRANT, ANTE. adj. (R. *récalcitrer*). Qui résiste avec humeur, avec opiniâtreté. *Caractère r. Esprit r. Humeur récalcitrante. Il s'est montré bien r.* || Subst., *Faire le r. Il y avait parmi eux quelques récalci- trants.*

RÉCALCITRER. v. n. (lat. *recalcitrare*, m. s., de *re*, en arrière, et *calcitrare*, ruer, de *calx*, talon). Regimber, et Fig., Résister avec opiniâtreté.

RECALCULER. v. a. Calculer de nouveau. = RECALCULÉ, ÉE. part.

RECALFATER. v. a. Calfater de nouveau. = RECALFATÉ, ÉE. part.

RECALFEUTRER. v. a. Calfeutrer de nouveau. = RECAL- FEUTRÉ, ÉE. part.

RÉCAMIER, médecin fr. (1774-1852).

RÉCAMIER (Mᵐᵉ), femme célèbre par sa beauté et son esprit, dont le salon, à l'Abbaye-aux-Bois, rue de Sèvres à Paris, fut le rendez-vous des hommes distingués de son temps (1777-1849). Elle était mariée au banquier Récamier, beau- coup plus âgé qu'elle.

RÉCAPITULATIF, IVE. adj. Destiné à récapituler. *Table récapitulative.*

RÉCAPITULATION. s. f. [Pr. ...sion] (lat. *recapitulatio*, m. s.). Répétition sommaire, résumé de ce qui a été dit ou écrit. *Il fit une courte r. de tout ce qu'il avait dit. La r. d'un compte.*

RÉCAPITULER. v. a. (lat. *recapitulare*, m. s., de *re*, préf., et *capitulum*, sommaire, propr. petite tête). Résumer, redire sommairement ce qu'on a déjà dit. *Il récapitula, dans sa péroraison, les principaux points de son discours. R. un compte.* = RÉCAPITULÉ, ÉE. part.

RECARBONISER. v. a. [Pr. *rekarboni-zer*[(R. re, préf., et *carboniser*). T. Métall. Restituer du carbone à l'acier quand il en a perdu. = RECARBONISÉ, ÉE. part.

RECARBURER. v. a. (R. re, préf., et *carburer*). Rendre carburé de nouveau. = RECARBURÉ, ÉE. part.

RECARDER. v. a. Carder de nouveau. = RECARDÉ, ÉE. part.

RÉCARÈDE Ier, roi des Wisigoths d'Espagne de 586 à 601.

RECASSER. v. a. [Pr. *reka-ser*]. Casser de nouveau. = **Recassé, ée.** part.

RECÉDER. v. a. (R. *re*, préf., et *céder*). Rendre à quelqu'un ce qu'il avait cédé auparavant. *Il lui a recédé la maison qu'il m'avait vendue.* || Céder à quelqu'un à prix d'argent une chose qu'on a achetée. *Recédez-moi ce tableau.* = **Recédé, ée.** part.

RECEL. s. m. Le *Recel, Recélé* ou *Recèlement,* est l'action de celui qui reçoit, à un titre quelconque, des choses enlevées ou obtenues par un crime ou un délit, sachant, au moment où il les reçoit, qu'elles proviennent d'une source criminelle. Le recéleur est puni comme complice. La loi punit aussi le *r.* d'un individu accusé d'un crime emportant une peine afflictive; néanmoins sont exceptés de cette disposition les descendants ou ascendants, l'époux ou l'épouse, les frères ou sœurs et les alliés au même degré, du criminel poursuivi. Enfin, on qualifie encore de *r.* l'action de celui qui s'approprie frauduleusement, en ne les faisant pas connaître, les objets dépendant d'une succession ou d'une communauté au partage de laquelle il est appelé. Cet acte reçoit le nom de *Divertissement* lorsque les objets ont été enlevés ou détournés.

RECÉLÉ. s. m. Action de recéler. Vx. Voy. Recel.

RECÈLEMENT. s. m. [Pr. *re-sè-leman*]. Action de recéler. || *R. de grossesse,* action d'une femme ou d'une fille qui cache sa grossesse dans l'intention de supprimer l'enfant.

RECÉLER. (R. *re,* préf., et *céler*). Garder et cacher une chose ou une personne, par infraction à la loi. Voy. Recel. || Fig., Contenir, renfermer. *La terre, la mer recèle de grands trésors dans son sein.* || En T. Vén., on dit que *Le cerf recèle,* lorsqu'il reste deux ou trois jours dans son enceinte, sans en sortir. = **Recélé, ée.** p.

RECÉLEUR, EUSE. s. Celui, celle qui cache une chose qu'il sait avoir été volée. || Prov. *Les recéleurs font les voleurs.* Voy. Recel.

RÉCEMMENT. adv. [Pr. *ré-sa-man*]. Nouvellement, depuis peu de temps. *Cela est arrivé r., tout r. Il était r. marié.*

RECENSE. s. f. [Pr. *re-san-se*] (R. *recenser*). T. Admin. Nouveau contrôle qu'on applique sur les pièces de bijouterie quand le fisc change le poinçon. Voy. Garantie.

RECENSEMENT. s. m. [Pr. *re-san-seman*]. Action de recenser. Dénombrement de personnes, de suffrages, d'effets, de droits, etc. *Le r. de la population. On va procéder au r. des voix. D'après le r. des sommes et des valeurs entrées en caisse.* || T. Comm. Se dit d'une nouvelle vérification de marchandises, de leur quantité, de leur poids, de leur qualité. || *R. des votes,* compte des votes dans une élection. || *Conseil de r.,* commission chargée de vérifier la liste des conscrits de l'année. || *R. des chevaux.* Voy. Réquisition.

Admin. — De tout temps, dans les pays régulièrement constitués, on s'est efforcé de connaître le chiffre exact de la population, afin d'y chercher l'appréciation des forces de l'État, et les moyens de répartir également les charges publiques entre ses contribuables. Ainsi, en France, par ex., le nombre des habitants sert de base à l'assiette de certaines contributions, à la fixation du traitement d'un grand nombre de fonctionnaires et à celle du cautionnement des officiers ministériels ; il sert encore à déterminer les circonscriptions judiciaires et administratives, ainsi que certaines dépenses municipales, le nombre des adjoints et des conseillers municipaux dans chaque commune, celui des députés à nommer dans les arrondissements dont la population dépasse 100,000 habitants, etc. La population se constate de deux manières : par le *relevé annuel de l'état civil,* et par des dénombrements ou *recensements périodiques.* Les relevés de l'état civil se font tous les ans dans les premiers jours de janvier. A cette époque, les Maires dressent le tableau des naissances, mariages et décès qui ont eu lieu dans le cours de l'année précédente, et en envoient un exemplaire au Préfet. Celui-ci récapitule ces tableaux partiels et dresse un tableau général pour son département. Ce dernier est fait en double et transmis au Ministre de l'Intérieur, dans un intérêt administratif, et au

Ministre du Commerce, dans un intérêt statistique. Si le mouvement de la population d'un pays ne se compliquait pas de celui des migrations extérieures, sur lequel il est à peu près impossible, du moins dans les États importants, d'être exactement renseigné, il serait très facile de connaître, chaque année, le chiffre des habitants. Il suffirait pour cela de considérer ce chiffre une fois pour toutes, après quoi on l'augmenterait de l'excédent des naissances sur les décès dans l'année précédente, ou on le diminuerait, suivant le cas, de l'excédent des décès. Mais les émigrations et les immigrations altèrent toujours plus ou moins les résultats fournis par les relevés de l'état civil, et c'est pour corriger ces altérations que l'on procède aux dénombrements. En France, ces opérations sont confiées aux Maires, qui les exécutent sous l'autorité de l'administration supérieure représentée par le Ministre de l'Intérieur. Tout dénombrement doit être personnel et nominatif ; les agents chargés d'en réunir les matériaux se présentent dans les maisons, et recueillent des habitants eux-mêmes les renseignements demandés par le gouvernement. Il n'y a d'exception à ce sujet que pour la *population flottante* ou *mobile,* et l'on comprend sous ce nom : l'armée de terre et de mer, les détenus des établissements pénitentiaires de toute nature et des dépôts de mendicité, les aliénés des asiles publics, les infirmes des hospices, les élèves internes des lycées, séminaires, écoles spéciales, maisons d'éducation et écoles avec pensionnat, les personnes appartenant aux congrégations religieuses, les réfugiés à la solde de l'État, et les marins du commerce absents pour les voyages de long cours. Les individus appartenant à ces diverses catégories doivent être recensés en bloc, à jour fixe et sur un cadre distinct, mais toujours accompagné des renseignements d'usage. — Avant 1851, l'administration se contentait de demander l'indication des sexes et l'état civil ; mais, à cette époque, elle a cru devoir y joindre, l'âge, la profession, la nationalité et le culte. Elle a voulu encore connaître le nombre des aliénés à domicile et dans les asiles privés ou publics, ainsi que celui des aveugles, des sourds-muets et des individus atteints d'infirmités visibles (goitreux, pieds bots, mutilés, etc.). Il n'y a rien de fixe dans les renseignements demandés. Pour chaque dénombrement, le cadre des indications à fournir est arrêté par le Ministre de l'Intérieur d'accord avec le Ministre du Commerce. Plusieurs essais de r. ont eu lieu en France, avant 1789, mais la première opération de ce genre qui ait été régulièrement faite ne remonte qu'à l'année 1801. Un second r. fut exécuté en 1806, un troisième en 1822, et un quatrième en 1831. Depuis cette dernière époque, il est procédé tous les cinq ans à cette opération. Le dernier dénombrement date de l'année 1896.

Le tableau qui suit indique pour la France continentale la population française ou étrangère de chaque département, d'après les résultats du dénombrement de 1896 :

DÉPARTEMENTS	NOMBRE		TOTAL GÉNÉRAL
	des Français.	des Étrangers.	
Ain................	345.646	5.923	351.569
Aisne..............	532.512	9.101	541.613
Allier.............	423.689	689	424.378
Alpes (Basses)......	115.261	2.881	118.142
Alpes (Hautes)......	111.073	2.156	113.229
Alpes-Maritimes	210.453	54.702	265.155
Ardèche............	363.022	479	363.501
Ardennes...........	293.298	25.567	318.865
Ariège.............	219.036	605	219.641
Aube...............	248.003	3.432	251.435
Aude...............	301.827	8.686	310.513
Aveyron............	389.037	427	389.464
Belfort (Territoire de).	80.033	8.014	88.047
Bouches-du-Rhône...	576.055	97.765	673.820
Calvados...........	415.960	1.216	417.176
Cantal.............	234.199	183	234.382
Charente...........	355.530	706	356.236
Charente-Inférieure ...	452.622	833	453.455
Cher...............	347.248	477	347.725
Corrèze............	322.091	302	322.393
Corse..............	277.419	12.749	290.168
Côte-d'Or..........	365.041	3.127	368.168
Côtes-du-Nord	615.591	483	616.074
Creuse.............	279.215	151	279.366
A reporter..	7.873.864	240.654	8.114.515

DÉPARTEMENTS	NOMBRE		TOTAL GÉNÉRAL
	des Français.	des Étrangers.	
Report......	7.873.861	240.654	8.114.515
Dordogne............	464.143	679	464.822
Doubs..............	288.731	13.315	302.046
Drôme..............	301.815	1.676	303.491
Eure...............	338.224	2.428	340.652
Eure-et-Loir........	279.698	771	280.469
Finistère	739.321	327	739.648
Gard..............	412.793	3.243	416.036
Garonne (Haute).....	454.576	4.801	459.377
Gers	244.661	5.811	250.472
Gironde...........	798.532	11.370	809.902
Hérault............	458.194	11.490	469.684
Ille-et-Vilaine	620.621	1.418	622.039
Indre..............	288.802	404	289.206
Indre-et-Loire.......	336.092	972	337.064
Isère..............	559.894	9.039	568.933
Jura...............	262.706	3.437	266.143
Landes	292.297	587	292.884
Loir-et-Cher	277.571	582	278.153
Loire.............	621.053	4.283	625.336
Loire (Haute)........	316.379	320	316.699
Loire-Inférieure	645.149	1.023	646.172
Loiret	370.061	958	371.019
Lot..............	240.228	175	240.403
Lot-et-Garonne......	279·847	6.530	286.377
Lozère............	132.088	63	132.151
Maine-et-Loire	513.779	1.091	514.870
Manche...........	499.367	685	500.052
Marne............	424.715	14.862	439.577
Marne (Haute).......	229.806	2.251	232.057
Mayenne..........	320.914	273	321.187
Meurthe-et-Moselle ..	433.357	33.060	466.417
Meuse.............	283.640	6.744	290.384
Morbihan	551.798	230	552.028
Nièvre	333.373	526	333.899
Nord.............	1.548.212	263.656	1.811.868
Oise	390.747	13.764	404.511
Orne	338.637	525	339.162
Pas-de-Calais	886.385	19.864	906.249
Puy-de-Dôme	553.929	1.149	555.078
Pyrénées (Basses)....	407.383	16.189	423.572
Pyrénées (Hautes)	215.920	3.053	218.973
Pyrénées-Orientales...	198.443	9.944	208.387
Rhône............	823.028	16.301	839.329
Saône (Haute).......	270.270	2.621	272.891
Saône-et-Loire.......	619.766	1.471	621.237
Sarthe............	424.527	550	425.077
Savoie............	250.861	8.929	259.790
Savoie (Haute).......	256.789	9.083	265.872
Seine	3.153.722	186.792	3.340.514
Seine-Inférieure	830.939	6.885	837.824
Seine-et-Marne.......	351.333	7.711	359.044
Seine-et-Oise.......	650.553	18.545	669.098
Sèvres (Deux).......	346.449	245	346.694
Somme............	538.951	4.328	543.279
Tarn.............	339.229	598	339.827
Tarn-et-Garonne.....	199.634	756	200.390
Var..............	275.384	33.807	309.191
Vaucluse	233.855	2.458	236.313
Vendée	441.537	198	441.735
Vienne	337.855	259	338.114
Vienne (Haute)	375.434	290	375.724
Vosges	411.585	9.827	421.412
Yonne............	331.041	1.615	332.656
Totaux....	37.490.484	1.027.491	38.517.975

ALGÉRIE

Départements.	Population totale.
Alger..............	1.326.667
Constantine...........	1.874.506
Oran..............	1.028.248
Total......	4.229.421

Voici comment se répartissaient, au 31 décembre 1896, les 36,170 communes de la France continentale au point de vue du chiffre de leur population :

De 500 habitants au maximum, 18,054, soit environ la moitié du nombre total. — De 501 à 1,000 : 9,951. — De 1,001 à 5,000 : 7,577. — De 5,001 à 10,000 : 337. — De 10,001 à 20,000 : 134. — De 20,000 et au-dessus : 117.

RECENSER. v. a. [Pr. re-san-ser] (lat. recensere, m. s., de re, préf., et censere, taxer, évaluer). Faire un recensement. || T. Techn. Contrôler de nouveau des pièces de bijouterie, d'orfèvrerie, quand le contrôle change le poinçon. = RECENSÉ, ÉE. part.

RECENSEUR. s. m. [Pr. re-san-seur] Agent employé aux opérations du recensement.

RÉCENSION. s. f. [Pr. re-san-sion] (lat. recensio, m. s.). T. Philol. Le travail de celui qui donne une édition d'un auteur en vérifiant le texte sur les originaux et sur les éditions précédentes.

RÉCENT, ENTE. adj. [Pr. ré-san, ante] (lat. recens, entis, m. s.). Nouveau, nouvellement fait, nouvellement arrivé. Un événement r. Une découverte récente. Une blessure récente. Cela est d'une écriture toute récente. Il s'agit d'une affaire toute récente. Elle ne se consolera pas si tôt, sa douleur est encore trop récente. || On dit d'une chose qui est arrivée depuis peu, La mémoire en est encore toute récente ; et d'une chose dont on se souvient comme si elle était nouvellement arrivée, J'en ai la mémoire récente.

RECÉPAGE. s. m. (R. recéper). Action de recéper ; Le résultat de cette action.

RECÉPÉE. s. f. La partie d'un bois qu'on a recépée.

RECÉPEMENT. s. m. [Pr. re-sè-peman]. Action de recéper les pieux.

RECÉPER. v. a. (R. re, préf., et cep). Tailler une vigne jusqu'au pied en coupant tous les sarments. On a recépé toutes les vignes. — Par extens., se dit aussi de certains arbres ou arbustes qu'on coupe par le pied pour qu'ils poussent mieux. Il faudra r. ces ormes. || Se dit encore des pieux, des pilotis que l'on coupe sous l'eau et à fleur du sol. Machine à r. = RECÉPÉ, ÉE. part. = Conj. Voy. CÉLER.

RÉCÉPISSÉ. s. m. [Pr. ré-sépiss-sé] (lat. recepisse, avoir reçu). Écrit par lequel on reconnaît avoir reçu des papiers, des pièces, etc. Je lui donnerai ces deux r. Quand vous me rendrez mes récépissés, je vous remettrai tous vos papiers.

RÉCEPTACLE. s. m. (lat. receptaculum, m. s.). Lieu où se rassemblent plusieurs choses de divers endroits ; se dit ordin. en mauvaise part. C'est le r. de toutes les immondices de la ville. — Fig., Cette maison est le r. des gueux et des filous de tout le pays, C'est le lieu où ils se retirent de préférence. || T. Archit. hydraulique. Bassin destiné à rassembler des eaux qui y sont amenées de plusieurs endroits par divers conduits. || T. Techn. R. d'une machine à vapeur, chambre où s'amasse la vapeur.

Bot. — En termes de Botanique, Réceptacle se prend dans deux sens principaux. 1° Ce mot désigne l'extrémité élargie du pédoncule portant les bractées qui constituent l'involucre, et les fleurs qui constituent la partie essentielle du capitule. Cet organe est surtout très apparent et très développé dans les Composées, les Dipsacées, le Figuier, le Dorstenia, etc. Le r. est susceptible d'être linéaire, cylindrique, conique, hémisphérique, convexe, plan, concave et même tubuleux (Voy. IN-FLORESCENCE). — 2° R. désigne encore l'extrémité du pédicelle qui donne insertion aux divers verticilles constitutifs de la fleur. On l'appelle communément R. de la fleur ou Thalamus. Le r. de la fleur est souvent très peu saillant au-dessus du fond de celle-ci : c'est ce qui a lieu toutes les fois que les verticilles qui composent la fleur sont très rapprochés les uns des autres, comme dans la Mauve, le Tilleul, etc. Mais, dans certaines plantes, le r. s'élève visiblement au-dessus du fond de la fleur, en formant un corps plus ou moins saillant et de forme très variée. Tantôt le r. ne porte que le pistil ou les carpelles, quand il y en a plusieurs, les autres verticilles floraux restant très contractés ou rapprochés : c'est ce qu'on observe, par ex., très aisément dans le Fraisier, dans le Framboisier, ainsi que dans les Renonculacées, notamment dans le Myosurus. On donne alors au r. le nom de *Gynophore*. Dans d'autres plantes, le r., saillant au-dessus du fond du calice, supporte à la fois les carpelles et les étamines, comme dans les Passiflores (Voy. PASSIFLORÉES, fig. 2), les Magnoliacées et les Anonacées. On appelle *Podogyne* ce genre de r.

RÉCEPTACULAIRE. adj. 2 g. T. Bot. Qui est placé sur le réceptacle. — Qui a rapport au réceptacle.

RÉCEPTEUR. s. m. (lat. *receptor*, propre à recevoir, de *receptum*, sup. de *recipere*, recevoir). T. Méc. et Phys. Partie d'une machine à laquelle la force motrice est directement appliquée. Ex. la roue hydraulique ou la turbine; les ailes d'un moulin à vent, le piston d'une machine à vapeur. || Appareil télégraphique ou téléphonique qui reçoit les dépêches. Voy. TÉLÉGRAPHIE, TÉLÉPHONE.

RÉCEPTION. s. f [Pr. ré-sep-sion] (lat. *receptio*, m. s., de *recipere*, recevoir). Action par laquelle on reçoit. La *r. d'un paquet, d'une lettre. Accusez-moi r. de ma lettre*, ou simpl., *Accusez-moi r.* || En parlant des personnes, Accueil, manière de recevoir. *Faire une bonne, une mauvaise r. à quelqu'un. On fit une r. magnifique aux ambassadeurs.* || Action de recevoir plusieurs visites à la fois, avec une espèce de cérémonial. *Il y a eu hier r. chez le ministre. C'est demain jour de r. C'est son jour de r. — jour de r. d'une dame*, le jour où elle reçoit des visites. || La cérémonie par laquelle quelqu'un est reçu dans une compagnie, ou installé dans une charge. *Le jour de sa r. au conseil d'État. J'étais à sa r. Il y a aujourd'hui une r. à l'Académie. Avez-vous lu le discours de r. du nouvel académicien? Les membres de cette compagnie prennent rang selon l'ordre de leur r.* || T. Palais. *R. de caution*, Acte par lequel on est accepté comme caution de quelqu'un. || T. Techn. *R. de travaux*, le fait de les accepter comme remplissant les conditions demandées par le cahier des charges.

RÉCEPTIONNAIRE. s. m. [Pr. ré-sep-sio-nère] (R. *réception*). Celui qui reçoit une marchandise. = adj. 2 g. Qui est chargé de recevoir. *Agent r.*

RÉCEPTIVITÉ. s. f. (lat. *receptum*, sup. de *recipere*, recevoir). Physiol. Aptitude des organes à recevoir l'impression des agents externes ou internes.

RÉCEPTRICE. s. f. (fém. de *récepteur*). T. Méc. Se dit d'une machine dynamo-électrique dans laquelle on lance le courant produit par une autre machine appelée GÉNÉRATRICE. La première se met à tourner et devient ainsi une source d'énergie : elle *reçoit* cette énergie de l'autre, d'où son nom. Voy. INDUCTION, MOTEUR *électrique*, TRANSPORT *de l'énergie*.

RECERCELÉE. adj. f. (R. *re*, préf., et *cerceau*). T. Blas. Dont les pointes sont bouclées. Voy. CROIX.

RECERCLAGE. s. m. Action de recercler.

RECERCLER. v. a. Cercler de nouveau, ou Mettre de nouveaux cercles. = RECERCLÉ, ÉE. part.

RECÈS. s. m. Voy. RECEZ.

RECESSION. s. f. [Pr. re-sè-sion] (lat. *recessio*, m. s., de *re*, en arrière, et *cedere*, aller). Action de se retirer.

RECETTE. s. f. [Pr. re-sè-te] (lat. *recepta*, choses reçues, part. pass. de *recipere*, recevoir). Ce qui est reçu en argent ou autrement. La *r. et la dépense. La dépense excède la r. Chapitre, article de r. Passer, porter, mettre en r. Le produit de la r. Prélever tant sur la r. Ce théâtre fait de fort bonnes recettes.* — *Forcer en r.*, Augmenter, à la charge du comptable, la *r.* qu'il accuse. || *Garçon de r.*, employé chargé d'aller encaisser des valeurs. || Action et fonction de recevoir, de recouvrer ce qui est dû, soit en deniers, soit en denrées. *Faire la r. d'une terre, des rentes de quelqu'un. Il fait la r. de cette commune. Il a obtenu la r. générale du dép. de la Gironde.* — *Le bureau où l'on reçoit les deniers. Les deniers sont portés à la r. par le per-*

cepteur. *Une r. particulière, une r. générale.* Voy. FINANCE. || Dans un sous partic., sign. la formule d'une préparation médicamenteuse. *Donnez-moi la r. pour le mal de dents.* — Par anal., se dit de certaines méthodes, de certains procédés usités dans les arts, dans l'économie domestique, etc. *R. pour conserver les fruits, pour faire de l'encre.* — Fig. et fam., on dit : *Cet homme-là n'entend rien en affaires, je ne veux point de ses recettes. Se contenter de peu, c'est la vraie r. pour être heureux.*

RECEVABILITÉ. s. f. Qualité de ce qui est recevable.

RECEVABLE. adj. 2 g. Qui peut ou qui doit être reçu. Admissible, qui peut être admis. *Fournir des marchandises bonnes et recevables. Cette excuse n'est pas r. Des offres recevables, non recevables.* || T. Palais. *Il a été déclaré non r.* dans sa demande, Sa demande a été rejetée par les fins de non-recevoir.

RECEVEUR, EUSE. s. (R. *recevoir*). Celui, celle qui a charge de faire une recette, soit en deniers, soit en denrées. *R. des contributions. R. de l'enregistrement. R. des finances. La receveuse des billets.* Voy. FINANCES.

RECEVOIR. v. a. [Pr. re-se-vouar] (lat. *recipere*, m. s., de *re*, préf., et *capere*, prendre). Accepter, prendre ce qui est donné, ce qui est offert sans qu'il soit dû. *R. un don. R. des présents. R. un legs, une donation. R. l'aumône. R. des étrennes. R. une gratification. R. une chose en don. R. par testament.* Absol., *C'est un homme qui aime à r.* Prov., *Il vaut mieux donner que r.* || Toucher ce qui est dû, en être payé. *R. de l'argent. R. une rente. R. un payement. R. le revenu d'une terre. R. son salaire. R. le prix d'un travail. R. des appointements. R. une indemnité. R. des impôts.* — On dit aussi, *R. sa part. R. sa ration*, etc. || Se dit des choses ou des personnes qui sont envoyées ou adressées à quelqu'un, lorsqu'elles parviennent à leur destination. *R. des lettres. R. un paquet, un ballot. R. une pétition. R. une dépêche. R. une nouvelle. R. un messager, un courrier, un ambassadeur. Le régiment a reçu des recrues. Les assiégés reçurent des secours.* — *R. une injonction, des ordres.* Cette dernière phrase se dit en parlant d'ordres qui sont donnés de vive voix. || Se dit encore des biens et des maux qui arrivent, des choses agréables ou fâcheuses qui surviennent, soit qu'elles viennent des hommes ou du hasard. *Les dons, les avantages qu'il a reçus de la nature. Il a reçu de cet homme de grands bienfaits, de bons offices, d'excellents avis.*

Quel fruit recevront-ils de leurs vaines amours?

RACINE.

R. des caresses, des politesses, des civilités, des respects, des hommages, des compliments, des éloges. R. un mauvais accueil. R. des reproches, des remontrances, des humiliations. R. des preuves de haine, des marques de mépris. || Se dit aussi des dignités, des titres, des grades qui sont conférés à quelqu'un, soit comme un droit, soit comme une récompense, soit comme une faveur. *Il a reçu le bonnet de docteur. Il a reçu le brevet de sous-lieutenant. R. le bâton de maréchal, le chapeau de cardinal, la croix d'honneur,* etc. || Se dit des impressions, des modifications, etc., qu'une chose éprouve, subit. *La matière reçoit toutes sortes de formes. R. l'impulsion, le mouvement. Le sujet peut r. tous les ornements du style. Ce passage peut r. diverses interprétations. Le gouvernement reçu une forme nouvelle. C'est ainsi que cette loi reçut peu à peu des exceptions.* — Dans un sens anal., *R. un nom, une dénomination*, etc. *Les troupes reçurent de nouveaux chefs.* || Se dit encore de ce qui est transmis, communiqué, de ce dont on fait part. *R. la vie, l'existence. R. une bonne, une mauvaise éducation. R. de l'instruction, des leçons. R. de bons, de mauvais exemples.* — En parlant des sacrements, *R. le baptême, la confirmation,* etc. *Ce malade a reçu tous ses sacrements. Les sacrements de la pénitence, de l'eucharistie et de l'extrême-onction, lui ont été administrés dans sa maladie.* || Se dit aussi de ce qui est confié. *R. de l'argent en dépôt. R. une confidence. R. les dernières volontés de quelqu'un.* Fig., *R. les derniers soupirs de quelqu'un,* L'assister à sa mort. — T. Guerre. *R. le mot d'ordre,* Prendre le mot d'ordre; ou, se faire dire le mot d'ordre par ceux de qui on a droit de l'exiger. || Se dit aussi de certaines paroles et de certains écrits qui sont donnés pour servir d'assurance, de gage. *J'en ai reçu son billet, sa parole. J'en ai reçu l'assurance. Il a reçu ma foi, mes serments.* || Se dit des choses qui servent à recueillir, à contenir celles qui viennent y aboutir, qui viennent s'y rendre. *La mer reçoit tous les fleuves. Une citerne qui reçoit les eaux pluviales. Ce port reçoit plus de bâtiments que tel autre. La ville reçut de nouveaux habitants.* — En parlant des personnes, sign. Retenir. R. *dans un vase le sang qui coule d'une saignée. J'ai reçu le paquet dans mon chapeau. Je lui ai jeté une balle, il l'a reçue dans sa main.* || Emprunter, tirer de, faire venir. *Son appartement ne reçoit ses jours que de la cour. Nous avons reçu cet usage des Anglais. Il reçoit ses vins de la Bourgogne.* || En parlant de certaines choses, sign. Agréer, accepter. *Je reçois vos offres. Son compliment n'a pas été bien reçu. Je ne reçois pas votre excuse. Les comédiens n'ont pas voulu r. sa pièce.* — Bien r., mal r., Approuver, désapprouver. *Cette opinion fut mal reçue dans le public. Ce livre a été bien reçu.* || En parlant de personnes, sign. aussi Accueillir. R. *un ambassadeur, le r. reçu magnificence. Il m'a reçu à bras ouverts, avec de grandes démonstrations de joie. Il l'a reçu froidement. Cette personne reçoit fort bien son monde. Je me suis présenté chez lui, mais il n'a pas pu me r. Être reçu chez quelqu'un, Être admis dans sa maison, dans sa société. Il est reçu chez le ministre. Son éducation le met en état d'être reçu partout.* — *Il l'a reçu en brave, en homme de cœur, se dit d'un homme qui s'est présenté courageusement à un ennemi qui venait l'attaquer. Les ennemis ont été reçus à grands coups de canon,* On a fait sur eux un très grand feu, lorsqu'ils se sont approchés. *Je ne reçois pas la visite de quelqu'un.* Être visité par quelqu'un. — R. *des visites,* Être visité par diverses personnes. *Il n'y a pas d'homme qui reçoive plus de visites.* Signifie aussi, Admettre chez soi les personnes par qui l'on est visité. *Pendant le premier mois de son deuil, elle ne recevra pas de visites.* On dit absol., *Madame ne reçoit pas aujourd'hui. Le ministre reçoit deux fois par semaine.* || Recueillir chez soi. On défendit de r. ce proscrit. || Admettre. *Il n'est plus reçu à demander les arrérages de cette rente.* R. *quelqu'un en grâce. Il l'a reçu dans son régiment, dans sa foi et hommage.* Au Palais, on dit : R. *quelqu'un à serment.* On l'a reçu *partie intervenante.* On *l'a reçu à prouver. Faire r. une caution en justice.* — *Fin de non-r.,* Voy. FIN. || Se soumettre, déférer à quelque chose, comme à une loi, à une règle, à une vérité reconnue. R. *une décision avec respect.* R. *de nouvelles lois. Le droit romain n'était reçu que dans nos provinces du Midi. C'est un principe que tous les philosophes ont reçu. Il ne veut r. la loi de personne.* — R. *les ordres de quelqu'un,* Être soumis à sa volonté, à ses ordres, ou lui demander ce qu'on peut faire qui lui soit agréable. *Je ne reçois point d'ordres de lui. Je n'ai pas d'ordres à r. de lui. Je ne manquerai pas d'aller r. vos ordres avant que de partir.* || Installer dans une charge, dans une dignité, dans un emploi, etc., avec un certain cérémonial. *Le jour où il fut reçu conseiller.* On le reçut toutes les chambres assemblées. *Cet officier fut reçu à la tête des troupes,* à la tête de son régiment. Se faire r. docteur. *Il a été reçu à l'Académie. Il a été reçu par un tel.* = REÇU, UE. part. || Adjectivement., Établi, consacré. *Les usages reçus. Les maximes reçues.* = Subst., au masc., Écrit par lequel on déclare avoir reçu quelque chose. *Je vous donnerai un reçu de cette somme, de ce ballot. J'en ai votre reçu.* = Syn. Voy. ACCEPTER et ADMETTRE.

Conj. — *Je reçois, tu reçois, il reçoit; nous recevons, vous recevez, ils reçoivent. Je recevais; nous recevions. Je reçus, tu reçus, il reçut; nous reçûmes, vous reçûtes, ils reçurent. J'ai reçu; nous avons reçu. J'eus reçu; nous eûmes reçu; j'ai eu reçu; nous avons eu reçu. J'avais reçu; nous avions reçu. Je recevrai; nous recevrons. J'aurai reçu; nous aurons reçu.* — *Je recevrais; nous recevrions. J'aurais ou j'eusse reçu; nous aurions ou nous cussions reçu.* — *Reçois; recevons, recevez.* — *Que je reçoive, que tu reçoives, qu'il reçoive; que nous recevions, que vous receviez, qu'ils reçoivent. Que je reçusse, que tu reçusses, qu'il reçût; que nous reçussions, que vous reçussiez, qu'ils reçussent. Que j'aie reçu; que nous ayons reçu. Que j'eusse reçu; que nous eussions reçu.* — *Recevoir. Avoir reçu. Recevant. Reçu, ue.*

RECEZ. s. m. [Pr. *re-sè*] (lat. *recessus*, de *recedere*, se retirer). Dans les anciennes diètes de l'Empire d'Allemagne, Acte par lequel, avant de se séparer, on recueillait et l'on rédigeait les délibérations qui avaient été prises. || T. Diplom. Procès-verbal résumant les conventions adoptées.

RÉCHAMPIR. v. a. [Pr. *réchan-pir*] (R. *re*, préf., et *échampir*). Détacher les objets du fond sur lequel on peint, soit en marquant leurs contours, soit par l'opposition des couleurs. On dit aussi, *Échampir.* || T. Doreur. Réparer avec du blanc de céruse les taches ou bavochures que la couleur jaune destinée à recevoir la dorure a pu faire sur les fonds. = RÉCHAMPI, IE. part.

RÉCHAMPISSAGE. s. m. [Pr. *réchan-pi-saje*]. Action de réchampir.

RECHANGE. s. m. (R. *re*, préf., et *change*). Se dit de certains objets que l'on tient en réserve pour remplacer au besoin d'autres objets semblables; en ce sens, il ne s'emploie qu'avec la prép. *de. Des armes, des cordages de r. Un timon, une roue de r.* On appelle quelquefois même ces divers objets, *Des rechanges.* — *Corps de r.,* Parties de certains instruments à vent qu'on change selon les divers tons dans lesquels on veut jouer. *Une trompette à corps de r.* || T. Comm. Opération par laquelle le porteur d'une lettre de change protestée en émet une nouvelle pour se faire rembourser. Voy. CHANGE.

RECHANGER. v. a. Changer de nouveau. = RECHANGÉ, ÉE. part.

RECHANTER. v. a. Chanter de nouveau. || Répéter la même chanson, la même air; et Fig., Répéter souvent la même chose. = RECHANTÉ. ÉE. part.

RÉCHAPPER. v. n. [Pr. *récha-per*] (R. *re*, préf., et *échapper*). Être délivré, se tirer d'un grand péril. *Il a une grave maladie, il n'en réchappera pas, je ne crois pas qu'il en réchappe. Vous êtes bien heureux d'être réchappé de ce danger. Fam.* = RÉCHAPPÉ, ÉE. part. || Substant., *Un réchappé de la potence,* Un vaurien, un homme capable des plus mauvaises actions. Pop.

RECHARGE. s. f. Action de recharger. On dit Fig. et fam., *Venir à la r.,* Faire de nouvelles instances.

RECHARGEMENT. s. m. [Pr. *rechar-je-man*]. Action de recharger des marchandises. || Action de mettre de nouveau ballast sur une voie de chemin de fer ou du caillou nouveau sur une chaussée.

RECHARGER. v. a. Charger de nouveau. *On avait déchargé les voitures, les mulets, il fallut les r.* || Charger de nouveau une arme à feu. *On recharge son fusil.* Absol., *Dès que j'eus tiré, je rechargeai.* || Faire une nouvelle attaque, retourner au combat. *Après deux charges sans résultat, il rechargea encore les ennemis et les rompit entièrement.* || Donner un ordre encore plus pressant. *Je vous avais chargé et rechargé de lui dire cela, et cependant vous n'en avez rien fait. Fam.* || T. Charron. R. *un essieu,* Grossir les bras d'un essieu, usés et affaiblis par le frottement.* || T. Rur. R. *un champ,* y ajouter de la terre.* || T. Techn. R. *une pioche,* remettre du métal pour remplacer les parties usées.* || T. Viab. R. *une route,* l'empierrer de nouveau.* || T. Pris. R. *un prisonnier par un nouvel écrou,* s'opposer à son élargissement par un nouvel écrou.* || T. Arm. Charger de nouveau. *La cavalerie recharge l'ennemi.* = RECHARGER, v. pron. Reprendre son fardeau, sa charge. *Aidez-lui à se r. Après s'être reposé un instant, il se rechargea et partit.* = RECHARGÉ, ÉE. part. = Conj. Voy. MANGER.

RECHASSER. v. a. [Pr. *recha-ser*]. Chasser, expulser de nouveau. *Il a rechassé ce valet qu'il avait repris.* || Repousser d'un lieu en un autre. *On rechassa les ennemis jusque dans leur camp. Le vent nous rechassa dans le port.* || Chasser de nouveau en parlant du gibier. *C'est un bois où j'ai chassé et rechassé. Fam.* = RECHASSÉ, ÉE. part.

RÉCHAUD. s. m. [Pr. *ré-cho*] (Vx fr. *reschaut*, m. s. d'un verbe *reschauder, réchauffer,* du lat. *re, ex,* préfixes, et *calidus,* chaud). Ustensile dans lequel on met du feu pour chauffer les mets et pour d'autres usages. || R. *de rempart,* gros chandelier de fer sur lequel on fait brûler des artifices pour éclairer pendant la nuit les points attaqués.

|| T. Hortic. Fumier neuf qu'on applique sur les couches refroidies.

RÉCHAUFFAGE. s. m. [Pr. réchô-faje]. Action de réchauffer.

RÉCHAUFFEMENT. s. m. [Pr. récho-fe-man]. Action de réchauffer. Le r. de l'atmosphère. || Ce qui réchauffe. || T. Jardin. Le fumier neuf dont on se sert pour réchauffer les couches refroidies.

RÉCHAUFFER. v. a. [Pr. ré-cho-fer] (R. re, préf., et échauffer). Échauffer, chauffer ce qui était refroidi. Faites r. ce potage. Elle essaya de r. l'enfant sur son sein. — Fig., au sens moral, Ses amis s'étaient fort refroidis; mais la nouvelle de son succès les a réchauffés. Prov., R. un serpent dans son sein. Voy. SERPENT. || Aviver. R. les tons des couleurs. || T. Jardin. R. une couche, Y mettre du réchauffement, du fumier neuf. == SE RÉCHAUFFER. v. pron. S'échauffer de nouveau. Il avait froid, il s'est réchauffé à courir. Le temps se réchauffe. Son zèle s'est réchauffé. == RÉCHAUFFÉ, ÉE. part.

Un dîner réchauffé ne valut jamais rien.
BOILEAU.

|| Subst., Ce dîner n'est que du réchauffé. Fig. et fam., Cet ouvrage n'est qu'un réchauffé de tel autre, et absol., n'est que du réchauffé, Tout ce qu'il contient a déjà été dit.

RÉCHAUFFOIR. s. m. [Pr. récho-fouar] (R. réchauffer). Fourneau qui sert à réchauffer les plats qu'on apporte d'une cuisine éloignée.

RECHAUSSEMENT. s. m. [Pr. recho-seman]. Action de rechausser un arbre.

RECHAUSSER. v. a. [Pr. recho-ser]. Chausser de nouveau. Cet enfant s'amuse à se déchausser et à se r. || R. un arbre, Remettre de la terre au pied d'un arbre. — R. un mur, un pilier, une terrasse, En refaire le pied ou le fortifier avec de nouvelles pierres. — R. une roue dentée, y remettre des dents. == RECHAUSSÉ, ÉE. part.

RECHAUSSOIR. s. m. [Pr. recho-souar] (R. rechausser). Instrument de monnayeur pour arrondir et rabattre les pointes des carreaux.

RÊCHE. adj. 2 g. (anc. all. resche, dur, raboteux). Rude au toucher. Cette étoffe est r. Il a la peau r. || Par anal., Âpre, rude au goût. Pomme r. Vin r. Saveur r. Fam.

RECHERCHABLE. adj. 2 g. Digne d'être recherché.

RECHERCHE. s. f. Action de rechercher. R. exacte. Longue, vaine r. La r. des antiquités d'une ville. Travailler à la r. de la vérité. Le coupable a échappé à toutes les recherches. Dans la r. de la vérité, il faut s'abstenir de toute idée préconçue. Faire des recherches pour découvrir des sources, des mines, etc. || T. Dr. La r. de la paternité est interdite (Code civ.). — Au plur., se dit des travaux de science et d'érudition. Il a fait de grandes recherches sur ce point de chronologie. Recherches sur les fonctions de l'encéphale. || Examen, enquête de la vie et des actions de quelqu'un. La r. des concussionnaires. La r. des faux nobles. Faire la r. de la vie de quelqu'un. || Poursuite que l'on fait en vue de se marier. Faire la r. d'une demoiselle, d'une veuve. Faire agréer sa r. || Le soin, l'art, le raffinement qu'on met dans certaines choses. Il y a de la r. dans sa parure, dans ses meubles, dans ses repas. Cette femme est toujours mise avec une extrême r. Il y a trop de r. dans son style. Il y a plus de r. que de talent dans l'exécution de ce tableau. Des recherches de volupté, de dissimulation, de cruauté. || T. Eaux et Forêts. Opération par laquelle on s'assure des arbres qui manquent et qui doivent être remplacés. || T. Techn. La réparation que l'on fait en remettant des tuiles, des ardoises ou des pavés aux endroits où il en manque. Il faut faire une r. à cette toiture, à ce pavé.

RECHERCHER. v. a. Chercher de nouveau. Je l'ai cherché et recherché sans pouvoir le trouver. || Chercher avec soin. R. la cause d'un phénomène. R. quelle peut être la cause d'un phénomène. R. le moyen de faire une chose.

Je recherche par quels moyens j'en pourrai venir à bout.
A rechercher le vrai j'ai consumé ma vie.
VOLTAIRE.

|| Faire enquête des actions ou de la vie de quelqu'un. Il est arrêté; on recherche sa vie. Ne faites pas telle chose, vous seriez recherché. || Tâcher de se procurer, d'obtenir. On recherche beaucoup les tableaux de cet artiste, les produits de cette fabrique. R. les dignités, les honneurs, les richesses. R. l'amitié, les bonnes grâces de quelqu'un. R. sa société, son commerce. — On dit aussi de quelqu'un qu'on est désireux de connaître, de fréquenter. C'est un homme que tout le monde recherche. — R. une demoiselle, une veuve, Faire les démarches nécessaires pour obtenir sa main. || T. Beaux-Arts. Réparer avec soin les moindres défauts d'un ouvrage, en retoucher jusqu'aux moindres choses qui pourraient nuire à sa perfection. R. une figure de plâtre, de bronze. Voilà des endroits qu'on n'a pas assez recherchés. R. des ornements de menuiserie. || T. Man. R. un cheval, L'animer, multiplier les aides, redoubler d'action sur lui, solliciter une plus grande vivacité dans son allure. == SE RECHERCHER. v. pron. Désirer de se voir, de se connaître. Les hommes de goût se devinent et se recherchent. == RECHERCHÉ, ÉE. part. C'est un homme fort recherché dans le monde, On l'accueille avec plaisir, on s'empresse de l'attirer chez soi. || Adject., se dit des choses où le travail et l'art se font trop sentir, où il y a de l'affectation. Parure recherchée. Ajustement recherché. Pensée, expression recherchée. L'attitude de cette figure est trop recherchée. On dit de même, Une personne recherchée dans sa parure, dans ses expressions. || T. Beaux-Arts. Figure bien recherchée, Figure bien travaillée jusque dans les moindres détails. == Syn. Voy. AFFECTER.

RECHERCHEUR. s. m. Celui qui fait des recherches.

RECHIFFRER. v. a. Chiffrer de nouveau. == RECHIFFRÉ, ÉE. part.

RECHIGNEMENT. s. m. [Pr. rechi-gne-man, gn mouil.]. Action de rechigner.

RECHIGNER. v. n. [Pr. rechi-gner, gn mouil.] (Vx fr. rechin, rude, de rêche). Témoigner par l'air de son visage la mauvaise humeur où l'on est, la répugnance qu'on éprouve. Qu'avez-vous à r.? Il rechigne toujours. Il a rechigné à cette proposition. Il y a consenti, mais en rechignant. == RECHIGNÉ, ÉE. part. || On dit adject., Rechigné, ée, Qui a l'air de mauvaise humeur, qui annonce la mauvaise humeur. Une petite vieille rechignée. Une mine rechignée.

RECHINSER. v. a. (bas lat. recinsare, purifier). T. Techn. Laver la laine dans l'eau claire. == RECHINSÉ, ÉE. part.

RECHOIR. v. n. [Pr. rechou-ar] (R. re, préf., et choir). Tomber de nouveau; et Fig., Retomber dans une même maladie, dans une même faute. Vx.

RECHT. v. de Perse, ch.-l. du Ghilan, près de la mer Caspienne; 42,000 hab.

RECHUTE. s. f. Nouvelle chute; se dit Fig., de la réapparition d'une maladie pendant ou peu après la convalescence. La r. est à craindre. Il vient d'avoir une r. Les rechutes sont dangereuses.

La rechute, dit-on, est pire que le mal.
THOMAS CORNEILLE.

|| Se dit aussi du retour à la même faute habituelle, au même péché. Les fréquentes rechutes mènent à l'endurcissement.

RECHUTER. v. n. Redevenir malade par une rechute.

RÉCIDIVATION. s. f. [Pr. ré-sidi-va-sion]. Action de récidiver.

RÉCIDIVE. s. f. (lat. recidivus, qui retombe, de recidere, retomber, de re, préf., et cadere, tomber). T. Méd. Réapparition d'une maladie, après complète guérison, et au bout d'un laps de temps indéfini. || T. Droit crimin. Action de commettre de nouveau, après une condamnation, un crime

un délit de même nature. *Il y a r. Il est accusé de vol*
-ec r. En cas de r. La r || Dans le langage ordinaire, se
l d'une simple faute. *A la première r. vous serez puni.*
rends garde à là r. Je ne pardonne pas les réci-
ives.

Législ. — La *récidive* est l'état de celui qui, après avoir
ubi une première condamnation, commet un second délit,
le entraîne une aggravation de peine destinée à frapper
us sévèrement le condamné à qui un premier avertissement
a pas suffi. Il peut y avoir *r.* de crime à crime, de délit à
rime, de délit à délit, de contravention à contravention, dans
-s conditions déterminées par le Code pénal (art. 56 et suiv.).
ue condamnation à une peine correctionnelle ayant été anté-
eurement prononcée, si le délinquant encourt par la suite une
eine criminelle, bien qu'il se trouve en état de r., il ne subit
as *ipso facto* une aggravation de peine : en effet, le législa-
eur a pensé qu'une première condamnation à une simple
eine correctionnelle n'était pas suffisante dans ce cas pour
ervir d'épreuve et que de plus la peine attachée au crime
ait assez sévère par elle-même pour qu'il ne fût pas besoin
le l'aggraver. En vue de prévenir les dangers résultant de
'accroissement du nombre des récidivistes, le législateur a
édicté deux séries de prescriptions, les unes destinées à éloigner de la métropole les malfaiteurs d'habitude, au moyen de
a *relégation*, les autres ayant pour but de supprimer les
auses même de la r., en facilitant le retour au bien des con-
lamnés. A ce dernier ordre d'idées se rattachent la loi du
27 mai 1885 qui supprime la surveillance de la haute police,
la loi du 14 août 1885 sur les moyens de prévenir la r. enfin,
la loi du 5 août 1899 sur le casier judiciaire et la réhabilitation de droit. Le législateur s'est d'abord préoccupé de
l'amélioration du condamné pendant le temps d'exécution de
sa peine : il a institué dans ce but un régime disciplinaire
basé sur la constatation journalière de la conduite et du travail des détenus qui lui permet de leur accorder, s'ils donnent
toute satisfaction, la *libération conditionnelle.* Cette faveur,
qui peut être retirée en cas d'inconduite, consiste dans la
remise de la moitié de la peine en cours d'exécution. Mais il
ne suffit pas de préparer le retour au bien du condamné,
pendant qu'il est sous la main de la justice : il faut encore
l'aider à reprendre une vie honorable, une fois qu'il a recouvré
sa liberté. Pour atteindre ce résultat, le législateur a, d'une
part, organisé le patronage des libérés en le confiant à des
sociétés ou à des institutions agréées et subventionnées par
l'Administration ; il a, d'autre part, étendu le bénéfice de la
réhabilitation à tous les condamnés qui n'ont pas encouru,
pendant le temps fixé, une nouvelle condamnation ; il a, en
outre, décidé, pour faciliter le reclassement, qu'après un
certain stage de bonne conduite, une première condamnation
encourue ne devrait plus figurer sur les extraits du casier
judiciaire délivrés aux particuliers. Voy. RÉHABILITATION,
RELÉGATION.

RÉCIDIVER. v. n. (bas lat. *recidivare*, m. s., du lat. *re-*
cidivus, qui retombe). Commettre de nouveau le même
délit, le même crime ; retomber dans la même faute. *Prenez*
garde de r. Il a récidivé.

RÉCIDIVISTE. s. 2 g. T. Jurispr. crim. Celui, celle qui a
commis un crime ou un délit avec récidive.

RÉCIDIVITÉ. s. f. T. Méd. Tendance des tumeurs à récidiver.

RÉCIF. s. m. (esp. *arrecife*, chaussée, de l'arabe *ar*
recif, m. s.). Chaîne de rochers ou banc de coraux à fleur
d'eau. *Une mer pleine de récifs. L'île est entourée d'un r.*
de coraux. On dit aussi *Recif* et *Ressif.* Voy. ILE.

RÉCIFE. Voy. PERNAMBOUC.

RECIMENTER. v. a. [Pr. *re-si-man-ter*]. Cimenter de
nouveau. = RÉCIMENTÉ, ÉE. part.

RÉCIPÉ. s. m. (Mot latin qui sign. *Prenez*, et par lequel
les médecins commencent ordinairement leurs formules). Se
disait autrefois pour l'ordonnance même d'un médecin pour
quelque malade. || Fam., se dit quelquefois de toute sorte de
formules de remèdes. *Cette femme a des récipés pour toutes*
les maladies.

RÉCIPIANGLE. s. m. (lat. *recipere*, prendre ; *angulus*,
angle). Instrument pour mesurer les angles des solides.

RÉCIPIENDAIRE. s. m. [Pr. *ré-si-pian-dère*] (lat. *reci-*
piendus, qui doit être reçu). Celui que l'on reçoit dans un
corps, dans une compagnie, avec une certaine solennité, avec
un certain cérémonial. *A l'Académie française, le r.* pro-
nonce un discours, et le directeur y répond.

RÉCIPIENT. s. m. [Pr. *ré-si-pian*] (lat. *recipiens*, recevant). T. Chim. et Pharm. Vase ordinairement de forme
ronde destiné à recevoir les produits d'une distillation ou de
toute autre opération chimique. *Un r. de verre.* — *R. floren-*
tin. Vase portant à sa partie inférieure une tubulure qui se
relève vers le haut et se courbe ensuite en forme de siphon ;
il a pour objet la séparation des liquides de densités diffé-
rentes. Voy. ESSENCE. || T. Phys. *R. d'une machine pneu-*
matique, la cloche de verre sous laquelle on fait le vide.

RÉCIPROCATION. s. f. [Pr. *ré-sipro-ka-sion*] (lat. *reci-*
procatio, m. s.). Action réciproque. Vx.

RÉCIPROCITÉ. s. f. (lat. *reciprocitas*, m. s.). État,
caractère de ce qui est réciproque. *La r. de l'amitié, des*
sentiments, des services. En tout, il faut de la r. Dans ce
traité, telle puissance renonce à tel droit, à charge
de r.

RÉCIPROQUE. adj. 2 g. (lat. *reciprocus*, m. s., formé de
recus, en arrière, et *procus*, en avant, et qui sign. propr.
qui va en avant et en arrière). Mutuel. *Amour, amitié,*
haine r. Devoirs, bienfaits réciproques. Promesse r. Accu-
sation r. Les sentiments qu'ils ont l'un pour l'autre sont
réciproques. L'action, l'influence r. des lois sur les mœurs
et des mœurs sur les lois. — On dit subst., *Je vous ren-*
drai le r., Je ferai pour vous ce que vous ferez pour moi.
Fam. || T. Gramm. *Verbes réciproques*, Voy. VERBE. || T. Log.
Propositions réciproques, Deux propositions telles que le
sujet de l'une peut devenir l'attribut de l'autre et réciproquement. *Ces deux propositions,* L'homme est un animal raisonnable, *et* L'animal raisonnable est un homme, *sont réci-*
proques. || T. Math. *Raison r.*, Syn. de Raison inverse.
Voy. RAISON. — *Propositions réciproques,* Deux propositions telles que l'hypothèse de chacune est la conclusion de
l'autre. *Tout point pris sur la perpendiculaire élevée au*
milieu d'une droite est à égale distance des deux extré-
mités de cette droite, et : *tout point également distant*
de deux autres est sur la perpendiculaire menée au mi-
lieu de la droite qui les joint. On dit subst. *La r. d'une*
proposition, La r. d'une proposition vraie n'est pas toujours
vraie. Ex. : *Deux angles opposés par le sommet sont*
égaux. Il ne s'en suit pas que deux angles égaux soient toujours opposés par le sommet. — *Nombres réciproques,* ou
inverses. Deux nombres dont le produit est égal à 1. —
Équation r. Équation dont les racines sont deux à deux
réciproques. || T. Géom. *Figures réciproques* ou *inverses.*
Voy. INVERSION. = Syn. Voy. MUTUEL.

Alg. — On reconnaît qu'une équation est r. à ce que les
coefficients des termes également éloignés des extrêmes sont
égaux. Si l'équation est de degré impair, elle admet la racine
1 dont on la débarrasse en divisant le premier membre par
x—1. Il n'y a donc lieu de considérer que les équations réci-

proques de degré pair. On y fait la substitution $x + \dfrac{1}{x} = y$,

et le degré s'abaisse de moitié. — On considère aussi des
équations réciproques de *seconde espèce* dans lesquelles les
racines sont deux à deux inverses et de signes contraires.
Elles s'abaissent au degré sous-double par la substitution

$$x - \frac{1}{x} = y.$$

RÉCIPROQUEMENT. adv. [Pr. *ré-sipro-keman*]. Mutuellement, d'une manière réciproque. *Ils se rendent r. de bons*
offices. S'aimer r. Ils se sont convenus de s'admirer r. Il
faut qu'une femme soit fidèle à son mari, et r., Il faut
que le mari soit fidèle de son côté.

RÉCIPROQUER. v. a. (lat. *reciprocare*, m. s., de *reci-*
procus, réciproque). Rendre la réciproque, la pareille à quelqu'un. = SE RÉCIPROQUER, v. pron. Être dans un rapport
réciproque.

RÉCIT. s. m. [Pr. *ré-si*] (R. réciter). Relation, narration
d'une chose qui s'est passée. *R. exact, naïf, fidèle, ennuyeux.*

Faites-nous le r. de cette aventure, le r. de ce qui s'est passé. Abrégez votre r. R. historique. R. poétique, épique. — Fam., *Faire un grand r., de grands récits de quelqu'un, de quelque chose,* En parler très avantageusement, en dire beaucoup de bien. *C'est un homme dont on m'a fait de grands récits, un r. fort avantageux. Sur le r. qu'on m'en a fait, j'ai grande envie de le connaître.* || T. Art. dram. La narration détaillée d'un événement qui vient de se passer. *Cet acteur est bon pour les récits. Le r. de Théramène dans la tragédie de* Phèdre. || T. Mus. Dans la musique d'ensemble, Tout morceau qui est exécuté par une voix seule, ou par un seul instrument. *Voilà un beau r. Un r. bien chanté. R. de basse, de ténor. R. de flûte, de hautbois.* — *Clavier de r.,* L'un des claviers de l'orgue Voy. ORGUE. — Sign. aussi, La partie qui, dans une symphonie, exécute le sujet principal.

RÉCITANT, ANTE. adj. T. Mus. Se dit des voix ou des instruments qui exécutent seuls, ou qui exécutent la partie principale. *Partie récitante,* Celle qui est chantée par une seule voix ou exécutée par un seul instrument, ou Celle qui exécute le sujet principal.

RÉCITATEUR, RÉCITATRICE. s. Celui, celle qui récite quelque chose par cœur.

RÉCITATIF. s. m. (R. *réciter*). T. Mus. Dans la musique dramatique, on appelle *Récitatif* une sorte de chant qui n'est guère qu'une déclamation notée : toutefois nous l'appelons *chant* parce qu'il emploie des sons musicaux et peut s'accompagner d'une basse formant ainsi une harmonie complète. Le r. s'emploie surtout dans le dialogue et dans le récit : d'où le non sous lequel on le désigne. Il sert à séparer les airs et fournit un repos souvent nécessaire à l'oreille. Quelquefois, un r. forme l'exposition de la pièce. On nomme *R. simple* ou *libre,* celui qui est seulement accompagné par le piano ou par la basse, ou encore par les deux ensemble; les Italiens l'appellent *parlante.* Le *R. accompagné* est celui qui, outre la basse continue, reçoit un accompagnement d'instruments, lequel est ordinairement formé de longues notes soutenues. Le *R. obligé* est celui où l'accompagnement s'unit étroitement au chant de manière à en renforcer l'expression : il est ainsi appelé parce qu'il oblige le chanteur et l'orchestre à se suivre mutuellement. Le r. devient *arioso* lorsqu'il approche des formes de l'air. Enfin, lorsqu'il se change tout à coup en chant, et prend de la mesure et de la mélodie, on le nomme *R. mesuré.*

RÉCITATION. s. f. [Pr. *ré-sita-sion*] (lat. *recitatio,* m. s., de *re,* préf., et *citare,* contər). Action de réciter une chose qu'on sait par cœur, en prenant un ton moins élevé que celui de la déclamation, et plus accentué que le ton de la simple lecture. || L'action de réciter en musique.

RÉCITEMENT. s. m. [Pr. *ré-site-man*]. Action de réciter, de raconter.

RÉCITER. v. a. (lat. *recitare,* m. s.). Prononcer à voix haute et d'une manière soutenue quelque discours, quelque morceau de prose ou de vers qu'on sait par cœur. *R. sa leçon. R. des vers. Il nous récita sa comédie. Cet acteur récite bien. R. froidement. R. avec intelligence. Il ne faut pas déclamer ce passage, il suffit de r.* || Sign. quelquefois Raconter. *Il nous récita ses aventures.* || T. Mus. Exécuter un récit. = RÉCITÉ, ÉE. part.

RÉCLAIRCIR. v. a. (R. *re,* préf., et *éclaircir*). Éclaircir de nouveau. = RÉCLAIRCI, IE. part.

RÉCLAMANT, ANTE. s. T. Dr. Celui, celle qui réclame quelque chose.

RÉCLAMATEUR. s. m. Celui qui réclame, qui redemande.

RÉCLAMATION. s. f. [Pr. ...*sion*] (lat. *reclamatio,* m. s.). Action de réclamer, de revendiquer, de s'opposer, de revenir contre quelque chose. *Faire une r., des réclamations. Cet avis a passé sans r. Cette loi excita beaucoup de réclamations. On a passé outre, malgré toutes ses réclamations. Être en r.,* Avoir réclamé et attendre le résultat de sa r. || T. Jurispr. *R. d'état,* Action judiciaire ayant pour objet de faire statuer sur l'état civil d'une personne à laquelle cet état est contesté.

RÉCLAME. s. f. (R. *réclamer*). Dans les journaux, petit article inséré dans le corps du journal, qui est contient l'éloge, ordinairement payé, d'un livre, d'une œuvre d'art, etc. || Appel à la publicité par affichage, prospectus, exhibitions de toutes sortes, pour faire valoir une entreprise, recommander une marchandise, etc. *Faire de la r.* || T. Typogr. Le mot qu'on met au-dessous de la dernière ligne d'une feuille ou d'une page d'impression, et qui est le premier de la feuille ou de la page suivante. *Les réclames ne sont plus guère en usage.* || La note manuscrite qui rappelle au correcteur le dernier mot et le dernier folio d'une épreuve. *Vérifier la r.,* S'assurer qu'il n'y a pas d'erreur dans le passage d'une feuille à l'autre. || T. Plain-chant. Voy. RÉPONS.

RÉCLAME. s. m. (R. *réclamer*). T. Fauconn. Le cri et le signe que l'on fait à un oiseau pour le faire revenir sur le poing ou au leurre.

RÉCLAMER. v. n. (lat. *reclamare,* s'écrier, de *re,* préf., et *clamare,* crier). Protester, contredire, s'opposer de paroles. *Je réclame contre cela. Y a-t-il quelqu'un qui réclame contre? Personne ne réclame.* || Revenir contre quelque acte. *Ce religieux réclame contre ses vœux. Un majeur peut, dans les dix ans à partir de sa majorité, r. contre les actes faits pendant sa minorité.* = RÉCLAMER. v. a. Implorer, demander avec instance. *R. l'assistance, le secours de Dieu. R. la protection de la loi. Je réclame vos bontés, votre indulgence.* || Revendiquer une chose à laquelle on a des droits. *Il trouva le cheval qu'on lui avait pris, et le réclama. R. des meubles qu'on a prêtés. R. son droit. La noblesse réclama en vain ses privilèges.* — On dit, dans un sens analogue, *R. quelqu'un. Vous avez fait arrêter mon domestique, je viens le r. L'ambassadeur à Constantinople le réclama comme protégé de la France.* || T. Fauconn. *R. un oiseau,* L'appeler pour le faire revenir sur le poing ou au leurre. || T. Sport. *R. le cheval qui a gagné une course,* En payant le prix fixé à l'avance par le propriétaire. = SE RÉCLAMER. v. pron. Être réclamé. *Les sommes consignées à telle caisse peuvent se r. dans le délai de tant.* || *Se r. de quelqu'un,* Déclarer qu'on est à son service, qu'on est son parent, qu'on en est connu ou protégé. *Voyant qu'on allait le maltraiter, il se réclama de l'ambassadeur de France.* || *Se réclamer de quelque chose. Se r. du droit des gens.* = RÉCLAMÉ, ÉE. part.

Syn. — *Revendiquer.* — Réclamer exprime une réclamation quelconque. On *réclame* l'amitié, l'indulgence, des secours. *Revendiquer* désigne une réclamation judiciaire. On *revendique* une chose à titre de propriétaire. La *réclamation* est une demande, un appel; la *revendication* est une action, une poursuite. Un objet perdu dont on ne connait pas le maître, vous le *réclamez*; un objet volé qu'on ne veut pas vous rendre, vous le *revendiquez.*

RECLASSEMENT. s. m. [Pr. *rekla-se-man*]. Classement nouveau, différent.

RECLASSER. v. a. [Pr. *rekla-ser*] (R. *re,* préf., et *classer*). Classer de nouveau, ou d'après une nouvelle méthode. = RECLASSÉ, ÉE. part.

RÉCLINATIF, IVE. adj. (R. *récliner*). T. Bot. La préfoliaison *réclinative,* Où le sommet des feuilles est renversé en arrière.

RÉCLINÉ, ÉE. adj. (part. pass. de *récliner*) T. Bot. Dont l'extrémité penche vers la terre. *Rameau r. Feuilles réclinées.*

RÉCLINER. v. n. (lat. *reclinare,* pencher en arrière; de *re,* préf., et *clinare,* pencher). S'éloigner de la verticale.

RECLOUER. v. a. Clouer de nouveau. = RECLOUÉ, ÉE. part.

RECLURE. v. a. (lat. *recludere,* m. s., de *re,* préf., et *claudere,* fermer). Renfermer dans une clôture étroite et rigoureuse. *Il n'appartient qu'à l'évêque de r. un pénitent ou un religieux, et sur la demande de ce dernier.* = SE RECLURE. v. pron. *Se r. dans une cellule.* || Fig. *Il s'est reclus dans le fond de son appartement et ne veut voir personne.* = RECLUS, USE. part. *Il s'est reclus dans sa chambre, dans sa maison,* Il n'en sort point et ne veut voir personne. || On dit aussi substant., *C'est un reclus. Vivre* *comme un reclus, comme une recluse.* — Ce verbe n'est d'usage qu'à l'infinitif et aux temps formés du participe.

RECLUSION ou **RÉCLUSION**. s. f. [Pr. *re-*ou *ré-klu-zion*] (R. *recluse*). État d'une personne renfermée. *Il s'est condamné lui-même à une r. absolue.* || T. Droit criminel. Détention d'un condamné dans une maison de force. *Il a été condamné à la r. La r. est une peine infamante.* Voy. Peine, II.

RECLUSIONNAIRE. s. m. [Pr. *re-klu-zio-nère*]. Condamné à la réclusion.

RECOCHER. v. a. (R. *re*, préf., et *cocher*). T. Techn. Rabattre la pâte, le mastic, l'argile avec le creux de la main. == Recoché, ée. part.

RECOGNER. v. a. [Pr. *gn* mouil.]. Cogner de nouveau. == Recogné, ée. part.

RECOGNITIF, IVE. adj. [Pr. *re-kog-nitif, gn* dur] (lat. *recognitus*, part. pass. de *recognoscere*, reconnaître). T. Jurispr. *Acte r.*, Acte par lequel on reconnaît ou ratifie une obligation, en rappelant le titre qui l'a créée.

RECOGNITION. s. f. [Pr. *rékog-ni-sion, gn* dur] (lat. *recognitio*, m. s.). Action de reconnaître.

RECOI. s. m. [Pr. *re-koua*] (lat. *requietum*, m. s., de *requies*, repos, de *re*, préf., et *quies*, repos). Lieu, situation tranquille. Vx. || Loc. adv. *A r.*, En toute tranquillité.

RECOIFFER. v. a. [Pr. *rekoua-fer*]. Coiffer une seconde fois, ou réparer le désordre d'une coiffure. == se Recoiffer. v. pron. Raccommoder sa coiffure, quand elle a été dérangée. == Recoiffé, ée. part.

RECOIN. s. m. [Pr. *re-kouin*] (R. *re*, préf., et *coin*). Coin plus caché, moins en vue. *Il s'était caché dans un r. Il n'y a coin ni r. où l'on n'ait cherché.* || Fig. et fam., *Les recoins du cœur, de la conscience,* Ce qu'il y a de plus caché dans le cœur, etc.

RÉCOLEMENT. s. m. [Pr. *rékole-man*]. Action de récoler. *Le r. des manuscrits, des livres d'une bibliothèque.* || T. Procédure. Vérification. *Faire le r. d'un inventaire,* Vérifier tous les effets contenus dans un inventaire. *Faire le r. de meubles et d'effets saisis,* Vérifier s'ils sont tous portés sur le procès-verbal de saisie. On dit de même, *Procès-verbal de r.* — *Faire le r. des témoins,* Les récoler. || T. Adm. forest. *R. de bois,* Procès-verbal de visite que font les agents forestiers, pour vérifier si une coupe de bois a été faite conformément aux ordonnances.

RÉCOLER. v. a. (lat. *recolere*, passer en revue, de *re*, préf., et *colere*, agir, pratiquer). Vérifier. *R. un inventaire, les manuscrits d'une Bibliothèque, etc.* || *R. des témoins,* Lire aux témoins qui ont été entendus dans une affaire criminelle les dépositions qu'ils ont faites, pour voir s'ils y persistent. == Récolé, ée. part. *Les témoins ont été récolés ou confrontés.*

RÉCOLLECTION. s. f. [Pr. *ré-kol-lek-sion*] (lat. *recollectio*, m. s.). T. Dévotion. Action par laquelle on se recueille en soi-même. Vx.

RECOLLEMENT. s. m. [Pr. *reko-leman*]. Action de recoller.

RECOLLER. v. a. [Pr. *reko-ler*]. Coller de nouveau. == Recollé, ée. part.

RÉCOLLET, ETTE. s. [Pr. *reko-lè, èle*] (lat. *recollectus*, recueilli). — Les *Récollets* étaient des religieux réformés de l'étroite observance de Saint-François. Ils se nommaient ainsi parce qu'ils n'admettaient dans leur ordre que ceux qui avaient l'esprit de récollection ou de recueillement. La réforme qui leur donna naissance eut lieu en Espagne, l'an 1484; elle fut admise en Italie en 1525; mais ce fut seulement en 1532 que le pape Clément VII érigea ces religieux en congrégation particulière. On les appelait en Espagne *Franciscains déchaussés,* et en Italie *Franciscains réformés.* Cette congrégation s'établit en France en 1532, et s'y multiplia fort

rapidement. Avant la révolution, elle possédait près de 150 couvents et se partageait en sept provinces. — Il y a ou aussi des religieuses dites *Récollettes.*

RÉCOLLIGER. v. a. [Pr. *rékol-lijer*] (lat. *recolligere*, m. s., recueillir, de *re*, préf., et *colligere*, réunir). T. Dévotion. Se recueillir en soi-même. *Il faut se r. pour bien faire son examen.* Vx. == se Récolliger. v. pron.

RECOLORATION. s. f. [Pr. *...sion*]. Action de recolorer.

RECOLORER. v. a. Colorer de nouveau. || Faire revenir une couleur qui s'était effacée. == se Recolorer. Reprendre ses couleurs. == Recoloré, ée. part.

RÉCOLTE. s. f. (lat. *recollectus*, recueilli). Action de recueillir les biens de la terre. Produit en nature qui en résulte. *La r. des blés, des fruits. Une bonne r. Une pauvre r. La r. a été abondante, a été médiocre, a manqué. Après la r. Enlever, serrer la r. On a saisi ses récoltes.* || Fig., se dit de choses qu'on reçoit ou qu'on rassemble. *Cette quêteuse a fait une bonne r. Il a fait une abondante r. d'observations pour son ouvrage.*

Arboric. — *Récolte des fruits.* — La *r. des poires* se fait lorsque ce fruit présente un degré suffisant de maturité. Quant au moment précis, il varie suivant les variétés. Les poires qui mûrissent en été ou en automne doivent être cueillies huit ou douze jours avant leur maturité absolue, c.-à-d. avant le moment où elles se détachent d'elles-mêmes et tombent à terre. Ces fruits renferment alors les éléments nécessaires pour accomplir leur maturation, car celle-ci ne sera plus constituée que par une réaction chimique, indépendant, en quelque sorte, de l'action vitale. En les séparant de l'arbre à ce moment, on les prive de la sève des racines, on les force d'élaborer plus complètement celle que contiennent leurs tissus; le principe sucré est moins étendu d'eau, et la saveur est augmentée. L'instant où ces fruits peuvent être récoltés est indiqué par la teinte jaune que prend le côté opposé au soleil. Les poires qui ne mûrissent qu'en hiver doivent être récoltées dès qu'elles ont acquis tout leur développement, et avant la cessation complète de la végétation, c.-à-d. de la fin de septembre à la fin d'octobre, suivant les variétés, les années et le climat. L'expérience a démontré que ces fruits, laissés sur l'arbre après leur croissance, se conservent ensuite moins facilement; ils deviennent d'ailleurs moins parfumés et moins sucrés. Si, au contraire, on les récolte avant leur développement complet, ils se rident et mûrissent difficilement. Il est également utile de les recueillir en deux fois sur le même arbre; on détache d'abord les fruits placés sur la moitié inférieure; puis, huit ou dix jours après, on prendra ceux du sommet, parce que leur accroissement s'est prolongé un peu plus longtemps sous l'action de la sève, qui agit plus tardivement sur cette partie de l'arbre. Par la même raison, on récolte les fruits des arbres en plein vent après ceux des arbres en espalier, et ceux des jeunes arbres après ceux des arbres plus âgés. Au surplus, le moment précis est indiqué, pour chaque fruit, par la faculté qu'il présente de se détacher lorsqu'on le soulève un peu.

On choisit, autant que possible, pour faire la cueillette, un temps sec, un ciel découvert, et l'on opère depuis midi jusqu'à quatre heures. Les fruits sont alors chargés d'une moins grande quantité d'humidité; ils développeront une saveur plus prononcée, et se conserveront mieux. Cette règle s'applique à tous les fruits. — La meilleure méthode de cueillir les fruits consiste à les détacher un à un et à la main. On doit les leur faire éprouver aucune pression, car chaque foulure détermine une tache brune, qui enlève considérablement de leur valeur, et cause la pourriture. À mesure que les fruits sont détachés de l'arbre, on les dépose dans un panier à fond plat, garni de mousse ou d'un tapis, et l'on ne superpose que trois rangs séparés par des lits de feuilles. Quand le panier est ainsi approvisionné, on le transporte dans un local spacieux, aéré, où les fruits sont déposés sur une table couverte de feuilles ou de mousse bien sèches. Là, les fruits d'été ou d'automne achèvent leur maturation. Quant à ceux d'hiver, ils reçoivent les autres soins de conservation nécessaires. Voy. Fruitier. Lorsqu'on n'a pas de *fruiterie* à sa disposition, on peut également conserver les poires en les déposant dans des jarres ou des tonneaux. On prend alors les précautions suivantes. On choisit des vases neufs; on les sèche soigneusement; puis on place au fond une couche de chaux éteinte ou de charbon en poudre, mélangée d'une certaine quantité de sulfate de fer pulvérisé. On y range avec soin les pommes et les poires, en observant de placer la queue en haut pour la première couche, et en bas pour la seconde, en alternant ainsi jusqu'à l'orifice du vase. On ajoute du charbon ou de la chaux après qu'on a placé chaque couche de fruit, pour combler les interstices que ceux-ci laissent entre eux. Lorsque le vase est rempli, on le ferme hermétiquement, on le place dans un lieu sec, non exposé à la chaleur et surtout à l'abri des changements de température. — La cause du non-succès de la conservation des fruits est le plus souvent due à l'humidité du lieu où on les confine. Pour faire disparaître cet inconvénient, on peut employer le *chlorure de calcium*, substance d'un prix modique, qui a la propriété d'absorber une si grande quantité d'humidité (environ le double de son poids) qu'elle devient déliquescente après avoir été exposée, pendant un certain temps, à l'influence de l'air humide.

La r. et la conservation des *pommes* pour le dessert se conduisent exactement comme celles des poires.

On reconnaît la maturité des *pêches* à la couleur jaune que prend la peau du côté de l'ombre ; il faut bien se garder de s'en assurer par le toucher, car la moindre pression produit une tache. Les pêches destinées à la vente, ou à voyager, sont cueillies deux jours avant leur maturité ; elles sont alors plus fermes et supportent plus facilement le transport. Celles qui doivent être consommées se place cueillies la veille. Pour les premières, on les détache en les tournant un peu avec la main ; les secondes doivent céder au moindre soulèvement. — Les *pavies* et les *brugnons* ne peuvent être cueillis, dans tous les cas, qu'après leur maturité complète. Les pêches cueillies sont déposées, une à une, dans un panier à fond plat, garni comme nous l'avons indiqué pour les poires. On enveloppe chaque fruit d'une feuille de vigne, et l'on n'en superpose que trois au plus.

Les *abricots* sont récoltés avec autant de soin que les pêches. Ils ne peuvent être conservés frais, mais on les sèche comme les pruneaux, après en avoir extrait le noyau ; ils peuvent se garder ainsi pendant tout l'hiver. Quand on veut les utiliser, on les trempe la veille dans l'eau-de-vie étendue d'eau, on les cuit avec du sucre, et on en fait d'excellentes compotes.

La r. des belles espèces de *prunes* doit être effectuée avec précaution ; on attend que le soleil ait absorbé l'humidité ; on les prend une à une, par la queue, et on les détache par un mouvement de torsion. Elles sont ensuite déposées dans des corbeilles plates, puis portées à la fruiterie où elles sont abandonnées pendant deux ou trois jours ; elles y conservent toutes leurs qualités et en acquièrent même de nouvelles. Voy. PRUNIER.

Les *cerises* ne doivent être récoltées qu'après leur maturité parfaite, afin que le principe sucré y soit le plus abondant possible ; mais on ne doit pas laisser passer le moment. Dans le Midi, on conserve ces fruits en les faisant sécher comme les pruneaux ; on leur donne alors le nom de *cerisettes*.

La maturité des *amandes* se reconnaît à l'ouverture spontanée des péricarpes. On les abat alors avec des cannes de Provence (*Arundo Donax*), qui sont des gaules légères dont la percussion n'offense pas les rameaux. On les dépouille ensuite de leurs enveloppes que l'on met en réserve pour la provision des bestiaux pendant l'hiver.

L'*azerole* mûrit en automne ; les premiers fruits apparaissent, à Marseille, dans la première quinzaine de septembre. Le marché reste approvisionné jusqu'à octobre. On récolte ce fruit en deux états. Dans les premiers jours de septembre, quand il est encore vert, on le cueille pour en faire des confitures ; si l'on attendait sa maturité, il n'aurait plus assez d'acidité pour atteindre le but qu'on se propose. Le fruit est vendu ensuite pour être mangé. Cueillie quelques jours avant sa maturité complète, l'azerole, déposée au fruitier sur de la paille ou des planches, achève de mûrir ; elle prend une teinte jaune, ou rouge foncé, selon l'espèce, perd de sa rigidité, mollit un peu, devient plus douce, mais n'éprouve jamais de blossissement, comme les cormes et les nèfles, qui passent au noir ou au brun.

La r. des *châtaignes* s'opère dès qu'elles se détachent d'elles-mêmes ; après les avoir recueillies, on les débarrassant de leur enveloppe épineuse, on les répand sur une surface bien sèche, abritée et aérée, où on les remue souvent pour leur faire perdre une partie de leur eau de végétation. On les trie ensuite pour en former trois qualités de grosseurs différentes, et on les livre au commerce. Les châtaignes fraîches ayant une valeur commerciale plus élevée que celles qui sont desséchées, on a cherché à leur conserver cette qualité le plus longtemps possible. A cet effet, on devance

le moment de leur chute naturelle, et l'on abat les hérissons à coups de gaule. Ces fruits sont ensuite emmagasinés entiers dans des bâtiments secs et aérés, où les châtaignes achèvent leur maturation, et se conservent fraîches jusqu'au mois de juin. Quant aux châtaignes qui sont destinées à l'alimentation des habitants sur les lieux de production, voici comment on les traite pour les conserver pendant toute l'année. On opère leur dessiccation dans un séchoir modérément chauffé par un feu de bois vert et de feuilles produisant beaucoup de fumée. On les considère comme suffisamment sèches et prêtes à être *blanchies* quand l'écorce se détache bien et qu'elles sont dures sous la dent. Alors, pendant qu'elles sont encore chaudes, on les dépouille de leur écorce, soit en les plaçant dans des sacs que l'on frappe sur un billot revêtu d'une peau de mouton, soit au moyen de *soles* qui brisent moins les châtaignes. Ces soles se composent de gros souliers ou patins, dont la semelle de bois est entourée d'une lame de fer découpée en dessous en forme de scie. Treize dents pointues, de 0m,08 de long sur 0m,015 en carré à leur base, entaillées sur les arêtes, sont implantées dans cette semelle. Des hommes chaussés de ces patins entrent dans une sorte de coffre rempli de châtaignes et les font passer sous leurs patins. Dans les grandes exploitations, les châtaignes sont foulées aux pieds des chevaux sur l'aire. On dit que cette dernière méthode est la meilleure pour conserver les châtaignes entières.

Les *figues* sont mûres lorsque le suc âcre et laiteux qu'elles contiennent est changé en une eau limpide et sucrée, qu'elles ont pris la couleur qui distingue chaque variété, qu'elles sont devenues molles, charnues et pendantes. Dans le Midi celles qui sont destinées à être mangées fraîches sont cueillies, un peu avant leur maturité complète ; sous le climat de Paris, elles ne peuvent jamais être trop mûres. Les figues qu'on veut faire sécher sont cueillies complètement mûres et même un peu flétries, ce qui accélère leur dessiccation. On les place sur des claies faites en roseaux bien secs ; on les expose au soleil dans un endroit le plus chaud possible. Les claies sont empilées les soirs dans une remise bien aérée, éloignée de toute mauvaise odeur, ou simplement recouvertes d'une bâche, sur place. Chaque jour, le matin à midi, on retourne les figues, pour les faire sécher convenablement. On les retire lorsqu'elles ne se fendent pas, on les aplatissant sur leur queue. Dans certaines localités on ne cueille ces fruits que lorsqu'ils sont flétris ; et, après les avoir exposés au soleil un ou deux jours, on les jette dans de grands paniers où on les laisse suer pendant 7 ou 8 jours. On achève ensuite leur dessiccation au soleil. Lorsque toutes les figues sont ainsi desséchées, on les aplatit, puis on les sépare en trois qualités pour les livrer au commerce. Les figues séchées au four sont toujours de qualité fort inférieure.

Récolte des *raisins* : Voy. RAISIN. — *Récolte des céréales*. Voy. MOISSON.

RÉCOLTER. v. a. (R. *récolte*). Faire une récolte. *Il a récolté beaucoup de blé, de vin, etc.* || Fig. Prov. *Qui sème l'injustice récoltera la haine.* == SE RÉCOLTER, v. pron. Être récolté. *Cette variété d'orge se sème au printemps et se récolte en automne.* == RÉCOLTÉ, ÉE. part.

Syn. — *Recueillir. — Récolter* est un mot propre à l'économie rurale, et il ne s'applique qu'à ce qui croît et pousse à la surface du sol. *Recueillir* est au contraire un terme général qui s'applique aux choses qu'on rassemble. On *récolte* les grains, les fruits, les foins, etc. ; on *recueille* des herbes, une succession, des raretés, des suffrages, etc. Bien plus, parmi les productions de la terre, on ne *récolte* que celles de la culture, et l'on ne fait proprement que *recueillir* les autres. Ainsi on *récolte* du blé, et l'on *recueille* des herbes, des fruits sauvages ; on *recueille* aussi du sel, des laines, etc.

RÉCOMBATTRE. v. a. [Pr. *rekon-ba-tre*]. Combattre de nouveau. == RÉCOMBATTU, UE. part.

RÉCOMBLER. v. a. [Pr. *rekon-bler*]. Combler de nouveau. == RÉCOMBLÉ, ÉE. part.

RÉCOMMANDABLE. adj. 2 g. [Pr. *reko-mandable*]. Qui mérite d'être recommandé. Digne d'estime, qui mérite d'être considéré. *Il est r. par ses bonnes qualités. Il s'est rendu r. par les services qu'il a rendus à l'État.*

RECOMMANDABLEMENT. adv. [Pr. *reko-man-dableman*]. D'une manière recommandable.

RECOMMANDARESSE. s. f. [Pr. *reko-mandarè-se*].

·R. recommander). Autrefois femme qui était préposée par l'autorité, pour tenir un bureau où l'on se procurait des nourrices.

RECOMMANDATION. s. f. [Pr. reko-man-dasion]. Action de recommander quelqu'un. Il m'a fait cette grâce à votre r. Il a eu égard à ma r. Lettres de r. Ce ministre accorde tout aux recommandations. — Prière de la r. de l'âme, La prière que l'Église fait à Dieu pour les agonisants. | L'estime qu'on a pour la vertu, pour le mérite. La sainteté de sa vie l'avait mis partout en grande r. — Avoir l'honneur en r., S'appliquer à ne rien faire qui blesse les lois de l'honneur, de la probité. Vx. || T. Procéd. Acte par lequel un créancier déclarait s'opposer à la sortie d'un individu qui était déjà détenu pour dettes à la requête d'un autre créancier.

RECOMMANDER. v. a. [Pr. reko-man-der] (R. re, préf., et commander). Ordonner à quelqu'un, charger quelqu'un de faire quelque chose. J'ai recommandé à mes gens de vous obéir comme à moi-même. On m'a recommandé de veiller sur lui. — R. le secret à quelqu'un, Lui ordonner ou le prier de garder le secret. || Exhorter une personne à quelque chose, conseiller fortement quelque chose. On lui a recommandé d'être prudent. Il me recommandait la lecture des bons auteurs. || Prier d'être favorable à, d'avoir attention à, d'avoir soin de... Je vous recommande un tel. Je vous recommande mon affaire, mes intérêts. Je recommande cet homme à vos bontés. — R. quelqu'un aux prières, aux aumônes des fidèles, Exhorter à prier Dieu pour lui, à lui faire des charités. R. quelqu'un au prône. Voy. PRÔNE. || Rendre recommandable. Il n'a rien fait encore qui puisse r. son nom à la postérité. || R. un détenu pour dettes, S'opposer, par un nouvel écrou, à son élargissement. || R. des objets volés, Donner avis aux marchands de les retenir dans le cas où l'on proposerait de les acheter. || R. une lettre à la poste, obtenir, en payant un timbre supplémentaire, qu'elle soit remise en main propre par le facteur. R. des échantillons, des objets divers, etc. Voy. POSTE, II, F. = SE RECOMMANDER, v. pron. Prier quelqu'un de nous être favorable. Il se recommande à vous. Se r. à Dieu. — Fig. et fam., Il se recommande à tous les saints du paradis, Il implore l'assistance, la protection de tout le monde. || Par formule de politesse, de civilité, on dit : Se r. à quelqu'un, à ses bontés, etc. Dites-lui que je me recommande bien à lui, que je me recommande à ses bontés, à son souvenir. || Se r. de quelqu'un, invoquer son témoignage favorable. || Cette personne, cette chose se recommande d'elle-même, Elle a assez de mérite, de valeur, pour qu'il ne soit pas nécessaire de la vanter. Le vrai mérite se recommande de lui-même. = RECOMMANDÉ, ÉE. part.

RECOMMANDEUR. s. m. [Pr. reko-mandeur]. Celui qui recommande.

RECOMMENCE. s. f. [Pr. rekoman-se]. T. Jeux. Action de recommencer à compter les points, après avoir gagné la première manche.

RECOMMENCEMENT. s. m. [Pr. rekoman-seman]. Action de recommencer.

RECOMMENCER. v. a. [Pr. rekoman-ser]. Commencer de nouveau à faire ce qu'on a déjà fait. R. la guerre. R. un discours. Il recommence à bâtir. Il recommence ses lamentations.

Vas-tu recommencer une semblable vie ?

           LAMARTINE.

— R. un élève, Reprendre son instruction depuis les premiers éléments. R. un cheval, Le remettre aux premières leçons. || R. sur nouveaux frais. Voy. FRAIS. C'est toujours à r., se dit d'un ouvrage où il y a toujours quelque chose à refaire, ou d'une chose qu'on répéterait inutilement. Je ne reverrai jamais la fin de ce travail, c'est toujours à r. = RECOMMENCER, v. n. La pluie recommence. La guerre a recommencé. Les troubles recommencèrent. = RECOMMENCÉ, ÉE. part.

RECOMMENCEUR, EUSE. s. [Pr. rekoman-seur, euze]. Celui, celle qui recommence quelque chose. || Personne qui recommence toujours, qui se répète.

RÉCOMPENSE. s. f. [Pr. rékonpan-se] (R. récompenser). Ce qu'on donne à quelqu'un en reconnaissance d'un service, ou en faveur de quelque bonne action. Promettre, donner, refuser une r. Distribuer, décerner des récompenses. La r. de ses services, de ses actions. La vertu est elle-même sa r. C'est une r. due à son mérite. Est-ce la r. de mes services? Voilà toute la r. que j'en ai eue. — Par antiphrase, Châtiment, peine due à une mauvaise action. C'était un méchant homme, il a eu la r. qu'il méritait.

       Ton impudence,
Téméraire vieillard, aura sa récompense.

           CORNEILLE.

|| Compensation, dédommagement, indemnité. On lui donna tant pour r. des pertes qu'il avait faites. On lui donna tant pour sa r., tant de r. Pour r., on lui donna une pension. L'époux commun en biens, qui a fait tourner à son profit personnel les biens de la communauté, doit r. à celle-ci. = EN RÉCOMPENSE. locut. adv. En revanche, en retour. Je vous prie de me rendre ce service, et en r. je ferai pour vous telle chose. = Syn. Voy. PRIX.

RÉCOMPENSER. v. a. [Pr. rékonpan-ser] (R. re, préf., et compenser, compenser en retour). Donner une récompense. Il sera récompensé selon son mérite. C'est un bon maître, il récompense bien ses domestiques. Il a été mal récompensé de ses services. On dit de même, R. les services de quelqu'un. — R. une bonne action, le mérite, la vertu. — Sign. aussi, Punir, infliger la peine due à une mauvaise action. Il a été justement récompensé de ses perfidies. || Dédommager. Nous ferons un autre marché qui vous récompensera. On leur accorda un dégrèvement pour les r. du dommage que l'ennemi leur avait fait. — R. le temps perdu, Le réparer. = SE RÉCOMPENSER, v. pron. Se dédommager. Il s'est bien récompensé de ses pertes. Nous avons mal dîné, mais nous nous récompenserons à souper. = RÉCOMPENSÉ, ÉE. part.

RÉCOMPENSEUR. s. m. [Pr. rékon-pan-seur]. Celui qui récompense.

RECOMPOSABLE. adj. 2 g. [Pr. rekon-poza-ble]. Qui peut être recomposé.

RECOMPOSER. v. a. [Pr. rekonpo-zer]. Composer une seconde fois. R. une administration. || T. Chimie. Réunir les parties d'un corps qui avaient été séparées par quelque opération. || T. Typogr. Recommencer une composition. Cela ne se peut corriger, c'est à r. = RECOMPOSÉ, ÉE. part.

RECOMPOSITION. s. f. [Pr. rekonpo-zi-sion]. Action de recomposer; L'effet qui résulte de cette action.

RECOMPTAGE. s. m. [Pr. rekon-taje]. Action de recompter.

RECOMPTER. v. a. [Pr. rekon-ter]. Compter de nouveau. Vous ferez bien de r. cette somme, je puis m'être trompé. = RECOMPTÉ, ÉE. part.

RÉCONCILIABLE. adj. 2 g. Qui peut être réconcilié; ne se dit guère qu'avec une négation. Ces deux familles ne sont pas réconciliables.

RÉCONCILIATEUR, TRICE. s. (lat. reconciliator, trix, m. s.). Celui, celle qui réconcilie des personnes brouillées ensemble.

RÉCONCILIATION. [Pr. rékonsilia-sion] (lat. reconciliatio, m. s.). Raccommodement de personnes qui étaient mal ensemble. Une sincère r. Il a travaillé à leur r. Il lui donna la main en signe de r. || Dans l'Église catholique, l'acte solennel par lequel un hérétique est réuni à l'Église et absous des censures qu'il avait encourues; la cérémonie qu'on fait pour rebénir une église profanée. Voy. aussi RÉCONCILIER.

RÉCONCILIATOIRE. adj. 2 g. [Pr. rékonsilia-touare]. Qui a la vertu de réconcilier.

RÉCONCILIEMENT. s. m. [Pr. rékon-sili-man]. Action de réconcilier.

RÉCONCILIER. v. a. (lat. *reconciliare*, m. s., de *re*, préf., et *conciliare*, concilier). Remettre bien ensemble des personnes qui étaient brouillées. *Je les ai réconciliées ensemble. Cet événement les réconcilia. Il est impossible de r. ces deux familles. Cette bonne action me réconcilie avec lui.* Elle me fait revenir de l'opinion défavorable que j'avais à son sujet, elle me fait oublier les griefs que j'avais contre lui. ‖ Dans l'Église catholique, *R. un hérétique à l'Église,* Lui donner l'absolution après qu'il a abjuré son hérésie. *R. une église,* La rebénir avec de certaines cérémonies quand elle a été profanée. ‖ Fig., en parlant de choses qui semblent opposées, Concilier, accorder. *R. la politique et la morale. R. la philosophie avec la religion.* = SE RÉCONCILIER. v. pron. Se raccommoder. *Je me suis réconcilié avec lui. Ils se sont réconciliés.* ‖ *Se r. avec soi-même,* Se remettre bien avec soi-même, en apaisant les reproches de sa conscience. ‖ *Se r. avec Dieu,* Demander pardon à Dieu de ses péchés, ou en obtenir la rémission par le sacrement de pénitence. = RÉCONCILIÉ, ÉE. part. = Syn. Voy. ACCORDER.

RECONDAMNER. v. a. [Pr. *rekonda-ner*] Condamner de nouveau.

RECONDUCTION. s. f. (lat. *reconductio*, m. s., de *reconducere*, louer de nouveau). T. Jurispr. Renouvellement d'un louage, d'un bail à ferme. ‖ *Tacite r.,* La continuation de la jouissance d'une ferme, d'une maison au même prix et aux mêmes conditions après l'expiration d'un bail, et sans qu'il ait été renouvelé. *Il occupe cette maison par tacite r.* **Obs. gram.** — L'Académie écrit *réconduction,* contrairement à l'analogie puisqu'elle écrit *reconduire,* et contrairement aussi à l'usage des écrivains spéciaux.

RECONDUIRE. v. a. (R. *re*, préf., et *conduire*). Accompagner quelqu'un lorsqu'il s'en retourne, soit pour sa sûreté, soit par civilité. *La route n'est pas sûre, prenez quelqu'un pour vous r. Je vais vous r. dans ma voiture. Ne faites pas de cérémonie, ne me reconduisez pas. Il la reconduisit jusqu'au bas de l'escalier.*

Je vois Jupiter, que fort civilement
Reconduit l'amoureuse Alcmène.
            MOLIÈRE.

— Famil. et ironiq., *R. un insolent à coups de bâton. On reconduisit les ennemis l'épée dans les reins.* = RECONDUIT, ITE. part.

RECONDUISEUR. s. m. [Pr. *rekon-dui-zeur*]. Celui qui reconduit.

RECONDUITE. s. f. Action de reconduire quelqu'un. *Se charger de la r.* Ironiq., *La r. qu'on lui fit ne fut pas agréable.*

RECONFESSER. v. a. [Pr. *rekonfè-ser*]. Confesser de nouveau. = SE RECONFESSER. v. pron. Se confesser de nouveau. = RECONFESSÉ, ÉE. part.

RECONFINER. v. a. Confiner de nouveau. = RECONFINÉ, ÉE. part.

RECONFIRMATION. s. f. [Pr. *...sion*]. Action de reconfirmer.

RECONFIRMER. v. a. Confirmer de nouveau. = RECONFIRMÉ, ÉE. part.

RECONFISQUER. v. a. Confisquer de nouveau. = RECONFISQUÉ, ÉE. part.

RÉCONFORT. s. m. [Pr. *rékon-for*] (R. *réconforter*). Consolation, secours dans l'affliction. *Tout son r. est que... Dieu est le r. des affligés.*

RÉCONFORTANT, ANTE. adj. Qui réconforte. *Un vin r.*

RÉCONFORTATION. s. f. [Pr. *rékon-forta-sion*]. Action de réconforter. Ces mots ont vieilli.

RÉCONFORTER. v. a. (R. *re*, préf., et *conforter*). Conforter, fortifier. *Cela réconforte l'estomac. Ce verre de vin l'a réconforté.* ‖ Consoler dans l'affliction. *Il est si désolé, que rien ne peut le r.* Vx. = RÉCONFORTÉ, ÉE. part.

RECONFRONTATION. s. f. [Pr. *...sion*]. Nouvelle présentation faite à l'accusé des témoins qui ont déposé contre lui.

RECONFRONTER. v. a. Confronter de nouveau. = RECONFRONTÉ, ÉE. part.

RECONJURER. v. a. Conjurer de nouveau.

RECONNAISSABLE. adj. 2 g. [Pr. *rekonè-sable*]. Facile à reconnaître. *Il serait r. entre mille. Il est si changé, qu'il n'est pas r. Voilà une fausseté bien r.*

RECONNAISSANCE. s. f. [Pr. *rekonè-sanse*] (R. *reconnaître*). Action par laquelle, lorsqu'on vient à voir une chose ou une personne, on déclare qu'elle est réellement telle chose ou telle personne qu'on a connue autrefois. *Je n'avais pas vu son fils depuis vingt ans, il le reconnut, et je fus témoin de cette r. De tendres embrassements suivirent cette r. Une lettre fut cause de leur mutuelle r. Dans ce drame, le dénoûment se fait par une r. Cette r. est bien amenée. Il reconnut les meubles qu'on lui avait volés, et, après que sa r. eut été vérifiée, ils lui furent délivrés.* ‖ Action d'examiner en détail et avec soin certains objets, pour en constater l'espèce, le nombre, etc. *Faire la r. des lieux, des meubles. La r. sera longue.* — T. Art milit. Action d'examiner la position, la nature d'un terrain, les dispositions, le nombre de ses ennemis, etc. *Le général est allé faire une r. On a poussé les reconnaissances jusqu'à tel endroit. Faire la r. des lignes du camp ennemi.* — T. Mar. Action de découvrir, de relever des côtes, des rades, etc., en naviguant. *Il fit la r. d'une baie qui avait échappé à tous les autres navigateurs.* Se dit aussi des marques, telles que les balises, qui indiquent des passes ou quelque danger. — Acte par lequel on constate la provenance d'un bâtiment. Voy. LAZARET. — *Signaux de r.,* à l'aide desquels des navires qui se rencontrent en mer se font reconnaître l'un de l'autre. ‖ Acte par écrit, pour reconnaître qu'on a reçu quelque chose, soit par emprunt, soit par dépôt, ou pour reconnaître qu'on est obligé à quelque chose. *Confiez-moi ces papiers, je vous en ferai ma r. Il m'a passé une r. de la pension qu'il me doit. R. du mont-de-piété.* Voy. MONT-DE-PIÉTÉ. — *R. de promesse ou d'écriture,* Acte par lequel un homme reconnaît qu'une promesse est de lui, que l'écriture qu'on lui présente est de sa main. *R. d'enfant.* Voy. FILIATION. ‖ T. Diplom. Action de reconnaître un gouvernement étranger. *La r. du royaume d'Italie.* ‖ Aveu, confession d'une faute. *Cette prompte r. de sa faute lui en a mérité le pardon.* ‖ Gratitude, souvenir des bienfaits reçus. *Action de la r. Comptez sur man r. Il m'a rendu de grands services, j'en aurai, j'en conserverai une éternelle r. Je suis pénétré de r. pour toutes ses bontés.* — Récompense qu'on donne pour reconnaître un bon office, un bon service. *Il vous a bien servi, cela mérite quelque r.* Vx. — Syn. Voy. GRATITUDE.
Art milit. — Les reconnaissances sont des opérations qui ont pour but de découvrir, soit la position, soit les mouvements de l'ennemi, soit encore l'état des chemins, routes, voies ferrées, ponts, etc., etc., qu'une armée peut rencontrer dans sa ligne d'opérations avant de prendre contact avec l'adversaire.

Les reconnaissances sont exécutées généralement par des officiers du service d'état-major, accompagnés de quelques cavaliers d'escorte. Elles peuvent être faites aussi par des détachements d'infanterie, de cavalerie. Dans les reconnaissances *offensives,* il entre de l'artillerie; elles servent alors de prélude au combat. En principe, dans les reconnaissances ordinaires, les troupes qui les composent évitent d'engager une action, à moins toutefois qu'on ne soit pour s'emparer d'un point important. L'officier qui commande une reconnaissance transmet, sans délai, et par tous les moyens en son pouvoir, au quartier général tous les renseignements qu'il a pu se procurer.

RECONNAISSANT, ANTE. [Pr. *rekonè-san*]. Qui a de la reconnaissance, de la gratitude. *Il est bien r., il est fort r. des services que vous lui avez rendus. Un cœur r. Une âme reconnaissante.*

RECONNAISSEUR. s. m. [Pr. *rekonè-seur*]. Celui qui reconnaît.

RECONNAÎTRE. v. a. [Pr. *reko-nètre*] (lat. *recognoscere*,

m. s., de *re*, préf., et *cognoscere*, connaître). Se remettre dans l'esprit l'idée, l'image d'une chose, d'une personne, quand on la revoit ou l'entend. *J'ai eu de la peine à le r. Je l'ai reconnu à sa démarche, à sa voix. Je l'ai reconnu malgré son déguisement. J'ai reconnu mon livre à telle marque que j'y avais faite. Ce chien a reconnu la voix de son maître.* — *Se faire r.*, Donner des indications pour prouver qui on est. || Connaître, distinguer à quelque signe, à quelque caractère, une personne ou une chose qu'on n'a jamais vue. *Je l'ai reconnu au portrait que vous m'en aviez fait. J'ai reconnu cette plante à la forme de ses feuilles.*

> Je reconnais mon sang à ce noble courroux.
>
> CORNEILLE.

— Fig., au sens moral. *Je reconnais cet homme à ses perfidies. Je vous reconnais bien là. A ce trait de déloyauté je ne le reconnais pas.* || Parvenir à apercevoir, à découvrir, à constater la vérité d'une chose. *On finit par r. son innocence. On a reconnu sa trahison. On reconnaît en lui le germe d'un grand talent.* || Avec la négation, oublier, négliger, ne plus avoir égard, ne plus écouter. *Il ne reconnaît plus la voix de la nature. Il ne reconnaît ni parents ni amis. Il ne reconnaît d'autre principe que son intérêt.* || Admettre une chose comme vraie, comme incontestable. *Tous les philosophes reconnaissent ce principe. Le fait est reconnu de tout le monde.* || Considérer, observer, remarquer. *R. les lieux. R. le terrain. R. les dispositions de quelqu'un. R. un pays, une place qu'on veut attaquer. R. les ennemis. R. leur position, leur nombre, leurs retranchements. On envoya la cavalerie légère r. les défilés. R. une patrouille, une ronde, etc..* S'assurer qu'une patrouille, qu'une ronde, etc., n'est point ennemie, ni suspecte. Voy. RECONNAISSANCE. — T. Mar. *R. un bâtiment,* Le découvrir, l'apercevoir. *R. une terre, une île, une côte,* En observer la situation. || Avouer, confesser. *Il a reconnu sa faute. Je reconnais que j'ai eu tort. Il a reconnu la dette. Je reconnais qu'un tel m'a prêté telle somme. Je reconnais mon insuffisance.* — *R. une rente, une redevance,* Passer un écrit par lequel on déclare la devoir. *R. son seing, sa signature,* Avouer qu'on a signé l'écrit dont il s'agit. On dit de même, *R. une lettre, une écriture, une promesse.* — *R. un enfant,* Déclarer, reconnaître authentiquement qu'on est le père ou la mère d'un enfant naturel. || T. Diplom. *R. un gouvernement,* Déclarer, reconnaître d'une manière expresse ou tacite qu'il est régulièrement établi. *Son gouvernement avait été reconnu par les puissances étrangères.* On dit de même, *R. un prince, un souverain.* || *R. pour,* Avouer pour, r. en telle qualité. *Il l'a reconnu pour son fils. Ces peuples le reconnurent pour roi. C'est un honnête homme et reconnu pour tel. Je reconnais cet ouvrage pour excellent.* || T. Guerre. *Faire r. un officier,* Le proclamer en présence de la troupe où il doit commander. || Avoir de la gratitude. *R. les bienfaits, les grâces qu'on a reçues.*

> Cette faveur si pleine et si mal reconnue.
>
> CORNEILLE.

Je reconnaîtrai tout ce que vous avez fait pour moi. — *R. un service,* Le récompenser. *Rendez-moi ce service, je le reconnaîtrai à l'occasion. Il a fort mal reconnu les bons offices qu'on lui a rendus.* = SE RECONNAÎTRE. v. pron. Trouver son image, sa ressemblance dans un miroir, dans un portrait. *A la fin de sa maladie, il se regarda dans un miroir et il eut de la peine à se r. On se reconnaît difficilement soi-même dans un portrait.* — Fig., *Ménage refusa constamment de se r., dans le Vadius des Femmes savantes. Il se reconnaît dans son fils. Je me reconnais bien là,* || Se remettre dans l'esprit l'idée d'un lieu, d'un pays qu'on a quitté, et où l'on se retrouve. *Je me reconnais dans cet endroit. Il y avait longtemps que je n'avais passé par cette ville; mais je commence à me r., à m'y r.* — Par anal., *Ce manuscrit est si plein de ratures que j'ai peine à m'y r.* || Connaître qu'on a péché, qu'on a failli, et s'en repentir. *Il avait fort mal vécu dans sa jeunesse, mais il se reconnut sur ses vieux jours.* Vx. || Reprendre ses sens, ou penser à ce qu'on doit faire. *Il était tombé en faiblesse, et quand il vint à se r... Donnez-moi le loisir de me r. Il est mort sans avoir eu un instant pour se r.* = RECONNU, ÉE. part.

RECONQUÉRIR. v. a. [Pr. *rekon-kérir*]. Conquérir de nouveau. Remettre sous sa domination par voie de conquête.

Ce prince reconquit toutes les provinces qu'il avait perdues. || Fig., *R. l'estime, l'amitié de quelqu'un,* La recouvrer. = RECONQUIS, ISE. part.

RECONQUÊTE. s. f. [Pr. *rekon-kète*]. Action de reconquérir. || Ce qui est reconquis.

RECONSIDÉRER. v. a. Considérer de nouveau. = RECONSIDÉRÉ, ÉE. part.

RECONSOLER. v. a. Consoler de nouveau. = RECONSOLÉ, ÉE. part.

RECONSOLIDER. v. a. Consolider de nouveau. = RECONSOLIDÉ, ÉE. part.

RECONSTITUANT, ANTE. adj. T. Méd. Qui reconstitue. *Un régime r.* = Subst. *Prendre des reconstituants.*

RECONSTITUER. v. a. (R. *re*, préf., et *constituer*). T. Méd. Rétablir dans sa situation primitive. = RECONSTITUÉ, ÉE. part.

RECONSTITUTION. s. f. [Pr. *rekonstitu-sion*]. Action de constituer de nouveau. *La r. d'une société commerciale.* || T. Jurispr. Constitution de rente à prix d'argent, lors de laquelle celui qui emprunte s'oblige d'employer la somme à lui prêtée au remboursement d'une autre rente par lui due, ce qui s'exécute par le même acte; au moyen de quoi, le nouveau créancier est subrogé à tous les droits de l'ancien.

RECONSTRUCTION. s. f. [Pr. *rekonstruk-sion*]. Action de reconstruire.

RECONSTRUIRE. v. a. (R. *re*, préf., et *construire*). Rebâtir, relever, rétablir un édifice. = RECONSTRUIT, ITE. part.

RECONSULTER. v. a. Consulter de nouveau. = RECONSULTÉ, ÉE. part.

RECONTEMPLER. v. a. [Pr. *rekon-tan-pler*]. Contempler de nouveau. = RECONTEMPLÉ, ÉE. part.

RECONTER. v. a. Conter de nouveau. = RECONTÉ, ÉE. part.

RECONTINUER. v. a. (R. *re*, préf., et *continuer*). Reprendre la continuation. = RECONTINUÉ, ÉE. part.

RECONTRACTER. v. a. Contracter de nouveau. = RECONTRACTÉ, ÉE. part.

RECONVENIR. v. n. (R. *re*, préf., et *convenir*). Exercer une action reconventionnelle.

RECONVENTION. s. f. [Pr. *rekonvan-sion*] (R. *re*, préf., et *convention*) (l'Acad. écrit *Réconvention*). T. Jurispr. Demande que forme le défendeur contre celui qui a lui-même formé le premier une demande principale, et devant le même juge. *La r. n'est admise que lorsqu'elle a de la connexité avec la demande principale.*

RECONVENTIONNEL, ELLE. adj. [Pr. *rekonvan-sionel, nèle*]. Qui constitue une reconvention. *Demande r.,* Reconvention, demande formée par le défendeur en opposition à la demande principale.

RECONVENTIONNELLEMENT. adv. [Pr. *rekonvansionè-leman*]. Par reconvention.

RECONVERSER. v. n. Converser de nouveau.

RECONVERTIR. v. a. Convertir de nouveau. = RECONVERTI, IE. part.

RECONVIER. v. a. Convier de nouveau. = RECONVIÉ, ÉE. part.

RECONVOQUER. v. a. Convoquer de nouveau. = RECONVOQUÉ, ÉE. part.

RECONVOYER. v. a. [Pr. *rekon-vo-ier*]. Convoyer de nouveau. RECONVOYÉ, ÉE. part.

RECOPIER. v. a. Copier de nouveau. = RECOPIÉ, ÉE. part.

RECOQUER. v. a. T. Chasse. (R. re, préf., et coq). Se dit du second accouplement des perdrix.

RECOQUETAGE. s. m. (R. recoquer). Seconde ponte ou couvée que fait le gibier à plume lorsque la première a été détruite.

RECOQUILLEMENT. s. m. [Pr. reko-ki-lle-man, ll mouillées]. Action de se recoquiller; état de ce qui est recoquillé.

RECOQUILLER. v. a. [Pr. rekoki-ller, ll mouillées] (R. re, préf. et coquille). Retrousser en forme de coquille. Pourquoi avez-vous recoquillé les feuilles de ce livre? = SE RECOQUILLER. v. pron. Les feuilles de cet arbre se sont recoquillées. || Fig. et pop. Il n'y a point de si petit ver qui ne se recoquille si l'on marche dessus, il n'y a point de si petit ennemi qui ne songe à se défendre quand on l'attaque. = RECOQUILLÉ, ÉE. part.

RECORD. s. m. [Pr. re-kor] (angl. record, m. s., de l'anc. fr. recorder, rappeler). T. Sport. Mention du maximum de vitesse obtenu jusque-là dans un temps donné, par un coureur.

RECORDATION. s. f. [Pr. ...sion]. Action de recorder.

RECORDER. s. m. [Pr. rekor-deur]. T. Hist. En Angleterre, magistrat chargé de veiller à l'observation des lois dans les villes qui ont le droit de juridiction. Le recorder de Londres remplit en quelque sorte les fonctions de nos juges de paix; de plus il soumet à la Couronne les condamnations à mort et le public les arrêts de la Cour de justice.

RECORDER. v. a. (lat. recordari, se souvenir, de re, préf., et cor, cordis, cœur). Répéter quelque chose pour l'apprendre par cœur. R. sa leçon. || Fig. et fam., R. sa leçon. Tâcher de se bien mettre dans l'esprit ce qu'on doit faire ou ce qu'on doit dire en quelque occasion. = SE RECORDER. v. pron. Se rappeler ce qu'on a à dire ou à faire. || Sign. quelquefois, se concerter. Avant de jouer notre scène, il faudra nous r. = RECORDÉ, ÉE. part.

RECORRIGER. v. a. [Pr. reko-rijer]. Corriger de nouveau. = RECORRIGÉ, ÉE. part. Ouvrage recorrigé.

RECORS. s. m. [Pr. re-kor] (R. recorder). Celui qu'un huissier mène avec lui pour servir de témoin dans les exploits d'exécution, et pour lui prêter main-forte en cas de besoin. Un huissier assisté de deux recors.

RECOUCHER. v. a. Coucher de nouveau. = SE RECOUCHER. v. pron. Se remettre au lit. = RECOUCHÉ, ÉE. part.

RECOUDRE. v. a. Coudre une chose qui est décousue ou déchirée. = RECOUSU, UE. part.

RECOULEMENT. s. m. [Pr. rekoule-man]. T. Techn. Action de couler de nouveau. — Action de passer les cartes en revue pour les nettoyer. — Action d'enlever avec un couteau les ordures qui se trouvent sur un cuir.

RECOULER. v. n. T. Techn. Faire le recoulement. = RECOULÉ, ÉE. part.

RECOUPAGE. s. m. Action de recouper.

RECOUPE. s. f. (R. re, préf., et coupe). T. Agric. La seconde coupe de trèfle et de foin qu'on fait dans une année. || T. Archit. Les éclats qui s'enlèvent des pierres, quand on les taille. Il faudrait mettre de la r. dans les allées de ce jardin. || T. Meunier. Farine qu'on tire du son remis au moulin. || Morceaux d'étoffe qui tombent quand on taille un vêtement. || Eau-de-vie faite d'alcool étendu d'eau.

RECOUPEMENT. s. m. [Pr. rekoupe-man]. T. Archit. Retraite qu'on laisse à chaque assise de pierre, pour donner plus d'empattement et de solidité à un bâtiment. || T. Topog. Moyen de relever la position d'un point par l'intersection de deux lignes qui s'y coupent.

RECOUPER. v. a. Couper de nouveau. Cet habit avait été mal coupé, il a fallu le r. Aux jeux de cartes, lorsqu'on n'a pas coupé net, il faut r. = RECOUPÉ, ÉE. part.

RECOUPETTE. s. f. [Pr. rekoupè-te]. T. Meunier. Troisième farine qu'on tire du son des recoupes mêmes.

RECOUPLER. v. a. (R. re, préf., et coupler). Accoupler de nouveau. = RECOUPLÉ, ÉE. part.

RECOURBEMENT. s. m. [Pr. rekourbe-man]. Action de recourber; état de ce qui est recourbé.

RECOURBER. v. a. Courber en rond par l'extrémité, par le bout. R. un fer. = SE RECOURBER. v. pron. Les défenses du dinothérium se recourbent en arrière.

Sa croupe se recourbe en replis tortueux.
RACINE.

= RECOURBÉ, ÉE. part.

RECOURIR. v. n. (lat. recurrere, m. s.). Courir de nouveau. J'ai couru et recouru. || Retourner en courant. T. Mar. R. sur une manœuvre, La suivre dans l'eau, avec une chaloupe, jusqu'où elle doit aller. || Avoir recours. R. au médecin. R. à la justice, aux tribunaux, à l'autorité supérieure.

De recourir aux rois vous seriez de grands fous.
LA FONTAINE.

R. aux remèdes. On fut obligé de r. à la voie des armes. R. à la force, à l'artifice. Quand on ne se fie pas aux copies, il faut r. aux originaux. — R. en cassation, Se pourvoir en cassation.

RECOURONNER. v. a. [Pr. rekouro-ner]. Couronner de nouveau. = RECOURONNÉ, ÉE. part.

RECOURS. s. m. [Pr. re-kour] (lat. recursum, m. s., et sup. de recurrere, recourir). Action par laquelle on recherche de l'assistance, du secours. Avoir r. à Dieu, à la justice, à la clémence du prince. Il fallut avoir r. au médecin. Avoir r. aux armes.

Pour attendrir mon cœur, on a recours aux larmes!
RACINE.

Si vous le condamnez, à qui aura-t-il r.? Ayez r. à l'original pour contrôler cette copie. || Refuge. Tout mon r. est en Dieu. Vous êtes mon unique r. || T. Jurispr. L'action qu'on a contre quelqu'un pour être garanti d'un risque. Si je perds mon procès, j'aurai mon r. contre un tel. On lui a réservé son r. — R. en cassation. — Voy. CASSATION. On dit plutôt pourvoi. R. en grâce, demande par laquelle on s'adresse au chef de l'État pour obtenir la remise ou la commutation d'une peine infligée par le jugement. Voy. GRÂCE.

RECOUSSE. [Pr. rekou-se] et **RESCOUSSE**, s. f. [Pr. re-ou res-kou-se] (anc. fr. recouvre, reprendre à l'ennemi, de re, et escourre, secouer, du lat. excutere, m. s.). Reprise d'une personne ou d'une chose emmenée, enlevée par force. Ne se dit plus qu'en parlant d'un navire repris sur l'ennemi dans les vingt-quatre heures qui suivent le moment de son amarinage. L'armateur auquel on rend son navire doit payer le tiers de sa valeur comme droit de R. || Aller, venir à la r., prêter main-forte.

RECOUVRABLE. adj. 2 g. T. Fin. Qui peut se recouvrer. Deniers, fonds recouvrables.

RECOUVRAGE. s. m. [Pr. Techn. Opération par laquelle on recouvre. R. de parapluies.

RECOUVRANCE. s. f. Recouvrement, action de recouvrer; ne se dit que dans la loc., Notre-Dame de R., Vierge qu'on implore pour recouvrer la santé.

RECOUVREMENT. s. m. [Pr. ...man] (R. recouvrer). Action de recouvrer ce qui est perdu. R. de choses perdues. R. de titres, de pièces. — T. Comm. Du payement des effets protestés, des créances en souffrance. Agence de r. Se dit aussi de la santé, des forces du corps. Cela contribua beaucoup au r. de sa santé, de ses forces. || La perception des deniers qui sont dus et les diligences qui se font pour les recouvrer. *Se charger du r. d'une somme. Faire un r. L'administration chargée du r. des impôts. Il y a beaucoup de recouvrements à faire dans cette étude.*

RECOUVREMENT. s. m. [Pr. ...man] (R. recouvrir). T. Techn. Se dit de toute partie qui en recouvre une autre, et particulièrement de la partie d'une pierre, d'un morceau de bois, d'une tuile, etc., qui couvre un joint, une entaille, etc. *Une montre à r. Le r. du tiroir. Les dalles de cette terrasse sont à r.*

RECOUVRER. v. a. (lat. *recuperare*, m. s., de *re*, préf., et *capere*, prendre). Retrouver, rentrer en possession, acquérir de nouveau une chose qu'on avait perdue. *Il cherche à r. son bien. Il a recouvré la vue, la parole, la raison, la santé. R. l'estime publique, les bonnes grâces de quelqu'un.* || Recevoir le payement d'une somme due, et particulièrement faire la levée, la perception des impôts. *J'ai fort à faire pour r. ces mauvaises créances. Ce sont les percepteurs qui sont chargés de r. les contributions directes.* = Recouvré, ée. part.

RECOUVRIR. v. a. Couvrir de nouveau. *R. un toit, une maison. R. un vase. Faire r. un livre.* || Fig., Masquer, cacher avec soin sous des prétextes spécieux, sous des apparences louables, quelque chose de vicieux. *Il a eu soin de r. tout cela de beaux prétextes. Il recouvre ses vices d'un vernis de politesse et d'élégance.* = se Recouvrir, v. pron. Se dit du temps. *Le temps, le ciel se recouvre.* = Recouvert, erte. part.

RECRACHER. v. a. Cracher de nouveau. *Il ne fait que cracher et r.* || Rejeter de la bouche une chose qui excite le dégoût. *A peine eus-je mis ce fruit dans ma bouche que je le recrachai.* = Recrachée, ée. part.

RECRÉANCE. s. f. (anc. fr. *recroire*, rendre, remettre). T. Jurisp. can. Jouissance provisionnelle des fruits d'un bénéfice qui est en litige. *On lui adjugea la r. à charge par lui de donner caution.* || T. Diplom. *Lettres de r.*, se dit des lettres qu'un prince envoie à son ambassadeur au ministre pour les présenter au prince d'auprès duquel il le rappelle, ainsi que des lettres qu'un prince donne à l'ambassadeur au ministre rappelé d'auprès de lui pour les remettre au prince qui le rappelle.

RÉCRÉATIF, IVE. adj. Qui récrée. *Jeu r. Homme r. Lecture récréative.* Fam.

RÉCRÉATION. s. f. [Pr. rékréa-sion] (lat. *recreatio*, m. s., de *re*, préf., et *creatio*, création). Occupation, exercice qui fait diversion au travail et qui sert de délassement. *Il faut prendre un peu de r. La r. redonne des forces pour mieux travailler. Il ne fait de cette étude qu'une r. Ce sont là ses récréations.* || *L'heure de la r.* ou simpl., *La récréation*, un certain temps accordé à des élèves pour se divertir. *Il a passé toute la r. à travailler.* On dit, *Les élèves sont en r.*, Lorsqu'ils sont à s'amuser aux heures ordinaires; et *Cet écolier est à la r.*, en r., Il est avec les autres pendant le temps de la r. = Syn. Voy. AMUSEMENT.

RÉCRÉATIVEMENT. adv. [Pr. ...ve-man]. D'une manière récréative.

RÉCRÉER. v. a. (R. re, préf., et créer). Donner une nouvelle existence, rétablir. *On a recréé ce tribunal peu de temps après sa suppression. Cette charge fut recréée sous un autre nom.* = Recréée, ée. part.

RÉCRÉER. v. a. (lat. *recreare*, m. s., de *re*, préf., et *creare*, créer). Réjouir, divertir. *Il faut des jeux qui récréent et ne fatiguent pas l'esprit.* || Fig., Le vin récrée les esprits. *Le vin anime les esprits. Le vert récrée la vue. Le vert fait plaisir à la vue.* = se Récréer, v. pron. Se divertir. *Quand on a beaucoup travaillé, il est bon de se r. un peu.* = Récréé, ée. part.

RÉCRÉMENT. s. m. [Pr. rékré-man] (lat. *recrementum*, ordure). T. Physiol. anc. Syn. de produit récrémentitiel.

RÉCRÉMENTITIEL, ELLE. adj. [Pr. rékréman-ti-siel, èle]. T. Physiol. *Produit r. Humeur récrémentitielle.* Se dit des sécrétions qui ne sont point destinées à être éliminées.

Voy. EXCRÉTION. — Autrefois, on disait encore *Récrémenteux, euse.*

RECRÊPER. v. a. Crêper de nouveau. = Recrêpé, ée. part.

RECRÉPIR. v. a. Crépir de nouveau. *R. un vieux mur* || Fig. et fam., *R. son visage*, Mettre beaucoup de fard pour cacher ses rides. — On dit aussi, *R. un vieux conte, une vieille histoire, un ouvrage de littérature*, Lui donner une nouvelle forme, bonne ou mauvaise, en conservant le fond. = Recrépi, ie. part.

RECRÉPISSAGE. s. m. [Pr. re-krépi-saje]. Action de recrépir. *Le r. d'un mur.*

RECREUSER. v. a. Creuser de nouveau, creuser davantage. *Il faut r. ce fossé. R. une planche gravée.* = Recreusé, ée. part.

RÉCRIER (SE). v. pron. (R. re, préf., et écrier). Faire une exclamation sur quelque chose qui surprend et qui paraît extraordinaire, soit en bien, soit en mal. *On se récria aux plus beaux endroits de cette tragédie.*

    Un flatteur aussitôt cherche à se récrier.
                         BOILEAU.

Tout le monde s'est récrié contre cette opinion. || T. Chasse. On dit que *Les chiens se récrient*, lorsque, après avoir rapproché l'animal, ils le relancent en redoublant de voix.

RÉCRIMINATEUR, TRICE. s. et adj. Qui récrimine.

RÉCRIMINATION. [Pr. ...sion] (lat. *recriminatio*, m. s.). Accusation, reproche par lequel on répond à une autre accusation, à un autre reproche : *Tout ce qu'il dit contre moi n'est qu'une r. Vous ne dites cela que par r. User de récriminations.*

RÉCRIMINATOIRE. adj. 2 g. [Pr. rékrimina-touare]. Qui contient une récrimination. *Plainte r.*

RÉCRIMINER. v. n. (R. re, préf., et lat. *criminari*, accuser). Répondre à des accusations par des reproches, à des injures, par d'autres accusations, d'autres reproches, d'autres injures. *Il n'a fait que r. Il ne s'est défendu qu'en récriminant. Répondre en récriminant. R. contre son accusateur.*

RÉCRIRE. v. a. Écrire de nouveau ce qu'on a déjà écrit. *Vous avez mal écrit cela, récrivez-le, il faut le r.* || Écrire une seconde, une troisième lettre. *Je lui ai écrit, il ne répond point; il faut lui r.* || Faire réponse par lettre. *Il ne me récrit point, c'est signe qu'il vient.* || Fig., Changer considérablement le style d'un ouvrage, d'un morceau. *Ce morceau pèche par le style, il faut le r.* = Récrit, ite. part.

RECROISER. v. a. [Pr. rekroua-zer]. Croiser de nouveau. = Recroisé, ée. part.

RECROISETÉE. adj. f. [Pr. rekroua-zeté] (R. re, préf., et croisette). T. Blas. Voy. CROIX.

RECROÎTRE. v. n. [Pr. rekroud-tre] (R. re, préf., et croître). Prendre une nouvelle croissance. *Ce bois recroît à vue d'œil. La rivière avait diminué, mais elle a recrû cette nuit.* = Recru, ue. part.

RECROQUEVILLER (SE) v. pron. [Pr. les ll mouillées] (mot défiguré de *recoquiller*, en y faisant entrer l'idée de croc, chose recourbée). Se retirer et se replier. Se dit du parchemin, du cuir, etc., lorsqu'ils sont exposés à une chaleur trop vive. *Ce parchemin s'est tout recroquevillé. La chaleur est si forte, que les feuilles de cette plante commencent à se r.* = Recroquevillé, ée. part.

RÉCROUIR. v. a. (R. re, préf., et écrouir). T. Métall. Faire recuire les métaux. = Récroui, ie. part.

RECRÛ. s. m. (part. pass. de *recroître*). Ce qui a recrû. || T. Forest. Ce qui a repoussé après une coupe. || T. Chasse. *Le r. d'un perdreau*, la queue qui lui a repoussé.

RECRU, UE. adj. (part. pass. de l'anc. fr. *se recroire*, se rendre). Rendu, épuisé de fatigue.

RECRUDESCENCE. s. f. [Pr. *rekrudes-sansc*] (lat. *re-crudescere*, devenir plus violent, de *re*, préf., et *crudescere*, s'irriter, de *crudus*, cru). T. Méd. Retour des symptômes d'une maladie avec une nouvelle intensité, après une rémission notable. || Par anal., se dit du froid, de la chaleur, etc. *Après quelques jours tempérés, nous avons eu une r. de froid.* || Fig., *Une r. de mauvais traitements. Une r. de fureur. R. de fanatisme.*

RECRUE. s. f. (part. pass. de *recroître*). Ce qui a recru. || T. Admin. milit. Se dit des jeunes soldats qu'on enrôle, qu'on lève pour combler les vides dans les différents corps de l'armée. *Faire des recrues. Il a fait une belle r. Il nous est arrivé des recrues. Ces recrues se sont comportées comme de vieux soldats.* || Action de lever des hommes pour l'armée. *On a cessé la r.* || Fig. et fam., Se dit de gens qui surviennent dans une compagnie sans y être attendus. *Voici une agréable r. qui nous arrive. C'est une r. dont on se serait bien passé.*

RECRUTEMENT. s. m. Action de recruter. *Le r. de l'armée. Loi sur le r.*

Législ. — Dans tous les temps, les gouvernements ont appelé la population valide à la défense du pays : le mode de recrutement des armées a seul varié. Chez plusieurs peuples de l'antiquité, surtout chez les Égyptiens et les Indiens, les guerriers formaient une caste qui seule pouvait porter les armes. En Grèce et à Rome, tous les citoyens étaient tenus au service militaire, sauf cependant quelques exceptions. En France, pendant le moyen âge, et il en fut de même dans la plupart des autres parties de l'Europe, les armées ne se composèrent d'abord que de bandes, peu ou point disciplinées, qui suivaient la bannière de leur paroisse ou le pennon de leur seigneur, et qui se dispersaient aussitôt que l'expédition pour laquelle on les avait convoquées était terminée, ou que le nombre de jours fixé par les lois féodales était écoulé. A l'époque de la création des armées régulières, on adopta généralement le principe des levées forcées : il subsista dans notre pays depuis Charles VII jusqu'à Louis XII, qui le remplaça par celui des enrôlements volontaires. Enfin, Henri IV revint au premier, et les deux modes furent employés simultanément jusqu'à la Révolution, qui supprima les levées. En 1792 et 1793, la Convention classa les hommes en état de porter les armes en trois catégories, suivant qu'ils faisaient partie de ce qu'on appelait les *levées extraordinaires*, les *levées en masse* ou la *réquisition*. En 1798, le Directoire substitua à ce dernier système celui de la *Conscription*, qui consistait à inscrire les noms de tous les citoyens ayant l'âge déterminé et appelés par la loi à faire partie de l'armée, puis à faire désigner par le sort ceux qui devaient être appelés sous les drapeaux. La Restauration avait promis de l'abolir, elle se vit obligée de le conserver ; mais, pour satisfaire à sa promesse, elle changea son nom de *conscription* en celui de *Recrutement*. Ce mode de levée des troupes n'excluait pas les enrôlements volontaires : en conséquence, l'armée se recrutait à la fois par des *appels* et par des *engagements volontaires*.

La loi du 31 mars 1832, tout en consacrant le régime antérieur, admit la faculté de la substitution et du remplacement. La loi du 26 avril 1855 substitua au remplacement direct l'exonération du service au moyen de prestations en argent versées dans les caisses de l'État. Les sommes ainsi versées servaient à payer des primes aux anciens militaires qui se rengageaient, et qui remplaçaient ainsi les hommes exonérés. On avait, pour ce mouvement de fonds, créé une caisse spéciale qu'on appelait la *dotation de l'armée*. La loi du 1ᵉʳ février 1868 rétablit le remplacement tel que l'avait organisé la loi de 1832 et constitua avec les hommes libérés, exemptés ou dispensés, une garde nationale mobile susceptible d'être convoquée en temps de guerre.

La campagne malheureuse de 1870-1871, démontra la nécessité d'instituer l'obligation personnelle du service militaire pour tout citoyen français.

Supprimant le remplacement, la loi du 24 juillet 1873 déclarait en principe le service militaire obligatoire pour tous, maintenait à cinq ans la durée du service actif fixée par la loi de 1868 et instituant l'armée de réserve et l'armée territoriale. Mais, d'une part, elle exemptait de tout service certaines catégories de jeunes gens, soit à raison de leur situation de famille (aîné d'orphelins, fils aîné de veuve, etc.), soit à cause de leurs fonctions (membres du corps enseignant, élèves ecclésiastiques, etc.); d'autre part, elle accordait à ceux qui justifiaient d'un certain degré d'instruction soit par un diplôme universitaire, soit par un examen spécial, la faculté de contracter un engagement conditionnel d'un an, moyennant le versement à l'État d'une prime de 1 500 francs.

Réduisant la durée du service militaire dans l'armée active de 5 à 3 ans, la loi du 15 juillet 1889, qui constitue la réglementation actuelle, a supprimé l'engagement conditionnel d'un an et astreint tous les dispensés, à un titre quelconque, à une année de présence sous les drapeaux.

I. *Dispositions générales.* — Aux termes de la loi du 15 juillet 1889, tout Français doit le service personnel. L'obligation du service militaire est égale pour tous. Elle a une durée de 25 années. Le service militaire s'accomplit dans l'armée active, dans la réserve et dans l'armée territoriale, ainsi que nous l'indiquerons plus loin. Nul n'est admis dans les troupes françaises, s'il n'est Français ou naturalisé Français. De plus, est exclu de l'armée tout individu ayant encouru une des condamnations afflictives ou infamantes prévues par la loi, notamment, l'interdiction des droits civiques, civils et de famille, ainsi que les relégués collectifs. Les uns et les autres sont mis à la disposition des ministres de la marine et des colonies qui peuvent les affecter à différents services ; les relégués individuels sont incorporés dans le corps de disciplinaires coloniaux. Quant aux individus ayant encouru certaines condamnations correctionnelles, spécialement pour délit de vol, escroquerie, attentat aux mœurs, ils sont incorporés dans les bataillons d'infanterie légère d'Afrique. Parmi les dispositions générales édictées par la loi du 15 juillet 1889 ou les lois postérieures, nous citerons encore les suivantes : Nul n'est admis dans une administration de l'État ou ne peut être investi de fonctions publiques électives, s'il ne justifie avoir satisfait aux obligations imposées par la loi du r. — Tout corps organisé, quand il est sous les armes, relève des ministres de la guerre ou de la marine. Il en est ainsi des chasseurs forestiers, des sapeurs-pompiers, ces derniers ressortissant, en tant que corps civils, au ministère de l'intérieur. — Les militaires et assimilés de tous grades ne prennent part à aucun vote, quand ils sont présents à leur corps, à leur poste, ou dans l'exercice de leurs fonctions.

II. *Appels.* — La levée des classes comporte cinq opérations que nous examinerons successivement : 1° Le recensement ; 2° le tirage au sort ; 3° la revision, à laquelle se rattachent les cas d'exemption et de dispenses ; 4° l'établissement des listes du recrutement cantonal ; 5° la composition du registre matricule.

1° *Recensement.* — Chaque année, pour la formation de la classe, les tableaux de recensement des jeunes gens ayant atteint l'âge de 20 ans révolus dans l'année précédente et domiciliés dans l'une des communes du canton sont dressés par les maires, soit sur la déclaration à laquelle sont tenus les jeunes gens, leurs parents ou tuteurs, soit d'office, d'après les registres de l'état civil et tous autres documents et renseignements. Ces tableaux sont publiés et affichés, dans chaque commune, au plus tard le 15 janvier. Des dispositions spéciales sont prévues à l'égard des individus omis aux tableaux des années précédentes. L'inscription des jeunes gens d'une classe appelée a pour base le domicile légal des père, mère ou tuteurs de ces jeunes gens, même majeurs ou émancipés, engagés, établis au dehors, expatriés, absents ou en état d'emprisonnement. Ceux qui sont mariés ont la faculté de se faire inscrire dans le canton de leur domicile conjugal, alors même que leur père ou leur mère n'y seraient pas domiciliés. Enfin, les jeunes gens qui n'ont ni parents, ni tuteurs sont considérés comme légalement domiciliés dans le canton où ils résident. Un avis est publié dans chaque commune par les soins du maire pour indiquer le jour où il doit être procédé à la désignation par le sort des numéros assignés à chaque jeune homme inscrit.

2° *Tirage au sort.* — L'examen et la rectification, s'il y a lieu, des tableaux de recensement sont faits avant le tirage au sort. Cette dernière opération a lieu, au chef-lieu de chaque canton, en séance publique, devant le sous-préfet, assisté des maires du canton. Un tirage préalable détermine l'ordre dans lequel chaque commune figurera. Les conscrits sont appelés dans l'ordre de leur inscription. Le sous-préfet compte publiquement les numéros et s'assure qu'ils sont en nombre égal à celui des inscrits. Au fur et à mesure de l'appel, chacun est invité à déclarer ses nom et prénoms, ceux de son père et mère et tire un numéro. Un parent ou, à défaut, le maire de la commune tire pour les absents. Le tirage au sort sert aujourd'hui à désigner les jeunes gens affectés aux services des équipages de la flotte, aux garnisons des colonies, et ceux qui composent la seconde portion du contingent susceptible d'être renvoyée dans ses foyers après un an de présence sous les drapeaux. Une fois achevée, l'opération du tirage est définitive : elle ne peut être recommencée dans aucun cas.

3° *Revision. Exemptions. Dispenses. Ajournements.* — Les opérations du r. sont revues, les réclamations auxquelles ces opérations peuvent donner lieu sont entendues, les causes d'exemption et de dispenses prévues par la loi sont jugées, en séance publique, par un *conseil de revision* composé de huit membres, cinq ayant voix délibérative : le Préfet, président, ou, à défaut, le secrétaire général, un conseiller de préfecture, un conseiller général, un conseiller d'arrondissement, un officier général ou supérieur; trois ayant voix consultative : un sous-intendant militaire, le commandant de r., un médecin militaire ou, à défaut, un médecin civil désigné par l'autorité militaire. Le conseil ne peut statuer qu'après avoir entendu l'avis du médecin. L'officier de r. est particulièrement chargé d'examiner l'aptitude physique des jeunes gens aux différentes armes. Deux autres membres, pris dans le conseil général et ayant voix délibérative, sont adjoints au conseil de revision dans la séance où il prononce sur les demandes de dispenses à titre de soutiens de famille. Les jeunes gens inscrits sur les tableaux du recensement, ainsi que ceux des classes précédentes ajournés pour défaut de taille ou faiblesse de constitution, sont convoqués, examinés et entendus par le conseil de revision. Ils peuvent faire connaître l'arme dans laquelle ils désirent être placés. Les jeunes gens qui ne se rendent pas à la convocation ou ne s'y font pas représenter sont considérés comme présents et comme tels incorporés d'office dans la première partie de la liste du r. cantonal comprenant les jeunes gens appelés pour trois ans sous les drapeaux. Le conseil de revision examine l'aptitude physique des jeunes gens et leurs droits à l'exemption ou à la dispense de service.

Sont *exemptés* les jeunes gens que des infirmités rendent impropres à tout service actif ou auxiliaire. Ceux qui, après une première, seconde ou troisième comparution devant le conseil de revision, sont reconnus impropres au service armé, sont classés dans les services auxiliaires et affectés, pour le temps de guerre, suivant leurs aptitudes et leurs professions, soit aux bureaux, soit aux magasins, soit aux travaux de fortification, de fabrication d'armes, de construction de voies ferrées ou de lignes télégraphiques, soit aux hôpitaux militaires. Les hommes classés dans les services auxiliaires ne sont astreints, en temps de paix, qu'à des revues annuelles.

Le conseil de revision peut également *ajourner*, pendant deux années de suite, à un nouvel examen, les jeunes gens qui n'ont pas la taille réglementaire d'un mètre cinquante-quatre centimètres ou qui sont reconnus d'une complexion trop faible pour un service armé. Ceux qui, après examen définitif, sont reconnus propres au service sont soumis aux obligations de la classe à laquelle ils appartiennent.

D'autre part, la loi admet la dispense partielle du service militaire pour certaines catégories de jeunes gens, soit à cause de leur situation de famille, soit en raison de leurs fonctions ou de leurs titres ou diplômes. Ces jeunes gens, après un an de présence sous les drapeaux, sont envoyés en congé dans leurs foyers, sur leur demande, jusqu'à la date de leur passage dans la réserve.

Sont dispensés, en raison de leur situation de famille : 1° l'aîné d'orphelins; 2° le fils unique ou l'aîné des fils, ou, à défaut de fils ou de gendre, le petit-fils ou l'aîné des petits-fils d'une femme veuve ou d'un père aveugle ou entré dans sa soixante-dixième année; 3° le fils unique ou l'aîné des fils d'une famille de sept enfants au moins; 4° le plus âgé des deux frères inscrits la même année et faisant partie du même appel; 5° celui dont un frère est présent sous les drapeaux au moment des opérations du conseil de revision; 6° celui dont le frère est mort en activité de service ou a été réformé ou admis à la retraite pour blessures reçues en service commandé ou pour infirmités contractées dans les armées de terre ou de mer. La loi détermine avec précision les conditions auxquelles ces dispenses peuvent être invoquées. C'est ainsi que les dispositions des paragraphes 4 et 5 ne sont applicables qu'à deux frères se suivant à moins de trois ans d'âge.

Indépendamment de ces causes de dispense expressément prévues et définies, le législateur a reconnu au conseil de revision la faculté de prononcer le renvoi dans leurs foyers, après un an de présence sous les drapeaux, des jeunes gens qui remplissent effectivement les devoirs de soutiens indispensables de famille. Les demandes sont adressées au maire de la commune du domicile, avant le tirage au sort. Le nombre des dispenses accordées à ce titre ne peut dépasser 5 pour 100 du contingent à incorporer pour trois ans. Les pièces à fournir sont : un relevé des contributions payées par la

famille; un avis motivé de trois pères de famille résidant dans la commune et ayant un fils sous les drapeaux ou dans la réserve. Le maire est tenu de signaler au conseil de revision les plaintes des personnes en faveur desquelles a été prononcé l'envoi en congé d'un militaire, à titre de soutien de famille : le conseil peut retirer à ce dernier le bénéfice de la dispense et le soumettre par là même à toutes les obligations de la classe à laquelle il appartient.

Sont dispensés, à raison de leurs fonctions, titres ou diplômes : 1° les jeunes gens qui contractent l'engagement de servir pendant dix ans dans les fonctions de l'instruction publique, dans les institutions nationales de sourds-muets ou de jeunes aveugles, les instituteurs laïques, ainsi que les novices et membres des congrégations religieuses vouées à l'enseignement et reconnues d'utilité publique, qui prennent l'engagement de servir, pendant dix ans, dans les écoles françaises d'Orient et d'Afrique subventionnées par le Gouvernement français; — 2° les jeunes gens qui ont obtenu ou qui poursuivent leurs études en vue d'obtenir : soit le diplôme de licencié ès lettres, ès sciences, le docteur en droit, le docteur en médecine, de pharmacien de 1re classe, de vétérinaire ou le titre d'interne des hôpitaux, soit le diplôme délivré par l'École des chartes ou l'École des langues orientales vivantes, soit le diplôme supérieur délivré aux élèves externes par l'École des ponts et chaussées, l'École supérieure des mines, l'École du génie maritime, soit le diplôme supérieur délivré par l'Institut national agronomique, l'École des haras du Pin aux élèves internes, les écoles nationales d'agriculture de Grand-jouan, de Grignon et de Montpellier, l'École des mines de Saint-Étienne, les écoles des maîtres-ouvriers mineurs d'Alais et de Douai, les écoles nationales des arts et métiers d'Aix, d'Angers et de Châlons, l'École des hautes études commerciales et les écoles supérieures de commerce reconnues par l'État, soit l'un des prix de Rome, soit un prix ou médaille d'État dans les concours annuels de l'École nationale des beaux-arts, du Conservatoire de musique, de l'École nationale des arts décoratifs; — 3° les jeunes gens exerçant les industries d'art qui sont désignés par un jury d'État départemental formé d'ouvriers et de patrons et dont le nombre ne peut dépasser un 1/2 pour 100 du contingent à incorporer pour trois ans; — 4° les jeunes gens admis, à titre d'élèves ecclésiastiques, à continuer leurs études en vue d'exercer le ministère dans un des cultes reconnus par l'État.

Telles sont les diverses catégories de dispenses prévues par l'article 23 de la loi du 15 juillet 1889. Les jeunes gens qui poursuivent leurs études en vue d'obtenir les titres et diplômes ci-dessus mentionnés, ceux qui exercent dans l'enseignement ou les dispensés, à titre d'élèves ecclésiastiques, sont tenus de produire chaque année à l'autorité militaire un certificat attestant qu'ils continuent à remplir les conditions sous lesquelles la dispense leur a été accordée. Ceux qui n'ont pas obtenu avant l'âge de 26 ans les diplômes ou les prix donnant droit à dispense, à l'exception toutefois des diplômes de docteur en droit, de docteur en médecine, de pharmacien et du titre d'interne des hôpitaux, pour lesquels la limite d'âge est fixée à 27 ans, ceux qui ne poursuivent pas régulièrement leurs études sont tenus d'accomplir les deux années de service dont ils avaient été dispensés. Il en est de même des membres de l'enseignement qui cesseraient leurs fonctions et dont l'engagement décennal se trouverait ainsi rompu.

Dans le silence de la loi, on admet qu'un jeune homme est en droit d'invoquer simultanément devant le conseil de revision toutes les causes de dispense dont il peut justifier. Ainsi la dispense au titre de l'enseignement peut se cumuler avec celle qui est invoquée en qualité d'étudiant en lettres, sciences, droit, etc.

La loi de 1889 règle, d'autre part, la situation au point de vue du service militaire, des élèves des écoles du Gouvernement (École polytechnique, École forestière, École centrale des arts et manufactures, Écoles du service de santé, École d'administration de la marine, etc.), celle des jeunes gens déjà liés au service en vertu d'un brevet ou d'une commission, celle des jeunes marins portés sur les registres matricules de l'inscription maritime, enfin, celle des jeunes gens qui, avant l'âge de 19 ans révolus, ont établi leur résidence à l'étranger, hors d'Europe, et qui y occupent une situation régulière. Les élèves de l'école polytechnique, de l'école forestière et de l'école centrale des arts et manufactures sont considérés comme présents sous les drapeaux à condition de contracter un engagement de 3 ans pour les deux premières écoles, de 4 ans pour la dernière. Ceux qui satisfont aux examens de sortie peuvent faire la dernière année de leur engagement comme officiers de réserve. Les élèves du service de santé militaire et des écoles vétérinaires doivent contracter un engagement de 6 ans.

Lorsque les jeunes gens portés sur les tableaux de recensement ont fait des déclarations dont l'admission ou le rejet dépend de la décision à intervenir sur des questions judiciaires relatives à leur état ou à leurs droits civils, le conseil de révision ajourne sa décision ou ne prend qu'une décision conditionnelle. En dehors de ce cas, les décisions du conseil de révision sont définitives, sauf le cas d'erreur matérielle (voir la loi du 5 avril 1900, modifiant l'article 32 de la loi du 15 juillet 1889). Toutefois, ces décisions peuvent être attaquées devant le Conseil d'État pour incompétence ou excès de pouvoir ou violation de la loi

Tous ceux qui, par suite d'exemption, d'ajournement, de classement dans des déclarations auxiliaires ou dans la seconde partie du contingent, de dispense ou pour tout autre motif, bénéficient de l'exonération du service dans l'armée active, sont assujettis au paiement d'une *taxe militaire* annuelle, laquelle se compose d'un droit fixe de 6 francs, d'un impôt proportionnel égal au montant en principal de la cote personnelle et mobilière de l'assujetti, d'un impôt additionnel proportionné aux facultés contributives des parents et évalué d'après le montant de la cote personnelle et mobilière de l'ascendant le plus imposé divisé par le nombre des enfants, vivants ou représentés, enfin de 8 centimes par franc pour frais de recouvrement. La taxe est due par l'assujetti ; toutefois elle est imposée au nom des services et recouvrée sur eux, tant que l'assujetti n'a pas atteint l'âge de 30 ans et qu'il n'a pas de domicile distinct de celui de ses ascendants. Sont seuls dispensés de la taxe : 1° les hommes réformés ou retraités à la suite de blessures reçues ou d'infirmités contractées dans le service ; 2° les contribuables se trouvant dans un cas d'indigence notoire

4° *Listes du recrutement cantonal.* — Après avoir statué sur les exemptions, dispenses, ajournements, le conseil de révision arrête, pour chaque canton, la liste de r. divisée en sept parties (bons pour le service, dispensés de l'article 21, dispensés de l'article 23, jeunes gens liés au service par un brevet, commission, etc. ; ajournés, exemptés, exclus pour condamnation).

5° *Registre matricule.* — Il est tenu par les soins du commandant de r., dans chaque subdivision de région de corps d'armée, un *registre matricule* sur lequel sont portés tous les jeunes gens inscrits sur les listes de r. cantonal. Ce registre mentionne l'incorporation ou la position de chaque homme inscrit et tous les changements qui peuvent survenir dans sa situation jusqu'à sa libération définitive. Tout homme inscrit sur le registre matricule reçoit un *livret individuel* qu'il est tenu de représenter à toute réquisition des autorités militaire, judiciaire ou civile. En cas d'appel à l'activité ou de convocation pour des manœuvres, exercices ou revues, la représentation du livret individuel doit avoir lieu dans les 24 heures de la réquisition. En tout autre cas, le délai est de 8 jours.

III. *Du service militaire.* — La loi du 15 juillet 1889 détermine successivement, dans son titre III), les bases du service militaire, l'organisation et le fonctionnement de l'armée active, de la réserve et de l'armée territoriale.

Tout Français reconnu propre au service militaire fait partie successivement : de l'armée active pendant 3 ans ; de la réserve de l'armée active pendant 10 ans ; de l'armée territoriale pendant 6 ans ; de la réserve de l'armée territoriale pendant 6 ans. Le service militaire est réglé par classe. On distingue la *classe de r.* dont tout jeune Français fait partie en raison de son âge (il suffit d'ajouter le chiffre 20 à l'année de la naissance pour obtenir l'année de la classe), et la classe de mobilisation, c.-à-d. celle avec laquelle entre au service l'homme incorporé avant ou après sa classe de r. (engagés, omis, condamnés, etc.) ou en même temps : dans ce dernier cas, elle se confond avec la classe de r. Les classes sont appelées sous les drapeaux dans l'année qui suit leur formation. Les années de service se comptent du 1er novembre de l'année du tirage au 31 octobre de l'année suivante. L'incorporation doit avoir lieu le 16 novembre au plus tard.

Ainsi, un homme né en 1854 appartient à la classe de r. de 1874 : il fait partie de l'armée active du 1er novembre 1875 au 31 octobre 1878, de la réserve de l'armée active, du 1er novembre 1878 au 31 octobre 1888, de l'armée territoriale, du 1er novembre 1888 au 31 octobre 1894, de l'armée territoriale du 1er novembre 1894 au 31 octobre 1900.

Si les circonstances l'exigent, la classe libérable de l'année peut être maintenue sous les drapeaux. D'autre part, en cas de guerre, la classe dont le tour d'appel est arrivé peut être convoquée par anticipation.

Chaque année le ministre de la guerre, lorsque les opérations de r. sont terminées, fixe le contingent des hommes qui peuvent être renvoyés dans leurs foyers après un an de service, en commençant par les numéros de tirage les plus élevés. Ces jeunes soldats restent à la disposition du ministre qui peut les conserver sous les drapeaux ou les rappeler, si leur instruction militaire ou leur conduite laissent à désirer ou si l'effectif budgétaire le permet.

À défaut d'un nombre suffisant d'hommes fournis par l'inscription maritime et de volontaires, sont incorporés dans l'armée de mer les jeunes gens du contingent auxquels ont été attribués d'office les numéros les moins élevés, comme ayant été omis par leur faute ou par leur faute sur les tableaux de recensement. Les jeunes gens ayant obtenu les numéros qui suivent peuvent être affectés aux troupes coloniales, si le r. de ce corps est insuffisamment assuré par les contingents coloniaux, les engagés et les volontaires.

Les militaires qui, pendant la durée de leur service, ont subi des punitions de prison ou de cellule, peuvent être maintenus au corps après le départ des hommes de leur classe, pendant un temps égal au nombre de leurs jours de punition. Tous les jeunes gens bénéficiant d'une dispense en vertu de l'article 23 sont rappelés pendant quatre semaines dans le cours de l'année qui précède leur passage dans la réserve. Ils suivent ensuite le sort de la classe à laquelle ils appartiennent. Les hommes de la réserve de l'armée active sont assujettis à prendre part à deux manœuvres, chacune d'une durée de quatre semaines et les hommes de l'armée territoriale à une période unique d'exercices de deux semaines. Les hommes de la réserve de l'armée territoriale peuvent être soumis, pendant leur temps de service dans ladite réserve, à une revue d'appel pour laquelle la durée du déplacement imposé n'excède pas une journée. Il peut être accordé un certain nombre de dispenses des manœuvres ou exercices de la réserve et de l'armée territoriale, à titre de soutiens de famille.

Pendant tout le temps qu'ils sont sous les drapeaux, les hommes de la réserve et de l'armée territoriale sont soumis à toutes les obligations imposées aux militaires de l'armée active par les lois et règlements : ils sont notamment justiciables des conseils de guerre.

Tout homme inscrit sur le registre matricule est astreint à faire viser son livret, s'il change de domicile, par la gendarmerie dont relève la localité où il s'établit. S'il voyage pendant plus d'un mois, il doit faire viser son livret, avant son départ, par la gendarmerie de la résidence habituelle.

Afin d'éviter que la mobilisation ne désorganise les services publics, la loi autorise les titulaires de certaines catégories d'emplois ou de fonctions à ne pas rejoindre immédiatement leur corps en temps de guerre. C'est ainsi que les directeurs et gardiens des établissements pénitentiaires ne sont tenus de répondre aux convocations par voie d'affiches, même quand ils appartiennent à la réserve de l'armée active (Voy. les tableaux A, B, C, annexés à la loi du 15 juillet 1889).

Les hommes appartenant à un titre quelconque à l'armée active, à la réserve de l'armée active, à l'armée territoriale ou à la réserve de l'armée territoriale, qui, avant l'époque de leur libération, sont jugés hors d'état de servir un service actif, reçoivent des *congés de réforme*, qui sont de deux espèces : 1° le congé n° 1, délivré à la suite de blessures reçues dans un service commandé ou d'infirmités contractées au service ; ce congé ouvre droit à une gratification renouvelable ; 2° le congé n° 2, délivré dans le cas où la réforme est prononcée pour blessures reçues ou pour infirmités contractées hors du service ; ce congé ne donne aucun droit pécuniaire à celui qui l'a obtenu. Il existe, au chef-lieu de chaque subdivision de région, une commission spéciale de réforme comprenant un général de brigade, président, un membre de l'intendance militaire, le commandant du bureau de r., l'officier commandant la gendarmerie de l'arrondissement. Deux médecins militaires que peuvent remplacer des médecins civils assistent la Commission.

IV. *Engagements volontaires. Rengagements. Commissions.* — La loi admet tout Français ou naturalisé Français à devancer l'époque de son incorporation obligatoire en contractant un *engagement volontaire* aux conditions suivantes : 1° avoir 16 ans accomplis, pour entrer dans l'armée de mer, 18 ans accomplis et justifier de la taille réglementaire pour être admis dans l'armée de terre ; 2° n'être ni marié, ni veuf avec enfants ; 3° n'avoir pas encouru de condamnation infamante, sauf pour les bataillons d'Afrique ; 4° jouir de ses droits civils ; 5° être de bonne vie et mœurs ; 6° avant l'âge de 20 ans, avoir le consentement de ses père, mère ou tuteur ; 7° remplir les conditions d'aptitude pour l'arme choisie. Les engagements volontaires ont une durée de 3, 4 et 5 ans. Les engagements de 3 ans sont en nombre limité : ils ne peuvent être reçus que dans les régiments désignés par le ministre et à des époques déterminées à l'avance.

En cas de guerre, tout Français ayant accompli le temps de service prescrit pour l'armée active, la réserve et l'armée territoriale, est admis à contracter, dans un corps de son choix, un engagement pour la durée de la guerre.

Les sous-officiers de toutes armes, les soldats décorés ou médaillés ou inscrits sur les listes d'aptitude pour le grade de caporal ou brigadier, ainsi que les caporaux ou brigadiers, peuvent être admis à contracter des *rengagements* pour 2, 3 ou 5 ans. Des primes et des suppléments de solde sont accordés aux rengagés qui ont droit en outre à une pension de retraite proportionnelle après 15 ans de service. Les sous-officiers, les militaires de certains corps spéciaux, tels que les gendarmerie, peuvent être, sous certaines conditions, pourvus d'une *commission*. On entend par là un contrat qui lie le militaire envers l'État sans comporter une durée fixée à l'avance et qui peut par suite être résilié par la volonté commune de l'obligé et de l'autorité militaire. Après 15 ans de service, les commissionnés ont droit à une pension de retraite proportionnelle : des emplois civils dans les services publics leur sont en outre réservés, lorsqu'ils ont justifié des conditions d'aptitude requises, par un examen subi au corps. Voy. RENGAGEMENT.

V. *Délits en matière de recrutement.* — Ces délits sont justiciables des conseils de guerre ou des tribunaux ordinaires. Toutes fraudes ou manœuvres par suite desquelles un jeune homme a été omis sur les listes de recensement, sont déférées aux tribunaux correctionnels et punies d'un emprisonnement d'un mois à un an. Les jeunes gens appelés à faire partie du contingent de leur classe qui se sont rendus impropres au service militaire, soit temporairement, soit d'une manière permanente, sont également traduits devant les tribunaux ordinaires, et condamnés à un emprisonnement d'un mois à un an. La même peine est prononcée contre les jeunes soldats qui se rendent coupables du même délit, dans l'intervalle de la clôture du contingent de leur canton à leur mise en activité. À l'expiration de leur peine, les uns et les autres sont mis à la disposition du ministre de la guerre pour le temps que la classe dont ils font partie doit à l'État. Leurs complices sont condamnés à la même peine ; mais si ces complices sont des médecins, des chirurgiens ou des pharmaciens, l'emprisonnement est de 2 mois à 2 ans, indépendamment d'une amende de 200 à 1000 francs, qui peut être prononcée contre eux. Tout médecin, chirurgien, ou officier de santé, qui, appelé au conseil de revision, ou officier de santé, des promesses pour être favorable aux jeunes gens qu'il doit examiner, est puni d'un emprisonnement de 2 mois à 2 ans. Enfin, des peines sévères sont prononcées contre tout fonctionnaire ou officier public, civil ou militaire, qui, sous un prétexte quelconque, a autorisé ou admis des exclusions, exemptions ou dispenses autre que celles qui sont déterminées par la loi, ou qui a donné arbitrairement une extension quelconque, soit à la durée, soit aux règles ou conditions des appels, des engagements ou des rengagements.

Tout soldat appelé qui, après avoir reçu un ordre de route, ne s'est pas rendu à sa destination, après le délai d'un mois en temps de paix et de deux jours, en temps de guerre, est déclaré *insoumis* et frappé, comme tel, d'un emprisonnement d'un mois à un an en temps de paix et de 2 à 5 ans, en temps de guerre. La prescription contre l'action publique résultant de l'insoumission ne commence à courir que du jour où l'insoumis a atteint l'âge de 50 ans. Les délais pour se rendre au corps sont augmentés à l'égard des appelés qui demeurent hors de France ou hors d'Europe. Des peines d'emprisonnement et d'amende sont édictées à l'égard des personnes qui favorisent l'évasion d'un insoumis ou qui simplement le prennent sous leur service.

Les hommes de la réserve et ceux de l'armée territoriale convoqués pour des manœuvres ou des exercices qui ne se sont pas rendus le jour fixé au lieu indiqué par les ordres d'appel ou affiches, sont passibles d'une punition disciplinaire, et, en cas de mobilisation, tout homme appelé ou rappelé est déclaré insoumis, s'il n'a pas rejoint au bout de deux jours.

Des dispositions spéciales sont édictées par la loi sur le recrutement, en ce qui concerne l'Algérie et les colonies.

Bibliographie. — RABANY, *La loi sur le recrutement,* 2e édition, 1891 ; — *Manuel du recrutement des armées de terre et de mer*, 3e édition, 1892 ; — LASSALLE, *Loi sur le recrutement de l'armée*, 1894.

RECRUTER. v. a. (R. *recrue*, avec confusion avec un vieux verbe *recluter*, rapiécer). Faire des recrues pour combler les vides dans une compagnie, dans un régiment. *R. un régiment*. ‖ Fig. et fam., Attirer dans une association, dans un parti. *Il recrute partout des adeptes.* ⸗ SE RECRUTER v. pron. Faire ses recrues. *L'armée se recrutait alors par des enrôlements volontaires.* ‖ Fig., *Cette société se recruta rapidement parmi les mécontents.* ⸗ RECRUTÉ, ÉE. part.

RECRUTEUR. adj. et s. m. Celui qui fait des recrues. *Un r. Un sergent r.* ‖ Fig.

Le messager de mort, noir recruteur des ombres.
A. CHÉNIER.

RECTA. adv. Mot emprunté du latin, qui sign. tout droit, et qu'on emploie familièrement dans le sens de Ponctuellement. *Il a payé r. à l'échéance. Il est arrivé r. à l'heure indiquée.*

RECTANGLE. adj. 2 g. et s. m. (lat. *rectangulus*, m. s. de *rectus*, droit, et *angulus*, angle). T. Géom. *Triangle r.,* Qui a un angle droit. Voy. TRIANGLE. — *Quadrilatère r.* ou simplement *r.*, Quadrilatère qui a ses quatre angles droits, Voy. QUADRILATÈRE.

RECTANGULAIRE. adj. 2 g. (R. *rectangle*). Se dit d'une figure qui a quatre angles droits et d'un triangle qui a un angle droit. *Une figure r. Un triangle r.* — *Prisme r.,* Celui dont la base est un rectangle.

RECTANGULARITÉ. s. f. Forme rectangulaire.

RECTEMBRYÉ, ÉE. adj. [Pr. *rek-tan-brié*] (lat. *rectus*, droit, et fr. *embryon*). T. Bot. Qui a un embryon dont la radicule est droite.

RECTEUR. s. m. (lat. *rector*, qui dirige, de *regere*, régir). Titre que portait autrefois le chef d'une université. *Le r. de l'université de Paris.* ‖ Aujourd'hui ce titre appartient au chef d'une académie universitaire. Voy. UNIVERSITÉ. ‖ Dans quelques provinces, et particulièrement en Bretagne, le curé ou le desservant d'une paroisse.

RECTEUR, TRICE. adj. (lat. *rector*, qui dirige, de *rectum*, sup. de *regere*, diriger). Qui dirige. ‖ T. Zool. *Pennes rectrices*, Plumes de la queue, qui servent à diriger le vol des oiseaux. ‖ T. Chim. *Esprit r.*, se disait autrefois du principe aromatique des plantes, et surtout des huiles essentielles. *Esprit r. de lavande.*

RECTICORNE. adj. 2 g. (lat. *rectus*, droit ; *cornu*, corne). T. Zool. Qui a les antennes droites.

RECTIFIABLE. adj. 2 g. Qui peut être rectifié.

RECTIFICATEUR. s. m. Celui qui rectifie. ‖ T. Techn. Appareil qui sert à rectifier les liqueurs.

RECTIFICATIF, IVE. adj. Qui sert à rectifier. *Budget r.*

RECTIFICATION. s. f. [Pr. ...*sion*] (bas-lat. *rectificatio*, m. s.). Action de rectifier. *Travailler à la r. d'un compte. R. d'un acte de l'état civil.* ‖ T. Chim. Opération qui consiste à distiller de nouveau un liquide dans le but de l'obtenir à l'état le plus pur possible. *R. de l'esprit-de-vin.* ‖ T. Géom. *R. d'une courbe,* Opération par laquelle on trouve une ligne droite égale en longueur à une courbe donnée, ou par laquelle on calcule la longueur d'un arc de courbe.

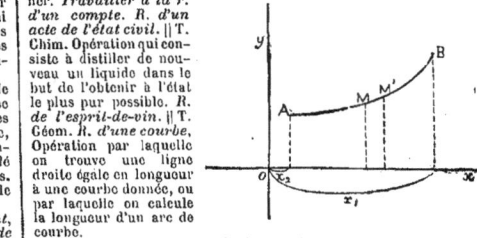

Géom. — Le problème de la rectification d'un arc de courbe dépend du calcul intégral. D'après la définition même

(Voy. LONGUEUR), la longueur d'un arc de courbe AB est (Fig. ci-jointe) la limite de la longueur d'une ligne brisée inscrite dont les côtés diminuent indéfiniment. Soit d'abord une courbe plane que nous supposerons rapportée à deux axes rectangulaires Ox, Oy. Si MM' est un des côtés de la ligne brisée inscrite et si x et y désignent les coordonnées du point M, celles du point infiniment voisin M' seront $x + dx$, $y + dy$, et le petit triangle rectangle MM'P aura pour côtés de l'angle droit dx et dy. On aura donc en désignant par ds l'hypoténuse, ou, comme on dit, l'*élément de l'arc* :

$$ds = \sqrt{dx^2 + dy^2}.$$

Il faut faire la somme de tous ces éléments et passer à la limite. Le résultat est donc une intégrale définie (Voy. INFINITÉSIMAL), et l'on a, en appelant s l'arc AB :

$$s = \int_A^B \sqrt{dx^2 + dy^2}.$$

Si x et y sont exprimés en fonction d'un paramètre t, ce qui définit la courbe, on aura :

$$dx = \frac{dx}{dt} dt \qquad dy = \frac{dy}{dt} dt,$$

et :

$$s = \int_{t_0}^{t_1} dt \sqrt{\left(\frac{dx}{dt}\right)^2 + \left(\frac{dy}{dt}\right)^2}$$

t_0 et t_1 étant les valeurs de t qui correspondent aux points A et B. Si y est exprimé en fonction de x, on aura plus simplement :

$$s = \int_{x_0}^{x_1} dx \sqrt{1 + \left(\frac{d}{dx}\right)}$$

x_0 et x_1 étant les abscisses des points A et B.

Dans l'espace, il y a trois coordonnées au lieu de deux, et les mêmes raisonnements conduisent aux formules :

$$ds = \sqrt{dx^2 + dy^2 + dz^2}$$

$$s = \int_{t_0}^{t_1} dt \sqrt{\left(\frac{dx}{dt}\right)^2 + \left(\frac{dy}{dt}\right)^2 + \left(\frac{dz}{dt}\right)^2}$$

$$s = \int_{x_0}^{x_1} dx \sqrt{1 + \left(\frac{dy}{dx}\right)^2 + \left(\frac{dz}{dx}\right)^2}.$$

RECTIFIER. v. a. (lat. *rectum*, droit, *ficare*, faire). Redresser une chose, la remettre dans l'état, dans l'ordre où elle doit être. *R. la construction d'une phrase.* *R. un discours.* *R. une procédure, une instruction.* *R. un acte de l'état civil.* *R. un compte, un calcul.* *R. sa conduite.* || T. Chim. *R. une liqueur*, La distiller de nouveau pour la rendre plus pure. || T. Géom. *R. une courbe*, Trouver une ligne droite qui lui soit égale en longueur, ou calculer sa longueur. Voy. RECTIFICATION. — SE RECTIFIER. v. pron. Être rectifié. *Les idées se rectifient par la réflexion. Le jugement se rectifie par l'âge et l'expérience.* = RECTIFIÉ, ÉE. part. *Alcool rectifié.*

RECTIFLORE. adj. 2 g. (lat. *rectus*, droit ; *flos, floris*, fleur). T. Bot. Qui a des fleurs droites.

RECTILIGNE. adj. 2 g. [Pr. *gn* mouil.] (lat. *rectilineus*, m. s., de *rectus*, droit, et *linea*, ligne). T. Géom. Se dit de figures terminées par des lignes droites. *Triangle r. Figure r.* || *Mouvement r.*, Mouvement en ligne droite.

RECTILIGNEMENT. adv. [Pr. *rektili-gne-man, gn* mouil.]. En ligne droite.

RECTILINÉAIRE. adj. 2 g. (lat. *rectus*, droit ; *linea*, ligne). T. Photogr. *Objectif r.*, Objectif composé, disposé de manière à déformer très peu les images. Voy. PHOTOGRAPHIE.

RECTINERVE ou **RECTINERVIÉE.** adj. f. (lat. *rectus*, droit ; *nervus*, nerf). T. Bot. Se dit d'une feuille dont les nervures cheminent parallèlement de la base au sommet. Voy. FEUILLE.

RECTIROSTRE. adj. 2 g. (lat. *rectus*, droit ; *rostrum*, bec). T. Zool. Qui a le bec droit.

RECTITE. s. f. (R. *rectum*). T. Méd. Inflammation du rectum. Voy. RECTUM.

RECTITUDE. s. f. (lat. *rectitudo*, m. s., de *rectus*, droit). Conformité à la règle droite, à la saine raison. *R. de principes. R. d'esprit, de jugement. Il a autant de r. dans l'esprit que de droiture dans le cœur.* = Syn. Voy. DROITURE.

RECTIUSCULE. adj. 2 g. [Pr. *rek-tius-kule*] (dimin. du lat. *rectus*, droit). T. Hist. nat. Qui est à peu près droit.

RECTO. s. m. (mot tiré du lat., *rectus*, droit). La première page d'un feuillet ; se dit par opp. à *Verso*, qui est la seconde page. *Le r. et le verso d'un feuillet. Il est enregistré folio* 30, *recto*.

RECTORAL, ALE. adj. (lat. *rector*, recteur). Qui appartient au recteur. *La dignité, l'autorité rectorale.*

RECTORAT. s. m. [Pr. *rekto-ra*]. La charge, la dignité de recteur. *Il sollicitait le r.* || Le temps pendant lequel on exerce cette charge. *Pendant son r.*

RECTOTOMIE. s. f. (R. *rectum*, et gr. τομή, section). T. Chir. Incision du rectum. Voy. RECTUM.

RECTO-VAGINAL, ALE. adj. (R. *rectum* et *vagin*). Qui a rapport au rectum et au vagin.

RECTO-VÉSICAL, ALE. adj. [Pr. *rektové-zi-kal*] (lat. *rectum*, rectum ; *vesica*, vessie). Qui appartient au rectum et à la vessie.

RECTRICE. s. et adj. f. (lat. *rectrix*, qui dirige, de *regere*, guider). T. Ornith. Nom donné aux pennes de la queue. Voy. OISEAU.

RECTUM. s. m. [Pr. *rek-tome*] (lat. *rectum*, droit). T. Anat. La partie de l'intestin qui aboutit à l'anus. Voy. INTESTIN.

Pathol. — La *rectite* est l'inflammation du r., elle peut être consécutive à l'abus des purgatifs, à l'introduction d'éléments septiques par l'anus.

Le *prolapsus* ou *chute du r.* est assez fréquent dans l'enfance ; il est consécutif aux efforts de défécation nécessités par la constipation, aux *polypes* du r. On traite cet accident par les lavements froids, les lotions astringentes ; quelquefois la cautérisation est nécessaire.

Les *rétrécissements* sont généralement d'origine syphilitique ; la défécation est gênée. La dilatation au moyen de bougies spéciales donne peu de résultats. Quand le traitement antisyphilitique ne produit aucune amélioration, il faut pratiquer la *rectotomie*, c.-à-d. l'incision ou la cautérisation de la zone rétrécie.

Le cancer est une affection très grave ; il n'est opérable avec chance de succès, que quand il siège à la partie inférieure de l'intestin.

REÇU. s. m. (part. pass. de *recevoir*). Quittance sous seing privé par laquelle on reconnaît avoir reçu une somme ou écrit par lequel on reconnaît avoir reçu quelque chose.

RECUEIL. s. m. [Pr. *re-keuil*] (R. *recueillir*). Assemblage, réunion de divers actes ou écrits, d'ouvrages en prose ou en vers, de pièces de musique, d'estampes, etc. *R. de chartes, de lois. R. de poésies, de romances, d'estampes. R. de sentences, d'anecdotes. Des recueils de chansons. Publier le r. de ses œuvres.* = Syn. Voy. COLLECTION.

RECUEILLEMENT. s. m. [Pr. *rekeu-lleman, ll* mouillées]. Action de se recueillir ; état d'une personne qui se recueille. *Le r. des sens, de l'esprit. Vivre dans un grand r.*

RECUEILLEUR. s. m. [Pr. *rekeu-lleur, ll* mouillées]. Celui qui recueille.

RECUEILLIR. v. a. [Pr. *rekeu-llir, ll* mouillées] (lat. *recolligere*, m. s., de *re*, préf., et *colligere*, rassembler)

cueillir).). Amasser, serrer les fruits d'une terre. *On a recueilli beaucoup de fruits, beaucoup de légumes. C'est un
pays où l'on ne recueille ni blé, ni vin.* — Fig., *R. du
fruit d'une chose,* En tirer de l'utilité, du profit. *Il n'a
recueilli aucun fruit de ses travaux.*

Quel fruit de ce labour pouvez-vous recueillir ?
LA FONTAINE.

|| Prov. *Il faut semer pour r.* || Rassembler, ramasser plu-
sieurs choses dispersées ou éparses. *R. les débris d'un naufrage, d'une armée. Il a recueilli dans ses voyages une
multitude de curiosités.* — Fig., *R. des sentences, des
bons mots, des exemples. Il a recueilli beaucoup de
faits peu connus pour l'histoire dont il s'occupe.* Fam.,
C'est un homme qui s'amuse à r. tous les bruits de ville.
|| *R. une succession, un héritage.* Les recevoir par voie
d'hérédité. || *R. les voix, les suffrages, les avis,* Prendre les
voix, etc., de ceux qui se trouvent dans une assemblée où il
s'agit de décider quelque chose. || *R. ses esprits, ses idées,*
Rappeler ses esprits, ses idées, son attention, afin de s'appliquer à l'examen d'une chose. On dit, dans un sens anal.,
R. ses forces. || Recevoir ce qui tombe, ce qui découle. *R.
de la gomme, de la résine, du baume. R. l'eau. R. le suc
d'une plante.* — Fig. au sens moral. *C'est moi qui ai re-
cueilli ses derniers soupirs, ses derniers sentiments.* ||
Recevoir chez soi les survenants, ceux qui sont dans le besoin.
*Il recueille charitablement les passants chez lui. Il re-
cueillait les pèlerins, les religieux.* || Inférer, tirer quelque
induction. *Tout ce que j'ai pu r. de l'entretien que j'ai eu
avec lui, c'est qu'il a dessein de.... Tout ce que j'ai pu
r. de ce grand discours, c'est que....* = SE RECUEILLIR. v.
pron. Être recueilli. *Ces fruits se recueillent à l'entrée de
l'hiver.* || Rassembler toute son attention pour ne s'occuper
que d'une seule chose. *Se r. en soi-même. Se r. au dedans
de soi. Après s'être recueilli quelques instants, il prit la
parole.* || T. Dévot. Détacher son esprit des objets de la terre
et le ramener en soi pour se livrer à de pieuses méditations.
Chaque jour elle passe quelques heures à se r. = RE-
CUEILLI. IE. part. = Syn. Voy. RÉCOLTER.

RECUEILLOIR. s. m. [Pr. *rekeu-llouar,* ll mouillées]. Morceau de bois pour peloter la ficelle ou la corde terminée.

RECUIRE. v. a. (R. *re,* préf., et *cuire*). Cuire de nou-
veau. *R. du pain, des confitures. R. de la brique.* || T.
Techn. Soumettre de nouveau à l'action du feu. *R. le verre
soufflé et façonné, pour éviter qu'il ne se fende. On recuit
les limes, les burins, etc., après les avoir trempés.* Voy.
ACIER, VERRE, TREMPE. = RECUIT, ITE. part. || Extrêmement
cuit. *Cela est cuit et recuit.* = RECUIT, ITE. adj. T. Méd.
anc. Se disait des humeurs durcies, épaissies, qui se trouvent dans le corps humain. *Des humeurs, des matières
recuites. De la bile recuite.*

RECUIT. s. m. [Pr. *re-kui*]. L'opération de recuire quelque métal. *Le r. consiste à faire rougir le métal, puis à
le laisser refroidir lentement. Le r. rend l'acier plus
flexible et moins cassant.* Voy. ACIER, VERRE, TREMPE.

RECUITE. s. f. Se dit de l'opération de recuire le verre,
les poteries, les émaux. *La r. du verre, de la porcelaine, etc.*
|| Sorte de petit fromage mou préparé avec du lait que l'on a
préalablement fait bouillir. *J'ai mangé une douzaine de
recuites.*

RECUITEUR. s. m. Ouvrier qui recuit les métaux.

RECUL. s. m. [Pr. l'*l*] (R. *reculer*). Mouvement d'une
chose qui recule ; se dit principalement des armes à feu.

RECULADE. s. f. Action de reculer, faire un mouvement
en arrière. *Les reculades des voitures sont dangereuses
pour les gens de pied. La foule grossissait, la garde lui
a fait faire une r.* || Fig., *Il s'était engagé trop avant dans
cette affaire, il a été obligé de faire une r. Une r. hon-
teuse.*

RECULÉE. s. f. (R. *reculer*). Ne se dit que dans cette
loc. fam., *Feu de r.,* Grand feu qui oblige à se reculer. *Ils
se chauffent bien, ils ont toujours un feu de r.*

RECULEMENT. s. m. [Pr. *rekule-man*]. Action de reculer.
Le r. d'un carrosse, d'une charrette. || Le fait de faire

reculer, *maison sujette à r.,* maison qui n'est pas à l'aligne-
ment. || T. Sellier. La pièce du harnais d'un cheval de trait, qui
sert à le soutenir en reculant, principalement à la descente.

RECULER. v. a. (R. *re,* préf., et *cul*). Tirer ou pousser en
arrière. *Reculez un peu votre chaise. Reculez la table. Reculez cet enfant du feu.* — *R. une muraille, une haie, un
fossé,* Les porter plus loin. *Il faut r. de deux mètres cette
muraille.* — Par extens., on dit encore, *R. les bornes, les
frontières d'un État.* || Fig., Éloigner quelqu'un du but qu'il
se propose, retarder quelque affaire. *Cet événement a fort
reculé ses desseins, ses espérances, ses affaires. Il a reculé
ses payements de six mois. La disgrâce de son protecteur
l'a bien reculé.* = RECULER. v. n. Aller en arrière. *Faites
r. cette voiture. Reculez, cocher. Comment voulez-vous
qu'il recule? R. d'un pas. Faire r. tout le monde. Faire
r. un cheval.*

Le flot qui l'apporta recule épouvanté. (RACINE.)

— Fig. et fam., *R. pour mieux sauter,* Céder, temporiser
pour mieux prendre ses avantages. On dit de quelqu'un qui a
négligé, sacrifié un petit avantage présent pour s'en procurer
un plus grand dans la suite. *Il a reculé pour mieux sauter.*
On le dit aussi, quand, après un mauvais succès, on en
obtient un très grand. || Fig., se dit des affaires et des per-
sonnes. *Vos affaires reculent au lieu d'avancer. Souvent
c'est r. que de ne point avancer. Il est trop avancé pour
r.* — *Il ne recule jamais, on ne l'a jamais vu r.,* se dit d'un
homme très brave ; et Fig., d'un homme qui soutient avec
fermeté ses droits, ses opinions. || Fig., Différer, éviter de
faire quelque chose qu'on exige ou qu'on désire de nous. *J'ai
beau le presser de faire ce qu'il m'a promis, il recule
toujours. Il n'y a plus moyen de r. Quelque proposition
que vous lui fassiez, il est homme à ne pas r.* — Fam.,
Il ne recule à rien, se dit d'un homme qui se prête à tout ce
qu'on exige de lui, qui n'hésite point à accepter tout ce qu'on
lui propose. = SE RECULER. v. pron. Se tirer en arrière. *Re-
culez-vous de là. Il se recula du feu. Il se recula bien
loin d'eux.* = RECULÉ, ÉE. part. || Fig., Être bien reculé,
être en arrière, être bien moins avancé que les autres. *Cet
écolier est bien reculé. Cette nation est bien reculée.*

Quel pays reculé te cache à mes bienfaits ?
RACINE.

|| S'emploie adject. et sign. Éloigné, lointain. *Il loge dans
le quartier de la ville le plus reculé. Les régions, les nations les plus reculées. Les temps les plus reculés. L'antiquité la plus reculée.*

Syn. — *Reculer, Rétrograder.* — *Reculer,* c'est aller dans une
direction opposée à la direction ordinaire et naturelle de la
marche ; *rétrograder,* c'est, après avoir avancé, faire un
mouvement contraire. Le canon, au moment de son explosion,
recule et ne *rétrograde* pas. Lorsque des troupes, s'avançant
vers une ville, rencontrent une force ennemie qui leur en
rend l'approche impossible, elles sont obligées de *rétrograder.*

RECULONS (À). loc. adv. [Pr. *areku-lon*]. En reculant, en
allant en arrière. *Les écrevisses nagent à r.* || *Aller à r.
dans une voiture,* En tournant le dos à la direction suivie. ||
Fig. et fam., *Cette affaire marche à r.,* Au lieu d'avancer
vers sa fin, vers son terme, elle s'en éloigne.

Les sages quelquefois, ainsi que l'écrevisse,
Marchent à reculons, tournent le dos au port.
LA FONTAINE.

RECULTIVER. v. a. Cultiver de nouveau. = RECULTIVÉ,
ÉE. part.

RÉCUPÉRATEUR. s. m. (R. *récupérer*). T. Techn. Appareil ayant pour objet d'utiliser la chaleur entraînée par les gaz
des hauts fourneaux et des cheminées d'usine, et celle qui
résulte de la combustion complète de ces gaz. Voy. FER, VIII, 2.

RÉCUPÉRATION. s. f. [Pr. *...sion*] (lat. *recuperatio,* m.
s.). Action de récupérer.

RÉCUPÉRER. v. a. (lat. *recuperare,* m. s., de *re,* préf.,
et *capere,* prendre). Recouvrer. *Je n'ai jamais pu r. mes
déboursés dans cette affaire.* = SE RÉCUPÉRER. v. pron. Se
dédommager d'une perte. *Se r. de ses pertes.* Absol., *Il avait
fait quelque perte, mais il parvint à se r.* = RÉCUPÉRÉ, ÉE.
part. = Conj. Voy. CÉDER.

RÉCURAGE. s. m. Action de récurer.

RÉCURER. v. a. (R. *re*, préf., et *curer*). Nettoyer en frottant. Voy. ÉCURER. = Récuré, ÉE. part.

RÉCURRENCE. s. f. [Pr. *rékur-ranse*]. Caractère de ce qui est récurrent.

RÉCURRENT, ENTE. adj. [Pr. *rékurr-ran, ante*] (lat. *recurrens*, qui revient sur ses pas). T. Anat. Qui semble remonter vers la partie qui lui donne naissance. *Nerf r. Artère récurrente.* — On dit subst, *La récurrente radiale*, etc. || T. Alg. *Série récurrente*, Voy. plus bas. || T. Versif. *Vers r.*, Voy. SOTADIQUE.

Alg. — On appelle *série récurrente* une série dans laquelle chaque terme est une fonction linéaire des *p* précédents :

$$u_n = \alpha_1 u_{n-1} + \alpha_2 u_{n-2} + \alpha_3 u_{n-3} + \dots + \alpha_p u_{n-p}.$$

On appelle *ordre* de récurrence, le nombre *p* des termes qui doivent concourir à former le suivant. La suite des coefficients $\alpha_1, \alpha_2, \alpha_3, \dots \alpha_p$ s'appelle l'*échelle de relation.* Pour étudier les séries récurrentes on peut d'abord les ramener à des séries ordonnées par rapport aux puissances croissantes d'une variable *x* qui seront ainsi les seules à considérer. A cet effet, posons à notre manière générale :

$$u_i = a_i x^i \quad a_j = \beta_j x^j.$$

Tous les termes de la relation contiendront alors x^n en facteur, et en supprimant ce facteur commun, la relation deviendra :

$$a_n = \beta_1 a_{n-1} + \beta_2 a_{n-2} + \beta_3 a_{n-3} + \dots + \beta_p a_{n-p},$$

c.-à-d. qu'elle aura lieu entre les coefficients de la série, chacun d'eux étant une même fonction linéaire des *p* coefficients précédents.

Cela posé, nous allons démontrer que *toute série récurrente d'ordre p résulte du développement en série d'une fraction rationnelle dont le dénominateur est de degré p et le numérateur de degré p—1 au plus.* Pour simplifier l'écriture considérons une série d'ordre 4 :

(1) $u_n = \beta_1 a_{n-1} + \beta_2 a_{n-2} + \beta_3 a_{n-3} + \beta_4 a_{n-4}$

et une fraction rationnelle :

$$\frac{f_3(x)}{\gamma_0 + \gamma_1 x + \gamma_2 x^2 + \gamma_3 x^3 + \gamma_4 x^4}$$

$f_3(x)$ désignant un polynôme du 3ᵉ degré par rapport à *x*, ou d'un degré inférieur, il est clair qu'on pourra, par la simple division développer la fraction en série ordonnée suivant les puissances croissantes de *x* :

$$\frac{f_3(x)}{\gamma_0 + \gamma_1 x + \gamma_2 x^2 + \gamma_3 x^3 + \gamma_4 x^4} = a_0 + a_1 x + a_2 x^2 + \dots + a_n x^n + \dots$$

On aura donc identiquement :

$$f_3(x) = (\gamma_0 + \gamma_1 x + \gamma_2 x^2 + \gamma_3 x^3 + \gamma_4 x^4)(a_0 + a_1 x + a_2 x^2 + \dots + a_n x^n + \dots)$$

Le premier membre étant du 3ᵉ degré, écrivons d'abord que, dans le produit qui figure au second membre, le coefficient du terme en x^n est nul si *n* est supérieur à 3. Nous aurons la relation :

$$\gamma_0 a_n + \gamma_1 a_{n-1} + \gamma_2 a_{n-2} + \gamma_3 a_{n-3} + \gamma_4 a_{n-4} = 0$$

qui est identique à la relation (1) si l'on pose

$$\beta_1 = -\frac{\gamma_1}{\gamma_0}, \; \beta_2 = -\frac{\gamma_2}{\gamma_0}, \; \beta_3 = -\frac{\gamma_3}{\gamma_0}, \; \beta_4 = -\frac{\gamma_4}{\gamma_0}.$$

D'autre part, si l'on écrit que le terme constant et les coefficients des trois termes suivants du produit sont respectivement égaux au terme constant et aux coefficients de *x*, x^2, et x^3 dans $f_3(x)$, on aura 4 identités qui serviront à déterminer les quatre premiers coefficients de la série a_0, a_1, a_2, a_3, a_4. A partir de là tous les autres pourront se calculer par la relation (1).

Les raisonnements précédents s'appliquant évidemment à des polynômes de degré quelconque, il est démontré que toute fraction rationnelle se développe suivant une série récurrente, et réciproquement que toute série récurrente résulte du développement d'une pareille fraction. Quant à la convergence de la série, les règles relatives au développement des fractions en séries (Voy. SÉRIE de *Taylor*) montrent que la série est convergente pour toutes les valeurs de *x* dont le module est

inférieur au module de celle des racines du dénominateur qui a le plus petit module.

La plus simple de toutes les séries récurrentes est la progression géométrique qui est d'ordre 1 :

$$a_n = \beta a_{n-1},$$

ce qui donne la série :

$$a_0 + a_0 \beta x + a_0 \beta^2 x^2 + a_0 \beta^3 x^3 + \dots$$

qui est bien une progression géométrique de raison βn, et dont la somme est la fraction : $\dfrac{a_0}{1 - \beta x}$, fraction dont le dénominateur est du premier degré.

RÉCURSOIRE. adj. 2 g. [Pr. *rékur-souare*] (lat. *recursus, recours*). Qui donne un recours entre quelqu'un. *Action r.*

RÉCURVIFOLIÉ, ÉE. adj. (lat. *recurvus*, recourbé ; *folium*, feuille). T. Bot. Qui a les feuilles recourbées en dedans en dehors.

RÉCURVIROSTRE. adj. 2 g. (lat. *recurvus*, recourbé ; *rostrum*, bec). Qui a le bec recourbé de bas en haut.

RÉCUSABLE. adj. 2 g. [Pr. *réku-zable*]. Qui peut être récusé. *Ce juge est parent de ma partie, il est r. Ce témoin est r.* || Par anal., se dit des personnes et des choses auxquelles on est disposé d'ajouter foi. *Vous avez beau assurer ce fait, on ne vous croira pas, vous êtes r. Témoignage r. Les autorités que vous m'alléguez me paraissent fort récusables.*

RÉCUSATION. s. f. [Pr. *réku-za-sion*] (lat. *recusatio*, m. s.). Action par laquelle on récuse. *Causes de r. Le Code de procédure* (art. 378) *et celui d'instruction criminelle* (art. 332, 399, etc.) *déterminent les cas et les modes de r. des juges, des jurés, etc.*

RÉCUSER. v. a. [Pr. *réku-zer*] (lat. *recusare*, de *re*, préf., et *causa*, cause). Décliner la compétence d'un juge, d'un juré, d'un expert, d'un témoin. *Il a récusé deux des jurés. Il récusa les témoins qu'on lui confrontait.* || Par anal., se dit des personnes et des choses dont on rejette le témoignage, l'autorité. *Je récuse votre témoignage. Je récuse l'autorité de cet historien.* == SE RÉCUSER, v. pron. *Ce juge se récusera lui-même. Quand il s'agit de prononcer sur de telles questions, je me récuse.* = RÉCUSÉ, ÉE. part.

RÉDACTEUR, TRICE. s. (lat. *redactum*, supin de *redigere*, rédiger). Celui, celle qui rédige. *Le r. d'un acte, d'un traité, d'un procès-verbal. Être r. dans un ministère. Les rédacteurs du Code civil. Le r. d'un journal. R. en chef.*

RÉDACTION. s. f. (Pr. ...*sion*) (lat. *redactum*, supin de *redigere*, rédiger). Action par laquelle on rédige, et le résultat de cette action. *La r. d'un traité, d'un arrêt. Il fut chargé de la r. du projet de loi. La r. de cet acte est claire et précise. Un vice de r.* || L'ensemble des rédacteurs d'un journal, d'une publication. *Il appartient à la r. de tel journal, de telle revue.* || Le lieu où travaillent les rédacteurs d'un journal, d'un ouvrage. *A telle heure, vous le trouverez à la rédaction.*

REDAN. s. m. (pour *redent*, dérivé de *dent*). T. Archit. Se dit des ressauts qu'on est obligé de faire de distance en distance en construisant un mur sur un terrain en pente. *Un mur construit par redans.* || T. Guerre. Voy. plus bas. || Rocher en angle. || T. Min. Gradin d'un banc d'ardoise en exploitation. || T. Techn. Partie saillante d'une boiserie, destinée à entrer dans une mortaise.

Art. milit. — Ouvrage simple de retranchement, en fortification passagère. Cet ouvrage a la forme d'un angle aigu. Le sommet A s'appelle le *saillant*; les deux côtés AB et AC sont les *faces*, la ligne BC, la *gorge* de l'ou-

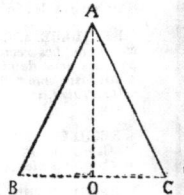

vrage; la droite AO, la *capitale*. Les faces ont généralement de 40 à 50 mètres de longueur : lorsqu'elles sont inférieures à 30 mètres, le r. prend le nom de *flèche*. Le r. et la flèche sont des ouvrages ouverts par la gorge. Voy. FORTIFICATION, I, II, 1.

REDANSER. v. a. Danser de nouveau. = REDANSÉ, ÉE. part.

REDARDER. v. a. Darder de nouveau. = REDARDÉ, ÉE. part.

RÉDARGUER. v. a. [Pr. *rédar-gu-er*] (lat. *redarguere*, m. s., de *re*, préf., et *arguere*, accuser). Reprendre, blâmer. =. RÉDARGUÉ, ÉE. part. Vx et inus.

REDDITION. s. f. [Pr. *red-di-sion*] (lat. *redditio*, m. s., de *reddere*, rendre). Action de rendre; se dit d'une place qu'on remet entre les mains de l'ennemi qui l'en a sommée ou qui l'a assiégée. La *r. d'une place, d'une forteresse*. || Se dit aussi d'un compte qu'on présente pour être examiné, arrêté. *On ne saura s'il est redevable qu'après la r. de ses comptes.*

REDÉBATTRE. v. a. [Pr. *redéba-tre*]. Débattre de nouveau. = REDÉBATTU, UE. part.

REDÉBUTER. v. n. Débuter de nouveau.

REDÉCHAUSSER. v. a. Déchausser de nouveau. = REDÉCHAUSSÉ, ÉE. part.

REDÉCORER. v. a. Décorer de nouveau. = REDÉCORÉ, ÉE. part.

REDÉDIER. v. a. Dédier de nouveau. || Rebénir une église après une profanation. = REDÉDIÉ, ÉE. part.

REDÉFAIRE. v. a. Défaire de nouveau. *J'ai défait et redéfait vingt fois cet ouvrage.* = REDÉFAIT, AITE. part.

REDEMANDAGE. s. m. (R. *redemander*). Rappel des acteurs qui viennent de jouer leur rôle à la satisfaction du public.

REDEMANDER. v. a. Demander de nouveau. || Demander à quelqu'un ce qu'on lui a donné, ce qu'on lui a prêté. || Rappeler les acteurs dont on est satisfait. = REDEMANDÉ, ÉE. part.

REDÉMOLIR. v. a. Démolir de nouveau. = REDÉMOLI, IE. part.

RÉDEMPTEUR, TRICE. s. [Pr. *rédanp-teur*] (lat. *redemptor, trix*, m. s., de *redimere*, racheter). Celui, celle qui rachète; se dit de Jésus-Christ qui a racheté les hommes par son sang. *Le r. du genre humain.* || *Les Rédempteurs*, Ancien ordre religieux créé pour racheter les captifs. = Adj. *Le signe r.*, le crucifix.

RÉDEMPTION. s. f. [Pr. *rédanp-sion*] (lat. *redemptio*, rachat). Ce terme est consacré pour sign. le rachat du genre humain par Jésus-Christ. — *La r. des âmes du purgatoire*, par les prières des vivants. || Se dit aussi du rachat des captifs chrétiens qui étaient esclaves chez les infidèles. || T. Dr. *La r. d'une servitude*. Le rachat de cette servitude. Théol. — Le dogme de la *Chute* et celui de la *Rédemption*, c.-à-d. du rachat de la postérité d'Adam par le fils de Dieu fait homme, sont les bases fondamentales du christianisme. D'après la théologie chrétienne, Dieu ayant introduit le péché dans le monde par sa désobéissance, Dieu lui promit un libérateur, qui devait venir dans le temps pour sauver tous les hommes. Ce libérateur fut Jésus-Christ, fils de Dieu, qui s'offrit en sacrifice pour l'humanité du péché d'Adam. En définitive, le dogme de la r. consiste en ce que, par le sacrifice et la passion de Jésus-Christ, tout homme baptisé est purifié du péché originel et n'a plus à répondre que de ses propres fautes.

RÉDEMPTORISTE. s. m. [Pr. *rédanpto-riste*] (lat. *redemptor*, rédempteur). Membre de l'ordre religieux fondé pour la rédemption des captifs.

REDÉFIER. v. a. Défier de nouveau. = REDÉFIÉ, ÉE. part.

REDÉJEUNER. v. n. Déjeuner de nouveau.

REDÉLIBÉRER. v. n. Délibérer de nouveau.

REDÉNONCER. v. a. Dénoncer de nouveau. = REDÉNONCÉ, ÉE. part.

REDÉPÊCHER. v. a. Dépêcher de nouveau. = REDÉPÊCHÉ, ÉE. part.

REDÉPOUILLER. v. n. [Pr. les *ll* mouillées]. Dépouiller de nouveau. = REDÉPOUILLÉ, ÉE. part.

REDÉRANGER. v. a. Déranger de nouveau. = REDÉRANGÉ, ÉE. part.

REDESCENDRE. v. n. [Pr. *redé-sandre*]. Descendre de nouveau. *Il va bientôt r. Le baromètre redescend.* = REDESCENDRE. v. a. Ôter de nouveau d'un lieu élevé. *Redescendez ce tableau.* = REDESCENDU, UE. part.

REDÉSIRER. v. a. [Pr. *redé-zirer*]. Désirer de nouveau. = REDÉSIRÉ, ÉE. part.

REDESSINER. v. a. [Pr. *re-dé-siner*]. Dessiner de nouveau. = REDESSINÉ, ÉE. part.

REDÉTRUIRE. v. a. Détruire de nouveau. = REDÉTRUIT, ITE. part.

REDEVABLE. adj. 2 g. Qui n'a pas tout payé, qui est reliquataire après un compte rendu. *Tous payements déduits, il s'est trouvé r. de telle somme.* || Se dit d'un débiteur quelconque. *Il m'est encore r. de telle somme. Vous lui êtes r. de la vente des arrérages.* || Fig., se dit de tous ceux qui ont obligation à quelqu'un. *Je suis fort r. à votre bonté. Il lui est r. de sa fortune, r. de la vie. Il m'a rendu de bons offices, je lui en suis très r.* = Subst., Assigner, contraindre les redevables. *Je suis votre redevable.*

REDEVANCE. s. f. (R. *redevoir*). Rente foncière ou autre charge que l'on doit payer ou acquitter en totalité, ou par parties, à des termes fixes. *R. annuelle. R. en nature, en blé, en argent. Être tenu à une r.*

REDEVANCIER, IÈRE. s. Qui est obligé à une redevance, à des redevances. Vx.

REDEVENIR. v. n. Devenir de nouveau, recommencer à être ce qu'on était auparavant. *Il redevint aussi puissant que jamais.* = REDEVENU, UE. part.

REDÉVIDER. v. a. Dévider de nouveau. = REDÉVIDÉ, ÉE. part.

REDEVOIR. v. a. [Pr. *rede-vouar*] (R. *re*, préf., et *devoir*). Être en reste, devoir après un compte fait. *Vous me redevez tant.* = REDÛ, UE. part. || Subst., *Le redû monte à tant.*

RÉDHIBITION. s. f. [Pr. *rédibi-sion*] (lat. *redhibitio*, action de ravoir, de *re*, préf., et *habere*, avoir). T. Jurispr. Action attribuée, dans certains cas, à l'acheteur d'une chose mobilière défectueuse, pour faire annuler la vente. Législ. — On appelle *Vices rédhibitoires*, les défauts cachés de la chose vendue qui la rendent impropre à son destination, ou du moins en diminuent tellement l'usage, que l'acheteur ne l'aurait pas acquise, ou n'en aurait donné qu'un moindre prix, s'il les avait connus : il ne serait autrement s'ils ne faisaient qu'en diminuer l'agrément ou l'utilité de la chose. Le vendeur ne répond point des vices apparents et dont l'acquéreur pouvait se convaincre aussitôt par lui-même, non plus que de ceux qui se sont déclarés après la vente ; mais, à moins de stipulation formelle contraire, il est tenu des défauts cachés, quand même il les aurait ignorés. Toutefois la garantie des vices cachés n'existe pas dans les ventes par autorité de justice. L'existence des vices rédhibitoires se constate, s'il y a lieu, par une expertise; elle donne à l'acquéreur le droit de rendre la chose et de s'en faire rembourser le prix, ou de la garder moyennant une partie du ce dernier fixée par experts. En outre, si le vendeur connaissait les vices de la chose, il peut être passible de dommages-intérêts. Les contestations sont portées devant les tribunaux de commerce ou les tribunaux civils, suivant que la vente était ou non un acte commercial. Parmi les vices cachés qui peuvent donner lieu à r., il n'y en a pas qu'il soit plus difficile de découvrir par la simple inspection de la chose vendue, que les maladies qui affectent les animaux domestiques. Cependant toute maladie ne donne pas ouverture à l'action rédhibitoire. D'après la loi du 2 août 1884 modifiée par celle du 31 juillet 1895, sont seules réputées rédhibitoires les maladies et infirmités suivantes : pour le *cheval*, l'*âne* et le *mulet*, la fluxion périodique des yeux, la morve, le farcin, l'immobilité, le cornage chronique, le tic proprement dit, avec ou sans usure des dents, l'emphysème pulmonaire, les boiteries anciennes intermittentes; pour l'*espèce ovine* : la clavelée (cette maladie, reconnue chez un seul animal, entraîne la r. de tout le troupeau, laquelle n'a lieu cependant que si ce dernier porte la marque du vendeur); pour l'*espèce porcine* : la ladrerie. Dans les ventes ou échanges des animaux domestiques qui précèdent, l'action en réduction de prix autorisée pour les ventes ordinaires ne peut être exercée lorsque le vendeur offre de reprendre l'animal en restituant le prix et en remboursant les frais de vente : l'acquéreur ne peut intenter qu'une action en résolution de vente ou d'échange, et ce dans un délai qui varie de 9 à 30 jours suivant la nature de l'affection, et peut être augmenté d'un jour par cinq myriamètres de distance entre le domicile du vendeur et le lieu où se trouve l'animal. Dans tous les cas, l'acquéreur est tenu de provoquer, dans le délai fixé, la nomination par le juge de paix d'experts chargés de dresser procès-verbal, et l'affaire est instruite et jugée comme matière sommaire par les tribunaux compétents. Lorsque l'animal vient à périr, le vendeur n'est pas tenu de la garantie, si l'acheteur n'a pas intenté une action régulière dans le délai légal et ne prouve pas que la perte de l'animal provient d'une des maladies spécifiées ci-dessus. En outre, le vendeur est dispensé de la garantie résultant de la morve et du farcin pour le cheval, l'âne ou le mulet, et de la clavelée pour l'espèce ovine, s'il établit que, depuis la livraison, l'animal a été mis en contact avec des animaux atteints de ces affections.

RÉDHIBITOIRE. adj. 2 g. [Pr. *rédibi-touare*] (lat. *redhibitorius*, m. s.). Qui peut opérer la rédhibition. *Action r. Cas, vice r.* Voy. **RÉDHIBITION.**

REDI, savant naturaliste ital. (1626-1694).

REDICTER. v. a. Dicter de nouveau. = **REDICTÉ, ÉE.** part.

REDIFFAMER. v. a. [Pr. *redi-famer*]. Diffamer de nouveau. = **REDIFFAMÉ, ÉE.** part.

RÉDIGER. v. a. (lat. *redigere*, m. s., de *re*, préf., et *agere*, agir, faire). Mettre en ordre et par écrit; ne se dit pas des ouvrages de pure littérature. *Justinien fit r. les Pandectes par Tribonien. R. les délibérations d'une assemblée. R. un procès-verbal, une sentence, un arrêt. R. un projet de loi. R. un mémoire, une consultation, un contrat, un traité, une note diplomatique. R. un traité de chimie. R. un journal. Cet article a été rédigé par un tel.* || Réduire un peu de paroles, un discours, un récit, etc., en conservant l'essentiel. *On peut r. en une page tout ce qu'il a dit sur ce sujet.* = **RÉDIGÉ, ÉE.** part. = Conj. Voy. **MANGER.**

RÉDIMER (SE). v. pron. (lat. *redimere*, racheter, de *re*, préf., et *emere*, acheter). Se racheter, se délivrer; se dit surtout des poursuites judiciaires et des vexations exercées contre quelqu'un. *Il lui en a coûté tant pour se r. des poursuites qu'on lui faisait. La ville se rédima du pillage.* = **RÉDIMÉ, ÉE.** part. || *Pays rédimés,* Voy. **CONTRIBUTION, II, B.**

Fin. — On entend par *villes rédimées,* en matière de contributions indirectes, celles où, par suite de la conversion des droits de détail et d'entrée sur les boissons en une taxe unique perçue à l'entrée, l'*exercice* se trouve supprimé. La même dénomination s'applique, en matière de contributions directes, aux villes dans lesquelles le montant de la contribution personnelle et mobilière est acquitté, entièrement ou pour partie, par un prélèvement sur le rendement des octrois. Enfin, on entend par *débitants rédimés* ceux qui, payant à l'entrée le droit de consommation sur les spiritueux, se trouvent par là même libérés de l'exercice. Voy. **IMPÔTS, OCTROI.**

REDÎNER. v. n. Dîner de nouveau.

REDINGOTE. s. f. (angl. *riding*, allant à cheval; *coat*,

vêtement). Vêtement plus long que l'habit et qui entoure une partie des jambes.

REDIRE. v. a. (R. *re*, préf., et *dire*). Répéter, dire plusieurs fois la même chose. *Vous redites toujours la même chose. Ne me le faites pas r.* || Répéter ce qu'un autre a dit. *Cet enfant redit tout ce qu'il entend.* || Révéler ce qu'on a appris de quelqu'un en confidence. *Il va r. tout ce qu'on lui a dit.* || Reprendre, blâmer, censurer; en ce sens, il ne s'emploie qu'à l'infinitif et avec la préposition *à. Je n'ai rien trouvé à r. dans cet ouvrage. Il trouve à r. à tout ce qu'on fait. Il y a beaucoup à r. à votre conduite. Il y aurait bien quelque chose à r. à vos calculs.* = **SE REDIRE.** v. pron. *Être redit. Les vérités ne sauraient trop se r.*=**REDIT, ITE** part. = Conj. Voy. **DIRE.**

REDISEUR, EUSE. s. [Pr. *redi-zeur, euze*] (R. *redire*). Celui, celle qui répète plusieurs fois les mêmes choses; ou qui répète par indiscrétion, par malignité, ce qu'il a entendu dire. Fam. et peu us.

REDISSOUDRE. v. a. [Pr. *redi-soudre*]. Dissoudre de nouveau. = **REDISSOUS, SOUTE.** part.

REDISTILLER. v. a. [Pr. *redisti-ler*]. Distiller de nouveau. = **REDISTILLÉ, ÉE.** part.

REDISTRIBUER. v. a. Distribuer de nouveau. = **REDISTRIBUÉ, ÉE.** part.

REDISTRIBUTION. s. f. [Pr. ...*sion*]. Seconde, nouvelle distribution.

REDITE. s. f. (part. pass. de *redire*). Répétition fréquente d'une chose qu'on a déjà dite. *User de redites. Ce ne sont que redites. Tomber dans des redites. Il faut éviter les redites.*

REDIVISER. v. a. [Pr. *redivi-zer*]. Diviser de nouveau. = **REDIVISÉ, ÉE.** part.

REDOMPTER. v. a. [Pr. *redon-ter*]. Dompter de nouveau. = **REDOMPTÉ, ÉE.** part.

REDON, ch.-l. d'arr. du dép. d'Ille-et-Vilaine, sur la Vilaine, à 65 kil. S.-O. de Rennes; 6,900 hab.

REDONDAMMENT. adv. [Pr. *redon-da-man*]. D'une manière redondante.

REDONDANCE. s. f. (lat. *redundantia*, m. s., de *redundare*, déborder). Superfluité de paroles dans un discours. *La r. rend le style faible et languissant. Il faut éviter les redondances dans ce qu'on écrit.*

REDONDANT, ANTE. adj. (lat. *redundans*, m. s., part. prés. de *redundare*, déborder). Superflu, qui est de trop dans un discours, dans un écrit. *Ce terme est r. Cette clause est redondante.* || Fig. *Un style r. Un style où il y a beaucoup de redondances. Un style r. d'épithètes.*

REDONDER. v. n. (lat. *redundare*, déborder, de *re*, préf., et *unda*, eau). Être superflu, surabonder dans un discours, dans un écrit. *Cette épithète redonde.* || Se dit aussi d'un discours, d'un écrit. *Ce livre redonde de citations.* — Peu usité.

REDONDITE. s. f. T. Minér. Variété ferreuse de Devonite.

REDONNER. v. a. [Pr. *redo-ner*]. Donner de nouveau la même chose. *J'avais rendu cette maison à mon père, il me l'a redonnée.* || Restituer ce qui a été perdu. *En nettoyant ce tableau, on lui a redonné son premier éclat. Sa présence redonna du courage aux troupes.*

Et redonnant le calme à vos sens désolés.

RACINE.

— Par exag., *Ce remède m'a redonné la vie,* Il a rétabli ma santé dans un moment où j'étais en danger. = **REDONNER.** v. n. S'abandonner de nouveau à quelque chose. *Il paraissait vouloir devenir économe, le voilà qui redonne dans ses folles dépenses. Il a redonné dans le piège d'où il s'était tiré.* || T. Guerre. Revenir à la charge. *L'infanterie se rallia et redonna avec un nouveau courage.* — Fam., *La* *pluie redonne de plus belle*, Elle redouble. = SE REDONNER. v. pron. Se livrer de nouveau à quelque chose. *Se r. au soin de ses affaires, aux affaires.* = REDONNÉ, ÉE. part.

REDORER. v. a. Dorer de nouveau. *Il faut r. ces flambeaux.* || Fig. et poét., *Le soleil vient r. les coteaux.* || Fig., *Il a redoré son blason*, se dit d'un noble qui a épousé une bourgeoise riche. = REDORÉ, ÉE. part.

REDORMIR. v. n. Dormir de nouveau.

REDORTE. s. f. (lat. *retortus*, part. pass. de *retorquere*, retordre). T. Blas. Se dit d'une branche d'arbre tortillée en anneaux les uns sur les autres.

REDOUBLEMENT. s. m. [Pr. *redouble-man*]. Action de redoubler. || Accroissement, augmentation considérable. *R. d'ennui, de douleur, de joie, de tendresse, etc.* || Se dit des augmentations périodiques ou irrégulières dans l'intensité des symptômes d'une maladie et particulièrement des fièvres. *Un r. de fièvre. La fièvre est continue, mais en outre il a des redoublements le soir.* || T. Gram. Répétition d'une lettre ou d'une syllabe. Dans la gramm. grecque, sign. la répétition de la consonne initiale du radical devant l'augment, au parfait des verbes. Se dit aussi de certaines répétitions analogues qui se font dans la conjugaison de plusieurs verbes dans différentes langues. || T. Escr. Action de faire attaque sur attaque sans se relever.

REDOUBLER. v. a. (R. *re*, préf., et *doubler*). Répéter une seconde fois. *Il n'y a qu'une L dans le mot épeler ; mais il faut la r. dans épellation. On doit r. la note à l'octave.*

> L'arbre tient bon, le roseau plie,
> Le vent redouble ses efforts.
>> LA FONTAINE.

|| Réitérer, renouveler avec quelque sorte d'augmentation. *Il faut r. vos instances. Il a redoublé ses prières. R. ses soins, ses efforts. R. ses cris.* || Augmenter beaucoup. *Ce que vous lui avez dit a redoublé son affliction.*

> Vous redoublez ma honte et ma confusion.
>> CORNEILLE.

Ce trait redouble l'estime que j'avais pour lui. Le froid a redoublé son mal de tête. || Remettre une doublure. *R. une robe.* || Recommencer. *Un élève qui redouble une classe.* = REDOUBLER. v. n. Augmenter. *La fièvre lui a redoublé. Ma crainte redouble. Sa fureur redoublte à la vue de son ennemi. La pluie redouble.* — On dit aussi, *R. de soins. R. d'attention. R. de courage, etc.* ; et Fam., *R. de jambes*, Marcher plus vite. || T. Escr. Faire attaque sur attaque sans se relever. = REDOUBLÉ, ÉE. part *Pas redoublé*, Pas deux fois plus rapide que le pas ordinaire. || T. Mus. *Intervalle redoublé*, Celui qui, dans un accord, est fait par deux parties, soit à l'unisson, soit à l'octave. || T. Versif. *Rimes redoublées*, Voy. RIME.

REDOUL. s. m. T. Bot. Nom vulgaire du *Coriaria myrtifolia*, arbuste de la famille des Géraniacées, tribu des Limnanthées. Voy. GÉRANIACÉES.

REDOUTABLE. adj. 2 g. (R. *redouter*). Qui est fort à craindre. *Un ennemi, un concurrent r. Un parti r. Des forces redoutables. Son inimitié est r. Il est r. à ses ennemis.*

> Je reconnus Vénus et ses feux redoutables.
>> RACINE.

REDOUTE. s. f. (ital. *ridotto*, réduit, du lat. *reductus*,

Redoute carrée
Fig. 1.

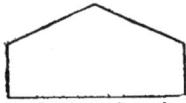

Redoute polygonale
Fig. 2.

propr. lieu retiré). T. Art mil. Ouvrage de fortification

isolé, sans angles rentrants. || Se dit aussi d'un lieu public où l'on s'assemble pour jouer, pour danser. *Le but de la r.*

Art milit. — La redoute est comme le redan un ouvrage simple de fortification passagère. Mais contrairement au redan, c'est un ouvrage fermé à la gorge. La redoute est employée pour défendre une position isolée : ses défenseurs peuvent y être momentanément abandonnés à eux-mêmes : on l'entoure quelquefois d'un fossé. La crête est tracée suivant un contour carré ou polygonal (Fig. 1 et 2). Dans quelques cas particuliers la gorge est défendue par de simples obstacles à claires-voies. Voy. FORTIFICATION, I, C.

REDOUTÉ, peintre fr., né en Belgique, surnommé le Raphaël des fleurs (1759-1840).

REDOUTER. v. n. Douter une seconde fois.

REDOUTER. v. a. (R. *re*, préf., et *douter*). Craindre fort. *R. quelqu'un. Il redoute le crédit de sa partie. Il ne redoute pas le danger. R. les forces de ses ennemis. Je redoute l'hiver pour sa santé.* = REDOUTÉ, ÉE. part. *Un prince redouté. Voici l'instant redouté.* = Syn. Voy. APPRÉHENDER.

REDOUT-KALEH, v. de Russie, ch.-l. de la prov. de Mingrélie, sur la côte orientale de la mer Noire ; 3,000 hab.

RÉDOWA. s. f. (all. *redowa*, m. s., du tchèque *rejdovak*, danse de la Bohême). Sorte de valse qui tient de la polka et de la mazurka.

REDRESSABLE. adj. 2 g. [Pr. *redrè-sable*]. Qui peut être redressé.

REDRESSAGE. s. m. [Pr. *redrè-saje*]. Action de redresser.

REDRESSE. s. f. [Pr. *redrè-se*]. T. Mar. Cordage solide employé à relever un navire abattu en carène.

REDRESSEMENT. s. m. [Pr. *redrè-seman*]. L'action de redresser, ou l'effet de cette action. *Le r. d'un plancher, d'une règle faussée.* || Fig., *Le r. d'un tort, d'un grief*, La réparation d'un tort, d'une injustice.

REDRESSER. v. a. [Pr. *redrè-ser*] (R. *re*, préf., et *dresser*). Rendre droite une chose qui l'avait été auparavant, ou qui devrait l'être. *R. une planche courbée. R. un arbre. R. la tête.* On fait porter un corps de baleine à cet enfant *pour lui r. la taille.* — Fig., et au sens moral, *R. le jugement, l'esprit, les opinions, les idées de quelqu'un.* || *R. les griefs*, Réparer les injustices, redresser les abus. — Dans les romans de chevalerie, *R. les torts*, Secourir les opprimés, réparer les torts qui leur ont été faits ; se dit le plus d'ironiquement. || Élever, ériger de nouveau. *R. une statue abattue, un monument renversé.* || Remettre dans le droit chemin, dans la bonne voie. *Je m'étais égaré, j'ai rencontré un paysan qui m'a redressé.* Vx. — Fig., au sens moral. *Je me trompais dans mon raisonnement, vous m'avez redressé. Il faisait l'entendu, l'impertinent, mais on l'a bien redressé.* || Tromper, attraper. *Un fripon l'a redressé au jeu.* Vx. et fam. = SE REDRESSER. v. pron. Se relever. *Un arbre se redresse après avoir été courbé avec effort.* || Se tenir droit *Redressez-vous.* — Fig. et fam., on dit d'une femme ou d'une fille qui veut ou qui croit attirer sur elle les regards, *Elle se redresse, elle commence à se r.* On le dit aussi d'une personne qui paraît s'enorgueillir de quelque avantage, de quelque succès. = REDRESSÉ, ÉE. part. || T. Bot. Se dit d'une tige ou d'un organe quelconque qui est d'abord horizontal, puis se porte en haut verticalement.

REDRESSEUR, EUSE. s. [Pr. *redrè-seur, euze*]. Ne se dit que dans cette loc., *R. de torts*, Chevalier errant qui se faisait un devoir de secourir et de venger les victimes de l'injustice ou de la violence. Par allusion à ces personnages, on dit Fig. et fam., d'un homme ou d'une femme qui a la manie de blâmer tout ce qu'on fait, de vouloir réformer, corriger les autres, *Il faut le r., la redresseuse de torts.* || *Un r.*, Instrument destiné à redresser.

REDRESSOIR. s. m. [Pr. *redrè-souar*]. Outil de potier pour redresser les bosses des pots d'étain.

REDRUTHITE. s. f. (R. *Redruth*, n. d'une petite ville d'Angleterre, en Cornouailles). T Minér. Syn. de *Chalcosine*.

RÉDUCINE. s. f. (lat. *reducere*, réduire). T. Chim. Alcaloïde qu'on rencontre dans l'urine et qui exerce une action réductrice sur les sels de fer, de cuivre, de mercure et d'argent.

RÉDUCTEUR, TRICE. adj. (lat. *reductor*, *trix*, m. s.). Qui réduit. || T. Chim. *Agent r.*, ou subst. *Un r.* Voy. RÉDUCTION.

RÉDUCTIBILITÉ. s. f. Qualité, état de ce qui est réductible.

RÉDUCTIBLE. adj. 2 g. (lat. *reductum*, supin de *reducere*, réduire). Qui peut ou qui doit être réduit. *Cette équation est r. à une autre de degré moindre. Cette mesure n'est pas exactement r. en telle autre. Cet oxyde n'est pas r. par la chaleur seule. Ce legs est r. Rente r. Hernie r. Cette proposition est r. à telle autre.*

RÉDUCTIF, IVE. adj. (lat. *reductum*, supin de *reducere*, réduire). Qui réduit. *La chimie a des agents réductifs.*

RÉDUCTION. s. f. [Pr. *rédu-ksion*] (lat. *reductio*, m. s., de *reducere*, réduire). L'action de diminuer; le résultat de cette action. *La r. de sa fortune le force à l'économie. Quand il s'agit d'équilibrer un budget, la r. des dépenses est le moyen auquel on songe le moins. La r. de la rente a fait jeter les hauts cris. R. d'appointements. J'ai subi une r. fâcheuse. La r. d'un liquide par l'évaporation.* || L'action de soumettre, de subjuguer, et le résultat de cette action. *La r. d'une ville, d'une province.* || T. Alg. La conversion d'une expression en une autre équivalente, mais plus simple. *Après avoir opéré la r. de cette équation. La r. des termes semblables.* || T. Arithm. Se dit, dans le même sens. *La r. d'une fraction à la plus simple expression. La r. de plusieurs fractions au même dénominateur.* Voy. FRACTION. — Signi. aussi, la conversion d'une quantité en une autre équivalente, mais ordin. de système différent. *La r. des fractions ordinaires en nombres entiers, en fractions décimales.* Voy. FRACTION. *Faire la r. des anciens poids en poids métriques. La r. des milles d'Angleterre en lieues de France. La r. des francs en centimes et des centimes en francs.* || T. Chim. Voy. plus bas. *La r. de ce composé s'opère par la seule action de la chaleur. La r. de l'acier*, sa décarburation. || T. Chir. L'opération par laquelle on remet à leur place les os luxés ou fracturés, ou les parties molles qui ont formé des hernies. || T. Jurispr. *La r. d'un legs*, la diminution du nom de r. à toute opération par laquelle on élimine, en totalité ou en partie. On dit de même, *La r. d'une donation.* || T. Logique. *R. à l'absurde*, Démonstration par l'absurde. Voy. DÉMONSTRATION. || T. Mar. *Quartier de r.*, Voy. QUARTIER. || T. Géom. L'opération par laquelle on change une figure en une autre semblable, mais plus petite; et celle par laquelle on divise une figure en plusieurs parties. *La r. d'un plan. R. d'un polygone en triangles. Échelle de r.* Figure formée de lignes obliques et de lignes parallèles qui permet d'obtenir sur une droite des divisions équidistantes égales à celles du décimètre multipliées ou divisées dans un rapport donné. *Compas de r.*, Voy. COMPAS. || T. Point. et Sculpt. Opération par laquelle on copie un objet dans une grandeur moindre que celle de l'original, en conservant toujours la même forme et les mêmes proportions. *La r. d'un tableau. La r. d'une statue.* Voy. PANTOGRAPHE et SCULPTURE.

Chim. — Dans son acception primitive, le mot *Réduction* désigne l'opération par laquelle on ramène à l'état métallique les composés où le métal est combiné avec l'oxygène, avec le soufre, etc. Les corps ou les agents à l'aide desquels s'opère la r. sont appelés *agents de r.* ou *corps réducteurs.* Par extension, on donne aujourd'hui le nom de r. à toute opération par laquelle on élimine, en totalité ou en partie, l'oxygène, le soufre, le chlore, le brome, l'iode qui sont contenus dans les composés oxygénés, sulfurés, etc. Souvent on emploie ce mot r. pour désigner en général l'action produite par un corps réducteur, même lorsque cette action consiste par ex. en une hydrogénation. — La lumière suffit pour réduire certains composés peu stables, par ex. les oxydes des métaux nobles. La lumière réduit les sels d'or ou d'argent. Le courant électrique est un agent de r. énergique. Les corps les plus réducteurs sont ceux qui ont une grande affinité pour l'oxygène ou pour le chlore; tels sont, parmi les corps simples, le phos-

phore, le carbone, l'hydrogène, le potassium et le sodium. En métallurgie on n'emploie guère comme réducteurs que le carbone, l'oxyde de carbone et les gaz provenant d'une combustion incomplète de la houille ou du coke. Lorsqu'on a besoin d'un réducteur plus énergique, par ex. pour la préparation de l'aluminium, on prend le sodium. Dans les laboratoires on emploie fréquemment l'hydrogène et les mélanges hydrogénants. Voy. *Hydrogène naissant* à l'art. HYDROGÈNE. Le cyanure de potassium sert dans l'analyse par voie sèche; le sel ammoniac dans l'étamage et la soudure. Les sels ferreux, le pyrogallol, l'hydroquinone sont des réducteurs employés en photographie pour le développement des clichés. — Dans l'analyse au chalumeau on utilise la *flamme de r.*, c.-à-d. la partie de la flamme qui contient le plus de carbone libre.

RÉDUIRE. v. a. (lat. *reducere*, propr. ramener, retirer, de *re*, préf., et *ducere*, conduire). Restreindre, diminuer ou faire diminuer. *Il a réduit le nombre de ses domestiques. On a bien réduit ses profits. Il fera sagement de r. son train. On a réduit les rentes d'un cinquième. R. le prix d'une marchandise. Les pertes éprouvées par son corps d'armée l'avaient réduit de plus de moitié. Faites bouillir cette décoction jusqu'à ce qu'elle soit réduite de moitié. R. une peine, une amende.* || T. Géom. *R. une figure*, La changer en une autre semblable et plus petite; et *R. une figure en différentes parties*, La diviser en différentes parties. *R. un polygone en triangles. — R. en petit un plan, une carte, un dessin, un tableau*, ou simpl., *R. un plan, un dessin, un tableau*, Les copier, les mettre en petit avec les mêmes proportions. — Fig. et fam., *R. quelqu'un au petit pied*, Le mettre dans un état fort au-dessous de celui où il était. || *R. son opinion, r. son avis*, le *r. sommairement*, le *r. en peu de paroles*, Le mettre en peu de paroles, après l'avoir expliqué plus au long. = Résoudre une chose en une autre, changer la figure, l'état d'un corps. *R. un corps en ses éléments*, le *r. en très petites parties*; le *r. en poudre. On réduit le blé en farine. — R. une maison en cendres, R. une ville en poudre*, et Fig., *R. ou mettre en poudre un ouvrage*, un raisonnement, Voy. POUDRE. || *R. les francs en centimes, les centimes en francs, les schellings en francs, des milles en lieues*, etc., Évaluer les espèces de monnaie, les différentes mesures les unes par rapport aux autres. || *R. une proposition, un problème à ses plus simples termes, à sa plus simple expression. — T. Math. R. une fraction à sa plus simple expression*, Voy. FRACTION. = Contraindre, obliger. *On l'a réduit à se dédire, à demander pardon. R. quelqu'un au mal*, Le faire ce qu'il tombe dans l'état le plus fâcheux. On dit de même, *R. quelqu'un à la mendicité, à l'aumône, à l'hôpital, au désespoir.* = Soumettre, subjuguer, dompter. *Alexandre réduisit l'Asie sous ses lois. Ce général a réduit cette place. R. les rebelles à l'obéissance.* On dit aussi simpl., *R. une province. R. des rebelles.* || *R. quelqu'un à la raison*, à son devoir, et simplem., le *réduire*, Le ramener par force à la raison, le ranger à son devoir. *Cet enfant est si opiniâtre, qu'il sera difficile de jamais le r. Je saurai bien le r. R. un cheval*, L'habituer par les caresses, les châtiments, etc., à faire ce qu'on exige de lui. = Rédiger dans un certain ordre, former, arranger. *R. en art, en méthode. R. en meilleure forme. R. en système les observations de ses devanciers.* || Organiser, régler d'une autre manière. *R. un État en province, un royaume en république.* || T. Chim. Effectuer la réduction d'un composé. *Il y a des oxydes qui ne peuvent être réduits qu'au moyen de la pile.* Voy. RÉDUCTION. || T. Chir. *R. une luxation, une fracture, une hernie*, Remettre à leur place des os luxés ou fracturés, des parties molles qui font hernie. — SE RÉDUIRE. v. pron. Se dit dans la plupart des acceptions précédentes. *Ces profits se réduiront considérablement cette année. Ce legs se réduit à la portion disponible. Ce liquide s'est réduit de moitié par l'évaporation. Tout polygone peut se r. en triangles. Tout ce discours se réduit à prouver que..., se réduit à deux idées principales. Ce sel se réduit promptement en poudre au contact de l'air. Tous ses projets se sont réduits à rien. La jeunesse ne se réduit pas aisément. Cet oxyde se réduit par la chaleur seule. Cette luxation se réduit très facilement.* || Se

r. à, en parlant d'une personne, signifie quelquefois, S'astreindre, ou borner ses prétentions.

A la commune voix veut-on qu'il se réduise?

MOLIÈRE.

Il s'est réduit à la plus stricte économie. Il se réduirait à la moitié de ce qui lui est dû, si on voulait lui en garantir le payement. = RÉDUIT, ITE. part. || S'emploie quelquefois absol. *Il était dans une grande opulence, le voilà bien réduit maintenant,* Il est maintenant dans une position qui l'oblige à vivre avec beaucoup d'économie. = Conj. Voy. NUIRE.

RÉDUIT. s. m. [Pr. *ré-dui*] (lat. *reductus*, qui est à l'écart, part. pass. de *reducere*, de *re*, préf., et *ducere*, conduire). Retraite, petit logement.

Dans le réduit obscur d'une alcôve enfoncée.

BOILEAU.

R. agréable, commode, tranquille. Je me suis fait là un petit r.

Art milit. — En fortification permanente, système de Cormontaigne, c'est une sorte de redan très ouvert : il s'appuie aux contrescarpes; il a pour mission de soutenir les défenseurs du chemin couvert, de soutenir leur retraite et de faciliter les retours offensifs contre les assaillants.

En fortification passagère, c'est une position mise en état de défense et dans laquelle se réunissent les derniers défenseurs quand tous les ouvrages ont été abandonnés. Dans la défense d'un village par ex., l'église, étant généralement située au milieu du village, sert de réduit. Un réduit bien défendu retarde la marche en avant de l'ennemi et permet aux défenseurs de couvrir la retraite des troupes de la défense.

RÉDUPLICATIF, IVE. adj. (lat. *reduplicare*, m. s., de *re*, préf., et *duplicare*, doubler). T. Gramm. Se dit des mots qui expriment la réitération des actions. Re *est une particule réduplicative.* Redire, refaire, etc., *ont un sens r. Le verbe reprendre est quelquefois verbe r.* = Subst., Recharger *est le r. de* charger.

RÉDUPLICATION. s. f. [Pr. ....*sion*] (lat. *reduplicatio*, m. s., de *re*, préf., et *duplicare*, doubler). Répétition d'une syllabe ou d'une lettre. || T. Méd. Redoublement des bruits du cœur.

RÉDUPLIQUÉ, ÉE. adj. [Pr. *rédupli-ké*] (lat. *reduplicatus*, m. s., part. pass. de *reduplicare*, redoubler). T. Bot. Se dit d'une feuille dont les deux bords s'appliquent l'un contre l'autre par la face inférieure.

RÉDUVE. s. m. **RÉDUVIENS.** s. m. pl. [Pr. *réduvi-in*] (lat. *reduvia*, aspérité). T. Entom. Genre et tribu d'insectes Hémiptères. Voy. GÉOGORISES.

RÉÉDIFICATION. s. f. [Pr. ...*sion*]. Action de réédifier. *La r. du temple de Jérusalem.*

RÉÉDIFIER. v. a. (R. *re*, préf., et *édifier*). Rebâtir. *R. un palais. Le r. de fond en comble.* = RÉÉDIFIÉ, ÉE. part.

RÉÉDITER. v. a. Éditer de nouveau. *R. La Fontaine.* = RÉÉDITÉ, ÉE. part.

RÉÉDITION. s. f. [Pr. ...*sion*]. Édition nouvelle, faite, sans changements, sur l'ancienne.

RÉEL, ELLE. adj. (lat. *realis*, de *res*, chose). Qui est véritablement, effectivement; se dit par opposition à feint, simulé, apparent, imaginaire. *Un être r. Ce que je vous dis est r. On a peint dans ce roman un personnage très r. L'aventure est réelle. La grandeur apparente des astres ne nous donne aucune idée de leur grandeur réelle.* — Subst., au masc., *Il y a du r. dans cette fiction.* || T. Jurisp. Qui se rapporte aux choses et non aux personnes. *Droits réels,* Voy. DROIT. *Action réelle,* Voy. ACTION, V. *Offres réelles,* Voy. PAYEMENT. *Saisie réelle,* Voy. SAISIE. || T. Mus. *Notes réelles,* notes d'une mélodie faisant partie des accords qui l'accompagnent. || T. Opt. *Foyer r. Image réelle.* Voy. LENTILLE, RÉFLEXION. || T. Math. *Quantités réelles.* Voy. IMAGINAIRE, QUANTITÉ.

RÉÉLECTION. s. f. [Pr. *réélek-sion*]. Action d'élire de nouveau. *Sa r. ne souffrira pas de difficultés.*

RÉÉLIGIBLE. adj. 2 g. Qui peut être réélu.

RÉÉLIRE. v. a. Élire de nouveau. *R. un député.* = RÉÉLU, UE. part.

RÉELLEMENT. adv. [Pr. *réè-leman*] (R. *réel*). Effectivement, véritablement. *Ce que je vous raconte a eu lieu r.* || Fam., se dit parfois pour donner plus de force à ce qu'on dit. *Cela est r. incroyable. Ce conte est r. plaisant.* || T. Jurispr. *Saisir r.,* Saisir un immeuble pour le faire vendre par autorité de justice.

RÉEMBALLAGE. s. m. [Pr. *ré-an-ba-laje*]. Second emballage.

RÉEMPLOI. s. m. [Pr. *ré-anploua*]. Action d'employer une chose qui a déjà été employée. *Le r. d'une somme d'argent.*

RÉEMPRISONNER. v. a. [Pr. *ré-anpri-zo-ner*]. Mettre de nouveau en prison. = RÉEMPRISONNÉ, ÉE. part.

RÉENCLENCHEMENT. s. m. [Pr. *ré-anclanche-man*] (R. *re*, préf., et *enclenchement*). Rétablissement de l'embrayage de deux pièces de machine qui s'unissent par voie d'enclenchement lorsqu'il arrive qu'elles se séparent.

RÉENGAGEMENT. s. m. [Pr. *ré-anga-jeman*] (R. *réengager*). Second engagement.

RÉENGAGER. v. a. [Pr. *ré-anga-jer*] (R. *re*, préf., et *engager*). Faire contracter un second engagement. = SE RÉENGAGER. v. pron. Contracter un second engagement. = RÉENGAGÉ, ÉE. part.

RÉENGRENER. v. a. [Pr. *ré-an-grener*] (R. *ré*, préf., en *engrener*). Engrener de nouveau. || T. Monn. Faire rentrer la médaille dans les coins. = RÉENGRENÉ, ÉE. part.

RÉENSEMENCEMENT. s. m. [Pr. *ré-anseman-seman*]. Action de réensemencer.

RÉENSEMENCER. v. a. [Pr. *ré-anseman-ser*]. Ensemencer de nouveau. = RÉENSEMENCÉ, ÉE. part.

RÉENTEMENT. s. m. [Pr. *ré-anteman*]. Action de réenter.

RÉENTENDRE. v. a. [Pr. *ré-antandre*]. Entendre de nouveau. = RÉENTENDU, UE. part.

RÉENTER. v. a. [Pr. *ré-an...*]. Enter de nouveau. = RÉENTÉ, ÉE. part.

RÉENTERRER. v. a. [Pr. *ré-antè-rer*]. Enterrer de nouveau. = RÉENTERRÉ, ÉE. part.

RÉER. v. n. Voy. RAIRE.

RÉESCOMPTE. s. m. [Pr. *ré-eskonte*]. Nouvel escompte.

RÉESCOMPTER. v. a. [Pr. *ré-eskonter*]. Escompter de nouveau. = RÉESCOMPTÉ, ÉE. part.

RÉEXHALER. v. a. [Pr. *ré-egzaler*]. Exhaler de nouveau. = RÉEXHALÉ, ÉE. part.

RÉEXISTENCE. s. f. [Pr. *ré-egzis-tance*]. Existence reprise, renouvelée.

RÉEXPÉDIER. v. a. [Pr. *réeks-pédier*]. Expédier de nouveau. = RÉEXPÉDIÉ, ÉE. part.

RÉEXPÉDITION. s. f. [Pr. *réeks-pédi-sion*]. Action de réexpédier.

RÉEXPORTATION. s. f. [Pr. *réeks-porta-sion*]. Action de réexporter.

RÉEXPORTER. v. a. [Pr. *réeks-porter*] (R. *re*, préf., et *exporter*]. Transporter hors d'un État des marchandises qui y avaient été importées. == REEXPORTÉ, ÉE. part.

RÉEXPOSER. v. a. [Pr. *ré-eks-pozer*]. Exposer de nouveau. == RÉEXPOSÉ, ÉE. part.

REFAÇON. s. f. Façon nouvelle.

REFAÇONNER. v. a. [Pr. *refa-so-ner*] (R. *re*, préf., et *façonner*). Donner une nouvelle façon. == REFAÇONNÉ, ÉE. part.

RÉFACTION. s. f. [Pr. *réfak-sion*] (R. *refaire*). T. Comm. Réduction qui a lieu sur le prix des marchandises, au moment de la livraison, lorsqu'elles ont souffert quelque dommage ou lorsqu'elles ne se trouvent pas de la qualité convenue. || T. Douanes. La remise que l'on fait de l'excédent de poids que présente une marchandise qui a été mouillée.

REFAGOTER. v. a. Fagoter de nouveau. == REFAGOTÉ, ÉE. part.

REFAIRE. v. a. Faire encore ce qu'on a déjà fait. *R. un voyage, un ouvrage, un discours. Si c'était à r., je ne le ferais pas. Cet homme n'est jamais content de rien; avec lui, c'est toujours à r.* Fam. || Réparer, raccommoder, rajuster une chose ruinée ou gâtée. *R. une muraille. Refaites-moi cet habit.* || Remettre en vigueur, en bon état. *Rien ne refait un malade comme le bon air. Envoyer des chevaux à l'herbe pour les r.* || T. Cuisine. *R. de la viande,* L'accommoder en la faisant revenir sur la braise ou dans l'eau chaude. || Au Jeu de cartes. Redonner des cartes. *Vous avez mal donné, il faut r.* || Fig. Tromper, attraper quelqu'un. *On m'a fait de l'excédent, je suis refait.* Fam. == SE REFAIRE. v. pron. Se remettre en vigueur et en bon état. *Notre malade commence à se r. Ces troupes ont grand besoin de se r. Ce cheval s'est bien refait depuis peu.* || Fig., Commencer à se r., Rétablir sa fortune. Se dit aussi en termes de jeu, et signifie Commencer à regagner ce qu'on avait perdu. == REFAIT, AITE. part. || Un cheval refait, Un cheval ruiné qu'on a engraissé et laissé reposer quelque temps; ne se dit qu'en mauvaise part. || Adjectiv., *Du bois refait,* Bois de charpente qui est bien équarri et dressé sur toutes les faces. == REFAIT. s. m. T. Jeu. Se dit d'un coup, d'une partie qu'il faut recommencer. *C'est un refait.* || T. Vén. Le nouveau bois du cerf. *Le cerf a déjà du refait.*

REFAISEUR. s. m. [Pr. *refè-zeur*]. Celui qui refait.

REFAUCHER. v. a. Faucher de nouveau. == REFAUCHÉ, ÉE. part.

REFDANSKITE. s. f. T. Minér. Variété de serpentine contenant du nickel.

RÉFECTION. s. f. [Pr. *réfek-sion*] (lat. *refectio*, m. s.), de *re*, préf., et *factum*, fait). Réparation, rétablissement d'un bâtiment. *Il en a coûté tant pour la r. de cette maison.* Vx. || Repas. *Prendre sa r. A l'heure de la r.*

RÉFECTOIRE. s. m. [Pr. *réfek-touare*] (lat. *refectorium*, m. s., de *reficere*, refaire). Dans les communautés, les collèges, les hospices, Le lieu où l'on se réunit pour prendre les repas en commun. *Le r. des invalides. Les élèves étaient au r.* — *A l'heure du r.,* A l'heure où l'on est au réfectoire.

REFEND. s. m. [Pr. *re-fan*] (R. *refendre*). Action de fendre, de partager. *Bois de r.,* Bois qui a été scié de long, par oppos. à Bois de brin. — *Mur de r.,* Voy. MUR. || Se dit des lignes plus ou moins creuses tracées sur les assises pour marquer les assises de pierre ou pour empêcher qu'on n'en voie les joints. *Mur à refends. Le soubassement de cet édifice a des refends.*

REFENDERET. s. m. [Pr. *refan-derè*]. Coin de fer à l'usage des ardoisiers.

REFENDRE. v. a. [Pr. *re-fandre*] (R. *re*, préf., et *fendre*). Fendre de nouveau. || T. Anc. dr Recommencer un partage. || T. Techn. Scier en long, fendre, diviser. *R. une poutre, une pièce de charpente pour en faire des chevrons, des planches. R. de l'ardoise, du pavé. R. des cuirs.* || T. Archit.

Dégager une moulure empâtée par la peinture. == REFENDU, UE. part.

REFENTE. s. f. [Pr. *refan-te*]. Action de refendre.

RÉFÉRÉ. s. m. (lat. *referre*, rapporter). T. Jurispr. En termes de Droit, on appelle *Référé,* une procédure sommaire qui a pour but de faire juger provisoirement et avec célérité, soit les difficultés survenues dans le cours de l'exécution d'un jugement ou d'un titre exécutoire, soit toute autre affaire urgente. Les affaires qui donnent lieu à r. sont portées devant le président du tribunal de première instance, jugeant seul. L'assignation en r. est donnée directement et sans autorisation préalable, et les parties exposent leurs moyens verbalement. S'il y a urgence extrême, le président peut, mais par une ordonnance préalable, permettre d'assigner, soit à l'audience, soit à sa demeure, à heure indiquée, même les jours de fête. La décision qui intervient est appelée *ordonnance de référé.* Elle ne préjuge point le fond de l'affaire et ne statue même pas sur les dépens, qui demeurent réservés. Elle est exécutoire par provision, même sans caution, si elle n'en exige pas, et quelquefois même sur minute, si le juge l'autorise. Enfin, quand elle est rendue par défaut, elle n'est pas susceptible d'opposition; elle ne peut alors être réformée que par la voie de l'appel, lequel doit être interjeté dans la quinzaine. (Code Proc., 806-812.)

RÉFÉRENCE. s. f. [Pr. *réfé-ranse*] (R. *référer*). Action de rapporter une chose à un texte, à une autorité. || *Ouvrages de r.,* dictionnaires, encyclopédies, etc., auxquels on se réfère. || Témoignage de personnes pouvant renseigner sur quelqu'un qui demande un emploi, propose une affaire, etc. *Fournir de bonnes références.*

RÉFÉRENDAIRE. adj. et s. m. [Pr. *référan-dère*] (du lat. *a referendis,* qui est chargé des choses à rapporter). Sous les derniers empereurs romains, on appelait *Référendaires* des officiers qui étaient chargés de présenter au prince les requêtes des suppliants et de faire savoir sa réponse aux intéressés. En France, dans les premiers temps de la monarchie, c.-à-d. du V° siècle au milieu du VIII°, on donnait le même nom à une classe de secrétaires, dont le principal portait le titre de *Grand référendaire,* et remplissait des fonctions analogues à celles du chancelier ou du garde des sceaux d'aujourd'hui. Plus tard, on appliqua la même dénomination à des officiers de chancellerie qui faisaient le rapport des lettres royaux, pour qu'on décidât si elles devaient être signées et scellées. Ce titre de r. est encore attribué à certains fonctionnaires de l'ordre administratif ou judiciaire, qui sont spécialement chargés de préparer les affaires au sujet desquelles les commissions ou des cours spéciales sont appelées à prendre des décisions. Tels sont les *Référendaires au sceau* et les *Conseillers référendaires à la Cour des comptes.* Chez nous, également, sous le gouvernement constitutionnel, on appelait *Grand référendaire* un dignitaire du Sénat impérial ou de la Chambre des Pairs qui apposait le sceau de cette chambre à tous les actes qu'elle faisait, et qui, en même temps, avait la garde de son palais et de ses archives. Voy. COMPTES et SCEAU.

RÉFÉRER. v. a. (lat. *referre,* rapporter, de *re,* préf., et *ferre,* porter). Rapporter une chose à une autre. *A quoi référez-vous cet article?* || Attribuer. *Je vous en réfère tout l'honneur, toute la gloire.* || *R. à quelqu'un le choix d'une chose,* Lui laisser le choix qu'il nous donnait lui-même. Au Palais, on dit de même, *R. le serment à quelqu'un,* S'en rapporter au serment de quelqu'un qui voulait s'en rapporter au nôtre. — En r. au juge, avoir recours au juge qui, en cas d'urgence, peut statuer provisoirement. Voy. RÉFÉRÉ. == RÉFÉRER. v. n. Faire rapport. *Il faut en r. à la chambre. Il en sera référé.* == SE RÉFÉRER. v. pron. Avoir rapport. *Cet article, ce passage se réfère à celui qui est ci-dessus. Cette note se réfère à cet endroit du texte.* || S'en rapporter. *Se r. à l'avis de quelqu'un. Je me réfère à ce que j'ai dit. Je m'en réfère à l'événement.* == RÉFÉRÉ, ÉE. part.

REFERMER. v. a. Fermer de nouveau. || T. Chir. *R. une plaie,* Reprendre et unir les chairs de telle sorte qu'il n'y ait plus d'ouverture. == SE REFERMER. v. pron. Se fermer de nouveau. *La porte s'est refermée sur lui. Ses yeux se referment. La plaie se refermera bientôt.* == REFERMÉ, ÉE. part.

REFERRER. v. a. [Pr. *refè-rer*] (R. *re,* préf., et *ferrer*).

R. un cheval, Lui remettre le fer qu'on lui a ôté, ou qui s'est détaché. = REFERRÉ, ÉE. part.

REFÊTER. v. a. Fêter de nouveau. = REFÊTÉ, ÉE. part.

REFEUILLEMENT. s. m. [Pr. *refeu-lle-man*, *ll* mouillées]. Feuillure faite sur place dans une pièce de charpente.

REFEUILLETER. v. a [Pr *refeu-lle-ter*, *ll* mouillées]. Feuilleter de nouveau. = REFEUILLETÉ, ÉE. part.

REFICHER. v. a. Enfoncer de nouveau. = REFICHÉ, ÉE. part.

REFILER. v. a. Filer de nouveau. = REFILÉ, ÉE. part.

REFILTRER. v. a. Filtrer de nouveau. = REFILTRÉ, ÉE. part.

REFIN. s. m. Sorte de laine très fine.

REFLAIRER. v. a. Flairer de nouveau. = REFLAIRÉ, ÉE. part.

REFLAMBOYER. v. a. [Pr. *reflan-bo-ier*]. Flamboyer de nouveau. = REFLAMBOYÉ, ÉE. part.

REFLATTER. v. a. [Pr. *refla-ter*]. Flatter de nouveau. || Flatter à son tour.

RÉFLÉCHI, IE. adj. (part. pass. de *réfléchir*). Qui est fait ou dit avec réflexion. *Action, de pensée réfléchie. Crime r. Opinion peu réfléchie.* || *Un homme r., un esprit r.*, Un homme qui a l'habitude de réfléchir, de n'agir et de ne parler qu'après avoir réfléchi. || T. Gram. *Verbe r.*, Voy. VERBE. *Pronom r. de la troisième personne*, Le pronom *Se, soi*, qui sert à la conjugaison des verbes réfléchis. || T. Hist. nat. Qui est plié ou qui se replie sur lui-même. *Sépale r. Ovule r.*

RÉFLÉCHIR. v. a. (R. *re*, préf., et *fléchir*). Renvoyer, repousser. *Tous les corps polis réfléchissent la lumière, les rayons lumineux. Les miroirs réfléchissent l'image des objets. Cette voûte réfléchit la voix.* || Fig., *La gloire des grands hommes réfléchit son éclat sur leurs descendants.* = RÉFLÉCHIR. v. n. Rejaillir, être renvoyé. *La lumière qui réfléchit de la muraille.* Peu usité. || Penser mûrement à une chose. *Je vous prie de r. sur cette affaire. J'ai réfléchi à ce que vous m'avez dit, sur ce que vous m'avez dit. C'est un homme sage qui réfléchit beaucoup. Avant de prendre un parti, réfléchissez. Vous agissez toujours sans r.* = SE RÉFLÉCHIR. v. pron. Être réfléchi. *La lumière se réfléchit régulièrement ou irrégulièrement. Son image se réfléchit dans l'eau. Le son a la propriété de se r.* — Fig., *L'âme de cet auteur se réfléchit dans tous ses écrits.* || T. Gramm. *L'action du verbe se réfléchit quelquefois sur le sujet. Ex : Je m'ennuie. Vous vous chauffez. Il se tourmente.* Voy. VERBE. = RÉFÉCHI. IE. part. Qui est renvoyé par la réflexion. *La lumière réfléchie par une glace. Le son réfléchi par les rochers.*

RÉFLÉCHISSANT, ANTE. adj. [Pr. *réfléchi-san*]. T. Phys. Qui réfléchit. *Les surfaces réfléchissantes.* || Qui revient sur sa pensée pour l'approfondir.

RÉFLÉCHISSEMENT. s. m. [Pr. *réfléchi-se-man*]. Même sens que *Réflexion*, qui est seul usité.

RÉFLÉCHISSEUR. adj. m. [Pr. *réfléchi-seur*]. Qui réfléchit, qui médite.

RÉFLECTEUR. s. m. (lat. *reflectere*, réfléchir). T. Phys. Appareil destiné à réfléchir la lumière, le calorique, le son. || Se dit plus ordinairement des miroirs concaves ou paraboliques, qui réfléchissent la lumière sans la disperser, et des surfaces coniques qui la réfléchissent sur l'espace qu'on veut éclairer. — On dit quelquefois adject., *Miroir r.*

RÉFLECTIF, IVE. adj. (lat. *reflectere*, réfléchir). T. Physiol. Voy. RÉFLEXE.

REFLET. s. m. [Pr. *re-flè*] (R. *refléter*). Réflexion lumi-

neuse diffuse et souvent colorée d'un corps sur un autre. *Le r. d'une étoffe sur une autre.* Des reflets vagabonds la lueur incertaine

DELILLE.

Les reflets verts de cette tenture assombrissent les toilettes. Les reflets sont bien entendus dans ce tableau. || Fig., *Sa réputation n'est qu'un r. de la gloire de ces aïeux.*

REFLÉTER. v. a. (lat. *reflectere*, réfléchir, de *re*, préf., et *flectere*, fléchir). Réfléchir irrégulièrement la lumière sur un corps voisin. *Nous ne voyons les objets que par la lumière qu'ils reflètent. Cette draperie reflète agréablement sur la personne qui est auprès.* || Fig., *La gloire de ses belles actions reflète sur toute sa famille.* = SE REFLÉTER. v. pron. Être reflété. *Une lumière, une couleur qui se reflète.* = REFLÉTÉ, ÉE. part.

REFLEURIR. v. n. (R. *re*, préf., et *fleurir*). Fleurir de nouveau. || Fig., *Les lettres, les beaux-arts commencent à r.* = REFLEURI, IE. part.

REFLEURISSEMENT. s. m. [Pr. *refleuri-se-man*]. Action de refleurir.

RÉFLEXE. adj. 2 g. [Pr. *réfle-kse*] (lat. *reflexus*, part. pass. de *reflectere*, réfléchir). T. Opt. Produit par la réflexion de la lumière. || T. Physiol. *Mouvement, action réflexe.* Se dit d'un mouvement qui se produit dans l'organisme à la suite d'une excitation quelconque sans que la volonté y ait aucune part. L'agent excitateur impressionne un nerf de la sensibilité; celui-ci transmet l'excitation aux cellules nerveuses de la moelle ou du cerveau où l'excitation se *réfléchit* et se transmet aux nerfs moteurs qui actionnent les muscles, et tous ces phénomènes s'accomplissent sans que la volonté y ait aucune part. La sécrétion des larmes, le rire, le hoquet, les cris qu'arrache la douleur, etc., sont des actions réflexes. L'habitude transforme certains actes volontaires en actions réflexes : cette transformation est la base et la possibilité de l'apprentissage des exercices d'adresse, des métiers, etc. Inversement, la tension volontaire peut parvenir, avec des efforts et de l'habitude, à supprimer certains actes réflexes comme le rire, les larmes, l'éternuement, etc. Voy. NERF, F, II.

RÉFLEXIBILITÉ. s. f. [Pr. *réflè-ksibilité*] (angl. *reflexibility*, m. s.). T. Phys. Aptitude d'un corps à être réfléchi.

RÉFLEXIBLE. adj. 2 g. [Pr. *réflè-ksible*] (angl. *reflexible*, m. s., du lat. *reflexum*, supin, de *reflectere*, réfléchir). Qui est susceptible de se réfléchir.

RÉFLEXIF, IVE. adj. [Pr. *réflè-ksif*] (lat. *reflexum*, sup. de *reflectere*, réfléchir). Qui peut revenir sur lui-même.

RÉFLEXIFLORE. adj. 2 g. [Pr. *réflè-ksiflore*] (lat. *reflexus*, réfléchi; *flos*, *floris*, fleur). T. Bot. Qui a la corolle renversée en dehors.

RÉFLEXION. s. f. [Pr. *réflè-ksion*] (lat. *reflexio*, m. s., de *reflectere*, réfléchir). T. Physiq. Voy. ci-après. || T. Philos. L'attention, quand elle s'applique aux opérations de l'âme, aux phénomènes de conscience, aux idées elles-mêmes. Voy. INTELLIGENCE. || Dans le lang. ordinaire, Considération attentive sur quelque chose, méditation sérieuse. *Faire r. à quelque chose, sur quelque chose. Il ne fait r. à rien. Agir sans r. Il a fait de longues, de profondes réflexions. Il se livre à ses réflexions. Cela me fit faire de sérieuses réflexions. Un homme de r. lui a suffi pour se décider. Voilà un grand sujet de r. Il est incapable de r. Faites r. que... Toute r. faite, je ne sortirai pas. — C'est un homme de r.*, C'est un homme qui ne fait rien sans y avoir bien songé. || Se dit des pensées qui résultent de cette action de l'esprit. *Voilà de belles, de sages réflexions. Une r. judicieuse. Réflexions morales. Ces réflexions sont aussi justes que fines. Il m'a communiqué ses réflexions sur cet objet, sur cette question.* = Syn. Voy. PENSÉE.

Phys. — I. *Définitions.* — Dans les sciences physiques et mathématiques, on désigne sous le nom de *Réflexion*, le phénomène qui se produit lorsqu'un corps en mouvement rencontre un obstacle impénétrable qui le force à changer de direction en prenant un mouvement rétrograde. Bien que ce terme s'emploie surtout en parlant du mouvement des rayons umineux et calorifiques, ainsi que des ondes sonores, il peut s'appliquer également à tout solide élastique. On appelle *Catoptrique*, cette branche de l'optique qui traite des lois de la r. de la lumière, et *Cataphonique*, la branche de l'acoustique qui a pour objet l'étude de la r. du son; l'étude de la r. du calorique n'a pas reçu de nom particulier. Nous ne nous occuperons ici que de la r. de la lumière, car nous avons parlé, au mot CHALEUR, de la r. de la chaleur, et au mot ÉCHO, de la r. du son.

II *Lois de la r. de la lumière*. — Lorsqu'on fait tomber sur une surface polie un faisceau de lumière solaire, et que l'on considère uniquement la direction qu'il suit après avoir été réfléchi, abstraction faite de la quantité ou de l'intensité des rayons réfléchis, les lois de ce phénomène sont d'une extrême simplicité. Supposons (Fig. 1) que AB soit une surface polie recevant au point P le rayon incident LP et le réfléchissant dans la direction PR. Par le point d'incidence P élevons la ligne PQ perpendiculaire à AB, nous appellerons l'angle LPQ *angle d'incidence*, l'angle QPR *angle de r.*; puis nous nommerons *plan d'incidence* le plan dans lequel se trouvent les deux droites LP et QP, et *plan de r.* celui qui contient les lignes QP et PR. Cela posé, nous formulerons les deux lois suivantes : 1° *L'angle de r. est égal à l'angle d'incidence et situé du côté opposé de la normale PQ*; 2° *Le plan de r. coïncide avec le plan d'incidence*, ou, en d'autres termes, *le rayon incident LP, la normale PQ, et le rayon réfléchi PR, sont dans un même plan*. Ces deux vérités fondamentales peuvent être démontrées par

Fig. 1.

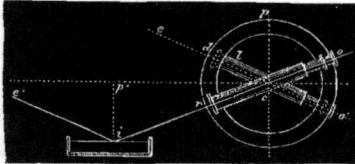

Fig. 2.

une seule expérience, que les astronomes ont souvent occasion de répéter avec une précision rigoureuse. Autour du centre d'un grand cercle vertical (Fig. 2), se meut une lunette *l* avec laquelle on observe les étoiles, et l'on place, à une distance convenable, un *horizon artificiel*, c.-à-d. un petit vase plein de mercure dont la surface constitue un miroir parfaitement horizontal. Cela fait, on vise avec la lunette *l* une étoile de première ou de deuxième grandeur dont la lumière arrive à l'œil dans la direction *ed*; ensuite on incline la lunette de manière que son axe soit traversé par le rayon *ir* venant de la même étoile, mais après s'être réfléchi en *i* à la surface du mercure. Or, on trouve ainsi que les deux angles *dcp* et *pco* que font les deux directions de l'axe optique de la lunette avec la verticale *op* sont constamment égaux. Mais la normale *ip'* est parallèle à la verticale *cp*, et les rayons *cd* et *e'i*, qui proviennent de la même étoile sont aussi parallèles : il s'ensuit donc que les angles *dcp* et *pco* sont respectivement égaux aux angles *e'ip'* et *p'ir*, et que, par conséquent, il sont aussi égaux entre eux. En outre, il est évident que le plan d'incidence *e'ip'* coïncide avec le plan de r. *p'ir*. — Les deux lois que nous venons de démontrer sont vraies, quelle que soit la nature de la surface réfléchissante ou l'origine de la lumière incidente. Elles ne souffrent aucune exception, et tous les phénomènes de r. que nous présentent les surfaces polies, soit planes, soit courbes, quand leur courbure est régulière, s'en déduisent aisément comme de simples conséquences géométriques.

III. *Réflexion sur les surfaces planes*. — On nomme *Miroirs*, les corps à surface polie, de métal ou de verre, qui font voir par r. les objets qu'on leur présente. Le lieu où ces objets apparaissent est leur *image*. Suivant leur forme, on divise les miroirs en *miroirs plans, concaves, convexes, hémisphériques, paraboliques, sphériques, coniques*, etc. Nous parlerons d'abord des *miroirs plans*.

A. *Réflexion sur un seul miroir* — Dans un miroir plan, les images sont toujours *symétriques* des objets par rapport au plan du miroir. Soient (Fig. 3) *m : : m* un miroir plan, L un point lumineux situé devant le miroir et dont un rayon Li tombe sur ce dernier. Ce rayon, d'après la première loi que nous avons exposée, se réfléchira dans la direction *ic*, de sorte que si ce rayon réfléchi vient à rencontrer mon œil, il me semblera émané d'un point *l* situé derrière le miroir, dans le prolongement de *ci*. Considérons un autre rayon Li' émané du point L. Il se réfléchira dans la direction *i'c'*, et si l'on prolonge ce nouveau rayon réfléchi en arrière du miroir, il se coupera avec le précédent au point *l*. Or, il en sera de même pour tout rayon quelconque parti de L et réfléchi par le miroir ; par conséquent, le point *l* sera l'image du point lumineux L. Si maintenant nous joignons les points L et *l* par une droite, il est facile de voir que les triangles L*ik* et *lik* sont égaux, comme ayant un côté commun *ik* compris

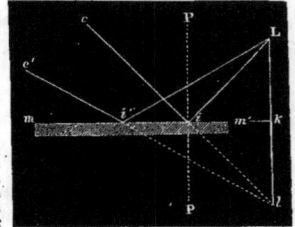

Fig. 3.

entre deux angles égaux. Il en résulte que L*k* est égal à *lk*. En conséquence, pour trouver, dans un miroir plan, l'image d'un point lumineux, il suffit d'abaisser de ce point une perpendiculaire sur le miroir ou sur son prolongement, puis de prolonger cette perpendiculaire en arrière du plan du miroir d'une longueur égale à la distance où le point lumineux se trouve de ce plan. — Comme cette observation s'applique à tout corps lumineux, ou simplement éclairé, dont la lumière tombe sur un miroir plan, il est facile de construire l'image d'un corps quelconque qui se réfléchit dans ces conditions. Soient (Fig. 4) le miroir plan MM et la flèche AB placée devant sa surface réfléchissante. On trouve l'image de la pointe en abaissant du point A une perpendiculaire A*k* sur le plan du miroir et en la prolongeant au delà d'une longueur *ka* égale à A*k*. On trouverait de même l'image du point B et celle d'un point quelconque de la flèche AB ; d'où il suit que l'image et l'objet sont *symétriques* par rapport au plan du miroir. On dit quelquefois que l'image de l'objet est *renversée*, parce que l'observateur qui regarde un objet dans un miroir voit à droite ce qui est à gauche, et à gauche ce qui est à droite. Une autre conséquence de ce qui précède, c'est que, dans les miroirs plans, l'image est de même grandeur que l'objet. — Les images que nous avons considérées jusqu'à présent

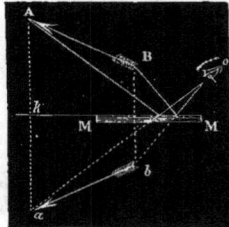

Fig. 4.

sont appelées *images virtuelles*, par opposition aux *images réelles*. Les images virtuelles sont une illusion de l'œil ; elles résultent de ce que tous les rayons lumineux réfléchis par la surface du miroir semblent partir de derrière le miroir, au lieu même où se formerait l'image réelle si le miroir était parfaitement pénétrable aux rayons. Ainsi, tandis que les images réelles, comme nous le verrons tout à l'heure, sont formées par des rayons réfléchis eux-mêmes, les images virtuelles sont formées par leurs prolongements.

Champ d'un miroir plan. — On appelle ainsi l'ensemble des points de l'espace que l'on peut voir dans le miroir. Le champ d'un miroir plan est limité par un cône ayant pour sommet le point symétrique de l'œil de l'observateur par rapport au miroir et dont les génératrices s'appuient sur le pourtour du miroir.

B. *Réflexion entre deux miroirs plans*. — Lorsqu'un faisceau de lumière réfléchi par un miroir plan est reçu sur un second miroir plan, il y éprouve une nouvelle r., et produit ainsi un nouveau foyer virtuel qui, par rapport à sa second miroir, est symétrique du premier foyer. A son tour, le faisceau de lumière ayant éprouvé deux réflexions, pourra se réfléchir une troisième fois et donner naissance à un troisième foyer virtuel, et ainsi de suite. Ces réflexions successives se produisent lorsqu'un point lumineux est placé entre deux miroirs. Quand deux miroirs plans forment un angle quelconque, le nombre des images que donne un objet placé entre eux dépend de l'inclinaison des miroirs. Soient (Fig. 5) MN et RN deux miroirs inclinés entre eux sous un angle de 72°, c.-à-d. égal au cinquième d'une circonférence de cercle, et A un point lumineux, qui se trouve au milieu de l'angle formé par les miroirs. Il se produit d'abord dans chaque miroir une

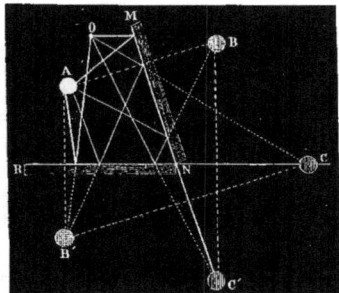

Fig. 5.

image de A, l'une en B pour le miroir MN, et l'autre en B' pour le miroir RN. Par conséquent l'œil situé en O, indépendamment de l'objet A lui-même, voit en outre, par suite d'une simple r., deux images B et B' de cet objet. Mais les rayons qui ont été réfléchis par chacun des deux miroirs peuvent aller tomber sur l'autre miroir et y subir une nouvelle r. Or, comme tous les rayons réfléchis par le premier miroir se comportent comme s'ils émanaient du point B situé derrière lui, cette image B devient, pour ainsi dire, un nouvel objet qui projette ses rayons sur le miroir RN, et donne une image C', symétrique de B par rapport au plan RN. En conséquence, l'œil placé en O aperçoit, après cette seconde r., une nouvelle image en C'. Mais l'image B' constitue aussi un nouveau point lumineux pour le miroir MN, et donne encore une image nouvelle C. Cependant l'image C ne peut pas produire une nouvelle image, car elle est derrière le plan du miroir MN et dans le plan même du miroir RN. Il en est de même de l'image C'. Ainsi donc, le point lumineux A ne donne lieu qu'à 4 images, lesquelles font avec A lui-même un pentagone régulier. Si les deux miroirs étaient perpendiculaires entre eux, on n'aurait que 3 images, y compris l'objet lui-même, et les quatre points formeraient un quadrilatère. Si, au contraire, les miroirs étaient inclinés sous un angle de 60, de 45, de 36 degrés, etc.; en d'autres termes, si l'ouverture de leur angle était le 6°, le 8°, le 10° d'une circonférence de cercle, alors on verrait 6, 8, 10, etc., images, en y comprenant l'objet lui-même. Ainsi donc, le nombre des images augmente à mesure que l'angle des miroirs diminue. Enfin, lorsque cet angle arrive à zéro, c.-à-d. lorsque les deux miroirs sont parallèles, le nombre des images doit devenir infini. S'il n'en est pas ainsi dans la réalité, c'est, d'une part, que

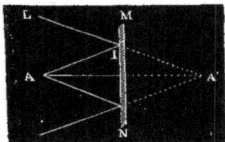

Fig. 6.

la perte de lumière qui a lieu à chaque r. rend les images de moins en moins claires, et, de l'autre, que les images se formant de plus en plus loin, leur intensité cesse bientôt d'être assez grande pour que l'œil puisse les voir. Voy. au mot KALÉIDOSCOPE une application de ces réflexions multiples sur deux miroirs.

C. Effet des miroirs plans sur les faisceaux convergents. — Les rayons incidents et réfléchis sont réciproques l'un de l'autre c.-à-d. que si un rayon tombant suivant AI (Fig. 6)

se réfléchit suivant IL, un rayon qui tomberait suivant LI se réfléchirait suivant IA. Il résulte de là que si un faisceau convergent vers un point A' est reçu sur un miroir MN, ce faisceau se réfléchira sur le miroir et viendra converger en un point symétrique A. Par conséquent, soit un ensemble de faisceaux convergents, tels que LA'N, lB'n, allant former en

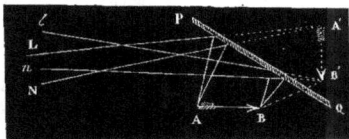

Fig. 7.

A'B' (Fig. 7) une image réelle. Si, avant leur point de réunion on les reçoit sur un miroir, ils viendront former une image en AB dans une position symétrique de A'B' par rapport au miroir PQ. Il résulte de là que l'on peut, à l'aide d'un miroir plan, déplacer à volonté une image réelle; et c'est ce qui se fait dans plusieurs instruments d'optique, notamment dans le télescope dit de Newton.

L'image réelle A'B' que le miroir PQ ne laisse pas former a reçu le nom d'objet virtuel.

IV. **Réflexion sur les surfaces courbes.** — Les plus usités, parmi les miroirs courbes, sont les miroirs sphériques et les miroirs paraboliques. Les miroirs sphériques sont des portions de sphère polies à l'intérieur ou à l'extérieur. Dans le premier cas, les miroirs sont concaves; dans le second cas, ils sont convexes. On appelle Centre de courbure ou Centre géométrique et aussi Centre optique du miroir, le

Fig. 8.

point C (Fig. 8), qui est le centre de la sphère dont le miroir est un segment; et l'on nomme Centre de figure, le point A qui est situé au centre du miroir lui-même. Le Diamètre du miroir est la ligne qui unit deux points opposés des bords de la calotte; son Ouverture est l'angle que font les deux rayons CM, CN, menés du centre de courbure aux bords opposés du miroir; l'Axe principal est la droite indéfinie qui passe par le centre de courbure C et par le centre de figure A du miroir; toute autre droite qui passe par le centre de courbure, sans passer par le centre de figure, constitue un Axe secondaire; enfin, les sections faites dans le miroir par un plan passant par l'axe principal portent le nom de sections principales. C'est seulement pour les rayons lumineux situés dans l'une de ces sections, que nous étudierons le phénomène de la r. — Pour appliquer les deux lois générales de la r. à la détermination de la direction d'un rayon réfléchi par une surface courbe, on admet que la r. s'opère en chaque point de la surface de la manière dont elle s'opérerait sur un plan tangent à la surface courbe en ce point. En conséquence, le problème se réduit à déterminer la direction de la normale en chaque point donné de la surface courbe. En effet, lorsqu'on connaît à la fois la direction du rayon incident, et celle de la normale au point d'incidence, le plan du rayon réfléchi et la position du rayon dans ce plan sont donnés tous les deux.

A. **Réflexion sur les miroirs concaves.** — Dans les miroirs courbes, on nomme Foyers les points où vont concourir les rayons réfléchis ou leurs prolongements. Nous allons considérer la manière dont se forment ces foyers selon la position des points lumineux; ensuite nous étudierons la production des images.

1° Foyers des points situés sur l'axe principal. — Tout point lumineux situé sur l'axe principal envoie sur le miroir un faisceau de rayons lumineux qui a pour sommet ce point et pour base le miroir lui-même. — Si le point lumineux est situé à une distance infinie, les rayons qui composent le faisceau seront tous parallèles, ainsi que le montre la Fig. 8. Considérons un de ces rayons GD. La normale au point D est le rayon CD. Si on fait l'angle CDF égal à l'angle GDC, DF sera le rayon réfléchi correspondant au rayon incident GD. Or, l'angle d'incidence GDC et l'angle DCF sont égaux comme alternes-internes. Par conséquent, l'angle DCF doit être égal à l'angle de r. FDC; d'où il résulte que, dans le triangle CDF, les côtés CF et FD sont égaux entre eux. Mais, si l'ouverture du miroir n'est que d'un petit nombre de degrés, nous pourrons, sans erreur sensible, admettre que FD est égal à FA, et par suite que le point F est le milieu de CA. Tant que l'ouverture du miroir ne dépasse pas 8 à 10 degrés, tous les autres rayons incidents parallèles à l'axe, tels que DB, se comporteront comme le rayon GD, c.-à-d. viendront, après la r., passer très approximativement au même point F. Ainsi donc, nous pourrons dire que : dans un miroir concave, un faisceau de rayons parallèles à l'axe principal se transforme par la r. en un faisceau convergent en un point de l'axe situé à égale distance entre le centre géométrique et le centre de figure du miroir. Ce point F où viennent concourir les rayons réfléchis se nomme *Foyer principal*, et la distance FA est la *distance focale principale*. Dans le cas que nous venons de considérer, tous les rayons parallèles à l'axe allant concourir sensiblement au foyer principal F, il est évident que si l'on transporte le point lumineux à ce foyer, les rayons émis par ce point prendront, après la r., les directions DG, BH, etc., et, par conséquent, marcheront parallèlement à

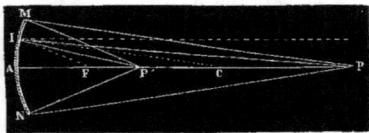

Fig. 9.

l'axe principal. En effet, les angles de r. sont devenus les angles d'incidence, et réciproquement les angles d'incidence sont devenus les angles de r., mais sans changer de valeur. — *Si le point lumineux est situé au delà du centre, mais à une distance finie*, le point de concours des rayons réfléchis se trouvera entre le centre de courbure du miroir et le foyer principal. En effet soient (Fig. 9), P le point lumineux, PI un rayon incident au miroir, et, au point d'incidence I, menons la normale IC. L'angle d'incidence PIC étant plus petit que si le point lumineux était parallèle à l'axe AP, l'angle de r. sera plus petit que FIC. Par conséquent, le rayon réfléchi viendra couper l'axe en un point P' situé entre le foyer principal F et le centre géométrique C. En admettant, comme dans le cas précédent, que tous les autres rayons réfléchis concourent au même point P', on voit que le faisceau incident se transforme en un faisceau réfléchi qui converge vers un foyer P' situé entre le centre et le foyer principal. Il est d'ailleurs facile de voir, à la simple inspection de la figure, que si l'on suppose le point lumineux P se rapprochant de plus en plus du centre de courbure, le foyer se rapprochera également de ce même centre. Si *le point lumineux est situé au centre de courbure*, le foyer coïncidera avec lui, car tous les rayons incidents tombant normalement sur le miroir, les rayons seront aussi réfléchis normalement et convergeront au lieu même occupé par le point lumineux. Mais si le point lumineux continue à se rapprocher du miroir, c.-à-d. si nous supposons *le point lumineux situé entre le centre et le foyer principal*, le foyer s'éloignera du centre, et cela d'autant plus que le point lumineux sera plus près du foyer principal. Ainsi, par ex., si le point lumineux est en P' au lieu d'être, comme tout à l'heure, en P ou en C, le foyer sera au point P. Les points tels que P et P', qui jouissent de la propriété d'être réciproques l'un de l'autre, c.-à-d. dont chacun devient le foyer de l'autre quand on transporte le point lumineux de l'un ou de l'autre, sont appelés *foyers conjugués*, pour indiquer la liaison qui subsiste entre eux. Il y a une relation très simple entre les distances AP, AP' et le rayon de courbure AC. En effet, dans le triangle PIP' la bissectrice IC partage le côté opposé en deux segments proportionnels aux côtés adjacents et l'on a $\frac{IP}{IP'} = \frac{CP}{CP'}$. Mais l'ouverture du mi-

roir étant très petite nous pouvons, sans erreur sensible, confondre IP avec AP et IP' avec AP'. L'équation devient

$$\frac{AP}{AP'} = \frac{CP}{CP'} \quad \text{ou bien} \quad \frac{AP}{AP'} = \frac{AP - AC}{AC - AP'}.$$

En effectuant les calculs on est conduit à la relation $\frac{1}{AP} + \frac{1}{AP'} = \frac{2}{AC}$. Et comme

$$AC = 2.AF \text{ on peut écrire } \frac{1}{AP} + \frac{1}{AP'} = \frac{1}{AF}.$$

Enfin, si le *point lumineux est entre le foyer principal et le miroir*, on n'aura plus qu'un *foyer virtuel*, c.-à-d. situé du côté opposé au miroir. En effet, soit (Fig. 10) le miroir MN où le point lumineux est placé en a, entre le miroir lui-même et le foyer principal P. Considérons le rayon aI. L'angle d'incidence aIC sera plus grand que l'angle PIC que ferait un rayon parti du foyer principal P. Le rayon aI, en se réfléchissant, fera donc avec la normale IC un angle CIL plus grand que celui que ferait avec la même normale la droite menée par le point I parallèlement à

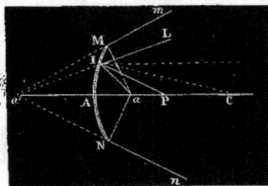

Fig. 10.

l'axe; par conséquent, ce rayon réfléchi n'ira pas couper l'axe. Or, il en sera de même de tous les rayons émanés du point lumineux a. Donc ces rayons, au lieu de se rencontrer, iront tous en divergeant, et il ne se formera point de foyer conjugué. Mais, si on les conçoit prolongés de l'autre côté du miroir, leurs prolongements iront sensiblement concourir au point a' situé lui-même sur le prolongement de l'axe principal. Ainsi, l'œil qui reçoit les rayons émanés du point a éprouve la même impression que si ces rayons provenaient du *foyer virtuel* a'. On comprend d'ailleurs aisément que le foyer virtuel sera d'autant plus près du miroir que le point lumineux en sera lui-même plus rapproché. En raisonnant comme dans le cas précédent on trouverait :

$$\frac{1}{AP} - \frac{1}{AP'} = \frac{2}{AC} = \frac{1}{AF}.$$

2° *Foyers des points lumineux situés sur un axe secondaire.* — Soit Ab (Fig. 11) un axe secondaire, c.-à-d. passant par le centre de courbure C du miroir. Si l'on considère que, dans une sphère, tous les diamètres jouissent absolument des

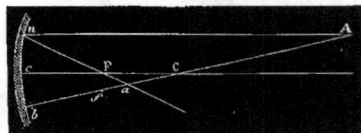

Fig. 11.

mêmes propriétés, on comprendra sur-le-champ que les choses doivent se passer par rapport au demi-diamètre Cb, qui appartient à l'axe secondaire, comme elles se sont passées par rapport au demi-diamètre Cc, qui appartient à l'axe principal. En conséquence : un faisceau de rayons parallèles à Cb donnera un faisceau réfléchi qui viendra converger au point f, milieu de Cb. Un faisceau de rayons divergent d'un point lumineux A situé au delà du centre C, donnera un faisceau convergent en a, entre f et le centre C. Un faisceau émané du même point a, entre f et le centre C, ira, après s'être réfléchi, converger en A au delà du centre. Enfin, un faisceau lumineux émané d'un point situé entre f et le miroir donnera un faisceau divergent qui semblera émané d'un point situé de l'autre côté du miroir. D'après cela, on voit que le foyer d'un point lumineux situé sur l'axe secondaire Ab sera selon la position de ce point lumineux ou un foyer principal, ou un foyer conjugué, ou un foyer virtuel.

3° *Détermination du foyer principal.* — Dans les appli-

cations que l'on peut faire des miroirs, il est souvent nécessaire de connaître leur rayon de courbure. Or, comme ce
centre est éloigné du miroir d'une distance double du foyer
principal, il suffit de déterminer ce dernier ; ce qui se fait
d'une manière extrêmement simple. On présente le miroir aux
rayons solaires de façon que son axe principal leur soit parallèle ; puis, avec un petit écran de papier, on cherche le lieu
où l'image est la plus brillante et la moins étendue : là est
le foyer principal. On mesure la distance de ce point au
miroir, et en la doublant on a le rayon de la sphère dont
le miroir représente un segment.

4° *Images dans les miroirs concaves.* — Nous avons supposé jusqu'à présent que l'objet lumineux placé devant le miroir était un simple point. Les mêmes lois subsistent, lorsque
ce point est remplacé par un objet d'une certaine étendue ;
on conçoit alors que chacun des points qui le composent
donnera un foyer, et, l'ensemble de tous ces foyers formera
l'image de l'objet. Cette image sera réelle ou virtuelle dans
les mêmes cas où l'on a des foyers réels ou virtuels ; mais,
en outre, l'image réelle sera renversée, et tantôt plus petite,

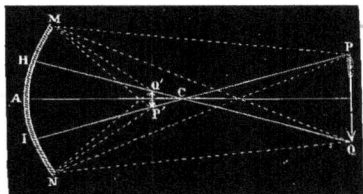

Fig. 12.

tantôt plus grande que l'objet, tandis que l'image virtuelle
sera droite. — Supposons (Fig. 12) l'objet situé au delà du
centre de courbure de la sphère ; cet objet est la flèche PQ.
Le faisceau PMN émané du point P formera en se réfléchissant un faisceau convergent qui se réunira en un point P'
situé sur l'axe secondaire PI. De même, le faisceau QNM
émané du point Q produira un faisceau réfléchi convergeant
en Q' sur l'axe secondaire QH, et les points intermédiaires
entre P et Q donneront aussi des foyers intermédiaires entre
P' et Q'. De cette manière on aura en P'Q' une image *réelle,
renversée* et *plus petite* de l'objet PQ. Lorsque au contraire
l'objet est situé entre le centre et le foyer principal,
c.-à-d. en PQ on a en PQ une image de l'objet réelle, *renversée,* mais plus *grande.*

Construction géométrique des images. — Soit à construire l'image de l'objet PQ plus éloigné du miroir que le

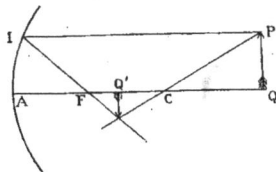

Fig. 13.

foyer F (Fig. 13). Cherchons l'image de P. Nous menons
d'abord l'axe secondaire PC qui est un lieu de cette image.
Menons ensuite le rayon PI parallèle à l'axe principal. Après
r, ce rayon va passer par le foyer F. Sa rencontre avec
l'axe secondaire donne l'image cherchée P'. L'image de la
droite PQ est P'Q'. Nous nous sommes placés dans le cas de
l'image réelle.

Si maintenant nous supposons *l'objet situé au foyer principal* même, il est évident qu'il ne se produira aucune image.
En effet, les rayons émanés de chaque point de l'objet forme-
ront, après la r., autant de faisceaux respectivement parallèles à l'axe secondaire passant par le point d'où ils sont émis,
et par conséquent ils ne sauraient former ni foyers ni images.

— Examinons maintenant le cas où *l'objet est entre le
foyer principal et le miroir.* Soit AB cet objet (Fig. 14). Le
rayon An, qui tombe perpendiculairement sur le miroir, se
réfléchira dans la direction nAC, tandis que le rayon Ac qui
tombe parallèlement à l'axe principal, se réfléchira vers le
foyer principal F. Ainsi donc, les rayons nAC et cF ne peuvent se rencontrer ; mais, si on les prolonge du côté opposé

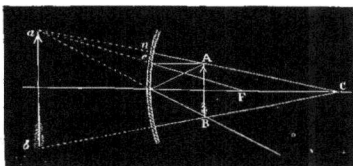

Fig. 14.

du miroir, ils se rencontreront en *a* : ce point *a* sera donc
l'image virtuelle de A. On trouvera de même que l'image du
point B se formera en *b.* Par conséquent, on aura en *ab* une
image de l'objet AB, image qui sera *virtuelle, directe* et
plus grande que l'objet. Au reste, ses dimensions, relativement à celles de l'objet, seront d'autant plus grandes que
celui-ci sera plus près du foyer principal.

5° *Effets des miroirs concaves sur les faisceaux convergents.* — Soit le miroir concave MN (Fig. 15) qui reçoit le
faisceau de lumière LL'RR' convergent en P. Si l'on fait en L'
et en R' les constructions nécessaires pour avoir les rayons
réfléchis correspondant aux rayons incidents LL' et RR', on

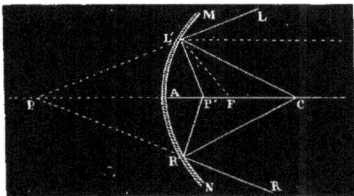

Fig. 15.

trouve que ces rayons vont converger en un point P' qui sera
le foyer du faisceau réfléchi. On voit donc que le faisceau
convergent vers le point P est transformé par le miroir en un
autre faisceau convergent, mais dont les rayons se réunissent
entre le miroir et son foyer principal. De là résulte la possibilité de changer, au moyen d'un miroir concave, la position
des foyers, et, par suite, des images. On dit dans ce cas que P
joue le rôle d'*objet virtuel.*

*Rapport de la grandeur de l'image à la grandeur de
l'objet.* — On démontre aisément que ce rapport est égal au
rapport de la dis-
tance de l'image au
miroir à la distance
de l'objet au miroir.

B. *Réflexion sur
les miroirs para-
boliques.* — Nous
avons vu tout à
l'heure que, dans les
miroirs concaves
sphériques, les
rayons parallèles à
l'axe ne viennent
qu'approximati-
vement concourir
au foyer principal.
Il suit nécessaire-
ment de là que les rayons réfléchis par un point lumineux,
situé au foyer principal, ne marchent pas parallèlement à l'axe
même du miroir. Il en est autrement dans les *miroirs para-*

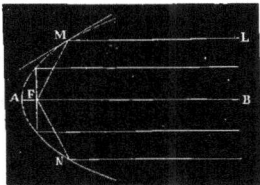

Fig. 16.

boliques. En effet, soit (Fig. 16) le miroir parabolique AMN engendré par la révolution d'un arc de parabole AM tournant autour de son axe AB. Comme dans une parabole, toute droite parallèle à l'axe, telle que ML, et tout rayon vecteur, tel que FM, font avec la tangente au point de contact, M, des angles égaux, il s'ensuit que tous les rayons parallèles à l'axe vont exactement concourir, après leur r., au foyer F du miroir, et, réciproquement, que les rayons émis par une source de lumière située au foyer se réfléchissent dans une direction exactement parallèle à l'axe. Par conséquent, il n'y a aucune divergence entre les rayons ainsi réfléchis, et l'intensité de la lumière est beaucoup plus considérable, à une même distance, que dans un miroir concave ordinaire.

C. _Réflexion sur les miroirs convexes._ — Dans les miroirs convexes, il ne peut y avoir de foyers réels. En effet, les rayons réfléchis par la surface convexe du miroir vont en divergeant et ne sauraient se rencontrer; mais, si l'on suppose les rayons incidents prolongés de l'autre côté du miroir, on obtient un _foyer virtuel_ (Fig. 17) dont la position est variable. Si les rayons incidents sont parallèles à l'axe, c.-à-d. viennent d'une distance infinie, ils vont former de l'autre côté du miroir un foyer virtuel en un point _r_ qui se trouve à égale distance du centre de figure et du centre de courbure du miroir, et que nous appellerons _foyer principal virtuel._ Mais si les rayons incidents partent d'un point plus rapproché du miroir, leur angle d'incidence étant plus grand que lorsqu'ils sont parallèles à l'axe, il en sera de même de leur angle de r. Dans ce cas, le faisceau réfléchi sera plus divergent et semblera venir d'un foyer virtuel situé entre le miroir et le foyer virtuel principal. Ce foyer virtuel sera d'ailleurs d'autant plus près du miroir que le point lumineux en sera lui-même plus rapproché. — D'après cela, il est facile de

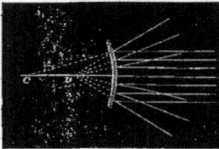

Fig. 17.

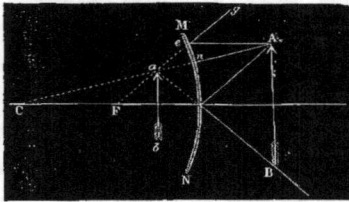

Fig. 18.

concevoir la manière dont se forment les images dans les miroirs de ce genre. Soit AB (Fig. 18) un objet placé devant le miroir convexe MN. Le rayon A_n_, qui tombe à angle droit sur le miroir, se réfléchira dans la direction _nA_; mais le rayon A_c_, qui est parallèle à l'axe du miroir, se réfléchira dans la direction _cg_, comme s'il émanait du foyer virtuel principal F. Or, en prolongeant au delà du miroir les rayons _eg_ et _nA_, on trouve qu'ils se coupent en _a_ : c'est donc en _a_ que se formera l'image de A, c.-à-d. que tous les rayons émanés de A sembleront, après leur r. par le miroir convexe, provenir du point _a_. On trouvera de même que l'image de B se formera au point _b_, et que les points intermédiaires entre A et B auront leurs foyers en des points intermédiaires entre _a_ et _b._ Par conséquent, on aura en _ab_ une _image virtuelle, directe et plus petite_ que l'objet. Au reste, les dimensions de cette image, toujours virtuelle et directe, seront d'autant plus grandes relativement à celles de l'objet, que ce dernier sera plus rapproché du miroir. — La _détermination de la distance focale principale_ des miroirs convexes s'obtient à peu près aussi facilement que dans les miroirs concaves. On recouvre de papier le miroir convexe (Fig. 19), en ayant soin de réserver dans le papier, à égale distance du centre de figure A et dans un même plan méridien, deux petites ouvertures circulaires B et C qui laissent le miroir à nu. On place ensuite devant le miroir un écran MN, qui est percé à son

centre d'une ouverture circulaire D d'un diamètre plus grand que la distance BE. Maintenant, si l'on reçoit sur le miroir un faisceau de rayons solaires I,B,L'E, parallèles à l'axe, la lumière se réfléchira sur les parties où le miroir est à découvert, c.-à-d. en B et en E, et ira former sur l'écran, en _b_ et en _e_, deux images brillantes. En reculant l'écran ou en l'approchant, on trouve une position de l'écran où l'intervalle _be_

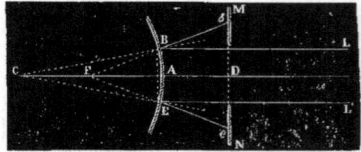

Fig. 19.

est double de BE. La distance AD de l'écran représente alors la distance focale principale. En effet, les triangles FBE et F_bc_ étant semblables, on a $\dfrac{BE}{be} = \dfrac{FA}{FD}$; mais BE est la moitié de _be_; donc FA doit être la moitié de FD; par conséquent AD = AF : ainsi AF est la distance focale principale, et le double de AF ou AC est le rayon de courbure du miroir.

D. _Théorie rigoureuse de la réflexion._ — La théorie que nous venons de résumer n'est qu'approchée. La théorie rigoureuse serait beaucoup plus compliquée. En général, il n'y a pas de foyer, c.-à-d. que les rayons parallèles ou émanés d'un même point ne vont pas, après la réflexion, concourir exactement en un point fixe. Mais il y a un théorème général important. Quelle que soit la forme de la surface réfléchissante, tous les rayons émanés normalement d'une surface quelconque sont, après la réflexion, normaux à une autre surface qui a reçu le nom d'_anticaustique._ Cette conclusion s'applique naturellement aux rayons parallèles qui sont normaux à un plan et aux rayons divergents qui sont normaux à une sphère de rayon quelconque ayant son centre au point d'émission des rayons. Seulement la surface anticaustique n'est en général ni un plan, ni une sphère quoiqu'elle en diffère peu dans la pratique, quand le miroir est sphérique ou parabolique. De plus, les rayons réfléchis infiniment voisins se croisent sur une surface qui est l'_enveloppe_ des rayons réfléchis et qui a reçu le nom de _caustique._ Cette caustique est le lieu des points de l'espace qui sont le plus éclairés, de sorte que sa trace sur un écran se dessine en une ligne brillante. Voy. CAUSTIQUE.

E. _Applications et usages des miroirs._ — Tout le monde connaît les usages des miroirs plans de verre étamé, connus sous le nom de _glaces,_ qui se trouvent aujourd'hui jusque dans les ménages les plus modestes. Mais en outre ils sont employés avec grand avantage dans plusieurs appareils de physique et d'astronomie. Tel est, par ex., le _goniomètre_ de Charles, où les lois de la r. de la lumière sont appliquées à la mesure des angles dièdres des corps polis, plus particulièrement des cristaux. Tels sont _l'héliostat_ de Gambey, à l'aide duquel on réfléchit les rayons solaires dans une direction invariable, nonobstant le changement continu de hauteur du soleil au-dessus de l'horizon, et les divers modèles de _sidérostats,_ qui servent à renvoyer dans une direction invariable les rayons lumineux émanés d'une étoile. Voy. HÉLIOSTAT, SIDÉROSTAT. Tels sont encore les _instruments à r._ dont les marins se servent en mer pour mesurer les angles, et dont le plus usité est le _sextant_ (Voy. ce mot). Enfin, c'est sur la propriété des rayons réfléchis qu'est fondée la construction de divers instruments de physique amusante, et notamment du _kaléidoscope,_ que nous avons décrit ailleurs. Voy. KALÉIDOSCOPE. Les miroirs concaves ont aussi reçu de nombreuses applications. Ainsi, par ex., on s'en sert comme miroirs grossissants, pour se faire la barbe. Ils sont encore employés dans les télescopes, et nous avons dit le parti qu'on en peut tirer comme appareils incendiaires (Voy. MIROIR, II). Mais ils sont surtout usités comme réflecteurs pour transformer en faisceaux parallèles à une direction déterminée les rayons divergents d'une source de lumière placée au foyer du miroir, ce qui permet d'envoyer cette lumière à de grandes distances sans trop de diminution d'intensité. Les miroirs paraboliques conviennent plus particulièrement dans ce cas. Ainsi, on fait usage de miroirs paraboliques dans les lampes des voitures publiques, des convois de chemins de fer et des projecteurs à l'usage de l'armée et de la marine. La forme parabolique est aussi celle qui convient le mieux aux miroirs des télescopes, à cause de la convergence exacte des rayons parallèles à l'axe. Avant l'invention des lentilles à échelons, on employait aussi pour les phares des réflecteurs paraboliques. Enfin, les miroirs coniques, cylindriques, etc., sont employés comme instruments de physique amusante, à cause des déformations singulières qu'ils font subir aux objets.

V. *Intensité de la lumière réfléchie.* — Nous venons de voir que l'on peut déterminer dans tous les cas avec une précision géométrique la marche de la lumière réfléchie, lorsque l'on connaît la forme de la surface réfléchissante ; mais il en est tout autrement quand il s'agit de déterminer la quantité ou la proportion de lumière qui est réfléchie irrégulièrement. Cependant on est arrivé, par voie expérimentale, aux formules suivantes : 1° La quantité de lumière régulièrement réfléchie augmente avec l'angle d'incidence, mais elle ne s'évanouit pas entièrement lorsque l'angle devient zéro. 2° Cette quantité dépend à la fois de la nature du milieu que traverse la lumière, quand elle tombe sur la surface réfléchissante, et de la nature de la substance sur laquelle elle tombe. 3° Des corps de nature différente, placés dans les mêmes circonstances, réfléchissent des proportions fort différentes de lumière incidente. On a sur ce sujet un grand nombre d'expériences faites par Bouguer, et plus récemment par Arago, Fresnel, Potier, etc. Les rapports numériques suivants sont dus à Bouguer. Lorsqu'un rayon lumineux, dont l'intensité est représentée par 1000, tombe sur l'eau, faisant avec la surface de celle-ci un angle de 30', l'intensité de la lumière réfléchie est représentée par 721 ; mais elle n'est plus que de 211, sous un angle de 15° ; de 65, sous un angle de 30° ; et de 18, sous un angle de 60° à 90°. Sur 1000 rayons de lumière qui tombent sur une surface de verre, en faisant un angle de 5° avec cette surface, 543 sont réfléchis ; mais il n'y en a plus que 300, si l'angle est 15° ; que 112, si l'angle égale 30°, et 23, si l'angle est 60° ou au-dessus. De 1000 rayons incidents à une lame de marbre noir bien poli, 600 sont réfléchis, quand l'angle égale 3°,15' ; lorsque l'angle est 15°, il n'y en a plus que 156 de réfléchis ; ce chiffre se réduit à 51, si l'angle est 30°, et à 23, si l'angle est 60° et au-dessus. Le mercure et les miroirs métalliques donnent une diminution moins rapide. Sur 1000 rayons incidents, il y en a 700 de réfléchis, quand l'angle avec la surface est très petit, et il y en a encore 600, lorsque l'angle approche de 90°, c.-à-d. lorsque le rayon incident est presque perpendiculaire à la surface. On doit à Fresnel une théorie complète de la r. sur verre qui a été vérifiée par l'expérience. La r. à la surface des métaux est un phénomène beaucoup plus complexe qui modifie le genre de polarisation de la lumière incidente. La question a été étudiée au point de vue théorique par Cauchy et Mac-Cullagh et au point de vue expérimental par M. Jamin. L'accord est très satisfaisant. Il suffit, pour que la lumière se réfléchisse en plus ou moins grande quantité, qu'elle passe d'un milieu dans un autre milieu de densité différente. Quand elle traverse un milieu parfaitement homogène, il n'y a pas de r. ; mais, si le milieu vient à changer (et il suffit pour cela que, dans la même substance, il survienne des inégalités de densité ou un arrangement différent des molécules qui la constituent), il s'opère une r. plus ou moins considérable à la surface qui sépare les deux milieux. Ainsi, par ex., en traversant l'atmosphère, la lumière du soleil subit, avant d'arriver à la terre, un nombre infini de réflexions partielles car, à chaque couche la densité de l'atmosphère augmentant, chaque nouvelle couche forme, pour ainsi dire, un milieu différent. — Si les surfaces des corps étaient douées d'un poli assez parfait pour réfléchir la totalité de la lumière incidente, l'œil serait incapable de les distinguer. En effet, nous ne voyons les corps qu'au moyen des rayons irrégulièrement réfléchis qui en émanent et viennent rencontrer notre œil, car les rayons réfléchis régulièrement nous font voir seulement les points lumineux dont ils émanent, et non point les surfaces sur lesquelles ils tombent. Il résulte de là que si la surface de la lune offrait un poli aussi parfait que celui d'un globule de mercure pur, cet astre nous présenterait seulement une image réfléchie du soleil.

RÉFLEXIVEMENT. adv. [Pr. *réflè-ksiveman*]. D'une manière réfléchie, par réflexion, avec réflexion.

RÉFLUER. v. n. (lat. *refluere*, m. s., de *re*, préf., et *fluere*, couler). Se dit du mouvement des fluides qui retournent vers le lieu d'où ils sont coulé, ou qui, pressés dans un endroit, se portent dans un autre. *Quand la mer monte, elle

fait r. les rivières. Les eaux, arrêtées par des digues, ont reflué dans les campagnes.* || Fig. *Les barbares qui inondèrent l'Italie refluèrent dans les Gaules. La chute de Constantinople fit r. les sciences et les arts dans l'occident de l'Europe.*

REFLUX. s. m. [Pr. *reflu*] (R. *re*, préf., et *flux*). Mouvement de mer quand elle se retire du rivage après le flux. Voy. MARÉE.

     Le flux les apporta, le reflux les remporte.
              CORNEILLE.

|| Fig., se dit de la vicissitude des choses humaines. *Les choses humaines sont sujettes à un flux et à un r. continuels. Ce flux et r. perpétuels de succès et de disgrâces. Un flux et un r. perpétuels de visiteurs.*

REFONÇAGE. s. m. Action de remettre un fond à un tonneau.

REFONDER. v. a. (R. *re*, préf., et *fonder*). Fonder de nouveau. = REFONDÉ, ÉE. part.

REFONDER. v. a. (lat. *refundere*, restituer, de *re*, préf., et *fundere*, verser). T. Pratiq. anc, R. *les dépens de contumace*, Rembourser les frais d'un défaut faute de comparoir, afin d'y être reçu opposant. = REFONDÉ, ÉE. part.

REFONDEUR. s. m. Celui qui refonde.

REFONDRE. v. a. (R. *re*, préf., et *fondre*). Mettre à la fonte une seconde fois. *Il faut r. ce canon.* || T. Mar. Par ext., R. *un navire*, Y faire des réparations très considérables. Voy. RADOUB. || Fig., en parlant d'un ouvrage d'esprit, Lui donner une meilleure forme, un meilleur ordre. *Il faut r. entièrement votre discours. Notre législation sur les biens mobiliers a besoin d'être refondue.* — En parlant du caractère, des mœurs, des habitudes, Les réformer. *Il est difficile de r. une nation. Il est parvenu à r. son caractère.* On dit encore : *C'est un jeune homme incorrigible ; il faudrait le r. Vous ne me refondrez pas,* et pron., *Je ne puis me r.* Fam. = REFONDU, UE. part.

REFONTE. s. f. Action de refondre ; se dit partic. de l'action de refondre les monnaies anciennes pour en faire de nouvelles. *Depuis la r. des monnaies.* || T. Mar. Réparation considérable à un bâtiment. Voy. RADOUB. || Fig., en parlant d'un ouvrage d'esprit, Changement dans la forme, dans l'ordre. *Cet ouvrage a été soumis à une r. totale. On devrait songer à la r. du Code civil.*

REFOREMENT. s. m. [Pr. *refore-man*]. Action de forer de nouveau.

REFORER. v. a. Forer de nouveau. = REFORÉ, ÉE. part.

REFORGEMENT. s. m. [Pr. *reforje-man*]. Action de reforger.

REFORGER. v. a. Forger de nouveau, remettre à la forge. = REFORGÉ, ÉE. part.

RÉFORMABLE. adj. 2 g. Qui peut ou qui doit être réformé. *Il y a des abus qui sont à peine réformables.*

RÉFORMATEUR, TRICE. s. (lat. *reformator, trix*, m. s.). Celui, celle qui réforme. *C'est un sage r. Il fut le r. de la philosophie. Il fallait une assemblée réformatrice, on envoya une assemblée révolutionnaire.* || Fig. et fam., *S'ériger en r., faire le r.* Se mêler mal à propos de vouloir réformer les autres. || *Les réformateurs,* Les chefs de la religion réformée que les catholiques appellent les *prétendus réformateurs.* Voy. PROTESTANTISME. — Se dit aussi des utopistes qui prétendent changer la société de fond en comble, l'organiser sur de nouvelles bases. *Études sur les réformateurs contemporains.*

RÉFORMATION. s. f. [Pr. *...sion*] (lat. *reformatio*, m. s.). Rétablissement dans l'ancienne forme, ou dans une meilleure forme. *La r. des mœurs, de la discipline, de la justice. La r. d'un monastère, d'un ordre religieux. La r. du calendrier par Jules César. La r. d'un édit, d'un jugement.* || *La r. des abus, des désordres,* Leur retranchement. || Autrefois, *La r. des monnaies*, L'action de frapper les espèces d'une nouvelle empreinte sans les refondre, afin d'en hausser la valeur nominale. *Cette r. des monnaies produisit tant.* || Absol., se dit des changements que les protestants ont faits à la doctrine et à la discipline du christianisme. *L'époque de la r.* Voy. PROTESTANTISME.

RÉFORME. s. f. (R. *réformer*). Établissement dans une forme meilleure, soit en revenant à une forme ancienne, soit en adoptant une forme nouvelle. *Cela ne se peut faire que par une r. générale. La r. de la législation. La r. des prisons. La r. électorale. La r. parlementaire. Le bill de r. C'est une grande r. financière. Il y a eu diverses réformes dans cet ordre religieux. Introduire une r., des réformes dans une administration. La r. du calendrier Julien. La r. grégorienne.* || Changement de mal en bien, relativement à la conduite, aux mœurs, et particulièrement à la piété. *C'est un homme qui vit dans une grande r. Il s'est mis dans la r., à la r.* Vx. || *La r. des abus*, Le retranchement des abus qui se sont introduits. || *La réforme*, L'ensemble des changements que les protestants du seizième siècle ont introduits dans la doctrine et dans la discipline du christianisme. *La r. de Calvin, de Luther. La Suisse presque tout entière embrassa la r.* — Se dit aussi du corps de doctrine adopté par les protestants, et de la communion formée par les églises protestantes. *La r. prétend.... Les opinions de la r.* Les catholiques disent *la prétendue r.* Voy. PROTESTANTISME. || En parl. des gens de guerre, licenciement partiel, réduction des troupes à un moindre nombre, afin de diminuer les dépenses. *La r. des troupes suivit la conclusion de la paix.* — Se dit particul. des officiers auxquels on ôte leur emploi, sans qu'ils aient droit à la retraite. *Être mis à la r. Être en r. On leur a donné leur r. Traitement de r.,* Voy. ci-après. — *Congé de r.,* ou simpl., *Réforme,* Le congé qu'on délivre à un soldat reconnu incapable de faire un service actif. || Se dit encore des chevaux de la cavalerie, de l'artillerie, etc., qui ne sont plus en état de servir. *Il y a eu dans ce régiment une r. de vingt chevaux. Ces chevaux de r.* On appelle quelquefois *Réformes*, Les chevaux ainsi réformés. *Tel jour on vendra les réformes du régiment.* — Se dit aussi de certains officiers sans emploi. Voy. plus bas. || La réduction à un moindre nombre des employés d'une administration. *Il y a une grande r. dans ce ministère. On a fait de nombreuses réformes dans les bureaux de cette administration.* — *Faire une grande r. dans sa maison,* Renvoyer une partie de ses domestiques; diminuer son train, ses dépenses. || Autrefois, on appelait *R. des monnaies,* L'action de rétablir les valeurs réelles des monnaies dont on avait surhaussé le prix.

Armée. — La réforme est définie, par la loi du 19 mai 1834, « la position de l'officier sans emploi, qui n'étant plus « susceptible d'être rappelé à l'activité, n'a pas de droits acquis « à la pension de retraite. »

La r. peut être prononcée pour infirmités incurables ou par mesure de discipline pour l'un des motifs suivants : Inconduite habituelle, fautes graves dans le service ou contre la discipline, fautes contre l'honneur, prolongation au delà de trois ans de la non-activité par retrait ou suspension d'emploi.

La r. par mesure de discipline ne peut être prononcée que sur l'avis d'un conseil d'enquête composé de 5 membres, soit d'un grade supérieur, soit plus anciens en grade que l'officier objet de l'enquête.

Les officiers mis en r., lorsqu'ils ont accompli au moins le temps de service exigé par la loi de recrutement, ont droit, à moins de 20 ans de service, à une *solde de réforme* pendant un temps égal à la moitié de la durée de leurs services effectifs, à 20 ans de service et au delà, à une *pension de r.* qui est viagère.

Pour l'officier réformé pour infirmités incurables, la solde de r. est égale aux deux tiers du minimum de la pension de retraite de son grade; la pension de r. est comptée, à raison d'un trentième de ce minimum pour chaque année de service effectif s'il appartient à l'armée de terre, et d'un vingt-cinquième s'il appartient à l'armée de mer.

Pour l'officier réformé par mesure de discipline, la solde de r. n'est que la moitié du minimum de la pension de retraite; la pension de r. est égale à la solde de r. augmentée, par chaque année de service, au delà de 20 ans, de l'annuité d'accroissement fixée pour la pension d'ancienneté s'il appartient à l'armée de terre, et de deux de ces annuités s'il appartient à l'armée de mer.

Ces soldes et pensions peuvent se cumuler avec un traitement civil, mais dans aucun cas elles ne peuvent être reversées sur les veuves ou les orphelins.

Enfin les sous-officiers et hommes de troupe peuvent être également mis en r. pour infirmités non contractées dans le service. Ils n'ont droit ni à solde ni à pension, mais il leur est accordé des secours sous le nom de gratification de r.

Le mot r. s'applique également à la mise hors de service des animaux et du matériel.

REFORMER. v. a. Former de nouveau. *L'ordre fut donné de r. le régiment qu'on venait de licencier.* = SE REFORMER. v. pron. Se former de nouveau. *Il s'est reformé un nouvel abcès.* || T. Guerre. Se rallier et reprendre son ordre. *Ce corps, ayant été rompu par l'artillerie, s'est reformé à quelque distance.* = REFORMÉ, ÉE. part.

RÉFORMER. v. a. (lat. *reformare*, m. s., de *re*, préf., et *forma*, forme). Établir dans une forme meilleure, soit en revenant à l'ancienne forme, soit en donnant une nouvelle forme, améliorer, rectifier. *R. la justice, la police, les lois, l'administration. R. un monastère. R. l'État. R. voudrait r. le genre humain. R. un édit, un jugement. R. une pièce déclarée fausse. R. un acte de l'état civil. R. un écrit. R. le calendrier. R. son caractère. R. ses penchants, ses inclinations. R. ses mœurs, sa vie.* || Retrancher ce qui est nuisible ou de trop. *R. les abus. R. les superfluités. R. le luxe.* || *R. son train, sa dépense, sa maison,* Diminuer son train, réduire sa dépense. || *R. des troupes,* Les réduire à un moindre nombre. *On a réformé le régiment et on l'a réduit à tant de compagnies.* — *R. un officier,* Lui retirer son emploi, ou lui donner le traitement de réforme. *R. un soldat,* Lui donner un congé de réforme. || *R. des chevaux,* Les retirer du service auquel ils étaient affectés comme n'y étant plus propres. On dit de même, *R. une partie du matériel.* || *R. les monnaies,* Changer la valeur ou l'empreinte des espèces, sans faire de refonte. = SE RÉFORMER. v. pron. Renoncer à de mauvaises habitudes, prendre une conduite plus régulière. *Quand il aura acquis de l'expérience, il se réformera.* = RÉFORMÉ, ÉE. part. *Officier réformé.* || *La religion réformée, le culte réformé,* Le protestantisme que les catholiques appellent *La religion prétendue réformée.* —Substant., *Les réformés,* Ceux qui suivent cette religion et que les catholiques appellent *Les prétendus réformés.* Voy. PROTESTANTISME. — On appelle aussi *Réformés,* Les religieux qui suivent la réforme établie dans leur ordre, par opposition à ceux qui n'ont pas reçu cette réforme, et qu'on appelle Religieux de la commune observance ou les Anciens.

RÉFORMISTE. s. m. Partisan d'une réforme politique.

REFORTIFIER. v. a. Fortifier de nouveau. = REFORTIFIÉ, ÉE. part.

REFOUILLEMENT. s. m. [Pr. *refou-lle-man*, ll mouillées] (R. *refouiller*). T. Sculpt. Action d'évider les creux, de faire bien ressortir les saillies dans certaines parties du travail.

REFOUILLER. v. a [Pr. *refou-ller*, ll mouillées] (R. *re*, préf., et *fouiller*). Évider avec soin, détacher nettement les saillies. *Il faut r. ces rinceaux.* = REFOUILLÉ, ÉE. part.

REFOUIR. v. a. Fouir de nouveau. = REFOUI, IE. part.

REFOULEMENT. s. m. [Pr. *refoule-man*]. Action de refouler, ou l'effet de cette action. *Le r. des eaux.*

REFOULER. v. a. Fouler de nouveau. *R. une étoffe, une vendange.* || Faire refluer. *Cet obstacle arrêta les eaux et les refoula jusque dans les maisons. Il refoula ces hordes innombrables dans les pays d'où elles étaient sorties.* || T. Mar. *R. la marée, le courant,* Aller contre le cours de la marée. || T. Artill. Bourrer une pièce de canon avec le refouloir. = REFOULER. v. n. Refluer, retourner en arrière. *La marée refoule. Arrêtés par les Alpes, les barbares refoulèrent vers la Gaule.* = REFOULÉ, ÉE. part.

REFOULEUR. s. m. Engin propre à refouler.

REFOULOIR. s. m. [Pr. *refou-louar*]. T. Techn. Instrument pour refouler. || T. Artill. Bâton armé d'une tête cylindrique qui servait à bourrer la charge dans les canons se chargeant par la bouche.

REFOURBIR. v. a. Fourbir de nouveau. = REFOURBI, IE, part.

REFOURNIR. v. a. Fournir de nouveau. = REFOURNI, IE. part.

REFOURRER. v. a. [Pr. re-fou-rer]. Fourrer de nouveau. = REFOURRÉ, ÉE. part.

RÉFRACTAIRE. adj. 2 g. (lat. *refractarius*, m. s., de *refragari*, résister, de *re*, préf., et *frangere*, briser). Rebelle, désobéissant. *R. aux ordres du roi. Un religieux r. aux ordres de son supérieur.* || T. Chim. et Métall. Se dit des substances qu'il est difficile ou impossible de fondre. *Ce minerai de fer est très r. Un creuset de terre r.* = RÉFRACTAIRE. s. m. Celui qui, appelé par la loi du recrutement, refuse de se ranger sous les drapeaux. *Arrêter un r. Poursuivre les réfractaires.* La loi dit *Insoumis*. Voy. DÉSERTION. || T. Hist. *Prêtres réfractaires,* Ceux qui refusèrent de prêter serment à la constitution civile du clergé.

RÉFRACTARIAT. s. m. [Pr. *réfrak-taria*]. État de réfractaire; l'ensemble des réfractaires.

RÉFRACTER. v. a. (lat. *refractum*, supin de *refringere*, briser, de *re*, préf., et *frangere*, briser). T. Phys. Produire la réfraction. *Le prisme réfracte diversement chacune des couleurs du spectre. Le cristallin réfracte les rayons lumineux. R. les rayons calorifiques.* = SE RÉFRACTER. v. pron. Être réfracté. *Le calorique se réfracte comme la lumière.* = RÉFRACTÉ, ÉE. part. || T. Méd. *Médicament réfracté,* Donné à petites doses répétées.

RÉFRACTEUR. s. m. Nom donné quelquefois aux lunettes astronomiques, par opposition aux télescopes appelés réflecteurs.

RÉFRACTIF, IVE. adj. Qui produit la réfraction. *Pouvoir r. Puissance réfractive,* Voy. RÉFRACTION.

RÉFRACTION. s. f. [Pr. *réfrak-sion*] (lat. *refractio,* m. s., de *refractum,* sup. de *refringere,* briser). T. Phys.

I. Phénomène de la réfraction et définition. — On appelle *Réfraction*, la déviation, le changement de direction qu'éprouve un rayon lumineux lorsqu'il passe *obliquement* d'un milieu transparent dans un autre milieu transparent. Nous disons *obliquement*, car si le rayon lumineux est perpendiculaire à la surface qui sépare les deux milieux, il n'est pas dévié et continue de se propager en ligne droite. L'étude des lois qui régissent ce phé-

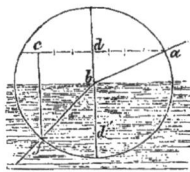
Fig. 1.

nomène et la recherche des conséquences de ces lois constituent une des branches les plus importantes de l'optique, et on la désigne sous le nom de *Dioptrique*. — Il est facile de démontrer le phénomène de la r. Soit *vv* (Fig. 1) un vase opaque et vide, au fond duquel on met une pièce de monnaie *m*. En plaçant l'œil en *a*, on n'aperçoit qu'un des bords de la pièce, car le bord du vase cache celle-ci. Or, l'œil conservant la même position, si l'on verse de l'eau dans le vase, à mesure que la hauteur de l'eau augmente, on voit une partie de plus en plus grande de la pièce, laquelle semble aussi s'élever vers la surface, et l'on peut même arriver à apercevoir tout entière, comme si elle était suspendue en *n*. Mais il est évident, d'après la position de l'œil, que les rayons lumineux partis de la pièce

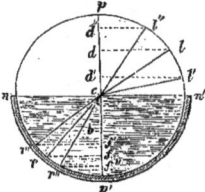
Fig. 2.

n'ont pas pu lui arriver en ligne droite; il faut donc que les rayons que l'œil reçoit se soient déviés ou, comme on dit, *réfractés*, à la surface de séparation de l'eau et de l'air. C'est par le même effet qu'un bâton plongé obliquement dans l'eau semble brisé, la partie immergée paraissant relevée et rapprochée de la surface du liquide. — Dans la r., le *rayon incident* (Fig. 2) étant représenté par *In*, et le *rayon réfracté* par *ns*, on appelle *angle d'incidence*, l'angle *i* formé par le rayon incident avec la normale *np* élevée au point d'incidence à la surface de séparation des deux milieux, et *angle de r.*, l'angle *r* formé par le rayon réfracté avec le prolongement *nq* de la perpendiculaire. Le *plan d'incidence* est celui dans lequel se trouvent le *rayon incident* et la normale, et le *plan de r.*, celui qui contient le rayon réfracté et la perpendiculaire prolongée.

II. Lois de la réfraction. — Ces lois sont au nombre de deux. La première est relative aux plans, et s'énonce ainsi : *Le rayon incident, la normale et le rayon réfracté sont dans un même plan,* ou, en d'autres termes, *le plan de r. coïncide toujours avec le plan d'incidence.* La seconde est relative aux angles d'incidence et de r. : *Quelle que soit l'obliquité du rayon incident, le rapport de l'angle d'incidence et le sinus de l'angle de r. est dans un rapport constant pour deux mêmes milieux, mais variable, si les milieux changent.* La première de ces propositions ne présente aucune difficulté; mais nous allons prendre un ex. pour mieux faire saisir la seconde. Soient (Fig. 3) un rayon lumineux

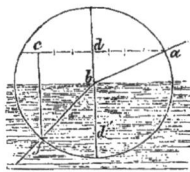
Fig. 3.

ab incident à la surface de l'eau, et *bf* le rayon réfracté correspondant. Supposons que l'on décrive du point *b* comme centre une circonférence de cercle, qui coupe le rayon incident en *a* et le rayon réfracté en *f*. Enfin, tirons du point *a* sur la normale une perpendiculaire *ad*, et du point *f* sur la même normale une autre perpendiculaire *fd'*, nous trouverons que *fd'* est toujours les 3/4 de *ad*. Soient maintenant (Fig. 4) les trois rayons lumineux incidents, *l, l', l''*, qui, en pénétrant dans l'eau par le point *c*, forment les trois rayons réfractés *cr, cr'* et *cr''*, nous aurons *rf = 3/4 ld*, *r' f' = 3/4 l'd'*, et *r'' f'' = 3/4 l''d''*. Le rayon

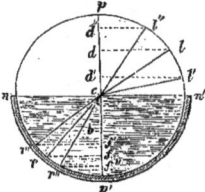
Fig. 4.

du cercle étant supposé = 1, les perpendiculaires ci-dessus sont les sinus des angles correspondants. Ainsi, *l'd'* est le sinus de l'angle *l'cp*; *ld* est le sinus de *lcp*, et *l''d''* le sinus de *l''cp*. De même, *r'f'* est le sinus de *r'cp'*; *rf* le sinus de *rcp'*, et *r''f''* le sinus de *r''cp'*. En conséquence, nous dirons que, dans le passage d'un rayon lumineux de l'air dans l'eau, *le sinus de l'angle de r. est toujours les 3/4 du sinus de l'angle d'incidence correspondant.* Lorsqu'elle passe de l'air dans le verre, la lumière éprouve une déviation plus forte qu'en passant de l'air dans l'eau, car alors le sinus de l'angle de r. est à peu près les 2/3 du sinus de l'angle d'incidence. Le quotient que l'on obtient en divisant le sinus de l'angle de r. par le sinus de l'angle d'incidence est différent pour chaque substance; ce quotient est ce qu'on nomme l'*Indice de r.* Ainsi, par exemple, la valeur de l'indice de r. d'un rayon lumineux qui passe de l'air dans l'eau est 4/3, dans le verre 3/2, et dans le diamant 5/2. On voit que, lorsqu'un rayon lumineux passe de l'air dans le diamant, le sinus de l'angle d'incidence est à peu près 2 fois et demie aussi grand que le sinus de l'angle de r. Quand on considère les milieux dans un ordre inverse, c.-à-d. si l'on suppose que le rayon lumineux passe de l'eau dans l'air, ou du verre dans l'air, ou encore du diamant dans l'air, on trouve qu'il suit la même route, mais en sens contraire : le rayon incident devient le rayon réfléchi, et le rayon réfléchi devient le rayon incident. Par conséquent, le rapport que représente l'indice de r.

est lui-même renversé. Il est alors de l'eau à l'air 3/4, du verre à l'air 2/3, et du diamant à l'air 2/5. On dit qu'un milieu est *plus réfringent* qu'un autre, lorsque le rayon lumineux en passant de ce dernier dans le premier, se rapproche de la normale à la surface de séparation des deux milieux. Lorsque, au contraire, le rayon réfracté s'écarte de la normale, le milieu dans lequel il pénètre, est dit *moins réfringent* que l'autre. En général, le milieu le plus réfringent est aussi le plus dense; néanmoins ceci n'est point une loi, c.-à-d. un phénomène constant, car il arrive quelquefois qu'un milieu *moins dense* qu'un autre est cependant *plus réfringent*. Par conséquent, il ne faut point supposer que la puissance réfractive d'un milieu est proportionnelle à sa densité. D'après ce qui précède, la seconde loi de la r., ou le rapport des sinus d'incidence et de r. peut s'exprimer par la formule $\dfrac{\sin i}{\sin r} = n$,

dans laquelle i représente le sinus d'incidence ou celui du premier milieu, r l'angle de r. ou celui du second milieu, et n l'indice de r.

La plus petite valeur de l'angle d'incidence est zéro; alors le rayon tombe suivant la normale, et comme le sinus d'un angle nul est lui-même égal à zéro, il s'ensuit que l'on a $\sin r = 0$, ou, en d'autres termes, le rayon pénètre en ligne droite sans se dévier. C'est en effet ce que l'expérience confirme; il n'y a jamais de r., comme nous l'avons dit en commençant, lorsque la lumière tombe normalement à la surface de séparation des deux milieux. La plus grande valeur que puisse avoir l'angle d'incidence est de 90°; le rayon tombe alors parallèlement à la surface de séparation; mais comme le sinus de 90° est égal à l'unité, on a, pour ce cas, $\dfrac{1}{\sin r} = n$, ou $\sin r = \dfrac{1}{n}$. La valeur de r qu'on déduit de cette équation est appelée l'*angle limite*.

Pour l'air et l'eau, $x = \dfrac{4}{3}$; par conséquent $\dfrac{1}{n} = \dfrac{3}{4} = 0,75$. Mais $0,75 = \sin 48°35'$; donc, 48°35' sera l'angle limite pour

Fig. 5.

l'air et l'eau. Il suit donc de là que, si un rayon lumineux se propageant dans l'eau fait avec la normale un angle de 48°35', il fera en *émergeant*, c.-à-d. en passant de l'eau dans l'air, un

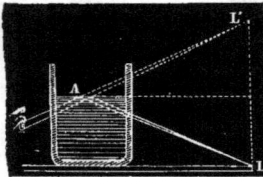

Fig. 6.

angle de 90° avec la surface du liquide; en d'autres termes, il sortira parallèlement à la surface de séparation des deux milieux. Quant aux rayons qui se propageant dans l'eau font avec la normale un angle plus grand que 48°35', c.-à-d. excédant l'angle limite, il leur est impossible de sortir de l'eau. La loi du sinus cesse d'être applicable au delà de l'incidence *limite*. Il faut avoir recours à l'expérience pour voir ce que deviennent les rayons. On constate que, arrivés à sa surface, ils se réfléchissent intérieurement, comme le montre la Fig. 5. Ce phénomène remarquable est ce que l'on appelle

la *réflexion totale* : c'est le seul cas où la lumière puisse se réfléchir sans diminuer d'intensité. On peut observer la réflexion totale de la manière suivante. Derrière un vase de verre rempli d'eau (Fig. 6), on place un objet L. Alors, en se plaçant convenablement de l'autre côté du vase, on regarde la surface de bas en haut, ainsi que l'indique la figure. Or, dans cette position, on aperçoit en L' l'image de l'objet L, laquelle est évidemment produite par la réflexion totale qu'éprouvent en A les rayons émanés de ce dernier.

Le phénomène de la r. et la première des lois qui le régissent étaient connus des anciens, mais la loi relative à la constance du rapport des sinus d'incidence et de r. est due à Descartes, qui y fut conduit *à priori* par des considérations théoriques « que l'on regarde aujourd'hui, dit Pouillet, comme de simples jeux d'imagination, et qui ont cependant l'avantage d'avoir produit l'une des lois les plus belles et les plus fécondes de l'optique ». Descartes fit connaître sa découverte et les expériences qui la confirment, dans sa *Dioptrique* publiée en 1637. Cependant beaucoup de savants étrangers attribuent l'honneur de cette découverte au géomètre hollandais Willebrod Snellius, mort en 1626. Mais Snellius n'ayant pas rendu public son travail relatif à la r., et son manuscrit n'ayant été publié qu'après la publication de la Dioptrique de Descartes, cette belle loi mérite d'être appelée la loi de Descartes. En outre, Snellius n'est pas arrivé à la formule précise de Descartes : il s'est borné à établir l'existence d'un rapport constant entre l'inclinaison du rayon incident à la surface et l'obliquité du rayon réfracté.

III. *Réfraction astronomique*. — En astronomie, on appelle r., l'élévation angulaire apparente des corps célestes au-dessus de leurs lieux vrais, parce que cette élévation apparente est le résultat de la r. qu'éprouvent les rayons lumineux en traversant l'atmosphère de la terre. Nous avons dit qu'en général la puissance réfractive des substances est proportionnelle à leur densité, et cela est généralement vrai pour les gaz. Or, la densité de l'atmosphère va constamment en diminuant à partir de la terre, de sorte qu'on doit concevoir cette enveloppe gazeuse de la terre comme formée par une multitude de couches concentriques, dont chacune a une densité plus grande que la couche immédiatement supérieure et moindre que la couche immédiatement inférieure. Donc, en pénétrant dans chacune de ces couches successives, la lumière doit se dévier légèrement de sa direction rectiligne, et la somme de toutes ces déviations constitue le phénomène de la r. atmosphérique. Soient AA, BB, CC (Fig. 7), les limites de trois couches successives de l'atmosphère,

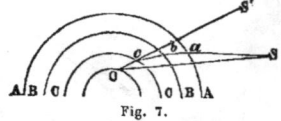

Fig. 7.

et supposons qu'un rayon lumineux parti de l'étoile S entre obliquement dans la couche supérieure au point a. Si ce rayon n'éprouvait point de déviation, il continuerait à marcher dans sa direction primitive Sa; mais, comme il pénètre dans un milieu plus dense, il se réfracte, d'après la loi de Descartes, dans la direction ab, plus rapprochée de la normale à la surface de la couche sphérique. Au point b, il entre encore dans un milieu plus dense, se réfracte dans la direction bc, et par conséquent se rapproche encore de la perpendiculaire à la surface. En arrivant en c, le rayon se réfracte de nouveau, abandonne la direction bc et prend la direction cO; de telle manière que, pour aller de S au point O, le rayon lumineux, au lieu de suivre la droite SO, décrit le polygone SabcO, et que, pour un spectateur placé en O, l'étoile semblera située en S' dans le prolongement de Oc. Ainsi donc, l'étoile paraît élevée au-dessus de sa vraie position, et l'angle S'OS, qui est la différence entre les hauteurs vraie et apparente, constitue la r. astronomique. Si maintenant nous concevons que le nombre des couches atmosphériques soit infiniment grand, la déviation angulaire subie à chaque couche successive par le rayon lumineux deviendra infiniment petite, et le chemin décrit par ce dernier, au lieu d'être un polygone, sera une courbe continue qui, d'après les lois de la r., sera tout entière située dans le même plan vertical. En outre, comme le rapport des sinus d'incidence et de réfraction est constant, il est évident que l'effet total produit sera d'autant plus grand que les rayons lumineux entreront plus obliquement dans les couches atmosphériques; en d'autres termes, la déviation totale maximum aura lieu lorsque l'astre considéré sera à l'horizon. Au zénith, il n'y a pas de r. Par conséquent, en descendant du zénith à l'horizon, la r. doit s'accroître continuellement suivant une certaine loi, que l'on peut déterminer théoriquement, si l'on suppose connues la puissance réfractive de l'air atmosphérique à une densité et à une température données, la dilatation de l'air par la chaleur, et, par suite, la loi de variation de la densité et de la température à mesure qu'on s'élève dans les régions supérieures de l'atmosphère. À une densité moyenne et à la température de la glace fondante, Biot et Arago ont trouvé expérimentalement que, pour les hauteurs qui dépassent 10° au-dessus de l'horizon, la loi de la r. atmosphérique est représentée par la formule $r = 60''{,}6$ tang $(Z - 3°25'' \times r)$, dans laquelle r est la r. correspondant à une distance zénithale donnée Z. D'après cela, il paraît que l'accroissement de la r. est à peu près proportionnel à la tangente de la distance zénithale; mais, aux hauteurs inférieures, l'expression devient beaucoup plus compliquée. Laplace a étudié complètement cette question et a donné une formule fort compliquée dans sa *Mécanique céleste*. On trouvera dans la *Connaissance des temps* des tables de réfraction à l'usage des navigateurs. — Un autre effet de la r. atmosphérique est de changer la forme et les proportions des objets vus près de l'horizon. Le soleil, par exemple, paraît rond quand il est arrivé à une hauteur considérable; mais, lorsqu'il approche de l'horizon, il prend une figure ovale, son diamètre horizontal paraissant notablement plus grand que son diamètre vertical. Arrivé tout près de l'horizon, le soleil est plus déformé à sa partie inférieure qu'à sa partie supérieure, en sorte que son contour n'est ni circulaire ni elliptique, mais une espèce d'ovale plus aplati par le bas que par le haut. Ce singulier effet s'observe toutes les fois que le temps est beau, et résulte du rapide accroissement de la r. près de l'horizon. Si tous les points de sa circonférence étaient également réfractés, le disque solaire se déplacerait sans se déformer; mais, la partie inférieure étant plus relevée que la supérieure, le diamètre vertical s'en trouve diminué, son r. n'arrive pas au diamètre horizontal, dont les deux extrémités s'élèvent également et dans des directions parallèles. Quant à l'extension que le soleil et la lune éprouvent ordinairement près de l'horizon, et qui les fait paraître beaucoup plus grands que lorsqu'ils en sont fort éloignés, elle ne provient point de la r.; c'est une illusion due à l'interposition des objets terrestres, auxquels on peut alors les comparer. Dans cette position du soleil et de la lune, nous les voyons et en jugeons comme nous avons coutume de faire pour les objets terrestres, d'après une inspection détaillée de leurs parties. Lorsque au contraire ces astres sont près du zénith, toute comparaison devient impossible, et, leur isolement dans le ciel nous porte à diminuer leur grandeur apparente plutôt qu'à l'augmenter. La mesure que nous en prenons, à l'aide d'un instrument convenable, redresse cette erreur, mais sans détruire notre illusion. Cette mesure réelle nous apprend que le soleil, lorsqu'il est précisément à l'horizon, sous-tend exactement le même angle que lorsqu'il est à une grande hauteur, tandis que, pour la lune, l'angle visuel à l'horizon est sensiblement moindre, en raison d'un effet de parallaxe. — L'existence de la r. astronomique avait été constatée par les astronomes de l'école d'Alexandrie, mais ils n'en connaissaient ni la valeur exacte ni les lois. Ainsi, Ptolémée, dans son *Optique*, remarque que, par l'effet de la r., les étoiles semblent s'élever vers le zénith, et que cette élévation apparente est d'autant plus considérable que l'étoile est plus rapprochée de l'horizon. On trouve des notions semblables dans l'*Optique* d'Alhazen. Mais c'est Walther qui, le premier, chercha à évaluer les effets de la r. près de l'horizon; et bientôt après Tycho-Brahé construisit une table de la r. d'après ses propres observations. Ce dernier estimait la r. horizontale à 34', ce qui est très près de la vérité, car cette $r. = 33'46''$; mais il supposait à tort qu'elle s'évanouissait à la hauteur de 45°, quoiqu'elle soit alors d'environ 1', c.-à-d. de 58''.

Il résulte de la valeur de la r. horizontale qu'un astre continue à être visible au-dessous de l'horizon tant qu'il n'est pas descendu au-dessous d'un angle supérieur à un demi-degré. Comme le diamètre apparent du soleil et de la lune est d'un demi-degré à peu près, on voit que l'effet de la r. horizontale est de relever ces astres, au moment de leur lever ou de leur coucher d'une quantité égale à peu près à leur diamètre. Cet effet allonge de quelques minutes la durée du jour.

IV. *Réfraction terrestre, ou Mirage.* — Lorsqu'on regarde des objets éloignés, il arrive, dans certaines circonstances, que ces objets donnent plusieurs images droites, obliques ou renversées, et toujours plus ou moins altérées dans leurs contours. C'est cette illusion d'optique que l'on

appelle *r. terrestre*, ou plus ordinairement *Mirage*. Ce phénomène s'observe fréquemment dans les plaines étendues, lorsque le temps est calme et le sol échauffé par le soleil; les plaines de l'Asie et de l'Afrique sont devenues célèbres sous ce rapport. Ainsi, pendant l'expédition d'Égypte, l'armée française éprouva souvent, par suite de cette illusion d'optique, de cruelles déceptions. Le sol de la Basse-Égypte forme une plaine parfaitement horizontale; mais les villages sont bâtis sur de petites éminences. Le matin et le soir, ils paraissent dans leur situation et à leur distance réelles; mais, quand le sol est fortement échauffé, celui-ci vu de loin ressemble à un lac, et les villages paraissent bâtis sur des îles et se refléter dans l'eau. Lorsqu'on approche, le lac disparaît, et le voyageur dévoré par la soif est trompé dans son espoir. Ce phénomène est très commun en Égypte et y a été observé de toute antiquité : le Koran désigne même par le mot *serab*, qui veut dire mirage, tout ce qui est trompeur. Il dit, par ex. : « Les actions de l'incrédule sont semblables au *serab* de la plaine; celui qui a soif le prend pour de l'eau jusqu'à ce qu'il s'en approche, et trouve que ce n'est rien. » Mais bien que ce phénomène ait été connu de tout temps, c'est un des savants attachés à l'expédition d'Égypte, le célèbre Monge, qui le premier en a donné l'explication. — Le mirage

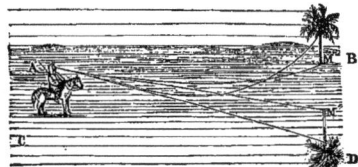

Fig. 8.

est un simple phénomène de r. qui résulte de l'inégale densité des couches de l'atmosphère, lorsque les couches les plus inférieures se trouvent dilatées par leur contact avec le sol fortement échauffé. Supposons une suite de couches d'air ABCD (Fig. 8) dont la densité va en décroissant de AB en CD, et considérons un rayon de lumière M venant des couches les plus denses, et faisant avec la normale un angle voisin de 90°. Ce rayon éprouvera, en passant d'une couche à la couche immédiatement inférieure et dont la densité est moindre, une petite déviation qui l'éloignera encore de la normale, de sorte qu'il se présente ensuite à la couche suivante avec un angle d'incidence plus considérable. Or, comme, à chaque passage dans une couche moins dense, la déviation augmente, il arrivera un moment où le rayon lumineux dépassera l'angle limite de la r. Mais alors le rayon se réfléchira totalement, et il reviendra dans les couches les plus denses subir une suite de réflexions successives en sens inverse des premières, car il marchera dorénavant dans des couches de plus en plus denses et réfringentes. En conséquence, l'œil du voyageur placé en A pourra voir le point M d'où émanent ses rayons, directement d'abord, et, en second lieu, par ces rayons dont nous venons de considérer la marche, et qui semblent venir d'un point M' symétrique de M. Cette image paraîtra donc renversée, et les choses se passeront exactement comme si la couche d'air raréfiée était une couche réfléchissante, une nappe d'eau par ex. — Si, au contraire de ce qui a lieu, dans les plaines de l'Afrique, les couches les moins denses sont au-dessus des autres, comme on l'observe quelquefois en mer, où celle-ci, ayant une température inférieure à celle de l'air, refroidit les couches atmosphériques inférieures, on voit les vaisseaux éloignés répétés par des images renversées aussi, mais placées au-dessus d'eux. Enfin, si les masses d'air de densités différentes sont au même niveau et séparées par des plans verticaux, les objets sembleront doubles et leurs images seront multipliées. Cette dernière variété de mirage s'observe quelquefois sur les côtes maritimes, l'air situé au-dessus de la terre et l'air situé au-dessus de l'eau pouvant conserver des températures, et, par suite, des densités différentes, lorsque le calme de l'atmosphère retarde leur mélange.

V. *Transmission de la lumière à travers les milieux à faces parallèles et à travers les prismes.* — Lorsque la lumière traverse un milieu à faces parallèles, les rayons prennent en sortant une direction parallèle à celle qu'ils avaient avant d'entrer dans ce milieu. Soit une lame épaisse de verre et à faces parallèles, sur laquelle tombe le rayon incident *ln* (Fig. 9). Au point *n*, il éprouve une première r. et se rapproche de la normale *ab*. Au point *n'*, il éprouve

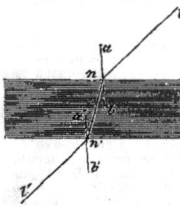

une seconde r. et s'écarte de la normale *a'b'* d'une quantité égale à celle dont il s'était rapproché de la première normale : par conséquent, *n'l'* est parallèle à *ln*. Si le milieu à faces parallèles est très mince, on peut, sans erreur sensible, regarder le rayon *émergent*, c.-à-d. le rayon sortant, comme le prolongement du rayon incident; car, dans ce cas, les objets, vus à travers un pareil milieu, ne sont déplacés que d'une quantité insignifiante.

Fig. 9.

Lorsqu'on connaît l'indice de r. de deux milieux, la r. qui a lieu quand la lumière passe de l'un de ces milieux dans l'autre est également connue, car, dans ce cas, le rapport constant des sinus d'incidence et de r. est le rapport des indices des deux milieux. Si l'on exprime par *m* l'indice de r. du milieu A, et par *n* l'indice du milieu B, on aura, pour le passage de A en B, $\sin i = \frac{m}{n} \sin r$. Ainsi, par ex., l'indice de r. de l'eau étant 1,336 et celui de l'ambre 1,547, lorsque la lumière passe de l'eau dans l'ambre, le rapport constant des

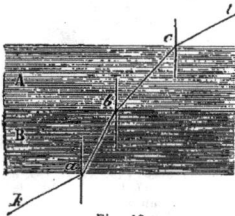

sinus d'incidence et de r. sera 1,158, qui est le quotient résultant de la division de 1,547 par 1,336. Une conséquence immédiate de ce fait, c'est que, lorsqu'un rayon de lumière traverse successivement un nombre quelconque de milieux différents à faces parallèles, il se trouve réfracté par le dernier de ces milieux, comme il l'aurait été s'il y fût entré immédiatement sous la même incidence qu'au premier. Soit

Fig. 10.

(Fig. 10) le rayon *lc* entrant dans le milieu A en *c*; il est d'abord réfracté dans la direction *cb*; puis, en entrant dans le milieu B, il est réfracté de nouveau dans la direction *ba*; enfin, en émergeant de *a*, il suit une direction *ak* parallèle à *lc*.

Fig. 11.

Fig. 12.

En optique, on appelle *Prisme*, un milieu transparent terminé par deux surfaces planes, polies et inclinées entre elles. L'*arête* du prisme est la ligne suivant laquelle se rencontrent les deux faces, ou suivant laquelle elles se rencontreraient si elles étaient suffisamment prolongées. La *base* du prisme est un plan quelconque opposé à l'arête, soit qu'il existe en réalité, soit que l'on suppose seulement son existence. L'*angle réfringent* est l'angle formé par les deux faces du prisme, et l'on nomme *section principale* toute section faite par un plan perpendiculaire à l'arête. Dans la plupart des expériences, on fait usage de prismes à trois faces rectangulaires *ab*, *ac'* et *bc'* (Fig. 11). La section principale d'un prisme de ce genre est toujours un triangle, et, suivant que ce triangle est équilatéral, comme celui de la Fig. 11, rectangle, isocèle, scalène, le prisme lui-même est dit *équilatéral*, *rectangle*, etc. Pour les expériences, on monte ordinairement ces prismes sur un pied de cuivre qui peut s'élever plus ou moins; en outre, au sommet du pied il y a un genou (Fig. 12) qui permet de donner au prisme toutes les positions qu'on désire. — D'après

ce qui précède, rien n'est plus facile que de déterminer la marche d'un rayon lumineux dans un prisme. Soient ABC (Fig. 13) la section principale d'un prisme, et O un point lumineux. Le rayon oblique OD, qui tombe sur la face antérieure du prisme au point D, se rapprochera de la normale en pénétrant dans le prisme, car il entre dans un milieu plus dense et plus réfringent. En conséquence, il suivra la direction DK, plus rapprochée de la base du prisme que celle qu'il avait en entrant. En K, c.-à-d.

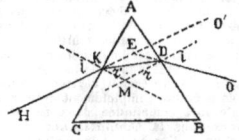

au point d'émergence, le rayon éprouvera une nouvelle déviation; mais cette déviation sera en sens inverse de la première, c.-à-d. que le rayon s'éloignera de la normale, attendu qu'il passe alors dans un milieu moins réfringent. Donc, il prendra la direction KH, de sorte

Fig. 13.

que l'œil placé en H verra le point lumineux O en O'. Ainsi donc, *les rayons lumineux qui pénètrent dans un prisme sortent plus rapprochés de la base, et les objets qu'on voit à travers les prismes paraissent plus rapprochés de l'arête* qu'ils ne le sont en réalité. La déviation que le prisme imprime à la lumière est mesurée par l'angle OEO' que forment entre eux le rayon incident et le rayon émergent, et qu'on appelle *angle de déviation*. En outre, les objets vus à travers un prisme sont colorés, vers leurs bords horizontaux, de toutes les couleurs de l'iris; mais nous faisons ici abstraction de ce phénomène, que nous étudierons ailleurs sous le nom de DISPERSION.

Formules du prisme. — Menons les normales KM et DM. Appelons i, i', r, r' les angles d'incidence et de réfraction et désignons par Δ l'angle de déviation OEO'. On a : $\Delta = EKD + EDK$ ou $\Delta = (i - r) + (i' - r') = i + i' - (r + r')$. De plus $M + r + r' = 180°$ et $A + M = 180°$ (côtés perpendiculaires), donc $A = r + r'$. Ce qui fait que la première relation peut s'écrire $\Delta = i + i' - A$. Si à ces deux équations nous joignons les équations de la r. : $\sin i = n \sin r$ et $\sin i' = n \sin r'$, nous avons les formules du prisme.

Cas des petits angles. — Si l'on suppose les angles A, i, i', r, r' très petits on peut confondre le sinus avec l'arc, et écrire $i = nr$; $i' = nr'$. La déviation prend alors la forme très simple $\Delta = (n - 1) A$.

Recherchons quel doit être l'angle réfringent du prisme pour que les rayons lumineux puissent se réfracter et émerger par la face opposée au lieu de se réfléchir. Soit le prisme

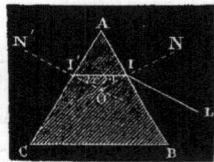

ABC (Fig. 14) et LI un rayon lumineux qui pénètre suivant la direction II', l'émergence dépend de la valeur de l'angle II'O que fait II' avec la normale I'N'. Désignons cet angle par *x*; puis désignons par *r* l'angle de r. à l'entrée du prisme, et par A l'angle réfringent. Dans le triangle II'O, on a $x + r + O = 2$ droits $= 180°$. Mais le quadrilatère IOI'A est bi-rectangulaire en I et I'; par conséquent, on a $A + O = 2$ droits $= 180°$. De ces deux égalités, on déduit $x + r + O = A + O$, d'où $x = A - r$. Or, en appelant θ l'angle limite, on devra avoir, pour que le rayon lumineux puisse émerger, $x < O$, et par suite $A - r < O$. Mais la plus petite valeur de $A - r$ est celle qui correspond à la plus grande valeur de *r*, c.-à-d. à θ; par conséquent, pour qu'il puisse sortir au moins un rayon de lumière, il faudra que l'on ait $A - O < 0$, ou bien $A < 2O$. Ainsi donc, *la lumière ne peut sortir d'un prisme qu'autant que l'angle au sommet de l'angle réfringent est plus petit que le double de l'angle limite*. D'ailleurs, comme $A - r$ est d'autant plus petit que *r* est plus grand, on voit que, pour un prisme donné, les rayons qui seront dans les meilleures conditions d'émergence seront ceux qui se présenteront à l'entrée sous l'incidence la plus grande. La condition $A - r < O$ peut aussi s'écrire : $r > A - O$: mais

Fig. 14.

$\sin r = \frac{1}{n} \sin i$. Donc: $\frac{1}{n} \sin i > \sin (A - \theta)$ ou $\sin i > n \sin (A - \theta)$.

Les seuls rayons qui puissent sortir du prisme sont donc ceux dont le sinus d'angle d'incidence est supérieur au sinus de $\Delta - 0$ multiplié par l'indice de r. — Lorsqu'un rayon lumineux traverse un prisme de telle sorte qu'il fait un angle égal avec ses deux surfaces, la déviation totale qu'il éprouve est plus petite dans ce cas que dans toute autre position du rayon réfracté : c'est ce qu'on appelle la *déviation minimum*. Quand on regarde l'image d'un objet à travers un prisme, il est facile, en faisant tourner le prisme sur lui-même, de trouver la position dans laquelle a lieu la déviation minimum. Cette position trouvée, on constate aisément que le rayon réfracté fait des angles égaux avec les deux faces du prisme, ou, en d'autres termes, qu'il fait des angles droits avec la ligne qui partage en deux parties égales l'angle réfringent. Les formules du prisme se simplifient. En effet, faisons $i - i'$ $r = r'$, elles deviennent $\Delta = 2i - \Lambda$; $\Lambda = 2r$ et $\sin i = n \sin r$. Lorsqu'on connaît l'angle réfringent d'un prisme et le minimum de déviation, ces deux données suffisent pour déterminer l'indice de r. de la substance dont le prisme lui-même est formé.

Prisme à réflexion totale. — Nous savons qu'un rayon de lumière qui se propage dans un milieu plus réfringent que l'air ne peut pas sortir de ce milieu, et qu'il éprouve une réflexion totale, lorsque le rayon fait avec la normale un angle plus grand que l'angle limite. Cette loi se vérifie dans les prismes d'une manière remarquable. Soit abc (Fig. 15) un prisme de verre rectangle en b et ayant les côtés ba et bc égaux, de sorte que les angles a et c valent chacun 45°. Maintenant supposons qu'un rayon de lumière st tombe perpendiculairement sur la face ab du prisme au point t. Ce rayon traversera en ligne droite jusqu'à ce qu'il rencontre le côté ac en u, faisant avec up (normale à ac) l'angle d'incidence $sup = 45°$. Mais cet angle étant plus grand que l'angle limite de r. du verre, lequel égale $41°49'$, le rayon stu n'émergera pas à la face ac : il se réfléchira intérieurement dans la direction uo, qui, attendu l'égalité des angles d'incidence et de réflexion, sera perpendiculaire à su. Ainsi donc, le rayon réfléchi tombera perpendiculairement sur la surface bc et la traversera sans se réfracter, de telle sorte qu'en résumé le prisme produira sur le rayon incident stu le même effet qu'un miroir incliné situé dans le plan ac.

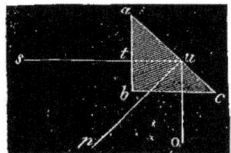

Fig. 15.

VI. *Indices de réfraction des corps solides, liquides et gazeux.* — La méthode à l'aide de laquelle on détermine l'indice de r. des corps solides transparents est due à Newton. Elle consiste à tailler la substance qu'on veut étudier sous la forme d'un prisme triangulaire ; on mesure l'angle réfringent de ce prisme à l'aide du goniomètre ; puis on cherche, en le faisant tourner sur lui-même, l'angle de déviation minimum. Ces deux données obtenues, on calcule aisément l'indice de r., qui n'est autre chose, comme nous l'avons vu, que le rapport des sinus des angles d'incidence et de r. On a, d'après les formules du prisme dans le cas du minimum de déviation :

$$n = \frac{\sin i}{\sin r} = \frac{\sin \frac{\Lambda + \Delta}{2}}{\sin \frac{\Lambda}{2}}.$$

Pour les corps solides non transparents, on a recours à une méthode ingénieuse proposée par Wollaston, qui consiste à déterminer indirectement l'angle limite de la substance on observation : d'où l'on calcule ensuite l'indice cherché. Quand il s'agit de déterminer l'indice de r. des liquides, on emploie encore la méthode de Newton, c.-à-d. la méthode qui consiste à rechercher l'angle de déviation minimum. A cet effet (Fig. 16), on prend un prisme de verre où l'on perce de part en part une cavité cylindrique que l'on ferme ensuite en appliquant sur chaque face une petite plaque de verre bien parallèle. Sur la base du prisme, on pratique encore un petit trou par lequel on introduit

Fig. 16.

duit dans la cavité formée le liquide que l'on veut étudier ; après quoi on ferme ce petit trou avec un bouchon à l'émeri. De cette manière on a véritablement un prisme liquide sur lequel on opère comme sur un prisme solide. Enfin, c'est encore par la méthode de Newton que l'indice de r. des gaz a été déterminé par Biot et Arago. « Pour déterminer l'indice de r. de l'air, dit Pouillet, on pourrait faire passer la lumière du vide dans un prisme d'air d'un angle connu ; mais l'expérience inverse, qui consiste à faire passer le rayon à travers un prisme vide environné d'air, offre plus de facilité. » La Fig. 17 représente le *prisme à gaz* employé par Biot et Arago. Il se compose d'un tube de verre tt' de 20 à 30 centimètres de longueur sur 4 à 5 de diamètre, dont les deux extrémités sont coupées en sifflet et fermées hermétiquement par des lames de verre à faces parallèles. L'angle que ces lames forment entre elles est l'angle du prisme ; il doit être très grand à cause de la faible réfringence des gaz. Au milieu de la longueur du tube et parallèlement aux faces du prisme, on pratique deux ouvertures opposées pour introduire ou enlever à volonté, au moyen d'une machine pneumatique, le gaz que l'on veut soumettre à l'expérience. Les petits tubes qui sont scellés dans ces ouvertures sont munis de robinets convenables et communiquent à un baromètre, qui donne à chaque instant la pression du gaz intérieur. Supposons que le prisme soit vide, que son arête soit verticale, et qu'il ait été disposé pour l'expérience en un lieu d'où l'on puisse apercevoir une mire éloignée. L'observateur placé en o, verra une image directe ol de cette mire, et une image réfractée oc. L'angle loc sera la déviation. Or, avec cette donnée et l'angle réfringent du prisme, on pourra calculer l'indice de r., si l'on a choisi la position du minimum. Par des expériences précises et souvent répétées, Biot et Arago ont établi qu'à la température de 0°, et sous la pression de 0m,76, l'indice de r. de l'air par rapport au vide absolu, est de 1,000294, résultat qui se trouve parfaitement conforme à celui que Delambre avait déduit des réfractions astronomiques. L'indice de r. de l'air une fois connu, on fait passer dans le prisme les gaz que l'on veut soumettre à l'expérience, et, après avoir observé la déviation qu'ils produisent, on en déduit leurs indices de r. Arago et Biot ont appelé *puissance réfractive* l'expression $(n^2 - 1)$ et *pouvoir réfringent* le quotient de la puissance réfractive par la densité : $\left(\frac{n^2 - 1}{d}\right)$.

Fig. 17.

Ils ont admis comme une conséquence de la théorie de l'émission aujourd'hui abandonnée, que les *puissances réfractives d'un gaz sont proportionnelles à sa densité*, ou ce qui revient au même, que le *pouvoir réfringent d'un gaz est constant à toute température et à toute pression*. Ce principe serait encore vrai, quand les gaz se *mélangent* d'une manière quelconque, c.-à-d. que la puissance réfractive d'un mélange serait égale à la somme des puissances réfractives de ses éléments. Mais toutes les fois que les gaz se *combinent*, cette loi cesse de subsister. Ainsi que l'ont démontré les expériences de Dulong, la puissance réfractive d'un composé gazeux est, tantôt plus petite, tantôt plus grande que la somme des puissances réfractives des composants. Au reste les expériences les plus récentes ne paraissent pas confirmer ces lois. — Dans le cas des gaz, on peut aussi se servir d'appareils spéciaux basés sur le phénomène des interférences et appelés *réfractomètres* (Voy. ce mot). Le tableau suivant indique les *indices de r.* pour un certain nombre de corps solides, liquides et gazeux. Il ne faut pas oublier que, pour un même corps, l'indice de r. des diverses couleurs n'est pas le même, cet indice augmentant en général du rouge au violet. Voy. DISPERSION. Les nombres suivants se rapportent à la raie jaune du sodium.

Chromate plomb, *max.*	2,974	Glace de Saint-Gobain.	1,513
Diamant	2,755	Crown-glass	1,534
Soufre fondu	2,148	Spath fluor.	1,436
Rubis.	1,779	Alcool	1,374
Spath calcaire, *réf. ord.*	1,654	Éther.	1,358
— *réfr. ext.*	1,483	Humeur aqueuse de l'œil	1,337
Topaze incolore. . . .	1,610	— vitrée. . .	1,339
Flint-glass	1,605	Cristallin	1,384
Quartz, *réfr. extraord.*	1,558	Eau.	1,336
— *réfr. ordinaire.*	1,548	Glace.	1,310

Air	1,000294	Acide chlorhydrique	1,000449
Vide	1,000000	Oxyde de carbone	1,000340
Oxygène	1,000272	Cyanogène	1,000834
Hydrogène	0,000138	Gaz des marais	1,000443
Azote	1,000300	Acide cyanhydrique	1,000451
Ammoniaque	1,000385	Acide sulfureux	1,000665
Acide carbonique	1,000449	Hydrogène sulfuré	1,000644
Chlore	1,000772	H. protophosphoré	1,000789

VII. Nous n'avons considéré jusqu'à présent que la r. au travers des surfaces planes. La r. à travers des surfaces courbes donne lieu à des phénomènes très intéressants qui ont été utilisés pour la construction des instruments d'optique; mais ces phénomènes ont été étudiés ailleurs. Voy. LENTILLE.

VIII. *Double réfraction.* — Les phénomènes et les lois que nous avons considérés sont ceux de la r. *simple*, dans laquelle le rayon lumineux, simple à l'incidence, reste encore simple après la r.; mais il existe une foule de substances qui, soit dans leur état naturel, soit sous l'influence de circonstances accidentelles, donnent lieu à une *double* r., c.-à-d. que le faisceau lumineux incident simple, en pénétrant dans le milieu plus réfringent, se divise en deux rayons qui suivent chacun une direction différente, en formant entre eux un angle plus ou moins grand. Les substances qui possèdent la propriété de la double r. sont dites *biréfringentes*. Les substances qui donnent lieu à la r. simple appartiennent à l'une des quatre classes suivantes : 1° les gaz et les vapeurs; 2° les liquides; 3° les substances qui ont passé de l'état liquide à l'état solide avec rapidité, de façon à empêcher leurs molécules de cristalliser régulièrement : par ex., le verre, les gommes, les résines, etc.; 4° les cristaux dont la forme primitive est le cube, l'octaèdre régulier ou le dodécaèdre rhomboïdal. Toutes les autres substances, comme les sels, les pierres précieuses, les cristaux qui n'appartiennent pas aux systèmes ci-dessus; tous les corps du règne animal ou végétal où il existe une disposition ou un arrangement régulier de molécules, tels que la corne, la nacre de perles, etc.; en général, tous les corps inégalement comprimés ou qui ne présentent pas la même structure dans toutes les directions, divisent la lumière qui les traverse en deux rayons distincts, qui marchent séparément et sont régis par des lois totalement différentes. — Le phénomène de la double r., surtout apparent dans le spath d'Islande, ou chaux carbonatée des minéralogistes. Soit ABCDX (Fig. 18) un rhomboèdre de spath d'Islande à faces bien lisses, et posons-le sur une feuille de papier blanc marquée d'un point noir en O. En regardant cette tache noire à travers le cristal, on en verra deux images, l'une en O et l'autre en E. Maintenant, si nous faisons tourner le cristal autour de son axe, en laissant toujours la même face sur le papier, l'une des images, O, restera invariable, tandis que l'autre, E, semblera décrire un cercle autour de O. Si, au lieu d'un point rond, on a tracé sur le papier une ligne droite, on verra de même, en regardant à travers le cristal, deux images de cette ligne, l'une passant en O et l'autre en E. Mais en faisant tourner le cristal comme nous venons de le dire, on remarquera que la distance entre les deux lignes varie, bien qu'elles restent toujours parallèles l'une à l'autre; on trouvera en outre que, dans le cours d'une révolution complète du cristal autour de son axe, il y a deux positions dans lesquelles les images coïncident, et deux autres (intermédiaires à celles-ci) où les images atteignent une distance maximum. Ces phénomènes démontrent qu'un rayon de lumière SI, en pénétrant dans le cristal en I, se sépare par la r. en deux rayons, IO et IE, et l'on observe qu'en émergeant du cristal, ces deux rayons font le même angle avec la surface, et continuent de marcher parallèlement entre eux et au rayon incident SI. Enfin, si l'on fait tomber un rayon de lumière solaire sur le cristal, et qu'on examine la marche des deux rayons réfractés, on trouve que IO suit les lois de la r. ordinaire, c.-à-d. qu'il y a un rapport constant entre les sinus d'incidence et le sinus de r., et que le rayon incident, le rayon réfracté et la normale sont dans un même plan; en conséquence, on désigne IO sous le nom de *rayon ordinaire*. Le rayon IE, au contraire, suit une loi entièrement différente : aussi l'appelle-t-on le *rayon extraordinaire*. Ainsi, par ex., lorsque le rayon incident SI est perpendiculaire à la face du cristal, la r. ordinaire n'a pas lieu, car alors l'angle d'incidence égale zéro; tandis que le rayon extraordinaire IE fait un angle de r. de 6°12′, et ne

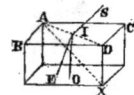

Fig. 18.

se trouve pas dans le même plan que le rayon incident et la normale. En considérant avec attention les phénomènes dont il s'agit, on observe encore que, dans les cristaux doués de la double r., il y a toujours une ou deux directions suivant lesquelles un rayon de lumière ne se divise jamais et subit seulement la r. ordinaire. Ces directions sont toujours parallèles à AX, qui est l'axe cristallographique, et constituent ce que l'on nomme fort improprement les *axes de double r.*, et mieux les *axes optiques* du cristal, ou simplement les *axes*. Les cristaux dans lesquels il n'y a qu'*une* direction d'*indivisibilité*, sont appelés *cristaux à un axe*; les cristaux où il y en a *deux*, sont appelés *cristaux à deux axes*. Dans les cristaux à un *seul axe optique*, ainsi que l'a constaté Brewster, cet axe coïncide toujours avec l'axe cristallographique; mais, dans les cristaux qui ont deux axes optiques, les axes changent de position suivant la couleur de la lumière incidente. John Herschel, à qui l'on doit cette dernière découverte, a trouvé que dans les cristaux de tartrate de potasse et de soude, l'inclinaison des deux axes est 56° pour la lumière violette, et environ 76° pour la lumière rouge. Dans d'autres cristaux, tels que le nitre, l'inclinaison des deux axes est plus grande pour la lumière violette que pour la lumière rouge; mais, dans tous les cas, la ligne qui joint les extrémités des axes pour tous les rayons est une ligne droite. Dans certains cristaux, le rayon extraordinaire se réfracte *vers* l'axe cristallographique AX; dans les autres, il se réfracte dans une direction contraire : les premiers sont appelés *cristaux positifs*, et leur axe optique est dit *axe positif*; les seconds sont nommés *cristaux négatifs*, et leur axe est dit *axe négatif*.

Le phénomène de la double r. a été observé pour la première fois par Érasme Bartholin, qui fit connaître sa découverte en 1669, dans son ouvrage intitulé : *Experimenta crystalli islandici, disdiaclastici, quibus mira et insolita refractio detegitur*. Bientôt Huyghens (1675) donna une théorie complète de la double r., fondée sur le système des ondulations; mais cette théorie fut laissée de côté par les physiciens, jusqu'à notre siècle, où Malus et Fresnel remirent en honneur le système ondulatoire, en s'appuyant principalement sur la difficulté, on peut presque dire l'impossibilité d'expliquer les phénomènes de la double r., dans l'hypothèse newtonienne de l'émission. Pour rendre compte de tous les phénomènes, la théorie ondulatoire exige l'admission des deux postulats suivants : 1° Les vibrations de l'éther ont lieu *transversalement*, c.-à-d. dans une direction perpendiculaire au rayon visuel. 2° L'élasticité de l'éther se développe inégalement dans l'intérieur du cristal réfringent. Le fait énoncé dans le premier de ces postulats est analogue au phénomène qui s'observe lorsqu'on frappe une corde fortement tendue; le mouvement se communique rapidement dans la direction de la longueur de la corde, bien que les vibrations s'opèrent perpendiculairement à cette direction. Quant à la seconde proposition, les faits connus relativement à la constitution des cristaux la rendent *a priori* extrêmement probable. En effet, on trouve que tous les corps diaphanes qui ne réfractent la lumière que dans une seule direction et suivant la loi de Descartes, possèdent la même ténacité et la même élasticité dans toutes les directions, et que leur dilatation linéaire par la chaleur est également la même dans toutes les directions. Au contraire, dans toutes les substances cristallisées qui présentent la propriété de la double r., la force élastique par laquelle elles résistent à la compression est plus grande dans certaines directions que dans les autres, et leur dilatation linéaire correspondant à un même accroissement de température varie suivant la direction dans laquelle on la mesure. Ces faits prouvent que l'élasticité de la matière qui constitue le cristal varie suivant certaines directions, et il paraît naturel de supposer que l'éther renfermé entre ses molécules doit jouir de la même propriété. En conséquence, dans le système des ondulations, la r. n'est qu'un changement dans la vitesse avec laquelle la lumière se propage en traversant des milieux différents, et ce changement de vitesse résulte lui-même de la différence de densité ou d'élasticité que possèdent ces milieux. La lumière se propage donc plus lentement dans les milieux les plus réfringents, et plus rapidement dans les milieux moins réfringents. Ce serait le contraire dans la théorie de l'émission. Or Arago a démontré expérimentalement que la lumière se propage effectivement moins vite dans les milieux plus réfringents. Cette expérience célèbre a ruiné la théorie de l'émission. Dans les corps biréfringents, le rayon le plus fortement réfracté se propage avec moins de vitesse que l'autre rayon, et cela dépend de la différence d'élasticité du milieu considéré dans ses directions. Ajoutons que les deux rayons ordinaire et extraordinaire sont polarisés dans des plans respectivement perpendiculaires. Enfin, tout corps non conducteur de l'électricité acquiert la propriété de la double réfraction quand il est placé dans un champ électrique. C'est une double réfraction à un axe. Voy. LENTILLE, LUMIÈRE, POLARISATION.

RÉFRACTOMÈTRE. s. m. (R. *réfraction*, et gr. μέτρον, mesure). T. Phys. On appelle ainsi des appareils ayant pour objet la mesure des indices de réfraction, et basés sur le phénomène des interférences. On produit d'abord un système de deux faisceaux lumineux interférents au moyen d'appareils spéciaux tels que ceux que nous avons décrits au mot *interférences*. Si l'on vient à introduire sur le trajet d'un des rayons interférents une substance plus réfringente que l'air, on établit ainsi entre les deux une différence de marche $(N — n)e$. Dans cette formule N est l'indice de réfraction de la substance, e son épaisseur, n l'indice de réfraction de l'air. Cette différence de marche étant donnée par l'observation du déplacement des franges, on en déduit facilement N. Les réfractomètres sont des appareils très sensibles et leur emploi a permis de mesurer avec exactitude les indices de réfraction des solides, des liquides et des gaz ainsi que la variation de ces indices avec la température.

REFRAIN. s. m. [Pr. *re-frin*] (R. *refrait*, part. de l'anc. verbe fr. *refraindre*, briser de nouveau). T. Mar. Rejaillissement des vagues brisées contre les rochers. || Reprise de quelques mots ou de quelques vers qu'on répète à la fin de chaque couplet d'une chanson, d'une ballade, etc. *Le r. de cette chanson est bien amené.* || Fig. et fam., Ce qu'une personne ramène toujours dans ses discours. *Son r.*, c'est *toujours de l'argent. De quelque chose qu'on parle, il en revient toujours là, c'est son r. ordinaire, c'est son r.* Prov., on dit de même, *C'est le r. de la ballade.*

RÉFRANGIBILITÉ. s. f. T. Phys. Qualité qu'ont les radiations d'être plus ou moins réfrangibles. Voy. DISPERSION, ACHROMATISME.

RÉFRANGIBLE. adj. 2 g. (lat. *re*, préf., et *frangere*, briser. Ce mot qui nous est venu par l'intermédiaire de l'anglais, est mal formé. On aurait dû dire *réfractible*). Qui est susceptible de réfraction. Voy. DISPERSION.

REFRAPPEMENT. s. m. [Pr. *refra-pe-man*]. Action de refrapper.

REFRAPPER. v. a. [Pr. *refra-per*]. Frapper de nouveau. *R. des monnaies.* = REFRAPPER. v. n. Heurter de nouveau. *Refrappez à cette porte, on n'a pas entendu.* = REFRAPPÉ, ÉE. part. || T. Numism. Se dit d'une médaille dont l'empreinte est double par suite d'un mouvement du flan sous le marteau.

REFRAYER. v. a. [Pr. *refrè-ier*]. Frayer de nouveau. = REFRAYÉ, ÉE. part.

REFRÉNATION. s. f. [Pr. *refréna-sion*]. Action de refréner.

REFRÈNEMENT. s. m. [Pr. *refrè-neman*]. État de ce qui est refréné.

REFRÉNER. v. a. (lat. *refrenare*, brider, de *re*, préf., et *frenum*, frein). N'est usité qu'au Fig. et sign., Réprimer. *R. ses passions, ses désirs, ses appétits. R. la convoitise, la concupiscence. Il faut lui apprendre à r. sa langue.* = REFRÉNÉ, ÉE. part. = Conj. Voy. CÉDER.

RÉFRIGÉRANT, ANTE. adj. (R. *réfrigérer*). T. Chim. Qui a la propriété de déterminer le refroidissement d'un mélange r. Voy. FROID. || T. Méd. Qui est rafraîchissant. *Remèdes réfrigérants.* Peu usité. = RÉFRIGÉRANT. s. m. Voy. ALAMBIC.

RÉFRIGÉRATIF, IVE. adj. (lat. *refrigerativus*, m. s.). T. Méd. Qui a la propriété de rafraîchir. *Potion réfrigérative.* || Substantiv., *Employer les réfrigératifs.*

RÉFRIGÉRATION. s. f. [Pr. *réfrigé-ra-sion*] (R. *réfrigérer*). T. Chim. et Phys. Ce mot ne se dit que du refroidissement, de l'abaissement de la température obtenu par

des moyens artificiels. La *réfrigération* d'une enceinte close, comme, par ex., celle d'une salle où une assemblée tient ses séances, consiste simplement à extraire l'air chaud et vicié de l'enceinte, et à y faire pénétrer de l'air à une température moins élevée. Tel est l'appareil de r. installé dans la grande salle des séances de l'Institut. L'air chaud et vicié de l'intérieur est appelé par des ouvertures pratiquées à la partie supérieure de la salle dans une cheminée extérieure chauffée artificiellement, tandis que l'air pur de l'extérieur, avant de pénétrer dans la salle, traverse l'appareil *réfrigérateur*. Celui-ci consiste en un vaste cylindre de fonte de 4 mètres de hauteur et rempli d'eau froide sortant du puits et marquant 12 degrés. Mais ce cylindre est parcouru de haut en bas par un grand nombre de tubes destinés à donner issue à une petite quantité d'eau, issue qui a pour effet de maintenir froide l'eau du cylindre. L'air chaud de l'extérieur parcourt ces tubes de haut en bas, se charge d'une partie de l'eau transsudée, se refroidit au contact des tubes, et arrive froid dans l'intérieur de la salle. On pourrait au besoin augmenter l'effet réfrigérant en introduisant une certaine quantité de glace dans le cylindre. Les moyens réfrigérants qui ont pour objet, non de refroidir une masse d'air, mais un corps solide ou de faire passer un liquide à l'état solide en le congelant, ont été déjà décrits par nous au mot FROID. A l'article GLACIÈRE, nous avons également décrit le procédé de Villeneuve pour congeler une certaine quantité d'eau destinée à la fabrication des glaces et des sorbets; mais ces procédés sont peu économiques, et la plupart ne sont qu'à l'usage des chimistes.

Au mot ÉVAPORATION, nous avons décrit un appareil dû à Carré. Nous en indiquerons ici un autre du même inventeur. « Les appareils que j'emploie, écrivait Carré, sont de deux genres; ils sont intermittents ou continus. L'appareil intermittent est d'une simplicité tout à fait rudimentaire. Que l'on se figure deux cornues suffisamment résistantes, d'une capacité respective de 1 à 4 volumes, et dont les deux cols un peu élevés et allongés seraient soudés par leurs extrémités. La plus grande, remplie aux trois quarts d'une solution ammoniacale concentrée, est placée sur le feu, tandis que la plus petite plonge dans l'eau froide. On chauffe la solution jusque vers 130 ou

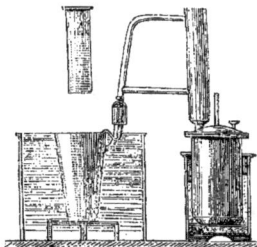

140 degrés, point où presque tout le gaz s'est séparé de l'eau pour venir se liquéfier dans la seconde cornue; on constate facilement la température sur un thermomètre placé dans un tube formé qui pénètre dans la solution. La séparation terminée, on met au contact de l'eau froide le récipient contenant l'eau épuisée; la réabsorption du gaz liquéfié commence immédiatement, et sa volatilisation détermine dans la petite cornue un froid qui peut facilement congeler l'eau dont on l'entoure. Ce froid est intense et peut descendre au-dessous de — 40 degrés. Cet instrument intermittent, spécialement destiné aux usages domestiques, produit un minimum de 5 kilogr. de glace par kilogr. de charbon brûlé dans un fourneau de cuisine. » — L'appareil continu est susceptible de développements presque illimités. Il se compose principalement d'une chaudière chauffée à feu nu ou au moyen de la vapeur; d'un barboteur superposé à la chaudière pour l'épuration du gaz; d'un liquéfacteur tubulaire, où le gaz se liquéfie sous l'influence d'un courant d'eau froide; d'un réfrigérant dont la forme est appropriée à la destination, et dans lequel le gaz liquéfié s'écoule à mesure; d'un vase à absorption, dans lequel le gaz s'élance du réfrigérant pour se dissoudre dans l'eau comme la vapeur d'eau se résout dans un

condenseur ordinaire, avec cette différence qu'ici l'eau d'absorption doit être constamment refroidie par un courant d'eau passant dans un serpentin et qui emporte le calorique latent dégagé par l'absorption; d'une pompe qui refoule à la chaudière l'eau saturée dans le vase à absorption; et enfin d'un régénérateur dans lequel l'eau qui doit servir à l'absorption, prise épuisée ou à peu près au bas de la chaudière, échange sa température avec celle de l'eau saturée qui s'y rend en sens inverse. — Des précautions particulières doivent être observées dans la construction des appareils dont il vient d'être parlé. Le cuivre contenant la plus petite quantité de zinc doit en être proscrit, parce que sa constitution moléculaire est rapidement altérée et sa ténacité détruite. Le cuivre jaune immergé quelques heures dans une solution ammoniacale faible est à froid devient aussi friable que l'argile. Parmi les métaux usuels, le fer, la fonte, l'acier, l'étain, le plomb, résistent sans altération; les rivures soudées à l'étain ou au plomb ne laissent d'ailleurs possibilité à aucune fuite, condition essentielle pour éviter l'appauvrissement de la solution et permettre un fonctionnement indéfiniment prolongé. Voy. ÉVAPORATION, FROID.

RÉFRIGÉRER. v. a. (lat. *refrigerare*, m. s., de *re*, préf., et *frigus*, froid). Réfroidir. = RÉFRIGÉRÉ, ÉE. part.

RÉFRINGENCE. s. f. (R. *réfringent*). T. Phys. Propriété qu'ont les corps transparents de réfracter la lumière.

RÉFRINGENT, ENTE. adj. [Pr. *réfrin-jan*, *ante*] (lat. *refringens*, part. prés. de *refringere*, briser). T. Phys. Qui a la propriété de réfracter les rayons lumineux. *Milieu r. Corps r. Faces réfringentes*. || Qui a rapport à la réfraction. *Angle r. Pouvoir r*. Voy. RÉFRACTION.

REFRIRE. v. a. Faire frire de nouveau. = REFRIT, ITE. part.

REFRISER. v. a. [Pr. *refri-zer*]. Friser de nouveau. = v. n. Redevenir frisé. = REFRISÉ, ÉE. part.

REFRISSONNER. v. n. [Pr. *refri-so-ner*]. Frissonner de nouveau.

REFROGNEMENT ou **RENFROGNEMENT.** s. m. [Pr. *re-fro-gne-man* ou *ran-frogne-man*, *gn* mouil.]. Action de refrogner.

REFROGNER (SE) ou **SE RENFROGNER.** v. pron. [Pr. *re-fro-gner*, *ran-fro-gner*, *gn* mouillés] (R. *re*, préf., et le vx fr. *frogner*, qui sign. froncer la bouche, le front. Orig. germ.). Contracter la peau du front, du visage, de manière à y former des plis, qui donnent l'air du mécontentement, du chagrin. *Le voici qui se refrogne. Il se renfrogne toujours*. = REFROGNÉ ou RENFROGNÉ, ÉE. part. *Un visage refrogné. Une mine renfrognée*.

REFROID. s. m. [Pr. *re-froua*] (R. *re*, préf., et *froid*). T. Techn. Mettre les cuirs sur des perches au sortir de l'étuve.

REFROIDIR. v. a. [Pr. *refroua-dir*] (R. *re*, préf., et *froidir*). Rendre froid. *La pluie a refroidi l'air. R. des vapeurs pour les condenser*. || Fig., Diminuer l'ardeur, l'activité, etc. *La vieillesse refroidit les passions. Cette scène refroidit l'action, l'intérêt*. = REFROIDIR. v. n. Devenir froid. *Laissez r. ce bouillon. Cela refroidira trop*. = SE REFROIDIR. v. pron. Devenir froid. *Il s'était échauffé, il s'est refroidi. Le temps s'est refroidi. Les extrémités commencent à se r*., à perdre la chaleur vitale, se dit en parlant d'un mourant. || Fig., *Après avoir été tout de feu pour cette affaire, il commence à se r. Ils commencent à se r. l'un pour l'autre. Leur amitié s'est bien refroidie. Mon imagination se refroidit*. = REFROIDI, IE. part. *Un corps refroidi*, un corps abandonné par la chaleur vitale.

REFROIDIS. s. m. [Pr. *refroua-di*] (R. *refroidir*). T. Agric. Culture qui se fait pendant l'année de jachère.

REFROIDISSEMENT. s. m. [Pr. *refrouadi-seman*]. Action de se refroidir. Diminution de chaleur. *Le r. de l'air, du temps, pourrait amener de la gelée. Le r. de la chaleur naturelle. Son génie se ressent du r. de l'âge*. || Fig., Diminution d'ardeur, d'activité dans les affections, dans les pas-

sions, etc. *Il y a du r. dans leur amitié. Il y a un grand r. entre eux. Le r. de la passion*. || Indisposition causée par un froid subit, dans un moment où l'on avait chaud. *Il a pris un r*.

REFROIDISSEUR. s. m. [Pr. *refroua-di-seur*]. Appareil où l'on refroidit quelque chose.

REFROIDISSOIR. s. m. [Pr. *refroua-disouar*]. Cave où les tablettes de chocolat durcissent en se refroidissant.

REFROTTER. v. a. [Pr. *refro-ter*]. Frotter de nouveau. = REFROTTÉ, ÉE. part.

REFUGE. s. m. (lat. *refugium*, m. s., de *re*, préf., et *fugere*, fuir). Asile, retraite, lieu où l'on se sauve pour être en sûreté. *Il assuré. Chercher un r. Sa maison est le r. de tous les malheureux*. — Fig., *Les lois sont le r. du faible*. || *Maison de r*., ou simpl., *Refuge*, Nom de certaines maisons d'asile pour les indigents, et quelquefois de correction pour les femmes qu'on veut retirer du désordre. Voy. ASILE. — *Villes de r*., villes où se réfugiaient ceux qui avaient commis un meurtre involontaire. || Fig., se dit des personnes dont on attend, dont on implore la protection, le secours. *Vous êtes mon r., tout mon r., mon seul r. Dieu est le r. des misérables, des pécheurs*.

> Ce Dieu, depuis longtemps, votre unique refuge.
>
> RACINE.

|| Fig., se dit encore des prétextes sous lesquels l'erreur ou la mauvaise foi cherche à se mettre à couvert. *Quel misérable r. que ce prétexte! On l'a poursuivi dans tous ses refuges*. = Trottoir placé au milieu d'une chaussée où les piétons se réfugient pour se garer des voitures. = Syn. Voy. ASILE.

RÉFUGIER (SE). v. pron. (R. *refuge*). Se retirer en quelque lieu ou auprès de quelqu'un pour être en sûreté. *Il se réfugia dans une église. Il s'est réfugié dans tel pays. Il se réfugia auprès de tel prince. Il ne sait où se r*. || Fig., *Il se réfugie dans les équivoques pour échapper à la vérité qui le presse. L'homme vertueux, accusé par le monde, se réfugie dans sa conscience*. = RÉFUGIÉ, ÉE. part. || Substant., *C'est un réfugié. Les réfugiés polonais, italiens*, etc. — Absol., *Les réfugiés*, Les calvinistes que la révocation de l'édit de Nantes fit sortir de France. || Adjectiv. *Style réfugié*, Le style des écrivains protestants qui, étant sortis de France, ont ignoré les changements introduits par l'usage dans la langue française. = Conj. Voy. PRIER.

REFUIR. v. n. (R. *re*, préf., et *fuir*). T. Véner. Se dit d'un cerf ou autre animal qui, lorsqu'il est poursuivi, revient sur ses pas, afin de donner le change.

REFUITE. s. f. (R. *refuir*). L'endroit où une bête a coutume de passer lorsqu'on la chasse. *Il y a tant de refuites dans cette forêt*. || Se dit aussi des ruses d'une bête qu'on chasse. *Un cerf qui use de refuites*; et Fig., des retards affectés d'une personne qui ne veut pas terminer une affaire. *Il élude le jugement du procès par des refuites continuelles*. Peu usité. || T. Techn. Ouverture profonde d'une mortaise qui permet de retirer facilement la pièce emboîtée.

REFUMER. v. a. (R. *re*, préf., et *fumer*). Mettre de nouveau du fumier. = REFUMÉ, ÉE. part.

REFUS. s. m. [Pr. *re-fu*]. Action de refuser. *S'attirer un r. S'exposer à un r. Essuyer des refus. Adoucir un r. par des manières honnêtes. Il met de la grâce jusque dans ses refus. Sur son r. de payer, il fut poursuivi*.

> Ce même amour qu'offensent vos refus.
>
> RACINE.

— Fam., *Cela n'est pas de r*., J'accepte volontiers, avec plaisir, ce que vous m'offrez. *Avoir une chose au r. de quelqu'un*, Ne l'avoir qu'après qu'un autre l'a refusée. *Faire une chose au r. de quelqu'un*, La faire après qu'un autre a refusé de s'en charger. || Sign. quelquefois, ce qu'un autre a refusé. *Je ne veux point du r. d'un autre*. || T. Archit. *Enfoncer un pilotis jusqu'à r*., Jusqu'au moment où le mouton n'agit plus sur les pieux enfoncés le plus profondément possible. Voy. PILOTIS. || T. Vén. *Un cerf de r.*, Un cerf de trois ans.

REFUSABLE. adj. 2 g. [Pr. *refu-zable*]. Qui peut être refusé.

REFUSER. v. a. [Fr. *refu-zer*] (lat. *refutare*, repousser). Ne pas accepter ce qui est offert. *On lui a offert trente mille francs de cette terre, mais il les a refusés. R. des présents. des offres. R. un emploi, un établissement. Il a refusé un bon parti. J'ai refusé d'aller chez lui quoiqu'il m'en ait prié.* || Ne pas accorder ce qui est demandé; ne vouloir point se soumettre à ce qu'on exige de nous. *On lui a refusé la grâce qu'il demandait. Il ne peut rien r. à ses amis. Il a refusé son consentement. Il a refusé de lui prêter de l'argent. R. obéissance. Il refuse de payer, de travailler, d'obéir, de partir, etc.* Absol. *Il refuse si poliment, qu'on ne peut s'en offenser. Il refuse net, tout net.* — *R. la porte à quelqu'un*, Ne pas lui permettre l'entrée d'un lieu, d'une maison, etc. — T. Man. *Ce cheval refuse*, Il ne peut pas ou ne veut pas obéir. — T. Mar. *Le vent refuse*, Le vent devient contraire. || Ne pas donner. *La nature lui a refusé la beauté. La nature ne lui a refusé aucun de ses dons. Je ne puis r. mon admiration à une telle conduite. R. une fille en mariage*, Ne pas vouloir la donner en mariage à quelqu'un qui la demande, ou ne pas vouloir épouser une fille offerte en mariage. *On lui a refusé la main de cette jeune fille.* — T. Tactiq. *L'ennemi refusait sa droite*, L'ennemi évitait d'engager sa droite. || Se dit aussi des personnes auxquelles on refuse, ou dont on ne veut pas. *Cet homme refuse ses meilleurs amis, quelque chose qu'ils lui demandent. Il refuse tout le monde. J'ai offert de servir, mais j'ai été refusé.* = SE REFUSER, s'emploie dans les deux sens, *R. à soi* et *R. soi.* || *Se r. une chose*, S'en priver, ne pas se la permettre. *C'est un avare qui se refuse le nécessaire, jusqu'au nécessaire. Il se refuse tout pour donner davantage aux pauvres.* || *Se r. à une chose*, Ne pas vouloir la faire. *Il se refuse à travailler. Il se refuse à tout ce qu'on lui demande. La chambre se refuse à cette augmentation de dépense.* Fam., on dit aussi qu'*Un homme se refuse à rien*, ou qu'*il ne refuse à rien*, pour signifier qu'il est toujours prêt à faire ce qu'on désire de lui. — *Se r. à une chose*, Ne pas s'y livrer, y résister. *Il se refuse même aux plaisirs les plus innocents. Il se refuse à se divertir. Se r. à l'évidence.*

Tout se refuse à mes embrassements.

RACINE.

|| Avec un nom de chose pour sujet, signifie ne pas permettre. *Le temps se refuse à cela. Les circonstances s'y refusent. Ma fortune se refuse à si grande dépense. Dans ces climats affreux, le sol se refuse à toute culture.* = REFUSÉ, ÉE. part.

REFUSEUR, EUSE. s. [Pr. *refu-zeur, euze*]. Celui, celle qui fait un refus.

RÉFUSION. s. f. [Pr. *réfu-zion*] (lat. *refusio*, m. s.). T. Prat. anc. *R. de dépens*, Action de les refonder. Voy. REFONDRE.

RÉFUTABLE. adj. 2 g. Qui peut être réfuté avec succès. *Cela n'est pas r.*

RÉFUTATEUR. s. m. Celui qui réfute.

RÉFUTATION. s. f. [Pr. ...*sion*] (lat. *refutatio*, m. s.). Discours ou écrit par lequel on réfute. *La r. d'un argument, d'un raisonnement, d'un livre. La r. d'une erreur, d'un sophisme, d'une calomnie.* || Fig., *Sa conduite est la meilleure r. de cette calomnie*, Sa conduite suffit pour en montrer la fausseté.

Rhétor. — En Rhétorique, on donne le nom de *Réfutation* à la partie du discours qui consiste à détruire les moyens de son adversaire. La place de la r. varie selon les circonstances. S'il existe des préventions, il faut commencer par les dissiper, et la r. alors peut précéder la confirmation; mais, en général, ce n'est qu'après avoir établi ses preuves que l'on s'occupe de détruire les arguments opposés. Il arrive quelquefois encore que l'on réfute à mesure que l'on confirme, et ce mode de procéder donne ordinairement au discours une force irrésistible. La r. demande beaucoup d'habileté et d'adresse.

RÉFUTATOIRE. adj. 2 g. [Pr. *réfuta-touare*]. Qui concerne la réfutation, qui contient une réfutation.

RÉFUTER. v. a. (lat. *refutare*, m. s., de *re*, préf., e d'un rad. *fut* qui paraît identique à celui de *fundere*, verser) Combattre ce qu'un autre a avancé, prouver que ce qu'un adversaire a dit est mal fondé ou n'est pas vrai. *R. un argument, une proposition, une opinion. R. un mensonge, une calomnie. R. avec force, avec clarté, avec méthode. R. complètement, faiblement.* || *R. un livre, un auteur*, Combattre ce qui a été avancé dans un livre, ce qu'un auteur a proposé, soutenu. = RÉFUTÉ, ÉE. part.

REGAGNER. v. a. [Pr. *gn* mouil.] (R. *re*, préf., et *gagner*). Gagner ce qu'on avait perdu. *Il a regagné ce qu'il avait perdu au jeu. J'ai regagné beaucoup au delà de ce que j'avais perdu.* — Fig., *R. l'amitié, l'affection, l'estime, les bonnes grâces de quelqu'un. R. le temps perdu.* On dit de même, *R. quelqu'un*, Regagner son amitié, ou le ramener à des intérêts qu'il avait abandonnés, au parti qu'il avait quitté. || T. Guerre. *R. du terrain, son terrain*, Repousser l'ennemi, après avoir été forcé par lui de reculer. On dit de même, *R. le dessus*, Reprendre le dessus; et *R. l'avantage*, Recouvrer l'avantage qu'on avait perdu. — Ces loc. se disent encore Fig., en parl. des progrès que fait quelqu'un, de ses succès en affaires ou autrement. || T. Mar. *R. le dessus du vent*, ou *R. le vent sur un vaisseau, sur l'ennemi*, Reprendre l'avantage du vent. — Fig. et fam., *R. le dessus du vent*, Rétablir ses affaires, sa fortune, son crédit. || *Regagner*, sign. encore, Rejoindre, ratteindre, rentrer dans un lieu. *Les fuyards regagnèrent le corps d'armée. La tempête nous força de r. le port. Il eut de la peine à r. son logis.* = REGAGNÉ, ÉE. part.

REGAILLARDIR. v. a. [Pr. les *ll* mouillées] (R. *re*, préf., et *gaillard*). Rendre plus gaillard. Voy. RAGAILLARDIR.

REGAIN. s. m. [Pr. *re-ghin, g* dur] (R. *re*, préf., et *gain*; T. Agric. L'herbe qui revient dans les prés après qu'ils ont été fauchés. Le r. est de beaucoup inférieur au foin. *Rentrer les regains.* || Fig. et fam., *Un r. de jeunesse*, Renouvellement d'activité et de vigueur, qui survient parfois chez un homme d'un âge mûr. — Se dit aussi de la fraîcheur, de l'embonpoint qui viennent quelquefois aux femmes après qu'elles ont passé leur temps critique.

RÉGAL. s. m. (lat. *regale*, royal, sous-entendu *convivium*, festin). Festin, grand repas. *Il nous a fait un grand r. On leur fit un r. magnifique.*

Le régal fut fort honnête;
Rien ne manquait au festin.

LA FONTAINE.

Ce sont des régals continuels. || Fig., *C'est un r. pour moi*, se dit d'un mets que l'on aime beaucoup. — Au sens moral, *Je me fais un r. de le voir*, Ce sera un grand plaisir pour moi. — Ce mot est familier.

RÉGALADE. s. f. (R. *régal*). Action de régaler quelqu'un. || Manière de boire qui consiste à verser la boisson dans la bouche, la tête étant renversée. *Boire à la r.* || Feu vif et clair qu'on allume pour réchauffer promptement les personnes qui arrivent. *Faites une bonne r.* — Ce mot est familier.

RÉGALAGE. s. m. (R. *re*, préf., et *égal*). Opération qui consiste à étendre les terres d'un remblai en leur donnant la saillie ou la pente qu'elles doivent avoir.

RÉGALANT, ANTE. adj. (part. pass. de *régaler*, de *régal*). Amusant, réjouissant. Ce mot est fam., et ne se dit guère qu'ironiquement et avec la négation. *Nous avions projeté une partie de campagne, et il pleut à verse; cela n'est-il pas bien régalant?*

RÉGALE. s. f. (lat. *regalis*, royal). T. Hist. Avant la révolution, on appelait *Régale*, en latin *regalia*, le droit qu'avait le roi de jouir des revenus des évêchés vacants et de disposer des bénéfices sans charge d'âmes qui en dépendaient, jusqu'à ce que le nouvel évêque eût pris possession de son siège, prêté serment de fidélité, et rempli les autres formalités prescrites par les lois. On donnait le nom de *R. spirituelle* ou *honoraire*, à la partie de ce droit qui concernait la collation des bénéfices; celui de *R. temporelle* ou *utile*, à celle qui était relative à la jouissance des revenus; et l'on appelait *Régaliste* celui qui était pourvu par le roi d'un bénéfice *vacant* en r. La r. datait des premiers temps de la monarchie, mais elle fut, entre les rois et le clergé, une cause perpétuelle de conflits, jusque vers la fin du XVII° siècle, où, après de vives discussions entre le pape Innocent XI et Louis XIV, ce dernier, par sa déclaration du 24 janvier 1682, en régla définitivement l'exercice. La r. a été supprimée par le Concordat de 1811.

RÉGALE. s. m. (lat. *regalis*, royal). Instrument de musique, appelé aussi *claquebois* (Voy. ce mot). || Un des jeux de l'orgue à l'unisson de la trompette. || Épinette n'ayant que le jeu de régale.

RÉGALE. adj. f. (lat. *regalis*, royal). T. Chim. *Eau r.*, Mélange d'acide chlorhydrique et d'acide azotique, employé pour dissoudre l'or et le platine. Voy. CHLORE, II.

RÉGALEMENT. s. m. [Pr. *régale-man*] (R. re, préf., et *égal*). Se disait autrefois de la répartition de certaines taxes. *Le r. des tailles.* ||Travail qui se fait pour aplanir la surface d'un terrain. *Faire le r. d'une allée pour y mettre du sable.*

RÉGALER. v. a. (R. re, préf., et *égaler*). Répartir également, c.-à-d. proportionnellement, une taxe. *On régala cette somme sur toute la paroisse.* == Aplanir un terrain, après avoir enlevé ou rapporté des terres. *Il faudra r. ces terres après le remblai.* == RÉGALÉ, ÉE. part.

RÉGALER. v. a. (R. *régal*). Donner un grand repas, ou simpl., Donner à manger ou à boire quelque chose qui fait plaisir. *Il nous a régalés magnifiquement.*

> Celle que cette nuit sur l'eau j'ai régalée.
>
> CORNEILLE.

Il nous a régalés d'un chevreuil, d'une bonne bouteille de l'Ermitage. — Absol., Payer de quoi régaler. *C'est son tour de r. C'est lui qui régale.* || Par extens., se dit des choses qu'on fait pour réjouir ses amis, pour les divertir. *Il les régala d'un concert. Il nous a régalés d'une foule d'historiettes plus ou moins lestes, mais fort amusantes.*

> Nous allons régaler, mon père, votre abord
> D'un incident tout frais qui vous surprendra fort.
>
> MOLIÈRE.

|| En mauvaise part, Maltraiter. *Il a été régalé d'une étrange sorte. On le régala de vingt coups de bâton.* == SE RÉGALER. v. pron. *Il s'est bien régalé au repas de noces. Ces jeunes gens ont formé une société et ils se régalent tour à tour. Tout Paris se régala de ce scandale.* == RÉGALÉ, ÉE. part. — Ce verbe ne s'emploie que dans le style familier.

RÉGALEUR. s. m. Celui qui régale, qui étend la terre.

RÉGALIEN, IENNE. adj. [Pr. *régha-li-in, ième*] (lat. *regalis*, royal). Qui appartient à la royauté. *Les droits régaliens,* Les droits inhérents à la royauté, à la souveraineté. *Le droit de battre monnaie est considéré comme un droit r. On rangeait naguère au nombre des droits régaliens le prétendu droit de permettre aux citoyens de travailler et d'exercer leur industrie.*

RÉGALIS. s. m. [Pr. *régali*] (R. *régaler*, de re, préf., et *égal*). T. Chasse. Place où le chevreuil a gratté du pied.

RÉGALISATION. s. f. [Pr. *régali-za-sion*] (R. *régale*). Opération produite par l'eau régale.

RÉGALISTE. s. m. T. Hist. Celui qui était pourvu par le roi d'un bénéfice vacant en régale. Voy. RÉGALE.

REGARD. s. m. [Pr. *re-gar*] (R. *regarder*). Action de la vue, action par laquelle on regarde. *R. amoureux, languissant. R. doux, fier, rude, farouche, sombre, terrible. R. vif, perçant, pénétrant. Avoir le r. fixe, assuré. Jeter, lancer un r. Arrêter, fixer, attacher ses regards sur quelqu'un. Sa beauté arrête, fixe tous les regards. Porter, promener ses regards. Détourner ses regards de quelque*

objet. *Soutenir les regards de son juge. Il n'a pas daigné m'honorer d'un r.* || *Avoir un r.,* se dit d'une femme enceinte qui, frappée par la vue de quelque chose d'extraordinaire, doit, suivant la croyance populaire, donner naissance à un enfant qui en portera quelque marque sur le corps. || *Mauvais r.,* Influence funeste attribuée au r. de certaines personnes. || T. Astrol. Aspect de deux astres qui se regardent. — *R. sextil,* aspect de deux astres qui sont distants l'un de l'autre de 60°. || Fig., au plur., *Cette considération méritait d'arrêter les regards de l'assemblée. Cet homme attire tous les regards par son héroïsme. Ce livre est indigne de fixer les regards de la postérité.* || T. Peint. Se dit de deux portraits de même grandeur, ou à peu près, qui sont peints de telle manière, que les deux figures qui y sont représentées se regardent l'une l'autre. *Le mari et la femme se sont fait peindre en r.* — Se dit aussi de deux personnes qui sont peintes dans le même tableau et qui se regardent. || T Archit. hydr. Ouverture maçonnée, pratiquée pour faciliter la visite d'un aqueduc, d'un conduit, et où sont quelquefois établis des robinets servant à la distribution des eaux. == EN REGARD. loc. adv. Vis-à-vis *Il faut placer ces objets en r. Une traduction avec le texte en r.* == AU REGARD DE. loc. prép. Par rapport à, en comparaison de. *Il est pauvre au r. d'un tel.* Peu usité.

REGARDANT. s. m. Celui qui regarde. *Voilà bien des regardants.* Prov., *Il n'y a pas tant de marchands à la foire que de regardants.* == REGARDANT, ANTE. adj. Qui regarde de trop près à quelque chose, qui est trop exact, trop ménager. *Il ne faut pas être si r., trop r.* Fam.

REGARDER. v. a. (R. re, préf., et *garder*). Jeter la vue, porter ses regards sur quelque chose. *R. le ciel. R. la campagne. R. fixement, attentivement, à la dérobée. R. de côté, devant soi, autour de soi, derrière soi. Regardez dans ces papiers, vous y trouverez la quittance. Regardez à la pendule quelle heure il est. R. par le trou d'une serrure. R. avec envie, avec jalousie, avec plaisir. R. quelqu'un en face.* — *R. de près,* Avoir la vue basse. || *Il n'oserait le r. en face,* ou fam., *entre deux yeux,* se dit d'un homme qui en craint un autre. *Je ne veux pas seulement le r.,* se dit de quelqu'un qu'on méprise et qu'on ne veut pas voir. Fam., *R. quelqu'un sous le nez,* Le regarder au visage de très près avec affectation. || Fig., *R. quelqu'un de haut en bas, du haut en bas, de travers, de côté, de mauvais œil,* Le regarder avec mépris, avec dédain, lui témoigner du mépris. *R. quelqu'un favorablement, le r. de bon œil, etc.,* Témoigner à quelqu'un qu'on a de la bienveillance pour lui. *R. quelqu'un en pitié,* Voy. PITIÉ. || En parlant des choses, Être vis-à-vis, à l'opposite. *Cette maison regarde l'orient. Le côté du Louvre qui regarde la rivière. L'aiguille aimantée regarde toujours le nord.* — On dit encore neutralement, *Cette maison regarde sur la rivière, cette fenêtre regarde sur le jardin, etc.,* De cette maison, de cette fenêtre, on voit la rivière, le jardin, etc. || Fig., Considérer, examiner avec attention. *Quand je regarde telle chose. Il faut r. la personne, le mérite de la personne. Regardez ce que vous refusez. Regardez si ce calcul est juste. En cela, il n'a regardé que le bien général, et nullement son propre intérêt. Tout bien regardé et considéré, vous trouverez que.* — *R. comme,* Considérer comme, estimer, réputer. *On le regarde comme un honnête homme. Je regarde cette entreprise comme une mauvaise affaire. Son action fut regardée comme une trahison.* || Concerner. *Ce soin vous regarde. Cela ne me regarde point.*

> Les choses d'ici-bas ne me regardent plus.
>
> LA FONTAINE.

Je prends part à tout ce qui vous regarde. Pour ce qui regarde cette affaire. Cette question regarde la médecine. — *Cette succession, cette charge le regarde,* Elle doit lui venir, ou il y peut prétendre. Vx. == REGARDER. v. n. Prendre garde, faire attention à quelque chose. *Regardez bien à ce que vous allez dire. Regardez-y bien. Avec lui je ne regarde point à mes intérêts. Entre amis, on ne regarde point aux petites choses.* — Fam., *Y r. à deux fois,* Voy. FOIS. *R. de près, de trop près à toutes choses,* Voy. PRÈS. *Il ne faut pas y r. après lui, il ne faut pas r. après lui,* se dit d'un homme fidèle, exact, d'une probité reconnue, ou d'un jugement très sûr. *C'est un homme avec lequel il ne faut pas r. de si près,* se dit d'un homme sujet à faire des fautes, et dont il ne faut pas examiner la conduite trop sévèrement. == SE REGARDER. v. pron. Examiner ses traits. *Se r. dans un miroir. Ils se sont regardés sans se rien dire.* — *Les deux armées ont été longtemps à se r. avant que de combattre.* Elles ont été longtemps en présence sans qu'aucune attaquât. || Être vis-à-vis. *Ces deux maisons se regardent.* || *Se r.* comme, Se croire, s'estimer. *Il se regarde comme réservé à de hautes destinées. Il se regarde comme un grand homme.* = REGARDÉ, ÉE. part. == SYN. Voy. CONCERNER.

REGARDEUR. s. m. Celui qui regarde.

REGARNIR. v. a. Garnir de nouveau. *R. une robe. R. une chambre de meubles.* = REGARNI, IE. part.

RÉGATE. s. f. (ital. *regatta*, m. s.). Course de gondoles à Venise, et, par extens., Course de bateaux, à la voile ou à l'aviron. *Les régates du Havre.*

RÉGAYER. v. a. [Pr. *ré-ghè-ier*, *g* dur]. T. Techn. Passer le chanvre au regayoir.

RÉGAYOIR. s. m. [Pr. *ré-ghè-iouar*, *g* dur]. Peigne pour nettoyer le chanvre.

RÉGAYURE. s. f. [Pr. *ré-ghè-iure*, *g* dur]. Ce qui reste dans le régayoir.

REGAZONNEMENT. s. m. [Pr. *rega-zone-man*, *g* dur]. Action de regazonner.

REGAZONNER. v. a. [Pr. *rega-zo-ner*, *g* dur]. (R. *re*, préf., et *gazonner*). Regarnir de gazon. = REGAZONNÉ, ÉE. part.

REGEL. s. m. (R. *re*, préf., et *gel*). Le fait de regeler. || T. Phys. Phénomène par lequel deux morceaux de glace qu'on presse l'un contre l'autre subissent un commencement de fusion et se soudent. Voy. FUSION.

REGELER. v. a. et v. n. Geler de nouveau. = REGELÉ, ÉE. part.

RÉGENCE. s. f. [Pr. *ré-jan-se*] (lat. *regere*, gouverner). La dignité qui donne pouvoir et autorité de gouverner un État pendant la minorité ou l'absence du souverain. — Le temps que dure une régence. || L'exercice des fonctions de régent dans un collège. Vx. || Se dit encore de l'administration municipale de certaines villes, du gouvernement de certains États. *La r. d'Amsterdam. La r. de Kiel. Les régences barbaresques. La r. de Tunis, de Tripoli.* — Le territoire dont dépend d'une régence; se disait surtout des régences barbaresques. *Les villes de la r. Dans toute l'étendue de la r.* — Les régences barbaresques sont le nom donné aux États de Tunis et de Tripoli, et autrefois à celui d'Alger avant la conquête française.

Hist. — Les régences sont presque toujours des époques d'abaissement et de troubles, parce que l'autorité d'un régent ou d'une régente n'a jamais la solidité de l'autorité royale, et que les mécontents, quels qu'ils soient, cherchent à profiter de cette circonstance pour atteindre leurs visées particulières. Les premières régences que l'on trouve dans l'histoire de France sont celle de Brunehaut, en Austrasie, pendant la minorité de Childebert II (575), et celle de Frédégonde, en Neustrie, pendant la minorité de Clotaire II (584), qui furent, l'une et l'autre, remplies de désordres, et eurent pour résultat d'amoindrir la royauté mérovingienne et de préparer l'élévation des maires du palais. Après la mort de Dagobert Ier (633), la reine Nantilde, sa veuve, eut la régence de ses deux fils Sigebert III et Clovis II ; mais les maires Pepin et Ega annihilèrent son autorité, et gouvernèrent, celui-ci en Bourgogne et en Neustrie, au nom de Clovis, celui-là en Austrasie, au nom de Sigebert. À partir de ce moment, l'histoire de la race de Mérovée ne présente plus qu'une suite non interrompue de minorités et, par suite, de régences, jusqu'au moment où Pepin le Bref prit la place de Childéric III. L'époque carolingienne ne renferme qu'une seule r., celle de Louis r., veuve de Louis d'Outre-mer, pendant la minorité de Lothaire. Quoique assez paisible, elle eut des conséquences fâcheuses pour l'autorité royale, en ce qu'elle contribua à augmenter l'influence germanique et à favoriser l'agrandissement de la famille des ducs de France, qui tendaient à se substituer aux Carolingiens comme ceux-ci s'étaient substitués aux Méro-

vingiens. La dynastie capétienne n'a eu que huit régences produites par l'enfance ou la minorité des rois, et quelques autres d'une moindre importance causées par leur absence ou leur incapacité. La première eut lieu pendant la minorité de Philippe Ier, qui, n'ayant encore que huit ans à la mort de son père (1060), fut placé sous la tutelle de Baudouin, comte de Flandre. La r. de Suger, abbé de Saint-Denis, pendant l'absence de Louis VII pour la croisade (1147 à 1150), est célèbre par la sagesse de son administration. Celle de la reine Blanche de Castille, pendant la minorité de Louis IX, son fils (1226 à 1236), fut remarquable par l'habileté avec laquelle cette princesse déjoua les projets des chefs féodaux coalisés contre elle. Cette princesse fut encore régente (1248-1252) quand son fils partit pour la croisade d'Égypte, et elle eut alors à réprimer la révolte des pastoureaux. Une troisième r. eut lieu lorsque saint Louis fit son expédition de Tunis (1270) ; elle fut exercée par Simon de Nesle et Mathieu, abbé de Saint-Denis, et ne dura que quelques mois. La fin du XIIIe siècle et la première moitié du XIVe passèrent sans r. ; mais, en 1356, le roi Jean ayant été fait prisonnier à la bataille de Poitiers, le dauphin Charles fut chargé de gouverner le royaume, d'abord en qualité de lieutenant général, puis comme régent (févr. 1358-1360) : c'est pendant sa r. qu'eurent lieu les troubles suscités par Étienne Marcel, prévôt de Paris, et Charles le Mauvais, roi de Navarre. La r. des oncles de Charles VI (1380-1389) fut la plus désastreuse qu'il y eût encore eu. Anne de Beaujeu, au commencement du règne de Charles VIII (1483-1485), Louise de Savoie, pendant la captivité de son fils François Ier (1525-1526), Catherine de Médicis, sous Charles IX (1560-1564), Marie de Médicis, sous Louis XIII (1610-1615), et Anne d'Autriche, sous Louis XIV (1643-1651), exercèrent les fonctions de régentes, et plusieurs d'entre elles contribuèrent, par leurs fautes, à aggraver les maux du pays. Enfin, pendant la minorité de Louis XV (1715-1723), Philippe, duc d'Orléans, fut régent du royaume. Lorsqu'on parle de l'époque de la *Régence*, sans aucune spécification, c'est de la période pendant laquelle gouverna ce prince que l'on entend parler. Ce fut une époque remarquable pendant laquelle, à côté d'un débordement de licence et d'immoralité, on peut noter des tentatives de réforme, des aspirations généreuses vers l'avenir, et de grandes entreprises, d'ailleurs avortées comme le *système de Law.* Ce fut, pour ainsi dire, le contre-pied de la fin du règne de Louis XIV, où toute initiative était étouffée par le rigorisme et le bigotisme de la cour.

RÉGÉNÉRATEUR, TRICE. s. Celui, celle qui régénère. *Lycurgue fut le r. des lois et des mœurs à Lacédémone. Cette reine fut la régénératrice de sa nation.* = Adject., *Principe r. Puissance génératrice.*

RÉGÉNÉRATIF, IVE. adj. Qui a la vertu de régénérer.

RÉGÉNÉRATION. s. f. [Pr. *réjénéra-sion*] (lat. *regeneratio*, m. s. s.). Reproduction d'un tissu, d'une partie qui a été détruite. *La r. des chairs. La r. du tissu osseux par le périoste.* || Fig., Réformation, renouvellement. *La r. des mœurs. La r. d'un peuple.* || Fig., en termes de Religion et en parlant du Baptême, signifie Renaissance. *La r. en Jésus-Christ.*

Biol. — En Biologie on distingue sous le nom de r. la formation nouvelle d'une partie enlevée à un organisme. La r. se fait normalement, physiologiquement chez tous les individus, à la suite de la mue des poils, des plumes, des écailles ou des épithéliums, par ex. ; c'est cette r. à peu près seule que l'on constate chez les Mammifères, les Oiseaux, les Reptiles, les Poissons, les Mollusques et les Arthropodes aériens. Mais chez les autres animaux on peut observer une r. anormale, accidentelle ou pathologique dans laquelle des organes entiers ou même des portions d'individu peuvent repousser après avoir été enlevés. Chez les Batraciens Urodèles, par ex., la queue, les pattes, l'œil et les branchies régénèrent. Les Crabes reforment leurs pattes, les Vers leur queue, les Étoiles de mer leurs bras, etc.

RÉGÉNÉRER. v. a. (lat. *regenerare*, m. s., de *re*, préf., et *generare*, engendrer). Engendrer de nouveau, donner une nouvelle naissance ; ne se dit que Fig., en matière de religion. *Le baptême nous régénère en Jésus-Christ.* || Fig., Réformer, renouveler. *R. les mœurs. R. un empire.* == SE RÉGÉNÉRER. v. pron. Être régénéré. *Se r. dans les eaux du baptême. Un peuple qui se régénère.* || Se reproduire. *Les tissus détruits se régénèrent d'après les mêmes lois sui-*

vant lesquelles se produisent et se développent les tissus primitifs. = Régénéré, ée. part. = Conj. Voy. Crédeu.

RÉGENT, ENTE. adj. et s. [Pr. ré-jan, ante] (lat. regere, gouverner). Qui régit, qui gouverne l'État pendant la minorité ou l'absence du souverain. La reine régente. Le prince r. Le r. du royaume. La régente. || T. Hist. Le R., Philippe d'Orléans, régent de France, de 1715 à 1723. — Le R., Diamant acheté par Philippe d'Orléans et qui était le plus beau des joyaux de la couronne. || S'est dit autrefois de tous ceux qui enseignaient dans un collège. R. de philosophie, de rhétorique. Ne se dit plus que des professeurs des collèges communaux. — Docteur r., Titre qu'on donnait autrefois aux docteurs professeurs en théologie, en droit, en médecine. Docteur r. de la Faculté de médecine de Paris. || Membre d'un conseil d'administration. R. de la banque de France, Voy. Crédit.

RÉGENTATION. s. f. [Pr. réjan-tasion]. Action de régenter.

RÉGENTER. v. a. et n. [Pr. réjan-ter] (R. régent). Enseigner en qualité de régent. Il régente dans tel collège. Il s'est retiré parce qu'il était las de r. Il régente la sixième, la rhétorique. Vieux et ne se dit guère que par plaisanterie. || Fig., se dit de ceux qui aiment à dominer et qui veulent toujours que leurs avis prévalent. C'est un homme qui veut r. partout. Il régente tous ses confrères.

> La grammaire, qui sait régenter jusqu'aux rois.
>   Molière.

= Régenté, ée. part.

RÉGENTEUR, EUSE. s. [Pr. réjan-teur, euze]. Celui, celle qui régente, qui aime à régenter.

REGERMER. v. n. Germer de nouveau.

REGESTE. s. m. (bas lat. regesta, registre, de res gestæ, choses faites). T. Hist. Nom sous lequel on désignait au moyen âge des répertoires chronologiques contenant des actes publics ou privés.

REGGIO, anc. Rhegium, v. de la Calabre, sur le détroit de Messine (Italie); 23,800 hab., ch.-l. de la prov. de Calabre Ultérieure qui compte 355,000 hab.

REGGIO D'ÉMILIE, v. d'Italie, ch.-l. de prov.; 19,000 hab. Patrie de l'Arioste. La prov. a 240,600 hab.

RÉGICIDE. s. m. (lat. regicidium, regicida, m. s., de rex, regis, roi, et cædere, tuer). Assassinat d'un roi. || Celui qui assassine un roi. || T. Hist. Les régicides, En Angleterre ceux qui condamnèrent à mort Charles Ier; en France ceux qui condamnèrent à mort Louis XVI. = Adjectiv., Doctrine r. Une assemblée r.

RÉGIE. s. f. (lat. regere, diriger, gérer). Administration de biens à la charge de rendre compte. On a mis cette succession, ces biens en r. On lui en a confié la r. Ce bien était en ferme, on l'a mis en r. — Mettre des travaux publics en r., Les faire exécuter au compte de l'État et sous la surveillance de ses agents. — Théâtre mis en r., Administré par l'État. — R. intéressée, Celle où le régisseur a une part dans les produits. || Plus ordinairement, se dit des administrations chargées de la perception de certaines taxes indirectes, ou de certains services publics. La r. des tabacs, des poudres. La r. des contributions indirectes. La r. de l'octroi. La r. des vivres. Les employés, les commis de la r. Les bureaux de la r. Je viens de la r.

RÉGILLE (LAC), petit lac du Samnium, sur les bords duquel les Romains battirent les Latins (496 av. J.-C.).

RÉGILLIEN (QUINTUS NONIUS). Dace qui se fit proclamer empereur en Mésie (261) et fut tué par ses soldats.

REGIMBEMENT. s. m. [Pr. rejin-beman]. Action de regimber.

REGIMBER. v. n. [Pr. rejin-ber] (R. re, préf., et un rad., gib, qui donne une idée de violence et qu'on trouve dans gibier, ainsi que dans un verbe du patois poitevin, giber,

ruer). Se dit des bêtes de monture, qui ruent au lieu d'avancer, lorsqu'on les touche de l'éperon, de la houssine ou du fouet. Quand on donne de l'éperon à ce cheval, il regimbe. || Fig. et fam., R. contre l'éperon, se dit d'un inférieur qui résiste à son supérieur et qui refuse de lui obéir. On dit aussi, R. contre son supérieur, contre les ordres de son supérieur.

> Ces rudes esprits
> Qui regimbent toujours, quelque main qui les flatte.
>   Boileau.

REGIMBEUR, EUSE. s. [Pr. rejin-beur, euze]. Celui, celle qui regimbe.

RÉGIME. s. m. (lat. regimen, conduite, gouvernement, de regere, diriger). L'ordre, la constitution d'un État; la manière de le gouverner, de l'administrer. Un r. dur, sévère, arbitraire. R. despotique. Ces peuples vivaient sous un r. paternel. Le r. féodal, L'organisation féodale. Le r. représentatif, Celui où la nation concourt, par ses représentants, à l'exercice de la puissance législative. Le nouveau r., La constitution de la société et du gouvernement depuis 1789, par opp. à L'ancien r. || Par ext., se dit aussi de la règle, de l'administration à laquelle sont soumis certains établissements publics et religieux. Le r. des hôpitaux, des prisons. Le r. pénitentiaire. Le r. de cet ordre est fort sévère. — Le r. hypothécaire, Ensemble de lois qui régissent les hypothèques. — Le r. forestier, Mode d'administration des forêts de l'État. — R. annuel, triennal, perpétuel, se dit des communautés religieuses dont les supérieurs sont élus pour un an, trois ans, ou à vie. || Ordre, règle dans la manière de vivre, par rapport à la santé. Il suit un bon r. Il vit sans aucun r, Les médecins lui ont prescrit un r. sévère, rigoureux. — Absol., se dit de l'usage méthodique et raisonné des aliments et des boissons, particulièrement sous le rapport de la qualité et de la quantité. Se mettre au r. Il est au r. Quitter le r. Renoncer au r. Vivre de r.

> Il vivait de régime et mangeait à ses heures.
>   La Fontaine.

On dit de même, Il vit d'un grand r. || T. Jurispr. R. dotal. R. de la communauté, Voy. Dot et Communauté. || T. Bot. Nom donné à l'assemblage des fleurs et plus tard des fruits des palmiers. Un r. de bananes. Voy. Inflorescence.

Gramm. — On appelle, en général, Régime ou Complément, un mot qui achève d'exprimer, qui complète l'idée commencée par un autre mot. Bien qu'ordinairement on emploie ces deux termes indifféremment l'un pour l'autre, plusieurs grammairiens les distinguent. Par complément, on entend les mots qui sont régis par d'autres ou qui servent à préciser, à déterminer la signification des mots auxquels on les joint, à compléter une proposition. Ainsi dans cette phrase, Le livre de Pierre, Pierre est le complément de la préposition de, et les mots de Pierre sont ensemble le complément de livre. Par régime, on entend proprement le complément qu'un verbe appelle, soit directement et sans intermédiaire, soit indirectement et avec l'intermédiaire d'une préposition. D'après cela, on distingue deux sortes de régimes, l'un direct et l'autre indirect. Le R. direct est celui qui achève d'exprimer directement l'idée commencée par le verbe : il est l'objet immédiat de l'action que le verbe exprime, et il répond à la question qui? pour les personnes, et quoi? pour les choses. J'aime mon père. J'aime qui? Mon père. Mon père est donc le r. direct du verbe aimer; et, en effet, il complète directement l'idée commencée par ce verbe. Le R. indirect est celui qui complète indirectement l'idée commencée par le verbe, c.-à-d. qui ne la complète qu'à l'aide d'une préposition exprimée ou sous-entendue; et est le terme de l'action que le verbe exprime, et répond aux questions à qui? de qui? pour qui? par qui? etc., pour les personnes, à quoi? de quoi? pour quoi? par quoi? pour les choses. Il parle à son frère. Il parle à qui? A son frère. A son frère est donc le r. indirect de parler. — Cependant, lorsqu'un verbe actif a pour r. un autre verbe à l'infinitif, la présence de la préposition à ou de entre ce verbe et cet infinitif ne signifie point qu'on ait affaire à un r. indirect. En effet, dans ces phrases : Il aime à étudier. Il vous recommande de lire, les mots, à étudier, de lire, sont l'objet des actions exprimées par les verbes aimer, recommander. Il aime quoi? A étudier. Il vous recommande quoi? De lire. Les mots à étudier et de lire représentent donc véritablement des régimes directs, et les prépositions à et *de* sont inutiles au point de vue logique. Il en est de même lorsque la préposition *de* précède un substantif qui est l'objet direct de l'action du verbe actif, comme dans ces exemples : *Il a de grandes richesses Donnez-moi du pain.* Ici la préposition *de* équivaut à *quelque* ou à *quelques*, selon que le substantif est au singulier ou au pluriel; elle n'indique donc point un r. indirect. — Un verbe peut avoir pour r. un substantif : *Honorez votre père*; ou un pronom : *Les yeux de l'amitié se trompent rarement ;* ou un verbe à l'infinitif: *L'amour de la patrie fait affronter courageusement la mort.* Mais le r. des verbes varie selon qu'ils sont actifs, passifs, neutres, etc. Le verbe actif a ou peut avoir un r. direct seulement : *Cultivons la vertu;* ou un r. direct et un r. indirect : *Il a commandé l'attaque à ses troupes.* Le verbe passif a pour r. un nom ou un pronom précédé des prépositions *de* ou *par* : *Un jeune homme ignorant est méprisé de tous ceux qui le connaissent. L'Amérique a été découverte par Christophe Colomb.* Les verbes neutres sont souvent sans r. : *Allez dormir ;* mais fréquemment aussi ils ont un r. précédé soit des prépositions *à* ou *de*, soit de diverses autres prépositions à signification plus déterminée : *Les excès nuisent à la santé. Il ne cesse de médire du prochain. Il tomba dans la misère. Il tomba sur le nez,* etc. Les verbes pronominaux ont pour r. les pronoms *me, te, se, nous, vous,* lesquels représentent, tantôt un r. direct : *Il ne faut jamais s'écarter du chemin de la vertu,* et tantôt un r. indirect : *Vous devez vous reprocher ce moment d'emportement.* Enfin, les verbes impersonnels prennent un r. indirect : *Il importe à la grandeur du pays que...*.

RÉGIMENT. s. m. [Pr. *réji-man*] (lat. *regimen*, gouvernement). Corps de gens de guerre qui se compose de plusieurs compagnies. *R. d'infanterie, de cavalerie, d'artillerie, du génie. R. de zouaves, de chasseurs, de dragons, de cuirassiers. L'état-major d'un r. Le colonel du r. Il est capitaine dans tel r.* || Fig. et fam., se dit quelquefois d'un grand nombre de personnes. *Il y a chez lui un r. de valets. Il a un r. de créanciers à ses trousses.*

Art. milit. — Suivant quelques auteurs, le nom de *Régiment* fut d'abord employé par les Espagnols; mais, suivant d'autres, il le fut pour la première fois en Allemagne, où, au commencement du XVIe siècle, Maximilien Ier organisa en un seul corps plusieurs compagnies de lansquenets et leur donna un chef unique. Quant à la France, ce fut seulement sous Henri II (1557) que l'on vit paraître les premiers régiments. De plus, la nouvelle organisation fut d'abord exclusivement appliquée à l'infanterie, et la cavalerie ne la reçut qu'en 1635, sous Louis XIII. Avant cette époque, les troupes étaient divisées en *bandes* ou *compagnies* dont l'effectif n'avait rien de fixe. Depuis leur création, les régiments ont varié un très grand nombre de fois, dans leur composition, dans leur force et dans leur nombre, mais nous ne pouvons entrer dans l'histoire, d'ailleurs peu intéressante, de ces variations. À l'origine, on leur donna le nom des provinces où ils avaient été levés ou formés, ou celui de quelque grand personnage, ordinairement de leur colonel. En 1666, Louis XIV leur assigna des numéros d'ordre; néanmoins l'ancien usage continua de prévaloir dans le langage ordinaire. On appelait *Régiments des princes,* ceux qui portaient le nom d'un membre de la famille royale ou d'un prince du sang; et *Régiments de gentilshommes,* ceux qui portaient le nom de leurs colonels. Quelques régiments étaient qualifiés de *Royaux,* parce que leur dénomination semblait les rattacher plus particulièrement à la personne du roi : tels étaient le *R. du Roi,* le *R. de la Couronne,* le *R. Royal-Roussillon,* etc. En 1793, le nom de régiment fut remplacé, dans l'infanterie, par celui de *Demi-brigade;* mais un arrêté des Consuls le rétablit en 1803, et il a toujours été employé depuis, sauf pendant quelques années, de 1815 à 1820, où les troupes à pied furent organisées en *Légions départementales.* Chaque r. est appelé aujourd'hui par un numéro d'ordre, et son *cadre* comprend deux parties distinctes, savoir : les *officiers,* c.-à-d. le grand état-major et les officiers des compagnies, et la *troupe,* c.-à-d. le petit état-major, la compagnie ou le peloton hors rang, les sous-officiers, les caporaux ou brigadiers, les tambours, trompettes ou clairons, et les enfants de troupe. Voy. ARMÉE, ÉTAT-MAJOR, LÉGION, etc.

RÉGIMENTAIRE. adj. 2 g. [Pr. *réjiman-tère*]. Relatif aux régiments. *École r.,* École établie dans un régiment pour l'instruction des hommes.

REGINGLETTE. s. f. [Pr. *rejin-glè-te*]. Piège à petits oiseaux.

    Quand reginglettes et réseaux
    Attraperont petits oiseaux.   (LA FONTAINE.)

REGINON, abbé prussien, auteur d'une chronique (891-915).

RÉGION. s. f. (lat. *regio, onis,* m. s.). Grande étendue de pays; se dit principalement au point de vue climatologique. *Toutes les régions de la terre. Les régions septentrionales de l'Asie. La r. méridionale de l'Afrique. R. haute, basse. Régions brûlantes, glacées. Une vaste r. Des régions lointaines. Cette r. botanique est extrêmement vaste. R. zoologique.* — Par anal., *Les augures romains divisaient le ciel en quatre régions, lorsqu'ils voulaient tirer des présages.* || T. Phys. Se dit de l'atmosphère considérée à différentes hauteurs. Autrefois on appelait *La basse r. de l'atmosphère,* Celle qui environne immédiatement la terre; *R. moyenne,* Celle où se forment et se soutiennent habituellement les nuages; *Haute r.,* Celle qui commence depuis le sommet des plus hautes montagnes jusqu'aux limites mêmes de l'atmosphère; *R. éthérée,* L'espace situé au delà. Aujourd'hui, on emploie encore les expressions, *R. basse, haute, inférieure et supérieure de l'atmosphère,* mais dans un sens purement relatif. || Fig., en parlant de la philosophie, des sciences, le degré qu'on y occupe, le point où l'on s'y élève. *Il s'élance dans les hautes régions de la philosophie. C'est un esprit spéculatif qui se plaît dans les plus hautes régions. La faiblesse de son esprit le retient dans les moyennes régions de la science.* || T. Anat. Se dit de certains espaces déterminés de la surface du corps ou de différents organes, par rapport aux parties voisines. *R. épigastrique, hypogastrique, cervicale,* etc. *Anatomie des régions,* Voy. ANATOMIE.

RÉGIONAL, ALE. adj. (lat. *regionalis,* m. s.). Qui comprend une certaine région. *Concours r.*

RÉGIR. v a. (lat. *regere,* m. s.). Gouverner, diriger, conduire. *R. un État. R. un grand peuple. Cet évêque a bien régi son église. Les lois qui régissent l'univers.* || Administrer, gérer. *Ce ministre a bien régi les finances de l'État. Ce tel r. ses biens par un homme de confiance. R. une succession par autorité de justice.* || T. Gramm. Se dit des verbes, des adjectifs et des prépositions, et sign., Avoir ou exiger pour régime, pour complément. *Le mot que régit un verbe, une préposition. L'adjectif facile régit tantôt la préposition à et tantôt la préposition de Dans les langues où les mots se déclinent, on dit, Ce verbe, cet adjectif, cette préposition régit tel cas, Exige que son régime soit à tel cas.* = RÉGI, IE. part.

RÉGIS (saint JEAN-FRANÇOIS), ecclésiastique fr., célèbre par sa piété et sa charité (1597-1640).

RÉGISSEUR. s. m. [Pr. *réji-seur*]. Celui qui régit, qui gère par commission, et à la charge de rendre compte. *Le r. d'un domaine. Le r. d'un théâtre.*

RÉGISTRATEUR. s. m. (lat. *registrator,* m. s.). Nom de certains officiers de la chancellerie romaine, qui enregistrent les bulles et les suppliques.

REGISTRE. s. m. (bas lat. *regesta,* m. s., de *res gesta,* choses faites). Livre où l'on écrit les actes, les affaires de chaque jour, pour y avoir recours au besoin. *Les registres du conseil d'État, de la cour des comptes. Les registres du greffe. Les registres de l'état civil. Mettre, coucher sur le r. Extrait des registres. Compulser les registres. Son r. en fait foi.* — *Charger un r.,* Écrire sur le registre. *Décharger un r.,* Donner une décharge et l'écrire sur le r. *Tenir r. de quelque chose,* Écrire quelque chose sur le livre, sur le r. — Fig., *Cet homme tient r. de tout,* Il remarque tout exactement, et il s'en souvient. *C'est un homme qui est sur mes registres, qui est écrit sur mes registres,* se dit pour exprimer qu'on se souviendra du déplaisir qu'on a reçu de quelqu'un. || T. Chim. Se dit de certaines ouvertures qui sont au fourneau, et qu'on bouche ou qu'on débouche, selon les degrés de chaleur qu'on veut donner. || T. Imprim. Correspondance des lignes d'une page avec celles de l'autre page du même feuillet. Voy. TYPOGRAPHIE. || T. Mus. Appareil qui sert à ouvrir ou à fermer les tuyaux de chacun des jeux d'un orgue. Voy. ORGUE. — Partie de l'échelle des sons qu'une voix peut parcourir sans changer son timbre. Voy. VOIX.

REGISTRER. v. a. Enregistrer, insérer dans le registre. *Lu, publié et registré.* = REGISTRÉ, ÉE. part. Vx

RÉGLAGE. s. m. Action de régler. *Le r. d'une pendule. Le r. d'une feuille de papier.*

RÈGLE. s. f. (lat. *regula*, m. s. de *regere*, diriger). Instrument long, droit et plat, fait de bois, de métal ou d'autre matière, et qui sert à tirer des lignes droites. *R. de bois, de cuivre, etc. Tirer une ligne avec la r., à la r. Se servir de la r. et du compas.* || Fig., Principe, maxime, loi, enseignement; tout ce qui sert à conduire, à diriger. *C'est une r. certaine pour discerner le vrai d'avec le faux. R. de foi, de conduite, de mœurs. Une r. infaillible. La justice était la r. de toutes ses actions. C'est la r. que je tâche de suivre. Les règles du devoir, de la morale, de la politesse, etc. Se conformer à la r. S'affranchir de la r. Il n'a pour r. que sa volonté, que son caprice.* || Ordre, bon ordre. *Il vit sans r. Il n'y a pas de r. dans cette maison.* || Exemple, modèle. *Il est la r. de tous les jeunes gens de son âge.*

Votre exemple n'est pas une règle pour moi.

RACINE.

|| Se dit encore des lois humaines, des ordonnances, des coutumes, des usages. *Telle est la r. établie par la loi. Les règles de la justice, de la procédure. Cette procédure est dans les règles, selon les règles. Procéder selon les règles. — Il est de r. que..., Il est conforme à l'usage, à la bienséance que... On dit de même, Cela est de r. — Dans la r., en bonne r., Suivant la loi, l'usage, la bienséance. — Être en r., se mettre en r., Être, se mettre au point ou dans l'état que la loi, la coutume ou l'usage demande. Il s'est mis en r., il a présenté ses comptes. Je suis en r. avec lui. je lui ai rendu sa visite. Vos papiers sont en r., ne sont pas en r. Cette affaire est en r., la règle y est observée; cela se dit aussi d'une affaire réglée, terminée. Un procès en r., Un procès suivi par-devant les juges. Une affaire en r., Un combat suivant les règles de la guerre; cela se dit aussi d'un duel. Fam., Un repas en r., Un repas d'apparat, un repas où l'ordre du service est observé avec soin. — Ce procédé est dans les règles, n'est pas dans les règles, Il est ou il n'est pas conforme à tel précepte, à tel principe de morale ou de bienséance, à l'usage reçu. Fam., on dit, Une sottise, une folie, une friponnerie dans toutes les règles, Une sottise, etc., achevée, à laquelle il ne manque rien. — En r. générale, ou ellipt., R. générale, Généralement, dans tous les cas.* || Signifie encore les statuts que les religieux d'un ordre sont tenus d'observer. *La r. de Saint-Basile, de Saint-Benoît. Observer, garder, maintenir, enfreindre, violer la r. Le pape a approuvé cette r. Ce religieux fait fort bien sa r., Il l'observe très exactement. — Abbaye en r.,* Voy. ABBAYE. || En parlant des sciences et des arts, se dit des préceptes qui servent à les enseigner, des principes et des méthodes qui en rendent la connaissance plus facile et la pratique plus sûre. *L'étude des règles. Observer, suivre, violer les règles. S'attacher, s'assujettir aux règles. Se mettre au-dessus des règles. Les règles de la grammaire, de la logique, de la poésie, de la peinture, du théâtre, de l'arithmétique. Cela est contre toutes les règles du jeu. Cette tragédie, cette comédie est dans les règles, selon les règles. Traiter un malade selon les règles. Apprendre une langue r., par les règles. Les règles du piquet, du trictrac, etc. —* Prov., *Il n'y a point de r. sans exception, Un précepte, une maxime, une loi, quelque général qu'elle soit, n'est point applicable à tous les cas particuliers. L'exception confirme la r., La nécessité où l'on est d'excepter les cas particuliers dans lesquels la règle n'est pas applicable, prouve qu'elle doit s'appliquer dans tous les autres cas. —* Au théâtre, on disait autrefois qu'*Une pièce nouvelle était tombée dans les règles, était dans les règles, lorsque la recette commençait à être au-dessous d'une certaine somme fixée. Quand une pièce nouvelle était tombée dans les règles, l'auteur n'avait plus de part au produit des représentations.* || T. Arithm. Opération qui se fait sur des nombres donnés pour trouver des sommes ou des nombres inconnus. *Les quatre premières règles de l'arithmétique. La r. d'alliage. R. d'escompte. Faire une r. de trois. Faire la preuve d'une r.* || T. Méd. *Règles,* au plur., se dit pour *Menstruation.* Voy. ce mot

Syn. — Règlement. — La règle regarde proprement les choses qu'on doit faire, et le *règlement* la manière dont on doit faire. L'équité et l'humanité doivent être les deux grandes *règles* de la conduite des hommes; elles sont en droit de déroger à tous les *règlements* particuliers. On se soumet à la r.; on se conforme au *règlement.*

Math. — On appelle *Règle logarithmique,* ou plus ordinairement *R. à calcul* et *R. glissante,* un instrument fort ingénieux destiné à simplifier les calculs et dont la construction est fondée sur les principes de la théorie des logarithmes. Cet instrument se compose de deux parties, l'une fixe, qui constitue à proprement parler la *R.,* et l'autre mobile, qui glisse à l'intérieur de la première et qu'on appelle *Réglette,* ou abusivement *Coulisse.* L'échelle principale, ou la partie supérieure de la règle, est formée de deux échelles égales entre elles et placées bout à bout, et les divisions de toutes deux sont identiquement les mêmes. Chacune de ces échelles est partagée par de grands traits marqués 1, 2, 3.....9, 1, en parties proportionnelles au logarithme de 2; l'espace compris 1, 2, 3.....9, 10. Ainsi, l'espace compris entre les traits 1 et 2 est proportionnel au logarithme de 2; l'espace compris entre les traits 1 et 3 est proportionnel au logarithme de 3, etc. Le logarithme de 1 étant zéro, il s'ensuit que le trait 1 forme l'*Index* ou l'origine de l'échelle. La réglette est divisée absolument de la même manière que la règle et porte les mêmes nombres. Le principe sur lequel est fondé l'usage de la r. à calcul est celui qui sert de base à la théorie des logarithmes : « Le logarithme d'un produit est égal à la somme des logarithmes des facteurs. » Soit demandé, par ex., le produit de 2 par 3. On fera glisser (Fig. ci-dessous) la réglette jusqu'à ce que son index, c.-à-d. le chiffre 1 coïncide avec le trait 2 de la règle, et l'on verra que le 3 de la réglette correspond au 6 de la règle : 6 sera donc le produit cherché. En effet, d'après la manière dont la règle est construite, log 2 + log 3 = log 6; donc 2×3 = 6. On obtiendra de la même manière le produit de deux nombres quelconques d'un seul chiffre. Pour faire servir l'instrument à des opérations plus compliquées, on a tracé sur la r. et sur la réglette de nouvelles séries de divisions. Ainsi, les intervalles compris entre 1 et 2, entre 2 et 3, etc., sont partagés chacun en 10 parties par de grands traits, de manière que les distances de ces traits à l'origine 1 représentent les logarithmes des nombres 1, 1 : 1, 2; 1,3 .....9,9. Puis, selon la grandeur des subdivisions, on en sera partagés, par des traits plus petits, en 5 ou en 2 parties, et les distances de ces nouveaux traits à l'origine représentent les logarithmes des nombres 1,02; 1,04 .....9,9. De cette manière, l'échelle de gauche de la règle équivaudra à une table qui contiendrait ces logarithmes. Nous avons dit que cette échelle est suivie d'une autre échelle pareille. A

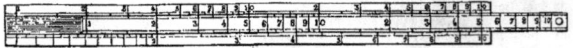

l'aide de cette dernière, on a les logarithmes des nombres 10, 2; 10, 4 .....9, 9. En effet, la distance de l'index à la division 3, 45 de la seconde échelle est égale à log 10 + log 3,45 = log 34,5, etc. Ce que nous venons de dire de la r. s'applique, bien entendu, à la réglette. Voyons maintenant comment il faut opérer pour exécuter une multiplication et une division.

Pour faire une multiplication, on amène l'index de la réglette sous l'un des deux facteurs, la moitié à gauche de l'échelle supérieure de la règle; le produit cherché correspond, sur la r., au deuxième facteur de la réglette. En opérant avec la r., on peut toujours connaître d'avance le nombre des chiffres d'un produit de deux nombres entiers. En effet, lorsque le produit obtenu se trouve sur la moitié à droite de l'échelle supérieure, on produit à tout juste autant de chiffres qu'il y en a à la fois dans les deux facteurs; lorsqu'il tombe sur la moitié de gauche, il y a un chiffre de moins. Ainsi, par ex., soit à multiplier 36 par 25. On placera le 1 de la réglette sous le point 36 de la moitié à gauche de la règle, et on lira le chiffre auquel correspond, sur la réglette, le nombre 25 lu sur la réglette. Ce chiffre est 9, et se trouve encore sur la moitié de gauche de la r. On en conclura, d'après le principe qui vient d'être énoncé, que le produit doit avoir trois chiffres, c.-à-d. un de moins qu'il n'y en a à la fois dans les deux facteurs, et en écrivant deux zéros à la droite de 9, on a 900 pour le produit cherché. — Maintenant, soit à multiplier 64 par 50. Le 1 de la réglette étant placé sous le point 64 de la moitié à gauche de la r., on voit le chiffre 5 de la réglette tomber sous le chiffre 32 dans la moitié droite de la règle. Par conséquent, le produit doit avoir quatre chiffres, et l'on prendra 3200 au lieu de 32. — Soit encore demandé de multiplier 627 par 384. Le facteur 627 sera pris sur la règle fixe entre les divisions 62 et 63, à 7 dixièmes de l'intervalle qui les sépare. Le 4 de la réglette étant ainsi placé sous 627 de la règle, on lit 384 sur la réglette, en deçà du point 385, à un cinquième de l'intervalle entre ce point et le point 380. Ce second facteur correspond, sur la moitié à droite de l'échelle, au point 241. Le produit devant avoir six chiffres, on prendra 241000 pour le produit cherché. Le produit véritable étant 240768, il y aura une erreur de 232 sur ce dernier, ou de 1 sur 1038. — Enfin, soit proposé de multiplier 626547 par 3844. Au lieu de 626547, on prendra 627000, ou plutôt 627; et, au lieu de 3844, on prendra 3840, ou plutôt 384. En multipliant 627 par 384, on aura 241 pour les trois premiers chiffres du produit. Mais comme ce produit doit avoir dix chiffres, on ajoutera sept zéros, et l'on aura pour produit approché 2410000000, le produit exact étant 2408146068. L'erreur commise en opérant avec la règle est donc moindre que 2 sur 2408 ou 1 sur 1204.

Pour opérer une division à l'aide de la r. à calcul, *il faut amener le point de la partie à gauche de la réglette correspondant au diviseur, sous le point de la partie à droite de la règle supérieure correspondant au dividende; le quotient se trouve au-dessous de l'index de la réglette.* Cette règle, comme on le voit, est l'inverse de la précédente, et l'on procède aussi inversement pour connaître le nombre de chiffres que doit avoir le quotient. Ainsi, lorsque le point correspondant au quotient tombe sur la moitié à gauche de la r. à calcul, le nombre des chiffres du quotient s'obtient en retranchant le nombre des chiffres du diviseur du nombre des chiffres du dividende; mais lorsque ce point tombe sur la moitié à droite, il y a, au quotient, un chiffre de plus que dans le cas précédent. — Soit demandé, par ex., de diviser 84 par 3. On amène le 3 de la partie à gauche de la réglette sous le point 84 de la partie à droite de la r., et l'on trouve que l'index de la réglette correspond exactement au 28 de la partie droite de la r. supérieure. Donc 28 est le quotient cherché. — On demande maintenant le quotient de 6636 par 84. Nous amènerons le nombre 84, pris sur la moitié à gauche de la réglette, sous le nombre 664 de la moitié à droite de la règle. Le 1 de la réglette tombera sensiblement au-dessous du nombre 79 de la règle, dans la moitié gauche de celle-ci. Le nombre des chiffres du quotient sera donc égal à deux, c.-à-d. à l'excès de quatre, nombre des chiffres du dividende, sur deux, nombre des chiffres du diviseur. Ainsi, le quotient sera 79. — Pour dernier ex., on propose de diviser 7419961879 par 31097. Nous prendrons 742 pour dividende et 311 pour diviseur. En lisant le premier sur la moitié à droite de la règle et le second sur la moitié à gauche de la réglette, nous verrons l'index de celle-ci tomber sensiblement sous le chiffre 239 de la moitié à droite de la règle. Le nombre des chiffres du quotient surpassera donc d'une unité l'excès du nombre des chiffres du dividende sur le nombre des chiffres du diviseur. Le premier a dix chiffres, le second cinq; par conséquent le quotient en aura six. Ainsi, nous prendrons 239000 pour sa valeur approchée. Le quotient exact étant 238607, l'erreur commise n'est que de 393 sur 238607, moindre que 1 sur 607.

Dans ce qui précède, nous n'avons considéré que quelques cas fort simples de multiplication et de division effectués avec l'échelle supérieure ou principale de la r., dans le but de donner une idée de l'utilité et de l'emploi de cet ingénieux instrument. Mais les opérations qu'on peut effectuer par son moyen sont en fort grand nombre. Pour beaucoup d'entre elles, comme pour l'élévation au carré et au cube, pour l'extraction des racines carrée et cubique, pour la recherche d'une moyenne proportionnelle, pour divers calculs de géométrie pratique, on fait usage de la r. inférieure, qu'on appelle *échelle des carrés*, dont les données se combinent souvent avec celles de la r. supérieure. Mais nous ne pouvons entrer dans ces détails. On trouvera l'indication de tous les calculs qu'on peut opérer à l'aide de la r. glissante, et la description de la manière de les effectuer dans les traités spéciaux sur cet instrument. — L'invention de la r. à calcul est due à l'Anglais Gunter (1624), qui, le premier, imagina de transporter les divisions proportionnelles aux logarithmes des nombres sur une échelle linéaire, au moyen de laquelle on pouvait, d'une seule ouverture de compas, obtenir le résultat d'une multiplication ou d'une division. En 1627, un autre Anglais, Wingate, conçut l'idée d'éviter l'usage du compas en faisant glisser l'une contre l'autre deux échelles séparées : ce dernier

est donc l'auteur de la règle glissante proprement dite. Au reste, cet ingénieux instrument a depuis lors reçu de nombreux perfectionnements qui ont étendu ses applications et rendu son emploi plus commode.

RÉGLÉ, ÉE. adj. (part. pass. de *régler*). Sage, régulier. *C'est un homme r., fort r. dans ses mœurs, dans sa conduite. Un esprit r. Son imagination est bien peu réglée. Une conduite réglée.* || *Troupes réglées*, se dit des troupes entretenues sur pied pour les distinguer des gardes nationales, des milices. || *Être en commerce r.*, en correspondance réglée avec quelqu'un, Avoir par lettres une correspondance régulière avec lui. — *Visites réglées*, Visites qui se font à certains jours et à certaines heures. — *Un ordinaire r.*, Un ordinaire qui est tous les jours le même. || *Dispute réglée*, Discussion suivie et méthodique. || *Cette affaire est en justice réglée*, Elle est portée en justice suivant les formes ordinaires, et les procédures sont déjà commencées. || T. Admin. forest. *Bois en coupe réglée*, mis en coupe réglée. Voy. Sylviculture. || T. Méd. *Un pouls r., bien r.*, dont les battements sont égaux, sans être trop forts ni trop fréquents. *Une fièvre réglée*, Dont les accès reviennent régulièrement. — *Une femme bien réglée*, Qui a ses règles exactement tous les mois. *Une fille réglée*, Qui commence à être menstruée.

RÈGLEMENT. s. m. [Pr. *règle-man*] (R. *régler*). Se dit de tout ce qui est ordonné, prescrit pour maintenir une certaine règle, un certain ordre. *R. d'administration publique. Les règlements de police. Faire publier un r. Les règlements de l'université. Le r. de la chambre des députés, du sénat. Le r. d'un atelier. Le r. des ouvriers porte que... Aux termes du premier article du r. Observer les règlements. Violer le r. Exact au r. Contrevenir au r. Demander la parole pour un rappel au r.* — Se dit quelquefois en parlant d'une seule personne. *Se prescrire un r. de vie.* || L'action de régler, de déterminer. *On travaille au r. des limites. Le r. de cette affaire n'aura pas lieu de sitôt.* — L'action de régler le mémoire d'un ouvrier, d'en réduire les articles à leur juste valeur. *R. de compte. Le mémoire du menuisier montait à tant, le r. l'a réduit au cinquième.* || T. Proc. *R. de juges.* Voy. Conflit. *Arrêt de r.* Voy. Arrêt. = Syn. Voy. Règle.

RÉGLÉMENT. adv. [Pr. *réglé-man*]. Avec règle, d'une manière réglée. *On vit r. dans cette maison.* || Régulièrement. *Il soupe r. à telle heure. La fièvre le prend r. à six heures.*

RÉGLEMENTAIRE. adj. 2 g. [Pr. *règle-man-tère*]. Qui appartient au règlement, qui concerne le règlement. *Lois réglementaires.* || En parlant d'une administration qui multiplie les règlements à l'excès, on dit : *Administration r. Régime r.*

RÉGLEMENTAIREMENT. adv. [Pr. *règle-man-tère-man*]. D'une manière réglementaire.

RÉGLEMENTATION. s. f. [Pr. *règleman-tasion*]. Action de faire des règlements multipliés à l'excès. *L'abus de la r.*

RÉGLEMENTER. v. a. [Pr. *règleman-ter*]. Faire beaucoup de règlements, multiplier les règlements à l'excès. *Il aime à r.* **Obs. gramm.** — L'Académie qui écrit *règlement*, et qui a rectifié l'orthographe des mots analogues conserve à tort l'orthographe *réglementaire, réglementer*, au lieu de *règlementaire, règlementer*, comme s'écrivent aujourd'hui.

RÉGLER. v. a. (R. *règle*). Tirer avec la règle des lignes sur du papier, du parchemin, etc. *R. du papier pour noter de la musique. R. un exemple d'écriture.* || Fig., Conduire, diriger suivant certaines règles, assujettir à certaines règles. *R. sa vie, ses actions, ses désirs, ses mœurs. R. sa maison. R. le prix du pain. Il faut r. sa dépense sur son revenu. R. le présent par le passé, sur le passé.* — *R. ses affaires*, Les mettre dans un bon ordre. — *R. sa dépense, sa table, son équipage*, Mettre un certain ordre dans la dépense de sa maison, de sa table, etc. ; ou retrancher de sa dépense, de son équipage, etc. || Déterminer, arrêter, décider une chose d'une façon ferme et stable. *R. les séances. R. les rangs, les préséances.*

L'amour ne règle pas le sort d'une princesse
RACINE

R. les salaires des ouvriers. R. les frais des funérailles. Nous réglerons cela plus tard. On a réglé que... Cela est réglé. — R *un différend,* Le terminer soit par un jugement, soit par un accommodement. *R. une affaire, un compte,* Terminer une affaire, arrêter un compte. *R. le mémoire d'un ouvrier,* En mettre tous les articles à leur juste valeur. || T. Horlog. *R. une montre, une pendule,* La mettre en état de marcher régulièrement; ou simpl., La mettre à l'heure exacte. || T. Prat. Autrefois, *R. les parties à écrire et produire,* Ordonner que les parties écriraient et produiraient dans un certain temps. On dit aussi, *R. de juges.* Décider devant quels juges les parties procéderont. *Un arrêt va nous r. de juges.* = SE RÉGLER. v. pron Etre réglé, arrêté. *L'affaire doit se r dans la prochaine réunion du conseil.* || Régler sa conduite, adopter une manière de vivre régulière *Il commence à se r.* — *Se r. sur quelqu'un, sur l'exemple de quelqu'un,* Se conduire d'après l'exemple de quelqu'un; prendre quelqu'un pour modèle. *Se r. sur quelque chose.* Se conformer à ce qui a été décidé ou pratiqué relativement à quelque chose. *Je ne veux pas me r. sur cela. Réglez-vous là-dessus.* || *La fièvre commence à se r.,* se dit d'une fièvre dont les premiers accès ont été irréguliers, et qui commence à se tourner en tierce, en quarte, etc. = RÉGLÉ, ÉE. part. *Du papier réglé. Une vie réglée. Mouvement réglé. A des heures réglées. l'endule bien réglée.* Prov., *Il est réglé, sa vie, sa journée est réglée comme un papier de musique,* se dit d'un homme qui fait tous les jours les mêmes choses, à peu près aux mêmes heures Voy. RÉGLE. adj. = Conj. Voy. CÉDER.

RÉGLET. s m. [Pr. *ré-glè*] (dimin. de *règle*). T. Archit. Moulure à profil carré. Voy. MOULURE. || T. Typogr. Filet, ligne horizontale. Voy. FILET. || T. Techn. Règle de menuisier montée sur deux coulisses.

RÉGLETTE. s. f [Pr. *ré-glè-te*]. Petite règle. || T. Typogr. Petite règle de bois ou de fonte qui sert principalement à former des garnitures. || T. Math. Voy. RÈGLE *à calcul.*

RÉGLEUR, EUSE. s. Ouvrier, ouvrière dont le métier est de régler du papier de musique, des registres, etc.

RÉGLISSE. s. f. [Pr. *ré-gli-sc*]. lat. *liquiritia,* m. s., par transposition des consonnes *r* et *l. Liquiritia* est une altération du gr. γλυχύρριζα, m. s., de γλυχύς, doux, et ρίζα, racine). T. Bot et Pharm. Genre de plantes Dicotylédones (*Glycyrrhiza*) de la famille des *Légumineuses,* formé de plantes herbacées vivaces. Ces plantes sont caractérisées par une racine principale très développée qui se divise en plusieurs racines secondaires droites; des feuilles pennées avec impaire, à nombreuses folioles; des fleurs blanches, violacées ou bleues, disposées en épis ou en grappes axillaires; enfin par un légume peu volumineux, ovoïde ou oblong, comprimé, souvent hérissé de pointes à sa surface et contenant de 2 à 4 graines. L'espèce la plus intéressante du genre est la *R. officinale* (Gl. *glabra*) qui croît spontanément et qu'on cultive dans les parties méridionales de l'Europe. Sa racine est cylindrique, longue, lisse, d'un beau jaune à l'intérieur, de la grosseur du doigt et longue de plusieurs pieds. Ses stolons qui s'étendent horizontalement sur plusieurs pieds de longueur produisent la seconde année des tiges droites, rameuses, cylindriques, hautes d'un mètre et plus. Ses feuilles, formées de 13-15 folioles, sont ovales, obtuses, entières, glabres et un peu glutineuses. Les fleurs en épi sont violacées, peu serrées, et le légume est glabre. Ce sont les racines et les stolons de cette plante qui se vendent dans le commerce sous le nom de *Racine de réglisse,* ou simplement de *Réglisse,* et s'emploient journellement pour préparer des tisanes adoucissantes, pectorales. A Paris et ailleurs, on la fait infuser à froid dans l'eau, et l'on vend cette infusion, l'été, dans les rues, comme boisson rafraîchissante, sous le nom de *Coco.* La r. doit ses propriétés à la présence d'une matière sucrée, solide, infermentescible, et qui, en masse, présente une couleur jaune sale; on l'appelle *Glycyrrhizine.* Elle compose en grande partie l'extrait le connu sous les noms de *Suc* et de *Jus de r.* En Espagne, en Italie et en Calabre, on prépare ce dernier en faisant bouillir plusieurs fois le rhizome, en l'exprimant fortement et en faisant évaporer la liqueur dans une chaudière de cuivre. Il nous arrive sous la forme d'une matière noire, cassante, brillante dans sa cassure, légèrement âcre et sucrée. Comme sa préparation se fait avec beaucoup de négligence, il contient souvent du cuivre en quantité assez forte pour causer des accidents. Il est donc à peu près indispensable de le purifier avant d'en faire usage. Épuré soigneusement et mêlé avec de la gomme, du sucre et diverses substances aromatiques, il fournit la ma

tière de pâtes et de tablettes d'une saveur agréable et fort usitées dans les rhumes Les pharmaciens emploient encore, pour rouler leurs pilules, le poudre de racine de r.

RÉGLOIR. s. m. [Pr *ré-glouar*] Petite règle de cirier. || Os dont se sert le cordonnier. || Instrument pour régler le papier. || Planche à l'usage des graveurs de musique.

RÉGLURE s. f. Action de régler. || Manière dont le papier est réglé.

RÉGNANT, ANTE. adj. [Pr. *gn* mouil.]. Qui règne. *Le roi r. La reine régnante. L'empereur r. Le duc r. Le prince r.* — *Maison, famille régnante,* La maison dont le chef règne. || Fig., en parlant des choses, signifie Dominant. *Le goût r. L'opinion régnante. Les maladies régnantes.*

RÉGNARD (J.-FRANÇOIS), célèbre poète comique fr. (1655-1709), dont les meilleures comédies sont *le Joueur, le Distrait, le Légataire universel.*

REGNAUD, dit *de Saint-Jean d'Angély,* homme politique fr., fut dévoué à Napoléon Ier, et défendit les droits de Napoléon II dans la Chambre des Cent-Jours (1762-1819). || Son fils, AUGUSTE-MICHEL, maréchal de France du second Empire, commanda en chef la garde impériale (1794-1870).

REGNAULT, peintre d'histoire fr., né à Paris (1754-1829).

REGNAULT (HENRI-VICTOR), physicien fr. (1810-1878). || Son fils, HENRI REGNAULT, né en 1843, peintre déjà célèbre, fut tué à Buzenval le 19 janvier 1871.

RÈGNE. s. m. [Pr. *gn* mouil.] (lat. *regnum,* m. s., de *rex, regis,* roi). Gouvernement d'un prince souverain. *Le r. de Louis XIV, de Charles-Quint, de Léon X, de Catherine II.* Sous le r. *de cet empereur, de ce pape, de ce czar, de ce grand-duc. Durant le r. de cette princesse. R. heureux, doux, paisible, tranquille, glorieux. Pendant ce long r. Son r. fut court.* — Dans le style de l'Ecriture sainte, Le r. *de Jésus-Christ sur les âmes.* || Fig., Le r. *des lois, de la justice, des arts. Quand arrivera le r. de la vérité, de la raison? Nous avons vu commencer, finir le r. de tel usage.* || T. Théol. Le r. *de la grâce,* Le pouvoir de la grâce; et, Le r. *du péché,* L'empire du péché sur les hommes. — Couronne suspendue sur le maître-autel dans certaines églises. — Tiare pontificale. Voy. PAPE. — Syn. Voy. EMPIRE.

Hist. nat. — En Histoire naturelle, on désigne sous le nom de *Règne* chacune des grandes divisions dans lesquelles viennent se ranger tous les corps que nous présente la nature. La division la plus générale que nous puissions concevoir entre eux est fondée sur la présence ou l'absence de l'organisation et de la vie. En conséquence, tous les naturalistes admettent un R. *inorganique* ou R. *minéral,* qui comprend tous les corps non organisés et soumis exclusivement aux lois physiques et chimiques, c.-à-d. les minéraux, les liquides et les gaz, et un R. *organique,* qui comprend tous les êtres organisés et doués de vie à un degré quelconque. Mais comme les êtres qui composent ce dernier présentent entre eux des différences fondamentales, le partage encore en deux sous-règnes, qu'on appelle communément règnes, savoir le R. *végétal* et le R. *animal.* Cette distinction des êtres en trois règnes repose sur celle des lois mêmes qui régissent chacune de ces grandes divisions. Linné a formulé d'une manière aussi énergique que pittoresque les caractères essentiels qui sont propres à chacun de ces trois règnes : *Mineralia crescunt,* dit-il; *vegetalia crescunt et vivunt; animalia crescunt, vivunt et sentiunt.* Comme on le voit, le règne supérieur a tous les attributs du règne inférieur, et, en outre, il en possède un nouveau qui lui appartient exclusivement. Bory Saint-Vincent avait proposé d'admettre entre le r. végétal et le r. animal un r. intermédiaire, qu'il appelait R *psychodiaire,* où il plaçait tous les êtres inférieurs doués de vie qu'on est parfois embarrassé pour classer, soit parmi les végétaux, soit parmi les animaux. Cette idée a été reprise depuis par Haeckel dans son groupe des Protistes, mais elle n'a pas eu plus de succès durable que sa devancière, car la difficulté de déterminer le rang de certains êtres ne saurait être un motif suffisant de créer pour eux une classe nouvelle : il faut, pour établir une hiérarchie, des caractères positifs, et non des caractères négatifs ou ambigus. Voy. les articles ANIMAL, BOTANIQUE, HOMME et ZOOLOGIE.

RÉGNER. v. n. [Pr. gn mouil.] (lat. *regnare*, m. s., de *regnum*, règne). Régir, gouverner un État avec une autorité souveraine. *R. heureusement, despotiquement.*

Moi régner, moi ranger un État sous ma loi!
RACINE.

R. longtemps. R. en paix. Il régnait sur divers peuples. L'art de r. Le grand-duc Léopold régnait à cette époque. || Fig., Dominer, avoir de l'autorité, de l'influence; ou être en vogue, en crédit; ou se faire remarquer, prédominer. *Ce prince fit r. les lois, fit r. la justice. Le sage règne sur ses passions. L'avarice règne dans son âme. La discorde régnait dans le camp. Cette doctrine a régné longtemps. Il fit r. le bon goût. Cette mode ne règne que depuis peu. Les usages qui règnent dans un pays. La confiance et la franchise régnaient dans nos entretiens. Le silence régnait dans l'assemblée. Le froid règne dans ce pays une grande partie de l'année. La dysenterie a régné tout l'automne.* || T. Archit. *Une corniche, une frise, un balcon, un corridor règne le long de ce bâtiment, règne tout autour de cette chambre, etc.,* Une corniche, une frise, s'étend tout le long de ce bâtiment, autour de cette chambre. = Conj. Voy. CÉDER.

REGNICOLE. adj. et s. 2 g. [Pr. *reg-nikole, g* dur] (lat. *regnicola*, de *regnum*, royaume, et *colere*, habiter). T. Jurispr. et Chancell. Se dit, par opposition à étranger, des habitants d'un État, possédant, comme tels, certains droits dont ne jouissent pas les étrangers. *Les étrangers, lorsqu'ils plaident, donnent une caution qu'on n'exige pas des regnicoles.*

RÉGNIER (MATHURIN), poète satirique fr. (1573-1613).

RÉGNIER, duc de Massa (1736-1814), fut grand-juge de 1802 à 1813, puis président du Corps législatif de 1813.

RÉGNIER (ADOLPHE), philologue et érudit fr., né à Mayence (1804-1885).

RÉGNIER-DESMARAIS, érudit et littérateur fr. (1632-1713), secrétaire de l'Académie française, publia la 1re édition du *Dictionnaire de l'Académie* en 1694, ainsi qu'une *Grammaire française.*

REGONFLEMENT. s. m. [Pr. *regonfle-man*]. Action de regonfler, et résultat de cette action. || Élévation des eaux dont le cours est arrêté par quelque obstacle.

REGONFLER. v. a. Gonfler de nouveau. *R. un ballon.* = REGONFLER. v. n. Se dit des eaux courantes qui s'enflent et s'élèvent quand elles sont arrêtées par quelque obstacle. = SE REGONFLER. v. pron. Être regonflé. *Le ballon se regonfle.* = REGONFLÉ, ÉE. part.

REGORGEMENT. s. m. [Pr. *regor-je-man*]. Action de ce qui regorge. *Le r. de la rivière a inondé la prairie. Le r. des humeurs.*

REGORGER. v. a. (R. re, préf., et *gorge*). Rendre gorge, rendre par force ce qu'on s'est indûment approprié. *Il faudra que ce fripon regorge ce qu'il a escroqué.* Absolum., *On l'a fait r.* = REGORGER. v. n. S'épancher hors de ses limites. *Ce barrage a fait r. la rivière.* || Fig., Avoir une grande abondance de quelque chose. *Il regorge de biens. Cette province regorge de blé, de fruits. Ses magasins regorgent de marchandises. On regorge de vers, de journaux.* Fam., *R. de santé,* Jouir d'une santé excellente. — Absol., *Tandis que vous regorgez, il est dans la misère. Les magasins regorgent.* || Être fort abondant. *Les foins ont manqué cette année, mais l'avoine regorge. L'argent regorge sur la place.* = REGORGÉ, ÉE. part.

REGOULER. v. a. (R. re, préf., et lat. *gula*, gorge). Rassasier jusqu'au dégoût. *Il aimait le gibier, on l'en a regoulé.* || Repousser avec des paroles rudes et fâcheuses une personne qui dit, qui propose quelque chose. *Il ne faut pas r. ainsi les gens.* = REGOULÉ, ÉE. part. — Ce mot est populaire.

REGOURMER. v. a. Gourmer de nouveau. = REGOURMÉ, ÉE. part.

REGRADILLER. v. a. [Pr *regradi-ller, ll* mouillées] (R. re, préf., et *gradille*). Friser les cheveux avec un fer chaud. = REGRADILLÉ, ÉE. part.

REGRAT. s. m. [Pr. *re-gra*] (R. re, préf., et *gratter*). Petit négoce qui consiste à vendre en détail et de la seconde main certaines denrées, particulièrement du sel, des grains, du charbon, etc. *Marchandise de r.* Peu us. || Lieu où l'on vendait le sel à petite mesure, à petits poids. *Établir un r.*

REGRATTAGE. s. m. [Pr. *regrata-je*]. Action par laquelle on regratte un édifice.

REGRATTER. v. a. [Pr. *regra-ter*]. Gratter de nouveau. *A force de gratter et de r. sa plaie, il l'a envenimée.* || Racler; se dit proprement des bâtiments de pierre de taille dont on enlève la superficie pour les faire paraître neufs. *R. une maison, une muraille.* = REGRATTER. v. n. Faire des réductions sur les plus petits articles d'un compte de dépense. *C'est un homme qui regratte sur tout.* Fam. = REGRATTÉ, ÉE. part.

REGRATTERIE. s. f. [Pr. *regra-teri*]. Commerce du regrattier; Marchandise de regrat.

REGRATTIER, IÈRE. s. [Pr. *regra-tié*] (R. *regratter*). Celui, celle qui vend certaines denrées en détail et de la seconde main. Autrefois, il se disait surtout de ceux qui vendaient du sel à petite mesure, à petits poids. || Fig. et Fam., Celui qui, sur un compte, sur une dépense, fait des réductions aux plus petits objets. *C'est un r., un franc r.* Vieux.

REGRAVER. v. a. Graver de nouveau. = REGRAVÉ, ÉE. part.

REGRAVIR. v. a. Gravir de nouveau. = REGRAVI, IE. part.

REGRÉER. v. a. (R. re, préf., et *gréer*). T. Mar. Réparer le gréement d'un bâtiment. = REGRÉÉ, ÉE. part.

REGREFFER. v. a. Greffer de nouveau. = REGREFFÉ, ÉE. part.

REGRÊLAGE. s. m. Action de regrêler; effet de cette action.

REGRÊLER. v. a. (R. re, préf., et *grêler*, v. a). Faire passer la cire une seconde fois dans la grêloire, pour la mettre en rubans. = REGRÊLÉ, ÉE. part.

REGRÈS. s. m. [Pr. *re-grè*] (lat. *regressus*, marche en arrière). T. Jurispr. can. Faculté de rentrer en possession d'un bénéfice qu'on avait résigné. || La faculté qu'avait autrefois le vendeur d'une charge, d'un office ou du judicature, de revenir sur la vente en signifiant cette révocation dans les vingt-quatre heures à son acquéreur.

RÉGRESSIF, IVE. adj. [Pr. *régress-sif*] (lat. *regressus*, p... de *regredi*, aller en arrière). Qui va en arrière. *Marche ré... ssive.* || T. Physiol. Qui, après s'être développé, s'atro-pi..., se résorbe ou se décompose.

RÉGRESSION. s. f. [Pr. *régress-sion*] (lat. *regressio*, m. s.). Marche régressive. || Figure de rhétorique dans laquelle les mots d'une phrase se reconstruisent inversement dans la phrase suivante. Telle est la maxime : *Il ne faut pas vivre pour boire et manger; il faut boire et manger pour vivre.*

RÉGRESSIVEMENT. adv. [Pr. *regress-sive-man*]. D'une façon régressive.

REGRET. s. m. [Pr. *re-grè*] (étym. controversée, probabl. d'une forme latine *regradus*, sign. retour en arrière). Repentir. *Un r. sensible, cuisant. Un r. extrême. Le r. d'avoir offensé Dieu. J'ai un grand r. de la faute que j'ai commise. Mille regrets amers naquirent dans mon cœur.*

Ce triomphe indiscret
Serait bientôt suivi d'un éternel regret.
RACINE.

|| *Déplaisir*, douleur d'avoir perdu un bien qu'on possédait ou de n'avoir pu obtenir celui qu'on désirait. *Le r. que lui cause la perte de ses biens. La perte de cet ami m'a laissé de longs regrets Il quitta sans r. ses enfants et ses amis. Il est mort à mon grand r. Les regrets du public l'ont accompagné dans sa disgrâce.* — Se dit souvent par politesse ou par exagération. *J'ai r. de ne pouvoir vous rendre service. J'ai beaucoup de r de ne vous avoir pas trouvé chez vous. Je vous quitte avec beaucoup de r.* — Fam., *Il ne doit pas avoir r. à sa jeunesse*, se dit d'un homme qui a passé sa jeunesse dans les plaisirs. || *Regrets*, au plur., sign. quelquefois Lamentations, plaintes, doléances. *Ce sont des regrets inutiles. Se consumer en regrets superflus.* || Sorte de glas pendant les funérailles. =: À REGRET. loc. adv. Avec répugnance. *Il a fait cela à r. Il ne l'a fait qu'à r Nous partons à r.* — T. Pop. *L'abbaye de Monte-à-regret*, l'échafaud.

REGRETTABLE. adj. 2 g. [Pr. *regrè-table*]. Qui mérite d'être regretté. *Un bien r. Une personne peu r.*

REGRETTABLEMENT. adv. [Pr. *regrè-tableman*]. D'une manière regrettable.

REGRETTER. v. a. [Pr. *regrè-ter*] (R. regret). Être fâché, affligé d'une perte, d'avoir manqué un bien qu'on pouvait acquérir, d'avoir fait ou de n'avoir pas fait une chose. *R. ses amis, la perte de ses amis. R. son argent. R. le temps passé. R. le temps perdu. R. une occasion qu'on a laissée échapper. Il s'est fait universellement r. Il a été regretté par tous les gens de bien. Je regrette de lui avoir parlé trop durement.* = REGRETTÉ, ÉE. part. *C'est un homme universellement regretté.*

REGRETTEUR. s. m. [Pr. *regrè-teur*]. Celui qui regrette.

REGRIFFER. v a. [Pr. *regri-fer*]. Griffer de nouveau. = REGRIFFÉ, ÉE part.

REGRIFFONNER. v. a. [Pr. *regri-fo-ner*]. Griffonner de nouveau. = REGRIFFONNÉ, ÉE.

REGRILLER. v. a. [Pr. les *ll* mouillées]. Griller de nouveau. = REGRILLÉ, ÉE. part.

REGRIMPER. v. a. [Pr. *regrin-per*]. Grimper de nouveau. = REGRIMPÉ, ÉE.

REGRONDER. v. n. Gronder de nouveau. *Le canon commence à r.* || v. a. Recommencer les reproches. = REGRONDÉ, ÉE. part.

REGROS. s. m. [Pr. *re-gro*] (R. re, préf., et *gros*). Grosse écorce dont on fait le tan.

REGROSSIR. v. a. [Pr. *re-gro-sir*] (R. re, préf., et *grossir*). Élargir les tailles et les hachures de la gravure. = REGROSSI, IE. part.

REGUÉRIR. v. a. Guérir de nouveau. = REGUÉRI, IE. part.

REGUETTER. v. a. [Pr. *re-ghè-ter*, g dur]. Guetter de nouveau. = REGUETTÉ, ÉE. part.

RÉGULARISATION. s. f. [Pr. ... *za-sion*]. Action de régulariser. *La r. d'une dépense. La r. du mouvement d'une machine.*

RÉGULARISER. v a. [Pr. *régulari-zer*] (lat. *regularis*, régulier). Rendre régulier, uniforme. *Au moyen d'un volant on régularisera la vitesse du moteur.* || Rendre régulier ce qui n'a point été fait selon les règles. *R. un compte, une dépense.* = SE RÉGULARISER. v pron. Devenir régulier. *Peu à peu les choses se régularisent, et tout marche comme auparavant.* = RÉGULARISÉ, ÉE. part.

RÉGULARITÉ. s. f. (lat. *regularis*, régulier, de *regula*, règle) Dans la Géom., les Arts, etc., État d'une chose qui présente une certaine symétrie, ou une certaine périodicité, qui se compose de plusieurs parties identiques, etc *La r. d'un polygone. La r. d'un bâtiment Ce dessin de broderie manque de r. La r. d'une fleur, d'une corolle, d'une feuille.* — *La r. des traits du visage*, Leur harmonie, leur juste propor-

tion. || Conformité à des lois, à des règles, soit naturelles, soit de convention. || *La r. du flux et du reflux de la mer. La r. de son pouls annonce un mieux sensible. La r. de ses mœurs, de sa conduite. Sa r. est exemplaire. Cette procédure manque de r. On ne peut obtenir quelque r. dans ses payements.* || En parlant des ordres religieux, l'exacte observation des règles propres à l'ordre. *Les religieux de cette maison vivent dans une grande r. On a rétabli la r. dans ce monastère.* — Se dit quelquefois pour signifier l'état religieux, par opposition à l'état séculier. *Il y a plusieurs monastères dont on a ôté la r. pour les séculariser.*

RÉGULATEUR. s. m. (bas lat. *regulare*, régler, de *regula*, règle). Celui qui conduit, qui dirige. *Il est le r., le grand r. de cette entreprise.* || T. Mécan. Voy. ci-après et HORLOGERIE. = RÉGULATEUR, TRICE. adj. Qui régularise, qui règle. *Mécanisme r. Force régulatrice. Marchés régulateurs du prix des grains.*

Mécan. — On donne d'une manière générale en terme de mécanique le nom de *Régulateur* à un appareil spécial disposé de telle sorte qu'il peut absorber ou restituer suivant les cas, et à chaque instant, une quantité déterminée de travail dans le but de régulariser d'une manière absolue le mouvement d'une machine quelconque. Le travail utile comme le travail résistant, peuvent varier à certains moments par suite de différentes causes. Le r. a donc pour objet de faire disparaître ces irrégularités en les compensant. L'adaptation de cet appareil aux machines est d'autant plus nécessaire et indispensable, qu'alors même que la force motrice et la résistance sont toutes deux régulières ou rendues telles par des dispositions particulières et convenables, il est très rare que la machine chargée de transmettre la force du moteur à la résistance remplisse cette fonction avec une parfaite uniformité dans toutes les phases de son opération. Dans le travail d'une machine fonctionnant, les diverses parties mobiles qu'elle comprend, passent par une succession de positions différentes et reviennent successivement et périodiquement à leur position première. Dans ces situations variées des parties mobiles la transmission du mouvement ne se produit pas d'une manière rigoureusement égale. Il s'en suit que l'action effective de la puissance motrice de la machine sur la résistance éprouve des fluctuations correspondantes.

En somme, dans une machine quelconque, on veut faire disparaître toute irrégularité dans la marche, c'est-à-dire avoir une vitesse uniforme de tous les organes, il faut que les variations de la puissance motrice et de la résistance, soient réciproquement proportionnelles. On obtient ce résultat soit en augmentant ou en diminuant la puissance en raison de l'accroissement ou de la diminution de la résistance, ou encore en augmentant ou diminuant la résistance en raison de l'accroissement ou de la diminution de la puissance. Quelle que soit la nature de la machine, on se trouve inéluctablement conduit à faire usage de l'une ou l'autre de ces méthodes.

Dans les machines à vapeur, les appareils régulateurs destinés à obtenir le résultat voulu diffèrent suivant le type même de la machine. Lorsque la puissance motrice est transmise par l'arbre moteur lui-même, par l'intermédiaire d'une bielle calée à l'extrémité de cet arbre, le r. employé de préférence est le VOLANT, roue métallique à la jante pesante et aux dimensions considérables. Cette roue constitue donc une masse de matière inerte pouvant être considérée comme un magasin dans lequel on dépose et on accumule le travail pour s'en servir quand on en a besoin. Voy. VOLANT.

Le second type de r. fréquemment usité dans les machines à vapeur est celui que l'on appelle *R. à force centrifuge* et qui fut appliqué par Watt à la machine à vapeur. Il consiste en deux boules pesantes B et B (Fig. 1) attachées aux extrémités des branches ou verges BF, lesquelles jouent sur un joint placé en E, et passent à travers une entaille dans l'arbre vertical DD' Aux points F, ces branches s'articulent avec les règles FB, qui elles-mêmes sont unies ou || par

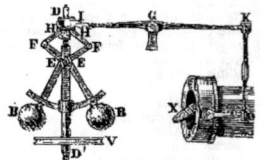

Fig. 1.

d'autres joints à un anneau ou collier susceptible de glisser sur l'arbre vertical DD'. Il résulte de cette disposition que, lorsque les boules B s'écartent de l'axe, les bras supérieurs EF des branches divergent en proportion, à la manière des deux lames d'une paire de ciseaux quand on l'ouvre ou écartant les anneaux. Or ces bras, en agissant sur le collier HH au moyen des règles FH, font descendre ce dernier le long de l'arbre vertical. L'effet contraire se produit quand les boules se rapprochent de l'axe, la divergence des branches diminue. A l'arbre vertical DD' est fixée une roue horizontale V creusée en gorge à sa circonférence pour recevoir une courroie, laquelle va ensuite passer autour de la roue ou de l'axe qui transmet à la machine le mouvement qu'il s'agit de régulariser. De cette manière, la vitesse de rotation de l'axe ou arbre vertical DD' est toujours proportionnelle à la vitesse de la machine elle-même. Pendant que l'arbre DD' tourne, les boules B participent au mouvement de rotation, et par conséquent elles acquièrent une force centrifuge proportionnelle à la rapidité de la rotation, en vertu de laquelle elles s'écartent de l'axe et font descendre le collier E. Mais le bord de ce collier présente une gorge qui est embrassée par une fourche I, qui forme l'extrémité du levier IK dont le point d'appui est en G. L'extrémité opposée K du levier est unie par des intermédiaires avec la partie de la machine qui règle l'action du moteur. En outre, une bielle KO sert à établir la communication avec le levier et la soupape circulaire X, placée sur le passage de la vapeur. De cette manière, quand l'élévation de l'extrémité K du levier atteindra son maximum, ce qui aura lieu lorsque la divergence des boules aura atteint également le sien, le passage de la vapeur sera entièrement fermé par la soupape X. D'autre part, lorsque les boules seront aussi rapprochées de l'axe qu'elles peuvent l'être, la soupape aura sa tranche dans l'axe du tube et n'interceptera en aucune façon le passage de la vapeur. Tant que la force centrifuge reste la même, c'est-à-dire tant que la vitesse de la machine et, par suite, la vitesse de rotation de l'arbre vertical DD' demeurent constantes, la divergence des boules ne varie pas; mais elle augmente aussitôt que la vitesse de la machine augmente, alors la soupape X marche de manière à ralentir ou même à arrêter tout à fait l'introduction de la vapeur; et par conséquent l'action de la puissance motrice diminue jusqu'à ce que la machine se trouve ramenée à sa vitesse primitive. L'effet inverse aurait lieu, si quelque circonstance venait à diminuer la vitesse de la machine. — Le r. à force centrifuge peut aussi s'adapter aux moteurs hydrauliques. Dans ce cas le levier agit directement ou indirectement sur les vannes qui règlent l'admission de l'eau.

Un troisième genre de r., pour les machines à vapeur, est formé par un organe spécial appelé *papillon*. Cet organe se compose d'un disque métallique percé d'un certain nombre de trous. Le papillon peut tourner autour d'un axe, tout en s'appliquant exactement sur la surface d'une sorte de diaphragme ou papillon possédant un nombre de trous exactement le même que celui du papillon. C'est par ces orifices ménagés dans le diaphragme que passe la vapeur venant de la chaudière. En faisant tourner le papillon, il arrivera un moment où les parties pleines de ce disque se trouveront en face des trous du diaphragme qui boucheront complètement et alors la vapeur du générateur ne circulera plus au delà de cette fermeture. Si, au contraire, les parties pleines du papillon ne closent qu'en partie les orifices du diaphragme, c'est-à-dire, si les trous du papillon sont plus ou moins découverts la vapeur s'échappera en quantité proportionnelle à la surface libre des lumières en présence. Rien n'est donc plus simple, en faisant usage du r. à papillon, que de régler comme on le voudra et suivant les circonstances l'admission de vapeur, de manière que la machine ait toujours une vitesse égale à chaque instant. Il suffit de s'arranger pour que la position du papillon dépende de la vitesse de rotation de telle sorte que le papillon ferme les ouvertures quand la vitesse devient par trop grande et les ouvre complètement quand la vitesse est par trop faible.

Le r. à papillon est fréquemment remplacé dans les machines par un r. ou *modérateur à tiroir vertical* ou *horizontal*. Que le tiroir soit vertical ou horizontal, le dispositif de ce modérateur est le même; nous nous bornerons donc à indiquer son principe. Cet appareil est constitué par une plaque métallique mobile percée de deux ou de trois trous et glissant sur une table ou siège fixe percé du même nombre de lumières et de forme identique à celles de la plaque mobile. Lorsque les orifices de l'une et de l'autre se correspondent, la vapeur circule librement; il suffit donc de faire glisser d'une quantité plus ou moins grande la plaque mobile pour faire varier la section libre des ouvertures, et, par conséquent, modérer la vitesse de la machine si elle est trop considérable, ou encore de l'augmenter, si une cause quelconque, l'allure devient trop lente. C'est généralement sur les machines locomotives que sont adaptés les *régulateurs à tiroir* ou à *papillon*.

Le r. à *force centrifuge* s'emploie pour les machines fixes, semi-fixes, ou encore pour les locomobiles.

Les divers types que nous venons de décrire succinctement ne sont pas les seuls exemples du principe *auto-r.* dans les machines. Il y en a qui ouvrent ou ferment automatiquement les registres du foyer, augmentant ou diminuant, selon les besoins, l'intensité de la flamme, et par suite la température des gaz de la combustion, d'où résulte une production ordonnée de vapeur. Cependant l'un de ces régulateurs a une telle importance, en ce qui concerne l'alimentation en eau des chaudières, qu'il est indispensable de donner quelques renseignements détaillés sur la constitution des parties qui le composent et sur leur fonctionnement.

Pour qu'un générateur de vapeur fonctionne régulièrement et produise un volume maximum de vapeur, à une pression déterminée, le niveau de l'eau dans les chaudières doit rester constant. On obtient ce résultat en installant sur une chaudière à vapeur un *r. de niveau d'eau*. A cet effet, on installe sur une chaudière

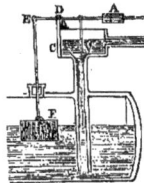

Fig. 2.

à vapeur un r. de niveau d'eau. A cet effet, une pompe (Fig. 2), qui est mue par la machine elle-même, alimente d'eau chaude un réservoir C, au fond duquel se trouve une soupape V, qui s'ouvre dans un tube en communication avec la chaudière. Cette soupape est unie par une tige à l'un des bras du levier AE dont le point d'appui est en D. L'extrémité E de ce levier est en outre liée par une tringle au flotteur F, qui est en partie plongé dans l'eau de la chaudière, tandis que l'autre extrémité A du levier porte un poids qui fait équilibre à ce flotteur et qui peut glisser le long du bras DA. Ce contrepoids A équilibre le flotteur en raison de la portion de son poids que perd celui-ci par son immersion dans l'eau. De cette manière, la soupape V reste fermée lorsque le niveau de l'eau dans la chaudière reste à la hauteur voulue. Mais dès que, par suite de l'évaporation, le niveau de l'eau baisse dans la chaudière, le flotteur F devient plus pesant, en ce sens que cessant de plonger autant dans l'eau, il perd une moins grande quantité de son poids : alors il l'emporte sur le contrepoids A, soulève le bras de levier DA et ouvre la soupape V. Aussitôt l'eau du réservoir C descend dans la chaudière, jusqu'à ce que le niveau se soit rétabli, et la soupape se ferme. Pour simplifier l'explication, nous avons supposé que le mécanisme r. agissait d'une manière intermittente; mais cette imperfection n'existe pas en réalité dans la machine à vapeur. En effet, le flotteur F et la soupape V s'ajustent eux-mêmes de telle manière que celle-ci laisse continuellement entrer une quantité d'eau précisément égale à celle qui est incessamment enlevée par l'évaporation.

Comme pour les machines à vapeur, les régulateurs existent dans nombre d'autres machines usitées dans les mines pour hisser le minerai au jour, ou pour épuiser, au moyen de bonnes étanches, les eaux envahissant une galerie souterraine ou un puits. Le benne remplie de minerai ou d'eau est suspendue à l'extrémité d'un câble qui s'enroule autour d'un treuil. Le poids de cette benne se trouve augmenté de celui du câble; il se produit donc au moment où elle est hissée un accroissement de résistance pour la machine motrice, ce qui amènerait inévitablement un ralentissement de sa vitesse. Grâce au r., on remédie à cet inconvénient. En cette circonstance, le r. consiste en un second câble enroulé en sens inverse du premier et ayant une longueur et un poids équivalents à ceux du premier. Ce câble se déroule d'une quantité égale à l'enroulement de l'autre, de telle sorte que les différences signalées se trouvent contre-balancées. Le plus souvent, on a recours à un seul câble enroulé plusieurs fois autour du treuil. Quand un brin du câble monte, l'autre descend d'une quantité égale, et dans ce cas encore, l'équilibre se trouve établi aussi exactement qu'on peut le désirer.

Nous terminerons en donnant l'énumération d'appareils régulateurs mis en usage par diverses industries de grande importance. Tout d'abord nous dirons quelques mots des *régulateurs à gaz d'éclairage* indispensables pour régulariser l'émission et la distribution, la pression et la consommation de ce gaz, en même temps que le volume du fluide à débiter C'est Girou qui, le premier, a songé à appliquer le système de régularisation aux usines à gaz. Les régulateurs ou modérateurs à gaz se classent en deux catégories bien distinctes : les régulateurs de pression et les régulateurs de volume que l'on appelle également *Rhéostats*. (Voy. ce mot.)

Les régulateurs de pression se divisent en *régulateurs d'émission* et *régulateurs de consommation*. Les premiers ont pour objet de rendre régulière l'émission au réseau entier du gaz fabriqué dans l'usine. C'est le gaz même du réseau qu'une conduite spéciale dite *tuyau de retour* ramène dans une cloche d'où part le conduit principal du réseau que l'on emploie pour régler l'émission. Il s'établit ainsi un courant continu d'aller et de retour qui transforme le modérateur en appareil automatique régularisant en même temps l'émission et la pression d'une extrémité à l'autre du réseau. Le *r. de consommation* joue, en ce qui concerne la pression dans un branchement particulier, un rôle identique à celui du *r. d'émission* lorsqu'il s'agit du réseau complet. La seule chose qui les différencie, c'est que le *r.* de consommation ne possède pas de tuyau de retour.

Pour ce qui est du *r. de la lumière électrique*, nous renverrons, sans plus insister, le lecteur au mot LUMIÈRE ÉLECTRIQUE. Nous renverrons également aux mots LAMPE, pour ce qui a trait à l'huile, et des lampes à huile.

RÉGULATION. s. f. [Pr. ...sion]. Action régulatrice.

RÉGULE. s. m. (lat. *regulus*, petit roi). Roi dont l'autorité, la puissance est très faible. Inus. || T. Ornith. Roitelet. || T. Chim. anc. Se disait des substances métalliques pures, parce qu'on les regardait comme plus rapprochées de l'or, le roi des métaux. *R. d'antimoine. R. d'arsenic.*

RÉGULIER, IÈRE. adj. Dans la Géom., les Arts, la Bot., etc., se dit de tout objet dont les parties présentent une certaine symétrie. *Figure régulière. Les solides réguliers. Un édifice r. Une place, une promenade régulière. Les dessins de cette tapisserie ne sont pas réguliers. Fleur, corolle régulière. Calice r.* — Se dit quelquefois pour bien proportionné. *Un visage r. Des traits réguliers.* || T. Géom. *Polygone r.* Polygone qui a tous ses côtés égaux et tous ses angles égaux. Voy. POLYGONE. *Polyèdre r.* Polyèdre dont toutes les faces sont des polygones réguliers égaux, et dont tous les angles solides sont égaux. Voy. POLYÈDRE. || Qui a de la régularité, qui est uniforme, qui est conforme aux lois, à des règles, soit naturelles, soit de convention. *Les mouvements réguliers des corps célestes. Le pouls est r. Les accès de la fièvre sont devenus réguliers. Un acte r. Une procédure régulière. Un syllogisme r. Une phrase, une construction régulière. Verbe r. Les formes régulières, les temps réguliers d'un verbe.* || Particul., Qui se conforme avec exactitude aux préceptes de la religion, aux devoirs de la morale. *Sa conduite a toujours été fort régulière. Sa vie n'est pas trop régulière. C'est une femme très pieuse et très régulière* || Exact, ponctuel. *Il a toujours été très r. à tenir sa parole. Il est r. dans les moindres choses. Il est r. dans ses payements.* || Troupes *régulières,* celles qui appartiennent à l'armée permanente. || Par opposition à séculier, se dit des ordres religieux, ou de ce qui leur appartient, de ce qui leur est propre. *Le clergé r. Bénéfice r. Observance régulière. Habits réguliers. Abbé r.,* Voy. ABBAYE. — Se dit quelquefois subst. d'un membre du clergé régulier. *Ce bénéfice ne pouvait être possédé que par un r.* || T. Cristall. Qui se rapporte au cube. *Système r.* Voy. CRISTALLOGRAPHIE, IV, 1. = *Les réguliers,* s. m. pl., les troupes régulières.

RÉGULIÈREMENT. adv. [Pr. réguliè-reman]. D'une manière régulière. *Il vit fort r. Il tient s. ses promesses.* || Exactement, uniformément. *Il dîner. à midi. Il se lève r. à sept heures.*

RÉGULUS (ATTILIUS), général romain, fut pris par les Carthaginois. Envoyé à Rome pour négocier l'échange des prisonniers, et ayant donné sa parole de revenir si cet échange ne se faisait pas, il parla contre dans le sénat, et revint à Carthage, où il périt dans les tortures (253 av. J.-C.).

RÉGURGITATION. s. f. [Pr. régur-jita-sion] (R. *régurgiter*) T. Physiol. Action par laquelle un conduit ou un réservoir se débarrasse sans effort des matières qui y sont accumulées. — Action de rejeter par gorgées et sans effort des matières qui embarrassent l'estomac. Ce phénomène se produit souvent chez les enfants à la mamelle.

RÉGURGITER. v. a. (R. re, préf., et lat. *gurges, gurgitis,* gouffre). T. Physiol. Rendre par régurgitation. =RÉGURGITÉ, ÉE. part.

RÉHABILITATION. s. f. [Pr. réabilita-sion] (R ré-abiliter). T. Jurispr. Notre législation admet la *Réhabilitation* en matière commerciale et en matière criminelle. La première s'applique au failli, et a pour effet de le rétablir dans son premier état; il en a été parlé au mot FAILLITE, IV. La seconde peut s'appliquer à tout condamné à une peine afflictive ou infamante, ou à une peine correctionnelle, lorsqu'il a subi sa peine ou obtenu des lettres de grâce.

Législ. — Depuis 1899, on distingue deux sortes de r : la *r. judiciaire* et la *r. de droit.*

1° *Réhabilitation judiciaire.* — Un condamné n'est admis à demander sa r. qu'après avoir résidé, dans le même arrondissement, depuis 5 ou 3 ans, à partir du jour de sa libération, selon que la peine a été afflictive ou infamante, ou simplement correctionnelle, et pendant les deux dernières années dans la même commune. Des dérogations à ces règles sont prévues par la loi en faveur des condamnés qui ont passé tout ou partie de ce temps sous les drapeaux ou de ceux qui leur profession oblige à des déplacements inconciliables avec une résidence fixe.

Le condamné doit justifier, en règle générale, du paiement des frais de justice, de l'amende et des dommages et intérêts. Il adresse sa demande au procureur de la République qui provoque des attestations des maires des communes où le condamné a résidé en vue de servir à l'appréciation de la demande. Le procureur prend, en outre, l'avis des juges de paix des cantons et celui des sous-préfets des arrondissements où le condamné a résidé : il se fait également délivrer un extrait des registres des lieux de détention où la peine a été subie, constatant quelle a été la conduite du condamné. Il transmet ensuite les pièces avec son avis au procureur général. La cour, le procureur général et la partie ou son conseil entendus, statue sur la demande; en cas de rejet, une nouvelle demande ne peut être formée avant l'expiration d'un délai de deux années. La r. efface la condamnation et fait cesser, pour l'avenir, dans la personne du condamné, toutes les incapacités qui en résultaient.

Si la r. est prononcée, l'arrêt est transcrit en marge du jugement de condamnation : mention en est faite au casier judiciaire. Les extraits délivrés aux parties ne doivent pas relever la condamnation. Les délais pour pouvoir solliciter la r. sont augmentés à l'égard des individus qui sont en état de récidive légale ou qui, après avoir été réhabilités, ont encouru une nouvelle condamnation. Une loi en date du 19 mars 1864 a étendu le bénéfice de la r. aux notaires, aux greffiers et aux officiers ministériels destitués. Par suite d'une lacune regrettable de notre législation pénale, la r. n'a pas été prévue pour les incapacités prononcées par les conseils de l'instruction publique, à l'égard des étudiants et des membres de l'enseignement.

2° *Réhabilitation de droit.* — En vue d'encourager et de faciliter le retour au bien des condamnés, la loi du 5 août 1899 accorde de plein droit la r., sans que cette mesure ait besoin d'être sollicitée, ni prononcée par un tribunal, à tous ceux qui, après une première condamnation, sont restés pendant un certain délai sans encourir une nouvelle peine autre qu'une amende, savoir : 10 ans, après une première condamnation unique à 6 mois de prison au maximum ou à une seconde, ou à ces deux peines réunies; — 15 ans, après une première condamnation unique à 2 ans de prison au maximum ou après des condamnations multiples dont l'ensemble ne dépasse pas 1 an de prison; — 20 ans, après une première condamnation unique supérieure à 2 ans de prison. Dans le même ordre d'idées, la loi de 1899 a déterminé, suivant la nature des peines, le délai passé lequel il ne devrait plus être fait mention des condamnations encourues sur le bulletin n° 3 du casier judiciaire délivré aux simples particuliers.

RÉHABILITER. v. a. (R. re, préf., et lat. *habilis,* apte, propre à). Rétablir dans son premier état, dans ses droits, dans ses prérogatives, etc., celui qui en était déchu. *R. un failli. Il se fit r. dans ses droits, dans sa noblesse. R. la mémoire d'un homme condamné en justice.* — Anciennt., on disait, *R. un mariage,* Réparer le vice d'un mariage par une nouvelle célébration || Fig., Faire recouvrer l'estime publique, l'estime de quelqu'un. *Cette action l'a réhabilité dans l'opinion publique, l'a réhabilité dans mon estime, le réhabilite à mes yeux.* = SE RÉHABILITER. v. pron. Recouvrer son premier état; ou Fig., Recouvrer l'estime, la considération. *Ce négociant est parvenu à se r. Il est parvenu à se r. dans l'estime publique, dans l'esprit des gens de bien.* = RÉHABILITÉ, ÉE. part.

RÉHABITER v. a. Habiter de nouveau. = RÉHABITÉ, ÉE. part.

RÉHABITUER. v. a. (R. *re*, préf., et *habituer*). Faire reprendre une habitude perdue. *Il faut r. peu à peu cet enfant au travail.* = SE RÉHABITUER. v. pron. Reprendre une habitude perdue. *On a de la peine à se r. à la fatigue quand on a vécu longtemps dans la mollesse.* = RÉHABITUÉ, ÉE. part.

REHACHER. v. a. Hacher de nouveau. = REHACHÉ, ÉE. part.

REHAÏR. v. a. Haïr de nouveau. = REHAÏ, IE. part.

REHARCELER. v. a. Harceler de nouveau. = REHARCELÉ, ÉE. part.

REHASARDER. v. a. [Pr. *re-azar-der*]. Hasarder de nouveau. = REHASARDÉ, ÉE. part.

REHAUSSE. s. f. [Pr. *re-o-se*]. Action de rehausser. *La r. des monnaies.* Vx.

REHAUSSEMENT. s. m. [Pr. *re-o-se-man*]. Action de rehausser. *Le r. d'une muraille.* || *Le r. des monnaies,* L'augmentation de leur valeur nominale.

REHAUSSER. v. a. [Pr. *re-o-ser*] (R. *re*, préf., et *hausser*). Hausser davantage. *Il faut r. cette muraille d'un mètre. Rehausses ce tableau qui descend trop bas.* — Fig., *R. le courage de quelqu'un. R. ses espérances.* || Augmenter; se dit du prix, de la valeur des choses. *Le prix du blé est rehaussé. Cette nouvelle a rehaussé la valeur des actions de cette entreprise.* — On disait autrefois, *R. les monnaies,* Augmenter leur valeur nominale; *R. les tailles,* Augmenter l'imposition des tailles. || Fig., vanter avec excès, faire beaucoup valoir. *Les historiens espagnols rehaussent les moindres actions de Charles-Quint et déprécient celles de François Ier.* || Fig., Faire ressortir, faire paraître davantage. *Les ombres dans un tableau rehaussent l'éclat des couleurs. Cette parure rehaussait sa beauté.* — Au sens moral, *Cette circonstance rehausse beaucoup l'éclat, le mérite de son action.*

> Cette pourpre, cet or qui rehaussait sa gloire.
> RACINE.

|| T. Peint. Se dit de certaines hachures ou retouches que l'on fait à la peinture de bâtiment. *R. de blanc des grisailles, des moulures. Il faudra r. d'or ces ornements.* — On dit de même. *R. d'or et de soie des ouvrages de tapisserie. R. de broderie le fond d'une étoffe.* = REHAUSSÉ, ÉE. part. *Une tapisserie rehaussée d'or et de soie. Un dessin rehaussé de blanc,* Un dessin dont les lumières sont rendues plus vives par des touches de crayon blanc.

REHAUT. s. m. [Pr. *re-o*] (R. *re* et *haut*). Augmentation de la valeur nominale des monnaies. Vx. || T. Peint. Retouches ou hachures brillantes qui servent à faire ressortir des figures, des ornements, des moulures peintes ou dessinées. *Les ornements de cette pièce ont des rehauts blancs sur un fond bleu. Ce dessin a des rehauts d'or.*

REHEURTER. v. a. Heurter de nouveau. = REHEURTÉ, ÉE. part.

RÉHUMECTER. v. a. Humecter de nouveau. = RÉHUMECTÉ, ÉE. part.

REICHA, compositeur allemand (1770-1836), professa la musique à Paris et écrivit des ouvrages sur la composition.

REICHENBERG, v. d'Autriche - Hongrie (Bohême); 28,100 hab.

REICHITE. s. f. T. Minér. Variété de carbonate de chaux rhomboédrique.

REICHSHOFFEN, village d'Alsace; sanglante bataille entre les Français et les Allemands (6 août 1870).

REICHSRATH, Parlement autrichien.

REICHSTADT, v. de Bohême, 2,900 hab., érigée en duché par l'empereur d'Autriche François Ier, en faveur du son petit-fils, issu du mariage de Napoléon Ier avec Marie-Louise. Ce prince porte le titre de duc de Reichstadt jusqu'à sa mort (1832).

REICHSTAG, Parlement de l'empire d'Allemagne.

REID (THOMAS), philosophe écossais, l'un des créateurs de la psychologie (1710-1796).

REIGNIER, ch.-l. de c. (Haute-Savoie), arr. de Saint-Julien; 1,800 hab.

REIKIAVIK, v. cap. de l'Islande; 4,200 hab.

REILLANNE, ch.-l. de c. (Basses-Alpes), arr. de Forcalquier; 1,300 hab.

REILLE (comte), maréchal de France, né à Antibes (1775-1860).

RÉIMPORTATION. s. f. [Pr. *ré-in-porta-sion*]. Action de réimporter.

RÉIMPORTER. v. a. [Pr. *réin-porter*]. Importer de nouveau. = RÉIMPORTÉ, ÉE. part.

RÉIMPORTUNER v. a. Importuner de nouveau. = RÉIMPORTUNÉ, ÉE. part.

RÉIMPOSER. v. a. [Pr. *ré-in-po-zer*] (R. *re*, préf., et *imposer*). Faire une nouvelle imposition pour achever le payement d'une taxe qui n'a pu être entièrement acquittée. *On m'a réimposé. On a réimposé telle somme sur le pays.* || Typogr. Imposer de nouveau. = RÉIMPOSÉ, ÉE. part.

RÉIMPOSITION. s. f. [Pr. *ré-in-pozi-sion*]. Nouvelle imposition faite pour achever le payement d'une somme qui n'a pu être entièrement acquittée. || T. Typogr. Action de réimposer une feuille, une forme.

RÉIMPRESSION. s. f. [Pr. *ré-in-prè-sion*]. Action de réimprimer; ou le résultat de cette action. *La r. d'un ouvrage.*

RÉIMPRIMER. v. a. [Pr. *ré-in-primer*]. Imprimer de nouveau. *Cet ouvrage a été réimprimé plusieurs fois.* = RÉIMPRIMÉ, ÉE. part.

RÉIMPUTER. v. a. [Pr. *ré-in-puter*]. Imputer de nouveau. = RÉIMPUTÉ, ÉE. part.

REIMS, ch.-l. d'arr. du dép. de la Marne, à 43 kil. N.-O, de Châlons-sur-Marne, à 160 kil. de Paris par Soissons, 172 par Épernay; 107,200 hab. Archevêché, cathédrale où furent sacrés la plupart des rois de la 3e race. Draps, laines, biscuits, vins de champagne. = Nom des hab. : RÉMOIS, OISE.

REIN. s. m. [Pr. *rin*] (lat. *ren, renis*, m. s.). T. Anat. Organe sécréteur de l'urine. *Le r. droit. Le r. gauche. Il a une pierre dans le r., dans les reins.* || *Reins,* au plur., se dit dans le langage ordinaire, pour désigner les lombes, le bas de l'épine dorsale et la région voisine. *Il a mal aux reins. Un coup de bâton sur les reins.* — Fig., *Poursuivre, presser quelqu'un l'épée dans les reins.* Voy. ÉPÉE. || Se dit encore de l'épine du dos, par rapport à la force, à la souplesse, etc. *Il a de bons reins, les reins forts, les reins souples, etc. Être souple de reins. Ce cheval est fort de reins.* On dit aussi quelquefois, *Ce cheval, cet homme a du rein.* — Fig. et fam., *Cet homme a les reins forts,* Il est riche et il a les moyens de soutenir la dépense qu'exige telle affaire, telle entreprise. On dit, dans le sens contraire. *Il n'a pas les reins assez forts. On dit encore d'un homme qui entreprend quelque chose au-dessus de ses forces, qu'il n'a pas la force ou la capacité nécessaire pour réussir. Il n'a pas les reins assez forts pour écrire un pareil ouvrage. Il a les reins trop faibles pour remplir cette fonction.* || T. Archit. Se ceindre les reins, se préparer à agir. || T. Archit. *Les reins d'une voûte,* Les parties d'une voûte comprises entre la portée et le sommet.
Anat. — Les reins sont deux organes glanduleux, président à la sécrétion de l'urine; ils sont situés dans la région lombaire, de chaque côté de la colonne vertébrale, en avant du muscle carré des lombes et en arrière du péritoine (1); ils sont entourés par une couche de tissu cellulo-fibreux, *capsule,* à

(1) Le r. droit est situé au-dessous du foie, et le r. gauche au-dessous de la rate.

733

laquelle ils doivent leur fixité; dans certains états pathologiques cette capsule se distend et favorise ainsi leur déplacement. Le poids d'un r. est d'environ 160 grammes, sa couleur est d'un rouge brun et sa forme rappelle celle d'un haricot, dont le hile, *scissure*, serait situé sur le bord interne; cette échancrure livre passage aux vaisseaux rénaux et à l'uretère, canal excréteur de l'urine. L'extrémité supérieure du r. est recouverte par un petit organe glanduleux, la *capsule surrénale*.

Une incision pratiquée sur le r. montre que le tissu qui le constitue, et qui est assez consistant, est formé lui-même de deux substances : l'une extérieure, périphérique, *substance corticale*, qui envoie vers le centre de l'organe des prolongements appelés *colonnes de Berlin*, l'autre intérieure, rouge, *substance médullaire* ou *tubuleuse* qui occupe les espaces compris entre ces prolongements; cette dernière est donc formée de segments coniques, *pyramides de Malpighi*, au nombre de 11 environ dont la base est périphérique et dont le sommet est saillant au niveau du hile; sur chacune de ces saillies dites *papilles rénales*, viennent s'insérer les *calices*, petits tubes membraneux, qui par leur autre extrémité se confondent avec le *bassinet*, petit réservoir membraneux placé

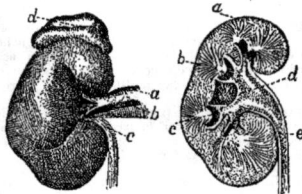

Fig. 1.   Fig. 2.

au niveau du hile du r. et se continuant avec l'uretère. Chaque papille présente un certain nombre de petits orifices, en rapport avec les canalicules ou conduits de la substance médullaire; l'urine amenée par ces tubes urinifères gagne la papille et le calice et s'écoule dans le bassinet d'où, en suivant l'uretère, elle arrive à la vessie. (Fig. 1. Rein : *a*, Uretère; *b* et *c*, Artère et veine rénales; *d*, Capsules surrénales. — Fig. 2. Coupe verticale d'un rein : *a*, substance corticale; *b*, cône de substance médullaire terminé par une papille dans un calice; *c*, calice ouvert; *d*, bassinet; *u*, uretère).

Au microscope, on reconnaît que le parenchyme rénal est formé d'un grand nombre de petits canalicules ou *tubes urinifères*; dans la substance médullaire, ils vont de la papille vers la base de la pyramide en se divisant en plusieurs branches; leur direction est rectiligne (*tubes droits* ou *de Bellini*). (Fig. 3, représentant la dichotomie des tubes urinifères et leurs ouvertures à la papille).

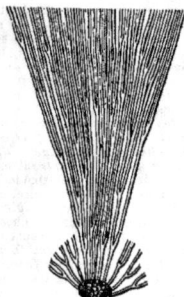

Fig. 3.

On donne le nom de *pyramides de Ferrein* à quelques faisceaux de tubes droits pénétrant dans la substance corticale. Les différentes branches provenant de la division des tubes droits aboutissent aux *tubes de Henle* ou *tubes en anse*, descendant de la substance corticale dans la substance médullaire, pour se recourber et remonter à la périphérie. Les branches ascendantes de ces anses se continuent dans la substance corticale, avec des canalicules contournés, remarquables par leurs flexuosités (tubes de *Ferrein*). Le tube de Ferrein se termine au *glomérule de Malpighi*. On peut résumer ainsi cette disposition des canalicules urinifères : de la papille partent les tubes de Bellini qui vont directement, en se divisant en plusieurs branches, à la substance corticale; à chacune de ces branches fait suite

le tube en anse (tube de Henle) qui aboutit au tube de Ferrein dont la terminaison est le glomérule de Malpighi.

Le glomérule est un petit corpuscule composé d'une enveloppe ou capsule qui se continue avec le tube contourné et d'un contenu constitué par les capillaires sanguins. Ces glomérules sont très nombreux dans la substance corticale.

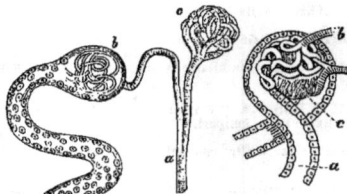

Fig. 4.   Fig. 5.

(Fig. 4. *a*, ramuscule artériel fournissant deux glomérules; *b*, glomérule vu à travers la paroi du cul-de-sac où il est logé; *c*, glomérule dont on a enlevé la capsule. — Fig. 5. *a*, tube urinifère; *b*, glomérule artériel; *c*, partie centrale et non injectable du corpuscule). Chaque glomérule reçoit une branche artérielle (*vaisseau afférent*) qui se ramifie; il en sort un vaisseau unique, *vaisseau efférent* qui va se capillariser à son tour au niveau des tubes urinifères; c'est seulement de ces nouvelles branches que naîtront les rameaux veineux.

Le sang est amené au rein par l'artère rénale, il en sort par la veine rénale; les nerfs viennent du plexus rénal.

Physiol. — Voy. URINAIRE (sécrétion).

Pathol. — Les maladies du r., vu l'importance de la fonction de cet organe, ne doivent jamais être négligées.

Les *contusions* et les *plaies* du r. sont assez rares; elles provoquent une douleur de la région lombaire, et parfois de l'hématurie; elles nécessitent un repos absolu et l'emploi des astringents.

Le *phlegmon périnéphrétique* (*périnéphrite*) est l'inflammation du tissu cellulaire adipeux qui entoure le r.; il est consécutif aux traumatismes, aux affections rénales, aux maladies infectieuses, etc.; il se termine souvent par suppuration; l'abcès fait saillie dans la région lombaire; c'est par cette voie qu'il faut donner issue au pus.

La *pyélite* est l'inflammation du bassinet, elle est souvent compliquée de néphrite et est alors désignée sous le nom de *pyélo-néphrite*; elle reconnaît pour cause la lithiase urinaire, la propagation d'inflammations de la vessie, de l'uretère, etc. Une hygiène sévère, l'administration d'antiseptiques internes doivent être prescrites au début; l'évacuation du pus est nécessaire quand il y a distension du r.; on pratique alors la *néphrotomie*, incision du r., par la voie lombaire; la *néphrectomie*, extirpation du r., est parfois nécessaire.

Les *calculs* du r. ont été étudiés dans cet ouvrage. Leur présence dans le bassinet ou l'uretère donne lieu à des coliques très douloureuses appelées *coliques néphrétiques*. Voy. GRAVELLE et OXALURIE; au mot HYDRONÉPHROSE sont décrites les lésions produites par la rétention de l'urine dans le bassinet, les calices.

Les *kystes* du r. sont assez rares; ils peuvent être congénitaux; leur contenu est séreux; les *kystes hydatiques* se rencontrent parfois dans le r.

L'*ectopie rénale* (*rein mobile*, *rein flottant*) consiste, comme son nom l'indique, en un déplacement du r. qui devient mobile; cette affection est acquise ou congénitale, et est plus fréquente du côté droit; elle est plus commune chez la femme. Le traumatisme, une chute, la compression du corset, le relâchement des parois abdominales, etc., en sont les causes habituelles. Les malades se plaignent de douleurs lombaires, se calmant par le repos au lit; ils accusent souvent aussi des troubles dyspeptiques et sont enclins à la neurasthénie; l'uretère peut être plus ou moins comprimé par suite des mouvements du r. et l'écoulement de l'urine entravé dans certaines positions; il se produit alors une hydronéphrose passagère qui cesse dès que le r. a repris une autre situation. A la palpation, on perçoit une masse lisse qui n'est autre que le r. et qui, si elle est soumise à une compression un peu vive, provoque une douleur syncopale. Le repos, le port d'une ceinture spéciale, rendent parfois de grands services dans le traitement de cette affection; quand ces moyens ne donnent aucun résultal, il faut recourir à l'intervention chirurgicale et pratiquer la *néphropexie*, c.-à-d. la fixation du r. en position normale.

La *néphrite* est l'inflammation du r.; elle est *aiguë* ou *chronique*. La néphrite *aiguë* est consécutive à l'action du froid, à l'élimination de la cantharidine, à la propagation d'une inflammation du voisinage (pyélite), à certaines maladies infectieuses; les principaux symptômes sont : la fièvre, les douleurs lombaires, souvent l'insuffisance urinaire avec ses conséquences (urémie), l'œdème, l'albuminurie, etc. Les antiphlogistiques, les émissions sanguines (ventouses scarifiées, sangsues), le lait doivent être proscrits; enfin une intervention chirurgicale est nécessaire s'il y a collection purulente.

La *néphrite chronique (mal de Bright)* peut succéder à la forme précédente ou éclater d'emblée; suivant que l'inflammation frappe surtout le tissu conjonctif intertubulaire, ou la substance rénale proprement dite, la néphrite est dite *interstitielle* ou *épithéliale*. Le symptôme capital de cette affection est la présence de l'albumine dans l'urine; on trouvera du reste au mot Albuminurie, la description du mal de Bright. Contentons-nous de dire ici qu'il s'agit d'une affection grave, qu'il faut toujours redouter l'intoxication urémique due à l'insuffisance urinaire que peut produire le mauvais fonctionnement des reins.

Nous ne ferons que mentionner ici la *dégénérescence amyloïde* et les *infarctus* du r.

Le *cancer*, la *tuberculose* peuvent envahir le r.; l'hématurie en est un des principaux symptômes. L'intervention chirurgicale, faite prématurément alors que l'organisme n'est pas encore infecté, a donné quelques bons résultats.

Zool. — *Reins dans la série animale.* — Chez la plupart des *Mammifères*, les reins ou *organes d'excrétion* ont la forme d'un haricot comme chez l'homme, mais alors que leur surface est également lisse chez les Primates, les Chéiroptères et beaucoup de Ruminants, ils sont mamelonnés chez l'éléphant et chez plusieurs Carnivores. Chez les Cétacés et les Pinnipèdes, ils ont la forme de grappes de raisin.

La forme des reins est très variable chez les autres Vertébrés. Chez les *Oiseaux*, ce sont de grandes masses lobées et allongées qui remplissent les gouttières vertébrales et confluent quelquefois l'un vers l'autre, chez le Héron et le Pingouin, par ex. Chez les *Reptiles*, très souvent le r. gauche est atrophié et celui par le r. droit. Chez les *Batraciens* le r. correspond au r. fœtal des Vertébrés précédents; c'est un *mésonéphros*. Il y a encore deux reins qui se présentent de chaque côté de la colonne vertébrale sous forme de deux masses homogènes de couleur brune. Chez les *Poissons*, les reins correspondent au r. embryonnaire (*pronéphros*) ou au r. fœtal (*mésonéphros*) des Mammifères, ou bien encore les deux reins, embryonnaire et fœtal, persistent pendant toute la vie. Morphologiquement ils ressemblent un peu aux reins des Oiseaux et des Reptiles.

Chez les *Mollusques*, les reins, en général au nombre de deux, sont quelquefois appelés *corps de Bojanus*. Ils sont formés tout simplement par deux sacs à parois glandulaires qui s'ouvrent d'un côté dans le péricarde (portion de la cavité générale), de l'autre avec l'extérieur.

Chez les *Crustacés* supérieurs (*Malacostracés*), les reins sont représentés par deux glandes antennaires (*glandes vertes* de l'Écrevisse) qui sont situées dans la tête et débouchent à la base de l'antenne postérieure. Chez les Crustacés inférieurs (*Entomostracés*) on trouve des *glandes du test* ou *glandes cémentaires* qui débouchent également dans le voisinage de la bouche. Chez les *Insectes*, les reins sont des dépendances du tube digestif: on les appelle *tubes de Malpighi*. Ce sont des glandes filiformes dont le nombre varie de 2 à 50 paires qui flottent librement dans la cavité générale par une de leurs extrémités et, par l'autre, viennent déboucher au commencement de l'intestin terminal. Chez les *Vers*, les reins sont représentés, ou bien par deux longs canaux qui courent à droite et à gauche du corps et viennent s'ouvrir en arrière, ou bien par une série de glandes particulières appelées *organes segmentaires* ou *néphridies*. Chaque article ou segment d'un ver renferme une paire de ces glandes qui s'ouvrent d'un côté dans la cavité générale, de l'autre à l'extérieur.

Chez les *Échinodermes*, les organes d'excrétion sont encore mal connus. Chez les *Éponges*, ce sont certaines cellules du mésoderme qui paraissent être chargées de l'excrétion. Enfin, chez les *Infusoires*, on observe, dans le corps de chaque individu, une vésicule contractile que l'on considère comme devant jouer un rôle excréteur.

REINAUD (Joseph), arabisant fr. (1795-1867).

RÉINCARNATION. s. f. [Pr. *ré-inkarna-sion*] (R. *re*, préf., et *incarnation*). T. Philos. Doctrine qui admet que les âmes préexistent à la naissance, survivent à la mort, et s'incarnent successivement dans plusieurs corps. Cette doctrine n'est pas nouvelle : c'était le fond de la religion des Gaulois; elle a été soutenue dans l'antiquité grecque par Pythagore et Platon. Elle a été reprise au XIXe siècle par Ch. Fourier, P. Leroux, Jean Raynaud, etc., et est actuellement adoptée par les occultistes, les théosophes et les spirites. Voy. Ame, Métempsychose, Occultisme, Philosophie, Spiritisme, etc.

RÉINCISER. v. a. [Pr. *ré-in-si-zer*]. Inciser de nouveau.
= Réincisé, ée. part.

RÉINCITER. v. a. [Pr. *ré-in-siter*]. Inciter de nouveau.
= Réincité, ée. part.

RÉINCORPORATION. s. f. [Pr. *ré-inkorpora-sion*]. Action de réincorporer.

RÉINCORPORER. v. a. [Pr. *ré-in-korporer*]. Incorporer de nouveau. = Réincorporé, ée. part.

REINE. s. f. [Pr. *rè-ne*] (lat. *regina*, m. s., fém. de *rex*, roi). Femme de roi, ou princesse qui de son chef gouverne un royaume. Une grande r. R. sage, vertueuse. La r. Élisabeth. Elle est r. de son chef. R. régnante. La feue r. La r. douairière, La veuve d'un roi. La r. mère, Celle dont le fils est sur le trône. — Avoir un port de r., un port majestueux. — La r. du ciel, des anges, etc., La sainte Vierge. — La r. de la fève, celle qui a la fève à la fête des Rois. || Fig., La beauté est la r. des cœurs, la r. des volontés, La beauté subjugue tous les cœurs, toutes les volontés. On dit de même, L'opinion est la r. du monde. — La r. des fleurs, La rose, à cause de sa beauté et de son parfum. La r. des cités, Rome, à cause de l'empire qu'exerçait le peuple romain sur le monde antique. || T. Jeu d'échecs. La seconde pièce du jeu. Voy. Échecs. || T. Bot. R. des bois, Nom vulg. de l'Aspérule odorante Voy. Rubiacées, et de la Diosclle à fleurs bleues. Voy. Liliacées, III. R. — des prés. Nom vulg. du Calistephus sinensis, La Spirée ulmaire. Voy. Rosacées. — R.-Claude, Voy. Reine-Claude. — R.-marguerite, Voy. Composées, IV. || T. Zool. R. des abeilles, Voy. Abeille.

Hist. — Les filles des derniers empereurs romains étaient appelées *Reines* et plus souvent *nobilissimes*. Ce fut probablement d'après cet usage que, pendant les premiers siècles de la monarchie française, on donna le nom de *reines* aux filles des rois aussi bien qu'à leurs femmes. Les filles de France conservèrent ce titre jusque sous le règne de Philippe-Auguste, où on le remplaça par celui de *Madame*. Dès ce moment, la qualification de *Reine* fut réservée aux femmes de rois. Au moyen âge, les reines veuves étaient désignées sous le nom de *reines blanches*, parce qu'elles portaient le deuil en blanc. En France, les reines n'avaient aucun pouvoir politique, à moins qu'elles ne fussent investies de la régence; mais elles jouissaient de plusieurs prérogatives honorifiques, comme d'avoir la préséance ou l'absence du roi, de donner audience aux ambassadeurs, de pouvoir plaider par procureur, etc. Elles étaient sacrées et couronnées en même temps que les rois. Le premier exemple de reine sacrée et couronnée avec son époux, est celui de Berthe, femme de Pépin le Bref; ce sacre eut lieu à Soissons, en 751.

REINE-CLAUDE. s. f. [Pr. ...clôde, ou ...glôde. qui est l'anc. prononciation] (R. la reine Claude, femme de François Ier). T. Hortic. Nom donné à la meilleure variété de prune. Voy. Prunier.

Obs. gram. — L'Académie écrit une *reine-Claude*, des *reines-Claudes*. Cette orthographe est illogique, puisqu'il n'y a eu qu'une seule reine Claude. Le C majuscule paraît également incorrect, puisque le mot est devenu commun. Génin veut qu'on écrive des *reine-claude*, des *reine-claude*, mais ce n'est pas une faute d'écrire des *reines-claudes*, comme on écrit des *dames-jeannes*, des *saints-germains*.

REINETTE. s. f. [Pr. rè-nète] (dimin. de *reine*). Variété de pomme. Voy. Pommier.

REINETTE. s. f. [Pr. rè-nète]. T. Erpét. Voy. Rainette.

REINHARD, théologien protestant et moraliste all. (1753-1812).

REINHOLD, philosophe allem., né à Vienne (1738-1823).

RÉINJURIER. v. a. [Pr. *ré-injurier*]. Injurier de nouveau. = RÉINJURIÉ, ÉE. part.

REINOSA (Sierra de), monts des Cantabres (Espagne) où sont les sources de l'Èbre.

RÉINSTALLATION. s. f. [Pr. *ré-insta-la-sion*]. Action de réinstaller.

RÉINSTALLER. v. a. [Pr. *ré-insta-ler*]. Installer de nouveau. *On l'a réinstallé dans ses fonctions.* = RÉINSTALLÉ, ÉE. part.

REINTÉ, ÉE. adj. [Pr. *rin-té*]. Qui a les reins larges et forts.

RÉINTÉGRANDE. s. f. [Pr. *ré-inté-grande*] (R. *réintégrer*). T. Jurispr. Action par laquelle celui qui a été dépouillé de quelque droit demande à être réintégré dans ce droit. Voy. PÉTITOIRE.

RÉINTÉGRATION. s. f. [Pr. *ré-intégra-sion*]. Action de réintégrer, ou le résultat de cette action.

RÉINTÉGRER. v. a. [Pr. *ré-intégrer*] (lat. *redintegrare*, m. s., de *re*, ou *red*, préf., et *integrare*, rendre entier, de *integer*, entier). Remettre, rétablir quelqu'un dans la possession d'une chose dont il avait été dépouillé. *Il a été réintégré par arrêt dans cette terre. On l'a réintégré dans la possession de ses biens. Il fut réintégré dans ses droits. Il avait été destitué injustement, mais on vient de le r. dans sa place, ou absol., de le r. Une femme qui réintègre le domicile conjugal, qui y rentre.* || On dit encore, *R. quelqu'un dans les prisons*, Le remettre en prison. — *Faire r. des meubles*, Les faire remettre dans le lieu d'où ils avaient été enlevés. = RÉINTÉGRÉ, ÉE. part.

RÉINTERPRÉTER. v. a. [Pr. *ré-interpréter*]. Interpréter une seconde fois. = RÉINTERPRÉTÉ, ÉE. part.

RÉINTERROGER. v. a. [Pr. *ré-inté-rojer*]. Interroger de nouveau. = RÉINTERROGÉ, ÉE. part.

RÉINVENTER. v. a. (R. *ré-invan-ter*). Inventer de nouveau. = RÉINVENTÉ, ÉE. part.

RÉINVENTION. s. f. [Pr. *ré-in-van-sion*]. Action de réinventer.

RÉINVITER. v. a. [Pr. *ré-inviter*]. Inviter de nouveau. = RÉINVITÉ, ÉE. part.

REIS. s. m. Mot arabe qui sig. *Chef*, et qui est le Titre de plusieurs officiers ou dignitaires de l'empire ottoman. *Le reis-effendi*, Le ministre des affaires étrangères. || T. Métrol. Monnaie de compte du Portugal valant environ un demi-centime. Voy. MONNAIE.

REISET, général fr. (1775-1836).

REISSACHÉRITE. s. f. T. Minér. Variété de Wad.

REISSIGER, compositeur de musique all. (1798-1859).

RÉITÉRABLE. adj. 2 g. [Pr. *ré-i...*]. Qui peut être réitéré.

RÉITÉRATEUR, TRICE. adj. [Pr. *ré-i...*]. Qui réitère.

RÉITÉRATIF, IVE. adj. 2 g. [Pr. *ré-i...*]. Qui est propre à réitérer.

RÉITÉRATION. s. f. [Pr. *ré-itéra-sion*] (bas lat. *reiteratio*, m. s.). Action de réitérer. *La r. de ces menaces le fit changer de conduite. La r. d'un ordre. La r. de la saignée le tira d'affaire. La r. d'un sacrement.*

RÉITÉRATIVEMENT. adv. [Pr. *ve-man*]. D'une manière réitérative.

RÉITÉRER. v. a. (bas lat. *reiterare*, m. s., de *re*, préf.,

et *iterare*, renouveler). Faire de nouveau une chose qui a déjà été faite. *Il faut r. la saignée. Vous avez fait telle chose, il faut la r. R. un ordre, une défense. Je vous réitère mes remercîments.* — Absol., *Vous avez déjà parlé en sa faveur, il faut r. Je lui ai accordé sa demande, mais je ne lui conseille pas de r.* = RÉITÉRÉ, ÉE. part. *Des ordres réitérés.* = Conj. Voy. CÉDER.

REÎTRE. s. m. [Pr. *rè-tre*] (all. *reiter*, cavalier, de *reiten*, chevaucher). Au XVIe siècle, on nommait ainsi des corps de cavalerie formés d'aventuriers qui se recrutaient principalement en Allemagne, et vendaient leurs services au plus offrant. *Les reîtres que ce prince soudoyait l'abandonnèrent.* || Fig. et fam., *Vieux r.*, se dit d'un homme qui a vu beaucoup de pays, et qui a de l'expérience; ne se dit qu'en mauvaise part ou par plaisanterie. || Long manteau de cheval.

REJAILLIR. v. n. [Pr. *reja-llir*, ll mouillées] (R. *re*, préf., et *jaillir*). Jaillir de divers côtés. *Faire r. de l'eau, de la boue. Quand on le saigna, son sang rejaillit de toutes parts.*

> Son infidèle sang rejaillit sur Junie.
>
> RACINE.

|| Se dit d'un corps qui, ayant frappé un autre corps, est repoussé, renvoyé sur un troisième. *La pierre a rejailli du mur contre lequel elle était lancée; elle a rejailli sur un passant, dans mon jardin. Les rayons qui rejaillissent d'un miroir.* || Fig., se dit de l'honneur, du déshonneur, de la gloire, de la honte, du bien ou du mal qui revient de quelque chose à une personne. *L'honneur de cette action rejaillit sur lui.*

> Faut-il que sur mon front sa honte rejaillisse?
>
> RACINE.

La gloire des ancêtres rejaillit jusque sur les descendants. = Syn. Voy. JAILLIR.

REJAILLISSEMENT. s. m. [Pr. *reja-lli-se-man*, ll mouillées]. Action, mouvement de ce qui rejaillit. *Le r. de l'eau, du sang, de la lumière.*

REJAUGER. v. a. Jauger de nouveau. = REJAUGÉ, ÉE. part.

REJAUNIR. v. a. (R. *re*, préf., et *jaunir*). Rendre jaune de nouveau. = v. n. Redevenir jaune. = REJAUNI, IE. part.

REJECTION. s. f. [Pr. *rejek-sion*]. Action de rejeter hors de soi.

REJET. s. m. [Pr. *re-jè*] (R. *rejeter*). Action de rebuter une chose, de ne pas l'agréer, de ne pas l'admettre. *On a ordonné le r. de cette pièce comme inutile. Il a voté pour le r. de la loi proposée. Le r. d'un pourvoi, d'une demande.* || T. Fin. Renvoi d'une partie d'un compte, qui doit être portée sur un autre chapitre du même compte ou sur un autre compte. *Cet article de dépense ayant paru déplacé, on en a ordonné le r. sur un autre chapitre.* || T. Jardin. La nouvelle pousse d'une plante, d'un arbre. *Voilà le r. de cette année.* || T. Littér. R. poétique, mots rejetés d'un vers sur le suivant. || T. Techn. Baguette pliante, piège à oiseaux. || T. Rur. Nouvel essaim qui quitte la ruche.

REJETABLE. adj. 2 g. Qui doit être rejeté.

REJÉTEAU. s. m. [Pr. *rejé-to*] (R. *rejeter* et *eau*). Moulure à la partie inférieure du bois d'une fenêtre, pour empêcher les eaux pluviales de pénétrer dans la chambre.

REJETER. v. a. Jeter de nouveau. *Envoyez-moi le ballon, je vous le rejetterai.* || Jeter une chose qu'on nous a jetée. *Je lui rejetai la pierre qu'il m'avait lancée.* || Jeter une chose dans l'endroit d'où on l'avait tirée. *Comme il n'avait pris que du petit poisson, il le rejeta dans l'eau.* || Jeter dehors, pousser hors de soi. *La mer rejeta sur ses bords les débris du naufrage. Cet enfant a l'estomac malade, il rejette tout ce qu'il prend. La mer rejette en un endroit, après l'avoir ôtée de celui où elle était. Il faut r. l'eau de ce bassin dans cette cuve, la terre de ce fossé sur cette couche. Rejeter les notes à la fin du volume. Il* *faut r. cette dépense sur le compte de l'année prochaine.* || Fig., *R. un crime, une faute, un tort sur quelqu'un,* L'en accuser pour se disculper.

Il rejette sur vous sa funeste aventure.

CORNEILLE.

|| Fig., Rebuter, repousser, ne pas admettre. *Ce banquier rejette toutes les monnaies étrangères. Il a rejeté les propositions, les offres qu'on lui faisait. Sa requête a été rejetée. La Chambre a rejeté la loi proposée. On a rejeté sa demande, ses prières.* || T. Jardin. Pousser de nouveaux jets. *Cet arbre a rejeté beaucoup de branches depuis qu'on l'a établi.* Absolum., *Cet arbre rejette par le pied.* = REJETÉ, ÉE. part.

REJETOIR. s. m., **REJETOIRE.** s. f. [Pr. *reje-touar*]. Baguette courbée qui fait mouvoir un nœud coulant pour prendre les oiseaux.

REJETON. s. m. (dimin. de *rejet*). T. Jardin. Nouveau jet que pousse une plante, un arbre par le pied, ou par la souche. *Voilà un beau r. Pousser des rejetons. Le peuplier se multiplie plus facilement par rejetons que par graines.* || Fig., Enfant, descendant. *Noble r. d'un héros. Il est le seul r. de cette illustre maison.*

Venez, cher rejeton d'une vaillante race.

RACINE.

Ne se dit qu'en poésie et dans le style soutenu.

REJETONNER. v. n. [Pr. *rejeto-ner*]. Pousser des rejetons.

REJETTEAU. s. m. [Pr. *rejè-to*]. Voy. REJÉTEAU.

REJETTEMENT. s. m. [Pr. *rejè-teman*]. Action de rejeter.

REJOINDRE. v. a. [Pr. *re-jouindre*] (R. *re*, préf., et *joindre*). Réunir des parties qui avaient été séparées. *Il faut r. exactement les fragments de ce vase.* || Rattcindre, retrouver des gens dont on était séparé. *Où pourrai-je vous r.? Il nous rejoignit à Orléans. Ce corps de troupes va r. l'armée. Cet officier a reçu l'ordre de r. son régiment,* ou abs., *de r.* = SE REJOINDRE. v. pron. Se réunir. *Les deux parties de l'os se sont rejointes.* || Fig.,

Les nœuds que j'ai rompus,
Se rejoindront bientôt quand je ne serai plus.

RACINE.

|| Se retrouver. *Nous nous rejoindrons à Paris. On a bien de la peine à se r. dans cette grande ville.* = REJOINT, OINTE. part.

REJOINTOYEMENT. s. m. [Pr. *re-jouin-touaman*]. Action de rejointoyer, effet de cette action.

REJOINTOYER. v. a. [Pr. *rejouin-to-ier*] (R. *re*, préf., et *jointoyer*). T. Archit. Remplir d'un nouveau mortier les joints des pierres d'un vieux bâtiment. *Il faut r. ce mur.* = REJOINTOYÉ, ÉE. part.

REJOUER. v. a. et n. Jouer de nouveau, se remettre à jouer. *Rejouons la partie. Il voulut r., et il perdit ce qu'il avait gagné. Rejouez-nous cet air. R. une pièce de théâtre.* = REJOUÉ, ÉE. part.

RÉJOUIR. v. a. (R. *re*, préf., et vx fr. *esjouir*, de *jouir*). Donner de la joie. *Cette nouvelle doit vous r. Cela réjouit tout le monde.* — Fig. et fam., *Cette couleur réjouit la vue,* Elle est agréable, elle plaît aux yeux. *Ce bon vin réjouit le cœur,* il réconforte, il égaye. || Donner du divertissement. *Il fit venir des musiciens pour r. la compagnie qui était chez lui.* — R. la compagnie aux dépens de quelqu'un, L'amuser par des plaisanteries qui tombent sur quelqu'un présent ou absent. = SE RÉJOUIR. v. pron. Se livrer à la joie, se divertir. *Ils se sont bien réjouis à la campagne. Se r. avec ses amis.* || Se r. de quelque chose, S'en faire un plaisir. *Je me réjouis de lui apprendre cette bonne nouvelle. Je me réjouis de l'aller voir.* — Se dit aussi par compliment et signifie, Se féliciter, éprouver une vive satisfaction d'une chose. *Je me réjouis avec vous de cette bonne fortune. Personne ne s'en réjouit plus que moi. Je me*

réjouis de vous voir en bonne santé. = RÉJOUI, IE. part. *Une figure réjouie,* Une figure qui exprime la gaieté. || Subst. et fam., on dit d'une personne grasse, d'une physionomie gaie et de bonne humeur. *C'est un gros réjoui, une grosse réjouie.*

RÉJOUISSANCE. s. f. [Pr. *réjoui-san-se*]. Démonstration de joie. *Grande r. Ce fut une r. publique par toute la France. On fit de grandes réjouissances. Des cris de r. Toutes les maisons furent illuminées en signe de r.* || T. Lansquenet. La carte que celui qui donne tire après la sienne, et sur laquelle tous les coupeurs et autres peuvent mettre de l'argent. *Mettre à la r. Gagner, perdre la r.* || T. Boucherie. Portion de basse viande qu'on oblige l'acheteur à prendre avec la bonne et au même prix. || Syn. Voy. AMUSEMENT.

RÉJOUISSANT, ANTE. adj. [Pr. *réjoui-san*]. Qui réjouit. *Un conte fort r. C'est un homme très r.* || Syn. Voy. ENJOUÉ.

REJOUTER. v. n. Jouter de nouveau.

REJUGER. v. a. Juger de nouveau. = REJUGÉ, ÉE. part.

REJURER. v. a. Jurer une seconde fois. = REJURÉ, ÉE. part.

RELABOUREMENT. s. m. [Pr. ...*re-man*]. Action de relabourer.

RELABOURER. v. a. Labourer de nouveau. = RELABOURÉ, ÉE. part.

RELÂCHANT, ANTE. adj. T. Méd. Se dit des remèdes propres à relâcher les organes, à diminuer la tension. *Toutes les substances mucilagineuses sont relâchantes.* || Subst., au masc., *Employer les relâchants.*

RELÂCHE. s. m. (R. *relâcher*). Interruption, discontinuation, repos ; se dit en parlant du travail, de l'étude, de la douleur, etc. *Travailler, étudier sans r. Il poursuivit l'ennemi sans r. durant trois jours. Quand on a fatigué tout le jour, on a besoin de r. Il faut donner du r. aux enfants. Son mal ne lui laisse point de r. Il commence à lui donner du r.* — On dit d'un créancier qui presse continuellement son débiteur. *Il ne lui donne point de r. Il le poursuit sans r.* || Dans les théâtres, se dit de la suspension accidentelle des représentations pendant un ou plusieurs jours. *Il y a r. à l'Opéra. On a fait r. pendant huit jours pour réparer la salle. On a affiché r. Les relâches sont fréquents à ce théâtre.* = RELÂCHE. s. f. T. Mar. Lieu propre pour y relâcher. *Cette anse est une bonne r.* || Action de relâcher. *Faire plusieurs relâches avant que d'arriver.*

RELÂCHEMENT. s. m. [Pr. *relâche-man*]. État d'une chose qui se relâche, qui devient moins tendue qu'elle n'était, qui a perdu de son ressort. *Le r. des cordes d'un violon. Le r. d'un ressort.* || T. Méd. Se dit de l'état de laxité des parties qui s'allongent et tendent à se déplacer. *Le r. des sphincters, de la luette, du vagin, de la matrice, etc.* — On appelle aussi *R. du ventre,* ou simplement, *Relâchement,* L'état de faiblesse du tube intestinal, qui s'accompagne de diarrhée. — On nomme encore *R. des muscles,* L'état des muscles opposé à l'état de contraction. || En part. du temps, se dit de la diminution du froid. *Lorsqu'il neige, il y a d'ordinaire quelque r. dans le froid. Il y a un peu de r. dans le temps.* || Fig., Diminution d'ardeur, d'activité, de zèle, de sévérité, de piété, etc. *Il y a bien du r. dans son travail. Le r. de la discipline militaire.* — Fig., Après avoir vécu plusieurs années dans l'austérité, il tomba dans un grand r. || Sign. quelquefois, délassement, état de repos, utile cessation de travail ou d'exercice. *Après une grande contention d'esprit, on a besoin de quelque r.*

RELÂCHER. v. a. (lat. *relaxare*, m. s., de *re*, préf., et *laxare*, lâcher). Faire quelque chose soit moins tendue. *Le temps humide relâche les cordes des instruments.* — Fig., *Se r. l'esprit,* Se délasser l'esprit, lui donner du repos. || Laisser aller ; se dit d'un prisonnier, de quelqu'un qu'on retenait malgré lui, et à qui on rend la liberté. *R. un prisonnier. On l'avait arrêté mal à propos, on a été obligé de le r.* || Céder, abandonner, remettre quelque chose de ses droits, de ses prétentions, de ses intérêts. *Il me devait tant, je lui* *en ai relâché la moitié. Il aime mieux plaider que de rien r. de ses prétentions. Voulez-vous r. quelque chose de votre prix?* = RELÂCHER. v. n. Diminuer de zèle, d'ardeur. *Ils ont beaucoup relâché de l'ancienne discipline. Il n'a rien relâché de son zèle.* || T. Mar. S'arrêter en un endroit pour cause de besoin ou de danger. *La tempête vous obligea de r. On a relâché pour faire de l'eau. Nous relâchâmes dans tel port.* = SE RELÂCHER. v. pron. Se détendre. *Les cordes de mon violon se sont relâchées.* — Fig., *Sous le règne de ce prince faible et voluptueux, tous les ressorts du gouvernement se relâchèrent.* || Céder, abandonner quelque chose. *Il faut vous r. un peu de vos prétentions, de ses intérêts. Il s'est relâché sur cet article.*

> Relâchez-vous un peu des droits de la naissance.
> MOLIÈRE.

|| Ne plus avoir la même ardeur. *Se r. de sa première ferveur. Se r. dans le travail. Il commence à se r. Depuis quelque temps il s'est fort relâché.* On dit de même. *Son zèle, sa ferveur, son attention se relâche, semble se r.* || En parlant de la température, on dit, *Le temps se relâche, Il s'adoucit.* = RELÂCHÉ, ÉE part. *Avoir le ventre relâché.* || Adjectiv., se dit du relâchement dans les mœurs et dans les choses de la religion. *Morale, discipline relâchée. C'est un homme fort relâché.*

RELAIS. s. m. [Pr. *re-lè*] (R. *relaisser*). Se dit d'un ou de plusieurs chevaux frais, soit de selle, soit d'attelage, que l'on poste en quelque endroit, pour s'en servir à la place de ceux qu'on quitte. *On a placé des relais sur la route pour le voyage du prince. À la chasse, on met des relais en certains endroits. Mener des chevaux en r., pour servir de r. Il n'est pas venu en poste, il est venu avec ses propres relais.* — *Avoir des chevaux de r., des équipages de r.,* Avoir des chevaux et des équipages en assez grand nombre pour se pouvoir servir tantôt des uns, tantôt des autres. — Fig. et fam., *Être de r.,* Être de loisir, ne point travailler, n'être point employé. || Se dit aussi des chiens qu'on poste, soit à la chasse du cerf, soit à celle du sanglier. *Mettre des chiens de la vieille meute en r.* — *Donner le r.,* Lâcher après la bête les chiens placés en relais. || Le lieu où l'on met les relais, soit pour le voyage, soit pour la chasse. *Au premier, au second r.* — Se dit particulièrement des stations de poste. *Nous dînerons au troisième r.* = T. Droit. *Lais et r.,* Voy. LAIS et ALLUVION. || T. Fortif. Espace qu'on réserve entre le pied du rempart et l'escarpe du fossé pour recevoir les terres qui s'éboulent. || T. Techn. Les ouvertures que l'ouvrier laisse dans une tapisserie quand il change de couleur et à laquelle *les relais sont repris à l'aiguille.*

RELAISSER. v. a. [Pr. *relè-cer*] (R. re, préf., et *laisser*). Laisser en arrière. Vx. || T. Chasse. S'arrêter. Se dit d'un lièvre qui, après avoir été longtemps couru, s'arrête de lassitude. = RELAISSÉ, ÉE. part.

RELANCER. v. a. (R. re, préf., et *lancer*). T. Chasse. Lancer de nouveau; se dit des bêtes fauves, quand, après avoir été lancées, elles se reposent, et qu'ensuite on les fait partir du lieu de leur repos. *On relance le cerf jusqu'à trois fois.* || Fig. et fam., *R. quelqu'un,* L'aller chercher au lieu où il est pour l'engager à quelque chose à quoi il ne songeait point ou qu'il n'avait pas envie de faire. *Ils sont venus me r. chez moi, C'est un importun qui vient me r. à toute heure. On ne relance pas ainsi les gens.* — Sign. quelquefois, répondre rudement à quelqu'un, repousser fort mal ce qu'il se permet de dire. *Il parlait très mal de mon ami, mais je l'ai relancé.* = RELANCÉ, ÉE. part.

RELAPS, APSE. adj. et s. [Pr. le p et l's] (lat. *relapsus,* retombé, de re, préf., et *lapsus,* part. pass. de *labi,* tomber). Qui est retombé dans l'hérésie, après l'avoir abjurée. *Hérétique r. Cette femme était relapse. Dans les pays d'inquisition, les relaps étaient condamnés au feu.* || Dans l'ancienne Église, se disait de ceux qui retombaient dans le même péché pour lequel ils avaient déjà fait pénitence publique.

RELARGAGE. s. m. Action de verser dans l'huile la lessive destinée à faire le savon et de brasser le tout exactement.

RÉLARGIR. v. a. (R. re, préf., et *élargir*). Rendre plus large. *Il est obligé de faire r. tous ses habits. On va r. cette rue.* = RÉLARGI, IE. part.

RÉLARGISSEMENT. s. m. [Pr. *rélarji-seman*]. Action de rélargir.

RELATER. v. a. (lat. *relatum,* sup. de *referre,* rapporter). Rapporter, mentionner. *Ce fait a été relaté avec toutes ses circonstances. On a relaté cette pièce dans l'inventaire.* = RELATÉ, ÉE. part.

RELATEUR. s. m. Celui qui relate.

RELATIF, IVE. adj. (lat. *relativus,* m. s., de *relatum,* sup. de *referre,* rapporter). Qui a rapport à quelque chose, qui sert à l'expression de quelque rapport. *Cette clause est relative à la précédente. Les termes de père et de fils sont relatifs* Qualités relatives. *Le sens absolu et le sens r. d'un mot. Homme est un terme absolu, Père est un terme relatif. Il y a plus de vérités relatives que de vérités absolues.* — Subst., *Le r. est opposé à l'absolu.* || T. Gramm. *Pronoms relatifs,* Voy. PRONOM. — *Proposition relative,* proposition unie à la proposition principale par un rapport de subordination.; on dit aussi dans ce sens *Proposition incidente.* — Se dit aussi d'une proposition composée qui renferme quelque comparaison. Voy. PROPOSITION. || T. Mus. *Ton r.,* Voy. TON.

RELATION. s. f. [Pr. *rela-sion*] (lat. *relatio,* m. s. de *relatum,* sup. de *referre,* rapporter). Rapport d'une chose à une autre. *Cet article a r. au précédent. Ce que vous dites n'a aucune r. à la chose, avec la chose dont il s'agit. L'étroite r. qui lie ces deux principes. La r. du père au fils et du fils au père. La r. entre le verbe et le sujet exige que....* || Commerce, liaison, correspondance. *J'ai des relations dans ce pays-là. Ils ont ensemble des relations de commerce, d'amitié. Je suis depuis longtemps en r. avec lui. Mes relations se sont étendues. À mesure que les relations entre les peuples se multiplient. Ministre des relations extérieures.* || Récit, narration qu'on fait de ce qui s'est passé, de ce qu'on a vu, entendu. *R. véritable, exacte, ample, succincte. R. historique. Faire une r. Donner une r. de ses voyages. La r. d'une bataille. Sur la r. d'un tel, on n'a pas douté du fait.* || T. Mus. Rapport entre un son qui vient d'être entendu dans une partie vocale ou instrumentale, et un autre son qu'on entend actuellement dans une autre. *Lorsque les deux sons donnent à l'oreille la sensation d'une consonnance exacte, la r. est bonne; quand il en résulte une consonnance altérée, la r. est fausse.*

RELATIONNAIRE. s. m. [Pr. *relasio-nère*]. Celui qui compose ou public des relations de voyage.

RELATIVEMENT. adv. [Pr. *relative-man*]. Par rapport, d'une manière relative. *Cela doit se considérer r. à telle chose. Cela n'est vrai que r. et non d'une manière absolue.*

RELATIVITÉ. s. f. Qualité de ce qui est relatif.

RELATTER. v. a. [Pr. *rela-ter*] (R. re, préf., et *latter*). Garnir de lattes de nouveau. = RELATTÉ, ÉE. part.

RELAVER. v. a. Laver de nouveau. = RELAVÉ, ÉE. part.

RELAXATION. s. f. [Pr. *rela-ksa-sion*] (lat. *relaxatio,* m. s., de re, préf., et *laxatus,* lâché). Syn. de relâchement. Inus. || T. Droit can. *R. des biens canoniques,* Diminution ou entière rémission des peines canoniques. || T. Jurispr. *La r. d'un prisonnier,* L'action de rendre la liberté à un prisonnier.

RELAXER. v. a. [Pr. *rela-kser*] (lat. *relaxare,* m. s., de re, préf., et *laxare,* laisser). T. Jurispr. *R. un prisonnier, un détenu,* Le remettre en liberté. = RELAXÉ, ÉE. part.

RELAYER. v. n. [Pr. *relè-ier*](R. re, et la vx fr. *layer,* laisser). Prendre des relais de chevaux frais. *Nous relayâmes à tel endroit.* = RELAYER. v. a. Se dit des hommes qu'on occupe les uns après les autres à quelque ouvrage. *On envoyait de deux heures en deux heures cinquante pionniers r. ceux qui travaillaient.* = SE RELAYER. v. pron. Être de service alternativement. *Il y avait tant d'ouvriers qui se relayaient l'un l'autre.* = RELAYÉ, ÉE. part. — Conj. Voy. PAYER.

RELAYEUR. s. m. [Pr. *relè-ieur*]. Celui qui entretient des relais de chevaux ; celui qui conduit un cheval de relai.

RELECTURE. s. f. Action de relire, seconde lecture.

RELÉGATION. s. f. [Pr. *reléga-sion*, g dur] (lat. *relegatio*, m. s.). Action de reléguer. Exil dans un lieu déterminé.
Droit. — La loi du 27 mai 1885 édicte la peine de la relégation, consistant dans l'internement perpétuel sur le territoire des colonies, à l'égard des récidivistes qui, par suite de leurs antécédents judiciaires, sont considérés comme incorrigibles. Sont rangés dans cette catégorie ceux qui, dans un intervalle de 10 ans, ont encouru un certain nombre de condamnations déterminées par la loi. Il en est ainsi notamment de ceux qui ont été condamnés deux fois soit aux travaux forcés, soit à la réclusion. Au point de vue du mode d'exécution de cette peine, on distingue deux situations différentes, celle de la r. *individuelle* et celle de la r. *collective*. Dans la première, les condamnés résident dans la colonie, en état de liberté : ils sont soumis au régime du droit commun et aux juridictions ordinaires. Dans la seconde, ils sont réunis dans des établissements pénitentiaires, astreints au travail et soumis à une juridiction spéciale. Sont admis au bénéfice de la r. individuelle, par décision du ministre de l'intérieur ou du ministre de la marine, suivant les cas : 1° les relégables qui justifient de moyens honorables d'existence, notamment par l'exercice d'un métier ; 2° ceux qui sont reconnus aptes à recevoir des concessions de terre ou ceux qui sont autorisés à contracter des engagements de travail ou de service pour le compte de l'État ou des particuliers ; enfin, 3° les relégués collectifs qui remplissent les conditions pour obtenir cette faveur. Le bénéfice de la r. individuelle peut être retiré pour inconduite, infraction aux règlements, rupture volontaire d'engagement ou abandon de la concession de terre. La r. n'est pas applicable aux individus qui sont âgés de plus de 60 ans ou de moins de 21 ans. Des dispositions spéciales régissent le statut des relégués, en ce qui concerne le service militaire et le mariage. Voy. RÉCIDIVE.
La r. existait aussi dans le droit romain ; mais elle avait un tout autre caractère. Voy. BANNISSEMENT.

RELÉGUER. v. a. (lat. *relegare*, m. s., de *re*, préf., et *legare*, envoyer). Envoyer en exil, dans un lieu déterminé. *Ils furent tous relégués dans une île.* || T. Dr. crim. Condamner à l'internement dans une colonie. Voy. RELÉGATION. || Par ext., se dit d'une personne que l'on envoie demeurer dans un lieu retiré. *Il a relégué sa femme à la campagne.* || Fig., Mettre à l'écart une chose dont on ne fait plus de cas. *On a relégué ce portrait dans l'antichambre.* — SE RELÉGUER. v. pron. Se retirer. *Se r. à la campagne, en province. Se r. dans un faubourg.* — RELÉGUÉ, ÉE. part. || Fig., *Aujourd'hui ces préjugés sont relégués au village.*

RELENT. s. m. [Pr. *re-lan*] (lat. *redolens*, qui a de l'odeur, de *re*, préf., et *olens*, qui a de l'odeur). Mauvais goût que contracte de la viande enfermée dans un lieu humide. *Cette viande sent le r., a un goût de r.* || Mauvaise odeur quelconque.

RELEVAGE. s. m. T. Techn. Action de relever ou d'enlever quelque chose dans diverses industries.

RELEVAILLES. s. f. pl. [Pr. *releva-lle*, ll mouillées]. (R. *relever*). Cérémonie qui se fait à l'église lorsqu'une accouchée y retourne pour la première fois et se fait bénir par le prêtre.

RELÈVE. s. f. Action de relever. *La r. des troupes.*

RELEVÉ. s. m. (part. pass. de *relever*). Extrait des articles d'un compte, d'un registre, etc., qui sont relatifs à un même objet. *Voici le r. du compte que vous m'avez demandé. J'ai fait le r. des sommes qui vous sont dues. Le r. des naissances, des mariages, des décès, se fait d'après les registres de l'état civil.* — Faire le r. de toutes les fautes d'un ouvrage, de tous les passages remarquables d'un auteur, etc., En faire une liste, un état. || T. Dr. *R. de déchéance*, acte qui relève de la déchéance un compagnie qui n'avait pas rempli les conditions stipulées. || T. Cuis. Se dit des services ou des mets qui en remplacent d'autres. *Un r. de potage.* || T. Maréchalerie. L'ouvrage que fait un maréchal en levant le fer d'un cheval et en le rattachant. *Un fer neuf n'est pas nécessaire, il ne faut qu'un r.* || T.

Vén. Le temps où la bête sort du lieu où elle a passé le jour pour aller reparaître. *Guetter le r.*

RELEVÉE. s. f. (part. pass. de *relever*). T. Palais. Temps de l'après-midi. *A deux heures de r. L'audience de relevée.*

RELÈVEMENT. s. m. [Pr. *relè-veman*]. Action par laquelle on relève une chose. *Le r. d'un mur. Le r. d'un navire échoué.* || Relevé, énumération exacte. *On a travaillé au r. de toute la dépense.* || T. Mar. Se dit des parties d'un bâtiment qui sont plus exhaussées que les autres. *L'avant de ce navire n'a pas assez de r.* || T. Hydrogr. Action de déterminer la position d'un objet, et le résultat de cette opération. *Il a fait le r. de ces pointes, de ces caps, de ces îles, etc. Porter des relèvements sur une carte marine. Faire des relèvements*, Pour déterminer la situation d'un navire en mer.

RELEVER. v. a. (R. re, préf., et lever). Mettre debout ce qui était tombé ; remettre une chose dans la situation où elle doit être, une personne dans son altitude naturelle. *R. une chaise qu'on a fait tomber. R. une statue, une colonne renversée. Cette femme se jeta aux pieds du prince, qui la releva avec bonté.* || Rétablir ce qui est tombé en ruines, ce qui était fort dégradé. *Faire r. des murailles. R. des fortifications. R. un fossé.* — Fig., *R. une maison, une famille,* La remettre dans l'opulence, dans l'éclat où elle a été. Fam., on dit encore d'un homme à qui il est arrivé quelque grande fortune, *Cela l'a bien relevé.* — Fig., au sens moral, *R. le courage, les espérances de quelqu'un,* Ranimer son courage, faire revivre ses espérances. || T. Trousser, retrousser. *Relevez votre robe. R. les bords d'un chapeau. R. ses cheveux. R. sa moustache.* — Fig. et pop., *R. la moustache de quelqu'un,* Réprimer un homme qui fait le capable ou le méchant. || Hausser, rendre plus haut. *Ce terrain est trop bas, il faut le r. d'un mètre. Il faut r. ce plancher pour le mettre au niveau du palier de l'escalier. Ce muscle, en se contractant, relève l'aile du nez.* — *R. la tête,* La lever, la hausser lorsqu'elle était baissée ; et Fig., Reprendre du courage, de l'audace, *Cette faction, qu'on croyait abattue, relève la tête.* — Fig., *R. sa condition, son état, sa fortune,* Augmenter sa dignité, ses richesses. On dit encore, *R. sa condition, sa dignité, sa charge,* Honorer sa condition, etc., donner du lustre, de l'éclat à sa charge, etc. *Il a bien relevé sa charge par son mérite personnel.* || Fig., Faire valoir, louer, exalter une chose *R. une bonne action, en r. le mérite. Vous relevez trop le peu que j'ai fait.* || Fig. Faire paraître davantage une chose, lui donner plus de relief, plus d'éclat. *La parure relève la bonne mine. Les ombres relèvent un tableau. relèvent l'éclat des couleurs, des lumières. La modestie relève toutes ses autres qualités. Il faut, dans un pareil sujet, que le style soit simple, mais non sans quelque agrément qui le relève.* || Fig., Faire remarquer, se dit en bonne et en mauvaise part. *Il se plaît à r. les beautés d'un ouvrage au lieu d'en faire remarquer les défauts. R. les bévues d'un écrivain. Il a dit mille choses spirituelles que personne n'a relevées.* — *R. un mot piquant,* etc., Répondre vivement à celui qui l'a dit. *Il m'a décoché une épigramme, mais je l'ai bien relevée. R. quelqu'un,* Le reprendre avec aigreur on lui faisant voir qu'il a parlé mal à propos. *Il avait avancé une proposition choquante, mais on l'a bien relevé.* Fam., *R. quelqu'un du péché de paresse.* Voy. PARESSE. || T. Arpent., Géodés. et Hydrogr. Déterminer, par des procédés géométriques, la position d'un objet que l'on aperçoit. *R. un cap. R. une île.* || T. Art culinaire. Donner à un mets un goût plus prononcé, plus piquant. *Il faudrait un peu de vinaigre pour r. cette sauce. Il manque à ce ragoût quelque chose qui le relève.* — *R. un service par un autre,* Desservir les plats qui sont sur la table, pour en servir d'autres. || T. Guerre. Remplacer, mettre un nouveau corps de troupes à la place d'un autre. *R. la garde. On vient de r. les grenadiers.* On dit dans le même sens, *R. les postes. R. la tranchée.* Se dit encore du corps, de la troupe même qui succède à une autre dans un poste. *Cette troupe va r. telle compagnie. Nous avons été relevés par les voltigeurs.* — *R. une sentinelle, un factionnaire.* et *R. de sentinelle,* Oter un soldat qui est en sentinelle et en mettre un autre à sa place. *C'est le caporal qui relève les sentinelles.* Se dit aussi du soldat qui prend la place de celui qu'on ôte de sentinelle. *C'est un tel qui m'a relevé.* — On dit également, à bord des vaisseaux, *R. le quart, R. le timonier.*

Tel bâtiment vint r. le nôtre dans la station du Sénégal. — Par ext., dans le lang. ordinaire, Remplacer une autre personne dans une occupation, dans un travail. *Je suis fatigué de lire haut, relevez-moi.* || T. Jeu. *R. les cartes,* Les rassembler, les remettre en l'état où il faut qu'elles soient pour jouer un nouveau coup. *R. les levées, les mains qu'on a faites,* Ramasser les cartes des levées qu'on a faites, les retourner et les mettre devant soi. || T. Jurisp. Libérer d'un engagement, d'un contrat, lequel est déclaré nul ou cassé pour cause de lésion ou d'une nullité de fait ou de droit. *Tout mineur lésé est en droit de se faire r. des actes qu'il a passés en minorité. Il fut relevé de ce contrat, de cette obligation. R. quelqu'un d'une interdiction,* Lever l'interdiction portée contre lui. — *R. quelqu'un d'un serment,* L'en dégager. On dit de même, *R. un religieux de ses vœux. Il s'est fait r. de ses vœux.* — Autrefois, *R. un appel,* Se faire autoriser par lettres de la chancellerie ou par arrêt à poursuivre un appel qu'on avait intenté. — Dans la Jurisp. féod., *R., il, le fief d'un seigneur,* Reconnaître avec les formalités requises que le fief que l'on tient est mouvant de lui. || T. Littér. *R. une inscription,* La copier ou en prendre l'empreinte. || T. Manège. *R. un cheval,* Le soutenir de la main et de l'éperon, pour lui faire porter la tête plus haute et l'asseoir sur les hanches. — *Relever,* se dit aussi absol., des chevaux qui lèvent les pieds très haut en galopant. *Les chevaux anglais ne relèvent point.* || T. Marine. *R. un bâtiment,* Le remettre à flot. *R. l'ancre,* La changer de place. || T. Techn. *R. en broderie,* Rehausser de broderie le fond de quelque étoffe. — *R. en bosse,* Attacher sur un fond quelque ouvrage de relief. || T. Vén. *R. un défaut,* ou simpl., *Relever,* Retrouver la voie perdue. = RELEVER. V. n. *R. de maladie,* Commencer à se porter mieux, en sorte qu'on n'est plus contraint de garder le lit. *On ne croit pas qu'il en relève, qu'il relève de là,* se dit de quelqu'un dont on croit devoir mourir de la maladie dont il est atteint. — *Cette femme relève de couches,* Elle est rétablie de ses couches, elle ne garde plus le lit, elle commence à sortir. || T. Jurisp. féod. Être dans la mouvance d'une seigneurie, dans la dépendance d'un seigneur. *Ce fief relevait de telle seigneurie, de tel seigneur. Ces seigneurs relevaient immédiatement de la commune.* — Par extens., Être dans une sorte de dépendance de quelqu'un, ressortir de. *Celui de qui relèvent tous les empires. Cette administration relève de telle autre.* = SE RELEVER. v. pron. Se remettre sur ses pieds, reprendre sa situation naturelle, se redresser. *Je fus étourdi de ma chute, et j'eus beaucoup de peine à me r. Le navire, qui penchait, se releva lentement. On avait couché la tige de cette plante, mais elle s'est relevée d'elle-même.* — Absol., sign. quelquefois, se lever du lit par quelque motif extraordinaire, et pour se recoucher aussitôt. *Il a été obligé de se r. quatre fois cette nuit. Il ne saurait demeurer dans le lit, il se relève à tout moment.* || S'exhausser, remonter. *A partir de ce point le terrain se relève brusquement. Dans le mépris et la dérision, la lèvre supérieure se relève d'un côté et laisse paraître les dents.* || Se remplacer mutuellement dans une occupation. *Nous nous relevions d'heure en heure.* || Fig., Se r. Se remettre de quelque perte, de quelque échec, sortir d'un état d'abaissement, de décadence, *Il aura bien de la peine à se r. de cette perte. Cet empire parut un moment près de se r. Leur puissance tomba pour ne plus se r. Cette maison se releva au moyen de quelques mariages avantageux.* — *Cette pièce, qui était presque tombée à la première représentation, s'est relevée à la seconde,* Elle y a obtenu quelque succès. = RELEVÉ, ÉE. part. S'emploie adjectiv. au sens figuré, et signif. Qui est au-dessus du commun, de l'ordinaire. *Il a reçu une éducation fort relevée. Être d'une condition relevée. Une pensée relevée. Un sujet relevé. Une matière relevée. Avoir des sentiments relevés.* On dit plus ordin., *Avoir des sentiments élevés.* || T. Cuis. *Un ragoût, une sauce d'un goût relevé,* Une sauce, etc., d'un haut goût. || T. Man. *Les airs relevés.* Voy. AIR.

RELEVEUR, EUSE. s. Celui, celle qui relève. = RELEVEUR. adj. m. T. Anat. Se dit de différents muscles dont la fonction est de relever les parties auxquelles ils sont attachés. *Le muscle r. de l'angle des lèvres. Le r. de l'œil.*

RELIAGE. s. m. Action de relier des cuves, des tonneaux, etc.

RELIEF. s. m. (ital. *rilievo,* m. s., du bas lat. *relevium,* du lat. *relevare,* relever). Ouvrage de sculpture ou de gravure, où les figures et les objets représentés font plus ou moins de saillie, mais sont toujours en partie engagés dans le bloc. *Ouvrage de r. Une frise ornée de bas-reliefs.* Voy. BAS-RELIEF, et SCULPTURE. || Se dit de la saillie que présentent certains ouvrages. *Plan en r. Ces ornements n'ont pas assez de r. Cette médaille a beaucoup de r. On grave en creux ou en r. sur les métaux et sur les pierres. Les figures du premier plan de ce tableau ont beaucoup de r.* || Fig., L'éclat que certaines choses reçoivent du voisinage de quelques autres. *Certaines couleurs opposées les unes aux autres se donnent du r. La laideur d'une femme donne du r. à la beauté d'une autre.* || Fig., L'éclat, la considération que donne une dignité, un emploi, une bonne action. *Les emplois qu'il avait occupés donnaient du r. à sa famille. Les auteurs médiocres croient se donner du r. en critiquant les chefs-d'œuvre.* || *Plan en r.* Voy. PLAN. || T. Fortif. La hauteur d'un ouvrage au-dessus du terrain sur lequel il est construit. || T. Jurispr. féod. Indemnité payée au seigneur à toute mutation faite autrement qu'à prix d'argent. — Autrefois, on appelait encore *Relief,* L'ordre du prince qu'obtenait un officier qui avait été absent pour une cause légitime, afin de toucher les appointements échus durant son absence. *Lettres de r.,* Des lettres de réhabilitation de noblesse; et *Lettres de r. d'appel,* ou simpl., *R. d'appel,* Des lettres de la petite chancellerie, qui autorisaient à faire procéder sur l'appel qu'on avait interjeté d'une sentence. = RELIEFS. s. m. pl. Ce qui reste des mets qu'on a servis. *On leur donna les reliefs du festin, les reliefs de la table.* Vx.

RELIER. v. a. (R. *re,* préf., et *lier*). Lier de nouveau, refaire le nœud qui liait et qui est défait. *R. une gerbe, une botte de foin. Cela s'est délié, reliez-le.* || R. un livre, Coudre ensemble les feuilles d'un livre et y mettre une couverture. Absol., *Cet ouvrier relie bien, relie solidement.* Voy. RELIURE. || *R. un tonneau, des futailles,* etc., Remettre, ou simplement, Mettre des cercles, des cerceaux à un tonneau, etc. || Fig., Unir, rapprocher. *Le développement des moyens de communication a pour effet de r. entre eux les peuples les plus éloignés.* = RELIÉ, ÉE. part.

RELIEUR, EUSE. Celui, celle dont le métier est de relier les livres.

RELIGIEUSEMENT. adv. [Pr. *relijieu-ze-man*]. Avec religion. *Vivre très r.* || Exactement, scrupuleusement, ponctuellement. *Observer r. les traités. Je vous garderai r. le secret.*

RELIGIEUX, EUSE. adj. [Pr. *reliji-eu, euze*] (lat. *religiosus,* m. s.). Qui appartient à la religion. *Culte r. Les cérémonies religieuses. Doctrine religieuse. Idées, opinions religieuses. Sentiments r. Des chants r.* || *Un homme r., une femme très religieuse,* Pieux, pieuse, qui vit selon les règles de la religion. || *Mener une vie religieuse,* Une vie conforme aux préceptes de la religion. || Exact, ponctuel, scrupuleux. *Il est r. observateur de sa parole. Il est très r. à garder un secret. Une exactitude religieuse.* || Qui appartient à un ordre régulier. *L'habit r. La vie religieuse. Une maison religieuse.* — *Ordres r.* Voy. ORDRE. = RELIGIEUX, EUSE. s. Se dit des personnes qui se sont engagées par des vœux à suivre une certaine règle autorisée par l'Église. *Les religieux de Saint-Benoît, de Saint-Augustin. Un bon r. Un couvent de religieuses. Prendre l'habit de r., de religieuse.*

RELIGION. s. f. (lat. *religio,* de *religare,* relier, de *re,* préf., et *ligare,* lier). Ensemble de doctrines et de pratiques qui constituent les rapports de l'homme avec la puissance divine. *La r. naturelle. La r. révélée. La r. juive, chrétienne. La r. musulmane ou de Mahomet.* Embrasser, professer, pratiquer une r. *Abandonner, abjurer sa r. Renoncer à sa r. Changer de r. Faire fleurir la r. La r. dominante. Les préceptes, les pratiques d'une r. Mourir pour la r. Toute r. lui est bonne. Il s'est fait une r. à sa guise.* — *La r. réformée,* La r. *prétendue réformée,* ou simplem., *la r.,* Le protestantisme. || Sentiment religieux, foi, croyance, piété. *La r. console, élève, épure l'âme. Il a toujours eu de la r. même dans le temps de ses dérèglements. C'est un homme sans r.* || L'état des personnes engagées par des vœux à suivre une certaine règle autorisée par l'Église. *Ce bénédictin a trente ans de r.*

Choisir une r. Habit de r. Entrer en r., Se faire religieux ou religieuse. *Mettre une fille en r.*, La faire religieuse. — Autrefois, se disait quelquefois absol. en parlant de l'ordre de Malte. *Ce chevalier avait servi tant d'années la r. Les guerres de la r.* || T. Hist. *Les guerres de r.*, les guerres causées par la différence de religion, en particulier celles qui eurent lieu au XVI⁰ siècle entre les Protestants et les Catholiques. || *La r. naturelle*, système de religion, fondé sur la raison et indépendant de toute révélation divine. || Fig., *Se faire une r. d'une chose, s'en faire un point de r.*, S'en faire une obligation indispensable. — *Violer la r. du serment*, Manquer à son son serment, se parjurer. — *Surprendre la r. du prince, la r. des juges, d'un tribunal*, Surprendre la justice du prince, etc., Les tromper par un faux exposé. = Syn. Voy. DÉVOTION.

Philos. — On définit généralement la r. le lien qui unit l'homme à Dieu, et l'on ajoute que ce sens est conforme à l'étymologie du mot qui suivant Lactance et saint Augustin vient du latin *religare*, lier. Au point de vue pratique, une r. est un ensemble de doctrines relatives à Dieu, à l'âme, à la vie future, transmises par tradition et enseignées par un corps de prêtres auxquels les fidèles attribuent une autorité particulière, et un ensemble de préceptes concernant la manière de se conduire et d'honorer la divinité. C'est ainsi qu'il y a eu et qu'il y a encore de nombreuses religions différentes : elles diffèrent par les croyances et les préceptes, c.-à-d. par le *dogme*, la *morale* et le *culte*, qui sont les trois parties essentielles de toute r.

La plupart des philosophes s'accordent à reconnaître que l'homme est, par sa nature, essentiellement religieux. Le fait est qu'on n'a jamais vu une société humaine sans r. Telle était l'opinion des philosophes de l'antiquité. « Chaque ville a sa religion, dit Cicéron ; la nature nous apprend à honorer Dieu, et il n'est personne qui ignore la loi qui le commande. » Plutarque ne s'exprime pas d'une manière moins formelle : « Si vous parcourez la terre, dit-il, vous pourrez trouver des villes sans murs, sans lettres, sans lois, sans palais, sans richesses, sans monnaies, qui ne connaissent ni les gymnases, ni les théâtres. Quant à une ville qui n'ait point de temples et point de dieux, qui ne fasse point usage de prières et de serments, qui n'offre point de sacrifices pour obtenir des biens du ciel, ou détourner les maux dont on est menacé : c'est ce que personne n'a jamais vu. » Lucrèce, de son côté, félicitait Épicure, son maître, d'avoir été le premier qui eût osé s'affranchir de *l'universelle superstition* du genre humain. Chez les peuplades les plus dégradées, on a observé des liniaments, bien imparfaits et bien grossiers, il est vrai, mais non équivoques de r., des pratiques superstitieuses qui leur tenaient lieu de culte.

Cependant l'école matérialiste se refuse à admettre que le sentiment religieux soit inhérent à la nature humaine, et ne veut y voir qu'une tendance superstitieuse dont l'origine serait dans la terreur que l'homme a ressentie en présence des phénomènes naturels qui menaçaient sa vie ou ses biens. C'est dans l'espoir de se soustraire aux dangers qui l'entouraient de toutes parts que l'homme aurait imaginé que ces dangers étaient le fait d'êtres supérieurs qu'on pouvait adoucir par des prières et des sacrifices. Cette explication paraît bien insuffisante, et il semble qu'il y ait autre chose que de la terreur dans le sentiment religieux, même à son origine. On a dit avec plus de raison que le fond du sentiment religieux était dans la *dépendance* où l'homme sent qu'il se trouve vis-à-vis des forces naturelles. Sans doute l'idée de dépendance implique la crainte de ce qui peut nuire ; mais elle implique aussi le sentiment de notre ignorance et le besoin d'expliquer tout ce que nous voyons par des causes plus ou moins surnaturelles. Ce n'est pas seulement parce que l'homme redoute des dangers qu'il devient religieux, c'est aussi, et peut-être davantage, parce qu'il ne comprend pas ce qu'il l'entoure, qu'il veut trouver la cause de ce qu'il voit et la raison de ce qu'il ne peut s'expliquer. En présence de la nature, l'homme se sent écrasé : il a le sentiment de sa faiblesse inéluctable dans l'action comme dans l'intelligence, et sa pensée s'élève, cherchant à pénétrer le mystère qui l'enveloppe ; de là résulte une impression d'humilité, mêlée à une vague admiration pour la grandeur majestueuse du monde, ce qui constitue l'une des formes du sentiment religieux.

Les philosophes matérialistes ajoutent que la r. est destinée à disparaître devant les progrès de la science et de la raison, et ils sont bien obligés à cette affirmation puisque leur doctrine ne peut voir dans les idées religieuses qu'une suite de superstitions. Il est toujours téméraire de chercher à pré-

dire l'avenir ; mais il nous semble que pour que le sentiment religieux disparaisse de l'humanité deux conditions sont nécessaires : il faut qu'une philosophie athée parvienne à établir un système de morale accepté par tous, et qu'une physique solidement établie nous donne une explication complète des phénomènes naturels, et nous fasse connaître l'origine et la destinée du monde d'une manière assez claire pour ne permettre aucune discussion. Il s'en faut de beaucoup que la philosophie et la science aient réalisé ce programme, si tant est qu'elles puissent le réaliser jamais, ce que, pour notre part, nous ne pouvons accepter. Nous nous sommes déjà expliqués en ce qui concerne la morale (Voy. MORALE), et quant à la physique, si loin qu'elle recule les causes des phénomènes, elle placera toujours, à l'origine de toutes choses, une loi ou un phénomène général dont les esprits avides de mystère continueront à demander la cause. Voy. LOI.

En ce qui concerne l'origine et le développement des religions, deux systèmes sont en présence : celui de la *révélation* et celui du *rationalisme*. La *révélation* est l'explication donnée par les théologiens qui affirment que Dieu lui-même a révélé aux hommes les vérités fondamentales de la r. En particulier, les théologiens catholiques enseignent que cette révélation date de la création du premier homme, et que toutes les religions qui se partagent l'humanité émanent de cette révélation primitive dont la plupart des hommes auraient défiguré les enseignements, sous l'influence de leur orgueil et dans l'entraînement de leurs passions. Dans ce système, toutes les religions dites fausses ne seraient que des corruptions de la r. véritable. Au contraire les rationalistes admettent que les religions se sont formées et développées peu à peu, comme toutes les œuvres de l'esprit humain et qu'elles représentent, par leur évolution successive, les diverses étapes qu'a franchies l'intelligence humaine en cherchant à se faire des idées de plus en plus nettes sur la cause première, la morale et la divinité. Nous nous abstiendrons de prendre part à ce débat, et nous nous contenterons de dire que les philosophes rationalistes qui ont étudié l'histoire des religions croient généralement que l'humanité, après avoir débuté par le *fétichisme*, forme la plus grossière du culte des éléments, s'est élevée au *sabéisme*, ou adoration des corps célestes, puis au *polythéisme* panthéiste de l'Inde, ensuite au *polythéisme* grec et romain, pour arriver au *monothéisme* représenté actuellement par le *judaïsme*, l'*islamisme* et le *christianisme*.

Sous le nom de *r. naturelle*, certains philosophes désignent un ensemble de doctrines philosophiques dont les principales sont l'affirmation d'un Dieu tout-puissant créateur de toutes choses, l'immortalité de l'âme et la sanction de la loi morale dans la vie future, et qui sont considérées comme suffisamment établies par la raison humaine en dehors de toute révélation divine. Ce système rejette les miracles et les dogmes des religions particulières, et réduit le culte à sa plus simple expression. C'est à peu de chose près le système des Protestants libéraux. Voy. PROTESTANTISME.

Nous donnons quelques détails sur les diverses religions à leur ordre alphabétique. Voy. BOUDDHISME, BRAHMANISME, CHRISTIANISME, MAHOMÉTISME, MOSAÏSME, POLYTHÉISME, SABÉISME, MYTHOLOGIE, ÉSOTÉRISME, etc.

RELIGIONNAIRE. s. [Pr. relijio-nèrc]. Se disait, dans les guerres de religion, de celui ou celle qui faisait profession de la religion réformée.

RELIGIOSITÉ. s. [Pr. reli-jio-zité] (lat. *religiosus*, religieux). Excès du sentiment religieux. || Disposition pour les sentiments religieux.

RELIMAGE. s. m. Action de relimer.

RELIMER. v. a. Limer de nouveau. || Fig. Polir, retoucher. = RELIMÉ, ÉE. part.

RELIQUAIRE. s. m. [Pr. reli-kère]. Sorte de boîte, d' coffret, etc., où l'on enchâsse des reliques.

RELIQUAT. s. m. [Pr. reli-ka] (lat. *reliquatum*, part. pass. de *reliquare*, forme corrompue de *relinquere*, laisser). Ce qui reste dû après la clôture et l'arrêté d'un compte. *Le r. d'un compte de tutelle. Un vieux r. de compte. Poursuivre le payement de divers reliquats.* — Fig. et fam., *Les reliquats d'un repas, d'un festin*, Ce qui en reste. Vx. || Se dit quelquefois des suites d'une maladie mal guérie, et principalement en parlant des maladies secrètes.

RELIQUATAIRE. s. [Pr. *reli-ka-tère*] (lat. *reliquatum*, reliquat). Celui ou celle qui doit un reliquat. *La tutrice se trouva r. d'une somme assez forte.*

RELIQUE. s. f. (lat. *reliquiæ*, restes, de *relinquere*, laisser, de *re*, préf., et *linquere*, laisser). Ce mot signifie proprement les restes du corps d'un saint; mais il se dit aussi de tout ce qui reste des instruments de la passion de Jésus-Christ, de celle des martyrs, et généralement de ce qui a servi à l'usage des saints, comme leurs habits, leurs ornements sacerdotaux, etc. *R. authentique, supposée. Une précieuse r. Les reliques des saints. Porter des reliques en procession.* — Prov., *Garder une chose comme une r.*, La garder soigneusement. *Elle garde votre lettre comme une r.* On dit de même, *Elle en fait une r., des reliques.* || Fig. et fam., *Je n'ai pas grande foi à ses reliques, je ne prendrai pas ses reliques,* se dit de quelqu'un en qui l'on n'a pas de confiance. || Au plur., *Reliques* pour signifier les restes de quelque chose de grand. *Les tristes reliques de sa fortune.* Vx.

> Ces tombeaux antiques
> Où des rois ses aïeux sont les froides reliques.
>
> RACINE.

RELIRE. v. a. Lire de nouveau. = SE RELIRE. v. pron. Être relu. *Je connais peu de romans qui puissent se r.* || Lire ce qu'on a écrit soi-même. *Un journaliste n'a guère le temps de se r.* = RELU, UE. part.

RELIURE. s. f. (R. *relier*). L'ouvrage d'un relieur, et la manière dont un livre est relié.

Techn. — La *reliure* est destinée à assurer la conservation des ouvrages imprimés ou livres. Elle consiste à assembler, au moyen de coutures, les divers cahiers qui, réunis, doivent constituer le livre, puis à revêtir l'ensemble d'une couverture en carton plus ou moins ornée. Quand les livres sont encore à l'état de feuilles séparées, c.-à-d. lorsqu'ils sont en *blanc*, il faut tout d'abord s'assurer que l'impression n'est pas trop récente de peur d'avoir des décharges d'encre, d'une feuille sur l'autre, lors des opérations subséquentes. C'est seulement après avoir constaté que l'encre d'imprimerie est bien sèche, que commencent les manipulations de la r. proprement dite. On plie les feuilles, on les assemble et on les collationne très le plus grand soin. Quand l'ouvrage est déjà broché, le pliage devient inutile; il suffit alors de procéder au *collationnement*. Ces opérations préliminaires terminées, l'ouvrier relieur, après avoir égalisé les cahiers, prend un certain nombre de ceux-ci de manière à en former des paquets distincts ou *battées*, et successivement les uns après les autres en se servant d'un marteau dont les côtés de la panne sont arrondis pour éviter les déchirures du papier, il les bat; c'est ce qui constitue la *batture*. Chaque paquet est placé pour la batture sur une pierre spéciale appelée *pierre à battre* et qui est faite d'un bloc rectangulaire ou cubique de *liais*, de préférence à une masse de fonte ou de marbre. En effet, tout en étant très résistant au choc, le liais est très lisse, ce qui offre un grand avantage pour la régularité de la batture, qui a pour objet de régulariser les cahiers tout en diminuant leur épaisseur. Cependant les cartes, les plans et les gravures ne sont pas soumis à cette opération dans la crainte de détériorer le dessin par écrasement.

L'ouvrier, cette manipulation terminée, replace par ordre les paquets les uns sur les autres, de manière à rétablir l'ensemble du volume. Il assujettit le tout entre deux planchettes, nommées *membrures*, en laissant sortir de trois ou quatre millimètres le dos du livre. Les membrures sont fortement serrées sur les cahiers et le relieur pratique sur ce dos des entailles ou *grecques* perpendiculaires aux feuilles du livre, et à égale distance les unes des autres. Dans chacune de ces entailles, il introduit de petites cordelettes ou *nerfs* qui, ultérieurement, serviront à maintenir la couverture du volume. Ces grecques se font au moyen d'une scie à main qu'on appelle aussi *grecque*. Enfin, on donne le nom de *grécage* à cette double opération. On doit, autant que faire se peut, ne pas multiplier les grecques, car, bien que nécessaires, ces entailles nuisent, si elles sont trop nombreuses et trop répétées, à la solidité de la r.

Dès que le grécage du livre est terminé, celui-ci est muni d'*onglets* ou *sauvegardes* qui sont deux bandes de papier blanc, ayant la longueur du livre et doublées dans le sens de leur longueur. Elles sont cousues dans le pli ménagé en tête et en queue du livre pour garantir les *gardes* pendant le travail de r. Ces onglets s'enlèvent quand le travail est à peu près terminé.

Le volume est alors remis aux *couseuses*, ouvrières qui attachent entre eux les nerfs, en faisant usage d'un instrument appelé *cousoir*, sorte de table surmontée d'une traverse horizontale à l'aide de laquelle elles tendent les nerfs verticalement et relient les feuilles à ces derniers par un fil qui traverse le milieu du dos de livre et qui s'attache à chacun de ces nerfs. Le travail des ouvrières est achevé et le relieur s'empare de nouveau du livre; après avoir collé les gardes, c.-à-d. les deux feuilles de papier dont l'une précède le titre du livre, et l'autre suit immédiatement la fin de la table des matières, l'ouvrier prend des feuilles de carton épais coupées à dimensions voulues au moyen d'un massicot; il en attache une de chaque côté du volume au moyen des extrémités des nerfs, en faisant passer chacune d'elles dans des trous percés préalablement près du bord postérieur des cartons; il exécute ainsi ce que l'on nomme le *passage en carton*.

Le relieur procède alors à l'*endossure* du livre; il le place entre deux ais qu'une presse à main serre fortement et il recouvre le dos du livre de plusieurs couches successives de colle, après quoi, il procède à la *rognure* qui se fait au moyen d'une sorte de couteau appelé *rognoir* avec lequel il égalise l'extrémité des feuilles opposées au dos. Le plus souvent il fait usage pour cette opération d'une petite presse dite *presse à rogner*. Les parties des feuilles ainsi rognées prennent le nom de *tranches*. La rognure faite, l'ouvrier abat légèrement chacun des quatre angles du carton, il *fait le mors*, dans le but de permettre au livre de s'ouvrir plus facilement lorsqu'il sera entièrement relié; il forme ensuite la *gouttière* en faisant usage d'un outil appelé *poinçon à endosser* et dont il se sert pour repousser vers le dos chacune des feuilles de manière à donner à ce dos une forme bombée et une forme concave à la tranche qui lui est parallèlement opposée; puis, il *fait les tranches*, en les dorant ou les jaspant; en dernier lieu, il *fait la coiffe* en attachant aux deux extrémités du dos du livre de petits rouleaux de papier appelés *tranchefiles* ornés le plus souvent de fils de soie diversement colorés. Cette adjonction a pour effet de consolider la couverture et d'assujettir les cahiers. C'est au rouleau au *crieur* qu'est attaché le ruban appelé *signet* et qui sert au lecteur à marquer l'endroit du livre où il a suspendu sa lecture.

Il ne reste plus alors, pour terminer la r., qu'à coller sur le dos du volume un rectangle de cuir, d'étoffe ou de papier de la hauteur du livre et à coller du papier sur les cartons, puis, en dernier lieu, à imprimer sur le dos le titre et les jolivements qu'on y met habituellement. Les titres se font avec des feuilles d'or sur lesquelles on appuie fortement avec des poinçons de cuivre portant en relief les lettres et les chiffres convenables. Les ornements s'exécutent de la même manière avec des outils nommés *petits fers*, qui portent les dessins en relief. Toutefois, ceux de très grande dimension s'appliquent non pas avec des instruments de ce genre, parce que leur emploi serait trop long et trop dispendieux, mais avec des plaques gravées sur lesquelles on agit avec une presse ou un balancier. Dans ce cas, ils sont habituellement faits d'avance, et le relieur n'a qu'à coller la pièce de toile ou de peau qui en a été revêtue.

On distingue plusieurs espèces de r. On appelle r. *pleine* celle où la couverture en entier, dos et plats, est faite de peau, tandis qu'on donne le nom de *demi-r.* à la r. où le dos seul est de peau, le reste étant couvert de papier. On remplace aussi quelquefois la peau par de la toile, du soie, du velours, du maroquin, de la basane, etc. La r. est dite à *nervures* quand les cordelettes ou nerfs font saillie sur le dos; et *à la grecque* quand elles sont noyées dans les entailles, ce qui fait que le dos reste uni à la couverture. La r. est *à dos plein* ou *fixe*, quand la peau qui recouvre le dos tient au cahier; et *à dos brisé*, quand elle n'y tient pas. Dans ce dernier cas, la peau est collée sur une bande de carte introduite entre cette peau et le dos du livre auquel le dos n'adhère pas; par ce moyen, le volume peut s'ouvrir complètement sans revenir sur lui-même. La r. ou cartonnage *à la Bradel*, du nom du relieur qui l'avait mise à la mode est une variété de r. à dos brisé, où la tranche du livre n'est pas rognée, et dont le dos et les cartons ne sont couverts que de papier. La r. dite *anglaise* est un *emboîtage* recouvert d'une toile façonnée de manière à imiter la peau. Ce genre a sur la vraie r. l'avantage du bon marché; mais il offre peu de solidité, en général les cartons n'adhèrent au volume que par le simple collage des gardes.

De nos jours, on a introduit dans l'art de la r. divers

précédés mécaniques. On a créé des machines propres à
exécuter la rognure et l'endossure ; mais ces appareils sont
trop compliqués pour les ateliers ordinaires : ils ne peuvent
être de quelque avantage que dans les grands établissements
où l'on confectionne à la fois des centaines de volumes de
même format et de même épaisseur.

L'art de la r. qui se prête à une décoration artistique a
été cultivé avec succès dès le moyen âge. Les relieurs français se sont toujours distingués par le bon goût et l'élégance
de leurs produits.

RELOCATION. s. f. [Pr. *reloka-sion*] (R. *re*, préf., et
location). Acte par lequel on reloue, on sous-loue une chose.
Le principal locataire fait des relocations. On dit ordinair., *Sous-location.*

RELOGER. v. a. (R. *re*, préf., et *loger*). Rétablir quel-
qu'un dans son ancien logement. || v. n. Être logé de nouveau.
= RELOGÉ, ÉE. part.

RELOUAGE. s. m. Temps ou le hareng fraye (fin décembre).

RELOUER. v. a. Louer de nouveau. *A l'expiration de
mon bail, j'ai demandé au propriétaire qu'il me reloût
l'appartement.* || Sous-louer ; louer à d'autres une partie de
ce qu'on a loué. *J'ai loué un grand appartement ; mais
j'en relouerai une partie.* = RELOUÉ, ÉE. part.

RELUIRE. v. n. (R. *re*, préf., et *luire*). Briller, luire en
réfléchissant la lumière. *Toutes les surfaces polies reluisent
et renvoient la lumière. Tout est bien frotté dans cette
maison, tout y reluit jusqu'au plancher.* — Fig. et prov.,
Tout ce qui reluit n'est pas or. Souvent les apparences sont
trompeuses ; ce qui a beaucoup d'éclat n'est pas toujours ce
qui est le plus solide. || Fig., Paraître avec éclat. *La vertu
reluit davantage dans l'adversité.*

Joas les touchera par sa noble pudeur
Où semble de son sang reluire la splendeur.
                                        RACINE.

RELUISANCE. s. f. [Pr. *relui-zanse*]. État de ce qui reluit.

RELUISANT, ANTE. adj. [Pr. *relui-zan*]. Qui reluit. *Des
armes reluisantes.* || *On voit qu'il a bien dîné ; il a le
visage tout r.*, Il a le visage rouge, animé.

RELUQUER. v. a. [Pr. *relu-ker*] (R. *re*, préf., et l'anc.
fr., *lonquer*, *luquer*, regarder qui est d'orig. germ. : angl.
to look, all. *lugen*, m. s.). Lorgner curieusement du coin de
l'œil. *Il reluque bien cette femme.* || Fig., *Il reluque cette
terre, cette maison, cet héritage*, Il a des vues sur cette
terre, etc., il aspire à en devenir propriétaire. = RELUQUÉ, ÉE.
part. Ce mot ne s'emploie que dans le langage le plus familier.

RELUTTER. v. n. [Pr. *relu-ter*]. Lutter de nouveau.

REMÂCHEMENT. s. n. [Pr... *che-man*]. Action de
remâcher.

REMÂCHER. v. a. Mâcher une seconde fois. *Les rumi-
nants remâchent ce qu'ils ont déjà mâché.* || Fig. et fam.,
Repasser plusieurs fois dans son esprit. *J'ai longtemps
remâché cette phrase avant de l'écrire.* = REMÂCHÉ,
ÉE. part.

REMAIGRIR v. n. (R. *re*, préf., et *maigrir*). Devenir
maigre de nouveau.

REMAILLAGE. s. m [Pr. les *ll* mouillées]. Action de remailler, opération de chamoiserie qui consiste à enlever le
reste de l'épiderme des peaux préparées.

REMAILLER. v. a. [Pr les *ll* mouillées] (R. *re*, préf., et
maille). Exécuter le remaillage. || *R. un mur* En boucher les
trous avec des pierres et du mortier. = REMAILLÉ, ÉE. part.

RÉMAILLER. v. a [Pr les *ll* mouillées] (R. *re*, préf., et
émailler]. Émailler de nouveau = RÉMAILLÉ, ÉE. part.

RÉMALARD. ch. l. de c. (Orne), arr de Mortagne ;
1,700 hab.

REMANGER. v. a. Manger de nouveau.

REMANIABLE. adj. 2 g. Qui peut être remanié.

REMANIEMENT ou **REMANÎMENT.** s. m. [Pr. *remani-
man*]. Action de remanier, ou le résultat de cette action. *R.
d'un toit, d'un pavé.* || T. Typogr. Le travail qu'on fait, lors-
qu'on change des pages composées, de petit en grand, de
grand en petit, ou lorsqu'on est obligé, soit par la faute du
compositeur, soit par les changements indiqués sur l'épreuve,
de morceler ou de reformer plusieurs lignes de suite, ou de
transporter des lignes d'un endroit dans un autre. *Ces cor-
rections exigeront un long r., de nombreux remanie-
ments.*

REMANIER. v. a. Manier à plusieurs reprises. *Il a
manié et remanié ces étoffes, sans se décider à faire un
choix.* || En parlant de certains ouvrages, les raccommoder,
les changer, les refaire. *R. un pavé, le pavé, R. la couverture d'une maison.* — T. Typogr. Faire un remaniement.
Cette page est à r. Il faudra r. plusieurs lignes. Voy.
REMANIEMENT. || Fig., se dit aussi des ouvrages d'esprit,
lorsque, on les retouchant, on y fait des changements considérables. *Il y a dans cette tragédie deux ou trois scènes
qu'il faudrait r. Cet ouvrage a besoin d'être remanié.*
= REMANIÉ, ÉE. part.

REMANIEUR. s. m. Celui qui remanie.

REMANÎMENT. s. m. Voy. REMANIEMENT.

REMARCHANDER. v. a. Marchander de nouveau. =
REMARCHANDÉ, ÉE. part.

REMARIAGE. s. m. Action de se remarier ; second
mariage.

REMARIER. v. a. Marier de nouveau. *Sa fille était veuve,
il vient de la r.* = SE REMARIER, se marier de nouveau. *Il est tenté de se r.* = REMARIÉ, ÉE. part.

REMARQUABLE. adj. 2 g. [Pr. *remar-kable*]. Qui se
fait remarquer, qui est digne d'être remarqué. *Événement,
phénomène, action r. Défauts, qualités remarquables.
Une femme r. par sa laideur. Il y a des beautés remarquables dans cet ouvrage. Citer un passage r. C'est un
homme r., d'un talent r.*

REMARQUABLEMENT. adv. [Pr. *remar-kable-man*].
D'une manière remarquable. *Cette femme est r. belle, r
laide.*

REMARQUE. s. f. [Pr. *remar-ke*] (R. *remarquer*). Observation singulière sur quelqu'un, sur quelque chose, *R. utile,
judicieuse, importante. R. curieuse. J'en avais fait la r.
Faire de bonnes remarques. Les remarques de Vaugelas
sur la langue française.* — Fam., *Ma r. subsiste*, Les
objections qu'on a faites ne la détruisent pas.

REMARQUER. v. a. [Pr. *remar-ker*]. Marquer de nouveau. *On avait déjà marqué ces pièces de vin, on les a
remarquées.* || Observer quelque chose, faire attention à
quelque chose. *R. le chemin. Remarquez la beauté de cet
édifice. Remarquez bien ce passage. J'ai remarqué de
fort belles choses dans cet auteur. Remarquez bien où il
entrera. C'est un homme qui remarque tout. Il est à r.
que. Je vous prie r.* || Distinguer parmi plusieurs
autres personnes ou plusieurs autres choses. *J'ai remarqué
un tel dans la foule.*

Entre les plus grands rois il se fit remarquer.
                                        RACINE.

*Il s'est fait r. dans tous les combats où il s'est trouvé.
Je le remarquai à une cicatrice qu'il a sur la lèvre.* =
REMARQUÉ, ÉE. part. = Syn. Voy. OBSERVER.

REMARQUEUR. s. m. Celui qui remarque.

REMASTIQUER. v. a. Mastiquer de nouveau. = REMASTI-
QUÉ, ÉE. part.

REMAUDIRE. v. a. Maudire de nouveau. = REMAUDIT, ITE.
part.

REMBALLAGE. s. m. [Pr. *ran-ba-laje*]. Action de remballer.

REMBALLER. v. a. [Pr. *ran-ba-ler*] (R. *re*, préf., et *emballer*). Remettre ses marchandises en balle, en ballot. = REMBALLÉ, ÉE. part.

REMBARQUEMENT. s. m. [Pr. *ran-barke-man*]. Action de rembarquer.

REMBARQUER. v. a. [Pr. *ran-barker*] (R. *re*, et *embarquer*). Embarquer de nouveau. *R. des marchandises. On a rembarqué les troupes qu'on avait été obligé de débarquer à cause du mauvais temps.* = SE REMBARQUER, v. pron. Se mettre de nouveau sur mer. *Il s'est rembarqué sur le même navire.* || Fig. et fam., Se hasarder de nouveau à une chose. *Se r. au jeu. Il s'est rembarqué dans cette affaire.* = REMBARQUÉ, ÉE. part.

REMBARRER. v. a. [Pr. *ran-ba-rer*] (R. *re*, préf., et *embarrer*). Repousser vigoureusement. Peu usité au propre. || Fig. et fam., *R. quelqu'un*, Repousser, rejeter avec fermeté, avec indignation, les discours qu'il tient, les propositions qu'il fait. *Il parlait mal de mon ami, je l'ai rembarré. Il prétend soutenir cette proposition, il sera bien rembarré.* = REMBARRÉ, ÉE. part.

REMBÂTER. v. a. [Pr. *ran-bâter*] (R. *re*, préf., et *embâter*). Remettre le bât. = REMBÂTÉ, ÉE. part.

REMBELLIR. v. a. [Pr. *ran-bè-lir*] (R. *re*, préf., et *embellir*). Rendre plus beau. = REMBELLI, IE. part.

REMBLAI. s. m. [Pr. *ran-blè*] (R. *remblayer*). Terre rapportée pour élever un terrain ou pour combler un creux. *On a employé bien du r. pour faire cette digue.* || L'ouvrage fait au moyen de terres rapportées. *On a fait un r. dans ce vallon.*

REMBLAVER. v. a. [Pr. *ran-blaver*] (R. *re*, préf., et *emblaver*). Semer de nouveau. = REMBLAVÉ, ÉE. part.

REMBLAVURE. s. f. [Pr. *ran-blavure*] (R. *remblaver*). Terre emblavée deux fois.

REMBLAYER. v. a. [Pr. *ran-blè-ier*] (R. *re*, préf., et *emblayer* qui dit le contraire de *déblayer*). Apporter des terres pour faire un terrassement ou pour combler un creux. *R. une chaussée. R. un fossé.* = REMBLAYÉ, ÉE. part. — Conj. Voy. PAYER.

REMBOÎTEMENT. s. m. [Pr. *ran-boua-teman*]. Action de remboîter, ou le résultat de cette action.

REMBOÎTER. v. a. [Pr. *ran-boua-ter*] (R. *re*, préf., et *emboîter*). Remettre en sa place ce qui était désemboîté. *R. des pièces de menuiserie.* = SE REMBOÎTER. v. pron. *L'os s'est remboîté de lui-même.* = REMBOÎTÉ, ÉE. part.

REMBOURRAGE. s. m. [Pr. *ran-bou-raje*]. Action de rembourrer. || Matière dont on rembourre.

REMBOURREMENT. s. m. [Pr. *ran-boure-man*]. Action de rembourrer; le résultat de cette action.

REMBOURRER. v. a. [Pr. *ran-bou-rer*] (R. *re*, préf., et *embourrer*). Garnir de bourre, de crin, etc. *R. un bât, une selle, des fauteuils.* = REMBOURRÉ, ÉE. part. || Fig. et fam., *Un siège, un matelas rembourré avec des noyaux de pêches*, Un siège, un matelas très dur.

REMBOURROIR. s. m. [Pr. *ran-bou-rouar*]. Outil qui sert à rembourrer.

REMBOURRURE. s. f. [Pr. *ran-bou-rure*]. Bourre en crin qui sert à rembourrer.

REMBOURSABLE 2 g. [Pr. *ran-boursable*]. Qui doit être remboursé, ou qui est susceptible d'être remboursé. *Cette rente, ce capital est r. dans dix ans.*

REMBOURSEMENT. s. m. [Pr. *ran-bourse-man*]. Action de rembourser; payement qui se fait pour rendre une somme que l'on doit *Faire, recevoir un r. Le r. d'une rente. On a assigné son r. sur telle recette.*

REMBOURSER. v. a. [Pr. *ran-bour-ser*] (R. *re*, préf., et *embourser*). Rendre à quelqu'un l'argent qu'il a déboursé ou avancé. *R. une somme. R. un contrat, une obligation. R. un cautionnement. On l'a remboursé de ses frais. On supprima sa charge et on le remboursa. J'ai été remboursé.* — *R. une rente*, En acquitter le principal. || Fig. et fam., *R. des épigrammes, de mauvais compliments, des injures, des coups de poing, un soufflet, un coup d'épée*, etc., Les recevoir sans rien dire. = SE REMBOURSER, v. pron. Se payer. *Vous vous rembourserez de vos avances sur la somme que vous avez à moi. Il s'est remboursé par ses mains.* = REMBOURSÉ, ÉE. part.

REMBRANDT, célèbre peintre et graveur à l'eau-forte, né à Leyde (1608-1669) ; ses principaux chefs-d'œuvre sont *la Ronde de nuit*, *Tobie et sa famille*, le *Samaritain*, les *Pèlerins d'Emmaüs*.

REMBRASER. v. a. [Pr. *ranbra-zer*] (R. *re*, préf., et *embraser*). Embraser de nouveau. = REMBRASÉ, ÉE. part.

REMBRUNIR. v. a. [Pr. *ran-brunir*] (R. *re*, préf., et *embrunir*). Rendre brun, rendre plus brun. *Le fond de ce tableau est trop clair, il faut le r.* || Fig., Attrister, rendre sombre. *Cette nouvelle a rembruni mes idées, mon imagination. Cela lui a rembruni le visage.* = SE REMBRUNIR. v. pron. Devenir brun, sombre. *Une couleur qui se rembrunit. Mes idées se rembrunissaient. A ces mots, son front se rembrunit.* = REMBRUNI, IE. part. *Des tons rembrunis.* || Fig., *Un air, un front rembruni*, Un air sombre et triste.

REMBRUNISSEMENT. s. m. [Pr. *ran-bruni-se-man*]. État de ce qui est rembruni, de ce qui s'est rembruni. *Le r. d'un tableau.*

REMBUCHEMENT. s. m. [Pr. *ran-buche-man*]. T. Vén. Rentrée de la bête dans son fort.

REMBUCHER. v. a. [Pr. *ran-bucher*] (R. *re*, préf., et *embûcher*). Faire rentrer la bête dans le bois. = SE REMBUCHER. v. pron. Se dit des bêtes sauvages lorsqu'elles rentrent dans le bois. *La bête s'est rembuchée.* = REMBUCHÉ, ÉE. part.

REMÈDE. s. m. (lat. *remedium*, m. s., de *re*, préf., et *mederi*, soigner, guérir). Se dit de toute substance ou préparation employée pour combattre une maladie. *R. doux, violent, innocent, bénin. R. souverain, efficace, infaillible. R. héroïque. Prendre, appliquer un r., des remèdes. User d'un r. Son mal tient bon contre tous les remèdes. On a eu recours aux derniers remèdes.* — Prov., *Il y a r. à tout, fors à la mort. Aux grand maux les grands remèdes. Le r. est pire que le mal.* Famil., *Être dans les remèdes, se mettre dans les remèdes*, Prendre des remèdes, commencer un traitement. — *R. de bonne femme*, Remède simple et populaire. Famil., *Le grand r.*, Le mercure, qui se donne pour la guérison des affections vénériennes. *Il a passé par le grand r., par les grands remèdes.* || Se dit quelquefois pour désigner un lavement. *Prendre un r. Rendre un r. Il a gardé longtemps son r.*

> L'une chauffe un bouillon, l'autre apprête un remède.
> BOILEAU.

|| Par ext., se dit des moyens hygiéniques qui peuvent concourir au traitement d'une maladie. *La diète, l'exercice, le bon air, la gaieté, sont d'excellents remèdes.* || Fig., Ce qui sert à guérir les maladies de l'âme. *Le travail est le meilleur r. contre l'ennui. La connaissance de soi-même est un r. contre l'orgueil.*

> Elle ne put trouver de remède à l'amour.
> LA FONTAINE.

— Prov., on dit d'une femme vieille ou laide, *C'est un r. d'amour.* || Fig., ce qui sert à prévenir, à surmonter, à faire cesser quelque malheur, quelque inconvénient, quelque disgrâce. *On ne saurait apporter r., apporter du r. à tous les inconvénients. Le mal est fait, il n'y a point de r. Son malheur est sans r.* || T. Monn. Tolérance de poids dans les monnaies. Voy. MONNAIE. — Syn. Voy. MÉDICAMENT.

Législ. — La législation française interdit la vente et l'annonce des *Remèdes secrets*, c.-à-d. de toute préparation qui n'est pas inscrite au Codex, ou qui n'a pas été composée par un pharmacien, sur l'ordonnance d'un médecin, pour un cas particulier, ou qui n'a pas été spécialement autorisée par le gouvernement. Toutefois les remèdes reconnus nouveaux et utiles par l'Académie de médecine, et dont les formules ont été publiées dans son bulletin, avec l'assentiment des inventeurs ou possesseurs, ne sont pas regardés comme remèdes secrets, et leur vente est permise aux pharmaciens. Tout individu qui vend ou annonce des remèdes non autorisés, qu'il soit pharmacien ou non, est passible d'une amende de 25 à 600 francs, et, de plus, en cas de récidive, d'un emprisonnement de 3 à 10 jours. Ajoutons que la loi du 5 juillet 1844 déclare les compositions pharmaceutiques non susceptibles d'être brevetées.

REMÉDIABLE adj. 2 g. A quoi l'on peut remédier.

REMÉDIEMENT. s. m [Pr. *remédi-man*]. Action de remédier.

REMÉDIER. v. n. (lat. *remediare*, m. s., de *re*, préf., et *mederi*, soigner). Apporter remède, du remède. *Avec un bon régime, on remédie à la plupart des incommodités.* || Fig., *R. à une faute, à un inconvénient.*

Chacun a son défaut où toujours il revient,
Honte ni peur n'y remédie.
LA FONTAINE.

Il faut r. promptement à ce désordre. Le désespoir ne remédie à rien. = Conj. Voy. PRIER.

REMÉFAIRE. v. n. Méfaire de nouveau.

REMÊLER. v. a. Mêler de nouveau. *Il faut r. les cartes.* = REMÊLÉ, ÉE. part.

REMÊLEUSE. s. f. [Pr. *remêleu-ze*]. Mécanisme du broyage de chocolat. On dit plutôt *mélangeur.* Voy. CHOCOLAT.

REMEMBRANCE. s. f. [Pr. *reman-branse*] (anc. fr. *remembrer*, qui est le même que remémorer). Souvenir. Vieux et inusité.

REMEMBRER. v. a. [Pr. *reman-brer*] (lat. *rememorare*, m. s.). Remettre en mémoire. Vx. = SE REMEMBRER, v. pron., Se souvenir.

REMÉMORATIF, IVE. adj. (R. *remémorer*). Qui sert à rappeler la mémoire. *Un signe r. Une fête remémorative.* Peu us.

REMÉMORATION. s. f. [Pr ...sion]. Action de remémorer.

REMÉMORER. v. a. (P. *re*, préf., et lat. *memorari*, se souvenir). Remettre en mémoire. *Je vais vous r. tout ce qui se passa dans cette bataille.* Fam. || *Se r. quelque chose,* Le rappeler dans sa mémoire. *Je vais tâcher de me r. ce que vous dites.* Fam. = REMÉMORÉ, ÉE. part.

REMENACER. v. a. Menacer de nouveau. = REMENACÉ, ÉE. part.

REMENER. v. a. (R. *re*, préf., et mener). Mener, conduire une personne, un animal au lieu où il était auparavant. *Vous l'avez pris à sa pension, vous l'y remènerez. Remenez cet enfant à son père. Remenez-la chez elle. Remenez ce cheval à son maître, à l'écurie.* || En parlant des choses, les revoiturer au lieu où elles étaient auparavant. *Il avait mené des marchandises à la foire, il a été obligé de les r. à son magasin.* = REMENÉ, ÉE. part.

REMERCIEMENT ou **REMERCÎMENT** s. m. [Pr. *mersî-man*] (R. remercier). Action de grâces, discours par lequel on remercie. *Discours de r. Lettre de r. Faire un r. Cela vaut bien un r. Je vous fais mes remerciements de ce que vous avez bien voulu.... Je vous dois mille remerciements pour les soins que vous avez pris de mon affaire. Recevez, agréez mes sincères remerciements.*

REMERCIER. v. a. (R. *re*, préf., et l'anc. verbe mercier, de merci) Rendre grâce. *Je vous remercie de la bonté que vous avez eue. Vous m'avez rendu un service essentiel, je*

ne puis assez vous en r. *Il ne l'a pas seulement remercié.*

Venez remercier un père qui vous aime.
RACINE.

|| En parlant d'offres, de propositions, etc., *Remercier* se dit souvent pour refuser, ne pas accepter. *Il a demandé cette demoiselle en mariage; on l'a remercié. Je l'ai remercié de ses offres. Il voulait me donner telle chose, je l'en ai remercié.* — Fam. et ironiq, *Je vous remercie de vos conseils,* se dit pour marquer qu'on n'est pas disposé à les suivre. || Congédier, révoquer, destituer quelqu'un honnêtement. *Il exerçait tel emploi, mais il vient d'être remercié. Plusieurs officiers de l'armée ont été remerciés. Le ministre faillit être remercié.* = REMERCIÉ, ÉE. part. = Conj. Voy. PRIER.

REMERCÎMENT. s. m. Voy. REMERCIEMENT.

RÉMÉRÉ. s. m. (lat. *re*, de nouveau; *emere*, acheter). T. Jurispr. Se dit d'une vente avec faculté de rachat. Voy. VENTE.

REMESURER. v. a. [Pr. *remezu-rer*]. Mesurer de nouveau. = REMESURÉ, ÉE. part.

REMÉTRER. v a. Métrer de nouveau. = REMÉTRÉ, ÉE. part.

REMETTAGE. s. m. [Pr. *remè-taje*] (R. *remettre*). T. Techn. Action de passer les fils dans les maillons.

REMETTEUR. s. m. [Pr. *remè-teur*]. Celui qui fait des remises d'argent.

REMETTEUSE. s. f. [Pr. *remè-teuze*] (R. *remettre*). Ouvrière en soie qui change la disposition du milieu quand la nouvelle chaîne est formée de plus de fils que la précédente.

REMETTRE. v. a. [Pr. *remè-tre*] (R. *re*, préf., et *mettre*). Mettre une chose au même endroit où elle était auparavant. *R. un livre en sa place, à sa place. R. l'épée dans le fourreau.* — Par anal., on dit : *R. un os, un membre à sa place.* On lui a remis le bras, le poignet. || Mettre de nouveau. *R. à la voile. R. une armée sur pied. R. en vente. R. une chose en question. R. une affaire au rôle, R. quelqu'un dans le bon chemin, sur la voie.* — *R. une chose à quelqu'un devant les yeux, sous les yeux,* La représenter, la remontrer, la faire considérer de nouveau. — *Se r. quelque chose, se r. quelqu'un,* S'en souvenir, S'en rappeler l'idée, le souvenir. *Quand je me remets l'état où je l'ai vu. Je ne me remets point votre nom, votre visage. Je me remets fort bien cette personne.*

Plus je vous envisage
Et moins je me remets, Monsieur, votre visage.
RACINE.

|| Rétablir les personnes, les choses dans l'état où elles étaient auparavant. *L'arrêt l'a remis dans tous ses biens, dans tous ses droits. Il faudra r. les choses dans l'état où vous les avez pris. R. une chose en usage, en honneur, en crédit. R. bien ensemble des personnes qui étaient brouillées,* les réconcilier, les raccommoder. — Rétablir la santé, redonner des forces. *L'hydrothérapie l'a tout à fait remis.* — Rassurer, faire revenir du trouble, de la frayeur où l'on était. *Ce que vous lui avez dit lui a un peu remis l'esprit.*

Souffrez que la raison remette vos esprits.
CORNEILLE.

On a eu bien de la peine à la r. de la frayeur qu'elle éprouvait. || Rendre une chose à quelqu'un à qui elle appartient ou à qui elle est destinée. *On lui a remis sa montre qui lui avait été volée. On a remis aux enfants le bien de leur mère. R. un fils entre les mains de son père. R. un paquet, un ballot à celui à qui il est adressé.* — *R. une charge, etc., entre les mains de celui à qui il appartient d'y pourvoir. Il remit sa charge entre les mains du roi. On dit de même, Le chancelier a remis les sceaux,* Il a reçu ou il a donné sa démission. — T. Comm. *R. de l'argent dans une ville,* Y faire tenir de l'argent par lettre de change ou autrement. *Il a fait r. vingt mille francs à Bordeaux.* || Mettre comme en dépôt, confier au soin, à la prudence de quelqu'un. *Je lui ai remis entre les mains tout l'argent que j'avais, tout ce que j'avais. Je remets tous mes intérêts entre vos mains. En quittant l'armée, il remit le commandement à un tel. Il serait peu sage de r. au sort la décision d'une affaire si importante.* — *R. une affaire à quelqu'un,* Lui en confier l'inspection, la disposition. *R. une affaire au jugement, à la décision de quelqu'un,* Consentir qu'elle soit réglée suivant qu'il en décidera. — *R. un criminel entre les mains de la justice,* Le livrer aux tribunaux. || Différer, renvoyer à un autre temps. *On a remis la partie à demain. Je remets à une autre fois à vous instruire du détail de cette affaire. Il remet ses créanciers de mois en mois. La cause est remise.* || Obliger à recommencer une étude, un apprentissage, un exercice. *R. quelqu'un à l'A b c. On l'a remis aux premiers éléments.* — A différents jeux, on dit, *Il faut r. la partie, la partie est remise,* Lorsqu'une partie reste indécise, de manière qu'on soit obligé de recommencer. Fig. et fam., on dit aussi, *La partie est remise,* Il faut recommencer comme s'il n'y avait rien de fait. || Faire grâce à une personne de quelque chose qu'on était en droit d'exiger d'elle. *Sur mille écus qu'il devait, on lui en a remis cinq cents. Payez-moi le capital, je vous remets les intérêts.* En Théol., *L'absolution sacramentelle remet la coulpe, mais elle ne remet pas toujours la peine.* — Au jeu d'échecs, *R. un coup à quelqu'un,* L'autoriser à recommencer un coup qu'il avait mal joué. || Pardonner. *Je lui remets de bon cœur toutes les offenses qu'il m'a faites.* Dans l'Écriture sainte, *Remettez et il vous sera remis,* Si vous pardonnez les offenses que vous avez reçues, Dieu vous pardonnera vos péchés. = SE REMETTRE. v. pron. Se mettre de nouveau. *Se r. à table. Se r. au lit. Se r. en route, en marche. Se r. en mer. Il s'est remis au régime, au travail, au jeu. Se r. à travailler, à étudier, à marcher.* || *Se r. en prison,* Se constituer prisonnier. || *Se r. bien avec quelqu'un,* Se réconcilier avec lui, regagner ses bonnes grâces. || *Se r. entre les mains de quelqu'un,* Avoir recours à lui en se mettant à sa disposition. *Il se remet entièrement entre vos mains et vous laisse disposer de son sort.* Il signifie aussi être prêt à faire tout ce qui conviendra à la personne entre les mains de qui on se remet. *Il se remet entre vos mains et ne fera que ce que vous voudrez.* On dit de même, *Se r. entre les mains de Dieu, entre les mains de la Providence,* Se résigner, s'abandonner entre les mains de Dieu. || *Se r. de quelque chose à quelqu'un,* et plus ordin., *S'en r. à quelqu'un,* S'en rapporter à lui, à ce qu'il dira, à ce qu'il fera. *Je me remets à ce que vous dira mon frère. Je m'en remettrai à qui vous voudrez. Il s'en est remis à lui sur de tous ces détails.* On dit aussi, *Je m'en remets au jugement, à la décision de telle personne.* || *Se r.,* signifie encore, recouvrer la santé, les forces; rétablir ses affaires après une perte; et se rassurer, revenir de son trouble, de sa frayeur, de son agitation; dans ces significations, il s'emploie souvent absol. *Il a eu bien de la peine à se r. de sa maladie. J'ai été six mois à me r. Il perdait beaucoup, mais il commence à se r. Elle ne saurait se r. de son affliction. Elle changea de visage en le voyant, mais aussitôt elle se remit. Allons, calmez-vous, remettez-vous.* || T. Chasse. On dit qu'*Une perdrix se remet,* s'est remise en tel endroit, pour signifier qu'après avoir fait son vol elle s'est abattue en cet endroit. *Elle vient de se r. Je l'ai vue r. je l'ai vue se r. vers le bord du bois.* = REMIS, ISE. part. — Syn. Voy. RESTITUER.

REMEUBLER. v. a. (R. re, préf., et *meubler*). Regarnir de meubles. *Il a fait r. sa chambre.* = REMEUBLÉ, ÉE. part.

REMI (saint), archevêque de Reims, baptisa Clovis en 496 (437-533). — Fête le 1er octobre.

REMIFÈRE. adj. 2 g. (lat. *remus*, rame; *fero*, je porte). T. Hist. nat. Qui porte des parties en forme de rame.

RÉMIGE. s. f. (lat. *remex, remigis*, celui qui rame, de *remus*, rame). T. Ornith. Pennes de l'aile. Voy. OISEAU.

RÉMIJIA. s. m. (R. *Remijo*, n. d'un botan. brésil.). T. Bot. Genre de plantes Dicotylédones de la famille des *Rubiacées.* Voy. ce mot.

REMINER. v. a. Miner de nouveau. = REMINÉ, ÉE. part.

REMINGTONITE. s. f. [Pr. *ré-minn-tonite*] (R. *Remington,* n. d'homme). T. Minér. Carbonate hydraté de cobalt.

RÉMINISCENCE. s. f. [Pr. *réminis-sanse*] (lat. *reminisci,* se souvenir). Souvenir imparfait, renouvellement d'une idée presque effacée. *J'ai quelque r. de ce qui s'est passé à telle époque. Les platoniciens croyaient que toutes les connaissances que nous acquérons ne sont que des réminiscences de ce que nous avons su dans une vie antérieure.* || Pensée, expression, etc., de quelque auteur, qui s'offre à la mémoire et qu'on emploie involontairement comme sienne. *Un ouvrage plein de réminiscences. Il y a trop de réminiscences dans sa musique. Ce vers est une r.* — Voy. MÉMOIRE.

REMIRÉA. s. f. (R. *Remirez,* n. d'homme). T. Bot. Genre de plantes Monocotylédones de la famille des *Cypéracées.* Voy. ce mot.

REMIREMONT, ch.-l. d'arr. du dép. des Vosges, sur la Moselle, à 26 kil S.-E. d'Épinal; 9,400 hab. = Nom des hab. : REMIREMONTAIS, AISE.

REMIRER. v. a. Mirer de nouveau. = REMIRÉ, ÉE. part.

REMISAGE. s. m. [Pr. *remi-za-je*]. Action de remiser, lieu où l'on remise une voiture, une bicyclette, etc.

REMISE. s. f. [Pr. *remi-ze*] (R. *remis,* part. pass. de *remettre*). Action de rendre, de livrer, etc. *La r. des prisonniers s'est effectuée, a eu lieu tel jour. La r. du paquet est constatée par un récépissé. La r. d'un gage, d'un nantissement, d'un cautionnement. La r. des titres et pièces d'un procès.* — Dans le commerce, l'argent que des négociants font remettre à leurs correspondants, soit par lettres de change, soit autrement. *Il a fait à Lyon une r. de trois cent mille francs.* Faire les remises de place en place. || La grâce que l'on fait à un débiteur, en lui remettant une partie de ce qu'il doit. *On lui a fait r. de la moitié des intérêts. Il devait dix mille francs, on lui a fait r. du quart. Il demande quelque r.* — Se dit aussi des peines. *On lui a fait r. de l'amende, de la prison.* || Le rabais qu'un marchand, et particulièrement un libraire, accorde à certaines personnes sur le prix indiqué. *L'ouvrage se vend douze francs; mais j'ai obtenu deux francs de r. Quelle r. faites-vous?* || La somme que l'on abandonne à celui qui est chargé de faire une recette, un recouvrement, etc. *Ce receveur a trois centimes pour franc de r. Ces courtiers exigent des remises exorbitantes.* || Délai, renvoi à un autre temps. *La r. d'une audience, d'une adjudication, d'une cause. Je partirai demain sans r., sans aucune r. Voilà bien des remises.* || Lieu pratiqué dans une maison pour y mettre à couvert les caisses et autres voitures. *Mettre une calèche sous la r., dans la r. Louer une r.* — *Voiture de r.,* Voiture de louage qui stationne sous remise et non sur la voie publique. *À la foule une voiture de r., un cabriolet de r.* On dit aussi, au masc., *Un r.,* pour sign. une voiture de r. *Nous prendrons un r.* — *Voiture de grande r.,* Voiture qui se loue à la journée, au mois ou à l'année. — Fig. et fam., *Il est sous la r., on l'a mis sous la r.,* se dit d'un homme qui a perdu sa place. On dit également d'un homme à qui son âge ou ses infirmités ont fait cesser tout travail, *Il est sous la r.;* et d'un homme qu'on pourrait employer avec succès et qu'on n'emploie pas, *On le laisse sous la r.* || L'endroit où une perdrix se remet après avoir fait son vol. *Tuer des perdrix à la r. Ce chien est excellent pour la r.* || Bouquet de taillis planté dans une campagne, pour servir de retraite au gibier. *Il y a quantité de remises dans cette plaine.*

REMISER. v. a. [Pr. *remi-zer*]. Placer sous une remise. *Il faut r. cette voiture.* = SE REMISER. v. pron. T. Chasse. S'abattre, se retirer. *Cette compagnie va toujours se r. dans tel endroit.* = REMISÉ, ÉE. part.

REMISIER. s. m. [Pr. *remi-zié*]. Celui qui, moyennant une remise, apporte à un agent de change ou à un coulissier des ordres d'achat et de vente.

RÉMISSIBLE. adj. 2 g. [Pr. *rémi-sible*] (lat. *remissibilis,* m. s., de *remittere,* remettre). Qui est pardonnable, qui est digne de rémission. *C'est une faute fort r. Ce crime n'est pas r.*

Sa faute a trop d'excès pour être rémissible.
CORNEILLE.

RÉMISSION. s. f. [Pr. *rémi-sion*] (lat. *remissio*, m. s., de *remittere*, remettre). Pardon. *La r. des péchés. Obtenir la r. de ses fautes.* || La grâce que le prince fait à un criminel en le déchargeant de la peine qu'il a encourue. *Le roi lui accorda la r. de sa peine. Il a eu beaucoup de peine à obtenir sa r.* On dit plus ordinairement *Grâce.* — Autrefois, *Lettre de r.*, Lettres patentes par lesquelles le roi accordait à un criminel la rémission de son crime, lorsque les circonstances le rendaient digne d'indulgence. || L'adoucissement, la miséricorde, l'indulgence dont use une personne qui a droit, autorité ou avantage sur une autre. *J'ai usé de r. envers mon fermier. N'attendez de lui aucune r. N'espérez point de r. Il vous traitera sans r. Point de r.* — *Un homme sans r.*, Un homme implacable, qui ne pardonne point, qui exige à la rigueur tout ce qui lui est dû. || T. Méd. Diminution, relâchement; se dit en parl. de la fièvre et des maladies aiguës, lorsqu'elles perdent de leur force, de leur intensité. *Il y a de la r. dans sa fièvre. La violence du mal parut éprouver quelque r. Il y a de la r. dans le pouls.* = Syn. Voy. ABSOLUTION.

RÉMISSIONNAIRE. s. [Pr. *rémi-sio-nère*]. T. Jurispr. anc. Celui, celle qui avait obtenu des lettres de rémission. *Le r. se mettait à genoux quand il présentait ses lettres de rémission à l'audience.*

RÉMITARSE. adj. 2 g. (lat. *remus*, rame, et fr. *tarse*). T. Zool. Qui a les tarses en forme de rames.

RÉMITTENCE. s. f. [Pr. *rémit-tanse*] (lat. *remittere*, relâcher). T. Méd. Caractère des affections qui sont rémittentes.

RÉMITTENT, ENTE. adj. [Pr. *rémit-tan, ante*] (lat. *remittens*, m. s.). *Maladies rémittentes*, Maladies qui présentent des rémissions. *Fièvre rémittente*, Fièvre dans laquelle la température s'abaisse et se relève périodiquement.

REMIZ. s. f. T. Ornith. Genre de *Passereaux*, Voy. MÉSANGE.

REMMAILLER. [Pr. *ran-ma-ller*, *ll* mouillées] (R. *re*, préf., et l'inus. *emmailler*, de *en* et *maille*). Relever des mailles; rajuster au moyen de nouvelles mailles. *R. des bas, un tricot.* = REMMAILLÉ, ÉE. part.

REMMAILLOTER. v. a. [Pr. *ran-ma-llo-ter*, *ll* mouillées] (R. *re*, préf., et *emmailloter*). Remettre dans son maillot. *Remmaillottez cet enfant.* = REMMAILLOTÉ, ÉE part.

REMMANCHER. v. a. [Pr. *ran-mancher*]. Emmancher de nouveau, mettre un nouveau manche. *R. une hache, un balai.* = REMMANCHÉ, ÉE. part.

REMMENER. v. a. [Pr. *ran-mener*] (R. *re*, préf., et *emmener*). Emmener ce qu'on avait amené. *Remmenez cet homme, ce cheval.* = REMMENÉ, ÉE. part.

REMODELER. v. a. Modeler de nouveau. = REMODELÉ, ÉE. part.

REMOIS. Petit pays de l'anc. Champagne, cap. *Reims*.

RÉMOLADE. Voy. RÉMOULADE.

REMOLE. s. f. (R. *remoudre*). T. Mar. Tournant d'eau. Voy. REMOUS.

REMOLINITE. s. f. (R. *Remolino*, n. de lieu). T. Minér. Oxychlorure hydraté de cuivre, en petits cristaux ou en masses terreuses d'un beau vert émeraude, trouvé dans le désert d'Atacama en Bolivie.

REMONDAGE. s. m. Action de remonder.

REMONDER. v. a. Monder, nettoyer de nouveau. = REMONDÉ, ÉE. part.

REMONTAGE. s. m. T. Techn. L'action de remonter, d'ajuster les pièces d'une machine, d'une arme à feu. *Le r. de la machine exigera trois jours. Le r. d'un fusil, d'une pendule.* || L'action de remonter des bottes; l'ouvrage qui en résulte. *Payer tant pour le r. d'une paire de bottes. Voilà un bon r.* || *Le r. des eaux-de-vie*, l'action d'en augmenter le degré, en y ajoutant de l'alcool.

REMONTANT, ANTE. adj. Qui remonte. *Rosier r.*, Qui redonne des fleurs à l'arrière-saison. = REMONTANT. s. m. *Le r. d'un baudrier*, L'extrémité de la bande.

REMONTE. s. f. (R. *remonter*). Se dit des chevaux qu'on donne à des cavaliers pour les remonter. *On acheta dix mille chevaux pour la r. de la cavalerie. Des chevaux de r.* || L'achat des chevaux nécessaires pour la remonte. *Aller à la r., en r. Officier chargé de la r.*

Armée. — Le service des remontes a pour objet de fournir l'armée de chevaux et de mulets. Le territoire de la France est divisé à ce point de vue en deux circonscriptions (Caen et Tarbes) ayant chacune à sa tête un colonel ou lieutenant-colonel. Elles comprennent treize dépôts de r. dirigés chacun par un chef d'escadron assisté d'un vétérinaire : la première, Caen, Saint-Lô, Alençon, Angers, Guingamp, Fontenay-le-Comte; la seconde, Tarbes, Agen, Mérignac, Guéret, Aurillac, Saint-Jean-d'Angely et Arles. Enfin trois autres dépôts, Paris, Mâcon et Cuperly (Marne) ne sont rattachés à aucune circonscription. L'Algérie et la Tunisie forment une circonscription dont le siège est à Alger. Il y a lieu d'ajouter à ces dépôts l'établissement hippique de Suippes (Marne) et la Jumenterie de Tiaret (division d'Oran).

Un certain nombre d'officiers de cavalerie et d'artillerie, variable selon les besoins du service, sont en outre détachés de leurs corps dans les dépôts de r. en qualité d'officiers acheteurs. Les hommes de troupe sont groupés en 8 compagnies de cavaliers de remontes : 4 compagnies sont réparties entre les deux circonscriptions de France, une compagnie est affectée aux écoles militaires et a son siège à Saumur, les trois autres à l'Algérie et à la Tunisie. Leur uniforme consiste en un dolman bleu sombre à tresses blanches et en un pantalon rouge garance, avec en France le képi garance, en Algérie la chéchia rouge, dans les deux cas en grande tenue la casquette ou képi rigide de même couleur.

Les dépôts de remontes sont des établissements régis par économie, c.-à-d. qu'il leur est fait des avances en numéraire, qui peuvent s'élever jusqu'au total de 80,000 francs. Les officiers acheteurs se transportent dans les pays d'élevage, font connaître par voie d'affiches le lieu, le jour et l'heure où les marchands peuvent se présenter. Ces officiers ne doivent acheter que des bêtes de trois à quatre ans. Ces bêtes sont ensuite installées, préparées et entraînées dans des annexes des dépôts de remontes et ne doivent être remises aux corps de troupes qu'à l'âge de cinq ans.

REMONTER. v. n. Monter de nouveau. *Il remonta à sa chambre, à son cabinet. R. sur son cheval.* — Fig., *R. sur le trône*, Recouvrer l'autorité royale. Pop., *R. sur sa bête*, Voy. BÊTE. || Se dit des choses qui retournent vers le lieu, vers le point d'où elles étaient descendues. *La rivière remontera vers sa source avant que cela n'arrive. Cette digue fait r. l'eau jusqu'à tel endroit. Le baromètre remonte.* — Fig., *Cette maison remonte, la généalogie de cette maison remonte jusqu'à telle personne, jusqu'à tel temps*, La descendance de cette maison est bien prouvée depuis telle personne, depuis tel temps. On dit à peu près de même, *Cette institution remonte aux premiers temps du christianisme, Cet édifice remonte au règne de saint Louis.* || S'élever plus haut, après être descendu, après avoir baissé. *Le soleil remonte, commence à r.*, A s'élever plus haut sur l'horizon, ce qui a lieu après le solstice d'hiver, lorsque les jours commencent à croître. — *La rente remonte*, Son prix redevient plus élevé. On dit de même, *Les effets publics, les actions de cette compagnie remontent.* Et fam., on dit aussi d'un homme qui commence à recouvrer du crédit, de la faveur, de l'aisance, *Ses actions remontent.* || *R. vers la source d'un fleuve, d'une rivière*, Aller vers leur source, soit en naviguant sur leurs eaux, soit en suivant à terre un de leurs bords || Fig., Reprendre les choses de plus loin. *Pour entendre cette question, cette affaire, cette histoire, il faut r. plus haut.* — Par exag., *R. au déluge, à la création*, etc., Reprendre les choses de trop loin. — Fig., *R. à la source, à l'origine, à la cause, au principe d'une chose*, La considérer dans son origine, etc. || T. Jurispr. anc. *Les propres ne remontent point*, Les ascendants ne succèdent point aux propres, mais seulement aux meubles et aux acquêts. || T. Méd. *La goutte remonte, est remontée*, Se dit quand la goutte attaque les organes intérieurs. Voy. GOUTTE. = REMONTER. v. a. Monter une seconde fois, monter de nouveau. *R. la montagne. R. l'escalier. R. le courant, le cours d'un fleuve, d'une rivière*, ou simpl., *R. un fleuve*, etc., Naviguer contre le courant. *R. un fleuve*, etc., signifie encore, Le côtoyer dans la direction de sa source. || Pourvoir des choses nécessaires. *R. une compagnie de cavalerie*, Lui donner des chevaux. On dit de même, *R. un cavalier*. — *R. une ferme, une fabrique, une imprimerie*, etc., Y remettre tout ce qui est nécessaire pour l'exploitation, pour le travail. — *R. une écurie*, La garnir de chevaux, *R. un magasin*, Le fournir de marchandises. *R. une maison*, La regarnir de meubles. — *R. un violon, une guitare, un violoncelle*, Les garnir de cordes neuves. — *R. un fusil, un pistolet*, Y mettre un bois neuf. || R. une pièce de théâtre, en préparer de nouveau la mise en scène. || *R. une machine*, Rajuster ensemble les pièces d'une machine qui était démontée. — *R. une montre, une pendule, un tournebroche*, etc., Les remettre en état d'aller. || *R. des bottes*, Y mettre une empeigne et des semelles neuves. || *R. des eaux-de-vie*, En augmenter le degré en y ajoutant de l'alcool. || *R. des diamants*, Les enchâsser d'une manière nouvelle. || Fig. et fam., *R la tête de quelqu'un*, Le ramener à la raison, le guérir de fausses alarmes. On dit de même, *Lui r. l'imagination, le courage*, Relever son imagination, son courage, qui étaient abattus. = SE REMONTER. v. pron. Se fournir de nouveau des choses nécessaires pour une exploitation, pour une fabrication, pour son propre usage. *Il est en train de se r. Je me suis complètement remonté*. = REMONTÉ, ÉE. part.

REMONTOIR. s. m. [Pr. *remon-touar*]. T. Techn. Appareil adapté à une montre ou à une horloge et qui permet de la remonter sans clef et sans être obligé de l'ouvrir. — Sorte de clef qui s'adapte à toutes les pendules, parce que le canon peut s'élargir ou se rétrécir.

REMONTRANCE. s. f. (R. *remontrer*). Discours par lequel on représente à quelqu'un les inconvénients d'une chose qu'il a faite ou qu'il est sur le point de faire. *Une r. respectueuse. Sa r. fut écoutée, fut bien reçue. On n'eut point d'égard à ses remontrances*. || Avertissement qu'un père donne à son enfant, ou un supérieur à son inférieur, etc., pour l'obliger à se corriger. *R. paternelle. Je lui ai fait une sévère r.* || Remontrances, au plur., se disait autrefois de certains discours adressés aux rois par les parlements et autres compagnies souveraines, et dans lesquels on exposait au roi les inconvénients d'un édit, d'une loi fiscale, d'un abus d'autorité, etc. *Le parlement arrêta qu'il serait fait des remontrances au roi. Les remontrances de la cour des aides.* Voy. PARLEMENT.

REMONTRANT. s. m. Celui qui fait des remontrances. || T. Hist. Nom donné en Hollande aux partisans d'Arminius qui présentèrent, en 1610, un exposé de leur doctrine sous le nom de remontrance.

REMONTRER. v. a. Montrer de nouveau. *Il vient encore de me r. sa collection.* Peu usité. || Représenter à quelqu'un le vice, les inconvénients d'une chose qu'il a faite ou qu'il est sur le point de faire. *Il lui remontra doucement sa faute, son erreur. Il faut lui r. les dangers de son entreprise. Vous me permettrez de vous r. que....* R. le tort qu'on souffre. *R. à quelqu'un le tort qu'il a. R. à quelqu'un son devoir*, Le rappeler à son devoir. — Fig. et fam., *C'est gros Jean qui remontre à son curé.* Voy. CURÉ. || T. Vén. Donner connaissance de la bête qui est passée. = REMONTRÉ, ÉE. part. = Syn. Voy. REPRÉSENTER.

REMONTREUR, EUSE. s. Celui, celle qui fait des remontrances.

REMOQUER. v. a. Moquer de nouveau. = SE REMOQUER. v. pron. Se moquer de nouveau. = REMOQUÉ, ÉE. part.

RÉMORA. s. m. (lat. *remora*, retard, de *re*, préf., et *mora*, retard). T. Icht. Genre de Poissons osseux. Voy. SCOMBÉROÏDES. || Fig. et fam., Obstacle, retardement. *L'affaire allait se terminer quand il est survenu un r. Ce sont deux grands rémoras.*

REMORDRE. v. a. Mordre de nouveau. *Il l'a mordu et remordu.* || Fig., Reprocher quelque faute, quelque crime. *Les méchants n'ont point de repos, leur conscience les remord à tous moments.* Vx. = REMORDRE. v. n. Mordre de nouveau. *R. à l'hameçon.* || Fig. et fam., Attaquer de nouveau. *Ce dogue a été si maltraité, qu'il n'a pas voulu r.* || Fig. et fam., Attaquer une seconde fois, monter de nouveau. *Ce régiment a tant souffert à cette attaque, qu'on ne pu l'obliger à r.* — Au sens moral, on dit d'un homme qui est rebuté de quelque entreprise, de quelque travail, et qui ne veut plus ou qui a de la peine à s'y remettre, *Il n'y veut plus r., il a bien de la peine à y r.* || Se dit encore des reproches que fait la conscience. *La conscience lui remord sans cesse.* Vx. = REMORDU, UE. part.

REMORDS. s. m. [Pr. *re-mor*] (lat. *remorsum*, sup. de *remordere*, remordre. Le *d* provient d'une orthographe faussement savante). Reproche violent que la coupable reçoit de sa conscience. *R. cuisant, importun, éternel. Des remords déchirants. Les remords de la conscience. La voix du r. Il est endurci, il n'a plus de r. Étouffer les remords de sa conscience.*

J'aurai vécu sans soins et mourrai sans remords.
                                        LA FONTAINE

|| En poésie, on peut écrire *Remord*, au singul.

REMORQUAGE. s. m. [Pr. *remor-ka-je*]. Action de remorquer.

REMORQUE. s. f. [Pr. *remor-ke*] (lat. *remulcus*, câble de halage, de *remulcare*, remorquer). T. Marine. *Câble de r.*, ou simpl. *R.*, Câble ou chaîne qui sert à traîner un navire, un bateau ou tout autre corps flottant. *Donner, prendre la r. Se mettre à la r. Traîner, conduire un bateau à la r.* || Action de remorquer. *La r. est d'un grand secours en plusieurs occasions.*

Navig. — La *Remorque* proprement dite s'effectue à l'aide d'un bâtiment animé par une force motrice puissante. En effet, il faut d'abord qu'il se déplace et se meuve lui-même, et c'est seulement l'excès de vitesse qu'il possède qui est employé à communiquer le mouvement à d'autres bâtiments. Lorsque l'homme, le cheval, etc., sont appliqués au transport des bateaux par l'intermédiaire de cordes ou de chaînes sur lesquelles s'exerce leur traction musculaire, l'opération s'appelle *Halage*; lorsque la r. a lieu à l'aide de points fixes et de machines fixes, on lui donne plus particulièrement le nom de *Touage*. Ce dernier système où à peu près abandonné, et l'on appelle aujourd'hui *touage*, un système de r. dans lequel le bateau remorqueur prend son point d'appui sur une forte chaîne placée au fond de la rivière et dont une partie s'enroule sur un tambour placé sur le pont du remorqueur ou *toueur*. Une machine à vapeur fait tourner ce tambour, ce qui force le bateau à avancer. Le moyen de r. le plus usité est la vapeur; la voile et la rame ne le sont plus que dans des cas particuliers. Dans un grand nombre de ports et de rivières, des bateaux à vapeur sont chargés de remorquer les bâtiments qu'un vent contraire empêcherait d'entrer dans le port, ou qui ne pourraient remonter la rivière sans avoir recours au halage. — Depuis l'invention des chemins de fer, on a donné quelquefois, par analogie, le nom de *Remorqueur* aux locomotives, et plus souvent aux machines fixes qui s'emploient dans certains cas pour faire gravir aux convois un plan incliné.

REMORQUER. v. a. (ital. *remorchiare*, du bas lat. *remulcare*, m. s., du gr. ῥυμουλκεῖν, m. s., de ῥῦμα, corde, et ἕλκειν, tirer). Traîner derrière soi au moyen d'une remorque. *Un bâtiment à vapeur dut r. la frégate. Il se fit r. par des chaloupes.* || En parlant d'une locomotive, traîner des wagons. = REMORQUÉ, ÉE. part.

REMORQUEUR. adj. et s. m. Qui donne la remorque, qui traîne à la remorque. *Bateau r. Appareil r. Un bon r. Bateau à vapeur servant à remorquer d'autres bateaux.* — Locomotive ou machine fixe servant à faire gravir une pente à un convoi. Voy. REMORQUE.

Navig. — Les remorqueurs doivent être munis d'une machine puissante : ils sont de petites dimensions et construits pour marcher à une allure modérée. La qualité qu'on doit leur demander n'est pas la vitesse, mais la force.

RÉMOTIS (à). [Pr. l's finale]. Mot tiré du latin et qui

signif. A l'écart. *J'ai mis cet habit à r. J'ai mis cette affaire à r.* Fam. et peu usité.

REMOUCHER. v. a. Moucher de nouveau. || Fig. et popul, Relever, rembarrer vivement quelqu'un. *Je l'ai joliment remouché.* = Remouché, ée. part.

REMOUDRE. v. a. Moudre de nouveau, moudre plus fin. = Remoulu, ue. part.

RÉMOUDRE. v. a. (R. re, préf., et *émoudre*). Émoudre de nouveau. = Rémoulu, ue. part.

REMOUILLER. v. a. [Pr. *remou-ller, ll* mouillées]. Mouiller de nouveau. || Renouveler le levain. || T. Mar. Mouiller de nouveau une ancre. = v. n. T. Mar. Mouiller de nouveau au lieu où l'on avait mouillé auparavant.

REMOUILLURE. s. f. [Pr. *remou-llure, ll* mouillées] (R. *remouiller*). Renouvellement des levains dans une boulangerie.

RÉMOULADE. s. f. (ital. *remolata*, remède pour les chevaux). T. Vétér. Onguent formé avec de la lie de vin, du miel, etc., et qui sert pour les foulures, enflures, etc., des chevaux. || T. Cuis. Espèce de sauce piquante faite avec de la moutarde, du jaune d'œuf, de l'huile, du vinaigre, de l'ail, des ciboules, et autres ingrédients, hachés menu ou broyés ensemble.

REMOULAGE. s. m. (R. *remoudre*). T. Meunerie. Issue de la mouture du gruau.

REMOULER. v. a. Mouler de nouveau. = Remoulé, ée. part.

REMOULEUR. s. m. Celui qui émoud les couteaux, les ciseaux, etc. On dit aussi *Gagne-petit.*

REMOULINS, ch.-l. de c. (Gard), arr. d'Uzès, près du pont du Gard ; 1,400 hab.

REMOUS. s. m. [Pr. *re-mou*] (lat. *removere*, remuer, de re, préf., et *movere*, mouvoir). Sorte de contre-courant qui se produit, soit en aval d'un corps solide qui forme obstacle à un cours d'eau au peu rapide, soit dans le sillage d'un bâtiment qui marche avec vitesse. || Se dit aussi du tournoiement des eaux qui résulte, soit de la disposition du fond, soit de celle des bords. Voy. Fleuve.

REMPAILLAGE. s. m. [Pr. *van-pa-lloje, ll* mouillées]. Action de rempailler.

REMPAILLER. v. a. (R. re, préf., et *empailler*). Garnir d'une nouvelle paille. *R. des chaises.* = Rempaillé, ée. part.

REMPAILLEUR, EUSE. s. [Pr. *ran-pa-lleur, euze, ll* mouillées]. Celui, celle qui regarnit des sièges de paille.

REMPAQUEMENT. s. m. [Pr. *ran-pake-man*]. Action de paquer le hareng.

REMPAQUER. v. a. [Pr. *ran-paker*] (R. re, préf., en, préf., et *paquer*). Faire le rempaquement.

REMPARER. v. pr. [Pr. *ran-parer*]: v. a. (R. re, préf., et *emparer*). Munir d'un rempart. = se Remparer, v. pron. Se faire une défense contre quelque attaque. *Se voyant surpris par les ennemis, ils se remparèrent avec des chariots, et avec tout ce qu'ils purent trouver.* Voy. Fortification, II. = Remparé, ée. part.

REMPART. s. m. [Pr. *ran-par*] (anc. fr. *rempar*, de *remparer*). Levée de terre qui entoure et protège une place. *Large r. R. revêtu de pierres*, ou simpl., *R. revêtu. Placer de l'artillerie sur le r. Se promener sur le r. Les remparts d'une ville, d'une forteresse.* Voy. Fortification, II. || *Coureuse de r.*, femme de mauvaise vie. On disait autrefois *rempardière*. || Fig., Ça qui sert de défense. *Cette place est le r. de toute la province. Malte était un des principaux remparts de la chrétienté. Il me fit un r. de son corps.* — Au sens moral, *Il se fit de cette loi un r. contre*

les sollicitations. *Le r. le plus sûr d'un État est la justice et la modération.*

REMPÊTRER. v. a. [Pr. *ran-pêtrer*] (R. re, préf., et *empêtrer*). Empêtrer de nouveau.

REMPLAÇANT, ANTE. s. [Pr. *ran-pla-san*]. Celui, celle qui remplace une autre personne dans un service, dans une fonction, dans une occupation quelconque. *Je suis obligé de m'absenter quelque temps, veuillez être mon r. On trouve difficilement un r. à un homme de mérite.* || Particul., Celui qui remplaçait un jeune homme appelé au service militaire. *Acheter, fournir un remplaçant.* Voy. Recrutement.

REMPLACEMENT. s. m. [Pr. *ran-plase-man*]. Action de remplacer une personne ou une chose par une autre ; le résultat de cette action. *Pourvoir au r. d'un employé. Planter de jeunes arbres en r. de ceux qui sont morts.* || T. Admin. milit. Droit qu'avait autrefois un jeune homme appelé sous les drapeaux de se faire remplacer par un volontaire. Voy. Recrutement. || T. Jurisp. Voy. Remploi.

REMPLACER. v. a. [Pr. *ran-pla-ser*] (R. re, préf., en, préf., et *placer*). Mettre une personne ou une chose à la place d'une autre. *On l'a remplacé par son fils. Il ne vous sera pas difficile de r. ce meuble, ce vase.* || Succéder à quelqu'un dans une place, dans un emploi. *Ce magistrat est mort et a été remplacé par un tel. C'est moi qui l'ai remplacé.* || Faire à la place de quelqu'un un service quelconque. *Il me remplacera pendant mon absence.* || Tenir la place, tenir lieu d'une personne, d'une chose, de manière à ne pas donner sujet de la regretter. *De tous mes amis, il ne me reste plus que lui, mais il remplace seul tous les autres. Il sera difficile de r. un tel général, un tel ministre. La paix de l'âme est un bien que rien ne remplace.* || T. Jurisp. Faire un emploi utile des deniers provenant d'une aliénation, d'une rentrée de fonds, etc. *Il a vendu une propriété de sa femme, mais il en a remplacé le prix par l'acquisition d'un autre immeuble.* = se Remplacer, v. pron. Être remplacé, pouvoir être remplacé. *Aujourd'hui l'honneur se remplace par la fortune, la probité par l'habileté.* || Prendre la place l'un de l'autre. *Ils se sont remplacés dans cet emploi. Ils se remplacent mutuellement en cas d'absence.* || T. Comm. Acheter de nouvelles marchandises pour remplacer celles qu'on a vendues. *Je tiens cet article un peu haut, parce que je ne trouverai pas à le r.* = Remplacé, ée. part.

REMPLAGE. s. m. [Pr. *ran-plaje*] (R. *remplir*). T. Écon. rurale. Action de remplir une pièce de vin qui n'est pas tout à fait pleine. *Il faudra près d'un hectolitre de vin pour le r. de ces pièces. Vin de r.*, Le vin dont on remplit les pièces qui en ont besoin. || T. Maçonn. *R. de muraille*, Blocage de moellons, ou de briques et de mortier, dont on remplit l'espace vide entre les deux parements d'un mur de pierre. *Mur de r.*, Mur construit avec des pierres de toutes sortes de grandeur et de grosseur. *Remplage* se dit encore des cailloux qu'on jette entre un mur de revêtement et les terres. *Ce r. préserve le mur de l'humidité des terres.* || T. Charp. Se dit des petits bois qui garnissent un pan de bois, une cloison ou une ferme. || Partie de bois cédée à l'acheteur pour remplir des vides dans une coupe.

REMPLI. s. m. [Pr. *ran-pli*] (R. re, préf., en, préf., et *pli*). Pli que l'on fait à du linge, à de l'étoffe, etc., pour les rétrécir ou pour les accourcir, sans en rien couper. *On a fait un r. à ces rideaux.*

REMPLIER. v. a. [Pr. *ran-plier*] (R. re, préf., en, préf., et *pli*). Faire un rempli. = Remplié, ée. part.

REMPLIR. v. a. [Pr. *ran-plir*]. Emplir de nouveau. *Voici un tonneau vide, il faut le r.* || Emplir, rendre plein. *Il remplit son verre jusqu'au bord et le vida d'un trait. La fumée remplissait la chambre. R. ses caves de vin, ses greniers de blé. R. un fossé, une fondrière.* Pop., Se r. le ventre, Manger de manière à être complètement rassasié. — Fig., on dit de vers harmonieux, bien cadencés, d'une période nombreuse, etc., *qu'ils remplissent bien l'oreille.* Au sens moral, *Cette passion remplit son cœur. Cette nouvelle a rempli nos cœurs de tristesse. Il s'est rempli la tête de chimères. Son succès m'a rempli de joie. Il nous a rempli d'admiration.* || Ajouter ce qui manque, pour qu'une chose soit complète, parfaite. *R. le nombre de ceux qui doivent former un corps, une compagnie, etc.,* En rendre le nombre complet. *R. une transaction, une quittance, etc.;* Écrire ce qui manquait aux endroits laissés en blanc. *R. un blanc seing,* Écrire les stipulations d'un acte sur un papier signé d'avance. *R. des bouts rimés,* Faire des vers sur des rimes données. *R. du point, de la dentelle,* Refaire à l'aiguille les fleurs qui sont rompues à du point, à de la dentelle, ou y en ajouter de nouvelles. *R. un canevas, une toile, un dessin,* Faire des points à l'aiguille pour couvrir ce canevas, cette toile, pour exécuter ce dessin. || Par exagération, se dit de ce qui abonde dans un lieu, qui en occupe une grande partie, qui s'y étend beaucoup. *Les étrangers remplissent la ville. Ce village est rempli de pêcheurs. Plusieurs branches du mont Atlas sont remplies de mines.* — Fig., *Cette société est remplie d'hommes d'esprit et de savoir. R. l'air de ses cris. R. les airs de chants d'allégresse.* Au sens moral, *R. la terre, l'univers de sa renommée, du bruit de son nom, du bruit de ses exploits. Cette nouvelle a rempli notre ville, notre maison, de joie, de deuil, d'affliction.* || Par anal., se dit en parlant du temps, de la durée. *Cette guerre a rempli une période de trente années. Cette étude remplira agréablement vos loisirs. Il remplit bien son temps,* Il l'emploie bien. || Fig., *R. une place,* Occuper une place, une charge, un emploi. *C'est un homme capable de r. les premières places.*

On peut avec honneur remplir les seconds rangs.

BOILEAU.

Il est indigne de la place qu'il remplit. On dit de même, *R. une charge, un emploi, une fonction, des fonctions.* — On dit encore, *R. sa place, ne pas r. sa place,* pour s'acquitter, ne pas s'acquitter des devoirs, des obligations qu'elle impose. *Il faut r. sa place. Cet homme remplit bien, remplit mal sa place. Il remplit indignement sa place.* || Fig., Accomplir, exécuter, réaliser. *R. un devoir, R. son devoir, ses devoirs, ses obligations. R. son attente, ses espérances. R. une tâche, une mission.* — *R. l'idée qu'on s'est faite de quelque chose, de quelqu'un,* Offrir la réalisation de tout ce que cette idée renferme. *Cicéron, en admirant Démosthène, trouve qu'il ne remplit pas encore entièrement l'idée du parfait orateur. Il est loin de r. l'idée que j'avais de lui.* — *Cet homme a rempli son sort, sa destinée,* Il a fait les actions, il a éprouvé les événements auxquels il paraissait destiné. || T. Palais. Rembourser ce qui a été avancé, restituer ce qu'un autre a droit de reprendre, de réclamer. *Il faudra d'abord me r. de mes frais, de mes avances. R. une veuve de sa dot, de son douaire.* || Au Trictrac, Compléter les cases d'un jan quelconque. *Je remplis par doublet. Je ne remplirai pas.* = SE REMPLIR. v. pron. Devenir plein. *La citerne s'est remplie d'eau. Le salon commençait à se r. de monde, à se r.*

Et mes yeux, malgré moi, se remplissaient de pleurs.

RACINE.

— *Se r. de viandes, se r. de vin,* et absol., *Se remplir,* Manger, boire avec excès. — Fig. *Il se remplit d'espérances vaines.* || Se rembourser. *Se r. de ses frais, de ses avances.* = REMPLI, IE. part. || Adject., Plein, qui abonde en quoi que ce soit. *Une ville remplie d'étrangers. Un terrain rempli de pierres. Un ouvrage rempli de beautés, de défauts. Une vie remplie de souffrances.* — *Être rempli de soi-même,* Avoir une trop haute opinion de ce qu'on vaut. = Syn. Voy. EMPLIR.

REMPLISSAGE. s. m. [Pr. *ran-plisa-je*]. L'action de remplir, et la chose dont on remplit. Se dit surtout au Fig., en parl. des choses remplies, vagues et étrangères au sujet que contient un ouvrage d'esprit. *Il y a beaucoup de r. dans cet ouvrage. Les trois quarts de ce livre ne sont que du r. Ce n'est là qu'un r.* || T. Peint., *Figure de r.* Figure étrangère ou inutile au sujet. || T. Mus. *Parties de r.,* Les parties du milieu, c.-à-d. celles qui sont entre la basse et le dessus. || T. Techn. L'ouvrage que l'on fait en remplissant du point, de la dentelle. — En parl. de vin et de maçonnerie, ce mot est syn. de *Remplage.* || T. Mar. *Couples de r.,* qui remplissent les vides entre les membrures principales d'un navire.

REMPLISSEUR, EUSE. s. [Pr. *ran-pli-seur, euze*]. Celui, celle qui remplit. || Ouvrière qui remplit et raccommode du point, de la dentelle.

REMPLOI. s. m. [Pr. *ran-ploua*] (R. *remployer*). T. Jurispr. Le remplacement, le nouvel emploi des deniers qui proviennent de la vente d'un immeuble, d'une rente, etc. *Il ne peut vendre qu'à charge de r. L'acquéreur d'un bien dotal doit surveiller le r. du prix.*

REMPLOYABLE. adj. 2 g. [Pr. *ran-plo-iable*]. Qui peut ou doit être remployé.

REMPLOYER. v. a. [Pr. *ran-plo-ier*]. Employer de nouveau. = REMPLOYÉ, ÉE. part.

REMPLUMER. v. a. [Pr. *ran-plumer*] (R. *re,* préf., et *emplumer*). Regarnir de plumes; il ne se dit guère que d'un clavecin. *Il faut r. ce clavecin.* = SE REMPLUMER. v. pron. Se dit des oiseaux à qui les plumes reviennent. *Ces oiseaux commencent à se r.* Fig. et fam., Reprendre de l'embonpoint après une maladie; ou Rétablir ses affaires, regagner ce qu'on avait perdu. *Il est en pleine convalescence et ne tardera pas à se r. On lui a donné un emploi où il s'est bien remplumé. Se r. par un riche mariage.* = REMPLUMÉ, ÉE. part.

REMPOCHER. v. a. [Pr. *ran-pocher*] (R. *re,* préf., et *empocher*). Remettre dans sa poche. = REMPOCHÉ, ÉE. part.

REMPOIGNER. v. a. [Pr. *ran-po-gner, gn mouill.*]. Empoigner de nouveau. = REMPOIGNÉ, ÉE. part.

REMPOISSONNEMENT. s. m. [Pr. *ran-poua-so-ne-man*]. Action de rempoissonner; le résultat de cette action.

REMPOISSONNER. v. a. [Pr. *ran-poua-so-ner*] (R. *re,* préf., et *empoissonner*). Repeupler de poisson un vivier, un étang, une rivière. = REMPOISSONNÉ, ÉE. part.

REMPORTER. v. a. [Pr. *ran-porter*] (R. *re,* préf., et *emporter*). Reprendre et rapporter d'un lieu ce qu'on y avait apporté. *Vous pouvez r. vos marchandises, je n'en veux point.* || Enlever d'un lieu. *On le remporta tout percé de coups.* || Gagner, obtenir. *R. la victoire. R. un avantage sur l'ennemi. Il a remporté le prix de la course, le prix d'éloquence. Il a remporté la palme. Quel fruit remporterez-vous de tout cela?* = REMPORTÉ, ÉE. part.

REMPOTAGE. s. m. [Pr. *ran-pota-je*]. T. Jardin. Action de rempoter.

Hortic. — On conçoit facilement que des plantes, des arbrisseaux et des arbres cultivés en pots ou en caisses ont bien vite épuisé leur terre, et que les racines ont bientôt rempli le vase qui les contient. Il importe donc de donner de temps en temps à ces végétaux de plus grands vases, une nouvelle terre, de raccourcir leurs racines et de diminuer à plusieurs reprises le nombre de leurs branches, afin qu'ils se maintiennent en bon état de santé et dans des proportions convenables. Il y a des plantes si vigoureuses qu'il faut les rempoter au moins deux fois par an pour les conserver belles; d'autres ne doivent l'être que tous les deux ou trois ans; les grandes plantes en caisses peuvent attendre encore plus longtemps; les gros orangers ne se dépotent que tous les huit ou dix ans. — Un juge qu'une plante a besoin d'être rempotée quand elle ne végète plus convenablement et que les feuilles diminuent d'ampleur. Il y a des plantes qui ne végètent bien que quand leurs racines ont atteint ou tapissent la paroi du vase. Pour celles-là, il faut donc se garder de les placer dans de trop grands pots. Enfin quand une plante paraît languir, on la sort du vase, on examine l'état de ses racines et de sa terre, et pour peu qu'on ait d'expérience, on apprécie aussitôt si elle a besoin d'être rempotée. — Les jeunes plantes, qui sont de nature à grandir promptement, demandent un récipient plus grand, au moins une fois chaque année; d'autres peuvent se rempoter dans le même vase plusieurs années de suite. En tous cas, il importe que le récipient ou les caisses aient en dessous des ouvertures pour l'écoulement des eaux d'arrosage. A cet effet, on met au fond des récipients un tesson vis-à-vis de chaque trou, et par dessus ces tessons un lit de gravier de 2 à 4 centimètres, selon la grandeur du pot. Le fond des caisses se recouvre d'un lit de plâtras ou de coquilles d'huîtres. Sur ces matières, on répand un lit d'une épaisseur convenable de terre préparée selon la nature de la plante, et on tasse cette terre de manière qu'elle ne s'affaisse que le moins possible. Ensuite on prend la plante à rempoter, ou...

visite sa motte; si elle est traversée par de nombreuses racines; si ces racines, gênées par la paroi du vase, se sont divisées à l'infini et tapissent la circonférence, on prend un couteau tranchant, on coupe tout autour de la motte une épaisseur de terre que nous ne pouvons préciser ici, mais qui, suivant le cas, peut s'étendre de quelques millimètres à 0m,06 à 0m,08 ; puis on gratte un peu la motte avec la pointe du couteau pour exposer à nu les extrémités des racines et les mettre en contact avec la terre nouvelle qu'on va leur offrir. Ceci fait, on introduit la motte dans le vase, on proportionne sa hauteur à celle du pot, et on remet ou on ôte de la terre, de manière que le dessus de la motte corresponde à la hauteur du cordon du vase. Quand on la trouve bien assise, on insinue de la terre entre la motte et le vase; on la presse avec les doigts, on la foule et on la fait entrer avec une spatule de bois, afin qu'il ne reste aucun vide et que la plante soit bien assurée. Après cette opération, il est souvent nécessaire de raccourcir ou de réformer une partie des rameaux ; enfin on arrose pour lier la terre nouvelle avec l'ancienne, et on place le sujet rempoté à mi-ombre pour faciliter la reprise. Cette opération achevée, le jardinier doit pouvoir saisir l'arbrisseau rempoté par la tige et le transporter à quelque distance sans qu'il sorte du pot.

REMPOTER. v. a. [Pr. ran-poter] (R. re, préf., et empoter). Remettre une plante dans un pot; la changer de pot. = REMPOTÉ, ÉE. part.

REMPRISONNER. v. a. [Pr. ran-pri-zo-ner]. Remettre en prison. = REMPRISONNÉ, ÉE. part.

REMPRUNTER. v. a. [Pr. ran-prunter]. Emprunter de nouveau. = REMPRUNTÉ, ÉE. part.

REMSCHEID. v. de Prusse (prov. du Rhin) ; 34,000 hab.

REMUABLE. adj. 2 g. Que l'on peut remuer.

REMUAGE. s. m. Action de remuer une chose. Le r. du blé, du vin. || Droit de r. Droit sur le vin qu'on transporte d'un endroit dans un autre.

REMUANT, ANTE. adj. Qui est sans cesse en mouvement. Cet enfant est très r. Il est vif et r. || Fig., Un esprit r., Un esprit actif, ennemi du repos, qui ne sait s'arrêter à rien. On le dit aussi d'un esprit brouillon, propre à exciter des troubles dans un État, L'esprit inquiet et r. du siècle.

REMUE-MÉNAGE. s. m. Dérangement de plusieurs meubles, de plusieurs choses que l'on transporte d'un lieu à un autre. Voilà un grand r.-m. || Fig., se dit des troubles et des désordres qui arrivent dans les familles, dans les villes, dans les États, par des changements subits. Il y a bien du r.-m. dans cette maison, dans cette province. — Fam. dans les deux sens. = Pl. Des remue-ménage.

REMUEMENT ou **REMÛMENT.** s. m. [Pr. remu-man]. Action de ce qui remue. R. d'humeurs. || Action de remuer. Le r. des terres coûte beaucoup. || Fig., Mouvement, trouble excité dans un État, dans une maison, etc. Son arrivée a causé beaucoup de r. Il y a eu de grands remuements dans cette province.

REMUER. v. a. (lat. removere, ôter d'un lieu, de re, préf., et movere, mouvoir). Mouvoir quelque chose. Ne remuez rien, cela est bien rangé. Ne remuez pas cette table. R. la tête. R. les oreilles, les bras, la main. Je ne puis plus r. le pied. Fam., Il ne remue ni pied ni patte. || R. un enfant, Le bercer, le nettoyer et le changer de langes. || R. de la terre, Transporter de la terre d'un lieu à un autre. R. la terre, Labourer la terre, la creuser, etc., soit pour la cultiver, soit pour faire des remblais, des déblais, des retranchements, etc. — Fig et Fam., R. ciel et terre, Faire agir toutes sortes de ressorts, employer toutes sortes de moyens. Il a remué ciel et terre pour obtenir cet emploi. On dit, dans un sens anal., L'Angleterre remua toute l'Europe pour susciter des ennemis à la France. || Fig. et fam., R. une affaire, Poursuivre ou réveiller une affaire négligée ou interrompue. Si vous m'en croyez, vous ne remuerez pas cette affaire. — Il ne faut point r. l'ordure, Il y a des choses dont la décence, le bon goût ou les bienséances ne permettent pas de parler. — R. beaucoup d'argent, Faire beaucoup d'affaires d'argent. Pop.,

R. l'argent à la pelle, Être extrêmement riche. — Il ne faut point r. les cendres des morts. Voy. CENDRE. || Fig., au sens moral, Émouvoir, exciter quelque passion; se dit, soit en bonne, soit en mauvaise part. Les grands mouvements de l'éloquence remuent l'âme. Le son de sa voix me remua le cœur. Ces touchantes paroles remuèrent l'auditoire. Ces prédications anarchiques remuèrent toutes les classes ouvrières. = REMUER. v. n. Bouger, faire quelque mouvement. Ne remuez pas de là. Il n'est pas mort, il remue encore. Dès que l'enfant remue dans le ventre de la mère. Elle a senti son enfant r. || Fig. et fam., Tenter d'agir. On ne vous conseille pas de r. Si vous remuez, vous êtes perdu. || Fig., S'agiter, provoquer du trouble, des désordres dans l'État. Les provinces commençaient à r. C'est fournir un prétexte à ceux qui veulent r. = SE REMUER. v. pron. Se mouvoir. Il est si las, qu'il ne peut se r. La foule était si grande sur la place, qu'on ne pouvait s'y r. || Se donner du mouvement, faire des démarches pour réussir à quelque chose. Il s'est beaucoup remué pour cette affaire. Remuez-vous donc un peu. Il ne s'en remuera pas davantage pour cela. || Fig. et pop., L'argent se remue, Il se fait beaucoup de transactions pécuniaires et commerciales. = REMUÉ, ÉE. part. || Fig. et pop., Cousin remué de germain, Cousin issu de germain. = Conj. Voy. POER.

REMUEUR, EUSE. s. Celui, celle qui remue. || Ouvrier qui remue le blé dans un grenier pour qu'il ne s'échauffe pas. || Fig. Celui, celle qui suscite des troubles. = REMUEUSE. s. f. Femme qui est spécialement chargée de remuer un enfant. La r. du prince.

REMUGLE. s. m. (R. re, préf., et mouiller). Odeur qu'exhale ce qui a été longtemps renfermé ou dans un mauvais air. Cela sent le r. Vx.

REMÛMENT. s. m. Voy. REMUEMENT.

RÉMUNÉRATEUR, TRICE. s. Celui, celle qui récompense. Dieu est le souverain r. Ce prince est un juste r. des grandes actions. = Adj. Le Dieu r. et vengeur. — Ce mot est du style soutenu.

RÉMUNÉRATION. s. f. [Pr. ...sion] (lat. remuneratio, m. s.). Récompense. Il attend de Dieu la r. de ses bonnes œuvres. Voilà donc la r. de mes services.

RÉMUNÉRATOIRE. adj. 2 g. [Pr. rémunéra-tou-are]. Qui a le caractère de récompense. Contrat, donation, legs r. Adoption r. Voy. ADOPTION.

RÉMUNÉRER. v. a. (lat. remunerare, m. s., de re, préf., et munus, récompense). Récompenser. Il est d'un grand roi de r. les belles actions. Tous les peuples croient à l'existence d'un Dieu qui rémunère la vertu et châtie le vice. = RÉMUNÉRÉ, ÉE. part. — Conj. Voy. CÉDER.

REMUNIR. v. a. Munir de nouveau. = REMUNI, IE. part.

RÉMUS, frère de Romulus, tué par lui après qu'ils eurent tous deux fondé Rome.

RÉMUSAT (Mme DE), née à Paris, auteur de l'Éducation des femmes (1780-1821).

RÉMUSAT (ABEL), orientaliste fr., auteur de nombreux travaux sur la langue et la littérature chinoises (1788-1832).

RÉMUSAT (CHARLES, comte DE), écrivain et homme politique français (1797-1875), ministre des affaires étrangères sous la présidence de Thiers (1873).

RENÂCLER. v. n. (R. re, préf., et vx. fr. nasque, naque, morve ?) Faire certain bruit en retirant brusquement son haleine par le nez, lorsqu'on est en colère. Il tempête, il jure, il renâcle. Pop. || Fig. et fam., Témoigner de la répugnance pour quelque chose. On voudrait qu'il se décidât, mais il renâcle. Il renâcle à cette démarche.

RENAISSANCE. s. f. [Pr. rené-san-se]. Seconde, nouvelle naissance, renouvellement. La r. du phénix est une fable. || Fig., Depuis la r. des lettres et des arts. La r. du printemps, de la verdure.

Hist. — Dans l'histoire de la littérature et des arts, on donne le nom de *Renaissance* à la révolution intellectuelle qui s'accomplit, principalement en Italie et en France, au XVe et au XVIe siècle. Ce grand mouvement, qui devait entraîner l'esprit humain dans des voies nouvelles, était, si l'on peut dire, à l'état d'élaboration silencieuse lorsque la prise de Constantinople par Mahomet II, en 1453, fit refluer en Italie les artistes et les savants byzantins. Avec eux apparurent tout à coup en Occident les chefs-d'œuvre qui avaient jeté un si vif éclat sur l'antiquité grecque et latine. Au milieu de la fermentation générale qui agitait alors les grands centres intellectuels, cette résurrection soudaine de la belle antiquité produisit une impression extraordinaire sur les esprits élevés et élégants, dégoûtés des mœurs grossières et des idées confuses du moyen âge. Une ère nouvelle s'ouvre tout à coup pour les lettres et pour les arts, pour les sciences et pour la philosophie. Au contact des anciens, les lettres se raniment et s'épurent. Les arts, vivifiant la forme antique par l'esprit moderne, atteignent une incomparable hauteur. La peinture surtout parvient à l'apogée de sa gloire, et les grands maîtres de cette époque sont encore aujourd'hui sans rivaux. L'architecture substitue au gothique un genre nouveau qui a gardé le nom d'architecture de la r. Enfin, ce temps d'incomparable activité voit s'inaugurer en tout genre l'ère des grandes découvertes scientifiques. En Italie, l'époque de la r. est souvent désignée sous le nom de siècle des Médicis et de siècle de Léon X, à cause du zèle avec lequel les Médicis et le pape Léon X, qui appartenait à cette maison, encouragèrent les lettres et les arts. En France, la r., un peu plus tardive, brilla de son plus vif éclat sous le règne de François Ier. Puis, de ces deux pays elle rayonna dans toute l'Europe civilisée.

RENAISSANT, ANTE. adj. [Pr. renè-san]. Qui renaît. *La nature renaissante. Des besoins toujours renaissants. Une autorité renaissante. La verdure renaissante.*

RENAÎTRE. v. n. [Pr. renê-tre]. Naître de nouveau. Selon les anciens, le phénix renaissait de ses cendres. La fable fait r. Hippolyte sous le nom de Virbius. Les pères semblent r. dans leurs enfants. — Par exag., R. à la vie, Recouvrer la santé après une maladie grave. — Fig., R. au bonheur, Redevenir heureux, après avoir éprouvé beaucoup d'afflictions, d'infortunes. || En T. Théol. R. par le baptème, par la pénitence, Rentrer en état de grâce, etc. || Se dit aussi de certaines parties des êtres animés, en part. du remplacement de celles qu'on a détruites, qui ont péri. Suivant la Fable, lorsque Hercule avait coupé une des têtes de l'hydre, il en renaissait une nouvelle. Quand les premières dents sont tombées, il en renaît d'autres. Les plumes de cet oiseau commencent à r. — En part. des végétaux, Repousser, croître de nouveau. Il faut ôter les bestiaux de cette prairie pour laisser à l'herbe le temps de r. Au printemps, les fleurs, les arbres renaissent. On dit de même, Toute la nature renaît au printemps. || Reparaître, se remontrer. Cette rivière se perd sous terre et renaît en tel endroit. Le jour renaît. L'hiver va finir, et nous allons voir r. les beaux jours. — Fig., au sens moral, Cet événement fit r. ses espérances, son amour, sa jalousie, sa haine, ses craintes. Le calme renaquit enfin dans mon cœur, dans les esprits. Les arts commencent à r. Faire r. une occasion.

RENAIX. V. de Belgique (Flandre occ.); 15,000 hab.

RÉNAL, ALE. adj. (lat. renalis, m. s., de rén, rein). T. Anat. Qui a rapport aux reins, qui appartiennent aux reins. Nerf r. Artère rénale. Calculs rénaux.

RENAN (Joseph-Ernest), philologue et historien, membre de l'Acad. fr. (1823-1892).

RENARD. s. m. [Pr. re-nar] (R. Renart, n. pr. attribué à cet animal dans la célèbre composition connue sous le nom de Roman du Renard, où tous les animaux sont désignés par un nom pr. L'ancien nom fr. du r. est goupil, du lat. vulpecula, dimin. de vulpes, m. s.). T. Mam. Animal carnassier du genre chien, qui est extrêmement rusé. — Fam., Agir en r., Agir avec ruse, agir finement. || Fig. et fam., Cet homme est un r., un fin r., un vrai r., un vieux r., Il est fin, cauteleux, rusé. On dit de quelqu'un qui fait semblant de mépriser une chose, parce qu'il ne peut l'avoir, Il fait comme le r. des raisins. — Prendre martre pour r., Se méprendre, se tromper, prendre une chose pour une autre, d'après une sorte de ressemblance. || T. Fontainier. Fente, trou par lequel les eaux d'un bassin ou d'un réservoir se perdent, et qu'il est

Fig. 1.

difficile de trouver. *Boucher un r.* ‖ T. Jeu. *Le jeu du r.*, Sorte de jeu où une pièce principale, qu'on appelle *Renard*, en attaque douze autres qu'on appelle *Poules.* ‖ T. Mar. *R. de timonerie*, Disque de bois qui est divisé en 32 parties correspondant aux 32 aires de vent, et dont le timonier se sert pour marquer et calculer la route qu'a faite le bâtiment. ‖ T. Bot. *Queue-de-r.*, le Vulpin, Graminées, et l'Érigeron du Canada, Composées (tribu des *Radiées*)

Mamm. — Le *Renard* (*Vulpes*) constitue le second genre de la famille des *Canidés* des zoologistes modernes. Ce genre est essentiellement caractérisé par sa pupille nocturne, allongée verticalement, par sa queue plus longue et plus touffue que celle du Chien, par son museau plus conique et plus pointu, et enfin par l'odeur fétide qu'il exhale. Du reste, il a les pieds du Chien proprement dit.

Le *R. commun* (*V. vulgaris*) [Fig. 1] est long d'environ 51 centimètres, non compris la queue. Son pelage est d'un fauve plus ou moins roux en dessus, blanc en dessous. Le derrière de ses oreilles est noir, sa queue est touffue et terminée par un bouquet de poils blancs. Cette espèce est répandue dans l'ancien continent depuis la Suède jusqu'à l'Égypte. Le *R. charbonnier* (*V. alopex*), qui a le bout de la queue noir, et le *R. croisé* (*V. crucigera*), qui a sur le dos une croix formée de quelques poils noirs, ne sont que des variétés de l'espèce commune. Quoique aussi fort que le Chacal, le R. n'ose pas attaquer les animaux qui pourraient lui résister, et il se borne à chasser les petits mammifères, tels que Lapins, Lièvres, Rats, etc., les Oiseaux, les Reptiles, et même les Insectes. Quand il ne trouve pas mieux, il se rabat sur les fruits en baies : il aime particulièrement les raisins. Jamais il ne touche au cadavre d'un animal mort, à moins qu'il ne soit pressé par une faim extrême. S'il a moins de courage que le Chien, il a en revanche plus de finesse, et ses ruses sont célèbres depuis la plus haute antiquité. Il ne chasse que la nuit ; le jour, il vit dans un terrier qu'il s'est creusé dans un endroit favorable. Il vit habituellement solitaire ; c'est même rarement et pour peu de temps que le mâle habite avec la femelle. Néanmoins ils aiment assez à rapprocher leurs terriers les uns des autres, et ils se mettent parfois deux ensemble pour chasser le même Lièvre. Ces animaux n'aboient ni ne hurlent, ils *glapissent*. La femelle, ou *Renarde*, ne produit qu'une seule fois par an, en avril ou en mai. La portée n'est jamais de moins de trois petits, et rarement de plus de quatre ou cinq. Les petits, que les chasseurs appellent *Renardeaux*, naissent les yeux fermés ; ils sont, comme les Chiens, 18 mois ou 2 ans à croître, et vivent de même 13 ou 14 ans. La chasse du R. est en grand honneur en Angleterre ; mais on se garde bien de détruire l'espèce, ce qui serait la fin de ce plaisir aristocratique. Chez nous, on le chasse activement à cause des ravages qu'il fait dans nos basses-cours. En outre, sa fourrure d'hiver est assez estimée.

Les espèces du genre *Vulpes* sont assez nombreuses : aussi nous contenterons-nous d'en citer quelques-unes. Le *R. bleu*

Fig. 2.

(*V. lagopus*), appelé aussi *Isatis*, est plus petit que le R. commun. Son pelage est très long, très épais, très moelleux, et tantôt d'un cendré foncé, tantôt blanc. Le bout de son museau est noir, et le dessous de ses doigts est garni de poils. Cet animal habite les régions qui bordent la mer Glaciale. On

lui fait une guerre à outrance, car sa fourrure est extrêmement recherchée et forme l'objet d'un commerce considérable.
— Le *R. noir* ou *R. argenté* (*V. argentata*), appartient aux deux continents, car on le trouve dans l'Amérique boréale et dans le Kamtchatka. Cet animal est un peu plus grand que notre R. commun. Il a le pelage d'un noir de suie, partout piqueté ou glacé de blanc, excepté aux oreilles, aux épaules et à la queue, où il est d'un noir pur : le bout de la queue et le bout des sourcils sont blancs. Sa fourrure, bien que moins précieuse que celle de l'Isatis, est néanmoins d'un prix élevé.
— Quelques espèces africaines sont remarquables par la grandeur de leurs oreilles et la force des poils de leurs moustaches. Le *R. de Lalande* (*V. Lalandii*), connu aussi sous les noms de *Megalotis* et de *Chien à longues oreilles*, habite le cap de Bonne-Espérance. Il est plus haut sur jambes que notre R.; ses oreilles, très grandes, égalent presque sa tête et se distinguent par un double rebord. Il a le pelage gris jaunâtre dessus, et blanchâtre dessous. Le *Fennec* ou *Zerda* (*Vulp. fennecus*) [Fig. 2], qui habite la Nubie, est le plus petit de tous les Renards connus. Il a les oreilles très grandes, et son pelage laineux est d'un joli roux isabelle en dessus. — Le *Culpeu* (*V. antarcticus*), au contraire, est la plus grande espèce du genre, si toutefois il lui appartient réellement. Son pelage est d'un gris roussâtre, et sa queue, rousse à l'origine, est noire au milieu, puis terminée par du blanc. Cet animal habite le Chili et l'île Falkland, l'une des Malouines, où il vit dans des terriers, comme le R. ordinaire ; mais, d'autre part, on prétend qu'il aboie comme le Chien. On n'a pas observé si sa pupille est diurne ou nocturne, aussi plusieurs zoologistes rangent-ils cet animal dans le genre Chien proprement dit.

RENARDE. s. f. Renard femelle.

RENARDEAU. s. m. [Pr *renar-do*]. Jeune renard. Voy. Renard.

RENARDER. v. n. Imiter la finesse du renard.

RENARDIER. s. m. Celui qui, dans une terre, a le soin de prendre les renards.

RENARDIÈRE. s. f. Tanière du renard.

RENAUD D'ÉLIÇAGARAY, dit le *Petit Renaud*, à cause de sa petite taille, ingénieur de la marine française, inventa les galiotes à bombes (1652-1719).

RENAUD DE MONTAUBAN, l'un des quatre fils Aymon.

RENAUDIN, amiral fr., commandait le *Vengeur* au combat d'Ouessant (1794).

RENAUDOT, médecin fr., obtint, en 1631, le privilège de la *Gazette de France*, qu'il avait fondée et qu'il dirigea jusqu'à sa mort (1584-1653).

RENAVIGABLE. adj. 2 g. Que l'on peut renaviguer.

RENAVIGUER. v. n. Naviguer de nouveau.

RENCAISSAGE. s. m. [Pr. *ran-kè-saje*]. T. Jardin. Action de rencaisser.

RENCAISSEMENT. s. m. [Pr. *ran-kè-se-man*]. Syn. de rencaissage.

RENCAISSER. v. a. [Pr *ran-kè-ser*] (R. *re*, préf., et *encaisser*). Mettre dans une nouvelle caisse. *R. des orangers.* = Rencaissé, ée. part.

RENCART (Au). Voy. Rancart.

RENCHAÎNER. v. a. [Pr. *ran-chè-ner*]. Remettre à la chaîne, enchaîner de nouveau. = Renchaîné, ée part.

RENCHÉRIR. v. a. [Pr. *ran-ché-rir*] (R. *re*, préf., et *enchérir*). Ce verbe a les mêmes significations qu'*Enchérir*, tant au prop. qu'au fig. = Renchéri, ie. part. ‖ Subst., *Faire le renchéri, la renchérie*, Faire le difficile, la difficile. Fam.

RENCHÉRISSEMENT. s. m. [Pr. *ran-chérise-man*]. Hausse de prix. *Le r. des denrées.*

RENCLOÎTRER. v. a. [Pr. ran-kloua-trer] (R. re, préf., et encloîtrer). Enfermer de nouveau dans un cloître. = RENCLOÎTRÉ, ÉE. part.

RENCLORE. v. a. [Pr. ran-klore]. Enclore de nouveau. = RENCLOS, OSE. part.

RENCOGNER. v. a. [Pr. ran-ko-gner, gn mouil.] (R. re, préf., en, préf., et coin). Pousser, serrer quelqu'un dans un coin. Je l'ai rencogné dans une croisée, pour lui dire ce que j'avais sur le cœur. = RENCOGNÉ, ÉE. part.

RENCONTRE. s. f. [Pr. ran-kontre] (R. re, préf., et encontre). Aventure par laquelle on trouve fortuitement une personne ou une chose. Bonne, mauvaise r. Heureuse, malheureuse, fâcheuse r. Faire r., faire la r. de quelqu'un, Le trouver, l'apercevoir fortuitement. Éviter la r. de quelqu'un, Éviter de le trouver et d'être vu par lui. Il tremble à sa r., Quand par hasard il se trouve en sa présence. — Aller, venir à la r. de quelqu'un, Aller, venir au-devant de quelqu'un qui vient. || Se dit aussi de l'attouchement, du concours, de la disposition, conjonction ou opposition des corps, qui se fait par art ou naturellement. La r. de Saturne et de Mars dans tel signe. || Le choc de deux corps de troupes, lorsqu'il se fait par hasard. Ce ne fut pas un combat en règle, ce ne fut qu'une r. Il y eut une sanglante r. des deux avant-gardes. — Combat singulier non prémédité, La rigueur des édits contre les duels ne s'appliquait pas aux rencontres. || Occasion, conjoncture. Je vous servirai en toute r. Il a fait tout ce qu'il pouvait faire en pareille r. — Marchandise de r., Celle que l'on trouve à acheter par hasard. Miroir, épée, livre de r. On dit d'une chose qu'on a achetée d'occasion et à bon marché, J'ai eu cela de r., et C'est une r. || Fig., se dit quelquefois d'un trait d'esprit, d'un bon mot. C'est un homme qui a d'heureuses rencontres. Une r. plaisante. Une ingénieuse r. || T. Gramm. et Versific. La r. des voyelles, Voy. HIATUS. || T. Techn. Roue de r., Voy. HORLOGERIE. || T. Blas. Toute tête d'animal vue de face, celle du léopard exceptée.

RENCONTRER. v. a. [Pr. ran-kontrer] (R. rencontre). Trouver une personne, une chose, soit qu'on la cherche, soit qu'on ne la cherche pas. R. quelqu'un dans la rue, à la promenade, sur son chemin.

Où dit-on que le sort vous a fait rencontrer?

RACINE.

Il n'est pas difficile à trouver, on le rencontre à toute heure. J'ai rencontré ce livre par hasard. J'ai rencontré dans Cicéron un passage fort curieux. En creusant ces fondations, on rencontra le rocher. Ils rencontrèrent beaucoup d'obstacles, de difficultés. On dit aussi des choses. Le torrent entraîne tout ce qu'il rencontre sur son passage. — R. les yeux de quelqu'un, Le regarder au moment où l'on est regardé par lui. Il craignait de r. mes yeux. || R. bien, r. mal, Être bien ou mal servi par le hasard dans quelque affaire; deviner juste ou se tromper dans ses conjectures. Il n'a pas mal rencontré d'avoir tel rapporteur. Il a bien rencontré en se mariant. Il a bien rencontré dans ses conjectures. On dit de même, Il a rencontré juste. Il a rencontré son fait. || Absol., sign. quelquefois dire un mot qui a du sel et qui est à propos. Il rencontre heureusement, C'est bien rencontré. On ne rencontre pas toujours. || T. Vén. Se dit des chiens qui commencent à trouver la piste du gibier. Prenez garde, ce chien rencontre. = SE RENCONTRER. v. pron. Être rencontré, être trouvé. Cela peut se r. Cela ne se rencontre pas tous les jours. C'est une vertu qui se rencontre guère chez de pareilles gens. Impersonnellem., Il s'est rencontré des hommes qui... || Se trouver avec quelqu'un. Nous nous sommes rencontrés en route. Ces deux corps de troupes se sont rencontrés et se sont battus. || Avoir les mêmes pensées qu'un autre sur un même sujet. Les beaux esprits se rencontrent. Je me suis rencontré avec un tel sur ce point. J'avais la même pensée que vous, nous nous sommes rencontrés. || Se heurter. Les deux convois se sont rencontrés. = RENCONTRÉ, ÉE. part.

RENCONTREUR. s. m. [Pr. ran-kontreur]. Celui qui rencontre.

RENCORSER. v. a. [Pr. ran-korser] (R. re, préf., en, préf., et corsage). T. Couturière. R. une robe, Y mettre un corsage neuf. — RENCORSÉ, ÉE. part.

RENDAGE. s. m. [Pr. ran-daje]. Ce que rendent les matières premières dans une fabrication quelconque.

RENDANT, ANTE. s. [Pr. ran-dan]. T. Prat. Celui, celle qui rend un compte. On dit aussi, Le r. compte.

RENDEMENT. s. m. [Pr. rande-man] (R. rendre). Le produit proportionnel que donne une chose. Le r. des terres est très variable pour une même culture. Par ce nouveau procédé, on a augmenté de dix pour cent le r. de la canne à sucre. || T. Méc. R. d'une machine, d'une transmission, etc. Rapport entre le travail utile fourni par la machine et le travail qu'elle reçoit de l'agent moteur. On dit dans le même sens. R. d'un accumulateur. Voy. ACCUMULATEUR, COMPRIMER, MACHINE, ROUE, TURBINE, TRANSPORT DE L'ÉNERGIE, THERMODYNAMIQUE, etc.

RENDETTER. v. a. [Pr. ran-dè-ter]. Endetter de nouveau. = SE RENDETTER. v. pron. = RENDETTÉ, ÉE. part.

RENDEUR, EUSE. s. [Pr. ran-deur, euze]. Celui, celle qui rend. || R. de petits soins, Celui qui rend à une femme toutes sortes de petits services pour gagner ses bonnes grâces.

RENDEZ-VOUS. s. m. [Pr. randé-vou]. Assignation que deux ou plusieurs personnes se donnent pour se trouver en un certain temps, à une certaine heure, en un certain lieu. Convenir d'un r. Assigner, donner, indiquer un r. Prendre r. pour tel jour, en tel endroit. Le lieu, l'heure du r. Un r. d'affaires, de plaisir. Le r. général de l'armée, des troupes, est en tel lieu. || Le lieu où l'on se doit rendre; et, en général, le lieu où certaines personnes ont accoutumé de se réunir. Je suis arrivé le premier au r. Être exact à se trouver au r. Ce bois est le r. de tous les malfaiteurs. Ce jardin est le r. du beau monde. Ce château n'était d'abord qu'un r. de chasse. — Par ext., Cette forêt est le r. des oiseaux de proie, de reptiles, etc.

RENDONNÉE. s. f. [Pr. ran-donée]. Voy. RANDONNÉE.

RENDORMIR. v. a. [Pr. ran-dormir] (R. re, préf., et endormir). Faire dormir de nouveau quelqu'un qui était réveillé. Tâchez de r. cet enfant. = SE RENDORMIR. v. pron. Recommencer à dormir. Elle s'est rendormie. = RENDORMI, IE. part.

RENDOSSER. v. a. [Pr. ran-do-ser] (R. re, préf., et endosser). Remettre sur son dos, sur soi. R. un habit. = RENDOSSÉ, ÉE. part.

RENDOUBLER. v. a. [Pr. ran-doubler] (R. re, préf., en, préf., et doubler). Remplier un vêtement pour le raccourcir. R. un manteau, une jupe. = RENDOUBLÉ, ÉE. part.

RENDRE. v. a. [Pr. ran-dre] (lat. reddere, m. s., de re, préf., et dare, donner). Restituer; remettre une chose entre les mains de celui à qui elle appartient. R. à quelqu'un l'argent qu'on lui a emprunté. Rendez-lui ce que vous lui avez pris. R. un dépôt. Prêtez-moi ce livre, je vous le rendrai dans deux jours. Il ne rend jamais ce qu'on lui prête. Il ne sait ce que c'est que de r. — Prov., Il faut r. à César ce qui appartient à César, Il faut r. à chacun ce qui lui est dû; se dit au propre et au figuré. || Remettre, faire tenir une chose à quelqu'un, en un certain lieu. Vous rendrez ce paquet à telle adresse. Il m'a vendu tant de ballots de soie et il doit me les r. à Lyon. Je lui ai donné de l'ouvrage, et il ne me le rend pas. — En parlant des personnes, Montez dans ma voiture, dans deux heures je vous rendrai chez vous. || Donner, renvoyer à quelqu'un ce qu'on en avait reçu. Elle lui a rendu tous ses présents. Il lui rendit toutes ses lettres. Il m'a payé, je lui ai rendu son billet. — Fig., R. à quelqu'un sa parole, Le dégager de l'obligation de la tenir. On dit de même, Vous rends votre promesse, vos serments. || Livrer, céder. Le commandant se vit obligé de r. la place. Rendre-moi votre épée, ou vous êtes mort. R. les armes. — T. Man. R. la bride, r. la main à un cheval, Lui tenir la bride moins haute, moins ferme. || S'acquitter de certains devoirs, de certaines obligations; observer certaines règles de bienséance, de politesse, etc. R. un culte à la Divinité.

R. grâces à Dieu. Il faut r. obéissance à ses supérieurs. R. ses devoirs, ses respects à quelqu'un. R. les derniers devoirs à son ami. R. hommage, des hommages R. visite à quelqu'un. R. ses visites. R. hommage à la vérité. Tout le monde rend hommage à ses vertus. R. justice à quelqu'un. Je rends justice à vos intentions. Je suis prêt à lui r. raison quand il voudra. — Se dit aussi, abstraction faite de toute idée de devoir, des services, des offices bons ou mauvais *Il m'a rendu service. Il a rendu de grands services à son pays. Ce serait r. à la science un service signalé. Il n'y a point de mauvais office qu'elle n'ait tâché de me r. Je n'oublierai pas les bons offices qu'il m'a rendus.* || Faire à l'égard d'une personne une chose relative à une autre chose qu'elle a faite à notre égard. *R. la pareille. R. le réciproque.*

Rendons-lui les tourments qu'elle me fait souffrir.
RACINE.

R. injure pour injure, service pour service. R. le bien pour le mal, le mal pour le bien. — Dieu vous le rende, Expression de reconnaissance dont se servent les mendiants à qui l'on donne l'aumône, etc. — *R. le combat,* soutenir le choc de l'ennemi. || Faire éprouver de nouveau. *Le même songe me rend les mêmes agitations.* || Faire recouvrer certaines choses dont on était privé, qu'on avait perdues. *R. la santé, la vue, l'ouïe, la parole, l'appétit. Ce régime lui rendra les forces. R. la liberté à un prisonnier. Cette nouvelle lui a rendu l'espoir, le courage.* — Fig. et fam., *Vous me rendez la vie,* Vous me tirez d'une peine extrême. || Redonner à quelqu'un ce qu'on lui avait retiré. *Je lui ai rendu ma confiance, mon amitié. Rendez-moi votre protection. La fortune lui rendit enfin ses faveurs.* || Faire rentrer une personne en possession d'une chose dont elle était privée et à laquelle elle avait renoncé, *Il vient d'être rendu à la liberté. Vos conseils le rendront à la vertu, à l'honneur. Ce remède peut le r. à la vie.* On dit de même, *Cela le rendit à lui-même.* Cela fit cesser l'illusion, la prévention, etc., qui troublait sa raison. || Ramener à. *R. quelqu'un à sa famille. Je l'ai rendu à la société, à la patrie.* || Faire devenir; être cause qu'une personne, qu'une chose devient ce qu'elle n'était pas auparavant. *R. quelqu'un actif et laborieux. Voilà ce qui l'a rendu négligent, chercheux. Cette action l'a rendu odieux. Le malheur l'a rendu sage. Cette victoire le rendit maître de toute la province. L'exercice rend le corps plus vigoureux. R. un chemin praticable, une rivière navigable. Il rendit vains les efforts de ses ennemis. Il a rendu son nom immortel.* — Se r. une chose aisée, familière, Y devenir habile, ou s'y habituer. || Produire, rapporter. *Il y a des terres qui rendent trente pour un. Sa terre lui rend dix mille francs par an. Ce métier rend peu, rend beaucoup. Ce fermier rend tant de sa ferme, Il en paye tant.* — *Cette orange rend beaucoup de jus,* Il en sort beaucoup de jus quand on la presse. On dit à peu près de même, *Cette viande rend beaucoup de jus. Cette oie a rendu beaucoup de graisse.* — *Cette fleur rend une odeur agréable,* Il s'en exhale une odeur agréable. *Cet instrument rend un son harmonieux,* Il en sort des sons harmonieux quand on en joue. — Absol., *Cette raquette rend bien, rend mal,* Elle est bien ou mal tendue, elle renvoie fortement ou faiblement la balle. || Rejeter par les voies naturelles ou autrement. *R. un remède, une médecine, un vomitif. R. de la bile. Il rend le sang par le nez. L'abcès a rendu quantité de pus.* Absol., *Cette plaie, ce cautère commence à r., rend beaucoup,* Il en sort de la matière, du pus. — Fig. et pop., *C'est un homme qui a bon cœur, il ne rend rien,* Il ne rend jamais ce qu'on lui prête. *R. gorge,* Voy. GORGE. — Fig., *R. l'esprit, l'âme, le dernier soupir,* Mourir, expirer. || Représenter, exprimer. *Votre copie ne rend pas bien l'original. Ce portrait rend bien votre figure, vous rend bien. Ce mot rend mal ma pensée. Je sentis une impression que j'aurais peine à vous r.* || Traduire. *Il a mal rendu le sens de son auteur. R. un passage mot à mot. Cherchez à r. le sens plutôt que les paroles.* || Répéter. *L'écho rend les sons, rend les paroles. Je vous rends son discours mot pour mot. Il n'a pas rendu fidèlement ce que j'avais dit.* || Rendre, s'emploie encore dans quelques idiotismes. *R. la justice,* Administrer la justice. *R. justice,* Voy. JUSTICE. — *R. un arrêt, une sentence, un jugement, une décision, etc.,* Prononcer un arrêt, etc. — *R. témoignage,* Témoigner. — *R. des oracles,* Prononcer des oracles. — *R. ses comptes, R. compte,* Voy. COMPTE. — *R. raison,* Voy. RAISON. || *T. Mar. R. le quart,* remettre le

service de quart à celui qui doit le reprendre = RENDRE. v. n. Conduire. *Ce chemin rend à tel village.* = SE RENDRE. v. pron. Être rendu. *Une visite de digestion doit se r. dans la huitaine. Ce sont des services qui se rendent entre voisins.* || Aller, se porter, *Si vous voulez vous r. en tel endroit, vous m'y trouverez. Il se rendra à Paris tel jour. Les troupes se rendirent sur la frontière à la fin de mai. Se r. à son poste.* Par formule de politesse, *Je me rends à vos ordres.* — Fig., *Se r. à son devoir,* Se rendre au lieu où le devoir appelle; sign. aussi se réformer, céder à l'empire de la raison. *Mon fils, quand vous rendrez-vous à votre devoir?* || Se diriger, aboutir. *Les fleuves se rendent à la mer. Le sang veineux se rend au cœur. Où se rend ce chemin-là?* || Devenir, par son propre fait. *Ayant su d'abord se r. agréable à son maître, il sut ensuite se r. nécessaire. Se r. odieux. Se r. méprisable par sa conduite. Se r. ridicule par ses manières. Il s'est rendu indigne de vos bontés. Ce prince se rendit redoutable à ses voisins. Il se rendra malade à force de travail. Se r. maître d'une place. Se r. maître de l'esprit de quelqu'un. Se r. maître de ses passions.* — T. Pal. *Se r. partie contre quelqu'un, Se déclarer partie contre quelqu'un.* || Céder, se soumettre. *Les assiégés ne voulurent point se r. La citadelle ne se rendit qu'à la dernière extrémité. Se r. aux ennemis. Se r. prisonnier de guerre. La garnison s'est rendue à discrétion. Se r. à la raison, à l'évidence. La majorité se rendit à mon avis. Cette femme s'est rendue à ses désirs. Il se rendit enfin à vos instances.* — Je me rends, se dit quand, dans une discussion, on finit par céder. *Il ne se rend jamais,* C'est un entêté qui ne cède jamais. — Syn. Voy. ACQUIESCER. || N'en pouvoir plus. *Je ne puis plus ni boire ni manger, je me rends, Je ne peux plus marcher, il se rend.*

L'attelage suait, soufflait, était rendu.
LA FONTAINE.

Quoi! vous vous rendez déjà? — Ce cheval se rend, Il est excédé, à force d'avoir marché ou d'avoir travaillé. *On dit aussi d'un cheval qui finit par obéir après quelque résistance.* = RENDU, UE. part. *Le vin de Bourgogne coûte tant, rendu à Paris,* Transporté à Paris. || *Il n'y a plus qu'une lieue d'ici chez nous, nous voilà bientôt rendus.* Nous serons bientôt arrivés. || *Cet homme, cet animal est rendu,* Il est fatigué, excédé, il ne peut plus marcher. || Fig. et fam., *C'est un prêté rendu,* ou subst., *C'est un rendu,* se dit d'un mauvais tour fait à quelqu'un pour lui rendre la pareille. = Conj. Voy. TENDRE. = Syn. Voy. RESTITUER.

RENDU (AMBROISE), membre du Conseil royal de l'Instruction publique, contribua à l'organisation de l'enseignement primaire en France (1778-1860).

RENDUIRE. v. a. [Pr. *ran-duire*]. Enduire de nouveau. || Appliquer un enduit en général. = RENDUIT, ITE. part.

RENDURCIR. v. a. [Pr. *ran-dur-sir*] (R. re, préf., et *endurcir*). Rendre plus dur ce qui l'était déjà. *La trempe rendurcit le fer.* = SE RENDURCIR. v. pr. Devenir plus dur. || Fig., Devenir plus méchant. *Se r. dans le mal.* = RENDURCI, IE. part.

RENDURCISSEMENT. s. m. [Pr. *randur-si-se-man*]. Action de rendurcir, de se rendurcir.

RÊNE. s. f. (lat. *retinere*, retenir). Courroie de la bride d'un cheval. Voy. BRIDE.

Sa main sur les chevaux laissait flotter les rênes.
RACINE.

|| Fig., *Les rênes de l'empire, de l'État, du gouvernement,* La haute administration de l'État. *Tenir les rênes de l'empire. Prendre en main les rênes de l'État, du gouvernement.* || T. Anat. *Les rênes de la glande pinéale,* les pédoncules supérieurs de ce corps.

RENÉALMIE. s. f. (R. *Reneaulme*, n. d'un naturaliste fr.). T. Bot. Genre de plantes Monocotylédones de la famille des *Scitaminées.*

RENÉ D'ANJOU, dit *le Bon roi René*, 2e fils de Louis II d'Anjou (1409-1480), devint duc d'Anjou et de Provence à la mort de son frère Louis III d'Anjou (1434), puis roi de Naples par le testament de Jeanne II (1438). Mais, dépossédé du trône par Alphonse d'Aragon (1442), il se retira à Aix en Provence, où il vécut cultivant les lettres et les arts.

RENÉE de France, fille de Louis XII, duchesse de Ferrare, protégea Clément Marot et Calvin (1510-1575).

RENÉGAT, ATE. s. (prov. *renegat*, m. s., du lat. *renegatus*, part. pass. de *renegare*, renier). Celui, celle qui a renié la religion chrétienne pour embrasser une autre religion. || Par anal., Celui qui abandonne un parti politique pour passer dans le parti opposé. = Syn. Voy. Apostat.

RÊNER. v. a. Assujettir au moyen des rênes. = Rêné, ée. part.

RÉNETTE. s. f. [Pr. *ré-nète*] (R. *rainer*). Instrument dont les maréchaux se servent pour couper l'ongle du cheval par sillons. [] Outil dont se servent les bourreliers et les coffretiers pour tracer des raies sur le cuir. || Outil de charpentier pour tracer la voie à la scie.

RÉNETTER. v. a. [Pr. *ré-nè-ter*]. Couper le sabot par sillons et y pratiquer des raies avec la rénette. = Rénetté, ée. part.

RENETTOYER. v. a. [*rené-to-ier*]. Nettoyer de nouveau. = Renettoyé, ée. part.

RENFAÎTAGE. s. m [Pr. *ran-fé-taje*]. Action de renfaîter; L'ouvrage qui en est le résultat.

RENFAÎTER. v. a. [Pr. *ran-fêter*] (R. *re*, préf., et *enfaîter*). R. *un toit*, En raccommoder le faîte. = Renfaîté, ée. part.

RENFANTER. v. a. [Pr. *ran-fanter*]. Enfanter de nouveau. = Renfanté, ée. part.

RENFERMER. v. a. [Pr. *ran-fermer*]. Enfermer de nouveau. *Ce prisonnier s'était échappé, on l'a repris et on l'a renfermé.* Le plus souvent, signifie simpl. Enfermer, mais se dit d'une clôture plus étroite. *C'est un fou qu'il faudrait r.* En Orient, *on renferme les femmes.*

Sommes-nous chez les Turcs pour renfermer les femmes?

MOLIÈRE.

|| Comprendre, contenir. *Ce parc renferme plusieurs villages. La terre renferme bien des trésors. Un corps mal fait peut r. une belle âme.* — Fig., *Ce livre renferme de grandes vérités. Cette pensée renferme un grand sens.*

Renfermez votre amour dans le fond de votre âme.

RACINE.

|| Fig., Restreindre, réduire dans de certaines bornes. *Cet avocat avait renfermé sa cause dans la question de droit. L'exercice de ce droit fut renfermé dans de certaines limites.* || T. Man. R. *un cheval*, Le tenir dans la main et dans les jambes, pour retenir le devant, et chasser le derrière sur le devant. = se Renfermer. v. pron. S'enfermer. *Il se renferma dans sa maison. Je me renferme souvent dans mon cabinet.* — Fig., Se r. *en soi-même*, Se recueillir, afin de penser avec plus d'attention aux choses dont on est occupé. || Fig., Se restreindre dans certaines bornes. *Cet auteur s'est renfermé dans son sujet. Ce genre de commerce, au lieu de s'étendre, se renferme tous les jours dans un cercle plus étroit. Il se renferma dans un silence prudent.* = Renfermé, ée. part. || Subst., *Une odeur de renfermé*, et *Cela sent le renfermé*, se dit D'une mauvaise odeur qui résulte du non-renouvellement de l'air.

RENFLAMMER. v. a. [Pr. *ran-fla-mer*] (R. *re*, préf., et *enflammer*). Enflammer de nouveau. || Fig., R. *le courage, l'ardeur, le zèle de quelqu'un.* = se Renflammer. v. pron. S'enflammer de nouveau.

Ah! si mon cœur osait encor se renflammer!

LA FONTAINE.

= Renflammé, ée. part.

RENFLEMENT. s. m. [Pr. *ran-fleman*]. État de ce qui est renflé; Partie qui est renflée. *Le r. d'une colonne. Cette tige présente une série de renflements.*

RENFLER. v. n. [Pr. *ran-fler*] (R. *re*, préf., et *enfler*), et se Renfler. v. pron. Augmenter de grosseur, se dilater. *Des pois, des haricots qui renflent bien. Cette pâte a bien renflé. Les racines de cette plante se renflent en tubercules.* = Renflé, ée. part. *Des pois bien renflés.* || Adject., *Colonne renflée. Tige renflée à la base.*

RENFLOUAGE. s. m. [Pr. *ran-floua-je*]. Action de renflouer.

RENFLOUEMENT. s. m. [Pr. *ran-flou-man*], Résultat du renflouage.

RENFLOUER. v. a. [Pr. *ran-flouer*] (R. *re*, préf., en, préf., et *flot*). Remettre à flot un bâtiment échoué. = Renfloué, ée. part.

RENFLURE. s. f. (R. *re*, préf., et *enflure*). Opération frauduleuse que les maquignons pratiquent sur les salières de vieux chevaux afin de leur donner une apparence de jeunesse.

RENFONCEMENT. s. m. [Pr. *ran-fon-se-man*] (R. *renfoncer*). Dépression, creux, retraite, que présentent certaines parties d'une chose. *Le r. d'un caisson. Ce mur présente un r.* — Par ext., se dit de la retraite apparente que présentent certaines parties d'une surface peinte. *Le r. d'une décoration de théâtre.* || T. Typogr. Action de renfoncer une ligne. *Faire des renfoncements.*

RENFONCER. v. a. [Pr. *ran-fon-ser*] (R. *re*, préf., et *enfoncer*). Enfoncer de nouveau, plus avant. R. *son chapeau. Renfoncez le bouchon de cette bouteille.* || T. Techn., R. *un tonneau, etc.*, Y mettre un fond. || T. Typogr. R. *une ligne*, La faire commencer plus ou moins en arrière de celles qui suivent ou qui précèdent. *Il faut r. cette ligne car elle commence un paragraphe.* || Fig., R. *ses larmes*, ne pas les laisser paraître. = Renfoncé, ée. part. = Conj. Voy. Avancer.

RENFORÇAGE. s. m. (R. *renforcer*). Action de donner plus de force.

RENFORCEMENT. s. m. [Pr. *ran-forse-man*]. Action de renforcer. L'effet de cette action. *Le r. d'une poutre.* — T. Photogr. Voy. Photographie, IV, E.

RENFORCER. v. a. [Pr. *ran-forser*] (R. *re*, préf., en, préf., et *force*). Fortifier, rendre plus fort. R. *des troupes.* R. *une garnison.* R. *une poutre par des plates-bandes de fer.* R. *le quartier d'un soulier.* || R. *la voix, le son*, Lui donner plus d'intensité. || R. *la dépense, l'ordinaire d'une maison*, L'augmenter. || T. Photogr. R. *un cliché.* Voy. Photographie, IV, E. = se Renforcer. v. pron. Devenir plus fort, plus habile. *L'armée se renforce tous les jours. Votre voix s'est renforcée.* Se r. *dans une science, à un jeu, sur un instrument, etc.* = Renforcé, ée. part. *Un canon renforcé sur la culasse.* || Adj., *Étoffe renforcée*, Étoffe plus forte et plus épaisse que ne le sont ordinairement les étoffes de la même espèce. *Du damas, du taffetas renforcé.* — *Un bidet renforcé*, Un double bidet. || Fig. et fam., *C'est un paysan, un bourgeois renforcé*, se dit d'un paysan, d'un bourgeois qui a au suprême degré tous les défauts des gens de sa classe. *Un fat renforcé, un sot renforcé, Un homme extrêmement fat, etc.* = Conj. Voy. Avancer. = Obs. gramm. Voy. Enforcir.

RENFORCIR. v. a. [Pr. *ran-forsir*] (R. *re*, préf., et *enforcir*). Rendre plus fort. = v. n. Devenir plus fort. = Renforci, ie. part.

RENFORMER. v. a. [Pr. *ran-former*] (R. *re*, préf., en, préf., et *forme*). T. Techn., après les avoir humectés, les gants qui viennent d'être cousus. = Renformé, ée. part.

RENFORMIR. v. a. [Pr. *ran-formir*] (R. *renformis*). T. Maçonn. R. *un vieux mur*, Y faire un renformis. = Renformi, ie. part.

RENFORMIS. s. m. [Pr. *ran-formi*] (R. *re*, préf., en,

préf., et *forme*). Réparation d'un mur qui consiste à mettre des pierres où il en manque, puis à le crépir.

RENFORMOIR. s. m. [Pr. *ran-for-mouar*]. Instrument pour reformer les gants.

RENFORT. s. m. [Pr. *ran-for*] (R. *re*, préf., *en*, préf., et *fort*). Augmentation de force. *Un r. de troupes. L'armée a reçu des renforts. Un cheval de r.* || T. Artill. Partie d'un canon où l'épaisseur est plus grande. Voy. CANON. || T. Techn. Toute pièce qu'on ajoute à une autre pour en augmenter la solidité. || T. Cuis. *Renforts de potage*, plats qui accompagnent le potage.

RENFOUIR. v. a. [Pr. *ran-fouir*]. Enfouir de nouveau. = RENFOUI, IE. part.

RENFOURCHER. v. a. [Pr. *ran...*]. Enfourcher de nouveau. = RENFOURCHÉ, ÉE. part.

RENFOURNER. v. a. [Pr. *ran...*]. Enfourner de nouveau. = RENFOURNÉ, ÉE. part.

RENFREW, comté d'Écosse; 263,000 hab.; cap. Renfrew, 30,000 hab.

RENFROGNEMENT. s. m. [Pr. *ran-fro-gne-man*, gn mouil.]. Voy. REFROGNEMENT.

RENFROGNER (SE). v. pron. [Pr. *ran-fro-gner*, gn mouil.]. Voy. REFROGNER.

RENGAGEMENT. s. m. [Pr. *ran-gaje-man*]. Action de se rengager; se dit surtout en parlant du service militaire.

Armée. — Acte par lequel un militaire ayant fait un certain nombre d'années de service, soit comme engagé volontaire, soit comme appelé par la loi de recrutement, s'engage librement à servir pour une nouvelle période. Peuvent souls contracter des rengagements dans toutes les armes : 1° les sous-officiers jusqu'à concurrence des 2/3 de l'effectif total des sous-officiers de l'armée de terre; 2° les caporaux et brigadiers et les soldats inscrits pour ce grade; 3° les soldats décorés de la Légion d'honneur ou de la médaille militaire; 4° dans la cavalerie et pour un an seulement tous les hommes de l'arme; 5° enfin, pour les troupes coloniales seulement, les militaires de toutes armes, les hommes de la réserve jusqu'à l'âge de 32 ans et les hommes des régiments étrangers.

A. *Sous-officiers.* — Les sous-officiers peuvent contracter des rengagements de un, deux, trois ou cinq ans, soit dans leur arme en conservant leur grade, soit dans une autre arme comme simples soldats. La demande doit être adressée au commandant du corps d'armée qui délivre au sous-officier un titre formant brevet. Ces rengagements peuvent se renouveler jusqu'à une durée totale de 15 ans de service, après quoi, les intéressés peuvent être maintenus sous les drapeaux jusqu'à l'âge de 47 ans, comme commissionnés, c.-à-d. sans engagement pour une durée fixe, avec la faculté de démissionner en tout temps, hors le temps de guerre.

Les sous-officiers qui se rengagent pour 2, 3 ou 5 ans ont droit : 1° à une première mise d'entretien payée lors de l'engagement; 2° à une prime proportionnelle, qui leur est payée annuellement par 1/10, le reliquat la dernière année; 3° à des gratifications annuelles; 4° à une haute paye qui est augmentée de 5 ans en 5 ans.

Après 5 ans de rengagements, les rengagements nouveaux ne donnent plus droit qu'à première mise d'entretien, gratifications annuelles, et haute paye; après 10 ans, aux gratifications annuelles et haute paye; les commissionnés n'ont droit qu'à une haute paye qui n'est plus augmentée.

Les sous-officiers mariés ou logés en ville reçoivent une indemnité de logement fixée à 15 francs par mois.

Après 25 ans de service ils ont droit à une pension de retraite, après 15 ans, à une pension proportionnelle. Il leur est en outre réservé dans ce dernier cas des emplois civils dans les administrations de l'État à la condition de n'avoir pas dépassé l'âge de 40 ans à l'expiration du dernier r.

B. *Caporaux, brigadiers, soldats décorés ou médaillés.* — Les caporaux ou brigadiers et les soldats proposés pour ce grade, ou décorés ou médaillés, peuvent contracter des rengagements pour 2, 3 ou 5 ans, renouvelables jusqu'à une durée totale de 15 ans de service. Ces rengagements se contractent devant les sous-intendants militaires.

Le premier r. donne droit à une prime payable à la signature de l'engagement et à une haute paye. Pour 2 ans, la prime est réduite au 1/3, pour 3 ans à la moitié.

Les rengagements suivants ne donnent droit qu'à la haute paye augmentée de moitié pour les caporaux et brigadiers, et d'un tiers pour les soldats. Si ces caporaux, brigadiers, et soldats passent sous-officiers ils jouissent des avantages concédés aux rengagés de ce grade.

C. *Hommes de la cavalerie.* — Dans la cavalerie, les soldats engagés pour une 4° année de service, ont droit à haute paye.

D. *Troupes coloniales.* — Dans les troupes coloniales, les rengagements, même pour un an, donnent droit à prime, gratifications annuelles et haute paye, cette dernière augmentée de 3 ans en 3 ans. Les sous-officiers, caporaux, brigadiers et soldats des troupes, qui se retirent après 8 ans de service, peuvent obtenir des concessions de terrains aux colonies.

Tous ces rengagés ont droit après 15 ans de service à une pension proportionnelle égale au 15/25 de la pension de retraite attribuée à leur grade, augmentée de 1/25 par campagne.

F. *Commissionnés.* — En outre des sous-officiers visés plus haut, certains militaires tels que ceux de la gendarmerie, les sapeurs-pompiers de la Seine, le personnel des écoles militaires, de la justice militaire et de divers emplois que le Ministre de la guerre a le droit de déterminer, peuvent être commissionnés; c.-à-d. maintenus sous les drapeaux sans durée d'engagement en général jusqu'à 50 ans, ceux de la gendarmerie et de la justice même au delà. A 25 ans ils ont droit à la pension totale. Tous sont susceptibles d'être, suivant leurs droits, ou mis à la retraite d'office ou révoqués sur l'avis d'un conseil d'enquête. Ils peuvent démissionner en tout temps, hors le temps de guerre, mais ne doivent quitter leur emploi qu'après acceptation de leur démission par le Ministre. Ils touchent une pension.

RENGAGER. v. a. [Pr. *ran-ga-jer*]. Engager de nouveau. *Il avait dégagé ses bijoux, il a été obligé de les r. R. un domaine. R. son cœur.*

Et la moindre faveur d'un coup d'œil caressant
Nous rengage de plus belle.
         MOLIÈRE.

Des intrigants s'efforcent de le r. dans cette mauvaise affaire dont il a déjà eu tant de peine à se tirer. Après quelques instants de repos, il ont rengagé le combat. = SE RENGAGER v. pron. S'engager de nouveau. *Ce soldat s'est rengagé.* Voy. RENGAGEMENT. — *Se r. dans un parti, dans une cabale. Se r. dans un procès. Se r. dans une nouvelle passion.* = RENGAGÉ, ÉE. part. = Conj. Voy. MANGER.

RENGAINE. s. f. [Pr. *ran-ghène*, g dur]. Banalité qu'on répète.

RENGAINER. v. a. [Pr. *ren-ghè-ner*, g dur] (R. rengaine). Répéter sans cesse. Fam.

RENGAINER. v. a. [Pr. *ran-ghè-ner*, g dur] (R. re, préf., et *engainer*). Remettre dans la gaine, dans le fourreau. *R. une épée, un couteau.* — Absol., signifie Rengainer son épée. *Il leur fallut r.* || Fig. et fam., *R. son compliment*, Supprimer ou ne pas achever ce qu'on avait envie de dire. *Le prince ne s'étant pas arrêté, le maire fut obligé de r. sa harangue.* = RENGAINÉ, ÉE. part.

RENGLOUTIR. v. a. [Pr. *ran-gloutir*]. Engloutir de nouveau. = RENGLOUTI, IE. part.

RENGLUER. v. a. [Pr. *ran-gluer*]. Engluer de nouveau. = RENGLUÉ, ÉE. part.

RENGORGEMENT. s. m. [Pr. *ran-gorje-man*]. Action de se rengorger, attitude de celui qui se rengorge.

RENGORGER (SE). v. pron. [Pr. *ran-gor-jer*] (R. re, préf., en, préf., et *gorge*). En parl. Des femmes, Avancer la gorge pour avoir meilleure grâce, et retirer un peu la tête en arrière. *Voyez comme elle se rengorge.* || En parlant des hommes, Affecter un air de fierté en retirant un peu la tête en arrière. *Depuis qu'il est en place, il se rengorge.* || Se dit aussi de certains animaux. *Le paon se rengorge quand il fait la roue.* || Fig., Faire l'important. — Ce verbe est fam. dans toutes ses acceptions. = RENGORGÉ, ÉE. part. = Conj. Voy. MANGER.

RENGRAISSER. v. o. [Pr. ran-grè-ser] (R. re, préf., et engraisser). Faire redevenir gras. Le riz le rengraisse à vue d'œil = RENGRAISSER. v. n Redevenir gras. Depuis quelque temps il a fort rengraissé. = RENGRAISSÉ, ÉE. part.

RENGRÉGEMENT. s. m. [Pr. ran-grè-jeman] (R. rengréger). Augmentation, accroissement. R. de mal, de douleur. Vx.

RENGRÉGER. v. a. [Pr. ran-gré-jer] (R. re, préf., en, préf., et le vx français greindre, plus grand, du lat. grandior, m. s.). Augmenter, accroître. R. son mal, sa douleur, sa peine. = SE RENGRÉGER. v. pron. S'augmenter. Son mal se rengrège. = RENGRÉGÉ, ÉE. part. Vx. = Conj. Voy. PROTÉGER.

RENGRÈNEMENT. s. m. [Pr. ran-grène-man]. T. Monnayage. Action de rengréner.

RENGRÉNER. v. a. [Pr. ran-gré-ner]. Engréner dans une seconde roue. || T. Monnayage. Se dit d'une pièce qui n'a pas bien reçu l'empreinte ou qui exige plus d'un coup de balancier, et sign. La remettre sous le balancier, de manière que toutes les parties rentrent exactement dans le creux des coins. Il faut r. cette médaille. — Sign. encore Rencontrer juste dans le creux de la matrice après avoir reçu une empreinte. Vérifier l'empreinte d'un poinçon en le faisant r. = RENGRÉNÉ, ÉE. part. = Conj. Voy. CÉDER.

RENHARDIR. v. a. [Pr. ran-ardir] (R. re, préf., et enhardir). Redonner de la hardiesse, Ce succès renhardit les troupes. = RENHARDI, IE. part.

RENI. s. m. Action de renier.

RENI (GUIDO). Voy. GUIDE.

RENIABLE. adj. 2 g. Ne se dit que dans une locution proverbiale, Tous mauvais cas sont reniables, Lorsqu'un homme a commis quelque crime, fait quelque faute, la honte ou la crainte du châtiment fait qu'il le nie.

RENIEMENT ou **RENÎMENT.** s. m. [Pr. reni-man]. Action de renier; ne se dit que dans cette locut., Le r. de saint Pierre.

RENIER. v. a. (R. re, préf., et nier). Déclarer contre la vérité qu'on ne connaît point une personne, une chose. Saint Pierre renia Jésus-Christ par trois fois. — R. quelqu'un pour son parent, pour son ami, Refuser de le reconnaître pour tel. On dit de même, R. ses parents. || Désavouer une chose de fait. R. sa patrie, sa famille, son nom. || Renoncer entièrement à une chose. Il a renié sa religion. R. sa foi. — Absol., sign. R. sa religion. De vingt captifs qu'ils étaient, il n'y en eut que deux qui renièrent. || Fam., R. Dieu, ou R. et blasphémer, Jurer le nom de Dieu. Je l'entendis qui reniait et blasphémait. = RENIÉ, ÉE. part. || Fig., on dit d'un méchant homme en horreur à tout le monde, Il est renié de Dieu et des hommes. || Elliptiq., Un chrétien renié, Qui a renié sa religion; Un moine renié, Qui a renoncé à ses vœux. Fam.

RENIEUR, EUSE. s. Celui, celle qui renie, qui blasphème, C'est un r., un blasphémateur. Vx.

RENIFLADE. s. f. Action de renifler.

RENIFLEMENT. s. m. [Pr. renifle-man]. Action de renifler.

RENIFLER. v. n. (R. re, préf., et le vx fr. nifler, parler par le nez). Aspirer fortement par le nez, en faisant un certain bruit. Ne renifles pas ainsi. || Se dit quelquefois activ., Il a l'air tout satisfait quand il renifle sa prise de tabac. || Fig. et fam., Marquer de la répugnance pour quelque chose. — Ce cheval renifle sur l'avoine, Il est si rassasié, qu'il n'en veut plus.

RENIFLERIE. s. f. Action de renifler. Pop.

RENIFLEUR, EUSE. s. Celui, celle qui renifle. Pop.

RÉNIFORME. adj. 2 g. (lat. ren, renis, rein; forma, forme). Qui a la forme d'un rein.

RÉNILLE. s. f. [Pr. ll mouill.] (Dimin. du lat. ren, renis, rein). T. Zool. Genre de Polypes. Voy. ALCYONAIRES.

RÉNIQUEUR. s. m. [Pr. réni-keur] Ouvrier qui foule les draps avec ses pieds.

RÉNITENCE. s. f. [Pr. réni-tanse] (lat. reniti, faire résistance, de re, préf., et niti, faire effort). T. Méd. Caractère de ce qui est rénitent.

RÉNITENT, ENTE. adj. [Pr. réni-tan, ante] (lat. reniti, faire résistance). Qui résiste. Tumeur rénitente, Tumeur dure, sur laquelle la peau est tendue et luisante.

RENIVELER. v. a. Niveler de nouveau. = RENIVELÉ, ÉE. part.

RENIVELLEMENT. s. m. [Pr. renivè-le-man]. Action de reniveler.

RENIXIGRADE. adj. 2 g. [Pr. reni-ksigrade] (lat. renixus, résistance; gradus, degré). T. Chir. Se dit d'un bandage herniaire à résistance graduée.

RENJAMBER. v. a. [Pr. ran-jan-ber]. Enjamber de nouveau. = RENJAMBÉ, ÉE. part.

RENNE. s. m. (all. renn, m. s., de rennen, courir). T. Mammal. Espèce de Ruminant. Voy. CERF.

RENNEQUIN-SUALEM, mécanicien, fils d'un charpentier de Liège (1644-1708), construisit la machine hydraulique de Marly (1675-1682).

RENNES, anc. cap. du duché de Bretagne, ch.-l. du dép. d'Ille-et-Vilaine, au confluent de l'Ille et de la Vilaine, à 374 kil. S.-O. de Paris; 69,200 hab. Archevêché. — Lin, toiles, cuir, beurre, volailles. = Nom des hab. : RENNAIS, OISE.

RENNUYER. v. a. [Pr. ran-nui-er]. Ennuyer de nouveau. = RENNUYÉ, ÉE. part.

RENO, petite riv. d'Italie, traverse les prov. de Bologne et de Ferrare, et se jette dans une branche du Pô.

RENOM. s. m. [Pr. re-non] (R. re, préf., et nom). Grande réputation; se dit des personnes et des choses. Un homme de grand r. Il s'est fait un mauvais r. C'est un auteur sans r., Il n'a aucun r. Une femme de mauvais r., qui a un méchant r. Paris, Rome, Constantinople, sont des villes de grand r.

Vous connaissez ces lieux, ils ont quelque renom.

LA FONTAINE.

— Employé seul, Renom se prend ordin. en bonne part. Un homme de r. Cet auteur a du r. C'est le tailleur en r. || Opinion répandue sur quelqu'un. = Syn. Voy. NOM.

RENOMMÉE. s. f. [Pr. reno-mé] (R. renommé, part. pass. de renommer). Grand renom; réputation très étendue. Bonne, mauvaise r. Noircir, ternir, flétrir sa r. Cela nuit à sa r. L'éclat de sa r. obscurcissait toute autre gloire. Bonne r. vaut mieux que ceinture dorée. Voy. CEINTURE.

L'obscurité vaut mieux que tant de renommée.

CORNEILLE.

|| La voix publique qui répand partout le bruit des actions, des événements remarquables. J'ai appris ce grand événement par la r. Je n'en fus instruit que par la r. La r., qui grossit tout, faisait son armée forte de cent mille hommes. — T. Pal. Enquête de commune r., Enquête ordonnée pour constater certains faits. || Être mythologique et allégorique, qu'on représente ordinairement sous les traits d'une femme ailée qui embouche la trompette pour publier en tous lieux les divers événements. Selon les poètes, la R. a cent yeux, autant de bouches et autant d'oreilles. Peindre une R. La R. avait des temples à Athènes et à Rome. — Cette personnification est d'un fréquent usage dans le style oratoire et poétique. Les cent bouches, les cent voix, les trompettes de la r. La r. publie ses victoires. La r. vole en tous lieux Sur les ailes de la r. La r. avait porté

son nom dans les pays les plus éloignés. = Syn. Voy.
Nom.

RENOMMER. v. a. [Pr. *reno-mer*]. Nommer, élire de
nouveau. *Les électeurs l'ont renommé.* || Nommer avec éloge.
*Ce héros qu'on renomme en tous lieux. Ses exploits l'ont
fait r. par toute la terre.* = se Renommer. v. pron. *Se r.
de quelqu'un,* S'autoriser, se servir du nom de quelqu'un
auprès d'un autre. *Je l'ai bien reçu parce qu'il s'est renommé de vous.* Vx. = Renommé, ée. part. *Un capitaine
renommé. Les Gaulois étaient renommés par leur bravoure. Il est fort renommé parmi les savants. C'est un
lieu renommé pour les bons vins.*

RENONCE. s. f. (R. *renoncer*). T. Jeu de cartes. Manque
d'une couleur. *Au reversi, celui qui a le plus de renonces
a le plus beau jeu.*

RENONCEMENT. s. m. [Pr. *renon-seman*]. Action de
renoncer; ne se dit que dans les sujets de morale, *Le r. aux
honneurs, aux plaisirs. Le r. à soi-même. Il vit dans un
grand r. de soi-même. Il vit dans un entier r. des choses
de ce monde.*

RENONCER. v. a. (lat. *renuntiare*, de *re*, préf., et
nunciare, annoncer). Se désister de. *R. à la couronne. R.
à la succession. R. à la communauté. J'avais telle prétention, mais j'y ai renoncé.* — Absol., *La veuve a renoncé à cause des dettes,* Elle a renoncé à la communauté.
|| Quitter, abandonner, la possession, la prétention, le désir
ou l'affection de quelque chose. *R. à l'empire, aux honneurs,
aux dignités. R. à l'amour, aux plaisirs. R. au monde.
R. à sa foi, à sa religion. R. à la vertu, aux sentiments
d'humanité. R. au bonheur, à la vie. R. à un projet, à
une entreprise. J'ai dû r. à lui faire entendre raison.* Abs.
et fam., *Vous renoncez trop vite. Il ne faut jamais r.
tant qu'on peut aller* — En style de dévot., *R. à Satan,
à ses pompes et à ses œuvres. Il faut r. à soi-même,* Il faut
se dépouiller de tout amour-propre. || A certains jeux de
cartes, Mettre une carte d'une autre couleur que celle qui est
jouée, soit qu'on ait de cette dernière, soit qu'on n'en ait pas.
R. à trèfle, à pique. = Renoncer. v. a. Renier, désavouer,
ne vouloir plus reconnaître quelqu'un pour ce qu'il est ou
pour ce qu'on le croyait. *S'il fait telle chose, je le renonce
pour mon parent. Il a renoncé son maître.* = Renoncé, ée.
part. = Conj. Voy. Avancer.

RENONCIATAIRE. s. T. Jurispr. Celui, celle en faveur de
qui on renonce.

RENONCIATEUR, TRICE. s. T. Jurispr. Celui, celle qui
renonce.

RENONCIATION. s. f. [Pr. *renon-sia-sion*] (lat. *re-
nunciatio*, m. s.). Acte par lequel on renonce à quelque
chose. *R. verbale par écrit. R. en bonne forme. Sa r. est
nulle. Donner acte à quelqu'un de sa r.* || T. Relig. Décla-
ration par laquelle on renonce à soi-même. = Syn. Voy.
Abandon.

RENONCULACÉES. s. f. pl. (R. *Renoncule*). T. Bot. Famille de végétaux Dicotylédones de l'ordre des Dialypétales
supérovariées polystémones.
Caract. bot. : Plantes ordinairement herbacées, rarement
frutescentes. Feuilles alternes, parfois opposées, généralement
très découpées, avec un pétiole dilaté formant une demi-gaîne
autour de la tige. Fleurs hermaphrodites, rarement dioïques,
ordinairement régulières, parfois zygomorphes. Lorsqu'il n'y a
pas de pétales, les sépales sont grands et parés de brillantes
couleurs. Sépales 3-6, hypogynes, caducs, à préfloraison généralement imbriquée, mais parfois valvaire ou induplicative;
ils sont le plus souvent égaux, mais quelquefois le sépale postérieur se développe plus que les autres (Aconit, etc.). Pétales
3-15, hypogynes, disposés sur un ou plusieurs rangs distincts,
mais, dans certains cas, avortés en partie ou même complètement. Étamines très nombreuses, très rarement définies,
hypogynes, disposées généralement en spirale continue; anthères adnées. Pistil formé de carpelles libres et fermés, terminés par un style court stigmatifère sur sa face interne.
Tantôt ces carpelles sont nombreux et petits et ne renferment
alors qu'un ovule anatrope; tantôt ils sont grands, peu nombreux, et renferment alors un grand nombre d'ovules anatropes. Fruit composé d'akènes monospermes et alors nom-

breux, ou de follicules en nombre défini et polyspermes, ou
bien encore il est capsulaire à plusieurs loges, bacciforme avec
une ou plusieurs graines, dressées ou suspendues, quand elles
sont solitaires; embryon petit; albumen corné. [Fig. 1. *Ranunculus lingua;* 2. Fleur dont on a détaché les pétales ; 3. Étamine grossie; 4. Fruit (Polyakène); 5. Akène isolé et grossi;
6. Coupe du même.] — Cette famille se compose de 30 genres

et d'environ 1200 espèces, répandues pour la plupart dans
les contrées tempérées du globe, s'élevant jusqu'aux régions
arctiques, mais ne vivant dans la zone tropicale que sur les
montagnes élevées. Les restes fossiles connus se réduisent
aux fruits d'une Renoncule et de quatre Clématites trouvées
dans le terrain tertiaire d'Œningen et de Radoboj.
Recherchées dans les jardins pour la beauté de leurs fleurs,
les plantes de cette famille sont généralement caractérisées
par la présence d'un principe âcre, caustique et vénéneux;
cependant, chez certaines espèces, il est si peu développé,
qu'elles sont complètement inoffensives. Les genres se groupent en trois tribus, de la façon suivante.
Tribu I. — *Clématitées.* — Feuilles opposées (*Clematis,
Naravelia*). Les feuilles des *Clématites* sont vésicantes.
Ainsi les mendiants, pour se faire des ulcères artificiels, se
servent des feuilles ou bien du suc de la *Clématite droite*
(*Clématite erecta*), de la *Clématite flammette* ou *Clématite
odorante* (*Cl. flammula*) et de la *Clématite des haies* (*C.
vitalba*), vulg. appelée *Herbe aux gueux, Lierne, Vigne
blanche, Vigne de Salomon, Barbe-à-Dieu* et *Berceau de
la Vierge.* Le genre *Atragène* est rattaché par beaucoup
d'auteurs au genre *Clématite.*
Tribu II. — *Renonculées.* — Carpelles uni-ovulés, akènes
(*Ranunculus, Myosurus, Adonis, Anémone, Pigamon,* etc.).
Le *Pigamon jaune* (*Thalictrum flavum*), connu aussi sous
les noms vulgaires de *Rue des prés, Fausse-Rhubarbe* et
Rhubarbe des pauvres, était jadis employé dans l'ictère et
dans les fièvres intermittentes : il passe pour diurétique et
purgatif à haute dose. En outre, ses racines et ses feuilles
teignent en jaune. L'*Anémone renoncule* (*Anemone ranunculoides*) renferme un suc très vénéneux dont les habitants
du Kamtchatka se servent pour empoisonner leurs flèches.
L'*Anémone pulsatille,* communément appelé *Fleur des
dames, Pulsatille, Coquelourde, Coquerelle, Fleur de
Pâques Passe-fleur, Herbe au vent,* etc., a été employée
dans les paralysies, les rhumatismes, les maladies cutanées.
La poudre des feuilles s'administrait aussi comme sternutatoire.
Aujourd'hui cette plante n'est guère usitée que dans la médecine homœopathique. L'*Anémone hépatique à trois lobes*
(*Hepatica triloba*), vulg. *Herbe de la Trinité,* passe pour
astringente; jadis elle était vantée contre les maladies du foie.
Les espèces vivaces du genre *Adonide* (*Adonis*) sont drastiques. Chez nous, l'*Adonide printanière* (*A. vernalis*) était
autrefois usitée comme emménagogue; elle renferme un glucoside, l'*Adonidine,* qui en fait un médicament cardiaque
analogue à la digitale. Dans l'Afrique australe, les feuilles du
Knowltonia vesicatoria s'emploient pour pratiquer des vési-

catoires. La racine de l'*Hydrastis canadensis* a une odeur forte et un peu narcotique, et une saveur très amère ; elle est employée comme tonique par les habitants de l'Amérique du Nord, sous le nom de *Racine jaune*. C'est un médicament constricteur vasculaire employé surtout contre les hémorrhagies utérines. On prétend que le *Myosure minime* (*Myosurus minimus*), vulg. appelé *Queue-de-souris* et *Ratoncule*, est vulnéraire et astringent. Beaucoup de *Renoncules* (*Ranunculus*) sont remarquables par leur âcreté, et sont fort dangereuses pour les bestiaux. Telles sont : la *Renoncule âcre* (*R. acris*), communément appelée *Bouton-d'or*; la *Renoncule flammette* (*R. flammula*), vulg. *Petite-flamme* et *Petite Douve*; la *Renoncule langue* (*R. lingua*), vulg. *Herbe de feu* et *Grande Douve*; la *Renoncule thora* (*R. thora*), la *Renoncule rampante* (*R. repens*), connue aussi sous les noms de *Bassin d'or*, *Bassinet*, *Bacinet*, *Pied-de-poule*, etc., la *Renoncule bulbeuse* (*R. bulbosus*), nommée encore *Pied-de-coq*, *Pied-de-corbin*, *Grenouillette*, *Rave de Saint-Antoine*, etc.; la *Renoncule des glaciers* (*R. glacialis*), vulg. *Coralline*, la *Renoncule à feuilles d'aconit* (*R. aconitifolius*), communément appelée *Bouton-d'argent*; la *Renoncule aquatique* (*R. aquatilis*), nommée encore *Grenouillette*, et la *Renoncule scélérate* (*R. sceleratus*), qu'on désigne aussi sous le nom de *Mort-aux-vaches*, et sous celui d'*Herbe sardonique*, parce que, au dire des anciens, elle excitait un rire convulsif. La *Renoncule des glaciers* est usitée comme diurétique par les habitants des Alpes, tandis qu'aux Hébrides, on emploie la *Renoncule petite-flamme* et la *Renoncule scélérate* en guise d'emplâtres vésicants : il ne faut, dit-on, qu'une heure et demie pour obtenir la vésication. La *Ficaire renoncule* (*Ficaria ranunculoides*), vulg. *Petite Chélidoine*, *Petite Éclaire*, *Éclairette*, était jadis réputée antiscorbutique et antiscrofuleuse; on l'employait en outre contre les hémorrhoïdes, d'où le nom d'*Herbe aux hémorrhoïdes* sous lequel on la désigne encore.

Trib. III. — *Helléborées*. — Carpelles multi-ovulés, follicules (*Helleborus*, *Caltha*, *Trollius*, *Isopyrum*, *Nigella*, *Aquilegia*, *Delphinium*, *Aconitum*, *Actœa*, *Cimicifuga*, *Xanthorhiza*, *Pæonia*, *Botrophis*, etc.). Le *Caltha des marais* (*Caltha palustris*), nommé aussi *Populage* et *Souci d'eau*, à peu d'âcreté : ses fleurs teignent en jaune et servent à colorer le beurre. Les racines de l'*Hellébore noir* (*Helleborus niger*), appelé communément *Rose de Noël*, *Fleur de Noël*, de l'*Hellébore fétide* (*H. fœtidus*), vulg. *Pied-de-griffon*, de l'*Hellébore vert* (*H. viridis*), et de l'*Hellébore d'Hippocrate* (*H. officinalis*), possèdent des propriétés drastiques très prononcées ; néanmoins on a cessé d'en faire usage à cause de l'incertitude de leur action. Les vétérinaires s'en servent encore, en raison de leur âcreté, pour entretenir les sétons chez les chevaux et les bœufs. Il y a lieu de croire que l'*Hellébore* des anciens est l'*Hellébore officinal* plutôt que l'*Hellébore noir* : ce médicament passait, dit-on, pour un spécifique dans les affections mentales. La racine de l'*Eranthis d'hiver* (*E. hyemalis*), vulg. nommée *Hellébore d'hiver*, *Fleur d'hiver*, jouit des mêmes propriétés que celle des vrais Hellébores. La racine du *Coptis trifolié* (*C. trifoliata*), ou *Fil-d'or*, est un amer net et franc, dépourvu de toute espèce d'astringence; aux États-Unis, elle est fort usitée contre les affections aphtheuses de la bouche chez les enfants. Les graines de la *Nigelle cultivée* (*Nigella sativa*) sont stimulantes et s'emploient dans certains pays en guise de poivre : on les appelait autrefois *Graines bénites*, *Graines noires*, et l'on désignait vulg. la plante sous les noms de *Poivrette commune* et de *Cumin noir*. Les graines de la *Nigelle des champs* (*N. arvensis*), communément nommée *Nielle bâtarde* et *Fleur de Sainte-Catherine*, et celles de la *Nigelle de Damas* (*N. damascena*), vulg. *Barbeau*, *Barbiche*, *Barbe-de-capucin*, *Cheveux de Vénus*, *Patte d'araignée*, etc., jouissent à peu près des mêmes propriétés. Les graines de l'*Ancolie vulgaire* (*Aquilegia vulgaris*), connue aussi sous les noms populaires d'*Aiglantine*, de *Galantine*, de *Gant de Notre-Dame*, etc., sont, suivant quelques auteurs, simplement toniques. La *Dauphinelle des champs* (*Delphinium consolida*), vulg. *Pied d'alouette* et *Consoude royale*, passe pour astringente. La *Dauphinelle staphisaigre* (*D. staphisagria*) est remarquable par son âcreté, et par la présence d'un alcaloïde particulier très vénéneux qui a reçu le nom de *Delphine*. Ses graines prises à l'intérieur sont drastiques, émétiques et vermifuges; mais on n'en fait aussi usage. On s'en sert seulement à l'extérieur pour détruire les poux et la vermine; pour cela, on les réduit en poudre et l'on en fait avec du

beurre une espèce de pommade; d'où le nom d'*Herbe aux poux*, sous lequel la *Staphisaigre* est communément désignée. Les différentes espèces du genre *Aconit* (*Aconitum*) sont plus ou moins vénéneuses, et on les range dans la classe des poisons narcotico-âcres : tels sont chez nous l'*Aconit anthore* (*A. anthora*), l'*Aconit tue-loup* (*A. lycoctonum*), et surtout l'*Aconit napel* (*A. napellus*), vulg. appelé *Fleur en casque*, *Capuce de moine*, *Capuchon*, *Coqueluchon*, etc. On a extrait de ce dernier un alcaloïde très vénéneux, qui a reçu le nom d'*Aconitine*. L'*Aconit napel* est encore usité en médecine, comme sudorifique et diurétique, contre les affections goutteuses et rhumatismales. La racine de l'*Aconit anthore* a été employée en Russie contre la rage. Les espèces de l'Inde sont plus délétères encore que les nôtres. L'*Aconit féroce* (*A. ferox*) agit comme un poison des plus violents, soit qu'on l'administre à l'intérieur, soit qu'on l'applique sur des plaies. Les semences de la *Pivoine officinale*, vulg. *Pivoine femelle* (*Pæonia officinalis*), sont émétiques et cathartiques : sa racine était jadis réputée comme antispasmodique; elle était même vantée contre l'épilepsie. Les baies noires de l'*Actée compacte* (*Actœa spicata*) sont vénéneuses, et ses racines passent pour être à la fois antispasmodiques, astringentes et expectorantes ; on dit qu'elles ont été avantageusement employées dans certains cas de catarrhe chronique. On attribue des propriétés analogues à l'*Actœa racemosa* ; ses racines nauséabondes, astringentes, amères, passent, aux États-Unis, pour fort efficaces contre la morsure du Serpent à sonnettes. La *Cimicaire fétide* (*Cimicifuga fœtida*) a une odeur intolérable : elle doit son nom à l'usage qu'en font les habitants de la Sibérie pour chasser les punaises de leur demeure. La racine et l'écorce de la racine du *Xanthorhiza à feuilles de persil* (*X. apiifolia*) sont un tonique amer puissant, surtout efficace dans les affections de l'estomac.

RENONCULE. s. f. (lat. *ranuncula*, dimin. de *rana*, grenouille). T. Bot. Genre de plantes Dicotylédones (*Ranunculus*), de la famille des *Renonculacées*. Voy. ce mot.

RENONCULÉES. s. f. pl. (R. *Renoncule*). T. Bot. Tribu de plantes de la famille des *Renonculacées*. Voy. ce mot.

RENOPER. v. a. (R. *re*, préf., et *noper*). T. Techn. Nettoyer le drap ; en ôter les bourres et les ordures. = RENOPÉ, ÉE. part.

RENOTER. v. a. Noter de nouveau. = RENOTÉ, ÉE. part.

RENOUARD. Bibliographe fr., né à Paris (1765-1853).

RENOUÉE. s. f. (R. *renouer*, par allusion aux nombreux nœuds de la tige). Genre de plantes Dicotylédones (*Polygonum*) de la famille des *Polygonacées*. Voy. ce mot.

RENOUEMENT ou **RENOÛMENT.** s. m. [Pr. *renou-man*]. Rétablissement, renouvellement. -R. *d'amitié*. R. *d'une négociation*. Vx.

RENOUER. v. a. Nouer une chose dénouée. R. *une jarretière*, *un ruban*. R, *ses cheveux*. || Nouer pour l'ornement. *Ses cheveux étaient renoués de rubans, de fleurs, de perles*, etc. ||Fig., R. *un traité*, *une alliance*, Renouveler un traité dont le terme était expiré, une alliance qui avait été rompue. R. *des négociations*, Reprendre des négociations interrompues. R. *amitié avec quelqu'un*, ou simplem., Renouer, Renouveler amitié avec quelqu'un. On dit aussi, R. *une liaison rompue ou interrompue*. || Fig. et fam., R. *une partie*, Reprendre le projet d'une partie qui avait été interrompue. R. *la conversation*, Renouer une conversation qui avait été interrompue. = SE RENOUER. v. pron. Être renoué. *Cette négociation peut se r.* = RENOUÉ, ÉE. part.

RENOUEUR, EUSE. s. Voy. REBOUTEUR.

RENOÛMENT. s. m. Voy. RENOUEMENT.

RENOUVEAU. s. m. (R. *re*, préf., et *nouveau*). Le printemps, la saison nouvelle. *Tout pousse au r. Il faut attendre le r. pour voir si ces arbres auront repris*. Vx. et fam.

RENOUVELABLE. adj. 2 g. Qui peut être renouvelé. *Une traite r.*

RENOUVELER. v. a. (R. re, préf., et nouvel, pour nouveau). Rendre nouveau, en substituant une chose à la place d'une autre de même espèce. R. une vigne. R. un troupeau. R. un haras. — R. le meuble d'un appartement, Substituer à des meubles qui ont servi des meubles nouveaux, des meubles plus frais. R. son domestique, son service, sa maison, Changer tous ses domestiques. || Donner un nouvel aspect. Le retour du soleil, du printemps, renouvelle toutes choses, renouvelle toute la nature. — La Révolution a renouvelé la face de la France, Elle y a changé le gouvernement, les institutions, les lois, les mœurs. || Recommencer, faire de nouveau, réitérer. R. une querelle. R. un procès. R. amitié, connaissance. R. ses instances, ses prières. R. ses vœux. Je vous renouvelle mes remerciments, l'assurance de mon dévouement. — R. un traité, une alliance, un bail, Faire un nouveau traité, etc., avec les mêmes personnes, et à peu près aux mêmes conditions. On dit aussi, R. un billet, etc. — R. un édit, une ancienne ordonnance, Les publier de nouveau, les remettre en vigueur. On dit de même, R. un usage, une mode, etc. || R. le mal, la douleur de quelqu'un, Les lui faire sentir de nouveau. Cela renouvelle tous mes maux. Vous allez r. sa douleur. — R. le souvenir d'une chose, En rappeler la mémoire. — R. son attention, Donner une nouvelle attention, une plus grande attention. || T. Écriture sainte. Régénérer. La grâce de Jésus-Christ renouvelle l'homme. Nous sommes renouvelés par le baptême. == RENOUVELER. v. n. R. d'appétit. Commencer à manger comme si l'on avait un nouvel appétit. || R. des jambes, Recommencer à marcher avec une nouvelle vigueur. Fig. et fam., signifie encore, Reprendre une nouvelle ardeur dans l'affaire dont on s'occupe. == SE RENOUVELER. v. pron. Être renouvelé. Cette assemblée se renouvelle par moitié tous les ans. La nature se renouvelle au printemps. Le froid se renouvelle. Sa douleur se renouvelle tous les jours. — Avec ellipse du pron., Il a vu r. la plus grande partie du régiment, de l'Académie, etc., Il y a vu entrer la plupart des hommes qui y sont. || Se r. dans le souvenir de quelqu'un, Se rappeler à la mémoire de quelqu'un. == RENOUVELÉ, ÉE. part. || Fig. et prov., Une chose, une invention renouvelée des Grecs, se dit d'une chose connue très anciennement, et qui est donnée pour nouvelle. == Conj. Voy. APPELER.

RENOUVELEUR. s. m. Celui qui renouvelle. || T. Hist. littér. Celui qui renouvelle un texte, l'accommode au parler de son temps.

RENOUVELLEMENT. s. m. [Pr. renouvè-leman] (R. renouveler). Remplacement. Le r. d'une plantation. Le r. de la chambre eut pour effet de renforcer l'opposition. || Apparition nouvelle, commencement nouveau; se dit de certaines choses qui reviennent périodiquement. Le r. de la lune. Le r. de l'année, de la saison. Le r. de la nature au printemps. || Action de refaire, de réitérer. Le r. d'une alliance. R. des traités. R. d'un bail, d'un billet, Un religieux qui fait un r. de vœux. R. d'assurances, de services. || Accroissement nouveau survenant après une rémission, un relâchement. Votre imprudence a déterminé un r. de fièvre. R. d'appétit, de zèle, de ferveur, de tendresse.

RÉNOVATEUR, TRICE. adj. (lat. renovator, m. s., de renovare, renouveler). Qui renouvelle, qui régénère. Un principe r. Des lois rénovatrices.

RÉNOVATION. s. f. [Pr. rénova-sion] (lat. renovatio, m. s., de renovare, renouveler, de re, préf., et novus, nouveau). Rénovation, changement d'aspect, transformation. La r. de la Société, des mœurs. || Renouvellement. La r. des lois de la discipline. La r. d'un titre. La r. des vœux.

RENQUINAUDER. v. a. [Pr. ran-kinô-der]. Enquinauder de nouveau.

RENSEIGNEMENT. s. m. [Pr. ran-sè-gne-man, gn mouil.] (R. renseigner). Indice, remarque, instruction qui peut fournir des éclaircissements sur un fait, sur une affaire. R. exact, précis. Donner, fournir, procurer, prendre des renseignements sur une affaire. Aller aux renseignements.

RENSEIGNER. v. a. [Pr. ran-sè-gner, gn mouil]. Enseigner de nouveau. On a mal montré le latin à cet enfant, il faut le lui r. || Donner des renseignements. Vous m'avez bien mal renseigné sur cette affaire. Je crois qu'un tel pourra vous r. == SE RENSEIGNER. v. pron. Prendre des renseignements. Je me suis renseigné auprès du notaire de la famille. == RENSEIGNÉ, ÉE. part.

RENSEMENCER. v. a. [Pr. ranse-man-ser]. Ensemencer de nouveau. Les blés ayant pourri, il fallut r. les terres. == RENSEMENCÉ, ÉE. part.

RENSERRER. v. a. [Pr. ran-sè-rer]. Enserrer de nouveau. == RENSERRÉ, ÉE. part.

RENTAMER. v. a. [Pr. ran-tamer]. Entamer de nouveau. == RENTAMÉ, ÉE. part.

RENTASSER. v. a. [Pr. ranta-ser]. Entasser de nouveau. == RENTASSÉ, ÉE. part.

RENTE. s. f. (R. rendre). T. Fin. et Écon. polit.
1. Acceptions diverses du mot rente. — Dans sa signification générale, ce mot désigne tout revenu annuel, tout ce qu'on reçoit annuellement comme prix de l'usage d'une chose aliénée ou louée à quelqu'un. En ce sens, rente s'emploie en parlant, soit d'une somme, soit d'une maison ou d'un fonds de terre. Dans ce sens encore, on dit qu'une r. est payable en grains, en vin, en argent, etc. Mais ce mot reçoit une acception plus particulière et plus restreinte dans le langage des finances et dans celui de l'économie politique. En termes de finances, on appelle R., la somme d'argent due annuellement pour une autre somme d'argent aliénée, laquelle constitue le capital de la r. C'est dans ce sens qu'on dit Constitution de r.. Rentes sur l'État, etc., où le mot r. désigne le revenu que doit produire la somme constituée ou le prêt non remboursable fait au Trésor. L'expression suite des r. employée pour exprimer les fluctuations qu'éprouve la valeur vénale des titres de rente sur l'État, la r. a monté, la r. a baissé, n'est donc pas rigoureusement exacte : car la r. reste invariable, c'est seulement la valeur du titre représentant le capital fourni qui éprouve des variations (Voy. DETTE PUBLIQUE). En termes d'économie politique, le mot R. s'applique spécialement à la somme annuelle que celui qui exploite un fonds de terre paye au propriétaire pour l'usage de ce fonds. Il est donc presque synonyme de Revenu foncier et de Fermage, et le propriétaire foncier ne fait véritablement aucune différence entre ces termes. Mais l'économiste, en étudiant les phénomènes et la loi de la r., distingue plusieurs éléments dans le revenu foncier du propriétaire; en d'autres termes, il remarque que ce revenu provient de sources différentes. Ainsi, dans le cas où le propriétaire a loué sa terre à un fermier, l'économiste trouve que le fermage comprend deux éléments : la part qui est payée pour l'usage des qualités naturelles inhérentes au sol, et celle qui est payée pour l'usage des constructions, clôtures, moyens d'irrigation, routes et autres améliorations faites sur ce sol. Deux terres peuvent être naturellement d'une égale bonté, et également bien situées; mais si l'on a dépensé sur l'une peu ou point de capital, tandis qu'on aura judicieusement dépensé sur l'autre un capital considérable, on les affermera à des prix bien différents. Il résulte de là que, selon la quantité de capital appliqué et incorporé antérieurement, le fermage sera formé presque entièrement ou en proportion inverse par l'un des deux éléments. La somme payée pour l'usage de la terre ou des qualités qui lui sont inhérentes constitue la R. proprement dite; celle qui est payée pour l'usage des améliorations déjà faites au sol, et du capital fixe servant à l'exploitation, constitue simplement le profit afférent aux capitaux ainsi employés Enfin, si le propriétaire cultive lui-même sa terre, ou fait au fermier les avances nécessaires pour l'exploitation courante, le revenu qu'il en tirera renferme un troisième élément, lequel sera l'intérêt du capital avancé. Ainsi donc, la r. exactement définie consiste dans cette portion de la somme brute payée pour la terre, c.-à-d. payée pour l'usage des qualités naturelles inhérentes au sol, ou bien encore qu'on payerait pour la terre, en admettant qu'elle fût dans l'état de nature et qu'elle n'eût reçu aucune espèce d'amélioration. — La théorie de l'origine et de l'influence de la r. sur le prix des subsistances est peut-être la question la plus controversée parmi celles qui divisent les économistes. Bastiat a été même jusqu'à traiter de chimère la théorie de la r. La doctrine que nous allons exposer est communément désignée sous le nom de Ricardo, bien que cet illustre économiste n'en soit pas l'auteur, mais parce qu'il la développée avec un talent supérieur. Elle est depuis longtemps professée par la plupart des écri-

vains qui font autorité dans la science. Le résumé que donne Mac Culloch dans ses *Principes d'économie politique* nous ayant paru l'une des expositions les plus claires dont cette théorie ait été l'objet, nous lui emprunterons une grande partie de ce qui va suivre.

II. *Origine de la rente du sol.* — « Lorsque, dit M'Culloch, on forme un premier établissement dans un pays qui abonde en vastes étendues de terre non encore appropriées, la r., telle que nous venons de la définir, ne saurait exister. Personne en effet ne consentirait à payer une r. pour ce qu'il peut se procurer gratuitement, en quantités illimitées. Dans de tels pays, on ne voit apparaître la r. que lorsque les terres de la meilleure qualité sont devenues des propriétés privées. Supposons que ce cas se présente, et que la population ait augmenté dans une telle proportion, que la culture des meilleures terres ne puisse plus suffire à la demande des produits de première nécessité. Sous l'empire de ces circonstances, il est évident, ou que la population restera stationnaire, ou bien que le prix des matières premières s'élèvera au point de rendre possible la culture des terres de qualité secondaire. Supposons, ce qui d'ailleurs a réellement lieu, que le prix s'élève assez haut pour payer les frais de la culture du blé sur une terre qui produit seulement 180 hectolitres, en échange d'une dépense qui rendrait 200 hectolitres sur une terre de première qualité; il est clair qu'il sera indifférent à un cultivateur de payer une rente de 20 hectolitres pour exploiter ce dernier terrain, ou de cultiver, sans payer aucune r., le terrain de qualité secondaire, qui n'a point encore de propriétaire. Si la population vient à s'accroître, les terrains qui ne rendent que 160, 140, 100, etc., hectolitres, en échange de la même dépense qui produit 200 hectolitres sur les terres les plus fertiles, seront successivement mis en culture. Or, à mesure que la culture s'appliquera à des terres de qualité inférieure, la r. en blé du terrain de qualité supérieure sera égale à la différence qui existe entre la quantité de produits que donne ce dernier et celle qu'on obtient de la pire espèce de terre livrée à la culture. Admettons, par ex., que la plus mauvaise qualité de terre cultivée rende 120 hectolitres, la r. de la terre la meilleure sera de 80 hectolitres, ou 200 — 120. La r. de la terre de seconde qualité sera égale à la différence qui existe entre 180 et 120, ou à 60 hectolitres, celle de la terre de troisième qualité sera égale à 160 — 120 ou à 40 hectolitres, et ainsi de suite. Les produits obtenus de la terre mise la dernière en culture, ou au moyen du capital appliqué en dernier lieu au sol, se vendront tous à leur prix nécessaire, c.-à-d. au prix qui suffit simplement à couvrir les frais de production, en y comprenant toutefois le part ordinaire de profit afférente au capital du cultivateur. Si ce prix était au-dessus de ce niveau, l'agriculture serait un genre d'industrie qui donnerait des profits particulièrement élevés, et on la verrait aussitôt s'étendre rapidement; si, au contraire, le prix descendait au-dessous de ce niveau, le capital abandonnerait le sol et la culture déserterait les terres les moins fertiles. Dans de telles circonstances, il est évident que la r. ne saurait entrer dans le prix de cette portion des produits qu'on recueille au moyen du capital appliqué en dernier lieu au sol, ce prix étant exclusivement formé de salaires et de profits. La r. qu'obtiennent les propriétaires des terres de qualité supérieure est le résultat nécessaire de la plus grande fertilité de ces terres, quand la demande exige de cultiver les terres de qualité inférieure, dont le produit doit nécessairement se vendre à un prix tel qu'il donne le taux ordinaire du profit à ceux qui les cultivent. Or, comme il ne peut y avoir deux prix sur le marché, le prix unique laissera un excédent, en sus du taux ordinaire des profits, à ceux qui cultivent les terres les plus fertiles, et c'est *cet excédent qui constitue la r.* Par conséquent, il est tant la r. est le revenu payé pour l'usage du sol et non pour le capital employé en améliorations, elle a son origine dans la nécessité d'avoir recours, à mesure que la population augmente, à des terres de moins en moins fertiles, ou d'appliquer à des terrains depuis longtemps en culture de nouveaux capitaux dont le revenu ira toujours en décroissant. Elle varie et en raison inverse du produit obtenu au moyen du capital et du travail appliqués à la culture, augmentant lorsque les profits du travail agricole diminuent, et diminuant lorsque ces profits augmentent. Les profits atteignent leur maximum dans les pays comme l'Australie, l'Indiana et l'Illinois, où l'on ne paye pas de r. et où l'on ne cultive que les terres les plus fertiles; mais on ne peut dire que les rentes ont atteint leur maximum tant que le capital donne un excédent quelconque sous forme de profit. »

III. *Des rapports de la rente avec le prix des produits agricoles.* — A. Smith et les économistes qui l'ont suivi admettaient que la r. entre comme un élément important dans le prix du blé et des produits agricoles. C'est une erreur : la r. n'affecte leur prix en aucune manière. « La r., continue M'Culloch, consiste dans la différence, ou dans la valeur de la différence, entre le produit obtenu au moyen du capital qu'on a appliqué en premier lieu à la terre et celui qui lui a été appliqué en dernier lieu. Ainsi que nous l'avons déjà vu, il revient exactement au même pour le cultivateur de payer une r. de 20 hectolitres à un propriétaire, afin d'obtenir l'usage d'une terre qui rapporte, moyennant certaines avances, 200 hectolitres de blé, ou d'appliquer le même capital à la culture d'une terre de qualité inférieure rendant seulement 180 hectolitres, et pour laquelle il n'aurait pas de r. à payer. S'il était toujours possible d'obtenir des profits égaux, en retour de tout capital égal ajouté et appliqué aux terrains de qualité supérieure, il est évident que personne n'entreprendrait de cultiver des terrains de qualité inférieure, et alors il suffirait de la plus petite étendue de terre pour nourrir une population aussi nombreuse qu'on voudra le supposer. Mais telle n'est pas la loi par laquelle sont régies les subsistances; et le seul fait que, à mesure que la société progresse, on met invariablement en culture des terres nouvelles et de moins en moins fertiles, démontre qu'on ne peut indéfiniment appliquer avec le même avantage, à une terre longtemps cultivée, un capital nouveau et un nouveau travail. L'état d'un pays peut être tel, et la demande des produits agricoles peut être si grande, que toute terre, quelle que soit sa qualité, donne une r. Mais, par rapport à la théorie de la r., il est absolument indifférent que le capital employé sur une terre qui donne seulement le taux ordinaire du profit, soit appliqué à une terre vieille ou neuve. Or, et c'est là un fait incontestable, une quantité considérable de capital est employée de cette manière. Les propriétaires et ceux qui occupent le sol sont déterminés, dans l'emploi de leur capital et de leur travail, par les mêmes considérations qui déterminent les autres hommes. Comme eux, ils s'efforcent, en poursuivant leur propre intérêt, d'employer leur capital de telle manière que la portion appliquée en dernier lieu donne le taux ordinaire du profit, ni plus ni moins. Supposons, par ex., qu'un propriétaire fasse valoir une ferme qu'il pourrait louer 5000 fr. par an, et qui rend, moyennant une certaine avance de capital, 600 hectolitres de blé. Si cette ferme est dirigée avec habileté et avec soin, le prix moyen auquel se vendra le blé produit sera équivalent à la r., au salaire des travailleurs, et au profit du capital employé. Supposons maintenant que le propriétaire trouve qu'en appliquant sur la terre un nouveau capital, celle-ci lui rapportera 20, 40, 100 hectolitres de plus, il fera ces avances, pourvu que le nouveau capital lui donne le taux ordinaire du profit. Il agira, en fait, exactement comme le marchand et le manufacturier qui mettent en œuvre un autre navire ou qui augmentent le nombre de leurs métiers, lorsqu'ils pensent que le nouveau capital engagé rendra les profits ordinaires. En supposant la terre louée à un fermier, celui-ci agira évidemment comme le propriétaire, s'il compte faire un profit assez grand, en sus du profit ordinaire, pour que le nouveau capital avancé se trouve remboursé à la fin du bail. En conséquence, la question de savoir s'il appliquera ce nouveau capital dépend entièrement de cette circonstance : les prix seront-ils suffisants pour lui rembourser ses frais et lui donner le profit courant du capital, car, quant à la r. à payer, elle est fixée pour toute la durée du bail. Même à l'expiration du bail, le fait de l'emploi d'un nouveau capital ne ferait pas hausser la r., à moins qu'une partie de ce capital, se trouvant incorporée d'une façon permanente au sol, n'en ait augmenté la puissance productive; et si le propriétaire exigeait une r. plus élevée à cause de l'emploi d'un plus grand capital circulant, le fermier cesserait d'employer ce capital, puisque, dans notre hypothèse, il n'en retire simplement le même profit qu'il en retirerait s'il appliquait ce capital à toute autre espèce d'industrie. Si maintenant nous faisons l'hypothèse inverse, si nous supposons que, par suite d'une baisse dans le prix du blé, le capital appliqué à la culture ne donne pas le taux ordinaire, en vertu du même principe qui, dans l'hypothèse précédente, l'avait déterminé à engager sur la ferme un capital plus considérable, retirera aussitôt une partie de ce capital; et, en supposant que la ferme soit à louer, la r. se réduira proportionnellement à la fin du bail, ou même plus tôt. — Les résultats que nous venons d'indiquer ne suivent pas immédiatement, et sans aucune difficulté, la hausse ou la baisse des prix. Ils n'arrivent au contraire que graduellement; et souvent ils produisent d'un côté des avantages, de l'autre des dommages particuliers. Mais, dans des recherches purement théoriques ou qui ont pour but d'établir les principes, on doit négliger les circonstances accidentelles. On peut donc dire, généralement parlant, que la portion de capital appliquée en dernier lieu à la terre, ne rapporte que que le taux commun et moyen du profit. En effet, si cette portion rapportait plus, le capital libre se porterait vers l'agriculture, et la concurrence ramènerait les prix au niveau qui donnerait ce prix moyen; si, au contraire, le capital appliqué en dernier lieu à la terre donnait moins que le taux commun et moyen, il se retirerait jusqu'à ce que, par suite d'une hausse des prix, il pût obtenir cette rémunération moyenne. Il suit de là que, soit que la dernière qualité de terre mise en culture donne une r. ou non, le dernier capital appliqué à la terre donne seulement le taux ordinaire et moyen du profit. En conséquence, le prix du produit qu'elle donne et qui règle le prix de tout le reste n'est aucunement affecté par la r. — Dans les premiers temps de la société, et lorsqu'on ne cultivait que les meilleures terres, la r. était donc inconnue. Les propriétaires, considérés comme tels, ne prennent part aux produits du sol que lorsqu'il devient nécessaire de cultiver les terres d'une fertilité moindre ou d'appliquer le capital aux terres de qualité supérieure, avec un moindre revenu. Aussitôt qu'il en est ainsi, la r. apparaît, et elle continue à augmenter à mesure que la culture s'étend à des terres de plus en plus inférieures, tandis qu'elle diminue à mesure qu'on délaisse ces terrains. En conséquence, la r. dépend uniquement de l'extension de la culture. Elle est élevée lorsque la culture s'étend largement sur des terres de mauvaise qualité; et elle devient très faible dans les lieux où la culture est bornée aux meilleures espèces de terres. Mais, dans aucun cas, la r. n'entre dans le prix, car c'est le produit obtenu sur les terres les plus pauvres d'un pays, ou à l'aide du capital appliqué en dernier lieu à la culture, qui détermine le prix de tous les produits apportés sur le marché, et ce produit, qui est le plus chèrement obtenu, ne donne que le taux ordinaire et moyen du profit. »

IV. *Influence de la situation sur la rente*. — « Dans ce qui précède, nous avons omis, pour simplifier la question, de parler de l'influence qu'exerce sur la r. la situation des terres. Il est clair, cependant, que cette circonstance entre, comme un élément très important, dans la détermination du taux de la r., et que la différence de situation doit avoir sur ce taux précisément la même influence qu'une différence de fertilité du sol. Supposons, par ex., que deux fermiers emploient des quantités égales de capitaux dans l'exploitation de fermes d'égale bonté, l'une située dans le voisinage immédiat de Londres, et l'autre dans le Yorkshire; supposons en outre que Londres est le marché sur lequel on apporte le produit des deux fermes, et que le prix du transport du blé Yorkshire à Londres est de 5 fr. par double hectolitre. Dans cet état de choses, si le produit brut de chaque ferme est de 1000 hectolitres, sur lesquels le propriétaire reçoit, à titre de r., un cinquième, c.-à-d. 200 hectolitres, la ferme des environs de Londres rapportera 500 fr. de plus que la ferme du Yorkshire. En effet, le blé récolté dans les districts qui entourent immédiatement Londres ne suffisant pas à son approvisionnement, le prix du blé dans la ville devra être assez élevé pour rembourser ceux qui l'apportent d'endroits fort éloignés, non seulement de leurs frais de production, mais encore de leurs frais de transport. Or, le fermier placé dans le voisinage immédiat de Londres, et qui tire avantage de cette augmentation du prix de son blé, aura à payer une augmentation de r. proportionnelle, de même que celui qui occupe une bonne terre aura à payer une r. plus considérable, lorsqu'on met en culture des terres de qualité inférieure. »

V. *Influence des progrès des moyens de transport*. — La théorie précédente semble donner une explication suffisante de l'origine de la r.; mais si on voulait l'appliquer aux phénomènes actuels dans des pays comme la France, où toutes les terres sont appropriées, on s'exposerait à de graves mécomptes, parce que ce n'est qu'une théorie approchée où l'on raisonne comme si le pays considéré était isolé du reste du monde. Elle pouvait être suffisante au commencement du XIXᵉ siècle; mais aujourd'hui les facilités de transport permettent d'amener sur chaque marché des produits agricoles venant de tous les points du globe, de sorte que le prix des denrées ne s'établit plus d'après les frais de culture dans le pays considéré, mais bien d'après les frais de culture de certains pays éloignés augmentés des frais de transport, aujourd'hui très minimes. Cette circonstance complique le problème et y introduit un élément nouveau dont l'économie politique doit tenir compte. C'est ainsi que deux conséquences de la théorie précédente sont démenties par les faits. La pre-

mière, signalée par Malthus, est que les produits agricoles devraient manifester une tendance à la hausse tandis que les produits manufacturés ont une tendance à la baisse. Ce fait résulterait de ce que, dans le même pays, on cultive des terres de culture pour obtenir plus de produits. En réalité les produits agricoles ont baissé de prix comme les produits manufacturés. La deuxième conséquence est que lorsque le taux de l'intérêt diminue, la r. d'une même terre devrait augmenter parce que la baisse de l'intérêt permet d'appliquer à cette terre de nouveaux capitaux qui n'auraient pas pu être employés de cette manière si le taux était resté le même, ou bien parce que le loyer des capitaux ayant diminué, les frais de culture se trouvent diminués d'autant, de sorte que pour les mêmes frais la terre produit davantage d'où il suit que la concurrence des fermiers permet d'élever le taux du fermage. En réalité, en France le taux de l'intérêt a baissé, et la r. aussi. Ces deux contradictions apparentes tiennent à la même cause. La facilité des moyens de transport a permis d'amener sur le marché de la France des blés de l'Inde, de l'Australie, de l'Amérique qui sont obtenus presque sans frais et qui nous arrivent à des prix très bas, d'où est résulté une baisse de prix considérable qui a diminué dans de larges proportions la rémunération du travail de la terre, malgré la baisse du taux de l'intérêt et le progrès des méthodes de culture, de sorte que les mêmes terres, tout en produisant davantage en nature, produisent moins en argent, d'où la nécessité de réduire les fermages. On voit ainsi que les phénomènes dont nous parlons ne sont nullement en contradiction avec les principes de l'économie politique. Ils montrent seulement que les anciennes théories sont non pas inexactes, mais incomplètes, et qu'il faut les compléter en y introduisant les éléments nouveaux que révèle une analyse plus approfondie. Ce perfectionnement successif des théories n'est pas particulier à l'économie politique; il s'applique à toutes les sciences, et les esprits superficiels peuvent seuls y voir une raison de critiquer et de déprécier la science. Voy. ÉCONOMIE POLITIQUE. Quoi qu'il en soit, cette invasion des blés étrangers constitue pour l'agriculture française une crise grave, dont elle n'est pas encore sortie. Voy. AGRICULTURE.

VI. *Objections*. — Des objections de nature fort différente ont été faites à la théorie qui vient d'être exposée. Nous allons passer rapidement en revue les principales d'entre elles.

1° On a contesté que la r. soit le résultat de l'extension de la culture à des terres de qualité de plus en plus inférieure. La r. disent les auteurs de cette objection, est le résultat de la demande croissante de substances de la part d'une population qui augmente. Cette demande détermine la hausse des prix, laquelle à son tour donne lieu à la mise en culture des mauvaises terres au payement de la r. pour celles de qualité supérieure. Ceci est véritablement qu'une chicane de mots. « La demande de blé par la population, répond très bien Mac Culloch, élève son prix au chiffre nécessaire pour obtenir l'approvisionnement dont on a besoin, et, par conséquent, on peut dire qu'elle est la cause de la production. Toutefois il est plus exact d'affirmer que la r. résulte des circonstances particulières sous l'empire desquelles les approvisionnements de blé sont produits. S'il n'était pas ordinairement nécessaire, pour obtenir un approvisionnement de blé plus considérable, de recourir à des terres moins fertiles, bien qu'à des degrés divers, ou d'appliquer des nouveaux capitaux, sous la condition de moindre revenu, à des terres déjà depuis longtemps en culture, la r. serait entièrement inconnue, et, lors même que la demande du blé viendrait à décupler, des prix ne resteraient pas élevés d'une façon permanente. En conséquence, on peut logiquement et réellement affirmer que la fertilité décroissante des terres successivement mises en culture est la cause immédiate de la r., et que son taux est déterminé par la proportion qui existe entre les différentes qualités des terres cultivées, ou par la proportion dans laquelle on force la production des meilleures terres en y appliquant de nouveaux capitaux. »

2° Un économiste américain des plus distingués, H.-C. Carey, a fait à la théorie une objection qui paraît d'abord plus spécieuse. Suivant lui, l'extension de la culture s'est faite en sens inverse de celui que nous avons indiqué d'après les économistes du continent. Il affirme que, dans les pays anciens comme dans les pays modernes, la culture a commencé partout et toujours par les terrains les moins fertiles, que les terres un peu plus fécondes n'ont été attaquées que plus tard, et que les terres les plus riches sont les dernières que l'on mette en culture. Il est très vrai que certaines terres très fécondes virtuellement, comme beaucoup de terrains riches d'humus, mais habituellement marécageux ou inondés, n'ont été mises en culture que fort tard et même tout récemment, parce que cette mise en culture exigeait l'application de capitaux considérables, l'emploi d'amendements jadis inconnus, et l'application de procédés agricoles perfectionnés. Mais ceci n'infirme en rien la théorie, car il ne s'agit pas de la fécondité absolue des terres, mais de leur fécondité relative, considérée au moment où on les a mises en culture et par rapport aux moyens de culture dont la science disposait alors. Il est évident qu'avant la découverte du drainage, par ex., qui a permis de cultiver certaines terres humides, ces terres, quelle que fût leur fécondité virtuelle, étaient des terres relativement stériles. En tout temps, les hommes ont naturellement commencé par cultiver les terres qui étaient les plus avantageuses à une époque donnée, c.-à-d. qui donnaient le plus de produits pour une même quantité de travail; or, c'est la fertilité relative qui constitue la base de la théorie dite de Ricardo, et il est évident que la r. doit nécessairement résulter de la différence de productivité relative des terres en culture à une époque donnée quelconque. Carey cite encore le fait des populations du moyen âge qui se sont d'abord fixées sur les coteaux, en général moins fertiles que les plaines, et ne sont que plus tard descendues dans ces dernières. « A cela, dit Jos. Garnier, nous répondons qu'à l'époque où la sécurité était plus facile à obtenir sur les coteaux et aux environs des châteaux que dans les plaines, les premiers étaient de première qualité et plus fertiles (relativement) que les secondes où la culture était impossible. » D'ailleurs, nous avons vu que la r. peut naître d'une différence de situation tout comme d'une différence de fertilité; les résultats de l'une et de l'autre sont identiquement les mêmes.

3° La théorie de Ricardo, a-t-on dit encore, paraît en effet applicable aux pays dans lesquels il y a une grande quantité de terres non appropriées, comme la Nouvelle-Hollande; mais on ne saurait l'appliquer à des pays comme l'Angleterre et la France, où il n'y a point de terre sans propriétaire, et où le plus mauvais terrain rend toujours une petite r. aux propriétaires. « En ce qui concerne cette objection, réplique M'Culloch, on peut répondre que, lors même qu'elle serait fondée, elle ne détruit en rien les conclusions que nous avons précédemment établies. Il y a, en Angleterre et en Écosse, de vastes étendues de terrains qu'on ne loue pas 1 fr. 50 l'hectare. Pour les mettre en culture, il faudrait avancer des sommes énormes, et, par conséquent, la r. serait dans une proportion si infime par rapport aux frais de production, qu'elle deviendrait absolument inappréciable. Un noble marquis possède dans l'Ayrshire une ferme dont l'étendue dépasse 4,000 hectares et qui ne loue 1,750 francs par an (ou 40 cent. l'hectare)! Il y a une maison et l'on a dépensé sur cette ferme un certain capital. Les auteurs de l'objection que nous réfutons se sont laissé abuser par une circonstance bien simple, à savoir, que dans les pays les plus civilisés il n'y a point de terre, pour infertile qu'elle soit, dont le propriétaire cède l'occupation à titre gratuit. Les terres de ce genre peuvent en effet se louer pour la chasse, pour le pacage des moutons; mais le loyer obtenu par le propriétaire ne constitue pas une r. proprement dite. En outre, les terres tout à fait infertiles ne s'étendent pas ordinairement sur de très vastes espaces; il y a, dans ces terrains mal favorisés de la nature, des parties de qualités meilleure qui peuvent être mises en culture et donner une r. Or, le domaine s'affermant en bloc, la r. que paye le fermier s'étend nominalement sur toute la ferme; mais elle est calculée seulement sur le produit des portions, quelque peu importantes qu'elles soient, susceptibles de rapporter un peu plus que le profit ordinaire. Ainsi donc, il est certain, scientifiquement parlant, que le reste ne paye pas de rente.

4° Le savant économiste américain que nous avons cité tout à l'heure, Carey, conteste sous un autre rapport la théorie de Ricardo, en prétendant que la r. est exclusivement la rémunération du capital dépensé, c.-à-d. appliqué et, pour ainsi dire, incorporé à la terre, et sa doctrine a été adoptée avec empressement par Bastiat, ainsi que par quelques autres écrivains français. A l'appui de sa manière de voir, Carey affirme que la valeur pécuniaire de toutes les terres d'un pays, de l'Angleterre et des États-Unis par ex., n'approche pas de la somme qui a été dépensée ou même de celle qui serait nécessaire pour prendre le pays dans son état primitif de forêt vierge et le mettre en l'état où il est aujourd'hui. Voici en quels termes J. Stuart Mill réfute ce système : « La proposition de Carey équivaut à dire que si l'Angleterre voyait tout à coup s'ajouter à son territoire un territoire vacant d'une égale fertilité, il ne vaudrait pas la peine que les Anglais le prissent, parce que les profits de l'opération n'égaleraient pas l'intérêt courant d'un capital placé. S'il était nécessaire de répondre à une telle assertion, il suffirait de remarquer qu'on voit tous les jours des terres, de qualité très inférieure aux terres déjà cultivées, être mises en culture alors que leur fécondité, la r. suffit à couvrir entièrement en peu d'avances. Carey toutefois ne veut pas dire ce qui semblerait résulter de son assertion séparée des explications qu'il y ajoute. Il n'affirme que que les terres de tous les pays, prises en moyenne, ne valent pas les capitaux employés à les améliorer, et que les améliorations n'ont eu lieu que par suite d'une erreur de calcul de la part des propriétaires. Dans son estimation des capitaux absorbés par la terre, il compte tout ce qui a été employé à faire des routes et des canaux, c.-à-d. à rendre accessibles des terres qui viennent en concurrence des premières, et à ajouter à la valeur de celles-ci. Même avec cette correction, la proposition de Carey dans le seul sens que comportent ses conclusions, n'est guère vraie que dans le sens littéral. Si l'on suppose une seconde Angleterre, d'une fertilité égale à la première, ajoutée à celle-ci, peut-on douter que ceux qui s'approprieraient la terre nouvelle n'en retirassent, à mesure qu'elle serait mise en culture, de quoi payer la confection des routes nécessaires pour conduire leurs produits sur les marchés? Carey répondrait sans doute qu'on ne faisant ces travaux, ils augmenteraient leurs rentes, mais qu'ils diminueraient celles de l'ancien territoire de l'Angleterre. Ceci est vrai, et montre l'inexactitude de la preuve donnée par Carey. Il est peut-être vrai que la totalité des terres du globe ne se vendrait pas assez cher pour rembourser les dépenses faites pour les mettre en l'état où elles sont, et pour construire les voies de communication qui s'y trouvent. Le résultat de l'extension donnée aux communications est d'abaisser les rentes existantes en réduisant à leur minimum des terres les plus rapprochées des lieux où se trouvent les grandes réunions de consommateurs. Dans son estimation des canaux ne sont pas destinés à augmenter la valeur des terres qui déjà fournissent à l'approvisionnement des marchés, mais, entre autres choses, à abaisser le prix des denrées en apportant le produit d'autres terres plus éloignées; et mieux ce but est atteint, plus la r. baisse. Nous supposons que les chemins de fer et les États-Unis, au lieu de réduire seulement les frais de transport, aient si bien réussi que ces frais n'existent plus; que les produits du Michigan puissent arriver sur le marché de New-York aussi vite et à aussi bon marché que les produits de Long-Island, la valeur des terres des États-Unis, sous l'exception de celle qui est occupée par des constructions, serait anéantie, ou plutôt la meilleure terre se vendrait au prix du défrichement, plus la taxe du gouvernement de 6 fr. 20 cent. par acre, puisque la terre du Michigan, égale en qualité à la meilleure des États-Unis, s'acquiert à ce prix et en quantité illimitée. Mais il est étrange que Carey considère ce fait comme une négation de la théorie de Ricardo sur la r. Admettons toutes ses affirmations. Il reste vrai que tant qu'il y a des terres qui ne donnent point de r., celle qui en donne une, le produit par l'effet de quelque avantage qu'elle a sur les autres, comme une fertilité supérieure ou le voisinage du marché; et la mesure de ces avantages est aussi la mesure de la r. qu'elle rapporte. La cause de cette r. est le monopole naturel de cette terre, monopole résultant de ce qu'il n'existe pas assez de terres aussi avantageuses que celle-ci pour l'approvisionnement du marché. »

3° La r. a été encore attaquée sous un autre point de vue, c.-à-d. sous le rapport de la justice, et cette nouvelle attaque est venue des diverses écoles socialistes qui ne se proposent rien moins que de substituer des lois de leur façon aux lois mêmes établies par la nature. Les déclamations que nous avons entendu débiter contre les propriétaires qui perçoivent la r. du sol sans faire aucun travail, pour origine une erreur grossière : les adversaires de la r. supposent en effet que la r. peut et doit être supprimée, de telle sorte que sa suppression détermine dans le prix des subsistances une baisse équivalente au total des sommes perçues par les propriétaires du sol qui n'exploitent pas eux-mêmes leur terre. Or, nous avons vu que la r. n'entre pas dans le prix des subsistances. Le prix du blé qu'un fermier quelconque porte au marché n'est pas élevé parce qu'il a une r. à payer au propriétaire, mais il paye une r. parce que le prix du blé est élevé, parce que la demande de cette denrée est telle qu'il a fallu, pour la satisfaire, cultiver des terres d'une moindre fertilité. Par conséquent, il revient parfaitement au même pour les consommateurs qu'à une époque avancée de société, l'excédent du revenu sur les frais de production, pour les terres de qualité supérieure, aille à un propriétaire ou reste au cultivateur, car cet excédent doit aller à l'un ou à l'autre, et il ne saurait, en aucun cas, profiter au consommateur qui va acheter son blé sur le marché. « Supposons, dit M'Culloch, qu'il y ait dans un pays quelconque une demande effective de vingt millions d'hectol. de blé; que dix-huit millions soient produits par des terres qui donnent une r. élevée, mais qu'il soit nécessaire de faire produire les deux autres millions d'hectol. à des terres de qualité inférieure qui ne rendent à ceux qui les cultivent que les profits ordinaires. Dans cet état de choses, il est évident que l'abandon des rentes payables par les cultivateurs des terres les plus fertiles ne seraient d'aucun avantage pour ceux qui cultivent les terres de qualité inférieure. Leurs frais n'en seraient nullement diminués, c.-à-d. qu'il leur faudrait employer tout autant de capital et de travail pour produire cette portion d'approvisionnement devenue nécessaire qui est demandée à leurs terres. Or, il est évidemment impossible, en admettant que la demande ne diminue pas, que cela fasse baisser les prix. En conséquence, lors même que les propriétaires abandonneraient la totalité de leurs rentes, cet abandon n'aurait aucune influence sur les prix. Il transformerait les fermiers en propriétaires et les propriétaires en mendiants; mais là s'arrêterait son résultat. Le cas est complètement différent, lorsque les frais de production varient. S'ils diminuent, la concurrence des producteurs fera infailliblement tomber les prix dans la même proportion. S'ils augmentent, au contraire, les approvisionnements cesseront d'arriver sur le marché, à moins que le prix n'atteigne un niveau correspondant. Ainsi donc, en aucun cas, que la demande soit grande ou faible, qu'elle soit de mille ou d'un million d'hectol., le prix du produit brut ne pourra jamais, d'une manière permanente, s'élever au-dessus ni tomber au-dessous du prix nécessaire pour rembourser les frais de production de cette portion des subsistances qu'on récolte dans les terrains de mauvaise qualité, ou avec le capital appliqué en dernier sur le sol.

La r. étant une conséquence de l'inégale productivité des terres mises en culture, il est bien évident qu'elle ne peut pas ne pas avoir lieu : elle est l'effet d'une loi naturelle qu'il est impossible à l'homme de supprimer, et il faut nécessairement qu'elle profite ou au cultivateur ou au propriétaire. Supposons que la r. aille exclusivement à ceux qui cultivent le sol. Il en résultera entre les diverses séries de cultivateurs une inégalité évidente. En effet, certains cultivateurs, c.-à-d. ceux qui se trouvent occuper les terres les plus fertiles, percevront une r. très élevée, tandis qu'une multitude d'autres, occupant des terres de qualités moindres, percevront des rentes décroissantes, jusqu'aux derniers qui ne toucheront aucune r. et devront se contenter du profit ordinaire et de la rémunération de leur travail. Cette inégalité amènerait immédiatement la reconstitution de la r. telle que nous la voyons aujourd'hui. Parmi les cultivateurs exploitant les meilleures terres, il n'en manquerait pas qui préféreraient renoncer à tout travail, et faire cultiver leur domaine par quelqu'un de leurs confrères moins favorisés. Celui-ci consentirait facilement à abandonner une culture pénible et peu lucrative pour une autre plus avantageuse et à payer en plus une redevance un peu inférieure à l'excès de production, tandis que le premier vivrait du loyer de cette redevance comme le propriétaire d'aujourd'hui vit de la r. En définitive, on n'aurait fait que substituer un propriétaire à un autre. Actuellement le prix des terres varie, telle est du moins la loi générale et le phénomène commun, en raison de leur productivité, et, par conséquent, il est proportionnel à la r. qu'elles donnent ou sont susceptibles de donner. Celui qui achète une terre achète donc essentiellement cette r., et le prix qu'il en donne étant un certain capital, c.-à-d. une certaine quantité de travail accumulée et épargnée, la r. devient la rémunération légitime de ce capital. Maintenant supposons deux personnes achetant deux terres voisines et d'inégale fertilité, l'excédent de prix que donnera l'acheteur de la plus fertile, sera précisément proportionnel à l'excédent de r. que celle-ci donne sur la première. Il en résulte que de deux acheteurs cultivant eux-mêmes le terrain qu'ils ont acheté, ils se trouveront exactement dans les mêmes conditions, en tant que cultivateurs. Comme propriétaires, ils percevront une r. différente, laquelle représentera l'intérêt du prix d'achat, qui lui-même a été différent; mais comme cultivateurs, ils auront précisément à faire des avances égales et à travailler également pour obtenir une quantité équivalente de produits. Si nos deux acheteurs affermant leur terre à un prix égal à la r., ou à la différence de leur prix d'achat, les fermiers se trouveront de

même dans une position identique. D'où l'on voit que l'institution de la propriété fait disparaître les inégalités primitives qui résulteraient de l'inégale fertilité dont sont douées les différentes portions du sol.

VII. *Phénomènes analogues à la rente du sol.* — La terre n'est pas seulement susceptible de donner une r. lorsqu'elle est appliquée à la production des subsistances ou d'autres denrées agricoles. Elle en peut également donner une, quand elle est employée à l'habitation des hommes. « La r. d'un terrain sur lequel on a élevé une construction, d'un jardin, d'un parc, ne sera pas, dit Stuart Mill, inférieure à la r. que donnerait la même terre employée à l'agriculture; mais elle peut être supérieure, et cela indéfiniment : la différence répond aux considérations de beauté et de convenance, et la convenance consiste souvent en une facilité plus grande à faire un gain pécuniaire. Les sites d'une beauté remarquable sont en général peu nombreux, et s'ils sont très demandés, ils acquièrent aussitôt une valeur de rareté. La valeur des positions dont tout l'avantage est de convenance, est régie par les principes ordinaires de la r. La r. de l'emplacement d'une maison située dans un petit village est à peu près au même taux que celle d'un lot égal de terre dans les champs au milieu duquel le village est bâti; mais la r. d'une boutique située dans le plus beau quartier d'une capitale sera plus élevée en raison de l'estimation que l'on fait de la facilité plus grande à gagner de l'argent dans une localité plus peuplée et plus riche. » — Il existe encore une analogie complète entre la r. du sol et celle que donnent les mines. Presque toutes les matières brutes qu'on extrait du sein de la terre, telles que la houille, les métaux, les pierres précieuses, proviennent de mines d'une richesse inégale, c.-à-d. qui rendent des quantités très différentes de produits pour une égale somme de capital et de travail. Cette différence donne évidemment lieu à une r. véritable. La r. des mines peut encore résulter de la qualité supérieure des produits qu'elles donnent, ainsi que de l'avantage de leur situation relativement à la distance des centres de consommation, et à la plus ou moins grande facilité des moyens de transport. Les pêcheries des lacs, des rivières et des côtes fournissent un autre exemple de profits analogues à la r., en raison des divers degrés de productivité qu'elles présentent. La r. des chutes d'eau et de plusieurs autres facultés privilégiées, peut s'analyser d'après des principes semblables. — Enfin, les transactions les plus habituelles de l'industrie et de la vie offrent une multitude de cas dans lesquels on réalise un profit extraordinaire analogue à la r. « Telle est, par ex., dit encore Stuart-Mill, le cas d'un brevet d'invention, c.-à-d. d'un privilège exclusif d'employer un procédé qui diminue le coût de production. Si la valeur du produit continue à se régler sur les frais de production de ceux qui sont obligés d'employer l'ancien procédé, le breveté réalisera, outre le profit ordinaire, un bénéfice égal à l'économie de fabrication qui résultera de son procédé. Ce profit extraordinaire ressemble à la r., et quelquefois même il en prend la forme, comme lorsque le breveté cède, moyennant une redevance annuelle, à une ou plusieurs personnes, le droit d'employer son procédé... Le gain supérieur qu'un fabricant ou un marchand retire de l'emploi d'un talent supérieur pour la spéculation, ou d'une meilleure organisation d'affaires, ressemble fort à la r. Si tous les concurrents possédaient les mêmes avantages et s'en servaient, la valeur de l'article baisserait, et le profit serait pour le consommateur. Le marchand ou fabricant ne jouit de cet avantage que parce qu'il peut vendre, à un prix réglé par le coût de production de ses concurrents, un article que lui-même sait produire à moindres frais. En réalité, tous les avantages naturels ou acquis, personnels ou résultant d'arrangements sociaux, qu'un concurrent a sur l'autre, mettent le possesseur de cet avantage dans la situation du possesseur d'une r. Les salaires et les profits sont les éléments de toute production, tandis que la r. représente seulement des différences. Toute différence en faveur de certains producteurs ou en faveur de la production dans certaines conditions et de laquelle résulte un gain, bien qu'elle s'appelle r. dans les cas seulement où une personne paye à l'autre une certaine somme, est régie par les mêmes lois que la r. Le prix payé en échange de l'avantage spécial pour la production de la marchandise ne fait point partie du coût général de production de l'article. »

Fin. — Les rentes sur l'État forment la partie la plus importante de la dette publique. Elles représentent les intérêts annuels des créances inscrites au *Grand Livre* et dont la Nation s'est reconnue débitrice.

Aucune création de rente ne peut se faire qu'en vertu d'une autorisation législative.

La r. se dénomme d'après le taux d'intérêt attribué au

capital dont l'État est présumé débiteur. Ainsi on dit que l'on crée une rente 3 pour 100 lorsque l'État reconnaît devoir un capital de 100 francs et une rente annuelle de 3 francs.

Envisagées au point de vue de leur durée et de la forme de leur contrat constitutif, les rentes peuvent se diviser en trois catégories : les rentes viagères, les rentes perpétuelles et les rentes amortissables.

1° *Rentes viagères.* — Les rentes viagères sont celles dont la durée est subordonnée à l'existence de la personne appelée à en bénéficier sa vie durant.

Ce mode d'emprunt, fréquent sous l'ancienne monarchie a été abandonné depuis la Révolution. Il ne faut d'ailleurs pas confondre les rentes de cette nature avec les rentes viagères constituées pour la Caisse des retraites pour la vieillesse dont la gestion appartient à la Caisse des dépôts et consignations. Voy. RETRAITE.

2° *Rentes perpétuelles.* — La r. est dite perpétuelle lorsque le remboursement du capital ne peut, en aucun cas, être exigé par le prêteur. Au contraire cette rente est essentiellement rachetable par l'emprunteur (art. 1900 et 1911 du Code civil). L'État use de cette faculté lorsqu'il fait une conversion c.-à-d. lorsqu'il propose à ses créanciers de consentir à une réduction du taux de l'intérêt et, en cas de refus, lorsqu'il rembourse à ces créanciers le capital dont il s'est reconnu débiteur.

On a successivement créé sous forme de rente perpétuelle des titres de différents fonds. On a eu ainsi, soit successivement soit simultanément du 5 pour 100, du 4 1/2 pour 100, du 4 pour 100, du 3 1/2 pour cent et du 3 pour 100 : trois de ces fonds le 5, le 4 1/2 et le 4 pour 100 ont disparu du grand livre par conversions successives : les deux autres sont les types actuels de nos rentes perpétuelles : ils sont inscrits au budget de 1900, le 3 pour 100 pour. . . . 454.769.454 fr. d'arrérages

— le 3 1/2 pour 400 pour. . 237.388.396 fr. —
soit pour la dette perpétuelle un
total de. . . . . 692.157.850 fr.

3° *Rente amortissable.* — La r. 3 pour 100 amortissable créée en 1878 diffère de la r. perpétuelle en ce que le capital a été divisé en 175 séries remboursables annuellement par la voie du tirage au sort en 75 ans. Le montant des rentes amortissables créées de 1878 à 1890 s'est élevé à 427,624,395 francs.

Les rentes sur l'État s'inscrivent toujours en grand livre en sommes rondes c.-à-d. sans fraction de francs. Le minimum inscriptible qui ne pouvait pas être inférieur à 100 livres à l'origine a été successivement abaissé jusqu'au taux actuel (2 francs).

Privilèges, caractères et immunités des rentes sur l'État français. — Les rentes françaises sont meubles par la détermination de la loi. Elles sont, en outre, insaisissables, imprescriptibles quant à leur capital et exemptes de tous impôts autres que les droits successoraux qui atteignent toutes les valeurs.

Forme des titres de rente. — Les inscriptions de rentes sur l'État se divisent en trois catégories : les titres nominatifs, les titres mixtes et les titres au porteur.

Les titres nominatifs donnent ouverture au grand livre un compte donnant les noms, prénoms et qualités du rentier. Ces titres sont ainsi les seuls dont la propriété puisse être sauvegardée en cas de perte ou de soustraction. Cette forme s'impose lorsque la r. est indivise entre plusieurs personnes ou grevée d'un droit d'usufruit.

Le rentier inscrit au grand livre reçoit un titre qui est la reproduction exacte de son compte et qui n'est pas muni de coupons pour la perception des arrérages. Cette perception est constatée au verso du titre dans les cases disposées à cet effet.

Les titres de rente au porteur sont émis pour une durée de cinq ans et le nombre des coupons dont ils sont munis est de vingt.

Les rentes mixtes procèdent de la r. nominative en ce qui concerne le capital et de la r. au porteur en ce qui concerne les arrérages. Elles ne peuvent être délivrées qu'aux personnes ayant l'entière disponibilité de leurs biens.

Acquisition des Rentes. — On peut souscrire à un titre de r. nominative au moment d'un emprunt ou devenir propriétaire à la suite d'un *transfert*. Le transfert ne peut se faire que par l'intermédiaire d'un agent de change lorsqu'il sert à constater la vente ou l'achat d'un titre.

Quand le transfert est occasionné par une donation, une succession ou tout autre événement il ne nécessite pas le concours d'un agent de change; il donne lieu à une simple mutation.

Les achats de r. s'effectuent en Bourse par l'intermédiaire des agents de change soit à un cours fixé par l'acquéreur soit au cours moyen de la journée où l'achat a eu lieu.

Les ordres d'achat peuvent être adressés par les acquéreurs aux agents de change soit directement soit par l'intermédiaire gratuit des trésoriers généraux et des receveurs des finances.

Les transferts de r. donnent lieu de la part des agents de change à la perception d'un droit de courtage (1/4 ou 1/8° pour 100 à Paris suivant les cas, avec minimum de 1 franc).

Les rentes sont payables par trimestres à des échéances qui varient suivant le fonds auquel elles appartiennent.

Rentes perdues, volées ou détruites. — Inscriptions nominatives. — Les titulaires de ces titres doivent former opposition au paiement des arrérages et au transfert des titres. Les rentiers produisent pour obtenir le remplacement des inscriptions perdues une déclaration de perte faite devant le maire de leur domicile.

Ces dispositions s'appliquent aux rentes mixtes sauf en ce qui concerne l'opposition au paiement des arrérages puisque les coupons de ces titres sont au porteur. Mais par une procédure spéciale et en fournissant caution le titulaire peut obtenir à leur échéance le paiement des coupons perdus.

L'inscription au porteur perdue peut être remplacée moyennant dépôt d'un cautionnement garantissant le Trésor contre un double paiement.

La r. est imprescriptible quant au capital mais les arrérages se prescrivent par cinq ans.

Légis. — En termes de Droit, on donne le nom de *Constitution de rente* au prêt d'un capital, dont le prêteur s'interdit d'exiger le remboursement, mais pour lequel il stipule un intérêt. Ce contrat, dans lequel le capital peut être considéré comme véritablement aliéné, avait été imaginé afin d'éluder les dispositions du droit canonique qui interdisait le prêt à intérêt. Par ce moyen détourné en effet, on pouvait tirer un revenu d'une somme d'argent, comme on peut le faire d'une maison ou d'un fonds de terre. La *R. constituée*, bien que le prêteur ne puisse exiger le remboursement du capital, aussi longtemps qu'on lui sert le loyer stipulé, est toujours rachetable par l'emprunteur. Elle diffère de la *R. foncière* en ce que celle-ci, créée par l'aliénation d'un fonds, est inhérente à ce fonds et due par lui, tandis que la première reste une dette purement personnelle pour celui qui l'a contractée. D'après le Code civil, la r. peut être constituée de deux manières, en *perpétuel* ou en *viager*. — La *R. perpétuelle* est essentiellement rachetable : toutefois les parties peuvent convenir que le rachat ne sera pas fait avant un délai qui ne pourra excéder dix ans, ou avoir averti le créancier que le rachat n'aura lieu qu'après un terme qu'elles auront déterminé. Le débiteur d'une r. perpétuelle peut être contraint au rachat, s'il cesse de remplir ses obligations pendant deux années, ou s'il manque à fournir au prêteur les sûretés promises par le contrat. Le capital de la r. devient en outre exigible dans le cas de faillite ou de déconfiture du débiteur. Le taux légal de la r. ne saurait excéder 5 pour 100. Enfin, les arrérages se prescrivent par cinq ans. — La *R. viagère* qui, comme l'indique son nom, est bornée à la durée toujours incertaine de la vie d'une ou de plusieurs personnes, est rangée par la loi parmi les contrats aléatoires. Elle peut être constituée, soit à titre onéreux, moyennant une somme d'argent, ou pour une chose mobilière, ou pour un immeuble, soit à titre gratuit, par donation entre vifs ou par testament. Dans ce dernier cas, la r. est réductible, si elle dépasse la quotité disponible. La r. viagère peut être constituée, tant sur la tête de celui qui en fournit le prix que sur celle d'un tiers qui n'a nul droit à en jouir. Elle peut aussi être constituée au profit d'un tiers, quoique le prix en soit fourni par une autre personne; dans ce dernier cas, bien qu'elle ait les caractères d'une libéralité, elle n'est point assujettie aux formes exigées pour les donations. A la différence de la r. perpétuelle, le taux de la r. viagère est libre, et elle n'est point rachetable. Le seul défaut de payement des arrérages de la r. n'autorise point celui en faveur de qui elle est constituée, à demander le remboursement du capital ou à rentrer dans le fonds par lui aliéné : il n'a que le droit de saisir et de faire vendre les biens de son débiteur et de faire ordonner, sur le produit de la vente, l'emploi d'une somme suffisante pour le service des arrérages. De son côté, le constituant est tenu de servir la r. pendant toute la vie de la personne ou des personnes sur la tête desquelles la r. est constituée, quelque onéreux qu'ait pu devenir ce service. La r. viagère ne peut être stipulée insaisissable que lorsqu'elle a été constituée à titre gratuit. Enfin elle peut s'éteindre, comme la r. perpétuelle, par la prescription trentenaire, c.-à-d. dans le cas où il s'est écoulé trente ans depuis sa création sans aucun payement d'arrérages. La r. viagère n'est acquise au propriétaire que dans la proportion du nombre de jours qu'il a vécu; néanmoins, s'il a été convenu qu'elle serait payée d'avance, le terme qui a dû être payé est acquis du jour où le payement a dû en être fait. Enfin, le propriétaire d'une rente viagère n'en peut demander les arrérages qu'on justifiant de son existence ou de celle de la personne sur la tête de laquelle elle a été constituée. (C. civil, art. 1909-1914 et 1968-1983.) — Voy. ARRÉRAGES.

RENTER. v. a. [Pr. *ran-ler*] (R. *rente*). Assigner un certain revenu pour une fondation que l'on fait. *R. un hôpital, un collège. Il a bien renté ces boursiers, etc.* = RENTÉ, ÉE. part. Qui a des rentes, du revenu. *Cette communauté était bien rentée. Il y a des moines rentés et des moines mendiants.* — Fam., *Cet homme est bien renté,* Il est riche.

RENTERRER. v. a. [Pr. *ran-tè-rer*]. Enterrer de nouveau. = RENTERRÉ, ÉE. part.

RENTIER, IÈRE. s. [Pr. *ran-tié*]. Celui, celle qui a des rentes constituées sur l'État ou sur quelque communauté. *Les rentiers de l'État sont payés par trimestre.* || Celui, celle qui vit de son revenu, sans négoce ni industrie. *Un gros r. Elle est rentière.* || Celui qui devait des rentes seigneuriales. *Cette seigneurie avait beaucoup de rentiers.*

RENTOILAGE. s. m. [Pr. *ran-toua-laje*]. Action de rentoiler.

Techn. — En peinture, on donne le nom de *Rentoilage* à une opération qui consiste à coller la toile d'un vieux tableau sur une toile neuve. Pour faire un r., on commence par exposer le tableau à l'humidité, puis on colle du papier sur la peinture pour la préserver de tout accident. Cela fait, on enduit une toile neuve tendue sur un châssis, ainsi que l'envers de la vieille toile, avec une colle faite avec de la farine de seigle bien cuite et une ou deux gousses d'ail. Alors, on rapproche vivement les deux toiles, on les appuie fortement avec un tampon, et l'on continue en pressant fortement la toile neuve avec un fer chaud, de manière à rendre la colle plus liquide et à la faire pénétrer dans les plus petits interstices des deux toiles. Enfin, lorsque le tableau est sec, on enlève avec une éponge le papier qu'on avait posé sur la peinture. — Outre ce procédé, il en est un autre beaucoup plus difficile, qu'on désigne également sous le nom de r., ou mieux d'*Enlevage*, et qui a pour objet quand, la toile primitive étant tout à fait altérée par la vétusté, la peinture se détache par écailles, d'enlever entièrement celle-ci et de la transporter sur une toile neuve préparée à cet effet. Dans ce procédé, qui a été imaginé vers le milieu du XVIIIe siècle, par deux habiles restaurateurs de tableaux, Hacquin et Picault, on colle d'abord sur la peinture une gaze, qu'on recouvre de papier fin, puis de papier commun. Après cette opération, qu'on nomme *Cartonnage*, on enlève la vieille toile, soit en l'usant avec une pierre ponce, soit en l'humectant avec une éponge. Ensuite, on colle la peinture sur une toile neuve, ce qui se fait par le procédé que nous avons indiqué plus haut. A l'aide de fers chauds que l'on passe plusieurs fois sur la peinture, on lui rend assez de souplesse pour qu'elle s'applique parfaitement à la nouvelle toile. S'il s'agit d'un panneau au lieu d'une toile, on applique également un cartonnage, puis on scie le panneau par petits carrés que l'on enlève avec un ciseau, et l'on achève de l'amincir au moyen d'une râpe ou d'un petit rabot, jusqu'à ce qu'on puisse enlever tout le bois en l'humectant avec une éponge.

RENTOILER. v. a. [Pr. *ran-toua-ler*] (R. *re*, préf. et *entoiler*). Remettre de la toile neuve à la place de celle qui est usée. *La toile de ces manchettes est usée, il faudrait les rentoiler.* || T. Peint. Coller un vieux tableau sur une toile neuve, ou transporter une peinture d'une vieille toile sur une neuve. = RENTOILÉ, ÉE. part.

RENTONNER. v. a. [Pr. *ran-to-ner*] (R. *re*, préf., et *entonner*). Remettre dans le tonneau. = RENTONNÉ, ÉE. part.

RENTORTILLER. v. a. [Pr. *ran-torti-ller*, ll mouillées]. Entortiller de nouveau. = RENTORTILLÉ, ÉE. part.

RENTRAGE. s. m. Action de rentrer, résultat de cette action.

RENTRAÎNER. v. a. [Pr. *ran-trè-ner*]. Entraîner de nouveau. = RENTRAÎNÉ, ÉE. part.

RENTRAIRE. v. a. [Pr. *ran-trè-re*] (R. *re*, préf., *en*, préf., et *traire* dans le sens de tirer). T. Techn. Coudre, rejoindre bord contre bord deux morceaux d'étoffe qui ont été déchirés, coupés; ou Joindre bord contre bord deux morceaux qui n'étaient pas joints, en sorte que la couture ne paraisse point. *Cet ouvrier sait bien r. R. de la tapisserie.* = RENTRAIT, AITE. part.

RENTRAITURE. s. f. [Pr. *ran-trè-ture*]. Le travail du rentrayeur.

RENTRANT. adj. m. [Pr. *ran-tran*]. Qui rentre. || T. Géom. *Angle r.,* Angle plus grand que deux droits. || T. Fortif. *Angle r.,* dont le sommet est dirigé vers les défenseurs. Voy. FORTIFICATION, I, A. = RENTRANT. s. m. T. Jeu. Celui qui prend la place du joueur qui a perdu la partie. *On demande un r.*

RENTRAYAGE. s. m. [Pr. *ran-trè-iaje*]. Action de rentraire.

RENTRAYER. v. a. [Pr. *ran-trè-ier*]. Recoudre les peaux de buffle. = Conj. Voy. PAYER.

RENTRAYEUR, EUSE. s. [Pr. *ran-trè-ieur, euze*]. Celui, celle qui sait rentraire. *C'est une bonne rentrayeuse.*

RENTRÉE. s. f. [Pr. *ran-tré*]. Action de rentrer dans un lieu d'où l'on est sorti. *A sa r. dans le bal, tous les yeux se portèrent sur elle.* || Réapparition d'une personne dans un lieu après une absence un peu longue. *Il fit sa r. à la Chambre lorsqu'on discutait telle loi. Cet acteur fera sa r. par tel rôle. Sa r. au régiment fut un jour de fête.* || Se dit des tribunaux, des collèges, etc., lorsqu'ils recommencent leurs fonctions, leurs exercices après les vacances. *La r. de la Cour. La r. des classes. L'époque de la r. C'est un tel qui a prononcé le discours de r.* || En parl. des récoltes, leur enlèvement, leur mise en grange, en grenier. *Il est occupé de la r. de ses foins.* || Le moment où le gibier rentre dans le bois, le matin ou le soir. *Attendre le cerf à la r. Nous nous mîmes en affût à la r.* || Perception d'un revenu, recouvrement d'une somme. *La r. des contributions. Cet impôt est d'une r. difficile. Je comptais sur la r. de mes fonds, mais personne ne m'a payé. Il attend des rentrées considérables.* || T. Jeu. Se dit encore des cartes que l'on prend dans le talon, à la place de celles qu'on a écartées. *Il a eu une vilaine r., une heureuse r.* || T. Mus. Se dit d'un instrument ou d'une voix qui, après un silence d'une certaine longueur, se fait entendre de nouveau. — Sign. encore le retour du sujet, surtout après quelques pauses de silence, pour une fugue, une imitation, etc.

RENTREIGNAGE. s. m. [Pr. *rantrè-gnaje*, *gn* mouill]. T. Techn. Opération de chaudronnerie qui consiste à obtenir des formes rétrécies, des angles rentrants, etc. Voy. CHAUDRONNERIE.

RENTRER. v. n. [Pr. *ran-trer*]. Entrer de nouveau, entrer après être sorti. *Il était à peine sorti qu'on le vit r. Elle vient de r. à la maison, de r. dans sa chambre. Il est rentré au régiment. Après une courte digression, il rentra dans son sujet.* — *R. dans l'alignement,* Se remettre sur l'alignement en reculant. || Fig., *R. dans son bien, dans ses droits,* Les recouvrer.

Pouvez-vous consentir à rentrer dans ses fers?
RACINE.

R. dans les bonnes grâces de quelqu'un, Obtenir de nouveau son amitié, sa protection, ses bonnes grâces. *R. dans son bon sens,* Revenir en son bon sens. *R. dans l'ordre, dans son devoir, etc.,* Se remettre dans l'ordre, etc. *Il fit r. ces mutins dans l'ordre. Tout est rentré dans l'ordre, dans son devoir, dans le devoir.* — *Faire r. quelqu'un dans la poussière, dans la poudre,* et Fam., *Faire r. quelqu'un cent pieds sous terre,* L'accabler par des reproches, par des menaces. — *R. en soi-même,* Faire réflexion sur soi-même, sur sa conduite.

Rentre en toi-même, Octave, et cesse de te plaindre.
CORNEILLE.

R. en fureur, Se remettre en fureur. — *Les jambes me rentrent dans le corps,* ne peuvent plus me soutenir, par excès de fatigue. || Recommencer, reprendre ses fonctions, ses exercices, son travail, etc. *R. en charge, en exercice. R. au service. R. en condition. R. en commerce de lettres.* — Absol., se dit des tribunaux qui reprennent leurs fonctions, des collèges qui recommencent leurs exercices, etc., après les vacances. *Les tribunaux, les collèges rentrent à cette époque.* En parlant d'un acteur, Reparaître sur la scène après une absence. *Cette actrice rentre ce soir par le rôle de Célimène.* || En parlant de revenus, Arriver, être touché, perçu. *Ce revenu à peine à r. Avant de compter le profit, il faut que les frais rentrent. Cette avance rentrera peu à peu. L'impôt rentre bien, rentre mal,* est facilement ou difficilement recouvré. || Vulgair., se dit des éruptions cutanées quand elles disparaissent brusquement. *Prenez garde de laisser r. cette dartre.* || Aux jeux de cartes, se dit des cartes que l'on prend au talon à la place de celles qu'on a écartées. *Il m'est rentré deux as. Il m'est rentré un vilain jeu.* || T. Grav. Repasser la pointe, le burin dans les tailles pour les approfondir. = RENTRER. v. a. Faire rentrer, porter ou reporter dedans ce qui était dehors. *Il faut r. vos moutons. Rentrez cet enfant. R. des marchandises dans le magasin. Voici le moment de r. les foins, les blés. Rentrez ces orangers.* || T. Typogr. *R., faire r. une ligne,* La renfoncer. = RENTRÉ, ÉE. part. *Humeur rentrée. Sueur rentrée. Dartre rentrée,* répercutée à l'intérieur du corps.

RENTR'OUVRIR. v. a. [Pr. *ran-trouvrir.*] Entr'ouvrir de nouveau. = RENTR'OUVERT, ERTE. part.

RENTRURE. s. f. Endroit où doivent se rencontrer les parties d'un dessin à porter sur la toile ou le papier.

RENVAHIR. v. a. [Pr. *ran-vahir.*] Envahir de nouveau. = RENVAHI, IE. part.

RENVENIMER. v. a. [Pr. *ran-venimer*] Envenimer de nouveau. = RENVENIMÉ, ÉE. part.

RENVERGUER. v. a. [Pr. *ran-vergher.*] T. Mar. Verguer une voile de nouveau et avec plus de soin. = RENVERGUÉ, ÉE. part.

RENVERSABLE. adj. 2 g. [Pr. *ran-versable.*] Qui peut être renversé.

RENVERSANT, ANTE. adj. [Pr. *ran-versan*]. Qui renverse, qui déconcerte. Fam.

RENVERSE (À LA) [Pr. *ran-verse*]. locut. adv. Sur le dos, le visage en haut. *Tomber à la r. Se coucher à la r.*

RENVERSEMENT. s. m. [Pr. *ran-verse-man*]. Action de renverser; État d'une chose renversée. *Le r. d'un buffet, d'une table.* Peu usité. || Bouleversement, désordre. *Le r. de ma bibliothèque, de mes papiers.* — Fig., *Le r. de sa tête, de son esprit,* Le trouble, le désordre de ses idées. || Fig., Ruine, décadence, destruction totale. *Le r. d'un État. Le r. des lois, de la morale, de la religion. Le r. d'un projet.* || T. Chir. Dérangement dans la situation ou dans la conformation d'un organe, par suite duquel la partie supérieure devient inférieure, la postérieure devient antérieure, et l'interne devient externe. *R. de la matrice, du rectum, de la vessie, des paupières.* || T. Logiq. et Math. Transposition des termes, dans laquelle le premier devient le second, et réciproquement. *R. des termes d'un rapport, d'une proportion. Le r. d'une proposition* est une expression vague qui désigne aussi bien la conversion que l'inversion. Voy. PROPOSITION. || T. Techn. *Appareil à r.* Appareil qui fonctionne quand on le renverse parce qu'alors certaines substances placées dans des compartiments séparés se mélangent et produisent l'action qu'on avait en vue.

RENVERSER. v. a. [Pr. *ran-verser*] (R. re, préf., et *envers*). Retourner quelque chose de manière que ce qui était en haut soit en bas, et réciproquement. *R. un verre, une assiette. D'un coup de sa queue, la baleine renversa la chaloupe.* On dit aussi, *R. sens dessus dessous.* || Jeter par terre, faire tomber une personne, une chose. *Il renversa la table, la chaise, la bouteille, les plats. Il fut renversé par terre d'un coup de poing. Le vent a renversé un grand nombre d'arbres. R. un mur, un bâtiment de fond en comble.* — *R. les travaux des ennemis,* Les abattre, les raser, les combler. *R. un corps de troupes,* Le défaire, le

mettre en déroute. *Nos soldats renversèrent tout ce qui se trouvait devant eux.* On dit aussi, *R. un corps de troupes sur un autre,* Pousser un corps de troupes de manière qu'en reculant il mette le désordre dans un autre, et qu'il l'entraîne dans sa déroute. *Nous renversâmes la cavalerie de l'ennemi sur son infanterie.* || Par extens., Troubler, confondre l'arrangement des choses, les bouleverser. *Il a renversé tous mes papiers, tous mes livres.* || Fig., au sens moral, Troubler, bouleverser, détruire. *R. des desseins, des espérances. R. un système. R. les préjugés. R. les anciens usages. R. les lois, la morale, la religion. R. un établissement. R. un trône. R. un État, un empire.* — *R. l'esprit de quelqu'un, à quelqu'un,* Lui troubler l'esprit, lui inspirer de mauvais sentiments, des idées fausses. *Ce livre lui a renversé l'esprit.* Fam., on dit aussi, *Cet événement lui a renversé la cervelle.* || T. Polit. *R. un ministère,* le mettre en minorité pour le forcer à se retirer. || Transposer. *R. un accord. R. une fraction. R. les termes d'un rapport, d'une proposition.* Voy. RENVERSEMENT. = SE RENVERSER. v. pron. Être renversé. *La table s'est renversée. Le cheval, en se cabrant, se renversa sur son cavalier.* || T. Chir. *La matrice s'est renversée.* || *Se r. sur le dos, se r. en arrière,* ou simplem., *Se renverser,* Se mettre, se coucher sur le dos. || Se dit d'un corps de troupes qui, en se reculant, met le désordre dans un autre et l'entraîne dans sa déroute. *La première ligne des ennemis se renversa sur la seconde.* = RENVERSÉ, ÉE. part. || Fig. et fam., *C'est le monde renversé,* se dit d'une chose qui est contre l'ordre naturel, contre la raison. *La marmite est renversée,* ne dîne pas aujourd'hui à la maison. *Avoir l'esprit renversé, la cervelle renversée,* Avoir l'esprit dérangé. *Avoir la physionomie renversée,* Avoir le visage défait, les traits altérés par l'effet d'une émotion violente ou profonde. || T. Géom. et Optiq. Se dit adject. des objets qui sont ou qui paraissent dans une situation opposée à leur situation la plus habituelle. *Un cône renversé. Une pyramide renversée. Dans cette position de la lentille, on voit l'objet renversé.* = Syn. Voy. ABATTRE. || T. Blas. *Chevron renversé,* dont la pointe est en bas. || T. Mus. *Intervalle renversé,* où les sons graves deviennent les sons aigus.

RENVERSEUR. s. m. [Pr. *...ran*]. Celui qui renverse.

RENVERSOIR. s. m. [Pr. *ranver-souar*]. Pièce de terre cuite offrant les contours d'une autre pièce de poterie qu'on doit cuire dessus.

RENVI. s. m. [Pr. *ran-vi*]. T. Jeu. Ce qu'on met par-dessus la vade ou l'enjeu. *Faire un r. de dix louis.* || *Jeux de r.,* Ceux où l'on fait des renvis.

RENVIDAGE. [Pr. *ran-vidaje*]. T. Techn. Action de renvider.

RENVIDER. v. a. [Pr. *ran-vider*] (R. re, préf., et *envider*). Tourner le fil sur la broche, en le rapprochant du rouet.

RENVIDEUR, EUSE. s. [Pr. *ran-videur, euze*]. Ouvrier, ouvrière qui renvide.

RENVIER. v. a. [Pr. *ran-vier*] (R. *renvi*). A certains jeux de cartes, Mettre une certaine somme d'argent au-dessus d'un joueur pour acheter les mêmes prétentions qu'il a sur quelque coup.

RENVOI. s. m. [Pr. *ran-voua*] (R. re, préf., et *envoi*). Envoi d'une chose à la personne qui l'avait envoyée. *R. de marchandises. R. d'une lettre de change. Le r. d'un présent.* — *Chevaux, voitures de r.,* Les chevaux, etc., qui s'en retournent et qui devraient s'en retourner à vide. || Action de renvoyer quelqu'un, le congé qu'on lui donne. *Je lui ai signifié son renvoi. Le brusque r. du ministre causa une vive émotion dans le public. Le r. des troupes.* || Action de renvoyer une demande, une proposition, etc., à ceux qui doivent l'examiner, y faire droit, ou en rendre compte. *La Chambre prononça le r. de la pétition au ministre de l'intérieur.* — Au Palais, Action de renvoyer une partie, un procès devant tel ou tel juge. *L'accusé demanda son r. par-devant le jury. Demande en r. Arrêt de r. Le r. d'un procès.* || Remise, ajournement. *L'opposition demandait à grands cris le r. de la discussion au lendemain. Le r. de la cause, du jugement à huitaine.* || Marque insérée dans le texte d'un livre, d'un manuscrit, d'un acte, qui renvoie le lecteur à une citation, à une explication, à une addition placée hors du texte, soit en marge, soit au bas de la page. — Se dit aussi des notes, explications ou additions auxquelles on renvoie. *Dans les actes, les renvois ne peuvent être écrits en marge; ils doivent être signés ou paraphés tant par les notaires que par les autres signataires.* || T. Mécan. *Levier de r.*, pièce soudée qui transmet le mouvement d'une sonnette en en changeant la direction. || T. Méd. Mouvement qui ramène sans effort dans la bouche des matières contenues dans l'œsophage ou dans l'estomac Se dit aussi de ces matières elles-mêmes. *Les renvois peuvent être gazeux, liquides ou solides.* Voy. ÉRUCTATION, RÉGURGITATION. || T. Mus. Voy. NOTATION. || T. Physiq. Se dit quelquefois pour réflexion. *Le r. du son par l'écho, de la chaleur, de la lumière, par une surface réfléchissante.*

RENVOYER. v. a. [Pr. *ran-vo-ier*]. Envoyer de nouveau. *Je lui avais envoyé un cadeau; il l'a refusé, je le lui ai renvoyé.* || Faire reporter à une personne une chose qu'elle avait envoyée. *On lui avait envoyé un présent, il l'a renvoyé.* || Faire reporter à une personne une chose qui lui appartient et qu'elle avait ou prêtée, ou perdue, ou laissée par oubli en quelque endroit. *Je vous renvoie le livre que vous m'avez prêté. J'ai trouvé la tabatière qu'il avait perdue, et je la lui ai renvoyée. Je lui ai renvoyé sa canne qu'il avait oubliée.* || Faire retourner quelqu'un au lieu d'où il était envoyé, d'où il était parti. *On a renvoyé le courrier deux heures après son arrivée. Dès qu'il fut arrivé, il renvoya ses gens.* — On dit de même, *Il renvoya son cheval, sa voiture, son équipage.* || Congédier quelqu'un. *On a renvoyé une partie des troupes. Le roi vient de r. tous ses ministres. R. un domestique. Il renvoie mécontents tous ceux qui s'adressent à lui. Il lui renvoya durement sans vouloir l'écouter.* — Fig. et fam., *R. quelqu'un bien loin, le refuser sèchement, le rebuter. On dit absol., Je l'ai renvoyé.* || Adresser à quelqu'un ou en quelque lieu une personne qui s'adresse à nous pour une affaire dont nous ne pouvons pas, dont nous ne devons pas, ou dont nous ne voulons pas nous mêler. *Le chef de bureau me renvoya à son chef de division, et celui-ci au secrétaire général. Ce lui ai proposé d'acheter sa maison, et il m'a renvoyé à sa femme. R. son lecteur à un ouvrage précédent. Ces chiffres renvoient le lecteur aux notes qui sont placées à la fin du volume.* Prov., *R. de Caïphe à Pilate,* se dit lorsque les personnes de qui dépend une affaire, une grâce, se renvoient l'une à l'autre celui qui la sollicite. — En T. Jurispr. *R. les parties devant telle cour. La chambre d'accusation l'a renvoyé devant les assises. R. les parties à se pourvoir. Se déclarer incompétent. R. un plaideur de sa demande, La lui refuser par un jugement. R. un accusé, le r. absous, le r. d'accusation, le r. de la plainte, Le décharger de l'accusation, etc., intenté contre lui.* || En parlant de demandes, de propositions, les transmettre, les communiquer, les faire adresser à ceux qui doivent les examiner, en rendre compte, y faire droit. *Le prince renvoya cette affaire au sénat. Le projet de loi vient d'être renvoyé à l'examen des bureaux. La Chambre renvoya la pétition au ministre. La cour a renvoyé l'affaire au tribunal compétent.* || Repousser, réfléchir, répercuter. *Cette raquette renvoie bien la balle. La lune nous renvoie la lumière du soleil. L'écho renvoie les sons, etc.* || Remettre à une autre temps. *Il m'a renvoyé à Noël pour mon payement. Il ne faut pas r. au lendemain ce qu'on peut faire dans le jour. On a renvoyé l'affaire à huitaine.* — Fig., *R. aux calendes grecques.* Voy. CALENDES. ⸗ RENVOYÉ, ÉE. part. *La décision de cette affaire est renvoyée, Est remise à une autre temps.*

RENWEZ. ch.-l. de c. (Ardennes), arr. de Mézières; 1,600 hab.

RÉOCCUPATION. s. f. [Pr. *ré-o-ku-pa-sion*]. Action de réoccuper.

RÉOCCUPER. v. a. [Pr. *ré-o-ku-per*]. Occuper de nouveau.

RÉOLE (LA), ch.-l. d'arr. du dép. de la Gironde, à 61 kil. S.-E. de Bordeaux, sur la Garonne; 4,200 hab. ⸗ Nom des hab. : RÉOLAIS, AISE.

RÉORCHESTRER. v. a. [Pr. *ré-or-kes-trer*]. Orchestrer de nouveau. ⸗ RÉORCHESTRÉ, ÉE. part.

RÉORDINATION. s. f. [Pr. *réordina-sion*]. Action par laquelle on est réordonné.

RÉORDONNER. v. a. [Pr. *ré-ordo-ner*] (R. *re*, préf., et *ordonner*). Conférer pour la seconde fois les ordres sacrés à quelqu'un, quand la première ordination est nulle. ⸗ RÉORDONNÉ, ÉE. part.

RÉORGANISATION. s. f. [Pr. *ré-orga-niza-sion*]. L'action d'organiser de nouveau. Le résultat de cette action. *La r. d'une armée.*

RÉORGANISER. v. a. [Pr. *ré-orga-nizer*]. Organiser de nouveau. *R. une administration.* ⸗ SE RÉORGANISER. v. pron. Être réorganisé. *L'armée se réorganisa.* ⸗ RÉORGANISÉ, ÉE. part.

RÉOUVERTURE. s. f. (R. *re*, préf., et *ouverture*). Action de rouvrir; ne se dit guère que d'un théâtre, d'un établissement de commerce, etc., qui était fermé depuis quelque temps. *Depuis la r. de ce théâtre, de ce magasin, de cette salle.*

REPAIRE. s. m. [Pr. *re-père*] (R. *repairer*). La retraite, le lieu où se retirent des animaux malfaisants. *Un r. de bêtes féroces. Le r. d'un lion. R. de tigres, d'ours. R. de serpents. Un r. de hiboux.* || Fig., *Un r. de voleurs, de scélérats, de malfaiteurs. Cette maison isolée est un r. de brigands. On les prit tous dans leur r. Une baie enfoncée servait de r. aux pirates.* || T. Vén. La fiente des loups, des lièvres et de quelques animaux sauvages.

REPAIRER. v. n. [Pr. *repè-rer*] (lat. *repatriare*, m. s., de *re*, préf., et *patria*, patrie). Revenir dans sa patrie. Vx. || Revenir au point de départ. || T. Chasse. Être au repaire, en gîte. ⸗ REPAIRER. v. a. S'emploie quelquefois abusivement pour repérer. ⸗ SE REPAIRER. v. pron. Revenir dans sa patrie. Vx. || S'orienter. ⸗ REPAIRÉ, ÉE. part.

REPAISSEUR. s. m. Celui qui repaît. Vx.

REPAÎTRE. v. n. [Pr. *re-pètre*, et *paître*). Manger, prendre sa réfection; ne se dit que des hommes et des chevaux, quand ils sont en marche. *Il a fait trente lieues sans r. On ne nous donna pas le loisir de r.* ⸗ REPAÎTRE. v. a. Donner à manger, nourrir. *Il faut r. ces animaux.* Peu us. || Fig., *R. ses yeux d'un spectacle.* Le regarder avec avidité.

> Viens repaître tes yeux d'un spectacle si doux.
> CORNEILLE.

R. quelqu'un de fumée, de vaines espérances, de chimères, L'amuser par de fausses promesses, vaines, frivoles. ⸗ SE REPAÎTRE. v. pron. Se nourrir, manger. *Cet animal se repaît exclusivement de chair. Ils se sont bien repus.* || Fig., *Il se repaît d'espérances vaines. Il ne se repaît pas de si peu de chose.* — On dit aussi d'un homme cruel et sanguinaire, *Il ne se repaît que de sang et de carnage.* ⸗ REPU, UE. part. *Il est assez repu, Il a assez mangé.*

> Eux repus, tout s'endort, les petits et la mère.
> LA FONTAINE.

Conj. — *Repaître* se conjugue comme *paître*; mais il a de plus un prétérit défini, *Je repus,* et un participe passé *Repu, ue,* qui sert à former les temps composés de l'actif et permet de donner à ce verbe une voix passive, et la forme réfléchie : *Je suis repu; Je me suis repu,* etc.

REPÂLIR. v. n. Pâlir de nouveau.

REPAMER. v. a. (R. *re*, préf., et *paume*). Agiter les toiles blanchies dans un courant d'eau et les battre ou les piétiner. ⸗ REPAMÉ, ÉE. part.

REPÂMER (SE). v. pron. Se pâmer de nouveau.

RÉPANDRE. v. a. (R. *re*, préf., et *épandre*). Verser, épancher; se dit proprement des liquides et des substances pulvérulentes. *R. de l'eau par terre. R. de la sauce. R. du sel sur la table. R. du sable sur le carreau d'une salle.* Absol., *Prenez garde de r.* — *R. des larmes,* Pleurer. — *R. du sang,* Blesser ou tuer. *R. son sang,* Mourir ou être blessé. *Dieu défend de r. le sang humain,* ou simpl., *de r. le sang. Il a répandu son sang pour la patrie dans vingt combats.* || Départir, distribuer à plusieurs personnes. *Il a bien répandu de l'argent pour acheter les suffrages des électeurs. R. des bienfaits, des aumônes, etc.* || Étendre au loin, disperser en plusieurs endroits. *Le soleil répand la lumière. Ces fleurs répandaient une odeur agréable qui parfumait l'air. Ce fleuve a répandu ses eaux dans la campagne. Il avait eu soin de r. ses émissaires de tous côtés.* — Fig., au sens moral, *Il a répandu cette nouvelle dans toute la ville. R. des doctrines, des erreurs. R. l'alarme, la terreur, la joie, la confiance dans les esprits. Le rappel de ce général répandit le découragement dans l'armée.* = SE RÉPANDRE. v. pron. S'épancher, s'écouler. *La liqueur se répand par-dessus les bords du vase.* — Fig., *Dans les grandes joies et dans les grandes afflictions, le cœur a besoin de se r.* || Être distribué. *Ses bienfaits se répandent sur tous les malheureux sans acception de religion.* || Se disperser. *Les soldats débandés se répandirent dans toute la province et la mirent au pillage.* || S'étendre, se propager. *Les eaux se répandirent dans la campagne. L'épidémie se répandit dans tout le pays. La nouvelle de cette victoire se répandit en un instant.* Impersonn., *Il s'est répandu dans la ville, par la ville, un bruit fort étrange.* || Fig., *Se r. en longs discours, en paroles, en compliments, en louanges, en plaintes, en injures, en invectives,* etc.,

> Sa fureur envers vous se répand en injures.
>
> RACINE.

Tenir de longs discours, faire de longues plaintes, dire beaucoup d'injures, etc. — On dit encore d'un homme qui cherche à faire le plus de connaissances possible, qu'*Il cherche à se r. dans le monde,* ou absol., *à se r.*; et de quelqu'un qui évite la société, qu'*Il craint de se r.* = RÉPANDU, UE. part. *Être fort répandu dans le monde,* Voir beaucoup de monde, aller souvent dans la société. *Ce savant est très répandu.*

Syn. — *Verser.* — *Verser* exprime l'effusion, tandis que *répandre* ajoute à cette idée celle de diffusion, de dispersion. On *verse* à dessein, on *répand* sans le vouloir. On dit, *verser,* et non, *r.* du vin dans un verre. De même, on dit à quelqu'un de choses non liquides qui s'étendent dans un grand espace, en différents lieux et en différents temps. On *répand* du sable sur le carreau pour en absorber l'humidité; ces fleurs *répandent* dans l'air un parfum délicieux; un fleuve qui déborde *répand* ses eaux dans les campagnes; un général *répand* ses troupes dans les villages; enfin, on *répand* une opinion, etc.

REPAPILLOTER. v. a. [Pr. les *ll* mouillées]. Papilloter de nouveau, remettre des papillotes. || T. J. Remettre, réparer, raccommoder. = REPAPILLOTÉ, ÉE, part.

REPAQUETAGE. s. m. (R. *re,* préf., et *paquetage*). Action d'empaqueter de nouveau, résultat de cette action.

RÉPARABLE. adj. 2 g. Qui se peut réparer. *Ce dommage est r. La perte du temps n'est jamais r. Ce qu'il y a de moins r., c'est l'offense qu'on lui a faite.*

RÉPARAGE. s. m. Action de réparer ou d'achever un ouvrage ébauché. || Action de donner avec les forces, une deuxième coupe au drap. || Façon que les cardeurs donnent aux étoffes avec le chardon.

REPARAÎTRE. v. n. Paraître de nouveau. *Cet homme n'a jamais reparu. Les ennemis ne reparaîtront pas. Après une longue absence, on le vit tout à coup r. Il n'osa plus r. dans le monde. Après la chute du rideau, cet acteur fut obligé de r. Le soleil reparaît sur l'horizon. Que de vieux systèmes j'ai vus r. sous des noms nouveaux!*

RÉPARATEUR. s. m. (lat. *reparator,* m. s.). Celui qui répare. *Jésus-Christ a été appelé le r. du genre humain.* || Fig. et ironiquem., *R. des torts,* même signif. que redresseur de torts. = RÉPARATEUR, TRICE. adj. Qui répare. *Un gouvernement r. Une loi réparatrice.*

RÉPARATION. s. f. [Pr. *répara-sion*] (lat. *reparatio,* m. s.). Ouvrage qu'on fait ou qu'il faut faire pour réparer; se dit principalement des travaux qu'on fait pour l'entretien des des maisons. *Les réparations d'une maison, d'une église, d'un pont, d'un canal. R. nécessaire, urgente. Cette voi-*

ture, cette machine a besoin de r , d'une r. La r. d'une statue, d'un tableau. Cette maison, cette route, etc., est en r., On est occupé à les réparer. || Satisfaction d'une injure, d'une offense. *R. d'honneur. Faire r. à quelqu'un. Accepter, refuser la r. Quelle r. demandez-vous? Il n'y a point de r pour une pareille injure.* || T. Jurisp. *Réparations civiles,* La somme adjugée par un tribunal à la partie civile, pour la dédommager du tort que le crime ou le délit lui a causé; les dommages-intérêts accordés à un accusé contre la personne qui l'a injustement dénoncé. *Les réparations civiles entraînent la contrainte par corps.*

Législ). — La loi distingue les *Réparations* que nécessite l'entretien des bâtiments, en *grosses réparations* et en *menues réparations.* Les premières sont à la charge du propriétaire, et les secondes, s'il n'y a clause contraire, à la charge du locataire, d'où le nom de *Réparations locatives* qu'on leur donne communément. Les réparations faites aux murs, aux planchers, à la couverture des maisons, appartiennent à la première catégorie. Les réparations qui rentrent dans la seconde peuvent varier suivant l'usage des lieux. Toutefois la loi range formellement dans cette classe les réparations à faire aux âtres, contre-cœurs, chambranles et tablettes de cheminées; au recrépiment du bas des murailles des appartements et autres lieux d'habitation à la hauteur d'un mètre; aux pavés et aux carreaux des chambres, lorsqu'il y en a seulement quelques-uns de cassés; aux vitres, à moins qu'elles ne soient cassées par la grêle ou autres accidents extraordinaires et de force majeure; enfin, aux portes, croisées, planches de cloisons ou de fermeture de boutique, gonds, targettes et serrures. Toutefois, la loi a soin d'ajouter qu'aucune des réparations réputées locatives n'est à la charge des locataires, quand elles ne sont occasionnées que par vétusté ou force majeure. (Code civ., art. 1754-1756.)

RÉPARATOIRE. adj. 2 g. [Pr. *répara-touare*]. Propre à réparer. — Qui a rapport aux réparations.

RÉPARER. v. a. (lat. *reparare,* m. s., de *re,* préf., et *parare,* disposer). Refaire, rétablir quelque chose à une construction, à un ouvrage, le raccommoder. *Cet édifice va tomber, si on ne le répare. R. un mur, un pont, un canal. R. un navire. R. une machine, une montre. Il y a beaucoup à r. dans cette voiture.* — *R. une figure qui a été jetée au moule,* Ôter les défauts qui y sont survenus par le jet, la polir, y mettre la dernière main. On dit à peu près de même, *R. un cadre, des moulures,* etc. — Fig., *R. ses affaires,* Rétablir sa fortune ébranlée ou détruite. *R. ses forces,* Les rétablir. *R. son honneur,* Effacer par quelque bonne action la honte d'une mauvaise action précédente. *R. l'honneur, la réputation de quelqu'un,* Donner toutes les satisfactions convenables à quelqu'un dont on a offensé l'honneur, dont on a blessé la réputation.* || Fig., en parlant de défauts, de fautes, d'inconvénients, de dommages, de maux, de malheurs, etc., En faire disparaître ou en contre-balancer les effets, les compenser, en dédommager par des avantages, par des biens équivalents ou supérieurs. *Il sut r. les vices de son éducation. Il a bien réparé sa faute, sa faiblesse, ses égarements. R. une sottise, une bévue, un oubli. R. ses torts. R. les dommages qu'on a causés. R. une perte. R. la honte d'une défaite. C'est un mal qu'on ne peut r.* — *R. une offense, une injure,* Donner des satisfactions proportionnées à cette offense, à cette injure. — *R. le temps perdu, r. la perte du temps,* Profiter mieux du temps qu'on n'a fait par le passé, en faire un meilleur usage; ou redoubler son travail pour faire en peu de temps ce qu'on avait négligé de faire jusqu'alors. || Dans le langage de la Chevalerie, *R. les torts,* Venger les injures reçues, rétablir dans leurs droits ceux qui en avaient été dépouillés. = SE RÉPARER. v. pron. Être réparé. *Cette maison ne peut se r., il vaut mieux la mettre à bas et la reconstruire. C'est un malheur qui peut se r. aisément. La perte d'un pareil ministre ne saurait se r.* = RÉPARÉ, ÉE. part.

REPARLER. v. n. Parler de nouveau. *Reparlez-lui de cette affaire. Nous en reparlerons.*

REPARON. s. m. (bas lat. *reparum,* toile grossière). Seconde qualité du lin qui a passé au séran.

REPART. s. m. [Pr. *re-par*]. Action de répartir. Vx. || Prompte réponse.

REPARTAGER. v. a. Partager de nouveau.

RÉPARTEMENT. s. m. [Pr. *réparte-man*]. Indication des contributions que chacun a à payer.

REPARTIE. s. f. Réplique, réponse prompte et vive. *Une bonne r. R. brusque, fine, vive, juste, spirituelle. Être prompt à la r. Avoir des réparties charmantes, uniques.*

REPARTIR. v. a. (C'est le même mot que le suivant.) Répliquer, répondre sur-le-champ et vivement. *Il ne lui a reparti que des impertinences. R. brusquement. S'il m'en parle, je saurai bien que lui r.* || Neutral., *Il lui a reparti par des injures.* = REPARTI, IE. part. = Conj. Voy. PARTIR.

REPARTIR. v. n. Retourner, ou partir de nouveau. *A peine arrivé, il fut obligé de r.* = REPARTI, IE. part. *Il est reparti. Elle est repartie.* = Conj. Voy. PARTIR.

RÉPARTIR. v. a. (lat. *re*, préf., et *partiri*, partager). Partager, distribuer. *R. les biens d'une succession entre les cohéritiers. R. une somme. R. les contributions. R. des troupes en divers cantonnements.* = SE RÉPARTIR. v. pron. *La valeur des produits se répartit entre ceux qui ont concouru à leur production.* = RÉPARTI, IE. part.

Conj. — *Je répartis, tu répartis, il répartit ; nous répartissons, vous répartissez, ils répartissent. Je répartissais ; nous répartissions. Je répartis ; nous répartîmes. Je répartirai ; nous répartirons. — Je répartirais ; nous répartirions. — Répartis ; répartissons. — Que je répartisse ; que nous répartissions. — Répartissant. Réparti, ie.*

RÉPARTISSABLE. adj. 2 g. [Pr. *réparti-sable*]. Qui peut être réparti.

RÉPARTITEUR, TRICE. s. Celui, celle qui fait, qui est chargé de faire une répartition. — Adject., *Commissaires répartiteurs*, Commissaires chargés de répartir les impositions entre les contribuables.

RÉPARTITION. s. f. [Pr. *réparti-sion*]. Partage, division, distribution. *La r. des effets, des biens, d'une succession. La r. d'une somme. Ce mode de r. ne vaut rien. Impôt de r.*, Voy. IMPÔT. || T. Blas. Divisions secondaires de l'écu. Voy. ÉCU.

REPARTON. s. m. (R. *répartir*). Bloc d'ardoise divisé suivant les dimensions convenables.

REPAS. s. m. [Pr. *re-pa*] (R. *re*, préf., et vx fr., *past*, du lat. *pastus*, pâture). Nourriture que l'on prend à certaines heures réglées. *Un beau r. R. somptueux, magnifique. Un léger r. Un maigre, un mauvais r. R. en maigre. R. en gras. R. de noces, de cérémonie. R. de corps. Faire un bon r. Troubler, interrompre le r. Inviter, prier à un r. Le r. fut servi à merveille. Avant, pendant, après le r. Au milieu du r.* || Fam., *Un repas prié*, Un repas qui se donne à un certain nombre de personnes invitées. — *Faire ses quatre r.*, Déjeuner, dîner, goûter et souper. *Son r. est le dîner*, Le dîner est son unique ou son principal repas.

Hist. — I. *Des repas chez les Grecs.* — Presque tous les renseignements que nous possédons sur les repas chez les Grecs pendant la période classique de l'histoire de la Grèce, se trouvent disséminés dans les ouvrages de Platon et des comiques, et surtout dans le livre d'Athénée, intitulé les *Deipnosophistes*, ou le *Banquet des philosophes*. Ce dernier, il est vrai, parle de plusieurs écrivains, appelés δειπνολόγοι, qui avaient spécialement écrit sur cette partie de la vie privée, mais leurs travaux sont perdus et nous n'en connaissons que les fragments qu'il nous a lui-même conservés. — Durant la période héroïque de la Grèce, dont les poèmes d'Homère nous présentent le tableau le plus exact, les repas étaient d'une extrême simplicité. Souvent les rois préparaient eux-mêmes le festin, et, dans un passage de l'Odyssée, nous voyons Ulysse se vanter de son habileté dans l'art culinaire. Trois sortes de r. figurent dans les œuvres homériques : ils sont désignés sous les noms de ἄριστον, δεῖπνον, et δόρπον. Le mot ἄριστον désigne toujours le r. du matin, et le mot δόρπον celui du soir ; mais δεῖπνον est employé pour signifier tantôt l'un, tantôt l'autre. Il semble résulter de divers passages de l'Iliade et de l'Odyssée, qu'à l'époque dont ces poèmes offrent le tableau, les convives étaient assis pendant les repas. D'autres nous apprennent que les mets ordinaires étaient la chair de bœuf et celle de mouton ou de chèvre : les Grecs la mangeaient ordinairement rôtie ; néanmoins ils ne dédaignaient

pas la viande bouillie. La farine, le fromage, et quelquefois les fruits, figurent aussi dans les repas d'Homère. Enfin, le poète parle encore du pain, que l'on apportait dans des corbeilles, et du sel, qu'il qualifie de divin. Les œuvres homériques mentionnent aussi certains ustensiles et divers instruments usités dans les repas, tels que couteaux, broches, vases à conserver les liquides, et coupes à boire de différentes formes et grandeurs. Il y est fait en outre mention de diverses espèces de vins. Nestor avait des vins qui comptaient plus de onze ans. On portait le vin dans un festin dans un grand vase, appelé *Cratère*, et on le puisait dans celui-ci avec les coupes. Mais, avant de boire, on ne manquait jamais de faire des libations aux dieux, en répandant par terre quelques gouttes du vin que contenait la coupe. — Les Grecs des temps postérieurs faisaient trois repas, qu'ils appelaient ἀκράτισμα, ἄριστον et δεῖπνον. Le premier de ces repas correspondait à l'ἄριστον homérique : c'était le r. du matin, c.-à-d. le déjeuner. Il avait lieu aussitôt après le lever, et se composait de pain trempé dans du vin pur (ἄκρατος), d'où le nom sous lequel on le désignait. L'ἄριστον était une simple collation. On ne sait pas d'une manière précise quelle était l'heure de ce r. ; néanmoins il y a lieu de croire qu'il se faisait vers le milieu de la journée. D'après cela il répondait, comme le dit Plutarque, au *prandium* des Romains. Le δεῖπνον constituait le r. principal : c'était la *cœna* des Romains et le dîner des peuples modernes. On le prenait vers la fin du jour, et souvent même après le coucher du soleil. — Comme les Athéniens étaient un peuple éminemment sociable, ils aimaient beaucoup à manger en compagnie. Aussi un Athénien ne manquait jamais de convier ses amis, lorsqu'il offrait un sacrifice aux dieux, lorsqu'il célébrait l'anniversaire de la naissance d'un membre

Fig. 1.

de sa famille, etc. Il était de règle que les invités se présentassent vêtus avec plus ou moins de soin qu'à l'ordinaire, et après avoir pris un bain. A leur arrivée, des esclaves leur ôtaient leurs chaussures et leur lavaient les pieds (Fig. 1, d'après une terre cuite du Musée Britannique). Cette opération terminée, ils prenaient place sur les lits (κλίναι) disposés dans la salle du festin. Nous avons déjà vu qu'Homère, en parlant des repas, représente les convives assis et non couchés : ce dernier usage s'introduisit plus tard, mais on ignore à quelle époque précise. Cependant, les femmes et les enfants continuèrent de manger assis, cette posture paraissant plus conforme à la décence. En général, le même lit ne recevait que deux personnes, mais il y avait aussi de plus longs lits lesquels un plus grand nombre de convives pouvaient trouver place. Comme le montre la Fig. 2, on se mettait sur le lit à la tête et le haut du corps appuyés sur le bras gauche, qui était lui-même soutenu par des coussins, de sorte qu'on avait le bras droit libre, et les jambes légèrement pliées. Quand tout le monde était placé, des esclaves donnaient de l'eau pour se laver les mains, après quoi on servait le dîner, littéralement on apportait les tables (τὰς τραπέζας). En effet, on plaçait devant les convives des tables toutes servies. Habituellement, on mettait une petite table à trois pieds ; mais lorsque le lit recevait plus de deux personnes, on apportait plusieurs tables de ce genre (Fig. 2). A table, les Grecs n'usaient ni de couteaux ni de fourchettes. Pour les mets solides, ils se servaient simplement des doigts; mais pour les mets liquides, ils avaient une sorte de cuiller, appelée μυστίλη ou μύστρον. Au lieu de cuiller, ils faisaient aussi usage d'un morceau de pain qu'ils creusaient et qu'ils nommaient également μυστίλη. Quand ils avaient mangé, ils s'essuyaient les doigts avec d'autres morceaux de pain (ἀπομαγδαλίαι), car ils n'avaient ni nappes ni serviettes. Les linges appelés χειρόμακτρα et ἐκμαγεῖα, dont parle Pollux, servaient seulement à s'essuyer les mains, lorsque les convives se lavaient avant de monter sur les lits. — Nous sortirions du cadre de notre livre, si nous essayions d'énumérer les mets en usage chez les Grecs. Il nous suffira de nommer, parmi les plus usuels, une espèce de gâteau de pâte molle appelée μᾶζα, que l'on préparait de différentes manières, et le pain d'orge ou de froment. Parmi les légumes, les plus recherchés étaient les mauves, les laitues, les choux, les fèves et les lentilles. De toutes les viandes, celle de porc était la plus estimée. On en consommait beaucoup sous forme de saucisses. Une particularité curieuse qui a été remarquée par Platon, c'est qu'il n'est jamais question de poisson dans les festins des héros d'Homère. Mais, par la suite, les produits de la pêche devinrent un des aliments les plus goûtés des Grecs. — Les repas ordinaires étaient préparés par la maîtresse de la maison, ou par des femmes esclaves agissant sous sa direction; mais, pour les festins d'apparat, on louait des cuisiniers de profession. Le nombre de ces derniers était très grand à Athènes : les plus renommés étaient souvent appelés

Fig. 2.

dans les autres parties de la Grèce. Les cuisiniers siciliens étaient peut-être plus réputés encore. L'un d'eux, Mithœcus, composa, dans le dialecte de son pays, un livre sur la cuisine que Platon cite dans son Gorgias. Mais le traité le plus célèbre sur l'art culinaire était la *Gastrologie* d'Archestrate, dont Athénée nous a conservé le souvenir. — Avant la conquête romaine, le dîner d'un riche Athénien se composait de deux services ou tables, τράπεζα; mais les Grecs n'ayant pas tardé d'adopter les usages du peuple vainqueur, on y ajouta un troisième service. Nous ne parlerons ici que de l'ancienne coutume. Le premier service comprenait toute la partie résistante du r., particulièrement le poisson, la volaille, la viande de boucherie. Le second correspondait à notre dessert, et consistait en différentes espèces de fruits, de confitures, de friandises, etc. Le premier service achevé, on enlevait les tables, on donnait de l'eau aux convives pour se laver les mains, et on leur distribuait des couronnes de fleurs et des parfums. On apportait du vin pur dans un large vase appelé μετανιπτρον ou μετανιπτρίς, et chaque convive en buvait un peu, après en avoir versé quelques gouttes par terre, comme libation. Cette libation était faite en l'honneur du bon génie : en même temps on chantait un hymne qu'accompagnait le son de la flûte. Après cette libation, on apportait du vin mélangé, et, avec la première coupe, les convives buvaient à Jupiter sauveur. Alors commençait, ce qu'on appelait le dessert, ce qu'on appelait συμπόσιον, πότος ou κῶμος. Quoique venant après le premier service, cette partie du r. en était cependant très distincte, car d'un côté elle était soumise à des règles particulières, et de l'autre on y invitait souvent des personnes qui n'avaient pas assisté à la précédente. Le symposium était la partie gaie du dîner, celle où l'on buvait du vin, où l'on se livrait à la conversation et aux amusements. Les convives se tenaient sur les lits comme pour le premier service, mais ils étaient couronnés de fleurs (Fig. 2, représentant un sym-

posium, d'après un vase antique : au milieu on voit le dieu Comus qui joue du tympanon). Habituellement on désignait, par la voie du sort, un chef ou roi du festin (συμποσίαρχος, βασιλεύς), pour présider la fête, et aux ordres duquel on était tenu d'obéir. Le *Symposiarque* proposait la nature et l'ordre des amusements auxquels on devait se livrer, déterminait la quantité d'eau qu'il fallait ajouter au vin, et décidait le nombre de coupes que l'on devait boire. En général, les Grecs ne buvaient que du vin étendu d'eau, et ils regardaient l'usage contraire comme un des signes caractéristiques des nations barbares. Dans certains cas, on faisait tiédir l'eau; mais ordinairement on la préférait froide : on cherchait même à la rafraîchir le plus possible, et l'on obtenait ce résultat en enveloppant de neige les vases qui la renfermaient. Quelquefois on ajoutait au vin, du miel, des aromates ou d'autres substances analogues : le vin aromatisé se nommait τρῖμμα — Parmi les jeux auxquels se livraient les convives, nous citerons les dés, les osselets, le cottabe, etc. Il y avait souvent des danses et des concerts exécutés par des artistes de profession. Enfin, les convives s'amusaient parfois à se proposer des énigmes.

II. *Des repas chez les Romains.* — Comme chez les Grecs, les usages relatifs aux r. varièrent, chez les Romains, suivant les époques. Ce que nous allons en dire, quoique se rapportant spécialement à la période des premiers empereurs, peut s'appliquer aussi à une grande partie des temps, soit antérieurs, soit postérieurs. — Le premier r. de la journée se nommait *jentaculum*, parce que, suivant Isidore de Séville, il rompait le jeûne de la nuit (*a jejunio solvendo*) : on l'appelait encore *prandicula* et *silatum*. Ce r. correspondait à notre déjeuner et à l'ἀκράτισμα des Grecs. Il était fort simple, et se composait de pain, de fromage et de fruits secs, comme dattes et raisins. Le *prandium*, que Suétone appelle aussi *cibus meridianus*, était une collation qu'on faisait vers midi. Des mets légers, peu nourrissants et sans apprêt, souvent même du pain sec, constituaient ce r., pendant lequel on ne se mettait point à table, et qui n'était autre chose que la *merenda* d'Isidore et de Festus. Le r. nommé *cœna* répondait au δεῖπνον des Grecs et à notre dîner : c'était le principal r. des Romains. Il se composait ordinairement de trois services ou *tables* (mensæ). Le premier, appelé *promulsis, antecœna* et *gustatio*, se composait d'aliments ou de préparations propres à stimuler l'appétit : on y servait, entre autres choses, des radis, des laitues, des raiforts, du chervi, des anchois, des œufs, des olives, etc., ainsi que des saucisses chaudes, que l'on portait sur un petit gril d'argent, et une espèce de caviar (*fœcula Cou*). Dans la description que Macrobe nous a laissée du festin donné par Lentulus à l'occasion de son élévation à la dignité de flamine, nous voyons figurer dans le *promulsis* seulement, différentes espèces de zoophytes et de mollusques, tels que les oursins et les huîtres crues, des asperges, des grives, des becfigues, une poularde, des longes de chevreau et de sanglier, et diverses viandes enfermées dans des pièces de pâtisserie. — Le second service était la partie solide du festin. Le nombre des mets qu'on y faisait paraître était énorme, et leur préparation non moins variée que chez les peuples modernes. Parmi les oiseaux, la pintade, le faisan et la grive étaient particulièrement estimés. On faisait grand cas des foies de chapon macérés dans du lait, et des becfigues au poivre. D'après Macrobe, ce fut l'orateur Hortensius, contemporain de Cicéron, qui le premier fit servir un paon sur sa table. Les gourmands de Rome faisaient tant de cas de cet oiseau, qu'on le payait 50 deniers. Nous mentionnerons encore, parmi les oiseaux, le canard, l'oie, le pigeon, le francolin et le flammant. La langue de ce dernier passait pour un mets délicieux. Les espèces de poissons étaient peut-être encore plus nombreuses, mais on estimait par-dessus tout, le scare, le rouget, le turbot, l'esturgeon, la murène, l'anguille, etc. Parmi les quadrupèdes, le porc était un aliment favori des Romains. Ils estimaient surtout le cochon de lait, les tétines de truie (*sumen*), etc. Ils recherchaient également la venaison, et particulièrement le sanglier. La plupart des mets étaient assaisonnés de condiments très variés. Nous nommerons entre autres l'espèce de saumure qui se préparait avec les intestins du scare (*muria*); le *garum*, qui se faisait avec ceux des diverses espèces de scombres, et le *halec*, qui se faisait avec des anchois. Les champignons n'étaient point dédaignés. Les Romains appréciaient fort bien les truffes, les mousserons, etc. : tantôt ils en faisaient des plats, tantôt ils les employaient comme garniture et assaisonnement. — L'art culinaire n'était pas moins en honneur chez les Romains que chez nous, et leurs *artistes* en ce genre ne paraissent pas avoir été inférieurs aux nôtres. Dans les maisons riches, l'importante fonction de préparer et d'ordonner les repas était confiée à quatre esclaves principaux, savoir : le sommelier (*promus*), le cuisinier en chef (*archimagirus*), le maître d'hôtel (*structor*), et l'écuyer tranchant (*carptor, scissor*). On regardait comme un art le talent de découper, et l'on découpait au son de la musique et avec une mimique appropriée. — Le troisième service, ou le dessert (*bellaria*), se composait de fruits, de confitures et d'une multitude de sortes de pâtisseries, dont la confection était confiée à des esclaves appelés *pistores* ou *conditores, dulciarii, placentarii, libarii, crustularii,* etc., suivant la nature et l'espèce de préparation dont ils étaient spécialement chargés. — La salle à manger était appelée anciennement *cænaculum*, et elle était située dans la partie supérieure de la maison : de là ce nom resta à cette partie de l'édifice. Mais, lorsque le luxe eut introduit d'autres habitudes, la salle à manger fut établie au rez-de-chaussée et reçut le nom de *cænatio*. Naturellement le luxe déployé dans la décoration de cette pièce variait suivant

Fig. 3.

la fortune des citoyens. Dans le principe, les Romains mangeaient assis ; mais, par la suite, ils adoptèrent le mode grecque de se coucher. Toutefois l'ancien usage se conserva pendant très longtemps pour les enfants et pour les femmes, comme plus conforme à la dignité et à la sévérité des anciennes mœurs. Il y avait dans chaque salle trois lits (τρεῖς κλῖναι), d'où le nom de *Triclinium* qu'on donnait à leur ensemble et, par extension, à la salle à manger elle-même. Ils étaient disposés de manière à former les trois côtés d'un carré, qui était occupé par la table : l'ouverture résultant de l'absence de lit sur le quatrième côté permettait aux esclaves d'approcher de la table pour faire leur service. La table était faite de bois précieux ; on estimait surtout celles d'érable et de citronnier, et on les payait des prix exorbitants. Il y en avait aussi d'ivoire. Horace se servait d'une table de marbre, alliant ainsi l'économie à l'élégance. Chez les citoyens riches, cette table n'avait qu'un seul pied, d'où le nom de *monopodium* qu'on lui donnait ; la table à trois pieds était abandonnée aux gens peu aisés. On ne mettait pas de nappe sur la table ; mais en général on n'y déposait non plus les plats à nu : ceux-ci étaient apportés dressés sur un grand plateau, appelé *ferculum*, qui se posait sur la table, et que l'on enlevait pour le remplacer par un autre. Les lits étaient également de bois précieux, souvent incrustés d'ivoire et d'écaille. Les traverses (*spondæ*) et les pieds (*fulcra*) étaient quelquefois d'argent et même d'or, ou on les ornait de feuilles suites avec ces métaux. Dans quelques maisons, les lits étaient simplement de pierre, ainsi qu'on le voit dans la Fig. 3, qui représente le

triclinium de la maison d'Actéon, à Pompéi, tel qu'il subsiste encore aujourd'ui. On mettait, au-dessus des lits de plumes et des matelas (*culcita*), des coussins (*pulvinaria*), et l'on recouvrait parfois le tout d'étoffes précieuses le plus ordinairement teintes en pourpre (*stragula conchilio tincta, peristromata conchyliata*). Ordinairement chaque lit recevait trois personnes seulement, d'après cette règle exprimée par Varron, que le nombre des convives ne devait être ni inférieur à celui des Grâces, ni supérieur à celui des Muses. Des trois lits qui composaient un triclinium, celui du fond était appelé *lectus medius* : c'était le plus honorable. Venait ensuite celui de droite, ou lit supérieur (*lectus summus*), puis celui de gauche, ou lit inférieur (*lectus imus*). En outre, chacune des trois places d'un lit avait un nom particulier, et répondait à un degré de préséance. La figure 4 ci-après indique les

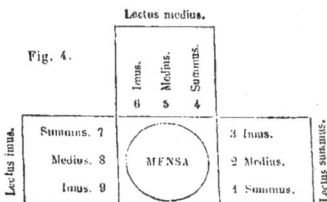

Fig. 4.

	Lectus medius.		
	Imus. 6	Medius. 5	Summus. 4
Lectus imus.	Summus. 7		3 Imus.	Lectus summus.
	Medius. 8	MENSA	2 Medius.	
	Imus. 9		1 Summus.	

dénominations respectives de toutes les places, en partant de la gauche et suivant l'ordre indiqué par les chiffres.

Sur les lits latéraux, les places les plus honorables étaient les places du milieu, dans l'ordre suivant : 5, 2, 8 ; puis venaient les places situées près de la balustrade, marquées 4, 1 et 7 ; enfin, les trois dernières étaient les places marquées 3, 6 et 9. La place n° 5 était donc toujours réservée au convive le plus qualifié ; cependant lorsque ce convive était le consul lui-même, il prenait la place n° 6, afin qu'on pût lui parler plus commodément quand on avait des affaires à lui communiquer : de là cette place était appelée *locus consularis*. Le maître de la maison occupait la place la plus élevée du lit inférieur, c.-à-d. le n° 7, parce que de cette place il pouvait aisément surveiller le service et donner ses ordres ; en outre, il se trouvait ainsi rapproché du principal de ses invités. A l'exemple des Grecs, les Romains prenaient un bain avant le dîner, et ils déposaient leurs chaussures avant de monter sur les lits. Chacun d'eux apportait une serviette (*mappa*), qui était ordinairement de quelque couleur éclatante et ornée de franges ou de broderies. Quant à l'heure du dîner, les renseignements contradictoires fournis par les écrivains latins tendent à faire croire qu'elle n'était pas la même dans toutes les classes de la société. Ainsi, par ex., Horace et Mécène avaient coutume de dîner vers l'heure du coucher du soleil. — Après le dîner, les Romains faisaient souvent ce qu'ils appelaient *comessatio* : c'était une espèce de collation qui correspondait au symposium des Grecs, et dans laquelle on mangeait des friandises, tout en buvant, en conversant et en jouant. Comme cette suite du principal r. se prolongeait ordinairement très avant dans la nuit, le mot *comessator* ne tarda pas d'être employé pour désigner un débauché, un compagnon de festins nocturnes ; et celui de *comessari* se dit de même pour signifier : « faire bonne chère, se livrer aux excès de la table ». C'est pour ce même motif que Cicéron appelle les complices de Catilina, *comessatores conjurationis*.

III. *Des repas chez les Gaulois, chez les Francs et chez les Français.* — Nous possédons très peu de renseignements sur les repas chez les Gaulois. Suivant Posidonius, qui avait visité la Gaule, les convives s'asseyaient, autour d'une table fort basse, sur des bottes de foin ou de paille. Du pain en petite quantité et des viandes très abondantes constituaient le menu. Les mets étaient servis dans des plats d'argent ou de cuivre, chez les riches, de bois ou de terre, chez les pauvres. Chacun prenait une pièce de viande et y mordait à belles dents. Quand le morceau était trop dur ou trop volumineux, ou le coupait avec un petit couteau dont la gaine était liée au fourreau de l'épée. Un vase unique, tantôt de terre, tantôt de métal, et ordinairement rempli de vin, servait à tout le monde : il était offert par les esclaves et faisait la ronde. On buvait peu à la fois, mais on y revenait souvent. Dans les maisons ordinaires, on se contentait des vins du pays, tandis que, chez les riches, on faisait usage de ceux d'Italie. Dans les festins d'apparat, la table était de forme rectangulaire, et la place d'honneur, qui était celle du milieu, appartenait au personnage le plus éminent par sa naissance, ses richesses ou son courage. Les autres convives se plaçaient à droite et à gauche, suivant leur rang. Les clients ne s'asseyaient pas à la table des maîtres, mais ils étaient nourris de la même manière. A la suite des repas de ce genre, les Gaulois s'appelaient à des duels simulés : mais il était rare que ces exercices se terminassent sans effusion de sang. C'était encore la coutume de se provoquer à boire, et chacun regardait comme une honte de s'avouer vaincu. Cette coutume se maintint même jusqu'au VIIIᵉ siècle, où Charlemagne fit les plus grands efforts pour la détruire. Sous la domination romaine, les classes aisées ayant adopté les usages du peuple vainqueur, ce que nous avons dit plus haut des repas en Italie s'applique entièrement à la Gaule pendant cette période.

Les articles de la loi salique, qui fixent les compositions à payer pour les meurtres commis dans les festins, prouvent que les banquets des Franks se terminaient souvent, comme ceux des Gaulois, par une effusion de sang. Cependant, une fois solidement établis dans leur nouvelle patrie, les conquérants germains se façonnèrent bientôt aux habitudes des Gallo-Romains. Il paraît que depuis le Xᵉ siècle jusqu'à la fin du XVIᵉ, l'usage subsista de dîner à 10 heures du matin et de souper entre 4 et 5 heures du soir. Pendant le moyen âge (nous ne parlons ici que de ce qui avait lieu dans les palais des rois et dans les châteaux des grands seigneurs, car nous n'avons pas de renseignements sur la manière de vivre des classes inférieures), on annonçait les repas au son du cor : c'est ce qu'on appelait corner l'eau, parce qu'avant de se mettre à table on se lavait les mains. On se les lavait aussi après le r.; des pages et des écuyers présentaient l'eau et la serviette aux convives. On se servait ordinairement d'eau aromatisée, le plus souvent d'eau de rose. La salle à manger était presque toujours la pièce la plus vaste du château. Dans le principe, on jonchait le plancher de foin, de nattes, de fleurs ou de feuillage : plus tard, mais à une époque très moderne, on remplaça ces matières par des tapis. A l'une de ses extrémités se trouvait le Dressoir, Buffet ou Crédence, meuble somptueux à plusieurs étages sur lequel le maître du logis faisait placer, dans l'ordre le plus apparent, des plats, des vases et des bassins de formes et de dimensions variées, mais toujours de matière précieuse et travaillée avec le plus grand soin. La table occupait le milieu de la salle. Elle était, tantôt rectangulaire et tantôt en fer à cheval. On la garnissait d'une nappe richement ouvrée et appelée Doublier, parce qu'elle était ordinairement pliée en double. Ce ne fut qu'au XVIᵉ siècle, sous Henri III, que l'on commença à la recouvrir d'une seconde nappe plus petite, roulée et relevée en coquille aux extrémités, qu'on enlevait au dessert. Les convives s'essuyaient la bouche et les doigts avec le doublier, car l'usage des serviettes ne date que du XVᵉ siècle. Parmi les divers ustensiles qui figuraient sur la table, nous citerons les couteaux, les cuillers, les assiettes et écuelles d'argent, les épreuves, la nef, les coupes ou hanaps, et les dormants. Les cuillers servaient pour prendre les mets liquides. Quant aux mets solides, on les porta d'abord à la bouche, soit avec les doigts, soit avec les couteaux. Les fourchettes étaient cependant connues dès le XIIIᵉ siècle, mais on ne s'en servit d'abord que pour manger certains fruits, tels que les poires et les mûres; elles ne devinrent d'un usage général pour les viandes qu'à la fin du XVIIᵉ siècle. Les Épreuves servaient à essayer les mets. Il y en avait de plusieurs espèces. Les plus simples étaient des pièces d'orfèvrerie en forme de langue de serpent, d'où le nom de Languier sous lequel on les désignait. L'emploi de ces ustensiles avait son origine dans la crainte de l'empoisonnement. La même crainte avait donné naissance aux Nefs. On appelait ainsi, parce qu'en général il ressemblait à un petit navire, un coffret qui renfermait les coupes, les cuillers, les épices et les vins destinés aux plus grands personnages. On les nommait aussi le nom de Cadenas, parce qu'il était fermé avec une serrure de cette espèce. C'était enfin, pour le même motif, qu'on laissait le service couvert jusqu'à l'arrivée des convives, et de là est venue l'expression de Mettre le couvert. Plus tard, lorsque la crainte de l'empoisonnement eut disparu, l'étiquette fit conserver cette dernière coutume pour les personnages de la plus haute distinction, et ce fut alors une marque d'infériorité que de manger à plats et coupes découverts devant une personne dont tous les mets étaient couverts. Les Dormants étaient ce que nous appelons aujourd'hui surtouts, c.-à-d. des pièces de décoration que l'on plaçait au milieu de la table. Les convives s'asseyaient autour de la table suivant la place à laquelle leur rang leur donnait droit. Toutefois, pendant longtemps, ce fut l'usage de les disposer par couples, homme et femme, et l'habileté du maître consistait à savoir former ces couples de manière que chacun fût satisfait. Les deux personnes mises ainsi à côté l'une de l'autre n'avaient à elles deux, pour chaque mets, qu'une assiette commune : c'est ce qu'on appelait manger à la même écuelle. Un autre usage, qui paraît avoir disparu après le XVᵉ siècle, consistait à faire passer au convive que l'on voulait honorer la coupe dans laquelle on avait bu, avec le reste de la liqueur qu'on y avait laissée. Enfin, la coutume de porter des santés était encore générale au XVIᵉ siècle. La politesse voulait même que celui à qui l'on buvait plégeât, c.-à-d., fît raison aussitôt. Ces santés étaient ordinairement portées au son des instruments. C'était aussi au son des instruments que les services étaient apportés sur la table. Après le dernier service, on introduisait des ménétriers qui chantaient ou récitaient leurs romans ou fabliaux, des jongleurs qui exécutaient leurs tours. Dans certaines grandes occasions, l'amphitryon donnait à ses convives le spectacle de pantomimes à machines, que l'on appelait Entremets. Le plus ancien spectacle de ce genre, dont les textes nous aient conservé le souvenir, est celui que le roi Charles V donna à l'empereur Charles IV, en 1378, dans la grande salle du Palais : il représentait la prise de Jérusalem par Godefroy de Bouillon. Après ces divertissements, on servait des vins aromatisés et des dragées, qui se prenaient le plus souvent debout et terminaient le festin. — Les heures des repas, ainsi que nous l'avons dit, varièrent pendant plusieurs siècles; mais au XVIIᵉ, on recula le dîner jusqu'à midi ou une heure, et le souper jusqu'à 6 ou 7. Au siècle suivant, le dîner fut retardé jusqu'à 4 heures et le souper jusqu'à 10 ou 11. Enfin, de nos jours, on a généralement renoncé au souper, et le dîner a pris la place du souper du XVIIᵉ siècle. Mais le déjeuner, qui, dans le principe, était une simple collation que l'on faisait de grand matin, est devenu un r. complet qui aujourd'hui a lieu vers midi.

REPASSAGE. s. m. [Pr. *repa-saje*]. Action de repasser. *Le r. d'une chemise, d'un chapeau, d'un canif, etc.* || Action de retoucher une montre. || Action d'aiguiser.

REPASSE. s. f. [Pr. *repa-se*]. Grosse farine mêlée de son.

REPASSER. v. n. [Pr. *repa-ser*]. Passer de nouveau, *La procession a passé et repassé devant nous. Il a passé par ce chemin ce matin, et il y repassera ce soir. Cela repassera par mes mains.* — Fig. *Ce bien a repassé dans notre famille, après en être sorti depuis un siècle.* = REPASSER. v. a. Traverser de nouveau. *R. la mer. Il fallut r. la rivière. L'armée française repassa les Alpes.* Faire traverser de nouveau. *Le même batelier qui vous a passé vous repassera.* || Fig., *R. quelque chose dans son esprit, dans sa mémoire,* Se remettre quelque chose dans l'esprit, etc. *Quand je repasse dans ma mémoire tous les événements de ma vie.* — *R. un discours, un rôle, sa leçon,* etc., Répéter un discours, etc., qu'on a appris par cœur, afin d'être plus sûr de sa mémoire. — *R. un compte,* L'examiner, le vérifier, pour voir s'il ne s'y est point glissé quelque erreur. || *R. des couteaux, des ciseaux, etc., sur la meule, sur la pierre,* Les aiguiser, Leur donner de nouveau le taillant et le fil. || *R. la lime sur quelque ouvrage de fer et de cuivre, etc.,* Le polir de nouveau avec la lime. Voy. LIME. || *R. des étoffes par la teinture, à la teinture,* Les remettre à la teinture, les teindre de nouveau dans la couleur qu'elles ont déjà. || *R. des cuirs,* Leur donner un nouvel apprêt. || *R. un vieux chapeau,* Le reteindre, lui donner un nouveau lustre. || *R. une montre,* En retoucher les rouages. || *R. du linge, une étoffe, etc.,* Passer un fer chaud sur du linge, etc., pour le rendre plus uni, pour en ôter les mauvais plis. — Fig. et popul., *R. quelqu'un,* Le battre, ou le gourmander, le réprimander fortement. *Il s'est fourré dans cette bagarre et il y a été joliment repassé. Il a été bien repassé par son chef d'atelier.* = REPASSE, RE. passé.

REPASSERESSE. s. f. [Pr. *repa-se-rè-se*]. T. Techn. Sorte de carde pour les draps.

REPASSETTE. s. f. [Pr. *repa-sè-te*]. Carde très fine pour repasser la laine.

REPASSEUR. s. m. [Pr. *repa-seur*]. Ouvrier qui repasse ou aiguise des lames, etc.

REPASSEUSE. s. f. [Pr. *repa-seu-ze*]. Celle dont le métier est de repasser du linge.

REPATRIAGE ou **REPATRIEMENT.** s. m. [Pr. *repatri-man*]. Action de repatrier.

REPATRIER. v. a. (lat. *repatriare*, m. s., de *re*, préf., et *patria*, patrie). Reconduire dans la patrie.

REPAUMER. v. a. (R. *re*, préf., et *paume*). Retondre le drap. || Rebattre, laver un drap dans l'eau.

REPAVEMENT. s. m. [Pr. *repave-man*]. Nouveau pavement.

REPAVER. v. a. Paver de nouveau. = REPAVÉ, ÉE. part.

REPAYER. v. a. Payer de nouveau. = REPAYÉ, ÉE. part. = Conj. Voy. PAYER.

REPÊCHAGE. s. m. Action de repêcher.

REPÊCHER. v. a. (R. *re*, préf., et *pêcher*). Retirer de l'eau, du fond de l'eau ce qui y était tombé. *Il était tombé dans la rivière, on l'a repêché à demi mort. R. des ballots, des caisses.* || Fig. *R. quelqu'un*, le tirer d'une mauvaise passe. = REPÊCHÉ, ÉE. part.

REPÊCHEUR. s. m. Celui qui repêche.

REPEINDRE. v. a. [Pr. *repin-dre*]. Peindre de nouveau. *Il a fait r. sa galerie, les boiseries de son appartement.* = REPEINT, EINTE. part. *C'est un tableau repeint.* || REPEINT. s. m. Se dit des endroits d'un tableau sur lesquels on a appliqué de nouvelles couleurs. *Il y a plusieurs repeints dans ce tableau.*

REPELER. v. a. T. Techn. Peler de nouveau. = REPELÉ, ÉE. part. = Conj. Voy. GELER.

REPENDRE. v. a. [Pr. *ré-pandre*]. Pendre de nouveau ce qui était tombé ou détaché. = SE REPENDRE. v. pron. Se pendre de nouveau. = REPENDU, UE. part.

REPENSER. v. n. [Pr. *repan-ser*]. Penser de nouveau, réfléchir plus profondément sur une chose. *Je vous conseille de r. à cette affaire avant de prendre un parti. J'y repenserai.*

REPENTANCE. s. f. [Pr. *repan-tanse*]. Regret, douleur qu'on a de ses péchés. *Il en mourut avec beaucoup de r., avec une grande r. de ses péchés.*

REPENTANT, ANTE. adj. [Pr. *repan-tan*]. Qui se repent d'avoir péché. *Il est vraiment contrit et r. Elle est très repentante de ses fautes.*

REPENTIR. s. m. [Pr. *repan-tir*] (R. *repentir*, v.). Regret sincère d'avoir commis une faute, un péché. *R. sincère, profond, cuisant, éternel. Être touché de r.*

Il n'est crime envers moi qu'un repentir n'efface.

CORNEILLE.

Verser des larmes de r. Témoigner du r. Le r. de ses péchés. Il en conçut un grand r., de vifs repentirs. || T. Dessin et Peint. La trace d'une première idée qu'on a voulu corriger. *Il y a des repentirs dans ce tableau, on y voit encore l'ovale d'une tête sur laquelle l'artiste a repeint. Les repentirs sont parfois la preuve d'un tableau original.* || T. Cost. Boucles de cheveux que les femmes laissaient pendre de chaque côté du visage.

REPENTIR (SE). v. pron. [Pr. *repan-tir*] (R. *re*, préf., et le vx fr. *pentir*, du lat. *pœnitere*, se repentir). Avoir un sincère douleur, un véritable regret. *Se r. de ses fautes, de ses torts, de ses péchés, de ses égarements. Il s'en est bien repenti. Il n'est pas à s'en r. Il ne faut jamais se r. d'avoir bien fait. Je me repens de lui avoir fait du mal. Quelquefois par menace, Je l'en ferai bien r. Il s'en repentira.* = REPENTI, IE. part. N'est usité que dans cette locut., *Les Filles repenties*, ou simpl., *Les Repenties*, qui se dit de certaines maisons religieuses destinées aux filles qui

ont vécu dans le désordre, et qui s'y retirent volontairement ou y sont renfermées pour faire pénitence. *Elle s'était retirée aux Filles repenties. On la mit aux Repenties.*

REPÉPION. s. m. Petit poinçon à l'usage du fabricant d'épingles.

REPÉRAGE. s. m. T. Techn. Action de repérer. Manière d'indiquer l'endroit où les dessins des papiers peints doivent se réunir pour qu'ils soient corrects. — Action de raccorder une feuille, pour la mise en couleurs des dessins lithographiques, etc. — Reprise dans l'application de la presse à l'impression de longues pièces d'étoffes.

REPERCÉE. s. f. (R. *re*, préf., et *percée*). Galerie de mine qui revient sur une couche déjà traversée.

REPERCER. v. a. Percer de nouveau. || T. Orfèvr. *R. un ouvrage*, Découper un ouvrage tracé pour être à jour. = REPERCÉ, ÉE. part.

REPERCEUR, EUSE. s. Ouvrier, ouvrière qui reperce.

RÉPERCUSSIF, IVE. adj. [Pr. *réper-kus-sif*] (lat. *repercussus*, part. de *repercutere*, répercuter). T. Méd. Qui produit la répercussion.

RÉPERCUSSION. s. f. [Pr. *réperkuss-sion*] (lat. *repercussio*, m. s.). Renvoi, réflexion. Choc en retour.
Méd. — On donne le nom de *Répercussion* à la métastase qui a lieu de l'extérieur à l'intérieur, c.-à-d. dans laquelle une affection interne succède à la disparition brusque d'une affection cutanée quelconque, lorsque la disparition de la première est déterminée par une cause externe, comme l'action de l'air froid, ou l'application de certains topiques. Les agents capables de produire la r. sont appelés *répercussifs*. L'eau froide et la glace sont les répercussifs par excellence. Voy. MÉTASTASE.

RÉPERCUTER. v. a. (lat. *repercutere*, m. s., de *re*, préf., et *percutere*, frapper). T. Phys. Réfléchir, renvoyer. *Ce rocher répercute le son, la chaleur, la lumière, etc.* || T. Méd. Produire une répercussion. = SE RÉPERCUTER. v. pron. *Prenez garde ; l'humeur se répercutera. Le son, le calorique se répercutent.* = RÉPERCUTÉ, ÉE. part.

REPERDRE. v. a. Perdre de nouveau. *R. au jeu.* = REPERDU, UE. part.

REPÈRE. s. m. (lat. *reperire*, trouver, de *re*, préf., et *parere*, obtenir). En termes d'Arts et Métiers, on nomme *Repère* ou *Point de r.*, toute marque faite sur une pièce quelconque pour servir d'indice, soit qu'on veuille ajuster cette pièce avec d'autres pièces, soit qu'on veuille, après l'avoir déplacée, la remettre précisément dans la même situation, soit qu'on la prenne pour point de départ, quand on se propose de prendre certaines mesures. Ainsi, par ex., les menuisiers appellent r. les traits à la craie ou au crayon dont ils marquent les pièces d'assemblage pour les monter en œuvre. Les opticiens nomment de même les marques que l'on fait aux tubes d'une lunette pour les mettre au point de celui qui s'en sert. Les arpenteurs, les maçons, etc., désignent également sous ce nom les marques que l'on fait sur un terrain, sur un jalon, sur un mur, pour indiquer ou retrouver un alignement, une hauteur, une distance.

REPÉRER. v. a. Marquer des repères. = SE REPÉRER. v. pron. Se donner des points de repère. = REPÉRÉ, ÉE. part.

RÉPERTOIRE. s. m. [Pr. *réper-toua-re*] (lat. *repertorium*, de *reperire*, trouver, de *re*, préf., et *parere*, obtenir). Inventaire, table, recueil où les choses, les matières sont rangées dans un ordre qui fait qu'on les trouve facilement. *Avec mon r. j'aurai bientôt trouvé ce que vous me demandez. Les notaires, les huissiers, les greffiers, etc., sont tenus d'avoir des répertoires.* || Livre de commerçant où sont inscrits les noms de ceux qui ont des comptes ouverts au grand livre. || Fig. et fam., se dit d'une personne qui se souvient de beaucoup de choses en quelque matière que ce soit, et qui est toujours prête à en instruire les autres. *C'est un r. de toutes les intrigues de la vieille cour. C'est un r. d'anecdotes.* || T. Théât. La liste des pièces restées au théâtre. *Cette pièce fait partie du r., est restée au r. Cette comédie* a disparu du r. — Sign. aussi la liste des pièces que les comédiens doivent donner dans la semaine. *Cette pièce est sur le r. On a fait ce matin le r. de la semaine.* || *Répertoire* est aussi le titre de certains recueils. *R. de jurisprudence. R. de chimie.*

REPESER. v. a. [Pr. *repe-zer*] Peser de nouveau. = RE-PESÉ, ÉE. part.

RÉPÉTAILLER. v. a. [Pr. *répéta-ller*, *ll* mouillées] (R. *répéter*, avec le suff. préjor. *aille*). Répéter la même chose jusqu'à satiété. *Cet enfant répétaille toujours la même chose. Il ne faut que r.* Fam. = RÉPÉTAILLÉ, ÉE. part.

RÉPÉTER. v. a. (lat. *repetere*, m. s., de *re*, préf., et *petere*, demander). Redire, dire ce qu'on a déjà dit soi-même. *Je vous l'ai déjà dit et je vous le répète. Il répète toujours la même chose. Le public a fait r. ce couplet.* || Redire ce qu'on autre a dit. *Vous pouvez lui r. mes paroles. Cet auteur répète ce qu'on a dit cent fois. On a répété cette calomnie dans un libelle.* — Par analogie, *L'écho répète les paroles. Cette montre, cette pendule répète les heures, les quarts,* Ou lui fait sonner à volonté l'heure et les quarts, au moyen d'un certain mécanisme. || Dire ou faire plusieurs fois une même chose, pour la mieux savoir, pour la mieux exécuter. *R. sa leçon, son sermon, son rôle. R. une comédie, un ballet, une symphonie.* — On dit aussi, *R. une expérience, une observation,* Faire une expérience, une observation qu'on a déjà faite ou qui a déjà été faite par un autre ; et en T. Mar., *R. les signaux,* Faire les mêmes signaux que le commandant, afin que les vaisseaux les plus éloignés puissent les voir ou les entendre. || R. *des élèves,* Leur refaire, leur développer la leçon du professeur, etc. || Fig., Représenter, réfléchir l'image des objets. *L'eau du ruisseau répétait son image. Deux glaces, placées parallèlement en regard l'une de l'autre, répètent les objets à l'infini.* || Fig., se dit aussi d'une disposition symétrique qui présente d'un côté l'équivalent, le pareil de ce qu'on voit de l'autre. *On a répété cet ornement à droite et à gauche. Cette porte est simulée ; elle est là pour r. l'autre.* || T. Jurispr. Réclamer ce sur quoi on a ou l'on croit avoir droit ; se dit des personnes et des choses. *R. un prisonnier. R. un cheval. Il m'a pris mon bien, j'ai droit de le r.* On dit encore, *R. des frais sur quelqu'un,* ou mieux, *contre quelqu'un,* Lui réclamer le remboursement des frais qu'on a faits. = SE RÉPÉTER. v. a. Se dit d'un homme qui recommence les mêmes histoires ; d'un auteur, d'un poète, d'un musicien, d'un peintre, qui, dans leurs ouvrages, reproduisent les mêmes idées, les mêmes tours, les mêmes chants, les mêmes traits, etc. *C'est un conteur agréable, mais il se répète quelquefois. Ce poète, ce musicien a le défaut de se r.* || Se dit des mots, des phrases, etc., qui sont répétés. *Le même vers se répète à la fin de chaque couplet. Le même mot se répète trois fois dans un rondeau.* || Être redit, ou être réitéré. *L'épigramme est bonne, mais elle est trop leste pour pouvoir se r.* Cette espièglerie ne doit pas se r. || Se dit des choses qui se reproduisent, qui se renouvellent. *Ces actes de violence se répètent dans la plupart des grandes villes. Cela se répète tous les jours.* || Être réfléchi. *Les nuages se répètent dans le cristal des eaux.* || Se dit de choses semblables qui sont disposées d'une manière symétrique. *Les mêmes ornements se répètent sur les autres faces de l'édifice.* = RÉ-PÉTÉ, ÉE. part. == Conj. Voy. CÉDER.

RÉPÉTITEUR. s. m. (lat. *repetitor*, m. s.). Celui qui répète des élèves, qui fait profession de répéter. *R. de mathématiques, de grec.* On lui a donné un r. || T. Mar. Se dit des vaisseaux d'une escadre ou d'une division qui répètent les signaux de l'amiral. == RÉPÉTITEUR. adj. m. *Maître r*, Maître d'étude dans un collège. || T. Astron. *Cercle r*, Voy. CERCLE.

RÉPÉTITION. s. f. [Pr. *répéti-sion*] (lat. *repetitio*, m. s., de *repetere*, répéter). Redite, retour de la même idée, du même mot. *Son livre est plein de répétitions. Éviter les répétitions. Il y a trop de répétitions dans ce discours.* || Réitération. *Les habitudes s'acquièrent par la r. fréquente des mêmes actes. Leur vie est une r. perpétuelle des mêmes choses.* Leur action de répéter, d'essayer certaines choses, pour les mieux exécuter en public. *Faire la r. d'une symphonie, d'un ballet, d'une pièce de théâtre. Sa tragédie est en r., va être mise en r. On a interrompu les répétitions de son vaudeville. La r. générale d'une pièce,*

dernière r d'ensemble avant la première représentation. Par métonymie, on dit aussi de l'auteur même dont on répète la pièce, *Il est en r. Je suis en r.* || L'exercice des élèves qu'on répète. *Faire des répétitions.* || T. Jurispr. L'action par laquelle on redemande en justice ce qu'on a payé de trop, ce qu'on a avancé pour un autre, etc. *Répétitions de frais, de dépens. Action en r. Cela est sujet à r.* || T. Techn. *Montre à r., pendule à r.*, Voy. HORLOGERIE.

Rhétor. — La *Répétition* est une figure qui consiste à employer plusieurs fois les mêmes mots ou le même tour pour donner plus d'énergie à la phrase. Cette figure, purement oratoire ou poétique, est des plus énergiques lorsqu'on veut attirer l'attention sur quelque preuve, sur quelque vérité, ou exprimer la passion qui revient sans cesse à l'objet, à l'idée qui la préoccupe fortement. Les vers dans lesquels Virgile peint la douleur d'Orphée après la mort d'Eurydice nous offrent un exemple admirable de cette figure :

Te, dulcis conjux, te solo in littore secum,
Te, veniente die, te, decedente, canebat.   (*Géorg.*)
Tendre épouse, c'est *toi* qu'appelait son amour,
Toi qu'il pleurait la nuit, *toi* qu'il pleurait le jour. (DELILLE.)

Tels sont encore ces beaux vers de Voltaire, où Lusignan reproche à Zaïre, sa fille, d'avoir abandonné le culte du vrai Dieu :

Ton Dieu que tu trahis, ton Dieu que tu blasphèmes,
Pour toi, pour l'univers est mort en ces lieux mêmes,
En ces lieux où mon bras le servit tant de fois,
En ces lieux où son sang le parle par ma voix.

REPÉTRIR. v. n. Pétrir de nouveau. = REPÉTRI, IE. part.

REPEUPLEMENT. s. m. [Pr. *repeu-pleman*]. Action de repeupler. *Le r. d'une colonie. Le r. d'une forêt.*

REPEUPLER. v. a. Peupler de nouveau un pays qui avait été dépeuplé. *La peste avait fait périr la moitié des habitants de ce pays, on y a envoyé du monde pour le r.* || *R. un étang,* Remettre du poisson dans un étang où il n'y en avait plus.* On dit de même, *R. une terre, une plaine de gibier. R. une garenne, une basse-cour.* || *R. une forêt, un bois,* Les replanter, les regarnir d'arbres, soit en y semant du gland, soit en y mettant du plant. = SE REPEUPLER. v. pron. *Cette ville s'est promptement repeuplée. Cette forêt se repeuple en châtaigniers.* = REPEUPLÉ, ÉE. part.

REPIC. s. m. (R. *re*, préf., et *pic*). T. Jeu de piquet. Se dit, lorsque l'un des joueurs, avant de jouer aucune carte, compte jusqu'à trente, sans que celui contre qui il joue ait pu rien compter ; ce qui fait qu'au lieu de compter simplement trente, il compte quatre-vingt-dix. *J'ai fait r. Il a fait un beau r. Je l'ai fait r. Vous êtes r. Il m'a fait deux repics de suite.* || Fig. et fam., *Faire quelqu'un r.,* Le faire r. et capot, Le réduire à ne pouvoir répondre, à ne savoir que dire.

REPILER. v. a. Piler de nouveau. = REPILÉ, ÉE. part.

REPILLER. v. a. [Pr. les *ll* mouillées]. Piller de nouveau = REPILLÉ, ÉE. part.

REPINCER. v. a. Pincer de nouveau. || Fig. Rattraper, prendre sa revanche. = REPINCÉ, ÉE. part.

REPIOCHER. v. a. Piocher de nouveau. = REPIOCHÉ, ÉE. part.

REPIQUAGE. s. m. [Pr. *repi-kaje*] (R. *repiquer*). L'action d'enlever les pavés détériorés ou cassés d'une chaussée pour les remplacer par d'autres pavés. || T. Agric. Transplantation d'une jeune plante venue de semis.

Hortic. et **Arboric.** — Le r. est une opération qui a pour but de favoriser la croissance d'un jeune plant, en éloignant les individus les uns des autres et en favorisant la multiplication des racines. Pour cela, on lève à nu les pieds des jeunes sujets, s'ils ne sont pas délicats, ou on lève en mottes, ce qui vaut toujours mieux, et on repique dans une bonne terre convenablement préparée, à une distance calculée sur les dimensions que chaque individu devra prendre pendant le temps qu'il restera en pépinière. On repique également en pleine terre les fleurs annuelles d'automne, comme les balsamines, les reines-marguerites, etc., et, quand elles commencent à montrer leurs boutons à fleurs, on les enlève en mottes et on les place sur les plates-bandes qu'elles doivent embellir. — Parmi les arbres et arbrisseaux de pleine terre, les uns, et ce sont les moins délicats, se repiquent au plantoir ; les autres se plantent à la houe, lorsque le jeune sujet compte 1, 2 et 3 ans de semis, selon la rapidité de sa croissance. On facilite la reprise en rafraîchissant le bout des racines et en supprimant une partie de la tige. Les arbrisseaux qui se forment naturellement en touffes n'ont besoin que d'être labourés et sarclés pendant leur séjour en pépinière. Quelques-uns ont besoin d'être rabattus pour se ramifier convenablement. Mais, pour les arbres, il convient de supprimer successivement, et avec précaution, les rameaux latéraux jusqu'à la hauteur où la tête doit être formée. — Les pépiniéristes ont généralement la fâcheuse habitude, dans le but d'économiser un peu de temps et de la main-d'œuvre, de placer les jeunes plants d'arbres à haut jet dans le carré des transplantations, à la sortie des planches des semis. Ces jeunes arbres séjournent dans ce carré jusqu'au moment de la plantation à demeure, c.-à-d. pendant 4 ou 5 ans. Il résulte de ce mode d'opérer deux inconvénients. Le premier, c'est que les jeunes plants âgés de 2 à 3 ans, et qui, dans la planche des semis, se sont développés très rapprochés, souffrent beaucoup lorsqu'on vient à les placer tout à coup à une grande distance les uns des autres. Privés, sans transition, de l'abri qu'ils se procuraient mutuellement, la plupart se dessèchent par l'ardeur du soleil et ne présentent plus qu'une végétation languissante. Le second inconvénient, c'est que les jeunes arbres occupant, dans ce carré des transplantations, des espaces trop étendus présentent, lorsqu'on vient à les déplanter pour les fixer à demeure, des racines très longues, mais peu nombreuses et peu ramifiées, qu'on est obligé de sacrifier en partie ; les arbres ont alors mauvais pied et reprennent plus difficilement. — A l'aide du r., au contraire, les jeunes plants, aménagés à des distances plus grandes que dans les carrés des semis, mais plus rapprochés que dans celui des transplantations, s'habituent progressivement à l'ardeur du soleil. Le dérangement qu'ils éprouvent pour passer de ce carré dans celui des transplantations suffit pour empêcher l'allongement démesuré de leurs racines et favoriser leur ramification. L'âge le plus convenable pour le r. des arbres forestiers est 2 ans ; pour les arbres fruitiers, il est plus avantageux d'opérer ce travail au bout de la première année. — Le r. comprend trois opérations distinctes : la déplantation, l'habillage et la plantation. — La déplantation se fait en creusant à l'une des extrémités de la plate-bande une tranchée dont la profondeur dépasse de quelque peu l'extrémité inférieure des racines. En minant ensuite le terrain de proche en proche, on soulève les jeunes plants sans détruire ni désorganiser le chevelu de leurs racines. Aussitôt que cette opération est terminée, le jeune plant doit être mis en jauge, s'il n'est pas planté immédiatement, car l'air dessécherait rapidement les radicelles et compromettrait la reprise. Les arbres résineux souffrent plus que les autres de l'action de l'air sur les racines ; il est toujours plus prudent de les enlever en mottes. Pour toutes les autres espèces, quand le jeune plant est destiné à voyager, on le réunit par petits paquets, et l'on trempe immédiatement les racines dans un mélange liquide de bouse de vache et de terre glaise, lequel empêchera l'influence desséchante de l'air. — L'habillage des jeunes plants consiste, aussitôt après la déplantation, à couper, avec un instrument bien tranchant, celles de leurs racines qui ont été endommagées, et cela immédiatement au-dessus du point où la blessure a été faite ; puis à supprimer une partie du pivot de la racine. Ces opérations ont pour but de favoriser la cicatrisation des plaies faites aux racines, de forcer celles-ci à se ramifier davantage, pour que les transplantations suivantes s'effectuent avec plus de chances de succès. On ne doit amputer les pivots, soit simples, soit ramifiés, qu'au tiers de leur longueur, c.-à-d. vers le point où ils commencent à diminuer sensiblement de grosseur. On s'est souvent élevé contre la suppression d'une partie du pivot de la racine, surtout pour les espèces destinées à former des arbres de haut jet. On a dit que cette opération nuisait à leur développement futur et surtout à la beauté de leur tige. Mais l'expérience a démontré que les très faibles inconvénients de cette pratique sont bien plus que compensés par les avantages qu'elle procure ; et le pivot ne sert aux jeunes arbres qu'à les fixer au sol pendant les deux ou trois premières années de leur végétation ; passé ce temps, il ne prend plus d'accroissement et est remplacé par des ramifications d'autant plus grosses, qu'elles naissent plus près de la surface du sol. Dans les arbres déjà âgés, on n'en

remarque même plus aucune trace. En retranchant une petite étendue de ce pivot, on ne fait donc que devancer la nature de quelques années, et l'on favorise le développement de nombreuses ramifications qui, placées plus près de la surface du sol, fonctionnent avec plus d'énergie. — Après l'habillage des jeunes plants, vient la plantation. Les espèces destinées à former des arbres de haut jet, et qui doivent être transplantées peu après, sont repiquées dans des plates-bandes, en lignes distantes de 0m,20 en tous sens. Les espèces qui doivent servir de sujets pour la greffe sont plantées à part, en lignes distantes de 0m,64 en tous sens. Les pépiniéristes ont le tort habituel de planter ces dernières beaucoup trop près. Il en résulte que les arbres à basse tige ou en pyramide sont trop dégarnis de ramifications vers la base, et que les arbres à haute tige, ne présentant pas une grosseur proportionnée à leur hauteur, peuvent à peine se soutenir quand on vient à les planter à demeure. On est alors obligé de les mutiler en supprimant une partie de la tige. — L'époque à choisir pour pratiquer le r. varie selon qu'il s'agit d'espèces à feuilles caduques, ou à feuilles persistantes. Pour les premières, il convient toujours de pratiquer cette opération à l'automne, aussitôt que les feuilles commencent à tomber. De cette façon, les jeunes plants développent encore quelques racines pendant l'hiver ; ils prennent possession du sol et se défendent beaucoup mieux des premières sécheresses du printemps. Il y a toutefois une exception à cette règle, c'est pour les terrains compacts et humides, dans lesquels les racines seraient exposées à pourrir pendant l'hiver ; dans ce cas, il sera préférable de ne procéder au r. qu'en mars, lorsque le sol sera bien égoutté et qu'il commencera à se réchauffer. — Pour les espèces à feuilles persistantes, il convient de choisir une autre époque. En effet, ces arbres, qui conservent leurs feuilles pendant tout l'hiver, sont doués d'une végétation continue, beaucoup moins sensible, il est vrai, pendant cette saison, mais destinée à porter dans les feuilles les fluides dont elles ont besoin pour ne pas être desséchées par l'évaporation. Si l'on vient à transplanter ces espèces à la fin de l'automne ou de l'hiver, au moment où la circulation de la sève est la moins active, il en résultera une suspension complète dans cette circulation, puis la dessiccation des feuilles, et par suite la mort de l'arbre. Il faut donc choisir une époque où la végétation soit encore assez active pour résister en partie à cette transplantation. L'expérience a démontré que les deux époques les plus convenables sont les premiers jours de septembre, alors que la végétation est encore assez active, et les premiers jours de mai, au moment où commence le premier développement.

REPIQUEMENT. s. m. [Pr. repike-man]. Syn. de repiquage.

REPIQUER. v. a. Piquer de nouveau. *R. un corps de jupe.* || Faire un repiquage. || Refaire un pavage. || Remettre une route de niveau. || T. Hortic. et Arboric. Transplanter un jeune plant venu de semis. = REPIQUÉ, ÉE. part.

RÉPIT. s. m. [Pr. ré-pi] (lat. respectus, action de regarder en arrière, de respicere, regarder en arrière). Délai, surséance. *Je lui ai donné un r. d'un mois. Ce créancier n'accorde jamais de r. à ses débiteurs. Ne me pressez pas tant ; un peu de r., s'il vous plaît. Ses douleurs ne lui laissent pas un instant de r.* || *Lettres de r.*, ou simpl., *Répit*, Lettres par lesquelles le roi accordait à un débiteur un délai pour payer ce qu'il devait.

REPLACER. v. a. (R. re, préf., et placer). Remettre en place. *R. une statue. Replacez ce livre.* = SE REPLACER. v. pron. Se remettre en place. *Replacez-vous. Ce domestique a eu de la peine à se r.* = REPLACÉ, ÉE. part.

REPLAIDER. v. a. Plaider de nouveau. = REPLAIDÉ, ÉE. part.

REPLAINDRE. v. a. [Pr. re-plin-dre]. Plaindre de nouveau. = REPLAINT, AINTE. part.

REPLANIR. v. a. Finir un ouvrage de menuiserie avec le rabot et la plane. = REPLANI, IE. part.

REPLANTABLE. adj. 2 g. Qui peut être replanté.

REPLANTEMENT. s. m. [Pr. replante-man]. Action de replanter, résultat de cette action.

REPLANTER. v. a. Planter de nouveau. *Il faut ôter cet arbre de là et le r. ailleurs. R. un bois.* = REPLANTÉ, ÉE. part.

REPLAQUER. v. a. Plaquer de nouveau. = REPLAQUÉ, ÉE. part.

REPLÂTRAGE. s. m. Action de replâtrer; le résultat de cette action; se dit d'une réparation superficielle faite avec du plâtre. || Fig. et fam., se dit d'un mauvais moyen qu'on emploie pour réparer une faute, une sottise; ou d'une réconciliation peu sincère. *Cette explication n'est qu'un r. On les a fait raccommoder, mais c'est un r. qui ne tiendra pas.*

REPLÂTRER. v. a. (R. re, préf., et *plâtrer*). Renduire de plâtre. || Fig. et fam., Chercher à réparer, à couvrir une faute, une sottise. *Il voudrait r. ce qu'il a dit, ce qu'il a fait.* = REPLÂTRÉ, ÉE. part.

REPLET, ÈTE. adj. [Pr. *re-plè*] (lat. *repletus*, m. s., part. pass. de *replere*, remplir, de re, préf., et *plere*, emplir). Qui a trop d'embonpoint. *Il ne va plus à la chasse, il est devenu trop r. Elle est trop replète.* Ne se dit point des animaux.

RÉPLÉTION. s. f. [Pr. *réplé-sion*] (lat. *repletio*, m. s.). Excès d'embonpoint, pléthore. *Il n'est malade que de r. On est bien plus souvent malade de r. que d'inanition.* || Plénitude. *La r. de l'estomac n'est point une contre-indication à la saignée dans l'apoplexie.*

REPLEURER. v. n. et v. a. Pleurer de nouveau. = REPLEURÉ, ÉE. part.

REPLEUVOIR. v. n. [Pr. *repleu-vouar*]. Pleuvoir de nouveau.

REPLI. s. m. (R. re, préf., et *pli*). Ce qui est mis en double sur soi-même. *Le r. d'un papier. Faire un r. à un vêtement.* || Par anal., se dit des sinuosités que forme un reptile en mouvement, et de certaines choses qui offrent une disposition sinueuse. *Le serpent se traînait à longs replis.*

> Sa croupe se recourbe en replis tortueux.
>
> RACINE.

Les replis d'une écharpe, d'un drapeau. Les replis d'une rivière. || Fig., Ce qu'il y a de plus secret, de plus caché dans l'âme. *Les plis et les replis du cœur humain. Dieu pénètre dans les replis de nos consciences.*

REPLIABLE. adj. 2 g. Qui peut être replié.

REPLICATIF, IVE. adj. (lat. *replicare*, replier). T. Bot. Qui est replié sur soi-même.

REPLIEMENT. s. m. [Pr. *repli-man*]. Action de replier, de se replier.

REPLIER. v. a. Plier une chose qui avait été dépliée. *R. une robe. R. un manteau. Il faut r. ces étoffes.* || Courber, plier une ou plusieurs fois. *Je ne sais comment fait ce bateleur pour plier et r. ainsi son corps.* || T. Guerre. *R. un détachement, un corps, un poste,* L'obliger de se retirer, ou le rapprocher de l'armée. = SE REPLIER. v. pron. Se courber, se plier une ou plusieurs fois. *Voyez comme ce serpent se replie. En cet endroit le fleuve se replie comme un serpent.* || Fig., Prendre de nouveaux biais pour parvenir à ses fins. *Il se replie en cent façons. Il sait se r. comme il veut.* — *Se r. sur soi-même,* Se recueillir, réfléchir sur soi-même, *La réflexion est l'action de l'âme qui se replie sur elle-même.* || T. Guerre. Se dit du mouvement que fait un corps de troupes en arrière et en bon ordre. *Se r. sur un poste. Se r. sur la seconde ligne pour n'être pas pris en flanc.* || T. Man. *Ce cheval se replie sur lui-même,* Il tourne subitement de la tête à la queue, soit par un mouvement de peur, soit par fantaisie. = REPLIÉ, ÉE. part.

RÉPLIQUE. s. f. (R. *répliquer*). Réponse à la réponse faite par quelqu'un; se dit surtout dans les discussions, dans les débats oratoires et judiciaires, en parlant soit d'un écrit par lequel le demandeur répond aux défenses de celui qu'il a fait assigner, soit de la réponse verbale que l'orateur qui a parlé le premier fait à celui qui a parlé le second. *Cet avocat est fort sur la r. Il a la r. vive, brillante. Demander la r. Sa r. a été forte, a produit un grand effet.* || Sign. aussi simpl., Réponse à ce qui a été dit ou écrit. *Une bonne r. R. vive, ingénieuse. Obéir sans r. Cette raison est sans r. Cet ouvrage ne demeurera pas sans r.* || T. Mus. Répétition; se dit des octaves, parce qu'on les regarde comme n'étant proprement que la répétition du son dont elles sont les octaves. — Sign. aussi, La répétition qui fait un instrument d'une phrase de chant déjà exécutée par un autre instrument ou par la voix. || T. Théâtre. Le dernier mot que dit un acteur avant que son interlocuteur prenne la parole. *Ce qu'un acteur a à dire au moment où l'autre a fini de parler. Il a manqué en cet endroit de son rôle, faute d'avoir entendu la r. Donner, manquer la r.* || T. Archéol. Double d'une pièce.

RÉPLIQUER. v. a. [Pr. *répli-ker*] (lat. *replicare*, dire, raconter, propr. replier, de re, préf., et *plicare*, plier). Répondre sur ce qui a été répondu par celui à qui l'on parle. *Il me répondit telle chose, mais je lui répliquai cela. Votre réponse me satisfait, je n'ai rien à y r. Il ne répliqua rien. Il ne crut pas devoir r.* || Sign. aussi simplement, Répondre. *Sur ce que je lui reprochais, il me répliqua que. Cela était si clair, que je ne vis rien à r. Quand je commande quelque chose, je ne veux pas qu'on réplique. Ne répliquez pas.* = RÉPLIQUÉ, ÉE. part.

REPLOIEMENT. s. m. [Pr. *reploua-man*]. Action de reployer.

REPLONGER. v. a. Plonger de nouveau. *Il faut r. cette pièce dans la teinture.* || Fig., *Sa mort me replongea dans de nouveaux malheurs. R. une nation dans la barbarie.* = REPLONGER. v. pron. Se jeter de nouveau dans l'eau. *Se r. dant l'eau. Après avoir sauvé la mère, il replongea aussitôt pour tâcher de sauver l'enfant.* = REPLONGÉ, ÉE. part.

REPLOYER. v. a. [Pr. *replo-ier*]. Ployer de nouveau. S'emploie dans tous les sens de replier, mais abusivement, car il y a entre les deux mots la même différence de signification qu'entre plier et ployer. Voy. PLIER. = SE REPLOYER. v. pron. = REPLOYÉ, ÉE. part. = Conj. Voy. EMPLOYER.

REPOLIR. v. a. Polir de nouveau. *R. de l'argenterie, de l'acier.* || Fig., *Polissez et repolissez sans cesse vos écrits.*

> Vingt fois sur le métier remettez votre ouvrage :
> Polissez-le sans cesse et le repolissez.
>
> BOILEAU.

= REPOLI, IE. part.

REPOLISSAGE. s. m. [Pr. *repoli-saje*]. Action de repolir.

REPOLON. s. m. (ital. *repolone*, de l'esp. *repelon*, m. s., de *repelar*, tirer le poil). T. Man. Volte que le cheval forme en cinq temps.

REPOMPEMENT. s. m. [Pr. *repon-peman*]. Action de repomper.

REPOMPER. v. a. [Pr. *repon-per*]. Pomper de nouveau. = REPOMPÉ, ÉE. part.

REPONCHONNER. v. n. [P. *reponcho-ner*] (R. re, préf., et prov. *ponchon*, pointe). Remettre de la teinture dans un bain épuisé.

RÉPONDANT, ANTE. s. Celui, celle qui répond. || Celui qui subit un examen public, qui soutient une thèse. *Le r. s'est fort bien tiré d'affaire.* || Celui qui répond la messe. || Celui qui se rend caution, garant pour quelqu'un. *Se rendre caution et r. pour quelqu'un. Ce commis avait de bons répondants. Je m'en prendrai à son r. Fam. et ironiq., Voilà un bon r.* = Syn. Voy. GARANT.

RÉPONDRE. v. a. (lat. *respondere*, m. s., de re, préf., et *spondere*, promettre). Faire réponse à ce qui a été dit ou demandé. *Il ne me répondit que deux mots. S'il vous demande telle chose, que lui répondrez-vous? Il m'a ré-*

pondu une sottise. Interrogé sur tels faits, il répondit que.... Il ne sut que r. Il ne répondit rien. — R. une enquête, se dit du juge qui met son ordonnance au bas d'une requête. *R. une pétition, un placet,* Écrire ou faire mettre au bas sa résolution, sa décision sur l'objet dont il s'agit. *Le préfet répondit aussitôt à la requête. La pétition n'a pas encore été répondue.* || S'emploie souvent absol., ou du moins sans régime direct. *R. à propos. R. verbalement, de vive voix, par écrit. R. avec bonté, avec politesse, avec précision, avec clarté. R. vaguement, nettement. Il a répondu à toutes les questions qu'on lui a faites. R. par des injures. Hésiter à r.* — En parlant d'un examen, d'une thèse, on dit, *Le candidat a bien répondu, il a mal répondu.* Autrefois on disait encore, *R. en théologie, en droit, en philosophie.* — Fam, *Vous ne répondez point, Ce n'est pas r., Vous ne répondez pas précisément. R. ad rem,* R. précisément à la question proposée. — *L'écho répond,* Il répète les sons. *L'écho seul répondait à ses cris.* En T. Mus., on dit que *des chœurs se répondent,* lorsqu'ils se font entendre alternativement. On dit de même, *Les instruments à cordes exécutent un chant, puis les instruments à vent répondent, leur répondent.* — Fig., au sens moral, *Nos cœurs se répondent,* Ils s'entendent, ils sont d'accord, ils sympathisent.

    Mon cœur vous répondait tous vos mêmes discours.
                        RACINE.

|| Alléguer des excuses, des prétextes, au lieu de reconnaître son tort; répliquer, raisonner, au lieu d'obéir promptement. *Je ne veux point d'un valet qui répond. Vous répondez, je crois.* || Parler à ceux qui appellent, à ceux qui frappent à la porte, qui se présentent. *On vous appelle, que ne répondez-vous? J'ai frappé à la porte, et personne ne m'a répondu.* || Écrire à quelqu'un de qui l'on a reçu une lettre. *Il répond à toutes les lettres qu'il reçoit. Je lui ai écrit deux lettres, il ne m'a pas répondu.* || Parler ou écrire pour réfuter. *Mon avocat n'a pas encore répondu à ma partie adverse. R. à des défenses. R. à un mémoire, à une critique, à une satire. Il a répondu à toutes les objections qu'on lui a faites.* || T. Man. *Ce cheval répond parfaitement aux aides,* Il sent les appels du cavalier et y obéit. = Aboutir en un endroit. *Les allées qui répondent à ce grand bassin. Il y a un chemin sous terre qui répond dans la forêt.* — *Le bruit répond en tel endroit,* Il s'étend jusque-là, il y retentit. On dit en ce sens, *La sonnette répond dans cette pièce, dans ces deux chambres.* Par anal., *La douleur lui répond à la tête, au genou, etc.,* Il éprouve en telle partie du corps une douleur qui se propage jusqu'à la tête, etc. || Se dit des choses entre lesquelles il y a symétrie, correspondance. *Ce pavillon répond à cet autre. Toutes les portes de cet appartement se répondent.* || Se dit aussi des choses entre lesquelles il y a proportion, accord, conformité. *La seconde partie de ce discours ne répond pas à la première. Le style ne répond pas à la grandeur du sujet. Son train ne répond pas à sa fortune. Le produit de cette affaire ne répondra pas à la dépense.* || En part. de désirs, de vœux, d'espérances, Y satisfaire, les réaliser. *Mon fils a répondu à toutes mes espérances. Il n'a pas répondu à l'attente publique. Tout répond à mes vœux, à nos désirs, à nos espérances. Le succès ne répondit pas à son attente.* || Faire de son côté ce qu'on doit, rendre la pareille. *On lui a rendu de bons offices, mais il n'y a pas répondu. Il n'a pas répondu aux avances que je lui avais faites. R. aux politesses, aux caresses de quelqu'un.*

    C'est à vous de répondre à son généreux zèle.
                        CORNEILLE.

R. à son amour, à son amitié, à son affection. En temps et lieu, je saurai r. à ses mauvais procédés. = Être caution, être garant pour quelqu'un, être garant de quelque chose. *R. pour quelqu'un. Je ne suis pas en peine de ce qui m'est dù, car un tel m'en a répondu. Qui répond paye.* On dit à peu près de même. *R. d'un prisonnier.* En r. *corps pour corps.* On dit encore, *Me répondez-vous de cet homme-là? Je vous réponds de lui. Je n'oserais en r. Je ne réponds que de moi. Qui pourrait r. de l'événement? Je vous réponds de ses bonnes dispositions. Je ne vous réponds pas de mon cœur. Je ne vous réponds de rien. Je vous réponds de vous l'amener. Je ne vous réponds pas de ce que je ferai. Je vous réponds qu'il partira. Je vous en réponds.* || Fam. et ironiq., *Je vous en réponds, je t'en réponds,* se dit quelquefois pour exprimer

que l'on n'ajoute pas foi à une chose que l'on entend dire. = RÉPONDU, UE. part. *Placet répondu. Requête répondue.*

RÉPONS. s. m. [Pr. ré-pon] (lat. *responsum,* sup. de *respondere,* répondre). T. Liturg. On donne le nom de *Répons* à des paroles ordinairement tirées de l'Écriture, qui se disent ou se chantent dans l'office, après les leçons ou après les chapitres. Le répons se compose d'un texte suivi qui fait le corps du répons et d'un autre texte qui fait le verset. On appelle également r. le signe d'imprimerie qui sert à marquer les répons et qui a la figure d'une R barrée, ℞.

RÉPONSE. s. f. (lat. *responsum,* sup. de *respondere,* répondre). Ce qu'on répond à la personne qui fait une demande, une question. *R. positive, précise, laconique. R. favorable, sèche, sotte, ridicule, impertinente. Cette r. est juste, n'est pas juste. Une r. négative, affirmative. Rendre r. Faire une r. Faire faire r. J'attends une r. Il a r. à tout. Un ouvrage par demandes et par réponses.* — Prov., *Telle demande, telle r.,* Celui qui fait une demande sotte, ridicule, impertinente, s'attire ordinairement une raillerie, une r. peu agréable. On dit de même, *A sotte demande, sotte r. A sotte demande, point de r.* || *Lettre qu'on écrit pour répondre à une autre lettre. J'ai reçu sa r. Il m'a écrit en r. à ma lettre de tel jour. Il n'a fait r. que.... Il n'y a pas de r.* || Réfutation. *On attend sa r. au livre qui a réfuté son système. Sa r. est victorieuse.* || T. Dr. Décision des jurisconsultes sur une question de droit. || T. Prat. se dit des écritures qu'une partie fait signifier pour répondre aux moyens que l'autre a présentés. *Fournir sa r., ses réponses.* || T. Fin. *R. des primes.* Voy. BOURSE. || T. Mus. Voy. FUGUE.

RÉPOPULATION. s. f. [Pr. ...sion] (R. re, préf., et *population*). Action de repeupler.

REPORT. s. m. [Pr. re-por]. T. Comptab. Action de reporter une somme, un total; sa somme, le total même qu'on a reporté. *Faire un r. R. de l'autre part.* || T. Fin. Voy. BOURSE. || T. Jurisp. *R. de faillite,* ouverture de la faillite à une époque antérieure à celle qui avait été déclarée.

REPORTER. v. a. (R. re, préf., et *porter*). Porter une chose où elle était auparavant. *On reporta chez lui tout ce qu'il avait envoyé. Reportez ce livre à votre maître. Il reporta la guerre dans les pays qu'il avait déjà ravagés.* || Transporter, placer dans un autre lieu. *Ce paragraphe doit être reporté à tel chapitre. Il faut r. cette note à la fin du volume. Il faudra r. cette somme au haut de la page suivante,* c.-à-d., L'y répéter. || T. Fin. Faire un report, des reports. Voy. BOURSE. = SE REPORTER. v. pr. Être transporté, être répété. *Cette somme doit se r. à la page suivante.* || Fig., Se transporter, par la pensée, à un temps antérieur. *Reportez-vous au temps des croisades. Quand je me reporte aux jours de mon enfance.* = REPORTÉ, ÉE. part.

REPORTER. s. m. (mot angl. sign. *rapporteur*). Journaliste chargé d'aller aux informations et d'apporter des nouvelles à son journal.

REPORTEUR. s. m. T. Fin. Celui qui avance de l'argent contre des titres. Voy. BOURSE. || T. Journ. Voy. REPORTER.

REPOS. s. m. [Pr. re-po] (R. *reposer*). Privation, cessation de mouvement. *La matière est indifférente au r. ou au mouvement. Le trop grand r. nuit à la santé.*

    La force m'abandonne, et le repos me tue.
                        RACINE.

Cet enfant ne peut demeurer en r., se tenir en r. || Cessation de travail. *Il y a longtemps que vous travaillez, reposez-vous un peu de r. Il faut faire succéder le r. au travail. La nuit est le temps du r. Il n'apprécie pas les douceurs du r.* || Tranquillité d'esprit. *Je suis en r. de ce côté-là. Il est dans un grand r. d'esprit sur cette affaire. Il a l'esprit en r. Vos assurances lui ont mis l'esprit en r. Ce procès lui ôte le r. Il est dans une peine continuelle, il n'a aucun r. Vivre en r., au sein du r. Goûter un doux r. Son r. en dépend. Soyez en r. sur mes affaires, Ne vous en mêlez pas. Laissez-moi en r., Laissez-moi donc en r., Cessez de m'importuner.* — Fig., *Dormir en r. sur une affaire,* N'en avoir aucune inquiétude. || En parlant des États, Exemption de trouble, d'agitation, de sédition, de guerre. *La France goûta enfin quelques années de r. Procurer, assurer, rétablir le r. public. Troubler le r. public.* || Sign. quelquefois. Sommeil. *Il ne dort plus, il a perdu le r. Ne troublez pas son r.* — Fig., *Troubler le r. des morts,* Les exhumer, violer leur sépulture; ou Parler contre la mémoire des morts. Poétiq., *Le champ du r.,* Le cimetière. — Fig., *Le r. éternel,* L'état où sont les âmes des bienheureux. On dit en ce sens, *Prier Dieu pour le r. des âmes des morts.* || Lieu propre à se reposer, *On a distribué dans ce jardin différents repos. Lit de r.,* Voy. LIT. — Fig., en parlant des ouvrages d'esprit, se dit de certaines parties qui demandent peu d'attention, comparativement à d'autres, qui exigent une forte tension d'esprit. *Montesquieu, dans son Esprit des lois, sait ménager des repos après les chapitres qui exigent une attention.* || *Repos,* se dit encore des pauses que l'on fait en lisant à haute voix, en prononçant un discours, en déclamant des vers. *Quand on prononce un discours, les repos de la voix tiennent lieu de ponctuation. Un acteur habile sait se ménager des repos pour respirer sans effort.* || T. Archit. Espèce de petit palier qui interrompt la suite des marches, et qui est souvent formé d'une marche plus large que les autres. *Le r. sert à se reposer ou à faciliter l'entrée des cabinets pratiqués entre deux étages. Les repos de cet escalier ne sont pas assez grands.* || T. Arqueb. L'état où est une arme lorsque le chien n'est ni abattu, ni bandé. *Mettez le chien de votre pistolet au r. Mon fusil est parti au r.* || T. Mus. L'endroit où se termine la phrase, la période, et où le chant se repose plus ou moins parfaitement. || T. Peint. Se dit des parties d'une composition dans lesquelles les objets de détail sont plus rares, les lumières moins vives, etc., afin que l'œil ne s'y arrête pas et se fixe à l'endroit du tableau où se passe l'action principale. *Ménager des repos. Cette composition manque de r.* || T. Versifie. La césure placée dans les grands vers, après la sixième syllabe, et, dans les vers de dix syllabes, après la quatrième. *Ce vers ne vaut rien, il n'a aucun r., les repos ne sont pas marqués.* — La pause qui doit être placée, dans les stances de six vers, après le troisième vers, et dans celles de dix vers, après le quatrième et après le septième. *Ce poète n'a pas toujours observé les repos dans ses stances.*

REPOSÉE. s. f. [Pr. *repo-zé*]. T. Chasse. Le lieu où une bête fauve se repose. *Nous trouvâmes le cerf à la r.* || *A r.,* en se reposant de temps en temps.

REPOSER. v. a. [Pr. *repo-zer*] (lat. *repausare,* donner du loisir, de *re,* préf., et *pausa,* pose). Mettre dans une situation tranquille. *R. sa jambe sur un tabouret. R. sa tête sur un oreiller.* — Fig., *N'avoir pas où r. sa tête,* Être sans asile et dans un extrême dénûment. *R. ses yeux, sa vue sur un objet,* Le considérer avec complaisance. *Cela repose la vue, les yeux,* se dit des parties d'un tableau, d'un ensemble d'objets qui n'excitent pas autant l'attention que ce que l'on vient de voir. *Le sommeil repose le teint,* Il le rend frais. Au sens moral, *R. la tête, r. l'esprit, r. l'âme,* Lui procurer du calme. = REPOSER. v. n. Dormir. *Il a passé la nuit à reposer, Il a passé la nuit sans r.* || Être dans un état de repos, de tranquillité. *Il ne repose pas, il repose. Il est là qui repose sur un sofa.* || Par anal., se dit de l'endroit où un homme est inhumé, où sont déposés ses restes. *C'est dans ce tombeau que repose ce héros.* || Être établi, appuyé, fondé. *La base de l'édifice repose sur le roc, sur des pilotis.* — Fig., au sens moral, *Ce raisonnement ne repose sur rien. Ma confiance en lui repose sur une longue expérience. Son crédit ne repose que sur de faibles bases.* || En parlant de liquides, *Cesser d'être agité, de telle manière que les substances qui s'y trouvent en suspension tombent au fond. Cette eau est trouble, il faut qu'elle repose quelque temps. Ce vin sera bon lorsqu'il sera reposé.* = SE REPOSER. v. pron. Cesser de travailler, d'agir, d'être en mouvement, d'être agité. *Se r. après le travail. Faire une longue traite sans se r. Reposez-vous, vous devez être las. Dans ce tableau, l'œil fatigué ne trouve aucun endroit pour se r. Il faut que l'esprit se repose.* Après les verbes *Faire* et *Laisser,* on fait souvent ellipse du pron. pers. *Ces soldats ont beaucoup souffert, il faut les laisser r. Vous ferez bien de faire r. votre cheval. Il faut laisser r. ce café.* — Fig., *Se r. sur ses lauriers,* Voy. LAURIER. *Laisser r. ses esprits,* Les laisser se calmer. *Laisser r. un ouvrage,* Le garder quelque temps sans y travailler, afin de le revoir ensuite de sang-froid. *Laisser r. une terre,* La laisser en

jachère, sans lui rien faire produire. || S'arrêter. *L'œil, la vue se repose avec plaisir sur ce riant paysage.* || *Se r. sur quelqu'un,* Avoir confiance en lui. — *Se r. sur quelqu'un de quelque affaire,* S'en remettre à lui de la conduite d'une affaire. *Je me repose sur vous de ce soin. Je m'en repose entièrement sur vous.* On dit de même, *Je m'en repose sur votre parole, sur votre probité, sur votre amitié.* = REPOSÉ, ÉE. part. *Un cheval frais et reposé. Une eau reposée. Un teint reposé.* = A TÊTE REPOSÉE. loc. adverb. Mûrement et avec réflexion. *J'y songerai, nous en reparlerons à tête reposée.*

REPOSITION. s. f. [Pr. *repo-zi-sion*] (lat. *repositio,* action de remettre). T. Pharm. Action de mettre les substances dans un lieu convenable pour les conserver, ou de leur faire subir les préparations nécessaires à leur bonne conservation. Voy. PHARMACIE.

REPOSOIR. s. m. [Pr. *repo-zouar*]. T. Lit. Sorte d'autel, de chapelle temporaire qu'on élève dans les lieux où la procession passe le jour de la Fête-Dieu pour y faire reposer le saint sacrement. || T. Teint. Voy. DIABLOTIN.

REPOSSÉDER. v. a. [Pr. *repo-sé-der*]. Posséder de nouveau. = REPOSSÉDÉ, ÉE. part.

REPOSTER. v. a. Poster de nouveau. = REPOSTÉ, ÉE. part.

REPOUSSABLE. adj. 2 g. [Pr. *repou-sable*]. Qu'on peut repousser.

REPOUSSANT, ANTE. adj. [Pr. *repou-san*]. Qui inspire de l'aversion, du dégoût. *Un objet r. Laideur repoussante. Des manières repoussantes.*

REPOUSSEMENT. s. m. [Pr. *repou-seman*]. Action de repousser. || Recul d'une arme à feu. || Fig. Action d'écarter de soi avec brusquerie. Vx.

REPOUSSER. v.a. [Pr. *repou-ser*] (R. *re,* préf., et *pousser*). Rejeter, renvoyer. *On lui avait poussé la balle, il la repoussa avec la même force* || Pousser quelqu'un ou le faisant reculer avec quelque effort. *Il le repoussa de la main. R. les ennemis. Les r. à l'assaut, à l'abordage.* On dit de même, *R. les efforts de l'ennemi. R. une attaque, un assaut. R. la force par la force,* Employer la force pour se défendre contre une attaque. — Fig. et fam., *Il a été repoussé avec perte,* se dit de quelqu'un qui a subi quelque grave échec. || Se dit aussi des choses. *Le vent repoussa notre navire, nous repoussa dans le port. L'air, en s'échappant, repousse vivement la main. Mon fusil trop chargé m'a repoussé, et j'ai manqué la bête.* || Fig., *R. une injure,* S'en défendre avec force, avec vivacité. *R. l'injure par l'injure,* Répondre à l'injure par l'injure. *R. la calomnie,* La réfuter hautement. *R. la raillerie,* Faire taire le railleur, le réduire au silence. *R. une demande, une proposition,* L'écarter, la rejeter. *R. la tentation, une mauvaise pensée,* La rejeter de son esprit. || T. Hort. Émettre de nouveau. *Cet arbre a repoussé de plus belles branches.* || T. Typogr. Imprimer à la main une lettre, un signe qui manque dans une feuille tirée. *Il manque un point à la fin de cette phrase; il faudra le r.* = REPOUSSER. v. n. Se dit dans ce loc., *Ce ressort repousse trop, ne repousse pas assez,* Il a trop ou trop peu de force. *Ce fusil repousse,* La crosse donne rudement contre l'épaule de celui qui tire. Fig. et fam., *Il a une figure qui repousse, des manières qui repoussent,* Qui inspirent de l'éloignement, de la répugnance. || Pousser, croître de nouveau. *Il faut couper cet arbre, il repoussera du pied. Ces plantes repoussent très rapidement. Ses cheveux commencent à r.* = REPOUSSÉ, ÉE. part. || T. Techn. Se dit d'une pièce de métal travaillée au marteau pour y faire apparaître des reliefs. *Vase, plat, en cuivre r.* — S'emploie subst. pour désigner soit le métal r.

REPOUSSOIR. s. m. [Pr. *repou-souar*]. Ciselet dont se servent les bijoutiers et les tourneurs en métaux pour repousser les reliefs qu'on a enfoncés en les ciselant. || Long ciseau dont se servent les sculpteurs pour pousser des moulures. || Cheville de fer à l'aide de laquelle on fait sortir une autre cheville de fer ou de bois. || Poinçon dont on se sert pour faire sortir les clous des pieds d'un cheval qu'on déferre. || Instrument avec lequel les dentistes arrachent les chicots. || T.

Péint. Se dit fig., des objets vigoureux de couleur ou très ombrés qu'un peintre place parfois au premier plan d'un tableau pour faire paraitre les autres objets plus éloignés. || Fig. Personne dont la laideur fait ressortir davantage la beauté de celle qui est à ses côtés.

REPOUSTAGE. s. m. Action de repouster.

REPOUSTER. v. a. (R. *re*, préf., et *épousseter*). Ballotter la poudre sèche pour en détruire les pelotons. = REPOUSTÉ, ÉE. part.

REPRÊCHER. v. n. Prêcher de nouveau.

RÉPRÉHENSIBLE. adj. 2 g. [Pr. *répré-an-sible*] (lat. *reprehensibilis*, m. s.; de *reprehendere*, reprendre). Qui mérite répréhension, qui est digne de blâme, *Il est très r. Une action r.*

RÉPRÉHENSIBLEMENT. adv. [Pr. *répré-an-sibleman*]. D'une manière répréhensible.

RÉPRÉHENSION. s. f. [Pr. *répré-an-sion*] (lat. *reprehensio*, m. s.). Réprimande, blâme, correction. *Cela est digne de r.*

REPRENANT, ANTE. adj. Qui reprend ou réprimande. *Que vous êtes r.! Vx.*

REPRENDRE. v. a. [Pr. *re-prandre*]. Prendre de nouveau. *R. son épée. R. les armes. R. une ville. R. un prisonnier, un oiseau qui s'est échappé. Cet homme a repris sa femme. Je veux qu'il reprenne le livre qu'il m'a vendu. Après son exil, il reprit sa place au sénat. J'ai repris mes habits d'hiver, d'été. Nous reprimes le grand chemin à tel endroit.*

Me quitter, me reproudre, et retourner encor
De la fille d'Hélène à la veuve d'Hector.
RACINE.

L'air reprend la fumée et la terre la cendre.
L'oubli reprend le nom.
HUGO.

Fam., *On ne m'y reprendra plus, je n'y serai plus repris,* Je ne m'exposerai plus à pareil danger, au même désagrément. Par menace, on dit quelquefois : *Que je vous y reprenne, que je ne vous y reprenne plus.* — Fig., *R. le dessus,* Regagner l'avantage qu'on avait perdu, ou fam., Se rétablir après une longue maladie. || Recouvrer. *R. ses forces, ses esprits. R. courage. Elle a repris l'usage de ses sens. La nature finit toujours par r. ses droits. Il sembla r. la vivacité de la jeunesse. Le commerce a repris un peu d'activité.* — *R. son haleine,* Recommencer à respirer après une interruption accidentelle, plus ou moins longue. Fig., *R. haleine,* Se reposer, pour se mettre en état de recommencer à parler, à marcher, à travailler, etc. || En parlant d'une maladie, En être atteint de nouveau. *Il a repris la fièvre. J'ai repris un rhumatisme.* — Se dit aussi avec le nom de la maladie pour sujet. *La fièvre le reprend tous les soirs. La goutte le reprend tous les ans.* On dit encore neutral. *La fièvre lui a repris. Cette névralgie lui reprend à heure fixe.* || Continuer quelque chose, après une interruption plus ou moins longue. *Il a repris son travail. Ils ont repris leur correspondance interrompue. Les eaux, un instant arrêtées par cet obstacle, reprirent leur cours. Reprenons la conversation où nous en étions.* Absol., on dit, *Il reprit, reprit-il,* Lorsqu'en rapportant une conversation, on fait parler de nouveau l'un des interlocuteurs. *Il reprit ainsi. Il reprit en ces termes. Cela est incontestable, reprit-il, mais....* || Recommencer; se dit d'une narration, d'une histoire, d'une exposition de principes, que l'on recommence en remontant plus haut qu'on ne l'avait fait la première fois. *Reprenons la chose de plus haut. Il faudrait r. l'histoire de plus haut.* || T. Procéd. *R. une instance,* Continuer avec une nouvelle partie ou avec la même un procès commencé, et qui avait été interrompu. *Il a fait assigner les héritiers d'un tel, pour r. instance avec eux.* || T. Théâtre. *R. une tragédie, une comédie, etc.,* La remettre au théâtre. || Dans les Arts et Métiers, se dit des choses que l'on entreprend de réparer. *R. une étoffe, un bas, de la dentelle, etc.,* Rejoindre les parties, refaire les mailles qui sont rompues. *R. un mur,* En réparer, en fermer les crevasses. *R. la façade d'une maison. R. sous-œuvre, en*

DICTIONNAIRE ENCYCLOPÉDIQUE. — T. VIII.

sous-œuvre, Voy. ŒUVRE. || *Reprendre,* sign. encore Réprimander, blâmer, censurer quelqu'un pour quelque chose qu'on prétend qu'il a fait ou dit mal à propos. *R. doucement, aigrement, rudement. On a beau le r. de ses fautes, il y retombe toujours.*

Et qu'il ne reprend rien qui ne soit à reprendre.
MOLIÈRE.

— Se dit aussi des choses. *R. les vices. Je ne vois rien à r. en ses mœurs, dans sa conduite, à sa conduite. Je ne trouve rien à r. à cette phrase. Il trouve à r. tout ce qu'on a fait.* = REPRENDRE. v. n. En parlant des arbres, des plantes, Prendre racine de nouveau, après avoir été transplanté. *Ces ormes ont bien repris.* On le dit aussi des greffes, *Cette greffe a bien repris.* — On dit aussi d'une personne qui a été malade, qu'*Elle reprend,* qu'*elle a bien repris,* pour signif. que Sa santé se rétablit, est bien rétablie. — On dit encore qu'*Une pièce de théâtre a repris,* Lorsque, après être tombée d'abord, elle s'est relevée. || Signifie quelquefois Recommencer. *Le froid a repris. Les chaleurs reprennent. La pluie reprend. Cette mode a repris. Leur amitié a repris.* — *La rivière a repris,* Elle a commencé à geler de nouveau. || T. Man. Se dit d'un cheval qui, au galop, change de pied. *Votre cheval reprend bien.* = SE REPRENDRE. v. pron. Se corriger, rectifier ce qu'on a dit mal à propos avec ou sans intention. *Il laissa échapper un terme peu convenable, mais il se reprit aussitôt. Ce n'est pas ce que je voulais dire, je me reprends.* || Se refermer, se rejoindre. *La plaie se reprend. Les chairs se reprennent.* On dit aussi neutral., *La plaie a repris. Les chairs commencent à r.* = REPRIS, ISE. part. Fam., on dit à quelqu'un qui s'est remis dans le même cas fâcheux, *Vous y voilà repris.* || On dit d'un homme qui a subi une condamnation pénale, qu'*Il a été repris de justice.* On dit aussi substant., *C'est un repris de justice. C'étaient des vagabonds, des repris de justice.* = Syn. Voy. CORRIGER.

REPRENEUR, EUSE. s. Celui, celle qui reprend, qui aime à reprendre, à redire.

REPRÉSAILLE. s. f. [Pr. *repré-za-lle, ll* mouillées] (ital. *ripresaglia,* m. s., de *ripreso* repris). Mesure de rigueur que l'on prend à l'égard d'un ennemi pour s'indemniser du dommage qu'il a causé, ou pour se venger d'un acte de violence qu'il a commis; se dit le plus souvent de violences de même genre, de même nature. *Une juste r. Attendez-vous à la r. User de représailles. Les violences de l'ennemi justifient nos représailles. Autrefois le gouvernement délivrait aux particuliers des lettres de représailles, pour les autoriser à reprendre sur quelqu'un du parti ennemi l'équivalent de ce qu'on leur avait pris.* || Fig., *User de représailles,* Repousser une injure par une autre injure, une raillerie par une autre raillerie, etc.

REPRÉSENTABLE. adj. 2 g. [Pr. *repré-zantable*]. Qui peut être représenté.

REPRÉSENTANT, ANTE. s. [Pr. *repré-zantan*]. Celui, celle qui représente quelqu'un, qui tient sa place, qui a reçu de lui des pouvoirs pour agir en son nom. *Les ambassadeurs sont les représentants des souverains qui les envoient. Les représentants d'une province, d'une nation. Un r. du peuple.* || T. Jur. Celui qui est appelé à une succession, du chef d'une personne prédécédée et dont il exerce les droits. *Les représentants ont les mêmes droits à une succession que celui qu'ils représentent.* — Se dit encore de ceux qui ont le droit des héritiers, par vente, échange, ou autrement. || Celui qui est nommé pour représenter des électeurs dans une assemblée parlementaire. *Les représentants du peuple.*

REPRÉSENTATEUR, TRICE. adj. [Pr. *repré-zan...*]. Qui sert à la représentation.

REPRÉSENTATIF, IVE. adj. [Pr. *repré-zantatif*]. Qui représente. *Les ambassadeurs ont le caractère r. Les cérémonies de l'ancienne loi étaient des types et des figures représentatives des mystères de la loi nouvelle.* || Se dit d'un gouvernement dans lequel la nation ou une partie de la nation élit des députés qui votent l'impôt, et font les lois ou concourent à leur formation. *Gouvernement, système r.* — *Assemblée représentative,* Assemblée composée des représentants de la nation.

REPRÉSENTATION. s. f. [Pr. *reprézan-ta-sion*] (R. *représenter*). Exhibition, exposition devant les yeux. *Le tribunal a ordonné la r. des titres. On exigea la r. de son passe-port.* || Image, ce qui sert à représenter l'idée d'une chose. *La r. d'une bataille. Ce bas-relief est la r. de la mort de César. Dans l'écriture des Chinois, certains signes sont les représentations des objets eux-mêmes.* — Absol., en T. Liturg., Cercueil vide sur lequel on étend un drap mortuaire pour une cérémonie funèbre. *Au service qu'on lui fit, on avait mis la r. au milieu de la nef.* || Action de représenter des pièces de théâtre. *La première r. d'une tragédie. Cette comédie est à sa trentième r. Cet opéra a eu trente représentations. Donner des représentations. Cette pièce plait plus à la r. qu'à la lecture.* || L'état que tient une personne distinguée par son rang, par sa dignité, etc. *Cette place exige une grande r. Ce préfet néglige trop la r. Frais de r.* — La figure imposante, la contenance grave d'un homme grand et bien fait. *C'est un homme d'une belle r. Ce magistrat a une r. qui impose.* || T. Jurispr. Se dit de ceux qui recueillent une succession, comme tenant la place du prédécédé. *Il vint à cette succession par r., par droit de r.* Voy. SUCCESSION. || T. Politiq. *R. nationale,* Assemblée d'hommes élus par la nation ou par une partie de la nation pour voter l'impôt et pour faire les lois ou concourir à leur formation. — *R. des minorités,* Système politique dans lequel on attribue un siège aux candidats qui ont obtenu un nombre de voix voisin de la majorité. || Objection, remontrance qu'on fait à quelqu'un avec égards, avec mesure. *Permettez-moi de vous faire ma r., mes représentations. Les représentations qu'on lui fit furent inutiles.* || T. Comm. Action de voyager pour le compte d'une maison de commerce, de faire des affaires pour elle.

REPRÉSENTATIVEMENT. adv. [Pr. *repré-zantative-man*]. D'une manière représentative.

REPRÉSENTER. v. a. [Pr. *repré-zanter*] (lat. *repræsentare,* m. s., de *re,* préf., et *præsens,* présent). Présenter de nouveau. *Ne me représentez plus cet homme-là.* || Exhiber, mettre devant les yeux, remettre entre les mains. *Il fut obligé de r. les originaux, de r. le contrat en original. La Cour ordonna que les registres seraient représentés. Il se fit r. les registres. Il fut condamné à r. les effets qu'on lui avait confiés en dépôt.* — En parlant d'une personne, sign. la faire comparaître personnellement. *On le mit à la garde d'un huissier pour le r. dans tant de temps.* || Mettre dans l'esprit, dans l'idée, rappeler le souvenir d'une personne, d'une chose. *L'imagination du poète doit lui r. vivement les objets. Cet enfant me représente si parfaitement sa mère, qu'il me semble la voir encore.* — S'emploie souvent avec le pron. pers. Se pour *à soi,* et sign. Se mettre dans l'idée, se rappeler le souvenir d'une personne ou d'une chose, se figurer, s'imaginer. *Toutes les fois que je passe par là, je me représente ce qui m'y est arrivé. Représentez-vous leur surprise. Représentez-vous cet homme privé de tout secours. Je me le représentais comme un homme brusque et bourru.* || Rendre présent à la vue au moyen d'images réelles ou artificielles. *Cette glace représente fidèlement les objets. On représente cette divinité avec tels attributs. Le théâtre représente une forêt.* || Rendre présent à l'esprit et à la vue par la parole et la mimique. *L'acteur qui représentait César. C'est Rachel qui représentait Phèdre. Demain on représente le Cid. R. une tragédie, une comédie, un opéra, un ballet, etc. Quel personnage représentiez-vous?* || Exprimer, peindre par la parole seulement. *Dans son récit il nous a représenté les choses très naïvement. Ce prédicateur a représenté les approches de la mort avec une telle énergie, que l'auditoire entier en a frémi.* || T. Théol. Être le type, la figure de quelque chose. *Les cérémonies de l'ancienne loi représentaient les mystères de la loi nouvelle.* || Tenir la place d'une ou de plusieurs personnes, en vertu d'une délégation régulière. *Un ambassadeur représente la personne même du souverain. Les rois de la chrétienté étaient représentés à ce congrès. Un préfet représente le pouvoir exécutif dans son département. Les députés qui représentent le pays. La France n'avait point encore de consul pour la r. dans cette contrée.* — On dit aussi de celui qui est chargé d'une procuration spéciale pour faire quelque chose au nom d'un autre, soit prince, soit particulier, qu'*il représente celui dont il a procuration, dont il a le pouvoir.* || Se dit encore des journaux, comme organes de certaines opinions. *Ce journal représente le parti monarchi-*que, *le parti républicain. La presse, prise en masse, représente assez fidèlement l'opinion publique.* || Se dit des héritiers qui sont reçus à recueillir ou à partager une succession, comme étant à la place des parents décédés dont ils exercent les droits. *Il représente sa mère, et par conséquent il doit partager avec les sœurs de celle-ci.* || Se dit encore de ceux qui, dans de certaines cérémonies publiques, font des fonctions à la place et au nom des personnes qui auraient droit de les faire, si elles étaient présentes. *Au sacre de Louis XV, le duc d'Orléans représentait le duc de Bourgogne, et le maréchal de Villars représentait le connétable. Le préfet chargea son secrétaire général de le r. dans cette cérémonie.* || T. Comm. Voyager pour le compte d'une maison de commerce, faire des affaires pour elle. || Remontrer. *On lui représenta en vain les inconvénients de cette démarche. Voilà ce que j'ai à vous r. là-dessus. Je suis obligé de vous r. votre devoir, ce qui est de votre devoir. Je lui représentai que c'était une imprudence. Un tel représente très humblement à Votre Majesté, à Votre Excellence,* Formule dont on se sert dans les placets. — RE-PRÉSENTER. v. n. Se dit d'une personne constituée en dignité, qui sait tenir son rang, en conservant des dehors convenables lorsqu'elle remplit ses fonctions. *C'est un homme qui représente bien, qui représente avec dignité.* || Se dit aussi d'une personne considérable qui, par son train, par sa dépense, fait noblement les honneurs de sa place ou de sa fortune. *Il est assez riche pour bien r.* || Se dit encore d'une personne qui, par sa figure, son extérieur imposant, imprime une sorte de respect. *Cet homme a un air imposant, et représente bien.* — SE REPRÉSENTER. v. pron. Se présenter de nouveau. *Chassez cet homme s'il se représente encore ici. Qu'il ne se représente plus devant moi.* || Comparaître personnellement en justice, ou se remettre au même état où l'on était quand on a été élargi. *On lui a ordonné de se r. dans deux mois. Après l'avoir ouï, on le renvoya, à la charge de se r. lorsqu'il en serait requis.* == REPRÉSENTÉ, ÉE. part.

Syn. — *Remontrer.* — *Représenter,* c'est exposer, mettre sous les yeux de quelqu'un, avec douceur, des motifs ou des raisons pour l'engager à changer d'opinion, de dessein, de conduite. *Remontrer,* c'est exposer, retracer aux yeux de quelqu'un, avec plus ou moins de force, ses devoirs et ses obligations, pour le détourner ou le ramener d'une faute, d'une erreur, lui faire des écarts. Vous me *représentez* ce que je semble oublier; vous me *remontrez* ce que je dois respecter. La *remontrance* suppose un tort, une action mauvaise, un acte répréhensible; la *représentation* suppose principalement un danger, un inconvénient, un mal à craindre.

REPRÉSENTEUR. s. m. [Pr. *repré-zanteur*]. Celui qui représente.

REPRESSER. v. a. [Pr. *reprè-ser*]. Presser de nouveau. == REPRESSÉ, ÉE. part.

RÉPRESSIF, IVE. adj. [Pr. *repré-sif*] (lat. *repressum,* sup. de *reprimere,* réprimer). Qui réprime. *Lois répressives.*

RÉPRESSION. s. f. [Pr. *repré-sion*] (lat. *repressio,* m. s., de *repressum,* sup. de *reprimere,* réprimer). Action de réprimer. *La r. des crimes, des délits, des abus.*

REPRÊTER. v. a. Prêter de nouveau. == REPRÊTÉ, ÉE. part.

REPRIER. v. a. Prier de nouveau. == REPRIÉ, ÉE. part.

RÉPRIMABLE. adj. 2 g. Qui doit ou qui peut être réprimé. *C'est une licence, un abus r.*

RÉPRIMANDE. s. f. Répréhension, correction faite avec autorité. *Douce, forte, sévère r. Je lui en ferai r. Cela mérite r. Recevoir des réprimandes.* || Peine disciplinaire prononcée par un conseil de discipline. *Le conseil de l'ordre a condamné cet avocat à la r.*

RÉPRIMANDER v. a. Reprendre quelqu'un avec autorité, lui reprocher sa faute. *Je l'ai fort réprimandé sur telle chose. Je l'en ai réprimandé. Quel droit a-t-il de vous r. ainsi?* == RÉPRIMANDÉ, ÉE == Syn. Voy. CORRIGER.

RÉPRIMANT, ANTE. adj. Qui réprime, qui est capable de réprimer. *Force réprimante. Motif r.*

RÉPRIMER. v. a. (lat. *reprimere*, m. s., de *re*, préf., et *premere*, presser). Arrêter l'action, l'effet, le progrès de quelque chose. *R. par des calmants l'agitation nerveuse d'un malade. R. une sédition. R. les progrès du mal. R. le vice, les abus, la licence. La loi réprime les méchants, les séditieux, les désordres.*

Si de mon propre sang ma main versant des flots
N'eût par ce coup hardi réprimé vos complots.

RACINE.

Il faut r. ses passions. R. ses désirs. On a réprimé son ardeur. = RÉPRIMÉ, ÉE. part.

RÉPRIMEUR. s. m. Celui qui réprime.

REPRISE. s. f. [Pr. *repri-ze*] (R. *re*, préf., et *prise*). Action de prendre de nouveau. *La r. d'une ville, d'une place.* || T. Mar. Se dit d'un navire capturé par les ennemis, et repris ensuite par la nation sur laquelle il avait été pris. *Notre frégate amena à Brest trois reprises.* || T. Jurispr. *Reprises*, au plur., Le prélèvement que chacun des époux a droit, par lui ou par ses représentants, de faire, avant partage, sur les biens de la communauté, à la dissolution de celle-ci. *Les reprises de la femme s'exercent avant celles du mari.* Voy. COMMUNAUTÉ. || T. Compt. Ce que le comptable porte en dépense, pour ordre, à la fin de son compte, parce qu'il l'a porté en recette, quoique ne l'ayant pas reçu. *Chapitre de r.* || Continuation de ce qui a été interrompu. *Ce mur, ce travail a été fait à plusieurs reprises, à différentes reprises. Ils se sont battus à deux reprises. — La r. d'une pièce dramatique*, Sa remise au théâtre. *Cette comédie est tombée à la r. —* T. Procéd. *La r. d'un procès*, Continuation d'un procès interrompu, lorsqu'il y a eu changement de parties ou d'avoué. *Assigner en r. d'instance.* || La partie d'une pièce de vers, d'un morceau de musique que l'on doit répéter. *J'aime mieux la r. de cette chanson que le commencement. La première r. de ce morceau est un adagio, et la seconde un allegro.* Voy. FUGUE. — Le signe qui marque qu'on doit répéter la partie de l'air qui précède. Voy. NOTATION. — Se dit aussi quelquefois de la seconde partie d'un air. *La r. de cette cavatine est charmante.* || Réparation qui se fait dans certaines parties d'un tout continu. *Il y a des reprises à faire à cette façade. R. en soie.* — *La r. d'une pièce de drap, d'un habit. Ses bas sont pleins de reprises.* — *R. perdue.* Reprise faite de manière qu'on ne l'aperçoive pas, et qu'elle se confonde avec le tissu de l'étoffe. || T. Jeu. Une partie qui est d'un certain nombre de coups limité. *Ils ont joué trois reprises d'hombre.* || T. Man. Chaque leçon donnée au cavalier ou au cheval et après laquelle ils se reposent. *J'ai fait trois reprises sur ce cheval. Une r. au pas, au trot, au galop.* — Se dit encore d'un nombre de cavaliers qui travaillent en même temps et ensemble. *Faire des reprises de trois ou quatre cavaliers. Tête de r.* || T. Bot. Nom vulg. de l'Orpin reprise, plante de la famille des *Crassulacées.* Voy. ce mot.

REPRISER. v. a. [Pr. *repri-ze*] (R. *reprise*). Raccommoder en faisant des reprises. = REPRISÉ, ÉE. part.

REPRISER. v. n. [Pr. *repri-ze*] (R. *re*, préf., et *priser*). Reprendre du tabac.

REPRISEUSE. s. f. [Pr. *reprizeu-ze*]. Ouvrière qui fait des reprises.

REPROBATEUR, TRICE. adj. (lat. *reprobator, trix*, m. s.). Qui exprime la réprobation. *Accent r. Sa voix réprobatrice.*

RÉPROBATION. s. f. [Pr. *réproba-sion*] (lat. *reprobatio*, m. s., de *reprobare*, réprouver). Blâme. *Cette action mérite la r. publique. Encourir la r. des gens de bien.* **Théol.** — On donne le nom de *Réprobation* au jugement par lequel Dieu exclut un pécheur du bonheur éternel. *La r.* est le contraire de la *prédestination.* Ce dogme soulève les mêmes questions et a donné lieu aux mêmes difficultés. Voy. PRÉDESTINATION.

REPROCHABLE. adj. 2 g. (R. *reprocher*). Qui mérite reproche. *Action r.* || T. Procéd. *Ce témoin, ce témoignage est r.*, Il peut être récusé.

REPROCHE. s. m. (R. *reprocher*). Censure, blâme formel

que l'on adresse à quelqu'un, pour lui causer du regret ou pour lui faire honte. *R. juste, injuste, fondé, mal fondé. De graves, de légers, d'amers reproches. J'en ai reçu des reproches. Il a mérité des reproches. On l'a accablé de reproches. Il lui a fait des reproches sanglants. On n'a pas de r., de reproches à lui faire. Les reproches de la conscience. — Un homme sans r.*, Un homme à qui l'on ne peut rien reprocher. *Bayard fut surnommé le Chevalier sans peur et sans r.* || On dit ellipt., *Sans r.*, pour Sans prétendre faire des reproches. *Soit dit sans r., je lui ai rendu plus d'un service.* || T. Procéd. Les raisons qu'on produit pour récuser des témoins. *Produire ses reproches. — Témoin sans r.*, qu'on n'a point de motif de récuser.

REPROCHER. v. a. (bas-lat. *repropiare*, rendre proche, de *re*, préf., et *prope*, près). Faire des reproches. *R. à un homme ses défauts. R. à une personne ses défauts. R. à quelqu'un son ingratitude. On ne saurait lui rien r. Qu'avez-vous à lui r.? Je n'ai rien à me r. là-dessus. Est-ce que votre conscience ne vous reproche rien? On lui reproche d'être très médisant. — R. un bienfait à quelqu'un*, Le lui rappeler pour l'accuser de l'avoir oublié. *Faultil., R. les morceaux à quelqu'un*, Faire sentir à quelqu'un qu'il mange beaucoup, et paraître y avoir regret. || T. Procéd., *R. des témoins*, Alléguer des raisons pour récuser des témoins. = REPROCHÉ, ÉE. part.

REPRODUCTEUR, TRICE. adj. Qui reproduit; qui sert à la reproduction. *Organes reproducteurs. Forces reproductrices.* = REPRODUCTEUR. s. m. Dans l'Écon. rurale, Animal destiné à reproduire son espèce. *Le choix des reproducteurs est de la plus haute importance pour l'amélioration des races.*

REPRODUCTIBILITÉ. s. f. Faculté d'être reproduit. *La r. des êtres.*

REPRODUCTIBLE. adj. 2 g. Susceptible d'être reproduit.

REPRODUCTIF, IVE. adj. Qui produit de nouveau. *Consommation reproductive.*

REPRODUCTION. s. f. [Pr. *reproduk-sion*] (R. *re*, préf., et *production*). Action de reproduire. *La r. d'un tableau, la r. de ce roman est interdite.* || Répétition des mêmes événements. || Action par laquelle les êtres vivants perpétuent leurs espèces. *La r. des êtres. R. naturelle, artificielle. Les organes de la r. Les divers modes de r. qu'emploie la nature.* Voy. GÉNÉRATION, et plus bas. || Par ext., se dit des éléments anatomiques qui déterminent la formation d'éléments semblables à eux, et de la formation nouvelle de parties détruites. *La r. des tissus. La r. des os par le périoste. La r. des pattes d'une écrevisse, d'un lézard.*

Physiol. — On distingue deux grandes sortes de r. : 1° La *R. asexuelle* ou *monogène* dans laquelle un seul individu se reproduit lui-même ou se fractionnant, chaque fraction devenant un individu nouveau, ou en donnant naissance à des bourgeons qui deviennent eux-mêmes de nouveaux individus ; 2° la *R. sexuelle* ou *digène*, dans laquelle deux êtres ou plus simplement deux cellules doivent s'unir entre eux pour former un nouvel être. La reproduction sexuelle, partie essentielle de l'œuf, dont dérivera le nouvel être. Nous avons donc en somme quatre modes de r. à étudier : 1° La *scissiparité*; 2° le *bourgeonnement* ; 3° la *conjugaison* et 4° la *r. sexuelle* proprement dite ou *sexiparité.*

1. *Scissiparité.* — La génération est appelée *scissipare* ou *fissipare*, c.-à-d. génération par segmentation, par scission, lorsqu'elle a lieu par la division, accidentelle ou naturelle, de l'individu organique en plusieurs parties dont chacune devient un individu semblable à lui. Les végétaux qui se multiplient par boutures présentent cette sorte de génération. Certains animaux inférieurs se perpétuent de la même manière. Si, par ex., on coupe un Ver de terre en deux parties, chacune d'elles donne naissance à un animal entier; seulement la postérieure se complète plus lentement que l'antérieure. Le même fait s'observe sur beaucoup d'Entozoaires, sur les Hydres, sur les Actinies. Ainsi Trembley ayant coupé une Hydre en petits morceaux dans toutes les directions, chaque fragment reproduisit une Hydre complète. Toutefois la scission spontanée, comme mode normal de génération, est assez rare, et l'on est loin de la rencontrer chez tous les animaux qu'on peut multiplier par *section artificielle.* La génération

fissipare spontanée s'observe principalement chez les Infusoires. Elle a été constatée aussi dans quelques Hydres et dans une espèce de Planaire. Quelques animaux, bien que pourvus d'organes sexuels et se reproduisant par des œufs, peuvent aussi, à certaines périodes de leur développement, se multiplier par scission : tels sont quelques Helminthes plats et les Méduses. Dans la génération fissipare naturelle, la division s'opère dans des directions déterminées, toujours les mêmes chez le même animal, tantôt en long (*fissiparité longitudinale*), tantôt en travers (*fissiparité transversale*). Chez les

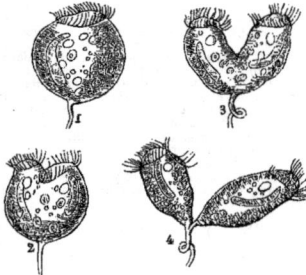

Infusoires, où on l'observe le plus communément, elle commence par un étranglement, bientôt suivi de l'isolement des deux parties placées de chaque côté de l'étranglement. Les Figures 1 à 4 représentent la multiplication d'une espèce d'Infusoire (*Vorticella microstoma*) par division longitudinale.

II. *Bourgeonnement*. — Le Bourgeonnement ou *Gemmiparité* s'opère par des *gemmes*, c.-à-d. par des espèces de bourgeons qui naissent à la surface des individus. Ces gemmes se montrent surtout dans le règne végétal, chez les Cryptogames, et dans le règne animal, chez les Zoophytes. Dans les plantes, les gemmes varient de forme suivant les espèces et reçoivent aussi des dénominations particulières. Chez les animaux, elles se développent sur les côtés du corps et quelquefois toujours au même endroit, sous la forme d'un tubercule arrondi. Ce tubercule, d'abord plein, se creuse ordinairement d'une cavité, devient ovoïde, et se transforme peu à peu en un individu semblable à celui qui lui a donné naissance, s'en détache et se reproduit à son tour de la même manière. La gemmiparité s'observe surtout chez les Polypes, plus rarement chez les Infusoires. Parmi les êtres qui se multiplient par fissiparité, plusieurs se propagent aussi au moyen de gemmes.

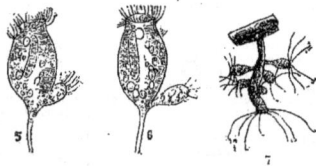

Telle est, parmi les Infusoires, la Vorticelle microstome déjà mentionnée. Les Fig. 5 et 6 représentent cette même espèce portant une gemme, mais à des états différents de développement. Les Hydres, que nous avons déjà dit se multiplier par fissiparité, se reproduisent également par gemmiparité, et, même encore au moyen d'œufs (Fig. 7. *Hydre d'eau douce* portant cinq gemmes à divers degrés de développement). Quelques Annélides, tels que les Naïs, les Syllis, etc., se reproduisent à la fois par des œufs et par génération gemmipare. A une certaine période on voit à la partie postérieure du corps se développer un individu nouveau, lequel, après avoir formé successivement ses anneaux et sa tête, se sépare de l'individu mère par étranglement et par division. Quelquefois il se forme plusieurs gemmes à la suite les unes des autres, et la sépara-

tion n'a lieu que lorsque cinq ou six individus nouveaux se sont ainsi développés (Fig. 8. *Naïs* [*Stylina*] *proboscidea*, présentant trois individus nouveaux dont le dernier est complètement développé). Mais ce qu'il y a de bien remarquable chez les Annélides qui nous offrent le phénomène de la gemmiparité, c'est que l'individu chez lequel on l'observe manque d'organes de reproduction, tandis que les produits de la gemmiparité en sont pourvus. Les produits de la génération gemmipare sont donc destinés à pondre des œufs, desquels naîtront des individus dépourvus de sexe.

III. *Conjugaison*. — Ce mode de r. qui n'a été reconnu que dans ces dernières années a lieu seulement chez quelques Protozoaires. Il consiste dans la fusion temporaire ou permanente de deux individus. Dans la fusion temporaire qui a lieu chez les Infusoires, à l'exception des Vorticelles, les deux individus échangent une partie de leur substance nucléaire puis se séparent pour aller ensuite se diviser chacun par scissiparité ; cette conjugaison est une sorte de rajeunissement du protoplasma sans lequel la scissiparité ne pourrait plus se produire.

Dans la fusion permanente qui a lieu chez les Vorticelles et les Grégarines, les deux protoplasmas s'unissent intimement entre eux et forment une masse unique qui se fractionne ensuite en *spores* qui reproduisent chacun un nouvel individu.

IV. *Sexiparité* ou *Reproduction sexuelle proprement dite*. — Ce mode de r. est ainsi nommé parce qu'il exige le concours des deux sexes et s'accomplit au moyen d'organes particuliers, appelés *organes de la génération* ou *organes sexuels*. Ces organes, qu'on distingue en organes *mâles* et organes *femelles*, sont en général portés par des individus distincts ; quelquefois cependant ils se trouvent réunis sur un même individu, qui est dit alors *Hermaphrodite*. Dans tous les cas, la r. sexipare présente un caractère fondamental, c'est que l'organe femelle produit un germe libre, qu'on désigne sous le nom d'*Ovule* ou d'*Œuf*, quand l'ovule est entouré de parties accessoires nutritives et protectrices, tandis que l'organe mâle produit une substance liquide ou pulvérulente, qui féconde l'ovule, et lui donne le pouvoir de se développer. Ce mode de r. constitue la *r. proprement dite* : c'est celle que l'on rencontre dans toutes les espèces supérieures du règne végétal et du règne animal. Dans les plantes, la génération est plus ordinairement désignée sous le nom de *Fécondation* (Voy. Pollen), tandis que, chez les animaux, on la nomme parfois *Ovigénèse*. Ce n'est pas tout : la génération sexipare reçoit encore des noms particuliers, suivant les circonstances qui accompagnent la formation du nouvel être. Dans certaines espèces, l'œuf n'est fécondé qu'après avoir été pondu, c.-à-d. qu'après qu'il est sorti de l'intérieur du corps maternel : c'est ce qu'on observe chez la plupart des Poissons et chez les Batraciens. D'autres fois il n'est pondu qu'après avoir été fécondé : c'est ce qui a lieu chez beaucoup de Reptiles et chez tous les Oiseaux. Dans ces deux cas, la génération est dite *ovipare*. Dans d'autres espèces, l'œuf fécondé chemine si lentement dans les organes destinés à le porter au dehors, qu'il a le temps d'y éclore, et que le nouvel individu naît tout formé : c'est la *génération ovovivipare* ; on la remarque chez quelques Poissons, comme les Squales, et chez certains Reptiles, comme les Vipères. Enfin, chez les Mammifères, l'œuf fécondé dans l'intérieur du corps de la mère se fixe dans une cavité appelée *Utérus*, dans laquelle il parcourt les diverses phases de son développement, et dont il ne sort qu'après un séjour plus ou moins long, quand il est capable de vivre de la vie extérieure. Mais dans les premiers temps qui suivent sa naissance, le produit de la génération sexipare se trouve toujours dans un tel état de faiblesse, qu'il a besoin d'être *allaité* par la mère, c.-à-d. nourri avec un fluide spécial sécrété par cette dernière. Quand elle présente ces circonstances, la génération prend le nom de *vivipare*.

REPRODUCTIVEMENT. adv. [Pr. *reproduk-tive-man*.] D'une manière reproductive.

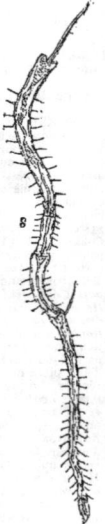

REPRODUCTIVITÉ. s. f. Qualité de ce qui est reproductif.

REPRODUIRE. v. a. (R. re, préf., et *produire*) Produire un être de même espèce. *Tous les êtres organisés ont la faculté de r. des êtres semblables à eux.* || Émettre, pousser de nouveau. *Après avoir été coupé jusqu'à la racine, cet arbre a reproduit une nouvelle tige. Il reproduira de nouvelles branches.* || Présenter, montrer de nouveau. *Ce plaideur n'a fait que r. ses moyens déjà écartés. Sa traduction reproduit une partie des beautés de l'original.* = SE REPRODUIRE. v. pron., Se dit dans les deux premiers sens qui précèdent. *Les êtres vivants se reproduisent par œufs, par gemmes, par scission, etc. Ce tissu se reproduit avec facilité. Les mêmes erreurs, les mêmes événements se reproduisent souvent dans le monde.* || *Il commence à se r. dans le monde,* se dit d'un homme qui s'était retiré de la société et qui commence à la fréquenter de nouveau. = REPRODUIT, ITE. part.

REPROMENER. v. a. Promener de nouveau. = REPROMENÉ, ÉE. part.

REPROMETTRE. v. a. [Pr. *repromè-tre*]. Promettre de nouveau. *Il m'a promis et repromis de terminer cette affaire, et il n'en a rien fait.* = REPROMIS, ISE. part.

REPROMISSION. s. f. [Pr. *repromi-sion*]. (lat. *repromissio*, nouvelle promesse). T. Théol. Les choses promises par l'Écriture sainte.

REPROTÉGER. v. a. Protéger de nouveau. = REPROTÉGÉ, ÉE. part.

RÉPROUVABLE. adj. 2 g. Qui doit être réprouvé.

REPROUVER. v. a. Prouver de nouveau. *On a mille fois prouvé et reprouvé cela.* = REPROUVÉ, ÉE. part.

RÉPROUVER. v. a. (lat. *reprobare*, m. s., de re, préf., indiquant retrait, et *probare*, approuver). Rejeter une chose, la désapprouver, la condamner. *L'Église a réprouvé cette doctrine. Un honnête homme réprouvera toujours de pareilles actions. Le bon goût réprouve ces moyens de produire de l'effet.* || T. Théol. Se dit par opp. à Prédestiner. *Dieu réprouva Saül pour sa désobéissance.* = RÉPROUVÉ, ÉE. part. *Abandonner quelqu'un à son sens réprouvé,* Le laisser dans l'erreur, à cause de son obstination. || Subst., Celui que Dieu a condamné d'avance aux peines de l'enfer. *Les élus et les réprouvés.* Voy. PRÉDESTINATION. — Fam., *Avoir un visage, une figure, une face de réprouvé,* Avoir quelque chose de sinistre dans la physionomie. = Syn. Voy. DÉSAPPROUVER.

REPROVIGNER. v. a. [Pr. *gn* mouil.]. Provigner une seconde fois. = REPROVIGNÉ, ÉE. part.

REPS. s. m. Étoffe de soie très forte qui se fabrique principalement à Lyon. *Acheter du r. Un mètre de r.*

REPTATION. s. f. [Pr. *repta-sion*] (lat. *reptatio*, m. s., de *reptare*, fréq. de *repere*, ramper). Action de ramper. Voy. REPTILE.

REPTATOIRE. adj. 2 g. [Pr. *repta-touare*]. Qui a le caractère de la reptation.

REPTILE. adj. 2 g. et s. m (lat. *reptile*, m. s., de *reptum*, sup. de *repere*, ramper). Qui rampe. *Animal r. Les reptiles.* Ce mot s'emploie en général substantivement. || Fig.

Sion, repaire affreux de reptiles impurs.
RACINE.

|| T. Hist. *Les Reptiles,* Journalistes allemands qui émargeaient aux fonds secrets.

Erpét. — Les animaux désignés sous le nom de *Reptiles* constituent la troisième classe de l'embranchement des *Vertébrés,* et la branche de la science zoologique qui a pour objet l'étude de cette classe est appelée *Erpétologie* (gr. ἑρπετὸν, reptile; λόγος, traité). Cette classe se range entre celle des Oiseaux et celle des Batraciens. Toutes les espèces qui la composent sont des animaux à respiration pulmonaire; mais le cœur étant composé de deux oreillettes et d'un ventricule à demi cloisonné (sauf chez les Crocodiles où il y a deux ventricules distincts) n'envoie au poumon à chaque contraction qu'une portion du sang qu'il a reçu des différentes parties du corps, de telle sorte que le reste de ce fluide retourne aux parties sans avoir passé par le poumon, et sans avoir été vivifié par le contact de l'air « Il résulte de là, dit G Cuvier, que l'action de l'oxygène sur le sang est moindre que dans les Mammifères, et que, si la quantité de respiration de ceux-ci, où tout le sang est obligé de passer par le poumon avant de retourner aux parties, s'exprime par l'unité, la quantité de respiration des Reptiles devra s'exprimer par une fraction d'unité d'autant plus petite, que la portion de sang qui se rend au poumon, à chaque contraction du cœur, sera moindre. Comme c'est la respiration qui donne au sang sa chaleur et à la fibre la susceptibilité pour l'irritation nerveuse, les Reptiles ont le sang froid, et les forces musculaires moindres que les Mammifères et, à plus forte raison, que les Oiseaux : aussi n'exercent-ils guère que les mouvements de ramper et de nager, et, quoique plusieurs d'entre eux sautent et courent fort vite en certains moments, leurs habitudes sont généralement paresseuses, leur digestion excessivement lente, leurs sensations obtuses, et, dans les pays froids ou tempérés, ils passent presque tous l'hiver en léthargie. Par la même raison, ils n'avaient pas besoin de téguments capables de retenir la chaleur, et ils sont couverts d'écailles ou simplement d'une peau nue. Le cerveau des Reptiles, proportionnellement très petit, n'est pas aussi nécessaire que dans les deux premières classes à l'exercice de leurs facultés animales; leurs sensations semblent moins se rapporter à un centre commun; ils continuent de vivre et de montrer des mouvements volontaires, un temps très considérable après avoir perdu le cerveau, et même quand on leur a coupé la tête. La connexion avec le système nerveux est aussi beaucoup moins nécessaire à la contraction de leurs fibres, et leurs muscles conservent leur irritabilité bien plus longtemps que dans les classes précédentes, après avoir été séparés du corps : leur cœur bat plusieurs heures après qu'on l'a arraché, et sa perte n'empêche pas le corps de se mouvoir encore longtemps. La petitesse des vaisseaux pulmonaires

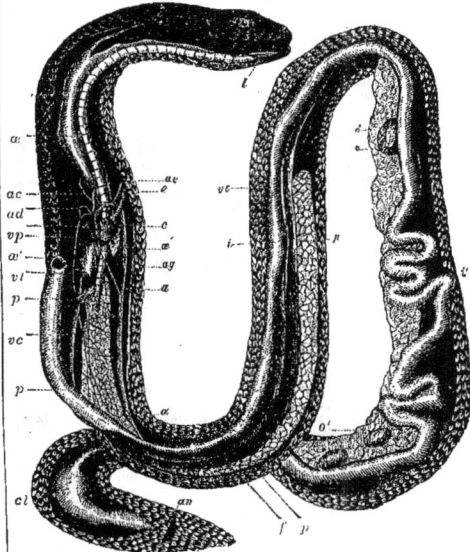

permet aux Reptiles de suspendre leur respiration sans arrêter le cours du sang; aussi plongent-ils plus souvent et plus longtemps que les Mammifères et les Oiseaux. » [Fig. ci-contre. Anatomie d'un Reptile, la Couleuvre. *l*, langue et glotte; *œ*, œsophage coupé en *œ'* pour mettre à découvert le cœur, etc.; *i*, estomac; *i'*, intestin; *cl*, cloaque; *an*, anus; *f*, foie; *o*, ovaire; *o'*, œuf; *t*, trachée; *p*, poumon principal; *p'*, le petit poumon; *vt*, ventricule du cœur, oreillette gauche; *c'*, oreillette droite; *ag*. aorte gauche; *ad*, aorte droite; *a'*, aorte ventrale; *ac*, artère carotide; *v*, veine cave supérieure; *vc*, veine cave inférieure; *vp*, veine pulmonaire.]

Sous le rapport de la forme générale, les Reptiles présentent entre eux des différences considérables, comme on peut le voir en comparant ensemble une Tortue, un Crocodile, une Couleuvre et une Salamandre. Ce qui frappe au premier abord est la présence ou l'absence de membres. Chez ceux qui en sont dépourvus, la locomotion s'opère par *Reptation*, c.-à-d. par le rapprochement successif des diverses parties du corps; et bien que ce mode de progression soit loin d'appartenir à toute la classe, celle-ci en a tiré son nom. Les variations de la taille des Reptiles sont aussi une circonstance qui frappe les moins attentifs : sous ce rapport, les variations paraissent plus grandes encore, quand on considère les gigantesques espèces qui aujourd'hui sont éteintes. Les yeux des animaux qui appartiennent à cette classe présentent en général à peu près la même disposition que chez les Oiseaux; néanmoins on n'y trouve que rarement un prolongement ayant de l'analogie avec le peigne. Les paupières sont souvent au nombre de trois; mais quelques elles manquent complètement. Chez les Serpents, par ex., la peau se continue au-devant des yeux, et présente seulement dans ce point assez de transparence pour permettre le passage de la lumière, disposition qui donne à ces animaux une fixité remarquable dans le regard. L'appareil auditif est fort incomplet : les Crocodiles sont les seuls chez lesquels on retrouve une trace de l'oreille externe. Les fosses nasales sont aussi en général fort peu développées, et le sens du goût paraît également être fort obtus chez tous ces animaux. Tous les Reptiles sont pourvus d'une trachée-artère et d'un larynx; néanmoins beaucoup d'entre eux sont absolument muets. Ces animaux sont généralement ovipares, ou pondent des œufs. Ces œufs ont une coquille calcaire chez les Chéloniens terrestres, les Émydes et les Crocodiles; flexible, au contraire, mais encore assez résistante, chez les Sauriens et les Ophidiens. Certains Reptiles cependant sont ovovivipares, c.-à-d. que l'éclosion des œufs s'effectuant dans l'oviducte, les petits naissent vivants. Les Orvets, les Vipères, les Salamandres terrestres, etc., sont dans ce cas. Au reste, parmi les espèces ordinairement ovipares, il en est, comme la Couleuvre à collier, que l'on peut rendre à volonté vivipares en retardant leur ponte. Les Reptiles possèdent encore une propriété remarquable dont nous devons dire quelques mots, nous voulons parler de leur aptitude à reproduire certaines parties de leur corps qui leur ont été enlevées par la mutilation : c'est ce que l'on a nommé la force de *Réintégration* ou de *Régénération*. Pline et Élien avaient déjà signalé ce fait, que les Reptiles qui sont sujets à perdre leur queue, les Lézards, les Orvets, les Scinques, etc., reproduisaient en fort peu de temps l'organe qu'ils avaient perdu; mais c'est seulement depuis un siècle environ que des expériences ont été tentées pour établir les limites et les conditions de cette reproduction. Blumenbach, après avoir extirpé les yeux d'un Lézard vert, vit ces yeux complètement reproduits au bout d'un temps très court. Spallanzani, Ch. Bonnet, etc., ont constaté que les Salamandres, les Tritons, etc., reproduisaient constamment, quoique avec des déviations notables du plan normal, les membres qu'on leur amputait; quelquefois même l'expérience fut répétée jusqu'à quatre fois sur le même membre. Enfin, Duméril ayant enlevé avec des ciseaux les trois quarts de la tête d'un Triton marbré, non seulement ce Reptile survécut à cette opération, mais encore le travail de reproduction était déjà fort avancé au bout de trois mois, lorsqu'une négligence fit périr l'animal.

Les Reptiles actuels se laissent assez facilement grouper en quatre ordres : 1° les *Chéloniens* ou *Tortues* ; 2° les *Crocodiliens* ; 3° les *Sauriens* ou *Lézards* et 4° les *Ophidiens* ou *Serpents*. Mais quand on veut faire entrer dans la classification les formes anciennes aujourd'hui disparues, les difficultés deviennent très grandes.

Comprise ainsi, la classe des Reptiles renferme les animaux aux formes les plus disparates. Ceci tient d'abord à l'ancienneté du type, les premiers Reptiles datant du Permien et dérivant probablement des Batraciens de cette forme ; cela

tient ensuite aux adaptations nombreuses qu'a revêtues le type r. A partir du Permien les Reptiles sont allés en augmentant à la surface de la terre jusqu'à envahir tous les milieux, la terre, l'air et l'eau, au moment du Jurassique. Pendant tout le Crétacé la faune reptilienne s'est maintenue avec la même abondance et la même diversité, puis tout à coup, à la fin de la période Crétacée, un grand nombre de formes disparaissent; il est vrai qu'un nouveau groupe, les *Ophidiens*, apparaît, mais, à partir de ce moment, la régression du type Reptile va de plus en plus en augmentant et, dès l'Éocène, il ne reste plus que les formes vivant encore actuellement. L'on peut réunir tous les ordres de Reptiles actuels et fossiles en trois grands groupes d'après le milieu : 1° Le groupe des Reptiles terrestres qui comprend trois ordres très anciens aujourd'hui disparus: les *Rhynocéphales*, les *Théromorphes* et les *Dinosauriens* et les quatre ordres actuels : *Crocodiliens*, *Chéloniens*, *Ophidiens* et *Sauriens*; 2° le groupe des Reptiles aériens qui comprend l'ordre fossile des *Ptérodactyliens*; 3° le groupe des Reptiles aquatiques ou nageurs qui comprend l'ordre des *Ichthyoptérygiens* et celui des *Sauroptérygiens*. Voy. les mots imprimés en *italique*.

REPTILIEN, ENNE. adj. [Pr. *rep-tili-in*, *ène*]. T. Zool. Qui a rapport aux reptiles. *Faune reptilienne*.

REPTONIA. s. m. (R. *Repton*, n. d'un jardinier paysagiste angl.). T. Bot. Genre de plantes Dicotylédones de la famille des *Myrsinées*. Voy. ce mot.

RÉPUBLICAIN, AINE. adj. [Pr. *républi-kin*, *kène*]. Qui appartient à la république. *Gouvernement r. Forme, constitution républicaine*. || Relatif à la première République française. *Les armées républicaines.* — *Calendrier r.* Voy. CALENDRIER. || Qui affectionne, qui favorise le gouvernement républicain. *Esprit r. Ame républicaine. Maximes républicaines.* || Subst., Qui est partisan de la république, qui aime ce genre de gouvernement. *C'est un vrai r. Un r. austère. Une républicaine exaltée.*

Ornith. — *Républicain social*, nom donné à un Passereau

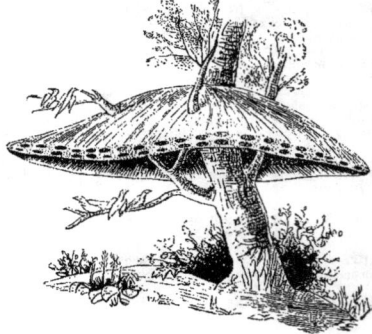

voisin des *Tisserins* qui vit dans le centre de l'Afrique. Cet oiseau doit son nom à la particularité si curieuse qu'il a de se réunir à ses congénères en très grand nombre pour construire leur nid en commun. Ces nids que nous figurons ci-dessus forment une sorte de chaume creusé de cellules suspendu à une grande branche ou autour du tronc d'un arbre.

RÉPUBLICAINEMENT. adv. [Pr. *républi-kène-man*]. D'une manière républicaine.

RÉPUBLICANISER. v. a. [Pr. *républika-nizer*]. Rendre républicain. *On envoya des commissaires chargés de r. le pays.* || Ériger en république. *Certains hommes se figuraient qu'on allait r. toute l'Europe.* = RÉPUBLICANISÉ, ÉE. part.

RÉPUBLICANISME. s. m. Opinion de celui qui est républicain. *Son r. est vraiment sincère.* || Par dénigr., Affectation d'opinions républicaines.

REPUBLIER. v. a. Publier, éditer de nouveau. *On vient de r. ce roman.* = REPUBLIÉ, ÉE. part.

RÉPUBLIQUE. s. f. (lat. *res publica*, chose publique). Gouvernement de plusieurs; État où le gouvernement appartient soit à tous les citoyens agissant par eux-mêmes ou par des délégués, soit à une partie seulement des citoyens; se dit par opposit. à Monarchie. *R. démocratique, aristocratique, oligarchique. R. fédérative. Les républiques anciennes et les républiques modernes. La r. d'Athènes. La r. romaine. La r. française. La r. de Venise, de Hollande. Établir une r. Se former en r. Il y va du bien, du salut de la r. Se sacrifier, se dévouer pour la r.* || Se dit quelquefois de l'État, du pays en général, quelle que soit la forme du gouvernement, et alors il signifie La chose publique. *Le mépris des lois est le fléau de toute r.* || Fig., *La r. des lettres*, Les gens de lettres en général, considérés comme s'ils formaient une nation. *Y a-t-il quelque chose de nouveau dans la r. des lettres?* On dit à peu près de même, *La r. chrétienne.* || Fam., on dit d'une famille, d'une communauté, d'une société nombreuse, et d'une maison où il y a un grand nombre de ménages, *C'est une petite r.* — On dit encore, par analogie, *La r. des abeilles. Les fourmis vivent en république.*

RÉPUDIABLE. adj. 2 g. Qui peut être, qui doit être répudié.

RÉPUDIATION. s. f. [Pr. *répudia-sion*] (lat. *repudiatio*, m. s.). Action de répudier sa femme. *La r. existait dans l'antiquité.* Voy. plus bas. — Action de répudier une succession, c.-à-d. d'y renoncer. *R. de succession.* Voy. SUCCESSION.

Hist. — La *Répudiation* diffère du *divorce*, en ce que celui-ci a lieu par le consentement mutuel des deux époux, tandis que la r. a lieu par la volonté et pour l'avantage du mari seulement. Chez tous les peuples, on trouve au commencement de l'histoire du divorce le droit de r. de la femme par le mari. Ce n'est que plus tard que l'on accorda à la femme le droit de demander la dissolution du mariage contre son mari, comme son mari avait ce droit contre elle. Le divorce a donc été un progrès moral sur la r. Le droit de r. existait chez les Juifs, chez les Grecs, chez les Romains, etc., et on le trouve généralement admis chez les peuples qui ne sont pas chrétiens. En général, la femme répudiée peut se remarier; toutefois, au rapport de Burckhardt, il existe, chez les Arabes du désert, une forme de r. dans laquelle la femme n'a pas cette faculté, parce que le mari prenne une autre épouse.

RÉPUDIER. v. a. (lat. *repudiare*, m. s.). *R. sa femme*, La renvoyer suivant les formes légales. || T. Jurispr. *R. une succession, un legs*, Y renoncer. || Fig., *R. la croyance de ses pères*, Y renoncer. *Il a répudié ses principes*, Il les a abandonnés.

> Elle a répudié son époux et son père
> Pour rendre à d'autres dieux un honneur adultère.
>
> RACINE.

= RÉPUDIÉ, ÉE. part. *C'est une doctrine répudiée généralement.* = Conj. Voy. PRIER.

RÉPUDIEUR. s. m. Celui qui répudie.

REPUE. s. f. Action de repaître. Ce mot est vieux et ne s'emploie que dans la locut. fam., *Chercheur de franches repues*, Chercheur de repas qui ne coûtent rien, parasite.

RÉPUGNANCE. s. f. [Pr. *gn* mouil.] (lat. *repugnantia*, m. s., de *repugnare*, répugner). Aversion pour quelqu'un, pour quelque chose, à faire quelque chose. *Inspirer de la r., un sentiment de r. J'ai grande r. à cela. Je ne saurais vaincre la r. que j'ai pour lui. Il a de la r. à prendre ce parti. Il a de la r. au mariage, pour le mariage. Pour moi, je n'y ai point de r. Il y a consenti avec r., sans r. Il faut quelquefois vaincre ses répugnances.* = Syn. Voy. ANTIPATHIE.

RÉPUGNANT, ANTE. adj. [Pr. *gn* mouil.]. Qui répugne. || Contraire, opposé. *Proposition répugnante à la rai-* son. || Qui inspire un éloignement insurmontable. *La chair de cet animal est répugnante à l'odorat.*

RÉPUGNER. v. n. [Pr. *gn* mouil.] (lat. *repugnare*, de *re*, préf., et *pugnare*, combattre, de *pugnum*, poing). Être opposé. *Cette nouvelle proposition répugne à la première. Ces choses répugnent l'une à l'autre. Cela répugne au sens commun.* Absol., *Cela répugne; il y a dans ce qu'il dit quelque chose qui répugne,* Cela se contredit, il y a quelque contradiction dans ce qu'il dit. || Éprouver un sentiment de répugnance. *Le prince répugnait à cet avis. La jeune fille répugnait à ce mariage. Je répugne à faire cela. Mon goût y répugne.* || Causer, inspirer de la répugnance. *Cet homme, cette femme, cette chose me répugne. Il me répugne de vous parler de cette intrigue.* Absol., *Cela répugne.*

RÉPULLULATION ou **REPULLULATION.** s. f. [Pr. *ré* ou *re-pul-lula-sion*]. Action de repulluler. *La r. des insectes est prodigieuse. La r. d'une tumeur.*

RÉPULLULER ou **REPULLULER.** v. a. [Pr. *ré* ou *re-pulluler*] (R. *re*, préf., et *pulluler*). Multiplier en grande quantité par voie de génération. *Les insectes ont repullulé pendant les grandes chaleurs. Les mauvaises herbes repullulent sans cesse dans ce jardin.* || Fig., *Ces erreurs ont repullulé depuis peu.*

RÉPULSIF, IVE. adj. (lat. *repulsio*, répulsion). T. Phys. Qui repousse. *Force répulsive.* — Fig. *Visage r., manières répulsives.*

RÉPULSION. s. f. (lat. *repulsio*, m. s., de *repellere*, repousser, de *re*, préf., et *pellere*, pousser). Action de ce qui repousse; État de ce qui est repoussé. *L'attraction et la r. La r. de l'aimant. La r. des électricités du même nom.* || Fig., Aversion, répugnance. *Cet homme, cette doctrine m'a toujours inspiré une grande r.*

REPURGER. v. a. Purger de nouveau, dans tous les sens de *purger.* = REPURGÉ, ÉE. part.

RÉPUTATION. s. f. [Pr. *réputa-sion*] (lat. *reputatio*, m. s., de *reputare*, de *re*, préf., et *putare*, penser). Renom, estime, opinion que le public a d'une personne. *Avoir une bonne, une mauvaise r. Une r. brillante. R. équivoque, douteuse, usurpée, éphémère. Il est en grande r., en r. d'homme vertueux. Il a laissé la r. d'un homme de bien. Un homme d'une excellente r. Il a la r. d'être fort étourdi.* Absol., *Réputation* se dit toujours en bonne part. *Il est en r. Il a beaucoup de r. Ternir sa r. Blesser, flétrir, noircir, rétablir la r. de quelqu'un. Cela nuit à sa r. Il a perdu sa r. C'est une tache à sa r. Il y va de sa r. Déchoir de sa r.* || Se dit des choses qui ont le renom d'être excellentes dans leur espèce. *Les poésies de cet auteur sont en grande r. Ce vin a de la r.* = Syn. Voy. CÉLÉBRITÉ.

RÉPUTER. v. a. (lat. *reputare*, penser de nouveau, de *re*, préf., et *putare*, penser). Estimer, présumer, tenir pour. *Il est réputé fort riche. Je le réputais homme d'honneur. Elle est réputée pour femme de bien. On ne le réputait pas capable de remplir cette charge.* || *Cette ville a toujours été réputée de telle province,* Elle a toujours été regardée comme en faisant partie. = RÉPUTÉ ÉE. part. Censé. *Un homme absent pour les affaires de sa compagnie est réputé présent.*

REQUÉRABLE. adj. 2 g. [Pr. *reké-rable*] (R. *re*, préf., et *quérable*). Syn. de *Quérable.*

REQUÉRANT, ANTE. adj. et s. [Pr. *reké-ran*]. T. Procéd. Qui requiert, qui demande en justice. *Les parties requérantes.* On a omis dans l'exploit la demeure de la requérante. *Il y a plusieurs requérants.*

REQUÉRIR. v. a. [Pr. *reké-rir*] (lat. *requirere*, m. s., de *re*, préf., et *quærere*, chercher). Mander, demander, réclamer. *Qui est-ce qui vous a requis? Il en a été requis. R. aide et assistance. R. le ministère d'un huissier. R. la force armée.* || Sommer. *Je vous prie, et, au besoin, vous requiers de publier ma réponse. Il a signé, de ce requis.* || T. Procédure. Demander quelque chose en justice. *R. l'apposition des scellés. R. l'application de la loi. Le* *procureur de la République a requis. Soit fait ainsi qu'il est requis.* || Fig., Exiger. *Cela requiert célérité, diligence. Cela requerra votre présence. La nécessité requérait que...* = REQUIS, ISE. part. *Avoir l'âge requis, les qualités requises pour..., L'âge convenable, les qualités nécessaires pour...* = Conj. Voy. ACQUÉRIR.

REQUERRE. v. a. [Pr. *re-kère*] (bas lat. *requærere*, m. s.). Acquérir. Vx.

REQUESENS, général et homme d'État espag., mort en 1576.

REQUÊTE. s. f. [Pr. *re-kète*] (lat. *requisitus*, part. pass. de *requirere*, requérir). T. Jurispr. Demande par écrit présentée à qui de droit, et suivant certaines formes établies. *Présenter r. au président du tribunal. Signifier une r. Sa r. tendait à... Les conclusions d'une r. Accorder, rejeter une r. On mit Néant au bas de sa r. Débouté de sa r. On a prononcé sur sa r. Ordonnance reçue sur r.* — Dans les exploits, *Tel jour, à la r. de...,* A la demande, à la réquisition de telle personne. || *Chambre des requêtes.* Voy. CASSATION. *Maître des requêtes*, Voy. CONSEIL D'ÉTAT. || Autrefois, *Les requêtes de l'hôtel*, Tribunal où siégeaient les maîtres des requêtes, au Palais. *Les requêtes du palais*, Tribunal où l'on jugeait en première instance les causes des privilégiés qui s'y pourvoyaient. || Dans le langage ordinaire, Demande verbale, simple prière. *Ayez égard à la r. que je vous fais. Il a fait cela à la r. d'un tel.*

Législ. — En Droit, on donne le nom de *Requête civile* à une voie extraordinaire ouverte à la partie condamnée, dans le cas d'un arrêt en dernier ressort. La r. civile est admise : 1° S'il y a eu dol personnel; 2° si les formes prescrites à peine de nullité ont été violées, pourvu que la nullité n'ait pas été couverte par les parties; 3° s'il a été prononcé sur choses non demandées; 4° s'il a été adjugé plus qu'il n'a été demandé; 5° s'il a été omis de prononcer sur l'un des chefs de la demande; 6° s'il y a contrariété de jugements en dernier ressort, entre les mêmes parties et sur les mêmes moyens, dans les mêmes cours ou tribunaux; 7° si, dans un même jugement, il y a des dispositions contraires; 8° si, dans les cas où la loi exige la communication au ministère public, cette communication n'a pas eu lieu, et que le jugement ait été rendu contre celui pour qui elle était ordonnée; 9° si l'on a jugé sur pièces reconnues ou déclarées fausses depuis le jugement; 10° si, depuis le jugement, il a été recouvré des pièces décisives et qui avaient été retenues par le fait de la partie. Enfin l'État, les communes, les établissements publics et les mineurs sont encore reçus à se pourvoir, s'ils n'ont été défendus ou s'ils ne l'ont été valablement. — La r. civile est portée devant le tribunal qui a rendu le jugement attaqué. Elle doit être formée dans les trois mois qui courent, à l'égard des majeurs, du jour de la signification du jugement attaqué, et, à l'égard des mineurs, du jour de la signification du jugement faite, depuis leur majorité, à personne ou à domicile; enfin, dans les cas de dol, de faux ou de découverte de nouvelles pièces, à dater du jour où le faux ou le dol ont été reconnus ou les pièces découvertes. Quant aux formalités dont la r. civile doit être accompagnée, nous ne saurions les énumérer ici : nous renvoyons donc au Code de Proc. civile, art. 480-504.

REQUÊTE. s. f. [Pr. *re-kète*] (R. *requêter*). T. Chasse. Nouvelle chasse qu'on fait quand on a perdu les voies de la bête.

REQUÊTÉ. s. m. [Pr. *re-kèté*] (part. pass. de *requêter*). T. Chasse. Ton de chasse pour rappeler les chiens à soi.

REQUÊTER. v. a. T. Chasse. Quêter de nouveau. *R. le cerf.* = REQUÊTÉ, ÉE. part.

REQUIEM. s. m. [Pr. *ré-kui-ème*] (accusatif du mot lat. *requies*, repos). Prière que l'Église fait pour les morts. *Chanter un r.* — *Messe de r.*, Messe pour le repos des âmes des morts. || On appelle *Requiem*, L'ensemble des morceaux de musique composés pour une messe des morts. *Les requiem de Jomelli, de Mozart, de Cherubini et de Vogler, sont justement célèbres.*

REQUIN. s. m. [Pr. *re-kin*] (Pr. popul. de *requiem*, parce qu'il n'y a plus qu'à dire un *requiem* pour celui qu'un r. saisit). T. Icht. Genre de *Poissons cartilagineux.* Voy. SQUALES.

REQUINQUER (SE). v. pron. [Pr. *rekin-ker*] (lat. *reconcinnare*, rajuster). Se parer d'une manière affectée; se dit fam. et ironiq. particul. en parl. d'une vieille femme. *C'est une vieille qui se requinque.* = REQUINQUÉ, ÉE. part. *Un vieillard requinqué.*

REQUINQUETTE. s. f. [Pr. *rekin-kète*]. T. Pêche. Le tour du milieu des Bourdigues.

REQUINT. s. m. [Pr. *re-kin*]. T. Jurispr. féodale. Voy. FIEF, IV, 5.

RÉQUIPER v. a. Équiper de nouveau. = RÉQUIPÉ, ÉE. part.

RÉQUISITION. s. f. [Pr. *réki-zi-sion*] (lat. *requisitio*, m. s., de *requisitum*, sup. de *requirere*, requérir). T. Jurispr. et Admin. Action de requérir. *A la r. d'un tel. Sur la r. du procureur de la République. A la première r.* || Demande que fait l'autorité de mettre à sa disposition, pour un service public, des subsides en vivres, moyens de transport, chevaux, hommes, etc. *On a mis tous les chevaux du pays en r. Tout le chanvre fut mis en r. pour les besoins de la marine. On fit une r. de tous les jeunes gens de dix-huit à vingt-cinq ans pour les envoyer à l'armée. Il était de la r.*

Admin. milit. — Droit qu'a l'autorité militaire, en cas de mobilisation, d'acquérir ou d'emprunter même contre le gré des propriétaires, les moyennant rétribution, tout ce qui est utile à l'armée, ou même à la population civile des places assiégées.

De plus, un certain nombre de réquisitions peuvent être exercées en temps de paix; elles visent : 1° le logement et le cantonnement pour les hommes et animaux, ainsi que les bâtiments pour l'installation du personnel et du matériel des services de l'armée; 2° la nourriture journalière des officiers et soldats logés chez l'habitant; 3° les approvisionnements de vivres, fourrages, chauffage, paille de couchage; 4° les moyens d'attelage et de transport, y compris le personnel; 5° les embarcations sur les fleuves, rivières, lacs et canaux. Ces deux derniers articles, toutefois, ne sont pas exigibles en temps de paix pour plus de 24 heures.

Le logement diffère du cantonnement par le premier, les conditions d'installation sont déterminées d'avance selon les grades, tandis que, dans le second, elles se font en utilisant les locaux dans la mesure du nécessaire. Contrairement au principe du droit des particuliers à une rétribution, le logement des troupes peut être exigé gratuitement pendant trois nuits dans le cours de chaque mois en temps de paix, et en temps de guerre, pendant tout le temps de la mobilisation; il en est de même du cantonnement des troupes pendant tout le temps qu'elles manœuvrent.

La r. s'adresse toujours à la municipalité, hors le cas d'absence ou d'éloignement. C'est elle qui établit les billets de logement. Les détenteurs de caisses publiques, les veuves et filles vivant seules et les communautés religieuses de femmes, sont dispensés de fournir le logement à leur domicile, mais doivent y suppléer par arrangement avec d'autres habitants. La municipalité peut remplacer le logement chez l'habitant par l'affectation, au couchage des troupes de passage, de bâtiments loués par elle et acceptés par l'autorité militaire.

Pour les réquisitions d'objets d'autre nature, le Maire, assisté des deux premiers conseillers municipaux dans l'ordre du tableau, et de deux habitants notables, répartit entre les habitants les prestations imposées ou bien les fournit au compte de la commune. En cas d'absence ou d'éloignement du maire, la répartition est faite par l'autorité militaire. Les réquisitions sont toujours formulées par écrit et signées et il doit toujours être délivré un reçu des prestations fournies.

Tout maire qui se refuse à exercer les réquisitions est passible d'une amende de 25 à 500 francs. Tout habitant qui n'y obtempère pas est passible d'une amende qui peut s'élever au double de la valeur de la prestation requise. Tout individu qui abandonne le service pour lequel il est requis est passible d'une amende de 16 à 50 francs et, en temps de guerre, d'un emprisonnement de 6 jours à 5 ans. D'autre part, le code de justice militaire punit sévèrement tout abus du pouvoir commis par un militaire en matière de r.

Le droit de r. est ouvert par le Ministre de la Guerre, qui nomme dans chaque département où il doit s'exercer, une commission mixte de 3, 5 ou 7 membres chargée d'évaluer les indemnités dues aux communes et aux habitants, et dans laquelle l'élément civil doit avoir la majorité.

L'état des demandes est présenté par le maire et le paiement en est fait à la commune, qui aussitôt doit verser à chaque intéressé la somme qui lui revient. Les intéressés ont 15 jours pour faire connaître leur acceptation ou leur refus, à partir de la notification de l'indemnité qui leur est offerte. Les contestations sont tranchées par le juge de paix en dernier ressort jusqu'à 200 francs, en premier ressort jusqu'à 1,500 francs, au dessus de cette somme par le tribunal de première instance.

En cas de mobilisation, le Ministre de la Guerre dispose du personnel et du matériel des chemins de fer et les transports commerciaux cessent de plein droit. Pour les dépendances des gares et des voies, des bureaux et des fils télégraphiques, la r. est adressée aux chefs de gare.

La r. des chevaux et mulets se prépare dès le temps de paix par un recensement général qui a lieu chaque année avant le 16 janvier, dans chaque commune, par les soins du maire et qui comprend les chevaux au-dessus de 6 ans et les mulets au-dessus de 4 ans. Celle des voitures attelées se prépare de la même manière tous les trois ans.

Les chevaux du chef de l'État, ceux qui sont indispensables aux fonctionnaires et aux administrations publiques, ceux des deux sexes qui sont consacrés à la reproduction sont exemptés de la r.

Chaque année le Ministre de la Guerre fait procéder au classement des chevaux et mulets recensés et tous les trois ans à celui des voitures, lesquelles sont numérotées par voie de tirage au sort. Dès lors au moment de la mobilisation, tous les propriétaires sont tenus, sur un avis du maire, de présenter à un endroit donné tous les animaux classés, tous ceux qui auraient atteint l'âge voulu ou auraient été introduits dans la commune depuis le dernier classement, ceux enfin qui auraient été omis, ainsi que les voitures attelées jusqu'à tel numéro de tirage au sort. Des commissions mixtes procèdent à l'achat des animaux d'après leur classement et aux chiffres portés au budget de l'armée et des voitures d'après les prix courants du pays.

Les propriétaires qui manqueraient à l'obligation de présenter leurs animaux ou voitures seraient passibles d'une amende égale à la moitié de la valeur de l'animal ou de la voiture, lesquels n'en seraient pas moins saisis sans attendre le jugement. Après la mobilisation, les propriétaires sont admis à réclamer les animaux qui leur ont été requis, moyennant restitution du prix intégral qui leur a été payé et à la condition de les rechercher et d'aller les reprendre à leurs frais là où ils se trouvent.

RÉQUISITIONNAIRE. s. m. [Pr. réki-zi-sio-nère]. Jeune soldat appelé sous les drapeaux par la réquisition.

RÉQUISITOIRE. s. m. [Pr. réki-zi-touare] (lat. requisitum, sup. de requirere, requérir). T. Procéd. Acte de réquisition que fait par écrit celui qui remplit dans un tribunal les fonctions du ministère public. *Son r. n'est pas favorable à l'accusé.* — Par ext., se dit aussi du discours que l'organe du ministère public prononce à l'appui de ses conclusions. *Un r. Un r. éloquent.*

RÉQUISITORIAL, ALE. adj. [Pr. ré-ki-zitorial]. Qui tient du réquisitoire.

REQUISTA, ch.-l. de c. (Aveyron), arr. de Rodez; 3,200 hab.

REQUITTER. v. a. [Pr. re-kiter]. Quitter de nouveau. = Requitté, ée. part.

RESALUER. v. a. Saluer de nouveau. || Rendre le salut. = Resalué, ée. part.

RESARCELÉ, ÉE. adj. [Pr. re-sar-selé]. T. Blas. Se dit de toute pièce honorable chargée d'un orle ou d'un filet conduit le long de ses bords.

RESARCIR. v. a. [Pr. re-sar-sir] (lat. resarcire, m. s., de re, préf., et sarcire, rapiécer). Raccommoder, et, particul., Refaire à l'aiguille le tissu d'une étoffe. *R. un vieux pantalon.* Fam. = Resarci, ie, part.

RESARCLER. v. a. [Pr. re-sarcler]. Sarcler de nouveau. = Resarclé, ée. part.

RESAUCER. v. a. [Pr. re-sô-ser]. Saucer une seconde fois. = Resaucé, ée. part.

RÉSAURINE. s. f. [Pr. ré-zôrine] (R. résorcine et aurine). T. Chim. Poudre rouge, hygroscopique, soluble dans l'eau, dans l'alcool et dans les alcalis, obtenue en chauffant la résorcine avec de l'acide formique et du chlorure de zinc.

RÉSAZURINE. s. f. [Pr. ré-za-zurine] (R. résorcine et azurine). T. Chim. Matière colorante bleue qui prend naissance, en même temps que la résorufine, lorsqu'on fait agir l'acide azotique fumant sur la résorcine en dissolution dans l'éther. Les cristaux obtenus sont transformés en sels de sodium à l'aide d'une solution chaude de carbonate de soude. Le sel de la résorufine reste en solution; celui de la r. se dépose en longues aiguilles vertes que l'eau dissout en bleu, avec fluorescence rouge.

RESCELLEMENT. s. m. [Pr. re-sè-leman]. Action de resceller, son effet.

RESCELLER. v. a. [Pr. re-sèler]. Sceller de nouveau. = Rescellé, ée. part.

RESCHID (Mustapha), homme d'État ottoman, travailla à réorganiser l'Empire turc (1799-1857).

RESCIF. s. m. Voy. Récif.

RESCINDABLE. adj. 2 g. [Pr. res-sindable]. Sujet à rescision.

RESCINDANT. s. m. [Pr. res-sindan] (R. rescinder). T. Prat. Demande tendant à faire annuler un acte, un jugement. *On a jugé le r.*

RESCINDER. v. a. [Pr. res-sinder] (lat. rescindere, m. s.). T. Prat. Annuler. *Il a fait r. le contrat, le partage.* = Rescindé, ée. part. = Voy. Contrat, V.

RESCISION. s. f. [Pr. res-si-zion] (bas lat. rescisio; m. s., de rescindere, rescinder). T. Prat. Annulation d'un acte, d'un partage, etc. *Action en r. Demander la r. d'un partage.* Voy. Contrat, V. || T. Chir. Ablation, retranchement. *La r. des amygdales.*

RESCISOIRE. s. m. [Pr. res-si-zouare] (bas lat. rescisorius, m. s.). T. Prat. L'objet principal pour lequel on s'est pourvu, soit contre un acte, soit contre un jugement, et qui reste à juger quand l'acte ou le jugement a été annulé. *Le rescindant et le r. ne peuvent être jugés par le même arrêt.*

RESCONTRE. s. m. Ancien nom du livre des effets à payer et à recevoir. Voy. Comptabilité.

RESCOUSSE. s. f. Voy. Recousse.

RESCRIPTION. s. f. [Pr. res-krip-sion] (lat. rescriptio, m. s., de rescribere, de re, préf., et scribere, écrire). Ordre, mandement par écrit que l'on donne pour toucher une certaine somme sur quelque fonds, sur quelque personne. *Il est porteur d'une r. sur le Trésor.* On dit ordinairement *Mandat.*

RESCRIT. s. m. [Pr. res-kri] (lat. rescriptum, m. s.; de rescribere, de re, préf., et scribere, écrire). En termes de Droit romain, on appelait *Rescrits* les réponses juridiques qu'un empereur faisait par écrit aux magistrats, aux corporations, et même aux simples citoyens, qui lui soumettaient quelque cas particulier à résoudre. D'après leur nature même, les rescrits n'avaient pas la force des lois générales; néanmoins, comme parfois ces décisions pouvaient s'appliquer à d'autres cas semblables, elles acquièrent par là peu à peu haute importance et constituèrent une branche particulière de la jurisprudence civile. Plusieurs de ces rescrits impériaux furent introduits par Justinien dans son Code. — Par analogie, on a encore donné le nom de *Rescrits* aux bulles ou monitoires des papes. Les rescrits des papes concernaient autrefois particulièrement les bénéfices, les procès et la pénitencerie en toute matière.

RÉSEAU. s. m. [Pr. ré-zo] (anc. fr. résouil, m. s., du lat. retiolum, dimin. de rete, rets). Petits rets, petit filet. *Tendre un r. Un r. à prendre des papillons.* || Ouvrage de fil, de soie, etc., fait par petites mailles, en forme de rets. *Dentelle à fond de r. Ses cheveux étaient enveloppés d'un r. de soie et d'or.* || T. Anat. Entrelacement de vaisseaux sanguins, de fibres, de nerfs, plus ou moins semblable aux mailles d'un filet. *R. artériel, veineux. R. de nerfs.* || T. Géod. *R. de triangles,* L'ensemble des triangles tracés sur la surface d'un pays pour en faire la topographie. || T. Blas. Entrelacement de diagonales formant un ensemble de mailles en losange. || T. Techn. Entrelacement de lignes. *Le r. des chemins vicinaux, le r. des voies ferrées.* || T. Phys. Série de raies très rapprochées tracées sur une lame de verre pour diffracter la lumière et obtenir des spectres. Voy. Diffraction.

RESÉCHER. v. a. [Pr. re-sécher]. Sécher de nouveau. = Reséché, ée. part. = Conj. Voy. Céder.

RÉSECTION. s. f. [Pr. ré-sek-sion] (lat. *resectio,* m. s., de *re,* préf., et *secare,* couper). T. Chir. Opération qui consiste à enlever un os ou un fragment d'os malade.

RÉSÉDA. s. m. [Pr. ré-zé-da] (lat. *reseda,* m. s., de *resedare,* calmer, de *re,* préf., et *sedare,* calmer). T. Bot. Genre de plantes Dicotylédones de la famille des *Résédacées.* Voy. ce mot.

RÉSÉDACÉES. s. f. pl. [Pr. ré-zé-dasé] (R. *réséda*). T. Bot. Famille de végétaux Dicotylédones de l'ordre des Dialypétales supérovariées méristémones à carpelles ouverts.

Caract. bot. : Plantes herbacées, molles, rarement suffrutescentes; à feuilles alternes, entières ou découpées, et accompagnées de petites stipules glanduliformes. Fleurs hermaphrodites, zygomorphes, en grappes ou en épis. Calice formé de 5, 6 ou 10 sépales libres. Pétales inégaux, à lames larges, charnues et présentant en arrière des appendices laciniés. Disque hypogyne, glanduleux, se développant d'un seul côté. Étamines 10 à 20, insérées sur le disque; filets dressés; anthères biloculaires, s'ouvrant longitudinalement. Pistil formé de 2, 3, 4, 5 ou 6 carpelles ouverts et concrescents en un ovaire sessile, 3-lobé, uniloculaire, polysperme, béant au sommet, présentant ordinairement 3-6 placentas pariétaux. Stigmates 3, glanduleux, sessiles. Ovules campylotropes nombreux. Fruit sec et membraneux (capsule) s'ouvrant au sommet, ou charnu (baie). Graines multiples et réniformes; embryon recourbé et dépourvu d'albumen; radicule près du hile. [Fig. *Reseda lutea* : 1. Fleur entière grossie; 2. La même, dont on a enlevé les pétales et la plupart des étamines; 3. Fruit; 4. Coupe transversale du même; 5. Graine; 6. id., grossie.]

Cette famille ne se compose que de 6 genres (*Reseda, Astrocarpus, Randonia, Caylusea, Oligomeris, Ochradenus*) et de 30 espèces, qui toutes habitent l'Europe, les parties de l'Asie qui lui sont voisines, le bassin de la Méditerranée et les îles adjacentes. On n'en trouve qu'un très petit nombre dans le nord de l'Inde, au cap de Bonne-Espérance et en Californie. — Le *Réséda gaude* (Reseda luteola), vulg. appelé *Gaude* ou *Herbe à jaunir,* s'emploie dans la teinture; il sert aussi à préparer une laque jaune très solide, usitée en peinture. Le principe colorant de cette plante a reçu du Chevreul, qui le premier l'a isolé, le nom de *Lutéoline.* Le *R. odorant* (R. odorata), originaire d'Égypte et de Barbarie, est très cultivé chez nous, à cause de l'odeur suave de ses fleurs. Ces plantes, ainsi que l'indique leur nom, étaient autrefois regardées comme sédatives. Elles sont en général plus ou moins âcres; cependant les Grecs de l'Archipel mangent le *Réséda raiponce* (R. phyteuma).

RESÉQUER. v. a. [Pr. re-sé-ker] (lat. *resecare,* couper, de *re,* préf., et *secare,* couper). T. Chir. Faire la résection d'un os. *On fut obligé de r. l'extrémité du tibia.* Voy. Résection. = Reséqué, ée. part. = Conj. Voy. Céder.

RÉSERVATAIRE. adj. et s. 2 g. [Pr. ré-zervatère.] (R. *réserver*). T. Prat. *Héritier r.,* ou simpl., *Réservataire,* Héritier à réserve.

RÉSERVATION. s. f. [Pr. ré-zer-va-sion] (R. *réserver*). Action par laquelle on réserve. || Se dit ordin. du droit en vertu duquel le pape, dans les pays d'obédience, se réservait la nomination, la collation de certains bénéfices, lorsqu'ils venaient à vaquer. || Se dit quelquefois des droits qu'on s'est réservés dans un acte. *Sans préjudice de ses autres demandes et réservations.*

RÉSERVE. s. f. [Pr. ré-zerve] (R. *réserver*). Action de réserver. *Dans ce contrat, il a fait plusieurs réserves. Il a fait donation de son bien sous la r. d'une pension. Il a affermé son domaine, sous la r. de résilier en cas de vente.* || Se dit aussi des choses réservées. *Les réserves de sa terre montent plus haut que ce qui est affermé.* — T. Jurispr. *R. légale,* Voy. Donation. *Héritier à r.,* Celui au profit duquel existe la réserve légale. || Dans un débat, une discussion, exception, opposition faite par avance aux conséquences, aux inductions qu'on pourrait tirer de quelque aveu, d'une déclaration, d'une concession, etc. *J'accorde ce principe, mais je dois faire certaines réserves. Je reconnais telle chose, mais sous toutes réserves.* || T. Art mil. *Armée de r.,* ou simpl., *Réserve,* La partie de l'armée qu'on laisse dans ses foyers et qu'on appelle sous les drapeaux quand les circonstances l'exigent. *Appeler la r., une partie de la r.* Armée. — *Corps de r.,* ou simpl., *Réserve,* Les troupes que le chef d'une armée, un jour de bataille, laisse disponibles pour les engager que si la nécessité l'exige. *Le corps de r., en donnant à propos, a décidé le gain de la bataille. On n'a point eu besoin de la r., la r. n'a point donné.* Dans la tactique navale, on appelle aussi *Réserve,* Un certain nombre de vaisseaux qui ne sont point d'abord engagés, et qui ne prennent part à l'action qu'en cas de besoin. *Notre vaisseau faisait partie de la r.* — Dans les villes de garnison, on nomme encore *Réserve,* Toute garde qui n'a pas de surveillance à exercer, et qui est réunie seulement pour attendre des ordres. On dit aussi *Piquet.* || T. Administr. *Bois de r.,* ou simpl., *Réserve,* Canton de bois qu'on laisse croître en futaie, et qu'on ne peut couper qu'après en avoir prévenu l'autorité compétente. || T. Libr. et Typogr. Lieu où l'on met à part certaines choses dont on ne se sert pas habituellement. *On ne peut vous communiquer ce livre, il est à la r. Vous trouverez cette sorte de caractère à la r.* || T. Vén. *Canton de r.,* ou simpl., *Réserve,* Canton qui est réservé pour celui à qui la chasse appartient. || T. Techn. Substances qu'on applique sur certaines parties des toiles pour éviter qu'elles ne prennent la couleur dans le bain de teinture. Voy. Impression, I. — Partie d'une poterie composée qui n'a point été couverte de glaçure. || Au sens moral, *Réserve* sign. Discrétion, retenue, circonspection. *Cet homme ne parle jamais qu'avec beaucoup de r. Il affecte, il montre une grande r. Il se tient sur la r.* || T. Liturg. Saintes espèces destinées à la communion des malades. = À la r. loc. prép. À l'exception de. *Il a vendu tous ses biens, à la r. d'une petite maison. Il a fort bien reçu tout le monde, à la r. d'un tel.* = Sans réserve. loc. adv. Sans exception. *Il lui a laissé tous ses biens sans r. J'ai en lui une confiance sans r. Parlez-lui sans r., sans aucune r.* = En réserve. loc. adv. À part, de côté. *Il a mis une forte somme en r. Il a toujours de l'argent en r.* = Syn. Voy. Discrétion et Modestie.

RÉSERVÉ, ÉE. adj. [Pr. ré-zer-ré] (part. pass. de *réserver*). Circonspect, discret; qui ne se hâte pas trop de dire ni de faire connaître ce qu'il pense. *Il faut être fort r. avec ces gens-là. On ne saurait être trop r. à critiquer les autres. Être r. en paroles. Cette femme est fort réservée. Une conduite réservée.* || Subst., *Vous faites bien le r. Cette femme fait bien la réservée.*

RÉSERVÉMENT. adv. [Pr. rézer-véman]. D'une manière réservée, discrète.

RÉSERVER. v. a. [Pr. ré-zerver] (lat. *reservare,* m. s., de *re,* préf., et *servare,* garder). Garder, retenir quelque chose d'un tout, ou une chose entre plusieurs autres. *Il a vendu son domaine, mais il en a réservé la jouissance à son fils, pour son fils. L'évêque se réserve le pouvoir d'absoudre de certains cas. Le ministre s'est réservé la décision de cette affaire.* || Garder une chose pour un autre temps, pour un autre usage, le ménager pour certaines occasions. *Il. de l'argent pour les besoins imprévus. Il réserve son crédit pour lui-même. Réservez-moi vos bontés pour une autre occasion. Le général réservait ce corps de troupes pour l'instant décisif. La cour a jugé le principal et a réservé à faire droit sur les intérêts.* — Par extens., *Cette célébrité était réservée à un tel. Cette découverte était réservée à notre époque.* || Au Barreau, Se *r. la réplique,* Déclarer qu'on veut répliquer. On dit encore, *L'avocat a demandé au tribunal de lui r. la réplique,* Il a demandé la permission de répliquer, || *Se r. à faire quelque chose,* ou *de faire quelque chose,* Attendre, remettre à faire cette chose quand on le trouvera à propos, en temps et lieu. *Il se réserve à faire cela en tel temps. Je me réserve de lui en dire mon avis en temps et lieu.* || Se *r. pour,* avec le pronom Se, régime direct, se dit dans un sens anal., *Je me réserve pour telle occasion. Il se réserve pour de plus grandes choses. Se r. pour le rôti, pour le second service, pour l'entremets.* = RÉSERVÉ, ÉE. part. *Tout droit réservé. Tous dépens réservés.*

> Son fils, seul avec moi, réservé pour les fers.
>
> RACINE.

|| *Biens réservés,* dont le testateur ne peut disposer au préjudice des héritiers.

RÉSERVISTE. s. m. [Pr. *ré-zerviste*]. Soldat faisant partie de la réserve de l'armée active.

RÉSERVOIR. s. m. [Pr. *ré-zervouar*] (R. *réserver*). Lieu destiné à tenir en réserve une quantité d'eau plus ou moins considérable. *R. de plomb, de tôle. R. de maçonnerie. R. voûté, découvert. Il y a un r. au-dessus de la fontaine publique. R. pour les irrigations. Ce r. sert à alimenter les eaux du parc. Le r. du château de Versailles contient 1,270 hectolitres d'eau. Il a fait faire un grand r. pour y conserver du poisson.* || T. Anat. Cavité dans laquelle s'amasse un fluide. Le *r. des larmes,* Le sac lacrymal. Le *r. de l'urine,* La vessie. Le *r. de la bile,* La vésicule biliaire. Le *r. du chyle* ou *r. de Pecquet,* Voy. LYMPHATIQUES.

RÉSIDANT, ANTE. adj. [Pr. *ré-zidan*]. Qui réside, qui demeure. *Le lieu où il est r., où elle était résidante.*

RÉSIDENCE. s. f. [Pr. *ré-zidan-se*] (lat. *residentia,* m. s., de résider, résider). Demeure ordinaire en quelque ville, en quelque lieu, en quelque pays. *Il a fait sa r. en tel lieu. Le lieu de sa r. Il a depuis longtemps établi sa r. en tel endroit.* || Le séjour actuel et obligé d'un évêque, d'un fonctionnaire, etc., dans le lieu où il exerce ses fonctions. *Ce magistrat a sa r. dans telle ville.* || Le lieu de la résidence ordinaire d'un prince, d'un seigneur. *Cette ville est la r. du prince. On enjoignit à un tel de sortir de la r.* || L'emploi d'un résident auprès d'un prince. *Il demandait telle r.* = Syn. Voy. DEMEURE.

RÉSIDENT. adj. et s. m. [Pr. *ré-zidan*] (lat. *residens,* qui réside). *Ministre r.,* ou simplem., Résident, Titre de certains agents diplomatiques. Voy. DIPLOMATIE. = RÉSIDENTE. s. f. La femme d'un ministre résident. *Madame la r. faisait les honneurs du bal.*

RÉSIDER. v. n. [Pr. *ré-zider*] (lat. *residere,* de re, préf., et *sedere,* être assis). Faire sa demeure en quelque endroit. *R. dans un lieu. On l'a imposé au lieu où il résidait. Il réside habituellement à sa terre, sur sa terre, sur son domaine, dans son domaine.* Absol., *Cette fonction oblige à r.,* Oblige à demeurer dans un lieu déterminé. || Fig., Se trouver, subsister. *Là résident l'innocence et la paix. Toute l'autorité réside dans la personne d'un tel. En principe, la souveraineté réside dans la nation.* — Fam., *Il croit que toute la sagesse, toute la science, tout le bon sens réside dans sa tête,* Il croit être le seul sage, le seul savant. || Fig., Consister. *La question, la difficulté réside en ceci. C'est en lui seul que notre espoir réside.*

RÉSIDU. s. m. [Pr. *ré-zidu*] (lat. *residuum,* m. s., de *residere,* rester). T. Chim. Ce qui reste d'une ou de plusieurs substances soumises à l'action de divers agents. *Les cendres, traitées par l'eau bouillante, abandonnent la potasse et laissent un r. qui sert d'engrais. Les résidus des fabriques de sucre de betterave s'emploient pour la*

nourriture des bestiaux. || T. Arithm. Le reste d'une division. *Le r. de cette division est* 13. Voy. CONGRUENCE. || T. Comptab. Le restant d'un compte. *Les dépenses précèdées, il s'est trouvé un faible r. Il m'a fait son billet du r.* Vx; on dit ordin., *Reliquat.* || T. Philos. Ce qui reste à expliquer dans certains phénomènes, en dehors de la cause principale, par l'action de quelque cause accessoire. || T. Chim. On donne le nom de résidu à un groupe d'atomes réunis entre eux et qu'on sépare par la pensée d'une molécule. Tels sont : *l'oxhydryle,* le carboxyle, le carbonyle, etc. Voy. ces mots.

Alg. — Si une fonction devient infinie pour $x - a$, on peut, dans bien des cas la développer en une double série procédant suivant les puissances croissantes de $x - a$ et de $\dfrac{1}{x - a}$;

$$f(x) = \sum_{i=0}^{i=\infty} A_i (x - a)^i + \sum_{j=1}^{j=\infty} \frac{B_j}{(x - a)^j}$$

Cauchy a donné le nom de *résidu* de la fonction pour $x = a$ au coefficient B_1 de $\dfrac{1}{x - a}$. L'importance de cette notion est que si l'on trace autour du point a, dans le plan qui sert à représenter les valeurs imaginaires de la variable un contour assez petit pour que la fraction et ses dérivés restent finies pour tous les points situés dans l'intérieur de ce contour et sur ce contour même, l'intégrale $\int f(x)\,dx$ prise le long de ce contour est égale au résidu multiplié par $2\pi \sqrt{-1}$. La théorie des résidus est l'une des importantes créations de Cauchy entre les mains de qui elle s'est montrée particulièrement féconde.

RÉSIDUEL, ELLE. adj. [Pr. *ré-ziduel, èle*]. Qui est de reste, qui appartient au résidu.

RÉSIGNABLE. adj. 2 g. [Pr. *ré-zignable, gn* mouil.]. Qui peut être résigné.

RÉSIGNANT. s. m. [Pr. *ré-zi-gnan, gn* mouil.]. Celui qui résigne un office ou un bénéfice.

RÉSIGNATAIRE. s. m. [Pr. *ré-zi-gna-tère, gn* mouil.]. Celui en faveur de qui un bénéfice, un office est résigné.

RÉSIGNATION. s. f. [Pr. *ré-zi-gna-sion, gn* mouillées] (lat. *resignatio,* m. s.). La démission d'une charge, d'un bénéfice; se dit surtout d'une démission en faveur d'une personne particulière. || Abandon en faveur de quelqu'un. *Il a fait cession et r. de tous ses droits à son frère.* || Au sens moral, Soumission entière, sans aucune plainte ou expression de regret. *Il est mort avec une grande, une entière r. aux volontés du ciel. Il a subi sa disgrâce, son exil avec r. Il a montré une r. admirable.*

RÉSIGNER. v. a. [Pr. *ré-zi-gner, gn* mouil] (lat. *resignare,* m. s., de re, préf., et *signare,* montrer. Le sens propre est : écarter le sceau, *signum*). Se démettre en faveur de quelqu'un. *R. un office. R. un bénéfice, une cure à quelqu'un. R. dans l'idée ou R. et salive, sauter.* || Annuler un acte. *Il est mort sans avoir eu le temps de r.* = SE RÉSIGNER. v. pron. S'abandonner, se soumettre, sans plainte ni murmure. *Je me résigne à la volonté de Dieu. Se r. à son sort. Elle est résignée à souffrir. Elle s'y est résignée.* = RÉSIGNÉ, ÉE. part. *Il est mort résigné à la volonté de Dieu. Elle se montra calme et résignée.*

RÉSILIATION. s. f. [Pr. *ré-zilia-sion*] (R. *résilier*). T. Jurispr. Résolution d'un acte. *La r. d'un bail, d'un contrat, d'une vente.* || On dit quelquefois *Résiliement* ou *Résiliment.* s. m.

RÉSILIER. v. a. [Pr. *ré-zilier*] (lat. *resilire,* propr. sauter en arrière, se retirer, de re, préf., et *salire,* sauter). Annuler un acte. *Les juges ont résilié la vente. Il voudrait r. son bail. Dans ce cas, le présent traité sera résilié de plein droit.* = RÉSILIÉ, ÉE. part. = Conj. Voy. PRIER.

RÉSILLE. s. f. [Pr. *ré-zi-lle, ll* mouillées] (R. *réseau*). Espèce de filet qui sert à envelopper les cheveux. *La r. est surtout usitée en Espagne.*

RÉSINA, anj. Retina, v. d'Italie, sur l'emplacement de l'anc. Herculanum; 9,000 hab.

RÉSINAGE. s. m. [Pr. ré-zi-naje]. Exploitation de la résine.

RÉSINATE. s. m. [Pr. ré-zinate] (R. résine). T. Chim. Nom donné aux combinaisons des résines avec les lessives caustiques ou carbonatées.

RÉSINE. s. f. [Pr. ré-zine] (lat. resina, du gr. ῥητίνη, m. s.). T. Bot. et Pharm. Les Résines sont des substances végétales qui découlent naturellement du tronc et des branches de certains arbres ou en sont extraites artificiellement. Elles exsudent ordinairement de l'écorce du végétal sous forme de sucs plus ou moins visqueux ou fluides, mais, en général, elles ne tardent point à se concréter et à se solidifier au contact de l'air. Au point de vue de leur composition chimique, on sait, depuis peu de temps d'ailleurs, que les Résines sont pour la plupart des éthers d'acides aromatiques résultant de la combinaison de ces acides aromatiques (acides benzoïque et cinnamique ou leurs dérivés) avec des alcools spéciaux appelés Résitannols.

Les résines sont en général solides, dures, cassantes, friables, transparentes ou translucides, et à cassure vitreuse. Elles s'offrent en masses amorphes, en larmes ou en grains. Leur coloration, qui est ordinairement jaune, passe souvent au rouge ou au brun; mais il est probable que, dans l'état de pureté, elles sont incolores. Leur saveur est toujours forte, âcre ou amère, et chaude. Elles sont ordinairement fortement odorantes, qualité qu'elles doivent à la plus ou moins grande quantité d'huile essentielle qu'elles contiennent, il y a en même où cette huile est tellement prédominante qu'elles restent toujours fluides, ou qu'elles conservent une consistance analogue à celle du miel; ces produits sont communément appelés Térébenthines : telles sont les térébenthines des Conifères, la térébenthine de Chio, la térébenthine de copahu, vulg. nommée baume de copahu, etc. Les résines sont excessivement inflammables : elles s'enflamment par l'approche d'un corps en ignition et brûlent avec une flamme forte et jaunâtre et en donnant beaucoup de fumée. Elles sont insolubles dans l'eau, mais elles sont toutes solubles dans l'alcool bouillant, et la plupart dans l'alcool froid. Leurs meilleurs dissolvants sont l'éther, le sulfure de carbone, le chloroforme, les huiles grasses et volatiles, et l'acide acétique. La plupart sont susceptibles de se combiner, surtout à l'aide de la chaleur, avec les lessives caustiques ou même simplement carbonatées. Ces combinaisons avec les alcalis sont désignées communément sous le nom de Résinates. Presque toutes les résines sont électriques : frottées avec un morceau de laine, elles prennent l'électricité négative, qu'on appelait autrefois résineuse, en raison de cette circonstance. Diverses résines sont usitées en médecine, en général comme stimulants; quelques-unes sont même administrées comme purgatifs. Dans l'industrie, on s'en sert pour faire des vernis, des cires à cacheter, etc. On en extrait aussi du gaz propre à l'éclairage. Les Résinates de potasse ou de soude, qui moussent avec l'eau, peuvent être employés comme les savons ordinaires. De là est venu l'usage, d'abord aux États-Unis d'Amérique, puis en Angleterre et en France, d'introduire, dans certains savons communs, notamment dans ceux de suif, une certaine proportion de r., innovation qui a produit les savons économiques.

Les résines sont assez nombreuses : la plupart sont fournies par des végétaux qui appartiennent aux familles des Anacardiacées, des Conifères et des Légumineuses. Nous allons donner ici la liste des principaux produits désignés sous ce nom, en indiquant en même temps les végétaux dont ils proviennent. — R. Acouchi ou Aracouchili, Icica heterophylla, Anacardiacées. — R. Animé. Voy. R. de Copal. — R. Cachibou ou Chibou, Bursera gummifera, Anacardiacées. — R. de Botany-Bay, Xanthorrhæa arborea, Liliacées. — R. Butea, Butea frondosa et superba, Légumineuses. — R. Canari, Canarium commune, Anacardiacées. — R. commune, R. jaune, etc. Voy. Conifères et Térébenthine. — R. (vulg. Baume) de copahu, Copaifera divers, Légumineuses. — R. Copal; Hymenæa Courbaril, Guibourtia copalifera et Trachylobium verrucosum, Légumineuses. — R. Dammar, Dammara australis et alba, Conifères. — R. Élémi, Icica icicariba et Canarium commune, Anacardiacées. — R. de Gaïac, Guaiacum officinale, Zygophyllées. — R. de Garou, Daphne mezereum, Thymélées. — R. (vulg. Baume) de Gilead ou de la Mecque, Balsamodendron gileadense, Anacardiacées. — R. de Gomart, Bursera gummifera, m. s. — R. de Jalap, Exogonium purga, Convolvulacées. — R. jaune, syn. de R. commune. — R. Laque, Voy. Laque. — R. de Mani, Moronobea coccinea, Clusiacées. — R. Mastic, Pistacia lentiscus,

Anacardiacées. — R. des Moluques, syn. de R. Canari. — R. Sandaraque, Callitris quadrivalvis, Conifères. — R. Sang-dragon, Calamus draco, Palmiers; Dracæna draco, Liliacées: Pterocarpus draco, Légumineuses. — R. Scammonée, Convolvulus Scammonia, Convolvulacées. — R. Succin, Voy. Ambre. — R. de sucrier, vulg. Baume de sucrier ou Baume à cochon, Symphonia globulifera, Guttifères. — R. Tacamaque, Elaphrium tomentosum, Anacardiacées; Calophyllum calaba et inophyllum, Clusiacées.

RÉSINER. v. a. [Pr. ré-ziner]. Tirer la résine d'un pin. || T. Mar. Enduire de résine. = Résiné, ée. part.

RÉSINEUX, EUSE. adj. [Pr. ré-zineu, euze] (lat. resinosus, m. s.) Qui produit de la résine. Les arbres r. Bois r. || Qui a rapport à la résine. Goût r. Odeur résineuse. || T. Phys. Fluide r., électricité résineuse, Voy. Électricité, III.

RÉSINGLE. s. f. [Pr. ré-zingle]. Outil pour redresser les objets bossués.

RÉSINIER. s. m. [Pr. ré-zinié]. Homme qui fabrique la résine.

RÉSINIER. s. m. [Pr. ré-zinié] (R. résine). T. Bot. Nom vulgaire du Bursera gummifera, plante Dicotylédone de la famille des Anacardiacées. Voy. ce mot.

RÉSINIFÈRE. adj. 2 g. [Pr. ré-zinifère] (R. résine, et lat. fero; je porte). Qui produit de la résine.

RÉSINIFICATION. s. f. [Pr. ré-zini-fika-sion] (R. résinifier). Production de résine. = Résinifié, ée. part.

RÉSINIFIER. v. a. [Pr. ré-zini-fier] (lat. resina, résine; ficare, faire). Transformer en résine. = se Résinifier. v. pron. Être transformé en résine. = Résinifié, ée. part.

RÉSINIFORME. adj. 2 g. [Pr. ré-ziniforme] (R. résine, et lat. forma, forme). Qui a l'apparence de la résine.

RÉSINITE. s. f. [Pr. ré-zinite]. (R. résine). T. Minér. Opale commune. Voy. Opale.

RÉSINO-GOMMEUX, EUSE. adj. [Pr. ré-zino-gommeu, euze]. Qui participe des propriétés de la résine et de celle de la gomme.

RÉSINOÏDE. adj. et s. m. [Pr. ré-zino-ide] (R. résine, et gr. εἶδος, apparence). Qui ressemble à une résine.

RÉSIPISCENCE. s. f. [Pr. ré-zipis-sanse] (lat. resipiscentia, m. s., de resipisco, je redeviens sage, de re, préf., et sapore, être sage). Reconnaissance de sa faute avec amendement. Venir à r. Avez-vous quelque preuve de sa résipiscence?

RÉSISTANCE. s. f. [Pr. ré-zis-tanse] (lat. resistentia, m. s., de resistere, résister). Force, propriété par laquelle un corps réagit contre l'action d'un autre corps. La r. des solides, des fluides. La r. de l'air. La r. des matériaux. Cette étoffe n'a pas de r. || Obstacle, difficulté. Je voulus pousser la porte, mais je sentis quelque r. || Défense que font les animaux, les minéraux, contre ceux qui les attaquent. R. vigoureuse, opiniâtre, héroïque. Faire beaucoup de r., peu de r. Il s'est rendu sans r., après une faible r. Les assiégés ont fait une longue r., une belle r. — Fig. et fam., Il a fait une belle r., se dit de quelqu'un qui s'est refusé longtemps aux propositions, aux instances qu'on lui faisait.

Puisqu'après tant d'efforts ma résistance est vaine,
Je me livre en aveugle au transport qui m'entraîne.
RACINE.

|| Fig. et au sens moral, Opposition aux desseins, aux volontés, aux sentiments d'un autre. Si vous proposez cela dans l'assemblée, vous trouverez bien de la r. Il y aura de la r. de la part de tels et tels. La chose a passé malgré toute la r. qu'il y a faite. Obéir sans r. || Fig. et fam., Pièce de r., Pièce considérable où il y a beaucoup à manger.

Méc. — 1. On appelle Résistance toute force qui agit en sens contraire d'une autre force dont elle diminue ou détruit les effets. On distingue communément deux sortes de résistances : les résistances actives ou utiles, qui sont les forces que les matières sur lesquelles opère une machine opposent au mouvement des organes qui les sollicitent; et les résistances passives ou nuisibles, qui sont les forces qui naissent du mouvement des différents organes d'une machine pour s'opposer à ce mouvement. Ainsi, par ex., lorsqu'on puise de l'eau dans un puits, la r. utile se mesure par la quantité d'eau que l'on élève, et la r. passive par la force exigée pour surmonter le poids du seau et de la corde, le frottement de la poulie, etc.

II. — L'étude des effets de la réaction des résistances contre les puissances dans les différentes espèces de machines constitue une partie importante de la mécanique. Suivant le mode d'action qu'exerce la force motrice ou l'organe moteur sur le corps résistant, on distingue la r. au glissement, la r. au roulement, la r. à la traction, la r. à la pression, la r. à la flexion, etc. Il a été parlé ailleurs de la r. au glissement et au roulement (Voy. Frottement), ainsi que de la r. à la flexion (Voy. Élasticité); nous ne porterous ici que de la r. à la traction et à la pression considérée dans les matériaux, c'est-à-dire de ces modes de r. que résulte la solidité des constructions de tout genre, des instruments, etc.

Les recherches expérimentales sur les lois qui régissent la r. des corps solides, ou leur pouvoir de résister aux forces diverses qu'on emploie pour les briser ou les détruire, sont entravées par des difficultés pratiques singulières qui proviennent, soit des forces considérables dont il faut disposer, soit de la nature très variable des corps mis en expérience. En effet, les matériaux dont on veut déterminer la r. sont loin de présenter une texture parfaitement uniforme. Or, plus les irrégularités de structure qu'ils présentent sont nombreuses, plus on doit multiplier les expériences, de manière à obtenir un résultat moyen. Cependant il faut se rappeler que, dans tout cas particulier quelconque, les résultats fournis par l'expérience directe s'écartent toujours plus ou moins de cette moyenne.

Une force qui tend à séparer les molécules d'un corps solide peut agir sur ce corps de différentes manières, et notamment : 1° par traction longitudinale, comme lorsqu'une corde ou un fil métallique est tendu par un poids; 2° par pression longitudinale, comme lorsqu'un poids repose sur un pilier ou une poutre posée debout; 3° par effort transversal, comme dans le cas d'une poutre qui repose sur ses deux extrémités et qui est chargée d'un poids à son milieu. Vicat a désigné sous le nom de force tirante, la r. à la traction longitudinale; sous celui de force portante, la r. à la pression longitudinale; et ces dénominations ont été adoptées par beaucoup d'ingénieurs.

Dans la traction longitudinale, la r. est proportionnelle à l'aire de la section transversale. Ainsi, supposons (Fig. 1)

Fig. 1.

une barre de métal carrée AB, ayant 1 centimètre de largeur et 1 d'épaisseur, solidement fixée en A, et tirée dans la direction AB par une force capable de la rompre : une barre du même métal, ayant 2 centimètres de largeur et 1 d'épaisseur, exigera pour se rompre une force double; une barre de 3 centimètres de largeur ne rompra que sous une force triple, et ainsi de suite. Cette loi montre qu'il est indifférent, au point de vue de la solidité, d'employer une seule barre ou plusieurs, pourvu que la surface des sections reste la même. Quant à la longueur de la barre, théoriquement elle est indifférente, car on suppose que la matière qui la compose est parfaitement homogène; mais, dans la pratique, il n'en est point ainsi, et, attendu que les chances d'inégalité de structure sont d'autant plus nombreuses que la barre est plus longue, on trouve que la force de r. diminue quand la longueur augmente. — Les lois suivant lesquelles les solides résistent à la pression longitudinale n'ont point encore été déterminées avec exactitude. La charge que peut supporter un pilier vertical dépend évidemment de l'étendue de sa base et de sa hauteur. Il est certain que si la hauteur est la même, sa r. augmentera par l'excès de leur r. absolue sur le degré de r. exactement nécessaire pour supporter leur propre poids. Cette semble douteux que la r. soit exactement proportionnelle à celle-ci. Lorsque, par ex., on a deux colonnes de même matière et de même hauteur, si la base de l'une est double de celle de l'autre, la r. de la première sera évidemment plus grande; mais il n'est point du tout certain qu'elle soit exactement double de l'autre. D'après la théorie d'Euler, qui est jusqu'à un certain point vérifiée par les expériences de Musschenbroek, la r. croît plus rapidement que l'aire de la base,

de telle sorte que, si la base est double, la r. sera plus que doublée. Selon Dulcau, la r. est alors comme le carré de l'aire de la base. Mais, au contraire de ce que nous venons de voir, la base étant la même, la force de r. diminue si la hauteur augmente, et la diminution de la r. croît plus rapidement que la hauteur. D'après la théorie d'Euler, la diminution de la r. est proportionnelle au carré de la hauteur; en d'autres termes, si la hauteur est double, la r. sera quatre fois moindre. La forme de la section a une grande influence sur la r. Ainsi une colonne creuse résiste beaucoup mieux qu'une colonne pleine du même hauteur et de même poids, ce qui tient en partie à ce que la colonne creuse est beaucoup plus difficile à fléchir que la colonne pleine qui, ayant même poids que l'autre, aurait nécessairement un diamètre beaucoup plus petit. — L'effort que les solides qui entrent dans la plupart de nos constructions ont le plus ordinairement à supporter, est un effort latéral ou transversal, c.-à-d. qui agit perpendiculairement à leur longueur. Si la pression agissait obliquement, on pourrait la décomposer en deux forces, l'une dans la direction de la longueur, et l'autre perpendiculaire à cette longueur. Soit (Fig. 2) une poutre fixée par ses deux extrémités et supportant en son milieu E un poids P, qui la presse perpendiculairement à sa longueur. Évidemment, toutes

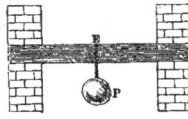

Fig. 2.

les autres circonstances étant les mêmes, la force de r. de cette poutre sera proportionnelle à sa largeur; car une poutre de largeur double, triple et de même épaisseur, équivaudra à deux ou trois poutres parfaitement semblables, placées l'une à côté de l'autre : d'où il suit que chacune d'elles possédant une même r., la totalité de leurs résistances réunies constituera une force double ou triple de chacune d'elles prise isolément. Mais si, la largeur et la longueur étant les mêmes, l'épaisseur diffère, on trouve que la r. augmente avec l'épaisseur, mais non dans la même proportion. En effet, la résistance croît beaucoup plus rapidement que l'épaisseur. D'après la théorie de Galilée, la r. croît en raison du carré de l'épaisseur; en d'autres termes, avec une épaisseur double ou triple, la r. devient quatre fois ou neuf fois plus grande. Maintenant, la largeur et l'épaisseur restant les mêmes, admettons que ce soit la longueur de la poutre ou la distance entre les points de support qui varie. La force de r. variera également, et cela en raison inverse de la longueur de la poutre. Si cette distance est doublée, la force de r. sera moindre de moitié. Il résulte donc de ce qui précède, que la force de r. transversale d'une poutre dépend bien plus de son épaisseur que de sa largeur. C'est pour cette raison qu'une planche est beaucoup plus difficile à rompre de champ qu'à plat; et l'on se conforme à ce principe quand on dispose les solives et les chevrons qui entrent dans la construction des planchers et des toits. Pour la même raison, les poutres de fer qui entrent dans les constructions reçoivent une section en forme de T qui leur assure une r. beaucoup plus grande à la flexion. Voy. Construction.

Le problème relatif à la résistance d'une poutre est celui qui se rencontre le plus fréquemment dans la pratique. Il y a lieu dans cette étude, de distinguer les forces qui tendent à déformer la poutre assimilée à un prisme; on y considère : 1° la tension longitudinale, qui est la composante des forces extérieures dirigée suivant les arêtes du prisme, d'un côté de la section considérée; 2° l'effort tranchant qui est la composante normale aux arêtes du prisme de toutes les forces appliquées d'un côté de la section considérée; 3° le moment fléchissant qui est le moment par rapport à un axe perpendiculaire au plan de la fibre moyenne et passant par le centre de gravité de la section considérée de toutes les forces extérieures appliquées d'un côté de cette section.

Dans toute espèce de construction, les matériaux ont d'abord à supporter leur propre poids? En conséquence, leur r. utile doit s'estimer par l'excès de leur r. absolue sur le degré de r. exactement nécessaire pour supporter leur propre poids. Cette considération conduit à des conclusions importantes, qui donnent lieu, dans les œuvres de la nature et de l'art, à de nombreuses applications. Nous avons vu que la r. transversale croît comme le carré de leur épaisseur, et, par conséquent, suivant une progression fort rapide; mais, en même temps, le poids de ces solides croît dans une progression plus rapide encore, car il croît comme le cube de l'une quelconque des dimensions. Ainsi, par ex., toutes les dimensions étant doublées, la force de r. sera quadruple, mais le poids du solide sera huit fois plus grand. Si les dimensions sont triplées, la force de r. sera neuf fois plus grande, et le poids vingt-sept fois plus grand, et ainsi de suite. Il résulte évidemment de là une conséquence importante. Bien que la force de r. d'un corps de petite dimension puisse grandement excéder son poids, et soit par conséquent capable de supporter plusieurs fois son propre poids, cependant la portion utile de la force de r. finira par diminuer rapidement si l'on augmente beaucoup les dimensions du solide; et l'on peut assigner au solide des dimensions telles, que la charge résultant de son propre poids surpasse à elle seule la force de r. Il n'est donc pas permis de juger de la r. d'une construction quelconque d'après celle que possède un modèle en petit de cette même construction. En effet, cette r., dans ce dernier, est toujours plus considérable en proportion de ses dimensions. Toutes les œuvres de la nature et de l'art ont des limites de grandeur qu'elles ne sauraient dépasser, lorsque l'espèce des matériaux reste la même.

III. — Nous croyons utile de donner le tableau de la force portante des matières les plus usitées dans les constructions, c.-à-d. de leur r. à la *pression longitudinale* ou à l'*écrasement*. Les chiffres ci-après expriment les charges qui écrasent, après un temps très court, les corps mentionnés, par centimètre carré de section. Ces résultats ont été obtenus en opérant sur des cubes ayant de 3 à 5 centimètres de côté.

	Kilogr.
Basalte d'Auvergne et de Suède.	2000
Porphyre.	2470
Granit vert des Vosges	620
— gris de Bretagne	650
— de Normandie, dit gatmos	700
— gris des Vosges.	420
Grès très dur, blanc ou roussâtre.	870
— tendre	4
Marbre noir de Flandre.	790
— blanc veiné, statuaire et turquin	310
Pierre noire de Saint-Fortunat, très dure et coquilleuse.	630
Roche de Châtillon près Paris, dure et peu coquilleuse.	170
Liais de Bagneux près Paris, très dur, à grain fin.	440
Roche douce de Bagneux.	430
— d'Arcueil près Paris	250
Pierre de Saillancourt près Pontoise { 1re qualité.	140
2e —	90
— ferme de Conflans près Paris	90
— tendre (lambourde et vergelée), résistant à l'eau.	60
Lambourde de qualité inférieure, résistant mal à l'eau.	20
Calcaire dur de Givry près Paris	310
— tendre de Givry	120
Brique dure très cuite.	150
— rouge.	60
— anglaise ou flamande tendre	18
Plâtre gâché à l'eau	50
Plâtre gâché au lait de chaux.	73
Mortier ordinaire de chaux et sable.	35
— de ciment ou tuileaux pilés	48
— de grès pilé	29
— de pouzzolane de Naples ou de Rome.	37
Béton de bon mortier, de 18 mois.	40

Expériences de Vicat sur des cubes de 1 centimètre.

Pierre calcaire à tissu arénacé (sablonneuse).	94
— à tissu oolithique (globuleuse)	106
— à tissu compacte (lithographique).	285
Brique crue ou argile séchée à l'air libre.	33
Plâtre ordinaire gâché ferme.	90
— gâché moins ferme	42
Mortier de chaux grasse et sable ordinaire, âgé de 14 ans.	19
— hydraulique ordinaire	74
— éminemment hydraulique	144

Le tableau qui suit donne les résultats obtenus par E. Hodgkinson avec des cylindres de bois de 25 millim. 4 de diamètre, sur 50 millim. 8 de hauteur. Les premiers résultats sont relatifs à des bois à l'état ordinaire de sécheresse, et les seconds à des bois ayant séjourné deux mois dans une espèce d'étuve. Les chiffres expriment la r. à l'écrasement par centimètre carré.

	Kil.	Kil.
Acajou.	576	576
Aune.	480	489
Bouleau d'Amérique.	»	820
— d'Angleterre.	232	450
Cèdre.	399	412
Chêne anglais	456	707
— de Dantzick très sec.	»	543
— de Québec.	297	421
Frêne	610	658
Hêtre	543	658
Larix	225	391
Noyer	426	508
Orme	»	726
Peuplier.	218	360
Pin jaune rempli de térébenthine.	378	383
— résineux	477	477
— rouge.	379	528
Pommier sauvage	457	502
Prunier	579	737
Sapin blanc.	477	513
— de Prusse	457	479
— rouge	404	463
Saule	203	431
Sureau	524	701
Sycomore	498	»
Tek	»	850

Nous avons donné ailleurs, pour les corps les plus importants, le tableau de leur force de r. à la *traction longitudinale*. Voy. ÉLASTICITÉ. Quant à la r. des différents corps à un *effort transversal*, le calcul démontre et la pratique vérifie assez exactement que le poids qui opère la rupture d'une pièce prismatique rectangulaire est en raison directe de la largeur et du carré de l'épaisseur de cette pièce et en raison inverse de sa longueur. Il faut, pour chaque cas particulier, établir une équation entre les forces et les dimensions, puis y introduire un facteur constant déterminé par l'expérience pour chaque espèce de matériaux. De cette façon, on représente les résultats avec toute l'approximation dont la question est susceptible. Mais notre cadre nous interdit d'entrer dans ces détails, qu'on trouvera d'ailleurs dans tous les traités relatifs à l'art des constructions.

IV. — Les données précédentes servent aux constructeurs à déterminer à l'avance les dimensions qu'il faut donner aux diverses pièces de la construction pour que celle-ci puisse supporter, sans se rompre, les efforts auxquels elle se trouvera soumise. Mais cette détermination exige des calculs plus ou moins pénibles. Les principes qui servent de base à ce genre de calcul constituent la partie de la mécanique connue sous le nom de r. *des matériaux*. Cette théorie est à la fois analytique et empirique. Elle est empirique, parce qu'elle repose sur des hypothèses plus ou moins plausibles, mais qui ne rendent compte que d'une manière approchée de la constitution des corps solides, et que c'est par l'expérience qu'on a pu s'assurer que les conséquences de ces hypothèses pouvaient être adoptées sans danger; l'expérience intervient aussi pour le calcul des coefficients d'élasticité qui figurent dans les formules. Elle est analytique en ce sens qu'elle fait un grand usage de l'analyse mathématique pour le développement des conséquences des hypothèses et l'établissement des formules qui servent de base aux calculs. Quoi qu'il en soit, la théorie de la r. des matériaux a rendu d'immenses services et a seule permis l'établissement, dans des conditions de sécurité absolue, de tous ces grands ouvrages métalliques qui se sont élevés en si grand nombre depuis un demi-siècle : ponts, gares de chemins de fer, etc.

V. — La question de la r. que les fluides opposent au mouvement d'un corps immergé est un des problèmes les plus importants de la mécanique, en raison de son application à l'architecture navale, pour le mouvement des corps plongés en totalité ou en partie dans un liquide, et à la balistique, pour le mouvement des projectiles, c.-à-d. des corps qui se meuvent dans un fluide gazeux. Malheureusement, on ne possède à cet égard que des données empiriques. En ce qui concerne la r. qu'un gaz oppose au mouvement d'un corps, nous avons dit, aux mots AVIATION et BALISTIQUE, tout ce qu'il est possible d'en dire dans un dictionnaire. Quant aux liquides, on admet, sur la foi d'expériences plus ou moins précises, que la r. est proportionnelle au carré de la vitesse. Cette loi n'est assurément pas rigoureuse; mais elle est suffisamment approchée pour la vitesse des navires. Au reste, la r. dépend beaucoup de la forme des navires. Si on désigne par B l'aire immergée du maître couple, c.-à-d. celle de la plus grande section faite dans la partie immergée par un plan perpendiculaire à l'axe du navire, on emploie la formule empirique :

$$R = MBV^2,$$

V étant la vitesse, et M un coefficient qui varie suivant la forme et les dimensions du navire, mais qui reste à peu près le même pour les navires de même type et de mêmes dimensions. Le coefficient M varie en général entre 3 et 4. Cette r. est due à ce que le navire ne peut avancer sans déplacer le liquide et lui communiquer une force vive. Le travail de cette r. pendant l'unité de temps :

$$T = MBV^3$$

représente le travail inutilement dépensé à agiter l'eau. Outre cette r., il faut encore tenir compte du frottement de l'eau contre les parois du navire; malheureusement cette partie est compliquée et difficile à évaluer. On la diminue le plus possible en polissant la carène. C'est ainsi qu'un navire neuf donne toujours plus de vitesse que lorsqu'après un certain temps d'usage la carène s'est recouverte d'aspérités de toutes sortes : coquillages, algues, etc.

Bibliogr. — G. LAMÉ : *Leçons sur la théorie mathématique de l'élasticité des corps solides*, 1866 ; — V. CONTAMIN, *Cours de résistance appliquée*, 1878 ; — FLAMANT : *Stabilité des constructions, résistance des matériaux*, 1886 ; — E.-O. LAMI : *Dictionnaire industriel*.

Phys. — *Résistance électrique*. — L'intensité d'un courant électrique dépend non seulement de la force électromotrice qui le produit mais aussi de la nature du conducteur qu'il traverse. Plus ce conducteur est long et plus l'intensité est

affaiblie. L'intensité est donnée par la loi de Ohm $I = \dfrac{E}{R}$

(Voy. INTENSITÉ). Le terme R, qui a reçu le nom de résistance est proportionnel à la longueur l du conducteur, à un coefficient k dépendant de sa nature et inversement proportion-

nelle à sa section. $R = k \dfrac{l}{s}$. Le coefficient k s'appelle la r.

spécifique, et quelquefois *résistivité* du corps. C'est la r. évaluée en ohms (Voy. ce mot) d'un corps ayant 1 centimètre du corps ayant 1 centimètre carré de section. Voici quelques valeurs de cette constante pour différents corps évaluées en microhms (millionièmes d'ohms) : argent recuit 1,49 ; cuivre recuit 1,58 ; or recuit 2,04 ; platine recuit 8,98 ; fer recuit 9,64 ; maillechort 20,76 ; mercure liquide 94,34. La *conduc-

tibité* c d'un corps est l'inverse de sa résistance $c = \dfrac{1}{k}$ et l'on

a $R = \dfrac{l}{sc}$. Voici les résistances des substances précitées pour un fil de 100 mètres de long et de 1 millimètre de diamètre évaluées en ohms : argent recuit 1,90 ; cuivre recuit 2,02 ; or recuit 2,60 ; platine recuit 11,44 ; fer recuit 12,27 ; maillechort 26,45 ; mercure liquide 120,12.

Boîtes de résistances. — On a souvent besoin, dans les mesures électriques d'avoir des résistances connues. On se sert de bobines dont l'enroulement est tel que le fil revienne sur lui-même (pour éviter les effets d'induction). Les extrémités du fil sont soudées à des masses de cuivre qui servent à établir les communications. Plusieurs bobines peuvent être réunies dans une boîte et former une boîte de résistances. On trouvera au mot PONT DE WHEATSTONE une figure représentant ces appareils.

Mesure des résistances. — Les résistances se mesurent au moyen du Pont de Wheatstone. Voy. PONT.

RÉSISTER. v. n. [Pr. *ré-zister*] (lat. *resistere*, m. s.; de re, préf., et *sistere*, fréq. de *stare*, être debout). Ne pas céder ou céder difficilement à l'action, au choc, à la pression d'une force. *Ces piliers ne résisteront pas à la poussée de la voûte. Ces murailles ne sauraient r. au boulet. Le marbre résiste plus au ciseau que la pierre commune.* || Par anal., Ne pas céder à l'action, à l'impression d'un autre corps. *Ce cuir résiste à l'eau. Un chapeau qui résiste à la pluie. Ce vieux château a résisté jusqu'ici aux injures du temps.* || Fig., Supporter facilement la peine, le travail, la maladie. *Cet homme a un corps de fer, il résiste à toutes les fatigues. R. à la douleur. Qui pourrait r. à cette chaleur. Vous travaillez trop, votre santé n'y pourra r. Ces animaux ne peuvent r. à un froid aussi*

excessif. *Les chevaux hongres résistent moins à la fatigue que les chevaux entiers.* — Fam., se dit absol. en parlant de quelque incommodité qu'on a peine à supporter : *On n'y peut plus r. ; On n'y saurait r. ; Il n'y a pas moyen d'y r.*

Je n'y puis résister, ce spectacle me tue.
RACINE.

|| Se défendre, opposer la force à la force, *Les assiégés ont résisté courageusement. La place résista plus de trois mois. R. aux agents de la force publique.* — T. Man. *Ce cheval résiste au cavalier,* Le cavalier a de la peine à le faire obéir. || Fig., au sens moral, s'opposer aux desseins, aux volontés de quelqu'un ; tenir ferme contre quelque chose de fort, de puissant. *R. fortement à quelqu'un. Il voulait faire passer cette proposition, mais tout le monde y résista. Je lui ai résisté en face. Il ne put r. à tant d'attraits. R. à ses passions. R. à l'adversité.*

RÉSISTIBILITÉ. s. f. [Pr. *ré-zis....*]. Propriété de résister, inhérente et particulière aux corps vivants. || T. Phys. Résistance électrique spécifique d'un corps. Voy. RÉSISTANCE.

RÉSISTIBLE. adj. 2 g. [Pr. *ré-zis....*]. A qui, à quoi on peut résister.

RÉSITANNOL. s. m. [Pr. *ré-zita-nol*] (R. résine, et tanin). T. Chim. Nom donné à des corps qui ont une ou plusieurs fonctions alcool et qui, en se combinant avec les acides aromatiques forment des éthers qui ne sont autres que les résines. Voy. RÉSINE.

RÉSOCYANINE. s. f. [Pr. *ré-zo-sianine*] (R. *résorcine*, et *cyanine*). T. Chim. Substance cristallisable, incolore, fusible à 185°, obtenue en chauffant la résorcine avec un mélange d'acide citrique sec et d'acide sulfurique. Insoluble dans l'eau, elle se dissout dans l'alcool et dans les alcalis.

RÉSOLUBILITÉ. s. f. [Pr. *ré-zolubilité*]. Qualité de ce qui est résoluble, de ce qui peut recevoir une solution. || T. Astr. Voy. RÉSOLUBLE.

RÉSOLUBLE. adj. 2 g. [Pr. *ré-zoluble*] (lat. *resolubilis*, m. s.). Qui peut être résolu ; se dit surtout en T. de Math., en parl. des questions et des problèmes dont on peut trouver la solution par quelque méthode connue. || T. Astr. Se dit d'une nébuleuse (d'un amas nébuleux d'étoiles) dans laquelle les instruments de grande puissance optique font apercevoir les étoiles composantes. Voy. NÉBULEUSE.

RÉSOLUMENT. adv. [Pr. *ré-zoluman*]. Avec une résolution fixe et déterminée. *Je veux r. que cela soit. R. je n'en ferai rien.* || Hardiment, avec courage, avec intrépidité. *Il va r. au combat, au péril.*

RÉSOLUTIF, IVE. adj. [Pr. *ré-zolutif*] (lat. *resolutum*, sup. de *resolvere*, résoudre). Qui résout un difficulté. *Arrêt résolutif.* Vx. || T. Méd. Se dit des médicaments propres à faire disparaître les engorgements. Voy. RÉSOLUTION.

RÉSOLUTION. s. f. [Pr. *ré-zolu-sion*] (lat. *resolutio*, m. s., de *resolvere*, résoudre, de re, préf., et *solvere*, dissoudre). Réduction d'un corps en ses éléments. *La r. d'un composé en ses éléments constitutifs.* || Passage d'un corps solide à l'état liquide ou d'un liquide à l'état aériforme. *La r. de la glace en eau. La r. de l'eau en vapeur.* || *La r. d'un acte, d'un contrat, d'un bail,* Leur cassation ou rescision soit par le consentement des parties, soit par l'autorité des juges. || La décision d'une question, d'une difficulté. *Je vous apporte la r. de la question que vous m'avez proposée. R. d'une difficulté, d'un cas de conscience. R. d'un problème.* — *La r. d'une équation,* La détermination des valeurs des quantités inconnues qu'elle renferme. || Dessein que l'on forme, parti que l'on prend. *Prendre une grande r., une r. généreuse, vigoureuse, hardie. Une sage et judicieuse r. Sa r. est inébranlable. Changer de r. Exécuter une r. qu'on a prise. Influer sur les résolutions de quelqu'un. Affermir quelqu'un dans sa r., dans ses résolutions.* || Par ext., Fermeté, courage. *A cet âge, il faut bien de la r. pour renoncer au monde. Cet homme a de la r. Il montra beaucoup de r. et de courage. Il manque de r. Avoir un air de r.* — *Un homme de* r., Celui qui exécute avec courage et fermeté ce qu'il a entrepris. || T. Mus. Chute d'un intervalle ou d'un accord affecté de dissonance sur un intervalle ou un accord consonnant. = Syn. Voy. Décision.

Méd. — On appelle *Résolution* : 1° un mode particulier de terminaison des phlegmasies, qui consiste dans la disparition des phénomènes inflammatoires, sans qu'il y ait suppuration ; 2° la disparition par résorption des éléments infiltrés dans le tissu conjonctif et qui constituaient une tumeur, un engorgement, ou un épanchement quelconque. Les topiques employés pour amener la r. sont qualifiés de *Résolutifs*. Mais, ainsi qu'il est facile de le comprendre, les résolutifs ne constituent point une classe particulière de médicaments. En effet, les moyens employés pour déterminer la r. varient selon la nature de l'affection : on les choisit parmi les antiphlogistiques, les révulsifs, quand elle est de nature inflammatoire ; on les prend, au contraire, parmi les excitants et les toniques, quand l'affection est atonique. Pour les engorgements dont le caractère est scrofuleux, on a recours spécialement aux alcalis, aux carbonates de soude ou de potasse, aux préparations iodurées, etc. De même, pour ceux qui sont de nature syphilitique, les préparations mercurielles et iodurées sont leurs résolutifs spéciaux. — On emploie encore, en médecine, le terme de *R. des forces* pour désigner un affaiblissement prononcé de l'incitation motrice, et celui de *R. des muscles*, r. *des membres*, pour désigner l'anéantissement permanent ou momentané de la puissance motrice, limité à certains muscles, à certains membres, etc.

RÉSOLUTIVEMENT. adv. [Pr. *ré-zolutive-man*]. D'une manière qui résout, qui décide.

RÉSOLUTOIRE. adj. 2 g. [Pr. *ré-zolu-touare*] (lat. *resolutorius*, m. s.). T. Jurispr. Qui a pour effet de résoudre quelque acte. *Convention, clause r. Action r.*

RÉSOLVANT, ANTE. adj. [Pr. *rézol-van*] (R. *résoudre*). Qui *résout*, qui sert à résoudre. || T. Méd. Voy. Résolutif.

RESOMMEILLER. v. n. [Pr. *re-so-mê-ller*, *ll* mouillées]. Sommeiller de nouveau.

RÉSOMPTIF, IVE. adj. [Pr. *ré-zonp-tif, ive*] (lat. *resumptivus*, de *resumptum*, supin de *resumere*, reprendre). T. Méd. Qui fait reprendre les forces.

RESONGER. v. a. [Pr. *re-sonjer*]. Songer de nouveau. || Faire un nouveau songe.

RÉSONNANCE ou RÉSONANCE. s. f. [Pr. *ré-zo-nanse*] (lat. *resonantia*, m. s.). Propriété que possède un corps de *résonner*, rendre des vibrations sonores. *Le cuivre chauffé perd sa r.* — Prolongation du son par la persistance des vibrations du corps sonore, ou par la réflexion du son. *Les résonnances produites par la vibration des cordes d'un instrument. La r. de la table d'harmonie. La r. de la voix dans cette salle est fort incommode.* — Obs. gram. Voy. Consonnance.

RÉSONNANT, ANTE. adj. [Pr. *ré-zo-nan*]. Retentissant, qui résonne, qui réfléchit le son. *Cette voûte est fort résonnante.* || Qui rend un son intense. *Ce violon est bien r. Une voix claire et résonnante.*

RÉSONNATEUR, TRICE ou RÉSONATEUR, TRICE. adj. [Pr. *ré-zo-nateur*]. Qui fait résonner. = Résonnateur. s. m. T. Phys. On appelle ainsi des appareils capables de renforcer les sons. Chaque r. ne peut vibrer que sous l'influence d'un son unique bien déterminé. Ils ont servi à Helmholtz à étudier le *timbre* des sons. Voy. Timbre.

Le mot s'est étendu aux autres branches de la physique et l'on appelle aussi résonnateurs des appareils électriques capables de vibrer sous l'influence des ondes hertziennes. Voy. Ondulation.

RÉSONNEMENT. s. m. [Pr. *ré-zo-neman*] (R. *résonner*). Retentissement et renvoi du son. *Le r. de cette église nuit à la voix.*

RÉSONNER. v. n. [Pr. *ré-zoner*] (lat. *resonare*, m. s., de *re*, préf., et *sonare*, sonner, de *sonus*, son). Retentir, réfléchir le son. *Cette voûte résonne bien. Cette salle ne ré-*

sonne pas, *résonne trop. Faire r.* les échos. *Sa grotte ne résonnait plus de son chant.* — Fig.

> Ces murs que mille et mille voix
> Font résonner encor du bruit de ses exploits.
> Corneille.

|| Rendre un son intense. *Cette corde, cette cloche résonne bien. Sa voix résonnait comme un tonnerre.*

RÉSORBER. v. a. [Pr. *ré-zor-ber*] (lat. *resorbere*, m. s., de *re*, préf., et *sorbere*, boire, absorber). T. Physiol. Opérer la résorption. = Résorbé, ée. part.

RÉSORCINE. s. f. [Pr. *ré-zor-sine*] (R. *résine*, et *orcine*). T. Chim. Diphénol dérivant du benzène. Sa formule est $C^6H^4(OH)^2$; les deux groupes OH sont en position 1 et 3 sur le noyau de benzène. — La plupart des gommes-résines, ainsi que les dérivés bi-substitués du benzène, donnent naissance à de la r. lorsqu'on les fond avec de la potasse caustique. Pour la préparation industrielle on fait agir l'acide sulfurique fumant sur le benzène de manière à obtenir l'acide benzène-disulfonique ; on convertit cet acide en sel de sodium que l'on fond avec la soude caustique ; le produit de cette opération est traité par l'acide chlorhydrique et fournit ainsi la r. brute, que l'on purifie par sublimation.

La r. forme des cristaux orthorhombiques, incolores, d'une saveur à la fois amère et sucrée. Elle fond à 118° et bout à 276°. Elle est soluble dans l'eau, dans l'alcool et dans l'éther. Ses solutions prennent une teinte rouge au contact de l'air. Le perchlorure de fer la colore en violet. — Possédant deux fonctions phénol, la r. peut fournir des éthers-sels en réagissant sur les chlorures d'acides, et des éthers mixtes en réagissant sur les iodures alcooliques. — Sous l'action de l'acide azotique elle donne naissance à l'acide styphnique, qui est son dérivé trinitré. — Chauffée avec l'anhydride phtalique, elle forme la r.-*phtaléine*, plus connue sous le nom de *fluorescéine* (Voy. ce mot) ; cette réaction peut servir à caractériser la r. Des composés analogues se produisent quand on chauffe la r. avec certains acides organiques en présence d'acide sulfurique ; ils ont reçu les noms de r.-*oxaléine*, r.-*citréine*, etc.

En solution concentrée, la r. possède des propriétés caustiques et antiseptiques qui sont utilisées en médecine. Dans l'industrie, la r. sert à préparer la *fluorescéine* et l'*éosine* (Voy. ces mots), ainsi qu'un certain nombre de matières colorantes azoïques.

Le *Bleu de r.* qu'on appelle aussi *Lacmoïde*, se prépare en chauffant la r. avec l'azotite de soude. Sa solution aqueuse est d'un beau bleu que la moindre trace d'acide fait virer au rouge ; elle peut remplacer le tournesol dans les essais alcalimétriques. — Un autre *bleu de r.*, qu'on avait d'abord appelé *Diazorésorcine*, est aujourd'hui désigné sous le nom de *Résazurine* (Voy. ce mot).

Le *Jaune de r.* ou *Chrysoïne* se prépare en diazotant l'acide sulfanilique et combinant le produit de cette opération avec la r. C'est une poudre brune, soluble dans l'eau ; on s'en sert pour teindre la laine en jaune orangé. — Le *Brun de r.*, beaucoup moins employé, s'obtient en diazotant la xylidine et combinant le produit avec la chrysoïne.

Le *Dinitroso-r.*, obtenu par l'action de l'acide azoteux naissant sur la r., est employée, sous le nom de *Vert de r.* ou *Vert solide*, pour teindre en vert foncé les tissus mordancés au fer.

RÉSORCINIQUE. adj. 2 g. [Pr. *ré-zor-sinike*]. T. Chim. Qui se rapporte à la résorcine. — L'*Éther r.* est un anhydride qu'on obtient en chauffant la résorcine avec l'acide sulfurique concentré. C'est une poudre rouge, insoluble dans l'eau, soluble dans l'alcool et dans les alcalis.

RÉSORCYLIQUE. adj. 2 g. [Pr. *ré-zor-silike*] (R. *résorcine*). T. Chim. Les *acides résorcyliques* sont les acides di-oxybenzoïques correspondant à la résorcine et répondent à la formule $C^6H^3(OH)^2CO^2H$. Ils possèdent deux fonctions phénol et une fonction acide. Ils sont cristallisables, solubles dans l'eau chaude et dans l'alcool. Il y a 3 isomères, que l'on distingue par les lettres α, β, γ. L'action du carbonate d'ammoniaque sur la résorcine donne naissance aux acides β et γ. Le premier se colore en brun sous l'action du chlorure ferrique ; le second se colore en bleu et il est plus soluble dans l'eau que le précédent. L'acide α n'est pas coloré par le chlorure ferrique. Dans l'acide α les groupes CO^2H et OH sont placés symétriquement sur le noyau de benzène ; dans l'acide γ ils sont contigus.

En traitant la résorcine par le chloroforme en présence de la soude on a obtenu une *aldéhyde r.* C⁸H³(OH)²CHO fusible à 135°, soluble dans l'eau et dans l'alcool.

RÉSORPTION. s. f. [Pr. ré-zor-psion] (lat. *resorptum*, sup. de *resorbere*, résorber). Absorption d'une humeur, d'un liquide pathologique qui, après s'être formé dans l'intérieur des tissus, est absorbé par les tissus voisins et disparaît peu à peu. *La r. d'une tumeur. La r. de la sérosité épanchée dans la plèvre.*

RÉSORUFINE. s. f. [Pr. ré-zo-rufine] (R. résorcine, et lat. *rufus*, roux). T. Chim. Matière colorante rouge qu'on emploie à l'état de sel de sodium. Ce sel est soluble dans l'eau en rouge cramoisi. On l'obtient dans la préparation de la résazurine; on le prépare aussi en réduisant la résazurine par le bisulfite de soude.

L'action du brome sur la r. donne un dérivé bromé dont le sel ammoniacal, connu sous le nom de *Bleu fluorescent*, sert à teindre en laine et la soie; les nuances sont bleues et présentent, surtout à la lumière artificielle, une fluorescence rouge.

RÉSOUDRE. v. a. [Pr. ré-zoudre] (lat. *resolvere*, m. s., de *re*, préf., et *solvere*, délier). Détruire la cohésion qui existe entre les parties d'un corps. *Le feu résout le bois en cendre et en fumée. R. un corps en poussière.* — Par extens., signifie aussi simplement. Faire passer un corps d'un état à un autre. *Le froid condense les nuages et les résout en pluie. R. l'eau en vapeur.* || T. Méd. *R. une tumeur, un engorgement, un épanchement,* Les faire disparaître peu à peu. *L'iodure de potassium résoudra cette humeur. Nous parviendrons à r. cet épanchement.* || T. Jurispr. *R. un contrat, un marché, un bail, etc.,* Les annuler, les détruire par un acte contraire.

Le marché ne tint pas; il fallut le résoudre.

LA FONTAINE.

|| Décider un cas douteux, une question. *Il n'est pas aisé de r. cette question, ce problème. Il reste une petite difficulté à r.* — *R. une équation,* Voy. ÉQUATION. || Déterminer, décider une chose. *Il ne sait quer. A-t-on résolu la paix ou la guerre? On a résolu d'agir sans plus tarder. Il a été résolu que l'on continuerait la guerre.* || *R. quelqu'un,* Le déterminer à quelque chose. *On ne saurait le r. à faire cette démarche. Je suis venu à bout de l'y r.* || T. Astr. *R. une nébuleuse.* Distinguer l'aide d'un instrument puissant les étoiles dont elle est composée. Voy. NÉBULEUSE. = SE RÉSOUDRE. v. pron. Passer à un autre état, se décomposer, se dissoudre. *Le bois qu'on brûle se résout en cendre et en fumée. Le brouillard se résout en eau. Les vapeurs se résolvent en pluie. Les résines se résolvent dans l'alcool.* — Fig. et fam., *Tout ce que vous dites là se résout à rien,* Il n'en ressort, il n'en résulte rien. || T. Méd. Disparaître par résorption. *Cette tumeur se résoudra facilement.* || Se déterminer. *Je me résolus à plaider. A quoi vous résolvez-vous?*

Enfin le ciel propice
S'est résolu, ma fille, à nous faire justice.

CORNEILLE.

= RÉSOLU, UE. part. *Tumeur résolue. Bail résolu. Question résolue. C'est un point résolu.* || Adjectiv., signifie déterminé, hardi. *Il ne craint rien, il est très résolu. C'est une femme résolue.* On dit aussi substantiv., dans ce sens, *C'est un gros résolu. Elle fait bien la résolue.*

Conj. — *Je résous, tu résous, il résout; nous résolvons, vous résolvez, ils résolvent. Je résolvais; nous résolvions. Je résolus; nous résolûmes. Je résoudrai; nous résoudrons. — Je résoudrais; nous résoudrions. — Résous; résolvons. — Que je résolve; que nous résolvions. Que je résolusse; que nous résolussions. — Résolvant. Résolu, ue ou Résous. — Le second part. de ce verbe n'est usité qu'au mase., et ne se dit qu'en parlant des choses qui se changent, se convertissent en d'autres. Le brouillard s'est résous en pluie.*

RESOUFFLER ou **RESSOUFFLER**. v. a. [Pr. re-sou-fler]. Souffler de nouveau. = RESOUFFLÉ, ÉE ou RESSOUFFLÉ, ÉE, part.

RESOUPER. v. n. [Pr. re-souper]. Souper de nouveau.

RESPECT. s. m. [Pr. rés-pè] (lat. *respectus*, égard, part. pass. de *respicere*, regarder en arrière). Égard, relation. *La même proposition peut être vraie et fausse sous*

divers respects. Vx. || Vénération, déférence qu'on a pour quelqu'un, pour quelque chose, à cause de son excellence, de son caractère, de sa qualité, de son âge. *Grand, profond r. R. religieux, filial. Vous lui devez le r., du r. Avoir du r. pour la vertu, pour la vieillesse. Inspirer du r. Porter r. à quelqu'un. Manquer de r. à quelqu'un, pour quelqu'un. Marquer, témoigner du r. Garder, perdre le r. S'écarter, sortir du r. Exiger du r., des respects. Le r. des lois, des mœurs. Le r. des choses saintes, pour les choses saintes. Le r. du lieu, de la personne.* — *Le lieu de r.,* Lieu où l'on doit être dans le respect. *Les églises sont des lieux de r.* Vx. || *Tenir quelqu'un en r.,* Le contenir, lui imposer. *La crainte du châtiment le tient en r.* Fig., *Cette citadelle tient la ville en r.* — *Se faire porter r.,* Se faire craindre. *C'est un homme qui sait se faire porter r.* Fam., on dit d'une arme qui impose, d'une marque extérieure de dignité, ou d'une personne grave et sérieuse dont la présence impose, *C'est un porte-r.* || Par forme de compliment, *Assurer quelqu'un de son r., de ses respects, de ses très humbles respects. Rendre ses respects. Présenter son r., ses respects à quelqu'un.* — On termine communément une lettre à un supérieur par cette formule, *Je suis avec r., avec un profond r., etc.* || Fam., *Sauf le r. que je vous dois, ou simplem., Sauf votre r., Sauf r., Avec le r. que je vous dois,* se dit quand on veut exprimer quelque chose qui pourrait choquer ceux devant qui l'on parle. Popul., on dit de même, *Sauf le r. que je dois à ta compagnie. Parlant par r.* || *R. humain,* La crainte qu'on a du jugement et des discours des hommes. *Il a fait cela par r. humain. Le r. humain fait commettre beaucoup de fautes.* = Syn. Voy. CONSIDÉRATION.

RESPECTABILITÉ. s. f. Caractère respectable d'une personne.

RESPECTABLE. adj. 2 g. Qui mérite du respect. *Cette personne est r. par son âge et par ses vertus. Un caractère r. Il porte un nom r.; mais il le déshonore par sa conduite.*

RESPECTER. v. a. (R. respect). Honorer, révérer, porter respect. *R. quelqu'un. R. la vertu, la vieillesse. Je respecte son caractère, sa dignité. R. la vérité. R. les lieux saints. C'est un homme qui ne respecte rien.* || Fig., Épargner, ne point porter atteinte. *Le temps a respecté les noms illustres. La médisance a respecté sa vertu. Je respecte votre erreur, votre faiblesse. Le temps a respecté ces anciens monuments.*

L'épi naissant mûrit, de la faux respecté.

ANDRÉ CHÉNIER.

= SE RESPECTER. v. pron. Garder avec soin la décence et la bienséance convenable à son sexe, à son état, à son âge. *C'est une femme qui se respecte, qui se fait r. Un magistral doit savoir se r.* = RESPECTÉ, ÉE. part. *Un nom, un titre respecté.* = Syn. Voy. ADORER.

RESPECTIF, IVE. adj. (bas lat. *respectivus*, m. s.). Qui a rapport à chacun en particulier, qui concerne réciproquement les parties intéressées, les choses correspondantes. *Droits, intérêts respectifs. Demandes, prétentions, servitudes respectives.*

RESPECTIVEMENT. adv. [Pr. respek-tive-man]. D'une manière respective, d'une manière réciproque. *Ils ont présenté r. leurs requêtes. Ils sont r. maintenus dans leurs droits.* || Dans l'ordre indiqué. *Ces quatre propositions sont r. fausses, scandaleuses, dangereuses, téméraires, etc. La première est fausse, la seconde est scandaleuse, la troisième est dangereuse, etc.*

RESPECTUEUSEMENT. adv. [Pr. respek-tueu-zeman]. Avec respect. *Parler, écrire r. à quelqu'un. S'approcher r. de l'autel.*

RESPECTUEUX, EUSE. adj. [Pr. respek-tueu, euze]. Qui témoigne du respect. *Cet enfant est fort r. envers ses parents.* || Qui marque du respect. *Il l'aborda d'un air r. d'une manière respectueuse. Ce langage n'est pas r. Garder un silence r. Écrire en termes r.* || T. Jurispr. *Acte r.,* Voy. ACTE.

RESPIRABILITÉ. s. f. Qualité d'un gaz qui peut servir à la respiration.

RESPIRABLE. adj. 2 g. (lat. *respirabilis*, m. s.). Qu'on peut respirer. *Cet air n'est pas r. Les gaz respirables.*

RESPIRATEUR. adj. m. Qui sert à la respiration.

RESPIRATION. s. f. (Pr.-... *sion*) (lat. *respiratio*, m. s.). **Physiol. animale.** — La r. est la fonction qui a pour but d'assurer la nutrition des tissus en fournissant au sang l'oxygène nécessaire aux combustions organiques; l'acide carbonique et les produits résultant de ces modifications sont ensuite éliminés.

La r., considérée au point de vue mécanique, comprend deux temps : 1° l'*inspiration* qui correspond à l'introduction de l'air dans l'appareil respiratoire (fosses nasales (1), pharynx, larynx, trachée, bronches, poumons); 2° l'*expiration* qui répond à l'expulsion de l'air. L'adulte respire normalement seize fois par minute environ; l'expiration a une durée un peu plus longue que l'inspiration. Les mouvements respiratoires sont des actes réflexes, dus au *besoin d'inspirer* ou *d'expirer* qui est constitué par des sensations spéciales venant du poumon et transmises par les nerfs pneumo-gastriques à un centre nerveux particulier situé dans le bulbe rachidien, au niveau de la substance grise du quatrième ventricule ; ce centre, appelé *nœud vital*, est mis en activité par les excitations venant de la peau ou des muqueuses (contact du froid, du chaud, etc.) et surtout grâce à l'intervention des nerfs pneumogastriques qui jouent un rôle capital dans la r. Les nerfs moteurs qui se rendent aux muscles de la paroi thoracique prennent une part active aux mouvements respiratoires ; le *nerf phrénique*, qui innerve le diaphragme, a particulièrement un rôle important.

II. *Phénomènes mécaniques et physiques de la respiration.* — Dans l'inspiration la cage thoracique se dilate et amène ainsi une augmentation de volume du cône respiratoire; le poumon suit en effet, grâce au *vide pleural*, tous les mouvements de la paroi thoracique dont il n'est séparé que par la plèvre, qui facilite ses glissements. Voy. PLÈVRE.

Par suite de la dilatation du thorax et du poumon, il se produit, entre l'air intérieur et l'air extérieur, une différence de pression qui amène la pénétration du premier dans les voies respiratoires. — La dilatation de la poitrine, dans l'*inspiration*, peut se faire de deux manières : par la contraction du diaphragme, ou par l'élévation des côtes. Dans l'état de repos, le diaphragme est convexe du côté de la poitrine et concave du côté de l'abdomen, de manière à représenter une voûte. Lorsqu'il se contracte, sa convexité diminue et il tend de plus en plus à former un plan horizontal ; la cavité thoracique se trouve donc ainsi augmentée suivant son diamètre vertical. Le jeu des côtes est un peu plus compliqué. Au moment de l'inspiration, les côtes, qui étaient obliquement dirigées d'arrière en avant et de haut en bas, éprouvent un mouvement d'élévation ; le centre du mouvement étant à l'articulation costo-vertébrale, le mouvement d'élévation de ces os, très peu étendu en arrière, devient d'autant plus grand qu'on s'approche davantage de leur extrémité antérieure ; ce mouvement d'élévation des côtes augmente les espaces intercostaux et entraîne une augmentation de la cavité thoracique dans le diamètre antéro-postérieur. Mais les côtes, dans l'inspiration, ne s'élèvent pas simplement : elles exécutent encore une sorte de mouvement de rotation sur elles-mêmes, ou mieux, comme dit Béclard, autour d'une corde fictive qui réunirait l'extrémité vertébrale et l'extrémité sternale de la côte ; ce mouvement, qui a pour effet d'agrandir le diamètre transversal de la poitrine, est peu sensible dans les inspirations ordinaires ; mais il devient très apparent dans les inspirations très fortes. Enfin, le sternum, auquel viennent se fixer toutes les côtes, donne à tous leurs mouvements un caractère d'ensemble ; il se trouve élevé en même temps qu'elles ; mais de plus, il est projeté en avant, attendu que celles-ci, en s'élevant, agrandissent le diamètre antéro-postérieur de la cage pectorale. L'augmentation des diamètres antéro-postérieur et transversal de la poitrine est très peu considérable dans les inspirations ordinaires, car alors l'agrandissement de cette cavité s'effectue surtout dans le sens vertical, c.-à-d. par le jeu du diaphragme. Dans les inspirations forcées, chez un adulte de taille moyenne bien conformé, l'augmentation du diamètre antérieur, prise au niveau de l'extrémité inférieure du sternum, est, suivant Béclard, d'environ 3 centimètres, et celle du diamètre transversal, prise au niveau de la septième ou huitième côte, peut être portée à 4 centimètres. — L'acte de l'*expiration* est beaucoup plus

(1) C'est le nez que doit se faire la r. et non par la bouche ; en traversant les narines, l'air se charge de vapeur d'eau et se met à la même température que le corps.

simple que celui de l'inspiration. Dans la r. ordinaire, le retour au repos des agents actifs de la r., retour qui s'opère en vertu de l'élasticité des parties cartilagineuses et du relâchement des parties musculaires, suffit pour le déterminer. Néanmoins, dans certains cas, les puissances musculaires doivent intervenir pour donner plus de vivacité à l'expiration, on peut la graduer : c'est ce qu'on observe surtout dans les efforts violents pour augmenter la force de la voix et dans les variations de *forte* et de *piano* qu'un chanteur imprime à son chant. — Le poumon est tout à fait passif dans l'inspiration. Dans ce mouvement, il suit nécessairement, par suite de la pression de l'air intérieur et en vertu de l'extensibilité de son tissu, les mouvements d'ampliation de la cavité thoracique, et il ne cesse pas d'être exactement appliqué contre les parois. Dans l'expiration, au contraire, il joue un rôle à la fois passif et actif. En effet, lorsque les parois pectorales reviennent sur elles-mêmes, il est comprimé par elles, et, en même temps, il obéit à sa propre élasticité, de sorte qu'il concourt réellement à l'expulsion de l'air qu'il renferme.

La r. ne s'effectue pas d'une façon identique chez tous les individus ; ainsi on distingue suivant les sexes deux types différents ; le *type costo-inférieur*, qui est particulier à l'homme, est caractérisé par ce fait que la cavité thoracique se développe surtout dans sa partie inférieure, au niveau des dernières côtes ; le contraire a lieu pour la femme qui réalise le *type costo-supérieur*; les mouvements respiratoires sont plus marqués dans la partie supérieure de la poitrine.

Le passage de l'air dans le poumon produit aux deux temps de la r. un bruit particulier, *murmure respiratoire* ou *vésiculaire*, perceptible à l'auscultation.

On évalue à un demi-litre la quantité d'air inspiré ou expiré à chaque mouvement respiratoire ordinaire (*air de la respiration*); quand la r. est anormale ce chiffre peut varier d'une façon très sensible ; on sait en effet que quand le thorax est développé au maximum, les poumons peuvent contenir en moyenne quatre litres et demi d'air ; l'expiration la plus profonde ne permet pas l'expulsion complète de tout l'air intra-pulmonaire, il reste toujours environ un litre et demi d'air, *air résiduel*, qui ne peut être rejeté, le poumon étant toujours maintenu dans un certain degré de dilatation. La *capacité respiratoire* ou *pulmonaire*, c.-à-d. la quantité d'air qui peut être aspirée ou rejetée dans un effort respiratoire violent, est indiquée par la différence des deux derniers chiffres que nous venons de mentionner, elle correspond donc à trois litres et demi ; il s'agit là de données moyennes, variables avec la taille de l'individu. On nomme : *air de réserve* la quantité d'air qui peut encore être expulsée après une expiration ordinaire, *air complémentaire* l'air qui peut encore être aspiré après l'inspiration normale. Ces différentes indications ont pu être obtenues à l'aide d'un appareil spécial : le *spiromètre*.

III. *Phénomènes chimiques de la respiration.* — Les échanges gazeux qui se font au niveau du poumon consistent principalement en absorption d'oxygène et exhalation d'acide carbonique ; l'air expiré contient en effet moins d'oxygène (16 pour 100) que l'air inspiré (21 pour 100), et renferme en revanche une notable proportion d'acide carbonique (4 pour 100), gaz dont il n'existe qu'une très petite quantité dans l'air atmosphérique (4 dix-millièmes). On évalue à 10 mètres cubes la quantité d'air inspiré chaque jour, à 750 grammes (530 litres) le poids de l'oxygène retenu par l'organisme, à 850 grammes (400 litres) le poids de l'acide carbonique exhalé. On peut trouver de plus dans l'air expiré des vapeurs provenant de certaines substances volatiles, introduites dans l'organisme, de la vapeur d'eau, etc. Il n'y a pas de modification au sujet de l'azote. Les échanges gazeux que nous venons d'indiquer, sont les conditions de l'*hématose*, c.-à-d. de la transformation du sang veineux (Voy. SANG) en sang artériel ; le sang veineux ou noir, amené dans le poumon par l'artère pulmonaire (Voy. CIRCULATION), renferme une notable quantité d'acide carbonique qu'il abandonne en partie, et se charge d'oxygène qui se fixe dans le globule sanguin ; sa couleur est alors modifiée : de noir il devient rouge (sang artériel).

Le rôle des poumons est donc de permettre l'hématose : mais c'est dans l'intimité des tissus de l'organisme que se produisent les combustions nécessaires à la réparation des éléments anatomiques, grâce à l'oxygène apporté par le sang des capillaires (sang rouge) ; c'est encore le sang (sang veineux) qui procède à l'élimination des résidus de ces combustions et oxydations, en les transportant dans les organes où ils peuvent être dégagés ; l'acide carbonique est ainsi amené au poumon. Le sang est donc le véhicule de l'oxygène qu'il prend au niveau de l'alvéole pulmonaire pour le transporter aux tissus, et de l'acide carbonique dont il se charge dans l'intimité des tissus pour l'éliminer au niveau du poumon. Pour beaucoup de physiologistes l'acte de l'hématose n'est qu'un phénomène de diffusion de gaz séparés par une membrane inerte; d'autres (Mathias Duval), admettent que le tissu pulmonaire a un rôle plus actif et est doué de la propriété d'absorber l'oxygène et d'éliminer l'acide carbonique.

L'activité respiratoire est augmentée par les mouvements physiques, le travail intellectuel; le froid nécessite une plus grande absorption d'oxygène; la quantité d'acide carbonique éliminée par la femme est moins grande que chez l'homme; mais elle augmente après la ménopause. En tenant compte des 400 litres d'acide carbonique exhalé en 24 heures (16 litres par heure), et des différentes causes de l'impureté de l'air, on estime à 10 mètres cubes la quantité d'air pur dont l'homme doit disposer par heure; un chiffre inférieur serait insuffisant et il pourrait en résulter des accidents (Voy. Asphyxie); l'air respirable doit renfermer moins de 4 p. 1000 d'acide carbonique.

La peau laisse passer les gaz; la r. *cutanée* s'observe, du reste, chez certains animaux (batraciens mollusques).

De la respiration dans la série animale. — A. L'appareil respiratoire des *Mammifères* et celui de l'Homme étant construits sur le même type, les phénomènes de la r. chez ces animaux offrent la plus grande similitude avec ceux qui s'observent dans notre espèce. Il n'y a donc pas lieu d'y insister. Nous nous contenterons de dire que, d'après les expériences de Regnault et Reiset, les Mammifères de petite taille consomment, eu égard à leur poids, par la r., une quantité plus considérable d'oxygène, et produisent de même une quantité plus grande d'acide carbonique : ce qui tient évidemment à l'étendue plus grande de la surface développée des poumons, comparativement au poids de ces animaux.

B. Les *Oiseaux*, comme les Mammifères, respirent tous à l'aide des poumons; mais ces organes présentent dans leur structure diverses particularités remarquables, que nous avons décrites ailleurs. Nous avons également signalé l'énergie singulière avec laquelle s'opère chez eux la fonction respiratoire; en conséquence, nous nous dispenserons d'y revenir ici. Voy. Oiseau, IV.

C. Les *Reptiles* et les *Batraciens* étant des animaux à température variable avec le milieu, la r. est chez eux beaucoup moins active que dans les deux classes précédentes; en conséquence, ils peuvent être privés plus ou moins longtemps d'air ou d'oxygène avant de succomber. Tous ont des poumons, et par conséquent une r. aérienne. Les Batraciens naissent avec des *branchies*, et passent la première période de leur vie dans l'eau, où ils respirent l'air qui s'y trouve dissous. [Fig. Têtard de la Grenouille au second âge, où les poumons commencent à se développer, et où les branchies subsistent encore; d'après Rusconi.] Quelques-uns même conservent encore ces branchies après que leurs poumons se sont développés, et ils peuvent respirer à l'air libre ou dans l'eau : ils sont alors véritablement *Amphibies* (Voy. ce mot). Les poumons des Reptiles et des Batraciens sont, à proprement parler, des sacs simples, ayant à l'intérieur des saillies celluliformes plus ou moins développées qui en augmentent la surface. Tous ces animaux étant dépourvus de diaphragme, ceux qui sont pourvus de côtes mobiles, comme les Crocodiles, les Lézards, les Serpents, respirent au moyen de l'ampliation et du resserrement de la cavité de leur cage par ces os; mais les Batraciens, qui n'ont pas de véritables côtes, et les Chéloniens, dont les côtes sont soudées ensemble et immobiles, ne respirent qu'en avalant l'air. Les Grenouilles, par ex., ferment la bouche et dilatent la cavité orale, d'où résulte un vide qu'occupe aussitôt l'air qui pénètre par les narines; elles ferment alors le pharynx, et, par l'action de leur larynx, obligent l'air à pénétrer dans les poumons, à travers la glotte,

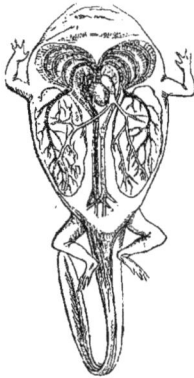

car un mécanisme particulier qui sert à clore les narines ne lui permet pas de s'échapper par là : il est ensuite expulsé, en partie par les muscles, et en partie par l'élasticité des poumons. Chez les Tortues, l'expiration s'opère par la contraction des muscles abdominaux entre le plastron et les muscles postérieurs. Dès que ces animaux ne peuvent plus fermer la bouche, il leur devient impossible de respirer. La r. nous offre encore, chez les Batraciens, une particularité remarquable, c'est le développement singulier qu'acquiert la r. cutanée. Ainsi, Regnault et Reiset ont constaté que des Grenouilles privées de poumons consomment, dans le même temps, les deux tiers de la quantité d'oxygène qu'absorbent des Grenouilles intactes. La proportion d'acide carbonique exhalé est en rapport avec l'oxygène absorbé. Edwards ayant supprimé l'entrée de l'air dans les poumons des Grenouilles, à l'aide d'un capuchon ciré fixé autour du cou, a constaté qu'elles peuvent vivre ainsi, au contact de l'air, un ou plusieurs jours. Mais lorsqu'il submergeait entièrement ces animaux, supprimant ainsi à la fois la r. cutanée et la r. pulmonaire, ils ne vivaient guère au delà de 8 à 10 heures.

D. Tous les *Poissons* respirent, à l'aide de *branchies*, dont nous avons décrit ailleurs les variétés de structure et de disposition (Voy. Poisson), l'air contenu dans l'eau; mais l'air contenu dans l'eau renferme 32 d'oxygène au lieu de 21 seulement que renferme l'air atmosphérique. Il résulte des recherches de Humboldt et de Provençal, que les Poissons qui habitent les rivières se trouvent, eu égard à la quantité d'oxygène que contient le liquide ambiant, dans la même situation qu'un animal qui respirerait un mélange gazeux contenant moins de 1 centième d'oxygène, attendu que l'air dissous dans l'eau ne dépasse jamais 27 millièmes du volume de celle-ci. En outre, la plupart des Poissons viennent encore à la surface de l'eau avaler de l'air atmosphérique. Des Poissons placés dans des récipients pleins d'eau, si on les empêche, au moyen d'un diaphragme de gaz, de venir respirer à la surface, succombent au bout d'un temps plus ou moins long.

E. Dans les articles spéciaux où nous avons consacrés à la description des *Insectes*, des *Arachnides*, des *Crustacés*, des *Mollusques*, des *Annélides*, nous avons fait connaître leur mode de r. et les dispositions principales qu'offre, dans ces diverses classes, l'appareil respiratoire : nous renverrons à ce que nous en avons dit. Quant aux Cœlentérés, on n'y observe en général point d'organe spécial pour la r. Chez la plupart d'entre eux, par conséquent, les échanges gazeux, qui constituent l'essence de la r., s'opèrent par les divers points de la surface tégumentaire tant interne qu'externe. Les Holothuries toutefois sont pourvues d'un organe respiratoire particulier. Enfin, les cils vibratiles qu'on remarque à la surface du corps des *Infusoires*, semblent concourir à la r. cutanée, en renouvelant, par leurs mouvements, l'eau en contact avec cette surface.

Physiol. végétale. — *De la respiration dans les végétaux.* — Pendant longtemps on a cru que chez les végétaux la r. n'était pas la même dans les plantes vertes et dans les plantes privées de chlorophylle, et que dans une plante verte elle différait suivant que la plante était exposée à la lumière ou était soustraite à l'action des rayons solaires. Cette erreur grossière provenait de ce fait que l'on prenait pour un phénomène de r., le phénomène de l'assimilation qui consiste en une décomposition, par la chlorophylle, de l'acide carbonique de l'air avec fixation de carbone et dégagement d'oxygène. Ce phénomène plus intense que le phénomène respiratoire dans les plantes vertes exposées à l'action des radiations solaires, masquait complètement celui-ci.

On sait aujourd'hui que le phénomène de la r. est un phénomène absolument général qui s'accomplit dans tous les tissus vivants, aussi bien chez les plantes que chez les animaux. Il consiste en une absorption d'oxygène et un dégagement d'acide carbonique, et il s'accomplit depuis la naissance jusqu'à la mort, à l'obscurité comme à la lumière.

Pour démontrer ce phénomène, on remplit un ballon avec des graines de fève en germination, et on le relie par un tube coudé avec une éprouvette remplie de mercure et placée elle-même sur une cuve à mercure. On ne tarde pas à voir des bulles de gaz se dégager dans l'éprouvette; ce gaz est de l'acide carbonique, comme on peut le constater en faisant monter dans l'éprouvette un fragment de potasse caustique qui l'absorbera complètement. On peut aussi constater que la proportion d'oxygène a diminué dans l'atmosphère du ballon.

Si l'on considère le rapport du volume d'acide carbonique dégagé au volume d'oxygène absorbé, on trouve que ce

rapport $\dfrac{CO_2}{O}$ est constant pour une plante prise à un état donné.

Il ne varie pas avec les causes qui font varier l'intensité des deux phénomènes, et il est indépendant de la température, de la pression, de l'éclairement, de l'état hygrométrique de l'air, etc.

Mais le rapport $\dfrac{CO^2}{O}$ varie d'une plante à l'autre, d'un organe à l'autre ; il varie aussi avec le développement d'un même membre, avec son âge, avec la saison par conséquent. Ainsi ce rapport est à peu près égal à l'unité à la germination ; il diminue ensuite peu à peu jusqu'à 0,40, puis remonte quand les organes de la nutrition se développent jusqu'au moment de la floraison, où il est maximum, et diminue ensuite jusqu'à la mort.

Le rapport $\dfrac{CO^2}{O}$ est indépendant des conditions extérieures ; mais celles-ci influent sur l'intensité du phénomène. La r. commence déjà à 0°, mais faiblement. Elle augmente ensuite sans cesse avec la température jusqu'à la mort, où la r. cesse brusquement. Il n'y a pas d'optimum de température pour la r. Les radiations lumineuses influent aussi sur l'intensité de la r. ; toutes choses égales d'ailleurs, la lumière retarde la r. Quand l'atmosphère est sèche, la r. est ralentie ; quand elle est humide elle est favorisée ; il y a un degré d'humidité où elle est de nouveau retardée. Enfin, la pression de l'acide carbonique et de l'oxygène influe aussi sur le phénomène respiratoire.

L'absorption de l'oxygène et le dégagement d'acide carbonique, étant toujours dans un rapport constant, peuvent être regardés comme des phases du phénomène de la r. Mais il faut convenir que dans cet acte respiratoire, nous ne connaissons que le commencement et la fin ; les réactions intermédiaires nous échappent. L'oxygène qui rentre dans la composition de l'acide carbonique éliminé, n'est pas le même que celui qui a été absorbé ; nous ignorons où va l'oxygène et d'où vient l'acide carbonique.

Quoi qu'il en soit, toutes ces réactions se réduisent à des oxydations qui produisent la chaleur nécessaire à la plante. Cependant dans quelques cas, notamment pour la décomposition de l'acide carbonique, cette chaleur est insuffisante et la plante est obligée d'emprunter des radiations thermiques. Dans d'autres cas au contraire, toute la chaleur n'est pas consommée et une partie rayonne au dehors ; c'est ce qui se produit dans les organes qui ont une r. très active, comme les graines en germination ou certaines fleurs.

Quand la plante a absorbé tout l'oxygène du milieu ambiant, elle ne tarde pas à périr : elle est asphyxiée. Mais entre le moment de la suppression de l'oxygène et la mort de la plante il s'écoule toujours un certain temps, pendant lequel la plante résiste à l'asphyxie et continue à dégager de l'acide carbonique : c'est la phase de *résistance à l'asphyxie*.

Quand la plante renferme des réserves, cette phase de résistance est beaucoup plus longue. On suppose que dès que les dernières traces d'oxygène ont été absorbées, la plante décompose ses réserves pour en retirer l'oxygène ; il se produit alors de l'acide carbonique qui se dégage et de l'alcool qui s'emmagasine dans les tissus. C'est là le fait caractéristique de l'*alcoolisme*. Malgré cela, la plante ne tarde pas à périr parce qu'elle est tuée par l'alcool ainsi formé ; elle succombe à l'*alcoolisme*. Ainsi donc quand il n'y a plus d'oxygène, il se produit bien encore un dégagement d'acide carbonique, mais celui-ci n'a plus la même origine que celui qui est antérieur à l'asphyxie : c'est un acide carbonique de fermentation et non de r.

Il y a des plantes cependant, qui dans ces conditions résistent à l'asphyxie beaucoup plus longtemps ; mais il faut pour cela les cultiver dans des liquides renfermant des substances sucrées, du glucose, par ex., et des matières minérales. Elles se développent aux dépens de ces matières minérales, mais elles provoquent en même temps la décomposition du glucose en produisant surtout de l'alcool et de l'acide carbonique. On dit alors que le liquide *fermente*, et les plantes qui produisent ce phénomène sont des *ferments*. Ces ferments vivent pendant quelque temps dans les conditions de l'asphyxie, mais il faut les remettre à l'air pour leur conserver cette propriété. Ce sont par conséquent encore des plantes aérobies.

On peut citer à ce point de vue, la levure de bière (*Saccharomyces cerevisiæ*) qui est le facteur principal de la fermentation alcoolique, et le *Saccharomyces ellipsoideus* qui est l'agent de la fermentation vinique. Certaines Moisissures (*Mucor racemosus*, *M. circinelloides*, etc.), résistant aussi à l'asphyxie, et deviennent alors des ferments alcooliques. Cette propriété se retrouve dans des genres très diffé-

rents et n'existe pas chez toutes les espèces d'un même genre. Ainsi le *Saccharomyces mycoderma* et le *Mucor mucedo* ne sont pas susceptibles de résister à l'asphyxie. C'est donc une propriété spécifique, et aussi transitoire.

Il y a cependant des plantes qui doivent vivre à l'abri de l'air, car elles sont tuées par l'oxygène libre : elles sont *anaérobies*. Tel est le *Bacillus amylobacter*, qui est l'agent de la fermentation butyrique : il emprunte l'oxygène aux hydrates de carbone, et les décompose en hydrogène, acide carbonique et acide butyrique. Le *Bacillus septicus*, l'agent de la septicémie, est aussi une plante anaérobie.

Il y a donc deux exceptions à la règle générale de la r. Dans le premier cas, un certain nombre de plantes qui respirent normalement peuvent ne pas respirer pendant un certain temps et vivre à l'état d'asphyxie momentanée. Dans le second cas, elles ne respirent pas du tout, il vit indéfiniment à l'état d'asphyxie. Mais en réalité, ces deux exceptions ne sont qu'apparentes. En effet, dans le premier cas, la plante respire comme tous les êtres tant qu'elle est dans des conditions normales ; mais elle est susceptible de présenter, dans certaines circonstances, une phase de résistance à l'asphyxie de très longue durée. Dans le second cas, cette phase de résistance, transitoire chez les autres plantes, est ici l'état normal.

RESPIRATOIRE. adj. 2 g. [Pr. *respira-toare*]. Qui sert, qui a rapport à la respiration. *Appareil r. Mouvements respiratoires.* Voy. RESPIRATION. *Aliments respiratoires.* Voy. ALIMENT.

RESPIRER. v. n. (lat. *respirare*, m. s., de *re*, préf., et *spirare*, souffler). Attirer l'air dans sa poitrine et le repousser dehors. *R. facilement. Il est asthmatique, il a de la difficulté à r. Il fait si chaud, qu'on ne saurait presque r.* On dit : *Tout ce qui respire,* Tout ce qui vit. *Depuis que je respire,* Depuis que je suis né. *Il ne respire plus,* Il est mort. *Il respire encore,* Il n'est pas encore mort.

> Tant qu'il respirera, je ne vis qu'à demi.
> RACINE.

|| Fig., Prendre, avoir quelque relâche après de grandes peines, après un travail pénible. *Laissez-moi r. un moment. Après tant de calamités, les peuples commençaient à r. Enfin je respire.* || Fig., au sens moral, se manifester, éclater. *L'amour du bien public respire dans toutes ses paroles, dans toutes ses actions,* Tout ce qu'il dit, tout ce qu'il fait annonce qu'il est animé du l'amour du bien public. *L'enthousiasme respire dans cette ode.* || R. après quelque chose, Désirer quelque chose avec ardeur. *Elle respire après le retour de son fils. Il ne respirait qu'après ce changement.* = RESPIRER. v. a. *R. un bon air. R. un air corrompu. L'air que nous respirons. R. le frais. R. l'air natal.* || Fig., Annoncer, exprimer, témoigner vivement. *Dans cette maison, tout respire la santé, la joie. Ses discours respirent la bonté.*

> Je respire à la fois l'inceste et l'imposture.
> RACINE.

|| Fig., Désirer ardemment. *Il ne respire que la vengeance. Ils semblaient r. les combats. Elle ne respire que les plaisirs.* = RESPIRÉ, ÉE. part. = Syn. Voy. ASPIRER.

RESPLENDIR. v. n. [Pr. *resplan-dir*] (lat. *resplendere*, m. s., de *re*, préf., et *splendere*, briller). Briller avec un grand éclat. *La nuit était admirable, la lune resplendissait. Il y avait une multitude de lumières, et tout le palais resplendissait. Tout resplendit de lumière.* || Fig., *Il resplendit de santé. Sa figure resplendissait de joie.*

RESPLENDISSANT, ANTE. adj. [Pr. *resplan-di-san*]. Qui resplendit. *Tout r. de lumière.* || Fig., *Une beauté resplendissante. Sa figure est resplendissante de santé. Il était r. de joie.*

RESPLENDISSEMENT. s. m. [Pr. *resplan-di-se-man*]. Grand éclat formé par le rayonnement, par la réflexion de la lumière. *Ce grand amas de lumière formait un r. merveilleux.*

RESPONSABILITÉ. s. f. (R. *responsable*). Obligation de répondre de ses actions ou de celles des autres, ou d'être garant de quelque chose. *La r. des ministres. La r. des officiers publics. J'en ai la r. Je prends cela sous ma r. Vous assumez là une grande r.* — *R. morale,* qui ne considères les actes qu'au point de vue de l'infraction à la loi morale.

Législ. — *Responsabilité civile.* — Cette r. consiste dans l'obligation de réparer, au moyen d'une indemnité pécuniaire, le préjudice résultant directement ou indirectement d'un fait dont on est l'auteur. Le principe de la r. civile est inscrit dans le fameux article 1382 du code civil qui est ainsi conçu : « Tout fait quelconque de l'homme, qui cause à autrui un dommage, oblige celui par la faute duquel il est arrivé, à le réparer. » La loi admet en outre que chacun est responsable du dommage qu'il a causé, non seulement par son fait, mais encore par sa négligence ou par son imprudence (Code civil, art. 1383). Enfin, on est responsable non seulement du dommage que l'on cause par son propre fait, mais encore de celui qui est causé par le fait des personnes dont on doit répondre ou des choses que l'on a sous sa garde (Même code, art. 1384). Ainsi les maîtres sont responsables du dommage causé par leurs domestiques, les instituteurs et artisans de celui qui est causé par leurs élèves et apprentis pendant tout le temps qu'ils sont sous leur surveillance. Nous signalerons à ce propos la dérogation partielle apportée à l'article 1384 par la loi du 20 juillet 1899 qui a substitué la r. de l'État à celle des *membres de l'enseignement public,* pour tous les accidents résultant du fait des élèves confiés à leur garde.

RESPONSABLE. adj. 2 g. (lat. *responsum,* sup. de *respondere,* répondre). Qui est obligé de répondre de ses propres actions ou de celles des autres, ou d'être garant de quelque chose. *Sous le régime parlementaire, les ministres sont responsables, du moins en principe.*

Qui donne à sa fille un responsable de son hait.
Est responsable au ciel des fautes qu'elle fait.
MOLIÈRE.

Je vous rends r. de ce qui se fera. Vous serez r. des conséquences. Je ne suis point r. des fautes d'autrui. En certains cas, un maître est civilement r. pour ses domestiques, un père pour ses enfants mineurs. R. à la prospérité. R. envers la patrie. — *Gérant r.,* gérant d'une publication périodique désigné pour répondre devant la loi des délits que pourrait commettre cette publication.

RESPONSIF, IVE. adj. (lat. *responsivus,* m. s., de *respondere,* répondre). T. Pal. Qui contient une réponse. *Mémoire r.*

RESSAC. s. m. [Pr. *re-sak*] (provenç. *resacco,* de l'esp. *resaca,* m. s.). T. Mar. Retour violent des vagues vers le large après qu'elles ont frappé avec impétuosité une terre, un obstacle.

RESSAIGNER. v. a. [Pr. *re-sè-gner,* gn mouill.]. Saigner de nouveau. *On a ressaigné le malade.* = RESSAIGNÉ. v. n. Laisser couler de nouveau du sang. *Sa plaie a ressaigné.* = RESSAIGNÉ, ÉE. part.

RESSAISIR. v. a. [Pr. *re-sè-zir*] (R. *re,* préf., et *saisir*). Reprendre, se remettre en possession de quelque chose. *Je ressaisirai ce meuble partout où il se rencontrera. R. l'autorité.* = SE RESSAISIR. v. pron. Reprendre possession de soi-même. *L'émotion lui coupa la parole; mais il se ressaisit rapidement et parvint à dissimuler son trouble.* || *Se r. de quelque chose,* le reprendre. *Je me suis ressaisi de mes effets. Il parvint à se r. du pouvoir.* = RESSAISI, IE. part.

RESSANGLER. v. a. [Pr. *re-sangler*]. Sangler de nouveau un cheval ou une autre bête de somme. = RESSANGLÉ, ÉE. part.

RESSASSER. v. a. [Pr. *re-sa-ser*]. Sasser de nouveau. *R. de la farine.* || Fig. et fam., *R. quelqu'un, r. la conduite de quelqu'un; R. un ouvrage, r. une affaire, r. un compte,* Examiner avec soin, et dans les plus grands détails, la conduite de quelqu'un, un ouvrage, une affaire, etc., pour voir s'il n'y a rien à y reprendre. — Fam., on dit encore de quelqu'un qui revient toujours sur les mêmes choses, *Il ne fait que r. les mêmes choses;* et d'une question qui a été souvent discutée, qui n'offre rien de nouveau, *Cette question a été sassée et ressassée.* = RESSASSÉ, ÉE. part.

RESSASSEUR. s. m. [Pr. *resa-seur*]. Celui qui ressasse, qui revient sans cesse sur les mêmes idées.

RESSAUT. s. m. [Pr. *re-so*] (R. *re,* préf., et *saut*). T. Archit. Se dit de l'effet produit par toute partie qui, au lieu d'être continue sur une même ligne, vient en dehors et fait saillie. *Entablement à ressauts. Les pilastres de cette façade forment autant de ressauts.* — On dit de même qu'*Un limon d'escalier fait r.,* Lorsqu'il s'abaisse de distance en distance par une ligne verticale. || Fig., *Les ressauts de la conversation.*

RESSAUTER. v. n. [Pr. *re-soter*]. Sauter de nouveau. *Il sautait et ressautait par-dessus la corde.* — On dit aussi activ., *R. un fossé.* || T. Archit. Se dit des parties qui font ressaut, qui ont des ressauts. *Entablement, corniche qui ressaute.*

RESSAYER. v. a. [Pr. *ré-sè-ier*]. Essayer de nouveau. = RESSAYÉ, ÉE. part.

RESSELLER. v. a. [Pr. *re-sè-ler*]. Seller de nouveau. *Il faut vite r. mon cheval.* = RESSELLÉ, ÉE. part.

RESSEMBLANCE. s. f. [Pr. *re-san-blanse*] (R. *ressembler*). Rapport, conformité entre des personnes, entre des choses. *Il y a une grande r. entre ces deux personnes, entre ces deux choses. La r. entre eux est frappante. Il y a une r. parfaite entre leurs caractères.* || Se dit particul. de la conformité entre l'image, l'imitation d'un objet et l'objet imité. *Il n'y a guère de r. de cette copie à son original, entre la copie et l'original. Ce peintre a bien saisi la r., a manqué la r.* || Sedit quelquefois pour l'image exacte. *Ce fils est la vraie r. de son père, c'est toute sa r. J'ai d'abord reconnu votre fils, c'est toute votre r.* || Se tromper à la r., Prendre pour la même chose ou pour la même personne, deux choses ou deux personnes qui se ressemblent. = RESSEMBLANT, ANTE. adj. Qui ressemble. *Ce portrait est r., n'est pas r. Cette copie n'est guère ressemblante. Voilà deux hommes bien ressemblants,* Qui se ressemblent beaucoup.

Syn. — *Semblable.* — Deux objets sont *ressemblants* lorsqu'ils ont la même forme, la même figure, la même apparence; deux objets sont *semblables* lorsqu'ils ont des rapports communs qui peuvent les faire comparer, assimiler. Un portrait est *ressemblant,* s'il rend bien la figure; deux jumeaux sont *ressemblants,* si l'on reconnaît l'un quand on connaît l'autre. On ne dira pas d'Achille qu'il est *ressemblant* à un lion, mais qu'il est *semblable* à un lion. On peut dire de deux hommes qui n'ont aucune *r.,* qu'ils sont *semblables* de caractère, etc. Les hommes sont les *semblables* les uns des autres, bien qu'ils soient loin d'être *ressemblants.*

RESSEMBLER. v. n. [Pr. *re-san-bler*] (R. *re,* préf., et *sembler*). Avoir du rapport, de la conformité avec quelqu'un. *Ce fils ressemble à son père. Il vous ressemble de taille, de visage, de caractère. Il lui ressemble en beau, en laid. Leurs caractères se ressemblent.* Fam., *Ces deux personnes se ressemblent comme deux gouttes d'eau.* Prov., *On se ressemble de plus loin,* se dit de parents qui ont un air de famille ou les mêmes inclinations. *Qui se ressemble s'assemble,* Voy. ASSEMBLER. || Se dit aussi des choses qui présentent des traits, des caractères communs. *Ces deux édifices se ressemblent. Cette vallée ressemble à la vallée de Campan. La révolution d'Angleterre ne ressemble guère à la Révolution française.* — Prov., *Les jours se suivent et ne se ressemblent pas,* Le cours de la vie nous offre une succession de joies et de peines, de plaisirs et de malheurs. On dit aussi de deux choses fort différentes, *Cela ne se ressemble pas.*

Quand sur une personne on prétend se régler,
C'est par les beaux côtés qu'il lui faut ressembler.
MOLIÈRE.

|| Offrir l'image, l'imitation exacte d'un objet. *Ce portrait vous ressemble d'une manière frappante. Cette copie ne ressemble guère à l'original.* — Fam., *Cela ressemble à tout,* se dit d'une chose commune, qui n'a point de caractère propre. *Cela ne ressemble à rien,* se dit, en bonne part, d'une chose d'un goût original et nouveau; et plus ordin., en mauvaise part, d'une chose d'un goût bizarre et très mauvais. || Fig. et fam., *Je n'ai pu croire telle chose de vous, cela ne vous ressemble pas,* Cela n'est pas conforme à votre caractère, à votre manière de penser, à tout ce que l'on connaît de vous. — *Ce poète, ce peintre, ce musicien, etc.,* se

ressemble, Il se copie lui-même, ou il ne met point assez de variété dans ses ouvrages.

RESSEMELAGE. s. m. [Pr. *re-se-melaje*]. Action de ressemeler; le résultat de cette action.

RESSEMELER. v. a. [Pr. *re-se-meler*] (R. *re*, préf. et *semelle*). Mettre de nouvelles semelles à une vieille chaussure. R. *des bas, des souliers.* = RESSEMELÉ, ÉE. p. = Conj. Voy. APPELER.

RESSEMER. v. a. [Pr. *re-se-mer*]. Semer de nouveau. = RESSEMÉ, ÉE. part. = Conj. Voy. GELER.

RESSENTIMENT. s. m. [Pr. *re-san-timan*] (R. *ressentir*). Faible renouvellement d'un mal qu'on a eu, d'une douleur qu'on a ressentie. *Il n'est pas encore délivré de sa fièvre, il en a quelques ressentiments. J'ai encore eu un léger r. de ma goutte.* || Au sens moral, Souvenir qu'on garde d'une injure, avec désir de s'en venger. *Il conservera toute sa vie le r. de cette injure.*

Rome, l'unique objet de mon ressentiment !
CORNEILLE.

Se dit quelquefois en bonne part. *Je conserverai toute ma vie un vif r. de vos bienfaits.*

RESSENTIR. v. a. [Pr. *resan-tir*] (R. *re*, préf., et *sentir*). Sentir, éprouver. *Il a ressenti cette nuit des douleurs de colique. R. du bien-être, du malaise.* — Au sens moral, *Il a ressenti très vivement la perte de son ami, la perte de ce procès. Elle ressent vivement cette injure. Je ressens, comme je dois, les obligations que je vous ai.*

Tout ressent sur ses yeux les charmes innocents.
RACINE.

|| SE RESSENTIR. v. pron. Avoir un ressentiment. *Il se ressent toujours de sa sciatique. Il se ressentit longtemps de l'injure qu'il avait reçue.* || Signifie encore, Éprouver les suites, les conséquences fâcheuses, l'influence nuisible de quelque chose. *Il se ressentira toute sa vie des débauches de sa jeunesse. Ce pays a été ruiné par la guerre, il s'en ressentira longtemps. Cet ouvrage se ressent beaucoup des préjugés du siècle où vivait l'auteur.* Fam., *Il m'a fait un mauvais tour, mais il s'en ressentira*, Mais je saurai m'en venger. || *Se ressentir*, se dit quelquefois en bonne part. *Si je fais une grande fortune, mes amis s'en ressentiront. Se r. de la libéralité de quelqu'un. Les arts se ressentirent de la protection éclairée du prince. L'industrie ne tarda pas à se r. de l'adoption d'une politique plus libérale.* = RESSENTI, IE. part. || T. B.-Arts. Se dit des formes, des traits, des touches auxquelles l'artiste a donné du caractère et de la force. *Les muscles bien ressentis prouvent la connaissance de l'anatomie dans l'artiste. Les formes de cet Hercule sont trop ressenties.*

RESSERREMENT. s. m. [Pr. *resé-reman*]. Action par laquelle une chose est resserrée. *Le r. des pores arrête la transpiration.* || Fig. et pop., *Le r. de l'argent*, se dit de l'effet produit sur les opérations de crédit par toute cause générale qui tend à les arrêter.

RESSERRER. v. a. [Pr. *resé-rer*]. Serrer davantage ce qui s'est lâché. *Resserrez ce cordon, cette ceinture, ce corset.* — Fig., R. *les nœuds, les liens de l'amitié.* || Déterminer une constriction, rétrécir. *Le froid resserre les pores. Ce médicament resserre le ventre*, ou absol., *resserre*, Il rend le ventre moins libre, moins lâche. || Donner des bornes plus étroites, rendre moins étendu. R. *une rivière dans son lit. Dans cet endroit, les montagnes se rapprochent et resserrent la vallée.* On dit de même, qu'*Un pays est resserré par la mer*, Quand il n'a pas d'étendue dans ici ou tel sens, à cause du voisinage de la mer. — Fig., R. *le pouvoir dans ses justes bornes. C'est trop r. le domaine de la science. Il faudrait r. cet ouvrage, ce discours.* R. *son sujet, sa matière.* || R. *un prisonnier*, L'enfermer dans un lieu où il ait moins de communication avec le dehors; le garder plus étroitement. — *Cette place est fort resserrée, est resserrée de très près*, Les assiégeants ne permettent pas qu'on en sorte, et interceptent les communications avec le dehors. On dit, dans le même sens, *Cette garnison est fort resserrée.* || Remettre une chose dans le lieu d'où on l'avait retirée et où elle était enfermée. *Resserrez ce papier dans votre bureau. Resserrez ces marchandises dans l'armoire.* = SE RESSERRER. v. pron. Se dit dans les trois premières acceptions qui précèdent. *Ce tissu se resserrera au lavage. Les liens de leur amitié se resserraient chaque jour. Le ventre se resserre. Ce pays, ce terrain, cette vallée, cette rivière se resserre en tel endroit.* || Fig. et fam., *Le temps se resserre*, Il devient plus froid. — *Dans un temps de disette, chacun se resserre*, Chacun diminue sa dépense. *Dans un temps de discrédit, l'argent se resserre, les bourses se resserrent.* On craint de prêter son argent. = RESSERRÉ, ÉE. part. || Absol., *Être resserré*, Être constipé.

RESSÉREUR. s. m. [Pr. *re-sé-reur*]. Celui qui resserre.

RESSERVIR. v. n. [Pr. *re-servir*]. Servir de nouveau, être de nouveau utile. || Reprendre de l'emploi en parlant d'un militaire, d'un fonctionnaire. = RESSERVI, IE. part.

RESSORT. s. m. [Pr. *re-sor*] (R. *ressortir*, sortir de nouveau). T. Phys. et Mécan. Élasticité; propriété par laquelle un corps pressé, plié ou tendu, se rétablit de lui-même dans son premier état. *Le r. de l'air comprimé. Cela n'a point de r., manque de r., a perdu de son r.* — *Faire r.*, se dit d'un corps qui, cessant d'être comprimé ou tiré, se remet dans son premier état. *L'air fait r. Une branche pliée fait r.* || Morceau de métal, ou d'autre matière, qui est fait et posé de façon qu'il se rétablit dans sa première situation, quand il cesse d'être comprimé. *Un bon, un mauvais r.* R. *faible, doux, rude, fort.* R. *en spirale.* R. *à boudin. Bander, tendre, lâcher un r. Le r. de cette montre est cassé. Ce r. joue bien, joue mal. Ce r. s'est débandé. Les ressorts qu'on met à une voiture servent à la rendre plus douce.* — Fig., *Cette personne ne se remue que par r.*, Elle n'a rien de naturel dans ses manières, tous ses mouvements sont contraints et comme réglés mécaniquement. Au sens moral, on dit aussi, *Cette personne n'agit que par r.*, Elle n'agit que par le conseil, par l'impulsion d'autrui. — On dit encore Fig., *Les ressorts du gouvernement sont trop tendus. Le corps humain est plein de ressorts merveilleux. L'intérêt est le plus puissant des ressorts qui font mouvoir les hommes.* || Fig., Activité, force, énergie. *Donner du r. à l'estomac, aux fibres*, etc. *Donner du r. à l'esprit, à l'âme. Il y a du r. dans ce caractère. Cet homme n'a point de r., manque de r. Son âme a perdu tout son r. L'esclavage brise tous les ressorts de l'âme.* || Fig., Moyen dont on se sert pour faire réussir quelque dessein, quelque affaire. *Il fait mouvoir toutes sortes de ressorts pour venir à ses fins. On a fait jouer dans cette affaire des ressorts abominables. Le grand r. de cette affaire était....*

Par quels secrets ressorts, par quel enchaînement
Le ciel a-t-il conduit ce grand événement?
RACINE.

Mécan. — On désigne sous le nom générique de *Ressort*, en mécanique, un corps métallique ou autre qui, sous l'action de forces déterminées le comprimant ou le distendant, reprend sa forme primitive sans déformation sensible, grâce à son élasticité (Voy. ÉLASTICITÉ), dès que cette force cesse d'agir sur lui. Cette propriété commune à un grand nombre de corps, est fréquemment utilisée dans la pratique. Parmi les matières qui répondent le mieux à ces conditions, sont compris : l'acier, le cuivre rouge, le laiton, le fer, le caoutchouc, etc. Mais, on donne plus particulièrement le nom de ressorts à des lames, des fils métalliques, des substances diverses, constitués de façon à reprendre d'une manière instantanée leur première situation, lorsque ces objets ne sont plus comprimés ou cessent d'éprouver une tension quelconque.

L'acier, lorsqu'il a subi une trempe préalable, est celui de tous les métaux possédant l'élasticité la plus considérable et la plus parfaite. C'est aussi le métal que l'on emploie le plus souvent pour la fabrication des ressorts et qui trouve dans les industries de toute nature les applications les plus variées. Les autres métaux usités encore pour remplir le même but sont, ainsi que nous l'avons dit plus haut, le laiton, le cuivre rouge, le fer. Cependant, depuis quelques années, on emploie également pour un certain ordre de ressorts, dans certaines circonstances que nous énumérerons plus loin, différents alliages dans la composition desquels le PALLADIUM (Voy. ce mot) est le principal facteur.

Ajoutons que, parmi les matières d'origine végétale, le caoutchouc jouit aussi à un haut degré d'une élasticité qu'on ne manque pas de mettre à profit. On en fait des ressorts d'une énergie moins grande que celle des ressorts métalliques, il est vrai, mais qui, néanmoins, rendent d'importants services et reçoivent de fort nombreuses applications mécaniques et autres.

Il n'est pas jusqu'aux gaz, à la vapeur d'eau, en particulier, dont l'action élastique ne soit utilisée. On sait en effet que la vapeur introduite dans des conditions voulues, à l'intérieur du cylindre d'une machine, joue exactement le rôle d'un r. ordinaire sur le piston, en l'obligeant à parcourir alternativement toute la longueur de ce cylindre, de haut en bas et du bas en haut. Mais nous n'avons pas quant à présent, à nous étendre plus longuement sur cette propriété de la vapeur et des gaz. Voy. GAZ et VAPEUR.

Ces considérations générales établies, nous examinerons maintenant et étudierons les divers types de ressorts, sous le rapport de leurs formes et de leurs usages courants.

Il existe différents systèmes de ressorts classés d'après la forme qui leur est donnée et l'objet spécial pour lequel ils ont été fabriqués. L'énumération de ces ressorts, du moins en ce qui concerne ceux de métal, et particulièrement d'acier, peut se résumer en *ressorts à lames plates* et *ressorts à boudin*. Les ressorts établis avec des matières élastiques comme le caoutchouc, ont des formes variées ; ils sont en *olives*, en *rondelles*, en *feuilles* ou *lamelles*. Disons entre parenthèses que les textiles eux-mêmes, quand on les soumet à une certaine torsion, peuvent être considérés comme des ressorts.

Les ressorts à lames plates trouvent une application immédiate dans les modes de suspension de véhicules de toute espèce. Les caisses des voitures ordinaires, celles des wagons de chemin de fer et aussi les chaudières et organes principaux des locomotives et locomobiles sont soutenues par des ressorts de ce genre. Un r. de cette espèce est constitué par une série de lames d'acier trempé légèrement cintrées et que l'on superpose les unes aux autres. La lame extérieure, celle qui a les dimensions les plus considérables ou longueur, reçoit le nom de *maîtresse lame* ou *maîtresse feuille*. Chacune de ses extrémités, afin de faciliter leur accrochage à la caisse du véhicule que le r. entier doit supporter, est contournée et repliée sur elle-même de manière à venir saisir, en s'articulant avec lui, un boulon qui traverse une pièce rigide fixée à demeure sous la caisse ou le châssis. On donne à l'ensemble de cet assemblage le nom de *main de r.* À leur centre, c.-à-d. à mi-distance de leurs deux extrémités, les lames sont maintenues en place par une sorte d'étrier ou de frette métallique que l'on enserre et que l'on appelle *bride*. Ces lames ou feuilles de r. reposent, avons-nous dit, les unes sur les autres ; or, dans le but de s'opposer de leur part à tout déplacement latéral, ce qui diminuerait d'autant la force et la résistance du r., on a soin de pratiquer d'outre en outre, à quelque distance de la partie terminant chaque lame, une sorte d'entaille dans laquelle peut glisser et suivant sa direction, c.-à-d. longitudinalement, un tenon rivé sur la feuille située immédiatement au-dessous de la précédente. Dès lors, suivant que la charge augmente ou diminue, les tenons peuvent glisser légèrement les unes sur les autres, soit que leur forme tende à se rapprocher de l'horizontale, soit qu'elles reprennent leur cintre primitif. Le nombre de ces lames, leurs dimensions ou longueur, largeur et épaisseur, la courbure qu'on leur donne, varient naturellement suivant la valeur de la charge que doit supporter le r. Le plus souvent ces mesures se déterminent par le calcul. Les *tampons de choc* sont aussi munis de ressorts analogues, dans le but de diminuer la violence du heurt des wagons les uns contre les autres.

Les ressorts à lames plates s'emploient dans un grand nombre d'industries différentes de celle de la carrosserie. Les arquebusiers en font constamment usage pour la confection des batteries d'armes ; dans ce cas, on donne à ces lames l'acier le nom de *ressorts d'armes*. Dans les anciens fusils à percussion, on en distinguait de deux sortes : le *grand r.* tout les lames repliées sur elles-mêmes de manière à former un angle aigu maintenaient le marteau ou chien armé ; un second r., dit r. *de gâchette* ou *petit r.*, s'appuyait d'un côté par l'extrémité d'une de ses branches sur la gâchette et, de l'autre, pénétrait dans un cran disposé sur une pièce spéciale appelée *noix*. En appuyant sur la gâchette, le r. obéissant à l'impulsion donnée faisait tourner la noix et dégageait brusquement l'extrémité d'une des branches du grand r., encastrait également dans un autre cran de la noix. Le chien ou marteau se trouvait ainsi violemment poussé en avant en se déclenchant et venait frapper sur la capsule fulminante qui enflammait et faisait partir la charge. Ce dispositif existe encore légèrement modifié dans les armes de chasse actuelles.

Quant aux armes de guerre, les *ressorts d'armes* sont formés par une combinaison de ressorts à lames plates et de *ressorts à boudin*, dont nous allons parler plus loin.

L'horlogerie fait un usage courant des ressorts à lames plates qui, dans ce genre d'industrie, ont une largeur et une épaisseur très faibles, tandis que leur longueur est relativement considérable ; la flexibilité de ces lames est très grande. Une lame de cette sorte, enroulée en spirale autour d'un arbre maintenant fixe une des extrémités de cette lame, se nomme le *grand r.* d'une pendule, d'une horloge ou d'une montre ; ce grand r. sert à produire le mouvement des rouages par l'intermédiaire d'une autre pièce appelée *barillet* sur lequel est fixée l'autre extrémité du grand r.; le tout se trouve enfermé dans une sorte de boîte cylindrique ou tambour. Si l'on vient à faire tourner l'arbre ou le barillet de telle manière que la lame flexible enroulée autour de l'une de ces pièces soit obligée, par l'effort produit, de s'enrouler sur l'autre, il se produit une tension du grand r., qu'on lorsqu'on l'abandonne ensuite à lui-même, tend par son élasticité à reprendre sa position première ; il se déroule progressivement en imprimant un mouvement de rotation à l'arbre ou au barillet, suivant le cas, et par cela même met en mouvement les différents rouages dont l'ensemble constitue le mécanisme d'horlogerie. Dans certaines pendules, à sonnerie, dans les montres dites à répétition, c'est encore une un ressort à lames plates qui joue le rôle de timbre. La lame, enroulée sur elle-même et formant de larges spires sans contact direct entre elles, reçoit le choc du marteau de sonnerie ; elle vibre alors et résonne.

Le r. *à boudin* forme la seconde grande classe de ressorts usités en mécanique et dans l'industrie. Ce r. se fabrique non plus avec des lames plates, mais avec un fil d'acier trempé de diamètre plus ou moins considérable suivant l'intensité de la force qui agit sur lui par compression ou par extension. Pour faire un pareil r. on l'enroule en fil d'acier autour d'un mandrin en prenant soin que toutes les spires de l'hélice ainsi obtenue aient une égale tension. En général, la trempe du métal n'a lieu qu'après son enroulement autour du cylindre. Si l'on vient à opérer une tension sur chacun des bouts du r., de manière à écarter les spires les unes des autres, le r., grâce à son élasticité, développe une force en sens inverse cherchant à faire reprendre à ces spires leur position première. Lorsque l'effort produit tend à rapprocher ces spires les unes des autres, c.-à-d. quand on agit par pression sur le r. à boudin, l'effet inverse se produit et, toujours grâce à l'élasticité de ses éléments, celui-ci tend à reprendre sa longueur primitive. Dans les deux cas, la force élastique du r. est proportionnelle à la variation de longueur de l'axe, relation très remarquable par sa simplicité dont on trouve une application intéressante dans l'*Indicateur* de Watt. Voy. INDICATEUR. On trouve en mécanique de très nombreuses applications de ce système de r. Dans les armes de guerre modernes, c'est un r. à boudin qui, en se détendant subitement sous l'action transmise par la gâchette, entraîne avec lui le percuteur venant frapper sur l'amorce de la cartouche afin de produire la charge de poudre contenue dans cette cartouche. Comme nous l'avons fait observer plus haut, l'action élastique des ressorts à boudin se combine avec celle des feuilles de ressorts à lames plates, pour amortir le choc qui ne manquerait pas de se produire dans les divers wagons composant un convoi de voyageurs ou de marchandises sur une ligne de chemin de fer, quand on procède à leur accrochage entre eux ou entre l'un de ceux-ci et la locomotive qui doit remorquer le train.

Les ressorts à boudin, faits avec du cuivre rouge, du laiton ou du fer, et dont la confection est la même que celle des ressorts à boudin en acier, trouvent plus souvent leur emploi dans la garniture de nombre d'objets mobiliers. Les tapissiers s'en servent pour placer à l'intérieur de chaises et de fauteuils et avoir ainsi des sièges plus moelleux, plus élastiques que ceux qui sont uniquement garnis de bourre ou de laine. Dans les pièces de literie appelées sommiers, ce sont aussi des ressorts à boudin, symétriquement disposés et recouverts d'une toile, sur lesquels se placent les matelas. On donne dans le cas actuel, à ces ressorts, la forme extérieure d'un solide d'égale résistance, c.-à-d. celle de deux troncs de cônes réunis par leurs plus petites bases, afin d'augmenter notablement leur élasticité naturelle.

Les ressorts en caoutchouc ont la forme d'olives ou de rondelles superposées et maintenues en place par une tige cylindrique de fer ou d'acier qui les traverse en passant par leur centre ; la carrosserie industrielle en fait un usage courant. Ils sont fréquemment usités pour soutenir les caisses de certains véhicules, celles de tramways en particulier. La force qu'ils développent réagit contre la compression qu'ils subissent. Enfin, les ressorts de même matière mais taillés en lanières s'emploient en agissant sur eux par traction et allongement; leur emploi est plus restreint. On les utilise par ex. dans les établissements de gymnastique pour la confection d'appareils connus sous le nom d'*Extenseurs*, servant à développer la force musculaire des bras et du thorax chez les gymnasies.

Enfin, en terminant, nous dirons quelques mots au sujet des ressorts obtenus à l'aide des textiles, des ficelles et cordes en particulier. Lorsqu'on attache une ficelle par ses extrémités réunies à deux points fixes distants l'un de l'autre, et, qu'entre les deux brins on introduit une tige rigide quelconque, à laquelle on imprime un mouvement de rotation, la ficelle ne tarde pas à se tordre. Si l'on abandonne brusquement la tige à elle-même, les brins, en se détordant rapidement, impriment à cette tige un rapide mouvement de rotation en sens inverse sur elle-même jusqu'au moment où la torsion de la ficelle cesse, les brins reprennent leur position parallèle initiale. La tige se trouve ainsi projetée en avant. La ficelle a donc agi comme un véritable r. On trouve une application immédiate de cette propriété dans la disposition prise par les menuisiers pour tendre les lames de leurs scies. Une cordelette réunit les extrémités des bras, opposées à celles qui portent la lame. Cette cordelette est tordue à l'aide d'une tringle de bois et la torsion des brins est maintenue toujours égale par la tringle dont l'autre bout vient s'encastrer dans une entaille pratiquée dans la traverse centrale qui empêche les deux bras verticaux extrêmes de se rapprocher. Dans les scies à pierre dure, un dispositif analogue existe.

Les anciens connaissaient du reste les propriétés élastiques des textiles, puisqu'ils avaient imaginé et construit des machines de guerre avec lesquelles ils lançaient au loin des projectiles contre les ennemis. Ils obtenaient ce résultat en faisant usage de cordes auxquelles ils donnaient une torsion suffisante, pour qu'on se détordant subitement à un moment voulu, elles aient une action élastique telle qu'elles puissent projeter dans les airs de lourdes pierres. Voy. BALISTE, CATAPULTE.

RESSORT. s. m. [Pr. *re-sor*] (R. *ressortir à*. Le sens propre est retraite, refuge). Étendue de juridiction. *Le r. d'un tribunal. Le r. de ce parlement était très étendu. Cette affaire est du r. de telle cour. Ce tribunal est dans le r. de Bordeaux. Hors du r.* On dit aussi, *L'étendue d'un r.* — *Juger en dernier r.*, Juger souverainement et sans appel. On dit par opposit., *Juger en premier r.* On dit aussi, *Jugement en premier r.*, *en dernier r.* || Fig., *Cela n'est pas de mon r.*; Il ne m'appartient pas d'en juger. *Cela est du r. de la théologie, de la jurisprudence, de la médecine, etc.*, C'est à la théologie, etc., à traiter de cette matière.

RESSORTIR. v. n. [Pr. *re-sortir*] (R. *re*, préf., et *sortir*). Sortir de nouveau après être déjà sorti, ou sortir après être entré. *Il est sorti en se levant, puis il est rentré pour déjeuner, et aussitôt après il est ressorti. Elle est entrée chez moi, mais elle est ressortie un moment après.* || Fig., se dit des choses qui leur opposition avec d'autres rend plus frappantes, plus saillantes. *Ces ornements ne ressortent pas assez.*—*Les ombres font r. les lumières*, De légers défauts semblent faire ressortir davantage d'heureuses qualités. = Ressorti, IE. part. = Conj. Voy. SORTIR.

RESSORTIR. v. n. [Pr. *re-sortir*] (dat. *re*, préf., et *sortiri*, obtenir, de *sors*, *sortis*, sort). Être du ressort, de la dépendance de quelque juridiction. *Les tribunaux de première instance ressortissent à leurs cours d'appel respectives. Cette affaire ressortit au juge de paix.* = RESSORTISSANT, ANTE. adj. Qui ressortit. *Les tribunaux de ces provinces étaient ressortissants au parlement de Paris.* **Conj.** — *Je ressortis, tu ressortis, il ressortit; nous ressortissons, vous ressortissez, ils ressortissent. Je ressortissais, nous ressortissions. Je ressortirai; nous ressortirons.* — *Je ressortirais, nous ressortirions.* — *Que je ressortisse; que nous ressortissions.*

RESSOUDER. v. a. [Pr. *re-sou-der*]. Souder de nouveau; refaire une nouvelle soudure. = RESSOUDÉ, ÉE. part.

RESSOUDURE. s. f. [Pr. *re-soudure*]. Seconde soudure.

RESSOUFFLER. v. n. Voy. RESOUFFLER.

RESSOUFFRIR. v. a. [Pr. *re-sou-frir*]. Souffrir de nouveau. = RESSOUFFERT, ERTE. part.

RESSOURCE. s. f. [Pr. *re-sour-se*] (Vx fr. *resourdre*, se relever, du lat. *resurgere*, m. s., de *re*, préf., et *surgere*, se lever). Moyen qu'on emploie, auquel on a recours dans une extrémité fâcheuse, pour se tirer d'embarras, pour vaincre des difficultés. *Il a encore de grandes ressources. Ses ressources sont épuisées.*

Un homme n'ayant plus ni crédit ni ressource.
LA FONTAINE.

Il est sans r. dans son malheur. Il est ruiné sans r. Il trouve toujours quelque r. Il n'y a plus de r. — Fam., *Faire r.*, Se procurer un moyen de raccommoder, de rétablir ses affaires. *Il a vendu ses tableaux pour faire r. Il a fait r. de tout ce qu'il avait.* || *Ce cheval a de la r.*, Après une longue fatigue, on lui trouve encore de la vigueur. || Fig., *Un homme de r., plein de ressources, qui a des ressources dans l'esprit*, Un homme fertile en expédients, en moyens de réussir pour lui et pour les autres. -- *Une ville de r.*, Une ville où l'on trouve facilement tout ce qu'on désire. = Syn. Voy. EXPÉDIENT.

RESSOUVENANCE. s. f. [Pr. *re-souvenanse*]. Syn. de *ressouvenir.* Vx.

RESSOUVENIR. s. m. [Pr. *re-sou-venir*] (R. *re*, préf., et *souvenir*). Idée que l'on conserve ou que l'on se rappelle d'une chose passée. *Il ne me reste de toute cette affaire qu'un léger r.* || Se dit quelquefois pour Ressentiment. *Il y a des maux dont on n'est jamais si bien guéri qu'il n'en reste quelque r., des ressouvenirs.*

RESSOUVENIR (SE). v. pron. [Pr. *re-souvenir*] (R. *re*, préf., et *souvenir*). Se souvenir d'une chose, soit qu'on l'ait oubliée, soit qu'on en ait conservé la mémoire. *Ressouvenez-vous que vous m'avez promis de venir me voir.*

Et vous ressouvenez
Qu'il faut faire à ses yeux ce que vous enseignez.
CORNEILLE.

Elle s'en est ressouvenue. Impers., *Vous en ressouvient-il? A présent, il m'en ressouvient.* — Par manière de menace, *Je m'en ressouviendrai quelque jour, Je m'en vengerai. Vous vous en ressouviendrez tôt ou tard. Vous en serez puni.* || Considérer, faire réflexion. *Ressouvenez-vous que celui qui vous parle est le fils de votre meilleur ami.*

RESSUAGE. s. m. [Pr. *re-su-aje*]. État d'un corps qui ressue. || T. Métallurg. Action de faire ressuer. — Se dit aussi quelquefois pour *Liquation.*

RESSUER. v. n. [Pr. *re-su-er*] (R. *re*, préf., et *suer*). Se dit des corps qui laissent sortir leur humidité intérieure. *Il faut laisser r. ces plâtres. Il faut attendre, avant de les emmagasiner, que ces blés aient ressué.* || T. Métallurg. Action qui consiste à chauffer le fer, puis à faire sortir, en le frappant avec le marteau, les substances hétérogènes interposées. — *Faire r. le cuivre*, en séparer l'argent qu'il contient. — *Faire r. le creuset*, lui faire rendre l'argent resté adhérent aux parois.

RESSUI. s. m. [Pr. *ré-sui*] (R. *ressuyer*). T. Vén. Lieu où les bêtes fauves et le gibier se retirent pour se sécher, après la pluie ou après la rosée du matin.

RESSUIEMENT. s. m. [Pr. *ré-sui-man*]. T. Agric. Action de sécher. Voy. RESSUYER.

RESSUIVRE. v. a. [Pr. *re-suivre*]. Suivre en revenant, suivre de nouveau. = RESSUIVI, IE. part.

RESSUSCITATIF, IVE. adj. [Pr. *résu-si-latif*]. Qui a la vertu de ressusciter.

RESSUSCITATION. s. f. [Pr. *ré-su-sita-sion*]. Action de ressusciter.

RESSUSCITEMENT. s. m. [Pr. *résu-site-man*]. Action de ressusciter; résultat de cette action.

RESSUSCITER. v. a. [Pr. *ré-su-siter*] (lat. *resuscitare*, réveiller, de *re*, préf., et *suscitare*, appeler en haut). Ramener de la mort à la vie. — Fig., *Ce remède l'a ressuscité*, Il l'a guéri d'une maladie qui paraissait désespérée; et, au sens moral, *Cette bonne nouvelle l'a ressuscité*, Elle l'a tiré du chagrin mortel où il était. || Fig., Faire apparaître de nouveau, faire revivre. *Il sut r.* Sophocle en ses écrits. *Dans son histoire, il ressuscite les héros des temps anciens.* || Fig., Renouveler. *Il a ressuscité un vieux procès. Il a ressuscité cette opinion, cette erreur. R. une querelle.* = Ressusciter. v. n. Revenir de la mort à la vie. *L'Évangile assure que Jésus-Christ ressuscita le troisième jour.* = Ressuscité, ée. part.

RESSUSCITEUR. s. m. [Pr. *ré-su-si-teur*]. Celui qui ressuscite.

RESSUYER. v. n. [Pr. *ré-sui-ier*]. Essuyer de nouveau. *Ressuyez-vous les mains.* || Sécher. *Il faut laisser r. ce mur.* || On dit aussi pronom., *Je viens de me r. Se r. au soleil.* = Ressuyé, ée. part.

RESTANT, ANTE. adj. Qui reste. *Il est le seul r. de cette famille. Le nombre r. La somme restante. Les cent livres restantes*, et, plus ordin., *les cent livres restant.* || *Poste restante.* Voy. Poste. = Restant. s. m. Ce qui reste d'une somme, d'une quantité. *Je vous payerai le r. avec les intérêts. Il a affermé la plus grande partie de ma propriété, et je fais valoir le r.* On dit plus ordinair., *Le reste.*

RESTAUR. s. m. [Pr. *res-tor*] (R. *restaurer*). T. Comm. marit. Recours que les assureurs ont les uns contre les autres suivant la date de leur assurance, ou contre le maître, si l'avarie provient de son fait.

RESTAURANT, ANTE. adj. [Pr. *resto-ran*]. Qui restaure, qui répare les forces. *Aliment r. Potion restaurante.* = Restaurant. s. m. Ce qui répare les forces. *C'est un bon r. que le vin, le bouillon.* — Sign. particul., Un consommé fort succulent. *On lui a donné un r.* || L'établissement d'un restaurateur. *Il tient un r. dans telle rue.*

RESTAURATEUR, TRICE. s. [Pr. *resto-rateur*] (lat. *restaurator, trix*, m. s.). Celui, celle qui restaure, qui répare, qui rétablit. *Cette ville avait été ruinée, ce prince l'a rétablie; il en a été le r. Le r. d'un monument public. Un habile r. de tableaux.* — Au sens moral, *Ce prince fut le r. des belles-lettres, des arts. R. de la liberté, du commerce, des lois, de la discipline, etc.* On regarde cette princesse comme la restauratrice de cette maison. || Traiteur chez lequel on trouve à toute heure des aliments dont l'espèce et le prix sont indiqués sur une carte de pancarte, et qui se servent par portions. *Il dîne chez le r. La carte d'un r.*

RESTAURATION. s. f. [Pr. *resto-rasion*] (lat. *restauratio*, m. s.). Action de restaurer. Réparation, rétablissement. *La r. d'un monument public. La r. d'une statue.* — Au sens moral, *La r. de l'État, des lettres, des arts, des lois, etc.* || T. Archit. Travail fait d'après un édifice antique, pour en rétablir les parties qui n'existent plus. *Il a exposé une r. des thermes de Dioclétien.* || T. Polit. Le rétablissement d'une ancienne dynastie sur le trône; le temps que dure ce rétablissement; se dit particulièrement de la R. des Stuarts en Angleterre, au XVIIe siècle, et de la R. des Bourbons en France, au XIXe siècle. En ce qui concerne celle-ci, on distingue la première R. d'avril 1814 au 19 mars 1815 qui se termine par le retour de Napoléon de l'île d'Elbe et la fuite de Louis XVIII en Belgique, et la deuxième R. qui s'étend du mois de juillet 1815, époque du retour de Louis XVIII et de la chute définitive de Napoléon jusqu'aux journées de juillet 1830 après lesquelles le roi Charles X dut quitter la France. Les deux Restaurations sont séparées par la période dite des *Cent-Jours* pendant laquelle Napoléon avait repris le gouvernement de la France.

RESTAURER. v. a. (lat. *restaurare*, m. s., de *re*, préf., et *staurare*, fortifier). Réparer, rétablir, remettre en bon état, en vigueur. *R. ses forces, sa santé. Ce remède est bon pour r. l'estomac.* — Se dit particulièrement des constructions et des ouvrages d'art. *R. un édifice, les fondements d'un édifice. R. un pont. R. une colonnade, une statue,*

un bas-relief. R. un vieux tableau. — Au sens moral, se dit des lettres, du commerce, des lois, du gouvernement. *Ce prince a restauré l'État, les arts, les sciences, le commerce, etc. Ce ministre aura de la peine à r. nos finances.* || T. Archit. Faire le plan entier d'un édifice, d'après les parties qui en subsistent encore... *Cet architecte a essayé de r. le temple de Balbek.* = se Restaurer. v. pron. Être réparé. *Ce bas-relief est trop dégradé pour pouvoir se r.* || Rétablir ses forces en prenant de la nourriture. *Il a besoin de se r. Je viens de me r. un peu.* = Restauré, ée. part. *Statue, colonne restaurée.* || Qui est remis en bon état, après avoir pris de la nourriture. *Ils partirent bien restaurés.* || Popul., et par plaisant., *Le voilà bien restauré*, se dit d'un homme qui n'obtient qu'une faible récompense en dédommagement d'un grand sacrifice, d'une grande perte. = Syn. Voy. Rétablir.

RESTAUT. Grammairien fr. (1696-1764).

RESTE. s. m. (R. *rester*). Lorsque, d'une somme quelconque, d'une étendue quelconque, d'une quantité ou d'un nombre de choses quelconque, on a employé, dépensé, dissipé, consommé une partie, ce qui n'a pas été employé, dépensé, dissipé, consommé, forme *Le r.* de cette somme, de cette étendue, de cette quantité, ou simpl., *Le reste. J'avais ce matin deux cents francs; voici le r. Il me reste encore quinze francs. Il a recueilli les restes de sa fortune et s'est expatrié. Payez-moi une partie de votre dette, je vous donnerai du temps pour le r. Que ferez-vous du r.? Le r. d'un dîner. Les restes d'un festin. Il va jouer son r. sur une carte. Il y va de son r.* — *Faire son r.*, Mettre au jeu tout l'argent qu'on a encore devant soi. Fig. et fam., on dit aussi de quelqu'un qui emploie ses dernières ressources, qui fait ses derniers efforts, ou de quelqu'un qui remplit mal une place dans laquelle il n'a plus que peu de temps à demeurer, *Il joue de son r.* — Au jeu de paume, de volant, *Donner le r. à quelqu'un*, Lui pousser la balle, le volant, de telle sorte qu'il ne puisse la renvoyer. Fig. et fam., on dit de quelqu'un qu'on a rudement battu, maltraité, ou de quelqu'un qu'on a réfuté de manière à le réduire au silence, *Je lui ai donné son r.* On dit encore d'un homme qui, ayant reçu ou craignant de recevoir quelque mauvais traitement de fait ou de paroles, se retire promptement sans rien dire, *Il ne demande pas son r.; Il s'en va sans demander son r.; Il n'a pas attendu son r.* — *Être en r.*, Devoir encore une partie d'une plus grande somme. *Il est encore en r. de tant.* Fig., *Je suis encore en r. avec vous des bons offices que vous m'avez rendus. Il ne voulut pas demeurer en r. de générosité.* || Se dit aussi des parties d'une chose, d'un tout, qui ont échappé à la destruction, à la dévastation. *Les restes d'un naufrage. Les restes d'un édifice consumé par les flammes. La magnificence de l'ancienne Rome est assez attestée par les restes que nous en voyons.* — On dit encore, *Ce sont de fâcheux restes de sa grande maladie.* Dans le style soutenu, *Les restes d'une personne*, Son cadavre, ses ossements, ses cendres. *Voici le tombeau qui contient les restes de ce grand homme, ses restes inanimés.* — Fig., *Elle avait encore un r. de pudeur. Les restes d'une voix qui tombe et d'une ardeur qui s'éteint* (Bossuet). *Cette femme a un r. de beauté, des restes de beauté.*

> Bon souper, bon gîte et le reste.
>   La Fontaine.

Fam., on dit d'un personne qui a ou de la beauté, mais qui a vieilli, *Ce n'est plus qu'un r., un beau r. Ce sont des restes qui ne sont pas à dédaigner. Il n'a eu que vos restes*, Il n'a eu que ce que vous avez refusé. *Les restes d'un rival*, La femme qu'il a dédaignée ou possédée.

> Il estime aujourd'hui
> Les restes d'un rival trop indigne de lui.
>   Corneille.

|| En parlant du temps, la partie d'une certaine période qui est encore à écouler pour la compléter. *Quand il a travaillé le matin, il emploie le r. de la journée à se divertir. Il passe l'hiver à Paris, et le r. de l'année à la campagne. Il lui consacra le r. de sa vie, le r. de ses jours.* || La partie d'une chose qui fait suite à la première, qui est encore à faire ou à dire pour que la chose soit complète. *J'ai fait ce matin une grande partie de ma tâche, de mon travail, ce soir je ferai le r. Voilà tout ce que j'ai retenu de son dis-*

742

cours, j'ai oublié le r. On dit à peu près de même, *Ne laissez que cette partie de votre ouvrage et supprimez le r*, L'autre partie. — Fam., *Le porteur vous dira le r.*, se dit, par ironie, pour se moquer d'une lettre déjà trop longue. On dit aussi, quand on abrège quelque passage d'une lettre, d'un discours, *Et le r.* || *Le r. des hommes*, Les autres hommes, les hommes d'une autre nation, les hommes d'un autre caractère; se dit par opposition à ceux dont on parle. |*Les politiques ont une autre morale que celle du r. des hommes*. || Ce que quelqu'un a abandonné ou refusé. *Il n'a eu que mon r., que mes restes*. || T. Math. Voy. Soustraction et Division. — De reste. loc. adv. Plus qu'il n'est nécessaire pour ce dont il s'agit. *Il a de l'argent de r. pour fournir à cette dépense. Je vous entends de r. Vous avez bien de la bonté de r.* On dit aussi fam., *Que de r.? Avez-vous encore de la besogne?* — Au reste, Du reste. loc. adv. Au surplus, d'ailleurs, cependant, malgré cela. *Au r., je vous dirai que... Il est capricieux, du r. il est honnête homme.*

RESTER. v. n. (lat. *restare*, m. s., de *re*, préf., et *stare*, être debout). Être de reste. *Voilà ce qui reste du dîner. Il est resté seul de sa famille.*

Et s'il n'en reste qu'un, je serai celui-là.
V. Hugo.

Il est resté le seul de son parti. Le seul espoir qui me reste, c'est que...

Le masque tombe, l'homme reste
Et le héros s'évanouil.
J.-J. Rousseau.

— Impersonnell., *Il lui reste encore à payer mille écus de l'année dernière. Il ne resta de tout le bataillon que cent cinquante hommes. Il ne lui reste que l'espérance. Il reste encore à prouver que...*

Bourreau de votre fille, il ne vous reste enfin
Qu'à en faire à sa mère un horrible festin.
Racine.

On dit encore avec ellipse du pronom, *Reste tel article à examiner; Reste à savoir, etc.* || Demeurer après le départ de ceux avec qui l'on était. *La compagnie s'en alla, et je restai. L'armée se mit en marche, et il resta deux bataillons pour garder le défilé.* — Demeurer, malgré les raisons qu'on a de se retirer. *Il reste en place, malgré les dégoûts qu'on lui donne. On a beau faire pour le renvoyer, il reste en dépit de tout.* — Demeurer dans un lieu, ne pas en changer. *Je ne resterai qu'un jour à Lyon. Je resterai chez moi toute la journée. Il ne peut r. nulle part, il voyage sans cesse. Restez à votre place. Cela m'est resté dans la mémoire. Il est resté sur la place, et absol., Il y est resté*, se dit d'un homme qui a été tué sur le champ de bataille. Fig. et fam., *R. sur les gages*, Voy. Gage. *R. sur la bonne bouche*, Voy. Bouche. — Demeurer près de quelqu'un, ne pas le quitter. *Je resterai auprès de vous. Ils restent toujours ensemble.* — Demeurer dans le même état, dans le même situation. *R. tranquille. Il resta dans la disgrâce jusqu'à la fin de sa vie. Il resta stupéfait. La victoire resta indécise entre les deux armées. Son bras est resté paralysé. Les terres restèrent incultes.* — Se dit encore par relation aux personnes ou aux choses dont on est séparé, privé. *Il resta seul, sans parents, sans amis, abandonné à lui-même.* || En rester à, Se borner à. *Quand il aura obtenu de l'avancement, il n'en restera pas là; il voudra avancer encore.* — S'arrêter. *J'ai fait la moitié de mon travail, j'en resterai là pour aujourd'hui. L'affaire en est restée là.* || T. Mus. *R. sur une syllabe, sur une note*, Faire une tenue sur une note. || T. Mar. *Cette île nous restait à telle aire de vent*, Elle était située par rapport à nous dans la ligne de telle aire de vent. — Resté, ée. part. — Syn. Voy. Demeurer.

RESTIACÉES. s. f. pl. [Pr. *res-tia-sé*] (R. *Restic*). T. Bot. Famille des végétaux Monocotylédones de l'ordre des Joncinées.
Caract. bot. : — Plantes herbacées ou suffrutescentes ordinairement vivaces, à rhizome rameux, dur. Feuilles simples, étroites, engaînantes, le plus souvent réduites à leur gaine. Fleurs ordinairement unisexuées, très rarement hermaphrodites, disposées en épis ou en capitules. Périanthe sépaloïde formé de 3 sépales alternant avec 3 pétales. Étamines 3,

opposées aux pétales; anthères habituellement uniloculaires. Pistil formé de 3 carpelles fermés et concrescents en un ovaire à 3 loges renfermant 1 ovule orthotrope pendant; 3 styles et 3 stigmates. Fruit capsulaire ou un akène. Graines renversées; albumen amylacé de même forme que la graine; embryon lenticulaire, appliqué sur l'albumen à l'extrémité de la graine, qui est très éloignée du hile. [Fig. 1. *Lepyrodia hermaphrodita*; 2. Fleur; 3. La même lorsque le fruit est mûr; 4. L'ovaire; 5. Le fruit à l'état de déhiscence. — 6. Coupe verticale de la graine du *Restio dichotomus*.] — Cette famille se compose de 20 genres (*Restio, Lepyrodia, Elegia, Leptocarpus*, etc.) et de 230 espèces qui toutes habitent au delà de l'équateur, particulièrement l'Afrique australe, la Nouvelle-Hollande, ainsi que les bois et les marécages de l'Amérique du Sud. Les tiges tenaces et filamenteuses de quelques espèces servent à faire des paniers et des balais. Le *Willdenowia teres* est employé à ce dernier usage, et le *Restio tectorum* est usité pour couvrir les toits, en guise de chaume.

RESTIE. s. m. [Pr. *res-ti*]. T. Bot. Genre de plantes Monocotylédones (*Restio*) de la famille des *Restiacées*. Voy. ce mot.

RESTIFORME. adj. 2 g. (lat. *restis*, corde; *forma*, forme). T. Anat. *Corps restiformes*, la partie supérieure des cordons postérieurs de la moelle qui forme les pédoncules inférieurs du cervelet.

RESTITUABLE. adj. 2 g. Que l'on doit rendre. *Cette somme est r. à la veuve, comme lui appartenant en propre.* || T. Palais. Qui peut être rétabli, remis en son premier état. *Les mineurs sont restituables contre les actes par eux souscrits en minorité, et dans lesquels ils ont été lésés.*

RESTITUER. v. a. (lat. *restituere*, m. s., de *re*, préf., et *statuere*, placer). Rendre ce qui a été pris ou ce qui est possédé indûment, injustement. *R. le bien d'autrui. Je le forcerai bien à me r. ce qu'il m'a pris. Il a été condamné à r. cette somme et tous les intérêts.* Absol., *Il ne sert de rien de confesser son larcin, si l'on ne restitue.* — *R. l'honneur à quelqu'un*, Lui rendre l'honneur, rétablir, réparer son honneur. || Rétablir, remettre une chose en son premier état; se dit surtout en parlant de textes anciens. *R. un texte. Il a restitué fort heureusement plusieurs passages de Tite-Live.* — T. Archit. *R. un monument, un édifice*, Faire la représentation d'un monument entièrement détruit. *Ce monument a été restitué d'après la description des anciens écrivains.* — T. Palais. Remettre une personne dans l'état où elle était avant un acte ou un jugement qui est annulé. *Il a obtenu un jugement qui le restitue en entier. Se faire r. contre son obligation, contre sa promesse.* — Restitué, ée. part. *Les lieux donnés à loyer doivent être restitués par le locataire tels qu'il les a reçus*, Ils doivent être remis, rétablis et rendus dans le même état. || *Médaille restituée*, nom donné à certaines monnaies romaines. Voy. Numismatique, II, B.
Syn. — Remettre, Rendre. — Nous *rendons* à quelqu'un ce qu'il nous a prêté ou donné; nous *remettons* ce qu'on nous a donné en gage, en dépôt; nous *restituons* ce que nous avons pris ou volé. On doit *rendre* exactement, *remettre* fidèlement, et *restituer* entièrement. On emprunte pour *rendre*; on se charge d'une chose pour la *remettre*; mais on ne prend guère avec l'intention de *restituer*.

RESTITUTION s. f. [Pr. ...sion] (lat. restitutio, m. s.). Action par laquelle on restitue, on rend. Vous êtes obligé à r Il ne veut point entendre parler de r. Faire r. || Action par laquelle on rétablit, on remet une chose dans son premier état. La r. d'un texte, d'un passage d'un auteur. Cette r. est heureuse. || T. Archit. La r. d'un monument, d'un édifice, La représentation d'un monument, etc., entièrement détruit. || T. Numismat. Médailles de r., ou simpl., Restitutions, Médailles restituées. Voy. NUMISMATIQUE, II. B. ¶ T. Palais. Se dit des jugements qui relèvent quelqu'un d'un engagement qu'il avait contracté. La r. d'un mineur contre les actes qu'il a passés en minorité. R. en entier.

RESTITUTOIRE. adj. 2 g. [Pr. restitu-touare]. Qui sert à restituer, qui a rapport aux restitutions.

RESTOUPAGE. s. m. Action de restouper.

RESTOUPER. v. a. (R. re, préf., et estouper, anc. forme de étouper. Ce mot sign. primitivement boucher). Raccommoder à l'aiguille les trous d'une toile neuve. = RESTOUPÉE, ÉE.

RESTOUT, peintre fr., (1692-1768).

RESTREINDRE. v. a. [Pr. res-trin-dre] (lat. restringere, resserrer, de re, préf., et stringere, serrer). N'est usité qu'au fig., et sign. Réduire, diminuer, borner, limiter. Il a restreint ses demandes à telle et telle chose. On a restreint ce privilège à tels et tels. Ils restreignirent son autorité. R. un droit. = SE RESTREINDRE. v. pron. Se borner, se réduire. Il se restreint à des propositions très raisonnables. Je me restreins à la moitié. Se r. au strict nécessaire. Il faut savoir se r. selon les circonstances. = RESTREINT, EINTE. part. Ce mot s'emploie dans un sens plus r., dans une signification plus restreinte. = Conj. Voy. PEINDRE.

RESTRICTIF, IVE. adj. (lat. restrictus, sup. de restringere, restreindre). Qui restreint, qui limite. Terme r. Clause restrictive.

RESTRICTION. s. f. [Pr. restrik-sion] (lat. restrictio, m. s.). Condition qui restreint, modification. Mettre, apporter quelque r. Cette clause porte r. J'accepte ce principe sous r. aucune. — R. mentale, Réserve qu'on fait d'une partie de ce que l'on pense, pour induire en erreur ceux à qui l'on parle. La r. mentale est contraire à la morale.

RESTRINGENT, ENTE. adj. [Pr. restrin-jan, ante] (lat. restringens, part. prés. de restringere, restreindre). T. Méd. Qui resserre. Inusité; on dit Astringent, ente.

RÉSULTANT, ANTE. adj. [Pr. ré-zultan]. T. Palais. Les cas résultants du procès. Les preuves résultantes. = RÉSULTANT. s. m. T. Alg. Polynôme qui résulte de l'élimination d'une variable entre deux équations. Voy. ÉLIMINATION. = RÉSULTANTE. s. f. T. Mécan. Voy. FORCE.

RÉSULTAT. s. m. [Pr. ré-zulta] (bas lat. resultatum, formé de resultare). Ce qui résulte, ce qui s'ensuit d'une ou de plusieurs autres choses; conséquence, effet. Voilà tout le r. de ce que l'on dit. Ce principe est fécond en résultats. Le r. d'une expérience chimique. Tous ces essais ont donné les mêmes résultats. Tant de peines n'aboutirent à aucun r.

RÉSULTER. v. n. [Pr. ré-zulter] (lat. resultare, propr. sauter en arrière; c'est le fréq. de resilire, de re, préf., et salire, sauter). S'ensuivre; se dit des conséquences, des effets d'une ou de plusieurs choses, Que résultera-t-il de tous ces débats? Il n'en résultera rien. Cette preuve résulte de tel acte, de telle pièce. Il résulte de ce que nous avons dit, Que ces dissensions il résulta une guerre civile. Les maladies qui résultèrent de l'intempérie de la saison. Qu'a-t-il résulté de là? Qu'en est-il résulté? = RÉSULTÉ, ÉE. part. Obs. gram. — Ce verbe ne s'emploie qu'à l'infinitif et à la troisième personne des temps simples ou composés: de plus, ces derniers se forment soit avec le v. Être, soit avec le v. Avoir.

RÉSUMÉ. s. m. [Pr. ré-zumé] (part. pass. de résumer). Sommaire, analyse. Le r. d'un discours. Le r. de la discussion. Le président fit le r. des débats criminels. || Précis, abrégé. R. de l'histoire de France Un r. historique. R. scientifique. = Syn. Voy. ABRÉGÉ.

RÉSUMER. v. a. [Pr. ré-zumer] (lat. resumere, reprendre, de re, préf., et sumere, prendre). Reprendre sommairement les points les plus importants d'une discussion, d'un discours, etc. Il a fort bien résumé cette discussion. R. les débats d'un procès criminel. R. avec ordre, avec clarté. R. rapidement un discours. Cet ouvrage résume tout ce qui a été dit sur cette matière. = SE RÉSUMER. v. pron. Résumer un discours qu'on a fait soi-même. Je me résume, et je finis en demandant que... = RÉSUMÉ, ÉE. part. = AU RÉSUMÉ, EN RÉSUMÉ. locut. adv. En résumant, en récapitulant tout. En r., j'ai plus à me louer de lui qu'à m'en plaindre.

RÉSUMPTE. s. f. [Pr. ré-zon-pte] (lat. resumpta, part. pass. de resumere, reprendre). Dernière thèse qu'un docteur en théologie était obligé de soutenir après sept ans de doctorat, pour avoir droit de présider aux thèses et de voter aux assemblées de la Faculté.

RÉSUMPTÉ. adj. m. [Pr. ré-zon-pté]. Docteur qui a soutenu sa résumpte. Vx.

RÉSUMPTION. s. f [Pr. ré-zonp-sion] (lat. resumptio, m. s., reprise, de resumptum, sup. de resumere, reprendre). Action de résumer. La r. d'un argument. Peu usité.

RÉSUPINATION. s. f. [Pr. ré-zupina-sion]. T. Bot. État d'une fleur résupinée.

RÉSUPINÉ, ÉE. adj. [Pr. ré-zupiné] (lat. resupinus, couché sur le dos, de re, préf., et supinus, m. s.). T. Bot. Qui est retourné; dont la partie, ordinairement supérieure, regarde en bas, et l'inférieure en haut.

RÉSURRECTIF, IVE. adj. [Pr. ré-zu-rek-tif, ive] (R, résurrection). Qui ressuscite, qui rend la vie.

RÉSURRECTION. s. f. [Pr. ré-zu-rek-sion] (lat. resurrectio, m. s., de resurgere, se lever de nouveau, de re, préf., et surgere, se lever). Retour de la mort à la vie. La r. de N.-S. J.-C. La r. de Lazare. La r. des morts. || Fig., on dit d'une guérison surprenante, inespérée, C'est une r., une véritable r.

Théol. — I. — Il est de foi, dans l'Église catholique, que « tous les hommes, les réprouvés comme les élus, ressusciteront avec leur propre corps ». Le dogme de la Résurrection des corps est fondé sur la révélation et enseigné dans les livres de l'Ancien comme du Nouveau Testament : « Je sais que mon Rédempteur est vivant, dit Job, et qu'à la fin des temps il me ressuscitera de la poussière; et je serai revêtu de nouveau de ma peau et je verrai mon Dieu dans ma chair. Je le verrai moi-même, je le verrai de mes propres yeux et non un autre. » (XIX, 25, 26.) Les prophètes Isaïe et Ézéchiel annoncent la même r.; mais Daniel est encore plus précis : « La multitude de ceux qui dorment dans la poussière de la terre s'éveilleront, les uns pour la vie éternelle et les autres pour une ignominie qui ne finira jamais. » (XII, 2.) Enfin, ce dogme est annoncé par Jésus-Christ lui-même : « Le temps viendra où ceux qui sont dans les sépulcres entendront la voix du fils de Dieu. Et ceux qui auront fait de bonnes œuvres sortiront des tombeaux pour ressusciter à la vie; mais ceux qui auront fait le mal en sortiront pour ressusciter à leur condamnation. » (Jean, V, 28, 29.). — On a fait contre le dogme de la r. des corps de graves objections puisées dans l'idée du corps; mais il s'agit d'un miracle, et les théologiens répondent avec raison que les lois de la physique sont bonnes à gouverner le monde actuel et cessent de s'appliquer dès qu'une cause miraculeuse entre en jeu. Il est certain qu'on ne peut pas discuter ce que les théologiens appellent la révélation avec les arguments qui servent à la critique des choses naturelles. Ici, il ne s'agit plus de science, mais de foi. On croit ou on ne croit pas; mais la critique n'est pas de mise.

II. — Un dogme de la r. s'en rattache un autre, qui est aussi de foi, et qui est également fondé sur les textes des livres saints, sur l'enseignement des apôtres, des pères, et sur les décisions de l'Église. Outre le jugement de Dieu, qui suit immédiatement la mort de l'homme, et qu'on appelle Jugement particulier, il y en aura un second, qui est appelé

Jugement général ou *Jugement dernier*, et qui aura lieu à la fin des siècles. Alors Jésus-Christ viendra en personne juger les vivants et les morts, c.-à-d. tous ceux qui auront vécu depuis le commencement jusqu'à la fin du monde et qui ressusciteront pour écouter leur sentence, et il rendra à chacun selon ses œuvres, tant aux réprouvés qu'aux élus.

RETABLE ou **RÉTABLE.** s. m. (lat. *restabilis*, attaché contre, de *re*, préf., et *stare*, être debout). T. Archit. Parquet plus ou moins orné, placé contre le mur, derrière et au-dessus de l'autel, et qui sert ordinairement à recevoir un tableau. *Il n'y a pas de r. quand l'autel est isolé.*

RÉTABLIR. v. a. Établir de nouveau, remettre en son premier état, en bon état, en meilleur état. *Louis-Philippe rétablit la statue de Napoléon sur la colonne de la place Vendôme. R. un édifice ruiné. R. un homme dans son emploi, dans ses biens, dans tous ses droits. Il a bien rétabli ses affaires, son crédit, son commerce. Il a rétabli sa santé, ses forces.* || *R. un passage d'un auteur,* Le restituer, le remettre dans l'état où il était avant d'avoir été altéré par les copistes. *Ce philologue a rétabli beaucoup de passages des auteurs anciens.* ⹀ SE RÉTABLIR. v. pron. Se remettre en son premier état, en bon état. *Il est parvenu à se r. dans l'esprit de ses chefs. Les affaires se sont un peu rétablies. L'ordre et le crédit commencent à se r.* — *Se r. en santé,* ou absolum., *Se rétablir,* Recouvrer la santé. *Il se rétablit à vue d'œil.* ⹀ RÉTABLI, IE. part.

Syn. — *Restaurer, Réparer.* — *Rétablir,* c'est remettre une chose en état, dans son premier état; *restaurer,* c'est remettre à neuf, restituer une chose dans son intégrité; *réparer,* c'est raccommoder, redonner à une chose sa forme, sa première apparence. On *rétablit* ce qui est renversé, ruiné, détruit; on *restaure* ce qui est dégradé, déchu; on *répare* ce qui est gâté, endommagé, détérioré. On *rétablit* un édifice ruiné; on *restaure* une statue mutilée; on *répare* une brèche faite à un mur. — Au figuré, on *rétablir* une loi abolie, un usage abandonné; *restaurer* un commerce languissant, les lettres tombées en décadence; *réparer* ses fautes, les torts qu'on a faits, les dommages qu'on a causés, etc.

RÉTABLISSEMENT. s. m. [Pr. *rétablise-man*]. Action de rétablir; État d'une personne, d'une chose rétablie. *Le r. d'un mur, d'un édifice. Le r. des chemins. Le r. de la santé. Le r. d'un officier dans son grade. Le r. de l'ordre, de la discipline. Le r. de la paix, des sciences, des arts, du commerce, de la marine,* etc. || T. Gymn. Action de se redresser par la force des reins lorsqu'on est étendu, ou de se dresser à la force des poignets lorsqu'on est suspendu.

RETAILLE. s. f. [Pr. *reta-lle, ll* mouillées] (R. *retailler*) Morceau qu'on retranche d'une chose en la façonnant. *R. d'une étoffe, d'une peau,* etc. || Strie d'une meule de moulin.

RETAILLEMENT. s. m. [Pr. *reta-lle-man, ll* mouillées]. Action de retailler.

RETAILLER. v. a. [Pr. *reta-ller, ll* mouillées]. Tailler de nouveau. *On a mal taillé ces arbres, il faut les retailler.* || *R. une lime, une meule,* en refaire les stries. ⹀ RETAILLÉ, ÉE. part.

RÉTALER. v. a. Étaler de nouveau. ⹀ RÉTALÉ, ÉE. part.

RÉTAMAGE. s. m. Action de rétamer.

RÉTAMER. v. a. (R. *re*, préf., et *étamer*). Étamer de nouveau. ⹀ RÉTAMÉ, ÉE. part.

RÉTAMEUR. s. m. Ouvrier qui rétame.

RETANCER. v. a. Tancer de nouveau. ⹀ RETANCÉ, ÉE. part.

RETA... v. a. (R. *re*, préf., et *taper*). *R. un chapeau,* Le remettre à neuf. Autrefois, sign. Retrousser ses bords en les serrant contre la forme. || *R. une perruque,* La friser et la poudrer. — *R. les cheveux,* Les peigner à rebours et les faire renfler. || Fam. Corriger une œuvre littéraire, un tableau. ⹀ RETAPÉ, ÉE. part.

RETARD. s. m. [Pr. *re-tar*] (R. *retarder*). Retardement,

délai, remise. *Un débiteur qui est en r. de payer, qui est en r. Vous êtes en r., nous vous attendons depuis une heure. Cela peut causer du r., des retards. Votre montre est en r. de dix minutes.* || *Le r. d'une pendule, d'une montre,* La partie qui sert à retarder ou à avancer son mouvement. || *Le r. des marées,* le fait que la marée se produit chaque jour plus tard que le jour précédent. Voy. MARÉE.

RETARDATAIRE. adj. 2 g. [Pr. *retarda-tère*]. Celui, celle qui arrive en retard. || *Contribuable r.,* Celui qui est en retard de payer. — *Conscrit r.,* Celui qui n'est pas rendu sous le drapeau au temps fixé. || Dans les deux sens, on dit subst., *Un retardataire. Les retardataires.*

RETARDATIF, IVE. adj. Qui tend à retarder, propre à faire retarder.

RETARDATION. s. f. [Pr. *retarda-sion*] (lat. *retardatio,* m. s.). T. Phys. Le ralentissement du mouvement d'un corps, lorsque ce ralentissement est l'effet d'une force particulière.

RETARDATRICE. adj. f. *Force r.,* Celle qui retarde le mouvement des corps.

RETARDEMENT. s. m. [Pr. *retarde-man*]. Délai, remise, action de retarder, *Causer, apporter du r. à quelque chose.*

Tous vos retardements sont pour moi des refus.

RACINE.

Il n'y aura point de r. de ma part. Le r. d'une affaire, d'un payement. Le r. de la marée.

RETARDER. v. n. (R. *re*, préf., et *tarder*). Être en retard. *Ma pendule retarde chaque jour de dix minutes. La marée retarde. La lune retarde tous les jours de trois quarts d'heure.* || *Agir plus tard que d'ordinaire. Depuis un an il retarde de venir me voir.* || En parlant d'une pendule, d'une montre, etc., on dit, par métonym., *Je retarde de cinq minutes,* etc. ⹀ RETARDER. v. a. Différer. *Je ne puis r. davantage mon départ. R. le jugement d'un procès. R. un payement qu'on doit faire.*

En vain votre amour me retarde.

CORNEILLE.

|| Empêcher d'aller, de partir, d'avancer; suspendre. *On a retardé le courrier. Les mauvais chemins retardèrent notre marche. Cela retarda son mariage de quelques jours.* || *R. une horloge, une montre,* etc., Faire qu'elle marque une heure moins avancée, ou qu'elle aille moins vite. ⹀ RETARDÉ, ÉE. part.

RETÂTER. v. n. Tâter de nouveau. — Fig.

Je veux la retâter sur ce fâcheux mystère.

MOLIÈRE.

⹀ RETÂTÉ, ÉE. part.

RETEILLER. v. a. [Pr. *retè-ller, ll* mouillées]. Teiller une seconde fois. ⹀ RETEILLÉ, ÉE. part.

RETEINDRE. v. a. [Pr. *re-tindre*]. Teindre de nouveau, soit de la même couleur, soit d'une couleur différente. ⹀ RETEINT, EINTE. part.

RETENDEUR. s. m. [Pr. *retan-deur*] (R. *retendre*). T. Techn. Celui qui étend les étoffes au sortir de la foulerie ou de la teinture.

RETENDOIR. s. m. [Pr. *retan-douar*] (R. *retendre*). Outil du facteur d'orgues.

RETENDRE. v. a. [Pr. *re-tan-dre*]. Tendre de nouveau. ⹀ RETENDU, UE. part.

RÉTENDRE. v. a. [Pr. *ré-tandre*]. Étendre une seconde fois. ⹀ RÉTENDU, UE. part.

RÉTÈNE. s. m. T. Chim. Hydrocarbure de la formule $C^{18}H^{18}$, dérivant du phénanthrène par l'introduction d'un groupe méthyle et d'un groupe iso-propyle. On rencontre le r. cristallisé en écailles dans les troncs de pins fossiles et dans certains lignites. Il existe aussi en dissolution dans le pétrole brut d'Amérique. On l'extrait ordinairement des parties les moins volatiles du goudron de bois.

Le r. cristallise en lamelles incolores, très solubles dans l'alcool bouillant et dans l'éther. Il fond à 98°,5 et bout vers 390°. Avec le chlore et le brome il donne à froid des produits d'addition, et à chaud des produits de substitution. Avec l'acide picrique il forme un picrate de r. qui cristallise en aiguilles orangées, fusibles à 124°. Chauffé avec l'acide chromique, en solution acétique, le r. donne naissance à la r.-quinone C¹⁰H⁶O². Ce composé cristallise en prismes orangés fusibles à 132°; sa solution alcoolique prend une couleur rouge sang quand on l'additionne d'une trace de potasse; mais cette coloration disparait par l'agitation à l'air.

RETENIR. v. a. (R. re, préf., et tenir). Ravoir, tenir encore une fois. Je voudrais bien r. l'argent que je lui ai prêté. — Fam., Il voudrait bien r. ce qu'il a dit, Il voudrait bien ne l'avoir pas dit. || Garder par devers soi ce qui est à un autre. R. le bien d'autrui. Pourquoi retient-il mes papiers? On lui a retenu cinq francs sur sa paye. || Garder toujours, conserver ce que l'on a, ne point s'en défaire, ne point s'en dessaisir. Prov. Donner et r. ne vaut, il ne faut pas garder en réalité ce qu'on donne en apparence. — Se dit surtout en parlant des habitudes, des qualités bonnes ou mauvaises. R. l'accent de son pays. Les bêtes féroces que l'on a apprivoisées retiennent toujours quelque chose de leur naturel. Ce vase retient quelque chose de l'odeur du vin qu'on y avait mis. || Prélever, déduire d'une somme. En me payant, il m'a retenu la somme qu'il m'avait prêtée. On lui retient cinq pour cent sur ses appointements pour la pension de retraite. || Réserver. Il a vendu tout son vin, hormis tant de pièces qu'il a retenues pour sa table. Il a affermé son domaine, mais il s'est retenu les bois et les prés. — T. Arithm. R. un chiffre, Le réserver pour le joindre aux chiffres de la colonne qu'on doit calculer après. Voy. Addition, Soustraction, Multiplication. || T. Procéd. Les juges ont retenu cette cause, Ils s'en sont réservé la connaissance, en décidant qu'elle leur appartenait. R. une cause, signifie aussi, la conserver au rôle pour qu'elle soit jugée à son rang et sans délai. Le président a refusé la remise qu'on lui demandait et a retenu la cause. || S'assurer par précaution de ce qu'un autre aurait pu prendre. R. une chaise au sermon, une loge à l'Opéra. R. un appartement, une chambre. R. un domestique. Je vous retiens pour dimanche prochain. R. date, Voy. Date. — Popul., Je retiens part, j'en retiens part, se dit quand on voit quelqu'un ramasser quelque chose, et signif., je prétends avoir part à ce que vous avez trouvé. Je retiens croix, je retiens pile, se dit quand on joue à croix et à pile, et signifie, Je parie que le côté de la pièce de monnaie qui paraîtra sera croix, sera pile. On dit, dans un sens analogue, quand on joue à pair ou non, Je retiens pair, je retiens non. || Arrêter, faire demeurer, faire séjourner, ne pas laisser aller. On l'a retenu plus longtemps qu'il ne pensait. R. quelqu'un prisonnier. R. quelqu'un à dîner. R. un cheval qui s'emporte. On retient l'eau avec des écluses. R. ses larmes, ses cris La goutte le retient au lit. || Empêcher l'effet d'une action qui est sur le point d'arriver. Il serait tombé dans le précipice, si je ne l'eusse retenu. Il allait se tuer, si je ne lui eusse retenu le bras. — R. une poutre, l'attacher, la fixer pour l'empêcher de tomber. || Réprimer, modérer, empêcher de s'emporter. Je ne sais ce qui me retient, R. sa colère.

Mon père, retenez des femmes qui s'emportent.
CORNEILLE.

|| Mettre, imprimer, garder quelque chose dans sa mémoire. R. par cœur. R. sa leçon. Il retient tout ce qu'il entend. Retenez bien ceci. Je retiendrai cela toute ma vie.

Quiconque a beaucoup vu
Peut avoir beaucoup retenu.
LA FONTAINE.

|| R. , se dit absol., en parlant des chevaux de carrosse ou de charroi qui sont au timon ou dans les limons, et qui empêchent la voiture d'aller trop vite à une descente. Il faut enrayer, car ces chevaux ne retiennent plus. || Dans un sens particulier, et en parlant des femelles des animaux domestiques, signifie Concevoir. On a mené cette vache au taureau, mais elle n'a pas retenu. Cette jument a retenu. = SE RETENIR. v. pron. Être prélevé. Les frais faits à un débiteur se retiennent sur les premiers payements. || Être pris par avance. Cette pièce attire la foule; les places doivent se r. d'avance. || S'arrêter avec effort. Se r. au milieu de sa course. Il s'est retenu au bord du précipice. || S'attacher, se prendre à quelque chose, afin de ne pas tomber. Il se retint à une branche. Elle s'est retenue aux crins de son cheval. || Se modérer, réprimer un mouvement instinctif. Il allait le frapper, mais il s'est retenu. Il n'est pas si emporté qu'il ne sache se r. lorsqu'il le faut. N'allez pas faire un esclandre en pleurant et en criant, retenez-vous. — On dit à peu près de même, J'avais un besoin pressant, mais je me suis retenu. || Se graver, se conserver dans la mémoire. Les vers se retiennent bien plus aisément que la prose. || T. Man. Se dit des chevaux qui ne veulent point se porter librement en avant. Jamais on n'a vu un cheval se r. comme celui-là. = RETENU, UE. part. || Adjectiv. || Circonspect, sage, modéré. Il est fort retenu. Une fille sage et retenue.

Dans leurs discours ils sont plus retenus.
RACINE.

= Syn. Voy. GARDER.

RETENTER. v. a. [Pr. retan-ter]. Tenter de nouveau; faire de nouvelles tentatives.

RÉTENTEUR, TRICE. adj. [Pr. rétan-teur]. Qui retient, qui exerce un effort pour retenir.

RÉTENTIF, IVE. adj. [Pr. rétan-tif] (lat. retentum, sup. de retinere, retenir). Qui a la vertu de retenir.

RÉTENTION. s. f. [Pr. rétan-sion] (lat. retentio, m. s., de retinere, retenir). Réservation, réserve. R. d'une pension sur un bénéfice. La r. des fruits. || T. Pal. La r. d'une cause, L'action des juges qui retiennent une cause, en décidant que la connaissance leur en appartient; ou la décision par laquelle une cause est retenue, conservée au rôle et en son rang, pour y être jugée sans aucune remise. On dit encore dans le premier sens, Arrêt de r. || T. Arithm. Action de retenir un nombre pour le reporter à la colonne suivante, dans l'addition, la soustraction. || T. Philos. Action de retenir par la mémoire.

Méd. — On appelle Rétention, l'accumulation d'un liquide dans ses conduits excréteurs ou dans le réservoir qui est naturellement destiné le contenir; mais, par analogie, on applique également ce nom à la non-expulsion du placenta hors de la cavité utérine après l'accouchement. Mais le terme de R. employé absolument désigne toujours l'accumulation de l'urine dans la vessie, et sa non-excrétion au dehors. La R. d'urine est complète ou incomplète : ou la nomme Dysurie, lorsqu'il y a simple difficulté d'uriner; Strangurie, quand l'urine sort goutte à goutte, avec douleur, ardeur et ténesme vésical continuel; et Ischurie, lorsque l'impossibilité d'uriner est complète. La r. d'urine dépend, ou de la paralysie de la vessie, ou d'un obstacle au cours de l'urine, comme on l'observe dans les cas de tumeurs situées dans le voisinage de la vessie, d'inflammation ou de rétrécissement de l'urèthre, etc. Aux symptômes locaux, tels que la pesanteur et la douleur dans la région de la vessie, succèdent bientôt une fièvre violente et une transpiration d'odeur urineuse. Si l'on ne remédie promptement à la r., le malade periclite d'inflammation, de gangrène, de rupture de la vessie; ou bien il se forme des crevasses au quelque point des voies urinaires, et il survient des abcès, des fistules, des infiltrations. Le traitement consiste à évacuer par le cathétérisme le liquide accumulé, et à remédier ensuite à la cause de la maladie.

RÉTENTIONNAIRE. s. m. [Pr. rétan-sio-nère] (R. rétention). T. Palais. Celui qui retient ce qui appartient à d'autres. Peu usité.

RETENTIR. [Pr. retan-tir] (R. re, préf., et le vx fr. tentir, qui vient par tinnitus, de tinnire, sonner). Rendre, renvoyer un son éclatant. Toute la caverne a retenti du coup de fusil qu'on vient de tirer.

De nos cris douloureux la plaine retentit.
RACINE.

— Fig., Toute la terre retentit de ses louanges, On le loue dans toute la terre, etc. On dit de même, Tout retentit du bruit de ses exploits, de ses grandes actions. || Faire ou produire un bruit éclatant. Ce coup de tonnerre retentit dans toutes les vallées des environs. La voix retentit *contre les voûtes de cette église.* — Fig., *Ses louanges retentissent dans tout l'univers*

RETENTISSANT, ANTE. adj. [Pr. *retan-ti-san*]. Qui retentit. *Son r. Voix retentissante. Cette voûte est retentissante.*

RETENTISSEMENT. s. m. [Pr. *retanti-se-man*] (R. *retentir*). Bruit, son rendu, renvoyé avec plus ou moins d'éclat. *Le r. du canon. Quand le canon a tiré, il s'est fait un grand r. dans le vallon.* || Fig., *Cette protestation courageuse eut un grand r. en Europe.*

RETENTIVITÉ. s. f. [Pr. *retan-tivité*] (R. *retentif*). Faculté de l'esprit humain par laquelle il conserve une impression au delà de la durée immédiate de l'impression, ou bien pendant un temps indéfini, à l'aide de la mémoire.

RETENTUM. s. m. [Pr. *ré-tin-tome*]. Mot lat. qui signifie *Chose retenue*, et qui se disait autrefois, dans les procès criminels, d'un article que les juges n'exprimaient pas dans un arrêt qu'ils rendaient, mais qui ne laissait pas d'en faire partie et d'avoir son exécution. *L'arrêt portait qu'il serait rompu vif, mais il y avait un r. qu'il serait étranglé auparavant.* || Fam., Ce qu'on réserve en soi-même par duplicité, lorsqu'on traite d'affaires avec quelqu'un. *Prenez garde quand vous traiterez avec lui, il a toujours quelque r.*

RETENUE. s. f. (part. pass. de *retenir*). Modération, discrétion, modestie. *Il ne s'emporte jamais, j'admire sa r.*

Quoi ! la rage à mes yeux perd toute retenue ?

RACINE.

Il a de la r., une grande r. C'est une fille très modeste et qui a beaucoup de r. Ne garder, ne mettre aucune r. dans sa conduite.

Fi donc ! petit badin, un peu de retenue.

REGNARD.

— Syn. Voy. MODESTIE. || T. Fin. et Comptabil. Ce qu'on retient en vertu de la loi ou d'une stipulation convenue sur un traitement, un salaire, une rente. *Ses appointements montent à tant, sauf la r. Subir une r. On devait faire sur leurs salaires une r. de cinq pour cent.* || T. Chancell. anc. *Brevet de r.*, Brevet par lequel le roi assurait au titulaire d'une charge non héréditaire, ou à ses héritiers, une certaine somme payable par celui qui devait prendre la charge après lui. || T. Jurisp. anc. Faculté accordée par quelques coutumes au seigneur, de retenir l'héritage qui était dans sa censive, et qui avait été vendu par le censitaire, en rendant à l'acquéreur le prix de la vente. *Le droit de r. n'avait pas lieu dans la coutume de Paris.* || T. Mar. Tout cordage employé à retenir un objet qu'on hisse ou qu'on décharge, pour empêcher qu'il ne se renverse. — *Câble de r.*, celui qui sert à retenir un navire à l'ancre. || Dans les collèges, *Être en r.*, se dit d'un écolier qu'on empêche de sortir ou qu'on prive de la récréation, pour le punir de quelque faute. || T. Arithm. Le nombre qu'on retient d'une colonne à l'autre dans une addition, une soustraction ou une multiplication.

RETENUEMENT. adv. [Pr. *retenu-man*]. D'une manière retenue, luns.

RÉTÉPORE. s. m. (lat. *rete*, filet ; *porus*, pore). T. Zool. Genre de *Bryozoaires*. Voy. ce mot.

RETERÇAGE ou **RETERSAGE.** s. m. T. Agric. Action de retercer ; le résultat de cette action.

RETERCER ou **RETERSER.** v. a. (R. *re*, préf., et *tercer*). *R. une vigne*, Lui donner un second labour pour détruire l'herbe. — RETERSÉ, ÉE. part.

RETHEL. ch.-l. d'arr. (Ardennes), à 44 kil. S.-O. de Mézières, sur l'Aisne ; 7,100 hab.

RETHEL, peintre allem., né à Aix-la-Chapelle (1816-1859).

RÉTIAIRE. s. m. [Pr. *ré-si-ère*] (lat. *retiarius*, m. s., de *rete*, filet). T. Antiq. Gladiateur qui combattait armé d'un filet avec lequel il tâchait d'embarrasser son adversaire. Voy. GLADIATEUR

RÉTICENCE. s. f. [Pr. *reti-san-se*] (lat. *reticentia*, m s., de *reticere*, se taire, de *re*, préf., et *tacere*, se taire). Suppression ou omission volontaire d'une chose qu'on devrait dire ; ou la chose même qu'on n'a pas dite. *Dans le récit qu'il m'a fait, il a mis beaucoup de r. Il a usé avec moi de r. Dans cet acte, il y a une r. Des réticences perfides. De lâches réticences.*

Rhétor. — On appelle *Réticence* ou *Aposiopèse*, une figure de pensée par laquelle l'orateur s'interrompt tout à coup pour passer à une autre idée, mais en le faisant de manière à laisser très bien entendre ce qu'il affecte de taire. Non seulement la r. énonce ce qu'on semble ne vouloir pas dire, mais encore elle le fait ordinairement avec beaucoup plus de force que si l'on s'était expliqué. Aussi cette figure convient-elle parfaitement à exprimer la colère, l'indignation, etc. Une belle r. est le fameux *Quos ego...* de Neptune gourmandant les flots mutinés. Nous citerons encore la r. d'Agrippine dans le *Britannicus* de Racine :

J'appelai de l'exil, je tirai de l'armée,
Et ce même Sénèque, et ce même Burrhus,
Qui depuis..... Rome alors estimait leurs vertus.

RÉTICULAIRE. adj. 2 g. [Pr. *rétiku-lère*] (lat. *reticulum*, réticule). T. Anat. Qui ressemble à un réseau ou aux mailles d'un filet. *Tissu r. Membrane r.* Voy. PEAU, II, B, et Os, I.

RÉTICULATION. s. f. [Pr. *...sion*]. État d'une surface réticulée.

RÉTICULE. s. m. (lat. *reticulum*, petit réseau). T. Astron. et Optiq. Système de fils croisés que l'on tend dans le plan focal d'un instrument d'optique pour servir de point de repère. Voy. LUNETTE, MICROMÈTRE, MÉRIDIEN. || Petit sac où les femmes mettent de menus objets, et qu'elles portent avec elles.

RÉTICULÉ, ÉE. adj. (lat. *reticulatus*, m. s., de *rete*, filet). T. Didact. Qui est marqué de lignes entre-croisées en manière de réseau. *Feuille réticulée.* || T. Archit. *Appareil r.* Voy. APPAREIL.

RÉTIERS. ch.-l. de c. (Ille-et-Vilaine), arr. de Vitré ; 3,900 hab.

RÉTIF, IVE. adj. (bas lat. *restivum*, de *restare*, s'arrêter, de *re*, préf., et *stare*, être debout). Qui s'arrête ou qui recule au lieu d'avancer ; se dit proprem. Des chevaux et autres bêtes de monture, *Un cheval r. Des mules rétives et quinteuses.*

Pour lui Phébus est sourd et Pégase est rétif.

BOILEAU.

|| Fig., Difficile à persuader, à conduire. *C'est un homme d'un caractère r., d'un esprit r. Il est r. à la censure, à la louange.* — On dit aussi subst., *Il a beau faire le r., il faudra bien qu'il en passe par là.*

RÉTIF de la BRETONNE, romancier fr., très fécond, licencieux et bizarre (1734-1806).

RÉTIFORME. adj. 2 g. (lat. *rete*, filet ; *forma*, forme). Qui a la forme d'un réseau.

RÉTINACLE. s. m. (lat. *retinaculum*, lien, de *retinere*, retenir). T. Bot. Nom donné au tissu gélifié du lobe antérieur (*rostellum*) du stigmate de la fleur des Orchidées. Voy. ORCHIDÉES.

RÉTINALITE. s. f. (gr. ῥητίνη, résine, λίθος, pierre). T. Minér. Variété de serpentine jaunâtre, d'un éclat résineux.

RÉTINAPHTE. s. m. (gr. ῥητίνη, résine ; νάφθα, naphte). T. Chim. Ancien nom du toluène.

RÉTINASPHALTE. s. m. (gr. ῥητίνη, résine ; ἄσφαλτος, bitume). T. Minér. Résine fossile, jaune ou brune, à éclat cireux ; en nodules rugueux dans la tourbe ou dans le lignite. Voy. BITUME.

RÉTINE. s. f. (lat. *retina*, m. s., de *rete*, réseau). T. Anat. Membrane du fond de l'œil sensible à la lumière. Voy. ŒIL, I, 3.

RÉTINERVE. adj. 2 g. (lat. *rete*, filet, et *nervure*). T Bot. ?a: est à nervures réticulées.

RÉTINIEN, IENNE. adj. [Pr. *rétini-in, ièn*]. Qui appartient à la rétine.

RÉTINITE. s. f. (gr. ῥητίνη, résine). T. Minér. Roche feldspathique vitreuse, fragile, d'un éclat gras, d'une couleur vert olive ou brun jaunâtre. || Résine fossile jaune ou brune, analogue à la résine-copal.

RÉTINITE. s. f. (R. *rétine*). T. Pathol. Inflammation de la rétine; La r. peut être primitive ou secondaire, c.-à-d. survenant à titre de complication dans le cours d'une maladie générale : artério-sclérose, diabète, syphilis, mal de Bright. A l'ophtalmoscope on constate des modifications anatomiques importantes et variables suivant les cas : changements de coloration, petites hémorrhagies punctiformes, dépôts de pigment (r pigmentaire). La r. produit une diminution de l'acuité visuelle; la cécité peut en être la conséquence. Le traitement varie avec la cause; l'iodure de potassium, les purgatifs, sont indiqués dans l'artério-sclérose, l'iodure sera également employé contre la syphilis ; les albuminuriques, les diabétiques devront suivre un régime approprié d'une façon rigoureuse.

RÉTINOÏDE. s. m. (gr. ῥητίνη, résine ; εἶδος, forme). T. Pharm. Excipient pharmaceutique composé qui résulte de l'union intime d'une résine pure avec d'autres résines ou avec la cire.

RÉTINOLÉ. s. m. (gr. ῥητίνη, résine). Médicament qui résulte de l'union d'une résine avec toute substance médicamenteuse autre que les résines et la cire.

RÉTINOSCOPE s. m. (R. *rétine* et gr. σκοπέω, j'examine). Syn. de *Ophtalmoscope*. Voy. ce mot.

RETIRADE. s. f. T. Fortif. anc. Retranchement fait derrière un ouvrage, et dans lequel les assiégés se retiraient quand les assiégeants avaient emporté l'ouvrage. *Le bastion ayant été emporté, les assiégés se jetèrent dans une grande r. qu'ils avaient faite.*

RETIRAGE. s. m. Action de relever le linge du cuvier de lessive pour le porter à la rivière.

RETIRATION. s. f. [Pr. ...sion]. T. Typogr. Action d'imprimer le second côté d'une feuille de papier, autrement dit, le verso. *Mettre une feuille en retiration.*

RETIREMENT. s. m. [Pr. *retire-man*]. Action de retirer. Voy. RÉTRACTION.

RETIRER. v. a. Tirer de nouveau. *Cette loterie a été mal tirée, il faut la r.* || Tirer en arrière, tirer à soi ce qu'on avait poussé dehors ou porté en avant. *R. la main. R. la tête pour éviter un coup.*

> J'ai vu l'assassin
> Retirer son poignard tout fumant de son sein.
> RACINE.

— Fam., *R. son haleine*, Faire rentrer de l'air dans sa poitrine. — Fig., *R. sa parole*, Se dégager de la parole qu'on avait donnée. *R. son compliment*, Ne pas faire un compliment qu'on voulait faire, ou le rétracter quand on l'a fait. *R. son amitié, sa protection, son estime, sa confiance, etc.*, Cesser de les accorder. || Tirer une chose, une personne d'un lieu où elle avait été mise, où elle était entrée; *R. un sceau du puits. R. un homme de prison, un écolier du collège, une fille du couvent. R. des effets du mont-de-piété. R. des papiers de chez un avoué, de l'argent de chez un banquier. R. son enjeu*, Voy. ENJEU. — Fig., *R. quelqu'un du péril, d'un mauvais pas*, L'aider à sortir d'une position dangereuse ou fâcheuse : *R. quelqu'un du vice, de la débauche*, Faire en sorte qu'il renonce au vice, etc. || Extraire. *L'huile que l'on retire par expression de ces graines sert à...* || Recueillir du profit, de l'avantage. *Combien retirez-vous de cette terre? Il retire tant de sa maison. L'Angleterre retira de grands avantages de ce traité de commerce.* — Fig., *Il retira beaucoup de gloire de cette campagne. Il n'en a retiré que de la honte.* || *R. quelqu'un chez soi*, Lui donner asile. *Il a retiré chez lui*

cet orphelin. || T. Jurisp. Retraire, rentrer dans la propriété et la possession d'un bien aliéné, en rendant à l'acheteur le prix qu'il en avait donné. *R. par retrait lignager, par retrait féodal, par retrait conventionnel. Il a retiré cette terre sur un tel. Il retira tous les biens qui avaient été aliénés par ses ancêtres.* == SE RETIRER. v. pron. Se reculer, se ranger. *Retirez-vous un peu pour me faire place.* || S'en aller, s'éloigner d'un lieu. *Une visite plus longue pourrait vous importuner, je me retire. Retirez-vous d'ici. Les ennemis se retirèrent en désordre. Se r. de la ville, de la cour. Avec ellipse du pron., Il fit r. tout le monde.* || Rentrer chez soi, rentrer dans son cabinet, dans sa chambre. *Ils se retirèrent chacun chez eux. Elle se retira dans son appartement pour y donner libre cours à sa douleur.* — Absol., se dit quelquefois d'une personne qui rentre chez elle le soir pour n'en plus sortir que le lendemain. *Pourquoi vous r. sitôt? Ils ne se sont retirés qu'à minuit.* || Quitter un lieu où l'on était établi pour se fixer dans un autre. *Il se retira en province. Elle s'est retirée dans son pays. Se r. à la campagne, dans ses terres.* || Se réfugier, se mettre en sûreté. *Se r. en lieu de sûreté. Les brigands se retirèrent dans les bois. Les ennemis se retirèrent dans leurs retranchements, se retirèrent sous le canon de la place. Il se retira chez tel prince pour échapper aux persécutions. Les bêtes sauvages se retirent dans leurs tanières.* — On dit quelquefois, *Se r. par devers un juge*, S'adresser à lui pour avoir justice. || Quitter la profession qu'on exerçait, le genre de vie qu'on menait. *Il s'est retiré du barreau. Il veut se r. du service. Il s'est retiré du désordre, de la débauche.* — Absol., *Il s'est tout à fait retiré*, Il a quitté le commerce du monde; ou Il mène une vie moins dissipée. *Cet officier se retire*, Il quitte le service. *Ce joueur se retire*, Il quitte le jeu. *Se r. sur sa perte, sur son gain*, Quitter le jeu lorsqu'on perd, lorsqu'on gagne. || En parlant des choses, Se raccourcir. *Le parchemin se retire au feu. Les fibres se retirent. Cette toile se retire au blanchissage.* Avec ellipse du pron., *L'eau fera r. cette étoffe.* || En parlant des eaux, Rentrer dans leur lit après s'être débordées, après avoir monté. *La rivière se retire. Les eaux commencent à se r. La mer se retire fort loin dans les grandes marées. Les marins disent aussi neutral., La mer retire.* == RETIRÉ, ÉE. part. || Adject., Solitaire, peu fréquenté. *Il recherche les lieux les plus retirés.* — Être retiré, vivre retiré, mener une vie retirée, Vivre dans une grande retraite, dans un grand éloignement du commerce des hommes. *Il est toujours retiré en lui-même*, se dit d'un homme silencieux, qui fuit les communications, la société.

RETIRONS. s. m. pl. [Pr. *reti-ron*] (R. *retirer*).Laine qui reste dans le peigne après le premier peignage.

RETIRURE. s. f. (R. *retirer*). Creux qui se forme dans une pièce d'étain jetée en moule.

RETISSER. v. a. [Pr. *reti-ser*]. Tisser de nouveau. == RETISSÉ, ÉE. part.

RÉTISTÈNE. s. m. T. Chim.. Syn. de *Rétène*.

RETIVETÉ ou RÉTIVITÉ. s. f. Défaut consistant à être rétif, en parlant d'un cheval. || Humeur rétive.

RETOMBÉE. s. f. [Pr. *reton-bé*] (part. pass. de *retomber*). T. Archit. La naissance d'une voûte, d'une arcade, depuis le coussinet jusqu'au point où les voussoirs ont atteint le degré de courbure de l'arc auquel ils cessent de se pouvoir soutenir d'eux-mêmes. || T. Techn. Manœuvre par laquelle, dans l'impression de la musique, on fait tomber les notes exactement à leur place sur la portée.

RETOMBER. v. n. [Pr. *reton-ber*]. Tomber de nouveau. *Il ne se releva que pour r. aussitôt.* — Fig., Être attaqué de nouveau d'une maladie dont on croyait être guéri. *On le croyait guéri, il retomba.* — Fig., au sens moral, on dit : *R. dans une faute que l'on avait déjà commise. Il retombe toujours dans le même péché*, ou absol., *Il retombe toujours. Il est retombé dans la misère. Tout retombe dans la confusion.* || Sign. quelquefois simpl. Tomber, et se dit des choses qui tombent, après avoir été élevées. *La balle est retombée à cet endroit. Les vapeurs que le soleil élève retombent souvent en pluie.* — Fig., Tomber sur, se dit de celui qui supporte quelque perte, quelque dommage, quelque blâme, etc. *La perte retombe sur moi. Les frais du procès* *retombèrent sur lui. Ses malheurs retombèrent sur toute su famille. — Le sang qu'il a versé retombera sur lui, sur sa tête,* il portera la peine du meurtre qu'il a commis. Par imprée., *Puisse leur sang r. sur lui, sur sa tête! Que mon sang retombe sur vous !* = RETOMBÉ, ÉE. part.

RETONDEUR. s. m. Ouvrier qui retond. = T. Hist. *Les Retondeurs,* nom donné sous Charles VII à des bandes de soldats chargés de réprimer le brigandage et qui pillaient ce que les brigands avaient laissé.

RETONDRE. v. a. Tondre de nouveau. *Le poil de cette pièce de drap est encore trop long, il faut le r.* || T. Archit. Retrancher à la surface d'une construction les ornements inutiles ou de mauvais goût; ou seulement Recouper des ornements pour en rendre les arêtes plus vives. = RETONDU, UE. part.

RETONNER. v. n. [Pr. re-to-ner]. Tonner de nouveau.

RETORCHER. v. a. Torcher de nouveau. = RETORCHÉ, ÉE. part.

RETORDEMENT [Pr. retorde-man] et **RETORDAGE.** s. m. T. Manufact. Action de retordre; Le résultat de cette action. *Le r. des soies.*

RETORDERIE. s. f. Lieu où l'on pratique le retordement.

RETORDEUR, EUSE. s. Celui, celle qui retord les fils.

RETORDOIR. s. m. [Pr. retor-douar]. Machine qui sert à retordre les matières filamenteuses.

RETORDRE. v. a. Tordre de nouveau. *Tordre et r. du linge mouillé.* || Signif. aussi simpl. *Tordre,* et se dit du fil ou de la ficelle, quand on tord deux ou trois brins ensemble. *R. des fils de chanvre, de soie, etc.* — Fig. et prov., *Donner du fil à r. à quelqu'un.* Voy. FIL. = RETORDU, UE. part.

RÉTORQUABLE. adj. 2 g [Pr. rétor-kable]. Susceptible d'être rétorqué.

RÉTORQUER. v. a. [Pr. rétor-ker] (lat. *retorquere,* m. s., propr. *retordre,* de *re,* préf., et *torquere,* tordre). Employer contre son adversaire les mêmes raisons, les mêmes arguments, les mêmes preuves dont il s'est servi lui-même. *R. un argument, un raisonnement. Je lui ai rétorqué, j'ai rétorqué contre lui toutes les raisons qu'il avait alléguées.* = RÉTORQUÉ, ÉE. part.

RETORS, ORSE. adj. [Pr. re-tor] (anc. part. de *retordre*). Qui a été tordu plusieurs fois. *Du fil r. De la soie retorse.* || Fig. et fam., on dit d'un homme fin, rusé, artificieux, *C'est un homme r., il est bien r.,* ou subst., *C'est un retors.*

RÉTORSIF, IVE. adj. (lat. *retorsum,* sup. de *retorquere,* retordre). Qui rétorque.

RÉTORSION. s. f. (lat. *retorsio,* m. s., de *retorsum,* sup. de *retorquere,* retordre). Emploi que l'on fait contre son adversaire, des arguments, des preuves, des raisons dont il s'est servi. *Cet argument est sujet à r.* || T. Droit internat. Sorte de représaille qui consiste à opposer à un acte contraire à l'équité un acte de même nature.

RETORTE. s. f. (lat. *retortus,* recourbé). T. Chim. Syn. Vieilli de cornue. Voy. CORNUE.

RETORTILLER. v. a. [Pr. les *ll* mouillées]. Tortiller de nouveau. = V. n. Revenir sur un même sujet. = RETORTILLÉ, ÉE. part.

RETORTURER. v. a. Torturer de nouveau. = RETORTURÉ, ÉE. part.

RETOUCHE. s. f. [R. retoucher]. Dans les arts du dessin, la dernière façon qu'un artiste donne à son œuvre pour la perfectionner ou pour corriger ce qu'il y a de défectueux. || Se dit aussi des endroits qu'on a retouchés, parce qu'ils étaient défectueux, effacés, gâtés.

RETOUCHER. v. n. Toucher de nouveau. *Ne touchez*

plus à cela; si vous y retouchez, vous serez puni. || Ordinair., Corriger, réformer, perfectionner. *R. à un ouvrage.*

Retouchant un endroit, effaçant une page.
BOILEAU.

Il a retouché à ce tableau. Ce poème est achevé, il n'y faut plus r. = RETOUCHER. v. a. Se dit dans le sens précédent. *Il faut r. cet ouvrage, ce vers, ce tableau. Il faudra r. cette planche, elle commence à s'user.* = RETOUCHÉ, ÉE. part.

RETOUPER. v. a. Reprendre un ouvrage de poterie qui a été manqué. = RETOUPÉ, ÉE. part.

RETOUR. s. m. (R. re, préf., et *tour*). Tour contraire ou presque contraire, tour multiplié; ne se dit, ou ce sens, qu'avec le mot *Tours. Les tours et retours que fait une rivière. Les tours et les retours d'un labyrinthe.* — T. Chasse. Se dit d'un animal qui revient sur les mêmes voies pour les confondre et dérouter les chiens. — Fig., Ruse, artifice. *Cet homme a des retours bien adroits. L'amour-propre est fécond en retours.* || Action de revenir, de retourner. *A mon r. de tel lieu, je le trouvai en chemin. Il est parti sans espoir de r.* — *Être sur son r.,* Être près de partir pour retourner. Fig., *Être sur le r.,* être sur son r.,* Commencer à déchoir, à vieillir, à décliner, à perdre de sa vigueur, de son éclat, *Ces chênes sont sur le r. Une beauté qui est sur le r. Cet homme, cette femme est sur le r., sur son r. Age de r.,* âge critique. Voy. AGE, et MENSTRUATION. — *Faire un r. sur soi-même,* Faire de sérieuses réflexions sur sa conduite. Fig., *Faire un r. à Dieu, vers Dieu,* Se convertir. On dit à peu près de même, *Le r. d'un homme à la vertu, à ses devoirs.* — Au Jeu de Trictrac, *Jan de r.,* se dit lorsqu'on passe des dames dans le côté de l'adversaire pour y faire son plein. *J'en suis à mon jan de r. J'ai fait mon jan de r.* || *Arrivée au lieu d'où l'on était parti. Je vous souhaite un prompt, un heureux r. Depuis le r. imprévu de votre père. Hâter, précipiter, retarder, différer son r. Au r. de la campagne, de la chasse. — Être de r.,* Être revenu. *Quand il fut de r. chez lui.* Elliptiq., *De r. chez moi, j'ai trouvé votre lettre.* — *R. de chasse,* Repas que l'on fait après la chasse, avant l'heure ordinaire du souper. || T. Art milit. *R. offensif,* action de revenir attaquer l'ennemi devant lequel on se retirait. || *Un cheval de r.,* un cheval qu'on ramène au lieu où il a été loué, et Fig. Un criminel qui, après avoir fait sa peine, est ramené pour un nouveau crime devant la justice || T. Comm. marit. *Les retours d'un navire,* Les marchandises qu'il a rapportées en échange de celles qu'il avait portées, et les bénéfices qui en résultent. *Les retours n'ont pas été avantageux. Les retours de ce navire se trouvèrent de cent pour cent.* — T. Comm. *Le r. d'un effet,* renvoi d'un effet impayé. *R. sans frais,* indication portée sur un effet pour éviter le protêt en cas de non-paiement. — T Jurispr. Réversion, droit en vertu duquel une chose revient à celui qui l'avait donnée. *Le prince reçut cet apanage à la charge de r. à la couronne, en cas de mort sans héritiers mâles. Droit de r., légal.* Voy. SUCCESSION. *R. conventionnel.* Voy. DONATION, IV. || Réapparition d'une chose qui revient périodiquement, ou qui succède naturellement à une autre. *Le r. du printemps, de l'hiver, etc. Le r. de l'aurore. Le r. d'un accès. Le r. de la paix.* || Fig., se dit du changement, de la succession des choses. *La fortune a ses retours. Un fâcheux r. de fortune. L'occasion est perdue sans r. Ils sont brouillés sans r. La jeunesse et la beauté passent sans r.* — Au sens moral, on dit d'un homme bizarre, quinteux. *Il a de fâcheux retours;* et d'un homme rancunier, avec lequel il n'y a jamais de réconciliation possible. *C'est un homme avec qui il n'y a point de r.* — Prov., *A beau jeu beau r.* Voy. JEU. || Ce qu'on ajoute, ce qu'on joint à la chose qu'on troque contre une autre pour rendre le troc égal. *Quel r. me donnerez-vous? Combien me donnerez-vous de r., en r.? Je vous donnerai cent francs de r. Vous me devez du r.* — *R. de bâton. R. ou soulte de partage,* Ce qu'on ajoute au lot d'un cohéritier, pour compléter sa part. || Fig., Reconnaissance, réciprocité de sentiments, de services, etc. *L'amitié demande du r. On doit obliger sans espérance d'aucun r., sans espoir de r. Il vous a rendu des services; il faut le payer de r., user de r. N'attendez de lui aucun r.* — Fam., *Il semble qu'on lui doive du r.,* se dit d'une personne qui, par orgueil, reçoit froidement les civilités qu'on lui fait, qui ne témoigne pas assez de reconnaissance des services qu'on lui rend. || T. Archit. Angle, coude formé par une partie de construction qui fait saillie en avant d'une autre. *Il y a un grand corps de logis en face et une galerie en r. Aile de r. Il d'équerre,* Retour à angle droit. — Le profil d'un entablement, d'une corniche, etc., qui ressaute. || T. Phys. *Choc de r.* Voy. Foudre, V.

RETOURNAGE. s. m. Action de faire retourner, de ramener un objet. || Action de retourner des boyaux ou autres objets semblables.

RETOURNE. s. f. (R. *retourner*). Carte qu'on retourne à certains jeux, quand chacun des joueurs a le nombre de cartes qu'il doit avoir. *La r. détermine l'atout. De quelle couleur est la r. ? La r. est de pique, de cœur.*

RETOURNEMENT. s. m. [Pr. *retourne-man*]. Action de retourner, de tourner dans un autre sens et résultat de cette action.

RETOURNER. v. n. (R. *re*, préf., et *tourner*). Aller de nouveau en un lieu où l'on a déjà été. *Il est retourné dans son pays. Retournez encore chez lui. R. à l'armée. R. sur ses pas. R. en arrière.* — Fig., *R. en arrière,* Abandonner une entreprise dont on est rebuté. *R. à Dieu.* Se convertir. — *R. à son vomissement,* se dit propr. du chien et au Fig., quand revenir à une habitude vicieuse à laquelle on semblait avoir renoncé. || Recommencer à faire les mêmes choses, les mêmes actions. *R. à l'ouvrage. R. au combat. R. à la charge.* — Fam., on dit par manière d'avertissement, de réprimande, *N'y retournez pas,* Ne faites pas une seconde fois la même faute. || Être reporté à l'auteur,

Et souvent la perfidie
Retourne sur son auteur.
LA FONTAINE.

|| T. Jeu de cartes. Se dit de la carte qu'on retourne après que tous les joueurs ont eu les cartes qu'ils devaient avoir. *Qu'est-ce qui retourne? De quoi retourne-t-il? Il retourne cœur, pique.* — Fig. et fam., *Vous ne savez pas de quoi il retourne,* Vous ne savez pas ce qui se passe, quel est l'état des choses. *Voyons de quoi il retourne,* Voyons de quoi il est question, voyons ce qui se passe. ═ RETOURNER, v. a. Tourner d'un autre côté, dans un autre sens. *R. un habit. R. une carte. R. des côtelettes qui sont sur le gril. R. une crêpe. R. du foin, pour le faire sécher. R. de la luzerne, du gazon.* — *R. le sol,* Le travailler de manière à exposer à l'air la couche profonde, dont la couche superficielle prend alors la place. — *R. un habit, une robe,* les refaire en mettant l'envers au dehors au lieu de l'endroit qui est usé. — *R. un tableau,* mettre le haut en bas, ou tourner la peinture contre le mur. — *R. la salade,* la remuer en tous sens pour que les feuilles prennent l'assaisonnement. || Fig. et fam., *R. quelqu'un,* Lui faire changer d'avis, de parti. *Il était de notre avis, mais on l'a retourné.* On dit de même, *Il s'est laissé r.* — *Tourner et r. quelqu'un* en tous sens, Tâcher, par des interrogations captieuses, par des entretiens artificieux, de le faire parler, de le faire expliquer sur quelque chose. ═ SE RETOURNER, v. pron. Être retourné. *Cette étoffe ne peut se r.* || Regarder derrière soi. *Quand je l'appelai, il se retourna vers moi, il se retourna.* || Changer de position. *Il est si faible, qu'il ne saurait se r. dans son lit. Il ne fait que se tourner et se r. dans son lit.* || Fig. et fam., Chercher et prendre d'autres mesures, selon les différentes circonstances, quand celles qu'on avait d'abord prises n'ont pas réussi. *On l'a contrarié dans son entreprise, mais il saura bien se r.* || S'en r., S'en aller. *Retourne-t'en. Retournez-vous-en. Il est temps que nous nous en retournions. Elle s'en est retournée.*

Je m'en retournerai seule et désespérée.
RACINE.

Ils viennent de s'en r. dans leur pays. ═ RETOURNÉE, ÉE. part.

Syn. — *Revenir.* — *Revenir,* c'est se rendre au lieu d'où l'on était parti; *retourner,* c'est se rendre une seconde fois au lieu où l'on était allé. On *revient* dans sa patrie; on *retourne* dans son exil. A la mort de la reine Blanche, saint Louis *revint* de la croisade, mais il y *retourna* quelques années après. On dit aussi figurément, *revenir* à la vertu, *retourner* au crime.

RETOURNEUR. s. m. Celui qui retourne. || Celui qui ressasse des idées.

RETOURNURE. s. f. T. Techn. Seconde trempe qu'on donne à la chandelle à la baguette.

RETRACEMENT. s. m. [Pr. *retra-seman*]. Action de retracer.

RETRACER. v. a. Tracer de nouveau ou d'une manière nouvelle. *Cela n'est pas bien tracé, il faut le r.* || Fig., Raconter des choses passées, les décrire, en renouveler la mémoire. *R. les exploits d'un héros. Pourquoi vous r. sans cesse l'histoire de nos malheurs?*

Retracez-lui d'Esther l'histoire glorieuse.
RACINE.

Tout me retrace son image, me retrace ses traits, retrace son image à mon esprit, à mes yeux. || Se *r.,* avec le pron. pers., rég. direct. signif. Être rappelé dans la mémoire, et, avec le pron. rég. indirect, il signif. Se rappeler une chose. *Ces évènements se retracent dans mon esprit, dans ma mémoire. Son image vient, malgré moi, se r. à mon esprit. Je me retrace parfaitement tous les détails de cet affreux spectacle. Je m'en retrace parfaitement l'image.* ═ RETRACÉ, ÉE. part.

RÉTRACTATION. s. f. [Pr. ...*sion*] (lat. *retractatio*, m. s.). Acte, discours ou écrit contenant le désaveu formel de ce qu'on a fait, dit ou écrit précédemment. *R. publique, volontaire, forcée. R. sincère. Signer sa r. Je l'ai obligé à une rétractation.*

RÉTRACTER. v. a. (lat. *retractare,* tirer en arrière, de *re*, tractum, sup. de *retrahere,* de re, préf., et *trahere,* tirer). Déclarer que l'on n'a plus l'opinion qu'on avait avancée, se dédire d'une chose qu'on avait dite ou écrite, la désavouer. *Il avait avancé telle proposition, il l'a rétractée. R. une calomnie, une erreur.* ═ SE RÉTRACTER, v. pron. Désavouer ce qu'on avait avancé. *Il soutenait telle opinion, il s'est rétracté. Il s'en est publiquement rétracté. Il a été contraint de se r.* ═ RÉTRACTÉ, ÉE. part.

Une offre en moins d'un jour reçue et rétractée.
CORNEILLE.

RÉTRACTER. v. a. (lat. *retractare,* m. s., de *retractum,* sup. de *retrahere,* retirer). Retirer, raccourcir par la traction. ═ SE RÉTRACTER, v. pron. Se raccourcir. ═ RÉTRACTÉ, ÉE. part. *Muscles rétractés.*

RÉTRACTIBLE. adj. 2 g. Syn. de rétractile.

RÉTRACTIF, IVE. adj. Qui exerce ou tend à exercer une rétraction. || Fig. Qui retire, qui rétracte.

RÉTRACTILE. adj. 2 g. (lat. *retractilis,* m. s., de *retractum,* sup. de *retrahere,* retirer). T. Physiol. Qui a la propriété de se retirer, de se raccourcir. *Tissu r. Fibres rétractiles.* || T. Zool. Ongles, griffes rétractiles. Voy. CHAT.

RÉTRACTILITÉ. s. f. Qualité d'une partie qui est rétractile.

RÉTRACTION. s. f. [Pr. *rétrak-sion*] (lat. *retractio,* m. s., de *retractum,* sup. de *retrahere,* retirer). Raccourcissement, état d'une partie qui est revenue sur elle-même, de manière qu'une ou plusieurs dimensions se trouvent diminuées. *La r. des muscles. R. de la cuisse. R. du scrotum.*

RETRADUIRE. v. a. Traduire de nouveau. ═ RETRADUIT, ITE. part.

RETRAÎNER. v. a. Traîner de nouveau. ═ RETRAÎNÉ, ÉE. part.

RETRAIRE. v. a. (lat. *retrahere,* retirer, de re, préf., et *trahere,* tirer). T. Jurispr. Exercer un retrait. *Il avait droit comme parent de r. cet héritage. Les clauses du contrat de vente lui donnent le droit de r. ces fonds.* On dit plus communément, *Retirer.* ═ RETRAIT, AITE. part. || Adjectiv., se dit des grains qui mûrissent sans se remplir et contiennent beaucoup moins de farine que les grains bien conditionnés. *Blé retrait. Avoine retraite.* || T. Blas. Se dit des pals, bandes, barres, etc., qui sont raccourcis.

RETRAIT. s. m. [Pr. *re-trè*] (R. *retraire*). Diminution de volume d'un corps humide lorsqu'il se dessèche, d'un métal lorsqu'il se refroidit. *Le r. du mortier fait gercer les enduits. La terre glaise a un douzième de r.* || T. Jurispr. Action de reprendre un héritage aliéné. *Faire, exercer un r.* — *R. conventionnel*, ou *Réméré*, Voy. VENTE. *R. féodal*, Voy. FIEF, IV, 6. — *R. lignager*, Droit qui appartenait au parent le plus proche du vendeur de retirer des mains d'un tiers acquéreur un ancien propre de la famille, en lui remboursant le prix qu'il avait payé. || Dans le langage parlementaire, *Le r. d'un projet de loi*, L'action de retirer un projet de loi qui a été présenté à une assemblée législative. || T. Admin. *R. d'emploi*, action de retirer son emploi à un fonctionnaire. *On l'a mis à la retraite par r. d'emploi* || Se dit quelquefois pour désigner le lieu secret d'une maison où l'on va aux nécessités naturelles. *Cureur de retraits.* || T. Archit. Construction en r., qui est en arrière de l'alignement. || T. Techn. *R. de mouture*, résidu de la mouture.

RETRAITE. s. f. (R. *retrait*). Action de se retirer. *Il est temps de faire r. L'heure de la r. est arrivée.* — Se dit particulièrement des soldats qui, dans les villes, sont obligés de se retirer à une certaine heure, et signifie aussi le signal qu'on donne en conséquence. *L'heure de la r. Le tambour a battu la r.* On dit aussi, en T. Vén., *Sonner la r.*, Rappeler les chiens et les faire retirer. || Dans l'art mil., le mouvement que font des troupes pour s'éloigner de l'ennemi après un combat désavantageux, ou pour abandonner un pays où elles ne peuvent plus se maintenir. *Les ennemis ont fait r., une belle r. Ils ont fait r. en bon ordre. Couper la r. Les ennemis ont battu en r., sont en pleine r. Après sa r. vers ou sur tel lieu. Les trompettes sonnaient la r. Battre en r.*, Voy. BATTRE. || L'action de se retirer du monde, de la cour, des affaires. *Vous êtes vieux, il est temps de faire r., de songer à la r. Il a fait une sage r.* || L'état d'une personne retirée des affaires, éloignée du tumulte de la société. *Il vit dans une profonde r. Les amants cherchent la r. et la solitude. Il aime la r. Sa santé le condamne à la r. Son talent s'est mûri dans la r.* || L'éloignement où l'on se tient du commerce du monde pendant quelques jours pour mieux se recueillir et ne vaquer qu'aux exercices de piété. *Ce religieux est en r. Une r. de dix jours.* || Par extens., Le lieu même où l'on se retire. *Douce, paisible, tranquille, agréable r. Il s'est bâti une petite r. J'irai le visiter dans sa r.* — Signif. aussi lieu de refuge. *Donner r. à quelqu'un. Il trouva une r. chez le prince. Ce lieu sert de r. aux animaux sauvages.* — On appelle encore *R. de voleurs, de brigands*, Le lieu où ils se retirent. || *Pension de r.*, ou simpl., *Retraite*, Pension que l'État, une administration, un particulier accorde à quelqu'un qui se retire d'un service, après un certain temps. *Cet officier a une belle r. Prendre sa r. Être mis à la r. Officier en r. Il a donné une r. à son vieux valet de chambre.* — Se dit quelquefois d'un emploi tranquille dont les émoluments tiennent lieu de pension de r. *Ce maréchal de camp reçut pour r. le gouvernement de tel château royal.* || T. Archit. La diminution progressive d'épaisseur qu'on donne à un mur en partant du pied; le petit espace qui existe entre la ligne verticale et le plan d'une construction, lorsque celui-ci est légèrement incliné en arrière. *Ce mur fait r. à chaque étage. Ce piédestal est en r. sur sa base.* On dit aussi qu'*Une partie est en r. d'une autre*, pour exprimer qu'elle est en dedans du plan de cette dernière. || T. Phys. Retrait, diminution de volume. *En modelant la terre, il faut estimer la r. qu'elle éprouvera par la cuisson.*

Légist. — *Pensions de retraite.* — On appelle *Pension de retraite*, ou simplement *Retraite*, une rémunération pécuniaire et annuelle que l'État accorde, après la cessation de l'activité, au fonctionnaire, ou à la veuve et aux enfants du fonctionnaire, qui a servi pendant un certain temps fixé et dans des conditions déterminées, ou que certaines circonstances ont empêché d'accomplir le temps voulu. L'usage d'accorder des rémunérations de cette espèce aux anciens serviteurs de l'État existait avant la révolution, mais il était alors livré à l'arbitraire le plus absolu. Les premières tentatives pour le régulariser datent de l'Assemblée constituante; néanmoins, c'est seulement plus tard qu'il a été assis sur des bases fixes et rationnelles. Les conditions auxquelles les retraites sont accordées varient suivant la nature des services rendus.

1. *Pensions civiles.* — Elles sont régies par la loi du 9 juin 1853, qui est applicable à toutes les administrations. Cependant cette loi ne concerne que les services postérieurs au 1er janvier 1854; les services rendus avant cette époque restant soumis aux lois et règlements antérieurs, lesquels variaient suivant les ministères. — Tout fonctionnaire ou employé de l'ordre civil a droit à une pension de r. s'il remplit les conditions suivantes. 1° Il faut qu'il soit directement rétribué par l'État : il n'y a d'exception qu'en faveur des fonctionnaires de l'enseignement qui sont rétribués en tout ou en partie sur les fonds départementaux et communaux, et sur le prix des pensions payées par les élèves des lycées; des fonctionnaires et employés qui, sans cesser d'appartenir à une administration publique, et en conservant leurs droits à l'avancement, sont rétribués en tout ou en partie sur les fonds départementaux ou communaux, sur les fonds des compagnies concessionnaires, et même sur les remises et salaires payés par les particuliers. 2° Le fonctionnaire ou employé doit supporter, sans pouvoir en rien réclamer dans aucun cas : une retenue de 5 pour 100 sur les sommes à lui payées à titre de traitement fixe ou éventuel, de supplément, de remises proportionnelles, etc.; une retenue du douzième des mêmes rétributions lors de la première nomination ou dans le cas de réintégration, et du douzième de toute augmentation ultérieure; les retenues pour cause de congé et d'absence, ou par mesure disciplinaire. Les indemnités de voyage, les frais de bureau ou de représentation, et les suppléments de traitement colonial ne sont pas sujets à retenue. De plus, les receveurs généraux et particuliers des finances, les percepteurs et les agents ressortissant au ministère des finances, qui sont rétribués par des salaires ou remises variables, supportent les retenues ci-dessus sur les trois quarts seulement de leurs émoluments de toute nature, le dernier quart étant considéré comme indemnité de loyer et de frais de bureau. Quant aux trésoriers-payeurs généraux, ils subissent les retenues sur l'intégralité des émoluments qu'ils reçoivent aux titres ci-après : 1° traitement fixe; 2° taxations allouées par la Caisse des dépôts et consignations; 3° remises sur coupes extraordinaires des bois des communes. — Les conditions qui précèdent une fois remplies, le droit à la pension de r. est acquis à 60 ans d'âge et après 30 ans de service. Il suffit de 55 ans d'âge et de 25 ans de service pour les fonctionnaires qui ont passé 15 ans dans la partie active, telle qu'elle est déterminée par la loi pour les administrations des douanes, des contributions indirectes, des postes, des forêts de l'État et pour certaines catégories du personnel de l'enseignement primaire public. Dans tous les cas, les services civils ne sont comptés pour la r. que la date du premier traitement et à partir de l'âge de 20 ans accomplis. En général, les services rendus dans diverses administrations s'ajoutent les uns aux autres pour composer le temps exigé. Mais, lorsque ce sont des services militaires de terre et de mer qui viennent se joindre à un service civil, il faut que la durée de ce dernier soit au moins de 12 ans dans la partie sédentaire, ou de 10 ans dans la partie active. Les services militaires sont d'ailleurs comptés pour leur durée effective, sans qu'il soit tenu compte du bénéfice des campagnes, ni du temps de navigation. De plus, si les services militaires ont déjà été rémunérés par une pension, ils n'entrent pas dans le calcul de la liquidation, et, s'ils ne l'ont pas été, la liquidation est opérée d'après le minimum attribué au grade, au moment où ces services ont été terminés (loi 28 avril 1893, art. 50). Une autre exception a lieu pour les employés des préfectures et sous-préfectures rétribués sur les fonds d'abonnement. Pour que leurs services antérieurs s'ajoutent au service rétribué directement par l'État, il faut que la durée de ce dernier soit également de 12 ans dans la partie sédentaire, ou de 10 ans dans la partie active. De même, les services rendus dans les emplois d'archivistes départementaux par les archivistes paléographes nommés par la suite à des emplois rétribués sur les fonds de l'État comptent pour l'établissement et la liquidation du droit à pension, pourvu que la durée des services rétribués par l'État soit au minimum de 20 ans. Quant aux services civils rendus hors d'Europe par les fonctionnaires envoyés d'Europe par le gouvernement, ils sont comptés pour moitié en sus de leur durée effective, sans toutefois que cette bonification puisse réduire de plus d'un cinquième le temps de service effectif exigé pour donner droit à la r.; après 15 ans de services hors d'Europe, la pension peut être liquidée à 55 ans d'âge. Enfin, pour les agents extérieurs du département des affaires étrangères et

pour les fonctionnaires de l'enseignement, le temps d'inactivité pendant lequel ils ont été assujettis à la retenue est compté comme service effectif; mais il ne peut être admis dans la liquidation pour plus de 5 ans. — La pension est réglée pour chaque année de services civils à 1/60ᵉ du traitement moyen. Néanmoins, pour 25 ans de services entièrement rendus dans la partie active, elle est de la moitié du traitement moyen, avec augmentation, pour chaque année en sus, d'un 50ᵉ du traitement. Le traitement moyen s'établit en prenant la moyenne des traitements et émoluments de toute nature, soumis à la retenue, dont le fonctionnaire a joui pendant les 6 dernières années de service. Mais on n'y comprend pas tout ce qui a été perçu à titre d'indemnité occasionnelle, les remises touchées par un fonctionnaire à l'occasion des intérieurs qu'il a remplis, le supplément accordé aux fonctionnaires des colonies. — Indépendamment de ces règles générales, il en existe de spéciales pour le règlement de la pension de quelques catégories de fonctionnaires et employés, tels que les référendaires à la Cour des comptes, les agents extérieurs du ministère des affaires étrangères et les fonctionnaires de l'enseignement public qui sont dans la position d'inactivité, etc. ; mais le cadre de notre publication nous interdit d'entrer dans ces détails. — En aucun cas, la pension ne peut excéder les 3/4 du traitement moyen ; le plus souvent même elle est moindre. Ainsi, pour les agents diplomatiques et consulaires, les magistrats de l'ordre judiciaire et de la Cour des comptes, les fonctionnaires de l'enseignement et les ingénieurs des mines et des ponts et chaussées, le maximum est des 2/3 du traitement moyen, sans pouvoir dépasser 6,000 fr. Pour les autres fonctionnaires, l'échelle du maximum est fixée comme il suit ; traitement de 1,000 fr. et au-dessous, 750 fr. ; de 1,001 à 2,400 fr., 2/3 du traitement sans pouvoir descendre au-dessous de 750 fr. ; de 2,401 à 3,200 fr., 1,600 fr. ; de 3,201 à 8,000 fr., moitié du traitement moyen ; de 8,001 à 9,000 fr., 4,000 fr. ; de 9,001 à 10,500 fr., 4,500 fr. ; de 10,501 à 12,000 fr., 5,000 fr. ; au-dessus de 12,000 fr., 6,000 fr.

Ce qui précède est exclusivement applicable aux fonctionnaires et employés qui acquièrent le droit à la pension par l'exercice de leurs fonctions régulièrement continué pendant le temps exigé. Des dispositions particulières, faisant également partie de la loi de 1853, concernent : ceux qui sont mis hors d'état de continuer leur service, soit par suite d'un acte de dévouement dans un intérêt public, soit par suite de lutte ou de combat soutenu dans l'exercice de leurs fonctions ; ceux qu'un accident grave, résultant notoirement de l'exercice de leurs fonctions, met dans l'impossibilité de les continuer ; et ceux qui, ayant 50 ans d'âge et 20 ans de service dans la partie sédentaire, ou 45 ans d'âge et 15 ans de service dans la partie active, sont mis, par des infirmités graves, résultant de l'exercice de leurs fonctions, dans l'impossibilité de les continuer, ou dont l'emploi a été supprimé. Dans les deux premiers cas, l'événement ou accident donnant droit à l'ouverture de la pension doit être constaté par un procès-verbal régulier dressé immédiatement sur les lieux, ou par un acte de notoriété affirmé par l'autorité municipale et les supérieurs immédiats du fonctionnaire. Quant aux infirmités et à leurs causes, elles doivent être constatées par les médecins qui ont donné leurs soins au fonctionnaire, et par un médecin désigné par l'administration et assermenté. La quotité des pensions accordées dans ces circonstances exceptionnelles est très variable. Si l'employé a été mis hors de service à la suite d'une lutte, d'un engagement ou d'un accident survenu à l'occasion de ses fonctions ou dans l'accomplissement d'un acte de dévouement, la pension est égale à la moitié du dernier traitement d'activité sans pouvoir dépasser le maximum fixé pour la pension d'ancienneté. Si, au contraire, il est mis hors de service pour infirmités occasionnées par l'âge ou les fatigues, elle est liquidée, suivant que l'ayant droit appartient à la partie sédentaire ou à la partie active, à raison du 1/60ᵉ ou du 1/50ᵉ du dernier traitement pour chaque année de service civil, sans pouvoir descendre au-dessous du 6ᵉ de ce traitement. Dans tous les cas, on tient compte des services militaires de terre et de mer de l'employé, et la liquidation s'établit sur le traitement moyen des six dernières années, lorsqu'il est plus favorable à l'employé que le dernier traitement d'activité.

Les veuves de fonctionnaires civils morts en jouissance de la pension de r. ou en possession de droits à cette pension ont elles-mêmes droit à une pension viagère. Il en est de même des veuves des fonctionnaires qui ont perdu la vie dans l'exercice ou à l'occasion de l'exercice de leurs fonctions. Toutefois, pour qu'une veuve ait droit à la réversibilité d'une pension fondée sur l'ancienneté, il faut que le mariage ait

été contracté six ans avant la mise à la r. du mari. Si, au contraire, il s'agit d'une pension de réforme, il suffit qu'il ait eu lieu avant l'événement qui a occasionné la mort ou la mise à la r. de ce dernier. La pension de la veuve est égale au tiers de celle que le mari aurait obtenue ou pu obtenir à titre d'ancienneté, sans cependant qu'elle puisse être inférieure à 100 fr. Elle est aussi du tiers de celle du mari en cas d'infirmités graves, et des deux tiers dans le cas de mise hors de service par un des événements prévus par la loi. L'orphelin ou les orphelins mineurs d'un fonctionnaire ou employé ayant obtenu sa pension de r., ou ayant accompli le temps de service nécessaire pour l'obtenir, ou ayant perdu la vie dans un des cas prévus, ont droit à un secours annuel quand la mère est décédée, ou inhabile à recueillir la pension, ou déchue de ses droits, pourvu que le mariage dont ils sont issus ait précédé la mise à la r. Quel que soit le nombre des enfants, ce secours est égal à la pension que la mère aurait obtenue ou pu obtenir, et il est partagé entre eux par portions égales et payé jusqu'à ce que le plus jeune ait 21 ans accomplis, la part de ceux qui décéderaient ou celle des majeurs faisant retour aux mineurs. Enfin, s'il existe une veuve et un ou plusieurs enfants mineurs d'un mariage antérieur du fonctionnaire, il est prélevé sur la pension de la veuve, et, sauf réversibilité en sa faveur, un quart au profit de l'orphelin du premier lit, s'il n'en existe qu'un en âge de minorité, et la moitié s'il en existe plusieurs.

D'après la loi de 1853, les veuves de fonctionnaires décédés en activité de service ne pouvaient prétendre à une pension de r. que si leurs maris avaient accompli la durée de service exigée pour être retraités à l'ancienneté ou sollicité leur admission pour infirmités. Il en résultait que la veuve d'un fonctionnaire décédé, par ex., après 29 ans et 11 mois de services se voyait refuser tout droit à pension. En vue de remédier à cette lacune de la législation de 1853, la loi de finances du 28 avril 1893 (art. 50) a décidé que la veuve de tout fonctionnaire décédé après 25 ans de service, si elle compte 6 ans de mariage, à défaut, l'enfant ou les enfants mineurs ont droit désormais à une pension égale au tiers de la pension produite par la liquidation des services du mari ou du père.

La loi de 1853 n'est pas applicable aux employés des administrations départementales et communales. Mais presque tous les départements et la plupart des communes importantes ont créé pour leurs agents des caisses de retraites, dont les règlements particuliers ont été homologués par des ordonnances ou décrets du pouvoir exécutif. Également, des caisses spéciales de r. ont été établies pour certains services municipaux, octrois, établissements de bienfaisance, corps de sapeurs-pompiers.

II. *Pensions militaires*. — Elles sont régies par la loi du 11 avril 1831, complétée et modifiée par un certain nombre de lois portant principalement sur les tarifs, ainsi que par divers décrets postérieurs. Le droit à la r. est acquis, pour les officiers, à 30 ans de service effectif et à 25 ans, s'ils ont été mis en non-activité pour infirmités temporaires et s'ils ne sont pas susceptibles d'être rappelés à l'activité ; pour les sous-officiers, caporaux, brigadiers et soldats, à 25 ans. Les années de service peuvent se compter à partir de 18 ans, et même de 16 pour les marins incorporés dans l'armée de terre. Les 4 années d'études préliminaires que les élèves de l'École polytechnique ont dû faire quand ils entrent comme officiers dans les armes spéciales, sont comptées comme service effectif. Le temps passé dans un service civil donnant droit à la pension est compté pour la r. militaire, pourvu que la durée des services militaires soit au moins de 20 ans ; mais le temps passé hors de l'activité, avec jouissance d'une pension, n'entre pas dans la supputation du service effectif. Dans le calcul des années, on compte, pour la totalité, en sus de sa durée effective, comme bénéfice de campagne, le service qui a été fait : 1° sur le pied de guerre ; 2° dans un corps d'armée occupant un territoire étranger, en temps de paix ou de guerre ; 3° à bord, pour les troupes embarquées en temps de guerre maritime ; 4° hors d'Europe, en temps de paix, pour les militaires envoyés d'Europe (en temps de guerre, comme service est compté pour le double). Depuis 1862, le service militaire en Algérie n'est plus compté que pour le double du sa durée effective. On compte aussi, pour la totalité, le temps de captivité, à l'étranger, des militaires prisonniers de guerre. On compte, pour moitié, en sus de sa durée effective : 1° le service militaire sur la côte, en temps de guerre maritime ; 2° le service militaire, à bord, pour les troupes embarquées en temps de paix. Dans la supputation de ces services privilégiés, chaque période dont la durée est moindre de 12 mois est comptée comme une année accomplie (sans cependant qu'on puisse compter plus d'une année de campagne dans une période de 12 mois), et la fraction qui excède chaque période dont la durée est de plus d'une année, compte pour une année. Enfin, pour les officiers, chaque année de service au delà de 30 ans et chaque année de campagne, supputées comme il vient d'être dit, ajoutent à la pension 1/20ᵉ de la différence du minimum au maximum jusqu'à concurrence de ce maximum qui est acquis à 50 ans de services, campagnes comprises. Les sous-officiers et soldats bénéficient de dispositions analogues. Toutefois pour ces derniers le maximum de la pension est atteint à 45 ans de services. La pension du militaire qui a 30 ans de service effectif se règle sur le grade dont il était titulaire et conformément à un tarif établi par la loi. Cependant, si l'ayant droit demande sa r. avant d'avoir 2 ans d'activité dans son grade, la pension se règle sur le grade immédiatement inférieur. Les officiers peuvent obtenir après 20 ans de services militaires une pension dont la quotité varie, suivant qu'il s'agit de réforme prononcée pour infirmités ou par mesure disciplinaire. Les sous-officiers, les brigadiers, caporaux et soldats, ainsi que les militaires de divers corps, pourvus d'une commission, peuvent obtenir, après 15 ans de services, une pension de r. proportionnelle, dans les conditions et d'après les tarifs indiqués par les lois du 18 août 1879, 18 mars et 15 juillet 1889. — Les blessures graves et incurables, provenant d'événements de guerre, ou d'accidents éprouvés dans un service commandé, donnent droit à la pension de r., quel que soit le nombre des années. Il en est de même des infirmités graves et incurables qui proviennent des fatigues du service militaire. Ce droit est immédiat, si les blessures ou infirmités ont occasionné la cécité, l'amputation, ou la perte absolue de l'usage d'un ou de plusieurs membres. Dans les cas moins graves, les blessures ou infirmités ne donnent lieu à la pension : 1° pour l'officier, que si elles le mettent hors d'état de rester en activité et lui ôtent la possibilité d'y rentrer ultérieurement; 2° pour le sous-officier et le soldat, que si elles le mettent hors d'état de servir et de pourvoir à sa subsistance. L'amputation d'un membre ou la perte absolue de l'usage des deux membres donnent droit au maximum de la pension. En cas d'amputation de deux membres ou de perte totale de la vue, ce maximum est augmenté de 20 p. 100, pour les officiers, de 30 p. 100, pour les sous-officiers, caporaux, brigadiers et soldats. Les blessures ou infirmités qui occasionnent la perte absolue de l'usage d'un membre ou qui y sont équivalentes, donnent droit au minimum de la pension d'ancienneté. Chaque année de service, y compris les campagnes, ajoute à cette pension 1/20ᵉ de la différence du minimum au maximum d'ancienneté; et le maximum est acquis à 20 ans de service, campagnes comprises. Pour les autres blessures ou infirmités moins graves, la pension est aussi fixée au minimum d'ancienneté, mais elle n'est augmentée de 1/20ᵉ de la différence du minimum au maximum d'ancienneté que pour chaque année de service au delà de 30 ans, campagnes comprises pour les officiers et au delà de 25 ans, pour les sous-officiers et soldats.

Les veuves des militaires morts en jouissance de la pension de r. ou en position de l'obtenir ont droit à une pension viagère. Il en est de même des veuves de militaires tués sur un champ de bataille ou dans un service commandé, ou qui ont péri à l'armée ou hors d'Europe, et dont la mort a été causée, soit par des événements de guerre, soit par des maladies contagieuses ou endémiques, contractées à l'armée, hors d'Europe, à bord des bâtiments de l'État ou dans les colonies, en conséquence des obligations de leur service. Pour obtenir la pension, il faut qu'elles justifient de l'autorisation dont les officiers et les soldats sont tenus de se munir pour se marier, et de plus, s'il s'agit d'une pension pour ancienneté ou pour mort par suite de blessures, qu'elles prouvent, dans le premier cas, que le mariage est antérieur de 2 ans au moins à la cessation de l'activité ou du traitement, et, dans le second, qu'il a précédé les blessures. Après le décès de la mère, ou lorsqu'elle est déchue de ses droits à la pension, comme lorsqu'elle est divorcée, les enfants mineurs ont droit à un secours annuel égal à la pension que la mère aurait pu obtenir. Ce secours est payé jusqu'à ce que le plus jeune d'entre eux ait atteint l'âge de 21 ans accomplis, et alors la part des majeurs est réversible sur les mineurs. Quant à la pension de la veuve, elle est fixée : 1° pour les veuves d'officiers, au tiers du maximum de la pension d'ancienneté affectée au grade du mari, quelle que soit la durée de son activité dans ce grade, et à la moitié, dans le cas de mort sur le champ de bataille ou en service commandé; 2° pour les veuves de sous-officiers et soldats, à la moitié du maximum de la

pension du mari, et si ce dernier est mort sur le champ de bataille ou en service commandé, aux trois quarts du maximum. Néanmoins la pension des veuves des caporaux, brigadiers, soldats et ouvriers, ne peut être moindre de 100 fr.

III. *Pensions de la marine.* — Dans la marine de l'État, les officiers et les marins de tous grades ont droit à la pension après 25 ans de service effectif. Dans les autres corps de la marine ce droit est acquis pour les officiers, à 30 ans de service, pour les hommes de troupe à 25 ans; toutefois les officiers de ces corps sont assimilés à ceux de la marine s'ils réunissent, ou 6 ans de navigation sur les vaisseaux de l'État, ou 9 ans, tant de navigation sur ces vaisseaux que de service dans les colonies. Dans aucun cas, le service des colonies ne donne lieu à une réduction sur la durée légale des services que pour les individus envoyés d'Europe. Les officiers des corps de la marine peuvent d'ailleurs obtenir pension après 25 ans, s'ils ont été mis en non-activité pour infirmités temporaires et qu'ils ont été jugés non susceptibles de reprendre du service actif. Les années de service ne peuvent compter que de l'âge de 16 ans; il n'y a d'exception que pour le cas de navigation faite dans les conditions du bénéfice de campagne. Les quatre années d'études sont comptées comme service effectif aux élèves de l'École polytechnique qui entrent dans les corps de la marine. On compte de même le temps passé à l'École navale à partir de 16 ans. Le temps passé dans un service civil donnant droit à pension est compté pour la pension de marine, pourvu que la durée du service dans ce dernier département soit au moins de 20 ans en France, ou de 10 ans dans les colonies. Le service des militaires entrés dans la marine leur est compté, pour le temps antérieur à cette admission, d'après les lois qui régissent les pensions de l'armée de terre. Il leur suffit même de justifier, à l'époque de la liquidation, de 6 ans de navigation sur les vaisseaux de l'État, ou de 9 ans, tant de navigation sur ces vaisseaux que de service dans les colonies, pour être assimilés entièrement aux marins. Mais, en cas de rappel au service, on ne compte pas le temps passé hors de l'activité avec jouissance d'une pension de r. Les officiers, marins et autres, qui ont le nombre d'années de service exigé pour la pension d'ancienneté, sont admis à compter en sus les bénéfices de campagne, d'après les règles suivantes : — Pour la totalité, le service qui a été fait : 1° en temps de guerre maritime, à bord d'un bâtiment de l'État; 2° à terre, en temps de guerre, soit dans les colonies françaises, soit sur d'autres points hors d'Europe; 3° le temps de captivité de l'étranger pour les individus faits prisonniers sur les bâtiments de l'État ou à terre dans un service commandé; 4° le temps de navigation des voyages de découvertes ordonnés par le gouvernement. — Pour moitié seulement : 1° le service en temps de paix maritime à bord d'un bâtiment de l'État; 2° le service à terre en temps de paix, soit dans les colonies françaises, soit sur d'autres points hors d'Europe. Est compté, pour la durée simple, le service, en temps de guerre, à bord d'un navire et le temps de captivité en cas de prise; et, pour moitié de sa durée effective, le service fait, en guerre comme en paix, sur les bâtiments ordinaires du commerce. Dans les cas qui précèdent, la navigation faite de l'âge de 10 à 16 ans est comptée pour sa durée effective, à titre de bénéfice de campagne. Enfin, dans le calcul de la durée des services produisant ce bénéfice, on compte pour une année entière la campagne où le marin a été blessé et mis hors de service. — La pension de r. d'ancienneté est fixée, pour chaque grade, entre un minimum et un maximum déterminés par un tarif. Le minimum s'accroît, par chaque année de service en sus du temps voulu et par chaque année de campagne, de 1/20ᵉ de la différence du minimum au maximum. Le maximum est acquis, pour les officiers de la marine et pour les marins, à 45 ans, et pour les individus des autres corps de la marine, à 50 ans de service, campagnes comprises. Pour avoir droit à la pension attribuée à un grade, il faut justifier de 2 ans d'activité dans ce grade. Une augmentation du 5ᵉ de la pension ou, s'il y a avantage, le bénéfice de la liquidation sur le grade immédiatement supérieur est accordé à tout officier, sous-officier, quartier-maître et caporal, ayant 12 ans d'activité dans son grade. — Les marins ont droit à une pension spéciale pour blessures et infirmités. Les conditions de cette pension sont les mêmes que dans l'armée de terre. Sa fixation a également pour base le grade, et comporte l'augmentation du 5ᵉ de la même manière que celle de la pension d'ancienneté. — Enfin, les veuves et les orphelins des officiers, marins et autres attachés au service maritime, ont droit à la pension et au secours annuel dans les mêmes circonstances et aux mêmes conditions que les militaires des troupes de terre. Les bases de la fixation sont aussi les mêmes.

IV. *De la liquidation des pensions de retraite.* — Un fonctionnaire ou employé, destitué, révoqué, ou même simplement démissionnaire, n'est pas recevable à demander la pension de r. Un fonctionnaire civil ne peut obtenir la liquidation de la pension qu'après qu'il a été admis, par le ministre dont il relève, à faire valoir ses droits à la r., et le ministre peut, en refusant la mise à la r., conserver le fonctionnaire dans son emploi aussi longtemps que l'intérêt de l'État l'exige ou que ses forces le permettent. Bien plus, alors même que la mise à la r. a été accordée, le ministre peut, dans certains cas, rapporter l'arrêté qu'il a rendu et destituer le fonctionnaire. Quant aux militaires et aux marins, aussitôt qu'ils ont droit à la pension, ils peuvent en exiger la liquidation. — La demande de pension doit être adressée, avec les pièces justificatives, au ministre dans le département duquel le fonctionnaire a effectué son dernier service, et ce, dans le délai de 5 ans à partir, pour le titulaire, du jour où il a été admis à la r., ou de celui où il a cessé ses fonctions, s'il a été autorisé à les continuer après cette admission, et, pour la veuve, du jour du décès de son mari. Le ministre, l'admission à la r. une fois prononcée, opère provisoirement la liquidation d'après la durée des services, et transmet son travail au ministre des finances, qui le renvoie, avec son avis, à la section des finances du Conseil d'État. C'est seulement après cet examen qu'il prononce définitivement. Si la r. est accordée, elle fait l'objet d'un décret qui est publié au *Journal officiel* et inséré au *Bulletin des lois*. Si elle est refusée, l'ayant droit peut se pourvoir devant le Conseil d'État. — La jouissance de la pension liquidée commence du jour de la cessation du traitement ou du lendemain du décès du fonctionnaire; celle du secours annuel, du lendemain du décès du fonctionnaire ou du décès de la veuve. Il ne peut d'ailleurs jamais y avoir lieu au rappel de plus de 3 années d'arrérages antérieurs à la date de l'insertion du décret au *Bulletin des lois*. — La jouissance des pensions de r. est personnelle. En conséquence, elles ne peuvent pas être cédées. Elles ne peuvent non plus être frappées de saisie, du vivant du pensionnaire, que jusqu'à concurrence de 1/5ᵉ pour débet envers l'État ou pour des créances privilégiées, et de 1/3 pour dette alimentaire envers les parents. Enfin, la pension constituant une sorte de continuation du traitement d'activité, elle ne peut se cumuler avec lui. Toutefois le cumul d'une pension et d'un traitement est autorisé en général jusqu'à concurrence de 1500 francs, lorsque le pensionnaire entre dans un service autre que celui où il se trouvait à l'époque de son admission à la r. Les officiers et assimilés occupant en r. des emplois civils rétribués par l'État, le département ou la commune, peuvent cumuler le traitement attaché auxdits emplois avec le montant de leur pension, jusqu'à concurrence de 6000 francs. Après la cessation de ces nouvelles fonctions, le pensionnaire peut rentrer en jouissance de son ancienne pension ou obtenir, s'il y a lieu, une nouvelle liquidation basée sur la généralité de ses services. Le cumul de deux pensions est autorisé dans la limite de 6000 francs, pourvu qu'il n'y ait pas double emploi dans les années de service présentées pour la liquidation. Au surplus, le cumul n'est défendu que quant aux sommes payées par l'État en raison de la rétribution de services publics : sauf dans les cas expressément prévus par la loi, rien n'empêche de cumuler un traitement payé sur les fonds municipaux, par ex., avec une pension de r. Les pensions et les secours sont payés par trimestre : le titulaire doit, à chaque payement, présenter un certificat de vie, où il doit déclarer qu'il ne jouit d'aucun autre traitement ou pension de l'État. On considère comme éteintes les pensions dont les arrérages n'ont pas été réclamés pendant 3 ans, à partir de l'échéance du dernier payement; et si, après ce délai, les pensionnaires se présentent, les arrérages ne commencent à courir que du jour de la réclamation. Enfin, sont déchus les héritiers ou ayants cause des pensionnaires qui n'ont pas justifié de leurs droits dans les 3 ans qui suivent le décès de leur auteur.

V. *Pensions ecclésiastiques.* — Elles ont été créées par un décret du 28 juin 1853. Ces pensions diffèrent des précédentes en ce qu'elles constituent une simple libéralité dont le refus ne peut jamais motiver le recours au Conseil d'État, et dont le titulaire pourrait être privé, si, après l'avoir obtenue, il refusait de se conformer à la discipline ecclésiastique. Elles sont accordées aux ecclésiastiques pauvres; mais, en outre, il faut : 1° qu'ils soient âgés ou infirmes et entrés dans les ordres depuis plus de 30 ans; 2° qu'ils soient présentés par leur évêque, qui a seul qualité pour désigner les membres du clergé de son diocèse qu'il juge hors d'état de continuer leurs fonctions. Quant au chiffre de ces pensions, il n'y a rien de fixé; on cherche, autant que possible, à le proportionner aux besoins de l'ayant droit.

CAISSE NATIONALE DES RETRAITES POUR LA VIEILLESSE. — Cet établissement, qui a été créé par la loi du 18 juin 1850, a pour objet de constituer, à un âge déterminé, aux personnes ayant fait un ou plusieurs versements, une rente viagère calculée d'après le montant de ces versements. Il est placé sous la garantie de l'État et géré par la Caisse des dépôts et consignations. Enfin, le soin d'examiner toutes les questions qui la concernent est confié à une Commission supérieure, composée de seize membres, qui présente, chaque année, au Président de la République un rapport détaillé sur la situation morale et matérielle de l'institution, rapport qui est ensuite communiqué au Sénat et à la Chambre des députés.

Les *versements* peuvent être effectués, à Paris, à la Caisse des dépôts et consignations, et, dans les départements, chez les trésoriers-payeurs généraux et les receveurs particuliers, chez les percepteurs et chez les receveurs des postes, soit par les intéressés eux-mêmes, soit à leur profit par des tiers, soit enfin par les caisses d'épargne, les sociétés de secours mutuels, ou tous autres intermédiaires choisis par les déposants. Ils peuvent encore être continués ou interrompus au gré des parties, chaque versement donnant lieu à une liquidation distincte, comme aussi être commencés dans un département et continués dans un autre. Enfin, ils peuvent être faits au profit de toute personne âgée de plus de 3 ans. Les étrangers résidant en France sont aussi admis par la loi à faire des versements à la Caisse, mais ils ne peuvent jouir, en aucun cas, des bonifications provenant de la loi de finances ou de ressources spéciales. Les versements opérés avant le mariage restent propres à celui qui les a faits. Au contraire, les versements, opérés pendant le mariage par des déposants non séparés de biens, profitent par moitié à chacun des deux conjoints, et aucun d'eux ne peut priver l'autre du bénéfice de cette division, ni y renoncer pour son propre compte. Si l'un des conjoints est absent ou éloigné depuis plus d'un an, l'autre conjoint peut demander que les versements soient faits à son profit exclusif; mais il est alors tenu de produire une autorisation du juge de paix de son domicile. Les versements effectués au profit d'un seul individu ne sont reçus que par sommes de 1 franc au moins et sans fraction de franc; ceux qui ont lieu au profit de deux conjoints doivent être de 2 francs au moins, et multiples de 2 francs. Les versements peuvent être effectués également en timbres-poste qui sont apposés, jusqu'à concurrence de 1 franc, sur des *bulletins-retraites* délivrés gratuitement par l'administration. Enfin, les versements effectués au compte d'une même personne dans une même année ne peuvent excéder 500 francs. Toutefois certaines catégories de versements, tels que ceux qui sont effectués en vertu d'une décision judiciaire, ou par les sociétés de secours mutuels ou par les administrations publiques, ne sont pas soumis à cette limite : mais dans aucun cas les versements ne peuvent dépasser la somme nécessaire pour constituer à chaque déposant le maximum de rente viagère fixé par la loi et que nous indiquerons plus loin. Il est tenu, à la Caisse des dépôts et consignations, un grand-livre sur lequel les rentes viagères pour la vieillesse sont enregistrées. Toutes les recettes disponibles provenant, soit des versements, soit des intérêts perçus par la Caisse, sont employées en achat de rentes sur l'État ou en valeurs du Trésor, ou en obligations communales ou départementales, etc.

Les *rentes viagères* ne peuvent dépasser 1200 francs (primitivement 600, puis 1000, puis 1500 francs) pour chaque déposant. Elles sont incessibles et insaisissables jusqu'à concurrence de 360 francs. L'époque d'entrée en jouissance peut, au choix du déposant, être l'un des âges accomplis entre 50 et 65 ans. Par une faveur toute spéciale, l'année d'âge est toujours considérée comme accomplie pour les déposants âgés de plus de 65 ans. D'autre part, en cas de blessures graves ou d'infirmités prématurées régulièrement constatées, entraînant une incapacité absolue de travail, la pension peut être liquidée même avant 50 ans, et en proportion des versements faits avant cette époque. Les pensions liquidées par anticipation peuvent être augmentées, dans certains cas, par une allocation spéciale : toutefois, la rente ne peut après bonification dépasser 360 francs. Un crédit spécial est inscrit, chaque année, au budget pour majorer les rentes viagères constituées au profit de personnes âgées d'au moins 70 ans et remplissant certaines conditions déterminées. — Le montant des rentes viagères est calculé d'après des tarifs qui tiennent compte : 1° de l'intérêt composé du capital à raison de 3 1/2 pour 100 au an; 2° des chances de mortalité en raison de l'âge des déposants et de l'âge auquel commence la retraite; 3° du remboursement, au décès, du capital versé, si le déposant en a fait la demande au moment du versement. D'après cela, le

CAPITAL ALIÉNÉ

ÂGES au VERSEMENT	JOUISSANCE DE LA RENTE À 50 ANS (fr. c.)	55 ANS (fr. c.)	60 ANS (fr. c.)	65 ANS (fr. c.)
»	»	»	»	»
3 ans	51 22	74 66	114 77	190 32
4	49 11	71 58	110 05	182 49
5	47 15	68 73	105 66	175 22
6 ans	45 38	66 06	101 57	168 42
7	43 61	63 56	97 71	162 03
8	41 06	61 19	94 07	155 99
9	40 43	58 93	90 60	150 54
10	38 85	56 77	87 27	144 72
11 ans	37 54	54 68	84 06	139 40
12	36 12	52 65	81 91	134 52
13	34 77	50 67	77 91	129 19
14	33 44	48 75	74 94	124 87
15	32 15	46 86	72 05	119 47
16 ans	30 89	45 02	69 22	114 78
17	29 64	43 06	66 63	110 22
18	28 47	41 49	63 79	105 77
19	27 30	39 80	61 18	101 01
20	26 18	38 16	58 66	97 97
21 ans	25 09	36 57	56 33	93 93
22	24 04	35 04	53 88	89 84
23	23 04	33 58	51 62	85 85
24	22 08	32 18	49 47	82 03
25	21 16	30 84	47 41	78 62
26 ans	20 98	29 36	45 43	75 36
27	19 45	28 34	43 78	72 96
28	18 65	27 18	42 06	69 99
29	17 88	26 06	40 07	66 44
30	17 15	24 99	38 42	63 71
31 ans	16 44	23 95	36 84	61 09
32	15 71	22 98	35 37	58 55
33	15 11	22 03	33 87	56 16
34	14 44	21 12	32 31	53 64
35	13 89	20 24	31 12	51 61
36 ans	13 31	19 40	29 40	49 47
37	12 76	18 60	28 60	47 41
38	12 22	17 82	27 82	45 43
39	11 71	17 07	27 07	43 43
40	11 22	16 33	26 33	41 67
41 ans	10 74	15 65	24 06	39 90
42	10 28	14 98	23 03	38 19
43	9 83	14 33	22 04	36 54
44	9 41	13 71	21 08	34 95
45	9 00	13 11	20 16	33 42
46 ans	8 60	12 53	19 18	31 95
47	8 21	11 97	18 41	30 53
48	7 84	11 43	17 58	29 39
49	7 48	10 91	16 77	27 97
50	7 13	10 40	15 98	26 50
51 ans	»	9 90	15 22	25 93
52	»	9 41	14 33	24 80
53	»	8 94	13 73	23 73
54	»	8 49	13 05	22 64
55	»	8 05	12 37	20 51
56 ans	»	»	11 72	19 43
57	»	»	11 08	18 36
58	»	»	10 47	17 36
59	»	»	9 88	15 93
60	»	»	9 31	15 43
61 ans	»	»	»	14 51
62	»	»	»	13 63
63	»	»	»	12 77
64	»	»	»	11 91
65	»	»	»	11 13

Au-dessus de 65 ans les rentes sont les mêmes qu'à 65 ans.

CAPITAL RÉSERVÉ

ÂGES au VERSEMENT	JOUISSANCE DE LA RENTE À 50 ANS (fr. c.)	55 ANS (fr. c.)	60 ANS (fr. c.)	65 ANS (fr. c.)
»	»	»	»	»
3 ans	41 15	59 98	92 21	152 91
4	39 40	57 43	88 99	146 41
5	37 72	54 99	84 53	140 17
6 ans	36 11	52 64	80 98	134 19
7	34 56	50 38	77 45	128 43
8	33 01	48 20	74 10	122 88
9	31 63	46 11	70 89	117 55
10	30 25	44 09	67 79	112 41
11 ans	28 92	42 15	64 80	107 43
12	27 63	40 58	61 92	102 69
13	26 40	38 48	58 49	98 68
14	25 21	36 75	56 04	93 68
15	24 07	35 08	53 65	89 43
16 ans	22 97	32 92	51 47	85 34
17	21 91	31 91	49 40	81 42
18	20 90	30 46	46 63	77 66
19	19 93	29 33	44 65	74 04
20	18 99	28 07	42 56	70 58
21 ans	18 10	26 13	40 35	67 25
22	17 24	25 13	38 64	64 07
23	16 42	23 94	36 81	61 01
24	15 63	22 67	35 01	58 10
25	14 88	21 69	33 33	55 30
26 ans	14 16	20 64	31 73	52 61
27	13 47	19 63	30 17	50 04
28	12 80	18 66	28 69	47 57
29	12 16	17 73	27 23	45 30
30	11 55	16 84	25 89	42 93
31 ans	10 97	15 99	24 38	40 76
32	10 41	15 17	23 23	38 67
33	9 87	14 38	22 11	36 67
34	9 35	13 63	20 96	34 73
35	8 86	12 91	19 85	32 91
36 ans	8 38	12 22	18 78	31 15
37	7 93	11 56	17 77	29 46
38	7 49	10 92	16 79	27 84
39	7 08	10 31	15 85	26 29
40	6 68	9 73	14 96	24 80
41 ans	6 29	9 17	14 10	23 38
42	5 93	8 64	13 28	22 02
43	5 58	8 13	12 49	20 72
44	5 24	7 64	11 74	19 47
45	4 92	7 17	11 02	18 28
46 ans	4 61	6 72	10 33	17 14
47	4 32	6 29	9 68	16 05
48	4 04	5 89	9 05	15 01
49	3 77	5 50	8 43	14 01
50	3 52	5 12	7 88	13 06
51 ans	»	4 77	7 33	12 16
52	»	4 43	6 82	11 30
53	»	4 11	6 32	10 49
54	»	3 81	5 86	9 71
55	»	3 52	5 41	8 97
56 ans	»	»	4 99	8 28
57	»	»	4 59	7 69
58	»	»	4 21	6 40
59	»	»	3 86	6 15
60	»	»	3 53	5 85
61 ans	»	»	»	5 32
62	»	»	»	4 85
63	»	»	»	4 37
64	»	»	»	3 94
65	»	»	»	3 53

Au-dessus de 65 ans les rentes sont les mêmes qu'à 65 ans.

déposant a le choix entre deux natures de rentes : une rente avec abandon, une rente avec réserve du capital à son décès. Or, on comprend sans peine que les rentes avec réserve du capital soient moins élevées que les autres. Toutefois le déposant qui a demandé le remboursement, à son décès, du capital versé, peut, à toute époque, faire l'abandon de tout ou partie de ce capital, à l'effet d'obtenir une augmentation de rente, sans qu'en aucun cas le montant total puisse excéder 1,200 francs. Au décès du titulaire, le capital réservé est remboursé sans intérêts aux ayants droit. Il reste acquis à la Caisse des retraites, en cas de déshérence, ou par l'effet de la prescription, s'il n'a pas été réclamé dans les 30 années qui ont suivi le décès du titulaire. Le tableau ci-contre indique la rente que produit un capital de 100 francs : 1° selon que le capital est aliéné ou réservé; 2° selon l'âge de la personne en faveur de laquelle est fait le versement et l'âge auquel elle doit entrer en jouissance de la rente.

Tout *premier versement* effectué, soit directement, soit par un intermédiaire, doit être accompagné de la déclaration écrite des nom, prénoms, âge, profession et domicile du titulaire, consignée sur une feuille spéciale sur laquelle il est, en outre, constaté, d'après la déclaration des parties : 1° si le capital est abandonné, c.-à-d. si, au décès du titulaire, il devient la propriété de l'État, ou s'il est réservé au profit, soit des héritiers ou légataires du titulaire, soit du tiers déposant; 2° à quelle année d'âge accompli le titulaire veut entrer en jouissance de la rente viagère. Si le déposant est marié, les mêmes déclarations doivent être faites en ce qui concerne son conjoint, et pour la portion des versements qui doit profiter à celui-ci, sinon la déclaration est réputée commune aux deux conjoints. S'il survient un changement dans les qualités civiles d'un déposant, il est tenu de le déclarer au premier versement qui suit, et en produisant les pièces nécessaires pour l'établir. A cette déclaration le déposant doit joindre : 1° son acte de naissance; 2° s'il est marié, non séparé de corps ou de biens, l'acte de naissance de son conjoint; 3° s'il est séparé de corps ou de biens, l'extrait du contrat de mariage ou du jugement de séparation, avec les certificats constatant que la séparation a été exécutée; 4° s'il est âgé de moins de 16 ans, l'autorisation de ses père, mère ou tuteur, ou, à défaut, celle du juge de paix; 5° si le versement est fait par un tiers au profit d'une femme mariée, l'acte de consentement du mari. L'autorisation relative aux mineurs peut être consignée sur la feuille de déclaration, ou sur papier libre portant la légalisation du maire. L'autorisation n'est pas nécessaire, si le versement est effectué au profit du mineur par un donateur. Le premier versement opéré, il est remis au déposant un livret qui porte un numéro d'ordre et le timbre de la Caisse des dépôts et consignations. En cas de perte, ce livret est remplacé par un autre dans la forme usitée pour le remplacement des rentes de l'État. — Enfin, lorsqu'un déposant, ayant atteint l'époque fixée par lui pour entrer en jouissance de sa rente, veut en obtenir la liquidation définitive et l'inscription au grand-livre de la dette publique, il doit adresser sa demande au directeur de la Caisse des dépôts et consignations, en l'accompagnant du dépôt de son livret et de la production d'un certificat de vie. La rente, une fois liquidée, est payée à la fin de chaque trimestre accompli. — Depuis sa création jusqu'au 31 décembre 1898, la caisse a ouvert des comptes individuels à 1,176,358 déposants et reçu 1,036,172,330 francs. Le nombre des rentiers existant à cette époque s'élevait à 231,071, le chiffre des rentes en payement à 34,458,491 francs, et le total des capitaux remboursés après décès à 235,739,746 francs. — Pour plus de détails sur les deux questions dont il vient d'être parlé, nous renverrons à l'excellent ouvrage intitulé *Dictionnaire de l'Administration française*, publié par Berger-Levrault, sous la direction de Maurice BLOCK.

RETRAITE. s. f. (R. *re*, et *traite*). T. Banque. Nouvelle traite qu'émet le porteur d'une traite impayée pour se rembourser. Voy. CHANGE, IV.

RETRAITER. v. a. Mettre à la retraite. = RETRAITÉ, ÉE. part. *Un employé r.* et subst. *Un r.*

RETRAITER. v. a. (R. *re*, préf., et *traiter*). Traiter une seconde fois une matière. == RETRAITÉ, ÉE. part.

RETRANCHEMENT. s. m. [Pr. *retranche-man*]. Action de retrancher. Suppression de quelque partie d'un tout. *Le r. d'une partie de ses appointements le gêne beaucoup. Depuis le r. qu'il a fait dans sa dépense, il paye ses dettes.* — Signifie quelquefois suppression totale. *Le r. de sa*

pension l'a réduit à la misère. Le r. des abus. || T. Archit. Espace retranché d'un plus grand. *Son domestique couche dans un r. Ce r. est trop petit, est trop grand.* || T. Art mil. Obstacle naturel ou artificiel dont on se sert pour se mettre à couvert contre les attaques de l'ennemi. Voy. plus bas. — Fig., *Forcer quelqu'un dans ses retranchements, dans ses derniers retranchements,* Détruire les dernières raisons, les plus fortes raisons de quelqu'un.

Art. milit. — Les retranchements sont des ouvrages de fortification qui ont pour but d'assurer la garde de positions à occuper pendant un temps déterminé. On peut les classer en 3 catégories : 1° retranchements ordinaires; 2° retranchements rapides; 3° retranchements improvisés.

Le r. ordinaire rentre plutôt dans le domaine de la fortification permanente : son profil comprend le parapet, la berme, le fossé et le glacis (Voy. FORTIFICATION). Le r. rapide est exécuté à proximité de l'ennemi, mais sa force de résistance est limitée. C'est le r. du champ de bataille, en un mot le r. de campagne : il est exécuté généralement par les troupes d'infanterie avec les outils portatifs et les outils de parcs transportés par les voitures régimentaires; il comprend des tranchées, des ouvrages de compagnie affectant la forme de la demi-redoute; sa construction est dirigée de façon à ne pas durer au delà d'un nombre d'heures déterminé. Enfin le r. improvisé est construit peu avant ou même pendant le combat : telles les tranchées-abris pour tirailleurs d'infanterie; ce dernier système est incapable de résister au canon.

RETRANCHER. v. a. (R. *re*, préf., et *trancher*). Séparer une partie du tout, ôter quelque chose d'un tout. *Il faut r. plusieurs branches de cet arbre. On lui a retranché le tiers de ses appointements. Il retranche de ses dépenses pour payer ses dettes.* | Ôter entièrement, supprimer. *On lui a retranché sa pension. R. une fête.*

Plus pâle qu'un rentier,
A l'aspect d'un arrêt qui retranche un quartier.
                                        BOILEAU.

On ne saurait r. tous les abus. — *Les médecins lui ont retranché le vin. Les médecins lui ont interdit l'usage du vin.* — *R. quelqu'un de la communion des fidèles,* l'excommunier. || T. Art milit. Faire des lignes, des tranchées et autres travaux, pour se mettre à couvert des attaques de l'ennemi. *Les ennemis avaient retranché leur camp. Nous étions retranchés derrière un marais, derrière un ravin.* Voy. RETRANCHEMENT. == SE RETRANCHER. v. pron. Se restreindre, se réduire. *Il voyait autrefois beaucoup de monde, il s'est retranché à ne recevoir que peu de personnes. Il s'est retranché à la moitié de sa dépense.* — Absol., signifie diminuer sa dépense. *Il a mieux aimé se r. que de s'endetter.* || T. Art milit. Faire des tranchées, se fortifier contre les attaques de l'ennemi. *Nos soldats se sont retranchés à la vue de l'ennemi.* On dit de même, *Se r. derrière un mur, derrière un marais, etc.* — Fig., *Il se retranche toujours sur ses bonnes intentions. Il s'est retranché dans cette seule défense. Il se retrancha dans un silence absolu.* == RETRANCHÉ, ÉE. part. *Camp retranché.* || T. Blas. *Croix retranchée,* Voy. CROIX.

RETRANSCRIRE. v. a. Transcrire de nouveau. == RETRANSCRIT, ITE. part.

RETRANSPORTER. v. a. Transporter de nouveau. == RETRANSPORTÉ, ÉE. part.

RETRAVAILLER. v. a. [Pr. *retrava-ller, ll* mouillées]. Travailler de nouveau. *Il faut r. cette pièce d'argenterie. R. un discours, un ouvrage. R. des vers négligés.* Fam. == RETRAVAILLÉ, ÉE. part.

RETRAVERSER. v. a. Traverser de nouveau. == RETRAVERSÉ, ÉE. part.

RETRAYANT, ANTE. s. [Pr. *retrè-ian*]. T. Jurisprud. Celui, celle qui exerce un retrait.

RÉTRÉCIR. v. a. (R. *re*, préf., et *étrécir*). Rendre plus étroit, moins large. *R. un chemin, une rue. Il a fait r. ses habits.* — Fig., *La servitude rétrécit l'âme. Cette éducation lui a rétréci l'esprit.* || T. Man. *R. un cheval,* Le faire travailler, dans la leçon des cercles, ou des voltes, sur un terrain qu'on resserre insensiblement. == RÉTRÉCIR. v. n. et SE RÉTRÉCIR. v. pron. Devenir plus étroit. *Cette toile a* rétréci, s'est rétrécie au blanchissage. Cette rue va en rétrécissant, en se rétrécissant ‖ T. Man. Ce cheval se rétrécit, Il ne parcourt plus autant de terrain. = RÉTRÉCI, IE. part. ‖ Adj. et fig.. Étroit, borné. Esprit rétréci. Vues rétrécies. Position rétrécie.

RÉTRÉCISSEMENT. s. m. [Pr. rétré-si-seman]. État d'une chose rétrécie. Le r. d'une pièce de toile. Le r. de la vallée. Il a un r. de l'urèthre. ‖ Fig., Le r. de l'esprit. Le r. de ses idées, de ses vues tient à son âge.
   Méd. — Le r. est la diminution de calibre d'un canal, d'un vaisseau, d'un orifice, consécutive à une lésion anatomique, ou à un trouble d'origine nerveuse (spasme). Les orifices du cœur peuvent être rétrécis. Voy. Cœur (r. aortique, mitral, pulmonaire), l'urèthre (Voy. ce mot), le col de la vessie, le rectum, etc., peuvent être le siège de r.

RETRÉFILAGE. s. m. T. Techn. Nouveau tréfilage.

RETREINDRE. v. a [Pr. re-trindre] (même mot que restreindre). T. Techn. Modeler une plaque de cuivre avec un marteau, de manière à en former un vase d'une forme demandée. = RETREINT, EINTE. part.

RETREINTE. s. f. [Pr. re-trin-te]. (R. restreindre). Action de retreindre. ‖ Modification subie par le métal retreint.

RETREMPE. s. f. [Pr. re-tran-pe]. Nouvelle trempe de l'acier.

RETREMPER. v. a. [Pr. retran-per]. Tremper de nouveau. Il faut r. ce linge dans l'eau. R. de l'acier. ‖ Fig., au sens moral, redonner de la force, de l'énergie. Le malheur a retrempé son âme que la bonne fortune avait amollie. = se RETREMPER. v. pron. Être retrempé. L'acier se retrempe au sortir de la forge. ‖ Fig., Reprendre de la force, de l'énergie. Il s'est retrempé dans l'adversité. = RETREMPÉ, ÉE. part.

RÉTRIBUER. v. a. (lat. retribuere, m. s., de re, préf., et tribuere, accorder). Donner à quelqu'un le salaire, la récompense qu'il mérite. Il faut le r. convenablement. Dieu rétribuera chacun suivant ses œuvres. = RÉTRIBUÉ, ÉE. part.

RÉTRIBUTEUR. s. m. Celui qui rétribue.

RÉTRIBUTION. s. f. [Pr. ...sion] (lat. retributio, m. s.). Salaire, récompense du travail qu'on a fait, de la peine qu'on a prise pour quelqu'un, ou du service qu'on lui a rendu. R. légitime, honnête. Cela mérite r.

RÉTRILLER. v. a. [Pr. les ll mouillés]. Étriller de nouveau. = RÉTRILLÉ, ÉE. part.

RETRO. — Préf. tiré du lat. retro., en arrière, et qui entre dans la composition d'un certain nombre de mots, avec cette signification. = RETRO. s. m. T. Jeux. Coup au billard qui consiste à prendre en dessous la bille pour qu'elle revienne en arrière après avoir frappé la bille visée. Faire un r.

RÉTROACTIF, IVE. adj. (lat. retroactum, sup. de retroagere, agir en arrière, de retro, en arrière, et agere, agir). Qui agit sur le passé; ne dit guère qu'avec un mot Effet. Un effet r. En France, la loi n'a pas d'effet r., Elle ne peut s'appliquer à un fait antérieur à sa promulgation.

RÉTROACTION. s. f. [Pr. rétroak-sion]. Effet de ce qui est rétroactif.

RÉTROACTIVEMENT. adv. [Pr. rétroaktive-man] D'une manière rétroactive.

RÉTROACTIVITÉ. s. f. Qualité de ce qui est rétroactif. La r. d'une loi.

RÉTROAGIR. v. n. (lat. retroagere, m. s.. de retro, en arrière, et agere agir). Avoir une force rétroactive, produire un effet rétroactif.

RÉTROCÉDER. v. a. (lat. retro, en arrière; cedere, aller). T. Méd. Se dit d'une affection externe qui disparaît brusquement, lorsque à la suite de cette disparition on voit se déve-

lopper une affection interne ou des symptômes graves. Prenez garde de faire r. cette éruption. ‖ T. Jurispr. Remettre à quelqu'un le droit qu'il nous avait cédé. Je lui ai rétrocédé la créance qu'il m'avait transportée. = RÉTROCÉDÉ, ÉE. part.

RÉTROCESSIF, IVE. adj. [Pr. rétroses-sif]. T. Jurispr. Par où l'on opère une rétrocession. Acte r.

RÉTROCESSION. s. f. [Pr. rétro-sè-sion] (lat. retrocessio, m. s.). Action de rétrocéder. Faire r. d'une créance. ‖ T. Méd. R. d'un exanthème, sa répercussion de la surface du corps sur un organe intérieur. — R. du travail, Arrêt du travail de l'accouchement commencé avant terme, qui ne reprend que lorsque le terme est arrivé.

RÉTROCESSIONNAIRE adj. 2 g. [Pr. retro-sè-sio-nère]. Se dit de la personne à qui l'on fait une rétrocession.

RÉTROFLÉCHI, IE. adj. T. Bot. Qui se fléchit ou se courbe en arrière.

RÉTROFLEXION. s. f. [Pr. rétrofle-ksion] (lat. retro, préf., et flexion). T. Méd. Flexion en arrière. La r. de l'utérus.

RÉTROGRADATION. s. f. [Pr. ...sion] (lat. retrogradatio, m. s., de retro, en arrière et gradus, marche). T. Astron. Mouvement par lequel un corps céleste paraît aller contre l'ordre des signes. Voy. PLANÈTE. ‖ Se dit aussi du mouvement des équinoxes. Voy. PRÉCESSION.

RÉTROGRADE. adj. 2 g. (lat. retrogradus, m. s.). Qui se fait en arrière. Marche r. Le mouvement r. de Mars. Ordre r. Effet r. ‖ Qui va en arrière. Le soleil et la lune ne sont jamais rétrogrades. — Vers r., Voy. SOTADIQUE. ‖ S'attache au passé, qui voudrait revenir aux institutions de l'ancien temps. Une politique r. Des idées, des vues rétrogrades. Le parti r. — Se dit aussi subst., en ce sens, C'est un r. ‖ T. Jeux. Effet en arrière. Voy. RETRO. ‖ T. Banque. Compte par méthode r., Dans lequel on compte d'abord les intérêts des sommes versées successivement au débiteur, comme si toutes avaient été versées le jour de l'ouverture du compte courant et où l'on déduit les intérêts comptés en trop pour les jours qui ont précédé le versement de chaque somme.

RÉTROGRADER. v. n. (lat. retrogradare, m. s., de retro, en arrière, et gradi, aller). Retourner en arrière. L'armée fut obligée de r. — En parlant des corps célestes, se dit de leur mouvement apparent contre l'ordre des signes. Mercure commençait à r. ‖ Fig., Il avait fait quelques progrès, maintenant il rétrograde. Dans les arts, quand on n'avance pas, on rétrograde. = Syn. Voy. RECULER.

RÉTROGRESSION. s. f. [Pr. retrogrè-sion] (lat. retro, en arrière; gressus, pas). Mouvement en arrière.

RÉTROÏTION. s. f. [Pr. retro-i-sion] (lat. retro, en arrière; ire, aller). T. Méd. Se dit de dents qui sont repoussées par d'autres en arrière de la place qu'elles devraient occuper.

RETROMPER. v. a. [Pr. retron-per]. Tromper de nouveau.

RÉTROPENNÉ, ÉE. adj. [Pr. retropenn-né]. (lat. retro, en arrière; penna, plume). T. Bot. Se dit d'une feuille pennée dont chaque foliole se prolonge au-dessous de son point d'insertion sur le pétiole.

RETROQUER. v. a. Troquer de nouveau. = RETROQUÉ, ÉE. part.

RÉTROSPECTIF, IVE. adj. (lat. retrospectum, sup. de retrospicere, de retro, en arrière, et aspicere, regarder). Qui regarde en arrière, qui concerne le passé. Jetons un coup d'œil r. sur les événements de ce règne. Revue rétrospective. — Exposition rétrospective, où l'on réunit des objets anciens.

RÉTROSPECTIVEMENT. adv. [Pr. retrospek-tiveman]. D'une manière rétrospective.

RETROTTER. v. n. [Pr. retro-ter]. Trotter de nouveau.

RETROUBLER. v. a. Troubler de nouveau. = RETROU-BLÉ, ÉE. part.

RETROUER. v. a. Trouer de nouveau. = RETROUÉ, ÉE, part.

RETROUSSAGE. s. m. [Pr. *retrou-saje*] (R. *retrous-ser*). T. Agric. Quatrième façon de la vigne.

RETROUSSE. s. f. [Pr. *retrou-se*] (R. *retrousser*). Seconde serre que l'on donne au pressoir à vin.

RETROUSSEMENT. s. m. [Pr. *retrou-seman*]. Action de retrousser.

RETROUSSER. v. a. [Pr. *retrou-ser*] (R. *re*, préf., et *trousser*), Replier, relever en haut ce qui est détroussé. *Retroussez votre robe, votre manteau.* || On dit aussi pour trousser. R. *ses cheveux, sa moustache. R. son chapeau. Retroussez vos manches. Ce cheval retrousse la queue.* = SE RETROUSSER. v. pron. Retrousser son vêtement. *Voici un endroit plein de boue; retroussez-vous.* = RETROUSSÉ, ÉE. part. *Robe retroussée. Ce chien a la queue retroussée. Par* mélon., *Avoir les bras retroussés.* Voy. BRAS. || *Nez retroussé,* Nez dont le bout est un peu retroussé en haut. || *Ce cheval a les flancs retroussés,* Il a les flancs creux.

RETROUSSIS. s. m. [Pr. *retrou-si*]. Se dit en parl. de certaines pièces de vêtement quand leur bord est ou semble retroussé. *Il avait un beau diamant au r. de son chapeau. Leur uniforme consistait en un habit bleu avec des retroussis jaunes, rouges, etc. Il porte toujours des bottes à r.* On dit mieux, *Bottes à revers*.

RÉTRO-UTÉRIN, INE. adj. T. Anat. Siégeant en arrière de l'utérus.

RETROUVER. v. a. Trouver de nouveau. *Je l'ai retrouvé à la place où je l'avais laissé. J'avais remarqué dans Cicéron un passage fort curieux, je ne puis le r.* || Trouver ce qu'on avait perdu, oublié. *On a retrouvé cet art qui était perdu depuis longtemps. Cet enfant ne saurait r. son chemin. Il a retrouvé à Nice un peu de santé. J'ai retrouvé ce que je voulais dire.* || Fig., Reconnaître.

S'il me perd, je prétends qu'il me retrouve en toi.

RACINE.

On le retrouve toutes les fois qu'il s'agit d'humanité. On ne retrouve plus Corneille dans les ouvrages de sa vieillesse. = SE RETROUVER. v. pron. Se dit dans les diverses acceptions qui précèdent. *Il a refait sa fortune, et il se retrouve dans une situation fort aisée. Nous nous retrouvons dans le même embarras. L'honneur une fois perdu ne se retrouve plus,* || Sign. quelquefois retrouver son chemin. *Après bien des détours dans le bois, j'ai fini par me r.* = RETROUVÉ, ÉE. part.

RETROVERSE. adj. 2 g. (lat. *retro, versus,* tourné en arrière). T. Didact. Tourné ou dirigé en arrière.

RÉTROVERSION. s. f. (lat. *retro, versus,* tourné en arrière). T. Méd. Renversement en arrière. Les mots *Antéversion* et *Rétroversion,* qui signifient renversement en avant et renversement en arrière, s'emploient surtout en parlant de la matrice. Dans ces déplacements, on considère le fond de l'organe. Dans l'antéversion, le fond se porte en avant sur la vessie, tandis que le col se porte sur le rectum; dans la rétroversion, au contraire, le fond se porte et pèse sur le rectum, tandis que le col presse sur la vessie.

RETS. s. m. [Pr. *rè*] (lat. *rete,* m. s.). Filet, ouvrage de corde, de fil, etc., noué par mailles et à jour, pour prendre du poisson, des oiseaux. *Jeter le r. dans la mer, dans la rivière. Tendre, jeter des rets. Cet esturgeon a donné dans les rets.* || Fig., Prendre quelqu'un dans ses rets, Le faire tomber dans les pièges qu'on lui a tendus.

RETUER. v. a. Tuer une seconde fois. = RETUÉ, ÉE. part.

RÉTUS, USE. adj. [Pr. *ré-tu, tuze*] (lat. *retusus,* émoussé, part. pass. de *retundere,* de *re,* préf., et *tundere,* frapper). Qui est obtus et plus ou moins déprimé. || T. Bot. Se dit d'une

DICTIONNAIRE ENCYCLOPÉDIQUE. — T. VIII.

feuille dont le sommet présente une échancrure importante. Voy. FEUILLE.

RETZ, anc. petit pays de France, dans la Bretagne; ch.-l. *Machecoul,* v. pr. *Paimbœuf* et *Pornic.*

RETZ (cardinal DE), Voy. GONDI.

RETZBANYITE. s. f. T. Minér. Sulfure de bismuth et de plomb argentifère, de Retzbanya (Hongrie).

REUCHLIN (JEAN), philologue allemand (1455-1522), le plus grand helléniste et hébraïsant de la fin du XV° siècle.

RÉUNIOL, s. m. T. Chim. voy. RHODINOL.

RÉUNION (ILE DE LA) ou île Bourbon, dans la mer des Indes, acquise à la France depuis 1642; pop. 179,000 hab., dont un cinquième de blancs; ch.-l. *Saint-Denis;* v. pr. *Saint-Pierre, Saint-Paul.*

RÉUNION. s. f. Action de réunir, de rapprocher des parties qui avaient été divisées, séparées; l'effet qui en résulte. *La r. des lèvres d'une plaie. La r. des chairs.* — T. Chirurg. R. *par première, par deuxième intention,* Voy. PLAIE. — Fig., en parlant des volontés et des esprits, réconciliation. *La r. des esprits. La r. des deux partis. Il voulut opérer la r. de l'Église grecque à l'Église romaine.* || En matière de fiefs, d'héritages, l'action de rejoindre une chose démembrée au tout dont elle faisait partie; ou l'action de joindre pour la première fois une chose à une autre. *La r. d'un fief au fief dominant. La r. de la Normandie à la couronne. La r. au domaine.* || Action de rassembler ce qui est épars, et le résultat de cette action; se dit des choses et des personnes. *La r. des rayons solaires au foyer d'une lentille. Il voulut empêcher la r. des deux armées. La r. de ces faits porte à croire que... Former une r. Une r. de savants, de gens de lettres. De grandes réunions. Il vient quelquefois à nos réunions. Un lieu de r. La r. était fort nombreuse.*

Législ. — *Droit de réunion.* — La loi du 30 juin 1881 a établi le principe de la liberté absolue des réunions publiques et supprimé l'autorisation préalable qu'exigeait la loi du 6 juin 1868 pour toute r. ayant pour objet de traiter des matières politiques. La seule condition pour tenir une r. publique, politique ou non, consiste aujourd'hui à remettre préalablement à l'autorité compétente, préfet, sous-préfet, maire, une déclaration indiquant le lieu, le jour, l'heure de la r. et signée par deux personnes au moins, jouissant de leurs droits civiques et politiques, dont l'une domiciliée dans la commune. La r. ne peut avoir lieu qu'après un délai d'au moins 24 heures depuis la déclaration, sauf pour les réunions publiques électorales qui peuvent avoir lieu 2 heures, parfois même immédiatement après la déclaration, lorsqu'il s'agit des élections sénatoriales. La déclaration indique le but de la r. On ne peut tenir de réunions sur la voie publique, ni au delà des heures fixées pour la fermeture des établissements publics. Chaque r. doit avoir un bureau, composé de trois personnes au moins. Le bureau est chargé de maintenir l'ordre, d'empêcher toute infraction aux lois, de conserver à la r. le caractère qui lui a été donné par la déclaration, d'interdire tout discours contraire à l'ordre public et aux bonnes mœurs ou contenant provocation à un acte qualifié crime ou délit. A défaut de désignation par les signataires de la déclaration, les membres du bureau sont élus par l'assemblée. Les membres du bureau et, jusqu'à la formation du bureau, les signataires de la déclaration, sont responsables des infractions aux prescriptions de la loi sur les réunions publiques. Un fonctionnaire de l'ordre administratif ou judiciaire peut être délégué par l'autorité compétente pour assister à la r.; il choisit sa place. Ce fonctionnaire n'a pas qualité pour intervenir dans la discussion; il n'a aucune autorité ni sur le bureau, ni sur l'assemblée. Il peut prononcer la dissolution de la r., mais dans deux cas seulement, s'il en est requis par le bureau et s'il se produit des collisions et voies de fait. — Tout en autorisant les réunions publiques, le législateur de 1881 a pris soin d'interdire expressément (art. 7) la tenue des *clubs.* On entend par ce mot une sorte d'association politique permanente ayant pour objet d'organiser des réunions publiques, présidées par un bureau désigné à l'avance et auxquelles assistent deux catégories de personnes : les membres de la société ayant seuls voix délibérante et les auditeurs non affiliés, simples assistants. —

Ajoutons que l'obligation de la déclaration préalable ne s'applique en aucune façon aux réunions privées, quel que soit leur objet, ces réunions bénéficiant de la liberté la plus complète.

Réunions d'officiers. — Des *réunions d'officiers* ou *cercles militaires* existent dans la plupart des villes de garnison. Aux termes du décret du 12 juillet 1886, le commandant d'armes a la surveillance des cercles et bibliothèques militaires qui sont dirigés par un comité composé d'un ou plusieurs officiers des diverses armes de la garnison, ainsi que d'officiers de la réserve ou de l'armée territoriale. Les statuts sont approuvés par le commandant du corps d'armée. Tout officier de l'armée active est tenu de faire partie du cercle de sa garnison et de payer la cotisation afférente à son grade. A Paris, il existe, depuis 1886, un Cercle militaire, dit « Cercle national des armées de terre et de mer ». Les officiers en activité de la garnison de Paris y sont inscrits d'office. Peuvent en faire partie, sur leur demande : les officiers des autres garnisons, les officiers en retraite, les officiers de la réserve et de l'armée territoriale. Les officiers de passage à Paris peuvent être reçus comme membres temporaires. Le Cercle publie une revue hebdomadaire (*Revue du Cercle militaire*) qui contient des articles rédigés par des officiers.

RÉUNIR. v. a. (R. *re*, préf., et *unir*). Rejoindre ce qui est désuni, séparé. *R. les lèvres d'une plaie.* || Unir une chose avec une autre. *Cette galerie réunit les deux corps de logis. Le cou réunit la tête au corps.* — Fig., Réconcilier, remettre en bonne intelligence. *Travailler à r. les esprits. Cela a réuni les deux partis.*

Nos ennemis communs devraient nous réunir.
RACINE.

Ils étaient brouillés, un intérêt commun les a réunis. || En parlant de fiefs, de domaines, rejoindre une chose démembrée au tout dont elle faisait partie. *R. un grand fief à la couronne. R. au fief dominant ce qui en a été démembré. R. des domaines aliénés.* — Joindre pour la première fois une chose à une autre. *Louis XIV réunit la Franche-Comté à la couronne. Cette administration a été réunie à telle autre.* || Au Prop. et au Fig., Rassembler ce qui était épars. *En réunissant ces sources, on aura un cours d'eau assez fort pour faire marcher les moulins. R. plusieurs corps d'armée en un seul. En réunissant toutes ces preuves, on en conclut que... Toutes les vertus, toutes les grâces étaient réunies en elle. Il réunit les qualités les plus opposées.* = SE RÉUNIR. v. pron. Se dit dans les acceptions précédentes. *Les chairs se sont réunies. Tous les suffrages se sont réunis sur lui. Les deux rivières se réunissent un peu plus bas. Nous nous réunissons une fois par semaine en tel endroit. Les hirondelles, pour partir, se réunissent en troupes.* = RÉUNI, IE. part.

RÉUNISSAGE. s. m. [Pr. *réunis-je*]. T. Techn. Action de réunir les fils, dans les filatures de coton.

RÉUNISSEUSE. s. f. [Pr. *réuni-seu-ze*] T. Techn. Machine à réunir les fils.

REUS, v. d'Espagne (Catalogne); 27,000 hab.

REUSS, riv. de Suisse, sort du Saint-Gothard, traverse le lac des Quatre-Cantons, et se jette dans l'Aar; 133 kil.

REUSS, nom de deux principautés d'Allemagne, enclavées dans les duchés de Saxe: 1° *Reuss,* ligne aînée, 62,000 hab., cap. *Greiz;* 2° *Reuss,* cadette, 119,600 hab., cap. *Gera.*

REUSSINE. s. f. (R. *Reuss, n. pr.).* T. Minér. Mirabilite impure, mélangée de sulfate de magnésie.

RÉUSSIR. v. n. [Pr. *ré-u-sir*] (ital. *riuscire,* ressortir, de *ri* ou *re,* préf., et *uscire,* sortir qui correspond au vx fr. *issir,* et vient comme lui du lat. *exire*). Avoir un succès heureux. *Il a réussi dans son dessein, dans ce qu'il a entrepris. Cet avocat réussit au barreau. On les censure s'ils échouent, et on les envie s'ils réussissent. Ce discours, ce drame a fort réussi. Cette expérience n'a pas réussi.*

Tout vous a réussi; que Dieu voie et nous juge.
RACINE.

|| Sign. quelquef. Avoir une issue quelconque, bonne ou mauvaise. *Il faut voir comment ce projet, cet ouvrage réussira.* — On dit encore, *Il a mal réussi,* Il n'a point eu de succès. *Cela lui a mal réussi, lui réussira mal.* || En parlant des productions du sol, Prospérer. *Les pommiers, les poiriers,* etc., *réussissent dans ce terrain,* Ils y viennent bien. *Les vignes, les blés ont bien réussi cette année, la* récolte a été bonne.

RÉUSSITE. s. f. [Pr. *ré-u-site*] (ital. *riuscita,* m. s., voy. RÉUSSIR). Issue heureuse, bon succès final. *La r. d'une affaire. Une pleine r. Cette pièce a eu beaucoup de r.* || Se dit quelquefois d'une issue quelconque bonne ou mauvaise. *Il faut voir quelle sera la r. de cette affaire.* || Combinaison de cartes d'après laquelle on cherche à augurer du succès ou de l'insuccès d'une entreprise, etc. *Elle a fait une r. qui ne lui a rien annoncé de bon.* Popul.

Syn. — *Succès.* — *Réussite* exprime toujours quelque chose de favorable : il n'y a que d'heureuses *réussites,* tandis qu'un *succès* peut être heureux ou malheureux. *R.* implique l'idée d'une chose qui n'a rien de grand, de remarquable ; les *succès,* au contraire, sont ordinairement importants, considérables. La vie est mille fois plus douce de petites heureuses par des *réussites* ordinaires que par des *succès* brillants. Enfin, la *r.* exprime un résultat final, tandis que le *succès* n'est souvent qu'un des événements *successifs* qui concourent à un résultat général. C'est pour cette raison que *r.* ne s'emploie guère au pluriel, tandis que le contraire a lieu pour *succès.*

REUTLINGEN, v. de Wurtemberg sur l'Échatz; 17,300 hab.

REVACCINATION. s. f. [Pr. *revak-sina-sion*]. Action de revacciner.

REVACCINER. v. a. [Pr. *revak-siner*]. Vacciner de nouveau. = REVACCINÉ, ÉE. part. = Voy. VACCINE.

REVALESCIÈRE. s. f. (lat. *revalescere,* reprendre des forces; de *re,* préf. et *valescere,* se bien porter). Substance alimentaire composée de diverses farines, et à laquelle son inventeur, le Dr Du Barry, attribuait des propriétés curatives extraordinaires. Il paraît qu'elle est surtout composée de farine de lentilles.

REVALIDATION. s. f. [Pr. *...sion*]. Action de revalider.

REVALIDER. v. a. Assurer par une nouvelle validité. = REVALIDÉ, ÉE. part.

REVALOIR. v. a. [Pr. *reva-louar*]. (R. *re,* préf., et *valoir*). Rendre la pareille en bien ou en mal, et plus ordinair. en mal. *Cet homme m'a fait une injure, je lui revaudrai cela.* Fam. = REVALU, UE. part. = Conj. Voy. VALOIR.

REVANCHE. s. f. (R. *revancher*). Action par laquelle on rend le mal ou le bien qu'on a reçu. *On l'avait maltraité, mais il a eu sa r., il a pris sa r. Il m'a rendu un bon office, je tâcherai d'en avoir une r.,* ou simpl., *d'avoir ma r.* || T. Jeu. La seconde partie que joue le perdant pour se racquitter de la première ; et toute reprise de jeu demandée pour se racquitter de ce qu'on a perdu. *Prendre, demander sa r. Voulez-vous votre r.? Jouer la r. Partie, r. et le tout. J'ai perdu au piquet, voulez-vous me donner ma r. au tric-trac?* = EN REVANCHE. loc. adv. Pour rendre la pareille, soit en bien, soit en mal.

Qui rit d'autrui
Doit craindre qu'en revanche on rie aussi de lui.
MOLIÈRE.

Il m'a servi dans telle occasion, et en r. je l'ai servi dans une autre. Il avait mal dîné, mais en r. il a bien soupé.

REVANCHER. v. a. (R. *re,* préf., et *venger*). Défendre quelqu'un qui est attaqué, le soutenir, l'aider, le secourir dans une batterie, dans une querelle. *Il a bien revanché son ami. Il est venu r. son camarade.* Vx. = SE REVANCHER. v. pron. Se défendre. *Il est permis de se r. quand on est attaqué.* || Rendre la pareille. *Je sais tout le mal que vous avez dit de moi, je m'en revancherai.* Fam. = REVANCHÉ, ÉE. part.

REVANCHEUR, EUSE. s. Celui, celle qui revanche, qui défend quelqu'un. *Il a trouvé dans son camarade un bon r.* Vx.

RÊVASSER. v. n. [Pr. *rèva-ser*] (R. *rêver*, avec le suff. péjor. *asser*). Avoir des rêves sans suite pendant un sommeil inquiet. *Il a eu un sommeil fort agité, il n'a fait que r. toute la nuit.* || Fig. et fam., Penser vaguement à quelque chose. *Vous me trouvez rêvassant au projet dont je vous ai parlé.*

RÊVASSERIE. s. f. [Pr. *rèva-serie*]. État de celui qui rêvasse. *Il est dans une r. continuelle.* || Fig. et fam., Se dit de conceptions vaines et sans liaisons entre elles. *C'est un homme qui ne débite que des rêvasseries.*

RÊVASSEUR, EUSE. s. [Pr. *rèva-seur, euze*]. Fig. et fam., Celui, celle qui rêvasse, qui ne produit que des rêvasseries.

REVAUTRER. v. a. Vautrer de nouveau. = SE REVAUTRER. v. pron. Se vautrer de nouveau. = REVAUTRÉ, ÉE. part.

RÊVE. s. m. (R. *rêver*). Combinaison involontaire d'images et d'idées, le plus ordinairement confuses, qui se présentent à l'esprit pendant le sommeil. *J'ai eu de mauvais rêves. J'ai fait un r. singulier.* || Fig., Projet sans fondement, idée chimérique. *Ce projet est le r. d'un homme de bien. Puisse cette idée n'être pas seulement un beau r.! Ses espérances n'ont été qu'un r.*

Qu'est-ce donc que l'amour si son rêve est si beau ?
              LAMARTINE.

Tout bonheur que la main n'atteint pas n'est qu'un rêve.
              JOSÉPHIN SOULARY.

— On dit encore au fig., d'un homme qui a joui d'un bonheur fort court, ou qui n'a eu qu'une espérance trompeuse et de peu de durée, *Il a fait un beau r.* = Voy. SOMMEIL. **Syn.** — *Rêve, Songe.* — Le songe n'appartient proprement qu'au sommeil, tandis que le *r.* est de la veille comme du sommeil. Les *songes* et les *rêves* faits en dormant diffèrent entre eux en ce que ceux-ci sont plus vagues, plus décousus, plus incohérents, et ne laissent guère de traces. Les *songes*, plus sentis, plus liés, présentant une certaine coordination d'idées, laissent dans le cerveau des traces plus profondes. Le *r.* passe avec le sommeil, tandis qu'on se rappelle un *songe*; la superstition même y attache une signification. Au figuré, on dit d'une chose ridicule ou invraisemblable que c'est un *r.*, on dit d'une chose fugitive, vaine, illusoire, qui n'a ni solidité, ni durée, que c'est un *songe*. Nos projets sont le plus souvent des *rêves*; et notre vie n'est qu'un *songe.* = *Rêve, Rêverie.* — La *rêverie* diffère d'avec du *r.* en ce qu'elle appartient toujours à l'état de veille. Le *r.* est d'un homme rêvant; la *rêverie* est d'un rêveur. On a un *r.* sans se livrer à ses *rêveries.* Dans le cas même où *r.* s'emploie en parlant des chimères qui traversent l'esprit d'un homme éveillé, il désigne quelque chose de plus suivi, de moins indéterminé, de moins extravagant que *rêverie.* C'est ainsi que l'on dit : le *r.* du bonheur, les *rêves* d'un homme de bien, et les *rêveries* des utopistes.

REVÊCHE. adj. 2 g. (lat. *reversus*, retourné). Rude, âpre au goût. *Ces poires sont revêches. Du vin r.* || Fig., se dit des personnes rudes, peu traitables, rébarbatives. *Cet homme est bien r. Elle est d'humeur r. Un esprit, un caractère r.* || T. Lapid. *Diamant r.*, Diamant auquel on ne peut faire prendre le poli dans toutes ses parties.

RÊVE-CREUX. s. m. Syn. de *Songe-creux.*

RÉVEIL. s. m. [Pr. *ré-vell, ll* mouillées] (R. *re*, préf., et *éveil*). Passage du sommeil à l'état de veille. *Un doux r. Nous serons chez vous à votre r., à l'heure de votre r. Depuis sa maladie, il a de fâcheux réveils.* || Par analogie, *le r. de la nature*, se dit de l'activité nouvelle que prennent les êtres vivants au retour du printemps. || Fig., au sens moral, Cessation d'une illusion, d'une espérance chimérique. *Le r. suivra de près ces illusions mensongères.*

O réveil plein d'horreur !
              RACINE.

|| T. Horlog. Voy. RÉVEILLE-MATIN. || T. Arm. *Battre, sonner*

le r., faire une batterie de tambour, une sonnerie de clairon qui annonce aux soldats l'heure de se lever.

RÉVEILLABLE. adj. 2 g. [Pr. *rèvè-llable, ll* mouillées]. Qui peut être réveillé.

RÉVEILLÉE. s. f. [Pr. *rèvè-llé, ll* mouillées]. Temps pendant lequel on travaille sans interruption dans un four de glacerie.

RÉVEILLE-MATIN. s. m. [Pr. *rèvè-lle-matin, ll* mouillées]. Horloge, montre ou pendule d'une horloge, d'une montre qui sonne pour éveiller à une heure déterminée. *Des réveille-matin.* On dit plus ordin.. *Réveil.* Voy. HORLOGERIE. || Fam., *C'est un fâcheux r.-matin*, se dit du bruit que fait le matin de bonne heure un maréchal, un charron, un serrurier, un chaudronnier, etc. On dit aussi fig., d'une bonne ou d'une mauvaise nouvelle qu'on apprend en s'éveillant, *C'est un agréable, c'est un fâcheux r.-matin.* || T. Bot. Nom vulgaire de l'*Euphorbia helioscopia.* Voy. EUPHORBIACÉES.

RÉVEILLEMENT. s. m. [Pr. *rèvè-lle-man, ll* mouillées]. Action de réveiller.

RÉVEILLER. v. a. [Pr. *rèvè-ller, ll* mouillées] (R. *re*, préf., et *éveiller*). Faire cesser le sommeil de quelqu'un. *Il a défendu qu'on le réveillât.* || Par anal., R. *quelqu'un d'un assoupissement, d'une léthargie*, Le tirer de l'assoupissement, etc., où il est plongé. || Fig., Exciter de nouveau, ranimer, faire renaître. *Ce jeune homme a l'esprit un peu assoupi, il faut qu'on le réveille.*

Et la honte en leur cœur réveillant leur audace.
              RACINE.

Donnez de l'éperon à votre cheval pour le r. Ce discours réveilla leur courage. R. les passions. R. des souvenirs fâcheux. R. l'appétit. || Prov. *Il ne faut pas r. le chat qui dort*, il ne faut pas ranimer une passion, un ressentiment assoupi. = SE RÉVEILLER. v. pron. S'éveiller. *Je me suis réveillé trois ou quatre fois cette nuit.* || Par anal., *Se r. de son assoupissement, de sa léthargie*, Sortir de son assoupissement; et Fig., Sortir de son indolence, de son inaction. || Fig., Se ranimer, se renouveler. *Il s'est réveillé au bruit des exploits de son rival. Toute la nature se réveille au printemps. Les factions se réveillèrent avec une nouvelle fureur. Les études parurent se r.* = RÉVEILLÉ, ÉE. part. = Syn. Voy. ÉVEILLER.

RÉVEILLEUR. s. m. [Pr. *rèvè-lleur, ll* mouillées]. Celui qui réveille.

RÉVEILLON. s. m. [Pr. *rèvè-llon, ll* mouillées]. Petit repas extraordinaire qu'on se fait vers le milieu de la nuit, particulièrement la veille de Noël. *Faire un r. Nous fîmes r. après la messe de minuit.* || T. Peint. Artifice de pinceau qui a pour but de rompre la monotonie du coloris et des dégradations du clair-obscur, par la scintillation de quelque point brillant de lumière ou de couleur.

RÉVEILLONNER. v. n. [Pr. *rèvè-llo-ner, ll* mouillées]. Faire un réveillon.

REVEL, v. forte de la Russie d'Europe (Esthonie) sur le golfe de Finlande; 50,500 hab.

REVEL, ch.-l. de c. (Haute-Garonne), arr. de Villefranche; 5,600 hab.

RÉVÉLATEUR, TRICE. s. (lat. *revelator*, m. s.). Celui, celle qui révèle une chose cachée; se dit le plus souvent en parl. d'un complot politique, d'une association criminelle. *Le r. d'une conspiration. Il a été le r. de ses complices.* || Se dit quelquefois d'un homme qui prétend tenir de Dieu même ce qu'il enseigne ou ce qu'il annonce. *Il imagina de se présenter à ces peuples grossiers comme un r. Les prétendus révélateurs.* || Adjectiv., on dit : *Un indice r. Une circonstance révélatrice.* = RÉVÉLATEUR. s. m. Produit chimique destiné à révéler l'image latente d'un cliché photographique. Voy. PHOTOGRAPHIE, IV, E.

RÉVÉLATIF, IVE. adj. Qui a la vertu de révéler.

RÉVÉLATION. s. f. [Pr. ...*sion*] (lat. *revelatio*, m. s.).

Action de révéler. *La r. d'un secret, d'un complot, d'un crime. R. des complices. Le Code pénal de 1810 punissait la non-r. des crimes qui pouvaient compromettre la sûreté de l'État.* || T. Théolog. L'inspiration par laquelle Dieu a fait connaître surnaturellement certaines vérités à quelques hommes, pour qu'ils les enseignassent aux autres. *La r. divine. Saint Paul a eu des révélations.* || Se dit encore des choses révélées. *Les révélations faites par ce scélérat sont effrayantes. Ces mémoires contiennent des révélations importantes, piquantes. Les prétendues révélations de cet imposteur n'ont pas laissé que de faire quelques dupes.* || R., au sing. et pris absol., signifie La révélation divine, La religion révélée. *Croire à la r.*

RÉVÉLATIONNISTE. s. m. [Pr. *révéla-sio-niste*]. Syn. de traditionnaliste.

RÉVÉLER. v. a. (lat. *revelare*, m. s., de *re*, préf., et *velum*, voile; propr. retirer le voile). Découvrir, rendre publique une chose qui était inconnue et secrète. *R. la conduite, les actions de quelqu'un. R. les secrets de l'État. Il a révélé la conjuration. Il a tout révélé.*

J'ai révélé mon cœur au Dieu de l'innocence.
GILBERT.

Alors il nous révéla le mystère de sa naissance. L'existence de ce document nous a été révélée par tel historien. || Se dit aussi en parl. des personnes. *R. l'auteur, les chefs d'un complot. On lui promit sa grâce, s'il révélait ses complices.* = SE RÉVÉLER. v. pron. Se montrer, apparaître. *L'avenir semble se r. à ses yeux. Son génie se révéla tout à coup.* = RÉVÉLÉ, ÉE. part. *Les vérités de la foi sont des vérités révélées.* Voy. RÉVÉLATION au sens théologique. = Conj. Voy. CÉDER. = Syn. Voy. DÉCELER.

REVENANT. s. m. Esprit qu'on suppose revenir de l'autre monde. *Il a peur des revenants. Croire aux revenants. Des histoires de revenants.* Voy. SPIRITISME. = REVENANT, ANTE. adj. Qui plaît, qui revient. *Un air r. Physionomie revenante.*

REVENANT-BON. s. m. Profit casuel et éventuel provenant d'un marché, d'une charge, etc. *Les revenants-bons de cette affaire. Ce sont là mes revenants-bons.* || T. Compt. Se dit quelquefois pour *Boni.* || Fig., se dit de toute espèce d'avantage qui résulte de la situation, des circonstances où l'on se trouve. *Le plaisir d'obliger est le r.-bon de mon emploi.* Ironiq., *Ce mouchard a été roué de coups, c'est le r.-bon du métier.* = Pl. *Des Revenants-bons.*

REVENDAGE. s. m. [Pr. *revan-daje*]. Profession, métier de revendeur. || Action de revendre.

REVENDANGER. v. a. [Pr. *revan-danjer*]. Vendanger de nouveau. = REVENDANGÉ, ÉE. part.

REVENDEUR, EUSE. s. [Pr. *revan-deur, euze*]. Celui, celle qui revend, qui achète pour revendre. *R. de livres. Vendez ces vieilles hardes à une revendeuse. Elle a acheté ce cachemire à une revendeuse à la toilette.*

REVENDICATEUR. s. m. [Pr. *revan-dikateur*]. Celui qui revendique.

REVENDICATION. s. f. [Pr. *revan-di-ka-sion*]. Action de revendiquer. *La r. d'un terrain. R. de marchandises saisies. Action en r. Saisie-r.* Voy. SAISIE.

REVENDIQUER. v. a. [Pr. *revan-diker*] (R. *re*, préf., et lat. *vindicare*, réclamer). Réclamer une chose qui nous appartient, et qui est dans les mains d'un autre. *R. des meubles. R. un héritage. Le procureur impérial a revendiqué une cause qui était portée à un autre tribunal. R. un livre, dont un autre s'est déclaré l'auteur. R. ses droits.* = REVENDIQUÉ, ÉE. part. = Syn. Voy. RÉCLAMER.

REVENDRE. v. a. [Pr. *revan-dre*] (R. *re*, préf., et *vendre*). Vendre ce qu'on a acheté. *C'est un homme qui achète pour r. R. une chose plus qu'elle n'avait coûté.* || Fig. et fam., *Avoir d'une chose à r.,* En avoir abondamment. *Il a du savoir, de l'esprit à r.* Elliptiq., *Ne vous fiez pas à lui, il vous en revendrait,* Il est plus fin que vous. = REVENDU, UE. part.

REVENEZ-Y. s. m. [Pr. *reve-nézi*]. Ce qui fait qu'on revient avec plaisir à un plat. *Ce pâté a un goût de r.* || Fig. Retour, recommencement. *Un r. de tendresse.*

REVENIR. v. n. Venir de nouveau, venir une autre fois. *Il vint hier pour vous voir, il reviendra aujourd'hui. Elle est revenue vous chercher. Quand reviendrez-vous?* || Retourner au lieu d'où l'on était parti. *Il était sorti ce matin, il est revenu. Je reviens à vous dans le moment. Ne faites qu'aller et r. R. sur ses pas. Il est enfin revenu de ses longs voyages. R. au gîte. R. sur l'eau après avoir plongé.* Fam., on dit quelquefois S'en r. *Il s'en est revenu tout courant.* — Fig., *Il est difficile de r. à la vertu quand on a si longtemps vécu dans le vice. Je reviens à mon premier sentiment.* — Fig. et fam., *Il revient de l'autre monde, il semble qu'il revienne de l'autre monde,* se dit d'un homme qui ignore un événement public et remarquable, arrivé depuis peu. *R. sur ses pas,* Revenir après s'être éloigné. Faire en sens inverse le chemin déjà fait, et Fig., Abandonner un sentiment. — *R. sur l'eau,* Flotter, après s'être enfoncé dans l'eau, et Fig., Se dit d'une chose qui reparaît après qu'on la croyait perdue ou abandonnée. *Cet ancien projet revient sur l'eau.* || *Il revient des esprits, des esprits reviennent dans cet endroit,* On croit y voir des fantômes, on y entend des bruits que le vulgaire attribue à des esprits. *Il est à remarquer que les beaux jours sont près de r.*

Mon trouble se dissipe et ma raison revient.
CORNEILLE.

C'est un besoin qui revient tous les jours. La fièvre lui est revenue. La jeunesse passe et ne revient plus. Cette fête revenait tous les trois ans. || *Cela me revient à l'esprit,* dans l'esprit: cela me revient en mémoire, dans la mémoire, à la mémoire, Je m'en ressouviens à l'instant même. — Absol., *Ce nom ne me revient point,* Je ne m'en ressouviens plus. = Croître de nouveau, repousser, après avoir été coupé, arraché, etc. *Les bois que l'on a coupés il y a deux ans, reviennent bien. Ses cheveux commencent à r. Les plumes reviennent à cet oiseau. Après la chute des premières dents, il en revient de nouvelles.* = Recommencer une action, reprendre un travail suspendu, une conversation interrompue. *Les troupes revinrent à la charge. Après avoir laissé là le tableau qu'il avait commencé, il y est revenu. Revenons à notre conversation de l'autre jour. R. sur une affaire, sur une matière,* La reparler, la traiter de nouveau. *J'en reviens à ce que nous disions, pour r. à ce que nous disions, au sujet dont il était question,* se dit quand, après une digression ou une interruption, on reprend son sujet. *J'en reviens toujours là, qu'il faut... Je persiste à penser, à représenter qu'il faut...* — Fig., *R. à la charge,* Voy. CHARGE. *R. à ses moutons,* Voy. MOUTON. — Prov., *A tout bon compte r.,* Voy. COMPTE. = Se rétablir, se remettre, être remis dans l'état où l'on était auparavant. *R. en santé. R. en son bon sens. R. en faveur auprès du prince. R. à la vie.* || *R. à soi,* ou simplem., *Revenir,* Reprendre ses esprits après un évanouissement, une faiblesse. — Fam., *Cette potion lui fera r. le cœur,* le ranimera, rétablira ses forces. || *R. d'une maladie,* Se rétablir, recouvrer la santé. *Il est bien revenu de sa maladie,* et absol., *Il revient à vue d'œil.* On dit de même : *Je crois qu'il en reviendra,* Qu'il guérira; *Il n'en reviendra pas,* Il en mourra. Fam., *Il en est revenu d'une belle,* Il a réchappé d'un grand danger. — Fig., *R. d'une frayeur, d'un étonnement, d'une surprise,* etc., Reprendre ses esprits, reprendre le courage que la frayeur avait ôté, etc. *Elle n'est pas encore bien revenue de sa frayeur. Je ne reviens pas de ma surprise.* Absol., *Je n'en reviens pas,* Je ne reviens pas de mon étonnement. — Fig. *R. de loin,* Échapper à de grandes erreurs, se tirer de grands égarements, et aussi guérir d'une maladie très dangereuse, échapper à un grand péril, etc. = Fig., Abandonner l'opinion qu'on était, pour se ranger à l'avis d'un autre. *Je reviens à l'avis d'un tel. C'est un homme opiniâtre qui ne revient jamais.* On dit aussi absol., qu'Un homme revient, ou qu'Il ne revient point, Quand, après avoir conçu un sentiment d'irritation contre quelqu'un, il y renonce ou y persiste. *Quand on l'a fâché une fois, il ne revient jamais. Faites ces premières démarches, et il reviendra aussitôt.* || *R. de ses erreurs, de ses opinions, des impressions qu'on a reçues,* S'en désabuser. On dit de même : *Je suis bien revenu des choses du monde, de ce monde. C'est un homme dont je suis bien revenu.* ‖ *R. de ses débauches, de ses égarements,* etc., S'en corriger, y renoncer. ‖ *R. à soi,* sign. Prendre de meilleurs sentiments, ou Se calmer, s'apaiser. *Après de si longs désordres, il est difficile de r. à soi. D'abord la colère l'emporta, mais il revint à lui presque aussitôt.* ‖ *R. sur ce qu'on avait dit, sur ce qu'on avait promis, sur ses engagements.* Changer d'opinion, se dégager de ce qu'on avait promis. — *R. sur le compte de quelqu'un,* Abandonner l'opinion bonne ou mauvaise qu'on s'était faite de lui, pour en prendre une opposée. *Je le croyais honnête homme, mais je suis bien revenu sur son compte. Cette belle action a fait r. sur son compte bien des gens qui ne l'aimaient pas.* ‖ *R. contre quelque chose,* S'opposer à quelque chose qui a été fait, conclu, décidé. *On peut r. contre cette décision. C'est un arrêt définitif contre lequel on ne peut r.* On dit aussi, en T. Procéd., *R. par opposition contre un jugement, r. par voie de requête civile contre un arrêt,* etc., Se pourvoir en justice contre une sentence, etc. = Échoir, résulter soit à l'avantage, soit au désavantage de quelqu'un. *Le profit qui m'en revient est médiocre. Il en reviendra un million à l'État. Que vous revient-il, que vous en revient-il de le tourmenter ainsi? Il ne vous en reviendra que des ennuis, de la honte.* ‖ Coûter. *Cette maison me revient à trois cent mille francs. Cet habit vous revient à tant. Ces deux étoffes reviennent au même prix.* — *Ces deux sommes réunies reviennent à ce rapport,* être conforme, semblable. *Cette couleur revient à celle de votre habit. Son humeur revient à la mienne. Cela revient au même.* ‖ Plaire. *Son humeur, son visage me revient fort. Il a un air, des manières qui reviennent à tout le monde, qui ne reviennent point.* = Être rapporté. *Il m'est revenu, il m'est revenu que..., Je viens d'apprendre, j'ai appris que... Il m'est revenu de toutes parts que vous parlez mal de moi. La même chose m'est revenue de plusieurs endroits. Il ne m'est rien revenu contre lui.* ‖ T. art culin. *Faire r. de la viande,* La mettre en état d'être piquée ou lardée, pour la faire rôtir ensuite. *Il faut faire r. ces poulets sur le gril, dans l'eau bouillante.* On dit aussi, *Faire r. des légumes dans du beurre.* ‖ T. Jurispr, *R. sur quelqu'un,* Exercer contre quelqu'un une action en garantie. *Vous êtes garant de cette dette; si elle n'est pas payée, on reviendra sur vous.* = Revenu, ue. part. = Syn. Voy. Retourner.

REVENOIR. s. m. [Pr. *reve-nouar*]. Outil de l'horloger. ‖ Outil pour donner différents reculs, ou faire prendre la couleur bleue à l'acier.

REVENTE. s. f. [Pr. *revan-te*]. Seconde vente, nouvelle vente. *La r. d'un bien. Il n'a pas tiré grand bénéfice de la r. de cette maison. R. à la folle enchère. Une tapisserie de r., un lit de r., Marchandises de r.,* Qu'on n'achète pas de première main.

REVENTER. v. a. [Pr. *re-vanter*] (R. *re,* préf., et *venter*). T. Mar. Faire porter dans une voile le vent qui frappait dessus. = Reventé, ée. part.

REVENU. s. m. (part. pass. de *revenir*). Ce qu'on retire annuellement d'une terre, d'un capital, d'un emploi, etc. *R. clair et net. Son r. est médiocre, mais assuré. Des revenus considérables. Une terre de bon r., d'un mauvais r. Il a tant de r. Recevoir, toucher ses revenus. Son r. monte à tant.* On a saisi tous ses revenus. *Il faut régler sa dépense sur son r.* ‖ *Revenus casuels,* Certains profits qui ne sont point compris dans les revenus ordinaires. ‖ *Revenus publics* ou *Revenus de l'État,* Tout ce que l'État retire, soit des contributions, soit de ses propriétés. ‖ *Impôt sur le r.* Voy. Impôt, II. ‖ T. Chasse. Queue qui revient aux perdreaux, aux faisandeaux. — Bois qui revient sur la tête du chevreuil, du daim, du cerf. ‖ T. Techn. Le fait de faire revenir l'acier par le recuit.

REVENUE. s. f. (part. pass. de *revenir*). T. Sylvicult. Le jeune bois qui revient sur une coupe de taillis. *Voilà une belle revenue.* ‖ T. Chasse. Action des bêtes revenant pâturer.

REVENURE. s. f. (R. *revenir*). T. Agric. Seconde pousse de la vigne après la gelée.

RÊVER. v. n. (orig. inconnue, peut-être le danois *ræve,*

vagabonder). Faire des songes, des rêves. *Je n'ai fait que r. toute la nuit. R. de combats, de naufrages. Voilà le transport qui lui vient, il commence à r.* ‖ Par analog., Dire des choses déraisonnables, extravagantes. *Vous rêvez quand vous dites telle chose. Rêvez-vous de faire cette demande?* ‖ Fig., Laisser aller son imagination sur des choses vagues, sans aucun objet fixe et certain. *Il rêve toujours sans répondre à ce qu'on lui dit. R. au bord d'une fontaine.* — Sign. aussi, Concevoir des idées chimériques, des choses qui ne sont pas réalisables. *Ce n'est pas faire de la science, c'est r.* Famil. *Cet homme rêve tout éveillé.* ‖ Penser, méditer profondément sur quelque chose. *C'est une entreprise importante, il faut y r. J'ai rêvé longtemps sur cette affaire, à cette affaire. Cela donne à r.* = Rêver. v. a. Concevoir en songe. *J'ai rêvé telle chose. Voilà ce que j'ai rêvé. J'ai rêvé que je vous voyais.* — Fam. *Vous avez rêvé cela,* se dit à une personne qui raconte des choses que l'on se refuse à croire. ‖ Fig., se dit des idées chimériques, des illusions que l'on se fait. *Il rêve une république universelle, une société exempte de maux.* ‖ Fig., se dit encore des choses dont l'esprit est occupé presque exclusivement. *Il ne rêve que fortune, que grandeurs, que dignités. Ce cardinal rêvait la tiare.* = Rêvé, ée. part.

RÉVERBÉRATION. s. f. [Pr. .... *sion*] (lat. *reverberatio,* m. s., de *reverberare,* réverbérer). Réflexion ; se dit de la lumière et de la chaleur. *La r. des rayons du soleil. La chaleur qui vient par r. est souvent très incommode.*

RÉVERBÉRATOIRE. adj. 2 g. [Pr. *reverbéra-touare*]. Disposé en réverbère. *Fournaise r.*

RÉVERBÈRE. s. m. (R. *réverbérer*). Miroir métallique que l'on adapte à une lampe, pour réunir et réfléchir les rayons lumineux dans une direction déterminée. — Par extens., Lanterne de verre destinée à l'éclairage public, et qui contient une lampe munie d'un ou de plusieurs réflecteurs de ce genre. *Je l'aperçus à la clarté d'un r. Allumer les réverbères. La corde d'un r.* ‖ Chasse au r. ou au flambeau, Chasse que l'on fait aux canards sauvages pendant la nuit, au moyen d'une espèce de fanal au bout d'une perche en avant du bateau qui porte les chasseurs. ‖ T. Chim. *Fourneau de r., à r.,* Fourneau muni d'un dôme qui rabat la flamme et la chaleur. On dit de même, *Feu de r.*

RÉVERBÉRER. v. a. (lat. *reverberare,* m. s., de *re,* préf., et *verberare,* frapper). Réfléchir, renvoyer; ne se dit que de la lumière et de la chaleur. *Cette muraille réverbère fortement les rayons du soleil. Les plaques de fer réverbèrent la chaleur du feu.* ‖ On dit aussi neutral., *Les rayons du soleil réverbèrent contre cette muraille. Cette plaque de fer réverbère fortement.* = Réverbéré, ée. part.

REVERCHER. v. a. (lat. *revertere,* retourner). T. Techn. Boucher les trous d'une poterie d'étain avec le fer à souder. = Reverché, ée. part.

REVERDIE. s. f. (R. *reverdir*). Nom donné en Bretagne aux grandes marées. Voy. Marée.

REVERDIR. v. a. (R. *re,* préf., et *verdir*). Repeindre en vert. *Ces barreaux ont perdu leur couleur, il faut les r.* = Reverdir. v. n. Redevenir vert. *Les arbres reverdissent au mois de mai. Les champs commencent à r.* — Fig. et pop., *Planter à quelqu'un pour r.* Voy. Planter. ‖ Fig., se dit d'un vieillard dont les forces se raniment, qui semble rajeunir. *Je l'ai trouvé tout reverdi.* = Reverdi, ie. part.

REVERDISSEMENT. s. m. [Pr. *reverdi-se-man*]. Action de reverdir, état de ce qui reverdit.

REVERDOIR. s. m. [Pr. *rever-douar*]. Petite cuve de brasseur, placée sous la cuve-matière et munie d'une pompe à chapelet.

RÉVÉREMMENT. adv. [Pr. *révéra-man*]. Avec révérence. *Parlez r. des choses saintes.* Peu usité.

RÉVÉRENCE. s. f. [Pr. *révé-ranse*] (lat. *reverentia,* m. s., de *revereri,* révérer). Respect, vénération. *Il faut* traiter les choses saintes avec r. *Vous lui devez porter honneur et r.* — Popul., *Sauf r.*, R. *parler, En parlant par r.*, se dit quand on parle de quelque chose dont on craint que l'idée ou l'expression ne blesse. || Titre d'honneur qu'on donnait aux religieux qui étaient prêtres, *Votre R. veut-elle.... Je prie Votre R. de remarquer....* || Le mouvement du corps qu'on fait pour saluer, soit en s'inclinant, soit en pliant les genoux. *Grande, humble, profonde r. Faire la r. Elle fait ses révérences trop longues, trop courtes. C'est un grand faiseur de révérences.* — *Faire la r.*, *sa r. à quelqu'un*, Lui rendre ses respects et le saluer pour la première fois, ou quand on a été longtemps sans le voir. *Au retour de son voyage, j'allai lui faire ma r.* — Fam., *Tirer sa r. à quelqu'un*, Le saluer, et plus ordinair., S'en aller après avoir salué. *Quand je le rencontre, je lui tire ma r. Je lui dis nettement ma façon de penser, et je lui tirai ma r.* On dit aussi Fig., pour marquer un refus, *Je vous tire ma r.*, *ne comptez pas sur moi.* || Sorte d'hommage rendu aux souverains dans certaines occasions. *Le roi a reçu les révérences. La reine a dispensé des révérences.*

RÉVÉRENCIELLE. adj. f. [Pr. *révéran-sièle*]. Ne se dit que dans l'expression *crainte r.* Voy. CRAINTE.

RÉVÉRENCIEUSEMENT. adv. [Pr. *révéran-sieu-ze-man*]. D'une manière humble et cérémonieuse.

RÉVÉRENCIEUX, EUSE. adj. [Pr, *révéran-sieu, ieuze*]. Qui affecte de faire quantité de révérences. *C'est un homme bien r.* Fam. et ne se dit que par moquerie. || Figur., Humble et cérémonieux. *Discours r. Paroles révérencieuses.*

RÉVÉREND, ENDE. adj. [Pr. *révé-ran, ande*] (lat. *reverendus*, digne d'être révéré). Titre d'honneur qu'on donne aux prélats, aux religieux et aux religieuses. *R. père en Dieu. Le très r. père un tel. La révérende mère supérieure.* || On dit aussi subst., *Mon r., Mes révérends.*

RÉVÉRENDISSIME. adj. 2 g. [Pr. *révéran-di-sime*] (lat. *reverendissimus*, superl. de *reverendus*, révérend). Titre plus relevé que celui de Très-révérend, et qu'on donne aux évêques, aux archevêques et aux généraux d'ordres. *Monseigneur l'illustrissime et r. archevêque de.... Le r. père général. La révérendissime mère générale.*

RÉVÉRER. v. a. (lat. *revereri*, m. s., de *re*, préf., et *vereri*, craindre). Honorer, respecter. *R. Dieu, les saints, les reliques, les images. R. les ministres de la religion. R. les lois. R. la vertu. R. la mémoire de quelqu'un. C'est un homme que je révère.* = RÉVÉRÉ, ÉE. part. *Un prince révéré.* = Conj. Voy. CÉDER. = Syn. Voy. ADORER.

RÉVERIE. s. f. [R. *rêver*]. Se dit de l'état de l'âme quand elle s'abandonne à des pensées vagues qui l'absorbent plus ou moins complètement, et de ces pensées elles-mêmes. *Une profonde r. S'enfoncer dans une sombre r.*

J'occupe ma raison d'utiles rêveries.

BOILEAU.

Je le trouvai dans une grande r. *Agréable, douce r. S'abandonner à la r., à ses rêveries. Promener ses rêveries.* || Idée extravagante, chimérique. *Les rêveries des astrologues. Cet ouvrage est plein de rêveries.* = Syn. Voy. RÊVE.

REVERNIR. v. a. Vernir de nouveau. = REVERNI, IE. part.

REVERQUIER. s. m. Voy. REVERTIER.

REVERS. s. m. [Pr. *re-ver*] (lat. *reversus*, retourné). Le côté d'une chose opposé au côté le plus apparent, ou à celui qui se présente d'abord. *Le r. d'une tapisserie. Le r. d'un feuillet.* Le r. *de la main. Le r. d'une montagne.* || Un *coup de r.*, ou simpl., *Un r.*, Un coup du r. de la main, ou un coup donné de gauche à droite avec un instrument, une arme quelconque. — *Frapper de r.*, Frapper de gauche à droite une arme, une bûton, qu'on tient de la main droite. || *Les revers d'un habit*, La partie d'un habit qui est ou semble repliée de dessous en dessus. *Leur uniforme est bleu à revers rouges.* On dit dans le même sens, *R. de botte. Bottes à r.* || *Le r. d'une médaille*, Le côté opposé à celui qui porte l'effigie ou la figure principale. — Fig. et fam. *Le r. de la médaille*, Le mauvais côté, les mauvaises qualités d'une personne ou d'une chose. *Toute médaille a son r.*, Chaque chose a son bon et son mauvais côté. || *Le r. de la tranchée*, Le côté de la tranchée qui est tourné vers la campagne et qui est opposé à celui qui regarde la place; se dit aussi impropr. Du côté extérieur du parapet. — *Le r. du fossé*, Le bord extérieur opposé à celui de l'enceinte. || T. Art mil., *Voir, prendre, battre à r., battre de r. une troupe, un ouvrage de fortification*, Voir, prendre, battre cette troupe ou cet ouvrage, soit en flanc, soit à dos. || T. Mar. *Manœuvres de r.*, Les écoutes, boulines et amarres de dessous le vent des basses voiles, c.-à-d. qui ne se trouvent pas du côté du vent. || Fig., *R. de pavé*, Chacun des côtés inclinés du pavé d'une rue. || Fig., R. *de fortune*, ou simpl. *Revers*, Changement de fortune en mal, vicissitude fâcheuse, disgrâce. *Il a éprouvé un fâcheux r. Il a éprouvé de grands, de cruels revers. Il fut abattu par le premier r. Il resta ferme dans les revers. On combattit avec une alternative à peu près égale de succès et de r.*

RÉVERSAL, ALE. adj. (lat. *reversus*, part. pass. de *revertere*, retourner). T. Diplomatie. Ce terme s'applique à certains actes par lesquels un gouvernement déclare maintenir un engagement contracté précédemment, ou par lequel il fait une concession en retour d'une autre. On dit ordinairement dans ce sens, *Lettre réversale* ou simplement *Réversale*. Ainsi, par ex., les empereurs d'Allemagne, quand ils étaient sacrés ailleurs qu'à Aix-la-Chapelle, donnaient toujours des réversales à cette ville pour assurer que cette cérémonie faite hors de ses murs ne préjudiciait point à ses privilèges. En 1745, la France accepta la réversale que lui offrait la cour de Russie, au sujet du titre impérial que cette cour demandait. Cette réversale portait que la reconnaissance de ce titre n'entraînerait aucune dérogation en ce qui touchait le rang du roi de France.

REVERSEAU. s. m. [Pr. *rever-so*]. Pièce de bois placée au bas d'un châssis, pour empêcher l'eau d'entrer.

REVERSEMENT. s. m. [Pr. *reverse-man*]. T. Mar. Action de reverser. On dit, *Transbordement*. || *R. des courants, de la marée, des moussons*, Le changement de la marée, etc.

REVERSER. v. a. Verser de nouveau. *R. du vin dans son verre.* || T. Mar. Transporter la cargaison d'un bâtiment dans un autre. On dit ordin., *Transborder.* — *Le courant, la marée reverse, les moussons reversent*, Leur direction est opposée à celle qu'ils avaient précédemment. || T. Fin. et Comm. Transporter un article d'un chapitre sur un autre. *Cet excédent sera reversé sur tel chapitre.* = REVERSÉ, ÉE. part.

REVERSI et **REVERSIS.** s. m. (lat. *reversus*, retourné). Sorte de jeu de cartes où l'on tire son nom de ce que, au rebours de tous les autres, c'est celui qui fait le moins de levées qui, en général, gagne la partie. — *Le r. se joue à quatre personnes. Faire une partie de r., un r.* || A ce jeu, on appelle encore *R.*, Un coup qui consiste à faire toutes les levées, et qui, par exception à la règle ordinaire, fait gagner la partie. *Faire r.*, *le r.* — Sorte de jeu qui se joue sur un damier avec des pions peints en deux couleurs et qu'on retourne suivant certaines règles de manière à en changer la couleur.

RÉVERSIBILITÉ. s. f. T. Jurispr. Qualité de ce qui est réversible. *La r. des apanages. La r. d'une rente, d'une pension.* — T. Théol. Application des mérites d'une personne à une autre. *Les indulgences sont fondées sur le dogme de la r. La r. des mérites de J.-C.* || T. Phys. et Chim. Voy. RÉVERSIBLE.

RÉVERSIBLE. adj. 2 g. (lat. *reversum*, sup. de *revertere*, retourner). T. Jurisp. Se dit des biens, des terres qui doivent en certains cas retourner au propriétaire qui en a disposé; ainsi que des rentes viagères constituées sur plusieurs têtes, ou d'une pension assurée à d'autres personnes après la mort du titulaire. *Tous les héritages donnés à bail emphytéotique sont réversibles après la fin du bail. La pension est r. sur sa veuve, sur ses enfants.* || T. Théol. *Les mérites des saints sont réversibles sur les âmes du purgatoire.* || T. Phys. et Chim. Se dit d'une transformation qui, par suite d'un changement infiniment petit dans les conditions extérieures, peut faire place à la transformation inverse. Voy. Équilibre chimique. — Machine r. Machine pouvant fonctionner de deux manières inverses de manière qu'elle puisse soit transformer de l'énergie calorifique ou électrique en travail mécanique, soit transformer du travail mécanique en chaleur ou en énergie électrique. Tel est le cas de la machine à vapeur qui fonctionne normalement en transformant en travail mécanique une partie de la chaleur de combustion de la houille, mais qui pourrait fonctionner en sens inverse et transformer du travail en chaleur, quoique à la vérité on n'ait jamais intérêt à la faire fonctionner de cette manière. Tel est encore le cas des machines dynamo-électriques qui sont employées industriellement, soit à transformer en énergie électrique l'énergie d'un moteur (génératrices), soit à transformer en travail mécanique l'énergie des courants qu'elles reçoivent (réceptrices). Voy. THERMODYNAMIQUE, MOTEURS électriques, TRANSPORT de l'énergie.

RÉVERSION. s. f. (lat. reversio, m. s., de revertere, retourner). Droit de retour, en vertu duquel les biens dont une personne a disposé en faveur d'une autre, lui reviennent quand celle-ci meurt sans enfants, Il est entré dans ce bien par droit de r. Ce duché revint à la couronne par droit de r.

REVERSOIR. s. m. [Pr. rever-souar]. Ouverture par laquelle se déverse le trop-plein d'un réservoir.

REVERTIER ou **REVERQUIER.** s. m. (lat. revertere, retourner). Sorte de jeu qui se joue dans un trictrac, et qui consiste à faire revenir ses dames dans la même table d'où elles sont parties. On disait autrefois, Reverquier.

REVESTIAIRE. s. m. [Pr. reves-tière] (R. revestir, anc. orthog. de revêtir). Lieu dépendant d'une église, où les prêtres se revêtent des habits sacerdotaux pour l'office divin. Vx. || Somme allouée aux religieux dans certaines communautés pour leur vêtement. Vx.

REVÊTEMENT. s. m. [Pr. revê-teman] (R. revêtir). T. Archit. Espèce de placage de plâtre, de mortier, de bois, de marbre, etc., qu'on fait à une construction pour la rendre plus agréable ou plus riche, ou même plus solide. Le r. de ce mur est de stuc et celui des piédestaux est de marbre. || Ouvrage de pierre, de brique, etc., qui sert à retenir les terres d'un fossé, d'un bastion, d'une terrasse, etc. Les revêtements sont ordinairement en talus, afin de mieux soutenir la poussée des terres. Voy. FORTIFICATION, I, F.

REVÊTIR. v. a. (R. re, préf., et vêtir). Donner des habits à quelqu'un qui en a besoin. R. les pauvres. || Habiller quelqu'un; se dit principalement des habits de cérémonie ou des insignes d'une dignité. Deux aumôniers revêtirent le prélat de ses habits pontificaux. Dans leurs fêtes, les Grecs revêtaient d'habits magnifiques les statues de leurs dieux. || Fig., se dit des titres, des dignités, du pouvoir, de l'autorité qu'on reçoit, dont on est investi. Le roi le revêtit de la charge de connétable. L'empereur le revêtit d'un plein pouvoir. Les titres, les dignités dont il est revêtu. Il se dépouilla avec joie de l'autorité dont il avait été revêtu. || Couvrir, servir de tégument. Les poils qui revêtent les mammifères. Les plumes dont les oiseaux sont revêtus. Les mollusques sont en général revêtus d'une peau molle et glutineuse. Cette muqueuse est revêtue d'un épithélium prismatique. L'épiderme qui revêt les feuilles. || Fig., R. le mensonge, l'erreur des apparences de la vérité, Donner au mensonge, etc., l'air de la vérité. — R. ses pensées d'un style brillant, Les exprimer d'une manière brillante. || T. Jurisp. Cet acte est revêtu de toutes ses formes, de toutes les formalités requises, Toutes les formes nécessaires pour qu'il soit valide y ont été observées. Cet écrit, cet acte est revêtu de la signature d'un tel, Il porte sa signature. || Revêtir sign. encore Mettre sur soi. R. un habit, une robe de chambre. R. les ornements pontificaux. Tous les magistrats étaient revêtus de leur robe. Les chevaliers du Saint-Esprit avaient revêtu le grand collier de l'ordre. || Fig., Prendre, se donner telle ou telle apparence, telle ou telle qualité. R. la figure de quelqu'un. Les formes que revêt la pensée. A cette époque, les querelles politiques revêtaient presque toujours un caractère religieux. Dans un sens anal., on dit, R. un personnage. — R. un caractère, Faire connaître la qualité, l'autorité qu'on possédait sans la montrer. Il passait pour un simple voyageur, mais il a revêtu depuis peu un

caractère d'envoyé. || T. Archit. Faire un revêtement, recouvrir. R. un fossé. R. un bastion. R. une terrasse de gazon. R. de stuc les lambris d'un appartement. R. le fond d'un bassin d'un lit de glaise, etc. == SE REVÊTIR. v. pron. Mettre sur soi. Se r. d'un habit, d'un costume. Il venait de se r. des ornements sacerdotaux. Se r. des insignes de sa dignité. || Fig., Prendre telle ou telle apparence. Dans la saison des amours, le plumage de cet oiseau se revêt des plus vives couleurs. Les formes dont se revêt la pensée. = REVÊTU, UE. part. || Fig., Orné, décoré. Les vertus et les qualités aimables dont il est revêtu. On dédaigne souvent la vérité, quand elle n'est pas revêtue des ornements qui séduisent l'esprit.

REVÊTISSEMENT. s. m. Voy. REVÊTEMENT.

RÊVEUR, EUSE. adj. Qui rêve, qui s'entretient de ses imaginations. Cet homme est fort r. C'est un esprit r. Je la trouvai triste et rêveuse. || Qui annonce, qui marque un état de rêverie. Je lui ai trouvé l'air r., préoccupé. Ses regards sombres et rêveurs restaient fixés en terre. || Subst., on dit, dans le premier sens, C'est un r., un r. perpétuel. — Fam., on dit encore d'un homme qui fait des choses extravagantes, dont les idées sont hors du sens commun ou seulement inapplicables : C'est un r. Que pensez-vous de ce livre? C'est l'ouvrage d'un r.

REVIDAGE. s. m. Action de revider.

REVIDER. v. a. T. Bijout. Agrandir un trou. = REVIDÉ, ÉE. part.

REVIENT. s. m. [Pr. revi-in] (R. revenir). T. Comm. Les frais de production, le prix qu'un article coûte à fabriquer. Combien cela vous coûte-t-il de r. Le prix de r. de cet article est de tant.

REVIGNY. ch.-l. de c. (Meuse), arr. de Bar-le-Duc; 1,800 hab.

REVILAGIGEDO ou **REVILLA-GIGEDO,** Groupe de trois îles désertes et stériles dans l'océan Pacifique, près de la côte du Mexique.

REVIRADE. s. f. (R. revirer). T. Jeu de trictrac. Action d'un joueur qui, pour faire une case avancée, emploie une ou deux dames ou des cases déjà faites. Faire une r., la r.

REVIREMENT. s. m. [Pr. revire-man]. T. Banq. et Mar. Nouveau virement. Voy. VIREMENT. || Fig. et fam., Changement brusque. Un r. de fortune la plonge dans la misère. Voilà un r. politique auquel on ne s'attendait pas.

REVIRER. v. n. T. Mar. Virer de nouveau. Voy. VIRER. || T. Jeu de trictrac. Faire une revirade. || Fig., Changer de parti, d'opinion.

REVISABLE ou **RÉVISABLE.** adj. 2 g. [Pr. re, ou réviza-ble]. Qui peut être revisé.

REVISER ou **RÉVISER.** v. a. [Pr. re, ou ré-vi-zer] (lat. revisere, revoir, de re, préf., et videre, voir). Revoir, examiner de nouveau. R. une affaire, un procès. R. une constitution. R. la législation. R. une feuille avant de la livrer à l'impression. = REVISÉ, ÉE. part.

REVISEUR ou **RÉVISEUR.** s. m. [Pr. re ou ré-vi-zeur] (lat. revisor, m. s.). Celui qui revoit après un autre. Vous avez là un bon r.

REVISION ou **RÉVISION.** s. f. [Pr. re ou révi-zion (lat. revisio, m. s.). Action par laquelle on revoit, on examine de nouveau. La r. d'un compte, d'un procès. Se pourvoir en r. La r. des lois. La constitution de ce pays est soumise à la r. tous les dix ans. || T. Typogr. Faire la r. d'une feuille, Vérifier si l'on a exécuté toutes les corrections indiquées. || Conseil de r., Voy. RECRUTEMENT et MILITAIRE.
Législ. — Malgré toutes les garanties dont le législateur a entouré l'exercice de la justice, il s'en faut que les sentences rendues par les tribunaux, notamment en matière pénale, soient à l'abri de toute erreur. La r. est précisément la voie ouverte à la victime d'une erreur judiciaire pour obtenir la réformation du jugement qui l'a injustement frappée. Toute-

fois, en vue de ne pas affaiblir l'autorité de la chose jugée, le législateur a dû limiter la mise en action de ce recours exceptionnel à des cas rigoureusement déterminés où l'erreur est évidente ou dans lesquels, tout au moins, des circonstances nouvelles permettent d'établir l'innocence du condamné. Restreinte d'abord aux condamnations criminelles, la r. est aujourd'hui admise également en matière correctionnelle. La r. peut être demandée dans quatre cas : 1° Lorsque, après une condamnation pour homicide, des pièces sont représentées, propres à faire naître de suffisants indices sur l'existence de la prétendue victime de l'homicide ; 2° Lorsqu'après une condamnation pour crime ou délit, un nouvel arrêt ou jugement a condamné pour le même fait un autre accusé ou prévenu et que, les deux condamnations ne pouvant se concilier, leur contradiction est la preuve de l'innocence de l'un ou de l'autre condamné ; 3° Lorsqu'un des témoins entendus a été, postérieurement à la condamnation, poursuivi et condamné pour faux témoignage contre l'accusé ou le prévenu ; le témoin ainsi condamné ne peut être entendu dans les nouveaux débats ; 4° Lorsque, après une condamnation, un fait vient à se produire ou à se révéler, ou lorsque des pièces inconnues lors des débats sont représentées, de nature à établir l'innocence du condamné. Le droit de demander la r. appartient dans les trois premiers cas : 1° au ministre de la justice ; 2° au condamné ou, en cas d'incapacité, à son représentant légal ; 3° après la mort ou l'absence déclarée du condamné, à son conjoint, à ses enfants, à ses parents, à ses légataires universels ou à titre universel, à ceux qui en ont reçu de lui la mission expresse ; dans le quatrième cas, au ministre de la justice seul, qui statue après avoir pris l'avis d'une commission composée des directeurs de son ministère et de trois magistrats de la Cour de cassation annuellement désignés par elle et pris en dehors de la chambre criminelle. La demande est non recevable, si elle n'a été inscrite au ministère de la justice ou introduite par le ministre, sur la demande des parties dans le délai d'un an à dater du jour où celles-ci ont connu le fait donnant ouverture à r. En cas de recevabilité, si l'affaire est en état, la chambre criminelle de la cour de cassation statue sur la demande {Name} r. Si l'affaire n'est pas en état, la chambre criminelle procède à une enquête et, après la fin de l'instruction, il est statué par les chambres réunies de la Cour de cassation. Lorsque l'affaire est en état, si la chambre criminelle ou les chambres réunies, suivant le cas, reconnaissent qu'il peut être procédé à de nouveaux débats contradictoires, elles annulent la condamnation, fixent les questions qui doivent être posées et renvoient les accusés ou prévenus devant une cour ou un tribunal autres que ceux qui ont primitivement connu de l'affaire. L'arrêt ou le jugement de r. d'où résulte l'innocence d'un condamné peut, sur sa demande, lui allouer des dommages-intérêts, à raison du préjudice que lui a causé la condamnation. En outre, cet arrêt ou ce jugement doit être affiché, dans certains lieux déterminés, notamment dans la ville où a été prononcée la condamnation. Il doit être inséré d'office au *Journal officiel* (Code d'instruction criminelle, art. 443 et s., modifiés par les lois des 8 juin 1895 et 1er mars 1899).

REVISITER. v. a. [Pr. *revi-ziter*]. Visiter de nouveau.

Du nid de la colombe à la niche du chien,
Je revisitais tout et je n'oubliais rien.

LAMARTINE.

= REVISITÉ, ÉE. part.

REVIVIFICATION ou **RÉVIVIFICATION**. s. f. [Pr....*sion*]. Action de revivifier. La r. du mercure. La r. du noir animal. La r. d'une algue, d'un rotifère.

REVIVIFIER ou **RÉVIVIFIER**. v. a. Vivifier de nouveau. Cette partie était presque morte, on l'a revivifiée en la frottant avec de l'alcool. Il suffit d'humecter certaines plantes et certains animalcules desséchés pour les revivifier. || T. Chim. R. le mercure, Le ramener à l'état métallique. — R. du noir animal, Voy. CARBONE. = REVIVIFIÉ ou RÉVIVIFIÉ, ÉE. part.

REVIVISCENCE ou **RÉVIVISCENCE**. s. f. [Pr. *re* ou *ré-vivis-sance*] (lat. *reviviscere*, revenir à la vie, de *re*, préf., et *viviscere*, commencer à vivre). T. Biol. Nom donné à la propriété que présentent certains animaux inférieurs de renaître par l'humectation après avoir été desséchés au point de présenter toutes les apparences de la mort. Les animaux *réviviscents* les mieux étudiés sont : les *Anguillules* qui peuvent garder pendant quatorze ans tout apparente la faculté de r., les *Rotifères* ou *Rotateurs* et les *Tardigrades* qui peuvent être ranimés après un séjour de près de trois mois (82 jours) dans le vide sec et après un séjour d'une demi-heure à la température de 100°. Cette propriété de r. est encore bien mal connue. Il est probable cependant que, dans leur état, les animaux ainsi desséchés meurent et que ce sont seulement leurs œufs qui, mieux protégés, peuvent supporter de pareilles causes de destruction ; dans ce cas le retour de l'humidité n'amènerait pas une r. au sens propre du mot, mais une éclosion et un développement du jeune être qui serait d'autant plus rapide que la dessiccation aurait été plus grande.

Bibliogr. — DOYÈRE et CLAPARÈDE, nombreux articles dans Annales des sciences naturelles, t. XVIII (1843), VIII (1867), XI (1859) ; — PENNETIER, Compt. rend. Académ. des sciences, 1886 ; — BANGE, Thèse faculté des sciences. Paris, 1896.

REVIVISCENT ou **RÉVIVISCENT, ENTE**. adj. [Pr. *re* ou *ré-vivis-san*] (lat. *reviviscens*, m. s.). Qui peut être ranimé par l'humectation.

REVIVISCIBLE ou **RÉVIVISCIBLE**. adj. 2 g. [Pr. *re* ou *ré-vi-vis-sible*]. Qui est doué de réviviscence.

REVIVRE. v. n. (R. *re*, préf., et *vivre*). Retourner, revenir à la vie. *Si les hommes pouvaient r. avec l'expérience qu'ils ont en mourant, il y en a bien peu qui ne se conduisissent autrement. Vous avez beau pleurer, vos larmes ne le feront pas r.* Fam. et par exng., *Ce vin-là est capable de faire r. un mort.* || Fig., Faire r. une personne, Lui rendre la santé, la vigueur, et, au sens moral, lui redonner l'espérance, la joie. *Il était dans un état désespéré, ce remède l'a fait r. Elle était dans un étrange abattement d'esprit, cette heureuse nouvelle l'a fait r.* || Fig., *Revivre* sign. encore vivre pour ainsi dire de nouveau. *Les pères revivent dans leurs enfants. L'épopée fait r. dans ses chants les héros des temps passés.* — En T. Dévot., on dit aussi : *Pour r. à la grâce, il faut mourir au péché, Pour revenir en état de grâce, il faut renoncer entièrement au péché.* || En parl. des choses, renaître, se renouveler. *A la paix l'industrie sembla r. La fierté, l'orgueil de ses aïeux revivait en lui. Empêcher les abus, les préjugés de r. Cette mode commence à r.* || Faire r. une chose, La ranimer, la renouveler, la remettre en usage, en honneur, la faire apparaître de nouveau. *Son amour, qu'elle croyait éteint, commence à r. Faire r. la mémoire des grands hommes, Faire r. des mots tombés en désuétude. Faire r. des droits, des prétentions.*

RÉVOCABILITÉ. s. f. Qualité, état de ce qui est révocable.

RÉVOCABLE. adj. 2 g. (lat. *revocabilis*, m. s.). Qui peut être révoqué, destitué. *Cette procuration est r. Les donations entre époux faites pendant le mariage sont toujours révocables. Ces employés sont révocables.*

RÉVOCATION. s. f. [Pr. ...*sion*] (lat. *revocatio*, m. s.). Action de révoquer. *J'ai révoqué mon avoué et j'ai fait signifier sa r. à ma partie. Le ministre a prononcé la r. de ce chef de bureau. La r. de l'édit de Nantes.* Voy. ÉDIT. — La r. des pouvoirs donnés. La r. d'un testament. La r. d'une donation.* Voy. DONATION, IV. *La r. d'un contrat.* Voy. CONTRAT, V.

RÉVOCATOIRE. adj. 2 g. [Pr. *révoka-touare*] (lat. *revocatorius*, m. s.). T. Jurispr. Qui révoque. *Acte r. Disposition r.*

REVOICI et **REVOILÀ**. prép. réduplicatives qui signifient revoici et voilà de nouveau. *Le revoici, le revoilà encore.* Fam.

REVOIR. v. a. [Pr. *re-vouar*]. Voir de nouveau. *Je l'avais vu hier, je l'ai revu aujourd'hui. J'aurai l'honneur de vous r. R. sa patrie. Vous ne le reverrez plus, il est mort.*

Une femme inconnue
Qui ne dit point son nom et qu'on n'a point revue.

RACINE.

— Subst. et fam., *Adieu jusqu'au r.*, ou simpl., *Au r.* || Examiner de nouveau. *R. un manuscrit, un ouvrage, un compte, un procès. R. des épreuves. Après lui, il n'y a point à r.* || T. Vén. *R. d'un cerf*, Prendre connaissance de la force du cerf, ce qui se fait par le pied, les fumées, les foulées, les portées, etc. *Le cerf a passé par ici, j'en revois, j'en ai revu.* || *A revoir*, loc. dont on se sert pour dire qu'il faut faire un nouvel examen d'un compte, d'une citation, d'un écrit, etc. *A côté de chaque article douteux, j'ai mis : à r.* = sū. REVOIR. v. pron. Se voir de nouveau mutuellement. *Ils se reviront après une longue absence. Quand nous reverrons-nous?* = REVU, UE. part. *Seconde édition, revue, corrigée et augmentée.*

REVOITURER. v. a. [Pr. *revoua-turer*]. Voiturer de nouveau. = REVOITURÉ, ÉE. part.

REVOLER. v. n. Voler de nouveau, retourner quelque part en volant. *Cet oiseau revole vers son nid.* || Fig., *Mes affaires terminées je revolerai vers vous. Ils revolèrent au combat.*

Vu rassembler mes chefs et revole en ces lieux.
VOLTAIRE,

REVOLIN. s. m. (R. *revoler*). T. Mar. Effet du vent lorsqu'il est réfléchi par un obstacle quelconque. *Les navires qui étaient à l'ancre près de ces terres été ées furent tourmentés par des revolins.* — On dit dans un sens analogue qu'*Une voile fait r.*, lorsqu'elle est enflée par le revolin qu'occasionne une autre voile.

RÉVOLTANT, ANTE. adj. Qui révolte, qui choque excessivement, qui indigne. *Procédé r. Abus r. Absurdité révoltante. Un faste, un luxe r.*

RÉVOLTE. s. f. (ital. *rivolta*, de ri ou re, préf., et *volta*, action de faire volte). Rébellion, soulèvement des sujets contre le souverain ou d'un inférieur contre son supérieur. *R. générale. R. ouverte. La r. d'une armée. Être en r., en état de r. Avoir l'esprit de r. Se jeter dans la r. Fomenter, apaiser, calmer, réprimer, étouffer la r., une r. Le chef, les chefs de la r.* || Fig., au sens moral, *La r. des sens contre la raison, de la chair contre l'esprit.*

Ces troubles puissants
Que fait déjà chez moi la révolte des sens.
CORNEILLE.

La r. des passions, etc. = Syn Voy. INSURRECTION.

RÉVOLTEMENT. s. m. [Pr. *révolte-man.*] Action de se révolter.

RÉVOLTER. v. a. (ital. *rivoltare*, m. s.). Soulever, porter à la révolte. *Son but était de r. les provinces. Il a révolté les enfants contre leur père.* — Fig., au sens moral, *La volupté révolte les sens contre la raison.* || Choquer excessivement, indigner. *Cet homme, par ses procédés, a révolté tous les esprits contre lui. Cette proposition révolta toute l'assemblée. Ce système révolte la raison par son absurdité.* = SE RÉVOLTER. v. pron. Se soulever. *Toute la province s'est révoltée. Se r. contre son souverain légitime, contre l'autorité. Avec ell. du pr., Cet acte de tyrannie fit r. toute la province.* || Fig., *Les sens se révoltent contre la raison. La chair se révolte contre l'esprit. Les passions se révoltent.* || S'indigner. *Qui ne se révolterait contre une telle injustice? Le bon sens se révolte contre cette absurdité.* = RÉVOLTÉ, ÉE. part. *Un pays révolté.* || Subst., *Les révoltés s'emparèrent de la ville. Battre, réduire les révoltés.*

RÉVOLU, UE. adj. (lat. *revolutus*, roulé, de re, préf., et *volvere*, rouler). Se dit du cours des planètes et des astres, lorsque, par leur mouvement périodique, ils sont revenus au même point d'où ils étaient partis. *Avant que le cours de Saturne soit révolu.* || En parlant des périodes de temps, Achevé, complet. *Après l'année révolue. Le siècle n'était pas encore r. Il a trente ans révolus.*

RÉVOLUTÉ, ÉE. RÉVOLUTIF, IVE. adj (lat. *revolutum*, sup. de *revolvere*, enrouler). T. Bot. Se dit d'une préfoliation ou feuilles se réfléchissent en dehors. Voy. PRÉFOLIATION. || T. Méc. On dit qu'un mouvement est *révolutif* quand tous

les points du corps mobile décrivent des trajectoires fermées de manière que le corps mobile repasse périodiquement par les mêmes positions. Le *mouvement des planètes autour du soleil est révolutif.* Voy. PÉRIODIQUE.

RÉVOLUTION. s. f. [Pr ...*sion*] (lat. *revolutio*, de *revolvere*, rouler, de re, préf., et *volvere*, rouler). T. Géom. Le mouvement circulaire que fait un corps autour d'un point pris comme centre. *Le cône est engendré par la r. d'un triangle rectangle qui tourne autour d'un des côtés de l'angle droit. Les surfaces de r. A chaque r. qu'exécute cette roue.* || T. Astron. Le mouvement périodique et à peu près circulaire des corps célestes dans l'espace; et la période de temps qu'ils emploient à parcourir leur orbite. Voy. PLANÈTE. — Par analogie, *La r. des siècles, des temps, des saisons*, etc. || T. Géol. *Les révolutions de la terre, du globe.* Les événements naturels par lesquels la face du globe a été changée. || T. Méd. pop. *R. d'humeurs*, Mouvement extraordinaire dans les humeurs. *Cette émotion lui a occasionné une r. d'humeurs.* || Fig., se dit du changement qui arrive dans les opinions, etc. *Prompte, brusque, soudaine, merveilleuse, heureuse, funeste r. Les choses de ce monde sont sujettes à de grandes révolutions. R. dans les arts, dans les sciences, dans les mœurs, dans les esprits, dans les idées.* || Se dit surtout des changements brusques et violents qui ont lieu dans le gouvernement des États. — *R. de palais*, qui se passe à l'intérieur du palais d'un souverain. *R. politique. R. sociale. Les causes d'une r. Les hommes qui ont figuré dans une r. Le commencement, la fin d'une r. C'est par les réformes qu'on prévient les révolutions. Mettre un pays en r. Les révolutions de Suède, d'Angleterre, de France*, etc. *La r. de 1789. La r. de 1830. La r. de février 1848.* Quand on dit simpl. *La r.*, en parlant d'un pays, on désigne la plus mémorable. Ainsi, en parl. de l'Angleterre, *La r.* désigne celle de 1688; en parlant de la Suède, celle de 1772; et en parl. de la France, celle de 1789.

RÉVOLUTIONNAIRE. adj. 2 g. [Pr. *révolu-sio-nère*]. Qui a rapport aux révolutions politiques, qui est favorable. *Gouvernement r. Tribunal r. Principes révolutionnaires. Mesures révolutionnaires.* || Subst., Ami, partisan des révolutions. *C'est un r. Les plus ardents révolutionnaires.*

RÉVOLUTIONNAIREMENT. adv. [Pr. *révolu-sio-nère-man*]. D'une manière révolutionnaire.

RÉVOLUTIONNER. v. a. [Pr. *révolu-sio-ner*]. Mettre un pays en état de révolution. *Il a révolutionné tout le pays.* || Fig., *R. une science, une industrie*, etc.

REVOLVER. s. m. (Les uns pron. *révolver*, en faisant sentir l'R, et les autres *Révolveur*, comme les Anglais) (angl. *revolver*, m. s., de to *revolve*, retourner). Sorte de pistolet pouvant tirer plusieurs coups.

Techn. — Le revolver est une arme beaucoup plus ancienne qu'on ne se le figure généralement. Dès la fin du XVIe siècle, il existait des pistolets à deux et à trois coups. Au XVIIe siècle, on trouve un assez grand nombre de pistolets-revolvers, mais exigeant tous le mouvement du barillet chargé au doigt après chaque coup. Mais le r. ne put devenir une arme usuelle qu'au moment de l'invention des platines à percussion et de l'emploi des cartouches métalliques, c.-à-d. à une époque assez récente. C'est un colonel américain Colt (1835) qu'on est surtout redevable de ce progrès. Le pistolet de cet officier se composait, dans le principe, d'un certain nombre de canons groupés autour d'un axe. Quand on armait la platine, cet axe exécutait un mouvement de rotation qui amenait successivement la cheminée de chaque canon vis-à-vis du marteau destiné à écraser la capsule : de là le nom de r. donné au nouveau pistolet. Mais les premiers revolvers étaient si massifs et si lourds, que l'inventeur abandonna son système, ou, pour mieux dire, le retourna, en adoptant une disposition inverse. En effet, dans sa forme actuelle, le r. Colt n'a plus qu'un seul canon, lequel est rayé et ouvert par les deux bouts; mais la capsule du pistolet simple est remplacée par un tambour ou cylindre tournant dont la circonférence porte six chambres pour recevoir autant de charges. Comme à l'origine, il n'a non plus qu'une seule platine. Quand on relève le chien, le cylindre exécute un douzième de révolution pendant que la gâchette parvient au cran du repos, et un autre douzième tandis qu'elle passe de ce cran à celui du bandé, en sorte qu'il suffit d'armer le pistolet pour amener devant le marteau la chambre et la cheminée voisines de celles qui viennent de faire feu. Lorsqu'on veut charger l'arme, on met le chien au repos, et l'on fait tourner le tam-

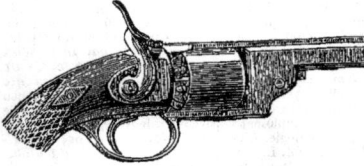

Fig. 1.

bour avec la main. On reproche à ce pistolet d'exiger l'emploi des deux mains et, de plus, d'être à effet intermittent, parce qu'il faut l'armer par un mouvement spécial chaque

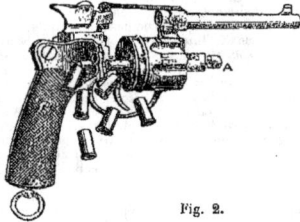

Fig. 2.

fois que l'on veut tirer. Un arquebusier anglais, Deane Adams, est parvenu à faire disparaître cet inconvénient. Son r. est à effet continu et s'emploie avec une seule main, la pression du

doigt sur la détente suffisant pour armer d'abord le pistolet, puis pour faire partir le coup. D'autres perfectionnements ingénieux ont été introduits, surtout en France, en Angleterre et en Belgique, dans l'invention de l'officier américain, et ont donné lieu à de nombreux systèmes qui se recommandent tous par des qualités spéciales. Nous citerons surtout les arquebusiers parisiens Devismes et Lefaucheux parmi ceux de nos compatriotes qui ont

Fig. 3.

le plus contribué à ces perfectionnements. La figure ci-dessus représente le r. Devisme à six coups, à tonnerre tournant et à balle forcée sur la tige (Fig. 1).

Nous donnons également une figure représentant le r. d'officier modèle 92, du calibre de 8 millimètres. Il est à platine rebondissante, c.-à-d. qu'après la percussion, le chien se reporte automatiquement en arrière d'une certaine quantité, de telle sorte qu'il ne peut se porter en avant par suite d'un choc quelconque. Il est en outre à extraction simultanée des six douilles vides, parce que le barillet, qui peut se rabattre à droite de sa cage, est alors déblayé par un extracteur à six branches (Fig. 2).

Enfin, on voit apparaître actuellement les *pistolets-revol-* vers à *répétition automatique*, c.-à-d. dans lesquels la force d'expansion des gaz de la poudre détermine, après chaque coup, l'ouverture de la culasse, l'extraction et l'éjection de l'étui vide, l'armé du système de percussion et la compression de ressorts récupérateurs qui, par leur détente, assurent ensuite le chargement et la fermeture de l'arme. Avec ces revolvers, le rôle du tireur se borne à garnir le magasin en temps utile, à viser et à appuyer sur la détente pour faire partir chaque coup.

Ce genre d'arme a pris depuis peu une importance telle que l'on est fondé à croire qu'il ne tardera pas à remplacer les revolvers actuels. La Fig. 3 représente le pistolet-r. Mannlicher et peut donner une idée de ce système d'arme, dont il existe déjà de nombreux modèles.

REVOMIR. v. a. Vomir de nouveau. *En se levant, il vomit; une heure après, il revomit.* || Se dit aussi simpl. pour Vomir ce qu'on a avalé. *Dès qu'il a pris un bouillon, il le revomit.* || Fig., *La mer revomit les corps qu'elle avait engloutis.* = Revomi, ie. part.

RÉVOQUER. v. a. (lat. *revocare,* m. s. de re, préf., et *vocare,* appeler). Rappeler, destituer; retirer à quelqu'un l'emploi, les fonctions, les pouvoirs qu'on lui avait confiés. *Le roi révoqua son ambassadeur. R. un préfet. R. un employé. R. un mandataire.* || En parlant des choses, Annuler, déclarer de nulle valeur pour l'avenir. *R. un ordre, un pouvoir, un mandat. R. un édit. R. un testament, une donation.* — *R. un contrat.* Voy. CONTRAT, V. || *R. en doute,* Voy. DOUTE. = Révoqué, ée. part.

REVOULOIR. v. a. [Pr. *revou-louar*]. Vouloir de nouveau. = Revoulu, ue. part. Fam.

REVOYAGER. v. n. [Pr. *re-vo-iajer*]. Voyager de nouveau.

REVUE. s. f. (part. pass. de *revoir*). Recherche, inspection exacte. *Avant de se coucher, il a fait la r. dans toute sa maison. Il fait tous les jours sa r. J'ai fait la r. de mes papiers, de mes livres. Faire une r. de ses actions, de ses fautes, de sa vie passée. Nous passerons en r. les divers systèmes de philosophie, etc.* || Se dit partic. des troupes que l'on met en bataille et que l'on fait ensuite défiler, pour voir si elles sont complètes et si elles sont en bon ordre. *R. générale. Grande r. Passer une r. Le général passa les troupes en r. Faire la r. d'un régiment. La r. de l'empereur, du général,* etc., Celle que fait l'empereur, le général, etc. — *R. de détail,* Examen des détails de tenue, de couchage, etc. || Fam., *Nous sommes gens de r.,* Nous nous voyons souvent, nous avons souvent occasion de nous revoir. || Titre de certains écrits périodiques. *La R. d'Édimbourg. La R. des deux mondes. La R. germanique. La R. médicale.* || Théât. Représentation où l'on passe en r. les choses du jour.

REVULSER. v. a. (R. *révulsion*). T. Méd. Se dit d'une maladie dont on s'efforce de déplacer le foyer. *R. une irritation.* Voy. RÉVULSION.

RÉVULSEUR. s. m. (R. *révulser*). T. Méd. Instrument muni de fines aiguilles et faisant à la peau de petites ouvertures qu'on enduit d'une huile irritante sinapisée pour produire une révulsion.

RÉVULSIF, IVE. adj. (lat. *revulsum,* sup. de *revellere,* arracher). Qui produit une révulsion. *Remède r.* On dit aussi subst. *Un r.* Voy. RÉVULSION.

RÉVULSION. s. f. (lat. *revulsio,* m. s., de *revellere,* arracher). T. Méd. On appelle *Révulsion* et *Dérivation,* l'action d'établir sur une partie plus ou moins éloignée de la partie malade une irritation artificielle qui a pour but d'y attirer le sang et les humeurs, et de rompre la tendance des fluides à se porter vers le lieu primitivement affecté. Les moyens thérapeutiques capables de produire cet effet sont désignés sous le nom de *Révulsifs* ou de *Dérivatifs;* tels sont surtout les vésicatoires, les sinapismes, les cautères, les frictions rubéfiantes, les ventouses, etc. Les purgatifs, et même les vomitifs, sont fréquemment aussi employés comme *révulsifs* ou *dérivatifs:* c'est ce qui a lieu, par ex., lorsqu'on administre un lavement purgatif à un individu frappé d'apoplexie. Ainsi donc, la r. ou dérivation peut s'opérer à la surface des muqueuses comme à la surface cutanée. On applique encore à la saignée l'épithète de *dérivative* ou de *révulsive*, quand on la pratique loin du siège de l'affection, dans la pensée chimérique qu'on détournera le sang de se porter vers le lieu de la fluxion pathologique. Mais la saignée agit exclusivement par déplétion, sauf le cas des applications de sangsues ou des scarifications, où les blessures produites par les annélides ou les lames du scarificateur font l'effet d'une irritation dérivative.

REWBELL (J.-Fr.), membre de la Convention, puis président et membre le plus influent du Directoire (1747-1807).

REYBAUD, économiste et littérateur fr. (1799-1879).

REYKJAVIK. Voy. Reikiavik.

REYNAUD (Jean), philosophe et homme politique fr. (1806-1863).

REYNIER, général fr., se distingua dans les guerres de la République et de l'Empire (1771-1814).

REYNOLDS, peintre anglais (1723-1792).

REZ. prép. [Pr. *ré*] (lat. *rasus*, ras. Ce mot est propr. un adj. sign. rasé). Tout contre, au ras de; ne se dit guère que dans les locutions. *Rez terre*, *Rez pied*, Au niveau du sol. *On a abattu ces fortifications rez terre. Les arbres ont été coupés rez pied.* — On dit aussi : *A rez de terre.*

REZ-DE-CHAUSSÉE. s. m. [Pr. *réde-cho-sée*]. Niveau du terrain. *Le mur n'était encore qu'au rez-de-c. Les fondations s'élèvent jusqu'au rez-de-c.* || La partie d'une maison qui est au niveau du terrain, ou à peu près. *Habiter le rez-de-c. Les fenêtres du rez-de-c. Le rez-de-c. de sa maison est élevé d'un mètre au-dessus du sol.*

REZÉ, comm. de la Loire-Inférieure, arr. de Nantes; 7,400 hab.

REZONVILLE, v. à 15 kilomètres de Metz; combat du 16 août 1870.

RHABDOLOGIE ou **RHABDOMANCIE.** s. f. Voy. Rabdologie, etc.

RHABILLAGE. s. m. [Pr. *rabi-llage*, ll mouillées] (R. *rhabiller*). Raccommodage. *Ce n'est qu'un méchant r.* Fam., et se dit tant au propr. qu'au fig.

RHABILLEMENT. s. m. [Pr. *rabi-lle-man*, ll mouillées]. Action de remettre en état.

RHABILLER. v. a. [Pr. *rabi-ller*, ll mouillées]. Habiller une seconde fois. *Il était déshabillé, il a fallu le r.* — Fournir de nouveaux habits. *Il a rhabillé tous ses domestiques.* || R. *une faux, une meule de moulin,* La raccommoder, la réparer. — Fig. et fam., Rectifier ce qu'il y a de défectueux dans une affaire, tâcher de pallier une faute. *Il a rhabillé tout cela du mieux qu'il a pu.* || Popul., R. *quelqu'un,* Lui remettre un membre luxé. *Ce paysan l'a vraiment très bien rhabillé.* == se Rhabiller. v. pron. S'habiller de nouveau; ou se fournir de vêtements neufs. *Je fus obligé de me r. à la hâte. Je me suis rhabillé de pied en cap.* == Rhabillé, ée. part.

RHABILLEUR, EUSE. s. [Pr. *rabi-lleur, euze, ll* mouillées]. Celui qui remet en état. || Celui qui fait métier de remettre les membres luxés. Popul. On dit aussi, *Rebouteur* et *Renoueur.*

RHABITER. v. a. Habiter de nouveau. == Rhabité, ée. part.

RHABITUER. v. a. Habituer de nouveau. == se Rhabituer. v. pron. S'habituer de nouveau. == Rhabitué, ée. part.

RHACHIGLOSSES. s. m. pl. [Pr. *ra-kiglo-se*] (gr. ῥάχις, épine; γλῶσσα, langue). On a désigné sous ce nom des Mollusques Gastéropodes *Prosobranches* du sous-ordre des *Cténobranches* (Voy. ces mots) qui sont pourvus d'une longue

trompe qui se déroule à partir de la base. La langue est étroite et longue, avec trois dents au maximum à chaque rangée transversale, une dent médiane dentelée et une dent intermédiaire de chaque côté réduite souvent à un simple crochet ou même manquant absolument (Volutes). Mais les dents latérales peuvent se recouvrir et la radula est dite hémiglosse (Buccins); lorsque les dents sont en forme de larges lamelles dentées, la radula est dite odontoglosse (Turbinelles, Fasciolarides). Tous ces Mollusques ont une trompe puissante et un siphon qui est situé dans une simple échancrure de la coquille ou dans un canal tubuleux. Ces espèces sont carnassières. — Les *Volutes* (*Voluta*) ont une coquille ovale; la columelle est marquée de plis profonds et obliques, plus gros inférieurement que supérieurement. Les principales espèces sont : la *Volute gondole* (*V. cymbium*), vulgairement appelée *Char de Neptune*, la *Volute musique* des Antilles, et la *Volute pavillon d'Orange* (*V. vexillum*). — Les *Olives* (*Oliva*) ne le cèdent point en beauté aux Porcelaines (Fig. 1. *Ol. du Pérou*). Les Olives ont une coquille oblongue ou ellipsoïde, avec une ouverture étroite, échancrée à l'opposite de la spire, qui est courte. Les plis de la columelle sont nombreux et semblables à des stries. Les expansions du pied de l'animal enveloppent la coquille, en laissant la spire libre. Le pied se prolonge en avant et se divise en deux languettes. Un autre appendice, situé en arrière, se loge dans le canal formé par le tours de la spire : ce dernier caractère ne se rencontre que dans ce genre. Les espèces vivantes sont nombreuses et habitent les pays chauds. — Dans le genre *Ancillaire* (*Ancillaria*) la coquille est longue et polie, avec une columelle terminée par un bourrelet tordu (Fig. 2. *Ancill. bordée*). L'animal lui-même a le corps allongé et un pied très développé, dont les

Fig. 1.

bords s'étendent sur la coquille et peuvent la recouvrir entièrement. Ce genre comprend aujourd'hui une partie des Mollusques dont Cuvier avait fait le sous-genre *Éburne*: l'autre partie est rangée parmi les Buccins. Les Ancillaires comptent plusieurs espèces vivantes et fossiles. — Les *Harpes* (*Harpa*) sont très voisines des Tonnes par leur coquille ventrue, et à côtes saillantes transversales sur les tours, et dont la dernière forme un bourrelet au bord. Le pied de l'animal est énorme et divisé en deux parties inégales. Les coquilles des Harpes sont remarquables par la richesse de leurs couleurs et l'élégance de leurs formes. Les espèces, soit vivantes, soit fossiles, sont peu nombreuses. Celles-ci viennent de la mer des Indes et du grand Océan, et celles-ci se trouvent dans les terrains tertiaires du bassin de Paris. — Les *Rochers proprement dits* (*Murex*) ont une coquille ovale ou

Fig. 2.

oblongue, canaliculée: en travers des tours se trouvent des varices, c.-à-d. des bourrelets épineux ou tuberculeux, formant toujours plus de deux rangées continues depuis le dernier tour jusqu'au sommet. La bouche de l'animal est pourvue d'une longue trompe; les yeux sont placés en dehors et à la base des tentacules. Leurs coquilles présentent des formes très variées et assez bizarres résultant de leurs expansions foliacées ou épineuses. On les partage en 2 groupes. Le premier contient les espèces dont le canal se prolonge en une queue grêle plus longue que l'ouverture; les unes sont munies d'épines, les autres en sont dépourvues. Dans les espèces du second groupe, le canal est court et forme une queue épaisse. Ce groupe se subdivise encore selon que les bourrelets ou varices de la coquille sont au nombre de 3 ou dépassent ce nombre. Parmi les espèces épineuses du premier groupe, nous citerons le *Rocher cornu* (*M. cornutus*) de la mer des Indes, vulgairement appelé *Massue d'Hercule*, qui atteint 16 centimètres de longueur. Le *Rocher droite-épine* (*M. brandaris*) mérite aussi une mention spéciale. Ce coquillage, long de 8 à 10 centimètres, est très commun dans la Méditerranée. On croit que la fameuse pourpre de Tyr, s recherchée dans l'antiquité, était fournie par cette espèce de

₄Murex. Le *Rocher tête de Bécasse* (*M. haustellum*) est le type des espèces à queue longue et sans épines. Le *Rocher feuille d'escarole* (*M. saxatilis*) [Fig. 3] donne une idée

Fig. 3.

des espèces de Rochers du second groupe, c.-à-d. à un canal court.

Le genre *Fuseau* (*Fusus*), l'un des plus nombreux en espèces parmi les Mollusques, se distingue des Murex par l'absence de varices. Son nom est tiré de la forme de sa coquille. Celle-ci, ordinairement étroite et longue, offre une ouverture ovalaire dont la columelle est lisse; le canal est long et droit (Fig. 4. *F. aigu*). A ce genre on rapporte aujourd'hui les *Fasciolaires* qui s'en distinguent simplement par quelques plis obliques à la columelle vers la naissance du siphon. Les espèces vivantes du genre Fuseau habitent toutes les mers et surtout celles des pays chauds. — Les *Turbinelles* sont des coquilles à canal droit, sans varices, comme les Fuseaux, mais elles s'en distinguent par leur columelle qui offre vers son milieu de gros plis transverses. Elles se rapprochent beaucoup des Volutes coniques, et forment la transition entre ces dernières et les Murex. Parmi les vivantes, nous citerons l'espèce type, la *Turbinelle cornigère*, appelée vulgairement *Dent de Chien*, à cause des rangées d'épines dont elle est armée : elle se trouve dans les Indes et aux Moluques.

Fig. 4.

Les *Buccins* sont caractérisés par une coquille turbinée, qui diffère de celle des Fusus par la réduction du canal, qui n'est plus qu'une large échancrure. La columelle est toujours lisse. Les genres qui composent cette famille sont actuels ou fossiles depuis les terrains crétacés. — Les *Buccins proprement dits* ont la coquille en général ovale et échancrée sans canal ; la columelle ordinairement simple, et quelquefois calleuse. Le pied de l'animal est large, la trompe longue, et l'opercule complet. Il y en a une espèce commune sur nos côtes et qui est comestible. Quelques-unes de ces coquilles sont extrêmement petites. Le *Buccin ondé* (Fig. 5) est très commun sur nos côtes. — Le genre *Nasse* se distingue du genre Buccin par la callosité de la columelle et les dimensions du pied qui sont plus considérables. Les Nasses sont des Mollusques répandus dans toutes les mers ; la longueur de leur coquille varie de 12 à 30 millimètres. — Les *Pourpres* (*Purpura*) se reconnaissent à leur columelle aplatie, tranchante vers le bout opposé à la spire, et y formant, avec le bord externe, un canal creusé dans la coquille,

mais non saillant. Leur animal ressemble à celui des Buccins propres. Ces Mollusques doivent leur nom générique au liquide pourpre ou violet qu'ils sécrètent; mais ils ne sont pas les seuls chez lesquels on observe une pareille sécrétion. Le type du genre est la *Pourpre persique*, de la mer des Indes (Fig. 6), longue de 7 centimètres. Nous avons, sur nos côtes de l'Océan, une espèce de ce genre, la *Pourpre à*

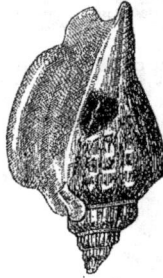

Fig. 5. Fig. 6.

teinture (*P. lapillus*), longue de 25 à 30 millimètres, ovale-aiguë, gris jaunâtre, avec des zones blanches. A ce genre on rattache les sous-genres *Licorne*, *Ricinule* et *Concholépas*: leurs animaux ressemblent à celui de la Pourpre. Ainsi formé, le genre Pourpre comprend plus de 200 espèces. Quelques-unes sont fossiles. — Les *Magiles* (*Magilus*) ont une coquille dont la base est contournée en une spirale courte, ovale, héliciforme; la spire est composée de quatre tours contigus convexes, dont le dernier est plus grand et se prolonge en un tube dirigé en ligne droite ondée et un peu comprimé latéralement. L'animal est de forme conique un peu en spirale, et terminé en mamelon. Les Magiles s'établissent dans les excavations de certains Madrépores, qui, venant à grossir, obligent l'animal à se former un tube, qu'il maintient toujours au niveau de la surface du polypier qu'il habite, et par lequel il peut abandonner la partie spirale de son habitation. Le type du genre est le *Magile antique*, qu'on trouve dans la mer Rouge (Fig. 7).

Fig. 7.

RHADAMANTE, l'un des trois juges des enfers, avec ses frères Minos et Éaque. (Mythol.)

RHADAMISTE, roi d'Arménie, fut chassé de son royaume par Vologèse, roi des Parthes. Se voyant sur le point de tomber au pouvoir de l'ennemi avec sa femme Zénobie, il se poignarda (54 ap. J.-C.).

RHAETIZITE. s. f. T. Minér. Disthène en masses fibreuses ou bacillaires, tantôt blanches, tantôt colorées en gris par du graphite.

RHAGADE. s. f. (gr. ῥαγάς, rupture). T. Méd. Gerçure ou petit ulcère long et étroit qui se forme à l'origine des muqueuses, notamment dans les interstices des plis de l'anus.

RHAGOÏDE. adj. 2 g. (gr. ῥάξ, ῥαγός, grain de raisin; εἶδος, forme). Qui ressemble à un grain de raisin.

RHAMNÉES. s. f. pl. (lt. *Rhamnus*). T. Bot. Famille de végétaux Dicotylédones de l'ordre des Dialypétales superovariés isostémones.

Caract. bot. : Arbres ou arbrisseaux, souvent épineux, grimpant parfois à l'aide de vrilles. Feuilles simples, alternes, très rarement opposées; stipules, lorsqu'il y en a, très petites. Fleurs petites, généralement vertes, axillaires ou terminales, quelquefois unisexuées par avortement. Calice à 4-5 divisions, à préfloraison valvaire. Pétales distincts, en capuchon ou convolutés, insérés dans l'orifice du calice; parfois nuls. Étamines définies, opposées aux pétales. Disque charnu. Pistil comprenant 3, ou 2, ou 4 carpelles formés et concrescents en un ovaire libre ou semi-infère, à 2, 3 ou 4 loges; ovules solitaires, pendants, anatropes. Fruit charnu et indéhiscent (drupe), ou sec et se séparant en 3 coques, rarement une capsule. Graines dressées; albumen charnu, rarement absent.

Embryon presque aussi long que la graine avec de larges cotylédons plats et une courte radicule infère. [Fig. 1. *Zizyphus Baclei*; 2. Fleur vue d'en haut; 3. Fruit; 4. Coupe verticale de ce fruit; 5. Coupe verticale d'une graine.]

Cette famille se compose d'environ 37 genres (*Rhamnus, Zizyphus, Colletia, Gouania, Hovenia, Paliurus*, etc.) et 430 espèces, dispersées sur presque toute la terre, excepté la zone arctique. Le plus grand nombre de ces plantes habite les parties les plus chaudes des États-Unis, le sud de l'Europe, le nord de l'Afrique, la Perse, l'Inde, et dans l'hémisphère austral, le cap de Bonne-Espérance et la Nouvelle-Hollande. Plusieurs genres semblent propres à certaines contrées : le genre *Ceanothus* à l'Amérique du Nord, le genre *Philyca* au Cap, le genre *Cryptandra* et le genre *Pomaderris* à la Nouvelle-Hollande. — Les fruits de plusieurs espèces du genre *Nerprun* (*Rhamnus*) sont doués de propriétés purgatives énergiques, dont ils faisaient jadis un assez grand usage; ils donnent en outre une couleur qui varie du jaune au vert. Celles du *Nerprun cathartique* (*R. catharticus*), vulg. *bourguépine*, qui sont vulgairement appelées chez nous *Raisin de chèvre*, servent encore à préparer un extrait et un sirop purgatifs. Ces mêmes fruits, mêlés avec la gomme arabique et de l'eau de chaux, fournissent une couleur verte connue sous le nom de *Vert de vessie*. Les drupes connues dans le commerce sous le nom de *Graines d'Avignon*, de *Perse*, d'*Espagne*, etc., proviennent du *R. infectorius* ou *Nerprun des teinturiers*, du *R. saxatilis* et du *R. amygdalinus*. Celles du *Nerprun des teinturiers*, recueillies avant leur maturité, sont employées chez les Grecs modernes pour teindre le maroquin en jaune. On les appelle quelquefois *grenettes*. La couleur est recherchée pour la teinture et nommée dans le commerce *Vert de Chine*, s'extrait du *R. chlorophorus* et du *R. utilis*. Le *Nerprun alaterne* (*R. alaternus*) ou *Alaterne*, qu'on trouve dans le midi de la France, est également employé pour ses propriétés tinctoriales. En outre, ses feuilles sont, dit-on, astringentes. L'écorce du *R. frangula*, vulg. appelé *Bourdaine, Bourgène* et *Aulne noir*, est purgative; on dit aussi fébrifuge. Son bois est recherché pour la fabrication de la poudre de chasse. L'écorce du *Rhamnus Purshianus*, connue sous le nom de *Cascara sagrada*, est usitée comme laxatif pour combattre la constipation opiniâtre. Dans les espèces du genre *Zizyphus* ou *Jujubier*, le fruit est dénué de propriétés purgatives. Loin de là, il est souvent bon à manger et agréable au goût. Ainsi, les drupes, si connues sous le nom de *Jujubes*, et qui sont produites par le *Zizyphus vulgaris* ou *Jujubier commun* et par le *Zizyphus jujuba*, sont fort recherchées dans le midi de l'Europe et en Orient, à cause de la saveur acidulé et sucrée de leur chair. Séchées au soleil, les Jujubes constituent avec les Dattes, les Figues et les Raisins, ce qu'on nomme les *Fruits béchiques*. Leur décoction donne une tisane rafraîchissante, et forme la base de la *Pâte de jujube*, dans laquelle elle est mêlée à la gomme et

au sucre. (Disons en passant que la pâte de jujube qui se vend communément, ne contient point de décoction de jujube : elle se fait avec de la gomme, du sirop de sucre, de l'eau de fleur d'oranger et de l'eau pure). Au Brésil, les drupes du *Zizyphus œnoplia* et du *Zizyphus joazeiro* servent aux mêmes usages que nos Jujubes. Le fruit du *Zizyphus lotus* est estimé par les Arabes de la Barbarie, qui donnent à l'arbuste le nom de *Sadr* et celui de *Nabk* à son fruit. Plusieurs autres espèces donnent également des fruits bons à manger. En Chine, on estime beaucoup les pédoncules de l'*Hovenia dulcis*, pédoncules qui deviennent très gros et très charnus, et qui ont, dit-on, le goût d'une Poire mûre. Quelques espèces sont astringentes. Les racines, les feuilles et les tiges du *Paliure piquant* (*Paliurus aculeatus*), vulg. appelé *Argalou, Porte-chapeau, Épine du Christ*, etc., jouissent de cette propriété. En Chine, parmi les classes les plus pauvres, le *Sageretia theezans* remplace le thé. En Amérique, l'infusion des jeunes rameaux du *Ceanothus americanus* s'administre, à cause de son astringence, dans la dysenterie. On attribue même des propriétés anti-syphilitiques à la racine de cette plante, ainsi qu'au *Berchemia volubilis*. La racine âcre du *Discaria febrifuga* sert au Brésil à préparer un extrait usité comme tonique et fébrifuge. On emploie, dans les îles Moluques, contre la diarrhée, l'écorce du *Zizyphus jujuba*. Celle du *Zizyphus joazeiro* est amère et astringente, avec une certaine âcreté. On a trouvé de semblables propriétés dans d'autres espèces. Les amandes du *Zizyphus soporiferus* sont réputées sédatives par les Chinois, qui en font usage dans leur médecine. La racine du *Zizyphus napæca* est usitée contre les coliques venteuses. Les nègres de la Gambie préparent une sorte de vin avec les fruits fermentés du *Zizyphus orthacanthus*; mais on regarde comme vénéneux ceux du *Zizyphus Baclei*. L'écorce amère du *Colubrina ferreentum* détermine, dit-on, une très vive fermentation dans les liqueurs dans lesquelles on la jette. Le *Gouania domingensis*, appelé vulg. *liane brûlée*, passe pour stomachique. Enfin, le *Berchemia lineata* est hydragogue, au dire des Chinois.

RHAMNÉGINE. s. f. (R. *Rhamnus*, n. scientifique du Nerprun). T. Chim. La *Rhamnégine* α ou *Xanthorhamnine* ou *Rhamnoxanthine* est un glucoside contenu dans les graines d'Avignon et les graines de Perse (Rhamnées). Elle cristallise en aiguilles soyeuses, d'un jaune d'or, très solubles dans l'eau et dans l'alcool, insolubles dans l'éther et dans le benzène. Les acides étendus et bouillants la dédoublent en rhamnose et en rhamnétine α.

La R. β ou *Rhamnine* est un glucoside analogue au précédent et se trouve avec lui dans les graines d'Avignon et de Perse. Les acides étendus la dédoublent en glucose et en rhamnétine β.

RHAMNÉTINE. s. f. (R. *Rhamnus*). T. Chim. On a donné le nom de *Rhamnétine* à deux substances produites par le dédoublement de la rhamnégine et de la rhamnine sous l'action des acides. Toutes deux cristallisent en aiguilles microscopiques, jaunes, peu solubles dans les dissolvants usuels. La R. α est un éther méthylique de la quercétine et répond à la formule $C^{16}H^{12}O^7$; elle se dissout en jaune intense dans les lessives alcalines. La R. β est assez soluble dans le phénol; on lui attribue la formule $C^{12}H^{10}O^6$.

RHAMNINE. s. f. (R. *Rhamnus*). T. Chim. Voy. Rhamnégine.

RHAMNITE. s. f. (R. *Rhamnus*). T. Chim. Voy. Pentite.

RHAMNOCATHARTINE. s. f. (R. *Rhamnus catharticus*, le Nerprun purgatif). T. Chim. Principe amer extrait des baies de Nerprun.

RHAMNOSE. s. f. [Pr. *ram-noze*] (R. *Rhamnus*, n. scientifique du Nerprun, et la term. ose des sucres). T. Chim. Matière sucrée répondant à la formule $CH^2(CHOH)^4CHO$. On l'appelle aussi *Isodulcite*. Elle se produit dans le dédoublement du quercitrin et de plusieurs glucosides sous l'action des acides étendus. Elle fond à 93°. Elle réduit la liqueur de Fehling mais ne fermente pas sous l'influence de la levure de bière. L'hydrogénation la transforme en rhamnite. L'oxydution, par le brome en présence de l'eau, la convertit en acide rhamnonique $CH^3(CHOH)^4CO^2H$ dont la lactone fond à 151°.

RHAMNOXANTHINE. s. f. [Pr. ramno-gzantine] (R. Rhamnus, et xanthine). T. Chim. Voy. RHAMNÉGINE.

RHAMNUS. s. m. [Pr. ram-nus] (gr. ῥάμνος, Nerprun). T. Bot. Nom scientifique du genre Nerprun. Voy. RHAMNÉES.

RHAMPHOTHÈQUE. s. f. (gr. ῥάμφος, bec; θήκη, étui). Tégument corné ou cutané du bec des oiseaux.

RHAMSEION. s. m. [Pr. ram-sè-ionn] (R. Rhamsès). Palais du roi Rhamsès dans l'ancienne ville de Thèbes. C'était un monument colossal que les anciens appelaient le tombeau d'Osymandias, et qui renfermait la plus ancienne bibliothèque dont l'histoire fasse mention : cette bibliothèque portait le titre de Remèdes de l'âme. Il reste encore des ruines de ce monument ainsi que des débris de la statue colossale que les anciens disaient être la statue d'Osymandias.

RHAMSÈS ou **RAMESSÈS.** Voy. RAMSÈS.

RHAPONTIC. s. m. (gr. ῥᾶ, ποντικὸς, rhubarbe du Pont). T. Bot. Nom vulgaire du Rheum rhaponticum; on donne aussi ce nom à la Rhubarbe de France fournie par cette espèce. Voy. POLYGONACÉES. || Genre de plantes bicotylédones (Rhaponticum) de la famille des Composées, tribu des Tubuliflores. Voy. COMPOSÉES.

RHAPONTICINE. s. f. (R. rhapontic). T. Chim. Syn. d'acide chrysophanique.

RHAPSODE. s. m. (gr. ῥαψῳδὸς, m. s.). T. Antiq. Si l'on place la composition des poèmes homériques entre les années 850 et 780 avant J.-C., date qui paraît être la plus vraisemblable, il s'écoula, entre cette époque et celle où l'usage de l'écriture se répandit dans la Grèce (vers 660 av. notre ère), un espace d'environ un siècle et demi pendant lequel ces poèmes se conservèrent uniquement par la tradition orale. Des hommes apprenaient par cœur la totalité ou une partie de ces poèmes, et ils allaient ensuite de ville en ville les réciter aux auditeurs charmés. Ces hommes, qu'on désignait sous le nom de Rhapsodes, dérivé, selon l'opinion commune, de ῥάπτω et ᾠδή (coudre les chants), étaient tenus en grande estime et même en grande vénération : il n'y avait pas de festin, pas de solennité, pas de fête publique où ils ne fussent appelés. En général, dans les assemblées où ils étaient invités, ils récitaient des parties détachées des grands poèmes homériques, et chacune de ces parties constituait une Rhapsodie. Aux grandes fêtes publiques de la Grèce, plusieurs rhapsodes se relayaient pour réciter les poèmes entiers. Solon rendit même une ordonnance pour obliger les rhapsodes qui récitaient les poèmes homériques aux Panathénées, à suivre l'ordre régulier et à ne rien omettre. Ce fait bien démontré de la transmission orale des poèmes d'Homère a donné lieu parmi les érudits à une controverse des plus vives. Vers la fin du siècle dernier (1795), un savant philologue allemand, Fr. A. Wolf, émit l'hypothèse hardie qu'Homère n'avait point existé, que l'Iliade et l'Odyssée ne sont point des poèmes composés par un seul homme, qu'ils consistent simplement en une série de ballades épiques ou de petits poèmes sans lien entre eux, lesquels furent pour la première fois compilés et réunis de manière à former un tout plus ou moins homogène, sous les Pisistratides et par les soins de certains grammairiens qui, pour cela, sont désignés dans l'histoire littéraire sous le nom de Diascévastes, c.-à-d. les arrangeurs. Aujourd'hui la théorie de Wolf, après avoir soulevé des discussions sans nombre et semblé sur le point de triompher, n'a plus que fort peu de défenseurs. L'opinion ancienne, qui admet l'unité de composition originaire des poèmes homériques (la question de savoir s'ils sont dus à un seul ou à plusieurs poètes réunis sous le nom collectif d'Homère est tout à fait distincte), a repris le dessus. Toutefois, dans cette ardente controverse, elle a été obligée de se modifier. Ainsi, par ex., s'il paraît incontestable que l'Odyssée constitue un poème construit sur un plan parfaitement un et régulier, il en est autrement de l'Iliade, qui présente des incohérences manifestes et même des contradictions dans plusieurs de ses parties. Notre cadre ne nous permettant pas d'entrer dans une discussion de ce genre, nous renverrons le lecteur au remarquable chapitre que le célèbre historien de la Grèce, G. Grote, a consacré à l'épopée grecque et particulièrement aux poèmes homériques. Après avoir discuté les arguments des partisans et des adversaires de la théorie de Wolf, il a exposé en détail la manière dont il comprend la structure et la formation de l'Iliade (l'unité de l'Odyssée lui paraît ne pouvoir être contestée). Nous nous contenterons de dire que, d'après lui, l'Iliade se compose de deux parties tout à fait distinctes. Le fond est constitué par un poème en l'honneur d'Achille, par une Achilléide, auquel appartiennent 14 chants de l'Iliade actuelle, savoir : le chant 1er, le chant VIIIe, et les chants XI à XXII. Les livres II à VII sont des chants appartenant à un autre poème homérique, la Ruine de Troie, qui ont été intercalés dans l'Achilléide primitive pour donner au poème un caractère plus général, c.-à-d. pour transformer l'Achilléide en Iliade. Les chants IX et X ont évidemment le même objet; malheureusement le chant IX dérange complètement l'économie du poème primitif, et se trouve en contradiction formelle avec ce qui précède et avec ce qui suit. Enfin, les chants XXIII et XXIV sont vraisemblablement une addition postérieure faite pour continuer l'Achilléide ou plutôt l'Iliade.

RHAPSODER. v. a. (R. rhapsode). Mal raccommoder, mal arranger. = RHAPSODÉ, ÉE. part.

RHAPSODIE. s. f. (gr. ῥαψῳδία, m. s.). T. Antiq. Morceau de poésie lyrique chanté ou récité par les rhapsodes. Voy. RHAPSODE. || Fig. et fam., se dit d'un mauvais ramas, soit de vers, soit de prose. Je n'ai jamais vu pareille r.

RHAPSODIQUE. adj. 2 g. (R. rhapsodie). Qui est formé de lambeaux, de fragments.

RHAPSODISTE. s. m. (R. rhapsodie). Celui qui ne fait que des rhapsodies, de mauvais ramas de vers ou de prose.

RHAPSODOMANCIE. s. f. (gr. ῥαψῳδία, rhapsodie; μαντεία, divination). Divination par des morceaux de poésie. Voy. DIVINATION.

RHAPTOCARPE. adj. 2 g. (gr. ῥαπτὸς, cousu; καρπὸς, fruit). T. Bot. Dont les fruits semblent chargés de coutures. inus.

RHÉA ou **RHÉE.** s. f. T. Mythol. Divinité de la Crète, confondue avec Cybèle. Voy. CYBÈLE.

RHÉA SYLVIA, fille de Numitor, roi d'Albe, mère de Romulus et de Rémus.

RHÉINE. s. f. (gr. ῥᾶ, rhubarbe). T. Chim. Syn. d'acide chrysophanique.

RHÉIQUE. adj. 2 g. (gr. ῥᾶ, rhubarbe). T. Chim. Syn. de Chrysophanique.

RHÉNANE (BAVIÈRE), v. RHIN (Cercle du).

RHÉNANE ou **DU RHIN** (Province), prov. occidentale des États prussiens, sur le Rhin; 4,074,000 hab.; cap. Coblentz; v. pr. Cologne, Dusseldorf, Aix-la-Chapelle et Trèves.

RHÉOMÈTRE. s. m. (gr. ῥέος, courant; μέτρον, mesure). T. Phys. La mesure de l'intensité des courants électriques produits par les sources diverses est une question de la plus haute importance. On désigne sous le nom générique de R., les appareils propres à mesurer cette intensité, et, sous celui de Rhéométrie, cette branche de l'électro-dynamique qui a pour objet les lois qui déterminent cette même intensité. Voy. INTENSITÉ, BOUSSOLE.

Méc. — Sorte de régulateur destiné à régler d'une manière constante, en un point quelconque des conduits d'un réseau de gaz d'éclairage, une dépense uniforme, en volume, de ce gaz, sans avoir à se préoccuper de la pression qui règne dans la conduite, ni de la section de l'orifice par où le gaz d'éclairage s'échappe.

Le rhéomètre, d'invention relativement récente, a été imaginé par Giroud et perfectionné depuis. Il complète la série de régulateurs d'émission, et de consommation dont font depuis longtemps usage, toutes les compagnies fournissant le gaz d'éclairage aux villes et aux particuliers. C'est, comme nous le disons dans la définition, un régulateur de volume.

Le r. est constitué par un récipient que l'on clôt hermétiquement au moyen d'un couvercle en fonte. Il est percé à son centre d'un petit orifice circulaire dans lequel vient se visser directement le bec à gaz ou carburateur. La partie inférieure du même récipient livre passage à la conduite par laquelle arrive le gaz d'éclairage. Entre les bords intérieurs du récipient et la partie extérieure de cette conduite d'arrivée, se trouve une certaine quantité de glycérine dans laquelle plonge en partie une petite cloche à parois très minces. Au centre de la calotte sphérique qui surmonte la cloche on a pratiqué une ouverture d'un diamètre déterminé.

Amené sous la cloche par la conduite d'arrivée, le gaz d'éclairage, après y avoir pénétré, la remplit et ne tarde pas à s'épandre à l'intérieur du récipient en s'échappant par le trou du sommet de la cloche. Dès lors, il opère sur celle-ci une contrepression qui ne tarde pas à ramener l'équilibre en obligeant cette cloche à se maintenir à une hauteur constante en plongeant dans la glycérine.

Comme on le voit, cet appareil est des plus simples; on l'applique partout aujourd'hui à l'éclairage public, industriel ou privé. Que l'orifice par lequel s'échappe le gaz en brûlant c.-à-d. le bec ou carburateur, soit ouvert en grand ou non, le volume du gaz dépensé est très sensiblement constant, d'où production d'une économie sensible dans la dépense incombant aux villes ou aux particuliers et cela pour chaque bec allumé.

RHÉOMÉTRIE. s. f. (R. *rhéomètre*). T. Phys. Mesure des courants électriques. Voy. INTENSITÉ, BOUSSOLE.

RHÉOMOTEUR. s. m. (gr. ῥέος, courant, et fr. *moteur*). T. Phys. On désigne ainsi quelquefois tout appareil susceptible de produire un courant électrique.

RHÉOPHORE. s. m. (gr. ῥέος, courant; φέρω, je porte). T. Phys. Fils conducteurs d'un courant électrique.

RHÉOSTAT. s. m. [Pr. *réo-sta*] (gr. ῥέος, courant; στατός, qui reste en place). T. Phys. On a vu à l'article INTENSITÉ que la longueur, le diamètre et la nature ou la conductibilité des fils qui servent de rhéophores, exercent une influence notable sur

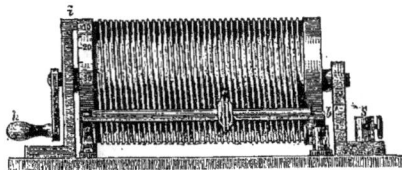

Fig. 1.

l'intensité des courants. Pour déterminer exactement cette influence, on a imaginé divers appareils destinés à expérimenter dans ces diverses conditions, et qui sont disposés de manière à pouvoir, sans ouvrir la chaîne, augmenter ou diminuer la longueur des fils du circuit galvanique, afin de faire produire sur l'aiguille du galvanomètre, de la boussole de tangentes, etc., une déviation déterminée et toujours la même : de là le nom de R. qu'on donne à ces appareils. On voit que, par leur moyen, il est facile d'apprécier la résistance que les fils offrent au courant. Les Figures 1 et 2 représentent le r. de Wheatstone. Cet instrument consiste en un cylindre de marbre à la surface duquel on a creusé une rainure en hélice dans laquelle s'enroule un fil métallique de 1/2 à 3/4 de millimètre de diamètre, dont l'extrémité va se fixer, sur le côté droit du cylindre, à l'axe métallique qui traverse ce dernier. Une roulette de laiton r, qui se munie d'une rainure correspondant à l'épaisseur du fil, presse constamment contre ce dernier; mais cette roulette peut se mouvoir dans les deux sens sur la tige métallique ab, et cette tige elle-même est fixée à chacune de ses extrémités un ressort z, que l'on voit très bien dans la Fig. 2 et qui sert à maintenir la roulette constamment en contact avec le cylindre de marbre. Maintenant, il est évident que, lorsqu'on fait tourner le cylindre au moyen de la manivelle h, la roulette r devra se mouvoir le long de la tige ab, en suivant les tours de l'hélice, tantôt dans une direction et tantôt dans l'autre, selon que l'on tournera la manivelle à droite ou à gauche. L'appareil étant placé dans le circuit d'une pile, de manière

que l'un des fils conducteurs soit fixé dans la petite colonne de laiton s, et l'autre dans la colonne t, le courant entrant en s passera d'abord, par le support de laiton, à l'axe métallique du cylindre (mais sans traverser cet axe), puis de la fil arrivera au fil enroulé autour du cylindre. Après avoir parcouru ses tours de spire jusqu'à la roulette r, il reviendra ensuite en b et à la petite colonne de laiton t. Ainsi, selon la position qu'au moyen de la manivelle h on donnera à la roulette r, on obligera le courant à parcourir un plus ou moins grand nombre de tours de spire du fil. La tige ab est graduée de manière que chaque trait corresponde à un tour du fil, et que la roulette se trouve au zéro lorsque la rainure de celle-ci correspond précisément au point initial des tours de spire, à l'extrémité droite du cylindre. En outre, la monture du cylindre porte en i des divisions au nombre de 100, de sorte que l'on peut apprécier les fractions de tour exactement jusqu'à un centième.

Méc. — On appelle quelquefois r. une sorte de régulateur de volume; mais cet appareil est plus souvent nommé *Rhéomètre*. Voy. ce mot.

RHÉSUS. s. m. [Pr. *ré-zus*] (n. mythol.). T. Mamm. Espèce de *Singe*. Voy. MACAQUE.

RHÉSUS, roi de Thrace, vint au secours de Priam. Il fut tué la nuit de son arrivée par Diomède, et Ulysse lui enleva ses chevaux, dont dépendait le sort de Troie.

RHÉTEUR. s. m. (lat. *rhetor*, gr. ῥήτωρ, m. s.). Dans l'antiquité, Celui qui faisait profession d'enseigner l'éloquence. *Les plus anciens rhéteurs dont il soit fait mention dans l'histoire littéraire de la Grèce, sont Tisias et Corax, qui vivaient au* V[e] *siècle av. J.-C. Quintilien est le plus célèbre des rhéteurs romains.* — Se dit aussi quelquefois des écrivains modernes qui ont écrit sur la rhétorique. *Rollin, dans son Traité des études, a parlé de l'éloquence en r. consommé.* || Aujourd'hui R. se dit ordin. en mauvaise part, en parlant d'un orateur dont l'éloquence, vide d'idées, consiste dans un style emphatique et déclamatoire. *Ce n'est point un orateur, c'est un r. Style de r.*

RHÉTIE, anc. contrée de la Gaule Cisalpine, habitée par les Rhètes et correspondant aux Grisons (Suisse), au Tyrol et au nord de la Lombardie.

RHÉTIEN. s. m. [Pr. *ré-sien*]. Le r. ou adj. *la langue rhétienne.* Langue parlée dans une partie de la Suisse. Voy. ROMAN.

RHÉTIQUES (ALPES), chaîne des Alpes orientales qui renferme le Brenner.

RHÉTORICIEN, IENNE. [Pr. *rétori-si-in, ièn*]. Celui qui sait la rhétorique; et plus ordin., Écolier, écolière, qui étudie en rhétorique.

RHÉTORIQUE. s. f. (lat. *rhetorica*, gr. ῥητωρική, m. s., de ῥήτωρ, rhéteur). L'art de bien dire. *Enseigner la r. Cours, traité de la r. Les règles de la r.* — *Figures de la r.* FIGURE. || Titre de certains traités de r. *La R. d'Aristote.* || Dans les collèges, *La classe de r.*, ou simpl., *La r.*, La classe où l'on enseigne la r. *Un écolier, un professeur de r. Mon fils fait sa r. Il est en r.* || Fig. et fam., en dit *Vous y perdrez votre r.*, *Vous aurez beau dire, vous ne le persuaderez point.* — On dit encore, en mauvaise part, en parl. de discours vains et pompeux, *Tout cela n'est que de la r.*

Littér. — On définit la R. l'art de bien dire. Dans cette signification, ce terme s'applique à tous les modes de composition possibles, y compris même la composition poétique, du moins en partie. Dans un sens plus étroit et plus conforme à l'étymologie, il désigne simplement l'*Art oratoire*, ou l'art de persuader, et se dit seulement de l'orateur qui parle devant un public plus ou moins nombreux. Enfin, dans un sens intermédiaire, et c'est dans ce dernier que le mot r. est usité dans l'enseignement classique, il signifie l'art de

Fig. 2.

persuader et de convaincre, soit par le moyen de la parole orale, soit par le moyen de la parole écrite. C'est cette dernière signification qu'Aristote attache au terme de r., lorsqu'il la définit l'art de découvrir et d'employer les moyens propres à persuader. La r. ne doit pas être confondue avec l'*éloquence*. Celle-ci est le talent de persuader, celle-là est l'art qui développe ce talent. L'éloquence est née avant la r., de même que le langage a précédé la grammaire C'est la nature qui fait l'éloquence; mais le talent naturel, quelque grand qu'il soit, s'il n'est dirigé, risque de s'égarer. Or, la r. a précisément pour objet de cultiver et de développer ce talent, et de tracer les règles qui doivent le diriger dans les diverses circonstances. Ces règles ont leur fondement dans la nature et dans l'expérience. Des philosophes ont étudié avec patience les discours des grands orateurs, ils ont analysé leurs procédés et les ont formulés en préceptes. L'étude qui comprend l'ensemble de ces préceptes n'est pas seulement indispensable à celui qui veut s'adonner à l'art oratoire, en ce qu'elle perfectionne son talent et forme son goût; mais encore elle est utile à tout homme qui veut juger les ouvrages d'éloquence et aime à se rendre compte de ses impressions.

L'ordre méthodique qu'on suit généralement dans les traités de r. est celui d'Aristote, qui a été consacré pendant vingt siècles par l'approbation des plus grands génies, et que toutes les innovations faites depuis quelque temps n'ont pu remplacer. Après avoir établi, comme Aristote, que tous les sujets dont s'occupe l'éloquence peuvent se rapporter à trois grandes classes que les anciens appelaient *genres de causes*, et qui sont le genre *démonstratif*, le genre *délibératif* et le genre *judiciaire* (Voy. ÉLOQUENCE), on montre que l'orateur ou l'écrivain qui se propose de persuader et de convaincre a, quel que soit le sujet qu'il se propose de traiter, trois fonctions à remplir : la première, de trouver les choses qu'il doit dire; la seconde, de les mettre en ordre; la troisième, de les exprimer. De là les trois parties de la r., l'*Invention*, la *Disposition* et l'*Élocution*. A ces trois parties, on en joint une quatrième, l'*Action*, qui n'a rapport qu'au débit du discours. Mais cette dernière se rapporte seulement à l'art oratoire, tandis que les trois premières appartiennent à la r. prise dans sa signification la plus étendue.

L'*invention* est l'art de trouver les arguments, et la *disposition*, la manière de les présenter. Les rhéteurs comptent ordinairement six parties dans le discours oratoire : l'*Exorde*, la *Proposition* et la *Division*, la *Narration*, la *Preuve* ou *Confirmation*, la *Réfutation* et la *Péroraison* (Voy. ces mots). Ces six parties n'entrent pas nécessairement dans tous les discours; telle ou telle d'entre elles peut et même doit être supprimée suivant les cas. Ainsi, par ex., les exordes et les péroraisons se ne trouvent que dans les grands sujets; la réfutation est très souvent un hors-d'œuvre quand l'orateur a prouvé la bonté de sa cause. La partie véritablement essentielle du discours est la confirmation, car c'est par elle que l'orateur dispose et enchaîne ses preuves : on peut donc dire que la confirmation est le sujet même. Quant à l'ordre à suivre dans les parties du discours, l'orateur se voit très souvent forcé, lorsque le sujet l'exige, de recourir à des changements et à des transpositions : alors l'art lui-même ordonne de négliger les règles ordinaires.

L'*Élocution* est l'expression de la pensée par la parole, et, dans le sens plus restreint qu'elle prend ici, elle est l'art d'exprimer convenablement les pensées fournies par l'invention. Elle s'occupe du *style* considéré soit dans ses *qualités générales*, soit dans ses *qualités particulières* que réclame la différence des sujets. En outre, tous les traités de r., après avoir exposé les règles relatives au style, étudient d'une manière spéciale ces divers accidents du langage qu'on nomme *Figures*, et dont plusieurs semblent plutôt du domaine de la grammaire que de la r. (Voy. STYLE et FIGURES).

L'*Action*, quoique indépendante de l'éloquence, est nécessaire à l'orateur; elle est, suivant la pittoresque expression de Cicéron, l'éloquence du corps (*sermo corporis*). Elle se compose de deux parties, la *Voix* et le *Geste*. Mais, comme nous avons résumé dans un autre article les préceptes de l'orateur romain sur ce point, nous n'y reviendrons pas ici. Voy. DÉCLAMATION.

RHETSA. s. m. T. Bot. Nom donné au *Zanthoxylum Rhetsa* de la famille des *Rutacées*, tribu des *Zanthoxylées*. Voy. RUTACÉES.

RHIGOLÈNE. s. m. (gr. ῥῖγος, froid ; lat. *oleum*, huile).

T. Chim. Gaz qui se dégage dans la distillation du pétrole brut. Voy. PÉTROLE.

RHIN, grand fl. d'Europe, prend sa source au mont Saint-Gothard, traverse le lac de Constance, forme une chute au-dessous de Schaffhouse, passe à Bâle, Mayence, Coblentz, Cologne, Utrecht, Leyde, etc., et se perd dans la mer du Nord, à Katwyk. Avant d'arriver à son embouchure, il forme trois bras, le Wahal, l'Yssel et le Leck ; 1,400 kilomètres.

RHIN (anc. dép. du BAS-), formé de la partie N. de l'anc. Alsace ; ch.-l. Strasbourg.

RHIN (anc. dép. du HAUT-), formé de la partie S. de l'anc. Alsace et de la petite république de Mulhouse ; ch.-l. Colmar, cédé à l'Allemagne par le traité de Francfort-sur-Main, en 1871, sauf le Territoire de Belfort.

RHIN (Confédération DU), confédération d'États de l'Allemagne établie par Napoléon Ier en 1806, et comprenant 34 États en 1813.

RHIN (Cercle du) ou BAVIÈRE RHÉNANE, autrefois Palatinat, entre la France, la Prusse rhénane et le grand-duché de Bade, à la Bavière ; pop.; 677,300 hab. ; ch.-l. Spire.

RHINACANTHE. s. f. (R. *Rhinacantus*, nom de plante, du gr. ῥίν, nez, et ἄκανθα, épine). T. Chim. Principe actif de la racine de *Rhinacanthus communis* (*Acanthacées*), employé dans l'Inde contre les maladies de la peau.

RHINALGIE. s. f. (gr. ῥίν, nez ; ἄλγος, douleur). T. Méd. Douleur qui a son siège au nez.

RHINANTHE. s. f. (gr. ῥίν, nez ; ἄνθος, fleur). T. Bot. Genre de plantes Dicotylédones (*Rhinanthus*) de la famille des *Scrofulariacées*. Voy. ce mot.

RHINANTHÉES. s. f. pl. (R. *Rhinanthe*). T. Bot. Tribu de végétaux de la famille des *Scrofulariacées*. Voy. ce mot.

RHINARION. s. m. (gr. ῥίν, nez). T. Zool. Bout du nez d'un mammifère quand il est couvert d'une peau humide. || T. Entom. Espace compris entre le bord antérieur du nez et le lobe.

RHINENCÉPHALE. s. m. [Pr. *rinan...*] (gr. ῥίν, nez; ἐγκέφαλος, *encéphale*). T. Térat. Se dit de monstres qui ont le nez prolongé en forme de trompe.

RHINENCHYTE. s. m. [Pr. *rinan-kite*] (gr. ῥίν, nez ; ἐν, dans; χέω, verser). Instrument destiné à faire des injections dans le nez.

RHINGRAVE. s. m (allem. *Rhein*, Rhin; *graf*, comte). Titre de dignité que portaient autrefois plusieurs comtes de l'empire, dont les domaines étaient situés sur les bords du Rhin. Le r. de Kirbourg. = RHINGRAVE. s. f. Sorte de culotte ou haut-de-chausses fort ample, qui s'attachait par le bas avec plusieurs rubans. Le r. était en usage au XVIIe siècle.

RHINGRAVIAT. s. m. Fonction, dignité de rhingrave.

RHINITE. s. f. (gr. ῥίν, nez). T. Méd. Inflammation de la membrane muqueuse du nez. Voy. OZÈNE.

RHINOBATE. s. m. (gr. ῥίν, nez ; βάτος, raie). T. Icht. Espèce de Poisson cartilagineux. Voy. RAIE.

RHINOCÉROS. s. m. (gr. ῥίν, ῥινός, nez ; κέρας, corne). T. Mammal. Genre de Mammifères.

Mamm. — I. — Les *Rhinocéros* sont de grands animaux à formes lourdes, massives et trapues, qui constituent, dans l'ordre des *Ongulés Périssodactyles*, un genre parfaitement distinct. Ce genre est essentiellement caractérisé par la présence sur le nez d'une corne solide, ainsi que par la forme de ses pieds et par son système dentaire. Les pieds de ces animaux sont tous divisés en 3 doigts garnis de sabots très grands. Leur appareil dentaire se compose ordinairement de 32 dents, savoir : 2 incisives en haut et en bas, ou nulles ; 14 molaires à la mâchoire inférieure et autant à la supérieure. Leur tête, presque triangulaire, est courte et à chanfrein convexe; leurs yeux sont très petits et ressemblent un peu à ceux du Cochon; les os du nez sont très épais, réunis en une sorte de voûte, et portent une corne solide et adhérente à la peau. Cette corne est constituée par une substance fibreuse, comme si elle se composait de poils agglutinés. Dans quelques espèces, il existe une seconde corne placée comme la première sur la ligne médiane. La queue est courte et rudimentaire. Enfin la peau, rugueuse et à peu près dépourvue de poils, est tellement épaisse, dure et sèche, qu'elle forme une sorte de cuirasse. Elle présente ordinairement des plis profonds sur la tête, sur les épaules et dans la région de la croupe. La taille du R. est quelquefois colossale, et il serait le plus grand des Mammifères vivants si l'Éléphant n'existait pas. — Les Rhinocéros sont des animaux d'une force extraordinaire et d'un naturel stupide, mais nullement féroce. Ils se nourrissent d'herbes, de jeunes branches d'arbres, et vivent dans les halliers les plus épais, ainsi que dans les lieux humides, cherchant la fange où ils aiment à se vautrer. Leur cri ressemble au grognement du Sanglier; mais, dans la colère, il devient aigu et retentissant. Bien que leurs jambes soient courtes et que le poids de leur corps soit énorme, ces animaux fournissent une course rapide qui consiste en un trot redoublé et très allongé. La raideur de leur cou les empêche de tourner la tête avec facilité; aussi ne voient-ils rien que ce qui est devant eux. Les habitants des pays où ils se trouvent les chassent non seulement pour leur peau et pour leur corne, mais encore pour leur chair dont ils se nourrissent, bien qu'elle soit d'un goût désagréable. Cette chasse est très

qu'il est impossible de la percer avec une balle de fusil. — Le R. de Java ne diffère du précédent que par sa taille moins élevée, et par sa peau, qui est couverte de petits tubercules serrés et anguleux. Le R. de Sumatra n'a point de plis à la peau, qui est assez velue, et il porte une seconde corne derrière la corne ordinaire. Le R. d'Afrique (Fig. 2), appelé

Fig. 1.

Nabal par les Hottentots, et Rhinoster par les colons du Cap, porte deux cornes, comme le précédent; il n'a point de plis à la peau; mais ce qui le caractérise essentiellement, c'est l'absence d'incisives, ses molaires occupant presque toute la longueur des mâchoires. Cette espèce paraît comprendre plusieurs variétés, parmi lesquelles nous citerons le R. de Bruce, qui est commun dans les épaisses forêts de

Fig. 2.

périlleuse, car si l'animal n'est que blessé, il se jette sur son adversaire, cherche à l'éventrer avec sa corne, après quoi il le foule aux pieds. La femelle du R. ne fait qu'un petit à la fois et paraît le porter 9 mois : elle témoigne pour lui beaucoup d'affection et de sollicitude. — On connaît plusieurs espèces de ce genre. Le R. des Indes, ou R. unicorne (Fig. 1), peut être considéré comme le type du genre. Il a de 2 m. 90 à 3 m. 25 de longueur et de 1 m. 60 à 1 m. 90 de hauteur, quelquefois même davantage. Il ne porte qu'une corne sur le nez et a deux fortes incisives à chaque mâchoire. Sa peau, d'un gris foncé violâtre, est si dure et si épaisse,

l'Abyssinie. Enfin, outre les espèces aujourd'hui vivantes, on en connaît environ 14 qui sont éteintes. Plusieurs habitaient le territoire de la France.

RHINOLOPHE. s. m. ou **RHINOLOPHIENS.** s. m. pl. (gr. ῥίν, nez; λόφος; éminence). T. Mam. Genre et tribu de Mammifères. Voy. CHÉIROPTÈRES.

RHINOPLASTIE. s. f. (gr. ῥίν, nez; πλάσσειν, former). T. Chir. Restauration du nez en cas de mutilation de cet organe. Voy. AUTOPLASTIE.

746

RHINORRHAGIE. s. f. [Pr. *rinor-raji*] (gr. ῥίν, nez; ῥήγνυμι, je romps). T. Méd. Hémorrhagie nasale, saignement de nez. Syn. d'*Epistaxis*. Voy. ce mot.

RHINOTHÈQUE. s. f. (gr. ῥίν, nez; θήκη, loge). Épiderme du bec des oiseaux.

RHIPHÉES (MONTS) ou **HYPERBORÉENS**, chaîne de montagnes située au N. du monde connu des anciens (peut-être les Balkans ou les Carpathes).

RHIPIPHORIDES. s. m. pl. (gr. ῥιπίς, éventail; φορὸς, qui porte). T. Entom. Famille d'insectes *Coléoptères hétéromères* comprenant de petits insectes à corps élevé et arqué, à tête basse, à élytres très courtes ou rétrécies et finissant en pointe, ainsi que l'abdomen. Leurs téguments sont d'une consistance ferme et solide et leur agilité est extrême. Le genre *Rhipiphore* a pour type une espèce européenne, le *Rhipiphore paradoxal* (*Rhipiphorus paradoxus*) qui est noir, avec le bord du corselet et des élytres testacés. D'après plusieurs observateurs, les femelles déposent leurs œufs dans les nids de Guêpes où se développent aussi leurs larves.

RHIPIPTÈRES. s. m. pl. (gr. ῥιπίς, éventail; πτερὸν, aile). T. Entom. Latreille a donné le nom de *R.*, et Kirby celui de *Strepsiptères*, à un petit groupe d'insectes fort singuliers, soit par leurs formes anormales, soit par leurs habitudes. Bien que ce groupe se rapproche beaucoup des Diptères, on l'a érigé à la dignité d'ordre. Les Rhipiptères se reconnaissent à leurs deux ailes, grandes, membraneuses et pourvues seulement de nervures longitudinales, ce qui leur permet de se replier en éventail comme celles des Orthoptères;

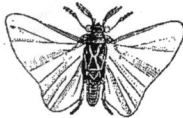

mais ils ont en outre deux ailes antérieures rudimentaires qui ont l'aspect d'élytres abortives. Leur bouche se compose de pièces peu développées, mais libres; les mandibules ont la forme de petites lames linéaires croisées l'une sur l'autre. Leurs antennes sont de forme très variée; leurs yeux sont gros, globuleux et grenus; les pattes, au nombre de 6, sont presque membraneuses, comprimées, avec des tarses dépourvus de crochets; enfin, l'abdomen est à peu près cylindrique et offre 8 ou 10 anneaux. Quant aux larves, leur corps est oblong, mou, blanchâtre et privé de pattes, comme chez les Diptères. Elles vivent sous les anneaux de l'abdomen de certains Hyménoptères, et l'on reconnaît leur présence aux gibbosités que présente alors l'abdomen de ces derniers. Ces larves se métamorphosent en nymphes dans la même place et sous leur propre peau. On connaît aujourd'hui 12 à 15 espèces de R., qu'on divise en 4 genres d'après la forme de leurs antennes. Nous nous contenterons de nommer le genre *Stylops* (Fig. ci-dessus. *Stylops de Kirby*, grossi), dont la plupart des espèces vivent sur les Andrènes.

RHIPSALIDE. s. f. (gr. ῥίψις, action de jeter). T. Bot. Genre de plantes Dicotylédones (*Rhipsalis*) de la famille des *Cactées*. Voy. ce mot.

RHIPSALIDÉES. s f. pl. (R. *Rhipsalide*). T. Bot. Tribu de végétaux de la famille des *Cactées*, tribu des *Opuntiées*. Voy. CACTÉES.

RHIZAGRE. s. f. (gr. ῥίζα, racine; ἄγρα, action de saisir). Instrument propre à extraire les racines des dents.

RHIZANTHÉES. s. f. pl. (gr. ῥίζα, racine; ἄνθος, fleur). T. Bot. Classe de végétaux phanérogames établie par Endlicher, conservée par Lindley sous le nom de *Rhizogènes* et comprenant deux familles : les *Balanophoracées* et les *Rafflésiacées*.

RHIZOBOLÉES. s. f. pl. (gr. ῥίζα, racine; βῶλος, motte de terre). T. Bot. Groupe de plantes Dicotylédones longtemps considéré comme une famille distincte, mais qui est aujourd'hui réuni à la famille des *Ternstrémiacées*. Voy. ce mot.

RHIZOCARPÉES. s. f. pl. (gr. ῥίζα, racine; καρπὸς, fruit).

T. Bot. Nom donné autrefois à l'ordre des *Hydropltérides*. Voy. ce mot.

RHIZOGÈNES. s. m. pl. (gr. ῥίζα, racine; γεννάω, j'engendre). T. Bot. Voy. RHIZANTHÉES.

RHIZOÏDE. adj. 2 g. (gr. ῥίζα, racine; εἶδος, aspect). T. Bot. Se dit des poils qui, chez certains végétaux inférieurs, jouent le rôle de racines.

RHIZOME. s. m. (gr. ῥίζωμα, racine). T. Bot. Tige souterraine. Voy. TIGE.

RHIZOMORPHE. s. m. (gr. ῥίζα, racine; μορφή, forme). T. Bot. Forme particulière présentée par le stroma de certains Champignons Hyménomycètes qui le fait ressembler à une racine très ramifiée.

RHIZONYCHION. s. m. [Pr. *rizoni-kion*] (gr. ῥίζα, racine; ὄνυξ, ongle). Phalange qui porte l'ongle, chez les Mammifères et les Oiseaux.

RHIZOPHAGE. adj. 2 g. (gr. ῥίζα, racine; φάγος, mangeur). T. Zool. Qui se nourrit de racines. = RHIZOPHAGES. s. m. pl. T. Mamm. Nom donné à une famille de *Marsupiaux*. Voy. ce mot.

RHIZOPHILE. adj. 2 g. (gr. ῥίζα, racine; φίλος, ami). T. Bot. Qui vit sur les racines.

RHIZOPHORACÉES. s. f. pl. (R. *Rhizophore*). T. Bot. Famille de végétaux Dicotylédones de l'ordre des Dialypétales inférovariées.

Caract. bot. : Arbres ou arbrisseaux habitant exclusivement les bords de la mer. Feuilles simples, opposées, rarement alternes, entières ou dentées, parfois ponctuées, avec des stipules enroulées et caduques entre les pétioles. Fleurs

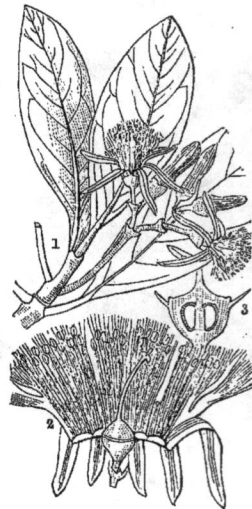

Fig. 1.

régulières, hermaphrodites, disposées en épis ou en grappes. Calice adhérent, découpé en lobes dont le nombre varie de 4 à 12, mais qui parfois sont soudés de manière à former une coiffe; bractée cupuliforme à la base du calice. Pétales en nombre égal aux lobes du calice et alternant avec eux. Étamines naissant du même point que les pétales, en nombre double on triple de ces derniers, parfois indéfinies, comme dans le genre *Kandelia*; filets distincts; anthères dressées. Carpelles 2 à 12 fermés et concrescents en un ovaire à 2, 4 ou 12 loges, contenant chacune 2 ou un plus grand nombre d'ovules pendants du sommet de l'angle central et anatropes. Fruit indéhiscent, couronné par le calice, uniloculaire et monosperme (akène), rarement une capsule. Graine pendante quelquefois ailée, dépourvue d'albumen; cotylédons 2, aplatis; radicule très longue, qui perfore le fruit à son sommet et se développe rapidement dans la germination anticipée.

Les végétaux qui composent cette famille comprennent 17 genres et environ 50 espèces, qui toutes appartiennent aux régions tropicales, croissant la plupart sur les rivages limoneux des estuaires. On divise cette famille en 2 tribus :

Tribu I. — *Rhizophorées*. — Feuilles opposées; pas d'albumen (*Rhizophora, Bruguiera*, etc.). [Fig. 1. — 1. *Kandelia Rheedii*; 2. Fleur étalée; 3. Coupe verticale de l'ovaire. —

Fig. 2.

Fig. 2. — 4. *Rhizophora mangle*; 5. Coupe du fruit au moment de la germination de l'embryon : *a*, tégument de la graine; *b*, cotylédons; *c*, partie de la radicule]. Les Rhizophorées vivent sur les bords de la mer, où elles enfoncent leurs racines dans la vase, et forment d'épais fourrés qui s'étendent jusqu'à la limite des eaux. Ces fourrés sont si épais, qu'ils interceptent les rayons solaires, empêchent l'aération, et font des lieux où ils se trouvent les endroits les plus malsains des climats tropicaux. Plusieurs espèces émettent des branches qui s'inclinent vers la terre où elles vont s'enraciner, de sorte que, comme le Figuier des Banians, un seul arbre s'étend sur un espace considérable. Nous avons dit que la germination commence dans le fruit, avant que ce dernier se détache de l'arbre; mais c'est surtout la radicule qui prend un développement rapide. Dans le *Palétuvier manglier* (*Rhizophora mangle*),

par ex., elle atteint jusqu'à 3 et 4 décimètres de longueur, avant de tomber dans la vase pour s'y enraciner. — L'écorce des *Rhizophorées* est généralement astringente. Celle du *Rhizophora mangle*, communément appelé *Palétuvier* et *Manglier noir*, et celle du *Bruguiera gymnorhiza*, ou *Palétuvier des Indes*, contiennent une grande quantité de tanin, et s'emploient dans le tannage des cuirs, ainsi que dans la teinturerie. Autrefois on se servait même comme fébrifuge de ces écorces et de celle du *Kandelia* (*Rhizoph. candel* Lin.), vulgairement nommé *Manglier chandelle* et *Manglier rouge*. Le fruit du *Rhizophora mangle*, qu'on appelle *Mange* ou *Mangle*, est doux et peut se manger : en le faisant fermenter, on en prépare même une liqueur vineuse. Enfin, le bois de plusieurs espèces est bon pour la charpente et assez durable.

Tribu II. — *Caralliées*. — Feuilles opposées; un albumen

Fig. 3.

(*Carallia, Cassipourca*, etc.). [Fig. 3. — 1. *Cassipourea elliptica*; 2. Fleur; 3. Étamines; 4. Pistil; 5. Coupe transversale de l'ovaire.].

Tribu III. — *Anisophyllées*. — Feuilles isolées; pas d'albumen (*Anisophyllea, Combretocarpus*).

RHIZOPHORE. s. m. (gr. ῥίζα, racine; φορός, qui porte). Genre de plantes Dicotylédones (*Rhizophora*) de la famille des *Rhizophoracées*. Voy. ce mot.

RHIZOPHORÉES. s. m. pl. (R. *Rhizophore*). T. Bot. Tribu de végétaux de la famille des *Rhizophoracées*. Voy. ce mot.

RHIZOPODES. s. m. pl. (gr. ῥίζα, racine; πούς, ποδός, pied). T. Zool. Nom d'une classe de *Protozoaires*. Voy. ce mot.

RHIZOPOGONIQUE. adj. 2 g. T. Chim. L'*acide r.* est contenu dans le champignon *Rhizopogon rubescens*. Il forme des cristaux orangés, fusibles à 127°, solubles en violet dans les alcalis.

RHIZOSTOME m. s. (gr. ῥίζα, racine; στόμα, bouche). T. Zool. Genre d'*Hydrozoaires*. Voy. ACALÈPHES.

RHIZOSTOMINE. s. f. T. Chim. Pigment violet des Rhizostomes.

RHIZOTOME. s. m. (gr. ῥιζοτόμος, m. s., de ῥίζα, racine, et τομός, qui coupe). Instrument destiné à couper ou hacher les racines.

RHODALITE. s. f. (gr. ῥόδον, rose; λίθος, pierre). T. Minér. Argile rose, fortement ferrugineuse.

RHODALOSE, s. f. [Pr. *rodalo-ze*] (gr. ῥόδον, rose). T. Minér. Sulfate hydraté de cobalt, en stalactites ou en enduits d'un rose pâle.

RHODAMINE. s. f. (gr. ῥόδον, rose, et fr. *amine*). T. Chim.

Nom de certaines matières colorantes basiques. Voy. Colorantes, IV, 4.

RHODANATE. s. m. (gr. ῥόδον, rose). T. Chim. Nom générique des sels et des éthers de l'acide rhodanique.

RHODANIEN, ENNE. adj. [Pr. rodani-in, ième] (lat. Rhodanus, Rhône). Qui appartient au Rhône.

RHODANIQUE. adj. 2 g. (gr. ῥόδον, rose). T. Chim. Voy. Sulfocyanique.

RHODE-ISLAND, l'un des États Unis de l'Amérique 346,000 hab.; ch.-l. Providence et Newport.

RHODÉORÉTINE. s. f. T. Chim. Syn. de Convolvuline.

RHODÉORÉTIQUE. adj. 2 g. T. Chim. Syn. de Convolvulique. Voy. Convolvuline.

RHODES, île de la Méditerranée, sur la côte S.-O. de l'Asie Mineure, aux Turcs; 6,000 Turcs, 21,000 Grecs; ch.-l. Rhodes; 10,000 hab. En 1309, cette île fut occupée par les chevaliers de Saint-Jean de Jérusalem (Voy. Malte), qui en furent dépossédés par Soliman II (1522). Le fond du port était, dans l'antiquité, surmonté d'une statue colossale que l'on comptait parmi les sept merveilles du monde. Voy. Colosse. == Nom des hab. : Rhodien, ienne.

RHODINAL. s. m. (gr. ῥόδον, rose). T. Chim. Voy. Rhodinol.

RHODINOL. s. m. (gr. ῥόδον, rose). T. Chim. On a donné les noms de Rhodinol et de Réuniol à un alcool qui répond à la formule $C^{10}H^{20}O$ et l'on rencontre dans l'essence de roses ainsi que dans l'essence de pélargonium de la Réunion. C'est un liquide incolore, huileux, lévogyre, doué d'une forte odeur de roses. Sa constitution est représentée par la formule $(CH^3)^2C : CH.CH^2.CH^2.CH(CH^3).CH^2.CH^2OH$.

L'oxydation convertit le r. en une aldéhyde, le Rhodinal, liquide incolore qui a pour formule $C^{10}H^{18}O$. Cette aldéhyde paraît identique avec le Citronellal qui existe dans l'essence de citronelle et dans l'essence de l'Eucalyptus citriodora. La réduction du citronellal par le sodium et l'alcool donne naissance au Citronellol qui ne diffère du rhodinol que par son pouvoir rotatoire dextrogyre.

Certains chimistes emploient le nom de Rhodinol pour désigner le Géraniol, qui a pour formule $C^{10}H^{18}O$ et qui constitue la majeure partie de l'essence de roses (environ 70 pour 100). Voy. Géraniol.

Enfin les noms de Rhodinol et de Réuniol servent aussi à désigner des produits commerciaux, mélanges artificiels de géraniol et de citronellol, que l'on vend comme substituts de l'essence de roses.

RHODIOLA. s. m. (dimin. du gr. ῥόδον, rose). T. Bot. Genre de plantes Dicotylédones de la famille des Crassulacées. Voy. ce mot.

RHODITE. s. f. (R. rhodium). T. Minér. Alliage naturel d'or et de rhodium.

RHODIUM. s. m. [Pr. ro-diome] (gr. ῥόδον, rose). T. Chim. Le Rhodium est un corps simple, métallique, qui a été découvert par Wollaston en 1804, et qu'on extrait des résidus de la préparation du platine. Blanc, avec un reflet bleuâtre, il a l'aspect de l'aluminium. Sa densité est 12. Il est dur, malléable, ductile, et n'est fusible qu'au chalumeau à gaz oxhydrique. Inaltérable à l'air et dans l'eau à la température ordinaire, il s'oxyde superficiellement quand on le chauffe au contact de l'air. Le r. compact n'est attaqué par aucun acide, et il ne se dissout dans l'eau régale qu'autant qu'il est allié avec certains métaux, comme le plomb, le cuivre, le bismuth et le platine. De même que le palladium, il peut absorber de grandes quantités d'hydrogène. Enfin, il se combine directement avec le soufre, le phosphore, l'arsenic et le chlore. En réduisant ses sels par l'acide formique on obtient le r. sous la forme d'un précipité noir, poreux, attaquable par l'eau régale ainsi que par l'acide sulfurique, et possédant les propriétés catalytiques du noir de platine. Le r. a pour symbole Rh et pour poids atomique 104.

On connaît un Sesquioxyde de r., Rh^2O^3, et un bioxyde, RhO^2, tous deux solides, insolubles dans les acides et dans les alcalis. Le premier est une masse grise qu'on obtient en calcinant l'azotate de r. Le second est brun; il se produit quand on fond le r. avec de la potasse et du nitre. — Le chlore n'attaque le r. qu'à une température élevée en donnant un Sesquichlorure Rh^2Cl^6 rose, insoluble dans l'eau. L'attaque se fait plus facilement si l'on fait passer un courant de chlore sur un mélange de r. et de sel marin; il se forme alors du Chlororhodate de sodium $Rh^2Cl^6,6NaCl$, qui forme des cristaux rouges, solubles. En traitant la solution de ce sel par la potasse on obtient l'Hydrate sesquirhodique $Rh^2(OH)^6,2H^2O$, précipité jaune-citron qui se dissout facilement dans les acides en donnant naissance aux différents sels de r. Ces sels correspondent au sesquioxyde et sont rouges ou jaunes. — Le r. sert à faire les pointes des plumes d'or.

RHODIZITE. s. f. (gr. ῥόδον, rose). T. Minér. Borate d'alumine et de potasse, avec sodium, rubidium et césium. La r. se rencontre dans l'Oural, en petits cristaux qui ont la forme de dodécaèdres. Elle doit son nom à la coloration rouge qu'elle communique à la flamme du chalumeau.

RHODIZONIQUE. adj. 2 g. (gr. ῥόδον, rose). T. Chim. L'acide r. est un composé cyclique répondant à la formule $C^6O^4(OH)^2$. Il possède deux fonctions quinone et deux fonctions phénol; vis-à-vis des bases il se comporte comme un acide bibasique. On peut l'obtenir en réduisant la perquinone par l'acide sulfureux. Il cristallise en lamelles incolores, solubles dans l'eau; sa solution est peu stable. Ses sels sont colorés.

Le Rhodizonate de potassium $C^6O^4(OK)^2$ cristallise en aiguilles rouges. Sa solution aqueuse s'évaporant à l'air, se décompose et se transforme en croconate de potassium. Pour préparer le rhodizonate on fait passer un courant d'oxyde de carbone sur du potassium chauffé, et l'on traite le produit de cette réaction par l'alcool; il se dépose une substance vert foncé, qui est le sel potassique de la tétraoxyquinone et qui en s'oxydant au contact de l'air se convertit en rhodizonate.

RHODOCHROME. s. f. (gr. ῥόδον, rose, et fr. chrome). T. Minér. Variété rose de kæmmérérite.

RHODOCHROSITE. s. f. [Pr. rodo-kro-zite] (gr. ῥόδον, rose; χρῶσις, coloration). T. Minér. Syn. de Diallogite.

RHODODENDRÉES. s. f. pl. [Pr. rodo-din-dré] (R. Rhododendron). T. Bot. Tribu de plantes de la famille des Éricacées. Voy. ce mot.

RHODODENDRON. s. m. [Pr. rodo-din-dron] (gr. ῥόδον, rose; δένδρον, arbre). T. Bot. Genre de plantes Dicotylédones de la famille des Éricacées. Voy. ce mot.

RHODOGRAPHIE. s. f. (gr. ῥόδον, rose; γράφειν, écrire). Traité ou description des roses.

RHODOMÈLE. s. f. (gr. ῥόδον, rose; μέλας, noir). T. Bot. Genre d'Algues (Rhodomela) de la famille des Rhodyméniacées. Voy. ce mot.

RHODOMÉLÉES. s. f. pl. (R. Rhodomèle). T. Bot. Tribu d'Algues de la famille des Rhodyméniacées. Voy. ce mot.

RHODONITE. s. f. (gr. ῥόδον, rose). T. Minér. Silicate de manganèse, en cristaux ou en masses lamelleuses roses.

RHODOPE, chaîne de montagnes de l'anc. Thrace, ramification de l'Hémus, auj. le Despoto-Dagh (Balkans).

RHODOPHYCÉES. s. f. pl. (gr. ῥόδον, rose; φῦκος, algue). T. Bot. Une des quatre ordres de la classe des Algues plus communément désigné sous le nom de Floridées. Voy. ce mot.

RHODOPHYLLÉES. s. f. pl. [Pr. rodo-fil-lé] (gr. ῥόδον, rose; φύλλον, feuille). T. Bot. Tribu d'Algues de la famille des Gigartinacées. Voy. ce mot.

RHODOPHYLLITE. s. f. [Pr. rodo-fil-lite] (gr. ῥόδον, rose; φύλλον, feuille). T. Minér. Syn. de Kæmmérérite.

RHODOPSINE. s. f. (gr. ῥόδον, rose; ὄψις, vue). T. Anat. Syn. de pourpre rétinien. Voy. Œil, II, B.

RHODOTANNIQUE. adj. 2 g. [Pr. rodota-nike] (gr. ῥόδον,

rose, et fr. *tanin*). T. Chim. L'*acide r.* est un tanin amorphe, jaune, contenu dans le *Rhododendrum ferrugineum*. Traité par les acides étendus, il donne naissance à une substance jaune rougeâtre, insoluble, appelée *Rhodoxanthine*.

RHODYMÉNIACÉES. s. f. pl. (R. *Rhodymenie*). T. Bot. Famille d'*Algues* de l'ordre des Floridées.

Caract. bot. : Les Rhodyméniacées ont tantôt un thalle filamenteux et abondamment ramifié, tantôt un thalle massif parfois ramifié, avec des organes foliacés. Les tétraspores sont rarement par 2, presque toujours par 4, disposées en tétraèdre dans le sporange. L'oogone est accompagné d'une cellule auxiliaire avec laquelle l'œuf s'anastomose aussitôt formé, par un tube assez long, par une courte papille, ou même par contact direct ; il se vide dans la cellule auxiliaire et c'est elle qui bourgeonne ensuite pour produire le sporogone. Dans les Rhodyméniacées filamenteuses, tantôt le sporogone conserve toutes ses branches libres et forme une sorte de buisson plus ou moins serré, tantôt il les serre étroitement et les unit en tubercule massif. Dans les Rhodyméniacées à thalle massif, le sporogone condense ses branches en un tubercule ou en un buisson serré enveloppé par un tégument à deux valves, ou pourvu d'un orifice terminal, ou complètement clos.

Les Rhodyméniacées comprennent 183 genres avec plus de 1,000 espèces que l'on peut grouper en trois tribus :

Tribu I. — *Céramiées*. — Thalle filamenteux (*Ceramium*, *Bornetia*, *Lejolisia*, *Crouania*, *Ptilota*, *Plumaria*, *Callithamnion*, *Monospora*, etc.).

Tribu II. — *Rhodomélées*. — Thalle massif ; oogone à tégument bivalve (*Rhodomela*, *Dictyurus*, *Polysiphonia*, *Chondria*, *Laurencia*, etc.).

Tribu III. — *Rhodyméniées*. — Thalle massif ; oogone sans tégument (*Rhodymenia*, *Delesseria*, *Plocamium*, *Gracilaria*, *Phacelocarpus*, etc.).

RHODYMÉNIE. s. f. T. Bot. Genre d'*Algues* (*Rhodymenia*) de la famille des *Rhodyméniacées*. Voy. ce mot.

RHODYMÉNIÉES. s. f. pl. T. Bot. Tribu d'*Algues* de la famille des *Rhodyméniacées*. Voy. ce mot.

RHŒADINE. s. f. (Pr. *réa-dine*). T. Chim. Alcaloïde cristallisable, insipide, non vénéneux, fusible à 232°, contenu dans le coquelicot (*Papaver Rhœas*). Traité par l'acide sulfurique étendu et bouillant, il se transforme en une base isomère, la *Rhœagenine* et en une matière colorante d'un rouge pourpre intense.

RHOMBE. s. m. (Pr. *ron-be*) (lat. *rombus*, gr. ῥόμβος, m. s.). T. Géom. Figure quadrilatère qui a les quatre côtés égaux, et les côtés opposés parallèles, avec deux angles obtus et deux angles aigus. Syn. de *Losange*. Se dit aussi adjectiv., aux 2 g. *Plan r. Face r.*

RHOMBIFORME. adj. 2 g. (Pr. *ron-biforme*). Qui a la forme d'un rhombe.

RHOMBIQUE. adj. 2 g. (Pr. *ron-bike*). Qui a la forme du rhombe. T. Minér. Syn. d'*orthorhombique*. Voy. CRISTALLOGRAPHIE, IV, 4.

RHOMBOÈDRE. s. m. (Pr. *ron-boèdre*) (gr. ῥόμβος, rhombe ; ἕδρ, base). T. Minér. Solide à six faces rhombes. Voy. CRISTALLOGRAPHIE.

RHOMBOÉDRIQUE. adj. 2 g. (Pr. *ron-boé-drike*). Qui a rapport au rhomboèdre. *Système r.* Voy. CRISTALLOGRAPHIE, IV, 2.

RHOMBOÏDAL, ALE. adj., et **RHOMBOÏDE.** adj. 2 g. (Pr. *ron...*) (gr. ῥόμβος, rhombe ; εἶδος, forme). Qui a la forme d'un rhombe ou d'un rhomboèdre. *Face rhomboïdale. Figure rhomboïdale. Cristal rhomboïdal* ou *rhomboïde*. — On dit aussi subst., *Un rhomboïde*. T. Anat. *Muscle r.*, ou simpl., *Rhomboïde*, Muscle qui s'étend des apophyses épineuses des vertèbres dorsales au bord interne de l'omoplate.

RHONCUS. s. m. (Pr. *ron-kus*) (gr. ῥόγχος, ronflement). T. Méd. Syn. de *Râle*. Voy. AUSCULTATION. = Quelques auteurs écrivent à tort *rhonchus*.

RHÔNE. fl. de France, prend sa source à la Furca

(Valais), traverse le lac de Genève, passe à Lyon, où il reçoit la Saône, se jette dans la Méditerranée par deux branches principales, enveloppant l'île de la Camargue, le *Grand-Rhône* à l'E., et le *Petit-Rhône* à l'O. ; 860 kilomètres. Ses principaux affluents sont : à droite, l'*Ain*, la *Saône*, grossie du *Doubs*, l'*Ardèche*, et le *Gard* ; à gauche, l'*Arve*, le *Fier*, l'*Isère*, la *Drôme* et la *Durance*.

RHÔNE (dép. DU), formé des anc. prov. du Lyonnais et du Beaujolais ; ch.-l. *Lyon* ; 1 autre arr. : *Villefranche* ; pop. : 806,700 hab.

RHÔNE AU RHIN (CANAL DU), canal qui fait communiquer le Rhône avec le Rhin par la Saône et le Doubs ; il commence à Saint-Symphorien, cant. de Saint-Jean-de-Losne, passe à Dôle, Besançon, Montbéliard, et finit dans l'Ill, près de Strasbourg ; 350 kilomètres. Construit de 1838 à 1853.

RHOPALIQUE. adj. 2 g. (gr. ῥόπαλον, massue). Se dit d'un vers grec ou latin formé d'une suite de mots dont chacun a une syllabe de plus que le précédent, le premier étant toujours un monosyllabe.

RHOPALOCÈRE. adj. 2 g. (gr. ῥόπαλον, massue ; κέρας, corne). Qui a les antennes terminées en massue. = RHOPALOCÈRES. s. m. pl. Nom donné aux papillons diurnes. Voy. DIURNES.

RHOTACISME. s. m. (gr. ῥωτακισμὸς, m. s.). T. Philol. Prononciation vicieuse qui substitue le son de *r* à celui de l's douce, ou de toute autre consonne.

RHUBARBARIQUE. adj. 2 g. (R. *Rhubarbe*). T. Chim. Syn. de *Chrysophanique*.

RHUBARBE. s. f. (gr. ῥᾶ, m. s., avec l'adjectif βάρβαρον, parce qu'elle venait d'un pays barbare). T. Bot. Genre de plantes Dicotylédones (*Rheum*) de la famille des *Polygonacées*. En pharmacie on emploie ce mot pour désigner la drogue fournie par les rhizomes de plusieurs espèces de ce genre. Voy. POLYGONACÉES, IV. Fig. Prov. *Passez-moi la r. et je vous passerai le séné*, se dit des gens qui se font des complaisances intéressées.

RHUM ou **RUM.** s. m. (Pr. *ro-me*). On désigne sous les noms de *Rhum* et de *Tafia*, deux liqueurs alcooliques qui se tirent de la canne à sucre ; mais le premier est le produit de la fermentation de la mélasse, résidu du suc de la canne, tandis que le tafia se retire des débris mêmes de la canne à sucre livrés à la fermentation. Le rhum est naturellement incolore et doué d'une saveur analogue à celle de l'eau-de-vie ; en vieillissant dans des tonneaux, il contracte une couleur ambrée et un arome particulier ; on imite cette couleur et cet arome qui ne s'acquièrent qu'avec le temps, en y faisant infuser des clous de girofle, du goudron, et surtout des râpures de cuir tanné ; habituellement on y ajoute aussi un peu de caramel. Le rhum le plus estimé est celui de la Jamaïque ; mais la plus grande partie de celui que consomme en France vient de la Martinique et de la Guadeloupe. Le r. des colonies françaises varie de 50 à 65 degrés à l'alcoomètre centésimal. Le tafia est inférieur au r. ; il a un arome moins prononcé et une saveur plus piquante. La plus grande partie de ce qui se vend en France sous le nom de r. n'est autre chose que du tafia. Enfin, depuis la fabrication de l'eau-de-vie de betterave, on vend encore chez nous, sous le nom frauduleux de r., une partie de cette eau-de-vie, après lui avoir donné artificiellement la couleur du véritable r. et une saveur qui a quelque analogie avec celle de ce dernier.

RHUMATIQUE. adj. 2 g. Syn. de *Rhumatismal*. Inus.

RHUMATISANT, ANTE. s. et adj. (Pr. *rumati-zan*). T. Méd. Qui est affecté de rhumatisme.

RHUMATISÉ, ÉE. adj. (Pr. *rumati-zé*). Qui est affecté de rhumatisme.

RHUMATISMAL, ALE. adj. Qui appartient au rhumatisme. *Érythème r. Douleur, goutte rhumatismale.*

RHUMATISMALEMENT. adv. Par l'effet, par la suite d'un rhumatisme.

RHUMATISME. s. m. (gr. ῥευματισμὸς, m. s., de ῥεῦμα,

écoulement). T. Méd. Le r. est une maladie générale caractérisée par des lésions inflammatoires, généralement articulaires, mais dont le siège et l'intensité varient suivant l'évolution de la maladie qui peut être *aiguë ou chronique*.

On classe communément, parmi les *affections rhumatismales*, une série de maladies ou de troubles, survenant souvent à la suite de refroidissements, mais n'ayant aucun rapport avec le r. proprement dit; dans bien des cas de ce genre, la goutte doit être incriminée. — Nous ne décrirons pas davantage ici les *arthrites* survenant au cours des maladies infectieuses; d'ailleurs son origine parasitaire n'est plus guère douteuse maintenant, et il est probable que les recherches bactériologiques, faites en ce moment pour en découvrir l'agent pathogène, seront prochainement couronnées de succès.

La maladie s'annonce par quelques frissons et la fièvre; les douleurs articulaires commencent habituellement aux cous-de-pied, puis aux genoux et se gagnent plus tard les articulations du bras; dans les grandes attaques, les petites articulations (vertébrales, celles de la mâchoire) sont prises à leur tour. La *douleur* est vive et augmente au moindre mouvement; l'articulation est gonflée, tuméfiée; à la palpation, on constate l'existence d'un épanchement qui est toujours séreux. La peau conserve habituellement une coloration normale, d'où le nom de *fluxion blanche* donné à cette tuméfaction. Les manifestations articulaires évoluent avec rapidité, elles s'atténuent, apparaissent ailleurs, reviennent parfois, en peu de temps, à l'articulation qu'on croyait libérée. Pendant l'attaque de r. l'intelligence reste intacte, malgré la *fièvre* qui est élevée et atteint le soir 39 ou 40°; l'anémie est rapide, le malade est très pâle et a des sueurs profuses; cet état peut durer deux ou trois semaines; la convalescence est assez longue.

Pendant l'accès, le malade est exposé à diverses complications ou manifestations que nous allons simplement mentionner. Aux membres inférieurs, on peut constater l'existence d'*érythème noueux* qui est constitué par des plaques rouges à base indurée; ces lésions sont quelquefois les seuls indices produits par l'attaque de r. On peut observer aussi, sur les membres, une éruption de taches rouges, purpuriques coïncidant avec les douleurs articulaires; cette manifestation est connue sous le nom de *péliose rhumatismale*; il en a déjà été question au mot PURPURA.

Le r. affecte principalement les séreuses articulaires (synoviales); il a tendance également à frapper les séreuses viscérales (endocarde, péricarde, plèvre, méninges); l'*endocardite* est fréquente, c'est une complication redoutable, entraînant souvent des troubles graves du cœur; des lésions mitrales chroniques en sont généralement la conséquence. Sous le nom de r. *cérébral*, on désigne une manifestation assez rare heureusement, mais généralement très grave et pouvant causer la mort; la fièvre augmente, devient extrême, le délire intense. Les accidents cérébraux se présentent quelquefois d'une façon moins violente et consistent en troubles psychiques, en *manie*; cet état guérit habituellement assez vite, mais il peut devenir chronique.

Le traitement du r. consiste dans l'emploi du *salicylate de soude* à la dose de 4 grammes par jour; l'antipyrine est employée contre la douleur. Les articulations malades doivent être entourées d'ouate et badigeonnées avec un liniment calmant, laudanisé. S'il y a menace d'endocardite ou de péricardite, on pratique, au niveau de la région précordiale, une révulsion énergique par les ventouses sèches ou scarifiées, les vésicatoires volants. Les bains froids sont utiles contre les complications cérébrales. Pendant l'attaque, le malade ne prendra que du lait et de la limonade.

Le R. CHRONIQUE comprend plusieurs variétés : r. *chronique simple*, r. *noueux*, *nodosités d'Heberden*. Il se développe tardivement, après l'âge de 40 ans et peut apparaître d'emblée ou succéder à la forme aiguë; le froid, l'humidité, l'hérédité sont ses causes habituelles. L'*arthrite sèche* des vieillards, généralement localisée au genou ou à la hanche (*morbus coxæ senilis*), est décrite par quelques auteurs avec le r. chronique; l'articulation est douloureuse, déformée; les mouvements sont accompagnés de *craquements*; la déformation est due à la tuméfaction des extrémités osseuses et parfois à la présence de liquide (hydarthrose).

Dans le r. *simple*, les articulations sont douloureuses, les mouvements difficiles, mais la fièvre est nulle; la maladie présente des rémissions, suivies de nouvelles poussées qui finissent à la longue par produire des déformations.

Le r. *noueux* s'observe surtout chez la femme; il a une tendance à envahir toutes les articulations en commençant par les plus petites, celles des mains généralement; les lésions sont symétriques et causent d'abord de la douleur et de la raideur; les mouvements sont gênés. Plus tard apparaît un gonflement notable de l'articulation malade; cette déformation est due à plusieurs causes : contractures musculaires, augmentation du volume des extrémités osseuses, rétraction des tendons et ligaments. Ces désordres peuvent amener l'impotence absolue de l'organe ou du membre; parfois la maladie reste stationnaire, mais la guérison complète est rarement obtenue. L'évolution de cette affection a peu d'influence sur l'état général qui peut rester bon.

Les *nodosités d'Heberden* constituent une variété de r. chronique, caractérisée par l'augmentation de volume de petits nodules osseux, situés de chaque côté des articulations des phalangettes qui sont déviées; la jointure est tuméfiée et douloureuse, mais ne présente pas de craquements. Cette affection n'a rien de commun avec la goutte.

Les rhumatisants sont prédisposés à des douleurs névralgiques (névralgie sciatique, faciale, etc.), musculaires (lumbago, torticolis), à certains œdèmes.

Le *traitement* du r. chronique consiste dans l'usage d'iodure de potassium, du liqueur de Fowler, et à l'extérieur des révulsifs : pointes de feu, badigeonnages de teinture d'iode, bains sulfureux; le froid et l'humidité doivent être évités.

RHUMATOÏDE. (R. *rhumatisme*, et gr. εἶδος, apparence). T. Méd. Qui a la forme du rhumatisme. *Douleur r.*

RHUMB. s. m. T. Mar. Voy. RUMB.

RHUME. s. m. (lat. *rheuma*, gr. ῥεῦμα, fluxion, écoulement). T. Méd. Nom vulgaire de l'inflammation de la muqueuse des fosses nasales et de la muqueuse des bronches. Dans le premier cas, c'est du *R. de cerveau*, dans le second, *R. de poitrine*, ou simplem. *Rhume*. *Il a pris un gros r. Ce n'est qu'un r.* Voy. CATARRHE, CORYZA et BRONCHITE.

RHUMERIE. s. m. [Pr. *ro-merie*]. Distillerie de rhum.

RHUS. s. m. [Pr. *rus*] (gr. ῥοῦς, nom de la plante). T. Bot. Nom scientifique du genre *Sumac*. Voy. ce mot, et ANACARDIACÉES, I.

RHYACOLITE. s. f. (gr. ῥύαξ, ruisseau; λίθος, pierre). T. Minér. Minéral constitué par un mélange d'orthose et de néphéline.

RHYNCHITE. s. m. [Pr. *rin-kite*] (gr. ῥύγχιον, petit bec). T. Entom. Genre d'insectes *Coléoptères*, appelé aussi *Lisette*. Voy. CURCULIONIDES.

RHYNCHOCÉPHALES. s. m. pl. [Pr. *rin-ko-séfale*] (gr. ῥύγχος, bec; κεφαλή, tête). T. Zool. Ordre de *Reptiles* comprenant des types d'organisation très primitive, adaptés à la marche. Ils présentent deux arcades temporales. La caisse du tympan n'existe pas et les organes d'accouplement sont absents. Cet ordre s'est spécialisé à la fin de l'époque primaire, dans le Permien; toutes les formes anciennes sont éteintes actuellement, sauf une seule espèce très rare, *Hatteria punctata*, que l'on trouve encore sur un rocher isolé de la Nouvelle-Zélande.

RHYNCHOPHORES. s. m. pl. [Pr. *rin-ko-fore*] (gr. ῥύγχος, bec; φορός, porteur). T. Entom. Syn. de *Curculionides*.

RHYNCHOPS. s. m. [Pr. *rin-kops*]. **RYNCHOPSINÉES**. s. f. pl. (gr. ῥύγχος, bec; κόπτω, je coupe). T. Ornith. Genre et sous-famille de *Palmipèdes*. Voy. BEC-EN-CISEAUX.

RHYNCHOSTOMES. s. m. pl. [Pr. *rin-ko-stome*] (gr.

ἐντός, bec; στόμα, bouche). T. Entom. Groupe d'Insectes Coléoptères. Voy. STÉNÉLYTRES.

RHYSODE. s. m. [Pr. *ri-zode*] (gr. ῥυσός, ridé). T. Entom. Genre d'Insectes Coléoptères. Voy. SERRICORNES.

RHYTHME; RHYTHMÉ, ÉE; RHYTHMIQUE, etc. Voy. RYTHME; RYTHMÉ, ÉE; RYTHMIQUE, etc.

RHYTON. s. m. (gr. ῥυτόν, m. s.). T. Archéol. Les Grecs désignaient sous ce nom (ῥυτόν) une simple corne de bœuf qui servait de coupe à boire, mais qui présentait cela de particulier, qu'elle était percée, à son extrémité la plus effilée,

d'un trou par lequel coulait la liqueur, ce qui forçait la personne qui portait ce genre de vase à ses lèvres de le vider tout entier. Plus tard, on étendit ce nom à des coupes de terre ou de métal qui offraient à peu près la forme d'une corne, et qui étaient percées à leur bout inférieur comme le r. primitif. En général, ces rhytons représentaient des figures d'animaux, comme on le voit par les dessins ci-dessus, qui reproduisent deux rhytons trouvés à Pompéi et conservés au Museo Borbonico de Naples.

RIAILLÉ, ch.-l. de c. (Loire-Inférieure), arr. d'Ancenis; 2,400 hab.

RIANS, ch.-l. de c. (Var), arr. de Brignoles; 2,200 hab.

RIANT, ANTE. adj. Qui annonce de la gaieté, de la joie. *Un air, un visage r. Une bouche riante. Un œil r.* ‖ Agréable à la vue, qui plaît aux yeux. *Une maison riante. Un jardin r. Un paysage r. Tout y était r.* ‖ Gracieux, agréable à l'esprit. *Des idées riantes. Je m'en fais une image riante.*

RIAULE. s. f. Outil du mineur, sorte de crochet muni d'une poignée.

RIAZAN. v. de Russie, ch.-l. de gouv.; 30,400 hab. Le gouv. a 1,618,600 hab.

RIBAMBELLE. s. f. [Pr. *riban-bèle*] (R. *riban*, qui s'est dit pour ruban?) Longue suite, kyrielle. *Il m'a dit une r. d'injures. Il m'a fait une r. de ses titres. Il amena une r. d'enfants.* Ce mot est fam., et ne se dit qu'en mauvaise part ou par plaisanterie.

RIBAUD, AUDE. adj. et subst. [Pr. *ri-bo, bode*] (orig. incertaine; peut-être de l'anc. all. *bold*, hardi, vx. fr. *baud*, avec le préfixe all. *eri*, en avant; ou encore anc. all. *ribe*, prostituée). Luxurieux, impudique. *C'est un franc r. Une femme ribaude, une ribaude.* Pop., grossier et peu usité.

Hist. — Au temps de Philippe Auguste, on désignait sous le nom de *Ribauds*, des aventuriers et des soldats déterminés qu'on mettait en avant dans toutes les actions de hardiesse et de vigueur. Mais bientôt ces aventuriers s'étant rendus redoutables par leur licence effrénée, on fut obligé de les licencier. Leur chef, qui portait le titre de *Roi des ribauds*, était, en outre, attaché à la maison du roi, et y remplissait les fonctions d'officier de police. Il se tenait à la porte du roi pendant le jour, faisait sa ronde le soir dans l'intérieur du palais, et exerçait au dehors une certaine juridiction sur les joueurs et sur les femmes de mauvaise vie. Mais des rapports trop familiers avec ces classes dégradées ayant avili peu à peu la royauté des *ribauds*, et ce dernier titre étant venu à ne se dire qu'en mauvaise part, le nom de cet officier fut supprimé sous Charles VII; toutefois l'office demeura, et son titulaire fut appelé *grand prévôt de l'hôtel.*

RIBAUDEQUIN. s. m. T. art Milit. Au moyen âge, on désigna d'abord sous ce nom une machine de guerre qui consistait en une grosse arbalète à tour, fixée sur un train à 2 roues et servant à lancer des javelots ferrés de cinq à six pieds de longueur. La voiture était pourvue d'un mantelet de bois pour protéger les hommes qui manœuvraient cette machine et sa partie antérieure était armée de fers de lance imitant ce qu'on appela plus tard *chevaux de frise.* Après l'invention de la poudre, on substitua à l'arbalète une série de petits canons propres à lancer des balles de plomb ou des traits appelés *carreaux,* ce qui fit donner au r. le nom d'orgue.

RIBAUDERIE. s. f. Action de ribaud, divertissement licencieux. *Il a donné dans toutes sortes de ribauderies.* Peu usité, et ne s'emploie qu'en termes de mépris et de blâme.

RIBAUDURE. s. f. Faux pli qui se trouve aux draps qu'on foule.

RIBE. s. f. (all. *reiben,* frotter?) Moulin à meule conique pour broyer le chanvre.

RIBEAUVILLÉ, anc. ch.-l. de c. (Haut-Rhin), arr. de Colmar; 8,000 hab. cédé à l'Allemagne en 1871.

RIBEMONT, ch.-l. de c. (Aisne), arr. de Saint-Quentin, sur l'Oise; 2,900 hab.

RIBÉRA, célèbre peintre espagnol (1588-1656).

RIBÉRAC, ch.-l. d'arr. du dép. de la Dordogne, à 37 kilomètres N.-O. de Périgueux; 3,700 hab.

RIBÉSIACÉES. s. f. pl. (lat. *ribes,* groseillier). T. Bot. Tribu de plantes Dicotylédones de la famille des *Saxifragacées.* Voy. ce mot.

RIBIERS, ch.-l. de c. (Hautes-Alpes), arr. de Gap; 1,000 hab.

RIBLAGE. s. m. T. Techn. Action de ribler une meule.

RIBLER. v. n. (R. *ribaud*). Courir les rues pendant la nuit. Vx.

RIBLER. v. a. (all. *reiben,* frotter). T. Techn. Ribler une meule, en polir la surface en l'usant contre une autre meule.

RIBLETTE. s. f. [Pr. *riblè-te*] (germ. *rib,* côte). Tranche de viande rôtie sur le gril.

RIBLEUR. s. m. (R. *ribler*). Celui qui court les rues la nuit, comme les filous. *C'est un r., un batteur de pavé.* Pop. et vieux.

RIBLON. s. m. T. Techn. Petite masse de fer qui n'est bonne qu'à refondre.

RIBONIQUE. adj. 2 g. (mot forgé avec *arabonique*). T. Chim. L'*acide r.* se produit quand on chauffe l'acide arabonique avec de la pyridine et de l'eau. C'est un acide monobasique, possédant quatre fonctions alcool et répondant à la formule $CH^2OH(CHOH)^3CO^2H$. Il se transforme facilement en *lactone r.* cristallisable, fusible vers 74°.

RIBON-RIBAINE. adv. Bon gré, mal gré. Vx.

RIBORD. s. m. [Pr. *ri-bor*]. T. Mar. Partie du bordage qui est immédiatement au-dessus du gabord.

RIBORDAGE. s. m. T. Mar. Dommage que le choc d'un bâtiment cause à un autre dans le port ou dans la rade, en changeant de place. *Droit de r.,* L'indemnité due pour ce dommage.

RIBOSE. s. f. [Pr. *ri-boze*] (R. *ribonique,* avec la term. *ose,* des sucres). T. Chim. Matière sucrée, liquide, obtenue en réduisant la lactone de l'acide ribonique par l'amalgame de sodium, en liqueur acide. Le r. a pour formule $CH^2OH(CHOH)^3CHO$. Elle forme une hydrazone fusible à 155°. — La pentite correspondante se produit par la réduction de la lactone ribonique en liqueur neutre; elle est identique avec l'*Adonite* que l'on a retirée de l'*Adonis vernalis* (Renonculacées).

RIBOTE. s. f. (R. *ribaud?*) Débauche, excès de table ou de boisson. *Faire r. Il est en r.* Pop.

RIBOTE. s. f. T. Techn. Froncement sur le papier.

RIBOTER. v. n. Faire ribote. Pop.

RIBOTEUR, EUSE. s. Celui, celle qui aime à riboter. Pop.

RICAMARIE (LA). Bourg de France (Loire). arr. de Saint-Étienne; 7,000 hab. Mines de houille et de fer.

RICANEMENT. s. m. [Pr. *rika-neman*]. Action de ricaner.

RICANER. v. n. (vx fr. *recaner, recaigner*, grincer des dents, braire comme l'âne, dont l'orig. est inconnue). Rire à demi, soit par sottise, soit par malice. *Elle ricane à tout propos. Au lieu de répondre, il se mit à r.*

RICANERIE. s. f. Ris moqueur.

RICANEUR, EUSE. s. Celui, celle qui ricane. *C'est un sot r.* || Adject., *Un air ricaneur.*

RIC-A-RIC. loc. adv. et fam. Avec une exactitude rigoureuse. *Compter ric-à-ric. Payer ric-à-ric.*

RICCI, général des Jésuites, né à Florence (1703-1775).

RICCIE. s. f. [Pr. *rik-si*] (*Ricci*, n. d'un bot. ital.). T. Bot. Genre d'Hépatiques (*Riccia*) de la famille des *Ricciées*. Voy. ce mot.

RICCIÉES. s. f. pl. [Pr. *rik-sié*] (R. *Riccie*). T. Bot. Famille d'Hépatiques de l'ordre des Marchantinées. *Caract. bot.*: Petites plantes terrestres, qui habitent surtout les terrains inondés, parfois aquatiques; thalle aplati, dichotome, portant à sa face inférieure des sortes de poils absorbants, et à sa face supérieure des enfoncements plus ou moins larges qui sont des sortes de cryptes communiquant avec l'extérieur par un ostiole central analogue à un stomate. Les anthéridies naissent au fond de cryptes semblables aux cryptes aérifères et le tissu du thalle forme au-dessus de chaque anthéridie une sorte d'involucre qui se développe en un long col proéminent. Les archégones naissent aussi au fond de cryptes. L'œuf se développe à l'intérieur de l'archégone en un sporogone sphérique à paroi mince, entièrement rempli de spores sans mélange d'élatères. En réalité le sporo-

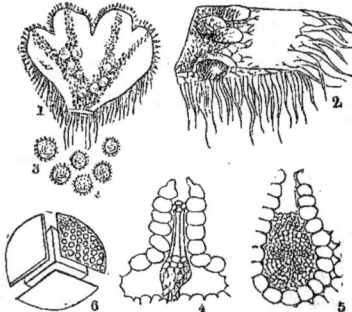

gone se réduit ici à un sporange sans columelle. [Fig. — 1. *Riccia natans*; 2. Portion du thalle grossi montrant les cryptes de la face supérieure; 3. Spores. — 4. *Riccia glauca*; jeune archégone; 5. Anthéridie; 6. Disposition des spores dans la cellule mère.

Cette famille comprend 3 genres (*Riccia, Ricciocarpus, Tesselina*) et environ 110 espèces dont les deux tiers appartiennent à l'Europe.

RICCOBONI (Louis), Italien, né à Modène qui inaugura la

Comédie italienne à l'hôtel de Bourgogne (1674-1743). || Son fils Antoine, auteur dramatique et acteur, né à Mantoue (1707-1772).

RICCOBONI (MME), femme d'Antoine Riccoboni, actrice et femme de lettres, née à Paris (1713-1792).

RICEYS (LES), ch.-l. de c. (Aube), arr. de Bar-sur-Seine; 2,700 hab.

RICHARD, ARDE. s. augment. de *Riche*. Celui qui a beaucoup de biens. Fam. et se dit des personnes d'une condition médiocre, qui ont fait fortune. *C'est un r., un gros r.* || T. Entom. Nom vulgaire des insectes du genre Bupreste.

RICHARD Ier, dit *Cœur-de-Lion*, fils de Henri II et d'Éléonore de Guyenne (1157-1199), devenu roi d'Angleterre en 1189, fit la 3e croisade avec Philippe Auguste. A son retour en Europe, il fut arrêté par le duc d'Autriche, et vendu à l'empereur Henri VI, qui ne lui rendit la liberté que moyennant une forte rançon. Rentré dans ses États, Richard força son frère Jean à la soumission, puis alla guerroyer en France, où il fut tué en assiégeant le château de Chalus, en Limousin. || Richard II, fils d'Édouard dit le *Prince Noir*, succéda à son grand-père Édouard III en 1377, sous la tutelle de ses oncles, les ducs de Lancastre, d'York et de Glocester. Devenu majeur, il se laissa gouverner par des favoris, et fut détrôné (1399) par son cousin Henri de Lancastre (Henri IV), et mis à mort (1400). || Richard III, 4e fils de Richard, duc d'York, s'empara du trône en faisant mourir ses neveux Édouard V et Richard d'York, prisonniers dans la tour de Londres (1483); mais à peine roi, il fut attaqué par Henri Tudor (Henri VII), vaincu et tué à Bosworth (1485); avec lui finit la guerre des Deux-Roses.

RICHARD DE CORNOUAILLES, fils de Jean sans Terre, proclamé empereur d'Allemagne en 1257, ne fut jamais couronné, bien qu'il ait exercé le pouvoir pendant 15 ans, époque dite *le grand interrègne*.

RICHARD (François), dit *Richard-Lenoir*, manufacturier fr., fonda en France, avec son associé Lenoir, la première filature de coton (1765-1839).

RICHARDIA. s. m. [Pr. *ri-char-dia*] (R. *Richard*, n. d'un bot. fr.). T. Bot. Genre de plantes Monocotylédones de la famille des *Aroïdées*.

RICHARDSON (Samuel), romancier anglais, auteur de *Paméla*, de *Clarisse Harlowe* et de *Sir Charles Grandisson* (1689-1761).

RICHARDSON (James), voyageur anglais; après plusieurs voyages en Afrique, il organisa une expédition scientifique dans l'intérieur avec Barth et Overweg, et y mourut épuisé de fatigues (1806-1851).

RICHARDSONIA. s. m. [Pr. *ri-chard-sonia*] (R. *Richardson*, n. d'un botan. angl.). T. Bot. Genre de plantes Dicotylédones de la famille des *Rubiacées*. Voy. ce mot.

RICHE. adj. 2 g. (anc. all. *reich*, puissant). Qui a beaucoup de bien, qui possède de grands biens. *Un homme fort r. Une famille extrêmement r. Il est r. en argent, en meubles, en bestiaux, en fonds de terre. Il est r. de son patrimoine. Cet homme est devenu r. en peu de temps. Cette communauté est fort r. C'est la ville la plus r. du royaume. Cet État est fort r.* Prov., *Être r. comme Crésus, comme un Crésus*. et fam.. *Être r. comme un juif, être r. à millions, Être extrêmement r.* — *Faire un r. mariage, Épouser une personne r.* On dit de même d'une personne de l'un ou de l'autre sexe, qui est à marier et qui est r., *C'est un r. parti.* || Fig., se dit encore en parlant des qualités personnelles. *R. en mérite, en vertus. Elle n'est pas r. en bienséances, elle est r. en vertus. Fam., Il est r. en sottise, r. en ridicules.* — *Une r. taille, Une taille fort au-dessus de la moyenne, mais bien proportionnée. Cet homme, cette femme est d'une r. taille.* || Abondant, fertile, qui produit beaucoup. *La moisson a été r. Un pays couvert de riches moissons. C'est un pays r. en blés, en vins, etc. Une belle et r. contrée. Cette mine de houille, de fer, de plomb est fort r.* — Par anal., *Une bibliothèque r. en manuscrits. Un musée r. en tableaux, etc.* — Fig., *Une langue r., Une langue abondante en mots et en tours. || Somptueux, magnifique, de grand prix. *Un r. ameublement. Des meubles riches. Des étoffes riches. Un plafond, un lambris fort r. Un habit r. Une r. broderie. De riches dépouilles.* — En T. Beaux-Arts, on dit de certains ouvrages qu'*ils sont riches*, Quand ils sont accompagnés d'ornements précieux par la matière ou par le travail. *Ces rinceaux, ces arabesques sont fort riches.* || Fig., en parl. de l'esprit, Fécond en idées, en images. *Sujet, matière r. Comparaison r.* — T. Versif. *Rimes riches.* Voy. RIME. — T. Peint. Composition *r.*, Composition remarquable par le nombre des figures, par la variété des attitudes, par l'expression des personnages etc. — RICHE. s. m. *Le r. et le pauvre. On doit également justice au r. et au pauvre.* Proverb., *On ne prête qu'aux riches.* Voy. PRÊTER. || Fam., *Un r. malaisé*, Un homme qui a de grands biens, mais beaucoup de dettes ou de charges, de manière qu'il se trouve souvent à la gêne. || *Le mauvais r.*, Celui dont Jésus-Christ a parlé dans l'Évangile ; et, par comparaison, *Un mauvais r.*, Un homme r. qui n'a point de charité pour les pauvres.

RICHELET, grammairien fr. (1631-1698), auteur d'un *Dictionnaire français*.

RICHELIEU, ch.-l. de c. (Indre-et-Loire), arr. de Chinon ; 2,400 hab. Château élevé par Richelieu, auj. en ruine.

RICHELIEU (ARMAND-JEAN DU PLESSIS, cardinal et duc DE), né à Paris (1585-1642), député aux États généraux de 1614, devint aumônier de la régente Marie de Médicis, secrétaire d'État pour la guerre et les affaires étrangères (1616), cardinal (1622). Premier ministre de Louis XIII (1624), il détruisit l'importance politique des protestants par la prise de la Rochelle (1628), réprima l'esprit factieux des grands par le supplice de Chalais, de Marillac, de Montmorency, de Cinq-Mars, etc., abaissa la maison d'Autriche en poussant contre elle Gustave-Adolphe et en s'emparant de l'Alsace, du Roussillon et de l'Artois. Il fonda l'Académie française en 1635. C'est peut-être le plus grand homme d'État de toute l'histoire de France.

RICHELIEU (duc DE), arrière-petit-neveu du cardinal par les femmes (1696-1788), maréchal de France, contribua à la victoire de Fontenoy sur les Anglais (1745), et prit d'assaut Port-Mahon, défendu par les Anglais (1756). || DUC DE RICHELIEU, petit-fils du précédent (1766-1822), ministre des affaires étrangères et président du conseil en 1815, obtint que la durée de l'occupation de la France par les armées étrangères fût réduite de sept ans à cinq, et que la contribution de guerre fût diminuée ; puis que la France fût évacuée au bout de trois ans.

RICHEMENT. adv. [Pr. *riche-man*]. D'une manière riche, magnifiquement. *Il est r. vêtu, r. meublé.* — Par plaisant., *Cette femme est r. laide.* || *Marier une fille r.*, Lui faire épouser un homme qui a de grands biens ; et *Pourvoir r. ses enfants*, Leur donner des établissements considérables. || *Ce poète rime r.*, Il n'emploie que des rimes très riches.

RICHMOND. Voy. RICHMOND.

RICHEMONT (comte DE), comte de Bretagne, connétable de France sous Charles VII, chassa les Anglais de la Normandie et de la Guyenne, et s'associa aux exploits de Jeanne d'Arc (1393-1458).

RICHEPANSE, général fr. (1770-1802).

RICHER, moine du Xe siècle ; auteur d'une chronique en latin.

RICHERAND, chirurgien fr. (1779-1840).

RICHESSE. s. f. [Pr. *richè-se*] (R. riche). T. Écon. polit. Tout ce qui peut servir à la satisfaction de nos besoins de tout genre. || Dans le lang. ordin., Opulence, abondance de biens. *C'est le commerce qui fait la r. de ce pays. Le bétail est une grande r. pour le cultivateur. Toute leur r. consiste en blés et en vins.* Prov., *Contentement passe r.* Voy. CONTENTEMENT. — *Richesses*, au pl., signifie des grands biens. *Accumuler des richesses immenses. Les richesses énormes. Le mépris des richesses. L'embarras des richesses.* || Se dit aussi de l'abondance des productions naturelles, et de la fécondité, de la productivité du sol. *La r. du sol. La r. d'une mine. La nature étale ici toute sa r.* — Figur., *La r. de l'imagination.* || Signifie quelquefois Source de richesse, de revenu. *Dans les familles laborieuses, les enfants sont une r. pour les pères. Son talent est sa seule r.* || Se dit de certaines choses dont la matière et les ornements sont précieux. *Voyez la r. de ce vêtement, il est couvert de pierreries. La r. d'un ameublement, d'une parure, d'une étoffe. La r. des ornements pontificaux.* || Fig., *La r. d'une langue*, L'abondance d'une langue en mots et en tours. — *R. de rimes*, Exactitude de rimes portée au delà de ce qui suffit. Voy. RIME. || T. Peint. *La r. d'une composition*, Le nombre et la belle ordonnance des figures, la variété de leurs attitudes, la beauté de leur expression.

Écon. pol. — En prenant le mot *R.* dans sa signification la plus générale, on le définit « tout ce qui est propre à satisfaire les besoins de l'homme, ou même ses goûts » Tous les économistes sont d'accord pour distinguer deux sortes de richesses. « Les biens susceptibles à tous, dont chacun peut jouir à sa volonté, sans être obligé de les acquérir, sans craindre de les épuiser, tels que l'air, l'eau, la lumière du soleil, nous étant donnés gratuitement par la nature, peuvent, dit J.-B. Say, être appelés *richesses naturelles*. » Le même économiste appelle, au contraire, *richesses sociales*, les biens qui sont en quantité limitée, et qui par conséquent sont appropriés, « car, dit-il, cette sorte de r. n'existe que parmi les hommes réunis en société. » Ces deux catégories de richesses, ainsi qu'il est facile de le voir, ont un caractère commun, l'*utilité*; mais les richesses sociales ont en outre un caractère particulier qui les distingue essentiellement des richesses naturelles : c'est la *valeur*, ou, comme disait par pléonasme beaucoup d'auteurs, la *valeur échangeable*. Il suit de là qu'en parlant de la r., on peut la considérer, tantôt au point de vue de l'*utilité* seule, tantôt au point de vue de la *valeur*. La r., en tant qu'abondance de choses utiles (peu importe que ces utilités soient gratuites ou aient une grande valeur), constitue la r. *effective*; c'est surtout l'accroissement de cette r. qui intéresse l'humanité, car le bien-être de l'homme augmente d'autant plus qu'il a à sa disposition plus de choses propres à satisfaire ses besoins. Au contraire, la r., considérée en tant que valeur, n'exprime, comme le mot *valeur* lui-même, qu'une simple relation ; on peut donc l'appeler, avec Bastiat, r. *relative*. C'est cette sorte de r. dont chacun de nous évalue, lorsqu'il veut estimer sa part proportionnelle dans la masse de l'avoir social. L'économie politique étant la science des lois suivant lesquelles les richesses se produisent, se distribuent et se consomment, elle doit nécessairement s'occuper surtout de la r. en tant que valeur, c.-à-d. des choses qui ont coûté à acquérir, qui sont nécessairement appropriées, et qui sont susceptibles d'échange ; néanmoins, ainsi que nous l'avons dit ailleurs, elle ne saurait négliger la r. en tant qu'utilité, car l'utilité est à rapport à la satisfaction des besoins de l'homme, satisfaction qui est le but de ses efforts et la fin de la science. — Voy. ÉCONOMIE POLITIQUE.

RICHIER (LIGIER). Sculpteur fr. (1500-1572).

RICHISSIME. adj. superl. [Pr. *richis-sime*]. Extrêmement riche. *C'est un homme r.* Fam.

RICHMOND, bourg d'Angleterre ; 9,000 hab. Observatoire.

RICHMOND, capitale de la Virginie (États-Unis) ; 63,000 hab. Ville industrielle.

RICHMOND (CHARLES LENNOX, duc DE). Général angl. 1764-1819. || Son fils Ch. GORDON, homme d'État angl., né à Londres (1791-1860).

RICHTER (JEAN-PAUL), célèbre écrivain et philosophe allemand (1763-1825).

RICHTÉRITE. s. f. T. Minér. Variété d'amphibole jaunâtre.

RICIMER, général romain. Suève d'origine, mort en 472 après avoir été le maître de l'empire d'Occident.

RICIN. s. m. (lat. *ricinus*, m. s.). T. Entom. Genre d'Insectes Hémiptères. Voy. POU. || T. Bot. Genre de plantes Dicotylédones (*Ricinus*) de la famille des *Euphorbiacées*, tribu des *Crotonées*. Voy. EUPHORBIACÉES.

RICINE. s. f. (R. *Ricin*). T. Chim. Diastase contenue dans les graines de ricin. Elle est amorphe, neutre, soluble dans l'eau salée. Elle est extrêmement toxique et peut amener la mort à la dose de quelques centigrammes. Elle perd son activité quand on fait bouillir sa solution.

RICINÉLAÏDINE. s. f. (R. *Ricin*, et gr. ἔλαιον, huile). T. Chim. Corps gras qui prend naissance lorsqu'on traite l'huile de ricin par le peroxyde d'azote ou par l'acide azotique saturé de vapeurs nitreuses. La r. cristallise dans l'alcool en mamelons blancs. La saponification la dédouble en glycérine et en *acide ricinélaïdique* $C^{17}H^{30}O^3.CO^2H$ qui cristallise en aiguilles soyeuses, fusibles à 53°, très solubles dans l'alcool et dans l'éther.

RICININE. s. f. (R. *Ricin*). T. Chim. Substance azotée qui est contenue dans les graines de ricin et qu'on retrouve dans le tourteau après qu'on en a exprimé l'huile. La r. a pour formule $C^{18}H^{16}Az^2O^4$. Elle cristallise en tables rectangulaires, blanches, amères, fusibles à 194°, solubles dans l'alcool. On la classée parmi les alcaloïdes, bien qu'elle ne forme pas de sels avec les acides. Oxydée par le permanganate de potasse, elle donne naissance à l'*acide ricininique* $C^{18}H^{14}Az^2O^4$ fusible à 295°.

RICINIQUE. adj. 2 g. (*Ricin*). T. Chim. L'acide r. est un acido-alcool cristallisable, fusible à 81°, qui se forme quand on distille le sel de baryum de l'acide ricinoléique. Il est isomérique avec ce dernier acide.

RICINOLÉIQUE. adj. 2 g. (lat. *ricinus*, ricin; *oleum*, huile). T. Chim. L'acide r. ou ricinolique est un oxy-acide qui a pour formule $C^{18}H^{34}O^3$. Il existe à l'état de glycéride dans l'huile de ricin, d'où l'on peut l'extraire par saponification. On l'obtient sous la forme d'un liquide incolore qui se concrète à 0° en une masse cristalline, fusible à 17°, soluble en toutes proportions dans l'alcool et dans l'éther. Traité par l'acide azoteux, il se transforme en acide ricinélaïdique. Avec le brome il forme un di-bromure que la potasse alcoolique convertit en *acide ricinostéarolique*, $C^{18}H^{32}O^3$, cristallisable, fusible à 51°. Avec l'acide sulfurique il donne un acide de la formule $C^{18}H^{35}O^2.SO^4H$ qui joue un rôle important dans la teinture en rouge d'Audrinople.

RICINULE. s. f. (dimin. du lat. *ricinus*, ricin, par allusion à la forme de la coquille). T. Zool. Genre de *Mollusques* Gastéropodes appartenant à la famille des *Purpuridés*.

RICOCHABLE. adj. 2 g. T. Milit. Se dit d'un terrain exposé aux ricochets de l'artillerie.

RICOCHER. v. n. Faire des ricochets. *Ce boulet a bien ricoché. Ma pierre a ricoché cinq fois.*

RICOCHET. s. m. [Pr. *riko-chè*] (orig. inconnue). Bond que fait une pierre plate et légère, ou quelque autre semblable, lorsqu'on la lance obliquement sur la surface de l'eau. *Faire quatre ricochets du même coup.* || T. Artillerie. *Battre, tirer à ricochets, tirer à ricochets ; Batterie, tir à ricochets,* Voy. TIR. || Fig. et fam., se dit d'une suite d'événements amenés les uns par les autres. *Un r. de fourberies. Combien d'événements arrivent par r.!* — On dit aussi d'une nouvelle qu'on ne tient pas de la première main, qu'*Elle est venue par r.*

RICORD, célèbre chirurgien fr., né à Baltimore (1800-1890).

RICOTTE. s. f. [Pr. *riko-te*] (lat. *recoctus*, cuit de nouveau). On appelle ainsi le produit caséeux qu'on obtient encore du petit-lait qui résulte de la fabrication du fromage. Après avoir ajouté le petit-lait un dixième de lait frais et y avoir excité une nouvelle coagulation avec du jus de citron ou du vinaigre, on le fait chauffer à petit bouillon sur le feu. Il se forme alors à sa surface une pellicule composée de petites masses de caséum que l'on enlève avec l'écumoire, et qui constituent la r. Cette substance, mise en formes, sert à faire de petits fromages que l'on mange fraîchement frais. A Naples, les ricottes sont salées et séchées afin qu'elles puissent se conserver, et on les emploie pour assaisonner le macaroni.

RICTUS. s. m. [Pr. *rik-tus*] (lat. *rictus*, m. s., de *rictum*, sup. de *ringor*, je grince des dents). Fente de la bouche qui laisse voir les dents.

RIDAGE. s. m. T. Mar. Action de rider un cordage.

RIDE. s. f. (R. *rider*). Sillon ou pli de la peau, d'une muqueuse ou d'une membrane quelconque; se dit ordinairement des plis ou sillons qui se forment sur le visage et sur les mains par l'effet de l'âge. *Elle a soixante ans et n'a pas encore une seule r. Il a le front plein de rides.*

Ses rides sur son front ont gravé ses exploits.

CORNEILLE.

Les rides de la vieillesse. Se faire des rides en se plissant le front. — Fig., *Le vent forme des rides sur l'eau,* Il frise légèrement la surface de l'eau, et il y fait comme de petits plis. || T. Mar. Petit cordage qui sert à raidir un autre cordage plus gros.

RIDEAU. s. m. [Pr. *ri-do*] (R. *rider*). Morceau d'étoffe, de cuir, etc., qu'on emploie pour cacher, couvrir, entourer ou conserver quelque chose, et auquel sont attachées des anneaux qui coulent sur une tringle, et qui servent à le tirer facilement, pour l'ouvrir ou pour le fermer. *R. de soie, de damas, de serge, de toile, de coton. R. de lit, de fenêtre, de carrosse. Ouvrir le r., Relever les rideaux, Tirer le r.,* signif., suivant le cas, Former le rideau ou l'ouvrir. *Tirez le r. sur ce tableau. Tirez le r., je veux dormir. Tirez le r., que je me lève.* — *Tirer le r. sur une chose,* ou absolum., *Tirer le r., Ne plus parler, ne plus s'occuper de l'esprit d'une chose dont l'idée produit une impression pénible. Il faut tirer le r. sur cette aventure, sur les malheurs passés.* Fam., on dit encore d'un homme qui a soin de ne pas se laisser apercevoir dans une affaire qu'il conduit : *Il se tient derrière le r. Il y a quelqu'un derrière le r.* ||| T. Techn. Assemblage mobile de petites lames de tôle qu'on relève ou qu'on abaisse à volonté au-devant d'une cheminée pour augmenter ou diminuer le tirage. — Assemblage des chaînes, tringles et barres de fer qui soutiennent le tablier d'un pont suspendu. || T. Théât. La toile qu'on lève ou qu'on baisse pour montrer ou pour cacher la scène aux spectateurs, à la place du rideau dont on se servait autrefois pour cet usage. *Lever, baisser le r. Au lever du r.* — *Lever de r.* Petite pièce qu'on joue au commencement d'une soirée, pour donner au public le temps de venir. — *R. de fond,* Décor qui forme le fond de la scène. — *R. de fer,* Rideau de métal destiné à séparer la salle de la scène en cas d'incendie. — Fig. et prov., *Tirez le r., la farce est jouée,* Tout est fini, il n'y a plus rien à attendre. || Par ext., se dit des arbrisseaux ou arbres plantés en haie pour produire de l'ombre ou pour rompre la violence des vents. *Les cyprès et les peupliers d'Italie sont très propres à former des rideaux.* On dit aussi, *Cette suite de maisons forme r.,* Elle arrête la vue et cache les objets les plus éloignés. || T. Guerre. Petite élévation de terre qui a quelque étendue en longueur, et derrière laquelle on peut se cacher pour être à couvert ou pour n'être pas vu.

RIDÉE. s. f. T. Chasse. Filet à prendre les alouettes.

RIDELLE. s. f. [Pr. *ridè-le*]. Chacun des deux côtés d'une charrette qui sont faits en forme de râtelier.

RIDELLE ou **RIDENNE.** s. f. T. Ornith. Nom vulg. du Canard Chipeau. Voy. CANARD, 6°.

RIDEMENT. s. m. [Pr. *ride-man*]. Action de rider.

RIDER. v. a. (anc. all. *riden*, tourner, tordre). Faire des rides, causer des rides. *Les années lui ont ridé le visage. Le chagrin ride le front.* — Fig., *Le vent ride la surface de l'eau.* La Fontaine a employé ce verbe neutralement :

Le moindre vent qui, d'aventure,
Fait rider la face de l'eau.

LA FONTAINE.

|| T. Mar. Raidir un cordage à l'aide de ses rides. = SE RIDER. v. pron. Devenir ridé, se sillonner de rides. *Son visage commence à se rider. Au moindre mécontentement, son front se ride.* = RIDÉ, ÉE. part. *Un front ridé. Des mains ridées.* || *Une pomme ridée,* Une pomme ratatinée, flétrie. || T. Chasse. *Fumées ridées,* Fumées de vieux cerfs, de vieilles biches.

RIDICULE. adj. 2 g. (lat. *ridiculus*, m. s., de *ridere*, rire). Digne de risée, de moquerie. *Discours r. Conduite r. Cet homme est r.*, il a des manières *ridicules. Saisir le côté r. d'une chose. Que cela est r.!* = RIDICULE. s. m. Se dit des personnes. *Cet homme est un r.* Au fém., *C'est une petite r.* || Ce qui est ridicule, ce qu'il y a de ridicule dans une personne ou dans une chose. *C'est d'un r. parfait, d'un r. achevé. C'est le comble du r. Tomber dans le r. Saisir, relever, peindre les ridicules. Il a bien des ridicules, mais au fond c'est un excellent homme. Couvrir quelqu'un de ridicules. — Tourner, traduire quelqu'un en r.*, Se moquer de lui, faire voir aux autres ce qu'il y a de r. dans sa personne, dans ses actions, dans ses discours. || Se dit aussi des actes, des discours par lesquels on se moque d'une personne, on fait rire les autres à ses dépens. *Lancer les traits du r. Manier l'arme du r. Le r. est une arme dont on peut facilement abuser.*

Syn. — *Risible.* — Ce qui est r. est digne d'exciter le rire; ce qui est *risible* est propre à exciter le rire, et l'excite. *Risible* se prend en bonne et en mauvaise part; r. ne se prend qu'en mauvaise part. Il y a des choses qui font rire, parce qu'elles sont déplacées, désordonnées, immodérées; et celles-là sont *risibles* et *ridicules.* Il y a des choses qui doivent faire rire, pour remplir leur destination, leur objet ou leur fin; celles-là sont *risibles* et non *ridicules.* Un objet est r. par un contraste frappant entre la manière dont il est et celle dont il devrait être, selon le modèle donné, la règle, les bienséances, les convenances. Un objet est *risible* par quelque chose de plaisant et de piquant, qui vous cause une surprise et une joie assez vives pour se manifester par des signes extérieurs et indélibérés. Un travers d'esprit vous rendrait r.; ce travers est au moins un commencement de folie. Une singularité comique vous rendra *risible;* cette singularité cependant peut être fort raisonnable.

RIDICULE. s. m. (altér. de *réticule*). Petit sac formant à coulisse, en filet ou en tissu de soie, que les femmes portent à la main et où elles mettent leur bourse, leur mouchoir, etc.

RIDICULEMENT. adv. [Pr. *ridi-kuleman*]. D'une manière ridicule. *Il parle, il chante r.*

RIDICULISER. v. a. [Pr. *ridikuli-zer*]. Rendre ridicule, tourner en ridicule. *R. un homme. R. l'action la plus sérieuse.* Fam. = RIDICULISÉ, ÉE. part.

RIDICULISSIME. adj. 2 g. [Pr. *ridikulis-sime*]. Très ridicule.

RIDICULITÉ. s. f. Qualité de ce qui est ridicule. *Je lui ai fait sentir la r. de sa conduite.* || Action ou parole ridicule. *C'est une r. d'agir ainsi.* Fam. et peu usité.

RIDOIR. s. m. [Pr. *ri-douar*]. T. Mar. Machine pour rider.

RIÈBLE. s. m. T. Bot. Nom vulgaire du *Galium aparine.* Voy. RUBIACÉES.

RIEGO Y NUNEZ, général et patriote espagnol mis à mort en 1823. L'hymne qui porte son nom, paroles d'Évariste San-Miguel, musique de Huerta, est devenu le chant national des Espagnols.

RIEMANNITE. s. f. [Pr. *ri-ma-nite*] (R. *Riemann*, n. d'homme). T. Minér. Syn. d'*Allophane.*

RIEN. s. m. [Pr. *ri-in*] (lat. *rem*, acc. de *res*, chose). Chose quelconque, quelque chose que ce soit. *Y a-t-il r. de si beau que la vertu? Qui vous reproche r.? Ce n'est pas mon dessein de r. prétendre à un cœur qui s'est donné. Il ne faut pas qu'il sache r. de tout ceci. R. ne me plait davantage. R. au monde ne me ferait faire cela. N'y a-t-il r. de nouveau? Il ne dit, il ne demande, il ne répond r. Il ne sait r. Il n'aime r. Il ne sait r. Il ne fait r., r. qui vaille. Je ne lui ai r. dit ni r. fait. Il n'a plus r. pour vivre, N'en dites r. Cela ne vaut r. Cela ne signifie, ne prouve r. Il n'en est r. Ne faites semblant de r. Je ne ferais cela pour r. au monde. Tout cela n'aboutit à r. Cela ne vous servira de r. Cet homme n'est bon à r. Je ne veux vous nuire en r.* — Fam., *Ne savoir r. de r.*, Ne savoir absolument rien. *Ne dire r. de r.*, Ne rien dire du fait principal, ni des circonstances qui peuvent y avoir rapport. — *Cela ne fait r.*, Cela n'importe pas. *Cela ne fait rien à l'affaire.*

On dit aussi, *Cela ne me fait r.* — *Cet homme ne fait r.*, Il n'a aucun emploi. *Il ne fait plus r.*, Il n'a plus d'emploi. — *Cet homme ne m'est r.*, Il n'est point mon parent. Fam., *Cet homme ne m'est de r., cela ne m'est de r.*, Je n'y prends aucun intérêt. — *C'est un homme qui ne m'est r. contre lui*, se dit d'un homme très circonspect dans sa conduite et dans ses discours. || *Rien*, sign. aussi, Nulle chose, néant. *Dieu a créé le monde de r. Il semble que cela se soutienne sur r., que cela ne porte sur r., que cela ne tienne à r. Je compte cet homme, cette chose pour r. Que vous a coûté cela? Ce que vous dites et r., c'est la même chose. Tout ou r. R. du tout. Moins que r. Un peu plus que r. Si peu que r. — Cette affaire ne tient à r.*, Rien n'empêche qu'elle ne se fasse. — Par exag., *Cela s'est réduit à r.*, Il n'en est presque rien resté; cette loc. se dit aussi Fig., d'une affaire dont on se promettait un grand succès, et qui n'en a eu aucun. — Fig., *Cet homme est venu de r., il s'est élevé de r.*, Il est d'une fort basse naissance. On dit aussi, *C'est un homme de r. Une fille de r.* || Dans certaines phrases où R. est mis en oppos. avec lui-même, l'un a le sens positif, et l'autre le sens négatif. *Dans l'ordre de la nature, r. ne se fait de r.* — Prov., *On ne fait r. de r.*, On ne saurait réussir dans aucune affaire, dans aucune entreprise, si l'on n'a quelque chose, quelques moyens, quelques secours pour y parvenir. *On ne fait r. pour r.*, Il entre presque toujours quelques vues d'intérêt personnel dans les services que rendent les hommes. || R., s'emploie quelquefois pour dire peu de chose. *Il a eu cette maison pour r. Il mange très peu, il vit de r. Dans ce pays-là on vit pour r. Un r. le fâche. Il ne tint à r. qu'il ne fît telle chose*, Il s'en est fallu de bien peu qu'il ne fît telle chose. — Fam., *Il n'y a r. de..., Il y a peu de temps que. Il n'y a r. que nous l'avons vu. Il n'y a r. qu'elle était ici.* Vx. || *Riens*, au pl., sign. Bagatelles, choses de nulle importance. *S'amuser à des riens. Il vaut mieux ne r. faire que de faire des riens. Ces difficultés sont des riens. C'est un diseur de riens.* || *R. moins*, *R. moins*, En moins de r., Voy. MOINS. = COMME SI DE RIEN N'ÉTAIT. loc. adv. Comme si la chose dont il s'agit n'était pas arrivée. *Après une vive querelle, ils se sont embrassés comme si de r. n'était.*

RIENZI (NICOLAS DI), fils d'un aubergiste, né à Rome, ne put obtenir du pape Clément VI qu'il quittât Avignon; il se fit donner par le peuple le titre de tribun de Rome (1347), et voulut fonder une république des États italiens; mais, devenu odieux par son orgueil, il fut assassiné (1313-1354).

RIESEN-GEBIRGE. c.-à-d. *Montagne des Géants*, chaîne de montagnes de l'Allemagne, entre les bassins de l'Elbe et de l'Oder.

RIEUMES, ch.-l. de c. (Haute-Garonne), arr. de Muret; 2,100 hab.

RIEUPEYROUX, ch.-l. de c. (Aveyron), arr. de Villefranche; 2,900 hab.

RIEUR, EUSE. s. Celui, celle qui rit. *Faites taire tous ces rieurs.*

On cherche les rieurs, et moi je les évite,

LA FONTAINE.

|| Celui, celle qui aime à rire. *C'est un grand r., une grande rieuse.* — Adjectiv., *Cette jeune personne est très rieuse.* || Celui, celle qui raille, qui se moque. *Vous êtes un r.* — Fam., *Avoir, mettre les rieurs de son côté. Avoir pour soi l'approbation du plus grand nombre. R. de raison, mais les rieurs ne sont pas de son côté, ne sont pas pour lui.*

Les rieurs sont pour vous, Madame, c'est tout dire.

MOLIÈRE.

|| T. Ornith. *Mouette rieuse*, Voy. GOÉLAND.

RIEUX, ch.-l. de c. (Haute-Garonne), arr. de Muret; 1,900 hab.

RIEUX (JEAN DE), maréchal de France, s'attacha à Du Guesclin, et se signala dans les guerres contre les Anglais (1342-1417).

RIEZ, ch.-l. de c. (Basses-Alpes), arr. de Digne; 2,100 hab.

RIFF ou **RIF**, région montagneuse située entre l'Atlas et la Méditerranée, de la frontière de l'Algérie à Tanger (Maroc).

RIFLARD. s. m. [Pr. *ri-flar*] (R. *rifler*). Grand rabot à deux poignées. Voy. RABOT. || Sorte de lime, appelée aussi *Rifloir*. Voy. LIME. || Ciseau en forme de palette qui sert aux maçons pour ébarber les ouvrages de plâtre. || Popul., Vieux parapluie. *Porter un riflard.*

RIFLEAU. s. m. [Pr. *ri-flo*]. Veine de matières étrangères, inclinée au sud, dans un banc d'ardoises.

RIFLER. v. a. (R. *rafler*). Raboter, limer avec le riflard.

RIFLOIR. s. m. [Pr. *ri-flouar*] (R. *rifler*). Lime un peu courbée par le bout qui permet d'agir dans les creux. Voy. LIME.

RIGA, v. de la Russie d'Europe, anc. cap. du duché de Livonie, sur la Dvina, à son embouchure dans le golfe de Riga; 195,000 hab. == GOLFE DE RIGA ou de LIVONIE. Voy. LIVONIE.

RIGAUD. s. m. Noyau qui se trouve dans une pierre à chaux mal calcinée.

RIGAUD (HYACINTHE), peintre de portraits, célèbre sous Louis XIV et Louis XV (1659-1743).

RIGAUDON et **RIGODON.** s. m. (R. *Rigaud*, professeur de danse). Air de danse à deux temps, très gai et très animé, dont l'inventeur, prétend J.-J. Rousseau, se nommait *Rigaud*. || La danse qu'on exécutait sur cet air. — Se dit aussi d'un certain pas qui entre aussi dans la danse ordinaire.

RIGEL. s. m. (ar. *ridjl*, pied). T. Astron. Nom de l'étoile de première grandeur β d'Orion. Voy. CONSTELLATION.

RIGHI, montagne de Suisse, isolée entre les lacs de Goldau, de Zug et des Quatre-Cantons (1,850 m.).

RIGIDE. adj. 2 g. (lat. *rigidus*, m. s., de *rigere*, se raidir). Sévère, austère, exact. *C'est un homme r., trop r. Un confesseur r. Un censeur r., un critique r. Une morale r. Une vertu r. Des mœurs rigides. C'est un r. observateur des lois, de la règle, de la discipline.* || Qui fait profession de soutenir les dogmes d'une secte sans la moindre altération. *Un calviniste r. Un cartésien r.*

RIGIDEMENT. adv. [Pr. *rijide-man*]. Avec rigidité. *Il a jeûné tout le carême r. Il examine tout fort r.*

RIGIDITÉ. s. f. (lat. *rigiditas*, m. s.). Grande sévérité, exactitude rigoureuse, austérité. *La r. de la loi. La r. de sa morale, de ses mœurs. La r. des puritains, des jansénistes.* || T. Physiol. Raideur, défaut de souplesse. *R. cadavérique.* Voy. MUSCLE, V.

RIGNAC, ch.-l. de c. (Aveyron), arr. de Rodez; 2,100 hab.

RIGNY (HENRI, comte DE), amiral fr. (1782-1835), commanda la flotte française à la bataille de Navarin (1827), et fut ministre sous le Gouvernement de juillet.

RIGODON. s. m. Voy. RIGAUDON.

RIGOLADE. s. f. Action de rigoler, de se divertir.

RIGOLAGE. s. m. Action de faire couler les eaux dans les rigoles.

RIGOLE. s. f. (lat. *rigare*, arroser). Petit fossé qu'on fait dans la terre ou petit canal qu'on creuse dans des pierres de taille, pour faire couler de l'eau. *Faire une r., des rigoles. R. d'irrigation. R. alimentaire. R. de dérivation.* || Petite tranchée qu'on fait pour planter des bordures de buis, de thym, ou des palissades de charme, d'érable, etc. *Planter des rigoles.* || T. Techn. Sorte de gouttière qui se trouve à la partie inférieure d'un tuyau d'orgue.

RIGOLER. v. n. (anc. haut. all. *riga*, danse en rond). Se divertir. Pop. — On disait autrefois *se rigoler*.

RIGOLER. v. a. Couper par des rigoles. *R. un pré.* == RIGOLÉ, ÉE. part.

RIGOLEUR. s. m. Celui qui rigole.

RIGORISME. s. m. (lat. *rigor*, raideur). Sévérité, austérité extrême en fait de morale. *Il a trop de r. dans ses principes. Le r. de cette secte.*

RIGORISTE. adj. et s. 2 g. Qui pousse trop loin la sévérité dans certains principes, et partic. dans ceux de la morale. *Il y a des rigoristes dans toutes les religions. Cette secte est très r. Cette femme est une r. outrée. C'est un r. en matière de littérature et de goût.*

RIGOUREUSEMENT. adv. [Pr. *rigoureu-zeman*]. Avec rigueur, d'une manière dure et sévère. *Il l'a traité r. Punir r.* || *Cela est r. démontré,* d'une façon incontestable. *Cela est r. vrai,* Est exactement vrai de tous points.

RIGOUREUX, EUSE. adj. [Pr. *rigou-reu, euze*] (lat. *rigorosus*, m. s.). Rude, âpre, dur à supporter. *Hiver r. Un climat r. Saison rigoureuse.* || Sévère, difficile à supporter. *Un arrêt r. Une sentence rigoureuse. Une pénitence rigoureuse. Un châtiment r. Un sort r. Une destinée rigoureuse.* || Rigide, austère, qui exige ou qui prouve une exactitude sévère. *J'ai un devoir r. à remplir. Subir un examen r. Suivre des maximes rigoureuses. Avoir une conduite rigoureuse. — Une diète rigoureuse, Une abstinence presque complète.* || Qui a beaucoup de sévérité dans sa conduite, dans ses maximes à l'égard des autres. *C'est un homme r. qui n'excuse rien. C'est un créancier fort r. Un juge r.* || *Démonstration rigoureuse,* Démonstration sans réplique. *Preuves rigoureuses,* Preuves incontestables. == RIGOUREUSE. s. f. Temps de stage pendant lequel un chanoine est astreint à ne pas manquer une fois d'assister au chœur.

RIGUEUR. s. f. [Pr. *ri-gheur, g* dur] (lat. *rigor*, m. s.). Dureté, âpreté. *La r. du climat, de la saison, de l'hiver. La r. du froid.* || Sévérité, dureté, austérité. Grande, extrême r. *Il traite ses enfants avec trop de r. User de r. à l'égard de quelqu'un. Tenir r. à quelqu'un. Les rigueurs d'une prison.* — Fig., *La r. du destin, du sort, de la fortune. Les rigueurs d'une belle.* || Grande exactitude, sévérité dans la justice. *Les juges sont obligés de suivre la r. des lois. Tempérer, adoucir la r. des lois.* Dans un sens usuel, *La r. des règles, la r. de la rime. — La loi de r.,* La loi de Moïse, par oppos. à *La loi de grâce,* à la loi nouvelle. — *Juges de r.,* Les juges qui doivent prononcer selon la r. de la loi, à la différence des arbitres, qui peuvent se décider d'après l'équité naturelle. — *Ce te chose, cette règle est de r.,* Elle est indispensable. || T. Jeu. *Jouer de r.,* Jouer exactement, suivant la règle. — A LA RIGUEUR, A LA DERNIÈRE RIGUEUR, A TOUTE RIGUEUR, EN RIGUEUR, locut. adv. Dans la dernière exactitude, avec une extrême sévérité, sans faire aucune grace. *Observer les lois à la r., à la dernière r. En r., en toute r.,* on ne peut le condamner qu'à tant. — *Cela est prouvé d'une manière incontestable.* || *A la r.,* signif. aussi, A la lettre, sans modification, sans adoucissement. *Appliquer une loi à la r. Il ne faut pas prendre ce qu'il dit à la r.*

Syn. — *Sévérité.* — La *rigueur* consiste, comme la *sévérité*, à ne point excuser des fautes ou des crimes; mais la *sévérité* condamne, tandis que la *rigueur* punit. L'une est opposée à indulgence, et l'autre à clémence. La *rigueur* montre, dans la conduite et l'application, ce que la *sévérité* présente comme une simple disposition dans l'esprit. On dit, la *sévérité* d'une réprimande, et la *rigueur* d'un châtiment.

RIG-VÉDA, collection d'hymnes écrites en sanscrit, faisant partie du recueil des Védas. Voy. VÉDA.

RILLE, riv. de France sortant du Perche et rejoignant la Seine (rive gauche) au-dessous de Quillebœuf; 140 kil.

RILLETTE. s. f. [Pr. *ri-llè-te, ll* mouillées] (R. vx fr. *rille*, tranche). T. Cuis. Viande de porc hachée menu et cuite dans sa graisse. *Des rillettes de Tours.*

RILLON. s. m. [Pr. *ri-llon, ll* mouillées] (R. vx fr. *rille*, tranche). Menu résidu de porc ou d'oie dont on a fait fondre la graisse.

RIMAILLE. s. f. [Pr. *rima-lle, ll* mouillées]. Méchante poésie.

RIMAILLER. v. n. [Pr. *rima-ller*, *ll* mouillées] (R. *rimer*, avec le suff. péjor. *aille*). Faire de mauvais vers.

RIMAILLEUR, EUSE. s. [Pr. *rima-lleur*, *euze*, *ll* mouillées]. Celui, celle qui rimaille, qui fait de mauvais vers. — Fam.

RIME. s. f. (anc. all. *rim*, nombre, cadence). Uniformité de son, dans la terminaison de deux mots. || Fam., se dit quelquefois au plur., pour signif. Vers. *Je vous envoie mes rimes.* Fig. et fam., *il n'y a ni r. ni raison dans ce qu'il dit, dans ce qu'il fait.* Voy. RAISON.

Littér. — I. Dans la poésie française, ainsi que dans le système de versification de la plupart des langues européennes modernes, on appelle *Rime* le retour du même son à la fin de deux ou de plusieurs vers. Ainsi, *aimer* et *charmer*, *belle* et *rebelle*, forment des rimes. Cependant, pour que deux vers riment ensemble, il ne suffit pas qu'ils se terminent par le même son, il faut encore qu'ils réunissent quelques autres conditions purement conventionnelles, car en général elles sont plus pour les yeux que pour les oreilles. Nous nous contenterons d'en citer quelques-unes. Il n'est pas permis de faire rimer le singulier avec le pluriel dans les noms, les adjectifs et les verbes, *arme* avec *larmes*, *sincère* avec *prospères*, *délie* avec *humilient*. Un mot sans *s* final ne rime pas avec un mot terminé par *s*, *x* ou *z*, *accord* avec *corps*, etc. Les finales en *a* dans les verbes, celles en *e*, *ée*, *er*, en *i*, en *u*, en *ion*, en *ment*, doivent rimer de toute l'articulation, c.-à-d. que la *consonne d'appui* doit être la même : *bonté* ne r. pas avec *donné* mais il r. avec *traité*, etc. Les syllabes en *ès*, *êts*, *ais*, *aits*, donnent des rimes *suffisantes*, car elles ont la même consonance, bien qu'elles n'aient pas la même articulation. Au contraire, les syllabes *tère* et *taire*, *tend* et *tent*, *pond* et *pont*, forment des rimes excellentes, malgré la différence d'orthographe qu'elles présentent. Les syllabes longues ne riment qu'abusivement avec les brèves, les *è* ouverts avec les *é* fermés, les voyelles simples avec les diphthongues : ces rimes sont dites *fausses*. Plusieurs de celles qu'on rencontre dans les poètes proviennent de prononciations locales plus ou moins vicieuses : de là ce qu'on appelle les *rimes normandes*, comme la consonance de *mer* et d'*aimer*, de *fiers* et d'*alliers*, et les *rimes provençales*, comme la consonance de *trône* et de *couronne*, de *trompette* et de *tempête*. Le simple et le composé, ainsi que les mots dont l'orthographe est la même, ne riment qu'autant que leur signification est éloignée.

II. — On distingue les rimes sous le rapport de leur *genre*, de leur *richesse* et de leur *arrangement*.

A. Sous le rapport de leur *genre*, les rimes se divisent en *masculines* et *féminines*. Les rimes *féminines* sont celles que donnent les mots qui se terminent par un *e* muet (*ouvrage* et *suffrage*, *donne* et *pardonne*, *patrie* et *chérie*), ou par un *e* muet suivi d'un *s* (*célestes* et *détestes*), ou par un *e* muet suivi des lettres *nt* (*fourmillent* et *pétillent*). Toutes les autres rimes sont dites *masculines*. On regarde avec raison comme masculines les terminaisons des troisièmes personnes plurielles de l'imparfait de l'indicatif et du conditionnel présent (*mouvaient* et *élevaient*, *frapperaient* et *s'aimeraient*), quoiqu'elles présentent un *e* muet suivi de *nt*, parce qu'ici l'*e* muet ne fait pas syllabe et n'est qu'un signe orthographique. Les vers eux-mêmes sont dits *masculins* ou *féminins*, suivant qu'ils ont une r. masculine ou féminine. Relativement au genre, il est de règle de faire succéder les rimes de manière qu'il n'y ait jamais deux vers de suite de même genre ne rimant pas l'un avec l'autre. On attribue communément l'invention de cette règle à Malherbe : mais il est certain qu'elle était déjà mise en pratique par J. Bouchet et Ch. Fontaines, dans la première moitié du XVIe siècle. Après les poètes, elle fut suivie par Philippe Desportes, Regnier et quelques autres, et c'est aux efforts de ces derniers que son usage dut se généraliser. Cette règle n'admet d'exception : 1° que dans quelques chansons faites sur des airs connus, où la musique force le poète de prendre un genre de r. plutôt qu'un autre ; 2° dans quelques pièces dont le sel dépend souvent de l'emploi de certains mots en r. en certaine place ; 3° enfin, dans quelques pièces appelées *monorimes*, parce que tous les vers y riment ensemble, comme dans la pièce de Lefranc de Pompignan :

> Nous fûmes donc au château d'If ;
> C'est un lieu peu récréatif,
> Défendu par le fer oisif
> De plus d'un soldat maladif, etc.

B. Envisagées au point de vue de la richesse, les rimes sont *pauvres, suffisantes, riches* ou *superflues*. — Les rimes *pauvres* sont celles qui n'ont absolument de commun que le son consonnant, qu'il soit exprimé par une ou plusieurs lettres, sans la consonne d'appui, comme dans *creva* et *voilà*, *faim*, et *destin*, *défaut* et *chaud*, *vu* et *retenu*, *pompeux* et *langoureux*, *vous* et *courroux*, *rondeaux* et *nouveaux*. Il est à peine besoin de dire qu'on doit, autant que possible, éviter ces sortes de rimes. — Les rimes *suffisantes* sont celles où le son consonant est suivi de consonnes qui se prononcent de la même manière. Tel est le cas de *polir* et *saphir*, où le son de l'*i* se trouve prolongé, des deux côtés par l'r. Nous citerons encore *amorce* et *force*, *flamme* et *épigramme*, *secrète* et *poète*, *périlleuse* et *épineuse*, etc. Du reste, toutes les rimes féminines sont suffisantes, puisqu'elles ont nécessairement une consonne entre la dernière voix sonore et l'*e* muet. — Les rimes *riches*, appelées encore rimes *pleines*, sont celles où l'articulation est pareille, aussi bien que la *consonance d'appui*, comme dans *mesure* et *césure*, *rimer* et *consumer*, *captif* et *rétif*, *évertue* et *habitue*, etc. — Enfin on appelle *superflues* ou *doubles*, les rimes qui embrassent non seulement la syllabe consonante, mais encore tout ou partie de la syllabe précédente, comme dans *auteur* et *hauteur*, *courtisan* et *partisan*, *retentirent* et *repentirent*. Certains poètes se sont amusés à employer des rimes redoublées au point de devenir de véritables jeux de mots. C'est ainsi qu'on a fait rimer *romantique* avec la *Rome antique*, l'*Université* avec l'*univers cité*, etc. On a même été jusqu'à écrire des vers dont l'un rime entièrement avec le suivant : En voici deux exemples :

> Laurent Pichat, virant, coup hardi, bat Empis.
> Lors Empis chavirant, couard, dit : bah ! tant pis !

> Gall, amant de la reine alla, tour magnanime,
> Galamment de l'arène à la tour Magne, à Nîme.

C. Sous le rapport de l'*arrangement*, on distingue les rimes en *plates, croisées, mêlées* et *redoublées*. Les rimes *plates* sont celles qui marchent par paire, comme dans les tragédies et les poèmes épiques ou didactiques où deux vers masculins succèdent régulièrement à deux vers féminins. Les rimes *croisées* sont celles qui s'entrelacent dans un certain ordre, et avec une certaine symétrie qui règne ensuite dans toute la pièce :

> Le Soleil dont la violence
> Nous a fait languir si long*temps*
> Arme de feux moins éclatants
> Les rayons que son char nous *lance*,
> Et, plus paisible dans son *cours*,
> Laisse la céleste balance
> Arbitre des nuits et des *jours*.
>
> J.-B. ROUSSEAU.

Les rimes qui présentent cette disposition se voient presque toujours dans les odes et les chansons. — Les rimes *mêlées* sont celles qui se succèdent sans aucun ordre, sauf seulement l'observation de la règle relative à l'alternance obligée des rimes masculines et des rimes féminines. — Les rimes sont dites *redoublées* quand les mêmes reviennent sans cesse, sans autre condition que l'alternance régulière des masculines et des féminines. Nous citerons comme exemple le conte si connu de Boufflers :

> Dans un sentier passe un *cheval*
> Chargé d'un sac et d'une *fille*.
> J'observe, en passant, le *cheval*,
> Je jette un coup d'œil sur la *fille*.

III. — Nos anciens poètes avaient imaginé plusieurs autres arrangements qu'ils trouvaient merveilleux, et qui n'étaient que des tours de force ridicules. Nous en citerons quelques-uns. — Dans les rimes *annexées* ou *fraternisées* chaque vers commençait par la dernière ou les dernières syllabes du vers précédent.

> Pour dire vray, au temps qui *court*
> Cour est un périlleux *passage*.
> Pas sage n'est qui va ou *cour* :
> Cour est sans bien et *avantage*.
> Avant âge y fault le *courage*:
> Rage est sa paix, pleurs ses *soulas*.
> Las ! c'est un très piteux *ménage*;
> Nage autre part pour tes chats.
>
> CL. MAROT.

D'autres fois, on faisait rimer la fin du vers avec le repos du vers suivant. Alors la r. était dite *batelée* :

> Quand Neptunus, puissant dieu de la *mer*,
> Cessa d'armer caraques et galées,
> Les Gallicans bien le durent aimer
> Et réclamer ses grand's ondes salées.
>
> CL. MAROT.

Dans la r. *brisée*, les vers étaient construits de telle sorte que leurs hémistiches rimaient entre eux, et, en les brisant, on formait d'autres vers qui avaient un autre sens que les premiers. On cite surtout à ce sujet une pièce de vers faite, en 1594, par Et. Tabourot, contre les Jésuites :

> Soit du Pape mau*dit* — Qui hait les Jésu*ites*
> Celui qui en eux *croit* — Soit mis en para*dis*
> A tous les diables *soit* — Qui brûle leurs é*crits*
> Qui leur science *suit* — Acquiert de grands mé*rites*, etc.

Lus comme des alexandrins ordinaires, ces vers semblent faire l'éloge des Jésuites; mais ils disent tout le contraire quand on lit seulement, soit les quatre premiers hémistiches, soit les quatre derniers. — La r. était dite *couronnée*, lorsque le mot qui terminait le vers était une partie du mot qui le précédait immédiatement :

> Ma blanche colom*belle, belle*,
> Souvent je vois *priant, criant;*
> Mais dessus la cor*delle d'elle*
> Me jette un œil *friant riant*,
> En me consom*mant* et som*mant*.
>
> CL. MAROT.

Lorsque la dernière syllabe du vers se répétait trois fois, on appelait cela r. *empérière* :

> Lecteurs bénins, très dili*gens, gens, gens*,
> Prenez en gré mes impar*faits, faits, faits*.

Enfin, dans la r. *équivoque* ou *équivoquée*, la dernière syllabe de chaque vers était reprise au commencement ou à la fin du vers suivant, mais avec une autre signification :

> En m'ébattant, je fais rondeau en *rime*,
> Et, en rimant, bien souvent je m'*enrime*.
> Bref, c'est pitié entre nous *rimailleurs;*
> Car vous trouvez assez de *rime ailleurs*;
> Et quand vous plaît, mieux que moi *rimassez*,
> Des biens avez et de la *rime assez*.

IV. — Le premier emploi de la r. se perd dans la nuit des temps : la r. se trouve en effet dans toutes les langues orientales où l'élément prosodique n'est pas assez développé pour servir de base à un système régulier de versification. La langue latine elle-même, bien que sa métrique fût exclusivement fondée sur la durée des sons et la mesure des syllabes longues et brèves, n'ignorait pas la r.; on en trouve dans Ennius, Virgile, Horace et Sénèque de trop nombreux exemples pour qu'il soit possible d'en douter : mais les poètes latins la négligèrent comme un ornement superflu. Elle fut au contraire mise en honneur par les écrivains de la décadence, qui en firent alors un jeu d'esprit. D'ailleurs, elle ne tarda pas à devenir absolument nécessaire. En effet, aux époques d'ignorance et de barbarie, telles que le VIᵉ et le VIIᵉ siècle, comme les lois de la mesure et de la quantité tombaient de plus en plus dans l'oubli, il fallut appeler le secours de la r. pour distinguer de la prose ce qu'on qualifiait de vers. Enfin, quelques siècles plus tard, quand le latin eut disparu comme langue vulgaire, la nécessité de la r. fut absolument indispensable pour caractériser la forme poétique des idiomes nouveaux qui se substituèrent à la langue latine. Dans les poètes provençaux et dans les poètes français du XIIᵉ et du XIIIᵉ siècle, on trouve déjà des rimes plates, croisées et mêlées, ainsi que la plupart des arrangements encore usités aujourd'hui. A l'époque de la Renaissance, quelques poètes français tentèrent de supprimer la r. et de faire revivre le système de la versification latine; mais leurs tentatives échouèrent, et elles devaient échouer nécessairement, la langue française étant la moins accentuée de toutes les langues néo-latines. Au reste, c'est une erreur de croire que le système de la versification rimée soit absolument inférieur à celui de la versification prosodique : chacun de ces systèmes, ainsi que nous l'avons vu ailleurs (Voy. POÉSIE), présente certains avantages qui lui sont propres.

RIMER. v. n. (R. *rime*). Se dit des mots dont les dernières syllabes ont la même terminaison et forment le même

son. *Ces deux mots riment bien. On ne peut faire r. le simple avec le composé.* Aimer *et* charmer *riment à la fois aux yeux et aux oreilles*, Les syllabes qui les terminent ont le même son, et sont orthographiées de même. — Fig. et fam., *Ces deux choses ne riment pas ensemble*, Elles n'ont aucun rapport entre elles. *Cela ne rime à rien.* Cela est dépourvu de sens, de raison. || En parlant du poète lui-même, on dit : *Il rime bien, il rime mal, il rime richement*, selon qu'il emploie des rimes bonnes, mauvaises, riches. — Par ext., Faire des vers. *Il emploie tout son temps à r.* En ce sens, il ne se dit que par dénigrement.

> Il se tue à rimer; que n'écrit-il en prose?
>
> BOILEAU.

= RIMER. v. a. Mettre en vers. *J'ai essayé de r. ce conte.* = RIMÉ, ÉE. part. *Ce poème n'est que de la prose rimée.* || *Bout-rimé*, Voy. ce mot.

RIMEUR, EUSE. s. Se dit, par mépris, d'un mauvais poète, d'une mauvaise poétesse.

> D'un froid rimeur dépeindre la manie.
>
> BOILEAU.

|| Cependant on dit quelquefois d'un poète qui n'emploie que des rimes très riches, *C'est un excellent r.*

RIMIER. s. m. [Pr. *rimié*]. T. Bot. Nom vulgaire de l'*Arbre à pain (Artocarpus incisa)*. Voy. URTICACÉES.

RIMINI. v. d'Italie, non loin de l'Adriatique (prov. de Forli) ; 34,000 hab.

RIMULAIRE. adj. 2 g. [Pr. *rimu-lère*]. Qui offre des rimules.

RIMULE. s. f. (Dimin. du lat. *rima*, fente). T. Zool. Petite fente.

RINÇAGE. s. m. Action de rincer.

RINCEAU. s. m. [Pr. *rin-so*] (lat. *ramicellus*, dimin. de *ramus*, branche). T. Beaux-Arts. Ornement qui consiste en branchages recourbés, portant des feuilles naturelles ou imaginaires, des fleurons, des roses, des boutons, et qui sert à décorer les frises, les panneaux, etc. *Dans ce plafond, il y a des rinceaux bien peints, bien sculptés.* || T. Blas. Branche chargée de feuilles.

RINCE-BOUCHE. s. m. Sorte de bol dans lequel on sert de l'eau tiède, quelquefois parfumée, pour se rincer la bouche après le repas. *Des rince-bouche.*

RINCÉE. s. f. Voy. RINCÉ, ÉE. part.

RINCEMENT. s. m. [Pr. *rinse-man*]. Action de rincer.

RINCER. v. a. (bas lat. *resincerare*, nettoyer, de *re*, préf., et *sincerus*, intact). Nettoyer en lavant et en frottant; se dit des bouteilles, des verres, des tasses, et de quelques autres vases. *Rincez ces verres, ces bouteilles. R. une cruche.* || *R. sa bouche*, ou *Se r. la bouche*, Se laver la bouche. == RINCÉ, ÉE. part. || Pop.. *Il a été bien rincé*, se dit d'un homme qui a été fort mouillé; et Fig., d'un homme qui a été fortement réprimandé ou battu. — On dit aussi substant. dans le même sens, *Il a reçu une bonne rincée.* || Conj. Voy. AVANCER.

RINCETTE. s. f. [Pr. *rinse-te*]. Nouveau coup de vin qu'on boit soi-disant pour rincer le verre. || Coup d'eau-de-vie qu'on verse dans la tasse quand on a bu le café. T. Pop.

RINCEUR, EUSE. s. Celui, celle qui rince.

RINÇOIR. s. m. [Pr. *rin-souar*]. Vase contenant l'eau qui sert à rincer. || Lavoir spécial contenant de l'eau très propre pour le rinçage du linge.

RINÇURE. s. f. L'eau avec laquelle on a rincé un verre, une bouteille, etc. *Jetez ces rinçures.* || Par exagérat., on dit, quand on a mis trop d'eau dans du vin, *Ce n'est que de la r.*

RINFORZANDO. adv. T. Mus. Mot ital. qui veut dire en

renforçant. || Subst., *Un r.*, Passage qui doit se jouer en renforçant.

RINGARD. s. m. [Pr. *rin-gar*]. T. Techn. Barre de fer qui sert à remuer le combustible ou la matière en fusion dans les usines métallurgiques.

RINGRAVE. Voy. Rhingrave.

RINUCCINI, poète florentin qui suivit Marie de Médicis en France (1565-1621).

RIO, littérateur fr. (1797-1874).

RIO-BAMBA, v. de la République de l'Équateur ; 20,000 hab.

RIO-COLORADO, nom de 3 fleuves de l'Amérique. Voy. Colorado.

RIO DE LA PLATA. Voy. Plata.

RIO DE JANEIRO, cap. du Brésil, sur une magnifique baie de l'Atlantique ; 800,000 hab.

RIO-GRANDE. Voy. Grande.

RIOM, ch.-l. d'arr. du dép. du Puy-de-Dôme, à 15 kil. N. de Clermont-Ferrand ; 11,200 hab. = Nom des hab. : Riomois, oise.

RIOM-ÈS-MONTAGNE, ch.-l. de c. (Cantal), arr. de Mauriac ; 3,000 hab.

RION ou **RIONI,** anc. *Phase,* fl. de la Transcaucasie russe, gouv. de Koutaïs ; descend du Caucasse à la mer Noire ; 350 kilomètres.

RIOTER. v. n. (dimin. de *rire*). Rire à demi. Vx.

RIOTEUR, EUSE. s. Celui, celle qui ne fait que rioter. *C'est un r. éternel.* Popul.

RIOTTE. s. f. [Pr. *ri-ote*]. Petite dispute. Vx.

> Riottes entre amants sont jeux pour la plupart.
> LA FONTAINE.

RIOTTEUX, EUSE. adj. [Pr. *rio-teu, euze*] (R. *riotte*). Querelleur. Vx.

RIPAGE. s. m. Action de gratter, de polir à la ripe.

RIPAILLE. s. f. [Pr. *ripa-lle. ll* mouillées] (n. de lieu en Savoie). Grande chère, débauche de table. *Faire r. C'est jour de r. La* locution faire ripaille, vient, dit-on, de la *vie voluptueuse que menait Amédée VIII, duc de Savoie, au château de* Ripaille, *où il s'était retiré après son abdication.* Fam.

RIPAILLER. v. n. [Pr. les *ll* mouillées]. Faire ripaille. Fam.

RIPAILLEUR, EUSE. s. [Pr. les *ll* mouillées]. Celui, celle qui se plaît à faire ripaille. Fam.

RIPE. s. f. (angl. *to rip,* arracher). Outil qui sert à gratter un enduit, de la pierre, une figure, etc.

RIPEMENT. s. m. [Pr. *ripe-man*] (R. *riper*). T. Chemin de fer. Le frottement qui a lieu, dans certains cas, entre le boudin des roues et les rails. || T. Mar. Bouillonnement de la mer produit par la rencontre de deux courants sous-marins.

RIPER. v. a. (R. *ripe*). Ratisser avec la ripe. || Neutralem.. Frotter avec force. *La roue du wagon ripe. Ce câble ripe.* = Ripé, ÉE. part.

RIPIDOLITE. s. f. (gr. ῥιπίς, éventail ; λίθος, pierre). T. Minér. Silicate hydraté d'alumine, de magnésie et de fer ; en lamelles hexagonales vertes, groupées en éventail.

RIPOIRE. s. m. [Pr. *ri-pouare*]. T. Mar. Cordage de chanvre et de crin.

RIPOPÉE. s. f. Mélange que les cabaretiers font de différents restes de vin. *Ce vin n'est que de la r.* || Par extens., Mélange de différentes liqueurs, de différentes sauces. *Quelle r. faites-vous là ?* || Fig. et fam., Ouvrage, écrit composé d'idées communes, incohérentes ou mal liées ensemble. — Dans toutes ses acceptions, ce mot est fam. et ne se dit guère que par mépris.

RIPOSTE. s. f. (ital. *riposta,* m. s., du lat. *respondere,* répondre). Réponse vive faite sur-le-champ, repartie prompte pour repousser une raillerie. *Il a la r. en main. Il est prompt à la r.* Fam. || Fig. et fam., Ce qui se fait tout de suite pour repousser quelque injure. *Il lui donna un démenti, la r. fut un soufflet.* || T. Escrime. Botte que l'on porte en parant. Voy. Escrime.

RIPOSTER. v. n. (R. *riposte*). Répondre, repartir vivement et sur-le-champ pour repousser une raillerie. *On lui fit une plaisanterie, il riposta fort à propos.* — On dit aussi activ., *Si vous le piquez, il vous ripostera quelque chose de désagréable.* Fam. || Repousser vivement une injure, un coup, etc. *On l'insulta, il riposta par des injures, il riposta d'un soufflet.* Fam. || T. Escr. Parer et porter la botte du même mouvement.

RIPUAIRE. adj. 2 g. [Pr. *ripu-ère*] (lat. *ripa,* rive). Se disait d'une tribu germanique qui habitait les bords du Rhin et de la Meuse, et se dit encore de leur loi. *Les Francs ripuaires,* ou subst., *les Ripuaires. La loi r.*

RIQUET (Pierre-Paul), ing. fr., construisit le canal du Midi (1604-1680).

RIRE. v. n. (lat. *ridere,* m. s.). Faire un certain mouvement de la bouche, qui souvent s'accompagne d'un bruit plus ou moins sonore, et qui est ordinairement causé par l'impression qu'excite en nous quelque chose de gai, de plaisant. *R. bruyamment, aux éclats, à gorge déployée. R. de bon cœur, de tout son cœur. R. aux larmes, jusqu'aux larmes. Se tenir les côtés de r.*

> J'ai ri, me voilà désarmé.
> PIRON.

Il ne saurait parler de cela sans r. Faire un conte pour r. R. sans sujet, hors de propos. — Fam., *Et de r.,* se dit quelquefois en terminant un récit, et sign., alors on se mit à rire. — On dit encore, en parl. d'une chose de nature à causer de la peine, du chagrin, *Nous n'avons pas sujet de r. ; il n'y a pas là de quoi r.* On dit aussi d'une chose qui donne de la joie à quelques personnes, et fait de la peine à d'autres, *Il n'y a pas à r. pour tout le monde.* — Il n'y a pas le mot pour r., Voy. Mot. — Fig. et fam., *R. du bout des dents, ne r. que du bout des dents ; r. du bout des lèvres ; r. jaune,* Rire sans en avoir envie, à contre-cœur. *R. intérieurement,* contenir son envie de rire. *R. sous cape, r. dans sa barbe. r. aux anges,* Voy. Cape, etc. *Pincer sans r.,* Dire quelque chose de piquant contre quelqu'un sans paraître en avoir l'intention. *Se chatouiller pour se faire r.,* Voy. Chatouiller. — Fig. et prov., *Rira bien qui rira le dernier,* se dit de quelqu'un qui se flatte du succès dans une affaire où l'on compte l'emporter sur lui. *Tel qui rit vendredi, dimanche pleurera,* Souvent la tristesse succède en peu de temps à la joie. || Avec un nom de chose pour sujet, sign. plaire, être agréable. *Tout rit dans cette maison, dans cette campagne, dans ces prés,* etc. *Cela rit à l'imagination.* — Fig., on dit aussi d'un homme heureux, à qui tout réussit, *La fortune lui rit. Tout lui rit.*

> À son mérite incessamment il rit.
> MOLIÈRE.

Tout rit à ses désirs. On dit encore, *L'occasion vous rit,* Elle vous est favorable. || Fam., Se divertir, se réjouir. *Nous serons en joyeuse compagnie, nous rirons bien. C'est un bon garçon qui aime à r.* Prov., *Plus on est de fous, plus on rit.* — Fam., *R. de quelqu'un,* Se moquer de quelqu'un ; *R. au nez de quelqu'un,* Se moquer de quelqu'un en face. *R. aux dépens d'autrui,* Voy. Dépens. — Fam., *Vous me faites r.,* se dit à quelqu'un qui tient des discours ou qui fait des propositions déraisonnables ou ridicules. *Apprêter à r.,* Voy. Apprêter. || Railler, badiner, ne parler pas tout de bon, n'agir pas sérieusement. *Riez-vous ou est-ce tout de bon ? Est-ce pour r. ce que vous dites, ce que vous faites là ? Tout en riant, je n'ai pas laissé de lui dire ses véri-

tés. — Fam., *Vous voulez r.*, se dit à quelqu'un qui fait une proposition peu convenable, ou qui dit des choses peu croyables. || Ne se point soucier d'une chose ; témoigner qu'on n'en tient pas compte ; s'en moquer. *Il rit de toutes les remontrances qu'on lui fait. Ses menaces ne m'inquiètent pas ; je n'en fais que r.* — Dans le même sens, on dit pronominal., *Se r. de quelqu'un, de quelque chose. Il se rit de vous. Je me ris de vos menaces. Je m'en ris.*

Conj. — *Je ris, tu ris, il rit; nous rions, vous riez, ils rient. Je riais; nous riions. Je ris; nous rîmes. Je rirai; nous rirons.* — *Je rirais; nous ririons.* — *Ris; rions.* — *Que je rie; que nous riions. Que je risse; que nous rissions.* — *Rire. Riant. Ri.*

RIRE. s. m. Action de rire. *R. agréable, charmant. Un r. moqueur, niais. Un r. amer, ironique, forcé. Un r. convulsif. Il lui prit un r. fou, un fou r. qu'il ne put retenir. Des éclats de r. A ce mot, il partit d'un éclat de r.* — *Un r. inextinguible,* Un rire qui ne peut être arrêté. *Un gros r.,* Un r. bruyant et prolongé. *Rire homérique,* par allusion au rire des dieux dont parle Homère.

Physiol. — On distingue deux sortes de *Rires,* l'un volontaire, qui est le *Sourire,* et l'autre involontaire, qui est le *R.* proprement dit. Le *sourire* n'est qu'une expression particulière des muscles du visage à laquelle les phénomènes de la respiration restent à peu près étrangers. Doux et tranquille, sans contractions musculaires exagérées, il manifeste la joie de l'âme en présence d'un événement heureux et inattendu, à la vue ou à la pensée d'un objet qui nous intéresse vivement, etc. Il caractérise extérieurement la bienveillance, la joie douce, la satisfaction intérieure. Le *r.* proprement dit consiste en une série de petites expirations saccadées et plus ou moins bruyantes, qui dépendent en grande partie des contractions du diaphragme, et il s'accompagne en outre de contractions également involontaires des muscles de la face. La résonance ou le bruit du *r.* est déterminé par les vibrations des cordes vocales, ainsi que par celles du voile du palais. Dans le *r.* bruyant, les lèvres de la glotte rendent un son analogue à celui de la phonation. Dans le *r.* modéré, les cordes vocales ne prennent plus part à la résonance, et les vibrations du voile du palais subsistent seules. Au reste, on peut *r.* la bouche ouverte ou fermée. Ce phénomène physiologique est presque toujours provoqué par des causes morales, auxquelles correspondent plusieurs sortes de rires très différents, le *r. gai,* le *r. amer,* le *r. moqueur,* etc. Le *r. gai* est le plus fréquent, et il est ordinairement la manifestation du plaisir momentané que nous fait éprouver la perception d'un rapport d'opposition entre ce qui est et ce qui devrait être, tant dans l'ordre physique que dans l'ordre moral. Toutefois, pour que le sentiment dont le *r.* est l'expression puisse avoir accès dans notre âme et se manifester au dehors, il faut que l'âme soit dégagée de toute préoccupation pénible : on ne saurait *r.* à la vue d'une difformité qui cause un mal réel à celui qui en est affecté. Certaines causes physiques peuvent encore déterminer le *r.* en provoquant, par une action réflexe, les contractions du diaphragme. Parmi ces causes, nous mentionnerons l'inhalation du gaz protoxyde d'azote, appelé pour cela *gaz hilarant,* et surtout le chatouillement. On observe encore, dans les inflammations du diaphragme et dans quelques maladies ataxiques, un spasme convulsif des muscles des lèvres et des joues, qu'on nomme *R. sardonique.* Le *r. sardonien,* parce qu'on l'observait, disait-on, chez les individus qui avaient mangé une espèce de Renoncule qui croît en Sardaigne. Au figuré, on appelle *R. sardonique,* un *r.* forcé ou amer qui exprime la malignité.

RIS. s. m. [Pr. *ri*] (lat. *risus,* rire, de *risum,* sup. de *ridere,* rire). Acte particulier de rire ; se dit dans un sens plus concret que le subst. *Rire,* et sert à exprimer cette action dans des cas plus particuliers. *Ris agréable, dédaigneux, approbateur. Ris amer, forcé. Ris sardonique. Tout est en joie dans cette maison, on y entend des ris continuels, des ris éclatants.* || Fig. et poét., *Les Grâces et les Ris. Les Amours, les Grâces et les Ris.*

RIS. s. m. [Pr. *ri*] (orig. douteuse ; peut-être le lat. *risus,* rire, qui a passé au sens de frisé). T. Cuis. Le *thymus* du veau. Voy. THYMUS.

RIS. s. m. [Pr. *ri*] (orig. germ.). T. Mar. Pli qu'on fait à une voile pour diminuer la surface offerte au vent. *Prendre un ris, des ris,* Faire un ou plusieurs plis à la voile en la repliant contre la vergue. Voy. VOILE.

RISBAN. s. m. (holl. *rijsbank,* m. s., de *bank,* banc et *rijs,* branchages). T. Fortific. Terre-plein garni de canons pour la défense d'un fort. *Le r. de Dunkerque.*

RISBERME. s. m. [Pr. *ri-berme*]. T. Ingénieur. Espace, en forme de talus, qu'on laisse auprès de la jetée d'un port, pour en assurer les fondations contre l'action de l'eau.

RISCLE, ch.-l. de c. (Gers), arr. de Mirande ; 1,900 hab.

RISDALE ou **RIXDALE.** s. f. T. Métrol. Monnaie usitée autrefois en Allemagne et en Suède, aujourd'hui encore en Hollande, et qui vaut de 3 à 6 francs suivant les pays. Voy. MONNAIE.

RISÉE. s. f. [Pr. *ri-zée*] (lat. *risus,* rire). Grand éclat de rire que font plusieurs personnes ensemble, en se moquant de quelqu'un ou de quelque chose. *Il s'éleva une grande r., une r. universelle dans toute l'assemblée. On fit de grandes risées.* || Moquerie. *Vous vous exposez à la r. publique. Il fut l'objet de la r., des risées de la compagnie. Ceci est une r.* — Par ellipse, se dit aussi pour l'objet de la *r.,* de la moquerie.

> Tu me fais donc servir de fable et de risée.
>
> CORNEILLE.

Il est devenu la r. de tout le monde, la r. du public, de la ville. Je ne prétends pas lui servir de r.

RISER. v. a. [Pr. *ri-zer*] (R. *ris*). T. Mar. Amener une voile pour qu'elle prenne peu de vent.

RISETTE. s. f. [Pr. *ri-zè-te*]. Dimin. fam. de Ris. *Fais une petite r. à papa.*

RISIBILITÉ. s. f. [Pr. *ri-zibilité*] (R. *risible*). Faculté de rire. *Aristote a dit que la r. est propre à l'homme.* || Caractère de ce qui est risible.

RISIBLE. adj. 2 g. [Pr. *ri-zible*] (lat. *risibilis,* m. s.). Qui a la faculté de rire. *Les philosophes scolastiques disaient que l'homme est un animal r.* Inus. || Qui est propre à faire rire. *Un quiproquo r. Cette farce est une des plus risibles qu'on ait encore vues.* || Digne de moquerie. *C'est un homme r. Cela est r.* = Syn. Voy. RIDICULE.

RISIBLEMENT. adv. [Pr. *rizi-bleman*]. D'une manière risible.

RISQUABLE. adj. 2 g. [Pr. *ris-kable*] (R. *risquer*). Où il y a du risque. *Une affaire, un projet r.* Peu us. || Qu'on peut risquer avec quelques chances de succès. *Cette entreprise me paraît r.*

RISQUE. s. m. [Pr. *ris-ke*] (esp. *risco,* écueil, du lat. *resecare,* recouper). Hasard qu'on court d'une perte, d'un dommage. *Vous courez grand r. de perdre votre argent. Courir r. de la vie. Le taux de l'intérêt dépend en partie du r. que court le capital prêté. Vous ne courez aucun r. Où est le r.?* Entreprendre une chose à ses risques et périls. — Famil., *A tout r.,* A tout hasard. || *Risques de mer,* se dit des chances résultant pour l'assureur d'un contrat d'assurance maritime. = Syn. Voy. DANGER.

RISQUER. v. a. [Pr. *ris-ker*] (R. *risque*). Hasarder, mettre en danger. *R. sa vie, son honneur, sa réputation, sa fortune.* Prov., *R. le tout pour le tout.* Qui ne risque rien n'a rien. || Courir le risque de, le hasard de. *R. le passage, le combat, l'abordage.* Vous risquez de tomber.

> D'une fille ou risque la vertu
> Lorsque dans son hymen son goût est combattu.
>
> MOLIÈRE.

Il risque qu'on lui vole son argent. Absol., *Je crains de r. Il faut savoir r. Vous ne sauriez faire cela sans r.* — Fig. et fam., *R. l'abordage,* Hasarder une démarche, une proposition embarrassante. *R. le paquet.* Voy. PAQUET. == Se RISQUER. v. pron. Se hasarder. *Se r. dans une affaire. A tout hasard, je me risque.* == RISQUÉ, ÉE. part. == Syn. Voy. HASARDER.

RISQUE-TOUT. s. 2 g. [Pr. *riske-tou*]. Celui, celle qui affronte tous les risques pour réussir. == Pl. *Des risque-tout.*

RISSE. s. f. [Pr. *ri-se*]. Cordage servant pour attacher sur le pont la chaloupe ou une embarcation quelconque.

RISSER. v. a. [Pr. *ri-ser*]. Attacher avec des risses. = RISSÉ, ÉE. part.

RISSOLE. s. f. [Pr. *ri-sole*] (anc. fr. *roussole*, du lat. *russeum*, roux). Sorte de pâtisserie faite de viande cuite et hachée, qu'on enveloppe de pâte et qu'on fait frire dans du saindoux ou du beurre. || T. Pêche. Sorte de filet à mailles serrées dont on se sert pour prendre les anchois et autres petits poissons dans la Méditerranée.

RISSOLER. v. a. [Pr. *ri-soler*] (R. *rissole*). Cuire, rôtir de manière que le rôti prenne une couleur dorée et appétissante. = SE RISSOLER. v. pron. Être rissolé. *Cette viande commence à se bien r.* = RISSOLÉ, ÉE. part. *De la viande bien rissolée.* — On dit aussi substantiv., *Donnez-moi du rissolé.* || Fig. et fam., on dit d'un homme fort hâlé par l'action des rayons solaires, *Il a le visage rissolé.*

RISTORNE ou RISTOURNE. s. f. (ital. *ristorno*, m. s., du lat. *re*, préf., *ex*, préf., et *tornare*, tourner). T. Comm. Annulation d'une police d'assurance, quand elle fait double emploi avec une autre police antérieure ou se trouve sans objet; et réduction de la somme assurée aux termes de la police, lorsque cette somme excède la valeur des objets.

RISTORNER. v. a. Faire une ristorne. = RISTORNÉ, ÉE. part.

RIT ou RITE. s. m. [Pr. *rite*] (lat. *ritus*, m. s.). Ordre prescrit des cérémonies qui se pratiquent dans une religion. *Le r. de l'Église romaine est différent de celui de l'Église grecque. Le r. grec. Le r. latin. Il y a différents rites. Les rites ambrosien, gallican, mozarabe, etc.* || *Rites*, au plur., se dit quelquefois des cérémonies mêmes d'un culte. *Les rites du paganisme. Les rites sacrés. Des rites bizarres.* Voy. LITURGIE.

RITOURNELLE. s. f. [Pr. *ritournè-le*] (ital. *ritornello*, m. s., de *ritorno*, retour). Petit morceau de musique instrumentale qui précède un chant, et qui quelquefois le suit en le répétant. || Fig. et fam., Retour fréquent des mêmes choses, des mêmes idées dans le discours. *Il a parlé longtemps pour dire toujours la même chose; ce n'était qu'une r.*

RITTE. s. f. [Pr. *ri-te*]. Charrue sans oreilles.

RITTER. v. a. [Pr. *ri-ter*]. Labourer avec la ritte.

RITTINGÉRITE. s. f. (R. *Rittinger*, n. propre). T. Min. Arséniure d'argent, en petites tables monocliniques d'un jaune foncé ou un rouge hyacinthe.

RITUALISME. s. m. (lat. *ritualis*, rituel). L'ensemble des rites d'une Église. || T. Hist. Nom donné en Angleterre à la tendance religieuse de ceux qui veulent augmenter l'importance des cérémonies du culte, et les rapprocher de celles du catholicisme.

RITUALISTE. s. m. (lat. *ritualis*, rituel). Auteur qui traite des différents rites. || Partisan du ritualisme en Angleterre.

RITUEL. s. m. (lat. *ritualis*, m. s., de *ritus*, rite). Livre qui contient les cérémonies à observer, les prières à réciter, etc., dans l'administration des sacrements, la célébration des offices, etc. *Le r. romain. R. de Paris.* = Adj., *Les livres rituels.*

RIVAGE. s. m. (bas lat. *ripaticum*, m. s., du lat. *ripa*, rive). Les rives, les bords de la mer. *Le long du r. Sur le r. de la mer. Quitter, regagner le r. S'éloigner du r. De lointains rivages.* || Poét., se dit aussi en parlant des fleuves, des rivières, des lacs. *Sur le r. de la Seine. Les rivages de la Loire sont charmants.* — *Le noir r., les sombres rivages, le r. des morts,* Les bords du Styx, l'enfer de la mythologie.

> Le Cocyte et ses rivages sombres.
>   RACINE.

Syn. — *Rive.* — Le *r.* est une *rive* étendue. La *rive* n'a pas d'étendue ou de largeur; c'est souvent un terme abstrait

et purement indicatif : la *rive* droite, la *rive* gauche, la *rive* opposée, etc. Le *r.* suppose une étendue plus ou moins considérable: ainsi on dit d'une ville qu'elle est bâtie sur le *r.* et non sur la *rive.* De là encore l'emploi que l'on fait de préférence du mot *r.* en parlant de la mer, et du mot *rive* en parlant des rivières et des ruisseaux.

RIVAL, ALE. s. (lat. *rivalis*, propr. riverain, de *ripa*, rive). Concurrent, celui qui aspire, qui prétend au même but, aux mêmes avantages, aux mêmes succès qu'un autre. *Ils aiment tous deux la même personne, ils sont rivaux. Il a supplanté tous ses rivaux.*

> Les cabales
> Que formait en ces lieux ce peuple de rivales.
>   RACINE.

Elle a une dangereuse rivale. C'est un r. généreux. Ils sont rivaux de talent et de gloire. Carthage était la rivale de Rome. || Celui, celle qui dispute à quelqu'un le cœur d'un autre.

> Ma rivale à mes yeux s'est enfin déclarée.
>   RACINE.

= Adj., *Des nations rivales. Deux poètes rivaux. Deux femmes rivales. Des talents rivaux.*

RIVALISER. v. n. [Pr. *rivali-zer*] (R. *rival*). Disputer de talent, de mérite, etc., avec quelqu'un, en approcher, l'égaler. *Pour certaines parties, ce peintre rivalise avec Raphaël. Ils ont rivalisé d'efforts, de courage. Ces deux peuples rivalisent entre eux de gloire, d'industrie.*

RIVALITÉ. s. f. (lat. *rivalitas*, m. s., de *rivalis*, rival). Concurrence de deux ou de plusieurs personnes qui aspirent, qui prétendent à la même chose. *Grande, dangereuse, funeste r. La r. de deux amants.*

> Notre rivalité
> N'est pas pour en venir à grande extrémité.
>   MOLIÈRE.

La r. qui régnait entre ces deux maisons.... La r. des chefs entraîna la perte de l'armée. La r. de la France et de l'Angleterre. = Syn. Voy. ÉMULATION.

RIVAROL (comte DE), écrivain fr., célèbre par son esprit caustique (1753-1801).

RIVE. s. f. (lat. *ripa*, m. s.). Bord d'un fleuve, d'un étang, d'un lac. *La r. droite, la r. gauche d'une rivière. Les rives de la Seine, etc. Marcher le long des rives. En cet endroit la r. est fort basse, est escarpée. Des rives lointaines.* — Poétiq., *La r. infernale, les rives sombres.* Les bords du Styx, l'enfer des païens. || Par anal., *La r. d'un bois,* Le bord, la lisière d'un bois. || Le lieu où l'on aborde.

> Heureux amants, voulez-vous voyager ?
> Que ce soit aux rives prochaines.
>   LA FONTAINE.

|| T. Techn. *Pain de r.,* pain cuit sur le bord du four et qui est partout également cuit et doré. = Syn. Voy. RIVAGE.

RIVE-DE-GIER, ch.-l. de c. (Loire), arr. de Saint-Étienne; 13,100 hab. Houilles, verreries. = Nom des hab. : RIPAGÉRIEN, ENNE.

RIVEMENT. s. m. [Pr. *rive-man*]. Action de river.

RIVER. v. a. (anc. all. *riban*, frotter, ratisser). Rabattre la pointe d'un clou sur l'autre côté de l'objet qu'il perce et l'aplatir pour le fixer. *On ne saurait arracher ce clou, il est rivé.* — Fig. et fam., *R. à quelqu'un son clou,* Lui répondre de manière qu'il n'ait rien à répliquer. || Figur., *R. les fers, les chaînes de quelqu'un,* Rendre son esclavage plus assuré, plus durable. = RIVÉ, ÉE. part.

RIVERAIN, AINE. s. [Pr. *rive-rin*, *rène*]. Celui qui habite le long d'une rivière. *Les riverains de la Loire.* || Se dit aussi de ceux qui ont des héritages le long d'une forêt, d'une rue, d'un chemin, d'une voie ferrée, etc. *Il faudra indemniser les riverains.* || Adject., *Les propriétaires riverains. Les terres, les propriétés riveraines.* — On dit aussi, en T. Hist. natur, *Les oiseaux riverains; Les plantes riveraines.*

RIVES, ch.-l. de c. (Isère), arr. de Saint-Marcellin ; 3,100 hab.

RIVESALTES, ch.-l. de c. (Pyrénées-Orientales), arr. de Perpignan ; 6,000 hab. Vins renommés.

RIVET. s. m. [Pr. *ri-vè*]. Clou dont la pointe est refoulée sur elle-même de manière à former deux têtes, *Les rivets d'une chaudière à vapeur.*

L'usage de plus en plus répandu dans les constructions de toute nature, de plaques métalliques minces ou tôles de fer, cuivre, acier, au lieu et place du bois, a donné une grande importance à la fabrication de clous spéciaux que l'on nomme *rivets.* Ces rivets s'emploient pour assembler comme il convient les différentes parties d'un ouvrage en les rendant solidaires les unes des autres, de manière à présenter dans leur ensemble une très grande solidité. Suivant que la tôle est en fer, en acier ou en cuivre, on fait usage de rivets de métal identique et de même nature, l'expérience ayant démontré que l'emploi de clous métalliques différant de la matière qu'ils doivent réunir occasionne la formation d'un courant voltaïque capable de détruire en peu de temps les rivures les mieux faites.

Que le r. soit en fer, cuivre ou acier, il se compose toujours de deux parties : la *tête* et le *corps.* Si le métal usité est du fer ou de l'acier, la tête destinée à appuyer sur la face extérieure d'une des tôles à assembler, a la forme d'une calotte sphérique obtenue au moyen de l'aplatissement opéré d'une des extrémités du corps. Lorsque le r. est en cuivre, sa tête est conique ou hémisphérique.

L'aplatissement nécessaire pour la confection de la tête du r., se fait de deux manières, soit à la main, soit avec des machines spéciales dites *machines à rivets.* Dans le premier cas, la tête s'obtient au moyen d'un outil que l'on appelle *bouterolle;* cette tête vient se mouler dans la concavité que présente l'outil. Dans la fabrication mécanique, la machine est une sorte de presse qui, tout en modelant la tête suivant la nature du métal employé, supprime les chocs qui seraient susceptibles d'apporter une modification moléculaire dans la masse du r. et, par suite, nuire considérablement à sa résistance.

La seconde partie du r., le *corps*, est cylindrique ; sa longueur est suffisante pour permettre, lorsqu'il aura pénétré dans les trous correspondants percés dans les tôles à assembler, de former une seconde tête dont la présence est indispensable pour opérer la jonction complète des pièces à river. Le corps du r., avant d'être introduit dans les trous des tôles est chauffé au rouge cerise puis enfoncé à coups de marteau par l'aide de l'ouvrier riveur qui, cela fait, maintient la tête existante du r. en place en faisant usage d'un bloc de fer ou de fonte, ou encore de la bouterolle, tandis que le riveur armé d'un petit marteau à main, frappe à coups progressifs sur l'extrémité du corps émergeant de la tôle inférieure, de manière à former une seconde tête conique. En se refroidissant le métal du r. se contracte et lorsqu'il est revenu à la température ambiante, le serrage opéré par lui est considérable.

Les dimensions de la première tête et celles du corps du r. doivent être calculées de telle manière que l'ensemble puisse résister aux efforts constants de cisaillement qui ne manquent pas de se produire, les deux tôles rivées tendant toujours, une fois mises en place, à glisser l'une sur l'autre.

Aujourd'hui, la fabrication à la main des rivets a pour ainsi dire complètement disparu. Les machines à rivets, dont la première a été imaginée par un mécanicien anglais de Manchester, Fairbairn, ont atteint un degré de perfection absolu. L'expérience a du reste pleinement démontré que la fabrication mécanique des rivets offre de réels avantages. Ceux qui sont faits à la main sont bien moins réguliers en même temps qu'ils possèdent une résistance au cisaillement sensiblement inférieure à celle des rivets mécaniques.

RIVET DE LA GRANGE (dom ANTOINE), savant bénédictin (1683-1749), composa les neuf premiers volumes de l'*Histoire littéraire de la France*, continuée par dom Clémencet et dom Clément, puis par l'Académie des Inscriptions et Belles-Lettres.

RIVETIER. s. m. [Pr. *rive-tié*]. Outil pour faire les œillets de métal.

RIVEUR. s. m. Ouvrier qui enfonce les rivets.

RIVIÈRE. s. f. (lat. *ripa*, rive, par l'intermédiaire d'un adj. *riparius*). Cours naturel d'eaux qui coulent dans un lit plus ou moins étendu en largeur et en longueur. *Grande, petite r. R. navigable, flottable. Les rivières sont des chemins qui marchent et qui portent où l'on veut aller* (Pascal). *R. poissonneuse. R. guéable, rapide. Un bras de r. Au confluent des deux rivières. La r. est basse, haute, débordée. Les bords, le lit, le cours, la source, l'embouchure de la r. Descendre, remonter, traverser, passer la r. La r. est prise, est gelée. La r. charrie. Boire de l'eau de r. Poisson de r. La r. est marchande.* Voy. MARCHAND. — Ellipt., *Cette ville est sur telle r.*, Elle est située sur le bord de telle r. — Fig. et prov., *C'est porter de l'eau à la r.; Il ne trouverait pas de l'eau à la r.* Voy. EAU. *Les petits ruisseaux font les grandes rivières.* Voy. RUISSEAU.

> Et les nombreux torrents qui tombent des gouttières,
> Grossissant les ruisseaux en ont fait des rivières.
>
> BOILEAU.

|| *Oiseaux de r.*, Les canards sauvages et autres oiseaux qui fréquentent les rivières et qui se nourrissent de poissons et d'insectes aquatiques. — *Veaux de r.*, Les veaux qui sont élevés en Normandie, dans les prairies voisines de la Seine. — *Vins de r.*, Les vins de Champagne qu'on recueille sur les bords de la Marne. || T. Géogr. *La r. de Gênes*, La côte qui borde le golfe de Gênes depuis Monaco jusqu'à Porto Venere. || T. Jouill. *R. de diamants*, Collier composé de chatons où sont enchâssés des diamants. || T. Techn. *Sable de r.*, qu'on extrait du fond des rivières. = Voy. FLEUVE.

Syn. — Fleuve, ruisseau, ru, cours d'eau, canal. — *Rivière* et *cours d'eau* sont des mots génériques : ils peuvent s'appliquer à toute eau courante. Cependant *cours d'eau* est un peu plus général parce que l'usage courant n'accorde pas le nom de *r.* aux *canaux.* — *Fleuve* désigne une r. importante qu'elle aille ou n'aille pas à la mer. La distinction que certains géographes ont cherché à établir entre le *fleuve* et la *r.* en définissant le premier un cours d'eau qui conserve le même nom jusqu'à la mer est arbitraire et contraire à l'usage. Tout fleuve est une *r.* et le nom de fleuve ne s'applique qu'aux rivières remarquables par leur longueur ou leur largeur. — Le *ruisseau* est une petite *r.* Le *canal* est un cours d'eau creusé de main d'homme et destiné à l'irrigation, à la navigation, ou servant à amener l'eau à un moteur hydraulique. C'est la destination industrielle et non le fait d'être creusé de main d'homme qui caractérise le canal, car on établit dans les parcs des *rivières artificielles* — Le *ru* est un petit canal dérivé d'une r. et servant le plus souvent à amener l'eau à un moteur hydraulique. Cependant, dans plusieurs provinces, on donne ce nom à de très petites rivières.

RIVIÈRE (HENRI). Marin et écrivain fr. m. au Tonkin (1827-1883).

RIVIÈRE DU SUD. Colonie fr. de Guinée ; cap. Konakry.

RIVINA. s. m. (R. *Rivin*, nom d'un botan. all.). T. Bot. Genre de plantes Dicotylédones de la famille des *Phytolaccacées.* Voy. ce mot.

RIVINÉES. s. f. pl. (R. *rivina*). T. Bot. Tribu de plantes de la famille des *Phytolaccacées.* Voy. ce mot.

RIVOIR. s. m. [Pr. *ri-vouar*]. Outil pour river.

RIVOLI, bourg d'Italie, près du lac de Garde ; 5,500 hab. Victoire de Bonaparte sur les Autrichiens en 1797.

RIVULAIRE. s. f. [Pr. *rivu-lère*] (lat. *rivulus*, petite rivière). T. Bot. Genre d'Algues (*Rivularia*) de la famille des *Nostocacées.*

RIVULARIÉES. s. f. pl. (R. *Rivulaire*). T. Bot. Tribu d'Algues de la famille des *Nostocacées.* Voy. ce mot.

RIVURE. s. f. (R. *river*). Espèce de tête qu'on fait à l'extrémité d'un clou en rabattant la pointe pour la fixer. Voy. RIVET. || Broche de fer qui entre dans les charnières des fiches pour en joindre les deux ailes.

RIXDALE. s. f. [Pr. *riks-dale*]. T. Métrol. Voy RISDALE.

RIXE. s. f. [Pr. *rik-se*] (lat. *rixa*, m. s.). Querelle entre deux ou plusieurs personnes, accompagnée d'injures, de menaces, et quelquefois de coups. *Cette r. a fini par un meurtre. Il y eut une r. sanglante entre les soldats et les bourgeois.* ‖ Débat, dispute vive, discussion orageuse. *Les rixes des amants. Les rixes des auteurs et des acteurs. Il y eut entre nous une petite r., mais elle s'apaisa bientôt.*

RIZ. s. m. [Pr. *ri*] (lat. *oryza*, gr. ὄρυζα, m. s. Le mot riz en est dérivé par l'intermédiaire de l'italien *lo riso*, au lieu de *l'oriso*). T. Bot. Genre de plantes Dicotylédones (*Oryza*) de la famille des *Graminées.* Voy. ce mot.

Bot. et Agric. — Ce genre renferme 4 espèces, toutes propres aux pays chauds, et dont une, le *Riz commun* (O. *sativa*), joue un très grand rôle comme plante alimentaire. Ce végétal passe pour originaire de l'Inde, mais la culture l'a propagé dans toutes les contrées tropicales et même dans un grand nombre de pays tempérés. Son grain nourrit aujourd'hui plus de la moitié des habitants du globe. Le *Riz*

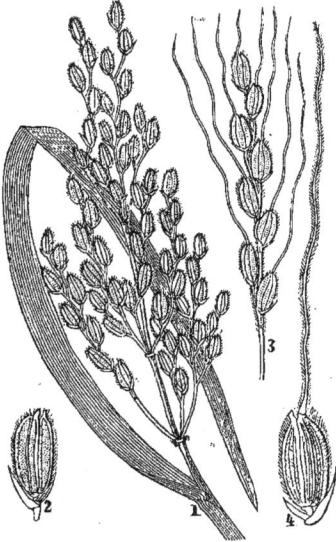

commun a le chaume cylindrique et glabre, et il s'élève environ à 1 mètre. Ses feuilles sont linéaires-lancéolées, allongées, glabres, mais rudes au toucher; leur ligule est membraneuse, divisée profondément en deux lobes lancéolés aigus. Son inflorescence consiste en une panicule rameuse, dans laquelle les épillets, pédiculés et articulés sur leur pédicule, sont disposés en grappe sur chaque rameau, lequel est raide, dressé et scabre. Ces épillets sont uniflores et hermaphrodites. La fleur présente 2 petites glumes membraneuses, inégales, mutiques; 2 glumelles plus grandes que les glumes, carénées, pubescentes ou glabres, aristées ou mutiques, selon les variétés, et 2 glumellules glabres. Les étamines sont au nombre de 6. L'ovaire, glabre, est surmonté de 2 styles terminés par 2 stigmates plumeux. Le fruit est un caryopse oblong, comprimé, glabre et lisse, et étroitement enveloppé par les glumelles persistantes. [Fig. 1. *Riz cultivé*; 2. Épillet sans barbe ou mutique; 3. *Riz barbu*, c.-à-d. avec des glumelles aristées; 4. Épillet barbu.]

Le Riz s'accommode de toutes les espèces de terrains, à la seule condition, mais elle est indispensable, qu'ils soient couverts d'eau. Il a besoin aussi d'une température élevée pendant 3 ou 4 mois de l'année : c'est pour cela qu'il ne peut

prospérer en Europe au delà du 46° de latit. nord. La culture du Riz paraît être plus avantageuse que celle des autres céréales, car elle n'épuise pas le sol, n'exige presque aucune fumure, et prépare parfaitement la terre pour les autres cultures. Mais elle a de très graves inconvénients sous le rapport de la salubrité. La surface du sol ayant besoin d'être alternativement inondée et exposée à l'action d'un soleil ardent, il s'en dégage des miasmes délétères, cause incessante de fièvres intermittentes qui déciment la population et altèrent même la santé des animaux. — Parmi les nombreuses variétés connues de Riz on n'en cultive que deux en Europe, le *Riz barbu* proprement, dit dont le grain décortiqué est parfaitement blanc, et le *Riz sans barbe*, qui est plus hâtif et plus fécond que le précédent, mais dont le grain est grisâtre et moins recherché dans le commerce. Quant à la variété qu'on nomme communément *Riz sec* ou *Riz de montagne*, variété que l'on a préconisée en France comme pouvant être cultivée sans le secours des terrains inondés, on sait aujourd'hui, d'après les expériences qu'on a faites, qu'elle exige, comme les autres, l'intervention de l'eau, et que si elle réussit très bien sur les montagnes de la Cochinchine et de l'île de Madagascar d'où on l'a importée, elle le doit aux pluies continuelles qui règnent dans ces pays pendant la durée de sa végétation. — Quand le terrain est naturellement sec, on ne peut y établir une *rizière* que si l'on dispose de sources assez abondantes pour l'inonder. Ordinairement, dans ce cas, on ne fait que des rizières temporaires, et l'on fait alterner le Riz avec d'autres cultures. Dans les terrains marécageux, on établit des rizières permanentes. Dans tous les cas, il faut aplanir le sol, puis le diviser en un certain nombre de compartiments séparés par de petites digues, hautes d'environ 16 centimètres, et disposées de manière que l'eau puisse circuler facilement de l'un dans l'autre. Le terrain est d'ailleurs labouré avec soin, soit à la charrue, s'il est assez solide pour porter les animaux, soit à la bêche, s'il ne l'est pas. On sème en avril, si le sol est bien échauffé, et en mai seulement dans les anciennes rizières où le terrain a été refroidi par une inondation prolongée. Le semeur entre dans le champ couvert d'eau, et répand la graine à la volée; il est précédé d'un cheval qui traîne une planche destinée à unir le sol et à mettre en suspension dans l'eau une certaine quantité de vase et de terre qui recouvre la graine, on se déposant de nouveau. Deux ou trois jours après les semailles, on retire presque complètement l'eau de la rizière pour échauffer le sol et favoriser le premier développement des jeunes plantes; mais aussitôt que les premières feuilles paraissent, on réintroduit l'eau et l'on augmente peu à peu sa quantité jusqu'à ce qu'elle atteigne la profondeur de 10 à 15 centimètres. Lorsqu'on ne dispose pas d'un courant continu, on maintient l'eau dans la rizière aussi bien que l'on peut, et l'on n'en met de nouvelle que tous les 7 à 8 jours. Le Riz peut très bien prospérer avec des irrigations périodiques, pourvu que le terrain ne reste que quelques jours à sec, entre chaque arrosage. Le temps qui s'écoule entre les semailles et la récolte du Riz est de 4 mois et demi à 5 mois en moyenne. Le rendement moyen des rizières, par hectare, est d'environ 40 hectolitres de *Rizon* ou de grain garni de sa balle, chaque hectolitre pesant en moyenne 75 kilogrammes. Par la décortication, le volume se réduit de 39 pour 100, et le poids de moitié. Le grain du Riz est, de toutes les céréales, celui qui contient le plus de fécule; mais en revanche il est presque entièrement dépourvu de gluten ou de matière azotée; de là l'impossibilité de panifier sa farine. — Indépendamment de son emploi comme substance alimentaire, le Riz reçoit plusieurs applications utiles. On en obtient par la fermentation une espèce d'alcool dont la saveur n'a rien de désagréable : 100 kilogrammes de grain de bonne qualité rendent 35 litres d'alcool à 95°. En médecine, le Riz est usité comme émollient. Avec le Riz simplement crevé, on fait des cataplasmes préférables à tous les autres, parce qu'ils sèchent et s'aigrissent moins vite. Sous le nom vulgaire d'*Eau de riz*, on emploie sa décoction, soit seule, soit mêlée de gomme ou édulcorée avec des sirops, comme calmante et adoucissante. Enfin, on fait avec la paille de Riz une grande partie des tissus dits de *paille d'Italie*.

RIZIÈRE. s. f. Terrain cultivé en riz.

RIZZIO, favori de Marie Stuart, né à Turin, poignardé sous ses yeux en 1566.

ROANNE, ch.-l. d'arr. du dép. de la Loire, à 80 kilomètres N.-O. de Saint-Étienne, sur la Loire; 31,400 hab. Cotonnades, lainages, cuirs. = Nom des hab. : ROANNAIS, AISE.

ROB. s. m. [Pr. *rob*] (mot arabe]. T. Pharm. On désigne sous ce nom un suc de fruit quelconque épaissi en consistance de miel par l'évaporation avant qu'il ait fermenté. Les *robs* les plus employés sont ceux de Nerprun et de Sureau. Le suc de raisin cuit en consistance de miel reçoit le nom de *Sapa*; quand il est un peu moins consistant, on l'appelle *Defrutum*. Le fameux rob connu sous le nom de *Rob Boyveau-Laffecteur*, et qui est exploité par les empiriques contre les affections syphilitiques, n'est autre chose que le sirop de Cuisinier à peine modifié.

ROB ou **ROBRE.** s. m. (angl. *rubber*, m. s.). T. Jeu de whist. Partie liée. *Le rob se compose de trois parties : le joueur qui en gagne deux gagne le rob. Nous avons fait deux, trois robs.*

ROBBIA. Voy. DELLA ROBBIA.

ROBE. s. f. (anc. all. *roubôn*, dépouiller, dérober; le sens primitif est dépouille). Sorte de vêtement long, ayant des manches. *R. de drap, de velours. R. de satin, de mousseline. R. fourrée. R. noire, rouge, violette. R. longue, courte, traînante, à queue. R. d'hiver, d'été. R. de noce, de deuil. R. de femme. R. de chambre. R. d'avocat, de magistrat, de docteur.* — Par synecdoche, se dit quelquefois de la queue d'une robe de femme. *Cette petite bourgeoise se faisait porter la r.* || Le vêtement long des anciens Romains. *César, lorsqu'il fut assassiné, se couvrit le visage d'un pan de sa r. La r. prétexte.* On dit plus ordin., *Toge* ou *Tunique*, selon le vêtement qu'on veut désigner. || Par méton., *Robe* se dit pour désigner la profession des gens de judicature, ou celle des ecclésiastiques, les religieux; mais dans ce dernier sens, il est fam. et ne s'emploie que précédé du pron. possess. *Les gens de r. La noblesse de r. Famille de r. Il est entré dans la r. Il a quitté la r. pour l'épée. Pourquoi vous moquer de ce religieux, il est de votre r. Je porte respect à sa r., sans quoi...* || Se dit aussi des gens de judicature. *Les prétentions de la r. L'esprit de la r.* — *La haute r.*, se disait autrefois des premiers magistrats, et *L'ancienne r.*, des familles anciennes de la r. — On disait aussi autrefois, *Les gens de r. longue*, Les magistrats et le clergé, par opposition aux *Gens de r. courte*, Ceux qui suivaient la profession militaire. On appelait encore, *Juges de r. courte*, Les prévôts des maréchaux, leurs lieutenants, et quelques autres officiers non gradués, qui jugeaient l'épée au côté. *Il était lieutenant criminel de r. courte.* Aujourd'hui, on appelle, par dénigr., *Jésuites de r. courte*, Les séculiers affiliés à l'ordre, ou ceux qui se portent les défenseurs de cet ordre. || Par ext., se dit du poil de quelques animaux, par rapport à sa couleur. *Deux chevaux de même r. Ce chat a une belle r. Cette meute est toute d'une r.* || *Bonne r.*, bonne prise.

> Elle était fille à bien armer un lit....
> Ce qu'on appelle en français bonne robe.
> LA FONTAINE.

|| Se dit aussi de l'enveloppe de certains légumes ou de certains fruits. *La r. d'une fève, d'un oignon. La r. de la racine de garance.* || T. Techn. Ce qui enveloppe. *La r. d'un cigare*, feuille de tabac qui enveloppe l'intérieur d'un cigare. — *La r. d'un pain de sucre*, la partie superficielle. || T. Hort. *R.-de-sergent*, Variété de prune. Voy. PRUNIER.

ROBELAGE. s. m. Action de rober.

ROBER. v. a. (R. *robe*). *R. la garance*, Enlever l'épiderme de sa racine. = ROBÉ, ÉE. part.

ROBERIE. s. f. (R. *robe*). Dans certaines communautés de femmes, le lieu où l'on conserve les robes et autres effets d'habillement.

ROBERT *le Fort*, tige de la race des Capétiens, reçut de Charles le Chauve le comté de Paris (861) et la Marche d'Anjou (864) qu'il défendit contre les ravages des Normands. Il laissa deux fils, Eudes et Robert, qui furent tous deux rois de France. || ROBERT Ier, 2e fils de Robert le Fort, fut proclamé roi de France par les seigneurs révoltés contre Charles le Simple (922); mais il fut tué dans un combat près de Soissons (923). Il eut pour fils Hugues le Grand, père de Hugues Capet. || ROBERT II *le Pieux*, fils de Hugues Capet, succéda à son père en 996; il fut excommunié pour avoir épousé Berthe,

sa parente. Il eut à lutter contre ses fils révoltés, et mourut laissant le trône à Henri Ier, et le duché de Bourgogne à Robert, chef de la 1re maison capétienne de Bourgogne (1031).

ROBERT Ier, *le Diable*, duc de Normandie de 1022 à 1035. Il fit une expédition en Terre sainte.

ROBERT *Courte-Heuse* (c.-à-d. *Courte-Cuisse*), fils aîné de Guillaume le Conquérant, duc de Normandie de 1087 à 1105; mort en 1134.

ROBERT, n. de trois comtes d'Artois dont le premier était frère de saint Louis (1216-1250). — ROBERT III, petit-fils du précédent, est mort en 1343.

ROBERT de COURTENAY, empereur latin de Constantinople de 1221 à 1228.

ROBERT, n. de trois rois d'Écosse, Robert Ier Bruce, Robert II et Robert III Stuart (XIVe s.).

ROBERT *le Bref*, empereur d'Allemagne, de 1400 à 1410, né en 1352.

ROBERT (HUBERT), peintre d'architecture et de paysage, né à Paris (1733-1808).

ROBERT (LÉOPOLD), célèbre peintre fr., né à la Chaux-de-Fonds, auteur des *Moissonneurs des marais Pontins*, etc. (1794-1835).

ROBERT (CLÉMENCE), romancière fr. (1797-1872).

ROBERT DE VAUGONDY, géographe fr. (1688-1766), auteur du *Grand Atlas universel* en 108 cartes. || Son fils (1723-1786) est auteur de deux grands globes, l'un terrestre, l'autre céleste.

ROBERT-FLEURY, peintre fr., né à Cologne en 1797, mort en 1890.

ROBERT GUISCARD. Voy. GUISCARD.

ROBERT-HOUDIN, prestidigitateur fr. (1805-1871).

ROBERTSON (WILLIAM), historien angl. (1721-1793), auteur d'une *Histoire d'Écosse*, d'une *Histoire de Charles-Quint*, d'une *Histoire d'Amérique*, etc.

ROBERVAL, mathématicien fr., né à Roberval (Oise) (1602-1675).

ROBESPIERRE (MAXIMILIEN DE), homme d'État fr. né à Arras (1759-1794), député de l'Artois aux États généraux de 1789, puis député de la Seine à la Convention, dirigea le procès de Louis XVI, anéantit le parti des Girondins. Après s'être défait de Danton, son rival, il fit régner le régime de la Terreur jusqu'au moment où la Convention le mit hors la loi et l'envoya à l'échafaud (9 thermidor an II, 27 juillet 1794). || Son frère, conventionnel, demanda à partager son sort et périt avec lui.

ROBIGALES. s. f. pl. (lat. *robigalia*, m. s., de *robigo*, rouille). T. Antiq. Fêtes qu'on célébrait à Rome pour demander aux dieux que les blés fussent préservés de la rouille. Voy. CÉRÉALES.

ROBIN. s. m. (R. *robe*). T. de dénigr. ou de plaisanterie, dont on se servait en parl. des gens de robe. *Elle avait épousé un gros r. C'est un r., un petit r.* || On dit encore d'un homme sans considération et dont on fait peu de cas, *C'est un plaisant r.*

ROBIN (JEAN), botaniste fr., né vers 1550, introduisit en France le Robinier, vulg. appelé *acacia*.

ROBIN (CHARLES), célèbre physiologiste fr. (Ain) (1821-1885).

ROBIN HOOD, redoutable chef de proscrits sous Richard Cœur de Lion.

ROBINE. s. f. Canal de communication d'un étang salé avec la mer.

ROBINET. s. m. [Pr. *robi-nè*] (On a dit que *Robin* étant un sobriquet du mouton, les *robinets* sont ainsi dits parce qu'ils étaient en forme de tête de *robin*, de mouton). Pièce d'un tuyau qui sert à retenir ou à faire couler à volonté le liquide contenu dans un vase. *R. de cuivre, d'étain. La buile, la clef d'un r. Le r. d'une fontaine, d'un tonneau, d'une cuve. Ouvrir, fermer le r.* — *Le r. d'une machine pneumatique*, Ce qui sert à retenir l'air dans une machine pneumatique et à l'en faire sortir. || Par méton., se dit pour désigner simpl. la clef du robinet. *Tourner le r. Lâcher le r.* — Fig. et fam., on dit D'un grand parleur qui ne sait pas s'arrêter, *Quand une fois le r. est lâché, il a de la peine à finir*; et d'un homme qui parle longuement pour ne dire que des choses communes, ainsi que d'un écrivain qui produit facilement des ouvrages médiocres, *C'est un r. d'eau tiède.*

Techn. — Un *Robinet* se compose essentiellement d'un *Tuyau* horizontal, ou *Cannelle*, et d'une *Clef*. Le tuyau s'ajuste au vase par l'une de ses extrémités, tandis qu'en général l'autre se recourbe inférieurement. Le tuyau présente un renflement, appelé *Boîte* ou *Boisseau*, qui est percé d'un trou vertical où se loge la *Clef*. Celle-ci, qu'on appelle aussi *Noix*, consiste en un cylindre plein, qui est armé d'une *Tête* ou *Béquille* pour la faire tourner, et qui est aussi percé, à la hauteur du canal du tuyau, par un canal quadrangulaire. Ainsi lorsque l'on tourne la clef de manière que son plein correspondre au canal du tuyau, le liquide contenu dans le vase ou réservoir ne peut s'écouler, tandis qu'il s'écoule quand on tourne la clef de façon que son canal corresponde à l'axe de la cannelle. Les robinets ordinaires se font de cuivre, d'étain, de laiton ou de bronze, et on les soude le plus souvent au vase qui contient le liquide, avec de la résine fondue ou avec du métal. Le r. commun, que nous venons de décrire, a reçu de nombreuses modifications pour l'approprier à certains usages particuliers. Nous nous contenterons de mentionner le *R. à deux ou trois eaux*, dont la clef est percée de manière à correspondre à volonté à deux ou trois tuyaux différents; le *R. à cou de cygne*, dont la clef, disposée en cou de cygne, renferme elle-même l'orifice; le *R. à siphon*, au moyen duquel on peut soutirer un liquide trouble ou contenant des matières étrangères en suspension; le *R. à flotteur*, lequel se compose d'un appareil ordinaire qui s'ouvre ou se ferme par les variations de niveau d'un liquide sur lequel est un flotteur, communiquant son mouvement à la clef par l'intermédiaire d'un axe. Enfin, on appelle *R. de deux pouces, de trois pouces*, un *r.* par où passent deux ou trois pouces d'eau, et *R. de demi-pied*, celui par où passe un demi-pied d'eau.

On construit aussi des *robinets à vis* : ils ont l'aspect extérieur des autres robinets et sont formés d'un tube de cuivre contourné avec un boisseau dans lequel s'engage une noix pleine qui peut monter ou descendre par le moyen d'une vis. L'ouverture est complètement bouchée quand la noix est abaissée, et s'ouvre de plus en plus quand on fait remonter celle-ci en tournant la vis.

ROBINETIER. s. m. [Pr. *robinè-tié*]. Fabricant de robinets. Ouvrier robinetier.

ROBINIER. s. m. (R. *Robin*, n. d'un botan. fr.). T. Bot. Genre de plantes Dicotylédones (*Robinia*) de la famille des *Légumineuses*, tribu des *Papilionacées*, dont une espèce, le *R. pseudacacia*, est l'arbre si connu sous le nom impropre d'*Acacia*. Voy. LÉGUMINEUSES.

ROBININE. s. f. T. Chim. Glucoside contenu dans les fleurs de l'acacia (*Robinia pseudacacia*). La robinine cristallise en aiguilles jaunes, fusibles à 195°, solubles dans les alcalis. L'ébullition avec les acides étendus la dédouble en quercétine et en rhamnose.

ROBIQUET, chimiste fr. (1788-1840).

ROBOAM, fils de Salomon, sous le règne duquel la Judée fut divisée en deux royaumes, Roboam étant roi de Juda, et Jéroboam roi d'Israël (962-946 av. J.-C.).

ROBORATIF, IVE. adj. (lat. *roborare*, fortifier). Fortifiant. Vx. Voy. CORROBORANT.

ROBRE. s. m. T. Jeu de whist. Voy. ROB.

ROB-ROY, montagnard écoss. célèbre par ses brigandages (1660-1743).

ROBURITE. s. f. (lat. *robur*, force). T. Chim. Poudre explosive constituée par de l'azotate d'ammoniaque mélangé à des dérivés chlorés et nitrés du naphtalène ou du benzène.

ROBUSTE. adj. 2 g. (lat. *robustus*, m. s., de *robus* ou *robur*, force). Fort, vigoureux. *C'est un homme r. Il est de constitution r. Il a une santé r. Ce cheval est peu r. Une plante, un arbre r.* || Fig. et par plaisant., *Avoir une foi r., Avoir trop de crédulité.* = Syn. Voy. FORT.

ROBUSTEMENT. adv. D'une manière robuste. Peu usité.

ROBUSTESSE. s. f. [Pr. *robus-tè-se*]. Qualité de ce qui est robuste.

ROC. s. m. (persan, *rokh*, m. s.). Ancien nom de la tour au jeu d'échecs.

ROC. s. m. (forme masc. du mot *roche*). Masse de pierre très dure qui tient à la terre. *Ce roc est fort dur. Dur comme un roc. Aussi ferme qu'un roc. Percer le roc. Bâtir sur le roc. Un escalier taillé dans le roc. Fouiller jusqu'au roc vif.*

ROCAILLE. s. f. [Pr. *roka-lle, ll* mouillées] (R. *roc*, avec le suff. péjor. *aille*]. Amas de petites pierres. || Décoration, ouvrage fait avec des coquillages et des pièces irrégulières ou brutes, ou des cailloux incrustés. *Une grotte, une voûte de r.* || Se dit aussi de petits meubles, à la mode au XVIII° siècle, tels que pendules, vases, etc., dont les ornements imitaient des grottes, des rochers, des amas de coquillages. *La cheminée était garnie de rocailles.* || Adject., *Le genre r.*, Genre de décoration qui consiste en imitations de coquillages, etc.

ROCAILLEUR. s. m. [Pr. *roka-lleur, ll* mouillées]. Celui qui travaille en rocaille.

ROCAILLEUX, EUSE. adj. [Pr. *roka-lleu, euze, ll* mouillées] (R. *rocaille*). Plein de petits cailloux. *Un chemin r.* || Fig. *Un style r.*, Un style dur, désagréable à l'oreille.

ROCAMBOLE. s. f. [Pr. *rokan-bole*] (all. *rockenbollen*, m. s., de *rocken*, seigle, et *bollen*, oignon). T. Bot. Nom vulgaire de l'*Allium scorodoprasum* (Liliacées), espèce propre au Midi et cultivée dans les jardins pour ses bulbes, employés comme condiment sous le nom d'*Échalotes d'Espagne*.

ROCANTIN. s. m. Voy. ROQUENTIN.

ROCCELLE. s. f. [Pr. *rok-sè-le*] (Dim. de l'ital. *rocca*, rocher). T. Bot. Genre de Champignons (*Roccella*) de la famille des *Lichens*. Voy. ce mot.

ROCCELLINE. s. f. [Pr. *rok-sèl-line*]. T. Chim. Principe colorant cristallisable, insoluble dans l'eau, soluble dans l'alcool et dans les alcalis, contenu dans le lichen *Roccella tinctoria*. || Matière colorante rouge que l'on fabrique en combinant le β-naphtol avec le dérivé azoïque de l'acide naphtionique. Elle sert à teindre la laine en rouge violacé.

ROCCELLIQUE. adj. 2 g. [Pr. *rok-sèl-like*]. T. Chim. *L'acide r.* se rencontre dans le lichen *Roccella tinctoria*. Il cristallise en aiguilles incolores, fusibles à 132°, insolubles dans l'alcool. Il se dissout dans les alcalis en formant des *roccellates* très solubles.

ROCH (SAINT), né à Montpellier, soigna les pestiférés en Italie; atteint lui-même, il se retira dans une solitude, et recouvra la santé (1295-1327). Fête le 16 août.

ROCHAGE. s. m. (R. *rocher*, v. n.). Phénomène que présente l'argent fondu quand il se refroidit rapidement, et qui consiste en ce que sa surface primitivement lisse se recouvre d'aspérités et d'excroissances qui prennent un développement considérable : il peut même y avoir projection de matière. On explique ce phénomène par la propriété que possède l'argent fondu de dissoudre l'oxygène. Le gaz dissous s'échappe brusquement au moment de la solidification.

ROCHAMBEAU (COMTE DE), maréchal de France (1725-1807), un des héros de la guerre de l'indépendance américaine. || Son fils, le vicomte de Rochambeau, homme de guerre (1750-1813).

ROCHDALE, v. d'Angleterre (Lancashire) ; 69,000 hab.

ROCHE, s. f. (orig. celt.). Masse de pierre très dure qui entre moins avant dans la terre que le roc, et qui peut être isolée. *La pointe d'une r. Un pays couvert de roches. Tailler des roches. De l'eau de r. Clair comme de l'eau de r.* — Fig. et prov.. *Il y a quelque anguille sous r.*, Voy. ANGUILLE. || T. Carrier. *Pierre de r.*, ou simplem. *Roche*, La pierre la plus dure d'une carrière. || T. Minér. *R. d'émeraudes, de topazes, etc.*, R. contenant des émeraudes, etc. — *Cristal de r.*, Voy. QUARTZ. — *Turquoises de la vieille r.*, Turquoises tirées d'une mine ancienne. — Fig. et fam., *C'est un homme de la vieille r.*, C'est un homme d'une probité reconnue. *Un ami de la vieille r.*, Un ami sûr, éprouvé. *Noblesse de vieille r., de la vieille r.*, Noblesse ancienne. || T. Ornith. *Coq de r.*, Espèce de Passereau. Voy. MANAKIN. — *Perdrix de r.*, Espèce de Passereau. Voy. PERDRIX. || T. Artificier. *R. à feu*. Artifice d'une combustion lente destiné à incendier.

Géol. — En Géologie et en Minéralogie, on désigne sous le nom de *Roche* toute association de parties minérales homogènes ou hétérogènes, qui se trouve dans l'écorce solide du globe en masse assez considérable pour être regardée comme partie essentielle de cette écorce et être prise en considération dans son étude générale. Ainsi on donne le nom de *roches*, non seulement à des associations solides, mais encore à des couches de sable et à des dépôts de débris organiques plus ou moins minéralisés, et même à l'eau de la mer. Mais de même qu'il n'existe dans la nature qu'un très petit nombre d'espèces minérales comparé à celui qui aurait pu résulter de la combinaison des corps simples entre eux, de même le nombre des diverses sortes de roches est infiniment moindre qu'on ne pourrait le supposer théoriquement, d'après la multiplicité de leurs éléments minéralogiques. En effet, l'observation a démontré que, sur environ 400 espèces distinctes de minéraux qu'on a reconnues dans l'écorce terrestre, il n'y en a guère qu'une trentaine qui entrent comme *éléments constituants* dans la composition des roches ; les autres espèces n'y figurent que comme parties accessoires, et se trouvent disséminées en petite quantité sous diverses formes. Cependant, avec ces 30 éléments seulement, la nature aurait pu former un nombre immense de combinaisons distinctes ; mais il n'en est point ainsi, car les roches ne sont ordinairement composées que de deux, trois ou quatre éléments, et quelquefois même d'un seul. Enfin, sur ces 30 espèces de minéraux, on remarque qu'il n'y en a qu'une dizaine qui se présentent en abondance dans la nature. D'après les calculs de Cordier, si l'on suppose que l'écorce terrestre consolidée a une épaisseur de 80 kilomètres, et que l'enveloppe secondaire ou sédimentaire n'en forme que la vingtième partie, on trouve que cette écorce comprend 48/100 de Feldspath, 35/100 de Quartz, 8/100 de Mica, 5/100 de Talc, 1/100 de Carbonate de chaux et de magnésie, 1/100 de Péridot, Diallage, Amphibole, Grenat et Gypso, 1/100 d'Argile sous toutes ses formes, et 1/100 pour tous les autres minéraux.

Les roches dites *simples* ou *homogènes*, quand elles sont essentiellement formées d'éléments minéralogiques de même nature, comme le Calcaire saccharoïde, le Gypse et le Sel gemme ; on les appelle *composées* ou *hétérogènes*, lorsqu'elles sont formées d'éléments de nature différente, comme le Granit, la Syénite, etc. Lorsqu'on passe de la considération de la composition des roches à celle de l'adhérence de leurs parties élémentaires, on divise les roches en *solides* et *meubles*. Les roches *meubles* sont celles dont les éléments composants ne sont pas liés entre eux. Elles sont, tantôt complètement meubles, comme les Sables, tantôt incomplètement, comme les Argiles, qui sont plus ou moins molles et pâteuses, à cause de l'adhérence de leurs molécules par l'interposition d'une certaine quantité d'eau. Les roches meubles résultent presque toutes de la désagrégation de roches primitivement solides, dont les éléments minéralogiques ont été altérés sur place, ou transportés et triturés par l'action des eaux. Les roches *solides*, d'après les particularités de leur mode d'adhérence, se divisent en roches *agrégées* et en roches *conglomérées*, ou en *agrégats* et *conglomérats*. Les agrégats sont des roches dont tous les éléments sont contemporains, c.-à-d. d'un même âge. C'est une association d'individus minéralogiques liés par cohésion, sans ciment et par la seule force d'adhérence des parties élémentaires. Les conglomérats, au contraire, sont des roches

formées d'éléments non contemporains. Ils sont essentiellement constitués par des débris plus ou moins volumineux, plus ou moins atténués, enlevés à d'autres roches des différents âges, qui ont été réunis par un ciment siliceux, calcaire, etc., lequel s'est infiltré au milieu des vides existant entre eux. Par conséquent, un conglomérat est toujours le résultat de diverses circonstances, telles que rupture, trituration, transport, dépôt, et enfin cimentation sur place. Parmi les roches conglomérées, on appelle *Brèches*, celles dont les fragments sont anguleux et se touchent, et *Poudingues*, celles dont les fragments sont arrondis et également en contact. En considérant les roches sous le point de vue de leur texture, on les distingue en *grenues*, *granulaires*, *lamellaires*, *oolithiques*, *amygdalaires*, *fragmentaires*, *compactes*, *grénacées*, *poudingiformes*, etc. Quand elles sont formées de couches plus ou moins séparables, on les dit *feuilletées*, *schistoïdes*, *tabulaires*, etc. Quand elles sont poreuses, on les appelle, selon l'aspect qu'elles présentent, *cellulaires*, *spongieuses*, *alvéolaires*, etc. Suivant leur disposition dans la masse qui forme l'écorce terrestre, on les dit *stratifiées* ou *en masses*. Enfin, si l'on étudie les roches au point de vue de leur origine, on appelle *pyrogènes*, *plutoniques* ou *vulcaniennes*, celles qui sont d'origine ignée, comme le Granit, le Porphyre, le Basalte, etc. ; tandis qu'on désigne sous le nom de *neptuniennes* les roches à l'égard desquelles l'eau a servi de véhicule, soit aux éléments, soit au ciment. Les roches neptuniennes ont été formées, soit par voie de précipitation chimique, comme le Gypse, soit par voie de sédiment, comme l'Argile, soit par voie de transport, comme les sables et les poudingues. Cordier nomme encore *pyro-neptuniennes* les roches qui proviennent, soit de matières volcaniques emportées par les eaux et déposées ensuite, soit de cendres ou autres déjections volcaniques rejetées dans les eaux où elles forment une couche dont les parties sont liées par un ciment. Par opposition, le savant géologue appelle *neptuno-pyrogènes* les roches qui ont été formées au sein des eaux, puis modifiées par la chaleur résultant de l'apparition d'une r. ignée : ces sortes de roches rentrent dans la catégorie des roches *métamorphiques* de la plupart des auteurs. Voy. GÉOLOGIE.

La classification des roches repose sur leur origine et sur leur composition minéralogique. Les roches liquides se réduisent à l'eau douce ou salée et au pétrole. On divise les roches solides d'abord en *R. éruptives*, *plutoniques* ou d'origine interne et en *R. sédimentaires neptuniennes* ou d'origine externe, formées par l'action des eaux sur les précédentes.

1re classe : *Roches éruptives*.

1° R. FELDSPATHIQUES : *Granit*; *Pegmatite*; *Syénite*; *Leptynite*; *Gneiss*; Brèche et poudingue feldspathiques ; Grès feldspathique ; Sables, graviers et galets feldspathiques ; *Pétrosilex*; *Jaspe*; *Porphyre*; *Grauwacke*; Brèche et poudingue porphyriques ; Sables, graviers et galets de roches pétrosiliceuses ; *Trachyte*; *Phonolithe*. — 2° R. PYROXÉNIQUES : *Coccolithe*, r. composée presque uniquement de pyroxène grenu, et ordinairement verdâtre ; *Ophite* ou *Porphyre vert* ; *Trapp* ou *Aplanite*; *Basalte*; *Dolérite*. — 3° R. AMPHIBOLIQUES : *Amphibolite*, r. composée presque entièrement de cristaux d'amphibole ; *Diorite* ou *Granit orbiculaire*, r. grenue ou globulaire composée d'amphibole et de feldspath ; *Grès dioritique*, r. composée de grains de feldspath et d'amphibole verdâtre. — 4° R. ÉPIDOTIQUES : *Épidotite*, r. composée d'épidote grenue, fibreuse ou compacte. — 5° R. GRENATIQUES : *Grenatite*, r. composée presque uniquement de grenat ordinairement jaunâtre ou rougeâtre. — 6° R. HYPERSTÉNIQUES : *Hypersténite*, r. composée d'hypersthène (Voy. PYROXÈNE). — 7° R. DIALLAGIQUES, ayant pour élément dominant le *diallage* (silicate de magnésie hydratifère) : *Éclogite*, r. essentiellement composée de diallage et de grenat ; *Euphotide* ou *Vert de Corse*, r. grenue composée de diallage et de feldspath ; *Serpentine*. — 8° R. TALQUEUSES, c.-à-d. ayant le talc pour élément dominant : *Talcite*, ou *Stéaschiste*, ou *Schiste talqueux*, r. à texture schistoïde, et composée de talc pur ou mélangé de quartz, de feldspath, etc ; *Protogine*, r. cristalline, grenue ou schistoïde, essentiellement formée de talc et de feldspath ; *Novaculite*, ou *Pierre à rasoir*, sorte de talcite grenu ; *Phyllade*, ou *Schistes tégulaires* et *tabulaires*, ou *Schistes ardoises*, r. compacte, se divisant par feuillets, et composée essentiellement de parties talqueuses réunies par un ciment siliceux. — 9° R. MICACÉES : *Micaschiste*, r. à structure schistoïde, formée de mica et de quartz ; *Macline* ou *Phyllade maclifère*, r. noirâtre composée de mica et de cristaux de macle qui jouent ici le rôle des grains de quartz dans l'espèce précédente; *Hornfels*, r. composée de mica et de feldspath. — 10° R. QUARTZEUSES : *Quartzite* ou *Quartz grenu; Jaspe; Silex; Grès quartzeux* ou *Pierre de sable; Arkose*, r. composée de grains de quartz associés à des grains de feldspath et à un ciment quartzeux; *Psammite*, r. grenue, schistoïde, et formée par une association de grains de quartz (près des neuf dixièmes de la masse) avec des argiles de diverses couleurs; *Mollasse*, r. friable formée de grains quartzeux, feldspathiques, calcaires, etc., réunis par un ciment marneux; *Macigno*, r. analogue à la précédente, mais à ciment argileux enduré; *Brèches* et *poudingues quartzeux; Sables, graviers* et *galets quartzeux*. — 11° R. VITREUSES : *Obsidienne; Rétinite*, r. semblable à la précédente, mais qui renferme 1/8 à 1/7 d'eau; *Pumite*, ou *Pierre Ponce*, ou *Ponce*. — 12° R. ARGILEUSES : *Kaolin; Trass; Wacke; Peperino; Argile; Marne* ou *Argile calcarifère; Schiste argileux* ou *Schiste commun*.

2° classe : *Roches sédimentaires.*

A. *Roches salines non métalliques.*

13° R. CALCAIRES : *Calcaire cristallin saccharoïde; Calcaire sédimentaire à grains salins* et *arénoïde; Calcaire sédimentaire compact; Calcaire phylladifère; Calcaire argilifère* ou *Pierre à chaux hydraulique; Calcaire globulifère, oolithique, pisolithique, brocatelle; Calcaire concrétionné* ou *Travertin, Tuf calcaire; Calcaire crayeux* ou *Craie; Calcaire grossier; Poudingue calcaire; Faluns, sables* et *galets calcaires; Dolomie; Calcaire ferrifère*, mélange de carbonate de chaux et de carbonate de fer. — 14° R. GYPSEUSES : *Anhydrite* ou *Karsténite; Gypse* ou *Pierre à plâtre*. — 15° R. ALUMINEUSES ou à base de soussulfate d'alumine : *Alunite*. — 16° R. A BASE DE CHLORURE DE SODIUM : *Sel gemme; Argile salifère*, mélange d'argile et de sel gemme. — 17° R. A BASE DE CARBONATE DE SOUDE : *Natrun.*

B. *Roches métallifères.*

18° R. A BASE DE CARBONATE DE ZINC : *Calamine.* — 19° R. A BASE DE CARBONATE DE FER : *Fer spathique; Fer carbonaté lithoïde.* — 20° R. A BASE D'OXYDE DE MANGANÈSE : *Pyrolusite, Manganite.* — 21° R. A BASE DE SILICATE DE FER HYDRATÉ : *Chamoisite.* — 22° R. A BASE D'HYDRATE DE FER : *Limonite.* — 23° R. A BASE DE PEROXYDE DE FER : *Fer oligiste.* — 24° R. A BASE DE FER OXYDULÉ : *Fer magnétique; Sidérochrome.* — 25° R. A BASE DE SULFURE DE FER : *Pyrite blanche; Pyrite jaune.*

C. *Roches combustibles non métalliques.*

26° R. A BASE DE SOUFRE : *Soufre stratiforme; Tuf sulfureux.* — 27° R. A BASE DE BITUME GRISATRE : *Dysodyle; Schiste gris inflammable.* — 28° R. BISSASPHALTIQUES. Voy. ASPHALTE. — 29° R. GRAPHITEUSES. Voy. CARBONE. — 30° R. ANTHRACITEUSES. Voy. ANTHRACITE. — 31° R. A BASE DE HOUILLE. Voy. HOUILLE. — 32° R. A BASE DE LIGNITE : *Lignite; Jayet; Terre d'ombre; Tourbe; Terreau végétal.* Voy. HOUILLE.

ROCHE (LA), ROCHE-BERNARD (LA), ROCHE-DERRIEN (LA). Voy. LA ROCHE, LA ROCHE-BERNARD, LA ROCHE-DERRIEN.

ROCHECHOUART, ch.-l. d'arr. du dép. de la Haute-Vienne, à 42 kil. O. de Limoges; 55,800 hab.

ROCHECHOUART. Général fr. (1788-1856).

ROCHEFORT, ch.-l. d'arr. du dép. de la Charente-Inférieure, à 32 kil. S.-E. de La Rochelle; 33,300 hab. Ch.-l. d'arrondissement maritime, un des 5 ports militaires de la France. = Nom des hab. : ROCHEFORTIN, INE.

ROCHEFORT, ch.-l. de c. (Puy-de-Dôme), arr. de Clermont; 1,500 hab.

ROCHEFOUCAULD (LA). Voy. LA ROCHEFOUCAULD.

ROCHEJAQUELEIN (LA). Voy. LA ROCHEJAQUELEIN.

ROCHELLE (LA). Voy. LA ROCHELLE.

ROCHEMAURE, ch.-l. de c. (Ardèche), arr. de Privas; 4,070 hab.

ROCHER. s. m. (R. *roche*). Masse de pierre dure, ordinairement très élevée, très escarpée et terminée en pointe. *Un énorme r. Un r. escarpé. Le pied, la pointe d'un r. Des bancs de rochers. Des rochers à fleur d'eau. Un r. battu des flots. Dur, ferme comme un r. — R. artificiel,* Amas de pierres disposé de manière à imiter un rocher naturel. || Fig. et fam., *Un cœur de r., un r.,* Un cœur dur, insensible.

> Une âme de rocher ne s'en fût pas sauvée.
>
>   CORNEILLE.

Parler aux rochers, Voy. PARLER, || T. Anat. Voy. CRÂNE, et OREILLE, I, C. || T. Zool. Genre de *Mollusques Gastéropodes.* Voy. MURICIDÉS.

ROCHER. v. n. (R. *roche*, anc. nom du borax impur). Chim. Se dit de l'argent fondu qui subit le phénomène rochage. Voy. ce mot.

ROCHESERVIÈRE, ch.-l. de c. (Vendée), arr. de la Roche-sur-Yon; 2,100 hab.

ROCHE-SUR-YON (LA). Voy. LA ROCHE-SUR-YON.

ROCHESTER, v. des États-Unis d'Amérique, sur le grand lac Érié (New-York); 89,400 hab.

ROCHESTER, v. d'Angleterre, sur le Medway; 21,300 hab.

ROCHET. s. m. [Pr. *ro-chè*]. (all. *rock*, robe). Sorte de surplis à manches étroites que portent les évêques, les abbés, les chanoines. *Les évêques prêchent en r. et en camail.* || Sorte de mantelet que les pairs d'Angleterre portent dans les cérémonies.

ROCHET. s. m. [Pr. *ro-chè*.] (all. *rocken*, fuseau). T. Méc. *Roue à r.*, ou simpl., *R.* Roue à dents recourbées ne pouvant tourner que dans un sens. Voy. ENCLIQUETAGE. || T. Techn. Bobine sur laquelle on dévide la soie, le fil d'or, etc.

ROCHETTE. s. f. (Dimin. de *roche*, anc. nom du borax impur). T. Art. mil. Sorte de fusée de guerre appelée aussi *roquette*. || T. Comm. Sorte de soude qui vient du Levant.

ROCHETTE, ch.-l. de c. (Savoie), arr. de Chambéry; 1,200 hab.

ROCHETTE (RAOUL). Archéologue fr. (1789-1854).

ROCHEUSES (MONTAGNES), grande chaîne de montagnes de l'Amérique septentrionale, prolongement des Andes du Mexique. On dit aussi *Monts Rocheux.*

ROCHEUX, EUSE. adj. [Pr. *ro-cheu, euze*]. Qui est couvert de roches. *Ile, côte rocheuse.*

ROCHIER. s. m. [Pr. *ro-chié*]. (R. *roche*). T. Ornith. Nom donné par Buffon au vieux mâle de l'*Émerillon.* Voy. FAUCON.

ROCHIER. s. m. [Pr. *ro-chié.*] (all. *rauh*, rude, la peau de ce poisson étant recherchée pour polir). T. Icht. Genre de *Poissons cartilagineux.* Voy. SQUALE.

ROCHLEDERITE. s. f. T. Minér. Voy. MÉLANCHYME.

ROCHOIR. s. m. [Pr. *ro-chouar.*] (R. *roche*, anc. nom du borax impur). Petite boîte dans laquelle les ouvriers fondeurs mettent le borax.

ROCK. s. m. Mot arabe qui désigne un oiseau fabuleux d'une grandeur et d'une force prodigieuses. *Le r. joue un grand rôle dans les contes arabes.* — On écrit aussi *rouc.*

ROCOCO. adj. et s. m. (R. *rocaille*). Se dit d'un style de décoration, contourné, brisé, qui a été en vogue sous le règne de Louis XV. *Une chambre meublée dans le genre r.* || Fam., se dit de ce qui est vieux, hors de mode, dans les arts, la littérature, le costume, etc. *Cela est bien r. Tomber dans le r.*

ROCOU. s. m. (port. *rucu*, mot emprunté au caraïbe). Matière tinctoriale d'un jaune rouge extraite du Rocouyer. — On dit aussi *roucou*.

ROCOUER, ou **ROUCOUER**. v. a. Teindre en rouge avec le rocou. = Se rocouer. v. pron. Se teindre la peau en rouge comme le font certains sauvages. = Rocoué, ée, part.

ROCOUERIE. s. f. [Pr. *rokou-ri*.] Exploitation de rocou.

ROCOUYER. s. m. (R. *Rocou*). Genre de plantes Dicotylédones (*Bixa*) de la famille des *Bixacées*. Voy. ce mot. — On dit aussi *roucouyer*. Voy. Rocou.

ROCROI ou **ROCROY**, ch.-l. d'arr. du dép. des Ardennes, à 30 kil. N.-O. de Mézières; 2,300 hab. Victoire du duc d'Enghien (Condé) sur les Espagnols en 1643.

ROD. s. m. (mot angl.). T. Métrol. Mesure agraire usitée en Angleterre et valant environ 2ᵃ,5. Voy. Agraire.

RODAGE. s. m. Action de roder.

RODER. v. a. (lat. *rodere*, ronger). T. Techn. Frotter deux pièces de métal ou de cristal l'une sur l'autre, de manière qu'elles s'adaptent exactement. == Rodé, ée. part.

RÔDER. v. n. (lat. *rotare*, tourner, de *rota*, roue). Aller et venir çà et là; se dit ordinairement en mauvaise part. *Il a vu des hommes à mine suspecte r. autour de sa maison. Les loups rôdaient autour de la ferme. C'est un homme qui a bien rôdé par le monde. J'ai rôdé dans la ville, chez tous les libraires.*

RODERIC. Voy. Rodrigue.

RÔDEUR, EUSE. s. Celui, celle qui rôde. *C'est un grand r., un r. de nuit. Mettre des rôdeurs au corps de garde. Rôdeurs de barrière*, malfaiteurs qui guettent des gens à dévaliser.

RODEZ, anc. cap. du Rouergue, ch.-l. du dép. de l'Aveyron, à 607 kil. S. de Paris; 16,600 hab. Évêché. = Nom des hab. : Rhuténois, oise.

RODNEY, amiral anglais (1717-1792), se distingua dans la guerre de Sept Ans et dans celle d'Amérique.

RODOGUNE, fille de Phraate, roi des Parthes, fut mariée (141 av. J.-C.) à Démétrius Nicator, roi de Syrie, qui avait répudié Cléopâtre, fille de Ptolémée Philopator. Celle-ci, pour se venger, fit poignarder son mari.

RODOIR. s. m. [Pr. *ro-douar*.] Instrument servant au rodage. || Petit tonneau où l'on lustre et arrondit les grains de plomb. || Cuve de tanneur.

RODOLPHE Iᵉʳ, roi de la Bourgogne transjurane, de 880 à 912, après la déposition de Charles le Gros. || Son fils et successeur, Rodolphe II, réunit à ses États la Bourgogne cisjurane (933), et fonda le royaume d'Arles; m. en 937. || Rodolphe III, petit-fils du précédent, roi d'Arles, de 993 à 1033, A sa mort, son royaume passa à l'empereur Henri III.

RODOLPHE DE SOUABE, roi de Germanie en 1077; m. en 1080.

RODOLPHE Iᵉʳ DE HABSBOURG, empereur d'Allemagne (1273-1291), donna en apanage l'Autriche, la Styrie et la Carniole à son fils Albert, fondateur de la maison d'Habsbourg-Autriche (1282). || Rodolphe II, fils de Maximilien II, empereur d'Allemagne (1576-1612), se laissa ravir par son frère Mathias la Hongrie, l'Autriche et la Bohême, pendant qu'il s'occupait d'astronomie et d'arts.

RODOMONT. s. m. [Pr. *rodo-mon*] (ital. *rodomonte*, ronge-montagne; nom d'un personnage du *Roland furieux* de l'Arioste). Par allusion à ce personnage, se dit fam. d'un fanfaron qui se vante de prétendus actes de bravoure, pour se faire valoir et se faire craindre. *C'est un r. Faire le r.*

RODOMONTADE. s. f. (R. *rodomont*). Fanfaronnade, vanterie en fait de bravoure. *C'est une r. ridicule. Ce n'est qu'un faiseur de rodomontades.* Fam.

RODRIGUE ou **RODERIC**, dernier roi des Visigoths d'Espagne, fut vaincu et tué par les Arabes d'Afrique, près de Xérès (711).

RODRIGUE DE BIVARD, Voy. Cid.

RODRIGUEZ (Ile), petite île, une des Mascareignes, à l'E. de l'île Maurice.

ROEDERER (comte), homme politique et écrivain français (1754-1835), défendit Louis XVI dans le *Journal de Paris*, jouit de la faveur de Napoléon Iᵉʳ, qui le chargea de l'administration du grand-duché de Berg.

ROEMER. Astronome danois, détermina la vitesse de la lumière (1644-1710).

ROEMERITE. s. f. [Pr. *ré-mérite*] ((R. *Rœmer*, n. d'un natur. suisse). T. Minér. Sulfate hydraté de fer, avec zinc, manganèse et chaux.

ROESSLERITE. s. f. [Pr. *res-lérite*.] (R. *Rœssler*, n. propre). T. Minér. Arséniate hydraté de magnésie.

ROETTISITE ou **ROETTIZITE.** s. f. [Pr. *rét-ti-zite*]. T. Minér. Silicate hydraté de nickel, en concrétions vertes.

ROFFRIR. v. a. [Pr. *ro-frir*.] Offrir de nouveau. == Roffert, erte, part.

ROGATIEN (Saint), martyrisé à Nantes avec son frère Donatien, vers 269. Fête le 24 mai.

ROGATIONS. s. f. [Pr. *roga-sion*] (lat. *rogatio*, demande, de *rogare*, prier). Sous ce nom, qui signifie *prière*, on désigne, dans l'Église catholique, des prières publiques qui se font pendant les trois jours qui précèdent immédiatement la fête de l'Ascension pour demander à Dieu la conservation des biens de la terre, et la grâce d'être préservés de fléaux et de malheurs. Les *Rogations* consistent en processions autour des champs, pendant lesquelles on chante des litanies, et le prêtre bénit la terre. Cette cérémonie fut instituée, vers 470, par saint Mamert, évêque de Vienne en Dauphiné, et bientôt elle fut adoptée par diverses églises des Gaules. En 511, le concile d'Orléans ordonna que les rogations seraient observées dans toute la France. || T. Antiq. Projet de loi présenté dans l'assemblée du peuple à Rome.

ROGATOIRE. adj. 2 g. [Pr. *roga-touare*] (lat. *rogatum*, sup. de *rogare*, demander). T. Procédure. *Commission r.*, Commission qu'un juge adresse à un autre juge, et par laquelle il l'invite à faire quelque acte de procédure, d'instruction, dans l'étendue de son ressort.

ROGATON. s. m. (lat. *rogatum*, ce qui est demandé, part. pass. de *rogare*, demander). Reste de viandes ramassées. || Par ext., Plat composé de choses qui ont déjà été servies. || Fig., se dit, en littérature, de petits ouvrages de rebut. *Ce recueil ne contient que des rogatons.* — Fam. dans les trois sens.

ROGER Iᵉʳ, 12ᵉ fils du Normand Tancrède de Hauteville, conquit la Sicile sur les Sarrasins et prit le titre de grand-comte de Sicile (1031-1101). || Son fils, Roger II, ajouta à ses États l'Italie méridionale et se fit couronner roi des Deux-Siciles en 1130 (1093-1154).

ROGER (J.-François), auteur dramatique fr. (1776-1842), dont les meilleures pièces sont l'*Avocat* et le *Billet de loterie.*

ROGER-BONTEMPS. s. m. Personnage de bonne humeur, insouciant.

ROGERS (Samuel), poète angl. (1763-1855).

ROGGEWEEN (archipel), au N.-O. de l'archipel de la Société. Voy. Océanie.

ROGGEWEEN (Jacob), navig. holl. (1669-1733).

ROGIER, homme d'État belge, né à Saint-Quentin (1800-1885).

ROGLIANO, ch.-l. de c. (Corse), arr. de Bastia, 1,500 hab.

ROGNAGE. s. m. [Pr. *ro-gnaje, gn* mouill.]. Action de rogner.

ROGNE. s. f. [Pr. *gn* mouill.] (lat. *robigo, robiginis*, rouille). Nom que le populaire donne à toute éruption qui présente des croûtes jaunâtres plus ou moins tenaces. *Cet enfant a la tête, le visage couvert de r.* || T. Hortic. Excroissance qui vient sur certains arbres. || Fig. Mauvaise humeur. Fam.

ROGNEMENT. s. m. [Pr. *ro-gneman, gn* mouill.]. Action de rogner, effet de cette action.

ROGNE-PIED. s. m. [Pr. *ro-gne-pié, gn* mouill.]. Couteau avec lequel le maréchal rogne et retranche les portions inutiles de l'ongle du cheval. = Pl. *Des rogne-pied*.

ROGNER. v. a. [Pr. *gn* mouill.] (lat. *rotundus*, rond : propr. couper en rond). Retrancher, ôter quelque chose des extrémités, de la longueur ou de la largeur d'une chose. *R. un bâton. R. une étoffe. R. du cuir. R. du papier. R. la marge d'un livre. R. des louis, des écus. Se r. les ongles. Il n'en faut pas tant r.* — Fig. et prov., *R. les ongles à quelqu'un, lui r. les ongles de près*, Diminuer son autorité et surtout ses profits. — *Rogner les ailes à quelqu'un*, entraver son action. || Fig. et fam., Ôter, retrancher à quelqu'un une partie de ce qui lui appartient. *On lui rogne sa portion. On lui a bien rogné son autorité, ses gages. On lui a bien rogné de son traitement.* = ROGNÉ, ÉE. part.

ROGNEUR, EUSE. s. [Pr. *ro-gneur, euze, gn* mouill.] Celui, celle qui rogne; ne se dit guère que de ceux qui rognent les pièces de monnaie.

ROGNEUX, EUSE. adj. [Pr. *ro-gneu, euze, gn* mouill.]. Qui a la rogne. *Un enfant r. Une chienne rogneuse.*

ROGNIAT, général fr. (1776-1840).

ROGNOIR. s. m. [Pr. *ro-gnouar, gn* mouill.]. Appareil pour rogner le carton, le papier, les feuilles d'étain, etc. || Plaque de cuivre chaude sur laquelle on rogne le pied des chandelles.

ROGNON. s. m. [Pr. *gn* mouill.] (lat. *renio*, de *ren*, rein). La rein d'un animal; ne se dit qu'en parlant de certains animaux chez lesquels cet organe est bon à manger. *Un r. de veau, de mouton. Des rognons à la brochette.* — Par anal., *Des rognons de coq*, Des testicules de coq. || Pop. et par plaisant., *Mettre la main sur les rognons*, Sur les hanches, *Il se promenait fièrement les poings sur les rognons*. Voy. CRISTALLOGRAPHIE, XII, 3e.

ROGNONNER. v. n. [Pr. *ro-gno-ner, gn* mouill.]. (R. rogner). Gronder, grommeler, murmurer entre ses dents. *Cette vieille ne fait que r.* Popul.

ROGNURE. s. f. [Pr. *ro-gnure, gn* mouill.] (R. rogner). Ce qu'on retranche, ce qu'on enlève quand on rogne quelque chose. *R. de papier, des livres. Des rognures de cuir.* || Fig. et fam., *Rognures* se dit quelquefois des restes de matériaux qui ne sont point entrés dans un grand ouvrage pour lequel ils avaient été préparés. || Action de rogner.

ROGOMME. s. m. [Pr. *ro-go-me, g* dur]. Eau-de-vie ou autre liqueur forte. *Boire du r. Un petit verre de r.* || *Voix de r.*, Voix enrouée d'une personne qui abuse des liqueurs fortes. — Popul.

ROGUE. adj. 2 g. [Pr. *ro-ghe, g* dur] (celtiq. *roc*, m. s.). Fier, arrogant, superbe. *Que vous êtes r.! Humeur r. Un air, une mine, un ton r.* Fam. = Syn. Voy. ARROGANT.

ROGUE. s. f. [Pr. *ro-ghe, g* dur] (isl. *hrogn*, m. s.). Œufs de morue salés, qu'on emploie comme appât dans la pêche à la sardine.

ROGUEMENT. adv. [Pr. *roghe-man, g* dur]. D'une manière rogue.

ROGUERIE. s. f. [*roghe-ri, g* dur]. Humeur rogue.

ROGUET (comte), général fr. (1770-1846).

ROHAN (MAISON DE), maison qui descendait des anciens rois et ducs de Bretagne; elle se divisa en plusieurs branches, dont les principales sont celles de Guéméné, de Montbazon, de Soubise, de Gié et de Chabot. || HENRI Ier, duc de Rohan (1579-1638), fut chef du parti calviniste sous Louis XIII. || Chevalier de ROHAN, grand veneur de France, entra dans un complot et fut décapité (1635-1674). || Cardinal de ROHAN (1734-1803), évêque de Strasbourg, grand aumônier de France, compromis dans l'affaire du collier, fut disgracié et dépouillé de toutes ses charges par Louis XVI (1785-1786).

ROHILKAND, prov. de l'Inde, au nord de Delhi.

ROHRBACH ou **RORBACH**, anc. ch.-l. de c. du dép. de la Moselle, arr. de Sarreguemines, cédé à l'Allemagne en 1871 ; 1,200 hab.

ROHRBACHER (abbé), auteur d'une *Histoire universelle de l'Église catholique* (1789-1856).

ROI. s. m. [Pr. *roua*] (lat. *rex*, m. s.). Souverain d'un État qui a le titre de royaume. *Un grand roi. Un roi puissant. Roi absolu, constitutionnel. Les anciens rois. Les rois chrétiens. Élire, proclamer, couronner, sacrer un roi. La majesté des rois. La cour d'un roi. Dieu est le maître des rois.* Dans un sens anal., on dit : *Dieu est le roi des rois, est le roi du ciel et de la terre. L'homme est le roi des animaux, le roi de la nature.* || Fig. et fam., *C'est un roi en peinture, un roi de cartes, un roi de carreau, un roi de théâtre*, se dit d'un roi très faible ou dont le pouvoir est fort limité. — Prov. et fam., on dit d'un homme magnifique, *Il vit en roi, il fait une dépense de roi;* d'un homme impérieux et hautain, *Il parle en roi, il fait le roi;* d'un homme généreux et libéral, *Il a un cœur de roi;* d'un homme extrêmement heureux, *Il est heureux comme un roi;* qui est très fier de sa position, d'un succès obtenu, *Le roi n'est pas son cousin;* d'un homme très bienfaisant, *C'est le roi des hommes;* d'un plaisir très grand, très vif, *C'est un plaisir de roi;* d'un mets exquis, délicieux, *C'est un manger de roi, un morceau de roi.* On dit encore d'une fort jolie femme, *C'est un morceau de roi.*

Colette est un morceau de roi.

LA FONTAINE.

— *Le roi dit : nous voulons*, se dit d'un homme qui dit d'un ton absolu : je veux; — *Qui n'aura de beaux chevaux si ce n'est le roi*, se dit d'une personne riche qui a un grand luxe. — *Au roi*, Roi, employé absolument, s'entend en général du roi qui règne dans le pays où l'on est. *Les commandements, les ordres du roi. Le service du roi. Le roi séant en son conseil. Boire à la santé du roi. On cria : Vive le roi! Le roi ne meurt point;* et l'on est *mort, vive le roi!* se disait, en France, pour signifier qu'à la mort du roi, son parent mâle le plus proche se trouvait, dans l'instant et par le seul fait de sa naissance, en possession de la couronne et de l'autorité royale. — *De par le roi*, Formule qui signifie De la part du roi, au nom du roi, et qui se mettait autrefois au commencement de divers actes publics portant sommation, injonction, etc. — *Être logé par le roi*, par plaisanterie sign. être en prison. — *Noble comme le roi*, de haute noblesse. — *C'est un roi en peinture*, sans autorité. || *La maison du roi*: MAISON. — *Conseil du roi*, Voy. CONSEIL D'ÉTAT. *Commissaire du roi, homme du roi*, Voy. HOMME. — *Lieutenant du roi de telle place*, Celui qui en avait le commandement en l'absence du gouverneur. — *Les ordres du roi*, Les ordres de chevalerie de St-Michel et du St-Esprit. *L'ordre du roi*, L'ordre de St-Michel, pris séparément. || On disait encore, *Les coffres du roi, les deniers du roi*, pour signifier Le trésor public, les revenus de l'État. — On disait encore, *Poids de roi*, pour Poids public, et *Taux du roi, denier du roi*, pour Taux légal. — T. Métrol. *Pied de roi*, anc. mesure de longueur. Voy. LONGUEUR. || Autrefois on qualifiait encore de *Roi*, le chef de certaines corporations. *Le roi des merciers. Le roi des violons. Le roi d'armes*, Voy. HÉRAUT. *Le roi de la basoche*, Voy. BASOCHE. *Le roi des ribauds*, Voy. RIBAUD. Parmi les Tireurs d'arbalète, on appelle encore *Roi de l'oiseau*, Celui qui a abattu l'oiseau. — Fam., on appelle aussi quelquefois *Roi du bal*, Celui qui donne le bal, ou Celui pour qui on le donne et qui ouvre la danse. || Prov. *Au royaume des aveugles les borgnes* sont *rois*, se dit de celui qui, sans être fort, l'emporte sur de plus faibles. || Dans l'Antiq., *Archonte-roi*, Voy. ARCHONTE; *Roi du festin*, Voy. REPAS; *Roi des sacrifices*, Titre donné à Rome à un sacrificateur qui remplissait les fonctions dévolues auparavant aux rois. || En parlant des animaux, on dit : *Le lion est le roi des animaux*, *L'aigle est le roi des oiseaux*, À cause de la noblesse, de la générosité que leur attribue l'opinion vulgaire. — On appelle encore, mais pour d'autres motifs, *Roi des cailles*, Le Râle des genêts; *Roi des gobe-mouches*, le Moucherolle couronné; *Roi des rougets*, l'Apogon rouge, etc. On a également qualifié le cèdre de *Roi des végétaux*, et les alchimistes appelaient l'or, *Roi des métaux*. || *Les livres des Rois*, Voy. BIBLE. — *Les Rois mages*, ceux qui étaient venus pour visiter l'enfant Jésus. — *Le jour ou la fête des Rois*, Voy. ÉPIPHANIE. *Faire les Rois*, Dîner ou souper en famille ou avec des amis pour partager un gâteau dans lequel il y a une fève, et qui prend le nom de *Gâteau des Rois*. On appelle *Roi de la fève*, ou simpl. *Roi*, Celui à qui échoit la part où se trouve la fève. *Chandelle des Rois*, Grosse chandelle cannelée dont les marchands chandeliers faisaient autrefois présent à leurs pratiques le jour des Rois. || T. Jeu. Aux Échecs, La principale pièce du jeu. — Aux Cartes, La principale figure de chaque couleur. *Roi de carreau, de trèfle*, etc. *Tierce au roi. Brelan de rois*. — Au Piquet à écrire, signif. encore, Une division de la partie qui comprend deux ides. *Une partie complète est composée de douze rois ou de vingt-quatre ides*. == Syn. Voy. EMPEREUR.

Hist. — En France, le titre de *Roi des Français* a appartenu aux rois de la première et de la deuxième race, ainsi qu'aux six premiers de la troisième. C'est Philippe Auguste qui le premier paraît avoir pris le titre de *Roi de France*. Tous ses successeurs firent de même jusqu'en 1790, époque à laquelle Louis XVI reprit le titre de *Roi des Français*, abandonné par la restauration pour celui de Roi de France, et repris en dernier lieu par Louis-Philippe. — Dans l'ancien empire d'Allemagne, le successeur élu d'un empereur portait, pendant la vie de ce prince, le titre de *Roi des Romains*. C'est évidemment pour rappeler cette tradition féodale que, lors de la naissance de son fils, Napoléon, qui deux ans auparavant avait réuni à la France les États de l'Église, donna le titre de *Roi de Rome* à l'héritier présomptif de sa couronne.

Tout le monde sait que depuis le moyen âge le principal emblème de la royauté est une couronne que les rois portaient sur leur tête dans les circonstances solennelles et qui ornait leurs armoiries. Toutes les couronnes des souverains étaient à peu près semblables : c'étaient des couronnes ouvertes à feuilles d'ache, comme les couronnes ducales. Voy. DUC. À partir d'Henri II, les rois de France ont porté la couronne fermée, comme les empereurs d'Allemagne. Voy. EMPIRE.

ROIDE, ROIDEUR, ROIDILLON, ROIDIR. Voy. RAIDE, RAIDEUR, etc.

ROI-GEORGE III (archipel du), sur la côte O. de l'Amérique du Nord.

ROI-GUILLAUME (Terre du). L'une des terres ou îles arctiques au N. de l'Amérique septentrionale.

ROISEL, ch.-l. de c. (Somme), arr. de Péronne; 1,700 hab.

ROITELET. s. m. [Pr. *roua-telè*] (dimin. de *roitel*, anc. dimin. de *roi*). Petit roi, le roi d'un très petit État; ne se dit que par dénigrement. || T. Ornith. Genre de Passereaux.

Un roitelet pour vous est un pesant fardeau.

LA FONTAINE.

Ornith. — Les espèces du genre *Roitelet* (*Regulus*) sont les plus petits des oiseaux d'Europe. Ces Passereaux sont caractérisés par un bec très grêle, court, droit, et régulièrement aminci de la base à la pointe, ainsi que par la présence d'une plume décomposée au-dessus des narines. Le *R. commun* (*R. cristatus*) est olivâtre dessus, blanc jaunâtre dessous, et porte sur la tête une belle tache jaune, bordée de noir, formée de plumes effilées qui peuvent se relever : il doit précisément son nom à sa petite taille et à cette sorte d'ornement. On l'appelle aussi *Cou-jaune*. Le *R. triple bandeau* ou à *moustache* (*R. ignicapillus*) [Fig. ci-dessous] a les plumes longues et effilées du dessus de la tête d'un rouge de feu; celles qui les entourent devant et sur les côtés sont d'un noir pur; enfin, il a encore un trait noir sur l'œil et une petite moustache de la même couleur. Ces oiseaux sont com-

muns chez nous; ils sont toujours en petites troupes et habitent les bois et les taillis, où ils vivent de petits insectes qu'ils cherchent surtout dans les gerçures des écorces. Ils sont peu défiants et faciles à apprivoiser. Leur nid consiste

en une petite boule faite avec de la mousse, des aigrettes de chardon et autres matériaux soyeux, et munie d'une ouverture sur le côté. La femelle y pond 6 à 8 œufs aussi petits que des Pois, presque globuleux et de couleur de chair pâle.

Au genre *R*. proprement dit, G. Cuvier joint les genres *Pouillot* (*Trochilus*) et *Troglodyte* (*Troglodytes*), et forme du tout, sous le nom de *Roitelets* ou *Figuiers*, la quatrième section de la famille des *Becs-fins*. — Les Pouillots ont le bec des Roitelets, mais ils n'ont ni plume décomposée au-dessus des narines, ni couronne sur la tête. Les Troglodytes diffèrent aussi des Roitelets par ces caractères négatifs; mais, en outre, ils diffèrent des Roitelets et des Pouillots par un bec encore un peu plus grêle et légèrement arqué. Le *Pouillot commun* (*Trochilus vulgaris*) est un peu plus grand que le *R*., mais il en a le plumage et en présente à peu près les mœurs. Le *Grand Pouillot* (*Troch. hypolais*) est encore un peu plus grand que le précédent, et il a le ventre plus argenté. Enfin, le *Troglodyte d'Europe* (*Trogl. europæus*) est brun, strié en travers de noirâtre, avec du blanchâtre à la gorge et au bord de l'aile. Il se distingue en outre par l'habitude qu'il a de porter la queue relevée. Cet oiseau, qu'on appelle dans beaucoup de localités, mais improprement, *R*., aime à fureter les trous de muraille, les cavernes, et en général les endroits obscurs : de là le nom sous lequel le désignent les ornithologistes. Il vit d'insectes et de vers, niche contre terre, et chante agréablement jusque dans le plus fort de l'hiver.

ROLAND, paladin, neveu de Charlemagne, selon la légende, fut tué dans la vallée de Roncevaux (778).

ROLAND DE LA PLATIÈRE, homme politique fr. (1734-1793), épousa en 1780 MARIE-JEANNE PHILIPON (1754-1793), qui par la supériorité de son esprit fit de son salon le centre du parti girondin. Ministre de l'intérieur, Roland donna sa démission après la mort de Louis XVI; décrété d'accusation, il s'enfuit à Rouen, et se tua en apprenant que sa femme avait été condamnée à mort par le tribunal révolutionnaire.

RÔLE. s. m. (lat. *rotulus*, rouleau, de *rotare*, rouler). Pièce de parchemin plus ou moins longue, roulée ou non, sur laquelle on écrivait des actes, des titres. || Se dit aujourd'hui des feuillets, des registres où l'on inscrit des noms, des états, etc. *Le r., les rôles des contributions. Le r. d'un équipage. Dresser un r. Porter quelqu'un sur un r. On l'a ôté du r*. — Au Palais, *Rôle* se dit de la liste sur laquelle on inscrit les causes dans l'ordre où elles doivent se plaider. *R. ordinaire, extraordinaire. Votre cause est au r. On vous a mis au r. Mettre sur le r. Tirer du r. Sa cause viendra à tour de r*. — T. Prat. Feuillet écrit comprenant le recto et le verso. *Il y a tant de rôles à cette grosse. Les copies des actes notariés se payent à tant le r.* || Au Théâtre, La partie d'une pièce que chaque acteur doit jouer. *A qui destinez-vous ce r.? Distribuer des rôles.*

Refuser un r. Étudier son r. Répéter un r. Votre r. est de deux cents vers. — Se dit aussi du personnage représenté par l'acteur. *Il joue toujours les premiers rôles, les seconds rôles. Il a bien joué, il a manqué son r. Un beau r. Le r. d'Oreste, de Phèdre,* etc. *Les rôles à manteau, à grande livrée. Cet acteur a bien saisi son r., l'esprit de son r.,* Il en a bien exprimé le caractère, le sens. *Il a outré son r.,* Il en a forcé l'expression. — *Créer un r.,* le jouer quand on représente la pièce pour la première fois. || Fig., La manière dont on se conduit dans les affaires du monde, le personnage qu'on y fait ou le caractère qu'on y montre. *Cet ambassadeur a bien joué son r. Il a joué un grand r., un sot r. dans cette affaire. On l'a chargé d'un r. bien difficile. Il joue un grand r. dans le monde. Il joue le r. de délateur. Vous jouez là un r. infâme. C'est un hypocrite qui sait bien jouer son r. C'est une intrigante qui a joué toute sorte de rôles.* || T. Techn. Corde faite avec des feuilles de tabac roulées, après en avoir enlevé les côtes. = Syn. Voy. CATALOGUE et PERSONNAGE.

RÔLER. v. n. (R. *rôle*). Faire des rôles d'écriture. *Cet avoué aime à r.,* Fam., peu us., et ne se dit qu'en mauvaise part. = RÔLER. v. a. Mettre en rouleau. *R. les feuilles de tabac.* = RÔLÉ, ÉE. part.

RÔLET. s. m. [Pr. *ro-lè*]. Petit rôle. Fig., *Jouer bien son r.,* Jouer bien son personnage.

Il continue à jouer son rôlet.

LA FONTAINE.

Être au bout de son r., Ne savoir plus que dire ou que faire.

RÔLEUR. s. m. Ouvrier qui fait des rôles de tabac.

ROLLE. s. m. [Pr. *ro-le*] (allér. de *rôle*, rouleau). T. Techn. Tisonnier à l'usage des chaufourniers.

ROLLE et **ROLLIER.** s. m. [Pr. *ro-le, ro-lié*]. T. Ornith. Genres de *Passereaux.* Voy. CORBEAU.

ROLLER. s. m. (angl. *to roll,* rouler). Cylindre qui traite le fer devenu malléable par le recuit.

ROLLIN (CHARLES), professeur et recteur de l'Université de Paris (1661-1741), auteur du *Traité des études* et d'une *Histoire ancienne.*

ROLLON, chef de pirates normands, ravagea la Neustrie, se fit céder par Charles le Simple une partie de ce pays, et fut, sous le nom de Robert, le 1er duc de Normandie (860-932).

ROMAGNE, anc. prov. d'Italie dont Ravenne était la capitale.

ROMAGNES (Jos.-ANT.). Compositeur de romances, né à Paris (1781-1850).

ROMAIN, AINE. adj. [Pr. *ro-min, ène*] (lat. *romanus,* de Rome). Qui appartenait à l'ancienne Rome. *Citoyen r. Le peuple r. Droit r. Lois romaines. L'empire r. Les empereurs romains.* — *Chiffres romains,* Voy. NUMÉRATION. || Qui rappelle le patriotisme, la grandeur d'âme, le courage, l'austérité des anciens Romains. *Cet homme a des sentiments romains. Une vertu romaine. Il y a dans cette parole quelque chose de r.* — *Beauté romaine,* se dit d'une femme qui a de grands traits bien marqués, et un air, un port majestueux. || Qui appartient à la Rome moderne, considérée surtout comme le siège de la religion catholique. *L'Église catholique, apostolique et romaine. Bréviaire r. Le martyrologe r.* || T. Bot. *Laitue romaine,* ou simpl., *Romaine,* Voy. LAITUE. || T. Artif. *Chandelle romaine.* Fusée fine qui lance des étoiles lumineuses. Voy. PYROTECHNIE, I. || T. Cuis. *Punch à la romaine,* Sorbet au kirsch, au rhum, ou au champagne, parfumé de vanille ou de citron. = ROMAIN, AINE. s. Personne née à Rome ou qui habite Rome, *Un R. Une Romaine. La puissance, la grandeur des Romains.* || Fig., *C'est un R.,* se dit d'un homme connu par de grands sentiments de probité et par son amour pour la patrie. On dit encore d'un homme qui a une vertu qui n'est plus de son temps, ou qui est le dernier défenseur d'une cause perdue, *C'est le dernier des Romains.* || *Les Romains du parterre,* Les cla-

queurs, par allusion aux claqueurs payés par Néron quand il jouait sur la scène. = ROMAIN. adj. et s. m. T. Typogr. Se dit du caractère d'imprimerie le plus usité pour les livres. Voy. CARACTÈRE. = ROMAINE. s. f. T. Mécan. Voy. BALANCE. = Liste chronologique des empereurs romains. Voy. ROME.

ROMAIN. Pape en 897.

ROMAIN. Nom de quatre empereurs grecs du X° et du XI° siècle.

ROMAINEMENT. adv. [Pr. *romè-neman*]. A la manière romaine.

ROMAINVILLE, com. de la Seine, arr. de Saint-Denis; 5,000 hab.

ROMAÏQUE. s. m. (gr. ϱωμαϊκὸς, mot qui signifiant romain a désigné les Grecs quand l'empire d'Orient se fixa chez eux). T. Philol. Le grec moderne. *Il parle le r.* Voy. HELLÉNIQUE.

ROMAN, ANE. adj. (lat. *romanus,* romain). *Langue romane, langage r.,* Voy. ci-après. — *Architecture romane, Style r.,* Voy. ARCHITECTURE. || On dit aussi subst., *Le r.,* pour désigner la langue et l'architecture romanes.

Ling. — On appelle *langues romanes* les idiomes qui se sont formés, après la destruction de l'empire romain, dans plusieurs parties de l'Europe, par la décomposition graduelle du latin et sous l'action des langues étrangères introduites par les invasions germaniques. Les *langues romanes,* appelées plus communément *néo-latines,* sont au nombre de six : la *Langue d'oïl* ou *d'oui,* d'où est sorti le français moderne ; la *Langue d'oc,* qui n'existe plus aujourd'hui que sous la forme de patois ; l'*Italien,* l'*Espagnol,* le *Portugais* et le *Rhétien.* Toutes présentent les caractères suivants que nous avons déjà signalés au mot LANGUE : abandon des cas de la déclinaison latine, et substitution des prépositions aux désinences des noms ; introduction de l'article défini que l'exemple du grec n'avait pu faire passer dans le latin ; emploi comme auxiliaires de verbes exprimant, l'un la simple affirmation, l'autre la possession ; enfin, adoption forcée de la construction directe, par suite de l'abandon, pour un grand nombre de mots, des flexions qui faisaient reconnaître leur rôle grammatical indépendamment de la place qu'ils occupaient dans la phrase. Nous avons parlé ailleurs de la *Langue d'oïl* et de la *Langue d'oc,* de manière à nous dispenser de revenir sur ce sujet (Voy. LANGUE, VI).

L'*Italien* paraît s'être définitivement formé vers le XI° siècle, mais le premier spécimen authentique que nous en connaissions est de la fin du XII° : c'est une chanson composée, vers 1195, par Ciullo d'Alcamo. Son domaine embrasse l'Italie continentale et les îles qui en dépendent géographiquement. En outre, il est usité dans quelques provinces voisines, comme le Tyrol méridional, le canton du Tessin, l'Istrie, etc. Enfin, il fait le fond de l'espèce de patois appelé *langue franque,* usité dans tous les ports du Levant. L'italien écrit diffère beaucoup de l'italien parlé : il est à peine employé par un douzième de la population, et le reste fait usage de dialectes particuliers.

On fait dater du XI° siècle la formation définitive de l'*Espagnol,* et, dès le XIII°, il était la langue de la cour et des savants. Le nom de *Castillan,* sous lequel il est universellement désigné en Espagne, vient de ce qu'il était, dans le principe, l'idiome particulier de la Vieille-Castille, les autres provinces d'Espagne parlant des dialectes différents. Son domaine comprend, outre le territoire européen de la monarchie, les nombreux pays qui sont ou ont été sous sa dépendance dans le nouveau monde. L'espagnol est parlé dans toute sa pureté dans les deux Castilles. Partout ailleurs, il offre des dialectes qui, du moins en Europe, s'éloignent peu les uns des autres, à l'exception du *Gallego* ou *Galicien,* et du *Catalan,* qui constituent véritablement des idiomes particuliers. Outre l'influence germanique, l'espagnol a subi l'influence des langues sémitiques, du punique ou carthaginois d'abord, puis de l'arabe, à l'époque de l'invasion des Maures.

Le *Portugais* ne différa pas d'abord du *gallego,* dont il s'en sépara peu à peu à partir du XI° siècle, c.-à-d. quand le Portugal acquit une existence indépendante : néanmoins il n'a été définitivement fixé qu'à la fin du XV° siècle. Il est parlé, hors d'Europe, dans le vaste empire du Brésil. Dans les possessions portugaises de la côte d'Afrique et de l'Inde, il est devenu le fond d'une sorte de jargon, appelé *Lingoa geral,* qui sert de langue commune aux trafiquants européens. L'élément sémitique a encore plus de place dans le portugais que dans l'espagnol.

Le *Rhétien*, que l'on nomme aussi *Roumanche* ou *Romaunch*, est parlé dans une grande partie du canton des Grisons. On y distingue deux dialectes : le *Rumonique*, usité à Coire et dans toute la vallée du haut Rhin; et le *Ladinique*, qui règne dans l'Engadine, sur les deux rives de l'Inn.

En dehors des langues précédentes, il existe encore, à l'orient de l'Europe, un idiome dérivé du latin ; seulement, au lieu d'avoir été modifié par l'influence germanique, il l'a été par l'influence slave. C'est le *Roumain*. Voy. ce mot. = Voy. LANGUE.

ROMAN. s. m. (R. *roman*, adj., certaines compositions littéraires ayant été ainsi appelées parce qu'elles étaient écrites en langage roman). Histoire feinte, écrite le plus souvent en prose, où l'auteur cherche à exciter l'intérêt, soit par le développement des passions, soit par la peinture des mœurs, soit par la singularité des aventures. *R. pastoral. R. de chevalerie. R. moral, satirique, philosophique. R. historique. Le héros, l'héroïne d'un r. La lecture des romans lui a exalté l'imagination.* ‖ Se dit encore des aventures extraordinaires et des récits dénués de vraisemblance. *Cela tient du r. Sa vie est un r. Cela m'a tout l'air d'un r. L'histoire qu'il nous a débitée n'était qu'un r.* — Fig., *Un héros, une héroïne de r.*, Celui, celle qui affecte d'agir et de parler à la manière des héros de r. Fam., *Prendre le r. par la queue,* Vivre maritalement avant le mariage.

Littér. — Dans son sens le plus étendu, on donne le nom de *Roman* à un récit, parfois en vers, mais ordinairement en prose, d'événements imaginaires revêtus de toutes les apparences de la réalité. Bien que ce nom soit relativement récent, car il vient de la langue *romane*, il n'en est pas de même du genre de composition qu'il désigne. En effet, le r. remonte à une haute antiquité ; néanmoins, chez tous les peuples on le rencontre, on constate qu'il n'a apparu qu'après la période épique et héroïque. Il naît en général aux époques de civilisation, aux époques littéraires où la lecture devient une distraction, où l'on passe du plus difficile au plus aisé. Le r. n'est au fond qu'un poème épique abâtardi : aux vers il substitue la prose, au merveilleux la vie ordinaire, aux faits héroïques et nationaux les actions d'individus pris dans toutes les classes de la société; à la peinture des sentiments de l'homme, dans ce qu'ils offrent de plus élevé et de plus général, il fait succéder l'analyse des sensations et des sentiments dans ce qu'ils ont, de plus particulier et de plus individuel. « Le r., dit Hegel, suppose une société prosaïquement organisée; dans ce qu'il se rend à la poésie ses droits perdus. Le fond du r. est le conflit entre la poésie du cœur et la prose des relations sociales. » D'après cela, il est aisé de voir que le r. n'est point un genre de littérature arbitraire. Il naît de ce besoin universel que nous éprouvons à nous soustraire, au moins momentanément, au cours ordinaire des choses, et à nous créer par l'imagination un ordre d'événements plus éclatant ou plus varié que celui où nous vivons. Mais le r. n'est ni astreint aux lois sévères de l'épopée, ni limité dans le choix des sujets. Tous les sujets peuvent lui convenir, comme à la peinture : il a donc devant lui une matière inépuisable, le spectacle du monde dans ce qu'il a de grand et de beau, de pitoyable et de terrible, de ridicule et de bouffon. Il fait incessamment l'histoire de la vie privée et peut être une forme vivante donnée aux leçons du philosophe et du moraliste. Tout en offrant à la raison la représentation de ce qui est, il transporte l'imagination au delà des limites de la réalité, et réunit ainsi les deux aspects du vrai, le réel et l'idéal. Il touche à tous les genres, sans se confondre avec eux, et le romancier digne de ce nom sait, en captivant la frivolité du lecteur, le conduire à son insu vers un but sérieux et utile.

Les Orientaux ont cultivé de tout temps ce genre de composition. Une leçon morale est le but caché vers lequel semblent tendre leurs conteurs. Cependant c'est à l'imagination qu'ils s'adressent et ils possèdent le secret de la charmer. Leurs contes et leurs romans nous intéressent surtout par le tableau fidèle de leurs mœurs, de leurs coutumes et de leurs idées, si différentes des nôtres. Chez les Grecs, on ne trouve pas un seul r. depuis Homère jusqu'à l'époque de leur décadence. Des ouvrages uniquement destinés à distraire aux heures de loisir auraient difficilement trouvé place chez des peuples libres, occupés de la vie publique, toujours actifs et presque toujours en lutte. Le r. n'apparut qu'après l'asservissement de la Grèce par Alexandre. Les contes que les anciens appelaient *Fables milésiennes*, et

dont aucun n'est parvenu jusqu'à nous, si ce n'est la fable de Lucius intitulée l'*Ane d'or*, qui paraît en être une imitation, n'étaient guère que des nouvelles en général assez courtes, plus ou moins spirituelles, et presque toujours licencieuses. Les ouvrages grecs qui offrent le plus d'analogie avec nos romans, comme les *Amours de Théagène et de Chariclée*, par Héliodore, et *Daphnis et Chloé* de Longus, datent du Ve et du VIe siècle de notre ère. A Rome, le r. s'introduisit avec la littérature grecque, mais il n'y fut point cultivé. Il n'existe, à proprement parler, chez les Romains, qu'un seul r. écrit en latin, c'est l'*Ane d'or* d'Apulée (vers 160 après J.-C.), mélange informe d'aventures, mais où l'on trouve l'admirable épisode de Psyché et de l'Amour, qu'Herder considérait comme la plus charmante des allégories.

Le moyen âge vit reparaître le r., mais sous une forme toute nouvelle, car la forme même de la société différait tout à fait de celle de la société antique, et les mœurs, les sentiments, les idées des peuples, n'avaient pas subi une transformation moins complète. En même temps que les contes et les fabliaux des troubadours et des trouvères, apparaissent les grands romans chevaleresques, on pourrait presque dire les grandes épopées, car ces longs récits sont écrits en vers. Toutefois ces compositions se distinguent essentiellement de l'épopée par l'introduction de la vie individuelle. Les nombreux romans de l'époque chevaleresque se rattachent tous à l'un de ces trois noms : Charlemagne, Arthus et Alexandre, ce qui les a fait diviser en trois cycles distincts. Le *cycle de Charlemagne*, belliqueux sans galanterie, compte parmi ses productions les plus célèbres la *Chanson de Roland* et *Les quatre fils Aymon*, du Huon de Villeneuve. Les poèmes du *cycle d'Arthus*, roulent sur les exploits guerriers ou galants des chevaliers de la Table ronde : le r. de *Lancelot du lac*, de Chrestien de Troyes, est le plus célèbre de ce cycle. Enfin, le *cycle d'Alexandre*, mélange bizarre de traditions de l'antiquité et de mœurs féodales, compte pour héros Alexandre, César, Hector, etc. Près du r. chevaleresque, se place le r. d'amour, dont les productions les plus connues aujourd'hui sont l'*Histoire de la dame de Fayel et du châtelain de Coucy*, et celle du *Petit Jehan de Saintré*. Enfin, postérieurement aux deux genres précédents, se montre le r. satirique et allégorique qui nous offre deux compositions remarquables, le *R. de la Rose*, de Guillaume de Lorris et de Jehan de Meung, et le *R. du Renard*, de Pierre de Saint-Cloud. Avec la découverte de l'imprimerie, le r. en prose remplaça définitivement le r. en vers. Bien qu'alors l'esprit chevaleresque eût disparu, les romans de chevalerie restèrent à la mode, comme un idéal perdu et regretté : ce fut alors qu'on vit éclore cette multitude de romans de chevalerie en prose, dont le fameux *Amadis de Gaule* constitue le type, et dont le règne ne prit fin qu'après la publication du chef-d'œuvre immortel de Cervantes, *Don Quichotte* (1605-15), qui les couvrit d'un ridicule mortel. Le r. comique et satirique, inauguré par Rabelais, prit alors son essor. C'est à cette catégorie que se rapportent les romans *picaresques* (de l'espagnol *picara*, gueuserie) qui prirent naissance en Espagne et se proposèrent la peinture des mœurs des aventuriers, des bandits et des mauvais sujets : c'était l'antipode des romans de chevalerie. *Lazarille de Tormes* et *Guzman d'Alfarache*, sont les chefs-d'œuvre de ce genre, dont le *R. comique* de Scarron est une variété. Cependant la première moitié du XVIIe siècle, en France, fut témoin d'un phénomène presque inexplicable dans l'histoire littéraire : nous voulons parler du succès inouï de l'*Astrée* de d'Urfé et des romans pastoraux écrits à son imitation, ainsi que des romans héroïques de La Calprenède et de Mlle de Scudéry. Enfin, le ridicule fit justice de l'afféterie des sentiments, ainsi que du style prétentieux et alambiqué qui rendaient ces productions insoutenables. Mme de Lafayette, dans un petit chef-d'œuvre, la *Princesse de Clèves* (1678), ramena les esprits à goûter la peinture des sentiments vrais et naturels ; mais c'est à notre Le Sage qu'était réservé la gloire de créer véritablement le r. moderne. « Le Sage, dans son *Gil Blas* (1715-35), dit Patin, entreprit de rassembler dans un même tableau les ridicules et les travers de l'humanité tout entière, ces imperfections nombreuses qui appartiennent à l'infirmité primitive de notre être et auxquelles nous avons ajouté toutes celles de l'ordre social. Il créa le R. de mœurs, genre fécond dont la matière existait pour ainsi dire dès l'origine du monde, que d'autres avaient dû essayer et entrevoir avant lui, mais dont son ouvrage offre le premier comme le plus parfait modèle. » A partir de cette époque, on voit le r. se renouveler aux sources, jusqu'alors négligées, de la vérité et de la nature. Parmi les hommes qui, au XVIIIe siècle, cultivèrent le r. de mœurs avec le plus de succès, on doit citer Prévost et Marivaux, en France, Richardson, Fielding et Goldsmith en Angleterre. En même temps, Voltaire élevait le r. satirique à une hauteur inconnue jusqu'alors, et J.-J. Rousseau, dans sa *Nouvelle Héloïse*, ouvrait au r. de mœurs une voie nouvelle, en montrant tout ce que peut offrir d'intérêt l'analyse profonde d'une passion, sans l'assistance d'une intrigue et d'une péripétie dramatiques.

Dès le commencement du XIX° siècle, le r. a pris dans la littérature des peuples modernes une prépondérance décidée, et cette prépondérance ira vraisemblablement toujours croissant. En effet, d'une part, plus la société se matérialise, pour ainsi dire, par le développement exagéré peut-être de ses besoins et par la recherche des moyens d'y satisfaire, plus elle éprouve impérieusement la nécessité de s'élever au-dessus de cette réalité prosaïque et vulgaire, de se représenter une vie différente, quoique toujours vraie, c.-à-d. une vie plus idéale. De l'autre, le r. moderne revêt toutes les formes imaginables; il peint la vie propre de toutes les classes; il représente des individualités de tout genre et de toute condition; il les fait agir et se mouvoir dans toutes les circonstances et dans toutes les positions possibles de la vie réelle; il fait revivre à nos yeux les mœurs, les sentiments, les idées de tous les temps et de tous les pays; il met en scène toutes les passions de l'homme; il en analyse tous les mobiles, tous les effets, d'en montre tous les conflits; le laid comme le beau, l'immoral comme le moral, le fantasque comme le régulier, le trivial comme le noble, le grotesque comme le sérieux, le comique comme le tragique, tout lui est soumis, tout est de son domaine, tout est matière à ses tableaux; il s'adresse à toutes les intelligences aux instincts bons et mauvais; il s'adresse à l'esprit, il s'adresse aux sens; il raconte, il peint, il critique, il enseigne, il prêche même quelquefois, mais toujours il émeut, trouble et passionne. Mais, ce qui fait la puissance du r. fait aussi son danger. L'esprit, accoutumé à voir toutes choses sous l'aspect particulier qu'a choisi l'auteur de la fiction, cesse de les voir telles qu'elles sont en effet; l'imagination, habituée à se transporter au delà des limites du réel, ne veut plus vivre que dans un idéal le plus souvent irréalisable, et prend en dégoût la vie positive avec ses devoirs de tous les jours, ses obligations de tous les instants si nécessaires à la bonne harmonie des relations de famille et de société. Cependant, si la lecture des romans devient dangereuse quand elle passe à l'état de manie ou de passion, on ne saurait la condamner quand le lecteur n'y cherche qu'une distraction passagère ou un plaisir artistique.

Dans tout le cours du XIX° siècle, le r. est le genre littéraire qui a été le plus cultivé; la liste seule de tous les romanciers de talent qu'a produits la France en serait aux dépasserait le cadre de cet article. Citons, parmi les meilleurs : *Victor Hugo, Lamartine, Honoré de Balzac*, peut-être le plus puissant dans ce genre, *Alexandre Dumas, Jules Feydeau, George Sand, Gustave Flaubert, Alph. Daudet, Guy de Maupassant*, etc., sans parler des nombreux romanciers encore vivants.

ROMANCE. adj. et s. f. (R. *roman*, adj.). Ce mot, qui aujourd'hui sert à désigner une chanson divisée en couplets, ordinairement avec un refrain, et dont le sujet est le plus souvent tendre, plaintif ou mélancolique, avait autrefois une signification beaucoup plus étendue. Au moyen âge, on appelait de ce nom certains poèmes populaires écrits en *langue romane*, ou en *langue r.*, comme on le dit encore quelquefois. Ces poèmes avaient généralement pour objet de conserver le souvenir d'un fait historique, de célébrer les exploits d'un héros, de chanter quelque histoire touchante. Les romances furent, dans le Midi de l'Europe, ce qu'étaient les ballades chez plusieurs peuples du Nord. Ce genre de littérature prit surtout en Espagne un développement prodigieux. Les *romances* espagnoles sont généralement divisées en couplets de quatre vers de huit syllabes: c'est ce qu'on appelle *redondillas*. Ces vers ne sont point rimés, mais simplement assonants. Les critiques partagent ces poèmes en deux grandes catégories, les romances *historiques*, et les romances *d'amour* ou romances *chevaleresques*: beaucoup de ces dernières sont empruntées des romances provençales. Mais les plus célèbres sont celles qui chantent la gloire de Bernard del Carpio, de Fernando Gonzalez, et surtout du Cid Campeador. Les recueils de ces romances sont appelés en Espagne *Romanceros*. Le plus ancien recueil de ce genre est celui qui fut publié à Saragosse, en 1550, sous le titre de *Silva de romances*; mais le plus complet est le *Romancero general* de Duran, publié à Madrid en 1832. Sous le titre de *Roman-*

cero français, Paulin Pâris a donné, en 1833, un recueil de chants français d'amour et de guerre du XIII° siècle.

ROMANCERO. s. m. (mot esp. dérivé du vx fr. *romance*, adj.). Recueil de romances espagnoles. Voy. ROMANCE.

ROMANCIER. s. m. [Pr. *roman-sié*] (R. *roman*). Se dit des auteurs des anciens romans écrits en vieux langage. *Les vieux romanciers*. || Se dit aussi des auteurs des romans modernes. *Richardson, Fielding, Walter Scott, Dickens, etc., sont les meilleurs romanciers anglais. Le Sage est un admirable r.*

ROMANCISER. v. a. [Pr. *romansi-zer*]. Donner le caractère du roman.

ROMAND, ANDE. adj. Se dit des parties de la Suisse où l'on parle le français et autres dialectes romans.

ROMANÈCHE, bourg du dép. de Saône-et-Loire; 2,300 hab. Vins renommés.

ROMANÉE. s. m. Vin de Bourgogne supérieur, provenant de l'un des deux vignobles nommés *La Romanée-Conti* et *La Romanée-Saint-Vivant*, situés sur la côte de Nuits (Côte-d'Or). Le premier plus élevé et plus petit donne des vins de qualité supérieure.

ROMANESQUE. adj. 2 g. (R. *roman*). Qui tient du roman; qui est merveilleux comme les aventures de roman, ou exalté comme les personnages de roman, comme les sentiments qu'on leur prête. *Histoire, aventure r. Style r. Esprit, tête, imagination r. Une passion r. Des idées, des sentiments romanesques.* || Substant., au masc., *Il y a du r. dans cette aventure.*

ROMANESQUEMENT. adv. [Pr. *romanes-keman*]. D'une manière romanesque.

ROMANIA (Cap), à l'extrémité sud de la presqu'île de Malacca.

ROMANISER. v. a. [Pr. *romani-zer*] (lat. *romanus*, romain). Transformer en romain. = ROMANISÉ, ÉE. part.

ROMANISER. v. a. [Pr. *romani-zer*] (R. *roman*). Donner une apparence romanesque à ce qu'on raconte. = ROMANISÉ, ÉE. part.

ROMANISTE. s. m. (lat. *romanus*, romain). Jurisconsulte qui a fait une étude spéciale du droit romain. *Un des plus savants romanistes de l'Allemagne.*

ROMANOV ou **ROMANOFF**, dynastie de tzars, fondée par Michel Fédérovitch (1613-1645), à laquelle appartiennent *Pierre le Grand* et la tzarine *Élisabeth*.

ROMANS, ch.-l. de c. (Drôme), arr. de Valence; 16,500 hab. = Nom des hab. : ROMANAIS, AISE.

ROMANTIQUE. adj. 2 g. Se dit des lieux, des paysages qui rappellent à l'imagination la description des poèmes et des romans. *Aspect, site r.* Ce château est dans une situation r. || Se dit des auteurs, des artistes qui ont adopté le système littéraire connu sous le nom de *romantisme*, et de leurs œuvres. *Poète r., Drame r.* — Se dit dans ce sens substantivement : *Les romantiques et les classiques.* Voy. ROMANTISME.

ROMANTIQUEMENT. adv. [Pr. *...man*]. D'une manière romantique.

ROMANTISER. v. a. [Pr. *romanti-zer*]. Donner le caractère de roman. = ROMANTISÉ, ÉE. part.

ROMANTISME. s. m. (R. *roman*). T. Littér. On a donné le nom de r. au grand mouvement littéraire qui a commencé à se manifester avant 1830, qui s'est continué pendant tout le règne de Louis-Philippe, et qui a été caractérisé dans la forme par l'abandon des règles établies d'après l'exemple des auteurs classiques, dans le fond, par la plus grande liberté laissée à l'auteur relativement au choix de ses sujets, aux détails qu'il lui plaît de décrire, aux développements qu'il croit propres à augmenter l'effet artistique de son œuvre. Le r. a été, en France du moins, une véritable révolution littéraire et, hâtons-nous de le dire, une révolution nécessaire et féconde. L'art classique, pâle imitation des grands écrivains du XVIIᵉ siècle, s'était enfermé dans des règles étroites et était arrivé assez vite à l'impuissance et à la stérilité. Il était nécessaire que les artistes dignes de ce nom allassent puiser leur inspiration à des sources plus abondantes et plus voisines de la nature; ils n'y ont point failli, et c'est précisément en cela que réside la fécondité du mouvement romantique.

Il y a lieu de considérer cette révolution dans la forme et dans le fond. La principale modification de forme qu'on doit aux romantiques consiste dans la facture des vers, et particulièrement des vers alexandrins. Les classiques s'attachaient à marquer très nettement la césure à la fin du sixième pied et à éviter autant que possible les enjambements. Avec les romantiques, la règle de la césure devient moins sévère; il suffit que le sixième pied termine un mot; mais il n'est plus nécessaire que le sens s'y arrête. De même la phrase peut continuer d'un vers à l'autre et se terminer à un endroit quelconque du vers suivant. En revanche, les novateurs sont beaucoup plus sévères pour la rime, et recherchent les rimes riches négligées par les classiques qui se contentaient de rimer pauvrement. Le vers prend ainsi une souplesse nouvelle et s'accommode à exprimer les situations et les sentiments les plus divers sans rien perdre de son harmonie. Entre les mains de Victor Hugo et de Lamartine, la poésie lyrique subit une véritable rénovation, ou plutôt, elle est véritablement fondée, car grâce à la richesse des rimes, aux nouvelles combinaisons de strophes, et surtout au génie particulier des poètes, la poésie de ce temps réalisent une harmonie lyrique dont aucun des auteurs précédents n'avait pu s'approcher. A peine peut-on comparer aux odes des grands poètes du XIXᵉ siècle quelques stances des chœurs de Racine dans *Athalie* et *Esther*. Une autre conquête du r. est la liberté de l'emploi de tous les mots de la langue. C'était un axiome classique qu'il y avait des mots nobles et des m. s non nobles, des mots poétiques et des mots prosaïques qui ne devaient jamais figurer dans les vers. Les romantiques déclarent avec raison que tous les mots sont également nobles et poétiques, qu'ils peuvent tous être employés et que la poésie réside dans la manière d'assembler les idées et de les exprimer harmonieusement et non dans un choix plus ou moins arbitraire d'expressions convenues et de périphrases surannées. En un mot, l'auteur est libre d'écrire comme il l'entend : il n'a d'autres règles que la grammaire et la prosodie. Le reste est une affaire de goût personnel.

La révolution relative au fond même des idées littéraires est autrement profonde et bienfaisante. Il faut bien reconnaître que, si admirable qu'il soit, l'art classique était renfermé dans un cercle étroit. L'imitation des anciens écrivains grecs et latins accommodée à la majesté du règne de Louis XIV est la base de toutes les règles littéraires. Écrire noblement est la grande préoccupation. Aussi le domaine de la littérature est-il forcément très restreint. De toute l'histoire de l'humanité, il n'y a que l'antiquité et les temps modernes qui puissent fournir une matière littéraire. Le moyen âge est déclaré *grossier*. Dans le roman, le drame, la comédie, les personnages qui excitent l'intérêt sont toujours des rois, des princes, ou tout au moins des nobles et des riches. Le peuple ne fournit que des comparses, des laquais, des grotesques. Enfin les genres littéraires sont nettement tranchés, et le goût du temps interdit de les mêler. Toute œuvre doit se maintenir d'un bout à l'autre sur le même ton. Dans l'art dramatique, la tragédie doit conserver sa majestueuse noblesse de la première à la dernière scène et les infimes personnages parlent tous le même langage élégant et digne, tandis que la comédie n'admettrait pas une scène de passion vive : elle doit se contenir dans une mesure décente et ne pas marcher sur les traces de sa rivale. Les mêmes préoccupations se font sentir dans tous les autres genres littéraires. Les romans du XVIIᵉ siècle sont remarquables par leur monotonie et leur insipidité. Le r. déclare que toutes ces règles, toutes ces démarcations, que toutes ces habitudes littéraires sont de purs préjugés. L'art est un et ne se divise pas en compartiments. Les passions sont les mêmes et aussi intéressantes chez le plus humble travailleur des champs que chez le plus puissant des monarques. Les caractères ne sont jamais tout d'une pièce ; l'homme est divers et la vie est faite de contrastes : le grotesque y coudoie le sublime, le rire y accompagne les larmes et ces oppositions continuelles sont d'un puissant effet artistique qu'il est injuste de méconnaître et maladroit de

négliger. Ainsi s'élargit la conception que l'artiste se fait de l'humanité. Dans l'histoire, le moyen âge a été souverainement méconnu. Il nous a laissé des œuvres remarquables, conçues il est vrai d'une tout autre manière que nos œuvres classiques, mais aussi riches en véritable poésie. L'artiste de nos jours peut puiser à pleines mains dans cette mine d'idées et de sentiments si différents de ceux de l'antiquité. Enfin la vie ordinaire, celle des humbles comme celle des puissants, a aussi ses émotions et sa poésie et elle veut, elle doit faire également partie du domaine de l'art. En résumé, le r. c'est la haine du convenu, des règles arbitraires et traditionnelles, et le droit accordé à l'artiste de puiser son inspiration où il veut. C'est, comme l'a dit Victor Hugo, le libéralisme en littérature.

On s'accorde assez généralement en France à regarder Victor Hugo comme le chef de l'art romantique. Cependant ce grand mouvement littéraire date de plus loin. Certains critiques ont été jusqu'à le faire remonter aux origines du christianisme sous prétexte que le christianisme ayant modifié le monde, les idées et les sentiments des peuples chrétiens ne peuvent être les mêmes que celles des anciens poètes. C'est aller un peu loin. Sans doute la littérature du moyen âge ne ressemble pas à celle de l'antiquité et les romantiques de nos jours s'en sont largement inspirés; mais enfin les chansons des trouvères et des troubadours ne sont pas encore du r. En France, le mouvement a commencé au XVIIIᵉ siècle avec les romanciers, Lesage, l'abbé Prévost, Diderot, Voltaire, Rousseau, etc.; la révolution a ainsi commencé par la prose : la poésie restait fidèle aux traditions du siècle précédent. Les vrais initiateurs du r. français sont Chateaubriand et Mᵐᵉ de Staël. Le premier, dans une prose qui confine à la poésie, développe des sentiments à peu près étrangers aux littérateurs classiques. Le *Génie du christianisme*, les *Martyrs*, sont des œuvres d'une grande originalité qui ont commencé à attirer l'attention sur l'époque alors si peu connue des premiers siècles chrétiens. Madame de Staël a fait connaître en France la littérature allemande où la révolution littéraire était déjà commencée. Gœthe, dans *Werther*, dans *Hermann et Dorothée*, montre toute la poésie de la vie courante, tandis que les drames de Schiller sont conçus avec toute la liberté et tous les contrastes que réclameront plus tard les romantiques français. En Angleterre, le r. est encore plus ancien, car il remonte jusqu'à Shakespeare que les classiques français considéraient comme un barbare à peine digne d'attention, et qui est pourtant l'un des plus grands génies littéraires de l'humanité. Seulement en Angleterre il n'y eut pas de révolution littéraire puisque Shakespeare date de l'origine même de la littérature anglaise. Il est vrai qu'au XVIIᵉ siècle, la France donnait le mot d'ordre à toute l'Europe et que les Anglais méconnaissaient Shakespeare. Ils ne lui rendirent justice qu'à la fin du XVIIIᵉ siècle, précisément au moment où se développait la littérature allemande. C'est alors qu'apparut leur grand poète lord Byron, qui apportait lui aussi sa contribution à la nouvelle méthode littéraire.

Tandis que l'Allemagne et l'Angleterre entraient ainsi doucement dans une nouvelle voie, la plupart des écrivains français, ceux de l'Académie, en particulier, aujourd'hui bien oubliés, entendaient rester fidèles aux traditions de l'art classique, et la nouvelle école ne put s'imposer qu'à la suite d'une lutte longue et difficile. Il ne peut entrer dans notre plan de relater ici tous les incidents de la fameuse querelle des classiques et des romantiques; mais pour en montrer toute l'âpreté nous ferons trois citations : Baour-Lormian traite les romantiques de porceaux, en périphrases classiques :

Il semble que l'excès de leur stupide rage
A métamorphosé leurs traits et leur langage;
Il semble à les ouïr, grognant sur mon chemin,
Qu'ils ont vu de Circé la baguette en ma main.

Duvergier de Hauranne écrit: « Le r. n'est pas un ridicule ; c'est une maladie comme le somnambulisme et l'épilepsie. Un romantique est un homme dont l'esprit commence à s'aliéner. » Enfin Népomucène Lemercier demande une répression violente :

Avec impunité les Hugo font des vers.

N'est-il pas piquant de rappeler que Victor Hugo succéda plus tard à l'Académie française à ce même Népomucène Lemercier et qu'il prononça son éloge?

En 1827, Victor Hugo écrivit le drame historique de *Cromwell* qui n'était pas destiné à la scène, mais dont la préface peut être considérée comme le manifeste de la nouvelle école dramatique. Ce fut le signal d'une polémique plus ardente; mais bientôt la lutte allait être transportée sur le théâtre. Il y eut des cabales invraisemblables ; mais enfin le succès des romantiques s'affirma avec *Henri III*, d'Alexandre Dumas, et *Hernani*, de Victor Hugo.

Il nous est impossible de pousser plus loin cette étude sur le r. Faire l'histoire du r. serait faire l'histoire de toute la littérature du XIXᵉ siècle, car les adversaires mêmes du r. en ont subi l'heureuse influence. Cependant, parmi les auteurs les plus célèbres, qu'on désigne plus particulièrement sous le nom de romantiques, nous citerons Victor Hugo, Lamartine, Alfred de Vigny, Alexandre Dumas, Théophile Gautier, Sainte-Beuve, etc.

Aujourd'hui, toutes ces querelles sont apaisées ; les écrivains classiques du commencement du XIXᵉ siècle sont oubliés, et l'heureuse influence du r. est devenue manifeste. Cependant certaines œuvres des romantiques nous paraissent déjà bien démodées et bien singulières. C'est que dans leur ardeur de novateurs, les écrivains de cette époque sont tombés quelquefois dans l'exagération. Au théâtre, en particulier, on leur reproche avec raison l'abus de l'antithèse et des situations à effet, et le fait est que bien peu de pièces romantiques, même parmi celles de Victor Hugo sont encore jouées aujourd'hui. A coup sûr le théâtre de Victor Hugo, est inférieur à celui de Corneille ; mais il est bien supérieur à celui de leurs pâles imitateurs. Cela prouve que Victor Hugo n'était pas aussi bon dramaturge que Racine ou Corneille ; mais cela prouve aussi qu'il ne faut imiter personne, qu'il faut écrire avec son tempérament comme on comprend et comme on sent, et cela c'est toute la théorie du r. Enfin le théâtre n'est pas toute la littérature, et si le r. a été impuissant à créer des drames supérieurs à nos chefs-d'œuvre classiques, il nous a doté dans le roman et la poésie lyrique d'une littérature absolument inconnue des siècles précédents. Cela suffit à en montrer la grandeur.

ROMANZOVITE. s. f. (R. *Romanzov*, petit archipel de l'Océanie). T. Minér. Grenat grossulaire brunâtre.

ROMARIN. s. m. (lat. *ros marinus*, rosée marine). T. Bot. Genre de plantes Dicotylédones (*Rosmarinus*) de la famille des *Labiées*. Voy. ce mot.

ROMBAILLET. s. m. [Pr. *ron—ba-llè, ll* mouillées] (lat. *rhombus*, rhombe). T. Mar. Morceau de bois qu'on insère dans un assemblage de charpente pour remplir un vide.

ROMBALLIÈRE. s. f. [Pr. *ron—ba-llère, ll* mouillées] (R. *rombaillet*). T. Mar. Planche de bordage.

ROME, v. d'Italie, sur le Tibre, cap. du royaume d'Italie et résidence du pape, à 1320 kilomètres de Paris ; 440,000 hab. Fondée par Romulus en 754 av. Jésus-Christ, *Rome* eut d'abord des rois. En 510 ces rois furent chassés, et la République romaine, fondée par Brutus, commença la série de ses conquêtes. Elle commença par étendre sa suprématie sur l'Italie entière. Puis vint la période de ses démêlés avec Carthage et des *guerres puniques* qui se terminèrent par la ruine de Carthage. Ensuite Rome s'empara de la Grèce, de l'Asie occidentale, de l'Égypte, et enfin des Gaules conquises par César. Au temps de César elle était maîtresse de presque tout le monde connu des anciens. Les guerres civiles ruinèrent la liberté, et l'empire fut fondé en 30 av. Jésus-Christ par Auguste. Après une période de prospérité inouïe comprenant le siècle d'Auguste et celui des Antonins, Rome lutte avec plus ou moins de succès contre les Barbares, elle est prise plusieurs fois au Vᵉ siècle : son dernier empereur, Romulus Augustule, est vaincu en 476 par Odoacre, roi des Hérules. Mais déjà Rome était la capitale du monde chrétien. Les papes ont été rois de Rome durant 1000 ans. En 1870 la « ville éternelle r. », prise par les Italiens, est devenue la cap. du royaume d'Italie. — La ville de Rome est la plus riche du monde en monuments. On y voit des ruines de l'époque romaine et d'innombrables églises dont la plus grande et la plus célèbre est l'église *Saint-Pierre*, œuvre de Michel Ange. — La plupart des institutions de la Rome antique sont l'objet, dans ce Dictionnaire, de nombreux articles. Voy. PLÉBÉIEN, PATRICIENS, CONSUL, PRÉTEUR, LÉGION, EMPIRE, etc.

Liste chronologique des rois de Rome
et des empereurs romains.

1. *Rois* : — Romulus, 753 av. Jésus-Christ. — Numa Pom-

pilius, 714. — Tullus Hostilius, 671. — Ancus Martius, 646. — Tarquin l'Ancien, 617. — Servius Tullius, 582. — Tarquin le Superbe, 534 à 510.

II. *République*, de 510 à 29 av. Jésus-Christ.

III. *Empereurs* : — Octave Auguste, 29 av. Jésus-Christ. — Tibère, 14 ap. Jésus-Christ. — Caligula, 37. — Claude, 41. — Néron, 54. — Galba, 68. — Othon, 69. — Vitellius, 69. — Vespasien, 69. — Titus, 79. — Domitien, 81. — Nerva, 96. — Trajan, 98. — Adrien, 117. — Antonin, 138. — Marc-Aurèle, 161. — Commode, 180. — Pertinax, 193. — Didius, Albinus, Niger, 193. — Septime Sévère, 193. — Caracalla, 211. — Macrin, 217. — Héliogabale, 218. — Alexandre Sévère, 222. — Maximin, 235. — Gordien Iᵉʳ, Gordien II, 237. — Maxime, Balbin, 237. — Gordien III, 238. — Philippe, 244. — Décius, 249. — Gallus, Volusien, 251. — Émilien, 253. — Valérien, 253. — Gallien, 260. — Claude II, 268. — Aurélien, 270. — Tacite, 276. — Probus, 276. — Carus, 282. — Carin et Numérien, 283. — Dioclétien, 284. — Maximien Hercule, 286. — Constance Chlore et Maximien Galère, 305. — Constantin Iᵉʳ et Licinius, 306. — Constantin, seul, 324. — Constantin II, Constance et Constant, 337. — Julien, 360. — Jovien, 363. — Valentinien Iᵉʳ et Valens, 364. — Gratien et Valentinien II, 375. — Théodose Iᵉʳ, 379.

Après Théodose, l'Empire est définitivement partagé en Empire d'Orient et Empire d'Occident. La liste des Empereurs d'Orient est donnée au mot CONSTANTINOPLE. Les souverains suivants portent le titre d'Empereurs d'Occident : — Honorius, 395. — Théodose II, 402. — Constance II, 421. — Jean le secrétaire, 423. — Valentinien III, 425. — Maxime, 450. — Avitus, 455. — Majorien et Léon, 457. — Libérius Sévère, 461. — Anthémius, 467. — Olybrius, 472. — Glycérius, 473. — Népos et Zénon, 474. — Romulus Augustulus, 475, détrôné en 476 par Odoacre, roi des Hérules, ce qui mit fin à l'Empire d'Occident.

ROMÉINE ou **ROMÉITE.** s. f. T. Minér. Minéral formé d'antimoniate et d'antimoniate de calcium, cristallisé en petits octaèdres d'un jaune de miel ou d'un rouge hyacinthe.

ROMILLY-SUR-SEINE, ch.-l. de c. (Aube), arr. de Nogent-sur-Seine ; 7,200 hab.

ROMITE. s. f. T. Chim. Poudre de mine formée d'un mélange de paraffine et d'azotate d'ammoniaque, auquel on ajoute, au moment de s'en servir, une quantité déterminée de chlorate de potasse.

ROMME. Homme politique fr., conventionnel montagnard, prit une grande part à l'établissement du Calendrier Républicain (1750-1795).

ROMORANTIN, anc. cap. de la Sologne, ch.-l. d'arr. du dép. de Loir-et-Cher, sur la Sauldre, à 41 kil. S.-O. de Blois ; 7,800 hab.

ROMPABLE. adj. 2 g. [Pr. *ron-pable*]. Qui peut être rompu.

ROMPEMENT. s. m. [Pr. *ron-peman*]. Action de rompre ; n'est usité que dans cette loc. fig. et fam., *R. de tête*, qui se dit de la fatigue que causent un grand bruit, un discours importun, une forte application, etc.

ROMPEUR. s. m. [Pr. *ron-peur*]. Celui qui rompt.

ROMPIS. s. m. pl. [Pr. *ron-pi*] (R. *rompre*). T. Forêt. Arbres que les vents ont brisés.

ROMPRE. v. a. [Pr. *ron-pre*] (lat. *rumpere*, m. s., d'un rad. sanscr. *rup*, qui se retrouve dans un grand nombre de mots de langues aryennes). Briser, casser, mettre en pièces. *R. un coffre, une porte, une chaîne. Un coup de vent rompit le grand mât. R. un gâteau. R. son pain. Les deux chevaliers rompirent leur lance dans cette première course. En tombant de cheval, il s'est rompu une côte.* — *R. les chemins*, Gâter les chemins. *Le dégel, les pluies, les charrois ont rompu les chemins.* On dit aussi, *R. les passages, v. les gués, v. les ponts,* Les rendre impraticables, pour n'être pas atteints par ceux qui nous poursuivent. [Fig., *R. une lance avec quelqu'un,* Voy. LANCE. — *R. ses fers, ses chaînes,* S'affranchir, s'évader, se mettre en liberté, et au sens moral, Se dégager d'une passion, d'un attachement. On dit aussi dans ce dernier sens, *R. ses liens. Il est délivré de cette passion, il a rompu ses liens.* — *R. le fil de son* discours, Quitter tout à coup la suite de son discours et entrer dans un autre sujet. On dit aussi à un interrupteur, *Vous rompez le fil de mon discours*. — *R. une assemblée, une diète*, Congédier une assemblée, empêcher la continuation de ses séances. || Fig. et fam., *R. la paille*, Annuler un accord, un marché, etc. *La paille est rompue*. Par allusion: *R. la paille avec quelqu'un*, Déclarer ouvertement qu'on n'est plus son ami.

> Une paille rompue
> Rend, entre gens d'honneur, une affaire conclue.
> > MOLIÈRE.

J'ai rompu la paille avec lui. — *R. la glace*, Voy. GLACE. — *R. l'eau à un cheval*. Voy. EAU. — *R. sa prison*, S'évader. — *R. le cou à quelqu'un*, Se *r. le cou*, Voy. COU. — *R. la tête à quelqu'un*, Le fatiguer par un grand bruit, ou l'importuner par la répétition des mêmes choses, par des discours inutiles. On dit aussi, Se *r. la tête à quelque chose*, S'y appliquer avec une grande contention d'esprit. — *R. les oreilles à quelqu'un*, Voy. OREILLE. — *R. sa maison, son train*, Congédier son train, sa maison. *R. sa table, son ménage*, Cesser de tenir table, de tenir ménage. — *R. le pas*, ne plus aller au pas avec quelqu'un. || T. Écrit. sainte. *R. le pain*, Faire la communion. On dit aussi Fig., *R. le pain de la parole de Dieu aux fidèles*, Prêcher la parole de Dieu. || T. Grav. *R. une planche*, La briser ou la rayer de manière qu'elle ne puisse plus servir. || T. Guerre. *R. un bataillon, un carré, un escadron*, etc., Enfoncer un bataillon, etc., le mettre en désordre. *La première ligne des ennemis fut rompue*. — *R. les faisceaux*, les défaire en reprenant les fusils. — Fig., *R. le camp*, Renvoyer les troupes dans leurs quartiers. || T. Tactiq. *R. les divisions, les pelotons*, Partager les divisions en pelotons, les pelotons en sections, dans une colonne qui est en marche. — *R. le carré*, Reformer en colonne une troupe qui formait le carré. || T. Jeu de trictrac. *R. son plein*, Lever une ou deux dames du plein, de sorte qu'on peut être battu. || T. Logisl. pénale. *R. un criminel*. Voy. ROUE. || T. Typogr. *R. une forme*, Séparer les caractères dont elle est composée et les remettre dans les cassetins. On dit ordinairement, *Distribuer*. = Arrêter, détourner le mouvement droit de quelque corps. *R. le vent. R. la vague. R. le fil, le cours de l'eau. R. l'impétuosité du courant*. — *R. un coup*, En amortir l'effet. *Il se serait tué en tombant, sans une botte de paille qui a rompu le coup*. || *R. le dessein, les desseins, les mesures de quelqu'un, lui r. ses mesures*, Empêcher qu'il n'exécute son dessein, qu'il ne réussisse dans les mesures qu'il avait prises. — *R. un enchantement*, En détruire l'effet, annuler sa puissance. — *R. un mariage, un projet de mariage. R. un voyage*, Renoncer à un projet de voyage qu'on avait dessein de faire. || T. Chasse. *R. les chiens*, Les arrêter, les empêcher de suivre une voie; Fig. et fam., sign. Empêcher qu'un discours qui pourrait avoir quelque inconvénient ne continue. *Ils allaient continuer, mais quelqu'un a su r. les chiens*. || T. Dioptriq. *R. les rayons lumineux*, Les dévier, les réfracter. || T. Escr. *R. la mesure*, Voy. MESURE. *R. la semelle*, Voy. SEMELLE. || T. Jeu de dés. *R. les dés, r. le coup*, Voy. COUP et DÉ. — Fig., Empêcher la continuation, la durée d'une chose. *R. l'amitié. R. la paix. R. une alliance, un traité, des négociations. R. la conversation, l'entretien. R. le commerce qu'on avait avec quelqu'un. — R. le silence*, Cesser de se taire. *R. le sommeil de quelqu'un*, Éveiller quelqu'un, ou troubler son sommeil. — *R. un tête-à-tête*, Survenir dans la compagnie de deux personnes. || Manquer à une obligation, cesser de la remplir. *R. ses engagements, son serment. R. ses vœux, sa règle. R. le carême*, Cesser, Enfreindre la loi du jeûne, soit en prenant quelque nourriture avant l'heure prescrite, soit en usant d'aliments défendus. — *R. son ban*, Voy. BAN. — Fig., Styler, dresser, exercer, accoutumer. *On l'a mis dans tel emploi pour le r. aux affaires, au travail. R. la main d'un jeune homme à l'écriture, au dessin, le r. à l'écriture*, etc. — *R. la volonté, l'humeur, le caractère d'un enfant*, L'accoutumer à être doux et docile. — T. Man. *R. un cheval*, L'assouplir. || T. Peint. *R. les couleurs, R. un ton*, Mêler ensemble plusieurs teintes pour adoucir l'éclat d'une couleur. *Dans la nature, les reflets rompent les couleurs; ces ruptures forment l'harmonie de la couleur*. = ROMPRE. v. n. Se casser, se briser. *Cet arbre est si chargé de fruits, qu'il en rompt. Ne chargez pas trop cette poutre, elle rompra. Son épée rompit à la poignée*.

> Je plie, et ne romps pas.
> > LA FONTAINE.

— Fig. et fam., *Il rompra plutôt que de plier; Il vaut mieux plier que r.* Voy. PLIER. || *R. en visière*. Voy. VISIÈRE. || Fig., sign. Renoncer à l'amitié, aux liaisons qu'on avait avec quelqu'un. *Ils ont rompu. Ils ont rompu ensemble. Il a rompu avec elle, pour le motif le plus futile*. || T. Tactiq. Passer de l'ordre en bataille à l'ordre en colonne. *R. par divisions, par pelotons, par sections. R. à droite, à gauche*. = SE ROMPRE. v. pron. Se briser, se casser; être brisé, séparé. *Cette poutre se rompra si vous la chargez davantage*.

> L'essieu crie et se rompt.
> > RACINE.

Les flots se rompent contre le rivage. Les rayons se rompent en passant de l'air dans l'eau. || S'habituer. Se *r. à la fatigue, au travail, aux affaires*. = A TOUT ROMPRE. loc. adv., qui se dit dans cette loc., *Applaudir à tout r.*, et sign. Applaudir avec transport. — Romps, UE. part. || Par exagérat., *Être rompu, tout rompu de fatigue*, Être extrêmement fatigué. || Fig., *Être rompu aux affaires, aux calculs*, etc., Y être fort exercé. On dit de même, *Être rompu à faire une chose. Avoir la main rompue à une chose*. || T. Arith. *Nombre rompu*, Nombre fractionnaire. Peu us. || *A bâtons rompus*, loc. adv. Voy. BÂTON. || T. Blas. Se dit des armes et autres pièces qui sont brisées, ainsi que du chevron dont la pointe supérieure est coupée. = Syn. ROUE. CASSER.

Conj. — *Je romps, tu romps, il rompt; nous rompons, vous rompez, ils rompent. Je rompais; nous rompions. Je rompis; nous rompîmes. Je romprai; nous romprons. — Je romprais; nous romprions. — Romps; rompons. — Que je rompe; que nous rompions. Que je rompisse; que nous rompissions. — Rompant. Rompu, ue.*

ROMPURE. s. f. [Pr. *ron-pure*]. T. Techn. Rupture. || T. Fond. L'endroit où se rompt la lettre, et l'action de l'ouvrier qui la rompt.

ROMUALD (saint), moine de l'ordre de Saint-Benoît, fonda à Camaldoli en Toscane l'ordre des Camaldules (1012).

ROMULUS, fonda, d'après la légende, avec son frère jumeau Rémus, Rome sur le mont Palatin (753 av. J.-C.).

ROMULUS AUGUSTULUS, dernier empereur romain d'Occident, détrôné en 476 par Odoacre, roi des Hérules.

RONCE. s. f. (bas lat. *runca*, m. s., du lat. *runcare*, arracher les mauvaises herbes). T. Bot. Genre de plantes Dicotylédones (*Rubus*) de la famille des *Rosacées*. Voy. ce mot. || Fig., se dit des difficultés, des désagréments qu'on rencontre dans les études, dans les affaires. *Il trouve partout des ronces et des épines. La vie est semée de ronces et d'épines*.

RONCER. v. a. T. Mar. Pousser une pièce de bois, quand elle est étendue sur un plan, dans une direction perpendiculaire à sa longueur. = RONCÉ, ÉE. part. = Conj. Voy. AVANCER.

RONCERAIE. s. f. [Pr. *ronse-rè*]. Lieu rempli de ronces.

RONCEUX, EUSE. adj. [Pr. *ron-seu, seuz*] (R. ronce). T. Ébén. Se dit du bois qui est rempli de nœuds. *Acajou r. Érable r.*

RONCEVAUX, vge d'Espagne, à l'entrée de l'un des passages des Pyrénées: l'arrière-garde de Charlemagne y fut surprise par les Arabes en 778, et Roland y fut tué, d'après la légende.

RONCINÉ, ÉE. adj. (lat. *runcina*, rabot). T. Bot. Se dit des feuilles pennatifides oblongues dont les lobes aigus se dirigent vers la base.

ROND, ONDE. adj. [Pr. *ron*] (lat. *rotundus*, m. s., de *rotare*, tourner, de *rota*, roue). Qui est de forme circulaire, sphérique ou cylindrique. *Ce cercle est parfaitement r. Cette boule n'est pas bien ronde. Une barre de fer ronde. Corps r. Figure, forme ronde. Table ronde. Un bras r. et potelé*. — Par exagér., on dit d'un homme gros et court, *Il est tout r., il est r. comme une boule*; et d'un homme qui a le ventre bien plein, pour avoir beaucoup mangé ou beaucoup bu, *Il est r., bien r.* — Fig. et fam., on dit d'un homme qui agit sans façon, sans artifice, *Il est r. e* *franc, il est tout r. Il est r., très r. en affaires.* || Fig., *Comple r.,* Voy. Compte. — *Somme ronde,* Somme assez considérable. *Il lui avait prêté une somme assez ronde.* — *Période ronde,* Période pleine, nombreuse, et qui se termine bien. On dit plus ordinair., *Période bien arrondie.* — *La machine ronde,* la terre.

En est-il un plus pauvre en la machine ronde?

LA FONTAINE.

|| T. Anat. Se dit de certaines parties plus ou moins cylindriques. *Ligament r. Muscle grand r., muscle petit r.,* Muscles qui vont de l'omoplate à l'humérus. On dit aussi subst., *Le grand r. Le petit r.* || T. Calligr. *Écriture ronde, lettre ronde,* ou simpl., *Ronde,* Voy. Calligraphie. || T. Musiq. *Voix ronde,* Voix pleine, égale et unie. || T. Sculpt. *Ronde bosse,* Voy. Bosse. || T. Techn. *Fil r.,* Fil un peu retordu. *Toile ronde,* Toile dont le fil est un peu retordu. || T. Hist. *Têtes rondes,* Partisans de Cromwell qui portaient les cheveux très courts. == Rond. s. m. Figure circulaire, cercle. *Tracer un r. Un grand r. Un r. de verdure. Donner dans le r. S'asseoir, danser en r. Travailler un cheval en r. et sur des cercles.* || *R. d'eau,* Grand bassin r. rempli d'eau et servant quelquefois de décharge ou de réservoir. || T.Archit. *R. creux,* Sorte de moulure à profil elliptique creux. Voy. Moulure. || T. Danse. *R. de jambe,* Mouvement dans lequel l'une des jambes décrit un demi-cercle, tandis que l'autre pose à terre. || *R. de cuir,* coussin que les gens de bureau mettent sur leur siège et par dénig. un employé de bureau.

RONDA, v. d'Espagne (Malaga) ; 18,000 hab.

RONDACHE. s. f. (R. *rond,* avec le suff. *ache*). T. Art milit. anc. Sorte de bouclier circulaire employé par les hommes à pied. Voy. Bouclier.

RONDE. s. f. (R. *rond*). La visite de nuit que fait un officier, seul ou accompagné de soldats, dans une place, dans un camp, etc., pour observer si les hommes de garde et les sentinelles font leur devoir, si tout est en bon ordre. *Faire la r. Chemin de r. Officier de r. R. d'officier supérieur. R.-major,* Celle que fait le major. — Par ext., La personne même ou la troupe qui fait la ronde. *C'est la r. qui passe. Reconnaître une r.* || Se dit aussi, dans les deux sens qui précèdent, en termes de Marine, et en parlant des employés de la douane, de l'octroi, etc. *Dans la marine, il y a des embarcations armées pour faire la r. La r. a arrêté deux fraudeurs.* || Fig. et fam., La visite qu'on fait dans une maison, ou autour d'une maison, d'un jardin, etc., pour observer, pour épier, pour s'assurer que tout est en ordre et en sûreté.

Le maître entre et vient faire sa ronde.

LA FONTAINE.

Il fait tous les soirs sa r. de crainte des voleurs, de crainte d'incendie. || Chanson qu'une personne chante seule, et dont le refrain est répété par tous en dansant en rond. *R. villageoise. Danser une r.* — *R. de table,* ou simpl. *Ronde,* Chanson à refrain où chacun chante tour à tour. || T. Jeu de lansquenet. L'argent que chaque joueur paye pour les cartes avant de se mettre au jeu. *J'ai payé ma r.* || T. Mus. Note qui vaut deux blanches. Voy. Notation. || T. Calligr. Sorte d'écriture. Voy. Calligraphie. — A la Ronde. loc. adv. Alentour. *Cent pas à la r., une lieue à la r.,* Dans une étendue ayant un pas près cent pas, une lieue de rayon. || *Boire à la r.,* Boire tour à tour, les uns après les autres. *Porter des verres à la r.,* En porter à tous ceux qui sont à une même table, suivant le rang dans lequel ils sont assis.

RONDEAU. s. m. [Pr. *ron-do*] (R. *rond,* à cause du retour du refrain). T. Littér. et Musiq. En termes de littérature, on désigne sous ce nom un petit poëme dont la forme a varié suivant les époques. Avant le XVIIe siècle, le *Rondeau* ou *Rondel* était une petite pièce de vers n'offrant que deux rimes, et dans laquelle on répétait le premier ou les deux premiers vers au milieu et à la fin. En voici un ex. tiré des œuvres de Ch. d'Orléans, père de Louis XII :

   Allez-vous-en, allez, allez,
   Souci, soin et mélancolie,
   Me cuidez-vous toute la vie,
   Gouverner comme fait avez?
   Je vous promets que non ferez,
   Raison aura sur vous maistrie.

DICTIONNAIRE ENCYCLOPÉDIQUE. — T. VIII.

   Allez-vous-en, allez, allez,
   Souci, soin et mélancolie.
   Si jamais plus vous revenez,
   Avecque votre compagnie,
   Je prie à Dieu qu'il vous maudie
   Et le jour que vous reviendrez.
   Allez-vous-en, allez, allez,
   Souci, soin et mélancolie.

Aujourd'hui on distingue le *R. simple* ou *R.* proprement dit, et le *R. redoublé.* Le *r. simple* se compose de 13 vers sur deux rimes ; mais après le huitième vers et à la fin du r., il y a un *refrain* qui n'est autre chose que la répétition d'un ou plusieurs des premiers mots du premier vers. On attribue communément le *r.* suivant à Chapelle : c'est une réponse à Benserade, qui lui avait adressé ses *Métamorphoses d'Ovide* mises en rondeaux :

   A la fontaine où s'enivre Boileau,
   Le grand Corneille et le sacré troupeau
   De ces auteurs que l'on ne trouve guère,
   Un bon rimeur doit boire à pleine aiguière,
   S'il veut donner un bon tour au rondeau.
   Quoique j'en boive aussi peu qu'un moineau,
   Cher Benserade, il faut te satisfaire,
   T'en écrire un... eh ! c'est porter de l'eau
     A la fontaine.
   De tes refrains un livre tout nouveau
   A bien des gens n'a pas eu l'heur de plaire ;
   Mais quant à moi, j'en trouve tout fort beau,
   Papier, dorure, images, caractère,
   Hormis les vers qu'il fallait laisser faire
     A La Fontaine.

Le *R. redoublé* se compose de cinq quatrains disposés de manière que les quatre vers qui composent le premier quatrain terminent à tour de rôle les quatrains suivants ; à ces vingt vers on ajoute un sixième quatrain, appelé *envoi,* qui ramène les premiers mots de la première à la fin et en dehors du dernier vers. En termes de Musique, on appelle encore *Rondeau* ou *Rondo,* un air à deux ou à plusieurs reprises, dans lequel, après chaque reprise, on recommence la première avant de passer à celle qui suit, et qu'on termine par cette même première reprise. Il y a des rondes pour les instruments comme pour le chant. La ronde vocal se place principalement dans les compositions dramatiques. Cette forme d'air est originaire d'Italie, d'où elle est passée en Allemagne, puis en France. Ce fut Gluck qui le premier l'introduisit à l'Opéra français, dans son *Orphée.*

RONDELET. s. m. [Pr. *rond-lè*] (R. *rond*). Bâton dont le bourrelier se sert pour enfoncer la bourre.

RONDELET, ETTE. adj. [Pr. *ronde-lè, ète*] (Diminutif de *Rond*). Ne se dit que Fig. et fam., ou parl. des personnes, et signif., Qui a un peu trop d'embonpoint. *Il est r. Elle est rondelette.* || T. Comm. *Soies rondelettes,* Les moindres et les plus communes des soies = Rondelettes. s. f. plur. Toiles à voiles qu'se fabriquent en Bretagne.

RONDELET (Jean), architecte né en (1734-1829), successeur de Soufflot, éleva la coupole du Panthéon de Paris.

RONDELETIA. s. m. [Pr. *ronde-lè-sia*] (R. *Rondelet,* n. d'un natur. fr.). T. Bot. Genre de plantes Dicotylédonées de la famille de *Rubiacées.* Voy. ce mot.

RONDELETTINE. s. f. [Pr. *rondelè-tine*] (R. *rondelet*). Soie formée de deux bouts très tordus.

RONDELLE. s. f. [Pr. *ron-dèle*] (R. *rond*). Petit bouclier rond, dont les gens de pied armés à la légère se servaient autrefois. || T. Techn. Pièce ronde de métal, de cuir, etc., qui est percée par le milieu, et qui entre ordinairement dans la construction de certains appareils, de certaines machines. — Se dit aussi de disques circulaires non percés qui servent à divers usages. *R. de cuivre, de zinc, de drap.* — *R. fusible,* plaque d'alliage qu'on emploie dans les chaudière à vapeur ; elle fond et laisse passage à la vapeur lorsque celle-ci dépasse la température prévue. Voy. Chaudière. || Anneau de caoutchouc maintenant fermée la monture d'un parapluie. || T. Sculpt. Sorte de ciseau arrondi dont se servent les sculpteurs.

RONDEMENT. adv. [Pr. *ronde-man*]. Uniment, également. *Il travaille r.* || Promptement, avec vivacité. *Nous avons fait ce voyage r. Ce cocher mène r.* — Fig., *Mener r. une affaire*, La conduire avec suite et activité. || Fig., Sincèrement, franchement, sans artifice, sans façon. *Il n'est point trompeur, il y va r. Il va r. en affaires.* — Fam., dans toutes les acceptions.

RONDEUR. s. f. Figure de ce qui est rond, de ce qui est circulaire, sphérique ou cylindrique. *Une parfaite r. La r. de la terre. La r. d'un plat. La r. du bras.* — Fig., *Cette phrase, ce style manque de r.*, Il n'y a point assez de nombre, assez d'harmonie dans cette phrase, etc. || Fig., au sens moral, se dit d'une personne qui a de la franchise, qui est sans façon. *C'est un homme qui a de la r. J'aime sa r., bien qu'un peu grossière.* — On dit encore d'un comédien qui joue avec entrain et naturel, *Il joue avec r., il a de la r.*

RONDIER. s. m. [Pr. *ron-dié*] (R. *rond*). T. Bot. Nom vulg. du *Borassus flabelliformis*, plante Monocotylédone de la famille des *Palmiers*. Voy. ce mot.

RONDIES. s. f. pl. (R. *rondir*). Cylindres pour arrondir les tables de plomb dont on veut faire des tuyaux.

RONDIN. s. m. (R. *rond*). Morceau de bois de chauffage, qui est rond. *Des rondins de hêtre, de chêne.* || Un gros bâton. *Il lui a donné sur les épaules avec un r.*

RONDINER. v. a. Donner à quelqu'un des coups de rondin. *On l'a rondiné d'importance.* Vx et Pop. = RONDINÉ, ÉE. part.

RONDIR. v. n. (R. *rond*). Prendre une forme ronde. = v. a. T. Techn. Tailler l'ardoise. = RONDI, IE. part.

RONDO. s. m. T. Musiq. Voy. RONDEAU.

RONDON. s. m. (altér. du vx fr. *randon*, qui sign. mouvement impétueux, et qui vient de l'anc. haut all. *rand*, extrémité, lisière). T. Faucon. *Fondre en r.*, se dit d'un oiseau qui fond avec impétuosité sur sa proie.

ROND-POINT. s. m. [Pr. *ron-pouin*]. T. Archit. L'abside demi-circulaire qui forme souvent le fond d'une église. || Grande place circulaire à laquelle aboutissent plusieurs avenues ou allées. *Le r.-point des Champs-Élysées.* = Pl. *Des ronds-points*.

RONFLANT, ANTE. adj. (R. *ronfler*). Sonore et bruyant. *Un instrument r. Une voix ronflante.* — Se dit ordin. du style, des phrases, des mots, etc. *Style r. Phrase ronflante. Mots, vers ronflants.* || Fig., *Promesses ronflantes*, Grandes promesses, mais vaines.

RONFLEMENT. s. m. [Pr. *ronfle-man*] (R. *ronfler*). Bruit que produit quelquefois, pendant le sommeil, la vibration du voile du palais, lorsque l'air traverse l'arrière-bouche, particulièrement pendant l'inspiration. *Le r. de mon compagnon m'empêchait de dormir.* || Par anal., se dit de certains bruits sourds et prolongés. *Le r. d'une toupie. Le r. de l'orgue.*

RONFLER. v. n. (orig. inconnue ; peut-être une onomatopée). Faire en dormant un certain bruit qui résulte souvent des vibrations du voile du palais. *Cet homme n'a fait que r. toute la nuit.* — Se dit aussi de quelques animaux. *Il y a des chiens qui ronflent. Tout à coup mon cheval s'effraye, ronfle et se cabre.* || Par anal., faire un bruit sourd et prolongé. *On entend r. le tonnerre, le canon, l'orgue. Cette toupie ronfle bien.* Fam. || Fig. et fam., *Faire r. des vers.* Les déclamer avec emphase.

RONFLEUR, EUSE. s. Celui, celle qui ronfle, qui a l'habitude de ronfler. *C'est un r. insupportable.*

RONGE. s. m. (R. *ronger*). T. Vén. *Le cerf fait le r.*, Il rumine.

RONGEANT, ANTE. adj. [Pr. *ron-jan*]. Qui ronge, qui détruit progressivement. *Ulcère r. Dartre rongeante*, Voy. TUBERCULE. = RONGEANT. s. m. Se dit de certaines substances qui ont la propriété de dissoudre les mordants. Voy. IMPRESSION, I.

RONGEMENT. s. m. [Pr. *ronje-man*]. Action de ronger, état de ce qui est rongé.

RONGER. v. n. (bas lat. *rumigare*, de *ruminare*, ruminer). Ruminer. Vx. *Le cerf ronge.* || Couper avec les dents, à plusieurs et à fréquentes reprises. *Un chien qui ronge un os. Les souris ont rongé le pain. Il ronge ses ongles.* — Se dit aussi d'une foule d'animaux privés de dents. *Les chenilles rongent les feuilles. Les vers ont rongé cette tapisserie.* || Fig., *R. son frein*, Voy. FREIN. — Fig. et fam., *Donner un os à r. à quelqu'un*, Lui donner quelque emploi, quelque occupation qui l'aide à vivre ; ou lui faire quelque légère grâce pour se délivrer de ses importunités ; ou encore, lui susciter quelque affaire pour l'embarrasser, pour l'occuper d'un côté, afin qu'il n'ait pas le temps de songer à autre chose, et qu'il ne puisse pas nuire. || Fig., Miner, corroder, consumer une chose. *La mer ronge insensiblement ses bords. La rouille ronge le fer.* — Fig., au sens moral, *Les soucis rongent l'esprit. Les remords rongent la conscience.* || Fig., Consumer le bien d'autrui. *Cet avoué ronge ses clients. Il vous rongera jusqu'aux os. Cet homme est rongé par ses prétendus amis.* = RONGÉ, ÉE. part. = Conj. Voy. MANGER.

RONGEUR. adj. Qui ronge. *Un animal r.* || Fig., *Un ulcère r.*, Qui détruit les chairs, les tissus. || Fig., au sens moral, *Le ver r.*, Le remords qui tourmente le coupable. On dit encore dans le même sens, *Les remords, les soucis rongeurs.*

RONGEURS. s. m. pl. (R. *ronger*). T. Mamm. Les *Rongeurs* forment un ordre de la classe des *Mammifères*. Les animaux qui le composent sont essentiellement caractérisés par leur système dentaire. En effet, ils n'ont que deux sortes de dents, savoir : 2 longues incisives, et le plus souvent 3 ou 4 paires de molaires uniformes à chaque mâchoire. Comme ils sont dépourvus de canines, il y a à leur place un espace vide entre les molaires et les incisives (Voy. DENT, Fig. 12 et 13). Ces dernières sortes de dents ne peuvent guère saisir une proie vivante, ni déchirer de la chair. « Elles ne peuvent pas même, dit Cuvier, couper les aliments ; mais elles servent à les limiter, à les réduire par un travail continu en molécules déliées, en un mot, à les *ronger* ; de là le nom donné aux animaux de cet ordre. Pour mieux remplir cet objet, les incisives n'ont d'émail épais qu'en avant, en sorte que leur bord postérieur s'usant plus que l'antérieur, elles sont toujours naturellement taillées en biseau. Leur forme prismatique fait qu'elles croissent de la racine à mesure qu'elles s'usent du tranchant, et cette disposition à croître est si forte, que, si l'une d'elles se perd ou se casse, celle qui lui était opposée n'ayant plus rien qui l'use à son sommet, se développe au point de devenir monstrueuse. La mâchoire inférieure s'articule par un condyle longitudinal, de manière à n'avoir point de mouvement latéral, mais seulement un mouvement horizontal d'arrière en avant, et *vice versa*, comme il convenait pour l'action de ronger. Aussi les molaires ont-elles des couronnes plates dont les éminences d'émail sont toujours transversales pour être en opposition au mouvement horizontal de la mâchoire, et mieux servir à la trituration. Les genres où ces éminences sont de simples lignes et où la couronne est bien plane, sont plus exclusivement frugivores ; ceux dont les dents ont leurs éminences divisées en tubercules mousses, sont omnivores ; enfin le petit nombre de ceux qui ont des pointes attaquent plus volontiers les autres animaux et se rapprochent un peu des Carnassiers. » Presque tous les Rongeurs sont de petite taille ; la plupart ne dépassent pas en volume les Rats et les Écureuils. La forme du leur corps est en général telle que leur train de derrière surpasse celui de devant, en sorte qu'ils sautent plutôt qu'ils ne marchent. Les intestins de ces animaux sont fort longs ; leur estomac est simple ou peu divisé, et leur cæcum souvent très volumineux. Dans tout cet ordre, le cerveau est presque lisse et sans circonvolutions ; les orbites ne sont point séparées des fosses temporales, qui ont peu de profondeur, et les yeux se dirigent tout à fait de côté ; les arcades zygomatiques, minces et courbées en bas, annoncent la faiblesse des mâchoires ; le avant-bras ne peuvent presque plus tourner, et leurs deux os sont souvent réunis. Dans certaines espèces, la clavicule manque ou n'est plus assez longue pour s'étendre du sternum à l'épaule ; mais, chez la plupart, cet os est complet et conserve ses rapports ordinaires. Les genres qui ont de plu fortes clavicules jouissent d'une certaine adresse, et se servent de leurs pieds de devant pour porter les aliments à leur bouche. Les Rongeurs vivent en général de graines, de fruits, d'herbes et d'écorces ou de racines ; quelques-uns mangent aussi des insectes et même de la chair. Leur mode de locomotion est très varié. Les uns sont organisés pour la course ou la marche à la surface du sol. D'autres, comme les Gerboises, sautent avec une grande facilité ; quelques-uns ont une merveilleuse aptitude pour grimper et vivent sur les arbres : tels sont les Écureuils, les Loirs, etc. Quelques espèces sont souterraines, d'autres aquatiques, comme les Castors. Les Rongeurs sont en général très productifs. Leur pelage est ordinairement doux et moelleux : le Petit-Gris, le Chinchilla, le Castor, etc., donnent des fourrures recherchées. Enfin, la chair de plusieurs espèces est recherchée comme aliment. — On répartit les Rongeurs en 7 familles, savoir : les *Sciuridés* (Écureuil, Marmotte), les *Muridés* (Castor, Rat, Hamster, Loir, Gerboise, Hélamys, etc.), les *Pseudostomidés* (Diplostome), les *Spalacidés* (Spalax), les *Hystricidés* (Porc-épic), les *Léporidés* (Lièvre), les *Cavidés* (Chinchilla, Agouti, Cabiai, etc.). Les quatre premières familles forment la section des Rongeurs *claviculés*, et les trois dernières celle des Rongeurs *acléidiens* ou Rongeurs *à claviculés imparfaites*.

RONRON. s. m. (onomat.). Petit grondement de contentement que fait entendre le chat. || Fig. Bruit sourd et continu.

RONRONNER. v. n. [Pr. *ronro-ner*]. Faire des ronrons.

RONSARD (PIERRE DE), poète fr. (1524-1585), chef d'une école poétique représentée par les poètes de la Pléiade, auteur d'*Odes*, de la *Franciade*.

RONSDORF, v. de Prusse (prov. du Rhin) ; 15,000 hab.

RONSIN, général révolutionnaire (1752-1794).

ROOD. s. m. [Pr. *roud*] (mot angl.). T. Métrol. Mesure agraire usitée en Angleterre et valant environ 10 ares. Voy. AGRAIRE.

ROOKE, amiral angl. qui prit Gibraltar en 1704 (1650-1709).

ROPALOCÈRES. s. m. pl. Voy. RHOPALOCÈRES.

ROQUECOURBE, ch.-l. de c. (Tarn), arr. de Castres ; 1.800 hab.

ROQUEFORT. s. m. [Pr. *roke-for*]. Sorte de fromage. Voy. FROMAGE.

ROQUEFORT, v. de France (Aveyron), célèbre par ses fromages ; 1.000 hab.

ROQUEFORT, grammairien fr., né à Mons (Belgique) (1777-1834).

ROQUEFORT-DE-MARSAN, ch.-l. de c. (Landes), arr. de Mont-de-Marsan ; 1,700 hab.

ROQUELAURE (ANTOINE, baron DE), maréchal de France, compagnon fidèle de Henri IV (1544-1625). || GASTON, duc de Roquelaure, fils du précédent, lieutenant général, célèbre par son esprit (1617-1683). || ANTOINE-GASTON de *Roquelaure*, fils du précédent, maréchal de France (1656-1738).

ROQUELLE. s. f. [Pr. *ro-kè-le*] (R. *rochet*). Grosse bobine horizontale pour le moulin à dévider la soie.

ROQUEMAURE, ch.-l. de c. (Gard), arr. d'Uzès ; 2,500 hab.

ROQUENTIN. s. m. [Pr. *rokan-tin*]. Militaire retraité jouissant d'une demi-paye. Vx. || Chanteur de chansons, de vaudevilles satiriques. Vx. || La chanson elle-même. || So dit, par plaisant., d'un vieillard ridicule. *Voyez ce vieux r.*

ROQUEPLAN, peintre fr. (1802-1855).

ROQUER. v. n. [Pr. *ro-ker*] (R. *roc*, anc. nom de la tour au jeu d'échecs). T. Jeu d'échecs, Mettre sa tour auprès du roi, et faire passer le roi de l'autre côté de la tour. *On ne peut r. qu'une fois à chaque partie.*

ROQUET, s. m. [Pr. *ro-kè*] (R. *rochet*). Bobine qui reçoit le fil d'argent.

ROQUET. s. m. [Pr. *ro-kè*] (angl. *rocket*, m. s.). Fusée de guerre, encore appelée raquette.

ROQUET. s. m. [Pr. *ro-kè*]. T. Mamm. Variété de chien. Voy. CHIEN, III, 2. || T. Erpét. Espèce de lézard. Voy. IGUANE. || Fig. Individu dont les attaques sont à dédaigner. Fam.

ROQUETIN. s. m. (R. *roquet*). Petite bobine qui reçoit le fil d'argent. || Petite bobine employée dans la machine à fabriquer le velours.

ROQUETTE. s, f. [Pr. *ro-kè-te*] (esp. *ruqueta*, ital. *ruchetta*, du lat. *eruca*, sorte de chou). T. Bot. Genre de plantes Dicotylédones (*Eruca*) de la famille des *Crucifères*. Voy. ce mot. || T. Pyrot. Voy. ROCHETTE.

ROQUEVAIRE, ch.-l. de c. (Bouches-du-Rhône), arr. de Marseille ; 3,400 hab.

ROQUILLE. s. f. [Pr. *roki-lle*, *ll* mouillées]. T. Métrol. Anc. mesure de capacité pour le vin, valant environ 0^l,029. Voy. CAPACITÉ. || Confiture d'écorce d'orange.

RORBACH, Voy. ROHRBACH.

RORQUAL. s. m. [Pr. *ror-kal*] (suéd. *rœr*, tuyau ; *qual*, bateau). T. Mamm. Espèce de *Cétacé*. Voy. BALEINE.

ROS. s. m. [Pr. *ro*] (all. *raus*, mod. *rohr*, m. s.). Roseau. || T. Techn. Pièce du métier à tisser, sorte de peigne dont les dents étaient faites de lames de roseau.

ROSA (MONT), sommet des Alpes Pennines ; 4,639 m.

ROSA (SALVATOR), peintre de l'école napolitaine, et auteur de *Satires* (1615-1673).

ROSACE. s. f. [Pr. *ro-za-ce*] (R. *rose*). T. Archit. Ornement en forme de rose ou d'étoile à plusieurs branches, qu'on emploie dans les compartiments des plafonds, des voûtes, des coupoles, etc. || Grand vitrail d'église de forme circulaire.

ROSACÉ, ÉE. adj. [Pr. *ro-za-sé*] (lat. *rosaceus*, m. s.). Qui est disposé à la manière des pétales d'une rose.

ROSACÉES. s. f. pl. [Pr. *ro-za-sé*] (R. *rose*). T. Bot. Famille de végétaux Dicotylédones de l'ordre des *Dialypétales* supérovariées diplostémones.
   Caract. bot. : Plantes herbacées, arbrisseaux ou arbres. Feuilles simples ou diversement composées, alternes, souvent stipulées. Fleurs diversement disposées, généralement hermaphrodites, quelquefois unisexuées par avortement. Calice 4 ou 5-lobé, avec un disque qui tapisse le tube, ou bien qui entoure l'orifice ; quelquefois le calice est pourvu d'un calicule. Pétales 5, égaux, ou nuls. Étamines en nombre défini ou indéfini ; anthères biloculaires, à déhiscence longitudinale. Calice, corolle et androcée sont concrescents à la base sur une plus ou moins grande longueur et forment un plateau, une coupe, ou un tube. Pistil disposé au centre du plateau sur un prolongement conique du réceptacle, ou au fond de la coupe ou du tube, formé de carpelles clos, libres, contenant chacun 2 rangs d'ovules anatropes, deux ovules ou un seul ovule ; carpelles tantôt 5, tantôt 2 ou 1, tantôt au contraire un très grand nombre, parfois concrescents par leur face externe et le tube formé par l'union des verticilles externes ce qui donne l'apparence d'un ovaire infère. Style parfois gynobasique. Fruit formé d'autant de follicules, de gousses, d'akènes, ou de drupes que le pistil avait de carpelles ; le réceptacle se développe quelquefois en une masse charnue et comestible (Fraisier) ; ailleurs c'est le tube externe qui s'accroit et forme autour du fruit une enveloppe sèche (Aigremoine) ou charnue (Rosier) ; dans ce dernier cas, si les carpelles sont concrescents avec le tube charnu et si eux-mêmes deviennent des drupes on obtient un fruit dont la portion charnue a une origine mixte (Poirier, Pommier, etc.). Graine avec embryon droit, sans albumen.
   Cette famille comprend 89 genres avec plus de 1,450 espèces répandues par toute la Terre et dans tous les climats ; on en connaît 90 espèces fossiles, la plupart tertiaires, appartenant

aux genres actuellement vivants. On divise cette famille en neuf tribus :

Tribu 1. — *Chrysobalanées.* — Fruit nu; un carpelle; deux ovules ascendants; drupe (*Chrysobalanus, Moquilea, Parinarium, Hirtella*, etc. [Fig. 1. — 1. Fleur de *Moquilea canomensis;* 2. Carpelle; 3. Coupe verticale de l'ovaire;

Fig. 1.

4. Fruit; 5. Noyau. — 6. *Chrysobalanus Icaco;* 7. Son fruit coupé circulairement].

Les fruits de plusieurs Chrysobalanées sont comestibles. Ceux de la *Moquilée à grandes fleurs* (*Moquilea grandiflora*) se mangent au Brésil. Le *Chrysobalanus Icaco*, appelé vulgairement *Icaquier* dans les colonies des Indes occidentales, donne un fruit qu'on nomme *Icaque* ou *Prune-coton* et qui se mange aussi, quoique un peu astringent. On le confit, soit au sucre, soit à l'eau-de-vie. L'amande du noyau est également fort estimée; on en fait une émulsion qui s'emploie dans la dysenterie et l'on en retire une huile qui sert à quelques usages pharmaceutiques. Le fruit d'une autre espèce, le *Chrysobalanus luteus*, est apporté au marché, à Sierra-Leone. La *Prune à peau rude* ou *Prune grise* de la même colonie est le fruit d'une espèce du genre *Parinari* (*Parinarium excelsum*). Les amandes des noyaux du *Parinarium campestre* et du *Parinarium montanum*, seraient douces et mangeables. On retire par expression des graines du *Prinsepia utilis* une huile propre à divers usages. Au Brésil, on emploie comme médicament astringent contre la diarrhée et d'autres affections du même genre, la racine, l'écorce et les feuilles du *Chrysobalanus Icaco*.

Tribu II. — *Prunées*, ou *Amygdalées.* — Fruit nu; un carpelle; deux ovules pendants; drupe (*Prunus, Amygdalus, Cerasus, Pygeum*, etc.). [Fig. 2. — 1. *Prunus Armeniaca* (vulgair. *Abricotier*); 2. Fleur; 3. Coupe longitudinale de la même; 4. Embryon.]. Les feuilles et les graines d'un grand nombre de plantes de cette tribu renferment de l'*Amygdaline* qui donne par dédoublement de l'essence d'amandes amères et de l'acide cyanhydrique; aussi leur ingestion n'est pas sans danger pour l'homme ou les animaux. L'écorce du *Prunier de Virginie* (*Prunus virginiana*) est employée comme tonique et comme sédative du système nerveux. Les feuilles du *Prunellier* ou *Épine noire* (*Prunus spinosa*) et celles du *Merisier à grappes* ou *Putiet* (*Pr. padus*) ont été employées comme succédanées du Thé: on s'en sert encore quelquefois pour sophistiquer le Thé noir de la Chine. L'écorce de ces deux espèces, ainsi que celle du *Prunus coccomilia* possèdent des propriétés fébrifuges. Les fleurs du *Pêcher* sont légèrement laxatives et avantageusement employées dans la médecine des enfants. On extrait de la graine

du *Prunier de Briançon* (*Prunus brigantiaca*) une huile fixe, nommée *Huile de Marmotte*, qu'on emploie en guise d'huile d'olives ou d'huile d'amandes douces. Les graines de l'*Abricotier* fournissent une huile analogue. Celle du *Prunier odorant* (Pr. *Mahaleb*), appelé vulgairement *Bois de Sainte-Lucie*, du nom d'un village des Vosges où il est fort abondant, donne également par expression une huile fixe employée dans la parfumerie. Le bois de cet arbre exhale une odeur agréable : les ébénistes et les tabletiers le recherchent beaucoup, tant à cause de cette odeur que pour sa

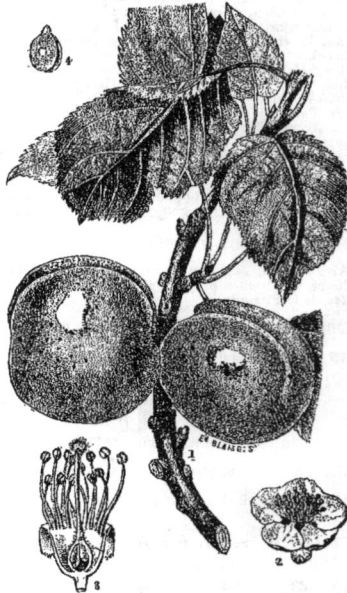

Fig. 2.

dureté et son grain fin serré qui est susceptible de prendre un beau poli. Les feuilles du *Laurier-Cerise* (Pr. *Lauro-Cerasus*), servent journellement pour parfumer le lait, les crèmes, les gâteaux : mais il n'en faut pas abuser afin d'éviter les accidents. L'eau distillée de ces mêmes feuilles est fréquemment employée en médecine comme antispasmodique. Enfin, le *Cerisier*, l'*Amandier*, le *Prunier* et l'*Abricotier* fournissent une gomme appelée *gomme nostras* qui est peu soluble dans l'eau, et qui s'emploie dans la chapellerie. Tout le monde connaît les fruits exquis que produisent ces arbres, ainsi que le *Pêcher*. — Voy. ABRICOTIER, AMANDIER, CERISIER, PÊCHER et PRUNIER.

Tribu III. — *Spirées.* — Fruit nu; plusieurs carpelles; ovules le plus souvent pendants; follicules (*Spiræa, Gillenia, Kerria*, etc.). [Fig. 3. — 8. *Spiræa argentea* : fleur épanouie; 9. Un des cinq carpelles; 10. Le même, coupé verticalement; 11. Le même, coupé horizontalement; 12. Fruit.] Les racines de la *Filipendule* (*Spiræa filipendula*), de l'*Ulmaire* (Sp. *ulmaria*), vulg. appelée *Reine-des-prés* et *Herbe aux abeilles*, de la *Spirée barbe-de-chèvre* ou *barbe-de-bouc* (*Spiræa aruncus*), étaient autrefois usitées comme astringentes, toniques et fébrifuges. Les fleurs de la Spirée ulmaire sont encore employées pour donner du bouquet aux vins. La *Sp. japonica* est connue sous le nom de *Chanvre du Japon*. Les racines du *Gillenia trifoliata* et du *Gillenia stipulacea* sont également émétiques : aux États-Unis, elles sont souvent usitées au lieu et place de l'ipécacuanha. Le vermifuge le plus énergique que l'on connaisse est la fleur d'une Rosacée de l'Abyssinie, que les indigènes appellent *Cousso*

Fig. 3.

ou *Kousso*, et à laquelle les botanistes ont donné le nom de *Brayère anthelminthique* (Brayera anthelminthica), encore appelée *Hagenia Abyssinica*.

Tribu IV. — *Quillaiées*. — Fruit nu; plusieurs carpelles; ovules le plus souvent ascendants; follicules ou capsule (*Quillaja*, *Eucryphia*, etc.). Les espèces du genre *Quillaja* sont remarquables par leur sécrétion savonneuse. L'écorce du *Quillaja saponaria* s'emploie, dans l'Amérique du Sud, en guise de savon. Cette écorce, connue sous le nom de *Bois de Panama*, enlève toute sorte de taches et de souillures, et donne un lustre remarquable à la laine. Elle contient une notable proportion de *Saponine*. Le *Quillaie du Brésil* (Q. brasiliensis) jouit de la même propriété.

Tribu V. — *Fragariées*. — Fruit nu; nombreux carpelles; un ovule; akènes, rarement drupes (*Potentilla*, *Fragaria*, *Dryas*, *Geum*, *Rubus*, *Comarum*, etc.). [Fig. 4. — 5. *Fragaria indica* : coupe verticale d'une fleur; 6. Carpelle isolé; 7. Fruit coupé verticalement]. Les fruits de diverses espèces du genre *Fraisier* (Fragaria) et du genre *Ronce* (Rubus)

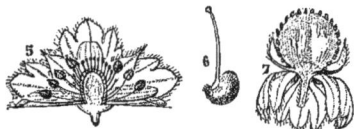

Fig. 4.

particulièrement du *Rubus idæus* ou *Framboisier*, c.-à-d. les *Fraises* et les *Framboises*, sont trop connus pour que nous parlions de l'estime qu'on en fait et de leurs qualités comme aliment. On sait aussi combien les enfants recherchent les fruits doux et sucrés de la *Ronce arbrisseau* (Rubus fruticosus), si commune dans nos haies, fruits qui sont vulg. désignés sous le nom impropre de *Mûres*. Les racines de la *Tormentille* (Tormentilla erecta) sont employées au tannage du cuir dans certaines contrées. On se servait jadis, pour le même usage, de la *Potentille ansérine* (Potentilla anserina). La *Potentille rampante* (P. reptans), vulg. appelée *Quintefeuille*, ou *Herbe à cinq feuilles*, est regardée comme fébrifuge. Autrefois on vantait aussi beaucoup comme fébrifuges la *Benoîte officinale* (Geum urbanum), vulg. *Herbe de Saint-Benoît* et *Herbe bénite* et la *Benoîte des ruisseaux* (G. rivale). Les feuilles de la *Ronce du Nord* (R. arcticus) ont été employées pour remplacer le thé. Il en est de même de celles du *Dryas à huit pétales* (Dryas octopetala). Dans l'Amérique du Nord, on fait grand usage, comme astringent, de la racine de la *Ronce velue* (Rubus villosus). Toutefois elle est en même temps légèrement émétique.

Tribu VI. — *Potériées*. — Fruit enveloppé; plusieurs carpelles; un ovule; akènes libres dans un tube sec (*Poterium*, *Agrimonia*, *Alchemilla*, *Sanguisorba*, etc.). [Fig. 5. — 1. *Sanguisorba officinalis*; 2. Fleur avec une paire de bractées; 3. La même, dont on a enlevé la moitié du calice; 4. Fruit mûr, dont on a enlevé le calice; 5. Coupe verticale de la fleur et du calice; 6. Coupe transversale d'un fruit]. La décoction des feuilles d'*Aigremoine* (Agrimonia eupatoria) est employée en gargarismes, comme astringent. La décoction de l'*Alchimille commune* (Alchemilla vulgaris), vulg. *Pied-de-lion*, est légèrement tonique. La *Sanguisorbe officinale* (Sanguisorba officinalis), vulg. *Grande Pim-*

prenelle et *Pimprenelle des prés*, est une plante fourragère estimée. Les feuilles de l'*Acæna sanguisorbe* (Acæna sanguisorba), qui est très commun dans la Tasmanie, sont, dit-on, très propres à remplacer le thé. La *Pimprenelle com-*

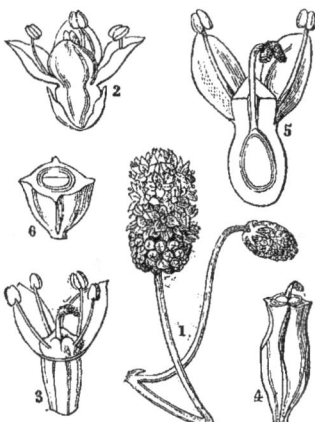

Fig. 5.

mune (Poterium sanguisorba), vulg. *Pimprenelle des jardins*, est aromatique et s'emploie comme condiment. Enfin, la décoction du *Margyricarpus setosus*, arbuste à feuilles aciculaires et à fruit charnu piriforme, s'administre, au Pérou, dans les affections hémorrhoïdales.

Tribu VII. — *Neuradées*. — Fruit enveloppé; plusieurs carpelles; un ovule; follicules concrescents avec un tube sec (*Neurada*, *Grielum*).

Tribu VIII. — *Rosées*. — Fruit enveloppé; nombreux

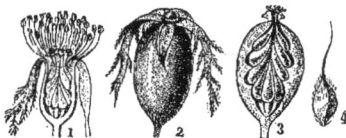

Fig. 6.

carpelles; un ovule; akènes libres dans un tube charnu (*Rosa*). [Fig. 6. — 1. *Rosa canina* : coupe verticale d'une fleur dont on a enlevé les pétales; 2. Fruit; 3. Le même, coupé verticalement et où l'on voit les akènes; 4. akène isolé]. Le fruit du *Rosier des chiens* (Rosa canina), vulg. appelé *Églantier sauvage* et *Cynorrhodon*, est astringent, ainsi que celui d'autres espèces voisines, et on l'emploie en médecine contre les diarrhées chroniques et autres maladies. Les pétales du *R. musqué* (R. moschata), du *R. de Damas* (R. damascena) et du *R. à cent feuilles* (R. centifolia) fournissent une huile essentielle extrêmement odorante, appelée *Essence de roses* (Voy. Rose) : ils servent aussi à préparer l'eau distillée connue sous le nom d'*Eau de roses*, qu'on emploie comme astringent. Ceux du *R. de Provins* (R. gallica) sont fort usités comme astringents : ils servent à la préparation de la *Conserve de roses* et du *Miel rosat*. Leur décoction s'emploie aussi habituellement en gargarismes, injections, collyres, etc.

Plusieurs genres de la famille des Rosacées fournissent des plantes d'ornement; mais il n'en est aucun qui, pour la beauté, l'élégance et le parfum de ses fleurs, puisse être comparé au genre Rosier. De tout temps, la Rose a été considérée comme la reine des fleurs. Nulle autre n'a été tant célébrée par les poètes de tous les peuples. La Fable lui attribue une origine surnaturelle et la fait naître, tantôt du sang d'Adonis, tantôt de celui de Vénus elle-même. C'est à cette déesse, qui surpassait en beauté toutes les autres divinités, que les Grecs avaient consacré la Rose. Les Grecs et les Romains entouraient de guirlandes de roses les statues de Vénus, d'Hébé et de Flore. Dans les fêtes de l'hymen, à Athènes, les jeunes gens des deux sexes se couronnaient de roses. L'habitude de se couronner de roses s'introduisit également dans les festins, et les Romains poussèrent ce genre de luxe jusqu'à couvrir d'une couche de roses les tables et les lits sur lesquels se plaçaient les convives.

Tribu IX. — *Pirées.* — Fruit enveloppé; plusieurs carpelles; drupes concrescentes avec un tube charnu (*Pirus, Cydonia, Mespilus, Cratægus, Cotoneaster, Amelanchier,*

Fig. 7.

Aronia, etc.). [Fig. 7. — 1. *Mespilus germanica*; 2. Fleur entière; 3. Fruit dont on a coupé circulairement une partie du calice charnu; 4. Péricarpe osseux, isolé; 5. Le même coupé verticalement; 6. Embryon.]

Cette tribu que quelques auteurs appellent celle des *Pomacées*, se compose uniquement d'arbres et d'arbustes remarquables, tant par leurs fruits, dont un certain nombre se servent sur nos tables, que par la beauté de leurs fleurs. Les genres les plus intéressants de la famille sont le *Poirier* (*Pirus*) et le *Pommier* (*Malus*) auxquels nous avons consacré deux articles particuliers. (Voy. POIRIER et POMMIER). Après eux vient le *Cognassier* (*Cydonia*). Parmi les diverses espèces que renferme ce genre, la plus répandue est le *Cognassier commun* (*Cyd. vulgaris*). Son fruit, gros et charnu, bien connu sous le nom de *Coing*, est ordinairement ovoïde ou oblong, quelquefois subglobuleux. Son âpreté empêche qu'on ne le mange cru; mais il sert à préparer des gelées, des conserves, des confitures et une liqueur spiritueuse appelée *Eau de coing*. L'espèce de confitures nommée dans le Midi *Cotignac* est faite avec ce fruit. En médecine, on

emploie le sirop de Coing pour arrêter les diarrhées rebelles. En faisant macérer ses pépins dans l'eau, on obtient une solution mucilagineuse qui s'emploie comme collyre adoucissant dans les ophtalmies. Les parfumeurs se servent de ce même mucilage, sous le nom de *Bandoline*, pour lisser les cheveux. Le *Sorbier domestique* (*Sorbus domestica*), vulg. appelé *Cormier*, produit un fruit, appelé *Sorbe* ou *Corme*, qui a la forme d'une petite poire jaunâtre et teinte de rouge sur un côté. Ce fruit, d'abord très acerbe, s'adoucit beaucoup en devenant blet, et alors on peut le manger. Il en est de même du fruit du *Sorbier des oiseleurs* (*S. aucuparia*). Ce fruit, qui est globuleux ou ovoïde, et d'un rouge écarlate, sert, dans le Nord, à préparer une espèce de cidre. L'*Alisier* ou *Alizier* (*Sorb. aria*), nommé aussi *Allouchier* dans quelques provinces, donne un petit fruit globuleux et rouge-orange, qu'on appelle *Alise* : il est mangeable, mais insipide. L'écorce de l'*Alisier terminal* ou *Alisier des bois* (*Sorb. torminalis*), appelé aussi *Aigrelier* est astringente, et a été employée dans la dysenterie. Le fruit du *Néflier* (*Mespilus germanica*) est une pomme à cinq noyaux osseux, couronnée par le limbe calicinal, et de couleur brun rougeâtre. Ce fruit, que l'on nomme *Nèfle*, et *Mesle* dans quelques provinces, est très âpre; mais si, après la cueillette, on le laisse mûrir sur la paille, il devient sucré en se ramollissant. Il est alors agréable à manger; néanmoins il est toujours un peu astringent. L'*Amélanchier commun* (*Amelanchier vulgaris*) produit de petits fruits noirâtres et de la grosseur d'un Pois, qui sont bons à manger. Les fruits du *Cotoneaster commun* (*Cotoneaster vulgaris*), ordinair. appelé *Néflier-cotonnier*, sont petits et fades. L'*Eriobotrya du Japon* (*Eriob. japonica*) réussit très bien dans le midi de la France, où on l'appelle vulg. *Néflier du Japon* et *Bibassier* : on prépare avec son fruit une liqueur de table assez agréable. L'*Azerolier* (*Cratægus azarolus*) est commun dans l'Italie et dans la Provence: son fruit, appelé *Azerole*, est acidule et rafraîchissant. Les enfants mangent les petits fruits rouges de l'*Aubépine ordinaire* (*Cratægus oxyacantha*), fort commun dans nos haies, ainsi que ceux du *Buisson-ardent* (*Crat. pyracantha*). Le *Photinia dubia* s'emploie au Népaul pour teindre en écarlate. Le bois de plusieurs espèces de Pirées est fort recherché à cause de sa dureté et de la finesse de son grain. On estime particulièrement celui du *Sorbier domestique* et celui de l'*Alisier*. Enfin, quelques espèces de cette famille sont cultivées comme plantes d'ornement; nous citerons seulement les *Cognassiers de la Chine et du Japon* (*Cyd. sinensis* et *japonica*).

ROSAGE. s. m. [Pr. *ro-zaje*] (lat. *ros, roris, rosée*). Exposition à la rosée, son résultat.

ROSAGE. s. m. [Pr. *ro-zaje*] (R. *rose*). Action de verser dans de l'eau une composition qui avive le coton teint en rouge.

ROSAGE. s. m. [Pr. *ro-zaje*] (R. *rose*). T. Bot. Nom vulg. du *Rhododendrum ferrugineum*, plante Dicotylédone de la famille des *Éricacées*. Voy. ce mot.

ROSAIRE. s. m. [Pr. *ro-zère*] (lat. *rosarium, couronne de roses*). Sorte de grand chapelet qui contient quinze dizaines. Voy. CHAPELET.

ROSALÈS, peintre espag. mort en 1873.

ROSALIE. s. f. [Pr. *ro-za-li*]. T. Mus. Se dit d'une phrase répétée plusieurs fois en montant chaque fois d'un degré.

ROSAMEL, amiral fr. (1774-1848).

ROSAMINE. s. f. [Pr. *ro-zamine*] (R. *rose*, et *amine*). T. Chim. Nom donné aux matières colorantes qu'on obtient en faisant réagir le phénylchloroforme sur des amines possedant une fonction phénol.

ROSANILINE. s. f. [Pr. *ro-za-niline*] (R. *rose*, et *aniline*). T. Chim. La r. ordinaire est la base de la matière colorante connue sous le nom de fuchsine. On l'obtient en oxydant un mélange d'aniline, de para-toluidine et d'ortho-toluidine. Elle cristallise en aiguilles incolores, presque insolubles dans l'eau, assez solubles dans l'alcool. En se combinant avec les acides elle donne naissance à des matières colorantes rouges dont la plus importante est la *fuchsine* (Voy. ce mol). Ces matières colorantes, qu'on appelle les *sels de r.*, doivent être considérées comme des éthers. La r. contient en effet le groupe fonctionnel COH des alcools tertiaires, et c'est l'éthérification de ce groupe qui engendre les matières colorantes. La formule de constitution de la r. est :

$$COH \bigg\langle \begin{matrix} (C^6H^4 . AzH^2)^2 \\ C^6H^3(CH^3).AzH^2 \end{matrix}$$

Celle de son chlorhydrate, est :

$$CCl \bigg\langle \begin{matrix} (C^6H^4 . AzH^2)^2 \\ C^6H^3(CH^3).AzH^2 \end{matrix}$$

On a étendu le nom de r. aux homologues de la r. ordinaire. Ce sont des composés généralement incolores qui forment des matières colorantes en s'unissant aux acides. La r. qui possède la formule la plus simple est la *para-rosaniline* (C⁶H⁴.AzH²)³COH. On la prépare en oxydant, à l'aide de l'acide arsénique, un mélange renfermant une molécule de para-toluidine pour deux molécules d'aniline. Elle se forme aussi par l'action de l'ammoniaque sur l'aurine. Elle cristallise en lames à peu près incolores, peu solubles dans l'eau. Son *chlorhydrate* (C⁶H⁴.AzH²)³CCl ressemble beaucoup à la fuchsine.

En introduisant les radicaux méthyle, éthyle, phényle, etc., dans les groupes AzH² que renferment les sels de la r. ordinaire ou de la para-rosaniline, on obtient des matières colorantes violettes et bleues. Voy. ANILINE.

ROSARIO, v. de la République Argentine; 42,200 hab.

ROSAS, homme d'État de la République Argentine, exerça la dictature à Buenos-Ayres de 1829 à 1852. Il allait s'emparer de Montevideo, lorsqu'il fut renversé par l'alliance de ses ennemis avec le Brésil.

ROSAT. adj. 2 g. [Pr. *ro-za*] (lat. *rosatum*, rosé, de *rosa*, rose). T. Pharm. Ce terme s'applique à différentes préparations dans lesquelles on fait entrer des roses. Les plus usitées sont le *Miel r.*, le *Vinaigre r.* et l'*Onguent r.* Le *Miel r.* se prépare au lixiviant avec de l'alcool à 30°, 1000 grammes de Roses rouges séchées et pulvérisées de manière à recueillir 3 litres de teinture que l'on réduit par évaporation à 1,500 grammes; on ajoute à ce résidu 6,000 grammes de miel, on porte à l'ébullition, on écume et on filtre au papier. Le *Vinaigre r.* s'obtient en faisant macérer pendant 8 jours 100 grammes de fleurs de roses rouges sèches dans 980 grammes de vinaigre blanc et 20 grammes d'acide acétique cristallisable. On agite de temps en temps, puis on passe avec expression et l'on filtre. Quant à l'*Onguent r.*, appelé aussi *pommade à la rose*, c'est le *cérat à la rose* dont il a été parlé au mot CÉRAT.

ROSÂTRE. adj. 2 g. [Pr. *rozâ-tre*]. Qui a une couleur rosée.

ROSAZURINE. s. f. [Pr. *ro-za-zu-rine*] (R. rose, et *azur*). T. Chim. Matière colorante rouge dérivée de la toluidine. Voy. COLORANTES, IV, 6.

ROSBACH, vge de Saxe où Frédéric II vainquit Soubise en 1757.

ROSBIF. s. m. (angl. *roast*, rôti ; *beef*, bœuf). Morceau de bœuf rôti. *Servir un r. Manger du r.*

ROSCELIN, philosophe scolastique, l'un des chefs des nominalistes; mort après 1121.

ROSCIUS (QUINTUS), célèbre acteur romain du Iᵉʳ siècle av. J.-C.

ROSCIUS D'AMÉRIE, proscrit par Sylla, fut accusé par Chrysogonus d'avoir tué son père, et fut défendu par Cicéron.

ROSCOFF, bourg du dép. du Finistère, arr. de Morlaix, port sur la Manche; 4,600 hab.

ROSCOMMON, comté d'Irlande prov. d'Ulster ; 132,490 hab. Cap. *Roscommon*.

ROSE. s. f. [Pr. *ro-ze*] (lat. *rosa*). La fleur odoriférante que porte le rosier. *R. épanouie, fanée. Bouton de r. Un bouquet, une guirlande, un berceau de roses. La saison des roses. Eau de r.*, et *Essence de roses.* Voy. plus bas.

Et, rose, elle a vécu ce que vivent les roses,
L'espace d'un matin.
MALHERBE.

— Fig., *Être sur des roses, être couché sur des roses, sur un lit de roses, Jouir d'un état de mollesse voluptueuse.*

Au prix du mal que le pauvre homme avait,
Gens que l'on pend sont des lits de roses.
LA FONTAINE.

Prov., *Il n'y a point de roses sans épines,* Voy. ÉPINE. *C'est la plus belle r. de son chapeau,* Voy. CHAPEAU. *Découvrir le pot aux roses,* Voy. POT. — *Une composition à l'eau de r.*, qui manque d'énergie. — *Cela ne sent pas la r.*, cela a une odeur infecte. Fam. || Au propre et au fig , se dit d'un teint frais et vermeil, d'un teint mêlé de blanc et d'incarnat. *Cette jeune fille est vermeille, est fraîche comme la r. Elle a un teint de lis et de r. C'est une r. pour la fraîcheur. Rien n'égale les roses de son teint.* — *Des lèvres de r., Des lèvres vermeilles.* Poétiq., on dit aussi, *L'Aurore aux doigts de r.* || *La r. d'or, Rose artificielle à feuilles d'or que le pape bénit et qu'il envoie en certaines circonstances à des reines ou à des princesses.* || T. Archit. Petit ornement circulaire en forme de fleur qu'on taille dans le milieu de l'abaque du chapiteau corinthien, et en général, tout ornement renfermé dans un cercle, qui forme le point central d'un plafond, d'une corniche, etc. — Se dit aussi des grandes fenêtres circulaires, formées de nervures rayonnantes, qu'on trouve au-dessus de la porte principale, aux extrémités des transepts, et quelquefois au centre de l'abside dans une église gothique. — *R. de compartiment,* Ornement entouré d'une figure circulaire, et formé au milieu d'un pavé de marbre ou d'un parquet de menuiserie. || T. Bot. *R. de Cayenne,* la Ketmie changeante; *R. de la Chine,* la Ketmie rose, MALVACÉES. *R. de Gueldre,* l'Obier, CAPRIFOLIACÉES. *R. d'hiver* ou *de Noël,* l'Ellébore noir, RENONCULACÉES. *R. d'Inde,* la Tagète, COMPOSÉES, tribu des *Radiées. R. du Japon,* l'Hortensia, SAXIFRAGACÉES. *R. de Jéricho,* l'Anastatique, CRUCIFÈRES. *R. pivoine,* la Pivoine, RENONCULACÉES. *R. de Sibérie,* le Rhododendron chrysanthum, ÉRICACÉES. *R. trémière* ou *Passe-rose,* l'Althæa rosea, MALVACÉES. — *Pomme de r.*, le fruit du Jambosier, MYRTACÉES. — *Bois de r.*, Voy. Bois. || T. Hist. Fig., *La R. blanche* et la *R. rouge,* Les anciennes factions d'York et de Lancastre, en Angleterre, parce que la première avait pris une r. blanche et la seconde une r. rouge comme signes de ralliement. — *La guerre des deux roses,* la guerre entre ces deux familles. || T. Jouillier. *Une r. de diamants, de rubis,* etc., Des diamants, etc., qui sont montés en forme de r. *Diamant en r., taille en r.,* Voy. DIAMANT. || T. Luth. *R. de guitare,* de *luth,* etc., Ouverture ronde au milieu de la table d'harmonie. Voy. GUITARE. || T. Mar. *R. des vents* ou *du compas,* Voy. BOUSSOLE. = Rose. adj. 2 g. Qui est de la couleur de la r. *Un ruban r. Une robe r.* || Subst., *Le r. plaît à l'œil. Cette robe est d'un joli r. S'habiller de r.* — Fig. et fam., *Il voit tout couleur de r., Tout lui paraît couleur de r.*, Il voit tout en beau.

Techn. — L'essence de roses obtenue par le procédé de distillation indiqué plus loin, renferme deux corps différents : un principe liquide et un principe solide. Par le froid, elle se prend en une masse butyreuse, composée de feuillets transparents ; ou l'extrait de plusieurs espèces de roses très odorantes. La proportion des deux principes qu'elle renferme est variable, aussi son point de fusion n'est-il pas fixe. Les essences du midi de la France en contiennent de 35 à 42 pour 100, et fondent entre 21° et 23° ; tandis que celles de Turquie fournissent seulement de 6 à 7 pour 100 de stéréoptène (principe solide), et fondent entre 16° et 18°. Le principe liquide est une huile oxygénée; le principe solide, d'après Th. de Saussure, ne renferme que du carbone et de l'hydrogène et les proportions de CH². Ce dernier corps fond à 35° ; il est peu soluble dans l'alcool froid ; mais plus soluble dans l'éther, le chloroforme, l'huile grasse. La fabrication d'essence de roses en Orient n'est pas concentrée dans les mains de quelques producteurs ; chaque paysan transforme en essence sa récolte de roses, et les procédés employés sont les plus primitifs. La distillation s'opère dans des alambics recouverts de chapiteaux bombés, et les vapeurs se condensent non dans un serpentin, mais dans un simple tube droit traversant obliquement une cuve d'eau, qui sert de réfrigérant. Chaque alambic est d'une contenance de 100 litres d'eau environ; on le remplit aux trois quarts d'eau; on y ajoute environ 10 kilogrammes de roses fraîches; on lute, on distille. L'opération est arrêtée lorsqu'il a passé environ 20 à 25 litres d'eau de r. L'eau qui reste dans l'alambic est séparée des fleurs épuisées et réservée pour une autre distillation. Quant aux fleurs épuisées, ou s'en sert pour la nourriture des bestiaux. — Pour obtenir l'essence de l'eau qui la renferme, on met dans un alambic environ 120 litres de cette eau, et on procède à une seconde distillation. On recueille le produit dans un *vase florentin* à col étroit. (Voy. ESSENCE.) Il se sépare une petite couche huileuse, qui surnage à la couche aqueuse, et qui n'est autre que l'essence de roses. — Le paysan turc ne fraude pas la marchandise; mais les négociants qui l'achètent sur les lieux de production sont très habiles dans ce genre de tromperie. Le mélange le plus ordinaire consiste dans l'addition d'essence de géranium bien rectifiée. Outre l'odorat, qui est un excellent expert, il existe un moyen précis de dévoiler la tromperie. Dans un petit tube, on fait coaguler l'essence qui doit se solidifier à 15° centigrades et reste transparente; puis on la laisse se liquéfier à la chaleur de la main. Si l'essence est pure, elle se liquéfie lentement, et les parties solides sont, jusqu'à la fin, l'aspect de paillettes cristallisées. Si elle est mélangée d'essence de géranium, dès qu'elle commence à se liquéfier, elle devient pâteuse, présentant l'aspect d'une bouillie épaisse et sans paillettes cristallisées. — On pourrait obtenir l'essence de roses en plus grande quantité et très pure en utilisant, par ex., le chlorure d'éthyle, qui se volatilise à +9°, qui dissout en cet état, sous pression de 2 à 3 atmosphères, le parfum de la r., puis qui l'abandonne quand la pression a cessé d'exister.

ROSE (SAINTE), religieuse, née à Lima (1586-1617). Fête le 30 août.

ROSÉ, ÉE. adj. [Pr. *ro-zé*]. Qui est d'un rouge faible, approchant de la couleur de la rose. *Vin r. Teint r. Couleur rosée.*

ROSEAU. s. m. [Pr. *ro-zo*] (orig. germ.: goth. *raus*, m. s.). || T. Bot. Genre de plantes Monocotylédones (*Arundo*), aquatiques, à tige articulée généralement creuse et remplie de moelle, de la famille des *Graminées.* Voy. ce mot. On désigne plus particulièrement sous ce nom l'*Arundo Donax.* — *R. des étangs,* Voy. TYPHACÉES. *R. de l'étoile,* Voy. ARISTOLOCHIACÉES. || Fig., *C'est un r. qui plie à tous vents,* Voy. PLIER. *S'appuyer sur un r.,* Mettre sa confiance dans une personne ou dans une chose qui ne peut être d'aucun secours. — *Un r. peint en fer,* Un homme faible qui se donne des airs d'énergie. — « L'homme n'est qu'un roseau, le plus faible de la nature, mais c'est un roseau pensant. » (PASCAL.)

ROSEAU, ch.-l. de c. et port de la Dominique, une des petites Antilles; 4,800 hab.

ROSEBECQUE, vge de Belgique où Charles VI défit les Flamands en 1382.

ROSE-CROIX. s. m. [Pr. *roze-kroua*] (R. *Rosenkreuz,* n. d'un illuminé allemand). T. Hist. Sous le nom de *Rose-croix,* ou de *Frères de la R.-croix,* on désigne une secte d'illuminés qui se révéla au commencement du XVII° siècle. Elle prétendait pénétrer les mystères de la nature à l'aide d'une lumière intérieure, et se flattait d'arriver ainsi à l'amélioration générale de l'Église et à la fondation d'une prospérité durable pour les États comme pour les particuliers. Ces sectaires se donnaient pour fondateur un Allemand nommé Christian Rosenkreuz (c.-à-d. r.-croix), qui, selon eux, avait vécu au XIV° siècle et passé une partie de sa vie parmi les sages de l'Égypte et de l'Orient, d'où il avait rapporté une foule de secrets et de recettes magiques. Mais on admet généralement que le véritable auteur de la secte était un certain J. V. Andreæ, qui, en 1615, exposa ses doctrines bizarres dans un livre intitulé *Confessio rosæcrucis.* Les r.-croix s'appelaient encore *immortels, illuminés,* et *invisibles :* ils se répandirent surtout en Allemagne, mais ils ne tardèrent pas à tomber dans l'oubli et à s'éteindre. Cependant, on a cherché de nos jours à faire revivre cette secte, et il y a aujourd'hui (1900) une société de r.-croix. — Le terme de *R.-croix* est encore usité dans la franc-maçonnerie; c'est le titre du grade qui est au-dessus de celui de Maître.

ROSÉE. s. f. [Pr. *ro-zée*] (lat. *ros, roris,* m. s., par l'intermédiaire d'une forme adjective). Vapeur qui se condense pendant la nuit sous la forme de petites gouttes d'eau. — Fig. et fam., on dit d'un aliment qui est fort tendre, *Cette viande, cette salade est tendre comme la r., comme r.* || T. Art vétér. Se dit des petites gouttelettes de sang qui sortent à travers les pores de la sole, lorsqu'on pare le pied du cheval trop près du vif. *Le pied a été paré jusqu'à la r.* || *R. du ciel.* T. Bot. Nom vulgaire des espèces du genre *Drosera.* Voy. DROSÉRACÉES.

Météor. — Tous les auteurs qui ont écrit sur la météorologie depuis Aristote jusqu'à nos jours, se sont occupés des phénomènes de la r.; néanmoins c'est seulement à un célèbre physicien anglais, le D° Wells (1814), que nous devons de connaître les lois qui régissent ces phénomènes et d'on posséder une théorie qui a été complétée plus tard.

Les circonstances qui influent sur la production de la r. sont les suivantes. La r. n'est jamais abondante que pendant les nuits calmes et sereines. Cependant on l'observe fréquemment en petite quantité, soit dans les nuits où il fait du vent, soit le ciel est clair, soit dans les nuits nuageuses, s'il n'y a pas de vent; mais il n'y en a jamais dans les nuits venteuses et nuageuses en même temps. Lorsque, pendant la nuit, le temps, d'abord calme et serein, devient venteux et couvert, non seulement la formation de la r. s'arrête, mais encore la r. qui s'était formée disparaît ou au moins diminue considérablement. Par un temps calme, lorsque le ciel est en partie couvert de nuages, il se forme plus de r. que lorsqu'il est entièrement couvert, mais moins que lorsqu'il est tout à fait serein. Un léger mouvement de l'air favorise la formation de la r. Deux nuits également calmes et sereines peuvent donner lieu à la formation de quantités de r. bien différentes. S'il est tombé récemment de la pluie, la r. est abondante; elle l'est peu, au contraire, lorsque l'air est sec depuis quelque temps. En général, tout ce qui tend à augmenter la proportion de la vapeur d'eau atmosphérique contribue à rendre la r. plus abondante. C'est ainsi que la r. est en général plus abondante au printemps et en automne qu'en été; la raison en est que les différences de température entre le jour et la nuit sont plus grandes dans les deux premières saisons que dans la dernière. On a remarqué que la r. est extraordinairement abondante dans les matinées claires qui succèdent à des nuits nuageuses. C'est une erreur de croire que la r. se forme seulement le matin et le soir : les corps se couvrent de r. à toute heure de la nuit, pourvu que le ciel soit serein : néanmoins, toutes choses étant égales d'ailleurs, il se forme moins de r. pendant la première moitié de la nuit que pendant la seconde, bien que l'air, à minuit, ait déjà perdu une certaine partie de son humidité.

Les métaux polis sont, de tous les corps, ceux sur lesquels il se dépose le moins de r. Cette propriété des métaux est assez remarquable pour avoir conduit quelques physiciens à affirmer que les métaux ne sont jamais mouillés par la r. Mais Wells a constaté qu'elle se forme sur l'or, l'argent, le cuivre, l'étain, le platine, le fer, l'acier, le zinc, le plomb; seulement lorsque la r. se montre sur ces métaux, elle se borne en général à ternir l'éclat de leurs surfaces, et même, quand elle est assez abondante pour former des gouttelettes, celles-ci sont presque toujours petites et indistinctes. La r. formée sur un métal disparaît souvent, lorsque les autres substances avoisinantes restent mouillées; bien plus, un métal qui a été mouillé à dessein devient souvent sec, bien que placé dans une même exposition que des corps qui ont de la r. La quantité de r. qui se dépose sur un même substance varie, toutes choses étant égales d'ailleurs, suivant l'état physique de cette substance : il se forme, par ex., plus de r. sur de minces copeaux de bois que sur une pièce de bois de même surface. Enfin, la quantité de r. qui se précipite sur les corps ne dépend pas seulement de leur nature et de leur constitution, elle dépend encore de la situation où ils sont placés par rapport aux objets environnants. On peut établir comme un principe général, que tout ce qui tend à diminuer la portion du ciel qu'on peut voir du lieu où est situé le corps diminue la quantité de r. dont ce corps pourrait se charger.

La température de l'herbe couverte de r. est toujours inférieure à celle de l'air environnant. Dans les nuits claires et calmes, Wells a souvent trouvé que la température de l'herbe était de 3,9, de 4,5, de 5, et même une fois de 7,7 degrés centigrades plus basse que celle de l'air pris à 1 m. 30 environ au-dessus de l'herbe. Il a également observé que, dans les lieux abrités du soleil de l'après-midi, mais néanmoins ouverts à une grande étendue du ciel, la différence qui existe entre la température de l'herbe et celle de l'air environnant, devient sensible aussitôt que la chaleur de l'atmosphère commence à diminuer. Dans les nuits nuageuses, surtout quand il fait du vent, l'herbe n'est jamais beaucoup plus froide que l'air; quelquefois même elle est plus chaude. Mais, par un temps calme, si les nuages sont très hauts, bien que suffisamment étendus et denses pour cacher le ciel, il arrive fréquemment que l'herbe est de plusieurs degrés plus froide que l'air. Enfin, lorsque la nuit devient nuageuse après avoir été très claire, la température de l'herbe s'élève immédiatement. La température des métaux s'abaisse quelquefois de 1,11 à 2,22 degrés au-dessous de celle de l'air ambiant. Lorsque cela a lieu, les autres corps, tels que la laine, les feuilles des plantes, etc., sont considérablement plus froids que l'atmosphère. Les substances qui se couvrent le plus facilement de r. sont celles qui se refroidissent le plus vite quand on les expose à un ciel clair. De toutes les substances expérimentées par le Dr Wells, le duvet de cygne est celle qui se refroidit le plus. En général, les substances dont la température s'abaisse le plus sont les substances filamenteuses ou formées de duvet. La neige est aussi un des corps qui acquièrent une température beaucoup plus basse que celle de l'atmosphère. Les expériences de Wells démontrent qu'il existe la plus complète analogie entre la propriété qu'ont les corps d'attirer l'humidité de l'atmosphère et celle qu'ils possèdent de prendre, par les nuits calmes et sereines, une température plus basse que celle de l'air ambiant, circonstance qui s'explique parfaitement par les lois de la condensation de la vapeur. Tout le monde sait que l'air atmosphérique ne peut contenir pour chaque degré de température qu'une quantité déterminée de vapeur d'eau, et que cette quantité est d'autant plus grande que la température est plus élevée. Maintenant supposons une couche d'air en contact avec un corps solide plus froid qu'elle-même : ce contact abaissera la température de cette couche, qui aussitôt laissera précipiter une partie de la vapeur d'eau qu'elle tient en suspension. Une seconde couche d'air succédant à la première, elle se refroidira également et abandonnera de même cette portion d'humidité que l'abaissement de sa température ne lui permet plus de retenir. Le phénomène se répète avec une grande rapidité, de sorte que, dans un temps très court, le corps réfrigérant se couvre de petites gouttelettes ou même d'une couche continue d'humidité. Or, dès qu'il est prouvé que les corps exposés à un ciel serein prennent une température plus basse que celle de l'atmosphère, l'origine de l'humidité qui vient couvrir leurs surfaces ne peut plus être contestée. — Mais, pour compléter la théorie, il reste à expliquer pourquoi les corps exposés à l'air par une nuit claire et calme deviennent plus froids que les couches atmosphériques en contact avec eux. Ce phénomène est le résultat du rayonnement calorifique de ces corps. La terre rayonne continuellement de la chaleur vers les espaces célestes, beaucoup plus froids qu'elle. Elle se refroidirait donc rapidement, si rien ne compensait sa perte de chaleur. Le soleil, qui vient chaque jour échauffer notre globe, fait plus que compenser cette perte et la terre s'échauffe pendant le jour. La nuit, au contraire, elle se refroidit beaucoup, et l'instant du plus grand refroidissement doit arriver peu de temps après le lever du soleil. L'air rayonne aussi, mais il rayonne beaucoup moins, en sorte qu'il arrive souvent que la différence de température est assez grande pour qu'il y ait production de r. Ce rayonnement de la terre vers l'espace peut éprouver des obstacles. Ainsi, les nuages qui recouvrent la terre comme une sorte d'écran arrêtent les rayons de chaleur émis par le sol et les lui renvoient, de sorte qu'alors la terre se refroidit peu : dans ce cas, la r. ne se forme pas.

Il résulte de cette théorie que la r. se déposera sur les corps avec d'autant plus d'abondance que ceux-ci rayonnent davantage. Or on sait que les métaux polis ont un pouvoir émissif très faible, tandis que les substances rugueuses et filamenteuses en ont un bien plus considérable, ce qui explique les différences observées relativement à la quantité de r. qui se dépose sur les métaux et sur les herbes. Mais il y a plus. Nous avons vu, à propos de la CAPILLARITÉ (Voy. ce mot), que la tension d'équilibre de la vapeur en contact avec un liquide varie avec la forme de la surface du liquide et qu'elle diminue quand la surface est très concave. On en résulte que pour une même température, la vapeur peut n'être pas saturée au contact d'une surface liquide plane, tandis qu'elle le sera et se condensera au contact d'une surface très concave. Or, les liquides qui existent dans les canaux très fins des végétaux ou entre les fibres des substances filamenteuses présentent des ménisques très concaves, ce qui favorise éminemment le dépôt de r. en permettant la condensation de la vapeur

à une température où elle ne se déposerait pas sur une surface plane. Enfin la transpiration des végétaux joue aussi un rôle important dans la production du phénomène par un mécanisme encore mal connu.

La Gelée blanche, ou le Givre, se produit dans les mêmes circonstances que la r., et n'est autre chose que de la r. congelée. Tandis qu'à 1 ou 2 mètres au-dessus du sol, l'air possède une température de plusieurs degrés au-dessus de zéro, le sol lui-même se refroidit par rayonnement, et la vapeur d'eau déposée par les couches d'air en contact se congèle sous la forme de petites aiguilles cristallines. « Les gelées d'automne et surtout les gelées de printemps, qui sont quelquefois si funestes aux récoltes, dit Pouillet, ont encore la même origine; seulement l'état de l'humidité de l'air n'exerce alors aucune influence. Ce n'est plus la vapeur déposée qui se congèle, c'est l'eau contenue dans les jeunes pousses des plantes, dans les bourgeons, dans les fleurs ou dans les embryons des fruits, qui gèle elle-même, lorsque ces divers organes délicats, soumis au rayonnement nocturne, finissent par atteindre une température de 0°,5 ou de 1° au-dessous de 0°, ce qui arrive infailliblement dès que la température de l'air descend seulement à 3° ou 4° au-dessus de 0°, le ciel étant serein et l'air calme. Il résulte de ces principes que, pour empêcher la gelée dans les circonstances dont nous venons de parler, il suffit d'atténuer les effets du rayonnement, et l'on y parvient en cachant le ciel aux plantes qu'on veut protéger, soit en mettant autour d'elles, à une certaine distance, des toiles ou des paillassons, soit en les couvrant avec de simples gazes, soit plus simplement en brûlant dans le voisinage des herbes ou des feuilles qui produisent des nuages de fumée. Mais ces moyens, qui sont employés avec tant de succès pour empêcher les gelées locales, ne peuvent rien contre les gelées générales, c.-à-d. contre celles qui arrivent, parce que l'air est lui-même tombé à une température plus basse que zéro. »

ROSÉES. s. f. pl. [Pr. ro-zé]. T. Bot. Tribu de plantes Dicotylédones de la famille des Rosacées. Voy. ce mot.

ROSELET. s. m. [Pr. ro-ze-lè] (R. rose). T. Mamm. Nom que l'on donne à l'Hermine pendant l'été. Voy. MARTRE.

ROSELIN. s. m. [Pr. ro-ze-lin] (R. rose). T. Ornith. Nom d'un oiseau de l'ordre des Passereaux. Voy. MARTIN.

ROSELITE. s. f. [Pr. ro-ze-lite] (R. rose). T. Minér. Arséniate hydraté de cobalt et de calcium, en petits cristaux roses groupés.

ROSELLANE. s. f. [Pr. ro-zel-lane] (R. rose). T. Minér. Variété de feldspath anorthite rose.

ROSEMONDE ou **ROSAMONDE**, fille de Cunimond, roi des Gépides, fut forcée d'épouser Alboin, roi des Lombards, meurtrier de son père. Elle se vengea en le faisant assassiner (573).

ROSEN (Marquis DE). Maréchal de France (1628-1715).

ROSENMULLER, savant orientaliste allem. (1768-1837).

ROSÉOCOBALTIQUE. adj. 2 g. [Pr. ro-zé-o-kobaltike] (R. rose, et cobalt). T. Chim. Voy. COBALTAMINE.

ROSÉOLE. s. f. [Pr. ro-zé-ole] (R. rose). T. Méd. Exanthème caractérisé par de petites taches rouges, du diamètre d'une lentille environ.

On désigne particulièrement sous le nom de r. l'éruption de courte durée qui survient parfois chez les enfants à l'époque de la dentition; on a décrit aussi une r. saisonnière, probablement contagieuse, se rapprochant assez de la rubéole, et se distinguant de la rougeole par la bénignité de ses symptômes et l'absence de catarrhe des muqueuses. Le traitement est simplement hygiénique.

Enfin, on appelle encore roséoles, les manifestations cutanées de certaines maladies : typhus, syphilis, etc., ou celles qui sont produites par certains médicaments pris à dose excessive : antipyrine, copahu, quinine, etc. Le traitement de ces roséoles se confond avec les maladies ou intoxications qui les ont provoquées.

ROSER. v. a. [Pr. ro-zer] T. Techn. Donner le rosage. = Rosé, ÉE. part.

ROSERAIE. s. f. [Pr. *ro-ze-rè*]. Terrain qui n'est planté que de rosiers.

ROSERÉ. s. m. [Pr. *ro-ze-ré*]. T. Icht. Nom vulgaire d'un *Poisson osseux.* Voy. Mugiloïdes.

ROSETTE. s. f. [Pr. *rozè-te*] (dimin. de *rose*). Petite rose; ne se dit qu'au Fig., pour désigner certains ornements qui sont faits en forme de rose. Ainsi, on appelle *Rosette*, Un nœud de ruban en forme de rose ; Un ornement ciselé adapté à la tige d'un bouton de porte, aux croisillons d'un balcon ; Une chenille à tête de champignon sur la traverse d'un porte-manteau ; Les petits fleurons que les couteliers emploient pour monter les rasoirs, les lancettes ; Le réseau qu'une lingère fait aux petits trous qu'un accident a causés dans le linge ; Le petit cadran où se meut l'aiguille qui sert à avancer et retarder le mouvement d'une montre ; Un fer de relieur pour fleurons. || En T. Bot., on appelle *Feuilles en r.*, Celles qui sont disposées autour de la tige comme les pétales d'une rose. || On nomme encore *Rosette*, à cause de sa couleur, une sorte d'encre rouge faite avec du bois de Brésil ; — Une préparation de craie teinte en rouge, qui sert à peindre ; — Les disques de cuivre obtenus par la fusion, Voy. Cuivre, VIII.

ROSETTE (en arabe *Rachid*), v. de la Basse-Égypte, sur la branche O. du Nil ; 16,700 hab. Célèbre pierre hiéroglyphique dite *pierre de R.*

ROSETTIER. s. m. [Pr. *roze-tié*]. Emporte-pièce avec lequel le coutelier fait des rosettes.

ROSHEIM, anc. ch.-l. de c. du Bas-Rhin, arr. de Schlestadt, cédé à l'Allemagne en 1871 ; 4,000 hab.

ROSIER. s. m. [Pr. *ro-zié*] (R. *rose*). T. Bot. Genre de plantes Dicotylédones (*Rosa*) de la famille des *Rosacées.* Voy. ce mot.

Hort. — Les espèces de Rosiers connues jusqu'à présent atteignent le chiffre de 200 environ ; mais le nombre des variétés obtenues de ces espèces par la culture est considérable ; il est de plusieurs milliers et il s'accroît tous les jours. Baker a donné une classification assez simple, sinon des plus rigoureuses, dans laquelle il groupe les nombreuses variétés cultivées dans nos jardins en 10 sections : 1° *Gallicanæ* : Aiguillons de deux sortes ; folioles rugueuses ; sépales pennatilobés. A cette section appartiennent les espèces qui occupent le premier rang dans nos jardins par leurs fleurs aussi belles de forme et de couleur qu'agréables de parfum. Le type de cette section est le *R. à cent feuilles* (R. *centifolia*), dont les variétés sont extrêmement nombreuses. Parmi ces variétés, nous citerons le *R. à cent feuilles commun* (R. *centifolia vulgaris*), aux grandes fleurs parfumées, d'un rose délicat, et le *R. à cent feuilles changeant* (R. *centif. mutabilis*), dont la fleur est d'un blanc pur, tandis que son bouton était rouge pourpre. Le *R. moussu* (R. *muscosa*), dont les fleurs, appelées roses mousseuses, ou mousses, ont le calice, ainsi que les rameaux, recouverts d'une sorte de duvet semblable à de la mousse, appartient également à cette section. Nous citerons encore le *R. pompon* (R. *pomponia*), remarquable par sa petite taille, ainsi que par la petitesse de ses feuilles et de ses fleurs ; le *R. de Damas* (R. *damascena*), originaire de Syrie, qui a produit un grand nombre de variétés, souvent appelées *Rosiers des quatre saisons*, et fort différentes quant à la couleur et à la grandeur de leurs fleurs, blanches, roses, rouges, panachées ; et le *R. de France* ou *R. de Provins* (R. *gallica*), dont les fleurs sont généralement de couleur intense et peu odorantes lorsqu'elles sont fraîches. 2° *Caninæ* : Aiguillons uniformes et crochus. L'espèce type est le *R. des chiens* (R. *canina*) ou *Églantier commun*, si répandu dans nos haies, et qui fournit la plupart des sujets sur lesquels on greffe les Rosiers cultivés. On rapporte à cette section le *R. de l'Inde* (R. *indica*) remarquable par les nombreuses variétés fournies à nos jardins, telles que le *R. du Bengale* (R. à fleurs inodores, mais d'une grande fraîcheur ; le *R. de la Chine*, aux roses d'un rouge intense, et le *R. thé*, dont les roses blanches, jaunâtres ou rose clair, ont une odeur de thé caractérisée. 3° *Synstylæ* : Les espèces qui forment ce groupe ont les styles réunis en un faisceau unique allongé, qui dépasse notablement l'ouverture du tube calicinal. Parmi ces espèces de cette section, on cultive surtout le *R. toujours vert* (R. *sempervirens*), espèce indigène, à fleur blanche ou couleur de chair, et le *R. musqué* (R. *moschata*), dont les roses sont blanches et très parfumées. 4° *Rubiginosæ* : Aiguillons quelquefois semblables à des soies. Cette section doit son nom au *R. rouillé* (R. *rubiginosa*), qu'on trouve communément dans les haies de toute l'Europe. La face inférieure de ses feuilles est couverte de poils glanduleux qui leur donnent une couleur de rouille et une odeur agréable assez analogue à celle de la pomme de reinette. L'*Églantier odorant* (R. *lutea*), à fleurs jaunes, et à odeur désagréable, appartient aussi à cette section. 5° *Villosæ* : Les Rosiers de cette section ont toutes leurs parties revêtues d'un duvet cotonneux. L'espèce type est fort répandue dans nos jardins : c'est le *R. blanc* (R. *alba*), dont la fleur est, tantôt d'un blanc virginal, tantôt couleur de chair ou légèrement rosée et très faiblement odorante. 6° *Cinnamomeæ* : Aiguillons grêles ou nuls ; fleurs accompagnées de feuilles bractéales. Cette section prend son nom du *R. cannelle* (R. *cinnamomea*), ainsi appelé de la couleur jaune cannelle de ses jeunes rameaux. Le *R. de mai* (R. *maialis*) appartient aussi à cette section. 7° *Pimpinellifolia* : Aiguillons grêles ou nuls ; fleurs dépourvues de bractées. Parmi les espèces assez nombreuses de cette division, nous citerons, le *R. des Alpes* (R. *alpina*), qui croît naturellement sur les grandes chaînes de montagnes de l'Europe, et le *R. à feuilles de Pimprenelle* (R. *pimpinellifolia*), qui croît dans les haies et les buissons de toute l'Europe. 8° *Banksianæ* : Ces Rosiers ont la tige grimpante, sans aiguillons, et les feuilles ordinairement à trois folioles luisantes. L'espèce type est le *R. de Banks* (R. *banksia*), magnifique arbuste grimpant, qui, palissé contre un mur, s'étend considérablement et se couvre d'une grande quantité de fleurs. 9° *Bracteatæ* : Calice enveloppé d'une sorte d'involucre formé par des feuilles bractéales existant sous la fleur. L'espèce type est le *R. à bractées* (R. *bracteata*), originaire de Chine, et qui a donné dans nos jardins plusieurs belles variétés à fleurs blanches ou couleur de chair. 10° *Simplicifolia* : La seule espèce comprise dans cette section est le *R. à feuilles de Berberis* (*Rosa berberifolia*), dont la fleur à 5 pétales est jaune.

ROSIÈRE. s. f. [Pr. *ro-zière*]. Jeune fille qui a obtenu la couronne de roses destinée, dans certains villages, à être le prix de la sagesse. *La r. de Nanterre, de Salency.* Couronner la r. || Poisson de rivière voisin de la brème, ainsi nommé à cause de la couleur de sa queue.

ROSIÈRES, ch.-l. de c. (Somme), arr. de Montdidier ; 2,600 hab.

ROSIÉRISTE. s. [Pr. *ro-zié-riste*]. Celui, celle qui s'adonne à la culture des rosiers.

ROSIFÈRE. adj. 2 g. [Pr. *ro-zi-fère*] (lat. *ros*, rosée ; *fero*, je porte). Qui envoie, qui apporte, qui retient la rosée.

ROSINA. s. f. [Pr. *ro-zi-na*]. T. Métrol. Monnaie d'or de Toscane qui valait 21 fr. 54. Voy. Monnaie.

ROSINDULINE. s. f. [Pr. *ro-zin-duline*] (R. *rose*, et *induline*). T. Chim. Matière colorante rouge. Voy. Colorantes, IV, 8.

ROSIR. v. n. [Pr. *ro-zir*]. Prendre la teinte rose.

ROSITE. s. f. [Pr. *ro-zite*] (R. *rose*). T. Minér. Syn. de *Rosellane.* || Syn. de *Wolfsbergite.*

ROSNY, vge et château près de Mantes (Seine-et-Oise), où naquit Sully.

ROSOCYANINE. s. f. [Pr. *ro-zo-sianine*] (R. *rose*, et gr. κύανος, bleu). T. Chim. Voy. Curcuma.

ROSOGLIO et **ROSOLIO.** Voy. Rossolis.

ROSOIR. s. m. [Pr. *ro-zouar*] (R. *rose*). Outil pour faire le trou de la rose d'un clavecin.

ROSOLIQUE. adj. 2 g. [Pr. *ro-zo-like*] (R. *rose*, et la term. *ol* de phénol). T. Chim. L'*acide pararosolique* est le trioxytriphénylcarbinol $COH(C^6H^4OH)^3$. Très souvent on lui donne le nom d'*aurine*; on en faisceau ainsi avec son anhydride qui a pour formule $COC^6H^4(C^6H^4OH)^2$. Voy. Coralline. De même, sous la dénomination d'*acide r.*, on a confondu le dérivé méthylé de l'acide pararosolique et le dérivé méthylé de l'aurine. Au mot Coralline nous avons décrit le premier de ces dérivés sous le nom d'*acide leucorosolique*, le second sous le nom de *rosaurine*.

ROSON. s. m. [Pr. *ro-zon*]. T. Archit. Rosace.

ROSOYER. v. n. [Pr. *ro-zo-ier*].'Tomber en forme de rosée.

ROSPORDEN, ch.-l. de c. (Finistère), arr. de Quimper; 4,800 hab.

ROSS (JOHN), marin anglais (1777-1856), fit plusieurs voyages vers le pôle arctique. || Son neveu, sir JAMES-CLARK ROSS (1800-1862), accompagna son oncle dans ses voyages, découvrit le pôle magnétique nord, tenta une expédition au pôle antarctique, et découvrit la terre Victoria.

ROSSE. s. f. [Pr. *ro-se*] (all. *ross*, cheval). Cheval sans force, sans vigueur. *Ce cheval est une vraie r. Il montait une vieille r.* — Fig. et fam., *Il n'est si bon cheval qui ne devienne r.,* Il n'y a point d'homme si vigoureux, ou d'un esprit si fort, qui ne s'affaiblisse par l'âge; et, dans un sens contraire, *Jamais bon cheval ne devient r.* || T. Néol. *Écrivain r.,* qui affecte cyniquement le mépris des convenances sociales et de la morale. On dit dans le même sens *un homme, une femme r.* || T. Icht. Nom vulg. d'un Poisson osseux. Voy. ABLE.

ROSSÉE. s. f. [Pr. *ro-sée*]. Grêle de coups. Pop.

ROSSER. v. a. [Pr. *ro-ser*] (R. *rosse*). Battre quelqu'un violemment. *Il fut rossé d'importance.* Fam. = ROSSÉ, ÉE. part.

ROSS-ET-CROMARTRY, comté d'Écosse; 78,500 hab. Cap. *Tain.*

ROSSI (comte), homme d'État, publiciste et économiste ital., professa à l'école de droit de Paris. Chargé par Pie IX de former un ministère à Rome, il fut assassiné (1787-1848).

ROSSIGNOL. s. m. [Pr. *ro-si-gnol, gn* mouil.] (lat. *lusciniola*, dimin. de *luscinia*, m. s.). Genre de *Passereaux.* Voy. FAUVETTE. — Fam., on dit d'une personne qui a la voix pure et très flexible, *C'est un r., elle a une voix, un gosier de r.* || On donne vulgairement le nom de *Rossignol* à divers oiseaux dont la voix est plus ou moins agréable : tels sont la Grande Rousserolle, appelée *R. d'eau* ou *de rivière,* et le Phœnicure, appelé *R. de muraille.* || Fig. *Un r. d'Arcadie,* Un âne. *Un r. à glands,* Un porc. || Sorte de petite flûte à piston, qui est ordinairement avec un tuyau d'écorce détaché d'une branche de bois vert dans le temps de la sève. || Sifflet d'un maître d'équipage. || Jeu de l'orgue. || T. Artvétér. Fistule artificielle que des maréchaux ignorants pratiquent encore quelquefois sous la queue d'un cheval poussif, croyant donner par là une issue aux gaz qui, suivant eux, oppressent l'animal. || T. Charpent. Coin de bois qu'on met dans les mortaises ou sont trop longues, lorsqu'on veut serrer quelques pièces de bois. || T. Comm. Se dit de toutes sortes de marchandises qui ne sont plus de vente. Fam. || T. Serrurier. Crochet dont on se sert pour ouvrir toutes sortes de serrures.

ROSSIGNOLADE. s. f. [Pr. *rosi-gno-lade, gn* mouil.]. Chant du rossignol. || Roulade.

ROSSIGNOLER. v. n. [Pr. *rosi-gno-ler, gn* mouil.]. Imiter le chant du rossignol. Fam.

ROSSIGNOLET. s. m. [Pr. *rosi-gno-lè, gn* mouil.] (dimin.). Jeune rossignol.

ROSSINANTE. s. f. [Pr. *rosi-nante*] (esp. *Rocinante,* de *rocin,* roussin). Nom donné par Cervantes au cheval maigre et efflanqué de don Quichotte, et qui se dit, par plaisanterie, d'un cheval ruiné et de mauvaise mine. — Ce mot est masc., en parl. du cheval de don Quichotte.

ROSSINI (GIACOMO), célèbre compositeur ital. (1792-1868), dont les œuvres les plus remarquables sont *le Barbier de Séville* (1816), *Otello, la Gazza ladra, Semiramide, Moïse, le Comte Ory* et *Guillaume Tell,* son dernier opéra (1829).

ROSSO (LE), peintre de l'école florentine, fut nommé par François Ier surintendant des bâtiments du château de Fontainebleau; il y orna de peintures la galerie dite de François Ier (1496-1541).

ROSSOLIS. s. m. [Pr. *ro-soli*] (lat. *ros solis,* rosée du

soleil). Liqueur composée d'eau-de-vie, de sucre et de roses, ou de quelques parfums. *R. de Turin. R. de mille-fleurs. Boire du r.* — On dit aussi *Rosoglio* et *Rosolio.* || T. Bot. Genre de plantes Dicotylédones (*Drosera*) de la famille des *Droséracées.* Voy. ce mot.

ROSTAGE. s. m. Garniture de points de soie ou de métal qui embrasse toute la hauteur d'un bouton.

ROSTELLAIRE. s. f. [Pr. *rostel-lère*] (lat. *rostellum,* dimin. de *rostrum,* bec). T. Zool. Genre de *Mollusques Gastéropodes.* Voy. ROSTELLARIA.

ROSTELLARIA. s. f. [Pr. *rostel-laria*] (lat. *rostellum,* petit bec, dimin. de *rostrum,* bec). T. Zool. Les *Rostellaires* (*Rostellaria*) sont des Mollusques Gastéropodes appartenant à la famille des *Strombidés.* Leur coquille a le sinus du bord externe contigu au canal et généralement un second canal remontant le long de la spire. Ces Mollusques se trouvent dans les mers tropicales. La plus grande espèce vivante est la *R.à bec arqué* (*R. curvirostris*), longue de 20 centimètres qui vient des îles Moluques. On trouve quelques espèces de R. fossiles à partir du Tertiaire.

ROSTELLE. s. m. [Pr. *rostè-le*] (lat. *rostellum,* dimin. de *rostrum,* bec). Petit bec. || Prolongement en forme de bec. || T. Bot. Nom donné au lobe antérieur du stigmate des fleurs des Orchidées; il correspond à l'étamine fertile et s'adapte à une fonction spéciale. Voy. ORCHIDÉES.

ROSTER. v. a. Garnir un bouton de points d'or ou d'argent. = ROSTÉ, ÉE. part.

ROSTOCK, v. d'Allemagne (Mecklembourg-Schwerin); 59,400 hab.

ROSTOPCHINE (comte), général russe, chargé de la défense de Moscou en 1812, évacua la ville, et y fit mettre le feu après l'arrivée des Français (1765-1826).

ROSTOW, v. de Russie, prov. d'Iékaterinoslav, sur le Don; 102,000 hab.

ROSTRALE. adj. f. (lat. *rostrum,* bec et éperon de navire). Qui est en forme d'éperon de navire. Voy. COLONNE et COURONNE.

ROSTRE. s. m. (lat. *rostrum,* bec). T. Hist. et Hist. nat. Hist. — Le mot *Rostre* (lat. *rostrum*) signifie proprement *bec*; mais, par analogie, les Romains appelaient aussi de ce nom l'éperon qui, dans l'antiquité, armait la proue des navires de guerre. L'an de Rome 416, ou 338 avant J.-C., après une victoire navale remportée sur les Antiates, ils imaginèrent de fixer à leur tribune aux harangues, en guise de trophée, les éperons des navires enlevés dans ce combat, et dès ce moment cette tribune fut habituellement désignée sous le nom de *Rostres* (*rostra*). Auparavant la tribune (*suggestus*) était appelée *templum,* parce qu'elle était consacrée par les augures. Elle était située entre le *comice* (*comitium*), c.-à-d. le lieu où s'assemblaient les curies, et le *forum,* où s'assemblaient les tribus, de manière que l'orateur pouvait se tourner,

soit du côté du comice, soit du côté du forum. D'après Niebuhr et Bunsen, cette tribune était une construction de forme circulaire, surmontée d'une plate-forme qu'entourait un parapet et que protégeait une sorte de dais de pierre. Le tout était supporté par des arcades dont les piliers étaient ornés des éperons en question. On montait à la tribune par un escalier situé de chaque côté, de sorte que, dans son ensemble, cette construction devait avoir une grande analogie avec les jubés ou avec les ambons qu'on trouve dans quelques anciennes églises. Jules César ayant fait transporter la tribune aux harangues dans un coin du forum, la nouvelle construction reçut le nom de *Rostra nova* ou *Rostra Julia*, et l'on désigna sous le nom de *Rostra vetera* l'emplacement qu'occupait l'ancienne tribune. Les deux rostres étaient en outre décorés de statues d'hommes illustres : ainsi, aux nouveaux rostres, on voyait les statues équestres de Sylla, de Pompée, de César et d'Auguste. Les gravures ci-contre sont la copie de deux deniers, le premier de la *gens* Lollia, et le second de la *gens* Sulpicia, qui représentent les rostres; mais ces médailles n'en donnent qu'une idée très incomplète. On pense que la première représente les anciens rostres, et la seconde les rostres nouveaux. Plus tard, les Romains ayant eu ou l'idée d'employer les *rostres*, c.-à-d. les éperons de navire, comme ornement symbolique, à la décoration architecturale, etc., leur usage s'on est conservé jusqu'à nos jours.

Hist. nat. — En termes d'Histoire naturelle, *Rostre* s'emploie aussi quelquefois pour désigner différentes parties dont la forme se rapproche plus ou moins de celle d'un bec d'oiseau. En Botanique, on nomme ainsi certains prolongements en forme de bec, et notamment l'extrémité du capuchon dans les corolles irrégulières. En Zoologie, on appelle encore de ce nom, chez les Curculionides, l'espèce de trompe qui termine antérieurement leur tête; chez les Hémiptères, l'ensemble des pièces longues et étroites qui, par leur réunion, composent le suçoir ; chez beaucoup de Crustacés, la partie du test qui est située entre les yeux et s'avance plus ou moins ; et chez divers Coquillages univalves, le siphon plus ou moins allongé qui termine antérieurement leur ouverture.

ROSTRÉ, ÉE. adj. (lat. *rostratus*, m. s., de *rostrum*, bec). Allongé en forme de bec.

ROSTRENEN, ch.-l. de c. (Côtes-du-Nord), arr. de Guingamp ; 1,900 hab.

ROSTRICORNE. adj. 2 g. (lat. *rostrum*, bec; *cornu*, corne). Qui a les antennes portées sur une sorte de bec.

ROSTRIFORME. adj. 2 g. (lat. *rostrum*, bec; *forma*, forme). Qui a la forme d'un bec.

ROT. s. m. [Pr. *rô*] (lat. *ructus*, m. s.). Vent qui s'échappe par la bouche avec bruit. *Faire un rot, des rots.* Bas.

RÔT. s. m. [Pr. *rô*] (R. *rôtir*). Viande rôtie à la broche.

L'un me brûle mon rôt en lisant quelque histoire.
MOLIÈRE.

Gros rôt, La grosse viande rôtie, comme filet de bœuf, longe de veau, dindon, etc. *Petit rôt, menu rôt*, Les poulets, les perdrix, les ortolans, etc. || Par ext., Le service ou maigre ou au gras qui suit immédiatement des potages et des entrées. *On vient de servir le rôt.* || Prov. *Manger son pain à la fumée du r.*, voir un autre jouir d'un plaisir qu'on ne partage pas. — *Être à pot et à r. dans une maison*, y manger matin et soir.

ROTA, v. et port de la prov. de Séville (Espagne), sur la baie de Cadix ; 8,000 hab. Vins renommés.

ROTACÉ, ÉE. adj. (lat. *rota*, roue). T. Bot. Se dit d'une corolle gamopétale dont le tube est très court avec un limbe étalé et presque plan. Voy. FLEUR.

ROTACISME. s. m. (gr. ῥωτακισμὸς, m. s.). T. Physiol. Prononciation vicieuse de la lettre R. Voy. GRASSEYEMENT.

ROTANG. s. m. [Pr. *ro-tangh*, g dur]. T. Bot. Genre de plantes Monocotylédones (*Calamus*) de la famille des *Palmiers*. Voy. ce mot.

ROTATEUR, TRICE. adj. (lat. *rotator*, m. s., de *rotare*, tourner). T. Anat. *Muscles rotateurs*, Ceux qui font tourner sur leur axe les parties auxquelles ils sont attachés. || Subst., *Le grand, le petit r. de l'œil. Les rotateurs de la cuisse.* — ROTATEURS, s. m. pl. T. Zool. Syn. de *Rotifères*.

ROTATIF, IVE. adj. Qui agit en tournant.

ROTATION. s. f. [Pr. *rota-sion*] (lat. *rotatio*, de *rotare*, tourner). T. Phys. Mouvement d'un corps autour d'un axe ou d'un centre immobile. *La théorie de la r. des corps. La r. d'un disque sur son axe. Le mouvement de r. du globe de l'œil. La r. de la terre sur elle-même. Axes de r.*,

Voy. AXE. || T. Agric. Alternance ou succession méthodique des cultures. *La r. des cultures. Il faut suivre dans ce terrain un système régulier de r.* Voy. ASSOLEMENT.

Méc. — Un corps solide est animé d'un mouvement de *r.* quand deux de ses points restent immobiles. Alors tous les points de la droite qui joint ces deux points fixes sont aussi immobiles et cette droite est l'*axe de r.* Tous les autres points du solide décrivent des cercles dont le plan est perpendiculaire à l'axe et le centre sur l'axe. Si par l'axe de rotation on fait passer d'une part un plan fixe, et d'autre part un plan relié au solide, et par conséquent mobile, l'angle dièdre de ces deux plans sera constamment variable. La r. est dite *uniforme* si cet angle que nous désignerons par φ varie de quantités égales pendant les temps égaux. Dans ce cas, la *vitesse angulaire* ω est la quantité constante dont cet angle s'accroît pendant l'unité de temps. Si la variation de l'angle n'est pas proportionnelle au temps, le mouvement de r. est dit *varié*, et la vitesse angulaire est, à chaque instant,

la dérivée de l'angle φ par rapport au temps : $\omega = \dfrac{d\varphi}{dt}$

Un point *m* du solide situé à une distance *r* de l'axe est animé d'une vitesse *rω*, et son accélération peut se décomposer en deux composantes, l'une dite *tangentielle* qui est dirigée suivant la tangente au cercle que décrit le point et qui a

pour valeur $r\dfrac{d\omega}{dt}$, et l'autre dite *normale* ou *centripète*, qui est dirigée perpendiculairement à l'axe et vers cet axe et a pour valeur $\omega^2 r$.

Composition des rotations. — Nous avons dit au mot CINÉMATIQUE que le mouvement le plus général d'un corps solide fixé en un point est une r. autour d'un axe passant par ce point et variable à chaque instant. Il faut entendre par là qu'à un instant déterminé les vitesses de tous les points du solide sont les mêmes, en grandeur et en direction, que si le solide tournait effectivement autour d'un axe ; seulement cet axe change d'un instant à l'autre, d'où le nom d'*axe instantané* qu'on lui donne. Lorsque le mouvement est une véritable rotation autour d'un axe qui reste invariable, cet axe prend le qualificatif de *permanent*. On peut aussi imaginer qu'un solide fixé en O soit animé, à un instant déterminé de deux rotations autour de deux axes différents, OX, OY, et chercher le mouvement résultant. Pour bien comprendre l'énoncé de ce problème, il faut se représenter que chaque point du solide est animé de deux vitesses simultanées qui sont respectivement les mêmes que si le solide tournait autour de OX et de OY. Tel serait par ex. le cas d'un solide tournant autour de l'axe OX fixe dans le corps, tandis que cet axe lui-même tournerait autour de OY supposé fixe dans l'espace. Puisque le mouvement le plus général d'un corps solide fixé en un point est une *r.*, le mouvement résultant cherché est une *r.*, et il suffit de trouver l'axe et la vitesse angulaire de cette *r.* Tel est le problème de la *composition des rotations.* La règle suivante u été donnée par

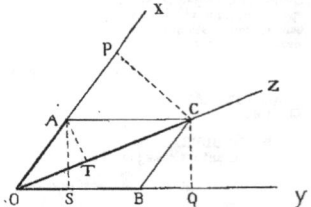

Poinsot. Portons sur la droite OX une longueur OA égale à la vitesse angulaire ω de la *r.* qui s'effectue autour de cet axe, dirigée dans un sens tel qu'un observateur placé les pieds en O et la tête en A voie la r. s'effectuer dans un sens convenu à l'avance, par ex. le sens des aiguilles d'une montre. Portons de même sur OY, avec les mêmes conventions de sens, la longueur OB égale à ω', vitesse angulaire autour de OY, et construisons sur OA et OB, le parallélogramme OACB, la diagonale OC de ce parallélogramme représentera en grandeur, direction et sens, l'axe de la r. résultante. Si donc on convient d'appeler *axe* d'une r. le segment OA qui définit non seulement la droite autour de laquelle se fait la r., mais encore la grandeur et le sens de cette r. on peut dire que les *axes de r. se composent comme les vitesses suivant la règle du parallélogramme.*

La démonstration de cette règle est des plus simples. Abaissons du point C (Voy. la Fig.) les perpendiculaires CP et CQ sur OX et OY. Le point C est entraîné par la r. autour de OX en avant de la figure avec une vitesse égale à ω × CP. En même temps, il est entraîné, par la r. autour de OY, en arrière de la figure avec une vitesse égale à ω' × CQ. Ces deux vitesses, toutes deux perpendiculaires au plan de la figure, sont dirigées en sens inverse. Donc leur résultante est égale à leur différence. Mais CP et CQ sont les hauteurs des deux triangles égaux OAC, OBC. On a donc :

$$OA \times CP = OB \times CQ$$
ou
$$\omega \times CP = \omega' \times CQ.$$

Les deux vitesses dont nous venons de parler sont donc égales ; elles se détruisent, et le point C reste immobile. Comme il en est de même du point O, tous les points de OC restent immobiles et OC est bien l'axe de la r. résultant. Maintenant, pour montrer que OC représente bien la vitesse de la r. résultante, abaissons de A les perpendiculaires AS sur OY et AT sur OC. Le point A n'est pas entraîné par la r. autour de OX, et la r. autour de OY lui imprime une vitesse égale à ω' × AS, perpendiculaire au plan de la figure et dirigée en arrière. Cette vitesse est également perpendiculaire à AT. Comme les deux triangles AOB, AOC sont équivalents puisqu'ils sont chacun la moitié du parallélogramme OACB, on a :

$$OB \times AS = OC \times AT$$
ou
$$\omega' \times AS = OC \times AT$$

La vitesse du point A est donc égale à AC × AT. Mais si l'on appelle Ω la vitesse angulaire de la r. résultante, la vitesse du point A sera représentée par Ω × AT. Donc Ω = AC, c. q. f. d.

Dès qu'on sait composer deux rotations, on en sait composer autant qu'on veut, par la même règle que les vitesses et les forces. En définitive *les axes se composent par la règle du polygone.* Voy. Force.

On peut aussi décomposer une r. en plusieurs autres. C'est ce qui se fait constamment dans l'étude des questions relatives aux rotations. Considérons dans l'espace trois axes rectangulaires Ox, Oy, Oz, et décomposons la r. du solide autour de ces trois axes. Il semble qu'il faille choisir ces axes fixes dans l'espace. Cependant, on arrive à des résultats plus simples et plus commodes en prenant des axes *fixes dans le corps* et par conséquent *mobiles dans l'espace.* Mais nous ne pouvons nous étendre sur ce sujet, et nous renverrons le lecteur aux traités de mécanique rationnelle.

L'étude analytique des rotations n'est pas seulement utile en mécanique : elle a rendu les plus grands services à la géométrie, car en définitive c'est une étude purement géométrique. En particulier, elle fournit une méthode simple, facile et régulière pour traiter les questions qui se rattachent aux courbes et aux surfaces.

ROTATOIRE. adj. 2 g. [Pr. *rota-touare*]. *Mouvement r.,* Mouvement d'un corps qui tourne autour de son axe. || T. Optiq. *Pouvoir r.,* Voy. Polarisation.

ROTE. s. f. (lat. *rota,* roue). T. Mus. Espèce d'instrument de musique. Voy. Vielle.

Hist. — On appelle *Rote,* un tribunal établi à Rome, vers 1326, par le pape Jean XXII, pour juger par appellation les affaires bénéficiales de tout le monde catholique. Ce tribunal se compose d'un président et de douze docteurs, appelés *Auditeurs de r.,* et pris entre les quatre nations d'Italie, de France, d'Espagne et d'Allemagne, dans les proportions suivantes : 3 Italiens, 2 Espagnols, 1 Français et 1 Allemand. La r. jouissait autrefois d'une immense considération, et ses décisions ont été recueillies dans de vastes collections. Le nom sous lequel on désigne ce tribunal vient de ce qu'il est divisé en trois bureaux qui jugent successivement la même affaire, qui *roule* ainsi, avant d'être décidée, devant tous les juges.

ROTER. v. n. (lat. *ructare,* m. s.). Faire un rot, des rots. Bas.

ROTEUR. s. m. Celui qui rote.

ROTHERHAM, v. d'Angleterre, Yorkshire ; 35,000 hab.

ROTHGULTIGERZ. s. m. T. Minér. Syn. d'*Argyrythrose* et de *Proustite.* Voy. Argent.

ROTHOFFITE. s. f. (R. *Rothoff,* n. pr.). T. Minér. Variété manganésifère et jaune de grenat mélanite.

ROTHSCHILD, célèbre maison de banque ; le fondateur,

né à Francfort-sur-le-Mein (1743-1812), laissa cinq fils, qui s'établirent dans les grandes capitales de l'Europe.

RÔTI. s. m. Viande rôtie. *Il a toujours du r. à son dîner. On a servi le r.*

RÔTIE. s. f. Tranche de pain qu'on fait rôtir sur le gril ou devant le feu. *R. au vin, au beurre.* || Par extens., une tranche de pain sur laquelle on a étendu des confitures ou quelque autre chose d'agréable à manger. *Une r. de miel, de beurre, de gelée de groseilles.*

ROTIER. s. m. [Pr. *ro-tié*]. Celui qui fabrique des rots ou peignes de tisserand.

ROTIFÈRE. s. m. (lat. *rota,* roue ; *fero,* je porte). T. Zool. Confondus tout d'abord avec les infusoires, les Rotifères en ont été séparés par Ehrenberg qui, le premier, constata la complexité de leur organisation. On les range aujourd'hui, à la base des *Vers à néphridies,* à côté des Bryozoaires.

Les Rotifères sont des animalcules symétriques, constamment revêtus d'un tégument résistant et flexible, au moins en partie. Ils sont susceptibles de se retirer en se contractant sous la partie moyenne de ce tégument, qui offre quelquefois l'apparence d'une cuirasse solide : c'est à cause de cette faculté de contraction que Dujardin avait donné à ces animaux la dénomination de *Systolides,* qui a été adoptée pendant longtemps. Les Rotifères ont un canal digestif ordinairement droit, avec deux orifices opposés, et sont pourvus le plus souvent d'une paire de mandibules engagées dans un bulbe pharyngien musculeux, appelé *mastax.* Leur bouche est ordinairement entourée d'un appareil charnu, revêtu de cils vibratiles qui, dans certains cas, par la régularité de leur mouvement, présentent l'apparence de roues dentées tournant avec rapidité, d'où le nom de *Rotifères* ou de *Rotateurs.* L'appareil excréteur se compose de deux longs tubes courant à droite et à gauche du tube digestif, s'ouvrant en haut, dans la cavité générale, par un pavillon cilié, et en bas dans le cloaque.

Les Rotifères sont unisexués et non hermaphrodites comme on le croyait autrefois, seulement les mâles sont très petits et n'apparaissent qu'à l'automne. Pendant l'été, les femelles se reproduisent parthénogénétiquement. Dujardin divisait les Rotifères en 4 ordres et en 7 familles ; sa classification est encore suivie, sauf que le 4e ordre et la 7e famille ont été classés à part sous le nom de *Tardigrades.*

A. Le 1er ordre comprend les Rotifères fixés par un pédicule, et se compose de deux familles : — 1° Les *Flosculariens* sont dépourvus de cils vibratiles : leur corps est campanulé, contractile, et aminci à sa base en un long pédicule, par l'extrémité duquel ils sont fixés aux corps solides ; leur bouche est munie de mandibules cornées. — 2° Les *Mélicerdiens* ont le corps claviforme ou campaniforme, porté par un pédoncule charnu, extensible et contractile et isolé ou logé dans un tube. Le bulbe supérieur est plus ou moins étalé et brodé de cils rotatoires. La bouche, située près du milieu, est armée de mâchoires en étrier, à trois ou à plusieurs dents (Fig. 1. *Lacinularia sociale,* grossie 100 fois).

B. Le 2e ordre comprend les Rotifères nageurs et forme trois familles. — 3° Les *Brachioniens* sont des animaux de forme variable. Les uns sont presque orbiculaires et déprimés ; et les autres ovoïdes, ou presque cylindriques, ou comprimés. Mais ils sont tous revêtus d'une cuirasse membraneuse formée d'une ou de deux pièces. Souvent encore ils sont munis de pointes saillantes ou d'appendices, soit fixes, soit mobiles, qui ne changent pas de forme quand ils se contractent. Leur bouche est munie de mâchoires, et précédée par un vestibule dont les parois ciliées se prolongent plus ou moins en lobes garnis de cils vibratiles offrant l'apparence de roues dentées en mouvement. Les uns sont sans queue (*Anourelle*), et les autres ont une queue simple, bifurquée

Fig. 1.

et parfois articulée (*Brachion, Ptérodine, Colurelle*, etc.) [Fig. 2. *Brachion urcéolaire*, grossi 160 fois]. — 4° Le corps des *Furculariens* est ovoïde, ou cylindrique, ou en massue, et revêtu d'un tégument membraneux flexible, et susceptible de se plisser en long ou en travers suivant des lignes assez régulièrement espacées. Ils ont une queue plus ou moins longue, terminée par deux doigts ou stylets. Les genres *Hydatine, Notommate* et *Furculaire* sont les genres les plus importants de la famille (Fig. 3. *Hydatina senta*, grossie 150 fois). — 5° La famille des *Albertiens* ne comprend qu'un seul genre et qu'une seule espèce.

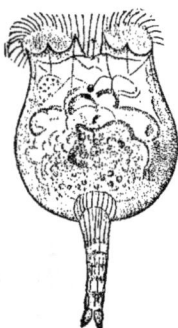

Fig. 2.

Fig. 3.

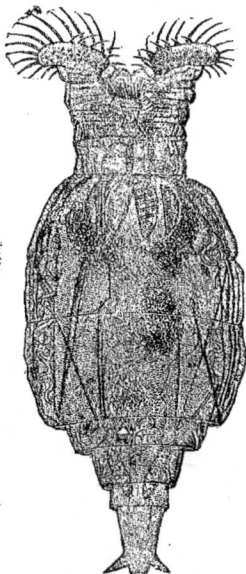

Fig. 4.

C. Les animalcules qui composent le 3e ordre et la 6e famille sont les *Rotifères proprement dits*. Leur corps est fusiforme, mais néanmoins contractile en boule, et l'animal peut, dans l'état d'extension, retirer la pointe antérieure de son corps, en faisant saillir à la place un double lobe cilié qui offre l'apparence de deux roues dentées se mouvant rapidement en sens contraire. L'extrémité postérieure du corps est formée par une queue de plusieurs articles portant une ou plusieurs paires de stylets charnus. Les Rotifères rampent à la manière des Sangsues, en fixant alternativement les extrémités de leur corps allongé, ou nagent au moyen du mouvement vibratile des cils. L'apparence extraordinaire que présente le mouvement de l'appareil ciliaire qui a valu leur nom aux Rotifères, résulte simplement, d'après Dujardin, de l'intersection des cils vibratiles dans leurs oscillations. Parmi ces animalcules, il en est deux au moins qui possèdent la singulière faculté de pouvoir résister à la dessiccation : ce sont le *R. des toits* et le *R. enflé* (Fig. 4). Ces petits êtres vivent dans les touffes de Mousse sur les toits. Quand vient la sécheresse, ils se contractent en boule, se dessèchent, et demeurent dans un état de mort apparente jusqu'au retour de la saison pluvieuse : alors ils ressuscitent, reprennent leur

contractilité et tous les autres attributs de la vie. Voy. Reviviscence.

ROTIFORME. adj. 2 g. (lat. *rota*, roue, *forma*, forme). Qui a la forme d'une roue.

ROTIN. s. m. (malais, *rotan*, m. s.). Partie de la tige du *Rotang*, qui sert à faire des cannes. Voy. Palmiers et Jonc.

RÔTIR. v. a. (all. *rosten*, faire griller). Faire cuire à la broche, sur le gril, etc., de manière que la chose exposée au feu prenne une couleur particulière, généralement d'un roux doré. *R. de la viande. R. un poulet. R. du pain sur le gril. R. du poisson sur les charbons. R. des marrons à la poêle, sous la cendre.*

Nos deux maîtres fripons
Regardaient rôtir des marrons.
           La Fontaine.

Cet aloyau a été rôti au four. || En parlant de la grande chaleur du soleil, brûler. *Il a gelé cette nuit; si le soleil vient à donner, il rôtira tous les bourgeons.* || Fig. et prov., *R. le balai*, Voy. Balai. = Rôtir. v. n. *Faire r. de la viande à la broche. On a mis r. deux poulets. Prenez garde que la viande ne rôtisse trop.* = Se rôtir. v. pron. *Être rôti. Prenez garde que votre poulet ne se rôtisse trop.* = Fam. et par exag., se chauffer de trop près ou être toujours auprès du feu. *Vous vous rôtissez. Ce chat est toujours à se r.* Par anal., *Cet enfant se rôtit au soleil. Mettez-vous à l'ombre, vous vous rôtissez.* = Rôti, ie. part.

RÔTISSAGE. s. m. [Pr. *roti-sa-je*]. Action de faire rôtir quelque chose.

RÔTISSERIE. s. f. [Pr. *rôti-serie*] (R. *rôtisseur*). Le lieu où les rôtisseurs vendent leurs viandes rôties ou prêtes à rôtir.

RÔTISSEUR, EUSE. s. [Pr. *rôti-seur, euze*] (R. *rôtir*). Celui, celle qui vend des viandes rôties ou prêtes à rôtir. || *R. en blanc*, Celui qui vend des viandes prêtes à rôtir, mais qui ne les vend point toutes rôties.

RÔTISSOIRE. s. f. [Pr. *rôti-souare*]. Ustensile qui sert à rôtir la viande.

ROTONDE. s. f. (lat. *rotundus*, rond). T. Archit. Édifice de forme circulaire à l'intérieur et à l'extérieur, et ordinairement surmonté d'une coupole. Voy. Panthéon. || Abri formé d'une petite coupole ou d'un toit circulaire, porté par des colonnes, et ordinairement placé dans un jardin. *On dansera sous la r., dans la r.* || Caisse située à la partie postérieure d'une diligence, et dont la portière est à l'arrière. *On avait placé huit personnes dans une r. faite pour six.* || Au commencement du XVII° siècle, on appelait *Rotonde*, une espèce de fraise extrêmement raide que portaient les élégants. || Long collet sans manches qui entoure le corps.

ROTONDITÉ. s. f. (lat. *rotunditas*, m. s.). Qualité de ce qui est rond ; ne se dit que dans le langage fam., en parlant d'une personne très grosse. *Il remplit un grand fauteuil de sa r.*

ROTOUMAH, île anglaise de l'Océanie, au N.-O. des îles Fidji ; 7,000 hab.

ROTROU (Jean de), auteur dram. fr., contemporain et ami de Corneille ; on cite parmi ses tragédies *Saint-Genest* et *Venceslas* (1609-1650).

ROTTERDAM, v. de la Hollande méridionale, sur la Meuse ; 235,000 hab. Patrie d'Érasme. Port important au confluent de la *Rotter* et de la *Meuse*.

ROTTLERIA. s. m. (R. *Rottler*, n. d'un botan. angl.). T. Bot. Genre de plantes Dicotylédones de la famille des *Euphorbiacées*, tribu des *Crotonées*. Voy. Euphorbiacées.

ROTTLERINE. s. f. (R. *Rottleria*). T. Chim. Matière colorante jaune, soluble en rouge dans les alcalis et provenant du *Rottleria tinctoria* (Euphorbiacées). On l'extrait du Kamala.

ROTULE. s. f. (lat. *rotula*, dimin. de *rota*, roue).

T. Anat. Petit os placé sur le genou, au devant de l'articulation du fémur avec le tibia. Voy. SQUELETTE. || T. Méc. Syn. de *genou*.

ROTULEUX, EUSE. adj. [Pr. *rotu-leu, euze*]. Garni d'étoiles en forme de petites roues.

ROTULIEN, IENNE. adj. [Pr. *rotuli-in, iène*]. T. Anat. Qui a rapport à la rotule.

ROTUNDIFOLIÉ, ÉE. adj. [Pr. *roton-di...*] (lat. *rotundus*, rond; *folium*, feuille). T. Bot. Qui a des feuilles rondes.

ROTURE. s. f. (lat. *ruptura*, qui au moyen âge avait pris le sens de défrichement, puis de petite culture). L'état d'une personne ou d'un héritage qui n'était pas noble. *Il était né dans la r. Terre, biens en r. Ce n'était pas un fief, ce n'était qu'une r.* || Collectiv., Les roturiers. *En France, la r. était sujette à la taille.*

ROTURIER, IÈRE. adj. Qui n'est pas noble. *Famille roturière. Biens roturiers.* — Subst., en parlant des personnes. *Les roturiers voulurent se plaindre. Il avait épousé une roturière.* || Qui tient du r., qui n'a rien de noble, qui est grossier. *Cet homme a l'air r., la mine roturière, les façons roturières.* Vx.

ROTURIÈREMENT. adv. [Pr. *roturiè-reman*]. A la manière des roturiers, selon les lois qui concernent la roture. *Il n'y avait ni fief, ni seigneurie à cette terre, elle devait se partager r.* || Fig., D'une manière basse et ignoble. *Cet homme-là pense r.* Vx.

ROUAGE. s. m. (R. *roue*). La réunion, l'ensemble des roues, pignons, etc., d'une machine. *Tout le r. de cette machine est détraqué.* — Se dit des roues mêmes, ainsi que des diverses parties d'un mécanisme. *Les rouages de cette machine sont trop nombreux.* || Fig., *Les rouages de cette administration sont trop compliqués. C'est créer là un r. inutile.*

ROUAN, ANNE. adj. et s. [Pr. *rou-an, ane*] (R. *roux*). Se dit des chevaux dont le poil est mêlé de blanc, de gris et de bai.

ROUANNE. s. f. [Pr. *roua-ne*] (bas lat. *rucina*, gr. ῥυκάνη, rabot). Tarière qui sert à creuser les corps de pompe dans la construction navale. || Instrument dont les employés des contributions indirectes se servent pour marquer les pièces de vin. C'est une espèce de compas dont une branche est tranchante.

ROUANNER. v. a. [Pr. *roua-ner*]. R. *une pièce de vin*, La marquer avec la rouanne. = ROUANNÉ, ÉE. part.

ROUANNETTE. s. f. [Pr. *roua-nète*] (Dimin.). Instrument dont les charpentiers se servent pour marquer les bois. || Petite rouanne de tonnelier, de courtier en vin, d'employé des contributions indirectes.

ROUANT. adj. m. (part. prés. de *rouer*). T. Blas. Se dit du paon qui paraît de front et fait la roue.

ROUBAIX, ch.-l. de c. (Nord), arr. de Lille; 125,900 hab. Grande fabrication de tissus. Nom des hab.: ROUBAISIEN, ENNE.

ROUBAUD (abbé), économiste et grammairien fr., auteur des *Nouveaux synonymes français* (1730-1791).

ROUBIÉ. s. m. T. Métrol. Monnaie turque valant environ 2 fr. 10. Voy. MONNAIE.

ROUBINE. s. f. Voy. ROBINE.

ROUBLARD, ARDE. adj. et subst. [Pr. *rou-blar*]. Rusé dans la défense de ses intérêts. Pop.

ROUBLE. s. m. (russe, *roubli*, couper). T. Métrol. Monnaie russe valant 4 francs. Voy. MONNAIE.

ROUC. s. m. Voy. ROCK.

ROUCHE. s. f. (R. *ruche*). T. Mar. Carcasse d'un navire sur le chantier, sans mâture et sans manœuvres.

ROUCHER (JEAN-ANTOINE), poète fr., auteur du poème des *Mois*, périt avec André Chénier, condamné par le tribunal révolutionnaire (1745-1794).

ROUCOU, ROUCOUYER. s. m. Voy. ROCOU, ROCOUYER.

ROUCOUER. v. a. Voy. ROCOUER.

ROUCOULEMENT. s. m. [Pr. *roukoule-man*] (R. *roucouler*). Bruit, murmure triste et tendre que font entendre les pigeons et les tourterelles.

ROUCOULER. v. n. [Onomatopée.] Se dit des pigeons et des tourterelles qui font entendre le murmure appelé roucoulement. || Fig. et par plaisant., se dit d'un homme qui tient à une femme des propos tendres et langoureux. *Il passe sa vie à r. aux pieds de sa maîtresse.* = ROUCOULER. v. a. R. ses *plaintes. R. une romance.* = ROUCOULÉ, ÉE. part.

ROUCOUYER. s. m. T. Bot. Voy. ROCOUYER.

ROUDOU. s. m. T. Bot. Voy. REDOUL.

ROUE. s. f. (lat. *rota*, m. s.). Machine de forme circulaire qui, en tournant sur un axe, sert au mouvement de quelque chose. *R. de charrette, de carrosse. R. de brouette, d'affût de canon. R. de locomotive, de wagon. Les roues d'une machine, d'une horloge, d'une grue, etc. R. dentée.* Voy. ENGRENAGE. *R. conique. R. de gouvernail, de pressoir, etc. R. élévatoire. R. hydraulique.* Voy. plus bas. *Roues de devant, de derrière. Ferrer des roues. Voiture à deux roues, à quatre roues. Pousser à la r. pour tirer une charrette d'une ornière.* — Prov., on dit d'une chose tout à fait inutile, *Cela sert comme une cinquième r. à un carrosse*; et fig., *C'est une cinquième roue à un carrosse.* — Fig. et fam., *Pousser à la r.,* Aider quelqu'un à réussir dans une affaire. *Mettre, jeter des bâtons dans la r.,* Susciter des obstacles, entraver, retarder une affaire. — *Faire la r.,* se dit des enfants et des sauteurs qui font le moulinet avec leur corps, au moyen de leurs mains et de leurs pieds. || *Le supplice de la r.,* où le condamné était attaché sur une r., après qu'on lui avait rompu les bras et les jambes. || Fig., *Être sur la r.,* souffrir cruellement. — Fig. et fam., il se dit de certains oiseaux qui déploient les plumes de leur queue de manière à en former une espèce d'éventail; on dit qu'*Ils font la r. Ce paon fait la r.* — On dit aussi Fig. et fam., d'un homme qui se pavane, qui fait le beau, *Il fait la r.* || T. Artificier. *R. tournante, r. guillochée,* Voy. PYROTECHNIE. || T. Loterie. *R. de fortune,* Le tambour en forme de r., où l'on enferme les numéros pour les tirer au sort. — Fig., *La r. de la fortune,* Les révolutions et les vicissitudes dans les événements humains. *Les uns montent, les autres descendent; ainsi va la r. de la fortune.* On dit encore, *Être au haut, au plus haut,* et *Être au bas, au plus bas de la r.,* Être dans une grande élévation, dans une grande prospérité, ou être dans l'abaissement et dans la misère. || T. Mar. *R. de câble,* Chacun des cercles ou cerceaux qu'on fait faire à un câble pour le plier. On dit aussi, *Pli de câble.*

Techn. — I. — On appelle *Roue* une machine simple qui se compose d'un corps de forme circulaire, et d'un axe autour duquel tourne ce corps. Les roues se font de bois, de métal, ou de toute autre matière, suivant l'usage auquel on les destine. On en distingue deux sortes, selon qu'elles ont simplement un mouvement de rotation, et selon qu'elles possèdent à la fois un mouvement de rotation et un mouvement de translation. — Les roues de la seconde classe, en roulant sur leur circonférence, portent leur centre et l'axe autour duquel elles tournent dans une direction parallèle au plan ou au terrain qu'elles parcourent; telles sont surtout les *roues des voitures* ordinaires, celles des wagons ou des chemins de fer et aussi celles des locomotives. A l'origine, les roues de voiture consistaient simplement en un disque de bois circulaire et plein, percé à son centre d'un trou pour recevoir l'essieu. Mais, pour les rendre moins pesantes et en même temps plus solides, on ne tarda pas à adopter un autre mode de construction. Le centre de la r. est formé par un *Moyeu* ou deux troncs de cône reliés par leurs bases. Le moyeu est généralement de bois et est percé d'un trou pour le passage du bout de l'essieu de fer ou acier et que l'on nomme *fusée*. La circonférence est composée de plusieurs bras de bois, dont l'ensemble constitue la *jante* de la roue et qui sont assemblés de manière à former un cercle que l'on recouvre d'un second cercle de fer cloué ou boulonné sur le premier. La jante est unie au moyeu par des *Rais* ou *bras*, c.-à-d. par des pièces de bois disposées en rayons, et assemblées à tenons et à mortaises, tant avec la jante qu'avec le moyeu. Ces rais sont situés un peu obliquement sur le moyeu, pour écarter les jantes de la voiture : c'est ce qu'on appelle l'*Écanteur* des roues. L'*Essieu* est une forte barre de fer carrée, fixée sous le train de la voiture ; mais ses bouts sont cylindriques, pour tourner dans les boîtes des roues. Les *Boîtes* sont des tuyaux de fer ou de cuivre qu'on introduit dans le trou central du moyeu : elles sont munies d'oreilles qu'on entre dans des incisions du bois, et l'on calfate les boîtes avec de la filasse pour les fixer dans les moyeux. Enfin, l'essieu est retenu dans les boîtes, soit par une *clavette*, soit par un *écrou* qui est vissé au bout, en sens contraire du mouvement de roulage en avant. Les *roues* de wagons, au lieu de tourner librement dans leur moyeu, y sont au contraire fixées à demeure. Elles tournent avec l'essieu lui-même. Ces roues sont de fonte ou de fer et leur jante, au lieu d'être cylindrique et plate comme celle d'une r. de voiture ordinaire, est légèrement conique et munie sur sa périphérie intérieure d'une sorte de petit renflement que l'on appelle *boudin* et qui a pour fonction de s'opposer à ce que la r. sorte hors des rails. Assez souvent on remplace les rais par un disque de fonte ou de fer évidé ou non, reliant la jante au moyeu. Les extrémités de l'essieu tournent dans des boîtes dites *boîtes à graisse* (Voy. ce mot.) Les roues des voitures de tramways sont établies de la même façon. Les roues de locomotives ont une forme identique ; mais, au lieu d'avoir un diamètre exactement égal, celui-ci diffère suivant que les roues sont *motrices* ou simplement *porteuses* (Voy. LOCOMOTIVE). Un autre mode de construction des roues employé pour les vélocipèdes, les voitures automobiles, etc., consiste à réunir la jante au moyeu par des fils de fer tendus. Dans ce cas, les *rais* travaillent *par traction*, le moyeu étant suspendu à la jante par les rais qui sont à la partie supérieure tandis que ceux qui sont à la partie inférieure ne supportent aucun effort. C'est le contraire qui a lieu dans les roues ordinaires où les rais travaillent par *compression*, le moyeu étant supporté par les rais inférieurs. — Les roues de la première catégorie tournent seulement sur elles-mêmes, sans changer de lieu. Elles tournent, soit autour d'un axe qui les traverse, soit avec l'axe qui est alors fixé à leur centre, mais dont les pivots se meuvent librement dans des trous qui servent d'appui : telles sont les roues qui entrent dans la composition de la plupart des machines fixes. Ces sortes de roues reçoivent le mouvement ou le transmettent par certaines parties saillantes qu'on réserve ou qu'on ajoute à leur circonférence, et qu'on nomme *dents*, *chevilles*, etc. Nous avons parlé ailleurs des *roues à engrenage*, des *poulies*, des *roues élévatoires*, des *roues à aujets*, etc. (Voy. ENGRENAGE, POULIE, NORIA) ; en conséquence, nous ne parlerons pas de ces types de roues et nous traiterons ici la question des *roues hydrauliques* proprement dites, c.-à-d. de celles qui sont mues immédiatement par une eau courante, et qui servent à transmettre le mouvement à d'autres machines quelconques.

II. — **Roues hydrauliques.** — On les divise en deux grandes classes, les *Roues verticales* et les *Roues horizontales*, selon que leur axe est horizontal ou vertical. Les premières se distinguent encore en *Roues en dessous*, *Roues en dessus* et *Roues de côté*, suivant que l'eau arrive à leur partie inférieure, à leur partie supérieure, ou en un autre point de leur contour.

A. Les *Roues en dessous*, dites aussi *Roues à aubes* ou à *palettes* (Fig. 1), se composent d'un axe ou *arbre tournant*, ordinairement assemblé au moyen de *bras* ou rayons à la jante. Sur cette jante sont implantées de fortes chevilles, appelées *Bracons*, sur lesquelles on cloue ou l'on boulonne les *Aubes*, c.-à-d. des planches rectangulaires situées dans le sens du prolongement des rayons. Enfin, quelquefois on ferme une partie de l'intervalle compris d'une aube à l'autre par des *contre-aubes* ou planches fixées à plat contre la jante. La roue en dessous se place en avant d'une vanne qu'on lève d'une certaine quantité pour laisser couler l'eau par sa partie inférieure. L'eau s'échappe de la vanne avec la vitesse due à la hauteur de son niveau dans le bief au-dessus de l'orifice, et elle imprime un mouvement de rotation à l'appareil par le choc qu'elle produit sur les aubes. En outre, pour que le liquide exerce toute son action, ou en perde le moins possible, on établit la r. entre deux murs parallèles dont les parois touchent presque les aubes, et l'on donne à la maçonnerie du fond une forme circulaire que les aubes rasent en courant : cette construction placée sous la r. est appelée un *Coursier* et les deux murs verticaux entre lesquels elle tourne sont les *Bajoyers*. Les roues en dessous à aubes planes s'emploient principalement lorsqu'on n'a que peu de chute, pourvu qu'on ait un volume d'eau suffisant. De plus, elles sont petites, peu coûteuses, d'un entretien facile, et peuvent recevoir une assez grande vitesse sans perdre notablement de leur effet. Mais il résulte des conditions mêmes de leur structure et de

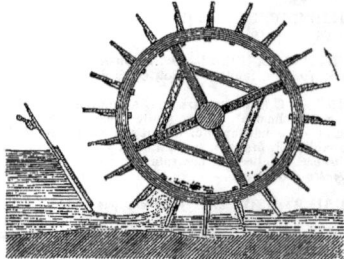

Fig. 1.

leur emploi que ces sortes de roues consomment sans utilité la plus grande partie de la force motrice. L'effet utile d'une r. à aubes bien construite et en bon état n'est guère que le *quart*, ou au plus le *tiers* du travail qui est représenté par la chute. Cette énorme perte de puissance est la cause principale qui fait que les machines de ce genre ne sont presque plus employées

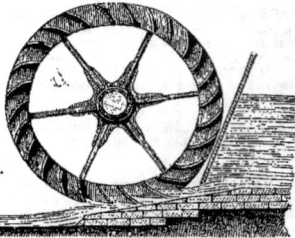

Fig. 2.

aujourd'hui. Toutefois, en considérant l'avantage qu'offre ce système de r. de pouvoir marcher avec une vitesse assez grande, le général Poncelet s'est proposé de le perfectionner de manière à éviter cette perte exorbitante de force. Il est ainsi arrivé à créer la r. qui porte son nom, et que l'on appelle aussi R. à *aubes courbes*, parce que les aubes planes des précédentes y sont remplacées par des aubes courbes, comprises entre deux rebords ou couronnes, et à peu près tangentes à la circonférence extérieure (Fig. 2). En outre, la vanne qui livre passage à l'eau doit être inclinée à 1 de base sur 1 ou 2 de hauteur, et la partie inférieure de la r. doit être emboîtée par une portion très courte de coursier circulaire et par les bajoyers du canal de fuite. Enfin, le radier du canal est muni d'un ressaut destiné à faciliter la sortie de l'eau. Quand l'eau s'échappe de la vanne, elle monte dans les aubes sans produire de choc, parce que celles-ci ne lui présentent que leur tranche, et elle continue de s'élever jusqu'à ce que l'action continue de la pesanteur ait détruit son mouvement ascendant ; elle redescend alors en glissant sur les aubes en sens contraire et va se dégorger dans le canal de fuite. L'expérience a démontré que, pour que les roues à la Poncelet produisent leur maximum d'effet, il faut que leur jeu dans le coursier n'excède pas 1 centimètre, et que leur vitesse, à la circonférence, soit les 0,55 de celle de l'eau. Dans ce cas, leur effet utile s'élève à 55 et même à 60 pour 100 du travail moteur total. — Les *Roues à ailes* ou *Roues pendantes*, usitées dans les moulins établis sur bateaux, sont de véritables roues en dessous. Mais ces appareils n'exigent ni coursier ni construction destinée à augmenter la vitesse du courant. Ce sont les machines hydrauliques les plus simples. Elles se composent d'un arbre tournant muni d'un certain nombre de rayons, reliés les uns aux autres par des moises, et sur lesquels on cloue des aubes planes souvent d'une très grande largeur. Ces roues sont mises en mouvement plutôt par le poids que par le choc de l'eau sur celles de leurs palettes qui sont immergées. Leur effet utile est de 30 à 32 pour 100.

B. Les *Roues en dessus* reçoivent quelquefois l'eau entre des palettes ou des aubes tournant dans un coursier concentrique; mais le plus ordinairement elles la reçoivent dans des augets dont leur circonférence est munie. Aussi, quand on parle de r. en dessus, on entend toujours une R à augets. Ces roues se composent de deux cercles, ou *joues*, montés sur un axe tournant, mais la *couronne*, c.-à-d. l'espace annulaire compris entre les deux cercles, est munie d'un fond et divisée en compartiments, appelés *Augets*, qui sont formés, tantôt par des cloisons un peu courbes, tantôt par des cloisons brisées. On les divise en deux classes, suivant qu'elles reçoivent l'eau à leur sommet ou un peu au-dessous. Celles qui offrent la première disposition sont les *roues en dessus* proprement dites, et l'on donne le nom de *roues par derrière* à celles qui présentent la seconde. Dans les roues du premier genre, qui sont de beaucoup les plus usitées, l'eau est amenée à leur partie supérieure par un coursier ou un gros tuyau cylindrique d'où elle tombe dans les augets et les remplit successivement à mesure que, par l'effet du mouvement de la rotation, ils viennent se présenter à son extrémité; puis, quand les augets arrivent au bas de la circonférence qu'ils décrivent, le liquide tombe dans le canal de fuite, et ils remontent vides, pour se remplir de nouveau. Dans ce système, ainsi qu'il est facile de le voir, c'est le poids de l'eau contenue dans les augets d'une moitié de la r. qui détermine

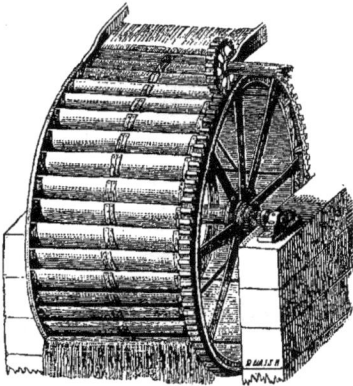

Fig. 3.

le mouvement. Dans la construction d'une r. à augets, il faut avoir soin de disposer ces derniers de telle manière qu'ils ne se vident que le plus bas possible, car lorsque l'eau en sort avant qu'elle ait atteint le bas de la r., il en résulte une perte de travail. Il faut aussi que l'ouverture de chaque auget ne soit pas trop étroite, afin que l'eau puisse y entrer et en sortir sans difficulté. Enfin, il est utile de pratiquer quelques petits trous au fond des augets pour que l'air, qui doit en sortir quand l'eau arrive et y entrer quand elle s'en va, ne gêne pas le passage du liquide, ce qui nuirait à l'effet produit. Ces types de roues où l'eau arrive à peu près sans choc et agit par son poids sont les plus avantageux de tous les systèmes de roues hydrauliques, surtout quand on ne donne à leur circonférence qu'une faible vitesse : celle-ci ne doit pas dépasser un mètre par seconde. Comme en général cette vitesse ne serait pas suffisante pour les machines que la r. à augets met en mouvement, on la munit habituellement d'une r. dentée (Fig. 3), qui engrène avec une autre r. beaucoup plus petite, de façon que l'on peut donner à l'arbre de cette seconde r. un mouvement de rotation aussi rapide qu'il est besoin. Les roues de ce genre utilisent ordinairement 75 pour 100 du travail moteur résultant de l'action de l'eau. On les emploie de préférence pour les chutes dont la hauteur varie de 3 à 12 mètres. Au dela de cette limite, leurs dimensions deviendraient trop considérables pour présenter les conditions de solidité suffisantes.

C. Les *Roues de côté* (Fig. 4) participent à la fois des

procédés de construction, des avantages et des inconvénients des deux systèmes précédents. Ce sont des roues à aubes planes, mais qui sont en général munies de contre-aubes, et, en outre, le coursier est construit de manière à raser toutes les aubes, à cause de la forme circulaire que l'on donne à la maçonnerie. L'eau arrive sur les aubes de cette r., presque au niveau du centre, mais un peu au-dessous. En général, on donne au vannage une disposition telle que l'eau arrive aussi normalement que possible sur les palettes. Mais, quand cela

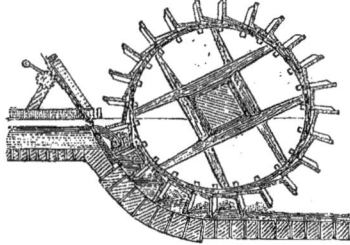

Fig. 4.

est possible, au lieu de donner l'eau à la r. par le bas d'une vanne, il vaut mieux faire déverser le liquide sur les aubes par le haut d'une vanne qui s'abaisse (Fig. 4). Dans ce genre de r., l'eau agit sur les aubes par son choc; mais comme elle se trouve maintenue sur ces aubes par les bajoyers ou les murs verticaux du coursier, qui s'opposent à ce qu'elle s'écoule de part et d'autre, elle agit ensuite par son poids jusqu'à ce qu'elle arrive au canal de fuite. Ces roues peuvent recevoir une grande vitesse; on les emploie surtout quand la chute d'eau est médiocre. Leur effet utile est de 40 à 50 pour 100 du travail total, quand elles reçoivent l'eau par un vannage, et de 50 à 60, quand elles la reçoivent par un déversoir.

D. Les *Roues horizontales*, c.-à-d. à axe vertical, sont très anciennes; elles ne sont plus guère employées que, dans le midi de la France, pour faire mouvoir les moulins. Elles ont l'avantage de réduire ceux-ci à leur plus simple expression, le même arbre portant la meule à sa partie supérieure et la r. motrice à sa partie inférieure. Les unes sont *à cuillers* et les autres *à cuve*. Les roues à cuillers, qu'utilisent en particulier les indigènes algériens, consistent en une espèce de moyeu dans lequel sont implantées des aubes, ou *cuillers*, taillées de manière à présenter à l'eau une surface concave et oblique. On les dit *à trompe*, quand l'eau est lancée sur les aubes par une trompe ou buse pyramidale peu inclinée, et *à cannelle*, quand c'est par une cannelle ou auge inclinée de 20 à 45 degrés. L'eau n'y agit que par choc; aussi leur effet utile ne dépasse pas 30 pour 100. Les *roues à cuve* ont un moyeu analogue à celui des précédentes; mais, au lieu d'être isolées et de recevoir le choc de l'eau en un point de leur contour, elles sont enfermées dans une cuve cylindrique de maçonnerie qui est ouverte par le bas, et qui porte, sur un de ses côtés, à la partie supérieure, une ouïe taillée dont une des parois est tangente à la paroi intérieure de la cuve : c'est cette rainure qui sert de coursier d'amenée. Cette dernière sorte de r. n'utilise guère que 10 à 15 pour 100 de l'action motrice de l'eau.

Les *turbines* qui sont aujourd'hui si employées pour utiliser le travail des chutes d'eau peuvent être considérées comme des modifications des roues hydrauliques ; mais ces modifications sont devenues si profondes et si complètes que les turbines constituent un type particulier de machines motrices. Voy. TURBINE.

Phys. — *Roue de Barlow.* — Cet appareil constitue un moteur électromagnétique des plus simples. Il se compose (Fig. 5) d'une r. dentée en cuivre R très légère et très mobile dont le bord inférieur se déplace entre les pôles d'un aimant NS. Les dents de la r. plongent dans une gouttière pleine de mercure que l'on voit entre les pôles de l'aimant. Les bornes *a* et *b* sont reliées aux pôles d'une pile et le courant circule dans l'appareil dans le sens indiqué par les flèches. Le rayon de la r., parcouru par le courant, tend alors à être déplacé suivant la règle d'Ampère (Voy. MAGNÉTISME) et la r. se met à tourner.

Roue de Faraday. — Faraday a fait une expérience qui est pour ainsi dire la réciproque de celle de Barlow que nous venons de décrire. Un disque de métal est mobile autour d'un

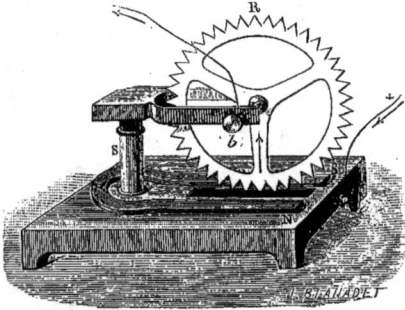

Fig. 5.

axe horizontal entre les pôles d'un aimant A. La borne B communique avec l'axe de rotation, la borne B' avec un ressort qui touche le disque en *m* (Fig. 6). Ces deux bornes

Fig. 6.

sont en rotation avec un galvanomètre G (Fig. 7). Quand on tourne le disque dans le champ magnétique dont les lignes de force T sont perpendiculaires à son plan, il se produit un courant dont le sens peut être prévu par les règles que nous avons indiquées au mot INDUCTION.

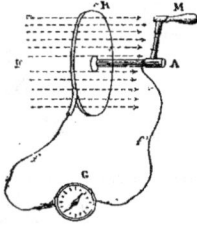

Fig. 7.

La *r. de Neef*, du nom de son inventeur, est une r. dentée qui joue exactement le rôle d'interrupteur du courant. Ce genre d'interrupteur s'applique spécialement aux bobines d'induction. — La *r. de Masson* est également un interrupteur servant à produire, dans un circuit électrique, de rapides alternatives de rupture et de fermeture du courant. Masson, qui a imaginé cette r., lui a donné le nom de *Rhéotrope*. — La *r. des types* est spéciale aux appareils télégraphiques imprimeurs. Elle porte sur sa périphérie des caractères d'imprimerie, des *types*, qui sont en relief et sur lesquels le papier qui doit recevoir l'impression de la dépêche transmise vient s'appuyer. Nous citerons encore pour mémoire la *r. musicale* imaginée par Carhart en 1883, et la *r. phonique* de Lacour, que

l'on emploie comme régulateur, notamment dans le télégraphe multiple de Delany.

Législ. — La peine de la R. est un de ces supplices abominables qui naguère encore déshonoraient la législation de la plupart des peuples les plus civilisés de l'Europe. En France, on attachait le condamné, les jambes écartées et les bras étendus, sur deux morceaux de bois disposés en croix de Saint-André, de manière que chaque membre portât à faux sur un espace vide. Alors le bourreau lui brisait, à coups de barre de fer, les bras, les avant-bras, les cuisses, les jambes et les reins ; puis il le mettait sur une r. soutenue en l'air par un poteau. Le supplicié avait les mains et les jambes ramenées derrière le dos, la face tournée vers le ciel, et on le laissait expirer dans cet état. Quelquefois, pour adoucir la peine, les cours ordonnaient que le condamné serait étranglé avant d'être étendu sur la r. Ce supplice infâme avait été apporté d'Allemagne en France sous François Ier. Ce prince, par son édit du 4 février 1534, ordonna de l'appliquer aux voleurs de grands chemins et de maisons habitées. Henri II étendit ensuite cette peine aux assassins (1547) ; toutefois les femmes n'étaient point condamnées à ce supplice. Il ne fallut rien moins que la Révolution pour faire disparaître la r. et les autres barbaries qui souillaient notre législation pénale.

ROUELLE. s. f. [Pr. *rou-èle*] (dimin. de roue). Tranche de certaines choses coupées en rond. *R. de citron*, *de pomme*, *de betterave*. || *R. de veau*, Partie de la cuisse d'un veau coupée en travers. et qui se trouve ainsi de figure ronde. || Se dit aussi des taches mêlées de gris et de blanc qui se voient sur la robe de certains chevaux. || Marque distinctive, en forme de roue, que les Juifs étaient forcés de porter sur leurs habits, au moyen âge.

ROUELLE, savant chimiste fr. (1703-1770).

ROUEN, ch.-l. du dép. de la Seine-Inférieure, sur la Seine, à 140 kil. de Paris ; 112,400 hab. Archevêché. Tissus de coton ou rouenneries. Une des plus belles villes de France, pleine d'églises et de monuments remarquables. Patrie de Boïeldieu. C'est à Rouen que fut brûlée Jeanne d'Arc en 1431. = Nom des hab. ; ROUENNAIS, AISE.

ROUENNERIE. s. f. [Pr. *roua-nerie*] (R. Rouen). T. Comm. Se dit des toiles de coton peintes, parce que les premières fabriques établies en France pour ce genre d'étoffes le furent à Rouen. *Ce marchand tient la r.*, *ne vend que de la r.*

ROUER. v. a. Punir du supplice de la roue. Voy. ROUE. *Il fut condamné à être roué vif.* — *Il a pensé être roué*, *il se fera r.*, se dit de quelqu'un qui a pensé être écrasé, qui est près de se faire écraser entre les roues ou sous les roues d'une voiture. = Roué, ÉE. part. || En T. Véner., se dit adjectiv. du bois du cerf lorsqu'il est serré et peu ouvert. || T. Man. *Cheval à encolure rouée*, Dont l'encolure va en s'arrondissant du garrot à la nuque. || Hist. *Les roués*, les compagnons de débauche du Régent. — Fig. et fam., Se dit substantiv., au masculin, d'un homme sans principes, sans mœurs, dont la conduite est désordonnée. *C'est un r. qui ne respecte rien.* Vx.

ROUERGUE, anc. pays de France, correspondant au dép. de l'Aveyron et à une partie de celui de Tarn-et-Garonne ; cap. *Rodez* ; il fut réuni à la couronne par Henri IV (1589).

ROUERIE. s. f. [Pr. *rou-ri*] Action de roué, tour de roué. *C'est une r.*, *une vraie r.* Fam.

ROUET. s. m. [Pr. *rou-è*] (R. roue). T. Techn. Ce mot s'emploie pour désigner divers objets en forme de roue, comme ce qu'on appelle le *R. d'un puits* (Voy. PUITS), ou de véritables roues, comme le *R. d'un moulin* (Voy. MOULIN) et le *R. des arquebuses* (Voy. FUSIL, I), ou encore certaines machines dont l'organe principal est une roue, comme le *R. du cordier* (Voy. CORDERIE) et le *R. à filer*. Cette dernière machine, ainsi que son nom l'indique, sert à tordre le chanvre et le pour la réduire en fil, et à peloter ce fil sur une bobine à mesure qu'il est fait. L'organe moteur (Fig. ci-dessous) consiste en une pédale P qui meut la roue AA par le moyen de la manivelle B. Cette roue fait tourner, à l'aide de deux cordes sans fin *ii* passées dans sa gorge, l'appareil *d*

qui tord le fil et l'enroule sur la bobine F. A cet effet, chacune de ces cordes est passée sur l'une des poulies *g, b*, dont les diamè-tres sont inégaux pour leur im-primer des vitesses différentes. Le fil qu'on tord passe dans l'œil *f*, et se courbe sur un petit crochet d'une pièce *kK*, appelée *Épinglier* ou *Ailettes*, qui a la forme d'un U. De là, ce fil va s'enrouler au-tour de la bobine F, qui, étant mue par la petite poulie, tourne plus vite. Les deux arbres des poulies sont, l'un de fer, l'autre de bois, et celui-ci est creux, en *canon*, pour pouvoir tourner autour de l'autre. Quand on fait agir la pé-dale P, la roue A tourne et fait tourner les deux poulies et leurs

arbres. La fileuse puise à un petit paquet d'étoupes qu'elle prépare entre ses doigts; ces étoupes se tordent par suite de la rotation de l'arbre de fer; elle tient ce fil tendu, et, en même temps, le fil s'enroule sur la bobine qui tourne aussi, mais plus vite que l'épinglier. Cet appareil, aussi simple qu'ingénieux, a été inventé, en 1530, par un bourgeois de Brunswick, nommé Jurgen. On prétend qu'il a été le point de départ de l'invention de la mull-jenny imagi-née par Hargreaves et de toutes les grandes machines usitées dans les filatures modernes.

ROUF. s. m. (angl. *roof*, m. s.). T. Mar. Réduit à l'arrière d'un petit bâtiment.

ROUFFACH, anc. ch.-l. de c. du dép. Haut-Rhin, arr. de Colmar, cédé à l'Allemagne en 1871; 3,600 hab.

ROUGE. adj. 2 g. (lat. *rubeus*, m. s.). Qui est d'une cou-leur semblable à celle du feu du sang, etc. *La couleur r. est la moins réfrangible du spectre. R. comme du feu, comme du sang, comme une écrevisse. Avoir le nez, l'oreille r. Avoir les yeux, les lèvres, les joues rouges. Être r. comme un coq. Il est méchant comme un âne r. Rose r. Œillet r. Des groseilles rouges. Du vin r. De l'encre r. Drap r. Robe r. Chapeau r. — Fer r., tout r., Fer qui est devenu r. par l'action du feu. Boulet r.,* Voy. **Boulet.** — *Perdrix r.,* Voy. **Perdrix.** *Poisson r.,* Nom vulg. de la Dorade. Voy. **Carpe.** — *Fièvre r.,* Voy. **Scarla-tine.** — *R. bord,* verre de vin r. rempli jusqu'au bord.

Un laquais effronté m'apporte un rouge bord.
BOILEAU.

— *Le chapeau r.,* le chapeau de cardinal. Voy. **Cardinal.** || En parlant des cheveux, du poil, signif. Extrêmement roux. *Elle a les cheveux rouges.* = **Rouge.** s. m. Couleur r. *Beau r. R. vif, éclatant. R. brun, pâle. R. foncé. R. cra-moisi. R. sanguin.* || *Le r. lui monte au visage,* se dit d'une personne à qui le sang monte subitement au visage, par un effet de la pudeur, de la honte ou de la colère. — *Ellipt., Se fâcher tout r.,* Se fâcher à en devenir tout r., se fâcher sérieusement. || *La r.,* partie de la table du jeu de roulette opposée à la couleur noire. *Mettre dix louis sur la r.* || Se dit aussi de certaines substances minérales ou végétales qui sont de couleur r., et qui servent à la peinture, à la tein-ture, au polissage, etc. Voy. **Couleur, Colorantes, Teintu-rerie, Cosmétique, Argile,** etc. — *R. de chrome,* chromate basique de plomb. Voy. **Plomb, IV.** — *R. de Saturne,* Minium. Voy. **Plomb, VI.** — *R. d'Angleterre, R. de Prusse,* le coloc-thar. Voy. **Plomb.** *R. minér. R. antique,* Voy. **Marbre.** || T. Ornith. Nom vulg. du *Souchet commun.* Voy. **Canard.** || T. Écon. rurale. *Prendre, pousser le r.,* se dit des jeunes dindons chez qui la chair r. et les barbillons du bec com-mencent à pousser. — *Le r.,* maladie des jeunes oiseaux, des jeunes chiens.

ROUGE (le fleuve) ou **SONG-KOÏ,** fleuve du Tonkin, prend sa source dans le Yunnan, arrose SAO-KAÏ, SONTAY, HAÏPHONG, et se jette dans le golfe du Tonkin par un vaste delta.

ROUGE (la rivière), r. des États-Unis affl. du Mississipi, 2,400 kilomètres.

ROUGE (mer) ou golfe Arabique, golfe formé par l'océan Indien entre l'Afrique et l'Arabie.

ROUGÉ, ch.-l. de c. (Loire-Inférieure), arr. de Château-briant; 2,800 hab.

ROUGÉ (EMMANUEL DE), égyptologue fr. (1811-1872).

ROUGEÂTRE. adj. 2 g. [Pr. *rou-jâtre*] (R. *rouge,* avec le suff. péjor. *âtre*). Qui tire sur le rouge. *L'or faux devient r. La lune était r. Des nuages rougeâtres.*

ROUGEAUD, AUDE. adj. et s. [Pr. *rou-jo, ôde*]. Qui a naturellement le visage rouge, un peu haut en couleur. *Il est r. C'est une grosse rougeaude.* Fam.

ROUGE-GORGE. s. m. T. Ornith. Genre de *Passereaux.* Voy. **Rubiette.** = Pl. *Des rouges-gorges.*

ROUGEMONT, ch.-l. de c. (Doubs), arr. de Beaume-les-Dames; 4,100 hab.

ROUGEOLE. s. f. [Pr. *rou-jole*] (R. *rouge*). T. Méd. La r. est une fièvre éruptive, très contagieuse, caractérisée, à la période d'état, par le développement, à la surface cuta-née, d'un exanthème formé de petites taches rouges, irrégu-lières, peu saillantes, de la grosseur d'une lentille et sépa-rées les unes des autres par des intervalles de peau saine. Cette affection, encore appelée *fièvre morbilleuse,* s'observe généralement chez les jeunes enfants; elle évolue en trois périodes : *invasion, éruption, desquamation,* précédées elles-mêmes du stade d'*incubation* d'une durée de dix jours environ, pendant lequel il n'existe aucun symptôme apparent.
Pendant la première période, on observe un malaise gé-néral accompagné de lassitude, de fièvre et surtout d'irri-tation des diverses muqueuses : conjonctivite, larmoiement, coryza avec éternuements fréquents, enrouement avec quintes de toux très pénibles (toux férine). Cet état dure environ cinq jours, puis la seconde période commence; l'éruption apparaît à la face, gagne le cou, le tronc, les membres, se généralise en 48 heures et décroît ensuite; nous avons déjà indiqué les caractères des taches de r. La fièvre est continue et les trou-bles de la première période s'accentuent; à l'auscultation on trouve des râles de bronchite; les crachats sont épais. Vers le huitième jour, ces symptômes s'amendent, les taches s'effacent et la fièvre diminue; la desquamation commence, elle est furfuracée; on peut constater sur la peau de petites écailles épidermiques qui sont enlevées par la sueur.
La marche de la maladie n'est pas toujours aussi simple; la r. revêt parfois certaines *formes anormales* plus graves : *forme nerveuse* avec convulsions, *forme hémorrhagique* (épistaxis, hématurie, etc.).
La r. est très contagieuse depuis la première période, mais une première atteinte confère l'immunité; les récidives sont en effet très rares. L'agent spécifique de la maladie est encore inconnu.
La r. est une maladie bénigne, mais on doit la surveiller attentivement l'évolution, car plusieurs complications sérieuses peuvent survenir : laryngite, bronchite capillaire, pneumonie, tuberculose, stomatite, entérite, conjonctivite, otite, diph-térie, etc.
Dans les cas ordinaires le traitement consiste simplement à observer une diète sévère, à éviter le froid, à prendre du repos et des boissons tièdes ou diaphorétiques (tisanes de bourrache, de fl. pectorales). Contre la toux, on emploie les tisanes calmantes; les astringents (bismuth) sont utilisés en cas de diarrhée. Les bains froids sont recommandés dans les cas de fièvre intense. Autant que possible les malades doivent être isolés.

ROUGE-QUEUE. s. m. T. Ornith. Genre de *Passereaux.* Voy. **Rubiette.** = Pl. *Des rouges-queues.*

ROUGET. s. m. [Pr. *rou-je*] (R. *rouge*). T. Icht. Genre de *Poissons osseux.* Voy. JOUES CUIRASSÉES et MULLIDÉS. || T. Entom. Nom vulg. du *Lepte automnal.* Voy. HOLÈTRES.

ROUGET. s. m. (R. *rouge*). T. Méd. vét. Maladie micro-bienne du porc, contagieuse et caractérisée par des taches rouges de la peau.

ROUGET, ETTE. adj. [Pr. *rou-jè, jète*]. Un peu rouge.

ROUGET DE L'ISLE, officier fr. (1760-1836), composa en 1792, à Strasbourg, les paroles et la musique de la *Marseillaise*.

ROUGETTE. s. f. [Pr. *rou-jète*]. T. Mam. Syn. de *Rousselle*. Voy. CHÉIROPTÈRES.

ROUGEUR. s. f. Teinte rouge ou rougeâtre. *La r. du ciel, au moment où le soleil se couche, annonce en général du beau temps.* || Se dit surtout de la coloration rouge de la peau et des surfaces membraneuses, qui résulte de l'afflux du sang. *La r. des joues, des lèvres. La r. de la conjonctive, de la muqueuse buccale. La r. virginale. La r. de l'innocence.*

Ces mots ont fait monter la rougeur sur son front.
RACINE.

|| Se dit encore, mais ordinair. au plur., des taches ou élevures rouges qui surviennent au visage, et, en général, sur la peau. *Il lui est venu des rougeurs au visage. Elle est sujette aux rougeurs.*

ROUGIR. v. a. Colorer en rouge. *Le soleil rougira ces fruits. R. un plancher. R. la tranche d'un livre. Leur sang rougissait la terre.*

Ils rougissent le mors d'une sanglante écume.
RACINE.

— Fam., *Ne faire que r. son eau,* Ne boire que du vin très trempé. — Fig., *R. ses mains de sang,* Assassiner, exercer des proscriptions sanglantes. = ROUGIR. v. n. Devenir rouge. *Les cerises commencent à r. Les écrevisses rougissent en cuisant. Faites r. la pelle.* — *Cette jeune fille rougit aussitôt qu'on lui parle. Elle répondit en rougissant. R. de honte, de pudeur. R. de colère.* || Fig., Avoir honte, confusion. *Il devrait r. de sa mauvaise conduite. Je rougis de ma faiblesse. Il faut r. de commettre des fautes et non de les avouer. Vos éloges me font r.* = ROUGI, IE. part. *De l'eau rougie,* De l'eau où il n'y a que fort peu de vin.

ROUHER, homme d'État fr. du second Empire (1814-1884).

ROUIL. s. m. [Pr. *roul, l* mouillée]. T. Techn. Sel de fer, qui est employé en teinture comme mordant.

ROUILLAC, ch.-l. de c. (Charente), arr. d'Angoulème; 2,100 hab.

ROUILLE. s. f. [Pr. *rou-lle, ll* mouillées] (lat. *rubigo,* m. s.). Substance pulvérulente de couleur rougeâtre dont se couvre le fer, quand il est exposé à l'humidité. *La r.,* pour les chimistes, est un *hydrate de peroxyde de fer.* Voy. FER, I. || Par ext., se dit de l'oxyde qui se forme sur le cuivre et sur quelques autres métaux, ainsi que des taches que présentent les glaces aux endroits où le tain est altéré. *La r. du cuivre se nomme Vert-de-gris.* Il y a des taches de r. à cette glace. || Fig., au sens moral, Ignorance, grossièreté; ne se dit qu'en parl. de certains siècles ou de certains écrits. *La r. de l'ancienne barbarie. La r. des vieux préjugés. Ces ouvrages, quoique empreints de la r. de son temps, méritent d'être étudiés.* || T. Agric. Maladie qui se développe sur les céréales et qui est produite par un champignon parasite. Voy. CÉRÉALES.

ROUILLER. v. a. [Pr. *rou-ller, ll* mouillées]. Produire de la rouille sur la surface d'un corps. *L'humidité rouille le fer.* || Fig., se dit des facultés intellectuelles qui s'affaiblissent faute d'exercice. *L'oisiveté rouille l'esprit.* = SE ROUILLER. v. pron. Se dit dans les deux sens précédents. *Le fer se rouille aisément. Avec ellipse du pronom, Il a laissé r. ses armes.* — *Le goût, l'esprit se rouille dans l'oisiveté. Cet homme s'est bien rouillé dans sa province.* = ROUILLÉ, ÉE. part. *Des armes rouillées. Un esprit rouillé. Il est bien rouillé sur cette matière. Avoir les jambes rouillées,* raidies par l'inaction. || Adject., se dit des plantes attaquées de la rouille. *Avoine rouillée.*

Le soleil et la pluie ont rouillé la forêt.
V. HUGO.

|| T. Méd. *Crachats rouillés,* Crachats couleur de rouille.

ROUILLURE. s. f. [Pr. *rou-llure, ll* mouillées]. Effet de la rouille.

ROUIR. v. a. (orig. germ.: anc. haut all. *rozjan,* pourrir). Se dit du lin et du chanvre qu'on fait tremper dans l'eau, afin que les fibres textiles se séparent plus aisément de la partie ligneuse. *R. du lin. R. du chanvre.* || On dit aussi neutral., *Mettre du lin à r. Le chanvre ne rouit pas bien dans l'eau courante.* Voy. LIN. = ROUI, IE. part. *Du lin roui. Du chanvre roui.* || Subst., L'action de r. *La chaleur hâte le roui, le froid le retarde.* — Fam., *Cette viande sent le roui,* Elle a un mauvais goût qui vient de la malpropreté du vase où elle a été cuite.

ROUISSAGE. s. m. [Pr. *roui-sa-je*]. T. Techn. Action de rouir. Voy. LIN.

ROUISSOIR. s. m. [Pr. *roui-souar*]. Voy. ROUTOIR.

ROUJAN, ch.-l. de c. (Hérault), arr. de Béziers; 1,700 hab.

ROULADE. s. f. Action de rouler de haut en bas. *Vous avez fait une belle r.* Fam. || T. Mus. Nom vulgaire des traits rapides dans le chant. *Cette chanteuse fait bien les roulades.*

ROULAGE. s. m. Facilité de rouler. *Aplanir les chemins pour le r. des voitures.* || Le transport des marchandises sur des voitures à roue. *Ces ballots coûteront tant pour le r. R. ordinaire. R. accéléré.* || Établissement où l'on se charge de ce transport. *Une maison de r. Mettre une caisse au r.* || T. Agric. Action de passer le rouleau sur un terrain.

ROULANT, ANTE. adj. Qui roule aisément. *Un carrosse bien r.* — Par méton., on dit qu'*Un chemin est bien r.,* lorsque les voitures y roulent aisément. || *Chaise roulante,* Voiture à deux roues, traînée par un cheval de brancard, et par un ou deux chevaux de côté. || T. Chir. *Vaisseau r., veine roulante,* Vaisseau, veine qui se déplace quand on met le doigt dessus. || T. Guerre. *Feu r.,* Feu de mousqueterie continu. — Fig. et fam., *Un feu r. de saillies, d'épigrammes.* || T. Typogr. *Presse roulante,* Presse qui travaille, qui est en activité. || T. Chem. fer. *Matériel r.,* les wagons. || T. Fin. *Fonds roulants,* fonds de circulation pour les besoins courants.

ROULEAU. s. m. [Pr. *rou-lo*]. Se dit d'une chose enroulée sur elle-même de manière à représenter un cylindre. *Un r. de papier, de parchemin, de ruban. R. de charpie.* — Par anal., *Un r. de louis d'or.* — Fig. et prov., *Être au bout de son r.,* Voy. BOUT. || Cylindre de bois, de métal, de pierre, etc., servant à divers usages. *Transporter un bloc de marbre à l'aide de rouleaux de bois R. de pâtissier pour étendre la pâte. R. de lingère pour lisser le linge. R. de corroyeur pour rendre le cuir uni. R. de fonte, de pierre, pour recouvrir les semences, pour aplanir des allées.* || *Un r. d'orgeat, de sirop de guimauve,* etc., Une fiole de forme cylindrique contenant du sirop d'orgeat, etc. || T. Archit. Se dit quelquef. pour *Enroulement.* || T. Conchyliol. Nom vulg. des Volutes. Voy. VOLUTIDES. || T. Erpét. Genre d'*Ophidiens.* Voy. TORTRICIDES. || T. Typogr. Cylindre de bois qui, dans certaines presses à main, opère le double mouvement qui fait avancer et reculer le train. — Cylindre élastique monté sur un léger châssis de fer, à l'aide duquel on encre la forme. Voy. TYPOGRAPHIE.

Agric. — On sait qu'après le passage de la bêche ou de la charrue la terre est divisée en mottes irrégulières et plus ou moins volumineuses, qui laissent entre elles des vides considérables. Cette disposition facilite beaucoup l'aération du sol, mais elle est très défavorable aux semailles. De plus, lorsque le labour ou le bêchage date de quelques jours, les mottes durcissent à tel point que la herse ne pourrait les entamer ni les diviser. Il est aussi des terrains qui se soulèvent par l'action de la gelée, de manière à se fractionner en un plus ou moins grand nombre de parties solides mettant pour ainsi dire à nu les racines encore frêles des semailles nouvelles. Dans ces divers cas et dans d'autres encore, il est indispensable d'écraser et d'aplanir le terrain. Dans la petite culture, on obtient ce résultat en écrasant les mottes et les boursouflures avec des masses de bois; mais, dans la moyenne et dans la grande, on emploie des instruments appelés *Rouleaux* et qui sont constitués par des cylindres gros et pesants. Ces rouleaux sont de diverses espèces, car ils n'ont pas tous les mêmes services à rendre. On les divise en général en *Rouleaux compresseurs*, en *Rouleaux plombeurs* et en *Rouleaux brise-mottes*. Les premiers qui ont une forme cylindrique sont de bois, de pierre ou de fonte; en bois ou en pierre ils sont pleins; en fonte ils sont creux. Le poids des uns ou des autres est peu considérable. On les emploie de préférence pour tasser l'herbe naissante des prairies, pour écraser les insectes nuisibles qui, dans les champs, pullulent fréquemment à la surface du sol; ils servent aussi dans les terrains légers où les mottes offrent peu de résistance. On a également fait usage de rouleaux compresseurs de forme polygonale qui donnaient une pression beaucoup plus grande mais exigeaient une force de traction bien plus considérable; c'est pourquoi on les a abandonnés d'une manière presque complète. Enfin, les rouleaux compresseurs sont faits d'un unique cylindre ou de deux ou trois cylindres juxtaposés et montés sur un même axe autour duquel chacune des parties peut tour-

ner librement. Lorsque ces cylindres, au lieu de présenter une surface unie, sont armés de chevilles, de cannelures ou de dents de fer, on les appelle *Rouleaux à pointes* ou *Rouleaux brise-mottes*. Leur dénomination indique l'usage auquel on les destine. Mais on a imaginé des rouleaux encore plus énergiques : ce sont les rouleaux à *disques tranchants* et à *disques dentés*, qui sont d'origine anglaise. Le r. à disques tranchants, qu'on appelle encore *Rouleau-squelette* et *Rouleau-Dombasle*, du nom de l'illustre agronome qui l'a introduit en France, se compose d'un certain nombre de disques de fonte, peu tranchants, et séparés par des rondelles d'un diamètre un peu plus petit. Les uns et les autres sont montés sur un même arbre de fer, dont les tourillons s'engagent dans un cadre de charpente auquel on attelle des chevaux. Parmi les rouleaux à disques dentés, le *Rouleau Crosskill*, ainsi appelé du nom de son inventeur, est celui qui est le plus universellement répandu. Cet instrument se compose de 17 à 23 roues de fonte, d'un diamètre de 60 à 80 centimètres, dentelées à leur circonférence (Fig. ci-dessus : Disque isolé), et s'emmanchant les unes à côté des autres dans un axe commun, sans autre précaution pour les fixer. « Chaque pièce fonctionnant isolément, dit Jourdier, bien que toutes soient soumises à la même traction, il existe une dislocation générale de l'instrument, qui empêche les engorgements. Ce r. agit surtout par son poids, qui est considérable.

ROULÉE. s. f. Action de donner force coups. Fam.

ROULEMENT. s. m. [Pr. *roule-man*]. Mouvement de ce qui roule. Le r. de cette voiture fait grand bruit sur le pavé. *Résistance au r.*, ou *frottement de r.* Voy. FROTTEMENT. — *R. d'yeux*, Le mouvement par lequel on tourne les yeux de côté et d'autre, en sorte que la vue paraît égarée. *Il faisait des grimaces et des roulements d'yeux à faire peur.* Se dit aussi d'un mouvement d'yeux où l'on remarque de l'affectation. *Cet hypocrite faisait des roulements d'yeux.*

Ses roulements d'yeux et son ton radouci.

MOLIÈRE.

|| Fig., L'action de se remplacer alternativement dans certaines fonctions, à un certain rang, etc. *Il se fait un r. annuel dans les tribunaux*, de sorte que les diverses chambres ne sont pas toujours composées des mêmes membres. || T. Comm. *R. de fonds*, Circulation d'une certaine quantité d'argent. *Il y a un grand r. de fonds dans cette maison.* — *Fonds de r.*, Somme en espèces métalliques ou en billets de banque nécessaire aux payements ordinaires et quotidiens. || T. Mus. Se disait autrefois pour roulade; ne se dit plus qu'en parlant des tambours et des timbales, et signifie Une succession rapide de percussions d'où résulte un son qui semble continu.

ROULER. v. a. (lat. *rotulus*, dimin. de *rota*, roue). Faire avancer en tournant. *R. une boule, un tonneau. R.*

des pierres du haut d'une montagne. La rivière roule ses eaux limoneuses. Un torrent qui roule des cailloux. — Popul., *R. carrosse*, Avoir un carrosse à soi. — Fam., *R. les yeux*, Tourner les yeux de côté et d'autre avec violence, effort ou affectation. *Il roulait les yeux comme un possédé.* — Fig., *R. de grands projets dans sa tête*, Méditer de grands desseins. On dit fam., de quelqu'un qui vit doucement dans une fortune médiocre, *Il roule doucement sa vie;* et d'un homme qui mène une vie assez misérable, au jour le jour, *Il roule sa vie comme il peut.* || Plier en rouleau. *R. un papier, un tableau, une pièce d'étoffe*, etc. — *R. une cigarette*, mettre du tabac dans un papier que l'on roule tout autour. || Fig., *R. quelqu'un*, le retourner à sa guise, dans une affaire, ou le battre. — ROULER. v. n. Tourner ou avancer sur soi-même. *Une boule qui roule. Cette voiture roule aisément. Les flots roulent sur le gravier, sur le sable. Tout l'appareil roule sur deux pivots. Le ciel, les astres roulent sur nos têtes*, se dit du mouvement apparent du ciel et des astres. — Fam., *Il fait beau r.*, Le chemin est bien uni, il est excellent pour les voitures. — Fam., *Les yeux lui roulaient dans la tête*, Il les tournait de côté et d'autre avec rapidité. || Fig. et fam., *R. sur l'or et sur l'argent*, Être fort riche. *L'argent roule dans cette maison*, L'argent y est en abondance; et *L'argent roule dans ce pays*, L'argent y circule, le commerce y est très actif. *Le revenu de sa terre, de sa place*, etc., *roule bon an, mal an, entre telle et telle somme*, Il varie de telle à telle somme. — Fig., *La conversation, ce discours, cette dissertation*, etc., *roule sur telle matière*, Cette matière en est le principal sujet. *Tout roule là-dessus*, C'est le point principal, l'affaire principale dont tout le reste dépend. *L'affaire roule sur lui*, Il en est principalement chargé, ou *Il y a la principale influence. Tout roule sur lui dans cette maison*, Il y est chargé de toutes les affaires. || Fig., Errer sans s'arrêter, sans se fixer en un lieu. *Il y a longtemps qu'il roule par le monde. Il a roulé dans tous les pays de l'Europe.* || Prov. *Pierre qui roule n'amasse pas mousse*, celui qui change sans cesse de métier ne fait pas fortune. — Fig., *Mille pensées différentes lui roulent dans l'esprit, mille projets lui roulent dans la tête*, Lui passent et lui passent dans l'esprit, sans qu'il s'arrête, sans qu'il se fixe à aucun. || Fig., Subsister, trouver moyen de subsister. *Il n'a point de bien, mais il ne laisse pas de r. C'est lui qui fait r. toute la maison.* Fam. || Fig., Alterner, exercer des fonctions l'un après l'autre. *Les membres des différentes chambres de ce tribunal roulent entre eux. Ils roulent ensemble. Un tel roule avec un tel. Le commandement roulait entre les trois généraux.* || T. Mar. Se dit d'un bâtiment qui, étant agité par les vagues, éprouve des oscillations latérales. *Le vaisseau fut longtemps à ne faire que r.* Par métonymie, *Nous roulâmes toute la nuit.* || T. Typogr. *La presse roule*, Le tirage est en train. On dit aussi quelquefois, *Faire r. la presse*, pour tirer des feuilles d'un ouvrage. — SE ROULER. v. prou. *Se r. sur l'herbe, sur un lit, dans la poussière, dans la boue*, etc., *Se rouler de côté et d'autre étant couché sur l'herbe, étant étendu dans la poussière*, etc. = Roulé, ÉE. part.

ROULERS, v. de Belgique (Flandre occidentale); 17,000 hab.

ROULETTE. s. f. [*rou-lète*]. Petite roue, ou petite boule de bois, de fer, etc., qui sert à faire rouler la machine ou le meuble auquel elle est attachée. *Les roulettes d'un lit, d'une table*, etc. *Un fauteuil à roulettes*. — Fig. et fam., *Cela va comme sur des roulettes*, se dit d'une affaire qui marche facilement, sans lenteur et sans aucun obstacle || Instrument de fer muni d'une petite roue dont les relieurs se servent pour tracer les filets. || Petite roue d'acier armée de dents, dont les graveurs se servent pour tirer des lignes ponctuées. || Petite chaise à deux roues et traînée par un homme. Voy. BROUETTE et VINAIGRETTE. || Petit lit fort bas qu'on peut mettre sous un grand lit. || T. Géom. Courbe engendrée par un point relié à une courbe mobile qui roule sur une courbe fixe. Voy. plus bas. || T. Jeu. Sorte de jeu de hasard où une petite boule d'ivoire, lancée dans un grand cercle divisé en trente-huit cases numérotées en rouge et en noir, décide de la perte ou du gain, suivant qu'elle s'arrête dans une case du numéro pair ou impair, et de la couleur rouge ou noire. *Jouer à la r. Perdre son argent à la r.* || *R. d'enfant*, Machine roulante où un petit enfant se tient debout sans pouvoir tomber, et qui l'aide à marcher.

Géom. — On appelle r. une courbe (C) qui roule sans glisser sur une autre courbe (D) qui prend le nom de *base* de la r. Si l'on suppose qu'un point M est invariablement lié à la r. ce point décrira une courbe dont la normale sera dirigée de M vers le point de contact A de la r. avec la base, parce que ce point de contact est le centre instantané de r. du plan mobile. Voy. CINÉMATIQUE. Par conséquent la tan-

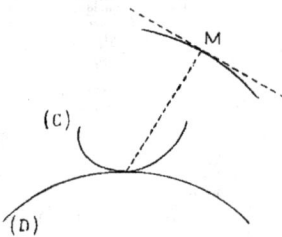

gente à la courbe est la perpendiculaire à AM. Cette théorie présente de nombreux cas particuliers intéressants. Si la r. est une droite, et si le point M est sur cette droite, la courbe engendrée est la *développante* de la base. Si la base est une droite et la r. un cercle, la courbe engendrée est une *cycloïde*. Si enfin la base et la r. sont deux cercles, la courbe engendrée prend le nom d'*épicycloïde* quand la r. est en dehors de la base et d'*hypocycloïde* quand elle en est à l'intérieur. Voy. DÉVELOPPANTE, CYCLOÏDE, ÉPICYCLOÏDE, HYPOCYCLOÏDE.

ROULEUR, EUSE. s. Ouvrier qui roule les tonneaux, qui brouette le minerai, la terre à brique, etc. || Ouvrier qui va d'atelier en atelier. || T. Agric. Charançon de la vigne. || T. Zool. Nom vulg. du Rhynchite, espèce de *Coléoptère*. Voy. CURCULIONIDES. = ROULEUSE. s. f. Femme de mauvaise vie. Fam. = ROULEUSES. s. f. pl. Syn. de chenilles *Tordeuses*, ou *Arpenteuses*, ainsi nommées parce qu'elles roulent les feuilles pour faire leur cocon dans l'intérieur. Voy. NOCTURNES, 6.

ROULEUR, EUSE. adj. Qui roule, qui a l'habitude de rouler.

ROULIER. s. m. (R. *rouler*). Voiturier par terre, qui transporte des marchandises sur des chariots, charrettes, etc. = ROULIÈRE. s. f. Blouse de voiturier.

ROULIS. s. m. [Pr. *rou-li*] (R. *rouler*). T. Marine. Oscillations successives et alternatives d'un bâtiment tantôt sur tribord, tantôt sur bâbord. Le *r.* est occasionné par les lames qui battent les flancs d'un navire.

ROULOIR. s. m. [Pr. *rou-louar*] (R. *rouler*). T. Cirier. Outil qui sert à rouler sur une table les bougies et les cierges. || Cylindre pour effacer les plis de la toile. || Rouleau du métier à bas sur lequel l'ouvrage l'enroule à mesure qu'il se fabrique.

ROULON. s. m. (R. *rouler*). T. Techn. Barreau rond de bois. Les *roulons d'une échelle*.

ROULOTTE. s. f. [Pr. *rou-lote*] (R. *rouler*). Voiture de forains. || Voiture de roulage. || *Vol à la r.*, Soustraction des colis de voitures de roulage.

ROULOTTIER. s. m. [Pr. *rou-lo-tié*]. Possesseur d'une roulotte.

ROULOUL. s. m. T. Ornith. Espèce de *Gallinacé*. Voy. FAISAN, VI.

ROULURE. s. f. Action de rouler, État de ce qui est roulé. || T. Hortic. Maladie des arbres qui s'annonce par la séparation d'une ou plusieurs de leurs couches ligneuses qui se roulent sur elles-mêmes.

ROUMAIN, AINE. adj. Qui appartient à la Roumanie. = s. Habitant de la Roumanie. — Le *r.*, la langue roumaine. **Ling.** — Le *roumain* parlé en Roumanie est une langue dérivée du latin avec un mélange de nombreux éléments étrangers parmi lesquels dominent les éléments slaves. Le latin fut apporté dans ce pays par les colons de Trajan au second siècle de notre ère. La Roumanie était alors habitée par les Daces. On ignore quelle était l'origine de ce peuple; cependant la langue roumaine semble indiquer que c'était un peuple slave, car il paraît peu probable que les invasions ultérieures aient pu modifier la langue au point d'y faire disparaître l'élément indigène. La comparaison du r. avec les langues romanes de l'occident de l'Europe est intéressante. Outre la différence qui tient à ce que les langues romanes sont du latin modifié par le germanique et le celtique, tandis que le r. est du latin modifié par un idiome slave, il semble qu'il y ait aussi une différence sensible dans le dialecte latin primitif. Tandis que les langues romanes dérivent du latin populaire tel qu'on le parlait vers la fin de l'empire, le r. est rempli d'expressions archaïques qui remontent au temps d'Ennius et de Nævius. Tel est, par ex., la suppression de la consonne finale des substantifs : *lupu*, loup; *ursu*, ours; *albu*, blanc. Le r. a un article (*l, ul, le* au masc., *a* et *oa* ou fém.), comme les langues romanes, mais cet article se place à la suite du substantif : *omul*, l'homme; *muierea*, la femme. Le verbe se modifie suivant les personnes et les nombres, ce qui peut dispenser de l'emploi des pronoms. Les Roumains ont une littérature assez riche. Il y a, dans la classe littéraire, une tendance à épurer la langue dans le sens d'un retour vers le latin.

ROUMANIE. Royaume récent formé des provinces de Moldavie et de Valachie délivrées du joug turc, par le traité de Paris, en 1856. Son nom vient d'une colonie romaine qui prospéra dans ces parages au temps des Antonins, après leur conquête sur les Daces et les Gètes. Après la chute de l'empire romain ces régions firent partie de l'empire des Avares, puis les Valaques s'y établirent au X° siècle, et franchirent même le Danube formant un royaume sur la rive droite de ce fleuve conjointement avec les Bulgares. Au XIV° siècle la Moldavie-Valachie s'étendit du Danube au Dniester, contenant toute la Bessarabie avec Bucharest et Jassi pour capitales, et, au siècle

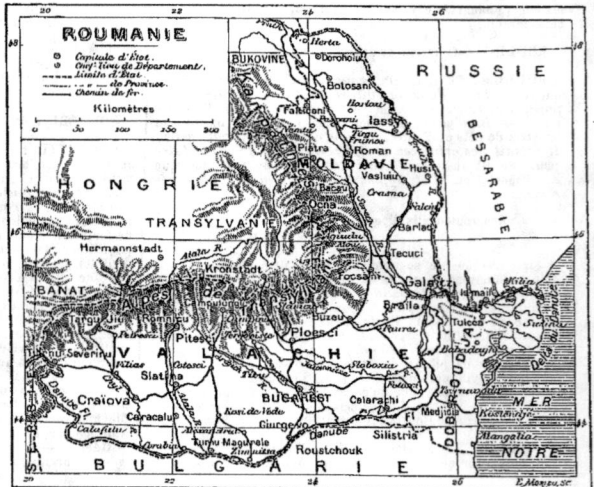

suivant, elle devint la proie des Turcs, jusqu'au jour où l'Europe la délivra et en fit deux principautés unies.

Ces deux principautés, d'ailleurs, élurent le même hospodar, le prince Couza, et, en fait, n'en formèrent qu'une avec un seul et même Parlement. Mais, en 1864, Couza dispersa la Chambre des députés et, en 1866, il fut à son tour renversé par un soulèvement général.

Comme celle de la Grèce et de la Bulgarie, la délivrance de la Moldo-Valachie, appelée depuis Roumanie, servit à doter d'une couronne un prince allemand. Celui qui fut choisi appartient à la famille de Hohenzollern. Le Parlement lui donna le nom de Roi en 1881.

La Roumanie est actuellement bornée au N.-O. par la chaîne des Karpathes qui la sépare de l'Autriche-Hongrie, au N.-E. par le Pruth qui la sépare de la Russie, au Sud par le Danube qui la sépare de la Bulgarie, à l'Est par la mer Noire.

Elle est arrosée par d'importants affluents de gauche du Danube, le Chyl, l'Alata, l'Ardjich, la Dombovitza, la Jalomnitza, le Sereth et enfin le Pruth.

Depuis sa formation la Roumanie possédait au delà de cette rivière une partie de la Bessarabie. Mais, après la guerre russo-turque de 1877, le traité de San Stefano attribua cette province entière à la Russie, et la Roumanie reçut en échange la Dombroudja sur la rive droite du Danube.

Le versant roumain des Karpathes abonde en forêts de sapins, de hêtres et, plus bas, de chênes. Il renferme des richesses minières. Les principales industries du pays sont la distillerie, la minoterie, la raffinerie et la brasserie.

La population est d'environ 6,000,000 d'habitants, Bucharest, capitale, en compte environ 250,000. Les autres villes importantes sont Jassi, Galatz, Craïova, etc.

Prince régnant depuis 1866, Charles 1er de Hohenzollern, né en 1839. La reine de Roumanie est connue dans les Lettres sous le nom de CARMEN SYLVA.

ROUMEL. Voy. RUMMEL.

ROUMÉLIE ORIENTALE, prov. de la Turquie d'Europe, au sud du Balkan, autonome depuis 1878; pop. 975,000 hab. Ch.-l. *Philippopoli*, v. pr. *Andrinople* et *Salonique*. Elle correspond à la Macédoine et à la Thrace des anciens.

ROUMÉLIOTE. adj. et s. 2 g. Qui appartient à la Roumélie, habitant de la Roumélie.

ROUPIE. s. f. (sanscr. *rûpya*, or, argent, de *rûpa*, bétail). T. Métrol. Monnaie de l'Inde dont la valeur varie suivant les pays. Voy. MONNAIE.

ROUPIE. s. f. (orig. inconnue : peut-être du german. Ce mot serait pour *droupie* ou *troupie* : holl. *neusdrop*, roupie, de *drop*, écoulement et *neus*, nez). Humeur sécrétée par la muqueuse nasale, et qui pend au nez par gouttes. *Avoir la r. au nez.*

ROUPIEUX, EUSE. adj. et s. [Pr. *rou-pieu, euze*]. Qui a habituellement la r. *Avoir le nez r. Un vieux r. Une vieille roupieuse.* Fam.

ROUPILLE. s. f. [Pr.*roupi-lle, ll* mouillées] (esp. *ropilla*, m. s. de *ropa*, robe). Sorte de casaque serrée et courte.

ROUPILLER. v. n. [Pr. *roupi-ller, ll* mouillées] (vx fr. *roupille*, manteau dont s'enveloppaient les Espagnols pour dormir). Sommeiller à demi. *Il n'a fait que r. pendant le sermon.* Fam.

ROUPILLEUR, EUSE. s. [Pr.*roupi-lleur, euze, ll* mouillées]. Celui, celle qui roupille fréquemment. *Un vieux r.* Fam.

ROURE. s. m. Voy. ROUVRE.

ROUSSABLE. s. m. [Pr. *rou-sable*]. Atelier où l'on fume les harengs.

ROUSSÂTRE. adj. 2 g. [Pr. *rou-sâtre*] (R. *roux*, et le suff. *âtre, âtre*). Qui tire sur le roux.

ROUSSÉACÉES. s. f. pl. (R. *Rousséa*, nom donné à l'un des genres de ce groupe en l'honneur de Jean-Jacques Rousseau). T. Bot. Nom donné par de Candolle à la famille des

Brexiacées, dont on a fait aujourd'hui une tribu de la famille de *Saxifragacées.* Voy. ce mot.

ROUSSEAU. adj. et s. m. [Pr. *rou-so*] (Dimin. de *roux*). Qui a les cheveux et le poil roux. *Cet homme est r. C'est un vilain r.* Fam.

ROUSSEAU (JEAN-BAPTISTE), poète fr., auteur d'*Odes* (1671-1741).

ROUSSEAU (JEAN-JACQUES), philosophe, né à Genève (1712-1778), auteur d'un *Discours sur l'origine de l'inégalité parmi les hommes*, de la *Nouvelle Héloïse*, de l'*Émile* ou l'*Education*, du *Contrat social*, etc. Rousseau est l'un des écrivains qui ont eu le plus d'influence sur le mouvement des idées à la fin du XVIIIe siècle.

ROUSSEAU (THÉODORE), célèbre paysagiste fr. (1812-1867).

ROUSSELET. s. m. [Pr. *rousse-lè*] (R. *roux*). Sorte de poire d'été qui a la peau roussâtre et un parfum agréable. *Des poires de r.*, ou simpl., *Du r.*

ROUSSEROLLE. s. f. [Pr. *rousse-role*] (Dimin. de *rousse*). T. Ornith. Genre de *Passereaux.* Voy. FAUVETTE, 2.

ROUSSES (LES), vge fortifié du dép. du Jura, arr. de Saint-Claude; 2,500 hab.

ROUSSETTE. s. f. [Pr. *rou-sète*] (Dimin. de *rousse*). T. Mamm. Genre de *Chauves-Souris.* Voy. CHÉIROPTÈRES. || T. Ornith. Nom vulg. de la Fauvette des bois. || T. Icht. Nom vulg. d'une espèce de squale appelé aussi *Chat-marin.* Voy. SQUALE. || T. Arboric. Sorte de poire rougeâtre.

ROUSSEUR. s. f. [Pr. *rou-seur*]. Qualité de ce qui est roux. *La r. de son poil.* || T. Méd. Voy. TACHE.

ROUSSI. s. m. [P. *rou-si*] (corrupt. de *Russie*). Anc. nom du cuir de Russie. Voy. CUIR, VI, A.

ROUSSI. s. m. (part. pass. de *roussir*). T. Techn. Opération qui précède le blanchiment des fils et tissus. Voy. BLANCHIMENT.

ROUSSILLON. s. m. [Pr. *rou-si-llon, ll* mouillées]. Vin de Roussillon.

ROUSSILLON, anc. prov. de France, a formé le département des Pyrénées-Orientales. Cap. *Perpignan.* Fut réuni à la couronne en 1659.

ROUSSILLON, ch.-l. de c. (Isère), arr. de Vienne; 1,500 hab.

ROUSSIN, amiral fr. (1781-1854).

ROUSSIN. s. m. [Pr. *rou-sin*] (all. *ross*, cheval). Cheval entier, un peu épais, et entre deux tailles. *Un bon r. Un attelage de roussins.* || Fig. et fam., *Un r. d'Arcadie,* Un âne.

ROUSSIR. v. a. [Pr. *rou-sir*]. Faire devenir roux. *C'est le feu qui a roussi cette étoffe. Le grand air roussit le papier.* = Roussin. v. n. Devenir roux. *Les perruques roussissent quand on les fait faire r. ce linge, il est trop près du feu.* = Roussi, IE. part. || Subst., *Odeur de roussi,* L'odeur d'une chose que le feu a roussie, et qui est près de brûler. *Cela sent le r.* — *Sentir le roussi,* avoir des opinions téméraires, et jadis émettre des propositions hérétiques.

ROUSSISSAGE. s. m. [Pr. *rousi-saje*]. Action de roussir.

ROUSTCHOUCK, v. de Bulgarie; 29,000 hab.

ROUT. s. m. Voy. RAOUT.

ROUTAILLER. v. a. [Pr. *rou-ta-ller, ll* mouillées]. T. Vén. Suivre une bête avec le limier pour la faire tirer par les chasseurs. = ROUTAILLÉ, ÉE. part.

RÔUTE. s. f. (lat. *rupta*, brisée, sous-ent. *via*, chemin).
Voie publique pratiquée pour aller d'un lieu à un autre. *La
grande r.* ou *la grand'r. La r. de Paris à Bordeaux.
L'entretien des routes. On a percé une r. dans ce bois.
On a ouvert plusieurs routes dans la forêt.* — *La r. de
tel lieu à tel autre est très bonne, très mauvaise, dangereuse, peu sûre, etc.*, se dit des commodités ou des in-
commodités qu'on trouve sur une r. *R. ferrée,* R. empierrée.
‖ La direction qu'on suit ou qu'on peut suivre par terre ou
par mer, pour aller en un lieu. *La r. de terre, la r. par
mer. Quelle r. prendrez-vous? Il a pris sa r. par la
Bourgogne. La flotte prit la r. d'Alexandrie. Le navire
faisait r. vers le nord. Il est resté en r. Nous avons fait
r. ensemble.* — *Faire fausse r.,* S'écarter de son droit
chemin sans le vouloir; en T. Mar., Se détourner de la r.
qu'on avait prise et en prendre une différente pour se dérober
à la poursuite d'un ennemi; et Fig., Se tromper dans une
affaire, employer des moyens contraires à la fin qu'on se propose. ‖ T. Guerre. Le chemin et le logement des militaires en
voyage. *Donner une r. à des troupes. Avoir une bonne,
une mauvaise r. Indemnité de r.* — *Feuille de r.,* ou
simpl. *Route,* Écrit qui indique la r. que doit suivre une
troupe ou un militaire isolé, ainsi que leurs logements. *Faire
viser sa feuille de r. La feuille de r.* tient lieu de passe-
port. ‖ L'espace que parcourent les astres, les eaux, etc., en
se dirigeant d'un point à un autre. *La r. de Vénus. Ce
fleuve se grossit sur sa r. d'un grand nombre de petites
rivières.* ‖ Fig., La conduite qu'on tient dans la vue d'arriver à quelque but, les moyens qu'on y mènent. *Prendre la
bonne, la mauvaise r. La r. des dignités, des honneurs.
La r. de la gloire, de la vertu, du vice.*

O Dieu ! par quelle route inconnue aux mortels
Ta sagesse conduit ses desseins éternels !

RACINE.

*La r. du ciel, du salut. On lui a marqué, on lui a tracé
sa r. Il a pris la r. la plus aisée, la plus courte, la plus
sûre.* — A VAU-DE-ROUTE. loc. adv. Précipitamment et en
désordre; se dit, avec les verbes *Fuir* et *Aller*, en parl.
des gens de guerre. *Les ennemis s'enfuirent à vau-de-
r.* Vx.

Syn. — *Chemin, Voie.* — Le mot *route* renferme l'idée
de quelque chose d'ordinaire et de fréquenté. C'est pourquoi
l'on dit : la *r.* de Lyon, la *r.* de Belgique. Le mot *voie* marque
une conduite certaine vers le lieu où l'on veut aller. Ainsi,
l'on dit que les souffrances sont la *voie* du ciel. *Chemin*
signifie précisément le terrain qu'on suit et dans lequel on
marche; et en ce sens on dit que les *chemins* de traverse
sont quelquefois les plus courts, mais que le grand *chemin*
est toujours le plus sûr. Les *routes* diffèrent proprement
entre elles par la diversité des places et des pays par où l'on
veut passer Dans le sens figuré, la bonne *r.* conduit sûre-
ment au but; la bonne *voie* y mène avec honneur; le bon
chemin y mène facilement. On se sert aussi des mots de *r.*
et de *chemin* pour désigner la marche. Mais il y a alors
cette différence, que le premier, ne regardant que la marche
en elle-même, s'emploie dans un sens absolu et général, sans
admettre aucune idée de mesure ou de quantité : ainsi l'on dit
simplement, être en *r.,* faire *r.,* au lieu que le second ayant
non seulement rapport à la marche, mais encore à l'arrivée
qui en est le but, s'emploie dans un sens relatif à une idée
de quantité marquée par un terme exprès, ou indiquée par la
valeur de ce qui lui est joint : de sorte qu'on dit, faire peu
ou beaucoup de *chemin*. Enfin, *voie* signifie un moyen particulier pour arriver à une fin particulière.

Trav. publ. — I. — Pour que les *Routes* puissent répondre à leur destination, il faut qu'elles soient établies de
manière à diminuer le plus possible les résistances qu'éprouvent les voitures qui les parcourent. Elles remplissent cette
condition quand elles n'ont pas possible les routes rampes, et que
les matériaux dont elles sont faites sont durables et offrent
aux roues une surface unie. Leur construction donne lieu à
trois classes d'opérations : les *études,* les *terrassements*
et l'*établissement de la chaussée.* — Par *Études,* on entend les travaux qui précèdent l'arrivée des ouvriers sur le
terrain, et dont plusieurs se font dans le cabinet. La première consiste à déterminer le parcours de la *r.,* ses points
extrêmes étant donnés. Pour cela, après avoir exécuté les
nivellements nécessaires, on dresse ce qu'on appelle le *profil
en long* de la *r.,* c.-à-d. un dessin sur lequel on indique
le profil de la r. avec ses *Paliers,* ou parties horizontales,
ses *Rampes,* ou parties inclinées, et les hauteurs des rem-

blais et des déblais à effectuer. En ce qui concerne les
rampes, on cherche à ne pas dépasser un maximum, au delà
duquel on s'exposerait à donner lieu à des accidents et l'on
accroîtrait outre mesure la fatigue des chevaux. Or, l'expérience a appris que ce maximum est de 7 centimètres par
mètre; mais, en général, on évite de dépasser 5 centimètres par mètre. Le profil en long terminé, on fait le levé
d'un certain nombre de *profils en travers.* Combinés avec
le précédent, ces profils servent à faire le cubage des remblais et des déblais, à déterminer les largeurs de terrain nécessaires pour l'emplacement de la r., largeurs qui varient
suivant l'inclinaison des talus, et à calculer le profil de la r.
perpendiculairement à son axe, profil qui change suivant les
circonstances locales. Ainsi, par ex., quand la r. est en
plaine, on lui donne une forme bombée dont la courbure
varie, selon la solidité du terrain, du 40e au 20e de la corde.
Quand elle est située sur le revers d'une montagne, où la
déclivité forme précipice, on l'incline d'une manière uniforme
vers le coteau afin de prévenir les accidents. La forme bombée
ou inclinée, que l'on donne au profil en travers, est indispensable pour l'écoulement des eaux, lequel ne peut s'effectuer
convenablement qu'avec une inclinaison de 2 centimètres par
mètre. On termine les études en indiquant, au moyen de
piquets et de petites rigoles, les largeurs des surfaces de terrain qui doivent être prises; en plantant des gabarits, destinés à faire connaître aux ouvriers l'inclinaison des talus;
et, enfin, en prenant toutes les mesures nécessaires pour
éviter les fausses manœuvres, c.-à-d. les travaux inutiles. —
Les *Terrassements* se composent de déblais et de remblais. Il
y a toujours un grand avantage à se servir de la terre des
premiers pour exécuter les seconds, mais il arrive parfois que
cela est impossible, soit parce que la nature de cette terre ne
le permet pas, soit parce que le lieu d'où on la tire est trop
éloigné de celui où il faut l'employer. Dans ce cas, on a
recours aux *Retroussements* et aux *Emprunts,* opérations
qui consistent, la première à transporter la terre des déblais
sur un terrain voisin de la r. et tout près de ces derniers, la
seconde à déblayer un terrain également voisin de la r. et
près des points à remblayer. Au reste, les travaux de terrassement s'exécutent en général comme nous l'avons exposé au
mot CHEMIN DE FER. — Pour l'établissement de la *Chaussée,*
on procède suivant la nature de chaussée qu'on a adoptée. On
distingue en effet 3 sortes de chaussées : les *Chaussées
pavées,* les *Chaussées en empierrement,* et les *Chaussées à
la Mac Adam.* Les premières sont les plus résistantes :
aussi les routes très fréquentées par de lourdes voitures sont-
elles pavées; mais le pavé est fatigant pour les véhicules
légers et rapides. Aussi la plupart des routes sont-elles em-
pierrées. Voy. PAVAGE. EMPIERREMENT.

Le milieu de la chaussée est spécialement destiné à la circulation des voitures, tandis que les parties latérales, ou
Accotements, sont réservées aux piétons. C'est sur ces dernières que se trouvent placés les divers accessoires qui
accompagnent ordinairement les routes, et dont les principaux
sont les *Plantations* et les *Bornes kilométriques.* Les premières ont pour objet d'indiquer, pendant la nuit, au voyageur,
la direction de la chaussée, et les secondes de marquer les
distances. Celles-ci varient de hauteur suivant qu'elles marquent les kilomètres ou les hectomètres. De plus, aux
croisements de routes se trouvent des poteaux ou des colonnes
qui font connaître, outre le numéro et les points extrêmes
de la r., la distance qui existe entre le croisement et les deux
villes les plus rapprochées. Enfin, chacun des accotements
est bordé extérieurement par un *fossé d'écoulement,* que
l'on dispose souvent en gradins, au lieu de leur donner une
pente uniforme, pour éviter les effets d'une trop grande vitesse
de l'eau.

II. — *Classification des routes en France.* — La création
du premier système de grandes routes en France est généralement attribuée à Philippe Auguste. Depuis cette époque
jusqu'au XVIIe siècle, la viabilité intérieure reçut des perfectionnements et des développements successifs, principalement
sous les règnes d'Henri IV et de Louis XIV. Toutefois, ces
progrès furent assez lents; car, même vers le milieu du dernier siècle, un voyage dans l'intérieur du royaume était une
opération à la fois très laborieuse et très dispendieuse, et
qui n'était pas toujours sans danger. Sous Louis XV et
Louis XVI, les routes se divisaient en quatre classes, d'après
leur importance et la largeur qu'il convenait de leur donner.
Les routes de la 1re classe avaient 42 pieds de largeur; celles
de la 2e avaient 36 pieds; celles de la 3e en avaient 30,
et celles de la 4e seulement 24. Aujourd'hui encore les routes
qui sillonnent notre territoire forment 4 catégories, savoir :

es *Routes nationales*, les *Routes départementales*, les *Routes stratégiques* et les *Chemins vicinaux*. — Les *Routes nationales* sont celles qui sont exclusivement construites et entretenues aux frais de l'État. Elles se subdivisent en 3 classes. La 1re comprend celles qui conduisent de la capitale aux frontières et aux grandes villes maritimes ; la 2e celles qui, suivant la même direction, ont une moindre importance ; dans la 3e sont comprises toutes les routes qui assurent des communications d'intérêt général, sans partir de la capitale pour arriver aux frontières. Les routes nationales ne peuvent être créées que par une loi, rendue après une enquête administrative. La largeur des routes nationales est en général de 12 mètres. La longueur totale des routes nationales, au 1er janvier 1898, était de 38,214 kilomètres pour la France et de 2,923 kilomètres pour l'Algérie. Actuellement, l'existence des chemins de fer rend moins nécessaire la création de nouvelles routes nationales ; il importe seulement d'améliorer et d'entretenir en bon état celles qui existent. — Les *Routes départementales* sont à la charge des départements. L'ouverture des routes de cette catégorie est ordonnée par décret du pouvoir exécutif, à la suite d'une enquête dans laquelle le conseil général du département doit émettre son avis. Lorsqu'une r. intéresse plusieurs départements, les conseils généraux intéressés statuent sur le classement et la direction de la r. — La largeur des routes est déterminée par l'acte qui en ordonne l'ouverture ou l'élargissement : elle est en général de 8 mètres. — Les *Routes stratégiques* sont particulièrement destinées à faciliter les opérations militaires. Elles ont été instituées par la loi du 27 juin 1833. Leur ouverture a lieu par décret, et leur entretien est supporté pour deux tiers par l'État, et pour un tiers par les départements. Les routes de cette catégorie sont utilisées, comme les autres, au profit des usages généraux. — La catégorie désignée sous le nom de *Chemins vicinaux* comprend les routes qui, suivant leur destination, sont construites et entretenues, soit par les communes seules, soit par les communes et par le département conjointement. Ces routes sont régies par la loi du 21 mai 1836 qui les divise en 3 sections, dites chemins de grande, de moyenne et de petite communication. Nous ne pouvons que renvoyer nos lecteurs à l'exposé que nous avons déjà fait de la réglementation des chemins vicinaux et des chemins ruraux au mot CHEMIN.

III. *Routes romaines.* — Nous terminerons cet article par quelques mots sur la construction des routes chez les Romains. Comme celles des nations modernes, les voies de communication de ce peuple formaient plusieurs catégories distinctes, suivant l'usage particulier auquel elles étaient destinées. Les plus célèbres, les seules d'ailleurs dont il reste des fragments, avaient pour objet de faciliter les mouvements des armées et de mettre la capitale de l'empire en communication avec les plus grandes villes et les points stratégiques les plus importants. Ce sont ces routes que l'on appelle vulgairement *Voies romaines*, et que les auteurs latins désignent génériquement sous les noms de *viæ militares*, *consulares*, *prætoriæ*, etc. Elles appartenaient naturellement à la classe des routes dont la dépense était à la charge de l'État (*viæ publicæ*), et l'on apportait tant de soin à leur établissement, que quelques-unes d'entre elles sont encore en bon état, quoiqu'on les ait laissées sans entretien pendant plusieurs siècles. On croit que les Romains empruntèrent leurs premières idées sur la construction des routes aux Carthaginois, et l'on cite le censeur Appius Claudius Cæcus, comme ayant le premier (an 442 de R., ou 312 avant J.-C.), fait paver une voie publique qui, de son nom, fut appelée *voie Appienne* (*via Appia*). Toutefois les ingénieurs romains ne suivirent pas toujours les mêmes procédés. Il est même probable qu'à toutes les époques, ils modifièrent plus ou moins, selon les circonstances, ceux qui étaient alors usités. Ce qui suit se rapporte seulement aux voies de premier ordre, et plus particulièrement à celles du temps de l'empire. On commençait par tracer deux petites tranchées peu profondes à parallèles (*sulci*), pour indiquer la largeur de la chaussée (cette largeur varie, selon les voies, de 3m,36 à 4m,60), et l'on creusait la terre entre ces deux limites jusqu'à ce qu'on arrivât à une terrain solide, capable de supporter les matériaux de la construction. Si l'on ne pouvait trouver un terrain assez résistant, soit à cause de la nature marécageuse du sol, soit pour tout autre motif, on y suppléait par un pilotis (*fistucationibus*). L'enracinement ainsi obtenu se nommait *gremium*. On y formait d'abord un lit de pierres plus ou moins grosses, ordinairement de la grandeur de la main, que l'on posait à plat les unes à côté des autres, et que l'on cimentait quelquefois avec du mortier. Sur cette première

couche, nommée *statumen*, on en établissait une seconde, dite *rudus* ou *ruderatio*, qui était composée de petites pierres et de briques concassées, damées fortement, et mêlées avec de la chaux. Cette seconde couche était surmontée d'une troisième, appelée *nucleus*, qui était faite, ou d'un mélange de sable et de chaux, ou de sable et de terre glaise, ou de chaux et de tuileaux grossièrement pulvérisés. C'est sur cette dernière qu'on établissait le pavé (*pavimentum*), que l'on faisait, suivant les lieux, soit avec de grandes dalles irrégulières (*silex*) assemblées avec le plus grand soin, soit avec

Fig. 1.

des matériaux réguliers ou des cailloux routés disposés comme on le fait encore pour les rues des villes. Le milieu de la chaussée était bombé, pour faciliter l'écoulement des eaux : d'où le nom d'*agger viæ*, sous lequel on le désignait ; mais on étendait quelquefois ce nom à la chaussée tout entière. Les voies romaines les plus parfaites présentaient donc en général 4 étages de maçonnerie ; mais, quand elles étaient établies sur le rocher ou sur pilotis, on supprimait le *statumen* et le *rudus*, et le *nucleus* se posait directement sur la surface destinée à le recevoir. Le milieu de la chaussée était ordinairement seul pavé : il était défendu contre le mouvement latéral par un *parement*, c.-à-d. par des pierres de bordure (*umbones*) solidement enfoncées dans le sol, et quelquefois reliées de place en place par de gros blocs cunéiformes (*gomphi*) (Fig. 1. Vue d'une partie d'une voie romaine à l'entrée de Pompéi). Quant aux accotements, ils étaient occupés par des trottoirs plus ou moins élevés (*crepidines*), sur le bord intérieur desquels se trouvaient de distance en distance des petits piédestaux ou montoirs pour aider les voyageurs à enfourcher leurs montures, tandis que leur bord extérieur était muni de *Pierres milliaires* (*lapides milliarii*, *milliaria*, ou simplement *lapides*). Ces pierres avaient le plus souvent la forme d'une petite colonne, haute de 1 mètre et demi à 2 mètres, et elles étaient placées de mille en mille pas, d'où leur nom. Leur usage avait été établi par C. Gracchus, 183 ans avant notre ère. Dans le principe, on y indiqua seulement la distance qui les séparait des villes voisines, mais, à partir d'Auguste, on y marqua également le nom et les

Fig. 2.

titres du prince régnant, ou ceux du personnage qui avait présidé à la construction ou à l'entretien de la r. Nous ferons remarquer que, sur les pierres milliaires découvertes dans notre pays, les distances sont presque toujours marquées en milles romains (*millia passuum*) sur celles qui ont été élevées dans les deux premiers siècles, et en lieues gauloises (*leucæ*) sur celles qui datent du IIIe siècle et des temps postérieurs : telle est la colonne milliaire que représente la Fig. 2, et qui a été découverte près de Vic-sur-Aisne. L'inscription qu'elle porte montre qu'elle a été érigée sous le règne de Caracalla (l'an 212 de notre ère), et indique qu'elle était située à 7 lieues de Soissons. — Nous avons dit plus haut qu'il existe encore des voies romaines dans un état de conservation à peu près complet : elles se trouvent surtout en Italie. Les fragments de celles qui n'ont pas entièrement disparu dans notre pays sont vulgairement désignés sous les noms de *Chemins des Romains, Chemins de César, Chemins haussés, ferrés* ou *perrés, ferrières, perrières*, etc. Dans les départements du Nord, on les appelle aussi quelquefois *Chaussées de Brunehaut*, parce que cette princesse les fit probablement réparer au VIᵉ siècle. C'est peut-être à une raison semblable qu'on doit rapporter l'origine des dénominations de *Chemins de la duchesse Anne, du duc Guillaume* et *de la reine Jeanne*, qu'on leur applique dans plusieurs parties de la Bretagne, de la Normandie et de la Provence.

ROUTIER. s. m. (R. *route*). Livre qui marque les routes de mer, les caps, les mouillages, etc., particulièrement pour les voyages de long cours. *Le r. de la Méditerranée. Le r. des Indes.* || *Routier* sign. aussi Celui qui sait bien les routes et les chemins ; mais, en ce sens, il n'est usité que dans la loc. fig. et fam., *Un vieux r.*, qui se dit d'un homme qui a beaucoup d'expérience, de pratique, et quelquefois d'un homme fin et cauteleux. || Adjectiv., *Carte routière*, Voy. CARTE.

ROUTIN. s. m. (Dimin.). T. Chasse. Petit sentier dans un bois.

ROUTINE. s. f. (R. *route*). L'usage depuis longtemps consacré de faire une chose toujours de la même manière. *Il ne connaît que la r. L'ornière de la r. Être esclave de la r. S'affranchir de la r.* || Capacité, faculté acquise par une longue habitude, par une longue expérience, sans connaissance des principes et des règles. *Il sait, il fait cela par r. Il a de la r., quelque r. Il a une grande r. du palais.*

ROUTINER. v. a. Habituer quelqu'un à faire une chose, la lui faire apprendre par routine. *Il faut la r. à coudre.* Peu us. = ROUTINÉ, ÉE. part. *J'y suis routiné.*

ROUTINIER, IÈRE. s. Celui, celle qui agit par routine, qui se conforme à la routine. *C'est un vieux r.* || Adject., on dit aussi, *Esprit r. Des habitudes routinières.*

ROUTINIÈREMENT. adv. [Pr. *routiniè-reman*]. D'une manière routinière.

ROUTOIR. s. m. [Pr. *rou-touar*]. T. Techn. Endroit où l'on rouit les textiles. On dit aussi ROUISSOIR. Voy. LIN.

ROUVERIN. adj. m. T. Métall. Se dit d'un fer qui est cassant. Voy. FER, VIII, 3.

ROUVIEUX ou **ROUX-VIEUX.** s. m. [Pr. *rou-vieu*] (orig. germ. : all. *rafe*; holl. *raf*, croûte. L'orthogr. *roux-vieux* est donc fausse). T. Art vétér Espèce de gale qui a son siège à la partie supérieure de l'encolure des chevaux, du mulet, de l'âne, à la naissance des crins. *Le r. est contagieux. Le roux-vieux est ainsi appelé de la teinte rousse que prennent les poils et la peau dans la partie affectée.* — Par ex., La gale qu'on observe à la région du dos, chez les chiens. *Ce chien a le r.* || Adject., *Un cheval, un chien r.*

ROUVRE. s. m. (lat. *robur*, chêne). T. Bot. Nom vulgaire du *Quercus Robur.* Voy. CHÊNE.

ROUVRIR. v. a. Ouvrir de nouveau. *Rouvrez la porte, la fenêtre. Cet effort rouvrit sa blessure.* || Fig., R. *la plaie, la blessure de quelqu'un*, Renouveler son chagrin. = SE ROUVRIR. v. pron. Être rouvert. *Sa saignée, sa blessure vint à se r.* = ROUVERT, ERTE. part.

ROUX, OUSSE. adj. [Pr. *rou, rou-se*] (lat. *russus*, m. s.). Qui est d'une couleur entre le jaune et le rouge. *Poil r. Cheveux r. Barbe rousse. Sausse rousse.* || *Un homme r., une femme rousse*, Un homme, une femme qui a les cheveux roux. — On dit aussi subst., *C'est un r. Une rousse. Je n'aime pas les rousses.* Fam. || *Beurre r.*, Beurre fondu de telle sorte qu'il devient roux. || *Lune rousse*, Voy. LUNE. —

On appelle aussi *Vents r.*, Les vents froids et secs qui soufflent en avril. =. ROUX, s. m. Couleur rousse. *Un r. ardent. Il est d'un vilain r., d'un r. désagréable.* || Sauce faite avec du beurre ou de la graisse et de la farine qu'on a fait roussir. *Faire un r. Ce r. est brûlé.*

ROUX, chirurgien fr. (1780-1854).

ROUX-LAVERGNE, historien fr. (1802-1874), collaborateur de Buchez pour l'*Histoire parlementaire de la Révolution française.*

ROUX-VIEUX. s. et adj. m. Voy. ROUVIEUX.

ROVERE (DE LA), famille italienne, qui donna à l'Église les papes Sixte IV et Jules II (XVᵉ et XVIᵉ siècles).

ROVEREDO, ch.-l. du cercle de *Tyrol* (Autriche-Hongrie), sur l'Adige; 10,000 hab.

ROVIGO, ch.-l. de la prov. de *Rovigo* (Italie, Vénétie); 9,500 hab. La province a 201,000 hab. Napoléon Iᵉʳ donna le titre de duc de Rovigo au général Savary.

ROVIGNO, v. d'Autriche (Istrie), port sur l'Adriatique; 9,500 hab.

ROXANE, fille d'un satrape de Bactriane, épousa Alexandre le Grand; elle en eut un fils nommé Alexandre Ægos, qui fut mis à mort avec sa mère en 311 av. J.-C.

ROXBURGH, comté d'Écosse; 53,442 hab. Cap. Jedburgh.

ROXELANE, favorite de Soliman II, mère de Bajazet et de Sélim II, mourut en 1557.

ROXOLANS, anc. peuple sarmate qui vivait sur les bords du Palus-Méotides entre le Dnieper et le Don.

ROY, poète fr. (1683-1764).

ROY (comte), financier fr. (1764-1847), ministre des finances en 1818, 1819 et 1820.

ROYAL, ALE. adj. [Pr. *ro-ial*] (lat. *regalis*, m. s., de *rex, regis*, roi). Qui appartient, qui a rapport à un roi. *Château r. Manteau r. Domaines royaux. Autorité, puissance royale. Sanction royale. La justice royale.* — *Maison royale*, Les princes et les princesses du sang royal. *Famille royale*, Les enfants et petits-enfants du roi régnant en ligne masculine; se dit aussi des enfants et petits-enfants du roi défunt, nés avant sa mort. *Prince r.*, Voy. PRINCE. *Altesse royale.* Voy. ALTESSE. — *Festin, banquet r.* Voy. BANQUET. || Qui émane du roi. *Ordre r. La faveur royale. Ordonnance royale.* — T. Chanc. anc. *Lettres royaux, Ordonnances royaux.* || Qui est digne d'un roi. *Magnificence royale. La clémence est une vertu royale.* || Dans les États monarchiques, on donne le titre de *Royal* à une foule d'établissements et d'institutions qui appartiennent à l'État, mais qui sont censés relever du roi lui-même ou être placés d'une manière spéciale sous sa surveillance, sous sa protection. *Le trésor r. L'armée royale. Le musée r. La bibliothèque, l'imprimerie royale. Les théâtres royaux. Académie royale de musique. Les routes royales. Cour royale.* — *Almanach r.* Voy. ALMANACH. || T. Fortif. *Bastion r.*, Le plus grand bastion d'une place forte. || T. Versif. anc. *Chant r.*, Voy. CHANT. || T. Zool. *Tigre r., Aigle r.*, Voy. TIGRE, etc. =. ROYALE. s. f. Bouquet de barbe qu'on laisse croître sous la lèvre inférieure. On dit plutôt, *Impériale.*

ROYALEMENT. adv. [Pr. *ro-iale-man*]. D'une manière royale, noblement, magnifiquement. *Il vit r. Il nous a traités r.*

ROYALISME. s. m. [Pr. *ro-ialisme*] (R. *royal*). Parti du roi ou attachement au parti du roi. *Monk, en Angleterre, servit le r. Il est d'un r. éprouvé.*

ROYALISER. v. a. [Pr. *ro-iali-zer*]. Rendre royaliste. = ROYALISÉ, ÉE. part.

ROYALISTE. adj. 2 g. [Pr. *ro-ialiste*]. Qui soutient les droits et les intérêts du roi, qui est attaché au parti du roi. *Parti r. L'armée r. Cet homme est fort r. Les opinions, les principes royalistes.* || On dit aussi subst., *Un r. éprouvé. C'est une r. dévouée, Les royalistes et les parlementaires.* || Fig. *Être plus r. que le roi,* Prendre les intérêts de quelqu'un plus qu'il ne fait lui-même.

ROYAN. s. m. [Pr. *ro-ian*]. T. Comm. Nom donné aux grosses sardines qu'on pêche surtout à l'embouchure de la Gironde.

ROYAN, ch.-l. de c. (Charente-Inférieure), arr. de Marennes, port sur la rive droite et à l'embouchure de la Gironde; 7,200 hab.

ROYAT, v. du Puy-de-Dôme, près de Clermont-Ferrand; 1,500 hab. Eaux thermales.

ROYAUME. s. m. [Pr. *ro-iome*] (lat. *regalis,* royal, par l'intermédiaire d'une forme non latine *regalimen,* royaume). État régi, gouverné par un roi. *Un grand r. R. riche, florissant, peuplé. R. héréditaire, électif. R. tributaire. Régir, gouverner un r. Hors du r. Au milieu, au centre, au cœur du r. Les frontières, les bornes, les extrémités du r.* — Fam. et par exag., *Je ne ferais pas cela, je n'irais pas là pour un r.,* Je ne ferais pas cela, etc., pour quelque récompense que ce fût. || Dans la doctrine chrétienne, *Le r. des cieux, le r. de Jésus-Christ,* Le paradis. *Les méchants n'entreront pas dans le r. des cieux. Le Sauveur a dit : Mon r. n'est pas de ce monde.* || Prov. *Dans le r. des aveugles les borgnes sont rois,* parmi des gens peu capables il est aisé d'être le premier. || T. Poét. *Le r. sombre, le r. des taupes,* le cimetière.

ROYAUTÉ. s. f. [Pr. *ro-ôté*] (bas lat. *regalitas,* m. s., de *rex, regis,* roi). Dignité de roi. *Aspirer, prétendre, parvenir, renoncer à la r. Usurper, abdiquer la r. Les insignes de la r.* || En parlant du roi de la fève. *Il a payé sa r.,* Il a donné un repas à ceux avec qui il avait fait les Rois.

ROYBON, ch.-l. de c. (Isère), arr. de Saint-Marcellin; 1,900 hab.

ROYE, ch.-l. de c. (Somme), arr. de Montdidier; 3,900 hab.

ROYER-COLLARD, homme d'État et philosophe fr. (1763-1845), fut le chef des royalistes modérés, sous la Restauration, et président de la Chambre des députés de 1828 à 1830. || Son frère, ANTOINE-ATHANASE (1768-1825), se distingua comme professeur à l'École de médecine de Paris.

ROYÈRE, ch.-l. de c. (Creuse), arr. de Bourganeuf; 2,200 hab.

ROYOC. s. m. [Pr. *ro-iok*]. T. Bot. Nom donné au *Morinda Roioc* de la famille des *Rubiacées.* Voy. ce mot.

ROYOU, littérateur fr. (1745-1828), auteur d'une *Histoire ancienne.*

ROZIER (l'abbé), agronome et botaniste fr. (1734-1793).

ROZOY-EN-BRIE, ch.-l. de c. (Seine-et-Marne), arr. de Coulommiers; 1,400 hab.

ROZOY-SUR-SERRE, ch.-l. de c. (Aisne), arr. de Laon; 1,450 hab.

RU. s. m. (lat. *rivus,* ruisseau). Canal fourni par un petit ruisseau, ou par une saignée faite à une rivière. *Les pluies ont fait déborder le ru. Cette rivière est partagée en différents rus qui fertilisent le pays.* || Se dit aussi d'un petit ruisseau provenant de source.

RUADE. s. f. (R. *ruer*). Action d'un cheval, d'un âne, etc., qui jette un pied ou les pieds de derrière en l'air, en haissant le devant. *Lancer, détacher, allonger une r. Ce cheval lui cassa la jambe d'une r. Ce cheval va à bonds et à ruades.* || Fig. et fam., Brutalité inattendue de quelque homme grossier et emporté.

RUBACE ou **RUBACELLE.** s. f. (R. *rubis,* avec un suff. péjor.). T. Joail. La Topaze rouge.

RUBAN. s. m. (origin. german. : *ring,* anneau; *band,* lien; flam. *ring-band,* cravate). Tissu en forme de bandelette, c.-à-d. plat, mince et étroit, R. de fil, de soie, d'or et d'argent. R. uni, satiné. R. large, étroit. R. bleu, vert. R. de Paris, d'Angleterre, etc. Touffe, nœud, garniture de rubans. Une pièce de r. Marchand de rubans. Une fabrique de rubans.* — Fam. et par excellence, on dit, *Le r. rouge,* pour la décoration de la Légion d'honneur. *Il a obtenu le r. rouge.* || T. Archit. Ornement en forme de ruban tortillé qu'on taille dans les baguettes et les rudentures, || Dans les Arts et dans les Sciences, *Ruban* se dit de divers objets qui ont la forme ou présentent l'aspect d'une bandelette étroite. *Les rubans de la glotte. Cette coquille se distingue par le r. noir qui l'entoure.* — *Un r. de route,* longue route qui se déroule. || T. Bot. *R. d'eau.* Nom vulgaire du *Sparganium ramosum.* Voy. TYPHACÉES.

Techn. — Les *Rubans* sont des tissus étroits, plats et minces, de diverses matières et de couleurs variées, qu'on emploie comme liens, bordures, ornements, dans une multitude d'objets de toilette, de vêtement et d'ameublement. Les rubans, d'or, d'argent et de soie, qui constituent ce qu'on appelle la *grande rubanerie,* sont surtout consacrés à l'ornement des coiffures et des habits de femmes. On les fabrique à Saint-Étienne, à Saint-Chamond et à Paris, et on les désigne, dans le commerce, sous la dénomination de *nouveautés, hauts façonnés,* etc. C'est à cette catégorie qu'appartiennent les variétés connues sous le nom de rubans chinés, gaufrés, imprimés, rubans façonnés et veloutés, rubans anglais, rubans gaze, rubans à dispositions, rubans maraboults, rubans dentelés et à franges tirées, etc. La *petite rubanerie* comprend les rubans de filoselle, de fil, de laine, de coton, etc. Les rubans de filoselle ou de bourre de soie, connus sous le nom de *Padous,* se fabriquent à Lyon et à Saint-Étienne. Ceux de fil unis ou croisés se nomment *Rouleaux,* et viennent en grande partie de la Normandie. L'Auvergne produit les rubans grossiers de fil roux appelés *Chevillières rousses.* Enfin, c'est de la Picardie que proviennent surtout les rubans de fil et coton, de laine et coton, connus sous le nom de *Galons,* et ceux de laine appelés ordinairement *Tresses.* — Les procédés de fabrication pour les rubans rentrent dans ceux de la fabrication des étoffes de soie. Tantôt chaque pièce se fabrique isolément; tantôt, grâce à l'invention du métier à la barre, on fabrique à la fois plusieurs pièces que l'on divise ensuite dans leur longueur. Les diverses largeurs sont désignées par numéros, depuis 4 millimètres et demi, jusqu'à 11. Ceux qui vont au delà ne portent plus de numéro. — En France, l'industrie des rubans paraît remonter au commencement du XVIe siècle : elle s'établit d'abord à Saint-Chamond, puis à Saint-Étienne. L'invention du métier à la Jacquard lui a donné un essor prodigieux.

RUBANÉ, ÉE. adj. Qui est marqué d'une bande en forme de ruban. *Coquille rubanée. Agate rubanée.* = RUBANÈS. s. m. pl. Ordre des Cœlentérés. Voy. CTÉNOPHORES.

RUBANEMENT. s. m. [Pr. *rubane-man*]. Disposition en forme de ruban.

RUBANER. v. a. Garnir de rubans. || Disposer en rubans. || Tordre un morceau de fer pour en faire un canon de fusil. = RUBANÉ, ÉE. part.

RUBANERIE. s. f. La fabrication des rubans; Le commerce du rubanier.

RUBANIER. s. m. (R. *ruban*). T. Bot. Genre de plantes Monocotylédones (*Sparganium*) de la famille des *Typhacées.* Voy. ce mot.

RUBANIER, IÈRE. s. Celui, celle qui fait des rubans. || Adj. Qui concerne le ruban. *L'industrie rubanière.*

RUBARBE. s. f. T. Bot. Voy. RHUBARBE.

RUBASSE ou **RUBICELLE.** s. f. [Pr. *ruba-se, rubisè-le*] (R. *rubis.* avec le suff. péjor. *asse*). T. Jouillier. Quartz hyalin rose. Voy. RUBIS.

RUBÉFACTION. s. f. [Pr. ...*sion*] (lat. *ruber,* rouge; *facere,* faire). T. Méd. La r. consiste à déterminer artificiellement la rougeur de la peau, dans un but thérapeutique. On provoque l'afflux du sang dans les capillaires d'une région déterminée, au détriment des régions profondes qui sont ainsi plus ou moins anémiées. Les principaux agents de la r. sont les frictions, les révulseurs mécaniques, les sinapismes (farine de moutarde). L'ammoniaque est un rubéfiant énergique.

RUBÉFIANT, ANTE. adj. (lat. *ruber*, rouge; *ficare*, faire). T. Méd. Agent de la rubéfaction.

RUBELLANE. s. f. [Pr. *rubel-lane*] (lat. *rubellus*, rouge). T. Minér. Altération de mica biotite; cristallisée en lames hexagonales rouge brun.

RUBELLITE. s. f. [Pr. *rubel-lite*] (lat. *rubellus*, rouge). T. Minér. Tourmaline rouge de Sibérie, riche en manganèse.

RUBEN, fils aîné de Jacob, chef de l'une des 12 tribus d'Israël (Bible).

RUBENS (Pierre-Paul), grand peintre flamand, né à Anvers (1577-1640), enrichit de ses peintures les églises de sa ville natale, et peignit pour Marie de Médicis une série de tableaux allégoriques. Remarquable par la fécondité de son imagination, l'énergie de son dessin, la puissance et l'éclat de sa couleur.

RUBÉOLE. s. f. (lat. *ruber*, rouge). T. Méd. La r. est une fièvre éruptive, s'observant plus souvent en Allemagne qu'en France, et caractérisée par une éruption comparable à celle de la rougeole; mais la fièvre est légère et peut même faire défaut; les muqueuses sont également moins irritées; le larmoiement et le coryza sont là à peine marqués; il ne survient généralement aucune complication sérieuse, mais la maladie peut récidiver. Le repos au lit et la diète constituent les seules indications du traitement.

RUBÉRITE. s. f. (lat. *ruber*, rouge). T. Chim. Syn. de *Cuprite*. Voy. Cuivre, VII, B.

RUBÉRYTHRIQUE. adj. 2 g. (lat. *ruber*, rouge; gr. ἐρυθρός, rouge). T. Chim. L'acide r. ou *rubianique* est l'un des glucosides contenus dans la garance. Il cristallise en prismes jaunes, fusibles vers 260°, solubles dans l'eau chaude. Dans les alcalis il se dissout au rouge brun. Les acides étendus le dédoublent, à l'ébullition, en deux molécules de glucose et une molécule d'alizarine.

RUBESCENT, ENTE. adj. [Pr. *rubes-san, ante*] (lat. *rubescens*, m. s.). Un peu rouge.

RUBIACÉES. s. f. pl. (R. *Rubia*, nom scientifique du genre Garance, du lat. *ruber*, rouge). T. Bot. Famille de plantes Dicotylédones de l'ordre des Gamopétales inférovariées.

Caract. bot. : Arbres, arbustes ou plantes herbacées. Feuilles simples, entières, opposées ou verticillées, rarement alternes, pourvues de stipules latérales ou axillaires, quelquefois de même forme que les feuilles. Fleurs régulières, hermaphrodites, rarement monoïques ou dioïques disposées le plus souvent en grappes. Calice ordinairement à 4-5 divisions. Corolle régulière tubuleuse à 4-5 divisions. Étamines en même nombre que les pétales, alternes avec eux et concrescentes avec le tube de la corolle. Fruit formé de 2 carpelles concrescents en un ovaire biloculaire dont chaque loge contient 1, 2 ou un grand nombre d'ovules anatropes ou campylotropes; styles parfois libres, le plus souvent concrescents; stigmate entier ou lobé. Le fruit est une capsule, une baie, une drupe ou un diakène. Graine parfois munie d'un arille; embryon petit, droit ou courbe, muni d'un albumen charnu ou corné, parfois creusé d'un sillon ou ruminé; cotylédons foliacés; radicule infère.

La famille des Rubiacées est très vaste et comprend 337 genres, avec environ 4,100 espèces, la plupart tropicales et subtropicales, croissant en grande majorité en Amérique. On en a trouvé 27 espèces fossiles tertiaires, dont plusieurs se rattachent aux genres encore vivants et d'autres aux genres éteints *Rubiacites* et *Cinchonidium*. On divise cette famille en 3 tribus :

Tribu I. — *Rubiées ou Galiées.* — Carpelles uniovulés; stipules foliacées (*Rubia, Galium, Asperula, Crucianella, Sherardia,* etc.) [Fig. 1. — 1. Fragment de tige du *Galium tricorne*. — 2. Fleur de *Galium bigelum*, grossie; 3. La même très grossie, sans calice, ni corolle; 4. Fruit mûr coupé transversalement et grossi]. — Le genre *Rubia* ou Garance est de beaucoup le plus intéressant de cette tribu, à

cause des propriétés tinctoriales que possèdent ses diverses espèces; néanmoins, chez nous, le *Rubia tinctorum* était la seule qu'on cultivait pour les besoins de l'industrie. Voy. Garance. Dans l'Inde, on extrait des racines du *Rubia cordifolia* une matière colorante rouge désignée sous le nom de Garance du Bengale, et qui s'expédie même en Angleterre sous celui de *Munjith*. Le *Rubia Relbonn* et le *Rubia angustissima* servent aussi à la teinture, le premier au Pérou, et le second dans le Tong-Dong. Le *Rubia noxa* doit son nom spécifique aux propriétés toxiques qu'on lui attribue. Outre ses propriétés tinctoriales, la Garance ordinaire passe pour être tonique, diurétique et emménagogue. Les feuilles de l'*Asperula cynanchica* sont astringentes ; de là le nom

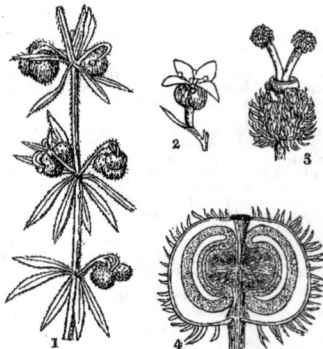

Fig. 1.

vulg. d'*Herbe à l'esquinancie*, sous lequel les gens du peuple désignent cette plante. L'*Asperula odorata*, appelée communément Muguet des bois, Petit-Muguet, Hépatique étoilée et Reine des bois, est remarquable par son odeur agréable quand on l'a fait dessécher : elle est réputée tonique, vulnéraire et diurétique. Les fruits torréfiés du *Galium Aparine*, vulg. Gratteron, ont été employés comme succédanés du café. Les fleurs du *Galium verum*, communément nommé Caillet vrai ou Caille-lait jaune, ou encore Fleur de la Saint-Jean, ne possèdent nullement, malgré ce nom caractéristique, la propriété de faire cailler le lait. On a encore attribué à diverses espèces du même genre, particulièrement au Caille-lait blanc (G. mollugo), une bien autre vertu, celle de guérir l'épilepsie.

Tribu II. — *Cofféées.* — Carpelles uniovulés; stipules

Fig. 2.

membraneuses (*Coffea, Guettarda, Ixora, Morinda, Psychotria, Palicourea, Cephælis, Spermacoce, Anthosper-*

num, Hydrophylax, etc.) [Fig. 2. — 1. *Richardsonia scabra;* 2. Corolle; 3. Ovaire avec le calice].

L'*Ipécacuanha,* qui tient le premier rang parmi les médicaments vomitifs, est la racine du *Cephælis Ipecacuanha,* petite plante demi-herbacée et à racine traçante, qu'on trouve au Brésil dans les parties humides et ombragées des forêts. Cette racine est encore usitée comme expectorante et sudorifique. Sa poudre agit comme irritant sur les voies bronchiques, et détermine une sorte d'asthme spasmodique. Chez quelques personnes, l'odeur seule de la racine suffit pour rendre la respiration pénible et produire un sentiment de suffocation. Les racines d'autres Rubiacées du même pays possèdent des propriétés semblables : telles sont surtout celles du *Richardsonia scabra* qui donnent l'*Ipécacuanha ondulé,* du *Psychotria emetica* qui donnent l'*Ipécacuanha strié* du commerce, de la *Geophila reniformis,* de plusieurs *Borreria,* des *Spermacoce ferruginea* et *Poaya,* etc. Les feuilles fétides de la *Pæderia fætida* servent à préparer des bains médicinaux; on en administre encore, sous forme d'infusion, dans les rétentions d'urine et certaines affections fébriles. Les Hindous emploient sa racine comme émétique. Le *Cephalanthus occidentalis,* appelé aux Antilles *Bois-Bouton,* est usité contre les maladies de la peau et les affections syphilitiques. Les racines du *Chiococca anguifuga,* plante herbacée traçante du Brésil, et celle du *Chiococca densifolia,* arbuste à tiges ligneuses, sont usitées par les naturels du pays, avec une entière confiance, comme un remède des plus efficaces contre la morsure des serpents. L'écorce des racines de ces deux plantes, prise en infusion, produit les effets vomitifs et drastiques les plus violents; aussi son administration est-elle toujours dangereuse. Dans le commerce de la droguerie, la racine de Chiococca est connue sous le nom de racine de *Caïnça* ou *Kaïnça.* La racine et l'écorce de l'*Antirrhœa verticillata* passent pour de puissants astringents. A la Réunion, où cet arbrisseau est connu sous le nom de *Bois de Losteau,* on l'emploie comme styptique dans les cas d'hémorrhagie. Dans l'Inde, on prescrit contre la diarrhée la décoction des feuilles et des racines du *Canthium parviflorum;* on attribue même à sa racine des propriétés anthelmintiques, quoique ni cette racine ni l'écorce de la plante n'aient de saveur ou d'odeur bien prononcée. On fait également usage contre la dysenterie de l'écorce fraîche et des jeunes pousses de la même plante. L'écorce d'un assez grand nombre d'espèces possède des propriétés fébrifuges plus ou moins prononcées : nous nommerons entre autres la *Condaminea corymbosa,* la *Guettarda coccinea,* l'*Antirrhœa* et le *Morinda Royoc.* Dans la Caroline, on fait communément usage comme fébrifuge du *Pinkneya pubens.* La racine du *Danais fragrans,* liane qui croît à la Réunion et à Madagascar, où elle est connue sous les noms de *Liane de Bœuf, Liane de bois jaune,* est usitée en décoction comme tonique et fébrifuge. Le bois est employé contre les dartres, et le suc frais pour activer la cicatrisation des plaies. L'écorce intérieure de l'*Hymenodictyon excelsum,* arbuste des Indes Orientales, est amère et astringente comme le Quinquina du Pérou; quand elle est fraîche, elle en a même les propriétés à un degré plus élevé. Son amertume n'est pas aussi promptement sensible au goût; mais lorsqu'on mâche cette écorce, cette saveur persiste beaucoup plus longtemps, qu'on sent s'en sert, ainsi que de quelques autres espèces, pour détruire les rats et les souris. On emploie aussi dans le même but le *Cephælis ruelliæfolia* et l'*Hamelia patens,* qui sont en effet vénéneux. Les arbustes du genre *Coprosma* qui croissent en Australie exhalent une odeur d'excréments.

Tribu III. — *Cinchonées.* — Carpelles multiovulés; stipules membraneuses (*Cinchona, Cascarilla, Nauclea, Manettia, Exostemma, Rondeletia, Hedyotis, Oldenlandia, Randia, Gardenia, Evosma, Posqueria,* etc. [Fig 3 — 4. *Stevensia buxifolia;* 5. Fleur; 6 Coupe transversale du fruit, 7 Coupe longitudinale de la graine]. — Au premier rang, viennent tout d'abord se placer les différentes espèces du genre *Cinchona* dont les écorces connues sous le nom de *Quinquinas* ont fait l'objet d'un article spécial. Voy. QUINQUINA. Certaines espèces de *Remijia* fournissent des écorces qui portent le

nom de *Quinquina Cuprea.* Le *R. pedunculata* qui vient au sud de Bogota et dans les montagnes de la Paz, donne des écorces qui renferment de la quinine et un autre alcaloïde appelé *Cupréine,* à l'aide duquel MM. Grimaux et Arnaud ont pu réaliser la synthèse de la quinine. Le *R. Purdeana* de la vallée de Magdalena fournit des écorces qui renferment un alcaloïde particulier appelé *Cinchonamine,* et qui pour ce motif portent le nom de *Quinquinas à cinchonamine* Le *Portlandia hexandra* (*Conlarea speciosa*) donne également une écorce fébrifuge fort usitée dans la Guyane. Le *Quinquina Piton* et le *Quinquina des Antilles* proviennent d'espèces appartenant au genre *Exostemma* : l'un et l'autre sont doués de propriétés fébrifuges actives et incontestables, bien que leurs écorces ne contiennent ni Cinchonine, ni Quinine. A Sierra-Leone, le *Rondeletia febrifuga* fournit encore une écorce employée comme fébrifuge. Les feuilles de l'*Azier à l'asthme* (*Nonatelia officinalis*) sont employées en infusion contre l'asthme par les créoles de Cayenne. Le fruit

Fig. 3.

desséché et pulvérisé du *Randia dumetorum,* appelé vulg. *noix médicinale,* est un puissant émétique. L'écorce de la racine de cette plante s'administre aussi sous forme d'infusion pour provoquer le vomissement. L'écorce de la racine de la *Manettia cordifolia* est considérée au Brésil comme un excellent remède contre l'hydropisie et la dysenterie; on la fait prendre en poudre, à la dose de 2 à 3 grammes : elle agit comme émétique. Le fruit du *Gardenia campanulata* passe dans l'Inde pour être purgatif et vermifuge. Un petit nombre d'espèces de la tribu donnent des fruits mangeables. Le *Genipayer* (*Genipa americana*), arbre de l'Amérique du Sud, produit un fruit appelé *Genipaye,* qui est gros comme une orange, blanc verdâtre à l'extérieur, et rempli d'un suc rouge foncé, d'une saveur vineuse agréable. Le fruit du *Sarcocephalus esculentus* est la Pêche indigène de Sierra-Leone. Comme simple astringent, la Rubiacée la plus remarquable est le *Nauclea Gambir.* Les Malais préparent avec les feuilles de cet arbrisseau grimpant un extrait, nommé *Gambir,* qui, nonobstant une saveur légèrement douceâtre, est beaucoup plus astringent que le Cachou. Roxburgh regarde cet extrait comme l'une des drogues, peut-être la seule, qu'on expédiait jadis en Europe sous ce nom de Cachou. Les indigènes de la Malaisie mâchent le Gambir mélangé avec le Bétel et l'Arec; ils mâchent également les feuilles fraîches du *Nauclea* dans les éruptions aphteuses de la bouche et de la gorge. Le *Gambir* s'importe en Angleterre en quantité considérable, pour l'usage des teintureries, où on l'emploie comme mordant. La racine de l'*Oldenlandia umbellata,* appelée dans l'Inde *Chaya-ver* fournit un principe colorant rouge que l'on utilise dans l'Inde comme succédané de la Garance.

Un certain nombre d'espèces de cette tribu appartenant aux genres *Gardenia, Manettia, Bouvardia*, etc., se placent au rang des plus belles plantes ornementales par leurs fleurs éclatantes ou la suavité de leur parfum.

RUBIAN. s. m. (R. *Rubia*, nom scientifique du genre Garance, du lat. *ruber*, rouge). T. Chim. Glucoside qu'on extrait de la racine de garance. On l'obtient sous la forme d'une masse dure, amorphe, jaune, amère, très soluble dans l'eau. Les acides étendus et bouillants, les alcalis, ou encore le ferment spécial (*érythrozyme*) contenu dans la garance dédoublent le r. en glucose, en alizarine et en diverses substances jaunes qu'on a appelées *rubiadine, rubiagine, rubianine*, etc. Le r. est probablement un mélange d'acide rubérythrique avec d'autres corps.

RUBIANIQUE. adj. 2 g. (R. *Rubia*, nom scientifique du genre Garance, du lat. *ruber*, rouge). T. Chim. L'*acide r.* est identique avec l'*acide rubérythrique*. Voy. ce mot.

RUBICAN. adj. m. (orig. douteuse; peut être l'adj. bas lat. *rubricans*, de *ruber*, rouge). Se dit d'un cheval noir, bai ou alezan, dont la robe et surtout les flancs sont semés çà et là de poils blancs. *Un cheval r.* || Se dit aussi subst., pour désigner cette couleur de robe. *A proprement parler, le r. n'est pas un poil, c'est un accident.*

RUBICELLE. s. f. [Pr. *rubisè-le*] (lat. *ruber*, rouge). T. Joaillier. Syn. de *Rubasse*. Voy. Rubis.

RUBICON, petite rivière qui séparait l'Italie de la Gaule Cisalpine. César, après la conquête des Gaules, n'hésita pas à franchir cette rivière à la tête de son armée, malgré un sénatus-consulte qui déclarait traître à la patrie et vouait aux dieux infernaux quiconque franchirait cette rivière avec une légion ou même une simple cohorte. Le passage du R. est le premier acte de la Révolution qui transforma la République romaine en Empire. Cette rivière ne se retrouve plus.

RUBICOND, ONDE. adj. [Pr. *rubi-kon*] (lat. *rubicundus*, m. s., dérivé de *ruber*, rouge). Rouge; ne se dit que par plaisant., dans les locut., *Visage r., face rubiconde*, pour exprimer la couleur rouge du visage des personnes en bonne santé, et particulièrement de celles qui aiment à boire, qui font bonne chère.

RUBIDINE. s. f. (lat. *rubidus*, rouge brun). T. Chim. Nom donné aux bases pyridiques de la formule C¹¹H¹⁷Az.

RUBIDIUM. s. m. [Pr. *rubi-diome*] (lat. *rubidus*, rouge brun). T. Chim. Le r. est un corps simple, appartenant à la classe des métaux alcalins. Il a été découvert en 1861 par Bunsen et Kirchhoff grâce à l'analyse spectrale. Voy. Spectre. Il existe en petites quantités dans la lépidolithe, la carnallite, la triphylline, etc., ainsi que dans quelques eaux minérales. On le rencontre aussi dans les cendres de certains végétaux et dans le suc de betterave. Le r. est un métal blanc d'argent; sa densité est 1,52. Il fond à 38°,5 et se volatilise au rouge. Il s'oxyde rapidement à l'air. Il décompose l'eau à froid en dégageant de l'hydrogène qui brûle avec une flamme violacée. Le symbole du r. est Rb et son poids atomique est 85.

L'*Hydrate de r.* RbOH est déliquescent, très caustique, et attire l'anhydride carbonique de l'air. — Les *sels de r.* présentent la plus grande analogie avec ceux de potassium et sont isomorphes avec eux. Leurs solutions traitées par le chlorure de platine donnent un précipité de *Chloroplatinate de r.* bien moins soluble que celui de potassium. Le *Carbonate* CO³Rb est déliquescent, très caustique, presque insoluble dans l'alcool. Le *Sulfate* SO⁴Rb² s'unit au sulfate d'alumine pour former un alun. — Au spectroscope les sels de r. offrent deux raies rouges caractéristiques; de là le nom du métal.

RUBIÉES. s. f. pl. (lat. *ruber*, rouge). T. Bot. Tribu de plantes Dicotylédones de la famille des *Rubiacées*. Voy. ce mot.

RUBIETTE. s. f. [Pr. *rubiè-te*] (Dimin. du lat. *ruber*, rouge). T. Ornith. Les *Rubiettes* (*Motacilla*) forment la seconde section de la famille des *Becs-fins* de Cuvier. Les espèces qui la

composent ont seulement le bec un peu plus étroit à la base que les Traquets. Ce sont aussi des oiseaux, en général, solitaires, qui nichent habituellement dans des trous, et vivent d'insectes, de vers et de baies. On les partage en cinq sous-genres; les espèces types des quatre premiers habitent nos pays. Le *Rouge-gorge* (*Mot. rubecula*) est gris brun dessus, avec la

Fig. 1.

gorge et la poitrine rousses et le ventre blanc (Fig. 1). Cette espèce niche près de terre dans les bois; elle est très familière et s'apprivoise aisément. Il en reste en hiver quelques individus qui, pendant les grands froids, se réfugient dans les habitations. La *Gorge-bleue* (*Mot. cyanecula*) a le plumage brun dessus, avec la gorge bleue, la poitrine rousse et le ventre blanc. Cette espèce, beaucoup moins commune que la

Fig. 2.

précédente, niche au bord des bois et des marais. La *Gorge-noire* ou *Phénicure* (*Mot. phœnicurus*), a aussi le plumage brun dessus; mais sa gorge est noire, tandis que la poitrine, le croupion et les pennes latérales de la queue sont d'un roux ardent. Cet oiseau niche dans les vieux murs, et fait entendre un chant doux, qui a quelque chose des modulations du Rossignol, d'où le nom de *Rossignol de muraille* sous lequel il os vulgairement connu. Le *Rouge-queue* (*Mot. erythacus*) diffère du précédent, surtout en ce que sa poitrine est noire comme sa gorge. Il est beaucoup plus rare. La *Calliope* (*Mot. Calliope*) [Fig. 2] habite la Sibérie et le Kamtchatka. Elle a les lorums et le menton noirs, les sourcils et les moustaches d'un blanc pur, la gorge et le devant du cou d'un rouge clair brillant, les parties supérieures d'un brun terre d'ombre, et enfin le ventre d'un blanc isabelle.

RUBIGINEUX, EUSE. adj. [Pr. *rubi-ji-neu, euze*] (lat. *rubiginosus*, m. s., de *rubigo*, rouille). Qui est plein de rouille. || Qui est de la couleur de la rouille.

RUBIJERVINE. s. f. (lat. *ruber*, rouge, et fr. *jervine*). T. Chim. Voy. JERVINE.

RUBINE. s. f. (lat. *ruber*, rouge). T. Chim. Sulfure métallique dont la couleur est d'un rouge approchant de celui du rubis. *R. d'argent, d'arsenic, de soufre, etc.* || Syn. de *Fuchsine.*

RUBINI, célèbre ténor ital. (1795-1854).

RUBINSPATH. s. m. T. Minér. Syn. de *Rhodonite.*

RUBINSTEIN, pianiste et compositeur russe (1829-1894).

RUBIS. s. m. [Pr. *ru-bi*] (lat. *ruber*, rouge). T. Minér. Nom donné à diverses pierres précieuses de couleur rouge.

Telle qu'une bergère aux plus beaux jours de fête
De superbes rubis ne charge point sa tête.
BOILEAU.

|| Fig. et pop., *Faire r. sur l'ongle*, se dit, par les buveurs, quand on vide si bien son verre, qu'en le penchant sur l'ongle on ne peut faire tomber qu'une petite goutte qui ne s'écoule point et qui présente l'apparence d'un seul r. *J'ai bu à votre santé r. sur l'ongle.* On dit aussi, *Faire payer r. sur l'ongle*, Faire payer exactement et avec la dernière rigueur. — *Payer r. sur l'ongle*, avec une exactitude scrupuleuse. || Fig. et pop., se dit des boutons ou élevures rouges qui viennent au visage et sur le nez. *Il a le visage plein de r.*

Minér. — On désigne sous le nom de *Rubis* plusieurs substances minérales qui n'ont de commun que leur couleur rouge. Les plus précieuses sont le R. oriental et le R. spinelle.

Le *R. oriental* est une variété de corindon d'une couleur rouge cramoisi. Après le diamant, c'est la pierre qui est la plus dure et qui a le plus de valeur en joaillerie. Voy. CORINDON. Le R. oriental est constitué par de l'alumine cristallisée en rhomboèdres; sa couleur est due à la présence d'une petite quantité de chrome Il se colore en vert quand on le chauffe fortement, mais il redevient rouge en se refroidissant. Frémy et Verneuil ont reproduit artificiellement le r. en chauffant longtemps de l'alumine, pour en faire ou légèrement potassée, avec du bichromate de potasse et du fluorure de baryum. La calcination s'opère en présence de l'air, à une température voisine de 1,500°, dans de grands creusets de terre réfractaire. Les rubis ainsi obtenus sont en cristaux rhomboédriques assez volumineux et assez durs pour pouvoir servir en bijouterie et en horlogerie.

Les *Rubis* proprement dits des lapidaires sont les variétés rouges du genre *Spinelle*, qui est essentiellement un aluminate de magnésie. Les minéraux qui appartiennent à ce genre se trouvent toujours en petits cristaux disséminés, comme ceux du Corindon. dans les roches de cristallisation ou dans les terrains meubles formés de leur détritus. Leur forme cristalline est communément l'octaèdre régulier; leur densité est de 3,64 à 3,76; leur dureté est inférieure à celle du Corindon, mais supérieure à celle du Quartz. Enfin, ils ont la réfraction simple, l'éclat vitreux et la cassure conchoïde. Les lapidaires appellent *R. spinelle*, le Spinelle qui est d'un rouge ponceau, et *R. balais*, celui qui est d'une teinte rosâtre, rouge de vinaigre ou lie de vin. Le R. spinelle occupe un des premiers rangs parmi les pierres précieuses, mais ses cristaux sont en général fort petits. Lorsque cette gemme est d'un rouge vif, elle peut rivaliser avec le Corindon à l'état de rubis. Les Rubis balais sont beaucoup moins estimés, et on les confond souvent avec les Topazes brûlées. On en fait cependant des parures qui sont quelquefois fort chères. Les variétés de Spinelles propres à la taille viennent toutes de l'Inde.

On appelle *R. du Brésil*, la Topaze rouge ou la Topaze

brûlée, nommée aussi *Rubace* et *Rubacelle; R. de Bohême* et *R. de Hongrie*, le Grenat; *R. de Sibérie*, la Tourmaline rouge cramoisi; *R. occidental*, le Quartz hyalin rose, nommé encore *Rubasse* et *Rubicelle*. — Dans le langage vulgaire, on applique abusivement le nom de R. à des substances qui ne sont pas même rouges : ainsi l'on appelle *R. blanc*, le Corindon hyalin blanc; *R. jaune*, la Topaze; *R. vert*, l'Émeraude, etc. — Enfin, en termes d'Ornithologie, on nomme *Rubis-topaze* une espèce d'Oiseau mouche. Voy. COLIBRI.

RUBRICAIRE. s. m. Homme qui sait bien les rubriques du bréviaire. *Il est grand r.*

RUBRICATEUR. s. m. Celui qui écrit les rubriques.

RUBRIFIQUE. adj. 2 g. (lat. *ruber*, rouge; *ficare*, faire). Qui rend rouge.

RUBRIQUE. s. f. [Pr. *rubri-ke*] (lat. *rubrica*, m. s., de *ruber*, rouge). Espèce de terre rouge dont les chirurgiens se servaient autrefois pour étancher le sang et pour faire des emplâtres siccatifs. — Sorte de craie rouge dont les charpentiers frottent la corde avec laquelle ils marquent ce qu'il faut ôter des pièces de bois qu'ils veulent équarrir. || Se dit des titres qui sont dans les livres de droit civil et de droit canon, parce qu'autrefois on les écrivait en rouge; et de certaines règles qui sont au commencement du bréviaire et du missel, et qui enseignent la manière dont il faut dire ou faire l'office divin. *Il sait ses rubriques par cœur.* — Se dit encore, au plur., de petites règles imprimées ordinairement en rouge dans le corps du bréviaire, et qui marquent ce qu'il faut dire dans les divers temps de l'année à chacune des heures canoniales. || *Rubrique*, signif. encore le lieu indiqué sur le titre d'un livre comme étant celui où ce livre a été imprimé, parce qu'autrefois ce nom de ce lieu, dans les livres, était ordin. imprimé en rouge. *Ce pamphlet porte la r. de la Haye, mais il a été imprimé à Paris.* — Par extens., dans les journaux, le titre, la date qui indique le lieu d'où une nouvelle est venue. *Ce fait est sous la r. de Londres, de Madrid, etc.* || Fig. et fam., se dit des méthodes, des règles, des pratiques anciennes. *Je ne suis point au fait de cette r. Il a suivi de vieilles rubriques.*

On n'y sait guère alors que la vieille rubrique.
CORNEILLE.

— Se dit aussi quelquefois avec le sens de Ruse, détour, adresse, finesse. *Voilà une plaisante r. Il sait toutes sortes de rubriques.*

RUBRIQUER. v. a. [Pr. *rubri-ker*]. Marquer à la rubrique, à la couleur rouge. = RUBRIQUÉ, ÉE. part.

RUBRUQUIS (GUILLAUME DE), cordelier et missionnaire du XIIIe siècle, a laissé un curieux récit de ses voyages dans l'extrême Orient.

RUCHE. s. f. Habitation des abeilles. — Se dit aussi de l'habitation et des abeilles qui sont dedans. *Il a tant de ruches. Ses ruches lui font un assez beau revenu.* || Bande plissée de tulle, de dentelle, d'étoffe, qui sert d'ornement aux bonnets, collerettes, chapeaux, etc.

Apiculture. — On donne le nom de *Ruche* à l'habitation des Abeilles dans l'état de domesticité, et l'on appelle *Rucher*, la réunion de plusieurs ruches, ainsi que l'emplacement où elles sont établies. Il existe une variété énorme de ruches; mais, quelles que soient les dispositions qu'elles affectent, elles appartiennent toutes à l'une de ces deux catégories, *ruches à rayons fixes* et *ruches à rayons mobiles*. Les ruches à rayons fixes, les plus usitées, sont des paniers coniques de paille ou de vannerie, ou des boîtes faites de planches, mais toujours d'une seule pièce et sans divisions intérieures. On les place, la partie ouverte en bas, sur un *tablier*, c.-à-d. sur une planche ou sur une pierre plate qui est exhaussée au-dessus du sol au moyen de pieds, et on les recouvre ordinairement d'un *surtout*, c.-à-d. d'un entonnoir de paille renversé, destiné à rejeter les eaux pluviales. Les ruches à rayons mobiles sont des caisses généralement en bois. Chaque rayon est contenu dans un cadre mince en haut d'une traverse dont les deux extrémités, qui font saillie, reposent sur des feuillures pratiquées en haut et en dedans de deux des parois de la r. Les cadres ne touchent aux parois que par ces supports et sont rangés les uns à côté des autres à une distance variant de

32 à 38 millimètres de centre à centre. Le dessus des cadres est recouvert d'une toile ou de planchettes.

Les ruches à cadres ou rayons mobiles se divisent en deux grandes catégories : les ruches Layens ou ruches horizontales qui n'ont qu'une rangée de cadres servant à la fois pour le nid à Couvain et le magasin à miel et la r. verticale ou r. Dadant qui reçoit plusieurs rangées de cadres superposées. Dans cette r., la partie inférieure est réservée à la ponte de la mère (la reine) et la partie supérieure à l'emmagasinement du miel.

Dans les ruches à cadres, la dimension des cadres varie beaucoup suivant les ressources mellifères de la contrée et aussi, trop souvent, les idées particulières de chaque apiculteur.

L'idée première de la r. à cadres mobiles est due à François Huber, le père de l'apiculture moderne. Mais sa r. à feuillet ne fut guère utilisée que comme instrument d'observations et ce n'est que cinquante ans plus tard que la r. à cadres telle que nous l'employons, fit son entrée dans le domaine de l'apiculture pratique. Le mérite de cette innovation, qui constitue un progrès considérable dans l'art d'élever les abeilles revient, pour la plus grande part, à l'américain Langstroth qui a su donner une forme pratique à une idée très ancienne restée sans application.

Bibliog. — LANGSTROTH, *L'Abeille et la Ruche*; — G. DE LAYENS et GASTON BONNIER, *Cours d'Apiculture*; — HAMET, *Cours d'Apiculture*; — BERTRAND, *La Conduite du Rucher*.

RUCHÉE. s. f. Le produit d'une ruche. || La population entière d'une ruche.

RUCHER. s m. Endroit où sont les ruches. Voy. RUCHE.

RUCHER. v. a. *R. un col, un bonnet, etc.*, Le garnir d'une ruche. = RUCHÉ, ÉE. part.

RUCHEUR. s. m. (R. *ruche*). Ouvrier qui met le foin en petites meules.

RUCKERT, poète et orientaliste allemand (1789-1866).

RUDÂNIER, IÈRE. adj. N'est guère usité que dans la loc. fam., *Beauté rudânière*, qui se dit d'une femme qui reçoit rudement les compliments de ceux qui veulent la courtiser. Vx.

RUDE, sculpteur fr., auteur d'un des bas-reliefs de l'arc de triomphe de l'Étoile (1784-1855).

RUDE. adj. 2 g. (lat. *rudis*, brut, non poli). Apre au toucher et dont la surface est inégale et dure. *La toile grosse et neuve est fort r. Avoir la peau, la barbe r. Une brosse très r. Les feuilles des Borraginées sont rudes au toucher.* — Par anal., Qui est âpre au palais, au goût. *Voilà un vin qui est bien r.* || Raboteux, difficile. *Les chemins de ce pays-là sont fort rudes.* || Pénible, fatigant. *Le métier d'un tailleur de pierres est bien r. Nous avons eu une journée bien r. C'est une r. tâche. On travaille r. Une voiture bien r. Ce cheval a le trot, le galop fort r.* On dit aussi, qu'*Un cheval est r.* || Dur, grossier, choquant, pénible à voir ou à entendre. *Avoir le visage r., l'air r. Il a des manières, des mœurs rudes. Avoir la voix, la prononciation r.*

> La langue réparée
> N'offrit plus rien de rude à l'oreille épurée.
> BOILEAU.

Un style r. Ces vers-là sont bien rudes. — *Ce peintre a le pinceau r.,* Il peint d'une manière dure et sans grâce. *Ce barbier a la main r.,* Il ne rase pas légèrement. *Ce cavalier a la main bien r.,* Il mène durement son cheval. || Violent, impétueux. *Un r. assaut. Un r. choc. Une r. secousse. Essuyer une r. tempête. La bataille fut r. et sanglante.* || Rigoureux, difficile à supporter. *Un temps r. Une saison r. L'hiver a été r. Une r. épreuve. Une r. tentation. J'ai reçu un traitement bien r.* — Fig., *Les temps sont rudes,* se dit des temps où l'on a beaucoup à souffrir, où il y a beaucoup de misère. *C'est un r. coup pour lui, Cet événement est très fâcheux pour lui. Ce trait est un peu r., se dit d'une chose difficile à croire.* || Fâcheux, dur, sévère. *Cet homme a l'humeur r., l'esprit r. Un mari r. à sa femme. Un père r. envers ses enfants. Faire une r. réprimande. Dire de rudes paroles à quelqu'un.* — Proverb. et pop., on dit d'un homme qui traite avec dureté ceux qui ont affaire à lui, *Il est r. aux pauvres gens. à pauvres gens.* || Rigide, austère. *La règle de ces religieux, de cet ordre est bien r.* || Redoutable. *Vous avez là un r. adversaire. C'est un r. dialecticien.* — Fam., *C'est un r. joueur, un r. jouteur,* Voy. JOUEUR, etc. || Syn. Voy. AUSTÈRE.

RUDEMENT. adv. [Pr. *rude-man*]. D'une manière rude. *Il lui a parlé r. Dans la discussion, il l'a mené r. Il a été r. attaqué. Vous y allez bien r. Ce cheval trotte r.* — Fam., *Aller r. en besogne,* Travailler vigoureusement et sans relâche. On dit à peu près de même, *Ce cocher mène r. C'est un homme qui mange r., qui boit r. Quoi qu'il fasse, il y va r. Il lui a donné des coups, il y allait r.*

RUDENTÉ, ÉE. adj. [Pr. *rudan-té*] (lat. *rudens, rudentis*, câble). T. Archit. Se dit des cannelures ornées de rudentures. Voy. COLONNE.

RUDENTER. v. a. [Pr. *rudan-ter*] (lat. *rudens*, câble). Tailler des ornements dans les cannelures des colonnes. = RUDENTÉ, ÉE. part.

RUDENTURE. s. f. [Pr. *rudan-ture*] (lat. *rudens*, câble). T. Archit. Sorte d'ornement en forme de câble dont on remplit la partie inférieure des cannelures. Voy. COLONNE.

RUDÉRAL, ALE. adj. (lat. *rudera*, décombres). T. Bot. Se dit des plantes qui croissent sur les décombres, sur les masures. *L'ortie est une plante rudérale.*

RUDÉRATION. s. f. (lat. *ruderatio*, m. s., de *rudus, ruderis*, gravois). Pavage en cailloux ou petites pierres. || Enduit grossier sur le parement d'un mur. — Action d'appliquer cet enduit.

RUDESSE. s. f. [Pr. *rude-se*]. Qualité de ce qui est rude, âpre au toucher. *La r. de la barbe, de la peau. La r. d'une étoffe, d'une brosse.* || Par anal. et fig., se dit de diverses choses qui sont désagréables, choquantes, fâcheuses, pénibles. *Ses traits ont de la r. La r. de la voix, de son accent. La r. d'un vers. La r. de son style. La r. de son pinceau. Il a une grande r. d'esprit. La r. de son caractère, de son humeur. La r. de ses mœurs, de ses manières. Traiter quelqu'un avec r.*

> J'ai poussé la vertu jusques à la rudesse.
> RACINE.

La r. d'une réprimande, d'un traitement. La r. de la saison, de l'hiver. La r. d'un métier. La r. du choc.

RUDIMENT. s. m. [Pr. *rudi-man*] (lat. *rudimentum*, de *rudis*, brut). Au plur., se dit des principes élémentaires, des premières notions d'un art, d'une science. *A peine saitil les premiers rudiments de la grammaire, de la géométrie.* || Au sing., Petit livre qui contient les premiers principes de la langue latine. *Cet enfant apprend le r., en est au r.* — Fig. et fam., on dit d'un homme qui est encore novice dans la profession dont il se mêle, *Il en est encore au r.; et d'un homme qui parle d'un art, d'une science qu'il ignore absolument, Il faut le renvoyer au r.* || T. Physiol. Se dit des premiers linéaments de la structure des organes, et, par anal., des organes qui, bien que normalement développés, sont réduits à de très petites dimensions. *Ce n'est que ce moment on voit apparaître les rudiments des membres. Ce singe n'a qu'un r. de queue.*

RUDIMENTAIRE. adj. 2 g. [Pr. *rudi-man-tère*]. Qui a rapport aux rudiments. || Peu développé. *Instruction r.* || T. Physiol. Se dit des parties qui sont encore à l'état d'ébauche, et de celles qui sont réduites à de très petites dimensions. *Une queue à l'état r.*

RUDISTES. s. m. pl. (R. *rude*). T. Paléont. Zool. Voy. HIPPURITES.

RUDOIEMENT. s. m. [Pr. *rudoua-man*]. Action de rudoyer.

RUDOLSTADT, v. d'Allemagne. Cap. de la principauté de Schwartzbourg-Rudolstadt; 9,000 hab.

RUDOYER. v. a. [Pr. *rudo-ier*] (R. *rude*). Traiter durement en paroles. *Il ne faut pas r. les enfants. Si vous le* *rudoyez, vous le découragerez* || *R. un cheval*, Le mener rudement en le frappant du fouet, en le piquant de l'éperon. — RUDOYÉ. ÉE. part. == Conj. Voy. EMPLOYER.

RUE. s. f. (lat. *ruta*, gr. ῥυτή, m. s., de ῥέω, je coule, parce que cette plante fait couler les règles). T. Bot. Genre de plantes Dicotylédones (*Ruta*) de la famille des *Rutacées*. Voy. ce mot. || *Rue de muraille*, l'Asplenium Ruta muraria. Voy. POLYPODIACÉES. — *Rue des chiens*, la Scrofularia canina. Voy. SCROPHULARIACÉES. — *Rue des prés*, le Thalictrum flavum. Voy. RENONCULACÉES, II. — *Rue des chèvres*, le Galega officinalis. Voy. LÉGUMINEUSES, I.

RUE. s. f. (lat. *ruga*, ride, sillon). Chemin dans une ville, dans un bourg, dans un village, entre des maisons ou entre des murailles. *Une grande, une petite rue, Rue large, longue, étroite. Traverser, enfiler une rue. Courir les rues. Aller de rue en rue. Le haut, le bas, le bout de la rue. Paver une rue. Nettoyer les rues.* || Fam., *Être vieux comme les rues*, Être fort vieux. *Cette nouvelle court les rues; L'esprit court les rues*, Voy. COURIR. *Les rues en sont pavées*, Voy. PAVER. *Être bon à jeter dans la r.*, n'être bon à rien.

RUE, ch.-l. de c. (Somme), arr. d'Abbeville; 2,800 hab.

RUÉE. s. f. (R. *ruer*). Amas de paille ou de chaume qu'on fait pourrir pour le mêler ensuite avec le fumier.

RUEIL, commune du c. de Marly-le-Roi (Seine-et-Oise), arr. de Versailles); 9,900 hab. Dans l'église, tombeau de l'impératrice Joséphine et de la reine Hortense. — Château de la Malmaison.

RUELLE. s. f. [Pr. *ruè-le*]. Petite rue. *Cette r. aboutit à telle rue.* || Fig., *La r., du lit*, ou simpl., *La r.*, L'espace qu'on laisse entre un des côtés du lit et la muraille.

Hist. — Au XVIIᵉ siècle et au commencement du XVIIIᵉ, on donnait le nom de *ruelles* aux alcôves mêmes des dames de qualité, et, par extension, à certaines réunions qui avaient lieu chez elles, parce que les visiteurs se tenaient dans l'alcôve et autour du lit, sur lequel la maîtresse de maison s'asseyait pour recevoir. Les ruelles où siégeaient les *précieuses* étaient surtout fort courues, et c'est d'elles que parle Boileau, lorsqu'il dit :

Que de son nom chanté par la bouche des belles,
Benserade en tous lieux amuse les *ruelles*.

Il faut aussi connaître cette signification du mot *ruelle*, pour comprendre certains passages des classiques du XVIIIᵉ siècle, comme par ex., celui-ci de Mᵐᵉ de Sévigné : « Le style du P. Maimbourg me déplaît fort; il sent l'auteur qui a ramassé le défaut des mauvaises *ruelles* ». Enfin, on dit encore quelquefois au figuré, en parlant d'un homme qui aime à fréquenter la société des femmes : *Il passe sa vie dans les ruelles, c'est un coureur de ruelles.*

RUELLE, bourg à 7 kil. d'Angoulême (Charente), où se trouve une fonderie de canons; 2,900 hab.

RUELLER. v. a. [Pr. *ruè-ler*] (R. *ruelle*). T. Agric. *R. la vigne*, Y faire un petit chemin, en relevant d'un et d'autre côté la terre contre les ceps.

RUELLIE. s. f. [Pr. *ruèl-li*] (R. *Ruelle*, nom d'un médecin et botan. fr.). T. Bot. Genre de plantes Dicotylédones (*Ruellia*) de la famille des *Acanthacées*.

RUER. v. a. (lat. *ruere*, pousser). Jeter avec impétuosité. *R. des pierres. R. à tour de bras.* Absol., *Je gage qu'il ruera plus loin que vous.* — Fam., *R. de grands coups*, Frapper de grands coups. Vx. = RUER. v. n. Fam., *R. à tort et à travers*, Frapper de tous côtés dans une foule || En parlant d'un cheval, d'un mulet, etc., Jeter le pied ou les pieds du derrière en l'air avec force et en baissant le devant. *Prenez garde à ce cheval, il rue.* — *R. en vache*, se dit d'un cheval qui frappe en avant avec le pied de derrière comme font les vaches. = SE RUER. v. pron. Se *r. sur quelqu'un, sur quelque chose*, Se jeter impétueusement dessus. = RUÉ, ÉE. part.

RUEUR, EUSE. adj. [Pr. *ru-eur, euse*]. T. Man. Qui a l'habitude de ruer. *Ce cheval est r.*

RUFFEC, ch.-l. d'arr. du dép. de la Charente, à 48 kil. N.-E. d'Angoulême; 3,500 hab.

RUFIAN et **RUFIEN**. s. m. [Pr. *ru-fi-an*, ou *rufi-in*] (d'un rad. germ. *ruf*, qui se trouve dans *raufen*, batailler, et *ruffer*, proxénète, maquereau). Homme débauché qui vit avec des femmes de mauvaise vie, ou qui en procure aux libertins. *C'est un r.*

RUFIGALLIQUE. adj. 2 g. [Pr. *rufigal-like*]. T. Chim. *Acide r.* Syn. de *Rufigallol*.

RUFIGALLOL. s. m. [Pr. *rufigal-lol*] (lat. *rufus*, roux, et fr. *gallol*). T. Chim. Matière colorante de la classe des oxyanthraquinones. On l'obtient en traitant l'acide gallique ou le tanin par l'acide sulfurique concentré. Le r. se présente en cristaux ou en poudre rouge brun; il est insoluble dans l'eau froide, mais il se dissout dans les solutions alcalines. Il teint en brun la laine mordancée au chrome.

RUFIN, ministre de Théodose et d'Arcadius; rival jaloux de Stilicon, il l'empêcha de vaincre Alaric, mais périt assassiné par ses ennemis (335-395). Le poète Claudien a écrit un poème contre lui.

RUFIOPINE. s. f. (lat. *rufus*, roux, et fr. *opianique*). T. Chim. Matière colorante rouge qui se produit quand on chauffe l'acide opianique avec de l'acide sulfurique. Elle appartient à la classe des oxyanthraquinones. Elle donne sur les tissus mordancés les mêmes teintes que la garance.

RUFISQUE, v. du Sénégal; 4,300 hab.

RUFOL. s. m. (lat. *rufus*, roux, avec la term. *ol* des phénols). T. Chim. Diphénol dérivant de l'anthracène et répondant à la formule C¹⁴H⁶(OH)². Il cristallise en aiguilles jaunes qui, sous l'action de la chaleur, se décomposent sans fondre. Il se dissout en jaune dans les alcalis. Sa solution alcoolique offre une fluorescence bleue intense. Sa solution dans l'acide sulfurique est rouge et devient verte quand on la chauffe.

RUFUS (COELIUS), orateur et homme politique romain, fut mêlé aux dissensions civiles de son temps, fut l'ami et le correspondant de Cicéron.

RUFUS (SEXTUS), historien latin de la fin du IVᵉ siècle après J.-C., écrivit pour l'empereur Valens un abrégé de l'histoire romaine.

RUGEN, île de la mer Baltique, dépendant de la Poméranie (Prusse); pop. 37,000 hab., ch.-l. Bergen.

RUGGIERI, astrologue florentin, le confident de Catherine de Médicis, mort en 1615.

RUGINATION. s. f. [Pr. …*sion*]. Action de ruginer.

RUGINE. s. f. (lat. *runcina*, rabot). T. Chir. Instrument dont on se sert pour ratisser les os, pour en détacher le périoste, pour enlever le tartre des dents.

RUGINER. v. a. Racler un os, une dent, avec la rugine. *R. un os* pour en détacher le périoste. = RUGINÉ, ÉE. part.

RUGIR. v. n. (lat. *rugire*, m. s.). Pousser un rugissement, des rugissements; se dit du lion et de quelques autres animaux féroces. *Un lion qui rugit.* || Par exagérat., *R. comme un lion*, se dit d'un homme qui pousse des cris de fureur, de colère. On dit de même, *R. de colère, de fureur*.

RUGISSANT, ANTE. adj. [Pr. *ruji-san*]. Qui rugit. *Un lion r.*

RUGISSEMENT. s. m. [Pr. *ruji-seman*]. Cri du lion, du tigre, de la panthère et de quelques autres animaux féroces. *Le r. d'un lion. Nous entendîmes les rugissements d'un tigre.*

RUGLES, ch.-l. de c. (Eure), arr. d'Évreux; 1,700 hab. Aiguilles et épingles.

RUGOSITÉ. s. f. [Pr. *rugo-zité*] (lat. *rugositas*, m. s.) Se dit des rides et des légères aspérités qu'on voit sur une surface raboteuse. *Cette surface est pleine de rugosités.* || État d'une surface raboteuse. *La r. d'une feuille.*

RUGUEUX, EUSE. adj. [Pr. *rughcu, euze, g dur*] (lat. *rugosus,* m. s., de *ruga,* ride). Qui a des rugosités. *Les feuilles de la sauge sont rugueuses.*

RUHL, pasteur luthérien et conventionnel, né en Alsace, mort en 1795.

RUHMKORFF (HENRI), constructeur d'instruments de physique, né à Hanovre, mort à Paris (1803-1877). Il construisit le premier la bobine d'induction qui porte son nom. Voy. TRANSFORMATEUR.

RUHRORT, v. de Prusse, prov. du Rhin ; 9,000 hab.

RUILÉE. s. f. (anc. fr. *ruiler,* régler). Bordure de plâtre ou de mortier que l'on met sur une rangée de tuiles ou d'ardoises, pour les lier avec les murs ou avec les joues de lucarnes.

RUILER. v. a. T. Techn. Remplir une tranchée avec du plâtre que l'on façonne d'un mur à l'autre. = RUILÉ, ÉE. part.

RUINE. s. f. (lat. *ruina,* de *ruere,* s'écouler). Dépérissement, destruction d'un bâtiment. *Ce bâtiment est en r., tombe en r.* ou *en ruines, menace r., menace d'une r. prochaine. On laisse en r.* ou *en ruines cette maison. La r. d'un château, d'une tour. Réparer les ruines.* — *Battre une place en r.,* et Fig., *Battre quelqu'un en r.,* Voy. BATTRE. || Fig., La perte des biens, de la fortune, de la réputation, du crédit, de l'autorité, de la puissance, etc. *Cette affaire a causé sa r., la r. de sa maison, sa r. totale. Il travaillait lui-même à sa r., il court à sa r. C'est de là que vient sa r. Cette aventure a causé la r. de sa réputation. Cette affaire a été la r. de son crédit.* — *La r. d'un État,* Sa chute, son entière décadence. *Cet empire est bien près de sa r.* On dit, dans un sens anal., *La r. des affaires.* || Fig., Ce qui est cause de la ruine de quelque chose, et particulièrement, Ce qui entraîne une grande dépense. *Hélène a été la r. de Troie. Les excès sont la r. de la santé. C'est une r. que les procès, que le jeu.* = *Ruine,* sign. aussi les débris, les restes d'un édifice détruit. Dans ce sens, il se dit le plus souvent au plur. *De vieilles ruines. Les ruines de Palmyre. Les ruines du Colisée. Les ruines d'un château. Voilà une belle r., des ruines pittoresques.* || Poétiquement on donne aussi ce nom à des restes d'objets autres que des édifices.

> Le Ciel même peut-il réparer les ruines
> De cet arbre séché jusque dans ses racines ?
>   RACINE.

|| Fig. et fam., on dit d'une femme qui a été belle, d'un homme qui a brillé par son talent, lorsqu'ils ont perdu en vieillissant, *Ce n'est plus qu'une r.* || Fig. au sens moral, on dit encore, mais au plur., *S'élever sur les ruines d'un autre. Élever sa fortune sur les ruines d'autrui. S'ensevelir sous les ruines de sa patrie.* || T. B.-Arts. Construction ruinée. *Voilà une belle r., de belles ruines. Il a orné son jardin de ruines factices.* = Syn. Voy. DÉBRIS et DÉCADENCE.

RUINEMENT. s. m. [Pr. *ruine-man*]. Action de ruiner.

RUINER. v. a. (R. *ruine*). Abattre, démolir, détruire. *R. un édifice, un château, une ville. R. de fond en comble.* — Se dit du ravage que fait la tempête, la grêle sur les biens de la terre. *La nielle a ruiné tous les blés. La grêle a ruiné toutes les vignes.* || Fig., Causer la perte des biens, de la fortune, de l'honneur, de la réputation, du crédit, de l'autorité, de la santé, etc. *Cette faillite le ruina complètement. R. sa maison, sa terre. Cette affaire l'a ruiné de réputation. Son crédit est ruiné. Ses ennemis l'ont ruiné dans votre esprit. Cette débauche ont ruiné sa santé.* || Se dit aussi des causes qui usent et détériorent les chevaux. *La chasse a ruine ce cheval. Le pavé ruine les pieds des chevaux.* || T. Techn. *R. une solive,* l'entailler. = SE RUINER. v. pron. Tomber en ruine. *Ce château commence à se r.* || Perdre son bien. *Il s'est ruiné au jeu. Elle se ruine en*

folles emplettes. || Se détériorer. *Le santé se ruine par les débauches. Les jambes de ce cheval commencent à se r.* = RUINÉ, ÉE. part. *Un bâtiment ruiné. Une famille ruinée. Une santé ruinée. Un cheval qui a les jambes ruinées.* = Syn. Voy. ABATTRE.

RUINES, ch.-l. de c. (Cantal), arr. de Saint-Flour; 1,000 hab.

RUINEUSEMENT. adv. [Pr. *ruineu-ze-man*]. D'une manière ruineuse.

RUINEUX, EUSE. adj. [Pr. *rui-neu, euze*] (lat. *ruinosus,* m. s.). Qui menace ruine. *Édifice r. Fondement r.* — Fig., *Bâtir sur des fondements ruineux,* Fonder ses espérances sur des choses peu solides, ou Établir un système sur des bases qui manquent de consistance. || Qui cause la ruine de la fortune. *C'est un emploi très brillant, mais il est r. Un luxe r. Des goûts r. C'est une affaire ruineuse.*

RUINIFORME. adj. 2 g. (lat. *ruina,* ruine; *forma,* forme). T. Minér. Qui offre des dessins imitant les ruines.

RUINURE. s. f. (R. *ruiner*). Entaille faite dans la charpente avec le ciseau ou la cognée, pour recevoir la maçonnerie.

RUISCH, anatomiste hollandais (1638-1731).

RUISDAEL. Voy. RUYSDAEL.

RUISSEAU. s. m. [Pr. *rui-so*] (bas lat. *rivuscellum,* m. s., de *rivus,* rivière). Courant d'eau très peu considérable; très petite rivière. *Un petit r. Un r. limpide. Le murmure d'un r.* — Fig. et prov., *Les petits ruisseaux font les grandes rivières,* Plusieurs petites sommes réunies en font une grande. || Le canal par où passe l'eau d'un ruisseau. *Le r. est à sec. Élargir, cuver, creuser un r.* || L'eau qui coule au milieu des rues, et le canal par où elle coule. *Il tomba dans le r., tout au milieu du r. On n'a pas donné assez de pente au r.* — Fig. et prov., *Cette chose traîne dans le r.,* Elle est triviale, commune; elle ne mérite pas d'être dite. *Cette nouvelle est ramassée dans le r.,* Elle a été prise dans les rues, dans le bas peuple.

> De proverbes traînés dans les ruisseaux des halles.

|| Fig., Se dit des choses liquides qui coulent en abondance.

> Et les ruisseaux de vin coulaient aux environs,
>   BOILEAU.

Des ruisseaux de sang coulaient par les rues. Verser des ruisseaux de larmes.

RUISSELANT, ANTE. adj. [Pr. *rui-se-lan*]. Qui ruisselle. *Des eaux ruisselantes. Un visage r. de sueur.*

> La place
> Ruisselante du sang de cette populace
>   CORNEILLE.

RUISSELER. v. n. [Pr. *rui-se-ler*] (R. *ruissel,* anc. forme de ruisseau). Couler en manière de ruisseau. *L'eau ruisselait par divers endroits. La sueur ruisselait sur son corps. Le sang ruisselait de ses plaies.* || Se dit aussi des corps sur lesquels un liquide coule en manière de ruisseau. *Son corps ruisselle de sueur.* — Conj. Voy. APPELER.

RUISSELET. s. m. [Pr. *rui-se-lè*]. Petit ruisseau.

RUISSELLEMENT. s. m. [Pr. *rui-sèle-man*]. Action de ruisseler.

RULHIÈRE, historien fr. (1735-1791).

RUM. s. m. Voy. RHUM.

RUMB. s. m. [Pr. *ronb,* en faisant sentir le *b*] (anglo-saxon, *rum,* espace, place). T. Mar. Chacune des trente-deux divisions de la rose des vents. Voy. BOUSSOLE. || T. Pêche. Espace de mer où le bateau arrivé le premier a seul droit de pêche.

RUMEN, s. m. [Pr. *ru-mène*] (lat. *rumen*, mamelle et gosier). Premier estomac des ruminants appelé aussi *Panse*. Voy. Estomac.

RUMEUR. s. f. (lat. *rumor*, m. s.). Bruit sourd et général, ordinairement accompagné d'une agitation plus ou moins vive, et qui est le résultat soit de quelque mécontentement, soit de la surprise que cause un accident, un événement imprévu. *Cela causa une grande r. Il y a de la r. parmi le peuple. Toute la maison, toute la ville est en r. De sourdes rumeurs. Des rumeurs menaçantes. Apaiser les rumeurs de la populace. Cet événement fut suivi d'une r. générale.* || Bruit confus de plusieurs voix qui paraissent animées. *Quelle est cette r. que j'entends? Que signifie cette r.?* || La réunion des opinions ou des soupçons du public contre quelqu'un. *Il est accusé par la r. publique.*

 J'avouerai les rumeurs les plus injurieuses.
          RACINE.

RUMEX. s. m. [Pr. *rumeks*] (lat. *rumex*, patience, plante). Genre de plantes Dicotylédones de la famille des *Polygonacées*. Voy. Oseille et Polygonacées.

RUMFORD (Thompson de), physicien américain (1753-1814), auteur de travaux sur la chaleur et la lumière.

RUMICÉES. s. f. (R. *Rumex*). T. Bot. Tribu de plantes Dicotylédones de la famille des *Polygonacées*. Voy. ce mot.

RUMILLY, ch.-l. de c. (Haute-Savoie), arr. d'Annecy; 4,400 hab.

RUMINANT, ANTE. adj. Qui rumine.

RUMINANTS. s. m. pl. T. Mamm. — Les animaux ainsi appelés constituent un ordre de la classe des *Mammifères*. Ils doivent leur nom à la faculté singulière que tous possèdent de mâcher une seconde fois les aliments, qu'ils ramènent dans la bouche après une première déglutition. Cette faculté tient à la structure de leur estomac, lequel se compose de 4 ventricules distincts, appelés *panse* ou *herbier* (en lat. *rumen*), *bonnet*, *feuillet*, et *caillette* (Voy. Estomac). Outre ce caractère, qui suffit assurément pour distinguer les Ruminants de tous les autres Mammifères, il est à remarquer qu'ils semblent tous être construits sur le même modèle, de sorte qu'ils forment un groupe parfaitement naturel et déterminé. Ils se ressemblent surtout par la disposition du système dentaire et la structure des organes de locomotion. Ainsi, ils n'ont d'incisives qu'à la mâchoire inférieure, où elles sont presque toujours au nombre de 8 ; à la supérieure, elles sont remplacées par un bourrelet calleux. Entre les incisives et les molaires, il existe un espace vide où l'on trouve, mais seulement dans quelques genres, 1 ou 2 canines. Les molaires, ordinairement au nombre de 6 partout, ont leur couronne marquée de deux doubles croissants, dont la convexité est tournée en dedans dans les supérieures, et en dehors dans les inférieures (Voy. Dent, Fig. 14). Les quatre pieds sont terminés par 2 doigts et par 2 sabots, qui se regardent par leur face aplatie, de telle sorte qu'ils ont l'air d'un sabot unique qui aurait été fendu : de là viennent les noms de *Pieds fourchus*, de *Bifides*, de *Bifurqués*, de *Bisulces* ou *Bisulques*, donnés à ces animaux. Derrière le sabot on remarque quelquefois 2 petits ergots, vestiges des doigts latéraux (Fig. ci-contre représentant un pied de Cerf : *a*, tibia ; *b*, os du carpe ; *c*, canon ou métacarpe ; *d*, phalanges ; *e*, phalangines ; *f*, phalangettes enveloppées par leur sabot). Les deux os du métacarpe et du métatarse sont réunis en un seul, qui porte le nom de *canon* ; mais, dans certaines espèces, il y a aussi des vestiges de métacarpiens et de métatarsiens latéraux. Les animaux ruminants sont encore les seuls Mammifères pourvus de prolongements osseux du os frontaux ; cependant ils n'en ont pas tous. On divise les Ruminants, d'après l'ornementation de leur front, en *R. sans cornes*, qui comprennent les genres Chameau, Lama et Chevrotain, en *R. à cornes caduques* ou *à bois*, qui comprennent le grand genre Cerf ; en *R. à cornes velues*, où l'on ne trouve que la Girafe, et en *R. à cornes creuses*, qui renferment les genres Antilope, Chèvre, Mouton, Bœuf et Ovins. Voy. ces mots.

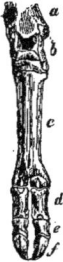

RUMINATION. s. f. [Pr. ...*sion*]. Action de ruminer.

RUMINÉ. adj. m. T. Bot. *Albumen r.* Qui présente des crevasses tapissées par les téguments.

RUMINER. v. a. (lat. *ruminare*, m. s. de rumen, gosier). Remâcher : se dit des animaux à estomac multiple qui forment l'ordre des Ruminants. *Les bœufs ruminent ce qu'ils ont mangé. Absol., Les brebis, les chameaux ruminent.* || Fig. et fam., Penser et repenser à une chose, l'examiner sous tous ses aspects. *Il y a longtemps qu'il ruminait ce projet, cette affaire. Après avoir bien ruminé.*

 Quand il eut ruminé tout le cas en sa tête.
         LA FONTAINE.

= Ruminé, ée. part.

RUMMEL ou **ROUMEL**, rivière qui entoure Constantine, puis prend le nom d'Oued-el-Kébir, et se jette dans la Méditerranée à l'E. de Bougie ; 150 kil.

RUMONIQUE. adj. 2 g. et s. m. T. Ling. L'un des dialectes du *Rhétien*. Voy. Roman.

RUNES. s. f. pl. T. Philol. — On appelle *Runes*, des caractères graphiques dont l'usage a été autrefois très répandu dans les pays du nord de l'Europe, et particulièrement dans les contrées scandinaves. Leur nom paraît provenir du mot *runa*, secret, mystère, soit parce qu'ils constituaient aux yeux du peuple des signes mystérieux, soit parce qu'on leur attribuait certaines vertus magiques. On a aussi indiqué deux autres étymologies très vraisemblables ; l'une tire le mot rune d'un radical qui a donné le verbe all. *runen*, graver, faire des entailles ; l'autre, proposée par Fabre d'Olivet rattache *rune* au radical qu'on retrouve dans *rennen*, courir, angl. *to run*, et d'où nous avons fait renne. Alors l'écriture runique serait une écriture cursive, c.-à-d. plus rapide que les écritures antérieures. Ces caractères ont principalement servi pour former des inscriptions sur le métal et la pierre. Il existe encore plusieurs milliers de ces inscriptions gravées sur des rochers dans les anciens pays scandinaves, surtout en Suède, aux environs d'Upsal. Les plus nombreuses inscriptions de ce genre sont des épitaphes de chefs ou des invocations à la Divinité. Elles sont en général en langue islandaise, et disposées, tantôt en lignes droites, tantôt en lignes contournées et enlacées en forme de serpent. On traçait aussi des inscriptions runiques sur la proue des navires, sur le pommeau des épées, sur les cornes à boire, sur des tablettes de bois, et sur des baguettes que l'on portait en guise d'amulettes. On employait encore quelquefois l'écriture runique pour la correspondance et l'exécution matérielle des livres. Nous ferons remarquer à ce sujet que plusieurs écrivains ont étendu l'épithète de runique à la langue que les runes ont servi à transcrire, c'est pour ce motif que les anciens scandinaves sont dits avoir été écrits en runique. Les runes ont été usitées jusqu'au XIVe siècle. Toutefois, dans les derniers temps, elles n'étaient comprises que d'un petit nombre de personnes, et leur interprétation était considérée comme une science à part, qui s'acquérait très difficilement. Les caractères runiques ont attiré l'attention des savants dès le milieu du XVIe siècle ; mais c'est seulement au XIXe siècle qu'on est parvenu à les déchiffrer d'une manière satisfaisante. Quant à leur origine, elle a donné lieu à un grand nombre de controverses. Frédéric Schlegel pensait qu'ils ont été introduits dans le nord de l'Europe par des Phéniciens qui avaient poussé jusque dans la Baltique leurs expéditions commerciales. Mais ce qui semble plus probable, étant donnés les noms des lettres qui désignent des objets, c'est que l'écriture runique, comme l'écriture démotique des anciens Égyptiens, est un système phonétique dérivé d'un système hiéroglyphique beaucoup plus compliqué. Voy. Hiéroglyphe.

RUNIQUE. adj. 2 g. Se dit des caractères, de la langue, de la poésie et des monuments de quelques anciens peuples du Nord. *Alphabet r. Langage r. Poésies runiques.*

RUNJUT-SINGH, roi de Lahore, se forma, avec le concours du général français Allard, une armée disciplinée à l'européenne, et fonda dans le Pendjab, le Cachemire et l'Afghanistan un royaume qui ne lui survécut pas (1780-1839).

RUNOLOGUE, s. m. Savant qui s'occupe de l'étude des runes.

RUOLZ. s. m. (nom de l'inventeur). T. Techn. Métal blanc argenté à la pile. *Des couverts de r.*

RUOLZ, chimiste fr., né en 1808, fut l'un des inventeurs de la dorure et de l'argenture sur métaux par la pile voltaïque.

RUOTTE. s. f. [Pr. *ruo-te*] (dim. de *rue*). Rigole creusée entre les rangées du colza ou de la pomme de terre.

RUPÉAL. s. m. (lat. *rupes*, roche). L'os du rocher considéré comme un os distinct.

RUPEL, riv. de Belgique formée de la *Dyle* et de la *Nèthe*, se jette dans l'Escaut (rive droite) ; 20 kil.

RUPELMONDE, v. de Belgique (Flandre-Orientale) sur l'Escaut ; 3,500 kil.

RUPESTRE. adj. 2 g. (lat. *rupes*, rocher, de *rumpere*, rompre). T. Bot. Se dit des plantes qui croissent sur les rochers.

RUPIA. s. m. (gr. ῥύπος, ordure). T. Méd. Le r. est une des formes sous lesquelles se manifeste l'ecthyma ; les croûtes sont brunâtres coniques et composées de couches superposées, en forme d'escalier ; leur aspect est conchyliforme.

RUPICOLE. s. m. (lat. *rupes*, rocher ; *colere*, habiter). T. Ornith. Genre de *Passereaux*, appelé aussi *Coq de roche*. Voy. MANAKIN.

RUPPEL, voyageur all., né en 1794, explorateur de l'Afrique nord-orientale.

RUPTILE. adj. 2 g. (lat. *ruptum*, sup. de *rumpere*, rompre). T. Bot. Qui s'ouvre en se déchirant d'une manière irrégulière.

RUPTILITÉ. s. f. T. Bot. État ou qualité de ce qui est ruptile.

RUPTINERVE. adj. 2 g. (lat. *ruptum*, rompu et *nervure*). T. Bot. Dont les feuilles se rompent parallèlement aux nervures.

RUPTOIRE. s. m. [Pr. *rup-touar*] (bas lat. *ruptorium*, m. s., de *ruptum*, sup. de *rumpere*, rompre). T. Méd. Cautère potentiel produisant une solution de continuité.

RUPTURE. s. f. (lat. *ruptura*, m. s., de *ruptum*, sup. de *rumpere*, rompre). Fracture, action par laquelle une chose est rompue, état d'une chose rompue. *La r. d'une porte, d'un coffre. La r. d'une branche. La r. d'un os, d'un tendon, d'une veine.* || Fig., La division qui arrive entre personnes unies par traité, par amitié, etc. *R. entière, ouverte, manifeste, déclarée. Ils en sont venus à une r. Il y a r. entre ces deux puissances. Prévenir une r.* — On dit, dans un sens analog., *La r. de la paix. La r. d'un traité. La r. d'une société. La r. d'un mariage, La r. d'un projet de mariage.* — *Condamné en r. de ban*, qui a quitté la résidence qui lui avait été assignée. || T. Chir. Se dit quelquefois pour hernie. *Il est fort incommodé d'une r.* || T. Peint. Action de mélanger les couleurs, les teintes sur la palette.

RURAL, ALE adj. (lat. *ruralis*, m. s., de *rus, ruris*, campagne). Qui appartient aux champs, qui concerne les champs, la campagne. *Fonds r. Biens ruraux. Propriétés rurales. Économie rurale. Code r. La vie rurale. Les mœurs rurales.* || T. Bot. *Plantes rurales*, Celles qui croissent dans les champs. = Subst. *Les ruraux*, les campagnards.

RURALEMENT. adv. [Pr. ...*le-man*]. D'une manière rurale.

RUREMONDE, v. forte de Hollande (Limbourg) sur la Meuse : 10,000 hab.

RURICOLE. adj. 2 g. T. Zool. Qui vit dans les champs.

RURIK, chef des Varègues, fondateur de la monarchie russe (IXᵉ siècle).

RUSE. s. f. [Pr. *ru-ze*] (R. *ruser*). Artifice, moyen dont on se sert pour tromper. *R. subtile, grossière. User, se servir de ruses. Je connais ses ruses. Ses ruses sont découvertes.*

> J'ai cent ruses au sac.
> LA FONTAINE.

|| *Ruses innocentes*, Certaines petites finesses dont on se sert à bon dessein. *R. de guerre.* Voy. STRATAGÈME. Se dit aussi des détours dont le lièvre, le cerf, le renard, se servent quand on les chasse. = Syn. Voy. ARTIFICE.

RUSÉ, ÉE. adj. [Pr. *ru-zé*]. Fin, adroit, qui a de la ruse, qui est plein de ruses. *Un homme r. Cette femme est bien rusée.* — Subst., *C'est un r., un fin r. Une petite rusée.* || Qui annonce de la finesse, de la ruse. *Elle a un air r. Je me défie de sa mine rusée.*

RUSER. v. n. [Pr. *ru-zer*] (ce mot qu'on écrivait autrefois *reüser*, dérive d'un mélange de *refutare*, repousser, et *recusare*, se récuser). User de ruses. *Il ruse. Il ne fait que r. Il est permis de r. à la guerre.*

> Il faut ruser pour avoir cette proie.
> LA FONTAINE.

|| Se dit aussi des animaux. *C'est un vieux cerf qui ruse pour dévouer les chiens.*

RUSEUR. s. m. [Pr. *ru-zeur*]. Celui qui emploie la ruse, qui se plaît à en faire usage.

RUSMA. s. m. (corrupt. de turc *khorozma*, m. s., qui n'est lui-même que la transcription du gr. χρῖσμα, onguent, fard). Dépilatoire fort usité en Orient et qui se compose d'une partie de réalgar sur cinq à huit de chaux vive.

RUSSELL (WILLIAM), accusé de conspiration contre la vie de Charles II, fut condamné à mort malgré le dévouement de sa femme, et exécuté (1639-1683). Plus tard, la Chambre des lords proclama son innocence.

RUSSELL (EDWARD), amiral angl., gagna sur Tourville, en 1692, la bataille de la Hogue (1651-1727).

RUSSELL (lord JOHN), illustre homme d'État angl., chef du parti whig en Angleterre (1792-1878).

RUSSEY (LE), ch.-l. de c. (Doubs), arr. de Montbéliard ; 1,300 hab.

RUSSIE. Le plus vaste empire du monde ; à cheval sur l'Europe et sur l'Asie, il occupe environ la moitié de chacun de ces continents, borné au N. par l'Océan Glacial Arctique, à l'O. par la Norvège, la Suède, la mer Baltique, l'Allemagne, l'Autriche-Hongrie, la Roumanie, au S. par la mer Noire, l'Empire Ottoman, la Perse, l'Afghanistan, l'Inde anglaise et l'Empire Chinois, à l'E. par la mer du Japon, la mer d'Okhotsk, la partie septentrionale de l'Océan Pacifique, la mer et le détroit de Behring. La séparation de l'Europe et de l'Asie, formée par les monts et le fleuve Oural, la mer Caspienne et le Caucase, partage naturellement cet empire en Russie d'Europe et Russie d'Asie. L'ensemble s'étend sensiblement du 40ᵉ au 75ᵉ degrés de latitude nord et depuis le 15ᵉ degré de longitude est de Paris jusqu'au delà du 180°, c.-à-d. sur près de la moitié d'un parallèle terrestre à mi-distance du pôle à l'équateur.

En *Russie d'Europe* l'Océan Glacial forme la mer et le golfe de Kara, le détroit de Vaigatz entre le cap et l'île de même nom, le détroit de Kara entre cette île et la Novoïa Zemlia (nouvelle île) que mon franciscus en Nouvelle-Zemble, la baie Tcheskaïa et la mer Blanche entre les péninsules Kanin et Kola. La mer Baltique forme en Russie les golfes de Bothnie, de Finlande et de Riga, baigne les îles d'Abo, Dago et Œsel. La mer Noire enserre la presqu'île de Crimée reliée au continent par l'isthme de Pérékop entre le golfe de Pérékop et la mer d'Azov, celle-ci étant reliée elle-même à la mer Noire par le détroit de Kertch ou d'Iénikalé entre la Crimée et l'extrémité du Caucase.

Le Caucase entre le détroit de Kertch sur la mer Noire et le cap Apchéron sur la mer Caspienne est la plus importante chaîne de la Russie d'Europe. Ses plus hautes cimes atteignent : le mont Elbrouz 5,650 mètres, le mont Kaschek 5,045 mètres. Les monts Oural, cités plus haut, ne sont que des ondulations ne dépassant guère 1,500 mètres d'altitude. Vers le milieu de cette chaîne, au *Nœud de l'Oural*, se détachent d'autres ondulations se dirigeant dans leur ensemble vers l'O.-S.-O. et

Russie et de la Roumanie, puis, de l'Ouest à l'Est, le Dniester, le Boug, le Dniéper, tributaires de la mer Noire, le Don et le Kouban qui se jettent dans la mer d'Azov ; enfin, dans la mer Caspienne, l'Oural, l'immense Volga, le plus grand fleuve de l'Europe (avec ses affluents l'Oka et la Kama), enfin le Terek et le Kour.

RUSSIE D'EUROPE

○ Capitale d'État
◎ Chef-lieu de Province.
--- Limite d'État
--- Limite de Province.
— Chemin de fer

Kilomètres.

appelées monts *Uvaldi*, plateau de *Valdaï*, monts de *Pologne*. D'autres, se détachant du plateau de Valdaï, montent vers le N.-O., longent la Finlande en traversant la presqu'île entre les golfes de Bothnie, de Finlande et la mer Blanche sous les noms de monts Olonetz et Maanseil, et se rattachent aux monts Scandinaves en Suède et Norvège.

De grands fleuves sortent de ces montagnes : Ce sont au Nord la Petchora, tributaire de l'Océan Glacial, la Dwina et l'Onéga, tributaires de la mer Blanche ; à l'ouest, la Néva, la Dwina Méridionale, les hauts cours du Niémen et de la Vistule, tributaires de la mer Baltique : au Sud les bouches du Danube et son affluent de gauche le Pruth, frontière actuelle de la

Les parties septentrionales de la Russie sont couvertes de lacs innombrables dont les plus importants sont le Siama, l'Onéga et le Ladoga, ce dernier déversé dans le golfe de Finlande par la courte Néva. Les parties occidentales abondent en marais dont le plus vaste est celui de Pinsk dans la haute vallée du Dniéper. Enfin dans le Sud et le Sud-Est s'étendent d'immenses steppes ou déserts.

La *Russie d'Asie* présente dans sa partie méridionale une longue chaîne de montagnes qui part des monts Oural sous les noms de monts Alghinskoï, Oulugh-Tach, Jaman-Arganaty, Altaï, Sayomsk, Gourbi, Kanteï (formant la frontière de Chine), puis remonte vers le N.-E. sous les noms de monts de Daouric, lablonoï, Stanovoï et aboutit au détroit de Behring (près du golfe d'Anadyr) et à la presqu'île du Kamchatka.

Des fleuves immenses descendent de cette chaîne vers le Nord et alimentent les enclaves de l'Océan Glacial appelées mer de Kara et mer Sibérienne, de chaque côté du cap septentrional, cette dernière formée par l'archipel sibérien ou Liakhov; ces fleuves sont de l'Ouest à l'Est, l'Obi avec son important affluent de gauche, l'Irtych; l'Iénissoï, dont l'affluent de droite, l'Angara, traverse le lac Baïkal; la Léna, etc., à l'est, l'Amour se jette dans la Manche de Tartarie, laquelle rejoint la mer d'Okhotz à la mer du Japon entre la côte et l'île Tarenkaï ou Sakhalien. Le détroit de La Pérouse sépare cette île de celle du Japon.

Au Sud-Ouest de cette chaîne, dans la région avoisinant la mer Caspienne, le Sir-Daria et l'Amou-Daria, descendant du Thian-Chan, du Pamir et de l'Hindou-Khouch, alimentent le lac ou mer d'Aral. L'Ili se jette dans le lac Balkach; la Tchoui dans l'Issyk-Koul.

Toutes ces régions, tant en Europe qu'en Asie, étaient à peu près inconnues des anciens. On englobait alors sous le nom de Scythes les peuples qui les habitaient, du nom de ceux qui au Ve siècle avant notre ère avaient fait en Grèce une terrible invasion. On y distinguait les Gélons, les Agathyrses, les Bastarnes, les Gètes.

Ératosthène au IIIe siècle av. J.-C. et Strabon au Ier siècle portent sur leurs cartes une Scythie d'Europe et une Scythie d'Asie. Cependant la Scythie d'Europe avait pris le nom de Sarmatie, du nom des Sarmates qui s'y étaient installés, tandis que les Slaves s'étaient rapprochés des régions germaniques. Vers le Sud les Kimri (les Κιμμέριοι des Grecs et les Cimbri des latins) avaient campé des bords du Volga (Volgca, Bolgca ou Bolges) à la Chersonèse Cimmérienne (aujourd'hui Crimée) avant de se porter vers la mer du Nord et la Manche.

Au moment des grandes invasions de l'empire romain, tous les peuples qui devaient le traverser et le partager, Alains, Goths, Vandales, Gépides, Hérules, Huns, s'arrêtèrent plus ou moins longtemps de l'Oural à la mer Noire avant de reprendre leur course. Mais, après leur passage, les régions situées entre la Vistule, le haut Volga et le haut Dniéper (Borysthène) restèrent aux Sarmates, puis aux Slaves (Ruthènes, Vénètes, Lettons, Borusses, Polènes, etc.). Les Khazars formèrent peu à peu dans la vallée du Dniéper une république gouvernée par un président et dont les villes principales furent Novgorod, Kiev, Smolensk, tandis que les autres s'étaient rejetées vers l'Ouest jusqu'à l'Oder et la Theiss.

Cette république luttait depuis longtemps contre les Barbares asiatiques, quand Rurik, chef des Varègues, et vainqueur dans plusieurs guerres, se mit à la tête d'une révolution contre les riches et se fit nommer grand prince en 861. Continuant ses guerres et ses victoires, il soumit les Finnois. Son fils Igor, ayant épousé Olga, fille de l'ancien président de Novgorod, laquelle mourut chrétienne, envahit l'Empire Byzantin, prit Constantinople et saccagea Nicomédie (941). Tout cet empire, affermi au XIe siècle par Jaroslav, sombra sous l'invasion Mongole. En vain Alexandre Newsky reconstitua un royaume slave sur les barbares du Nord et sur les Suédois. En 1224, une nouvelle invasion Mongole saccagea tout, et fut renouvelée encore du XVe siècle par le trop fameux Tamerlan ou Ti-mour-ling.

Cependant la race Slave devait ressusciter de ces désastres. En 1338, Ivan Ier, réunissant sous son pouvoir la principautés de Vladimir, de Novgorod et de Moscou, prit le titre de grand duc de Moscovie, et son successeur, Ivan III, celui de tsar ou czar de toutes les *Russies*. La républicaine Novgorod fut déchue de son rang de capitale qui appartint dès lors à Moscou. Ivan IV le Terrible établit la plus atroce tyrannie. La dynastie des Rurik s'éteignit en 1598.

Mais en 1613, Michel Federovitch, qui en descendait par les femmes, fonda celle des Romanow. Son petit-fils Pierre Ier, appelé le Grand, voyagea en Europe, fonda Saint-Pétersbourg, organisa son empire à l'européenne, et lui donna une grande solidité, surtout par l'écrasement à Poltawa de l'envahisseur Charles XII de Suède (1709).

Pierre Le Grand n'avait fait qu'accroître encore le despotisme des tsars, qui pendant un siècle s'étala de la façon la plus sanglante et provoqua toute une série de crimes. Pierre II envoyait au Sibérie le ministre de sa mère Catherine; Anne Ivanowna de Courlande y envoyait à son tour les ministres de Pierre II, et prenait pour favori, le palefrenier Biren. Ivan VI fut égorgé, Pierre III assassiné par ordre de sa femme Catherine II. Celle-ci adjoignit à l'empire la Russie blanche, la Volhynie, la Courlande, la Podolie, la Nouvelle Russie, la Crimée, la Géorgie, l'Émérétie, écrasa la Turquie, démembra la Pologne (Voy. ce mot). Paul Ier un moment se laissa entraîner par l'Europe contre la France; mais après l'anéantissement de ses armées par Masséna à Zurich, en 1799, il se retira de la coalition et fut étranglé en 1801 par les partisans de la guerre. Son fils Alexandre Ier, battu par Napoléon à Austerlitz, à Eylau, à Friedland, subit d'abord la paix de Tilsitt en 1807. Mais après l'invasion de son empire en 1812, il eut la joie de voir les Français arrêtés par l'incendie de Moscou, la gloire de les chasser de Russie, de retourner contre eux toute l'Europe et de les battre à Leipsig en 1813, avec le concours des Prussiens, des Autrichiens, des Suédois et des Saxons.

Cependant les tsars s'étaient fait les protecteurs des chrétiens de Turquie. Le soulèvement de la Grèce se fit avec l'appui, moral d'abord, matériel ensuite, de la Russie unie, à Navarin, à la France et à l'Angleterre (1827). Par contre la Russie étouffait en 1830 le soulèvement de la Pologne, et en 1849 celui de la Hongrie insurgée contre l'Autriche. En 1854, ayant voulu frapper la Turquie, le tsar Nicolas Ier trouva contre lui la France, l'Angleterre et plus tard le Piémont, qui envahirent la Crimée et prirent Sébastopol. Le traité de Paris mit fin à cette guerre en 1856; le tsar Alexandre II, profitant de nos malheurs, le déchira en 1870 et, en 1877, reprit la marche sur Constantinople où il entra avec ses armées, imposant au vaincu le traité de San Stéfano par lequel la Serbie devenait indépendante et la Bulgarie autonome sous la suzeraineté de la Turquie. Mais l'Autriche et l'Angleterre n'avaient pris aucune part à la guerre, reçurent l'une la Bosnie et l'Herzégovine, l'autre l'île de Chypre, tandis que la Russie victorieuse ne gagnait qu'une faible rectification de frontières sur le Pruth. Lésée par l'Europe et surtout par l'hégémonie de l'Allemagne, la Russie n'eut plus d'amie que la France, victime de la même puissance. Après l'assassinat d'Alexandre II, par les révolutionnaires nihilistes, en 1881, son fils Alexandre III se rapprocha insensiblement de la République française; la visite de nos marins à Kronstadt en 1891, celle des marins Russes à Paris en 1893, préparèrent, après la mort de cet empereur, la venue en France de son fils Nicolas II et celle du Président Félix Faure en Russie, où fut proclamée par les deux chefs d'États une alliance pour la défense et la justice.

Le gouvernement de la Russie est une autocratie absolue. Le militarisme y est développé comme en aucun pays du monde. Des généraux sont gouverneurs de villes, de provinces, préfets de Police, etc. La Russie d'Europe comprend actuellement: 1° les provinces Baltiques : Finlande, Ingrie, Esthonie, Livonie et Courlande; 2° les provinces Polonaises : Lithuanie (Kowno, Vilna, Grodno, Mohilew, Vitepsk, Minsk) et Pologne; 3° la Moscovie: Moscou, Pscov, Novgorod, Tver, Jaroslav, Smolensk, Vladimir, Riazan, Tambow, Voronege, Koursk, Toula, Kalouga, Orel, Nijni-Novgorod, Kostroma; 4° la Petite Russie : Volhynie, Podolie, Kiew, Ukraine (Poltava), Karkow, Tchernigov, Ekaterinoslav; 5° la nouvelle Russie: Bessarabie, Cherson, Tauride, le Don; 6° les provinces du Caucase, Kourban, Stavropol, Terek, Daghestan, Bakou, Elisabethpol, Erivan, Kars, Tiflis, Koutaïs, mer Noire; 7° la Russie orientale : Penza, Saratof, Astrakhan, Samara, Orenbourg, Kazan, Oufa, Simbirsk, Vologda, Viatka, Perm; 8° la Russie Septentrionale : Arkhangel.

La Sibérie (du nom de la ville de Sibir) fut découverte au XVIe siècle par un marchand d'Arkhangel, Arrika Shogonof, et visitée peu après par un chef de cosaques, Yermak. Les Russes y fondèrent Tobolsk en 1587, et en 1690 s'avancèrent jusqu'au Kamtchatka. Un capitaine danois au service du tsar, Behring, découvrit en 1728 le détroit qui porte son nom et en 1745 les îles Aléoutiennes. Les tsars étendirent leur pouvoir sur toutes ces régions, et même au delà du détroit, sur l'immense territoire d'Alaska qu'ils vendirent en 1867 aux États-Unis. Depuis lors, la politique russe, spécialement orientée vers la domination de l'Asie, a soumis le Turkestan et le Herat, fondé Vladivostok sur la mer du Japon, construit le chemin de fer transcaspien qui aboutit à Samarcande et commencé le transsibérien. Une convention avec la Chine autorise le prolongement des chemins de fer russes jusqu'à Port-Arthur sur le golfe du Pet-Chi-Li. La ligne de partage des eaux de l'Oba et de l'Iénissoï, divise la Sibérie en ouest sibérien (Gouvernement de Tobolsk, de Tomsk, du Turkestan et des Steppes) et est sibérien (Gouvernement d'Irkoutsk). Le premier comprend les provinces d'Oural, de Turgaï, d'Akmolinsk, de Semipalatinsk, de Tobolsk et de Tomsk, le Turkestan (Syr-Daria et Semirjet-Schensk), le Touran (Amou-Daria et Boukhara). Le second, les provinces d'Irkoutsk, du Transbaïkal, de l'Amour, d'Irkoutsk et du Littoral.

La population totale de l'Empire Russe s'élève à environ 130,000,000 d'habitants, répartis à peu près de la manière suivante : Russie d'Europe, 94,000,000; Pologne, 9,000,000; Caucase, 10,000,000; Finlande, 3,000,000; Sibérie et provinces asiatiques, 14,000,000; Saint-Pétersbourg, capitale, en compte 1,300,000; Moscou, 1,000,000; Varsovie, 615,000. Les autres villes principales, Odessa, Lodz, Riga, Kharkov, Kiew, Saratof, Kitchinef, Lodz, Vilna, descendent de 400,000 à 100,000 hab.

La superficie de la Russie d'Europe est de 5,202,000 kilomètres carrés, celle de la Russie d'Asie de 14,877,000 kilomètres carrés.

Le territoire de la Russie est fertile en céréales, seigle, avoine, froment, orge, sarrasin, maïs, chanvre. On y cultive le tabac et le houblon, le coton dans le sud-est. Les raisins de Tauride et de Bessarabie donnent d'excellents vins. Comme minerais, on trouve de l'or dans l'Oural et en Sibérie, de l'ar-

1584. — Boris Godounov, 1598. — Fédor II, 1605. — Grégoire Otrepiev, sous le nom de Dmitri V, 1605. — Vasili V, 1606. — Vladislas Vasa, de Pologne, 1610. — Michel III Romanow, 1613. — Alexis Ier, 1645. — Fédor III, 1676. — Ivan V et Pierre Ier le Grand, 1682. — Pierre Ier, seul, 1689. — Catherine Ire, 1725. — Pierre II, 1727. — Anne, 1730. — Ivan VI, 1740. — Elisabeth, 1741. — Pierre III, de Holstein-Gottorp, 1762. — Catherine II, 1762. — Paul Ier, 1796. — Alexandre Ier, 1801. — Nicolas Ier, 1825. — Alexandre II, 1855. — Alexandre III, 1881. — Nicolas II, 1894.

RUSSULE. s. f. T. Bot. Genre de Champignons (*Russula*) de la famille des *Hyménomycètes*. Voy. ce mot.

RUSTAUD, AUDE. adj. [Pr. *rus-to, tode*] (vx fr. *ruste*, du lat. *rusticus*, rustique). Qui est grossier, mais à la manière du paysan. *Ce garçon est fort r. Avoir l'air r., la mine*

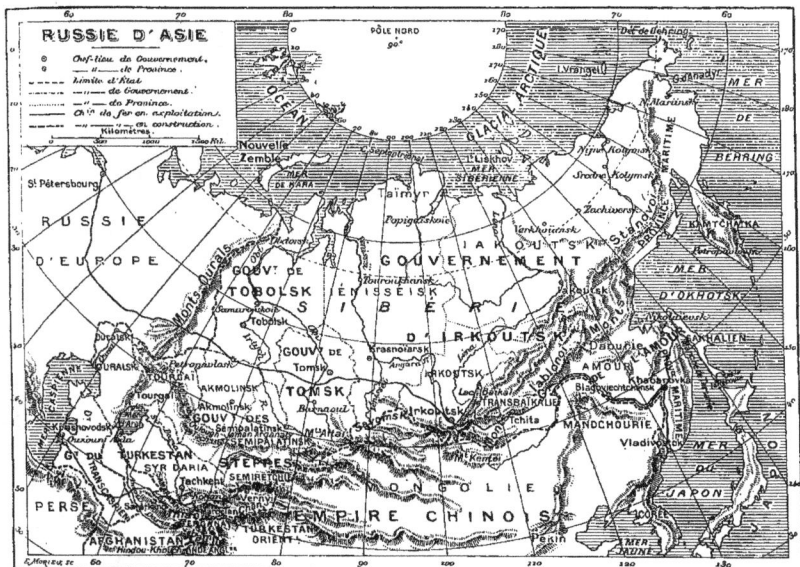

gent, du fer, du cuivre dans l'Oural, de la houille en Finlande.

Liste chronologique des souverains de la Russie. — Rurik, duc de Novogorod, 862. — Oleg, régent, 879. — Igor, 953. — Olga, veuve de Rurik, 945. — Sviatoslav Ier, 964. — Jaropolk Ier, 973. — Vladimir Ier, 980. — Sviatopolk Ier, 1015. — Iaroslav Ier, 1019. — Isiaslav, 1055. — Sviatoslav II, 1073. — Isiaslav, de nouveau, 1077. — Vsévolov Ier, 1078. — Sviatopolk II, 1093. — Vladimir II, 1113. — Mtislav, 1125. — Jaropolk II, 1132. — Viaczeslav, 1137. — Vsévolov II, 1138. — Igor II, 1146. — Isiaslav II, 1146. — Iourié ou George, 1149. — A sa mort, en 1157, la Russie compte deux grands princes au moins, l'un à Kief et l'autre à Moscou. Le pouvoir n'est de nouveau réuni dans une seule main qu'en 1240 par Iaroslav II. — Sviatoslav III, 1247. — André Ier, 1249. — Saint Alexandre Ier Nevsky, 1252. — Iaroslav III, 1262. — Vasili Ier, 1272. — Dmitri Ier, 1276. — André II, 1294. — Daniel, 1295. — Vasili de Souzdal, 1304. — Michel II, 1304. — Iourié III, 1319. — Dmitri II, 1323. — Alexandre II, 1326. — Ivan Ier, 1328. — Siméon Ier, 1340. — Ivan II, 1353. — Dmitri III, 1359. — Dmitri IV, 1362. — Vasili II, 1389. — Vasili III, 1425. — Ivan III, le Grand, prend le premier le titre de *tsar*, 1462. — Ivan IV, le Terrible, 1533. — Fédor Ier,

rustaude. ‖ Subst., *C'est un r., une grosse rustaude.* Fam.

Syn. — *Rustre.* — *Rustaud* ne s'applique qu'aux gens de la campagne ou du peuple qui, sans éducation, ont conservé l'air et les manières de leur état. *Rustre* se dit surtout des gens qui, ayant reçu de l'éducation, ont néanmoins des manières semblables à celles du paysan totalement privé de culture.

RUSTAUDEMENT. s. m. [Pr. *rusto-deman*]. D'une manière rustaude.

RUSTAUDERIE. s. f. [Pr. *rusto-deri*]. Grossièretés, air rustaud, manières rustaudes. *Il est d'une r. insupportable.*

RUSTE. s. m. Sorte de lance usitée dans les tournois. ‖ T. Blas. Losange percée d'une ouverture circulaire. Voy. HÉRALDIQUE.

RUSTICAGE. s. m. Mortier très clair qu'on jette sur un mur avec un balai, pour le crépir, le rustiquer.

RUSTICITÉ. s. f. (lat. *rusticitas*, m. s.). Rudesse, absence de politesse, de civilisation. *La r. vient de l'igno-*

rance des usages. Il y a de la r. dans ses manières, dans son langage. || T. Écon rurale. Faculté que possède une race d'animaux, une espèce de plante, de prospérer à la campagne, dans les champs, sans exiger de soins particuliers. La r. de cette variété, de cette race, fait qu'on la préfère aux autres.

RUSTINE. s. f. Face de derrière d'un creuset dans lequel on affine la fonte.

RUSTIQUE. adj. 2 g. (lat. rusticus, m. s., de rus, campagne). Champêtre, qui convient aux champs, qui appartient aux manières de vivre de la campagne. Vie r. Travaux rustiques. Simplicité r. Attelage r. Un repas r. Un banc, un siège r. Des airs, des danses rustiques. || Inculte, sauvage, sans art. Au sortir du jardin, on trouve des promenades rustiques et solitaires. Ce jardin est négligé, il est tout r. || Qui prospère aux champs sans exiger de soins particuliers. Cette plante est tout à fait r. Cette race de moutons est plus r. que toutes les autres. || Fig., Rude, dénué de politesse, d'une simplicité inculte. Avoir l'air r., la physionomie r. Il a des manières rustiques, un langage r. || T. Archit. Ouvrage, genre r Ouvrage, genre d'ouvrage fait de pierres brutes ou de pierres taillées à l'imitation des pierres brutes. — L'ordre r., subst., Le r., sorte de Toscan défiguré. Voy. Ordre. || T. Philol. La langue r., La langue latine corrompue en usage dans les provinces de la France à l'époque où se forma la langue romane. Voy. Langue, VI, et Latin. — Capitale r. Voy. Paléographie, I.

RUSTIQUEMENT. adv. [Pr. rusti-keman]. D'une manière rustique, grossière. Il parle, il agit r.

RUSTIQUER. v. a. T. Archit. Travailler ou crépir la surface d'une construction, d'un édifice dans le genre rustique. R. un château. || R. des pierres, Les tailler, les travailler de manière à leur donner une apparence brute. = Rustiqué, ée. part.

RUSTIQUEUR. s. m. Ouvrier qui fait le rusticage.

RUSTRE. adj. 2 g. (lat. rusticus, rustique). Fort rustique, fort grossier. Il a l'air r., la mine r. || Subst., C'est un r., un vrai r., un gros r. = Syn. Voy. Rustaud.

RUSTRERIE. s. f. Manières de celui qui est rustre.

RUT. s. m. [Pr. le t final] (lat. rugitus, rugissement). L'état de certains mammifères quand ils sont entraînés par le penchant à la reproduction. Le chameau devient dangereux au temps du r. Le cerf entre en r. au mois de septembre. — Les cerfs ne tiennent pas, ne durent pas dans le r., pendant le r., Ils sont aisés à prendre durant cette période.

RUTABAGA. s. m. (suédois rotabagge, m. s.). T. Bot. Variété de Colza, espèce de plante du genre Chou. Voy. Chou. **Agric.** — Le r., l'une des plantes fondamentales de la culture anglaise, depuis la fin du siècle dernier, est très voisin du chou-navet; mais il en diffère par quelques caractères et surtout par ses qualités fourragères et agricoles. Sa racine, à chair jaunâtre et de forme arrondie, tourne plus promptement, ce qui permet de le semer un mois plus tard, et le rend beaucoup plus propre aux seuls en place, mode de culture presque le seul employé pour ce fourrage. Les semis se font communément en lignes espacées de 0m,65 à 0m,80, et pour le mieux, sur des ados dans le milieu desquels on a ramassé l'engrais où le phosphate de chaux doit dominer. Les intervalles et les lignes elles-mêmes sont soigneusement binés et sarclés. La racine du r. supporte un froid considérable, et peut être laissée l'hiver dans les champs, pour n'être arrachée qu'au besoin. C'est une ressource précieuse pour la nourriture, pendant l'hiver, des bêtes à cornes et des moutons, auxquels on la donne, coupée par tranches. Depuis quelques années, les Anglais ont beaucoup perfectionné cette racine; ils en ont obtenu des variétés hâtives, de formes diverses et de grosseur satisfaisante.

RUTACÉES. s. f. pl. (lat. ruta, rue). T. Bot. Famille de végétaux Dicotylédones de l'ordre des Dialypétales supérovariées diplostémones. **Caract. bot.** : Arbres ou arbrisseaux, très rarement plantes herbacées. Feuilles sans stipules, opposées ou alternes, simples ou plus fréquemment composées, couvertes de nodules

sécréteurs transparents. Fleurs axillaires ou terminales, hermaphrodites ou unisexuées, régulières ou irrégulières. Calice à 4 ou 5 divisions. Pétales, tantôt libres et en nombre égal aux divisions du calice, tantôt soudés en une corolle gamopétale, ou parfois nuls; préfloraison généralement tordue, très rarement un peu valvaire. Étamines en nombre égal aux pétales, ou deux ou trois fois plus nombreuses, ou encore en nombre inférieur par suite d'avortement, hypogynes, très rarement périgynes, placées au pourtour d'un disque qui entoure l'ovaire, tantôt libres ou soudées avec la base de la corolle, tantôt soudées en tubes. Anthères introrses, à 4 sacs, s'ouvrant en long. Pistil parfois séparé de l'androcée par un long entre-nœud, formé de 5 carpelles ou d'un nombre moindre, quelquefois de 10 à 20, renfermant chacun deux rangs d'ovules anatropes, ou le plus souvent 2 ovules pendants, plus rarement un seul ovule. Ces carpelles sont tantôt complètement séparés, ou seulement concrescents à la base, tantôt complètement concrescents. Style simple, parfois divisé à sa base en autant de parties qu'il y a de lobes à l'ovaire; stigmate simple ou dilaté. Fruit composé de plusieurs capsules, tantôt fortement soudées, tantôt plus ou moins distinctes; c'est quelquefois une drupe, une samare, ou une baie dont la pulpe est composée de poils charnus issus de la face dorsale des carpelles. Graines géminées ou solitaires, avec un tégument testacé; embryon à radicule supère et à cotylédons de forme variable; albumen charnu ou nul.

Cette famille se compose de 83 genres et d'environ 700 espèces répandues dans toutes les contrées tempérées et chaudes du globe; elles abondent surtout dans l'Afrique australe et en Australie; on en connaît 18 espèces fossiles tertiaires appartenant aux trois genres Zanthoxylum, Ptelea, Protamyris. Cette famille peut être divisée en 9 tribus de la manière suivante :

Tribu I. — Rutées. — Carpelles renfermant plus de deux ovules; albumen charnu; embryon courbe (Ruta, Dictamnus, Thamnostoma, etc.). La Rue commune ou puante (Ruta graveolens) est, ainsi que d'autres espèces du même genre, réputée emménagogue, anthelmintique et sudorifique. La R. de montagne (R. montana), plante d'Espagne, est tellement âcre, qu'elle agit comme vésicante sur la peau des mains, quand on la cueille même avec des gants, et elle produit des pustules ulcéreuses, lorsqu'on l'applique sur la tête nue. Les femmes égyptiennes écrasent les feuilles de l'Haplophyllum tuberculatum dans l'eau et lavent avec cette préparation leurs cheveux pour les faire pousser. Le Dictame blanc, ou Fraxinelle (Dictamnus albus), abonde en huile volatile à tel point que l'atmosphère environnante devient inflammable dans les temps chauds : autrefois sa racine était estimée comme sudorifique et vermifuge. Les Camélées (Chamælea) sont âcres et violemment purgatives. On attribue des propriétés fébrifuges à l'écorce de la Camélée pulvérulente (Ch. pulverulenta).

Tribu II. — Diosmées. — Carpelles libres; deux ovules; pas d'albumen; embryon droit (Diosma, Adenandra, Barosma, Empleurum, etc.). Certaines espèces de Barosma du Cap, notamment les B. crenata, serratifolia, betulina, fournissent leurs feuilles, connues en pharmacie sous le nom de Buchu ou Bucco; elles sont employées dans les affections bronchiques et dans les catarrhes de la vessie.

Tribu III. — Galipées. — Carpelles libres; pas d'albumen; cotylédons enroulés (Galipea, Ticorea, Monnieria, Esenbeckia, etc.). Le Galipea Cusparia (Cusparia febrifuga) de la Guyane fournit l'Écorce d'Angusture vraie qui possède des propriétés toniques et fébrifuges. L'Esenbeckia febrifuga, du Brésil, a une écorce si énergiquement fébrifuge, qu'elle rivalise avec celle du Quinquina. L'écorce du Ticorea jasminiflora, qui, de même que les deux précédents, est désignée au Brésil sous la dénomination commune de Quinquina, est également fort efficace dans les fièvres intermittentes. L'Hortia brasiliana possède des propriétés semblables, mais à un moindre degré. Au Brésil, l'infusion des feuilles du Ticorea jasminiflora est un remède populaire dans certaines affections cutanées. L'écorce de Mélambo, qui nous vient du Pérou, et que l'on attribue à une plante de cette tribu, possède des propriétés stimulantes et fébrifuges.

Tribu IV. — Boroniées. — Carpelles libres; deux ovules; albumen charnu; embryon droit (Boronia, Eriostemon, Correa, etc.). [Fig. 1. — 1. Eriostemon myoporoides; 2. Fleur complète; 3. Pistil situé dans un calice ou forme de coupe et entouré par le calice; 4. Pistil dont les carpelles sont séparés.] Les colons de la Nouvelle-Hollande prennent, en guise de Thé, l'infusion de diverses espèces du genre Correa, et particulièrement du C. alba.

Tribu V. — *Zanthoxylées*. — Carpelles libres; deux ovules; cotylédons plans (*Zanthoxylum*, *Evodia*, *Pilocarpus*, etc.). La plupart des genres de cette famille sont remarquables par leurs propriétés aromatiques, âcres et stimulantes. Les espèces du genre *Zanthoxyle* (*Zanthoxylum*) sont vulg. appelées *Poivres* dans les pays dont elles sont indigènes. Le *Zanthoxyle massue d'Hercule* (*Z. clava Herculis*), nommé aussi *Clavalier*, et le *Zanthoxyle à feuilles de frêne* (*Z. fraxineum*), constituent des sudorifiques et des

Fig. 1.

diurétiques fort énergiques; leur écorce excite vivement la salivation soit qu'on l'applique immédiatement sur les gencives, soit qu'on l'administre à l'intérieur. Le *Zanthoxyle massue* (*Z. clavatum*) a été ainsi appelé à cause de son tronc noueux et épineux, et la couleur de son bois lui fait donner vulg. les noms de *Bois jaune des Antilles* et de *Bois jaune épineux*. Chevallier et Pelletan ont trouvé dans son écorce un principe amer et colorant qu'ils ont nommé *Zanthopicrite*. Le *Z. caribæum* passe pour fébrifuge. Les Chinois rangent le *Z. nitidum* parmi les médicaments stimulants, fébrifuges, sudorifiques et emménagogues. Les graines du *Z.*

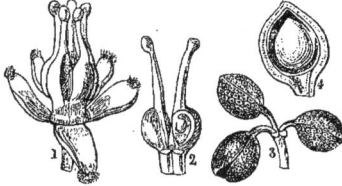

Fig. 2.

budrunga ont l'odeur aromatique de l'écorce d'orange. Il en est à peu près de même des capsules du *Z. Rhetsa*, cueillies avant leur maturité. Le *Z. hiemale* est vanté contre les douleurs d'oreille : on emploie pour cela sa racine réduite en poudre. Le bois de cette espèce est très dur et très estimé pour la charpente. Les habitants de l'Inde septentrionale se servent des capsules et des graines du *Z. hastile* pour enivrer le poisson. En Chine et au Japon, le *Z. piperitum* et le *Z. Avicennæ* sont réputés alexitères : dans tous les cas, ils pourraient être employés comme stimulants. Les *Feuilles de Jaborandi* fournies par plusieurs espèces de *Pilocarpus* du Brésil et du Mexique (*P. pennatifolius*, *P. Selloanus*, *P. Jaborandi*, etc.) renferment une essence et un alcaloïde, la *Pilocarpine*. Elles constituent un sialagogue et un sudorifique des plus énergiques.

Tribu VI. — *Flindersiées*. — Carpelles concrescents; capsule pluriloculaire; pas d'albumen (*Flindersia*, etc.).

Tribu VII. — *Toddaliées*. — Carpelles concrescents; fruit indéhiscent; albumen (*Toddalia*, *Ptelea*, *Skimmia*, etc.) [Fig. 2. — 1. Fleur de *Toddalia floribunda*; 2. Une coupe de carpelles, dont l'un laisse voir l'ovule; 3. Fruits; 4. Coupe verticale de l'un d'eux.] Le fruit de la *Ptélée à trois folioles* (*Ptelea trifoliata*), vulg. appelé *Orme de Samarie*, possède une saveur aromatique et amère, et l'on s'en est servi en guise de Houblon dans la fabrication de la bière. Toutes les parties de cet arbrisseau ont une saveur âcre, mais surtout la racine quand elle est fraîche. On mange ses feuilles crues dans certains cas de coliques, et ses baies mûres, confites dans du vinaigre, font un condiment très stimulant. La racine du *Toddalia aculeata* paraît s'administrer avec succès dans les fièvres rémittentes de l'Inde. On cultive dans nos jardins, comme arbres et arbrisseaux d'ornement, la *Ptélée à trois folioles* et le *Skimmia du Japon* (*Skimmia japonica*).

Tribu VIII. — *Amyridées*. — Un seul carpelle; drupe; pas d'albumen (*Amyris*). L'*Amyride vénéneuse* (*Amyris toxifera*) possède, à ce qu'on prétend, des propriétés toxiques. L'*Amyride balsamifère* (*Amyris balsamifera*), arbre de la Jamaïque, fournit à l'industrie une des espèces de *Bois de Rhodes*. Les musulmans de la Nubie se servent, pour écrire, des couches libériennes de l'*Amyris papyrifera*.

Tribu IX. — *Citrées*. — Carpelles concrescents; baie; pas

Fig. 3.

d'albumen (*Citrus*, *Ægle*, *Limonia*, etc.). [Fig. 3. — 1. *Citrus aurantium* (*Oranger à fruits doux*); 2. Fleur épanouie; 3. Calice et pistil; 4. Coupe horizontale d'un ovaire; 5. *id.* du fruit; 6. Graine; 7. Cinq embryons distincts contenus dans une seule graine.] Le bois des *Citrées* est généralement dur et d'un grain serré; les feuilles contiennent en abondance une huile volatile odorante, amère, douée de propriétés stimulantes. La pulpe de leur fruit est toujours plus ou moins acide. Dans les régions tropicales, on utilise les fruits de plusieurs espèces inconnues en Europe; tels sont le *Wampi*, fruit très recherché dans la Chine ainsi que dans le grand archipel Indien, et qui est produit par le *Cookia punctata*, les baies délicieuses du *Glycosmis citrifolia*, et celles du *Triphasia*, qui ne sont pas moins estimées. L'*Ægle Marmelos*, qui est commun sur la côte de Malabar, produit un fruit délicieux au goût, très parfumé et assez nourrissant; mais il est un peu laxatif. Le mucilage que contiennent ses graines forme une excellente colle qui s'emploie à divers usages. Les feuilles de la *Bergera Kœnigii*, passent dans l'Inde pour toniques et stomachiques. Une infusion de ces feuilles torréfiées arrête le vomissement; à l'état frais, on les administre contre la dysenterie; l'écorce et les racines prises à l'intérieur agissent comme stimulants. Les jeunes feuilles de la *Feronia elephantum* exhalent, quand on les broie, une odeur très agréable, qui a de l'analogie avec celle de l'anis; les médecins hindous les considèrent comme stomachiques et carminatives. La gomme de cet arbre ressemble à la gomme arabique. La *Pamplemousse*, fruit de l'arbre de même nom (*Citrus decumanus*), se distingue par son volume; mais elle est peu estimée.

Toutes les espèces de Citrées, introduites dans les parties chaudes de l'Europe, appartiennent au genre *Citrus*, qui est d'ailleurs le plus riche de la famille en espèces utiles et dont la culture a fait un si grand nombre de variétés. Les espèces les plus importantes sont : 1° Le *Cédratier* (*C. medica*); 2° le *Limettier* (*C. limetta*); 3° le *Limonier* ou *Citronnier* (*C. limonum*); 4° l'*Oranger* (*C. aurantium*); 5° le *Bigaradier* (*C. vulgaris*).

Le *Cédratier* donne des fruits (*Cédrats*) à peau très épaisse, mamelonnée, qui se rapprochent beaucoup des fruits du Citronnier, mais le suc n'est pas acide et l'écorce a une saveur agréable, aromatique; on la confit au sucre et elle se mange comme bonbon.

Limettier. — Cet arbre, peu différent du Citronnier, est de dimensions un peu plus fortes; il s'en distingue par ses fleurs blanches à l'extérieur comme à l'intérieur, et par la douceur de ses fruits; mais ceux-ci ne mûrissent bien qu'en Sicile et dans le royaume de Naples. Une espèce voisine du Limettier, connue sous le nom de *Bergamottier* (*C. bergamua*), donne un fruit appelé *Bergamotte*, d'un goût exquis et d'une odeur délicieuse. Son écorce sert à doubler des bonbonnières qu'on nomme aussi *Bergamottes*, et que l'on recherche à cause de leur odeur suave; elle fournit aussi une huile essentielle usitée dans la parfumerie.

Limonier ou *Citronnier*. — Les fleurs de ce bel arbre, blanches en dedans, violettes en dehors, d'un parfum très délicat, en font un des plus beaux arbres d'ornement des pays méridionaux; il est commun en France dans les jardins du Var et des Bouches-du-Rhône. Originaire de la Médie, dans l'Asie centrale, il n'a pas été connu des Grecs avant les campagnes d'Alexandre, selon le témoignage de Théophraste. Il fut introduit en Italie vers le IVe siècle de notre ère et au XVe siècle seulement dans le midi de la France. Ses fruits oblongs se vendent dans le commerce sous le nom de *Limons* ou de *Citrons*. Le suc de ces fruits contient de l'acide citrique en abondance; c'est à la présence de cet acide qu'ils doivent leurs propriétés sédatives. La boisson rafraîchissante, si connue sous le nom de *Limonade*, se prépare avec le fruit du citronnier.

Oranger. — C'est l'arbre le plus élevé et le plus élégant de toute la tribu. Originaire de l'Asie orientale, il a été propagé depuis le XVIe siècle dans les colonies européennes des régions tropicales. Son introduction en Sicile date du Xe siècle; c'est au XIIIe seulement qu'il a été importé dans le midi de la France. Au XVe, on a commencé à le cultiver dans le nord de notre pays, mais uniquement comme arbre d'ornement. Le doyen de ces arbres, actuellement à l'orangerie de Versailles, est connu sous le nom de *Connétable*; il fit partie des biens confisqués en 1523, après la trahison du connétable de Bourbon, sous François Ier. La chair de l'orange est souvent colorée en rouge; cette variation de couleur est surtout commune dans les oranges de Malte. On a plusieurs fois observé, en Sicile et aux îles Baléares, une multiplication curieuse du nombre normal des carpelles du fruit de l'oranger, par suite de laquelle on trouve une orange dans une orange. L'infusion des feuilles sèches d'oranger est fort usitée, comme calmante, dans toutes les affections nerveuses. Le fruit entier, coupé par tranches et infusé à froid dans l'eau, fournit une excellente boisson appelée *Orangeade*. Son écorce fournit l'Essence dite *de Portugal*. Le petit Oranger à feuilles de myrte (*C. sinensis*), vulgairement appelé *Oranger de la Chine*, produit en abondance cette petite espèce d'orange que l'on fait confire au sucre et à l'eau-de-vie, et qui se vend sous le nom de *Chinois*.

Le *Bigaradier* ou *Oranger amer* est un bel arbre à touffe régulière, moins grand que l'oranger. Son fruit légèrement amer n'est pas mangeable, mais le suc de la bigarade est très usité comme assaisonnement. La fleur du Bigaradier est plus parfumée que celle de l'Oranger à fruit doux; c'est celle qu'on préfère pour la distillation de l'eau de fleurs d'oranger et pour la préparation de l'*Essence de Néroli*. L'écorce du fruit est utilisée en médecine sous le nom d'*Écorce d'oranges amères* et les feuilles sous celui de *Feuilles d'Oranger*.

Enfin le *Citrus deliciosa* produit le fruit comestible connu sous le nom de *Mandarine*.

Le genre *Quassia* dont une espèce produit les semences appelées *Cédron*, et le genre *Encorum*, rattachés par quelques auteurs à la famille des *Rutacées*, sont mieux à leur place dans celle des *Simarubacées*. Voy. ce mot.

RUTEBEUF, trouvère du XIIIe siècle.

RUTÉES. s. f. pl. (lat. *ruta*, rue). T. Bot. Tribu de plantes Dicotylédones de la famille des *Rutacées*. Voy. ce mot.

RUTH, femme moabite, belle-fille de Noémi, épousa Booz (Bible).

RUTHÈNES, anc. peuple slave, répandu en Galicie, Lithuanie, Hongrie, etc.

RUTHÉNIUM. s. m. [Pr. *ruté-niome*] (R. *Ruthenia*, nom lat. de la Russie). T. Chim. Corps simple, métallique, découvert par Claus en 1845. Il est contenu dans les minerais de platine et dans l'osmiure d'iridium. Le r. est blanc, dur, cassant; sa densité est 12,26. C'est, après l'osmium, le moins fusible des métaux : il ne fond que difficilement à la température la plus élevée du chalumeau à gaz oxhydrique. A l'état compact il est inattaquable par les acides, par l'eau régale et par le bisulfate de potassium. Pour le dissoudre on emploie un mélange de potasse et de nitre en fusion. Le symbole du r. est Ru et son poids atomique est 102.

Par ses propriétés chimiques le r. se rapproche de l'osmium. Chauffé dans l'oxygène il brûle avec une flamme fuligineuse et une odeur d'ozone, en donnant un *Protoxyde* RuO, poudre noire, insoluble dans les acides, et un *Bioxyde* RuO^2 cristallisable en aiguilles dun foncé. Le *Tétroxyde* RuO^4 est volatil et sublimable; il fond à 25° en un liquide orangé, se décompose au-dessus de 100° avec explosion; c'est un oxydant très énergique. — Le chlore attaque le r. à chaud en donnant un *Bichlorure* $RuCl^2$ noir, insoluble dans l'eau. On connaît en outre un *Trichlorure* et un *Tétrachlorure*, solubles dans l'eau et dans l'alcool; le premier forme des solutions orangées, le second des solutions rouges; tous deux jouent le rôle d'acides vis-à-vis des chlorures alcalins. — L'action du nitre sur le r. donne naissance au *Ruthénate de potassium* RuO^4K^2, sel très soluble dans l'eau. La solution est rouge orangé; par la dilution ou par l'action des acides étendus elle prend une coloration verte, due à la formation d'un *Perruthénate de potassium* RuO^4K. — Le *Sulfure* de r. Ru^2S^3 existe dans la nature; il constitue la majeure partie de la *Laurite*, minéral rare trouvé à Bornéo.

RUTHERFORDITE. s. f. T. Minér. Titanate de cérium cristallisé, trouvé dans les mines d'or de Rutherford (Caroline du Nord).

RUTHVEN, comte écoss., prit une grande part aux troubles du règne de Marie Stuart et périt sur l'échafaud en 1582.

RUTILANCE. s. f. État de ce qui est rutilant.

RUTILANT, ANTE. adj. (lat. *rutilans*, qui est d'un roux ardent). Se dit, en T. Anat., Du sang artériel qui est toujours d'un rouge vif, et, en T. Chim., Des vapeurs de l'acide azoteux qui sont d'un roux plus ou moins ardent.

RUTILE. s. m. (lat. *rutilus*, brillant). T. Minér. Anhydride titanique en prismes quadratiques, souvent maclés, colorés en brun ou en noir par les oxydes de manganèse ou de fer. On le rencontre dans les terrains de cristallisation, notamment dans les schistes métamorphiques. Souvent il est en cristaux aciculaires, pénétrant le feldspath ou le quartz. Les *cheveux de Vénus* sont des filaments de r. d'un blond doré, que renferme quelquefois le cristal de roche.

RUTINE. s. f. (lat. *ruta*, rue). T. Chim. Glucoside contenu dans la rue (*Ruta grave olens*, Rutacées) dans les câpres, dans les roses, dans les feuilles du Polygonum convolvulus, etc. La r. cristallise en aiguilles jaunes qui fondent à 200° après avoir perdu à 100° leur eau de cristallisation. Elle est soluble dans l'eau et dans les alcalis. Le perchlorure de fer la colore en vert intense. Les acides étendus la dédoublent en rhamnose et en quercétine.

RUTIQUE. adj. 2 g. (R. *ruta*, nom scientif. de la rue). T. Chim. Syn. de *Caprique*.

RUTLAND, comté du centre de l'Angleterre; 21,500 hab. Ch.-l. *Oakham*.

RUTLI. Voy. GRUTLI.

RUTOIR. s. m. [Pr. *ru-touar*]. Voy. ROUTOIR.

RUTULES (LES), peuple de l'ancien Latium, qui eut pour roi Turnus.

RUTYLE. s. m. (R. *Ruta*, nom scientif. de la rue, et le suff. *yle*, du gr. Ὕλη, matière). T. Chim. Nom que l'on donne quelquefois au *Décyle* (Voy. ce mot) et au radical C¹⁰H¹⁹O contenu dans l'acide caprique.

RUTYLÈNE. s. m. (R. *rutyle*). T. Chim. Voy. DÉCÉNYLÈNE.

RUTYLIDÈNE. s. m. (R. *rutyle*). T. Chim. Hydrocarbure liquide, qui bout vers 200° et qui répond à la formule C¹⁰H²⁰. On l'a obtenu en traitant la méthylnonylcétone par le perchlorure de phosphore et chauffant le produit de cette réaction avec de la potasse alcoolique.

RUYSCHIENNE. adj. f. [Pr. *rui-chiè-ne*] (R. *Ruysch*, anatomiste holland.). *Membrane* r. la plus interne de deux lames dont est formée la membrane choroïde.

RUYSDAËL ou **RUISDAEL** (JACQUES), célèbre paysagiste hollandais (1630-1681).

RUYTER (VAN), marin hollandais, se signala dans les guerres contre les Anglais et les Français (1607-1676).

RYACOLITE. s. f. T. Minér. Voy. RHYACOLITE.

RYKSDALER. s. m. T. Métrol. Voy. RISDALE et MONNAIE.

RYMER (THOMAS), savant historien angl., né près d'York (1639-1713).

RYNCHOPHORES. s. m. pl. Voy. RHYNCHOPHORES.

RYSWICK, vge de Hollande, près de La Haye, où fut signé, en 1697, un célèbre traité qui mit fin à la guerre de la Ligue d'Augsbourg. Louis XIV rendait une partie de ses conquêtes et reconnaissait à Guillaume d'Orange le titre de roi d'Angleterre.

RYTHME. s. m. (lat. *rhythmus*, gr. ῥυθμός, cadence, proportion). Ce mot signifie un mouvement réglé ou mesuré, qu'il s'agisse de musique ou de danse, de poésie ou de prose. En Musique, le r peut être défini d'une manière plus rigoureuse, la symétrie dans un mouvement mesuré. Il présente

une grande analogie avec la mesure; mais il n'est pas la mesure. Le r. peut être le même dans plusieurs mesures successives, tout comme il peut embrasser plusieurs mesures, et ne revenir qu'après un certain intervalle. Plus les retours symétriques sont rapprochés, plus le r. est facile à apprécier, comme dans les morceaux qu'on appelle *marches*.

Le r. est un élément essentiel de la musique : déjà par lui-même il affecte agréablement l'oreille, sans le secours de la variété des sons, comme nous le voyons par le tambour, qui, n'ayant qu'un ton, ne peut que marquer le r. « C'est par le r., dit Fétis, que la musique excite les plus vives émotions, et l'action du r. est d'autant plus puissante qu'elle est plus prolongée. Par ex., une noire suivie de deux croches est une succession qu'on rencontre à chaque instant dans la musique sans la remarquer; mais qu'elle se prolonge un certain temps, elle deviendra un r. capable de produire les plus grands effets. Le r. est susceptible de varier à l'infini. Dans les mouvements lents, il est en général peu sensible; mais, dans les mouvements modérés ou rapides, il est très remarquable. » L'étude du r. constitue donc une partie essentielle de l'art musical, et les anciens l'avaient bien reconnu, car ils désignaient par un nom particulier celui de *Rythmique* ou de *Rythmopée*, cette branche de la musique qui a pour objet les lois de la mesure et du r.

Dans la Poésie, le r. diffère également de la mesure; il consiste dans la symétrie du mètre ou de la succession prosodique. Il est indifférent pour la mesure que les quatre premiers pieds d'un hexamètre, par ex., soient des dactyles ou des spondées, mais cela importe beaucoup pour le r., et l'effet poétique réside souvent tout entier dans ce dernier, comme on le voit par ces deux vers de Virgile :

Quadrupedante putrem sonitu quatit ungula campum.

Illi inter sese multa vi brachia tollunt.

Le r. en poésie est donc le complément et la perfection de la mesure. Les vers grecs et latins sont d'autant mieux rythmés qu'on y a mélangé avec plus d'art et de goût les diverses sortes de pieds, qu'une plus savante variété dans leur succession frappe agréablement l'oreille. En français, nous pouvons, dans la poésie lyrique, varier le r. en variant la forme de la strophe, ainsi que l'a fait J.-B. Rousseau dans ses *Cantates* et plus tard Victor Hugo qui a introduit, à cet égard, dans la poésie française une variété et une richesse inconnues avant lui. Mais nous avons peu de ressources pour varier le r. du vers isolé, et particulièrement du vers alexandrin. Toutefois, en variant les césures, en faisant alterner des mots longs et courts, des syllabes muettes et sonores, on introduit dans le vers un r. qui complète le charme de la versification. La prose aussi a son r.; elle a du mouvement, de la cadence, une mesure réglée; mais ici il faut éviter avec un soin égal et une symétrie trop prononcée et l'absence même de toute symétrie.

Ajoutons que le *R*. est employé par les physiologistes en parlant de la succession régulière et symétrique des mouvements de certains organes, particulièrement du cœur et des vaisseaux artériels.

RYTHMÉ, ÉE. adj. Qui présente un rythme plus ou moins sensible. *Cette musique est bien rythmée. Les langues prosodiques sont naturellement rythmées.*

RYTHMICIEN. s. m. [Pr. *ritmisiin*] (R. *rythme*). Poète ou musicien habile à user du rythme.

RYHTMIQUE. adj. 2 g. (lat. *rythmicus*, gr. ῥυθμικός, m. s.). Qui appartient au rythme. *L'harmonie* r. = RYTHMIQUE. s. f. Science du rythme.

RYTHMOPÉE. s. f. (gr. ῥυθμός, rythme; ποιεῖν, faire). Science du rythme. Voy. RYTHME.

S

S. s. m. et f. La dix-neuvième lettre de notre alphabet et la quinzième des consonnes. Elle est féminin, lorsqu'on la prononce *Esse*, suivant la prononciation ancienne et usuelle : *Une S* (*esse*). Lorsqu'on l'appelle *Se*, suivant la méthode qu'on a essayé sans succès de substituer à l'ancienne, ce nom est masculin. *Un S* (*se*) *majuscule*. ‖ Fig. et pop., *Faire des S*, se dit d'une personne que l'ivresse ou quelque vertige empêche de marcher droit devant elle, et qui va tantôt à droite, tantôt à gauche. — *Allonger les S*, majorer un compte.

Obs. gram. — La lettre S a un son propre et un son accidentel. Le son propre est celui qu'on entend dans *Sage, silence*, etc. Elle le conserve au commencement des mots, même quand elle est suivie d'une autre consonne, comme dans *Scandale, spectacle, statue*, et, dans le corps des mots, quand elle est précédée ou suivie d'une autre consonne, comme dans *Absolu, converser, disque*, etc. Toutefois, si elle est placée devant un *c* suivi d'un *e*, d'un *i* ou d'un *h*, elle ne se fait pas sentir, et l'on prononce les mots *Sceau, scie, schisme, schall*, etc., comme s'ils s'écrivaient *Ceau, cie, chisme, chall*, sans *s*. Le son accidentel de l'S est celui du Z. Cette consonne le prend quand elle se trouve entre deux voyelles dans le même mot, comme *Maison, rosier, poison, misère*, qu'on prononce *Maizon, rozier*, etc.; il n'y a d'exception que pour un petit nombre de mots composés, tels que *Mono-syllabe, parasol, désuétude, préséance*, etc., et dans quelques temps du verbe *gésir*. A la fin des mots, on fait sentir l'S dans *Atlas, vis, laps, aloès, maïs, quitus, Reims*, etc., et dans les mots étrangers *Chorus, rébus, hiatus, oremus, gratis*, etc.; mais elle est muette dans les mots *Pas, gris, dans, sous, divers, avis*, etc., à moins qu'ils ne soient suivis d'un autre mot commençant par une voyelle ou une *h* muette. Quand elle est la marque du pluriel ou de la seconde personne des verbes, l'S est quiescente, c.-à-d. ne se prononce que sur le mot qui suit, et seulement quand ce mot commence par une voyelle ou une *h* muette. Dans ce cas, elle a toujours le son accidentel *ze* : *Vous avez, tu aimes à rire, les belles actions, les grands hommes*, qui se prononcent *Vou-zavé, tu aime-zà rire, les belle-zactions, les gran-zommes*. S se double quelquefois, comme dans *Essai, essieu, messéant, dessécher*, etc.; alors on ne fait sentir qu'une *s*, mais on la prononce fortement. Dans les mots français dérivés du latin, nous avons fait subir une modification particulière aux primitifs qui commençaient par une *s* suivie d'une autre consonne; nous avons placé, comme augment euphonique un *e* devant cette *s*, et nous avons fait *Espace, espérance, esprit*, de *Spatium, spes, spiritus*. Nous avons fait encore *Estude, escole, escrire*, de *Studium, schola, scribere*; mais nous avons ensuite supprimé l's, et écrit *Etude, école, écrire*. La consonne *s* a été également supprimée dans le corps de beaucoup de mots de la même origine, tels que *Ile, vôtre, prêtre, vêpres, honnête*, dérivés des primitifs *Insula, pres-*

byter, vesper, honestus; mais, pour indiquer cette suppression, on a surmonté d'un accent circonflexe la voyelle qui précède l's.

Ling. — La lettre S a pour origine le *sigma* des Grecs, qui venait lui-même du *samek* des Phéniciens. C'est une consonne soutenue muette; mais les grammairiens l'appellent *sifflante*, à cause de l'effet particulier qu'elle produit sur l'oreille des auditeurs. Dans l'épigraphie latine, S tient la place des mots *Sacrum, sacellum, sepulcrum, senatus, sacerdos, servus, sanctus, secundus, scriptus*, etc. Sp. signifiait *Spurius:* Ser., *Servius* ou *Servilius;* Sext., *Sextus*. Les sigles S J. et S M. veulent dire *sacrum Jovi* (consacré à Jupiter) et *sacrum Manibus* (consacré aux Mânes) ; S.D.M., *sacrum Dis Manibus*, a la même signification. S.P.Q.R. représente la célèbre formule *Senatus populusque romanus*. S.A.D. signifie *Sub ascia dicavit;* S.C., *senatus consultum;* S.C.F., *sacrofacto;* S.D., *salutem dicit, supra dictus*, etc.; S.D.N., *sanctissimus dominus noster;* S.E., *situs est;* S.E.T.L., *Sit ei terra levis;* S.I., *sua impensa;* S.P. *sua pecunia, sumptu suo, sibi posuit*, etc. Dans la numération romaine, S représentait 90, et, surmonté d'un trait horizontal, 90,000. Dans notre langue, S signifie *sainteté, seigneurie, son, sa, ses*, et l'on écrit S S. pour *Sa Sainteté;* S.E., pour *Son Éminence;* S.H., pour *Sa Hautesse;* S.A., pour *Son Altesse;* S.M., pour *Sa Majesté*. L'abréviation S.V.P. veut dire, *S'il vous plaît* Dans la Marine et en Géographie, S. signifie *Sud;* S.-E., *Sud-est;* S.-S.-E., *Sud-sud-est*, etc. Dans le Commerce, S veut dire *son* ou *sauf* : S/C., *son compte;* S.O., *sauf omission;* S.E., *sauf erreur*. Enfin, avant l'établissement du système décimal, S était l'abréviation du *sol* ou *sou*.

SA. adj. poss. f. de la troisième personne. Voy. Son.

SAADI. Voy. Sadi.

SAALE, riv. de l'Allemagne du Nord, passe à Iéna, Auerstaedt, Mersebourg, Halle, et se jette dans l'Elbe; 400 kilomètres.

SAALES, anc. ch.-l. de c. du dép. des Vosges, 1871, 1,300 hab.

SAARDAM ou **ZAANDAM,** v. des Pays-Bas, à 10 kilomètres d'Amsterdam où Pierre le Grand travailla comme charpentier; 13,400 hab.

SAAR-UNION, anc. ch.-l. de c. du dép. du Bas-Rhin, cédé à l'Allemagne en 1871; 3,500 hab.

SAAVEDRA-FAXARDO, homme d'État et écrivain espag. (1584-1648).

SABA, anc. ville d'Arabie, fondée par les Éthiopiens; aujourd'hui *Sabbea*, dans l'Hedjaz. || Anc. ville d'Arabie, fondée par les Arabes; aujourd'hui *Sheba-Mareb*, dans l'Yémen. C'était la ville de la reine qui visita Salomon.

SABACON, prince éthiopien, conquit l'Égypte au VIII° siècle av. J.-C., et y fonda la 25° dynastie.

SABADINE. s. f. (R. *Sabadilla*, nom scientif. de la Cévadille). T. Chim. Alcaloïde cristallisable, fusible vers 240°, contenu dans la cévadille (*Liliacées*). La *Sabadinine*, qui l'accompagne, cristallise en longues aiguilles et se décompose au-dessus de 160°. Ces deux alcaloïdes se rencontrent dans la vératrine du commerce.

SABAÏSME. s. m. Voy. Sabéisme.

SABAL. s. m. T. Bot. Genre de plantes Monocotylédones de la famille des *Palmiers*. Voy. ce mot.

SABATIER DE CASTRES (l'abbé), compilateur fr., né à Castres (1742-1817).

SABAYE. s. f. [Pr. *sa-bé*]. T. Mar. Cordage employé dans les embarcations pour leur servir d'amarre, lorsqu'on a enfoncé leur ancre ou grappin dans la terre ou le sable du rivage.

SABBAT. s. m. [Pr. *sa-ba*] (lat. *sabbatum*, de l'hébreu *schabbath*, m. s.). Le dernier jour de la semaine chez les juifs. || Suivant la superstition populaire, Assemblée nocturne que tenaient les sorciers et les sorcières, sous la présidence du diable. Voy. Sorcellerie. — Fig. et fam., Grand bruit qui se fait avec désordre, avec confusion, tel que l'on s'imagine celui du sabbat des sorciers. *Ces ivrognes ont fait un terrible s.*

Voyez le beau sabbat qu'ils font à notre porte.

RACINE.

Ces chats ont fait toute la nuit un s. épouvantable. — Se dit ainsi des criailleries d'une femme contre son mari, d'un maître contre ses domestiques. *Si sa femme apprend cela, elle lui fera un beau s. Leur maître leur fit un s. du diable.*

Hist. relig. — Les Juifs désignent ce nom le septième jour de la semaine, ou le samedi, parce que, pendant ce jour, ils s'abstiennent de toute espèce de travail. Ce jour de repos fut institué par Moïse, en mémoire de ce que Dieu, après avoir créé le monde en six jours, se reposa le septième. Celui qui violait la loi du s. était puni de mort. — Outre le repos du s., qui était pour l'homme et pour les animaux, Moïse institua l'*année sabbatique*, qui était un temps de repos pour les terres. « Pendant six ans, tu ensemenceras ton champ et tu tailleras ta vigne et tu récolteras leurs fruits; mais à la septième année il y aura sabbat pour la terre en l'honneur de l'Éternel : alors tu n'ensemenceras plus ton champ et tu ne tailleras plus ta vigne. » (*Lévit.*, xxv, 3-4.) Divers motifs entrèrent dans cette institution; mais le besoin d'un temps de relâche donné à la terre fut un des premiers. Abandonnée à elle-même pendant cette septième année, elle réparait l'épuisement qu'avaient pu causer six récoltes consécutives; et les troupeaux nombreux qui, ramenés des déserts, paissaient en liberté sur ces jachères, en augmentaient encore la fertilité et les préparaient à de nouvelles productions par les sels et les engrais qu'ils y laissaient.

SABBATINE. s. f. [Pr. *saba-tine*] (lat. *sabbatum*, samedi). Petite thèse de controverse que les écoliers de philosophie soutenaient le samedi, à la fin de la première année de leur cours.

SABBATIQUE. adj. 2 g. [Pr. *saba-tike*]. Qui a rapport au sabbat. *Années*., *Le repos s.* Voy. Sabbat.

SABBATISER. v. n. [Pr. *saba-tizer*]. Célébrer le sabbat.

SABÉEN, ENNE. adj. [Pr. *sabé-in, ène*]. Qui appartient, qui a rapport au sabéisme. *Le culte s. La mythologie sabéenne.* = Subst. Celui, celle qui professe le sabéisme.

SABÉISME. s. m. (héb. *zaba*, troupeau?).

1. — On entend communément par *Sabéisme* le culte du feu et particulièrement des astres, et l'on appelle *Sabéens* ou *Sabiens* les sectateurs de ce culte. L'étymologie de ce mot est incertaine : la plupart des auteurs le font dériver de l'hébreu *zaba*, troupeau, qui semble avoir trait à la multitude des êtres célestes dont est peuplé le firmament. — Le culte du feu a été, dans l'antiquité, très répandu dans la Mésopotamie, l'Arabie et la Perse. Il se retrouve même parmi les peuples de race pélasgique, au sein de la Grèce et de l'Italie. C'est ainsi que les Grecs avaient un feu sacré (πῦρ ἄσϐεστον) qui devait être entretenu jour et nuit sur un autel, à Athènes et à Delphes dans le temple d'Apollon, à Mantinée dans celui de Cérès, etc. Des vierges consacrées étaient chargées d'en avoir soin, et si, par malheur, il venait à s'éteindre, il devait être rallumé non point avec du feu ordinaire, mais par les rayons du soleil. Le culte du feu existait également chez les Romains, dès l'origine de la cité, car c'est à Numa, vers l'an 700 av. J.-C., que les historiens rapportent l'institution régulière du culte de Vesta. Voy. Vesta. Le culte de Vulcain rappelle encore sous une autre forme la déification du feu.

II. — Mais tandis que, chez les Grecs et chez les Romains, le culte du feu n'était que secondaire, au milieu de cette multitude de divinités anthropomorphiques qui faisaient le fond de leur polythéisme, chez les Chaldéens et chez d'autres peuples de l'Orient, il constituait la religion nationale : ils adoraient le feu sous toutes ses formes, et particulièrement les astres qui représentaient le feu le plus pur, le feu céleste. Certains écrivains ont attribué à Zoroastre l'introduction du culte du feu dans la Perse, et confondu la religion de ce réformateur avec le s. C'est une erreur complète qui tient à ce qu'en effet les prêtres de Zoroastre rendaient un culte accessoire au feu et aux astres; mais il n'y a rien de commun entre la religion de Zoroastre fondée sur le dualisme d'Ormuzd et d'Ahriman, et le S. Nous parlerons de l'ancienne religion des Perses au mot Zend; nous en avons déjà dit quelques mots au mot Dualisme. Rappelons seulement ici qu'il existe encore dans la Perse et dans l'Inde des sectateurs nommés Guèbres ou Parsis qui sont restés plus ou moins fidèles à l'ancienne religion de Zoroastre; mais il semble que leur culte ait subi l'influence de certaines superstitions sémitiques ou indiennes, car ils rendent en effet une sorte de culte au feu, ce qui a encore contribué à la confusion dont nous parlons. Voy. Guèbres. Quant au s. proprement dit, c'est une religion sémitique qui paraît avoir eu son origine dans la Chaldée et qui semble fondée sur le monothéisme, caractère expressément affirmé par le Coran qui le distingue avec soin des cultes polythéistes. Cependant, comme dans presque toutes les religions antiques, il y avait dans le s. deux doctrines, l'une d'un caractère élevé réservée aux prêtres et aux initiés, l'autre destinée au vulgaire et qui se bornait à l'adoration des astres. Le soleil était considéré comme le maître absolu; les autres astres lui obéissaient et n'avaient qu'un pouvoir limité. Le Juif Maimonide nous apprend que le caractère particulier à cette religion était la protection apportée à l'agriculture. Cette religion reconnaissait des récompenses et des châtiments d'outre-tombe; mais elle n'admettait pas de peines éternelles. Le s. n'a probablement pas été étranger à la formation de l'islamisme. On désigne souvent, sous le nom de *Mages*, les prêtres du s.; cependant cette dénomination devrait être réservée à ceux de la religion de Zoroastre.

III. — On désigne encore sous le nom de S. la religion d'une secte peu nombreuse qui est née dans la Judée au 1er siècle de notre ère. Les membres de cette secte sont aussi nommés *Sabéens*, ou *Chrétiens de Saint-Jean*, ou mieux *Mandaïtes*, car ils s'appellent eux-mêmes *Mendaïie de Jahiia*, c.-à-d. disciples de Jean. Leur secte paraît en effet dériver des disciples de saint Jean-Baptiste, qui, après la mort de leur maître, refusèrent de se joindre aux disciples de Jésus. Ces sectaires ont conservé l'usage du baptême, et ils l'administrent comme faisait saint Jean lui-même. Bien plus, ils le renouvellent chaque année, et, pour cela, ils se rendent à la rivière la plus voisine, et s'y baignent entièrement. Leurs livres sacrés sont au nombre de quatre : le premier, nommé *Divan*, traite de la chute des anges et de la création de l'homme; le second, nommé *Sedra-ladam*, est le livre d'Adam; le troisième, *Sedra-Jahiia*, est la révélation de saint Jean; le dernier, intitulé *Cholasieh*, contient l'ensemble de leurs cérémonies religieuses. Ils nient la divinité de J.-C., et par conséquent ne méritent en aucune façon le nom de chrétiens; cependant, dit-on, ils vénèrent la croix. En outre, ils donnent, dit-on encore, à Dieu un corps matériel et lui attribuent un fils nommé Gabriel, qui, avec l'aide de 50,000 démons, créa le monde. Ils croient aussi à la migration des âmes dans plusieurs sphères. Ces sectaires sont dispersés en divers endroits de l'Arabie, de la Perse et de la Syrie; mais le plus grand nombre habite autour de Bassora. Ils s'adonnent surtout à l'agriculture, mais ils vivent d'ailleurs comme les Arabes du pays.

SABELLE. s. f. T. Zool. Genre de *Vers Annélides*. Voy. Tubicoles.

SABELLIANISME. s. m. [Pr. *sabel-lianisme*]. Doctrine, hérésie de Sabellius. Voy. ce mot.

SABELLIEN, IENNE. adj. 2 g. [Pr. *sabel-li-in*, *ène*]. T. Hist. relig. Qui professe l'hérésie de Sabellius. Voy. ce mot.

SABELLIENS, peuple de l'anc. Italie (Apennin central et versant de l'Adriatique) qui comprenait les Sabins, les Lucaniens, les Samnites, etc.

SABELLIUS, hérésiarque du IIIe siècle, qui ne reconnaissait qu'une personne dans la Trinité, et niait la nature humaine de Jésus-Christ, pour ne lui reconnaître que la nature divine.

SABIE. s. m. T. Bot. Genre de plantes Monocotylédones (*Sabia*) de la famille des *Sabiées*. Voy. ce mot.

SABIÉES, s. f. pl. (R. *Sabie*). T. Bot. Famille de végétaux Dicotylédones de l'ordre des Dialypétales supérovariées diplostémones.

Caract. bot. : Arbres et arbustes à feuilles alternes, sans stipules, simples ou composées, pennées. Fleurs régulières, hermaphrodites ou polygames, disposées en grappes. Sépales 5, Pétales 5, opposés aux sépales, parfois inégaux. Etamines 5, opposées aux pétales. Disque annulaire entre la corolle et l'androcée. Pistil formé de 2 carpelles, libres ou concrescents dans toute leur longueur, renfermant chacun 2 ovules anatropes ascendants; styles 2 ou 1 seul terminé par un stigmate bilobé. Fruit drupacé. Graine avec embryon courbe à cotylédons épais, souvent enroulés, sans albumen.

Cette famille comprend 4 genres (*Sabia*, *Meliosma*, *Phoxanthus*, *Ophiocaryon*) et 32 espèces croissant dans la région tropicale et subtropicale de l'hémisphère boréal. On ne leur connaît aucune propriété.

SABINE. s. f. (lat. *sabina*, herbe du pays des Sabins). T. Bot. Nom vulgaire du *Juniperus Sabina*, plante de la famille des *Conifères*, tribu des *Cupressinées*. Voy. Conifères.

SABINE, anc. région de l'Italie centrale, qui s'étendait de l'Arno à l'Apennin; v. pr. *Amiternum*, *Fidènes*, *Réate*, *Cures*.

SABINEA. s. m. [Pr. *sabi-né-a*] (R. *Sabine*, nom d'un natur. angl.). T. Bot. Genre de plantes Dicotylédones de la famille des *Légumineuses*, tribu des *Papilionacées*. Voy. Légumineuses.

SABINS, anc. peuple de l'Italie centrale, dont une partie s'établit à Rome avec le roi Tatius, et une autre resta dans ses montagnes et fut soumise par Curius Dentatus (200 av. J.-C.). = *Enlèvement des Sabines*. Légende des origines de Rome d'après laquelle, les compagnons de Romulus et de Rémus, manquant de femmes, auraient invité leurs voisins les Sabins à une fête dans la ville nouvelle et auraient enlevé leurs filles pour les épouser. La guerre ayant éclaté entre les deux peuples à la suite de cet évènement, les jeunes femmes se seraient jetées entre les combattants et auraient décidé l'établissement des Sabins de Tatius à Rome.

SABINUS, jurisconsulte romain du Ier siècle ap. J.-C., chef d'une école qui maintenait les vieilles traditions, et rival de Proculus.

SABINUS (Julius), chef gaulois, mari d'Éponine, Ier siècle ap. J.-C. Il se révolta contre Vespasien. Voy. Éponine.

SABLE. s. m. (lat. *sabulum*, m. s.). Matière pierreuse divisée en très petits grains, et sans cohérence. *S. de terre*, *de mer*, *de rivière*. *S. gris*, *blanc*, *noir*, *jaune*, *rouge*. *Grain de s. Banc de s. Des tourbillons de s. Les sables du désert. Les dunes sont des amas de s. Échouer sur le s. Enfoncer dans le s. Tirer du s. Passer le râteau sur le s. d'un jardin.* — *Sables mouvants*, sables sans consistance, que le vent déplace. — Fig., *Un édifice fondé sur le s.*, se dit d'un édifice qui paraît ne pas devoir durer longtemps; se dit plus souvent, au sens moral, d'un système spécieux, mais qui n'a rien de solide, d'un projet dont rien ne garantit l'exécution. On dit, à peu près de même, *Bâtir sur le s.* Voy. Bâtir. — *Semer sur le s.*, perdre sa peine. — Fig. et fam.,

Avoir du s. dans les yeux, Éprouver une envie de dormir qui appesantit les paupières. On dit de même, *Le marchand de s. a passé.* || *Horloge de s.*, sablier. — *Manger du s.*, retourner le sablier avant qu'il soit vide. || Par analogie, se dit vulgairement du gravier qui s'engendre dans les reins et forme la gravelle. *Il fait du s. Ses urines sont pleines de s.* || T. Chim. *Bain de s.*, Voy. Bain. || T. Fondeur. Composition faite avec du sable où l'on jette au moule des monnaies, des médailles, etc. *Jeter une médaille en s.* || T. Blas. Voy. Émail.

Minér. — Le *Sable* est une matière pierreuse, divisée en grains très petits, anguleux, sensiblement égaux, et sans cohérence entre eux. Il diffère du *gravier*, en ce que les grains de ce dernier sont beaucoup plus gros, d'inégale grosseur, arrondis ou émoussés. Les grains de s. résultent en général de la désagrégation des roches siliceuses ou quartzeuses. Le s. est très répandu à la surface de la terre. Les mers et les fleuves en charrient de telles quantités, que les rades et les ports en sont souvent obstrués, et qu'il forme près des côtes des bancs plus ou moins étendus, qui gênent singulièrement la navigation. Souvent aussi le s. rejeté sur le rivage couvre de vastes étendues de terrains, et les frappe de stérilité : telles sont les landes et les dunes des côtes occidentales de la France. On trouve également des masses prodigieuses de s. dans l'intérieur des continents, où elles forment des plaines immenses qui ont, comme l'Océan, leurs tourmentes et leurs tempêtes : tels sont les déserts de l'Afrique, de l'Arabie, de l'Asie centrale, etc. Enfin, le s. se rencontre encore en amas puissants dans l'intérieur de l'écorce terrestre, où il constitue des couches d'une épaisseur souvent considérable, notamment dans les terrains d'alluvion. Cependant on en trouve aussi dans les terrains de formation ancienne, et le grès lui-même n'est autre chose qu'un agrégat de grains de s. quartzeux ou feldspathique agglutinés ensemble par un ciment de nature diverse. La couleur du s. est variable. Généralement jaune, il est quelquefois blanchâtre, gris, bleuâtre, vert, ou bien encore rouge, par suite de la présence des oxydes de fer. On fait un grand emploi du s. dans l'industrie, et les différentes variétés qu'il présente sont appropriées à des usages particuliers. Le s. quartzeux le plus pur, qu'on désigne dans l'industrie sous le nom de *Sablon*, sert à la fabrication des objets de verre blanc : tel est le s. quartzeux qu'on trouve dans la forêt de Fontainebleau, dans les dunes, etc. Il est également utilisé pour écurer les métaux et pour filtrer les liquides. Pour la fabrication du verre noir ou verre à bouteilles, on emploie le S. de rivière. Les maçons s'en servent également pour faire leurs mortiers. On emploie encore à ce dernier usage le S. de carrière ou de plaine, qui contient toujours un mélange d'argile, ainsi que le S. arène, qui est formé de grains de quartz grossiers et légèrement réunis par une argile colorée en jaune orangé. Les mouleurs préfèrent aussi le s. de carrière, parce que l'argile avec laquelle il est mélangé lui donne un certain liant. En agriculture on emploie le s. pour ameublir les terres trop compactes. Voy. Amendement.

SABLE (Cap), cap au sud de la Floride (États-Unis).

SABLÉ, ch.-l. de c. (Sarthe), arr. de La Flèche, 6,100 hab. = Des hab. Sablésien, enne.

SABLER. v. a. Couvrir de sable. *S. les allées d'un jardin.* || Fig. et fam., par allusion à la promptitude avec laquelle un fondeur opère lorsqu'il jette en sable, on dit, *S. un verre de vin*, Le boire tout d'un trait et fort vite. = Sablé, ée. part. || *Fontaine sablée*, Vaisseau dans lequel on fait filtrer de l'eau à travers le sable, pour la rendre plus claire, plus pure. = Sablé, s. m. Gâteau normand dont la pâte est très friable.

SABLERIE. s. f. (R. *sable*). Partie d'une fonderie où on prépare les matières qui servent à former les moules.

SABLES-D'OLONNE (Les), ch.-l. d'arr. du dép. de la Vendée, à 36 kil. de La Roche-sur-Yon; 11,600 hab. = Nom des hab. : Olonnais, aise, ou Saulais, aise.

SABLEUR. s. m. Ouvrier qui fait les moules des fontes marchandes.

SABLEUX, EUSE. adj. [Pr. *sa-bleu*, *euze*] (lat. *sabulosus*, m. s.). Qui est mêlé de sable. *De la farine sableuse.* || *Fond s. d'une étoffe*, qui présente des petits points rapprochés imitant les grains du sable. || Se dit quelquef. pour *Sablonneux*.

SABLIER. s. m. [Pr. *sablié*]. Petit vase contenant du sable propre à être répandu sur l'écriture pour la sécher. *Un s. de cuivre, de fer-blanc.* || Petit vase contenant du sable, et servant par l'écoulement de celui-ci à mesurer le temps. Voy. plus bas. || T. Bot. Nom vulgaire de l'*Hura crepitans*, plante de la famille des *Euphorbiacées*, tribu des *Crotonées*. Voy. EUPHORBIACÉES.

Techn. — Le *Sablier* est une espèce de clepsydre dans laquelle l'eau est remplacée par du sable. Il se compose de deux ampoules de verre qui communiquent ensemble par un col étroit

(Fig.). L'une des ampoules, la supérieure, étant remplie de sable, on peut mesurer approximativement le temps quand on a déterminé préalablement le nombre d'heures ou de minutes que le sable met à passer dans l'ampoule inférieure. Quand le sable a tout à fait passé, on retourne le s., et l'écoulement recommence. On peut construire des sabliers où le temps de l'écoulement du sable soit aussi long que l'on veut. Cet instrument était d'un usage universel avant l'invention des horloges ; mais aujourd'hui on ne l'emploie guère que dans la marine. Le s. dont on fait usage à bord est appelé *Ampoulette* : le sable qu'il contient met une demi-minute pour s'écouler entièrement ; aussi sert-il uniquement à mesurer la demi-minute pendant laquelle on laisse filer le loch, quand on veut apprécier la vitesse du bâtiment. Voy. LOCH.

SABLIÈRE. s. f. Carrière de sable. || T. Techn. Longue poutre placée horizontalement et dans laquelle viennent s'assembler les autres pièces d'une construction. Voy. CHARPENTERIE, COMBLE. || T. Mar. Bordage sur lequel reposent les ventrières, les chevalets d'un vaisseau qu'on lance avec un ber.

SABLIÈRE (Mme DE LA), femme spirituelle, amie de La Fontaine.

SABLINE. s. f. (R. *sable*). T. Bot. Genre de plantes Dicotylédones (*Arenaria*), de la famille des *Caryophyllées*. Voy. ce mot.

SABLON. s. m. (lat. *sabulo*, sable). Sable fin, très menu. *Nettoyer la vaisselle avec du s.*

SABLONNER. v. a. [Pr. *sablo-ner*] (R. *sablon*). *S. de la vaisselle,* l'écurer avec du sablon. || Répandre du sablon sur le fer chaud pour souder. ⸗ SABLONNÉ, ÉE. part.

SABLONNETTE. s. f. [Pr. *sablo-nè-te*]. Pièce construite au-dessus du four à frille pour y déposer le sable lavé.

SABLONNEUX, EUSE. adj. [Pr. *sablo-neu, euze*] (R. *sablon*). Où il y a beaucoup de sable. *Pays s. Terrain s.*

SABLONNIER, IÈRE. s. [Pr. *sablo-nié, ière*]. Celui, celle qui vend du sablon.

SABLONNIÈRE. s. f. [Pr. *sablo-nière*]. Lieu d'où l'on tire du sablon. || Coffre à corroyer le sable dont on fait des moules.

SABORD. s. m. [Pr. *sa-bor*]. T. Mar. Ouverture quadrangulaire pratiquée dans la muraille d'un bâtiment pour donner passage à la volée d'un canon. *Chaque s se ferme au moyen d'un volet, appelé mantelet, qui est fixé à son bord supérieur. Sabords de retraite,* Ceux qui sont percés dans la poupe, parce qu'ils permettent de tirer sur l'ennemi en se retirant; *Sabords de chasse,* Ceux qui sont percés dans la proue, parce qu'on peut canonner par là l'ennemi qu'on poursuit. *Faux s.,* pièce de bois mobile fermant le sabord et dont le centre peut donner passage à la bouche d'un canon. — *S. de nage,* ouverture pratiquée pour laisser passer un aviron. —*S. de charge,* ouverture pratiquée pour faciliter le chargement. || Par extens., Toute ouverture, même accidentelle, faite dans la muraille d'un navire.

SABORDER. v. a. *S. un bâtiment,* Pratiquer de grands trous dans sa muraille, pour le faire couler. ⸗ SABORDÉ, ÉE. part.

SABOT. [Pr. *sa-bo*] (orig. inconnue). Chaussure de bois faite toute d'une pièce et creusée de manière à contenir le pied. *Porter des sabots.* — Fig. et fam., *On l'a vu venir à Paris avec des sabots,* se dit d'un homme qui, d'une origine obscure ou d'une extrême pauvreté, est parvenu à une fortune considérable. On dit aussi d'un paysan riche ou enrichi, *Il a du foin dans ses sabots. Je le vois venir avec les gros sabots,* Ta finesse est facile à deviner. — Fig. et fam., on dit encore d'un mauvais violon, *C'est un s. Comment pouvez-vous jouer avec un pareil s.?* || Par analogie, L'ongle épais qui enveloppe la dernière phalange des doigts chez les Pachydermes et les Ruminants. *Le s. d'un cheval.* || T. Techn. Pièce de cylindre tronconique de bois dans lequel on emboîte la partie de l'obus où se trouve la fusée, afin de maintenir celle-ci dans l'axe de l'âme quand on charge la pièce. || T. Techn. Pièce de bois ou de fer qui dans un frein vient frotter sur la jante de la roue. Voy. FREIN. — Ornement ordinairement de métal qu'on ajuste aux pieds de certains meubles, comme bureau, commode, table. — Garniture de métal ou de bois qui entoure l'extrémité inférieure d'un pilotis, d'un poteau, d'une pièce de charpente. — Garniture de métal au pied de la hampe d'une lance. — Outil à fût, généralement cintré, dont les menuisiers se servent pour pousser des moulures. — Sorte de vase en fer-blanc ou en étain dans lequel on prépare les glaces. Voy. GLACE, II. — Crochet mobile adapté à chaque corde de la harpe. Voy. HARPE, etc. — Petite niche faite d'un morceau de bois creusé, qu'on met dans la cage de certains oiseaux. || Nom donné par dénigrement à un mauvais instrument, un mauvais outil, une mauvaise voiture, etc. || T. Jeux d'enfants. Jouet de forme cylindroconique que l'on fait pirouetter sur sa pointe, ou le fouettant avec une lanière, etc. *Le s. dort,* il semble immobile quand il tourne très rapidement sur un même point. || Fig. *Dormir comme un s.,* d'un sommeil profond. || T. Mar. Nom vulg. des coquilles du genre *Turbo.* Voy. TROCHOÏDES. || T. Bot. *S. de Vénus,* Nom vulg. du *Cypripedium sabot,* plante de la famille des *Orchidées.* Voy. ce mot.

SABOTAGE. s. m. Fabrication des sabots. || Métier du sabotier. || T. Chem. de fer. Opération qui consiste à poser sur les traverses les rails à patins ou les coussinets qui doivent supporter les rails à double champignon. Voy. CHEMIN de fer.

SABOTER. v. a. Fouler avec des sabots. *S. le drap.* — *S. un pilotis,* le garnir d'un sabot. || Fig. Faire quelque chose sans goût, sans soin. ⸗ SABOTER. v. n. Jouer au sabot. || T. Chem. de fer. Pratiquer le sabotage. ⸗ SABOTÉ, ÉE. part.

SABOTIER, IÈRE. s. Celui, celle qui fait et vend des sabots. || Fam., Celui, celle qui porte des sabots. *Ces sabotiers-là font un bruit à fendre la tête.*

SABOTIÈRE. s. f. Sorte de danse qu'exécutent des gens en sabots. *Danser la sabotière.*

SABOULAGE. s. m. Action de sabouler.

SABOULER. v. a. (R. *sable*). Se disait autrefois d'un jeu d'enfants dans lequel celui qui avait fait une faute était frappé avec une peau d'anguille remplie de sable. || Par analog., Tourmenter, tirailler, renverser, houspiller une personne de côté et d'autre plusieurs fois. *S. quelqu'un. Comme vous le saboulez!* || Fig., sign. encore Réprimander, tancer quelqu'un avec véhémence. *Il a été saboulé d'importance par son père.* ⸗ SABOULÉ, ÉE. part. Ce v. est pop. dans les deux sens.

SABRE. s. m. (allem. *sabel*, m. s.). T. Guerre. Le *Sabre* est proprement un glaive à lame large, plus ou moins courbe ou cambrée, et tranchante d'un seul côté, ou quelquefois des deux côtés. Cette arme offensive paraît avoir été inconnue de l'antiquité. Quelques auteurs ont prétendu, et c'est vrai, que l'*acinacès* des Perses était un s. véritable; c'est une erreur : l'*acinacès* était simplement un poignard, et même un poignard droit. Quant à la *sica* des Romains, ce n'était non plus qu'un poignard; toutefois sa lame était courbe, et tranchante sur le côté concave, tandis que la lame du s. est tranchante du côté convexe. Le prototype du s. des peuples d'Occident est le *Cimeterre* des Orientaux, dont la lame, comme tout le monde le sait, est tranchante sur le côté convexe et va en s'élargissant vers l'extrémité, qui est recoupée en biais du côté du

Parfois cependant l'extrémité du cimeterre présente une ne particulière : tel était le cimeterre d'Ali, gendre de homet et le 4° des califes, dont l'effigie est conservée sur drapeaux ottomans et sur quelques monnaies (Fig. ci-sous). Cette sorte d'arme s'introduisit, dit-on, au V° siècle, Allemagne; mais on ne la connut guère dans le reste de urope qu'au temps des croisades. Depuis cette époque, le s. té dans les diverses armées européennes a subi une quantité modifications. En France, le s. figure depuis longtemps rmi les armes des divers corps qui composent l'armée, mais a varié de forme. Pendant tout le XIX° siècle, on a distingué trois modèles : le s. de la cavalerie de réserve (carabiniers et cuirassiers), qui est vulgairement appelé *Latte*, dont la lame droite et longue était surtout propre à pointer; le s. de la cavalerie de ligne (dragons et lanciers), appelé *Sabre-Montmorency*, à lame cambrée, propre à la fois à pointer et à tailler, et le s. de la cavalerie légère (chasseurs et hussards), à lame cambrée, évidée et principalement destinée à *sabrer*, c.-à-d. à frapper de taille. L'infanterie avait aussi trois modèles. Depuis 1747 jusqu'en 1831, elle fut armée du *Sabre-briquet* ou *Briquet*, dont la lame était légèrement cambrée, tranchante du côté convexe, avec un faux tranchant au dos vers la pointe. En 1831, on lui substitua le *Sabre-poignard*, qui a une lame droite, à deux tranchants, avec gouttières et pans creux. Quelques corps spéciaux, comme la garde de Paris et la gendarmerie à pied, sont encore armés du briquet. Le *Sabre-baïonnette* est le même que le sabre-poignard, mais modifié de manière à pouvoir être adapté au fusil en guise de baïonnette : tel était naguère le s. des chasseurs à pied, cependant, en 1842, on l'a remplacé par le *Sabre-yatagan*. Voy. BAÏONNETTE. Depuis quelques années, le s. de la cavalerie française est d'un modèle unique, droit, pointu et à deux tranchants. La garde est formée d'une coquille recourbée, reliée au pommeau par trois branches. La longueur de la ame seule varie suivant qu'il est destiné à la grosse cavalerie ou à la cavalerie légère. C'est plus une épée qu'un sabre. L'infanterie ne sert à présent de l'épée-baïonnette, les officiers du s.-épée. Voy. ÉPÉE. Enfin, le *Sabre d'abordage*, qui ainsi que l'indique son nom, n'est usité que dans la marine, est un s. à lame longue de 75 centimètres, et légèrement cambrée, avec une gouttière qui règne de chaque côté le long du dos.

SABRE ou **SABRAN**. s. m. T. Icht. Espèce de *Poisson* osseux. Voy. CLUPES.

SABRENAS. s. m. [Pr. *sabre-na*] ou **SABRENAUD**. s. m. [Pr. *sabre-no*] (R. *sabrer*). Artisan qui travaille malproprement, grossièrement. Vx.

SABRENASSER. [Pr. *sabrena-ser*] ou **SABRENAUDER**. v. a. [Pr. *sabre-noder*] (R. *sabrer*). Travailler mal un ouvrage. = SABRENASSÉ, ÉE, ou SABRENAUDÉ, ÉE. part. Vx.

SABRER. v. a. Donner des coups de sabre. *Il sabrait à droite et à gauche. Ils furent sabrés impitoyablement.* || Fig. et fam., Blâmer à tort et à travers. *S. une affaire*, l'expédier avec précipitation, sans prendre la peine de l'examiner. *On a sabré son affaire.* = SABRÉ, ÉE. part.

SABRES, ch.-l. de c. (Landes), arr. de Mont-de-Marsan; 2,600 hab.

SABRETACHE. s. f. (all. *sæbeltasche*, de *sabel*, sabre; *tasche*, poche). Sorte de sac plat qui pendait à côté du sabre des hussards et qui leur servait de poche.

SABREUR. s. m. Se dit fam. D'un militaire qui ne sait pas l'art de la guerre, mais qui est brave et sait se battre. *Ce n'est pas un bon général, mais c'est un bon s.* || Fig. Celui qui expédie la besogne à tort et à travers.

SABULAIRE. adj. 2 g. (lat. *sabulum*, sable). T. Zool. Qui vit dans le sable.

SABULICOLE. adj. 2 g. (lat. *sabulum*, sable; *colere*, habiter). T. Hist. nat. Qui croît ou qui vit dans le sable.

SABURRAL, ALE. adj. [Pr. *sabu-ral*] (R. *saburre*). T. Méd. On désigne sous le nom d'*état saburral*, un des symptômes communs à différentes maladies de l'estomac (embarras gastrique, dyspepsie, etc.). La langue est recouverte d'un enduit blanchâtre, l'appétit est nul; le malade éprouve une sorte de fatigue générale. Le traitement de cet état se confond avec celui des affections dont il n'est qu'un symptôme.

SABURRE. s. f. (lat. *saburra*, gravier, autre forme de *sabulum*, sable). T. Méd. anc. Matière muqueuse que l'on supposait se former dans l'estomac pendant les mauvaises digestions. — Aujourd'hui ce mot est quelquefois employé pour désigner l'enduit blanchâtre qui recouvre la langue dans certaines affections de l'estomac. Voy. SABURRAL.

SAC. s. m. (lat. *saccus*, gr. σάκκος; m. s.). Sorte de poche faite de cuir, de toile, d'étoffe, etc., que l'on coud par le bas et par les côtés, laissant seulement le haut ouvert pour mettre dedans ce qu'on veut. *Grand, petit sac. Sac de toile, de crin, de peau, de velours, de papier. Vider, remplir un sac. Lier, délier un sac.* — *Sac à blé, à charbon, etc.*, Sac à mettre du blé, etc., *Sac de blé, de charbon, de farine, de noix, un sac d'argent, un sac d'écus*, etc., Sac plein de blé, etc. — *Sac à ouvrage*, Sac où les femmes renferment l'ouvrage auquel elles travaillent. *Sac de nuit*, Sac où l'on met ses hardes de nuit, quand on voyage. || Fig. et popul., *Un sac à vin*, Un ivrogne. — Fig. et prov., *Prendre quelqu'un la main dans le sac*, Le prendre sur le fait, le surprendre au moment où il commet quelque vol, quelque infidélité. *Mettre quelqu'un au sac*, Le mettre dans l'impossibilité de répondre aux objections qu'on lui fait. *Il ne saurait sortir d'un sac que ce qui y est*, Un sot ne peut dire que des méchancetés, ou un méchant homme ne peut faire que de méchantes actions. *Tirer d'un sac deux moutures*, Voy. MOUTURE. *On frappe sur le sac pour que l'âne le sente*, on fait une observation à quelqu'un pour qu'un autre se l'applique. || *Le sac d'un soldat, d'un artisan*, etc., Le havresac de peau dans lequel le fantassin, l'ouvrier qui voyage, renferme les objets à son usage, et qu'il porte sur le dos à l'aide de deux bretelles. *Partir le sac sur le dos.* — Fig. et proverb., *Trousser, donner son sac et ses quilles*, Voy. QUILLE. || *Sac de procès*, et absol., *Sac*, Sac contenant les pièces d'un procès. *Mettre le sac au greffe.* Donner communication de son sac. On dit aujourd'hui, *Les pièces ou le dossier.* — Fig. et fam., *C'est la meilleure pièce de son sac*, se dit d'un homme qui sollicite quelque grâce, qui entreprend quelque affaire, et sign., c'est la chose la plus avantageuse pour lui, celle qui doit le plus sûrement lui procurer le succès qu'il désire. *Votre affaire est dans le sac*, Tout est préparé pour qu'elle réussisse, on on peut la regarder comme terminée. *Voir le fond du sac*, Pénétrer dans ce qu'une affaire a de plus caché. *Vider son sac*, Dire tout ce qu'on a à dire sur tel sujet, dans telle occasion. *Juger sur l'étiquette du sac*, Voy. ÉTIQUETTE. — Fig. et fam., *Un homme de sac et de corde*, Voy. CORDE. || *Course en s.*, Divertissement villageois où l'on fait courir des gens qui ont les bras et les jambes enfermés dans un sac. || *S. à malice*, sac d'où les escamoteurs tirent habilement les objets dont ils ont besoin pour faire leurs tours. || *S. de laine*, Coussin sur lequel siège le lord chancelier d'Angleterre à la Chambre des lords. || *Se dit aussi d'un habit de pénitence, d'humiliation, etc. Faire pénitence sous le sac et le cilice.* — Par ext., se dit des grandes robes dont se revêtaient les membres des confréries de pénitents dans leurs cérémonies religieuses. *Les pénitents étaient revêtus de sacs noirs, blancs, bleus, etc.* || Fig. et pop., L'estomac, le ventre. *Remplir son sac*, Manger beaucoup, *Vider son sac*, Se décharger le ventre, ou se purger. || T. Anat. *Sac lacrymal*, Voy. LACRYMAL. || T. Artific. *Sac à poudre*, Voy. PYROTECHNIE, II. || T. Chir. *Sac herniaire*, Voy. HERNIE. || T. Guerre. *Sac à terre*, Sac qu'on remplit de terre, et dont on borde les tranchées, les parapets des ouvrages, etc. = CUL-DE-SAC, Voy. CUL.

SAC. s. m. (ital. *sacco*, m. s., peut-être du lat. *saccus*, dans le sens de gros paquet). Pillage entier d'une ville. *Le sac de Rome. Mettre à sac une ville prise d'assaut.*

SACCADE. s. f. [Pr. *sa-kade*] (vx fr. *saquer*, tirer dehors?). Secousse brusque et rude qu'on donne à un cheval en lui tirant la bride. *Donner des saccades à un cheval.* || Par

756

extens., Secousse violente que l'on donne à quelqu'un en le tirant. *Il le saisit au collet et lui donna deux ou trois saccades.* || Par anal., se dit de tout mouvement brusque et irrégulier. *N'aller, n'avancer que par saccades.* || Fig. et fam., Réprimande sévère, rude correction. *Il a eu une s., une furieuse s.*

SACCADER. v. a. [Pr. *sa-kader*]. S. *un cheval,* Lui donner des saccades. = SACCADÉ, ÉE. part. || Fig., *Mouvements saccadés,* Mouvements brusques et irréguliers. *Style saccadé,* Style dont les phrases sont courtes et peu agréables à l'oreille.

SACCAGE. s. m. [Pr. *sa-kaje*] (R. *sac*). Bouleversement, confusion, dégât. *Ces enfants ont fait un s. horrible dans le jardin.* || Pop., Amas confus. *Un s. de vieilles marmites, de pots cassés.*

SACCAGEMENT. s. m. [Pr. *sa-ka-jeman*]. Sac, pillage. *Empêcher le s. d'une ville.*

SACCAGER. v. a. [Pr. *sa-ka-jer*]. Mettre au pillage. S. *une ville, une province. L'armée a tout saccagé.* || Fam. et par exagération, On a *tout saccagé chez lui,* On y a tout bouleversé. = SACCAGÉ, ÉE. part. = Syn. Voy. DÉSOLER.

SACCAGEUR, EUSE. s. m. [Pr. *sa-ka-jeur, euze*]. Celui, celle qui saccage, qui met un pays à feu et à sang. *Attila ne fut qu'un s. de provinces.*

SACCATIER. s. m. [Pr. *sa-ka-tié*]. Celui qui transporte le charbon de terre en sac, dans les forges.

SACCHARATE. s. m. [Pr. *sak-karate*] (lat. *saccharum,* sucre). T. Chim. Nom donné aux combinaisons que forme le sucre ou l'acide saccharique avec certains oxydes métalliques. *Le s. de chaux.*

SACCHARIFÈRE. adj. 2 g. [Pr. *sak-karifère*] (lat. *saccharum,* sucre; *fero,* je porte). T. Bot. Qui donne, qui produit du sucre. *Plante s.*

SACCHARIFICATION. s. f. [Pr. *sak-karifika-sion*] (R. *saccharifier*). T. Chim. Conversion d'une substance en sucre.

SACCHARIFIER. v. a. [Pr. *sak-karifier*] (lat. *saccharum,* sucre; *ficare,* faire). Convertir en sucre. *On peut s. l'amidon en le traitant par l'acide sulfurique.* = SACCHARIFIÉ, ÉE. part.

SACCHARIMÈTRE. s. m. [Pr. *sak-karimètre*] (gr. σάχχαρον, sucre; μέτρον, mesure). Instrument propre à déterminer la quantité de sucre contenue dans un liquide. Voy. POLARISATION, VII, et SUCRE.

SACCHARIMÉTRIE. s. f. [Pr. *sak-ka...*] (gr. σίχχαρον, sucre; μέτρον, mesure). T. Chim. Dosage du sucre dans les liqueurs sucrées. Voy. SUCRE.

SACCHARIN, INE. adj. [Pr. *sak-karin*] (lat. *saccharum,* sucre). Qui est de la nature du sucre, qui en contient. *Les substances saccharines.*

SACCHARINE. s. f. [Pr. *sak-karine*] (lat. *saccharum,* sucre). T. Chim. La Saccharine, substance remarquable par sa saveur sucrée extraordinairement intense, est la sulfimide correspondant au dérivé ortho-sulfonique de l'acide benzoïque. Pour la préparer on part du toluène provenant des goudrons de houille; on le transforme en acide ortho-sulfonique que l'on traite successivement par le perchlorure de phosphore et par l'ammoniaque de manière à obtenir l'amide correspondante, qui a pour formule $C^6H^4(CH^3)SO^2AzH^2$; l'oxydation de cette amide donne naissance à l'acide ortho-sulfamido-benzoïque $C^6H^4(CO^2H)SO^2AzH^2$; enfin la déshydratation de cet acide fournit la s., dont la formule de constitution est :

$$C^6H^4 \begin{array}{c} CO \\ SO^2 \end{array} AzH.$$

La s. se présente en poudre blanche ou en petites aiguilles incolores et inodores. Elle fond à 220°. Peu soluble dans l'eau, elle se dissout mieux dans l'alcool, l'éther et la glycérine. Vis-à-vis des bases elle se comporte comme un acide et donne naissance à des sels. Lorsqu'elle est pure, c.-à-d. con-

stituée uniquement par le dérivé ortho, elle possède une saveur sucrée 500 fois plus intense que celle du sucre de canne. La s. ordinaire du commerce est un mélange des dérivés ortho, para et méta ; on vend aussi son sel de soude plus soluble dans l'eau que la saccharine ; ces produits ont un pouvoir édulcorant de 300 à 400 fois plus grand que le sucre ordinaire.

La s. ne possède pas les propriétés alimentaires du sucre, mais elle peut le remplacer comme condiment, car elle n'exerce aucune action nuisible sur l'organisme, même à la dose journalière de 1 ou 2 grammes. En thérapeutique elle sert surtout à sucrer les aliments destinés aux diabétiques ; on l'emploie aussi comme antiseptique dans certaines maladies de l'estomac. Dans l'industrie, la s. est utilisée pour la préparation des confitures, des sirops, des limonades, etc., non seulement en raison de son pouvoir édulcorant, mais plus encore à cause de ses propriétés antiseptiques.

On a aussi donné le nom de S. à la lactone de l'*acide saccharinique.* Voy. ce mot.

SACCHARINIQUE. adj. 2 g. [Pr. *sak-ka...*] (lat. *saccharum,* sucre), T. Chim. L'*acide s.* se forme quand on chauffe une solution aqueuse de glucose ou de lévulose avec de la chaux. Il est monobasique et possède quatre fonctions alcool ; sa formule de constitution est :

$$CH^2OH.CHOH.CHOH.COH(CH^3).CO^2H.$$

Il n'est connu qu'en dissolution ; lorsqu'on veut l'isoler il se déshydrate en donnant la *lactone s.,* qu'on a appelée *Saccharine,* et qui cristallise en gros prismes orthorhombiques amers, fusibles à 161°, très solubles dans l'eau chaude. L'oxydation de ce corps donne naissance à l'acide *saccharonique,* qui est l'acide bibasique correspondant et qui, par déshydratation, se transforme en un acide lactonique. Ce dernier, connu sous le nom de *Saccharone,* cristallise en grands prismes orthorhombiques, à saveur acide.

L'action de la chaux sur le sucre de lait ou sur la maltose donne naissance à deux isomères de la lactone s., tous deux cristallisables et très solubles dans l'eau : l'*isosaccharine* est dextrogyre et fond à 95° ; la *métasaccharine,* fusible à 142° est lévogyre.

SACCHARIQUE. adj. 2 g. [Pr. *sak-karike*] (lat. *saccharum,* sucre). T. Chim. L'*acide s.* est un acide bibasique possédant 4 fonctions alcool et répondant à la formule $CO^2H(CHOH)^4 CO^2H$. Il prend naissance quand la glucose, le sucre de canne, le sucre de lait ou l'amidon s'oxydent sous l'action de l'acide azotique. On le prépare ordinairement à l'aide de l'amidon. Il se présente en masse friable, déliquescente, très soluble dans l'eau et dans l'alcool. Réduit par l'acide iodhydrique se transforme en acide adipique. Sous l'action de la chaleur perd de l'eau et se transforme en une di-lactone, la *saccharolactone,* cristallisable, fusible à 132°, que l'amalgame sodium convertit en acide glucuronique.

L'acide s. que nous venons de décrire est dextrogyre. On obtient une variété lévogyre et une variété racémique en oxydant les variétés correspondantes d'acide glucuronique.

On connaît en outre cinq isomères stéréochimiques de l'acide s. Ce sont les acides *idosaccharique, mannosaccharique, mucique, allomucique et talomucique.* Voy. IDOSACCHARIQUE, MANNOSACCHARIQUE, MUCIQUE et TALOMUCIQUE.

Quant à l'acide appelé improprement *isosaccharique,* nous en avons parlé à l'article GLUCOSAMINE. Enfin l'acide *métasaccharique* n'est qu'une variété d'acide mannosaccharique.

SACCHAROÏDE. adj. 2 g. [Pr. *sak-karoïde*] (gr. σάχχαρον, sucre ; εἶδος, apparence). Qui a l'aspect du sucre cristallisé. *Marbre s.*

SACCHAROLACTONE. s. f. [Pr. *sak-ka...*] (lat. *saccharum,* sucre, et fr. *lactone*). T. Chim. Voy. SACCHARIQUE.

SACCHAROLÉ. s. m. [Pr. *sak-karolé*] (lat. *saccharum,* sucre). T. Pharm. Médicament pulvérulent qui résulte du mélange exact du sucre en poudre avec d'autres substances pulvérisées.

SACCHAROMYCES. s. m. [Pr. *sak-karomi-sès*] (gr. σάχχαρον, sucre ; μύχη, champignon). T. Bot. Nom scientifique du genre *Levure.* Voy. ce mot ainsi que DISCOMYCÈTES FERMENTATION.

SACCHARONE. s. f. [Pr. *sak-karone*] (lat. *saccharum*

sucre). T. Chim. **SACCHARONIQUE.** adj. 2 g. T. Chim. Voy. Saccharinique.

SACCHAROSE. s. f. [Pr. *sak-karo-ze*] (lat. *saccharum*, sucre, et la term. *ose*, des sucres). T. Chim. Nom scientifique du sucre de canne ou de betterave.

SACCHARURE. s. m. [Pr. *sak-karure*]. T. Pharm. Se dit des médicaments formés par du sucre et une substance dissoute dans l'alcool ou dans l'éther.

SACCHINI, compositeur de musique italien (1735-1786).

SACCHULMINE. s. f. [Pr. *sak-kulmine*] (gr. *saccharum*, sucre). T. Chim. On a donné les noms de S. et d'*acide sacchulmique* à des matières noires qu'on obtient en faisant bouillir le sucre avec de l'acide sulfurique étendu. Elles paraissent être des mélanges plutôt que des composés définis.

SACCIFÈRE. adj. 2 g. [Pr. *sak-sifère*] (lat. *saccus*, sac; *fero*, je porte]. T. Hist. nat. Qui porte un sac ou un organe en forme de sac.

SACCOMYS. s. m. [Pr. *sak-komiss*] (gr. σάκκος, sac; μῦς, rat]. T. Mamm. Syn. de *Diplostome*. Voy. ce mot.

SACCULAIRE. adj. 2 g. [Pr. *sak-kulère*]. T. Anat. Qui a rapport au saccule.

SACCULE. s. m. [Pr. *sak-kule*] (lat. *sacculus*, petit sac]. T. Anat. L'une des vésicules de l'oreille interne. Voy. Oreille, I, C.

SACCULINE. s. f. [Pr. *sak-kuline*] (lat. *sacculus*, petit sac]. T. Zool. Genre d'*Entomostracés parasites*, qui à l'état adulte se présente sous la forme d'une poche appendue à l'abdomen des crabes. Les larves seules ont les caractères des Crustacés.

SACERDOCE. s. m. (lat. *sacerdotium*, m. s., de *sacerdos*, prêtre). Dignité et fonctions des ministres du culte. *Le s. d'Aaron. Le souverain s. Chez les peuples idolâtres, le s. se trouvait quelquefois uni avec les magistratures civiles.* || Dans l'Église catholique, sign. proprement Prêtrise, dignité de celui qui a le pouvoir de dire la messe et d'administrer les sacrements. *La sainteté du s. Les évêques ont seuls la plénitude du s.* || Se dit quelquefois du clergé considéré comme corps. *Les querelles du s. et de l'empire.* || Syn. Voy. Prêtrise.

SACERDOTAL, ALE. adj. (lat. *sacerdotalis*, m. s.). Qui appartient au sacerdoce. *Les ornements sacerdotaux. Les fonctions sacerdotales. La puissance sacerdotale.*

SACES, tribu scythe de l'Asie, entre l'Iaxarte et l'Imaüs, furent battus par Cyrus et soumis par Darius.

SACHÉE. s. f. Ce qu'un sac peut contenir.

SACHEM. s. m. [Pr. *sa-chème*]. Membre du Conseil de la nation dans les peuplades de l'Amérique du Nord.

SACHET. s. m. Petit sac. *Porter du camphre dans un s.* || Sorte de petit coussin où l'on met des parfums, des senteurs. *Des sachets de senteur.* || Petit sac contenant de l'avoine qu'on attache au cou du cheval pour lui donner à manger en route. || Sac contenant la charge d'une pièce d'artillerie de campagne.

SACHS (Hans), poète allemand (1494-1576), auteur de poèmes allégoriques, de contes sérieux et comiques, de drames, etc.

SACOCHE. s. f. (R. sac). Double bourse de cuir dont les courriers et les marchands se servent parfois en voyageant. || Poche de cuir fixée à la selle du cavalier. || Sac de toile forte ou de peau à l'usage des porteurs d'argent des maisons de banque, de commerce, etc. || Se dit aussi de la sncoche même et de ce qu'elle contient. *Voilà une s. bien lourde.*

SACOLÈRE. s. m. Sorte de navire peu élevé à l'arrière, et muni de trois mâts à pible. *Le s. n'est usité que chez les Grecs et chez les Turcs.*

SACRAMENTAIRE. s. m. [Pr. *sakra-man-tère*] (lat. *sacramentarius*, m. s.). Livre de liturgie qui décrit les prières et les cérémonies de la messe et de l'administration des sacrements. || T. Hist. relig. Nom donné, au XVIe siècle, aux membres des sectes protestantes qui niaient la présence réelle dans l'eucharistie.

SACRAMENTAL, ALE. adj. [Pr. *sakra-mantal*]. Syn. de *Sacramentel*, plus usité.

SACRAMENTALEMENT ou **SACRAMENTELLEMENT.** adv. [Pr. *sakra-man-taleman*, *sakra-man-tèle-man*]. D'une manière sacramentale. *Le corps de J.-C. est réellement et s. dans l'eucharistie.*

SACRAMENTEL, ELLE. adj. [Pr. *sakra-man-tel*, *èle*] (lat. *sacramentalis*, m. s.). Qui appartient à un sacrement. *Mot s. Paroles sacramentelles. Confession, absolution sacramentelle.* || Fig. et fam., *Mots sacramentels, paroles sacramentelles*, Mots essentiels pour la conclusion d'une affaire, d'un traité. *L'affaire est conclue, il a dit les paroles sacramentelles.*

SACRAMENTO (Rio), fleuve des États-Unis d'Amérique (Californie), se jette dans la baie de San Francisco.

SACRAMENTO, v. des États-Unis d'Amérique, capitale de l'État de Californie; 22,000 hab.

SACRE. s. m. (lat. *sacer*, sacré). T. Hist. Cérémonie religieuse à laquelle, dans plusieurs pays, se soumettent les souverains, après leur avènement, pour témoigner qu'ils tiennent de Dieu leur couronne, et se revêtir d'un caractère sacré aux yeux de leurs peuples. Saül est le premier prince qui ait été sacré, lorsque Samuel le proclama roi d'Israël. Le prophète, en versant une fiole d'huile sur la tête de Saül, prononça ces paroles : « Dieu t'a élu pour régner sur son héritage et délivrer son peuple de ses ennemis. » En France, on ne sait rien sur le s. des rois de la première race. Pépin le Bref, le fondateur de la seconde, d'abord sacré à Soissons par l'archevêque de Mayence, le fut de nouveau à Saint-Denis par le pape Étienne II; et, à partir de cette époque, tous les princes qui occupèrent le trône de France, à l'exception de Louis XVIII, de Louis-Philippe et de Napoléon III, se firent sacrer et couronner par l'Église. Quelques-uns même, Pépin le Bref, Louis le Bègue et Louis d'Outre-mer, firent répéter deux fois cette cérémonie. Parmi les princes qui ont régné sur notre pays, quatre ont été sacrés par le souverain pontife. Le premier est Pépin; le second Charlemagne, qui fut sacré à Rome, en 800, par Léon III; le troisième est Louis le Bègue; et le quatrième, Napoléon, qui fut sacré à Paris, le 2 décembre 1804, par Pie VII. À quelques exceptions près, tous les rois de France ont été sacrés à Reims, cette ville ayant reçu ce privilège en mémoire de saint Remi, qui avait baptisé Clovis. En 1365, Charles V régla le cérémonial qui devait être observé à l'avenir au couronnement du roi; ce règlement n'était d'ailleurs que le résumé de ce qui se pratiquait depuis le temps de saint Louis. Le roi devait être sacré un dimanche, dans la cathédrale de Reims et par les mains de l'archevêque de cette ville. Lorsque tous ceux qui jouissaient du droit d'assister à la solennité étaient arrivés et avaient pris rang, le roi, qui, la nuit précédente, était venu dans l'église faire ses oraisons, se présentait au clergé, lequel venait processionnellement au-devant de lui. Deux évêques l'introduisaient dans l'intérieur, et le conduisaient à l'archevêque qui l'attendait. Le roi demandait au prélat la consécration religieuse de sa dignité, et celui-ci, avant de procéder à la cérémonie, le priait, au nom de l'Église, de prendre devant Dieu l'engagement de maintenir et de conserver aux Églises et aux prélats placés à leur tête les privilèges canoniques dont ils étaient investis, de respecter les lois et de rendre la justice, ainsi que doit le faire un roi, à chaque évêque et à chaque Église confiée à celui-ci. Le roi jurait d'observer toutes ces choses; puis il prêtait au peuple le serment de maintenir inviolablement les droits et la dignité de la couronne de France, de ne jamais la transporter, ni l'aliéner, de réprimer les désordres et les iniquités de toute nature, de veiller à ce que la justice fût rendue avec équité et miséricorde, d'expulser les hérétiques de toutes les terres soumises à sa domination, et d'employer toute son autorité pour parvenir à leur extermination. Après le serment, on chantait le Te Deum, et une longue suite de cérémonies et de prières avait lieu. L'archevêque procédait à la consécration, qui consistait en sept onctions faites avec l'huile de la sainte ampoule sur la personne du roi, savoir : au sommet de la tête, à la poitrine, entre les deux épaules, sur les deux épaules, et aux jointures des deux bras. Le roi revêtait alors la couronne royale, l'épée, les éperons d'or, le sceptre surmonté de la figure de Charlemagne, la main de justice, les bottines de soie semées de fleurs de lis d'or, la tunique et la dalmatique bleu d'azur, et enfin le manteau royal, que l'archevêque avait successivement bénis. Après les prières du couronnement, le roi était conduit au chœur, l'archevêque l'embrassait, et alors le bruit des fanfares faisait retentir l'église, et toute l'assistance criait : *Vive le roi !* Pendant que l'officiant lisait l'évangile, le roi et la reine, si elle était couronnée aussi, déposaient leurs couronnes, puis allaient à l'offrande. Le roi s'approchait de l'autel entouré des douze pairs (Voy. PAIRIE), qui soutenaient de la main sa couronne qu'il avait reprise. Il offrait un pain, un vin dans une coupe d'argent, et treize besants d'or ; la reine faisait une semblable offrande. Le roi communiait ensuite sous les deux espèces, baisait la paix, puis, après avoir été embrassé par les prélats, prenait place sur son trône, où il restait jusqu'à l'achèvement de la solennité. Quand on communiait la reine avec le roi, son trône était moins élevé que celui de son époux, son sceptre était plus petit et d'une autre forme que le sceptre royal. L'archevêque lui faisait aussi des onctions et lui passait au doigt un anneau. Lorsque les dernières oraisons étaient finies, le roi, qui avait été déjà béni treize fois, recevait trois nouvelles bénédictions. Il se rendait alors au palais archiépiscopal, où il se dépouillait de la tunique et la remettait à l'archevêque pour être brûlée, à cause de la sainte onction.

On désigne également sous le nom de *Sacre*, la cérémonie de l'ordination épiscopale. Nous en avons parlé au mot ÉVÊQUE.

SACRE. s. m. (lat. *sacer*, frappé d'anathème). Ne se dit que dans cette locut. popul., *Jurer comme un s.*, Comme un maudit, un excommunié.

SACRE et **SACRET.** s. m. (arabe *çaqr*, m. s.). Nom donné par les fauconniers au Gerfaut et au Lanier. Voy. FAUCON, I, 2. || Ancien canon lançant des projectiles de cinq livres.

SACRÉ, ÉE. adj. (lat. *sacer*, m. s.). Se dit, par opposition à *Profane*, des choses qui concernent la religion, le culte de Dieu. *Les choses sacrées. Les lieux sacrés. Les vases sacrés. Les auteurs sacrés* et les *auteurs profanes. L'éloquence sacrée.* — On dit substant., *Mêler le s. et le profane.* — *Les livres sacrés*, L'Ancien et le Nouveau Testament. *Les lettres sacrées*, L'étude et la connaissance de ces livres et de la religion. *Langue sacrée*, Langue dans laquelle sont écrits les livres fondamentaux d'une religion. *Histoire sacrée*, Voy. HISTOIRE. *Ordres sacrés*, Voy. ORDRE. **Théol.**, I. *Le s. collège*, Le collège des cardinaux, Voy. CARDINAL. *La sacrée faculté*, La faculté de théologie. || Se dit aussi des choses qui concernent la religion ou le culte, chez les païens. *Le bœuf s. des Égyptiens. Les poulets sacrés. Le feu s. de Vesta.* Fig., *Le feu s.*, Voy. FEU. — *Art s.*, l'Alchimie. *Mal s., maladie sacrée*, L'épilepsie. || Qui est digne de vénération, qui est inviolable par sa qualité, par sa dignité. *La personne d'un père doit être sacrée pour ses enfants. La personne du roi est inviolable et sacrée* — *Sacrée majesté*, Voy. MAJESTÉ. || Qui ne doit pas être violé, enfreint, divulgué, touché. *Un titre s. Un devoir s. Un droit s. Un secret confié par un ami est une chose sacrée. Cet argent est un dépôt ; c'est une chose sacrée pour moi.* — Fam., *C'est un homme pour qui il n'y a rien de s.*, se dit d'un homme qui n'est retenu par rien par aucun respect de religion ou de morale. || Dans le langage le plus bas et le plus grossier, *Sacré* est souvent joint à des termes d'injure pour leur donner plus de force. || T. Anat. Qui a rapport au sacrum. *Trous sacrés. Nerfs sacrés. Artères sacrées.*

SACRÉ (MONT), colline à 3 kilomètres de Rome, sur laquelle les plébéiens se retirèrent en 493 av. J.-C. pour échapper à la cruauté de leurs créanciers patriciens, et en 449 pour fuir la tyrannie des décemvirs.

SACRÉ-CŒUR. s. m. T. Dévotion. L'Église catholique célèbre deux fêtes du *Sacré-Cœur*, la fête du *Sacré-Cœur de Jésus*, et la fête du *Sacré-Cœur de Marie* : celle-ci date du XVIIe siècle, et celle-là du XVIIIe. La fête du *Sacré-Cœur de Marie*, déjà établie dans plusieurs diocèses de France, fut approuvée, en 1678, par le pape Clément X, et Pie VI fixa sa célébration au 8 février. La fête du *Sacré-Cœur de Jésus* n'a

été approuvée par le pape Clément XIII qu'en 1765 ; mais elle était déjà célébrée en France dans beaucoup d'églises. Elle avait été établie à Rouen dès 1698, et dès 1706, le pape Clément XI avait attaché de nombreuses indulgences à la dévotion au divin cœur de Jésus. En France, cette fête s'est célébrée le 3e dimanche après la Pentecôte jusqu'en 1822, époque où elle a été transférée au 2e dimanche de juillet.

SACRÉE (VOIE), rue de l'ancienne Rome que suivaient les triomphateurs pour se rendre au Capitole.

SACREMENT. s. m. [Pr. *sakre-man*] (lat. *sacramentum*, de *sacrare*, consacrer). T. Théol. Signe religieux établi par Dieu comme moyen de salut pour les hommes. *Les sacrements de l'ancienne, de la nouvelle loi. Les sacrements de l'Église. Administrer les sacrements.* || *S'approcher des sacrements*, Se confesser et communier. *Fréquenter les sacrements*, Se confesser et communier fréquemment. — *Recevoir les derniers sacrements*, se dit d'un malade qui a reçu les sacrements de pénitence, de l'eucharistie et de l'extrême-onction. || *Le saint s. de l'autel*, ou absol., *Le saint s.*, L'eucharistie. *Exposer, adorer le saint s. Porter le saint s. aux malades. La fête du saint s. La bénédiction du saint s.* — Par ext., *Le saint s.*, L'ostensoir d'or ou d'argent qui est destiné à renfermer l'hostie. || Se dit quelquefois, en plaisantant, du s. du mariage, ou simpl., du mariage même.

Et ce couple charmant
S'unit longtemps, dit-on, avant le sacrement.
BOILEAU.

Cet homme n'aime pas le s. Le s. a tout réparé.

Théol. — I. — Un *Sacrement* est un signe ou un rit religieux qui, en vertu d'une institution divine et permanente, concourt plus ou moins prochainement, plus ou moins efficacement, à notre salut. « Cette définition, dit le card. Gousset, convient aux sacrements de la loi primitive, à ceux de la loi mosaïque, et à ceux de la loi évangélique. Mais, à considérer le s. tel qu'il est d'après l'institution du Sauveur, on le définit : Un signe sensible et sacré, institué par N.-S. J.-C. pour la sanctification de nos âmes ; ou, comme s'exprime le Catéchisme du concile de Trente : Un signe visible de la grâce invisible, établi de Dieu pour notre sanctification ; ou bien encore : Une chose sensible, qui, d'après l'institution divine, a la vertu de signifier et de produire, comme cause efficiente, la sainteté et la justice. »

II. — Il est de foi dans la religion catholique que la loi nouvelle renferme sept sacrements, savoir : le Baptême, la Confirmation, l'Eucharistie, la Pénitence, l'Extrême-onction, l'Ordre et le Mariage, et que ces sacrements ont tous été institués par N.-S. J.-C. lui-même. Les protestants n'admettent que deux sacrements, le Baptême et la Cène. Voici l'explication que donne le Catéchisme du concile de Trente des sept sacrements de l'Église catholique. « Sept choses sont nécessaires à l'homme pour vivre, pour conserver sa vie, et l'employer utilement, tant pour lui-même que pour la société. Il faut qu'il naisse, qu'il croisse, qu'il se nourrisse, qu'il emploie des remèdes pour se guérir s'il tombe dans quelque maladie, qu'il répare ses forces quand elles ont été affaiblies, qu'il y ait des magistrats investis du pouvoir nécessaire pour gérer les affaires de l'État, et enfin qu'il perpétue le genre humain par la génération légitime des enfants. Or, toutes ces choses s'appliquent facilement à la vie spirituelle qui consiste dans l'union de l'âme avec Dieu, et nous fait concevoir en même temps la raison du nombre des sept sacrements. En effet, le Baptême, qui est le premier et comme la porte des autres sacrements, nous fait naître en J.-C. Vient ensuite la Confirmation, qui augmente en nous la grâce de Dieu et nous fortifie par sa vertu. Après, se présente l'Eucharistie, par laquelle notre âme est soutenue et nourrie comme d'un aliment céleste. Suit, en quatrième lieu, la Pénitence, qui rend la santé à notre âme, quand elle a été blessée par le péché. L'Extrême-onction efface le reste de nos péchés et renouvelle les forces de notre âme. L'Ordre perpétue dans l'Église le ministère des sacrements, en donnant à ceux qui le reçoivent le pouvoir de les administrer d'office, et d'exercer toutes les autres fonctions sacrées. Enfin, le s. de Mariage a été institué pour sanctifier l'union de l'homme et de la femme, nécessaire à la conservation du genre humain, et pour que les enfants qui en naîtraient fussent élevés dans la religion et la crainte de Dieu. » — Il est encore de foi que tous les sacrements ne sont pas égaux en dignité, et qu'ils sont tous nécessaires au salut, bien qu'ils ne soient pas tous nécessaires à chaque fidèle. Quant à la dignité des sacrements, il est évident que l'Eucharistie, qui contient réellement le corps et le sang de J.-C., est, à ce point de vue, au-dessus des autres. Cependant, si l'on considère les sacrements par rapport à l'état où ils élèvent l'homme, l'Ordre est, à ce nouveau point de vue, le plus digne, puisqu'il place celui qui le reçoit au rang le plus élevé. — Chaque s. a une *matière* et une *forme* qui lui sont propres, et qui ensemble constituent son essence. On appelle *matière* du s. les choses sensibles ou les actes extérieurs qu'il renferme, et l'on désigne sous le nom de *forme* les paroles que prononce le ministre du s., parce qu'elles déterminent le sens de la matière. Ainsi, par ex., dans le Baptême, l'eau est la matière, et les paroles, *Je te baptise, etc.*, sont la forme du s. Ces termes de *forme* et de *matière* n'ont été introduits dans le langage théologique qu'au XIIIe siècle, par Guillaume d'Auxerre, et l'usage depuis lors en a été consacré par l'Église.

III. — Les effets des sacrements sont la *Grâce* et le *Caractère*. — A. Les grâces qu'ils confèrent sont la grâce *sanctifiante* et la grâce *sacramentelle*. La grâce sanctifiante est de deux sortes : la première réconcilie le pécheur avec Dieu; la seconde augmente en nous la grâce de la justification. Il y a deux sacrements, le Baptême et la Pénitence, qui sont institués pour conférer la première grâce sanctifiante, c.-à-d. pour nous purifier du péché mortel et nous rendre à la vie de la grâce. Les autres sacrements sont institués pour conférer la seconde grâce sanctifiante, c.-à-d. pour augmenter en nous la grâce reçue par le Baptême ou par la Pénitence : ils ne sont pas établis pour rendre l'homme juste, mais pour le rendre plus juste. De là vient que le Baptême et la Pénitence sont appelés *sacrements des morts*, car ils sont principalement pour ceux qui ont perdu la vie de la grâce par le péché mortel. Les cinq autres, au contraire, sont appelés *sacrements des vivants*, parce qu'ordinairement on ne peut les recevoir avec fruit que lorsqu'on a déjà la vie de la grâce. La grâce *sacramentelle* est la grâce qui est attachée en particulier à chaque s. Ainsi, le Baptême, en nous donnant une nouvelle naissance, nous donne en même temps une grâce particulière pour vivre conformément à l'esprit de l'Évangile; la Confirmation nous fortifie dans la vie de la grâce, et nous donne la force de confesser notre foi; l'Extrême-onction nous aide à mourir chrétiennement. Il en est de même des autres sacrements; ils ont tous une vertu qui répond à la fin pour laquelle ils sont institués. — B. Le *Caractère* est un signe spirituel et ineffaçable par l'effet que le s. qui l'imprime ne peut être réitéré. Or, il y a trois sacrements, le Baptême, la Confirmation et l'Ordre qui produisent cet effet, et qui, par conséquent, ne sont pas susceptibles d'être réitérés.

IV. — Le pouvoir d'administrer les sacrements n'appartient qu'aux successeurs des apôtres, c.-à-d. aux évêques et aux prêtres. Toutefois, comme le Baptême est absolument nécessaire au salut, l'Église, a jugé que toute personne raisonnable est capable de l'administrer validement. D'autre part, il y a des sacrements que les évêques seuls peuvent conférer, soit exclusivement, l'Ordre, soit ordinairement, la Confirmation. Les autres ressortissent également aux évêques et aux simples prêtres, avec la subordination convenable. Pour qu'un s. soit valide, il faut que celui qui l'administre ait au moins l'intention de faire ce que fait l'Église. Ainsi, le s. serait nul, s'il était administré par dérision, par un imbécile, ou par un enfant incapable d'avoir l'intention de faire ce que fait l'Église. Mais, d'un autre côté, il n'est pas nécessaire pour la validité du s. que le ministre soit en état de grâce.

V. — On donne le nom de *Fête du saint sacrement* ou de *Fête-Dieu*, à une solennité qui a pour but d'honorer la présence réelle de Jésus-Christ dans l'eucharistie. Cette fête fut instituée en 1264 par le pape Urbain IV, qui fit composer spécialement un office à cet effet par saint Thomas d'Aquin. Sous le pape Clément V, au concile général de Vienne, tenu en 1311, la bulle d'Urbain IV fut confirmée et déclarée obligatoire pour toute l'Église. Cinq ans après, Jean XXII, pour augmenter la solennité de cette fête, y ajouta une octave avec ordre de porter publiquement le saint s. en procession. La Fête-Dieu avait été fixée au premier jeudi après l'octave de la Pentecôte; depuis le concordat de 1802, elle est remise en France au dimanche suivant.

VI. — Les diverses sectes protestantes ne reconnaissent que deux sacrements : le Baptême et la Cène, et encore elles sont loin de leur accorder la même importance que les catholiques. Au reste, les opinions à ce sujet varient suivant les sectes. Voy. PROTESTANTISME.

SACRER. v. a. (lat. *sacrare*, m. s., de *sacer*, sacré).

Conférer un caractère de sainteté au moyen de certaines cérémonies religieuses. *S. un roi, un empereur, un évêque. Il fut sacré dans telle église.* = SACRER. v. n. Blasphémer, faire des imprécations. *Il ne fait que jurer et s.* Fam. = SACRÉ, ÉE. part. — Voy. SACRÉ, ÉE. adj.

SACRET. s. m. Voy. SACRE.

SACRIFIABLE. adj. 2 g. Que l'on peut sacrifier.

SACRIFICATEUR, TRICE. s. (lat. *sacrificator, trix*, m. s.). Prêtre, prêtresse qui offre les sacrifices. *Le grand s. L'office de s.*

SACRIFICATURE. s. f. La dignité, l'office, la fonction de sacrificateur. *Exercer la s.* — Ces mots ne s'emploient qu'en parlant des Hébreux et des peuples païens qui offraient des sacrifices sanglants.

SACRIFICE. s. m. (lat. *sacrificium*, m. s., de *sacrum*, chose sacré, et *facere*, faire). Culte que l'on rend à Dieu ou à quelque fausse divinité, par l'oblation d'une victime ou de tout autre présent. *S. solennel. S. propitiatoire, expiatoire. Offrir un s. Offrir quelque chose en s. Les Phéniciens offraient à Moloch des sacrifices humains. Les sacrifices de l'ancienne loi ont été abolis par celui de la loi nouvelle. — S. sanglant*, Offrande d'une créature vivante qu'on immole à la divinité. *Le s. de la croix. Le saint s. de la messe*, ou simplement, *Le saint s.* — T. Écriture sainte. *Offrir un s. de louanges*, Célébrer les louanges de Dieu. || Fig., Renoncement à quelque chose de considérable, d'agréable, etc.; Privation que l'on s'impose en considération d'une personne ou d'une chose, ou à laquelle on se résigne, lorsqu'elle est forcée, pour l'amour de Dieu.

J'irai pour mon pays m'offrir en sacrifice.
RACINE.

Faire à Dieu le s. de soi-même, de sa propre volonté, de sa vie. Elle lui a fait le s. de ce qu'elle avait de plus cher. Je fais volontiers ce s. à votre ancienne amitié. C'est une sacrifice que l'honneur exige de vous. Il n'y a pas de vertu sans s. Faire de grands sacrifices pour ses enfants. Ce n'est qu'un s. d'argent.

Hist. relig. — 1. — Le s. est l'acte le plus solennel du culte dans toutes les religions, car c'est excellemment par l'abandon ou par la destruction que nous faisons de la chose offerte à la Divinité, que nous reconnaissons son souverain domaine et sa puissance suprême. Dans tous les temps, les hommes ont offert à la Divinité les choses mêmes qui servaient à leur propre nourriture, comme celles qui, à leurs yeux, étaient les plus précieuses. Aussi, la nature des sacrifices des peuples anciens a été analogue à leur manière de vivre. Au reste, il faut bien reconnaître que si l'idée d'abandon, de pénitence existait réellement dans les sacrifices des religions un peu élevées, l'origine même de la coutume des sacrifices est beaucoup moins morale : il s'agissait simplement de *donner à manger aux dieux*, et les sacrifices humains, si fréquents chez les nations qui avaient déjà une civilisation relativement avancée, sont un reste du cannibalisme qui s'est rencontré chez tous les peuples primitifs. Ce n'est que bien plus tard qu'on a attaché à ce genre de s. l'idée d'expiation avec substitution, la mort de la victime étant considérée comme capable de satisfaire la colère des dieux et de les empêcher de poursuivre leur vengeance sur les vrais coupables. « Les peuples agriculteurs, dit Bergier, ont présenté à Dieu les fruits de la terre; les peuples nomades, le lait de leurs troupeaux; les peuples chasseurs et pêcheurs, la chair des animaux; les Romains, la bouillie de riz et les gâteaux dont ils se nourrissaient dans les premiers temps de la cité (*adorea dona, adorea liba*), etc. » Le premier ex. d'un s. *sanglant* que l'on trouve dans l'Écriture, est celui que Noé offrit à Dieu en sortant de l'arche après le déluge. L'abominable coutume des sacrifices humains a régné chez une multitude de peuples, et l'on peut presque dire qu'elle a été universelle. En effet, les témoignages historiques abondent pour nous montrer qu'elle a subsisté chez les Égyptiens, chez les Phéniciens, chez les Carthaginois, chez les Perses, et même chez les Grecs et chez les Romains. Nous savons également que les sacrifices humains étaient en vigueur chez les peuples barbares du nord de l'Asie et de l'Europe, comme les Scythes, les Germains, les Gaulois, es Bretons et les peuples scandinaves. Enfin, depuis l'exploration des parties de l'Afrique inconnues aux anciens, et la découverte du nouveau continent et des îles de l'Océanie, on a retrouvé cette abomination chez un grand nombre de tribus sauvages, et même chez les deux peuples de l'Amérique où régnait une civilisation relativement avancée. Chez ces derniers, les sacrifices humains avaient lieu sur une échelle effrayante, et les Européens ont eu bien de la peine à déraciner cette exécrable superstition.

II. — Il y avait chez les Juifs deux sortes de sacrifices, les sacrifices *sanglants* et les sacrifices *non sanglants*, et l'on en distinguait trois de la première espèce : 1° L'*Holocauste*, où la victime était brûlée en entier, sans que personne en pût rien conserver (*Lévit.*, 1, 13), parce que ce s. était institué pour reconnaître la souveraine majesté de Dieu et apprendre à l'homme qu'il doit se consacrer tout entier et sans réserve à celui de qui il tient tout. 2° Le *S. pacifique*, qui était offert pour rendre grâces à Dieu de quelque bienfait, pour en obtenir de nouveaux, ou pour acquitter un vœu. On n'y brûlait que la graisse et les reins de la victime; la poitrine et l'épaule droite étaient données au prêtre; le reste appartenait à celui qui avait fourni la victime. Il n'y avait point de temps marqué pour ce s.; on l'offrait quand on voulait. La loi n'avait point déterminé le choix de l'animal : il fallait seulement qu'il fût sans défaut (*Lévit.*, III, 1). 3° Le *S. pour le péché*, appelé aussi *S. expiatoire* ou *propitiatoire*. Avant de répandre le sang de la victime au pied de l'autel, le prêtre y trempait son doigt, et en touchait les quatre coins de l'autel. Celui pour qui le s. était offert n'en remportait rien; il était censé se punir lui-même par une privation. On brûlait la graisse de la victime sur l'autel; la chair tout entière était pour les prêtres, et elle devait être mangée dans le lieu saint, c.-à-d. dans le parvis du tabernacle (*Deutér.*, XXVII, 7). Lorsque le prêtre offrait le s. pour ses propres péchés et pour ceux du peuple, il faisait sept fois l'aspersion du sang de la victime devant le voile du sanctuaire, et il répandait le reste au pied de l'autel des holocaustes (*Lévit.*, IV, 6). On employait cinq sortes de victimes dans ces sacrifices, savoir : des taureaux ou des veaux, des brebis ou des béliers, des chèvres ou des boucs, des pigeons et des tourterelles. On ajoutait aux chairs qui étaient brûlées sur l'autel une offrande de gâteaux cuits au four ou sur le gril, ou frits dans la poêle, ou une certaine quantité de fleur de farine, avec de l'huile, de l'encens et du sel. Cette oblation, presque toujours jointe au s. sanglant, pouvait aussi se faire seule, sans être précédée par une effusion de sang. Alors c'était un *S. non sanglant* offert à Dieu comme auteur de tous les biens. On y ajoutait de l'encens, dont l'odeur agréable était le symbole de la prière et des saints désirs de l'âme. Mais Moïse avait défendu que l'on y mêlât du vin et du miel, figure de ce qui peut corrompre l'âme par le péché ou l'amollir par les délices. Le prêtre prenait une poignée de cette farine arrosée d'huile, avec de l'encens, les répandait sur le feu de l'autel, et tout le reste était à lui. Il devait manger le pain de cette farine sans levain dans le tabernacle, et nul autre que les prêtres n'avait droit d'y toucher. — Il y avait encore des sacrifices où la victime n'était point mise à mort : tel était le *S. du bouc émissaire* au jour de l'expiation solennelle (Voy. Bouc), et celui du *passereau* pour la purification d'un lépreux. Le *S. perpétuel* consistait à immoler chaque jour sur l'autel des holocaustes deux agneaux, l'un le matin, lorsque le soleil commençait à luire, l'autre le soir, après le coucher du soleil. Les Hébreux ont aussi pratiqué les sacrifices anté-historique, ainsi que l'attestent les histoires d'Abraham et d'Isaac, et de la fille de Jephté. Ce genre de sacrifices était sans doute assez rare.

III. — Suivant Platon, Pausanias et Macrobe, les Grecs n'auraient d'abord connu que les sacrifices non sanglants; mais cette assertion est manifestement erronée. Non seulement les sacrifices sanglants ont été de tout temps en usage chez les peuples de race hellénique, mais encore on peut leur reprocher, comme à la plupart des autres peuples, la barbarie des sacrifices humains. L'histoire d'Iphigénie en est la preuve irréfutable. Pour la période anté-historique, la mythologie hellénique est pleine de faits relatifs à des offrandes de victimes humaines, et diverses coutumes qui étaient en vigueur dans plusieurs cités et dans le culte de certains dieux ne sont explicables qu'en supposant qu'elles avaient été établies pour remplacer les victimes humaines. Bien plus, on rencontre encore quelques exemples de ces abominables sacrifices dans la période historique de la Grèce. Dans le culte de Jupiter Lycaus, en Arcadie, on ne cessa d'immoler des victimes humaines jusqu'au temps des empereurs romains. A Leucade, chaque année, le jour de la fête d'Apollon, on précipitait un homme du haut d'un rocher dans la

mer. Avant la bataille de Salamine, Thémistocle, au rapport de Plutarque, sacrifia trois prisonniers perses à Bacchus. Enfin, à Athènes, à la fête des Thargélies, on immolait quelquefois un homme et une femme. Ces victimes étaient des criminels condamnés à mort, il est vrai ; mais le choix qu'on faisait de ce genre d'hosties montre que les Grecs aussi attachaient une signification particulière à l'effusion du sang de l'homme. De même que les Grecs, les anciens peuples de l'Italie, et notamment les Romains, connurent les sacrifices humains. Le dévouement de Curtius et celui de Décius, ainsi que le s. symbolique de figures humaines faites de jonc et d'osier, qui avait lieu aux fêtes appelées Lémurales, sont une preuve de l'existence de cette sorte de sacrifices chez les Romains. Enfin, Dion Cassius rapporte que les soldats de Jules César s'étant rendus coupables de sédition à Rome même, deux d'entre eux furent conduits au champ de Mars et sacrifiés au dieu de la guerre par les prêtres et le flamine de cette divinité. — Les animaux que les Grecs et les Romains offraient en s. variaient suivant la nature et le caractère du dieu. Les Grecs désignaient la victime sous le nom de ἱερεῖον, et les Romains sous celui de *hostia* ou de *victima*. Dans le principe, on brûlait ordinairement la victime tout entière sur l'autel ; cet usage fut même conservé plus tard, pour certains cas particuliers, comme, par ex., quand on sacrifiait aux divinités infernales ; mais, en général, dès le temps d'Homère, on ne faisait brûler que les pieds et quelques parties des intestins, et le reste de l'animal servait à préparer un grand festin. On admettait que ce qui plaisait le plus aux dieux était la fumée qui s'élevait des chairs consumées sur l'autel, et que le s. leur était d'autant plus agréable que le nombre des victimes était plus grand. Aussi n'était-il pas rare de voir immoler jusqu'à 100 bœufs en une seule fois : c'est ce qu'on appelait une *Hécatombe* (ἑκατόμβη, de ἑκατόν, cent, et βοῦς, bœuf). Néanmoins ce mot ne doit pas toujours se prendre au sens littéral, car on l'employait habituellement pour désigner tout s. remarquable par le nombre des victimes immolées. Au reste, ces grands sacrifices n'étaient pas moins agréables aux hommes qu'aux dieux, car ils étaient l'occasion de festins publics. Il fallait que les victimes fussent parfaitement saines et dans un état d'engraissement convenable. Les animaux qu'on sacrifiait appartenaient presque toujours aux espèces domestiques : c'étaient des bœufs, des vaches, des moutons, des béliers, des agneaux, des boucs, des chèvres, des porcs, des chiens et des chevaux. Athénée cite encore les poissons. En général, avant de mettre à mort la victime, on lui versait sur la tête un mélange de farine d'orge grillée et de sel (*mola salsa*). Les personnes qui offraient le s. se couronnaient la tête de fleurs et portaient en outre des guirlandes semblables dans les mains. La victime elle-même était aussi couronnée de fleurs, et souvent elle avait les cornes dorées. Enfin, avant de la frapper, on coupait une touffe de poil sur son front et on la jetait dans le feu en guise de prémices. Dans les temps héroïques, la victime était frappée par les chefs comme les pontifes de leurs peuples ; mais, dans la suite, cette fonction fut réservée aux prêtres des divinités. Lorsque le s. était offert aux dieux de l'Olympe, on immolait l'animal avec la tête relevée ; quand la victime était sacrifiée aux dieux infernaux, aux héros ou aux morts, on l'immolait avec la tête penchée vers la terre. Les animaux de forte taille étaient d'abord étourdis d'un coup de massue. Quant aux plus petits, on leur enfonçait directement le couteau dans la gorge. L'immolation n'avait pas toujours lieu par les mains du prêtre qui dirigeait le s. Souvent c'était un ministre inférieur, nommé *Pope* (popa), qui était chargé de frapper la victime avec la massue, et un autre appelé *cultrarius*, qui l'achevait avec le couteau. Quant aux *Victimaires* (victimarii), ils avaient pour fonction d'allumer le feu, de préparer les objets et les instruments nécessaires, et de servir d'aides aux précédents. Lorsque la victime était morte, on enlevait la presque totalité de ses intestins (*exta*); on répandait sur eux de la farine d'orge, du vin, de l'encens, et on les consumait sur l'autel. Les parties que l'on brûlait ainsi se nommaient, à Rome, *prosecta*, *prosicia* ou *ablegmina*. Quand le s. était offert aux divinités des fleuves ou de la mer, au lieu du brûler, on les jetait dans l'eau. — Il y avait en Grèce, ainsi qu'à Rome, une espèce particulière de s. dans laquelle on immolait trois animaux mâles, un porc, un bélier et un taureau. Les Romains appelaient les sacrifices de ce genre *suovetaurilia*, et les Grecs τριττύα.

Les sacrifices non sanglants les plus usuels consistaient en *libations*. Comme nous l'avons dit ailleurs, elles accompagnaient tous les sacrifices sanglants, mais, dans un grand nombre de circonstances, elles constituaient toutes seules des sacrifices complets. On les pratiquait en versant sur l'autel ou par terre une petite quantité de vin pur, de miel, de lait, ou de quelque autre liquide, et en accompagnant cette cérémonie de certaines prières. On faisait brûler de l'encens dans la plupart des sacrifices sanglants; mais, d'autres fois, tout le s. consistait à verser un peu d'encens sur le feu de l'autel. Pline rapporte à une époque relativement moderne l'usage de l'encens; mais dans les anciens temps, on brûlait, en guise de parfums, certains bois odorants, comme le cèdre, le figuier, le myrte, etc. Enfin, une espèce de s. fort commune consistait dans l'offrande de fruits et de gâteaux. On offrait les premiers, soit comme prémices de la récolte, soit comme marque de gratitude, et on les présentait, tantôt dans leur état naturel, tantôt ornés et préparés de différentes manières. Les seconds étaient faits, soit avec de la farine, soit avec de la cire, et on leur donnait souvent la forme d'un animal. Dans ce dernier cas, ils avaient une signification symbolique, car ils étaient censés tenir lieu de la victime qu'ils représentaient, lorsque celui qui les offrait était trop pauvre pour pouvoir acheter une victime véritable.

SACRIFIER. v. a. (lat. *sacrificare*, m. s., de *sacrum*, chose sacrée, et *ficare*, faire). Offrir en sacrifice à Dieu ou à quelque divinité. *S. des victimes. S. un taureau, un agneau, un coq. S. des victimes humaines. Abraham consentit à s. son propre fils pour obéir à Dieu.* Absol., *S. à Dieu. S. aux idoles. Les prêtres, chez les Juifs, avaient seuls le droit de s. dans le temple.* — Fig., *S. aux Grâces,* Acquérir ou mettre de la grâce dans ses manières, dans ses discours, dans son style. *Il n'a pas sacrifié aux Grâces.* — *S. aux préjugés, à la mode, au goût de son siècle, etc.,* Se conformer par faiblesse à ce que veulent les préjugés, la mode, etc. || Fig., Renoncer à une chose, l'abandonner, la perdre, pour l'amour de Dieu, ou en considération d'une personne ou d'une chose. *S. à Dieu son ressentiment, sa vengeance. S. ses intérêts à son ami. J'ai tout sacrifié pour vous.*

Et pour ce reste enfin j'ai moi-même en un jour
Sacrifié mon sang, ma haine et mon amour.
RACINE.

Il a sacrifié sa vie pour son pays. S. une partie de son bien pour conserver l'autre. Il sacrifierait tout à ses passions, à ses intérêts, à son ambition, etc. Cet architecte sacrifie la solidité à l'élégance. On dit aussi, dans le même sens, *S. une personne. S. quelqu'un à son ressentiment, à son ambition. Il sacrifie ses anciens amis à ses nouvelles connaissances. Il sacrifierait un ami à un bon mot.* — *S. son temps à quelque chose,* Y dépenser son temps, lorsqu'on aurait plus d'avantage ou d'agrément à l'employer autrement. — *S. quelqu'un,* s'emploie encore absolument pour dire le rendre victime de quelque vue ou de quelque intérêt. *Ce général, ce ministre a été sacrifié. Cet homme a été sacrifié injustement.* == SE SACRIFIER. v. pron. S'offrir en sacrifice comme victime. J.-C. *se sacrifie chaque jour sur nos autels.* — Fig. et par exagér., *Je me sacrifierais pour vous.* || Se dévouer sans réserve. *Les bons citoyens se sacrifient pour leur patrie. Il se sacrifia tout entier au bien public.* == SACRIFIÉ, ÉE. part. Fig. *Un public sacrifié,* laissé dans l'ombre. == Conj. Voy. PRIER. == Syn. Voy. IMMOLER.

SACRILÈGE. s. m. (lat. *sacrilegium*, m. s., de *sacrum*, chose sacrée, et *legere*, recueillir). Action impie par laquelle on profane les choses sacrées. *Un s. horrible. Faire, commettre un s.* || Action par laquelle on attente sur une personne considérée comme sacrée, ou outrage une personne digne de respect. *C'est un s. que d'attenter à la personne des rois. C'est un s. que d'insulter un malheureux.* || Fam., *Ce serait un s. de retoucher à ce tableau; ce serait un s. d'abattre ce bel arbre, etc.,* Il y aurait une sorte de profanation à retoucher ce tableau. == Syn. Voy. PROFANATION.

Hist. — Dans l'ancien Droit romain, on donnait le nom de *Sacrilège,* ainsi que l'indique son étymologie, *sacra legere,* dérober les choses sacrées, au vol ou larcin des choses saintes. Les empereurs Gratien et Valentinien lui donnèrent beaucoup plus d'extension. Ils l'appliquèrent à tout crime commis contre la loi de Dieu, soit par ignorance, soit par mépris. En Droit canon, le s. est la profanation d'une chose sacrée, et l'on distingue trois sortes de sacrilèges : le *S. personnel,* comme lorsqu'on frappe un religieux ; le *S. réel,* comme lorsqu'on reçoit indignement un sacrement, lorsqu'on vole les vases sacrés, lorsqu'on profane les images ou les

reliques, etc. ; et le *S. local,* comme lorsqu'on souille par un meurtre un lieu consacré au culte divin ou à la sépulture des fidèles. Les lois romaines condamnaient à mourir par le fer, par le feu, ou à être livré aux bêtes, selon la gravité du crime, celui qui s'était rendu coupable de s. Sous l'ancienne monarchie, en France, le s. était également puni de peines sévères; toutefois celles-ci dépendaient des circonstances du crime, du lieu, du temps et de la qualité de l'accusé. Lorsque le s. était au premier chef, comme lorsqu'on avait abusé des saintes hosties ou profané les vases sacrés, le coupable était condamné à faire amende honorable, à avoir le poing coupé et à être brûlé vif. A l'époque de la Révolution française, le s. fut rayé de nos codes. Sous la Restauration, les Chambres, en 1825, adoptèrent une loi dite *loi du s.,* en vertu de laquelle les profanateurs des choses saintes étaient condamnés au supplice du parricide, c.-à-d. à la mutilation du poing et à la décapitation ; mais cette loi fut abrogée aussitôt après la Révolution de juillet, c.-à-d. le 11 oct. 1830.

SACRILÈGE. adj. 2 g. (lat. *sacrilegus,* m. s.). Qui commet, qui a commis au sacrilège. *Homme, femme s. Main, bouche s.* || *Action s.,* Qui a le caractère du sacrilège. || *Pensée, dessein s.,* Qui participe du sacrilège. == SACRILÈGE. s. m Celui qui est coupable du sacrilège. *Autrefois les sacrilèges étaient punis des peines les plus sévères.*

SACRILÈGEMENT. adv. [Pr. *sakri-lèje-man*]. D'une manière sacrilège. *Communier s.*

SACRIPANT. s. m. (ital. *Sacripante,* personnage du poème de Tassoni, *la Secchia rapita*). Rodomont, tapageur. *C'est un vrai s.* Fam. || Individu capable de faire un mauvais coup.

SACRISTAIN. s. m. [Pr. *sakris-tin*] (bas lat. *sacristanus,* m. s., de *sacra,* les choses sacrées). Celui qui a soin de la sacristie d'une église.

SACRISTIE. s. f. (bas lat. *sacristia,* de *sacrista,* sacristain, de *sacra,* les choses sacrées). Lieu destiné à serrer les vases sacrés, les ornements d'église, et où les ecclésiastiques vont se revêtir des habits d'usage pour les offices et cérémonies religieuses. || *S. des mariages,* annexe d'une église où les mariés et les témoins signent sur les registres paroissiaux et reçoivent les félicitations des invités. || Ce qui est contenu dans la s. *La s. de cette église est très riche.* || Se dit encore quelquefois du profit qu'on tire de ce qui est donné pour faire dire des messes, des services et des prières. *La s. de cette paroisse rapporte tant chaque année.*

SACRISTINE. s. f. Dans un monastère de filles, celle qui a soin de la sacristie.

SACRO-COCCYGIENNE. adj. et s. f. [Pr. ...*kok-si-jiène*] (R. *sacrum,* et *coccyx*). T. Anat. Qui a rapport au sacrum et au coccyx. Se dit de l'articulation qui unit le sacrum au coccyx.

SACRO-COXALGIE. s. f. [Pr. *sakro-ko-ksalji*] (R. *sacrum,* et *coxalgie*). T. Méd. Tumeur blanche, c.-à-d. tuberculose de l'articulation sacro-iliaque qui est douloureuse ; la station assise est pénible. Les principaux symptômes sont la claudication, la tuméfaction de la région et, plus tard, la suppuration. C'est une affection grave, amenant souvent la mort; on la traite, au début, par l'immobilisation et la révulsion.

SACRO-ILIAQUE. adj. et s. f. (R. *sacrum,* et *iliaque*). T. Anat. Se dit de l'articulation du sacrum avec l'os iliaque.

SACRO-LOMBAIRE. adj. et s. f. [Pr. *sakro-lon-bère*]. T. Anat. Se dit du muscle profond de la région du dos et des lombes.

SACRO-SAINT, AINTE. adj. [Pr. *sakro-sin, inte*] (lat. *sacrosanctus,* m. s., de *sacer,* sacré, et *sanctus,* saint). Saint et sacré.

SACRO-SCIATIQUE. adj. et s. m. [Pr. *sakro-si-atike*]. T. Anat. Se dit des ligaments allant du sacrum à l'épine sciatique ou à l'ischion.

SACRO-SPINAUX. adj. et s. m. pl. [Pr. *sakro-spi-no*] (R. *sacrum,* et lat. *spina,* épine). T. Anat. Se dit des muscles de la région lombaire profonde.

SACRO-VERTÉBRALE. adj. et s. f. (R. *sacrum*, et *vertèbre*). T. Anat. Se dit de l'articulation du sacrum avec les vertèbres.

SACROVIR (Julius), chef gaulois, tenta de renverser la domination romaine en Gaule. Ayant échoué, il se tua (21 ap. J.-C.).

SACRUM. s. m. [Pr. *sa-krome*] (lat. *sacer*, sacré). T. Anat. Os symétrique et triangulaire, placé à la partie postérieure du bassin, et faisant suite à la colonne vertébrale.

SACY (LEMAISTRE, dit DE), frère d'Antoine Lemaistre, janséniste et solitaire de Port-Royal, traduisit en français l'Ancien et le Nouveau Testament (1613-1684).

SACY (SILVESTRE DE), orientaliste fr. (1758-1838), a publié de nombreux travaux sur la langue et l'histoire des Arabes, et des *Principes de grammaire générale*.

SÂDI ou **SAADI**, poète persan (1184-1291), auteur de *Gulistan* (Pays des roses) et de *Bostan* (Jardin), etc.

SADOC, Juif du IIIᵉ siècle av. J.-C., qui fonda la secte des Saducéens.

SADOLET, humaniste italien, nommé par le pape Léon X évêque de Carpentras, protégea les Vaudois (1477-1547).

SADOWA, bourg de Bohême où les Prussiens battirent les Autrichiens en 1866.

SADUCÉENS. s. m. pl. [Pr. *saducé-in*]. On désigne sous le nom de *Saducéens* les membres d'une secte juive qui était opposée à celle des Pharisiens. Les Saducéens rejetaient les traditions des anciens et ne reconnaissaient d'autre règle que la loi écrite. Ils niaient même l'existence des anges, la résurrection future et l'immortalité de l'âme, parce qu'ils disaient ne pas trouver ces croyances dans les livres de Moïse. Repoussant toute espèce de prédestination, ils soutenaient que Dieu a créé l'homme absolument maître de ses actions, avec une entière liberté de faire le bien et le mal. Enfin, persuadés que la vie de l'homme se borne à la vie présente, et que, si Dieu récompense ceux qui le servent, c'est dans cette vie et non ailleurs, ils regardaient les heureux du siècle comme les amis de Dieu, et les pauvres, les infirmes, les affligés comme autant d'objets de la colère céleste. Cette doctrine fut appelée *Saducéisme*, du nom de son fondateur, Sadoc, qui florissait, dit-on, vers l'an 260 av. J.-C. Ses partisans étaient peu nombreux, mais ils appartenaient à la classe la plus riche et la plus élevée de la nation juive. Au reste, comme leurs idées n'étaient pas de nature à se répandre dans les masses, la secte finit par disparaître peu à peu et par se perdre dans celle des Caraïtes.

SADUCÉISME. s. m. Doctrine des *Saducéens*. Voy. ce mot.

SAETTE, s. f. Voy. SAGETTE.

SAFFI, v. du Maroc, sur l'Atlantique; 42,000 hab.

SAFFLORITE. s. f. [Pr. *sa-florite*]. T. Minér. Smaltine ferrifère.

SAFRAN. s. m. (arabe, *zaferan*, du persan, *zaafer*, m. s.). T. Bot. Genre de plantes Monocotylédones (*Crocus*) de la famille des Iridées. Voy. ce mot. || Abusivement, on appelle *S. d'Allemagne*, *S. bâtard*, *Faux s.*, le Carthame, COMPOSÉES; *S. des Indes*, le Curcuma long, SCITAMINÉES; *S. des prés*, le Colchique d'automne, LILIACÉES. || T. Chim. Les anciens chimistes désignaient encore sous le nom de *Safran* certaines préparations de couleur jaune ou brun rougeâtre, dont la base était le fer ou l'antimoine. *S. de Mars*, Carbonate ferreux. Voy. FER, IV, 1° et VI. *S. des métaux*, appelé aussi *Foic d'Antimoine*. Mélange de sulfure et d'oxyde d'antimoine, Voy. ANTIMOINE. || Fig. et Fam. *Un mari accommodé au s.*, trompé par sa femme. — *Aller au s.* Faire banqueroute parce qu'autrefois on peignait en jaune la boutique des banqueroutiers.

Agric. — En France, le s. est cultivé dans le Gâtinais, l'Angoumois et le département de Vaucluse. Son principal produit est le stigmate; ses fanes sont une excellente nourriture pour les vaches laitières. Il s'accommode d'un grand nombre de climats, puisqu'on le voit également prospérer en Angleterre et dans l'Inde; il redoute cependant les hivers où la température s'abaisse jusqu'à 15° au-dessous de zéro. Les terres de consistance et d'humidité moyennes sont celles qui lui conviennent le mieux. La végétation du s. étant complètement suspendue pendant l'été, la sécheresse de cette saison lui est peu sensible. — Le s. ne peut entrer dans un assolement régulier, car il occupe le sol pendant plusieurs années, et ne peut revenir sur le même terrain qu'après un intervalle de 7 à 8 ans. — Le sol où l'on veut établir une safranière doit être ameubli, dès le début du printemps, par deux labours successifs, profonds de 25 et 16 centimètres, travaillé à la herse et à l'extirpateur, et nettoyé des mauvaises herbes. Ce sol doit être fertile, sans que sa richesse dépasse pourtant certaines limites, car le s. prendrait une vigueur nuisible à la qualité du produit. La plantation s'effectue au moyen de caïeux ou bulbes, depuis le mois de juin jusqu'à la fin d'août. Ces caïeux sont placés à 0ᵐ,08, les uns des autres, dans une première rigole profonde de 0ᵐ,15. A 0ᵐ,22 de cette rigole, on en ouvre une seconde pour effectuer la plantation dans les mêmes conditions, et la terre qu'on en extrait sert à combler la première. On continue ainsi, jusqu'à ce que la plantation soit terminée. Il faut par hectare environ 567,500 oignons, formant un volume de 25 hectolitres. — On cueille les fleurs à mesure qu'elles s'épanouissent. La floraison dure de huit à vingt jours, selon que la température est plus ou moins favorable. Après la récolte de chaque jour, on s'empresse de séparer les stigmates de la fleur et de procéder à la dessiccation. Deux méthodes sont suivies. La première, usitée à Carpentras et dans le Levant, consiste à exposer le s. à l'action du soleil : elle donne ce qu'on appelle le *S. du Comtat*. Il conserve de l'humidité et vaut un tiers de moins que celui qui est desséché au feu. Ce dernier procédé, adopté dans le Gâtinais, donne ce que l'on nomme le *S. d'orange* ou *S. du Gâtinais*.

SAFRAN. s. m. (orig. incon.). T. Mar. Partie extérieure du gouvernail qui fend l'eau. Voy. GOUVERNAIL || Pièce de bois appliquée sur l'étrave.

SAFRANER. v. a. Apprêter avec du safran, jaunir avec du safran. = SAFRANÉ, ÉE. part. *Du riz safrané*. || Fig. et fam., *Avoir le teint, le visage safrané*, Avoir le visage jaune.

SAFRANIÈRE. s. f. Terre cultivée en safran.

SAFRANINE. s. f. (R. *Safran*). T. Chim. Les *safranines* sont des matières colorantes qu'on prépare ordinairement à l'état de chlorhydrates en oxydant un mélange composé d'une paradiamine, d'une amine aromatique et d'une chlorhydrate d'amine. Elles sont en général rouges; leurs solutions dans l'acide sulfurique ou chlorhydrique concentré sont vertes et deviennent bleues par l'addition d'eau. Sous l'action des réducteurs, les safranines fixent deux atomes d'hydrogène en donnant des leucobases incolores, dont les solutions alcalines s'oxydent rapidement au contact de l'air pour régénérer la matière colorante.

La s. qui possède la constitution la plus simple est la *phénosafranine*. Elle a pour formule $C^{18}H^{15}Az^4Cl$ et se produit quand on oxyde un mélange de para-phénylène-diamine, d'aniline et de chlorhydrate d'aniline. Elle cristallise en aiguilles ou en lamelles bleues à reflets verts. Chauffée avec de l'eau de baryte elle donne naissance à un composé phénolique appelé *safranol*, qui cristallise en aiguilles jaunes, insolubles dans l'eau, solubles en rouge cramoisi dans les alcalis.

La s. ordinaire du commerce est constituée en majeure partie par la *tolusafranine* $C^{18}H^{15}(CH^3)Az^4Cl$. On la prépare industriellement avec la portion des huiles d'aniline appelée huile rouge; on diazote cette huile, on la transforme par réduction en un mélange de para-toluylène-diamine et de toluidine et l'on oxyde ce mélange. La s. ainsi obtenue est une poudre rouge brun, soluble dans l'eau. Elle sert à teindre en rose et en écarlate la soie et le coton mordancés.

Plusieurs autres safranines sont aussi employées en teinture. Voy. COLORANTES, IV, 8°.

SAFRANOL. s. m. T. Chim. Voy. SAFRANINE.

SAFRE. adj. 2 g. (orig. incon.). Goulu, glouton. *Ce chien est si s., qu'il emporte tout. Je n'ai jamais vu d'enfant aussi s.* Popul. et vx.

SAFRE. s. m. T. Chim. Produit brut du grillage des minerais de cobalt contenant surtout de l'arséniate de cobalt. Voy. COBALT.

SAFROL. s. m. T. Chim. Le *safrol* ou *shikimol* constitue la majeure partie de l'essence de sassafras et de l'essence de camphre. On l'extrait de ces essences par la distillation fractionnée. Il forme des cristaux monocliniques, incolores, solubles dans l'alcool et dans l'éther. Il fond à 8° et bout à 232°. Il possède l'odeur de l'essence de sassafras et sert à parfumer les savons de qualité inférieure.

L'*isosafrol*, qu'on obtient en chauffant le s. avec la potasse alcoolique, est un liquide insoluble dans l'eau et dans les alcalis, soluble dans l'alcool, l'éther et le benzène. Oxydé par le mélange chromique, il se transforme en pipéronal et peut ainsi servir à préparer ce corps. Oxydé par le permanganate de potasse, il donne du pipéronal et de l'acide pipéronylique.

La constitution des deux isomères est représentée par les formules suivantes :

$$CH^2 \diamondsuit^O_O C^6H^3.CH^2.CH=CH^2 \qquad CH^2 \diamondsuit^O_O C^6H^3.CH=CH.CH^3$$
          Safrol   Isosafrol

SAFROSINE. s. f. [Pr. *safro-zine*]. T. Chim. Matière colorante rouge. Voy. ÉOSINE.

SAGA. s. f. (suéd. *saga*, raconter). T. Hist. litt. Sous ce nom on désigne les légendes et les traditions historico-poétiques qui sont propres aux anciennes langues scandinaves. Les *Sagas* les plus célèbres sont les sagas islandaises. On les divise en trois classes, les *S. épiques*, les *S. historiques* et les *S. romanesques*. Les premières renferment d'anciennes traditions héroïques qui sont d'origine germanique ou scandinave ; nous citerons entre autres la *Vilkinasaga*, qui expose les traditions sur Théodoric de Vérone, et la *Volsungaxaga*, qui contient l'histoire épique des descendants de Volsung, principalement celle de Sigurd ou Sigfrid. Les sagas *historiques* sont généralement consacrées à d'histoire de l'Islande : tels sont le *Landnamabok* (livre de la prise de possession du pays), qui raconte la colonisation de l'Islande, et la *Kristonisaga*, qui raconte l'introduction du christianisme dans l'île. Les sagas *romanesques* sont essentiellement caractérisées par la prédominance du merveilleux. Les sujets de ces romans sont empruntés, soit à l'épopée scandinave ou germanique, soit aux légendes du moyen âge, soit même aux récits fabuleux de l'antiquité. La plupart des sagas ont été composées au XII° siècle de notre ère, ou dans les trois siècles suivants. Parmi les recueils qu'on en a publiés, nous citerons celui du savant danois L.-Ch. Müller, qui a pour titre *Bibliothèque des Sagas.*

SAGACE. adj. 2 g. (lat. *sagax, acis,* m. s., de *sagire,* avoir les sens subtils). Doué d'une pénétration d'esprit propre aux affaires et aux sciences. *C'est un homme fort s. Esprit s.*

SAGACEMENT. adv. [Pr. *saga-seman, g* dur]. D'une manière sagace.

SAGACITÉ. s. f. (lat. *sagacitas,* m. s.). Pénétration d'esprit par laquelle on discerne et saisit vivement ce qu'il y a de plus difficile, de plus caché, dans les sciences, dans les affaires, etc. *C'est un homme d'une grande s. Il a fallu beaucoup de s. pour découvrir ce procédé.* = Syn. Voy. PERSPICACITÉ.

SAGAIE. s. f. Voy. ZAGAIE.

SAGAMITÉ. s. f. Bouillie de maïs dans laquelle on cuit parfois de la viande. *La s. est un des mets favoris des indigènes de l'Amérique du Nord.*

SAGAN, v. de Prusse (Silésie); 12,500 hab.

SAGAPÉNUM. s. m. [Pr. *sagapé-nome*]. T. Pharm. Gomme-résine dont la production est attribuée, sans beaucoup de certitude, au *Ferula Persica,* plante de la famille des *Ombellifères.* Voy. ce mot.

SAGE. adj. 2 g. (bas lat. *sapius,* qui a les sens subtils, de *sapere,* goûter). Se dit d'une manière générale pour qualifier une personne qui parle et agit conformément aux lumières de la raison et aux règles de la morale, ainsi que les actions

et les paroles qui ont le même caractère. *C'est un homme fort s. Il s'est montré s. avant le temps. Tous les gens sages vous approuveront. Il se croit s., et il est fou. Une s. conduite. Voilà de sages discours. Des lois sages.* — Mais, selon les circonstances, *Sage* reçoit encore des significations plus particulières. Ainsi, il signifie : 1° Modéré, retenu, qui est maître de ses passions, qui est réglé dans ses mœurs. *Il a donné quelque temps dans le libertinage, mais maintenant il est s. C'est la vieillesse qui l'a rendu s. ; 2° Prudent, circonspect, judicieux. Un s. général. Un s. ministre. Agir en homme s.*

Le temps et la raison pourront le rendre sage.
                      CORNEILLE.

Il est plus heureux que s. Un s. conseil. Une s. politique. De sages réflexions; 3° Modeste, chaste, pudique; en ce sens, il se dit surtout d'une fille ou d'une femme. Cette fille a toujours été s. — On dit aussi familièrement, d'un jeune homme timide, modeste, d'une conduite régulière, *Il est s. comme une fille; 4° Tranquille, exempt de turbulence, qui ne fait pas de sottises; en ce sens, il se dit surtout des enfants. Cet enfant est s., bien s.* Pop., *Il est s. comme une image.* — *Montrez-vous le plus s.* Se dit à celui qui a une querelle pour l'engager à être modéré, ou à cesser le premier la dispute. *Soyez s., soyez plus s. à l'avenir,* se dit à un enfant qui a commis quelque faute. *Cela vous apprendra à être s.,* se dit à un enfant à qui l'on vient d'infliger une correction, ou à une personne qui s'est attiré par sa faute quelque désagrément. || En parlant des animaux, signifie doux, obéissant, qui n'a pas trop d'ardeur. *Ce cheval est s. Ce chien est s. à la chasse.* || En parlant d'auteurs, d'artistes et de leurs œuvres, on les dit *Sages,* lorsque leurs productions sont régulières, bien conçues, et ne présentent ni exagération, ni bizarreries, ni extravagances. *C'est un artiste s. Une composition s.* = SAGE. s. m. Le s. est maître de ses passions. La constance du s. dans les disgrâces.*

La mort ne surprend point le sage,
Il est toujours prêt à partir.
                      LA FONTAINE.

Le sage est ménager du temps et des paroles.
                      LA FONTAINE.

Le s. des stoïciens. Les sages et les fous. || Sage, se dit encore de quelques anciens philosophes qui se sont autrefois rendus célèbres par leur science, et particulièrement par leur profonde connaissance de la morale. *Les sept sages de la Grèce. Ces sept sages étaient Thalès, Solon, Bias, Chilon, Cléobule, Pittacus et Périandre.* — On qualifie aussi Salomon du nom de *Sage,* par excellence. *Le S. dit, dans ses Proverbes.*

SAGE-FEMME. s. f. [Pr. *saje-fame*]. Femme dont la profession est de faire des accouchements. Voy. ACCOUCHEUR. = Pl. *Des sages-femmes.*

SAGEMENT. adv. [Pr. *saje-man*]. D'une manière sage, prudente, avisée, correcte. *Vous avez fait s. Il s'est toujours conduit très s. Vous parlez s. Un livre écrit s. Ce peintre a disposé s. son sujet.*

SAGÈNE. s. f. T. Métrol. Mesure de longueur usitée en Russie, et valant environ 2^m,13. Voy. LONGUEUR.

SAGÉNITE. s. f. (lat. *sagena,* seine, sorte de filet). T. Minér. Rutile cristallisé en fines aiguilles entre-croisées.

SAGERETIA. s. m. [Pr. *sa-jéré-sia*] [(R. *Sageret,* n. d'un botan. fr.)]. T. Bot. Genre de plantes Dicotylédones de la famille des *Rhamnées.* Voy. ce mot.

SAGESSE. s. f. [Pr. *sajè-sc*] (R. *sage*). Dans son sens le plus général, *Sagesse* sign. La raison éclairée par la science; le discernement qui fait qu'on apprécie le vrai, le bon et le juste, et la vertu qui fait qu'on y conforme ses paroles et ses actes. *Il joignait une longue expérience à une profonde s. Il se fit remarquer par une s. prématurée. Écoutez les conseils de la s. C'était un vieillard d'une s. consommée. Toute la s. des hommes n'est que folie devant Dieu.* — Mais ce mot se prend ordinairement dans des significations plus particulières. Ainsi, il signifie : 1° Prudence, circonspection, bonne conduite dans le cours de la vie. *Il s'est conduit avec une s. merveilleuse. Il conduit sa barque avec* *s. Il a trop de s. pour commettre une pareille faute.* 2° Modération, retenue. *Il faut beaucoup de s. pour ne pas s'emporter en pareille occasion.*

Qu'est-ce que la sagesse? Une égalité d'âme
Que rien ne peut troubler.

BOILEAU.

— *Cet enfant a de la s.*, Il est posé, docile, studieux. *Le prix de s.*, Le prix qu'on donne dans les écoles à l'élève le plus sage. 3° Modestie, pudeur, chasteté; en ce sens, il se dit surtout en parlant des filles et des femmes. *Cette femme a un air de s. dans tout ce qu'elle dit, dans tout ce qu'elle fait. Elle est d'une s. exemplaire.* ‖ En parlant des écrivains, des artistes et de leurs productions, signifie le jugement, le goût qui fait qu'on évite ce qui est exagéré, bizarre, extravagant. *Ce style, cette composition manque de s. Son ouvrage manque d'imagination, mais il est composé avec s.* ‖ Signifie quelquefois la connaissance naturelle ou acquise des choses, des lumières, de l'esprit. *Les règles de la s. L'étude de la s. La s. des anciens. Moïse était instruit dans toute la s. des Egyptiens.* — La connaissance inspirée des choses divines et humaines. *Le don de s. est un des sept dons du Saint-Esprit. La s. de Salomon. — Le livre de la S.* Voy. BIBLE. ‖ T. Théol. *La S. éternelle, la S. incréée,* Le Verbe ou la seconde personne de la Trinité, *La S. incarnée,* Le Verbe revêtu de notre humanité.

Syn. — *Prudence, Vertu.* — La *s.* a pour objet la vérité; la *prudence* a pour objet le succès, le bonheur; la *vertu* a pour objet le devoir. La *s.* est la raison éclairée par la science; la *prudence* est la raison appliquée à la conduite de la vie; la *vertu* est la raison obéissant à la loi morale. La *s.* propose ce qui est juste; la *prudence* détermine le choix des moyens; la *vertu* donne le courage, l'énergie, le dévouement nécessaires pour accomplir le bien. La *s.*, éclairée par la science, dicte des préceptes certains; la *prudence*, aidée de l'expérience, donne des règles pour chaque cas particulier; la *vertu* ne connaît qu'une prescription; mais elle l'impose, et, de plus, cette prescription est universelle, sans exception.

SAGETTE ou **SAETTE**. s. f. [Pr. *sa-jète, saè-te*] (lat. *sagitta*). Flèche. Vx et inus. ‖ T. Bot. Nom pop. de la sagittaire ou flèche d'eau.

SAGHALIEN-OULA, fleuve d'Asie. Voy. AMOUR.

SAGITTA. s. f. [Pr. *sa-jit-ta*] (lat. *sagitta*, flèche). T. Zool. Genre de vers. Voy. NÉMATELMINTHES.

SAGITTAIRE. s. m. [Pr. *sajit-tère*] (lat. *sagittarius*, archer, de *sagitta*, flèche). T. Astron. Constellation et signe du Zodiaque. Voy. CONSTELLATION et ZODIAQUE.

SAGITTAIRE. s. f. [Pr. *sajit-tère*] (lat. *sagitta*, flèche). T. Bot. Genre de plantes Monocotylédones (*Sagittaria*) de la famille des *Alismacées*. Voy. ce mot.

SAGITTAL, ALE. adj. [Pr. *sa-jit-tal*] (bas lat. *sagittalis*, m. s., du lat. *sagitta*, flèche). Qui est en forme de flèche. ‖ T. Anat. *Suture s.*, Suture du crâne qui réunit les deux pariétaux. ‖ *Crête sagittale*, Eminence qui se remarque chez certains animaux, notamment chez les Hyènes, au niveau de la suture sagittale.

SAGITTÉ, ÉE. adj. [Pr. *sajit-té*] (lat. *sagittatus*, m. s.). T. Bot. Qui est en forme de fer de flèche.

SAGONTE, v. de l'anc. Espagne dont la prise par Annibal fut le signal de la 2° guerre punique (219 av. J.-C.).

SAGOU. s. m. (nom malais du *Sagoutier*). Fécule alimentaire extraite de la moelle de certains arbres de la famille des *Palmiers*. Voy. ce mot.

SAGOUIER. s. m. Voy. SAGOUTIER.

SAGOUIN. s. m. Genre de singes de petite taille. Voy. GÉOPITHÈQUE. ‖ Fig. et fam., se dit d'une personne malpropre. *C'est un vrai s.* Au fém., *C'est une sagouine.*

SAGUM. s. m. [Pr. *sa-gome, g* dur] (mot d'orig. celt. avec une term. latine). T. Antiq. Vêtement court qui ne dépassait pas les genoux. Voy. MANTEAU.

SAGOUTIER. s. m. T. Bot. Nom donné aux Palmiers que produisent le Sagou. Voy. PALMIERS.

SAHARA, vaste contrée de l'Afrique, qui s'étend de l'Égypte à l'Atlantique, entre les États barbaresques et le Soudan; c'est un immense désert de sable dont certaines régions sont montagneuses, parsemé d'oasis qui sont habitées par les Maures, les Touaregs et les Tibbous. ‖ SAHARA ALGÉRIEN, région méridionale de l'Algérie.

SAHLITE. s. f. T. Minér. Voy. SALITE.

SAÏ. s. m. T. Mamm. Espèce de *singe*. Voy. HÉLOPITHÈQUE.

SAÏDA (anc. *Sidon*), v. de la Turquie d'Asie (Syrie); 9,000 hab.

SAÏD-PACHA, vice-roi d'Égypte, 4° fils de Méhémet-Ali (1822-1863), régna de 1854 à 1863. Il a autorisé le percement de l'isthme de Suez (1854).

SAIE. s. f. T. Antiq. Sorte de manteau. Voy. SAGUM, SAYON, et MANTEAU.

SAIE. s. f. [Pr. *sè*] (R. *soie*). Brosse d'orfèvre, formée d'une poignée de soies de porc.

SAÏGA. s. m. T. Mamm. Espèce de *Ruminant*. Voy. ANTILOPE.

SAIGNANT, ANTE. adj. [Pr. *sè-gnan, gn* mouillées] (part. prés. de *saigner*). Qui dégoutte de sang. *Avoir le nez tout s., la bouche saignante.* — Fig., *La plaie est encore saignante,* L'injure est encore toute nouvelle; le malheur est encore tout récent. ‖ On dit encore d'une viande rôtie qui n'est pas assez cuite, *Elle est encore toute saignante.*

SAIGNÉE. s. f. [Pr. *sè-gné, gn* mouillées] (R. *saigner*). Opération qui a pour objet d'extraire des vaisseaux une certaine quantité de sang. *Pratiquer une s. Avoir recours à la s. du bras. S. générale. S. locale.* ‖ Le sang même qu'on a tiré par cette opération. *Une s. copieuse. La s. a été trop forte.* — Fig., *C'est une grande, une rude s. qu'on lui a faite, qu'on a faite à sa bourse,* se dit quand on a tiré de quelqu'un une somme considérable. ‖ Par extens., Le pli formé par le bras et l'avant-bras, et qui est l'endroit où l'on ouvre ordinairement la veine. *Il a reçu un coup sur la s.* ‖ Par anat., Rigole que l'on fait pour tirer de l'eau de quelque endroit. *Faire des saignées pour dessécher un marais.*

Chir. — La *s.* est *générale* ou *locale.* La *s. générale* a pour objet de dégager immédiatement tout le système sanguin. Elle consiste dans l'ouverture d'une veine d'un certain volume, d'où le nom de *Phlébotomie* donné habituellement à cette opération. La *s. locale,* appelée aussi *s. capillaire,* consiste dans l'ouverture des vaisseaux capillaires d'une région, afin de dégager spécialement la partie même sur laquelle on la pratique.

Dans l'immense majorité des cas, l'opération de la phlébotomie se pratique sur l'une des veines qu'on remarque au pli du bras; celles qu'on ouvre de préférence sont d'abord la médiane céphalique, puis la basilique. Avant de pratiquer la *s.* du bras, on commence par comprimer circulairement le membre au-dessus du pli, afin que le sang, en s'accumulant, distende et rende plus apparente la veine qu'on se propose d'ouvrir; pour obtenir ce résultat il suffit d'appliquer un bandage constricteur; ensuite, après avoir lavé la peau et désinfecté la région, on enfonce dans le vaisseau la pointe de la lancette; puis, par un léger mouvement de bascule, on relève le tranchant de l'instrument de manière à agrandir l'ouverture en le retirant. Pendant que le sang coule, il faut avoir soin de maintenir le parallélisme des ouvertures de la veine et de la peau; on favorise l'écoulement du sang par des contractions musculaires de l'avant-bras, par ex., en recommandant au malade de faire rouler dans sa main un corps quelconque. Le sang est reçu dans un vase de capacité déterminée, afin d'apprécier exactement la quantité de sang évacuée.

Lorsqu'on juge la *s.* suffisante, c.-à-d. après avoir retiré 150 à 600 grammes de sang, suivant les cas, on enlève le bandage qui comprimait le membre, on rapproche les lèvres de la petite plaie, on lave à l'eau phéniquée faible et on applique un pansement antiseptique; la plaie est cicatrisée quarante-huit heures plus tard.

Aujourd'hui, la *s.* se pratique quelquefois encore au pied, au niveau de la veine *saphène interne* ou *grande saphène*, en avant de la malléole interne. Après avoir fait gonfler les vaisseaux au moyen d'un bain de pieds chaud, on place un bandage à la jambe au-dessus des malléoles et, après avoir pris les mêmes précautions que pour le bras, on ouvre la veine et on replace aussitôt le pied dans l'eau pour activer l'écoulement du sang. Enfin, quand l'hémorrhagie est suffisante, on retire le pied du bain, on enlève le bandage et on fait le pansement.

La s. générale se pratique encore, chez les Arabes, sur les petites artères (artériotomie). Cette méthode doit être abandonnée.

L'instrument exclusivement employé chez nous pour la s. est la *lancette*. En Allemagne, on fait généralement usage d'un appareil appelé *phlébotome* qui consiste en une petite boîte de métal renfermant une lame tranchante que l'on fait sortir au moyen d'une bascule à ressort. Pour ouvrir avec cet instrument, on tend le ressort, on place la lame près de la veine et on lâche la détente. On nomme communément *s. blanche* toute piqûre faite dans le but de tirer du sang et qui n'atteint pas ou n'ouvre pas la veine.

Les anciens pratiquaient la phlébotomie sur diverses veines du corps parce qu'ils s'imaginaient, en ouvrant la veine qui venait de la partie malade, évacuer plus particulièrement le sang vicié. Ainsi, par ex., ils ouvraient la veine temporale, la préparate et la jugulaire dans les maladies de la tête; la ranine dans les affections de la gorge, etc. Dans la mélancolie, l'hypochondrie, ils ouvraient, on ne sait pour quel motif, la veine principale du bord interne du dos de la main appelée par eux *salvatelle*, à cause de l'efficacité qu'ils attribuaient à cette intervention. La s. se fait plus rarement qu'autrefois; on l'emploie encore dans les cas de pléthore avec poussées congestives, dans l'urémie, etc.

Les accidents qui peuvent survenir pendant la s., sont la syncope et les blessures des nerfs ou vaisseaux de la région incisée; l'emploi des procédés antiseptiques a fait disparaître les accidents consécutifs : inflammation de la plaie, lymphangite, phlébite, etc.

La s. *locale* ou *capillaire* se fait au moyen des *sang-sues*, des *mouchetures* ou des *scarifications*, petites incisions superficielles faites à la peau, soit avec la lancette ou le bistouri, soit avec un instrument spécial, le scarificateur, qui permet de faire toutes les scarifications d'un seul coup. Pour obtenir un effet plus considérable, on applique une ou plusieurs ventouses sur la surface scarifiée (ventouses scarifiées), Voy. VENTOUSES; le sang est ainsi aspiré et l'hémorrhagie est augmentée. Le mode d'action des sangsues a été décrit au mot *Hirudinées*. La peau de la région sur laquelle on veut opérer doit être préalablement lavée; il est bon d'appliquer ensuite un pansement.

SAIGNEMENT. s. m. [Pr. sè-gne-man, gn mouillées]. Épanchement de sang, principalement par le nez. *Il a fréquemment des saignements de nez*. Voy. ÉPISTAXIS.

SAIGNER. v. a. [Pr. sè-gner, gn mouillées] (lat. *sanguinare*, m. s., de *sanguis*, *sanguinis*, sang). Tirer du sang en ouvrant la veine. *S. un malade. S. du bras, du pied. S. à la tempe, à la jugulaire. Il est aisé à s. Il a été saigné tant de fois. S. un cheval. S. à blanc, jusqu'au blanc*, Voy. BLANC. — Fig. et fam., Exiger, tirer de quelqu'un une somme considérable. *On a exigé de lui une forte somme; on l'a bien saigné*. || En parlant des animaux qu'on tue pour servir d'aliments, Égorger. *S. un porc, un veau, un mouton. S. un poulet.* — *S. la viande*, La faire dégorger convenablement. *On n'a pas assez saigné cette viande.* || Par analogie, *S. un fossé, un marais*, Faire écouler par des rigoles une partie de l'eau d'un fossé, d'un marais. *S. une rivière*, Faire couler une partie de ses eaux par un canal de dérivation. = SAIGNER. v. n. Perdre du sang. *S. du nez. Le front lui saigne. Mon doigt saigne toujours. La blessure saigne encore.* ||, Fig., *La plaie saigne encore, c'est une plaie qui saignera longtemps*, se dit d'une offense, d'une injure, d'un malheur dont on conservera longtemps le souvenir.

> Mon âme saignera longtemps de cette plaie.
>
> MOLIÈRE.

Le cœur me saigne, le cœur lui saigne, cela fait s. le cœur, se dit d'une chose dont on est sensiblement touché. — Fig. et fam., *S. du nez*, manquer de résolution, de courage dans l'occasion, ou manquer à un engagement pris. *Il fit d'abord le fanfaron, puis il saigna du nez. Il avait promis de me vendre sa maison, maintenant il saigne du*

nez. = SE SAIGNER. v. pron. *Ce médecin se saigne toujours lui-même.* — Fig. et fam., Donner jusqu'à se gêner. *Il faut que chacun se saigne dans les nécessités de l'État. Il s'est saigné au blanc pour marier sa fille.*

SAIGNEUR, EUSE s. m. [Pr. sè-gneur, euze]. Celui, celle qui saigne. || Fam., et par dénigrement, se dit d'un médecin qui abuse de la saignée. *C'est un rude s., un grand s.*

SAIGNEUX, EUSE. adj. [Pr. sè-gneu, euze, gn mouillées]. Taché de sang. || *Un mouchoir tout s.* || *Bout s. de veau, de mouton*, Le cou d'un veau ou d'un mouton, tel qu'on le vend à la boucherie. *Bout s.*, employé absol., sign. le cou d'un mouton.

SAIGON, cap. de la Cochinchine française, sur la rivière de Saïgon, à 100 kilomètres de la mer; 170,000 hab. Elle fut prise par les Français en 1859.

SAILLANT, ANTE. adj. [Pr. sa-llan, ll mouillées]. Qui avance, qui sort en dehors. *Corniche saillante. Les parties saillantes d'un bâtiment.* || T. Fortif. *Angle s.* Dont le sommet est dirigé vers l'extérieur de l'ouvrage. || Fig., Vif, brillant, frappant, remarquable. *Une pensée, une idée saillante. Un trait s. Son ouvrage n'offre rien de s. Il y a eu peu d'évènements saillants cette année.* || T. Blas. Même signification que Rampant; se dit de la licorne, du chevreuil, du bouc, de la chèvre et du chamois. = SAILLANT. s. m. T. Fortif. Partie saillante d'un bastion. Voy. FORTIFICATION, I, B.

SAILLANS, ch.-l. de c. (Drôme), arr. de Die; 1,500 hab.

SAILLIE. s. f. [Pr. sa-lli, ll mouillées] (R. *saillir*). Sortie qui se fait avec impétuosité, mais avec interruption. *Ce jet d'eau ne vient que par saillies.* — Fig., Emportement, boutade, échappée. *S. extravagante. Il faut réprimer les saillies de la jeunesse. C'est une s. de gaieté qui est pardonnable à son âge.* || Fig., s'emploie plus souvent en parlant des traits brillants qui semblent échapper, soit dans la conversation, soit dans un ouvrage d'esprit. *Une s. vive, brillante, spirituelle, amusante. Il a d'heureuses saillies. Sa conversation abonde en saillies. Son esprit est tout en saillies.* || Dans le langage des Sciences, Toute éminence que présente la surface de certains objets. *Cet os offre à sa face externe une s. arrondie. L'os de la pommette forme s.* || T. Archit. L'avance que forme tout membre d'architecture, toute partie de l'édifice sur une autre. *Cette corniche a trop de s. Ce balcon n'a pas assez de s. Des ornements en s. sur le nu du mur. Cette trompe fait s. sur la voie publique.* || T. Peint. Le relief apparent des objets représentés dans un tableau. *Cette figure n'a pas assez de saillie.* || Acte du mâle qui couvre la femelle.

SAILLIR. v. n. [Pr. sa-llir, ll mouillées] (lat. *salire*, sauter). Jaillir, sortir avec impétuosité et par saccades; ne se dit que des choses liquides. *Le sang saillissait de sa blessure à chaque mouvement qu'il faisait.* On dit ordinairement, Jaillir. || T. Archit. Être en saillie, déborder le nu du mur. *Cette corniche saillera trop. Ce tableau ne saille pas assez.* || T. Peint. Avoir beaucoup de relief apparent. *Les ombres bien ménagées font s. les objets. La figure principale ne saille pas assez.* = SAILLIR. v. a. Se dit de quelques animaux, lorsqu'il couvrent leurs femelles. *Faire s. une jument. Quand un taureau saillit une vache.* = SAILLIR, IE. part. *Cette cavale a été saillie par un bel étalon.*

Conj. — *Saillir*, pris dans le sens de Jaillir, se conjugue ainsi : *Je saillis, tu saillis, il saillit, nous saillissons, vous saillissez, ils saillissent; Je saillis; Je saillirai; Je saillirais. Que je saillisse, Saillant.* Au reste, il n'est guère usité qu'à l'infinitif et à la troisième personne de quelques temps. Employé en termes d'Architecture, ce verbe n'est également usage qu'à la troisième personne de quelques temps et à l'infinitif; mais alors il se conjugue ainsi : *Il saille, ils saillent, ils saillaient; Il saillera, ils sailleront; Il saillerait, ils sailleraient; etc.*

SAÏMA, lac de Finlande, tributaire du lac Ladoga.

SAÏMIRI. s. m. T. Mamm. Genre de *Singes*. Voy. GÉOPITHÈQUE.

SAIN, AINE. adj. [Pr. sin, sène] (lat. *sanus*, m. s.). Qui est de bonne constitution, qui n'est pas sujet à être malade. *Un corps bien s. Cet homme n'est pas s. S. de corps et d'esprit. Une saine constitution.* — *Revenir s. et sauf,* Réchapper de quelque péril; ou, après avoir essuyé quelque grande fatigue, Être en parfaite santé. Fig., *Ces marchandises sont arrivées saines et sauves,* Elles sont arrivées sans avoir éprouvé d'avarie, de dommage. || Qui n'est point altéré, gâté, qui est en bon état. *Ce cheval a les jambes saines. Voilà des poires encore fort saines pour la saison. Ce bois est très s. La charpente a été trouvée saine. Les fondements de cet édifice paraissent sains et entiers.* || Se dit aussi au sens moral. *Il a le jugement s., l'esprit s. Il a encore la tête saine. Il a des idées saines. Une saine politique, une saine philosophie.* — *La saine raison,* La droite raison. *La saine critique,* La critique judicieuse. *La saine doctrine,* La doctrine qui est conforme aux décisions de l'Église. *Saine doctrine,* se dit encore d'une doctrine conforme à la raison, à la morale, au bon goût. || *Salubre,* qui contribue à la santé. *L'air du pays est fort s. L'exercice est s. Des eaux saines,* Ce régime n'est pas s. *Ces aliments ne sont pas fort sains.* || T. Mar. *Côte saine,* où l'on aborde sans danger.

Syn. — *Salubre, Salutaire.* — *Sain, salubre* et *salutaire* ne sont synonymes qu'autant qu'on les applique aux choses qui intéressent la santé. Les choses *saines* ne nuisent point; les choses *salubres* font du bien; les choses *salutaires* sauvent de quelque danger, de quelque mal, de quelque dommage. Les lieux destinés à l'éducation publique doivent être dans une situation *saine.* Il est bon que les aliments de la jeunesse soient plutôt *salubres* que délicats. Un médecin doit administrer les remèdes les plus *salutaires.* — *Salubre* ne s'emploie jamais que dans le sens propre; mais on peut dire au figuré : Une *saine* doctrine ou morale ne peut donner que des instructions *salutaires.*

SAIN-BOIS. s. m. [Pr. *sin-boua*]. T. Bot. Un des noms vulgaires du *Daphne Gnidium,* plante de la famille des *Thyméléacées.* Voy. ce mot.

SAINDOUX. s. m. [Pr. *sin-dou*] (anc. fr. *sain,* graisse, du lat. *sagina,* m. s., et *doux*). Graisse de porc fondue. Voy. AXONGE et GRAISSE.

SAINEMENT. adv. [Pr. *sène-man*]. D'une manière saine. *Vivre s. Il est logé s.* || Fig., *Juger s. des choses,* En bien juger, en juger selon la droite raison. On dit de même, *Raisonner s.; Cela est pensé s.*

SAINFOIN. s. m. [Pr. *sin-foin*] (R. *sain,* et *foin*). T. Bot. Nom donné à diverses plantes fourragères appartenant aux genres *Hedysarum, Onobrychis* et *Desmodium* de la famille des *Légumineuses,* tribu des *Papilionacées.* Voy. LÉGUMINEUSES.

Agric. — Le s. commun, appelé aussi *esparcette, bourgogne, tête-de-coq,* croît spontanément dans le centre et le midi de la France, sur les rocs secs et arides et jusque dans les fentes des rochers, pourvu qu'ils soient calcaires. C'est une de ces plantes fécondes qui peuvent porter la richesse dans les pays pauvres. Ce n'est qu'à partir de la fin du XVI° siècle qu'on a compris tous les avantages de sa culture par la formation de prairies artificielles. Les provinces rhénanes et tous les terrains arides, calcaires lui doivent leur prospérité agricole. C'est le seul fourrage qui puisse donner des récoltes satisfaisantes dans ces sortes de sols exposés dès le printemps à la sécheresse; il permet alors, d'entretenir un assez grand nombre de bestiaux pour adopter une culture profitable. Cette plante est considérée, avec raison, comme le meilleur et le plus sain des fourrages; le lait des vaches est supérieur en qualité et plus abondant. Consommé en vert, le s. n'expose pas les animaux à la météorisation, comme le trèfle : ses tiges ne deviennent pas ligneuses, comme celles de la luzerne. Mais c'est surtout comme fourrage sec qu'il est employé. Le rendement est, à la vérité, moins élevé que celui du trèfle et de la luzerne, mais la différence est compensée par une meilleure qualité. Ses graines passent pour être doux ou trois fois plus nutritives que l'avoine; elles sont recherchées avec avidité par les volailles qu'elles excitent à pondre. — Les engrais et les amendements qui conviennent plus particulièrement au s. sont la cendre, la suie et le plâtre, qui produisent de merveilleux effets. Les fumiers et les apports de matières nitrées sont inutiles, comme pour les autres légumineuses. — On sème ordinairement : 1° à l'automne, dans une céréale d'hiver, mais à condition que le sol s'égouttera facilement pendant la mauvaise saison, et que les froids de l'hiver ne seront pas très rigoureux; 2° au printemps dans une

céréale d'hiver. On donne un hersage énergique, on sème, et l'on recouvre par un second hersage; 3° dans une céréale de printemps semée claire. — Pour obtenir un fourrage sain et serré, une prairie bien garnie et peu accessible aux plantes nuisibles, il convient de semer très dru, environ 4 hectolitres et demi de bonne graine à l'hectare. Il est prudent de ne jamais livrer le champ de s. à la pâture, parce que le collet de la plante s'élève sensiblement au-dessus du sol, et que la dent des animaux pourrait l'atteindre, ce qui ferait périr la plante. — La durée du s. est de trois ans au moins, et de douze ans, au plus. Le produit annuel se compose de deux coupes, formant un total d'environ 4,500 kilogrammes à l'état de foin.

SAINS, ch.-l. de c. (Aisne), arr. de Vervins; 2,100 hab.

SAINS, v. du dép. du Nord, arr. d'Avesnes; 4,200 hab.

SAINT, AINTE. adj. [Pr. *sin, sinte*] (lat. *sanctus,* m. s.). Essentiellement pur, *Un s. homme. Un s. personnage. Une âme sainte.* || Qui est conforme à la loi de Dieu, à la piété. *Action, pensée sainte. Une sainte inspiration. De saintes œuvres. Mener une vie sainte.* || Qui appartient à la religion, qui est dédié, consacré à Dieu, ou qui sert à quelque usage sacré. *Les saints mystères. Le s. sacrifice de la messe. Le s. sacrement. Les livres saints. La sainte Bible. Le s. concile. Les saints canons. L'Écriture sainte. La sainte table. Les saintes huiles, Le s.-père,* Le pape. *Le s.-siège,* Voy. SIÈGE. *Le s.-office,* Voy. INQUISITION. — *Les lieux saints,* Les lieux où Jésus a vécu. *Terre sainte.* Voy. TERRE. — *Le peuple s.,* le peuple élu de Dieu, les Juifs. — *La tribu sainte,* la tribu de Lévi, vouée au sacerdoce. — *La cité sainte,* Jérusalem, ou Fig. le séjour des élus.

> Ces malheureux qui de la Cité sainte
> Ne verront point l'éternelle splendeur.
> RACINE.

—*La sainte Église,* l'Église de Jésus-Christ. — *La sainte quarantaine,* le carême. *Semaine sainte,* Voy. SEMAINE. *L'année sainte,* l'année jubilaire chez les Hébreux. Voy. JUBILÉ. — *Le s. empire romain,* ou absol., *Le s. empire,* L'empire d'Allemagne. || Par extens., Qui est digne d'un grand respect, d'une vénération particulière. *La sainte union conjugale. La sainte autorité des lois. La sainte hospitalité. Il néglige les devoirs les plus saints.* — SAINT, SAINTE. s. Personnage pieux qui a été canonisé. *C'est un s., c'est une sainte. Le s. du jour,* Le s. dont on célèbre la fête.

> Monsieur le curé
> De quelque nouveau saint charge toujours son prône.
> LA FONTAINE.

Les litanies des saints. Actes des saints, vies des saints. Histoire et biographie des Saints. C'est un recueil d'aventures légendaires dont la naïveté confine parfois au grotesque et même à l'odieux. *La canonisation des saints,* Voy. CANONISATION. — *La communion des saints,* La société des fidèles. || *La Saint-Jean, la Saint-Martin, etc.,* Le jour où l'on célèbre la fête de s. Jean, etc. — *L'église Saint-Eustache, l'église Saint-Gervais, et absol., Saint-Eustache, etc.,* L'église consacrée à Dieu sous l'invocation de s. Eustache, etc. || Fig. et prov., *C'est un s. qu'on ne chôme plus,* un personnage qui n'est plus en crédit. — *Le s. du jour,* celui qui est à la mode, en faveur. — *Comme on connaît les saints, on les honore,* Quand on veut se rendre quelqu'un favorable, on se conforme à ses goûts, à ses opinions. *Il vaut mieux s'adresser à Dieu qu'à ses saints,* Il vaut mieux s'adresser à un homme puissant qu'à ses subalternes. *Découvrir s. Paul pour couvrir s. Jean,* Remédier à un inconvénient par un autre. Pour d'autres locut. fig. et prov., Voy. CHANDELLE, CHIEN, GUÉRIN, HERBE, JOUR, PRÊCHER, VOUER, etc. || Pop., *Mal S.-Jean,* ou *Mal de s.,* L'épilepsie. *Feu S.-Antoine,* L'érysipèle. || *Le s. des saints,* La partie la plus intérieure et la plus sacrée du tabernacle, et ensuite du temple de Salomon, où l'arche était renfermée. *Le grand prêtre seul pouvait entrer dans le s. des saints.*

Obs. gram. — Lorsque le mot *saint* ne sert pas à qualifier simplement un personnage auquel on attribue le caractère de sainteté, et qu'il se trouve joint à un substantif pour servir de dénomination à une chose ou à une personne, on doit écrire *saint* avec une majuscule et le rattacher au mot suivant par un trait d'union : *La ville de Saint-Étienne; le village de Saint-Cloud,* ou simplement, *Saint-Étienne, Saint-Cloud. La rue Saint-Honoré; la place Saint-Sulpice. La croix de Saint-Louis; L'ordre de Saint-Michel.*

Une croix de Saint-André. Le poème des Saisons, par Saint-Lambert. Les Œuvres de Saint-Évremond; les Mémoires de Saint-Simon.

SAINT-ACHEUL, hameau de la Somme; célèbre abbaye de bénédictins; collège de jésuites, sous la Restauration.

SAINT-AFFRIQUE, ch.-l. d'arr. du dép. de l'Aveyron sur la Sorgue; à 75 kil. S.-E. de Rodez; 7,200 hab.

SAINT-AGNANT, ch.-l. de c. (Charente-Inférieure), arr. de Marennes; 1,300 hab.

SAINT-AGRÈVE, ch.-l. de c. (Ardèche), arr. de Tournon; 3,500 hab.

SAINT-AIGNAN, ch.-l. de c. (Loir-et-Cher), arr. de Blois, sur le Cher; 3,300 hab.

SAINT-AIGNAN-SUR-ROË, ch.-l. de c. (Mayenne), arr. de Château-Gontier; 1,000 hab.

SAINT-ALBANS, v. d'Angleterre, comté d'Herfort; 11,000 hab.

SAINT-ALVÈRE, ch.-l. de c. (Dordogne), arr. de Bergerac; 1,600 hab.

SAINT-AMAND, ch.-l. de c. (Nord), arr. de Valenciennes, sur la Scarpe; bains de boue renommés; 12,000 hab.

SAINT-AMAND, auteur dramatique fr. (1797-1885).

SAINT-AMAND-EN-PUISAYE, ch.-l. de c. (Nièvre), arr. de Cosne; 2,400 hab.

SAINT-AMAND-MONTROND, ch.-l. d'arr. du dép. du Cher, sur le Cher, à 44 kil. S.-E. de Bourges; 8,700 hab.

SAINT-AMANS-DES-COPTS, ch.-l. de c. (Aveyron), arr. d'Espalion; 1,200 hab.

SAINT-AMANS-SOULT, ch.-l. de c. (Tarn), arr. de Castres; 2,600 hab.

SAINT-AMANT, poète fr., plein d'originalité et de fantaisie (1594-1661).

SAINT-AMANT-DE-BOIXE, ch.-l. de c. (Charente), arr. d'Angoulême, près la Charente; 1,200 hab.

SAINT-AMANT-ROCHE-SAVINE, ch.-l. de c. (Puy-de-Dôme), arr. d'Ambert; 1,700 hab.

SAINT-AMANT-TALLENDE, ch.-l. de c. (Puy-de-Dôme), arr. de Clermont; 1,500 hab.

SAINT-AMARIN, anc. ch.-l. de c. (Haut-Rhin) sur la Thur; cédé à l'Allemagne en 1871, 2,400 hab.

SAINT-AMBROIX, ch.-l. de c. (Gard), arr. d'Alais; 3,400 hab.

SAINT-AMOUR, ch.-l. de c. (Jura), arr. de Lons-le-Saunier; 2,300 hab.

SAINT-ANDRÉ (Cap), sur la côte Ouest de Madagascar. Voy. MADAGASCAR.

SAINT-ANDRÉ, maréchal de France, tué à la bataille de Dreux (1505-1562).

SAINT-ANDRÉ-DE-CUBZAC, ch.-l. de c. (Gironde), arr. de Bordeaux, près la Dordogne; 3,900 hab.

SAINT-ANDRÉ-DE-VALBORGNE, ch.-l. de c. (Gard), arr. du Vigan, sur le Gardon; 1,600 hab.

SAINT-ANDRÉ-LA-MARCHE, ch.-l. de c. (Eure), arr. d'Évreux; 1,600 hab.

SAINT-ANGE (Château), citadelle de Rome, anc. mausolée d'Adrien; servit de refuge aux papes et de prison d'État.

SAINT-ANGE (DE), poète et traducteur fr. (1747-1810).

SAINT-ANTHÈME, ch.-l. de c. (Puy-de-Dôme), arr. d'Ambert; 3,000 hab.

SAINT-ANTONIN, ch.-l. de c. (Tarn-et-Garonne), arr. de Montauban, sur l'Aveyron; 4,100 hab.

SAINT-ARNAUD, maréchal de France, vainqueur des Russes à l'Alma (1798-1854).

SAINT-ASTIER, ch.-l. de c. (Dordogne), arr. de Périgueux; 3,600 hab.

SAINT-AUBIN-D'AUBIGNÉ, ch.-l. de c. (Ille-et-Vilaine), arr. de Rennes; 1,800 hab.

SAINT-AUBIN-DU-CORMIER, ch.-l. de c. (Ille-et-Vilaine), arr. de Fougères, près de l'Ille; 2,000 hab.

SAINT-AUGUSTIN. s. m. T. Typogr. Nom d'une sorte de caractère. Voy. CARACTÈRE. || T. Hortic. Poire qui se mange en novembre. = Pl. *Des saints-augustins.*

SAINT-AUGUSTIN. Voy. ONULAHY.

SAINT-AULAYE, ch.-l. de c. (Dordogne), arr. de Ribérac; 1,500 hab.

SAINT-AVOLD, anc. ch.-l. de c. (Moselle); cédé à l'Allemagne; 2,900 hab.

SAINT-BARTHÉLEMY, l'une des Petites Antilles; 3,800 hab. Cap. *Gustavia*. A été vendue à la France par la Suède en 1878.

SAINT-BARTHÉLEMY, massacre des protestants, sous Charles IX, ordonné à l'instigation de Catherine de Médicis et des Guises, dans la nuit du 24 août 1572, jour de la Saint-Barthélemy. Ce drame, le plus triste de notre histoire, continua pendant plusieurs jours. Une foule d'hommes, de femmes et d'enfants furent égorgés. La France presque tout entière fut ensanglantée par le fanatisme religieux. A Paris, le massacre fut horrible; les principaux chefs protestants furent égorgés. Parmi les victimes les plus notables on cite Coligny et Ramus.

SAINT-BENIN-D'AZY, ch.-l. de c. (Nièvre), arr. de Nevers; 1,900 hab.

SAINT-BENOÎT, ch.-l. de c. (Indre), arr. du Blanc; 1,100 hab.

SAINT-BERNARD (Grand-), montagne de Suisse (Valais); 3,371 mètres d'élévation. Le couvent du Saint-Bernard, fondé vers 982, à la place d'un autel de Jupiter, par saint Bernard de Menthon, est situé à 2,428 mètres au-dessus de la mer; en hiver, le froid ordinaire est de — 20 à — 22°; des chiens d'une espèce particulière aident les religieux de ce couvent à retrouver les voyageurs égarés dans les sentiers cachés par la neige. L'armée française, commandée par Bonaparte, franchit le Grand-Saint-Bernard en 1800.

SAINT-BERNARD (Petit-), montagne des Alpes fr. (dép. de la Savoie), au S.-O. du Grand-Saint-Bernard; à 2,192 mètres au-dessus de la mer; couvent et hospice pour les voyageurs, fondés par saint Bernard de Menthon.

SAINT-BONNET, ch.-l. de c. (Hautes-Alpes), arr. de Gap, sur le Drac; 1,600 hab. Eaux sulfureuses.

SAINT-BONNET-DE-JOUX, ch.-l. de c. (Saône-et-Loire), arr. de Charolles; 1,500 hab.

SAINT-BONNET-LE-CHÂTEAU, ch.-l. de c. (Loire), arr. de Montbrison, près Loire; 2,300 hab.

SAINT-BRICE-EN-COGLÈS, ch.-l. de c. (Ille-et-Vilaine), arr. de Fougère; 2,000 hab.

SAINT-BRIEUC, ch.-l. du dép. des Côtes-du-Nord. Sur la Manche, à l'embouchure du Gouët, à 475 kilomètres O.-S.-O. de Paris; 19,900 hab. Évêché. École d'hydrographie. == Nom des hab. : BRIOCHIN, INE.

SAINT-CALAIS, ch.-l. d'arr. (Sarthe), sur l'Anille; à 44 kilomètres S.-E. du Mans; 3,600 hab.

SAINT-CÉRÉ, ch.-l. de c. (Lot), arr. de Figeac; 3,500 hab.

SAINT-CERGUES, col du Jura par lequel passe la route de Besançon à Genève.

SAINT-CERNIN, ch.-l. de c. (Cantal), arr. d'Aurillac; 2,100 hab.

SAINT-CHAMOND, ch.-l. de c. (Loire), arr. de Saint-Étienne; 15,000 hab. Usines métallurgiques.

SAINT-CHÉLY-D'APCHER, ch.-l. de c. (Lozère), arr. de Marvejols; 2,000 hab.

SAINT-CHÉLY-D'AUBRAC, ch.-l. de c. (Aveyron), arr. d'Espalion; 1,800 hab.

SAINT-CHINIAN, ch.-l. de c. (Hérault), arr. de Saint-Pons; 3,400 hab.

SAINT-CHRISTOPHE, une des Antilles anglaises; 30,000 hab. Ch.-l. *Basse-Terre*.

SAINT-CIERS-LALANDE, ch.-l. de c. (Gironde), arr. de Blaye; 2,800 hab.

SAINT-CLAIR, ch.-l. de c. (Manche), arr. de Saint-Lô; 565 hab.

SAINT-CLAIR-SUR-EPTE, v. de Seine-et-Oise (cant. de Magny-en-Vexin); 537 hab. Charles le Simple y signa le traité donnant la main de sa fille Giselle et la Normandie à Rollon, chef des Normands (912).

SAINT-CLAR, ch.-l. de c. (Gers), arr. de Lectoure; 1,600 hab.

SAINT-CLAUD, ch.-l. de c. (Charente), arr. de Confolens; 1,800 hab.

SAINT-CLAUDE, ch.-l. d'arr. du dép. du Jura, sur la Bienne; à 54 kilomètres S.-E. de Lons-le-Saunier; 9,800 hab. Évêché.

SAINT-CLOUD, petite v. des environs de Paris, sur la Seine, arr. de Versailles; 5,600 hab. Anc. résidence impériale.

SAINT-CYPRIEN, ch.-l. de c. (Dordogne), arr. de Sarlat; 2,100 hab. Eaux minérales.

SAINT-CYR, bourg du dép. de Seine-et-Oise, arr. de Versailles; 3,600 hab., où Mⁿᵉ de Maintenon avait fondé en 1686 un établissement pour l'éducation des demoiselles nobles pauvres. Les bâtiments servent aujourd'hui à l'École spéciale militaire fondée en 1808. Voy. École.

SAINT-CYRAN, théologien janséniste (1581-1643).

SAINT-CYRIEN, s. m. [Pr. *sin-siri-in*]. Élève de l'École militaire de Saint-Cyr.

SAINT-DENIS, ch.-l. d'arr. du dép. de la Seine, sur le canal de Saint-Denis; à 8 kilomètres N. de Paris; 51,000 hab. Abbaye célèbre, sépulture des rois de France, maison d'éducation des filles de la Légion d'honneur. En 1567, les calvinistes furent mis en complète déroute dans la plaine Saint-Denis. En 1593, Henri IV fit son abjuration dans la basilique fondée par Dagobert.

SAINT-DENIS, ch.-l. de l'île de la Réunion; 30,900 hab. Port.

SAINT-DIDIER-LA-SÉAUVE, ch.-l. de c. (Haute-Loire), arr. d'Yssingeaux; 5,300 hab.

SAINT-DIÉ, ch.-l. d'arr. du dép. des Vosges, sur la Meurthe; à 55 kilomètres N.-E. d'Épinal; 18,100 hab. Évêché.

SAINT-DIER, ch.-l. de c. (Puy-de-Dôme), arr. de Clermont; 1,400 hab.

SAINT-DIZIER, ch.-l. de c. (Haute-Marne), arr. de Vassy, sur la Marne; 13,400 hab.

SAINT-DOMINGUE, cap. de la République Dominicaine (Haïti); sur la côte S.-E.; 16,000 hab. = Nom. des hab. Do-MINGUOIS, OISE, ou DOMINICAIN, AINE. = Voy. HAÏTI.

SAINT-DONAT, ch.-l. de c. (Drôme), arr. de Valence; 2,600 hab. Vins rouges renommés.

SAINTE-ANNE. s. m. T. Min. Variété de marbre de Belgique. Voy. MARBRE.

SAINTE-AULAIRE (comte DE), diplomate et historien fr., né à Saint-Médard [Dordogne] (1778-1854).

SAINTE-BARBE. s. f. T. Mar. L'endroit d'un vaisseau où l'on serre les ustensiles d'artillerie. Se dit abusivement pour soute aux poudres, emplacement distinct du précédent.

SAINTE-BEUVE, célèbre critique fr., auteur des *Causeries du lundi* (1804-1869).

SAINTE-CLAIRE-DEVILLE (CHARLES), géologue et météorologiste fr., né aux Antilles (1814-1876).

SAINTE-CLAIRE-DEVILLE (HENRI), chimiste fr., frère du précédent, né aux Antilles (1818-1881). A découvert le phénomène de la dissociation.

SAINTE-CROIX, ch.-l. de c. (Ariège), arr. de Saint-Girons; 1,600 hab.

SAINTE-CROIX, une des petites Antilles, au Danemark; 8,500 hab. Ch.-l. *Christianstad*.

SAINTE-CROIX (baron DE), érudit fr. (1746-1809).

SAINTE-ÉNIMIE, ch.-l. de c. (Lozère), arr. de Florac; 1,100 hab.

SAINTE-FOY-LA-GRANDE, ch.-l. de c. (Gironde), arr. de Libourne; sur la Dordogne; 3,200 hab.

SAINTE-GENEVIÈVE, ch.-l. de c. (Aveyron), arr. d'Espalion; 1,500 hab.

SAINTE-HÉLÈNE, île anglaise de l'Afrique, dans l'Océan Atlantique, célèbre par la captivité de Napoléon 1ᵉʳ de 1815 à 1821; 5,100 hab. Cap. *Jamestown*.

SAINTE-HERMINE, ch.-l. de c. (Vendée), arr. de Fontenay-le-Comte; 2,000 hab.

SAINTE-LIVRADE, ch.-l. de c. (Lot-et-Garonne), arr. de Villeneuve; 2,600 hab.

SAINTE-LUCIE, une des petites Antilles, aux Anglais; 40,700 hab. Cap. *Port-Castries*.

SAINTE-MARIE (ILE), sur la côte E. de Madagascar. Voy. MADAGASCAR.

SAINTE-MARIE (cap), au S. de Madagascar. Voy. MADAGASCAR.

SAINTE-MARIE-AUX-MINES, anc. ch.-l. de c. (Haut-Rhin), arr. de Colmar, cédé à l'Allemagne en 1871; 11,400 hab.

SAINTE-MARTHE, v. de la Colombie; 6,000 hab. Port sur la mer des Antilles.

SAINTE-MARTHE (SCÉVOLE DE), érudit et poète fr., né à Loudun (1536-1623).

SAINTE-MARTHE (ABEL-LOUIS), oratorien fr., qui publia la *Gallia christiana* (1621-1697).

SAINTE-MAURE, ch.-l. de c. (Indre-et-Loire), arr. de Chinon; 2,600 hab.

SAINTE-MAURE (îles), groupe de la mer Ionienne, l'anc. *Leucade*; 23,100 hab. V. pr. *Amaxiki* ou *Lefkas*; 6,020 hab.

SAINTE-MENEHOULD, anc. cap. de l'Argonne, ch.-l. d'arr. du dép. de la Marne, sur l'Aisne, à 40 kil. N.-E. de Châlons ; 5,300 hab.

SAINTEMENT. adv. [Pr. *sinte-man*]. D'une manière sainte. *Vivre s.*

SAINTE-MÈRE-ÉGLISE, ch.-l. de c. (Manche), arr. de Valognes ; 1,450 hab.

SAINT-ÉMILION, bourg de la Gironde, arr. de Libourne ; 3,200 hab. Vins renommés.

SAINTE-PALAYE, Voy. LA CURNE.

SAINTES, ch.-l. d'arr. du dép. de la Charente-Inférieure, à 70 kilomètres S.-E. de la Rochelle, sur la Charente ; 18,400 hab. Victoire de saint Louis sur Henri III d'Angleterre (1242). = Nom des hab. : SAINTONGEOIS, OISE.

SAINTES (LES), groupe de cinq îlots des petites Antilles, à la France ; 1,800 hab.

SAINTE-SÉVÈRE, ch.-l. de c. (Indre), arr. de La Châtre ; sur l'Indre ; 1,400 hab.

SAINTES-MARIES, ch.-l. de c. (Bouches-du-Rhône), arr. d'Arles, dans la Camargue ; 1,000 hab.

SAINT-ESPRIT. s. m. [Pr. *sintès-pri*]. T. Théol. La troisième personne de la Trinité. Voy. TRINITÉ. = *L'ordre du Saint-Esprit*, Ordre honorifique fondé par Henri III, en 1578.

SAINT-ESPRIT (Îles du), en Océanie, dans la Mélanésie.

SAINT-ESTÈPHE, bourg de la Gironde, arr. de Lesparre ; 3,100 hab. Vins rouges renommés.

SAINTE-SUZANNE, ch.-l. de c. (Mayenne), arr. de Laval ; 1,500 hab.

SAINTETÉ. s. f. (lat. *sanctitas*, m. s., de *sanctus*, saint). Qualité de ce qui est saint. *Grande s. La s. des apôtres. La s. de la religion. La s. des mystères. La s. du mariage. La s. de sa vie, de ses mœurs.* — Se dit, par excellence, en parlant de Dieu. *Dieu est la s. même.* || Titre d'honneur et de respect dont on se sert en parlant au pape ou à un pape. *Votre Sainteté. Sa Sainteté a ordonné que....*

SAINT-ÉTIENNE, ch.-l. du dép. de la Loire, sur la Furens, à 502 kilomètres S.-E. de Paris ; 43.400 hab. École de mineurs. Grand centre manufacturier(rubans de soie et de velours, passementerie) ; métallurgie (armes, quincaillerie, machines, etc.) ; riche bassin houiller. Patrie du peintre Ant. Moyne et du critique Jules Janin. = Nom des hab. STÉPHANOIS, OISE.

SAINT-ÉTIENNE. ch.-l. de c. (Alpes-Maritimes), arr. de Puget-Théniers ; 1,900 hab.

SAINT-ÉTIENNE-DE-BAIGORRY, ch.-l. de c. (Basses-Pyrénées), arr. de Mauléon ; 2,300 hab.

SAINT-ÉTIENNE-DE-LUDGARÈS, ch.-l. de c. (Ardèche), arr. de Largentière ; 1,595 hab.

SAINT-ÉTIENNE-DE-MONTLUC, ch.-l. de c. (Loire-Inférieure), arr. de Saint-Nazaire, près la Loire ; 4,300 hab.

SAINT-ÉTIENNE-DE-SAINT-GEOIRS, ch.-l. de c. (Isère), arr. de Saint-Marcellin ; 1,600 hab.

SAINT-ÉVREMONT, écrivain fr., né à Saint-Denis-du-Guast [Manche] (1616-1703).

SAINT-FARGEAU, ch.-l. de c. (Yonne), arr. de Joigny, sur le Loing ; 2,600 hab.

SAINT-FÉLICIEN, ch.-l. de c. (Ardèche), arr. de Tournon ; 2,300 hab.

SAINT-FIRMIN, ch.-l. de c. (Hautes-Alpes), arr. de Gap ; 1,100 hab.

SAINT-FLORENT-LE-VIEIL, ch.-l. de c. (Maine-et-Loire), arr. de Cholet, sur la Loire ; 2,100 hab.

SAINT-FLORENTIN, ch.-l. de c. (Yonne), arr. d'Auxerre, sur l'Armançon ; 3,100 hab.

SAINT-FLORENTIN, ministre de Louis XV, principal dispensateur des lettres de cachet contre les protestants (1705-1778).

SAINT-FLOUR, anc. cap. de la haute Auvergne, ch.-l. d'arr. du dép. du Cantal, près le Dauzan, à 74 kil. N.-E. d'Aurillac ; 5,300 hab. Évêché. = Nom des hab. : SANFLORAIN, AINE.

SAINT-FOIX, littérateur fr., né à Rennes (1698-1775).

SAINT-FULGENT, ch.-l. de c. (Vendée), arr. de La Roche-sur-Yon ; 2,200.

SAINT-GALL, v. de Suisse, ch.-l. du c. de son nom 27,400 hab. Le c. de Saint-Gall à 210,500 hab. = Nom des hab. : SAINT-GALLOIS, OISE.

SAINT-GALMIER, ch.-l. de c. (Loire), arr. de Montbrison ; 3,500 hab. Eaux minérales.

SAINT-GAUDENS, ch.-l. d'arr. du dép. de la Haute-Garonne, sur la Garonne, à 90 kil. N.-O. de Toulouse ; 7,000 hab. = Nom. des hab. : SAINT-GAUDINOIS, OISE.

SAINT-GAULTIER, ch.-l. de c. (Indre), arr. du Blanc, sur la Creuse ; 2,500 hab.

SAINT-GELAIS, poète fr. (1466-1502).

SAINT-GELAIS (Mellin DE), poète fr. (1491-1558).

SAINT-GENEST-MALIFAUX, ch.-l. de c. (Loire), arr. de Saint-Étienne ; 2,600 hab.

SAINT-GENGOUX-LE-NATIONAL, ch.-l. de c. (Saône-et-Loire), arr. de Mâcon ; 1,600 hab.

SAINT-GENIEZ, ch.-l. de c. (Aveyron), arr. d'Espalion ; 3,300 hab.

SAINT-GENIS, ch.-l. de c. (Charente-Inférieure), arr. de Jonzac ; 1,200 hab.

SAINT-GENIS-LAVAL, ch.-l. de c. (Rhône), arr. de Lyon, près du Rhône ; 3,400 hab.

SAINT-GENIX, ch.-l. de c. (Savoie), arr. de Chambéry, sur le Rhône ; 1,900 hab.

SAINT-GEOIRE, ch.-l. de c. (Isère), arr. de la Tour-du-Pin ; 2,000 hab.

SAINT-GEORGE (canal), détroit entre la Grande-Bretagne et l'Irlande, unit la mer d'Irlande à l'océan Atlantique.

SAINT-GEORGES-EN-COUZAN, ch.-l. de c. (Loire), arr. de Montbrison ; 1,200 hab.

SAINT-GEORGES-LES-BAILLARGEAUX, ch.-l. de c. (Vienne), arr. de Poitiers ; 1,400 hab.

SAINT-GEORGES-SUR-LOIRE, ch.-l. de c. (Maine-et-Loire), arr. d'Angers ; 2,300 hab.

SAINT-GERMAIN (comte DE), ministre de la guerre sous Louis XIV (1707-1778).

SAINT-GERMAIN. s. m. T. Hortic. Variété de poire. Voy. POIRIER. = Pl. *Des saints-germains.*

SAINT-GERMAIN-DE-BEL-AIR, ch.-l. de c. (Lot), arr. de Gourdon ; 1,000 hab.

SAINT-GERMAIN-DE-CALBERTE, ch.-l. de c. (Lozère), arr. de Florac ; 1,300 hab.

SAINT-GERMAIN-DU-BOIS, ch.-l. de c. (Saône-et-Loire), arr. de Louhans ; 2,700 hab.

SAINT-GERMAIN-DU-PLAIN, ch.-l. de c. (Saône-et-Loire), arr. de Châlon-sur-Saône ; 1,700 hab.

SAINT-GERMAIN-DU-TEIL, ch.-l. de c. (Lozère), arr. de Marvejols ; 1,300 hab.

SAINT-GERMAIN-EN-LAYE, ch.-l. de c. (Seine-et-Oise), arr. de Versailles, près la Seine ; 16,500 hab. Château de l'époque de la Renaissance, où est installé un musée d'antiquités gauloises. Patrie de Henri II et de Louis XIV. Belle forêt.

SAINT-GERMAIN-LAVAL, ch.-l. de c. (Loire), arr. de Roanne ; 2,320 hab.

SAINT-GERMAIN-L'HERM, ch.-l. de c. (Puy-de-Dôme), arr. d'Ambert ; 1,781 hab.

SAINT-GERMAIN-LEMBRON, ch.-l. de c. (Puy-de-Dôme), arr. d'Issoire ; 2,200 hab. Eaux minérales.

SAINT-GERMAIN-LES-BELLES, ch.-l. de c. (Haute-Vienne), arr. de Saint-Yrieix ; 2,600 hab.

SAINT-GERVAIS, ch.-l. de c. (Hérault), arr. de Béziers ; 1,800 hab. Houille.

SAINT-GERVAIS, ch.-l. de c. (Puy-de-Dôme), arr. de Riom ; 2,300 hab.

SAINT-GERVAIS-LES-BAINS, ch.-l. de c. (Haute-Savoie), arr. de Bonneville ; 1,900 hab. Eaux thermales et minérales. Catastrophe mémorable, le 12 juillet 1892, causée par une avalanche de glaciers et le débordement d'un torrent.

SAINT-GILDAS (pointe), située dans le dép. de la Loire-Inférieure, au S. de l'embouchure de la Loire.

SAINT-GILDAS-DES-BOIS, ch.-l. de c. (Loire-Inférieure), arr. de Saint-Nazaire ; 2,600 hab.

SAINT-GILLES, ch.-l. de c. (Gard), arr. de Nîmes, sur le canal de Beaucaire ; 5,900 hab.

SAINT-GILLES-SUR-VIE, ch.-l. de c. (Vendée), arr. des Sables-d'Olonne ; 1,800 hab.

SAINT-GIRONS, ch.-l. d'arr. du dép. de l'Ariège, sur le Salat, à 44 kil. O. de Foix ; 5,400 hab.

SAINT-GOBAIN, petite v. du dép. de l'Aisne, arr. de Laon ; 2,308 hab. Manufacture de glaces.

SAINT-GOTHARD, massif de montagnes des Alpes, dont les points les plus élevés ont de 2,663 à 3,671 mètres d'altitude. Tunnel de 14,910 mètres.

SAINT-HÉAND, ch.-l. de c. (Loire), arr. de Saint-Étienne ; 2,800 hab.

SAINT-HÉLIER, cap. de l'île de Jersey ; 6,000 hab.

SAINT-HILAIRE, ch.-l. de c. (Charente-Inférieure), arr. de Saint-Jean-d'Angely ; 1,100 hab.

SAINT-HILAIRE-DES-LOGES, ch.-l. de c. (Vendée), arr. de Fontenay-le-Comte ; 2,500 hab.

SAINT-HILAIRE-DU-HARCOUËT, ch.-l. de c. (Manche), arr. de Mortain ; 3,700 hab.

SAINT-HIPPOLYTE, ch.-l. de c. (Doubs), arr. de Montbéliard, sur le Doubs ; 1,000 hab.

SAINT-HIPPOLYTE-DU-FORT, ch.-l. de c. (Gard), arr. du Vigan ; 4,500 hab.

SAINTINE, littérateur fr. (1798-1865), auteur de *Picciola*.

SAINT-JACQUES-DE-COMPOSTELLE, Voy. SANTIAGO.

SAINT-JAMES, ch.-l. de c. (Manche), arr. d'Avranches ; 3,000 hab.

SAINT-JEAN, une des petites Antilles ; au Danemark ; 1,000 hab.

SAINT-JEAN-BRÉVELAY, ch.-l. de c. (Morbihan), arr. de Ploërmel ; 2,000 hab.

SAINT-JEAN-D'ANGELY, ch.-l. d'arr. du dép. de la Charente-Inférieure, sur la Boutonne, petit port ; à 60 kil. S.-E. de la Rochelle ; 7,300 hab. = Nom des hab. ANGÉRIEN, ENNE.

SAINT-JEAN-DE-BOURNAY, ch.-l. de c. (Isère), arr. de Vienne ; 3,400 hab.

SAINT-JEAN-DU-GARD, ch.-l. de c. (Gard), arr. d'Alais, sur le Gardon ; 3,600 hab.

SAINT-JEAN-DE-LOSNE, ch.-l. de c. (Côte-d'Or), arr. de Beaune, sur la Saône ; 1,500 hab.

SAINT-JEAN-DE-LUZ, ch.-l. de c. (Basses-Pyrénées), arr. de Bayonne, sur la Nivelle ; 3,900 hab.

SAINT-JEAN-DE-MAURIENNE, ch.-l. d'arr. du dép. de la Savoie, sur l'Arc, à 71 kil. S.-E. Chambéry ; 3,100 hab. Évêché. L'arr. a 6 cant., 67 comm. ; 5,444 hab.

SAINT-JEAN-DE-MONTS, ch.-l. de c. (Vendée), arr. des Sables-d'Olonne ; 4,200 hab.

SAINT-JEAN-D'ULLOA (île), dans le golfe du Mexique, à côté de la *Vera-Cruz*.

SAINT-JEAN-EN-ROYANS, ch.-l. de c. (Drôme), arr. de Valence ; 3,000 hab.

SAINT-JEAN-PIED-DE-PORT, ch.-l. de c. (Basses-Pyrénées), arr. de Mauléon, sur la Nive ; 1,500 hab.

SAINT-JEAN-SOLEYMIEUX, ch.-l. de c. (Loire), arr. de Montbrison ; 1,200 hab.

SAINT-JEOIRE, ch.-l. de c. (Haute-Savoie), arr. de Bonneville ; 1,600 hab.

SAINT-JOHN, v. du Canada (Nouveau-Brunswick) ; 30,000 hab. Évêché, université.

SAINT-JOHN, cap. de l'île de Terre-Neuve ; beau port sur la côte S.-O. ; 36,000 hab. Pêche de la morue.

SAINT-JOHN, v. des Antilles anglaises ; 16,000 hab.

SAINT-JULIEN, ch.-l. d'arr. du dép. de la Haute-Savoie, près de l'Arve, à 33 kil. N. d'Annecy ; 1,500 hab.

SAINT-JULIEN-CHAPTEUIL, ch.-l. de c. (Haute-Loire), arr. du Puy ; 3,200 hab.

SAINT-JULIEN-DE-VOUVANTES, ch.-l. de c. (Loire-Inférieure), arr. de Châteaubriant ; 1,800 hab.

SAINT-JULIEN-DU-SAULT, ch.-l. de c. (Yonne), arr. de Joigny, sur l'Yonne ; 1,800 hab.

SAINT-JULIEN-L'ARS, ch.-l. de c. (Vienne), arr. de Poitiers ; 1,100 hab.

SAINT-JUNIEN, ch.-l. de c. (Haute-Vienne), arr. de Rochechouart, sur la Vienne ; 9,400 hab.

SAINT-JUST, conventionnel, membre du comité du Salut public, l'une des figures les plus énergiques et les plus extraordinaires de la Révolution, l'un des chefs du parti montagnard vaincu au 9 thermidor ; mort sur l'échafaud (1767-1794).

SAINT-JUST-EN-CHAUSSÉE, ch.-l. de c. (Oise), arr. de Clermont ; 2,400 hab.

SAINT-JUST-EN-CHEVALET, ch.-l. de c. (Loire), arr. de Roanne ; 2,500 hab.

SAINT-KILDA, petite île anglaise de l'Océan Atlantique, à 140 milles de l'Écosse.

SAINT-LAMBERT, poète fr., né à Nancy, auteur des *Saisons* (1716-1803).

SAINT-LAURENT, grand fleuve de l'Amérique du Nord ; sort des grands lacs et sépare les États-Unis du Canada ; 1,000 kil.

SAINT-LAURENT-DE-CHAMOUSSET, ch.-l. de c. (Rhône), arr. de Lyon ; 1,600 hab. Filatures.

SAINT-LAURENT-DE-NESTE, ch.-l. de c. (Hautes-Pyrénées), arr. de Bagnères ; 1,600 hab.

SAINT-LAURENT-DU-PONT, ch.-l. de c. (Isère), arr. de Grenoble ; 2,400 hab. Forges. Près de là est la Grande-Chartreuse.

SAINT-LAURENT-EN-GRAND-VAUX, ch.-l. de c. (Jura), arr. de Saint-Claude ; 1,100 hab.

SAINT-LAURENT-ET-BENON, ch.-l. de c. (Gironde) ; arr. de Lesparre ; 3,000 hab. Vins.

SAINT-LAURENT-SUR-GORRE, ch.-l. de c. (Haute-Vienne), arr. de Rochechouart ; 2,700 hab.

SAINT-LÉGER-SOUS-BEUVRAY, ch.-l. de c. (Saône-et-Loire), arr. d'Autun ; 1,800 hab.

SAINT-LÉONARD, ch.-l. de c. (Haute-Vienne), arr. de Limoges, près la Vienne ; 5,000 hab. Porcelaine, papeterie. Patrie de Guy-Lussac.

SAINT-LIZIER, ch.-l. de c. (Ariège), arr. de Saint-Girons, sur le Salat ; 1,400 hab.

SAINT-LÔ, ch.-l. du dép. de la Manche, sur la Vire ; à 314 kil. O. de Paris ; 11,200 hab. Patrie de Le Verrier, d'Octave Feuillet. = Nom des hab. : SAINT-LOUAIN, AINE, ou LAUDINIEN, ENNE.

SAINT-LOUIS, v. d'Amérique (Missouri), sur le Mississipi ; 500,000 hab.

SAINT-LOUIS, v. du Sénégal, près de l'embouchure du fleuve ; 15,000 hab. Résidence du gouverneur de la colonie ; cour d'appel.

SAINT-LOUP, ch.-l. de c. (Deux-Sèvres), arr. de Parthenay, 1,300 hab.

SAINT-LOUP, ch.-l. de c. (Haute-Saône), arr. de Lure ; 3,700 hab.

SAINT-LYS, ch.-l. de c. (Haute-Garonne), arr. de Muret ; 1,200 hab.

SAINT-MACAIRE, ch.-l. de c. (Gironde), arr. de La Réole, sur la Garonne ; 2,300 hab.

SAINT-MAIXENT, ch.-l. de c. (Deux-Sèvres), arr. de Niort, sur la Sèvre Niortaise ; 5,400 hab. École militaire des élèves-officiers d'infanterie.

SAINT-MALO, ch.-l. d'arr. du dép. d'Ille-et-Vilaine, à l'embouchure de la Rance, à 74 kil. N.-O. de Rennes ; 11,476 hab. École d'hydrographie. Patrie de J. Cartier, Duguay-Trouin, Surcouf, Maupertuis, Lamennais, Broussais, Chateaubriand. Ses corsaires se rendirent redoutables aux Anglais au XVIe et au XVIIe siècle, et pendant l'Empire. = Nom des hab. : MALOUIN, INE.

SAINT-MAMET, ch.-l. de c. (Cantal), arr. d'Aurillac ; 1,900 hab.

SAINT-MARCELLIN, ch.-l. d'arr. du dép. de l'Isère, sur la Cumane, affluent de l'Isère ; à 52 kil. S.-O. de Grenoble ; 3,300 hab.

SAINT-MARC-GIRARDIN, publiciste et homme politique français, né à Paris (1801-1873).

SAINT-MARIN, petite république enclavée dans le royaume d'Italie ; 7,800 hab. Cap. *Saint-Marin* ; 5,000 hab.

SAINT-MARS-LA-JAILLE, ch.-l. de c. (Loire-Inférieure), arr. d'Ancenis ; 1,800 hab.

SAINT-MARTIN, une des petites Antilles, appartenant pour les deux tiers à la France (cap. *Le Marigot*), et pour l'autre tiers à la Hollande (cap. *Philipsbourg*) ; 3,900 hab.

SAINT-MARTIN (Canal), canal qui traverse Paris de La Villette à la Seine.

SAINT-MARTIN, dit le PHILOSOPHE INCONNU, mystique français (1743-1803).

SAINT-MARTIN-D'AUXIGNY, ch.-l. de c. (Cher), arr. de Bourges ; 2,600 hab.

SAINT-MARTIN-DE-RÉ, ch.-l. de c. (Charente-Inférieure), dans l'île de Ré, arr. de La Rochelle ; 2,500 hab. Petit port.

SAINT-MARTIN-DE-SEIGNAUX, ch.-l. de c. (Landes), arr. de Dax ; 2,500 hab.

SAINT-MARTIN-DE-VALAMAS, ch.-l. de c. (Ardèche), arr. de Tournon ; 2,500 hab.

SAINT-MARTIN-EN-BRESSE, ch.-l. de c. (Saône-et-Loire), arr. de Chalon-sur-Saône ; 2,000 hab.

SAINT-MARTIN-VÉSUBIE, ch.-l. de c. (Alpes-Maritimes), arr. de Nice ; 1,700 hab.

SAINT-MARTORY, ch.-l. de c. (Haute-Garonne), arr. de Saint-Gaudens, sur la Garonne ; 1,000 hab.

SAINT-MATHIEU, ch.-l. de c. (Haute-Vienne), arr. de Rochechouart ; 2,500 hab.

SAINT-MATHIEU (Pointe), cap, à l'extrémité O. du Finistère.

SAINT-MAUR, comm. du dép. de la Seine, arr. de Sceaux, sur la Marne ; observation météorologique ; 20,500 hab.

SAINT-MAXIMIN, ch.-l. de c. (Var), arr. de Brignoles ; 2,400 hab.

SAINT-MÉEN, ch.-l. de c. (Ille-et-Vilaine), arr. de Montfort ; 3,400 hab.

SAINT-MICHEL, ch.-l. de c. (Savoie), arr. de Saint-Jean-de-Maurienne, sur l'Arc ; 2,000 hab.

SAINT-MICHEL (MONT). Rocher, dans la baie du même nom, entre Cancale et Granville, communiquant avec la terre par la plage découverte à marée basse, mais entouré d'eau à marée haute. Sur le mont est une abbaye célèbre, merveille d'architecture. Le mont Saint-Michel est relié à la terre par une chaussée construite en 1880 qui permet d'y accéder en tout temps. = ORDRE DE SAINT-MICHEL, Ordre honorifique fondé par Louis XI.

SAINT-MIHIEL, ch.-l. de c. (Meuse), arr. de Commercy ; 9,300 hab. Tribunal de 1re inst., cour d'assises. Forges, papeterie.

SAINT-NAZAIRE, ch.-l. d'arr. du dép. de la Loire-Inférieure, à l'embouchure de la Loire ; à 64 kil. O. de Nantes ; 30,800 hab. Vaste bassin à flot, avant-port de Nantes. = Nom des hab. : NAZAIRIEN, ENNE.

SAINT-NECTAIRE, comm. du Puy-de-Dôme, arr. d'Issoire ; 1,300 hab. Eaux thermales.

SAINT-NICOLAS-DE-LA-GRAVE, ch.-l. de c. (Tarn-et-Garonne), arr. de Castelsarrasin ; 2,500 hab.

SAINT-NICOLAS-DE-REDON, ch.-l. de c. (Loire-Inférieure), arr. de Saint-Nazaire, sur la Vilaine ; 2,300 hab.

SAINT-NICOLAS-DU-PÉLEM, ch.-l. de c. (Côtes-du-Nord) arr. de Guingamp ; 2,900 hab.

SAINT-NICOLAS-DU-PORT, ch.-l. de c. (Meurthe-et-Moselle), arr. de Nancy, sur la Meurthe; 5,700 hab.

SAINT-OMER, ch.-l. d'arr. du dép. du Pas-de-Calais, sur l'Aa, à 78 kil. N.-O. d'Arras; 21,500 hab. Lainages, céréales. == Nom des hab. : AUDOMAROIS, OISE.

SAINTONGE, anc. prov. de France, divisée en Haute-Saintonge, cap. *Saintes*, et Basse-Saintonge, cap. le *Brouage*. == Nom des hab. : SAINTONGEAIS, AISE OU SAINTONGEOIS, OISE.

SAINT-OUEN, ch.-l. de c. (Seine), arr. de Saint-Denis, sur la Seine; 30,700 hab.

SAINT-PALAIS, ch.-l. de c. (Basses-Pyrénées), arr. de Mauléon; 2,000 hab. Tribunal de 1re instance.

SAINT-PARDOUX-LA-RIVIÈRE, ch.-l. de c. (Dordogne), arr. de Nontron; 1,800 hab.

SAINT-PAUL, ch.-l. de c. (Basses-Alpes), arr. de Barcelonnette; 1,000 hab.

SAINT-PAUL, v. des États-Unis d'Amérique, cap. du Minnesota, sur le Mississipi; 113,200 hab.

SAINT-PAUL-CAP-DE-JOUX, ch.-l. de c. (Tarn), arr. de Lavaur, sur l'Agout; 1,100 hab.

SAINT-PAUL-DE-FENOUILLET, ch.-l. de c. (Pyrénées-Orientales), arr. de Perpignan; 2,300 hab.

SAINT-PAUL-DE-LOANDA, v. d'Afrique, cap. de la prov. portugaise d'Angola; 16,000 hab.

SAINT-PAUL-TROIS-CHÂTEAUX, ch.-l. de c. (Drôme), arr. de Montélimar, près du Rhône; 2,400 hab.

SAINT-PAULIEN, ch.-l. de c. (Haute-Loire), arr. du Puy; 2,800 hab.

SAINT-PÉ, ch.-l. de c. (Hautes-Pyrénées), arr. d'Argelès, sur le gave de Pau; 2,100 hab.

SAINT-PÉRAY, ch.-l. de c. (Ardèche), arr. de Tournon; 2,600 hab.

SAINT-PÈRE-EN-RETZ, ch.-l. de c. (Loire-Inférieure), arr. de Paimbœuf; 3,000 hab.

SAINT-PÉTERSBOURG, cap. de la Russie, à l'embouchure de la Néva; 1,267,000 hab. Résidence ordinaire de l'empereur et centre des administrations publiques; siège d'un métropolitain russe et d'un archevêque romain; université; nombreuses écoles; académies et sociétés savantes; bibliothèques; magnifique quai le long de la Néva; beaux ponts; édifices remarquables; industrie et commerce très actifs. Ville fondée par Pierre le Grand en 1703. — Le gouvernement de Saint-Pétersbourg a 1,618,600 hab. == Nom des hab. : PÉTERSBOURGEOIS, OISE.

SAINT-PHILBERT-DE-GRAND-LIEU, ch.-l. de c. (Loire-Inférieure), arr. de Nantes; 4,000 hab.

SAINT-PIERRE, v. de la Martinique; 23,200 hab. Évêché. Port.

SAINT-PIERRE, île voisine de Terre-Neuve; 3,900 hab. avec l'île aux Chiens.

SAINT-PIERRE (EUSTACHE DE), Voy. EUSTACHE DE SAINT-PIERRE.

SAINT-PIERRE (abbé DE), célèbre utopiste, auteur du *Projet de paix perpétuelle* (1658-1743).

SAINT-PIERRE-D'ALBIGNY, ch.-l. de c. (Savoie), arr. de Chambéry, sur l'Isère; 3,000 hab.

SAINT-PIERRE-DE-CHIGNAC, ch.-l. de c. (Dordogne), arr. de Périgueux; 1,000 hab.

SAINT-PIERRE-D'OLÉRON, ch.-l. de c. (Charente-Inférieure), dans l'île d'Oléron, arr. de Marennes; 4,600 hab.

SAINT-PIERRE-ÉGLISE, ch.-l. de c. (Manche), arr. de Cherbourg; 1,900 hab.

SAINT-PIERRE-LE-MOUTIER, ch.-l. de c. (Nièvre), arr. de Nevers; 3,100 hab.

SAINT-PIERRE-SUR-DIVES, ch.-l. de c. (Calvados), arr. de Lisieux; 2,200 hab.

SAINT-PIERREVILLE, ch.-l. de c. (Ardèche), arr. de Privas; 1,900 hab.

SAINT-POL, ch.-l. d'arr. du dép. du Pas-de-Calais, sur la Ternoise, à 35 kil. N.-O. d'Arras; 3,700 hab.

SAINT-POL, connétable de France sous Louis XI, décapité pour crime de trahison (1418-1475).

SAINT-POL-DE-LÉON, ch.-l. de c. (Finistère), arr. de Morlaix; 7,400 hab. Port sur la Manche.

SAINT-PONS, ch.-l. d'arr. du dép. de l'Hérault, sur le Jaur, à 94 kil. O. de Montpellier; 3,200 hab.

SAINT-PORCHAIRE, ch.-l. de c. (Charente-Inférieure), arr. de Saintes; 1,100 hab.

SAINT-POURÇAIN, ch.-l. de c. (Allier), arr. de Gannat; 5,000 hab. Vins, bestiaux.

SAINT-PRIEST (ALEXIS, comte DE), diplomate et littérateur fr., né à Saint-Pétersbourg (1805-1851).

SAINT-PRIVAT, ch.-l. de c. (Corrèze), arr. de Tulle; 1,200 hab.

SAINT-PRIVAT, village près de Metz, où se livra, le 10 août 1870, une sanglante bataille entre les Français et les Allemands.

SAINT-QUENTIN, ch.-l. d'arr. du dép. de l'Aisne, sur la Somme, à 50 kil. N.-O. de Laon; 47,600 hab. Tissus de coton et de laine, sucre de betterave. En 1557, cette ville soutint un siège mémorable qui amena une bataille désastreuse, gagnée par le duc de Savoie, général de l'armée espagnole. En 1871, le général Faidherbe y soutint avec honneur une lutte disproportionnée contre une armée allemande. == Nom des hab. : SAINT-QUENTINOIS OISE.

SAINT-QUENTIN (canal DE), entre la Somme et l'Escaut.

SAINTRAILLES. Voy. XAINTRAILLES.

SAINT-RAMBERT, ch.-l. de c. (Ain), arr. de Belley; 3,800 hab.

SAINT-RAMBERT-SUR-LOIRE, ch.-l. de c. (Loire), arr. de Montbrison; 3,000 hab. == Nom des hab. : RAGAMBERTOIS, OISE.

SAINT-RÉAL (abbé DE), historien et littérateur fr. (1639-1692).

SAINT-REMY, ch.-l. de c. (Bouches-du-Rhône), arr. d'Arles; 5,600 hab.

SAINT-REMY, ch.-l. de c. (Puy-de-Dôme), arr. de Thiers; 5,500 hab.

SAINT-RENAN, ch.-l. de c. (Finistère), arr. de Brest; 1,800 hab.

SAINT-ROMAIN, ch.-l. de c. (Seine-Inférieure), arr. du Havre; 1,800 hab.

SAINT-ROME-DE-TARN, ch.-l. de c. (Aveyron), arr. de Saint-Affrique, sur le Tarn; 1,500 hab. Patrie de Mgr Affre.

SAINT-SAËNS, ch.-l. de c. (Seine-Inférieure), arr. de Neufchâtel, sur l'Arc; 2,400 hab.

SAINT-SAMSON, s. m. T. Hortic. Variété de poire appelée aussi *Épargne* et *Beauprésent*. == Pl. *Des saints-samsons*.

SAINT-SAULGE, ch.-l. de c. (Nièvre), arr. de Nevers; 2,300 hab.

SAINT-SAUVEUR, ch.-l. de c. (Yonne), arr. d'Auxerre, près du Loing; 1,800 hab.

SAINT-SAUVEUR-LENDELIN, ch.-l. de c. (Manche), arr. de Coutances; 1,500 hab.

SAINT-SAUVEUR-LE-VICOMTE, ch.-l. de c. (Manche), arr. de Valognes; 2,700 hab.

SAINT-SAVIN, ch.-l. de c. (Gironde), arr. de Blaye; 1,600 hab.

SAINT-SAVIN, ch.-l. de c. (Vienne), arr. de Montmorillon; 1,600 hab.

SAINT-SAVINIEN, ch.-l. de c. (Charente-Inférieure), arr. de Saint-Jean-d'Angely, sur la Charente; 3,000 hab.

SAINT-SÉBASTIEN, v. maritime et place forte d'Espagne, ch.-l. de la prov. de Guipuzcoa, non loin de la frontière française; 22,950 hab.

SAINT-SERNIN, ch.-l. de c. (Aveyron), arr. de Saint-Affrique; 1,200 hab.

SAINT-SERVAN, ch.-l. de c. (Ille-et-Vilaine), arr. de Saint-Malo; 11,600 hab. Port à l'embouchure de la Rance.

SAINT-SEVER, ch.-l. d'arr. du dép. des Landes, sur l'Adour, à 16 kil. S.-O. de Mont-de-Marsan; 4,900 hab.

SAINT-SEVER, ch.-l. de c. (Calvados), arr. de Vire; 1,500 hab.

SAINT-SIMON (duc DE), grand seigneur de la cour de Louis XIV, auteur de *Mémoires* célèbres dans lesquels il étudie avec une pénétration admirable les mille incidents de la cour et la physionomie des courtisans (1675-1755).

SAINT-SIMON (comte DE), socialiste fr., chef de la secte des *saint-simoniens* (1760-1825).

SAINT-SIMONIEN, IENNE. [Pr. *sin-simoni-in, ièno*]. Partisan des idées de Saint-Simon. *Les saint-simoniens.* ‖ Adjectiv., Qui appartient à la doctrine de Saint-Simon. *L'école s.-simonienne. Une brochure s.-simonienne.* Voy. SOCIALISME.

SAINT-SIMONISME. s. m. La doctrine de Saint-Simon et de ses disciples. Voy. SOCIALISME.

SAINT-SULPICE-LES-CHAMPS, ch.-l. de c. (Creuse), arr. d'Aubusson; 1,100 hab.

SAINT-SULPICE-LES-FEUILLES, ch.-l. de c. (Haute-Vienne), arr. de Bellac; 2,100 hab.

SAINT-SYMPHORIEN, ch.-l. de c. (Gironde), arr. de Bazas; 2,000 hab.

SAINT-SYMPHORIEN-DE-LAY, ch.-l. de c. (Loire), arr. de Roanne; 2,650 hab.

SAINT-SYMPHORIEN-D'OZON, ch.-l. de c. (Isère), arr. de Vienne; 1,900 hab.

SAINT-SYMPHORIEN-SUR-COISE, ch.-l. de c. (Rhône), arr. de Lyon; 2,300 hab.

SAINT-THÉGONNEC, ch.-l. de c. (Finistère), arr. de Morlaix; 3,300 hab.

SAINT-THOMAS, île des Antilles, au Danemark; 14,400 hab. Cap. *Saint-Thomas;* 4,000 hab.

SAINT-THOMAS ou **SAN-THOME**, colonie portugaise d'Afrique; 18,300 hab. Cap. *Saint-Thomas.*

SAINT-TRIVIER-DE-COURTES, ch.-l. de c. (Ain), arr. de Bourg; 1,400 hab.

SAINT-TRIVIER-SUR-MOIGNANS, ch.-l. de c. (Ain), arr. de Trevoux; 1,600 hab.

SAINT-TROPEZ, ch.-l. de c. (Var), arr. de Draguignan; 3,500 hab. Port.

SAINT-VALERY-EN-CAUX, ch.-l. de c. (Seine-Inférieure), arr. d'Yvetot; 4,000 hab. Port sur la Manche.

SAINT-VALERY-SUR-SOMME, ch.-l. de c. (Somme), arr. d'Abbeville; 3,500 hab. Port.

SAINT-VALLIER, ch.-l. de c. (Drôme), arr. de Valence; 3,900 hab.

SAINT-VARENT, ch.-l. de c. (Deux-Sèvres), arr. de Bressuire; 2,000 hab.

SAINT-VAURY, ch.-l. de c. (Creuse), arr. de Guéret; 2,700 hab.

SAINT-VICTOR (PAUL DE), critique littéraire fr. (1827-1881).

SAINT-VINCENT, une des Antilles anglaises; 43,100 hab. Cap. *Kingstown.*

SAINT-VINCENT (cap), à l'extrémité S.-O. du Portugal. Brillante victoire de Tourville (1693).

SAINT-VINCENT (cap), sur la côte O. de Madagascar. Voy. MADAGASCAR.

SAINT-VINCENT-DE-TYROSSE, ch.-l. de c. (Landes), arr. de Dax; 1,600 hab.

SAINT-VIVIEN, ch.-l. de c. (Gironde), arr. de Lesparre; 1,500 hab.

SAINT-YRIEIX, ch.-l. d'arr. du dép. de la Haute-Vienne, sur la Loue, affl. de la Vézère; à 41 kil. S. de Limoges; 8,700 hab. = Nom des hab. : ARÉDIEN, ENNE. L'arr. a 4 cant., 27 comm., 47,309 hab.

SAÏQUE. s. f. Mar. Bâtiment en usage dans le Levant. *La s. n'a que deux mâts sans perroquets.*

SAÏS, anc. v. de la Basse-Égypte.

SAISIE. s. f. [Pr. *sè-zi*] (R. *saisir*). T. Procéd., Police, Douanes, etc. Le mot *Saisie*, dans son sens le plus général, signifie toute mise de biens ou effets quelconques sous la main de la justice. Ainsi, d'une part, il s'applique à l'acte par lequel un créancier, pour sûreté de sa créance et afin d'assurer le payement de ce qui lui est dû, arrête, dans la forme légale, les biens meubles ou immeubles de son débiteur; et, d'autre part, il désigne, en matière de police, de douanes et de contributions indirectes, l'action de s'emparer provisoirement des choses qui sont l'objet d'une contravention, ou qui peuvent fournir la preuve d'un crime ou d'un délit.

Tous les biens d'un débiteur ne sauraient tomber sous le coup de la s. Ainsi la loi reconnaît comme insaisissables : 1° en tant que meubles, les objets qualifiés immeubles par destination; 2° le coucher nécessaire aux saisis et celui de leurs enfants vivant avec eux, ainsi que les habits dont ils sont vêtus; 3° les livres relatifs à la profession du saisi, jusqu'à la somme de 300 francs à son choix; 4° les machines et instruments qui servent à l'enseignement ou à la pratique des sciences et des arts jusqu'à concurrence de la même somme; 5° les équipements des militaires; 6° les outils des artisans nécessaires à leur profession; 7° les farines et menues denrées nécessaires à la consommation du saisi et de sa famille pendant un mois; 8° une vache, trois brebis ou deux chèvres, au choix du saisi, avec les fourrages nécessaires à leur nourriture pendant un mois; 9° les rentes sur l'État; 10° les provisions alimentaires adjugées par justice; 11° les sommes et objets disponibles déclarés insaisissables par le testateur ou donateur; 12° enfin les sommes et pensions pour aliments, encore que le testament ou l'acte de donation ne les déclare pas insaisissables. Les objets déclarés par la loi insaisissables ne peuvent être saisis pour aucune créance, même pour celle de l'État, si ce n'est pour aliments fournis à la partie s. ou sommes dues aux fabricants ou vendeurs desdits objets, ou à celui qui aura prêté pour les acheter, fabriquer ou réparer ; pour fermages et moissons des terres à la culture desquelles ils sont employés, loyers des manufactures, moulins, pressoirs, usines dont ils dépendent, et loyers des lieux servant à l'habitation personnelle du débiteur. Toutefois le coucher des saisis et de leurs enfants ainsi que leurs habits ne peuvent jamais être saisis. D'autre part, les provisions alimentaires ne peuvent être saisies que pour cause d'aliments. Quant aux traitements et pensions fournis par l'État, ils ne peuvent être saisis que pour une certaine portion, laquelle est déterminée par la loi. — On distingue les saisies en *mobilières* ou *immobilières*, selon la nature de la chose qui est l'objet.

Parmi les saisies *mobilières*, les unes peuvent être faites sans titre exécutoire ; ce sont : la *S.-arrêt*, la *S.-gagerie*, la *S.-revendication*, et la *S. conservatoire*. D'autres ne peuvent être faites qu'en vertu d'un titre exécutoire ; ce sont : la *S.-exécution*, la *S.-brandon* et la *S. des rentes*. — La *S.-arrêt*, appelée aussi *Opposition*, est celle par laquelle un créancier fait *saisir-arrêter* entre les mains d'un tiers les sommes et les effets qui appartiennent à son débiteur, c.-à-d. s'oppose à leur remise entre les mains de ce dernier. Cette s. doit être faite par le ministère d'un huissier, en vertu de titres authentiques ou privés, ou bien, s'il n'y a pas de titre, en vertu d'une autorisation donnée par le juge du domicile du débiteur et même par celui du domicile du saisi. Dans la huitaine de la s.-arrêt, sauf l'augmentation de délai pour les distances, le créancier saisissant est tenu, à peine de nullité, de dénoncer la s.-arrêt au débiteur saisi et de l'assigner en validité. Dans un pareil délai, à partir du jour de la demande en validité, cette dénonciation doit être dénoncée au *tiers saisi*, c.-à-d. à celui entre les mains duquel la s.-arrêt est formée. Si la dénonciation n'a lieu que plus tard, les payements faits par le tiers saisi jusqu'à cette dénonciation sont valables. La *S.-gagerie* est celle qui a pour objet d'empêcher que les meubles et les fruits garnissant la maison ou les terres du propriétaire ne soient déplacés ou enlevés au préjudice des loyers et fermages qui lui sont dus. Cette s. se fait dans la forme de la s.-exécution, et, s'il s'agit de fruits, dans celle de la s.-brandon. La *S.-revendication* est la réclamation d'un effet mobilier qui se trouve dans la main d'un tiers, et sur lequel on prétend avoir le droit de propriété ou celui d'un gage privilégié. Ainsi, les propriétaires peuvent *saisir-revendiquer* les meubles garnissant la maison louée ou la ferme, et qui ont été déplacés sans leur consentement, dans le délai de 40 jours, lorsqu'il s'agit du mobilier qui garnissait une ferme, et dans celui de quinzaine, s'il s'agit de meubles garnissant une maison. Le vendeur non payé peut aussi, quand la vente a été faite sans terme, saisir-revendiquer, dans la huitaine de la livraison, les effets vendus, s'ils se trouvent encore en la possession de l'acheteur et s'ils n'ont point changé de forme. Le propriétaire d'une chose perdue ou volée peut, pendant 3 ans, la faire saisir-revendiquer entre les mains de son détenteur. Aucune s.-revendication ne peut être faite qu'en vertu d'une ordonnance du président du tribunal de première instance.

Les autres saisies mobilières ne peuvent, ainsi que nous l'avons dit, être pratiquées qu'en vertu d'un *titre exécutoire*. On appelle ainsi un titre qui est empreint du sceau de l'autorité souveraine, ou, en d'autres termes, qui porte la même intitulé que les lois et qui se termine par la *formule exécutoire*, c.-à-d. par un mandement en forme aux officiers de justice. Tout acte ou jugement revêtu de cette formule commande l'obéissance, et l'officier ministériel, qui serait alors insulté dans l'exercice de ses fonctions, pourrait requérir la force armée ou dresser procès-verbal de rébellion. — La *S.-exécution* est celle qu'exerce le créancier, pour faire vendre les meubles de son débiteur et pour être payé sur le prix. Elle ne peut être faite qu'un jour après commandement de payer signifié à la personne ou au domicile du débiteur, et contenant notification du titre, s'il n'a déjà été notifié. L'huissier doit être assisté de deux témoins ou recors. Si le saisi est absent ou s'il refuse d'ouvrir aucune pièce ou meuble, l'huissier devra se faire assister d'un officier public. Tous les biens meubles qui se trouvent au domicile du débiteur peuvent être saisis et vendus, à l'exception de ceux que la loi a déclarés insaisissables — La *S.-brandon* est celle par laquelle un créancier saisit les fruits et récoltes pendant par racines sur les immeubles de son débiteur. Cette s., dont le nom vient de l'usage où l'on était autrefois de placer dans ces cas, autour du champ, des faisceaux de paille appelés *brandons*, suspendus à des pieux, doit être précédée d'un commandement avec un jour d'intervalle. Elle doit en outre être faite

dans les 6 semaines qui précèdent l'époque ordinaire de la maturité des fruits. La *S. des rentes constituées sur particuliers* permet au créancier de saisir, un jour après commandement, les rentes constituées qui appartiennent à son débiteur. Cette s. diffère de la s.-arrêt en ce que celle-ci a pour unique but d'empêcher le tiers saisi de se libérer entre les mains du saisi qui n'en continue pas moins d'être le créancier du tiers saisi, tandis que la s. d'une rente a pour but de transporter la propriété de cette rente sur la tête d'un tiers moyennant le prix d'adjudication payé par ce dernier. — Dans toutes les saisies mobilières, lorsque les deniers saisis-arrêtés, ou le prix des objets mobiliers saisis et vendus, se trouvent insuffisants pour payer tous les créanciers qui ont formé opposition sur ces derniers ou sur ce prix, la distribution se fait entre eux *par contribution*, c.-à-d. que les deniers sont répartis au marc le franc entre tous, sauf le cas où il y a des créanciers privilégiés. Si la distribution ne peut se faire à l'amiable entre les créanciers, le président du tribunal commet un juge pour y procéder. Alors, dans le mois de la sommation qui leur est faite, les créanciers opposants sont tenus, à peine de forclusion, de produire et remettre leurs titres aux mains du juge commis. Lorsque ce dernier a dressé l'état de collocation, les créanciers sont sommés d'en prendre communication, et, s'ils veulent contredire, ils doivent le faire dans la quinzaine de la sommation. Enfin, l'appel du jugement qui statue sur les contredits doit être interjeté dans les 10 jours de la signification de ce jugement à avoué. — Dans tous les cas de s. d'objets mobiliers, ces objets doivent être confiés à la garde d'une personne solvable et de la qualité requise par la loi. Le saisissant, son conjoint, ses parents ou alliés, jusqu'au degré du cousin issu de germain inclusivement, et ses domestiques, ne peuvent être établis gardiens de la s. ; mais le saisi, son conjoint, ses parents, alliés et domestiques peuvent l'être, s'ils y consentent, ainsi que le saisissant. L'huissier établit le gardien que lui présente le saisi, si ce gardien est solvable, et le charge immédiatement des objets saisis. Dans le cas contraire, il le choisit lui-même et l'établit. Ceux qui se rendent coupables d'*enlèvement* ou de *détournement des objets saisis* sont considérés comme coupables de vol et punis comme tels. (C. P., 379 et suiv.)

La *S. immobilière*, ou l'*Expropriation forcée*, appelée aussi *S. réelle*, est, pour les immeubles, ce que la s.-exécution est pour les meubles. Elle a pour but de mettre les biens immeubles du débiteur entre les mains de la justice, puis de les faire vendre, afin de payer les créanciers sur le prix provenant de cette vente. Le Code civil détermine la nature des biens dont le créancier peut poursuivre l'expropriation, et les conditions dans lesquelles elle peut avoir lieu (Voy. EXPROPRIATION) ; puis le Code de Proc. civile règle les formes à observer dans cette poursuite. On ne peut procéder à une s. immobilière qu'après qu'il y a eu, au préalable, commandement de payer fait, à la requête et diligence du créancier, à la personne du débiteur ou à son domicile. Si ce commandement reste sans résultat, les poursuites commencent. La s. immobilière a lieu, après 30 jours écoulés depuis le commandement ; transcription de la s. est faite, dans la quinzaine, au bureau des hypothèques, de la situation des biens ; la s. est, en outre, dans la quinzaine de cette transcription, également transcrite au greffe du tribunal où doit se faire la vente ; la s., ainsi enregistrée et transcrite, est dénoncée au saisi dans la quinzaine du jour du dernier enregistrement, et cette dénonciation est elle-même enregistrée dans la huitaine. Les formalités principales qui suivent sont : l'insertion dans les journaux d'un extrait de la s. ; l'affiche de cet extrait dans certains lieux déterminés ; la notification de cette affiche en placard au saisi et aux créanciers inscrits sur l'immeuble ; la publication du cahier des charges contenant les clauses et conditions de l'adjudication ; l'adjudication préparatoire, et enfin l'adjudication définitive. Toute personne peut, dans la huitaine du jour de l'adjudication définitive, faire une surenchère, pourvu qu'elle soit du sixième au moins du prix principal de la vente. Cette surenchère n'est reçue qu'à la charge par le surenchérisseur d'en faire, à peine de nullité, la dénonciation, dans les 3 jours, aux avoués de l'adjudicataire, du créancier poursuivant et de la partie saisie, s'il a un avoué constitué. Toute contestation incidente doit être jugée sommairement. Lorsqu'un tiers prétend avoir la propriété de tout ou partie des immeubles qui ont été saisis sur la tête d'une autre personne, sa *demande en distraction* doit être formée par requête d'avoué, tant contre le saisissant que contre la partie saisie et le créancier premier inscrit. L'appel du jugement rendu sur la demande en distraction doit être interjeté dans la quinzaine du jour de la signification à personne ou domicile, outre l'augmentation à raison des distances. Faute par l'adjudicataire d'exécuter les clauses de l'adjudication, le bien est vendu à la folle enchère, et il est tenu de la différence de son prix avec celui de la revente. — La distribution du prix des immeubles vendus qui se fait entre les divers créanciers du saisi est appelée *Ordre*, parce que ces derniers sont colloqués sur ce prix d'après l'ordre ou le rang de leurs privilèges ou hypothèques. Lorsque les créanciers ne peuvent s'entendre, l'ordre, de même que la distribution par contribution, est réglé par un juge commis à cet effet. Tous les créanciers sont sommés de produire leurs titres, et chacun d'eux est tenu de le faire dans le mois de la sommation. Aussitôt que le juge-commissaire a dressé son état de collocation, les créanciers sont encore sommés d'en prendre communication, et, s'ils veulent contredire, ils doivent le faire dans le mois de cette seconde sommation. Le créancier d'un créancier qui a produit utilement peut se faire attribuer en sous-ordre le montant de la somme attribuée à son débiteur par l'état de collocation.

La s.-foraine est la s. d'effets appartenant à un débiteur forain, trouvés par le créancier dans sa commune.

En T. Mar. On appelle s. la capture d'un navire neutre.

SAISINE. s. f. [Pr. *sè-zine*] [R. *saisir*]. T. Droit. Prise de possession dévolue de plein droit à un héritier. Voy. SUCCESSION. ‖ T. Féod. Droit dû au seigneur pour la prise de possession d'un héritage relevant de lui. ‖ T. Mar. Cordage servant à faire un remorquage, à attacher une chaloupe sur le pont d'un navire.

SAISIR. v. a. [Pr. *sè-zir*] (bas lat. *sacire*, m. s., de l'anc. haut. all. *sazjan*, mettre, poser). Prendre vivement, et souvent avec effort. *S. quelqu'un au passage. Le s au collet. On a saisi le voleur au moment où il s'échappait. S. avec la main, avec les dents, avec le bec, etc.* — Fig., *S. l'occasion, s. le moment favorable,* Les mettre sur-le-champ à profit. *S. un prétexte,* S'en servir, sans se donner le temps d'examiner s'il est bon ou mauvais. ‖ Prendre quelque chose pour le tenir ou pour le porter. *Le manche de ce marteau est trop gros, on a de la peine à le s.* ‖ Fig., Comprendre, discerner, interpréter. *Vous avez mal saisi ce que j'ai dit. Il a bien saisi le nœud de la difficulté. Ce traducteur a mal saisi ce passage, ce texte. Il a bien saisi le ridicule de cette action.* ‖ Fig., Se dit des influences physiques ou morales qui agissent, qui font impression sur quelqu'un. *Le froid m'a saisi. La fièvre l'a saisi. La douleur, la crainte, le désespoir l'a saisi. Il fut saisi d'effroi, d'étonnement, d'admiration, de respect, etc. L'éloquence de Bossuet saisit et entraîne le lecteur. Ce spectacle me saisit d'horreur. Un enthousiasme guerrier saisit tout le peuple.* — Absol., *Être saisi,* Être frappé subitement, touché de plaisir, pénétré de douleur. *A cette nouvelle, tout le monde fut saisi. J'en suis encore saisi, tout saisi.*

Saisi d'horreur, de joie et de ravissement.

RACINE.

‖ T. Procéd., Police, etc. Faire une saisie, arrêter, retenir par voie de saisie. *S. des meubles. S. des immeubles. S.-arrêter une somme. S. des objets de contrebande. S. des faux poids. Le garde-chasse lui a saisi son fusil. On a saisi ses papiers. On a saisi tel numéro de ce journal.* Voy. SAISIE. ‖ T. Jurispr. *Le mort saisit le vif.* Voy. SUCCESSION. ‖ T. Palais. *S. d'une affaire au tribunal,* La porter devant lui. *Il a saisi la cour de son affaire. Le tribunal est saisi.* = SE SAISIR. v. pron. Se prendre, s'empoigner mutuellement. *Ils se saisirent l'un l'autre pour se battre.* ‖ S'emparer, se rendre maître d'une personne, d'une chose. *Il faut se s. de cet homme, c'est un voleur. Il s'est saisi de l'argent, des meubles, du cheval. Il faut d'abord se s. de cette place, de cette ville. Se s. d'un couteau, d'une épée.* ‖ Fig., au sens moral, Être frappé subitement. *Quand on lui apprit la mort de son fils, il se saisit tellement, qu'il en mourut.* VX. = SAISI, IE. part. *Les biens, les objets, les effets saisis. La partie saisie. Le voleur a été trouvé saisi du vol,* On a trouvé sur lui l'objet qu'il avait volé. On dit de même, *On l'a trouvé saisi d'une lettre qui a dévoilé toute l'intrigue.* ‖ T. Procéd. S'emploie subst., et l'on appelle *Saisi* Le débiteur sur lequel on a fait une saisie, et *Tiers-saisi* Celui entre les mains duquel on a fait une saisie-arrêt. Voy. SAISIE.

SAISISSABLE. adj. 2 g. [Pr. *sè-zi-sable*]. Qui peut être saisi. *Cette rente n'est pas s.*

SAISISSANT, ANTE. adj. [Pr. *sè-zi-san*]. Qui saisit. Ne se dit que Fig., et sign., Qui surprend tout d'un coup, qui fait une vive impression. *Un froid s. Un spectacle s. Ce livre contient un tableau s. des misères de notre temps.* ‖ T. Procéd. Se dit subst., De celui au nom de qui se fait une saisie. *Le premier s. La saisissante.*

SAISISSEMENT. s. m. [Pr. *sè-zisc-man*] (R. *saisir*). Impression subite, produite par une cause morale. *Il est mort d'un s. Il n'est pas encore revenu de son s. S. de cœur.*

Sans frémissement
Je ne puis voir sa peine et son saisissement.

RACINE.

‖ Se dit aussi en parlant du froid. *En sortant du bal par ce temps humide, elle a éprouvé un s. qui l'a rendue malade.*

SAISON. s. f. [Pr. *sè-zon*] (lat. *satio*, action de semer). L'une des quatre parties de l'année, qui contiennent chacune trois mois, dont deux commencent aux solstices et deux aux équinoxes. *Les quatre saisons de l'année. L'intempérie des saisons, de la s.* — *La s. nouvelle,* Le printemps. *L'arrière-s.,* L'automne, le commencement de l'hiver. *La belle s.,* La partie de l'année où le temps est beau, c.-à-d. la fin du printemps, l'été et le commencement de l'automne. *La mauvaise s.,* La fin de l'automne, l'hiver et le commencement du printemps. — On dit aussi, *La s. des frimas, des pluies, etc.,* pour désigner l'époque de l'année où il y a habituellement des frimas, des pluies, etc.; *La s. des fleurs, des fruits, des foins, des semailles, des perdreaux, des cailles,* pour désigner le temps où paraissent les fleurs, où l'on a la coutume de faire les foins et de semer, où les cailles, etc., se trouvent en plus grand nombre, et sont meilleures à manger. On dit encore, *Les fruits, les légumes de la s.,* en parlant des fruits, etc., propres à la saison où l'on se trouve, et, *La s. est avancée,* Les fruits de la saison sont plus avancés qu'ils ne sont habituellement au moment où l'on parle. — *Morte-s.,* temps où la terre ne produit rien et Fig. Temps où une industrie, un commerce chôme. — *S. thermale,* temps pendant lequel il est salutaire de prendre certaines eaux thermales. ‖ *Saison* se dit également du temps propre pour faire quelque chose. *Faire ses provisions dans la s. Ces fruits ne sont plus de s.* — Au sens moral, *Ce que vous dites est hors de s. Cette entreprise n'est pas encore de s.* ‖ Par extens., se dit de certains âges de la vie, *La première s. de la vie,* La jeunesse. *La dernière s. de la vie,* La vieillesse. *La belle s. La s. des plaisirs, des amours;* L'*arrière-s.*

Astron. — 1. — La différence des *Saisons* est due aux diverses positions qu'occupe la Terre dans sa révolution annuelle autour du Soleil, et à ce que, durant tout le cours

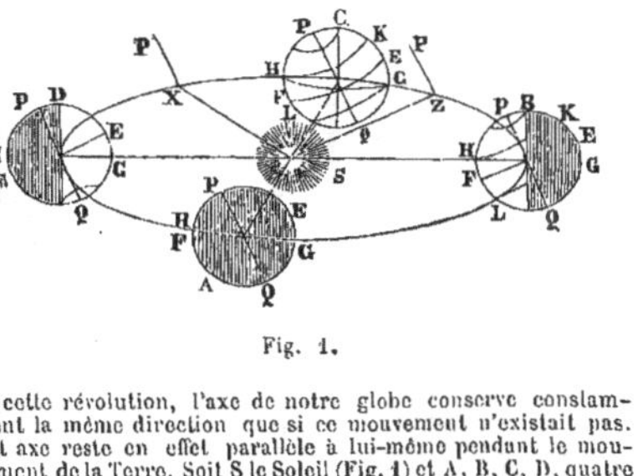

Fig. 1.

de cette révolution, l'axe de notre globe conserve constamment la même direction que si ce mouvement n'existait pas. Cet axe reste en effet parallèle à lui-même pendant le mouvement de la Terre. Soit S le Soleil (Fig. 1) et A, B, C, D, quatre positions de la Terre dans son orbite, à 90° de distance l'une de l'autre, l'orbite terrestre étant figurée en raccourci sous la forme d'une ellipse quoiqu'elle soit presque circulaire; mais il faut se la représenter dans un plan perpendiculaire au plan de la figure; A représente la position qu'occupe notre globe au 21 mars ou à l'équinoxe de printemps, tandis que B correspond au 21 juin ou au solstice d'été, C au 23 septembre ou à l'équinoxe d'automne, et D au 21 décembre ou au solstice d'hiver. Dans chacune de ces positions, soit PQ l'axe de la Terre, autour duquel s'opère sa rotation diurne, indépendamment de son mouvement annuel dans l'orbite. Comme le Soleil ne peut éclairer à la fois que la moitié de la surface terrestre, c.-à-d. celle qui est tournée de son côté, les parties du globe qui sont ombrées dans ces diverses positions représenteront les régions non éclairées, et les parties sans ombre les hémisphères éclairés de la surface de la Terre, dans ces mêmes positions. Or, en premier lieu, dans la position A, le Soleil est sur la ligne d'intersection du plan de l'équateur FE avec celui de l'écliptique HG, il est donc à l'*équinoxe*; et, dans cette position, les pôles P et Q tombent tous les deux sur les limites du côté illuminé. En conséquence, il fait alors jour à la fois dans la moitié de l'hémisphère nord et dans la moitié de l'hémisphère sud: et, comme la Terre tourne autour de son axe, chaque point de sa surface décrit la moitié de sa course diurne dans la lumière, et l'autre moitié dans l'obscurité; en d'autres termes, à cette époque, la durée du jour et celle de la nuit sont égales sur tout le globe : c'est de là qu'est venu le terme d'*Équinoxe*. On peut en dire autant de la position C qui correspond à l'équinoxe d'automne. Maintenant B est la position de la Terre à l'époque du *solstice d'été* ou solstice boréal. Ici, le pôle nord P et une partie considérable de la surface de la Terre jusqu'en B sont situés dans la moitié illuminée. Or, comme la Terre tourne sur son axe dans cette position, cette partie tout entière reste constamment éclairée. En conséquence, à ce point de son orbite, ou dans cette saison de l'année, il fait constamment jour au pôle boréal, ainsi que dans toute cette région de la Terre qui entoure ce pôle jusqu'en B, c.-à-d. jusqu'à la distance d'environ 23°28' du pôle, ou jusqu'à la limite que l'on désigne en géographie sous le nom de *cercle arctique*. Du côté opposé, au contraire, le pôle sud Q, avec toute la région comprise dans le *cercle antarctique*, c.-à-d. jusqu'à une distance du pôle austral égale à 23°28', reste plongé dans les ténèbres, pendant toute la rotation diurne, en sorte qu'il fait continuellement nuit dans cette zone australe. Quant à la portion de la surface terrestre qui est comprise entre les cercles arctique et antarctique, il est évident que plus un point quelconque de cette surface se trouvera rapproché du pôle nord, plus il restera longtemps illuminé et moins il restera dans l'obscurité durant sa course diurne : en d'autres termes, plus son jour sera long et plus sa nuit sera courte. Toute station au nord de l'équateur aura un jour plus grand et une nuit plus courte que 12 heures, et *vice versa*. Tous ces phénomènes seront exactement inverses lorsque la Terre se trouvera au point opposé D de son orbite, c.-à-d. que ce qui se passait dans le voisinage du pôle boréal se passera maintenant dans le voisinage du pôle austral et inversement. Le tableau suivant indique les durées des jours les plus longs et les plus courts pour diverses latitudes depuis l'équateur jusqu'aux parallèles terrestres dont la latitude est 66°32', c.-à-d. jusqu'aux *cercles polaires*. Il importe de remarquer que les nombres donnés dans ce tableau ont été obtenus en négligeant l'influence atmosphérique.

LATIT.	JOUR le plus long.	JOUR le plus court	LATIT.	JOUR le plus long	JOUR le plus court
0°	12ʰ 0ᵐ	12ʰ 0ᵐ	40°	14ʰ 51ᵐ	9ʰ 9ᵐ
5°	12 17	11 43	45°	15 26	8 34
10°	12 35	11 25	50°	16 9	7 51
15°	12 53	11 7	55°	17 7	6 53
20°	13 13	10 47	60°	18 30	5 30
25°	13 34	10 26	65°	21 9	5 21
30°	13 56	10 4	66° 32'	24 0	0 0
35°	14 22	9 38			

Nous avons supposé jusqu'ici, afin de simplifier l'exposition du problème, que la Terre se meut dans un cercle dont le Soleil occupe le centre. Mais personne n'ignore aujourd'hui que l'orbite de la Terre est une ellipse ou un cercle allongé, dont le Soleil occupe un des foyers. De plus, la Terre décrit cette ellipse suivant la *loi des aires*. Voy. PLANÈTE. Il résulte de la position relative du périhélie et des équinoxes que les saisons ont des durées quelque peu inégales. La ligne des apsides PQ fait un très petit angle avec la ligne des solstices BO, et est placée de telle manière que la Terre qui

circule dans le sens de la flèche passe au périhélie P peu de jours après être passée au solstice d'hiver D (Fig. 2, qui représente l'orbite terrestre vue de face, l'ellipticité de cette orbite ayant été considérablement exagérée à dessein). La ligne des équinoxes AC est perpendiculaire à la ligne des solstices BD, l'équinoxe de printemps étant en A, et l'équinoxe d'automne en C. Le printemps est le temps que met la Terre à aller de A et B, de l'équinoxe de printemps au sol-

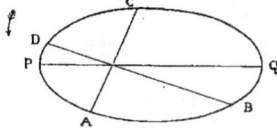

Fig. 2.

stice d'été ; l'été le temps que met la Terre à aller de B en C, l'automne de C en D, et l'hiver de D en A. Or les durées de chacun de ces parcours étant, d'après la loi des aires, proportionnelles aux secteurs correspondants, on voit que la s. la plus longue est l'été qui correspond au plus grand secteur BSC. Viennent ensuite, dans l'ordre décroissant, le printemps ASB, l'automne CSD et l'hiver DSA. Les observations donnent pour chacune des saisons les durées suivantes : *Printemps*, 92 jours 20 heures 59 minutes; *Été*, 93 j. 14 h. 13 m.; *Automne*, 89 j. 18 h. 35 m.; *Hiver*, 89 j. 0 h. 2 m. Si nous ajoutons ensemble les durées du printemps et de l'été, puis celles de l'automne et de l'hiver, nous trouvons les deux nombres 186 j. 11 h. 12 m. et 178 j. 18 h. 37 m. Par conséquent, le printemps et l'été pris ensemble sont environ de 8 jours plus longs que l'hiver et l'automne pris également ensemble : en d'autres termes, le Soleil reste près de 8 jours de plus dans l'hémisphère boréal que dans l'hémisphère austral.

Dans l'hémisphère austral, les saisons sont contraires aux nôtres : l'hiver de l'hémisphère boréal est l'été de l'hémisphère austral, etc. Par conséquent, dans l'hémisphère austral ce sont les saisons hivernales, automne et hiver, qui sont les plus longues. Ajoutons enfin que cette inégalité des saisons se modifie avec les siècles. En vertu du mouvement de *précession* (Voy. ce mot), l'équinoxe A et par suite le solstice B se déplace dans le sens rétrograde d'environ 50″,2. Au contraire le périhélie P se déplace dans le sens direct (celui de la flèche) d'environ 11″,5 par an. Il en résulte que le périhélie et le solstice s'éloignent chaque année d'environ 61″,7 ce qui fait qu'ils se rapprochent et coïncident au bout d'une période d'environ 21,000 ans. L'an 1230 de notre ère, le périhélie coïncidait avec le solstice d'hiver. Actuellement la Terre passe au périhélie vers le 1ᵉʳ janvier; dans un demi-siècle, elle y passera le 2, etc. Le fait remarquable que la Terre est plus près du Soleil en hiver qu'en été a pour résultat de modérer quelque peu l'écart de température des saisons ; mais, par suite du mouvement dont nous parlons, l'hiver tend à devenir plus froid et plus long, l'été plus chaud et plus court. Dans 10,500 ans, le périhélie se trouvera dans le voisinage du solstice d'été : c'est l'été qui sera le plus court, et l'hiver le plus long, comme cela arrive aujourd'hui pour l'hémisphère austral. Dans 21,000 ans les saisons se retrouveront comme aujourd'hui et ainsi de suite.

II. — La température d'un lieu quelconque pris à la surface de la Terre dépend principalement de son exposition aux rayons solaires. Ainsi, tant que le Soleil est sur l'horizon d'un lieu, ce lieu en reçoit de la chaleur; il en perd, au contraire, constamment par *rayonnement*.

La quantité de chaleur reçue du Soleil pendant 24 heures consécutives dépend à la fois de la durée du jour et de la hauteur à laquelle s'élève le Soleil à midi : elle est donc beaucoup plus considérable en été qu'en hiver. La quantité de chaleur perdue par rayonnement augmente avec la température moyenne. D'un autre côté, il est clair que pour l'année entière la quantité de chaleur reçue est égale à la quantité de chaleur perdue, autrement l'équilibre et la température moyenne ne pourraient se soutenir. Il en résulte qu'au solstice d'été, par ex., la quantité de chaleur reçue en 24 heures dépasse celle qui est perdue par rayonnement, tandis que c'est le contraire en hiver. Or, la température moyenne diurne s'élève tant que la Terre reçoit en 24 heures plus de chaleur qu'elle n'en perd, ce qui arrive au solstice d'été. Donc vers le 21 juin, la température moyenne diurne va en augmentant, d'un jour au suivant. Mais après le solstice, la quantité de chaleur reçue diminue chaque jour, tandis que la quantité de chaleur perdue par rayonnement augmente, puisque la température continue à s'élever. Il vient donc un moment, vers la fin de juillet, où ces deux quantités de chaleur s'équilibrent. C'est le moment où la température cesse de s'élever : c'est le *maximum* de température annuelle. A partir de cette époque, c'est la quantité de chaleur perdue qui est la plus grande, et la température s'abaisse jusqu'au delà du solstice d'hiver, c.-à-d. jusqu'à ce que la chaleur reçue en 24 heures redevienne égale à la chaleur perdue, ce qui arrive vers le 10 janvier. C'est l'époque du *minimum* de température annuelle.

III. — D'après ce qui précède, il est facile de comprendre qu'au point de vue climatologique, le mot *Saison* ne saurait avoir sur toute la surface du globe la signification que nous y attachons, nous habitants de la zone tempérée boréale, et particulièrement, que la distinction du printemps et de l'été, de l'automne et de l'hiver, n'existe pas pour toutes les zones. En effet, les habitants de la région équatoriale voient deux fois chaque année le Soleil sur leurs têtes : ils ont donc en apparence deux étés; puis, le Soleil s'écarte pour eux, tantôt à droite, tantôt à gauche, de 23°28', c.-à-d. jusqu'à chaque tropique; et dans ces deux dernières positions, il semble que la température devrait être moins brûlante. Mais, lorsque le Soleil est sous l'équateur et darde perpendiculairement ses rayons sur la Terre, la chaleur extrême qu'il développe détermine en même temps une immense évaporation d'eau qui donne lieu à des orages et à des pluies épouvantables : de là vient que ces deux prétendus étés sont appelés par les navigateurs européens *Saison des pluies* et *Hivernage*. Au contraire, lorsque le Soleil se trouve vers l'un ou l'autre des tropiques, ses rayons n'étant plus perpendiculaires, ils soulèvent moins de vapeurs, et les deux saisons qu'amène cette double révolution sont sèches et sans orages. Sous l'un et l'autre des tropiques, les habitants n'ont aussi que deux saisons, l'été et l'hiver; mais elles ne sont point partagées comme sous l'équateur. Lorsque le tropique boréal ou du Cancer est sous l'influence de l'été, le tropique austral ou du Capricorne est sous celle de l'hiver, et *vice versa*. Seulement, comme le Soleil ne s'écarte jamais au delà de 23°28' au-dessous de l'équateur, ces rayons n'ont jamais qu'une faible obliquité, les jours ne raccourcissent jamais beaucoup, la différence des deux saisons est peu sensible, et l'hiver y est ordinairement fort chaud et fort sec. Mais si l'on remonte vers les régions intermédiaires, on trouve l'été et l'hiver séparés par des saisons tempérées, de telle sorte que, dans ces régions, le froid et la chaleur règnent avec plus ou moins d'intensité, selon que le Soleil est plus ou moins rapproché de chacun des pôles. Enfin, le dernier résultat du passage du Soleil d'un hémisphère à l'autre est la longueur extrême de l'hiver, dans les régions voisines du pôle. Dans ces régions glaciales, il y a neuf mois d'hiver et trois mois d'été. Mais, par une sorte de compensation, durant cet été, le Soleil ne quitte presque pas l'horizon, de sorte que l'accumulation de la chaleur solaire est encore capable d'entretenir une certaine vie sous ces climats redoutables. Voy. CLIMAT.

SAISONNER. v. n. [Pr. sè-zo-ner]. Avoir bonne saison de fruits.

SAISONNIÈRE. adj. f. [Pr. sè-zo-nière]. Maladies *saisonnières*, qui sont propres à chaque saison.

SAISSAC. ch.-l. de c. (Aude), arr. de Carcassonne; 1,300 hab.

SAJOU. s. m. (R. *çay-gouazou*, n. indigène au Brésil). T. Mamm. Genre de *Singes*. Voy. HÉLOPITHÈQUE.

SAKAÏ. v. du Japon (Niphon); 44,700 hab.

SAKALAVES, tribu de nègres de la côte occidentale de Madagascar.

SAKARANPOUR. v. de l'Hindoustan ; 59,000 hab.

SAKATON, v. de l'Afrique dans le Soudan (Haoussa), sur un affluent du Niger; 20,000 hab.

SAKHALIEN ou **SAKHALINE** ou **TARRAKAÏ** (île). Ile russe entre la mer d'Okhotsk et la mer du Japon.

SAKI. s. m. (n. indigène au Brésil). T. Mamm. Genre de *Singes*. Voy. GÉOPITHÈQUE.

SALACE. adj. 2 g. (lat. *salax, salacis*, m. s.). Qui a de la salacité.

SALACIA. s. m. (n. mythol.). T. Bot. Genre de plantes Dicotylédones de la famille des *Célastracées*. Voy. ce mot.

SALACITÉ. s. f. (lat. *salacitas*, m. s.). Propension extrême au rapprochement sexuel; se dit surtout en parlant des animaux domestiques.

SALADE. s. f. (lat. *cælata*, ciselée, sous-ent. *cassis*, casque. Ancien casque de cavalerie). Voy. CASQUE.

SALADE. s. f. (R. *saler*). Mets composé de certaines herbes ou de certains légumes assaisonnés avec du sel, du vinaigre, de l'huile, etc. *S. de laitues, de pourpier, de concombres, de betteraves, de céleri*. Assaisonner, *retourner la s*. — Se dit aussi des herbes avant qu'elles soient assaisonnées. *Cueillir, éplucher une s.* || Mets composé de viandes froides, ou de poissons, et assaisonné comme les salades d'herbes et de légumes. *S. d'anchois. S. de volaille*. || *S. d'oranges*, Oranges coupées par tranches et assaisonnées avec du sucre et de l'eau-de-vie. || Mélange de pain et de vin qu'on donne aux chevaux pour les rafraîchir, quand on veut qu'ils fassent de suite une longue traite. || Fig. *Faire une s.*, Mêler complètement diverses choses. || T. Arm. *Troupes de s.*, Troupes formées d'hommes tirés de divers corps.

SALADIER. s. m. Jatte où l'on sert la salade. || Panier à jour dont on se sert pour secouer la salade, après l'avoir lavée. || Prov. *La politesse est au fond du s.*, Il est poli de se servir le premier en salade, celle du fond ayant mieux pris l'assaisonnement.

SALADIN, sultan d'Égypte; le héros musulman de la 3e croisade (1137-1193).

SALADO (río), r de l'Amérique du Sud, affl. du Sarana; 1,100 kilomètres.

SALAGE. s. m. Action de saler; ou le résultat de cette action. *Le s. d'un porc coûte tant*.

SALAIRE. s. m. [Pr. sa-lère] (lat. *salarium*, m. s., de sal, sel, propr. solde donnée aux soldats pour achetor du sel). Prix, rémunération d'un travail ou d'un service. *Faible, modique, chétif s. Toute peine mérite s. Les salaires ont haussé*. || Fig., se dit de la récompense et de la punition que mérite une action.

> Son orgueil dès longtemps exigeait ce salaire.
>   RACINE.

Est-ce là le s. des services que je lui ai rendus? Il a eu le s. de ses crimes. == Syn. APPOINTEMENT.

Écon. pol. — I. *Notion du salaire.* — "En termes d'Économie politique, on appelle *Salaire* la rétribution du travail de l'homme qui loue ses facultés personnelles. Le prix obtenu par celui qui vend ainsi son travail est payé par le capitaliste, et, en conséquence, celui-ci reste seul et unique propriétaire du produit qui résulte de ce travail. L'institution de cette forme de rémunération du travail qu'on nomme *Salariat*, a été, quel qu'en aient été quelques amateurs, un progrès sur l'association du travail et des capitaux, telle qu'elle se retrouve encore dans certaines formes de l'industrie, comme chez quelques associations de pêcheurs, et jusqu'à un certain point dans le métayage de l'agriculture française. « Si le salariat n'existait pas, dit très bien le professeur Baudrillart, il serait suppléé par l'association aux chances bonnes et mauvaises de l'entreprise. Le capitaliste apporterait ses instruments à l'œuvre commune, les autres leur main-d'œuvre, et, quand le produit serait terminé, capitaliste et travailleurs prélèveraient leur quote-part. Mais quelle serait cette quote-part? Dites-vous qu'elle sera égale pour tous? Alors, c'est le communisme. En dehors du système de l'égalité absolue, et du moment qu'on admet que le capital donne certains droits, y a-t-il une raison de conclure qu'elle serait plus avantageuse pour le travail que lorsqu'elle est payée sous la forme de s.? En vérité, il n'y en a aucune. Si le capital était peu abondant, les capitalistes peu nombreux, et la population ouvrière très serrée, par la force des choses le capital resterait maître des conditions; par la force des choses, la population serait misérable. Nous disons par la force des choses, et non par la mauvaise volonté des capitalistes. En effet, alors même qu'ils feraient le sacrifice des droits que leur donne le capital, sa masse répartie entre la population donnerait à chacun un surcroît de revenu presque insignifiant. La société n'aurait donc rien gagné; elle aurait, au contraire, perdu beaucoup en disséminant sa puissance productive, en portant atteinte à la division des attributions, en livrant l'entreprise à l'incapacité et à l'anarchie. L'association dans le partage des fruits laisse subsister entière la discussion de la part proportionnelle afférente au travail et au capital. Voyons quelles raisons ont pu déterminer les hommes à une autre forme de rémunération. Il s'agit d'une maison à bâtir : nous supposons que le propriétaire foncier a été remboursé. Vient maintenant le capitaliste qui fournit les instruments et les matériaux, ou, ce qui est la même chose, l'argent qui n'apparaît, comme toujours, que transitoirement. L'ouvrier, c.-à-d. celui qui a pour toute fortune ses bras, apporte ensuite son travail. Le capitaliste se garde bien d'engager tous ses capitaux dans l'entreprise, il en réserve une part pour son revenu personnel : il faut, pendant que son capital est employé et court des risques, qu'il ait des provisions, le vivre, le couvert, etc. Si l'entreprise réussit, il rentrera dans ses avances et trouvera en outre un certain profit, juste rémunération de son sacrifice et de ses risques; jusque-là il aura vécu. Mais l'ouvrier?... Attendra-t-il le résultat de l'entreprise pour prélever sa part, comme cela se pratique entre associés? Soit, s'il peut vivre d'une autre manière en attendant; soit, s'il se sent assez riche pour pouvoir mettre à une telle loterie. Mais s'il n'a que peu de capital ou s'il n'en a pas du tout, la prudence et la nécessité ne lui donnent-elles pas d'autres conseils? C'est alors qu'une autre combinaison se présente. Il s'adresse au capitaliste, à l'entrepreneur, à celui qui possède matériaux, instruments et provisions : « J'apporte mon travail, lui dit-il, mais malheureusement, jusqu'à ce que viennent des temps meilleurs, jusqu'à ce que j'aie assez travaillé, assez épargné pour avoir, moi aussi, quelques capitaux, mon travail est tout ce que je possède. Je voudrais donc ne pas attendre le partage du produit pour prélever ma quote-part. Sur ce produit à venir, faites-moi une avance, vous me rendrez service comme je vous en rends un en travaillant : donnant, donnant, j'aime mieux cela. Je renonce aux bénéfices extraordinaires de l'entreprise, si elle en procure; mais je me mets à couvert des pertes, si elles ont lieu. Cela m'arrange mieux : y trouvez-vous à redire ou consentez-vous au marché? » La rémunération revêtira donc pour le travailleur une forme nouvelle, celle du s. assuré, au lieu de celle du bénéfice incertain. Il y gagne d'avoir son pain quotidien. Il y gagne de ne pas avoir travaillé en vain en cas d'insuccès. Quant au capitaliste, il se peut qu'il trouve intérêt à ce marché, il se peut aussi qu'il y perde. L'avantage pour lui est, s'il y a réussite, d'avoir la totalité des bénéfices. Dans le cas d'échec, il a perdu non seulement ses avances en matériaux et en instruments, mais encore ses avances en salaires. Le s. n'a donc point, on le voit, rompu l'association du travail et du capital, il en a détruit la solidarité absolue, en ce qu'elle avait de fâcheux pour la classe la plus nombreuse, et de funeste au point de vue du progrès général. Il a donné au travailleur la sécurité; il a ouvert au capitaliste un plus libre essor; il a permis à l'entreprise d'être conduite avec une suite et un ensemble que n'eût jamais obtenu le concours de vingt associés. Il a spécialisé les tâches. Il a été un progrès, du moins relatif; et dans les cas même, cas restreints, où de nouveau l'association pourrait redevenir la forme du travail, il n'aurait pas moins été l'une des étapes nécessaires de la civilisation économique dont il restera constamment une des formes essentielles »

Le mot s. s'emploie particulièrement en parlant de la rétribution du travail loué à la journée ou à la tâche, et en parlant des travailleurs de l'industrie, soit agricole, soit manufacturier. Mais les gages d'un domestique, les appointements d'un employé, le traitement d'un préfet, d'un magistrat, d'un général, les honoraires d'un avocat et d'un médecin, sont de véritables salaires, les salaires au même titre que le prix reçu par un manœuvre, par un forgeron, par un ouvrier menuisier, pour le travail de chaque journée. Bien plus, il est impossible de concevoir une autre forme pour la rétribution de cette catégorie de travailleurs, tandis que, comme nous venons de le voir, elle se peut concevoir sous la forme de part au produit pour un très grand nombre de travailleurs industriels. Toutefois, comme d'autre part l'exercice de ces professions dites libérales exige une habileté et des connaissances qui ne s'acquièrent qu'à prix d'argent et après de longues années d'études, de sorte que le revenu qu'elles procurent doit comprendre les profits du capital que représentent les connaissances acquises, il est d'usage de considérer plus particulièrement les salaires des travailleurs dont le travail consiste en main-d'œuvre proprement dite, quand on veut rechercher les lois qui régissent le taux des salaires et les circonstances qui influent sur la condition des classes laborieuses.

II. *Du taux des salaires.* — Le prix du travail ou des services, comme celui des marchandises, dépend du rapport qui s'établit entre l'offre et la demande. Cobden a formulé ce principe d'une manière pittoresque et saisissante : « Le s. baisse quand deux ouvriers courent après un maître; il hausse quand deux maîtres courent après un ouvrier. » En effet, « supposons, dit Mac Culloch, que le capital attribué annuellement par une nation au payement du travail s'élève à 750 millions de francs. Si la contrée renferme 2 millions d'ouvriers, il est évident que le s. de chacun, en les rémunérant tous au même taux, serait de 375 francs; et il n'est pas moins évident que ce taux ne pourrait s'augmenter que dans le cas où le nombre des ouvriers se réduirait dans une proportion plus forte que la somme du capital. Aussi longtemps que le capital et la population marchent de front, qu'ils augmentent ou diminuent dans la même proportion, le taux des salaires reste le même. C'est seulement quand le rapport du capital à la population vient à changer, que le prix du travail subit une augmentation ou une réduction correspondante. Le bien-être des classes laborieuses dépend donc directement du rapport que garde leur accroissement avec celui du capital qui sert à les occuper et à les nourrir : si elles se multiplient plus rapidement que le fonds des salaires, le prix du travail sera réduit; s'il s'élève au contraire, si leur multiplication est plus lente que celle de la richesse qui les défraye, il y a d'autre moyen, pour élever les salaires, que d'accélérer l'accroissement du capital par rapport à la population, ou de retarder l'accroissement de la population par rapport au capital. » Après avoir établi le même principe, J. Stuart Mill conclut ainsi : « Les salaires dépendent donc du rapport qui existe entre le chiffre de la population laborieuse et les capitaux quelconques affectés à l'achat du travail, ou, pour abréger, le capital. Si les salaires sont plus élevés dans un temps et dans un pays que dans un autre temps et dans un autre pays, c'est uniquement parce que le rapport est changé par un accroissement du capital relativement à la population. Ce n'est pas le chiffre absolu des accumulations ou de la production qui importe à la classe laborieuse, ce n'est pas même le chiffre des fonds destinés à être distribués entre les travailleurs, c'est la proportion qui existe entre ces fonds et le nombre des personnes qui sont appelées à se les partager. Le sort de la classe laborieuse ne peut être amélioré que par un changement qui tourne à son avantage, et tout plan d'amélioration durable qui n'est pas fondé sur ce principe est une déception. » Telle est la formule de la loi inflexible qui régit le taux des salaires considérés en général.

Mais pour apprécier le taux des salaires, il ne faut pas considérer uniquement le s. *nominal*, c.-à-d. le *prix pécuniaire* du travail, ou, en d'autres termes, la quantité de monnaie avec laquelle on paye chaque travailleur. Il faut surtout envisager le s. *réel*, c.-à-d. considérer quelle est ou quelle était, pour le moment dont on parle, la puissance d'achat de l'or ou de l'argent, ou quelle est la quantité de choses nécessaires, utiles, agréables, que l'ouvrier peut se procurer avec la somme, le poids du métal précieux qu'il obtient comme rémunération de son travail. En effet, ce qui importe à l'ouvrier, ce n'est pas le s. nominal, mais le s. réel : ce n'est pas la somme d'argent qu'il reçoit, mais la quantité de choses qu'il obtient avec cette somme. Quand on parle d'un même temps et d'une même localité, il n'y a pas lieu, en général, de distinguer entre le s. nominal et le s. réel. Mais lorsqu'on parle de lieux différents et d'époques différentes, il est indispensable de faire cette distinction. Sans elle, il est impossible d'établir aucune comparaison du sort des ouvriers aux différentes époques, de constater si leur situation va en déclinant ou s'améliorant. Or, il résulte des recherches faites à ce point de vue que depuis deux siècles, et surtout depuis la révolution française, le s. nominal et le s. réel ont haussé l'un et l'autre. « Depuis le commencement de ce siècle, dit Léon Faucher, la moyenne de la main-d'œuvre, en d'autres termes son prix en argent, s'est élevée de 25 à 50 pour 100. En même temps, le prix des denrées les plus nécessaires à la vie a subi une diminution très réelle. Cette réduction, pour le blé notamment, ne saurait être évaluée au-dessous de 15 à 20 pour 100. Cela veut dire que, grâce aux progrès de la science et de l'industrie, avec la même somme de travail, on produit aujourd'hui davantage. Cet accroissement de la production, déterminant le bon marché des produits, profite surtout à la main-d'œuvre. L'ouvrier voit s'accroître sous une double forme le s. qu'il reçoit : la somme est plus forte en effet; et cet argent, appliqué aux nécessités de chaque jour, est doué d'une plus grande puissance. »

III. *Du taux des salaires dans leur rapport avec le prix des subsistances.* — Le prix du travail, comme celui des marchandises, avons-nous dit tout à l'heure, dépend du rapport qui s'établit entre l'offre et la demande. Mais l'offre du travail diffère, sous un rapport essentiel, de l'offre d'une marchandise quelconque. En effet, lorsque la demande d'un article manufacturé est peu abondante, sa production se ralentit; lorsque le prix que le consommateur consent à payer pour un article n'est pas suffisant pour couvrir les frais que cet article a coûté à produire, cet article cesse d'être fabriqué. Or, il n'en est pas de même du travail lorsqu'il est moins demandé qu'à l'ordinaire, lorsque l'état du marché ne permet pas de lui payer un prix suffisant pour couvrir ses frais de production : il continue de s'offrir, la quantité du travail offert ne diminue avec le marché qu'à la longue et au prix des plus cruelles souffrances. Ainsi, tandis que le prix des marchandises est déterminé, d'abord par le rapport de l'offre à la demande, et en second lieu par les frais de production, le prix du travail est uniquement déterminé par le premier de ces principes, lequel, comme il est aisé de le voir, n'est autre que le rapport du capital destiné aux salaires au chiffre de la population laborieuse. En conséquence, bien que le travail, lui aussi, ait ses frais de production, ces derniers n'influent sur le taux des salaires que dans le cas où la population qui offre son travail n'est pas en excès relativement au fonds des salaires. Cependant un grand nombre d'auteurs admettent, sur l'autorité de Ricardo, que les salaires, au moins ceux qui sont évalués en monnaie, varient avec le prix des subsistances, s'élèvent et s'abaissent avec lui. « Cette opinion, dit Stuart Mill, n'est fondée que jusqu'à un certain point, et ce qu'elle peut avoir de vrai n'affecte en aucune manière le loi qui fait dépendre les salaires des rapports qui existent entre le capital et la population, puisque le prix des subsistances, lorsqu'il affecte les salaires, ne les affecte que par cette loi. La cherté ou le bon marché des subsistances, par suite de l'abondance ou de la disette des récoltes, n'affectent point les salaires, à moins que la charité ou la coutume ne proportionnent artificiellement ceux-ci au prix des subsistances. Ou si ce prix exerce une influence, c'est en sens contraire de celle que l'on suppose, car les temps de disette, les ouvriers travaillent plus et abaissent d'eux-mêmes, à leur propre détriment, le prix du travail. Mais, lorsque la cherté ou le bon marché des subsistances ont un caractère permanent et qu'on peut les prévoir d'avance, ils affectent le taux des salaires. Premièrement, si l'ouvrier n'a, comme il arrive le plus souvent, que juste ce qu'il lui faut pour vivre, de manière à rester capable de travailler et en état d'élever un nombre moyen d'enfants, l'augmentation du prix des aliments causerait la mort prématurée d'un plus grand nombre d'enfants, à moins qu'elle ne fût accompagnée d'une augmentation des salaires : ainsi ceux-ci finiraient par s'élever, mais seulement parce que le nombre des ouvriers serait moindre que si les subsistances avaient été à bon marché. En second lieu, lors même que les salaires seraient assez élevés pour que l'ouvrier pût payer les vivres plus cher sans se priver du nécessaire, lui et sa famille, quoiqu'il pût matériellement supporter la vie dans des conditions pires, il n'y consentirait peut-être pas. Il aurait peut-être l'habitude de jouir d'une aisance qu'il considérerait comme indispensable, et plutôt que d'y renoncer, il restreindrait le nombre de ses enfants : ainsi les salaires s'élèveraient, non parce que le travail rendrait les ouvriers plus rares, mais parce qu'il en naîtrait moins. Dans ce cas donc, les salaires se proportionnent au prix des subsistances après une génération environ. D'après Ricardo, tous les cas possibles sont compris dans les deux hypothèses précédentes. Il affirme qu'on trouve partout un minimum de s. qui représente, soit ce qui est strictement nécessaire pour conserver la vie matérielle de l'ouvrier et empêcher la population de décroître, soit le taux que l'ouvrier considère comme strictement nécessaire pour vivre dans une condition d'où il ne veut pas déchoir. Cet économiste affirme aussi que le taux des salaires tend généralement à se rapprocher de ce minimum; qu'il ne peut jamais s'abaisser au-dessous au delà du temps nécessaire pour que la diminution de la population ouvrière vienne se faire sentir, ni rester longtemps au-dessus. Cette affirmation contient assez de vérité pour qu'on puisse l'admettre au rang des abstractions de la science, et la conclusion qu'en tire Ricardo, savoir : « qu'à la longue, les salaires s'élèvent et s'abaissent avec le prix des subsistances », est, comme la plupart de ses conclusions, vraie, à la condition que l'on accorde les suppositions desquelles il est parti. Mais, dans l'application, il faut considérer que le minimum dont il parle, surtout lorsque le minimum est plutôt moral que matériel, est sujet lui-même à subir des variations. Cette dernière considération est d'une haute importance dans la question qui nous occupe. En effet, le minimum dont il s'agit, en d'autres termes, ce que l'ouvrier regarde comme lui étant nécessaire, est relatif, non pas uniquement à l'entretien de la vie, mais surtout aux satisfactions auxquelles il est habitué. Ainsi, par ex., Say, Rossi, et tous les économistes venus après eux, ont remarqué que, tandis que le minimum nécessaire aux yeux d'un manœuvre irlandais consiste en quelques haillons et une suffisante quantité de pommes de terre pour satisfaire sa faim, le minimum nécessaire à un ouvrier anglais comprend une nourriture substantielle, un vêtement propre et décent, une habitation saine. En France même, on peut observer des différences assez notables, quoique bien moins grandes, entre les ouvriers de nos diverses provinces. Plus l'homme s'est élevé dans l'échelle sociale, puis il a connu l'aisance, puis il craint de déchoir : il règle sa conduite en conséquence.

IV. *De l'inégalité des salaires dans les différents emplois.* — Quoique la rémunération du travail ordinaire ou moyen soit déterminée par les lois dont nous venons de parler, le taux des salaires n'en présente pas moins, selon les différents emplois, une extrême diversité. Ad. Smith attribue cette diversité à cinq causes générales que nous allons énumérer. — 1° Les salaires du travail, dit le célèbre économiste, varient suivant que l'emploi est aisé ou pénible, propre ou malpropre, honoré ou méprisé.... La considération entre pour beaucoup dans la rémunération des professions honorables. Sous le rapport de la rétribution pécuniaire, elles sont en général trop peu payées. Le défaveur attachée à un état produit un effet contraire. L'exercice du métier de boucher, par ex., est une brutale et odieuse besogne; aussi, dans un grand nombre de localités, est-il plus avantageux que la plupart des métiers ordinaires. Le plus détestable de tous les emplois, celui d'exécuteur public, est, eu égard au travail, mieux payé que tous les métiers ordinaires. — 2° La brièveté ou la longueur, la facilité ou la difficulté, la cherté ou le bon marché de l'apprentissage, sont encore une cause efficace de variation dans le taux des salaires. « Lorsqu'un homme, dit encore Smith, a dépensé beaucoup de temps et de travail à se préparer à une profession, on doit espérer que la fonction à laquelle il se prépare lui rendra, outre les salaires du simple travail, de quoi l'indemniser de tous les frais de son éducation, avec au moins les profits ordinaires d'un capital de la même valeur. Il faut en outre que cette indemnité se trouve réalisée dans un temps raisonnable, en ayant égard à la durée très incertaine de la vie des hommes. » C'est ce qui a lieu en effet, et tel est le motif pour lequel les salaires des artisans sont plus élevés que ceux des journaliers à qui l'on demande moins d'intelligence et d'habileté. C'est pour la même raison que les professions libérales, qui toutes exigent une longue et dispendieuse préparation, sont en général rémunérées d'une façon beaucoup plus considérable. — 3° La troisième observation de Smith, c'est que la rémunération du travail varie, dans les divers emplois, suivant la constance ou l'incertitude de l'occupation, suivant la régularité ou l'irrégularité du travail. Le maçon qui emploie la pierre et celui qui emploie la brique ne peuvent travailler ni en temps de gelée ni en temps de pluie, et leur emploi, très incertain de sa nature, dépend des besoins de la clientèle. En conséquence, ils sont exposés à manquer souvent de travail, et ce qu'ils gagnent, lorsqu'ils sont employés, doit suffire à leur entretien pendant les temps de chômage. Aussi gagnent-ils le double des ouvriers de fabrique, qui sont presque assurés d'avoir de l'emploi toute l'année. Si donc le s. du maçon est élevé, c'est qu'il comprend à la fois, et la rétribution de son art, et l'indemnité accordée à l'incertitude de son emploi. Si l'irrégularité du travail est réunie à la fatigue, au désagrément et à la malpropreté du travail, elle élève quelquefois le s. à un taux extrêmement élevé. — 4° Les salaires peuvent encore varier selon la confiance plus ou moins grande qu'il faut accorder à l'ouvrier : c'est ce qui a lieu pour les orfèvres et les joailliers. Lorsqu'à cette circonstance vient encore se joindre celle du long temps et des grandes dépenses consacrées à l'éducation, on sent que le prix de leur travail doit s'élever encore plus haut. Tel est le cas du médecin à qui l'on confie sa santé, de l'avocat à qui l'on confie sa fortune, etc. La rétribution doit être assez forte pour leur donner dans la société le rang qu'exige une confiance aussi grande. — 5° Enfin, Smith signale la probabilité plus ou moins grande du succès comme une des causes les plus efficaces de la variation des salaires. Si les chances d'insuccès sont très grandes, la rétribution en cas de succès, doit être suffisante pour compenser, tout calculé, les chances contraires. « Dans la plupart des arts mécaniques, dit Smith, le succès est à peu près assuré; dans les professions libérales, il est au contraire très incertain. Mettez votre fils en apprentissage chez un cordonnier, il est presque certain qu'il apprendra à faire une paire de souliers; mais envoyez-le à une école de droit, il y a vingt à parier contre un qu'il ne parviendra pas à gagner sa vie par l'exercice de sa profession. Calculez dans une localité la somme des salaires et celle des dépenses des ouvriers d'un corps d'état quelconque, des cordonniers ou des tisserands, par ex., et vous verrez qu'en général la somme des recettes excède celle des dépenses. Faites le même calcul sur les étudiants et les avocats dans tous les barreaux, et vous trouverez que la somme des honoraires ne présente qu'une petite portion de leur dépense annuelle, quoique les honoraires soient élevés et les dépenses aussi modérées que possible. » — Ces observations d'Ad. Smith sont vraies et exactes, mais seulement pour le cas où il est loisible aux ouvriers de choisir entre les emplois disponibles, et où, par conséquent, leur nombre se trouve inférieur à celui des emplois. Alors seulement les inconvénients de chaque profession peuvent trouver leur compensation dans les inégalités de salaires; alors seulement l'ouvrage généralement rebuté n'est entrepris que moyennant un s. supérieur aux salaires ordinaires. Mais lorsque l'offre du travail est supérieure à la demande, à ce point que l'ouvrier ne sait pas s'il trouvera un emploi quelconque, c'est l'inverse qui a lieu. Les excellents ouvriers, ceux que chacun désire employer, peuvent encore choisir leur emploi et prendre ce qu'ils peuvent. Il résulte de là que les travaux qui épuisent les forces et qui sont réellement dégoûtants, au lieu d'être mieux rétribués que les autres, sont au contraire presque partout les moins rétribués : ceux qui les font y sont réduits par la nécessité. Ainsi, en partie pour cette cause et en partie par l'effet des monopoles naturels et artificiels, l'inégalité des salaires est assez souvent en raison inverse du principe équitable de la compensation que Smith présente comme la loi régulatrice du prix du travail.

Une question du plus haut intérêt, et qui a été à plusieurs reprises l'objet de discussions plus ou moins vives sans aboutir encore à aucun résultat certain, est celle du travail des femmes, et de l'infériorité des salaires qu'elles obtiennent en général, comparativement à celui des hommes. Stuart Mill contient sur ce sujet quelques observations que nous croyons utile de reproduire. « Lorsque les hommes et les femmes se livrent au même genre de travail, pour lequel les uns et les autres ont la même aptitude physique, ils ne sont pas toujours inégalement rétribués. Dans les fabriques, la femme gagne quelquefois autant que l'homme, et il en est de même dans le tissage au métier, où l'ouvrage étant à la pièce, la capacité des femmes se trouve soumise à une épreuve certaine. Lorsque la capacité est égale et le s. inégal, le seul motif de cette inégalité est ou l'on puisse donner est la coutume, fondée sur le préjugé ou sur cet arrangement de la société actuelle qui fait de chaque femme l'appendice de quelque homme, et qui permet aux hommes de se faire la part du lion dans tout ce qui est commun à l'un et à l'autre sexe. La question principale est celle qui est relative à l'emploi spécial des femmes. Leur rémunération est toujours bien au-dessous de celle qu'obtiennent les hommes dans des emplois également désagréables et qui exigent une égale habileté. Dans quelques-uns de ces cas, le fait s'explique par les considérations développées plus haut, comme lorsqu'il s'agit des domestiques, dont les gages, en général, ne sont point mesurés par la concurrence, mais très supérieurs au cours du marché. Dans ces salaires supérieurs, comme dans tout ce qui est réglé par la coutume, les hommes obtiennent la plus belle part. Dans les métiers où les entrepreneurs tirent tout l'avantage qu'ils peuvent de la concurrence, la médiocrité des salaires des femmes, comparés à ceux des hommes, prouve que les métiers sont encombrés; car, bien que le nombre des femmes vivant de salaires soit moindre que celui des hommes salariés, les professions qui la loi et l'usage rendent accessibles aux femmes sont relativement si peu nombreuses, que ces professions sont encore plus encombrées que les autres. On peut observer que, dans

l'état où sont les choses, un encombrement ordinaire suffit pour faire baisser les salaires des femmes à un minimum bien inférieur à celui des hommes. Le s. au moins pour une femme célibataire, doit être suffisant pour l'entretenir; le minimum de ce s. est l'équivalent de la nourriture absolument nécessaire pour conserver la vie d'un être humain. Actuellement, quelque bas que l'excès de la concurrence fasse tomber le taux courant du s. d'un homme, ce s. est toujours un peu supérieur à ce minimum. Lorsque la femme de l'ouvrier n'est point appelée par la coutume à contribuer au gain commun, le s. de l'homme doit être au moins suffisant pour le nourrir lui, sa femme, et le nombre d'enfants nécessaire pour maintenir le chiffre de la population, car autrement ce chiffre diminuerait. Lors même que la femme gagne quelque chose, le s. réuni des deux époux doit être suffisant non seulement pour les entretenir, mais encore pour entretenir, au moins durant quelques années, leurs enfants aussi. Donc, le dernier terme de l'abaissement des salaires, hors le cas d'une crise temporaire ou d'un métier qui décline, ne peut se rencontrer dans aucune profession destinée à faire vivre ceux qui l'exercent, excepté dans les occupations qui sont abandonnées aux femmes. »

V. *Des circonstances qui font varier les salaires.* — Nous venons d'exposer les lois et les faits généraux par lesquels se détermine le taux des salaires; nous devons également signaler les circonstances spéciales qui peuvent le faire varier d'une manière accidentelle. — Les salaires s'élèvent ou s'abaissent, selon *l'état des transactions commerciales*, ou selon que le commerce va bien ou va mal, comme on dit habituellement. En effet, le travail est plus demandé dans une industrie quelconque, et les salaires s'y élèvent, lorsque les produits de cette industrie sont très demandés, et le contraire arrive en cas de stagnation des affaires; alors les ouvriers sont congédiés et ceux qui restent employés sont réduits à accepter une diminution de s. Mais, à moins que la quantité du capital destiné à payer les salaires n'augmente ou ne diminue, ces fluctuations ne sont que temporaires. « Le capital que son propriétaire n'emploie point à acheter du travail et garde oisif entre ses mains, dit J. Stuart Mill, est, quant aux ouvriers, comme s'il n'existait pas : or, par l'effet des variations du commerce, tout capital reste temporairement en cet état. Un manufacturier qui voit ses produits moins demandés, craint d'employer des ouvriers à augmenter un fonds de magasin dont il a déjà de la peine à se défaire, ou s'il va jusqu'à ce que tout son capital soit employé en marchandises invendues, il est bien à la fin forcé de s'arrêter jusqu'à ce qu'il en ait réalisé une partie. Le capital reste donc sans emploi quelque temps, pendant lequel le marché du travail est encombré et les salaires s'abaissent. Plus tard la demande revient et souvent même elle est assez active pour donner au manufacturier le moyen de vendre ses produits plus rapidement qu'il ne peut les créer : alors tout son capital entre en activité; il emprunte même, lorsqu'il le peut, des capitaux étrangers qui auraient pris un autre emploi; c'est à ce moment que les salaires s'élèvent dans l'industrie ainsi affectée. Mais rien ne peut altérer d'une manière permanente le taux général des salaires, si ce n'est une augmentation ou une diminution de la somme des capitaux destinés à la rémunération du travail en comparaison de la somme du travail qui vient s'offrir sur le marché. » — On admet aussi vulgairement que *l'élévation des prix* entraîne l'élévation des salaires, parce que les chefs d'industrie et les commerçants, faisant de meilleures affaires, peuvent payer leurs ouvriers plus cher. Mais cet effet ne se produit qu'autant que les fabricants, gagnant davantage, sont conduits à faire des économies et à augmenter leur capital ou du moins leur demande de travail, et, dans tous les cas, cette circonstance n'agit que d'une façon temporaire. On attribue cependant encore le même effet aux lois de douanes et autres qui ont pour objet de protéger certaines industries contre la concurrence étrangère. Mais si ces lois tendent à élever les salaires dans l'industrie protégée, elles tendent par là même à les abaisser dans les industries non protégées. Enfin, l'élévation des prix et des salaires produite par ces artifices n'est jamais que momentanée, car la concurrence se porte de préférence vers toute industrie qui donne une rémunération, profits ou salaires, supérieure à la rémunération ordinaire. — Une circonstance qui influe puissamment sur le taux des salaires, est *l'abondance* ou la *disette* des récoltes, et cette influence est facile à expliquer. Aux époques d'abondance, les vivres étant à plus bas prix, l'ouvrier, après avoir acheté les vivres nécessaires à sa subsistance, se trouve avoir un surplus qu'il emploie à acheter des produits manufacturés, à accroître son bien-être. Si cet état continuait, l'ouvrier prendrait des habitudes d'aisance, il s'accoutumerait à des satisfactions nouvelles, et il avancerait d'un degré sur l'échelle de la civilisation. Les salaires étant élevés, tous les travailleurs qui forment la base de la pyramide sociale achètent des produits de l'industrie; partout les commundes activent les fabriques; partout la prospérité se fait sentir, et les salaires augmentent encore par la concurrence que se font les maîtres. Aux époques de disette, on remarque les effets contraires. L'ouvrier, avec le même s., ne pouvant se procurer la même quantité de vivres, est obligé de se priver d'une foule de choses : comme il ne lui reste plus un excédent disponible qu'il puisse consacrer à l'achat des produits des manufactures, l'activité de celles-ci se ralentit, le travail est moins demandé, le nombre des ouvriers disponibles augmente, les salaires baissent, pour ne se relever que sous l'influence de quelque cause favorable. — La *dépréciation des monnaies*, c.-à-d. la diminution dans la puissance d'achat que possèdent l'or et l'argent, qui résulte de la découverte de nouvelles mines ou de toute autre circonstance naturelle, atteint en général les ouvriers d'une manière plus ou moins sensible. Ordinairement, en effet, les prix de toutes choses haussent, tandis que les salaires restent nominalement des mêmes. Mais, au bout d'un certain temps, les salaires participent au mouvement de hausse des prix, et l'équilibre se rétablit. Enfin, il existe aussi des *causes artificielles* qui agissent sur les salaires d'une manière constamment fâcheuse, quoi qu'en aient dit certains écrivains. Les principales de ces causes résident dans les actes par lesquels les gouvernements interviennent, sous prétexte de réglementation et d'organisation, dans l'évolution naturelle des phénomènes économiques. Telles sont les lois par lesquelles on entravent la liberté de l'industrie et du commerce, gênent la formation des capitaux, règlent le taux de l'intérêt ou le prix des choses, poussent les capitaux à se porter dans certaines directions plutôt que dans les autres, etc. Les impôts excessifs et la guerre sont encore deux causes qui tendent puissamment à l'abaissement des salaires, car l'une et l'autre agissent d'une manière bien *évidente* sur l'industrie, en diminuant son activité ou même en l'annihilant complètement.

VI. *Des moyens proposés, soit pour empêcher l'abaissement des salaires, soit pour les élever.* — Tous les économistes sont unanimes à reconnaître que des salaires élevés sont préférables à des salaires avilis, et cela non seulement dans l'intérêt des classes ouvrières, mais encore dans celui de l'industrie considérée en général et de la société tout entière.

Si l'on a bien compris que le taux des salaires dépend essentiellement du rapport qui existe entre la population ouvrière et le capital destiné à payer son travail, il est évident que les salaires ne peuvent hausser que si le fonds destiné aux salaires augmente plus rapidement que la population qui doit se le partager. Or, dans un pays où aucune loi ne gêne ni la formation ni la distribution naturelle des capitaux, l'accroissement du capital et, par suite, la hausse des salaires, ne peuvent se produire que sous l'influence d'une amélioration dans les habitudes morales d'un pays, et en particulier des classes laborieuses elles-mêmes. Quant aux moyens propres à empêcher la baisse des salaires, il n'en est qu'un seul qui réunisse les suffrages de tous les économistes, c'est l'*émigration* sur une large échelle. Toutefois il importe de remarquer qu'une tentative de colonisation ne peut réussir qu'autant que les émigrants emportent avec eux une certaine somme de capitaux. — Beaucoup d'auteurs, particulièrement anglais, admettent l'efficacité de la *charité légale*; mais la plupart des économistes du continent repoussent cette doctrine. En effet, la charité légale a pour inconvénients de diminuer l'activité des classes laborieuses, et d'affaiblir le sentiment de la prévoyance et de la responsabilité, en les habituant à compter sur l'assistance publique. Voy. PAUVRE.

« Cette doctrine, dit très bien Léon Faucher, n'est que la théorie de ce qui se pratique depuis plusieurs siècles en Angleterre. Depuis le fameux acte qui remonte à la 43e année du règne d'Élisabeth, il est reçu dans cette contrée que tous ceux qui n'ont pas de moyens d'existence ont droit aux secours de la paroisse. C'est le droit au s. proclamé par la loi, droit auquel on s'est efforcé de donner pour correctif, dans la réforme de 1834, le devoir du travail. La taxe des pauvres représente une servitude imposée à la propriété, en vertu de laquelle ceux qui ne possèdent rien tombent à la charge de ceux qui possèdent. Elle donne à tous les indigents, à ceux qui sont malheureux par leur propre faute, comme à ceux que le sort a frappés, une action contre la société. Que la société résiste, la guerre civile devient

inévitable; qu'elle exécute la loi sans faux-fuyants, et la propriété y succombera.... Au reste, la taxe des pauvres ne remplit aucune des conditions nécessaires pour que le travail reçoive un prix rémunérateur. Elle n'augmente certainement pas le fonds des salaires, puisqu'elle représente un prélèvement sur les ressources disponibles du capital; elle ne diminue pas non plus le nombre de ceux entre lesquels le fonds se distribue. La taxe des pauvres, partout où elle existera, sera infailliblement considérée, par les patrons ainsi que par les ouvriers, comme un supplément aux ressources que fournit le s.; par cela même on jettera le trouble sur le marché. Le rapport qui s'établit naturellement entre l'offre et la demande cessera d'être libre, et le travail, quoi qu'on fasse, n'obtiendra pas le prix qui lui appartient. » — D'autres écrivains ont proposé d'arrêter les progrès de la population par des obstacles légaux, ainsi que cela se pratique dans quelques pays. Ainsi, il existe des *restrictions aux mariages* dans certains États de l'Allemagne; ailleurs, la loi punit ceux qui mettent des enfants au monde sans être en état de les nourrir et de les élever. « Ce sont là, dit l'éminent économiste que nous venons de citer, des mesures tyranniques et en même temps inefficaces. Si l'on refuse la sanction légale aux mariages, on favorisera les unions illicites et les naissances illégitimes. On ne parviendra pas à réprimer les penchants, et l'on contrariera l'accomplissement des devoirs. Le sanctuaire de la famille a quelque chose qui participe de l'inviolabilité de la conscience. La loi ne saurait, sans viser à l'impossibilité, tâcher d'y introduire violemment son action. » Nous ajouterons qu'en effet le grand nombre de naissances illégitimes qui s'observe dans différents pays, tels que le Mecklembourg, le Wurtemberg, la Saxe et la Bavière, est dû en partie aux lois qui gênent les mariages. En Bavière, par ex., les naissances illégitimes sont trois fois plus nombreuses qu'en France. — La *fixation des salaires* par l'État et la *réduction de la durée du travail* des ouvriers ont été préconisées par les promoteurs des doctrines socialistes. Ces prétendus remèdes n'auraient pour résultat que d'augmenter le mal. Mais le prof. Baudrillart a réfuté ces deux systèmes d'une manière si claire et si péremptoire, que nous lui laisserons la parole : « On se rendrait difficilement compte, dit-il, de tout ce que renferme de désordre et de misère la réglementation des salaires par l'État. Si les salaires sont augmentés sans que le travail se soit accru et ait permis une plus grande production avec le même labeur, les frais de production haussseront. Il faudra vendre plus cher et la consommation se resserrera. La production suivra nécessairement le même sort; de là moins d'ouvriers occupés. Ainsi, la réglementation des salaires est une déception et un contresens. Elle est une déception d'une autre manière encore. Tel manufacturier occupait 200 ouvriers ; un décret lui enjoint de les payer le double, il n'en occupera plus que 100. Que faire de ceux qu'il aura congédiés ? L'État leur donnera de l'ouvrage, ainsi qu'il l'a fait en 1848, on sait comment ; il ouvrira des ateliers nationaux. Mais à ces ateliers il faut du capital aussi bien qu'à tous les autres, et force est de le prendre sur ce qui allait à l'industrie privée, soit qu'on recoure à l'emprunt, soit qu'on recoure à l'impôt; mais alors l'industrie privée, ayant moins de capital, sera à son tour forcée de renvoyer des ouvriers. A un autre point de vue, l'accroissement forcé des salaires n'est qu'une déception. Nous n'examinons pas encore l'hypothèse d'une charité faite à telle ou telle catégorie d'ouvriers sans travail; nous supposons qu'on étend la mesure à toutes les sortes de travailleurs. Tous sont augmentation de 1 franc. Mais si tous sont augmentés dans cette proportion, ce qui leur coûterait 3 francs leur en coûtera 4 ou à peu près, les salaires se trouvant compris dans le prix des choses; à quoi donc aura abouti une telle mesure ? Enfin, que dire du commerce d'exportation ? Un grand nombre de cités en France ne prospèrent que par le commerce. Mais la concurrence des autres nations nous presse sur tous les marchés, et c'est sur des différences de 2, 3 ou 4 pour 100 qu'est fondée la préférence que nous donne le consommateur étranger. Si les salaires s'accroissent, non par le cours naturel des choses et par le progrès intrinsèque de la fabrication, mais par un acte impératif de l'autorité, voilà nos frais de production augmentés. L'avantage que nous avions sur les marchés extérieurs disparaît, nos débouchés sont perdus, et la population ouvrière de quelques-unes de nos grandes villes se trouve plongée dans la misère. Réduire la durée du travail des ouvriers en leur maintenant le prix de la journée totale, on le comprend aisément, qu'une autre forme de la réglementation des salaires. C'est, en effet, forcer l'entrepreneur à payer autant en échange de moins d'ouvrage, c'est, par suite, porter atteinte, de la même manière que nous avons décrite, à l'intérêt bien entendu de la population ouvrière; c'est y porter atteinte en ce qu'avec un travail réduit, on obtient une production totale amoindrie. » Il convient cependant d'ajouter, en ce qui concerne la réduction des heures de travail, une remarque importante. L'usage s'est établi, dans certaines manufactures, d'exiger des ouvriers une durée de travail qui excède ce que l'homme peut naturellement et régulièrement fournir. Il en résulte que le travail est peu assidu et quelquefois mal fait. On pourrait, dans bien des cas, obtenir des ouvriers la même somme de travail avec une durée moindre; mais aucun industriel n'osera prendre sur lui d'abréger la journée de travail dans la crainte de se trouver dans une position fâcheuse vis-à-vis de ses concurrents. Une loi limitant raisonnablement la durée du travail pourrait ainsi, dans certains cas au moins, produire un heureux résultat; mais il faudrait qu'elle fût sagement établie avec toutes sortes de restrictions et de réserves, ce qui, malheureusement, n'est pas le cas des lois de cette nature qui ont été votées récemment. On peut cependant espérer que les inconvénients qui se manifesteront dans la pratique permettront de les améliorer.

VII. *Le salariat et l'association.* — « Quelques publicistes, dit Joseph Garnier, ont regardé le salariat comme la continuation, avec progrès, du servage, qui n'est lui-même que l'esclavage modifié, et ils ont avancé que l'association devait, de nos jours, produire l'émancipation du travailleur et remplacer le salariat par une condition moins humiliante. Une première remarque à faire, c'est que les systèmes d'association générale pour remplacer radicalement l'état social actuel, ne soutiennent pas la discussion. Il ne peut donc s'agir que des divers modes d'association volontaire entre patrons et ouvriers, ou bien entre ouvriers. Une seconde remarque à faire, c'est que s'il est vrai que le salariat soit un grand progrès sur le servage, ce n'est, en aucune façon, une situation du même ordre. Le serf est esclave; mais le salarié n'est serf à aucun titre dans une profession soumise au régime de la libre concurrence et dans un pays où la liberté individuelle est respectée, dans l'ordre économique du moins. En troisième lieu, le s. n'a, ni par son origine, ni par sa nature, ni par sa forme, rien de dégradant. De même que l'intérêt, le loyer ou le fermage sont le prix fixé d'avance du possesseur de capital ou de terre, de même il est la part fixée du travailleur qui préfère une rémunération assurée et cèle sa part aléatoire contre un s. certain. » Ajoutons que le salariat est la forme de rémunération naturelle d'une foule de travaux très considérés, et notamment du travail des fonctionnaires publics de l'ordre le plus élevé. — Ceci posé, il est évident que, pour un très grand nombre de travaux, quoique par des causes diverses, le s. est un mode de rétribution qui non seulement ne peut être en aucune façon remplacé par l'association, mais qui en outre est plus avantageux pour le travailleur que ne le serait une quote-part éventuelle dans la valeur du produit. Par conséquent, il est absurde de condamner le salariat comme tel. Mais, d'un autre côté, il n'est pas moins évident que dans certaines industries, particulièrement dans celles où le travail s'évalue à la tâche, l'association peut offrir aux travailleurs des avantages supérieurs au gain d'un simple s. Toutefois, pour que l'association puisse avoir lieu, il est trois conditions indispensables. La première, c'est que le capital reçoive la part qui lui est due légitimement; la seconde, c'est que la rétribution afférente aux divers travaux de l'association soit proportionnelle à l'importance et à la quantité de travail fourni, sans quoi, au lieu du zèle et de l'activité qui vivifient et font prospérer une entreprise collective, il n'y aurait plus qu'indifférence et inertie; la troisième, c'est qu'il y ait une hiérarchie et une discipline rigoureuses, qui laissent aux individus chargés de la direction une initiative suffisante et qui permettent d'éloigner les hommes dont les habitudes morales seraient un danger ou un incessant grave pour l'association. L'association peut se concevoir entre maîtres et ouvriers, ou entre ouvriers seulement. L'association complète entre maîtres et ouvriers présente des difficultés telles qu'elles équivalent presque à des impossibilités. En effet, il faudrait que les ouvriers pussent, comme le maître, vivre sur leurs épargnes, sur un capital antérieur, en attendant d'abord l'achèvement et la vente des produits, puis la répartition de la quote-part éventuelle revenant à chacun. Mais, dira-t-on, les ouvriers recevront par avance un minimum de s. imputable sur leur quote-part. La chose est possible, à la condition que l'entreprise donne des bénéfices : mais si elle n'en donne pas? Les ouvriers ne pouvant rapporter ce qu'ils auront reçu par avance, toute la perte retombera sur

le maître comme entrepreneur et comme capitaliste. Or, un entrepreneur d'industrie qui fournit lui-même le capital nécessaire ou qui en est particulièrement responsable, si ce capital est emprunté, ne saurait consentir à une pareille situation, c.-à-d. à partager en cas de bénéfice, et à subir seul les pertes, en cas d'insuccès et de ruine. La seule forme réellement possible d'association entre maître et ouvriers est celle où le premier prélève sur les bénéfices un certain quantum qu'il distribue aux ouvriers, en guise de prime ou d'intérêt, au prorata des salaires obtenus par chacun d'eux. Cette mesure peut avoir pour effet de stimuler l'activité et le zèle des ouvriers, mais elle ne constitue pas une véritable société, car les ouvriers de la manufacture ou de l'usine n'en sont point copropriétaires. Il importe d'ailleurs de remarquer que, dans la plupart des industries, les bénéfices qui, après le payement des salaires, des frais d'entretien du matériel, des dépenses d'administration générale, de l'intérêt exigé par le capital (ce dernier est d'autant plus élevé que l'industrie est plus aléatoire), restent à l'entrepreneur sont en général, lors même qu'ils sont suffisamment rémunérateurs, fort peu de chose comparativement à la masse des salaires, de telle sorte que si le bénéfice tout entier même était réparti entre les ouvriers proportionnellement au s. de chacun d'eux, l'augmentation de revenu qu'ils obtiendraient par là serait, comme nous l'avons déjà dit, tout à fait insignifiante. Enfin, n'oublions pas que la concurrence est là pour limiter les profits comme pour limiter les salaires, et qu'aucune industrie, à moins d'être constituée à l'état de monopole, ne peut jamais pendant longtemps donner un profit supérieur aux profits ordinaires. Bref, l'association entre ouvriers est seule véritablement praticable. De nombreuses tentatives de ce genre ont été faites dans ces dernières années. Bien que la plupart aient échoué, soit parce que leurs auteurs avaient oublié les règles les plus élémentaires de toute organisation industrielle, qui exige impérieusement l'ordre et la discipline, soit parce que beaucoup d'entre elles étaient composées d'hommes poussés dans cette voie nouvelle par un esprit d'hostilité contre l'ordre actuel des choses, mais dénués de ces qualités morales qui seules rendent l'homme digne de l'indépendance, quelques-unes ont montré par leur succès que l'association des ouvriers entre eux n'est point une idée purement chimérique. De plus, il est à noter que celles qui ont le mieux réussi sont celles où le capital avait été fourni par les ouvriers associés eux-mêmes; cette circonstance, outre qu'elle témoignait d'habitudes de prévoyance et de persévérance, constituait pour les membres de l'association un stimulant énergique à bien faire. — Pour plus de détails, nous renverrons le lecteur aux *Principes d'économie politique* de J. Stuart Mill, aucun auteur n'ayant traité la question des salaires avec plus de soin et de développements. Voy. SOCIALISME.

SALAISON. s. f. [Pr. *salé-zon*]. Action de saler des viandes ou autres provisions pour les conserver. *La s. du porc, du beurre. Le temps de la s.* || Se dit aussi des viandes et autres provisions qu'on a salées pour les conserver. *L'usage prolongé des salaisons cause le scorbut.*

SALAMALEC. s. m. (corrupt. de l'arabe, *salam-aleik,* qui sign. La paix soit avec vous, et qui est la formule de salutation des Arabes). Se dit fam. et par plaisanterie, des révérences profondes, des politesses exagérées que fait quelqu'un. *Il me fait toujours de grands salamalecs.*

SALAMANCA, v. du Mexique (Guanajuato); 27,600 hab.

SALAMANDRE. s. f. (gr. σαλάμανδρα, m. s.). T. Erpét.

Fig. 1.

1. — Le genre *Salamandre* de Cuvier, qui a été érigé en famille par les erpétologistes modernes sous le nom de *Salamandrides* ou *Salamandrines,* appartient à la section des

Batraciens urodèles. Les reptiles qui le composent ont le corps allongé, quatre pieds et une longue queue, ce qui leur donne la forme générale des Lézards; mais ils ont d'ailleurs tous les caractères des Batraciens. Leur tête est aplatie; leur oreille est cachée sous les chairs et dépourvue de tympan;

terrestres et *aquatiques* ou *Tritons*. — A. Les *Salamandres terrestres* ou *Salamandres* proprement dites (*Salamandra*) ont, dans l'état parfait, la queue ronde et ne se tiennent dans l'eau que pendant leur état de têtard ou quand elles veulent mettre bas. Les petits naissent dans l'oviducte et accomplis-

Fig. 2.

leurs deux mâchoires sont garnies de dents nombreuses et petites; leur langue est disposée comme celle des Grenouilles; eur squelette offre des rudiments de côtes, et leurs doigts

sent promptement leurs métamorphoses. Le type de ce genre est la S. *commune* ou *maculée* (S. *maculosa*) [Fig. 1], vulg. connus en France sous le nom de *Mouron* ou de *Sourd*.

Fig. 3.

sont au nombre de quatre devant, et presque toujours cinq derrière. Leurs têtards respirent par des branchies en forme de houppe, au nombre de trois de chaque côté du cou et flottantes au dehors, qui s'oblitèrent ensuite. Les membres paraissent successivement; mais les pieds de devant se développent avant ceux de derrière. A l'état adulte, les Salamandres respirent comme les Grenouilles. On les distingue en

Elle est longue d'environ 40 centimètres, d'un noir luisant, légèrement teinté en dessous de rose avec de grandes taches d'un jaune vif. Sur ses côtés sont des rangées de tubercules d'où suinte dans le danger une liqueur laiteuse, amère et d'une odeur forte. C'est cette particularité qui a donné lieu à la fable répandue depuis l'antiquité, non seulement que le feu ne faisait pas périr la S., mais encore que ce reptile possède la faculté de l'éteindre. Un autre préjugé populaire veut que ces animaux soient très venimeux : c'est une erreur. En effet, ils n'ont pas de glandes salivaires à venin et leurs dents sont trop petites pour entamer la peau. Seulement le liquide que sécrètent les tubercules dont nous venons de parler irrite les yeux lorsqu'on les touche avec les doigts après avoir manié un de ces reptiles; en outre, cette humeur inoculée à de petits vertébrés les tue rapidement. Citons encore la S. noire (S. atra), qu'on trouve dans les Alpes, et la S. à lunettes (S. perspicillata), noire dessus, jaune tachetée de noir en

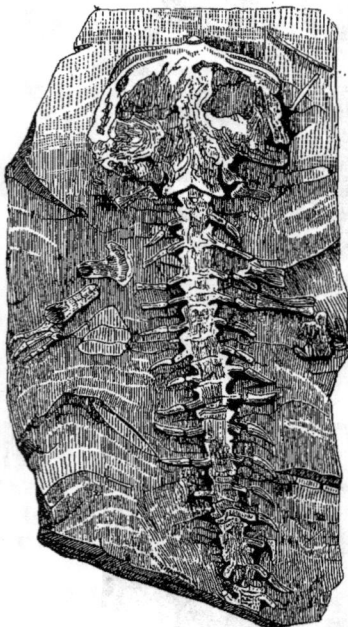

Fig. 4.

dessous avec une ligne jaune en travers sur les yeux. Ce petit animal, qu'on trouve dans les Apennins, n'a que quatre doigts aux pieds de derrière comme à ceux de devant. Les Salamandres se tiennent dans les lieux humides et dans les trous souterrains; elles se nourrissent de lombrics, d'insectes, de petits mollusques, etc. Les espèces de ce genre sont répandues dans toutes les parties du monde, surtout dans l'Amérique septentrionale : toutes sont de petite taille. — B. Les Tritons ou Salamandres aquatiques ont la queue comprimée verticalement et passent presque toute leur vie dans l'eau. Ces reptiles sont ovipares, et non ovovivipares comme les Salamandres terrestres. On les rencontre fréquemment chez nous dans les eaux stagnantes, où ils sont aussi adroits et vifs qu'ils sont lents et embarrassés à la surface du sol. Ils sont surtout remarquables par la facilité avec laquelle ils réparent les mutilations de leur corps : leur queue et même leurs pattes repoussent plusieurs fois après avoir été coupées, et cela avec les os, les muscles et les vaisseaux. Ils ont en outre la faculté singulière de pouvoir être pris dans la glace et d'y passer assez longtemps sans périr. Nous avons en France plusieurs espèces de ce genre : nous nous contenterons de mentionner la S. crêtée (Triton cristatus) [Fig. 2], qui est noirâtre, avec le dessous du corps orangé, varié de taches noires, et avec les côtés finement ponctués de blanc.

Au nombre des espèces exotiques, nous citerons ; 1° l'Amblystome du Mexique, dont la larve a été décrite autrefois comme une espèce distincte sous le nom d'Axolotl ; cette larve peut en effet se reproduire continuellement à l'état de larve (Voy. Axolotl); 2° la Grande S. du Japon (Trit. japonicus) [Fig. 3], qui atteint la longueur d'un mètre. Les couleurs les plus sinistres, le noir, le brun, le roux ferrugineux, l'olivâtre, composent sur son corps une bigarrure livide et confuse. Sa peau, sur la tête et sur le dos, est couverte de protubérances et de tubercules qui, hors de l'eau, laissent suinter une humeur visqueuse et fétide. Rappelons aussi la célèbre S. fossile d'Œningen, qui, pendant quelque temps, fut prise pour un squelette humain. Elle fut découverte dans les schistes d'Œningen par le naturaliste allemand Scheuchzer, qui crut

Fig. 5.

y reconnaître un squelette humain fossile et l'appela Homo diluvii testis, l'Homme témoin du déluge (Fig. 4). Cuvier, le premier, signala l'erreur grossière de Scheuchzer et montra que cet homme prétendu fossile n'était autre chose que le squelette d'une s. gigantesque. La taille de cette espèce, en effet, est de 1m,50 de longueur.

II. — Cuvier a placé près des Salamandres deux genres de Batraciens urodèles qui sont propres à l'Amérique du

Fig. 6.

Nord et qui ont été appelés Dérotrètes ou Dérotrèmes parce que les trous par où passaient leurs branchies à l'état de têtard, persistent pendant la vie de l'animal parfait. Ces deux genres ont reçu le nom de Ménopome et d'Amphiume. Les Ménopomes (Menopoma) ont tout à fait la forme de la S., des yeux apparents, des pieds bien développés, des mâchoires armées de fortes dents sur le devant du palais. L'espèce type est le Mén. des monts Alleghanys (M. alleghanensis) [Fig. 5], qui est long d'environ 40 centimètres. Les Amphiumes (Amphiuma) ont le corps excessivement allongé et les jambes et les pieds très peu développés. Il en existe une espèce à trois doigts à chaque pied, l'Amph. tridactyle (A. tridactylum) [Fig. 6], et une seconde qui en a deux seulement. Aujourd'hui on sépare souvent les Dérotrèmes des Salamandres pour en faire une famille distincte.

SALAMANDRIDES ou **SALAMANDRINES**. s. m. pl. T. Erpét. Voy. Salamandre.

SALAMANDRINE. s. f. (R. salamandre). T. Chim. Alcaloïde vénéneux cristallisable, soluble dans l'eau et dans l'alcool, contenu dans la sécrétion des glandes cutanées de la salamandre terrestre. C'est le principe actif du venin de cet animal; son absorption produit des tremblements, des convulsions, le tétanos et la mort.

SALAMANQUE, v. d'Espagne (anc. roy. de Léon); 17,000 hab., ch.-l. de la province du même nom. Université longtemps célèbre. — La province a 308,240 hab.

SALAMINE, auj. Coluri, île du golfe d'Athènes, près de laquelle Thémistocle battit la flotte de Xerxès (480 av. J.-C.). || V. de l'île de Chypre, fondée par Teucer, fils de Télamon.

SALAMVRIAS, riv. de Grèce. Voy. PÉNÉE.

SALANGANE. s. f. (mot de la langue indigène des Philippines). T. Ornith. Genre de *Passereaux*. Voy. HIRONDELLE.

SALANGE. s. m. Période de production du sel sur les marais salants.

SALANT. adj. m. Marais *s.*, Puits *s.*, Marais, puits d'où l'on tire du sel.

SALARIAT. [Pr. sala-ria] (R. *salaire*). T. Écon. polit. Mode de rétribution du travail au moyen du *salaire*. Voy. ce mot.

SALARIER. v. a. (lat. *salarium*, salaire). Donner un salaire. *Cette compagnie salarie bien ses employés.* = SALARIÉ, ÉE. part. Qui reçoit des gages, un salaire. *Un homme salarié par la police.* || Subst., *La classe des salariés. Les salariés du gouvernement.* || Conj. Voy. PRIER.

SALARS, Voy. PONT-DE-SALARS.

SALAT (LE), riv. de France traversant l'Ariège et la Haute-Garonne et tributaire de la Garonne (rive droite); 88 kil.

SALAUD, AUDE, adj. et s. [Pr. sa-lo, lô-de] (R. *sale*). Celui, celle qui est sale, malpropre. *Cet homme est bien s. C'est un s., une salaude.* Popul. et injurieux.

SALAUDERIE. s. f.[Pr. salo-deri]. Acte, parole de salaud.

SALBANDE. s. f. (lat. *sal*, sel, et fr. *bande*). T. Géol. Nom donné à des couches de substances diverses qui séparent les filons de la roche dure.

SALBRIS, ch.-l. de c. (Loir-et-Cher), arr. de Romorantin, sur la Sauldre; 2,500 hab.

SALDANITE. s. f. (R. *Saldana*, n. de lieu). T. Minér. Synonyme d'*Alunogène*. Voy. ALUN.

SALE. adj. 2 g. (haut all. *salo*, terne, ou bien gaël, et *ordure*). Malpropre, plein d'ordures. *Il est toujours crasseux et s. Chemise s. Du linge s. Chambre s. Une eau s. et bourbeuse.*—Subst., Fi, le *s.!* || Fig., Déshonnête, obscène, qui blesse la pudeur et la modestie. *Des idées, des images sales. Des actions sales.* — Signifie aussi Bas, vil, honteux. *C'est une affaire bien s. Il s'est laissé guider par un s. intérêt. Une âme s.* || En parlant de couleurs, on dit qu'une couleur est *s.*, quand elle n'est pas pure, brillante. *Gris s. Jaune s., etc.* — On dit encore que *la couleur d'un tableau est s.*, lorsque les teintes sont embrouillées, mal fondues. Par extens., on dit encore d'un peintre dont les œuvres présentent un défaut, *Son pinceau est s.* || T. Mar. *Vaisseau s.*, Vaisseau qui est couvert extérieurement de coquillages ou d'herbes qui s'y sont attachées. — *Côte s.*, Côte le long de laquelle il y a beaucoup de roches ou d'écueils cachés sous l'eau.

SALÉ (LAC), dans l'Amérique du Nord (Utah); 400 kil. de tour.

SALÈGRE. s. m. (lat. *sal*, sel, avec un suff. difficile à expliquer). Masse saline qui s'attache au fond des poêles pendant la cuisson du sel. || Sorte de pâte qu'on donne aux serins.

SALEM, v. des États-Unis d'Amérique (Massachusetts); 27,000 hab.

SALEMENT. adv. [Pr. sale-man]. D'une manière sale. *Il mange s.*

SALENTE, v. de la Grande Grèce (Italie primitive), dans l'Iapygie, cap. des *Salentins*.

SALEP. s. m. (ar. *thaleb*, renard, prononcé *saleb*, par les Persans et les Turcs). Substance alimentaire qu'on tire des tubercules desséchés de plusieurs espèces d'*Orchidées*. Voy. ce mot.

SALER. v. a. (lat. *salire*, m. s., de *sal*, sel). Assaisonner avec du sel. *S. une sauce.* Absol., *Ce cuisinier sale trop.* —

Par méton., *S. le pot*, Mettre du sel dans le pot où cuit la viande. || Imprégner de sel des viandes crues, du poisson, pour les conserver. *S. du bœuf, du cochon. S des morues.* || Fig. et pop., *Ce marchand sale bien ce qu'il vend*, Il vend sa marchandise fort cher. = SALÉ, ÉE. part. *Viande salée. Bœuf salé. Beurre salé. Manger salé*, mettre beaucoup de sel dans ses aliments. = Adject., *Sources salées, eaux salées*, Sources dont on retire du sel par évaporation. — *L'onde salée, la plaine salée*, la mer. — Fig. et fam., *Une raillerie, une épigramme salée*, Une raillerie piquante, vive, offensante. *Un propos salé*, Un propos libre, un peu obscène. = SALÉ. s. m. Chair de porc salée. *Voilà de bon s.* || *Petit s.*, La chair de cochon nouvellement salée.

SALERNE, ch.-l. de la prov. de Salerne (Italie), sur le golfe de Salerne, au S.-E. de Naples; 31,400 hab. Célèbre jadis par son école de médecine. La prov. a 541,700 hab.

SALERNES, ch.-l. de c. (Var), arr. de Draguignan; 2,800 hab.

SALERON, s. m. (R. *salière*). La partie d'une salière où l'on met le sel.

SALERS, ch.-l. de c. (Cantal), arr. de Mauriac; 1,000 hab. — A donné son nom à une race de bœufs qui passent avec raison pour les plus beaux de l'Auvergne.

SALETÉ. s. f. État de ce qui est sale, malpropre. *La s. de ses habits, de son linge, de ses meubles. La s. des rues. Il est d'une grande s., d'une s. dégoûtante.* || Ordure, chose sale. *Il y a ici de la s., des saletés qu'il faudrait ôter.* || Fig., Obscénité. *La s. de cette chanson. La s. de ses propos.* — Sign. aussi des paroles, des livres, des images sales et obscènes. *Il dit toujours des saletés. Ce livre est plein de saletés.*

SALETTE-FALLAVAUX (LA), village du dép. de l'Isère, arr. de Grenoble; lieu de pèlerinage.

SALEUR, EUSE. s. Celui, celle qui sale. *S. de morues.*

SALFORD, v. d'Angleterre attenant à Manchester; 204,000 hab.

SALIAIRE. adj. 2 g. [Pr. sali-ère]. T. Antiq. Qui appartient aux prêtres saliens.

SALICAIRE. s. f. [Pr. sali-kère] (lat. *salix, salicis*, saule). T. Bot. Nom vulgaire du *Lythrum Salicaria*, plante de la famille des *Lythracées.* Voy. ce mot.

SALICÉES. s. f. pl. Voy. SALICINÉES.

SALICETTI. Homme politique fr., né en Corse, membre de la Convention et du conseil des Cinq-Cents (1757-1809).

SALICIFOLIÉ, ÉE. adj. (lat. *salix, salicis*, saule; *folium*, feuille). T. Bot. Dont les feuilles ressemblent à celles du saule.

SALICINE s. f. (lat. *salix, salicis*, saule). T. Chim. Glucoside contenu dans l'écorce de diverses espèces de saules. La s. cristalise en aiguilles ou en lames orthorhombiques, fusibles à 200°. Elle est amère, soluble dans l'eau et dans l'alcool; ses solutions sont lévogyres. Sous l'action de l'émulsine ou de la salive, elle se dédouble ou glucose et en alcool salicylique; sous l'action des acides étendus, en glucose et en saliritine. L'acide chromique transforme la s. en hélicine. La potasse en fusion donne de l'acide salicylique. Avec le chlorure de benzoyle, la s. forme un dérivé benzoylé qui est identique avec la populine du peuplier.

SALICINÉES, ou **SALICÉES**. s. f. pl. (lat. *salix, salicis*, saule). T. Bot Famille de végétaux Dicotylédones de l'ordre des Apétales supérovariées.

Caract. bot. : Arbres ou arbrisseaux. Feuilles alternes, simples, entières ou dentées, penninerves et fréquemment pourvues de glandes sur les bords ou sur les pétioles; stipules libres, caduques ou persistantes. Fleurs nues, disposées en chatons, unisexuées dioïques, munies de bractées mères très serrées. Fleurs mâles : 2 ou plusieurs étamines distinctes ou monadelphes; anthères biloculaires. Fleurs femelles :

2 carpelles, rarement 3 ou 4, concrescents en un ovaire supère, uniloculaire ; ovules nombreux, ascendants, anatropes, situés à la base de la loge ou attachés à la partie inférieure de sa paroi ; style 1 ; stigmates 2 ou 4. Fruit capsulaire, uniloculaire, bivalve, polysperme. Graines attachées, tantôt à la partie inférieure de l'axe de chaque valve, tantôt à la base de la loge, très petites, couvertes de longs poils laineux qui naissent autour du hile ; albumen nul ; embryon droit ; radicule infère. [Fig. 1. *Populus nigra* : épi mâle ; 2. *Pop. tremula* : épi femelle ; 3. Fleur mâle ; 4. Fleur femelle ; 5. Capsule mûre ; 6. Graine ; 7. La même, très grossie et coupée pour montrer l'embryon.]

Cette famille ne comprend que 2 genres, le genre *Saule* (*Salix*) et le genre *Peuplier* (*Populus*) ; mais ces genres ren-

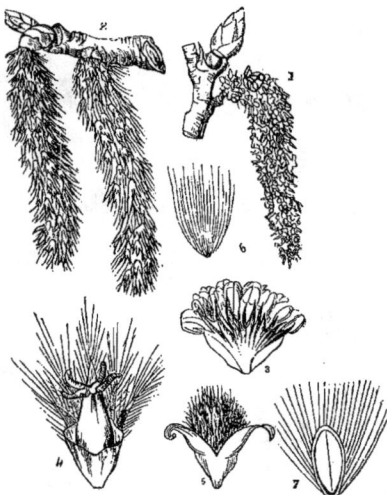

ferment 200 espèces vivantes qui habitent en général les régions tempérées et froides de l'hémisphère boréal. Un petit nombre d'espèces s'observent dans les climats chauds. Il faut y joindre environ 120 espèces fossiles trouvées dans le crétacé et le tertiaire.

L'écorce des *Saules* et des *Peupliers* est en général douée d'une saveur amère et astringente : aussi est-elle réputée tonique et stomachique. Celle du *Peuplier mobile* (*P. tremuloides*), aux États-Unis, ainsi que celle du *Peuplier blanc* (*P. alba*) et du *Tremble* (*P. tremula*), en Europe, passent pour fébrifuges. On a obtenu de diverses espèces de *Saules* un glucoside blanc, d'une saveur très amère, soluble dans l'alcool et dans l'eau, mais non dans l'éther, qui a reçu le nom de *Salicine*, et qui, d'après plusieurs auteurs, constituerait un assez bon succédané de la quinine. Sa composition est représentée par la formule $C^{26}H^{18}O^{14}$. Les espèces qui le fournissent en plus grande abondance sont le *S. fragile* (*S. fragilis*), le *S. à cinq étamines* (*S. pentandra*), vulg. appelé *Saule-Laurier*, le *S. jaune* (*S. vitellina*), vulg. *Osier jaune*, *Amarinier*, et le *S rouge* (*S. purpurea*), le plus amer de tous, en Europe. Aux États-Unis, on l'extrait surtout du *S. eriocephala*, du *S. nigra* et du *S. conifera*. L'écorce des feuilles de quelques *Peupliers* donnent aussi un principe cristallisable blanc de saveur sucrée douceâtre, qu'on nomme *Populine*. Les bourgeons de *Peupliers*, notamment ceux du *Peuplier noir* (*P. nigra*) et du *Peuplier baumier* (*P. balsamifera*), sont enduits, durant l'hiver, d'une matière résineuse, balsamique, amère, aromatique, qui passe pour diurétique et antiscorbutique. On se sert encore de ces bourgeons pour la préparation de l'*onguent populéum*, si usité comme topique calmant contre les hémorrhoïdes, les petites plaies et les brûlures. Ils sont également la base de baumes et de teintures qu'on employait jadis en médecine. Les épis mâles odoriférants du *Saule d'Égypte* (*S. ægyptiaca*) servent à préparer une eau médicinale, appelée *Kalaf*, qui jouit en Orient d'une grande réputation comme cardiaque et sudorifique. Tout le monde connaît l'usage qu'on fait des *Osiers* (*S. vitellina* ou *O. jaune*, *S. viminalis* ou *O. blanc*, et *S. purpurea* ou *O. rouge* et *O. franc*) pour les ouvrages de vannerie. Le bois des *Saules* est surtout employé pour le chauffage. Celui du *S. marceau* (*S. caprœa*) fournit des perches et des échalas pour soutenir la vigne. Les grosses branches du *S. blanc* (*S. alba*) servent à faire des cercles pour les futailles. Son bois est en outre usité pour faire du charbon qu'on emploie dans la fabrication de la poudre et dans celle des crayons. Les *Peupliers* donnent un bois blanc utilisé par les tonneliers, les tourneurs, les menuisiers, les emballeurs, etc. On l'emploie aussi pour les constructions légères ; mais il manque de dureté et de solidité. Le *Peuplier noir* (*P. nigra*) et le *Peuplier grisard* (*P. canescens*) sont les espèces dont le bois vaut le mieux ; celui du *Peuplier blanc* (*P. alba*), vulg. appelé *Ypréau* et *Blanc de Hollande*, et celui du *Peuplier pyramidal* ou *Peuplier d'Italie* (*P. fastigiata*), sont de qualité inférieure. L'écorce du *Peuplier noir* et du *Peuplier tremble* (*P. tremula*), renferme assez de tanin pour être employée au tannage des cuirs en Angleterre et en Russie. Citons, en terminant, le *Saule de Babylone* (*S. babylonica*), vulg. appelé *Saule pleureur*, qu'on cultive comme plante d'ornement, et qui est d'un effet si pittoresque au bord des pièces d'eau et des tombeaux où on le plante d'ordinaire.

SALICOLE. adj. 2 g. (lat. *sal*, sel ; *colere*, soigner). Relatif à la production du sel. *Terrain s.*

SALICOQUE. s. f. (lat. *sal*, *salis*, sel et fr. *coque*). T. Zool. Genre de *Crustacés*. Voy. MACHOURES.

SALICOR. s. m. T. Bot. Voy. SALICORNE.

SALICORNE. s. f. (lat. *sal*, *salis*, sel ; *cornu*, corne ; plante des lieux salés). T. Bot. Genre de plantes Dicotylédones (*Salicornia*) de la famille des *Chénopodiacées*. Voy. ce mot.

SALICULTURE. s. f. (lat. *sal*, *salis*, sel, et fr. *culture*). Production artificielle du sel, exploitation des salines.

SALICYLATE. s. m. T. Chim. Nom générique des sels et des éthers de l'acide salicylique.

SALICYLE. s. m. (lat. *salix*, *salicis*, saule, et le suff. *yle*, du gr. ὕλη, matière). T. Chim. Radical monovalent $C^6H^4OH.CO$ contenu dans l'aldéhyde salicylique. Cette aldéhyde s'appelait autrefois *hydrure de s.* — Quelquefois on donne aussi le nom de *s.* au radical monovalent $CO^2H.C^6H^4$ contenu dans l'acide salicylique.

SALICYLIQUE. adj. 2 g. (R. *salicyle*). T. Chim. L'acide, l'aldéhyde et l'alcool salicyliques sont des composés oxybenzoïques ou oxy-benzyliques dans lesquels les groupes fonctionnels sont en position ortho. A la suite de chacun de ces composés nous décrirons ses isomères méta et para.

1. — L'*acide s.* ou *ortho-oxybenzoïque* est l'un des trois acides-phénols qui répondent à la formule $C^6H^4(OH).CO^2H$; les groupes OH et CO^2H occupent ici les positions 1 et 2 sur le noyau de benzène. Son éther méthylique (salicylate de méthyle) se rencontre dans les essences de *Gaultheria*, dans l'essence de bouleau, dans les fleurs de la Reine des prés, etc. On a obtenu l'acide s. par divers procédés : en oxydant la saligénine, en saponifiant l'essence de Wintergreen (*Gaultheria procumbens*), en faisant agir la potasse en fusion sur la salicine, la coumarine, l'indigo, etc. On le prépare aujourd'hui en chauffant à 120° le phénol sodé avec l'acide carbonique sous pression ; il se forme du salicylate de soude que l'on décompose par l'acide chlorhydrique.

L'acide s. cristallise en aiguilles incolores, fusibles à 156°, solubles dans l'eau chaude, dans l'alcool, dans la glycérine. Il se colore en violet foncé sous l'action du perchlorure de fer. Chauffé avec précaution vers 220° il se transforme en salol ; par une brusque application de la chaleur il se décompose en phénol et en acide carbonique. Possédant une fonction acide et une fonction phénol, il peut former soit des sels métalliques et des éthers-sels (*salicylates*), soit des éthersoxydes. Le *salicylate de soude* $C^6H^4OH.CO^2Na$, dont la préparation a été indiquée ci-dessus, cristallise en prismes incolores, très solubles dans l'eau et dans l'alcool, insolubles dans l'éther. Le *salicylate de méthyle* $C^6H^4OH.CO^2CH^3$ forme la majeure partie de l'essence de Wintergreen; on peut le préparer synthétiquement en chauffant l'acide s. avec de l'alcool méthylique et de l'acide sulfurique; il bout à 224°; son odeur agréable le fait employer en parfumerie. Le *salicylate de phényle*, connu sous le nom de *salol*, et le *salicylate de β naphtyle* ou *Bétol* s'obtiennent en faisant réagir l'oxy-chlorure de phosphore sur un mélange d'acide s. et de phénol ou de β naphtol.

L'acide s. est un antiseptique puissant. Dans l'industrie il sert à empêcher les fermentations et la putréfaction; mais son emploi pour la conservation de la bière et des substances alimentaires est aujourd'hui prohibé. L'acide s. possède aussi des propriétés fébrifuges et agit à la manière de la quinine; à forte dose il est vénéneux. En médecine on emploie de préférence le salicylate de soude; ce sel est plus soluble, plus facile à absorber et mieux supporté par l'estomac; il possède du reste les mêmes propriétés thérapeutiques, car il se décompose au sein de l'organisme en mettant l'acide s. en liberté. C'est surtout dans le rhumatisme aigu qu'il produit de bons effets. Pour l'usage externe, l'acide s. sert à faire des pansements antiseptiques.

Les acides *métoxybenzoïque* et *paroxybenzoïque* sont les isomères méta et para de l'acide s. — Le premier s'obtient en fondant avec de la soude les dérivés méta-substitués de l'acide benzoïque; il cristallise en petits prismes fusibles à 200°. — L'*acide paroxybenzoïque* se produit quand on fond le benjoin, le sang-dragon, l'aloès ou l'acide anisique avec un alcali caustique. On le prépare en faisant réagir vers 220° l'acide carbonique sur le phénol potassé. Il cristallise avec une molécule d'eau qu'il perd à 100° et il fond à 210°; il est moins soluble dans l'eau que ses deux isomères. L'un de ses éthers méthyliques est l'*acide anisique* $C^6H^4(OCH^3).CO^2H$ qui se produit par l'oxydation des essences d'anis, de fenouil, d'estragon et de badiane.

II. — L'*aldéhyde s.* ou *ortho-oxybenzylique* forme la majeure partie de l'essence de Reine des prés. Pour préparer cette aldéhyde on fait réagir le chloroforme sur du phénol en dissolution dans la soude caustique; en distillant le produit dans un courant de vapeur d'eau on obtient l'aldéhyde s. dans les portions qui passent à la distillation, et on la sépare en la combinant avec le bisulfite de soude. Elle se présente sous la forme d'un liquide huileux, incolore, qui brunit à l'air, et qui bout à 196°. Peu soluble dans l'eau, elle est assez soluble dans l'alcool. Elle possède une fonction phénol, grâce à laquelle elle se dissout dans les alcalis en formant des sels cristallisables, qui ont peu de stabilité. Elle sert dans l'industrie à préparer la coumarine.

La préparation que nous venons d'indiquer pour l'aldéhyde s. fournit en même temps son isomère, l'*aldéhyde paroxybenzylique*, qui reste dans le résidu fixe de la distillation, et qu'on en extrait à l'aide de l'éther. Cet isomère cristallise en petits prismes incolores, fusibles à 115°, solubles dans l'alcool et dans l'éther, peu solubles dans l'eau. Son éther méthylique est l'*aldéhyde anisique* $C^6H^4(OCH^3)CHO$ qu'on obtient en oxydant les essences d'anis ou de badiane; c'est un liquide jaunâtre, qui bout à 248°; son odeur d'aubépine le fait employer comme parfum.

L'*aldéhyde métoxybenzylique* se forme quand on réduit l'acide métoxybenzoïque par l'amalgame de sodium. C'est un corps solide, cristallisable qui fond à 104° et qui bout à 240°.

Ces trois aldéhydes oxybenzyliques répondent à la formule $C^6H^4(OH)CHO$ et fonctionnent à la fois comme aldéhydes et comme phénols.

III. — L'*alcool s.* ou *orthoxybenzylique* est souvent désigné sous le nom de *Saligénine*. C'est un alcool primaire possédant une fonction phénol. On le prépare en dédoublant son glucoside, la salicine, à l'aide de l'émulsine. On peut aussi l'obtenir par l'hydrogénation de l'aldéhyde s. ou par l'action de l'aldéhyde méthylique sur le phénol. L'alcool s. cristallise en tables rhomboïdales, très solubles dans l'eau bouillante, dans l'alcool et dans l'éther. Il fond à 82° et se sublime à 100°. Au lieu de fournir des éthers-sels quand on le chauffe avec les acides, il se convertit en un éther-oxyde, la *Salirétine*, substance amorphe, insoluble dans l'eau, soluble dans l'alcool et dans l'éther. Le *Caféol*, principe odorant qui se produit dans la torréfaction du café, paraît être identique avec l'éther méthylique de l'alcool s.; cet éther a pour formule $C^6H^4(OH)CH^2OCH^3$ et bout vers 197°.

L'*alcool métoxybenzylique* s'obtient par l'action de l'a-

malgame de sodium sur l'acide métoxybenzoïque; il est solide et fond à 67°

L'*alcool paroxybenzylique* se forme par l'hydrogénation de l'aldéhyde correspondante. Il fond à 110° Son éther méthylique est l'*alcool anisique* $C^6H^4(OCH^3)CH^2OH$; ce corps prend naissance lorsqu'on traite l'aldéhyde anisique par la potasse alcoolique; il cristallise en aiguilles fusibles à 25° et bout à 248°.

Ces trois alcools oxybenzyliques possèdent une fonction phénol et une fonction alcool primaire; leur formule est $C^6H^4(OH).CH^2OH$.

SALICYLPHÉNOL. s. m. (R. *salicyle*, et *phénol*), T. Chim. Voy. DIOXYBENZOPHÉNONE.

SALICYLRÉSORCINE. s. f. (R. *salicyle*, et *résorcine*). T. Chim. La *salicylrésorcine* ou *trioxybenzophénone* se forme par la combinaison de l'acide salicylique et de la résorcine; elle cristallise en écailles jaunes, fusibles à 133°, solubles dans l'alcool et dans les alcalis. Sa formule est :

$$CO \begin{cases} C^6H^4OH \\ C^6H^3(OH)^2. \end{cases}$$

SALICYLURIQUE. adj. 2 g. (R. *salicyle*, et *urique*). T. Chim. L'*acide s.* se forme dans l'organisme après l'ingestion de l'acide salicylique et s'élimine par les urines. C'est une combinaison d'acide salicylique et de glycocolle; sa formule est $C^6H^4(OH).CO.AzH.CH^2.CO^2H$. Il cristallise en aiguilles minces, brillantes, d'une saveur amère et acide, fusibles à 160°, très solubles dans l'eau bouillante. Traité par l'acide chlorhydrique étendu et bouillant, il se dédouble en glycocolle et en acide salicylique.

SALIENS. tribu des Francs, qui habitait sur les bords de la Sala ou Sale, rivière des Pays-Bas appelée aujourd'hui Yssel.

SALIENS. adj. et s. m. pl. [Pr. *sali-in*]. T Antiq. rom. Nom donné aux prêtres de Rome institués par Numa pour garder les anciles ou boucliers sacrés.

SALIÈRE. s. f. (lat. *sal*, *salis*, sel). Ustensile de cuisine, et pièce de vaisselle où l'on met le sel. || Par anal., enfoncement plus ou moins profond qui existe au-dessus de l'œil, chez le cheval. — Fam., on parl. des femmes, le creux qu'une personne maigre présente derrière chaque clavicule.

SALIES. ch.-l. de c. (Haute-Garonne), arr. de Saint-Gaudens, sur le Salat; 1,000 hab.

SALIES. ch.-l. de c. (Basses-Pyrénées), arr. d'Orthez; 6,200 hab.

SALIFÈRE. adj. 2 g. (lat. *sal*, sel; *fero*, je porte). Qui contient du sel, du chlorure de sodium.

SALIFIABLE. adj. 2 g. Qui peut être salifié.

SALIFICATION. s. f. [Pr. ...*sion*]. Action de salifier. || Opération de l'ancienne chimie, production d'un sel ou d'un corps cristallisé.

SALIFIER. v. a. (lat. *sal*, sel; *ficare*, faire). Convertir en sel. = SALIFIÉ, ÉE. part.

SALIGAUD, AUDE. s [Pr. *sali-go*, *gôde*, *g* dur] (R. *sale*). Celui, celle qui est sale, malpropre. Popul.

SALIGÉNINE. s. f. (lat. *salix*, saule; *genus*, origine). T. Chim. Alcool salicylique. Voy. SALICYLIQUE, III.

SALIGNAC. ch.-l. de c. (Dordogne), arr. de Sarlat; 1,800 hab. Vieux château qui fut le berceau de la famille de Fénelon.

SALIGNON. s. m. [Pr. *sali-gnon*, *gn* mouil.] (bas lat. *salinionem*, de *salinum*, salin). Pain de sel fait avec du sel obtenu par l'évaporation d'une eau saline.

SALIGOT. s. m. [Pr. *sali-go*, *g* dur]. T. Bot. Nom vulg. de la *Macre* flottante. Voy. MACRE et ONOTHÉRACÉES.

SALIN, INE. adj. (lat. *salinus*, m. s., de *sal*, sel). Qui

contient du sel, qui est de la nature du sel. *Substance saline.*
Source saline. Goût s.

SALIN. s. m. (R. *salin*,[adj.].) Le produit brut qu'on obtient
en faisant évaporer la siceité de la lessive des cendres végétales.
La vigne, le buis, la bruyère, etc., donnent beaucoup de s.
Voy. POTASSIUM, IV, 1. || Se dit quelquefois pour *Saline.*

SALINAGE. s. m. (R. *salin*). Opération qui consiste à
faire cristalliser le sel.

SALINATOR (LIVIUS), consul romain, secondé par son
collègue Claudius Néron, défit Asdrubal, frère d'Annibal,
sur les bords du Métaure (207 av. J.-C.).

SALINE. s. f. (R. *salin*). Se dit quelquefois pour *Salaison.* ||
Sign. ordin. Lieu où l'on exploite le sel en faisant évaporer les
eaux qui en contiennent, soit l'eau de la mer, soit l'eau des
sources salées. — Se dit encore des mines de sel gemme. Voy. SEL.

SALINIER, IÈRE. s. (R. *salin*). Celui, celle qui fabrique
du sel.

SALINITÉ. s. f. Qualité saline.

SALINS, ch.-l. de c. (Jura), arr. de Poligny; 6,100 hab.

SALIPYRINE. s. f. (R. *salicylique*, et *antipyrine*). T.
Chim. Combinaison d'acide salicylique et d'antipyrine. C'est
une poudre cristalline, peu soluble dans l'eau, fusible à 91°,5.
Elle est très antiseptique. On l'emploie en thérapeutique
contre le rhumatisme articulaire et contre l'influenza.

SALIQUE. adj. 2 g. T. Hist. Le mot *Salique*, qui, selon
toute probabilité, dérive du nom des Francs *Saliens*, ne s'emploie que dans ces deux expressions, *les terres saliques* et
la loi s. On appelle *Terres saliques* les terres qui furent
distribuées aux Francs à mesure qu'ils s'établissaient dans les
Gaules, en récompense du service militaire et sous la condition qu'ils continueraient de porter les armes. Par *loi salique*,
on entend le code qui régissait les Francs Saliens, et qui
passe généralement pour avoir été publié vers l'an 420 de
notre ère, lorsque cette tribu occupait encore la rive droite
du Rhin, les bords du Weser et de l'Elbe. Ce code paraît
avoir été rédigé primitivement en langue tudesque; mais nous
n'en possédons que la version latine. De plus, il a été remanié à diverses reprises, notamment sous Dagobert 1er. L'article
le plus célèbre de ce code est l'article 6 du titre 62, qui dit
que les mâles seuls pourront jouir de la terre s., attendu que
les femmes ne peuvent remplir la condition sous laquelle leurs
pères l'ont reçue, c.-à-d. le service militaire. En 1316, à la
mort de Louis le Hutin, ce principe fut transporté du domaine
civil dans le domaine politique, et appliqué à la succession de
la couronne de France. Depuis lors, l'exclusion du trône des
filles et de leurs descendants a toujours été considérée comme
une des lois fondamentales de la monarchie. Le plus souvent,
quand on parle de la *loi salique*, on entend par là ce seul
article de la loi.

SALIR. v. a. Rendre sale. *S. son linge. Cet enfant a sali
tout le parquet. Je me suis sali les mains.* || Fig. et fam.,
S. l'imagination, Présenter à l'imagination des idées obscènes. *S. la réputation de quelqu'un,* Y porter atteinte par
des discours, par des calomnies. = SE SALIR. v. pron. Devenir sale. *Cet enfant s'est sali. Les étoffes blanches se salis-
sent bientôt.* || Fig. et fam., *Il s'est sali,* se dit d'un homme
qui a fait une action nuisible à sa réputation. = SALI, IE. part.

SALIRÉTINE. s. f. (lat. *salix*, saule). T. Chim. Voy. SA-
LICYLIQUE, III.

SALISBURIA. s. m. (R. *Salisbury*, n. d'un botan. angl.). T.
Bot. Genre de plantes Gymnospermes, appelé aussi *Ginkgo*, de
la famille des *Conifères*, tribu des *Taxinées.* Voy. CONIFÈRES.

SALISBURY, v. d'Angleterre, ch.-l. du Wiltshire; 14,000 h.

SALISSANT, ANTE. adj. [Pr. *sali-san*]. Qui salit. *Le
drap noir est s. quand il est neuf.* || Qui se salit aisément.
Le blanc est une couleur fort salissante.

SALISSON. s. f. [Pr. *sali-son*]. Se dit d'une femme ou
d'une petite fille malpropre. *C'est une petite s.* Popul.

SALISSURE, s. f. [Pr. *sali-sure*]. Ordure, souillure qui
rend une chose sale.

SALITE. s. f. (R. *Sala*, n. de lieu). T. Minér. Variété de
diopside renfermant une assez forte proportion d'oxyde ferreux. On la trouve à Sala (Suède) en masses laminaires d'un
vert sombre.

SALIVAIRE. adj. 2 g. [Pr. *salivè-re*] (lat. *salivarius*,
m. s.). T. Anat. Qui a rapport à la salive. *Fistule s.* Les
glandes salivaires, qui sécrètent la salive, sont au nombre
de trois pour chaque côté: la *parotide,* la *sous-maxillaire*
et la *sublinguale.* Voy. ces mots et SALIVE.

SALIVATION. s. f. [Pr. *saliva-sion*] (lat. *salivatio*, m. s.).
T. Physiol. Sécrétion et excrétion de la salive. Voy. SALIVE.
Ce mot est généralement employé pour désigner l'exagération
de la sécrétion salivaire, phénomène encore appelé *ptyalisme,
sialorrhée,* et qu'on observe dans certaines affections de la
bouche (stomatite), de l'estomac et aussi dans quelques maladies nerveuses; le traitement consiste dans l'emploi de
collutoires astringents, de préparations opiacées.

SALIVE. s. f. (lat. *saliva*, m. s.). T. Physiol. Liquide
qui humecte la bouche de l'homme et des animaux. Voy.
plus bas. || T. Bot. *S. de Coucou,* L'un des noms vulg. du
Nostoc commun. Voy. NOSTOCACÉES.

Physiol. — La *s.* est le liquide produit par les *glandes
salivaires* (parotide, sous-maxillaire, sublinguale), et aussi
par d'autres petites glandes de la muqueuse buccale. Le suc
salivaire varie suivant la glande qui le fournit.

La *s. parotidienne,* qui est amenée dans la bouche par le
canal de Sténon, est un liquide clair, alcalin, non visqueux,
renfermant des sels de chaux contribuant à former, en se
précipitant, le *tartre dentaire.* La sécrétion de cette s. est
en rapport avec la mastication; aussi est-elle d'autant plus
abondante que celle-ci est plus active.

La *s. sous-maxillaire,* versée dans la bouche par le canal
de Wharton, est visqueuse, filante; sa sécrétion correspond à
l'acte de la gustation.

La *s. sublinguale* arrive à la bouche par plusieurs canaux
dits de Rivinus ou de Bartholin; elle est très épaisse, très
visqueuse et paraît servir à agglutiner les différentes parties
du bol alimentaire.

Ces trois salives, en se mélangeant, forment un nouveau
liquide, appelé *s. mixte,* qui est filant, alcalin; il renferme
quelques globules blancs, des traces de sulfocyanure de potassium et un ferment particulier, de nature albuminoïde,
appelé *ptyaline* ou *diastase animale,* qui a la propriété de
transformer l'amidon en glucose; la *s.* rend donc ainsi les
féculents absorbables. Voy. DIGESTION.

La sécrétion salivaire est continue, mais elle est plus active
au moment de l'ingestion des aliments; elle est le résultat
d'un phénomène réflexe ayant pour point de départ les sensations venant de la bouche et transmises, à un centre nerveux
situé dans la moelle allongée, par le nerf lingual (branche
du nerf maxillaire inférieur) et par le nerf glosso-pharyngien.
Voy. ENCÉPHALE. L'excitation de ce centre salivaire est transmise, du bulbe aux glandes salivaires, par les filets du nerf
facial, et en particulier par la corde du tympan qui agit sur
la glande sous-maxillaire; l'excitation du grand sympathique
peut augmenter la sécrétion salivaire qui subit également
l'influence des émotions, de l'imagination, etc.

Nous ne reviendrons pas ici sur la fonction glandulaire,
étudiée déjà au mot GLANDE; contentons-nous de dire que la s.
est élaborée dans la glande même, sous l'influence du système
nerveux; après avoir empli les tubes salivaires, elle gagne
les canaux excréteurs et s'écoule dans la bouche qu'elle maintient humide; par suite de son écoulement incessant, elle s'accumule dans la cavité buccale et provoque ainsi des mouvements inconscients de déglutition qui amènent l'ouverture de
la trompe d'Eustache, ce qui permet le renouvellement de
l'air de l'oreille moyenne; la sécrétion salivaire est donc liée
au fonctionnement de l'appareil de l'audition.

Pathol. — Les glandes salivaires peuvent être le siège
d'affections diverses dont il est question aux mots *parotide,
sublinguale,* etc. Ici nous nous contenterons de dire quelques mots d'une tumeur qui se produit quelquefois sur le
plancher de la bouche et qui porte le nom de *grenouillette,
hydroglosa, ranule,* etc. Cette tumeur qui ne dépasse pas
ordinairement le volume d'une noix est formée d'une paroi
mince contenant un liquide filant albumineux, parfois mêlé
de sang ou de pus et de petits graviers. La tumeur se déve-

loppe lentement et sans douleur, et le malade ne s'en aperçoit que par la gêne qu'il finit par éprouver en parlant et en mangeant. Le seul traitement est l'extirpation.

SALIVER. v. n. (lat. *salivare*, m. s.). Rendre beaucoup de salive. *Ce tabac fait beaucoup s. Il faut le faire s.*

SALLANCHES, ch.-l. de c. (Haute-Savoie), arr. de Bonneville; 2,100 hab.

SALLE. s. f. [Pr. *sa-le*] (anc. haut. all. *sal*, maison). Pièce plus ou moins grande dans un appartement, dans un palais, dans un édifice public, qui est destiné à quelque usage particulier. *S. basse. S. haute. Grande, belle s. S. à manger. S. de billard. S. d'audience, de réception. S. de conseil ou du conseil. S. du trône. S. de bal, de concert.* — *S. du commun*, Le lieu où les domestiques mangent, chez les grands seigneurs. *S. de danse*, Pièce où l'on donne des leçons de danse. *S. d'études*, pièce où travaillent les écoliers. *S. d'armes*. Galerie qui renferme des armes rangées en ordre, et plus souvent, Lieu où on enseigne l'escrime. *Prévôt de s.* Voy. PRÉVÔT. *S. de police.* Voy. POLICE. *S. d'asile.* Voy. ASILE. — *S. des gardes*, Le lieu où se tiennent les gardes du corps. *Ce garde est de s. aujourd'hui*, Il est aujourd'hui de garde à la s. || Se dit de grands lieux couverts, destinés pour l'usage, pour le service, ou pour le plaisir du public. *La grand's. du palais. Une s. de spectacle. La s. de l'Opéra. Les salles d'un musée.* — Se dit encore, dans les hôpitaux, des dortoirs où sont les lits des malades. *Il est dans telle s. Visiter les salles d'un hôpital.* || Par anal. Lieu planté d'arbres formant un couvert, une espèce de s. dans un jardin. *S. d'arbres, de tilleuls.* — *S. de verdure*, Réduit particulier entouré de charmilles épaisses ou d'arbrisseaux serrés. || *S. d'eau*, partie basse d'une fontaine où l'on descend par des marches. || T. Zool. Syn. d'*Abajoue*. Voy. ce mot.

SALLERAN, ANE. s. [Pr. *sale-ran*] (R. *salle*). T. Techn. Maître ouvrier qui dirige la salle où l'on donne les derniers apprêts au papier. || Ouvrier, ouvrière qui, au fur et à mesure de la fabrication, trie, nettoie, et étend le papier.

SALLES (J.-B.), membre de la Convention, proposa l'appel au peuple dans le jugement de Louis XVI, et périt avec les Girondins (1760-1794).

SALLES-CURAN, ch.-l. de c. (Aveyron), arr. de Millau; 2,700 hab.

SALLES-SUR-L'HERS, ch.-l. de c. (Aude). arr. de Castelnaudary; 1,000 hab.

SALLUSTE (CAIUS CRISPUS), célèbre historien latin, a écrit la *Guerre de Jugurtha* et la *Conjuration de Catilina* (86-34 av. J.-C.).

SALM, nom de deux anciens comtés de l'Allemagne occidentale, dépendant l'un de la Prusse, l'autre du Wurtemberg et de Bade.

SALM (princesse DE), femme de lettres fr., célèbre par son esprit et sa beauté (1767-1845).

SALMANASAR Iᵉʳ, roi d'Assyrie, vers 1300 av. J.-C. || SALMANASAR III, roi d'Assyrie, guerroya en Syrie et en Arménie (860-825 av. J.-C.) || SALMANASAR IV, roi d'Assyrie, guerroya en Arménie et en Médie (784-783 av. J.-C.). || SALMANASAR V, roi d'Assyrie, guerroya en Palestine et en Phénicie (727-722, av. J.-C.).

SALMARE. s. m. (lat. *sal*, sel; *mar*, mer), T. Chim. Synonyme de *sel-gemme*.

SALMIAC. s. m. (abrév. de *sel ammoniac*). T. Chim. Chlorhydrate d'ammoniaque. Voy. AMMONIAQUE.

SALMIGONDIS. s. (R. *salmis*, et lat. *conditum*, confis?) Ragoût de plusieurs sortes de viandes réchauffées. || Fig. et fam., Conversation, discours écrit où l'on a entassé, sans ordre et sans choix, des choses qui n'ont aucun rapport entre elles. *Il nous a fait un s. auquel personne n'a rien compris. Ce livre est un s. où il y a quelques bonnes choses.*

SALMIS. s. m. [Pr. *sal-mi*] (lat. *salgamum*, mélange de

diverses sortes de légumes confits au sel?) Ragoût de certaines pièces de gibier déjà cuites à la broche. *S. de perdrix. S. de bécasses.*

SALMONÉE, fils d'un roi de Thessalie, voulut se faire passer pour un Dieu, en imitant le tonnerre; Jupiter le foudroya (Mythol.).

SALMONIDES ou SALMONÉS. s. m. pl. (lat. *salmo*, saumon). T. Icht. Les *Salmonides* ou *Salmonés* sont des poissons, au corps oblong, écailleux, caractérisés par une petite dorsale à rayons mous, suivie d'une seconde, petite et adipeuse, c.-à-d. formée simplement d'une peau remplie de graisse et non soutenue par des rayons. Tous les Salmonés sont remarquables par leur voracité, par leur vie vagabonde, et par la délicatesse de leur chair. La plupart vivent dans la mer; mais, à l'époque du frai, ils remontent les rivières jusque vers leurs sources, et y déposent leurs œufs dans des trous qu'ils creusent à cet effet. Cette famille se composant d'un assez grand nombre de genres, nous nous contenterons de mentionner les principaux.

I. — Le plus important comprend les *Saumons* proprement dits et les *Truites* (*Salmo*). Ce sont les plus complètement dentés de tous les poissons. En effet, une rangée de dents aiguë hérisse les maxillaires, les intermaxillaires, les palatins et les mandibulaires, et il en existe deux rangées au vomer, sur la langue et sur les os pharyngiens. Les deux mâchoires sont presque égales. Le museau est pointu, la tête petite, le corps allongé, le dos épais et arrondi. Derrière la dorsale et sur le dos de la queue, se trouve une petite nageoire adipeuse; enfin, leurs rayons branchiostèges sont au nombre de 10 environ. La plus grande espèce du genre est le *Saumon ordinaire* (*Salmo salar*) dont la longueur ordinaire est de 80 à 90 centimètres, mais qui atteint parfois 1ᵐ,60 à 1ᵐ,80, Il est d'un bleu ardoisé au-dessus de la ligne latérale, blanc de plomb au dessous, blanc argenté de toutes les parties inférieures, avec des nuances irisées sur tout le corps. Ce poisson est extrêmement abondant dans tout l'Océan septentrional, jusque sous les glaces des mers arctiques. Chaque printemps, pour aller frayer, il émigre par troupes nombreuses formant deux longues files. Les femelles précèdent toujours les mâles, nageant en général avec grand bruit, et s'avançant lentement à moins qu'un danger ne les hâte. Dans leurs migrations, les Saumons franchissent des chutes d'eau très élevées. Souvent leurs premières tentatives sont infructueuses, mais loin de perdre courage, ils font de nouveaux efforts jusqu'à ce qu'ils aient atteint le sommet de la chute; ils disparaissent alors en décrivant une courbe qui est parfois de 7 à 8 mètres de hauteur. Ils remontent ainsi les fleuves jusqu'à ce que les femelles trouvent un endroit convenable pour frayer. Elles font alors des espèces de trous ou nids dans lesquels elles abandonnent leurs œufs, que les mâles viennent ensuite arroser de leur laitance. Lorsque le Saumon a frayé, il semble épuisé; son corps se couvre de taches rouges; il nage si faiblement, que le courant l'entraîne, et il se rend de nouveau dans la mer où il passe l'hiver. Les jeunes Saumons grandissent très promptement; ils portent, comme les Truites, une livrée marquée par plusieurs bandes verticales brunes qui s'effacent avec l'âge. Lorsqu'ils ont atteint la longueur d'un pied, ils abandonnent les rivières et gagnent la mer. La chair du Saumon est rougeâtre, ferme et savoureuse : on la mange fraîche, salée ou séchée. Sa pêche constitue, dans certains pays, en Ecosse, par ex., une industrie des plus productives. Elle se fait surtout vers l'embouchure des fleuves, lorsque ces poissons quittent la mer pour venir frayer. On les prend avec des lignes ou avec diverses sortes de filets : dans quelques localités, avec l'aide d'une espèce de harpon ou de trident pour s'en emparer. Souvent encore on établit, au travers des rivières qu'ils ont l'habitude de fréquenter, des barrages disposés de manière à les arrêter. En France, les côtes de la Picardie, de la basse Normandie, mais surtout de la Bretagne, sont bien fournies de Saumons. On en prend aussi beaucoup dans la Gironde et même dans l'Adour. — Le *Bécard* (*S. hamatus*) a le dos couvert de nombreuses taches rouges; mais il se distingue surtout du précédent par le crochet qu'il porte à la mâchoire inférieure. Sa chair est aussi rouge, mais plus maigre et moins estimée. Il se pêche aussi à l'embouchure de nos rivières. — Les *Truites* proprement dites sont toutes caractérisées par la présence sur le corps de taches d'une belle couleur vermillon qui résiste à la cuisson. Elles sont répandues dans un grand nombre de ruisseaux, de rivières et de lacs des eaux douces de l'Europe. La *Truite de mer* (*Salmo Scheifermulleri*) [Fig. 1], plus petite que le

Saumon, a les flancs semés de petites taches en forme de croissant sur un fond argenté. Sa chair est jaune et estimée. Le *Huch* du Danube (*S. hucho*) est presque aussi grand que le Saumon, et ne diffère guère du précédent que par un museau plus pointu. La *Truite saumonée* (*S. trutta*) est marquée de taches noires ocellée ou en forme d'X; sa queue est en croissant et sa chair rougeâtre. Elle parvient à une grande taille et pèse quelquefois 4 à 5 kil. La *Truite commune* (*S. fario*), à taches brunes sur le dos, rouge sur les flancs, entourées d'un cercle clair, ne dépasse guère 27 à 28 centimètres

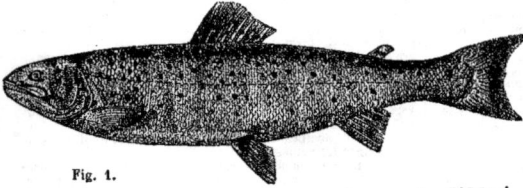

Fig. 1.

de longueur. Sa chair est blanche. On la trouve dans presque tous les ruisseaux dont l'eau est claire et vive. — L'*Ombre-chevalier* (*S. umbla*) a les taches peu marquées : sa chair, grasse et blanche, a du rapport avec celle de l'Anguille. Ce poisson est très commun dans les lacs des Alpes.

II. — Les *Eperlans* (*Osmerus*) ont la forme des Truites, mais les membranes des ouïes n'ont que 8 rayons et leur corps est sans taches. On n'en connaît qu'une seule espèce, l'*Osmerus eperlanus* (Fig. 2), qui est long d'un décimètre environ et d'un gris argenté à reflets chatoyants. — Les *Ombres* (*Thymallus*) ont la bouche très peu fendue, et les dents très fines. Elles ont à peu près les mêmes habitudes que

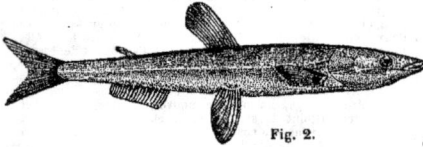

Fig. 2.

les Truites. L'*Ombre commune*, brunâtre, rayée en long de noirâtre, parvient à la taille de 50 centimètres. Ce poisson, dont la chair est très estimée, se trouve dans plusieurs rivières de la Suisse, de l'Italie et du sud-est de la France. — Les *Lavarets* (*Coregonus*) ne diffèrent des Truites que par une bouche très peu fendue, souvent dépourvue de dents, et par des écailles beaucoup plus grandes. — Le genre *Argentine* (*Argentina*) ne renferme qu'une seule espèce qui habite la Méditerranée et l'Atlantique; c'est l'*Arg. sphyrène*, dont les parties brillantes du corps, facilement séparables, fournissent une matière argentée qui sert à la fabrication des fausses perles de même que le produit fourni par l'Ablette.

III. — Un certain nombre d'espèces de Salmonides n'ont que 4 ou 5 rayons aux ouïes et sont privées sur la langue des dents des Truites. Artedi et Cuvier les ont réunies sous le nom de *Characins* (*Characinus*). La plupart de ces espèces sont exotiques. Ces poissons ont le corps comprimé, le ventre dentelé en scie, les dents triangulaires et tranchantes. — Les *Serrasalmes* (*Serrasalmus*) ont le corps comprimé, le ventre dentelé en scie, les dents triangulaires et tranchantes. — Ces poissons qui habitent les rivières du Brésil et de la Guyane, atteignent une assez grande taille. Leur voracité est extrême : ils font aux hommes qui se baignent de cruelles morsures avec leurs dents tranchantes. — Les *Saures* (*Saurus*) sont également très voraces, et ils ont la gueule fendue jusque fort en arrière des yeux. On trouve dans la Méditerranée le *S. ordinaire*, qui a le dos vert mêlé de bleu et de noir, avec le ventre et le dessous de la queue argentés. Certaines espèces étrangères ont le corps presque transparent. — Les *Scopèles* (*Scopelus*) ont la gueule et les ouïes extrêmement fendues, les mâchoires garnies de petites dents et la langue et le palais lisses. On les prend dans la Méditerranée mêlés avec les Anchois : les pêcheurs les nomment *Mélettes*, comme d'autres petites espèces de poissons. — Les *Aulopes* (*Aulopus*) réunissent des caractères de Gades à des caractères de Saumons. Les intermaxillaires, les palatins, le bord anté-

rieur du vomer et la mâchoire inférieure, sont garnis d'un ruban étroit de dents en cardes. Il y a 12 rayons aux branchies, et de grandes écailles ciliées couvrent le corps, les joues et les opercules. La Méditerranée en produit une espèce, appelée *Aul. filamenteux* (*Aul. filamentosus*).

SALOIR. s. m.[Pr. *sa-louar*]. Vaisseau de bois dans lequel on met le sel, où l'on met les viandes qu'on veut saler.

SALOL. s. m. (R. *salicylique*, et la termin. *ol* de phénol). T. Chim. Ether phénylique de l'acide salicylique. Il se forme quand on chauffe cet acide à 200°. Dans l'industrie on le prépare en faisant agir l'oxychlorure de carbone sur un mélange de phénol sodé et de salicylate de soude. Le s. est cristallisable, fusible à 42°, presque insoluble dans l'eau, très soluble dans l'alcool et l'éther. Dans le tube digestif il se dédouble en phénol et acide salicylique. Le s. est un remède employé dans le rhumatisme articulaire et dans certaines maladies de la vessie. En solution alcoolique, il sert d'antiseptique.

SALOMÉ, princesse juive, fille d'Hérode - Philippe et d'Hérodiade, obtint de son oncle Hérode-Antipas qu'il fît couper la tête à saint Jean-Baptiste.

SALOMÉ (MARIE), femme de Zébédée, mère de saint Jacques le Majeur et de saint Jean l'Évangéliste.

SALOMON (îles), groupes d'îles de l'Océanie, dans la Mélanésie, possédées par les Allemands et par les Anglais; 350,000 hab.

SALOMON, fils de David et de Bethsabée, succéda à son père (1016-976), étendit son royaume de l'Égypte à l'Euphrate, et acheva le temple de Jérusalem. Il a composé entre autres ouvrages *Cantique des Cantiques* et le livre de l'*Ecclésiaste*.

SALON. s. m. (augm. de *salle*). Pièce ordinairement plus grande et plus ornée que les autres, et qui sert à recevoir compagnie. *Un beau s. S. d'hiver S. d'été. La compagnie est assemblée dans le s.* || Fig., se dit des réunions, des maisons où se rassemblent les gens du beau monde. *Il va lire ses vers dans tous les salons. Un poète de s. Des succès de s. Un homme de s.* || Absol., Le lieu où se fait l'exposition périodique des ouvrages de peinture, sculpture, gravure, etc., des artistes vivants. *Ce peintre, ce sculpteur a plusieurs ouvrages au s. L'ouverture, la clôture du s.* — Par extens., l'exposition même. *Il a exposé ce tableau au dernier s. Le s. de telle année était fort remarquable.* Voy. EXPOSITION.

SALON, ch.-l. de c. (Bouches-du-Rhône), arr. d'Aix; 9,100 hab.

SALONE, cap. de l'anc. Dalmatie, près de la ville de Spalatro, où Dioclétien se retira après son abdication (305).

SALONIQUE, anc. Thessalonique de Macédoine, v. de la Roumélie-Orientale, port sur l'Archipel; 70,000 hab.

SALONNIER. s. m. [Pr. *salo-nié*]. Critique littéraire qui rend compte du salon de peinture.

SALOP, Voy. SHROPSHIRE.

SALOPE. adj. et s. 2 g. (R. *sale*). Qui est sale et malpropre. *C'est une vraie s. Ces enfants sont bien salopes.* Bas et peu us. || Fig. et par injure, *Une s.*, Une femme de mauvaise vie. || T. Mar. *Marie-s.* Drague. Voy. ce mot.

SALOPEMENT. adv. [Pr. …*pe-man*]. D'une manière sale. *Il mange s.* Bas et peu us.

SALOPERIE. s. f (R. *salope*). Saleté, grande malpropreté. *Elle est d'une s. dégoûtante.* || Discours, propos ordurier *Dire des saloperies.* || Ouvrage, marchandise de très mauvaise qualité. — Familier dans tous les sens.

SALORGE. s. m. (lat. *sal*, sel; *horreum*, grenier) T. Comm. Amas de sel, meule de sel destiné au commerce.

SALOUEN, fl. de l'Indo-Chine coulant entre la Birmanie et le royaume de Siam et se déversant dans l'océan Indien.

SALOUM, vaste région de la Sénégambie, au N. de la Gambie, vassale de la France, cap. *Kahon.*

SALPE. s. m. **SALPIENS**. s. m. pl. [Pr *salpi-in*] (lat. *salpa*, m. s.). T. Zool. Genre et famille de *Tuniciers.* Voy. ce mot.

SALPÊTRAGE. s. m. Action de salpêtrer. || Production du salpêtre dans les nitrières artificielles.

SALPÊTRE. s. m. (lat. *sal petræ*, sel de pierre). T. Chim. Nom vulg. de l'Azotate de potasse. *Le s. est un des ingrédients de la poudre à canon.* Voy. POTASSIUM, IV, 4. || S. *cubique, S. du Chili, S. du Pérou*, Azotate de soude. Voy. SODIUM. || T. Techn. Sédiment servant de mortier pour le pavage et qu'on tire de plâtras lessivés d'où l'on a extrait le salpêtre. || Fig. et fam. *Ce n'est que s., que du s., il est pétri des.*, se dit d'un homme, d'un enfant extrêmement vif et prompt.

SALPÊTRER. v. a. Mettre du salpêtre sur un espace de terrain, et le mêler avec la terre qu'on frappe ensuite fortement pour rendre ce mélange dur et impénétrable à la pluie. *J'ai envie de faire s. les allées de mon jardin.* || Faire naître du salpêtre. *L'humidité commence à s. ce mur.* = SE SALPÊTRER. v. pron. Se couvrir d'efflorescences salines d'azotate de potasse. *Les murs de cette cave se salpêtrent avec rapidité.* = SALPÊTRÉ, ÉE. part.

SALPÊTRERIE. s. f. Fabrique de salpêtre.

SALPÊTREUX, EUSE. adj. [Pr. *salpè-treu, euze*]. Qui contient du salpêtre.

SALPÊTRIER. s. m. Ouvrier qui travaille à la préparation du salpêtre.

SALPÊTRIÈRE. s. f. Lieu où l'on fait le salpêtre. || A Paris, *La S.*, Hospice pour les femmes âgées et pour les femmes en démence. *La S. servait aussi autrefois de maison de correction.*

SALPÊTRISATION. s. f. [Pr. *salpè-tri-za-sion*]. Action de salpêtrer, ou de se salpêtrer; résultat de cette action.

SALPICON. s. m. (esp. *salpicon*, m. s.). T. Cuis. Mets composé de dés de viandes, foie gras champignons, truffes, incorporés dans une sauce très relevée.

SALPIGLOSSE. s. m. (gr. σάλπιγξ, trompette; γλῶσσα, langue). T. Bot. Genre de plantes Dicotylédones (*Salpiglossis*) de la famille des *Solanacées.* Voy. ce mot.

SALPIGLOSSIDÉES. s. f. pl. (R. *Salpiglosse*). T. Bot. Tribu de végétaux de la famille des *Solanacées.* Voy ce mot.

SALPINGITE. s. f. (gr. σάλπιγξ, σάλπιγγος, trompe). T. Méd. On désigne communément ainsi l'inflammation de la *trompe de Fallope*, conduit qui relie l'utérus à l'ovaire; on observe presque toujours en même temps l'ovarite (inflammation de l'ovaire); ces deux affections sont souvent décrites ensemble sous le nom de *salpingo-ovarite*; elles reconnaissent d'ailleurs les même causes, déjà indiquées au mot OVAIRE (*Pathol.*); rappelons simplement ici qu'elles résultent d'une infection de l'appareil génital, dont la première manifestation est généralement une métrite.
La s. survient pendant la vie génitale de la femme; elle peut être *aiguë* ou *chronique*; cette dernière forme est quelquefois consécutive à la première, mais elle peut apparaître d'emblée. La s. est dite *catarrhale* quand l'inflammation s'étend à la muqueuse de la trompe, *parenchymateuse* quand elle se propage aux parois de ce conduit qui dans les deux cas est augmenté de volume; les tissus voisins, le péritoine, sont fréquemment atteints par la poussée inflammatoire. Dans certains cas il se produit dans la cavité de la trompe, dont les parois se sont distendues et dont les orifices se sont oblitérés, un épanchement liquide qui peut atteindre et même dépasser le poids de 400 grammes; ce liquide peut être séreux (*hydro-salpynx*), sanguin (*hémato-salpynx*), enfin purulent (*pyo-salpynx* ou *salpingite suppurée*); on trouve dans le pus de la s. plusieurs microbes : gonocoque, streptocoque qui sont les agents de l'inflammation.

La s. aiguë s'annonce brusquement par des symptômes de péritonite localisée au bassin; la s. chronique provoque des douleurs dans les fosses iliaques, les aines, les cuisses; ces douleurs sont augmentées par la marche, les fatigues, la menstruation, la pression exercée, sur le ventre, au niveau de l'utérus et de ses annexes (trompe, ovaire); la vessie est irritable. Les malades deviennent souvent dyspeptiques, neurasthéniques, anémiques; la fièvre est surtout élevée quand la suppuration se produit; le pus peut se faire jour dans le vagin et l'intestin ; il peut aussi atteindre la cavité péritonéale et provoquer ainsi la mort par péritonite aiguë généralisée Le toucher vaginal, combiné au palper abdominal, et le toucher rectal permettent de se rendre compte de la nature des lésions, de les localiser, d'en apprécier l'étendue, la forme, etc.
La s. est une affection grave, de longue durée, qu'il ne faut pas négliger ; au début il faut recommander le repos et traiter la métrite qui en est généralement la cause; mais si ces troubles persistent, il faut recourir à l'intervention chirurgicale, pratiquer la *salpingotomie*, c.-à-d. enlever les organes malades ; c'est l'opinion de l'école moderne (Segond, Bouilly, Pozzi). On pratique l'ablation de la trompe ou des annexes par la voie abdominale (laparotomie) ou par la voie vaginale (hystérectomie) ; dans les cas graves l'utérus doit être également enlevé, car il est la source de l'infection.
On appelle encore s. l'inflammation de la *trompe d'Eustache*; son traitement est celui de l'angine et de l'otite concomitantes. Voy. OREILLE.

SALPINGO-OVARITE. s. f. (gr. σάλπιγξ, trompe, et fr. ovaire). T. Méd. Inflammation de la trompe de Fallope et de l'ovaire. La description se confond avec celle de la salpingite. Voy. aussi OVAIRE, *Pathol.*

SALPINGOTOMIE. s. f. (gr. σάλπιγξ, σάλπιγγος, trompe; τομή, section). T. Chir. Ablation de la trompe de Fallope. Voy. SALPINGITE.

SALSE ou **SALZE**. f. s. (lat. *salsus*, salé). T. Géol. Volcan de gaz, d'eau ou de boue. Voy. VOLCAN.

SALSEPAREILLE. s. f. [Pr. les *ll* mouillées] (esp. *zarza parilla*, de *zarza*, mûrier, ronce, et *Parillo*, nom d'un médecin). T. Bot. Nom donné aux racines de certaines espèces américaines du genre *Smilax*. Voy. LILIACÉES, III.

SALSIFIS. s. m. [Pr *salsi-fi*] (ital. *sassefrica*, m. s.). T. Bot. Genre de plantes Dicotylédones (*Tragopogon*) de la famille des *Composées*, tribu des *Liguliflores*. Voy. COMPOSÉES.

SALSOLA. s. m. (lat. *salsus*, salé). T. Bot. Genre de plantes Dicotylédones de la famille des *Chenopodiacées.* Voy. ce mot.

SALSUGINEUX, EUSE. adj. [Pr. *salsu-jineu, euze*] (lat. *salsugo*, saumure, de *sal*, sel). Imprégné de sel marin. || T. Bot. Qui croît dans les terrains imprégnés de sel.

SALTA, v. de la République Argentine ; 16,000 hab. Évêché, Mines.

SALTARELLE. s. f. [Pr. *salta-rèle*] (lat. *saltare*, danser). Danse vénitienne à trois temps et qui se rapproche de la tarentelle. || *L'air sur lequel on exécute cette danse.*

SALTATION. s. f. [Pr. *salta-sion*] (lat. *saltatio*, m. s., de *saltare*, danser). T. Antiq. rom. Art des mouvements réglés qui comprenait la danse, la pantomime, l'action théâtrale et l'action oratoire.

SALTIGRADES. s. m. pl. (lat. *saltus*, saut; *gradus*, marche). T. Zool. Groupe d'Arachnides Voy. ARAIGNÉE.

SALTILLO, v. du Mexique ; 26,000 hab.

SALTIMBANQUE. s. m. [Pr. *sal-tin-banke*] (ital. *saltimbanco*, m. s., de *saltare in banco*, sauter sur un tréteau). Jongleur, bateleur, charlatan qui débite ses drogues sur un théâtre, dans une place publique || Fig. et par mépris, se dit d'un mauvais orateur, d'un mauvais bouffon de société, qui débite, avec des gestes outrés, des plaisanteries déplacées.

SALTIQUE. s. m. (lat. *saltus*, saut). T. Zool. Genre d'Arachnides. Voy. ARAIGNÉE.

SALT LAKE CITY, v. des États-Unis. Cap des Mormons (Utah); 21,000 hab.

SALUADE. s. f. Action de saluer en faisant la révérence. *Il me fit une grande s.* Vx, et ne se dit qu'en plaisantant.

SALUBRE. adj. 2 g. (lat. *saluber*, m. s., de *salus*, salut). Qui contribue à la santé *Un air s. Une nourriture, un régime s.* — Syn. Voy. SAIN.

SALUBREMENT. adv. [Pr. *salubre-man*]. D'une manière salubre

SALUBRITÉ. s. f. (lat. *salubritas*, m. s.). Qualité, état de ce qui est salubre. *La s. de l'air, des aliments. La construction de cet égout a beaucoup contribué à la s. du quartier.* || Se dit aussi de choses qui ont pour objet la santé publique. *Mesures de s. Conseil de salubrité.*

Législ. — A mesure que la vie sociale devient plus complexe, que les industries sont plus diverses, et les populations plus condensées, on reconnaît qu'il surgit une foule de causes d'insalubrité et de maladies qui nécessitent l'intervention de la médecine préventive, c.-à-d. de l'*hygiène*. Toutes les questions qui ont pour objet la santé publique doivent donc prendre rang parmi les intérêts les plus sérieux dont les gouvernements puissent se préoccuper. L'hygiène publique embrasse la climatologie, les subsistances et approvisionnements, les établissements réputés insalubres, incommodes et dangereux, les épidémies, épizooties et maladies contagieuses, la législation sanitaire, et la salubrité publique proprement dite, laquelle comprend ce qui concerne les soins de propreté des villes, des constructions, des rues, égouts, halles, hospices, prisons, etc., les inhumations, la vente des comestibles, les falsifications et sophistications des aliments et des boissons, la prostitution, etc. Ce n'est guère que depuis la révolution que le gouvernement a compris qu'il avait un rôle à remplir au point de vue de la santé publique, comme à celui de l'ordre et de la sécurité. Depuis cette époque, un assez grand nombre de lois et de règlements ont été rendus à l'effet de veiller à ces intérêts, et diverses institutions ont été créées pour surveiller et assurer l'exécution de ces lois et règlements. — 1° A la tête de ces institutions se trouve un Conseil supérieur, qui est placé auprès du Ministre de l'intérieur. Ce Conseil créé en 1832, sous le nom de *Conseil supérieur de santé*, a reçu, en 1848, celui de *Comité consultatif d'hygiène publique*. Ses attributions comprennent l'étude et l'examen de toutes les questions qui lui sont renvoyées par le Ministre relativement aux quarantaines et aux services qui s'y rattachent; les mesures à prendre pour prévenir à combattre les épidémies et améliorer les conditions sanitaires des populations manufacturières et agricoles; la propagation de la vaccine; l'amélioration des établissements thermaux; la police médicale et pharmaceutique; l'institution et l'organisation des conseils et des commissions de salubrité. Enfin, il indique au Ministre les questions à soumettre à l'Académie de médecine. Ses membres sont au nombre de 37. Le Ministre nomme 20 de ces membres dont 10 au moins pris parmi les docteurs en médecine. Les autres personnes qui composent le comité sont membres de droit. Nous citerons le directeur de l'Assistance et de l'hygiène publiques au Ministère de l'intérieur, le directeur de l'enseignement primaire au Ministère de l'instruction publique, le président de la Chambre de commerce de Paris. — 2° Dans chaque chef-lieu de département, il existe un *Conseil d'hygiène publique et de salubrité*. Le plus ancienne-ment établi est celui de la Seine, dont la création date de 1802. Il fut d'abord désigné sous le nom de *Conseil de salubrité*; mais, le décret du 15 décembre 1851, en modifiant son organisation, a en même temps remplacé ce titre par celui qu'il porte aujourd'hui. Le Conseil d'hygiène publique de la Seine se compose de 15 membres titulaires et de 6 adjoints, nommés par le Préfet de police et agréés par le Ministre de l'intérieur. De plus, en font de droit partie le doyen, le professeur d'hygiène et le professeur de médecine légale de la Faculté de Paris; le directeur de l'École de pharmacie; l'ingénieur en chef du département, celui du service municipal, et celui des mines chargé du service des appareils à vapeur; l'architecte de la petite voirie; un membre du conseil de santé des armées; le secrétaire général, le chef de la seconde division et celui du service sanitaire de la préfecture de police. Le Conseil a pour mission de donner son avis sur toutes les questions d'hygiène publique qui lui sont renvoyées par le Préfet de police. Il est, en outre, chargé de centraliser et de coordonner les travaux des commissions d'hygiène éta-

blies dans le département, de réunir les documents relatifs à la topographie et à la statistique médicales, et de publier, à époque déterminée, le résumé de ses opérations. — A l'exemple de Paris, il avait été établi d'assez bonne heure, dans quelques départements et dans nos grandes villes, des Conseils et des commissions de salubrité; mais ces établissements n'ont été soumis à une organisation régulière que par l'arrêté du 18 décembre 1848, qui a décrété que tout chef-lieu de département et d'arrondissement aurait un *Conseil d'hygiène et de salubrité*. Ce conseil se compose de 9 membres au moins et de 15 au plus, tous nommés par le Préfet, et auxquels s'adjoignent de droit divers fonctionnaires désignés par les règlements. Ses attributions sont les mêmes, dans l'étendue de sa circonscription, que celles du Conseil de la Seine. Il existe aussi, dans les principaux chefs-lieux de canton, des *Commissions d'hygiène publique*, et, dans ceux qui en sont dépourvus, les préfets nomment des correspondants des Conseils d'arrondissement. — 3° Enfin, dans toute commune où la chose est jugée nécessaire, le conseil municipal peut instituer une *Commission des logements insalubres*, qui est chargée de veiller à l'exécution de la loi concernant l'insalubrité des habitations et logements, et de donner son avis quant aux mesures à prendre pour y remédier. Voy. LOGEMENT.

SALUCES, v. du royaume d'Italie, prov. de Coni; 15,400 hab.

SALUER. v. a. (lat. *salutare*, m. s., de *salus*, *salutis*, santé, salut). Donner à quelqu'un une marque extérieure de civilité, de déférence ou de respect, en l'abordant, en le rencontrant, etc. *Je l'ai salué, et il ne m'a pas rendu mon salut. Les manières de s. varient selon les différents pays. Dans presque toute l'Europe, les hommes saluent en ôtant leur chapeau et en s'inclinant. Les Orientaux saluent en posant la main sur la poitrine et en s'inclinant. S. de la main, du geste, de la voix. S. de l'épée.* — *Je vous salue, j'ai l'honneur de vous s.*, se dit, par civilité, à une personne que l'on aborde, ou en terminant une lettre. *Aller s. quelqu'un*, Aller lui faire visite, lui rendre ses devoirs. || Se dit aussi des marques de respect qu'on donne à certaines choses. *S. l'autel. S. le catafalque. S. le drapeau. S. le soleil. Je saluai de loin le lieu de ma naissance.* || Faire ses compliments par lettre. *Je salue tels et tels. Saluez-le de ma part.* || T. Mar. Se dit encore des marques de respect ou d'honneur qui sont en usage dans la marine. *On salue à la mer en tirant le canon. S. du canon. S. des voiles, du pavillon. Les vaisseaux saluèrent la citadelle.* — *La mer salue la terre*, Les vaisseaux qui mouillent devant une forteresse doivent la saluer en tirant le canon. — *S. un grain*, se préparer à le recevoir. || *Saluer*, en parlant des anciens Romains qu'on élevait à l'empire, signifie Proclamer. *Vespasien fut salué empereur par toute l'armée. Il fut salué César.* = SE SALUER. v. pron. *Nous nous saluons, mais nous ne nous parlons pas. Les deux navires se saluèrent de tant de coups de canon.* = SALUÉ, ÉE. part. = Conj. Voy. JOUER.

SALUEUR. s. m. Celui qui salue.

SALURE. s. f. (lat. *sal*, sel). Qualité que le sel communique. *La s. des eaux de la mer.*

SALUT. s. m. [Pr. *sa-lu*] (lat. *salus*, m. s., même rad. que *salvare*, sauver). Conservation dans le bien, ou rétablissement dans un état heureux, ou préservation de mal. *Le s. au peuple, de la république. Le s. public. Le s. de l'État.*

Combattre un ennemi pour le salut de tous.
CORNEILLE.

Il y va de votre s., du s. de votre famille. Je vous suis redevable de mon s. L'armée dut son s. à un hasard. Il chercha son s. dans la fuite. Cette maison a été pour lui un lieu de s. Cette circonstance fut son s. || La félicité éternelle. *Le s. des âmes. Le s. éternel.* — Fig., *Point de s.*, se dit en parlant d'une chose indispensable pour réussir. *Sans imagination, point de s. dans les arts.* || Action de saluer. *Un profond s. Rendre, refuser le s. Il nous fit de loin beaucoup de saluts. Le s. des armes. Le s. du drapeau, de l'épée.* — *Saluts de mer*, Les coups de canon que tire un vaisseau pour rendre honneur à un autre vaisseau, à une flotte, à une place, etc. || Terme qu'on emploie dans le préambule des lois et ordonnances, dans les bulles des papes, dans les mandements des évêques, etc., envers ceux auxquels ils sont adressés. *A tous ceux qui ces présentes verront, le Saint-Père envoie s. et bénédiction apostolique.* On termine quelquefois les lettres et les billets par des formules analogues. *S. et amitié.* — Dans le style élevé et poét., *Salut* s'emploie quelquefois comme une exclamation de respect ou d'admiration. *S., jeune héros. Patrie des grands hommes, s.* ‖ T. Liturgie. Se dit des prières que l'on chante le soir après complies, notamment les jours de fête, et qui se terminent par la bénédiction du saint sacrement. *Dire, chanter, entendre le s. Aller au s. Voilà le s. qui sonne. Le s. de Pâques, de la Pentecôte.*

SALUTAIRE. adj. 2 g. [Pr. *salu-tère*] (lat. *salutaris*, m. s., de *salus*, *salutis*, salut). Utile, avantageux pour la conservation de la vie, de la santé, des biens, de l'honneur, ainsi que pour le salut de l'âme.

> Quelle voix salutaire ordonne que je vive?
> 　　　　　　　　　　　　RACINE.

Remède, médicament s. Avis, conseil s. Doctrine, instruction s. Lois salutaires. Crainte s. ══ Syn. Voy. SAIN.

SALUTAIREMENT. adv. [Pr. *salu-tère-man*]. Utilement, avantageusement pour la conservation de la vie, des biens, etc.

SALUTATION. s. f. [Pr. *saluta-sion*] (lat. *salutatio*, m. s.). Action de saluer; se dit, fam., d'un salut fait avec des marques très apparentes de respect et d'empressement. *Une profonde s. Il m'a fait de grandes salutations.* — *Recevez mes salutations, mes humbles salutations, mes salutations respectueuses, affectueuses, amicales, etc.,* Formules dont on se sert quelquefois pour terminer des lettres. ‖ T. Liturg. *S. angélique,* Voy. AVÉ.

SALVADOR, petite république de l'Amérique centrale; 634,200 hab., cap. *San-Salvador.*

SALVADORE. s. f. (R. *Salvador,* nom pr.). T. Bot. Genre de plantes Dicotylédones (*Salvadora*), de la famille des *Oléacées.* Voy. ce mot.

SALVADORÉES. s. f. pl. (R. *Salvadore*). T. Bot. Tribu de plantes de la famille des *Oléacées.* Voy. ce mot.

SALVAGE. s. m. (lat. *salvare,* sauver). T. Marine. *Droit de s.,* Droit qu'on perçoit sur ce qu'on a sauvé d'un bâtiment naufragé. Vx.

SALVAGNAC, ch.-l. de c. du Tarn, arr. de Gaillac; 1,700 hab.

SALVANDY (comte DE), écrivain et homme politique fr. (1795-1856), fut ministre de l'instruction publique sous le règne de Louis-Philippe 1er, en 1837, puis en 1845.

SALVANOS. s. m. [On fait sentir l's finale] (lat. *salva,* sauve; *nos,* nous). T. Marine. Bouée de sauvetage.

SALVATELLE. s. f. [Pr. *salvatè-le*] (lat. *salvare,* sauver). T. Anat. Veine de la face dorsale de la main. Voy. SAIGNÉE.

SALVATION. s. f. [Pr. *salva-sion*] (lat. *salvatio,* m. s.) Action de sauver quelqu'un. *La s. des Gentils.* Vx. ‖ T. Prat. anc. Écritures par lesquelles on répondait aux réponses à griefs. *Fournir des salvations.*

SALVE. s. f. (lat. *salve,* salut: c'est l'impératif de *salvere,* se bien porter: propr. porte-toi bien). Décharge simultanée ou successive d'un grand nombre d'armes à feu, soit en l'honneur de quelqu'un, soit dans des occasions de réjouissance. *Quand il arriva, on fit trois salves de mousqueterie. Des salves répétées d'heure en heure. Pendant le Te Deum, on a fait trois salves. Une s. de vingt et un coups de canon.* ‖ Par extens., se dit de plusieurs coups de fusil ou de canon, qui se tirent en même temps à l'exercice ou dans le combat. *En approchant de la redoute, il fut accueilli par une s. de mousqueterie.* — On dit que *Le canon tire en s.,* Quand plusieurs pièces tirent en même temps. ‖ Par anal., *Une s. d'applaudissements,* Le bruit que font un grand nombre de personnes assemblées, en applaudissant toutes à la fois.

SALVE. s. m. (lat. *salve,* salut!) Inscription que les Romains mettaient parfois au péristyle des demeures, et qui s'emploie encore aujourd'hui.

SALVÉ. s. m. (R. premier mot de l'antienne *Salve regina*). Prière que l'Église catholique chante en l'honneur de la sainte Vierge, et que le peuple chantait autrefois à l'exécution d'un criminel. *Dire un S. Chanter un Salvé.*

SALVETAT (LA), ch.-l. de c. (Hérault), arr. de Saint-Pons; 3,300 hab.

SALVETAT-PEYRALÈS (LA), ch.-l. de c. (Aveyron), arr. de Rodez; 3,500 hab.

SALVIAC, ch.-l. de c. du Lot, arr. de Gourdon; 1,900 hab.

SALVIEN, écrivain ecclésiastique latin (390-484), se retira dans l'île de Lérins, au monastère de Saint-Honorat, puis s'établit à Marseille. Il a laissé des *Homélies,* des *Lettres* et huit livres *Sur le Gouvernement de Dieu.*

SALVINIACÉES. s. f. pl. (R. *Salvinie*). T. Bot. Famille de plantes Filicinées de l'ordre des Hydroptérides.
Caract. bot. : Tige peu développée, nageante. Dans la Salvinie, les feuilles sont verticillées par 3 à chaque nœud, l'inférieure submergée et se découpant en segments étroits pourvus de poils absorbants et jouant ainsi le rôle de racines dont la plante est entièrement dépourvue. Dans les Azolles, les feuilles sont alternes et disposées sur deux rangs sur la face dorsale de la tige, la face ventrale portant des racines disposées également en deux rangées. Sporocarpes 4 à 8 dans la Salvinie, portés vers la base de chaque feuille submergée, 2 à 4 dans l'Azolle portés sur le lobe inférieur de la première feuille de chaque branche. Ce sont des sphères un peu aplaties, portées par un court pédicelle; du fond de la capsule s'élève jusqu'au centre une colonne qui porte des sporanges à son sommet renflé en massue. Ces capsules renferment, soit des microsporanges en grand nombre, soit des macrosporanges en petit nombre (10 dans la Salvinie, 1 dans l'Azolle). Les microsporanges renferment 64 microspores tétraédriques, englobées dans une substance durcie, formant ainsi, soit une seule masse (Salvinie), soit 3 à 8 petites masses arrondies. Les macrosporanges ne contiennent chacun qu'une seule énorme macrospore, entourée d'une couche gélatineuse résistante, et creusée de vacuoles pleines d'air, que l'on nomme *Épispore.*
Les microspores de la Salvinie germent dans le microsporange clos, au sein de la substance qui les englobe. Chacune d'elles pousse un tube, qui perce d'abord la gelée, puis la paroi du sporange et s'ouvre à son extrémité. La cellule terminale ainsi séparée est la cellule mère de l'anthéridie. Cette cellule se partage d'abord en deux par une cloison, et dans chacune de ces deux cellules le corps protoplasmique se divise en quatre cellules produisant chacune un anthérozoïde spiralé entourant chacun une vésicule sphérique; ces 8 anthérozoïdes sont ensuite mis en liberté par une ouverture circulaire des deux cellules de l'anthéridie.
La macrospore, au moment de la germination, rompt d'abord en 3 valves son épaisse épispore et aussi la couche externe de sa membrane propre, c.-à-d. son exospore; la membrane du sporange se déchire en même temps et l'endospore est mise à nu. Sous le sommet ainsi découvert se trouve le noyau de la macrospore, entouré d'une calotte de protoplasma; cette calotte se sépare de la cellule par une cloison en forme de ménisque et la cellule ainsi formée produit seule, en se cloisonnant, le prothalle femelle, qui ressemble, une fois développé, à un chapeau tricorne à bord antérieur relevé et à coins latéraux descendants. Ce prothalle, toujours pourvu de chlorophylle, produit plusieurs archégones en des points déterminés; le premier naît sur la ligne médiane, et il s'en fait deux autres, à droite et à gauche du premier. Si aucun de ces trois archégones n'est fécondé, le prothalle continue de croître et il se produit successivement un certain nombre de rangées d'archégones. Dans l'Azolle, le prothalle femelle ne forme ordinairement qu'une seule archégone et il ne s'en produit d'autres que lorsque le premier n'a pas été fécondé. Après la fécondation de l'oosphère, l'œuf qui en résulte se cloisonne comme dans les Fougères, et donne naissance à une plante adulte.
La famille des Salviniacées se réduit aux deux genres *Salvinia* et *Azolla* comprenant un petit nombre d'espèces vivant à la surface des eaux tranquilles. On connaît plusieurs

espèces fossiles de Salviniacées trouvées dans les terrains tertiaires.

SALVINIE. s. f. pl. (R. *Salvini*, n. d'un sav. ital.). T. Bot. Genre de plantes Filicinées (*Salvinia*) de la famille des *Salviniacées*. Voy. ce mot.

SALVIOL. s. m. (lat. *salvia*, sauge). T. Chim. Composé contenu dans l'essence de sauge et répondant à la formule C¹⁰H¹⁶O. C'est un liquide épais, incolore, dextrogyre, d'une forte odeur de sauge. Il bout à 200°.

SALZA, riv. de l'Autriche-Hongrie, descend des Alpes Noriques, passe à Salzbourg, et se jette dans l'Inn; 260 kil.

SALZBACH, v. du grand-duché de Bade, près de laquelle Turenne fut tué (1675).

SALZBOURG, v. d'Autriche, ch.-l. de la prov. du même nom, sur la Salza; 26,000 hab. Patrie de Mozart. La prov. à 174,000 hab.

SALZE. s. f. Voy. SALSE.

SALZERTE, homme politique et écrivain fr. (1771-1839).

SAMADERA. s. m. T. Bot. Genre de plantes Dicotylédones de la famille des *Simarubacées*. Voy. ce mot.

SAMANDRINE. s. f. T. Chim. Syn. de *Salamandrine*.

SAMANHOUT, anc. *Sebennytis*, v. de la Basse Égypte, sur la branche orientale du Nil; 5,000 hab.

SAMARA, riv. de Russie; affl. du Volga (rive gauche); 500 kilomètres. — Autre riv. affl. du Dnieper (rive gauche); 240 kilomètres.

SAMARA, v. de Russie, ch.-l. de gouv.; 103,000 hab. — Le gouv. à 3,200,000 hab.

SAMARANG, v. et port de l'île de Java; 80,000 hab.

SAMARCANDE ou **SAMARKANDE,** anc. *Maracanda*, v. de Boukharie, dans le Turkestan (Russie d'Asie); 33,100 hab. Anc. cap. de Tamerlan. Entrepôt du commerce entre l'Inde et l'Asie orientale.

SAMARE. s. f. (lat. *samara*, semence d'orme). T. Bot. Nom donné à un akène pourvu d'une aile circulaire ou latérale. Voy. FRUIT.

SAMARIE, v. de Palestine, cap. du royaume d'Israël.

SAMARITAIN, AINE. adj. [Pr. *samari-tin, tène*]. De Samarie. Nom donné aux membres des dix tribus d'Israël qui se séparèrent des deux autres pour former sous Jeroboam le royaume d'Israël. Voy. JUIF.

SAMARIUM. s. m. [Pr. *sama-ri-ome*] (R. *samarskite*). T. Chim. Nom donné par Lecoq de Boisbaudran au métal d'un oxyde qu'il avait retiré de la Samarskite. Cleve a trouvé le même oxyde dans l'orthite et l'a considéré comme un sesquioxyde en lui attribuant la formule Sm²O³; par suite, le symbole Sm du s. correspondrait au poids atomique 150. D'après Crokes, le s. serait un mélange de plusieurs métaux différant très peu les uns des autres.

SAMAROÏDE. adj. 2 g. (R. *samare*, et gr. εἶδος, aspect). T. Bot. Qui ressemble à une samare.

SAMARSKITE. s. f. (R. *Samarski*, n. d'un minér. russe). T. Minér. Niobate d'urane, de fer et d'yttrium, avec cérium, erbium, thorium et autres métaux rares. On rencontre la s. en cristaux orthorhombiques et en grains cristallins, d'un noir de velours, dans les roches granitoïdes de Miask (Oural) et de la Caroline du Nord.

SAMATAN, ch.-l. de c. (Gers), arr. de Lombez, sur la Save; 2,400 hab.

SAMBLANÇAY (DE), surintendant des finances sous Charles VIII, Louis XII et François Iᵉʳ; accusé de malversation, à l'instigation de Louise de Savoie, il fut condamné et pendu au gibet de Montfaucon (1527).

SAMBOR, v. d'Autriche (Galicie); 12,000 hab.

SAMBRE, riv. de France, prend sa source près du Nouvion (Aisne), passe à Maubeuge et finit à Namur dans la Meuse (rive gauche); 250 kilomètres. || SAMBRE-ET-MEUSE, ancien dép. de la France, de 1795 à 1815, ch.-l. Namur.

SAMBUC ou **SAMBUQUIER.** s. m. (lat. *sambucus* ou *sabucus*, sureau). Noms vulgaires du Sureau dans le midi de la France.

SAMBUCÉES. s. f. pl. (lat. *sambucus*, sureau). T. Bot. Tribu de plantes Dicotylédones de la famille des *Caprifoliacées*. Voy. ce mot.

SAMBUQUE. s. f. T. Antiq. Sorte de harpe (Fig. ci-contre). Voy. HARPE. || Machine de guerre consistant en une échelle portée sur un chariot et surmontée d'une plate-forme.

SAMEDI. s. m. (lat. *Saturni dies*, jour de Saturne). Le septième jour de la semaine. *Je partirai s. prochain. Le s. est, chez les Juifs, le jour du sabbat. L'abstinence du s. n'a été établie qu'au XIIᵉ siècle.* — S. saint, le s. de Pâques, celui qui précède le jour de Pâques.

SAMER, ch.-l. de c. (Pas-de-Calais), arr. de Boulogne; 2,100 hab.

SAMNITES, anc. peuple d'Italie, habitant le Samnium.

SAMNIUM, contrée de l'Italie anc. sur l'Adriatique, à l'E. du Latium et de la Campanie, habitée par les *Samnites* et soumise par les Romains, après une lutte longue et acharnée (343-290 av. J.-C.).

SAMOA (îles) ou **DES NAVIGATEURS,** groupe d'îles de l'Océanie (Polynésie); 35,000 hab. Cap. *Apia*.

SAMOËNS, ch.-l. de c. (Haute-Savoie), arr. de Bonneville; 2,500 hab.

SAMOÏTE. s. f. T. Minér. Silicate hydraté d'alumine.

SAMOLE. s. m. (mot. celt.). T. Bot. Genre de plantes Dicotylédones (*Samolus*) de la famille des *Primulacées*. Voy. ce mot.

SAMOS, île de la mer Égée, l'une des Sporades, en face du promontoire de Mycale, formant une principauté tributaire de la Turquie depuis 1832; 45,200 hab. Patrie de Pythagore. = Nom des hab. : SAMIEN, ENNE ou SAMNIATE.

SAMOSATE, v. de l'anc. Syrie, sur l'Euphrate. Patrie de Lucien.

SAMOTHRACE, île de la mer Égée, près des côtes de la Thrace; 2,000 hab.

SAMOYÈDES, tribus de la famille ouralo-altaïque qui habitent les bords de l'océan Glacial, dans la Russie d'Europe et la Russie d'Asie.

SAMSON, juge d'Israël (1155-1117 av. J.-C.), célèbre par sa force surhumaine qui aurait disparu après que Dalila lui eût coupé les cheveux. Il battit les Philistins, et périt livré par Dalila.

SAMUEL, juge d'Israël, délivra les Juifs du joug des Philistins, et fut forcé de leur donner un roi, Saül (1095); plus tard il sacra David. On lui attribue le *Livre des Juges* et le 1ᵉʳ livre des *Rois*.

SAMYDACÉES. s. f. pl. Voy. SAMYDÉES.

SAMYDE. s. m. T. Bot. Genre de plantes Dicotylédones (*Samyda*) de la famille des *Samydées*. Voy. ce mot.

SAMYDÉES ou **SAMYDACÉES**. s. f. pl. (R. *Samyde*). T. Bot. Famille de végétaux Dicotylédones de l'ordre des Dialypétales supérovariées méristémones à carpelles ouverts. *Caract. bot.* : Arbres ou arbrisseaux. Feuilles toujours vertes, alternes, distiques, rarement opposées ou verticillées, simples, entières ou dentées, pourvues de stipules, et présentant des points transparents oblongs et linéaires. Pédoncules axillaires, solitaires ou nombreux. Sépales 4-5, plus ou moins soudés à leur base, ordinairement colorés à l'intérieur ; préfloraison légèrement imbriquée, rarement tout à fait valvaire. Pétales 4-5 ou plus, parfois sépaloïdes, assez souvent nuls. Étamines naissant du tube calicinal, et 2, 3 ou 4 fois aussi nombreuses que les sépales ; filets libres ou polyadelphes, tantôt tous anthérifères, tantôt alternativement fertiles et stériles, ceux-ci plus courts et velus ou ciliés, ceux-là portant des anthères dressées et biloculaires. Pistil formé de 3-5 carpelles soudés en un ovaire supère, uniloculaire ; style 1, filiforme ; stigmate capité ou légèrement lobé ; nombreux ovules, quelquefois seulement 1 ou 2, ascendants ou pendants, anatropes, et attachés à des placentas pariétaux.

Fig. 1.

Capsule uniloculaire ou baie. Graines attachées sans ordre à la partie pulpeuse ou papilleuse des valves, présentant un

Fig. 2.

arille charnu et un hile creusé ; embryon petit situé au milieu d'un albumen charnu. [Fig. 1. — 1. *Casearia grandiflora* ;

DICTIONNAIRE ENCYCLOPÉDIQUE. — T. VIII.

2. Partie d'un calice ouvert ; 3. Pistil à demi développé ; 4. Coupe transversale de l'ovaire ; 5. Graine ; 6. Coupe transversale de la même ; 7. Arille détaché de la graine. — Fig. 2. — 1. *Byrsanthus Brownii* ; 2. Diagramme de la fleur ; 3. Coupe d'une fleur ; 4. Coupe transversale de l'ovaire ; 5. Coupe d'une graine.]

Cette famille se compose de 17 genres (*Samyda, Casearia, Lunania, Homalium, Abatia*, etc.), avec environ 150 espèces, toutes tropicales et plus particulièrement américaines. On a trouvé 3 *Samyda* dans les terrains tertiaires. L'écorce et les feuilles des Samydées passent pour être légèrement astringentes. Au Brésil, on applique sur les blessures les feuilles du *Casearia ulmifolia* : on prétend que le suc de ces mêmes feuilles est un remède certain contre la morsure des serpents les plus venimeux. On fait également usage, dans les fièvres malignes, de la décoction des feuilles du *Casearia lingua*. L'écorce du *Casearia astringens* est amucilagineuse et un peu âcre : on l'emploie au Brésil en lotions pour déterger et modifier les ulcères de mauvaise nature. Toutes les parties du *Casearia anavinga*, espèce propre à l'Inde, sont amères ; ses feuilles s'emploient pour préparer des bains médicinaux, et la pulpe de son fruit s'administre comme diurétique. La racine du *Casearia esculenta* est amère et purgative ; néanmoins ses feuilles sont comestibles. Quelques espèces américaines d'*Homalium* ont une racine qui passe pour posséder des propriétés astringentes.

SANADON (le Père), jésuite et écrivain fr. (1676-1733).

SANATORIUM. s. m. [Pr. *sanato-riome*] (mot lat. dérivé de *sanare*, guérir). Sorte d'hôpital établi à la campagne ou au bord de la mer et où l'on ne traite qu'une seule maladie.

SAN-BENITO. s. m. [Pr. *san-bénito*.] (corrupt. de l'esp *sacco benito*, sac bénit). Sorte de casaque de couleur jaune ou noire dont on revêtait les victimes que l'Inquisition faisait conduire au supplice (Fig). Voy INQUISITION.

SAN-BLAS, v. du Mexique, sur l'océan Pacifique ; 20,000 hab.

SANCERGUES, ch.-l. de c. (Cher), arr. de Sancerre ; 1,200 hab.

SANCERRE (anc. *Sacrum Cæsaris*), ch.-l. d'arr. du dép. du Cher, près la Loire, à 48 kil. N.-E. de Bourges ; 3,900 hab. = Nom des hab. : SANCERROIS, OISE.

SANCERROIS, pays de France, dans le Berry ; cap. *Sancerre*.

SANCHE, nom de 4 rois de Castille (XIe-XIIIe siècle). || Nom de 7 rois de Navarre (Xe-XIIIe siècle).

SANCHEZ, célèbre casuiste esp. (1550-1610).

SANCHONIATHON, historien phénicien, d'une époque inconnue dont on a seulement quelques fragments.

SANCIR. v. n. (gascon *sansi*, provenç. *somsir*, engloutir). T. Mar Se dit d'un navire qui coule bas en plongeant son avant le premier *Ce navire a sanci sous voiles.*

SANCOINS, ch.-l. de c. (Cher), arr. de Saint-Amand ; 4,900 hab.

SANCTIFIANT, ANTE. adj. Qui sanctifie. *L'esprit s. La grâce sanctifiante.*

SANCTIFICATEUR, TRICE. s. (lat. *sanctificator*, m. s) Celui, celle qui sanctifie.

SANCTIFICATION. s. f. [Pr. *sank-tifika-sion*] (lat. *sanctificatio*, m. s.). L'action et l'effet de la grâce qui sanctifie *La s. des fidèles. Travailler à la s. des âmes.* || *La s. des dimanches, des fêtes,* La célébration des dimanches, etc., selon la loi et l'intention de l'Église.

SANCTIFIER. v. a. (lat. *sanctus*, saint; *ficare*, faire). Rendre saint. *La grâce sanctifie nos âmes. Les lieux que Jésus-Christ a sanctifiés par sa présence.* || Rendre conforme à la loi divine. *Il faut s'appliquer à s. sa vie.*

La semence féconde
Des vertus dont il doit sanctifier le monde.
RACINE.

|| Mettre dans la voie du salut et de la sanctification. *Ce saint prêtre sanctifie tous ses paroissiens.* || Dans l'Oraison dominicale, *Que votre nom soit sanctifié,* Que votre nom soit loué, soit honoré dignement. || *S. le jour du dimanche,* Le célébrer suivant la loi et l'intention de l'Église. On dit de même, *Les Juifs sanctifiaient le sabbat.* = SE SANCTI-FIER, v. pron. Travailler à croître en piété et en vertus chrétiennes. *Un chrétien doit s'appliquer à se s.* = SANCTIFIÉ, ÉE, part.

SANCTION. s. f. [Pr. *sank-sion*] (lat. *sanctio*, de *sancire*, attacher). Acte par lequel le chef de l'État, exerçant une partie de l'autorité législative, donne à une loi l'approbation qui la rend exécutoire. *La s. royale. Cette loi n'a pas encore reçu la s.* || Par extens., L'approbation que l'on donne à une chose. *Le public n'a pas donné sa s. à cette mesure. Ce mot n'a pas reçu la s. de l'usage.* || La peine ou la récompense qu'une loi porte, pour assurer son exécution. *S. pénale. S. rémunératoire.* || *Pragmatique s.,* Voy. PRAGMATIQUE et CONCORDAT.

SANCTIONNATEUR. adj. m. [Pr. *sank-sio-nateur*]. Qui sanctionne. *Le pouvoir s.*

SANCTIONNER. v. a. [Pr. *sank-sio-ner*]. Donner la sanction, approuver, confirmer. *S. une loi. L'expérience n'a pas sanctionné cette théorie. Ce mot n'a pas été sanctionné par l'usage.* = SANCTIONNÉ, ÉE. part. *C'est un usage sanctionné par le temps.*

SANCTUAIRE. s. m. [Pr. *sank-tuère*] (lat. *sanctuarium*, m. s., de *sanctus*, saint). Chez les Juifs, la partie du temple où reposait l'arche, et qu'on nommait autrefois *Le saint des saints.* || Chez les peuples qui adorent de fausses divinités, la partie du temple qui est le plus vénérée, et ordinairement celle où est la statue du dieu. — *Poids du s.,* Poids qu'on gardait dans le sanctuaire pour servir d'étalon. || Chez les Chrétiens, l'endroit d'une église où se trouve le maître-autel, et qui est ordinairement enfermé d'une balustrade. — Fig., *Les droits, les prérogatives du s.,* Les droits, etc., du sacerdoce. || Fig., *Le s. des lois, de la justice,* Le lieu où l'on rend la justice. *Le s. des sciences, des arts,* Lieu consacré à la culture ou aux monuments des sciences, des arts. On dit aussi, par une sorte de personnification, *Cette maison est le s. de l'honneur, des vertus. Le cœur de cet homme est le s. de toutes les vertus.* || Fig., *Il ne faut pas vouloir pénétrer dans le s.,* Il est dangereux de vouloir pénétrer les secrets des gens puissants.

SANCTUS. s. m. [Pr. *sank-tus*]. T. Liturgie. Partie de la messe qui se trouve entre la préface et le canon, ainsi nommée parce qu'on y chante une prière, commençant par le mot *sanctus* (saint), trois fois répété. || Musique composée sur les paroles de cette pièce.

SANCY (Puy DE), principal sommet du massif des Monts-Dore, en Auvergne (1,886 mètres).

SANCY (HARLAY DE), homme d'État fr. (1546-1629), changea plusieurs fois de religion et de parti, et finit par s'attacher à Henri IV, qui l'envoya en ambassade vers Élisabeth. Il posséda le diamant connu sous le nom de *Sancy,* qui avait appartenu à Charles le Téméraire et qui, après avoir été longtemps un des diamants de la couronne de France, a été acheté par la Russie en 1835.

SAND (GEORGE), célèbre romancière française (1804-1876).

SANDAL. s. m. T. Bot. Voy. SANTAL.

SANDALE. s. f. (lat. *sandalia,* plur. de *sandalium,* m. s.). Chaussure qui ne recouvre pas le dessus du pied. Voy. CHAUSSURE. — Soulier de salle d'armes, à large semelle, destinée à rendre les battements du pied plus sonores || Fig., *Secouer la poussière de ses sandales,* Quitter un pays avec indignation. || T. Mar. Sorte de bateau de transport dont on se sert sur les côtes de la Barbarie.

SANDALIER. s. m. Celui qui fait des sandales.

SANDARAQUE. s. f (lat. *sandaraca,* gr. σανδαράχη, m. s.). Résine extraite du *Calliiris quadrivalvis* (Conifères) qu'on répand sur le papier qu'on a gratté pour l'empêcher de boire l'encre. — S'est dit pour *Réalgar.*

SANDBERGITE. s. f. (R. *Sandberg,* n. d'homme). T. Minér. Variété de tennantite.

SANDEAU (JULES), romancier et auteur dramatique fr. (1811-1883).

SANDELBOS, île de la Malaisie, voisine des Célèbes.

SANDERLING. s m. T. Ornith. Genre d'*Échassiers.* Voy. MAUBÈCHE.

SANDHURST, v. d'Australie (Victoria); 38,400 hab. Mines d'or.

SANDJAK. s. m. T. Relat. *Sandjak* est un mot turc qui signifie enseigne, et qui se rapporte aux queues de cheval, symbole de la puissance d'un pacha. Les Ottomans appellent *Sandjak-schérif,* ou enseigne sainte, une bannière d'étoffe de soie verte, à franges d'or, sans inscription ni emblème, qu'on montre à l'armée ou au peuple dans les occasions solennelles ou dans les moments de grand danger. — Le sandjak étant un symbole de l'autorité, les Turcs ont étendu ce nom à certaines divisions territoriales de leur empire. Ainsi le mot *Sandjak,* que nous écrivons souvent *Sandjiak* ou *Sangiac,* désigne les subdivisions des grandes provinces, lesquelles sont nommées elles-mêmes *Eyalets.*

SANDJAKAT. s. m. [Pr. *sandja-ka*]. T. Relat. Titre, dignité de gouverneur d'un Sandjak.

SANDOMIR, v. forte de la Russie (Pologne); 4,600 hab.

SANDORIC. s. m. T. Bot. Genre de plantes Dicotylédones (*Sandoricum*) de la famille des *Méliacées,* tribu des *Trichiliées.* Voy. MÉLIACÉES.

SANDRACOTOS ou **TCHANDRAGOUPTA**, personnage hindou du IVe s. av. J.-C., qui, après la mort du roi Porus, s'empara du Pendjâb et d'une partie des provinces occupées par les Grecs sur l'Indus. Sandracotos maria sa fille avec Séleucus, roi de Syrie, et grâce à cette alliance il régna en paix sur l'Inde presque tout entière. Il établit sa capitale à Palimbothra (*Patna*), eut une administration régulière, favorisa le bouddhisme sans cependant s'y convertir.

SANDRE. s. m. T. Icht. Genre de *Poissons osseux.* Voy. PERCOÏDES, I.

SANDWICH. s. m. [Pr. *sand-outich*] (mot angl.). Petit pain ou tranche de pain beurrée, dans laquelle on met une tranche mince de jambon ou d'autre viande. *Avec le thé, on servit des sandwichs.*

SANDWICH ou **HAWAÏ** (îles), royaume dans l'océan Austral, composé de 5 îles; 80,600 hab. C'est dans une de ces îles que fut massacré le célèbre navigateur anglais Cook, en 1779; cap. *Honolulu.*

SAN-FRANCISCO, v d'Amérique (États-Unis, Californie); 299,000 hab., grand port sur le Pacifique. — Commerce considérable. Mines d'or dans les environs.

SANG. s. m. [Pr. *san.*] (lat. *sanguis,* m. s.). Liquide, rouge chez l'homme et chez les vertébrés, blanc ou diversement coloré chez les autres animaux, qui circule dans un système de vaisseaux particuliers, et se distribue dans tous les organes pour y apporter les matériaux nécessaires à l'entretien de la vie. *S. artériel, veineux. S. noir, rouge, vermeil. Les animaux à s. rouge, à s. blanc, à s. chaud, à s. froid. S. menstruel. La circulation du s. Le s. jaillit avec impétuosité de la blessure Cracher le s. Le s. lui monte à la tête. Des ruisseaux de s. La terre était toute trempée, toute abreuvée de s.* — *Il y a eu beaucoup de s.*

répandu dans cette guerre, dans cette bataille, Beaucoup d'hommes y ont péri. *Le s. a coulé, a été répandu,* Il y a eu des personnes tuées ou blessées dans cet engagement, dans cette rixe. *Faire couler le s.,* Être cause d'une guerre ou d'une rixe sanglante. *Mettre quelqu'un en s., tout en s.,* Blesser quelqu'un de manière qu'il soit tout couvert de s. *Mordre, fouetter, pincer jusqu'au s.,* Jusqu'à entamer la peau et en faire sortir le s. *Se battre au premier s.,* Se mettre en duel, avec l'intention de cesser le combat à la première blessure de l'un des adversaires. || *Fig., Verser le s., répandre le s., tremper ses mains dans le s.,* Donner la mort à un homme, à des hommes. *Épargner le s.,* Épargner la vie des hommes. *Aimer le s., être altéré de s., c'est un homme de s., qui se plaît dans le s., qui se repaît de s ,* se dit d'un homme qui aime à répandre le s. On dit à peu près de même, *Se baigner dans le s. Inonder de s. une ville, un pays. Mettre un pays à feu et à s.* — *Laver son injure dans le s.,* Se venger de quelque insulte flétrissante, en tuant ou blessant celui de qui on l'a reçue. *Payer une chose de son s.,* Être mis à mort pour l'avoir faite ou dite. *Le s. de cet homme crie vengeance,* demande vengeance, Il faut que le meurtre de cet homme soit vengé. — *Fam. Je donnerais le plus pur de mon s., je répandrais tout mon s., jusqu'à la dernière goutte de mon s. pour...,* se dit quand on veut exprimer la grande affection qu'on a pour quelque personne ou pour quelque chose. *Il lui en a coûté le plus pur de son s., il a donné le plus pur de son s.,* se dit de quelqu'un qui a sacrifié la meilleure partie de ce qu'il possédait. *Je le signerais de mon s.,* Voy. SI-GNER. — *Fam. Sucer le s. du peuple, s'engraisser du s. du peuple,* se dit des gens en place qui font des concussions, qui pillent le peuple. — *Fam., Suer s. et eau,* Voy. SUER. On dit d'une chose agréable qui nous arrive, *Cela calme le s., rafraîchit le s., met du baume dans le s.;* et de ce qui arrive de fâcheux, *Cela fait faire du mauvais s., de mauvais s.* On dit encore, *Cela allume le s , glace le s., fait bouillir le s.; Le s. lui bout dans les veines,* Voy. ALLUMER, GLACER, BOUILLIR.

> Tel bouillonnait encor son vieux sang dans ses veines.
>   CORNEILLE.

Le s. lui monte à la tête, Il est près de se fâcher, de se mettre en colère. *Avoir le s. chaud, Être prompt à se mettre en colère. Cet homme a du s. dans les veines, du s. sous les ongles, au bout des ongles,* Il est sensible à l'injure, il sait le repousser avec vigueur. — *Il n'a pas une goutte de s. dans les veines,* se dit d'un homme que rien ne peut émouvoir, ou qui est saisi d'effroi, d'épouvante, d'horreur. || *Fig., S.-froid,* L'état de l'âme lorsqu'elle est calme, lorsqu'elle se maîtrise. *Il lui a parlé d'un grand s.-froid. Être de s.-froid.* Garder, perdre son *s.-froid. Tuer quelqu'un de s.-froid,* Le tuer de dessein prémédité et sans être emporté par aucun de ces mouvements de colère qui peuvent diminuer l'atrocité du crime. || T. Écriture sainte. La nature corrompue; dans ce sens, il se joint ordinairement au mot *Chair. Jésus-Christ a dit à saint Pierre : Ce n'est point la chair et le s. qui vous l'ont révélé.* On dit dans un sens analogue, *Les affections de la chair et du s.,* Les sentiments naturels. = *Sang,* signifie aussi Race, extraction, famille, *Être de noble s., d'un s. vil, d'un s. illustre. Il est du s. de ce héros. — Prince du s.,* Voy. PRINCE. || Se dit parfois des enfants par rapport à leur père. *C'est votre fils, c'est votre s. C'est un fils indigne, je le renonce pour mon s. — Un s.-mêlé,* homme issu du croisement de races diverses. || *Droit du s.,* Le droit que donne la naissance. *Il parvint à la couronne par le droit du s. — Les liens du s.,* L'affection qui doit exister entre personnes du même s. *La force du s., la voix du s.,* Les sentiments secrets qu'on prétend que la nature donne quelquefois pour une personne du même s., quoiqu'on ne la connaisse pas.

> Elle est mère et le sang a beaucoup de pouvoir.
>   CORNEILLE.

|| *La vertu des pères ne se transmet pas toujours avec le s.,* Les enfants n'ont pas toujours les bonnes qualités de leurs pères. Prov., *Bon s. ne peut mentir,* Voy. MENTIR. — *Fam., Cela est dans le s.,* se dit quand une personne a quelque chose ou quelque mauvaise qualité, qu'elle tient de famille; se dit aussi d'une bonne ou d'une mauvaise qualité qui vient du tempérament. *C'est un beau s.,* se dit d'une famille composée de personnes belles et bien faites. *Le s. est beau dans ce pays,* Les habitants en sont ordinairement beaux

et bien faits. || En parlant des chevaux, Race. *Un cheval de s. arabe. Un cheval de pur s. — Un demi-s.,* cheval produit d'un individu de pur sang avec un individu de race commune. — *Un trois quarts de s.,* produit d'un pur sang et d'un demi-sang.

Physiol. — Chez l'homme, le s. est un liquide de couleur rouge, qui remplit en entier le système vasculaire. Par les artères (*s. artériel* ou *rouge*), il transporte, du cœur aux différents points de l'organisme, les éléments qu'il a puisés au niveau des muqueuses pulmonaire et intestinale, et, par les veines (*s. veineux* ou *noir*), il ramène les déchets de la nutrition au cœur et dans les organes destinés à les éliminer. Le s. artériel est plus rouge que le s. veineux qui renferme moins d'oxygène et plus d'acide carbonique (Voy. RESPIRATION); nous devons ajouter ici que, par exception, le s. de l'artère pulmonaire est noir, tandis que le s. des veines pulmonaires est rouge. Voy. CIRCULATION. La quantité de s. est évaluée à 5 litres environ; on admet que le poids de ce liquide correspond au $\frac{1}{13}$ du poids du corps, ce qui donne 5 kilogrammes de s. chez un homme pesant 65 kilogrammes.

Le s. renferme deux parties distinctes : le *cruor* ou partie solide, constitué par les globules sanguins et le *liquor* ou *plasma* qui comprend la masse liquide; on peut obtenir la séparation de ces deux éléments, en laissant reposer du s. frais à une température voisine de 0°. Le liquor renferme lui-même deux parties distinctes : l'une, la *fibrine*, coagulable au contact de l'air ambiant (15°), sous forme de masses blanchâtres (coucuines), l'autre restant liquide, c'est le *sérum*.

Quand on laisse reposer du s. frais au contact de l'air, à une température moyenne, la fibrine se coagule, enfermant le cruor dans les mailles de son réseau; il se produit ainsi une masse solide, le *caillot sanguin*, baignant dans le sérum.

Le CRUOR est constitué par des éléments cellulaires, les *globules sanguins*, qu'on distingue en globules rouges et en globules blancs. Les *globules rouges* ou *hématies* sont les plus nombreux; on en compte, en moyenne, 400 pour un globule blanc; ils ont la forme de petits disques biconcaves, c.-à-d. qu'ils sont plus minces à leur partie centrale qu'à la périphérie (Fig. 1); leur diamètre est de 6 à 7 millièmes de millimètre et leur épaisseur de 2 millièmes de millimètre. Chaque globule est constitué par une masse protoplasmique (*globuline*), de nature albuminoïde, entourée d'une membrane et ne présentant pas de noyau; cette masse renferme des sels de potasse et une matière colorante, l'*hémoglobine*, contenant du fer. Dans l'acte de la respiration, l'oxygène de l'air se combine à l'hémoglobine et est porté, par le globule sanguin, dans l'intimité des tissus où, sous son action, se produisent les combustions vitales. Les hématies jouent donc un rôle très important dans l'économie, elles sont « l'*organe du s.* » (M. Duval).

L'opération de la *transfusion du s.* n'a d'autre but que de rendre à l'organisme épuisé par l'anémie ou une hémorrhagie abondante, une certaine quantité de globules sanguins destinés à assurer les échanges gazeux indispensables à la vie; la transfusion ne peut se faire que chez des individus de même espèce.

Le nombre des globules rouges diminue dans la plupart des maladies chroniques, dans beaucoup de maladies aiguës et surtout dans l'anémie et la chlorose. La numération des globules sanguins est chose courante et simple par les méthodes d'Hayem, de Malassez.

On a émis de nombreuses hypothèses sur l'origine des hématies; il est généralement admis maintenant qu'elles proviennent des globules blancs, cette transformation se ferait par stades successifs, ce qui explique la présence, dans le s., des *hématoblastes*, éléments plus petits que les globules rouges qui seraient intermédiaires à ceux-ci et au leucocytes. Les hématoblastes se produisent dans certains organes dits *hématopoïétiques*, comme la moelle des os; les vieux globules rouges paraissent être détruits dans le foie, la rate.

Les *globules blancs* ont été étudiés déjà dans cet ouvrage au mot LEUCOCYTE; ils jouent un rôle important (*phagocytose*) dans la lutte contre les maladies infectieuses, dans l'inflammation.

Le LIQUOR comprend, comme nous l'avons dit plus haut : la *fibrine*, spontanément coagulable par le contact de l'air ambiant à une température moyenne, le *sérum* qui renferme des substances albuminoïdes (sérine, peptones), des matières grasses, de (la cholestérine, des produits azotés dont la plupart sont destinés à être éliminés (urée, acide urique, créatine, xanthine), des sels minéraux (chlorure de sodium, carbonate de sodium), des métaux (fer, cuivre, manganèse), des gaz (oxygène, acide carbonique) provenant des combustions intimes des tissus).

Du SANG DANS LA SÉRIE ANIMALE. — Les globules sanguins des Mammifères sont semblables à ceux de l'homme, sauf chez le chameau (Fig. 2) où ils sont elliptiques comme chez les Oiseaux (Fig. 3), les Reptiles (Fig. 4) et les Poissons. Les animaux sont dits parfois à *sang chaud* (Mammifères, Oiseau) ou à *sang froid* (Reptiles, Poissons); ces différences tiennent aux variations dans l'intensité des combustions. Voy. CALORIFICATION. Chez les invertébrés, le s. est peu coloré, parfois blanc (animaux à *s. blanc*).

SANG DE RATE. s. m. [Pr. *san*...]. T. Art vét. Maladie propre aux bêtes à laine et aux bêtes à cornes, et qui est caractérisée par l'altération du sang et par des hémorrhagies internes. *Le s. de rate est inoculable, et ceux qui soignent les animaux affectés de cette maladie sont souvent atteints de pustule maligne.*

SANG-DRAGON. s. m. [Pr. *san*...]. T. Pharm. Résine rouge fournie exclusivement aujourd'hui par le fruit d'un Palmier, le *Calamus Draco*. Celles qui étaient fournies par le *Dracœna Draco* de la famille des Liliacées, et par le *Pterocarpus Draco* de la famille des Légumineuses ne se trouvent plus dans le commerce.

SANG-FROID. s. m. [Pr. *san-froua*]. Voy. SANG.

SANG-GRIS. s. m. [Pr. *san-gri*]. Boisson faite avec du vin, du jus de citron, du sucre, de la cannelle, de la muscade, etc., et qui est en usage aux Antilles françaises.

SANGIAC, SANGIACAT. s. m. Voy. SANDJAK, SANDJAKAT.

SANGLADE. s. f. Coup de sangle ou de fouet.

SANGLANT, ANTE. adj. Taché de sang, souillé de sang. *On lui apporta la robe de son fils toute sanglante. Il vient de tuer un homme; son épée est encore sanglante. Il a les mains encore sanglantes du meurtre qu'il vient de commettre.* — *Combat s., rencontre, défaite sanglante,* Combat, etc., où il y a eu beaucoup de sang répandu. *Mort sanglante,* Mort violente avec effusion de sang.

De vos ordres sanglants vous savez la rigueur.

RACINE.

— *Viande sanglante, encore toute sanglante,* Viande rôtie qui est peu cuite. On dit ordinairement *Saignante.* — Fig., *La plaie est encore toute sanglante,* La douleur, l'affliction, l'injure qu'il a reçue est encore toute récente. || Fig., Outrageux, très offensant. *Un affront, un outrage s. Une sanglante injure. Des reproches sanglants. Une raillerie sanglante.*

Syn. — *Ensanglanté.* — *Sanglant* et *ensanglanté* signifient également souillé de sang; mais *s.* se dit du sang qui vient de l'objet même ou qui a été répandu par l'objet, tandis que *ensanglanté* présente le sang comme venant du dehors, comme ayant été apporté sur l'objet qualifié. On dit un corps *s.*, une victime *sanglante*, une épée toute *sanglante*; et une robe *ensanglantée*, la terre *ensanglantée*, des eaux *ensanglantées*.

SANGLE. s. f. (lat. *cingula*, petite ceinture, de *cingere*, ceindre). Bande plate et large, faite de cuir, de tissu de chanvre, etc., qui sert à ceindre, à serrer. *Une s. de cuir. La s. d'une selle, d'un bât. Des sangles pour garnir un lit, un fauteuil. Lit de s. La s. s'est rompue.* — Partie du harnais qui passe sous le ventre de la bête. Voy. HARNAIS.

SANGLER. v. a. Serrer avec une sangle, avec des sangles. *S. un cheval. Ce cheval n'est pas bien sanglé.* || Fig. et fam., *S. un coup de poing, s. un soufflet, s. un coup de fouet, s. des coups de canne, etc.,* Appliquer avec force un coup de poing, etc.

On vous sangla le pauvre drille.

LA FONTAINE.

— *Il a été sanglé, on l'a sanglé,* se dit d'un homme qui a essuyé quelque mauvais traitement, quelque perte considérable; ou d'un enfant qui a reçu vigoureusement les étri-

vières. = SE SANGLER. v. pron. Se serrer avec une sangle. *Pour courir la poste à son aise, il faut bien se s.* || Fam. et par ext., *Cette femme se sangle trop,* Elle se serre trop dans son corset. = SANGLÉ, ÉE. part.

SANGLIER. s. m. [Pr. *san-glié*] (lat. *singularis*, seul). T. Mamm. Genre de *Pachydermes.* Voy. COCHON. — *S. d'Amérique,* le pécari. — *Défenses du s.,* les dents canines prolongées hors de la bouche. || Prov. *Au cerf la bière, au s. le barbier,* blessure de cerf est mortelle, blessure de s. permet d'appeler le chirurgien. || T. Icht. Espèce de *Poisson osseux.* Voy. SCOMBÉROÏDES.

SANGLON. s. m. Petite sangle. || Fausse côte dont on renforce un bateau. || Pièce de bois triangulaire qui sert de varangue.

SANGLOT. s. m. [Pr. *san-glo*] (lat. *singultus,* m. s.). Soupir redoublé poussé avec une voix entrecoupée. *Sanglots continuels, entrecoupés, étouffés. Pousser des sanglots. Étouffer ses sanglots.*

Le cœur gros de soupirs, les sanglots à la bouche.

CORNEILLE.

Les sanglots sont produits par des contractions spasmodiques du diaphragme, qui sont suivies d'un mouvement de relâchement, dans lequel le peu d'air introduit par la contraction est chassé avec bruit de la poitrine.

SANGLOTER. v. n. Pousser des sanglots. *Elle se mit à s. On l'entend s. à tout moment.*

SANGSUE. s. f. [Pr. *san-su*] (lat. *sanguisuga,* m. s., de *sanguis,* sang, et *sugere,* sucer). T. Zool. Genre d'Annélides. Voy. HIRUDINÉES. || Fig., se dit de ceux qui tirent de l'argent du peuple par des exactions, ou de ceux qui exigent dans leur profession une rétribution plus forte que celle qui leur appartient légitimement. *Ce sont les sangsues du peuple. Cet homme de loi est une s. pour ses clients.* || T. Chir. *S. artificielle,* Voy. VENTOUSE.

SANGUÉNIÉ ou **SANGUÉNITE. s. f.** [Pr. *san-ghé*..., *g* dur]. T. Bot. Noms vulgairement donnés à l'*Artemisia camphorata,* et à l'*Artemisia Gallica,* plantes Dicotylédones de la famille des *Composées,* tribu des *Radiées.* Voy. COMPOSÉES.

SANGUIFICATION. s. f. [Pr. *san-gui-fika-sion*] (lat. *sanguis,* sang; *fiare,* faire). T. Physiol. Le changement des aliments en chyle et du chyle en sang.

SANGUIN, INE. adj. [Pr. *san-ghin, g* dur] (lat. *sanguineus,* m. s.). Qui appartient au sang. *Vaisseaux sanguins,* Les vaisseaux qui servent à la circulation du sang. *Système s.,* L'ensemble de ces vaisseaux. || Qui a beaucoup de sang. *C'est un homme s. Il est s., d'un tempérament s.* Voy. TEMPÉRAMENT. — *Maladies, affections sanguines,* Celles qui dépendent de la trop grande abondance du sang. || Qui est de couleur de sang. *Un rouge s. De couleur sanguine.* — *Jaspe s.,* Voy. AGATE. — *Cornouiller s.,* Plante de la famille des Cornées. Voy. ce mot.

SANGUINAIRE. adj. 2 g. [Pr. *san-ghinère, g* dur] (lat. *sanguinarius,* m. s.). Qui se plaît à répandre le sang humain. *Un homme s. Il est d'humeur s.* — On dit aussi, *Des actions, des exploits sanguinaires.* || Qui porte à la cruauté. *Un zèle s. Des dogmes sanguinaires.*

SANGUINAIRE. s. f. [Pr. *san-ghi-nère, g* dur].T. Bot. Genre de plantes Dicotylédones (*Sanguinaria*) de la famille des *Papavéracées.* Voy. ce mot.

SANGUINAIRES (îles). Îles à l'O. de la Corse, à l'entrée du golfe d'Ajaccio.

SANGUINARINE. s. f. [Pr. *san-ghi-narine, g* dur]. T. Chim. Alcaloïde contenu dans la racine de Sanguinaire (*Sanguinaria canadensis,* Papavéracées), et dans la grande Chélidoine, Papavéracées. La s. a pour formule $C^{20}H^{15}AzO^4,2H^2O$. Elle se présente sous la forme de mamelons cristallins ou de poudre amorphe. Elle fond à 213°. Elle est insoluble dans l'eau, soluble dans l'alcool et dans le chloroforme. Elle provoque l'éternuement. Avec les acides elle forme des sels solubles, de couleur orangée. Ces sels, ainsi que la s. allemande, sont très amers et très toxiques.

SANGUINE. s. f. [Pr. *san-ghine*, *g* dur]. T. Minér. Nom vulg. de l'*Hématite rouge*. Voy. ARGILE, FER, V, et CRAYON. ‖ T. Illus. Couleur de chair. Voy. ÉMAIL.

SANGUINOLE. s. f. [Pr. *san-ghi-nole*, *g* dur] (Dimin. de *sanguin*). Variété de pêche. — Variété de poire.

SANGUINOLENT, ENTE. adj. [Pr. *san-ghino-lan*, *ante*, *g* dur] (lat. *sanguinolentus*, m. s., de *sanguis*, *sanguinis*, sang). T. Méd. Teint de sang. *Déjections sanguinolentes. Crachats s.*, Voy. CRACHEMENT.

SANGUISORBE. s. f. [Pr. *san-gui-sorbe*] (lat. *sanguis*, sang; *sorbere*, boire). T. Bot. Genre de plantes Dicotylédones (*Sanguisorba*) de la famille des *Rosacées*, tribu des *Potériées*. Voy. ROSACÉES.

SANGUISORBÉES. s. f. pl. [Pr. *san-gui...*] (R. *Sanguisorbe*). T. Bot. Nom donné par quelques botanistes à un groupe de végétaux Dicotylédones dont ils avaient fait une famille comprise au- jourd'hui dans la famille des *Rosacées*, et correspondant à la tribu des *Potériées*.

SANHÉDRIN. s. m. (hébr. *sanhedrin*, du gr. συνέδριον, m. s., de σύν, ensemble, et ἕδρα, siège). Les Juifs nommaient ainsi, à l'époque de Jésus-Christ, le tribunal ou conseil suprême de leur nation. Ce grand conseil, dont l'établissement paraît dater du retour de la captivité, avait été réorganisé sous les Asmonéens, et c'est alors qu'il reçut le nom grec de *S.*, sous lequel il est désigné dans les livres du Nouveau Testament. Il se composait de 70 ou 72 membres, choisis parmi les prêtres, les docteurs et les laïques les plus distingués, et il était présidé par le grand prêtre. Il s'assemblait dans le temple, auprès du tabernacle; mais, après la destruction de Jérusalem, il erra dans divers lieux et finit par s'établir à Tibériade. Les tribunaux subalternes, tant à Jérusalem que dans les autres villes de la Judée, s'appelaient *petits sanhédrins*.

SANICLE. s. f. (bas lat. *sanicula*, dimin. de *sana*, saine). T. Bot. Genre de plantes Dicotylédones (*Sanicula*) de la famille des *Ombellifères*. Voy. ce mot.

SANICULÉES. s. f. pl. (R. *Sanicula*, n. scientifique du genre Sanicle). T. Bot. Tribu de végétaux de la famille des *Ombellifères*. Voy. ce mot.

SANIDINE. s. f. (gr. σανίς, σανίδος, table). T. Minér. Feldspath vitreux des roches volcaniques.

SANIDOPHYRE. s. m. (gr. σανίς, σανίδος, table, et la term. de porphyre). T. Minér. Porphyre trachitique. Voy. PORPHYRE.

SANIE. s. f. (lat. *sanies*, m. s.). T. Méd. Matière purulente, séreuse, sanguinolente et fétide, produite par les ulcères et les plaies d'un mauvais caractère.

SANIEUX, EUSE. adj. [Pr. *sa-nieu*, *euze*] (lat. *saniosus*, m. s.). Qui sécrète de la sanie. *Ulcère s.* ‖ Qui tient de la nature de la sanie. *Liquide s. Humeur sanieuse.*

SANITAIRE. adj. 2 g. [Pr. *sani-tère*] (lat. *sanitas*, santé). Qui a rapport à la santé, et particulièrement à la conservation de la santé publique. *Police s. Intendance s. Règlements, mesures sanitaires. Bulletin s.* ‖ *Cordon s.*, Voy. CORDON.
   Législ. — *Police sanitaire.* — La police sanitaire comprend l'ensemble des prescriptions destinées à empêcher l'introduction en France de maladies épidémiques, telles que la peste, la fièvre jaune, le choléra, qui règnent soit habituellement, soit temporairement, dans certains pays étrangers. Ces prescriptions ont fait l'objet de conférences internationales et de conventions sanitaires auxquelles ont adhéré les différents États européens; nous citerons notamment la convention de Venise, en date du 30 janvier 1892, laquelle a eu pour objet de réformer le système sanitaire appliqué en Égypte à la navigation et notamment l'organisation et le fonctionnement du conseil sanitaire international d'Alexandrie. En France, la police sanitaire maritime est actuellement réglée par les décrets des 4 janvier 1896, 31 mars 1897 et 15 juin 1899. Elle porte principalement sur les objets suivants :
   A. *Patente de santé.* — La patente de santé est une pièce qui indique l'état sanitaire du pays de provenance d'un navire ; la patente est dite *nette*, lorsqu'elle constate l'absence de maladie épidémique dans la région où elle est délivrée; elle est dite *brute*, lorsqu'on y mentionne l'existence d'une maladie de cette nature. Tout navire provenant d'une région signalée comme contaminée ou d'un pays situé hors d'Europe ou enfin de certains pays d'Europe, le littoral de la Turquie de l'archipel, par exemple, est tenu, sous peine de pénalités sévères, de présenter à son arrivée en France, une patente de santé, délivrée par les autorités du lieu du départ.
   B. *Médecins sanitaires maritimes.* — Tout bâtiment à vapeur français affecté au transport d'au moins cent voyageurs et qui fait un voyage d'au moins quarante-huit heures est tenu d'avoir à bord un médecin sanitaire. Les médecins sanitaires sont désignés par le Ministre de l'Intérieur, après un examen médical; ils doivent être docteurs en médecine et de nationalité française. Leur mission consiste à prévenir ou à faire cesser toute maladie contagieuse, à bord du navire et à renseigner avec précision l'administration sur l'état sanitaire des pays qu'ils sont appelés à parcourir.
   C. *Mesures sanitaires.* — Les règlements imposent au capitaine de navire une série de prescriptions hygiéniques et de formalités destinées soit à assurer la santé des passagers en cours de route, soit à empêcher l'introduction de maladies contagieuses dans les ports de destination. Tout navire à son arrivée dans un port doit subir la *reconnaissance* de l'autorité médicale. Si le bâtiment est reconnu *infecté*, les malades sont débarqués et isolés jusqu'à leur guérison, les autres passagers sont également débarqués et soumis à une *observation* pendant un certain nombre de jours variant suivant la nature de la maladie constatée : le navire même et, s'il y a lieu, tous les effets et marchandises sont soumis à la désinfection.
   D. *Stations sanitaires et lazarets.* — Le service sanitaire maritime comprend des stations sanitaires et des lazarets, installés dans un certain nombre de ports. La station sanitaire comporte : 1° des locaux séparés destinés au traitement des malades et à l'isolement des suspects ; 2° une étuve et des appareils spéciaux à désinfection. Le lazaret, établissement plus important, est organisé de manière à permettre d'effectuer toutes les mesures d'hygiène prescrites par les règlements sanitaires : locaux d'isolement, avec parloirs, magasins pour les marchandises, appareils à désinfection pour les objets ayant servi à l'usage des passagers et pour le navire. Les soins et les visites du médecin du lazaret sont gratuits, mais les frais de médicaments et de nourriture sont à la charge des personnes isolées.
   E. *Droits sanitaires.* — Aux opérations prescrites par les règlements dans l'intérêt de l'hygiène correspondent des taxes imposées au navire et qui constituent les droits sanitaires : droit de reconnaissance à l'arrivée; droit de station ; droits de séjour dans les stations sanitaires et dans les lazarets; droits de désinfection.
   F. *Autorités sanitaires.* — Le littoral de la France et celui de l'Algérie sont divisés en circonscriptions sanitaires, dont chacune est placée sous l'autorité d'un *directeur de la santé*, qui a lui-même sous ses ordres des agents principaux, agents ordinaires et sous-agents chargés d'assurer l'application des règlements. Dans tous les ports désignés par le Ministre de l'Intérieur, il existe un *conseil sanitaire* comprenant des fonctionnaires du service de santé et de divers autres services, des membres de la chambre ou du tribunal de commerce, le maire et un membre du conseil municipal élu par ses collègues. Ce conseil est appelé à donner son avis sur le règlement spécial au port où il est institué, sur l'installation des stations sanitaires et lazarets, et, en général, sur toutes les questions qui sont soumises à son examen par l'administration.

SAN-JOSE, cap. de la République de Costa-Rica ; 20,000 hab.

SAN-JUAN v. de la République-Argentine ; 16,000 hab. = SAN-JUAN, cap. de l'île de *Porto-Rico*.

SANLECQUE, chanoine et poète fr. (1622-1714).

SAN-LORENZO, ch.-l. de c. (Corse), arr. de Corte ; 511 hab.

SAN-LUIS-DE-POTOSI, v. du Mexique, 35,000 hab., ch.-l. de l'État du même nom.

SAN-MIGUEL, île des Açores ; 80,000 hab. Ch.-l. *Ponta-Delgada.*

SANNAZAR, poète italien (1458-1530), auteur de poésies italiennes et de poèmes latins sur la Vierge et sur la mort du Christ.

SANNYASIS. s. m. Nom donné dans l'Inde à des espèces d'anachorètes. Voy. GYMNOSOPHISTES.

SAN-PAULO, v. du Brésil ; 40,000 hab., ch.-l. de la prov. du même nom. La prov. a 1,059,000 hab.

SANS. [Pr. *san*] (lat. *sine*, m. s.). Préposition qui marque privation et exclusion. *Être s. argent, s. place, s. ressource. Elle était sans souliers. Il est s. jugement, s. esprit, s. honneur. Un bruit s. fondement. Une audace s. égale. C'est un homme s. pareil. C'est un corps s. âme. Il y est allé s. moi. Passer la nuit s. dormir.*

> A vaincre sans péril, on triomphe sans gloire.
> CORNEILLE.

Souffrir s. se plaindre. Je partirai demain s. plus tarder. Faire une chose s. y penser. Cela va s. dire. Il boit son vin pur s. y mettre d'eau || *Sans,* se met au commencement d'une phrase. *S. argent, s. protecteurs, que pouvais-je faire?* N'ayant point d'argent, etc. *S. argent, point d'affaires,* A moins de donner de l'argent, etc. *S. cet obstacle, nous aurions réussi,* Si nous n'avions pas rencontré cet obstacle, etc. *S. vous, s. votre recommandation, je n'aurais pas été placé,* Si vous ne m'aviez appuyé, si je n'avais eu votre recommandation, etc. *S. mentir, c'est un méchant homme,* A parler vrai, etc. *Il a fait beaucoup, s. ce qu'il fera encore, s. parler de ce qu'il fera encore,* Pour ne rien dire de ce qu'il fera encore. *Vous serez cela, s. quoi vous serez puni,* Autrement, sinon vous serez puni. || Se dit aussi dans plusieurs locutions adv. : *S. contredit. S. doute. S. exception. S. façon. S. faute. S. réplique. S. réponse,* etc. = **SANS QUE.** loc. conj. toujours suivie du subj. *S. que cela paraisse. S. qu'on en parle. Il a fait cela s. qu'on le lui ait dit. Deviez-vous agir ainsi s. qu'on vous l'eût ordonné?*

SAN-SALVADOR, v. de l'Amérique centrale, cap. de la Rép. de Salvador, 13,000 hab. = V. de l'Afrique occidentale (Congo). = V. du Brésil. Voy. BAHIA.

SAN-SALVADOR (*Ile*), une des îles Lucayes, celle où Colomb débarqua en 1492.

SANSCRIT, ITE. adj. [Pr *sans-kri*]. Se dit de l'ancienne langue de l'Inde, qui est restée la langue sacrée de la religion brahmanique, et de ce qui a rapport à cette langue. *Langue sanscrite. Livres, poèmes sanscrits. Grammaire sanscrite.* || Subst., *L'étude du s. Professeur de s.*

Ling. — Le s. est encore aujourd'hui la langue sacrée de l'Inde ; il fut autrefois parlé par les Indiens, mais il cessa de l'être au moins 300 ans avant J.-C. Cette langue était à peine soupçonnée en Europe vers le milieu du siècle dernier. C'est surtout après la conquête de l'Inde par les Anglais qu'elle fut étudiée par les philologues, qui furent frappés, dès le début de leurs études, de l'analogie qu'elle présente avec le grec et le latin. Plus tard de semblables analogies furent reconnues entre le s. et les idiomes germaniques, celtiques, et même slaves, ce qui permit à Schlegel de comprendre toutes ces langues sous la dénomination d'*indo-germaniques,* aujourd'hui abandonnée et remplacée par celle d'*indo-européennes.* Pendant longtemps, on a cru que le s. était la souche commune d'où s'étaient détachées les autres langues de cette grande famille. Il est aujourd'hui reconnu que cette hypothèse est inexacte. Toutes les langues indo-européennes, le s. compris, dérivent d'un idiome commun plus ancien que le s.

Le s. est une langue synthétique, à flexion ; mais on peut dire que c'est le modèle de ces sortes de langues. Quoique le s. soit de beaucoup la plus riche de toutes les langues, ses principes peuvent être rassemblés dans une grammaire peu étendue, et son vocabulaire dans un dictionnaire de petites dimensions. Les éléments de la langue sont des *primitifs* ou *racines* qui ne sont pas des mots, mais qui représentent une idée particulière et qui deviennent des noms, des verbes, des adjectifs, etc., par l'addition de suffixes convenables. Souvent aussi, le primitif change de figure dans les dérivés, mais toujours suivant des règles précises. Ainsi, le primitif *kru* se

rapporte à l'idée d'action : dans les dérivés, il deviendra *kar, kra, kri, kir,* etc. Mais la grammaire enseigne les règles de toutes ces modifications, de sorte qu'il suffit de connaître les quelques centaines de racines pour former correctement des milliers de mots. De plus, les mots composés se forment en s. plus facilement encore qu'en grec, ce qui ajoute encore à la richesse de la langue sans encombrer son vocabulaire.

Le système grammatical du s. est le plus vaste qu'on ait observé dans aucune langue. On y reconnaît trois nombres : le *singulier,* le *pluriel* et le *duel,* et trois genres : le *masculin,* le *féminin* et le *neutre.* Les substantifs se déclinent, et la déclinaison présente huit cas : le *nominatif,* le *vocatif,* le *génitif,* le *datif,* l'*accusatif,* l'*ablatif,* l'*instrumental* et le *locatif.* L'instrumental correspond à la préposition *avec,* et le locatif à *dans, chez.* Les adjectifs ont deux formes de comparatif et deux formes de superlatif. En ce qui concerne la conjugaison, les grammairiens indous distinguent deux voix : la *voix active* et la *voix moyenne,* et dix temps qui sont le *présent,* le *potentiel* ou *optatif,* l'impératif, l'*imparfait,* l'*aoriste,* le *parfait redoublé,* le *premier futur,* le *précatif,* le *second futur* et le *conditionnel.* Le passif est considéré comme une forme dérivée ; les autres formes dérivées du verbe sont : le *désidératif* (vouloir aimer), l'*intensitif* (aimer fortement), le *causatif* (faire que quelqu'un aime) et le *dénominatif* ou verbe dérivé d'un substantif, comme *açvay,* chevaucher, de *açva,* cheval.

L'écriture s. est aussi régulièrement ordonnée que la grammaire ; mais elle est tellement riche que nos caractères sont impuissants à la transcrire : il y a en effet quarante-sept lettres dont trente-trois consonnes, dix voyelles simples et quatre diphthongues, et quelques signes accessoires. On note toutes les particularités de la prononciation ; aussi l'orthographe est-elle très compliquée.

La littérature sanscrite est d'une richesse prodigieuse. Les plus anciens textes sont les livres religieux connus sous le nom de *Védas* qui sont écrits dans un dialecte archaïque quelque peu différent du s. classique. Viennent ensuite les deux grandes épopées du *Mahabharata* et du *Ramayana,* l'immense recueil de poésies connu sous le nom de *Purana,* etc.

Le s., avons-nous dit, cessa d'être parlé dans l'Inde quelques siècles avant J.-C. Il fut remplacé par le *pâli* et le *prâcrit* qui en sont dérivés et qui plus tard donnèrent naissance à l'*hindoustani* et aux différents dialectes actuels.

Bibliog. — ERNEST BURNOUF ET L. LEUPOL : *Méthode pour étudier la langue sanscrite ; Dictionnaire classique sanscrit-français ;* — JULES OPPERT : *Grammaire sanscrite.*

SANSCRITAIN, AINE. adj. [Pr. *sanskri-tin, tène*]. Qui a rapport au sanscrit. = s. m. Celui qui s'applique à l'étude du sanscrit.

SANSCRITIQUE. adj. 2 g. Relatif au sanscrit.

SANSCRITISME. s. m. Étude du sanscrit.

SANSCRITISTE. s. m. Celui qui étudie le sanscrit.

SANS-CULOTTE. s. m. [Pr. *san-kulote*]. Sobriquet que les hommes du parti contre-révolutionnaire donnèrent aux partisans de la Révolution, et que plus tard les républicains les plus fougueux adoptèrent comme un titre d'honneur. = Pl. *Des sans-culottes.*

SANS-CULOTTIDE. s. f. [Pr. *san-kulotide*]. S'est dit des jours de fêtes qui terminaient l'année dans le calendrier républicain. Voy. CALENDRIER. = Pl. *Des sans-culottides.*

SANS-DENT. s. f. [Pr. *san-dan*]. Se dit popul. D'une vieille femme qui a perdu ses dents. *C'est une vieille s.-dent. Elles sont donc là deux ou trois s.-dents qui médisent à qui mieux mieux.* = Pl. *Des sans-dents.*

SANSEVIÈRE. s. f. (R. Sansevier, n. d'un botan. suéd.). Genre de plantes Monocotylédones (*Sanseviera*) de la famille des Liliacées. Voy. ce mot.

SANS-FAÇON. s. m. [Pr. *sanfa-son*]. Manière d'agir sans faire de façons. || S'emploie adj. *Il est, ils sont sans-façon.*

SANS-FLEUR. s. f. [Pr. *san-fleur*]. T. Hortic. Variété de pomme à fleurs non apparentes. = Pl. *Des sans-fleur.*

SANS-GÊNE. s. m. [Pr. *san-jène*]. Manière d'agir sans s'imposer aucune gêne. || On dit aussi un sans-gêne, une sans-gêne. Fam. || S'emploie aussi adj. *Il est par trop sans-gêne.*

SANSON, géographe fr. (1600-1667).

SANSONNET. s. m. [Pr. *san-so-nè*] (dimin. du nom pr. *Samson*). T. Ornith. Nom vulg. de l'*Étourneau*. Voy. ce mot. || T. Icht. Genre de *Poisson osseux*. Voy. Scombéroïdes.

SANSOVINO, sculpteur et architecte italien (1479-1570), éleva plusieurs églises et palais à Venise.

SANS-PEAU. s. f. [Pr. *san-po*]. T. Hortic. Variété de poire d'été, à peau très fine. = Pl. *Des sans-peau.*

SANS-SOUCI. s. [Pr. *san-sousi*]. Se dit fam. de quelqu'un qui est toujours de bonne humeur. *Un s.-souci. Une grosse s.-souci.* = Pl. *Des sans-souci.*

SAN-STEFANO, faubourg de Constantinople où fut signé en 1878 le traité que la Russie imposa à la Turquie et qui, modifié par les puissances devint le traité de Berlin. Une des clauses les plus importantes de ce traité fut l'érection de la Bulgarie en principauté indépendante.

SANTA-CRUZ, v. et port de l'île de Ténériffe; 17,000 hab.

SANTA-CRUZ, v. de Bolivie; 9,800 hab.

SANTA-FÉ, des États-Unis d'Amérique, ch.-l. du territoire du Nouveau-Mexique; 7,000 hab.

SANTA-FÉ, v. de la République Argentine, ch.-l. de la prov. de même nom; 11,000 hab.

SANTA-FÉ-DE-BOGOTA. Voy. Bogota.

SANTAL. s. m. (ar. *sandal*, m. s., du sanscrit, *tchandara*). T. Bot. Genre de plantes Dicotylédones (*Santalum*) de la famille des *Santalacées*. Voy. ce mot.

SANTAL. s. m. T. Chim. Composé blanc, cristallisé, qu'on extrait du bois de s. Il a pour formule $C^9H^4O^3$. Il est insoluble dans l'eau et peu soluble dans l'alcool; mais il se dissout dans les alcalis avec une coloration jaune, qui, au contact de l'air, passe au rouge, puis au vert et au brun.

SANTALACÉES. s. f. pl. (R. *Santal*). T. Bot. Famille de végétaux Dicotylédones de l'ordre des Apétales inférovariées. *Caract. bot.* : Arbres ou arbrisseaux, quelquefois sous-arbrisseaux ou plantes herbacées. Feuilles alternes, rarement

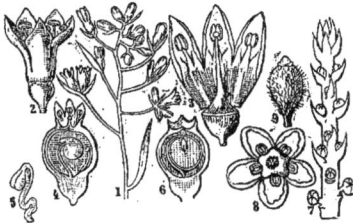

opposées, simples et sans stipules, rarement pétiolées, entières, quelquefois très petites ou réduites à une petite écaille. Fleurs en épis, rarement en ombelles ou solitaires, petites. Calice comprenant 3, 4, 5 ou 6 sépales, parfois pétaloïdes ou charnus, concrescents avec le pistil, soit à la base, soit jusqu'à mi-hauteur, ou bien jusqu'au sommet, parfois nul. Étamines en même nombre que les sépales, opposées aux pièces du calice et insérées à leur base. Pistil formé ordinairement de 3 carpelles concrescents en un ovaire uniloculaire renfermant 1 à 3 ovules orthotropes fixés à un placenta central et ordinairement près du sommet; style 1; stigmate souvent

lobé. Le fruit est un akène ou le plus souvent une drupe. Albumen charnu, de la même forme que la graine; embryon petit, dans l'axe, renversé, conique. [Fig. — 1. *Thesium pratense*; 2. Fleur; 3. La même mise à nu; 4. Moitié d'un fruit vert; 5. Placenta et paire d'ovules; 6. Moitié d'un fruit mûr avec sa graine. — 7. *Leptomeria cida*; branche grossie; 8. Fleur étalée; 9. Fruit.]

Cette famille comprend 28 genres et environ 225 espèces qu'on trouve disperséos dans toutes les régions chaudes et tempérées du globe; elles vivent en parasites, les unes, sur les branches des arbres, les autres sur les racines des plantes les plus diverses. On a trouvé dans le tertiaire 13 espèces fossiles rapportées aux genres vivants *Santalum, Osyris, Leptomeria, Exocarpus.*

Cette famille est divisée en 2 tribus :
Tribu I. — *Thésiées.* — Ovaire complètement infère; akène (*Thesium, Arjona*, etc.). Les espèces du genre *Thesium* sont légèrement astringentes.

Tribu II. — *Santalées.* — Ovaire semi-infère; drupe (*Santalum, Fusanus, Osyris, Leptomeria, Myzodendron, Comandra, Henslowia*, etc.). Le bois de Santal, connu aussi sous le nom de *Santal blanc* ou *Santal citrin*, provient du *Santalum album* qui croît principalement sur les montagnes du Malabar. On sait que ce bois est très recherché dans tout l'Orient à cause de son odeur douce et aromatique. On l'emploie beaucoup comme parfum, et, de plus, les médecins hindous lui attribuent des propriétés stimulantes. Ils l'administrent comme sudorifique. On s'en sert pour divers ouvrages d'ébénisterie et de marqueterie. L'*Essence de Santal* que l'on retire du bois par distillation avec l'eau constitue un médicament balsamique de grande valeur, très employé dans le traitement de la blennorrhagie, de la cystite, du catarrhe de la vessie, de la bronchite chronique, etc. Le *Santal de Freycinet* (S. *Freycinetianum*) et le S. *paniculé* (S. *paniculatum*), qui croissent dans diverses îles de l'Océanie, fournissent aussi un bois odorant très estimé. Les feuilles de l'*Osyris du Népaul* (*Osyris nepalensis*) s'emploient en guise de thé. L'infusion du *Myoschilos oblong* (*Myoschilos oblongus*) a des propriétés purgatives : d'où son nom vulgaire de *Séné du Chili*. L'amande du fruit du *Fusanus acuminatus* est douce et aussi estimée des habitants de la Nouvelle-Hollande que celles de l'Amandier le sont chez nous. Le fruit du *Cervantesia tomentosa* jouit au Pérou d'une réputation semblable. Dans la Caroline, on extrait l'huile que contiennent les amandes du *Pyrularia pubera*. Toutes les parties du *Leptomeria Billardieri*, arbrisseau commun dans la Tasmanie, et qui ressemble par son aspect et son port au Genêt d'Europe, sont acides, mais plus particulièrement son fruit. Ce dernier est, en outre, astringent, et les habitants le mâchent pour apaiser leur soif.

SANTALÉES. s. f. pl. T. Bot. Tribu de plantes de la famille des *Santalacées*. Voy. ce mot.

SANTALINE. s. f. T. Chim. Matière colorante rouge qui s'extrait, à l'aide de l'alcool, du bois de santal. Elle répond à la formule $C^{15}H^{14}O^5$. Elle est cristallisable et fond à 105°. Insoluble dans l'eau, elle se dissout en rouge foncé dans l'alcool et en violet dans les alcalis.

SANTALIQUE. adj. 2 g. T. Chim. *Acide s.*, Syn de *Santaline.*

SANTA-LUCIA-DI-TALLANO, ch.-l. de c. (Corse), arr. de Sartène; 1,400 hab.

SANTANDER, v. d'Espagne (Vieille-Castille), port sur le golfe de Gascogne; 42,000 hab.; ch.-l. de la prov. du même nom qui compte 245,800 hab.

SANTAREM, homme d'État portug. géographe et littérateur (1790-1856).

SANTÉ. s. f. (lat. *sanitas*, m. s.). État de l'être vivant chez lequel l'exercice de toutes les fonctions est libre, régulier et facile. *Une s. brillante, robuste. Avoir un air, une figure de s. Un visage brillant, resplendissant de s. N'avoir pas de s. Conserver, ménager, recouvrer, rétablir sa s. Il a ruiné sa s. par ses excès. Sa s. est altérée, délabrée, perdue. Les Grecs disaient que la Santé était fille d'Esculape, et la nommaient Hygie.* — Au sens moral. *La s. de l'esprit. La s. de l'âme.* || Par ext., se dit de l'état habituel de l'économie, et, dans ce sens, on dit :

Une bonne, une mauvaise s. Une s. chancelante, faible délicate. Comment va la s.? Ma s. ne va pas bien. || *Bureau de s.*, ou simplement. *La santé*, Établissement institué, dans les villes maritimes, pour empêcher l'introduction des maladies contagieuses. — *Conseil de s.*, Voy. SALUBRITÉ. — *Corps de s.*, dans l'armée et dans la marine, Le corps des médecins et des chirurgiens attachés aux troupes de terre et de mer. — *Maison de s.*, Maison où l'on reçoit les malades pour les soigner, et moyennant un prix convenu. — *Patente de s.*, Voy. LAZARET. — *Billet de s.* Attestation donnée par des officiers ou des magistrats, en temps de peste, pour certifier que le porteur ne vient pas d'un lieu infecté. — *Service de s.*, se dit, chez le roi ou l'empereur, des médecins et chirurgiens attachés à sa personne. — *Officier de s.*, médecin autorisé à exercer sans avoir le grade de docteur. || *Chocolat de s.*, Chocolat qu'on dit propre à entretenir la santé. Cette désignation est généralement appliquée par les marchands à la qualité inférieure. On dit de même, *Flanelle de s.* || *À votre s.*, Façon de parler dont on se sert à table lorsqu'on boit à la s. de quelqu'un. On dit de même, *À la s. de monsieur un tel, de madame une telle*, et, en des sens analogues, *Boire à la s. de quelqu'un. Porter la s. de quelqu'un. Porter des santés. Nous avons bu tant de santés.*

SANTERRE, brasseur, commandant de la garde nationale de Paris, conduisit Louis XVI au Temple et présida à son exécution. Il fut général de division pendant les guerres de Vendée (1752-1809).

SANTEUL (J.-B. DE), poète latin moderne (1630-1697), auteur d'*Hymnes sacrées*, etc.

SAN-THOMÉ. Voy. SAINT-THOMAS.

SANTIAGO, ou **SAINT-JACQUES DE COMPOSTELLE**, v. d'Espagne, prov. de la Corogne; 23,800 hab. Célèbre lieu de pèlerinage ; magnifique cathédrale.

SANTIAGO, la plus grande des îles du Cap-Vert, aux Portugais ; 25,000 hab.

SANTIAGO, capitale du Chili ; 384,000 hab.

SANTIAGO, v. de la République Dominicaine (Haïti); 52,000 hab.

SANTIAGO DE CUBA, v. et port de l'île de Cuba; 71,300 hab.

SANTOLINE. s. f. (altér. de *xantholine*, anc. nom de la plante, lequel est dérivé du gr. ξανθός, jaune). T. Bot. Genre de plantes Dicotylédones (*Santolina*), de la famille des *Composées*, tribu des *Radiées*. Voy. COMPOSÉES. || T. Pharm. Mélange de graines de diverses espèces d'Armoise employé comme fébrifuge. Dans ce sens, ce mot est une altération de SANTONINE.

SANTON. s. m. (esp. *santon*, hypocrite, de *santo*, saint). T. Relat. Sorte de moine mahométan. Voy. MAHOMÉTISME.

SANTONES, peuple de la Gaule établi dans le pays appelé depuis Saintonge.

SANTONEUX. adj. m. [Pr. *santo-neu*] (R. *santonine*). T. Chim. L'*acide s.* s'obtient par l'hydrogénation de la santonine. Il cristallise en longues aiguilles brillantes, fusibles à 179°, très solubles dans l'alcool. Il a pour formule $C^{15}H^{20}O^3$. L'acide *isosantoneux*, son isomère, fond à 155°.

SANTONIDE. s. f. T. Chim. Voy. SANTONINE.

SANTONINE. s. f. (lat. *santonicus*, de la Saintonge). T. Chim. Substance cristallisable qui répond à la formule $C^{15}H^{18}O^3$ et qu'on rencontre dans les sommités fleuries de diverses espèces d'Armoise (Composées). On l'extrait ordinairement du semen-contra à l'aide de la chaux. La s. cristallise en prismes incolores qui jaunissent à la lumière. Elle fond à 170° et peut être sublimée. Presque insoluble dans l'eau froide, elle se dissout facilement dans l'alcool, dans l'éther et dans l'acide acétique. Elle se combine à l'hydroxylamine en donnant une *oxime* cristallisée en aiguilles et fusible à 209°. Les alcalis dissolvent la s. et la transforment en acide

santoninique. Les solutions de s. sont modifiées par la lumière solaire : la solution acétique se transforme en acide photosantonique ; la solution alcoolique donne naissance à la *photosantonine* qui est un éther de cet acide. Voy. SANTONIQUE.

La s. est fort employée comme vermifuge à la dose de quelques centigrammes. Elle peut produire une altération passagère de la vision des couleurs, de sorte que les objets paraissent colorés en jaune ou en vert. À doses plus fortes elle est toxique.

On connaît plusieurs isomères de la s. La *santonide*, qui fond à 127° et la *parasantonide*, fusible à 110°, se forment par l'action de l'acide acétique et de la chaleur sur l'acide santonique.

SANTONINIQUE. adj. 2 g. T. Chim. L'*acide s.* prend naissance lorsqu'on chauffe la santonine avec de la potasse aqueuse. Il a pour formule $C^{15}H^{20}O^4$. Il est cristallisable, très soluble dans l'alcool. Chauffé à 120°, il se dédouble en eau et en santonine.

SANTONIQUE. adj. 2 g. T. Chim. L'*acide s.*, qui répond à la formule $C^{15}H^{20}O^4$, se produit quand on chauffe la santonine avec de l'eau de baryte. Il forme des cristaux orthorhombiques, fusibles à 171°, très solubles dans l'eau bouillante, l'éther, l'alcool et l'acide acétique. Il est lévogyre. Traité par l'amalgame de sodium il se transforme en *acide hydrosantonique* $C^{15}H^{22}O^4$, dextrogyre, fusible à 170°.

L'*acide photosantonique* a pour formule $C^{15}H^{22}O^5$. Il cristallise ou s'agglutine en ou en prismes orthorhombiques, peu solubles dans l'eau, très solubles dans l'alcool et dans l'éther. Chauffé, il perd une molécule d'eau à 100°, puis il fond à 155°. Il prend naissance quand on expose à la lumière solaire une solution de santonine dans l'acide acétique. — Son éther éthylique, connu sous le nom de *Photosantonine*, s'obtient de même avec une solution alcoolique de santonine ; il cristallise en lames carrées, incolores, fusibles à 68°.

SANTO-PIÉTRO, ch.-l. de c. (Corse), arr. de Bastia; 1,131 hab.

SANTORIN, anc. *Thera*, île de l'archipel des Cyclades; pop. 13,000 hab., ch.-l. *Thira*.

SANTOS, v. du Brésil prov. de San Paulo ; 10,000 hab.

SANVE. s. f. (lat. *sinapi*, gr. σίναπι, moutarde). T. Bot. Nom vulg. du Sénevé sauvage.

SAO-KAÏ, v. du Tonkin, sur le fleuve Rouge.

SAÔNE, riv. de France, prend sa source dans les monts Faucilles, passe à Gray, Auxonne, Chalon, Mâcon, Trévoux, et se jette dans le Rhône au-dessous de Lyon ; 432 kil.

SAÔNE (dép. de la HAUTE-), formé d'une partie de la Franche-Comté, ch.-l. *Vesoul* ; 2 autres arr. *Gray*, *Lure*; pop. 280,900 hab.

SAÔNE-ET-LOIRE (dép. DE), formé d'une partie de la Bourgogne ; ch.-l. *Mâcon* ; 4 autres arr. *Autun, Chalon-sur-Saône, Charolles, Louhans* ; pop. 619,500 hab.

SAOSDUCHEUS. Voy. NABUCHODONOSOR.

SAOUL, SAOULER. Voy. SOÛL, SOÛLER.

SAP. s. m. (abrév. de *sapin*). T. Mar. Se dit du bois de tous les conifères analogues au sapin.

SAPA. s. m. (lat. *sapa*, m. s.). T. Pharm. Suc de raisin réduit jusqu'à consistance de miel.

SAPAJOU. s. m. (altér. de *cayouassou*, mot brésil.) T. Mamm. Genre de Singes. Voy. HÉLOPITHÈQUES. || S. *aurore*, le Saïmiri *Sciureus*, appelé aussi *Singe écureuil*. Voy. GÉOPITHÈQUES, I. || Fig. Homme petit, enfant malicieux.

SAPAN ou **SAPPAN**. s. m. (R. malais, *sapang*, m. s.). T. Bot. Nom vulgaire du *Cæsalpinia Sappan*, arbre de la famille des *Légumineuses*, tribu des *Césalpiniées*. Voy. LÉGUMINEUSES.

SAPANINE. s. f. T. Chim. Substance cristallisée, neutre, qu'on obtient en fondant l'extrait du bois de sapin avec de la potasse caustique. Peu soluble dans l'eau, elle se dissout dans l'alcool et dans l'éther. Le perchlorure de fer colore en rouge sa solution aqueuse.

SAPE. s. f. (esp. *zapas*, ital. *zappa*, m. s., du lat. *rappa*, hoyau). T. Art milit. Tranchée qu'on exécute dans les sièges, en se protégeant contre le feu de la place. Voy. plus bas. — *S. volante.* Voy. FORTIFICATION, III, A. et SAPEUR. ‖ Fig. Menée souterraine. ‖ T. Agric. Espèce de petite faux. Voy. MOISSON, II, A.

Art milit. — Dans l'art militaire, on entend par travaux de sape les cheminements que l'assiégeant cre.se devant une place assiégée pour s'en rapprocher peu à peu à l'abri des feux de la défense. On donne le nom de sapes aux différents modes d'exécution des tranchées. Les procédés d'exécution varient avec la distance à la place et l'intensité du feu de l'ennemi et reçoivent, suivant le cas, les dénominations suivantes :

1° *La sape volante sans gabions.* — C'est une tranchée que le travailleur commence à creuser à découvert et sans employer de moyens artificiels pour soutenir les terres du parapet : on l'entreprend généralement la nuit et loin du feu de la place.

2° *La sape volante à gabions.* — Tranchée pour l'exécution de laquelle on place le long du tracé, une file de gabions que les hommes remplissent avec les premières terres de l'excavation, le surplus de la terre constituant le parapet.

3° *La sape à terre roulante.* — C'est une tranchée qu'exécutent pied à pied les sapeurs du génie, en se couvrant latéralement et en avant des terres extraites de la tranchée. Ce dernier genre de sape assure une protection très efficace aux travailleurs mais le travail est long à exécuter. En général, les travaux de sape se font de préférence la nuit.

SAPEMENT. s. m. [Pr. *sape-man*]. Action de saper.

SAPER. v. a. Travailler avec le pic et la pioche à détruire les fondements d'un édifice, d'un bastion, etc. S. une muraille, une tour, la s. par le pied, par le fondement. ‖ Fig., se dit en parlant de religion, de morale, de politique. S. les fondements d'un État, le s. par les fondements. S. les fondements de la religion, de la morale, d'un système. = SAPÉ, ÉE. part.

SAPERDE. s. f. T. Entom. Genre d'Insectes *Coléoptères.* Voy. LONGICORNES.

SAPEUR. s. m. (R. *sape*). T. Art. Milit. Soldat du génie. — Soldat employé aux travaux de sape. = SAPEUR-POMPIER. Voy. POMPIER et INCENDIE.

Art. milit. — On désigne sous le nom de sapeurs principalement tous les soldats incorporés dans le génie : il y a un bataillon de sapeurs-mineurs par corps d'armée. Les régiments d'infanterie comptent 12 sapeurs ouvriers par corps : choisis par les soldats exerçant les professions de serruriers, charpentiers, etc., etc. Ils assurent le service de plantons chez le colonel et s'occupent des réparations du casernement et de l'entretien des cibles. Dans les prises d'armes, ils marchent en tête du régiment avec leur caporal. La cavalerie a également des sapeurs, 6 par escadron : ces cavaliers sont porteurs de cartouches de dynamite et des outils nécessaires pour couper les voies ferrées et les lignes télégraphiques. Les sapeurs d'infanterie et de cavalerie portent comme insignes sur les bras deux haches croisées. Enfin le régiment de pompiers de Paris porte le nom de Sapeurs-Pompiers.

SAPHAN. s. m. T. Mamm. Nom hébreu du Daman. Voy. HYRACIENS.

SAPHÈNE. adj. et s. 2 g. (ar. *safin*, m. s., qui vient du gr. σαφηνής, apparent). T. Anat. Nerf s. ou saphène s. m. Se dit de trois branches nerveuses qui se distribuent dans la jambe. — *Veine s.* ou saphène s. f. Nom donné à deux veines de la jambe : la s. interne et la s. externe.

SAPHIQUE. adj. 2 g. (lat. *sapphicus*, gr. σαπφικός, m. s.). T. Versif. grecque et latine. Les Grecs et les Romains appelaient ainsi, du nom de Sapho, qui passait pour l'avoir inventé, une sorte de vers hendécasyllabe d'un rhythme extrêmement harmonieux, qui n'était en usage que dans la poésie lyrique. Ce vers se composait de 5 pieds, savoir : un trochée, un trochée ou plus souvent un spondée, un dactyle et deux

trochées. La strophe dans laquelle on faisait usage de ce vers, et qui pour cela était appelée *strophe saphique*, se composait de 4 vers, dont trois vers saphiques et un vers *adonique* : ce dernier était formé d'un dactyle et d'un spondée. La strophe s. est, avec la strophe alcaïque, celle qu'Horace semble affectionner. En la transportant en latin, il s'est imposé l'obligation de mettre toujours un spondée au second pied, et une césure après ce second pied, comme on le voit dans l'exemple suivant (*Odes*, IV, 2) :

> Pindā|rūm quis|quis stŭdĕt|ǣmŭ|lāri,
> Jule,|cera|tis opĕ|Dæda|lea
> Niti|tur pen|nis, vitre|o da|turus
> Nōminā|pōntō.

SAPHIR. s. m. (lat. *sapphirum*, gr. σάπφειρος, m. s., mot d'origine sémitique : hébreu, *sappir*, sign. la chose la plus belle). T. Minér. Le *Saphir* est une pierre précieuse de couleur bleue, dont le type est le Corindon. Les bijoutiers donnent le nom de *saphirs mâles* à ceux qui ont la nuance bleu indigo, et celui de *saphirs femelles* à ceux qui sont d'un bleu d'azur. Un s. de 6 carats vaut, selon sa couleur, de 1,500 à 1,800 francs. Les saphirs de Ceylan et de l'Inde sont les plus beaux et les plus purs : on en trouve également en Sibérie et au Brésil. Frémy et Verneuil, en appliquant leur méthode de reproduction artificielle du rubis, ont obtenu dans certains cas des cristaux bleus ou violets de s. — Outre le s. vrai ou *S. oriental* dont nous venons de parler, on donne, dans la joaillerie, le nom de S. *blanc* au Corindon limpide incolore, celui de S. *d'eau* à une variété bleue de Cordiérite que l'on rencontre à Ceylan, et celui de s. *commun* ou s. *spath* au disthène bleu. — Le *faux* s. est une variété bleue de fluorine.

SAPHIRINE. s. f. (R. *saphir*). T. Minér. Silicate d'alumine et de magnésie, en grains bleus dichroïques, ressemblant au saphir dans les micaschistes du Groenland. — En joaillerie on donne aussi le nom de s. à une variété de Calcédoine bleuâtre, qui est employée pour la gravure ou pour faire divers objets d'ornement, ainsi qu'à la Hauyne, substance bleue et vitreuse, qui se rapproche du Lapis lazuli.

SAPHO, femme poète grecque, se précipita dans la mer du haut du rocher de Leucade (VIe siècle av. J.-C.).

SAPIDE. adj. 2 g. (lat. *sapidus*, m. s.). Qui a de la saveur. Les corps, les substances sapides.

SAPIDITÉ. s. f. Qualité de ce qui est sapide, de ce qui affecte l'organe du goût.

SAPIENCE. s. f. [Pr. *sapi-anse*] (lat. *sapientia*, sagesse). Se dit du livre de Salomon, appelé plus ordinairement la *Sagesse. Salomon dit, dans la* S.... ‖ Prov., *Le pays de s.,* La Normandie.

SAPIENTIAL, ALE. adj. [Pr. *sapian-sial*] (lat. ecclés. *sapientialis*, m. s.). Qui enseigne la Sagesse. Inus. — *Livres sapientiaux.* Voy. BIBLE.

SAPIN. s. m. (lat. *sapinus*, m. s. ; du sanscr. *sapa*, résine). T. Bot. Genre de plantes Gymnospermes (*Abies*) de la famille des Conifères. Voy. ce mot. ‖ Bois du s. ‖ Prov. Sentir le s., Être près de mourir, près d'être mis dans une bière de s.

SAPINDACÉES. s. f. pl. (R. *Sapindus*, n. lat. d'un des genres de la famille). T. Bot. Famille de végétaux Dicotylédones de l'ordre des Dialypétales supérovariées dispétémones.

Caract. bot. : Le plus souvent arbres d'une taille considérable ; parfois lianes munies de vrilles ; rarement plantes herbacées. Leur tige présente fréquemment des anomalies de structure variées. Feuilles alternes, rarement opposées, composées, très rarement simples, avec ou sans stipules. Fleurs disposées en grappes ou en panicules, petites, blanches ou roses, rarement jaunes, hermaphrodites ou polygames. Calice plus ou moins profondément 4-5 parti ou 4-5-folié ; préfloraison imbriquée. Pétales 4-5, ou parfois nuls, alternant avec les sépales, hypogynes, souvent doublés à l'intérieur d'appendices ligulaires ; préfloraison imbriquée. Disque charnu, tantôt occupant le fond du calice, régulier, presque entier, étendu entre les pétales et les étamines ; tantôt glanduleux, incomplet, les glandes situées entre les pétales et les étamines.

Étamines 8-10, rarement 5-6-7, très rarement 20, insérées sur le disque, ou sur le réceptacle entre les glandes et le pistil; filets libres ou soudés en tube; anthères introrses, s'ouvrant longitudinalement. Pistil formé de 3 carpelles, rarement de 4 ou de 2, concrescents en un ovaire pluriloculaire conte-

Fig. 1.

nant dans chaque loge 1, 2, 3 ovules, très rarement davantage. Style indivis, ou plus ou moins 2- ou 3-fide. Ovules anatropes ou campylotropes, ascendants, rarement suspendus; lorsqu'il y en a 2, le supérieur est ascendant et l'autre suspendu. Fruit, tantôt capsulaire à 2 ou 3 valves, tantôt composé d'akènes ou de samares, tantôt une baie ou une drupe. Graines ordinairement pourvues d'un arille; le tégument extérieur crustacé ou membraneux, l'intérieur transpa-

rent; albumen nul; embryon rarement droit, ordinairement courbe ou tordu en spirale; radicule près du hile; cotylédons incombants, parfois réunis en une masse épaisse.

Cette famille comprend 73 genres avec environ 360 espèces, appartenant la plupart aux régions tropicales; on en connaît plus de 120 espèces à l'état fossile dans le terrain tertiaire. On la divise en quatre tribus :

Tribu 1. — *Sapindées*. — Trois carpelles; pas d'albumen (*Sapindus, Urvillea, Serjania, Cardiospermum, Paullinia, Æsculus, Cupania, Dodonæa, Nephelium*, etc.). [Fig. 1. — 1. *Nephelium puniceum*; 2. Fruit coupé verticalement; 3. Graine dont on a enlevé la moitié de l'arille; 4. Graine coupée verticalement. 5. Fleur étalée du *Sapindus senegalensis*; 6. Les carpelles avant la fécondation. 7. Graine d'*Ophiocaryon paradoxum* à l'état de germination : *a*, radicule; *b*, axe hypocotylé; *cc*, cotylédons qui, lorsqu'ils ne sont pas étalés, sont repliés sur *d*]. Les propriétés des plantes de cette tribu sont fort diverses, et sont dues à des substances amères et astringentes répandues dans leurs différentes parties, substances auxquelles s'associent, dans plusieurs espèces, de la résine et une huile essentielle. Les fruits, très vénéneux dans les unes, peuvent dans les autres se manger, et doivent leur saveur à du sucre, à du mucilage et à des acides libres qui abondent dans le péricarpe charnu ou dans l'arille. Parmi les fruits les plus estimés et les plus délicieux de l'archipel Indien, le *Litchi*, le *Longan*, vulgairement appelé *Œil-de-dragon*, et le *Ramboutan*, proviennent de trois espèces du genre *Nephelium*, savoir : du *Neph. puniceum*, communément appelé *Cerisier de la Chine*, du *Neph. longana*, vulgairement appelé *Longanier*, et du *Neph. rambutan*. Le *Pierardia sativa*, le *Pier. dulcis*, et l'*Hedycarpus malayanus* sont d'autres arbres fruitiers de cette famille. Le *Schmidelia comestible* (*Schmidelia edulis*) produit également un fruit fort estimé au Brésil. On mange aussi les fruits de diverses espèces du genre *Savonnier* (*Sapindus*). Ainsi, les nègres du Sénégal estiment beaucoup les baies du *Savonnier du Sénégal* (*Sap. senegalensis*), appelées *Cerises du Sénégal*. Le fruit du *Savonnier comestible* (*Sap. esculentus*) est très charnu et fort estimé des Brésiliens. Un arbre des Indes occidentales, le *Knépier à deux cimes* (*Melicocca bijuga*) se cultive aujourd'hui au Brésil à cause de ses baies vineuses, subacides et d'un goût agréable. Le fruit du *Pappea du Cap* (*Pap. capensis*) est appelé *Prune sauvage* par les colons du Cap : ses graines abondent en huile. L'arille charnu de l'*Akée* (*Cupania sapida*), ceux du *Paullinia subrotunda* et du *Schleichera trijuga* sont également recherchés dans les pays où se trouvent ces arbres. Mais, parmi les espèces mêmes dont on mange les fruits, il s'en rencontre plusieurs qui possèdent des propriétés vénéneuses incontestables. Ainsi, par ex., bien que le fruit du *Savonnier du Sénégal* se mange, comme nous l'avons dit, son amande est vénéneuse. Celle des diverses espèces de *Nephelium* dont les fruits sont si estimés, est tellement amère, qu'elle doit être tenue pour suspecte. Enfin, on prétend que le fruit et les feuilles de l'*Æsculus ohiotensis*, vulgairement appelé *Marronnier d'Amérique*, sont un poison mortel pour les hommes comme pour les animaux. Les espèces du genre *Paullinia* sont remarquables par leurs propriétés narcotiques; mais ces propriétés paraissent surtout développées dans le *Paullinia à feuilles pennées* (*P. pinnata*). Les feuilles, l'écorce et le fruit de cette liane contiennent en abondance un principe âcre avec lequel les nègres du Brésil préparent un poison qui donne une mort lente, mais certaine. Les sauvages de la Guyane extraient du *Paullinia cururu* un poison très actif dont ils se servent pour empoisonner leurs flèches, et qu'on a confondu longtemps avec le curare. Les habitants des bords de l'Orénoque préparent une boisson enivrante avec les graines du *Cupani* (*Paull. cupania*). Les feuilles du *Magonia pubescens* et du *Magonia glabrata* servent, au Brésil, pour enivrer le poisson. Leur écorce est aussi usitée pour guérir les ulcères causés chez les chevaux par les piqûres des insectes. Le *Serjania tritornata* s'emploie de même pour enivrer les poissons. Quelques espèces sont usitées en médecine comme astringentes. Dans l'Inde, on administre la racine du *Schmidelia serrata* dans les cas de diarrhée. Il en est de même des fruits du *Cupania sapida*, qu'on fait bouillir avec du sucre et de la cannelle. L'écorce du *Schleichera trijuga*, pulvérisée et mêlée avec de l'huile, servent en frictions contre la gale. L'écorce du *Marronnier d'Inde* (*Æsculus hippocastanum*), vulgairement *Châtaignier de cheval*, a été recommandée comme fébrifuge dans les fièvres intermittentes : elle contient de l'acide gallique et un glucoside, l'*Esculine*. Ses jeunes feuilles sont aromatiques, et on s'en sert quelquefois en guise de houblon pour faire de la bière. La fécule abondante que contient la graine du Marronnier d'Inde ne peut pas s'employer comme aliment, à cause de son extrême amertume, dont on ne peut la dépouiller qu'au moyen d'opérations compliquées; mais elle peut très bien servir à faire de l'amidon pour les usages de l'industrie. En outre, les bestiaux, et particulièrement les moutons, mangent ce fruit avec plaisir; l'huile qu'on retire de ces graines est employée en onctions contre la goutte. Son bois, d'un beau blanc et d'un beau grain, mais fort tendre, s'emploie, sous le nom de *Bois de Spa*, pour faire une multitude de petits objets de luxe, comme boîtes à thé et à ouvrage, corbeilles, guéridons, etc. Plusieurs espèces du genre *Savonnier* possèdent à un haut degré des propriétés savonneuses. Ainsi, par :s., dans bien des pays, on se sert aujourd'hui pour nettoyer les étoffes de laine du péricarpe des fruits du *Savonnier commun* (*Sapindus saponaria*), des *Sap. inæqualis*, *Sap. emarginatus*, *Sap. utilis*, etc., qui moussent admirablement dans l'eau. Avec ces fruits, on peut, dit-on, nettoyer autant de linge qu'avec 60 fois leur poids de savon. Les négresses emploient comme cosmétique l'eau distillée des fleurs du *Blighia sapida*, probablement à cause de la présence de la matière savonneuse dont nous venons de parler. Le fruit du *Marronnier d'Inde* participe également, quoique à un moindre degré, de cette propriété des Savonniers. Malgré ses propriétés, les indigènes du Brésil préparent avec les graines du *Paullinia sorbilis* un médicament, riche en caféine, appelé *Guarana*. Les Brésiliens broient les gâteaux de guarana dans de l'eau qu'ils édulcorent, et considèrent cette boisson comme stomachique, fébrifuge et aphrodisiaque. La racine du *Corinde alkékenge* (*Cardiospermum halicacabum*) passe pour être diaphorétique, diurétique et apéritive. Dans les Moluques, ses feuilles cuites se mangent en guise de légumes. Les *Dodonæa* sont légèrement aromatiques. Les feuilles du *Dod. viscosa* servent à préparer des bains et à faire des fomentations. Le bois du *Dod. dioica* est carminatif. Le *Dod. Thunbergiana* est réputé purgatif et fébrifuge. Les branches du *Plossica floribunda* sont couvertes d'une exsudation gommeuse. Le bois de quelques arbres de cette famille, qui appartiennent à l'Afrique méridionale, sont propres à la construction. Celui du *Pteroxylon*

Fig. 2.

utile est, dit-on, aussi dur et aussi beau que l'Acajou. Au cap de Bonne-Espérance, on emploie également comme bois de construction l'*Hippobroma alatum*, vulgairement appelé *Pardepis*. Enfin, le *Kœlreuteria paniculé* (*Kœlreuteria paniculata*), arbuste originaire de la Chine, le *Marronnier d'Inde* (*Æsculus hippocastanum*), et diverses espèces du genre *Pavier* (*Pavia*), telles que le *Pavier rouge*, le *Pavier jaune*, le *Pavier blanc* et le *Pavier panaché* (*P. rubra, flava, alba* et *discolor*), qui viennent de l'Amérique du Nord, se cultivent chez nous comme arbustes d'ornement.

Tribu II. — *Acérées*. — Deux carpelles, pas d'albumen (*Acer, Negundo*). [Fig. 2. — 1. *Acer circinatum*; 2. Fleur

de l'*Acer campestre*; 3. Sa samare; 4. La même avec sa graine mise à nu; 5. Embryon déplissé]. Les espèces d'Érables les plus répandues chez nous sont l'*Érable champêtre* (*Acer campestre*), l'*Érable plane* (*Acer platanoides*), le *Sycomore* (*Acer pseudo-platanus*), l'*Érable duret* (*Acer opulifolium*), appelé *Ayarte* dans nos départements du Sud-Est. Les arbres de cette famille ont peu de valeur comme matériaux de construction, parce que leur bois est léger et s'altère facilement. Toutefois les ébénistes et les tabletiers recherchent les racines de l'Érable champêtre qui, par le jeu et la multiplicité de leurs petits nœuds, offrent une grande variété de figures. Le plus précieux des arbres de cette famille est l'*Érable du Canada*, nommé *Acer saccharinum*, à cause de la grande quantité de sucre qu'il fournit. Voy. Sucre.

Tribu III. — *Mélianthées*. — Disque extra-staminal; albumen charnu (*Melianthus, Bersama, Greyia*).

Tribu IV. — *Staphyléées*. — Disque intra-staminal; albu-

Fig. 3.

men charnu (*Staphylea, Turpinia, Euscaphis*). [Fig. 3. — 1. *Staphylea Bumalda*; 2. Fleur; 3. Sa coupe verticale; 4. Coupe de l'ovaire; 5. Graine; 6. Embryon]. Les *Staphyliers* (*Staphylea*) sont de fort beaux arbustes qu'on cultive chez nous comme végétaux d'agrément. Le *Staphylier penné* (*St. pinnata*) est vulgairement appelé *Faux pistachier, Nez coupé* et *Patenôtrier*. Ses graines, qui ont à peu près le goût de la pistache, sont huileuses, un peu âcres et légèrement purgatives. Elles ont en outre le tégument assez dur pour servir à faire des grains de chapelets. L'écorce intérieure de la racine de l'*Euscaphis staphyloides*, espèce propre au Japon, est amère et astringente; les Japonais l'emploient dans la dysenterie et dans la diarrhée chronique.

SAPINDÉES. s. f. pl. (R. *Sapindus*, n. lat. d'un des genres de la tribu). T. Bot. Tribu de végétaux de la famille des *Sapindacées*. Voy. ce mot.

SAPINE. s. f. (R. *sapin*). Planche, solive, baquet en bois de sapin. ‖ T. Mécan. Espèce de grue pour enlever les matériaux de construction.

SAPINEAU. s. m. [Pr. *sapi-no*] (Dimin.). Petit sapin.

SAPINETTE. s. f. [Pr. *sapiné-te*] (Dimin. de *sapin*). T. Bot. Espèce de Sapin. Voy. CONIFÈRES, I. ‖ T. Pharm. Sorte de bière antiscorbutique dans la préparation de laquelle il entre des bourgeons de Pin sylvestre.

SAPINIÈRE. s. f. Lieu planté de sapins.

SAPIUM. s. m. [Pr. *sapi-ome*] (mot lat. qui se trouve dans Pline où il désigne une autre plante). T. Bot. Genre de plantes Dicotylédones de la famille des *Euphorbiacées*, tribu des *Crotonées*. Voy. EUPHORBIACÉES.

SAPOGÉNINE. s. f. (gr. σάπων, savon; γεννάω, j'engendre). T. Chim. Voy. SAPONINE.

SAPONACÉ, ÉE. adj. (lat. *sapo, saponis*, savon). Qui a les caractères du savon.

SAPONAIRE. s. f. [Pr. *sapo-nère*] (lat. *sapo, saponis*, savon). T. Bot. Genre de plantes Dicotylédones (*Saponaria*) de la famille des *Caryophyllées*. Voy. ce mot.

SAPONIFIABLE. adj. 2 g. Qui peut être saponifié.

SAPONIFICATION. s. f. [Pr. ...*sion*]. T. Chim. Action de saponifier. Dédoublement des corps gras en glycérine et en acides ou en savons. Voy. GRAISSE. Par extension on donne le nom de s. au dédoublement d'un éther-sel quelconque en alcool et en acide. Quelquefois même on emploie ce terme dans un sens encore plus large, pour désigner la production d'un acide par hydrolyse d'une substance neutre.

SAPONIFIER. v. a. (lat. *sapo, saponis*, savon; *ficare*, faire). T. Chim. Opérer la saponification d'une substance. = SAPONIFIÉ, ÉE. part.

SAPONINE. s. f. (lat. *sapo, saponis*, savon). T. Chim. Glucoside contenu dans un grand nombre de plantes, notamment dans la Saponaire officinale, la Saponaire d'Égypte, le bois de Panama, les semences de la Nielle des blés. On l'obtient sous la forme d'une poudre amorphe, très soluble dans l'eau ; sa solution mousse fortement par l'agitation. On l'emploie comme dépuratif dans les maladies de la peau.
Les acides étendus et bouillants dédoublent la s. en un sucre de la formule $C^6H^{12}O^6$ et en *Sapogénine* $C^{14}H^{22}O^4$ qui cristallise sous forme d'aiguilles brillantes, insolubles dans l'eau, solubles dans l'éther et dans les lessives alcalines.

SAPONITE. s. f (lat. *sapo, saponis*, savon). T. Minér. Silicate hydraté de magnésie et d'alumine, en masses amorphes, blanchâtres, onctueuses, d'un éclat gras. On l'appelle aussi *Pierre de savon*, parce qu'elle présente, à l'état frais, la consistance du savon ; mais elle durcit en se desséchant à l'air.

SAPOR, nom de trois rois Sassanides de Perse : SAPOR 1er (240-273) vainquit et prit l'empereur Valérien, et fut repoussé par Odenat et Zénobie. || SAPOR II, dit *le Grand* (310-381), fit une guerre d'extermination aux chrétiens, et étendit ses conquêtes jusqu'au Caucase. C'est en le combattant que Julien fut tué. || SAPOR III (385-390) fit la paix avec Théodose.

SAPORIFIQUE. adj. 2 g. (lat. *sapor*, saveur; *ficare*, faire). Qui produit la saveur.

SAPOTE ou **SAPOTILLE.** s. f. (esp. *zapote, zapotillo*, m. s., d'origine américaine). T. Bot. Fruit du Sapotillier. Voy. SAPOTÉES.

SAPOTÉES. s. f. pl. (R. *Sapota*, l'un des genres de la famille). T. Bot. Famille de végétaux Dicotylédones de l'ordre des Gamopétales supérovariées.
Caract. bot. : Arbres ou arbrisseaux, souvent remplis d'un suc laiteux. Feuilles alternes, ou parfois presque verticillées, entières, coriaces, et dépourvues de stipules. Inflorescence axillaire. Fleurs hermaphrodites. Calice régulier, persistant, présentant 5, ou parfois 4-8 divisions, à préfloraison imbriquée ou valvaire. Corolle gamopétale, régulière, caduque, à segments ordinairement égaux en nombre à ceux du calice, rarement deux ou trois fois plus nombreux, à préfloraison imbriquée. Étamines naissant de la corolle, définies, distinctes; les fertiles, égales en nombre aux segments du calice et opposées à ces segments de la corolle qui alternent avec ces derniers, rarement davantage; les stériles, aussi nombreuses que les fertiles, avec lesquelles elles alternent; anthères ordinairement extrorses. Pistil formé de carpelles en même nombre que les sépales, rarement en nombre moindre, parfois réduits à deux, parfois doubles, concrescents en un ovaire supère, à plusieurs loges, dans chacune desquelles se trouve un ovule semi-anatrope ou campylotrope, ascendant ou suspendu; style 1; stigmate indivis, parfois lobé. Fruit : baie, à plusieurs loges monospermes, ou uniloculaire par avortement. Graines renfermant un embryon dressé, volumineux, blanc, habituellement enfermé dans un albumen charnu; cotylédons foliacés, lorsque l'albumen est présent, charnus, quand il manque. Radicule courte, droite ou un peu courbée, tournée vers le hile. [Fig. — 1. Fleur de *Sapota*; 2. Corolle; 3. La

même coupée; 4. Pistil. — 5. Moitié du fruit du *Bassia longifolia*; 6. Sa graine entière; 7. La même coupée transversalement]. Cette famille se compose de 24 genres (*Sapota, Chrysophyllum, Imbricaria, Lucuma, Sideroxylon, Palaquium, Isonandra, Dichopsis, Bassia, Mimusops*, etc.), et de 330 espèces, pour la plupart propres aux régions tropicales de l'Inde, de l'Afrique et de l'Amérique. Quelques-unes seulement se trouvent dans les parties méridionales de l'Amérique du Nord et au cap de Bonne-Espérance. On en connaît 44 espèces fossiles tertiaires appartenant pour la plupart aux genres encore vivants *Chrysophyllum, Sapota, Sideroxylon*, etc.

Plusieurs espèces de cette famille produisent des fruits fort estimés dans les contrées tropicales. Tels sont le *Sapotillier cultivé* (*Sapota achras*), qui produit le fruit connu sous les noms de *Sapote* et de *Sapotille*; le *Sapotillier à gros fruits* (*Sap. mammosa*), qui donne le fruit appelé vulgairement *Nèfle de Surinam, Jaune d'œuf, Œuf végétal* et *Marmelade naturelle*; le *Caïmitier* ou *Caïnitier* (*Chrysophyllum cainito*), d'où provient le fruit appelé aux Antilles *Pomme étoilée*; le *Bardottier du Malabar* (*Imbricaria malabarica*), dont le fruit offre l'aspect d'une Orange; le *Mimusops Elengi* de l'Inde; diverses espèces du genre *Lucuma*, etc. Ces fruits sont généralement très sucrés, avec une légère et agréable acidité. L'*Arbre à balles* de la Guinée est une espèce de *Mimusops*. Son fruit est de la grosseur de la baie du Café, et, quand il est tout à fait mûr, il est, dit-on, délicieux. Sa racine, son bois est solide, pesant, durable et d'un grain fin. Les graines du *Sapotillier cultivé* sont apéritives et diurétiques, mais, à forte dose, elles sont dangereuses. Son écorce passe pour fébrifuge. Les graines de quelques autres espèces sont pleines d'une huile concrète qui sert aux usages domestiques. Le *Mimusops kaki* ou *Mimusops à grandes feuilles*, de même que beaucoup d'arbres dont l'écorce est astringente, sécrète un suc gommeux : il produit des fruits d'un goût douceâtre et dont les indigènes de l'Inde font une grande consommation. Le fruit du *Bassia butyracea* fournit une matière grasse, appelée *Ghee* ou *Ghi*, qui a presque la consistance du beurre : aussi donne-t-on encore à ce produit le nom de *Beurre de Galam*, et à l'arbre lui-même celui d'*Arbre à beurre*. Dans l'Inde, l'eau distillée des fleurs du *Bassia à larges feuilles* (*B. latifolia*) sert à la préparation d'une sorte d'eau-de-vie. Elles ont, dit-on, le goût des raisins de Corinthe. Le *Bassia à longues feuilles* (*B. longifolia*), connu sous le nom d'*Illipé*, produit un fruit qui rend, quand on le presse, une grande quantité d'huile, l'*Huile d'Illipé*, employée dans l'Inde pour l'éclairage, la fabrication du savon, et même la préparation des aliments. Les médecins indigènes l'emploient en frictions pour guérir la gale et autres maladies cutanées. Les feuilles bouillies dans l'eau, ainsi que le lait du fruit vert, s'administrent dans les affections rhumatismales. L'écorce des 4 espèces du genre *Sapotillier* (*Sapota*) est douée de propriétés astringentes et fébrifuges. L'écorce connue dans le commerce sous le nom de *Monesia* est fournie par le *Lucuma glycyphlœa*. Cette écorce, qui a une saveur amère et douceâtre très prononcée, a été employée avec succès comme astringent dans la diarrhée, la ménorrhagie, la leucorrhée et l'hémoptysie. L'écorce de la *Bumélie noire* (*Bumelia nigra*) et de quelques autres est amère, astringente et fébrifuge; son bois est très dur. Le fruit du *Bumelia retusa* est, dit-on, laiteux; celui du *Bum. lycioides* est âpre, avec un arrière-goût douceâtre et s'administre dans la diarrhée. Les fleurs du *Bum. graveolens* ont une odeur très désagréable, tandis que celles du *Mimusops elengi* sont très aromatiques et donnent par la distillation une eau de senteur recherchée. En outre, les graines de ce dernier fournissent beaucoup d'huile, qu'on emploie dans la peinture, et qu'on dit utile dans les accouchements. Le bois de l'*Argan cendré* et de l'*Argan sans épines* (*Sideroxylum cinereum* et *inerme*) appelé aussi *bois d'Argane*, possède une dureté extrême qui le fait rechercher dans le commerce, où il est désigné sous le nom banal de *Bois de fer*; l'arbre est encore nommé *Arganier;* son fruit fournit une huile connue sous le nom d'*Huile d'Argan*. Enfin, le *Palaquium gutta* et d'autres espèces du même genre 'ournissent le produit appelé *Gutta-percha*, dont l'industrie fait une foule d'applications utiles. Voy. GUTTA-PERCHA.

SAPOTIER. s. m. (R. *sapote*). T. Bot. Voy. SAPOTILLIER.

SAPOTILLIER. s. m. [Pr. *sapoti-llié, ll* mouillées] (R. *sapote*). T. Bot. Genre de plantes Dicotylédones (*Sapota*) de la famille des *Sapotées*. Voy. ce mot.

SAPPAN. s. m. Voy. SAPAN.

SAPPANINE. s. f. T. Chim. Voy. SAPANINE.

SAPPARE. s. f. (altér. de *saphir*). T. Minér. Synonyme de *Disthène*.

SAPRISTI. interj. (corrupt. de *sacristie*). Sorte de jurement.

SAPROLÉGNE. s. m. [Pr. *gn* mouil.] (gr. σαπρὸς, pourri; λέγνον, frange). T. Bot. Genre d'Algues (*Saprolegnia*) de la famille des *Saprolégniacées*. Voy. ce mot.

SAPROLÉGNIACÉES. s. f. pl. [Pr. *saprolé-gnia-sé, gn* mouil.] (R. *Saprolegnia*, n. d'un genre de la famille). T. Bot. Famille de Champignons de l'ordre des Oomycètes.

Caract. bot. : Champignons vivant la plupart du temps dans l'eau sur les corps végétaux ou animaux en voie de décomposition ou dans les liquides chargés de substances organiques, plus rarement dans des végétaux en cours d'altération dans l'air, ou attaquant même les plantes vivantes. Thalle à tubes rameux sans cloisons, plongeant de loin en loin des branches absorbantes dans le milieu nutritif et développant les autres tout autour dans le liquide ambiant. Filaments le plus souvent cylindriques, parfois munis d'étranglements régulièrement espacés (*Leptomitus, Rhipidium*).

La multiplication se fait par des zoospores qui naissent dans un sporange qui est formé, chez les Saprolégnes, par exemple, par l'extrémité d'un filament qui se renfle en massue et se sépare par une cloison. Le sporange ainsi séparé se cloisonne bientôt en autant de petites cellules polyédriques qu'il y a de noyaux; puis sans acquérir de membrane cellulosique, ces cellules se dissocient, s'arrondissent, s'échappent par un orifice terminal et nagent dans le liquide à l'aide de deux cils antérieurs. Au bout de cinq minutes environ, elles cessent de se mouvoir, perdent leurs cils et s'entourent d'une membrane de cellulose. Plus tard, chacune d'elles, produit une zoospore de seconde formation, réniforme et portant deux cils attachés latéralement du côté concave. A leur tour, ces zoospores réniformes s'arrêtent, perdent leurs cils, s'entourent d'une membrane et germent en un filament qui se ramifie en un nouveau thalle. Une fois le zoosporange vidé, le tube recommence à s'accroître sous la cloison, traverse le premier sporange pour en former un second et ainsi de suite.

Dans les *Leptomitus* et *Pythiopsis*, les premières zoospores une fois fixées germent directement en un filament et les nouveaux sporanges ne traversent pas le premier. Dans les *Achlya*, les premiers zoospores gagnent juste l'ouverture du sporange, s'arrêtent, s'amassent en une sphère creuse et s'entourent d'une membrane. Au bout de quelques heures elles produisent une zoospore réniforme qui se fixera plus tard et s'allongera en tube. Quand le zoosporange est vidé, le filament pousse au-dessous de la cloison une branche latérale qui se renfle plus tard en un nouveau sporange et ainsi de suite. Dans le *Dictyuchus*, les zoospores de première espèce ne sortent pas du zoosporange; elles s'y entourent sur place d'une membrane qu'elles perforent ensuite pour donner chacune une zoospore de deuxième espèce. Dans les *Pythium*, le protoplasma du sporange s'échappe tout entier au dehors et c'est là, vis-à-vis de l'orifice qu'il se divise en zoospores réniformes, semblables aux zoospores de seconde espèce des *Saprolegnia*. Celles-ci germent, soit directement en filament, soit en produisant des zoospores pareilles à elles-mêmes.

Quand le milieu nutritif commence à s'épuiser, le thalle produit des œufs dont la formation a lieu, comme chez les

Péronosporacées, par hétérogamie sans anthérozoïdes. L'oogone terminale ou intercalaire produit tantôt une seule oosphère, tantôt plusieurs oosphères dont le nombre est variable avec la dimension de l'oogone. Le plus souvent tout le protoplasma est employé à la formation des oosphères; mais il subsiste quelquefois, dans l'oogone une petite quantité de substance non utilisée. La membrane de l'oogone offre çà et là des places plus minces qui sont des ponctuations arrondies; chez quelques espèces, elle présente au contraire des parties épaissies qui forment des pointes ou des épines. L'anthéridie constituée par une branche latérale formée au-dessous de l'oogone et renflée ou massue, s'applique sur l'oogone et produit un rameau qui perce la membrane, s'allonge dans l'oogone et se soude par son extrémité avec une oosphère. Pendant ce temps le protoplasma de l'anthéridie se différencie en une portion centrale où se concentrent les plus gros granules, et en une portion pariétale plus pâle et très finement granuleuse. La différenciation opérée, la portion active du protoplasma de l'anthéridie passe dans l'oosphère, soit par un orifice percé au sommet du tube, soit à travers la membrane du sommet suffisamment ramollie pour lui livrer passage. Quand il y a plusieurs oosphères dans l'oogone, il peut s'appliquer plusieurs anthéridies à sa surface, mais s'il ne s'en applique qu'une, celle-ci peut produire plusieurs ramuscules et féconder tout autant d'oosphères. Dès qu'il est formé, l'œuf s'entoure d'une membrane de cellulose qui s'épaissit et se différencie en une couche interne mince et une couche externe épaisse, cutinisée, faiblement colorée, lisse ou quelquefois munie d'aspérités. Après un temps de repos plus ou moins long, il germe, soit en produisant un zoosporange, soit en donnant naissance à un thalle ramifié.

La famille des Saprolégniacées comprend dix genres et une trentaine d'espèces que l'on peut répartir en deux tribus :

TRIBU I. — *Pythiées*. — Une seule oosphère (*Pythium, Rhipidium, Leptomitus, Aplanomyces, Leptolegnia*).

TRIBU II. — *Saprolégniées.* — Plusieurs oosphères (*Saprolegnia, Pythiopsis, Achlya, Dictyuchus, Aplanes.*)

SAPROPHAGE. adj. 2 g. (gr. σαπρὸς, pourri; φαγεῖν, manger). Qui vit de matières organiques décomposées.

SAPROPHYTE. adj. 2 g. et s. m. (gr. σαπρὸς, pourri; φυτὸν, plante). T. Bot. Se dit des plantes qui vivent dans les matières organiques en décomposition. Ce sont des champignons et des algues de très petites dimensions (microbes). Les bactériologistes ont étendu le sens de ce mot et désignent sous le nom de *saprophytes* ou *microbes saprophytes* ceux qui vivent dans l'organisme ou dans les humeurs sans sécréter de toxines et sans produire de maladies. Le mot s. s'oppose ainsi à *pathogène*.

SAPROPHYTIQUE. adj. 2 g. (R. *saprophyte*). T. Biol. Qui tient de la nature des saprophytes. *Forme s.* d'un végétal, par opposition à *forme parasitaire.* — *Forme s.* d'un microbe par opposition à *forme pathogène.*

SAPYGE. s. f. SAPYGITES. s. m. pl. T. Entom. Genre et groupe d'Insectes *Hyménoptères*. Voy. FOUISSEURS.

SAQUEBUTE. s. f. (R. *saquer* et *bouter*). T. Mus. Espèce de grande trompette. Voy. TROMBONE. || T. Art milit. Lance armée d'un crochet. Voy. LANCE.

SAQUER. v. a. (vx mot qui sign. tirer). T. Mar. *S. une voile*, la tirer au dedans du navire, la rentrer. = SAQUÉ, ÉE. part.

SARA, épouse d'Abraham, mère d'Isaac (Bible).

SARABANDE. s. f. (esp. *zarabanda*, qui vient du persan *serbend*, sorte de danse). Danse espagnole au caractère grave et à trois temps. *Danser une s.* || L'air sur lequel on exécute cette danse, et qu'on chante quelquefois avec des paroles, au lieu de le jouer avec des instruments. *Composer, jouer, chanter une s.*

SARABAT. anc. *Hermus* fl. de l'Asie Mineure s'écoulant dans le golfe de Smyrne, 250 kil.

SARAGOSSE, v. d'Espagne, anc. cap. du royaume d'Aragon, sur l'Èbre; 83,400 hab. Elle soutint en 1809 un siège célèbre contre les Français et fut prise par Lannes. = Nom des hab. : SARAGOSAIN, AINE.

SARAMON, ch.-l. de c. (Gers), arr. d'Auch; 1,200 hab.

SARASIN ou **SARRASIN**, poète et historien fr. (1605-1654), on cite comme son chef-d'œuvre la *Conspiration de Waldstein.*

SARATOF, ou **SARATOW**, v. de Russie, sur la rive droite du Volga, ch.-l. de gouv.; 165,000 hab. Le gouv. a 2,135,000 hab.

SARATOGA, v. des États-Unis (New-York), célèbre par la capitulation du général anglais Burgoyne, qui assura l'indépendance des États-Unis en 1777; 5,000 hab.

SARBACANE. s. f. (esp. *cerbatana*, de l'arabe *zabatana*, m. s., lequel vient du persan). Long tuyau par lequel on peut lancer quelque chose en soufflant. *S. de verre, de bois, de fer-blanc, Lancer des pois avec une s.* || Fig. et fam., *Parler par s.,* Parler par des personnes interposées. Vx.

SARBOTIÈRE. s. f. (altér. de *sorbetière*). T. Techn. Vase où l'on fait congeler la glace. Voy. GLACE, II.

SARCASME. s. m. (lat. *sarcasmus*, gr. σαρκασμὸς, m. s., de σαρκάζω, je raille, propr. j'arrache la chair comme fait un chien, de σάρξ, chair). Raillerie amère et insultante. *Essuyer des sarcasmes.*

SARCASTIQUE. adj. 2 g. (gr. σαρκαστικὸς, m. s.). Qui tient du sarcasme. *Un ton, un air s. Un rire s.*

SARCELLE. s. f. [Pr. *sarsè-le*] (altér. du lat. *querquedula*, m. s.). T. Ornith. Espèce de *Palmipède.* Voy. CANARD.

SARCEUX, EUSE. adj. [Pr. *sar-seu, euze*] (gr. σάρξ, σαρκὸς, chair). Qui tient de la chair, du muscle.

SARCEY (FRANCISQUE), critique et romancier fr. (1828-1899).

SARCHE. s. f. (R. *cercle*). Cercle de bois auquel on attache une étoffe pour faire un tamis.

SARCINE. s. f. (gr. σάρξ, σαρκὸς, chair). T. Chim. Syn. d'*Hypoxanthine.*

SARCLABLE. adj. 2 g. Qu'on peut sarcler.

SARCLAGE. s. m. (lat. *sarculare*, m. s., de *sarculus*, sarcloir, de *sarcire*, sarcler). Action de sarcler; ou le résultat de cette action. *Faire le s. Ce s. sera fort long.*

SARCLER. v. a. (lat. *sarculare*, m. s.). Arracher avec la main ou couper entre deux terres avec un instrument tranchant les mauvaises herbes. *S. les mauvaises herbes d'un jardin.* On dit aussi, *S. un jardin, une terre,* et *S. les orges, les avoines,* pour signif., Arracher les mauvaises herbes d'un jardin, d'un champ où l'on a semé de l'orge, etc. || SARCLÉ, ÉE. part.

SARCLET. s. m. [Pr. *sar-klè*]. Instrument dont les maraîchers se servent pour sarcler.

SARCLEUR, EUSE. s. [Pr. *sar-kleur, euze*]. Homme, femme de journée qu'on emploie à sarcler un champ, un jardin.

SARCLOIR. s. m. [Pr. *sarklouar*]. Instrument propre à sarcler.

SARCLURE. s. f. Ce qu'on arrache d'un champ, d'un jardin en le sarclant. *Les sarclures d'une allée.*

SARCOBASE. s. f. [Pr. *sarkoba-ze*] (gr. σάρξ, σαρκὸς, chair, et fr. *base*). T. Bot. Large disque charnu qui supporte l'ovaire de quelques plantes. Inus.

SARCOCARPE. s. m. (gr. σάρξ, σαρκὸς, chair; καρπὸς, fruit). T. Bot. Nom donné par quelques auteurs au mésocarpe. Voy. FRUIT.

SARCOCARPIEN, IENNE. adj. [Pr. *sarkokarpi-in*,

iène] (gr. σάρξ, σαρκὸς, chair; κάρπος, fruit). T. Bot. Qui est charnu et de la nature du fruit.

SARCOCÈLE. s. m. (gr. σαρκοκήλη, m. s., de σάρξ, σαρκὸς, chair, et κήλη, tumeur). T. Chir. Tumeur dure, mais de nature variable, dont le testicule est le siège. Voy. TESTICULE.

SARCOCÉPHALE. s. m. (gr. σάρξ, σαρκὸς, chair; κεφαλὴ, tête). T. Bot. Genre de plantes Dicotylédones (*Sarcocephalus*) de la famille des *Rubiacées*, tribu des *Cinchonées.* Voy. RUBIACÉES.

SARCOCOLLE. s. f. [Pr. *sarko-ko-le*] (gr. σάρξ, σαρκὸς, chair; κόλλα, colle). T. Bot. et Chim. Matière gélatineuse fournie par une Légumineuse, l'*Astragalus sarcocolla.*

SARCODE. s. m. (gr. σαρκώδης, charnu). T. Anat. Substance animale, sans téguments ni vaisseaux.

SARCODERME. s. m. (gr. σάρξ, σαρκὸς, chair; δέρμα, peau). T. Bot. Parenchyme compris entre les deux pellicules d'une graine. Inus.

SARCODIQUE. adj. 2 g. Qui se rapporte au sarcode.

SARCOLACTIQUE. adj. 2 g. (gr. σάρξ, σαρκὸς, chair, et fr. *lactique*). T. Chim. Voy. LACTIQUE.

SARCOLEMME. s. m. [Pr. *sarkolè-me*] (gr. σάρξ, chair; λέμμα, pelure). T. Anat. Membrane qui enveloppe chaque fibre musculaire. Voy. MUSCLE, et HISTOGÉNIE.

SARCOLÈNE. s. f. (gr. σάρξ, σαρκὸς, chair; χιτὼν, enveloppe). T. Bot. Genre de plantes Dicotylédones (*Sarcolæna*) de la famille des *Sarcolénées.* Voy. ce mot.

SARCOLÉNÉES. s. f. pl. (R. *sarcolène*). T. Bot. Famille de végétaux Dicotylédones de l'ordre des Dialypétales supérovariées méristémonées à carpelles clos.

Caract. bot. : Arbres ou arbrisseaux à fleurs éclatantes, ordinairement rouges. Feuilles alternes, penninervées, entières,

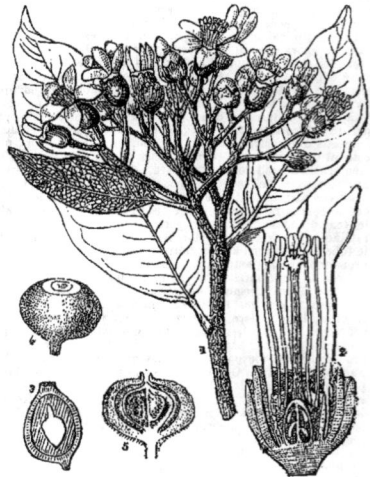

quelquefois plissées longitudinalement; stipules terminant les rameaux en forme de cônes, enveloppant ou enfermant les feuilles, promptement caduques. Fleurs en corymbe, en grappe ou en panicule. Involucre renfermant 1 ou 2 fleurs, persistant, de forme et de contexture variables. Sépales, 3, petits, et à estivation imbriquée. Pétales, 5, hypogynes, convolutés, élargis à leur base, quelquefois se soudant entre eux inférieurement. Étamines tantôt très nombreuses, tantôt au nombre de 10 seulement; filets insérés à la face interne d'un disque cyathiforme situé entre la corolle et l'androcée; anthères arrondies, biloculaires, introrses. Pistil formé de 3 carpelles concrescents en un ovaire à 3 loges; style, 1, filiforme; stigmate trilobé; ovales, 2, souvent plus nombreux, anatropes, suspendus à l'angle interne. Capsule à 3 loges ou un akène enveloppé dans l'involucre épaissi. Graines nombreuses (quelquefois unique), attachées au centre; embryon vert, central; albumen charnu; cotylédons foliacés, ondulés; radicule supère. [Fig. 1. *Leptolæna multiflora*; 2. Coupe verticale de sa fleur; 3. Coupe de sa graine. — 4. Fruit du *Sarcolæna multiflora*; 5. Coupe verticale du même.]

Cette famille que quelques auteurs désignent sous le nom de *Chlénacées* comprend seulement 4 genres(*Sarcolæna*, *Leptolæna*. *Schizolæna*, *Rhodolæna*) et 8 espèces, qui toutes appartiennent à la Flore de Madagascar. On ne suit rien de leurs usages. Plusieurs sont de jolis arbustes d'ornement, à tiges grimpantes, qu'on cultive en serre chaude ou tempérée.

SARCOLITE. s. f. (gr. σάρξ, σαρκὸς, chair; λίθος, pierre). T. Minér. Silicate d'alumine, de chaux et de soude; en cristaux couleur de chair, très fragiles, dans les blocs pyroxéniques rejetés par le Vésuve. — Le nom de s. a été donné aussi à la gmelinite et à une variété rose d'analcime.

SARCOLOGIE. s. f. (gr. σάρξ, σαρκὸς, chair ; λόγος, discours). Partie de l'anatomie qui traite des parties molles. Inus.

SARCOMATEUX, EUSE. adj. [Pr. *sarko-mateu, euze*]. T. Chir. Qui tient du sarcome. *Tumeur sarcomateuse. Polype s.*

SARCOME. s. m. (gr. σάρκωμα, m. s.; de σάρξ, σαρκὸς, chair). T. Chir. Tumeur ayant la consistance de la fibre musculaire. Voy. Tumeur.

SARCOMYCÈTE. adj. 2 g. (gr. σάρξ, σαρκὸς, chair ; μύκης, champignon). T. Bot. Se dit des champignons dont le tissu est charnu.

SARCOPHAGE. s. m. (gr. σαρκοφάγος, m. s., de σάρξ, σαρκὸς, chair, et φαγεῖν, manger). T. Archit. Sorte de cercueil fait d'une pierre à laquelle on attribuait la propriété de consumer la chair. — Par extens., cercueil de pierre ou tombeau quelconque. Voy. Funérailles. = Sarcophages. s. m. pl. T. Mamm. Groupe de *Marsupiaux*. Voy. ce mot. || T. Entom. Groupe d'Insectes *Diptères*. Voy. Muscides.

SARCOPHYLLE. s. f. [Pr. *sarkofil-le*] (gr. σάρξ, σαρκὸς, chair ; φύλλον, feuille). T. Bot. La partie charnue de la feuille. Inus.

SARCOPSIDE. s. f. (gr. σάρξ, chair; ὄψις, aspect). T. Chim. Minéral d'une couleur rouge de chair, constitué par du fer et du manganèse combinés au fluor et à l'acide phosphorique.

SARCOPTE. s. m. (gr. σάρξ, chair; κόπτειν, couper). T. Zool. Genre d'*Arachnides*, Voy. Gale.

SARCORAMPHE. s. m. [Pr. *sarkoran-fe*] (gr. σάρξ, σαρκὸς, chair; ῥάμφος, bec). T. Ornith. Genre de *Rapaces*, Voy. Vautour.

SARCOSINE. s. f. [Pr. *sarko-zine*] (gr. σάρξ, σαρκὸς, chair). T. Chim. La s., qu'on appelle aussi *méthylglycocolle* et *acide méthylamido-acétique*, est un acide monobasique possédant une fonction amine et répond à la formule $CO^2H.CH^2.AzHCH^3$. On l'obtient en chauffant la créatine ou la caféine avec de l'eau de baryte. On l'a aussi préparée synthétiquement par l'action de l'acide chloracétique sur la méthylamine. La s. cristallise en prismes orthorhombiques, très solubles dans l'eau. Ses propriétés chimiques sont analogues à celles du glycocolle.

SARCOSPORIDIES. s. f. pl. (gr. σάρξ, σαρκὸς, chair; σπορὰ, graine, spore). T. Zool. Famille de *Sporozoaires*. Voy. ce mot.

SARCOSTEMME. s. m. (gr. σάρξ, σαρκὸς, chair; στέμμα, couronne). T. Bot. Genre de plantes Dicotylédones (*Sarcostemma*) de la famille des *Asclépiadées*. Voy. ce mot.

SARDAIGNE, île de la Méditerranée occidentale, divisée en deux prov., Cagliari et Sassari, faisant partie du royaume d'Italie; 711, 500 hab. == De 1720 à 1860, on a appelé royaume de Sardaigne un État formé de la Sardaigne, de la Savoie, du Piémont, du comté de Nice, de Gênes et du Montferrat. La liste chronologique des rois de Sardaigne est donnée au mot Italie; mais il faut y ajouter *Victor-Emmanuel III* à partir de 1900. == Nom des hab. : Sarde.

SARDANAPALE. s. m. Nom d'un roi d'Assyrie, qui tient plus de la légende que de l'histoire, célèbre par sa mollesse et par sa vie voluptueuse, qui se dit, par antonomase, des princes, des grands qui mènent une vie efféminée et dissolue, *C'est un S.*

SARDANAPALESQUE. adj. 2 g. Qui appartient à Sardanapale, à un Sardanapale.

SARDE. s. m. (lat. *sardus*, m. s.; du gr. Σάρδω, Sardaigne). T. Icht. Genre de *Poisson osseux*. Voy. Scombroïdes.

SARDES, anj. *Sart*, anc. v. de l'Asie Mineure, cap. de la Lydie, sur le Pactole.

SARDES (États). Voy. Sardaigne.

SARDINE. s. f. (lat. *sardina*, gr. σαρδίνη, m. s.: propr. le poisson de la Sardaigne). T. Icht. Espèce de *Poisson osseux*. Voy. Hareng.

SARDINERIE. s. f. Lieu où l'on prépare et confit les sardines.

SARDINIER, IÈRE. s. Ouvrier, ouvrière des sardineries. == Sardinière. s. f. Filet pour les sardines. == adj. *Bateau s.*, Bateau employé à la pêche de la sardine.

SARDOINE. s. f. [Pr. *sar-douane*] (lat. *sardonyx*, gr. σαρδόνυξ, m. s.; propr. onyx de Sardaigne).T. Min. Variété d'*Agate*. Voy. ce mot.

SARDONIQUE. adj. 2 g. (lat. *sardonicus*, de Sardaigne, parce qu'une plante de Sardaigne passait pour avoir la propriété de contracter la bouche). Se dit d'une sorte de rire convulsif, et aussi d'un rire qui annonce beaucoup de malice. *Rire, ris sardonien* ou *sardonique*, Voy. Rire.

SARGASSE. s. m. [Pr. *sarga-se*] (esp. *sargazo*, varech). T. Bot. Genre d'Algues (*Sargassum*) de la famille des *Fucacées*. Voy. ce mot. == *Mer des Sargasses*, partie de l'Atlantique entre les Açores et les îles du Cap-Vert. Cette partie de l'Océan, d'une superficie égale à 4 ou 5 fois celle de la France est remplie d'herbes marines. Elle était un sujet d'effroi pour les navigateurs anciens, et effraya même les compagnons de Christophe Colomb. Elle occupe l'emplacement que les anciens attribuaient à l'*Atlantide*, vaste contrée qui, suivant une ancienne légende rapportée par Platon, aurait été engloutie neuf mille ans avant l'ère chrétienne.

SARGON, général de Salmanasar, roi d'Assyrie (721-702 av. J.-C.), lui succéda; il construisit le palais de Khorsabad.

SARGUE. s. m. (gr. σάρξ, chair). T. Icht. Genre de *Poissons osseux*. Voy. Sparoïdes. || T. Entom. Genre de *Diptères*. Voy. Notacanthes.

SÁRI, v. de Perse, cap. du Mazenderon; 1,500 hab.

SARIGUE. s. f. (mot brésilien). T. Mamm. Genre de *Marsupiaux*. Voy. ce mot.

SARINE ou **SAANE**, riv. de Suisse, passe à Fribourg, et se jette dans l'Aar; 150 kilomètres.

SARISSE. s. f. (gr. σάρισσα, m. s.). T.Antiq. gr. Sorte de pique qui était l'arme des oplites. Voy. Lance.

SARLAT, ch.-l. d'arr. du dép. de la Dordogne, à 70 kil. S.-E. de Périgueux; 6,600 hab. == Nom des hab. : Sarladais, aise.

SARMATES, peuple d'origine finnoise établi dans l'antiquité au N. du Pont-Euxin. Les Sarmates servirent Mithridate contre les Romains. Ils disparaissent de l'histoire à l'époque de l'invasion des Huns.

SARMATIE, anc. contrée occupée par les Sarmates.

SARMENT. s. m. [Pr. sar-man] (lat. sarmentum, m. s., de sarpere, tailler, émonder) Le bois que la vigne pousse chaque année. Un fagot de s. Popul., Le jus de s., Le vin. || T. Bot. Se dit par ext., de toute tige ou branche à la fois ligneuse et grimpante.

SARMENTEUX, EUSE. adj. [Pr. sarman-teu, euze] (lat. sarmentosus, m. s.). Se dit d'une vigne qui pousse beaucoup de sarment. Vigne sarmenteuse. || Par ext., se dit aussi des plantes dont la tige est longue, flexible et grimpante comme le sarment. Plante sarmenteuse.

SARMIENTA. s. m. [Pr. sarmi-inta] (esp. sarmiento, sarment). T. Bot. Genre de plantes Dicotylédones de la famille des Gesnéracées, tribu des Gesnérées. Voy. GESNÉRACÉES.

SAROË (Iles), dans l'Océan glacial, au N. de la Norvège.

SARONIDE. s. m. T. Antiq. Syn. de Barde, chez les anciens Gaulois. Voy. DRUIDISME.

SARONIQUE (Golfe), golfe de la mer Égée, entre l'Attique et l'Argolide.

SAROPODE. adj. 2 g. (gr. σάρον, balai; πούς, pied). T. Zool. Qui a les pattes velues et semblables à des balais.

SAROS. s. m. Période de 18 ans 11 jours, appelée aussi période chaldéenne et servant à prédire les éclipses. Voy. CYCLE et ÉCLIPSE.

SARPÉDON, roi de Lycie, secourut Priam, et fut tué par Patrocle.

SARPI (PAOLO), écrivain vénitien (1552-1623).

SARRACÉNIE. s. f. [Pr. sa-ra-sénie] (R. Sarrazin, nom d'un méd. fr.). T. Bot. Genre de plantes Dicotylédones de la famille des Sarracéniées. Voy. ce mot.

SARRACÉNIÉES. s. f. pl. [Pr. sa-ra-sénié] (R. Sarra-

cénie). T. Bot. Famille de végétaux Dicotylédones de l'ordre des Dialypétales superovariées méristémones à carpelles ouverts.

Caract. bot. : Plantes herbacées, vivaces, qui vivent dans les lieux marécageux. Feuilles disposées en rosette, avec un pétiole creux en forme d'urne ovoïde ou allongée en cornet, au sommet de laquelle se trouve le limbe qui s'y adapte comme un couvercle. Hampes portant chacune une ou plusieurs grandes fleurs de couleur pourpre, jaune ou blanche. Fleur formée de 4 ou 5 sépales persistants, souvent accompagnés d'un involucre 3-phylle, et de 5 pétales hypogynes, concaves et onguiculés; la corolle peut être nulle. Étamines indéfinies, hypogynes; anthères oblongues, adnées, biloculaires, s'ouvrant longitudinalement. Pistil formé de 5 carpelles, rarement de 3, concrescents en un ovaire libre, 3-5 loculaire, avec des placentas axiles et polyspermes; style simple, tronqué, ou présentant une large lame peltée avec 5 angles stigmatiques. Ovules anatropes. Fruit capsulaire, ayant de 3 à 5 loges. Graines très nombreuses, petites, légèrement verruqueuses ou ailées; albumen abondant; embryon petit, cylindrique, situé près de la base de la graine, avec la radicule tournée vers le hile. [Fig. 1. Heliamphora nutans; 2. Ascidie; 3. Étamines et pistil; 4. Pistil séparé; 5. Coupe transversale de l'ovaire; 6. Coupe verticale d'une graine.] — Cette petite famille ne se compose que de 3 genres (Sarracenia, Darlingtonia, Heliamphora) et de 10 espèces propres aux marais de l'Amérique du Nord, à l'exception de l'Heliamphora nutans, qu'on trouve dans la Guyane. On ne leur connaît aucune espèce d'utilité.

SARRACÉNIQUE. adj. 2 g. [Pr. sa-ra-sénike]. Qui a rapport aux sarrasins. L'art s.

SARRALBE, anc. ch.-l. de c. (Moselle), arr. de Sarreguemines, cédé à l'Allemagne en 1871; 3,400 hab.

SARRANCOLIN. s. m. [Pr. sa-ran-kolin] (nom de lieu dans le dép. des Hautes-Pyrénées). T. Minér. Variété de marbre. Voy. MARBRE.

SARRASIN. s. m. [Pr. sa-ra-zin] (R. Sarrasins, nom donné aux Arabes d'Europe et d'Afrique). T. Bot. Genre de plantes Dicotylédones (Fagopyrum) de la famille des Polygonacées. Voy. ce mot. || T. Métall. Mélange de scories, de cendres et de menu charbon qui s'attache aux parois des feux d'affinerie.

Agric. — Le s. ou blé noir, appelé aussi boquette et bucaille, sert à la nourriture de l'homme et des animaux. On le cultive aussi comme fourrage vert; on l'enterre encore comme engrais au moment de sa floraison. Peu de plantes sont aussi sensibles aux influences météoriques: la sécheresse de l'atmosphère et du sol, les vents froids, les gelées blanches, l'excès de la chaleur sont autant de circonstances qui peuvent compromettre le succès de sa culture. Il n'existe donc que quelques contrées, comme la Bretagne, remarquables par la douceur de la température en été, l'humidité du climat, l'absence des gelées tardives et des vents desséchants, où la récolte du s. soit assez assurée pour que la population puisse en faire la base de sa nourriture. — Cette plante peu exigeante s'accommode fort bien des sols pauvres, sableux ou calcaires; elle redoute les terrains humides ou trop riches en engrais azotés; elle y fleurit plus tardivement, et peut y être surprise par les premières gelées. La paille se distingue de celle de toutes les plantes de culture par la forte proportion de magnésie et de potasse qu'elle contient. Les terres magnésiennes étant, en général, fort peu productives, il y aura toujours avantage à y cultiver le s. — On sème ordinairement 1 hectolitre à l'hectare sur un sol bien ameubli. Sa végétation est si prompte, qu'il suffit de trois mois pour en parcourir toutes les phases. Aussi peut-on l'employer, comme récolte intercalaire, dans l'intervalle qui s'écoule entre l'enlèvement des récoltes précoces (seigle, colza, vesces) et la préparation du sol pour les ensemencements de l'automne. — Le rendement est très variable, à cause de l'extrême sensibilité de la plante aux diverses intempéries. En Bretagne, où le sol manque de calcaire, le produit moyen est de 15 hectolitres par hectare. En Flandre, où la culture est plus soignée, on obtient parfois jusqu'à 50 hectolitres. L'hectolitre pèse 58 kilogrammes. Quant au produit de la paille, il varie entre 1,000 et 2,400 kilogrammes par hectare.

SARRASIN ou **SARRAZIN** (JACQUES), peintre et sculpteur fr., auteur des Cariatides du grand pavillon du Louvre (1590-1660). || PIERRE SARRASIN, frère du précédent, sculpteur fr. (1601-1679).

SARRASIN, INE. adj. [Pr. sara-zin]. Relatif aux sarrasins, ou plus généralement à tous les peuples non chrétiens de l'Afrique ou de l'Orient. *L'architecture sarrasine.* || T. Fortif. *Herse sarrasine,* ou subst. *Sarrasine,* herse de fortification. Voy. CHÂTEAU.

SARRASINS, nom sous lequel les écrivains du moyen âge désignaient les Arabes et en général tous les peuples mahométans.

SARRAZIN. Voy. SARRASIN.

SARRAU. s. m. [Pr. *sa-rau*] (bas-lat. *sarica,* m. s., orig. germ. ou celt.). Sorte de souquenille que portent les paysans, les rouliers, etc., et qui faisait autrefois partie de l'équipement des soldats.

SARRE, riv. d'Allemagne, passe à Sarrebourg, Sarreguemines, etc., et se jette dans la Moselle (rive droite); 210 kil.

SARREBOURG, anc. ch.-l. d'arr. du dép. de la Meurthe, sur la Sarre, cédé à l'Allemagne en 1871; 3,100 hab.

SARREBRÜCK, v. de la Prusse Rhénane, sur la Sarre; 11,000 hab.

SARREGUEMINES, anc. ch.-l. d'arr. du dép. de la Moselle, cédé à l'Allemagne en 1871; 10,700 hab.

SARRELOUIS, v. de Prusse, prov. du Rhin; 7,800 hab. Patrie du maréchal Ney.

SARRETTE. s. f. [Pr. *sa-rè-te*] (lat. *serratula,* dimin. de *serra,* scie). T. Bot. Genre de plantes Dicotylédones (*Serratula*) de la famille des *Composées,* tribu des *Tubuliflores.* Voy. COMPOSÉES.

SARRÉZI. s. m. [Pr. *sa-ré-zi*]. Fromage pétri avec des épices, originaire de la Drôme.

SARRIETTE. s. f. [Pr. *sa-ri-ète*] (dimin. de *sarrie,* m. s., qui vient du lat. *saturcia,* m. s.). T. Bot. Genre de plantes Dicotylédones (*Satureia*) de la famille des *Labiées.* Voy. ce mot.

SART. s. m. [Pr *sar*]. Un des noms du varech.

SARTÈNE, ch.-l. d'arr. du dép. de la Corse, à 30 kil. S.-E. d'Ajaccio; 5,600 hab.

SARTHE, riv. de France, passe à Alençon et au Mans; unie à la Mayenne elle forme la rivière appelée Maine; 275 kil.

SARTHE (dép. de la), formé d'une partie du Maine et de l'Anjou, 436,200 hab. Ch.-l. : *Le Mans*; 3 autres arr. : *La Flèche, Mamers, Saint-Calais.*

SARTIÈRES. s. f. pl. (R. *sart*). Terrains incultes situés au pied des digues, dans les marais salants.

SARTILLY, ch.-l. de c. (Manche), arr. d'Avranches, 1,200 hab.

SARTINE (DE), lieutenant général de police de Paris (1729-1801).

SARTORITE. s. f. (R. *Sartorius,* n. d'homme). T. Minér. Sulfure d'arsenic et de plomb, répondant à la formule PbAs²S⁴, cristallisé en prismes orthorhombiques d'un gris de plomb.

SARZEAU, ch.-l. de c. (Morbihan), arr. de Vannes, 5,700 hab. Patrie de Le Sage.

SAS. s. m. [Pr. *sa*] (bas-lat. *setacium,* en soie de cochon). Tissu de crin, de soie, etc., qui est entouré d'un cercle de bois, et qui sert à passer de la farine, du plâtre, des liquides, etc. *Les sas à grands trous* sont communément appelés *cribles, et les sas à petits trous,* tamis. — Fig. et fam., *Passer une chose au gros sas.* L'examiner légèrement, avec peu de soin. || *Faire tourner le sas,* Voy. DIVINATION, III, G.

SAS. s. m. [Pr. *sa*] (ital. *sasso,* construction en pierre, du lat. *saxum,* pierre). T. Archit. hydraul. Partie d'un canal comprise entre les deux parties d'une écluse. Voy. CANAL.

SASPIRES, peuple anc. de l'Asie Mineure, sur les côtes du Pont-Euxin.

SASSAFRAS. s. m. [Pr. *sa-sa-fra*] (esp. *sasafras,* m. s., d'origine américaine). T. Bot. Genre de plantes Dicotylédones de la famille des *Lauracées.* Voy. ce mot.

SASSANIDES, dynastie persane, fondée par Artaxerxès, descendant de Sassan; elle succéda aux Arsacides, et fut détruite par les Arabes (226-652 ap. J.-C.).

SASSARI, v. de la Sardaigne, ch.-l. de province; 36,300 hab.

SASSE. s. f. (provenç. *sasso,* m. s.). T. Mar. Sorte d'écope. Voy. ÉSCOPE.

SASSEMENT. s. m. [Pr. *sa-se-man*]. Action de sasser.

SASSENAGE. s. m. [Pr. *sa-se-naje*]. Fromage fait d'un mélange de lait de vache et de lait de chèvre ou de brebis qu'on fabrique à Sassenage.

SASSENAGE, ch.-l. de c. (Isère), arr. de Grenoble; 1,500 hab.

SASSER. v. a. [Pr. *sa-ser*]. Passer au sas. *S. de la farine, du plâtre.* || Fig. et fam., Discuter, examiner, rechercher avec exactitude. *On a bien sassé cette affaire. On l'a sassée et ressassée.* = SASSÉ, ÉE. part.

SASSET. s. m. [Pr. *sa-sè*] (Dimin.). Petit sas à passer les liquides, la farine, etc.

SASSOIRE. s. f. [Pr. *sa-souare*]. Pièce du train de devant d'un carrosse, d'un haquet, etc.

SASSOLINE. s. f. [Pr. *sa-soline*]. T. Minér. Acide borique naturel. Voy. BORE.

SASSURE. s. f. [Pr. *sa-sure*]. Ce qui reste sur le sas.

SATALIE ou **ADALIA,** v. d'Asie-Mineure sur le golfe de même nom; 25,000 hab.

SATAN. s. m. (mot hébreu qui signifie *adversaire*). Chef des anges rebelles. — Nom que l'Ecriture donne ordinairement à l'esprit tentateur. *Renoncer à S. et à ses pompes. Retire-toi, S.* || En T. Dévot., *Le royaume de S,* Le monde; *Les fils de S.,* Les pervers.

SATANÉ, ÉE adj. Digne du diable. *Un s. menteur.*

SATANIQUE. adj. 2 g. De Satan. Il est syn. de *Diabolique,* mais il dit plus, Satan étant réputé le chef des démons. *Esprit, méchanceté s.* || *Orgueil s.,* Orgueil extrême. On dit de même, *Un orgueil de Satan,* et *Orgueilleux comme Satan.*

SATELLITE. s. m. [Pr. *satell-lite*] (lat. *satelles,* satellitis,* m. s.). Se dit d'un homme armé qui est aux gages et à la suite d'un autre, comme le ministre et l'exécuteur de ses violences. *Il vint avec tous ses satellites.*

> Qui donc opposez-vous contre ses satellites?
> RACINE.

|| T. Astron. Astre qui circule autour d'une planète. Voy. PLANÈTE. || T. Anat. *Veines satellites,* Celles qui avoisinent les artères. Ici *Satellite* est adjectif.

SATHONAY, petite ville du dép. de l'Ain, arr. de Trévoux; 2,800 hab.

SATIÉTÉ. s. f. [Pr. *sasi-été*] (lat. *satietas,* de *satiare,* rassasier, de *satis,* assez). Dégoût qui suit l'usage immodéré. *Manger jusqu'à s., jusqu'à la s.* || Au sens moral, *La s. des plaisirs, des honneurs.* Répéter une chose jusqu'à s.

SATIF, IVE. adj. (lat. *sativus,* de *satum,* sup. de *serere,* semer). Qu'on sème, qui vient de semis.

SATILLIEU, ch.-l. de c. (Ardèche), arr. de Tournon; 2,600 hab.

SATIN. s. m. (ital. *setino,* m. s., du lat. *seta,* soie). Etoffe de soie plate, fine, douce, moelleuse et lustrée. *Gros s. Petit s. S. blanc, rose, noir. S. plain* ou *uni. S. figuré. S. à fleurs. S. rayé. S. de Lyon, de Florence, de Chine.* || Par ext., se dit de diverses sortes d'étoffes qui offrent plus ou moins l'aspect du s. *S. de laine* ou *S.-laine. S. turc. S. de Bruges.* || Fam., *Avoir la peau douce comme un s., comme du s.,* Avoir la peau douce et fort unie. On dit aussi, Fig., *Avoir une peau de s.*

SATINADE. s. f. Petite étoffe de soie très mince qui imite le satin.

SATINAGE. s. m. Action de satiner, ou le résultat de cette action. Voy. PAPETERIE, II.

SATINER. v. a. Donner à une étoffe, à un ruban, à du papier, le poli et le brillant du satin. = SATINER. v. n. T. Fleuriste. *Cette tulipe satine,* Elle approche par sa blancheur de l'éclat du satin. = SATINÉ, ÉE. part. *Ruban, papier satiné.* — Fig., *Une peau satinée,* Une peau douce comme du satin. *Tulipe satinée,* Tulipe d'un beau blanc de satin.

SATINET. s. m. [Pr. *sati-nè*] (R. *satin*). Étoffe de soie et de coton rayée.

SATINETTE. s. f. [Pr. *sati-nè-te*]. Satin de coton.

SATINEUR, EUSE. s. Ouvrier, ouvrière qui satine.

SATIRE. s. f. (lat. *satira*, m. s.). Ouvrage ordinairement en vers, quelquefois mêlé de prose et de vers, qui a pour objet de censurer, de critiquer, de tourner en ridicule les vices, les passions déréglées, les sottises, les impertinences des hommes. *Les Satires d'Horace, de Juvénal, de Boileau. S. fine, piquante, sanglante. Faire une s. La S. Ménippée.* || Se dit de tout écrit ou discours piquant, médisant contre quelqu'un.

Les rieurs sont pour vous, Madame, c'est tout dire ;
Et vous pouvez pousser contre moi la satire.
MOLIÈRE.

Il a fait une longue s. contre vous. Il y a de certaines louanges qui sont des satires.

Littér. — La *Satire* n'a point été inconnue des Grecs. Les *Iambes* célèbres d'Archiloque, qui écrivait environ 700 avant notre ère, était assurément de véritables satires, et des satires plus ou mordantes, si l'on doit ajouter foi aux anecdotes biographiques dont se sert l'objet. Les poèmes appelés *Silles* (σίλλοι) par les Grecs, et qui étaient en vers hexamètres, comme les trois livres écrits par Timon de Phlionte, surnommé pour cela le *Sillographe* (IIIe siècle av. J.-C.), où il raillait impitoyablement tous les philosophes, à l'exception des sceptiques, n'étaient encore autre chose que des satires. Il n'est donc pas exact de prétendre que la s. est d'invention romaine, bien qu'Horace dise qu'elle n'a pas été cultivée par les Grecs, et que Quintilien la revendique comme exclusivement latine : *Satira tota nostra est.* Au reste, le nom même sous lequel nous désignons cette sorte de poème est véritablement latin : *satire,* en effet, vient de *satura,* qui signifie un mélange de choses diverses, un *pot-pourri,* soit parce que, chez les premiers satiriques latins, Ennius et Pacuvius, le même poème contenait un mélange de différents sujets, soit parce qu'il était écrit en vers de différentes mesures. Quoi qu'il en soit, il y a lieu de croire que le poète Lucilius, auquel les écrivains latins attribuent l'honneur d'avoir inventé la s., donna à ce poème la forme et le caractère qui, après lui, furent adoptés par Horace, Perse, Juvénal, ainsi que par leurs imitateurs dans la littérature moderne. Il fut donc le premier qui l'écrivit en vers hexamètres exclusivement, et qui consacra spécialement la s. à la critique des mœurs et des ridicules des hommes et de son temps. Toutefois, après Lucilius, Terentius Varron paraît avoir encore imité les anciens satiriques romains, car il écrivit, dans sa jeunesse, des satires mêlées de vers et de prose, les vers même étant de différentes mesures. On les appela de son nom *Satiræ Varronianæ,* ou encore *Satiræ Menippa* et *Satiræ cynicæ,* parce qu'il avait imité, dit-on, les écrits du philosophe cynique Ménippe. C'est par allusion à la s. varronienne que la fameuse s. contre la Ligue publiée en 1593 fut appelée *Satire Ménippée* par ses auteurs, J. Passerat, Jacq. Gillot, N. Rapin, etc. Si l'on excepte les satiriques latins, on peut dire que, chez aucun peuple, la s. n'a été cultivée avec autant de succès qu'en France. Sans parler des auteurs de satires qui ont écrit au XVIe siècle, tels que Joachim Dubellay, P. Viret, Ant. Duverdier, Vauquelin, etc.,

il nous suffira de nommer Mathurin Régnier, Boileau, Voltaire, Gilbert, Palissot, J.-M. Chénier, Barthélemy, Victor Hugo et Aug. Barbier.

SATIRIQUE. adj. 2 g. (lat. *satiricus,* m. s.). Qui appartient à la satire. *Ouvrage, discours s. Pièce s.* || Qui écrit des satires. *Poète s.* Dans ce sens, *Satirique* s'emploie aussi subst., *Le s. latin.*

Nous autres satiriques,
Propres à relever les sottises du temps.
BOILEAU.

|| Enclin, porté à la médisance. *Homme s. Esprit s. Langue s.*

SATIRIQUEMENT. adv. [Pr. *satirike-man*]. D'une manière satirique. *Cela est dit s.*

SATIRISER. v. a. [Pr. *satiri-zer*]. Railler quelqu'un d'une manière piquante et satirique. *C'est un homme qui satirise ses meilleurs amis.* Absol., *S. finement, grossièrement.* = SATIRISÉ, ÉE. part.

SATISFACTION. s. f. [Pr. *satisfak-sion*] (lat. *satisfactio,* m. s., de *satisfacere,* satisfaire). Contentement. *J'ai eu bien de la s. dans son entretien. Cet enfant donne de la s. à ses parents. Éprouver de la s., une douce s. Les choses se passèrent à la s. générale. Un air de s.* — Syn. Voy. AISE. || L'action par laquelle on satisfait quelqu'un, en réparant l'offense qu'on lui a faite. *Faire, donner, obtenir s. Il faut que la s. soit proportionnée à l'offense. Vous n'aurez jamais s. de cette injure.* || T. Théol. Ce qu'on est obligé de faire à l'égard de Dieu, pour réparer les péchés qu'on a commis.

SATISFACTOIRE. adj. 2 g. [Pr. *satisfak-touare*] (lat. scol. *satisfactorius,* m. s.). Qui est propre à réparer, à expier les fautes commises; se dit de la mort de Jésus-Christ et des œuvres de pénitence qu'on fait pour réparer ses péchés. *La mort du Messie est s. pour tous les hommes. Nos œuvres ne sont satisfactoires qu'en vertu de la satisfaction de Jésus-Christ.*

SATISFAIRE. v. a. (lat. *satisfacere,* m.s., de *satis,* assez, et *facere,* faire). Contenter, donner un sujet de contentement. *Un enfant qui satisfait son père et sa mère. Un écolier qui satisfait ses maîtres. On ne peut s. tout le monde.* — S. *ses créanciers, ses ouvriers,* Leur payer ce qui leur est dû. *Je l'ai satisfait de ma bourse; il n'a donc plus rien à demander à mon frère.* — S. *un homme qu'on a offensé,* Lui faire réparation. || Par anal., S. *un besoin,* Faire ce que ce besoin exige. S. *sa passion, sa colère, son ambition, sa vanité, sa curiosité,* Contenter sa passion, sa colère, son ambition, etc.; se laisser aller aux mouvements de sa passion, de sa colère, etc., et exécuter ce qu'elles conseillent. — S. *l'esprit, les sens, le goût, la vue, l'oreille, etc.,* se dit des choses qui plaisent à l'esprit, aux sens, au goût, etc. *Cette doctrine satisfait la raison. Cette musique satisfait l'oreille. Cet objet satisfait la vue,* etc. Dans le sens contraire, *Son discours, son poème, etc. ne m'a pas satisfait,* Il ne m'a pas plu. — S. *l'attente de quelqu'un,* Répondre à l'attente de quelqu'un. *Il s'est fait beaucoup qu'il ait satisfait l'attente du public.* = SATISFAIRE. v. n. Faire ce qu'on doit par rapport à quelque chose. S. *à son devoir, à ses obligations.* S. *à la loi.* S. *aux commandements, à la justice de Dieu.* S. *à un payement.* S. *à une objection. Il a entièrement satisfait.* = SE SATISFAIRE. v. pron. Contenter le désir qu'on a de quelque chose. *Il y a longtemps qu'il avait envie de voir Rome; enfin il s'est satisfait.* || Se *s. soi-même,* Tirer soi-même raison d'une offense, d'une injure. = SATISFAIT, AITE. part. — S'emploie aussi adjectiv. *Dieu merci, le voilà satisfait. Il est satisfait de son sort. Il est trop satisfait de sa personne.* = Conj. Voy. FAIRE.

SATISFAISANT, ANTE. adj. [Pr. *satisfè-zan*]. Qui contente, qui satisfait. *Réponse satisfaisante. Cette raison n'est guère satisfaisante. Cela n'est pas s. pour eux.*

SATISFECIT. s. m. [Pr. *satisfé-site*]. Mot lat. signif. « il a satisfait » et qui désigne le billet par lequel un professeur témoigne qu'il est satisfait d'un élève.

SATIVIQUE. adj. 2 g. T. Chim. *L'acide s.* est un acide

tétraoxystéarique qui a pour formule $C^{18}H^{28}O^6$ et qui prend naissance lorsqu'on oxyde l'acide linoléique par le permanganate de potasse. Il cristallise en longs prismes fusibles à 173°.

SATORY, plateau fortifié au S.-O. de Versailles où est établi un camp de manœuvres.

SATRAPE. s. m. (gr. σατραπῆς, m. s.). Titre d'un gouverneur de province chez les anciens Perses. *Le luxe et l'orgueil des satrapes avaient passé en proverbe chez les Grecs.* — Fig., on dit encore d'un grand seigneur orgueilleux, voluptueux et despote, *C'est un s., un vrai s.*

SATRAPIE. s. f. (gr. σατραπεία, m. s.). La province administrée par un satrape.

SATURABILITÉ. s. f. Qualité de ce qui est saturable.

SATURABLE. adj. 2 g. Qui est susceptible de saturation.

SATURATEUR. s. m. Appareil pour saturer.

SATURATION. s. f. [Pr. *satura-sion*] (lat. *saturatio*, m. s.). T. Chim. État d'un corps, d'un liquide saturé. *Faites dissoudre ce sel dans l'eau jusqu'à s.*

SATURER. v. a. (lat. *saturare*, m. s., de *satur*, comble, rassasié, même rad. que *satis*, assez). T. Chim. Combiner un corps avec un autre, ou dissoudre dans un liquide un corps soluble, de telle sorte que ce qu'on ajoute au delà reste libre et ne se combine ou ne se dissolve point. *S. un acide avec un alcali.* ‖ Fig., *S. quelqu'un*, Lui donner d'une chose jusqu'à satiété, jusqu'à ce qu'il n'en veuille plus. *On a saturé le public de ces sortes de publications.* = **SATURÉ**, ÉE. part. *Eau saturée de sel, de sucre. Eau de chaux saturée*, Eau contenant une proportion de chaux telle qu'elle n'en puisse dissoudre davantage. ‖ Fig., *Le public est saturé de ce genre d'ouvrages.* ‖ T. Chim. *Composé saturé*, Composé qu'on ne peut pas combiner avec un autre corps par voie d'addition. *Un composé saturé ne peut être modifié que par substitution ou par décomposition.* Voy. ATOMICITÉ.

SATURNALES. s. f. pl. (lat. *saturnalia*, m. s.). T. Hist. Fêtes en l'honneur de Saturne. Voy. SATURNE.

SATURNE. s. m. T. Mythol. Voy. ci-après. ‖ T. Astron. L'une des grosses planètes. Voy. PLANÈTE. ‖ T. Chim. anc. Les alchimistes désignaient le plomb sous le nom de *Saturne*, parce que, quand on l'allie avec l'or et l'argent, il masque les propriétés de ces métaux et semble les dévorer. *Extrait de S., sel de S., etc.*, Voy. PLOMB, IV.

Myth. — Comme celle des autres divinités de la Mythologie gréco-romaine, l'histoire de Saturne est un mélange de traditions, le plus souvent contradictoires, les unes d'origine hellénique, les autres nées sur le sol de l'Italie. *Saturne* ou *Kronos* était fils d'*Uranus* (le Ciel) et de la *Terre*. Excité par sa mère, qui était indignée contre Uranus parce qu'il retenait en prison les Titans, ses enfants, il mutila son père d'un coup de faux, le dépouilla de son autorité, mit ses frères en liberté, et régna sur l'Olympe. Il épousa ensuite *Rhée* ou *Rhéa*, sa sœur; mais ayant appris qu'un de ses enfants le détrônerait, il les dévorait dès leur naissance, et il fit ainsi disparaître Vesta, Cérès, Junon, Pluton et Neptune. Jupiter seul fut sauvé, grâce à un stratagème de sa mère, qui le cacha dans l'île de Crète. Devenu adulte, Jupiter appela à son aide Métis, fille de l'Océan, qui fit prendre à Saturne un breuvage violent au moyen duquel celui-ci rendit tous les enfants qu'il avait dévorés. Jupiter s'adjoignit aussitôt ces derniers, vainquit son père, mit aux fers les Titans, qui le défendaient, et le détrôna après dix années de guerre. Les Titans furent enfermés dans le Tartare, mais Saturne s'enfuit dans la partie de l'Italie qui fut depuis appelée Latium. Il y fut accueilli par le roi Janus, qui partagea son autorité avec lui, et le dieu fit régner, dans le pays où il avait trouvé un refuge, une prospérité et une abondance merveilleuses : le règne de Saturne fut l'âge d'or du Latium. Au reste, Saturne fut toujours regardé comme le protecteur des travaux agricoles, comme président à la vigne, aux récoltes et aux champs. En effet, le nom latin de ce dieu, *Saturnus*, dérive bien évidemment du mot *satur*, qui signifie *planteur* et *semeur*. Mais, en outre, la conformité de son nom grec Κρόνος avec le mot χρόνος, *temps*, le fit considérer comme le dieu du temps. Le culte de Saturne ne fut jamais populaire en Grèce : aussi,

à peine les auteurs mentionnent-ils ses fêtes, les *Cronies*, et parlent-ils de quelques-uns de ses temples. A Rome, au contraire, ce dieu était l'objet d'une grande vénération, et ses fêtes, les *Saturnales*, furent toujours célébrées avec un très grand éclat. Il avait au pied du Capitole un temple magnifique, où l'on déposait le trésor public, les archives de l'État, les objets conquis sur l'ennemi, et les enseignes des légions qui n'étaient pas en campagne. Les artistes représentaient ordinairement Saturne sous la figure d'un vieillard, nu jusqu'à la ceinture, mais seulement par devant, de manière que ses vêtements lui couvraient le dos et la partie postérieure de la tête. Il tenait à la main la ἅρπη, espèce de couteau dont la pointe était recourbée, semblable à celui dont les Romains se servaient pour couper le raisin, mais auquel on substitua plus tard une faux. Plus tard aussi, on lui donna pour attributs le crocodile, image du temps qui dévore tout, le sablier, les ailes, etc. Quant au globe que l'on trouve quelquefois auprès de lui, il se rapporte à la planète qui porte son nom et à laquelle on attribuait une influence malfaisante.

Nous venons de nommer les *Saturnales* (Saturnalia). Ces fêtes qui étaient destinées à rappeler l'âge d'or ou le règne de Saturne dans le Latium, dataient d'une époque immémoriale. Pendant leur durée, tout ne respirait que le plaisir et la joie; les tribunaux étaient fermés, les écoles vaquaient; il n'était permis d'entreprendre aucune guerre, ni d'exécuter un criminel, ni d'exercer d'autre art que celui de la cuisine; les amis s'envoyaient des présents et se donnaient des festins. Les citoyens quittaient la toge pour revêtir une sorte de robe lâche, appelée *synthesis*, et se coiffaient du *pileus*. Les esclaves eux-mêmes participaient à la joie générale. Ils étaient exemptés de leurs travaux ordinaires, prenaient le *pileus* ou chapeau des hommes libres, et se paraient des vêtements de leurs maîtres. Il leur était également permis de plaisanter avec ces derniers, de leur dire tout ce qu'ils voulaient; bien plus, ce jour-là les maîtres servaient à table leurs esclaves. Quelques prisonniers recevaient encore la liberté, et c'était alors l'usage qu'ils consacrassent leurs fers à Saturne. Les Saturnales correspondaient au carnaval moderne. Dans le principe, elles avaient lieu le 14 des calendes de janvier, c.-à-d. le 17 de décembre, mois qui était consacré à ce dieu. Aussi, après la réforme du calendrier par Jules César, elles tombèrent deux jours plus tard, c.-à-d. le 19 décembre. Mais, comme cette modification du calendrier troublait les habitudes du peuple, Auguste tripla la durée de la fête, de sorte que les Saturnales se célébraient le 17, le 18 et le 19 décembre. Ses successeurs l'augmentèrent encore, en sorte qu'à la fin elles ne duraient pas moins de sept jours. Toutefois, le premier jour, qui était le XVI des calendes de janvier ou le 17 décembre, constituait seul les *Saturnales* proprement dites; les quatre suivants étaient remplis par une fête appelée *Opalia*, qui avait lieu en l'honneur d'*Ops*, déesse de la fécondité; et les deux autres étaient consacrés à une troisième fête, nommée *Sigillaria*, parce qu'on donnait alors aux enfants des jouets qui consistaient en petites figurines de terre appelées *sigilla* ou *oscilla*.

SATURNIE. s. f. (R. *Saturne*, n. mythol.). T. Entom. Genre de *Papillons*. Voy. BOMBYCIDES.

SATURNIEN, IENNE. adj. [Pr. *saturni-in, iènc*] (lat. *saturnius*, de Saturne). T. Astrol. Qui est sous l'influence de la planète Saturne. ‖ T. Versif. anc. Voy. IAMBE.

SATURNIN (saint) ou **SERNIN**, premier évêque de Toulouse, fut martyrisé en 251. Fête le 11 février.

SATURNIN, INE. adj. (R. *saturne*, n. du plomb chez les alchimistes). T. Méd. Se dit des désordres causés par l'absorption du plomb ou de ses composés. *Coliques s.* Voy. PLOMB, **Pathol.**

SATURNINUS, démagogue romain, soutint Marius et Glaucia, et fut lapidé par la foule indignée (100 av. J.-C.).

SATURNISME. s. m. (R. *saturne*, n. du plomb chez les alchimistes). T. Méd. Ensemble des désordres causés par l'absorption du plomb ou de ses composés. Voy. PLOMB, **Pathol.**

SATYRE. s. m. (lat. *satyrus*, gr. σάτυρος, m. s.). T. Mythol. Sorte de demi-dieu qui habitait les bois, et qui avait la queue ou même la partie inférieure du corps d'un bouc. — Fig. et fam., *C'est un s.*, se dit d'un homme extrêmement

adonné aux femmes. || T. Entom. Genre d'Insectes *Lépidoptères*. Voy. DIURNES.

Myth. — Sous le nom de *Satyres* (Σάτυροι, *Satyri*) la Mythologie grecque comprenait des êtres fantastiques, qu'elle donnait pour suivants à Bacchus, et qui représentaient d'une manière symbolique la vie joyeuse et déréglée des adorateurs du dieu du vin. Homère n'en parle point, et Hésiode en fait une race de fainéants. Les mythographes postérieurs les font descendre, soit de Mercure et de la nymphe Iphthimé, soit de Bacchus et de Nicée ou des Naïades, soit d'Hécatée et de la fille de Phoronée. Enfin, dans les derniers temps du polythéisme, on les confondit avec les diverses divinités champêtres qui symbolisaient les forces de la nature, comme les *Faunes*, les *Sylvains*, les *Pans* et les *Égipans*. Aussi les artistes, ainsi que les poètes, représentent tous ces dieux sous des traits communs. Tous ont les cheveux crépus et souvent hérissés, le nez camus et épaté, les oreilles pointues comme celles des chèvres, de petites excroissances au cou, et le dos terminé par un prolongement analogue à la queue du cheval ou à celle du bouc. Fréquemment encore leur front est orné de petites cornes. Mais, tandis que les uns ont le corps entier de l'homme, les autres ont les membres inférieurs velus et conformés comme les membres postérieurs du bouc. Ces derniers étaient plus particulièrement appelés *Pans* et *Égipans*. Les plus vieux, ou *Silènes*, ont la tête chauve et de longues barbes. Enfin, leurs attributs sont la flûte, la syrinx, le thyrse, la houlette, etc., et ils sont vêtus de peaux d'animaux et couronnés de lierre, de pampre et de branches de pin. Des hommes déguisés en Satyres avaient le principal rôle dans les fêtes de Bacchus : ils y apparaissaient armés de coupes, agitant le thyrse, jouant de divers instruments et exécutant des danses, appelées *danses satyriques*, qui consistaient en postures indécentes et lubriques. L'une de ces danses, célèbre sous le nom de *sicinnis*, était d'origine phrygienne. Les Romains le transportèrent plus tard sur leur théâtre.

SATYRE. s. f. T. Hist. litt. Les Grecs désignaient sous le nom de *Satyres* (σάτυροι) des pièces de théâtre, qui n'étaient autre chose que des farces ou des parodies de pièces sérieuses. Elles tiraient leur nom de leurs principaux personnages, les Satyres, qui, dans leurs dialogues, lançaient des brocards mordants et des bouffonneries risibles, mais souvent obscènes ; on jouait ces pièces après la tragédie, afin d'égayer les spectateurs. Comme on le voit, ces poèmes n'avaient aucune ressemblance avec ceux que nous appelons *Satires* d'après les Romains. Toutefois les satyres grecques avaient leurs analogues chez ces derniers : c'étaient les *Atellanes*. Suidas attribue l'invention des satyres à un nommé Pratinas de Phlionte, qui florissait vers l'an 500 avant notre ère, et était contemporain d'Eschyle. Malheureusement le seul monument de ce genre de pièces qui soit parvenu jusqu'à nous est le *Cyclope* d'Euripide, qui a pour objet les aventures d'Ulysse dans la caverne de Polyphème.

SATYRE ou **SATYRION**. s. m. (lat. *satyrion*, gr. σατύριον, m. s.). T. Bot. Genre de plantes Monocotylédones (*Satyrium*) de la famille des *Orchidées*.

SATYRIASIS. s. m. [Pr. *satiria-zis*] (lat. *satyriasis*, gr. σατυρίασις, m. s., de σάτυρος, satyre). T. Méd. État d'exaltation morbide des fonctions génitales chez l'homme.

SATYRIDES. s. m. pl. (R. *satyre*). T. Entom. Groupe d'Insectes *Lépidoptères*. Voy. DIURNES.

SATYRION. s. m. Voy. SATYRE.

SATYRIQUE. adj. 2 g. (lat. *satyricus*, gr. σατυρικός, m. s.). T. Antiq. *Danse s.*, Voy. SATYRE. s. m.

SAUALPITE. s. f. T. Minér. Syn. de *Zoïsite*.

SAUCE. s. f. [Pr. *so-se*] (lat. *salsus*, salé). Assaisonnement liquide, où il entre du sel et ordinairement quelques épices pour y donner du goût. *S. de haut goût, d'un goût relevé. S. fade, insipide. S. blanche, rousse, verte. S. au beurre noir. S. aux câpres. S.-Robert.* — Prov., *Il n'est s. que d'appétit,* Quand on a faim, on trouve bon tout ce qu'on mange. || Fig. et fam., *La s. vaut mieux que le poisson,* L'accessoire vaut mieux que le principal. On dit, dans un sens anal., *La s. fait manger le poisson.* — *Il ne sait à quelle s. manger le poisson,* se dit d'un homme qui se sent embarrassé de quelque discours qu'on lui tient, de quelque procédé qu'on a avec

lui. — *Vous ne saurie z faire une bonne s., mettre une bonne s. à cela,* se dit d'une affaire, d'une action à laquelle on ne saurait donner une apparence satisfaisante. On dit de même, toutes les sauces ne valent rien à quelque s. que vous le mettiez. — *On ne sait à quelle s. le mettre,* se dit d'un homme qu'on ne sait à quoi employer, qui n'est propre à rien. On dit, au contraire, d'un homme propre à tout, *Il est bon à toutes sauces. On peut le mettre à toutes sauces.* — *Faire la s. à quelqu'un,* Le réprimander. *Envoyez-le-moi, je lui ferai bien sa s.* || T. Techn. *S. du tabac,* Eau salée avec laquelle on mouille les feuilles dont on fait le tabac à priser. — *S. à dorer,* Liqueur aurifère, qui sert à la dorure légère par simple immersion. — *Sauce,* Crayon noir très friable dont on se sert pour estomper.

SAUCER. v.a. [Pr. *so-ser*]. Tremper du pain, de la viande, etc., dans la sauce. *Saucez votre pain, la sauce est bonne.* || Fig. et par plaisant., *Cet homme a été saucé dans la boue, dans le ruisseau, dans la rivière,* Il est tombé dans la boue, il a été traîné dans le ruisseau, etc. — Pop., on dit encore, *S. quelqu'un,* Le réprimander fortement. *Sa femme l'a bien saucé. Il a été saucé d'importance.* = SAUCÉ, ÉE. part. || *Médailles saucées,* Voy. NUMISMATIQUE. = Conj. Voy. AVANCER.

SAUCIER. s. m. [Pr. *so-sié*]. Celui qui compose ou qui vend des sauces. || T. Mar. Morceau de bois creusé, dans lequel on fait porter un éperon pour l'empêcher de glisser.

SAUCIÈRE. s. f. [Pr. *so-sière*]. Vase creux dans lequel on sert des sauces sur la table. *S. d'argent, de porcelaine.*

SAUCISSE. s. f. [Pr. *so-si-se*] (it. *salsiccia*, du lat. *salsum*, salé). Boyau de porc ou d'autre animal, rempli de viande crue, hachée et assaisonnée. *S. de porc. S. de veau. Faire griller des saucisses.* || Prov., *Il n'attache pas son chien avec des saucisses,* C'est un avare. || T. Techn. Rouleau de toile goudronnée rempli de poudre pour communiquer le feu à une mine.

SAUCISSON. s. m. [Pr. *so-si-son*] (it. *salsiccione*, m. s., augm. de *salsiccia*, m. s.). Sorte de saucisse fort grosse et de très haut goût. *S. de Lyon, de Bologne. Une tranche de s. S. cru. S. cuit.* || T. Artificier. Sorte de grosse fusée. || T. Art. milit. Voy. FASCINE.

SAUCLET. s. m. T. Icht. Genre de *Poissons osseux*. Voy. MUGILOÏDES.

SAUF, AUVE. adj. (lat. *salvus*, m. s.). Qui n'est point endommagé, qui est hors de péril ; on le joint souvent avec *Sain. Il a eu la vie sauve. Il sortit sain et s. de la bagarre. Je vous servirai en toutes choses, s. mon honneur.*

SAUF. prépos. (R. *sauf*, adj.). Sans blesser, sans donner atteinte à. *S. votre respect. S. le respect que je vous dois. S.* n'est guère usité en ce sens que par les gens du peuple, pour excuser quelque parole trop hardie ou trop libre. || Sans exclure, sans préjudice, sans que cela empêche de.... *S. meilleur avis. S. appel, S. son recours contre un tel. S. correction.* Se dit, dans un sens analogue, avec la préposit. *à,* suivie d'un infinitif. *S. à déduire. S. à changer. S. à recommencer.* || T. Fin. *S. erreur de calcul, s. erreur ou omission,* Sans préjudice du droit de revenir à compte, s'il y a erreur ou omission dans le calcul. — T. Palais. *Adjudication s. huitaine, s. quinzaine,* Sans préjudice de pouvoir enchérir dans la huitaine, dans la quinzaine. || Hormis, excepté, à la réserve de. *Il lui a cédé tout son bien, s. ses rentes, s. la maison qu'il habite.*

SAUF-CONDUIT. s. m. Sorte de passe-port délivré par l'autorité compétente, qui permet à une personne d'aller en un endroit, d'y demeurer un certain temps et de s'en retourner librement, sans crainte d'être arrêtée. *Donner, violer un s.-conduit. Il est venu sur la foi d'un s.-conduit. Il fut appelé à déposer comme témoin, et le président du tribunal lui donna un s.-conduit.* = Pl. *Des sauf-conduits.*

SAUGE. s. f. (lat. *salvia*, m. s., de *salvare*, sauver, à cause des propriétés médicinales attribuées à cette plante). T. Bot. Genre de plantes Dicotylédones (*Salvia*) de la famille des *Labiées*. Voy. ce mot.

SAUGEOIRE. s. f. [Pr. *so-jouare*]. Instrument pour mettre le sel dans les paniers.

SAUGRENU, UE. adj. (R. *sel*, et *grenu*). Absurde, ridicule; ne se dit que des choses. *Question, réponse saugrenue. Raisonnement s.* Fam.

SAUGRENUITÉ. s. f. État de ce qui est saugrenu.

SAUGUES, ch.-l. de c. (Haute-Loire), arr. du Puy; 3,700 hab.

SAUJON, ch.-l. de c. (Charente-Inférieure), arr. de Saintes; 3,100 hab.

SAÜL, roi des Juifs (1095-1055 av. J.-C.), vainquit les Ammonites, les Philistins, les Amalécites. Tourmenté par un esprit malin, il voulut faire périr David; vaincu à Gelboé, il se perça de son épée.

SAULAIE. s. f. [Pr. *so-lè*]. Lieu planté de saules.

SAULCY (F. DE). Antiquaire et numismate, né à Lille (1807-1880).

SAULDRE, riv. de France, affluent du Cher, formée de la réunion de la grande Sauldre et de la petite Sauldre; 56 kil.

SAULE. s. m. (lat. *salix, salicis*, m. s.). T. Bot. Genre de plantes Dicotylédones (*Salix*) de la famille des *Salicinées.* Voy. ce mot.

SAULÉE. s. f. Rangée de saules.

SAULIEU, ch.-l. de c. (Côte-d'Or), arr. de Semur; 3,700 hab.

SAULT, ch.-l. de c. (Vaucluse), arr. de Carpentras; 2,100 hab.

SAULX DE TAVANNES (GASPARD DE). Maréchal de France, (1509-1573). || Son fils JEAN, ligueur acharné (1555-1629).

SAULXURES, ch.-l. de c. (Vosges), arr. de Remiremont; 3,200 hab.

SAULZAIS-LE-POTIER, ch.-l. de c. (Cher), arr. de Saint-Amand-Mont-Rond; 1,100 hab.

SAUMAISE (CLAUDE DE), célèbre critique fr. (1588-1658).

SAUMÂTRE. adj. 2 g. (bas lat. *salmastrum*, m. s.). *Goût s.,* Saveur qui ressemble au goût de l'eau de mer. — *Eau s.,* Eau qui a un goût s.

SAUMON. s. m. (lat. *salmo, salmonis*, m. s.). T. Icht. Genre de *Poissons osseux.* Voy. SALMONIDES. || T. Techn. Masse de fer, de fonte, de plomb, etc., telle qu'elle est sortie de la fonte. *De l'étain en saumons.* — Vase oblong où l'on fait fondre la cire.

SAUMONEAU. s. m. [Pr. *somo-no*]. Petit saumon.

SAUMONÉ, ÉE. adj. Qui a la couleur du saumon. Se dit de certains poissons, particulièrement des truites, quand la chair en est rouge comme celle du saumon. *Truite, perche saumonée.*

SAUMUR, ch.-l. d'arr. du dép. de Maine-et-Loire, à 48 kil. S.-E. d'Angers, sur la Loire; 14,900 hab. — École militaire de cavalerie.

SAUMURAGE. s. m. Action de mettre dans la saumure.

SAUMURE. s. f. (lat. *salmuria*, qui a donné l'ancien fr. *salmuire*; *salmuria* vient de *sal*, sel, et *muria*, saumure). Substance liquide produite par le sel fondu et le suc de la chose salée. *Cette viande nageait dans la s. S. d'anchois, de thon.*

SAUMURÉ, ÉE. adj. Qui a séjourné dans la saumure.

SAUNAGE. s. m. (R. *sauner*). Débit, trafic de sel. *Faire le s.* || *Faux-s.* La vente du sel en fraude et contre les ordonnances.

SAUNAISON. s. f. [Pr. *sônè-zon*]. Action de faire le sel. || Temps de l'année pendant lequel on fait le sel.

SAUNDERSON, célèbre mathématicien angl. aveugle de naissance (1682-1739).

SAUNER. v. n. (lat. *salinare*, m. s. de *salina*, saline). Faire du sel.

SAUNERIE. s. f. Nom collectif qu'on donne au lieu, aux bâtiments, aux puits, aux fontaines, et aux instruments propres à fabriquer le sel.

SAUNIER. s. m. [Pr. *sô-nié*] (bas lat. *salinarium*, m. s.). Ouvrier qui travaille à faire le sel. || Celui qui débite, qui vend le sel. — *Faux-s.,* Celui qui vend du sel en fraude et contre les ordonnances.

SAUNIÈRE. s. f. (lat. *salinaria*, m. s.). Espèce de coffre où l'on conserve le sel.

SAUPIQUET. s. m. [Pr. *sôpi-kè*] (anc. fr. *saupiquer*, piquer de sel). T. Art cul. Sauce ou ragoût qui pique, qui excite l'appétit. *Faire un s. S. de bœuf. OEufs en s.*

SAUPOUDRER. v. a. (R. *sel* et *poudrer*). Poudrer avec du sel. *S. de la viande.* || Par ext., se dit de la farine, du poivre, etc. *S. des soles avec de la farine, pour les frire. S. de sucre des beignets. S. de cantharides un emplâtre.* = SAUPOUDRÉ, ÉE. part. || Fig. et fam., *Une critique saupoudrée de quelques éloges,* Mêlée de quelques éloges. *Un écrit saupoudré d'érudition,* Où il y a une érudition superficielle.

SAUR. adj. m. SAURE. adj. 2 g. (celt. *saur*, roux?). De couleur jaune, qui tire sur le brun; ne se dit guère que des chevaux. *Un cheval saure, une jument saure. Hareng s.,* ou *Hareng sauret,* Hareng salé, demi-séché à la fumée. Fam., on dit d'une personne très maigre, *Elle est maigre comme un hareng s., comme un hareng sauret.* || T. Faucon. Se dit de l'oiseau pendant sa première année, où il porte encore son premier pennage, qui est roux. On écrit aussi *Sor* et *soret.*

SAURAGE. s. m. T. Faucon. La première année de l'oiseau, avant qu'il ait mué.

SAURE. s. m. (gr. σαῦρος, lézard). T. Icht. Genre de *Poissons osseux.* Voy. SALMONIDES.

SAUREL. (Dimin. de *saure*). s. m. Genre de *Poissons osseux.* Voy. SCOMBÉROÏDES.

SAURER ou **SAURIR.** v. a. Faire sécher à la fumée. *S. des harengs.* = SAURÉ, ÉE. part.

SAURET ou **SORET.** adj. m. Voy. SAUR.

SAURIENS. s. m. pl. [Pr. *sôri-in*] (gr. σαῦρος, lézard). T. Erpét. L'ordre des *Sauriens* comprend, comme son nom l'indique, les Reptiles qui, par leur conformation générale, se rapprochent des Lézards. Les caractères les plus essentiels de cet ordre sont les suivants : Un corps allongé, arrondi, écailleux ou chagriné et sans carapace; presque toujours quatre pattes, quelquefois deux seulement, avec les doigts garnis d'ongles; queue allongée, présentant à sa base un cloaque le plus souvent transversal; bouche largement fendue, toujours munie de dents; paupières visibles, ainsi que le tympan. Le squelette n'offre aucune particularité remarquable. Le nombre des vertèbres est très variable; les côtes sont mobiles, en partie attachées au sternum, et peuvent s'abaisser ou se soulever pour la respiration. Le cœur, comme celui des Chéloniens, se compose de deux oreillettes et d'un ventricule quelquefois divisé par des cloisons imparfaites (Voy. CIRCULATION, II). Le poumon s'étend plus ou moins vers l'arrière du corps; il pénètre souvent fort avant dans le bas-ventre, et les muscles transverses de l'abdomen se glissent sous les côtes et jusque vers le cou pour l'embrasser. Ceux qui l'ont très grand ont la faculté singulière de changer la coloration de leur peau, suivant qu'ils sont émus par leurs besoins ou par leurs passions. Chez les Sauriens, il y a accouplement réel. Les femelles produisent des œufs dont l'enveloppe est plus ou moins dure, et elles les déposent dans le sable ou dans la terre, où la chaleur les fait éclore. Les petits, en sortant des œufs, ont la forme qu'ils doivent conserver toute leur vie. — Ces animaux vivent en général très longtemps.

Ils se nourrissent exclusivement de chair vivante. Un repas leur suffit pour plusieurs jours; mais ce repas est fort abondant. Leurs organes des sens sont peu développés, à l'exception de celui de la vision, qui est, en général, très subtil. On trouve dans cet ordre tous les modes de progression, tels que ramper, marcher, courir, grimper, nager, plonger et voler. Toutefois, en général, leur tronc allongé et pesant ne peut être supporté par leurs membres courts et grêles, et ils ne marchent qu'avec une certaine gêne. — On divise les Sauriens en six familles, savoir : les *Lacertiens*, les *Varans*, les *Iguaniens*, les *Gekotiens*, les *Caméléoniens* et les *Scincoïdiens*. Voy. LACERTIENS, VARAUS, IGUANE, GECKO, CAMÉLÉON, et SCINCOÏDIENS.

SAURIN (ÉLIE), théologien protestant (1639-1703). ‖ Son petit-fils JOSEPH, poète fr. (1706-1781).

SAURIN (JACQUES), prédicateur protestant, quitta la France avec son père, après la révocation de l'édit de Nantes, s'établit à Londres, puis à la Haye (1677-1730).

SAURIR. v. a. (R. *saur*). Étendre les harengs sur des claies et les fumer. — Fumer un jambon. = SAURI, IE. part.

SAURIS. s. m. [Pr. *sô-ri*] (R. *saur*). Saumure de harengs, bouillie avec des laitances de ce poisson.

SAURISSERIE. s. f. [Pr. *sôri-seri*]. Endroit où l'on saurit.

SAURISSEUR. s. m. [Pr. *sôri-seur*]. Celui qui saurit les harengs.

SAUROPODES. s. m. pl. (gr. σαῦρος, lézard ; πούς, ποδὸς, pied). T. Paléont. Zool. Ordre de Reptiles *Dinosauriens* comprenant des espèces gigantesques herbivores, marchant sur quatre pattes et dont l'organisation très inférieure les rapproche des *Rhyncocéphales*. Les Sauropodes apparaissent à l'époque du Trias, présentent leur maximum de formes au Jurassique et s'éteignent complètement au commencement du crétacé. Nous citerons seulement le *Cetiosaurus* d'Angleterre, l'*Atlantosaurus* des montagnes rocheuses (Voy. ATLANTOSAURIENS) dont le corps avait plus de 40 mètres de long, et le *Brontosaurus* (Voy. DINOSAURIENS) dont la tête n'était pas plus grande qu'une des vertèbres dorsales.

SAUROPTÉRYGIENS. s. m. pl. [Pr. *sôroptéri-ji-in*] (gr. σαῦρος, lézard ; πτέρυξ, πτέρυγος, nageoire). T. Paléont. Zool. Les *Sauroptérygiens* ou *Enaliosauriens* forment un ordre de Reptiles fossiles. C'étaient des types marins: les membres étaient transformés en nageoires, le cou très long portant une tête très petite. Ils ont commencé à apparaître au Trias et se sont éteints pendant le crétacé. L'une des formes la plus ancienne, le *Mésosaure* (*Mesosaurus*), forme la transition avec les *Rhyncocéphales*. Les *Nothosaures* d'Allemagne avaient la tête très longue; les *Plésiosaures* l'avaient au contraire très petite. Voy. PLÉSIOSAURE.

SAURURE. s. m. (gr. σαῦρος, lézard ; οὐρὰ, queue). T. Bot. Genre de plantes Dicotylédones (*Saururus*) de la famille des *Pipéracées*, tribu des *Saururées*. Voy. PIPÉRACÉES.

SAURURÉES. s. f. pl. (R. *Saururе*). T. Bot. Tribu de végétaux de la famille des *Pipéracées*. Voy. ce mot.

SAURURÉS. s. m. pl. T. Paléont. Zool. Syn. de SAURURIDES.

SAURURIDES. s. m. pl. (gr. σαῦρος, lézard, οὐρὰ, queue). T. Paléont. Zool. Les Saururides ou Saururés (*Saururæ*) forment une sous-classe d'oiseaux fossiles ne comprenant qu'une seule espèce l'*Archæopteryx*. Nous avons décrit complètement cet oiseau à son ordre alphabétique; nous avons représenté le squelette de sa tête, d'une de ses mains et de sa queue

à l'article DESCENDANCE. Nous donnons ici (Fig. 1) le

Fig. 1.

dessin des restes du premier squelette trouvé à Solenho-

Fig. 2.

fen en Bavière et (Fig. 2) la reconstitution probable de cet oiseau.

SAUSSAIE. s. f. [Pr. *sô-sè*] (anc. fr. *saux*, saule). Lieu planté de saules.

SAUSSURE (HORACE DE), géologue et physicien, né près de Genève (1740-1799), auteur des *Voyages dans les Alpes*, etc. || Son fils, naturaliste et chimiste suisse, né à Genève (1767-1845), fit le premier l'ascension du mont Blanc pour observer la température d'ébullition de l'eau au sommet. || NECKER DE SAUSSURE (Mme), sœur du précédent, auteur de l'*Éducation progressive*, née à Genève (1766-1841).

SAUSSURITE. s. f. [Pr. *sô-su-rite*] (R. *Saussure*, nom d'un natur. suisse). T. Minér. La *Saussurite* ou *Jade de Saussure* est un minéral feldspathique gris verdâtre, constitué principalement par de l'épidote ou de la zoïsite, et provenant de l'altération de certains feldspaths.

SAUT. s. m. (lat. *saltus*, m. s.). Mouvement brusque d'extension, soit des membres, soit du corps préalablement contracté, par lequel le corps se détache et se projette en haut, en avant, etc. *Un grand s. Il fit un s. en arrière. Il franchit le fossé de plein s.*

> Je ne veux de plein saut
> Prendre la ville, aimant mieux l'escalade.
>
> LA FONTAINE.

Ce cheval ne va que par sauts et par bonds. La carpe *fit un s. et s'élança hors de l'eau.* — Fam., *Au s. du lit,* Au sortir du lit. — Par exag., *Ne faire qu'un s. d'un endroit à un autre,* Aller, se rendre d'un lieu à un autre avec une extrême promptitude. || Fig. et fam., *Faire un grand s.,* Aller s'établir dans un lieu fort éloigné de celui où l'on était. *Il a quitté Marseille pour aller demeurer au Havre, il a fait un grand s.* Se dit aussi d'un homme qui, d'un petit ou médiocre emploi, parvient tout d'un coup à une place importante. *Cet homme vient de faire un grand s.* — *Il y est monté d'un s., d'un plein s.,* se dit d'un homme qui a été élevé à une place importante, sans passer par les degrés inférieurs. *De simple soldat il devint capitaine, de petit employé il devint préfet, tout d'un s., d'un plein s.* On dit aussi, *De plein s.,* Tout à coup brusquement. *Faut-il de plein s. vous fier à un homme que vous ne connaissez pas?* — *Faire le s.,* Se déterminer enfin à prendre un parti, une résolution où il y a de la difficulté, du péril. *Il a hésité longtemps s'il épouserait sa maîtresse, mais enfin il a fait le s.* On dit encore, *Faire faire le s. à quelqu'un,* Lui faire perdre son emploi, sa charge. *N'aller que par bonds et par sauts,* Voy. BOND. || *S. périlleux,* Saut qu'exécutent les danseurs de corde et les baladins, quand le corps fait un tour entier en l'air. Fig., se dit de résolutions, d'actions violentes et hasardées. — Fig., *S. de carpe,* Saut que les baladins exécutent à plat ventre en s'élevant horizontalement. *Faire le s. de carpe.* || T. Chorégr. Pas de ballet dans lequel on élève à la fois le corps et les deux pieds en l'air comme pour faire la cabriole. *S. simple,* Celui dans lequel les jambes ne font aucun mouvement en étant en l'air. *S. battu,* Celui dans lequel, les jambes étant en l'air, les talons battent l'un contre l'autre une ou plusieurs fois. || T. Manège. *S. de mouton,* Saut capricieux que fait un cheval en baissant la tête, en voûtant l'épine dorsale et en se jetant de côté, pour désarçonner son cavalier. — *Le pas et le s.,* Air relevé qui se compose d'un temps de galop raccourci, d'une courbette et d'une cabriole. || *Saut* sign. quelquef. Chute. *Tomber d'un troisième étage, c'est un terrible s.* Fam. — *S. de Breton,* La chute d'un homme qu'on fait tomber sur un certain tour de lutte. *Il lui a fait faire le s. de Breton.* Fam. || Chute d'eau qui se rencontre dans le courant d'une rivière. *Il y a dans cette rivière des sauts en trois ou quatre endroits. Le s. du Rhin. Le s. du Niagara.* — *S. de moulin,* Chute d'eau qui fait aller un moulin. || *S. de loup,* Fossé que l'on fait à l'extrémité d'une allée, d'un jardin, etc., pour en défendre l'entrée sans gêner la vue. || T. Haras. L'action d'un étalon qui saillit une jument. || T. Mus. Se dit de Toute succession de notes qui ne se suivent pas immédiatement dans l'ordre de la gamme ascendante ou descendante.

SAUTAGE. s. m. Action de fouler les harengs dans la caque. — Action de faire sauter. *Le s. des mines.*

SAUTANT, ANTE. adj. T. Blas. Se dit de l'animal en posture de sauter.

SAUT-DE-LIT. s. m. Sorte de longue chemise ou de peignoir que les femmes mettent pour sortir du lit.

SAUTE. s. f. T. Mar. *S. de vent,* Changement subit de plusieurs quarts dans le vent régnant.

SAUTÉ. s. m. (R. *sauter*). T. Cuisine. Sorte de ragoût. *On nous servit un s. de chevreuil.* || On dit aussi adjectiv., *Filet de bœuf s. Des rognons sautés au vin de Champagne.*

SAUTE-EN-BARQUE. s. m. Veste de canotier.

SAUTELLE. s. f. [Pr. *so-tè-le*] (R. *sauter*). T. Agric. Sarment que l'on transplante avec sa racine.

SAUTE-MOUTON. s. m. Jeu d'enfants dans lequel on saute en appuyant les mains sur les épaules d'un joueur qui se tient courbé.

SAUTER. v. n. (lat. *saltare*, m. s.). S'élever de terre avec effort, ou s'élancer d'un lieu à un autre. *S. de bas en haut, de haut en bas, en avant,* etc. *S. par-dessus une muraille. S. à cloche-pied, à pieds joints. S. à l'abordage. S. à terre. S. dans la rivière. S. sur un cheval. S. en selle, en croupe. Un oiseau qui saute de branche en branche. S. de joie.* — Fam., *S. à bas de son lit.* Descendre du lit avec vivacité. *Faire s. quelqu'un par la fenêtre,* Le jeter par la fenêtre. || Fig. et fam. *S. à pieds joints par-dessus quelque chose,* Faire une chose sans s'embarrasser des obstacles, des considérations contraires. *S. aux nues,* Voy. NUE. *S. de branche en branche,* Voy. BRANCHE. *Reculer pour mieux s.,* Voy. RECULER. || S'élancer et saisir avec vivacité quelqu'un ou quelque chose. *S. au collet, à la gorge, à l'abordage de quelqu'un.* — Fig., *S. aux yeux,* Voy. ŒIL. || Fig., Parvenir d'une place inférieure à une autre plus élevée, sans passer par les degrés intermédiaires. *Il a sauté de la troisième classe en rhétorique. Il a sauté du grade de capitaine à celui de colonel.* — Passer rapidement, subitement d'une chose à une autre. *S. d'une matière à une autre.* || *Sauter,* signifie souvent Être lancé en l'air, et se dit propr. des choses que l'explosion d'une mine ou d'un amas de poudre, détruit, renverse, fait voler en éclats. *S. d'une mine pour faire s. un bastion.* La poudrière de telle ville a sauté. On dit aussi, *Se faire s.,* pour faire sauter son vaisseau. — *Faire s. la cervelle à quelqu'un,* Lui casser la tête d'un coup de pistolet ou autrement. *Faire s. la tête à quelqu'un,* La lui trancher. *Faire s. le poignet, faire s. un œil à quelqu'un,* etc. Lui porter un coup qui lui abat le poignet, qui lui fait sortir l'œil hors de l'orbite, etc. Fig. et fam., *Faire s. quelqu'un,* Lui faire perdre sa place, son emploi. — *Faire s. une maison de jeu,* etc., La faire fermer. *Faire s. la maison, la terre, la charge de quelqu'un,* Le contraindre à la vendre, s'en défaire. On dit de même, *Cette folie lui coûte cher, sa place a sauté,* Il a été contraint de la quitter. — *Faire s. des bouteilles,* Boire des bouteilles de vin. On dit de même, *Faire s. les bouchons.* || T. Billard. *La bille a sauté,* Elle est tombée hors du billard, en passant par-dessus la bande. || T. Jeu. *Faire s. la banque,* Voy. BANQUE. *Faire s. la coupe,* Voy. COUPE. || T. Mar. *Le vent a sauté du nord à l'est,* Il y a passé subitement. = SAUTER. v. a. Franchir. *S. un fossé, une muraille, une barrière. S. des degrés.* || Fig. et fam., *S. le bâton,* Sauter le fossé. *S. le pas,* Voy. BÂTON, etc. || Fig., Omettre, passer quelque chose, soit en lisant, soit en transcrivant. *Il ne sait pas lire le grec; quand il en trouve, il le saute. Il a sauté deux feuillets. Le copiste a sauté trois lignes.* — En ce sens, on dit aussi neutral., *S. par-dessus.* || T. Haras. Se dit d'un étalon qui saillit une jument. *Cet étalon a sauté tant de juments.* || T. Cuis. *S. des légumes, un lapin, un poulet,* les faire cuire vivement dans une casserole, en agitant de temps en temps. — SAUTÉ, ÉE. part.

SAUTEREAU. s. m. [Pr. *sôte-ro*] (R. *sauter*). T. Techn. Pièce munie d'une plume qui faisait vibrer la corde dans certains instruments qui ont précédé le piano et qui, dans celui-ci, fut remplacée par le marteau. Voy. PIANO.

SAUTERELLE. s. f. [Pr. *sôte-rèle*] (R. *sauter*). T.

Entom. Voy. ci-après. || T. Techn. Fausse équerre. Voy. Équerre.

Entom. — Dans le langage vulgaire, on désigne sous le nom de *Sauterelles* tous les Orthoptères sauteurs qui ont les ailes et les élytres placés obliquement en forme de toit, c.-à-d. les Criquets et les *Sauterelles* proprement dites. En effet, c'est au genre Criquet et à la famille des Acridiens qu'appartiennent les insectes nommés communément *Sauterelles de passage.* Mais les *Sauterelles* appelées encore *Locustides* ou *Locustiens* se distinguent des Acridiens, en ce qu'elles ont quatre articles aux tarses, tandis que ceux-ci n'en ont que trois. En outre, les antennes des Locustiens sont toujours fort longues et en forme de soie, et les femelles ont constamment une tarière avancée, comprimée, en forme de sabre ou de couteau. Tous les Locustiens sont herbivores. La plupart des genres qui composent cette famille sont exotiques. Parmi ceux qui sont représentés chez nous, nous mentionnerons le genre S. (*Locusta*) et le genre *Ephippiger* ou *Porte-selle.*

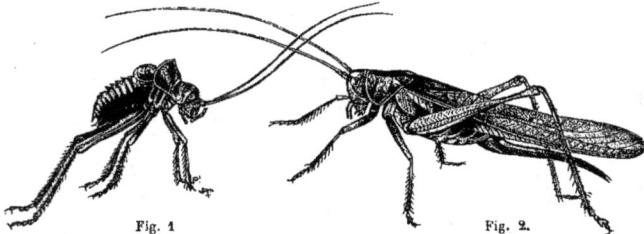

Fig. 1.   Fig. 2.

L'espèce type du premier est la *S. verte* ou *Grande S.* (*Loc. viridissima*) [Fig. 2], qui est répandue dans une grande partie de l'Europe. Son corps et ses élytres sont entièrement verts; l'abdomen offre une ligne longitudinale brunâtre; enfin, la tarière de la femelle est longue, droite, et de couleur verte avec l'extrémité brunâtre. Le genre *Ephippiger* n'a point d'ailes ou n'offre que des étuis très courts. On trouve fréquemment dans le midi de la France, et même aux environs de Paris, l'*Ephippiger des Vignes* (*Eph. Vitium*) [Fig. 1], qui est verdâtre avec le corselet rugueux, et quatre lignes longitudinales brunes sur la tête.

Les sauterelles ont la vie tenace, et répandue dans les ganglions aussi bien que dans la tête. M. Flammarion rapporte, dans son petit ouvrage *Clairs de Lune,* des expériences dans lesquelles il conserva vivantes, pendant plus de quinze jours, plusieurs sauterelles décapitées, et constata que les centres vitaux sont répandus dans la tête et dans les deux premiers anneaux thoraciques.

SAUTERIE. s. f. Petite soirée dansante.

SAUTERNE. s. m. Vin blanc de Sauternes.

SAUTERNES, v. de France (Gironde), arr. de Bazas; 1,000 hab. Vins blancs renommés.

SAUTE-RUISSEAU. s. m. Petit clerc chargé de faire les courses.

SAUTEUR, EUSE. s. Celui, celle dont la profession est de faire des sauts et des tours de force. — Fig. et fam., *C'est un s.,* se dit d'un homme d'un caractère équivoque, d'un homme qui change brusquement d'opinion politique. || T. Man. *Sauteur,* se dit d'un cheval dressé à exécuter les différents sauts. || T. Mus. *Sauteuse,* se dit d'une valse à deux temps et d'un mouvement rapide. || T. Chorég. Valse où l'on saute au lieu de glisser. || T. Cuis. *Sauteuse,* Casserole plate pour sauter les viandes, les légumes. || T. Zool. On appelle *Sauteurs,* Une tribu de l'ordre des Marsupiaux (Voy. Marsupiaux, II), et Une section de l'ordre des Orthoptères (Voy. Orthoptères, II); et *S. de rocher,* Une espèce d'Antilope.

SAUTILLAGE. s. m. [Pr. *sôti-lla-je, ll* mouillées]. Action de sautiller

SAUTILLANT, ANTE. adj. [Pr. les *ll* mouillées]. Qui sau-

tille, qui ne fait que sautiller. || Fig. *Style s.,* formé de courtes phrases.

SAUTILLEMENT. s. m. [Pr. *sôti-lle-man, ll* mouillées]. Action d'avancer en faisant de petits sauts. *Un s. continuel. La plupart des oiseaux vont par s.*

SAUTILLER. v. n. [Pr. *sôti-ller, ll* mouillées]. Sauter à petits sauts. *Les moineaux sautillent au lieu de marcher. Ce danseur ne fait que s.* || Fig., *Ne faire que s.,* Changer souvent et brusquement de sujet dans la conversation; n'observer aucune liaison dans ses discours, dans ses écrits.

SAUTOIR. s. m. [Pr. *sô-touar*]. La figure que présentent deux ou plusieurs objets, disposés de manière à imiter une croix de Saint-André ×. *Deux pièces de bois mises en s. Deux épées placées en s.* — S'emploie surtout en terme de Blason. *Il y a deux bâtons passés en s. derrière l'écu des maréchaux de France. Cinq besants posés en s. Croix en s.,* ou simpl., *Sautoir,* Voy. Croix. *Ecartelé en s.,* Voy. Écu. || En parlant des ordres de chevalerie, *Porter un ordre en s.,* En porter le ruban, le cordon en forme de collier tombant en pointe sur la poitrine. *L'ordre de la Toison d'or et celui de Saint-Lazare se portent en s.* || *Porter quelque chose en s.,* Le porter sur le dos à l'aide de deux bretelles qui se croisent sur la poitrine, ou même à l'aide d'une seule bretelle qui passe de gauche à droite ou de droite à gauche. *Porter son bagage en s.* || T. Cost. *Sautoir,* Pointe d'étoffe que les femmes mettent autour du cou, les bouts croisés et noués sur la poitrine.

SAUVAGE. adj. 2 g. (bas lat. *silvaticum,* de *silva,* forêt). Se dit d'animaux qui vivent dans les bois, dans les déserts, dans les lieux éloignés de la fréquentation des hommes. *Les lions, les tigres, les sangliers sont des animaux sauvages.* — Se dit aussi, par opposition à Domestique, des animaux qui ne sont point apprivoisés. *Les animaux sauvages et les animaux domestiques. Un bœuf, un cheval, un chat s. Une oie, un canard s.* || Par ext., se dit des lieux incultes et inhabités. *Pays s. Des lieux sauvages. Un site s. Une nature s.* || Se dit aussi des peuples qui n'ont aucune civilisation ou qui n'ont que les rudiments de civilisation. *Les peuples sauvages de l'Océanie.* = Substant., *Les sauvages de l'Australie. Un s. Une s. Vivre parmi les sauvages.* || Fig., Qui se plaît à vivre seul, qui, soit par bizarrerie, soit par timidité, évite la fréquentation du monde. *C'est un homme fort s.,* d'une humeur s. *Cette jeune femme est trop s., elle ne voit personne.* Substant., *C'est un s. qu'on ne peut aborder.* — Qui a quelque chose de rude, de farouche. *Il a quelque chose de dur et de s. dans toutes ses manières. Un air, un regard s. Des mœurs sauvages. Une vertu s.* Fam., *Un procédé s.,* Un procédé brutal, grossier. *Une expression, une façon de parler s.,* Une façon de parler extraordinaire, qui est contre l'usage. || Se dit encore des plantes qui viennent naturellement sans culture, sans être greffées, ainsi que de leurs fruits. *Olivier s. Pommier s. Laitue sauvage. Prunes sauvages. Chicorée s.,* Voy. Chicorée. — *Ce fruit a un goût s.,* Il a un goût âpre et désagréable. *Huile s.,* Huile qui a un petit goût amer. = Syn. Voy. Farouche.

SAUVAGE (Frédéric), mécanicien fr., né à Boulogne, appliqua l'hélice à la navigation à vapeur (1785-1857).

SAUVAGEMENT. adv. [Pr. *sôvaje-man*]. D'une manière sauvage.

SAUVAGEON. s. m. [Pr. *sôva-jon*] (R. *sauvage*). T. Agric. Jeune arbre venu sans culture, ou simpl., arbre venu de semis et qui n'a pas été greffé.

SAUVAGEOT, archéologue fr. (1781-1860), auteur de la collection d'objets d'art du Louvre qui porte son nom.

SAUVAGERIE. s. f. [Pr. *só-vaje-rî*]. Humeur, habitudes sauvages. *Il est d'une s. peu commune.* Fam.

SAUVAGÉSIE. s. f. [Pr. *sóvajé-zî*] (R. *Sauvages*, n. d'un botan. fr.). T. Bot. Genre de plantes Dicotylédones (*Sauvagesia*) de la famille des *Violacées.* Voy. ce mot.

SAUVAGÉSIÉES. s. f. pl. [Pr. *sóvajé-zié*]. T. Bot. Tribu de végétaux de la famille des *Violacées.* Voy. ce mot.

SAUVAGIN, INE. adj. [Pr. *só-vajin*]. *Goût* s., Goût qu'ont quelques oiseaux de mer, d'étang, de marais. || Substant., *Cela sent le s.* = SAUVAGINE. s. f. coll., qui se dit des oiseaux de mer, d'étang et de marais qui ont le goût s. *Dans ce pays, on trouve beaucoup de s.* || Se dit aussi de l'odeur de ces oiseaux. *Cela sent la s.* || T. Comm. Se dit des pelleteries non appréciées qui proviennent de certains animaux sauvages qui se trouvent communément en France, comme lièvres, lapins, faisans, renards, etc.

SAUVAL (HENRI), historien fr., auteur de l'*Histoire et recherches des antiquités* de la ville de Paris (1620-1670).

SAUVE, ch.-l. de c. (Gard), arr. du Vigan; 2,400 hab.

SAUVEGARDE. s. f. (R. *sauf*, et *garde*). Protection accordée par le souverain, par une autorité quelconque. *Il est en la protection et s. du roi. Le magistrat l'a pris sous sa s.* || Par extens., se dit du titre, de l'écrit par lequel une sauvegarde est accordée; et du garde, du détachement qu'un général, qu'un chef militaire envoie dans une maison, dans un village, pour les garantir de pillage et d'insulte. || Fig., se dit encore d'une personne ou d'une chose qui sert de garantie, de défense contre un danger qu'on redoute. *Venez avec moi, vous me serviez de s., vous serez ma s. Son obscurité lui serait de s. contre la proscription.* || T. Techn. Bande de papier garantissant les gardes d'un volume à relier. || T. Mar. Cordage qui protège le gouvernail, qui empêche de tomber à la mer, etc.

SAUVEGARDE. s. m. T. Erpét. Genre de *Lézards.* Voy. LACERTIENS.

SAUVEGARDER. v. a. Prendre sous sa sauvegarde. = SAUVEGARDÉ, ÉE. part.

SAUVE-L'HONNEUR. s. m. Compensation honorifique d'un dommage ou d'une perte. Vx.

SAUVE-QUI-PEUT. s. m. Désarroi où chacun se sauve comme il peut.

SAUVER. v. a. (lat. *salvare*, m. s., de *salvus*, sauf). Garantir, tirer du péril, mettre en sûreté. *Il a sauvé la ville, sauvé son pays. Je le sauvai des mains, d'entre les mains des brigands. Ce remède l'a sauvé. S. un homme du supplice, de l'infamie, de la misère. Le navire a échoué, mais on a sauvé les marchandises. Il faut d'abord s. l'honneur. S. sa vertu. Son nom de l'oubli.* — *Sauver* régit quelquefois directement la chose et indirectement la personne. *Vous m'avez sauvé la vie. Je lui ai sauvé l'honneur.* || Épargner une chose à quelqu'un, l'en exempter. *Cela lui a sauvé beaucoup de dépense. Vous m'avez sauvé une grande fatigue, un grand travail. Je lui ai sauvé une réprimande, un ridicule. Cette circonstance lui a sauvé les travaux forcés.* || Éviter, parer. *Il faut tâcher de s. le coup.* — *S. les dehors, les apparences,* Faire en sorte qu'il ne paraisse rien au dehors, dont le public puisse être blessé, scandalisé. — Fam., *S. le premier coup d'œil,* Ne pas laisser paraître l'impression désagréable que nous cause la première vue d'une personne laide ou mal faite. *Il faut s. le premier coup d'œil,* se dit en parlant d'une personne qui déplaît au premier abord, mais qui cesse de déplaire quand on la connaît davantage. — T. Jeu. Au trictrac, *S. la brelouille,* Éviter l'enfilade. Au billard, *S. à quelqu'un une blouse, deux blouses,* Lui faire l'avantage de ne pas compter ce que l'on gagne ordinairement, quand on met sa bille dans une blouse. || Excuser, pallier, empêcher qu'une chose n'apparaisse. — *On ne peut s. cette action, cette conduite,* On ne peut ni la justifier, ni l'excuser. Peu usité. — *S. les défauts de la taille d'une personne,* Les déguiser, les cacher par la manière de l'habiller. *Un corset bien fait sauvera ce petit défaut.* — *S. les défauts d'un ouvrage,* Empêcher qu'ils ne

paraissent. — *S. une contradiction,* Concilier deux passages, deux propositions contraires. — T. Mus. *S. une dissonance,* La faire suivre d'un accord convenable, qui empêche qu'elle ne blesse l'oreille. || T. Religion. Racheter du péché, rendre éternellement heureux dans le ciel. *Dieu a envoyé son fils pour s. tous les hommes. Nous ne pouvons être sauvés que par les mérites de Jésus-Christ.* = SE SAUVER. v. pron. S'échapper, s'enfuir. *Se s. de prison. Il s'est sauvé à toutes jambes. Il se sauva à la nage.* Fam., *Il va pleuvoir, je me sauve.* — *Se s. d'un péril, d'un danger,* S'en tirer, s'y dérober par la fuite ou autrement. Fig., on dit de même, *Se s. de l'oubli, de l'infamie,* etc.

Sauvez-vous d'une vue à tous les deux funeste.
CORNEILLE.

— Elliptiq., *Sauve qui peut,* Se sauve, se tire du péril qui pourra.

Enfants, sauve qui peut, car nous sommes trahis.
LA FONTAINE.

Aller dans un lieu pour y chercher un asile, s'y réfugier. *Il se sauva dans une église. Il se sauva chez tel ambassadeur. Se s. en pays étranger. Il s'est sauvé à la campagne.* || T. Comm. Se dédommager. *Ce marchand vend à très bas prix; mais il vend beaucoup, et il se sauve sur la quantité.* || T. Religion. Faire son salut éternel. *Il faut travailler à se s.* = SAUVÉ, ÉE. part.

SAUVETAGE. s. m. T. Mar. Action de retirer des flots et de recueillir les débris d'un naufrage, les marchandises et les effets naufragés. — *Bouée de s.,* Morceau de liège garni de cordes qu'on jette à une personne tombée à l'eau pour l'aider à se soutenir. || Se dit aussi de l'action de sauver des personnes en danger de périr, soit dans les eaux, soit dans un incendie. || *Échelle de s.,* Échelle dont se servent les pompiers dans un incendie.

Techn. — Nous avons parlé ailleurs des moyens de *Sauvetage* employés dans les incendies (Voy. INCENDIE); en conséquence, nous ne nous occuperons ici que de ceux dont on fait usage pour sauver les hommes, en cas de naufrage. Ces appareils sont de diverses espèces, suivant qu'ils servent à maintenir sur l'eau, jusqu'au moment où l'on porte secours, les naufragés, tombés à la suite d'un accident isolé, ou bien ceux dont l'immersion provient d'une collision entre navires ou d'un bâtiment brisé par les récifs. Dans le premier cas, ces appareils, dont la forme et les dimensions diffèrent beaucoup, ont reçu le nom générique de *Ceintures de s.* Les autres, que généralement on lance du pont d'un navire, du dessus d'une jetée, de tous les endroits d'un mot qui dominent la mer et sont à proximité de la personne en péril, s'appellent des spécialement *Bouées de s.* Enfin, le troisième type d'engins sauveteurs, outre le *Fusil porte-amarre,* est constitué par des canots spéciaux dits *Bateaux de s.* à peu près insubmersibles, et que montent et manœuvrent des hommes courageux et dévoués, des sauveteurs, tous ou presque tous anciens marins, rompus depuis longtemps déjà à tous les dangers qu'ils courent en affrontant les fureurs de l'Océan. — Les *Ceintures de s.* sont les engins les plus simples qui se puissent employer. Ces ceintures consistent, tantôt en un morceau de toile cirée, tantôt garni de rapères de liège, tantôt en un tube fait d'un tissu imperméable, que l'on remplit d'air en l'insufflant avec la bouche, puis que l'on ferme au moyen d'un petit robinet, tantôt encore en un certain nombre de lames de liège reliées solidement les unes aux autres. Ces sortes de ceintures fixées autour du corps à l'aide de courroies aident puissamment l'homme qui sait nager, et maintiennent flottant sur les eaux celui qui ne connaît pas la natation, de manière à permettre aux secours d'arriver. On emploie encore au même objet diverses sortes de gilets ou de corsets, composés de morceaux de liège cousus sur une forte toile ou enfermés entre deux tissus. Ces appareils sont très variés quant aux détails de leur construction. On nomme *Matelas de secours* un matelas de forme ordinaire, mais dont la toile est imperméable, et dont l'intérieur est rempli d'air ou de lames de liège et de baleine très minces et disposées en tire-bouchon. Il est maintenu dans une position horizontale au moyen d'un cadre de bois adapté sur son pourtour. Enfin, il offre au milieu une ouverture circulaire assez grande pour recevoir le corps d'un homme. Quand un navire vient à se perdre, chaque passager ou matelot prend son matelas, se place dans l'ouverture et se jette à l'eau. On peut avec cet appareil attendre sans danger les secours, ou même gagner facilement le rivage si celui-ci n'est pas trop éloigné. Les *Colliers de s.* consistent en une sorte de tore de caoutchouc dont l'orifice central permet au naufragé de passer la tête et qui se fixe sous le cou. De cette manière, les mains et les bras jouissent de toute leur liberté. — Les *Bouées de s.* sont de grands plateaux de liège qu'on lance à la mer quand un homme vient d'y tomber, afin de lui fournir un point d'appui en attendant qu'une embarcation puisse le recueillir. Chaque bouée est munie de *Flotteurs*, c.-à-d. de cordes terminées à leur extrémité libre par un morceau de liège et destinées à être saisies par le naufragé. Comme les ceintures, les bouées ont des formes très variées : les unes sont faites d'un tore aplati en étoffe imperméable et rempli à l'intérieur de débris de liège ; les autres portent à leur centre de longues tiges munies de cloches pour attirer l'attention de l'équipage pendant la nuit, ou de dispositifs spéciaux allument des feux à l'extrémité de la tige ou lançant des fusées ; les uns et les autres servent de points de repère aux sauveteurs. — Les sinistres les plus fréquents à la mer ayant lieu près des côtes, le salut de l'équipage dépend fort souvent de la possibilité de jeter du rivage au navire un câble pouvant servir à établir un va-et-vient. C'est pour assurer le succès de cette manœuvre qu'ont été imaginés les *Porte-amarres*. Le nombre de ces appareils est très considérable. Le plus ancien est dû au capitaine Manby de la marine anglaise (1827). En France, nous mentionnerons le porte-amarre de Godde de Liancourt (1839), qui lui donna le nom de *Grenadier*; celui du lieutenant d'infanterie H.-G. Delvigne (1846), celui du capitaine Tremblay de l'artillerie de marine (1849), etc. Le porte-amarre Delvigne une idée de cette sorte d'engin, il consiste en un cylindre de bois qui sert d'enveloppe à un cordage roulé en bobine allongée, et qu'on lance à l'aide d'une pièce d'artillerie quelconque ou d'un fusil de fortes dimensions dont le canon porte tout du long une étroite ouverture formant hélice pour le passage de la cordelette qui doit servir d'amarre, afin d'établir une communication du navire à la terre ou de la terre au navire. La bobine ainsi lancée se dévide dans sa course, et le cylindre porte au lieu voulu l'un des bouts du cordage, dont l'autre bout a été préalablement fixé au navire ou au rivage. Si le cordage ainsi lancé est assez fort, il peut servir de va-et-vient ; sinon, il permet d'amener aussitôt un cordage de force suffisante.

On a également imaginé un fort grand nombre de *Bateaux de s.*, destinés à recueillir les personnes à bord d'un navire naufragé. Ces bateaux doivent être absolument insubmersibles, et pouvoir marcher vite et debout à la lame. On les fait pointus des deux bouts, et, comme ils sont destinés à naviguer dans la grosse mer, on les gouverne toujours à l'aviron. A l'avant et à l'arrière de ces bateaux existent des compartiments étanches remplis d'air, et qui permettent à l'esquif, même rempli d'eau, de flotter et de supporter le poids d'un certain nombre de personnes ; les Anglais désignent sous le nom caractéristique de *life boat* ces bateaux de s. Les uns sont construits entièrement en bois, d'autres en tôle de fer ou d'acier avec enveloppe protectrice en bois ; d'autres encore, d'une extrême légèreté, sont faits en toile imperméable, dont toutes les parties sont maintenues fermes au moyen d'une sorte d'ossature en bois ou métallique. Tous, montés par un équipage de cinq ou six hommes résolus, se manœuvrent comme ils se gouvernent, à l'aviron. On les conserve ordinairement dans les ports, sous des hangars attenant aux jetées ou très voisins d'un chenal afin de faciliter leur rapide mise à la mer, car, on ne les lance à flot qu'au moment où ils doivent être employés ; mais on en construit aussi de dimensions assez petites pour qu'on puisse les embarquer sur les navires, comme les chaloupes ordinaires. Outre ces derniers esquifs, il est d'habitude, à l'heure actuelle d'embarquer à bord des steamers et autres grands transports, des *radeaux de s.* qui, en cas de besoin, peuvent supporter un certain nombre de naufragés. Ces radeaux sont fréquemment munis d'un mât et d'une voile en même temps que de caisses hermétiquement closes, fixées solidement sur le pont du radeau et qui contiennent les unes de l'eau, les autres des provisions de bouche. Ces radeaux tout à fait insubmersibles se jettent par-dessus bord, à la mer, quand le navire menace de couler bas. L'idée du bateau de s. paraît d'origine française, et date de 1778 ; mais c'est en Angleterre, en 1789, qu'a été construit, par Greathead, le premier bateau de ce genre. Mis à l'eau au mois de janvier 1790, ce canot, dans l'espace de 25 ans, et par les temps les plus affreux, sauva, à la seule embouchure de la Tyne, plus de 300 personnes, qui sans lui, auraient infailliblement péri. Le bateau de s. a, depuis cette époque, reçu des améliorations notables. Il en reçoit tous les jours encore.

SAUVETÉ. s. f. État d'une personne, d'une chose mise hors de péril. *Il est en lieu de s. Ses marchandises sont en s.* Vx.

SAUVETERRE. ch.-l. de c. (Basses-Pyrénées), arr. d'Orthez ; 1,600 hab.

SAUVETERRE. ch.-l. de c. (Aveyron), arr. de Rodez ; 1,600 hab.

SAUVETEUR. s. m. (lat. *salvator*, m. s.). Celui qui, par humanité, a l'habitude de se dévouer pour sauver les naufragés, les personnes qui sont en danger de périr dans les eaux. *La Société des sauveteurs de la Seine.*

SAUVEUR. s. m. (lat. *salvator*, m. s.). Celui qui sauve, libérateur. *Ce héros fut le s. de son pays. Vous êtes mon s.* || Par excellence, se dit de Jésus-Christ. *Madeleine se jeta aux pieds du S. Le S. du monde.* — Adjectiv., *Un Dieu s.*

SAUVE-VIE. s. f. T. Bot. Nom vulgaire de la Doradille Rue de muraille (*Asplenium Ruta muraria*), Fougère de la famille des *Polypodiacées.* Voy. ce mot.

SAUVIGNON. s. m. [Pr. *gn* mouil.]. T. Vitic. Nom donné à divers cépages.

SAUXILLANGES. ch.-l. de c. (Puy-de-Dôme), arr. d'Issoire ; 1,900 hab.

SAUZÉ-VAUSSAY. ch.-l. de c. (Deux-Sèvres), arr. de Melle ; 1,700 hab.

SAVACOU. s. m. (R. *savane*, et *cou*). T. Ornith. Genre d'*Échassiers.* Voy. Héron.

SAVAGE (Richard), poète angl., (1698-1743).

SAVALLE. s. m. T. Icht. Genre de *Poissons osseux.* Voy. Clupes.

SAVAMMENT. adj. [Pr. *sava-man*]. D'une manière savante. *Il a écrit s. sur un grand nombre de sujets. Il traita cette matière s.* || *Parler s.* d'une chose, En parler avec connaissance.

SAVANE. s. f. (esp. *savana*, m. s.; propr. drap de lit, du lat. *sabanum*, linge, serviette, gr. σάβανον, m. s.). Se dit, en Amérique, d'une vaste prairie inculte. Voy. Désert. || Au Canada, se dit d'une forêt d'arbres résineux, et, à la Guyane, de toute grande étendue de terrain.

SAVANNAH, v. et port des États-Unis d'Amérique (Géorgie) ; 30,600 hab.

SAVANNAH, fl. des États-Unis, arrosant Augusta et Savannah ; 450 kil.

SAVANT, ANTE. adj. (forme inus. du part. prés. de *savoir*). Qui sait beaucoup en matière soit d'érudition, soit de science. *Un homme fort s. Il est s. en mathématiques, en philosophie, dans l'histoire. Les Sociétés savantes. Les corps savants.* — Substant., *Les savants disent. C'est un vrai s. C'est un s. universel. Il fait le s. Sa femme fait la savante.* || Qui est bien instruit, bien informé d'une chose, d'une affaire. *Où avez-vous appris cela? vous êtes bien s. Après tout ce qu'il m'a dit, je n'en suis pas plus s.* — *Cette jeune fille est trop savante,* Elle sait des choses qu'elle devrait ignorer. || Se dit aussi des ouvrages où il y a de la science, de l'érudition. *Un livre s. Une dissertation savante. De savantes recherches.* — *Langues savantes,* Les langues anciennes, et celles qui ne sont connues que d'un petit nombre de personnes. *Le grec, le latin, l'hébreu, le sanscrit, sont des langues savantes.* || Se dit encore de certaines choses où il y a de l'art, de l'habileté. *Ce général a fait une marche savante, une retraite savante. Une main savante.* = Syn. Voy. Docte.

SAVANTAS ou **SAVANTASSE.** s. m. [Pr. *savan-ta, savanta-se*]. Se dit, par dénigrem., d'un savant ennuyeux et sans goût, ou d'un homme qui n'a qu'un savoir confus.

SAVANTISSIME. adj. 2 g. Très savant.

SAVARIN. s. m. (R. *Brillat-Savarin*, n. d'un littér. fr.). Sorte de baba dont la pâte est plus liquide, cuit en forme de couronne et imbibé de rhum.

SAVARON (JEAN), député et orateur du tiers aux états généraux de 1614; (1550-1622).

SAVART (FÉLIX), physicien fr. (1791-1841).

SAVARY. s. m. T. icht. Espèce de *Poissons osseux*. Voy. GOMBIDES.

SAVARY, duc de *Rovigo* (1774-1833), servit Napoléon Ier avec un dévouement absolu, remplaça Fouché à la police (1810).

SAVATE. s. f. (esp. *zapata*, m. s., mot qu'on retrouve sous diverses formes dans toutes les langues romanes, avec le sens de soulier ou bottine et qui est de la même orig. que *sabot*). Vieux soulier fort usé. *Porter des savates.* — Fam., *Traîner la* s., Être dans l'indigence. || Pop., Combat à coups de pied. *Il existe à Paris des professeurs de* s., *comme à Londres des professeurs de boxe.* || Dans l'administration des Postes, on appelait autrefois *Savates* les distributeurs ruraux appelés ensuite *Piétons.*

SAVATERIE. s. f. (R. *savate*). Lieu où l'on vend de vieux souliers.

SAVE, riv. de France, arrose Lombez, l'Isle-Jourdain, et se jette dans la Garonne (rive gauche); 148 kil.

SAVE, riv. de l'Empire austro-hongrois, passe à Laybach, puis près d'Agram, et se jette dans le Danube (rive droite) à Belgrade; 600 kil.

SAVELLAN, montagne de la Perse.

SAVENAY, ch.-l. de c. (Loire-Inférieure), arr. de Saint-Nazaire, près de l'embouchure de la Loire; 3,300 hab.

SAVERDUN, ch.-l. de c. de l'Ariège, arr. de Pamiers; 3,500 hab.

SAVERNE, anc. ch.-l. d'arr. du dép. du Bas-Rhin, cédé à l'Allemagne en 1871; 7,500 hab.

SAVETER. v. a. (R. *savate*). Gâter un ouvrage ou le faisant ou en le raccommodant malproprement. *Voyez comme il a saveté cet habit.* Pop. = SAVETÉ, ÉE. part. = Conj. Voy. CAQUETER.

SAVETIER. s. m. (R. *savate*). Ouvrier dont le métier est de raccommoder les vieux souliers. || Fig. et pop., se dit d'un mauvais ouvrier en quelque métier que ce soit.

SAVEUR. s. f. (lat. *sapor*, m. s.). L'impression qu'un corps fait sur l'organe du goût. *S. douce, agréable, âcre, amère, piquante.* || Par extens., La qualité d'un corps en vertu de laquelle il produit une impression sur l'organe du goût. *La* s. *des viandes. La* s. *du pain, du vin. Un mets sans* s. *Cela n'a ni goût ni* s. || Fig., *Il n'y a là ni goût ni* s., se dit d'une composition littéraire où il n'y a rien d'agréable, de piquant.

SAVIGLIANO, v. d'Italie, prov. de Cunéo; 16,000 hab.

SAVIGNY, ch.-l. de c. (Loir-et-Cher), arr. de Vendôme; 2,900 hab.

SAVIGNY (DE), jurisconsulte allemand (1779-1861), auteur d'une *Histoire du droit romain au moyen âge,* fondateur de l'école historique en Allemagne.

SAVINES, ch.-l. de c. (Hautes-Alpes), arr. d'Embrun; 1,300 hab.

SAVITE. s. f. T. Minér. Variété magnésifère de mésotype.

SAVOIE, anc. prov. des États Sardes, située entre le lac de Genève, le Rhône, le Dauphiné et les Alpes, cédée à la France, en 1860, par le roi de Sardaigne Victor-Emmanuel II, devenu roi d'Italie; elle a formé les deux dép. de la Savoie et de la Haute-Savoie. = Nom des hab.: SAVOISIEN, ENNE.

SAVOIE (dép. de la), formé de la partie méridionale du duché de Savoie; ch.-l. *Chambéry :* 3 autres arr. *Albertville, Moûtiers, Saint-Jean-de-Maurienne;* 263,300 hab.

SAVOIE (dép. de la **HAUTE-**), formé de la partie N. du duché de Savoie: ch.-l. *Annecy;* 3 autres arr. *Bonneville, Saint-Julien, Thonon;* 268,300 hab.

SAVOIE (MAISON DE), La plus ancienne famille d'Europe. Elle reconnaît pour fondateur Humbert, né vers 985, et compte parmi ses membres les plus célèbres : AMÉDÉE VI (1343-1383), qui acquit le Piémont tout entier; AMÉDÉE VIII (Voy. ce nom); VICTOR-AMÉDÉE II, qui devint roi de Sardaigne en 1720; VICTOR-EMMANUEL II, qui fonda le royaume d'Italie, gouverné depuis 1900 par son petit-fils, VICTOR-EMMANUEL III. Voy. ITALIE.

SAVOIR. v. a. [Pr. sa-*vouar*] (lat. *sapere,* avoir de la science). Connaître, avoir connaissance de... *Je sais bien cette affaire. Je sais tout cela. Je le sais de bonne part. Je le sais à n'en pouvoir douter. Vous savez cela mieux que moi. Je n'en veux rien* s. *Il sait le chemin. Je n'en savais rien. Je sais qu'il n'est pas de vos amis. Je ne sais que faire. Je ne sais qu'en penser. Je ne sais qu'y faire. Je ne sais ce qui me retient. Il ne sait ce que c'est que de mentir. Elle ne savait à quoi se décider. Je ne sais où j'en suis. Je ne sais comment la chose est arrivée. J'ai reçu ce que vous savez. Il est vrai qui vous savez. Quel parti prenez-vous? Je ne sais. Il a couru bien des dangers sans le* s. — Par manière de doute et d'interrogation, on dit : *Que savez-vous? Qu'en savez-vous? Que sais-je? Que sait-on? La question est de savoir si... Reste à* s. *si...* — *Dieu sait,* locut. fam. dont on se sert pour faire entendre que personne ne peut connaître ce dont il est question. *Dieu sait quand il reviendra! Dieu sait ce qui nous attend.* Par exagér., *Tout cela va, Dieu sait comme. Il a des écus, Dieu sait. Il mène une vie, Dieu sait.* — Fam., *Je ne sache personne, Je ne connais personne. Je ne sache personne qu'on puisse lui comparer.* On dit aussi, *Je ne sache rien de si beau, rien de mieux écrit, etc.,* Je ne connais rien, etc. *Que je sache,* se met quelquefois à la fin d'une phrase, pour signifier que, si la chose est autrement qu'on ne le dit, on l'ignore. *Il n'est venu ici aucun étranger, que je sache. Est-il venu quelqu'un? Non pas que je sache.* — Fam., on dit d'un homme indécis ou inconstant dans ses résolutions, *Il ne sait ce qu'il veut;* D'un homme qui, par ignorance ou par trouble d'esprit, ne dit rien, ne sait rien de ce qu'il devrait dire ou faire, *Il ne sait ni ce qu'il dit, ni ce qu'il fait;* D'un homme qui connaît parfaitement un art, une science, etc., *Il en sait le fort et le fin;* D'un homme qui connaît ce qu'il y a de plus secret, de plus mystérieux dans une affaire, *Il sait le fin du fin;* D'un homme qui se conduit habilement et va bien à son but, *Il sait son pain manger;* il en sait bien long, il en sait plus d'un ou plus d'une. On dit encore, quand on ne veut pas s'expliquer sur une chose, *Je sais ce que je sais.* || *S. gré,* s. *bon gré, mauvais gré, ne pas* s. *gré,* Voy. GRÉ. || *Avoir dans la mémoire. Il sait sa leçon. Cet acteur ne savait pas son rôle. Il sait son discours par cœur.*

Ce que je sais le mieux, c'est mon commencement.

RACINE.

— Fig., *S. quelqu'un par cœur,* Voy. CŒUR. || Posséder quelque science, quelque art; être instruit, habile en quelque profession, en quelque exercice, etc. *Il sait les mathématiques, la chimie, l'histoire. Il sait les langues, le grec, le latin. On ne peut pas tout* s. *Cet homme passe pour instruit, mais il ne sait rien. Il sait son métier. Il sait jouer du violon. S. danser.* — *S. vivre,* Avoir les manières du monde, se conduire dans le commerce des gens bien élevés avec les égards et même les précautions qu'un honnête homme est obligé d'avoir ou de garder avec les autres. *C'est un homme qui sait vivre. Il ne sait pas vivre.* On dit à peu près de même, *S. bien le monde,* Voy. MONDE. — Fam., *Ne* s. *ni A ni B,* Voy. A. *Ne* s. *rien de rien,* Voy. RIEN. Fig. et fam., *S. la carte du pays,* Voy. CARTE. || Absol., Avoir de l'instruction, des connaissances. *C'est un homme qui sait. Il a un grand désir de* s. Prov., *Si jeunesse savait, si vieillesse pouvait.* || Avoir le talent, la force, le pouvoir, l'adresse, l'habitude de faire quelque chose. *Il sait plaire, persuader. Il sait parler aux hommes. Je saurai bien le réduire. Il sait vaincre ses passions. Elle sait se modérer. Je saurai bien me défendre. Je le voudrais bien, mais je ne le saurais. Ne sauriez-vous aller jusque-là? Il n'a su en venir à bout.* || Apprendre, être instruit, être informé de quelque chose. *Vous saurez que... Afin que vous le sachiez. Il faut., il est bon de s. que... Reste à s. si vous y consentez.* — Faire s., instruire, informer quelqu'un par lettre, par message. *Je lui ai fait s. le succès de cette affaire. Je lui ai fait s. comment cela est arrivé. Faites-moi s. de vos nouvelles.* En T. Chancell. et Pal., on dit, *S. faisons.* — Faire à s., par corruption de Faire assavoir, Faire savoir; ne se dit guère que dans les proclamations, les affiches, etc. *On fait à s. que tel bien est à vendre.* || *C'est à s.,* À savoir, et plus ordin., *Savoir,* Façons de parler dont on se sert pour spécifier les choses dont il s'agit. *On a vendu pour dix mille francs de meubles; c'est à s., deux tapisseries pour tant,* etc. *Son revenu monte à dix mille francs; à s., trois mille francs de rente sur l'État,* etc. *L'armée comptait vingt mille hommes; s., dix mille hommes de pied,* etc. — Fam., se dit encore pour marquer qu'on doute de quelque chose. *On prétend que l'ennemi marchera au secours de la place; c'est à s. s'il pourra arriver assez à temps; à s. s'il osera l'entreprendre.* En ce sens, on dit quelquefois subst., *C'est un à s.* — *Un je ne sais qui,* en parlant d'un homme que personne ne connaît ou ne considère. — *Un je ne sais quoi,* Voy. Quoi. = SE SAVOIR. v. pron. Être divulgué, être connu. *Cela ne tardera pas à se s. Tout finit par se s.* = Su, UE, part. || Subst., *Au vu et au su de tout le monde,* Ouvertement, sans rien cacher.

Conj. — *Je sais, tu sais, il sait; nous savons, vous savez, ils savent. Je savais; nous savions. Je sus; nous sûmes. Je saurai; nous saurons. Je saurais; nous saurions.* — Sache: sachons. — *Que je sache; que nous sachions. Que je susse; que nous sussions.* — *Savoir; Sachant; Su.*

SAVOIR. s. m. [Pr. *sa-vouar*]. Érudition, connaissance acquise par l'étude, par l'expérience. *Grand, profond, immense s. J'admire son s. C'est un homme de peu de s.* Ne se dit qu'au sing.

SAVOIR-FAIRE. s. m. [Pr. *sa-vouar-fère*]. Habileté, industrie pour faire réussir ce qu'on entreprend. *Il a du s.-faire, beaucoup de s.-faire, un grand s.-faire. Il vit de son s.-faire.*

SAVOIR-VIVRE. s. m. [Pr. *sa-vouar,...*]. Connaissance des usages du monde et des égards de politesse que les hommes se doivent en société. *Il a du s.-vivre. Il manque de s.-vivre.*

SAVOISIEN, IENNE. adj. [Pr. *savoua-zi-in, ièn*]. Qui appartient à la Savoie, qui l'habite ou en est originaire.

SAVON. s. m. (lat. *sapo*, m. s.). T. Chim. et Techn. On désigne sous le nom générique de *Savons* les sels que forment les acides gras (acides oléique, palmitique, stéarique, etc.) lorsqu'on traite les graisses ou les huiles par une base telle que la soude, la potasse, la chaux, l'oxyde de plomb, etc. Les savons peuvent se partager en deux grandes classes, savoir : les *S. solubles,* qui sont produits par la potasse ou la soude, et les *S. insolubles,* qui sont formés par les autres oxydes métalliques. En outre, les savons solubles, qui sont à peu près les seuls employés dans l'économie domestique et l'industrie, forment deux catégories, les *S. durs* et les *S. mous,* suivant que la base salifiable employée est la soude ou la potasse.

I. *Savons durs* — Ces savons se distinguent encore en *Savons façon de Marseille* et en *Savons unicolores.* — Les premiers sont fabriqués avec la soude et l'huile d'olive, ordinairement mélangée d'huile d'arachide. Le procédé usité dans cette fabrication est dit *à chaud,* parce qu'on opère à une température supérieure au point d'ébullition de l'eau, et *de la grande chaudière,* parce qu'on traite les matières premières dans de vastes chaudières capables de contenir plusieurs tonnes. On emploie des huiles de qualité inférieure, celles que l'on désigne sous le nom de *Recenses.* On commence nécessairement par l'apprêt des lessives caustiques de soude. Cette opération se fait dans un cuvier à double fond, de bois ou de fonte. Après avoir mélangé de la chaux éteinte contenant 30 pour 100 d'eau avec du carbonate de soude grossièrement pulvérisé, dans la proportion de 1/2 partie de chaux pour une partie de soude, on étend le tout sur le premier fond du cuvier, lequel est percé de trous et a été préalablement garni

d'un lit de paille, puis on le recouvre d'eau sur une hauteur de 10 centimètres. Après quelques heures de repos, on laisse écouler lentement la lessive par un robinet adapté au fond inférieur. Cette lessive est très concentrée : elle marque ordinairement de 18° à 25° à l'aréomètre. On fait encore trois autres lessivages du marc, ce qui suffit pour décarbonater entièrement l'alcali; mais le dernier, qui est nécessairement très faible, est mis de côté pour servir au premier traitement d'un nouveau mélange. Alors commence la saponification, qui comprend trois phases distinctes : l'*empâtage,* le *relargage* et la *coction* ou *cuite. L'Empâtage* consiste à mélanger intimement l'huile et la lessive. On se sert pour cela d'une chaudière en forme de tronc de cône renversé, dont la partie inférieure, qui repose sur un fourneau, est terminée par un fond hémisphérique de tôle ou de fonte, tandis que la partie supérieure, qui est enclavée dans une maçonnerie, est le plus souvent en douves de bois cerclées de fer. On introduit dans cette chaudière une certaine quantité de lessive faible et une partie de l'huile à saponifier, et l'on allume le feu. Aussitôt que le mélange commence à bouillir, les deux substances se mêlent et se pénètrent : l'huile perd sa transparence et forme avec le liquide alcalin une sorte d'émulsion blanche, dont on augmente progressivement le volume en ajoutant successivement de la lessive faible et de l'huile jusqu'à ce que tout le corps gras ait été employé. Quand l'empâtage est achevé, la matière se trouve parfaitement homogène, mais elle renferme un excès d'eau dont il faut la débarrasser : c'est l'objet du *Relargage* ou *Salage.* À cet effet, on verse à plusieurs reprises de la lessive forte dans le mélange, et, en dernier lieu, de la lessive chargée de sel marin. On a d'ailleurs soin de brasser continuellement avec un *Redable,* c.-à-d. avec une planche de bois de noyer munie d'un manche de 5 à 6 mètres de longueur. L'émulsion savonneuse qui s'était formée, ne pouvant se dissoudre dans la lessive salée, lui cède une grande partie de son eau, et se rassemble à la surface sous la forme d'une pâte consistante. On laisse alors tomber le feu, et, après quelque temps de repos, on fait écouler, par un tuyau à robinet, nommé *Épine,* placé à la partie inférieure de la chaudière, trois fois plus de liquide qu'on n'en a ajouté pour le relargage. La fabrication arrivée à ce point, on procède à la *Cuite* ou *Coction.* On fait bouillir le s. avec de nouvelles lessives concentrées, mélangées vers la fin avec des lessives salées, et l'on entretient le feu, en agitant toujours avec le redable, jusqu'à ce que la lessive ait acquis une densité de 1,15 à 1,20, après quoi on ramène le s. à sec au moyen de l'épine. On reconnaît que le s. est arrivé au point convenable, c.-à-d. qu'il est entièrement saturé, lorsqu'il se dissout complètement dans l'eau chaude sans laisser d'yeux à sa surface, et lorsque, comprimé entre le pouce et l'index, il résiste à la pression et présente une plaque solide et facilement pulvérisable. Le s. présente alors une couleur d'un bleu foncé tirant sur le noir, qui est due à l'interposition dans sa masse d'un s. à base d'alumine et de protoxyde de fer, mêlé de sulfure de fer (ces substances proviennent de la soude employée) qui s'est formé pendant l'empâtage et s'est dissous pendant la coction. Il reste à le soumettre à une dernière manipulation, pour le transformer, soit en *s. blanc,* soit en *s. marbré.* Pour obtenir le *S. blanc,* on délaye peu à peu le s. bleu-noir avec des lessives faibles et à une douce chaleur, en l'agitant avec le redable : ce travail est appelé *liquidation.* On abandonne ensuite le mélange à lui-même, afin de donner le temps au s. alumino-ferrugineux, qui est plus lourd que le s. de soude et n'est pas soluble à une faible température, de se séparer et de tomber au fond de la chaudière. Enfin, on puise le s., qui est devenu parfaitement blanc et qui surnage, avec une sorte de cuiller de cuivre nommée *Poidou,* puis on le coule dans des moules, ou *Mises,* de pierre ou de bois, où il se solidifie, par le refroidissement, en plaques que l'on découpe ensuite en pains de dimensions convenables. Quand on veut, au contraire, transformer le s. *s. marbré* ou *madré,* on y incorpore au moyen du redable et sans le secours de la chaleur, une petite quantité de lessive, de telle sorte que le s. ferrugineux, au lieu de se précipiter complètement, comme dans le cas précédent, se distribue seulement dans la masse, en veines ou stries plus ou moins grandes, de manière à former une espèce de marbrure bleue ou rougeâtre sur un fond blanc. On le coule ensuite comme ci-dessus. Lorsqu'on fait usage, ce qui arrive fréquemment aujourd'hui, de soudes artificielles, qui sont beaucoup plus pures que les soudes naturelles, on est obligé de développer cette coloration en ajoutant à la pâte une certaine quantité de sulfate de fer. Dans les grandes savonneries, on estime que 3 kilogrammes d'huile d'olive fournissent 5 kilogrammes de s. marbré, et seulement 4 kilogrammes et 1/2 de s. blanc. Le bon s. marbré de Marseille renferme ordinairement 6 pour 100 de soude, 60 de corps gras, 34 d'eau; le s. blanc renferme ordinairement une plus forte proportion d'eau. — Les *Savons unicolores* ne se fabriquent point avec l'huile d'olive, mais avec d'autres corps gras, et principalement avec les huiles de sésame, de palme, d'arachide, etc., ou avec l'acide oléique provenant de la fabrication des bougies. On peut les obtenir par le procédé que nous venons de décrire, et alors ils ne se distinguent guère des savons à l'huile d'olive que par leur couleur et leur odeur. Un autre procédé, fréquemment employé pour ces savons, est dit *empâtage à froid*, parce que la saponification a lieu à une température inférieure à celle de l'eau bouillante, et *de la petite chaudière*, parce qu'on se sert de vases d'une capacité comparativement peu considérable; dans ce cas, le s. retient la glycérine et les impuretés des corps gras. Les savons appelés *S. de résine* appartiennent à cette catégorie : on les prépare en incorporant à une pâte de s. de suif 50 à 60 pour 100 de résine pulvérisée. — Le s. marbré et le s. blanc sont d'un usage universel pour le blanchissage des tissus, et particulièrement pour ceux de chanvre, de lin et de coton. On emploie le premier pour les tissus forts, et l'on préfère le second, qui est moins alcalin et moins mordant, pour le linge fin, comme la batiste, la mousseline, etc.

II. *Savons mous*. — Cette catégorie de savons se fabrique avec de la potasse et avec de l'huile de poisson ou des huiles de graines, particulièrement celles de chènevis, d'œillette, de colza, etc. Leur préparation a beaucoup d'analogie avec celle des précédents. On fait bouillir les huiles dans des chaudières de fer de moyennes dimensions et à fond conique, avec des lessives caustiques de potasse que l'on y introduit à trois reprises différentes, en commençant par les plus faibles. Quand le mélange est bien homogène et demi-transparent, on le cuit pour en chasser l'excès d'humidité; après quoi on le coule dans des tonneaux pour le livrer au commerce. Les savons mous ont à peu près la consistance du miel. Ils sont transparents ou translucides, mais on les rend opaques en y introduisant 10 pour 100 de graisse. Il y en a de *verts* et de *noirs*. Les premiers sont faits avec des huiles jaunes, et l'on y ajoute, vers la fin de la coction, un peu de dissolution d'indigo. Les seconds sont fabriqués avec de l'huile de chènevis, ou colorés artificiellement, soit avec du sulfate de cuivre, soit avec du sulfate de fer, de la noix de galle et du campêche. Les savons de potasse sont beaucoup plus caustiques que ceux de soude, parce qu'ils renferment toujours plus d'alcali qu'il n'en faut pour la saturation de l'huile. En outre, ils retiennent les impuretés des corps gras et renferment toujours une plus grande quantité d'eau. Malgré ces inconvénients, on les préfère, dans certains cas, à cause de la modicité de leur prix et de la facilité de leur emploi. Ainsi, les savons mous sont principalement usités pour fouler et dégraisser les tissus de laine. C'est encore avec les savons verts que l'on opère le blanchiment des beaux linges de table de la Flandre.

III. *Savons de toilette*, etc. — Les meilleurs savons de toilette se préparent avec le s. blanc, obtenu par le procédé de la grande chaudière. On le refond à une douce chaleur en le brassant continuellement, on y incorpore des parfums et des matières colorantes et on le coule dans des moules. Ou bien l'on opère à froid en réduisant le s. en copeaux que l'on pétrit ensuite avec les substances odorantes. On colore uniformément ces savons avec de l'outremer, du vermillon, des ocres, etc., ou avec des matières colorantes dérivées de la houille; parfois on les marbre ou bien on les compose de zones différemment nuancées. Les *Savons transparents* de première qualité se préparent en divisant le s. en copeaux, que l'on dessèche parfaitement dans une étuve chauffée à petit feu, et que l'on dissout ensuite dans un poids égal d'alcool ou d'un mélange d'alcool et de glycérine; après quoi l'on élimine l'alcool par distillation ou évaporation. — Beaucoup de savons de toilette se fabriquent par empâtage à froid. Les produits obtenus par ce procédé peuvent présenter une belle apparence mais ne sont pas recommandables au point de vue hygiénique; en effet, l'opération s'effectuant à une température trop basse, la saponification est incomplète et il reste dans le s. une proportion plus ou moins grande d'alcali caustique, non combiné, qui exerce une action corrosive sur la peau. Pour rendre ces savons transparents, on peut se servir de glycérine; mais souvent on emploie le sucre, qui n'est pas sans inconvénients pour la peau et qui permet d'augmenter le poids du s. en y retenant une forte proportion d'eau. En tout cas, les savons transparents, obtenus à froid, n'ont nullement les qualités de ceux qu'on prépare à l'alcool, comme il a été dit plus haut.

— On obtient des produits à très bon marché en ajoutant du silicate de soude aux savons fabriqués avec l'huile de palme ou l'huile de coco; le silicate augmente la dureté et la propriété détersive. — Les *Savons légers* ou *spongieux* s'obtiennent en fondant du s. avec la moitié de son poids d'eau, et en brassant continuellement avec un agitateur jusqu'à ce que la masse ait doublé de volume par suite de l'introduction d'une certaine quantité d'air. — Le *Savon-ponce* n'est autre chose que du s. blanc contenant 20 à 27 pour 100 de ponce pulvérisée ou de sable fin; le *S. minéral* contient jusqu'à 85 pour 100 de sable. La *Crème de s.* est un s. mou, et par conséquent à base de potasse : son corps gras est l'axonge. Quand elle est bien faite, elle est d'une blancheur éclatante. Enfin, la *Poudre de s.* pour la barbe est du s. blanc desséché et pulvérisé, qu'on aromatise avec une substance odorante quelconque; souvent il est mélangé d'amidon ou de fécule. Quant à la *Ganléine* ou *Saponine*, usitée pour le nettoyage des gants, elle n'est aussi, comme nous l'avons dit ailleurs, que du s. blanc en pâte et aromatisé.

Les *Savons médicinaux* qu'on emploie en pharmacie se préparent en saponifiant divers corps gras, entre autres la moelle de bœuf, l'huile de foie de morue, le beurre de cacao ou de muscade, etc. Le plus usité est le *S. amygdalin*, appelé aussi par excellence, *S. médicinal*. Il est fait avec 10 parties de soude caustique, et 21 d'huile d'amandes douces. On incorpore peu à peu la lessive dans l'huile, en agitant continuellement; puis, quand le mélange est bien homogène et à la consistance du beurre mou, on le coule dans des moules. Ce savon s'emploie comme résolutif, comme excitant du système lymphatique, dans les engorgements des viscères abdominaux, etc. Il sert aussi, de même que les autres savons médicinaux, comme excipient pour un grand nombre de médicaments.

IV. *Savons insolubles*. — Naguère les savons insolubles n'étaient guère usités qu'en médecine : aujourd'hui c'est surtout l'industrie qui en fait usage. En effet, c'est avec le *S. de chaux* que l'on prépare les acides gras qui servent à la fabrication des bougies stéariques. En Allemagne, on emploie le *S. de fer*, préalablement dissous dans l'essence de térébenthine, pour vernir le bois et les métaux. Le *S. de Bécœur*, employé par les naturalistes pour préserver des insectes les animaux empaillés, n'est autre chose qu'un s. arsenical. Enfin, les *Emplâtres* proprement dits sont des savons à base de plomb.

Comme nous avons exposé ailleurs la théorie de la *saponification*, il est inutile que nous la répétions ici. Voy. GRAISSE.

V. *De divers composés improprement appelés savons*. — Parmi ces composés, nous citerons d'abord l'espèce d'argile smectique employée dans les moulins à foulon et que l'on nomme vulgairement *S. naturel* et *S. de montagne*. — Dans l'industrie, on appelle encore *S. des verriers* le peroxyde de manganèse usité dans les verreries pour décolorer et blanchir le verre fondu. — En Pharmacie, on appelle *S. végétal* une poudre qui s'emploie comme fondant, et qui n'est qu'un simple mélange de 8 parties de gomme arabique avec 1 partie de bicarbonate de potasse. Évidemment cette dénomination conviendrait mieux au fruit du Savonnier et aux autres substances végétales qui peuvent remplir l'office de s. — Autrefois on désignait sous le nom de *Savonules* certains composés qui résultent de la combinaison de quelques essences avec les alcalis; mais ces composés ne sont nullement des savons. Telle est, par ex., la préparation appelée *S. de Starkey* ou *S. de térébenthine*. Cette préparation, qui a été préconisée comme excitant et résolutif, se fait avec parties égales de carbonate de potasse bien sec, d'huile essentielle de térébenthine, et de térébenthine de Venise.

VI. *Historique*. — La découverte empirique des propriétés des savons et de leur fabrication remonte certainement à une haute antiquité; toutefois, il est bien difficile de déterminer, soit l'époque, soit le pays où cut lieu. Pline l'Ancien attribue l'invention du s. aux Gaulois, qui le préparaient avec des cendres et du suif. Ce qu'il y a de certain, c'est que les Romains, au temps de Pline, connaissaient l'art de le fabriquer, puisque l'on a découvert dans les ruines de Pompéi une fabrique complète de savonnerie avec des baquets pleins de s. en parfait état de conservation. Les petits-maîtres de Rome se servaient de s. fabriqué en Germanie, comme étant le meilleur, pour teindre leurs cheveux en blond. Athénée, qui vivait 193 ans après J.-C., est le premier auteur grec dans lequel on trouve le mot σάπων, savon. Le médecin Aétius, qui florissait vers la fin du IV° siècle, parle d'un s. noir. Enfin, les médecins arabes signalent souvent l'emploi du s. en médecine et dans le blanchiment du linge. Les premières manufactures de savons durs à base de soude, tels que ceux qu'on emploie généralement aujourd'hui, paraissent avoir été établies à

Savone, petite ville d'Italie, territoire de Gênes, qui, au XV° siècle, avait pour cette fabrication la réputation dont plus tard Gênes et Marseille ont joui. Pendant de longues années, ces dernières villes, ainsi que l'Espagne, fournirent des savons au monde entier; mais aujourd'hui il y a des savonneries dans tous les grands centres industriels.

SAVONAROLE (Jérôme), moine italien, tenta de réformer les mœurs et d'établir un gouvernement démocratique dans Florence délivrée des Médicis. Mais excommunié, abandonné du peuple, il fut pris, accusé d'hérésie et condamné au supplice du feu (1452-1498).

SAVONE, v. d'Italie, sur le golfe de Gênes; 30,000 hab.

SAVONNAGE. s. m. [Pr. savo-na-je]. Blanchissage au savon et à l'eau. Faire un s. Mettre du linge au s. Eau de s.

SAVONNER. v. a. [Pr. savo-ner]. Nettoyer, blanchir avec du savon et de l'eau. S. du linge, une robe, des bas. || T. Barbier. Frotter de savon le menton d'un homme, avant d'y passer le rasoir. — Fig. et pop., S. quelqu'un, S. la tête de quelqu'un, Lui faire une réprimande. = se SAVONNER. v. pron. Se dit des tissus qui peuvent supporter le savonnage. Cette étoffe se savonne, ne se savonne pas. = SAVONNÉ, ÉE. part.

SAVONNERIE. s. f. [Pr. savo-nerie]. Fabrique de savon. || La Savonnerie, Manufacture à Chaillot, dans Paris, où l'on fabriquait autrefois des ouvrages de tapisserie veloutée, et des tapis façon de Perse, qui se font maintenant aux Gobelins, mais qu'on nomme toujours Tapis de la S.

SAVONNETTE. s. f. [Pr. savo-nè-te]. Petite boule de savon ordinairement parfumée, dont on se sert pour rendre la barbe plus tendre au rasoir. — Blaireau pour frotter la barbe de mousse de savon. || Fig. et prov. S. à vilain, se disait autrefois des charges qu'on achetait pour s'anoblir.

SAVONNEUR. s. m. [Pr. savo-neur]. Ouvrier qui savonne les contours des cartes à jouer.

SAVONNEUX, EUSE. adj. [Pr. savo-neu, euze]. Qui tient de la qualité du savon. Il y a quelques eaux minérales qui sont savonneuses. Terre savonneuse.

SAVONNIER. s. m. [Pr. savo-nié]. Fabricant de savon.

SAVONNIER. s. m. [Pr. savo-nié] (R. savon). T. Bot. Genre de plantes Dicotylédones (Sapindus) de la famille des Sapindacées. Voy. ce mot.

SAVONNOIR. s. m. [Pr. savo-nouar]. Sorte de feutre pour savonner les cartes à jouer.

SAVONULE. s. m. T. Pharm. Voy. SAVON, V.

SAVOURER. v. a. (R. saveur). Goûter avec attention et avec plaisir Savourez bien ce vin-là. Un gourmand ne manquerait pas de s. ce morceau; vous l'avalez. || Fig., S. les plaisirs, les honneurs. S. la louange. Il savourait la douceur de ces éloges. S. les délices de l'amour, le plaisir de la vengeance. S. un baiser. = SAVOURÉ, ÉE. part.

SAVOURET. s. m. [Pr. savou-rè] (R. savourer). Gros os qu'on met dans le pot-au-feu pour donner du goût au bouillon. Vx.

SAVOUREUSEMENT. adv. [Pr. savoureu-ze-man]. En savourant Manger, boire s. Peu usité.

SAVOUREUX, EUSE. adj. [Pr. savou-reu, euze] (R. saveur). Qui a une bonne, une agréable saveur. Un mets s. Des fruits savoureux.
Syn. — Succulent. — Ce qui est s. a beaucoup de saveur, un très bon goût; ce qui est succulent est plein de suc et nourrit abondamment. S. a rapport au sens du goût, et succulent a la nutrition. Un mets succulent est sans doute s.; mais il y a beaucoup de mets s. qui ne sont pas succulents. Insipide est le contraire de s. : ce qui est sec ou plutôt desséché est l'opposé de ce qui est succulent.

SAVOYARD, ARDE. adj. [Pr. savo-iar]. Nom donné aux habitants de la Savoie; mais ceux-ci s'appellent eux-mêmes SAVOISIEN, IENNE.

SAXATILE. adj. 2 g. [Pr. sa-ksatile] (lat. saxatilis, m. s., de saxum, rocher). T. Bot. et Zool. Qui croit, qui habite sur les rochers, dans les endroits pierreux. = SAXATILE. s. m. T. Ornith. Genre de Passereaux appelé aussi Traquet et Garde-Charrue. Voy. TRAQUET.

SAXE, région de la Germanie, comprise entre le Rhin et la Baltique, fut soumise par Charlemagne. Louis le Germanique y établit pour duc Ludolf (850), dont le petit-fils, Henri I° l'Oiseleur, fut élu roi de Germanie (919), et fonda la dynastie saxonne. || ROYAUME DE SAXE, État de l'Empire d'Allemagne; cap. Dresde; v. pr. Leipzig, Chemnitz; pop. 3,179,000 hab. Roi régnant depuis 1873 : Albert, né en 1828. || DUCHÉS DE SAXE, dans la Thuringe, États au nombre de quatre, faisant partie de l'Empire d'Allemagne; ce sont les duchés de Saxe-Altenbourg, 170,000 hab.; de Saxe-Cobourg-Gotha, 205,400 hab; de Saxe-Meiningen, 224,000 hab.; et enfin le grand-duché de Saxe-Weimar, 226,000 hab. || PROVINCE DE SAXE, prov du royaume de Prusse, cap. Magdebourg; pop. 2,428,000 hab.

SAXE (MAURICE DE), fils naturel d'Auguste II, électeur de Saxe et roi de Pologne, servit la France, et fut le plus grand général du règne de Louis XV; il gagna les victoires de Fontenoy, de Raucoux, de Laufeld (1696-1750).

SAXE-COBOURG (prince DE), feld-maréchal au service de l'Autriche, gagna la bataille de Nerwinden sur les Français (1793), et, après quelques succès, fut repoussé à la fin de 1793.

SAXHORN. s. m. [Pr. saks-orn] (R. Sax, m. de l'inventeur, et all. horn, cor). T. Luth. Un éminent facteur, Ad. Sax, a donné son nom à plusieurs familles d'instruments à vent, de

Fig. 1.   Fig. 2.

cuivre, qui tous sont de son invention, et qui ont opéré une véritable révolution dans les grands orchestres, et particulièrement dans la musique militaire. Ces instruments sont : les Saxhorns, les Saxotrombas, les Saxtubas et les Saxophones. — Le S. dérive du bugle, ou trompette à clefs, imaginé en 1810 par l'Anglais Halliday, et introduit en France en 1815. Malgré divers perfectionnements, le bugle laissait beaucoup à désirer sous le rapport de la sonorité et de la justesse. Ad. Sax l'a profondément modifié par l'application d'un appareil particulier dit compensateur. C'est à ce nouvel instrument que Sax a donné le nom de S. (Fig. 1). La famille des saxhorns comprend six instruments, distingués par le nom de soprano, mezzo-soprano, alto, ténor, baryton, basse et contre-basse. — Le Saxotromba est une espèce de bugle qui tient le milieu, pour la qualité du son, entre le s. et la trompette à cylindre, et participe de l'un et de l'autre. Il forme une famille complète semblable à celle du s. — Le Saxtuba constitue un instrument particulier. Il ressemble à une conque recourbée, dont le pavillon se dirige en avant, et son tube n'offre que deux courbes sans aucun angle. Les développements de ce tube passent sous le bras et derrière le dos de l'exécutant, de manière à faire revenir par-dessus l'épaule l'extrémité terminée en pavillon. Enfin, un appareil de pistons donne l'échelle chromatique à l'instrument. Comme les précédents, le saxtuba forme une famille complète. Le son qu'il produit est d'une très grande puissance, et surpasse en force celui de tous les instruments connus, sans cesser d'être d'une sonorité claire et saisissable, et sans tomber dans le bruit. — Tandis que les instruments que nous venons de mentionner sont à bocal, comme le cor, le trombone et la trompette, le *Saxophone* se rapproche de la clarinette, en ce que le son y est produit par une anche battante contre la table d'un bec, mais ses conditions acoustiques sont absolument différentes dans la construction du tube. Cet instrument (Fig. 2) se compose d'un cône parabolique de cuivre, dans lequel les intonations se modifient par un système de clefs, dont le nombre varie de 19 à 22. Il est accordé par octaves, et, dans une grande partie de son étendue, il jouit de la faculté de donner l'harmonique de la douzième, ou l'octave de la quinte. Enfin, il se joue avec facilité, car son doigté est peu différent de celui de la flûte ou du hautbois. Cet instrument compose une famille complète, qui se divise en huit variétés, lesquelles sont toutes à la quinte ou à l'octave les unes des autres et renferment, dans leur ensemble, toute l'échelle des sons perceptibles. Ces variétés sont : le soprano aigu, le soprano, l'alto, le ténor, le baryton, la basse, la contre-basse en *mi* bémol et la contre-basse en *si* bémol.

SAXICADE. s. f. [Pr. *sa-ksicade*] (lat. *saxum*, pierre; *cavare*, creuser). T. Zool. Genre de Mollusques *Acéphales* à coquille bivalve.

SAXICOLE. adj. 2 g. [Pr. *sa-ksikole*] (lat. *saxum*, rocher; *colere*, habiter). T. Zool. Qui vit sur les rochers.

SAXIFRAGACÉES. s. f. pl. [Pr. *saksi...*] (R. *Saxifrage*). T. Bot. Famille de végétaux Dicotylédones de l'ordre des Dialypétales inférovariées.
Caract. bot. : Herbes annuelles ou vivaces, arbustes, ou arbres, de port très divers. Tige parfois munie de canaux sécréteurs dans la moelle (Liquidambar). Feuilles tantôt alternes, disposées en rosette (Saxifrage, etc.) ou éparses sur la tige (Groseillier, etc.), tantôt opposées (Seringat, etc.), ordinairement simples, rarement composées, très rarement stipulées (Cunonie). Fleurs régulières le plus souvent, hermaphrodites, parfois unisexuées (Liquidambar) disposées en épis ou en grappes. Calice formé de 4-5 sépales, plus rarement de 6 (Céphalote) ou de 10 (Decumaria), quelquefois nul ou au contraire pétaloïde (Groseillier). Corolle formée de 4-5 pétales, parfois concrescents ou soudés au sommet et caducs, quelquefois nulle (Liquidambar, Céphalote, etc.). Androcée ordinairement formé de 8-10 étamines, quelquefois 10 ou 20, disposées sur 2 rangs, rarement seulement 3 ou 5, ou bien un nombre indéfini (Seringat); anthères à 4 loges s'ouvrant par deux fentes longitudinales, quelquefois par deux clapets. Pistil formé de 2-5 carpelles, parfois libres, ordinairement soudés en un ovaire pluriloculaire renfermant dans chaque loge d'ordinaire un grand nombre d'ovules anatropes, ou seulement deux ovules, ou même un seul. Styles libres ou soudés, parfois nuls (Parnassie). L'ovaire est tantôt supère (certaines Saxifrages, Groseillier, Céphalote, etc.), tantôt semi-infère (beaucoup de Saxifrages, Brunie, Hamamélis, etc.), tantôt complètement infère. Le fruit est une capsule, quelquefois une baie (Groseillier), une drupe, un akène ou un groupe d'akènes (Céphalote), renfermant parfois ailée (Liquidambar), renfermant un albumen charnu, abondant, avec un petit embryon droit, rarement un embryon volumineux dépourvu d'albumen (Brexie).
Cette famille comprend 98 genres avec environ 610 espèces, croissant la plupart dans les climats tempérés et froids; on en connaît environ 30 espèces fossiles tertiaires appartenant aux genres encore vivants (Cunonia, Liquidambar, Callicoma, etc.); les Liquidambars se rencontrent dès le terrain crétacé. On divise cette famille en 11 tribus :
Tribu I. — *Saxifragées.* — Herbes; fleurs pentamères (Saxifraga, Heuchera, Chrysosplenium, Parnassia, etc.). [Fig. 1. — 1. Saxifraga tridactylites; 2. Fleur; 3. Coupe verticale de la même; 4. Coupe transversale de l'ovaire; 5. Coupe perpendiculaire du fruit; 6. Graine; 7. Coupe de la graine.] La racine de l'*Heuchera* d'Amérique (Heuchera

americana) est fortement astringente, ce qui lui a valu dans l'Amérique du Nord le nom de *Racine d'alun*. Quant à la prétendue vertu lithontriptique attribuée à diverses espèces du genre Saxifrage (Saxifraga), et notamment à la *Saxifrage granulée* (Sax. granulata), qu'on appelle aussi vulgairement *Casse-pierre* et *Sanicle de montagne*, elle n'est qu'un grossier préjugé qui dérive simplement du nom sous lequel on les désigne. La *Saxifrage à feuilles épaisses* (S. crassifolia) est usitée chez les Russes comme astringente.

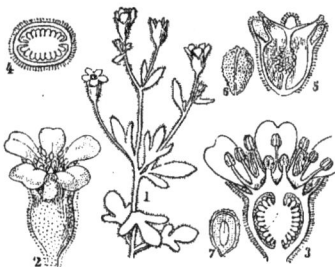

Fig. 1.

dans la diarrhée; l'infusion de cette plante se boit aussi en guise de thé, d'où les noms vulgaires de *Thé des Mongols* et de *Thé de Sibérie*, sous lesquels on désigne cette espèce. La *Saxifrage musquée* ou *Moscatelle* (Saxifraga moschata), petite plante des Alpes, passe pour antispasmodique. La *Dorine à feuilles alternes* (Chrysosplenium alternifolium), appelée vulgairement *Saxifrage dorée, Cresson doré* et *Cresson de roche*, était jadis réputée comme tonique. Dans les Vosges, ses feuilles se mangent en salade et en potage.

Tribu II. — *Francoées.* — Herbes; fleurs tétramères (Francoa, Tetilla). [Fig. 2. — 1. Francoa appendiculata; 2. Étamines et pistil; 3. Coupe transversale de l'ovaire; 4. Coupe verticale de la graine.] Le suc des espèces du genre *Francoa* passe, au Chili, pour être rafraîchissant et tempérant; leur racine donne une teinture noire. Les feuilles du *Tetilla*, remarquables par leur astringence, sont employées contre la dysenterie. On cultive dans nos serres le *Francoa appendiculata*, ainsi que le *Francoa sonchifolia*.

Tribu III. — *Cunoniées.* — Arbres et arbustes à feuilles opposées; ovaire supère (Cunonia, Pancheria, Weinmannia, etc.). [Fig. 3. — 1. Weinmannia Balbisiana; 2. Son ovaire; 3. Ochranthe arguta; coupe verticale de son pistil; 4. Grain de pollen.] Le suc des sort, dans la tannerie, d'une espèce de *Weinmannia* dont l'écorce est très astringente. Les *Weinmannia* des Indes paraissent posséder des propriétés astringentes analogues. Ces plantes, quelques-unes des espèces de l'Australie donnent une sécrétion gommeuse. La plupart de ces plantes ont, en général, un aspect agréable, et portent de jolies petites fleurs blanches ou rouges.

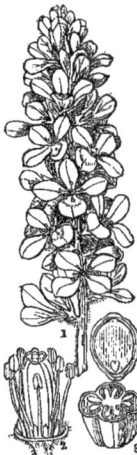

Fig. 2.

Tribu IV. — *Hydrangées.* — Arbres et arbustes à feuilles opposées; ovaire infère (Hydrangea, Deutzia, Philadelphus, etc.). [Fig. 4. — 1. Hydrangea virens; 2. Sa fleur; 3. Hydrangea hortensis : Test de la graine; 4. La graine; 5. Coupe de celle-ci. — Fig. 5. — 1. Deutzia crenata; 2. Fleur dont on a enlevé les pétales; 3. Fruit; 4. Portion de fruit, pour montrer la situation des placentas ; 5. Coupe d'une graine très grossie.] Au Japon, on fait sécher les feuilles de l'*Hydrangea Thunbergii*, et l'on en prépare une sorte de

Fig. 3.

thé qui, à cause de son excellence, est appelé *Thé du ciel*. Le *Platycrater argula* s'emploie également en guise de thé. Diverses espèces d'Hydrangédées sont cultivées de temps

Fig. 4.

immémorial dans les jardins de la Chine et du Japon comme plantes d'ornement. Tout le monde connaît l'*Hydrangea hortensis*, appelé vulgairement *Hortensia*, ou *Rose du Japon*, qui a été introduit en France au commencement du XIXe siècle, et qui est aujourd'hui répandu partout. Les

feuilles rudes du *Deutzia scabra* servent, au Japon, pour polir certains objets, comme chez nous la Prêle, et son écorce interne sert à faire des cataplasmes. Le *Philadelphus coronarius*, vulgairement connu sous le nom de *Seringat*, dont les fleurs ont une odeur agréable, mais très particulière, était

Fig. 5.

autrefois réputé comme tonique, et l'on employait l'huile de ses fleurs pour falsifier celle du Jasmin.

Tribu V. — *Brexiées.* — Arbres et arbustes à feuilles

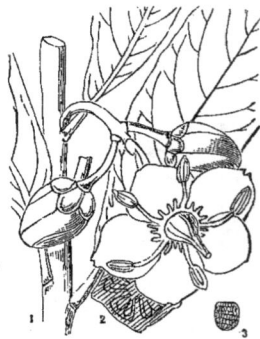

Fig. 6.

isolées ; ovaire supère (*Brexia, Ixerba*, etc.). [Fig. 6. — 1. *Brexia madagascariensis* ; 2. Coupe de l'ovaire ; 3. Graine.]

Tribu VI. — *Escalloniées.* — Arbres et arbustes à feuilles

Fig. 7.

isolées ; ovaire infère (*Escallonia, Itea*, etc.). [Fig. 7. — 1. *Escallonia pulverulenta*, Fleur ; 2. Coupe transversale de

l'ovaire; 3. Fruit; 4. Graine; 5.Coupe verticale de la même.]
Tribu VII. — *Ribésiées.* — Arbustes à feuilles isolées;
ovaire infère; baie (*Ribes*) [Fig. 8. — 1. *Ribes rubrum*;
2. Coupe verticale de la fleur; 3. Coupe transversale de
l'ovaire; 4. Graine; 5. Sa coupe verticale.] Les fruits des

Fig. 8.

espèces du genre *Groseillier* (*Ribes*) présentent des matières
sucrées combinées avec les acides malique, citrique et pectique, ce qui leur donne une saveur agréable et permet de
les manger, soit frais, soit conservés en gelée, soit aussi d'en
faire une boisson vineuse. Le *Groseillier épineux* (*Ribes
grossularia*), vulgairement appelé *Groseillier à maquereau*,
parce qu'on emploie ses fruits verts pour l'assaisonnement du
maquereau, donne un suc fermentescible dont on retire un
vin assez agréable. Le *Groseillier commun* (*R. rubrum*),

Fig. 9.

vulgairement *Groseillier rouge*, *Groseillier à grappes*,
Raisin de mars, est extrêmement cultivé pour son fruit, la
Groseille, dont on fait une énorme consommation sous forme
de sirop et de confitures. Les fruits du *Groseillier noir* (*R.
nigrum*), vulgairement appelé *Cassis*, passent pour stomachiques, et l'on en fait un ratafia estimé. L'odeur pénétrante
propre aux feuilles et aux fruits du Cassis provient de l'huile
essentielle contenue dans les glandules dont est parsemée la
surface de ces parties. Les espèces que nous venons de citer
sont d'une acidité agréable et éminemment rafraîchissantes.
D'autres ont un goût désagréable et extrêmement âcre. Enfin,
plusieurs sont, dit-on, émétiques et enivrantes : tel est le
Groseillier enivrant (*R. inebrians*); mais le fait paraît fort
douteux.

Tribu VIII. — *Hamamélidées.* — Arbres et arbustes à
feuilles isolées, stipulées (*Hamamelis*, *Bucklandia*, *Corylopsis*, etc.). [Fig. 9. — 1. *Corylopsis*; Fleurs; 2. Branche
portant des fruits; 3. Fleur séparée; 4. Étamine; 5. Coupe
verticale de l'ovaire; 6. Coupe d'une graine retirée de la
capsule et placée le hile en bas.] Les amandes de l'*Hamamelis
virginica* sont huileuses et bonnes à manger. Les feuilles et
l'écorce en sont très astringentes, et contiennent en outre
une huile essentielle qui est fort âcre; elles sont employées
dans les hémorrhagies, et dans les dilatations variqueuses
superficielles ou profondes; elles agissent efficacement : outre
les hémorrhoïdes. Le *Dystilium racemosum* est un bel arbre
qui croît en Chine et au Japon. Les galles produites sur ses
feuilles par l'*Aphis chinensis* sont employées journellement
dans la thérapeutique chinoise comme astringentes.
Tribu IX. — *Brunéées* ou *Brunées.* — Arbustes à feuilles
isolées, sans stipules, à port de Bruyère (*Brunia*, *Berze-*

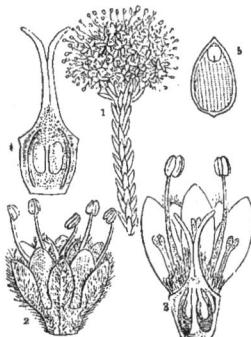

Fig. 10.

lia, etc.). [Fig. 10. — 1. *Brunia nodiflora*; 2. Sa fleur;
3. Coupe verticale de la même; 4. Coupe verticale du pistil;
5. Moitié d'une graine.]
Tribu X. — *Céphalotées.* — Fleurs hexamères (*Cephalotus*, *Bauera*). Le *Cephalotus follicularis* habite les ma-

Fig. 11.

récages du détroit du Roi George, dans la Nouvelle-Hollande.
On le cultive comme curiosité, à cause de ses urnes ou follicules analogues à celles du *Nepenthes*. L'intérieur de ces
urnes distille un liquide douceâtre, où l'on rencontre toujours
de petits insectes qui s'y sont noyés.
Tribu XI. — *Liquidambarées.* — Arbres à canaux sécréteurs (*Liquidambar*, *Altingia*) [Fig. 11. — 1. *Liquidam-*

bar *Altingiana*; 2. Fleur femelle; 3. Coupe du fruit mûr; 4. Coupe d'une graine.] Le *Liquidambar orientale*, arbre à port de platane, que l'on cultive dans les jardins publics et sur les promenades, produit le baume connu en pharmacie sous le nom de *Styrax*, liquide riche en acide benzoïque; le *Liquidambar styraciflua* fournit le *Baume Liquidambar*. Le *Liquidambar Formosana* qui croît à Formose et dans le sud de la Chine et le *Liquidambar Altingiana* qu'on rencontre dans l'archipel indien et à Java fournissent aussi des baumes utilisés dans les pays d'origine comme expectorants.

SAXIFRAGE. s. f. [Pr. *saksi-frajo*] (lat. *saxum*, rocher; *frangere*, briser). T. Bot. Genre de plantes Dicotylédones (*Saxifraga*) de la famille des *Saxifragacées*. Voy. ce mot.

SAXIFRAGÉES. s. f. pl. [Pr. *saksi-fraje*] (R. *saxifrage*). T. Bot. Tribu de plantes de la famille des *Saxifragacées*. Voy. ce mot.

SAXIGÈNE. adj. 2 g. [Pr. *saksi-jène*] (lat. *saxum*, rocher; gr. γεννάω, j'engendre). T. Zool. Se dit des madrépores qui, par l'accumulation de leurs squelettes, finissent par former des rochers. Voy. MADRÉPORE, et ILE.

SAXO-GRAMMATICUS, historien danois (1140-1203).

SAXON. s. m. [Pr. *sa-kson*] (R. *saxon*, de la Saxe). T. Artif. Pétard percé d'un ou deux trous, ce qui le fait tourner en tous sens. Voy. PYROTECHNIE.

SAXON, ONNE. adj. [Pr. *sa-kson, kso-ne*], habitant de la Saxe. == SAXONS, peuples germaniques qui luttèrent contre Charlemagne sous la conduite de Witikind de 772 à 785.

SAXOPHONE. s. m. [Pr. *sa-ksofone*] (R. *Sax*, n. de l'inventeur, et gr. φωνή, voix). T. Luth. Instrument de cuivre à clefs et à embouchure en bec de clarinette. Voy. SAXHORN.

SAXOTROMBA. s. m. [Pr. *sa-ksotron-ba*] (R. *Sax*, n. de l'inventeur, et ital. *tromba*, trompette). T. Luth. Instrument de cuivre à trois, quatre, ou cinq cylindres. Voy. SAXHORN.

SAXTUBA. s. m. [Pr. *saks-tuba*] (R. *Sax*, n. de l'inventeur, et lat. *tuba*, trompette). T. Luth. Instrument de cuivre. Voy. SAXHORN.

SAY (J.-B.), célèbre économiste fr. (1767-1832).

SAYANSK (MONTS), chaîne de l'Asie orientale entre la Chine et la Sibérie.

SAYETTE. s. f. [Pr. *sè-ièle*] (R. *saie*). Étoffe de laine, quelquefois mêlée d'un peu de soie, qui se fabrique à Amiens.

SAYNÈTE. s. f. [Pr. *sè-nèle*] (esp. *sainete*, m. s., propr. morceau délicat, de *sain*, saindoux). Petite pièce ou farce qu'on joue, en guise d'intermède, après la pièce principale. Dans la littérature espagnole, c'est simplement une petite pièce comique à deux ou trois personnages.

SAYNITE. s. f. [Pr. *sè-nite*]. T. Minér. Sulfure de nickel ferrifère.

SAYON. s. m. [Pr. *sè-ion*] (R. *saie*). Espèce de casaque ouverte que portaient autrefois les gens de guerre.

SBIRE. s. m. (ital. *sbirro*, m. s., du lat. *birrum*, sorte de casaque). Nom donné en Italie aux agents de la police qui sont chargés d'arrêter les malfaiteurs et les personnes incriminées. || Se dit aussi, chez nous, mais en mauvaise part, des hommes qui sont chargés de protéger l'exécution des sentences judiciaires et des mesures de police.

SCABELLON. s. m. [Pr. *skabel-lon*] (ital. *scabellone*, m. s., du lat. *scabellum*, escabeau). T. Architect. Sorte de piédestal ou de socle sur lequel on pose des bustes et des girandoles, et qui a la forme ordinaire d'un balustre ou d'une gaine.

SCABIEUSE. s. f. [Pr. *skabieu-ze*] (lat. *scabiosa*, m. s., de *abies*, gale, à cause des propriétés curatives qu'on lui

attribuait). T. Bot. Genre de plantes Dicotylédones (*Scabiosa*) de la famille des *Dipsacées*. Voy. ce mot.

SCABIEUX, EUSE. adj. [Pr. *skabi-eu, euze*] (lat. *scabiosus*, m. s. de *scabies*, gale). T. Méd. Qui ressemble à la gale. *Éruption scabieuse*.

SCABRE. adj. 2 g. (lat. *scaber*, rude). T. Bot. Se dit d'une feuille rude au toucher.

SCABREUX, EUSE. adj. [Pr. *ska-breu, euze*] (lat. *scabrosus*, m. s.) Rude, raboteux. *Un chemin s. Une montagne scabreuse à monter et à descendre*. || Fig., Dangereux, périlleux, difficile. *Une entreprise, une affaire scabreuse.* — *Ce conte est bien s.*, il est difficile à raconter décemment.

SCABRIFOLIÉ, ÉE. adj. (lat. *scaber*, rude; *folium*, feuille). T. Bot. Qui a des feuilles rudes au toucher.

SCABROSITÉ. s. f. [Pr. *skabro-zité*]. État de ce qui est scabreux, raboteux.

SCAËR, ch.-l. de c. (Finistère), arr. de Quimperlé; 5,700 hab.

SCÆVOLA (MUCIUS), Romain qui voulant tuer Porsenna, roi des Étrusques, frappa par erreur son secrétaire, et pour montrer au roi la fermeté romaine, posa sa main droite sur un brasier ardent (507 av. J.-C.).

SCAFERLATI. s. m. (étym. controversée : les uns y voient un mot levantin, d'autres le nom d'un ouvrier italien, d'autres encore la corrupt. de l'ital. *scarpelleti*, petits ciseaux). Tabac découpé en lanières fines pour la cigarette ou la pipe.

SCALA (les DELLA), famille de Vérone, du parti gibelin, dont le plus célèbre représentant fut CANE 1er *le Grand*, capitaine général de la ligue des Gibelins de Lombardie. Il offrit un asile à Dante exilé (1291-1329).

SCALAIRE. s. f. [Pr. *ska-lère*] (lat. *scalare*, échelon, de *scala*, échelle). T. Zool. Genre de Mollusques *Gastéropodes*. Voy. PTÉNOGLOSSES.

SCALA-NOVA, v. maritime de Turquie, sur le golfe de Smyrne; 20,000 hab.

SCALARIDES. s. m. pl. (R. *Scalaire*). Famille de Mollusques *Gastéropodes*. Voy. PTÉNOGLOSSES.

SCALARIFORME. adj. 2 g. (lat. *scalare*, échelon, de *scala*, échelle; *forma*, forme). T. Bot. En forme d'échelle. *Vaisseaux scalariformes.*

SCALDE. s. m. Nom que les anciens Scandinaves donnaient à leurs poètes.

SCALÈNE. adj. (lat. *scalenus*, gr. σκαληνὸς, boiteux). T. Géom. Se dit d'un triangle dont les trois côtés sont inégaux. || T. Anat. Se dit de trois muscles fléchisseurs placés sur les côtés et le derrière du cou, et dont la forme rappelle celle d'un triangle scalène. *Les muscles scalènes.* — Substant., *Le s. antérieur, le s. moyen, le s. postérieur.*

SCALÉNOÈDRE. adj. 2 g. et s. m. (gr. σκαληνὸς, boiteux; ἕδρα, base). T. Cristall. Se dit des cristaux dont les faces sont des triangles scalènes. Voy. CRISTALLOGRAPHIE, IV, 2°.

SCALIGER (JULES-CÉSAR), érudit italien (1484-1558). || Son fils JOSEPH-JUSTE fut un des plus grands savants de son époque (1540-1609); il est l'auteur de l'ouvrage *Dementatione temporum* (Paris, 1583) dans lequel l'ère julienne est chronologiquement déterminée, et de plusieurs ouvrages astronomiques.

SCALOPE. s. m. (gr. σκάλλω, je fouis; πούς, pied). T. Mamm. Genre d'*Insectivores*. Voy. TAUPE.

SCALPE. s. m. (R. angl. *doscalp*, scalper). Action de scalper. — Peau du crâne enlevée par les sauvages d'Amérique. Voy. SCALPER.

SCALPEL. s. m. (lat. *scalpellum*, m. s., de *scalpere*, couper). Instrument à la lame fine, pointue, et à un ou deux tranchants, dont on se sert pour les dissections anatomiques.

SCALPEMENT. s. m. [Pr. *skalpe-man*]. Action de scalper.

SCALPER. v. a. (angl. *to scalp*, de *scalp*, peau du crâne). Se dit des sauvages de l'Amérique qui coupent circulairement avec une espèce de couteau la peau du crâne à un ennemi vaincu, et l'arrachent ensuite avec sa chevelure. *Les Iroquois scalpèrent leurs malheureux prisonniers.* = SCALPÉ, ÉE. part.

SCAMANDRE ou **XANTHE**, riv. de l'anc. Troade, affluent du Simoïs.

SCAMMONÉE. s. f. [Pr. *skam-moné*] (lat. *scammonia*, gr. σχαμμωνία, m. s., de σχάμμα, action de creuser). T. Bot. et Pharm. Nom donné au *Convolvulus Scammonia*, et à la gomme-résine que l'on retire de cette plante. Voy. CONVOLVULACÉES, I.

SCAMMONINE. s. f. [Pr. *skam-monine*] (R. *scammonée*). T. Chim. Syn. de *Jalapine*.

SCAMMONIQUE. adj. 2 g. [Pr. *skam-monike*] (R. *scammonée*). T. Chim. Syn. de *Jalapique*.

SCANDALE. s. m. (lat. *scandalum*, gr. σχάνδαλον, pierre d'achoppement). T. Théol. Ce qui est occasion de tomber dans l'erreur, dans le péché. On dit de même, *Pierre de s.* || *Scandale*, se dit ordinairement de toute occasion de péché ou d'erreur que l'on donne par quelque mauvaise action, par quelque discours corrupteur. *Un horrible s. Donner du s. La vie de cet homme porte s., est un s. perpétuel. Éviter, empêcher le s. Réparer le s. Pécher sans s.* On dit de même, *Être, devenir une occasion de s.* — Fig., on dit encore, *Pierre de s. Cette discussion pourrait devenir une pierre de s.* || L'indignation qu'on a des actions et des discours de mauvais exemple. *Il avança des propositions impies, au grand s. de tous ceux qui l'écoutaient.*

Le scandale du monde est ce qui fait l'offense.
MOLIÈRE.

|| L'éclat que fait une action honteuse. *Cette affaire fut d'un grand s., causa un grand s. dans tout le voisinage. Il faut lui épargner un s. public. Cela s'est fait sans s., sans aucun s. Il y aura du s. Il n'aime pas le s.* — T. Procédure anc. *Un amené sans s.*, Un ordre du juge pour faire amener quelqu'un devant lui sans bruit, sans éclat.

SCANDALEUSEMENT. adv. [Pr. ... *ze-man*]. D'une manière scandaleuse. *Cet homme vit s.*

SCANDALEUX, EUSE. adj. [Pr. *skanda-leu, euze*]. Qui cause du scandale. *Une action, une vie scandaleuse. Cela est s. Une personne scandaleuse. Doctrine, opinion, proposition scandaleuse. Un livre s. Tenir des discours s.*

SCANDALISATEUR. s. m. [Pr. ...*za-teur*]. Celui qui scandalise.

SCANDALISER. v. a. [Pr. *skandali-zer*]. Donner, exciter du scandale. *Votre vie scandalise tout le monde. Ces discours licencieux le scandalisèrent.* = SE SCANDALISER. v. pron. Prendre du scandale, s'offenser. *Il se scandalise de tout.*

Et tout homme d'honneur s'en doit scandaliser.
MOLIÈRE.

= SCANDALISÉ, ÉE. part.

SCANDER. v. a. (lat. *scandere*, monter). T. Versif. Mesurer un vers dont les pieds sont composés de longues et de brèves, comme sont les vers latins et les vers grecs, pour juger s'il est selon les règles. *Scandez ce vers, vous verrez qu'il y manque un pied.* || Par ext., se dit aussi en parlant des langues non prosodiques, et sign., Mesurer les vers par le nombre de leurs syllabes. = SCANDÉ, ÉE. part. || T. Mus. *Piano scandé.* Voy. PIANO.

SCANDERBEG, fils d'un seigneur d'Albanie, fut élevé comme otage par le sultan Amurat II. Il résolut de rendre l'indépendance à son pays et soutint pendant 22 ans une lutte glorieuse contre les Turcs (1423-1467).

SCANDINAVE. adj. 2 g. Qui a rapport à la Scandinavie. *Les peuples scandinaves, les langues scandinaves.*

SCANDINAVIE, contrée de l'Europe septentrionale comprenant la Suède, la Norvège et le Danemark. = Nom des hab. : SCANDINAVE. Voy. DANEMARK, NORVÈGE et SUÈDE.

SCANDIUM. s. m. [Pr. *skandi-ome*] (R. *Scandie*, forme abrégée de Scandinavie). T. Chim. Métal dont l'oxyde a été isolé en 1879 par Nilson. Cet oxyde, que l'on obtient sous la forme d'une poudre blanche infusible, existe en très petites quantités dans l'euxénite et la gadolinite, minéraux rares de Scandinavie. L'hydrate correspondant est insoluble dans la potasse. Les sels de s. sont incolores; ils présentent de grandes analogies avec les sels d'alumine; toutefois le sulfate double de s. et de potassium n'est pas un alun. L'existence et les propriétés de ces composés avaient été prévues par Mendéléef. Voy. ÉLÉMENT. — On représente le s. par le symbole Sc et on lui attribue le poids atomique 44. La formule de l'oxyde est alors Sc^2O^3, et les sels du s. ont en général des formules analogues à celles des composés de l'aluminium.

SCAPE. s. m. (lat. *scapus*). T. Bot. Hampe florale. Peu us. || T. Entom. Le premier article des antennes chez les insectes.

SCAPHANDRE. s. m. [Pr. *ska-fandre*] (gr. σχάφη, nacelle; ἀνήρ, ἀνδρός, homme). Appareil spécial qui permet à un homme de descendre à de grandes profondeurs sous l'eau, pour exécuter des travaux hydrauliques ou opérer le sauvetage et préparer le renflouage de marchandises ou de navires submergés.

Le *scaphandre*, qu'emploient couramment aujourd'hui les plongeurs qui se nomment *scaphandriers*, est une sorte de vêtement complet, absolument imperméable à l'eau, et constitué par diverses parties qui s'adaptent exactement les unes sur les autres et se complètent de manière à s'opposer à toute introduction de l'eau à l'intérieur. L'appareil (Fig.) peut se décomposer ainsi : le casque, la pompe à air, le vêtement proprement dit et les chaussures, ainsi que d'autres accessoires qui ont une certaine importance.

Le casque, généralement en cuivre à une forme à peu près sphérique, il est terminé à sa partie inférieure par un évasement tel qu'il vient s'appliquer exactement sur les épaules de l'homme qui en est coiffé et qui peut introduire la tête à l'intérieur de la sphère métallique par l'orifice inférieur.

Un certain nombre de glaces protégées contre tout choc extérieur par des grillages de même métal que le casque donnent toute facilité au scaphandrier de voir ce qui se passe autour de lui et aussi au-dessus de lui, lorsqu'il travaille au fond de l'eau. Ces glaces sont au nombre de quatre; une antérieure d'assez grande dimension, fait face à la figure du scaphandrier; elle est le plus souvent de forme circulaire et est mastiquée dans une armature métallique pouvant selon les besoins se visser ou se dévisser du corps même du casque. A droite et à gauche du visage sont fixées dans les parois de ce casque deux autres glaces qui sont disposées de telle manière que le plongeur voit ce qui se passe autour de lui. Enfin, une dernière glace occupant la partie supérieure du casque permet au scaphandrier d'observer ce qui se produit au-dessus de lui. A côté de cette sorte de lucarne vitrée se trouvent, symétriquement disposées, deux tubulures en cuivre munies de robinets et communiquant, l'une avec un tuyau en caoutchouc relié à la pompe à air, la seconde, s'ouvrant directement à l'extérieur et laissant échapper l'excès d'air contenu dans l'appareil, et cela à la volonté du plongeur. Enfin, la partie évasée qui emboîte les épaules est garnie à l'intérieur d'étoffe matelassée dans le but de diminuer sur cette partie du corps, les meurtrissures qu'occasionnerait sans cette précaution le poids du casque. Plusieurs crochets placés à hauteur de la poitrine et du dos du travailleur permettent d'y accrocher des poids constitués par d'épaisses plaques de plomb qui, tout en facilitant la descente du scaphandrier au fond de l'eau assure en même temps l'imperméabilité du joint existant entre le casque et la pèlerine constituant le haut du vêtement proprement dit. Cette pèlerine doublée et ouatée à l'intérieur est recouverte d'une armature métallique continue faisant suite au casque. Le plus souvent, un écrou mobile permet de réunir, à l'aide d'un pas de vis, le casque et la pèlerine. Celle-ci fait partie intégrante du vêtement.

Le vêtement comprend la veste et le pantalon à pied, et est d'une seule pièce; il est fait de caoutchouc ou d'une épaisse étoffe caoutchoutée et couvre tout le corps, ne laissant sortir que les mains du plongeur. Des manchettes élastiques également en caoutchouc enserrent les poignets rendant l'entrée de l'eau impossible à l'intérieur des manches. Le scaphandrier, dès qu'il a endossé le vêtement, et avant de se coiffer du casque, chausse d'énormes brodequins dont les semelles de cuir sont remplacées par des semelles de plomb d'une épaisseur et d'un poids considérables. Ces chaussures sont indispensables au scaphandrier pour maintenir son aplomb au fond de l'eau et lui permettre de se tenir debout; s'il en était autrement, le volume d'eau déplacé par l'appareil complet serait tel que l'homme courrait le risque de perdre constamment l'équilibre; de plus, il ne pourrait se livrer à aucun travail utile, la poussée de l'eau tendant constamment à le faire remonter à la surface. Sous cette enveloppe complète et imperméable, le scaphandrier est vêtu d'un habillement de flanelle ou encore d'étoffe de laine; les pieds et les jambes sont recouverts de longs bas de laine; le tout est nécessaire pour absorber la transpiration et empêcher la sueur qui ne peut s'échapper de venir humecter et mouiller son corps, ce qui ne tarderait pas à le refroidir dangereusement. Une ceinture de cuir fortement serrée à la taille s'oppose à ce que l'air de la blouse et du casque descende jusque dans le pantalon, ce qui présenterait encore un grave inconvénient en nuisant à la stabilité du plongeur. Cette ceinture est garnie d'une ou de deux gaines dans lesquelles se trouvent agrafés, à portée de la main, un coutelas et une hachette servant au besoin d'armes défensives au plongeur, dans le cas où il se trouverait en présence de monstres marins parmi lesquels les requins ne sont pas les moins dangereux. Enfin, à un anneau métallique, fixé à cette même ceinture, vient se fixer l'extrémité d'une corde dont l'autre bout est entre les mains d'un ouvrier placé dans le bateau sur lequel le scaphandrier peut remonter. Cette corde, établit une communication constante entre le plongeur et ses aides. C'est en imprimant un certain nombre (nombre convenu d'avance) de secousses à cette corde que le plongeur fait part à ses compagnons des différentes péripéties qui se passent au fond de l'eau, ou qu'il leur enjoint, en cas de besoin, l'ordre de le hisser à bord.

L'homme étant au fond de l'eau, à des profondeurs variant de 10 à 20 mètres au maximum, il est essentiel de lui faire parvenir d'une manière continue de l'air pur pour empêcher l'asphyxie, ce qui ne manquerait pas de se produire si l'approvisionnement d'air frais venait à lui faire défaut. Pour cela, le bateau au-dessous duquel travaille et circule le scaphandrier porte une pompe aspirante et foulante. Cet instrument a un ou plusieurs corps de pompe; il est muni d'un manomètre indiquant la pression de l'air comprimé envoyé au scaphandrier; manœuvré à bras d'hommes, il exige de la part des aides une attention soutenue pour que cette pression soit aussi constante que possible et ne dépasse pas les limites voulues et exigées par la profondeur de l'eau, pas plus qu'elle ne doit devenir moindre. Un tube en caoutchouc aboutissant au réservoir d'air de sa partie inférieure sur celle des tubulures du casque à ce destinée. Quelquefois aussi, le tube adducteur d'air vient s'adapter sur une tubulure fixée au casque, à hauteur de la bouche du plongeur. D'autres fois encore le tube adducteur est fixé à une sorte de réservoir carré que le scaphandrier porte attaché sur le dos et d'où l'air lui parvient.

Lorsque le plongeur a revêtu son costume, abstraction faite de la glace circulaire qui doit venir se placer en face de sa figure, sur le casque, on fait fonctionner la pompe à air, de manière à s'assurer qu'elle marche régulièrement, ni trop vite ni trop lentement.

C'est seulement au moment où le plongeur doit descendre au fond de l'eau que les aides assujettissent cette glace. A partir de ce moment, la pompe ne doit plus cesser de fonctionner et de fournir au scaphandrier l'air indispensable pour respirer. Si la quantité d'air envoyée est trop considérable quand l'homme a atteint l'endroit où il doit opérer ses recherches ou ses travaux, il ouvre le petit robinet isolé placé sur le sommet du casque; l'air en excédent s'échappe de lui-même sans qu'une goutte d'eau puisse pénétrer à l'intérieur du vêtement ni du casque.

Bien que le scaphandrier puisse à un moment donné remonter sans aide à la surface de l'eau, en fermant le robinet d'échappement de l'air et en laissant son vêtement se gonfler intérieurement, il est d'usage, par prudence, que ce soient les aides qui au moyen de la corde à signaux hissent le plongeur jusqu'au dehors. La première opération à exécuter, lorsque l'homme est sorti est de le mettre immédiatement en communication avec l'air ambiant, ce qui se fait en dévissant la glace qui se trouve au niveau de la figure. Le plongeur peut alors parler et signaler à ses compagnons ou à ses chefs les observations faites par lui au fond de l'eau ou les travaux qu'il a entrepris.

La profondeur maximum à laquelle travaillent les scaphandriers ne dépasse guère 20 mètres. Déjà dans ces conditions, le travail devient extrêmement pénible par suite de la forte pression qui s'exerce sur tous les organes de l'homme. Celui-ci éprouve un malaise général accompagné de bourdonnements violents d'oreilles, suivis le plus souvent par de vives douleurs. Aussi le travail utile exécuté par le scaphandrier n'excède-t-il pas, à la profondeur ci-dessus, une durée de temps supérieure à 25 ou 30 minutes. L'homme, aussi robuste qu'il soit, est dans l'obligation de se faire remonter pour respirer quelques instants l'air frais et rétablir l'équilibre troublé de tous ses organes.

SCAPHANDRIER. s. m. [Pr. *ska-fandrié*]. Plongeur muni d'un scaphandre.

SCAPHIDIE. s. f. [Pr. *ska-fidie*] (gr. σκάφη, nacelle; εἶδος, forme). T. Entom. Genre d'insectes *Coléoptères* formant le type de la petite famille des *Scaphidiides*. Cette famille est caractérisée par la tête enfoncée dans le corselet portant des mandibules fendues ou bidentées à leur extrémité. Le corps est ovalaire et convexe; les pieds allongés et grêles, les antennes longues et terminées par une massue allongée. Les *Scaphidies* (*Scaphidium*) appartiennent à l'Europe, à l'Asie, à l'Afrique et à l'Amérique. Elles vivent dans les champignons ou dans les vieux bois très humides et en décomposition; nous citerons la S. *à quatre taches* qui est noire avec quatre taches rouges sur les élytres, et qui est assez répandue dans toute l'Europe. Le genre *Cholène* (*Choleva, Catops*) qui appartient à la même famille est propre aux parties septentrionales de l'Europe et de l'Amérique.

SCAPHITE. s. f. [Pr. *ska-fite*] (gr. σκάφη, barque). T. Zool. Genre de Mollusques *Gastéropodes*. Voy. AMMONITES.

SCAPHOCÉPHALE. adj. 2 g. [Pr. *skafo-séfale*] (gr. σκάφη, barque; κεφαλὴ, tête). T. Anthrop. Se dit d'un crâne en forme de barque.

SCAPHOÏDE. adj. 2 g. [Pr. *ska-foïde*] (gr. σκαφοειδὴς, m. s., de σκάφη, barque et εἶδος, ressemblance). T. Anat. Qui a la forme d'une nacelle. *Fosse s.* — *Os s.*, ou subst., *Le s.*, Voy. MAIN et PIED.

SCAPHOPODES. s. m. pl. [Pr. *ska-fopode*] (gr. σκάφη, nacelle; πούς, ποδός, pied). T. Zool. Classe de *Mollusques*, qui ne renferme qu'un seul genre, le genre DENTALE. Voy. ce mot.

SCAPIFORME. adj. 2 g. (lat. *scapus*, hampe; *forma*, forme). T. Bot. Dont la tige, ressemble à une hampe.

SCAPIN. s. m. (R. nom propre d'un valet de la comédie italienne que Molière introduisit en France). Valet intrigant.

SCAPOLITE. s. f. T. Minér. Syn. de *Wernérite*.

SCAPULAIRE. s. m. (lat. *scapulæ*, épaules). Sorte de vêtement porté par certains moines. Voy. plus bas. || Objet de dévotion composé de deux petits morceaux de drap bénits réunis par des rubans. Voy. plus bas. || T. Chir. Large bande de toile dont on se sert pour soutenir les bandages du corps. *Le s. est divisé en deux chefs dans les trois quarts de sa longueur; l'extrémité non divisée se fixe par derrière au* *bandage qu'on veut soutenir, tandis que les deux chefs passant, l'un sur l'épaule droite, l'autre sur la gauche, viennent s'attacher par devant au même bandage.* == SCAPULAIRE. adj. 2 g. T. Anat. Qui appartient à l'épaule, Apophysose s. Veine, artère s. — Os s., Voy. Poisson, II. *Plumes scapulaires,* ou substant., *Les scapulaires,* Voy. Oiseau, I.

Hist. rel — Le mot. s. désignait dans l'origine le vêtement de travail des moines bénédictins. Plus tard, on a perdu de vue le but primitif de ce vêtement qui est devenu une simple partie de l'uniforme monacal. Ce fut alors une pièce d'étoffe descendant des épaules par devant et par derrière et que certains moines portaient par-dessus leur robe. Enfin le s. est devenu un signe de dévotion porté par les laïques; mais comme il était encore trop encombrant on l'a réduit à deux petits morceaux de drap bénits taillés en carré et joints ensemble sur lesquels est gravé le nom de la Vierge Marie. Ce s. se porte sur la poitrine où il est suspendu par deux rubans attachés derrière le cou. Cette dévotion fut instituée vers le milieu du XIIIᵉ siècle, par Simon Stock, alors supérieur général des Carmes. Il assura que la sainte Vierge lui était apparue et lui avait donné le s., en lui promettant sa protection spéciale pour ceux qui le porteraient en menant une vie sainte et en observant certaines pratiques de piété. Cette dévotion fut d'abord traitée de superstition ridicule et impie par plusieurs prélats; mais elle finit par être approuvée par les papes Paul V, Pie V, Clément VIII, Clément X et Benoît XIV.

SCAPULUM. s. m. [Pr. ... *ome*] (lat. *scapula,* épaule). T. Anat. Syn. de *Omoplate.* Voy. ce mot.

SCARABÉE. s. m. (lat. *scarabæus,* m. s., du gr. σκαράβος, m. s.). T. Entom. Nom sous lequel on désigne vulgairement tous les insectes de la tribu des *Scarabéides,* mais que les naturalistes appliquent à un seul genre de cette tribu. || Nom donné à certaines pierres gravées antiques. Voy. Glyptique, III.

SCARABÉIDES. s. m. pl. (gr. σκάραβος, scarabée; είδος, aspect). Les *Scarabéides* forment la plus importante des deux sections entre lesquelles Latreille avait réparti les Coléoptères de sa famille des Lamellicornes. Les insectes compris dans cette section offrent le plus souvent des antennes terminées en massue feuilletée et plicatile; mais, chez un assez grand nombre, ces organes sont composés d'articles emboîtés, soit en forme de cône renversé, soit presque globuleux. Les mandibules sont identiques ou presque semblables dans les deux sexes; mais la tête et le corselet des individus mâles présentent fréquemment des saillies ou des formes particulières; quelquefois aussi les antennes sont plus développées. — Nous conserverons ici les coupures que Latreille avait faites dans cette section; ce sont : les *Coprophages,* les *Arénicoles,* les *Xylophiles,* les *Phyllophages,* les *Anthobies* et les *Mélitophiles.*

I. — Les *Coprophages* ont les antennes composées de 8 ou de 9 articles, dont les trois derniers forment la massue. Le labre et les mandibules sont membraneux et cachés; le lobe qui termine les mâchoires est également membraneux : il résulte de cette disposition que les insectes compris dans cette tribu ne peuvent se nourrir que de matières molles. Ainsi que leur nom l'indique, ils vivent surtout des excréments de divers animaux. Mais, comme ces matières renferment peu d'éléments nutritifs, la nature, par une sorte de compensation, a donné aux Coprophages un tube intestinal fort long; en effet, sa longueur est 10 à 12 fois plus considérable

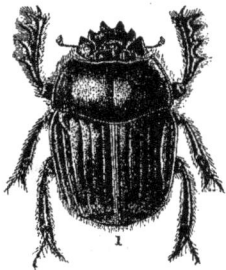

que celle du corps. — Les *Ateuchus* se distinguent par leur corps déprimé, leur chaperon à 6 dents, et l'absence de tarses antérieurs. Ces insectes enferment leurs œufs dans des boules de fiente, et même d'excréments humains, semblables à de grosses pilules. Il les font rouler avec leurs pieds de derrière et souvent de compagnie, jusqu'à ce qu'ils aient trouvé des trous propres à les recevoir; ou des lieux où ils puissent les enfouir. Deux espèces de ce genre faisaient partie du culte religieux des anciens Égyptiens. Tous leurs monuments en retracent l'effigie, sous diverses positions et souvent sous des dimensions gigantesques. On portait leur image en guise d'amulettes, et l'on a plusieurs fois rencontré ces insectes eux-mêmes dans les cercueils. L'*Ateuchus sacré* ou *Scarabée sacré (A. sacer)* [Fig. 1], est complètement noir; cet insecte se trouve non seulement dans toute l'Égypte, mais encore dans le midi de la France et de l'Europe. L'*Ateuchus des Égyptiens (At. Ægyptiorum)* est vert avec une teinte dorée : ce dernier ne se rencontre que dans le Sennaar. — Les *Bousiers (Copris)* ont les quatre jambes postérieures fortement dilatées, et la tête arrondie en avant. Leur nom leur vient de ce qu'ils habitent les bouses de vache et les lumiers. Le type du genre est le *Bousier lunaire (C. lunaris)* [Fig. 2], qui est fort commun chez nous. Cet insecte est long de 18 millimètres, noir, très luisant, avec la tête échancrée au bord postérieur, et portant une corne élevée; le corselet est tronqué en devant, avec une corne de chaque côté; enfin, les étuis sont profondément striés. — Parmi les autres genres qui ont des représentants dans notre pays, nous nommerons le genre *Gymnopleure (Gymnopleurus),* le genre *Sisyphe (Sisyphus),* le genre *Onthophage (Onthophagus),* et le

genre *Aphodie (Aphodius).* Les deux premiers sont remarquables par l'habitude de déposer leurs œufs dans de petites boules formées d'excréments et de les rouler comme les Ateuchus. Dans le genre Onthophage, on distingue l'*Onthophage taureau* (Fig. 3, grossie), insecte long de 9 à 11 millimètres, noir et finement ponctué, qui doit son nom spécifique aux deux longues cornes arquées qu'il porte sur la tête. Enfin, le type du genre Aphodie, appelé *Aphodie du fumier,* est extrêmement commun. C'est un insecte long de 7 millimètres, noir et à élytres rouges, avec des stries ponctuées.

II. — Les *Scarabéides* dits *Arénicoles* ont le labre coriace et débordant ordinairement le chaperon, les mandibules cornées et le plus souvent saillantes. Les élytres, au lieu de se joindre par la base, comme chez la plupart des Coprophages, sont séparés par un écusson; de plus, ils recouvrent entièrement l'extrémité postérieure de l'abdomen. Enfin, à l'exception de quelques-uns, leurs antennes sont composées de 10 ou 11 articles. Ces Coléoptères vivent aussi de fiente, creusent des trous profonds dans la terre, et se volent guère que le soir, après le coucher du soleil. Ils ont l'habitude de contrefaire les morts lorsqu'on les prend à la main. — Les *Géotrupes (Geotrupes)* constituent le genre principal de la tribu. Ces insectes ont les trois derniers articles des antennes en massue feuilletée. L'espèce la plus commune en France est le *Géotrupe stercoraire* (Fig. 4), qui est d'un noir luisant ou d'un vert foncé en dessus, et violet ou vert doré en dessous; ses élytres présentent des raies pointillées, avec les intervalles lisses. Nommons encore dans le genre *Bolbocère (Bolboceras),* le *Bolbocère mobilicorne,* qui habite les bois pourris, et, dans le genre *Trox,* le *Trox des sables,* qui se rencontre assez souvent dans les endroits secs et arides.

III. — Chez les *Xylophiles,* l'écusson est distinct, comme

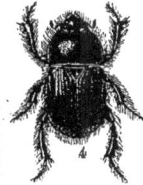

dans les précédents, mais les élytres ne recouvrent pas l'extrémité postérieure de l'abdomen. Le labre n'est point saillant, et son extrémité au plus est découverte; les mandibules débordent latéralement la tête. Les antennes ont toujours 10 articles, dont les trois derniers forment une massue feuilletée. C'est à cette tribu qu'appartient le genre *Scarabée* proprement dit (*Scarabæus.*), qui renferme les géants de l'ordre des Coléoptères. Mais toutes les espèces sont exotiques, à l'exception du *Scarabée ponctué* (*S. monodon*), au corps noir et ponctué, qu'on rencontre dans le midi de la France. Le *Scarabée Hercule*, de l'Amérique, qui appartient au genre *Dynaste*, atteint une longueur de 14 centimètres. Cet insecte est noir, avec les étuis d'un gris verdâtre, mouchetés de noir; le mâle a sur la tête une corne recourbée et dentée, et en avant le corselet se prolonge en une longue corne velue en dessous, avec une dent de chaque côté. Le genre *Orycte* (*Oryctes*) nous offre une espèce fort commune dans certaines localités: c'est l'*Ornasicorne* (Fig. 5), qui est d'un brun marron, et long de 32 millimètres. Cet insecte a le chaperon prolongé en pointe, la tête échancrée antérieurement, et présentant en arrière une carène tridentée. Il vit, ainsi que sa larve, qui est un gros ver blanchâtre comme celui du Hanneton, dans les vieux troncs pourris, et surtout dans la tannée employée pour les serres chaudes et les couches.

IV. — Les *Phyllophages* ont les mandibules recouvertes en dessus par le chaperon et cachées en dessous par les mâchoires; les élytres se joignent entièrement tout le long de la suture, et le nombre des antennes varie de 8 à 10. — Le genre le plus important de la tribu est le genre *Hanneton* (*Melolontha*), auquel nous avons consacré un article particulier. Nous nous contenterons ici de citer, parmi les genres qui ont des représentants dans la faune française, les genres *Euchlore* (*Euchlora*), *Hoplie* (*Hoplia*), et *Anisoplie* (*Anisoplia*). Le type du premier est l'*Euchlore de la vigne* (Fig. 6), qui habite nos vignobles, où il cause parfois d'assez grands dégâts: c'est un insecte long de 16 à 18 millimètres, d'un brun vert métallique bordé de jaunâtre, avec les élytres profondément sillonnés. L'espèce type du second est l'*Hoplie farineuse*, qui est répandue dans tout le midi de la France. Tout le corps du mâle est recouvert d'écailles brillantes, argentées, dont les supérieures ont un reflet d'un bleu violet, et les inférieures sont un peu verdâtres. La femelle, au contraire, est brunâtre. Enfin, du genre Anisoplie, nous nommerons l'*Anisoplie des jardins*, qui est longue de 8 à 10 millimètres, d'un vert cuivré foncé, avec les élytres striés et d'un brun vif.

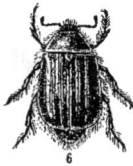

V. — Les *Anthobies* ont la lèvre inférieure bifide, avec les deux divisions faisant ordinairement saillie au delà de l'extrémité du menton. Les élytres sont béants ou un peu écartés du côté de la suture, à leur extrémité postérieure. Les insectes qui composent cette tribu sont presque tous étrangers à notre pays. Nous mentionnerons seulement l'*Anthypne abdominale* (Fig. 7), joli insecte vert à reflets cuivreux, qui habite l'Italie.

VI. — Enfin, les *Mélitophiles* ont le corps déprimé, le plus souvent ovale, brillant, sans cornes, avec le corselet trapéziforme ou presque orbiculaire. Le labre et les mandibules sont cachés, en forme de lames aplaties et entièrement ou presque entièrement membraneuses; les mâchoires se terminent par un lobe soyeux, en forme de pinceau; les antennes sont composées de 10 articles, et les trois derniers forment une massue presque toujours feuilletée. Les larves de ces Coléoptères vivent en général dans les bois pourris; mais les insectes parfaits fréquentent les fleurs pendant la plus grande ardeur du soleil, et semblent se nourrir de leurs pétales. Les principaux genres indigènes de la tribu sont le genre *Cétoine* (*Cetonia*) et le genre *Trichie* (*Trichius*). Le type du premier

est la *Cétoine dorée* (Fig. 8), longue de 20 millimètres, d'un vert doré brillant en dessus, d'un rouge cuivreux en dessous, avec de petites lignes irrégulières, transversales et blanchâtres sur les élytres. Cette espèce se rencontre communément sur les fleurs, et particulièrement sur celles du Rosier et du Sureau. Sa larve, qui ressemble beaucoup à celle du Hanneton, se trouve fréquemment dans les fourmilières. En Russie, on prétend que la Cétoine dorée est un spécifique contre l'hydrophobie. Dans le genre *Trichie*, nous citerons la *Trichie à bandes* (*T. fasciatus*) [Fig. 9, un peu grossie], qui est commune dans toute la France. Elle est noire, couverte d'un duvet cendré, avec les élytres jaunes et ornés de trois bandes transversales noires, interrompues à la suture. Cet insecte se trouve en masse sur les roses de tous nos jardins, pendant les mois de juin et de juillet. Parmi les insectes exotiques de cette tribu, nous mentionnerons le genre *Goliath*, de la côte de Guinée, ainsi nommé à cause de sa taille. Ces Coléoptères atteignent une longueur de 10 à 16 centimètres. Leurs couleurs sont généralement d'un blanc ou d'un jaune mat, avec des bandes ou des taches d'un noir velouté.

SCARAMOUCHE. s. m. (ital. *Scaramuccio*, m. s.). Personnage bouffon de l'ancienne comédie italienne, qui est habillé de noir de la tête aux pieds. *Se déguiser en scaramouche.* = Surnom de Tiberio Fiurelli, célèbre acteur de l'ancienne comédie ital., qui introduisit en France le personnage de Scaramouche (1608-1696).

SCARBOROUGH, v. d'Angleterre; 30,500 hab. Port de mer

SCARBROÏTE. s. f. Minér. Variété d'argile blanche, happant fortement à la langue.

SCARE. s. m. (gr. σχαρος, je saute). T. Icht. Genre de *Poissons osseux*. Voy. LABRIDÉS.

SCARIEUX, EUSE. adj. [Pr. *skari-eu*, *euze*] (bas lat. *scaria*, arbuste épineux). T. Bot. Se dit de toute partie qui est mince, sèche et demi-transparente.

SCARIFICATEUR. s. m. (R. *scarifier*). T. Chir. Petit appareil à scarifier la peau. Voy. VENTOUSE. || T. Agric. Voy. ci-après.

Agric. — En termes d'Agriculture, on désigne sous le nom de *Scarificateurs*, divers instruments qui sont destinés à donner des labours légers. Tous se composent essentiellement d'un châssis monté sur des roues et muni de longues et fortes dents recourbées en avant. Les scarificateurs constituent, avec les *Extirpateurs* et les *Déchaumeurs*, une famille assez nombreuse de machines agricoles dont les individus ne diffèrent guère entre eux que par la forme de leur partie tranchante. Le sc. a spécialement pour objet de diviser, couper et ameublir la terre sans la retourner, afin de la rendre propre à être pénétrée par l'air atmosphérique. L'extirpateur sert à détruire et à arracher les mauvaises herbes, en labourant superficiellement le sol sans le retourner: il tranche au-dessous de leur collet les plantes nuisibles, et les fait ainsi périr. Enfin, le déchaumeur est destiné, soit à rompre la couche gazonnée d'une terre avant son retournement et son ameublissement par la charrue, soit à la débarrasser des racines de chiendent, que l'on réunit en tas pour les brûler ou les laisser dessécher. On obtient encore de très bons effets du s. pour ameublir avant l'ensemencement la surface des terres argileuses tassées par les pluies après les labours, et pour enfouir à une profondeur suffisante les graines des céréales après les semailles. Les variétés d'extirpateurs, très nombreuses en France, relèvent toutes du même type. L'enlrure des dents ou des socs est relevée au moyen de leviers placés sur les côtés et qu'on peut élever ou abaisser, par des chevilles mobiles, dans des arcs de cercle. En outre, on fait facilement sortir les dents de terre en appuyant sur un levier central. Tous les fabricants de machines aratoires possèdent de ces instruments perfectionnés qui ne laissent rien à désirer dans la pratique.

SCARIFICATION. s. f. [Pr. ...ka-sion] (R. scarifier). T. Chir. Petite incision superficielle faite avec une lancette, un bistouri ou un scarificateur. || T. Agric. Incision sur l'écorce d'un arbre.

SCARIFIER. v. a. (lat. scarificare, prop. nettoyer, d'un primitif scar qu'on trouve dans le sanscrit et ficare, faire). Faire des scarifications sur quelque partie du corps. Il a été ventousé et scarifié. || T. Agric. Défricher à l'aide du scarificateur. = SCARIFIÉ, ÉE. part. || Ventouses scarifiées. Voy. VENTOUSE.

SCARIOLE ou **SCAROLE.** s. f. (lat. scariola, m. s.). T. Bot. Variété de Chicorée que l'on appelle aussi Escarole. Voy. CHICORÉE.

SCARITE. s. m. **SCARITIDES.** s. m. pl. (gr. σκαίρω, je saute). T. Entom. Genre et section d'insectes Coléoptères. Voy. CARABIQUES.

SCARLATINE. s. f. (R. écarlate). T. Méd. La sc. est une fièvre éruptive, contagieuse, caractérisée par le développement, à la surface du corps tout entier, de taches larges et irrégulières d'un rouge éclatant, d'aspect granité; elle débute généralement par une angine. Cette affection présente une marche régulière dans laquelle on distingue trois périodes précédées d'un stade d'incubation, de quatre à sept jours, qui correspond au temps qui s'écoule depuis l'introduction de l'agent infectieux dans l'économie jusqu'à l'apparition des premiers symptômes.

La première période dite d'invasion est marquée par un malaise général accompagné de frissons, de céphalalgie, d'une fièvre vive, d'angine, parfois de troubles gastro-intestinaux et, dans quelques cas rares, d'accidents nerveux : convulsions, délire, coma. Deux jours plus tard, ou quelquefois après vingt-quatre heures, commence la deuxième période, caractérisée par l'éruption qui envahit le cou, les membres, le tronc. La peau présente alors, le plus souvent, une coloration uniforme, d'un rouge écarlate et framboisé. D'autres fois, cette coloration n'existe que par larges plaques irrégulières que séparent des intervalles où la peau paraît normale. Dans certains cas enfin, la peau présente une multitude de petits points rouges et réguliers. L'éruption est souvent accompagnée de prurit et d'une tuméfaction considérable de la peau, surtout à la face, aux mains et aux pieds. La muqueuse buccopharyngée a une teinte rouge particulière; la langue présente une surface rouge et hérissée de petites saillies (langue framboisée). Il n'est pas rare de constater un enduit pultacé à la surface des amygdales; les ganglions du cou sont indurés; la fièvre est vive, la température voisine de 40°; l'urine est rouge. La troisième période de la maladie ou période de desquamation commence vers le septième jour, l'exanthème pâlit, les interstices qui séparent les plaques deviennent plus grands, la peau n'est plus aussi tuméfiée, la fièvre tombe, le mal de gorge disparaît et, au bout de trois ou quatre jours, il n'y a plus trace de rougeur. La desquamation s'opère dans le même ordre que l'éruption; elle n'est pas furfuracée comme dans la rougeole mais se fait par grandes écailles comme à la face au cou, ou par très larges plaques comme aux pieds et aux mains; parfois on voit l'épidémie d'un orteil ou d'un doigt se séparer tout d'une pièce comme un doigt de gant. Cette période dure en moyenne quinze jours et parfois davantage.

La sc. peut revêtir certaines formes très graves, foudroyantes, amenant la mort en une journée; parmi ces formes redoutables, signalons la sc. hémorrhagique avec épistaxis, hématurie, pétéchies. Dans quelques cas, la sc. est fruste, les symptôme sont à peine marqués et passent parfois inaperçus; cependant on peut voir survenir, comme dans les cas ordi-

naires, les complications suivantes : angine diphtérique ou streptococcique, hématurie, anasarque, œdèmes localisés (face, larynx), suppurations diverses, otite; la plus fréquente est la néphrite avec albuminurie qui peut se manifester à toutes les périodes de la maladie, même à la fin de la desquamation, et est souvent l'origine d'une néphrite chronique (maladie de Bright).

La sc. est épidémique et contagieuse, surtout à la dernière période; les squames épidermiques sont particulièrement dangereuses à cet égard. Le microbe de la maladie est encore inconnu. La sc. frappe surtout les enfants; une première atteinte confère généralement l'immunité.

Dans les cas simples, le traitement est surtout hygiénique; la diète, le repos au lit, le régime lacté, sont les seuls moyens employés. Les affusions et les lotions froides donnent de bons résultats dans les formes ataxiques ou nerveuses; l'acétate d'ammoniaque, le bromure de sodium, l'éther, sont les médicaments les plus utilisés, mais nous devons insister sur le régime lacté exclusif pendant toute la durée de la maladie par crainte de néphrite; l'urine doit être analysée à différentes reprises, on veillera à l'antisepsie de la bouche et des fosses nasales. Le traitement des complications varie selon leur nature. Le scarlatineux doit être isolé et, après sa guérison, il faut procéder à la désinfection et à l'aération du local qu'il a occupé.

SCARLATINEUX, EUSE. adj. [Pr. skarlati-neu, euze]. T. Méd. Qui a rapport à la scarlatine, qui en dépend.

SCARLATINIFORME. adj. 2 g. (R. scarlatine, et forme). T. Méd. Qui ressemble à la scarlatine.

SCARLATTI, compositeur napolitain (1649-1725).

SCAROLE. s. f. Voy. SCARIOLE.

SCARPA, chirurgien et anatomiste ital. (1747-1832).

SCARPE, riv. de France, prend sa source dans le dép. du Pas-de-Calais, arrose Arras, Douai, et se jette dans l'Escaut (rive gauche), 100 kil.

SCARRON, poète et écrivain fr. (1610-1660), créateur du genre burlesque. On cite parmi ses œuvres le Virgile travesti, le Roman comique et des comédies. Il avait épousé, en 1652, Françoise d'Aubigné, qui fut depuis Mme de Maintenon.

SCASON. s. m. [Pr. ska-zon]. Voy. SCAZON.

SCATOL. s. m. (gr. σκῶρ, σκατός, excrément). T. Chim. Dérivé méthylé de l'indol. On le rencontre avec l'indol dans les excréments des carnivores et dans les produits de la putréfa tion des matières albuminoïdes. On peut le préparer synthétiquement en chauffant à 220° de l'aniline avec de la glycérine en présence du chlorure de zinc. Le s. cristallise en lames hexagonales, peu solubles dans l'eau; il possède une odeur très intense de matières fécales; il fond à 94° et bout à 265°.

SCATOMYZIDES. s. f. pl. (gr. σκατός, excrément; μυῖα, mouche). T. Entom. Tribu d'insectes Diptères. Voy. MUSCIDES.

SCATOPHAGE. s. m. (gr. σκατός, excrément; φαγεῖν, manger). T. Entom. Genre d'insectes Diptères. Voy. MUSCIDES.

SCAZON ou **SCASON.** s. m. (gr. σκάζειν, boiter). T. Versif. lat. Sorte de vers iambique. Voy. IAMBE.

SCEAU. s. m. [Pr. sô] (lat. sigillum, m. s., de même origine que signum, signe). Sorte de grand cachet gravé en creux, dont on fait des empreintes soit de la cire ou autrement sur des lettres, des diplômes, des actes, etc., pour les rendre authentiques; et l'empreinte même qui résulte de l'apposition du sceau. Le sc. de l'empereur. Les sceaux de l'État. Le sc. d'un notaire. Mettre, apposer le sc. La contrefaçon du sc. de l'État et l'usage d'un sc. contrefait sont punis des travaux forcés à perpétuité. — Absol., Les sceaux, Les sceaux de l'État, ceux qu'on appose à tous les actes émanés directement de l'autorité souveraine. Le garde des sceaux, Le ministre de la justice à qui ils sont confiés. Le roi lui donna les sceaux, Il le nomma garde des sceaux. Dans un sens opposé, *Le roi lui retira les sceaux*. *Un tel a rendu les sceaux*, Il a donné sa démission de garde des sceaux, etc. || Par ext., *l'action de sceller*, ainsi que *Le temps et le lieu où l'on scelle*, où l'on appose les sceaux de l'État aux actes qui en doivent être revêtus. *Il y aura sc. tel jour. Tenir, donner le sc.*, *Aller au sc.* On dit de même : *La division du sc. au ministère de la justice. Ces lettres de grâce ont passé au sc.*, On les a scellées. *Ces lettres ont été refusées au sc.*, On n'a point voulu les sceller. *S'opposer au sc.*, S'opposer à ce que des lettres soient scellées. || Fig., *Confier quelque chose sous le sc. du secret, sous le sc. de la confession*, A condition que le secret en sera inviolable. — *Mettre le sc. à une chose*, La consommer, la rendre complète. *Il a mis le sc. à sa réputation, à son infamie.* — *Le sc. du génie, le sc. de la perfection*, se dit des qualités éminentes qui caractérisent un ouvrage, du haut degré de perfection où il a été porté. *Ses écrits sont empreints du sc. du génie* — *Sc. de réprobation*, la flétrissure notoire dont un homme est atteint. *Il est marqué d'un sc. de réprobation, il porte un sc. de réprobation.* || T. Bot. *Sc. de la Vierge, Sc.-de-Notre-Dame*, le *Tamus communis.* Voy. DIOSCORÉES. *Sc.-de-Salomon*, le *Polygonatum.* Voy. LILIACÉES, III.

Hist. — I. — On entend par *Sceau*, tantôt une marque ou empreinte extérieure, en cire ou en métal, qu'on ajoute à un

acte pour en attester l'authenticité, et tantôt le type même qui sert à faire cette empreinte. L'étude des sceaux forme une des branches les plus importantes de la diplomatique. Les auteurs le désignent sous le nom de *Sigillographie*, ou sous celui de *Sphragistique*. C'est qu'en effet les formules finales qui les annoncent, la manière dont ils sont employés, leurs types, leurs dimensions, leurs couleurs, leur style, etc., donnent lieu à une foule d'observations qui sont d'un grand secours pour distinguer l'âge et l'authenticité des anciens titres.

Divers passages de l'Écriture sainte, et les nombreux cylindres gravés en creux que l'on a trouvés dans l'ancienne Assyrie, prouvent que l'usage de sceller les lettres ou les actes remonte à la plus haute antiquité. Les Grecs, qui empruntèrent cet usage à l'Orient, appelaient l'empreinte du sc. βούλλα. Chez les Romains, où le type du sc. était ordinairement monté en bague, on le désignait ordinairement par le mot *annulus*, accompagné d'une des épithètes *signatorius, sigillarius, cerographicus*, etc. On employait aussi dans le même sens les mots *sigillum, bulla, signaculum* et *signum*; mais, à partir du VIᵉ siècle, ce dernier ne fut guère usité que pour désigner, tantôt les croix destinées à remplacer les signatures, tantôt les monogrammes ou les

paraphes. En France, sur les diplômes de l'époque mérovingienne, le sc. est le plus souvent annoncé par cette formule : *Annulo nostro* ou *annuli nostri impressione decrevimus roborari*. Sous les Carolingiens et les premiers Capétiens, le sc. est appelé, tantôt *annulus*, tantôt *sigillum*, quelquefois *bulla*. Enfin, au XIIᵉ siècle, *annulus* tomba en désuétude, et *sigillum* seul fut conservé. Quant à *bulla*, on le réserva aux sceaux des papes et des souverains, et plus spécialement encore pour désigner les empreintes en métal. De même que, par extension, on donna le nom de *bulles* aux lettres des souverains pontifes et aux constitutions des empereurs d'Allemagne, on appela aussi quelquefois les actes des autres princes *sigilla* ou *sigillationes*.

Le sceau a été primitivement imaginé pour suppléer à l'ignorance et tenir lieu des signatures. Toutefois, même dans l'antiquité, on a eu souvent recours aux deux moyens pour attester la vérité d'un acte. A Rome, par ex., le droit prétorien avait établi qu'un testament serait valable s'il était marqué de l'anneau de sept témoins; mais, dans la suite, une constitution impériale obligea les témoins à ajouter leurs signatures. Dans notre pays, sur les diplômes des deux premières races, le sc. vient ordinairement à l'appui du monogramme ou de la souscription royale; quelquefois cependant il la remplace. Du VIIIᵉ au XIᵉ siècle, les sceaux deviennent fort rares, et il semble que les souverains en aient seuls conservé l'usage. Dès la fin du Xᵉ, quelques grands vassaux se firent faire des sceaux, mais l'emploi n'en devint commun que deux cents ans plus tard. On vit alors les prélats, les seigneurs laïques, les femmes, les églises, les communautés de toute espèce, et jusqu'aux bourgeois, adopter à l'envi des types particuliers, qui favorisaient l'ignorance en dispensant de signer. Vers le temps de la Renaissance, l'écriture s'étant vulgarisée, les signatures autographes firent peu à peu abandonner les sceaux. Aujourd'hui leur usage est réservé à l'État et aux établissements publics, et ceux des particuliers ne sont plus que de simples cachets sans aucune autorité.

A l'époque où l'emploi des sceaux devint général, on imagina d'en former plusieurs catégories. Dans les chancelleries, on appelait *grand sc., gros sc., sc. authentique* ou *sc. public* (*sc. de majesté* en Allemagne), le principal de tous, celui dont on se servait dans les occasions les plus importantes : le prince y était représenté revêtu des marques et des attributs de la souveraineté (la figure ci-contre représente le sc. de saint Louis). Le *petit sc., sc. secret, sc. privé*, était celui que l'on apposait sur les pièces d'un intérêt secondaire; il offrait des figures variables à l'infini. Quelques souverains ont même fait usage de trois sceaux différents. Philippe de Valois, par ex., a scellé : du grand sc., représentant le roi assis sur son trône, d'un petit sc. qui portait trois fleurs de lis surmontées d'une couronne; d'un sc. secret, de petites dimensions, représentant l'écu de France semé de fleurs de lis. Enfin, dans le même État, il y avait quelquefois des sceaux particuliers pour les actes relatifs à certaines provinces : tel était celui dont se servait Charles V, comme dauphin de Viennois. En général, on ne mettait qu'un seul sc. sur les actes; quelquefois cependant on en apposait deux. C'est ainsi qu'en 1312, lorsque Philippe le Bel supprima le parlement de Toulouse, les lettres patentes qu'il fit expédier à cet effet furent scellées du grand sc. de la couronne dont le grand chancelier était chargé, et du sc. secret dont le grand chambellan avait la garde. Pour prévenir la fraude et empêcher que l'on ne transportât le sc. d'un acte vrai à un acte faux, on apposait sur le revers du sc. une deuxième empreinte différente de celle du sc. proprement dit : c'est à cette deuxième empreinte qu'on donne le nom de *Contre-sc.*, ou *Contre-scel*. Tous les sceaux métalliques en sont munis, mais on ne commença qu'au Xᵉ siècle à en donner aux empreintes de cire. — Il n'y a jamais eu rien de fixe quant à la forme des sceaux. Néanmoins, on peut dire qu'en général on a adopté celle du cercle, de l'ogive et de l'ovale. La première est la plus fréquente : on l'a employée de tout temps et pour les personnes de toute condition. La seconde est particulière au moyen âge, et s'est montrée avec le style ogival. Elle devint aussitôt l'attribut des prélats, des chapitres, des abbayes, et en général de tous les gens d'Église. Les dames l'adoptèrent également, surtout à partir du XIII° siècle. Quant à la forme ovale, elle a été généralement usitée chez les anciens, ainsi que sous les rois des deux premières races, attendu que les types employés à cette époque pour sceller les actes royaux consistaient presque toujours en pierres gravées antiques qu'on encastrait dans une bordure métallique, sur laquelle on gravait la légende. — On s'est servi, pour faire les matrices des sceaux, de pierres fines, de marbre, de bois, d'or, d'argent, de cuivre, d'acier, et, pour obtenir les empreintes, de la plupart des substances malléables, principalement de cire et de plomb. La cire a été, dès la plus haute antiquité, la matière la plus usitée; néanmoins on l'employait rarement seule; mais on y incorporait diverses matières, soit pour en augmenter la consistance, soit pour lui donner quelque coloration particulière. Jusque vers le XII° siècle, les diplômes royaux en France furent scellés avec une cire blanchâtre; mais, depuis cette époque, les empreintes des sceaux ont été jaunes, vertes ou rouges. Les sceaux des premiers siècles du moyen âge étaient si minces et formés d'une cire si molle quand elle était récente, qu'ils se brisaient ou s'effaçaient au moindre contact. Pour remédier à cet inconvénient, on imagina de recouvrir la cire d'un papier qui recevait et conservait la figure du type. Cette innovation commença vers la fin du IV° siècle, mais elle ne se développa qu'au XVI°. On a scellé en bronze, en étain, en or, en argent, mais surtout en plomb. Déjà les empereurs romains scellaient fréquemment en plomb. À leur imitation, les papes adoptèrent le même usage, au moins à partir du VII° siècle, et le transmirent aux évêques et aux communautés ecclésiastiques, dans presque toute la chrétienté. Mais il fut peu usité parmi les laïques; ils ne l'adoptèrent que dans quelques provinces. En France, par ex., il n'y eut guère que les barons du Dauphiné, de la Provence et du comtat Venaissin, qui scellussent ordinairement en plomb; partout ailleurs on préférait la cire. Les plus anciennes bulles d'or appartiennent à Charlemagne. L'exemple de ce prince fut suivi par plusieurs de ses successeurs, ainsi que les empereurs d'Allemagne et ceux d'Orient, les rois de Castille, d'Aragon, de Sicile, de Danemark et d'Angleterre, les princes de Calabre, les doges de Venise, les ducs de Lorraine, et un petit nombre de papes. Du reste, les sceaux de cette espèce ne furent jamais été prodigués : on les réservait pour les actes les plus importants, et l'on variait leurs dimensions et leur poids suivant la qualité du personnage avec lequel on traitait. Ainsi, il y en avait qui ne pesaient guère plus de 30 grammes, tandis que d'autres en pesaient 500 et même plus. L'usage de sceller en argent, en cuivre et en étain, n'a existé qu'exceptionnellement et dans un très petit nombre de pays.

Les sceaux se sont toujours appliqués sur les actes de deux manières : ils ont été *pendants*, c.-à-d. suspendus au papyrus ou au parchemin par des liens, ou *plaqués*, c.-à-d. simplement fixés à plat sur la pièce. Les sceaux métalliques ont toujours été pendants. Quant aux sceaux de cire ou d'autre matière molle, on les a plaqués jusqu'au IX° siècle, où l'on a commencé à les suspendre, mais cette coutume ne devint générale que dans le courant du XII°. Enfin, dans la première moitié du XIV° siècle, l'ancien système se montra de nouveau, et fut peu à peu adopté par toutes les chancelleries : c'est le seul qu'on suive aujourd'hui. On attachait les sceaux pendants aux actes, soit à l'aide d'un lambeau taillé ordinairement dans la marge inférieure du titre, et vulgairement appelé *Queue*, soit avec une lanière distincte, courroie, ruban ou cordelette de fil, de soie ou de laine, etc., qui passait dans une double fente du parchemin et dont les extrémités traversaient le sc. On scellait sur *simple queue* ou sur *double queue*, suivant qu'on pratiquait l'un ou l'autre de ces modes. Pour fixer les sceaux plaqués, on faisait, dans le bas de l'acte, une incision en forme d'étoile ou de croix, et l'on y introduisait une assez grande quantité de cire, qui, en s'aplatissant sous la pression du type, s'étendait des deux côtés du parchemin et dépassait en tous sens l'ouverture.

II. — Le soin de garder et d'apposer le sc. de l'État a été de tout temps confié à un haut fonctionnaire. Sous les Mérovingiens, ce fonctionnaire prenait le titre de *Grand référendaire*. Sous les Capétiens, la garde des sceaux fut longtemps jointe à la charge de Chancelier. Ce fut seulement en 1551, qu'un office de *Garde des sceaux* fut créé à côté de celui de Chancelier. Ce dernier resta le chef de la magistrature, tandis que le Garde des ceaux, qui était ordinairement son successeur désigné, fut chargé de tout ce qui avait rapport à l'expédition des lettres patentes et de toutes les pièces qui devaient être scellées du grand sc. Le Garde des sceaux prenait rang immédiatement après le Chancelier; il avait le même costume, la simarre rouge et le mortier à double galon. En outre, il portait suspendues à son cou les clefs

du coffre où étaient renfermés les sceaux. Très souvent cependant les deux dignités de Chancelier et de Garde des sceaux furent réunies dans la même personne. Les attributions du Garde des sceaux ont souvent varié selon le bon plaisir des rois. Sa principale fonction était d'avoir la garde du grand sc. du roi, du sc. particulier dont on usait pour la province du Dauphiné, des contre-scels de ces deux sceaux, etc. Il scellait toutes les lettres qui devaient être expédiées sous les sceaux dont il était dépositaire. Il avait aussi l'inspection sur les sceaux des chancelleries établies près des cours et des présidiaux, et nommait à tous les offices de ces chancelleries. Il recevait le serment des gouverneurs particuliers de toutes les villes du royaume. Il accordait toutes les lettres de pardon, rémission, abolition, commutation de peine, érection en marquisat, comté, baronnie et autres grâces dépendantes du sc. La Révolution française supprima l'office et le titre de Garde des sceaux. En 1814, la Restauration fit revivre, non l'office, mais simplement le titre, qui fut attribué au Ministre de la justice et que ce dernier a conservé depuis lors. — De plus, une ordonnance royale du 15 juillet 1814 institua auprès du Ministère de la justice, sous le titre de *Référendaires au sc.*, 12 officiers qui furent exclusivement chargés de la poursuite des demandes relatives au titres, majorats et dotations; aux remises ou réductions des droits de sc. affectés à l'expédition des lettres de naturalisation, de service à l'étranger, de réintégration dans la qualité de Français, de dispenses d'âge, de parenté et d'alliance pour mariage, ainsi qu'aux changements et additions de noms. Les charges de ces officiers furent déclarées transmissibles. Enfin, lorsque l'empereur Napoléon III, désireux de sauvegarder les titres de la noblesse ancienne et nouvelle, eut fait porter la loi du 28 juin 1858 contre l'usurpation de titres et formules nobiliaires, il établit, en outre, pour assurer l'exécution de cette loi, par décret du 8 janvier 1859, un *Conseil du sc. des titres*, analogue au conseil de même nom qu'avait créé Napoléon I°, et qu'avait supprimé la restauration. Ce Conseil se composait de 3 sénateurs, de 5 conseillers d'État, de 2 membres de la Cour de cassation, de 3 maîtres des requêtes, d'un commissaire impérial et d'un secrétaire. Il délibérait et donnait son avis : sur les demandes de collation, confirmation et reconnaissance de titres renvoyées à son examen; sur les demandes en vérification de titre; sur les demandes en remise totale ou partielle des droits de sc.; et généralement sur toutes les questions qui lui étaient soumises par le Garde des sceaux. Le conseil du sc. a été supprimé et remplacé le 10 janvier 1872 par le conseil d'administration établi près du ministère de la justice. D'autre part, un décret, en date du 12 juin 1892, porte suppression, par voie d'extinction, des Référendaires au sc. Un certain nombre d'actes donnent lieu à la perception des droits de sc. : tels sont les admissions à domicile, les naturalisations, les changements de noms, les dispenses de parenté ou d'alliance. Remise totale ou partielle de ces droits peut être accordée par le chef de l'État, sur la proposition du ministre de la justice.

SCEAUX, ch.-l. d'arr. du dép. de la Seine, à 10 kil. S. de Paris; 3,600 hab. Restes peu intéressants d'un parc et d'un château construits par Colbert.

SCEL. s. m. [Pr. *sel*] (lat. *sigillum*, s. m.). Ancienne forme du mot Sceau; ne se disait guère que dans ces phrases de Chancellerie et de Palais. *Le scel secret du roi. Le scel du Châtelet de Paris.* En parlant du petit sceau, on disait, *Scel* et *contre-scel*.

SCÉLÉRAT, ATE. adj. [Pr. *sélé-ra*] (lat. *sceleratus*, de *scelus*, crime). Coupable ou chargé de grands crimes. *Ame scélérate.* — Subst., *C'est un s., un grand s.*

Toujours les scélérats ont recours au parjure.
RACINE.

|| En parlant des choses, Perfide, noir, atroce. *Une conduite scélérate.* || T. Bot. *Scélérate*, la renoncule vénéneuse.

SCÉLÉRATESSE. s. f. [Pr. *sélé-ra-tè-se*]. Méchanceté noire. *C'est une s. insigne. Il y a de la s. à cela.*

SCÉLITE. s. f. [Pr. *sé-lite*] (gr. σκέλος, jambe). Pierre figurée qui représente la jambe humaine.

SCELLÉ. s. m. [Pr. *sè-lé*] (R. *scel*). T. Procéd. On appelle *Scellé*, la cire empreinte d'un sceau qui est apposée par autorité de justice sur les ouvertures d'un appartement ou d'un meuble, afin d'assurer la conservation de ce qu'il renferme. En matière civile, l'apposition des scellés est faite par le juge de paix ; elle est prescrite pour la conservation des droits des tiers, en cas d'absence, de faillite, d'interdiction, de séparation de biens, et en cas de décès. Elle a lieu, tantôt à la requête des ayants droit, des héritiers, du conjoint survivant, de l'exécuteur testamentaire, des créanciers ayant un titre exécutoire, etc., tantôt d'office par le juge de paix lui-même ou à la diligence du ministère public. Tous ceux qui ont le droit de faire apposer les scellés peuvent en requérir la levée. En matière criminelle, les scellés sont également apposés, mais par les officiers de police judiciaire, sur tout ce qui peut servir à la constatation du délit. — L'enlèvement illégal des scellés, ou, comme on l'appelle, le *Bris de s.* est un délit qui entraîne une amende et de la prison. (C. civ., 819-21; C. Proc., 907-40; C. Pén., 249-53.)

SCELLEMENT. s. m. [Pr. *sè-le-man*] T. Maçonn. Action de sceller ou l'ouvrage qui en résulte. || Par ext., L'extrémité de la pièce de bois ou de métal, qui est scellée.

SCELLER. v. a. [Pr. *sè-ler*] (R. *scel*). Mettre, appliquer le sceau à une lettre de chancellerie, etc. *S. des lettres patentes. S. en cire, en plomb. Sa grâce a été scellée.* || Apposer les scellés, par autorité de justice, à une porte, à un cabinet, etc., pour empêcher d'on rien enlever. *Le juge de paix a scellé cette armoire.* || *S. un vase, une bouteille,* Les fermer, les boucher avec une espèce de mastic. — T. Chim. Boucher. *S. un vase hermétiquement,* Voy. Hermétiquement. || T. Maçonn. Arrêter, fixer l'extrémité d'une pièce de bois ou de métal dans un mur, dans la pierre, avec du plomb, du soufre, du plâtre ou du mortier. *S. des crampons dans une muraille. S. en plâtre.* || Fig., Confirmer, affermir. *Ils ont fait un traité qu'ils ont scellé par un double mariage de leurs enfants.* = Scellé, ée. part.

SCELLEUR. s. m. [Pr. *sè-leur*]. Celui qui scelle, qui appose le sceau.

SCÈNE. s. f. [Pr. *sè-ne*] (lat. *scena,* gr. σκηνή, m. s., propr. *tente*). La partie du théâtre où les acteurs représentent les pièces dramatiques, *La s. était remplie d'acteurs. S. en. que cette actrice entra en s., parut sur la s.* — *Mettre un personnage sur la s.,* Le représenter dans un ouvrage dramatique. On dit de même, *Mettre, transporter un événement, une action sur la s.* — *Mettre un ouvrage en s.,* Régler la manière dont les acteurs doivent le représenter. On dit en ce sens, *La mise en s. d'une pièce.* || Fig., *Paraître sur la s.,* se dit d'un homme qu'on vient de mettre dans un poste éminent, ou Qui commence à prendre une part considérable aux affaires publiques. On dit de même, *Être en s.; Occuper la s, Paraître, briller sur la s. du monde.* Fig. et fam., on dit encore d'un homme qui a toujours un maintien apprêté, des manières composées, comme s'il était en présence d'un grand nombre de personnes qui eussent les yeux sur lui, *Il est toujours en s.* = La décoration du théâtre. *La s. représentait le palais d'Auguste. La s. change.* || Fig., *La s. change,* va changer, se dit d'un changement considérable dans l'état d'arriver ou qui est près d'arriver dans une affaire. || Par analogie, se dit d'un ensemble d'objets qui s'offre à la vue. *Cette contrée offre une suite de scènes qui enchantent.* = Le lieu où s'est passée ou est censée s'être passée l'action qui fait le sujet de la pièce. *La s. est à Rome, à Babylone, à Paris, etc. Dans Iphigénie, la s. est en Aulide, dans la tente d'Agamemnon.* — *Ouvrir la s.,* Commencer la représentation, paraître le premier sur le théâtre. *Dans Macbeth, la s. s'ouvre par les imprécations, de trois sorcières.* || Par anal., Le lieu où se passe l'action qui fait le sujet d'un tableau, *Ce tableau représente une halte de soldats; la s. est un lieu agreste et sauvage.* || Fig., se dit du lieu où se passent des événements intéressants, extraordinaires. *Au printemps suivant, la s. ouvrit par un spectacle nouveau.* = Chaque partie du poème où l'entretien d'acteurs n'est interrompu ni par l'arrivée d'un nouvel acteur ni par la sortie d'un de ceux qui sont sur le théâtre. *On divise les pièces en actes, et les actes en scènes. S. première, deuxième, etc. La liaison, l'enchaînement des scènes. Voilà une belle s. Une s. passionnée, intéressante. Cette s. est faible, languissante. S. muette,* Voy. Muet. || Fig., se dit de toute action qui offre quelque chose de vif, d'animé, d'intéressant, d'extraordinaire. *Je viens d'être témoin d'une s. attendrissante, d'une s. bien bouffonne. Où s'est passée cette s.? — Faire une s. à quel-

qu'un,* L'attaquer violemment de paroles. *Il ne faut point donner de scènes au public,* Il ne faut point donner lieu au public de s'occuper de soi. = *Scène,* se dit aussi pour Art dramatique. *Les plaisirs, les jeux de la s. Les maîtres, les chefs-d'œuvre de la s. La s. tragique, comique. Cet auteur entend bien la s.* = Avant-scène. s. f. Voy. ce mot.

SCÉNIQUE. adj. 2 g. [Pr. *sé-nike*] (lat. *scenicus,* gr. σκηνικός, m. s.). Qui a rapport à la scène, au théâtre. *Les jeux scéniques des anciens.*

SCÉNITE. adj. 2 g. [Pr. *sé-nite*] (gr. σκηνίτης, m. s. de σκηνή, tente). Qui vit sous des tentes. *Les peuples scénites.*

SCÉNOGRAPHIE. s. f. [Pr. *sénogra-fi*] (gr. σκηνή, scène; γράφω, je dessine). T. Peinture. L'art de représenter les objets en perspective, et particulièrement les sites et les édifices; se dit surtout de l'art de peindre les décorations scéniques. || Se dit aussi de ces sortes de représentations. *La s. d'un palais, d'un temple, d'une ville.*

SCÉNOGRAPHIQUE. adj. 2 g. [Pr. *séno-grafike*]. Qui a rapport à la scénographie. *Représentation scénographique.*

SCÉNOGRAPHIQUEMENT. adv. [Pr. *sé-nografike-man*]. Selon les règles de la scénographie.

SCÉNOPÉGIE. s. f. [Pr. *séno-péji*] (gr. σκηνή, tente; πηγνύω, je plante). T. Antiq. Nom grec de la fête des Tabernacles, chez les Hébreux. Voy. Tabernacle.

SCEPTICISME. s. m. [Pr. *sep-ti-sisme*] (gr. σκέπτομαι, j'examine). Doctrine philosophique de ceux qui nient que l'homme puisse atteindre la vérité; se dit par oppos. à Dogmatisme. *Le s. de Pyrrhon, de Montaigne.* Voy. Pyrrhonisme et Philosophie. || Affectation de douter de tout. *Il porte dans l'histoire un s. qui lui fait révoquer en doute les faits les mieux constatés. Rien n'égale son s. en amour.*

SCEPTIQUE. adj. 2 g. (lat. *scepticus,* gr. σκεπτικός, m. s.). Se dit des philosophes qui professaient le scepticisme. *Les philosophes sceptiques.* || Qui affecte de douter de tout ce qui n'est pas prouvé d'une manière positive, incontestable. *C'est un historien s., un esprit s.* || Se dit subst. dans les deux acceptions qui précèdent. *Les sceptiques ne niaient ni n'affirmaient. C'est un s., une s.*

SCEPTIQUEMENT. adv. [Pr. *septike-man*]. D'une manière sceptique.

SCEPTRE. s. m. [Pr. *septre*] (lat. *sceptum,* gr. σκῆπτρον, m. s., propr. *bâton* pour s'appuyer, de σκήπτομαι, je m'appuie). Espèce de bâton de commandement qui est une des marques de l'autorité monarchique. *Le roi, l'empereur avait la couronne sur la tête et le s. à la main.* || Fig., Le pouvoir souverain, la royauté même. *Le s. de ses aïeux se brisa dans ses mains. — Un s. de fer,* Une autorité dure et despotique. *Le s. et l'encensoir,* L'autorité temporelle et l'autorité spirituelle. || Fig., se dit encore pour exprimer la supériorité, la prééminence en quelque chose que ce soit. *Cette nation a le s. des mers, de l'industrie, du commerce, des arts. Il tient le s. de la poésie.*

SCÉVOLE. s. m. [Pr. *sé-vole*] (lat. *scævolus,* gaucher, manchot). T. Bot. Genre de plantes Dicotylédones (*Scævola*) de la famille des Goudéniées. Voy. ce mot.

SCEY-SUR-SAÔNE. ch.-l. de c. (Haute-Saône), arr. de Vesoul; 1,600 hab.

SCHABRAQUE. s. f. [Pr. *cha-brake*] (all. *schabracke,* du turc, *tchaprak,* m. s.). Voy. Chabraque.

SCHADOW, sculpteur prussien (1764-1850).

SCHAERBECK, comm. de Belgique, un des faubourgs de Bruxelles; 56,000 hab. Fonderies de fer, grande industrie.

SCHAFARICK (Paul), philologue et littérateur slave (1795-1861).

SCHAFF. s. m. [Pr. *chaf*]. T. Métrol. Mesure de capacité allemande valant environ 439 litres. Voy. Capacité.

SCHAFFHOUSE, c. de la Suisse; 38,300 hab., cap. *Schaff-house*; 12,500 hab., près de la chute du Rhin.

SCHAH. Voy. Chah.

SCHAKO ou **SHAKO**. s. m. [Pr. *cha-ko*] hongrois *czako*, m. s.). On nomme ainsi la coiffure militaire en usage dans la plus grande partie de l'armée française. Cette coiffure, qui, à l'origine, était propre aux hussards hongrois, fut adoptée chez nous, au XVII° siècle, pour les régiments de cavalerie légère organisés sur le modèle de ces soldats étrangers et sous le même nom. Au commencement du premier empire, le *Schako* fut substitué au chapeau à trois cornes dans tous les corps d'infanterie de ligne et d'infanterie légère; on le donna également au corps du génie et à l'artillerie à pied. La forme de cette coiffure a varié suivant les corps qui la portaient et suivant les temps. Aujourd'hui elle est la même pour la cavalerie, l'artillerie, le génie, et le train des équipages. Mais, en raison des corps, le *Schako* diffère par la couleur et par les ornements. C'est une coiffure ronde, élevée, aplatie au sommet, munie de jugulaires pour l'attacher par-dessous le menton; elle est ordinairement noire, bleue ou rouge, de feutre ou de drap, avec une carcasse de carton ou de bois, et ornée de plaques, d'une cocarde, de pompons ou d'aigrettes, de galons, etc., qui servent à différencier les différents corps et les grades. Le schako a été supprimé pour l'infanterie.

SCHALL. s. m. Voy. Châle.

SCHAMAN ou **SCHAMANE**. s. m. [Pr. *cha-man*]. Voy. Chaman.

SCHAMANISME. s. m. [Pr. *cha-manisme*]. Voy. Chamanisme.

SCHAMYL ou **CHAMYL**, chef du Caucase (1797-1871); après avoir fait la guerre de l'indépendance contre les Russes, il fut forcé de se rendre.

SCHAPBACHITE s. f. [Pr. *chap-ba-kite*]. T. Minér. Mélange de bismuthine, de galène et d'argyrose.

SCHAPSKA. s. m. [Pr. *chaps-ka*] (mot polon.). Coiffure polonaise adoptée dans le principe par les cavaliers de cette nation, et depuis par les lanciers de toutes les armées européennes; il est formé d'une calotte généralement en cuir bouilli, surmontée d'une plate-forme carrée, et orné, comme le schako, de plaques, de cocardes, d'aigrettes, de pompons et de galons variant suivant les nations et suivant les régiments. En France, cette coiffure a disparu avec la suppression des lanciers après la guerre de 1870-71. Voy. Lancier.

SCHAUMBOURG-LIPPE, principauté de l'Allemagne; 339 kil. car.; 39,200 hab. Cap *Buckebourg*; 5,200 hab.

SCHEDONE, peintre ital. (1570-1615).

SCHEELE, chimiste suédois, découvrit ou caractérisa le chlore, le baryum, le manganèse et la glycérine (1742-1786). — *Vert de Scheele*, Arsénite de cuivre. Voy. Arsenic.

SCHEELIN. s. m. [Pr. *chi-lin*] (R. *Scheele*, nom d'un chimiste suédois). T. Minér. S. *calcaire*, Syn. de *Scheelite*. || S. *ferrugineux*, Syn. de *Wolfram*.

SCHEELITE. s. f. [Pr. *chi-lite*] (R. *Scheele*, nom d'un chimiste suédois). T. Minér. Tungstate de chaux, en cristaux quadratiques ou en masses compactes, d'un éclat adamantin, d'une couleur blanche ou jaunâtre, accompagnant les minerais d'étain.

SCHEELITINE s. f. [Pr. *chi-litine*] (R. *Scheele*, nom d'un chimiste suédois). T. Minér. Tungstate de plomb, en petits octaèdres quadratiques, gris ou brunâtres, d'un éclat adamantin.

SCHEERÉRITE. s. f. [Pr. *ché-rérite*] (R. *Scheerer*, nom d'un naturaliste suisse). T. Minér. Cire fossile cristallisée en lames clinorhombiques, fragiles, incolores ou grises, fusibles à 44°.

SCHEFFEL. s. m. [Pr. *che-fel*]. T. Métrol. Mesure de capacité usitée en Allemagne et dont la valeur varie suivant les lieux. Voy. Capacité.

SCHEFFER (Ary), peintre fr., a emprunté ses sujets surtout à Gœthe et à Byron (1795-1858). || Son frère, Henri (1798-1861), également peintre, est connu par son tableau de l'*Arrestation de Charlotte Corday*.

SCHEFFERITE. s. f. [Pr. *chèf-férite*] (R. *Scheffer*, nom d'un chimiste suédois). T. Minér. Variété manganésifère d'augite.

SCHEIK. s. m. Voy. Cheik.

SCHELEM. s. m. [Pr. *che-lem*]. T. Jeu de whist. Coup qui consiste à faire toutes les levées. *Faire s.*

SCHELESTADT. Voy. Schlestadt.

SCHELLING, philosophe all. (1775-1854).

SCHELLING. s. m. [Pr. *chelin*]. T. Métrol. Voy. Shilling.

SCHÉMA ou **SCHÈME**. s. m. [Pr. *ché-ma*, *chè-me*] (gr. σχῆμα, figure). T. Astron. Se dit de la représentation des planètes, chacune en son lieu, pour un instant donné. || T. Iconogr. anat. et botan. Figure qui, à l'effet de démontrer la disposition générale d'un appareil, est exécutée en faisant abstraction de certaines particularités de forme, de volume ou de rapports. || T. Philos. Forme sous laquelle nous nous représentons un concept intellectuel. || T. Dr. Canon. Proposition rédigée en forme pour être soumise à un concile.

SCHÉMATIQUE. adj. 2 g. [Pr. *ché-matike*]. Qui a rapport au schème. *Dessin s.* Dans notre article Œil, *la figure 1 représente la coupe s. de cet organe*.

SCHÉMATIQUEMENT. adv. [Pr. *ché-matike-man*]. D'une manière schématique.

SCHÉMATISER. v. a. [Pr. *ché-mati-zer*]. Représenter d'une manière schématique. || T. de la Philosophie de Kant. Considérer les objets comme des abstractions. = Schématisé, ée. part.

SCHÉMATISME. s. m. [Pr. *ché-matisme*] (gr. σχηματισμός, figure, de σχηματίζειν, former, figurer, de σχῆμα, figure). T. Gramm. Différence de deux mots quand elle consiste uniquement dans la position de l'accent. || T. Philos. Dans le système de Kant, acte résultant de l'application des formes de l'entendement pur à celles de la sensibilité pure.

SCHÈME. s. m. Voy. Schéma.

SCHEMNITZ, v. de Hongrie; 18,600 hab.

SCHÈNE ou **SCHŒNE**. s. m. [Pr. *skè-ne*] (gr. σχοῖνος, jonc). T. Métrol. Anc. mesure itinéraire des Égyptiens. Voy. Itinéraire.

SCHÉRER, général fr. (1747-1804), commanda l'armée d'Italie en 1795, et fut remplacé par Bonaparte; il fut ministre de la guerre de 1797 à 1799.

SCHÉRIF. s. m. Voy. Chérif et Shérif.

SCHERZO. s. m. [Pr. *sker-zo*] (mot ital. sign. badinage). T. Mus. Morceau gai et léger. Voy. Menuet.

SCHIEDAM, v. de Hollande (Hollande-Méridion); 26,000 hab.

SCHIITES ou **CHIITES**. s. m. pl. T. Hist. Sectateurs d'Ali considéré comme premier calife. Voy. Mahométisme.

SCHILLER, poète tragique et historien all., auteur de *Guillaume Tell*, de *Marie Stuart*, de l'*Histoire de la guerre de Trente Ans*, etc. (1759-1805).

SCHILLERSPATH. s. m. [Pr. *chil-ler-spat*] (all. *schiller*, chatoiement; *spath*, spath). T. Minér. Variété de serpentine cristallisée en lamelles chatoyantes, jaunes ou brunes. On l'appelle aussi *Bastite* parce qu'on la rencontre à Baste dans le Hartz.

SCHILLOUKS, peuple de l'Afrique orientale, dans la région du Haut-Nil.

SCHILTIGHEIM, anc. ch.-l. de c. (Bas-Rhin), arr. de Strasbourg ; 5,000 hab., cédé à l'Allemagne en 1871.

SCHIMMELPENNINCK, homme d'État ; dernier grand pensionnaire de Hollande (1756-1825).

SCHINDYLÈZE. s. f. [Pr. *skin-dilè-ze*] (gr. σχινδύλησις, fragmentation). T. Anat. Articulation de deux os au moyen d'une languette longue et mince.

SCHINUS. s. m. [Pr. *ski-nus*] (gr. σχῖνος, lentisque). T. Bot. Genre de plantes Dicotylédones de la famille des *Anacardinécés*. Voy. ce mot.

SCHINZNACH, v. de Suisse (Argovie) ; 2,400 hab. Eaux sulfureuses.

SCHIRAZ, v. de Perse. Voy. CHIRAZ.

SCHIRMECK, anc. ch.-l. de c. (Vosges), arr. de Saint-Dié ; 1,400 hab., cédé à l'Allemagne en 1871.

SCHISMATOBRANCHE. adj. 2 g. [Pr. *chis-mato...*] (gr. σχίσμα, séparation ; βράγχια, *branchies*). Dont les branchies s'ouvrent par une fente.

SCHISMATIQUE. adj. et s. 2 g. [Pr. *chis-matike*] (lat. *schismaticus*, gr. σχισματικός, m. s.). Qui fait schisme qui est dans le schisme, qui se sépare de la communion d'une Église. *Les Grecs schismatiques sont beaucoup plus nombreux que les Grecs catholiques. Les Persans sont des schismatiques aux yeux des Turcs.*

SCHISME. s. m. [Pr. *chis-me*] (gr. σχίσμα, séparation). T. Relig. On donne le nom de *Schisme* à toute division religieuse provenant du refus d'un certain nombre d'Églises ou d'individus de rester en communion avec l'Église catholique. Le s. diffère de l'*hérésie* en ce que celle-ci rompt l'unité de doctrine à laquelle elle s'attache, tandis que le premier a particulièrement pour résultat de rompre l'unité de ministère et de communion avec les pasteurs légitimes. — Les principaux schismes dont parle l'histoire ecclésiastique sont surtout celui des *Novatiens* au III° siècle, et celui des *Donatistes* au IV°; puis le *s. d'Orient*, et enfin, le *s. d'Angleterre*, au XVI°.

Les *Novatiens* se séparèrent de l'église catholique vers le milieu du III° siècle ; ils refusaient d'admettre à la pénitence ceux qui avaient apostasié dans la persécution, et ils réhabilitaient ceux qui entraient dans leur secte. — Le s. des *Donatistes* qui dura plus d'un siècle commença en 311 par le refus que fit *Donat*, évêque de Côtes-Noires, de reconnaître l'élection de Cécilien à la chaire épiscopale de Carthage.

Le *S. d'Orient*, le plus important de ceux qui ont divisé l'Église, eut son origine dans la prétention qu'élevèrent les évêques de Constantinople de s'arroger sur les Églises d'Orient la même juridiction que les papes exerçaient sur les Églises d'Occident. Le désaccord entre les deux Églises éclata au VIII° siècle, dans la question du culte des images. Rome ayant condamné les Grecs iconoclastes, ceux-ci l'accusèrent d'avoir frauduleusement interpolé le symbole de Nicée, et, par l'addition du *Filioque*, d'enseigner une doctrine hérétique sur la procession du Saint-Esprit. Ce fut sur ce terrain que Photius, patriarche intrus de Constantinople, engagea la lutte avec acharnement (858) ; mais telle était encore la prépondérance de Rome, qu'elle parvint à retarder de deux siècles la complète séparation des deux Églises. Ce fut le patriarche Michel Cérularius qui consomma le s. en 1054. L'Église grecque schismatique a conservé tous les sacrements, ainsi que les dogmes essentiels et fondamentaux du catholicisme : néanmoins sa doctrine présente avec celle du catholicisme quelques divergences. Ainsi, elle soutient que le Saint-Esprit procède uniquement du Père, et non du Fils ; elle nie le purgatoire, et croit que le sort définitif des âmes ne sera réglé qu'au jugement dernier ; que d'ici là, les prières peuvent apaiser la colère de Dieu. Enfin, elle ne se prononce pas d'une manière aussi absolue que l'Église catholique sur l'éternité des peines de l'enfer. Les différences relatives aux rites et à la discipline sont plus nombreuses encore. Tous les livres de liturgie sont rédigés dans la langue nationale ; les fidèles communient sous les deux espèces. Le clergé se divise en deux ordres, celui des *hiéromonaques* ou prêtres, voués au célibat, et comprenant les patriarches, les exarques, les métropolitains, les archevêques, évêques, archimandrites et tous les membres du clergé régulier ; et le clergé séculier, comme les popes, protopopes ou archiprêtres et les diacres, qui tous se marient avant leur ordination.

Le *S. d'Angleterre* fut accompli par Henri VIII, lorsque ce prince, pour secouer le joug du saint-siège qui refusait de rompre son mariage avec Jeanne d'Aragon, se déclara chef de l'*Église anglicane*, et défendit de reconnaître d'autre autorité spirituelle ou temporelle que la sienne. Il ne toucha néanmoins, ni aux autres points de doctrine, ni au culte extérieur établi dans l'Église catholique. Ce fut l'*acte d'uniformité*, rendu en 1562, sous le règne d'Élisabeth, qui établit définitivement l'Église anglicane telle qu'elle existe encore aujourd'hui, en adoptant la plupart des opinions de Calvin. Voy. PROTESTANTISME.

On appelle *S. d'Occident* la division qui eut lieu dans l'Église romaine au XIV° siècle, lorsqu'il y eut deux papes placés en même temps sur le saint-siège. Après la mort de Benoît XI, en 1304, il y eut successivement sept papes français d'origine, savoir : Clément V, Jean XXII, Benoît XII, Clément VI, Innocent VI, Urbain V et Grégoire XI, qui tinrent leur siège à Avignon. Le dernier, ayant fait un voyage à Rome, y tomba malade et y mourut le 13 mars 1378. Le peuple romain, jaloux de voir le souverain pontife résider à Rome même, s'assembla tumultueusement et signifia aux cardinaux réunis en conclave, qu'il voulait un pape romain, ou du moins italien de naissance. Les cardinaux, après avoir protesté contre la violence qu'on leur faisait et contre l'élection qui allait se faire, élurent, le 9 avril, Barthélemi Prignagno, archevêque de Bari, qui prit le nom d'Urbain VI. Mais cinq mois après, ces mêmes cardinaux réunis à Anagni et ensuite à Fondi, dans le royaume de Naples, déclarèrent nulle l'élection d'Urbain VI, comme faite par violence, et ils élurent à sa place Robert, cardinal de Genève, qui prit le nom de Clément VII. Celui-ci fut reconnu pour pape légitime par la France, l'Espagne, l'Écosse, la Sicile, l'île de Chypre, et il établit son séjour à Avignon. Urbain VI, qui faisait le sien à Rome, eut dans son obédience les autres États de la chrétienté. Cette division dura pendant 40 ans. Pendant cet intervalle, Urbain VI eut pour successeurs, à Rome, Boniface IX, Innocent VII, Grégoire XII, Alexandre V et Jean XXIII. Le siège d'Avignon fut tenu par Clément VII pendant 16 ans et durant 23 par Benoît XIII, son successeur. En 1409, le concile de Pise, assemblé pour éteindre le s., ne put en venir à bout ; vainement il déposa Grégoire XII, pontife de Rome, et Benoît XIII, pape d'Avignon ; vainement il élut à leur place Alexandre V : tous les trois eurent des partisans, et, au lieu de deux compétiteurs, il s'en trouva trois. Enfin, ce scandale cessa l'an 1417. Au concile de Constance, assemblé à cet effet, Grégoire XII renonça au pontificat ; Jean XXIII, qui avait remplacé Alexandre V, fut également forcé d'y renoncer, et Benoît XIII fut solennellement déposé. On élut Martin V, qui peu à peu fut universellement reconnu, quoique Benoît XIII ait vécu encore cinq ans et se soit obstiné à garder le titre de pape jusqu'à sa mort.

SCHISTE. s. m. [Pr. *chiste*] (gr. σχιστός, fendu, de σχίζω, je fends). T. Minér. Schiste est un terme générique qui s'applique à toutes les roches, soit terreuses, soit combustibles, soit agrégées, soit conglomérées, qui se divisent aisément en feuillets plus ou moins épais, et ne sont pas susceptibles de se délayer dans l'eau. — Le *S. ordinaire* ou commun est une roche argileuse, à composition assez variable. Elle est ordinairement mélangée de matières talqueuses, et il s'y joint encore quelques parties impalpables de feldspath, de quartz et quelquefois des paillettes de mica. Sa couleur est terne, grisâtre, verdâtre ou rougeâtre ; parfois noirâtre, quand le s. contient accidentellement de la houille ou de l'anthracite. Plusieurs espèces de roches talqueuses présentent également la texture schisteuse. Nous citerons d'abord la *Phyllade* de Cordier, appelé communément *S. ardoisier* et *S. tégulaire*, à cause de l'emploi qu'on en fait généralement pour la toiture (Voy. ARDOISE) ; puis la *Talcite* ou *S. talqueux*, et la *Novaculite* ou *S. coticule*, vulgairement *Pierre à rasoir*. Les roches micacées nous présentent aussi des espèces schistoïdes : tel est surtout le *Micaschiste*, roche grenue composée de mica et de quartz. Il en est de même des roches quartzeuses, où l'on trouve le *Phtanite*, appelé autrement *Jaspe schisteux*, le *Grès quartzeux avec s.* et le *Grès quartzeux phylladifère* de Cordier. Cette dernière roche, qui est presque toujours micacée, fournit les pierres connues sous le nom vulgaire de *Queues*, dont on se sert pour aiguiser les faux. Le *S. marneux* n'est autre chose qu'un mélange en proportions variables de s. argileux et de marne plus ou moins calcaire. Le *S. gris inflammable* à base de bitume, qu'on exploite pour en extraire la matière oléagineuse qu'il contient, et qu'on appelle communément S. bitumineux, est un composé de s. argileux proprement dit et d'une matière bitumineuse. Il forme des couches puissantes dans les terrains houillers de certaines localités, et notamment en France, dans les départements de Saône-et-Loire et de l'Allier. Voy. BITUMINEUX. Enfin, on désigne, sous les noms de S. graphique et d'Ampélite, une roche anthraciteuse, à texture schisteuse, et de couleur noir grisâtre, avec laquelle on fait les crayons dits de Pierre noire ou Pierre d'Italie, et appelés aussi Crayons de charpentier.

SCHISTEUX, EUSE. adj. [Pr. chis-teu, euze] (R. schiste). Qui peut se diviser en lames ou feuillets. Roche schisteuse.

SCHISTOCARPE. adj. 2g. [Pr. skis-tokarpe]. (gr. σχιστὸς, fendu; καρπός, fruit). T. Bot. Dont les fruits s'ouvrent en se fendant.

SCHISTOÏDE. adj. 2 g. [Pr. chis-to-ïde] (R. schiste, et gr. εἶδος, aspect). T. Hist. nat. Qui ressemble à du schiste.

SCHISTOSOME. adj. 2 g. [Pr. skis-to-some] (gr. σχιστὸς, fendu; σῶμα, corps). T. Térat. Se dit des monstres qui présentent une éventration sur toute la longueur de l'abdomen et n'ont pas de membres pelviens.

SCHIZOCÉPHALE. adj. 2 g. [Pr. ski-zo-séfale] (gr. σχίζω, je fends; κεφαλὴ, tête). T. Térat. Se dit de monstres dont la tête est divisée longitudinalement.

SCHIZANDRE. s. m. [Pr. ski-zandre] (gr. σχίζω, je divise; ἀνὴρ, ἀνδρος, mâle). T. Bot. Genre de plantes Dicotylédones (Schizandra) de la famille des Magnoliacées. Voy. ce mot.

SCHIZANDRÉES. s. f. pl. [Pr. ski-zandré] (R. schizandre). T. Bot. Tribu de plantes de la famille des Magnoliacées. Voy. ce mot.

SCHIZÉACÉES. s. f. pl. [Pr. ski-zé-a-sé] (R. schizée). T. Bot. Famille de Filicinées de l'ordre des Fougères.
Caract. bot. : Les sporanges sont généralement disposés sur des segments foliaires contractés en grappe ou en épi, comme dans l'Osmonde. Dans la Mohria, ils sont situés près du bord de la face inférieure de la feuille. Dans les Schizœa et Lygodium, ils sont disposés sur 2 rangs à la face inférieure des segments très étroits. Dans l'Aneimia, ils sont portés par les dernières ramifications des deux folioles inférieures de la feuille. Ces sporanges sont ovoïdes ou piriformes, sessiles; le sommet est occupé par un anneau polaire, de sorte que la déhiscence est longitudinale.
Les feuilles ressemblent dans les Lygodium à des tiges volubiles et peuvent atteindre 10 mètres de longueur.
Cette famille comprend 4 genres (Schizœa, Lygodium, Aneimia, Mohria), avec un petit nombre d'espèces habitant la plupart l'Amérique tropicale.

SCHIZÉE. s. f. [Pr. ski-zé] (gr. σχίζα, fente). T. Bot. Genre de Fougères (Schizea) de la famille des Schizéacées. Voy. ce mot.

SCHIZOGYNE. s. f. [Pr. ski-zo-jine] (gr. σχίζω, je fends; γυνὴ, pistil). T. Bot. Genre de plantes Dicotylédones de la famille des Composées, tribu des Radiées. Voy. COMPOSÉES.

SCHIZOPODES. s. m. pl. [Pr. ski-zopode] (gr. σχίζω, je fends; πούς, ποδὸς, pied). T. Zool. Fam. de Crustacés. Voy. MACROURES.

SCHIZOPTÈRE. adj. 2 g. [Pr. ski-zo-ptère] (g.. σχίζω, je fends; πτερόν, aile). T. Zool. Qui a les ailes fendues.

SCHIZOTHORAX. s. m. [Pr. ski-zo-toraks] (gr. σχίζω, je fends; θώραξ, poitrine). T. Térat. Monstruosité caractérisée par la division du sternum ou de toute l'épaisseur des parois thoraciques.

SCHIZOTRICHIE. s. f. [Pr. ski-zotri-kie] (gr. σχίζω, je fends; θρὶξ, θριχὸς, cheveu). T. Anat. Division des cheveux à leur extrémité.

SCHLAGUE. s. f. [Pr. chla-gue] (all. schlagen, battre).

Se dit des coups de baguette qu'on donne aux soldats de certains pays du Nord pour des infractions à la discipline. Donner, recevoir la s.

SCHLEGEL (GUILLAUME DE), critique allemand (1767-1845), auteur d'un Cours de littérature dramatique, de travaux sur la littérature ancienne de l'Inde, etc. || Son frère, FRÉDÉRIC (1772-1829), a laissé également des travaux de littérature et d'histoire.

SCHLEICHERIE. s. m. [Pr. chlè-che-rî] (R. Schleicher, n. d'un botan. all.). T. Bot. Genre de plantes Dicotylédones (Schleicheria) de la famille des Sapindacées. Voy. SAPINDACÉES, I.

SCHLEIERMACHER, érudit et théologien all. (1768-1634).

SCHLESTADT, anc. ch.-l. d'arr. (Bas-Rhin); 11,000 hab. (à l'Allemagne depuis 1871).

SCHLESWIG. Voy. SLESWIG.

SCHLICH. s. m. [Pr. chlik] (all. schlich, m. s.). T. Métall. Minerai qui a été écrasé, lavé et préparé pour être porté au fourneau de fusion. Voy. PLOMB, VIII.

SCHLITTAGE. s. m. [Pr. chli-taje]. T. Sylvic. Opération qui consiste à faire descendre les troncs d'arbres abattus le long des pentes au moyen des schlittes.

SCHLITTE. s. f. [Pr. chlite] (all. schlitten, traîneau). T. Sylvic. Sorte de traîneau employé dans les Vosges pour le transport des bois. Voy. SCHLITTAGE.

SCHLITTER. v. a. [Pr. chli-ter]. T. Sylvic. Pratiquer le schlittage des bois. S. des troncs de sapins.

SCHLITTEUR. s. m. [Pr. chli-teur]. T. Sylvic. Ouvrier qui manœuvre des schlittes.

SCHLOSSER, hist. all. (1776-1861).

SCHLOT. s. m. [Pr. chlot] (all. schlotte, m. s.). T. Techn. Dépôt, composé de sulfate de calcium et de sodium, qui se forme au fond des vases où l'on fait bouillir l'eau des sources salées ou dans lesquels on opère la purification du sel gemme.

SCHLOTAGE. s. m. [Pr. chlo-taje]. T. Techn. Enlèvement du schlot.

SCHLOTER. v. a. [Pr. chlo-ter]. T. Techn. Enlever le schlot.

SCHMID (Chanoine), littérateur all. (1768-1854), auteur de Contes pour les enfants.

SCHMIDÉLIE. [Pr. chmi-déli] (R. Schmidel, n. d'un botan. all.). T. Bot. Genre de plantes Dicotylédones (Schmidelia) de la famille des Sapindacées. Voy. SAPINDACÉES, I.

SCHNAPS. s. m. [Pr. chnaps] (all. schnaps, m. s.) Coup d'eau-de-vie, petit verre. Pop.

SCHNEIDER (baron), général fr., né en Alsace (1780-1847).

SCHŒFFER, imprimeur all., né de 1420 à 1430, m. vers 1505, s'associa à Fust et à Gutenberg pour exploiter et perfectionner la nouvelle découverte de Gutenberg.

SCHŒLL, historien et critique all. (1766-1833), auteur d'Histoires des littératures, ancienne, grecque, romaine, etc.

SCHŒNBRUNN, village d'Autriche, près de Vienne, résidence du duc de Reichstadt, fils de Napoléon 1er

SCHŒNE. Voy. SCHÈNE.

SCHŒNOBATE. s. m. [Pr. ské-nobate] (gr. σχοινοβάτης, m. s., de σχοῖνος, corde, et βαίνω, je marche). T. Antiq. Danseur de corde. Voy. FUNAMBULE.

SCHOLAIRE, SCHOLIE, et leurs dérivés. Voy. SCOLAIRE, SCOLIE, etc.

SCHOLASTIQUE (sainte), sœur de saint Benoît de Nursia, m. vers 543, fonda l'ordre des Bénédictines.

SCHOMBERG (GASPARD DE), capitaine et homme d'État fr. (1540-1599). || Son frère GEORGES, favori de Henri III, tué en duel en 1578. || Son fils HENRI, maréchal de France, né à Paris (1575-1632).

SCHOMBERG (comte DE), d'une famille originaire du Palatinat, servit avec éclat la France sous Louis XIV, et fut nommé maréchal. La révocation de l'édit de Nantes le força de quitter la France ; il s'attacha au prince d'Orange, l'aida dans sa campagne pour s'emparer du trône d'Angleterre, et fut tué à la journée de la Boyne (1618-1690).

SCHONER ou **SCHOONER**. s. m. [Pr. *chou-nère*] (mot holl. qui sign. littér. plus beau). T. Mar. Petit bâtiment à deux mâts, gréé comme une goëlette.

SCHOPENHAUER, philosophe all. (1788-1860).

Philos. — Le système de ce philosophe, très peu connu de son vivant, a acquis après sa mort une immense célébrité qu'il doit peut-être en partie à deux qualités rares chez les philosophes et surtout chez les philosophes allemands : la clarté jointe à l'agrément du style. Cependant, il serait injuste de méconnaître l'originalité et la profondeur des idées de ce penseur. Schopenhauer est l'adversaire déclaré de Schelling, de Hegel, de Fichte, et en général des philosophes dont les tendances inclinent au panthéisme ou à l'idéalisme. Il prétend procéder de Kant qu'il proclame le véritable précepteur des Allemands ; mais en réalité il se sépare de son maître dès le début. Toute la philosophie de Kant consiste dans la distinction du *phénomène* et du *noumène*. Le phénomène est ce qui nous apparaît, c.-à-d. la représentation que nous nous faisons des choses. Le noumène est la *chose en soi*, inaccessible à notre connaissance qui n'atteint jamais que le phénomène. Or Schopenhauer déclare que la grande découverte de sa vie est celle de la *chose en soi*. Kant ne l'a pas trouvée parce qu'il la cherchait en dehors de lui ; Schopenhauer l'a découverte au dedans de lui-même, et c'est la *volonté*. C'est la volonté seule, infinie, qui est la substance du monde. Le monde lui-même ne se compose que des manifestations de la volonté s'élevant par degrés de la matière inorganique à la raison humaine en passant par l'irritabilité des plantes et la sensibilité des animaux. Mais, par une singulière inconséquence, après avoir déduit de la volonté humaine l'existence d'une volonté suprême et absolue, l'auteur déclare cette volonté suprême incompatible avec la volonté humaine, et fait consister la sagesse dans l'anéantissement des volontés particulières. Au reste, son système est nettement pessimiste ; il déclare que c'est folie de ne pas reconnaître l'irrémédiable malheur de l'existence humaine, considère le détachement de toutes choses comme la plus haute perfection morale et le mysticisme comme le plus noble effort de la pensée religieuse.

Il ne faut pas se méprendre sur le sens du mot volonté dans Schopenhauer. On se tromperait étrangement si l'on entendait par ce mot l'action d'un être libre, intelligent, ayant conscience de ce qu'il veut et de ce qu'il fait. Pour ce philosophe, l'intelligence est subordonnée à la volonté, et celle-ci peut être inconsciente et fatale. Il faut avouer qu'il y a là un étrange abus de langage et qu'il faut singulièrement forcer le sens des mots pour désigner sous le nom de volonté une idée qui, en dernière analyse, n'est autre chose que celle qu'on exprime ordinairement par les mots force ou cause. Schopenhauer semble le reconnaître lui-même : « Jusqu'ici, dit-il, le mot générique était force ; la volonté était une des espèces subordonnées. Je retourne la proposition, et je fais de toute force dans la nature une des manifestations du vouloir. Cela n'est pas indifférent : l'idée de force a pour support la connaissance intuitive du monde objectif, c.-à-d. le phénomène, la représentation ; la notion de volonté est la seule, au contraire, qui ne tire pas son origine du phénomène, mais de la conscience immédiate avec laquelle chacun saisit immédiatement l'essence de son volonté. » Il semblerait qu'avec de pareilles prémisses, on dût arriver à considérer toute force dans la nature comme la manifestation d'une volonté analogue à la nôtre, telle que nous la concevons, c.-à-d. d'une volonté libre et consciente, à faire, en un mot, de toute force naturelle, une manifestation de la volonté d'un être infini. Mais telle n'est pas la pensée de Schopenhauer, puisque pour lui la volonté est l'être même. La volonté dont il parle ne paraît avoir de commun que le nom avec la volonté humaine. Alors que reste-t-il du passage cité, sinon la substitution du mot volonté au mot force, avec

cette remarque, déjà ancienne, que la notion de force dérive en notre esprit de la conscience que nous avons d'être nous-même une force que nous appelons volonté?

SCHORL. s. m. [Pr. *chorl*] (mot. all.). T. Minér. Syn. de *Tourmaline*. || *S. blanc*. Syn d'*Albite*. Voy. FELDSPATH. — *S. bleu*. Phosphate de fer. Voy. FER, VII, E. — On appelle aussi *S. bleu*, le *Disthène*. Voy. ce mot. — *S. cruciforme*, la *Staurotide*. — *S. rouge*, le *Rutile*. — *S. vert*, la *Thallite*. Voy. ÉPIDOTE.

SCHORLACÉ, ÉE. adj. [Pr. *chorla-sé*]. Qui tient de la nature du schorl.

SCHORLIFÈRE. adj. 2 g. [Pr. *chor ...*] (R. *schorl*, et lat. *fero*, je porte). Qui contient du schorl.

SCHORLIFORME. adj. 2 g. [Pr. *chor ...*] (R. *schorl*, et lat. *forma*, forme). Qui ressemble au schorl.

SCHORLITE. s. f. [Pr. *chor-lite*] (R. *schorl*). T. Minér. Syn. de *Topaze*.

SCHORLOMITE. s. f. [Pr. *chor ...*] (R. *schorl*). T. Minér. Variété de mélanite renfermant du titane.

SCHOUVALOW (JEAN), littérateur et homme politique russe, fondateur de l'Académie des beaux-arts de Saint-Pétersbourg (1727-1797).

SCHOUVALOW (comte), général russe, adversaire de Napoléon (1775-1823).

SCHREIBERSITE. s. f. [Pr. *chrè-bersite*] (R. *Schreibers*, n. d'un natur. all.). T. Minér. Phosphure de fer et de nickel, qu'on rencontre en lamelles ou paillettes d'un gris d'acier dans les fers météoriques.

SCHREVELIUS, grammairien holl. (1615-1664), auteur d'un *Dictionnaire grec-latin et latin-grec*.

SCHRŒTTERITE. s. f. [Pr. *chrèt-terite*] (R. *Schrœtter*. n. d'homme). T. Minér. Variété d'Halloysite.

SCHUBERT (FRANZ), compositeur all., célèbre par ses *Mélodies* (1797-1828).

SCHULENBOURG (comte DE), général all. (1661-1747).

SCHULTZITE. s. f. [Pr. *chult-zite*] (R. *Schultz*, n. d'un minér. all.). T. Minér. Syn. de *Géokronite*.

SCHULZE-DELITZCH, économiste all. (1808-1882), fondateur de nombreuses sociétés coopératives en Allemagne.

SCHUMANN (ROBERT), compositeur all. (1810-1856), auteur de symphonies, de l'oratorio, *le Paradis et la Péri*, etc.

SCHUTZITE. s. f. [Pr. *chut-zite*] (R. *Schutz*, n. d'homme). T. Minér. Syn. de *Célestine*.

SCHWALBACH, v. de Prusse, ancien duché de Nassau; 2,200 hab. Eaux minérales.

SCHWANTHALER, sculpteur all., né à Munich (1802-1848).

SCHWARTZ, bénédictin ou cordelier, qui passe pour avoir inventé la poudre à canon, dans le cours du XIVᵉ siècle.

SCHWARZBOURG - RUDOLSTADT, principauté d'Allemagne; 940 kilomètres carrés; 85,800 hab. Cap. *Rudolstadt*; 10,600 hab.

SCHWARZBOURG-SONDERSHAUSEN, principauté d'Allemagne; 862 kilomètres carrés ; 73,600 hab. Cap. *Sondershausen*; 6,300 hab.

SCHWARZENBERG (prince DE), général all., né à Vienne (1771-1820).

SCHWARZENBERGITE. s. f. [Pr. *chwar-zenn-ber-jite*] (R. *Schwarzenberg*, n. d'homme). T. Minér. Minéral composé d'iodure et d'oxychlorure de plomb, en petits cristaux rhomboédriques jaunes ou en croûtes terreuses, trouvé dans une mine du désert d'Atacama (Bolivie).

SCHWARZ-WALD. Nom all. de la *Forêt-Noire*. Voy. ce mot.

SCHWATZITE. s. f. [Pr. *chwat-zite*] (R. *Schwatz*, n. de lieu). T. Minér. Panabase mercurifère de Schwatz (Tyrol).

SCHWEIDNITZ, v. de Prusse (Silésie), 28,000 hab. Place forte.

SCHWEIGHŒUSER, philologue all., né à Strasbourg (1742-1830).

SCHWEINFURTH, v. de Bavière (Basse-Franconie); 13,000 hab. Sur-le-Mein.

SCHWEIZER, chimiste all. — *Liqueur de S.*, Réactif et dissolvant de la cellulose. Voy. CELLULOSE.

SCHWEIZERITE. s. f. (R. *Schweizer*, n. d'un chimiste all.). T. Minér. Variété de Serpentine.

SCHWERIN, cap. du grand-duché de Mecklembourg-Schwerin, sur le lac du même nom; 31,500 hab.

SCHWILGUÉ, mécanicien (1776-1856), célèbre par la restauration de l'horloge astronomique de la cathédrale de Strasbourg.

SCHWITZ, canton de la Suisse, entre le lac de Zurich et le lac des Quatre-Cantons; pop.; 51,300 hab.; cap. *Schwitz*, 7,000 hab. Ce canton prépara l'indépendance suisse, en s'unissant à ceux d'Uri et d'Unterwalden (1444); il a donné son nom à la Suisse. = Nom des hab. : SCHWITZOIS, OISE.

SCIABLE. adj. 2 g. [Pr. *si-able*]. Qu'on peut scier.

SCIAGE. s. m. [Pr. *si-aje*]. L'ouvrage, le travail de celui qui scie du bois, de la pierre. — *Bois de s.*, Celui qui provient d'une pièce de bois refendue dans sa longueur au moyen de la scie.

SCIAGRAPHIE. s. f. [Pr. *sia-gra-fî*] (gr. σκία, ombre; γράφω, je décris). T. Architect. Partie de la géométrie descriptive qui consiste dans la représentation des ombres portées. || S'emploie quelquefois pour désigner la représentation intérieure ou la coupe d'un édifice.

SCIASSE. s. f. [Pr. *sia-se*]. T. Mar. Cordage garni d'estropes, pour élonger les fils de caret.

SCIATÉRIQUE ou **SCIATHÉRIQUE.** adj. 2 g. [Pr. *sia-térike*] (gr. σκιαθηρικός, m. s., de σκία, ombre, et θηράω je poursuis). T. Gnomon. Qui montre l'heure par le moyen de l'ombre du style. *Cadran s.*

SCIATIQUE. adj. 2 g. (lat. *sciaticus*, m. s., du gr. ἰσχιαδικός, m. s., de ἰσχίον, hanche). T. Anat. Qui a rapport à la hanche, à la partie supérieure de la cuisse. *Épine, échancrure sc. Nerf sc. Artère sc.* = SCIATIQUE. s.f. T. Pathol. Névralgie du nerf sc.

Anat. — Nous ne nous occuperons ici que du grand *nerf sc.* qui est le plus volumineux de l'économie; il forme la branche terminale du plexus sacré, sort du bassin par la grande échancrure sc., gagne ainsi la fosse entre l'ischion et le grand trochanter et se dirige vers le creux poplité en suivant la face postérieure de la cuisse. A la région poplitée, il se divise en *poplité interne* et *poplité externe* ; ce dernier contourne la tête du péroné et arrive à la plante du pied en longeant la malléole externe. Les branches du nerf sc. sont donc destinées à la jambe; comme les autres nerfs, il peut être atteint de différentes affections et en particulier de névralgie.

Pathol. — La *névralgie sciatique*, simplement appelée parfois *sciatique*, est très fréquente; elle reconnaît pour causes : le froid, le rhumatisme, la blennorrhagie, le paludisme, le diabète, la tuberculose, etc.; les lésions vertébrales, les tumeurs des organes voisins du nerf, peuvent provoquer des douleurs par compression. La sc. est plus fréquente chez l'homme que chez la femme; elle récidive souvent.

La névralgie sc. se manifeste sous forme d'accès dont l'in-

tensité est augmentée par la marche et la chaleur du lit; la douleur peut envahir le membre dans toute sa longueur, elle est sourde, s'accompagne de sensation de froid ou de chaud, de picotements et de fourmillements; elle s'exaspère spontanément, à l'occasion d'un mouvement et par l'extension de la jambe; on peut la réveiller par la pression exercée au niveau de certains points situés sur le trajet du nerf : *point trochantérien, point lombaire, point poplité, point péronier, point malléolaire, point plantaire.* La névralgie sc. s'accompagne souvent au début d'hyperesthésie cutanée et, plus tard, d'anesthésie. Quand le nerf présente des altérations anatomiques, en un mot, quand il y a *névrite*, la douleur augmente, les fourmillements sont fréquents et les masses musculaires s'atrophient. Généralement, pendant l'accès, l'état général reste normal.

Les malades atteints de sc. chronique ont une attitude particulière : le tronc est incliné du côté opposé au nerf malade; le pli fessier du côté sain est plus bas que l'autre.

Le traitement varie avec les causes qui doivent par conséquent être soigneusement recherchées. Localement on utilise les moyens déjà indiqués au traitement des névralgies. Voy. NERF, *pathol.*; nous rappellerons seulement ici que les pulvérisations au chlorure de méthyle (Debove), le stypage, le massage, l'électricité, les bains prolongés, donnent les meilleurs résultats; on a conseillé également, dans les cas rebelles, de pratiquer l'élongation du nerf. Les eaux de Luchon, d'Aix, sont recommandées.

SCIE. s. f. [Pr. *sie*] (lat. *secare*, couper). T. Techn. Voy. ci-après. || T. Icht. Voy. SQUALES.

Techn. — La Scie, employée dès la plus haute antiquité pour séparer ou parties distinctes les corps trop durs pour être tranchés à la hache, est constituée aujourd'hui par une lame flexible d'acier trempé qu'un manche *ad hoc* maintient dans un état de tension convenable. La plupart du temps, un des côtés de cette lame est tailladé d'une façon régulière, de manière à offrir une série de dents dont la forme et les dimensions varient suivant le travail que l'on veut faire exécuter à cet instrument. C'est ainsi que les dents de la scie destinée à trancher, dans le sens transversal, un tronc d'arbre ou ses branches, représentent un triangle isocèle. La scie de menuisier à dos dents en forme de triangle rectangle, tandis que l'outil dont se sert le scieur de long les a crochues. La scie à chantourner, c.-à-d. à scier en rond, a ses dents disposées en triangles équilatéraux depuis la première jusqu'à la dernière.

La scie en usage chez les scieurs de pierre n'a pas de dents si la pierre est dure; elle en a, mais disposées d'une manière toute spéciale quand il s'agit de scier une pierre tendre. Dans le premier cas, c'est par le frottement de l'extrémité de la lame d'acier contre la pierre qu'on parvient à en séparer les parties. On augmente l'action de l'usure occasionnée par ce frottement continuel en ajoutant progressivement dans la toute produite de l'eau mélangée de poudre de grès ou même de sable de pierre. Dans le second cas, les dents, au lieu d'être jointives par leurs bases, sont séparées par des intervalles vides d'une largeur de deux ou trois dents. La scie se fabrique soit à la main, soit (et c'est le cas le plus général) au moyen de machines qui taillent et affûtent les dents. Quand la fabrication se fait manuellement, la taille des dents s'exécute au moyen d'une petite lime triangulaire que l'on nomme *tiers-point*. Lorsque la taille des dents est chose faite, et avant de terminer leur affûtage et aussi leur trempe, il est nécessaire pour permettre à la sciure produite par l'action des dents de s'échapper de l'entaille, de donner ce que l'on appelle *la voie*, c.-à-d. de rejeter successivement et une à une, à droite et à gauche de la lame, les dents qui terminent celles-ci. Le *trait de scie*, c.-à-d. l'entaille produite, devient dès lors un peu plus large que la lame elle-même. Cependant, certaines scies n'ont pas de *voie* : telles sont celles qui sont employées pour le sciage des pierres tendres et par les fabricants de *placages*, obligés d'enlever des plaquettes de bois extrêmement minces. C'est pourquoi, si de telles scies cerne les scies à pierres, les dents ne sont pas contiguës; quant aux scies qui servent à séparer les feuilles de bois précieux qui doivent être transformées en *placages*, leurs dents sont très petites et ont aussi des intervalles entre elles.

La plupart des lames de scie sont maintenues dans un état de raideur nécessaire pour éviter toute rupture, au moyen de montures ou châssis de formes différentes, mais qui sont disposés de manière à augmenter ou diminuer, suivant les besoins, la tension de la lame. D'autres, qui ont des lames courtes, épaisses et robustes, sont simplement emmanchées à l'une de leurs extrémités dans un manche de bois; elles con-

stituent alors les *scies à main* employées dans beaucoup de
métiers et que l'on nomme encore *égoïnes* : les bouchers, les
charpentiers, les menuisiers, les chirurgiens aussi, font à
chaque instant usage de ce genre de scies. D'autres, enfin,
appelées scies *passe-partout*, avec lesquelles on coupe les
arbres au pied, et celles qu'on emploie pour diviser les pierres
tendres, ont un petit manche à chaque bout : deux hommes
les font mouvoir en tirant et poussant alternativement.

Les scies à montures ont leurs lames qui viennent s'encastrer par chacune de leurs extrémités dans un châssis composé
de deux bras tenus dans un écartement constant par une traverse qui vient buter sur le milieu de chacun d'eux. Les extrémités antérieures de ces bras soutiennent la lame, tandis que
leurs extrémités postérieures sont réunies par une corde qui
fait quatre ou cinq tours. Une planchette étroite de bois,
appelée *garot*, passée au milieu des tours de la corde, sert à
donner à celle-ci une certaine torsion
de manière qu'en se raccourcissant
elle tire sur les extrémités des bras
en les faisant basculer sur les bouts
de la traverse, ce qui amène la tension de la lame. On arrête ensuite
le garrot en poussant sa partie la plus
proche de la traverse, soit sur celle-
ci, soit dans une encoche qu'elle porte
dans son épaisseur. Ce dispositif, très
simple, est celui de la scie ordinaire
dont font couramment usage les menuisiers et charpentiers. Quelquefois,
dans certaines scies, la *scie allemande* ou *à lame tournante*, par
exemple, chacune des extrémités de
la lame est terminée par une partie
cylindrique venant s'emmancher dans
des poignées qui s'appuient et sont
maintenues, tout en pouvant tourner
sur elles-mêmes sur chacun des bouts
antérieurs des bras. Lorsque la lame
est tendue, en faisant tourner successivement les poignées, on donne
à cette lame une direction oblique
par rapport à celle des bras et de la traverse. Menuisiers et
ébénistes ont, dans leurs travaux, fréquemment recours à ce
genre de scie. Un troisième type courant est la *scie à chantourner* (Fig. 1). Dans celle-ci, la lame, qui est mobile
comme celle de la précédente, est très étroite, ce qui permet
de lui faire suivre les courbes les plus capricieuses. La *scie
de long*, qu'emploient les scieurs de long pour transformer
en planches un tronc d'arbre équarri, a un montage différent de celui des scies dont nous venons de parler. La lame
est placée au milieu d'un cadre de bois, au lieu et place de
la traverse. Ses extrémités se relient à deux bras, l'un supérieur, l'autre inférieur, maintenus rigides par deux traverses
constituant les longs côtés du cadre. Chaque bout de la lame
est fileté et reçoit un écrou à ailes s'appuyant sur les bras.
Au moyen de ces écrous, on serre ou on desserre à volonté, et
par conséquent on tend ou l'on détend la lame.

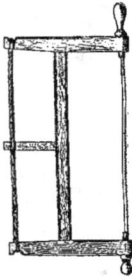

Toutes les scies exécutent le travail qui leur est demandé
grâce au mouvement de va-et-vient qu'on leur imprime. On
les nomme *scies à mouvement alternatif*. Il existe, dans
l'industrie, d'autres types de scies dont le fonctionnement est
continu; les unes sont constituées par des *disques* tournant
toujours dans le même sens, les autres par des *rubans*. Ces
scies sont dites *alternatives*, *circulaires* et à *mouvement
continu*. Nous allons successivement examiner celles qui s'emploient le plus fréquemment aujourd'hui et qui constituent les
scies mécaniques, celles dont nous venons de nous occuper
étant des scies mues par des hommes.

Les scies mécaniques reçoivent leur mouvement de machines actionnées par le vent, l'eau ou la vapeur, et, depuis
peu, on a ajouté à ces moteurs des moteurs électriques. Cependant, quelques-unes de ces scies se meuvent d'une façon
mixte, à la main ou à la machine; seules leurs dimensions
diffèrent, mais le fonctionnement est exactement le même.

Les scies à mouvement alternatif, mais mécaniques, sont
munies d'une ou de plusieurs lames qui reçoivent du moteur,
quel qu'il soit, un mouvement de va-et-vient analogue à celui
que l'ouvrier imprime à son outil. Les unes sont mues verticalement; dans ce cas, la pièce à scier est présentée à l'instrument par une de ses extrémités; elle a une position horizontale. La pièce est solidement fixée sur un chariot qui
avance progressivement à mesure que la scie mord dans cette
pièce. Dans certaines de ces scies, notamment dans celles qui

sont destinées à débiter le placage, le châssis porte-lames
est horizontal tandis que le chariot est vertical.

Dans les scieries à mouvement continu, le travail est, avons-
nous dit, effectué par un disque d'acier à circonférence dentée
ou par une lame sans fin également dentée. Le disque est
généralement monté sur un axe horizontal animé d'un très
rapide mouvement de rotation. Les scies de ce genre servent
à débiter indistinctement tous les bois. Dans les usines

Fig. 2.

métallurgiques, on les utilise pour trancher les barres de fer
ou d'acier, portées à la température du rouge, aux dimensions voulues. La base du disque, pour éviter un trop grand
échauffement, plonge, dans ce cas, dans une sorte d'auge
remplie d'eau. Quant à la scie à lame sans fin, dite aussi
scie à ruban, l'outil tourne sur deux poulies placées l'une
au-dessus de l'autre (Fig. 2). Ce genre de scie reçoit son
mouvement de rotation d'un moteur à vapeur, ou bien par
l'intermédiaire d'une manivelle ou d'une pédale que fait
mouvoir l'ouvrier.

Il existe encore une scie à ruban d'un type tout particulier : la lame est faite d'un fil de platine qu'un énergique
courant électrique porte au rouge. On emploie cet instrument pour le sciage du bois. Il le brûle ou plutôt suit
le bois au y traçant son sillon. Elle a été créée pour débiter
certains bois extrêmement durs attaqués difficilement par
les scies à mouvement continu, dont les dents s'usaient très
vite et nécessitaient des retaillages presque continuels et, par
suite, un entretien des plus coûteux.

SCIEMMENT. adv. (Pr. *sia-man*). Avec connaissance de
ce que l'on fait, avec réflexion. *Il n'a pas fait cela* s.

SCIENCE. s. f. (Pr. *si-anse*) (lat. *scientia*, m. s., de
scire, savoir). Connaissance qu'on a d'une chose. *Je sais cela
de* s. *certaine. La* s. *du bien et du mal.* || Signifie, le plus sou-
vent, un ensemble, un système de connaissances sur quelque
matière. *Les sciences exactes. Les sciences physiques. Les
sciences biologiques. Les sciences morales et politiques.
Acquérir, cultiver, posséder une* s. || Le savoir qu'on acquiert
par la lecture, par la méditation, par l'expérience et l'observation des choses de la vie. *Il a beaucoup de* s. *Il a un grand
fonds de* s. *Il se pique de* s. *Cet homme est un puits de*
s. — *Avoir la* sc. *infuse*, savoir les choses par une sorte
d'inspiration naturelle. || T. Théol. *La* sc. *moyenne ou con-
ditionnée*, par laquelle Dieu connaît les effets que doivent
produire les causes dans telles ou telles conditions. || *Acadé-
mie des sciences et Académie des sciences morales et
politiques.* Voy. ACADÉMIE et INSTITUT. — *Faculté des
sciences.* Voy. UNIVERSITÉ.

Philos. — I. *Définition.* — *Les Sciences et la Science.*
— Le mot sc. est employé dans tant d'acceptions différentes
qu'il n'est pas aisé d'en donner une définition correcte, et le
fait que ce mot n'éveille pas les mêmes idées chez tous ceux

qui l'emploient ou l'entendent. Si on le prend dans son sens étymologique qui est le plus général, le mot sc. devient synonyme de *savoir* et il embrasse tout ce qui fait partie de la connaissance humaine. C'est ainsi qu'on dit qu'un homme est un puits de sc. pour dire qu'il sait beaucoup de choses ; mais le mot ainsi compris ne s'emploie que dans le langage vulgaire. Jamais, dans le langage précis de la philosophie on ne lui donne un sens aussi général. Dans une acception plus restreinte, on qualifie de sc. tout ensemble de connaissances liées les unes aux autres par les rapports qu'elles ont entre elles et avec un objet commun, rapports qui permettent de les classer méthodiquement et quelquefois de les rattacher les unes aux autres par des raisonnements qui montrent en quoi les faits étudiés se ressemblent ou diffèrent, et comment certains d'entre eux sont des conséquences d'autres plus généraux. Ainsi compris, le mot sc. peut s'appliquer à tout objet de la connaissance, pourvu que cet objet soit susceptible d'une exposition méthodique. L'intervention du raisonnement n'est même pas nécessaire. Ainsi, toute sc. exige une construction systématique sans laquelle il ne reste qu'une succession de faits isolés. Par exemple, l'histoire n'est pas une sc., ce qui ne veut pas dire que l'étude en soit indifférente. Mais on dit très correctement la sc. *historique* quand on entend par là une étude qui cherche à établir entre les faits de l'histoire des rapprochements capables de montrer comment certains événements ont été la conséquence de certains autres, et comment les mêmes causes ont amené à diverses époques, et en des lieux différents, les mêmes conséquences politiques et sociales. Cet exemple nous montre quelle est la nature de la relation qui permet la disposition méthodique des faits d'une sc. : c'est une relation de cause à effet, ce qui a permis de définir la sc. la *recherche des causes;* mais cette définition est trop restreinte, car avant de rechercher les causes, il faut apprendre à connaître les faits.

Si maintenant, passant des sciences particulières à la sc. en général, nous cherchons à nous rendre compte de ce qu'il faudrait entendre par ce mot, nous arriverons, dans le même ordre d'idées, à concevoir que la sc. en général serait la synthèse des sciences particulières dans une coordination systématique qui les relierait les unes aux autres, et ferait connaître de cause des phénomènes généraux ou *lois* par lesquelles chacune d'elles explique les faits particuliers qu'elle étudie. Ainsi comprise, la sc. serait, suivant l'expression de M. Liard : *l'explication des choses.* Dans ce sens, elle serait identique avec ce que les anciens appelaient la *philosophie,* et son domaine embrasserait tout ce qui peut être conçu par l'esprit humain. Cependant jamais le mot sc. n'est pris dans un sens aussi général. On oppose la sc. d'une part à l'art et à l'industrie, d'autre part à la philosophie et à la métaphysique, ce qui montre bien qu'on la comprend non comme l'explication générale des choses, mais comme une manifestation restreinte et particulière de la pensée humaine. Or cette restriction, qui limite la compréhension de l'idée de sc. et qui distingue celle-ci de la philosophie, réside tout entière dans la méthode par laquelle la sc. étudie les faits et en cherche l'explication, et cette méthode c'est l'expérience ou l'observation aidée du raisonnement déductif et inductif. Certains auteurs, pour éviter toute confusion et laisser au mot sc. toute sa généralité, ont appelée sc. *positive* la sc. ainsi comprise. Cependant, dans l'immense majorité des cas le mot sc. est pris dans ce sens restreint, et c'est aussi dans ce sens que nous l'entendrons ici. Comme toute expérience et toute observation repose en dernière analyse sur la sensation, nous pouvons dire que la sc. *est la coordination par relation de cause à effet de toutes les connaissances qui nous arrivent par le témoignage des sens.* Cette définition paraît indépendante de tout système philosophique préconçu : elle peut être acceptée par toutes les écoles philosophiques, car elle ne préjuge rien ni sur la valeur des connaissances scientifiques, ni sur la légitimité de leur coordination, ni sur la valeur et l'origine du principe de causalité. Cette indépendance n'est pas une mince avantage, car il est arrivé plus d'une fois que certains auteurs ont donné de la sc. une définition inspirée par un système préconçu et ont cherché ensuite dans cette définition des arguments pour justifier leur système.

II. *Caractère de la Science.* — *Degré d'avancement d'une science.* — Quel que soit l'objet de son étude, toute sc. présente dans son développement quatre phases successives qui correspondent à quatre opérations fondamentales de l'esprit humain : *observation, abstraction, induction* et *déduction.* La première phase, correspondant à l'observation ou à l'expérimentation (Voy. EXPÉRIENCE), consiste à recueillir les faits et à les décrire ; la seconde, appelée *classification,*

a pour objet de classer ces faits en groupes différents d'après les analogies qu'ils présentent. Ces analogies ne peuvent être reconnues que par l'abstraction ; mais le choix des analogies qui président à la classification présente nécessairement quelque chose d'arbitraire : les mêmes faits ou les mêmes objets peuvent être classés de bien des manières différentes suivant qu'on les considère de tel ou tel point de vue. C'est ainsi qu'on distingue les classifications artificielles et les classifications naturelles (Voy. CLASSIFICATION). On dit que les classifications naturelles sont celles qui tiennent compte de l'ensemble de tous les caractères, et du degré d'importance de chacun, pour rapprocher le plus les objets qui sont naturellement les plus voisins. Mais comment juger de l'importance de tel ou tel caractère ? Ici encore l'arbitraire reparaît. En réalité, le guide est le principe de causalité. On rassemble les faits qu'on suppose provenir d'une cause commune, et on néglige les ressemblances qui ne sont que fortuites ou peuvent reconnaître des causes différentes. Malheureusement, l'application exacte de ce principe exigerait qu'on connût déjà les causes, c.-à-d. que la sc. fût parfaite. Comme il n'en est pas ainsi, on voit que toute classification implique une ou plusieurs hypothèses, et qu'elle est essentiellement révisable suivant les progrès de la sc.

La troisième opération consiste à ériger en règle générale ce qu'on a trouvé de commun à tous les phénomènes classés dans le même groupe. Nous affirmons que ce qui s'est passé sous nos yeux dans un certain nombre de cas se passera toujours et en tous lieux de la même manière. C'est l'*induction* par laquelle nous formulons la *loi* de tous les phénomènes semblables. Pour que cette loi soit complète, il faut qu'elle nous fasse connaître non seulement l'allure générale du phénomène, mais encore toute la succession de ses phases et les rapports qu'il présente avec les circonstances dont il dépend et qui peuvent le modifier dans ses détails. Or une loi qui remplit tous ces caractères est une loi numérique. Toute loi scientifique complète doit donc être numérique (Voy. LOI, INDUCTION). Ajoutons que la découverte de la loi n'est pas toujours aussi facile que sembleraient l'indiquer les lignes précédentes. Le plus souvent on n'y peut parvenir que par la voie de l'*hypothèse.* Voy. ce mot.

La connaissance de la loi n'est pas le terme de la sc. Cette loi, déduite d'un nombre fini d'expériences n'est en définitive qu'une hypothèse qui exige une vérification ultérieure pour ainsi dire indéfinie. De plus la sc. n'est complète que si elle possède un caractère de prévision qui permet de dire ce qui se passera dans telle ou telle circonstance précise, et sans lequel aucune application ni aucune vérification ne serait possible. Il faut donc que de la loi énoncée on puisse tirer les conséquences nécessaires que l'on est en mesure d'avance le phénomène attendu. Ceci est l'œuvre du raisonnement déductif, puisque le phénomène n'est qu'une conséquence nécessaire de la loi. Ainsi, par tout ce cycle la sc. part de l'expérience pour y revenir après avoir passé par la notion générale de loi.

Chaque groupe de faits d'une sc. particulière a donc sa loi, mais ces lois particulières ne sont elles-mêmes que des faits ou phénomènes sur lesquels on peut recommencer le même travail jusqu'à ce qu'on arrive à une loi unique ou *phénomène le plus général de la sc. considérée,* qui comprend comme cas particulier et permet de prédire à l'avance tous les faits particuliers qui rentrent dans l'étude qu'on a entreprise.

Ainsi une sc. ne peut être complète que si tous les phénomènes qui la concernent ont été ramenés à l'unité par la découverte du phénomène général qui les contient tous, et elle ne serait achevée que si l'on savait rapporter à ce phénomène général à tous les cas particuliers. Or cette dernière partie est du domaine de la logique pure, dans ce qu'elle a de mieux déterminé, c.-à-d. des mathématiques. La loi générale, avons-nous dit, doit être une formule numérique, et il s'agit d'appliquer cette formule à tous les cas particuliers : cela n'est pas toujours facile et dépend, d'une part, de la complexité de la formule, d'autre part du degré d'avancement des mathématiques. Dans tous les cas, on peut dire qu'une sc. est complète quand on l'a ramenée aux mathématiques.

Il s'en faut de beaucoup que dans toutes les sciences, la part relative de chacune des quatre phases soit la même. Les deux premières auront d'autant plus d'importance que l'objet de la sc. sera plus complexe. Si, au contraire, cet objet est simple, les trois premières phases se réduisent à presque rien, et la quatrième ou développement des conséquences de quelques principes généraux constitue à elle seule presque toute la sc. Tel est le cas de l'analyse mathématique, de la géométrie et de la mécanique rationnelle. Au contraire, il est

d'autres sciences, comme la biologie, qui en sont encore aux premières phases, car elles ne possèdent pour ainsi dire aucune
loi numérique, et ne sont pas parvenues à relier entre elles
les lois particulières relatives à chacune des séries de phénomènes dont elles s'occupent. D'une manière générale, on
peut dire qu'une sc. est d'autant plus avancée qu'elle fait un
plus grand usage de l'analyse mathématique.

III. *Rapports de la science avec la philosophie.* — *Valeur objective de la science.* — *Limites de la science.* —
Tous les philosophes des écoles matérialistes et positivistes
affirment que la certitude ne peut exister que dans la sc., et
qu'en dehors d'elle, il n'y a que des rêveries sans valeur
qu'ils flétrissent du nom de métaphysique. Cette opinion paraît très séduisante. La sc. repose sur l'expérience aidée du
raisonnement. Or n'est-il pas naturel de n'admettre pour
vrai que ce qui est démontré par l'expérience et par raisonnement? Cependant, cette prétention de réduire toute certitude à la certitude scientifique ne constitue qu'une pétition de
principe qui tranche d'un seul coup, et sans aucun examen, les
plus graves problèmes de la philosophie. En définitive, la
question est celle de l'origine de la certitude et il s'agit précisément de savoir si toute certitude vient des sens. Le cercle
vicieux réside en ceci : on reconnaît que la sc. vient de
l'expérience; puis, prenant le mot sc. dans son sens étymologique, on en conclut que toute connaissance, étant scientifique, vient des sens, et l'on écarte systématiquement toutes les
questions qui ne sont pas justiciables de l'expérience. Mais
il faudrait montrer qu'en dehors de la connaissance scientifique ainsi restreinte par définition, il n'y a aucune connaissance, aucune certitude. Or, c'est là précisément l'éternel
problème de la philosophie. Mais la critique peut aller plus
loin. Pourquoi accorde-t-on une telle confiance au témoignage
des sens alors qu'on met en doute le témoignage de la conscience en ce qui concerne, par exemple, les idées de morale
et de liberté non justiciables de l'expérience sensible? On ne
peut répondre à cette question que par des raisons historiques. Les hommes se mettent plus facilement d'accord sur
les données de l'expérience et du raisonnement que sur celles
du sens intime. Une pareille raison ne saurait satisfaire le
philosophe. Elle prouve seulement que la critique scientifique
est plus facile que la critique métaphysique, et en cela tout
le monde est d'accord. Mais le consentement universel n'est
pas un critérium de certitude et la philosophie reste dans son
droit en faisant la critique de l'expérience et du syllogisme.
Or le résultat de cette critique, ainsi que l'ont montré Kant
et ses disciples, est que l'exactitude du témoignage des sens ne
peut être démontrée par la sensation même. Pour le philosophe, la sc. n'est que la coordination systématique des sensations et, au point de vue objectif, elle ne vaut ni plus ni
moins que les sensations qui lui fournissent la matière de ses
spéculations et le raisonnement qui lui permet de coordonner
ces matériaux. L'idée qu'on se fera de la valeur objective de
la sc. est donc entièrement subordonnée à celle qu'on se fera de
la sensation et du raisonnement. C'est un cercle vicieux, dont il
est impossible de sortir, et l'on aboutirait au scepticisme
le plus absolu si l'on n'avait d'autres motifs d'admettre la
fidélité objective des sensations; mais ces raisons ne sont pas
du domaine scientifique; elles sont au-dessus de la sc. et ce
sont elles qui lui donnent sa valeur objective (Voy. CERTI-
TUDE). Si l'on veut se placer en dehors de toute métaphysique, il faut dire que la sc. est l'étude coordonnée de la
représentation que nous nous faisons du monde; mais pour
passer de cette représentation au monde lui-même, pour affirmer que la sc. est une marche en avant dans la conquête de
la vérité, il faut franchir le domaine de la sc. et entrer dans
celui de la métaphysique. Il est bien entendu que ce passage
de frontières se fait instinctivement dans l'esprit de chacun,
parce que nier à la sc. toute valeur objective, aboutirait au
scepticisme absolu, et que le scepticisme est impossible;
mais il n'en est pas moins vrai que la sc. à elle seule ne peut
prétendre à la découverte de la vérité objective, et que c'est
par une opération de l'esprit très différente de celles qui font
avancer les sciences que nous passons de la représentation à
l'objet, du subjectif à l'objectif. Ainsi, comme l'ont dit Kant
et les grands philosophes, la philosophie enveloppe et domine
la sc. tout en lui laissant l'indépendance la plus absolue.

Certains philosophes ont cru pouvoir assigner à la sc. des
limites que celle-ci ne saurait jamais dépasser. D'autres ont
prétendu qu'une pareille entreprise est chimérique et contradictoire. Le débat est entièrement subordonné à la définition qu'on donnera du mot sc., et, quand il est précisé, il
perd singulièrement de son importance. Si l'on entend par sc.
l'ensemble du savoir humain, il est manifestement chimérique

de lui assigner des limites, à moins qu'imitant l'exemple des
positivistes, on ne déclare d'avance que la connaissance réside
tout entière dans l'expérience, ce qui écarte en effet tout un
ordre de questions; mais c'est admettre ce qu'il fallait démontrer. Si on prend le mot sc. dans le sens restreint où nous
l'avons pris jusqu'ici, il est clair que la sc. aura les mêmes
limites que l'expérience et que, celle-ci étant finie, toutes les
questions qui se rattachent à l'infini ne sont pas du res domaine, ce qui ne veut pas dire qu'elles soient sans intérêt et
que l'esprit humain doive abandonner l'espoir de les voir un
jour résolues. Mais il n'est pas si facile qu'on le croit de distinguer si un ordre de questions déterminées est justiciable ou
non de l'expérience. Les moyens de la sc. se perfectionnent
tous les jours, son domaine s'étend de siècle en siècle, et certaines questions qui touchent à l'idée d'infini, telles par ex.
que la durée du monde, le caractère fini ou infini de son étendue, peuvent très bien un jour se trouver impliquées dans telle
ou telle théorie scientifique justiciable de l'expérience. Voy.
CRÉATION. Il est présomptueux de chercher à prédire l'avenir.
Le mieux est de travailler, chacun suivant ses moyens et ses
forces, à cette vaste enquête à laquelle l'humanité pensante
soumet le monde qui l'entoure, sans chercher à préjuger
d'avance quels en seront les résultats, et sans se laisser influen-
cer par des idées préconçues.

IV. *Classification et hiérarchie des sciences.* — Un
grand nombre de philosophes ont essayé de classer les diverses
branches du savoir humain, de manière à faire entrer dans
les cases de leur classification non seulement les connaissances acquises à leur époque, mais encore celles que l'humanité pourrait acquérir plus tard. Une pareille tentative apparaît au moins comme présomptueuse. Le plus ancien résultat
qu'elle ait donné est la liste des *catégories* d'Aristote, effort
prodigieux d'un génie du premier ordre qui faisait rentrer
sous dix chefs différents toutes les choses dont puisse s'occuper la pensée humaine. Mais les catégories d'Aristote sont
aujourd'hui tombées dans le discrédit, et les classifications
des sciences poursuivent un objet plus restreint. Les plus
célèbres sont celles d'Ampère et d'Auguste Comte qui l'une
et l'autre, après un grand succès passager, ont été rapidement oubliées. Elles avaient le défaut d'être arbitraires
en certaines parties, de présenter des doubles emplois et
des omissions, de mettre sur le même pied des ordres de
connaissances d'une importance très différente, et enfin de
ne pas respecter toujours les rapports naturels des choses.
En fait, on peut contester l'utilité d'une classification des
sciences et la possibilité même de l'établir. En effet, pour
classer les diverses branches de la sc. humaine, il faudrait
connaître très exactement les rapports qu'elles ont entre elles,
et, pour cela, il faudrait que les sciences fussent parfaites.
Toute classification, quelle qu'elle soit, apparaît donc comme
provisoire et sujette à révision. Cependant, il peut ne pas être
inutile de classer les connaissances acquises à une époque déterminée, et la classification peut être établie de deux manières suivant qu'on prend pour base la méthode ou l'objet de
chaque sc. Le premier procédé est celui qui est le plus utile
à l'enseignement, car il rapproche les sciences qui, pour être
cultivées avec fruit, exigent les mêmes aptitudes et la même
préparation; mais le second seul est véritablement philosophique. Ainsi, un traité de mécanique rationnelle ressemble
beaucoup plus à un traité d'analyse mathématique qu'à un
traité de chimie, et l'étude de la mécanique rationnelle n'est
pas une préparation à l'étude de la chimie, telle qu'elle existe
actuellement, ni inversement. Cependant, la mécanique est
incontestablement, comme la chimie, une branche de l'étude
du monde extérieur, tandis que l'analyse mathématique n'emprunte rien à l'expérience que la seule idée de succession, ce
qui classe les deux sciences dans deux catégories nettement
différentes. Si l'on tient absolument à faire une classification
des sciences positives, telles qu'elles sont parvenues à la fin
du XIXe siècle, on pourra l'établir sur les bases suivantes en
prenant pour guide l'objet même de ces sciences, et en les
rangeant par ordre de complexité croissante dans leur objet :

1° Science dans laquelle la partie expérimentale se réduit à
l'acquisition d'une seule idée et qui, par suite, est entièrement
déductive :

Arithmétique, algèbre, analyse infinitésimale.

M. Tannery a montré que toute l'analyse mathématique
dérive de la seule idée du nombre entier, et le physicien
Helmholtz a fait voir que la notion du nombre entier n'est
autre que l'idée de succession, chaque nombre se formant du
précédent par cela seul qu'il vient après lui. La mathématique,
à laquelle on pourrait contester le nom de sc. puisque

objet est rudimentaire, est l'instrument fondamental des autres sciences.

2° Sciences où la partie dérivée de l'expérience se réduit à un très petit nombre de principes qui ne sont même pas donnés directement par l'expérience directe, mais qui se tirent de l'expérience à l'aide de l'abstraction. En réalité, on raisonne sur des entités abstraites substituées à la réalité concrète. On pourrait grouper ces sciences sous le nom de *Physique abstraite* : Ce sont :

La *Géométrie* et la *Mécanique*.

3° Sciences où la part de l'expérience devient considérable sinon prépondérante. Sciences de la nature inanimée ou

Physique générale

avec ses nombreuses subdivisions :

Astronomie, Physique, Chimie, Météorologie, Géologie, etc.

4° Sciences où la partie expérimentale est nettement prépondérante : *Sciences de la vie* :

Biologie, Zoologie, Botanique, Médecine,
Anthropologie, etc.

Bien des remarques seraient à faire sur cet essai de classification. La distinction de 1 à 2 peut être considérée comme définitive. Il y a une différence capitale entre les objets des deux catégories de sciences. La distinction de 2 à 3 n'est peut-être que provisoire. Dans les parties les plus avancées de la physique, en électricité, par ex., on raisonne aussi, non sur les réalités concrètes, mais sur des êtres abstraits doués de propriétés spéciales inspirées de l'expérience, mais choisies de manière à permettre le raisonnement mathématique. L'accord des résultats du calcul avec les expériences justifie *a posteriori* la méthode employée. De plus, si, comme certains physiciens semblent le croire et l'espérer, il vient un jour où tous les phénomènes physiques pourront s'expliquer par le seul mouvement des particules ultimes de la matière, les sciences physiques se fondront dans la mécanique.

La distinction entre 3 et 4 présente un caractère analogue. Elle ne définitive si la vie présente dans son essence quelque chose d'absolument différent de ce qui règle les phénomènes du monde inanimé; elle n'est que provisoire si, comme le croient, sans preuves du reste, beaucoup de biologistes, les phénomènes de la vie sont de la même nature que ceux du règne inorganique, et n'en diffèrent que par leur plus grande complexité. Dans ce cas, les sciences de la vie ne seraient qu'un chapitre de la physique. Il est actuellement impossible de se prononcer entre ces deux alternatives. La seule chose certaine, c'est qu'on a toujours vu, sur la terre, la vie provenir de la vie, ce qui ne paraît guère favorable à la seconde hypothèse; mais comment expliquer que la vie soit apparue sur la terre si l'on admet l'irréductibilité des phénomènes vitaux et des phénomènes physiques? Ajoutons que chaque classe de sciences exige l'étude préalable, plus ou moins approfondie suivant les cas, des sciences de toutes les classes précédentes.

On s'étonnera, peut-être, de ne pas trouver dans notre classification la sc. de l'homme pensant, soit isolé, *psychologie*, soit vivant en société, *sociologie*. Nous ne prétendons certes pas méconnaître l'importance des études groupées sous ces deux noms; mais nous croyons qu'elles ne peuvent pas rentrer dans le cadre de la sc. positive, parce qu'elles ne peuvent être faites avec l'expérience seulement. Deux écoles opposées réclament pour la psychologie le nom de sc. L'une est l'école du spiritualisme classique qui prétend que la psychologie peut être étudiée par une méthode aussi sûre que celles des sciences expérimentales, celle de l'observation interne, et que les résultats ainsi obtenus ont autant de valeur et d'utilité que ceux de la physique et de la chimie. Cela est possible, mais si on définit la sc. : l'étude des connaissances expérimentales, il faut bien reconnaître que la psychologie ne rentre pas dans la définition, ce qui du reste ne diminue en rien la valeur de ses méthodes ou de ses résultats, mais les classe seulement dans une autre catégorie de la pensée humaine. L'autre école est celle de ceux qui prétendent étudier la psychologie par l'expérience seule, comme l'anatomie ou la physiologie. Si une pareille étude était possible, évidemment la psychologie serait une sc. au sens propre du mot; mais nous croyons que ceux qui partagent cette opinion se font illusion, et nous en avons donné les raisons ailleurs. Voy. Psychologie. Quant à la sociologie à laquelle Auguste Comte et son école attachaient tant d'importance, il est évident qu'elle dépend de la psychologie et doit être classée dans la même catégorie. Une socio-

logie expérimentale nous paraît une chimère. Pour nous borner à une seule considération, ne semble-t-il pas évident que la sc. des sociétés humaines sera très différente suivant qu'on supposera l'homme libre ou fatalement déterminé à agir, suivant qu'on admettra que la morale est un impératif catégorique, ou n'est que l'intérêt bien entendu, et ces questions purement philosophiques de liberté et de morale n'ont-elles pas été déclarées par Auguste Comte lui-même en dehors de la sc.? Cependant, il est possible d'établir une sc. approximative et incomplète de l'homme pensant dans laquelle on se bornerait à étudier les phénomènes où la moralité et la liberté n'ont que peu à intervenir. Ce ne serait certes pas toute la sociologie; mais ce pourrait être un ensemble de connaissances utile et intéressant. L'économie politique serait une branche de cette dernière catégorie de sciences, laquelle comprendrait tout ce qu'on peut apprendre de l'homme pensant et de ses actions par les seules lumières de l'observation et du raisonnement; mais cette sc. d'une nature spéciale serait condamnée à rester incomplète et approximative, parce qu'elle négligerait systématiquement l'un des éléments de la question.

V. *Rôle de la science dans l'évolution de l'humanité.* — Nous serons très bref sur ce sujet sur lequel il serait par trop facile d'accumuler les banalités. Disons d'abord qu'au point de vue intellectuel, l'habitude d'étudier les sciences développe dans l'esprit des qualités de précision et de rigueur logique qui le rendent d'autant plus apte aux études philosophiques, de sorte que le développement de la sc. profite de deux manières au développement de la philosophie : d'une part, en augmentant la pénétration de l'esprit des philosophes; d'autre part, en élargissant le domaine des idées, en faisant justice de certains préjugés et en montrant l'infinie variété des choses. Au point de vue social et utilitaire, la sc. est la mère de l'industrie. C'est elle qui apprend à l'homme à soumettre à ses besoins les forces naturelles, et lui permet ainsi d'augmenter son bien-être dans des proportions qui paraissent indéfinies. De plus, la spéculation scientifique, la contemplation de la nature, telle que la sc. nous la révèle, ouvre à l'imagination des horizons nouveaux, et étale devant l'esprit humain un domaine dont l'étendue s'accroît sans cesse et où son intelligence et son activité peuvent trouver des aliments toujours nouveaux, de sorte que la conséquence est l'augmentation toujours croissante de l'activité matérielle et de l'activité morale. Accroissement de l'action de l'homme sur la nature, accroissement de la pensée humaine : tel est le double résultat des progrès de la sc. On peut dire que, par elle, l'homme devient plus homme et s'éloigne de plus en plus de l'animalité. Il serait banal d'insister davantage sur les transformations que la sc., par l'intermédiaire de l'industrie, fait incessamment subir aux sociétés humaines.

SCIÈNE. s. f. [Pr. *si-ène*] (gr. σκίαινα, m. s., de σκιά, ombre). T. Icht. Genre de poissons osseux. Voy. SCIÉNOÏDES.

SCIÉNOÏDES. s. m. pl. [Pr. *sié-no-ide*] (gr. σκίαινα, sorte de poisson; εἶδος, apparence). T. Icht. Les familles des *Sciénoïdes* appartient à l'ordre des *Acanthoptérygiens*. Les poissons qui la composent présentent à peu près tous les caractères extérieurs des Percoïdes, tels que l'opercule épineux, le préopercule denticulé, la dorsale simple ou double, le corps écailleux; mais ils en diffèrent par l'absence de dents au vomer et aux palatins qui sont entièrement lisses. En outre, les os du crâne et de la face sont en général caverneux et forment un museau plus ou moins bombé. Les *Sciénoïdes* comprennent un assez grand nombre d'espèces qui presque toutes sont bonnes à manger et dont plusieurs ont un goût exquis. Cuvier les divise en deux sections. Dans la première il range les espèces qui ont deux dorsales, et dans la seconde celles qui n'en ont qu'une. Nous nous contenterons de citer les principaux genres de ces deux sections.

I. — Le genre *Sciène* (*Sciæna*) a pour caractères : un préopercule denticulé, un opercule terminé par des pointes, 7 rayons aux branchies, et la tête entière écailleuse, laquelle est d'ailleurs bombée et soutenue par des os caverneux. La *Sciène*, ou *Maigre* (*S. umbrina*) [Fig. 1], appelée vulgairement *Peis Rey* en Languedoc, type de la famille, est un grand poisson qui atteint quelquefois la taille de 2 mètres. Elle est d'un gris argenté assez uniforme, et sa chair est estimée. — Les *Corbs* (*Corvina*) ont toutes les dents en velours et ne diffèrent du genre précédent que par la grosseur de la seconde épine anale. Le *Corb noir* (*C. nigra*), d'un brun argenté à ventrales et anales noires, est très commun dans la Méditerranée. — Les *Ombrines* (*Umbrina*) se distinguent des Sciènes par la présence d'un barbillon à la mâchoire inférieure. L'*Ombrine barbue* (*U. cirrhosa*), rayée obliquement de couleur d'acier, sur un fond doré, est un bon et gros poisson qu'on pêche dans la Méditerranée et dans le golfe de Gascogne. — Les *Tambours* (*Pogonias*) se distinguent des précédents en ce qu'ils ont plusieurs barbillons à la mâchoire. Nous citerons le *Pogonias fascié*, qui atteint 1 mètre de longueur; il est surtout remarquable par le bruit qu'il fait

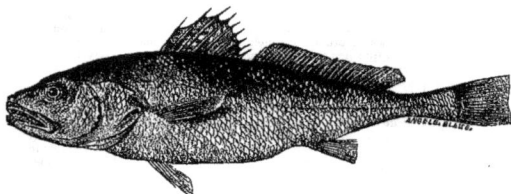

Fig. 1.

entendre et qu'on a comparé à celui d'un tambour : de là son nom vulgaire. Ce poisson appartient à l'Amérique méridionale.
II. — Parmi les Sciénoïdes à dorsale unique, nous mentionnerons d'abord les *Pristipomes* (*Pristipoma*), qui ont 2 pores sous la symphyse de la mâchoire inférieure; leur préopercule est denté, mais l'opercule finit en angle mousse; enfin, la

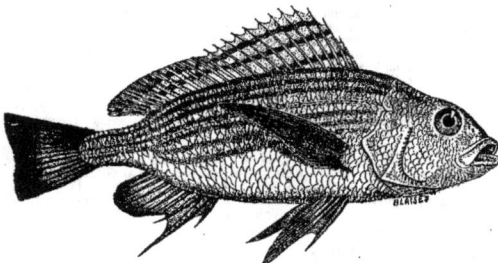

Fig. 2.

dorsale et l'anale sont sans écailles. Ces poissons sont répandus dans les parties chaudes des deux Océans. Le *Pristipome unimaculé* (*P. unimaculatus*) présente une tache brune vers le milieu de chaque côté du corps, et se trouve dans la Méditerranée. Le *Pristipome pique* (*P. hasta*) [Fig. 2] est des mers du Japon. — Les *Diagrammes* (*Diagramma*) ont, comme les précédents, deux pores sous la symphyse et, en outre, deux autres plus gros sous chaque branchie. Ce sont des poissons voraces dont la chair est estimée et qu'on trouve dans les deux Océans. Enfin, les *Pomacentres* (*Pomacentrus*) ont l'opercule sans armure et les dents tranchantes sur une seule rangée. Ils ont pour type le *Pomacentre paon* (*P. pavo*), qui par ses couleurs rappelle le plumage du paon. Il habite la mer des Moluques et n'excède pas 15 centimètres de longueur.

SCIENTIFIQUE. adj. 2 g. [Pr. *sian-tifike*]. Qui concerne les sciences. *Question* s. *Recherches scientifiques*.

SCIENTIFIQUEMENT. adv. [Pr. *sian-tifike-man*]. D'une manière scientifique. *Il a traité cette matière s*.

SCIER. v. a. [Pr. *si-er*] (lat. *secare*, couper). Fendre, diviser avec une scie. *S. du bois, de la pierre, du marbre, etc*. || Se dit aussi des blés qu'on coupe avec la faucille. *C'est le temps de* s *les blés*. || T. Mar. Ramer à rebours pour rétrograder, revenir sur son sillage. — *Mettre les voiles à sc.*, les disposer de manière qu'elle reçoivent le vent sur leur face antérieure et poussent le navire en arrière. || T.

Man. *Sc. du bridon, du filet*, faire aller et venir l'embouchure du frein. || Fam. *Sc. le boyau*, racler sur le violon. — *Sc. quelqu'un. Sc. le dos à quelqu'un*, le fatiguer par la répétition monotone de quelque chose. Fam. = *Scie*, RR. part.

SCIERIE. s. f. [Pr. *si-ri*]. Atelier où l'on scie du bois, de la pierre, etc. Voy. SCIE.

SCIEUR. s. m. [Pr. *si-eur*]. Celui dont le métier est de scier. *S. de bois* Un *s. de long*. *Les scieurs de pierre*. || Se dit aussi de ceux qui scient les blés. *On a mis les scieurs dans ce champ*.

SCILLAÏNE. s. f. [Pr. *sil-la-ine*] (R. *Scille*). T. Chim. Glucoside très amer, retiré de la Scille. C'est une poudre blanche, peu soluble dans l'eau, assez soluble dans l'alcool. Sous l'action des acides étendus et bouillants, la s. se dédouble en un sucre et une résine. Elle est très toxique et agit sur l'organisme à la manière de la digitaline.

SCILLE. s. f. [Pr. *si-le*] (lat. *scilla*, gr. σκίλλα, m. s.). T. Bot. Genre de plantes Monocotylédones (*Scilla*), de la famille des *Liliacées*, tribu des *Liliées*. Voy. LILIACÉES.

SCILLITIQUE. adj. 2 g. [Pr. *sil-litike*] (lat. *scilliticus*, gr. σκιλλιτικός, m. s.). T. Pharm. Qui est fait avec la scille ou qui en contient. *Vinaigre, miel* s. *Pilules scillitiques*.

SCILLY ou **SORLINGUES** (îles), îles anglaises, au S.-O. de la Grande-Bretagne; 3,000 hab.

SCINCOÏDIENS. s. m. pl. [Pr. *sin-ko-idi-in*] (gr. σκίγκος, scinque; εἶδος, aspect) T. Erpét. Les *Scincoïdiens* constituent une petite famille de *Sauriens Brévilingues*. Ces Reptiles sont caractérisés par des pieds courts, une langue non extensible, et des écailles égales qui couvrent le corps et la queue comme des tuiles. Leur corps est en général arrondi ou tout d'une venue. Leurs pattes, au nombre de quatre chez quelques-uns, sont réduites, chez d'autres, soit à une paire antérieure, soit à une paire postérieure, et, dans plusieurs, elles sont trop courtes pour servir à la locomotion. Ces caractères font des Scincoïdiens le passage entre les Sauriens et les Ophidiens. — Le genre *Scinque* (*Scincus*) de Cuvier, qui a été subdivisé au delà de toute mesure par divers auteurs, comprend des Reptiles qui ont quatre pieds assez courts; le corps fusiforme ou presque cylindrique, sans renflement à l'occiput, sans crête ni fanon; les écailles uniformes luisantes, très distinctes et disposées à peu près comme des tuiles; les doigts des pieds sont tous libres et onguiculés, et les mâchoires garnies de petites dents serrées. Certaines espèces ont des dents au palais et une denture au bord antérieur du tympan; d'autres n'ont point de dents au palais. Parmi les premières, nous mentionnerons le *Scinque des pharmacies* (*Sc. officinalis*); et, parmi les secondes, le *Sc. ocellé*. Le premier, long de 16 à 21 centimètres, a le museau tranchant et un peu relevé, la queue plus courte que le corps, et celui-ci d'un jaunâtre argenté avec des bandes transversales noires. C'est un animal tout à fait inoffensif, qui court avec une assez grande vitesse. Quand il est menacé, il s'enfonce dans le sable avec une promptitude singulière, et il y creuse en quelques instants un terrier profond. Les médecins arabes, ainsi que les anciens, employaient sa chair comme aphrodisiaque, aphrodisiaque, etc. Aujourd'hui encore, les Orientaux ont grande foi à ses vertus imaginaires. Les habitants de la Nubie et de l'Abyssinie chassent ces Reptiles, et les envoient desséchés au Caire et à Alexandrie. Le *Sc. ocellé*, appelé aussi *Gongyle ocellé* (*Gongylus ocellatus*) [Fig. 1], est très répandu dans le midi de l'Europe, la Sardaigne, la Sicile, l'Égypte, etc. Il a sur le dos, les flancs et la queue, de petites taches noires rondes et marquées d'un trait blanc. — Les *Seps* (*Seps*) ont le corps encore plus allongé que les précédents, et les pieds encore plus petits. Nous citerons comme type de ce genre le *Seps tétradactyle* (*Seps tetra-*

dactylus) [Fig. 2], qui a été trouvé dans l'île Decrès, et qui est long d'environ 10 centimètres. Son dos brun fauve ou marron est liqueté de noirâtre. — Les *Bipèdes* (*Bipes*) forment un petit genre qui ne diffère des Seps que parce que leurs pieds antérieurs sont à l'état rudimentaire et non apparents au dehors; ces membres sont représentés seulement par des omoplates et des clavicules cachées sous la peau; mais les pieds de derrière sont visibles. — Les *Chalcides* (*Chalcides*) sont, comme les Seps, des Sauriens très allongés et semblables à des Serpents; mais leurs écailles, au lieu d'être

disposées comme des tuiles, sont rectangulaires et forment des bandes transversales qui n'empiètent point les unes contre les autres. — Enfin, les Sauriens qui composent le genre *Bimane* ou *Chirote* (*Chirotes*), ressemblent aux précédents par leurs écailles; mais ils s'en distinguent suffisamment par la présence de membres antérieurs seulement, lesquels, quoique fort petits, sont pourvus de cinq doigts. On n'en connaît qu'une espèce, le *Chirote* ou *Bimane cannelé* (*Chirotes canaliculatus*) [Fig. 3], qui est propre au Mexique. C'est un Reptile gros à peu près comme le petit doigt, long de 21 à 27 centimètres, et dont la peau est couleur de chair.

SCINDAPSE. s. m. [Pr. *sin-dapse*] (gr. σκινδαψός, instrument de musique à quatre cordes). T. Bot. Genre de plantes Monocotylédones (*Scindapsus*) de la famille des *Aroïdées*. Voy. ce mot.

SCINDER. v. a. [Pr. *sin-der*] (lat. *scindere*, m. s.). Couper, diviser; ne se dit qu'au Fig. *S. une question, une proposition.* = SCINDÉ, ÉE. part.

SCINQUE. s. m. (lat. *scincus*, gr. σκίγκος, m. s.). T. Erpét. Genre de *Sauriens*. Voy. SCINCOÏDIENS.

SCINTILLANT, ANTE. adj. [Pr. *sintil-lan* ou *sinti-llan*, *ll* mouillées]. Qui scintille. *Étoile, lumière scintillante.*

SCINTILLATION. s. f. [Pr. *sintil-la-sion* ou *sinti-lla-sion*, *ll* mouillées] (lat. *scintillatio*, m. s.). T. Astron. — On appelle *Scintillation*, l'espèce de tremblement qu'on remarque dans la lumière des étoiles, comme si elles lançaient à chaque instant des étincelles, de nouveaux rayons. Ce phénomène s'observe surtout dans les étoiles de première grandeur, et il est d'autant plus apparent que l'atmosphère est plus tranquille et plus transparente. Il n'a jamais lieu chez les planètes dont la lumière est toujours uniforme. La cause de la s. est encore mal connue, il paraît cependant certain que les phénomènes d'interférences y jouent un grand rôle.

SCINTILLEMENT. s. m. [Pr. *sinti-lle-man*, *ll* mouillées]. Caractère de ce qui scintille.

SCINTILLER. v. n. [Pr. *sintil-ler* ou *sinti-ller*, *ll* mouillées] (lat. *scintillare*, m. s., de *scintilla*, étoile). Briller avec un mouvement de scintillation. *Les étoiles scintillent.*

SCIOGRAPHIE. s. f. Voy. SCIAGRAPHIE.

SCION. s. m. [Pr. *sion*] (lat. *sectio*, section?). T. Bot. Jeune rameau garni de feuilles. || Bourgeon déjà développé mais ne formant pas encore un rameau. || *Greffe par scions*, Greffe par rameaux. Voy. GREFFE.

SCIONNER. v. a. [Pr. *sio-ner*]. Battre avec un scion, avec une verge. = SCIONNÉ, ÉE. part.

SCIOPPIUS, philologue et fécond écrivain all. (1569-1649).

SCIOPTIQUE. adj. 2 g. [Pr. *si-optike*] (gr. σκιά, ombre, ὄπτεσθαι, voir). Qui concerne une vision dans l'ombre.

SCIOTTE. s. f. [Pr. *si-o-te*] (R. *scier*). T. Techn. Sorte de scie à mains à l'usage des marbriers et des tailleurs de pierre. || Sorte de lime qui n'est taillée que sur la tranche. Voy. LIME.

SCIOTTER. v. a. [Pr. *si-o-ter*]. Trancher avec la sciotte. = SCIOTTÉ, ÉE. part.

SCIPION, illustre famille patricienne de Rome. || CNEIUS CORNELIUS battit les Carthaginois en Espagne, et arrêta sur l'Ebre Asdrubal, frère d'Annibal, qui voulait se rendre en Italie (217 av. J.-C.). || Son frère, PUBLIUS CORNELIUS, après avoir été vaincu par Annibal près du Tessin et sur les bords de la Trébie (218), passa en Espagne, où il partagea les succès de Cneius. Mais les deux frères s'étant séparés furent battus et tués (211). || PUBLIUS CORNELIUS, surnommé *le 1er Africain*, fils du précédent (234-183), commença par venger la mort de son père et de son oncle. Rappelé à Rome pour combattre Annibal, il transporta la guerre en Afrique, vainquit Annibal à Zama (202) et dicta la paix à Carthage. Il aida son frère Lucius *l'Asiatique* à battre le roi de Syrie Antiochus III à Magnésie, et finit ses jours dans un exil volontaire. || SCIPION ÉMILIEN, dit *le 2e Africain*, était le 4e fils de Paul-Émile (185-129); il fut adopté par son oncle, fils du 1er Africain. Il mit fin à la 3e et dernière guerre punique par la prise de Carthage (146), prit et rasa Numance, la *seconde terreur* de Rome (133), et fut, dit-on, assassiné. || SCIPION NASICA, dit *Sérapion*, arrière-petit-fils de Cneius Cornelius Scipion, fut le chef du parti qui tua Tibérius Gracchus sur le Forum.

SCIRPE. s. m. [Pr. *sir-pe*] (lat. *scirpus*, jonc). T. Bot. Genre de plantes Monocotylédones (*Scirpus*) de la famille des *Cypéracées*. Voy. ce mot.

SCIRPÉES. s. f. pl. [Pr. *sir-pé*] (R. *scirpe*). T. Bot. Tribu de plantes de la famille des *Cypéracées.* Voy. ce mot.

SCISSILE. adj. 2 g. [Pr. *sis-sile*] (lat. *scissilis*, m. s.). T. Min. Qui peut être fendu, séparé en lames. *L'ardoise est s.*

SCISSION. s. f. [Pr. *sis-sion*] (lat. *scissio*, m. s., de *scindere*, diviser). T. Hist. natur. Séparation, division spontanée. Voy. REPRODUCTION, 1. || Fig., se dit d'une division qui s'opère dans une assemblée politique, dans un parti, etc. *Il y eut s dans l'assemblée le lendemain même de son installation.* — Signifie aussi partage des opinions ou des voix dans une compagnie. *Il y a eu une grande s. entre les opinants.*

SCISSIONNAIRE. adj. et s 2 g. [Pr. *sis-sio-nère*]. Qui fait scission dans une assemblée politique. *Les membres scissionnaires. Les scissionnaires.*

SCISSIPARE. adj. 2 g [Pr. *sis-sipare*] (lat. *scissio*, scission; *parere*, engendrer). Syn. de *Fissipare.* Voy. ce mot et REPRODUCTION, 1.

SCISSIPARITÉ. s f. [Pr. *sis-si-parité*] (lat. *scissio*, scission; *parere*, engendrer). Syn. de *Fissiparité.* Voy. ce mot et REPRODUCTION.

SCISSURE. s. f. [Pr. *sis-sure*] (lat. *scissura*, m. s., de *scindere*, diviser). T. Anat. Se dit de fentes qu'on observe sur certains os, et de sillons que présente la surface de certains organes. *La s. glénoïdale du temporal,* ou *S. de Glaser. La grande s. du cerveau,* ou *s. de Sylvius.*

SCITAMINÉES. s. f. pl. [Pr. *si-taminé*] (lat. *scitamenta*, mets choisis). T. Bot. Famille de plantes Monocotylédones de l'ordre des Iridinées.
Caract. bot. : Plantes herbacées de grande taille, ordinairement vivaces, rarement annuelles. Tige aérienne, tantôt très courte, mais prolongée en apparence par les gaines foliaires emboîtées (Bananier, etc.), tantôt s'elevant jusqu'à 5 et 6 mètres de hauteur (*Alpinia*, etc.). Feuilles grandes, engainantes, sessiles ou longuement pétiolées, à limbe large, penninerve. Fleurs en grappes ou en épis, fortement zygomorphes, ordinairement hermaphrodites, rarement monoïques. Calice formé de 3 sépales, égaux, verts ou faiblement colorés, libres ou soudés en tube. Pétales 3, tantôt égaux, libres ou concrescents en tube, tantôt les deux latéraux plus développés que le médian, unis entre eux en une gaine bilobée (Strelitzia), ou concrescents avec les 3 sépales en une gaine à 5 lobes fendue en arrière (Bananier). Androcée très variable. Tantôt 6 étamines fertiles (*Ravenala*), la postérieure quelquefois plus courte que les 5 autres; tantôt 5 étamines fertiles, la postérieure se réduisant à un staminode ou même avortant complètement (Strelitzia); tantôt, au contraire, l'étamine postérieure seule développée, les cinq autres se réduisant à autant de staminodes, les 3 staminodes externes pétaloïdes étant plus développés, libres ou soudés en formant comme une seconde corolle (*Alpinia*), les 2 staminodes internes étant très petits ou même réduits à des appendices glanduleux; tantôt enfin, l'étamine fertile se pétalise elle-même dans une de ses moitiés et la fleur n'a plus qu'une demi-anthère à une loge, les autres étamines étant alors transformées en staminodes pétaloïdes dont le nombre varie : 1 (Balisiers de la section Distémone), 2 (*Marantopsis*), 3 (Calathée, beaucoup de Balisiers), 4 (*Maranta*, certains Balisiers). Pistil formé de 3 carpelles formés et concrescents en un ovaire infère, triloculaire, avec nectaires septaux, rarement uniloculaire; style simple, parfois pétaloïde (Balisier); ovules anatropes, ordinairement nombreux dans chaque loge, rarement, un seul ovule anatrope ou campylo-

trope. Fruit, une baie (Bananier), ou le plus souvent une capsule. Graine, souvent pourvue d'un arille charnu, contenant tantôt un albumen amylacé abondant (Bananier, etc.), tantôt un petit albumen amylacé et un abondant périsperme charnu ou corné (Gingembre, etc.), tantôt seulement un périsperme corné sans trace d'albumen (Balisier); embryon droit ou arqué.
La famille des Scitaminées contient 36 genres avec environ 450 espèces, répandues dans toutes les régions chaudes du globe, presque toutes tropicales. On la divise en 3 tribus :
TRIBU I. — *Musées.* — Cinq étamines fertiles; un albumen amylacé; pas de périsperme (*Ravenala, Strelitzia, Musa,*

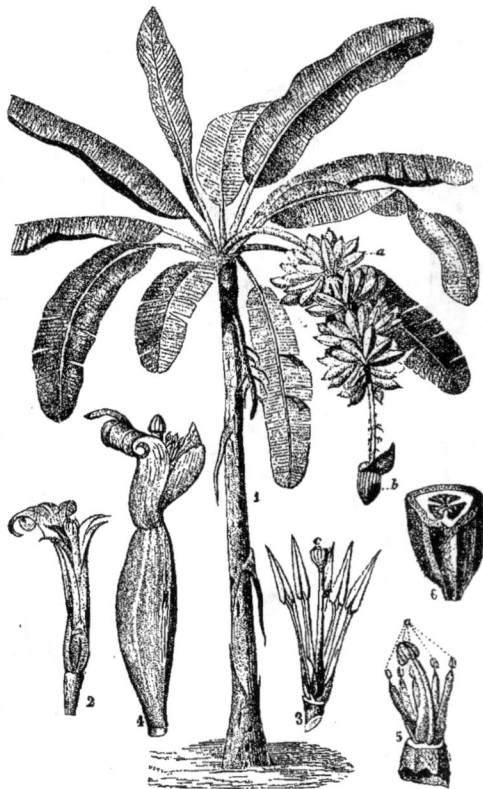

Fig. 1.

Heliconia, etc. [Fig. 1. — 1. *Musa sapientium* : *a*, Régime chargé de fruits; *b*, Popote ou bourgeon conique composé d'un grand nombre de spathes, sous chacune desquelles se trouve une patte de fleurs. 2. Fleur mâle du *Musa paradisiaca*; 3. La même, dépouillée de son calice : *c*, est un stigmate stérile; 4. Fleur femelle; 5. La même sans son calice : *a*, sont des étamines stériles; 6. Coupe d'un jeune fruit, dans lequel on voit encore les ovules et leur disposition.]
Le genre *Bananier (Musa)* est de beaucoup le plus important de la tribu. Ce végétal n'est point un arbre, comme on le

croît généralement en Europe, mais bien une plante herbacée, vivace seulement par ses drageons, et dont la tige périt aussitôt qu'elle a donné son fruit. Sa végétation offre la plus grande analogie avec celle des Liliacées. Un plateau charnu, analogue à un bulbe, émet des racines fibreuses en dessous et des feuilles en dessus. Ces feuilles, longues de 2 à 3 mètres et larges d'un mètre environ, se succèdent rapidement, et leurs pétioles persistants, qui s'engainent les uns dans les autres, forment, en se desséchant, une sorte de tige qui atteint de 3 à 5 mètres de hauteur. Les fruits qu'il donne en font un des végétaux les plus utiles qu'on trouve sous les tropiques. Deux espèces surtout, le *B. à long fruit* ou *B. du Paradis* (*M. paradisiaca*) et le *B. Figuier* ou *B. des sages* (*M. sapientium*) fournissent aux habitants des pays où ils sont cultivés une partie de leur nourriture habituelle. Les fruits du *B. du Paradis*, appelés *Bananes* et ordinairement *Plantaniers* par les Espagnols, sont un peu arqués, longs de 12 à 15 centimètres, et quelquefois au nombre de cent et même davantage sur le même régime. On les cueille un peu avant leur maturité, et, bien que leur chair molle soit d'une saveur agréable et douce, on les mange rarement crus. On les fait cuire au four ou sous la cendre, et ils offrent alors une nourriture très sucrée, très nourrissante et de facile digestion. La *Banane courte*, ou *Figue-Banane*, au contraire, se mange toujours crue. Sa chair est délicate, molle, fraîche, excellente. Les Bananes vertes renferment beaucoup de fécule; mûres, elles le disputent à la Canne par l'abondance du sucre qu'elles contiennent. Pour les conserver, on les coupe en tranches minces que l'on fait sécher. D'autres fois on les râpe, on les fait cuire à la manière du Manioc, et on les convertit ainsi en farine, dont on fait ensuite de la bouillie. Les *Bananeries* s'établissent ordinairement dans les lieux frais et ombragés; on met les plants à 2 ou 3 mètres de distance les uns des autres. Chaque hectare produit en moyenne 2,000 kilogrammes de Bananes, ce qui fournit une récolte plus considérable en matière nutritive que ne peut le faire aucune autre plante cultivée. Le froment, dans une même étendue, ne donne guère que 15 kilogrammes de grains, et la pomme de terre produit en poids 43 fois moins que le Bananier. Parmi les autres espèces du même genre, nous citerons encore le *B. de la Chine* (*M. sinensis*), qui n'est peut-être qu'une variété du *M. sapientium*. Il ne dépasse guère 2 mètres de hauteur et produit dans nos serres de petits fruits excellents. Dans divers pays, les habitants couvrent leurs cases avec les grandes feuilles du *M. paradisiaca* et du *M. sapientium*. On s'en sert aussi pour faire divers ouvrages de vannerie. Enfin, on en tire une grande quantité de fibres très solides qu'on emploie, selon leur degré de finesse, à fabriquer des cordages ou des tissus. Ces feuilles s'importent en assez grande quantité en Europe, sous les noms d'*Abaca* et de *Chanvre de Manille*. Les autres Musacées sont beaucoup moins intéressantes. Cependant on mange la racine de *Heliconia psittacorum*, et la graine du *Ravenala madagascariensis*. Ce dernier, qui est propre à Madagascar, est un végétal superbe qui offre l'aspect d'un palmier. Lorsqu'on perce la base de ses feuilles, elles laissent écouler une grande quantité d'eau limpide et fraîche, qui était amassée dans leurs gaines : de là le nom vulgaire d'*Arbre à voyageurs* qu'on lui a donné. Cependant le *Ravenala* n'offre point une ressource particulière au voyageur altéré, comme on l'a supposé, attendu qu'il ne croît que dans les fts lieux humides et sur le bord des eaux. L'arille pulpeux de ce végétal est d'une magnifique couleur bleue et produit une huile essentielle. Enfin, le suc de son fruit est employé dans la teinture.

Tribu II. — *Zingibérées.* — Une étamine fertile; un albumen amylacé et un périsperme charnu (*Zingiber*, *Alpinia*, *Costus*, *Amomum*, *Curcuma*, *Hedychium*, *Kæmpferia*, *Maritisca*, *Renealmia*, *Donacoda*, etc.). [Fig. 2. — 1. Fleurs de la *Kæmpferia pandurata* ; 2. La rangée extérieure de la corolle vue de profil; 3. L'anthère renfermant le sommet du style avec ses lobes ; 4. Le style et le stigmate avec 2 étamines avortées à la base; 5. Coupe transversale de l'ovaire. — 6. Fruit mûr de l'*Elettaria major;* 7. Graine; 8. La même coupée horizontalement. — 9. Style, stigmate et anthère de la *Mantisia saltatoria;* 10. Coupe du fruit du *Zingiber officinale.*] Les plantes de cette tribu sont en général d'une beauté remarquable, soit à cause du développement de leurs enveloppes florales, comme dans le *Gandasuli à bouquets* (*Hedychium coronarium*) et l'*Alpinie penchée*, soit à cause des riches et brillantes couleurs des bractées, comme dans le *Curcuma de Roscoë*. Elles sont surtout estimées pour les propriétés aromatiques stimulantes que possèdent certaines espèces, telles que le *Gingembre* (*Zingiber officinale*), le *Galanga* (*Alpinia officinarum* et

Alpinia galanga), la *Zedoaire* (*Curcuma Zerumbet*) et quelques autres. Les fruits et les graines de plusieurs espèces, participent des propriétés de la racine. Les *Cardamomes*, en effet, ne sont que les fruits de plusieurs plantes de cette famille. Sur la frontière orientale du Bengale, on emploie le fruit de l'*Amomum aromaticum*. Les cardamomes du Malabar sont produits par l'*Elettaria cardamomum*, ceux de Ceylan proviennent de l'*Elettaria major*, et ceux de Siam de l'*Amomum cardamomum*. Les semences âcres et chaudes que l'on nomme *Graines de paradis* ou *Maniguette*, et dont on se sert principalement pour aromatiser les liqueurs spiritueuses, sont fournies par l'*Amomum granum paradisi* ou *A. Melaguetta*. Le *jaune de curcuma*, qui s'emploie dans la teinture de la laine et de la soie, et dont on se sert si fréquemment comme réactif chimique, s'extrait du *Curcuma longa*. Cette substance jouit, en outre, de pro-

Fig. 2.

priétés stomachiques. Les racines des *Costus* sont fort amères et jouissent d'une grande réputation comme toniques. Tous les *Costus* du Brésil contiennent un suc mucilagineux un peu acido dont on fait usage dans les douleurs néphrétiques et les affections des voies urinaires. L'*Alpinia aromatica* est aromatique et s'emploie comme stomachique et carminatif. Le fruit de la *Globbée uniforme* (*Globba uniformis*) peut se manger. Les rhizomes d'un grand nombre de *Zingibérées* contiennent une grande quantité de fécule; mais l'huile essentielle qui existe dans ces végétaux empêche, en général, de l'utiliser. Cependant, dans les Indes orientales, à Travancore par ex., on extrait de diverses espèces de *Curcuma*, telles que le *C. angustifolia* et *C. rubescens*, une excellente qualité d'*arow-root* qui sert d'aliment aux habitants des localités où croissent ces plantes.

Tribu III. — *Marantées.* — Une demi-étamine fertile, pas d'albumen; un périsperme corné (*Maranta*, *Canna*, *Calathea*, *Phrynium*, etc.). [Fig. 3. — 1. Coupe d'une fleur de *Canna;* 2. Étamine et style; 3. Fruit; 4. Coupe du même ; 5. Coupe d'une graine; 6. Coupe verticale d'un ovaire de *Calathea*.] Les plantes de cette tribu sont estimées pour la fécule abondante que renferment leur rhizome et leurs tubercules. La fécule si connue sous le nom d'*Arrow-root* provient de plusieurs espèces de cette tribu. Dans les Indes occidentales, on l'extrait des racines du *Maranta arundinacea*, du *M. Allouyia*, et du *M. nobilis;* celle de l'Inde, au contraire, provient du *M. ramosissima*. On l'obtient en lavant la racine de ces plantes préalablement râpée : celle du *M. arundinacea* en donne jusqu'à 25 et 30 pour 100 de son poids. Au Pérou, on mange les tubercules charnus de quelques espèces de *Balisiers* (*Canna*) et aux Antilles on extrait d'une autre espèce, qui paraît être le *B. comestible* (*Canna edilis*), une sorte d'arrow-root qu'on nomme *Fécule de Tolomane*. Les graines de certaines espèces ont été employées en guise de café ; ces mêmes graines donnent une matière colorante pourpre. Le *Phrynium dichotomum* fournit une filasse grossière, et l'on

Fig. 3.

fabrique des corbeilles avec les feuilles des *Calathées* (*Calathea*) de l'Amérique du Sud : c'est même de cet usage que vient le nom sous lequel on désigne ces végétaux. Le suc du *Maranta arundinacea* est âcre : lorsqu'il est frais, il rougit la peau, et, quand on mâche la plante, elle provoque vivement la sécrétion salivaire. Les tubercules de plusieurs Balisiers (*Canna aurantiaca*, *C. glauca*, *C. indica*, etc.) seraient diurétiques.

SCIURE. s. f. [Pr. *si-ure*] (R. *scie*). La poussière qui tombe du bois ou de toute matière dure que l'on scie. *De la* s. *de bois*.

SCIURIDÉS. s. m. pl. (gr. σκιά, ombre ; οὐρά, queue). T. Mamm. Famille de *Rongeurs* qui comprend les *Écureuils* et les *Marmottes*. Voy. ces mots.

SCLARÉE. s. f. T. Bot. Nom vulgaire de la *Salvia Sclarea*. Voy. LABIÉES.

SCLÉRANTHE. s. m. (gr. σκληρός, dur ; ἄνθος, fleur). T. Bot. Genre de plantes Dicotylédones (*Scleranthus*), appelé aussi *Gnavelle*, de la famille des *Illécébrées*. Voy. ce mot.

SCLÉRÈME. s. m. (gr. σκληρός, dur). T. Méd. Le s. est une affection particulière aux nouveau-nés débilités ou nés prématurément ; le *froid* paraît favoriser son développement. Cette maladie est caractérisée par une induration du tissu cellulaire sous-cutané, généralement localisée aux pieds et aux mains, mais pouvant se généraliser. Les régions envahies sont gonflées, la peau est lisse et présente une teinte livide ; la température locale est abaissée. Quand le s. se généralise, la mort peut survenir rapidement ; elle est causée par les progrès de la maladie ou par une complication. L'usage des couveuses, permettant d'obtenir une température constante, a amené une diminution notable des cas de s. Une alimentation soignée, les frictions stimulantes, le massage, constituent les indications du traitement du s.

SCLÉRENCHYME. s. m. [Pr. *sklé-ran-chime*] (gr. σκληρός, dur ; χύμα, suc). T. Bot. Nom par lequel on désigne les tissus végétaux formés de cellules scléreuses, c.-à-d. de cellules à parois fortement épaissies.

SCLÉRÉTINITE. s. f. (gr. σκληρός, dur ; ῥητίνη, résine).

T. Minér. Résine fossile, noire, insoluble dans l'alcool et dans l'éther, se trouvant dans certaines houilles.

SCLÉREUX, EUSE. adj. [Pr. *sklé-reu, euze*] (gr. σκληρός, dur). T. Anat. Tissu s., syn. de *Tissu fibreux*.

SCLÉRIE. s. f. (gr. σκληρός, dur). T. Bot. Genre de plantes Monocotylédones (*Scleria*) de la famille des *Cypéracées*. Voy. ce mot.

SCLÉRIFICATION. s. f. [Pr. ...*sion*] (gr. σκληρός, dur ; et lat. *ficare*, faire). T. Hist. nat. Syn. d'endurcissement.

SCLÉRIFIÉ, ÉE. adj. (gr. σκληρός, dur, et lat. *fieri*, devenir). T. Hist. nat. Durci.

SCLÉRITE. s. f. (R. *sclérotique*). T. Méd. Inflammation de la sclérotique. Voy. ŒIL, III, C.

SCLÉRO-CHOROÏDITE. s. f. [Pr. *skléro-ko-ro-idite*] (gr. σκληρός, dur, et fr. *choroïde*). T. Méd. Affection de l'œil caractérisée par l'inflammation simultanée de la choroïde et de la sclérotique.

SCLÉROCLASE. s. f. [Pr. *skléro-kla-ze*] (gr. σκληρός, dur ; κλάσις, action de briser). T. Minér. Syn. de *Sartorite*.

SCLÉRODACTYLIE. s. f. (gr. σκληρός, dur ; δάκτυλος, doigt). T. Méd. Manifestation digitale de la *sclérodermie* ; cette affection peut gagner les bras et se généraliser.

SCLÉRODERMA. s. m. (gr. σκληρός, dur ; δέρμα, peau). T. Méd. Se dit de taches brunes qui apparaissent sur la peau avant l'invasion de la cachexie cancéreuse. Voy. LENTIGO.

SCLÉRODERME. s. m. (gr. σκληρός, dur ; δέρμα, peau). T. Bot. Genre de Champignons (*Scleroderma*) de la famille des *Gastéromycètes*. Voy. ce mot.

SCLÉRODERMÉES. s. f. pl. (R. *scléroderme*). T. Bot. Tribu de Champignons de la famille des *Gastéromycètes*. Voy. ce mot.

SCLÉRODERMES. s. m. pl. (gr. σκληρός, dur ; δέρμα, peau). T. Icht. Les *Sclérodermes* constituent une famille de l'ordre des *Plectognathes*. Ces poissons sont principalement caractérisés par un museau conique ou pyramidal prolongé depuis les yeux, et terminé par une petite bouche armée de

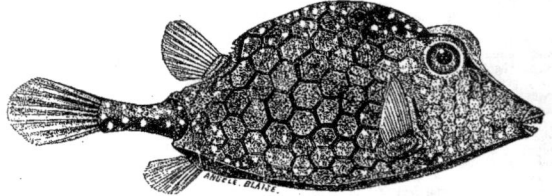

dents distinctes et en petit nombre à chaque mâchoire. Leur peau est généralement âpre ou revêtue d'écailles dures ; de là le nom sous lequel on les désigne. Cette petite famille comprend deux genres principaux : les *Balistes* et les *Coffres*. — Les *Balistes* (*Balistes*) ont le corps comprimé, la peau grenue ou écailleuse, huit dents à chaque mâchoire et deux dorsales. On les trouve en grand nombre dans la zone torride, près des rochers à fleur d'eau, où ils brillent de couleurs éclatantes. Ces poissons se nourrissent de polypes et de fucus, et leur chair est peu estimée. L'aiguillon dont est armée leur dorsale, et qui leur a valu leur nom, leur sert d'arme défensive et fait de cruelles blessures. Une seule espèce de ce genre appartient à la Méditerranée : c'est le *Baliste caprisque* (*B. capriscus*), ou *Caper* des anciens. Sa couleur est d'un gris brunâtre, nuancé de violet, de bleu et d'or. — Au lieu d'écailles, les espèces du genre *Coffre* (*Ostracion*) présentent des compartiments osseux et réguliers, soudés entre eux de manière à constituer une cuirasse inflexible. La queue, les nageoires, la bouche, et une sorte de petite lèvre qui garnit le bord des ouïes, passent par les trous de cette cuirasse et sont les seules parties mobiles de l'animal. Les mâchoires ont chacune 10 à 12 dents coniques. Ces poissons ont peu de chair; mais leur foie est gros et donne beaucoup d'huile. Ils habitent tous les mers intertropicales de l'Inde et de l'Amérique. On peut les diviser d'après la forme de leurs corps en 3 sections, savoir : les Coffres à corps triangulaire, tels que le *Coffre triangulaire* (O. *triqueter*) [Fig. ci-dessus], les Coffres à corps quadrangulaire et les Coffres à corps comprimé.

SCLÉRODERMIE. s. f. (gr. σκληρὸς, dur; δέρμα, peau). T. Méd. Maladie d'origine nerveuse, caractérisée par l'induration et l'épaississement de la peau qui, à une période plus avancée, se rétracte. Les lésions ne sont pas toujours limitées à la peau, elles s'étendent parfois aux tissus sous-jacents, et en résulte des modifications, des altérations anatomiques profondes de tout un organe. L'iodure de potassium, l'électricité, l'hydrothérapie sont les moyens généralement employés pour combattre cette affection.

SCLÉRO-KYSTIQUE. adj. 2 g. (gr. σκληρὸς, dur, et fr. *kyste*). T. Méd. Qui a rapport à un kyste avec endurcissement des parties voisines.

SCLÉROMÈTRE. s. m. (gr. σκληρὸς, dur; μέτρον, mesure). T. Minér. Instrument servant à mesurer la dureté des minéraux. La substance à étudier, taillée en lame, est portée sur un chariot mobile et se meut sous une pointe d'acier fixée à l'extrémité d'un levier. On détermine le poids dont il faut charger la pointe pour que celle-ci raye la lame. La dureté de la fonte de fer étant exprimée par 1,000, celle du fer est 948 et correspond au n° 5 de l'échelle de dureté de Mohs (que nous avons donnée au mot MINÉRALOGIE, III, 3°) ; le nombre 27, qui exprime la dureté de l'étain, correspond au n° 2 de la même échelle.

SCLÉROPHTALMIE ou **SCLÉROPHTHALMIE.** s. f. (gr σκληρὸς, dur; ὀφθαλμὸς, œil). T. Chir. Se dit quelquefois de l'inflammation de la conjonctive, quand il n'y a pas une augmentation de la sécrétion normale.

SCLÉROPHYLLE. adj. 2 g. [Pr. *sklérofi-le*] (gr. σκληρὸς, dur; φύλλον, feuille). Qui a les feuilles raides.

SCLÉROSE. s. f. [Pr *skléro-ze*] (gr. σκληρὸς, dur). T. Méd. Induration pathologique des tissus, due à un développement exagéré du tissu conjonctif. Cette lésion peut envahir différents organes : foie, (*cirrhose*), rein, vaisseaux, artères (*artériosclérose*), moelle (*sclérose en plaques, sclérose latérale*).

SCLÉROSTOME. adj. 2 g. (gr. σκληρὸς, dur; στόμα, bouche). Qui a une bouche dure et cornée.

SCLÉROTE. s. m. (gr. σκληρὸς, dur). T. Bot. Nom donné à un corps de consistance cornée, constitué par le stroma de certains Champignons qui à un moment donné durcit, enloure et colore en brun, en rouge ou en noir les membranes de ces cellules superficielles, se dessèche et passe à l'état de vie latente. L'*Ergot de Seigle est un S.*

SCLÉROTICAL, ALE. adj. Qui appartient à la sclérotique.

SCLÉROTIQUE. s. f. (lat. *sclerotica*, du gr σκληρὸς, dur). T. Anat. Membrane fibreuse qui forme le globe extérieur de l'œil. Voy. ŒIL, I, 1.

SCOBIFORME. adj. 2 g. (lat. *scobs*, sciure; *forma*, forme). T. Bot. Qui ressemble à de la sciure de bois. *Graines scobiformes.*

SCOBINE. s. f. (lat. *scopina*, râpe). Espèce de lime ou de râpe.

SCOLAIRE. adj. 2 g. (lat. *schola*, école). Qui a rapport aux écoles. *Années.*

SCOLARITÉ. s. f. (lat. *scholaritas*, état d'écolier). Jurisp. anc. *Droit de s.*, Le droit que les écoliers des universités avaient d'en réclamer les privilèges.

SCOLASTIQUE. adj. 2 g. (lat. *scholasticus*, gr. σχολαστικὸς, m. s.). Qui appartient à l'école ; se dit de ce qui s'enseigne suivant la méthode ordinaire de l'école. *Théologie s. Philosophie s. Termes scolastiques.* = SCOLASTIQUE. s. f. Se dit soit de la théologie, soit de la philosophie s. Voy. PHILOSOPHIE. = SCOLASTIQUE. s. m. Se dit des théologiens et des philosophes scolastiques. *C'est l'opinion des plus anciens scolastiques.*

DICTIONNAIRE ENCYCLOPÉDIQUE. — T. VIII.

SCOLASTIQUEMENT. adv. [Pr. *skolastik -man*]. D'une manière scolastique. *Cet ouvrage est écrit trop s.*

SCOLÉSITE. s. f [Pr *skolé-zite*]. Voy. SCOLÉZITE.

SCOLEX. s. m. [Pr. *sko-lcks*] (gr. σκώληξ, ver). T. Zool. Nous avons vu, au mot PLATHELMINTHES, que certains Helminthes, et particulièrement les Ténias, parcourent diverses périodes de développement avant d'atteindre leur état parfait. Ces états successifs sont ceux d'œuf, d'animal presque réduit à une tête, et d'animal composé d'une tête qu'accompagne un plus ou moins grand nombre d'anneaux. Van Beneden avait proposé de donner le nom de *Scolex* aux Helminthes qui sont parvenus au second état, comme le *Cysticerque de la cellulosité*, observé chez le Cochon, le *Cœnure du Mouton*, et l'*Echinocoque des vétérinaires*, qui ne sont autre chose que des *Ténias* non encore développés, et celui de *Strobile* à ces mêmes animaux dans leur troisième état, c.-à-d. à l'état de véritables Ténias. Le même savant désignait encore sous le nom de *Proglottis*, les articles de Ténias, qui souvent se séparent quand ils sont remplis d'œufs, et que Lamarck appelait *Cucurbitins*. Aujourd'hui on donne le nom de S. à la partie antérieure ou bourgeonnante des Ténias, celle que l'on appelle vulgairement la tête. Voy. PLATHELMINTHES.

SCOLEXÉROSE. s. f. [Pr. *skolé-kséro-ze*] (gr. σκώληξ, ver). T. Minér. Wernérite blanche de Pargas (Finlande).

SCOLÉZITE, ou **SCOLÉSITE.** s. f. T. Minér. (gr. σκώληξ, ver, parce qu'elle se tord au feu du chalumeau). Silicate hydraté d'alumine et de chaux ($H^6CaAl^2Si^3O^{13}$), en masses fibreuses blanches dans les roches amygdalaires.

SCOLIASTE. s. m (gr. σχολιαστής, m. s.). Celui qui a fait des scolies sur quelque ancien auteur classique. *Le s. d'Homère. Les scoliastes d'Alexandrie.*

SCOLIE. s. m. (gr. σχόλιον, note). T. Géom. Note, remarque qui a rapport à une proposition précédente. *Premier, second s.* = SCOLIE. s. f. T. Philol. Note grammaticale ou critique pour servir à l'intelligence, à l'explication de quelque ancien auteur, et particulièrement des auteurs grecs. *Les scolies sur Aristophane.* || T. Antiq. Sorte de chanson de table, dont le mètre était irrégulier. *Les scolies de Callistrate.*

SCOLIE. s. f. (gr σκολιὸς, courbe). T. Entom. Genre d'Insectes Hyménoptères. Voy. FOUISSEURS.

SCOLIÉ, ÉE. adj. Pourvu de scolies. *Un texte s.*

SCOLIÈTES. s. m. pl. (R. Scolie). T. Entom. Groupe d'Insectes Hyménoptères. Voy. FOUISSEURS.

SCOLIOSE. s. f. [Pr. *skolio-ze*] (gr. σκολίωσις, m. s., de σκολιὸς, courbe). T. Méd. Déviation latérale de la colonne vertébrale siégeant généralement dans la partie dorsale; elle se manifeste dans l'adolescence et est plus fréquente chez les fillettes; les attitudes vicieuses peuvent en favoriser le développement. Les contractures musculaires, la faiblesse des ligaments vertébraux, les déformations ou altérations osseuses en sont les causes habituelles. La sc. amène toujours un déplacement des organes voisins de l'épine dorsale, leurs rapports sont modifiés. Il faut savoir aussi que certaines affections viscérales peuvent provoquer une sc. passagère (pleurésie, gravelle, sciatique) qui disparaît avec leur amélioration.

On doit surveiller l'époque de la croissance chez les enfants et tonifier ceux qui semblent être menacés de sc.; il faut veiller à ce que, dans les écoles, les pupitres soient disposés de façon à leur éviter les attitudes vicieuses. L'usage de certains corsets est indiqué au début de l'affection ; les exercices gymnastiques sont très utiles. — L'extension de la colonne vertébrale suivie de l'application d'un appareil plâtré spécial (corset de Sayre), est le moyen qui donne les meilleurs résultats dans le traitement de la sc.

SCOLOPAX. s. m. pl. [Pr. *skolo-paks*] (gr. σκολόπαξ, m. s.). T. Ornith. Nom scientifique du genre Bécasse. Voy. ce mot.

SCOLOPENDRE. s. f. [Pr. *skolo-pandre*] (gr. σκολόπενδρα, n. de l'animal; σκολόπενδρύον, n. de la plante). T. Zool. Genre d'*Articulés*. Voy. MYRIAPODES. || T. Bot. Genre de Fougères (*Scolopendrium*) de la famille des *Polypodiacées*. Voy. ce mot.

SCOLYTE. s. m. (gr. σχολύπτω, je déchire). T. Entom. Genre d'insectes *Coléoptères*. Voy. XYLOPHAGES.

SCOMBÉROÏDES. s. m. pl. [Pr. *skon-béroïde*] (gr. σχόμ-ϐρος, maquereau; εἶδος, aspect). T. Icht. Famille de Poissons *Acanthoptérygiens* qui a pour type le Maquereau (*Scomber*). Les poissons qui la composent sont caractérisés par des pièces operculaires sans dentelures, des écailles petites et lisses, des nageoires verticales généralement dépourvues d'écailles, et par des cæcums nombreux. Enfin, leur queue et surtout leur nageoire caudale sont très vigoureuses. Les Scombéroïdes renferment plusieurs espèces extrêmement utiles à l'homme, tant par leur volume et leur goût excellent que par leur inépuisable fécondité. Chaque année, ces espèces reviennent par légions immenses dans les mêmes parages, où elles deviennent l'objet d'une pêche extrêmement importante. Cuvier et Valenciennes partageaient les Scombéroïdes en 5 grandes tribus, dont nous nous contenterons de donner les caractères et d'indiquer les principaux genres. On y a ajouté depuis la petite famille des *Echénéides*.

1. — La tribu des *Scombres* est caractérisée par une première dorsale non décomposée, tandis que les derniers rayons de la seconde, ainsi que ceux qui correspondent à l'anale, sont au contraire détachés, et forment ce que l'on appelle des *fausses nageoires ou fausses pinnules*. — Les *Maquereaux* (*Scomber*) ont le corps fusiforme et couvert d'écailles uniformément petites et lisses. Leur queue est garnie latéralement de deux petites crêtes cutanées, et la deuxième dorsale est séparée de la première par un espace vide. Le type du genre est le *Maquereau vulgaire* (*S. scombrus*) qui a cinq fausses nageoires en haut et en bas. Ce poisson, qui manque de vessie natatoire, a, en sortant de l'eau, le dos bleu métallique changeant en vert irisé et reflétant l'or et la pourpre. Ces couleurs sont séparées par les raies ondulées noires, et tout le reste du corps est d'un blanc argenté. C'est un poisson très estimé, connu sous différents noms par les pêcheurs de nos côtes. Dans quelques endroits de la Provence on le nomme *Maquereau* ou *Auriol*, en Languedoc *Veiral*, dans la Bretagne *Bretel*. Le Maquereau commun, tel qu'on le vend sur nos marchés, a 33 à 38 centimètres de longueur, rarement 50; mais à l'entrée de la Manche, on en prend qui ont jusqu'à 65 centimètres, et que l'on sale parce que leur chair a peu de délicatesse. Les Maquereaux sont des poissons de passage, et ils donnent lieu à des pêches et à des salaisons presque aussi productives que celles du Hareng. Les premiers qui arrivent sur nos côtes par la Manche, au commencement de mai, et que l'on prend souvent avec les Harengs, sont sans œufs ni laitance; mais, vers la fin du mois, ils sont pleins et délicieux. A la fin de juillet et même en août, on en pêche encore; mais ils sont beaucoup moins estimés, car ils ont déposé leurs œufs et leur laitance: on les dit alors *échevillés*. On a prétendu que les Maquereaux passent l'hiver dans les mers du Nord, et qu'au printemps,

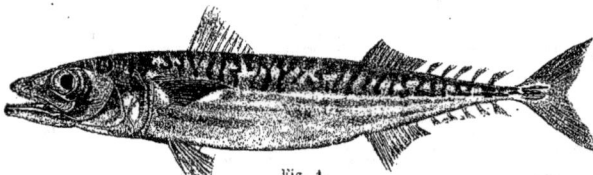

Fig. 1.

côtoyant l'Islande, puis l'Ecosse et l'Irlande, ils se rendent dans l'Océan, où leur troupe immense se divise, une partie entrant dans la Manche pendant qu'une autre pénètre dans la Méditerranée Toutefois il y a lieu de croire que leurs migrations sont moins importantes; que, pendant l'hiver, ils se retirent dans les profondeurs de la mer, et qu'ils en sortent au printemps afin de chercher des lieux convenables pour y déposer leur frai. Beaucoup, du reste, ne quittent pas nos côtes pendant l'hiver. On y pêche en effet des Maquereaux toute l'année, et l'on en voit sur les marchés de Paris même en novembre, décembre et janvier Ces poissons étant très voraces, on en prend beaucoup soit avec des hameçons, soit avec de grands filets appelés *Manets*, dont les mailles arrêtent le poisson par les ouïes. Le *Petit maquereau* (*S. colias*) [Fig. 1], qu'on trouve dans la Méditerranée et qui est long d'environ 27 centimètres, est d'un vert pâle, et surtout

remarquable en ce qu'il a une vessie natatoire. — Les *Thons* (*Thynnus*) se distinguent des précédents par une sorte de corselet formé d'écailles plus ou moins grandes et moins lisses que celles du reste du corps; ils ont en outre sur la queue, une carène cartilagineuse, et leur première dorsale se prolonge très près de la seconde. Le *Thon commun* (*T. vulgaris*) est d'un noir bleuâtre sur le dos, mais grisâtre avec des taches argentées sur le ventre. Sa longueur dépasse généralement 1 mètre, et parfois il atteint une dimension triple ou quadruple. On en prend souvent sur les côtes de Sardaigne qui pèsent plus de 500 kilogrammes: ceux de 50 à 150 kilogrammes y sont appelés *demi-thons*. La chair de ce poisson est fort estimée; elle ressemble à celle du veau: celle du ventre est la plus délicate La préparation du Thon varie dans les différents pays. En général, on le coupe en tranches que l'on conserve à l'aide du sel, ou par la cuisson et l'immersion dans l'huile. C'est surtout dans la Méditerranée que ce poisson abonde. A certaines époques de l'année, les Thons longent les côtes de cette mer en légions innombrables. Longtemps même on a cru qu'ils n'y étaient que de passage; mais il paraît qu'au lieu de faire de longs voyages, ils passent une partie de l'année dans les eaux profondes, tandis qu'à d'autres époques ils longent le rivage pour y frayer. C'est alors qu'on se livre à leur pêche, qui a lieu principalement sur les côtes de la Sardaigne, de la Sicile et de la Provence. Elle se fait de deux manières, à la *Thonaire* ou à la *Madrague*. Pour la première, lorsqu'on a signalé l'approche d'une légion de Thons, les bateaux partent sous le commandement d'un chef, se rangent sur une ligne courbe, et jettent leurs filets de manière à former une vaste enceinte autour des poissons que le bruit effraye et qui se retirent vers le rivage. Alors, à l'aide de nouveaux filets, on rétrécit de plus en plus l'enceinte, jusqu'à ce que les Thons, ramenés vers le rivage, puissent y être tirés par un grand filet terminé en cul-de-sac que l'on amène à terre avec les poissons enveloppés. On les tue alors au moyen de crocs. La pêche à la thonaire donne parfois en un seul coup de filet 2 à 3,000 quintaux de poissons. La madrague est un engin fixe qui consiste en une série d'enceintes formées avec des filets maintenus verticalement. Chacune de ces enceintes est ouverte du côté de la terre, et le tout est fermé par un filet qui relie cette sorte de labyrinthe à la terre, et arrête les Thons dans leur course. Ceux-ci se détournent, pénètrent dans les enceintes où ils s'égarent, et arrivent enfin à un dernier compartiment appelé *Carpou* ou *chambre de mort*. C'est là que les pêcheurs, ayant soulevé le filet jusqu'à la surface de l'eau, livrent aux Thons un combat acharné en les frappant à coups de croc. La *Thonine* (*T. thunina*) se rapproche de la précédente: elle est d'un bleu brillant, avec des lignes noires ondulées, et atteint environ 1 mètre de longueur. On la trouve dans la Méditerranée, ainsi que la *Bonite des tropiques* (*T. pelamys*), autre espèce qui présente quatre bandes longitudinales noirâtres sur chaque côté du ventre.

La Bonite est célèbre par la chasse qu'elle donne aux Poissons volants. Les *Germons* (*Orcynus*) diffèrent des Thons par leurs longues pectorales qui égalent le tiers de la longueur de leur corps. Le *Germon des Basques* (*O. alalonga*) a le dos bleu noirâtre et le ventre argenté. On le prend dans la Méditerranée avec les Thons, et, en été, il arrive en troupes nombreuses dans le golfe de Gascogne où il fait l'objet de grandes pêches. Sa chair est beaucoup plus blanche que celle du Thon vulgaire. Les *Auxides* (*Auxis*) ont le corselet et les pectorales médiocres des Thons, avec les dorsales séparées des Maquereaux. La Méditerranée en possède une espèce appelée vulgairement *Bonicou* (*A. bisus*), dont le dos est d'un beau bleu avec des lignes obliques noirâtres. Sa chair est d'un rouge foncé. Enfin, les *Sardes* (*Sarda*), ou *Pélamides*, ne diffèrent des Thons que par leurs dents pointues et assez fortes. La seule espèce connue, le *Pelamys sarda*, est bleue, à dos rayé obliquement de noirâtre; on la pêche en abondance dans la mer Noire et dans la Méditerranée. — Le genre *Espadon* (*Xiphias*) se rapproche beaucoup du genre Thon; mais il est surtout caractérisé par la saillie que forme la mâchoire supérieure, qui se prolonge en lame comprimée, tranchante des deux côtés, terminée en pointe aiguë, et semblable à une lame d'épée ou de sabre. Ce bec, qui est une arme offensive très puissante avec laquelle l'Espadon attaque les plus grands animaux marins, se compose principalement du vomer et des intermaxillaires. Les branchies ne sont pas divisées en dents de peigne, mais formées chacune de deux grands parallèles dont la surface est réticulée. Ce genre ne renferme jusqu'à ce jour qu'une espèce, l'*Espadon commun* (*X. gladius*) [Fig. 2], qui devient quelquefois énorme : il n'est pas rare de voir des individus longs de 4 mètres, et l'on en cite de 6 à 7 mètres et du poids de 180 à 200 kilogrammes. Sa chair, quoique sèche, est de bon goût. On croit que les Espadons marchent ordinairement par paires. Ils nagent avec une rapidité excessive et poursuivent les navires en marche de manière à se lancer sur leur coque ou à les percer de leur

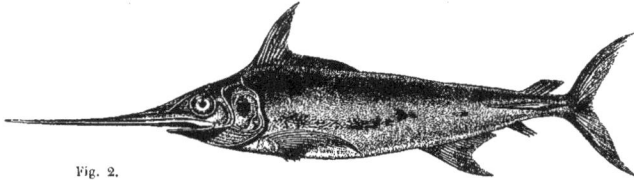

Fig. 2.

bec. On trouve fréquemment des morceaux de cette arme dans les vaisseaux abattus en carène. On pêche ce poisson avec un harpon à peu près comme la Baleine. C'est principalement autour de la Sicile qu'on en fait les pêches les plus abondantes. — Les *Tétraptures* (*Tetrapturus*) ont la pointe du museau en forme de stylet, et des ventrales consistant en un seul brin non articulé La Méditerranée en possède une espèce, le *Tétrapture belone* (*T. belone*), appelé *Aiguille* par les Siciliens. — les *Voiliers* ou *Istiophores* (*Istiophorus*) ont aussi la mâchoire supérieure prolongée en stylet; mais ils doivent leur nom à la hauteur singulière de leur dorsale, qui leur sert à prendre le vent lorsqu'ils nagent. Ces poissons appartiennent aux mers tropicales.

II. — La seconde tribu des Scombéroïdes, que Cuvier désigne sous le nom de *Centronotes* (*Centronotus*), se distingue par les épines antérieures de la dorsale, qui sont libres et dépourvues d'une membrane commune. C'est à cette tribu qu'appartiennent les *Pilotes* (*Naucrates*), dont le corps est fusiforme, avec des écailles très petites et des carènes cartilagineuses sur les côtés de la queue. L'espèce commune, appelée *Pilote conducteur* (*Naucr. ductor*), est longue d'environ 30 centimètres, et de couleur bleue, avec de larges bandes verticales d'un bleu plus foncé. Son nom de *Pilote* vient de l'habitude où elle est de suivre les navires pour s'emparer de ce qui en tombe; et, comme le Requin a aussi cette habitude, les matelots se sont imaginé que le Pilote sert de guide à ce dernier. — Les *Liches* (*Lichia*) ont la queue comprimée horizontalement et la queue sans carène latérale. Parmi les espèces qu'on trouve dans la Méditerranée, nous citerons la *Liche* proprement dite (*L. amia*), qui atteint plus de 1m,30 de longueur et pèse jusqu'à 50 kilogrammes.

III. — La troisième tribu est caractérisée par une ligne latérale cuirassée, sur une étendue plus ou moins grande, par des pièces ou par des bandes écailleuses carénées et souvent épineuses. Ces poissons constituent surtout le genre *Caranx*, qui est fort nombreux en espèces. On en trouve dans nos mers d'Europe plusieurs espèces qui sont semblables au Maquereau pour la forme générale de leur corps et par leur goût, et que l'on confond sous les noms de *Saurels*, de *Maquereaux bâtards*, etc. Mais elles diffèrent entre elles par le nombre des bandes et par l'inflexion plus ou moins rapide de leur ligne latérale. Nous citerons comme exemple le *Caranx caranque* (*Caranx carangus*) [Fig. 3] des Antilles, qui est argenté, avec une tache noire à l'opercule, et qui pèse souvent de 10 à 12 kilogrammes C'est un bon poisson et très sain. — Des Caranx on passe par degrés à des poissons chez lesquels, d'une part, l'armure de la ligne latérale s'affaiblit pro-

gressivement, et qui, d'autre part, deviennent de plus en plus comprimés et élevés, avec une peau fine, satinée et sans écailles apparentes. Cuvier groupe ces espèces sous la dénomination commune de *Vomer*, et les distingue d'après les prolongements variés qu'offrent quelques-unes de leurs nageoires. Aucun de ces poissons n'habite nos côtes.

IV. — Les Scombéroïdes qui forment la quatrième tribu se distinguent des précédents par des caractères négatifs : en effet, ils n'ont ni fausses pinnules, ni épines libres au dos, ni armures aux côtés de la queue. — Les *Sérioles* (*Seriola*) ressemblent tout à fait aux Liches; mais les épines de leur première dorsale sont unies en nageoire par une membrane. Nous avons dans la Méditerranée la *Sériole de Duméril* (*S. Dumerilii*), qui est d'une belle couleur d'argent, dorée sur les flancs, et teintée de bleu violâtre sur le dos. Sa chair est rougeâtre et très estimée. On en pêche qui pèsent jusqu'à 80 kilogrammes. — Les *Stromatés* (*Stromateus*) ont le corps plus comprimé encore que les Sérioles. Ce genre est représenté dans la Méditerranée par une espèce oblongue, vulgairement appelée *Fiatole* (*Str. fiatola*), qui est remarquable par ses taches et ses bandes interrompues de couleur dorée sur un fond gris de plomb. — La même mer possède aussi une espèce du genre *Séserin* (*Seserinus*), appelée *Séserin de Rondelet*: c'est un petit poisson de couleur plombée et long de 8 centimètres seulement. — Les *Coryphènes* (*Coryphæna*), vulgairement appelées *Dorades*, ont le corps comprimé, allongé

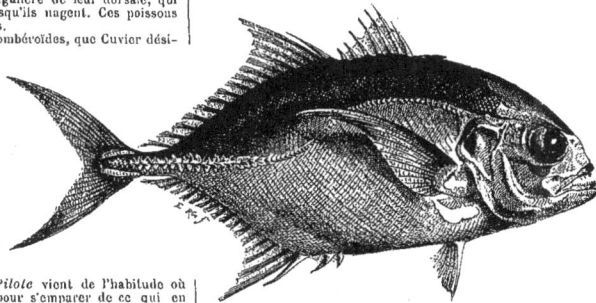

Fig. 3.

et couvert de petites écailles, la tête tranchante supérieurement, et une dorsale composée de rayons presque flexibles qui règne sur toute la longueur du dos. Elles sont remarquables par la rapidité de leur marche, par la guerre continuelle qu'elles font aux Poissons volants, et surtout par la beauté de leurs couleurs, qui changent d'une manière admirable après leur mort. La *Coryphène de la Méditerranée* (*Cor. hippuris*) est d'un bleu argenté en dessus, avec des taches bleu foncé, tandis que le dessous est jaune-citron tacheté de bleu-clair. Les genres *Centrolophe* et *Astroderme*, analogues au précédent, ont aussi des représentants dans nos mers.

V. — La cinquième tribu comprend les Scombéroïdes qui ont la bouche prolongée en avant. Ces poissons, d'ailleurs, ont le corps comprimé et élevé des Vomers, ainsi que .eur peau fine, satinée et sans écailles apparentes. — Les *Dorées* (*Zeus*) ont la dorsale échancrée avec des épines accompagnées de longs lambeaux de la membrane, et une série d'épines fourchues le long des bases de la dorsale et de l'anale. Nous en avons dans nos deux mers une espèce jaunâtre, avec u 'e tache ronde et noire sur le flanc : c'est le *Zeus faber*, vulgairement appelé *Dorée* ou *Poisson de saint Pierre*. — Les *Capros* diffèrent des Dorées en ce qu'ils n'ont pas d'aiguillon le long de leur dorsale et de leur anale; en outre, ils ont le corps couvert d'écailles fort rudes. Tel est le *Capros* (*Zeus aper*), vulgairement appelé *Sanglier*, petite espèce de couleur jaunâtre, qui habite la Méditerranée. — Enfin, le genre *Lampris* ou *Chrysostose*, a pour type le *Chrysostose-lune*, ou *Lampris tacheté* (*Lampr. guttatus*), qui habite les mers du Nord. C'est un poisson qui atteint une assez grande taille et qui est orné de couleurs magnifiques. Tout son corps est d'un bleu d'acier qui, sur les flancs, passe au lilas, et devient, vers le ventre, du plus beau rose : les taches dont son corps est semé sont d'un blanc de lait; l'iris est d'un jaune d'or éclatant; enfin, ses nageoires sont d'un rouge vermillon.

VI. — Les Échénéides sont remarquables, entre tous les Poissons, par un disque aplati qu'ils portent sur la tête et qui se compose d'un certain nombre de lames cartilagineuses transversales, obliquement dirigées en arrière et mobiles, à l'aide desquelles le poisson s'attache très fortement aux corps étrangers, vraisemblablement en opérant le vide entre les lames. Souvent il s'attache ainsi aux rochers, aux vaisseaux et à d'autres poissons, surtout au Requin. Ce genre ne se compose que de 4 espèces. Nous en avons une dans la Méditerranée, c'est le *Remora* (*Ech. remora*), si fameux par les contes dont il a été l'objet. Selon Pline, l'Échénéide sert à composer des poisons capables d'amortir et d'éteindre les feux de l'amour; il arrête l'action de la justice et la marche des tribunaux, *judiciorum mora*; si on le conserve dans du sel, son approche seule suffit pour retirer du puits le plus profond l'or qui peut y être tombé; enfin, il est à lui seul capable d'arrêter la marche d'un navire. C'est de cette dernière fable que viennent les noms scientifiques et vulgaires sous lesquels on connaît ce Poisson, *Échénéis* (ἔχειν, retenir, ναῦς, vaisseau), *Remora* (*morare*, retarder), *Sucet* et *Arrête-nef*. Le Remora est long de 25 à 30 centimètres; il a le corps allongé et de couleur brune, la peau molle et visqueuse, avec de très petites écailles. Les nageoires sont petites, aussi nage-t-il difficilement. Bosc et Commerson affirment qu'il nage en se

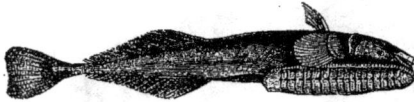

Fig. 4.

tenant renversé sur le dos. Cette difficulté expliquerait l'habitude qu'a ce poisson de s'attacher aux corps d'autres poissons, et surtout à celui du Requin qui est célèbre pour la rapidité prodigieuse de sa marche. Elle expliquerait aussi ce préjugé fort répandu chez les marins, c'est que le R sort de *pilote* à ce Squale et à d'autres grandes espèces de la même famille. Pour répondre à un autre préjugé vulgaire qui veut que cet animal se nourrisse par le disque dont sa tête est munie, nous ferons observer qu'il n'y a aucune communication entre cet organe et l'intérieur de la bouche ou du canal alimentaire. L'*Échénéis ostéochère* (Fig. 4) habite la mer des Antilles; l'*Échénéis rayé* (*Ech. lineata*) a été rencontré dans l'océan Pacifique; enfin le *Naucrate* (*Ech. naucrates*) se trouve dans l'océan indien. Suivant Commerson et Salt, les habitants de la côte de Mozambique emploient le Naucrate à la pêche. « On attache à la queue du poisson vivant un anneau d'un diamètre assez large pour ne point l'incommoder, mais assez étroit pour être retenu par la nageoire caudale. Une corde très longue est fixée à cet anneau. L'É., ainsi préparé, est conservé dans un vase plein d'eau salée, qu'on renouvelle très souvent; les pêcheurs mettent le vase dans leur barque, et se dirigent vers les parages fréquentés par les Tortues marines qui ont l'habitude de dormir à la surface des flots, mais que le moindre bruit réveille et fait échapper à l'avidité de l'homme. Quand on en aperçoit une de loin, on jette le Naucrate à la mer, en lâchant une longueur de corde égale à la distance où se trouve la Tortue. Le poisson cherche à fuir de tous côtés, et parcourt tout le cercle dont cette corde est, pour ainsi dire, le rayon. Enfin, rencontrant un point d'appui sous le plastron de l'animal endormi, il s'y attache, et donne ainsi aux pêcheurs le moyen d'amener à eux la Tortue en retirant la corde. » Nous croyons ne pas faire preuve de trop de scepticisme en disant que ces récits ont encore besoin de vérification.

SCOMBRES. s. m. pl. [Pr. *skon-bre*] (gr. σκόμβρος, lat. *scomber*, maquereau). T. Icht. Tribu de Poissons osseux. Voy. SCOMBÉROÏDES.

SCOMBRINE. s. f. [Pr. *skon-brine*] (R. *scombre*). T. Chim. Ptomaïne retirée de la chair putréfiée du scombre et répondant à la formule $C^{17}H^{38}Az^2$.

SCOPAIRE. s. f. [Pr. *sko-père*] (lat. *scopa*, balai). T. Bot. Genre de plantes Dicotylédones (*Scoparia*) de la famille des Scrofulariacées. Voy. ce mot.

SCOPARINE. s. f (R. *Scopaire*). T. Chim. Matière colorante jaune, soluble dans l'eau chaude, dans l'alcool et dans les alcalis, extraite des fleurs du genêt à balai (*Genista scoparia*).

SCOPAS, sculpteur grec (Ve siècle av. J.-C.), auteur présumé de la *Vénus de Milo*.

SCOPÈLE. s. m. (gr. σκόπελος, rocher). T Icht. Genre de *Poissons osseux*. Voy. SALMONIDES.

SCOPOLAMINE. s. f. (R. *scopoline*). T Chim. Syn. d'*Hyoscine*.

SCOPOLÉTINE. s. f. T. Chim. Voy. SCOPOLINE.

SCOPOLINE. s. f. T. Chim. Substance vénéneuse, cristallisable, fusible vers 218 degrés, soluble dans l'eau chaude et dans l'alcool, extraite des racines de la *Scopolia japonica*. Traitée par les acides étendus et bouillants elle se dédouble en glucose et en Scopolétine $C^{10}H^8O^4$, qui cristallise en aiguilles fusibles à 198 degrés et qui est un dérivé méthylé de l'esculétine.

SCOPS. s. m. (gr. σκώψ, chouette). T. Ornith. Espèce de *Rapace nocturne*. Voy. CHOUETTE.

SCORBUT. s. m. [Pr. *skor-bu*] (holl *scheurbuik*). T. Méd. Le sc. est une affection cachectique, non fébrile, habituellement épidémique, dont le développement paraît devoir être attribué à une hygiène défectueuse; on l'a en effet surtout observé dans les villes assiégées, les prisons encombrées, à bord des navires. L'abus des viandes salées, la privation de végétaux frais, l'insuffisance des sels de potasse dans les aliments, paraissent avoir une réelle influence pathogénique.

La maladie débute par une période de débilité pendant laquelle le moindre travail est fatigant, tout exercice est pénible; bientôt apparaissent des douleurs surtout marquées aux jambes et aux articulations, la peau devient sèche. Un peu plus tard, il se produit une *tuméfaction des gencives* qui s'ulcèrent et saignent facilement, l'haleine est fétide, la muqueuse buccale est ecchymotique, les selles sont très fétides, la mastication est très douloureuse. La peau se recouvre de pétéchies, de taches purpurines nombreuses au niveau des jambes, l'aspect de ces taches peut être jaunâtre; le tissu cellulaire sous-cutané est souvent le siège d'*œdème dur*; il existe des infiltrations sanguines constituant de véritables bosses.

L'état général devient mauvais, les moindres mouvements occasionnent des douleurs, le pouls est petit et la constipation habituelle A une période plus avancée, on constate une exagération de ces divers symptômes, les dents tombent, les gencives ulcérées sont alors le siège d'hémorragies abondantes, la diarrhée est fréquente, les selles sont très fétides et le malade a des sueurs profuses. Les facultés intellectuelles restent généralement intactes, il existe cependant un découragement profond; la mort survient alors par épuisement, pendant une syncope, mais souvent le malade est emporté par une affection intercurrente : pneumonie, péricardite.

Le traitement est surtout hygiénique, on doit faire disparaître les causes incriminées. Les légumes frais, le cresson, les limonades, les fruits acidulés ont une réelle efficacité. Le jus de citron et les astringents sont utilisés pour le pansement des gencives. Contre les hémorragies, on administre à l'intérieur : le perchlorure de fer, l'eau de Rabel, l'ergotine; les injections de sérum artificiel aideront à vaincre l'épuisement.

SCORBUTIQUE. adj. 2 g. Qui tient de la nature du scorbut.

Affection s. *Symptômes scorbutiques.* = Subst., Celui qui est malade du scorbut. *C'est un* s.

SCORDISQUES, tribu celte qui était établie sur les bords du Danube au II° siècle av. J.-C.).

SCORIACÉ. ÉE. adj. Qui a le caractère, l'apparence d'une scorie.

SCORIE. s. f. (lat. *scoria*, m. s., du gr. σχωρία, crasse). T. Métall. Se dit des matières qui se séparent des métaux en fusion et viennent se vitrifier à leur surface. *Le mâchefer est une* s. || *Scories volcaniques*, se dit de certains produits des volcans, qui ressemblent aux scories des métaux. || Fig. Résidus inférieurs de l'œuvre d'un grand écrivain.

SCORIFICATION. s. f. [Pr. *skorifika-sion*] (lat. *scoria, scoria; ficare*, faire). Action de réduire en scories, ou le résultat de cette action.

SCORIFICATOIRE. s. m. [Pr. *skorifika-touare*]. Écuelle à scorifier, dont on se sert dans la coupellation en grand.

SCORIFIER. v. a. (lat. *scoria*, scorie; *ficare*, faire). Séparer d'un métal les scories que la fusion y a produites. = SCORIFIÉ, ÉE. part.

SCORIFORME. adj. 2 g. (lat. *scoria*, scorie; *forma*, forme). Qui a la forme de scorie.

SCORODITE. s. f. (gr. σχόροδον, ail). T. Minér. Arséniate hydraté de fer, en cristaux octaédriques ou en croûtes d'un vert pâle, à éclat vitreux. Au feu du chalumeau la s. dégage une odeur d'ail, de là son nom.

SCORPÈNE. s. f. (gr. σχόρπαινα, m. s., de σχορπίος, scorpion). T. Icht. Genre de *Poissons osseux*, appelé vulg. *Rascasse*. Voy. JOUES CUIRASSÉES.

SCORPIOÏDE. adj. 2 g. (gr. σχορπίος, scorpion; εἶδος, apparence). T. Bot. En forme de queue de scorpion. *Cyme* s. Voy. INFLORESCENCE, II.

SCORPIOJELLE. s. f. [Pr. *skorpiojè-le*] (gr. σχορπίος, scorpion). Huile de scorpion.

SCORPION. s. m. (lat. *scorpio*, gr. σχορπίος, m. s.). T. Zool. Genre d'*Arachnides*. Voy. PÉDIPALPES. || T. Icht. *S. de mer*. Nom vulg. du genre de Poissons osseux appelé *Chabot*. Voy. JOUES CUIRASSÉES. || T. Astron. Constellation zodiacale. Voy. CONSTELLATION et ZODIAQUE. || T. Anc. Pharm. *Huile de* s., huile dans laquelle on avait fait périr des scorpions et dont on se servait pour guérir la piqûre de cet animal.

SCORPIURE. s. m. (gr. σχορπίος, scorpion; οὐρά, queue). T. Bot. Genre de plantes Dicotylédones (*Scorpiurus*), appelé vulg. *Chenillette*, de la famille des *Légumineuses*, tribu des *Papilionacées*. Voy. LÉGUMINEUSES.

SCORSONÈRE ou **SCORZONÈRE.** s. f. (ital. *scorza*, écorce; *nera*, noire). T. Bot. Genre de plantes Dicotylédones (*Scorzonera*) de la famille des *Composées*, tribu des *Liguliflores*. Voy. COMPOSÉES.

SCORZA. s. f. (ital. *scorza*, écorce). T. Minér. Sable vert formé d'épidote.

SCOT dit **ÉRIGÈNE.** Moine et philosophe irland.; un des fondateurs de la Scolastique; vécut à la cour de Charles le Chauve, m. en 886.

SCOTIE. s. f. [Pr. *sko-sie*] (lat. *scotia*, gr. σχοτιά, m. s.). T. Archit. Espèce de moulure. Voy. MOULURE.

SCOTIE. s. f. anc. nom de l'Écosse.

SCOTIOLITE. s. f. (gr. σχοτία, obscurité; λίθος, pierre). Minér. Variété d'Hisingérite.

SCOTISTE. s. Partisan soit de Scot Érigène, soit de Duns Scot.

SCOTOME. s. m. (gr. σχότωμα, obscurcissement. de σχό-τος, ténèbres). T. Méd. Lacune du champ visuel, correspondant souvent à une lésion d'un point rétinien; les objets regardés sont parsemés de taches sombres.

SCOTS, nom des anciens habitants de la Scotie.

SCOTT (WALTER), romancier écossais, né à Édimbourg (1771-1832); auteur d'*Ivanhoé*, de *Quentin Durward*, etc.

SCOTTISH. s. f. [Pr. *sko-tiche*] (angl. *scottish*, d'Écosse). Sorte de danse analogue à la polka.

SCOULÉRITE. s. f. T. Minér. Silicate hydraté d'alumine, de chaux et de soude avec de l'oxyde de fer. La s. se rencontre dans l'Orégon en masses compactes, bleuâtres, d'apparence argileuse. C'est la *Pierre de pipe* des Indiens de l'Amérique du Nord.

SCOVILLITE. s. f. T. Minér. Phosphate hydraté de didyme, d'erbium, de lanthane et d'yttrium.

SCRANTON, v. des États-Unis d'Amérique (Pensylvanie); 45,850 hab.

SCRIBE. s. m. (lat. *scriba*, écrivain). Nom donné chez les Juifs aux docteurs qui enseignaient la loi de Moïse et qui l'interprétaient au peuple. *Les scribes et les pharisiens.* || Chez les Grecs et chez les Romains, se disait d'un employé subalterne, chargé de transcrire les lois, les édits, les actes publics. || Se dit aujourd'hui d'un copiste, d'un homme qui gagne sa vie à écrire, à copier.

SCRIBE (EUGÈNE), auteur dram. fr. (1791-1861), il écrivit les livrets de la *Dame blanche*, des *Huguenots*, du *Prophète*, etc.

SCRIBLAGE. s. m. (autre forme de *criblage*). T. Techn. Opération qui a pour but de dégrossir la laine avant le cardage.

SCRIPTEUR. s. m. (lat. *scriptor*, celui qui écrit, de *scriptum*, sup. de *scribere*, écrire). T. Chancell. rom. Officier qui écrit les bulles.

SCROBICULÉ, ÉE. adj. (lat. *scrobs*, fosse). T. Bot. Dont la surface est creusée de petites fossettes. *Graine scrobiculée.*

SCROFULAIRE. s. f. (lat. *scrofula*, m. s., de *scrofula*, scrofule, parce qu'elle passait au moyen âge pour guérir les écrouelles). T. Bot. Genre de plantes Dicotylédones (*Scrofularia*) de la famille des *Scrofulariacées*. Voy. ce mot.

SCROFULARIACÉES. s. f. pl. (R. *Scrofulaire*). Famille de végétaux Dicotylédones de l'ordre des Gamopétales supérovariées, que quelques auteurs appellent *Scrofulariées*.

Caract. bot. : Herbes, sous-arbrisseaux et quelquefois arbrisseaux, habituellement inodores, mais quelquefois fétidos, rarement aromatiques. Feuilles opposées, verticillées ou alternes. Fleurs zygomorphes, axillaires ou en grappes, rarement en épis. Pédoncules opposés ou alternes, tantôt simples et uniflores, tantôt multiflores en cymes dichotomes. Calice persistant, composé de 5 folioles, ou de 4 par avortement. Sépales, tantôt soudés presque jusqu'à la moitié, tantôt soudés seulement à la base, tantôt entièrement distincts et imbriqués, souvent inégaux; alors le supérieur est le plus grand, les deux inférieurs sont les plus petits, et les deux latéraux sont intermédiaires. Corolle gamopétale pentamère, ou paraissant tétramère, parce que les pétales supérieurs sont complètement soudés; tube court ou long; limbe plat ou dressé, presque également divisé ou bilobé; préfloraison imbriquée. Étamines sur un seul rang, opposées aux sépales; la supérieure manquant entièrement, ou stérile, ou très rarement fertile, et généralement plus courte que les autres; les deux latérales égales, anthérifores. ou très rarement stériles et abortives; les inférieures égales, quelquefois fertiles et égales aux latérales ou même plus longues, souvent stériles ou absentes; anthères à 2 loges, dont ou déhiscence longitudinale. Pistil formé de 2 carpelles concrescents ou un ovaire biloculaire, renfermant dans chaque loge un grand nombre d'ovules anatropes ou semianatropes, rarement 2 ou 1 seul; style simple ou rarement un peu bifide. Fruit capsulaire, rarement bacciforme; la déhiscence de la capsule est loculicide, septicide ou poricide. Graines généralement pourvues d'un albumen; embryon droit.

La famille des Scrofulariacées comprend 157 genres avec environ 900 espèces, répandues par toute la terre, mais surtout abondantes dans les régions tempérées et montagneuses; on en connaît 3 espèces fossiles tertiaires dont 2 *Verbascum* et 1 *Scrofularia*.

Les genres peuvent être groupés en 3 tribus principales :

TRIBU I. — *Verbascées.* — Feuilles alternes; étamine postérieure parfois fertile (*Verbascum, Leucophyllum*, etc.).

Les fleurs de la *Molène commune* (*Verbascum thapsus*) vulgairement appelée Bouillon blanc sont employées comme pectorales. On s'en sert aussi, concurremment avec les fleurs

2. Corolle et étamines; 3. Calice et pistil; 4. Fruit; 5. Coupe transversale du même; 6. Graine grossie; 7. Coupe verticale de la même].

des autres espèces pour enivrer le poisson; celles de la *Molène lychnitis* (*Verb. lychnitis*) s'emploient quelquefois pour détruire les souris.

TRIBU II. — *Antirrhinées.* — Feuilles opposées; étamine postérieure stérile; pétales postérieurs externes dans le bouton (*Antirrhinum, Scrofularia, Calceolaria, Linaria, Penstemon, Mimulus, Gratiola, Vandellia, Maurandia*, etc.). [Fig. 1. *Antirrhinum majus*; 2. Corolle et étamines; 3. Calice et pistil; 4. Fruit; 5. Coupe transversale du même; 6. Graine grossie; 7 Coupe verticale de la même].

Les feuilles et les racines de la *Scrofulaire aquatique* (*Scrofularia aquatica*), vulgairement appelée *Bétoine aquatique*, de la *Scrofulaire noueuse* (*Ser nodosa*), vulgairement *Grande Scrofulaire*, sont douées de propriétés purgatives et émétiques. En Italie, la décoction de la *Scrofulaire canine* (*Ser. canina*), vulgairement *Rue des chiens*, s'emploie en frictions pour guérir la gale des chiens et des moutons. On

a constaté également que diverses espèces appartenant au genre *Calcéolaire* (*Calceolaria*), agissent comme émétiques et cathartiques. Les feuilles du *Mimule ponctué* (*Mimulus guttatus*) se mangent en salade. Le *Muflier à grandes fleurs* (*Antirrhinum majus*), communément appelé *Mufle-de-veau* et *Gueule-de-loup*, passait jadis pour astringent et vulnéraire. Dans la Guyane, la *Vandélie étalée* (*Vandelia diffusa*) est fort estimée comme émétique et fébrifuge; on la vante surtout dans les fièvres bilieuses et dans la dysenterie. La *Linaire commune* (*Linaria vulgaris*) passe pour purgative et diurétique. Elle est amère. La décoction de ses fleurs a été employée en lotions dans certaines affections cutanées chroniques. En Suède et à Londres, on fait bouillir cette plante dans du lait, et on la suspend dans les chambres pour tuer les mouches. La *Linaire cymbalaire* (*Lin. cymbalaria*), vulgairement *Cymbalaire*, a une saveur analogue à celle du cresson, et on l'a recommandée comme antiscorbutique. La *Linaire élatine* (*Lin. elatine*), vulgairement appelée *Velrote vraie*, passe pour amère et purgative. Mais ces propriétés se retrouvent, à un degré bien supérieur, dans la *Gratiole officinale* (*Gratiola officinalis*), appelée autrefois *Gratia Dei, Herba Dei, Herbe au pauvre homme*, etc., à cause de son énergie. Elle est extrêmement amère, et constitue un émétocathartique violent et non sans danger, quand on l'administre à trop haute dose. Elle n'est plus employée, sauf quelquefois dans la médecine vétérinaire. On croit qu'elle formait la base du célèbre remède antigoutteux connu sous le nom d'*Eau médicinale*; et, comme la Gratiole contient un principe actif analogue à la vératrine, cela n'a rien d'improbable. Les feuilles et la racine de la *Gratiole du Pérou* (*Gr peruviana*) sont de même purgatives et émétiques. En Amérique, les feuilles de la *Capraire à deux fleurs* (*Capraria biflora*) s'emploient aussi quelquefois pour remplacer le thé, et pour ce motif on nomme encore cette espèce *Thé d'Amérique* et *Thé du Mexique*. Dans la province de Caracas, on se sert de l'*Angélonie à feuilles de Salicaire* (*Angelonia salicariæfolia*) comme chez nous de la violette. Quelques espèces de cette tribu se rangent parmi les plantes tinctoriales. On se sert en quelques endroits des fleurs de la *Linaire commune* pour obtenir une couleur jaune. Au Chili, on recueille en grande quantité, sous le nom de *Relbun*, les racines de la *Calcéolaire arachnoïde* (*Calceolaria arachnoidea*) pour teindre les étoffes de laine en rouge. Un grand nombre de genres fournissent des plantes d'ornement cultivées dans nos jardins pour l'élégance et la variété de leurs fleurs. Nous citerons particulièrement sous ce rapport les genres *Antirrhinum, Maurandia, Mimulus, Paulownia* et *Penstemon*.

TRIBU III. — *Rhinanthées.* — Feuilles opposées; étamine postérieure stérile; pétales antérieurs externes dans le bouton (*Rhinanthus, Digitalis, Veronica, Euphrasia, Bartsia, Pedicularis, Rhinanthus, Melampyrum, Lathræa*, etc.).

Les feuilles de la *Digitale pourprée* (*Digitalis purpurea*) vulgairement *Gant de Notre-Dame*, constituent un des meilleurs médicaments cardiaques que possède la thérapeutique. Les vaches, dit-on, aiment beaucoup le *Mélampyre des prés* (*Melampyrum pratense*), que les habitants des campagnes désignent aussi sous les noms de *Rougeole*, de *Blé de vache* et de *Queue-de-loup*. Ses graines s'emploient pour faire les cataplasmes émollients. Le suc des feuilles du *Torenia asiatique* (*Torenia asiatica*) s'emploie, au Malabar, dans le cas de gonorrhée. Dans l'Amérique espagnole, les Indiens font usage, dans les affections fébriles, de l'infusion de la *Scoparie douce* (*Scoparia dulcis*), vulgairement *Balai doux, Arbre à balais sauvage*. Au Brésil, on l'emploie dans les affections hémorroïdales. L'*Euphraise officinale* (*Euphrasia officinalis*) est légèrement amère et aromatique. On l'a employée avec succès dans les ophtalmies catarrhales; d'où le nom bizarre de *Casse-lunettes* sous lequel on la désigne vulgairement. On la dit également utile dans les cas de toux, d'enrouement, et autres affections catarrhales. Les espèces du genre *Pédiculaire* (*Pedicularis*) sont âcres; néanmoins les chèvres les mangent. La *Pédiculaire des marais* (*Ped. palustris*) était autrefois réputée détersive et vulnéraire. On l'emploie encore pour détruire les poux : de là son nom scientifique et son nom vulgaire d'*Herbe aux poux*. En Sibérie, on l'administre en outre contre la syphilis. Le *Picrorhiza* doit son nom à l'amertume de sa racine, et, dans l'Inde, les médecins indigènes la prescrivent comme amer. L'*Herpestis amère* (*Herpestes amara*), espèce qui est aussi amère d'après ce qui a été tout à l'heure remarquable par son amertume. La *Véronique beccabunga* (*Veronica beccabunga*), appelée vulgairement *Beccabunga* et *Cresson de cheval*, est réputée comme antiscorhalique. Les docteurs hindous l'administrent, mêlée avec du sucre, dans le diabète. La *Bramie dentée (Bramia serrata)* est douée d'une odeur extrêmement pénétrante : aussi, au Brésil, on s'en sert pour préparer des bains médicamenteux qu'on dit efficaces dans les douleurs rhumatismales. La *Véronique officinale* (*Veronica officinalis*), vulgairement appelée *Véronique mâle*, est aromatique et tonique. Il en est de même de la *Véronique en épi (V. spicata)*, de la *Véronique teucriette (V. teucrium)*, et de la *Véronique petit-chêne (V. chamædrys)*, vulgairement nommée *Véronique feuille*. Les sommités de la *Véronique officinale* se prennent en infusion en guise de thé, d'où le nom de *Thé d'Europe* sous lequel on désigne quelquefois cette plante. On attribuait jadis des vertus spéciales contre l'épilepsie aux racines de la *Lathrée écailleuse (Lathræa squamaria)*, tandis que celles de la *Clandestine* parasite sur les racines du Hêtre (*L. clandestina*) étaient réputées propres à combattre la stérilité chez la femme. Enfin, les feuilles du *Rhinanthe majeur (Rhinanthus crista-galli)*, vulgairement *Crête-de-Coq*, teignent la laine alunée en jaune vif et la soie en jaune citron.

Agric. — Les travaux de Decaisne, professeur au Muséum d'histoire naturelle, ont établi le parasitisme des trois sortes de scrofulaires qui vivent dans nos prairies et nos moissons (*scrofularia lampyrum pratense, scr. cristatum, scr. arcense*). Leurs racines s'implantent sur celle de nos végétaux de culture et vivent à leurs dépens. Leur parasitisme, toutefois, est moins complet que celui des orobanches, aussi causent-elles proportionnellement moins de mal dans les prairies où leurs tiges peuvent être considérées comme fourragères. Il en est autrement dans les moissons dont elles diminuent nécessairement le produit. Il convient donc de les extirper à la main, aussitôt qu'on peut les reconnaître, et surtout de les empêcher de répandre leurs graines sur le sol.

SCROFULARINE. s. f. (R. *scrofulaire*). T. Chim. Principe amer, cristallisable, contenu dans la scrofulaire aquatique.

SCROFULE. s. f. (lat. *scrofula*, m. s., de *scrofa*, truie). T. Méd. On désignait autrefois, sous ce nom, un certain nombre d'affections et d'états pathologiques que les recherches récentes ont fait rattacher les uns à la tuberculose (comme certaines adénites, le lupus, etc.), les autres à la syphilis héréditaire ou tertiaire, comme certaines altérations du nez (déformations, coryza, ozène, etc.).

La sc., telle qu'on la conçoit maintenant, répond à cet état particulier de l'organisme connu sous le nom de *lymphatisme* et dont le principal caractère est une sorte de débilité générale, de déchéance physique; c'est donc cette tare *scrofulo-lymphatique* qui constitue la maladie générale désignée actuellement sous le nom de sc.

La sc. peut apparaître dès le bas âge; elle est souvent héréditaire; l'arthritisme, l'alcoolisme, la syphilis ou le mauvais état de santé des parents, sont des causes prédisposantes. Son développement chez l'enfant est favorisé par une mauvaise hygiène : allaitement défectueux, habitations humides et sombres, alimentation insuffisante.

Le scrofuleux a la lèvre supérieure saillante et très développée, les paupières et les ailes du nez épaissies, parfois tuméfiées, la poitrine étroite; il est sujet aux manifestations suivantes : impétigo du cuir chevelu et de la face (gourmes), érythèmes, catarrhe nasal, blépharite, angines, hypertrophie des amygdales, furoncles, hypertrophie des ganglions lymphatiques.

Comme nous l'avons déjà dit, la sc. indique un tempérament débile, un organisme peu résistant; elle doit rendre plus réservé, le pronostic des différentes maladies qui peuvent survenir chez l'individu qui présente cette affection constitutionnelle. Elle prédispose à la tuberculose et transforme l'organisme en un terrain très favorable au développement des manifestations héréditaires ou tertiaires de la syphilis.

Le traitement se résume dans les indications suivantes : séjour à la campagne, hydrothérapie, alimentation tonique, exercices corporels. L'huile de foie de morue, le phosphate de chaux, l'arsenic, les préparations iodées (raifort iodé, iodure de fer) sont les médicaments les plus efficaces. Le traitement des manifestations locales varie selon leur nature.

SCROFULEUX, EUSE. adj. [Pr. *skrofuleu, euze*]. T. Méd. Qui a rapport aux scrofules. *Humeur, tumeur scrofuleuse. Abcès s.* || Se dit aussi des personnes affectées de scrofules. — Subst., *C'est un s., une scrofuleuse.*

SCROFULIDE. s. f. (R. *scrofule*) T. Méd. On nomme ainsi toute lésion causée par la scrofule.

SCROFULO-LYMPHATIQUE. adj. 2 g. T. Méd. Qui tient de la scrofule et du lymphatisme. Voy. SCROFULE.

SCROTAL, ALE. adj. Qui appartient au scrotum. *Hernie scrotale.*

SCROTOCÈLE. s. m. (R. *scrotum*, et gr. κήλη, tumeur) Hernie complète qui descend jusqu'au fond du scrotum.

SCROTUM. s. m. [Pr. *skro-tome*] (lat. *scrotum*, m. s., de *scortum*, peau, cuir). T. Anat. Enveloppe cutanée des testicules. On dit vulg. *Les bourses.*

SCRUBBER. s. m. [Pr. *scrub-ber*] (mot angl.). T. Techn. Colonne remplie de coke servant à l'épurage du gaz d'éclairage. Voy. GAZ.

SCRUPULE. s. m. (lat. *scrupulum*, dimin. de *scrupus*, petite pierre). T. Métrol. Mesure de poids des anciens Romains. Voy. POIDS. || T. Astron. *S. chaldaïque*, La dix-huitième partie d'une minute. == Reste de difficulté, nuage qui reste dans l'esprit après l'éclaircissement d'une question, d'une affaire. *Vous n'avez pas assez instruit votre rapporteur, il lui reste quelques scrupules dans l'esprit.* || Trouble, inquiétude de conscience qu'on éprouve, quand on craint qu'une chose licite ne soit illicite, ou quand on considère comme une faute très grande ce qui n'en est qu'une légère. *S. de conscience. Grand, léger s. Avoir un s., des scrupules. Faire naître, lever des scrupules*

Vos scrupules font voir trop de délicatesse.
LA FONTAINE.

— *Faire un s. d'une chose à quelqu'un,* Lui en donner du s. *Je lui ai fait un s. de sa mollesse, de son luxe.* || Se dit encore, d'une grande exactitude à observer la règle, à remplir ses devoirs. *Il est exact jusqu'au s. S'attacher aux moindres règles avec s.* — De la sévérité qu'apporte un auteur, un artiste à la correction d'un ouvrage. *Il corrige, il retouche ses ouvrages avec beaucoup de s.* — D'une grande délicatesse en matière de procédés, de mœurs. *Cette action peut n'être pas répréhensible, mais je m'en ferais s., un s. Je ne m'en fais pas le moindre s.*

SCRUPULEUSEMENT. adv. [Pr. *skrupuleu-ze-man*]. D'une manière scrupuleuse. *Il s'attache s. aux formalités. Il examine tout s.*

SCRUPULEUX, EUSE. adj. [Pr. *skrupu-leu, euze*] (lat. *scrupulosus*, m. s.). Qui est sujet à avoir des scrupules. *Il est fort s. Un écrivain s. Conscience scrupuleuse. On ne peut être trop s. Il n'est pas s.*, Il n'est pas délicat sur les procédés, sur les moyens de réussir. — On dit substant. De quelqu'un qui se tourmente de vains scrupules, ou qui affecte d'être fort scrupuleux, *C'est un s., une scrupuleuse.* || *Exactitude, recherche scrupuleuse,* Très grande exactitude, recherche très exacte.

SCRUPULOSITÉ. s. f. [Pr. *skrupulo-zité*]. Qualité de celui qui est scrupuleux. Inus.

SCRUTATEUR, TRICE. s. (lat. *scrutator, trix*, m. s.). Celui, celle qui scrute. *Un sage s. de la nature, des secrets de la nature. Dieu est le s. des cœurs.* — Dans ce sens, on dit adjectiv., *Un œil s. Des regards scrutateurs.* || Celui qui est chargé de dépouiller et de vérifier le scrutin. *Nommer des scrutateurs.*

SCRUTER. v. a. (lat. *scrutari*, m. s.) Sonder, examiner à fond, chercher à pénétrer dans les choses cachées. *S. les merveilles de la nature.* || Au sens moral, *S. la conduite, la pensée, la conscience de quelqu'un.* == SCRUTÉ, ÉE. part.

SCRUTIN. s. m. (lat. *scrutinium*). Vote émis au moyen de bulletins qu'on dépose dans une urne. Voy. VOTE

SCRUTINER. v. n. T. Parlem. Faire un scrutin, des scrutins.

SCUBAC. s. m. Liqueur spiritueuse dont le safran est la base. On dit aussi *Escubac* et *Usquebac.*

SCUDÉRY (Georges de), écrivain fr (1601-1667), composa des tragi-comédies qui eurent du succès, attaqua le *Cid* de Corneille dans sa *Lettre à l'illustre Académie.* || Sa sœur, Madeleine de Scudéry (1607-1701), fut l'un des oracles de l'hôtel de Rambouillet, et écrivit ces longs romans qui eurent tant de vogue au XVII° siècle : *Artamène ou le grand Cyrus, Clélie,* etc.

SCUDO. s. m. T. Métrol Anc. monnaie d'argent d'Italie, valant, suivant les pays, de 2 à 8 francs. Voy. Monnaie.

SCULPTABLE. adj. 2 g. [Pr. *skul-table*]. Qui peut être sculpté.

SCULPTER. v. a. [Pr. *skul-ter*] (bas lat. *sculptare*, m. s., du lat. *sculpere*, m. s.). Tailler, faire avec le ciseau une figure, une image, un ornement de marbre, de pierre, de bois, de métal, etc. *S. une statue, un bas-relief. S. un vase, un meuble. S. des armoiries.* = Sculpté, ée. part. || Qui est orné de sculptures. *Meuble sculpté. Une boiserie sculptée.*

SCULPTEUR. s. m. [Pr. *skul-teur*] (lat. *sculptor*, m. s.). Celui qui fait avec le ciseau des statues, des bas-reliefs, des ornements, etc. *Un célèbre s. S. en bois, en marbre.*

SCULPTURAL, ALE. adj. [Pr. *skul-tural*]. Qui appartient à la sculpture.

SCULPTURE. s. f. [Pr. *skul-ture*] (lat. *sculptura*, m. s., de *sculptum*, sup. de *sculpere*, sculpter).

I. — La *Sculpture* est l'art de représenter les êtres animés ou inanimés par des images solides et palpables, en donnant à ces images la forme même qui est propre à ces êtres. La s. parvient à ce résultat, soit en modelant une substance douée d'une certaine mollesse, comme la cire et l'argile humide, soit en taillant une matière dure, comme le bois, la pierre, le marbre, l'ivoire; soit en faisant des moules au moyen desquels elle reproduit en saillie l'image qu'ils présentent en creux. Mais, dans le langage technique, le mot S. désigne l'art de tailler le bois, la pierre, le marbre, etc., tandis qu'on appelle *Plastique*, l'art de modeler, et *Moulage*, l'art de représenter les images à l'aide de moules préparés par la plastique. Enfin, la *Ciselure* achève l'œuvre du moulage ou de la fonte, en faisant disparaître les défauts résultant de ce travail, et en donnant le dernier fini à l'œuvre. Chez les anciens, la *Glyptique* constituait une branche de la s.; mais les modernes la considèrent comme un art distinct. Selon la nature des objets qu'elle représente, la s. reçoit encore des noms divers. Quand elle s'applique à la reproduction des êtres animés, et particulièrement de l'homme, elle prend celui de *Statuaire.* On l'appelle *S. d'ornements,* quand elle s'attache à la représentation de tout autre objet. La s. d'ornements est le plus souvent un accessoire de l'architecture, et alors elle doit se subordonner à celle-ci, tandis que la statuaire est un art tout à fait indépendant. Enfin, la s. se distingue encore, au point de vue géométrique, en *S. de ronde bosse* et en *S. en relief.* La première représente les objets sous leurs trois dimensions, comme une statue, tandis que, dans la seconde, toutes les figures représentées font saillie sur un fond auquel elles tiennent ou sur lequel elles sont appliquées. On appelle proprement *Bas-relief,* la s. en relief où les contours et les formes des figures ne sont indiqués que par une légère saillie. Le bas-relief devient *Demi-relief* ou *Demi-bosse,* lorsque les figures engagées dans le bloc sortent à peu près de la moitié de leur épaisseur. Enfin, on a un *Haut-relief,* lorsque plusieurs parties des figures ne sont point ou sont très peu engagées dans le bloc.

II. — Parmi les arts plastiques, la s. tient une place intermédiaire entre l'architecture et la peinture. Comme la première, elle façonne la matière étendue et solide; mais elle ne se borne pas à la disposer selon les lois géométriques. Ce qu'elle représente, c'est le corps animé, vivant, et surtout le corps humain, avec lequel l'âme s'identifie tout entière. Si, comme moyen d'expression, elle l'emporte sur l'architecture, elle est, sous ce rapport, bien inférieure à la peinture. La s. en effet n'offre le caractère individuel que dans sa généralité et dans la mesure où le corps peut l'exprimer dans un moment déterminé, sans mouvement, sans action vivante et sans développement. Privée par l'absence du regard de l'expression suprême de l'âme; ne pouvant demander à la magie des couleurs ces nuances délicates qui rendent les traits particuliers

du caractère et les sentiments qui agitent l'âme humaine; impuissante à trouver dans les effets de la perspective, de la lumière et des ombres les moyens d'atténuer ou d'effacer l'accessoire et le secondaire, pour ne présenter à la vue que ce qui doit frapper l'esprit et l'arrêter, la s , avec ses trois dimensions également visibles, est condamnée par sa nature même à représenter la forme extérieure comme expression de l'âme privée de passions, de sentiments trop déterminés; mais elle représente la perfection de cette forme corporelle, la beauté plastique, la vie, c.-à-d. le corps et l'âme dans leur harmonieuse unité. — « Le fond essentiel des représentations de la s., dit Hegel, c'est l'esprit incarné dans une forme corporelle. Or, toute situation de l'âme n'est pas propre à être ainsi manifestée. L'activité, le mouvement, la passion déterminée, ne peuvent être représentés sous une forme matérielle; celle-ci doit nous montrer l'âme répandue dans le corps tout entier, dans tous ses membres... Elle doit repousser tout ce qui est accidentel et passager, et n'admettre que le côté invariable, fixe, le fond du caractère. Cet élément fixe, c'est que la s. doit exprimer comme constituant la vraie individualité ; elle représente ses personnages comme des êtres complets en soi, dans un repos absolu, affranchis de toute influence. La forme humaine qui fait l'objet propre de la s. doit donc toujours être représentée, non dans ce qui la rapproche de la forme animale, mais dans sa beauté idéale, c.-à-d. libre, harmonieuse, reflétant l'esprit par les traits qui le désignent, par toutes ses proportions, par la pureté et la régularité de ses lignes, par son maintien, ses poses, etc. » — Tandis que la peinture, grâce à la variété de ses moyens d'expression, peut reproduire la laideur même, en compensant, pour ainsi dire, le vice de la forme extérieure, par l'expression de la vie spirituelle, par la vivacité de la passion, par l'énergie du mouvement, par la seule signification du regard, la s. ne peut peindre que par l'ensemble total des traits du visage ou du corps : elle ne saurait, en aucun cas, racheter le vice de la forme corporelle par aucun artifice.

III. — La S. proprement dite, ou *Statuaire,* procède, soit en taillant une matière dure, ordinairement la pierre ou le marbre, soit en coulant dans un moule des métaux en fusion, le plus souvent du bronze. Dans tous les cas, l'artiste jette sa première idée dans un petit modèle de cire colorée ou d'argile, que l'on appelle *Maquette.* Ce modèle est ensuite reproduit en argile, sur une grande échelle, et aussi terminé que possible, car c'est d'après cette reproduction que le marbre sera taillé ou le métal coulé. Pour cela, on dispose d'abord sur une base une armature de bois ou de fer, puis on fixe sur cette armature des masses d'argile humectées, et on leur fait prendre en la pétrissant la forme grossière de ce qu'elles doivent représenter. Enfin, on perfectionne le travail avec le pouce et l'ébauchoir Comme l'argile sèche promptement, on la mouille de temps en temps, parce que, sans cette précaution, elle ne pourrait plus être maniée : on a soin en outre de la couvrir de linges humides toutes les fois qu'on interrompt l'opération. Au lieu d'argile, on emploie souvent la cire pour les petits sujets, et le plâtre pour les figures colossales. Quand le modèle est achevé, on le moule en plâtre (Voy. Moulage). Il ne reste plus alors qu'à reproduire ce modèle de plâtre, soit en marbre, soit en métal.

A. La reproduction en marbre est presque toujours confiée à des artistes d'un ordre inférieur, dont le talent consiste principalement dans une grande habitude de travailler cette matière, et que l'on appelle, pour ce motif, *Praticiens.* On commence par établir le bloc de marbre sur un massif de maçonnerie très solide, sur lequel on le scelle avec du plâtre On fixe le modèle de la même manière et à la même hauteur. Au-dessus de chacun d'eux on place horizontalement et d'une manière invariable, un châssis carré semblable, et assez grand pour dépasser un peu l'aplomb des parties saillantes. Chacun des côtés du châssis porte un certain nombre de divisions égales et numérotées, d'où l'on peut faire tomber des fils à plomb. Les choses étant ainsi disposées, on comprend que si l'on présente horizontalement une fiche dont la pointe touche une partie quelconque du modèle, la section de cette fiche avec un fil à plomb correspondant fournit une mesure qu'on peut reporter exactement sur le marbre. Pour faire cette opération avec plus de précision, ce qu'on appelle *mettre aux points,* on se sert du compas, et l'on enfonce dans le plâtre des petits clous de cuivre dont la tête plate porte à son centre un trou pour loger la pointe de l'instrument. Les premiers points que l'on place sont les plus saillants : on les fixe trois à trois, de manière que de l'un à l'autre, on puisse faire passer un plan sans toucher aux parties intermédiaires, et l'on marque les points correspondants sur le marbre. Alors le praticien taille celui-ci à larges plans, opération qui s'appelle *épanneler*. Pour atteindre les points situés plus ou moins profondément dans le bloc, on le perce avec un foret et l'on enlève les éclats jusqu'à ce que le fond du trou soit à découvert. Les points principaux servent ensuite à en déterminer d'autres que l'on multiplie progressivement, de telle sorte que, dans quelques parties, ils ne sont pas à plus d'un centimètre l'un de l'autre. Une fois que le praticien a mis au jour les points dont l'ensemble forme la surface de la statue représentée, il a terminé sa tâche. Alors survient le sculpteur qui, en enlevant cette dernière portion de matière, communique au marbre la vie et l'expression. Enfin, il donne le dernier fini à la statue, soit avec le ciseau, soit à l'aide de la pierre ponce, de la peau de chien de mer, de la prêle et de l'émeri : quelquefois même, il passe par-dessus un enduit de cire. Toutefois le ciseau est l'instrument par excellence du sculpteur ; c'est le premier et le dernier dont l'artiste doive se servir. Tant que dure le travail, on laisse entre les doigts et pour supporter les membres saillants des tenons plus ou moins volumineux, qu'on fait disparaître lorsque l'œuvre a reçu la dernière main. Dans l'exécution de leurs statues de marbre, les artistes de l'antiquité procédaient, comme ceux de nos jours, à l'aide de points de repère ; mais nous ne connaissons pas les moyens géométriques qu'ils employaient pour les placer : au reste, le problème peut être résolu de bien des manières. On a aussi inventé des machines à mettre au point qui donnent des résultats très exacts et très prompts. Telle est celle qui a été imaginée par le graveur Gatteaux, qui fait en même temps l'office d'aplomb, de compas, de sonde et de trépan. Elle débite en partie le marbre et permet de copier à l'inverse, c.-à-d. de mettre à droite ce qui est à gauche. Lorsque c'est en pierre ou en bois que l'on veut reproduire le modèle de plâtre, on opère de la même manière que nous venons de dire pour le marbre ; il n'y a guère de différences que dans les outils et leur maniement.

B. Le coulage d'une statue en bronze exige naturellement plus de soins que le coulage des objets industriels dont nous avons parlé aux mots FONDERIE et MOULAGE. Il se fait suivant deux méthodes, avec un moule de cire ou avec un moule de sable. La fonte au cire est toujours à cire perdue, c.-à-d. que le moule ne peut servir qu'une fois. En principe elle consiste à exécuter en cire, autour d'un *noyau* ou massif, soit de brique pilée, soit de plâtre, le modèle de la figure qu'on veut reproduire. Quand ce modèle a reçu la dernière main de l'artiste, le fondeur commence par disposer, sur différents points de sa surface, des cylindres de cire qui sont destinés à se transformer plus tard en tuyaux, lesquels serviront, les uns de *Jets*, pour porter le métal fondu dans toutes les parties du moule ; les autres d'*Évents*, pour donner issue à l'air ; d'autres enfin de *Tire-cire*, c.-à-d. de conduits destinés à laisser écouler la cire. Cela fait, il couvre le modèle d'une potée très fine, consistant en un mélange pâteux de terre sablonneuse, de crottin de cheval et de poil de bœuf, qu'il applique au pinceau par couches successives ; puis il entoure le tout d'une *Chape* solide, c.-à-d. d'une épaisse enveloppe de plâtre et de sable. Il chauffe ensuite son travail avec une certaine lenteur, pour faire fondre la cire, qui s'échappe alors par les conduits de *tire-cire* ménagés à cet effet, en laissant un vide entre le noyau et la potée, ainsi que dans les cylindres. Lorsque la cire est toute fondue, en bouche les tire-cire et on cuit au rouge le moule et le noyau. Après quoi, on enterre ceux-ci et l'on construit au-dessus un bassin, appelé *Écheno*, au fond duquel sont les orifices des jets, tandis que les évents s'élèvent un peu au-dessus. Ces opérations achevées, le fondeur établit le fourneau de telle manière qu'il domine l'écheno ; puis il allume le feu, et quand le métal en fusion est arrivé au degré de fluidité convenable, il introduit ce dernier dans le bassin, d'où il se répand dans le moule par les jets. La matière qui rejaillit bientôt par les derniers et par les évents indique que la statue est coulée. Il n'y a plus qu'à la déterrer, à scier les tuyaux de métal dont elle est hérissée, à la raccorder, à la réparer, s'il y a lieu, et à lui donner la couleur. — Pour la fonte en sable, il faut un modèle de plâtre. Sur ce modèle on foule de petits blocs de sable de formes diverses, qui doivent s'arc-bouter réciproquement ; ces petits blocs sont successivement ajoutés les uns à côté des autres, et battus jusqu'à ce que l'on suppose que tous les détails du modèle sont parfaitement empreints sur celte de leurs surfaces qui est en contact avec lui. On couvre ainsi toute la superficie du modèle, en ayant soin de faire en même temps la chape, également par parties, afin de pouvoir la démonter plus facilement. On fait encore, à mesure que le travail avance, les évents et les jets. Le moulage achevé, on *dépouille*

le modèle, c.-à-d. on démonte les pièces qui l'enveloppent, et l'on remonte de nouveau celles-ci sur l'emplacement où aura lieu le coulage ; après quoi on forme leur noyau en remplissant de sable bien battu le vide qu'elles présentent à l'intérieur. Enfin, on démonte une seconde fois pour le *tirage d'épaisseur*, c.-à-d. pour enlever au noyau, sur toute sa surface, une couche de matière dont l'enlèvement doit donner l'emplacement du métal à couler. Il ne reste plus alors qu'à faire sécher le moule, et à y introduire le métal en fusion. L'application des procédés qui précèdent exige une multitude d'opérations accessoires dans la description desquelles le cadre de notre livre nous interdit d'entrer. Nous dirons seulement qu'ils offrent, l'un et l'autre, quand on veut couler d'un seul jet, des difficultés très considérables, et dont on ne peut triompher qu'à force de travail et de dépense. Aussi a-t-on aujourd'hui généralement l'habitude de couler les pièces un peu importantes en plusieurs parties séparées, que l'on assemble ensuite avec le plus grand soin.

C. On donne le nom de S. *mécanique* à un ensemble de procédés destinés à reproduire économiquement les produits de l'art du sculpteur, soit en les réduisant ou en les amplifiant, soit en leur conservant leurs dimensions naturelles. Le plus remarquable de ces procédés est celui qui porte le nom de Louis Colas, son inventeur. Grâce à d'ingénieux perfectionnements apportés au tour à portrait, et qui datent de 1837, cet artiste est parvenu à copier, réduire ou amplifier, avec une exactitude mathématique et en une seule pièce, de pierre, d'ivoire, de plâtre, de marbre, de bois ou de bronze, les statues, les groupes, les bustes, en ronde bosse aussi bien qu'en bas-relief. Cet appareil a été perfectionné plus tard et il existe aujourd'hui plusieurs *machines à sculpter*, qui donnent d'assez bons résultats. Presque toutes ces machines reposent en définitive sur le principe du *pantographe*. Voy. ce mot.

IV. — Il est absurde de rechercher, comme l'ont fait certains érudits, à quel peuple et à quelle époque on doit attribuer l'invention de la s. Cet art en effet est de tous les temps et de tous les lieux : il se retrouve sous des formes à peu près identiques chez les nations les plus anciennes du vieux monde, ainsi que chez les peuples civilisés ou sauvages qui habitaient le nouveau continent et les îles de l'Océanie lors de la découverte de ces pays. On en trouve des spécimens jusque dans les documents préhistoriques. Dans l'antiquité, nous voyons dès les temps les plus reculés, la s. en honneur chez les Égyptiens, chez les Perses, dans l'Assyrie, dans la Phénicie, dans toutes les parties de l'Asie Mineure, etc. Chez les Égyptiens, l'art dit-on, reçut pour la première fois des règles fixes ; mais on ne peut l'entendre qu'au sens religieux, c.-à-d. qu'il était interdit aux artistes égyptiens de s'écarter du type consacré pour représenter chaque divinité. Au reste, leurs figures sont raides, immobiles et dénuées d'expression ; les bras sont généralement collés contre le corps et les membres inférieurs serrés l'un contre l'autre. Il faut cependant faire exception pour certaines œuvres remarquables à tous égards, telles par ex. que le *scribe accroupi* qui se trouve au Musée du Louvre, à Paris. Les Égyptiens semblent avoir eu une prédilection toute particulière pour le colossal : nous nous contenterons de citer les fameuses statues de Memnon, et le grand sphinx qui se voit près de la pyramide de Chéphren. Ce colosse qui a été taillé dans le roc, a 39 mètres de longueur, et la circonférence de la tête est de 27 mètres. D'ailleurs, les Égyptiens travaillaient avec assez d'habileté les pierres les plus dures, le granit et le basalte. Il paraît qu'ils n'ont jamais exécuté en bronze que de petites idoles. Chez les peuples les plus anciens de l'Asie occidentale, la s. se montre plus avancée, soit qu'on étudie les œuvres d'art trouvées dans les ruines de Ninive, de Persépolis et des anciennes villes phéniciennes, soit que l'on considère les débris encore subsistants de la s. antique dans la Lydie et dans les villes les plus anciennes de l'Ionie. La figure humaine prend de la noblesse et une certaine expression ; il y a déjà quelque variété dans la pose et les attitudes ; enfin, les draperies sont étudiées avec soin. Mais c'est dans les œuvres de la race hellénique si admirablement douée pour tous les arts, que l'on voit la s., d'abord hiératique comme celle des Égyptiens, s'émanciper progressivement, se constituer en art indépendant, c.-à-d. se proposant pour but que le beau, et enfanter enfin ces chefs-d'œuvre qui ne seront jamais surpassés, car ils ont atteint l'idéal.

Suivant les Grecs, Dédale fut le premier qui fit marcher, voir et parler les statues ; c.-à-d. qu'il est le premier qui leur donna du mouvement et de l'expression. Ce fut dans les cités grecques de l'Asie et dans les colonies fondées par elles, soit dans l'Italie méridionale, soit dans la Sicile, que la s. réalisa ses premiers progrès, tant sous le rapport de l'art que sous le rapport technique. Ainsi, la plus ancienne statue de bronze qu'ait vue la Grèce fut exécutée à Sparte, vers l'an 720 avant J.-C., par Learchus de Rhegium : cette statue qui représentait Jupiter, était composée de plusieurs pièces assemblées et clouées ensemble. Au siècle suivant, Glaucus de Chios ou de Samos trouva l'art de souder les métaux. Puis, un peu avant Solon, Rhœcus de Samos découvrit celui de couler les statues en bronze, art que plusieurs auteurs attribuent à ses deux fils, Téléclès et Théodore. Néanmoins, à cette époque c'était encore le bois qui formait le plus souvent la matière des statues; mais on les revêtait ensuite de couleurs appropriées. On rencontre encore un grand nombre de statuettes et de figurines d'argile qui datent de cette époque, et l'argile était alors fort employée pour la s. d'ornements. Cependant l'art de tailler la pierre et le marbre n'était pas inconnu dans cette première période de la s. grecque. C'est ce que prouvent diverses statues anciennes de style archaïque ou hiératique, ainsi que les sculptures peut-être plus anciennes encore qui ornaient certains monuments de la classe de ceux qu'on nomme pélasgiques, comme la porte de Mycènes et le Trésor d'Orchomène. En outre, Pline mentionne les sculptures exécutées en marbre par Malas dans l'île de Chios, au VIIIe siècle avant notre ère, et Pausanias dit avoir vu à Mégare un groupe de marbre représentant Persa tué par Chorèbe, et datant de la fin du VIIe siècle. Vers le commencement du siècle suivant, les Crétois Dipœnus et Scyllis perfectionnèrent, dit-on, l'art de travailler le marbre. Il n'est pas besoin de dire que, dès l'origine, dans la Grèce, comme ailleurs, la s. servait encore à la décoration d'une foule d'objets, comme boucliers, casques, épées, trépieds, vases, lits, sièges, cassettes, etc. Parmi les œuvres de cette catégorie, nous mentionnerons la célèbre cassette consacrée par Cypselus dans le temple d'Olympie, et qui remontait peut-être au VIIIe siècle avant J.-C. C'était une cassette de cèdre dont le couvercle et les quatre côtés étaient ornés de figures sculptées d'or et d'ivoire et incrustées dans le cèdre, qui représentaient des scènes empruntées à l'histoire héroïque de la Grèce. Au VIe siècle avant notre ère, il se forma dans plusieurs contrées helléniques, notamment à Argos, dans la Crète, à Égine, à Sicyone, à Samos, à Chios, à Athènes, ainsi que dans les colonies grecques de l'Italie et de la Sicile, des écoles de s. qui commencèrent à couvrir le sol de statues de dieux, de héros et d'athlètes. Dans l'école d'Argos, on remarque les sculpteurs Ageladas, Aristomédon, Glaucus, etc.; dans celle de Crète, Dorycléidas, Médon et Théoclès, élèves de Dipœnus et de Scyllis; dans celle d'Égine, Callon; dans celle de Sicyone, Canachus et Aristoclès; dans celle de Chios, Bupalus et Anthermus; dans celle d'Athènes, Critias et Hégias ou Hégésias; et enfin, dans la Grande Grèce, Daméas de Crotone et Pythagore de Rhegium. Durant cette période, outre le bois, la pierre, le marbre et le bronze, on commença à employer, pour les statues des dieux, l'ivoire et les métaux précieux. Il n'était pas rare de faire le corps de la statue de bois, puis de faire de pierre ou de marbre la tête, les bras et les pieds : ces sortes de statues étaient appelées ἀκρόλιθοι.

Les progrès extraordinaires qu'avait faits la s. jusqu'à l'époque des Pisistratides n'avaient été, pour ainsi dire, qu'une préparation. De même que la poésie, l'éloquence, l'architecture et la peinture, la s. atteignit son apogée dans le siècle de Périclès, dans cette période incomparable de l'histoire où tous les arts brillèrent à la fois d'un éclat qui ne sera jamais surpassé. Athènes et Argos furent alors les deux principaux centres de la s. dans la Grèce; mais un nom surtout domine toute cette période, celui de l'Athénien Phidias, né en 496 et mort en 431 av. J.-C. Il présida à l'érection de tous les monuments dont Périclès enrichit la ville d'Athènes, et lui-même consacra son ciseau à l'exécution de diverses statues, soit de marbre, soit d'or et d'ivoire, qui, dans l'antiquité même, étaient regardées comme les chefs-d'œuvre de la statuaire. L'œuvre la plus colossale de Phidias était la Minerve Promachos, de bronze, qui, non compris le piédestal, avait plus de 15 mètres de hauteur ; elle était située sur l'Acropole, entre le Parthénon et les Propylées. Tous les ouvrages de Phidias étaient empreints d'un caractère de simplicité et en même temps de grandeur et de sublimité qui l'ont fait appeler l'Homère de la s. Parmi les élèves de Phidias, l'histoire met au premier rang Agoracrite de Samos et Alcamène d'Athènes. Plusieurs des statues d'Alcamène, entre autres celles d'Hécate, de Minerve, de Vénus, de Vulcain, étaient célèbres dans l'antiquité : on admirait aussi les groupes de sa main qui ornaient le fronton du temple d'Olympie. La

statue la plus renommée d'Agoracrite était la Némésis de Rhamnus. Malgré les ravages du temps et de la barbarie, il reste encore des débris assez importants des œuvres sorties de l'école de Phidias, pour que nous puissions dire, avec tous les auteurs anciens, qu'elle atteignit l'idéal de l'art. Telles sont les parties encore subsistantes de 18 métopes et de la frise des deux petits côtés de la cella du temple de Thésée; les restes des métopes et de la frise du Parthénon, ainsi que des fragments du fronton du même temple (ces précieux débris sont aujourd'hui l'ornement du Musée de Londres, où on les désigne sous le nom de *Marbres d'Elgin*); les bas-reliefs du temple de la Victoire Aptère, qui se trouvent également au Musée Britannique; les *Marbres de Phigalée*, consistant en 23 fragments qui décoraient la frise intérieure de la cella du temple d'Apollon Épicurius, et qu'on voit actuellement à Londres, et enfin, divers fragments de s. qui appartenaient au temple de Jupiter Olympien et qui étaient dus au ciseau d'Alcamène d'Athènes et de Pœonius de Mende. Ces précieux débris, qui ont été découverts en 1829, se voient au Musée du Louvre, à Paris. L'école d'Argos reconnaissait pour chef Polyclète de Sicyone, contemporain de Phidias, mais plus jeune que ce dernier. Inférieur au grand artiste athénien pour les statues des dieux, il se consacra surtout à la représentation de la forme purement humaine, dans sa plus exquise beauté et dans son harmonie la plus parfaite. Ses statues connues sous le nom du Doryphore et du Diadumène étaient surtout célèbres dans l'antiquité. Après Polyclète, vient se placer le nom de Myron d'Éleuthères, qui exécuta un grand nombre de statues dans le genre athlétique. Son discobole jouissait chez les anciens d'une haute réputation, ainsi que son groupe colossal représentant Hercule, Jupiter et Junon. Cet artiste excella également à représenter les animaux; nombre d'auteurs anciens ont célébré la vache de Myron. Mais bientôt la s. entra dans une autre voie.

Cette révolution, commencée par Scopas, continuée par Praxitèle et par Lysippe, fut consommée par l'école de Rhodes. Scopas et Praxitèle s'attachèrent particulièrement à représenter les grâces de la jeunesse et de la beauté, et, pour arriver plus aisément à ce résultat, ils n'employèrent que le marbre. Leurs statues de femmes furent sans rivales, tant était grand le charme dont elles étaient revêtues, sans cependant qu'on pût leur reprocher la mollesse, l'afféterie ou la sensualité. Au nombre des œuvres les plus célèbres de Praxitèle, les anciens mentionnent l'Apollon Sauroctone, plusieurs Bacchus, plusieurs Vénus et plusieurs statues de l'Amour. Mais deux de ses statues de Vénus étaient surtout renommées : l'une, voilée, était connue sous le nom de Vénus de Cos; l'autre, nue, était la fameuse Vénus de Cnide. Quelques critiques ont supposé que l'admirable Vénus de la tribune de Florence, si célèbre sous le nom de Vénus de Médicis, est une imitation de la Vénus Cnidienne de Praxitèle. Le fameux groupe de Niobé et de ses enfants était dû, suivant les anciens, à Scopas ou à Praxitèle; mais déjà on ignorait lequel de ces deux artistes avait produit ce chef-d'œuvre. Céphisodote et Timarque, fils de Praxitèle, ainsi que Léocharès, Polyclès et Silanion, ses élèves, furent des artistes d'un talent incontestable; néanmoins ils corrompirent la s. en la poussant jusqu'à l'expression sensuelle : entre leurs mains, cet art perdit le plus grand de ses charmes, la chasteté. Ainsi, par ex., Polyclès fut le premier qui consacra son ciseau à la représentation de ce type ambigu, appelé Hermaphrodite. Tandis que certains disciples de l'école d'Argos visaient par-dessus tout à exprimer la délicatesse des formes et finissaient par tomber dans la sensualité, d'autres sculpteurs issus de la même école poussaient l'art dans l'excès opposé, en s'efforçant de donner à leurs œuvres plus de mouvement, de puissance et d'énergie. Tels furent Euphranor et Lysippe de Sicyone. Ce dernier fut un des artistes les plus féconds de l'antiquité, car on ne lui attribuait pas moins de 1500 figures. Il représenta surtout des héros et des athlètes. Il affectionnait particulièrement le type d'Hercule, dont il exécuta plusieurs statues dans diverses attitudes. Plusieurs des images d'Hercule que possèdent les musées modernes sont regardées comme des imitations des statues de Lysippe. De l'école de Sicyone sortit l'école de Rhodes, dont le chef Charès, l'auteur du fameux colosse, était élève de Lysippe. C'est à des sculpteurs de cette école que sont dus le fameux torse antique, le groupe de Laocoon, et celui qu'on désigne sous le nom de Taureau Farnèse. Suivant Pline, le groupe de Laocoon fut exécuté par Agesander, Polydore et Athénodore, et le groupe du Taureau par Apollonius et Tauriscus. Après les conquêtes d'Alexandre et la création des divers royaumes qui en furent la suite, il se forma dans plusieurs villes des écoles de s. qui produisirent une multitude d'œuvres remarquables sous divers rapports. Parmi ces villes on peut citer Alexandrie, Pergame, Éphèse, Antioche et Séleucie. Attale et Eumène, par ex., firent exécuter à Pergame des groupes célèbres qui représentaient leurs victoires sur les Gaulois. Quelques archéologues pensent que le fameux Gladiateur mourant qu'on voit à Rome, est la statue d'un Gaulois qui appartenait à l'un de ces groupes, et l'on croit que la statue connue sous le nom de Gladiateur Borghèse, qui est actuellement au Louvre, est sortie de l'école d'Éphèse, où elle fut exécutée par un sculpteur de cette ville nommé Agasias. Dans la seconde moitié du IIe siècle avant notre ère, la s. brilla de nouveau d'un vif éclat à Athènes, où florissaient alors des artistes éminents. Tels furent Cléomène, que l'on croit généralement avoir été l'auteur de la Vénus de Médicis; son fils, qui portait le même nom; Glycon, Apollonios, etc. Mais après la conquête de la Grèce et de l'Asie par les Romains, toutes les villes grecques et même les temples des dieux furent dépouillés des chefs-d'œuvre qui faisaient leur ornement et leur gloire; tous ces trésors furent transportés à Rome, où les artistes grecs eux-mêmes ne tardèrent pas à affluer, car bientôt ce fut seulement chez le peuple vainqueur qu'ils purent trouver l'emploi de leur talent.

Les Romains, avec leur génie pratique, politique et militaire, étaient peu propres aux pures spéculations, et semblaient médiocrement doués de l'imagination et des autres qualités qui font les artistes. En conséquence, les arts leur restèrent toujours étrangers. A l'origine, pour orner leur ville et leurs temples, ils recoururent aux artistes étrusques; plus tard, ils employèrent une multitude d'artistes grecs. Les Étrusques avaient apporté dans l'Italie centrale la connaissance et le goût des arts, de même que les colonies grecques dans l'Italie méridionale. La s. en particulier fut cultivée avec ardeur et avec succès par les habitants de l'Étrurie, comme le prouvent les 2000 statues de bronze que les Romains trouvèrent à Volsinies, aujourd'hui Bolsena, quand ils s'emparèrent de cette ville, et le mérite intrinsèque des restes de l'ancien art étrusque qui sont parvenus jusqu'à nous. Parmi eux, il nous suffira de citer la Chimère et la Minerve d'Arezzo, aujourd'hui à Florence, ainsi que la Louve qu'on voit au Capitole. Mais, quand les conquêtes de Rome dans l'Italie méridionale, dans la Sicile et dans la Grèce, eurent fait connaître aux vainqueurs les œuvres de l'art grec, non seulement ils dépouillèrent les villes conquises de leurs chefs-d'œuvre victorieux, mais encore ils les appelèrent à Rome des artistes grecs. Parmi ces artistes qui abandonnèrent leur pays, pour exercer leur art à Rome, Pline cite Pasitèle dont on admirait une statue de Jupiter d'ivoire et une statue de Roscius d'argent; Arcésilaus, qui exécuta pour Lucullus un groupe représentant une lionne avec des amours jouant autour d'elle; Decius, Topirus, Evandre, Praxitèle, Diogène, etc. Sous l'empire, l'art, obligé de se plier aux goûts sensuels et aux caprices désordonnés des riches et des puissants, dégénéra rapidement. Cependant on vit encore des sculpteurs de talent, tels que Craterus, Pythodorus, Polydecte, Hermolaus, Artémon et Aphrodise de Tralles. Sous Néron, on distingue également Zénodore, qui exécuta en bronze la statue colossale de cet empereur, haute de 35 mètres. Sous Vespasien, Titus, Domitien, Nerva, et Trajan, la s. continua d'être cultivée avec ardeur; mais elle fut en grande partie subordonnée à l'architecture, et chargée de décorer les temples, les statues, les arcs de triomphe, etc., élevés durant cette période. Les œuvres de la statuaire proprement dite consistent surtout en statues et en bustes des empereurs et des membres de leur famille. Sous Adrien, ami passionné des arts, la s. jeta un dernier éclat; les œuvres qui datent du règne de ce prince se distinguent par une élégance, un poli, un fini extrêmes. Les deux statues d'Antinoüs qu'on voit à Rome, l'une au Belvédère et l'autre au Capitole, ainsi que le buste colossal de ce même personnage qui existe au Louvre, sont mises au nombre des œuvres les plus remarquables de l'art antique. Les deux fameux Centaures de marbre noir du Capitole appartiennent probablement à la même époque. L'art se soutint encore sous les règnes des Antonins, comme le prouvent les bustes et les statues de Marc-Aurèle, de Faustine et de Lucius Verus, qui sont venus jusqu'à nous. Mais, sous Septime-Sévère et ses successeurs, il déchut avec une rapidité extrême, et l'on peut dire qu'il avait entièrement disparu à l'époque de Constantin, c.-à-d. à la fin du IIIe siècle de notre ère.

Sous l'empire du christianisme, la s. ne pouvait conserver le rang qu'elle avait eu sous l'influence du polythéisme gréco-romain. L'architecture et la peinture seules purent prendre un essor nouveau, parce que de nouvelles voies leur étaient ouvertes pour l'expression de la pensée religieuse. En conséquence, pendant tout le moyen âge, c.-à-d. pendant la longue période où le spiritualisme chrétien, maître absolu de toutes les intelligences, fut l'unique inspirateur des artistes, la s., dont l'objet essentiel est la représentation de la beauté corporelle dans l'unité harmonieuse de ses formes, fut réduite à n'être qu'un simple ornement de l'architecture. D'ailleurs, comme nous l'avons dit, cet art dépasse ses propres limites, toutes les fois qu'il veut, ainsi que l'eût exigé le principe chrétien, exprimer avec vivacité et profondeur les sentiments de l'âme. Les tailleurs d'images sculptèrent des myriades de statues et de bas-reliefs pour décorer les niches, les portails, les tourelles, les autels, les stalles, etc.; mais la s. n'eut point une existence indépendante. Elle ne reprit véritablement sa place dans le système des beaux-arts, que lorsque l'étude de l'antiquité classique poussa les esprits dans une nouvelle direction. La première école de s. qui ait acquis une certaine réputation est celle de Pise, fondée au XIIe siècle par Buschetto, qu'on regarde généralement comme Grec d'origine. Nicolas de Pise porta très loin la réputation de cette école. Le premier il rendit à la s. la place et l'importance qu'elle mérite, ainsi que le montre ce qui existe de ses œuvres dans le Campo-Santo. En 1225 il décora à Bologne le tombeau de saint Dominique, et dans ce travail apparaît de la façon la plus évidente son admiration pour l'antique, et l'habileté avec laquelle il cherchait à l'imiter. Il travailla ensuite aux bas-reliefs des chaires de Pise et de Sienne et aux façades des cathédrales de Lucques et d'Orvieto. La date de sa mort est inconnue. Son fils, Jean de Pise, ne fit pas preuve d'un moindre talent. Ses figures, surtout celles des femmes drapées, sont élégantes et remarquables en ce qu'elles sortent des types alors acceptés. Outre ces deux artistes, nous citerons, dans l'école de Pise, Arnolphe de Florence, André Ugolino et J. de Balduccio. Ugolino exécuta en bronze la plus ancienne des portes du baptistère de Florence, qui représente la vie de saint Jean, et Balduccio, en 1339, exécuta à Milan le mausolée de saint Pierre le Martyr. Au XIVe siècle, Giotto fonda l'école de Florence, d'où sortit Orcagna, auquel on doit la fameuse loge de Lanzi et les sculptures qui la décorent. Vers la fin du même siècle, l'école de Sienne produisit Della Quercia, qui, entre autres travaux, a laissé cette fontaine de Sienne si admirée, qu'on lui donna le nom de Jacques della Fonte. Le bas-relief de la façade de Saint-Pétrone, à Bologne, est de sa main. Le XVe siècle voit s'ouvrir une ère admirable pour tous les arts à la fois. Dès le début (1401), cinq grands artistes entrent en lice pour exécuter les portes de bronze du baptistère de Florence, et, après une année d'épreuves, Laurent-Ghiberti (1378-1455) remporte la palme sur ses rivaux. Ces portes célèbres, auxquelles il consacra quarante ans de travail, étaient si admirées par Michel-Ange, qu'il les disait dignes d'être les portes du paradis ; les sujets qu'elles représentent sont tirés de l'Ancien et du Nouveau Testament. Le Florentin Donatello (1386-1466), le compétiteur de Ghiberti, est surtout célèbre par sa statue de marbre de saint Georges, et par son haut-relief de deux enfants chantant que l'on voit dans le Dôme de Florence. Brunelleschi (1377-1444) ne fut pas moins remarquable comme sculpteur que comme architecte. Nous citerons de lui l'admirable Christ sculpté en bois, qu'on trouve dans l'église de Sainte-Marie Nouvelle, à Florence. En 1450, André Verrochio (1422-1483) et Dominique Ghirlandajo (1449-1494) tiennent le premier rang parmi les sculpteurs florentins. Le premier exécuta, à Venise, la fameuse statue équestre de Barthélemy Corleone, de Bergame; le second eut l'honneur d'être le maître du plus grand sculpteur de l'ère moderne, c.-à-d. de Michel-Ange Buonarotti. Parmi les œuvres les plus célèbres de l'illustre Florentin (1475-1564), nous citerons le Moïse, la statue de la Nuit, celle de Laurent de Médicis connue sous le nom de Pensiero, les deux Captifs qu'on voit au Musée du Louvre, etc. Toutefois, dans ses œuvres puissantes et originales, Michel-Ange a trop souvent voulu exiger de la s. ce qui n'appartient qu'à la peinture. Près de Michel-Ange on doit placer Bandinelli (1487-1559), qui eut le tort de se poser en rival du grand artiste, et Torregiano (1472-1522), non moins fameux par sa vie orageuse et sa fin malheureuse que par ses ouvrages. Vers la même époque, un orfèvre incomparable, Benvenuto Cellini (1500-1570), porte à ses dernières limites l'art de la ciselure : on lui doit, comme s., le célèbre Persée que l'on voit à Florence. Jean de Bologne (1524-1608) lègue à la postérité son Mercure, sa Vénus sortant du bain et le groupe de l'enlèvement des Sabines, qu'on voit sur la grande place de Florence. Parmi les élèves de Michel-Ange, nous citerons Raphaël de Monte-Lupo, Nicolas de Tribolo, l'auteur des portes de bronze de la cathédrale de Bologne, et Jean dell'Opera, ainsi nommé du grand nombre d'œuvres dues à son ciseau.

De l'école de Michel-Ange sortirent encore Baccio de Monte-Lupo, qui a exécuté le beau Christ de l'église de Saint-Laurent, André Contucci, le fondateur de l'école de Lorette, et Jacques Tatti, plus connu sous le nom de Sansovino, qui, pour la s., devint le chef de l'école vénitienne. L'influence de la grande école de Florence s'étendit dans toute l'Italie, depuis la Lombardie jusqu'à Naples. Dans cette dernière ville, les sculpteurs les plus remarquables furent Marliano Nola et Jérôme Santa-Croce, tandis que Milan possédait Augustin Busti et Guillaume della Porta, auquel on doit les belles statues du tombeau de Paul III, à Saint-Pierre. Au commencement du XVII° siècle, le Napolitain Bernin (1598-1680) veut se faire le chef d'une nouvelle école, et réagit contre les tendances de la s. depuis Michel-Ange. Mais il substitue la recherche et les grâces maniérées au culte de l'idéal. Son meilleur ouvrage, la sainte Thérèse de l'église Sainte-Marie de la Victoire, à Rome, prouve tous les dangers de la s. pittoresque. De son temps vivent deux sculpteurs estimés, Flammingo et Algardi. Ce dernier surtout se fit une grande réputation par la grâce avec laquelle il représentait les enfants et les amours. Le seul artiste qui marque au commencement du XVIII° siècle est Rusconi, dont l'œuvre la plus importante se trouve à Saint-Jean de Latran. A cette époque la s. est en pleine décadence ; cependant, à la fin du siècle, Canova (1757-1822) lui rend un nouveau lustre en la rappelant au simple et au vrai. Ses œuvres extrêmement nombreuses manquent d'énergie ; mais elles se distinguent par le fini, la grâce et l'élégance : toutefois ce n'est point l'aspect calme et noble du grand art antique. Disons en passant que c'est lui qui introduisit l'usage de se servir de praticiens, non seulement pour ébaucher le marbre, mais encore pour tailler les statues de façon à rendre à peu près illusoire le travail du sculpteur

La s. française occupe une place éminente dans l'art moderne. A l'époque de la Renaissance, et dès le début, elle compte des artistes illustres. A leur tête se place Jean Goujon (1515-1568). Les Cariatides qu'il exécuta au Louvre, dans la salle dite des Gardes, sont les plus belles qui existent après celles de l'Erechthéum, et, dans ses Nymphes de la fontaine des Innocents, aux grâces délicates et suaves, au modelé fin et précis, ce grand artiste touche à la perfection antique. Après lui viennent Germain Pilon (1535-1598), célèbre par son groupe des trois Grâces et par ses statues du tombeau de Henri II ; Jean Cousin (1501-1590), dont les œuvres sont pleines de grâce et de délicatesse ; Jacques Sarrasin (1590-1660), dont le Louvre possède les élégantes Cariatides. Le XVII° siècle nous offre François Anguier (1604-1669), auquel on doit le remarquable mausolée du duc de Montmorency, à Moulins ; Michel Anguier, son frère (1612-1686), dont le chef-d'œuvre est le groupe de la Nativité, qu'on voit à Saint-Roch ; et Pierre Puget (1622-1694), surnommé à juste titre le Michel-Ange français. En effet, dans son Persée délivrant Andromède, et dans son Milon de Crotone, se révèlent une fougue, une énergie, une audace dans l'exécution qui en font un maître à part, et qui lui font dépasser souvent les limites assignées à la s. Près de lui, Girardon (1628-1715) se distingue par l'élévation et la noblesse, et laisse, entre autres œuvres remarquables, son beau tombeau du cardinal de Richelieu, à la Sorbonne. Coysevox (1640-1720) a su joindre le style au naturel dans son Faune jouant de la flûte, qui est son meilleur ouvrage. Citons encore Nic. Coustou (1658-1733), et les deux Guill. Coustou, frère et neveu du précédent, dont les nymphes, les bergers, etc., sont remarquables par la grâce et par une élégance un peu maniérée. Ces deux derniers appartiennent au XVIII° siècle, qui a encore produit plusieurs artistes de mérite, lesquels ont pour la plupart sacrifié la simplicité et la grandeur à la recherche et au goût alors dominant pour le joli et le gracieux. Parmi les plus distingués, nous citerons Bouchardon (1698-1762) ; Falconet (1716-1791), l'auteur de la statue équestre de bronze de Pierre le Grand à Saint-Pétersbourg ; Houdon (1740-1828), qui a laissé une belle statue de Voltaire ; Allegrain (1710-1795) ; et Pigalle (1714-1785), qui jouit d'une grande réputation à la fin du siècle dernier. La s., de même que la peinture, est à cette époque en pleine décadence. La réforme que L. David opéra dans la peinture, en rappelant celle-ci au culte de l'antique et en faisant revivre l'étude du nu, n'exerça sur la s. qu'une influence très médiocre. Au lieu de remonter à la pure antiquité grecque, les sculpteurs imitèrent l'art romain. Toutes les sculptures de l'empire semblent moulées sur un type uniforme, insignifiant et terne, sans souplesse ni vérité, et qui se rapproche de l'école de Rhodes par l'aspect théâtral. En second lieu, l'exécution en marbre, complètement abandonnée aux praticiens, devient d'une faiblesse et d'une insuffisance dont jusque-là on

n'avait point eu d'exemple. Les sculpteurs en renom à cette époque, Moitte (1747-1810), Cartellier (1757-1831), Chaudet (1763-1810), Bosio (1768-1845), Dupaty (1771-1825), Lemot (1773-1827), ne dépassèrent point les bornes de la médiocrité et n'ont laissé aucune œuvre véritablement éminente. Après eux, Ramey (1754-1838) et Cortot (1787-1843) essayèrent de rompre avec les formules acceptées et produisirent des œuvres estimables. Enfin parurent trois hommes, les trois maîtres de l'art actuel, qui devaient rendre à la s. la place qu'elle avait perdue, nous voulons parler de Pradier (1794-1852), de Rude (1784-1855) et de David d'Angers (1789-1856). Le premier, païen posthume et talent impersonnel, se distingue par une science admirable de la forme, par une grâce exquise, par des suaves ondulations des contours. Il fut, si l'on peut dire, un élève de Praxitèle égaré parmi nous. Nous citerons, parmi ses œuvres, la Phryné, la Poésie légère, la Jeune fille nouant sa sandale, etc. Rude, consciencieux et sévère artiste, fit revivre l'étude du modèle vivant, abandonnée pour celle du modèle de plâtre et enseigna qu'un sculpteur ne saurait être complet à la condition de posséder tous les secrets pratiques de son art, y compris la taille du marbre. Ses deux œuvres capitales sont un bas-relief de l'Arc de triomphe de l'Étoile, et l'Enfant à la tortue, qui est un chef-d'œuvre d'exécution. Enfin David d'Angers, génie indépendant et libre, plein d'énergie et de puissance, sut dans ses œuvres idéaliser le modèle vivant. Mais sa forme, qui manque souvent d'élégance et d'harmonie, ne répond pas toujours à l'élévation de sa pensée. Parmi ses œuvres, nous citerons le fronton du Panthéon, les statues de Bonchamp, de Bernardin de Saint-Pierre, les tombeaux de Foy et de Carrel. Sous l'impulsion de ces trois maîtres, l'école française occupe sans conteste le premier rang en Europe, et celle l'a conservé depuis, quoiqu'on ne puisse pas dire que la statuaire française ait fait de réels progrès dans la seconde moitié du XIX° siècle. Sans doute nos artistes produisent tous les jours des ouvrages de valeur ; mais les œuvres vraiment puissantes et originales, celles qui portent la marque du génie sont extrêmement rares. Parmi les plus remarquables, il faut citer celles de Carpeaux (1827-1875) qui est assurément le plus grand sculpteur de cette époque. Enfin parmi ceux qui ont continué la tradition des sculpteurs du commencement du siècle, citons Chapu (1833-1892), Falguière (1832-1900) et l'animalier Barye (1795-1875), sans parler de nombreux artistes encore vivants dont beaucoup ont un talent incontestable.

Dans l'art moderne, on ne compte en réalité que deux grandes écoles en s., l'école italienne et l'école française. L'Espagne ne produisit aucun sculpteur remarquable avant le XVII° siècle, où apparaissent Berruguete et Paul de Cespides. Il faut redescendre jusqu'à notre époque pour trouver une individualité tranchée, le sculpteur Alvarez. En Angleterre, la s. compte de rares artistes indigènes. Les plus célèbres sont Flaxman, Chantrey, Gibson, Westmacott, qui appartiennent à notre temps. Le Danemark compte un grand sculpteur, mais qui a toujours vécu en Italie, où il fut le rival de Canova : c'est Albert Thorwaldsen (1770-1844), à qui l'on doit des bas-reliefs extrêmement remarquables et le célèbre Lion de Zurich. L'Allemagne a produit dans ce siècle un assez grand nombre de sculpteurs éminents qui, pour la plupart, appartiennent à l'école de Thorwaldsen. Nous nommerons Schadow, Rauch, Schwanthaler, Ohmacht, dont on ne saurait passer sous silence les six Muses du théâtre de Strasbourg, l'Hébé, l'Antinoüs et le Klopstock, et enfin Rietschell, l'auteur du groupe de Zéphyre et de Psyché, que nous possédons au Louvre. Parmi ses sculpteurs assez nombreux, la Belgique en compte un qui s'est acquis un grand renom, nous voulons parler de Kessels.

SCURRILE. adj. 2 g. [Pr. skur-rile] (lat. scurrilis, m. s., de scurra, bouffon). De bouffon. = s. m. Le s. Le genre bouffon.

SCURRILEMENT. adv. [Pr. skur-rile-man] D'une manière scurrile.

SCURRILITÉ. s. f. [Pr. skur-rilité] (lat. scurrilitas, m. s.). Caractère, acte scurrile.

SCUTARI, v. de la Turquie d'Europe, dans l'Albanie, sur le lac du même nom ; 30,000 hab. ‖ V. de la Turquie d'Asie, anc. Chrysopolis, sur le Bosphore, en face de Constantinople ; 50,000 hab.

SCUTELLAIRE. s. f. [Pr. skutel-lère] (lat. scutella,

coupe, écusson). T. Bot. Genre de plantes Dicotylédones (*Scutellaria*) de la famille des *Labiées*. Voy. ce mot.

SCUTELLARINE. s. f. [Pr. *sku-tel-larine*]. T. Chim. Principe amer contenu dans la Scutellaire.

SCUTELLE [Pr. *scutè-le*] (lat. *scutellum*, écusson). T. Zool. Genre d'*Échinodermes*. Voy. ÉCHINIDES. = Chacune des grandes écailles de la partie inférieure du corps des serpents. Voy. SERPENTS, II. || T. Bot. Syn. d'*Apothécie* Voy. ce mot et LICHENS.

SCUTELLÉ, ÉE. adj. [Pr. *skutel-lé*] (lat. *scutellum*, écusson). T. Didact. Qui porte des ornements en forme d'écusson.

SCUTELLÈRE. s. f. et **SCUTELLÉRIENS.** s. m., pl. [Pr. *skutel-lère*, *skutel-léri-in*] (lat. *scutellum*, écusson). T. Entom. Genre et tribu d'insectes *Hémiptères* Voy. GÉOCORISES.

SCUTELLIFORME. adj. 2 g. [Pr. *skutel-liforme*] (lat. *scutellum*, dimin. de *scutum*, bouclier; *forma*, forme). T. Bot. En forme de petit bouclier.

SCUTIBRANCHES. s. m. pl. (lat. *scutum*, bouclier; *branchiæ*, branchies). T. Zool. Ordre de *Mollusques*, synonyme d'*Aspidobranches*, comprenant des Gastéropodes marins comme les *Haliotides*, les *Fissurelles*, les *Émarginules*, etc. Voy. ASPIDOBRANCHES.

SCUTIFOLIÉ, ÉE. adj. (lat. *scutum*, bouclier; *folium*, feuille). T. Bot. Qui a des feuilles peltées.

SCUTIFORME. adj. 2 g. (lat. *scutum*, bouclier; *forma*, forme). Qui a la forme d'un bouclier.

SCUTIGÈRE. s. f. (lat. *scutum*, bouclier; *gero*, je porte). T. Entom. Genre d'*Articulés*. Voy. MYRIAPODES.

SCUTIQUE. s. f. (lat. *scutum*, bouclier). T. Entom. Espèce de Myriapode du genre *Scutigère*. Voy. MYRIAPODES.

SCUTO-STERNAL, ALE. adj. (lat. *scutum*, bouclier; et *sternal*). Qui appartient à l'écusson et au sternum des insectes.

SCUTULE. s. f. (lat. *scutum*, bouclier). T. Zool. Pièce carrée recouvrant les tarses des oiseaux.

SCUTUM. s. m. [Pr. *sku-tome*] (mot lat. sign. bouclier). T. Entom. L'une des pièces du métathorax des insectes.

SCYBALES. s. f. [Pr. *si-bale*] (gr. σκύβαλα, excréments). T. Méd. et Zool. Excréments durcis et arrondis.

SCYDMÉNIDES. s. m. pl. [Pr. *sid-ménide*] (gr. σκυδμαίνω, je m'irrite). Petite famille d'insectes *Coléoptères* pentamères, qui ont la tête ovale, séparée du corselet par un étranglement. Les insectes de cette famille sont de petite taille. Ils ne forment que 2 genres : Mastige (Mastigus) et Scydmène (*Scydmænus*). Le type du premier est le *Mastige à longs palpes* qui se trouve dans le midi de l'Europe; nous citerons comme type du second le *Scydmène de Godart*. Ces insectes se trouvent à terre sous les détritus de végétaux et dans les fourmilières. Ils sont répandus dans les deux continents, mais plus en Europe que partout ailleurs.

SCYLAX, géographe grec du temps de Darius Iᵉʳ.

SCYLLA, écueil du détroit de Messine, sur la côte d'Italie. Voy. CHARYBDE.

SCYLLARE. s. m. [Pr. *sil-lare*]. T. Zool. Genre de *Crustacés*. Voy. MACROURES.

SCYLLITE. s. f. [Pr. *sil-lite*] (R. *Scillium*, nom d'un genre de poissons). T. Chim. Matière sucrée qui est analogue à l'inosite et qu'on rencontre dans les poissons cartilagineux, surtout chez le Requin (*Scillium canicula*).

SCYPHIFORME. adj. 2 g. [Pr. *si-fi-forme*] (lat. *scyphus*, coupe; *forma*, forme). Qui a la forme d'une petite coupe.

SCYROS, anj. Skyro, île de l'Archipel, au N.-E. de l'Eubée; 2,000 hab.

SCYRTE. s. m. (gr. σκιρτάω, je saute). T. Entom. Genre d'insectes *Coléoptères*. Voy. MALACODERMES.

SCYTALE. s. f. (gr. σκυτάλη, rouleau). T. Antiq. grecque. Dépêche secrète écrite sur une bande de parchemin enroulée en spirale autour d'un bâton, de sorte qu'on ne pouvait la lire qu'en l'enroulant autour d'un bâton de même diamètre. Voy. CRYPTOGRAPHIE. || Bâton de commandement des généraux spartiates.

SCYTHES, anciens peuples barbares et pour la plupart nomades qui habitaient la Scythie, et dont l'ethnologie est encore mal connue.

SCYTHIE, anc. région au nord de la mer Noire et à l'est de la mer Caspienne (Russie, Sibérie, Tartarie). = Nom des hab. : SCYTHE, 2 g.

SCYTHROPS. s. m. [Pr. *si-trops*] (gr. σκυθρωπός, triste). T. Ornith. Genre de *Passereaux*. Voy. COUCOU.

SCYTODE. s. f. [Pr. *si-tode*] (gr. σκύτος, cuir). T. Zool. Genre d'*Arachnides*. Voy. ARAIGNÉE.

SCYTOSIPHON. s. m. [Pr. *sito-sifon*] (gr. σκύτος, cuir; σίφων, siphon). T. Bot. Genre d'Algues appelé vulg. *Cheveu de mer*, de la famille des *Phéosphorées*. Voy. ce mot.

SE. (lat. *se*), pron. invar. de la troisième personne.
Obs. gram. — *Se*, pronom, s'emploie pour les personnes et pour les choses et précède toujours un verbe, dont il est tantôt le régime direct, comme dans ces phrases : *Se rétracter*, *Se perdre*, rétracter soi, perdre soi; tantôt régime indirect, comme dans : *Se faire une loi*, *Se prescrire un devoir*, faire une loi à soi, prescrire un devoir à soi. — Lorsque deux verbes sont à des temps composés, *se* peut servir à l'un et à l'autre sans qu'il soit besoin de le répéter, s'il est régime direct ou indirect des deux verbes, comme dans cette phrase : *Il s'est instruit et rendu recommandable par ses lumières*. Mais on doit répéter le pronom quand il est régime direct d'un verbe et régime indirect d'un autre. On dira donc : *Il s'est instruit et s'est acquis beaucoup d'estime par ses lumières*, c'est-à-dire, il s'est instruit et acquis beaucoup d'estime, etc. — *Se* sert à la conjugaison des verbes pronominaux, réciproques et réfléchis : en conséquence, plusieurs grammairiens lui ont donné le nom de pronom réfléchi de la troisième personne. Il sert en outre à donner au verbe actif une signification passive, comme dans ces phrases : *Il se trouve là de belles choses. Cette bibliothèque se vendra bien. Cela se dit. Cela se fait.*

SÉAMMENT. adv. [Pr. *séa-man*]. D'une manière séante.

SÉANCE. s. f. [R. *séant*]. Droit de s'asseoir, de prendre place dans une compagnie réglée. *Prendre s. Il a s. dans le conseil d'État. Sa place lui donne s., le droit de s. dans cette assemblée.* || Le temps pendant lequel un corps politique, un conseil, un tribunal, etc., est assemblé pour s'occuper de ses travaux; et la réunion, l'assemblée même des membres de ce corps, de cette compagnie, etc. *Cette affaire occupa le sénat, la cour pendant deux séances entières. Entrer, être en s. Commencer, ouvrir, suspendre, lever, terminer la s. La s. a été orageuse. Salle des séances. Procès-verbal de la s.* — *Tenir s., Tenir séance pour délibérer et délibérer en effet. Cette assemblée tient s., tient sa s., tient ses séances en tel endroit*, Elle a lieu, elle se réunit en tel endroit. *S. tenante*, Dans le cours de la s., avant que la s. soit terminée. — *La s. est ouverte, est levée*, Formules par lesquelles le président d'une assemblée annonce que la s. commence, ou qu'elle est terminée. — *Accorder à quelqu'un les honneurs de la s.*, Lui permettre, à titre d'honneur, d'assister à la s. || Le temps qu'on passe à table, dans une partie de jeu, dans une visite, etc. *Ils ont fait une longue s. à table. Il s'est ruiné dans une s. de lansquenet. Je viens d'assister à une s. de prestidigitation.* Fam. et ironiq., *Il ne se presse pas de lever la s.*, se dit d'un homme qui fait ses visites trop longues. || Le temps pendant lequel un dessinateur, un peintre, un sculpteur travaille de suite d'après une personne pour faire son portrait. *Il a fait mon portrait en trois séances.*

SÉANT. (part. prés. de *Seoir* qui vient du lat. *sedere*, être assis). T. Chancell. et Pal. Qui tient actuellement ou habituellement séance en un lieu. *Le roi s. en son conseil. La cour s. à Paris.* || On dit aussi adjectiv., *La cour séante à Paris.*

SÉANT. s. m. (part. prés. de *seoir*). La situation, la posture d'un individu qui est assis dans son lit; ne se dit qu'avec l'adjectif possessif. *Je le trouvai sur son s. On le fit mettre sur son s.*

SÉANT, ANTE. adj. (part. prés. de *seoir*). Décent, qui sied bien, qui est convenable. *Il n'est pas s. à un homme de son âge, de sa dignité, de se comporter ainsi. Ce n'est pas une chose séante de parler haut devant les personnes à qui l'on doit du respect.*

SEAU. s. m. [Pr. *so*] (lat. *sitella*, m. s.). Vaisseau, ordinairement fait de bois, de fer, etc., qui sert à tirer, puiser, porter de l'eau.

Deux seaux alternativement
Puisaient le liquide élément.

LA FONTAINE.

Des seaux de bois. Les seaux à incendie, seaux de toile dont on se sert pour porter de l'eau dans les incendies. — Fam., et par exagér., *Il pleut à seaux*, il pleut très fort. || Vaisseau d'une matière quelconque propre à contenir un liquide. *Mettre rafraîchir du vin dans un s. d'argent.* || La quantité de liquide contenue dans un s. *Un s. d'eau. Un s. de vin.*

SÉBACÉ, ÉE. adj. (lat. *sebaceus*, m. s., de *sebum*, suif). Qui est de la nature du suif. || T. Anat. *Matière sébacée*, Matière onctueuse destinée à assouplir la peau. *Follicules sébacés, glandes sébacées*, Les follicules ou glandes qui sécrètent cette matière. Voy. PEAU.

SÉBACINE. s. f. (R. *sébacé*). T. Chim Hydrocarbure de la formule C¹⁰H¹⁸. Voy. DÉCÉNYLÈNE.

SÉBACIQUE. adj. 2 g. (R. *sébacé*). T. Chim. L'*acide sébacique* est un acide gras bibasique qui a pour formule CO²H(CH²)⁸CO²H. Il se produit dans la distillation sèche de l'acide oléique et des corps gras. Il se forme aussi par l'action de l'acide azotique sur les graisses, sur le blanc de baleine, sur la jalapine, etc. On le prépare en traitant l'huile de ricin par la potasse. — L'acide s. cristallise en aiguilles blanches nacrées, fusibles à 133°, peu solubles dans l'eau froide, très solubles dans l'alcool et dans l'éther. Il possède une saveur acide et rougit la teinture de tournesol. Distillé avec de la chaux, il fournit du l'œnanthol et un décénylène appelé *sébacine*. Oxydé par l'acide azotique, il donne naissance aux acides succinique, pimélique et adipique. — En s'unissant aux bases, l'acide forme des sels acides et des sels neutres appelés *sébates*. Les sébates des métaux alcalins ou alcalino-terreux sont solubles dans l'eau; le sébate de fer est rouge. On donne aussi le nom de *sébates* aux éthers que forme l'acide s. en s'unissant aux alcools. L'éther glycérique porte le nom de *sébine*. L'éther éthylique ou *sébate d'éthyle* est un liquide qui bout à 308°; l'ammoniaque le transforme en *amide sébacique* et en *acide sébamique*.

SÉBASIQUE. adj. 2 g. T. Chim. Fausse orthographe pour *sébacique*.

SÉBASTIANI (comte), maréchal de France (1772-1851), se distingua dans les guerres du Consulat et de l'Empire. Ambassadeur à Constantinople (1807), il dirigea la défense des Turcs contre la flotte anglaise qui était venue jeter l'ancre dans le Bosphore.

SÉBASTIEN (saint), martyr en 288. Fête le 20 janvier.

SÉBASTIEN, roi de Portugal (1557), tenta une croisade contre l'empereur du Maroc Muley-Abd-el-Meleck, et fut tué en combattant courageusement à Alcazar-Kébir (1578).

SÉBASTIEN DEL PIOMBO, célèbre peintre ital., né à Venise; excellent coloriste (1485-1547).

SÉBASTOPOL, v de Russie (Crimée), port sur la mer Noire; 26,000 hab. Cette ville fut prise d'assaut, en 1855, par une armée franco-anglaise, après un an de siège et de grandes batailles (Alma, Inkermann, etc.).

SÉBATE. s. m. T. Chim. Nom des sels de l'acide sébacique. Voy. SÉBACIQUE.

SÉBENNYTIQUE, l'une des branches du Delta du Nil.

SEBES KOROS, riv. de Hongrie, affluent de la Theiss.

SÉBÉSITE. s. f. [Pr. *sébé-zite*]. T. Minér. Variété de trémolite qu'on trouve à Sebes (Transylvanie).

SÉBESTE. s. f. (ar. *sebestan*, m. s.). T. Bot. Fruit du Sébestier.

SÉBESTIER. s. m. (R. *sébeste*). T. Bot. Nom donné au *Cordia Myxa* (C. *Sebestana*), arbre de la famille des Borraginées, tribu des Cordiées. Voy. BORRAGINÉES.

SÉBIFÈRE. adj. 2 g. (lat. *sebum*, suif, *fero*, je porte). T. Bot. Qui produit un corps gras analogue au suif.

SÉBILE. s. f. (arabe-persan *zenbil*, corbeille?) Vaisseau de bois rond et creux. *Les boulangers mettent la pâte dans des sébiles quand elle est pétrie. S. d'aveugle.*

SÉBINE. s. f. T. Chim. Glycéride de l'acide sébacique.

SEBONDE (RAYMOND DE). Médecin, philosophe et théologien espag., mort à Toulouse, en 1432.

SÉBORRHAGIE ou **SÉBORRAGIE**, ou **SÉBORRHÉE** ou **SÉBORRÉE.** s. f. [Pr. *sébor-raji*, *sébor-ré*] (lat. *sebum*, suif; gr. ῥεῖν, couler). T. Méd. Exagération de la sécrétion sébacée.

SEC, SÈCHE. adj. (lat. *siccus*, m. s.). Aride, qui a peu ou qui n'a point d'humidité. *Du bois sec. Un terrain sec. Des branches sèches. L'été a été fort sec. Un temps sec et chaud. Un froid sec. Une chaleur sèche.* || Desséché, qui n'a plus d'eau. *Les fossés de la place sont secs.* On appelle aussi *Fossés secs*, les fossés qui ne sont pas destinés à recevoir de l'eau. *Le château est entouré de fossés secs.* || Se dit par opposition à Vert, frais, récent, en parlant des herbes, des plantes. *Des herbes sèches. Du fourrage sec. Des fleurs sèches. Des haricots secs.* Se dit aussi de certaines choses qu'on a fait sécher. *Des fruits, des raisins secs. De la morue sèche. Confitures sèches,* Fruits confits, conservés hors du sirop. || S'emploie souvent par opposition à Moite, à mouillé, à onctueux, à gras, etc. *Avoir la bouche, la langue, la gorge sèche, le gosier sec. Cette peinture n'est pas encore sèche. Du linge bien sec. Les chemins sont secs.* — *Passer la rivière, passer un ruisseau à pied sec,* Traverser le lit d'une rivière, lorsqu'il n'y a pas d'eau, ou lorsqu'il y en a si peu qu'en mettant le pied sur quelques pierres, on ne se mouille point. — *Des yeux secs,* sans larmes.

L'autre, avec des yeux secs et presque indifférents,
Voit mourir ses deux fils.

RACINE.

Un orage sec, sans pluie. — *Une nourrice sèche,* qui n'allaite pas l'enfant qu'elle est chargée de soigner, qui le nourrit au biberon. — *Avoir une toux sèche,* Tousser sans cracher. *Avoir une chaleur sèche,* Avoir la peau brûlante sans aucune moiteur. — *Ce vin est sec,* il n'est point liquoreux. — *Du pain sec, du pain tout sec,* Du pain pour tout aliment. — *Argent sec,* Voy. ARGENT. || Qui est maigre, nerveux, peu chargé de chair; se dit surtout par opposition à Gras et à lymphatique. *Cet homme a une constitution sèche, un tempérament sec. Il a les bras secs, les jambes sèches.* Se dit aussi de certains animaux *Ce cheval a la tête sèche. Le cerf a les jambes sèches.* En parlant des hommes, on dit encore : *C'est un homme sec,* un grand homme sec, et elliptiq., *Un grand sec.* — Fig., on dit : *Cet homme est sec,* Il a une humeur un peu dure, il n'est point affable, gracieux, riant. *Un cœur sec, une âme sèche,* Un cœur peu sensible, une âme froide. *Une mine sèche,* Une mine froide qui annonce du mécontentement, du dépit. *Une réponse, une réprimande sèche,* Une réponse, une réprimande froide, désobligeante et brève. *Il lui a fait un compliment fort sec,* Il lui a parlé d'une manière brève et un peu dure. *Un sec,* se dit aussi au même, *Parler, répondre d'un ton sec.* — Fig. et fam., *La donner sèche, la donner bien sèche,* Faire une proposition désagréable, annoncer quelque nouvelle fâcheuse, donner quelque alarme sans précaution. Peu usité. || Fig., *Un coup sec*, Un coup donné avec promptitude, sans appuyer ni rester sur l'objet frappé. On dit, dans un sens analogue, *Un pouls sec. Ce malade a le pouls sec.* || T. Arts du dessein. *Un ouvrage sec*, Un ouvrage où les contours sont marqués durement, sans agrément et sans moelleux. On dit dans un sens anal. : *Des contours secs. Un coloris sec. Un faire sec.* *Une manière sèche.* — Fig., signifie aussi dénué de grâce, de douceur, de charme, d'agrément, d'ornements. *Un esprit sec. Cet auteur, ce poète est sec. Il a un style sec. Une narration bien sèche. Une morale sèche et rebutante;* etc. On dit encore, *Cette matière est sèche*, Elle offre peu de ressources pour la traiter avec agrément, avec intérêt. — Fig. et fam. *Un habit sec*, Un habit râpé, qui montre la corde. || T. Grav. *Graver à la pointe sèche*, Voy. GRAVURE, 1,3. || T. Liturg. *Messe sèche*, Simulacre de messe dans lequel on récite les prières de la messe, mais sans faire la consécration. — *Confession sèche*, sans absolution. || Fig. *Consultation sèche*, celle que donne un médecin ou un avocat, sans recevoir d'argent. — *Une perte sèche*, sans aucune compensation. || T. Maçonn. *Muraille de pierres sèches*, Muraille faite de pierres mises l'une sur l'autre, sans mortier, sans ciment. On dit de même : *Construire en pierres sèches. Ouvrage à pierre sèche. Conduit de pierre sèche.* = SEC, s'empl. aussi subst., *Le sec et l'humide.* || Se dit particul. du fourrage sec. *Donner du sec aux chevaux. Les mettre au sec.* — Fig. et fam., *Employer le vert et le sec*, Employer toutes sortes de moyens pour réussir à quelque chose. || T. d'Office. *Tirer des confitures au sec*, Les tirer de leur sirop. *Une corbeille, une assiette de sec*, Une corbeille, une assiette remplie de confitures sèches, et que l'on sert au fruit dans un repas. = SEC, est aussi usité comme adverbe. *Boire sec*, Voy. BOIRE. *Répondre sec, parler sec à quelqu'un*, Lui faire une réponse rude, brusque, rebutante. = A SEC, locut. adv. Sans eau. *Mettre un étang, un fossé à sec. Les navires sont demeurés à sec. Le ruisseau est à sec.* || Fig. et fam., *Être à sec, se trouver à sec*, N'avoir plus de bien, plus d'argent. *Le pauvre homme est à sec. Il vient de jouer et de perdre, il est à sec.* Dans le même sens, on dit quelquefois adjectiv., *Il est sec.* On dit aussi, *Sa bourse est à sec. Les procès ont mis ce pauvre homme à sec.* — *Être à sec*, signifie aussi n'avoir plus rien à dire.

Sur ce chapitre on n'est jamais à sec.

MOLIÈRE.

|| T. Mar. *Aller à sec*, Aller sans aucune voile, comme on fait durant les tempêtes. = TOUT SEC. loc. adverb. et fam. Uniquement, absolument. *Son revenu consiste tout sec en mille écus de rente.* On dit de même, *Toute sèche*, avec un nom féminin. *Cette robe m'a coûté toute sèche, sans la doublure, quarante écus.* Vieux.

SÉCABLE. adj. 2 g. (lat. *secabilis*, m. s., de *secare*, couper). Qui peut être coupé, divisé. *Les atomes ne sont sécables que par la pensée.*

SÉCAMONE. s. f. T. Bot. Genre de plantes Dicotylédones de la famille des *Asclépiadées.* Voy. ce mot.

SÉCANTE. s. f. (lat. *secans*, part. prés. de *secare*, couper). T. Géom. Ligne qui en coupe une autre, ou qui la divise en deux parties. — Une des fonctions circulaires. Voy. TRIGONOMÉTRIE.

SÉCATEUR. s. m. (lat. *secare*, couper). T. Hortic. Espèce de ciseaux destinés à la taille des arbres et des arbustes.

SECCHI (le Père), célèbre astronome ital. (1818-1878).

SÉCESSION. s. f. [Pr. *sé-sè-sion*] (lat. *secessio*, de *secedere*, se retirer à l'écart). T. Polit. Se dit, dans une confédération, de la séparation d'un ou plusieurs États qui sont sortis ou prétendent sortir de la confédération. || T. Hist. *La guerre de s.* aux États-Unis d'Amérique, la guerre des États du Nord contre ceux du Sud.

SÉCESSIONISTE. adj. 2 g. et s. m. [Pr. *sé-sè-sio-niste*]. Qui a fait sécession, ou qui est partisan de la sécession. *Les États sécessionistes. Les sécessionistes.*

SÉCHAGE. s. m. [Pr. *sé-chaje*]. Action de faire sécher.

SÉCHARIE. s. f. [Pr. *sé-chari*]. T. Techn. Femme qui fait sécher les pains de sel.

SÈCHE. s. f. [Pr. *sè-che*]. T. Zool. Voy. SÈICHE.

SÈCHE. s. f. [Pr. *sè-che*] (n. sec). T. Mar. Vergue barrée gréée sur le mât d'artimon. — Haut-fond qui est découvert à marée basse.

SÈCHEMENT. adv. [Pr. *sè-che-man*]. D'une manière sèche, en lieu sec. *Il faut tenir les confitures s.* || Fig., D'une manière froide, peu agréable. *Parler, répondre s. Il lui écrivit s.* — *Écrire s.*, signifie encore, Avoir un style dénué de grâce, d'agrément. On dit aussi, *Peindre s.*, Peindre en marquant durement les contours.

SÉCHER. v. a. [Pr. *sè-cher*] (lat. *siccare*, m. s., de *siccus*, sec). Rendre sec. *Le soleil sèche les prairies. Le vent sèche les chemins. Nous nous approchâmes du feu pour nous s.* || Mettre à sec. *La chaleur a séché les ruisseaux.* — Fig., *S. les larmes*, Consoler, faire cesser les pleurs, l'affliction. *Le temps séchera vos larmes. Elle eut bientôt séché ses larmes.* = SÉCHER. v. n. Devenir sec. *Les arbres sèchèrent sur pied. Faire s., mettre s. du linge. Faire s. des fruits dans un four.* || Fig., *S. d'ennui, de langueur, de tristesse, de dépit*, etc., Se consumer d'ennui, de langueur, de tristesse, etc.

Va maigrir, si tu veux, et sécher sur un livre.

BOILEAU.

— *S. sur pied*, se dit Fam., dans le même sens. Par plaisant., on le dit aussi d'une fille qui ne trouve point à se marier. = SÈCHE, ÉE. part. = Conj. Voy. CÉDER.

SÉCHERESSE. s. f. [Pr. *sèche-rèse*], État, qualité de ce qui est sec. *La s. de la terre fait un grand tort aux moissons. On reconnaît l'ardeur de sa fièvre à la s. de sa langue.* — Employé absol., s'entend de l'état de l'air et du temps quand il fait trop sec. *Il fit une grande s. cette année-là. La s. a fait fendre cette boiserie.* || Fig., Défaut de sensibilité. *La s. de l'âme, du cœur.* — Se dit aussi de la froideur affectée avec laquelle on parle, on répond, on écrit. *Il lui parla avec s. Je ne m'explique pas la s. avec laquelle il m'a répondu.* || Fig., en parlant des ouvrages d'esprit, Absence des qualités qui ont pour effet de plaire, de charmer, d'émouvoir. *La s. de son style. La s. de sa conversation. La s. de ses principes. Ce traité de morale a toute la s. d'un traité de mathématiques.* || T. Peint. Se dit des contours qui manquent de moelleux, qui sont marqués durement. *Cela est peint avec s.* || T. Dévot. L'état de l'âme qui ne sent point de consolation dans les exercices de piété. *Dieu le laissa longtemps dans cette s. pour l'éprouver.*

SÉCHERIE. s. f. [Pr. *sé-cheri*]. Lieu où l'on fait sécher.

SÉCHERON. s. m. [Pr. *sé-cheron*]. Pré situé dans un lieu sec.

SÉCHEUR. adj. ou s. m. [Pr. *sé-cheur*]. *Appareil s.* ou *s.* Appareil de machines à vapeur où circule la vapeur séparée du contact de l'eau bouillante.

SÉCHOIR. s. m. [Pr. *sé-chouar*], T. Techn. Lieu où l'on suspend les toiles, les cuirs, les papiers, etc., pour les faire sécher. || Appareil employé pour faire sécher les matières humides, en faisant évaporer rapidement l'eau qu'elles contiennent. || Carré de bois où les parfumeurs font sécher leurs pastilles, leurs savonnettes, etc.

SECLIN, ch.-l. de c. (Nord), arr. de Lille; 6,000 hab.

SECOND (JEAN), poète latin hollandais, né à La Haye (1511-1536).

SECOND, ONDE. adj. ordinal. [Pr. *se-gon*] (lat. *secundus*, m. s.). Deuxième, qui est immédiatement après le premier. *Il n'est pas le premier, il n'est que le s. Tome s. Le chapitre s. En s. lieu. Une seconde fois. Convoler en secondes noces. La s. jour du mois.* — *Acheter une chose, tenir une nouvelle de la seconde main*, ou de seconde main. Voy. MAIN. || Poétiq., *Valeur, beauté sans seconde, à nulle autre seconde*, Valeur, beauté, sans égale, sans pareille.

Vx. || T. Chim. *Eau seconde*, Voy. EAU, **Pharm.** || *Seconde vue*, faculté attribuée à certaines personnes de voir les choses éloignées, non par les yeux mais par une intuition particulière. = SECOND. s. m. Se dit du second étage d'une maison. *Il loge au s.* — Les personnes qui habitent le second. *Tout le s. se mit aux fenêtres.* || T. Mus. *Faire le s. dans un duo*, la seconde partie. || En parlant de duels, on appelait autrefois *Second*, Celui qui accompagnait le principal champion et se battait contre l'homme amené par l'adversaire; aujourd'hui il se dit des simples témoins qui ne se battent pas. *Les deux seconds s'entre-tuèrent. Il me servit de s.* — Fig., Celui qui aide, qui assiste quelqu'un dans une affaire, dans un emploi. *Vous réussirez dans cette entreprise, vous avez un bon s.*

Avec de tels seconds, rien n'est pour vous douteux.

CORNEILLE.

|| T. Mar. L'officier qui est après le capitaine sur un bâtiment de commerce. *Le capitaine et le s.* = EN SECOND.

locut. adv. Qui marque subordination, infériorité, et qu'on emploie surtout en parlant d'un homme qui sert sous un autre. *Il ne tient pas la première place, il n'est qu'en s. Il n'est bon qu'en s.* || *Capitaine en s.*, Le capitaine qui doit commander au défaut du capitaine en pied. On dit dans le même sens, *Colonel, lieutenant en s.* || T. Pratiq. *Signer en s.*, se dit du notaire qui signe avec celui qui a reçu, qui a dressé l'acte. = Syn. Voy. DEUXIÈME.

SECONDAIRE. adj. 2 g. [Pr. *segon-dère*] (lat. *secundarius*, m. s). Accessoire, qui ne vient qu'en second. *Motifs, preuves, raisons secondaires.* || Qui appartient au second degré. *Enseignement s* Voy. INSTRUCTION. — Fig. et Fam., *C'est un homme fort s.*, Un homme fort médiocre. || T. Astron. *Planètes secondaires*, se dit parfois comme syn. de *Satellites.* Voy. PLANÈTE. || T. Géol. *Ère s.*, *Terrains secondaires.* Voy. plus bas. || T. Méd. Subséquent, subordonné. *Ce n'est là qu'un symptôme s. Maladie s. Fièvre, hémorrhagie s.*

Géol. — *Ère secondaire.* — Autant l'ère primaire avait été mouvementée par des éruptions formidables de roches ignées, autant l'ère s. ou *mésozoïque* fut calme; l'activité volcanique ne se manifeste en effet que tout au début et à la fin de l'ère pour rejeter à la surface quelques masses porphyriques. Les roches sédimentaires qui datent de ce moment sont beaucoup moins dures, de couleur moins sombre que les roches primaires; ce sont surtout des calcaires, des argiles et des marnes. Ce qui domine surtout dans la faune s., ce sont des Mollusques particuliers, actuellement éteints : les Ammonites et les Bélemnites et des formes reptiliennes excessivement variées dont le plus grand nombre se sont éteintes avec l'ère. Enfin, à la fin de celle-ci, apparaissent les premiers Oiseaux et les premiers Mammifères. La flore s. ne montre plus les grands Cryptogames vasculaires de l'ère précédente, mais les Gymnospermes se continuent en se multipliant et les Angiospermes apparaissent à partir du Crétacé.

On divise l'ère s. en trois grandes périodes qui correspondent aux terrains : *Trias, Jurassique* et *Crétacé.*

Fig. 1. — Les Ammonites des mers triasiques.

A. Trias. — Cette première période renferme trois étages distincts correspondant à trois époques, d'où le nom de Trias; ces deux sortes de dépôts de nuances très variées, l'une de grès, l'autre de marnes, séparés par un grand dépôt calcaire dont l'existence n'est pas constante. Ces trois étages sont, par ordre chronologique : le *grès vosgien*, le *calcaire conchylien* et les *marnes irisées.*

1º Le *grès vosgien* s'est formé sous l'influence des courants marins intenses apportant avec eux des sables fins : vers la fin de l'époque, la mer s'est retirée peu à peu de ces régions laissant des lagunes où se déposèrent des marnes, des argiles rouges et vertes, du gypse et du sel gemme. Le grès vosgien qui est la base de cet étage est composé de petits grains de quartz hyalin d'une apparence cristalline qui sont réunis par un ciment ferrugineux peu abondant, et qui, malgré cela, adhèrent presque toujours très fortement entre eux. Dans ce cas on l'exploite comme moellon et comme pierre de taille. Les couleurs les plus ordinaires de ce grès sont le rouge brique, le rouge violet, le gris jaunâtre et le blanc sale. Ces diverses couleurs forment parfois dans une même assise des zones parallèles ou bien des taches de forme irrégulière qui lui donnent un aspect bigarré. Il renferme presque toujours des galets de quartz blanc, blanc grisâtre, gris rougeâtre ou noir. Ces divers galets atteignent quelquefois la grosseur d'un œuf de pigeon et sont toujours parfaitement arrondis. Il arrive assez souvent que quelques-uns de ces cailloux quartzeux ont disparu; alors le grès offre des vides, qui lui donnent, quant ils sont nombreux, une apparence boursouflée. Le grès vosgien ne renferme que fort peu de débris organiques; on y a seulement trouvé quelques empreintes de Calamites, végétaux analogues aux Équisétacées. Les débris de coquilles ne se montrent que dans les galets enfouis dans ce terrain; ils sont donc étrangers à la formation.

Le grès bigarré qui se trouve au-dessus du grès vosgien est constitué par une agglomération de grains de quartz amorphe très petits, et réunis par un ciment argileux peu abondant. On y observe un assez grand nombre de paillettes de mica blanc jaunâtre, auxquelles le grès doit sa ténacité quand elles ne sont pas disséminées régulièrement et la texture

les maisons, enfin de l'argile très propre à la fabrication des briques et des tuiles.

Le grès bigarré qu'Élie de Beaumont considère comme provenant d'une destruction partielle du grès vosgien, se montre sur presque tout le pourtour des Vosges, sur la pente des montagnes de l'Aveyron, des Cévennes et des Pyrénées et dans diverses parties de l'Allemagne, de l'Angleterre et des États-Unis.

2° *Calcaire conchylien* — Ce terrain, appelé Muschelkalk, par les Allemands, doit son nom au grand nombre de coquilles marines qu'il contient, ou bien indique un retour de la mer sur les régions occupées par les grès précédents (Fig. 1).

Cependant les débris organiques y sont peu abondants dans certaines localités, dans la Haute-Savoie, par ex Il fait défaut en Angleterre et dans presque toute la France où on ne le rencontre que dans les Vosges, dans certains points de la Franche-Comté et dans le département du Var. Il commence par alterner dans le bas, avec le grès bigarré, tandis que dans le haut il se confond souvent avec les marnes irisées qui le

Fig 2.

schisteuse quand elles sont disposées parallèlement les unes aux autres.

On y voit souvent de petits noyaux aplatis d'argile verdâtre, qui, cédant plus facilement que le grès à l'action des agents atmosphériques, laisse à la surface de petites cavités de forme allongée. Quelquefois ses assises inférieures renferment des galets de quartz, mais toujours en petit nombre, et proviennent vraisemblablement du grès vosgien. Les couleurs du grès bigarré, passent, par nuances variées, du jaune au gris et au rouge, et sont distribuées, soit par bandes parallèles et diversement colorées, soit par zones bigarrées, soit encore par taches plus ou moins foncées. L'argile subordonnée au grès est tendre, schisteuse, et de couleur rouge, verte, brune ou grise Elle renferme souvent des paillettes de mica et passe quelquefois au grès schisteux. Ses bancs sont plus nombreux et plus puissants dans la partie supérieure du terrain que dans sa partie inférieure

Le terrain du grès bigarré, situé entre le grès vosgien et le grès conchylien, se lie très intimement à chacun de ces deux derniers par une stratification parallèle et par des transitions évidentes. Le grès bigarré fournit d'excellentes pierres de taille, des meules à aiguiser, des dalles pour paver et couvrir

recouvrent. Il se compose de couches alternatives de différentes variétés de calcaire, de dolomie et de marne. Les diverses variétés de calcaire sont en général compactes, grisâtres, verdâtres ou jaunâtres. La dolomie est tantôt cristalline à gros grains spathiques, et tantôt sublamellaire à grains fins. Elle est grisâtre, jaunâtre ou rougeâtre. La marne est schisteuse, grisâtre, jaunâtre, verdâtre ou noirâtre; ses bancs sont plus nombreux et plus puissants dans la partie supérieure du terrain que dans sa partie inférieure. Le calcaire et la marne de l'assise inférieure renferment assez souvent des rognons de silex.

3° *Marnes irisées.* — Le terrain des marnes irisées est nommé aussi terrain keuprique ou keuper; il s'est formé dans des lagunes, la mer s'étant de nouveau retirée au loin. Ce dépôt se compose de couches alternatives d'un calcaire plus ou moins marneux, de marnes, et quelquefois à sa partie supérieure, de grès renfermant des paillettes de mica grisâtre. Les marnes de ce terrain sont généralement peu schisteuses, peu effervescentes et plus ou moins friables. Leurs couleurs rouge lie de vin, gris bleuâtre, gris jaunâtre, gris verdâtre, violet et brun leur ont valu le nom de marnes irisées: ces couleurs sont souvent disposées par zones parallèles et se fondent l'une dans l'autre. Près de leur superposition au muschelkalk, on voit les marnes perdre progressivement leurs couleurs variées, devenir grises, très schisteuses, et alterner avec un calcaire marno-compact, semblable à celui de la partie supérieure du muschelkalk, tandis que près de leur contact avec le grès du lias, elles deviennent sableuses, noirâtres, schisteuses et alternent avec de minces bandes de grès.

Ces marnes forment, autour de l'angle sud-ouest des Vosges, une ceinture parallèle à celle du calcaire conchylien et du grès bigarré, et on peut les suivre depuis Luxembourg jusque vers les limites du Jura dans la Souabe, etc. Les terrains qui constituent le trias contiennent souvent des masses considérables de gypse ou pierre à plâtre ; mais elles sont surtout remarquables par les dépôts de sel gemme qu'on y rencontre dans leur partie supérieure, en Lorraine par ex. Les sources salifères du Jura, etc., jaillissent de ces assises. C'est même en raison de cette particularité que Cordier a donné à tout ce groupe le nom de *terrains salifères*.

La faune triasique comprend surtout des Échinodermes, des Brachiopodes et des Mollusques parmi les Invertébrés, des Poissons, des Amphibiens et des Reptiles parmi les Vertébrés. Parmi les Échinodermes, nous citerons les *Pentacrines*, magnifiques Crinoïdes que l'on trouve encore actuellement dans les abîmes de la mer (Voy. ABYSSES). Les Mollusques Lamellibranches sont représentés par des Moules, des Huîtres, qui apparaissent pour la première fois, des Pecten et des Limes. Le genre Cératites représente les Ammonites naissantes. Les Poissons osseux se voient pour la première fois de même que les Dinosauriens et les Mammifères ; ceux-ci appartiennent très probablement au groupe des Marsupiaux. La flore triasique ne présente rien de bien particulier ; à noter cependant le grand développement des Équisétacées.

B. *Jurassique.* — Ce terrain doit son nom aux montagnes du Jura qu'il constitue ; il s'étend considérablement en France, en Allemagne, en Angleterre et dans toutes les contrées du globe, reposant en stratification discordante sur les dépôts qu'il recouvre, sur le trias près de Saint-Amand, sur le calcaire carbonifère dans le bas Boulonnais, etc. Les nombreuses assises de cet immense terrain sont partout concordantes, ce qui semble annoncer que l'Europe a joui d'une longue période de calme à l'époque de leur formation. Cependant, pour en faciliter l'étude, on peut diviser cet ensemble en trois systèmes que l'on partage ensuite en plusieurs étages : l'Infra-Jurassique, le médio-Jurassique et le supra-Jurassique.

1° *L'Infra-Jurassique* ou *Jurassique inférieur* est encore appelé *Jura noir* à cause de la teinte dominante de ses roches. Il correspond à une extension des mers dans le bassin parisien ; tout d'abord des courants rapides amenèrent des sables que se consolidèrent en grès ; c'est l'*Infra-Lias*.

Ce grès est composé de grains de quartz très fins, argilo-siliceux très peu abondant. Ses couleurs sont le gris blanchâtre, le gris jaunâtre, le gris rougeâtre, et presque toujours il renferme quelques paillettes de mica blanchâtre. Près de son contact avec les marnes irisées, le grès devient schisteux ; son ciment est plus abondant et plus argileux. D'autre part, près de la superposition du calcaire à Gryphées, il offre un ciment calcaire cristallin, passe peu à peu au calcaire compact, et empâte beaucoup de fossiles à l'étage moyen du lias.

Les grès liasiques renferment différents dépôts métallifères, comme l'oxyde de manganèse en Bourgogne et en Périgord, et l'oxyde vert de chrome près d'Autun. Dans certaines localités, ces grès sont remplacés par des calcaires de diverses sortes, qui sont parfois pétris de coquilles brisées et constituent des lumachelles plus ou moins solides ; ailleurs ils sont entremêlés avec des marnes bleuâtres qui finissent aussi par dominer çà et là. Le grès du lias est exploité comme moellon,

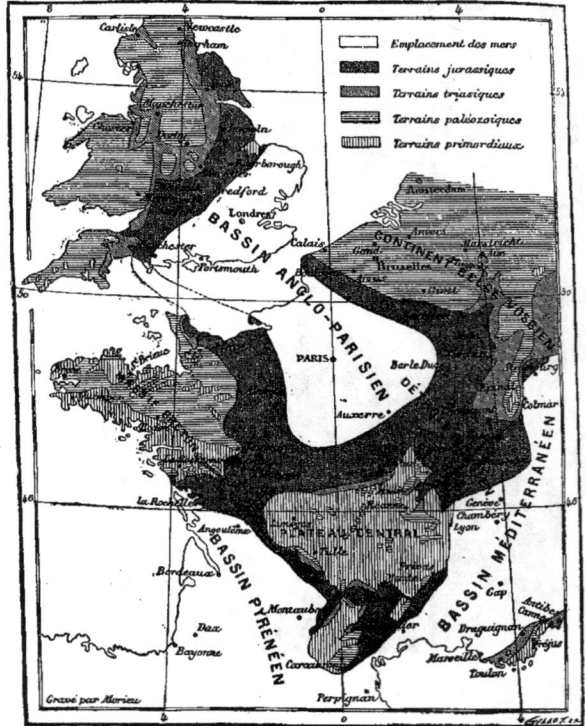

Fig. 3.

comme pierre de taille, et pour la construction des creusets des hauts fourneaux.

Peu à peu les courants de l'Infra-Lias devinrent moins rapides ; un régime calme s'établit et alors se déposèrent les calcaires et les marnes qui constituent l'étage du *Lias*. Ce calcaire est généralement compact, d'un gris bleuâtre, à cassure *esquilleuse*, parsemé de lamelles spathiques. Il empâte presque constamment des *Gryphées arquées*, circonstance qui lui a fait donner le nom de *Calcaire à Gryphées* ou à *Gryphites* ; quelquefois cependant on le nomme *Lias proprement dit*. Ce calcaire est parfois marneux, de couleur grisâtre ou jaunâtre, à cassure inégale et même terreuse ; dans d'autres cas, il ressemble à une lumachelle. Les bancs du calcaire à Gryphites, dont l'épaisseur est toujours assez faible, sont constamment séparés par une couche de marne schisteuse jaunâtre, dont la puissance est en général d'autant plus grande, que le calcaire est plus voisin de l'étage supérieur, tandis que, près du contact de l'étage inférieur, la marne s'amincit, devient sableuse et passe au grès. Le calcaire à Gryphées est exploité comme pierre de taille, il fournit aussi une excellente chaux maigre. Enfin, dans la partie supérieure du lias se trouvent des *Calcaires à Bélemnites*, renfermant peu ou point de Gryphées, comme dans le Vivarais et la plus grande partie des Cévennes, ou des *marnes* qui déjà renferment des *Oolithes ferrugineuses*, et se lient ainsi avec le système oolithique.

Chaque étage de l'Infra-Jurassique se distingue par quelques fossiles particuliers. L'inférieur est caractérisé par la présence du *Pecten lugdunensis*, et de plusieurs espèces d'Échinides appartenant au genre Diadème. Le calcaire à Gryphites se distingue principalement par l'abondance de la *Gryphée arquée*, par l'Ammonite de Buckland, la Plicatule épineuse, le Plagiostome géant, et le Spirifère de Walcot, dont chacun représentant de sa race. L'étage supérieur présente plus particulièrement un grand nombre de Bélemnites, qui font dans le lias leur première apparition. On y trouve aussi l'Ammonite

par une série de couches calcaires présentant souvent la structure *oolithique*, c.-à-d. qu'elles sont composées d'une multitude de petits grains semblables à des œufs de Poisson. renfermant un petit noyau plus dur autour duquel les couches calcaires se sont accumulées. On peut partager cette série en deux groupes : le Bajocien et le Bathonien.

Le *Bajocien* par lequel commence la série, présente d'abord des couches marneuses entremêlées de sable, puis des couches d'oolithe ferrugineuse, et des bancs, souvent très épais, de calcaires compacts empâtant des oolithes très fines, des argiles plus ou moins pures. Le premier de ces dépôts marneux se lie avec les marnes du lias ; mais il renferme une nouvelle espèce de Gryphée très caractéristique qui ne se trouve pas dans les couches précédentes, c'est la *Gryphæa cymbium*. Au-dessus se trouve l'oolithe blanche, constituée par un calcaire marno-compact grisâtre reposant sur un calcaire marneux de couleur jaunâtre, schisteux et veiné de spath

Fig. 4.

de Walcot, l'Avicule à valves inégales, et diverses coquilles du genre Trigonie, qui paraissent exister dans toutes les assises du dépôt.

Jusqu'à l'époque du lias, la terre n'était guère habitée que par des êtres inférieurs, animaux et plantes ; mais, pendant la période que nous étudions, cet état de choses a changé : il a été créé une nouvelle faune des plus remarquables, caractérisée surtout par ces singuliers Sauriens à formes bizarres et à taille gigantesque, dont l'ostéologie rappelle à la fois les Lézards, les Crocodiles, les Poissons et les Mammifères, et dont les pieds, en forme de rames, annoncent une vie tout aquatique : tels sont les Ichtyosaures, les Plésiosaures, les Mégalosaures, les Ptérodactyles, etc. (Fig. 2. — Scène de la vie jurassique, Ichtyosaure, Plésiosaure, Ptérodactyle). — Le lias offre déjà quelques fruits de Palmiers ; mais la plupart de ses débris végétaux appartiennent encore à diverses espèces de Fougères et surtout aux Cycadées. On rapporte aux Conifères les dépôts charbonneux qu'on trouve en différents lieux dans les assises supérieures, et qui sont en quelque sorte intermédiaires entre la houille et les lignites. Enfin, le lias renferme du gypse exploité dans les Cévennes ; des dépôts salifères, exploités à Bex en Suisse ; et des dolomies, dans le voisinage des roches ignées. Dans les points où le grès passe à l'arkose, les calcaires qui le recouvrent renferment souvent des dépôts métallifères soit de fer, soit de plomb, etc.

2° Le *Médio-Jurassique* ou *Jura brun* est caractérisé

calcaire. Il existe dans cette assise un banc de calcaire oolithique dont la pâte argilo-calcaire et les oolithes miliaires sont plus ou moins ferrugineuses, et qu'on exploite comme minerai de fer dans plusieurs localités. Le *Bathonien*, qui fait suite à l'oolithe blanche, est un calcaire grenu remplacé en Angleterre par la terre à foulon (*Fuller's-Earth*). Plus haut vient un dépôt de grosses oolithes lisses, parfaitement sphériques, à couches concentriques, agglomérées par un ciment marno-compact peu abondant, comprenant une couche intermédiaire constituée par des alternatives de calcaires compacts ou marneux et des marnes : c'est le *great Oolithe* des Anglais ; c'est l'oolithe miliaire ou la pierre de Caen des Français. Ce dépôt est recouvert par des calcaires compacts de couleur jaunâtre ou rougeâtre à cassure conchoïde, appelés *Forest-marble* par les géologues anglais. Enfin, au-dessus encore, on rencontre le sous-groupe que les Anglais nomment *Corn-brash*, et qui est constitué par des calcaires oolithiques compacts et marno-compacts.

3° Le *Supra-Jurassique* ou *Jura blanc* se subdivise en plusieurs étages dont les principaux sont l'Oxfordien, le Corallien et le Portlandien. L'*Oxfordien* offre d'abord une couche d'argile grisâtre ou bleuâtre, dont la puissance atteint quelquefois 200 mètres, et qu'on appelle *Argile d'Oxford*, parce qu'elle forme le sol des environs de cette ville, d'où vient aussi le nom *oxfordien*. Au-dessus se trouvent des sables et des calcaires terreux ou compacts, plus ou moins oolithiques et souvent ferrugineux C'est dans ce groupe que se présentent les dépôts de fer oolithique qu'on exploite dans la Bourgogne, la Franche-Comté, la Lorraine, etc. Dans les étages supérieurs, on trouve des boules siliceuses auxquelles on donne le nom de *Chailles* en Franche-Comté. Ce sont des géodes composées d'une enveloppe extérieure de silex grenu de couleur grisâtre, et d'une seconde enveloppe concentrique d'argile siliceuse plus ou moins durcie Leur centre est occupé soit par un corps organique à l'état quartzeux, soit par un noyau d'argile siliceuse très friable. A côté des chailles

qu'ils s'élèvent, à l'état marno-compact ou même à l'état marneux.

Le *Portlandien* commence par de puissants dépôts d'argile nommée *Argile de Kimmeridge*, qui sont très répandus, et au-dessus desquels le terrain jurassique se termine par les *Calcaires de Portland*. Ces calcaires se composent de couches alternatives de calcaires compacts, marneux, sableux et oolithiques On rapporte à ce groupe la pierre lithographique de Solenhofen en Bavière, pierre dans laquelle on a trouvé une immense quantité de fossiles, Plantes, Insectes, Poissons,

Fig. 5.

se rangent encore des boules de calcaire compacte argilo-siliceux, qu'on nomme *Sphérites*.

Le *Corallien* est presque entièrement calcaire; il se partage en plusieurs assises épaisses, reconnaissables à leur structure particulière. L'assise inférieure se compose d'alternatives de calcaires compacts et marneux, grisâtres ou jaunâtres, caractérisés par la présence de Polypiers qui ont la structure saccharoïde ou qui sont passés à l'état siliceux : c'est le *Coral-rag* des Anglais. — Les couches suivantes sont, les unes formées de calcaires oolithiques, renfermant des oolithes souvent très grosses et de forme irrégulière; les autres constituées par des calcaires compacts qui passent, à mesure

Reptiles, et l'Oiseau-reptile connu sous le nom d'*Archæopteryx*.

Les argiles des deux groupes précédents renferment quelques petits amas de matières combustibles, en général remplies de pyrites, et qui paraissent principalement formées de Conifères.

Les terrains jurassiques forment sur la carte géologique de la France une sorte de huit dont la boucle supérieure limitait un immense golfe, le bassin anglo-parisien et la boucle supérieure, le massif central (Fig. 3. — La France et l'Angleterre à la fin de l'époque jurassique). Au sud de ce massif étaient deux bassins Méditerranéens : le bassin d'Aquitaine et le bassin du Rhône qui communiquaient avec le golfe anglo-parisien par deux détroits; à l'ouest le détroit du Poitou, entre le massif armoricain et le massif central, sera définitivement fermé à la fin du jurassique; à l'est, le détroit de la Côte-d'Or entre les Vosges et le massif central sera envahi par de nombreux récifs coralliaires qui se retirent de plus en plus vers le sud au fur et à mesure que le bassin de Paris se refroidit.

La faune jurassique est excessivement riche et il est impossible de décrire dans cet article tous les types caractéristiques. (Fig. 4. — La nature animée à la fin de la période jurassique. Marsupiaux, Iguanodon, Ptérodactyles au milieu des Fougères). Les Pentacrines et les Oursins pullulent littéralement et forment, avec les Polypiers, de puissants récifs, ce qui indique encore un climat très chaud. Les Mollusques nous présentent l'apogée des Ammonites et des Bélemnites. Parmi les Vertébrés, nous citerons surtout les genres Ptérodactyle, Plesiosaure, Ichtyosaure, Brontosaure, Atlantosaure, etc., reptiles qui furent les maîtres de tous les milieux animés: les mers, les terres et les airs, à l'époque jurassique. Les Mammifères augmentent d'espèces qui appartiennent exclusivement au type marsupial. Enfin les Oiseaux apparaissent par un type mi-partie oiseau, mi-partie reptile, l'Archæopteryx. La flore jurassique comprend surtout des Fougères, des Cycadées et des Conifères.

C. *Crétacé.* — Sur les terrains jurassiques reposent d'immenses dépôts crétacés que sépare en deux époques un grand mouvement de la mer dans le nord de la France; ce sont *l'infra-crétacé* et le *supra-crétacé*

a. L'*Infra-crétacé* se subdivise lui-même en deux étages : 1° le *Néocomien* est constitué par des marnes, puis par des calcaires jaunâtres plus ou moins grossiers au-dessus desquels on voit des argiles grises surmontées, dans quelques localités, par des argiles et des sables bigarrés de nuances variées et par des amas de minerais de fer, et, dans d'autres lieux, par de puissants dépôts de calcaire compact ou terreux, blanchâtre ou coloré. Le terrain néocomien peut s'observer dans la Champagne, la Picardie, le Boulonnais (sables et argiles bigarrés); dans la Haute-Marne et l'Aube (minerais de fer oolithiques); dans les parties méridionales de la Bourgogne et de la Franche-Comté, ainsi que dans le Languedoc, les Dauphiné et la Provence (calcaire des assises supérieures).

2° Le *Gault* renferme des sables blancs et jaunâtres souvent très ferrugineux, auxquels sont subordonnés des amas calcaires; d'autres sables remplis de petits grains verts très abondants; des couches calcaires, des marnes bleues ou *Gault* des Anglais, des argiles, des grès calcarifères plus ou moins solides, remplis aussi de grains verts. Ces couches succèdent à celles du terrain néocomien, et paraissent même, dans l'Aube, suivant les observations de Leymerie, se trouver avec ces dernières en stratification discordante sur quelques points.

b. Le *supra-crétacé* commence avec le retour de la mer dans le bassin de Paris par le dépôt de la craie glauconieuse, craie mélangée de grains verts de glauconie qui, très nombreux à la base, diminuent ensuite successivement : telle est la composition de l'étage appelé *Cénomanien*.

L'étage suivant porte le nom de *Turonien*; il est formé de craie pure, de calcaire argileux et sableux dont l'ensemble prend le nom de *Craie tuffeau*. La craie ainsi nommée fournit une pierre qui est d'abord très tendre, mais qui se durcit à l'air et peut servir aux constructions. Elle forme la base des falaises de la Manche à Dieppe et au Tréport ; on la rencontre également dans les vallées de l'Indre, du Cher et du Loir.

La craie marneuse du Turonien est recouverte par la *Craie blanche* ou *Craie graphique*, qui renferme un grand nombre de rognons de silex *pyromaque*, ordinairement disposés par bandes placées à des distances peu considérables les unes au-dessus des autres. Cependant nous devons ajouter que ce caractère, quoique très commun, manque dans certaines localités. La craie renferme quelquefois beaucoup de sable (*Craie sableuse*). Dans plusieurs lieux, elle se trouve même remplacée par des grès. Elle peut aussi prendre le caractère oolithique, ou faire place à des calcaires compacts assez solides pour fournir de bonnes pierres de construction.

La craie blanche forme l'étage *Sénonien*; on la trouve par ex. à Meudon, près de Paris, dans toute la Champagne pouilleuse, enfin sur la côte de la Manche du Havre au Tréport où sa destruction met en liberté les cordons de silex qui couvrent les plages de ces régions.

A la fin du Jurassique, les détroits du Poitou et de la Côte-d'Or furent complètement fermés, la mer s'était retirée vers le nord, le bassin de Paris formait une petite Méditerranée.

Dans le courant du Crétacé, la mer revint sur ses pas et recouvrit de ses dépôts certaines régions du Jurassique; même à l'époque Cénomanienne, cette transgression de la mer fut si prononcée que le détroit du Poitou fut recouvert par les eaux et fit de nouveau communiquer le bassin de Paris avec celui d'Aquitaine. Par contre, aucune de ces transgressions ne se produisit dans les mers méridionales. Aussi les fossiles et les dépôts sont-ils un peu différents dans le nord et dans le midi de la France.

La faune crétacée est surtout remarquable par les immenses quantités de Protozoaires dont les coquilles ont formé la craie (Voy. Foraminifères, fig. 4), par les bancs d'Oursins et de Lamellibranches Rudistes, surtout, qui formaient de véritables récifs, par l'apparition des Téléostéens, des Batraciens urodèles et des Ophidiens, enfin par des espèces d'Oiseaux (Hesperornis, Ichtyornis) pourvus de dents à leur mâchoire. Dans la flore jurassique, nous signalerons seulement l'apparition des Angiospermes avec les Palmiers, Bambous, Saule, Peuplier, Hêtre, Platane, Figuier, etc. L'étude de cette flore nous montre que les saisons et les climats s'établissent à partir de l'époque crétacée (Fig. 5. — Paysage de la période crétacée).

SECONDAIREMENT. adv. [Pr. *segon-dèreman*]. D'une manière secondaire, accessoirement.

SECONDE. s. f. [Pr. *se-gonde*]. La classe qui précède la rhétorique. *Un écolier de s. Professeur de s. Monter de troisième en s.* — Par ext., se dit des élèves qui suivent cette classe et du lieu où elle se tient. || T. Astron. et Géom. La 60ᵉ partie d'une minute, dans la division du temps; et la 60ᵉ partie de la minute d'un degré, dans la division de la circonférence. *Montre à secondes. Tant d'heures, tant de minutes, tant de secondes.* || T. Mus. *Intervalle de s.,* ou simplement, *Seconde.* Intervalle de deux notes qui se suivent dans la gamme. Voy. Intervalle. || T. Escr. *Estocade de s.,* ou simpl., *Seconde.* Voy. Escrime.

SECONDEMENT. adv. [Pr. *segon-deman*]. En second lieu. *Je vous dirai premièrement que..., secondement que...*

SECONDER. v. a. [Pr. *segon-der*] (lat. *secundare*, m. s., de *secundus*, second, propr., suivre en second). Aider, favoriser, servir quelqu'un dans un travail, dans une affaire. *S. les vœux, les désirs, les bonnes intentions de quelqu'un. Il a été bien secondé. Si vous entreprenez cela, je vous seconderai.* || T. Jeu de paume. Servir du second dans une partie. *Prenez ce joueur-là, il vous secondera bien.* = Secondé, ée, part.

SECONDIGNY. ch.-l. de c. (Deux-Sèvres), arr. de Parthenay; 2,600 hab.

SECONDINE. s. f. [Pr. *secon-dine*] (lt. *second*). T. Bot. Nom donné au tégument externe de l'ovule.

SECONDINES. s. f. pl. (lat. *secundinæ*, m. s., de *secundus*, second). T. Anat. Syn. d'*Arrière-faix*.

SECOUADE. s. f. (R. *secouer*). Réprimande un peu vive. Fam.

SECOUEMENT. s. m. [Pr. *se-kou-man*]. Voy. Secoûement.

SECOUER. v. a. (lat, *succutere*, m. s. de *sub*, sous, et d'un rad. *cutere*, frapper). Remuer quelque chose fortement et à plusieurs reprises, en sorte que toutes les parties en soient ébranlées. *S. un arbre pour en faire tomber les fruits. S. un manteau, un tapis, une robe, pour en ôter la poussière.* — *S. la poussière d'un habit, de dessus un habit,* S. un habit pour en faire tomber la poussière. On dit de même, *S. la poussière de ses pieds, de ses souliers,* et Fig., S. *la poussière de ses pieds contre quelqu'un, contre quelque chose,* le quitter avec indignation. || *S. les puces à quelqu'un,* le battre, le gronder. || S. *la tête,* Faire un mouvement de la tête, pour refuser quelque chose ou pour en marquer de quelqu'un. Fig. et proverb.. *S. les oreilles,* Voy. Oreille. || Fig. et fam., *Cette maladie, cette fièvre l'a bien secoué,* Elle l'a bien fatigué. || Se défaire d'une chose par un mouvement violent. *Ce taureau a secoué le joug.* — Fig., S. *le joug,* S'affranchir de la domination, se mettre en liberté. S. *le joug de la tyrannie.* On dit encore, S. *le joug des passions,* S. *les préjugés,* Dompter ses passions, Se défaire de ses préjugés. = se Secouer. v. pron. Se remuer fortement pour faire tomber une chose qui incommode. *Un oiseau qui se secoue. Les chiens se secouent quand ils sont mouillés.* || Fig. et fam., *Il faut se s.* se dit A une personne à qui l'exercice est nécessaire, ou, au sens moral, Il faut agir, faire des démarches. = Secoué, ée. part. = Conj. Voy. Jouer.

SECOUEUR. s. m. Instrument pour rompre les moules après que le métal a été coulé. = Secoueur, euse. s. Ouvrier, ouvrière qui secoue.

SECOÛMENT ou **SECOUEMENT.** s. m. Action de secouer. *Il répondit par un s. de tête.* Peu usité.

SECOURABLE. adj. 2 g. Qui aime à secourir les autres, à les soulager dans leurs besoins. *C'est un homme fort s. Il est s. à tout le monde. Tendre une main s.* || Qui peut être secouru. *Cette place n'est plus s. Elle n'est s. que par mer.* Qui est digne ou capable de recevoir un secours.

SECOUREUR, EUSE adj. Qui secourt.

SECOURIR. v. a. (lat. *succurere,* m. s., de *sub,* sous, et *currere,* courir) Porter aide, assistance à qui en a besoin. *S. puissamment, promptement. S. quelqu'un dans la nécessité. S. un État, un prince, un peuple. Cette place ne peut être secourue que par mer.*

    Ou qu'un beau désespoir alors le secourût.
                         Corneille.

Ce malade a été secouru à temps. = Secouru, ue. part. = Conj. Voy. Courir. = Syn. Voy. Aider.

SECOURS. s. m. [Pr. se-kour] (lat. *succursum,* m. s., de *succurrere,* secourir). Aide, assistance dans le besoin, dans le danger. *Grand, faible, puissant s. S. prompt, lent, tardif, nécessaire. S. d'argent. S. d'hommes. Prêter, donner s., du s. Refuser, obtenir, apporter du s. Appeler quelqu'un à son s. Il a péri faute de s. Venez à mon s.,* ou simpl. *A mon s.! au s.! Crier au s.* || Dans un sens particul., se dit des troupes qu'on envoie ou qui viennent secourir ceux qui sont trop faibles pour résister à des ennemis. *S. étranger. S. de France. S. par terre, par mer. Demander, envoyer du s. Le s. arriva au moment de la bataille. Le s. ne parvint pas à entrer dans la place. — Porte de s.,* La porte d'une citadelle qui donne dans la campagne, et par laquelle on peut recevoir des secours ou se retirer. — *Sociétés de s. mutuels.* Voy. plus bas.

Législ. — Les *Sociétés de secours mutuels* sont des associations de prévoyance qui se proposent d'atteindre un ou plusieurs des buts suivants : assurer à leurs membres participants et à leurs familles des secours en cas de maladie, blessures ou infirmités, leur constituer des pensions de retraites, contracter à leur profit des assurances individuelles ou collectives en cas de vie, de décès ou d'accidents, pourvoir aux frais des funérailles et allouer des secours aux ascendants, aux veufs, veuves ou orphelins des membres participants décédés. Elles peuvent en outre, accessoirement, créer au profit de leurs membres des cours professionnels, des offices gratuits de placement et accorder des allocations en cas de chômage. Elles se composent presque toujours de membres *honoraires* et de membres *participants.* La première dénomination s'applique aux personnes qui, par leurs libéralités, contribuent à la prospérité de l'institution sans participer à ses avantages; et la seconde à ceux qui jouissent des avantages pécuniaires ou autres que la société assure à ses membres. Les femmes peuvent faire partie des sociétés et en créer. Un mois avant le fonctionnement d'une société de secours mutuels, les fondateurs doivent déposer, à la sous-préfecture de l'arrondissement ou à la préfecture du département, les statuts et la liste des noms et adresses des administrateurs ou directeurs provisoires. Il peut être formé entre les sociétés de secours mutuels des *unions,* ayant notamment pour but l'institution de pharmacies ou l'organisation du service de placements gratuits à l'usage de leurs membres. Ces sociétés se divisent en trois catégories, les sociétés *libres,* les sociétés *approuvées,* et les sociétés *reconnues.* — Par *société libre,* on entend toute association ayant simplement fait le dépôt préalable de ses statuts sans les avoir soumis à l'approbation ministérielle. Les sociétés libres peuvent recevoir et employer les sommes versées par leurs membres et généralement faire tous actes d'administration. Elles peuvent posséder des objets mobiliers,

prendre des immeubles à bail pour l'installation de leurs divers services. Mais elles ne peuvent acquérir, sous quelque forme que ce soit, des immeubles, en dehors de ceux qui sont affectés à leurs services. Elles ont la capacité de recevoir des dons et legs mobiliers, avec la simple autorisation du préfet. Elles peuvent également recevoir des dons et legs immobiliers — Les sociétés de secours mutuels qui ont fait *approuver* leurs statuts par arrêté ministériel, ont tous les droits accordés aux sociétés libres et jouissent en outre, des avantages que nous allons énumérer. Elles peuvent, sous réserve de l'autorisation du Conseil d'État, recevoir des dons et legs immobiliers. Elles sont admises à verser à la Caisse des dépôts et consignations des capitaux qui portent intérêts à un taux égal à celui de la caisse nationale des retraites pour la vieillesse, soit 3 1/2 p. 100; ce taux est d'ailleurs majoré, à raison de 1 pour 100, à titre de bonification, au moyen d'un crédit inscrit chaque année au budget de l'État. La commune est tenue de leur fournir gratuitement un local pour leurs réunions, ainsi que les livres et registres de comptabilité. Tous les actes qui les concernent sont exempts des droits de timbre et d'enregistrement. Dans les villes où il existe un droit municipal sur les convois, elles n'en payent que le tiers. Les placements des sociétés approuvées doivent être effectués en dépôt aux caisses d'épargne, à la Caisse des dépôts et consignations, en rentes sur l'État, bons du Trésor, ou autres valeurs créées ou garanties par l'État, en obligations des départements et des communes, du Crédit foncier de France ou des compagnies de chemins de fer, qui ont une garantie d'intérêts de l'État. Ces sociétés peuvent, en outre, posséder et acquérir des immeubles jusqu'à concurrence des trois quarts de leur avoir, les vendre et les échanger. — Les *sociétés reconnues* sont celles qui, par décret rendu dans la forme des règlements d'administration, ont été déclarées établissements d'utilité publique. Ces sociétés jouissent des avantages accordés aux sociétés approuvées. Leur régime, au point de vue de la propriété immobilière, est déterminé par le décret de reconnaissance légale. — Un Conseil supérieur des sociétés de secours mutuels fonctionne auprès du ministre de l'intérieur. Ce conseil est composé de 36 membres parmi lesquels figurent des députés, des sénateurs, des conseillers d'État, des fonctionnaires du Ministère des finances, 18 représentants des sociétés de secours mutuels dont 6 appartenant aux sociétés libres, des délégués des Ministères de l'intérieur, de l'agriculture, du commerce. Sept membres nommés par le Ministre de l'intérieur constituent la section permanente du Conseil supérieur. Ledit Conseil donne son avis sur toutes les dispositions réglementaires qui concernent le fonctionnement des sociétés de secours mutuels et notamment sur le mode de répartition des subventions et secours qui leur sont alloués pour le service des pensions de retraite. — Les sociétés de secours mutuels sont actuellement régies par la loi du 1er avril 1898, qui a abrogé la législation antérieure contenue dans la loi du 15 juillet 1850 et les décrets des 14 juin 1851 et 26 mars 1852. Jusqu'en 1898, les sociétés de secours mutuels libres n'exigeaient pas légalement : l'autorisation administrative était exigée. Sous le régime de la loi nouvelle, les sociétés de secours mutuels sont simplement astreintes à une déclaration préalable. D'après la statistique publiée en 1899 par le Ministère du commerce, les sociétés de secours mutuels existant au 31 décembre 1896 étaient au nombre de 10,960; elles comptaient 1,736,208 membres; leur actif s'élevait à 248,610,677 francs.

SECOUSSE. s. f. [Pr. se-kou-se] (R. *secous,* anc. part. de *secour*). Ébranlement de ce qui est secoué. *Rude, violente s. Il est tombé après deux ou trois secousses. Les secousses de ce tremblement de terre ont été très violentes.* || Fig., se dit des atteintes portées à la santé, à la fortune, au crédit. *à l'ordre établi dans un État, etc. Son accès de goutte est passé; mais il a essuyé une furieuse s. Il a reçu de terribles secousses de la fortune. Le crédit public a résisté à toutes les secousses. Les secousses politiques qui agitent les États.*

SECRET, ÈTE. adj. [Pr. se-krè, ète. On a prononcé se-grè jusqu'au milieu du XIXe siècle] (lat. *secretus,* m. s., de *secernere,* mettre à part, de se, préf. sépar., et *cernere,* distinguer). Que l'on tient caché, dont on dérobe la connaissance. *Affaire, résolution, entrevue, négociation secrète. Traité s. Mariage s. Une passion secrète. Un sentiment s.*

    Vos moindres discours ont des grâces secrètes.
                         Racine.

Cette action restera secrète. Des dépenses secrètes. — *Fonds secrets,* Les fonds destinés à payer certaines dépenses de police, et dont l'emploi n'est pas soumis au contrôle des chambres. — *Maladie secrète,* Maladie contagieuse des parties génitales. Voy. CHANCRE, BLENNORRHAGIE, SYPHILIS. — *Sciences secrètes,* syn. de Sciences occultes. — *Escalier s., Porte secrète,* syn. d'Escalier dérobé, porte dérobée. ‖ En parl. des personnes, sign. Qui sait se taire et tenir une chose secrète. *C'est un homme à qui vous pouvez tout confier, il est fort s. Vous n'êtes guère s., vous redites tout.* ‖ *Partie secrète,* se dit d'une personne qui agit, qui sollicite contre une autre, soit dans un procès, soit dans une autre affaire, et qui ne veut point paraître. *C'est sa partie secrète.* On dit de même, *C'est son ennemi s.* ‖ *Comité s.* Voy. Co-MITÉ. *Conseil s. du roi.* Voy. CONSEIL D'ÉTAT. ‖ T. Chasse. *Chien s.,* qui suit la piste sans donner de la voix.

SECRET. s. m. [Pr. *se-krè.* On a dit *se-grè* jusque vers le milieu du XIXᵉ siècle] (R. *secret,* adj.). Ce qu'on ne doit dire à personne, ce qui est tenu caché. *Confier, garder, découvrir, deviner, révéler, dévoiler, trahir, publier, laisser échapper un s. Entrer, pénétrer dans les secrets de quelqu'un. Ce s. commence à transpirer. Je n'ai point de s. pour vous. Les secrets d'État. Le s. des consciences.* — *Être du s., être dans le s.,* Avoir part à quelque résolution, à quelque dessein caché, à quelque délibération où peu de gens sont admis. *Avoir le s. de quelqu'un,* Savoir son s. Fam.,

> L'amour le plus discret
> Laisse par quelque marque échapper son secret.
>   RACINE.

C'est mon s., se dit pour refuser de donner connaissance d'une chose. *C'est le s. de la comédie,* se dit d'une chose qui est connue de tout le monde, et dont quelqu'un veut faire un s. On dit de même, *C'est le s. de Polichinelle.* ‖ Discrétion, silence sur une chose confiée. *Je vous demande le s. Comptez sur le s. Cette affaire a été traitée avec le plus grand s., dans le plus grand s. Sous le sceau du s. Je vous dis cela dans le s., sous le s., en grand s., dans le dernier s., Je vous le confie, à condition de ne le révéler à personne.* ‖ Dans les sciences, dans les arts, Moyen, procédé connu d'une seule personne ou de peu de personnes pour faire de certaines choses, pour produire de certains effets. *S. pour guérir la goutte. Donner, communiquer, vendre, acheter un s.* — Fig., se dit des moyens qu'on met en usage pour venir à bout de quelque chose, pour y réussir. *Le s. de plaire, de parvenir, de s'enrichir. Le s. de l'art d'écrire, de l'art de régner, de l'art de la guerre, de la politique,* etc., La partie la plus difficile et la plus essentielle de l'art d'écrire, etc. ‖ T. Techn. Se dit de certains ressorts particuliers qui servent à divers usages. *On ne peut ouvrir ce coffre-fort, si l'on n'en sait le s. Serrure à s.* — Se dit encore d'une cache pratiquée dans un coffre-fort, dans un secrétaire, dans un cabinet. *L'endroit caché d'un brûlot contenant ce qui doit le faire éclater.* ‖ Dans les prisons, Un lieu séparé où l'on enferme le prisonnier pour qu'il ne communique avec personne. *Mettre, tenir un prisonnier au s. Il a été vingt jours au s.* — En SECRET, loc. adv. En particulier, sans témoin. *Je lui ai parlé en s. Ils se voient en s.* ‖ Au sens moral, d'une manière secrète, cachée. *Il feint de l'aimer, mais en s. il le déteste.*

SECRÉTAGE. s. m. T. Techn. Action de secréter les peaux. Voy. CHAPELLERIE.

SECRÉTAIRE. s. m. [Pr. *se-kré-tère.* La pron. anc. *se-gré-tère* s'est conservée jusque vers le milieu du XIXᵉ siècle] (bas lat. *secretarius,* de *secretum,* secret). Celui dont l'emploi consiste à faire et à écrire des lettres, des dépêches, etc., pour une personne à laquelle il est attaché. *Il m'a fait écrire par son s. S. particulier, S. intime. Le s. d'un magistrat, d'un ambassadeur.* ‖ Celui qui rédige par écrit les délibérations d'une assemblée. *S. du sénat, de la chambre des députés. S. d'une compagnie, d'une académie. Le s. perpétuel de l'Académie française.* ‖ *S. d'ambassade, de légation,* Celui qui est nommé par le chef de l'État pour faire et écrire les dépêches de l'ambassade, de la légation. — *S. des commandements.* Voy. COMMANDEMENT. — *S. d'État.* Voy. Ministère. *S. général des ministères,* etc., Fonctionnaire supérieur qui a principalement le soin de garder les archives, d'entretenir la correspondance, de contre-signer et d'expédier les actes administratifs, etc. *S. général de préfecture.* Voy.

DÉPARTEMENT. — *S. d'une mairie,* Celui qui est chargé de tenir les registres de la mairie et d'en donner des extraits. On dit également dans les places de guerre, *S. de place;* et au Palais, *S. du parquet.* — Autrefois, on appelait Secrétaires du roi, Les officiers qui dressaient les lettres expédiées en chancellerie. *La charge de s. du roi anoblissait. S. d'acajou, de noyer. S. à cylindre. Forcer un s.* ‖ T. Ornith. Genre de Rapaces diurnes. Voy. MESSAGER.

SECRÉTAIRERIE. s. f. [Pr. *sekré-reri;* anc. *se-gré...*]. Lieu où les secrétaires d'un vice-roi, d'un gouverneur, etc., font et délivrent leurs expéditions, et où ils gardent les minutes. *Aller à la s.* ‖ Bureau des secrétaires d'une ambassade et de leurs employés.

SECRÉTARIAT. s. m. [Pr. *sekré-taria;* anc. *se-gré...*]. Emploi, fonction de secrétaire; Le temps durant lequel on l'exerce. *Il est peu propre au s. Ce s. vaut tant. Pendant son s.* ‖ Le lieu où le secrétaire d'une administration, d'une compagnie, d'un ambassadeur, etc., fait et délivre ses expéditions, et conserve ses registres, les archives dont la tenue et la garde lui sont confiées. *Le s. de l'ambassade. Le s. de l'Institut. Le s. de l'archevêché. Les bureaux du s. Passer au s.*

SECRÈTE. s. f. [Pr. *se-krète;* anc. *se-grète*]. T. Liturg. Oraison que le prêtre dit tout bas, avant la préface. Voy. MESSE.

SECRÈTEMENT. adv. [Pr. *sekrè-teman;* anc. *se-grèteman*]. En secret, d'une manière secrète, sans être aperçu. *Il le fit avertir s. Il en était s. jaloux. Il se glissa s. dans la chambre.*

SECRÉTER. v. a. [Pr. *se-kréter;* anc. *se-gréter*] (R. *secret*). T. Techn. Feutrer les peaux avec une préparation (mercure dissous dans l'acide nitrique), qu'on tenait autrefois secrète, dans la fabrication des chapeaux. — SECRÉTÉ, ÉE. part. = Voy. CHAPELLERIE.

SÉCRÉTER. v. a. [Pr. *sé-kréter*] (lat. *secernere,* séparer, de *se,* préf. sép., et *cernere,* distinguer). T. Physiol. Opérer la sécrétion. *Le foie sécrète la bile.* ‖ SÉCRÉTÉ, ÉE. part. = Conj. Voy. CÉDER.

SÉCRÉTEUR, TRICE. adj. [Pr. *sé-kréteur*]. Qui opère la sécrétion. *Les organes sécréteurs. Tissu s.*

SÉCRÉTION. s. f. [Pr. *sékré-sion*] (lat. *secretio,* m. s., de *secernere,* séparer). T. Physiol. La s. est le résultat du fonctionnement d'organes spéciaux appelés *glandes,* dont les culs-de-sac possèdent des éléments anatomiques particuliers, les *cellules épithéliales* ou *cellules sécrétantes,* qui empruntent au sang les matériaux nécessaires à l'élaboration de leurs produits; ceux-ci sont ensuite versés dans les culs-de-sac glandulaires et les canaux excréteurs. L'albumine prise dans le sang est transformée, en un produit spécial, variable avec la nature de la glande, par le protoplasma de la cellule qui, au moment de la s., emprunte encore au sang une certaine quantité d'eau destinée à favoriser l'excrétion. D'après le mécanisme de leur s. les glandes sont divisées en deux catégories : 1° *Glandes holocrines* dont les cellules, après s'être chargées des principes nécessaires, tombent en déliquium; le produit de s. est constitué par leur substance même et provient de leur destruction; on range dans ce groupe : les glandes sébacées, les mamelles, etc.; 2° *Glandes mérocrines* dont les cellules épithéliales restent intactes après la s.; le produit ainsi formé est simplement constitué par les éléments empruntés au sang; à ce type appartiennent les glandes sudoripares. Voy. GLANDE.

On a distingué les sécrétions en *sécrétions excrémentitielles,* renfermant des produits inutiles, devant être expulsés (s. urinaire), en *sécrétions récrémentitielles,* dont le principe actif n'est pas éliminé et doit jouer un certain rôle dans les différents actes de la nutrition (glandes du tube digestif); et en *sécrétions excremento-récrémentitielles,* dont les caractères sont intermédiaires à ceux des deux catégories précédentes (s. biliaire).

Le système nerveux joue un très grand rôle dans la s.; on sait d'ailleurs qu'il existe des nerfs excito-sécréteurs, agissant directement sur l'élément glandulaire dont ils augmentent l'activité fonctionnelle. Ces nerfs sont indépendants des nerfs vaso-moteurs dont l'action s'exerce sur les vaisseaux.

Certaines sécrétions paraissent avoir pour but de modifier la constitution du sang, il s'agirait là d'une sorte de *s. interne* dont le produit rentre dans le torrent circulatoire (rate, thymus) ; cette question est encore à l'étude.

Chez quelques animaux, les sécrétions excrémentitielles n'ont pas seulement pour but de débarrasser l'organisme de principes nocifs ou inutiles : elles ont encore une autre fin, ainsi les sécrétions acres de l'abeille, du scorpion, du serpent, servent de moyen de défense ; chez d'autres elles servent à attirer les animaux de même espèce : *s.* des glandes anales de la civette, du castor ; signalons encore les sécrétions de l'araignée, du ver à soie.

SÉCRÉTOIRE. adj. 2 g. [Pr. *sékré-touare*]. Qui a rapport aux sécrétions. *Organes sécrétoires. Pouvoir s. Liquide s.*

SECTAIRE. s. m. [Pr. *sek-tère*] (R. *secte*). Celui qui est d'une secte religieuse condamnée par la communion principale dont elle s'est détachée; se dit surtout en parlant d'une secte encore nouvelle qui s'efforce, par des prédications ou autrement, de faire prévaloir ses opinions, sa doctrine. *Un s. fougueux, opiniâtre. La violence de ces sectaires.*

SECTATEUR. s. m. (lat. *sectator*, m. s., de *sectari*, fréq. de *sequi*, suivre). Celui qui fait profession de suivre l'opinion de quelque philosophe, de quelque docteur, de quelque hérésiarque. *Les sectateurs de Platon. Il était s. de saint Thomas, de Duns Scot. Arius eut un grand nombre de sectateurs.*

SECTE. s. f. (lat. *secta*, m. s., de *sequi*, suivre, ou de *secare*, couper). Parti composé de personnes qui suivent les mêmes opinions, font profession des mêmes doctrines. *La s. d'Épicure. La s. des stoïciens. Ce philosophe voulut faire s.* || T. Hist. Les premiers chrétiens qui se séparèrent du paganisme.

> Leur secte est insensée, impie et sacrilège.
>
> CORNEILLE.

|| En religion, se dit aussi de ceux qui suivent une opinion regardée comme hérétique ou erronée. *La s. des jansénistes... Le protestantisme est divisé en une foule de sectes. Le mahométisme compte aussi des sectes nombreuses.* || Fig., *Faire s., faire s. à part,* Se distinguer des autres par des opinions singulières.

SECTEUR. s. m. (lat. *sector*, m. s. de *secare*, couper). T. Géométr. *S. de cercle* ou *S. circulaire.* Portion de plan comprise entre un arc et les rayons des deux extrémités. Voy. CERCLE; *S. sphérique,* Solide engendré par un *s.* circulaire qui tourne autour d'un de ses diamètres qui ne le traverse pas. Voy. SPHÈRE. || T. Astr. *S. astronomique* ou *S. zénithal.* Anc. instrument de mesure composé d'un secteur de 20° à 30° muni d'une lunette. || T. Fortif. Chacune des portions d'une enceinte fortifiée placée sous le commandement d'un officier. — *S. sans feu.* Région où le feu de la place ne peut pas pénétrer. Voy. FORTIFICATION, I.

SECTILE. adj. 2 g. (lat. *sectilis,* m. s. de *sectum,* sup. de *secare,* couper). Qui est susceptible de se diviser.

SECTION. s. f. [Pr. *sek-sion*] (lat. *sectio,* m. s., de *secare,* couper). Action de couper. *La s. des tendons.* || La coupe, l'endroit où une chose est coupée. *La s. de ce piston n'est pas nette.* || L'une des divisions ou des subdivisions dans lesquelles se partage une collection, un compte, un ouvrage, un traité, etc. *On doit voter aujourd'hui sur telle s. du budget. Ce livre est divisé en tant de sections.* || Division d'une ville, d'un tribunal, d'un conseil, etc. *Au commencement de la révolution, Paris fut divisé en quarante-huit sections: La cour de cassation est divisée en trois sections. Les sections d'un collège électoral.* || T. Tactiq. La moitié d'un peloton ou d'une compagnie d'infanterie. *Rompre par s. Se former en colonne par sections.* || T. Archit. *S. d'un bâtiment,* Profil des hauteurs et des profondeurs élevées sur le plan. || T. Géom. Se dit des parties de l'espace où des lignes, des plans, des surfaces courbes se coupent mutuellement. *La commune s. de deux plans est toujours une ligne droite. La s. d'un solide par un plan. Point de s.,* L'endroit où deux lignes s'entrecoupent. *Sections coniques.* Voy. CONIQUE.

SECTIONNAIRE. s. m. [Pr. *sek-sio-nère*]. Habitant d'une section.

SECTIONNEL, ELLE. adj. [Pr. *sek-sio-nel, nèle*]. Qui a rapport à une section.

SECTIONNEMENT. s. m. [Pr. *sek-sio-ne-man*]. Action de sectionner.

SECTIONNER. v. a. [Pr. *sek-sio-ner*]. Diviser en sections. == SECTIONNÉ, ÉE. part.

SÉCULAIRE. adj. 2 g. (lat. *secularis,* m. s. de *seculum,* siècle). Qui se fait de siècle en siècle, de cent ans en cent ans. *Les jeux séculaires.* Voy. JEU, II, 1. — *Année s.,* L'année qui termine un siècle, et dont le millésime se termine par deux zéros. || Fig., dans le style soutenu, Qui a beaucoup d'années *Un chêne s. Sa tête s.* || T. Astron. *Inégalités ou variations séculaires.* Voy. PERTURBATION.

SÉCULARISATION. s. f. [Pr. *sékulari-za-sion*]. Action de rendre séculier un religieux, un bénéfice, un lieu qui était régulier. *Bulle de s. Obtenir la s. d'un chapitre.*

SÉCULARISER. v. a. [Pr. *sékulari-zer*] (lat. *sæcularis,* séculier). Rendre séculier. *On a sécularisé ce monastère, cet ordre religieux.* || Fig., *La révolution voulait s. l'enseignement,* Voulait le remettre aux mains des laïques, tandis qu'auparavant il était généralement aux mains du clergé. == SÉCULARISÉ, ÉE. part. *Bénéfice sécularisé.* Voy. BÉNÉFICE.

SÉCULARITÉ. s. f. (lat. *sæcularitas,* m. s.). L'état du clergé séculier, par opposition à celui du clergé régulier. || La juridiction séculière d'une église épiscopale ou autre, pour le temporel qui en dépend. *Le juge de la s. de telle église.*

SÉCULIER, IÈRE. adj. (lat. *seculum,* siècle). Qui vit dans le siècle ; se dit des laïques et des ecclésiastiques, par opposition au clergé régulier, à ceux qui sont engagés par les vœux dans une communauté religieuse. *État s. La vie séculière. Prêtres séculiers. Clergé s.* Voy. CLERGÉ. *Bénéfice s.* Voy. BÉNÉFICE. — *Juridiction séculière,* La justice civile. Fig., *Bras s.* Voy. BRAS. || S'emploie quelquefois dans le sens de Mondain. *Une vie toute séculière, et nullement chrétienne.* == SÉCULIER. s. m. Laïque. *C'est un s. Dans ce monastère, on a fait un bâtiment pour les religieux et un autre pour les séculiers.*

SÉCULIÈREMENT. adv. [Pr. *sékulière-man*]. D'une manière séculière.

SECUNDO. adv. [Pr. *sè-kondo*]. Mot emprunté du latin, et qui signifie Secondement.

SÉCURIFORME. adj. 2 g. (lat. *securis,* hache ; *forma,* forme). T. Zool. Qui a la forme d'une hache.

SÉCURITÉ. s. f. (lat. *securitas,* m. s.). Confiance, tranquillité d'esprit qui résulte de la croyance bien ou mal fondée où l'on est qu'on n'a pas à craindre de danger, *Au milieu de tant de périls, votre s. m'étonne. L'industrie a besoin de s. Nous étions dans une profonde s. Une grande s. de conscience.*

SEDAINE (MICHEL-JEAN), poète dramatique fr. (1719-1797), composa des livrets d'opéras et d'opéras-comiques : *le Déserteur, Richard Cœur-de-Lion, Aline reine de Golconde,* etc. et deux comédies : *le Philosophe sans le savoir* et *la Gageure imprévue.*

SEDAN, ch.-l. d'arr. du dép. des Ardennes à 22 kil. S.-E. de Mézières sur la Meuse ; 20,300 hab. Fabriques de draps. Patrie de Turenne. Le 2 septembre 1870, Napoléon III, enfermé dans cette ville avec les armées allemandes, se rendit au roi de Prusse Guillaume Iᵉʳ. == Nom des hab. : SEDANAIS, AISE.

SEDAN. s. m. Sorte de drap fin qui se fabrique dans la ville de Sedan.

SÉDANOISE. s. f. [Pr. *sédanoi-ze*]. T. Typogr. Espèce de caractère. Voy. CARACTÈRE.

SÉDATIF, IVE. adj. (lat. *sedare*, apaiser). T. Méd. On qualifie de *sédatif* tout agent qui modère l'activité fonctionnelle, exagérée d'un organe ou d'un système d'organes. Ainsi la digitale est un s. du cœur dont elle ralentit les mouvements, la bromure est un s. de la douleur, le froid est s. de l'inflammation. Ce mot est également synonyme de calmant. L'opium est s. de la douleur.

SÉDATION. s. f. [Pr. *séda-sion*] (lat. *sedatio*, m. s., de *sedare*, calmer). T. Méd. Action de calmer. Effet produit par les sédatifs.

SÉDÉCIAS, dernier roi de Juda, méprisa les conseils de Jérémie, fut assiégé dans Jérusalem par Nabuchodonosor II, pris et emmené captif à Babylone (587 av. J.-C.).

SÉDENTAIRE adj. 2 g [Pr. *sédan-tère*] (lat. *sedentarius*, m. s., de *sedere*, s'asseoir). Qui demeure ordinairement assis, et, par extens., qui se tient presque toujours chez soi. *Cet homme ne fait pas assez d'exercice, il est trop s. Il est devenu fort s.* — *Vie, emploi, profession s.*, se dit d'un genre de vie, d'une profession qui ne permet pas de faire de l'exercice, et d'une vie qui se passe, d'un emploi qui s'exerce dans un même lieu. || Fixe, attaché à un lieu, par opp. à Ambulatoire. *Philippe le Bel rendit le parlement s.* || Se dit encore de troupes qui ne changent pas de garnison, qui ne se mettent jamais en campagne. *Troupes sédentaires. La garde nationale mobile et la garde nationale s.* || T. Anat. *Os s.*, la protubérance de l'ischion.

SÉDILLOT, orientaliste fr. (1777-1832).

SÉDIMENT. s. m. [Pr. *sédi-man*] (lat. *sedimentum*, m. s., affaissement, tassement, de *sedere*, être assis) Dépôt qui se forme par la précipitation de quelques-unes des substances tenues en dissolution ou en suspension dans un liquide. *Il y a beaucoup de s. dans cette liqueur. Il n'y a point de s. dans ses urines.* || T. Géol. *Terrain de s.*, Voy. Géologie, III, A.

SÉDIMENTAIRE. adj. 2 g. [Pr. *sédiman-tère*]. T. Géol. et Méd. Qui a le caractère d'un sédiment. *Dépôt s.*

SÉDIMENTATION. s. f. [Pr. *sédiman-ta-sion*]. T. Géol Formation de sédiments.

SÉDIMENTEUX, EUSE. adj. [Pr. *sédiman-teu, euze*]. Qui est chargé de sédiment. *Urines sédimenteuses*

SÉDITIEUSEMENT. adv. [Pr. *sédi-sieu-ze-man*]. D'une manière séditieuse. *Il parla s. dans la place publique.*

SÉDITIEUX, EUSE. adj. [Pr. *sédi-sieu, euze*] (lat. *seditiosus*, m. s.). Qui fait une sédition, qui prend part à une sédition, qui est enclin à faire sédition. *Une populace séditieuse. C'est un esprit s. Il est mutin et s* — Substantiv., *C'est un s. Disperser les séditieux. On a arrêté le chef des séditieux.* || Qui tend, qui pousse à la sédition. *Des discours, des écrits séditieux. Une assemblée séditieuse.*

SÉDITION. s. f. [Pr. *sédi-sion*] (lat. *seditio*, m s., de *sedire*, aller à part, de *sed*, préf. sépar., et *ira*, aller). Émeute populaire, révolte, soulèvement contre la puissance établie. *Grande, violente, furieuse s. Exciter, allumer, fomenter, entretenir la s. Apaiser, éteindre, étouffer une s. Esprit de s. Durant la s. Les auteurs de la s.* || Fig. Résistance de la passion au devoir.

Le dedans n'est que trouble et que sédition.
CORNEILLE.

== Syn. Voy. INSURRECTION.

SEDLITZ, v. de Bohême, à 30 kil. de Toplitz; 1,500 hab. Eaux purgatives.

SÉDUCTEUR, TRICE. s. (lat. *seductor trix*, m. s., de *seducu. ag. de seducere*, détourner). Celui, celle qui séduit, qui fait tomber en erreur ou en faute. *S. de jeunes gens. Séductrice de femmes, de filles.* Absolum., se dit de celui qui tâche avec art de corrompre la vertu, d'abuser de la faiblesse ou de l'ignorance d'une femme, d'une jeune fille. *Un vils. Tomber dans les pièges d'un s.* = Adjectiv., *Discours, ton s.* — *L'esprit s.*, Le diable.

SÉDUCTION. s. f. [Pr. *séduk-sion*] (lat. *seductio*, m. s., de *seductum*, sup. de *seducere*, détourner). Action par laquelle on séduit. *S. de la jeunesse. La s. de l'esprit. La s. du cœur. S. de témoins. Employer la s. La s. est manifeste.* || L'attrait, l'agrément qui rend certaines choses propres à séduire. *La s. des richesses, du plaisir, du pouvoir, de la jeunesse, de l'esprit. Il y a de la s. dans son style, dans ses manières, dans son regard. Les séductions de la vie sont innombrables.*

SÉDUIRE. v. a. (lat. *seducere*, détourner, propr. conduire à l'écart, de *se*, préf. sépar., et *ducere*, conduire). Tromper, abuser, faire tomber dans l'erreur par ses insinuations, par ses écrits, par ses discours, par ses exemples, etc. *Cet hypocrite séduisait les peuples. Il l'a séduit par ses maximes pernicieuses.*

C'est peu de me quitter, tu veux donc me séduire ?
CORNEILLE.

Cette promesse séduisit le peuple. || Faire tomber en faute, suborner, corrompre, débaucher. *S. des témoins, des domestiques. S. une fille sous prétexte de mariage. Elle s'est laissé s.* || Toucher, plaire, persuader. *Cet homme m'a séduit par la franchise de son langage. Sa bonté séduit tous les cœurs* || Absol., surtout dans le dernier sens, *Un discours dangereux est propre à s. Cela séduit. Son ton séduit. Sa manière de lire séduit.* = SÉDUIT, ITE. part. = Conj. Voy. NUIRE. == Syn. Voy. CORROMPRE.

SÉDUISANT, ANTE. adj. [Pr. *sédui-zan*] Qui séduit, qui est propre à séduire ; se dit ordinairement en bo...e part. *Discours, ton, air s. Des dehors séduisants. Offres séduisantes. Des qualités brillantes rendaient ses vices séduisants.*

SEELAND, île de l'archipel danois, dans la Baltique, entre le Sund et le Grand Belt; pop.: 637,700 hab.; ch.-l. Copenhague.

SÉES ou **SÉEZ**, ch.-l. de c. (Orne), arr. d'Alençon, sur l'Orne ; 4,300 hab.

SÉGALAS (ANAÏS), femme de lettres fr. (1814-1893).

SÉGESTE ou **ÉGESTE**, anc. v. de Sicile, auj. Alcamo.

SÉGESTRIE. s. f. T. Zool. Genre d'Arachnides. Voy. ARAIGNÉE.

SÉGÉTAL, ALE. adj. (lat. *segetalis*, m. s., de *seges*, moisson). T. Bot. Qui croît dans les champs de blé.

SEGMENT. s. m. [Pr. *seg-man*] (lat. *segmentum*, m. s., de *secare*, couper) T. Géom. S. de droite, portion de droite. Voy. plus bas. *S. de courbe.* Toute partie du plan comprise entre un arc de courbe et la corde de cet arc. *S. de cercle*, Voy. CERCLE. *S. sphérique.* Portion du volume de la sphère comprise entredeux plans parallèles. Voy. SPHÈRE. || T. Physiol. Se dit de certaines parties d'un corps ou d'un organe qui s'en détachent, ou bien qui sont distinctes des parties contiguës, bien qu'elles se continuent avec ces dernières. *Les segments détachés d'une hydre forment autant d'animaux distincts.* Le corps des sangsues se compose de *segments* semblables entre eux. *Les segments cartilagineux qui forment la trachée.*

    Géom. — *Segment de droite.* — On appelle en général *s. de droite*, toute portion de droite limitée à ses deux extrémités ; mais les géomètres ont donné à ces mots un sens plus particulier, et ils appellent ainsi une portion de droite qu'on suppose parcourue, dans un certain sens par un point mobile. De la sorte, à la notion de *longueur* s'ajoute celle du *sens*. Les deux points qui limitent le s. n'ont plus la même signification : l'un est l'*origine*, l'autre l'*extrémité*, mots qui se définissent d'eux-mêmes. On désigne le s. en indiquant d'abord la lettre qui désigne l'origine, et ensuite celle qui désigne l'extrémité. Ainsi les deux segments AB et BA ne doivent pas être considérés comme égaux : ils ont bien la même longueur, mais leurs sens sont différents. Pour mesurer tous les segments qui sont portés sur les segments qui sont portés sur des droites parallèles, on faitchoix, sur la direction commune de ces droites, d'un des deux sens dans lequel elle peut être parcourue, et l'on appelle *sens direct* le

771

sens ainsi choisi. Alors on prend pour mesure d'un s. le nombre arithmétique qui mesure sa longueur précédé du signe + si le s. est de sens direct, et du signe —, si le s. est de sens rétrograde. Ainsi, les deux segments AB et BA sont mesurés par deux nombres ayant la même valeur absolue et des signes contraires, ce qui permet d'écrire l'égalité : AB + BA = 0. On démontre aisément que si l'on a une même droite, plusieurs points A, B, C, D, E, les segments définis par ces différents points vérifieront, quelle que soit leur disposition, l'égalité

$$AB + BC + CD + DE = AE$$
ou
$$AB + BC + CD + DE + EA = 0;$$

Celte égalité donne la règle d'addition des segments qui consiste à les placer à la suite l'un de l'autre, de manière que l'origine de chacun d'eux coïncide avec l'extrémité du précédent.

Ces considérations permettent de comprendre dans un seul calcul, et de traiter par les mêmes équations tous les cas d'un problème de géométrie qui ne diffèrent que par la disposition des données; elles sont la base de l'application de l'algèbre à la géométrie. Voy. NÉGATIF.

SEGMENTAIRE. adj. 2 g. [Pr. seg-man-tère]. Formé de segments.

SEGMENTATION. s. f. [Pr. segman-ta-sion]. T. Physiol. La séparation spontanée, soit complète, soit incomplète, des parties qui composent un corps, un organe. *Les annélides sont surtout caractérisés par la s. de leur corps en parties semblables.*

SÉGOBRIGES, peuple gaulois, qui occupait le littoral du golfe de Marseille.

SEGONZAC, ch.-l. de c. (Charente), arr. de Cognac; 2,100 hab.

SEGOU, v. d'Afrique (Soudan), cap. du Bambarra sur le Niger; 35,000 hab.

SÉGOVIE, v. d'Espagne dans la Vieille-Castille; 11,500 hab. Ch.-l. de la prov. du même nom qui compte 158,300 hab. Aqueduc construit par Trajan.

SÉGRAIRIE s. f. [Pr. ségrè-ri] (R. ségrayer). T. Admin. forest. Bois possédé par indivis ou en commun, soit avec l'État, soit avec des particuliers. || T. Hist. Office de ségrayer.

SÉGRAIS. s. m. [Pr. sé-grè] (lat. segregatus, séparé). Bois séparé des grands bois, et qu'on exploite à part.

SEGRAIS, poète fr. (1624-1701), dont les *Églogues* eurent un grand succès.

SÉGRAYER. s. m. [Pr. sé-grè-ié] (R. ségrais). T. Hist. Garde forestier seigneurial ayant part dans la jouissance du bois qu'il surveillait.

SEGRÉ, ch.-l. d'arr. du dép. de Maine-et-Loire, à 36 kil. N.-O. d'Angers; 3,500 hab.

SEGRE, riv. d'Espagne, sort des Pyrénées, passe à Puycerda, à Lérida, et se jette dans l'Èbre, 235 kil.

SÉGRÉGATIF, IVE. adj. (lat. segregativus, m. s.). Qui divise, qui sépare plusieurs objets les uns des autres.

SÉGRÉGATION. s. f. [Pr. ...sion] (lat. segregatio, m. s.). Action par laquelle on met quelqu'un ou quelque chose à part, on le sépare d'un tout, d'une masse.

SÉGRÉGATIVEMENT. adv. Séparément.

SÉGRÉGER. v. a. (lat. segregare, m. s.). Séparer une partie de la masse. = SÉGRÉGÉ, ÉE. part.

SEGUE. [Pr. sé-ghué, g dur] (mot. ital. qui sign. *suivez*). T. Mus. Voy. MUSIQUE, IV.

SÉGUEDILLE ou **SÉGUIDILLE.** s. f. [Pr. les *ll* mouillées] (esp. *seguidilla,* m. s.). Air de danse espagnol, à trois temps et d'un mouvement rapide.

SÉGUIER (PIERRE), président à mortier au parlement de Paris, né à Paris (1504-1580). || Son fils ANTOINE, président à mortier, né à Paris (1552-1624). || PIERRE, neveu du précédent, né à Paris, chancelier de France sous Louis XIII et Louis XIV (1588-1672). || ANTOINE-LOUIS, parent des précédents, conseiller au parlement de Paris, né à Paris (1726-1792). || SÉGUIER (baron), fils du précédent, magistrat, né à Paris (1768-1848).

SEGUIERIE. s. f. T. Bot. Genre de plantes Dicotylédones (*Seguieria*) de la famille des *Phytolaccacées,* tribu des *Rivinées.* Voy. PHYTOLACCACÉES.

SÉGUR (marquis DE), maréchal de France (1724-1801). — Son fils, le comte de SÉGUR, diplomate et historien fr. (1763-1830).

SÉGUR (comtesse DE), née Rostopchina, femme de lettres française, née à Saint-Pétersbourg (1799-1874).

SEGURA, fl. d'Espagne (prov. de Murcie), s'écoulant dans la Méditerranée; 250 kil.

SEIBOUSE. Voy. SEYBOUSE.

SEICHE. s. f. [Pr. sè-che] (lat. sepia, gr. σηπία, m. s.). T. Zool. Genre de *Mollusques.* Voy. CÉPHALOPODES.

SEICHE. s. f. [Pr. sè-che]. Sorte de raz de marée qu'on observe parfois sur le lac de Genève.

SEICHES, ch.-l. de c. (Maine-et-Loire), arr. de Baugé; 1,400 hab.

SÉID, esclave de Mahomet, fut l'un des premiers à le reconnaître comme prophète.

SÉIDE. s. m. Nom propre d'un personnage de la tragédie de *Mahomet,* par Voltaire, qui est devenu nom commun pour signifier un agent aveugle des crimes prescrits par le fanatisme ou l'esprit de parti.

SÉIDISME. s. m. Disposition d'un séide.

SEIGLE. s. m. [Pr. sè-gle] (lat. *secale,* m. s.). T. Bot. Le *Seigle* (*Secale*) appartient à la famille des *Graminées* et à la tribu des *Poées.* Ce genre diffère de l'Orge et du Froment par ses épillets solitaires et biflores sur chaque dent du rachis, tandis qu'ils sont groupés par trois et uniflores dans l'Orge, et solitaires, mais trimultiflores dans le Froment. On n'admet qu'une seule espèce de s., le *S. cultivé* (*S. cereale*), et quatre ou cinq variétés. Le *S. d'automne,* ou *S. d'hiver,* est celle que l'on cultive le plus. [Fig. 1. Épi de *S. d'hiver*; 2. Épillet isolé.] Il ne diffère en rien du *S. multicaule,* ou *S. de la Saint-Jean.* On peut, en effet, le semer indifféremment à l'automne ou à la fin de juin. Seulement, dans ce dernier cas, il ne fournit, la première année, qu'une récolte de fourrage, et il ne donne son produit en grain que l'année suivante. Le *S. de mars,* ou *S. de printemps,* a la paille moins longue et le grain plus petit que le précédent. On ne l'emploie guère que dans quelques pays pauvres, froids et montagneux. Le *S. de Vierland* a les feuilles larges, la paille assez forte, le grain bien nourri et l'épi compact et ramassé : cette variété diffère très peu du *S. de Russie.* — Le S. réussit dans tous les climats où l'on obtient du Blé. De plus, comme il est moins sensible que ce dernier aux froids de l'hiver, et qu'il parcourt plus rapidement les diverses phases de sa végétation, il peut donner des récoltes abondantes dans les localités où la culture du Blé est incertaine ou même impossible. Aussi, est-il

préféré à celui-ci dans les pays septentrionaux et sur les montagnes élevées. Après l'Orge, c'est la céréale qui atteint les points les plus élevés ; il vient encore là où l'avoine ne peut arriver à maturité. Le S. se recommande par son extrême rusticité, qui lui permet de réussir même dans les terrains calcaires les plus stériles. Toutefois il donne des produits peu abondants dans les argiles compactes, parce qu'il craint l'excès d'humidité. Quant à sa culture, elle diffère peu de celle du Blé ; mais il possède cette faculté, que la nature a refusée à la plupart des autres plantes, de pouvoir se succéder sur le même terrain pendant un certain nombre d'années, sans que la qualité et la quantité de ses récoltes paraissent en souffrir. Nous avons parlé ailleurs (Voy. CÉRÉALES) de la maladie, appelée *Ergot*, à laquelle il est sujet. Le rendement du S. est supérieur à celui du Blé, mais sa valeur vénale est inférieure d'un tiers environ. Il produit moyennement par hectare, outre 3,500 kilogrammes de paille, 22 hectolitres de grain, au poids moyen de 72 kilogrammes. — Dans les pays tempérés, le S. occupe le second rang parmi les céréales ; mais il est beaucoup moins nourrissant que le Blé, à poids égal. Cependant on en fait un pain sain, savoureux, et qui se conserve longtemps frais. Assez ordinairement on y ajoute une certaine quantité de Blé. Son grain, soit cuit, soit concassé, sert aussi, tantôt seul, tantôt mélangé avec des graines de Légumineuses, pour l'engraissement des bestiaux. Outre son emploi dans l'alimentation, le S. joue encore un rôle important, dans les pays du Nord, où la vigne ne croît pas, à cause de l'usage qu'on en fait pour la fabrication des eaux-de-vie de grains. Enfin, là même où le Blé prospère le mieux, on cultive toujours une certaine quantité de S., pour sa paille, avec laquelle on fait d'excellents liens.

SEIGNELAY. ch.-l. de c. (Yonne), arr. d'Auxerre ; 1,300 hab.

SEIGNELAY (COLBERT, marquis DE), fils de Colbert (1651-1691), succéda à son père comme secrétaire d'État de la marine (1683).

SEIGNEUR. s. m. [Pr. *sè-gneur*, *gn* mouil.] (lat. *senior*, vieillard). Dans le système féodal, celui qui possède un fief, qui a certains droits particuliers sur les propriétés et sur les personnes comprises dans un fief. *S. souverain. S. d'une ville, d'un village. Il était s., s. suzerain de plusieurs grandes terres. En Angleterre, il n'y a pas de terre sans s. Rendre foi et hommage à son s. S. haut justicier.* Voy. FÉODALITÉ et FIEF. || Titre honorifique qu'on donne à quelques personnes distinguées par leur dignité ou par leur rang. *Une assemblée de seigneurs. Un grand s. Un s. de la cour. Fréquenter les grands seigneurs. Faire le grand s. Se donner des airs de grand s. — Vivre en s., en grand s.,* Vivre sans rien faire et magnifiquement. *Vêtu, logé comme un s.,* Très bien vêtu, très bien logé. — Fam., *C'est un petit s.,* se dit d'un homme qui affecte de l'importance et qui n'en a point. || *Le Grand S.,* L'empereur des Turcs. || Par excell., *Le S.,* Dieu ; et, *Notre-S.,* Jésus-Christ. || Prov. *À tout s. tout honneur.* il faut rendre ce qui est dû à la dignité de chacun. || *Le s. et maître d'une femme.* Son mari.

SEIGNEURIAGE. s. m. [Pr. *sè-gneu-riage*, *gn* mouillées]. T. Fin. anc. Droit qu'un seigneur prenait sur la fabrication des monnaies.

SEIGNEURIAL, ALE. adj. [Pr. *sè-gneu-rial*, *gn* mouillées]. Qui appartient au seigneur. *Titre s. Droits seigneuriaux.* Voy. FIEF. || *Maison seigneuriale,* La maison du seigneur de l'habitation du seigneur du lieu. *Terre seigneuriale,* Qui donne des droits seigneuriaux.

SEIGNEURIE. s. f. Droit, puissance, autorité qu'un homme a sur la terre dont il est seigneur et sur tout ce qui en relève. *Une s. très ancienne. La terre et s. de tel lieu.* || Par extens., Terre seigneuriale. *Il acheta une belle s. Le roi érigea cette s. en marquisat.* || Se dit quelquefois des droits féodaux d'une terre, considérés indépendamment de la terre même. *Il vendit sa terre, mais il s'en réserva la s.* || L'assemblée de ceux qui avaient la principale part au gouvernement de la république de Venise. *Le doge accompagné de toute la s.* || Titre d'honneur qu'on donnait aux pairs de France. *Votre s. À sa s. monsieur le duc de N., pair de France.* — Se dit quelquefois, par plaisanterie, à des gens avec qui l'on est très familier. *Je baise les mains de votre s. Très humble serviteur à Votre Seigneurie.*

MOLIÈRE.

SEIGNEURIFIER. v. a. (R. *seigneur*, et lat. *ficare*, faire). Rendre seigneur. == SEIGNEURIFIÉ, ÉE. part.

SEIKHS ou **SYKES**, peuple de l'Hindoustan, qui, après avoir été puissant sous Runjut-Singh, fut soumis par les Anglais (1849).

SEILHAC, ch.-l. de c. (Corrèze), arr. de Tulle ; 2,000 hab.

SEILLE, riv. de France, sort du Jura, se jette dans la Saône, au-dessus de Tournus ; 110 kil. = Riv. d'Allemagne, naît près de Dieuze, et se jette dans la Moselle, à Metz ; 106 kil.

SEILLE. s. f. **SEILLEAU** et **SEILLOT.** s. m. [Pr. *se-lle*, *se-llo*, *ll* mouillées] (lat. *situla*, m. s.). Sorte de seau de bois dont on se sert dans la marine, et dans certaines provinces, pour divers usages.

SEILLERIE. s. f. [Pr. *sè-lleri*, *ll* mouillées]. L'ensemble des seilles et autres objets de boissellerie.

SEIME. s. f. (lat. *segmen*, segment). T. Art. Vét. Fente qui se forme au sabot des chevaux, ânes, mulets. *S. quarte,* celle qui affecte un des quartiers. C'est une affection souvent bénigne, mais qui souvent aussi fait boiter l'animal. Elle est plus fréquente en été qu'en hiver et paraît due, en partie à la sécheresse. On la guérit quelquefois simplement en maintenant le pied dans l'humidité, mais il est bon d'enserrer le sabot dans un cercle de fer, afin que la corne ne se fendille plus. Si ce moyen ne suffit pas, il faut avoir recours à une opération que se pratique de plusieurs manières.

SEIN. s. m. [Pr. *sin*] (lat. *sinus*, propr. *repli, creux*). La partie antérieure de la poitrine, celle où sont les mamelles. *Il le pressa contre son s.*

Un homicide acier
Que le traître en mon sein a plongé tout entier. (RACINE.)

— Fig., *Mettre à quelqu'un le poignard dans le s.,* Voy. POIGNARD. *Réchauffer un serpent dans son s.,* Voy. SERPENT. Dans le style oratoire, *Porter la mort dans son s.,* Être atteint d'une maladie mortelle. *Lorsqu'elle sentit la mort dans son s., quelles furent sa ferveur et son zèle !* || Dans un sens particulier, se dit des mamelles des femmes. *Cette femme a un beau s. Elle avait les seins découverts. Elle a mal au s. à un enfant.* || Par ext., La partie du vêtement qui couvre le sein. *Cacher un poignard dans son s. Elle cacha la lettre dans son s.* || Fig., Le cœur, l'esprit de l'homme. *Verser sa douleur, déposer ses secrets dans le s. d'un ami. Porter quelqu'un dans son s.,* Le chérir tendrement. || La partie où les femmes conçoivent et où elles portent leur fruit. *L'enfant que vous portez dans votre s.*

Ces enfants qu'en son sein elle n'a point portés.
RACINE.

— Fig., *Chaque siècle porte dans son s., le siècle qui va suivre. Le s. de la terre est d'une fécondité inépuisable. Fouiller dans le s. de la terre. Ouvrir le s. de la terre pour en tirer les métaux qu'il recèle. Il y a d'immenses richesses perdues dans le s. des mers. — Porter la guerre dans le s. d'un royaume, d'une province,* Porter la guerre bien avant dans un royaume, dans une province. || Fig., Milieu. *Il est né au s. de l'opulence, des grandeurs. Vivre dans le s., au s. de sa famille, de sa patrie.*

Il me tira du sein de mon obscurité. (RACINE.)

|| Dans le style de l'Écriture sainte, *Le s. d'Abraham,* Le lieu de repos où étaient les âmes des élus avant la venue de Jésus-Christ. — *Le s. de la gloire,* Le séjour des bienheureux. || T. Théol. *Le s. de l'Église,* la communion de l'Église catholique. *Il rentra dans le s. de l'Église.* On dit aussi, *Mourir dans le s. de l'hérésie.* || T. Géogr. *Le s. Persique,* Le golfe Persique. Vx.

SEIN, île française de l'océan Atlantique, séparée de la côte du Finistère par le Raz de Sein. Anc. séjour d'un collège de druidesses.

SEINE. T. Pêche. Voy. SENNE.

SEINE, fl. de France, prend sa source près de Chanceaux (Côte-d'Or), passe à Troyes, Montereau, Melun, Paris, Saint-Germain, Elbeuf, Rouen, et se jette dans la Manche, entre le Havre et Honfleur ; 800 kil.

SEINE (dép. de la), formé d'une partie du Parisis et de l'Ile de France, enclavé dans le dép. de Seine-et-Oise, ch.-l. *Paris*; 2 autres arr., *Saint-Denis*, *Sceaux*; pop. : 3,141,600 hab.

SEINE-ET-MARNE (dép. DE), formé d'une partie de l'Ile-de-France et d'une partie de la Champagne ; ch.-l. *Melun*; 4 autres arr., *Coulommiers*, *Fontainebleau*, *Meaux*, *Provins*; 356,700 hab.

SEINE-ET-OISE (dép. DE), formé d'une partie de l'Ile-de-France; ch.-l. *Versailles*; 5 autres arr., *Corbeil*, *Étampes*, *Mantes*, *Pontoise*, *Rambouillet*; 628,600 hab.

SEINE-INFÉRIEURE (dép. DE LA), formé d'une partie de la Normandie; ch.-l. *Rouen*; 4 autres arr., *Dieppe*, le *Havre*, *Neufchâtel*, *Yvetot*; 839,900 hab.

SEINER. v. n. [Pr. *sè-ner*]. Pêcher avec la seine.

SEINETTE. s. f. [Pr. *sè-nè-te*]. T. Pêche. Petite seine.

SEINEUR. s. et adj. [Pr. *sè-neur*]. Qui pêche à la seine.

SEING. s. m. [Pr. *sin*] (lat. *signum*, signe). Signature écrite par une personne au bas d'une lettre, d'un acte, etc., pour le confirmer, pour le rendre valable. *Mettez-là votre s. Un s. avec paraphe. Contrefaire le s. de quelqu'un.* — *S. privé*, Signature d'un acte qui n'a pas été reçu par un officier public. *Acte sous s. privé*, Voy. ACTE. || *Blanc-s.*, Papier signé que l'on confie à quelqu'un pour le remplir à sa volonté. *Ils ont donné leurs blancs-seings aux arbitres.*

SEISETTE. adj. 2 g. et f. [Pr. *sé-zète*]. T. Agric. Se dit d'une variété de *Froment*. Voy. ce mot.

SÉISME. s. m. **SÉISMIQUE.** adj. 2 g. Voy. SISME, SISMIQUE.

SÉISMOGRAPHE. s. m. **SÉISMOLOGIE.** s. f. Voy. SISMOGRAPHE, SISMOLOGIE.

SEIZAINE. s. f. [Pr. *sè-zène*]. Ensemble de seize objets. || Petite corde dont les emballeurs font usage.

SEIZE. adj. numéral 2 g. [Pr. *sè-ze*] (lat. *sexdecim*). Nombre formé de dix et de six. *S. personnes. Il n'a pas encore s. ans. S. cents francs. Le nombre s. Le numéro s.* — Ellipt., à divers jeux, on dit, *J'ai s. à vingt, à trente, J'ai s. points contre vingt*, etc. || Sign. quelquefois Seizième. *Chapitre s. Page s. Louis s., Grégoire s.* On écrit ordinairement, *Louis XVI*, etc. = SEIZE. s. m. *Le nombre seize.* || *Le s. du mois*, Le seizième jour du mois. Elliptiq , *Sa lettre est du s. de juillet. Nous sommes au s.* || *Les Seize*, Nom donné aux principaux factieux du temps de la Ligue, parce qu'ils étaient les chefs des s. quartiers de Paris. *La faction des S.*

SEIZIÈME. adj. 2 g. [Pr. *sè-zième*]. Nombre ordinal de seize. *Au s. jour. Le s. siècle. Vous êtes le s. sur la liste.* — La s. partie, Chaque partie d'un tout qui est un que l'on conçoit divisé en seize parties. = SEIZIÈME. s. m. Le seizième jour d'une période, ou la seizième partie d'un tout. *Le s. du mois, de la lune. Deux ames et un s. Il est dans cette affaire pour un s.* = SEIZIÈME. s. f. T. Jeux. Au piquet, séquence de six cartes, qui compte pour seize points.

SEIZIÈMEMENT. adv. [Pr. *sè-zieme-man*]. En seizième lieu.

SÉJAN (ÆLIUS), chevalier romain, favori de Tibère, aspira à l'empire, mais, prévenu par son maître, il fut mis à mort par le préfet du prétoire Macron (31 ap. J.-C).

SÉJOUR. s. m. (même orig. que *séjourner*). Résidence plus ou moins longue dans un lieu, dans un pays. *Il a fait un long s. dans ce pays-là. Le s. de Paris lui déplaît. Permis de s. Les troupes ont fait s. dans tel endroit. Dans les longs voyages, on est obligé de faire quelque s. de temps en temps.* — Par ext., *Le s de notre frégate à Rio fut d'un mois environ.* — Par analogie, *Le s. des eaux sur ce terrain a fait pourrir toutes les semences. Le s. des humeurs dans quelque partie du corps.* || Se dit aussi d'un lieu considéré par rapport à l'habitation, à la demeure qu'on y fait ou qu'on y peut faire. *Un s. champêtre. Cette ville est un agréable s., un triste s., un s. horrible. Cette ville est le s. des plaisirs.* — Poétiq., *Le s. des dieux, le céleste s., le s. du tonnerre*, Le ciel. *Le s. infernal*, Les enfers. *L'humide s.*, La mer, l'onde, etc. — Syn. Voy. DEMEURE.

SÉJOURNEMENT. s. m. [Pr. *séjourne-man*]. Action de séjourner.

SÉJOURNER. v. n. (bas lat. *subdiurnare*, m. s., de *sub*, sous, *diurnum*, jour). Demeurer, s'arrêter quelque temps dans un lieu. *Il est allé à Paris où il doit s. cinq ou six mois. Notre vaisseau séjourna quinze jours dans tel port.* || Par anal., *Les eaux de la mer ont séjourné longtemps sur cette partie de la terre.*

SEL. s. m. (lat. *sal*, m. s.). Substance cristalline, friable, et soluble dans l'eau, qu'on obtient par l'évaporation des eaux de la mer ou qu'on rencontre dans certains terrains, et qui sert surtout pour assaisonner les aliments. *Sel gris. Sel blanc. Sel commun. Sel marin. Sel gemme. Sel de cuisine. Un grain de sel. Sel pilé. Du sel broyé, égrugé. Blanchir le sel. Saupoudrer de la viande de sel. Il n'y a pas assez de sel dans cette sauce. Le sel est le symbole de la sagesse.* — *Ce jambon, ce saucisson, ce ragoût, etc., sont de bon sel, d'un bon sel*, Ils ne sont ni trop, ni trop peu salés. *Viande au gros sel*, Viande servie dans son bouillon, et qu'on a parsemée de gros sel. || *Faux s. Sel du contrebande.* Vx. || Fig., Ce qu'il y a de fin, de vif, de piquant dans les discours, dans les ouvrages d'esprit. *Il y a du sel dans cet ouvrage. Cet article est plein de sel. Je ne sens pas le sel de cette plaisanterie. Ces plaisanteries sont au gros sel. Cela n'a point de sel. Il n'y a pas un grain de sel dans toute sa comédie.* — *Sel attique*, Voy. ATTIQUE.

Chim. — I. DES SELS EN GÉNÉRAL. — Le nom de *Sel* est fort ancien ; il dérive évidemment de ἅλς, mot par lequel les Grecs désignaient quelquefois la mer (*mare salsum*), car, à l'origine, il s'appliquait exclusivement au *sel commun* ou *sel marin*. Plus tard, on étendit ce nom à différents corps qui étaient, comme le sel marin, solubles dans l'eau, susceptibles de cristalliser par évaporation ou refroidissement, et doués de saveur et de transparence.

A. *Définitions.* — Un sel est, en général, le résultat de l'action d'un acide sur une base. Les sels *haloïdes* dérivent des hydracides et sont composés d'un métal (ou d'un radical, tel que l'ammonium, analogue aux métaux) uni à un métalloïde autre que l'oxygène. Les *Oxysels* renferment en outre de l'oxygène et correspondent aux oxacides. Le mode de formation des sels est exprimé par des formules telles que les suivantes :

$$HCl + KOH = H^2O + KCl$$
acide   potasse   eau   chlorure de potassium
chlorhydrique   (sel haloïde).

$$AzO^3H + KOH = H^2O + AzO^3K$$
acide   azotate de potassium
azotique   (oxysel).

C'est une double décomposition par suite de laquelle l'hydrogène de l'acide est remplacé par le métal de la base et vice versâ. On peut donc définir un sel comme étant *le résultat de la substitution d'un métal à l'hydrogène d'un acide*. Très souvent, d'ailleurs, cette substitution peut s'effectuer directement, par l'action des métaux sur les acides, comme on le constate dans la préparation de l'hydrogène.

Un acide bibasique renferme deux atomes d'hydrogène qu'on peut remplacer l'un après l'autre par un métal monovalent; on obtient successivement un sel *mono-métallique*, ordinairement appelé *sel acide*, et un sel *di-métallique* appelé sel *neutre* ou *normal*. C'est ainsi que l'acide sulfurique SO⁴H² fournit un sulfate acide de potassium SO⁴HK et un sulfate neutre ou normal SO⁴K². De même un acide tribasique, par ex. l'acide phosphorique PO⁴H³, donne un sel normal, qui est tri-métallique tel que PO⁴K³, et deux sels acides : l'un di-métallique PO⁴H K² et l'autre mono-métallique PO⁴H²K. — Quand le métal est polyvalent, il faut tenir compte de sa valence. Par ex. un atome d'un métal bivalent, tel que le calcium, se substitue à deux atomes d'hydrogène; il faudra donc deux molécules d'acide azotique pour former l'azotate de calcium (AzO⁴)²Ca; mais une molécule d'acide sulfurique suffira pour donner le sulfate SO⁴Ca.

Les oxysels acides peuvent, sous l'influence de la chaleur, perdre de l'eau en donnant des *anhydro-sels*, qu'on désigne souvent par les préfixes *pyro* ou *méta*. Tel est le pyrosulfate de potassium, qui résulte de la soustraction d'une molécule d'eau à deux molécules du sulfate acide, comme le montre la formule $S^2O^7K^2 = 2SO^4HK - H^2O$. Tels sont encore les pyrophosphates et les métaphosphates.

Au lieu d'envisager les sels comme les dérivés des acides, on pourrait les faire dériver des hydrates métalliques, c.-à-d. des bases, en substituant un radical d'acide au radical oxhydrile OH contenu dans ces bases. Les hydrates des métaux polyvalents contiennent plusieurs oxhydriles, et il peut arriver qu'une partie seulement de ces derniers éprouve la substitution ; dans ce cas on obtient des *sels basiques* ou *sous-sels*, qui renferment encore un ou plusieurs oxhydriles non substitués. Par ex. le sous-nitrate de bismuth $AzO^3.Bi(OH)^2$ est un sel basique, dérivant de l'hydrate $Bi(OH)^3$.

Les *sels doubles* contiennent deux métaux différents. On peut généralement les considérer comme résultant de la combinaison de deux sels simples. Quelques-uns cependant, comme les ferrocyanures, correspondent à un acide unique, dans la composition duquel entre un métal.

Certains sels ne rentrent, à proprement parler, ni dans la classe des oxysels, ni dans celle des haloïdes. Tels sont les *sulfosels* (par ex. les sulfocarbonates) qu'on peut envisager comme des oxysels dont l'oxygène serait remplacé par du soufre. Ce qui va suivre se rapportera principalement aux oxysels, qui sont de beaucoup les plus nombreux.

Les oxysels peuvent s'obtenir par la combinaison directe d'un anhydride d'acide et d'un oxyde métallique anhydre. Ce mode de formation avait conduit Berzélius à regarder les sels comme des composés binaires, constitués en quelque sorte par la juxtaposition d'un acide (oxyde) et d'un oxyde métallique. A l'appui de cette hypothèse Berzélius invoquait l'action du courant électrique, qui, croyait-il, décomposerait tout sel en un acide et une base, l'acide se portant au pôle positif, et la base au pôle négatif. Mais, en réalité, c'est le métal tout seul qui va au pôle négatif, tandis que le reste de la molécule se porte au pôle positif, ce n'est que par suite de réactions secondaires qu'il se forme fréquemment un acide et une base au voisinage des électrodes.

Il n'y a pas de différence essentielle entre les acides, les hydrates métalliques et les sels. Les acides sont des sels d'hydrogène, cet élément jouant le rôle d'un métal ; les hydrates métalliques sont des sels dans lesquels le radical acide est représenté par le groupe oxhydrile. Tous ces composés se transforment facilement les uns dans les autres, soit par la substitution d'un métal à un autre métal ou à de l'hydrogène, soit par la substitution d'un radical acide ou d'un oxhydrile à un autre radical acide. Tous sont des électrolytes et se décomposent de la même manière sous l'action du courant de la pile, c.-à-d. d'une part en métal ou hydrogène, d'autre part en un groupe électro-négatif formé par le reste de la molécule. Cette décomposition paraît même se produire par la simple dissolution du sel dans l'eau. On a cherché à relier tous ces faits à l'aide d'une théorie assez analogue à celle de Berzélius : les acides, les bases (hydrates métalliques) et les sels sont considérés comme des composés de même nature, qui sont formés de deux parties à peine unies, facilement séparables, appelées les *ions*. Voy. DISSOLUTION.

Les règles de la nomenclature des sels ont été données au mot CHIMIE.

B. *Neutralité*. — On sait que les acides et les bases produisent des changements de couleur sur certaines matières colorantes d'origine végétale, que l'on nomme *réactifs colorés*, et dont la plus usitée est la *teinture de tournesol*. Cette teinture est naturellement bleue ; les acides forts la colorent en rouge pelure d'oignon ; les acides faibles en rouge vineux ; les dissolutions des bases ramènent au bleu la teinture qui a été rougie par un acide. Si l'on mélange une base avec un acide, les caractères se *neutralisent* et l'on peut arriver à un point où le mélange n'a plus aucune action sur la teinture bleue, ni dans la teinture rouge. D'une manière générale on dit qu'un sel est *neutre aux réactifs colorés* quand il n'agit vis-à-vis de ces réactifs ni comme un acide, ni comme une base. Si un acide peut former différents sels avec une même base, il n'y a tout au plus qu'un de ces sels qui soit neutre aux réactifs colorés ; les autres auront une réaction, soit acide, soit basique. Au reste, en prenant le mot neutre dans ce sens restreint, on constate que les sels neutres sont très peu nombreux. Lorsque l'on combine une base énergique avec un acide faible, ou bien une base faible avec un acide fort, on n'obtient jamais de sel qui soit neutre au tour-

nesol. — Aujourd'hui l'on appelle sel *neutre* ou *normal* celui qu'on obtient en remplaçant par un métal tous les atomes d'hydrogène *basique* contenus dans la molécule d'un acide, c.-à-d. tous les atomes d'hydrogène qui peuvent être échangés contre un métal. Il résulte de cette définition que tout acide, en se combinant avec une base déterminée, pourra former un sel neutre et un seul.

C. *Caractères physiques*. — Tous les sels sont solides et tous ceux qui sont solubles sont susceptibles de cristalliser. Ils sont toujours incolores, quand l'acide et la base sont eux-mêmes dépourvus de couleur : mais il n'en est plus de même lorsque l'acide ou la base possède une couleur propre En général, on observe la même coloration dans tous les sels qu'une même base colorée peut former avec divers acides incolores. Ainsi, par ex., les sels de protoxyde de fer sont vert bleuâtre, et ceux de sesquioxyde de fer jaune rougeâtre ; les sels neutres de cuivre sont bleus, et les sels basiques bleus ou verts ; les sels de nickel sont verts ou blanc verdâtre ; les sels d'or sont d'un beau jaune d'or, etc. Quelquefois la couleur d'un sel dépend de son état d'hydratation et disparaît quand on le dessèche complètement. C'est ainsi que le sulfate de cuivre calciné dans un creuset devient blanc ; mais il reprend sa couleur bleue en s'unissant de nouveau à l'eau. — La saveur des sels est plus ou moins prononcée, suivant leur degré de solubilité. En général, les sels formés par une même base présentent tous la même saveur. Les sels de glucine sont sucrés ; ceux de magnésie, amers ; ceux d'alumine et de zinc, astringents ; ceux de chaux et de baryte, piquants ; ceux de soude, salés et amers ; ceux de plomb, sucrés, puis âcres ; ceux de fer et de cuivre, styptiques ; etc.

D. *Hydratation*, *déliquescence*, *efflorescence*. — Lorsqu'un sel cristallise, soit par l'évaporation lente, soit par le refroidissement de sa dissolution, il retient ordinairement une certaine quantité d'eau : on appelle cette eau, *eau de cristallisation* ou *eau d'hydratation*, et l'on dit que le sel est *hydraté*, tandis qu'on le nomme *anhydre*, quand il ne contient aucune trace d'eau. Ces *Hydrates salins* sont des combinaisons définies, résultant de l'union d'un certain nombre de molécules d'eau avec une ou plusieurs molécules de sel anhydre. Toutefois la quantité d'eau ainsi combinée varie en général avec la température. Le sulfate de soude, par ex., retient 10 molécules d'eau, quand on le fait cristalliser dans une dissolution aqueuse à la température ordinaire, tandis qu'à une température supérieure à 34°, il se dépose à l'état anhydre. L'*eau de constitution* de certains sels est l'eau qu'ils ne perdent qu'en changeant de constitution. Ainsi, par ex., la composition du phosphate de soude ordinaire est représentée par la formule $PO^4HNa^2 + 12H^2O$. Si, au moyen de la chaleur, on lui enlève ces 12 molécules d'eau, on n'altère en rien sa constitution, et le sel mis en présence de l'eau s'y redissout de nouveau, reprend l'eau qu'il a perdue et se reproduit tel qu'il était d'abord. Mais si on le chauffe au point de faire partir une nouvelle molécule d'eau, le sel est transformé en pyrophosphate $P^2O^7Na^4$, de telle sorte que, lorsqu'on le redissout dans l'eau, il donne par l'évaporation un produit tout différent. Il ne faut pas confondre avec l'eau de constitution qui fait réellement partie de la molécule intégrante du sel, ou même avec l'eau de cristallisation qui est unie en proportions définies avec les éléments du sel, l'eau qui se trouve simplement interposée entre les lamelles cristallines, comme entre les grains d'un tas de sable : celle-ci n'existe qu'à l'état de simple mélange et peut s'enlever, soit en pressant le sel entre deux feuilles de papier à filtrer, soit en l'exposant dans le vide. — Lorsqu'on abandonne un sel au contact de l'atmosphère, il peut se comporter de deux manières différentes. Certains sels, comme le carbonate de potasse, absorbent la vapeur d'eau atmosphérique et se dissolvent graduellement dans l'eau qu'ils ont condensée ; en même temps, ils augmentent de poids : ces sels sont dits *déliquescents*. Les chimistes mettent à profit cette propriété des sels déliquescents pour dessécher les gaz : on emploie surtout dans ce but le chlorure de calcium, comme le plus avide d'eau de tous les sels connus. Au contraire des sels déliquescents, il en existe d'autres qui ont la propriété de laisser dégager, au contact de l'air, leur eau de cristallisation, et qui, en conséquence, perdent de leur poids. Par suite de cette modification, la matière saline se désagrège, et il se fait à la surface du corps cristallin comme un dépôt farineux. Les sels qui présentent cette propriété sont dits *efflorescents* : tel est le sulfate de soude. Il est d'ailleurs facile de comprendre que la *déliquescence* et l'*efflorescence* sont des propriétés relatives, qui se manifestent avec plus ou moins d'activité suivant l'état hygrométrique de l'atmosphère. Il n'y aurait point de substance déliquescente dans un air parfaitement sec; et il n'y aurait point de substance efflorescente dans un air complètement saturé de vapeur d'eau.

E. *Solubilité.* — La solubilité des sels dans l'eau est très variable : en effet, il y en a qui sont presque complètement insolubles; plusieurs exigent quelques centaines de fois leur poids d'eau pour se dissoudre; la plupart se dissolvent en proportion considérable; quelques-uns même sont solubles dans un poids d'eau moindre que le leur. En général, plus la température est élevée, plus la quantité de sel que dissout l'eau est considérable. Cependant un petit nombre de sels, comme le butyrate et le citrate de chaux, sont plus solubles à froid qu'à chaud, et leur solution saturée à froid se trouble quand on la chauffe. La solubilité du sulfate de soude anhydre croît jusqu'à 33°, puis va en diminuant. Le sel marin est presque aussi soluble à froid qu'à chaud. Pour l'azotate de potasse, au contraire, la solubilité augmente très rapidement lorsque la température s'élève; l'eau à 0° dissout 13 parties de ce sel, tandis qu'à 100° elle en dissout 246 parties. — Lorsqu'on veut déterminer la solubilité d'un sel à une température donnée, on dissout un excès de ce sel dans un certain poids d'eau, à une température supérieure à celle que l'on a en vue; puis on laisse redescendre celle-ci au point voulu, et, le sol en excès se déposant alors, la liqueur reste saturée. Mais il faut avoir soin d'agiter la liqueur, car les dissolutions même sursaturées peuvent ne pas déposer de cristaux, quand elles restent immobiles; c'est le phénomène connu sous le nom de *sursaturation*. Il peut même arriver que l'agitation de la dissolution soit insuffisante pour faire déposer le sel; mais alors on n'a qu'à projeter dans la liqueur un fragment de cristal identique avec le sol dissous pour que l'excès de ce dernier se dépose immédiatement. — L'eau saturée d'un sel peut encore en dissoudre un autre; bien plus, sa capacité de saturation peut être augmentée par la présence du premier : c'est ainsi que l'eau saturée de chlorure de sodium dissout une plus grande quantité d'azotate de potasse que l'eau pure. D'autres fois, la capacité de saturation pour un second sel est diminuée; dans d'autres cas encore, elle reste la même. Au reste, lorsqu'on abandonne à elle-même une dissolution de plusieurs sels différents, ils cristallisent dans l'ordre de leur solubilité, c.-à-d. que les moins solubles cristallisent les premiers. Aussi emploie-t-on fréquemment la cristallisation pour séparer d'une substance saline les divers sels qui altèrent sa pureté. — Enfin, quand on fait dissoudre un sel dans l'eau, on observe toujours, soit un abaissement, soit une élévation de la température du liquide. Si le sel est anhydre et doué d'une affinité plus ou moins grande pour l'eau, il se produira, par le fait de sa combinaison avec elle, un dégagement de chaleur. Si, au contraire, le sel contient déjà toute la quantité d'eau qu'il peut prendre, sa dissolution détermine un abaissement de température. Le même phénomène a également lieu, lorsqu'on dissout un sel anhydre, quand celui-ci ne fixe point d'eau de cristallisation. Cette production de froid est due à l'absorption de chaleur déterminée par la désagrégation du sel qui, en se dissolvant, passe de l'état solide à l'état liquide. On utilise souvent cette absorption de chaleur produite par la dissolution de certains sels pour obtenir ce qu'on appelle des *mélanges réfrigérants.* Voy. Froid.

F. *Action de la chaleur et de l'électricité.* — Les phénomènes que détermine dans les sels l'influence de la chaleur dépendent de la nature de l'acide et de celle de la base. Les sels qui sont composés d'un acide et d'un oxyde formés directement l'un et l'autre à une haute température, résistent en général à l'action d'une très forte chaleur. Cependant, lorsque celle-ci est portée assez haut, il arrive le plus souvent, non seulement que l'acide et la base se séparent, mais encore que l'un et l'autre se décomposent. Si les sels renferment un acide très volatil, les combinaisons de l'acide carbonique avec les bases, l'acide et la base se séparent, au contraire, sans se décomposer. Certains sels *décrépitent* quand on les soumet à l'action de la chaleur. Ce phénomène s'observe surtout dans les sels anhydres, quand leurs cristaux contiennent de l'eau, pour ainsi dire, mécaniquement interposée. Il n'y a pas de décrépitation au-dessous de 100°, c.-à-d. au-dessous de la température à laquelle l'eau se vaporise en brisant les obstacles qu'elle rencontre. En général, lorsqu'on soumet à l'action de la chaleur un sel très stable qui contient de l'eau de cristallisation, il se fond à une température peu élevée, c.-à-d. qu'il se dissout dans son eau même de cristallisation : c'est ce qu'on appelle la *Fusion aqueuse.* Quelques-uns, si l'on continue de les chauffer, peuvent, après s'être complètement déshydratés et après la vaporisation de l'eau dans laquelle ils s'étaient fondus, éprouver une seconde fusion,

qu'on nomme *Fusion ignée.* Les sels anhydres ne peuvent éprouver que la fusion ignée.

Le courant de la pile décompose tous les sels quand on les a amenés à l'état liquide, soit par dissolution dans l'eau, soit par fusion. Nous avons dit ci-dessus (A) comment s'effectue cette décomposition. Voy. aussi Électro-chimie.

G. *Lois de Berthollet.* — On désigne sous ce nom les expressions générales qui représentent l'ensemble des réactions qui se produisent lorsqu'on met en présence d'un sel, soit un acide, soit une base, soit un autre sel. Sauf dans un très petit nombre de cas, les règles énoncées par Berthollet sont d'accord avec les principes de la thermochimie et permettent de prévoir les réactions. Nous allons les exposer sommairement, en les accompagnant d'exemples qui aideront à les faire comprendre.

Action des acides sur les sels. — Si l'acide réagissant est identique avec celui que renferme le sel, il peut arriver trois cas : 1° il ne se produit aucune action : c'est ce qu'on observe quand on fait agir de l'acide sulfurique étendu sur le sulfate de baryte; 2° le sel se combine avec une nouvelle quantité d'acide, de manière à former un sel avec excès d'acide : ainsi, par ex., si l'on mêle de l'acide sulfurique à du sulfate de potasse, il se forme du bisulfate de potasse; 3° la dissolution du sel se trouve facilitée : tel est le cas de l'azotate de potasse qui se dissout plus facilement dans l'eau chargée d'acide azotique que dans l'eau pure; mais, si l'on évapore la liqueur, l'azotate cristallise sans altération. — Si l'acide réagissant est différent de celui qui existe dans le sel, il y aura décomposition dans les circonstances que nous allons indiquer. 1° Il y a *décomposition lorsque l'acide versé dans la dissolution du sel peut former avec la base de ce dernier une combinaison insoluble.* Lorsque, par ex., on verse de l'acide sulfurique dans une dissolution d'azotate de baryte, il se produit immédiatement du sulfate de baryte qui se précipite sous forme de poudre blanche, tandis que l'acide azotique reste dissous dans la liqueur. Mais lorsque l'acide ajouté forme avec la base du sel dissous un sel soluble et que la réaction a lieu dans une quantité d'eau assez grande pour maintenir les deux sels en dissolution, la base se partage entre les deux acides et il se produit un équilibre chimique. Voy. Équilibre. Si le nouveau sel produit est moins soluble que le sel primitif, il suffira d'évaporer la liqueur jusqu'au point où le nouveau sel ne pourra plus rester en dissolution : alors ce dernier se déposera. C'est ce qu'on voit quand on verse de l'acide sulfurique dans une dissolution étendue d'azotate de potasse. Rien ne se sépare d'abord; mais si l'on chauffe la liqueur pour la concentrer, il se dépose bientôt du sulfate de potasse cristallisé, tandis que l'acide azotique reste dissous. Des réactions semblables ont lieu entre les hydracides et les sels : elles sont déterminées par la même circonstance de l'insolubilité. 2° Il y a *décomposition du sel dissous toutes les fois que l'acide qui contient ce sel est peu soluble.* Si, par ex., on verse de l'acide sulfurique ou de l'acide azotique dans une dissolution concentrée de borate de soude, il se forme du sulfate ou de l'azotate de soude, et l'acide borique se précipite en petites paillettes cristallines. Dans le cas où la liqueur est assez étendue pour que l'acide borique puisse rester en dissolution, la décomposition se manifeste pas par des caractères apparents. Cependant elle a réellement lieu, ainsi qu'on le constate au moyen de la réaction produite par la dissolution sur le papier de tournesol. 3° Il y a *décomposition du sel dissous toutes les fois que l'acide qu'on fait intervenir est moins volatil que celui du sel.* L'acide carbonique est gazeux à la température ordinaire, et en outre peu soluble dans l'eau. L'acide azotique, dissous dans l'eau, ne bout qu'au-dessus de 100°; par conséquent, il chassera aisément l'acide carbonique, même à froid, et, en effet, il décompose tous les carbonates. L'acide chlorhydrique est gazeux à la température ordinaire; mais il est très soluble dans l'eau sa dissolution bout à 100° : il doit donc chasser l'acide carbonique, et, en effet, il décompose les carbonates. L'acide sulfurique bouillant à 325°, on comprend qu'à son tour il devra facilement décomposer les azotates et chasser l'acide azotique en se substituant à lui. De même l'acide phosphorique, qui ne se réduit en vapeur qu'à la température du rouge vif, chassera, avec l'aide de la chaleur, l'acide sulfurique hydraté. Enfin, l'acide borique et l'acide silicique ne se volatilisant qu'à de très hautes températures, ils devront pouvoir décomposer tous les autres acides, même les sulfates et les phosphates, sous l'influence d'une chaleur très intense : c'est ce qui a lieu en effet. On voit par ces différents exemples que les réactions exercées sur un sel par les divers acides dépendent principalement des circonstances, et notamment de la concentration de l'acide et de la température. La nature du liquide au sein duquel s'accomplissent ces réactions exerce aussi sur elles une influence considérable, à ce point même que, selon la nature du dissolvant, la décomposition peut être inverse. Ainsi, par ex., si l'on verse de l'acide acétique dans une dissolution aqueuse de carbonate de potasse, l'acide carbonique se dégage avec effervescence. Maintenant dissolvons dans l'alcool concentré l'acétate de potasse que nous venons d'obtenir, et faisons passer dans la dissolution de l'acide carbonique; ce dernier se substituera à l'acide acétique, et nous aurons reformé le carbonate de potasse. Cette décomposition inverse de la précédente tient à ce que le carbonate de potasse est insoluble dans l'alcool concentré. *4° Lorsque l'acide réagissant et celui du sel dissous sont tous deux gazeux en même temps que peu solubles dans l'eau, et si de plus leurs affinités pour la base de ce sel diffèrent peu, l'acide qui est en plus forte proportion chasse l'autre.* C'est ainsi qu'en faisant passer un courant d'acide carbonique à travers la dissolution d'un sulfure alcalin, on parvient à chasser tout l'acide sulfhydrique et à transformer le sulfure en carbonate. Réciproquement, si l'on fait passer un courant d'acide sulfhydrique à travers la dissolution d'un carbonate alcalin, il se produit une décomposition partielle de ce dernier. Enfin, si l'on emploie une quantité d'acide sulfhydrique de beaucoup supérieure à celle qui serait nécessaire pour saturer la base du sel, on chassera complètement l'acide carbonique, et le carbonate sera transformé en sulfure.

Action des bases sur les sels. — Lorsque la base ajoutée à la dissolution d'un sel est de même nature que la base de ce sel, son action est nulle, sauf dans le cas où elle peut donner lieu à un sel plus basique que le sel primitif. Ainsi, quand on ajoute de la potasse à une dissolution de bisulfate ou de bicarbonate de potasse, on obtient un sulfate ou un carbonate neutre. — Si la base ajoutée à la dissolution est différente de celle du sel, il y a souvent décomposition de ce dernier et formation d'un sel nouveau. Au reste l'action des bases est tout à fait analogue à celle des acides. *1° Il y a décomposition du sel dissous lorsque la base ajoutée peut former un sel insoluble avec l'acide du sel.* Par ex., quand on verse de la baryte dans une dissolution de sulfate de potasse, il se fait aussitôt un précipité de sulfate de baryte, et la potasse caustique reste dissoute dans la liqueur. De même, le carbonate de potasse en dissolution étendue est décomposé par la baryte, et il se précipite du carbonate de baryte. L'état de concentration de la liqueur exerce une influence considérable sur ces décompositions. En effet, si l'on fait bouillir le carbonate de baryte avec une dissolution concentrée de potasse caustique, on lui enlève une proportion notable d'acide carbonique, et il se forme du carbonate de potasse. *2° Il y a encore décomposition lorsque, la base qu'on ajoute étant soluble, celle qui existe dans le sel est insoluble.* C'est ce qu'on observe quand on verse une dissolution de potasse caustique dans une dissolution contenant d'azotate de chaux : la chaux se sépare en vertu de sa faible solubilité, tandis que l'azotate de potasse reste dissous dans la liqueur. De même la potasse décompose l'azotate de plomb dissous, et il se précipite de l'hydrate de plomb. Cette réaction a lieu avec tous les sels formés par les oxydes métalliques insolubles. *3° Lorsque la base ajoutée est plus fixe que celle du sel en dissolution, elle expulse ordinairement cette dernière,* surtout sous l'influence de la chaleur. C'est ainsi que la chaux expulse aisément l'ammoniaque de ses combinaisons.

Action réciproque des sels les uns sur les autres. — Lorsqu'on mêle deux sels ensemble, parfois il n'y a pas d'action apparente de l'un sur l'autre, et l'on retrouve chacun d'eux, en évaporant la dissolution. D'autres fois, les deux sels se combinent en produisant un *sel double* : c'est ainsi que l'on obtient un sulfate double d'alumine et de potasse, lorsqu'on mêle ensemble une dissolution de sulfate d'alumine avec une dissolution de sulfate de potasse. Mais fort souvent, il y a décomposition mutuelle des deux sels mis en présence. Dans ce cas, tantôt on fait réagir les deux sels l'un sur l'autre à l'état sec et sous l'influence de la chaleur, tantôt on les fait réagir au sein d'une dissolution aqueuse. — Lorsqu'on procède par la *voie sèche,* c.-à-d. lorsqu'on soumet à une température plus ou moins élevée un mélange de deux sels parfaitement desséchés, *si ces sels ont un acide commun et des bases différentes,* on obtient souvent des sels doubles parfaitement définis, lesquels cristallisent pendant le refroidissement. C'est par cette méthode qu'on prépare un grand nombre de silicates doubles, de chlorures doubles, etc. Lorsque le composé résultant de cette réaction est insoluble

dans l'eau, le contact de ce liquide ne l'altère aucunement; mais, quand il est soluble, il arrive ordinairement, si l'on essaye de le dissoudre, que la combinaison se défait; alors les deux sels cristallisent isolément. *Si les deux sels ont des acides et des bases différents,* il y a décomposition réciproque, lorsque, par l'échange mutuel des bases, il peut se former un nouveau sel plus volatil que les deux sels primitifs. C'est ainsi que, lorsqu'on chauffe du sulfate d'ammoniaque avec du chlorure de sodium, il se sublime du chlorhydrate d'ammoniaque, lequel est beaucoup plus volatil que l'un et l'autre des sels mélangés. — Lorsqu'on procède par la *voie humide,* c.-à-d. par le mélange de deux dissolutions salines, les phénomènes observés sont analogues à ceux que nous venons de définir. *1° Lorsqu'on mêle ensemble deux sels en dissolution qui peuvent, par échange mutuel de leurs acides et de leurs bases, donner naissance à un sel insoluble, il y a toujours double décomposition, et le sel insoluble se précipite.* C'est, par ex., ce qui a lieu quand on verse une dissolution de sulfate de potasse dans une dissolution d'azotate de baryte. Il se forme à l'instant du sulfate de baryte qui se précipite, tandis que l'azotate de potasse produit reste dans la liqueur. *2° Il y a aussi double décomposition, lorsque, par l'échange des acides et des bases, il peut se former un sel notablement moins soluble que les deux sels primitifs.* Mais, dans ce cas, il importe de ne pas oublier que l'ordre relatif de solubilité des sels peut changer avec la température, de sorte qu'en faisant cristalliser les liqueurs à des températures différentes, on peut obtenir des décompositions inverses. Supposons, par ex., que nous ayons fait dissoudre dans l'eau du sulfate de magnésie et du chlorure de sodium en proportions telles que chacun des acides puisse saturer exactement chacune des bases. La dissolution contiendra en réalité les éléments de quatre sels neutres, savoir : chlorure de sodium, sulfate de soude, sulfate de magnésie, et chlorure de magnésium. Si l'eau est à 10° ou à une température inférieure, le sulfate de soude étant le moins soluble de ces quatre sels, c'est lui qui se précipitera graduellement comme s'il était insoluble, et il restera dans la liqueur du chlorure de magnésium. Mais si la température de la dissolution est 20°, c'est le chlorure de sodium qui se déposera, comme étant le moins soluble à cette température, et le sulfate de magnésie restera dans la liqueur. Ainsi, avec la même dissolution, on peut obtenir à volonté, suivant qu'on l'évapore à chaud ou à froid, du chlorure de sodium et du sulfate de magnésie, ou du sulfate de soude et du chlorure de magnésium. — Enfin, nous terminerons en exposant le principe établi par Dulong : *Toutes les fois que la base d'un sel insoluble peut former un sel insoluble avec l'acide du sel soluble réagissant, il y a décomposition du sel insoluble primitif.* C'est ainsi que les sulfates de baryte, de strontiane, de chaux, etc., ainsi que les phosphates et les silicates insolubles, sont décomposés quand on les fait bouillir longtemps avec une dissolution de carbonate de potasse ou de soude en grand excès. Il se forme alors des carbonates de baryte, de strontiane, de chaux, etc., et la liqueur renferme la base alcaline combinée avec l'acide du sel primitif insoluble. Par la voie sèche, la même décomposition s'opère avec beaucoup plus de facilité.

II. SEL COMMUN. — Le *Sel commun,* *Sel marin* ou *Sel de cuisine,* appelé d'abord par les chimistes *Muriate,* puis *Hydrochlorate de soude,* et actuellement *Chlorure de sodium,* est un des corps les plus répandus dans la nature, et en même temps de ceux qui ont reçu le plus d'applications. Ce composé, à l'état de pureté, contient, pour 100 parties, 39,35 de sodium et 60,65 de chlore; en conséquence, on le représente par la formule NaCl. Dans cet même état, il est blanc et cristallise en cubes qui se groupent généralement en trémies. Sa densité à 0° est 2,15. Il fond au rouge et se volatilise lentement au rouge blanc. Il est soluble dans l'eau; mais la solubilité n'augmente guère avec la température. Ainsi 100 parties de sel exigent 278 parties d'eau à 14° pour se dissoudre, et 248 parties à la température de 109°,7 qui est le point d'ébullition de la solution saturée. Cette solution ne se congèle qu'à — 21°. Le sel cristallisé est anhydre, mais renferme ordinairement de l'eau mécaniquement interposée que le feu fait décrépiter sous l'action de la chaleur. Le sel n'est pas déliquescent, et si celui-ci commence à s'altérer au contact de l'air, c'est qu'il est mêlé à des sels très avides d'humidité. Le sel commun est employé de temps immémorial dans l'alimentation de l'homme et des animaux; mais les modernes ont beaucoup augmenté le nombre de ses applications. Ainsi, par ex., on s'en sert pour conserver les substances alimentaires (viandes, poisson, etc.), pour fabriquer la soude artificielle, pour préparer le chlore et le sel ammoniac, pour vernir certaines poteries, pour amender les terres froides et tourbeuses, etc. — Nous avons dit que le sel est un des corps les plus répandus dans la nature. En effet, on le rencontre en couches ou en amas considérables dans le sein de la terre, en dissolution dans les eaux de certains lacs et de certaines sources, mais il existe surtout en quantité prodigieuse à l'état de dissolution dans les eaux de mer.

A. *Sel gemme.* — Le sel qui existe dans le sein de la terre est généralement connu sous les noms de *Sel gemme* et de *Sel de roche.* On le trouve indistinctement dans le trias, dans le lias, dans la craie et dans les terrains tertiaires. Il est souvent cristallisé en cubes à clivage facile; parfois il est lamellaire, et ses lames s'entrecroisent dans tous les sens. Dans le premier cas, il est transparent ou d'un blanc laiteux. Dans le second, il est ordinairement coloré en gris ou en brun par un peu de bitume, ou en rouge par de l'oxyde de fer. Il présente aussi quelquefois une coloration violette, bleue, verte ou jaune, qu'il doit à des argiles, à de l'oxyde de manganèse, ou à des matières d'origine organique. Enfin, presque toujours, il renferme un peu de chlorure de potassium. Il existe des mines de sel gemme dans toutes les parties du monde. En Europe, les plus célèbres sont celles de Wieliczka et de Bochnia, près de Cracovie, qui occupent une longueur souterraine de plus de 100 myriamètres sur une largeur maximum de 20, et que l'on exploite aujourd'hui à une profondeur de 400 mètres au-dessous de la surface du sol. « C'est, dit Girardin, une succession de vastes souterrains, une ville immense avec ses rues, ses places publiques, ses cabanes pour les mineurs et leurs familles, dont plusieurs centaines y sont nés et y finissent leurs jours. Il y a des chapelles pour le service du culte, et plusieurs des galeries sont plus élevées et plus larges que des églises. Un grand nombre de lumières y sont toujours entretenues, et leur flamme réfléchie de toutes parts sur les murs de sel, les font paraître, tantôt clairs et étincelants comme le cristal, tantôt brillants des plus belles couleurs. La quantité de sel qu'on a extrait de ces mines depuis leur découverte vers le milieu du XIII° siècle, s'élève à plus de 600 millions de quintaux » Les grands gisements de Stassfurt ne sont exploités que depuis une cinquantaine d'années; on en extrait non seulement du sel marin, mais encore d'énormes quantités de sels de potassium. Voy POTASSIUM I et III. Dans les mines de Cardona, en Catalogne, la partie la plus curieuse est une montagne de sel qui a plusieurs centaines de mètres de hauteur En France, on ne connaît guère que 13 mines ou dépôts de sel gemme, dont 9 seulement sont exploitées Elles sont situées dans les départements du Jura, de la Haute-Saône, de Meurthe-et-Moselle, de l'Ariège et des Basses-Pyrénées. Les plus riches étaient celles de la vallée de la Seille, aux environs de Dieuze, où elles offrent 13 couches superposées ayant une épaisseur totale de 68 mètres; aujourd'hui ces mines sont en grande partie sur le territoire de l'Alsace-Lorraine. — Le sel gemme s'exploite de deux manières différentes. Quand il est pur et qu'il se présente en bancs d'une certaine épaisseur, on l'extrait en blocs plus ou moins volumineux, qu'on pulvérise ensuite pour les livrer au commerce : c'est le procédé que l'on suit à Wieliczka, à Cardona et à Dieuze. Dans le cas contraire, on a recours à la méthode de *dissolution*, qui consiste à faire arriver de l'eau douce dans la mine, d'où on la retire ensuite, quand elle est saturée, au moyen de pompes ou de siphons. Il ne reste plus alors qu'à concentrer cette eau ou la chauffant dans des chaudières, pour en obtenir le produit solide. Cette méthode est surtout usitée dans la Souabe et le pays de Salzbourg.

B. *Sources salées.* — Ces sources proviennent d'eaux d'infiltration qui, dans leur course, ont rencontré des bancs de sel gemme On les trouve le plus souvent dans les marnes, le grès bigarré, le calcaire coquillier, et quelquefois dans le lias Ces sources sont très répandues en Allemagne. En France, elles sont disséminées dans les départements du Doubs, du Jura, de Meurthe-et-Moselle, de l'Ariège, des Basses-Pyrénées et des Basses-Alpes. Elles sont en général inexploitables quand elles contiennent moins de 3 pour 100 de sel. Lorsque les eaux sont très chargées, on les fait évaporer immédiatement dans de grandes chaudières de fer, très larges et peu profondes. Quand elles en contiennent très peu, on leur fait subir une concentration préliminaire, en les évaporant à l'air. Cette première opération se fait au moyen d'appareils appelés *bâtiments de graduation* (Fig 1). Ce sont tout simplement des murs formés de fagots d'épines, retenus par des châssis de charpente et recouverts d'un toit Chaque mur repose sur un terrain glaisé circonscrit

par une enceinte de maçonnerie; sa section présente un trapèze long de 200 à 500 mètres, haut de 12, et large de 1, la base, mais seulement de 3 au sommet. L'eau est élevée par des pompes dans un canal qui occupe toute la longueur de la partie supérieure de la construction, et qui est criblé de petites ouvertures. En s'échappant par ces ouvertures et s'égouttant à travers les fagots, l'eau subit une évaporation considérable, de sorte qu'elle se trouve notablement concentrée, quand elle arrive à la fin de sa course, c.-à-d. dans l'enceinte inférieure. On répète cette opération jusqu'à ce que

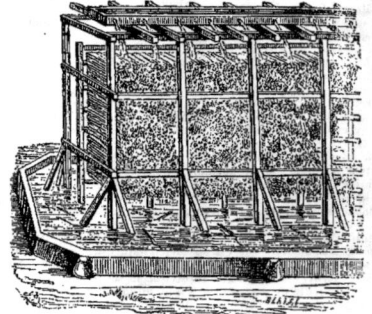

Fig 1.

l'eau contienne de 14 à 22 pour 100 de sel. Alors on l'introduit dans des chaudières pour achever l'évaporation Au commencement de l'ébullition, il se fait un dépôt, qu'on appelle *Schlot* (d'où cette partie de l'opération a reçu le nom de *Schlotage*), et qui est principalement composé d'un sulfate double de soude et de chaux. On enlève de temps en temps ce dépôt, et, au bout de 15 à 20 heures de feu, le sel commence à se déposer On procède alors au *Salinage*, c.-à-d. qu'on ramasse, à l'aide de râbles, le sel à mesure qu'il se montre, et on le jette dans des paniers où il s'égoutte. Cela fait, on le porte dans une étuve, où il se dessèche entièrement On ne prolonge jamais le salinage jusqu'à la complète évaporation de l'eau des chaudières, parce que les dernières portions, qui sont toujours impures, donneraient des produits trop chargés de chlorures de magnésium, de sodium et de sulfate de magnésie, substances que le schlotage ne peut faire déposer. Le sel obtenu des sources salées est toujours très blanc et assez pur pour être livré immédiatement au commerce.

C. *Sel extrait de la mer* — L'extraction du sel des eaux de la mer se fait par évaporation. A cet effet, on recueille une certaine quantité d'eau de mer dans des bassins construits exprès sur la plage, et qu'on appelle *Marais salants* dans l'Ouest de la France et *Salins* dans le Midi; puis on l'y fait évaporer par l'action combinée des rayons du soleil et des courants d'air. La France possède 82 marais salants, qui occupent une surface de 24,248 hectares, et sont situés : 1 sur les côtes de la Manche, dans le département d'Ille-et-Vilaine; 36 sur les bords de l'Océan, dans les départements du Morbihan, de la Loire-Inférieure, de la Vendée et de la Charente-Inférieure; et enfin 45 sur les côtes de la Méditerranée, dans les départements des Pyrénées-Orientales, de l'Aude, de l'Hérault, du Gard, des Bouches-du-Rhône, du Var et de la Corse. La disposition des marais salants est un peu différente sur les côtes de l'Océan et sur celles de la Méditerranée. Mais nous décrirons de préférence ces derniers, parce que leur aménagement est plus favorable à l'évaporation. L'eau de la mer A (Fig. 2) est amenée, soit à l'aide de pentes, si le salin est établi à un niveau inférieur à celui de la Méditerranée, soit à l'aide de machines hydrauliques, quand le contraire a lieu, dans un vaste bassin B, qui sert de réservoir et où les eaux subissent une première évaporation Ce bassin (dont on ne voit que l'extrémité) doit avoir la plus grande étendue possible et peu de profondeur, afin que la masse d'eau présente une plus grande surface à l'action de l'air et des rayons solaires. De ce réservoir, l'eau s'écoule lentement dans une série de petits bassins rectangulaires

C, C, C, C, moins profonds que ce dernier, où elle continue de se concentrer. Après avoir parcouru ces bassins, les eaux se rendent dans la rigole D, qui les conduit à la grande puits V, appelés *puits des eaux vertes*. Elles sont ensuite reprises par des pompes aspirantes ou d'autres machines hydrauliques, et versées dans la rigole E, qui les amène dans de nouveaux bassins H, qu'on nomme *chauffoirs intérieurs*, ou *partènement intérieur*, dans lesquels l'évaporation se continue. De ces bassins, l'eau passe dans un nouveau bassin K, appelé *maîtresse pièce*, d'où on la fait couler par la rigole I dans de nouveaux puits S, appelés *puits de l'eau en sel*. Déjà l'eau marque 22° à 24° à l'aréomètre de Baumé et commence à saliner. Des pompes élèvent les eaux en sel des puits S et les amènent dans de nouveaux bassins d'évaporation T, T, T, beaucoup plus petits que les premiers et qui sont désignés sous le nom de *tables salantes*. Une même rigole L, L, L, qui règne autour de l'emplacement des tables, reçoit l'eau élevée par les pompes, et celle-ci se distribue sur les tables par l'intermédiaire de petites rigoles

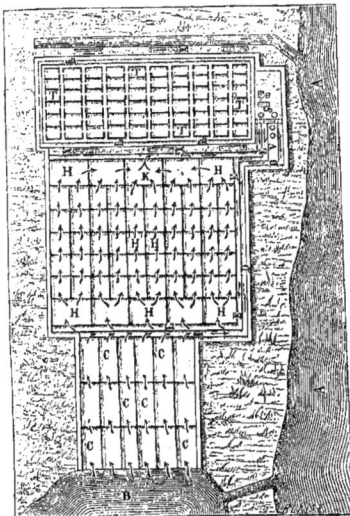

Fig. 2.

transversales, appelées *aiguilles*. C'est dans les tables que la couche liquide, qui alors ne doit pas avoir plus de 5 à 6 centimètres de hauteur, dépose le sel qu'elle contient. Quand elle a abandonné la plus grande partie de ce sel, on fait écouler les eaux mères par un canal qui les ramène à la mer, si l'on ne veut pas les exploiter davantage, et on laisse arriver sur les tables une nouvelle couche d'eau. L'eau est ainsi renouvelée tous les jours ou tous les deux jours, pendant la belle saison, c.-à-d. d'avril à septembre. Lorsque le dépôt de sel abandonné sur les tables a atteint une épaisseur de 1 à 5 centimètres, on procède à la récolte : on appelle cette opération le *Levage*. A cet effet, on met à sec les tables salantes, on enlève le sel avec des pelles et l'on en fait des tas allongés X, X, X, qu'on nomme *Camelles*. Cette récolte n'a lieu que deux ou trois fois tout au plus, dans les cinq ou six mois de la campagne. Quand le sel s'est entassé en camelles a été suffisamment débarrassé des eaux mères par un long égouttage, il est généralement très pur et il se présente en masses fortement agrégées et formées de cristaux très blancs et très volumineux. — Le sel obtenu par le procédé usité dans les salins de l'Océan est bien moins beau. Il est sous forme de petits cristaux grisâtres, d'où le nom de *Sel gris* sous lequel

DICTIONNAIRE ENCYCLOPÉDIQUE. — T. VIII.

on le désigne dans le commerce. Il doit cette coloration à des particules de terre provenant des bassins, parce que la on enlève presque chaque jour le sel déposé. De plus, il contient presque toujours une certaine quantité de matières étrangères. Voici, du reste, la composition de sel provenant des marais salants de l'Ouest et de celui qu'on obtient dans les salins du Midi :

	Sel gris de Bretagne	Sel de la Méditerranée
Chlorure de sodium.	87,97	95,11
Chlorure de magnésium. . . .	4,58	0,23
Sulfate de magnésie	0,50	1,30
Sulfate de chaux	1,65	0,91
Matières terreuses.	0,80	0,10
Eau	7,50	2,35

Pour convertir le sel gris en *sel blanc* ou en sel presque pur, on est obligé de le *laver* ou de le *raffiner*. Dans certaines localités, on se contente de laver le sel brut avec de l'eau déjà saturée de sel, après quoi on l'égoutte et on le fait sécher dans des étuves. Dans d'autres, et c'est ainsi que l'on prépare le sel très blanc et très fin destiné à l'usage de la table, on dissout le sel gris dans de l'eau ordinaire, on précipite avec de la chaux la magnésie contenue dans la dissolution, on filtre cette dernière, et l'on termine en la faisant évaporer dans de grandes chaudières à fond plat chauffées à la houille. Ce dernier mode de procéder constitue le *Raffinage* proprement dit.

Dans quelques parties des départements de la Manche, du Calvados et des Côtes-du-Nord, il existe de petites exploitations de sel, appelées *Laveries*, où cette substance s'obtient par une méthode toute différente de celle que nous venons de faire connaître. Pendant les basses mers, on ramasse le sable du rivage; on le lessive, dans des caisses de bois, avec de l'eau de mer, ce qui donne une liqueur très concentrée. Alors on évapore celle-ci jusqu'à siccité dans des bassins de plomb chauffés avec du bois. Cela fait, on met la masse saline ainsi obtenue dans des paniers qu'on tient suspendus au-dessus des bassins durant la concentration suivante. Le sel humecté par la vapeur aqueuse abandonne la presque totalité de ses sels déliquescents. Enfin, on le conserve en magasin plusieurs mois avant de le livrer à la consommation, et, pendant ce temps, il perd encore de 20 à 28 pour 100. Le sel obtenu par cette méthode est très blanc, très divisé et comme neigeux : on le désigne sous le nom de *sel ignifère*. — Nous citerons encore un procédé usité dans quelques pays froids où la rigueur du climat ne permet pas la pratique des marais salants. Il consiste tout simplement à extraire l'eau de mer par la congélation. Comme l'eau salée jouit de la propriété de ne se solidifier qu'à une température de beaucoup inférieure à celle qui est nécessaire pour congeler l'eau ordinaire, on conçoit que si l'on expose l'eau de mer à un certain refroidissement, elle doit se partager en deux parties, l'une solide, qui est de l'eau pure; l'autre liquide, qui est de l'eau très chargée de sel. Si donc on enlève les glaçons, et qu'on répète plusieurs fois l'opération, on obtient une liqueur très concentrée, d'où il est ensuite facile de retirer par une simple évaporation au feu le sel qu'elle contient. Mais le sel ainsi obtenu est fort impur; il a donné à l'analyse : Chlorure de sodium, 74,84; Chlorure d'aluminium, 1,17; Chlorure de calcium, 5,21; Chlorure de magnésium, 3,58; Sulfate de soude, 15,20

D. *Traitement des eaux mères*. — Autrefois on laissait perdre les *eaux mères* des marais salants, c.-à-d. les eaux qui proviennent des tables après avoir déposé le chlorure de sodium, et on les rejetait lorsqu'elles commençaient à déposer du sulfate de magnésie avec le sel marin. Balard a donné des procédés industriels pour utiliser ces eaux mères, qui contiennent encore du sel commun, du sulfate de magnésie, du chlorure de magnésium et des sels de potassium. On recueille ces eaux et on les refroidit, soit en les exposant aux froids de l'hiver, soit à l'aide de machines réfrigérantes à ammoniaque. Il se produit alors, entre le sulfate de magnésie et le chlorure de sodium, une double décomposition donnant du chlorure de magnésium et du sulfate de soude. Ce dernier, étant peu soluble, se dépose en cristaux que l'on recueille. La liqueur retient en dissolution le chlorure de magnésium avec du chlorure de potassium et du sel marin. On la chauffe dans des chaudières; pendant l'ébullition elle dépose du sel marin très fin et très pur. Abandonnée ensuite au refroidissement, elle laisse cristalliser un chlorure double de potassium et de magnésium (Carnallite). En lavant ce sel avec la moitié de

772

son poids d'eau froide, on entraîne le chlorure de magnésium, et il reste du chlorure de potassium que l'on utilise pour la fabrication des sels de potasse. Les dernières eaux mères renferment non seulement du chlorure de magnésium, mais encore des bromures, et peuvent servir à la préparation du brome.

E. *Commerce.* — En 1890 la production du sel, dans le monde entier, dépassait 43 millions de tonnes. Sur ce total, la France avait fourni 842,000 tonnes. Parmi les autres États, les plus forts producteurs étaient : l'Angleterre, 2,445,000 tonnes; la Chine avec le Japon, environ 2,000,000; la Russie, 1,392,000; les États-Unis, 1,261,000; l'Allemagne, 1,050,000; l'Italie, 476,000; l'Autriche-Hongrie, 467,000; l'Espagne, 321,000.

Tout le monde sait qu'en France le sel est frappé d'un impôt très lourd. Nous avons parlé de cette taxe au mot CONTRIBUTION.

F. *Falsifications.* — C'est avec le plâtre cru réduit en poudre qu'on falsifie le plus habituellement cette substance. Pour reconnaître la falsification, on prend une quantité déterminée du produit suspect, et on la jette dans l'eau pure. Celle-ci dissout la matière saline, tandis que le plâtre ne change pas d'état et tombe au fond du vase. Il suffit donc de peser le dépôt pour savoir dans quelles proportions le plâtre entrait dans le mélange. D'autres fois, on mouille le sel afin d'augmenter son poids. Dans ce cas, on pèse une certaine quantité de sel, puis, après l'avoir fait sécher, on la pèse de nouveau. La différence des deux pesées décèle la fraude. Dans son état normal, le sel ne renferme pas plus de 8 pour 100 d'eau en moyenne; mais on peut y en introduire jusqu'à 18 pour 100.

III. — Certains sels étant encore quelquefois désignés sous les noms qu'ils avaient reçus dans le principe, en dehors de toute nomenclature scientifique, nous croyons utile de mentionner les plus usités. — *Sel d'absinthe*, Carbonate de potasse obtenu par l'incinération de la grande absinthe. — *Sel acide de borax*, l'Acide borique, Voy. BORE. — *Sel acide de tartre*, l'Acide tartrique, Voy. TARTRIQUE. — *Sels alcalins*, Sels des métaux alcalins (potassium, sodium, etc.). — *Sel alembroth*, Voy. MERCURE, VI. — *Sel ammoniac*, *Sel ammoniacal*, le Chlorhydrate d'ammoniaque, Voy. AMMONIAQUE. — *Sel d'Angleterre*, Voy. AGÉRIQUE. — *Sel de benjoin*, l'Acide benzoïque. — *Sel cathartique amer*, le Sulfate de magnésie. — *Sel de colcothar*, Sulfate ferrique. — *Sel de duobus*, Sulfate de potasse. Voy. POTASSIUM, IV, 5. — *Sel d'Egra* ou *Sel d'Epsom*, le Sulfate de magnésie. Voy. MAGNÉSIUM. — *Sel essentiel de tartre*, le Bitartrate de potasse. Voy. TARTRIQUE. — *Sel d'étain*, le Protochlorure d'étain. — *Sel fossile*, le Sel gemme ou Chlorure de sodium natif. — *Sel fusible de l'urine*, Voy. plus bas *Sel microcosmique*. — *Sel de Glauber*, et *Sel de Guindre*, le Sulfate de soude. Voy. SODIUM. — *Sel de Homberg* ou *Sel sédatif de Homberg*, l'Acide borique. Voy. BORE. — *Sel de Mars*, le Sulfate ferreux. — *Sel microcosmique*, Phosphate impur d'ammoniaque et de soude, qu'on obtenait autrefois en évaporant l'urine. — *Sel de nitre*, le Nitrate de potasse. Voy. POTASSIUM, IV, 4. — *Sel d'oseille* ou *Sel essentiel d'oseille*, Voy. OXALIQUE. — *Sel polychreste de Glaser*, le Sulfate de potasse. Voy. POTASSIUM, IV, 5. — *Sel de prunelle*, Azotate de potasse fondu, mêlé d'un peu de sulfate de potasse. — *Sel de la Rochelle*, le Tartrate double de potassium et de sodium. Voy. TARTRIQUE. — *Sel de Saturne*, l'Acétate de plomb. Voy. PLOMB, IV. — *Sel secret de Glauber*, le Sulfate d'ammoniaque. — *Sel sédatif*, l'Acide borique. — *Sel de Seditz*, le Sulfate de magnésie. Voy. MAGNÉSIUM. — *Sel de Seignette*, le Tartrate double de potassium et de sodium. Voy. TARTRIQUE. — *Sel de Sennert*, l'Acétate de potasse. — *Sel de soufre*, le Sulfate acide de potasse. — *Sel sulfureux de Stahl*, le Sulfite de potasse. — *Sel de Tartarie*, le Chlorhydrate d'ammoniaque. Voy. AMMONIAQUE. — *Sel de tartre*, Carbonate de potasse obtenu à l'aide de la crème de tartre. — *Sels terreux*, Sels dont la base est un oxyde métallique terreux, comme l'alumine, la chaux, etc. — *Sel végétal*, le Tartrate neutre de potasse. Voy. TARTRIQUE. — *Sel de vie*. Voy. MERCURE, VI. — *Sel de vinaigre*. Voy. ACÉTIQUE. — *Sel de vitriol*, Sulfate ferrique. — *Sel volatil d'Angleterre*, et *Sel volatil de corne de cerf*. Voy. AMMONIAQUE.

SÉLACHE. s. m. (gr. σέλαχος, cartilagineux). T. Icht. Genre de Poissons cartilagineux. Voy. SQUALE.

SÉLACIENS. s. m. pl. [Pr. *sélasi-in*] (gr. σέλαχος, cartilagineux). Les *Sélaciens* ou *Plagiostomes*, constituent le groupe le plus important de la grande section des Poissons cartilagineux. Les Sélaciens, de même que les Cyclostomes, diffèrent de toutes les autres espèces de la série ichthyologique par leurs branchies qui, au lieu d'être libres par leur bord externe et d'ouvrir toutes dans une poche commune, sont adhérentes par ce bord externe et par leurs écailles (*écailles placoïdes*) qui sont en parties formées par du tissu osseux. Ces Poissons offrent en outre les caractères suivants : les os palatins et postmandibulaires sont seuls armés de dents, et leur tiennent lieu de mâchoires; les os maxillaires ordinaires n'existent qu'à l'état de rudiment; un seul os, qui représente à la fois le tympanique, le jugal, le temporal et le préopercule, suspend ces mâchoires au crâne; l'os hyoïde est attaché au pédicule unique de cette pièce, il porte des rayons branchiostèges et des arcs branchiaux; mais il n'a aucune des trois pièces qui composent l'opercule. Enfin, les Sélaciens ont des nageoires pectorales et des ventrales : celles-ci sont situées en arrière de l'abdomen et des deux côtés de l'anus. Chez un grand nombre, il existe à la face supérieure de la tête deux ouvertures appelées *évents*, qui portent aux branchies l'eau nécessaire à la respiration, lorsque le poisson tient dans sa gueule une proie trop volumineuse. Les femelles ont des oviductes très bien organisés. Les unes sont ovovivipares; les autres pondent des œufs revêtus d'une coque dure et cornée. Dans les deux cas, la fécondation a lieu avant la ponte, et par intromission réelle. — Cette sous-classe comprend trois ordres : ceux des *Chimères* ou *Holocéphales*, des *Squales*, et des *Raies*. Voy. ces mots.

SÉLAGE. s. m. (lat. *selago*, plante sacrée chez les Druides; du gr. σέλαγέω, je brille). T. Bot. Genre de plantes Dicotylédones (*Selago*) de la famille des *Sélaginacées* Voy. ce mot.

SÉLAGINACÉES. s. f. pl. (R. *Sélago*). T. Bot. Famille de végétaux Dicotylédones de l'ordre des Gamopétales supérovariées.

Caract. bot. : Arbustes, rarement plantes herbacées. Feuilles alternes, rarement opposées, simples et sans stipules. Fleurs sessiles, en épi ou en capitule, avec de larges bractées. Calice tubuleux, persistant, à 5 divisions, régulier ou bilabié. Corolle tantôt régulière, tantôt bilabiée ou unilabiée, à 5 lobes, à préfloraison imbriquée. Étamines 4, ordinairement didynames, rarement 2; anthères à 2 loges, rarement uniloculaires. Pistil formé de 2 carpelles concrescents ou un ovaire à 2 loges, dont chaque loge contient, 2 ou 4 ovules anatropes pendants; rarement concrescents ou un ovaire uniloculaire ne renfermant qu'un ovule; style unique, filiforme; stigmate entier ou bilobé. Fruit : akène, diakène ou drupe. Graine solitaire renfermant un embryon dans l'axe d'un albumen charnu; radicule supère.

Cette famille se compose de 15 genres avec environ 220 espèces appartenant la plupart aux régions extratropicales de l'ancien continent; quelques-unes sont localisées en Australie. Les genres peuvent se grouper en trois tribus : Tribu I. — *Myoporées.* — Étamines à quatre sacs; carpelles fermés (*Myoporum*, *Pholidia*, *Eremophila*, etc.).

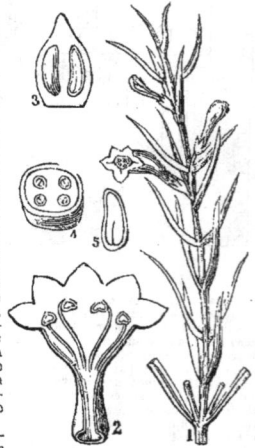

Fig. 1.

[Fig. 1. — 1. *Pholidia scoparia*, 2. Corolle ouverte; 3. Coupe verticale d'un fruit mûr; 4. Coupe transversale du même; 5. Coupe longitudinale d'une graine.].

TRIBU II. — *Sélaginées.* — Étamines à deux sacs ; carpelles fermés (*Selago, Hebenstreitia, Gymnandra*, etc.). [Fig. 2. — 1. *Selago distans ;* 2. Fleur ; 3. Anthère ; 4. Coupe verticale de l'ovaire ; 5. Coupe d'une graine de *Microdon ovatum.*] On cultive comme plantes d'ornement la *Sélagine bâtarde (Selago spuria)* et l'*Hebenstreitia denté (Heb. dentata).* Cette dernière espèce, dit-on, est inodore le matin, fétide à midi et d'odeur suave le soir.

TRIBU III. — *Globulariées.* — Étamines à quatre sacs ; carpelles ouverts (*Globularia).* — La Globulaire turbith (*Globularia alypuon*) et la *Globul. commune* (*Gl. vulgaris*) ont des feuilles qui sont douées de propriétés purgatives ; à la dose de 20 à 30 grammes, elles constituent un excellent purgatif ne déterminant ni nausées, ni irritation intestinale.

SÉLAGINE. Voy. SÉLAGE.

SÉLAGINÉES. s. f. pl. (R. *Sélage*). T. Bot. Tribu de plantes Dicotylédones de la famille des *Sélaginacées.* Voy. ce mot.

SÉLAGINELLE. s. f. [Pr. *séla-jinète*] (Dimin. de *sélagine*). T. Bot. Genre de Lycopodinées de la famille des *Sélaginellées.* Voy. ce mot.

Fig. 2.

SÉLAGINELLÉES. s. f. pl. [Pr. *séla-jinel-lé*] (R. *Sélaginelle*). Famille de plantes de l'ordre des Lycopodinées hétérosporées.

Caract. bot. : Tige grêle s'accroissant rapidement et se ramifiant dans un seul et même plan en fausse dichotomie. Feuilles petites, entières, uninerves, élargies à la base, pointues au sommet, disposées par paires en quatre séries longitudinales sur la tige. A chaque ramification et de chaque côté de la branche, la tige produit une racine qui se bifurque à diverses reprises dans des plans rectangulaires. Quelquefois ces 2 racines se développent avec la même vigueur ; mais le plus souvent une seule se développe, tantôt l'inférieure, tantôt la supérieure.

Sporanges insérés à la base de feuilles différentes des feuilles végétatives, disposées en paires et serrées en grand nombre au sommet des branches de manière à fournir un épi quadrangulaire. Plusieurs des feuilles inférieures de l'épi portent chacune un macrosporange renfermant 4 macrospores ; les autres feuilles portent chacune un petit microsporange avec un grand nombre de microspores tétraédriques. Les sporanges s'ouvrent au sommet par une fente.

A la germination, la microspore se partage par une cloison en deux cellules très inégales ; la petite demeure stérile, la grande forme l'anthéridie. A cet effet, elle se divise d'abord en 8 cellules externes formant la paroi de l'anthéridie et en 2 ou 4 cellules internes, dont le cloisonnement ultérieur produit les cellules mères des anthérozoïdes. Ceux-ci sont courts, renflés en arrière, pointus à l'extrémité antérieure qui porte 2 longs cils.

Le macrospore se divise d'abord en 2 cellules très inégales ; la supérieure se cloisonne sans tarder pour former une calotte de parenchyme qui est le prothalle femelle, au sein duquel se développent bientôt plusieurs archégones dans lesquels peuvent pénétrer les anthérozoïdes, grâce à la déchirure de la membrane. La grande cellule, d'abord indivise, se remplit à son tour d'un tissu de grandes cellules pleines de matière de réserve destinée à alimenter l'embryon durant ses premiers développements. L'œuf donne naissance à l'embryon dans sa portion inférieure ; pendant que la partie supérieure donne naissance à un suspenseur qui, par son allongement, enfonce la plantule nouvelle, d'abord dans le prothalle femelle, puis dans le tissu nutritif inférieur qu'elle digère et aux dépens duquel elle se développe.

La famille des Sélaginellées ne renferme que le seul genre Sélaginelle (*Selaginella*) comprenant environ 400 espèces, habitant pour la plupart les forêts humides des régions tropicales. On a rencontré deux espèces fossiles dans le terrain houiller de Sarrebrück.

SÉLAM ou **SÉLAN.** s. m. Bouquet de fleurs disposées de manière à offrir une signification symbolique. *En Orient, les amants se servent de sélams pour correspondre entre eux.*

SELBITE. s. f. T. Minér. Minerai argentifère renfermant de l'acide carbonique et que l'on croyait constitué par du carbonate d'argent. C'est un mélange et non une espèce définie.

SELDJOUCIDES, dynastie turque, qui conquit l'Asie occidentale au XIe s. et fonda plusieurs principautés en Syrie ; elle disparut devant les Turcs ottomans.

SÉLECTIF, IVE. adj. Qui a le caractère de la sélection.

SÉLECTION. s. f. [Pr. *sélek-sion*] (lat. *selectio*, choix, triage). T. Physiol. Se dit du choix des types reproducteurs, dans le but d'améliorer et de perfectionner les races d'animaux domestiques. C'est la s *artificielle.*

Biol. — *Sélection naturelle.* — Nom par lequel Darwin a désigné le phénomène naturel d'après lequel les êtres vivants, étant obligés de lutter les uns contre les autres pour se procurer leur nourriture, ceux qui sont le moins bien armés pour cette lutte succombent, de sorte que par l'hérédité, les caractères des êtres les mieux doués se transmettent seuls. La s. *naturelle* joue un grand rôle dans l'évolution des êtres vivants, qu'elle dirige dans la voie du progrès, car elle assure la survivance des espèces qui ont acquis quelque avantage. La s. *sexuelle* agit d'une manière analogue en écartant de l'acte reproducteur les faibles et les mal doués. Pourtant la s. ne suffit pas à tout expliquer. Voy. TRANSFORMISME.

SÉLECTIVEMENT. adv. [Pr. *sélek-tive-man*]. D'une façon sélective.

SÉLÉNHYDRATE. s. m. T. Chim. Nom donné aux sels de l'acide sélénhydrique appelés plus souvent *séléniures.* Voy. SÉLÉNIUM.

SÉLÉNHYDRIQUE. adj. m. (R. *sélénium* et *hydrogène*). T. Chim. *Acide s.,* Hydrogène sélénié. Voy. SÉLÉNIUM.

SÉLÉNIATE. s. m. T. Chim. Nom donné aux sels de l'acide sélénique. Voy. SÉLÉNIUM.

SÉLÉNIÉ, ÉE. adj. (R. *sélénium*). T. Chim. Qui contient du sélénium.

SÉLÉNIEUX. adj. m. T. Chim. Voy. SÉLÉNIUM.

SÉLÉNIFÈRE. adj. 2 g. (R. *sélénium*, et lat. *fero*, je porte). T. Chim. et Minér. Qui contient du sélénium. *Boues sélénifères.* Résidus boueux qui proviennent de la fabrication de l'acide sulfurique et d'où l'on extrait le sélénium.

SÉLÉNIO. T. Chim. Préfixe indiquant la présence du sélénium dans un composé. Par ex. la *Sélénio-urée* CSe(AzH²)² est constituée par de l'urée dans laquelle l'oxygène est remplacé par du Sélénium.

SÉLÉNIQUE. adj. 2 g. T. Chim. Voy. SÉLÉNIUM.

SÉLÉNITE. s. f. (gr. σεληνίτης, m. s., de σελήνη, lune) T. Minér. Se disait autrefois du sulfate de chaux hydraté, parce qu'on croyait que ce minéral était soumis à l'influence de la lune.

SÉLÉNITE. s. m. (R. *sélénium*). T. Chim. Nom donné aux sels de l'acide sélénieux. Voy. SÉLÉNIUM.

SÉLÉNITES. s. m. pl. (gr. σελήνη, lune). Nom donné aux habitants de la Lune dans l'hypothèse de leur existence.

SÉLÉNITEUX, EUSE. adj. [Pr. *séléni-teu, euse*]. Qui est chargé de sélénite, c.-à-d. de sulfate de chaux. *Eau* séléniteuse. Les eaux séléniteuses ne cuisent pas les légumes et ne dissolvent pas bien le savon.

SÉLÉNIUM. s. m. [Pr. séléni-ome] (gr. σελήνη, lune). T. Chim. Le Sélénium est un corps simple, métalloïde, analogue au soufre. Il a été découvert en 1817 par Berzélius. On le rencontre dans la nature à l'état de séléniures métalliques: la Clausthalite qu'on trouve dans les mines de plomb du Hartz, est un séléniure de plomb, ainsi que la Zorgite qui est assez abondante dans la République Argentine; la Berzéline est un séléniure de cuivre; l'Euchaïrite contient du cuivre et de l'argent; la Lehrbachite, du plomb et du mercure. Le s. est associé, en petites quantités, au soufre dans un grand nombre de sulfures, notamment dans les pyrites qui servent à la fabrication de l'acide sulfurique; aussi peut-on l'extraire des boues et des poussières provenant de cette fabrication. — Le s., de même que le soufre, se présente sous plusieurs états allotropiques, les uns solubles, les autres insolubles dans le sulfure de carbone. Le S. amorphe est une poudre rouge qu'on obtient en réduisant l'acide sélénieux par l'anhydride sulfureux. Si, après l'avoir fondu, on le refroidit rapidement, il se transforme en S. vitreux, masse amorphe brune, à cassure vitreuse, donnant une poussière rouge. Sous ces deux formes, le s. est légèrement soluble dans le sulfure de carbone et mauvais conducteur de la chaleur et de l'électricité; il se ramollit à 100°, mais ne devient complètement liquide que vers 250°. En dissolvant le s. dans son protochlorure et en évaporant la solution, on obtient le S. cristallisé noir. La solution dans le sulfure de carbone donne du S. cristallisé rouge, en petits prismes monocliniques d'un rouge éclatant. La variété cristallisée la plus intéressante est le S. dit métallique. Celui-ci se forme quand on maintient le s. vitreux pendant quelque temps au voisinage de 210°. Il se présente en grains cristallins, gris, d'aspect métallique, insolubles dans le sulfure de carbone. Il est assez bon conducteur de la chaleur et de l'électricité, et sa conductibilité électrique augmente considérablement sous l'action de la lumière; on a tiré parti de cette curieuse propriété pour construire une sorte de téléphone optique. Voy. PHOTOPHONE. Les variétés cristallines du s. fondent à 217°. L'ébullition a lieu vers 700° et donne des vapeurs jaune foncé, qu'au refroidissement rapide condense en fleurs de s., analogues aux fleurs de soufre, mais d'un rouge écarlate. — Le symbole du s. est Se et son poids atomique est 79.

La plupart des composés du s. offrent de grandes analogies avec ceux du soufre. L'action du chlore sec sur le s. donne successivement un Protochlorure Se^{2}Cl^2, liquide rouge qui dissout abondamment le s. à chaud, et le Tétrachlorure SeCl^4, masse blanche qui, sous l'action de la chaleur, se sublime en petits cristaux blancs. L'eau décompose ces chlorures en donnant de l'acide sélénieux. — Fortement chauffé à l'air, le s. brûle avec une flamme bleue et une odeur caractéristique de raves pourries. Le produit de la combustion est l'Anhydride sélénieux SeO^2 qui se sublime en aiguilles blanches. L'acide sélénieux SeO^{3}H^2, qu'on obtient en dissolvant cet anhydride dans de l'eau, peut être isolé sous forme de cristaux. Il est facilement réduit par l'anhydride sulfureux, par la plupart des métaux et par les composés organiques; il se montre ainsi fort différent de l'acide sulfureux qui est très oxydable, mais difficilement réductible. Il est bibasique et forme, en s'unissant aux bases, des sels neutres et des sels acides; il peut aussi donner des combinaisons définies avec les acides. — L'acide sélénique SeO^{4}H^2 correspond à l'acide sulfurique. Il se produit quand on oxyde l'acide sélénieux ou le s. en présence de l'eau. C'est un liquide incolore, très avide d'eau et très oxydant. Vers 280° il bout et commence à se décomposer en acide sélénieux et oxygène. — L'acide sélénhydrique H^{2}Se, appelé aussi Hydrogène sélénié, est tout à fait analogue à l'acide sulfhydrique. Il est gazeux, incolore, d'une odeur semblable à celle du raifort; il irrite fortement la muqueuse nasale, les yeux et les organes respiratoires. Cet hydracide se prépare comme l'acide sulfhydrique; seulement, à la place d'un sulfure, on prend un séléniure qu'on traite par un acide: l'acide sélénhydrique se dégage à l'état de gaz.

Les Sélénites, les Séléniates et les Séléniures sont respectivement analogues aux sulfites, aux sulfates et aux sulfures, soit par leur composition, soit par leurs propriétés physiques et chimiques; en outre, ils se préparent de la même manière. Les sélénites sont un peu plus stables que les sulfites : à l'exception des sélénites alcalins, ils sont peu solubles dans l'eau. Les séléniates de baryte, de strontiane, de chaux et de plomb sont insolubles comme les sulfates correspondants.

Ceux de fer, de cuivre et de zinc dégagent, quand on les chauffe, de l'oxygène et de l'acide sélénieux. Enfin, les séléniures, traités par un acide, dégagent de l'acide sélénhydrique, tout comme les sulfures, dans les mêmes conditions, dégagent de l'acide sulfhydrique.

SÉLÉNIURE. s. m. (R. sélénium) T. Chim. Nom des composés de sélénium et d'un autre corps. Voy. SÉLÉNIUM.

SÉLÉNOCENTIQUE. adj. 2 g. (gr. σελήνη, lune; κέντρον, centre). T. Astr. Qui a rapport au centre de la lune.

SÉLÉNOGRAPHIE. s. f. (gr. σελήνη, lune; γράφω, je décris). T. Astron. Description de la lune. La S. de Beer et Mædler.

SÉLÉNOGRAPHIQUE. adj. 2 g. (R. sélénographie). Qui a rapport à la description de la lune. Carte s.

SÉLÉNOTOPOGRAPHIE. s. f. (gr. σελήνη, lune; τόπος, lieu; γράφω, je décris) Description détaillée de la surface de la lune.

SÉLEUCIDES, dynastie macédonienne, fondée par Séleucus Nicator (312 av. J.-C.), régna sur la Syrie et la plus grande partie de l'Asie occidentale et finit en 64. Voy. SÉLEUCUS.

SÉLEUCIE, v. de l'anc. Babylonie, sur le Tigre, cap. des Séleucides, puis des Parthes.

SÉLEUCUS Ier, NICATOR, général d'Alexandre, fondateur, en 312 av. J.-C., de la dynastie des Séleucides en Syrie; m. en 280 av. J.-C.; || SÉLEUCUS II, Callinique, roi de Syrie de 246 à 226 av. J.-C.; || SÉLEUCUS III, Ceraunus, roi de Syrie de 226 à 223 av. J.-C.; || SÉLEUCUS IV, Philopator, roi de Syrie de 187 à 175 av. J.-C.; || SÉLEUCUS V, Nicator, roi de Syrie de 125 à 123 av. J.-C.; || SÉLEUCUS VI, Épiphane, roi d'Antioche et de Syrie de 95 à 93 av. J.-C.

SELF-INDUCTION. s. f. [Pr. ..sion] (angl. self, soi-même, et fr., induction). T. Physiq. Induction d'un courant sur lui-même. Voy. INDUCTION.

SÉLIM, nom de trois sultans ottomans : le 1er conquit la Syrie et l'Égypte (1517); le 2e perdit la bataille de Lépante (1571); le 3e fit alliance avec Napoléon Ier contre les Anglais, et périt assassiné (1808).

SÉLINONTE, anc. colonie grecque de Sicile, sur la côte méridionale.

SELKIRK, comté d'Écosse; 25,600 hab. Ch.-l. Selkirk: 3,500 hab.

SELLAGE. s. m. [Pr. sè-laje]. Action de seller.

SELLAÏTE. s. f. [Pr. sel-la-ite]. T. Minér. Fluorure de magnésium, en cristaux quadratiques incolores.

SELLASIE, v. de l'anc. Grèce (Laconie); défaite des Spartiates en 222 av. J.-C.

SELLE. s. f. [Pr. sè-le] (lat. sella, siège). Petit siège de bois, à trois ou à quatre pieds et sans dossier, sur lequel une seule personne peut s'asseoir. S. de bois de chêne. Être assis sur une s. Vieux et peu us. || Sorte de siège qu'on attache sur le dos d'un cheval, d'une mule, etc., pour la commodité du cavalier S pour homme, pour femme. S. de cuir, de drap. S. de harnais. Le siège, les arçons, le pommeau d'une s. Sauter en s. Cheval de s. Cheval propre à être monté par un cavalier. Cheval de s. et de trait. Cheval qu'on peut monter et qu'on peut aussi atteler à une voiture. — Être bien en s., Être bien à cheval. Fig. et fam., Être bien affermi dans son poste, dans sa place. Ce ministre a été longtemps menacé; aujourd'hui il est bien en s. — S. à tous chevaux, Selle faite de telle sorte qu'elle peut servir à toutes sortes de chevaux, quand on court la poste. Fig. et fam., se dit d'une citation, d'une maxime, d'un lieu commun qu'une personne fait entrer dans toutes sortes de discours, ainsi que d'un compliment banal, d'un éloge vague, qui ne caractérise point celui dont on parle, et enfin d'un remède qu'on applique à toutes sortes de maladies, etc.

Courir à toutes selles, Courir la poste en se servant indifféremment des selles que la poste fournit. *Courir une ou deux selles*, Courir une ou deux postes. || Prov. *Demeurer entre deux selles le derrière par terre*, hésiter entre deux choses et voir échapper l'une et l'autre. — Petit siège sur lequel se place celui qui monte un vélocipède. || T. Anat. *S. turrique*, Fosse du sphénoïde dans laquelle est logé le corps pituitaire. || *Selle*, sign. encore chaise percée, garde-robe. *Aller à la s.* — Par ext., L'évacuation qu'on fait en une fois quand on va à la garde-robe. *Ce médicament lui a fait faire deux ou trois selles. Une s. abondante. Pousser une s.*, évacuer. || T. Techn. Escabeau de calfat. — Pied sur lequel le sculpteur pose l'ouvrage qu'il modèle. — Établi de bonnetier — Planche de blanchisseuse. — Petit billot sur lequel le charron pose le moyeu de la roue qu'il façonne. || T. Mar. Garniture de bois supportant la balancine des basses vergues.

Techn. — Les anciens montaient à cheval, soit à poil, soit sur un bât, soit sur une couverture ou un coussinet. Ces deux dernières parties du harnais portaient, en latin, le nom générique d'*ephippium* : on les recouvrait quelquefois avec une housse (*stragula*). Quant à la S. proprement dite, son invention ne paraît pas antérieure au IVe siècle de notre ère ; l'historien Zonaras est le premier auteur où il en soit fait mention, dans la description d'un combat livré, en 340, par Constance à son frère Constantin. La charpente de la s. se compose de deux *Arçons*, c.-à-d. de deux pièces de bois arquées qui correspondent, l'une au garrot du cheval, l'autre aux lombes, et qui sont liées ensemble par deux planchettes appelées *Bandes*, dans l'intervalle desquelles se loge la colonne vertébrale. Sous ces arçons et sous ces bandes, est fixé de chaque côté un coussin nommé *Panneau*, pour que le bois de la s. ne blesse pas le cheval. Le *Siège*, ou la partie sur laquelle se place le cavalier, est de cuir; il repose sur le *faux siège*, morceau de forte toile matelassée qui est fixé sur la charpente. Aux bandes sont clouées deux pièces de cuir, appelées *Quartiers*, qui servent à mettre les panneaux à l'abri de la pluie et qui séparent les jambes du cavalier de la peau de sa monture. Les bandes portent encore deux anses de fer, appelées *Porte-étriers*, dans lesquelles on passe les *Étrivières*, c.-à-d. les courroies qui portent les étriers. La s. est maintenue sur le cheval au moyen des *sangles*. de la *croupière* et du *poitrail*. Les *Sangles* sont de larges bandes de tissu très résistant qui embrassent le dessous de la poitrine et se bouclent par leurs extrémités à d'autres bandes plus étroites, nommées *Contre-sanglons*, qui sont clouées sur les bandes. Quelquefois on y ajoute un *Surfaix*, autre large bande qui embrasse la totalité de la s. La *Croupière* est une courroie fixée par ses deux bouts à l'arçon postérieur, et qui forme une espèce d'anse appelée *Culeron*, qui embrasse la queue. Le *Poitrail* est une autre courroie qui embrasse la base de l'encolure et s'attache, de chaque côté, à une lanière fixée à l'arçon de devant. La croupière empêche que la s. ne glisse en avant, et le poitrail qu'elle ne glisse en arrière. On joint quelquefois le poitrail aux sangles au moyen d'une courroie, qui reçoit le nom de *Martingale*, quand elle se prolonge jusqu'à la bride : cette martingale est destinée à empêcher le cheval de lever trop fortement la tête. La s. appelée *S. française*, est munie de *Battes* et de *Troussequins*, c.-à-d. de bandes de cuir, ordinairement rembourrées, qui sont fixées aux arçons pour protéger le cavalier, et l'arçon antérieur se termine supérieurement par une partie relevée nommée *Pommeau*. C'est de chaque côté de ce pommeau que se placent les *Sacoches* pour les paquets, et les *Fontes* pour les pistolets. Enfin, en arrière de l'arçon postérieur s'attache, à l'aide de boucles et de courroies, un double coussin appelé *Porte-manteau*, qui sert à porter la valise du voyageur. La *S. anglaise* n'a ni battes, ni troussequins, ni poitrail, ni croupière. Dans la *S. hongroise*, depuis longtemps adoptée par la cavalerie légère, les quartiers sont remplacés par une chabraque. Quant à la *S. arabe*, ce qui la distingue essentiellement, c'est que son arçon de devant est surmonté d'un pommeau très haut, appelé *kerbous*, en même temps que le troussequin est assez élevé pour défendre les reins. En outre, elle est disposée de manière que tout le poids du cavalier porte sur les étriers, qui, à cet effet, sont très courts.

Les selles des vélocipèdes ont une forme à peu près triangulaire. Elles sont beaucoup plus petites que les selles de cheval afin de laisser toute liberté au mouvement des cuisses. On distingue les *Selles sans bec* et les *Selles avec bec*. Les premières évitent les blessures ou tout au moins la fatigue que peut faire naître la pression du bec; mais la s. avec bec soutient mieux le cavalier et évite la tendance à tomber en avant.

SELLÉE. s. f. [Pr. *sè-lée*]. Rangée de piles de carreaux disposés sur une selle.

SELLER. v. a. [Pr. *sè-ler*]. Mettre et attacher une selle sur un cheval, sur une mule, etc. *Sellez mon cheval.* = SE SELLER. v. pron. T. Agric. Se dit d'un terrain qui se serre. se tasse, s'endurcit. *Le terrain commence à se s.* = SELLÉ, ÉE. p. *Un cheval sellé et bridé.*

SELLERIE. s. f. [Pr. *sèle-rie*]. Lieu où l'on serre les selles et les harnais des chevaux. *Portez ces harnais à la s.* || L'industrie, le travail du sellier. *Il apprend la s. Ouvrier en s.* — Se dit encore des ouvrages qui se font pour l'équipement et le harnachement des chevaux. *Il a l'entreprise de la s. des écuries de l'empereur.*

SELLES-SUR-CHER, ch.-l. de c. (Loir-et-Cher), arr. de Romorantin; 4,500 hab.

SELLETTE. s. f. [Pr. *sè-lè-te*] (dim. de *Selle*). Petit siège de bois fort bas, sur lequel on obligeait un accusé de s'asseoir quand on l'interrogeait pour le juger, et que les conclusions du ministère public tendaient à une peine afflictive. *Il fut bien effrayé quand il se vit sur la s. Mettre, tenir un accusé sur la s.* — Fig. et fam., *Tenir quelqu'un sur la s.*, Lui faire plusieurs questions pour l'obliger à déclarer quelque chose qu'il voudrait tenir secret. *On l'a tenu longtemps sur la s.* || La partie d'une charrue sur laquelle le timon est appuyé. || Partie du train d'une pièce de campagne qui porte la cheville ouvrière. || La planche qui forme le fond des crochets du crocheteur. || Sorte de boîte où les décrotteurs mettent leurs brosses, leur cirage, etc., et sur laquelle ceux qui se font décrotter posent leurs pieds l'un après l'autre. || Le siège du calfat, du badigeonneur. || Établi de vannier. || Pièce du harnais d'un cheval de charrette, supportant des courroies qui portent les brancards.

SELLIER. s. m. [Pr. *sè-lié*]. Ouvrier qui fait des selles et tout ce qui concerne l'équipement des chevaux. *Maître s. S.-carrossier.*

SELLIÈRES, ch.-l. de c. (Jura), arr. de Lons-le-Saunier; 1,500 hab.

SELON. prép. [lat. *secundum*, et *longum*, ou *sub* et *longum*, assemblage des mots sign. tous deux le long de]. Suivant, eu égard à, conformément à, à proportion de. *S. mon sentiment, mon opinion, ma pensée. Être récompensé s. ses œuvres. Dépenser s. ses moyens, ses forces.* — *S. moi, S. ce que je pense, s. mon sentiment.* On dit de même, *S. vous, s. cet auteur*, etc. || *Évangile s. saint Mathieu, s. saint Jean*, etc., L'Évangile écrit par saint Mathieu, par saint Jean, etc. || Elliptiq. et fam., dans la conversation, on dit simpl., *Selon, c'est s.*, pour S. les occurrences, s. les différentes dispositions des personnes, etc., et alors il ne s'emploie guère que pour marquer quelque doute, quelque incertitude à quelqu'un qui nous interroge. *Réussira-t-il dans son entreprise? Pensez-vous qu'il gagne son procès? Selon, c'est s.* = SELON QUE. loc. conj. A proportion que, suivant que.

Selon que vous serez puissant ou misérable,
Les jugements de cour vous rendront blanc ou noir.
LA FONTAINE.

Il sera payé s. qu'il travaillera. J'en userai avec lui s. qu'il en usera avec moi.

SELONGEY, ch.-l. de c. (Côte-d'Or), arr. de Dijon; 1,300 hab.

SELTZ, anc. ch.-l. de c. (Bas-Rhin), arr. de Wissembourg; 1,950 hab. (à l'Allemagne depuis 1871) Eaux minérales.

SELTZ, bourg de Prusse, prov. de Hesse; 1,200 hab. Célèbres eaux gazeuses.

Tech. — *Eau de seltz artificielle.* — Cette eau gazeuse dont il se fait une si grande consommation est tout simplement de l'eau ordinaire dans laquelle on a fait dissoudre sous pression de l'acide carbonique. On la vend dans un vase appelé siphon, qui est fermé de toutes parts, et qui ne communique avec l'extérieur que par un tuyau descendant verticalement jusqu'au fond, et mastiqué à sa partie supérieure dans une douille de plomb qui ferme le vase, et qui se continue par un petit tube incliné servant à l'écoulement du liquide. Cette douille porte une soupape qui est fermée à l'ordinaire, mais qu'on peut ouvrir en appuyant sur un levier. Quand on effectue cette manœuvre, le gaz acide carbonique comprimé qui surmonte le liquide exerce sa pression sur lui, et le force à monter dans le tube et à s'écouler à l'extérieur par le petit tube incliné. Dès qu'on cesse d'appuyer sur le levier, la soupape se ferme et l'écoulement s'arrête. On peut fabriquer l'eau de s. de deux manières. La plus ancienne consistait à produire l'acide carbonique par l'action de l'acide sulfurique sur la craie et à faire arriver ce gaz dans l'eau dans un appareil clos de toutes parts ; l'accumulation même du gaz ainsi produit, suffisait à faire naître la pression nécessaire. Aujourd'hui on utilise souvent l'acide carbonique liquide qui se conserve bien dans de grandes bouteilles de fer. Il suffit de mettre une de ces bouteilles en communication avec l'eau, dans un appareil fermé : le liquide se volatilise, et le gaz ne se dissoudre dans l'eau. On trouve aussi dans le commerce des appareils permettant de fabriquer dans un ménage, sur la table même, des boissons gazeuzes. Il en existe de plusieurs modèles. Autrefois, on produisait le gaz, dans ces petits appareils, en faisant réagir l'acide tartrique sur le bicarbonate de soude. Ces deux substances étant solides, sont faciles à manier, et de plus, le gaz ne commence à se dégager que quand elles sont dissoutes. Or, l'appareil était disposé de manière que les poudres introduites dans le compartiment inférieur ne pouvaient être mouillées qu'une fois l'appareil fermé, ce qui rendait la manipulation très facile. Cet appareil a été remplacé par un autre dans lequel on introduit une capsule de métal contenant la dose nécessaire d'acide carbonique liquide. Une vis terminée par une pointe qui se manœuvre d'elle-même quand on ferme l'appareil vient percer la capsule, et l'acide carbonique ainsi mis en liberté se dissout instantanément dans le liquide dont on a rempli le vase. Du reste, ce vase communique avec l'extérieur par l'intermédiaire d'un tube vertical, comme les siphons. On le vend dans le commerce sous le nom de *Sparklet*.

SELWYNITE. s. f. T. Minér. Silicate hydraté d'alumine et de sesquioxyde de chrome, en masses compactes d'un vert émeraude.

SEM. s. m. T. Bot. Nom sous lequel on désigne dans l'Inde le *Phaseolus triflorus*. Voy. LÉGUMINEUSES, I.

SEM. fils de Noé, fut le père des peuples qui peuplèrent l'Asie, d'après la Bible.

SEMAILLE. s. f. [Pr. *sema-lle*, *ll* mouillées] (R. *semer*). Action de semer les grains ; ne se dit guère qu'au pl. *Nous avons fait nos semailles.* ‖ Par ext., Les grains semés, *Les pluies ont gâté toutes les semailles.* ‖ Le temps pendant lequel on ensemence les terres. *Les semailles d'automne, de printemps. Pendant les semailles.*

Agric. — Occupons-nous spécialement des semailles du froment, qui sont les plus intéressantes. D'ailleurs ce que nous en dirons peut s'appliquer à toutes les graines de nos grandes cultures, sauf de légères modifications que nous aurons soin d'indiquer. Le grain de blé, propre à la semence, doit avoir acquis dans l'épi, avant la moisson, une maturité complète. Quelques agronomes ont recommandé de choisir les plus gros grains ; d'autres ont pensé que cette question était sans importance. Les expériences si précises de Loiseleur-Deslongchamps, et autres agronomes, sont venues donner raison aux derniers. Ainsi, les petits grains, pourvu qu'ils soient bien conformés et non ridés, fournissent des plantes aussi vigoureuses et des grains aussi beaux que les plus grosses semences. Quant à l'âge du grain, on a reconnu que plus il est vieux moins il germe facilement, et moins les produits que l'on obtient sont satisfaisants. Il y a donc tout avantage à préférer les semences récoltées l'année précédente. — Les cultivateurs de quelques localités ont adopté l'usage de changer périodiquement leurs semences en les tirant de contrées plus ou moins éloignées. Ils n'ont pas ordinairement pour but de remplacer la variété qu'ils cultivent, mais de prévenir la dégénérescence de cette variété. Les avantages et les inconvénients d'une telle pratique ont été également soutenus par des agronomes distingués, et il est ressorti de la discussion que ce renouvellement périodique ne peut être conseillé d'une manière absolue ; mais qu'il est préférable, pour les semailles postérieures, d'opérer des sélections sur ses propres récoltes, en choisissant dans la masse les épis les plus beaux et les mieux nourris. — La préparation des blés

destinés aux semailles consiste en deux opérations, le *criblage* et le *chaulage* (Voy. ces mots). La première a pour but d'enlever toutes les graines étrangères et tous les grains maigres, chétifs et mal conformés. La seconde a pour effet de prévenir certaines maladies qui attaquent les grains de blé, particulièrement la carie. — L'époque la plus favorable, pour confier le grain à la terre, ne peut être indiquée d'une manière absolue ; elle varie suivant le climat et la nature du sol. L'expérience a démontré que plus on sème de bonne heure les blés d'hiver, plus ils fournissent de paille au détriment du grain. Si, au contraire, on sème trop tard, on est exposé ou à trouver la terre trop humide, ou à voir la végétation surprise par les chaleurs de l'été, qui nuit encore à la production du grain. L'époque considérée comme la plus convenable, dans le nord et le centre de la France, est généralement la fin d'octobre. Dans le Midi, les semailles sont retardées jusqu'à la mi-novembre. Mais ces deux époques ne sont pas invariables. Dans les sols légers, la végétation est plus active et se prolonge plus longtemps, il est donc prudent de retarder les semailles de quinze jours. Il convient, au contraire d'avancer cette opération dans les terres compactes et humides. Quant aux variétés du printemps, il y a toujours avantage à procéder aux semailles le plus tôt possible, pour que les souches et les racines puissent prendre un développement vigoureux avant la sécheresse et la grande chaleur.

Si toutes les graines que l'on confie à la terre donnaient naissance à des plantes bien conformées, on pourrait diminuer de beaucoup la quantité de semence ordinairement employée. Mais quel que soit le soin qu'on apporte à bien préparer le terrain, à répandre et à recouvrir les graines, les exigences économiques de la grande culture ne permettent pas d'employer des procédés assez parfaits pour que toutes les semences soient également placées dans des conditions nécessaires à leur développement. Ainsi une partie des graines se trouve enfouie trop profondément et ne germe pas, ou bien s'épuise pour traverser une couche de terre trop épaisse et ne donne que de chétifs produits ; d'autres restent à la surface, et les jeunes pousses sont détruites par la sécheresse. Enfin il faut compter avec les déprédations des oiseaux, le ravage des insectes, la nature du sol, le mode d'ensemencement, le climat et les intempéries. Lorsque les semailles sont faites avant l'hiver, les jeunes plantes développent vers le collet, pendant le printemps, de petites ramifications qui, d'abord horizontales, se redressent bientôt et produisent autant de tiges. On appelle *tallement* cette faculté que possèdent les blés d'hiver, et *talles* ces tiges latérales. Chaque plante occupe alors plus d'espace, et on doit encore en tenir compte dans la proportion de semence à employer. Mais il y a des terrains qui fournissent plus que les autres au tallement du blé. Les sols très riches, substantiels et suffisamment humides lui sont très favorables ; le contraire a lieu pour les terrains légers et secs. Dans le premier cas, on se contente de 2 hectolitres de graines par hectare ; tandis qu'on en emploie 2 hect. 50 pour le second. Le mode d'ensemencement vient aussi exercer sa part d'influence, et nous verrons plus loin qu'en remplaçant les semailles à la volée par l'ensemencement en lignes, à l'aide du semoir, il est possible, toutes circonstances égales d'ailleurs, d'économiser un tiers de la graine. Enfin la proportion de semence varie aussi selon le climat. Ainsi, dans le Midi, le blé talle moins ; la quantité de semence doit donc être plus forte. Cette augmentation, toutefois, ne doit être que de 1/20, parce que les grains récoltés dans cette région sont généralement moins gros que dans le Nord ; il y en a donc un plus grand nombre dans une capacité donnée. L'hectolitre de blé du Midi renferme 1,700,000 grains ; celui du Nord n'en contient que 1 million. — Les blés de printemps doivent être semés plus dru que les blés d'hiver, parce qu'ils n'ont pas le temps de taller suffisamment dans la proportion de semence doit être dans la proportion de 1/5. — Les épeautres, qui restent enveloppés de leurs balles et forment alors un gros volume, sont semés à raison de 4 hectolitres 50 par hectare. — Pour ce qui est de la profondeur à laquelle les semences doivent être enterrées, il faut considérer que la présence de trois agents sont indispensables à la germination des graines, en général ; ce sont : l'air, l'eau et un certain degré de chaleur. Mais il faut encore que ces trois agents soient réunis dans des proportions convenables. De là, pour les blés, la nécessité de placer le grain à une profondeur convenable. L'expérience a démontré que cette profondeur varie entre 0^m,030 et 0^m,080, suivant le climat, l'époque de l'ensemencement et la nature du sol.

Les semences peuvent être répandues sur le sol, soit à la volée, soit en lignes, et dans ce dernier cas, au moyen d'un strument auquel on donne le nom de semoir. Pour que l'ensemencement à la volée soit bien fait, il faut: 1° que les grains soient uniformément répartis sur toute la surface du champ; 2° qu'ils soient répandus en quantité déterminée pour une étendue donnée. Pour semer à la volée, on projette le grain en faisant décrire un arc de cercle à la main qui, partant de sa position étendue en avant, vient frapper l'épaule opposée, de manière à imprimer un mouvement parabolique à la semence. Les semeurs sèment soit d'une seule main, soit alternativement des deux mains, de l'une en allant, de l'autre en revenant, et seulement tous les deux pas; ou encore, ils sèment des deux mains à la fois, et projetant à chaque pas, tantôt une poignée de grain à droite, tantôt à gauche. Cette dernière méthode est usitée dans le midi de la France. On donne le nom de *train* à la largeur que le semeur peut embrasser par chacun de ses jets. Lorsqu'on ne sème que d'une main, on porte la graine dans un tablier dont la partie supérieure est maintenue sur l'épaule droite, et la partie inférieure enroulée autour du bras gauche. Pour semer des deux mains, on se sert d'un panier retenu à hauteur convenable par une lanière passée autour du cou. — La semence peut être recouverte par deux procédés différents, suivant que le grain a été répandu sur raie, ou sous raie. L'ensemencement sur raie consiste à répandre le grain après le dernier labour, puis à le recouvrir à l'aide d'un hersage pratiqué en travers. Les blés recouverts par ce moyen sont placés à une profondeur moyenne de $0^{m}{,}03$. Lorsqu'il est nécessaire d'enterrer le blé plus profondément, à $0^{m}{,}07$, comme dans le midi de la France, on utilise le scarificateur. L'ensemencement sous raie consiste à recouvrir le grain à l'aide d'un labour. Dans ce cas, le semeur, qui suit la charrue, couvre de semence la raie qui vient d'être ouverte; la tranche de terre suivante tombe sur le grain et l'enterre. Ce mode de s., qui permet d'enfouir le grain à une plus grande profondeur est usité dans le midi de

la France et peut être avantageux quand il s'agit de terrains secs et légers; mais il a un défaut capital, c'est la lenteur qu'entraîne son exécution. Aussi conseillons-nous de remplacer cette pratique par le scarificateur. — Cependant les semis des céréales à la volée présentent deux inconvénients principaux: 1° l'irrégularité de la répartition des semences, malgré l'habileté de l'ouvrier; 2° l'imperfection des moyens employés pour recouvrir cette semence. C'est pour remédier à ces inconvénients qu'on a inventé les *semoirs* mécaniques. Ces instruments présentent les avantages suivants; les graines distribuées sur le sol, sont régulièrement qu'on peut le désirer, sont placées à un degré de profondeur uniforme, variable suivant les soins. Elles sont disposées en lignes parallèles, dont on peut à volonté modifier la distance, ce qui permet d'appliquer à la récolte les binages qui lui sont presque toujours profitables. En répartissant la semence plus également et en l'enterrant à une profondeur uniforme, le semoir permet de diminuer d'un tiers la quantité de grains employée par le semis à la volée. Enfin tous les grains étant déposés à la même profondeur, il en résulte une végétation plus régulière et une maturité égale pour tous les épis. Mais cet instrument n'est pas non plus sans inconvénients. On lui reproche de ne pouvoir fonctionner sur les surfaces sensiblement inclinées; on fait observer, avec raison, que si l'espace plus grand réservé entre chaque grain présente l'avantage, dans les contrées et les sols humides, d'assurer au printemps le tallement de la plante, cet avantage devient presque nul dans les sols légers et dans les terres exposées à la sécheresse du printemps, comme dans le midi de la France. Concluons donc que l'emploi du semoir présente généralement de grands avantages, mais qu'on doit préférer l'ensemencement à la volée pour les terrains inclinés, pour

les sols qui n'ont pas reçu un degré d'ameublissement convenable, enfin dans le midi de la France et dans les terrains légers où le tallement du blé se fait difficilement. On a encore objecté contre les semoirs leur haut prix et leur imperfection. Mais ces deux défauts ont disparu. On s'occupe, depuis deux siècles, de perfectionner ces instruments. Il y en avait d'abord de vicieux, d'autres qui n'étaient applicables qu'à une seule sorte de récolte et dont le prix était fort élevé; laissons-les dans l'oubli. Parmi les machines propres à semer toutes espèces de grains, la première en date fut le *semoir Dombasle*, que représente la figure ci-dessus. Puis est apparu, avec d'heureuses modifications dans les organes et plus d'aisance dans la manœuvre, le semoir Garret, puis celui de Hugues. Aujourd'hui, tous les fabricants d'instruments agricoles offrent de ces machines, à traction de bras d'homme ou de cheval, dont les prix sont relativement modérés, et dont le fonctionnement automatique ne laisse plus rien à désirer.

Après quand la semence a été mise en terre, il ne reste plus qu'à lui faire subir une opération, celle du plombage. On la pratique au moyen d'un rouleau long de 2 mètres et mû par un cheval. On peut plomber ainsi 8 hectares de terre par jour. Le plombage a pour effet de faire disparaître les vides qui existent dans le sol autour des graines; de telle sorte que celles-ci se trouvant, par toutes leurs surfaces, en contact immédiat avec la terre, puisent plus facilement l'humidité nécessaire à leur germination. Cette opération est d'autant plus nécessaire que le sol est plus léger, que l'ensemencement est plus superficiel, ou qu'il s'agit d'une récolte qui a plus profondément ameubli la terre. Mais elle est inutile ou nuisible dans les sols compacts, argileux et humides.

Les semailles du *seigle* se font avant celles du froment d'automne; plus on les pratique de bonne heure, plus la récolte est abondante. On sème dru, à la volée, parce que cette céréale talle peu et que sa paille fine a plus de valeur. On recouvre légèrement la semence à la herse; car plus que toute autre, elle pourrit facilement en terre.

Les semailles de l'*orge*, pour donner de forts rendements, doivent être faites aussitôt que possible, en août et septembre pour les variétés d'hiver, en février, mars, pour celles de printemps. On sème très dru, 3 hectol., 80 pour les terres maigres, 2 hectol., 65 pour les terres bien fumées. L'orge a besoin d'être plus enterrée que le blé, à $0^{m}{,}08$ ou $0^{m}{,}09$. Si la surface du sol venait à se durcir avant la sortie des jeunes plantes, il serait utile de donner un coup de herse pour briser la croûte.

Les semailles des *avoines* s'opèrent à des époques différentes, selon les espèces et le climat. Dans le midi de la France, les variétés d'hiver sont semées en septembre; dans le centre, on retarde jusqu'en février, après les plus grands froids. Les variétés de printemps sont ensemencées le plus tôt possible, en mars. La semence est ordinairement répandue à la volée, à raison de 3 hectolitres dans les sols très fertiles, et de 4 hectolitres dans les terres légères.

Pour le *sarrasin*, on sème 1 hectolitre par hectare, lorsque la récolte est destinée à mûrir ses graines; si on le cultive comme fourrage, on porte la quantité à 4 hectol., 50. Cette graine demande à être peu enterrée; on répand à la volée; on recouvre à la herse.

Le *maïs* redoutant les froids tardifs du printemps, ou ne procède aux semailles qu'à l'époque où la terre est suffisamment réchauffée. On choisit à cet effet les plus beaux épis de l'année précédente, récoltés sur les tiges les plus fertiles, et l'on n'emploie que les grains du milieu. Ces grains ainsi triés sont immergés dans l'eau exposée au soleil; on les y laisse pendant quelques heures, afin de les ramollir et de hâter la germination, on rejette ceux qui surnagent. Comme les graines de maïs sont fort gros, que la quantité numérique semée est très petite, que les animaux en sont très friands, et que les vides dans la plantation seraient fâcheux, on a cherché divers moyens de les préserver de la destruction. Le meilleur consiste à les saupoudrer de chaux, quand ils sont encore humides. On se sert aussi, à cet effet, de la décoction de coloquinte ou d'hellébore blanc. La semence du maïs s'opère en lignes, pour faciliter l'espacement des plantes, l'entretien et les façons indispensables. On conseille d'espacer les lignes à $0^{m}{,}65$, et de réserver un intervalle de $0^{m}{,}39$ entre les plantes. En Languedoc, les lignes sont placées à $0^{m}{,}81$ les unes des autres, et les plantes, dans la ligne, à $0^{m}{,}54$. Les lignes doivent être dirigées du nord au sud, et les semences enterrées à la profondeur moyenne de $0^{m}{,}02$.

SEMAINE. s. f. [Pr. *se-mène*] (bas lat. *septimana*, de *septimus*, septième). Période de sept jours. *L'année se com-*

pose de cinquante-deux semaines et un ou deux jours. *Au bout de la* s. *Son voyage durera une* s. *La* s. *de Pâques.* — *La* S. *sainte,* La dernière semaine du carême, celle qui précède le jour de Pâques. S. *sainte,* se dit aussi du livre qui contient l'office de la quinzaine de Pâques. — *Prêter à la petite* s , Tirer un intérêt exorbitant d'une petite somme remboursable à un terme très court. || Se dit de certaines fonctions dont on est chargé à son tour pendant une s. *Cet officier ne peut s'absenter, parce qu'il est de* s. *Il entre en* s. *Il sort de* s. || Le travail que font des ouvriers pendant une s., et le payement de ce travail *Cette réparation serait la* s. *de quatre ouvriers. Il a mangé sa* s *en un jour.* || La petite somme qu'on donne à un enfant pour ses menus plaisirs de la s. || Planchette garnie de feuilles de vigne et suportant sept pêches de Montreuil.

Chronol. — La division du temps par périodes de sept jours ou par *Semaines* existe depuis la plus haute antiquité, et a subsisté chez presque tous les peuples. Ce furent, dit-on, les Chaldéens, peuple de race sémitique, qui imposèrent aux sept jours de la s. les noms des sept planètes alors connues. Notre *Dimanche* était chez les anciens le jour du Soleil : en allemand et en anglais, on dit encore *Sonntag* et *Sunday; le Lundi,* est le jour de la Lune (*Lunæ dies*) ; le *Mardi,* celui de Mars (*Martis dies*); le *Mercredi,* celui de Mercure (*Mercurii dies*) ; le *Jeudi,* celui de Jupiter (*Jovis dies*); le *Vendredi,* celui de Vénus (*Veneris dies*), et enfin, le *Samedi,* celui de Saturne (*Saturni dies*). Chez les Juifs, le samedi ou le jour du Sabbat était le jour consacré au Seigneur et au repos; les chrétiens ont adopté le Dimanche, en l'honneur de la résurrection de J.-C.; les mahométans ont choisi le Vendredi, parce que, suivant eux, c'est ce jour-là que l'ange Gabriel remit le Coran à Mahomet. Les Juifs ne donnaient pas de noms particuliers à leurs jours, qu'ils comptaient selon leur rang par rapport au jour du *sabbat.* Le lendemain du sabbat s'appelait le *premier sabbat,* et ainsi de suite pour les jours suivants, à l'exception du dernier qu'ils nommaient *Parasceve* ou préparation au sabbat. Les Grecs et les Latins ne connaissaient pas cette manière de diviser le temps : ils comptaient par décades, et l'usage de la s. ne s'établit chez eux qu'avec le christianisme.

SEMAINIER, IÈRE. s. [Pr. *semè-nié*]. Celui, celle qui est de semaine pour remplir certaines fonctions dans un chapitre, une communauté religieuse, un collège, etc. || À la Comédie-Française, on appelle *Semainiers,* Les deux comédiens qui sont chargés pendant une semaine de tous les détails relatifs à la composition et à l'exécution du répertoire.

SEMAISON. s. f. [Pr. *semè-zon*] (R. *semer*). Temps des semailles. || Ensemencement naturel des plantes par la dispersion des graines qui tombent.

SÉMAPHORE. s. m. (gr. σῆμα, signe; φορός, qui porte). Sorte de télégraphe aérien établi sur les côtes pour servir à faire connaître l'arrivée, les manœuvres, etc., des bâtiments qui viennent du large ou qui naviguent à la vue des côtes et devant les ports, ou encore pour correspondre avec eux. Le s. consiste essentiellement en un grand mât muni de vergues et de cordages auxquels on attache de grosses boules légères diversement colorées, ou des drapeaux servant à former des signaux. || T. Ch. de fer. Appareil servant à faire les signaux nécessaires à la sécurité de la circulation Voy *Chemin de fer* et *Électro-sémaphore.*

SÉMAPHORIQUE. adj. 2 g. Qui appartient au sémaphore, qui y a rapport.

SEMBLABLE. adj. 2 g. [Pr. *san-blable*] (R. *sembler*). Pareil, qui ressemble, qui est de même nature, de même qualité. *Ces deux choses sont semblables, tout à fait semblables. Il y a peu de cas entièrement semblables. Il ne s'est jamais rien vu de* s. *Il n'est pas deux jours de suite* s. à *lui-même.* — Dans le style soutenu, s'emploie pour marquer une comparaison. S. à *un torrent qui entraîne tout sur son passage, Achille renverse...* || T. Alg. *Termes semblables,* Ceux qui ne diffèrent que par le coefficient. Voy. **Polynôme.** || T. Géom. *Figures semblables,* Celles qui peuvent être placées mathématiquement. Voy. **Similitude.** || *Semblable,* s'emploie aussi subst., mais alors il est toujours joint à l'adjectif possessif. *C'est un homme qui n'a pas son* s. — Se dit le plus souvent d'un ou de plusieurs hommes, par rapport aux autres hommes. *L'humanité nous oblige à avoir pitié de notre* s., *de nos semblables.* — Syn Voy. **Pareil** et **Ressemblance**

SEMBLABLEMENT. adv. [Pr. *san-blable-man*]. Pareillement, aussi. *Vous êtes de cet avis, et moi* s. Peu us

SEMBLANCE. s. f. Intérieur, ressemblance. Vx.

SEMBLANÇAY. Argentier de François 1er; accusé faussement d'avoir dilapidé le trésor, il fut pendu au gibet de Montfaucon (1465-1527).

SEMBLANT. s. m. [Pr. *san-blan*] (R *sembler*). Apparence. *Beau* s. *Faux* s. *Il m'a trahi sous un* s., *sous un faux* s. *d'amitié. S'il ne l'aime pas, du moins il en fait le* s., *tous les semblants.*

> Ce commerce honteux de semblants d'amitié
>
> MOLIÈRE.

— *Faire* s. *de, faire* s. *que,* Feindre de, feindre que. *Cet homme fait* s. *de dormir. Il faisait* s. *de ne pas entendre ce qu'on lui disait Faites* s. *que cela vous plaît, qu'on vous en a prié.* Famil, *Ne faire* s. *de rien,* Avoir attention à ne rien dire, à ne rien faire qui puisse donner à connaître ce que l'on pense, le dessein que l'on a. *Si vous voulez réussir dans cette affaire, ne faites* s. *de rien. Observez ce qui se passe, sans faire* s. *de rien.*

SEMBLER. v. n. [Pr. *san-bler*] (lat. *simulare,* propr. rendre semblable, de *similis,* semblable). Paraître avoir une certaine qualité ou une certaine manière d'être. *Ces choses me semblent belles et bonnes.*

> Que vous êtes joli ! que vous me semblez beau !
>
> LA FONTAINE.

Cela me semble être ainsi, me semble ainsi. Vous me semblez tout mélancolique. || *Sembler,* est souvent impers. *Il semble, à vous entendre, que ce mal soit sans remède. Il semblait qu'il fût impossible d'aller au delà.* Par manière de parenthèse, on dit, *Ce me semble, ce semble. Selon moi, à mon avis. Vous n'êtes pas, ce me semble, aussi malheureux que vous le dites Vous auriez dû, ce semble, avertir votre père.* — On dit encore, *Il me semble que je le vois. Il me semblait que cela était ainsi. Il vous semble donc? A ce qu'il vous semble.* On dit aussi, avec un infinitif : *Il me semble encore te voir, t'entendre, etc. Il me semblait être au milieu de vous.* — Avec la prép. *De. Que vous semble de cette affaire? Que vous en semble? Je lui ai dit ce qu'il m'en semblait, Que pensez-vous de cette affaire? Je lui ai dit ce que j'en pensais.* — Enfin, avec l'adj. *Bon. Si bon lui semble. Si bon leur semble. Comme bon vous semblera. Il nous a semblé bon,* S'il lui plaît; S'il leur est agréable; Comme il vous plaira; Nous avons trouvé bon.

SEMBLIDE. s. f. [Pr. *san-blide*] T. Entom. Genre d'insectes *Névroptères.* Voy. **Planipennes**

SÉMÉCARPE. s. m. (gr. σῆμα, marque; καρπός, fruit). T. Bot. Genre de plantes Dicotylédones (*Semecarpus*) de la famille des *Anacardiacées.* Voy. ce mot.

SÉMÉIOLOGIE. s. f. (gr. σημεῖον, signe; λόγος, discours). T. Méd. Partie de la médecine qui traite des signes des maladies. ||T Mus. S. *musicale,* La science des signes employés en musique pour représenter les sons et le rythme. On dit aussi **Séméiologie.**

SÉMÉIOLOGIQUE. adj. 2 g. T. Méd. Qui a rapport à la séméiologie. On dit aussi **Sémiologique.**

SÉMÉIOTIQUE. s. f. (gr. σημειωτική, m. s., de σημεῖον, signe). T. Méd. Syn. de *Séméiologie.* On dit aussi **Sémiotique**

SEMEL. Mot latin qui signifie *une fois* et dont on se sert quand on compte par *semel, bis, ter, quater,* etc. *Semel jussit, semper paret* « Il (Dieu) ordonna une fois, et depuis lu nature obéit ».

SÉMÉLÉ. Fille de Cadmus, roi de Thèbes, mère de Bacchus, qu'elle eut de Jupiter. Elle périt pour avoir demandé à celui-ci de lui apparaître dans toute sa gloire, ayant été consumée par la foudre du maître des dieux. (Mythol.)

SÉMÉLINE. s. f. (lat. *semen*, semence). T. Minér. Variété de Sphène.

SEMELLE. s. f. [Pr. *se-mèle*] (orig. inconnue). Pièce ordinairement de cuir, qui fait le dessous du soulier, de la botte, etc. *De bonnes semelles. Des souliers à simple, à double s. Semelles de buffle. Semelles imperméables.* — *Semelles de liège, de feutre,* Morceaux de liège, de feutre, taillés en s., qu'on met dans les souliers pour garantir les pieds de l'humidité. *Semelles de crin,* Espèce de coussinets de crin qui servent au même usage. || Morceau d'étoffe dont on garnit le pied d'un bas de laine, de coton, etc. *Mettre des semelles à des bas.* || *Sauter tant de semelles,* Sauter un espace de terre qui contient tant de fois la longueur du pied d'un homme. — T. Escrime. *Reculer d'une s., rompre la s.,* Reculer de la longueur du pied. || Popul., *Battre la s.,* Voyager à pied; se dit des artisans qui courent le pays en exerçant leur métier, et quelquefois des vagabonds. *Battre la s.,* se dit aussi de deux enfants qui, pour s'échauffer, sautent en cadence et lèvent alternativement chaque jambe, de manière à frapper la s. l'un de l'autre. || T. Artill. Planchette de bois fort épaisse qui se place entre les deux flasques d'un affût, et sur laquelle le canon pose. || T. Charp. Pièce de bois qui est couchée horizontalement sous le pied d'un étai, ou qui sert d'endroit dans un comble. || T. Mar. Pièce de bois plate mise sous un corps pesant pour servir à le faire glisser. || T. Techn. Se dit des pièces de bois ou de fonte qui reposent sur le sol et supportent le bâti de certaines machines, des ponts, etc. — Plateau d'une presse. — Feuille de bois propre à être plaquée. — Morceau de fer aplati pour faire des feuilles de fer-blanc. — Feuille de tôle repliée et laminée en double ou triple. — Garniture du sep d'une charrue. Voy. CHARRUE.

SEMENCE. s. f. [Pr. *seman-se*] (bas lat. *sementia,* m. s. du lat. *semen,* m. s.). Se dit de tout ce qui se sème, par la main de l'homme ou naturellement, grains, graines, noyaux, pépins, etc. *Chaque fruit a sa s. Je viens d'acheter de la s. de melon.* — Se dit particul. des grains, c.-à-d. des graines des céréales. *Blé, avoine de s. Un hectolitre de s. Combien faut-il de s. pour cette terre?* || (Par anal., La substance fécondante émise par les animaux mâles. || Fig., se dit de toute cause éloignée d'où il doit naître, avec le temps, de certains effets. *De pareilles instructions sont des semences de vertu. Ces lectures jetèrent dans son âme des semences de corruption. Ces rapports-là sont des semences de discorde. Cet article du traité est une s. de guerre.* || T. Cloutier, Espèce de clous fort petits. || T. Joaill. *S. de diamants,* se dit de petites parcelles de diamants dont on orne des bijoux. *S. de perles.* Voy. PERLE.

Pharm. — Dans l'ancienne Pharmacie, les semences usitées en médecine étaient distinguées en *chaudes* et *froides;* les premières contenant un principe aromatique et stimulant, tandis que les secondes sont simplement mucilagineuses et émollientes. Les semences d'anis, de fenouil, de cumin et de carvi, étaient appelées *Semences chaudes majeures;* et celles d'ache, de persil, d'ammi et de carotte, *Semences chaudes mineures.* Les *Semences froides* étaient aussi distinguées en *majeures* et *mineures :* celles-ci étaient les semences de laitue, de pourpier, d'endive et de chicorée sauvage; celles-là étaient les graines de concombre, de melon, de courge et de citrouille.

SEMENCEAU. s. m. [Pr. *seman-sô*] (R. semence). T. Agr. Betterave qu'on replante pour la laisser venir en graines la seconde année.

SEMENCINE. s. f. [Pr. *seman-sine*] (R. semence). T. Pharm. Syn. de *Semen-contra.* Voy. ce mot.

SEMEN-CONTRA. s. m. [Pr. *sé-mèn-contra*] (abrév. du lat. *semen contra vermes,* graine contre les vers). T. Pharm. Nom donné à la drogue constituée par les capitules floraux non épanouis de plusieurs Armoises, notamment des *Artemisia pauciflora* et *Artemisia Cina.* Voy. COMPOSÉES, IV et VERMIFUGE.

SÉMENDRIA. anc. cap. de la Serbie au confluent du Danube et de la Marassa; 5,500 hab.

SEMER. v. a. (lat. *seminare,* m. s., de *semen,* semence). Épandre de la graine ou des grains sur une terre préparée afin de les faire produire et multiplier; mettre des semences en terre. *S. du blé, de l'orge. S. de la graine de pavots,*

d'oseille, etc. *S. à la volée, à la main, en lignes. S. au plantoir.* Absol., s'entend ordinairement des céréales. *Il fait bon s. C'est la saison de s.* — *S. de l'oseille, du persil, de la laitue, des pavots,* etc. S. de la graine d'oseille, etc. — *S. un champ, s. des terres, s. une planche, une couche,* Y s. de la graine. On dit aussi, au passif, *Ces terres ont été bien semées, mal semées* — Fig., *Il faut s. pour recueillir, s. avant que de recueillir,* On ne doit pas espérer de récompense, de profit, avant d'avoir travaillé. *On recueille ce qu'on a semé,* On recueille les résultats bons ou mauvais, conformes à ce qu'on a préparé d'avance. On dit dans le même sens. *Celui qui sème le vent récolte la tempête.* — *S. en terre ingrate, s. sur le sable,* Faire du bien à une personne qui n'en a point de reconnaissance; ou donner des leçons, des conseils à quelqu'un qui n'a pas les dispositions nécessaires pour en profiter. || Fig. *Semer,* se dit aussi des choses que l'on répand, que l'on jette çà et là, que l'on dissémine. *Il a semé son argent le long du chemin sans s'en apercevoir. On avait semé des fleurs sur son passage.* On dit de même, S. *de fleurs le chemin, le passage de quelqu'un.* — Fig., *S. de l'argent,* Distribuer de l'argent à plusieurs personnes pour les attirer dans son parti. *Il fallut s. de l'argent pour gagner le peuple et les soldats.* On dit d'un prodigue, qu'il *sème l'argent.* — Fig. et prov., *S. des perles devant les pourceaux,* Parler de choses sacrées devant les personnes profanes; ou dire devant des sots et des ignorants, des choses qui sont au-dessus de leur portée; ou encore, Montrer, donner à quelqu'un des choses dont il ignore le prix. || Fig., *S. des pièges sur les pas de quelqu'un,* Lui tendre de secrètes embûches. *S. des difficultés dans une affaire,* Y faire naître des difficultés. || Fig., au sens moral, Répandre. *S. des erreurs, de faux bruits, de fausses nouvelles. S. la discorde, la zizanie entre des personnes. S. la terreur, l'épouvante.* — *Il a semé son récit de réflexions piquantes. S. un discours de traits satiriques.* — SE SEMER. v. pron. Être semé. *Cette variété de blé se sème en mars.* = SEMÉ, ÉE. part. *Terre semée de blé. Chemin semé de fleurs.*

Au pied du roc affreux semé d'os blanchissants.

CORNEILLE.

|| Fig., *Un discours, un écrit semé d'injures, de pointes, etc.,* Où il y a beaucoup d'injures, de pointes, etc. || T. Blas. Se dit d'un écu, ainsi que d'une pièce honorable, quand il est chargé de fleurs de lis, de trèfles, de roses, d'étoiles, etc., en nombre indéterminé, de telle sorte que, vers les bords du champ, les figures ne sont point entières. Voy. LIS, Fig. 2. || T. Vén. *Un cerf mal semé,* Un cerf qui a plus d'andouillers d'un côté que de l'autre.

Conj. — *Je sème, tu sèmes, il sème; nous semons, vous semez, ils sèment. Je semais; nous semions. Je semai; nous semâmes. Je sèmerai; nous sèmerons.* — *Je sèmerais; nous sèmerions.* — *Sème; semons.* — *Que je sème; que nous semions. Que je semasse; que nous semassions. Semer. Semant. Semé, ée.*

Syn. — Ensemencer. — Semer a rapport au grain; c'est le blé qu'on sème dans le champ. *Ensemencer* a rapport à la terre; c'est le champ qu'on *ensemence* de blé. On se sert de *semer* en parlant de toutes sortes de grains ou de graines, et dans toutes sortes de terrains; on se sert d'*ensemencer* qu'en parlant de grandes pièces de terre préparées par le labourage. Ainsi, on *sème* dans ses terres et dans ses jardins; mais on n'*ensemence* que ses terres et non ses jardins. On dit au sens figuré, *Semer* de l'argent, *semer* la parole; *ensemencer* n'est jamais employé que dans le sens propre et littéral.

SEMESTRE. s. m. (lat. *semestris,* m. s., de *sex,* six; *mensis,* mois). Espace de six mois consécutifs. *Il rend compte de sa gestion à la fin de chaque s. S. de janvier, ou s. d'hiver,* Celui qui commence le premier jour de janvier. *S. de juillet,* ou *s. d'été,* Celui qui commence le 1er juillet. || Se dit de certains emplois qu'on est obligé de remplir pendant la moitié de l'année. *Servir par s. Être de s. Ces deux professeurs font leur cours par s. Il a fini son s.* || Se dit encore des rentes, des traitements qui se payent tous les six mois. *Payer le s. échu. J'ai touché mon s. Il lui est dû un s. Congé de s.,* et, par une simpl., *Semestre,* Congé de six mois que l'on accorde à un militaire. *Il a son congé de s. Il est au s. Passer son s. dans sa famille.* — Par ext., se disait de ceux qui avaient obtenu un congé de semestre. *Rappeler les semestres.* On les appelait aussi *Semestriers.* Ces locutions n'ont plus de raison d'être avec notre organisation militaire actuelle. || *Semestre*, se disait adjectiv., en parlant de certains fonctionnaires et de certaines compagnies qui servaient par s. *On rendit tel parlement s. Conseiller d'État s.*

SEMESTRIEL, ELLE. adj. Qui se fait, qui a lieu par semestre. *Assemblée semestrielle. Compte rendu s. Rente semestrielle.*

SEMESTRIER. s. m. Militaire absent de son corps par un congé de six mois.

SEMEUR, EUSE. s. Celui, celle qui sème du grain. || Fig., *S. de discordes, de zizanie, etc.*, Celui qui se plaît à brouiller, à diviser les esprits; *S. de faux bruits*, Celui qui répand de fausses nouvelles. = SEMEUSE. s. f. T. Ornith. Nom donné à la bergeronnette.

SEMI—. Mot latin qui signifie *demi*, et qu'on joint toujours à un autre mot. *Les semi-ariens. Les semi-pélasgiens. Un s.-ton. Une s.-preuve. Fête s.-double. Une fleur s.-double. Un recueil s.-périodique.*

SEMI-ADHÉRENT, ENTE. adj. [Pr. *sémi-adé-ran, rante*]. T. Didac. Qui adhère à demi ou par une partie seulement de son étendue.

SEMI-ANATROPE. adj. 2 g. (R. *semi*, préf., et *anatrope*). T. Bot. Se dit d'un ovule anatrope dont le corps n'est que partiellement soudé au funicule. Voy. PISTIL.

SEMI-ANNULAIRE. adj. 2 g. [Pr. *...ann-nu-lère*]. Qui a la forme d'un demi-anneau.

SEMICARBAZIDE. s. f. T. Chim. Voy. CARBAZIDE.

SEMI-CIRCULAIRE. adj. 2 g. Qui a la forme d'un demi-cercle.

SEMI-DIURNE. adj. 2 g. Qui ne dure que la moitié du jour.

SEMI-DOUBLE. adj. 2 g. T. Bot. Se dit d'une fleur dans laquelle une partie seulement des organes sexuels a été transformée en pétales. || T. Litur. Se dit des fêtes qu'on célèbre avec plus de solennité que les fêtes ordinaires mais avec moins de solennité que les fêtes doubles.

SEMI-FLEURONNÉ, ÉE. adj. [Pr. *semi-fleuro-né*]. T. Bot. Se dit du fleur se compose de demi-fleurons.

SEMI-FLOSCULEUSES. s. f. pl. [Pr. *semifloskuleu-ze*]. T. Bot. Nom donné par Tournefort à une tribu de la famille des Composées, appelée aujourd'hui *Liguliflores.* Voy. COMPOSÉES.

SEMI-GOTHIQUE. adj. 2 g. Se dit de l'écriture gothique altérée par un mélange de caractère romains.

SEMI-HISTORIQUE. adj. 2 g. Qui renferme des faits historiques arrangés arbitrairement ou entremêlés de faits romanesques.

SEMI-INFÈRE. adj. 2 g. T. Bot. Se dit d'une partie placée incomplètement au-dessous d'une autre.

SEMI-LIQUIDE. adj. 2 g. A demi liquide.

SÉMILLANCE. s. f. [Pr. les *ll* mouillées] (R. *sémillant*). Vivacité, promptitude.

SÉMILLANT, ANTE. adj. [Pr. les *ll* mouillées] (anc. fr. *semille*, malice). Remuant, extrêmement vif. *Cette petite fille est bien sémillante.* Fam. || Au sens moral, on dit *Un esprit s.*

SÉMILLÉ, ÉE. adj. [Pr. les *ll* mouillées]. T. Techn. Se dit des pavés de grès dont on a simplement enlevé les plus grosses aspérités.

SÉMILLER. v. n. [Pr. les *ll* mouillées] (anc. fr. *semille*, malice, tour). Être sémillant.

SÉMILLON. s. m. [Pr. les *ll* mouillées]. T. Vitic. Cépage du Périgord.

SEMI-LUNAIRE. adj. T. Anat. Qui est en forme de demilune. *Cartilages s.-lunaires*, Les fibro-cartilages internes de l'articulation fémoro-tibiale. — *Ganglions s.-lunaires*, se dit de deux gros ganglions nerveux situés de chaque côté de la colonne vertébrale au-dessus de la capsule surrénale, et formant au-devant du rachis le réseau appelé plexus solaire. — *Valvules s.-lunaires*, placées à l'origine de l'artère aorte et de l'artère pulmonaire. Voy. CŒUR, 1. — *Os s.-lunaire*, et subst. *Le s.-lunaire*, L'un des os de la deuxième rangée du carpe. — *Replis s.-lunaire* de l'œil, partie de la sclérotique qui sort de l'angle interne de l'œil, est à peine marqué chez l'homme, et forme une troisième paupière chez les oiseaux.

SÉMINAIRE. s. m. [Pr. *sémi-nère*] (lat. *seminarium*, pépinière, aussi *séminaire* z. semer, de *semen*, semence). Établissement où l'on élève et où l'on instruit des jeunes gens pour les former à l'état ecclésiastique. — Par ext., se dit de tous les ecclésiastiques qui demeurent dans un séminaire, et du temps déterminé qu'on doit passer dans un séminaire, pour être admis aux ordres sacrés. *Tout le s. assistait à ce sermon. Il commence, il finit son s.* || Par anal., se dit des lieux où l'on se forme à une profession quelconque. *Cette école est un s. de bons officiers, d'excellents ouvriers.*

Enseign. relig. — On distingue les *Grands séminaires* et les *Petits séminaires.* — Les *Grands séminaires*, qu'on appelle aussi *Séminaires diocésains*, sont destinés à recevoir les jeunes clercs qui étudient la théologie et se préparent à recevoir les ordres sacrés. Saint Augustin passe pour être le premier qui institua un établissement spécialement destiné à former les jeunes lévites au ministère ecclésiastique. Au XVIe siècle, le concile de Trente, dans sa 23e session, prescrivit à tous les évêques d'organiser et d'entretenir un s. dans leur diocèse. En France, le concordat de 1801 confère aux évêques le droit d'avoir un s. dans leur diocèse. Les séminaires sont exclusivement placés sous l'autorité des évêques, qui les font diriger par un *supérieur* et par des professeurs qu'ils nomment et révoquent à leur gré. Toutefois ces établissements ressortissent au ministère de l'intérieur et des cultes, et les règlements dressés par les évêques pour leurs séminaires, ainsi que la nomination des directeurs et professeurs, doivent être soumis à l'approbation du chef de l'État. La loi française exige seulement que, dans les matières de l'enseignement, soient comprises la morale, le dogme, l'histoire ecclésiastique, les maximes de l'Église gallicane et les règles de l'éloquence sacrée. Les jeunes gens sont reçus dans les grands séminaires, soit à leur frais, soit à titre gratuit. Dans ce dernier cas, leur entretien est à la charge de fondations particulières : l'État accordait autrefois des bourses de 400 et de 200 francs dans les séminaires : ces bourses ont été supprimées depuis 1886. Les grands séminaires sont classés parmi les établissements d'utilité publique; comme tels, ils constituent donc des personnes civiles capables de posséder, d'acquérir, d'aliéner et de recevoir des libéralités. En 1885, il a été décidé que l'entretien et la conservation des bâtiments des séminaires incomberaient uniquement au budget de ces établissements, sans que l'État y participe, même en cas d'insuffisance de leurs ressources. — Les *Petits séminaires*, qui se nomment légalement *Écoles secondaires ecclésiastiques*, ont été fondés par l'ordonnance royale du 5 octobre 1814. Dans le principe, ils étaient destinés à pourvoir au recrutement des grands séminaires ; mais aujourd'hui ils ne sont guère que de simples établissements d'instruction secondaire où l'enseignement est à peu près le même que celui des collèges, et qui, comme ces derniers, préparent aux grades universitaires et aux écoles du gouvernement. Ces institutions sont entièrement soumises à l'autorité des évêques, qui en nomment et révoquent le personnel, en approuvant les règlements, sans avoir besoin d'en référer au ministre de l'instruction publique. L'État s'est seulement réservé un droit de surveillance, qui porte sur la morale, l'hygiène et la salubrité, et qui, en ce qui concerne l'enseignement, se borne à vérifier s'il n'est pas contraire à la morale, à la constitution et aux lois. Le nombre de ces écoles n'est pas limité; néanmoins il ne peut en être établi de nouvelles sans l'autorisation préalable du gouvernement.

SÉMINAL, ALE. adj. (lat. *seminalis*, m. s., de *semen, seminis*, semence). T. Hist. nat. Qui a rapport à la semence, à la graine. || T. Anat. *Liqueur séminale*, le sperme. *Vésicules séminales*. Vésicules au nombre de deux placées entre le rectum et la vessie, en arrière de la prostate où s'accumule le sperme sécrété par les testicules, et d'où il est chassé au dehors pendant le coït. || T. Bot. *Feuilles séminales.* Syn. de *Cotylédons.* Voy. GRAINE.

SÉMINARISTE. s. m. Celui qui est élevé et instruit dans un séminaire.

SÉMINATION. s. f. [Pr. ...*sion*] (lat. *seminatio*, m. s.). T. Bot. Dispersion naturelle des graines d'une plante.

SÉMINIFÈRE. adj. 2 g. (lat. *semen*, semence; *fero*, je porte). T. Anat. *Vaisseaux séminifères*, Tubes qui secrètent le sperme et constituent la substance propre du *Testicule.* Voy. ce mot. || T. Bot. Qui porte des graines.

SEMI-NOCTURNE. adj. 2 g. T. Astron. *Arc s.-n.*, portion du cercle de l'horizon comprise entre la partie inférieure du méridien et le point de l'horizon où le soleil se lève ou se couche.

SÉMINOSE. s. f. [Pr. *sémino-ze*] (lat. *semen, seminis,* semence). T. Chim. Syn. de *Mannose.*

SÉMINULE. s. f. (dim. du lat. *semen,* graine). T. Bot. S'employaient autrefois pour désigner les spores des Cryptogames. Voy. SPORE.

SÉMIOLOGIE, SÉMIOLOGIQUE, SÉMIOTIQUE. Voy. SÉMÉIOLOGIE, SÉMÉIOLOGIQUE, SÉMÉIOTIQUE.

SEMI-OPALE. s. f. T. Minér. Opale commune.

SEMIPALATINSK, v. de la Sibérie, ch.-l. de prov. sur l'Irtych; 9,000 hab. La prov. a 546,500 hab.

SEMI-PÉRIODIQUE. adj. 2 g. Qui paraît par fascicules publiés à des intervalles plus ou moins réguliers.

SEMI-RADIANT, ANTE. adj. T. Bot. Se dit des capitules radiés des Composées quand ils ne sont radiants que d'un côté.

SÉMIRAMIS, reine légendaire d'Assyrie, épouse de Ninus, lui succéda, embellit Babylone, et eut pour successeur son fils Ninyas, à qui la tradition attribue la construction des jardins suspendus de Babylone.

SEMIS. s. m. [Pr. *se-mi*] (R. *semer*). T. Agric. et Jard. Plant d'arbrisseaux, de plantes, de fleurs, venant de graines, et qui ont été semées. *Un s. d'œillets. Un s. de jeunes pins.* || Le travail que l'on fait pour former cette sorte de plant. *Faire un s. S. à la volée. S. en rayons. S. sur couche.*

Agric. — Le succès des Semis dépend surtout du choix des graines, de leur mode de conservation, de la nature et de la préparation du sol, enfin de l'époque de l'ensemencement. Pour qu'une graine soit propre à germer, il faut qu'elle ait pris une bonne conformation sur la plante mère, et surtout qu'elle ait été fécondée; c.-à-d. qu'elle offre une lunique et un embryon. Il est encore nécessaire qu'elle soit parvenue à un degré convenable de maturité qui se reconnaît lorsque le fruit renfermant cette graine a pris tout son développement et s'est détaché naturellement de la plante. — Les semences récoltées fraîches, et présentant le degré convenable de maturité, reçoivent un mode de préparation ou de conservation qui varie en raison de leur nature. On peut, sous ce rapport, les partager en trois séries : fruits à péricarpes secs; fruits à pépins, en baies ou à noyau; fruits à osselets. — Les semences à péricarpe sec, comme celles du frêne, du chêne, du hêtre, du châtaignier, de l'érable, etc., ne reçoivent aucun soin spécial; immédiatement après leur récolte, on les étend dans un endroit aéré, où on les remue souvent pour les faire sécher et leur communiquer un dernier degré de maturité. Les semences qui, en se détachant de l'arbre, conservent leur péricarpe, comme celle des pins, des sapins, de l'acacia, etc., ne doivent être extraites de leur enveloppe qu'au moment même de l'ensemencement. En attendant, on les conserve dans un endroit ni trop sec, ni trop humide, abrité de la lumière et des brusques changements de température. — Les semences des fruits à pépins, en baies et à noyau doivent d'abord être débarrassées, par plusieurs triturations et lavages, de la pulpe charnue qui les recouvre; après quoi, on les étend dans un réduit spacieux et aéré, où on les remue souvent. Lorsqu'elles sont bien sèches, on les traite jusqu'au moment de l'ensemencement, comme les graines à péricarpe

sec. — Quant aux fruits à osselets, tels que ceux des aubépines, des alisiers, etc., ils sont mis en tas, en plein air, immédiatement après leur récolte; puis on les remue de temps en temps, afin d'empêcher que la fermentation, qui pourrait se développer, ne détruise la faculté germinative. On les laisse ainsi pendant tout l'hiver. Au printemps suivant, alors que la pulpe est en partie détruite, on enterre jusqu'au niveau du sol, un vase ou tonneau défoncé par le haut, puis on y place ces semences en les mélangeant avec une petite quantité de terreau consommé. On les abandonne, dans cet état, pendant l'été et l'hiver qui suivent. Vers la fin de mars, ces graines commencent à germer, et c'est alors qu'on les confie à la terre. L'expérience a démontré qu'en les semant, dès le printemps qui suit leur récolte, quelques-unes seulement se développeraient pendant l'été, tandis que le plus grand nombre ne germerait que l'année suivante. Or, à cette époque, le terrain préparé depuis un an serait en mauvais état, et ne provoquerait qu'une végétation chétive. Si l'on était obligé d'utiliser des graines un peu vieilles, on pourrait, pour détremper leur enveloppe et stimuler l'énergie vitale de la germination, les plonger, pendant cinq ou six heures, dans une eau à laquelle on aurait ajouté un peu d'ammoniaque, ou de potasse, ou même de sel marin. En général, pour éviter les inconvénients de conservation des graines que présentent les ensemencements du printemps qui sont, pour bien des raisons, l'époque la plus favorable, on devra faire usage de la *stratification.* Voy. ce mot. Cette opération présente encore un autre avantage : les graines étant presque toujours germées, lorsqu'on vient à les semer en pépinière, leur radicule a déjà quelques centimètres de longueur. Or, une certaine étendue de ces organes étant rompue par la pratique de l'ensemencement, le rudiment de racine offre plus tard, au lieu d'un pivot unique, un réseau de ramifications qui rend le succès des transplantations bien plus assuré. — Quant à la nature du sol qui convient le mieux pour le s. et l'éducation des arbres, on doit donner la préférence aux terrains de consistance et de fertilité moyennes, ceux auxquels on applique le nom de terre franche, ou silico-argileux. Nous devons cependant faire une exception pour la plupart des espèces à feuilles persistantes, et quelques-unes à feuilles caduques, qui exigent la terre de bruyère. Bien qu'en général le terrain des pépinières doive être maintenu dans un état de fertilité moyenne, la surface du sol destiné au s. doit être bien fumée. C'est là une indication de la nature. En effet, si l'on examine ce qui se passe pour les ensemencement naturels dans les forêts, on constate que les graines sont abandonnées dans une couche superficielle très riche en humus, provenant de la décomposition des feuilles et autres débris végétaux. Il semble que les arbres aient besoin, pendant leur première jeunesse, d'une nourriture abondante, facile à puiser, en rapport avec la délicatesse de leurs organes. — La *profondeur* à laquelle les semences doivent être placées dans la terre demande aussi à être examinée avec attention. Nous savons que l'air et l'eau sont indispensables à la germination. Placées au-dessous de la surface, elles ne rencontrent pas une suffisante quantité d'humidité. C'est donc entre ces deux points extrêmes qu'on doit chercher le degré de profondeur le plus convenable pour chaque espèce. La quantité d'eau absorbée par les graines étant en raison directe de leur volume, il en résulte que plus ces graines sont grosses, plus elles doivent être enfouies profondément. D'après cette règle, les pépins des pommiers, poiriers, par ex., seront enfoncés à 0^m,012; tandis que les châtaignes et les noix devront être recouvertes de 0^m,080 de terre. — Les semences étant enterrées on devra *plomber* le sol, c.-à-d. le tasser légèrement sur les graines afin que tous les points de celles-ci soient bien en contact avec la terre. Après le plombage, on répand à la surface du sol une couche très mince de paille en décomposition, de feuilles sèches ou de fumier usé. Cette dernière opération a pour but d'empêcher la couche superficielle du sol de se dessécher trop vite, ou de se durcir sous l'influence des arrosements, quand la sécheresse force d'y avoir recours.

SEMIS. s. m. [Pr. *sémice*] (lat. *semis*, m. s., pour *semias*, demi-as). T. Métrol. anc. Unité de poids des anciens Romains qui valait un demi-as, ou six onces. Voy. POIDS.

SEMI-STAMINAIRE. adj. 2 g. (lat. *semi*, demi; *stamina*, filaments, dans le sens d'étamines). T. Bot. Se dit des fleurs doublées où une portion des étamines seulement est changée en pétales.

SÉMITE. adj. 2 g. et s. m. (H. *Sem*, fils de Noé). T. Ethn. Se dit d'une branche de la race blanche, comprenant les Juifs, les Arabes, les anciens Phéniciens, Chaldéens, etc., caractérisée plus par les langues qu'elle parle ou qu'elle a parlé que par des caractères anatomiques. Voy. SÉMITIQUE.

SÉMITIQUE. adj. 2 g. (H. *sémite*). T. Ethn. et Ling. Qui a rapport aux sémites. *Peuple sémitique, langue sémitique.*

Ling. — Si l'on s'en tenait à l'étymologie, on devrait appeler sémites les peuples que la Bible donne comme descendants de Sem, fils de Noé ; mais les assertions de la Bible ne s'accordent pas avec les données fournies par la comparaison des langues. Ainsi, d'après la Bible, les Phéniciens seraient des descendants de Cham, alors que leur langue ne différait presque pas de l'Hébreu, tandis que les Élamites donnés comme issus de Sem ne parlaient pas une langue s. Aujourd'hui les mots *sémite* et *s.* s'emploient pour désigner tous les peuples anciens ou modernes qui ont parlé ou parlent une des langues d'une famille très nettement caractérisée. La famille des langues sémitiques est divisée en trois rameaux :

1° L'*Araméen* qui a été parlé dans la Syrie, la Mésopotamie, à Ninive et à Babylone et qui est représenté aujourd'hui par le *néo-syriaque*. On appelle plus particulièrement *Araméen* l'idiome qui était parlé au temps de Jésus-Christ en Syrie et en Judée où il avait depuis deux ou trois siècles supplanté l'hébreu.

2° L'*Hébraïque* comprenant l'hébreu et l'ancienne langue des Phéniciens ainsi que celle des Carthaginois, le *Punique* qui en différait fort peu. Voy. PUNIQUE. Ce rameau n'est représenté par aucune langue vivante.

3° L'*Arabique* qui comprend, outre les divers dialectes arabes, l'ancienne langue de l'Éthiopie, le *Gheez*.

Les langues sémitiques constituent un groupe très homogène, et présentent de telles affinités qu'il est impossible de méconnaître leur origine commune. Les racines y sont toutes dissyllabiques, et chacune de ces racines est composée de trois consonnes. Il s'y joint une quatrième consonne destinée à nuancer et à diversifier le sens trop vague de la racine, tandis que les modifications des voyelles servent à former une quantité de mots dérivés et à noter les accidents de temps, de nombre, et de personnes. On voit que ces langues n'ont pas recours, comme les langues aryennes aux désinences et à la composition des radicaux. La conjugaison qui paraît très pauvre quand on n'écrit pas les voyelles, comme c'était l'ancien usage, y apparaît au contraire comme très complète si l'on a égard à toutes les modifications du son des voyelles. Du reste, les flexions du verbe s'obtiennent par l'adjonction de pronoms qui diversifient les temps suivant qu'on les place avant ou après la racine. L'article se place avant le nom dans l'hébreu et l'arabe, après dans le syriaque et le chaldéen. Comme exemple des modifications du radical, nous citerons l'arabe *llata*, trois ; *tâlit*, troisième ; *et-toult*, un tiers.

SEMI-TON. s. m. T. Mus. La moitié d'un ton.

SEMLIN, v. d'Autriche-Hongrie (Esclavonie) sur le Danube ; 10,000 hab.

SEMNOPITHÉCIENS. s. m. pl. Voy. SEMNOPITHÈQUE.

SEMNOPITHÈQUE. s. m. (gr. σεμνός, grave ; πίθηκος, singe). T. Mamm. Les singes désignés sous ce nom et sous celui de *Semnopithéciens* constituent la première tribu de la grande famille des *Catarrhiniens*, ou *Singes de l'ancien continent*. Ces animaux ont le corps grêle, les membres allongés, les mains antérieures longues, étroites et à pouce très court ou même nul, et la queue fort longue. Moins pétulants que les autres singes de la même famille, leur caractère semble plus froid et plus calme : de là le nom qui leur a été donné. Cette tribu ne comprend que trois genres, les *Nasiques*, les *Semnopithèques* proprement dits, et les *Colobes*.

I. — Le genre *Nasique* (*Nasalis*) ne comprend qu'une seule espèce, appelée *Nasique kahau* [Fig. 1]. L'animal ainsi nommé a le corps assez trapu ; il présente deux fortes callosités ischiatiques ; sa face est munie d'abajoues ; son museau est court et son front saillant, avec un angle facial de 50° ; mais il est surtout caractérisé par un nez très large, démesurément allongé, percé près de son extrémité de deux grandes narines, et présentant dans toute sa longueur un sillon qui semble le diviser en deux lobes ; toutefois les os de la face

n'offrent aucune particularité dans cette région. La taille de ce singe est de 1m.10 ; son pelage fauve passe au roux clair sur la poitrine, le cou et les bras ; le dessous du ventre offre aussi de longs poils d'un roux clair. La face entière est dénuée de poils comme le nez ; elle est d'un brun mêlé de bleu et de rougeâtre. Enfin, la bouche est grande et munie de fortes dents canines et de quatre incisives à chaque mâchoire. Les Nasiques vivent en troupes plus ou moins nombreuses dans les vastes forêts de Bornéo et de la Cochinchine : ils

Fig. 1.

sont frugivores. Quand on les attaque, ils se défendent avec beaucoup de courage. Leur cri, qui est fort grave, fait entendre distinctement le mot *Kahau* : de là leur nom spécifique.

II. — Les *Semnopithèques* proprement dits (*Semnopithecus*) étaient autrefois placés dans le genre Guenon (Fréd. Cuvier les en a retirés à cause de l'existence d'un talon tuberculeux à la dernière dent molaire de la mâchoire inférieure, caractère qui correspond à une disposition particulière de l'estomac, lequel offre une certaine analogie avec celui des Ruminants. Ces singes ont les formes grêles, les membres fort longs, ainsi que la queue et les mains antérieures. Celles-ci sont en outre étroites, et ont les pouces très courts et reculés, avec les ongles aplatis, tandis que les autres sont convexes. Enfin, leur museau est fort court, avec un nez à peine saillant. Ils n'ont point d'abajoues ou bien ils ont seulement des abajoues rudimentaires ; enfin, les fesses présentent des callosités. Ces animaux se trouvent exclusivement en Asie et dans les grandes îles de l'archipel Indien. On les dit défiants, soucieux, très attachés à leur liberté et peu susceptibles de se familiariser avec l'état de captivité, à moins qu'ils ne soient très jeunes. Vieux, ils sont intraitables et très méchants. Les auteurs distinguent dix à douze espèces dans ce genre. Nous citerons comme espèce-type le *S. douc* (*S. nemœus*), le *Douc* de Buffon, qui habite la Cochinchine, et qui est le plus richement peint de tous les singes (la Fig. 2 représente un *S. douc* femelle). Sa taille ne dépasse guère 70 centimètres. Cet animal a le pelage gris liqueté de noir : la face, d'un jaune mat avec le front noir ; les épaules, les cuisses, les doigts et la portion voisine des doigts, noirs ; les jambes et les tarses d'un roux vif ; l'avant-bras, la gorge, le bas des lombes, les fesses et la queue d'un blanc pur ; la gorge blanche, entourée d'un cercle plus ou moins complet de poils d'un roux vif. Nous mentionnerons encore le *S. entelle* (*S. entellus*), qui est de la taille du précédent, avec le pelage d'un blanc jaunâtre ; néanmoins le dos, les membres et presque toute la queue sont un peu plus foncés que le reste du corps, et les quatre mains sont noires. Ce singe a les membres d'une longueur démesurée et en apparence très grêles, les mouvements lents, l'œil et la physionomie calmes. Pendant la jeunesse, il a le crâne élevé, arrondi, et il jouit alors d'une étonnante pénétration pour concevoir ce qui lui est agréable ou nuisible; alors aussi il est facile de l'apprivoiser à l'aide de bons traitements. Mais lorsqu'il est âgé, il n'a plus de front, et il tombe dans l'apathie et dans le besoin de solitude. Cette espèce est très vénérée par les Hindous sectateurs de Brahma qui l'ont déifiée, et lui font jouer un rôle important dans leur fantastique mythologie. Ils n'oseraient chasser ces singes lorsque ceux-ci viennent ravager leurs vergers, et même entrent dans l'intérieur des maisons et enlèvent aux habitants les aliments que ceux-ci ont entre les mains : bien plus, tout bon Hindou se trouve fort honoré de pareilles visites. « Ce singe, que les Hindous appellent *Houilman*, dit Duvaucel, fait son apparition dans le bas Bengale vers la fin de l'hiver. Mais je n'ai pu d'abord m'en procurer, car, quelque zèle que j'aie mis dans mes poursuites, elles sont toujours restées infructueuses, à cause des soins empressés qu'ont mis les Bengalis

Fig. 2.

à m'empêcher de tuer une bête si respectable qu'on doit nécessairement mourir dans l'année qui suit son décès. Les Hindous chassaient le singe aussitôt qu'ils voyaient mon fusil, et pendant plus d'un mois qu'ont séjourné à Chandernagor sept ou huit individus qui venaient jusque dans les maisons saisir les offrandes des fils de Brahma, mon jardin s'est trouvé entouré d'une garde de pieux brahmes qui jouaient du tamtam pour écarter le dieu quand il venait manger mes fruits... A Comptisara, je vis les arbres couverts de houmans qui se mirent à fuir en poussant des cris affreux. Les Hindous, en voyant mon fusil, devinèrent, aussi bien que les singes, le sujet de ma visite, et douze d'entre eux vinrent au-devant de moi pour m'apprendre le danger que je courais en tirant sur des animaux qui n'étaient rien moins que des princes métamorphosés. J'avais bien envie de ne point écouter ces charitables avocats; cependant, à moitié convaincu, j'allais passer outre, lorsque je rencontrai sur ma route une princesse si séduisante, que je ne pus résister au désir de la considérer de plus près. Je lui lâchai un coup de fusil, et je fus alors témoin d'un trait vraiment touchant. La pauvre bête, qui portait un jeune singe sur son dos, fut atteinte près du cœur; elle se sentit mortellement blessée, et, réunissant toutes ses forces, elle saisit son petit, l'accrocha à une branche, et tomba morte à mes pieds. Un trait si maternel me fit plus d'impression que tous les discours des brahmes, et le plaisir d'avoir un bel animal ne put l'emporter sur le regret d'avoir tué un être qui semblait tenir à la vie par ce qu'il y a de plus respectable. »

III. — Le genre **Colobe** (*Colobus*) est entièrement africain. Les singes qui le composent sont très voisins des Semnopithèques, dont ils ont le corps et les membres grêles, la queue longue, le museau court, etc.; mais ils s'en distinguent essentiellement par l'absence de pouce aux mains antérieures. Ces animaux, dont on connaît une huitaine d'espèces, vivent par petites familles et se tiennent sur les arbres élevés et dans le voisinage des eaux courantes. Ils sont agiles, vifs, sans être

bruyants, et d'un naturel tout à fait inoffensif. Leur nourriture consiste en fruits sauvages, en graines, en insectes, etc. Ils font leur provision pendant le jour et passent la nuit à dormir sur les arbres. Nous citerons seulement le *Colobe Guéréza* (*Colobus Guereza*, Fig. 3) et le *Colobe à camail* (*Col. polycomos*). Le *Guéréza* habite la partie sud-ouest de l'Abyssinie : il a le pelage noir, les poils des côtés du corps

Fig. 3.

allongés en franges longues et blanches, la queue noire dans la moitié de son étendue, blanche et floconneuse à l'extrémité, avec une face noire encadrée de blanc pur. Le *Colobe camail*, nommé par Buffon *Guenon à camail*, et connu aussi sous le nom de *Roi des singes*, habite les côtes de la Guinée. Cette espèce a le pelage noir, avec de longs poils mélangés de noir et de jaune sale sur la tête, le cou et les épaules, où ils forment crinière.

SEMOIR. s. m. [Pr. *se-mouar*] (R. *semer*). T. Agric. Machine à semer. Voy. SEMAILLE.

SEMONCE. s. f. (R. *semondre*). Invitation faite dans les formes pour quelque cérémonie, *Les cours supérieures se trouvèrent à la cérémonie, après la* s. *qui leur en avait été faite*. Vx. || Fam., Avertissement mêlé de reproches. *Il lui a fait une* s., *une verte* s. || T. Mar. Avertissement donné avec le porte-voix par un navire qui demande à un autre de se faire connaître en arborant son pavillon.

SEMONCER. v. a. (R. *semonce*). Faire une semonce, une réprimande. *Sa mère l'a semoncé d'importance*. Fam. == SEMONCÉ, ÉE. part. == Conj. Voy. AVANCER.

SEMONDRE. v. a. (lat. *submonere*, m. s., de *sub*, sous, et *monere*, avertir). Inviter, convier à quelque cérémonie, à quelque acte public. *S. à des obsèques*. Vx, et n'est usité qu'à l'infinitif.

SEMONNEUR. s. m. [Pr. *semo-neur*] (R. *semondre*). Celui dont la fonction est de porter des billets pour certaines convocations. *Un* s. *d'enterrement*. Vx.

SEMONVILLE (marquis DE), homme d'État fr. (1759-1839).

SEMOULE. s. f. [Pr. *semou-lle*, *ll* mouillées, d'après l'Académie ; mais on dit plus souvent *semou-le*] (ital. *semola*, du lat. *simila*, fleur de farine, du gr. σεμίδαλις, m. s.). Granules arrondis qu'on obtient en broyant le blé entre deux meules peu serrées. Voy. GRUAU.

SEMPACH, bourg de Suisse (canton de Lucerne), où les Suisses vainquirent les Autrichiens en 1386.

SEMPER-VIRENS. s. m. [Pr. *sin-per-virinse*] (mot latin qui signifie *Toujours verdoyant*). T. Bot. Chèvrefeuille toujours vert, autrement appelé Chèvrefeuille de Virginie.

SEMPERVIVUM. [Pr. *sin-per-vi-vome*] (mot latin qui signifie *Toujours vivant*). T. Bot. Nom scientifique du genre *Joubarbe*. Voy. ce mot. et CRASSULACÉES.

SEMPITERNEL, ELLE. adj. [Pr. *sin-piter-nel, nèle*] (lat. *sempiternus*, éternel, de *semper*, toujours). Qui dure toujours; n'est usité en ce sens que dans cette loc. famil., *Une vieille sempiternelle*, qui se dit, par raillerie, d'une femme très vieille. || Se dit aussi fam., dans le sens de Continuel. *Un bruit s. Elle fait des remontrances sempiternelles.* == Syn. Voy. IMMORTEL.

SEMPLE. s. m. [Pr. *san-ple*]. T. Techn. Disposition de ficelles formant une partie du métier Jacquart, établie de manière à produire sur le tissu un dessin déterminé.

SEMPRONIUS, célèbre famille romaine, à laquelle appartenaient les Gracques.

SEMUR, ch.-l. d'arr. du dép. de la Côte-d'Or, sur l'Armançon, à 71 kil. O. de Dijon; anc. cap. de l'Auxois; 3,900 hab. == Nom des hab. : SEMUROIS, OISE.

SEMUR-EN-BRIONNAIS, ch.-l. de c. (Saône-et-Loire), arr. de Charolles; 1,400 hab.

SENANCOUR (DE), littérateur fr., auteur d'*Obermann* (1770-1846).

SÉNARMONTITE. s. f. (R. *Sénarmont*, n. d'un minér. fr.). T. Minér. Acide antimonieux, en octaèdres réguliers et en masses grenues ou compactes, blanchâtres, à éclat résineux.

SÉNART (Forêt DE), dans le dép. de Seine-et-Marne, entre Corbeil et la vallée de l'Yères.

SÉNAT. s. m. [Pr. *sé-na*] (lat. *senatus*, m. s., de *senex*, Vx). Nom qui chez divers peuples et à diverses époques ont porté certaines assemblées législatives. *Le s. romain. Le s. de Carthage. Le s. des États-Unis. Le s. français, belge, etc.* || Par ext., le lieu où le s. s'assemble. *On força les portes du s.* || *Le s. de Chambéry, de Nice, etc.*, se disait naguère de la cour de justice séant dans ces villes et jugeant en dernier ressort.

Hist. — Dans les républiques de l'antiquité, le gouvernement était divisé entre un *Sénat*, qui représentait l'élément aristocratique, et une assemblée populaire, qui représentait l'élément démocratique. Seulement, dans les pays où, comme à Sparte et dans la Rome primitive, il y avait aussi un roi, ce dernier était tout au plus investi de la puissance exécutive. Nous allons dire, aussi sommairement que possible, ce qu'était le s. dans les trois principaux États des temps anciens, c.-à-d. à Sparte et à Rome. Nous parlerons ensuite des assemblées qui, dans les États modernes, ont porté le nom de S.

I. — A ATHÈNES, le S. était appelé Βουλή, c.-à-d. conseil. On attribue généralement sa fondation à Solon, mais il est certain qu'il existait avant ce législateur, et que celui-ci se borna à modifier la constitution de ce corps. Solon porta à 400 le nombre des *sénateurs*, 100 pour chaque tribu, et il les prit dans ses trois premières classes, qui se composaient des citoyens les plus riches. Plus tard, lorsque Clisthène (510 av. J.-C.) remania les tribus attiques et fixa leur nombre à 10, celui des sénateurs fut élevé à 500, c.-à-d. à 50 membres par tribu. Le s. fut alors appelé ἡ βουλή ἡ τῶν πεντακοσίων, c.-à-d. le Conseil des cinq cents. Dans le principe, les sénateurs paraissent avoir été élus; à l'époque de Périclès, ils étaient désignés par la voie du sort. Toutefois, pour être sénateur, il fallait justifier de sa qualité de citoyen, avoir atteint l'âge de 30 ans, et prouver qu'on n'avait point encouru, par jugement, la perte de certains droits civiques (ἀτιμία). Les sénateurs ainsi nommés restaient en fonctions pendant une année; ils recevaient une drachme par chaque jour de séance. Enfin, indépendamment de la reddition de comptes (εὔθυνα) à laquelle le s. tout entier était soumis à l'expiration de ses fonctions, c.-à-d. à la fin de l'année, chacun de ses membres pouvait encore être exclu par ses collègues, si sa conduite était jugée répréhensible.

Le s. d'Athènes était divisé en 10 sections de 50 membres appartenant à la même tribu. Chacune de ces sections était investie, à tour de rôle, d'attributions spéciales et les membres qui la composaient prenaient alors le nom de *prytanes* (πρυτάνεις). En particulier, les prytanes avaient le droit de convoquer le Sénat et l'assemblée du peuple.

En réorganisant le s., Solon s'était proposé de mettre un frein au gouvernement démocratique; il avait réglé en conséquence les attributions de ce corps. Toutes les affaires devaient être discutées et votées par ses membres avant d'être portées à l'assemblée du peuple, et rien ne pouvait être soumis aux délibérations de celle-ci sans l'avoir été préalablement à celles des sénateurs. Toute résolution du s. était appelée προβούλευμα, c.-à-d. projet, parce qu'elle n'avait pas, en effet, d'autre caractère; car le peuple n'avait pas seulement le droit d'adopter ou de rejeter un projet discuté par le s., il avait encore celui de prendre une décision diamétralement opposée. Ainsi, en matière de guerre et de paix, de traités et d'alliances, le s. était chargé de veiller aux intérêts de l'État, de provoquer et de proposer les mesures qu'il jugeait nécessaires; mais, dans l'assemblée du peuple, tout citoyen pouvait proposer une résolution contraire et la faire adopter. Outre les projets de résolution émanés de sa propre initiative et qu'il discutait dans ses séances, le s. était encore appelé à examiner les questions que lui soumettaient les simples citoyens avant que de les porter à l'assemblée du peuple. A cet effet, le citoyen qui voulait avoir l'avis du s. sur une question, devait d'abord lui demander l'autorisation de la lui soumettre, et si le s., après avoir examiné la mesure, lui donnait son approbation, elle était alors renvoyée à l'assemblée du peuple, qui la ratifiait ou la rejetait. Les décisions que les sénateurs prenaient dans les circonstances de ce genre se nommaient également προβουλεύματα. Elles avaient souvent pour objet de faire accorder des honneurs ou des privilèges à quelque citoyen, comme cela arriva quand Ctésiphon proposa de décerner une couronne à Démosthène. Lorsqu'un projet émané du s. ou approuvé par lui, était communiqué à l'assemblée du peuple, un héraut en donnait lecture à haute voix; après quoi, le projet était discuté; les assistants étaient ensuite consultés pour savoir s'ils l'approuvaient ou s'ils voulaient le soumettre à une nouvelle discussion. Le peuple faisait connaître sa volonté en levant la main (χειροτονία). Si le décret proposé par le s. était rejeté, il était de plein droit nul et non avenu. S'il n'était ni confirmé ni rejeté, il devenait exécutoire pendant l'année que duraient les pouvoirs du s.: on disait alors qu'il était ἐπέτειον. Enfin, s'il était confirmé, il recevait le nom de ψήφισμα, ou de décret du peuple, et devenait obligatoire pour tous les citoyens. Toutefois le mot ψήφισμα doit pas être confondu avec le mot νόμος : celui-ci s'appliquait exclusivement aux lois constitutionnelles et civiles, à celles qui étaient d'un intérêt général et permanent; celui-là était réservé aux décrets que rendait le peuple pour quelque intérêt particulier ou transitoire.

D'après ce qui précède, on voit que, sauf les affaires d'une importance secondaire, le s. n'avait qu'un droit de proposition, celui de prononcer en dernier ressort appartenant à l'assemblée du peuple. Cependant, comme ce corps était convoqué régulièrement chaque jour, excepté les jours de fêtes, il était à même, quand les circonstances l'exigeaient, de proposer aussitôt les mesures d'urgence que pouvaient exiger les circonstances. En outre, le s. était parfois investi par le peuple du pouvoir nécessaire pour décider absolument en certaines circonstances. Nous voyons, par ex., que le peuple remit au s. la décision à prendre relativement à l'envoi d'une ambassade à Philippe, et Andocide nous apprend que l'assemblée populaire conféra à ce corps une autorité absolue pour rechercher et punir les auteurs des outrages commis sur les Hermès, c.-à-d. sur les statues de Mercure, peu avant le départ de l'expédition envoyée en Sicile. Quelquefois encore le s. était chargé de concourir, avec les *Nomothètes*, à la revision des lois, comme cela eut lieu après l'expulsion des Trente par Thrasybule (403 av. J.-C.). Il avait également pour attribution un droit d'enquête sur la conduite des magistrats et sur celle de ses membres, et la connaissance des crimes contre l'État non prévus par la loi. Quand un de ces crimes se présentait, il jugeait l'affaire lui-même, ou bien il la renvoyait au tribunal des *Héliastes* : il prenait toujours ce dernier parti, lorsque la peine lui paraissait devoir être supérieure à une amende de 500 drachmes, car c'était la peine la plus forte qu'il pût appliquer. Enfin, outre les pouvoirs qui précèdent, le s. en avait encore de très importants en matière de finances. En effet, bien que le droit de voter les recettes et les dépenses en tout genre appartînt exclusivement à l'assemblée du peuple, c'était le s. qui percevait les revenus, payait toutes les dépenses, et possédait, en un mot, l'administration financière dans toute son étendue; mais aussi il était responsable de sa gestion. A l'expiration de son mandat, chaque sénateur recevait de l'assemblée du peuple une couronne à titre de récompense; mais, s'il avait fait preuve de peu de zèle, on lui refusait impitoyablement cet honneur.

Il résulte de divers passages d'orateurs athéniens, que les séances du s. étaient généralement publiques. Quelquefois même il admettait, par un décret spécial, de simples citoyens à donner leur avis. L'édifice où le s. se réunissait était appelé βουλευτήριον: il s'y trouvait deux oratoires dédiés, l'un à Jupiter Βουλαῖος, l'autre à Minerve Βουλαία, où les sénateurs accomplissaient certaines cérémonies avant d'entrer en séance. Les prytanes avaient aussi pour leur usage un bâtiment particulier, qui se nommait Prytanée (πρυτανεῖον), où ils étaient entretenus aux frais du Trésor public.

II. — A Sparte, le s. se nommait *Gérousie* (γερουσία et γερωχία). Il se composait des deux rois, ses présidents-nés, et des 30 membres appelés *Gérontes* (γέροντες, vieillards). Le nombre de ces derniers paraît avoir été déterminé par les divisions de la nation elle-même. Nous savons, en effet, que, dans tout État dorien, la population formait trois tribus, celles des Hylles, des Dymanes et des Pamphyles. De plus, à Sparte, chaque tribu était partagée en 10 *Obes* ou *Phratries* (ὠβαί, φρατρίαι), en sorte que chaque obe se trouvait représentée au s. Nul ne pouvait être sénateur s'il n'était âgé d'au moins 60 ans. De plus, outre une naissance et une position aristocratiques, il fallait réunir des conditions morales telles que, suivant Aristote, l'admission au s. était considérée comme la récompense et le prix de la vertu. On entrait au s. par l'élection. Les candidats se présentaient eux-mêmes, et l'on après l'autre aux électeurs. Des cris d'approbation plus ou moins nombreux, plus ou moins répétés, suivant l'estime qu'ils inspiraient, les accueillaient à leur apparition. Des hommes, placés dans une maison voisine, dans un lieu d'où ils pouvaient tout entendre sans rien voir, tenaient note des acclamations et mentionnaient, dans leur déclaration, qu'à tel ou tel instant les vœux du public s'étaient manifestés par des marques soutenues de la plus vive approbation. Celui qui avait donné lieu aux acclamations les plus vives et les plus nombreuses était proclamé sénateur. Les fonctions de géronte étaient à vie. Elles étaient, en outre, irresponsables, parce que la conduite passée du titulaire était regardée comme une garantie suffisante pour sa conduite future; néanmoins, ainsi que nous l'apprend Aristote, il n'était pas rare de voir des membres du s. se laisser corrompre par des présents et rendre des jugements injustes. La gérousie avait des attributions législatives, judiciaires et censoriales. Comme pouvoir législatif, elle instruisait et préparait les lois et décrets qui devaient être soumis à l'assemblée du peuple, ce qui mettait entre ses mains l'initiative de toutes les mesures et de tous les changements à introduire dans l'État. Comme pouvoir judiciaire, elle avait le droit de condamner même à la dégradation civique et à la mort, sans avoir à se conformer à un code de loi écrites. Il paraît aussi que, à l'exemple de l'Aréopage d'Athènes, elle était investie d'un droit de surveillance sur la vie privée des citoyens, de sorte qu'elle était comme une espèce d'autorité patriarcale chargée de veiller au maintien des mœurs et des coutumes nationales.

III. — A Rome, le *Sénat* (*Senatus romanus*) datait de l'origine même de la cité. Dans le principe, lorsque Rome ne comptait encore qu'une tribu, celle des Latins ou Rhamnes, il se composa de 100 membres (*senatores, patres*). A l'époque de l'annexion de la tribu des Sabins ou Tatienses, les nouveaux habitants fournirent 100 autres sénateurs, que l'on appela *patres minorum gentium*, pour les distinguer des anciens, que l'on nomma *patres majorum gentium*. Enfin, sous Tarquin l'Ancien, l'incorporation de la tribu des Luceres dans la cité fit porter à 300 le nombre des sénateurs; alors aussi la qualification de *patres minorum gentium* passa à ces 100 nouveaux membres, et celle de *patres majorum gentium* fut attribuée aux 200 précédents. Servius Tullius n'introduisit aucun changement dans la composition du s.; mais, sous Tarquin le Superbe, beaucoup de sièges devinrent vacants, parce que ce tyran, dit-on, mit à mort ou exila leurs titulaires. Les vides furent comblés aussitôt après l'établissement de la république. Les nouveaux sénateurs furent choisis parmi les citoyens les plus distingués, et l'on désigna sous le nom de *conscripti*, c.-à-d. inscrits avec les anciens, pour les distinguer de ces derniers, qui étaient les *patres* proprement dits. De là vint l'usage, quand on parlait du s., d'employer l'expression *patres conscripti*, par abréviation de celle-ci, *patres et conscripti*. La composition du s. resta

invariable pendant plusieurs siècles. C. Sempronius Gracchus fut, dit-on, le premier qui essaya d'y porter atteinte; mais on ignore quelles modifications il y introduisit. On sait seulement qu'il lui enleva les fonctions judiciaires pour les donner aux chevaliers (123 av. J.-C.). Quelques années plus tard, une loi proposée par le tribun M. Livius Drusus introduisit dans le s. 300 chevaliers, et rendit les fonctions judiciaires à ce nouveau s. de 600 membres; mais aussitôt après la mort de Drusus, cette loi fut abolie par le s., qui se réduisit dès lors à 300 membres. Sylla non seulement pourvut aux vacances qui avaient été faites dans le s. par les proscriptions, mais encore il augmenta le nombre des sénateurs. J. César le porta à 900, et il éleva même à cette dignité de simples soldats, des affranchis et des étrangers (*peregrini*). Les chefs de parti qui possédèrent le pouvoir après sa mort, imitèrent l'exemple du dictateur, et il fut un moment où l'on compta plus de 1000 sénateurs. Auguste épura le sénat, en chassa les membres indignes, que le peuple appelait par mépris *orcini senatores*, et réduisit à 600 le chiffre des sénateurs. Pendant les premiers siècles de l'empire, la composition du s. ne semble pas avoir été modifiée; mais comme tout dépendait alors de la volonté du souverain, on peut presque supposer qu'elle n'eut jamais rien de bien fixe. Enfin, plus tard, le nombre des sénateurs fut notablement réduit afin de donner plus d'éclat à cette dignité alors sans puissance.

Le mode de nomination des sénateurs et les conditions exigées des candidats varièrent suivant les époques. Sous la royauté, les sénateurs étaient élus. Chaque décurie ou *gens* nommait un sénateur, chaque curie avait ainsi 10 représentants au s., et chaque tribu en comptait 100, ce qui faisait 300 pour le peuple (*populus*) entier. Quant aux plébéiens, ils n'étaient point représentés au s., et si quelquefois des sénateurs furent pris dans leur classe, comme cela arriva sous Tarquin l'Ancien et après l'abolition de la royauté, ce furent là des mesures exceptionnelles motivées par des circonstances particulières, et sans que cette dérogation impliquât en rien l'intention de donner un droit de représentation aux plébéiens. Le s. paraît aussi avoir eu une certaine influence sur les élections, car il pouvait s'opposer à l'admission du personnage élu. Ce corps était divisé en décuries, dont chacune correspondait à une curie. Lorsqu'il ne se composait encore que de 100 sénateurs et ne formait ainsi que 10 décuries, chacune d'elles élisait un de ses membres, et ces 10 membres, qu'on appelait *decem primi*, c.-à-d. les dix premiers, représentaient spécialement leurs curies respectives. Après l'adjonction des Tatienses et des Luceres, les Rhamnes, ainsi que leur *decem primi*, conservèrent, pendant quelque temps, une prééminence honorifique sur les sénateurs des deux autres tribus : ils avaient le privilège de voter les premiers, et le premier de leurs *decem primi* portait le titre de *Prince du s.* (*princeps senatus*) : il était désigné par le s., et remplissait les fonctions de *custos urbis*, c.-à-d. de gouverneur de Rome. Quant à l'âge que devaient avoir les membres du s., sous le régime monarchique, les textes ne le donnent pas; mais les noms de *patres* (pères) et de *senatores* (vieux), sous lesquels on les désignait, indiquent qu'il était avancé. — Sous la République, le droit de nommer les sénateurs passa successivement aux consuls, aux tribuns consulaires, et enfin aux censeurs. Toutefois il ne faut pas oublier que ces magistrats ne purent jamais agir arbitrairement dans leur choix : ils étaient obligés de prendre les sénateurs, soit dans l'ordre des chevaliers, soit parmi ceux qui avaient rempli quelque haute magistrature, et comme c'était le peuple qui nommait à ces derniers, c'était lui qui en réalité créait les candidats aux fonctions sénatoriales. A partir de l'an 487 av. J.-C., le prince du s. cessa d'être nommé à vie; ce furent les curies qui le désignèrent, et il put être pris parmi les sénateurs *minorum gentium*. Il paraît, en outre, que tous les magistrats curules avaient, en vertu de leur office, le droit de siéger au s., et qu'ils y conservaient leur siège même après leur sortie de charge. C'était habituellement l'assemblée. Après l'institution de la censure, les censeurs furent exclusivement investis du droit de nommer de nouveaux sénateurs, mais ou les choisissant parmi les hommes qui avaient rempli les hautes magistratures ; ils eurent également celui d'exclure du s. les membres qu'ils jugeaient indignes. Pour cela, il leur suffisait, lorsqu'ils procédaient au cens, d'omettre sur la liste des membres du s. les noms de ceux qu'ils voulaient exclure : les sénateurs ainsi éliminés étaient appelés *prœteriti senatores*. Lorsque les magistratures curules conférèrent le droit d'entrer au s., il y eut réellement deux sortes de sénateurs : ceux qui avaient été régulièrement élevés à la dignité sénatoriale par les consuls ou par les censeurs, et ceux qui devaient cet honneur aux fonctions qu'ils exerçaient ou qu'ils avaient exercées. Ces derniers, auxquels il faut joindre le grand pontife et le flamine de Jupiter, avaient le droit de parler (*sententiam dicere, jus sententiæ*), mais non de voter. Seulement, lorsque les autres avaient donné leur avis, ils pouvaient accéder à l'un ou à l'autre des deux partis, ce qu'on appelait *in sententiam pedibus ire*, d'où le nom de *pedarii* sous lequel on les désignait. — A mesure que les plébéiens obtinrent de pouvoir être élevés aux diverses magistratures, le nombre des sénateurs sortis de leurs rangs devint naturellement de plus en plus grand. Toutefois, malgré cette circonstance, le s. ne fut jamais une assemblée véritablement démocratique, car ses nouveaux membres appartenaient à la catégorie des *novi homines*, qui constituaient une classe aristocratique, aussi bien que les patriciens. Il ne paraît pas qu'il y ait eu un cens d'éligibilité pendant toute la période républicaine: seulement, les sénateurs furent toujours pris dans les classes les plus riches. Le cens varia sous l'empire. Auguste le fixa d'abord à 400,000 sesterces de capital ; mais il l'éleva ensuite à 800,000, et même à 1,200,000. Ceux qui ne possédaient pas un avoir suffisant, recevaient de l'empereur, soit une dispense, soit la somme nécessaire pour le compléter. Plus tard, l'usage s'introduisit d'exclure du s. les membres qui avaient dissipé leur fortune par leur inconduite, s'ils ne se retiraient pas d'eux-mêmes. Après avoir épuré le corps sénatorial, Auguste en ouvrit l'accès aux citoyens des municipes, des colonies et même des provinces. Quand une province avait obtenu qu'un de ses habitants fût admis au s., on disait qu'elle avait reçu le *jus senatus*, et le provincial, objet de la faveur impériale, était tenu de résider à Rome, il ne pouvait même, sans une permission expresse du souverain, se rendre dans son pays natal, à moins que ce ne fût en Sicile ou dans la Gaule Narbonnaise. En général, cependant, durant les premiers siècles de l'empire, l'ordre des chevaliers fut la pépinière du s. (*seminarium senatus*), comme il l'avait été dans les derniers siècles de la république. Quant à l'âge requis pour l'admissibilité au s. (*ætas senatoria*), aucun texte précis ne le fait connaître pour la période de la république, bien qu'il y soit fait plusieurs fois allusion dans les auteurs. Toutefois, comme la loi annale (*lex annalis*) adoptée sur la proposition du tribun Villius exigeait l'âge de 31 ans pour la questure, et comme les questeurs pouvaient être nommés sénateurs à leur sortie de charge, on peut admettre que l'âge sénatorial était 32 ans au minimum. Auguste le fixa à 25 ans, et cette règle fut, à ce qu'il paraît, observée par tous ses successeurs. La dignité de sénateur fut toujours à vie. — Les membres du s. ne pouvaient se livrer à des spéculations commerciales. Plusieurs d'entre eux ayant violé cet usage au commencement de la seconde guerre punique, il fut porté une loi qui, ne passa au s. qu'après la plus vive opposition, par laquelle il était interdit aux sénateurs de posséder un navire de plus de 300 amphores de jauge (environ 8 tonneaux), cette mesure paraissant suffire pour transporter à Rome les récoltes de leurs propriétés rurales. Néanmoins il résulte du témoignage de Cicéron que cette défense fut souvent violée.

Dès les premiers temps, le s. avait dans ses attributions l'administration intérieure, les finances et la législation: aucune question ne pouvait être portée à l'assemblée du peuple qu'il ne l'eût préalablement discutée et préparée. Sous les rois, il constituait donc comme une sorte de pouvoir intermédiaire par lequel devaient passer tous les actes du gouvernement. D'un côté, il examinait et discutait toutes les mesures que le roi proposait, de l'autre, il exerçait un contrôle absolu sur l'assemblée du peuple, celle-ci ne pouvant qu'adopter ou rejeter ce que le s. avait décrété. Sous la république, le pouvoir du s. s'agrandit encore. On peut dire d'une manière générale que le s. était chargé de veiller à tous les intérêts de l'État. A un point de vue plus particulier, il avait la haute direction sur tout ce qui concernait la religion et le culte; il traitait avec les nations étrangères; il ordonnait les levées de troupes; il établissait les impôts et exerçait un contrôle absolu sur toute l'administration financière de la république. Dans les premiers temps, il avait aussi le droit de proposer aux comices les candidats aux magistratures; mais il en fut ensuite dépouillé, et les comices par centuries demeurèrent absolument libres dans leur choix. Les curies toutefois conservèrent encore le droit de sanctionner les élections; mais en l'an 299 av. notre ère, elles furent contraintes de confirmer par avance toute élection de magistrats que les comices avaient à faire, et le fait fut érigé en loi sur la proposition du tribun Mænius (287 av. J.-C.). Enfin, lorsque les curies cessèrent de

se réunir pour remplir cette vaine formalité, le s. les remplaça et dès lors, en matière d'élections, et bientôt après en matière de législation, il fut obligé de sanctionner d'avance tout ce qui devait être décidé par les comices. Enfin, par la loi Hortensia (286 av. J.-C.), les plébiscites, c.-à-d. les résolutions des comices par tribus ayant reçu force de loi pour tous les citoyens, l'état primitif des choses se trouva interverti. En effet, les attributions importantes que gagnèrent les comices par tribus n'étaient que les dépouilles enlevées aux sénateurs. Néanmoins les anciennes règles continuèrent de subsister quant aux rapports du s. avec les comices par centuries, car les lois, les déclarations de guerre, les traités de paix, etc., étaient d'abord discutés et votés par le s. avant d'être portés aux comices. — Lorsque la révolution qui mit les deux grands ordres de l'État, les patriciens et les plébéiens, sur le pied de l'égalité, fut accompli, le s. conserva encore une autorité considérable, ainsi qu'on peut le voir en résumant ses attributions. Il avait la direction suprême de toutes les choses relatives à la religion et au culte; il déterminait la manière dont les expéditions militaires devaient être conduites; il réglait la composition des armées, il ordonnait les levées; il assignait aux consuls et aux préteurs les provinces qu'ils devaient gouverner; il avait le droit de prolonger leur commandement; il désignait les personnages chargés d'organiser l'administration des pays conquis; il nommait les ambassadeurs chargés de négocier les traités de paix, d'alliance, etc., et il les tirait généralement de son sein; il avait seul le pouvoir de négocier avec les envoyés des nations étrangères; il recevait les plaintes des peuples soumis ou alliés, lesquels le regardaient comme leur protecteur commun; il connaissait des discussions survenues entre les municipes et les colonies de l'Italie; il punissait tous les grands crimes commis dans cette partie de l'empire, quand ils pouvaient compromettre la paix et la sûreté publiques. Dans Rome même, les juges auxquels le préteur renvoyait les affaires importantes, soit publiques, soit privées, étaient choisis parmi les sénateurs, et dans les cas extraordinaires, le s. déléguait lui-même des commissions spéciales pour en prendre connaissance. Toutefois, lorsqu'il s'agissait d'un crime capital commis par un citoyen, la sentence ne pouvait être exécutée qu'après avoir été soumise à la ratification du peuple. Quand la république était en danger, le s. avait le droit de conférer aux magistrats un pouvoir absolu, et il le faisait en prononçant la célèbre formule : « Que les consuls avisent à ce qu'il n'arrive rien de nuisible à l'État : *Videant consules ne quid respublica detrimenti capiat*. » Le sénat ayant pour mission de veiller aux intérêts tant extérieurs qu'intérieurs de la république, il avait par cela même le droit de disposer de toutes les ressources publiques. En conséquence, l'administration des finances lui appartenait entièrement, et, sous ce rapport, les censeurs et les questeurs n'étaient que ses agents.

Dans les derniers temps de la république, le s. fut dégradé de diverses manières par Sylla, César, etc., entre les mains desquels il ne fut bien souvent qu'un instrument de tyrannie. Il se trouva ainsi tout préparé à subir le despotisme impérial et à en devenir le servile complice. Sous l'empire, l'empereur s'attribua généralement le titre de *prince du s.* : il le convoquait quand bon lui semblait; d'ailleurs le droit de convocation fut conservé aux consuls, aux préteurs et aux tribuns. D'après un règlement établi par Auguste, les réunions ordinaires avaient lieu deux fois par mois, aux calendes et aux ides. Ce prince fixa aussi à 400 le nombre des membres pour que les délibérations fussent valides; mais il modifia plus tard cette disposition, en subordonnant le nombre des votants à l'importance des questions. Enfin, dans les derniers temps du régime impérial, il suffit de 70 sénateurs et même de moins, pour que l'assemblée pût fonctionner. Sous ce régime, le sénat était présidé par l'un des consuls ou par l'empereur, si celui-ci avait été investi de la dignité consulaire. Quant aux réunions extraordinaires, elles étaient présidées par celui qui les avait convoquées. Dans tous les cas, même lorsqu'il ne présidait pas, l'empereur avait, en vertu de son titre de tribun (*tribunitia potestas*), le droit de soumettre aux délibérations du s. toutes les questions qui lui convenaient (*jus relationis*). Il lui adressait ses messages (*orationes*) par écrit, et lecture en était faite à l'assemblée par l'un de ses questeurs. Ces messages étaient parfois appelés *epistolæ* ou *libelli*, parce qu'ils étaient ordinairement pliés en forme de lettre ou de petit livre. Dans la discussion et le règlement des affaires, le s. conserva, sous l'empire, les usages en vigueur sous la république. Cependant, quand il s'agissait d'élire des magistrats, on procédait par la voie du scrutin secret, au moyen de tablettes. Comme les empereurs avaient réuni dans leurs mains tous les pouvoirs qui, dans les temps antérieurs, appartenaient à plusieurs catégories de magistrats différents, il est évident que le s. ne possédait plus aucune autorité réelle, que celle qu'il plaisait au prince de lui laisser, car ce dernier pouvait, même après l'avoir consulté, agir contrairement à la résolution prise par l'assemblée. Nous avons vu ailleurs (Voy. PROCONSUL) qu'Auguste se réserva le droit de nommer les gouverneurs de certaines provinces, et que, pour les provinces même dont le s. continua de nommer les proconsuls, on n'eurent plus que l'administration civile, les commandements militaires étant au choix de l'empereur seul. Sous Tibère, l'élection des magistrats fut enlevée au peuple et transférée au corps sénatorial; toutefois les choix de celui-ci durent se porter sur les candidats recommandés par l'empereur. Cet état de choses subsista, sauf une courte interruption sous Caligula, jusqu'à la fin du IIIe siècle, où les empereurs se réservèrent le droit de nommer aux diverses charges. A la mort d'un empereur, le s. avait le droit de lui donner un successeur, si le prince en mourant ne l'avait pas désigné lui-même; mais il eut rarement l'occasion d'exercer ce droit, parce que les soldats s'en emparèrent. Les attributions financières du s., jadis si considérables, éprouvèrent le même sort. Les empereurs lui enlevèrent peu à peu la direction et la surveillance du trésor public (ærarium, fiscus); il ne conserva que l'administration des finances municipales de Rome (area publica). Déjà Auguste lui avait enlevé le droit de faire fabriquer les monnaies, sauf celles de bronze, et ce dernier monnayage lui fut encore retiré sous le règne de Galien. D'un autre côté, Auguste, en même temps qu'il enlevait aux comices leurs anciennes attributions judiciaires, érigea le s. en une sorte de haute cour, chargée de connaître des crimes capitaux commis par ses propres membres, des attentats contre la sûreté de l'État et la personne de l'empereur, et des crimes commis par les magistrats provinciaux dans l'administration de leurs provinces. Le s. fut également érigé en cour d'appel à l'égard de tous les autres tribunaux, tandis qu'on ne pouvait appeler de ses propres sentences, du moins à partir de l'époque d'Adrien. Enfin, l'empereur lui renvoyait parfois le jugement de certains cas non compris dans les catégories qui précédent, ou dont il s'était réservé à lui-même la connaissance.

Les décisions du s. étaient appelées *Senatus-consulta*, parce que le consul était dit *senatum consulere*. Ainsi, dans le sénatus-consulte relatif aux Bacchanales, on lit : « Marcius L. F. S. Postumius L. F. Cos. Senatum consuluerunt. »

Lorsque Byzance devint la seconde capitale de l'empire, Constantin y établit un s. auquel Julien accorda les mêmes privilèges qu'à celui de Rome. Les deux sénats étaient quelquefois consultés par l'empereur dans les matières de législation, et celui de Constantinople conserva quelque part à la confection des lois jusqu'au IXe siècle. Tous deux en outre continuèrent d'exercer certaines fonctions judiciaires; toutefois les crimes commis par les sénateurs cessèrent d'être de leur compétence. Durant cette période, on put devenir sénateur, soit par voie d'hérédité, soit pour avoir exercé certaines fonctions, soit enfin par la simple volonté de l'empereur. L'élévation à la dignité sénatoriale était considérée comme un des plus grands honneurs que l'on pût obtenir, et elle était extrêmement recherchée. D'autre part cependant elle était fort onéreuse, car, outre les jeux que les sénateurs étaient tenus de donner au public, ils étaient obligés de faire de riches présents à l'empereur, et, aux époques de disette, des distributions au peuple. Bien plus, ils étaient soumis à un impôt foncier particulier, appelé *follis* ou *gleba*, qui ne possédaient pas des domaines sur lesquels cet impôt pût être assis étaient taxés à leur fois sa quotité.

IV. — Pendant le moyen âge, toutes les républiques italiennes adoptèrent le nom de S. pour désigner leur principale assemblée délibérante. La plus importante de cette assemblée fut le S. de *Venise*, qui se composa à l'origine, c.-à-d. en 1172, de 60 membres, mais qui en compta 300 par la suite. A l'époque de sa plus grande splendeur, c.-à-d. à partir du XIVe siècle, ce corps délibérait sur toutes les affaires qui se rapportaient à la politique ou à la police intérieure. Il avait, en outre, et sans aucune responsabilité, l'administration des finances, la répartition des impôts, les emprunts et l'emploi des revenus publics; mais il ne pouvait ni augmenter les taxes, ni en créer de nouvelles, sans le concours du grand Conseil. Enfin, il nommait à certains emplois, notamment aux agences diplomatiques et aux commandements militaires. — Durant la même période, plusieurs villes impériales de l'Allemagne appliquèrent le titre de S. à leurs assemblées municipales; ce titre s'est conservé

dans les villes libres de *Hambourg, Lubeck, Brême* et *Francfort-sur-le-Mein*. — Dans l'ancienne *Pologne*, on appelait S. un corps de 128 membres qui était destiné à restreindre l'autorité royale.

Aujourd'hui, plusieurs nations, qui ont des gouvernements parlementaires, ont adopté la dénomination du S. pour désigner l'une de leurs assemblées délibérantes. Ainsi, en *Belgique*, en *Espagne*, en *Italie*, en *Grèce*, on appelle S. le corps qui correspond à la Chambre des lords de l'Angleterre et à notre ancienne Chambre des pairs. Dans la plupart des républiques du nouveau monde, on désigne également sous le nom de S. l'une des deux assemblées qui représentent le pouvoir législatif. Nous nous contenterons de mentionner le s. des États-Unis. Ce corps siège à Washington, où il forme une des deux sections du *Congrès*, et partage le gouvernement avec le président. Il se compose de 2 membres par chaque État composant la confédération, et ces membres sont élus, pour six ans, par les législatures particulières des États. Il a l'initiative des lois, comme la chambre des représentants, mais il ne peut concourir que par voie d'amendement aux bills pour la levée des impôts, qui doivent toujours prendre naissance dans cette dernière. Entre autres attributions, il sanctionne la nomination des agents diplomatiques, et ratifie ou rejette les traités conclus avec les nations étrangères. Enfin, il est chargé de juger les agents de l'État, mais sans pouvoir prononcer de peine supérieure à la destitution.

Deux assemblées délibérantes du nom de S. figurent dans l'histoire de *France*, sans compter le sénat actuel : leurs décisions, à l'imitation de ce qui avait lieu à Rome, étaient également appelées *Sénatus-consultes*. La première de ces assemblées est le S. *conservateur*, créé par la Constitution de l'an VIII (13 déc. 1799), et supprimé en 1814. Il avait primitivement pour mission de maintenir ou d'annuler tous les actes qui lui seraient déférés comme inconstitutionnels par le tribunal ou par le gouvernement; mais ses attributions furent augmentées par la suite à tel point que le Corps législatif fut à peu près réduit à néant. Chaque sénateur avait 30,000 francs d'appointements. De plus, le sénatus-consulte du 14 niv. an XI (4 janv. 1803) créa par chaque circonscription de Cour d'appel une dotation dans des fonds-bonds, appelée *Sénatorerie*, du revenu de 20,000 à 25,000 francs. Ces sénatoreries, au nombre de 35, étaient à vie, et servaient à récompenser le dévouement à l'empereur. Le titulaire d'une sénatorerie avait la prééminence sur toutes les autorités des départements de sa circonscription. Le second S. *français* a été institué par la Constitution du 14 janvier 1852, et a disparu en 1870 avec le régime impérial.

Aux termes de la Constitution de 1875, le pouvoir législatif est partagé entre la Chambre des députés et le S. Nous en avons suffisamment parlé ailleurs. Voy. CONSTITUTION.

V. — Dans quelques États modernes, on applique encore la dénomination de S. à plusieurs institutions qui n'ont de commun avec les précédentes que d'être des corps collégiaux. C'est ainsi que les Cours supérieures de justice de Chambéry et de Nice portaient, avant l'annexion à la France, le titre de S. Dans toute l'Allemagne, les universités sont régies par un S. *académique*, qui se compose des professeurs ordinaires, et sur lequel les gouvernements exercent leur contrôle par l'intermédiaire de commissaires spéciaux. Enfin, il existe en Russie un S. *dirigeant*, qui siège à Saint-Pétersbourg, et dont la création, qui date de 1714, est due à Pierre le Grand. Ce corps est le tribunal suprême de l'empire et le juge en dernier ressort des affaires civiles et criminelles. C'est une sorte de haute Cour de cassation. Il est en outre chargé de publier les lois et ukases, et de veiller à leur exécution. Enfin, il décide les questions controversées de législation, et pourvoit à la garde et la conservation des archives de l'État.

SÉNATEUR. s. m. (lat. *senator*, m. s.). Celui qui est membre d'un sénat. S. *romain. S. de Pologne. L'empereur vient de nommer deux nouveaux sénateurs.* A Rome, on qualifie de S. le magistrat qui est à la tête du corps municipal.

SÉNATORERIE. s. f. Dotation accordée à un sénateur sous le premier empire. Voy. SÉNAT, IV.

SÉNATORIAL, ALE. adj. (lat. *senatorius*, m. s.). Qui appartient au sénateur. *La dignité sénatoriale. La gravité sénatoriale. Ornements sénatoriaux.*

SÉNATORIEN, IENNE. adj. [Pr. *sénatori-in*, *ième*]

774

(lat. *senatorius*, m. s.). Qui appartient aux sénateurs; n'est usité que dans ces locut., *Maison, famille, race sénatorienne*.

SÉNATRICE. s. f. Femme de sénateur: ne se dit que des femmes des sénateurs de Pologne et de Suède. || Se dit aussi, à Rome, de la femme du sénateur.

SÉNATUS-CONSULTE. s. m. [Pr. l's finale de *Senatus*] (lat. *senatus consultum*, m. s.). Décision du sénat. Voy. SÉNAT.

SENAU. s. m. (holl. *snauw*, m. s.). T. Mar. Espèce de bâtiment à deux mâts, et dont on se sert principalement pour la course.

SENDAI, v. du Japon; 55,500 hab.

SÉNÉ. s. m. (ar. *sena*, m. s.). T. Bot. Nom donné à plusieurs espèces du genre *Cassia* dont les feuilles et les fruits sont doués de propriétés purgatives. Voy. LÉGUMINEUSES, II. *]* Fig. prov. *Passez-moi la casse et je vous passerai le s.* Faites-moi une concession et je vous en ferai une autre.

SENEBIERA. s. m. (R. *Senébier*, nom d'un bot. génevois). T. Bot. Genre de plantes Dicotylédones de la famille des *Crucifères*. Voy. ce mot.

SÉNECÉ, poète fr. (1643-1737).

SÉNÉCHAL. s. m. (bas lat. *seniscalcus*, du germ. *sine*, vieux, et *scale*, serviteur). T. Hist.

Hist. — Le mot *Seniscalcus* désignait dans le principe un officier spécialement chargé de gouverner la maison d'un roi, d'un prince ou d'un riche particulier. Par conséquent, il répondait à ce qu'on appela plus tard *grands maîtres de la maison* chez les princes, et *maîtres d'hôtel* chez les simples seigneurs. Déjà, sous la première race, le *Grand Sénéchal*, qui servernait la maison du roi, était au nombre des principaux officiers de la couronne. Il avait des attributions à la fois financières, militaires et judiciaires. Enfin, il était chargé de veiller à la table du prince, ce qui lui fit donner aussi le nom de *dapifer*, c.-à-d. porte-mets, parce qu'il servait lui-même dans les grandes cérémonies. Il avait sous ses ordres plusieurs sénéchaux d'une classe inférieure, dont le principal portait le titre de *S. de France*. La suppression de la charge de maire du palais accrut encore l'importance de celle du grand s. Cet office fut temporaire jusqu'au Xe siècle, où Lothaire le rendit héréditaire en le conférant aux comtes de la maison d'Anjou. Plus tard, cette hérédité parut dangereuse aux princes capétiens. Lorsque les comtes d'Anjou furent montés sur le trône d'Angleterre, Philippe Auguste laissa s'éteindre la charge de grand s., en ne désignant personne, dans la maison qui la possédait, pour remplacer Thibaut le Bossu, comte de Blois et de Chartres, qui était mort en 1191. A partir de cette époque, les rois de France ne nommèrent plus de grands sénéchaux, mais ils conservèrent, tout en diminuant leur autorité, les sénéchaux particuliers qu'ils trouvèrent établis dans les diverses terres féodales qui furent successivement réunies à la couronne. Ces derniers subsistèrent jusqu'à la fin de l'ancienne monarchie; mais, au moins le XVIe siècle, leurs fonctions furent purement honorifiques. En effet, depuis Henri II, les *Sénéchaux* furent de simples magistrats d'épée uniquement chargés de commander, avec les baillis, le ban et l'arrière-ban de la noblesse, lorsque le roi les convoquait. Quant à leur droit de juridiction, il avait été transféré à leurs lieutenants. Ces derniers

étaient spécialement chargés de connaître des appellations des jugements des prévôts royaux et des hauts justiciers, des cas royaux et des causes concernant les fiefs. Les appels de leurs sentences étaient portés aux Parlements. Dans quelques provinces, en Bretagne, par ex., on donnait aussi, avant la Révolution, le titre de s. aux juges des justices subalternes, surtout à ceux des justices seigneuriales. Ces derniers étaient dits alors *Sénéchaux seigneuriaux*, pour les distinguer des sénéchaux proprement dits ou *Sénéchaux royaux*.

SÉNÉCHALE. s. f. Femme d'un sénéchal.

SÉNÉCHAUSSÉE. s. f. [Pr. *séné-cho-sé*] Étendue de la juridiction d'un sénéchal. *La s. d'Anjou.* || Le lieu où se tenait le tribunal dont le sénéchal était le chef. || Ce tribunal même. *Cette s. fut érigée en présidial.*

SENEÇON. s. m. (lat. *senecio*, m. s., de *senex*, vieillard, par allusion aux poils blancs des aigrettes). T. Bot. Genre de plantes Dicotylédones (*Senecio*) de la famille des *Composées*, tribu des *Radiées*. Voy. COMPOSÉES.

SENEF ou **SENEFFE,** v. de Belgique, dans le Hainaut; 6,000 hab. Victoire de Condé sur le prince Guillaume d'Orange (1674), et de Marceau sur les Autrichiens (1794).

SENEFELDER, né à Prague (1771-1834), inventeur de la lithographie, vers 1796.

SÉNÉGAL. Fleuve de l'Afrique occidentale qui a donné son nom à une colonie française installée sur ses bords. Il est formé de plusieurs rivières dont la principale, le Bafing, prend sa source dans le Fouta-Djalon (Guinée Française) vers le 10e degré nord et coule d'abord parallèlement au Niger. A partir de Bafoulabé, où cette rivière se réunit par sa droite au Bakhoy, le Sénégal descend vers l'ouest, reçoit la Falémé par sa rive gauche, arrose successivement Médine, Kayes, Bakel, Matam, Podor, et se jette dans l'océan Atlantique en aval de Saint-Louis. Ce fleuve, ensablé à son embouchure, et qui, dans son bas cours, coule dans une vaste plaine dénudée où ses bords sont seuls fertiles, descend de régions montueuses et boisées où la faune abonde. Les peuplades voisines

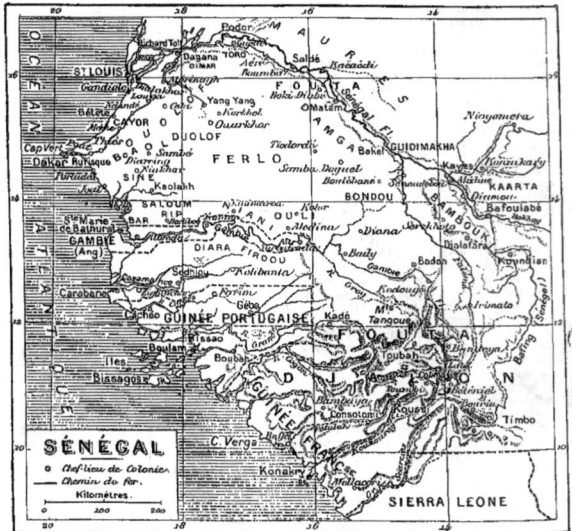

SÉNÉGAL

du Sénégal sont de race noire, les Mandingues, vers les sources, les Toucouleurs le long du cours moyen, les Yolofs ou Ouolofs près de la mer.

Les côtes de ces régions furent reconnues par les Dieppois et les Rouennais au XIVᵉ siècle et par les Portugais vers la moitié du XVᵉ. Des comptoirs français s'y développèrent sous Louis XIV, ainsi que dans l'île de Gorée, en face du cap Vert. Cédé à l'Angleterre par le traité de Paris, en 1763, le Sénégal fut rendu à la France par celui de Versailles en 1783. En 1815, nous n'y occupions que Saint-Louis. En 1821 furent fondées sur le fleuve les villes de Dagana et de Bakel. Mais c'est au colonel, depuis général Faidherbe, gouverneur de la colonie de 1854 à 1865, que revient l'honneur d'avoir étendu nos possessions sur tout le parcours du fleuve, notamment le Foûta Toro où fut bâti Podor, et le Bambouk, où la défense de Médine, en 1857, fut un des épisodes les plus héroïques de nos annales. C'est alors que les deux rives du fleuve furent mises en culture. Notre domination s'étendait en même temps sur la côte Nord jusqu'au cap Blanc, et au Sud, acquit successivement le Cayor, jusqu'au cap vert, où s'ouvre le port de Dakar, le Saloum, voisin de la Gambie, puis, plus bas, le cours de la Casamance, et enfin les rivières du Sud que l'on considéra longtemps comme une annexe du Sénégal et qui, depuis 1890, ont formé la Guinée Française (Voy. GUINÉE). De nouvelles expéditions dirigées par les colonels Borgnis Desbordes, en 1883, Frey en 1886, Archinard en 1891, atteignirent le Soudan, le Niger, et le Kaarta, capitale Nioro, sur la rive droite du Bakhoï.

Le Sénégal, en effet, bien que fertile en certains produits, tels que l'or, l'ivoire, le caoutchouc, le manioc, et surtout les arachides, est en outre une voie de pénétration vers le Soudan. Les navires partis d'Europe peuvent remonter le fleuve sans arrêt jusqu'à Kayes. De cette ville une voie ferrée dont un tronçon est terminé et mis en exploitation reliera le Sénégal à Bammakou sur le Niger. Une autre, à travers de riches cultures, rejoint Saint-Louis, capitale de la Colonie, à Dakar, l'une des plus belles rades de l'Afrique occidentale, sur le cap de l'ancien Continent le plus avancé dans l'Océan, c.-à-d. sur un point qui, étant le plus voisin de l'Amérique du Sud et barrant la route du Congo et du cap de Bonne-Espérance, est appelé à être l'escale naturelle de tous les navires à destination ou en provenance des deux rives australes de l'Atlantique. Près de Dakar, Rufisque est la ville la plus animée et la plus commerciale de la colonie.

SÉNÉGALI. s. m. (R. *Sénégal*). T. Ornith. Genre de *Passereaux*. Voy. PINSON.

SÉNÉGAMBIE. Nom donné à la partie de l'Afrique occidentale traversée par le Sénégal et l'Angleterre, le Sénégal à la France, la Gambie à l'Angleterre, les noms de ces cours d'eau ont prévalu et le mot de Sénégambie est à peu près tombé en désuétude (Voy. SÉNÉGAL). La Gambie anglaise a pour capitale Sainte-Marie de Bathurst.

SÉNÉGINE ou **SÉNÉGUINE.** s. f. (R. *Sénéga*, n. spécifique d'une plante du genre *Polygala*). T. Chim. Glucoside qu'on a extrait du *Polygala* de Virginie et qui est très analogue à la saponine. Voy. POLYGALÉES.

SÉNÈQUE (le Rhéteur), né à Cordoue; professa la rhétorique à Rome (58 av. J.-C., 32 ap. J.-C.).

SÉNÈQUE, philosophe latin, né à Cordoue, fils du précédent (3-65 ap. J.-C.), accompagna son père qui s'établit à Rome comme rhéteur. Exilé par Claude, il fut rappelé par Agrippine et chargé de l'éducation de Néron. Après avoir excusé les crimes de son élève, il fut condamné à son tour et reçut l'ordre de s'ouvrir les veines. On a de lui des traités de philosophie morale qui sont d'une grande élévation. Quelques-uns lui attribuent aussi des tragédies.

SÉNÈQUE (le Tragique), écrivain latin du 1ᵉʳ siècle; auteur présumé de sept tragédies dont la meilleure est *Médée*. Ces œuvres remarquables par la concision et la fermeté du style n'ont pas été sans influence sur le développement du génie de Corneille. On pense que peut-être quelques-unes appartiennent à Sénèque le philosophe.

SÉNESCENCE. s. f. [Pr. *sénès-sanse*] (lat. *senex*, vieillard). T. Physiol. Nom que l'on a donné à l'ensemble des phénomènes qui constitue la mort naturelle des tissus. Ces phénomènes sont très mal connus; on sait seulement que la s. se produit à tout âge et pendant toute la vie pour un grand nombre de cellules. Minot (*Proceed. of the Americans, Ass.*, 1890) a essayé d'élucider l'acte intime de la s. On sait que la puissance d'accroissement d'un être et par conséquent sa vitalité est très active durant les premiers jours après la naissance, et va en diminuant avec l'âge. Minot pense que ces faits correspondent à une modification essentielle des cellules qui consiste en une diminution progressive de volume du noyau par rapport au protoplasma, celui-ci devenant au contraire de plus en plus abondant. Ce serait là le phénomène est enroulée en sens contraire au sens le plus fréquent. Voy. essentiel de la s. Le protoplasma ne serait donc pas, pour Minot, la base de la vie, mais ce serait la substance du noyau que l'on devrait considérer comme la matière vivante par excellence.

SÉNESTRE. adj. 2 g. (lat. *sinister*, m. s.). T. Blas. Le côté s., Le côté gauche. ‖ T. Conchyl. *Coquille s.*, Celle qui est enroulée en sens contraire au sens le plus fréquent. Voy. CONCHYLIOLOGIE, III. = Adverb., *A s.*, A gauche.

SÉNESTRÉ, ÉE. adj. (R. *senestre*). T. Blas. Se dit d'un meuble de l'écu qui est accompagné à sénestre d'une autre pièce.

SÉNESTROCHÈRE. s. m. (lat. *sinister*, gauche; gr. χείρ, bras). T. Blas. Bras gauche, représenté sur l'écu.

SÉNEVÉ. s. m. (lat. *sinapis*, gr. σίναπι, moutarde). Nom vulgaire de la Moutarde noire (*Brassica nigra*). Voy. MOUTARDE.

SÉNEVOL. s. m. (R. *senevé*). T. Chim. Nom donné à l'essence de moutarde et à ses autres éthers de l'acide isosulfocyanique. Voy. SULFOCYANIQUE.

SENEYLE. s. f. Voy. CENELLE.

SÉNIEUR. s. m. (lat. *senior*, plus vieux). Nom donné dans plusieurs communautés au plus ancien, au doyen. *Le s. de Sorbonne.* Vx.

SÉNILE. adj. 2 g. (lat. *senilis*, m. s.). T. Physiol. Qui est dans ou tient à la vieillesse. *Débilité s. Démence s. — Age s.*, La vieillesse. Voy. AGE.

SÉNILITÉ. s. f. Caractère sénile. ‖ T. Méd. Affaiblissement du corps et de l'esprit causé par la vieillesse.

SÉNISSE. s. f. [Pr. *séni-se*], T. Techn. Poussière de charbon entraînée par la fumée.

SENLIS, ch.-l. d'arr. du dép. de l'Oise, sur la Nonette, à 52 kil. S.-E. de Beauvais; 7,100 hab. = Nom des hab. : SENLISIEN, ENNE.

SENNAAR ou **SINHAR**, nom donné par les Hébreux à la plaine où ils placent le séjour des hommes depuis le déluge jusqu'à la construction de la tour de Babel. On pense généralement qu'il s'agit de la plaine de la Babylonie.

SENNAAR, v. et contrée du Soudan égyptien entre le Nil Bleu et le Nil Blanc; 20,000 hab.

SENNACHÉRIB ou mieux **SINA-KHÉIRIB.** roi d'Assyrie, força Ezéchias, roi de Juda, à lui payer tribut; mais son armée périt devant Jérusalem, et il fut assassiné à son retour par ses fils (711 av. J.-C.).

SENNE. s. f. [Pr. *sène*] (lat. *sagena*, m. s.). T. Pêche. Sorte de filet qui a souvent un sens du milieu, et que l'on traîne sur les grèves. *Pêcher à la s. Tirer la s.*

SENNE, riv. de Belgique, passe à Bruxelles et se jette dans la Dyle (rive gauche); 125 kil.

SENNECEY-LE-GRAND. ch.-l. de c. (Saône-et-Loire), arr. de Chalon-sur-Saône; 2,400 hab.

SENNITE. s. f. [Pr. *sènn-nite*]. T. Chim. Syn. de *Pinite*.

SÉNONAIS, petit pays de l'anc. France; ch.-l. *Sens*; v. pr. *Montereau, Tonnerre*.

SÉNONAIS, tribu gauloise, qui occupait le pays correspondant aux dép. de l'Yonne, de Seine-et-Marne, de la Marne, et, en partie, de la Côte-d'Or; ils s'établirent en

Italie, au S. du Pô, le long de l'Adriatique ; plus tard (390 av. J.-C.), ils battirent les Romains près de l'Allia et prirent Rome.

SENONCHES, ch.-l. de c. (Eure-et-Loir), arr. de Dreux ; 2,000 hab.

SENONES, ch.-l. de c. (Vosges), arr. de Saint-Dié ; 4,000 hab.

SENONIEN. ENNE. adj. 2 g. et s. m. [Pr. *sénoni-in*, *iène*]. T. Géol. *Terrain s.* Banc de craie qui occupe une partie du Sénonais et une partie de la Champagne. Voy. SE-CONDAIRE, C, *b*.

SENS. s. m. [Pr. *sanse*, d'après l'Académie ; c'est en effet la prononciation la plus usuelle dans la majorité des cas. Cependant on ne prononce pas l's finale dans les locutions *s. commun*, *s. dessus dessous*, et autres semblables] (lat. *sensus*, m. s.). Se dit des facultés par lesquelles on perçoit l'impression des objets extérieurs et corporels, et des organes par lesquels se fait cette communication. *La vue, l'ouïe, l'odorat, le toucher, le goût sont les cinq s. Le s. de la vue*, etc. *Les organes des s. Le témoignage des s. Perdre l'usage de ses s. Reprendre ses s. Avoir les s, obtus, émoussés, blasés. — Cela tombe sous le s., sous les s.* Se dit d'une chose claire, évidente. || Par ext., se dit de certaines facultés intellectuelles et de certains jugements de notre esprit. *Le s. intime. Il n'a pas le s. du beau, du juste. Le s. moral n'existe pas chez lui.* — Se dit le plus souvent de la faculté de juger et de raisonner ; mais alors il est ordinairement accompagné d'un adj. ou d'un adv. qui marque la manière de juger et de raisonner. *C'est un homme de s., de bon s., de grand s. Une femme de peu de s. Il a du s. Elle a le s. droit. Il n'a que le bon s. naturel. Il est hors de son bon s., hors de s. Il n'était pas alors de s. rassis. Il avait le s. troublé.* || S. *commun*, se dit de l'ensemble des notions communes à tous les hommes, les jugements primitifs et spontanés qui comprennent les motifs de tous les autres. *Celui qui n'a pas le s. commun est un insensé. Cela est contre le s. commun. Cela choque le s. commun.* Par exag., on dit d'un homme qui porte un jugement faux, qui fait un mauvais raisonnement, qui fait quelque action absurde, il n'a pas le s. commun. Vous faites *tout au rebours du s. commun.* On dit aussi, *Ce discours-là n'a pas le s. commun. Cet ouvrage est fait en dépit du s. commun.* || T. Philos. *S. commun ou sensorium commune.* S. général qui, suivant certains philosophes, aurait pour fonction de centraliser et de coordonner les données des sens particuliers. Voy. SENSATION. || T. de Morale et surtout de Dévotion. *Sens* se dit quelquefois pour Sensualité, concupiscence, et alors il ne s'emploie qu'au plur. *Il s'abandonne à ses s. Il ne refuse rien à ses s. Les plaisirs, l'ivresse, le désordre des s. Mortifier ses s.* || *Sens*, se dit fréquemment de la signification d'un discours, d'un écrit, d'une phrase, d'un mot. *Prenez bien le s. de ce que je vous dis. Détourner, changer le s. d'un passage. C'est le vrai s. de la loi. Donner un faux s., un s. forcé à une phrase. Ce mot a deux s. Ce que vous dites n'a pas de s. Les paroles à double s.* S. *littéral, métaphorique, allégorique, mystique, moral. Cette sentence a un s. profond.* — S. *absolu*, Celui qui n'admet point de restriction, ou qui exprime une chose considérée uniquement en elle-même. *S. relatif*, Celui qui a relation à quelque chose ou qui sert à l'expression de quelque rapport. — S. *abstrait*, Celui dans lequel on s'occupe d'une pensée, sans avoir égard aux autres choses qui ont un rapport naturel et nécessaire avec cette pensée. *S. concret*, Celui dans lequel on considère le sujet et la qualité comme ne faisant qu'une même chose et un être particulier. — S. *actif* et S. *passif.* Voy. SIGNIFICA-TION. — S. *collectif* et S. *distributif.* Voy. COLLECTIF, DISTRIBUTIF. — S. *composé*, Celui qui résulte de tous les termes d'une proposition prise selon la liaison qu'ils ont ensemble : on l'appelle ainsi par opposition à S. *divisé*, Qui se dit d'une proposition dont on prend séparément les termes. Ainsi, quand on dit : *Ce qui se meut ne peut pas être en repos*, cette proposition est vraie dans le s. *composé*, parce qu'une même chose ne peut en même temps se mouvoir et être en repos ; mais elle est fausse dans le s. *divisé*, parce qu'une chose qui se meut a pu être en repos auparavant et y peut être encore. — S. *fini*, S. *complet*, se dit par opposition à S. *incomplet* ou suspendu. S. *défini*, se dit du s. ou d'un mot qui s'applique à un objet particulier et déterminé. S. *indéfini*, s. *indéterminé*, Celui qui exprime une idée vague ou une idée générale qu'on n'applique point à un objet particulier et déterminé. *S. propre* et *S. figuré.* Voy. PRO-PRE, FIGURER. || Sign. encore avis, opinion, sentiment. *Vous ne donnez pas dans mon s. A mon s. Selon mon s. Il abonde en son s. Il est fort attaché à son s.* || Signifie également un des côtés d'une chose, d'un corps. || *Mettez cette couverture de ce s.-là. Mettez-la du bon s. Couper une étoffe du mauvais s. Elle n'est pas coupée dans le s. Ce jardin a cinquante mètres en tous s.* — Fig., *Il a pris cette affaire de tous les s. qu'on peut imaginer. J'ai tourné cet homme de tous les s. et je n'en ai pu rien tirer.* SENS DESSUS DESSOUS, locut. adv. Se dit de la situation d'un objet tourné de manière que ce qui devrait être dessus ou en haut se trouve dessous ou en bas ; et Fig., De ce qui est dans un grand désordre et tout bouleversé, *Renverser un objet s. dessus dessous. Cette boîte est s. dessus dessous. Tous mes papiers sont s. dessus dessous.* = SENS DEVANT DER-RIÈRE, locut. adv. Se dit de la situation d'un objet tourné de telle façon que ce qui devrait être devant se trouve derrière. *Elle a mis son bonnet s. devant derrière. Sa perruque est s. devant derrière.* = A CONTRE-SENS, loc. adv. Voy. CONTRESENS.

Philos. — Voy. SENSATION.

Physiol. — I. Les *Sens*, en vertu des propriétés spéciales que possèdent leurs nerfs propres, nous font connaître non seulement les divers états de notre corps, mais encore les qualités des changements que présentent les corps extérieurs, en tant que ces qualités et ces changements déterminent dans les nerfs sensoriels des états particuliers. Ces états particuliers des nerfs spéciaux des sens sont appelés *Sensations*, lorsque nous en avons conscience ; quand ils ne sont pas perçus, ils ne constituent que de simples impressions. La *Sensibilité*, ou la capacité d'être modifié par des causes diverses, appartient à tous les sens ; mais la manière de sentir varie dans chacun d'eux ; à cet égard on distingue généralement cinq modes de sentir, ou cinq ordres de sensations, et *cinq sens*, savoir : la vue, l'ouïe, l'odorat, le goût et le toucher. Les sens, à parler rigoureusement, ne nous font connaître que les états de nos nerfs et les changements d'état qui s'y produisent ; mais l'imagination et la raison sont toujours prêtes à interpréter les modifications déterminées dans l'état de nos nerfs par des causes extérieures, comme des propriétés des corps mêmes situés hors de nous. « A l'égard des sens qui, comme la vue et l'ouïe, sont rarement affectés par des causes internes, cette confusion, dit le savant physiologiste J. Müller, nous est devenue tellement habituelle, qu'à moins d'y réfléchir nous ne nous en apercevons pas. Mais, pour ce qui concerne le s. du toucher, qui est tout aussi souvent mis en jeu par des causes internes, il nous est facile de reconnaître que ce que nous sentons, la douleur, la volupté, est un état de nos nerfs, et non une propriété inhérente aux choses qui déterminent nos sensations. »

II. — Les propriétés générales des nerfs sensoriels ont été établies par la physiologie de la manière la plus évidente : nous résumerons ici les observations du célèbre physiologiste que nous venons de nommer. — 1° *Les causes extérieures ne peuvent déterminer aucune sorte de sensation ou aucun état particulier de nos nerfs sensoriels, qui ne puisse résulter aussi de causes intérieures.* Cela est de toute évidence pour le s. du toucher. Les sensations que nous obtenons par ce s. sont celles de-froid, de chaud, de douleur, de plaisir, ainsi que d'innombrables modifications sensorielles, qui ne sont ni pénibles, ni agréables, parce qu'elles ne sont pas poussées à l'extrême, mais qui appartiennent au même mode de sensibilité. Ces diverses sensations nous sont à chaque instant procurées par des causes internes, dans toutes les régions du corps ; elles peuvent aussi être déterminées par des causes extérieures ; mais celles-ci ne sauraient y introduire aucun élément nouveau. Ainsi donc, les sensations qui nous viennent des nerfs tactiles, appelés aussi sensitifs, ne nous font connaître que l'état propre de ces nerfs se manifestant sous l'influence de causes, soit internes, soit externes. Les sensations de la vue, la lumière, les couleurs, l'obscurité, peuvent aussi avoir lieu sans cause extérieure. En l'absence absolue de toute excitation, tant interne qu'externe, le nerf optique ne sent rien autre chose que l'obscurité. Quand, au contraire, il est soumis à l'influence d'une excitation quelconque, même les yeux fermés, il nous donne la sensation de lumière, nous fait voir des éclairs, des cercles lumineux, qui ne sont qu'un simple état du nerf, et qui, n'étant point dus à une matière lumineuse, sont incapables d'éclairer aucun objet. Les sensations auditives sont excitées en nous aussi bien par des causes internes que par des causes externes. Toutes les fois que le nerf acoustique est dans un état d'excitation, nous éprouvons la sensation qui lui est propre; nous entendons des bruits, des bourdonnements, des tintements : c'est par des phénomènes de ce genre que se manifestent les maladies de ce nerf. Nous pouvons aussi avoir la conscience d'une sensation olfactive, même en l'absence de toute substance odorante : ce cas, quoique rare, s'observe chez les personnes douées d'une extrême susceptibilité nerveuse. Il en est sans doute de même à l'égard du goût; mais ici la distinction est presque impossible à établir, parce qu'on ne sait si la sensation éprouvée ne dépend pas d'un état particulier de la salive ou du mucus buccal. Les sensations produites par des causes internes sont communément appelées *sensations subjectives*. Il faut ajouter cependant que ces causes internes ne sont que des impressions extérieures qui ont été emmagasinées antérieurement par notre cerveau. — 2° *Une même cause, soit interne, soit externe, détermine dans les différents sens des sensations différentes, c.-à-d. les sensations propres à chacun de ces sens.* L'accumulation du sang dans les vaisseaux capillaires des nerfs sensoriels, comme on l'observe dans la congestion et l'inflammation, est une cause interne qui agit sur tous de la même manière. Cependant cette cause uniforme détermine dans la rétine, lorsque les yeux sont fermés, des phénomènes lumineux; dans le nerf auditif, des bourdonnements et des tintements; dans les nerfs tactiles ou sensitifs, de la douleur, des fourmillements, etc. De même, un coup, une compression vive et forte, déterminent dans l'œil la sensation de la lumière et des couleurs; dans l'oreille, des phénomènes sonores; sur les nerfs cutanés, une douleur plus ou moins forte. L'électricité provoque également des phénomènes lumineux ou sonores, quand on la fait agir sur le nerf optique ou sur le nerf acoustique. L'électricité par frottement détermine une odeur de phosphore dans les nerfs olfactifs. Dans les nerfs de la sensibilité générale ou tactile, ses effets ne sont ni des sensations de lumière, ni des sensations de son, ni des sensations d'odeur ou de saveur, mais des sensations propres à ces organes, comme des sensations de choc, de picotement, etc. — 3° *Les sensations propres à chaque nerf sensoriel peuvent être déterminées par plusieurs causes différentes, soit internes, soit externes.* C'est ce qui résulte de tout ce qui précède. Ainsi, par ex., la sensation de la lumière est déterminée dans l'œil par les actions mécaniques, comme le choc et la compression, par l'électricité, par le stimulus sanguin, et enfin par les vibrations lumineuses qui sont le stimulus habituel de la rétine. — 4° *La sensation consiste dans la transmission au cerveau, non pas d'une qualité ou d'un état des corps extérieurs, mais d'un état d'un nerf sensoriel, et cet état dépend de la propriété ou de la fonction du nerf lui-même, laquelle diffère dans chaque nerf sensoriel.* Naguère, pour se rendre raison de l'aptitude spéciale qu'ont la plupart des nerfs sensoriels à être modifiés par certaines influences, comme le nerf optique par la lumière, le nerf acoustique par les vibrations sonores, etc., on attribuait à chacun d'eux un mode particulier d'excitabilité. Mais cette hypothèse n'est pas suffisante pour expliquer les faits. Sans contredit les nerfs sensoriels possèdent une excitabilité spéciale pour certaines influences. En effet, le même stimulus, qui agit avec force sur un organe sensoriel, a peu ou même n'a point d'action sur un autre; mais, d'autre part, nous venons de voir que certains stimulus, tels que l'électricité et le fluide sanguin, par ex., sont capables d'agir sur tous les nerfs sensoriels, en faisant naître dans chacun d'eux des sensations différentes. L'excitabilité spécifique des nerfs pour certains stimulus n'explique donc point complètement les faits, et nous sommes obligés d'attribuer à chacun de ces nerfs, comme le faisait Aristote, des *énergies* spéciales qui constituent les propriétés vitales de ces nerfs, de même que la contractilité est la propriété vitale du tissu musculaire. En conséquence, la sensation du son est l'énergie propre, la propriété particulière, ou le mode de réaction spécial du nerf acoustique; celle de la lumière et des couleurs est l'énergie, le mode de réaction propre du nerf optique, etc. — 5° *Chaque nerf sensoriel n'est capable que d'un mode déterminé de sentir; d'où il résulte qu'un s. déterminé ne peut jamais remplir la fonction d'un autre nerf d'un s. différent.* La sensation peut, dans chaque organe sensoriel, être portée jusqu'au degré qui la rend agréable ou désagréable, sans que, pour cela, elle change de nature et prenne les caractères de la sensation d'un autre organe sensoriel. Ainsi, à quelque degré qu'un organe de s. soit affecté, son énergie spécifique reste la même. Les sensations de la lumière, du son, des odeurs, des saveurs, ne sont jamais produites que dans les nerfs optique, acoustique, etc. Bien plus, les expériences répétées des physiologistes ont démontré que les nerfs sensoriels proprement dits ne sont point, comme on le croyait autrefois, doués de ce qu'on appelle la sensibilité générale ou tactile, et qu'ils ne sont point susceptibles de douleur. Une forte lésion du nerf optique, par ex., est sentie seulement comme vive sensation de lumière, et nullement comme sensation douloureuse. En conséquence, jamais un nerf sensoriel quelconque ne peut remplacer un nerf sensoriel différent et remplir ses fonctions. — 6° *La portion centrale de tout nerf sensoriel, c.-à-d. celle qui pénètre dans la masse encéphalique, est susceptible de déterminer les sensations spéciales que provoque l'excitation de la portion périphérique du même nerf*, c.-à-d. l'excitation du nerf proprement dit, ou du conducteur qui met en communication l'organe sensoriel avec l'encéphale. Cette propriété de la portion centrale des nerfs sensoriels est surtout démontrée par le nerf optique. Une compression exercée sur l'encéphale donne lieu à une sensation de lumière, et la paralysie complète de la rétine, l'ablation de l'œil lui-même ne détruisent pas la possibilité de phénomènes lumineux déterminés par l'action de causes internes. De même, certaines personnes, qui ont perdu toute aptitude à percevoir les impressions extérieures sur les membres, y éprouvent parfois des sensations diverses et même de vives douleurs. Il y a tout lieu de croire qu'ici également ce sont les parties centrales des nerfs sensitifs qui donnent naissance à ces sensations. Il convient d'ajouter, pour compléter cette explication, que toute sensation provenant d'une excitation d'un nerf quelconque, est localisée par la conscience à l'extrémité de ce nerf. Ainsi, les nerfs qui aboutissent au pied, quel que soit le point de leur trajet où ils soient lésés, donneront la sensation d'une douleur au pied. C'est ainsi qu'on comprend la possibilité de ce fait paradoxal qu'un amputé peut éprouver des douleurs dans sa jambe de bois.

SENS, ch.-l. d'arr. du dép. de l'Yonne, à 57 kil. N. d'Auxerre; 14,000 hab. Archevêché, belle cathédrale. = Nom des hab. : SÉNONAIS, AISE.

SENSATION. s. f. [Pr. *san-sa-sion*] (lat. *sensatio*, m. s.). Impression que l'âme reçoit des objets par les sens. *S. agréable. S. douloureuse. S. de froid, de chaud. Éprouver une s., des sensations. La s. que cet objet produit. S. subjective, objective. S. interne, externe. Sensations représentatives,* (Celles qui sont déterminées par les objets extérieurs.) || *Fig., Faire s., Produire une impression marquée dans le public,* dans une assemblée, etc. *Cet événement, ce livre a fait s., une grande s.*

Philos. — Avant de s'occuper des relations des sens avec le monde extérieur, il convient de distinguer la *sensation* proprement dite d'avec la *perception*, attendu que cette distinction est fondamentale en philosophie. La sensation, ainsi qu'il a été expliqué au mot SENS, est un phénomène purement passif, une modification résultant d'une cause, soit interne, soit externe, qui est transmise par l'organe sensoriel à l'encéphale. La connaissance que nous prenons de cet état de nos nerfs est un phénomène d'un tout autre ordre qui implique l'attention et par conséquent l'activité de la conscience. On lui a donné le nom de *Perception*. Les sensations fortes éveillent forcément l'attention et sont nécessairement perçues; mais il peut se faire que des sensations ne soient pas perçues ou le soient d'une manière si fugitive qu'elles ne laissent aucune trace dans la mémoire et dans la conscience. C'est ce qui arrive quand l'esprit, vivement occupé de quelque objet qui absorbe son attention, néglige toutes les sensations qui lui viennent de l'extérieur. Cependant, ces sensations existent bien, car elles peuvent donner naissance à des mouvements réflexes qui s'accomplissent automatiquement : on tourne la tête à un bruit soudain, on cligne les yeux devant une lumière subite sans interrompre la méditation qu'on poursuit et sans avoir conscience de ces mouvements. Voy. ATTENTION.

Toutes les sensations, de quelque ordre qu'elles soient, sont transmises à l'encéphale. Mais comment s'opèrent la comparaison et la synthèse de ces données si différentes qui nous viennent des nerfs sensoriels? Aristote est le premier qui ait posé ce problème, et il le résout en admettant l'existence d'un sens général qui recueille, compare et coordonne les données des sens particuliers. « Comment jugeons-nous, dit-il, que le blanc n'est pas le doux, que le noir n'est pas l'amer? C'est assurément par quelque sens, car ce sont là des choses sensibles; mais ce n'est pas la vue qui compare les couleurs avec les saveurs, ni l'odorat qui compare les saveurs avec les sons. Il faut donc un sens général qui perçoive ces divers objets. » Ce sens est appelé *sens commun* par le philosophe de Stagire, qui en même temps lui assigne le cœur pour organe spécial; mais les modernes, qui ont admis la théorie péripatéticienne, placent ce sens dans le cerveau, et donnent à son siège le nom de *sensorium commune*, ou simplement celui de *sensorium*. Cette hypothèse d'un sensorium organique est aujourd'hui complètement abandonnée. Ainsi que le dit très bien E. Saisset, « sans doute les sensations qui se produisent par suite des impressions organiques ont un centre, un centre unique et actif, où elles sont non seulement rassemblées, mais comparées, coordonnées, soumises à une sorte d'élaboration naturelle qui leur imprime le caractère de l'unité. Mais qu'est-il besoin de supposer gratuitement, sous le nom de sens général ou de sens commun, ce centre d'unité, quand on le trouve dans l'unité même de la conscience, c.-à-d. dans l'unité du moi sentant, qui est à la fois le moi percevant, comparant et coordonnant les matériaux de la sensation. »

Jusqu'ici nous avons admis, avec la science physiologique, que les sens font connaître à notre moi les qualités et les états de nos nerfs sensoriels. Or, en nous exprimant ainsi, nous avons supposé, non point encore l'existence d'objets extérieurs à notre organisme, mais du moins l'existence de notre propre organisme, l'existence d'un corps avec lequel notre moi spirituel, ou notre âme, est en communion intime. Cependant Berkeley et quelques autres philosophes idéalistes ont prétendu que nous ne pouvions légitimement affirmer l'existence réelle même de notre propre corps, parce que la sensation n'est à tout prendre qu'une modification de l'âme, un état de conscience, et qu'il n'y a rien en elle qui nous permette de remonter à sa cause et surtout d'affirmer que cette cause réside dans une substance étrangère à l'âme et nommée matière. On peut discuter sur le principe de causalité; même en l'admettant, la cause de nos sensations peut être tout autre que ce qu'on a coutume de supposer. Il n'y a rien à répondre à cette argumentation, et l'idéalisme est logiquement inattaquable; mais il se réfute par les difficultés d'admettre les conséquences étranges auxquelles il conduit. Voy. BERKELEY, IDÉALISME.

On parle souvent des erreurs des sens. En réalité l'erreur n'est pas et ne saurait être dans la sensation. Elle est tout entière, quand elle existe, dans le *jugement* qu'on porte sur la cause de la sensation. Par ex., le sens de la vue nous montre que le ciel tourne autour de nous. On s'est trompé pendant des siècles en attribuant ce mouvement au Ciel au lieu de l'attribuer à la Terre. Mais aucune sensation ne nous apprend si nous tournons ou si nous restons immobile. La vue nous a seulement appris qu'il y a un mouvement *relatif* de rotation du Ciel par rapport à la Terre, et ceci est parfaitement exact. L'erreur est d'avoir cru *a priori* et sans aucun motif que la Terre était immobile. En fait le phénomène observé peut s'expliquer de trois manières, suivant qu'on suppose la Terre immobile et le Ciel tournant, le Ciel immobile et la Terre tournante, ou les deux animés de mouvements convenables. Les sens ne sauraient en aucune façon être incriminés. Il y a cependant des cas pathologiques tels que ceux qu'on observe dans le délire et l'hallucination où certaines sensations, dues à des causes internes provenant du dérangement du système nerveux, ressemblent tellement aux sensations produites par les objets extérieurs que le malade s'y trompe nécessairement. Dans ce cas l'erreur vient encore du jugement; mais elle est presque fatale, parce que le sujet ne peut rapporter à leur véritable cause des sensations pathologiques. Une remarque analogue peut être faite en ce qui concerne les rêves; mais cette question, encore très obscure, ne peut être discutée ici.

Tous les philosophes sont unanimes à reconnaître le rôle immense que jouent les sens dans l'acquisition de nos connaissances. En effet, la philosophie qui accorde le moins à la sensation, la philosophie spiritualiste, admet que nos sensations nous fournissent les données premières et, pour ainsi dire, la matière avec laquelle l'intelligence construit les idées qui se rapportent aux choses extérieures; mais, d'autre part, elle soutient que toute idée même sensible implique, outre l'élément *a posteriori* donné par la sensation, un élément *a priori* parfaitement distinct et que la sensation ne peut ni fournir ni expliquer. Toutes les écoles empiriques, au contraire, professent que toutes nos idées sans exception procèdent, soit de l'observation externe ou du sens, soit de l'observation interne ou du sens interne. Enfin, le sensualisme suppose que toutes nos idées, toutes nos conceptions ne sont autre chose que des sensations transformées. Voy. SENSIBILITÉ, IDÉE, RAISON, PHILOSOPHIE, etc.

SENSÉ, ÉE. adj. [Pr. *san-sé*]. Qui a du bon sens, qui a du jugement, de la raison. *Un homme s., une femme sensée*. || Conforme à la raison, au bon sens. *Un discours s. Une réponse sensée. Cela est fort s. Ce projet n'est pas s., est peu s.*

SENSÉE, riv. de France, affl. de l'Escaut.

SENSÉMENT. adv. [Pr. *san-séman*]. D'une manière sensée, judicieuse. *Il parle s. Tout ce qu'il fait, il le fait s.*

SENSIBILISABLE. adj. 2 g. [Pr. *sansibili-zable*]. T. Phot. Qui peut être sensibilisé.

SENSIBILISATEUR, TRICE. adj. [Pr. *sansibili-zateur*]. T. Phot. Qui sensibilise.

SENSIBILISATION. s. f. [Pr. *sansibili-za-tion*]. Action de sensibiliser.

SENSIBILISER. v. a. [Pr. *san-sibili-zer*]. T. Techn. Rendre sensible à une action. || T. Phot. *S. du papier, une plaque*, Les recouvrir d'une substance impressionnable à la lumière. Voy. PHOTOGRAPHIE. = SENSIBILISÉ, ÉE. part.

SENSIBILITÉ. s. f. [Pr. *san-sibilité*] (lat. *sensibilitas*, m. s.). Capacité de sentir, d'être sensible aux impressions des objets. *Il est d'une grande s. à toutes les impressions de l'air. Avoir une grande s. pour le froid et pour le chaud. La s. de l'œil, de l'oreille. Cet organe est d'une extrême s.* || Disposition intérieure qui fait qu'on est vivement affecté par le bien et par le mal, par le beau et par le laid, etc. *Être d'une grande s. pour les misères d'autrui. Sa s. sur le point d'honneur est extrême.* — Absol., se dit des sentiments d'humanité, de pitié, de tendresse. *Il a beaucoup de s. Une profonde s. Il est d'une extrême s. Il est privé de s. Une fausse s.* || Fig., *La s. d'une balance, d'un thermomètre*, etc., La facilité plus ou moins grande avec laquelle ces instruments marquent les plus légères différences, les moindres variations.

Physiol. — Au sens physiologique, la s. est une propriété vitale qui n'appartient qu'aux corps organisés, et, dans cette grande division des êtres, qu'aux organismes animaux. Sa fonction générale est de mettre l'animal en rapport avec le monde extérieur. En outre, chez l'homme et chez la plupart des animaux, les différentes parties du système nerveux possèdent des énergies spéciales; en d'autres termes, leur mode de s. est différent. Ainsi, la s. du nerf optique, celle du nerf acoustique, celle des nerfs tactiles, etc., diffèrent entre elles, soit quant à la nature des impressions qu'elles transmettent à la conscience, soit quant à la nature des excitations ou des stimulus qui agissent sur elles. Voy. SENS. Quoique tout animal soit doué de s., les cinq modes de s. spéciale, que l'on reconnaît chez l'homme et chez les animaux supérieurs, ne se retrouvent pas dans toute la série zoologique. Chez les animaux qui occupent les degrés inférieurs de l'échelle, il manque souvent un ou plusieurs sens : chez les uns, c'est la vue; chez d'autres, c'est l'ouïe, l'odorat ou le goût. Chez un grand nombre, tous ces sens font défaut à la fois. Dans ces derniers, il n'existe plus qu'un seul mode de s., la s. tactile, lequel s'exerce par les éléments nerveux répandus à la périphérie du corps, ou, plus simplement encore, par tout élément cellulaire. La s., comme mode de s. ne manque chez aucun des êtres qui appartiennent à l'animalité; de là sans doute le nom de *S. générale*, sous lequel les physiologistes la désignent communément. Par opposition à la s. qui s'exerce par le moyen des nerfs sensoriels et qu'il appelait *S. animale*, Bichat nommait *S. organique* la propriété que possèdent les tissus vivants de manifester certaines énergies spéciales sous l'influence des causes qui agissent sur eux. D'après lui, la s. organique se distingue essentiellement de la s. animale en ce que nous n'en avons pas conscience. La propriété appelée s. organique par le célèbre anatomiste est une propriété véritable des tissus vivants, mais le nom sous lequel il la désigne est tout à fait impropre : en conséquence, la s. organique est tout aujourd'hui *irritabilité*, ou mieux *excitabilité*. — L'exaltation de la s. d'un organe particulier, ou du système nerveux en général, est appelée *Hyperesthésie*, et l'on nomme *Anesthésie* la privation ou la diminution de cette propriété. Lorsque l'anesthésie est générale, elle ne peut être, il est à peine besoin de le dire, que momentanée; mais, quand elle est partielle, elle peut être absolue et définitive.

Philos. — Les phénomènes de s. dont l'âme est le siège

sont extrêmement variés ; cependant, sans prétendre à une classification rigoureuse, on peut les distribuer en trois classes. — La première classe comprend uniquement les émotions que nous éprouvons à la suite des sensations proprement dites, ou mieux qui accompagnent la perception des sensations. Ces émotions sont sous la dépendance immédiate des organes des sens, et peuvent être agréables ou pénibles. Le plus souvent, les sensations ne déterminent aucune émotion consécutive de l'âme : dans ce cas, les sensations sont dites indifférentes. Les phénomènes de s. qui forment la seconde classe sont communément désignés sous les noms d'*Affections* et de *Sentiments du cœur*. Ceux-là présentent pour caractère particulier de se lier toujours à l'idée d'un objet, personne ou chose, et de déterminer une tendance plus ou moins énergique de l'âme vers cet objet, lorsqu'il nous plaît, tandis qu'au contraire elle tend à s'en éloigner, lorsqu'il nous déplaît. Les phénomènes de cet ordre engendrent donc consécutivement un mouvement actif de l'âme, qu'on nomme, suivant sa direction, *penchant*, *inclination*, *aversion*, *répulsion*, etc. Enfin, les phénomènes de s. compris dans la troisième classe se rapportent à des idées pures, c.-à-d. naissant à la suite de notions intellectuelles ou de conceptions de la raison. Ces émotions de l'âme sont appelées *Sentiments*, et sont en outre qualifiées par le nom de l'idée qui leur donne naissance : tels sont le sentiment du juste et de l'injuste ou le sentiment moral, le sentiment du devoir et celui de l'honneur, le sentiment des convenances, le sentiment du beau et du sublime, le sentiment du vrai, le sentiment de l'infini, le sentiment religieux, etc. Il importe ici de remarquer que, dans le langage ordinaire, ces expressions s'emploient fréquemment pour désigner proprement et simplement l'idée du juste, l'idée du devoir, l'idée du beau, l'idée de l'infini, etc.; mais, philosophiquement parlant, elles ne conviennent qu'aux cas où l'idée s'accompagne d'une émotion de l'âme, émotion qui a toujours le caractère de la joie ou de la tristesse, c.-à-d. du plaisir ou de la douleur de l'âme.

La s. est en général considérée comme une pure capacité ayant pour caractères essentiels : 1° d'être involontaire, fatale et irrésistible; 2° d'être variable, c.-à-d. de différer non seulement d'un individu à un autre, mais encore dans le même individu, suivant les circonstances. Ceci n'est point exact, ou du moins ne l'est que sous certaines réserves. En effet, si nous considérons d'abord la s. au point de vue physiologique, c.-à-d. en tant qu'elle est mise en jeu par les causes qui agissent sur les organes sensoriels, il suffit, pour reconnaître combien la volonté a d'empire sur elle, de rappeler le rôle que joue l'attention. Ainsi, c'est une observation vulgaire que nous ne sommes pas affectés de la même manière quand notre esprit est libre, et quand il est dominé par une vive préoccupation. Si l'attention est détournée des nerfs sensoriels, les sensations demeurent indifférentes au moi, ou nous n'en apercevons pas, c.-à-d. n'en a pas conscience, ou du moins on n'a une si faible, que l'âme ne s'y arrête pas. Bien plus, voici un homme en proie aux vives souffrances d'un accès de goutte : qu'on lui annonce la mort d'un fils chéri, à l'instant la douleur physique disparaît devant la douleur morale, le corps devant l'esprit. Comment rendre compte de ce fait ? « C'est que, dit très bien Franck, l'attention, sans laquelle il n'y a pas de conscience, ni par conséquent de véritable sensation, a passé d'un objet à un autre. Or, l'attention nous appartient, elle émane de notre volonté, elle est notre acte de présence dans les impressions que nous recevons du dehors. » L'attention a encore pour effet de rendre les sensations plus précises et plus nettes. Nous nous contenterons de citer comme exemple la faculté que possède l'oreille de pouvoir, parmi les nombreux sons simultanés, que fait entendre un orchestre, suivre à volonté ceux de tel ou tel instrument, qui, bien que plus faibles que les autres, dominent alors l'impression de ces derniers sur notre organe. Ainsi donc, il n'est pas vrai de dire que la s., en tant qu'elle se rapporte aux organes des sens, est fatale, irrésistible et soustraite à l'empire de la volonté. Quant à la variabilité de la s. d'un individu à un autre ou dans un même individu, selon les circonstances, elle est évidente. Mais quelle conclusion tirerons-nous de là? Prétendrons-nous avec les sceptiques que, la s. étant individuelle et relative, les données qu'elle nous fournit sont purement relatives, et qu'en conséquence toutes les connaissances que nous en pouvons dériver ne sauraient avoir un caractère de certitude absolue. C'est là un sophisme grossier. La s. physiologique n'est individuelle et relative qu'au point de vue du degré, de l'intensité, de l'énergie; mais elle est invariable quant à la nature de son contenu. Peu importe, par ex., que tel individu ait la vue longue et l'autre courte : la s. visuelle

fournira aux deux observateurs les mêmes données; il suffira que le second se rapproche un peu plus que le premier de l'objet observé. — Maintenant, si nous étudions la s. dans les phénomènes que nous avons nommés *affections* et *sentiments*, nous trouverons que tout ce que nous venons de dire de la s. sensorielle s'y applique également, et même qu'elle est bien plus soumise à l'empire et au contrôle de la volonté, « car, comme le dit éminent philosophe que nous venons de citer, plus nos sentiments s'éloignent de la vie physique, c.-à-d. plus ils sont élevés et délicats, plus la volonté est forcée d'intervenir pour les défendre contre les passions vulgaires. Les affections pures et généreuses, le sentiment moral, le sentiment religieux, n'arrivent pas d'eux-mêmes à leur complet développement et n'agissent pas sur toutes les âmes avec une égale force; il faut les éveiller, les exercer et, si l'on peut parler ainsi, les nourrir sans cesse. En un mot, notre s. a besoin d'être cultivée comme notre intelligence, et cette culture est assurément la partie la plus difficile et la plus importante de l'éducation. Elle se fonde tout entière sur des actes et sur des exemples. Conduisez-vous avec les semblables comme si vous les aimiez, et vous les aimerez; pratiquez assidûment le bien, et il s'emparera non seulement de vos habitudes, mais de votre cœur. Il n'en est pas autrement du vrai et du beau : c'est en poursuivant le premier dans des exemples irréprochables, qu'on finit par les goûter, par les aimer l'un et l'autre. Ainsi, la volonté intervient sans une forme ou sous une autre, celle de l'action ou de l'abstention, dans toutes nos manières de sentir. C'est par elle que la s. nous appartient, qu'elle s'accorde avec notre intelligence et notre libre arbitre, qu'elle mérite d'être comptée comme une faculté de l'âme : car un être libre a des facultés dont il dispose, et il ne peut pas être, comme une chose inerte, entièrement dominé par une force étrangère. Ôtez de la s. la volonté, vous en ôtez la persistance, l'unité, la personnalité : la faculté s'évanouit pour ne laisser à sa place que des impressions confuses et fugitives. »

SENSIBLE. adj. 2 g. [Pr. *san-sible*] (lat. *sensibilis*, m. s., de *sentire*, sentir). Qui est doué de sensibilité. Employé absol., il se dit souvent de ce qui jouit d'une sensibilité plus grande, plus exquise. *Les êtres sensibles et les êtres insensibles. Le tissu fibreux n'est pas s. Il est s. à la douleur. Elle est s. aux moindres impressions de l'air. Ce cheval a la bouche s.* — Au sens moral, *Il est s. à l'amitié, à l'amour, à la gloire, à la honte.*

Vous ne vous montrez point sensible à cet outrage !
CORNEILLE.

Elle est peu s. aux maux d'autrui. Absol., *Un homme, un cœur, une âme s. Il est trop s.* — Fig. et fam., *C'est son endroit s., sa partie s.,* se dit des choses dont quelqu'un est le plus touché. || Qui est apte à agir, qui fait impression sur les sens. *Un objet s. C'est la lumière qui rend les objets sensibles à la vue. Le froid a été près s. cette année.* — Au sens moral, *Il m'a fait un s. plaisir. Sa mort m'a été fort s. C'est pour moi un chagrin bien s. que de me voir privé de lui.* || Qui se fait apercevoir, qui se fait remarquer aisément. *Le flux de la mer n'est s. que près des côtes. Ce mouvement est s. Il a fait des progrès sensibles. L'effet de ce remède est peu s.* || Fig., *Cette balance, ce thermomètre, etc., est s. Cette balance, etc., marque les plus légères différences, les moindres variations.* || T. Photogr. *Plaque s., Papier s.,* Ceux qui ont été préparés de manière à pouvoir recevoir l'impression de la lumière. Voy. PHOTOGRAPHIE. || T. Mus. *Note s.,* et substant., *La s.,* Note placée à un demi-ton au-dessous de la tonique. Voy. TON.

SENSIBLE. s. m. [Pr. *san-sible*]. T. Philos. Se dit des phénomènes extérieurs que nous connaissons par le moyen des sens. *Aristote distingue deux sortes de sensibles, les sensibles propres et les sensibles communs. Les sensibles communs sont l'étendue et la figure; les sensibles propres sont : les senteurs pour l'odorat, les saveurs pour le goût, les sons pour l'ouïe, les couleurs pour la vue, enfin, pour le toucher, la solidité et la température.*

SENSIBLEMENT. adv. [Pr. *san-sible-man*]. D'une manière qui tombe sous le sens. *Cela se connaît, se voit s. On voit croître s. la rivière.* || D'une manière qui affecte le cœur. *Il a été s. touché de cette perte. Je vous suis s. obligé.*

SENSIBLERIE. s. f. [Pr *san-sible-rie*]. Sensibilité fausse, outrée, affectation de sensibilité. *Cette femme est ridicule par sa s. Ce drame est plein de s. Ce roman n'est que jargon et s.* Fam.

SENSITIF, IVE. adj. [Pr. *san-sitif*] (lat. *sensitivus*, m. s.). Qui a rapport à la sensibilité. *La faculté, la vertu sensitive. Les nerfs sensitifs et les nerfs moteurs,* Voy. Nerf, t. 3. || Qui possède la faculté de sentir. *Qui dit animal, dit s. L'âme sensitive.* == Sensitive, s. f. T. Bot. Nom vulgaire du *Mimosa pudica.* Voy. Légumineuses, III. || Fig. Personne sensible aux moindres impressions.

SENSITIVITÉ. s. f. [Pr. *san-sitivité*]. Propriété de sentir, inhérente à chaque partie du système nerveux centripète.

SENSITIVO-MOTEUR. TRICE. adj. [Pr. *san-sitivo...*]. T. Phys. Qui sert au mouvement et à la sensibilité.

SENSITIVO-SENSORIEL, ELLE. adj. [Pr. *san-sitivo-san-soriel, èle*]. T. Méd. Qui a rapport aux nerfs de la sensibilité générale et des sens spéciaux. *Troubles s.-sensoriels.*

SENSORIAL, ALE ou **SENSORIEL, ELLE.** adj. [Pr. *san-sorial, san-soriel, ièle*] (R. *sensorium.* Qui a rapport aux sens, aux organes des sens. *Les fonctions sensoriales* ou *sensorielles. Impression sensoriale* ou *sensorielle.* || T. Méd. Qui a rapport aux sens spéciaux. *Nerfs sensoriels.* Voy. Nerf, I, 3.

SENSORIUM. s. m. [Pr. *sin-soriome*]. T. Philos. Organe, lieu où l'on supposait que les sensations se réunissent et se combinent. Voy. Sens.

SENSUALISME. s. m. [Pr. *san-sualisme*] (lat. *sensus*, sens). T. Philos. Dans l'histoire de la philosophie moderne, on désigne sous ce nom le système de ceux qui, à l'exemple de Locke, font dériver toutes nos idées de l'expérience, c.-à-d. des sens, et plus particulièrement la doctrine de Condillac qui, renchérissant sur la formule de Locke, déclare que tout ce qu'on appelle les opérations de l'esprit, c.-à-d. l'attention, la réflexion, la volonté, etc., ne sont que des *sensations transformées.* Le système de Condillac a eu un grand succès, et, cependant, n'est-il pas vrai qu'il faut avoir une grande confiance dans la puissance des mots pour s'imaginer qu'on a expliqué tous les faits intellectuels et moraux quand on a dit que ce sont des sensations *transformées,* surtout si l'on omet de dire en quoi consiste cette transformation, comment elle se produit et par qui elle est opérée? La question de l'origine des idées a été traitée au mot Idée.

SENSUALISTE. s. [Pr. *san-sualiste*] (lat. *sensualis,* m. s.). Celui, celle qui professe le sensualisme.

SENSUALITÉ. s. f. [Pr. *san-sualité*] (lat. *sensualitas,* m. s.). Attachement aux plaisirs des sens. *Vivre avec s. Être plongé dans la s.* — *Boire, manger avec s.,* Avec volupté. || Au pl., Plaisirs sensuels. *Il se livre aux sensualités les plus recherchées.*

SENSUEL, ELLE. [Pr. *san-suel, èle*] (lat. *sensualis,* m. s., de *sensus,* sens). Qui a rapport aux sens. *Les appétits sensuels.* || Qui est attaché aux plaisirs des sens. *C'est un homme s., une femme sensuelle* — Subst., *Les sensuels,* Les voluptueux. || Qui flatte les sens. *Les plaisirs sensuels. Mener une vie sensuelle.*

SENSUELLEMENT. adv. [Pr. *san-suèle-man*]. D'une manière sensuelle. *C'est un homme qui vit fort s.*

SENTE. s. f. [Pr. *san-te*] (lat. *semita,* m. s.). Sentier.

SENTENCE. s. f. [Pr. *san-tanse*] (lat. *sententia,* m. s., de *sentire,* sentir, avoir une opinion). Parole, maxime qui renferme un grand sens, une belle moralité. *Un discours plein de sentences. Le style de Sénèque est rempli de sentences. Une des plus belles sentences des anciens.* Prov., *Ne parler que par sentences,* Affecter de parler gravement, et de dire à tout propos des moralités générales. — Syn. Voy. Aphorisme. || Se dit encore d'une décision judiciaire. *S. contradictoire, provisoire, interlocutoire. Obtenir, prononcer, confirmer, annuler une s. Appeler d'une s. Mettre une s. à exécution. Une s. de mort. Il écouta sa s. avec calme.* — Fig., *Appeler de la s. de quelqu'un,* Ne

pas vouloir s'en tenir à sa décision, à son jugement. *J'appelle de votre s.,* ou simplem., *J'en appelle.*

SENTENCIER. v. a. [Pr. *san-tansier*] (lat. *sententiare,* m. s.). T. Jurispr. anc. Condamner quelqu'un par une sentence; ne se disait qu'en matière criminelle, et n'était usité qu'au participe et aux temps qui en sont formés. *Il a été sentencié.* == Sentencié, ée. part. *Un homme sentencié.*

SENTENCIEUSEMENT. adv. [Pr. *san-tan-sieu-ze-man*]. Parler par sentences ou d'un ton sentencieux.

SENTENCIEUX, EUSE. adj. [Pr. *san-tan-sieu, ieuze*] (lat. *sententiosus,* m. s.). Qui contient des sentences, des maximes. *Discours, langage s. Phrase sentencieuse.* Qui s'explique ordinairement par sentences, par maximes. *Un homme, un écrivain s.* || *Un ton s.,* Un ton qui annonce une affectation de gravité.

SENTÈNE. s. f. Pr. [*san-tène*]. T. Comm. Voy. Centaine.

SENTEUR. s. f. [Pr. *san-teur*] (R. *sentir*). Odeur, ce qui affecte l'odorat. *La rose a une s. agréable.* || Se dit plus ordinairement des parfums, de certaines compositions qui exalent une odeur agréable. *Des eaux, de la poudre de s. Des sachets de s. Aimer les senteurs. Porter des senteurs.* || T. Bot. *Pois de s.,* Nom vulgaire du *Lathyrus odoratus.* Voy. Légumineuses, I.

Syn. — *Odeur.* — L'*odeur* est l'émanation des corps, sensible à l'odorat, et la *s.* est cette même émanation sentie par l'odorat. L'*odeur* peut n'être pas sentie; il faut que la *s.* le soit. L'*odeur* peut être assez légère et faible pour qu'elle soit insensible; la *s.* est toujours plus ou moins forte pour qu'elle affecte l'organe : aussi n'appelle-t-on *s.* qu'une *odeur* forte. L'*odeur* est commune à une infinité de corps; la *s.* est propre à certains corps odorants, tels que les aromates, certaines fleurs et certains fruits. Au pluriel, les *odeurs* et les *senteurs* sont également des parfums agréables destinés à parfumer. Enfin, *odeur* se dit au figuré, *Mourir en odeur de sainteté; L'odeur de ses vertus,* etc.; tandis que *s.* est seulement usité au sens propre.

SENTIER. s. m. [Pr. *san-tié*] (R. *sente*). Chemin étroit au travers des champs, des bois, etc. *Il y a un s. qui abrège le chemin.* || Fig., *Suivre les sentiers de la vertu, de la gloire,* etc. *Il fuit les sentiers battus.*

SENTIMENT. s. m. [Pr. *san-timan*] (R. *sentir*). Ce que l'on sent; perception que nous avons de certaines choses par le moyen des sens. *S. vif, douloureux, agréable. Le s. de la faim, de la soif. Le s. de la douleur, de la fatigue. J'éprouve un s. de pesanteur dans le bras gauche.* || La faculté que nous avons de recevoir des impressions par la voie des sens. *Avoir le s. exquis, vif, prompt, délicat. Il a perdu le s. Il semble qu'il soit mort, il n'a plus de mouvement ni de s.*

> Mes pleurs du sentiment lui rendirent l'usage.
>
> Racine.

— Se dit souvent de la sensibilité propre d'une partie du corps. *Il y a encore quelque s. dans cette partie. Il n'a plus de s. dans son bras.* || Se dit aussi des affections de l'âme, des penchants bons ou mauvais. *S. noble, élevé, généreux, bas, vil. S. d'honneur, de probité, d'amour, de haine, de colère, de vengeance. S. de joie, de plaisir, de douleur. Il a des sentiments honnêtes, des sentiments vertueux. Il n'a aucun s. d'humanité, de religion.* — *Sentiments naturels,* Certains penchants qui sont inhérents à la nature humaine. On dit aussi, *Les sentiments de la nature.* — Absol., *Avoir des sentiments,* Avoir des sentiments d'honneur, de générosité, de probité, etc. Par plaisant., *Faire du s.,* Feindre, affecter la passion. *Pousser de beaux sentiments,* Affecter des sentiments passionnés, exaltés.

> Pousseuses de tendresse et de beaux sentiments.
>
> Molière.

|| Sign. quelquefois la sensibilité morale, la disposition à être facilement ému, touché, attendri. *Être capable de s. Cet homme se pique de s. Feindre, jouer le s. Ce n'est pas la raison, c'est le s. qui domine dans cet ouvrage.* — *Trait de s., vers de s.,* Trait, vers, qui exprime un mouvement du cœur. || Sign. encore la faculté que nous avons de connaître, de saisir, d'apprécier certaines choses comme par une sorte

d'intuition ou d'instinct, d'où résultent certaines idées ou certains états moraux propres à nous déterminer dans nos jugements, ainsi que dans notre conduite et dans nos actions. *Les hommes agissent plus par s. que par réflexion. Il y a des choses que nous ne connaissons que par s. C'est la raison qui éclaire l'homme, c'est le s. qui le conduit. Une vérité de s. Le s. moral. Le s. religieux. Avoir le s. du juste, de l'injuste. Il n'a pas les. du bon, du beau. Il a le s. des arts, de la musique, de l'harmonie. Ce peintre a le s. du dessin, de la couleur. Avoir le s. des convenances. Il a le s. de sa force, de sa faiblesse. — Juger par s..* Juger d'un ouvrage d'esprit ou d'un ouvrage de l'art par l'impression qu'on en reçoit. || *L'opinion qu'on a de quelque chose*; ce qu'on en pense, ce qu'on en juge. *Je voudrais savoir quel est son s. sur cela. Tel est mon s. Selon mon s. Je ne suis pas de votre s. J'adopte, je partage votre s. J'entre dans votre s. Parler contre son propre s.* || Prov. *Autant de têtes, autant de sentiments.* Chacun a sa manière d'apprécier.

Philos. — Le mot *Sentiment* signifie proprement *ce que l'on sent*, par conséquent il pourrait s'appliquer à tous les phénomènes de sensibilité. Cependant il n'en est point ainsi, et le terme est le plus souvent employé par opposition au mot *sensation*, soit dans le langage de la physiologie, soit dans celui de la philosophie. Ainsi, d'une part, les physiologistes appliquent le nom de *s.* aux sensations internes, comme la faim, la soif, la fatigue, et réservent celui de *sensation* aux impressions venues du dehors; d'autre part, les philosophes appellent *sensations* les phénomènes de sensibilité qui se produisent par l'intermédiaire des organes sensoriels, et nomment *sentiments* ceux qui n'ont aucun besoin des organes des sens pour se manifester et se développer. Enfin, les uns et les autres emploient assez fréquemment le mot *s.* dans la signification propre du mot *sensibilité*.

SENTIMENTAL, ALE, adj. [Pr. *santi-man-tal*]. Qui annonce du sentiment; ne se dit guère qu'ironiq. *Ton air s. Des expressions sentimentales.* || En parl. des personnes, se dit de celles qui affectent une grande sensibilité. *Un homme s. Une femme sentimentale.*

SENTIMENTALEMENT. adv. [Pr. *san-timan-tale-man*]. D'une manière sentimentale.

SENTIMENTALITÉ. s. f. [Pr. *san-timan-talité*]. Caractère de ce qui est sentimental. || Excès ou abus du sentiment qui fait qu'on règle sa conduite sur lui, sans consulter la raison. C'est par s. qu'une assemblée législative, pour améliorer le sort de certaines catégories de personnes, vote des lois qui, dans l'application, aggravent le malheur de ceux qu'elles devaient favoriser.

SENTINE. s. f. [Pr. *san-tine*] (lat. *sentina*, m. s.). T. Mar. Partie basse d'un bâtiment dans laquelle s'amassent les eaux et les ordures. || Fig., *C'est la s. de tous les vices* se dit d'un lieu où se rassemblent toutes sortes de gens vicieux. On dit, par anal., *Cet homme est une s. de vices.*

SENTINELLE. s. f. [Pr. *san-tinè-le*] (ital. *sentinella*, de *sentire*, sentir). [En poésie, on fait quelquefois ce mot masc.' Soldat armé qui fait le guet pour la garde d'un camp, d'une place, d'un palais, etc. *Poser, relever la s. Visiter les sentinelles.* — *S. perdue,* Soldat placé dans un poste avancé et, par conséquent, dangereux. || La fonction de la sentinelle. *Faire s. Être en s. Relever de s.* || Fig., *Mettre quelqu'un en s.,* Le mettre dans un endroit où il puisse observer ce qui se passe. *Faire s.,* Guetter quelqu'un, ou simpl., l'attendre. — Au sens moral, *Relever quelqu'un de s.,* Lui reprocher vivement la faute où il est tombé. Fam. || Pop. Étron.

SENTIR. v. a. [Pr. *san-tir*] (lat. *sentire*). Recevoir quelque impression par le moyen des sens. *La faculté de s. S. une odeur agréable. S. un goût amer. S. le chaud, le froid. S. la faim, la soif. S. une vive douleur. Je sentis une impression que je ne saurais définir. Je me sentis le bras tout engourdi. Je suis enrhumé; je ne sens pas les odeurs, je ne sens rien.* Sentir, se dit peu en parlant des impressions optiques et auditives, || Se dit aussi des affections que l'âme éprouve. *Il a senti un grand déplaisir de cette perte. Je sens pour lui une aversion insurmontable. Elle se sentait quelque inclination pour lui. Il n'a jamais senti aucun remords. Il ne sent point les affronts. Je*

sens toute l'horreur de votre situation. — *S. quelque chose pour quelqu'un,* L'aimer, être disposé à l'aimer. *Je ne sens rien pour elle. Ce que je sens pour lui ne saurait s'exprimer.* || Flairer. *S. une rose. Quand il sent des parfums, il se trouve mal.* — Fig. et fam., *Je ne puis pas s. cet homme-là,* J'ai pour lui une aversion extrême. || Exhaler, répandre une certaine odeur. *Cela sent le brûlé, le renfermé. Ce bois sent la rose. Cela sent la fleur d'orange.* Dans ce sens, on dit neutralement : *Cela sent bon, sent mauvais, sent trop fort. Cela ne sent rien.* On dit aussi, impersonnellement, *Il sent bon, il sent mauvais, il sent le brûlé dans cette chambre, Il y a ici une bonne, une mauvaise odeur,* l'odeur de quelque chose qui brûle. Dans cette acception, *S.,* employé absol., signif. Sentir mauvais. *Fît que cela sent! Son haleine sent. Ses pieds sentent. Cette viande commence à s.* On dit encore, *S. de la bouche, des pieds, etc.* — Fig. et fam., *Cela ne sent pas bon,* se dit d'une affaire qui prend mauvaise tournure, qui peut avoir des suites fâcheuses. *Cet ouvrage sent l'huile,* Voy. Huile. *Cette chanson sent le corps de garde,* se dit d'une chanson grossière et obscène. *Cet homme sent le sapin,* Il a la mine de mourir bientôt. *Sa toux, sa phtisie, etc., sent le sapin.* Elle semble annoncer la mort prochaine du malade. *Cet homme sent le fagot,* Voy. Fagot. *Cette action sent la hart, le gibet, les coups de bâton, etc.,* Celui qui l'a commise court risque d'être pendu, bâtonné, etc. *La caque sent toujours le hareng,* Voy. Caque. || Avoir le goût, la saveur de.... *Cette viande sent le faisandé. Cette carpe sent la bourbe. Ce cidre sent le pourri. Ce vin sent la framboise, sent la fût, sent le terroir. Cette sauce ne sent rien.* — Fig. et fam., *Cet homme sent le terroir,* Il a les défauts qu'on attribue aux gens du pays d'où il est. *S. le terroir,* se dit de même des ouvrages d'esprit, quand ils ont des défauts qu'on peut attribuer aux habitudes du pays où l'auteur a vécu. || Fig., Avoir les qualités, les manières, l'air, l'apparence de... *Il sent son enfant de bonne maison. Cette action-là ne sent point l'honnête homme, son honnête homme. Ce petit poème sent l'antiquité. Tout sent ici la joie et le bonheur.* || S'apercevoir, connaître. *Je sens qu'on me trompe. Je sentais bien qu'il n'avait plus d'amitié pour moi. Il sent son ignorance. Il sent sa force, ses forces. Je me sens assez de courage pour tenter l'aventure. Il sent tous ses torts. Je sentis renaître ma colère. Il sentira les effets de mon ressentiment.* — *S. de loin,* Découvrir, prévoir les choses de loin. *Je le sentis venir de loin,* Je compris, je pénétrai où il en voulait venir. || *Se faire s.,* Produire une impression, un effet sensible. *Le froid se fait bien s. aujourd'hui. La marée se fait s. jusqu'à Rouen.* = SE SENTIR. v. pron. S., connaître en quel état, en quelle disposition l'on est. *Je me sens bien, je me sens s. malade qu'on croit. Je me sens mieux. Je me sens faible. Il ne se sent pas de froid. Il ne s'est pas senti mourir. Je ne me sens pas fait pour cette profession.* — *Il ne se sent pas d'aise,* La joie lui ôte tout autre sentiment.

À ces mots, le corbeau ne se sent pas de joie.

LA FONTAINE.

On dit de même, *il est si ravi, qu'il ne se sent pas.* || *Se s., se bien s.,* Connaître bien ses qualités, ses forces, ses ressources; connaître ce qui nous est dû en raison de notre mérite, de notre rang. *Il se sentait bien quand il a entrepris une affaire si difficile.* — Fam., *Ce jeune homme, cette jeune fille commence à se s.,* Commencer à éprouver les premières impressions de la puberté. || *Se s. de quelque chose, S.,* éprouver quelque chose. *Depuis quand commence-t-il à se s. de la goutte?* — *Se s. de quelque chose,* signifie aussi, en avoir quelque reste.

Le vers se sent toujours des bassesses du cœur.

BOILEAU.

Il se sentira longtemps de cette blessure. Ce pays se sent encore de la guerre. Quoiqu'il habite depuis longtemps Paris, il se sent toujours de la province. — *Se s. de quelque chose,* signifie encore Y avoir quelque part. *Si votre père réussit dans cette entreprise, vous vous en sentirez.* || En parlant des choses. *Se s.,* employé absol., sign. se faire remarquer, être apprécié. *Toutes ces beautés se sentent généralement. Tout ce qui est mérite se sent. L'égoïsme se sent dans ses moindres actions.* = SENTI, IE. part. || En Littér. et dans les Arts, on dit quelquefois de ce qui est rendu, exprimé, avec vérité, avec âme, *Cela est bien senti,* ou simpl., *Cela est senti.*

Conj. — *Je sens, tu sens, il sent; nous sentons,* vous

seulez, ils sentent. Je sentais; nous sentions. Je sentis; nous sentîmes. Je sentirai; nous sentirons. Je sentirais; nous sentirions. — Sens; sentons. — Que je sente; que nous sentions. Que je sentisse; que nous sentissions. — Sentir. Sentant. Senti.

SEOIR. v. n. [Pr. sou-ar] (lat. sedere, m. s.). Être assis. Il le fit s. près de lui. = SE SEOIR. v. pron. S'asseoir. Sieds-toi. Seyez-vous, je vous prie. = SIS, ISE. part. Saint Jean dit : Je vis le Fils sis à la droite du Père. || S'emploie le plus souvent adjectiv., en T. Prat., et sign. alors, situé, situé. Un domaine sis dans telle commune. Une maison sise rue Saint-Honoré.

Obs. gram. — Ce verbe, n'est plus usité qu'à l'infinitif Seoir, au participe présent Séant, au participe passé Sis, sise, et, dans la forme pronominale, à l'impératif Sieds-toi, Seyez-vous.

SEOIR. v. n. [Pr. sou-ar] (même mot que le précédent). Être convenable à la personne, à la condition, au lieu, au temps, etc. Cette robe vous sied parfaitement. Les couleurs trop voyantes ne vous siéront pas. Cette place lui siérait à merveille. Cela ne lui seyait nullement. || Impersonn., Il ne vous sied pas de contrarier votre père.

A son âge, il sied mal de faire la jolie.

MOLIÈRE.

Ironiq., Il vous sied bien de vouloir réformer les autres! **Obs. gram.** — Ce verbe ne s'emploie qu'à la troisième personne du singulier et du pluriel, et seulement dans les temps suivants : Il sied, ils siéent; Il seyait, ils seyaient; Il siéra, ils siéront; Il siérait, ils siéraient; Qu'il siée, qu'ils siéent. Les temps composés et l'infinitif ne sont plus en usage. Mais on peut encore se servir du participe présent, qui est alors Seyant, et non pas séant.

SEOUL, cap. de la Corée; 193,000 hab.

SEP. s. m. T. Agric. Partie de la charrue qui porte le soc. Voy. CHARRUE.

SÉPALE. s. m. (lat. separ, séparé). T. Bot. Nom donné à chacune des pièces du calice. Voy. FLEUR.

SÉPALOÏDE. adj. 2 g. (R. sépale, et gr. εἶδος, aspect). T. Bot. Qui ressemble à un sépale.

SÉPARABLE. adj. 2 g. (lat. separabilis, m. s.). Qui peut se séparer. Il n'y a pas de corps dont les parties ne soient séparables. || T. Gramm. Particule s. qui ne fait pas corps avec le mot auquel elle est unie et peut en être séparée dans la phrase.

SÉPARAGE, s. m. T. Techn. Action de séparer; triage.

SÉPARATEUR, TRICE. adj. Qui a la vertu de séparer.

SÉPARATIF, IVE. adj. (lat. separativus, m. s.). Qui établit une séparation. Clôture séparative. Préfixe s.

SÉPARATION. s. f. [Pr. ....sion] (lat. separatio, m. s.). Action de séparer, ou le résultat de cette action. S. entière. Ce fossé fait la s. des deux domaines. Une longue, une cruelle s. Depuis notre s. Pendant leur s. — Fig., Mur de s., Voy. MUR. || La chose même qui sépare. Il faut ôter cette s., il faut ôter cette cloison, cette haie, etc., qui fait la séparation. || T. Chimie. La s. des métaux, l'opération par laquelle on sépare des métaux qui étaient mêlés ensemble. || T. Légis. S. de biens. S. de corps. Voy. MARIAGE, III, F, et COMMUNAUTÉ, II, C. = Syn. Voy. DISTINCTION.

SÉPARATISME. s. m. Schisme des séparatistes. || Tendance dans une province à se séparer de l'État dont elle fait partie, pour faire un État séparé.

SÉPARATISTE. adj. 2 g. Qui a rapport à la séparation. Tendance s. || Qui est partisan de la séparation. Le parti s. Parti politique de ceux des habitants d'une province qui voudraient que cette province fût détachée du pays dont elle fait partie. || Nom donné à une secte d'Écosse qui s'est séparée de l'Église anglicane au XVIe siècle. || On dit aussi subst., Les séparatistes.

SÉPARÉ, ÉE. adj. Différent, distinct. Ils n'habitent point ensemble, ils ont des logements séparés. Ces deux personnes ont leurs droits séparés.

SÉPARÉMENT. adv. [Pr. séparé-man]. A part l'un de l'autre. On les a interrogés s. Placez tous ces objets séparément.

SÉPARER. v. a. (lat. separare, de m. s., proprement, mettre à part, de se, préf. séparatif, et parare, disposer). Désunir des parties d'un tout. Un seul coup lui sépara la tête du corps. S. les chairs d'avec les os. || Diviser un espace, un tout par quelque chose qu'on met entre ses parties. S. une cour en deux par un mur. S. une chambre en trois par des cloisons. || Former la séparation. Le mur qui sépare ces deux maisons. Cette rivière sépare les deux provinces. Les Pyrénées séparent la France de l'Espagne. || Partager. S. les cheveux sur le front. || Faire que des personnes, des animaux, des choses, ne soient plus ensemble; les éloigner les uns des autres. La mort seule put les s. La tempête sépara nos vaisseaux. Il fallut les s. de force.

Le sang les avait joints, l'intérêt les sépare.

LA FONTAINE.

Séparez-les, ils vont se tuer. — Fig., S. deux amis, Faire cesser leur amitié, L'intérêt les a séparés. || Trier, mettre à part. Voilà des livres qu'on a mis pêle-mêle, il faut les s. et les ranger d'après leur format. — Fig., La raison sépare l'homme de tous les animaux. || Établir une distinction. Peu de gens savent s. l'homme de son vêtement. || T. Jurisp. S. de biens un mari et une femme, Les s. de corps, Ordonner en justice qu'il n'y aura plus entre eux de communauté de biens, ou qu'ils n'habiteront plus ensemble. Voy. MARIAGE, III, F, et COMMUNAUTÉ, II, C. || T. Vén. S. les quêtes, Distribuer aux valets de limier une forêt par cantons pour y détourner le cerf. = SE SÉPARER. v. pron. L'écorce de cet arbre s'est séparée du bois. Il est tard, il faut nous s. A cet endroit le chemin se sépare en deux. L'armée se sépara en deux corps. || Se dit aussi d'une compagnie régulière, d'un corps qui cesse de tenir ses séances, de rester réuni. Immédiatement après cette délibération, l'assemblée se sépara. L'hiver venu, l'armée se sépara, Elle cessa de tenir la campagne et les divers corps retournèrent dans leurs cantonnements, etc. || T. Jurisp. Se s. de corps ou de biens, se dit Lorsqu'un mari ou une femme obtient en justice sa séparation de corps ou de biens d'avec son conjoint. || T. Vén. Le cerf cherche par des bonds à se s. de sa voie, ou simpl., à se séparés de biens, à interrompre la trace qui dirige les chiens. = SÉPARÉ, ÉE. part. Une femme séparée de corps. Se marier séparés de biens, Se marier en adoptant par contrat le régime de la séparation de biens. || T. Manège. Mener un cheval les rênes séparées, Le guider en tenant une rêne de chaque main. = Voy. SÉPARÉ, ÉE. adj.

La nature et l'amour ont leurs droits séparés.

CORNEILLE.

SÉPÉ. s. m. Morceau de fer qui sert à assujettir le canon du fusil dans la coulisse.

SÉPÉDON. s. m. (gr. σηπεδὼν, putréfaction). T. Entom. Genre de Diptères. Voy. MUSCIDES.

SÉPHIROTH. s. m. [Pr. sé-fi-rot] (mot hébreu qui sign. splendeur). Nom donné par les cabalistes aux dix perfections de l'essence divine.

SÉPIA. s. f. (lat. sepia, gr. σηπία, m. s.). T. Zool. Nom scientifique du genre Seiche. Voy. CÉPHALOPODES. || T. Dessin. Matière colorante que contient la seiche et dont on se sert pour le dessin. Paysage à la s. — Dessin fait avec cette matière. De belles sépias.

SEPIOLE. s. f. (Dimin. du lat. sepia, seiche). Genre de Mollusques. Voy. CÉPHALOPODES.

SÉPIOLITE. s. f. T. Minér. Syn. de Magnésite.

SÉPIOTEUTHE. s. m. (gr. σηπία, seiche, et τεῦθος, calmar). T. Zool. Genres de Mollusques. Voy. CÉPHALOPODES.

SÉPIRINE. s. f. T. Chim. Voy. SIPIRINE.

SEPS. s. m. (gr. σήψ, m. s. de σήψις, putréfaction). T. Erpét. Genre de *Sauriens*. Voy. SCINCOÏDIENS.

SEPSIS. s. m. (gr. σήψις, pourriture). T. Ent. Genre d'Insectes *Diptères*. Voy. MUSCIDES.

SEPT. adj. numéral 2 g. [Pr. *sèt*] (lat. *septem*, m. s.). Nombre impair qui est entre six et huit. *Les s. jours de la semaine, Les s. sages de la Grèce. Les s. sacrements. Dix-s. hommes. Trente-s. écus.* || Se dit aussi pour Septième. *Page s. Tome s. Charles s.*, ou plus ordin., *Charles VII.* = SEPT. s. m. Le nombre de sept. *Le produit de s. multiplié par trois.* — *Les s. du mois.* ou simpl., *Le sept*, Le septième jour du mois. || Le chiffre qui sert à représenter le nombre sept. *Le chiffre s.* (7). *Soixante-dix-s. s'écrit par deux s.* (77). On dit de même, *Le numéro s.* (N° 7). || T. Jeu. Une carte marquée de sept marques. *Le s. de cœur. Amener le s. de trèfle.*

Obs. gram. — On ne prononce pas le *p* dans *Sept*, ni dans ses composés *Septième* et *Septièmement;* mais on le prononce dans tous les autres : *Septante, septénaire, septennat, septentrion, septembre, septidi, septuagénaire, septuor, septuple*, etc. Quant au *t*, on ne le prononce pas devant une consonne ni devant une H aspirée : *S. chemises*, mais on le prononce : 1° quand il est seul : *Ils étaient s.;* 2° lorsqu'il est suivi d'une voyelle ou d'une H non aspirée : *S. écus. s. hommes;* 3° lorsqu'il est pris substantivement : *Le s. de cœur.*

SEPTA. s. f. (lat. *septum*, cloison). T. Anat. Sorte de cloison mince formée entre les éléments nerveux par les cellules de la névroglie. Voy. NERVEUX, I, B.

SEPTAINE. s. f. [Pr. *sep-tène*]. Quantité de sept choses semblables.

SEPTAL, ALE. adj. (lat. *septum*, cloison). T. Bot. *Placentation septale*, mode de disposition des ovules en forme de réseau, dans un ovaire pluriloculaire. Voy. PISTIL.

SEPTAMÉRIDE. s. f. (gr. ἑπτά, sept; μέρος, partie). T. Mus. Nom donné par Sauveur à la septième partie de la méride. Voy. DÉCAMÉRIDE.

SEPTANTE. adj. numéral 2 g. Soixante et dix, nombre composé de sept dizaines. Peu usité. || Subst., *Les Septante*, Les soixante et dix interprètes qui traduisirent d'hébreu en grec, les livres de l'Ancien Testament. Voy. BIBLE.

SEPTANTIÈME. adj. 2 g. Soixante-dixième. Vx.

SEPTEMBRAL, ALE. adj. [Pr. *sep-tan-bral*]. Qui appartient à septembre. || *La purée septembrale* (RABELAIS), le vin.

SEPTEMBRE. s. m. [Pr. *sep-tanbre*] (lat. *september*, de *septem*, sept). Le septième mois dans l'année de Romulus qui commençait par mars, et le neuvième de l'année qui commence par janvier. *Le premier, le deux s. Le mois de s. a trente jours. L'automne commence le 21 ou le 22 s. Cela se passa en s. de telle année.*

Hist. — *Massacres de Septembre.* — Le 2 septembre 1792, pendant que de nombreux volontaires s'enrôlaient pour courir défendre les frontières entamées et repousser l'invasion étrangère, une partie de la population de Paris surexcitée par les événements, crut qu'il serait dangereux de laisser à Paris les aristocrates et les partisans de l'ancien régime qu'on accusait de complot. On le dit né ce sinistre mouvement populaire qui aboutit au massacre d'un grand nombre de prisonniers. À la Prison de l'Abbaye, à celle des Carmes, on tua d'abord sans discernement; vers la fin de la journée un singulier tribunal s'installa dans la cour de l'Abbaye; il était présidé par Maillard qui put ainsi sauver quelques victimes. Les Girondins ont accusé les Montagnards d'avoir prémédité et organisé ces massacres. L'accusation est assurément fausse; les massacres de septembre sont le fait de l'effervescence et de la folie populaire; mais il est constant que les autorités du temps, aussi bien les Girondins que les Montagnards, ne firent rien pour les prévenir ou les empêcher. Il semble que parmi les dépositaires de la force publique, les uns avaient conscience de leur impuissance, et les autres approuvaient tacitement.

SEPTEMBRISADES. s. f. pl. [Pr. *sep-tan-brizade*]. Massacres de septembre 1792.

SEPTEMBRISEUR. s. m. [Pr. *sep-tan-brizeur*]. Chacun des massacreurs de septembre.

SEPTEMDIGITÉ, ÉE. adj. [Pr. *sèp-têm-dijité*] (lat. *septem*, sept; *digitus*, doigt). T. Bot. Qui est partagé en sept lobes ou digitations.

SEPTEMLOBÉ. adj. [Pr. *sep-têm-lobé*] (lat. *septem*, sept, et *lobe*). T. Bot. Qui est partagé en sept lobes.

SEPTEMVIR. s. m. [Pr. *sep-têm-vir*] (lat. *septem*, sept; *vir*, homme). Titre de sept magistrats et prêtres de Rome qui étaient chargés de surveiller les banquets offerts aux dieux à la suite des jeux publics.

SEMPTEMVIRAL, ALE. adj. [Pr. *sep-têm-viral*]. Qui appartient aux septemvirs.

SEPTEMVIRAT. s. m. [Pr. *sep-têm-vira*]. Magistrature, fonction de septemvir.

SEPTÉNAIRE. adj. 2 g. [Pr. *sep-ténère*] (lat. *septenarius*, m. s.). Qui vaut, qui contient sept. *Nombre s.* = SEPTÉNAIRE. s. m. Période de sept ans; se dit lorsque l'on considère la vie de l'homme comme partagée en période de sept ans, dont chacune est marquée, selon certains auteurs, par quelque phénomène physiologique caractéristique. *Le premier, le second s.* Voy. CLIMATÉRIQUE. || Espace de sept jours. Suivant la doctrine des jours critiques, les septénaires constituaient des périodes régulières dans la marche des maladies aiguës.

SEPTENNAL, ALE. adj. [Pr. *septenn-nal*] (lat. *septennis*, m. s., de *septem*, sept, et *annus*, année). Qui arrive, ou qui est renouvelé tous les sept ans. *L'année sabbatique était septennale. Assemblée, chambre septennale.*

SEPTENNALITÉ. s. f. [Pr. *septenn-nalité*]. Se dit en parl. Des assemblées politiques dont la durée est de sept ans. *La s. de la chambre.*

SEPTENNAT. s. m. [Pr. *septenn-na*]. Pouvoir qui dure sept années.

SEPTENTRION. s. m. [Pr. *sep-tan-trion*] (lat. *septentrio*, m. s., de *septentriones*, les sept étoiles de la constellation de la petite Ourse). T. Astron. L'un des noms anciens de la petite Ourse. Voy. CONSTELLATION. || Par ext., Le nord, celui des pôles du monde qui, dans nos climats, est élevé sur l'horizon. *L'aiguille aimantée se tourne toujours du côté du s.* — *Ce pays est au s. de tel autre.* Il est plus proche du s. que tel autre pays. On dit plus ordinair., *Ce pays est au nord de tel autre.*

SEPTENTRIONAL, ALE. adj. [Pr. *sep-tan-trio-nal*] (lat. *septentrionalis*, m. s.). Qui est du côté du septentrion. *Le pôle s. L'océan s. Les pays septentrionaux. La partie septentrionale d'un pays. Les peuples septentrionaux*, et subst., *Les septentrionaux.*

SEPTICÉMIE. s. f. (gr. σηπτικός, qui corrompt; αἷμα, sang). On désigne aujourd'hui sous ce nom, un certain nombre de complications des plaies, amenant toujours une élévation de la température avec troubles plus ou moins accentués de l'état général des blessés; ces accidents sont dus à la pénétration dans la plaie et par suite dans l'organisme, de germes ou microbes infectieux variés parmi lesquels on trouve souvent le *vibrion septique*. Grâce aux travaux de Pasteur et à l'application de la méthode antiseptique, la s. devient très rare; la s. chirurgicale ou post-opératoire, n'existe pour ainsi dire plus et les chirurgiens pratiquent aujourd'hui couramment des interventions considérées autrefois presque comme fatalement mortelles, la s. tuant les opérés.

La s. se manifeste sous différentes formes distinctes par l'intensité et la gravité des symptômes : 1° *fièvre traumatique;* 2° *septicémie* proprement dite, qui peut être *aiguë, suraiguë* ou *chronique;* 3° *infection purulente* ou *pyohémie.*

La *fièvre traumatique* est caractérisée par une élévation de la température, une lassitude générale; le blessé se plaint de la soif et accuse une céphalalgie intense; il existe des modifications du côté de la plaie qui tend à suppurrer. Dans les cas favorables, ces accidents disparaissent après quelques jours; mais au contraire la s. peut revêtir une forme plus grave. Le traitement consiste à tonifier le malade de façon à augmenter la résistance de l'organisme ; la plaie doit être désinfectée et pansée selon les règles de l'antisepsie.

La *septicémie* proprement dite, se produit surtout dans le cas de plaies importantes remontant à sept ou huit jours déjà ; les symptômes que nous venons d'indiquer dans la forme précédente sont beaucoup plus accusés et indiquent une grave intoxication : fièvre, délire, vomissements, diarrhée, dyspnée, arythmie cardiaque ; la peau est sèche, les urines sont rares et rouges ; la plaie est grisâtre, laissant échapper un pus fétide ; la peau est souvent recouverte de phlyctènes. La mort peut survenir rapidement, en huit ou dix jours (forme *aiguë* ou *suraiguë*). La *s.* chronique appelée par quelques auteurs *fièvre hectique*, se présente avec des signes plus discrets ; mais la structure des organes est profondément modifiée par l'action nocive des substances toxiques (*ptomaïnes*) secrétées par les agents infectieux ; le malade devient cachectique, il a des sueurs nocturnes, ses urines sont albumineuses et il finit généralement par succomber dans le marasme.

Le traitement de la *s.* se rapproche de celui de la fièvre traumatique ; mais il doit être appliqué avec énergie.

L'*infection purulente* a été étudiée déjà au mot INFECTION. Rappelons simplement ici qu'elle donne lieu à des *abcès métastatiques* des différents viscères et à des suppurations des diverses séreuses (plèvre, péricarde, synoviales articulaires).

SEPTICIDE. adj. f. (lat. *septum*, cloison ; *cædere*, briser), T. Bot. Qui s'ouvre par le dédoublement des cloisons. *Déhiscence s.*, Voy. FRUIT.

SEPTICITÉ. s. f. Qualité de ce qui est septique.

SEPTIDI. s. m. (lat. *septem*, sept ; *dies*, jour). Le septième jour du calendrier républicain. Voy. CALENDRIER.

SEPTIÈME. adj. 2 g. [Pr. *sè-tième*]. Nombre ordinal qui suit immédiatement le sixième. *C'est son s. enfant. Dans le s. chapitre. Le s. jour de la semaine. Le s. du mois, de la lune*, ou ellipt., *Le s. du mois, On dit de même, Cette femme est dans son s., Dans le septième mois de sa grossesse* ; et, en parl. De certaines maladies, *Le malade est dans son s., dans le s., Dans le septième jour de sa maladie.* || *La s. partie d'un tout*, Chaque partie d'un tout qui est ou que l'on conçoit divisé en sept parties. — Dans ce sens, on dit encore, substantivement et au masc., *Prendre le s. d'une somme. Il est pour un s. dans cette affaire.* || *Être au s. ciel*, dans le ravissement. = SEPTIÈME. s. f. Dans les collèges, La seconde des classes élémentaires. *Il fait sa s. Il est en s. Professeur de s.* || T. Jeu de piquet. Suite de sept cartes de la même couleur. *Une s. majeure. Une s. de roi.* || T. Mus. Intervalle formé de deux notes qui en comprennent cinq entre elles, comme *do* et *si*. Voy. INTERVALLE.

SEPTIÈMEMENT. adv. [Pr. *sè-tième-man*]. En septième lieu.

SEPTIFÈRE. adj. 2 g. (lat. *septum*, cloison ; *fero*, je porte). T. Bot. Se dit des valves qui entraînent la cloison avec elle dans la déhiscence.

SEPTIFORME. adj. 2 g. (lat. *septum*, cloison ; *forma*, forme). T. Bot. Qui a la forme d'une cloison.

SEPTIFRAGE. adj. f. (lat. *septum*, cloison ; *frangere*, briser). T. Bot. Qui s'ouvre par le déchirement des cloisons. *Déhiscence s.*, Voy. FRUIT.

SEPTIMANIE. anc. province de la Gaule romaine et franque, des Pyrénées au Rhône, et des Cévennes à la Méditerranée : la Septimanie comprenait les villes de Narbonne, Adge, Carcassonne, Maguelonne, Elne, Nîmes et Uzès.

SEPTIME SÉVÈRE. empereur romain de 193 à 211 ap. J.-C. Son règne, assez prospère, du reste, fut une sorte de despotisme militaire.

SEPTIQUE. adj. 2 g. (lat. *septicus*, gr. σηπτικὸς, qui corrompt, de σήπειν, corrompre). T. Méd. Qui peut causer l'inflammation ou l'infection.

SEPT-ŒIL. s. m. [Pr. *sè-teuil*]. T. Icht. Nom vulgaire

de la *Grande Lamproie*. Voy. CYCLOSTOMES. = Pl. *Des sept-œils.*

SEPTUAGÉNAIRE. adj. 2 g. [Pr. *sep-tuajé-nère*] (lat. *septuagenarius*, m. s., de *septuaginta*, soixante-dix). Âgé de soixante et dix ans. *Il est s. Une femme s.* — Subst. *Un s. Une s. Les septuagénaires.*

SEPTUAGÉSIME. s. f. [Pr. *septuajé-zime*] (lat. *septuagesima* (*dies*), soixante-dixième jour). Nom donné au dimanche qui se trouve exactement 63 jours avant Pâques.

SEPTULA. s. f. T. Anat. Dimin. de *Septa*. Voy. ce mot et NERVEUX, I, B.

SEPTULE. s. f. (Dimin. du lat. *septum*, cloison). T. Bot. Cloison qui partage l'anthère des orchidées en deux loges.

SEPTUM. s. m. [Pr. *sep-tome*] (mot lat. qui signifie *cloison*). T. Anat. Se dit de certaines cloisons membraneuses ou charnues qui séparent deux cavités. *Le s. lucidum du cerveau. Le s. medium du cœur.*

SEPTUOR. s. m. (lat. *septem*, sept). T. Mus. Morceau de musique vocale ou instrumentale à sept parties récitantes. *Chanter un s. Une collection de septuors.*

SEPTUPLE. adj. 2 g. (lat. *septuplus*, m. s.). Qui vaut sept fois autant. *Quatorze est s. de deux. Une valeur s.* || On dit aussi subst., *Mon jardin est le s. du vôtre. Il a tiré de cette entreprise le s. de ce qu'il espérait.*

SEPTUPLER. v. a. (R. *septuple*). Rendre sept fois plus grand, ou Multiplier un nombre par sept. = SEPTUPLÉ, ÉE. part.

SÉPULCRAL, ALE. adj. (lat. *sepulcralis*, m. s.). Qui appartient, qui a rapport au sépulcre. *Inscription, urne, lampe sépulcrale. Vases sépulcraux.* — *Chapelle sépulcrale*, Chapelle destinée à contenir des tombeaux, et ornée dans le genre funéraire. *Statue, figure sépulcrale*, Statue destinée à l'ornement d'un tombeau. || Fig., *Cet homme a une figure sépulcrale*, Sa figure est maigre, pâle, triste, sombre. — *Voix sépulcrale*, Voix sourde comme serait celle qui sortirait d'un souterrain. *Organe s.* L'organe de la voix, lorsqu'il est rauque et sourd.

SÉPULCRE. s. m. (lat. *sepulcrum*, m. s.). Tombeau, monument, lieu particulier destiné pour y mettre un corps mort ; n'est usité que dans le style soutenu, ou en parl. des tombeaux des anciens. *S. magnifique. S. taillé dans le roc. Bâtir, creuser un s.* || *Le saint s.*, le sépulcre de Jésus-Christ et l'église bâtie à Jérusalem sur le lieu où il fut enseveli. || Fig. *Sépulcre blanchi*, expression de l'évangile qui caractérise tout ce qui a plus d'apparence et de brillant que de fond et de réalité, et, en particulier, les hommes qui n'ont que les dehors de la vertu.

SÉPULTURE. s. f. (lat. *sepultura*, m. s., de *sepelire*, ensevelir). Inhumation. *Les pyramides d'Égypte étaient destinées à la s. des rois, Le lieu de leur s. Les frais de s.* — *Être privé de s., rester sans s.*, N'être point inhumé. *Être privé des honneurs de la s.*, ou simpl., *Être privé de la s.*, N'être pas inhumé avec les cérémonies usitées. *Être privé de la s. ecclésiastique*, N'être point inhumé en terre sainte. — *Droit de s.*, Le droit qu'on a d'être enterré en tel lieu ; et, *Droits de s.*, Ce qui est dû pour l'inhumation d'un mort. || *Le lieu où l'on enterre un mort. Cette famille a sa s. dans tel cimetière. Saint-Denis était la s. des rois de France. Violation de s.*

Théol. — Conformément aux lois de l'Église, le clergé est obligé de refuser la sépulture ecclésiastique, c.-à-d. les cérémonies et les prières chrétiennes : 1° aux païens, aux juifs, à tous les infidèles ; 2° aux apostats, aux hérétiques et aux schismatiques notoires ; 3° aux excommuniés publics et notoires qui, s'ils n'ont pas témoigné le désir de se réconcilier avec l'Église ; 4° aux suicidés, à ceux qui sont tués en duel, ou qui sont morts dans un acte criminel, s'ils n'ont pas eu le temps de témoigner du repentir ; 5° aux pécheurs publics et notoires qui meurent dans l'impénitence, et à ceux qui, par impiété, ont publiquement refusé les sacrements à l'article de la mort. Toutefois, l'application des préceptes canoniques de l'Église réclame dans la pratique une extrême prudence, pour éviter le scandale et pour ne pas donner lieu à des désordres publics. Il n'est pas rare en effet de voir des familles réclamer les prières de l'Église pour un homme qui a professé, toute sa vie et jusqu'à la mort, le plus profond mépris à l'égard de la religion; et il y a partout une multitude ignorante toujours prête à crier à l'intolérance, lorsque le prêtre réclame, au nom même de la liberté des cultes, le droit d'obéir aux prescriptions de l'église.

SEPULVEDA, historien esp. surnommé le *Tite-Live* de son pays (1490-1573).

SÉQUANAIS ou **SÉQUANES** (LES), tribu gauloise, qui habitait le pays correspondant à la Franche-Comté et à la Bourgogne. — *Sequana* est le nom lat. de la Seine. Les peuples dont il s'agit avaient étendu auparavant leur domination depuis le Rhin jusqu'au cours moyen de la Seine. Ce sont les Séquanais qui donnèrent prétexte à César d'intervenir dans les affaires des Gaules, en lui demandant de venir les secourir contre Arioviste, roi des Suèves. = GRANDE SÉQUANAISE, province de la Gaule romaine, qui comprenait la Franche-Comté et la plus grande partie de la Suisse.

SÉQUÉ, ÉE. adj. [Pr. *sé-hé*] (lat. *secare*, couper). T. Bot. Se dit du limbe d'une feuille divisée en plusieurs lobes, de telle manière que le contour rentre jusqu'à la nervure médiane. Voy. FEUILLE.

SÉQUELLE. s. f. [Pr. *sé-kè-le*] (lat. *sequela*, m. s., de *sequi*, suivre). Se dit, fam. et par mépris, d'un nombre de gens qui sont attachés au parti, aux sentiments, aux intérêts de quelqu'un.

> Fuyez le monde et sa séquelle.
> LA FONTAINE.
>
> Je me moque de lui et de toute sa s. || Se dit aussi des choses. *Cet homme est venu me faire une longue s. de questions ridicules.* Fam. || T. Féod. Dîme de s., pouvant se poursuivre sur celui qui a quitté la juridiction.

SÉQUENCE. s. f. [Pr. *sé-kanse*] (lat. *sequentia*, suite). T. Jeu. Suite de trois cartes au moins, de la même couleur, et dans le rang que le jeu leur donne : elle prend son nom de la carte la plus haute. *S. de roi de cœur. S. de dame de pique.* || L'arrangement particulier que chaque cartier donne à ses jeux de cartes. || T. Liturg. Pièce de vers mesurés et rimés qui suit le graduel et l'alleluia dans les messes solennelles.

SÉQUESTRATION. s. f. [Pr. ...*sion*] (lat. *sequestratio*, m. s.). Action par laquelle on séquestre; État de ce qui est séquestré.

Législ. — La loi pénale désigne sous ce nom l'acte qui consiste à détenir illégalement ou arbitrairement une personne ou à l'isoler de toute communication extérieure. Un pareil attentat à la liberté individuelle méritait d'être puni des peines les plus sévères. Ainsi, la peine encourue est celle des travaux forcés à temps, lorsque la. a duré un mois, et elle frappe également celui qui est l'auteur du crime, et celui qui a prêté le lieu pour l'exécuter. Quand la s. a duré plus d'un mois ou si l'individu séquestré a été menacé de mort ou enfin si l'arrestation a eu lieu sur un faux ordre de l'autorité publique, la peine est celle des travaux forcés à perpétuité. Au contraire, elle se réduit à un emprisonnement de 2 à 5 ans, lorsque le coupable, avant toute poursuite et dans les dix premiers jours de la s., rend spontanément la liberté à sa victime. Mais, si la personne séquestrée a été soumise à des tortures corporelles, la loi prononce la peine de mort.

SÉQUESTRE. s. m. [Pr. *sé-kestre*] (lat. *sequestrum*, m. s.). État d'une chose litigieuse, remise en main tierce par ordre de justice ou par convention des parties, jusqu'à ce qu'il soit réglé et jugé à qui elle appartiendra. — Se dit encore quelquefois des personnes. *On mit cette fille en s. dans tel couvent.* || Celui entre les mains de qui les choses sont mises en s. *Il faut choisir un s. solvable.* || La chose séquestrée. *Le gardien a pillé le s.* || T. Chir. Portion d'os privée de la vie, qui, dans les nécroses, est rejetée au dehors comme un corps étranger.

Législ. — En termes de droit international, on appelle *Séquestre* l'acte par lequel un gouvernement en guerre avec un autre s'empare des biens situés sur son territoire et appartenant, soit au gouvernement ennemi, soit aux sujets de ce dernier. Cette mesure est une véritable barbarie, en tant

qu'elle s'applique aux biens de simples particuliers; en outre, elle ne peut avoir aucun résultat utile, car elle provoque immédiatement des représailles. C'est ainsi qu'en juin 1793, le roi d'Espagne ayant mis le s. sur les biens des Français expulsés du territoire espagnol, la Convention, par un décret du 16 août suivant, répondit en séquestrant les propriétés des Espagnols situées en France, pour indemniser les Français dépouillés par l'Espagne.

On appelle encore s. en droit civil le dépôt volontaire ou ordonné par la justice que deux ou plusieurs personnes font d'une chose contentieuse entre les mains d'un tiers, lequel est chargé de la garder et de la restituer à qui de droit, une fois le litige résolu.

SÉQUESTRER. v. a. [Pr. *sé-kestrer*] (lat. *sequestrare*, m. s., de *sequestrum*, séquestre). Mettre quelque chose en séquestre. *On séquestra les meubles de la succession.* || Mettre une personne en chambre privée. || Mettre à part. mettre de côté. *Il avait séquestré les meilleurs effets pour frauder les héritiers de sa femme.* || Mettre à part, isoler des animaux atteints d'une maladie contagieuse. *Il faut s. ces moutons malades, afin de prévenir la contagion dans le reste du troupeau.* || Figur., Écarter, séparer des personnes d'avec quelques autres. *C'est un méchant homme, il faut le s. d'avec nous.*

> La raison d'ordinaire
> N'habite pas longtemps chez les gens séquestrés.
> LA FONTAINE.

= SE SÉQUESTRER. v. pron. Se retirer. *Depuis la s. dévotion, il s'est séquestré du monde, du commerce du monde.* = SÉQUESTRÉ, ÉE. part.

SEQUIN. s. m. [Pr. *se-kin*] (ital. *zecchino*, de *zecca*, hôtel des monnaies, mot dérivé de l'arabe). T. Métrol. Ancienne monnaie d'or qui avait cours en Italie, en Égypte, etc., et dont la valeur variait suivant les pays. Voy. MONNAIE.

SEQUOIA. s. m. [Pr. *sé-ko-ia*] (n. indien). T. Bot. Genre de plantes Gymnospermes comprenant des arbres gigantesques qui croissent en Californie, de la famille des *Conifères*, tribu des *Cupressinées*. Voy. CONIFÈRES.

SÉQUOIÈNE. s. m. [Pr. *seko-iène*]. T. Chim. Hydrocarbure de la formule $C^{13}H^{10}$, cristallisé en lames blanches, fusibles, à 105°, extrait des feuilles du *Sequoia gigantea*, arbre gigantesque originaire de la Californie et appartenant à la famille des Conifères.

SÉRACÉE. s. f. (lat. *serum*, petit-lait). Lait caillé dont on a séparé le petit lait et qui fait masse, on dit plutôt *recuite.*

SÉRAÏÉVO ou **SERAJEWO.** Voy. BOSNA-SÉRAÏ.

SÉRAIL. s. m. [Pr. *seral*, *l* mouillée]. Mot corrompu du persan *serâi*, qui sign. Palais, hôtel, et qui se dit du palais qu'habite le sultan, ainsi que de l'habitation des grands en Turquie. *Le s. de Constantinople. Le Grand Seigneur a des sérails dans plusieurs villes. Le s. du grand vizir. Le s. du pacha.* || Se dit plus ordin., mais impropr. chez nous, pour désigner le harem, la partie du palais où les femmes sont renfermées. *Une femme du s. Les eunuques du s.* — Par ext., Les femmes qui sont dans le s. et leur suite. *Le Grand Seigneur emmena son s. avec lui.* || Fam. et par plaisant., se dit d'une maison où quelqu'un tient des femmes de plaisir, et de la réunion même de ces femmes. *Cette maison est un vrai s. Il a un s.*

SERAING-SUR-MEUSE, v. de Belgique (prov. de Liège); 31,000 hab. — Forges et fonderies.

SÉRAMPOUR, v. de l'Hindoustan (présidence de Calcutta), sur l'Hougly; 25,000 hab.

SÉRAN. s. m. Voy. SÉRANÇOIR.

SÉRANÇAGE. s. m. T. Techn. Action de sérancer.

SÉRANCER. v. a. (germ. *schrenzen*, partager). Peigner du lin ou du chanvre avec le sérançoir. = SÉRANCÉ, ÉE. part.

SÉRANCEUR. s. m. Ouvrier qui sérance.

SÉRANÇOIR ou **SÉRAN**. s. m. [Pr. *séran-souar*] [R. *sérancer*]. Sorte de peigne ou de carde qui sert à diviser la filasse du chanvre et du lin.

SÉRANCOLIN. s. m. T. Min. Voy. SARRANCOLIN et MARBRE.

SÉRAPÉION. s. m. [Pr. *séra-pé-ion*] (gr. σαραπείον, m. s.). Nécropole de Memphis où l'on inhumait le bœuf Apis. Comme à leur mort, les Apis devenaient des Osiris, on les appelait *Osor Api*, d'où les grecs ont tiré le nom de Serapis ou Sarapis, pour désigner cette divinité.

SERAPIS, divinité égyptienne. Voy. SÉRAPÉION.

SÉRAPHIN. s. m. [Pr. *séra-fin*] (hébr. *serapha*, brûler). T. Théol. Ange du premier chœur de la première hiérarchie. Voy. ANGE.

SÉRAPHIQUE. adj. 2 g. (lat. *seraphicus*, m. s.). Qui appartient aux séraphins. *Ardeur, zèle s.* || *Le docteur s.*, Saint Bonaventure. *Le s. saint François*, Saint François d'Assise. *L'ordre s.*, L'ordre des religieux franciscains.

SÉRASKIER. s. m. [Pr. *séras-kié*] (pers. *ser*, chef ; arab. *asker*, armée). Général en chef et gouverneur chez les Turcs.

SÉRASKIÉRAT. s. m. [Pr. *séras-kié-ra*]. La dignité de séraskier.

SERBELLANI. Capitaine ital. (1508-1580).

SERBES, peuple slave, venu des Carpathes, établi sur le Danube (630 ap. J.-C.). Voy. SERBIE.

SERBIANE. s. m. Minér. Syn. de Miloschine.

SERBIE. Principauté située entre l'Empire d'Autriche-Hongrie au nord, la Bosnie à l'ouest, la Turquie au sud, la Roumanie et la Bulgarie à l'est. Sa superficie est de 43,500 kilomètres carrés. Le Danube et son affluent de droite la Save longent toute la frontière septentrionale. L'affluent de cette dernière, la Drina, longe la frontière occidentale.

La Serbie est un pays très montueux, du massif des Balkans, dont les chaînes, conjointement avec, sur la rive opposée, les dernières ramifications des Carpathes, enserrent le Danube en le défilé dit des Portes de fer.

Le pays est traversé du sud au nord par un autre affluent du Danube, la Morava, formée de deux rivières, la Morava serbe à l'ouest, la Morava Bulgare à l'est.

Région extrême de l'antique Illyrie, il fut d'abord habité par les Celtes, et fit partie, dans l'Empire Romain, de la Mésie supérieure. Les Serbes, venus du VIe au IXe siècle, en même temps que les autres peuples slaves, Croates et Slavons, dans la vallée de la Save, fondèrent entre cette rivière et l'Adriatique un royaume beaucoup plus étendu et sensiblement plus à l'ouest que la principauté d'aujourd'hui et qui eut son apogée vers le XIIIe siècle. Ce royaume ayant été englouti au XVe par le débordement turc, la Serbie actuelle fut successivement perdue et reconquise par la Turquie en 1718 et en 1739.

Elle se rendit autonome en 1815, sous la suzeraineté de la Turquie, à laquelle elle paya longtemps un tribu annuel d'environ 500,000 francs. Le premier chef qu'elle eut alors, Milosch Obrenowitch, fut reconnu prince héréditaire en 1829, et sa dynastie règne encore malgré une occupation momentanée du pouvoir par un prince Karageorgewitch. En 1878, après la guerre Turco-Russe, la Serbie devint indépendante de la Turquie, tandis que la Roumélie, province précédemment turque au sud de la Bulgarie, devenait à son tour autonome sous la suzeraineté de la Turquie. Mais peu après, la Bulgarie s'étant annexé cette province, les serbes jaloux d'assurer l'équilibre politique dans les Balkans tentèrent de s'opposer à cette annexion ou tout au moins de s'annexer de même la vieille Serbie. Ils furent vaincus à Slivnitza et leur unification nationale se trouve arrêtée.

La population actuelle de la Serbie est d'environ 1,500,000 habitants. La capitale est Belgrade au confluent du Danube et de la Save, les villes principales Chabats, Semendréa, Passarowitz ou Pocharowats et Kraguyewats.

SERBOCAL. s. m. Petit cylindre de verre à l'usage du filour d'or.

SERDAR ou **SIRDAR**. s. m. (mot pers. formé de *ser* tête, et *dar*, qui possède). Chef militaire en Turquie, et dans quelques contrées de l'Asie.

SERDEAU. s. m. [Pr. *ser-do*] (R. servir, de *et eau*). Officier de la maison du roi, qui recevait des mains des gentilshommes servant les plats que l'on desservait de la table royale. || Le lieu où l'on portait les plats de cette desserte, et où mangeaient les gentilshommes servants. || L'endroit où se faisait la revente de cette desserte des tables.

SEREIN, EINE. adj. [Pr. *se-rin*, *ène*] (lat. *serenus*, m. s.). Qui est clair, doux et calme ; se dit au propre de l'état de l'atmosphère. *Un temps s. Un jour s. Le ciel, l'air était s. Pendant une nuit sereine.* — Fig. et poét., *Des jours sereins*, Des jours paisibles et heureux. || Fig., Qui annonce une grande tranquillité d'esprit, ou qui est exempt de trouble et d'agitation *Cet homme a le visage s.*, *le front s.*

Sous un front serein déguisant mes
     [alarmes.
       RACINE.

Conserver un esprit tranquille et s. || T. Méd. *Goutte sereine.* Voy. AMAUROSE.

SEREIN. s. m. [Pr. *se-rin*] (lat. *serum*, soir). T. Météor. La rosée du soir, pendant l'été. *Craindre le s. Ne vous exposez pas au s.* Voy. ROSÉE.

SÉRÉNADE. s. f. (lat. *serum*, soir). Concert de voix ou d'instruments que l'on donne le soir ou la nuit, dans la rue, sous les fenêtres de quelqu'un. *Il donna une s. à sa maîtresse.* || Le morceau de musique que l'on compose ou que l'on exécute pour une s.

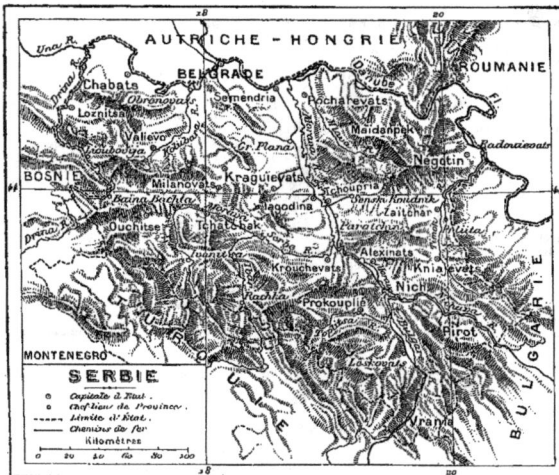

SERBIE.

SÉRÉNADER. v. n. Donner des sérénades.

SÉRÉNISSIME. adj. 2 g. (lat. *serenissimus*, très serein). Titre qu'on donne à quelques princes, et qu'on donnait autrefois à certains États. *Son Altesse S. La S. république de Venise. On donne de l'altesse s. à tel prince.*

SÉRÉNITÉ. s. f. (lat. *serenitas*, m. s.). État de l'atmosphère quand elle est calme et pure. *La s. de l'air, du temps, du ciel.* || *Fig.. La s. de l'esprit, de l'âme,* l'état d'un esprit tranquille, d'une âme exempte d'agitation. *La s. du visage,* l'expression du visage qui marque la s. de l'esprit, de l'âme. — On dit encore, *La s. revint sur son front. Rien ne trouble la s. de ses jours, la s. de sa vie* || Titre d'honneur qu'on donnait à quelques souverains, à quelques princes. *On traitait le doge de Venise de S. Sa S. le doge de Gênes.*

SÉRÈRES, peuple nègre du Sénégal qui paraît l'un des plus anciens du pays.

SÈRES, nom ancien des peuples de l'Asie orientale.

SERETH, rivière de Roumanie, affluent du Danube (rive gauche); 530 kil.

SÉREUX, EUSE. adj. [Pr. *sé-reu, euze*] (lat. *serosus,* m. s., de *serum,* sérum). T. Anat. et Méd. Qui a les caractères de la sérosité. *Liquide s.* Exhalation, humeur séreuse. *La partie séreuse du sang, du lait.* — *Sang s., lait s.,* Sang, lait, où il y a prédominance de la partie séreuse. *Maladies séreuses,* Celles dans lesquelles il y a production trop abondante de sérosité. || Qui exhale de la sérosité. *Tissu s.* Membrane séreuse.

Méd. — Les séreuses sont des membranes minces, représentant des sortes de sacs sans ouvertures et favorisant le déplacement des parties ou des organes qu'elles recouvrent. Contrairement aux autres séreuses, le péritoine présente chez la femme une ouverture correspondant au pavillon de la trompe de Fallope. Les séreuses sont constituées par deux feuillets dont l'un adhère intimement à l'organe (feuillet viscéral) et l'autre tapisse la loge renfermant celui-ci (feuillet pariétal); c'est le cas du péricarde, de la plèvre, etc. ; les séreuses articulaires (synoviales) ne présentent pas la même disposition, elle constituent une sorte de manchon de cylindre allant d'une surface articulaire à l'autre, sans tapisser celles-ci.

Les séreuses sont formées par une membrane spéciale, composée de fibres conjonctives, et recouverte à la surface libre d'un épithélium à cellules polygonales secrétant un liquide dit *sérosité,* destiné à lubrifier la s. et à faciliter ainsi les glissements de la membrane sur elle-même. On distingue les *séreuses splanchniques* qui tapissent les viscères (plèvre, péricarde, péritoine, arachnoïde, tunique vaginale), et les *séreuses articulaires* ou synoviales ; à ce groupe on peut ajouter les *bourses séreuses* destinées à favoriser les mouvements musculaires.

SERF, ERVE. adj. et s. [Pr. l'*f* finale] (lat. *servum, serva,* m. s.). Celui, celle qui est réduit à la condition du servage. Voy. SERVAGE.

SERFOUETTE. s. f. [Pr. *ser-foué-te*] (R. *serfouir*). T. Jardin. Outil de fer, à deux branches ou à dents renversées, dont on se sert pour remuer la terre autour des plantes potagères, telles que pois, chicorées, laitues.

SERFOUIR. v. a. (lat. *circumfodere,* fouir autour). Remuer la terre avec la serfouette. = SERFOUI, IE. part.

SERFOUISSAGE. s. m. [Pr. *ser-fouisa-je*]. Action de serfouir.

SERGE. s. f. (lat. *serica,* soies). Étoffe légère et croisée, ordinairement faite de laine. *S. drapée. S. rase. S. de soie. S. de Saint-Lô, de Nîmes.*

Que d'une serge honnête elle ait son vêtement.
                  MOLIÈRE.

SERGÉ. s. m. (R. *serge*). Étoffe de soie, de fil, de coton, dont le tissu est semblable à celui de la serge.

SERGENT. s. m. [Pr. *ser-jan*] (lat. *serviens,* servant,

part. prés. de *servire,* servir). Autrefois, officier de justice dont la fonction était de donner des exploits, des assignations, de faire des exécutions, etc. *S. à verge. S. à cheval.* On dit aujourd'hui, *Huissier.* || *S. d'armes,* Sorte d'officier qui servait dans les cérémonies, dans les tournois. || *S. de ville,* Agent de police. Voy. POLICE. || T. Entom. Nom vulgaire du Carabe doré. || T. Mar. Petit crochet de fer attaché à un cordage et qui sert à soulever divers objets. || T. Menuisier. Instrument de fer qui sert à tenir serrées l'une contre l'autre les pièces de bois qu'on a collées et celles qu'on veut cheviller.

Hist. milit. — D'après le général Bardin, le grade de *Sergent* dans l'armée française date du XVe siècle On appelait alors *Sergents de bandes* certains bas officiers chargés de veiller au service, à la police et à la discipline, afin de les distinguer des *Sergents de bataille,* officiers généraux qui avaient pour fonction principale de ranger les troupes en bataille sous les ordres du général en chef. Au XVIe siècle et au suivant, on donna également le titre de *S.-major* à un officier supérieur dont les fonctions étaient analogues à celles de nos majors actuels. Mais, les sergents de bataille et les sergents-majors ayant disparu vers le milieu du XVIIe siècle, le mot *s.* ne servit plus qu'à désigner les bas officiers dont nous avons parlé. Le capitaine choisissait en outre parmi eux un *S. d'affaires,* qualification que Choiseul changea en celle de *S. fourrier,* et ses successeurs en celle de *S.-major.* — Actuellement, on appelle *S.,* un sous-officier qui est supérieur au caporal et qui est chargé de veiller et de présider à tous les détails du service. Il y a de 4 à 6 sergents par compagnie d'infanterie; ils ont immédiatement au-dessus d'eux un autre sous-officier appelé *S.-major,* qui commande à tous les soldats, caporaux et sergents, et qui surveille la comptabilité du s. fourrier. Le simple s. porte, comme marque de son grade, un galon d'or ou d'argent sur la manche, au-dessus du parement; pour le *S.-major,* ce galon est double. Le s. fourrier porte deux galons sur chaque manche, mais espacés, l'un sur l'avant-bras, l'autre à la hauteur du biceps.

SERGENTER. v. a. [Pr. *ser-janter*]. Presser par le moyen des sergents, des huissiers; et Fig., presser, importuner pour obtenir quelque chose. Vieux. = SERGENTÉ, ÉE. part.

SERGENTERIE. s. f. [Pr. *ser-jan-terie*]. Office de sergent. Vieux.

SERGER ou **SERGIER.** s. m. Ouvrier qui fait, qui fabrique des serges.

SERGERIE. s. f. Fabrique ou commerce des serges.

SERGETTE. s. f. [Pr. *ser-jè-te*] (Dimin.). Serge légère et mince.

SERGINES, ch.-l. de c. (Yonne), arr. de Sens; 1,100 hab.

SERGIUS, nom de 4 papes (687-701; 844-847; 904-911; 1009-1012).

SÉRIAIRE. adj. 2 g. [Pr. *séri-ère*]. Qui est disposé en série.

SÉRIAL, ALE. Qui appartient à la série. || T. Conchyl. *Dents sériales,* dents d'une coquille bivalve qui en présente un grand nombre. Voy. CONCHYLIOLOGIE, III, B.

SÉRIATION. s. f. [Pr. *...sion*]. Action de mettre en série.

SÉRICAIRE. s. f. (lat. *sericum,* soie). T. Entom. Genre d'insectes *Lépidoptères.* Voy. BOMBYCITES et MAGNANERIE.

SÉRICICOLE. adj. f. (lat. *sericum,* soie; *colere,* cultiver). *Industrie s.,* L'industrie qui a la soie pour objet. Voy. MAGNANERIE et SOIE.

SÉRICICULTEUR. s. m. Celui qui s'occupe de sériciculture.

SÉRICICULTURE. s. f. (lat. *sericum,* soie; *cultura,* culture). Culture du ver à soie, et fabrication de la soie. Voy. MAGNANERIE et SOIE.

SÉRICIGÈNE. adj. 2 g. (lat. *sericum,* soie; gr. γενὴς, qui engendre). Qui produit la soie.

SÉRICINE. s. f. (lat. *sericum*, soie). T. Chim. Matière gélatineuse qui est soluble dans l'eau bouillante, insoluble dans l'alcool, et qui se forme quand on chauffe de la soie avec de l'eau dans la marmite de Papin. Traitée par l'acide sulfurique étendu et bouillant, elle donne naissance à la *Sérine* ou *Séricine* $C^{30}H^7Az^2O^3$, substance cristallisable qui paraît être un dérivé amidé de l'acide hydracrylique.

SÉRICITE. s. f. (lat. *sericum*, soie). T. Minér. Variété de mica potassique, vert ou jaunâtre, d'un aspect soyeux.

SÉRICOÏNE. s. f. T. Chim. Voy. SÉRICINE.

SÉRICULE. s. m. T. Ornith. Espèce de *Passereau*. Voy. LORIOT.

SÉRIE. s. f. (lat. *series* suite, succession : ce mot a été introduit dans la langue par les mathématiciens du XVIIe siècle). T. Math. Suite de termes qui se déduisent les uns des autres. || Par anal. Suite, succession. *Une s. de propositions, de questions. Une s. d'idées, de faits.* || Se dit particul. d'une succession de choses qui sont liées par un certain rapport. *Pour se reconnaître dans la multitude des plantes, la science les a distribuées en séries. Cuvier place les Rapaces à la tête de la s. ornithologique. Tous ces théorèmes forment une s. bien enchaînée.*

Math. — 1. — En termes d'Arithmétique et d'Algèbre, on appelle **Série**, toute suite de quantités ou de nombres qui se déduisent les uns des autres suivant une loi déterminée. Ainsi, la progression des nombres naturels 1, 2, 3, 4, 5, etc., constitue une série, dont la loi est que chacun des termes est supérieur d'une unité au terme qui précède. Il peut arriver que la suite des termes ainsi obtenus se termine d'elle-même ; on dit alors que la s. est limitée ; mais ce genre de séries ne présente aucun intérêt. Le plus souvent, au contraire, la suite des termes se prolonge indéfiniment, chaque terme donnant naissance à un autre d'après la loi de la s. C'est à ces suites indéfinies que l'on réserve aujourd'hui le nom de s. De plus, ce que l'on considère particulièrement dans une s., c'est la somme des termes. Une s. est dite *convergente*, lorsque la somme des termes tend vers une certaine limite quand le nombre des termes augmente indéfiniment ; telle est la série :

$$\frac{1}{2} + \frac{1}{4} + \frac{1}{8} + \frac{1}{16} + \frac{1}{32} + \dots$$

dont la somme tend vers 1 quand le nombre des termes augmente indéfiniment, car si l'on s'arrête à un terme quelconque, la somme est égale à l'unité diminuée du dernier terme conservé, et celui-là est aussi petit qu'on veut. Au contraire la s. est dite *divergente* quand la somme des termes augmente indéfiniment, comme cela arrive pour la s. des nombres entiers

$$1 + 2 + 3 + 4 + \dots,$$

ou encore quand la somme des termes ne tend vers aucune limite : telle est la s.

$$1 - 1 + 1 - 1 + 1 \dots$$

dont la somme est alternativement 1 ou 0 suivant qu'on y prend un nombre impair ou pair.

La première question que présente l'étude des séries est celle de la convergence. On remarque d'abord que pour qu'une s. soit convergente, il faut avant tout que le terme général tende vers 0. Mais cette condition n'est pas suffisante, comme on le voit par l'exemple de la s. *harmonique* :

$$\frac{1}{1} + \frac{1}{2} + \frac{1}{3} + \frac{1}{4} + \frac{1}{5} + \dots$$

dont la somme augmente indéfiniment, car si on l'écrit :

$$\left(\frac{1}{1}\right) + \left(\frac{1}{2}\right) + \left(\frac{1}{3} + \frac{1}{4}\right) + \left(\frac{1}{5} + \frac{1}{6} + \frac{1}{7} + \frac{1}{8}\right)$$

$$+ \left(\frac{1}{9} + \frac{1}{10} + \frac{1}{11} + \dots + \frac{1}{16}\right) + \dots$$

chaque somme entre parenthèse est supérieure à $\frac{1}{2}$.

Il n'existe aucune règle permettant de reconnaître à coup sûr si une s. donnée est convergente ou divergente ; mais il y a un théorème très général, appelé *théorème de comparaison*, et dont toutes les règles particulières ne sont que des applications. Voici en quoi il consiste :

Supposons qu'on ait une s. convergente à termes tous positifs :

$$S = u_0 + u_1 + u_2 + \dots + u_n + \dots$$

Si une autre s.

$$\Sigma = v_0 + v_1 + v_2 + \dots + v_n + \dots,$$

à termes tous positifs également, a tous ses termes, à partir d'un certain rang, respectivement plus petits que les termes correspondants de la première, on peut être assuré que cette deuxième s. est aussi convergente. Pour appliquer ce théorème, il faut déjà connaître au moins une s. convergente. Or, toute progression géométrique dont la raison est inférieure à l'unité est une s. convergente. En appliquant à une pareille progression, le théorème de comparaison, on obtient la règle dite de d'Alembert :

Une s. à termes tous positifs est convergente si, à partir d'un certain rang, le rapport d'un terme au précédent est plus petit qu'un nombre fixe plus petit que 1.

Par ex. la s.

$$1 + \frac{x}{1} + \frac{x^2}{1.2} + \frac{x^3}{1.2.3} + \frac{x^4}{1.2.3.4} + \dots + \frac{x^n}{1.2.3\dots n} + \dots$$

est convergente parce que le rapport d'un terme au précédent qui est $\frac{x}{n}$ devient plus petit qu'un nombre k plus petit que 1, dès que n est plus grand que $\frac{x}{k}$. La somme de cette s. est e^x, et elle se réduit à e si $x = 1$. Voy. EXPONENTIEL et EXPOSANT.

Dans ses applications, il est commode de chercher la limite du rapport d'un terme au précédent, $\dfrac{u_{n}+1}{u_n}$, quand elle existe. Si cette limite est plus petite que 1, la s. est convergente ; dans l'exemple précédent, cette limite était 0. Mais si la limite de $\dfrac{u_{n}+1}{u_n}$ est l'unité, on ne peut rien conclure, même si les termes de la s. vont en diminuant, parce que, pour que la s. soit convergente, il ne suffit pas que le rapport $\dfrac{u_{n}+1}{u_n}$ soit inférieur à 1, il faut qu'il reste plus petit qu'un nombre fixe plus petit que 1, ce qui n'arrive pas si ce rapport tend vers 1. Ainsi, dans la s. harmonique, citée plus haut, le rapport $\dfrac{u_{n}+1}{u_n}$ qui est $\dfrac{n}{n+1} : 1 :$ ou $\dfrac{n+1}{n}$, tend vers 1, et la s. est divergente. Si, au contraire, on considère la s.

$$\frac{1}{1^\alpha} + \frac{1}{2^\alpha} + \frac{1}{3^\alpha} + \frac{1}{4^\alpha} + \dots + \frac{1}{n^\alpha} + \dots,$$

le rapport $\dfrac{u_{n}+1}{u_n} = \left(\dfrac{n}{n+1}\right)^\alpha$ tend encore vers l'unité ; mais on peut démontrer que la s. est convergente toutes les fois que α est supérieur à 1. On est ainsi en possession d'un nouveau type de s. auquel on doit appliquer de nouveau le théorème de comparaison, ce qui conduit à la règle suivante :

Une s. à termes positifs est convergente si l'on peut trouver un nombre α supérieur à l'unité et tel que, à partir d'un certain rang, le produit $n^\alpha u_n$ reste plus petit qu'un nombre fixe.

Par ex. la s.

$$\frac{1}{2\sqrt{1}} + \frac{1}{3\sqrt{2}} + \frac{1}{3\sqrt{4}} + \dots + \frac{1}{n\sqrt{n-1}} + \dots$$

où $u_n = \dfrac{1}{n\sqrt{n-1}}$ est convergente, parce que si on fait $\alpha = \frac{3}{2}$

le produit $n^\alpha u_n$ sera : $\dfrac{\sqrt{n}}{\sqrt{n-1}} \sqrt{\dfrac{n}{n-1}}$ qui tend vers 1 et qui, par conséquent, à partir d'un certain rang est plus petit que 2.

Une s. dont les termes ont des signes quelconques est convergente si la s. des valeurs absolues des termes est elle-même convergente; mais cette condition n'est pas nécessaire. Ainsi la s.

$$\frac{1}{1}-\frac{1}{2}+\frac{1}{3}-\frac{1}{4}+\frac{1}{5}\cdots$$

est convergente quoique la s. des valeurs absolues des termes ne le soit pas. Seulement les séries de cette nature présentent des particularités remarquables qui font qu'on ne peut les traiter par les mêmes règles de calcul que les polynômes. Aussi on les appelle *séries semi-convergentes*, tandis qu'on appelle *absolument convergentes* celles dans lesquelles la s. des valeurs absolue est convergente.

Enfin, une s. à termes imaginaires est convergente si les modules de ses termes successifs forment une s. convergente.

Les séries fournissent un moyen souvent très commode de calculer les valeurs de certaines expressions algébriques, ou de certains nombres. Nous avons indiqué, au mot CERCLE, une s. qui permet de calculer rapidement le nombre π avec une grande approximation. La valeur de la base des logarithmes népériens s'obtient aussi facilement à l'aide de la s. :

$$e=1+\frac{1}{1}+\frac{1}{1.2}+\frac{1}{1.2.3}+\frac{1}{1.2.3.4}+\cdots\cdots+\frac{1}{1.2.3\ldots n}+\cdots$$

S'il s'agit d'une fonction d'une variable x, il est avantageux de la convertir en s. ordonnée suivant les puissances croissantes de x. Dans certains cas, on peut y arriver par des procédés particuliers. C'est ainsi que la simple division donnera la formule :

$$\frac{1}{a+x}=\frac{1}{a}+\frac{x}{a^2}+\frac{x^2}{a^3}+\cdots\cdots+\frac{x^n}{a^{n+1}}+\cdots$$

Plus généralement, toute fraction rationnelle, c.-à-d. tout quotient de deux polynômes entiers pourra être développé en s. par une simple division, et l'on trouvera un *s. récurrente*. Voy. RÉCURRENT.

De même, l'opération de l'extraction de la racine carrée permettra de trouver le développement suivant :

$$\sqrt{1+x}=1+\frac{1}{2}x-\frac{1}{2.4}x^2+\frac{1.3}{2.4.6}x^3-\frac{1.3.5}{2.4.6.8}x^4+\cdots$$

Mais le procédé général pour obtenir de pareils développements est celui de la s. de Taylor.

Série de Taylor. — Le théorème de Taylor réside tout entier dans la remarque suivante. Considérons une fonction $f(x)$; donnons à x un accroissement h, et supposons que la nouvelle valeur $f(x+h)$ de la fonction puisse être développée en s. ordonnée suivant les puissances croissantes de h :

$$f(x+h)=a_0+a_1h+a_2h^2+a_3h^3+\cdots+a_nh^4+\cdots$$

Les dérivées successives de la fonction par rapport à h seront :

$$f'(x+h)=a_1+2a_2h+3a_3h^2+\cdots+na_nh^{n-1}+$$
$$f''(x+h)=\qquad 2a_2+2.3a_3h+\cdots+(n-1)na_nh^{n-2}+\cdots$$
$$f'''(x+h)=\qquad\qquad 2.3a_3+\cdots+(n-2)(n-1)na_nh^{n-3}+\cdots$$

$$f^{(n)}(x+h)=\qquad\qquad\qquad 1.2.3\ldots na_n+\cdots$$

Si maintenant on fait $h=o$ dans toutes ces identités, il viendra :

$$f(x)=a_0\quad f'(x)=a_1\quad f''(x)=1.2.a_2\quad f'''(x)=1.2.3.a_3\cdots$$
$$f^{(n)}(x)=1.2.3\ldots a_n;$$

d'où l'on déduit les valeurs des coefficients, de sorte que la s. considérée peut s'écrire :

$$f(x+h)=f(x)+\frac{h}{1}f'(x)+\frac{h^2}{1.2}f''(x)+\frac{h^3}{1.2.3}f'''(x)+\cdots$$
$$+\frac{h''}{1.2.3\ldots}f^{(n)}(x)+\cdots$$

Telle est la formule connue sous le nom de s. de Taylor. Seulement, on voit que l'on a simplement démontré que si la fonction donnée est développable en s. ordonnée suivant les puissances croissantes de l'accroissement de la variable, celle-s. sera celle qui figure dans le second membre. Or ce qui est essentiel, pour éviter toute erreur, c'est de prouver que la s. qui figure au second membre de l'égalité représente bien la fonction qui est dans le premier membre. Pour qu'il en soit ainsi, il faut d'abord que la s. soit convergente; mais cela même n'est pas suffisant. Tout ce que l'on peut dire dans ce cas, c'est que

les deux membres représentent deux fonctions de h qui, pour $h=0$, prennent la même valeur ainsi que toutes leurs dérivées. S'ensuit-il que les deux membres prendront la même valeur pour toute valeur de h différente de zéro? On ne peut l'affirmer sans preuve, d'autant plus que si l'on ne voulait considérer que les valeurs réelles de la variable, la proposition serait radicalement fausse. En effet, la fonction $c\;e^{-\frac{1}{h^4}}$ est nulle ainsi que toutes ses dérivées pour $h=0$.

Par suite, les deux fonctions $f(x+h)$ et $f(x+h)+A\,e^{-\frac{1}{h^4}}$ prennent la même valeur, ainsi que toutes leurs dérivées pour $h=0$, et cependant elles sont inégales pour toute autre valeur de h. Il est vrai que l'on envisage les valeurs imaginaires de h, $e^{-\frac{1}{h^4}}$ et toutes ses dérivées sont, non pas nulles, mais indéterminées pour $h=0$; mais le fait que la proposition est fausse quand on ne considère que les valeurs réelles semble bien indiquer qu'on ne peut l'admettre sans preuve, même si l'on considère les valeurs imaginaires de la variable. Il fallait donc donner de la formule de Taylor une démonstration plus rigoureuse, et déterminer en même temps les limites entre lesquelles il fallait faire varier h pour que la s. ne cessât pas de représenter la fonction. La première partie de ce programme a été remplie de plusieurs manières. Il existe actuellement plusieurs démonstrations de la formule de Taylor qu'on trouvera dans les traités de calcul infinitésimal et qui ont l'avantage de donner différentes formes du *reste* de la s., c.-à-d. du terme complémentaire qu'il faut ajouter pour retrouver la fonction, quand on arrête le développement à un terme déterminé. Voici l'une des formes les plus générales de ce reste qui a été donnée par M. Rouché :

$$f(x+h)=f(x)+\frac{h}{1}f'(x)+\frac{h^2}{1.2}f''(x)+\cdots+\frac{h^n}{1.2.3\ldots n}f^{(n)}(x)$$
$$+\frac{h^{n+1}}{1.2.3\ldots n}\frac{(1-\theta)^{n+1-p}}{p}f^{(n+1)}(x+\theta h),$$

où θ représente un nombre inconnu, mais compris entre 0 et 1, et p un entier arbitraire. Le dernier terme du second membre est le *reste*. En y faisant successivement $p=n+1$, et $p=1$, on retrouve les deux formes données par Lagrange et par Cauchy :

$$\frac{h^{n+1}}{1.2.3\ldots(n+1)}f^{(n+1)}(x+\theta h)$$

et

$$\frac{h^{n+1}}{1.2.3\ldots n}\frac{(1-\theta)^n}{p}f^{(n+1)}(x+\theta h).$$

La démonstration de la légitimité du développement revient alors à prouver, dans chaque cas particulier, que le reste tend vers 0.

La question de la limite de la convergence était bien autrement difficile. Cauchy s'en est longtemps occupé; il ne l'a cependant pas élucidée complètement quoiqu'il ait indiqué les méthodes qui ont permis de résoudre définitivement le problème. Il est remarquable que ce problème célèbre n'a pu être résolu que par l'emploi des quantités imaginaires. Tant qu'on ne donne à la variable que des valeurs réelles, il est impossible de se rendre compte des raisons qui font que, à partir d'une certaine valeur de h, la s. cesse d'être convergente; mais dès qu'on envisage les valeurs imaginaires de la variable, la question s'éclaircit considérablement. Cependant, nous ne pouvons le considérer ici. Nous nous bornerons à dire que la s. de Taylor représente la fonction considérée pour toutes les valeurs de h dont le module est plus petit que le plus petit des modules des valeurs pour lesquelles la fonction cesse d'être finie, continue, et uniforme. L'explication complète de la condition impliquée par ce mot exigerait de longs développements que nous ne pouvons donner ici. Dans tous les cas, l'énoncé précédent est exact si on le considère comme donnant une condition suffisante. C'est si l'on veut le considérer comme donnant aussi la condition nécessaire, qu'il faudrait préciser le sens dans lequel nous prenons le mot uniforme. Disons seulement qu'il n'est pas nécessaire que la fonction $f(x)$ prise dans toute la généralité de sa définition soit uniforme : il suffit que la branche qu'on veut représenter ne cesse pas de l'être.

Série de Mac-Laurin. — C'est la s. de Taylor dans laquelle on suppose $x = 0$. Alors on remplace h par x, et l'on a :

$$f(x) = f(o) + \frac{x}{1} f'(o) + \frac{x^2}{1.2} f''(o) + \frac{x^3}{1.2.3} f'''(o) + \dots,$$

avec un reste analogue à celui de la s. de Taylor, et qu'il est inutile de transcrire. C'est cette s. qui, appliquée aux fonctions usuelles, donne les développements que nous avons indiqués aux noms de chacune de ces fonctions. Voy. Exponentiel, Exposant, Sinus, Puissance, Trigonométrie. Appliquée au logarithme népérien, elle donne la formule :

$$\log(1+x) = \frac{x}{1} - \frac{x^2}{2} + \frac{x^3}{3} - \frac{x^4}{4} + \dots$$

qui reste applicable, tant que x est compris entre -1 et $+1$, et d'où l'on a déduit des séries beaucoup plus convergentes propres au calcul des logarithmes vulgaires.

Série de Fourier. — On doit à Fourier la découverte d'une formule qui permet de développer une fonction quelconque en s. ordonnée suivant les sinus et cosinus des multiples de la variable x, affectés de coefficients convenables. La fonction qu'il s'agit de développer n'est assujettie à d'autres conditions que d'être bien déterminée pour chaque valeur de la variable; la courbe qui la représente peut présenter des points anguleux, des portions de droite, etc.; cette fonction peut coïncider avec une fonction donnée quand la variable x varie de a à b, et avec une autre quand x varie de b à c, etc. La s. de Fourier est de la forme :

$$F(x) = a_0 + a_1 \cos x + a_2 \cos 2x + a_3 \cos 3x + \dots$$
$$+ b_1 \sin x + b_2 \sin 2x + b_3 \sin 3x + \dots$$

De pareilles séries avaient été déjà considérées par Euler; mais Fourier a démontré que toute fonction peut être représentée par un développement convergent de cette forme. On trouvera la démonstration de cet important théorème dans les traités de calcul infinitésimal. Nous nous bornerons à indiquer comment on peut calculer les coefficients par des intégrales définies, remarque déjà faite par Euler. Mettons la s. sous la forme :

$$(1) \quad F(x) = a_0 + \sum_{n=1}^{n=\infty} (a_n \cos nx + b_n \sin nx)$$

et remarquons que :

$$\int_0^{2\pi} \cos mx \cos nx \, dx = 0 \quad \text{si } m \text{ est différent de } n$$

$$\int_0^{2\pi} \cos mx \sin nx \, dx = 0 \quad \text{même si } m = n$$

$$\int_0^{2\pi} \sin mx \sin nx \, dx = 0 \quad \text{si } m \text{ est différent de } n$$

$$\int_0^{2\pi} \sin^2 mx \, dx = \int_0^{2\pi} \cos^2 mx \, dx = \pi, \quad \int_0^{2\pi} dx = 2\pi.$$

Multiplions les deux membres de l'équation (1) par $\sin nx \, dx$ ou par $\cos nx \, dx$, et intégrons de 0 à 2π. Tous les termes du second membre deviendront nuls à l'exception d'un seul, et l'on aura :

$$a_n = \frac{1}{\pi} \int_0^{2\pi} F(x) \cos nx \, dx \qquad b_n = \frac{1}{\pi} \int_0^{2\pi} F(x) \sin nx \, dx,$$

et enfin, en faisant $n = 0$:

$$a_0 = \frac{1}{2\pi} \int_0^{2\pi} F(x) \, dx.$$

Il est remarquable que la s. ne représente la fonction $F(x)$ que si l'on fait varier x de 0 à 2π. Le second membre a un

effet périodique et reprend la même valeur quand x s'accroît de 2π. Il en résulte que si l'on fait varier x de $-\infty$ à $+\infty$, on retrouve non pas la fonction $F(x)$, mais une fonction périodique qui reproduit une infinité de fois la partie de $F(x)$ correspondant aux valeurs de x comprises entre 0 et 2π. Si l'on représente par une courbe d'une part $F(x)$ et d'autre part la s., on obtient, pour cette deuxième représentation, une suite d'arcs égaux entre eux, et égaux à l'arc de la première courbe compris entre les points dont les abscisses sont 0 et 2π.

On peut écrire la s. de Fourier d'une manière un peu différente, si l'on remarque qu'en posant $\dfrac{b_n}{a_n} = tg\,\theta_n$, on aura :

$$a_n \cos nx + b_n \sin nx = \frac{a_n}{\cos \theta_n} \cos(nx - \theta_n).$$

Si alors on remplace $\dfrac{a_n}{\cos \theta_n}$ par c_n et θ_n par nx_n, la s. deviendra :

$$F(x) = c_0 + c_1 \cos(x - x_1) + c_2 \cos 2(x - x_2) + c_3 \cos 3(x - x_3) + \dots$$

Il est évident qu'on pourrait aussi l'écrire de manière à n'avoir que des sinus dans le second membre.

On peut aussi donner à la formule de Fourier une forme différente en y remplaçant x par $\dfrac{\pi z}{l}$. Si l'on désigne $F\left(\dfrac{\pi z}{l}\right)$ par $\varphi(z)$ qui est une fonction arbitraire de z, on aura, en remplaçant les coefficients par leurs valeurs :

$$\varphi(z) = \frac{1}{2l} \int_0^{2l} \varphi(\alpha) \, d\alpha$$
$$+ \sum_{n=1}^{n=\infty} \left(\cos \frac{n\pi z}{l} \int_0^{2l} \varphi(\alpha) \cos \frac{n\pi \alpha}{l} d\alpha + \sin \frac{n\pi z}{l} \int_0^{2l} \varphi(\alpha) \sin \frac{n\pi \alpha}{l} d\alpha \right).$$

La s. de Fourier est très précieuse dans l'étude des phénomènes naturels, particulièrement en ce qui concerne ceux qui sont périodiques. Elle décompose pour ainsi dire le phénomène en une somme de plusieurs autres dont les périodes sont des sous-multiples de la première période. Ainsi, dans la dernière formule, les termes correspondant à $n = 1$ reprennent périodiquement la même valeur quand la variable z augmente de $2l$, tandis que les termes du rang n admettent la période $\dfrac{2l}{n}$. Par ex., si la s. de Fourier représente une vibration sonore, le premier terme définira le son fondamental, et les termes suivants définiront les harmoniques successives.

Chim. — Dans la Chimie inorganique, on donne le nom de *Série périodique* au classement des corps simples qui est basé sur la loi périodique et que nous avons exposé au mot Élément.

En Chimie organique, une *S. homologue* se compose de l'ensemble des corps qui possèdent les mêmes fonctions chimiques et dont les formules diffèrent entre elles par CH^2 ou un multiple de CH^2. On range ces composés d'après leur richesse croissante en carbone, de sorte que chaque terme de la s. diffère du précédent par CH^2 en plus. Un terme quelconque est dit *homologue supérieur* de ceux qui le précèdent, et *homologue inférieur* de ceux qui le suivent. Dans le tableau ci-dessous chaque colonne verticale représente une s. homologue.

Les composés homologues ne se *sérient* pas seulement d'après leurs formules, mais encore d'après leurs propriétés. En effet, les propriétés se modifient d'une manière constante d'un terme à l'autre. De cette façon, les termes éloignés d'une même s. présentent des caractères très différents, tandis que les termes contigus offrent des caractères presque semblables. Ainsi, par ex., le point d'ébullition de chaque corps est toujours plus élevé que celui de ses homologues inférieurs; pour

HYDROCARBURES SATURÉS :		ALCOOLS PRIMAIRES :		ALDÉHYDES		ACIDES		AMINES PRIMAIRES :	
Méthane	CH^4	Méthylique	CH^4O	méthylique	CH^2O	formique	CH^2O^2	Méthylamine	CH^5Az
Éthane	C^2H^6	Éthylique	C^2H^6O	éthylique	C^2H^4O	acétique	$C^2H^4O^2$	Éthylamine	C^2H^7Az
Propane	C^3H^8	Propylique	C^3H^8O	propylique	C^3H^6O	propionique	$C^3H^6O^2$	Propylamine	C^3H^9Az
Butane	C^4H^{10}	Butylique	$C^4H^{10}O$	butylique	C^4H^8O	butyrique	$C^4H^8O^2$	Butylamine	$C^4H^{11}Az$
Pentane	C^5H^{12}	Amylique	$C^5H^{12}O$	amylique	$C^5H^{10}O$	valérique	$C^5H^{10}O^2$	Amylamine	$C^5H^{13}Az$
Etc.									
Formule générale	C^nH^{2n+2}		$C^nH^{2n+2}O$		$C^nH^{2n}O$		$C^nH^{2n}O^2$		$C^nH^{2n+3}Az$

deux termes consécutifs la différence est à peu près constante et ordinairement égale à 20° environ; toutefois dans certaines séries elle peut dépasser 30°. Les autres propriétés physiques suivent aussi une gradation assez régulière; pour chaque corps en particulier elles sont en quelque sorte la moyenne des propriétés du terme précédent et du terme suivant. Quant aux propriétés chimiques elles sont naturellement très voisines, puisqu'on range dans une même s. que des corps possédant les mêmes fonctions chimiques.

Les séries hétérologues et les groupes de Gerhardt sont formés par des composés qui ont des fonctions différentes, mais qui possèdent la même teneur en carbone et qui se transforment facilement les uns dans les autres. Si l'on se reporte au tableau donné plus haut, on obtiendra de pareilles séries en prenant tous les termes d'une même ligne horizontale. Ex. :

Éthane	C^2H^6
Alcool éthylique.	C^2H^6O
Aldéhyde éthylique	C^2H^4O
Acide acétique	$C^2H^4O^2$
Éthylamine	C^2H^7Az

Ce n'est plus l'analogie des propriétés, mais c'est le mode de formation qui rattache entre eux les différents termes d'une pareille s. Il est facile de passer de l'un de ces corps à un autre à l'aide de réactions peu compliquées. Ces réactions, d'ailleurs, sont générales et s'appliquent à toutes les séries de ce genre. Par ex., l'oxydation d'un alcool primaire quelconque donne naissance à l'aldéhyde et à l'acide correspondants; par réduction et hydrogénation, ces composés régénèrent l'alcool et ce dernier se transforme en hydrocarbure saturé; inversement si l'on traite cet hydrocarbure par le chlore ou le brome, puis par la potasse, on obtient de nouveau l'alcool correspondant; enfin l'amine peut s'obtenir en traitant cet alcool par du chlorhydrate d'ammoniaque.

Autrefois on considérait encore des séries isologues. Celles-ci étaient composées des corps analogues entre eux, mais différant par le nombre de leurs atomes d'hydrogène. Ainsi l'on réunissait naguère les différentes séries homologues des hydrocarbures de manière à former la suite isologue que nous reproduisons ici :

HYDROCARBURES DE LA FORMULE :	EXEMPLES ;
C^nH^{2n+2}	CH^4 Méthane.
C^nH^{2n}	C^2H^4 Éthylène.
C^nH^{2n-2}	C^2H^2 Acétylène.
C^nH^{2n-4}	$C^{10}H^{16}$ Térébenthène.
C^nH^{2n-6}	C^9H^{16} Benzène-Bipropargyle.
C^nH^{2n-8}	C^8H^8 Cinnamène.
C^nH^{2n-10}	C^9H^8 Phénylacétylène.
C^nH^{2n-12}	$C^{10}H^8$ Naphtaléne.
C^nH^{2n-14}	$C^{12}H^{10}$ Biphényle.

On donne souvent au mot S. une très grande extension. C'est ainsi que l'on classe tous les composés organiques en deux séries seulement : la S. grasse ou acyclique et la S. aromatique ou cyclique. Voy. AROMATIQUE et GRAS.

SÉRIEUSEMENT. adv. [Pr. sérieu-ze-man]. D'une manière grave et sérieuse. Il parle de tout s. Écoutez-moi s. S. parlant. || Sans plaisanterie. Je vous parle s. — Prendre une chose s., Se formaliser d'une chose, quoiqu'elle ait été dite en badinant et sans aucun dessein d'offenser. Je vous ai dit cela pour rire, et vous le prenez s. || Tout de bon, avec suite, avec ardeur. Il travaille s. à sa fortune. Il y songe sérieusement.

SÉRIEUX, EUSE. adj. [Pr. séri-eu, euze] (lat. serius, m. s.). Grave; se dit par opposition à Enjoué, à gai. C'est un homme très s. Prendre un air s. Un visage s. Une contenance sérieuse. Une conversation sérieuse. || Se dit aussi par opposition à Frivole, léger, de peu de conséquence. Cet homme n'a rien de s. dans le caractère. Ce que je vous dis là est s. C'est une promesse sérieuse qu'il vous a faite. Faire des propositions sérieuses. L'affaire dont il s'agit est sérieuse. — Acheteur s., Qui a bien l'intention d'acheter. || Signifie encore, Qui peut avoir des suites fâcheuses, Querelle sérieuse. Mal s. Maladie sérieuse.

|| T. Jurispr., Un contrat, un traité s., Un contrat, etc., qui n'est pas simulé. On dit de même, Une dette sérieuse. = SÉRIEUX. s. m. Gravité dans l'air, dans les manières. Prendre, garder, tenir son s. Affecter un grand s. || Cet acteur, ce comédien n'est bon que pour le s., il joue bien dans le s., Dans les rôles qui excluent l'enjouement. || Prendre une chose dans le s., La prendre pour vraie, quoiqu'elle n'ait été dite que par plaisanterie et par jeu. Prendre une chose au s., Se formaliser d'une chose qui a été dite en badinant et sans aucun dessein d'offenser.

Syn. — Grave. — On est grave par sagesse et maturité d'esprit; on est sérieux par humeur et par tempérament. La légèreté est l'opposé de la gravité; l'enjouement l'est du sérieux. On peut être sérieux sans être grave : c'est ainsi que Don Quichotte médite et entreprend sérieusement ses folles aventures. Un enfant peu enclin à rire est sérieux; mais on ne dira pas qu'il est grave, car il n'a pas de décorum à garder, ni de personnage à soutenir.

SÉRIMÈTRE. s. m. (lat. sericus, de soie; gr. μέτρον, mesure). Instrument au moyen duquel on apprécie l'élasticité et la ténacité relative des fils de soie.

SERIN, INE. s. (vx fr. serene, sirène, nom d'un oiseau au chant agréable). T. Ornith. Espèce de Passereau. Voy. LINOTTE. || Fig. Personne qui n'a pas d'idées, qui répète celles des autres.

SERINAGE. s. m. Action de seriner.

SÉRINE. s. f. (R. sérum). T. Chim. Substance albuminoïde du sérum sanguin, appelée aussi Sérum-albumine. Voy. ce mot, et ALBUMINE. = Sérine de la soie. Voy. SÉRICINE.

SERINER. v. a. (R. serin). Jouer un air avec la serinette. S. un air à un oiseau. || Instruire un serin au moyen de la serinette. J'ai beau le s., il n'apprend rien. || Fig. et fam., Apprendre quelque chose à quelqu'un sans le lui faire comprendre. S. une leçon à un enfant. Il faut lui s. les airs qu'il doit chanter. = SÉRINÉ, ÉE. part.

SERINETTE. s. f. [Pr. seri-nè-te]. T. Mus. Petit orgue de Barbarie employé pour apprendre des airs aux oiseaux. Voy. ORGUE, V. || Fig. et fam., se dit d'une chanteuse qui chante sans aucune expression. Ce n'est pas là une cantatrice, c'est une serinette.

SERINGA (d'après l'Académie), ou **SERINGAT.** s. m. (lat. syrinx; gr. σύριγξ, tuyau, flûte de Pan). T. Bot. Genre de plantes Dicotylédones (Philadelphus) de la famille des Saxifragacées, tribu des Hydrangées. Voy. SAXIFRAGACÉES.

SERINGAGE. s. m. Arrosage des arbres fruitiers et des serres à l'aide d'une seringue.

SERINGAPATAM, v. de l'Hindoustan, dans la présidence de Madras; 40,000 hab., anc. cap. du royaume de Mysore.

SERINGUE. s. f. (lat. syringa, m. s., du gr. σύριγξ, tube, flûte). Petite pompe portative qui sert à attirer et à repousser les liquides. S. d'étain S. à lavement. S. à injection. S. à ballon. Le canon, le piston, la canule d'une s.

SERINGUEMENT. s. m. Action de seringuer.

SERINGUER. v. a, Pousser un liquide avec une seringue. S. de l'eau, de l'eau-de-vie, de l'esprit-de-vin. || S. une plaie, Pousser avec une seringue un liquide dans une plaie pour la nettoyer. = SERINGUÉ, ÉE. part.

SÉRIOLE. s. f. (gr. σέρις, chicorée). T. Icht. Genre de Poissons osseux. Voy. SCOMBÉROIDES, IV.

SÉRIOSITÉ. s. f. [Pr. sério-zité]. Caractère de ce qui est sérieux.

SERJANIA. s. m. T. Bot. Genre de plantes Dicotylédones de la famille des Sapindacées, tribu des Sapindées. Voy. SAPINDACÉES.

SERMENT. s. m. [Pr. ser-man] (lat. sacramentum, m. s.). Attestation religieuse de la vérité d'une affirmation, d'un engagement, d'une promesse. || Se dit quelquefois pour Jurement. *Il fait des serments exécrables pour la moindre contrariété. Il a fait un s. horrible.* ‖ Prov. *S. d'amoureux*, *s. d'ivrogne*, *s. de joueur*, S. qu'on ne tient guère.

Relig. — On donne le nom de Serment à l'affirmation par laquelle on prend Dieu à témoin que l'on dit la vérité dans la déclaration d'un fait, ou que l'on tiendra l'engagement que l'on contracte. Le s. est un des actes les plus sérieux de la vie : aussi le trouve-t-on presque toujours environné de solennités religieuses. Chez les anciens, il s'accompagnait ordinairement de formules d'imprécation, par lesquelles celui qui prêtait le s. appelait sur lui les vengeances célestes, au cas qu'il fût parjure. Chez les peuples chrétiens, le s. est généralement prêté sur l'Évangile. Les Juifs le prêtent *more judaica*, c.-à-d., dans la synagogue, en présence du rabbin et la main sur le Talmud. Aujourd'hui, en France, le s. se prête debout, la tête découverte et la main droite levée. Le nom de Dieu a disparu de presque toutes les formules de s., à l'exception toutefois de celui que prêtent les évêques aux termes du Concordat de 1801. Certaines sectes religieuses, les Quakers et les Anabaptistes, se fondant sur les paroles de Jésus-Christ : « Je vous dis qu'il ne faut nullement jurer; mais que votre parole soit oui ou non » (S. Matth., v. 33), prohibent le s. et se renferment dans une affirmation pure et simple. — Les canonistes distinguent deux sortes de serments, le *S. affirmatif* et le *S. promissoire*. Le *s. judiciaire* est un *s. affirmatif*; le *s. promissoire* comprend le *s. militaire* ou *s. du drapeau*, le *s. politique* et le *s. que prêtent* devant les tribunaux les témoins, les interprètes, les experts, les jurés, etc.

Législ. — La loi française reconnaît deux sortes de serments *judiciaires* : 1° celui qu'une partie défère à l'autre pour en faire dépendre le jugement de la cause, et qu'on appelle *décisoire*; 2° celui qui est déféré d'office par le juge à l'une des parties, et qu'on nomme *supplétif* ou *supplétoire*. Le *S. décisoire* peut être déféré en tout état de cause, mais seulement sur un fait personnel à la partie à laquelle on le défère. Celui auquel le s. est déféré, qui le refuse ou ne consent pas à le référer, à son adversaire, ou l'adversaire à qui il a été déféré et qui le refuse, doit succomber dans sa demande ou dans son exception. Lorsque le s. déféré ou référé a été fait, l'adversaire n'est point recevable à en prouver la fausseté. Au reste, ce s. ne fait preuve qu'au profit de celui qui l'a déféré ou contre lui, et au profit de ses héritiers et ayants cause ou contre eux. Le *S. supplétoire* peut être déféré par le juge, soit pour en faire dépendre la décision de la cause, soit pour déterminer seulement le montant de la condamnation. Pour que le juge puisse déférer d'office le s., il faut à la fois que la demande ou l'exception ne soit pas pleinement justifiée, et qu'elle ne soit pas totalement dénuée de preuves. Hors ces deux cas, le juge doit adjuger ou rejeter purement et simplement la demande. Le s. sur la valeur de la chose demandée, appelé parfois *S. à plaids* ou *S in litem*, ne peut être déféré par le juge au demandeur qu'autant qu'il est impossible de constater autrement cette valeur, et, dans ce cas, le juge doit déterminer d'avance la somme jusqu'à concurrence de laquelle le demandeur sera cru sur son s. Celui à qui le serment a été déféré ou référé en matière civile et qui a fait un faux s., est puni de la dégradation civique. Le *S. politique*, appelé autrement *S. de fidélité*, est celui par lequel on s'engage à servir fidèlement un gouvernement et l'on fait acte d'adhésion à son principe, du moins implicitement. À l'exemple de l'ancienne monarchie où ce s. était en usage, les divers gouvernements qui se sont succédé en France depuis 1789 ont exigé que tous les fonctionnaires leur prêtassent s. de fidélité : personne, il n'en est pas moins péri. En conséquence, ce s. fut aboli, en 1848, par un décret du Gouvernement provisoire en date du 2 mars, comme ne constituant qu'une chose vaine et sans efficacité. La Constitution du 4 novembre 1848 maintint cette abolition, tout en faisant une exception pour le seul président de la république. Mais, après le coup d'État du 2 décembre 1851, un décret, en date du 14 janvier suivant, rétablit le s. de fidélité, qui devint, comme auparavant, obligatoire pour tous les fonctionnaires publics. Le s. politique a disparu avec le second empire : un décret, en date du 5 septembre 1870, en effet, délié de tout s. les fonctionnaires publics de l'ordre civil, administratif, militaire et judiciaire.

SERMOLOGE. s. m. (lat. *sermo*, sermon ; gr. λόγος, traité). T. Hist. Recueil des discours ou des sermons des papes et autres personnes vénérables pour leur sainteté.

SERMON. s. m. (lat. *sermo*, m. s.). Discours chrétien qui ordinairement se prononce en chaire, dans une église, pour

instruire et pour exhorter le peuple. *Un beau s. Un s. instructif, édifiant. S. du carême, de l'avent, de l'octave du saint sacrement. Faire, composer, entendre, prêcher un s. Aller au s. Les sermons de Bourdaloue, de Massillon.* ‖ Par anal. et fam., Remontrance ennuyeuse et importune. *Il m'est venu faire un s., un grand s. Il fait des sermons à tout le monde.* = Syn. Voy. PRÉDICATION.

SERMONNAIRE. s. m. [Pr. *sermo-nère*]. Prédicateur dont on a des recueils de sermons. ‖ Recueil de sermons. = Adjectiv., *Genre s.*, Le genre qui convient au sermon.

SERMONNER. v. a. [Pr. *sermo-ner*]. Faire des remontrances ennuyeuses et hors de propos.

Il vient nous sermonner avec des yeux farouches.

MOLIÈRE.

C'est un homme qui ne fait que s. Fam. = SERMONNÉ, ÉE. part.

SERMONNEUR, EUSE. s. [Pr. *sermo-neur*, *euze*]. Celui, celle qui fait des remontrances ennuyeuses et hors de propos. *C'est un s. éternel, une sermonneuse assommante.* Fam.

SERNIN (saint). Voy. SATURNIN.

SÉRO-SANGUIN, INE. adj. T. Pathol. Formé d'un mélange de sérosité et de sang.

SÉROSITÉ. s. f. [Pr. *séro-zité*] (lat. *serum*, sérum). T. Physiol. Liquide sécrété par les séreuses, dont la composition se rapproche de celle du sérum, dont il diffère cependant en ce qu'il n'est pas coagulable par la chaleur.

On désigne encore ainsi le liquide des ampoules ou phlyctènes.

SÉROTHÉRAPIE. Voy. SÉRUMTHÉRAPIE.

SÉROTINE. s. f. (lat. *serotinus*, du soir). T. Mamm. Genre de *Chauve-souris*. Voy. CHÉIROPTÈRES.

SERPE. s. f. (lat. *sarpere*, tailler la vigne). Instrument de fer, large, plat et tranchant, qui est recourbé vers la pointe, emmanché de bois, et dont on se sert pour tailler les arbres, pour les émonder, etc. ‖ Fig. et fam., on dit de l'ouvrage d'un artisan qui est grossièrement fait, et même d'un ouvrage d'esprit mal fait, mal tourné, *Cela est fait à la s. On dit encore d'une personne mal faite, mal bâtie, Il semble qu'elle a été faite avec une serpe.*

SERPENT. s. m. [Pr. *ser-pan*] (lat. *serpens*, de *serpere*, ramper). Reptile au corps allongé, cylindrique, et dépourvu de pieds, qui se meut au moyen des replis qu'il fait sur le sol. ‖ T. Mythol. Attribut des Furies.

Pour qui sont ces serpents qui sifflent sur vos têtes.

RACINE.

‖ Fig. *Les serpents de la calomnie, de l'envie.* Démon tentateur, sous la figure du serpent. ‖ Prov. *Avoir la prudence du s. Joindre la force des lions à la prudence des serpents.* ‖ Fig. et prov., *C'est un s. que j'ai réchauffé dans mon sein*, C'est un ingrat que s'est servi du bien que je lui ai fait pour ne faire du mal. *Le s. est caché sous les fleurs.* Voy. FLEUR. ‖ T. Astron. Constellation boréale. Voy. CONSTELLATION. ‖ T. Mus. Instrument à vent qui n'est guère usité que dans la musique d'église pour soutenir les voix du chœur. *Le s. se joue avec une embouchure semblable à celle du trombone. S. à clefs, Les sons graves du s.* Par extens., Celui qui joue de cet instrument. ‖ T. Chir. *Langue-de-s.* Voy. LANGUE. ‖ T. Bot. *Bois de s.* ou de couleuvre l'*Ophioxylum serpentinum* (Apocynées). *Langue-de-s.* Nom vulg. de l'Ophioglosse commun. Voy. OPHIOGLOSSÉES. ‖ T. Joaillier. *OEil de s.* Voy. OEIL.

Erpét. — 1. Aristote, se conformant assurément en cela à l'opinion vulgaire, appliqua le nom de *Serpent* (ὄφις) à tous les Reptiles dépourvus de pieds, et dont le corps cylindrique et très allongé se meut au moyen des replis qu'il fait sur le sol. Tous les naturalistes qui ont écrit sur l'erpétologie, jusqu'à notre illustre Cuvier inclusivement, ont adopté la manière de voir d'Aristote, et l'auteur du *Règne animal* fait entrer dans son ordre des *Serpents* ou *Ophidiens* tous les Reptiles auxquels s'applique cette caractéristique générale. Depuis Cuvier, les auteurs ont fait de grands retranchements à

...et ordre de Reptiles, tel que l'entendait le célèbre zoologiste ; mais ce serait une erreur de croire que ce dernier ait méconnu les particularités d'organisation qui ont déterminé ses successeurs à réformer sa classification, car lui-même les avait très exactement signalées, et c'est même en se fondant sur ces particularités qu'il a établi les grandes divisions de son ordre. Ainsi, par ex., il caractérise fort bien sa première division, qui comprend les genres Orvet, Sheltopusik, Ophisaure, Acontias, en disant : Ils ont la tête osseuse ; leur langue semblables à celle des Seps ; leur œil est également muni de trois paupières, etc. : ce sont, pour ainsi dire, des Seps sans pieds. » Nous croyons donc que Cuvier eût dû respecter un peu moins l'opinion vulgaire, et ranger parmi les Sauriens ces divers genres de Reptiles, qui ne sont autre chose que des Sauriens serpentiformes (Voy. Anguis). Des considérations analogues ont fait aussi retirer les Cécilies de l'ordre des Ophidiens, pour les placer parmi les Batraciens (Voy. Cécilie), et cela avec toute raison. Mais ces retranchements opérés, nous pensons que l'ordre des Serpents doit rester composé de tous les Reptiles que Cuvier a réunis sous la dénomination commune de *Serpents vrais*.

II. — Les animaux compris dans l'ordre ainsi limité des Ophidiens ou Serpents n'offrent aucun vestige d'épaules ni de membres antérieurs, mais quelques-uns présentent encore sous la peau des rudiments de membres postérieurs qui se montrent parfois en dehors, comme chez les Boas, sous la forme d'un petit crochet. Tous manquent de troisième paupière et de tympan ; néanmoins la structure de la tête varie considérablement. — Les vertèbres et les côtes constituent presque tout le squelette de ces Reptiles. La forme des premières est caractéristique : en effet, elles ont une concavité en-devant, et en arrière un condyle hémisphérique qui entre dans la concavité antérieure de la vertèbre suivante. Leur nombre est très considérable : ainsi, on en compte 202 dans la Vipère commune et 422 dans le Python améthyste. Les secondes sont également fort nombreuses. Elles entourent la plus grande partie de la circonférence du tronc ; mais elles ne sont pas jointes entre elles à la face ventrale, et il n'y a jamais de sternum : il résulte de là qu'elles sont beaucoup plus mobiles que chez tous les autres Vertébrés. Les premières paires sont plus petites que les autres ; mais elles existent à partir de la tête, en sorte que ces Reptiles n'ont pas de cou. Chaque vertèbre, à l'exception des caudales, porte une paire de côtes. La peau des Serpents est presque nue, d'un tissu extensible, adhérente aux muscles, protégée parfois par des tubercules, presque toujours par des écailles minces de forme variable, plus ou moins enchatonnées, du moins à leur base, et recouvertes en totalité par un épiderme qui se détache de temps à autre tout d'une pièce : les écailles ou plaques de la région inférieure du corps sont généralement plus grandes et servent à la locomotion : on les désigne habituellement sous le nom d'*écussons* ou de *scutelles*.

Les Ophidiens sont essentiellement carnassiers ; mais les dents crochues dont leur bouche est armée ne sont propres qu'à retenir la proie qu'ils ont saisie, ou ne sauraient la diviser : en conséquence, ils avalent leur proie tout d'une pièce. Un assez grand nombre d'espèces ont des glandes vénénifères, et le liquide qu'elles sécrètent est conduit par des dents tubuleuses ou simplement cannelées dans la plaie faite par le Reptile. Chez tous les Serpents, la langue est molle, entièrement charnue, protractile, et rentre dans une gaine ou fourreau sous la gorge. Elle est fendue profondément à son extrémité libre, et forme ainsi deux pointes flexibles qui peuvent s'écarter et vibrer lorsque cette langue est en dehors de la bouche. Bien qu'on lui donne vulgairement le nom de *dard*, elle est incapable de piquer, et, en outre, elle ne se termine point en fer de flèche, comme les artistes la représentent quelquefois. Le canal digestif de ces animaux est en général très court ; l'estomac représente simplement un boyau un peu plus large que le reste de l'intestin. L'anus consiste en une fente transversale placée vers l'origine de la queue. Le foie est en général formé d'un seul lobe allongé qui est tout à fait séparé de la vésicule du fiel. Les glandes salivaires varient pour leur nombre et leur siège ; mais elles sont bien développées. La salive qu'elles sécrètent, jointe à l'humeur muqueuse de la membrane buccale, au mucus nasal, à l'humeur lacrymale, et peut-être aussi à d'autres fluides qui refluent de l'œsophage, constitue la bave dont les Serpents couvrent les téguments des animaux qu'ils se préparent à avaler. Les reins sont très allongés et divisés en un grand nombre de lobes complètement séparés : il n'y a pas de vessie urinaire.

La circulation s'opère de la même manière que chez les Chéloniens et les Sauriens. Le cœur se compose de deux oreillettes et d'un seul ventricule divisé en deux loges communiquant entre elles. Les poumons sont de grandeurs fort inégales : le plus souvent l'un d'eux est tout à fait atrophié, tandis que l'autre forme un long sac membraneux qui s'étend depuis l'estomac ou la région du cœur jusqu'à la terminaison du tube intestinal, vers l'origine de la queue. L'intérieur de ce sac offre de grandes cellules polygonales, dans les parois desquelles les vaisseaux artériels et veineux se divisent à l'infini pour constituer le réseau vasculaire respiratoire. La respiration s'exécute par une sorte d'inspiration passive, lente et prolongée, due mécaniquement à la mobilité des côtes, qui peuvent s'écarter sur la ligne médiane inférieure et se mouvoir d'avant en arrière. L'expiration est également lente, mais active, et résulte de la compression du poumon par la contraction successive des muscles de toute la région du ventre. L'air, quand il est expulsé vivement par l'animal, peut produire un souffle ordinairement très faible, quelquefois plus ou moins bruyant ; mais on n'entend jamais un véritable sifflement, comme le disent les poètes et comme le croit le vulgaire.

La conjonction des sexes se fait chez les Serpents par une véritable copulation : les mâles ont les organes génitaux cachés, mais doubles et pouvant faire saillie au dehors. Les femelles sont généralement ovipares, et pondent des œufs à coquille flexible, mais assez résistante et contenant des grains calcaires. Quelques espèces, comme la Vipère, sont ovovipares, c.-à-d. que les œufs éclosent dans le corps de la mère, de sorte que les petits serpenteaux sortent vivants. Beaucoup de Serpents placent leurs œufs dans des lieux d'élection et les surveillent avec soin : mais ce sont exclusivement les femelles qui se chargent de ce rôle. Celle du Python entoure ses œufs des replis de son corps, et les soumet ainsi à une espèce d'incubation. — L'encéphale, chez les Ophidiens, est très petit, en proportion de la moelle épinière et des autres parties du corps. Les organes des sens sont également peu développés ; en revanche, l'appareil locomoteur, nerfs et muscles, jouit d'une énergie très grande Aussi, non seulement ces animaux peuvent exécuter tous les mouvements nécessaires à leur genre de vie, dont les actes sont extrêmement variés, mais encore ils les exécutent avec une vitesse étonnante. « Placés en embuscade sur la terre, dans l'eau ou sur les branches, dit Duméril, on les voit rester immobiles pendant des heures et des journées entières. Tantôt ils ont le corps simplement étendu sur le sol dans toute sa longueur en conservant encore quelques flexuosités latérales ; tantôt le tronc est roulé en cercle sur lui-même et forme un disque au centre duquel se trouvent les deux extrémités superposées, la tête au-dessus de la queue. Là, plongeant sous les eaux de la mer, des rivières, des ruisseaux, les Serpents épient les poissons et autres animaux qu'ils saisissent au passage. Ici, d'autres espèces qui vivent habituellement sur les arbres, enveloppent dans leurs replis tortueux les branches sous le feuillage desquelles elles trouvent une retraite cachée, qui devient un piège perfide pour leurs victimes. Enfin, pour indiquer les divers modes de locomotion des Ophidiens, nous dirons que la plupart rampent, glissent, s'enroulent en tous sens, s'accrochent, se suspendent, se balancent, grimpent, se dressent en partie sur eux-mêmes, s'élèvent presque verticalement, s'élancent, sautent, se débarrassent du ressort ; que quelques-uns nagent à la surface, au milieu et au fond des eaux ; que d'autres s'enfoncent sous le sable et pénètrent entièrement et sans bruit par les plus petits orifices, en rétrécissant à volonté le diamètre des diverses parties de leur corps. »

Bien que la forme générale du corps soit cylindrique chez les Ophidiens, cependant elle présente encore des différences remarquables qui dépendent surtout de la partie caudale. Ainsi, par ex., chez les Amphisbènes, la queue est courte, obtuse et presque aussi grosse que la tête, ce qui leur a valu le nom de Doubles-Marcheurs. Celle des Uropeltis est terminée par un disque charnu. Les Couleuvres ont en général une queue longue et terminée en pointe effilée ; celles qui vivent dans les arbres présentent plus particulièrement ce caractère. Chez les Vipères, la queue est courte ; elle l'est plus encore chez les Rouleaux. Elle est prenante chez les Boas et les Pythons : enfin, elle est plus ou moins comprimée latéralement chez les Hydridés ou Serpents marins, de manière à pouvoir leur servir de rame ou de nageoire. En outre, la forme des écailles qui protègent l'animal est très variable, et il en est de même de la coloration du tégument extérieur. On peut dire, en règle générale, que les colorations sont plus vives et les plus variées chez les Serpents des pays chauds. Enfin, la taille de ces Reptiles diffère beaucoup suivant les différents genres. Ainsi, sans parler des Typhlops qui sont fort petits et souvent de la grosseur d'une plume, il y a des espèces de Couleuvres qui ont à peine 20 centimètres de long, tandis que d'autres espèces atteignent 4 mètres, et que certains Pythons ont jusqu'à 9 mètres de longueur sur 30 centimètres de diamètre. — Le nombre des espèces d'Ophidiens actuellement connues s'élève à environ 500; la plupart habitent les régions chaudes du globe. L'Europe n'en compte que 26.

Les Serpents, soit venimeux, soit non venimeux, ont l'os tympanique mobile et presque toujours suspendu à un autre os analogue au mastoïdien, lequel est lui-même attaché sur le crâne par des muscles et des ligaments qui lui laissent de la mobilité. Il est facile de comprendre combien cette disposition donne de mobilité à la mâchoire inférieure dont chaque branche est suspendue à l'extrémité de l'os tympanique. Ajoutons encore : 1° que les branches du maxillaire inférieur ne sont point unies sur la ligne médiane, et que, par conséquent, elles peuvent s'écarter latéralement; 2° que les branches de la mâchoire supérieure peuvent aussi s'écarter plus ou moins, car elles ne sont pas fixées à l'os intermaxillaire; 3° que les arcades palatines participent aussi à cette mobilité, et l'on s'expliquera aisément comment la gueule des Serpents vrais se dilate au point que ces animaux puissent avaler plus gros qu'eux. Un autre caractère propre à ces Reptiles est la présence, non seulement sur les deux maxillaires, mais encore sur les arcades palatines, de dents aiguës et recourbées en arrière. Dans les Ophidiens non venimeux, il existe donc en général quatre rangées de dents à la partie supérieure de la bouche, et deux à la partie inférieure. De plus, aucune de ces dents n'est percée.

Les Serpents venimeux forment deux sections bien distinctes et caractérisées par la nature des dents que portent les maxillaires supérieurs. Dans tous les Serpents qui composent cette grande division, la glande qui sécrète le venin est placée sous les muscles temporaux, de façon que ceux-ci, en se contractant, compriment le tissu glanduleux et font écouler le liquide vénéneux dans le canal excréteur. Le venin de ces Ophidiens est un poison très violent, et qui amène plus ou moins promptement la mort. Cependant, ce poison n'a ni âcreté ni saveur désagréable, et l'on peut l'avaler impunément : il n'agit sur l'organisme que quand il est mis en contact direct avec le sang, comme lorsqu'il est versé dans une plaie. En conséquence, lorsqu'on est mordu par une Vipère, par ex., on peut impunément, si l'on n'a pas d'excoriations aux lèvres, sucer immédiatement la plaie pour empêcher l'absorption du venin. On peut encore manger impunément la chair des animaux qui sont morts empoisonnés par le venin des Serpents les plus dangereux. Au reste, l'énergie de cet agent toxique varie suivant les espèces et suivant les circonstances. En général, la quantité de venin nécessaire pour donner la mort est, toutes choses égales d'ailleurs, d'autant plus grande, que l'animal blessé est de plus grande taille. Voy. VENIN.

Nous venons de dire que les Serpents venimeux forment deux sections qui diffèrent par la nature des dents sus-maxillaires.

La première comprend les Ophidiens chez lesquels il n'existe à la mâchoire supérieure qu'une seule dent isolée et

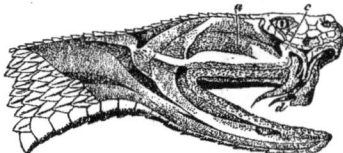

fort aiguë, laquelle est percée d'un petit canal qui livre passage à la liqueur sécrétée par la glande vénénifère. (Fig. ci-dessus). Tête de Crotale vue de profil et préparée de manière à montrer la disposition de l'appareil venimeux : a, glande; c, canal de la glande; d, dent ou crochet.) « Cette dent, dit Cuvier, se cache dans un repli de la gencive, quand le S. ne veut pas s'en servir, et il existe derrière elle plusieurs germes destinés à se fixer à leur tour pour la remplacer, si elle se casse dans une plaie. Les naturalistes ont nommé les dents venimeuses crochets mobiles, mais c'est proprement l'os maxillaire qui se meut. Cet os ne porte point d'autre dent, en sorte que, dans ce groupe d'Ophidiens, on ne voit dans ce nant de la bouche que les deux rangées de dents palatines. Les Serpents venimeux à crochets isolés ont généralement les mâchoires très dilatables et la langue très

extensible. Leur tête, large en arrière, a généralement un aspect féroce, qui annonce en quelque façon leur nature.

La seconde section des Serpents venimeux comprend les espèces qui ont en général plusieurs dents à la mâchoire supérieure, mais dont une, l'antérieure, est plus longue et présente un sillon ou rainure qui guide le venin. Duméril désigna cette section sous le nom de Protéroglyphes, par opposition à celui de Solénoglyphes qu'il donna à la précédente.

Les Serpents se divisent en trois grands groupes, d'après la nature de leurs dents; chacun de ces groupes se divise lui-même en familles de la façon suivante :

1° *Colubriformes.* — Maxillaires supérieurs portant des dents lisses, non cannelées; dans quelques genres (Dendrophis) il existe, en arrière, des dents cannelées. Tête ovale couverte de grandes plaques; queue longue. Morsure inoffensive pour l'homme. Les Colubriformes renferment les quatre familles suivantes :

Membres postérieurs rudimentaires (Péropodes).

Corps cylindrique, bouche peu dilatable : TORTRICINÉS, Tortryx;

Corps cylindrique, bouche très dilatable : ÉRYCINÉS, Eryx; Queue distincte, bouche très dilatable : BOAS ou BOÏDÉS, Boa, Python.

Rudiments de membres postérieurs absents.

COULEUVRES ou COLUBRINÉS. Colubes, Dendrophis.

2° *Protéroglyphes.* — Maxillaires supérieurs portant, en arrière, des crochets lisses, et en avant, une ou plusieurs dents cannelées, immobiles, en rapport avec des glandes venimeuses très actives. Aspect de couleuvres. Ce groupe comprend seulement deux familles :

Queue conique, Serpents terrestres : ÉLAPIDÉS, Élaps, Naja, Bougare.

Queue aplatie latéralement, Serpents de mer : HYDROPHIDÉS, Platurus, Hydrophis.

3° *Solénoglyphes.* — Maxillaires supérieurs ne portant que des dents cannelées dont les deux antérieures sont très développées et en rapport avec une glande à venin très active; les autres crochets rudimentaires et cachés sont des dents de remplacement. Tête triangulaire, couverte d'écailles petites. Queue couverte. Ce groupe comprend encore deux familles.

Pas de fossettes lacrymales entre les narines et les yeux : VIPÈRES ou VIPÉRIDÉS, Vipère, Pélias.

Profondes fossettes lacrymales : CROTALES ou CROTALIDÉS. Crotale, Bothrops, Trigonocéphale. Voy. les noms imprimés en petites capitules.

SERPENTAIRE. s. f. [Pr. ser-pan-tère] (R. serpent). T. Bot. Genre de plantes Monocotylédones (*Dracunculus*). de la famille des *Aroïdées*, tribu des *Arées*. Voy. AROÏDÉES. || Nom vulgaire donné à plusieurs plantes auxquelles on attribue la propriété de détruire les serpents, ou de guérir leurs morsures : *S. de Virginie*, Aristolochia serpentaria ; *S. du Texas*, Aristolochia reticulata, Voy. ARISTOLOCHIACÉES. *S. rouge* Polygonum Aristorta (*Polygonacées*).

SERPENTAIRE. s. m. [Pr. ser-pan-tère]. T. Astron. L'homme au serpent. Constellation boréale appelée aussi *Ophiuchus.* Voy. CONSTELLATION. || T. Ornith. Un des noms du *Messager.* Genre de Rapaces. Voy. MESSAGER.

SERPENTARINE. s. f. [Pr. serpan-tarine]. T. Chim. Principe amer, jaune, extrait de l'Aristoloche serpentaire. On l'appelle aussi *Aristolochine.*

SERPENTE s. f. et adj. m. [Pr. ser-pante] (R. serpent). S. ou papier s. Papier très fin qui était autrefois marqué d'une figure de serpent. Voy. PAPETERIE, III.

SERPENTEAU. s. m. [Pr. ser-pan-to]. Petit serpent éclos depuis peu. || T. Artif. Petite pièce explosive. Voy. PYROTECHNIE, I.

SERPENTER. v. n. [Pr. ser-pan-ter] (R. serpent). Avoir un cours tortueux, une direction tortueuse. Ce chemin *va en serpentant. Le lierre monte autour des arbres en serpentant.*

Il (le fleuve) serpente et s'enfonce en un lointain obscur.
LAMARTINE.

SERPENTIFORME. adj. 2 g. [Pr. ser-pan...]. Qui a la forme d'un serpent.

SERPENTIN. s. m. [Pr. ser-pan-tin] (R. serpent). T. Artmeh. Espèce de bascule qui portait la mèche dans les anciennes arquebuses. Voy. Fusn., I. || T. Phys. et Chim. Tuyau contourné en forme d'hélice et plongé dans un bain de température invariable de manière que les liquides ou le gaz qu'on y fait circuler prennent la température de ce bain. Voy. Alambic. || Ruban de papier qu'on déroule et qu'on fait serpenter dans les réjouissances publiques.

SERPENTIN, INE adj. [Pr. ser-pan...]. Qui a la forme du serpent. Ligne serpentine Forme serpentine. || T. Choreg. Danse serpentine, qui imite les souples contorsions du serpent. || T. Min. Marbre s., Voy. Serpentine. || Fig. Langue serpentine, Personne médisante. || T. Architect. Colonne serpentine, Voy. Colonne, 1, 3. || T. Man. Langue serpentine, La langue du cheval lorsqu'elle remue sans cesse au dehors et au dedans de la bouche, ce qui déplace le vrai point d'appui du mors.

SERPENTINE. s. f. [Pr. ser-pan...]. T. Bot. Nom vulgaire de l'Ophioxylon serpentinum (Apocynées) et de l'Estragon (Composées). || T. Minér. et Géom. Voy. ci-après. || T. Man. Figure de manège où les cavaliers défilent en serpentant.

Minér. — On appelle Serpentine, Ophite ou Ophiolithe un silicate hydraté de magnésie qui se présente ordinairement en masses compactes dont la structure peut être lamellaire, fibreuse ou amorphe, et la cassure écailleuse, concholdale ou cireuse. La s. est très tenace, tendre et douce au toucher et prend un peu gras Presque infusible au chalumeau, elle ne fond que sur les bords des écailles fort minces, et cela avec difficulté. En général, elle contient sur 100 parties, 41 à 43 de silice, 41 à 44 de magnésie, et 13 à 18 d'eau. On lui attribue la formule H⁴Mg³Si⁷O⁹. Il arrive souvent qu'une quantité équivalente d'oxyde ferreux remplace la magnésie, et c'est en perdant l'eau combinée que la s. prend de la dureté. Les couleurs de ce silicate magnésien varient du vert au noir et au brun plus ou moins foncé, et offrent presque toujours un mélange de taches ou de bandes vertes, les unes claires, les autres foncées, comme la peau des serpents, ce qui lui a valu son nom. La s. ne s'altère point à l'air, ou du moins ne s'altère que difficilement ou faiblement. Mais en revanche elle manque de cohésion, elle est friable et cassante. Les bancs qu'elle forme sont souvent traversés par des fissures, en sorte qu'il est rare qu'on l'obtienne en blocs de grandes dimensions. La s. comprend plusieurs variétés. La S. commune est opaque et de couleurs mélangées, ordinairement très foncées. Elle est quelquefois exploitée comme pierre de construction. Une variété grise qui a beaucoup de ténacité et qui se taille plus facilement que les autres, surtout en sortant de la carrière, est employée de temps immémorial à la confection d'une poterie particulière, et surtout de marmites propres à cuire les aliments, d'où lui vient le nom de Pierre ollaire sous lequel on la désigne quelquefois. Il suffit de la creuser et de lui donner la forme qu'on désire pour avoir des vases fort solides, quoique minces et légers, et qui forment un objet d'industrie assez important pour le canton de Zœblitz où cette substance est très abondante. L'Antigorite et la Bastile sont des serpentines lamellaires; la première est en lamelles transparentes d'un beau vert; la seconde a des reflets chatoyants qui lui ont valu le nom de Schillerspath (Voy. ce mot). La Marmolite se rencontre en petites lamelles d'un vert pâle, à éclat nacré. Il existe plusieurs variétés fibreuses de s.: dans la Métaxite les fibres sont assez grosses et d'un blanc verdâtre; dans la Chrysotile elles sont soyeuses, d'un vert tirant sur le jaune d'or; dans la Picrolite elles sont d'un vert foncé et se séparent difficilement; le Xylotile est brun, chatoyant, et se divise à la manière du bois. On recherche dans le commerce les variétés de s. vulgairement connues sous le nom de Marbre vert ou Marbre serpentin. Ces variétés sont complètement pénétrées par des veines nombreuses d'une chaux carbonatée blanche, spathique, qui joue le rôle de ciment entre les fragments de s. et donne à celle-ci plus de cohésion. Grâce à cette propriété, on en peut faire usage dans la marbrerie.

Toutes ces variétés de s. sont des produits d'altération qui se sont formés aux dépens du péridot, des pyroxènes ou des amphiboles; aussi conservent-elles quelquefois, par pseudomorphose, les formes cristallines de ces minéraux. Les serpentines se trouvent dans toutes les positions géologiques, tantôt en couches ou amas stratifiés subordonnés aux schistes talqueux, tantôt en filons ou amas transversaux. Il en existe en Bretagne, en Limousin, dans les Pyrénées, dans les Alpes. Toute la côte de Gênes en est en quelque sorte formée. La Saxe, surtout à Zœblitz, l'Angleterre, l'Écosse, l'Amérique, l'Afrique, la Chine, en offrent des dépôts plus ou moins considérables. Ces roches résistent en général aux agents atmosphériques et ne se couvrent d'aucune végétation. On y trouve disséminées plusieurs substances : le diallage, le feldspath, l'asbeste, l'épidote, etc. Dans la s. commune, c'est surtout le diallage que l'on rencontre; il s'y présente en lamelles ou clivant facilement, verdâtres ou brunes, bien plus fusibles que la s.

Dans le genre s. on comprend quelquefois tous les silicates hydratés de magnésie; il faut alors, aux espèces que nous venons de décrire, ajouter le Talc, la Stéatite, la Magnésite, la Saponite, la Picrosmine. Voy. ces mots.

Géom. — On appelle serpentine ou anguinée une courbe

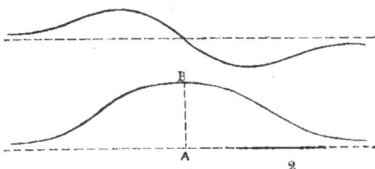

du 3ᵉ degré qui n'admet qu'une asymptote. Sa forme est représentée par la Fig ci-dessus, et son équation est :

$$y = \frac{ax + b}{x^2 + c^2}$$

Si a est nulle, la courbe est symétrique par rapport à une perpendiculaire à son asymptote qu'elle ne coupe plus (Fig. 2).

SERPENTINEUX, EUSE. adj. [Pr. ser-pan-tineu, euze]. T. Minér. Qui est de la nature du serpentin, ou de la serpentine.

SERPETTE. s. f. [Pr. ser-pè-te] (Dimin.). Petite serpe qui sert à tailler la vigne, à émonder les arbres, etc.

SERPIGINEUX, EUSE. adj. [Pr. serpi-ji-neu, euze] (lat. serpere, ramper). T. Méd. Qui serpente; se dit des ulcères et des affections cutanées qui semblent ramper en serpentant, c.-à-d. qui guérissent sur un point et se développent du côté opposé. Ulcère s. Dartre serpigineuse.

SERPILLIÈRE. s. f. [Pr. les ll mouillées] (bas lat. serapellinæ, vieilles hardes, du lat. xerampelinus, gr. ξηραμπέλινος, qui se disait d'une étoffe couleur de feuille morte). Toile grosse et claire qui sert à emballer les marchandises, à faire des toutes, des tabliers, etc. || Tablier retenu par une agrafe que certains marchands mettent devant eux. || Linceul grossier.

SERPOLET. s. m. [Pr. serpo-lè] (lat. serpyllum, m. s., de serpere, ramper). T. Bot. Nom vulgaire du Thymus serpyllum. Voy. Labiées.

SERPULE. s. f. (lat. serpere, ramper). T. Zool. Genre de Vers. Voy. Tubicoles.

SERRAGE. s. m. [Pr. sé-raje]. Action de serrer. Le s. des freins.

SERRAN. s. m. [Pr. sé-ran] (lat. serra, scie). T. Icht. Genre de Poissons osseux. Voy. Percoïdes, III.

SERRANO, duc de la Torre, général espag., fut l'un des chefs de la révolution qui renversa Isabelle II du trône d'Es-

pagne en 1868. Il gouverna avec le titre de Régent jusqu'à
l'avènement d'Amédée Ier 1870 (1810-1885).

SERRASALME. s. m. [Pr. *sèr-ra-salme*] (lat. *serra*, scie ;
salmo, saumon). T. Icht. Genre de *Poissons osseux*. Voy.
SALMONIDES, III.

SERRATIFOLIÉ, ÉE. adj. [Pr. *sèr-rati...*] (lat. *serra*, scie ;
folium, feuille). T. Bot. Qui a les feuilles en forme de scie.

SERRATIFORME. adj. 2 g. [Pr. *sèr-rati...*] (lat. *serra*,
scie ; *forma*, forme). Qui a la forme d'une scie.

SERRATILE. adj. 2 g. [Pr. *sèr-ratile*] (lat. *serra*, scie).
Disposé en scie.

SERRATULE. s. f. [Pr. *sèr-ratule*] (Dimin. du lat. *serratus*, dentelé en scie, de *serra*, scie). T. Bot. Genre de
plantes Dicotylédones (*Serratula*) de la famille des *Composées*, tribu des *Tubuliflores*. Voy. COMPOSÉES.

SERRE. s. f. [Pr. *sè-re*] (R. *serrer*). Lieu clos et couvert
où l'on abrite les végétaux qui ne peuvent supporter la température ambiante. — Fig., *Cela est venu en s. chaude,
c'est un fruit de s. chaude*, se dit des talents précoces, mais
peu solides, dont on a hâté le développement par des moyens
artificiels. ‖ Se dit aussi des griffes des oiseaux de proie. *Le
faucon tenait la perdrix dans ses serres.* — Fig., *Il a la
s. bonne*, se dit d'un homme qui a la main extrêmement
forte ; et Fig., D'un avare, d'un larron, d'un concussion-
naire, etc. ‖ L'action de serrer, de presser les raisins et autres
fruits qu'on met au pressoir, et qu'on serre à diverses reprises. *La première, la seconde s.*

Hortic. — En Horticulture, on donne le nom de *Serre* à
tout abri fermé et vitré qui sert à protéger contre les intempéries de l'atmosphère des plantes qui croissent sous un climat plus ou moins chaud. Comme la température exigée par
les plantes varie selon celle des régions où elles vivent spontanément, il est nécessaire, avant de construire une s., de
savoir à quelles espèces de végétaux on la destine, afin de la
placer dans les conditions les plus favorables au bien-être de
ces derniers. Dans tous les cas, on doit choisir pour l'établissement d'une s. un sol exempt de toute humidité extérieure,
ordinairement abrité du nord, du nord-est et du nord-ouest,
et bien aéré du côté du midi, de l'est et de l'ouest. L'exposition doit varier selon que les plantes demandent une vive
lumière ou une lumière diffuse, et elle s'exprime en général
par l'heure à laquelle le soleil frappe directement sur la
façade vitrée. Ainsi une s. aura l'exposition du midi, si elle
reçoit en face le soleil à midi précis ; de même pour les expositions de 10 heures, de 11 heures, etc. L'inclinaison ou la
pente du toit est encore un des points les plus importants à
considérer dans la construction d'une s. ; car, suivant le degré
de l'inclinaison, les rayons solaires seront plus ou moins concentrés, et les plantes se trouveront plus ou moins rapprochées de la lumière qui joue un si grand rôle dans la végétation. Cette inclinaison varie en général de 30° à 55°. Pour la
maçonnerie des serres, on peut employer à peu près indifféremment la pierre meulière, les moellons et la brique ; mais
pour la charpente, le bois doit être préféré à toute autre
matière. Le fer, qu'on emploie fréquemment, a de graves
inconvénients, surtout pour les serres chaudes, savoir, sa
grande dilatabilité, son refroidissement rapide, et sa prompte
oxydation sous l'influence de l'humidité et de la chaleur de
la s. Quant à leur forme, les serres peuvent être angulaires
ou curvilignes, à un seul versant ou à deux versants. Dans la
s. à un versant, tout le fond est occupé par un mur qui permet de maintenir plus facilement une haute température,
mais qui a pour inconvénient de donner une inégale répartition de lumière. Dans la s. à deux versants, la maçonnerie
est presque nulle, et la lumière arrive des deux côtés à la
fois ; en revanche, la surface vitrée étant plus grande, il est
plus difficile d'y maintenir la chaleur. La disposition intérieure des serres varie selon la nature et la taille des végétaux
qu'on se propose d'y cultiver. On distingue trois sortes de
serres, les *serres chaudes*, les *serres tempérées* et les *serres
froides*.

Les *Serres chaudes* sont celles où la température doit
être au moins de 15° pendant le jour et de 10° pendant la
nuit. Pour les chauffer, on établit, soit dans le mur de la
s., soit en dehors, soit en dedans de celle-ci, un fourneau
d'où partent des conduits de terre, de fonte, etc., dans lesquels l'air chaud circule et qui distribuent une chaleur con-

venable dans toutes les parties du bâtiment. Dans les grands
établissements on substitue à ce mode de chauffage des appareils à circulation d'eau bouillante qui sont très faciles à
régler et qui maintiennent bien plus longtemps une température égale et constante. C'est dans les serres de ce genre que
l'on cultive les Palmiers, les Bananiers, les Orchidées, les
Aroïdées, les Fougères, etc. Dans les *Serres tempérées*, la
chaleur doit être maintenue entre 6° et 10° pendant le jour,
et entre 4° et 6° pendant la nuit. Ces serres doivent être exposées de manière à recevoir le soleil depuis dix heures jusqu'à deux heures. On ne doit laisser arriver l'air extérieur
que quand la température se maintient au-dessus de + 6°. Il
serait dangereux de le laisser pénétrer, s'il était plus froid.
La simple action des rayons solaires suffit d'ailleurs, pendant
la plus grande partie de l'année, à maintenir l'intérieur de
ces serres à la température voulue. Les serres tempérées conviennent à la culture d'une foule de végétaux exotiques,
notamment aux Cactacées, aux Pélargoniums, aux Calcéo-
laires, etc. Enfin, on nomme *Serres froides* celles où la température peut descendre à la rigueur jusqu'à 0°, mais jamais
au-dessous. Ces serres sont généralement connues chez nous
sous le nom d'*Orangeries*, parce que les plus communes sont
destinées à recevoir les Orangers pendant l'hiver. Toute salle
recevant le jour par de grandes et larges fenêtres en plein
midi peut être transformée en orangerie. Toutes les fois que
la température extérieure ne descend pas plus bas que 0°, on
peut se dispenser de faire du feu. Il suffit d'empêcher la
gelée d'y pénétrer, et de donner de l'air depuis le matin jusqu'à trois heures après midi, pour que les plantes ne souffrent
pas. C'est à la catégorie des serres froides qu'appartiennent
les serres dites *hollandaises*, qui sont destinées à la culture
des végétaux de petite taille Ce genre de serres convient aux
Camellias, aux Bruyères, aux Rhododendrons.

Nous terminerons en disant un mot des *Serres à forcer*
et des *Aquariums*. Les *Serres à forcer* ont pour but de
faire produire aux végétaux leurs fleurs ou leurs fruits à
une époque autre que celle qui leur est assignée par la
nature. Leur construction est donc subordonnée aux espèces
qu'on veut cultiver. Pour forcer les arbres à fruit, on peut
se borner à dresser devant ceux qui sont adossés à un mur
de grands chevrons supportant des panneaux vitrés, qui
reposent inférieurement sur une planche posée de champ.
On établit en dehors un ou deux poêles dont les tuyaux
parcourent intérieurement toute la longueur de la s. le
long des panneaux. La s. fixe ne diffère de la précédente
qu'en ce que les chevrons des châssis sont scellés supérieurement dans le mur de fond, et inférieurement sur un petit
mur d'appui antérieur. Les arbres cultivés dans cette s. doivent toujours être plantés au dehors, afin que les racines
jouissent de l'influence de l'air extérieur et des pluies : mais
on introduit les tiges par des trous pratiqués dans les murs.
Au moment où commence le *forçage*, la s. doit être hermétiquement fermée. On chauffe d'abord très faiblement,
car la température ne doit être amenée que graduellement à
+ 15°, qu'elle ne doit jamais dépasser. — Enfin, les *Aquariums* sont des serres destinées à la culture des plantes aquatiques. Ces plantes exigeant beaucoup de lumière, l'aquarium
doit avoir une large toiture vitrée qui se rapproche le plus
possible de la surface de l'eau. Dans les grands aquariums,
on amène l'eau à la température nécessaire au moyen de
tuyaux de chauffage placés au fond des réservoirs.

SERRE (comte DE), homme d'État et orateur politique fr.
(1776-1824).

SERRE-BOSSE. s. m. [Pr. *sè-rebo-se*] T. Mar. Gros cordage qui tient une ancre soulevée par une de ses pattes,
entre le bossoir et le porte-hauban de misaine. = Pl. *Des
serre-bosse.*

SERRE-CISEAUX. s. m. [Pr. *sè-re-si-zo*]. Outil de coutelier. = Pl. *Des serre-ciseaux.*

SERRE-COU. s. m. [Pr. *sè-re-kou*]. T. Vétér. Sorte de
pince dont on se sert pour exercer une compression sur la
veine jugulaire du cheval, lorsqu'on a pratiqué la saignée sur
cette veine. = Pl. *Des serre-cou* ou *des serre-cous.*

SERRÉ, ÉE. adj. [Pr. *ser-ré*] (lat. *serratus*, denté, de
serra, scie). T. Bot. Qui est denté en scie. *Feuille serrée.*

SERRE-FEU. s. m. [Pr. *sère-feu*]. Outil pour retenir le
charbon autour d'un creuset. = Pl. *Des serre-feu.*

SERRE-FILE. s. m. [Pr. *sè-re-file*]. T. Art. milit. Se dit des officiers et des sous-officiers placés derrière une troupe en bataille, sur une ligne parallèle au front de cette troupe. *Se placer en s.-file.* Dans toutes les manœuvres, les *serre-files se conforment au mouvement du peloton.* || Dernier soldat de chaque file. || T. Mar. Le vaisseau qui marche le dernier de tous. *Être le s.-file.* — On dit aussi adjectiv., *Vaisseau s.-file.* == Pl. *Des serre-files.*

SERRE-FINE. s. f. [Pr. *sè-re-fine*] (R. *serrer* et *fin*). T. Chir. Espèce de petite pince à ressort qui sert à serrer les lèvres d'une plaie sans entrer dans la peau, et à les tenir en contact pendant un certain temps. == *Des serres-fines.*

SERRE-FREIN. s. m. [Pr. *sè-re-frin*]. Celui qui dans un convoi de chemin de fer est chargé de serrer les freins. == Pl. *Des serre-freins.*

SERRÉMENT. adv. [Pr. *sè-ré-man*] (R. *serré*). Avec une économie extrême. *Il vit fort s.* Peu usité.

SERREMENT. s. m. [Pr *sè-re-man*]. Action par laquelle on serre. *Il lui témoigna son amitié par un s. de main.* || Cloison à l'intérieur d'une mine pour empêcher les eaux de passer. || *S. de cœur,* Sensation qu'on éprouve, comme si le cœur était véritablement serré, dans la tristesse, la compassion, etc. *Cette nouvelle lui a donné un s. de cœur. En le quittant, j'éprouvai un s. de cœur.*

SERRE-NEZ. s. m. [Pr. *sè-re-né*]. T. Techn. Appareil avec lequel on serre le nez d'un cheval pour le faire tenir tranquille quand on l'opère. == Pl. *Des serre-nez.*

SERRE-NŒUD. s. m. [Pr. *sè-re-neu*]. T. Chir. Instrument dont on se sert pour serrer à volonté une ligature passée autour du pédicule d'une tumeur, ou autour de toute autre partie qu'on se propose d'enlever en l'étranglant graduellement. *Le s.-nœud de Græfe.* == Pl. *Des serre-nœuds.*

SERRE-PAPIERS. s. m. [Pr. *sè-re-papié*]. Arrière-cabinet où l'on serre des papiers. Vx. || Sorte de tablette, divisée en plusieurs compartiments, et où l'on range des papiers. || Petit meuble de marbre, de bronze, etc., qu'on place sur les papiers d'un bureau pour les empêcher de se disperser. == Pl. *Des serre-papiers.*

SERRE-PÉDICULE. s. m. [Pr. *sè-re...*]. T. Chir. Pince qui sert à opérer la constriction d'un pédicule. == Pl. *Des serre-pédicules.*

SERRE-POINT. s. m. [Pr. *sère-pouin*]. Outil de bourrelier. == Pl. *Des serre-points.*

SERRER. v. a. [Pr. *sè-rer*] (lat. *serare*, fermer, de *sera*, barre). Étreindre, presser. *S. la main à quelqu'un. Des souliers qui serrent les pieds. Il la serra dans ses bras, contre son cœur. Il se serre la taille avec une sangle pour paraître plus mince.* — *S. les dents,* Presser les deux rangées de dents l'une contre l'autre. || Fig., *Cela serre le cœur,* se dit d'une chose qui excite la pitié, la compassion. — *S. les nœuds de l'amitié,* Rendre l'amitié plus étroite entre deux personnes.

> Si le don de ma main peut contenter vos vœux,
> Je pourrai me résoudre à serrer de tels nœuds.
> MOLIÈRE.

|| Fig. et fam., *S. les pouces à quelqu'un,* Le contraindre, à force de menaces, à avouer la vérité; se dit par allusion à un ancien procédé de torture. — *Que la fièvre le serre!* se dit, par imprécation, d'un homme dont on a à se plaindre. || *S. les cordons de la bourse,* ne point donner d'argent; lésiner, mettre près à près, rapprocher. *Vous nous avez trop serrés. Reculez un peu, nous serons moins serrés. Serrez les rangs. S. les files.* — *S. son écriture,* Rapprocher les lettres ou les lignes les unes des autres. *Serrez davantage vos lignes.* Fig., *S. son style,* Retrancher ce qu'il y a de superflu dans le style, ou Écrire d'une manière très concise. — *S. la muraille,* Passer en se tenant aussi près que possible de la muraille. — *S. quelqu'un de près,* Le poursuivre vivement. *S. de près une place, un fort,* En presser le siège. || Renfermer, mettre à couvert. *S. son or, son argent. Serrez ces hardes, ces papiers. Serrez cela sous clef. Il faut s ces fruits dans un endroit sec. S. les*

foins, les blés, Les porter dans la grange, dans le grenier. || T. Escr. *S. la mesure,* s. la botte, Voy. MESURE. Fig., *S. le bouton à quelqu'un,* Voy. BOUTON. || T. Jeu de Trictrac. *S. son jeu,* Jouer de façon à ne pas se découvrir. || T. Man. *S. l'éperon à un cheval,* Lui donner de l'éperon pour le faire aller à toute bride. *S. la demi-volte,* Faire revenir le cheval sur la même piste où il a commencé la demi-volte || T. Mar. *S. la ligne,* Tenir rapprochés les uns des autres les vaisseaux qui forment une ligne de bataille. — *S. la terre,* La ranger aussi près que possible. *S. le vent,* Naviguer au plus près du vent. — *S. les voiles,* Les plier. == SE SERRER v. pron. *Cette femme se serre trop,* Elle se serre trop la taille. || *Se s. les uns contre les autres,* Se rapprocher davantage. *En nous servant un peu, il y aura place pour tout le monde.* || *Se s. contre le mur,* Se mettre tout à fait contre == SERRÉ, adv. Bien fort; fam. et ne s'emploie guère qu'avec l'un des adverbes *Bien, Très, Si* et *Assez. Il a gelé bien serré cette nuit. Il lui a donné sur les oreilles si serré, que...* || *Mentir bien serré,* Mentir effrontément. Fam. || *Jouer serré,* Ne jouer qu'à beau jeu, et ne se hasarder point; et, Fig., Agir avec une extrême prudence, de manière à ne pas donner prise sur soi.

|| *Avoir le ventre serré,* Ne pas aller facilement à la garderobe. || *Un cheval serré du devant, du derrière,* Un cheval étroit du devant, etc. || Fig. et fam., *Un homme serré,* Un avare qui a peine à donner, qui dépense avec regret. || Au Jeu de Trictrac. *Un jeu serré,* Un jeu qui n'est pas étendu et où l'on ne se découvre point, et figure dans un sens analogue. == SERRÉ, ÉE. part.

> Notre troupe serrée
> Tenait à peine autour d'une table carrée.
> BOILEAU.

Un homme serré dans ses souliers. De la toile bien serrée. Du drap bien serré. Un style serré. Avoir le cœur serré de douleur, ou absol. *Avoir le cœur serré.*

SERRES, ch.-l. de c. (Hautes-Alpes), arr. de Gap; 1,200 hab.

SERRES (OLIVIER DE), agronome fr. (1539-1619), s'occupa de l'agriculture et de la culture du mûrier.

SERRET, mathématicien fr. (1819-1885).

SERRE-TÊTE. s. m. [Pr. *sè-retète*]. Ruban ou coiffe dont on se serre la tête. == Pl. *Des serre-têtes.*

SERRETTE. s. f. [Pr. *sè-rète*] (lat. *serra*, scie). T. Bot. Nom vulgaire du *Serratula tinctoria.* Voy. COMPOSÉES, I.

SERRICORNES. s. m. pl. [Pr. *sèr-ricorne*] (lat. *serra*, scie; *cornu*, corne). T. Entom. Les *Serricornes,* appelés aussi *Priocères,* constituent une nombreuse famille de la grande division des *Coléoptères pentamères.* Les insectes qui la composent n'ont, comme les Brachélytres, que quatre palpes; mais ils en diffèrent par leurs élytres qui recouvrent l'abdomen. Les antennes, à quelques exceptions près, sont de la même grosseur partout et dentées, soit en scie, soit en peigne, ou forment même l'éventail. Latreille partage cette famille en trois sections, les *Xylotroges* ou *Limebois,* les *Sternoxes* et les *Malacodermes.*

La section des *Limebois* (*Xylotrogi*) comprend les Serricornes dont la tête est entièrement à découvert et séparée du corselet par un étranglement ou une espèce de cou, ce qui les distingue des *Sternoxes* et des *Malacodermes.* Ces insectes doivent leur nom à la manière dont leurs larves perforent en tous sens le bois dans lequel elles vivent. Le genre *Lymexylon,* le plus intéressant de ce groupe, est caractérisé par son corselet cylindrique, par ses antennes presque moniliformes, et par ses élytres presque aussi longues que l'abdomen. L'espèce la plus répandue est le *Lymexylon naval* (Fig. ci-contre, grossie), qui est long d'environ 14 millimètres, et de couleur fauve pâle, avec la tête, le bord extérieur et le bout des étuis noirs. Cet insecte, assez rare en France, est fort commun dans les forêts de chênes du nord de l'Europe. Sa larve, qui est longue et grêle, avec le premier anneau du corps fortement dilaté, est très nuisible aux arbres. Elle fait aussi de grands ravages dans les chantiers de la marine, car les bois qui renferment dans leur inté-

rieur des Lymexylons sont bientôt détériorés. Nous mentionnerons encore dans la section des Limebois les genres *Hylecœte* et *Rhysode*, qui ont des représentants dans notre pays. Le premier (*Hylecœtus*) est caractérisé par ses antennes comprimées en scie et à articles transversaux, et le second (*Rhysodes*) par ses antennes grenues.

Pour les deux autres sections de la famille des Serricornes, Voy. les mots MALACODERMES et STERNOXES.

SERRIÈRE. s. f. [Pr. *sè-rière*]. Pièce de fer qui sert à boucher le trou du fourneau.

SERRIÈRES, ch.-l. de c. (Ardèche), arr. de Tournon; 1,500 hab.

SERRIROSTRE. adj. 2 g. (lat. *serra*, scie; *rostrum*, bec). T. Zool. Qui a le bec dentelé en scie.

SERRON. s. m. [Pr. *sè-ron*] (esp. *seron*, dimin. de *sera*, corbeille). Boîte dans laquelle on apporte des drogues des pays étrangers. *Un s. de baume.* Vx.

SERROT. s. m. [Pr. *sè-ro*]. Bâton qui fait partie d'une machine à prendre les oiseaux.

SERRULÉ, ÉE. adj. [Pr. *sèr-rulé*] (lat. *serra*, scie). T. Bot. Syn. de dentelé.

SERRURE. s. f. [Pr. *sè-rure*] (lat. *serare*, fermer, de *sera*, barre). Machine ordinairement de fer qui sert à fermer une porte, un tiroir, etc., et qu'on fait agir au moyen d'une clef. || Fig. *Sa s. est bien brouillée*, Il a l'esprit dérangé. || *S. de sûreté*, Serrure à deux pênes. || *S. bénarde*, S. à clef non forcé.

Techn. — Les *Serrures* ont été connues de très bonne heure. Bien plus, les spécimens de serrures et de clefs qui existent dans nos musées prouvent que l'art du serrurier était déjà fort avancé chez les anciens. Plusieurs peuples, les Égyptiens par ex., connaissaient même certains artifices que les modernes n'ont imaginés qu'assez récemment. On distingue aujourd'hui deux catégories de serrures, les *serrures ordinaires* et les *serrures de précision*.

Une *Serrure ordinaire* se compose de trois parties principales : la *Serrure* proprement dite; la *Clef*, qui sert à l'ouvrir (Voy. CLEF); et la *Gâche*, pièce de fer dans laquelle entre le *pêne* ou verrou de la serrure, et que l'on visse ou que l'on scelle sur le chambranle de la porte. *La serrure* représente extérieurement une boîte rectangulaire de fer, nommée *Palastre* ou *Palâtre*, sur laquelle sont montées toutes les pièces du mécanisme, et qui est percée de deux, trois ou quatre trous pour le passage des vis qui la fixent au bord de la porte. On appelle *Pêne*, la pièce de fer mobile dont l'extrémité extérieure, ou *tête*, s'arrête dans la gâche

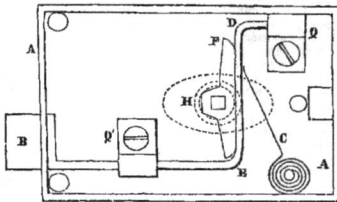

Fig. 1.

pour tenir la porte fermée, tandis que la *queue de pêne* est la partie de ce pêne qui ne sort jamais du palastre. Sur la face de la porte opposée à celle qui porte la serrure on fixe une plaque de fer appelée *platine* qui est percée d'un trou correspondant à celui de la porte et destiné à l'introduction de la clef. — La s. dont le mécanisme est le plus simple est celle qu'on désigne sous le nom de *Bec-de-cane* (Fig. 1). AA est le palastre, et B le pêne. Ce dernier est retenu par la tige coudée DE, sur laquelle presse le ressort C, et qui est guidée dans sa course par les *Picolets* QQ. De plus, sa

tête est taillée en chanfrein ou en biseau, disposition qui permet à la porte de se fermer toute seule quand on la pousse avec une certaine force. Le bec-de-cane n'a pas de clef. Il s'ouvre à l'aide du *bouton* H. Lorsqu'on tourne ce bouton, il pousse la pièce DE en agissant sur le *Foliot* F, ce qui fait rentrer le pêne et, par conséquent, ouvrir la porte. Au contraire, quand on le laisse aller, la pression du ressort C ramène le pêne dans sa première position. —

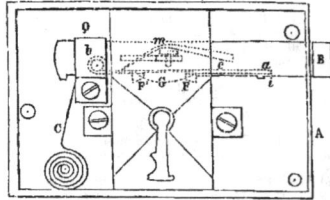

Fig. 2.

Le *Tour et demi* (Fig. 2) est l'espèce de s. la plus répandue. Il se compose d'un bec-de-cane qu'on manœuvre, tantôt avec une clef seulement, tantôt avec une clef et un bouton de coulisse, c.-à-d. qui fonctionne en glissant. Comme le bec-de-cane, cette s. se ferme toute seule quand on pousse la porte. Lorsqu'elle est ainsi fermée, il ne faut qu'un demi-

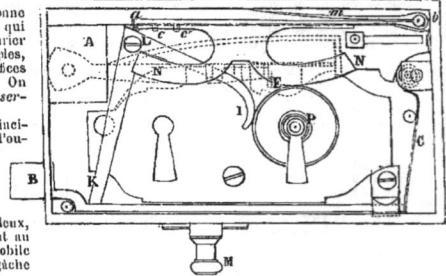

Fig. 3.

tour de clef pour l'ouvrir; au contraire, on consolide sa fermeture par un tour entier de la clef, qui fait pénétrer le pêne plus avant dans la gâche. On obtient ce résultat par l'action du panneton de la clef sur la pièce G, appelée *Ancre* ou *Gorge*. Il soulève, par l'intermédiaire de l'ancre, la *Gâchette* ab, afin de dégager l'*Ergot* a de l'encoche i où il est entré, et en même temps il appuie contre la *Barbe* ou partie saillante F de la queue du pêne, ce qui permet à celui-ci de marcher en avant. Mais aussitôt l'ancre, pressée par le ressort m, s'abaisse, la gâchette retombe, et l'ergot c se loge de nouveau dans l'encoche i, pour maintenir le pêne dans la position où il a été amené. Quand on veut ouvrir la s., il suffit de faire tourner la clef en sens contraire, et elle fait alors couler le pêne en arrière en attaquant successivement les barbes F' et F. Cette sorte de s. est ordinairement *bénarde*, c.-à-d. que, sa clef étant pleine, elle peut s'ouvrir des deux côtés. Au contraire, quand la s. est *à broche*, afin de s'adapter au canon d'une clef forée, elle ne peut s'ouvrir que d'un seul côté. — La *S. à deux tours et demi*, qu'on nomme communément *S. de sûreté* (Fig. 3), est armée de deux pênes indépendants, l'un B, qui est un bec-de-cane, pour le demi-tour, et l'autre A, qui est carré au bout, pour les deux tours. Pour ouvrir le premier, on fait tourner la clef dans le sens où elle attaque le bras I du levier coudé ou équerre ILK, dont le centre de rotation L est sur le second pêne A, ou *pêne dormant*. Le bras K, qui a son extrémité engagée dans un trou la pêne B, fait alors rentrer celui-ci dans le palastre. Aussitôt que la clef cesse d'agir, le ressort C repousse le pêne et le fait saillir au dehors. Si maintenant on tourne la clef en sens contraire, le pannaton de celle-ci soulève l'ancre NE, à laquelle est fixée la gâchette *a*, et attaque la barbe E : l'ergot *a* se trouve ainsi dégagé de son encoche, et le pêne A pénètre d'un cran dans la gâche. La clef ayant achevé son tour et n'agissant plus sur l'ancre et sur la barbe, l'ergot *a* tombe dans l'encoche c, sous la pression du ressort *mb*. En même temps que le pêne, auquel elle est liée, l'équerre marche aussi en avant, et d'une quantité telle que son bras l ne peut plus être rencontré par la clef. Enfin, un second tour de clef fait encore avancer le pêne A, et amène la troisième encoche c' sous l'ergot *a*. Pour ouvrir la porte, il suffit de produire la même manœuvre en sens inverse : le pêne A rentre alors dans le palastre, l'équerre revient dans sa position primitive, et un troisième tour de clef, en attaquant le bras l, fait rentrer le bec-de-cane. Ce dernier peut aussi être poussé en arrière au moyen du bouton de coulisse M. Les serrures de ce genre sont munies intérieurement de *Gardes*, c.-à-d. de petites pièces de fer disposées en cercle autour de la tige de la clef, de manière que les encoches et les fentes à jour pratiquées au pannaton trouvent passage autour de ces pièces. Cet artifice fait qu'une autre clef, eût-elle les mêmes dimensions que celle de la s., n'y pourrait tourner, faute d'avoir précisément les mêmes jours. Ces serrures sont toujours à clefs forées. — Dans les serrures qui précèdent, le pêne sort du palastre et vient s'engager dans la gâche; mais on fait aussi des serrures où le pêne reste toujours renfermé. Alors la pièce qui sert de gâche porte un anneau plat, nommé *Auberon*, qui pénètre dans le palastre par une ouverture pratiquée à cet effet. Les serrures des malles et les cadenas ordinaires appartiennent à cette catégorie.

Les *Serrures de précision* sont dites de *sûreté*, *à secret* ou *à combinaisons*. Les premières sont ainsi appelées parce

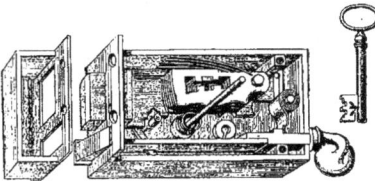

Fig. 4.

que seules les clefs spécialement faites pour la servir peuvent l'ouvrir. La Fig. 4 montre l'ensemble intérieur d'une de ces serrures et sa clef.

On nomme serrures à secret, celles qui, étant fermées ne peuvent s'ouvrir que d'une certaine manière. Leur ouverture est presque toujours munie d'un *cache-entrée*, dont les dispositions varient à l'infini, et qu'il faut nécessairement déplacer pour introduire la clef. Les serrures à combinaisons se composent d'un mécanisme dont les pièces doivent être placées dans un certain ordre pour qu'on puisse obtenir leur ouverture. Les unes s'ouvrent sans clef, aussitôt que les pièces ont été amenées dans la position voulue. Les autres s'ouvrent avec une clef d'une construction particulière. Ces dernières remontent à la plus haute antiquité. La plus ancienne connue est la S. *égyptienne*, qui était généralement employée en Égypte plus de dix siècles avant notre ère, et dont l'usage est encore très répandu aujourd'hui dans le Levant. Le principe de sa construction consiste à mettre des obstacles au mouvement du pêne. Il a été appliqué, pour la première fois en Europe, en 1744, par l'Anglais Baron; mais c'est un autre Anglais, le célèbre mécanicien Bramah, qui, en l'adoptant, en 1784, sur sa *s. à pompe*, a obtenu le premier des résultats satisfaisants. La s. de ce dernier a servi de type à la plupart des instruments analogues qu'on a imaginés depuis, et parmi lesquels il suffira de citer la S. *à gorge et à détateur* de Chubbs, la S. *à clef changeante* de Rochefort, et la S. *à permutation* de Day et Newel. Ces serrures offrent une très grande sûreté relative, parce que, bien qu'aucune d'elles ne soit incrochetable, il faut au moins un temps fort considérable pour venir à bout de les ouvrir. Les serrures qui s'ouvrent

sans clef, sont formées de plusieurs viroles portant des lettres, des chiffres ou d'autres signes, et disposées de telle sorte qu'elles peuvent prendre un très grand nombre de positions différentes; cependant il n'y a pour chaque virole qu'une position qui permette l'ouverture de la s., et comme cette position unique n'est connue que du propriétaire de la s., il en résulte que toute autre personne qui voudrait ouvrir la s. serait obligée d'essayer, avant d'y parvenir, la plupart des combinaisons possibles des positions des viroles, à moins qu'un hasard peu probable ne la favorisât dès les premières tentatives. Les serrures de ce genre paraissent dater du XVe siècle. Elles ont été mises à la mode, au commencement du XIXe siècle, surtout sous forme de cadenas, par le mécanicien parisien Régnier, qui leur a même donné son nom.

SERRURERIE. s. f. [Pr. *sè-ru-reri*] (R. *serrure*). L'art du serrurier. *Connaître la s. Atelier de s.* || Se dit des articles mêmes que produit le serrurier. *La s. étrangère était prohibée.*

Techn. — La *Serrurerie*, art de travailler le fer sous toutes les formes, à la lime, au marteau, à la forge, à l'enclume, est une des industries mécaniques les plus utiles et les plus répandues. En outre de la fabrication spéciale des serrures, la s. comprend tout ce qui concerne la clôture de fer des meubles et des habitations, les armatures en fer dont, en carrosserie on recouvre nombre de pièces de charronnage, et aussi toutes les pièces neuves métalliques indispensables pour la construction des voitures. En outre, elle englobe la presque totalité des ouvrages qui entrent dans la construction des machines de toute espèce, et la plupart des outils, instruments et ustensiles de fer qu'on emploie dans les arts et métiers. En conséquence, on distingue plusieurs branches dans cet art. On appelle S. *en bâtiments*, celle qui se rapporte à la fabrication et à la pose des serrures, verrous, gonds, charnières, espagnolettes, grilles, balcons, etc. La S. *en voitures* comprend la fabrication de l'ajustement des ressorts de suspension, des cols de cygne, la ferrure des roues et des trains, etc. Le *Serrurier-mécanicien* a surtout pour spécialité la fabrication des pièces de mécanique, l'exécution des machines. De plus, on nomme S. *de précision*, celle qui exécute les serrures de sûreté, à secret, etc.; et les ouvrages de fer d'un travail délicat. Enfin on donne le nom de *Grosse s.*, à l'industrie qui a pour objet la fabrication des poutres en fer devant servir dans la construction de bâtiment, dans celle des ponts, etc., à la confection des planchers des charpentes, des tabliers, des piles, etc. Les grands centres de l'industrie de S. en France sont : Saint-Étienne et Saint-Bonnet-le-Château (Loire), Charleville (Ardennes), Laigle et Rugie (Orne), Beaucourt (Alsace-Lorraine), Ault, Béthencourt, Escarbotin, Fouquières (Somme), etc. Paris est le grand entrepôt de ces produits; il en fabrique aussi beaucoup lui-même. Les ateliers du faubourg Saint-Antoine exécutent la s. de luxe et de précision, ainsi que la s. pour meubles, avec une habileté sans rivale. La s. française est renommée pour son élégance et sa solidité. Toutefois cette industrie est plus développée en Angleterre qu'en France, grâce aux procédés mécaniques que ce pays a été le premier à appliquer et aux perfectionnements qu'il y a apportés. Voy. SERRURE.

SERRURIER. s. m. [Pr. *sè-ru-rié*]. Ouvrier qui fait des serrures et certains autres ouvrages de fer. *Apprenti s. La boutique d'un s.*

SERTE. s. f. Enchâssements des diamants.

SERTIR. v. a. (lat. *sertus*, entrelacé). T. Joaillier. Enchâsser une pierre dans un chaton. == SERTI, IE. part. *Un diamant bien serti, mal serti.*

SERTISSAGE. s. m. [Pr. *serti-saje*]. T. Techn. Action de sertir.

SERTISSURE. s. f. [Pr. *serti-sure*]. Manière dont une pierre est sertie. *S. à griffe, à filet, etc.*

SERTORIUS (QUINTUS), général romain, partisan de Marius, fut assassiné par son lieutenant Perpenna (121-72 av. J.-C.).

SERTULAIRE. s. f. (lat. *sertum*, couronne, de *serere*, entrelacer). T. Zool. Genre d'Hydroïdes. Voy. SERTULARIDÉS.

SERTULARIDÉS. s. m. pl. (R. *Sertulaire*). T. Zool. Les

Sertularidés ou *Sertulariens* forment une famille d'*Hydroïdes Campanulaires* qui vivent, soit dans l'eau douce, soit dans la mer. Leur organisation est extrêmement simple, car ils sont formés par un tube fermé à son extrémité inférieure, mais ouvert à son extrémité opposée et portant autour de cette ouverture une couronne de tentacules filiformes. La plupart ont le corps revêtu d'une gaine cornée, aussi en forme de tube, qui est fixée par l'une de ses extrémités aux corps marins, tandis que la supérieure offre un évasement campaniforme qui loge les tentacules. Les *Sertulaires* (*Sertularia*), d'où la famille a tiré son nom, sont réunies sur un axe commun creux et ramifié, revêtu par une enveloppe cornée. Chaque tête qui est munie de tentacules peu rétractiles et en nombre variable, peut rentrer dans la cloche qui termine supérieurement chaque tube (Fig. ci-contre). Ces tentacules sont dépourvus de contractilité et même de cils vibratiles. Les *Plumulaires* (*Plumularia*) sont très voisines des précédentes. Leur polypier est corné, très délicat, à tiges grêles et fistuleuses, et garni de rameaux calicifères portant d'un seul côté des calices saillants.

SERTULE. s. m. (dimin. du lat. *sertum*, couronne). T. Bot. Nom donné quelquefois à l'ombelle simple. Voy. INFLORESCENCE.

SÉRUM s. m. [Pr. *sé-rome*] (lat. *serum*, petit lait). T. Physiol. Mot latin qui sert à désigner la partie aqueuse qui se sépare du sang et du lait après la coagulation. Voy. LAIT et SANG. — On appelle *s. artificiel* une solution d'un sel de sodium, généralement du chlorure, dans l'eau distillée, qu'on emploie, en injection sous-cutanée, dans un but thérapeutique. Pour un litre d'eau, il faut environ 7 grammes de *chlorure de sodium*; on peut y ajouter du *sulfate de soude* (10 grammes) ou du *carbonate de soude* (3 grammes). La quantité du s. artificiel à injecter varie, suivant les cas, de 500 grammes à 2,000 grammes; le s. artificiel rend les plus grands services dans l'anémie, la chlorose, l'éclampsie, le choléra, etc.

SÉRUM-ALBUMINE. s. f. [Pr. *sé-rom...*]. T. Chim. Albumine du sérum sanguin, appelée aussi *sérine*. Très analogue à l'albumine d'œuf, elle n'en diffère guère que parce qu'elle a un pouvoir rotatoire un peu plus fort et qu'elle résiste beaucoup mieux à l'action des acides étendus. Elle paraît constituée par un mélange de trois variétés dont les points de coagulation sont 73°, 77° et 84°. C'est la substance albuminoïde qu'on rencontre le plus souvent dans les urines des albuminuriques. Le lait, les glandes lymphatiques et les muscles renferment des albumines très analogues, sinon identiques, à la s.-albumine.

SÉRUM-CASÉINE [Pr. *sérom-ka-zé-ine*] ou **SÉRUM-GLOBULINE.** s. f. [Pr. *sérom...*]. T. Chim. Globuline du sérum sanguin. C'est la matière *fibrino-plastique*. Voy. ce mot.

SÉRUMTHÉRAPIE. s. f. [Pr. *sérom-térapi*] (lt. *sérum*, et gr. θεραπεύω, je soigne). Science basée sur les découvertes de Pasteur, ayant pour but de traiter les diverses maladies infectieuses ou d'origine microbienne au moyen d'injections sous-cutanées d'un sérum dont le principe actif tend à supprimer ou à enrayer la virulence du germe infectieux.

Le sérum utilisé provient du sang d'animaux (cheval, etc.), préalablement rendus réfractaires à la maladie à combattre; cette immunité leur est conférée à la suite d'inoculations de toxines atténuées provenant de cultures du microbe pathogène; le principe actif du sérum varie, on le conçoit, selon la nature du germe infectieux.

Parmi les principaux sérums actuellement connus, nous citerons le *sérum antidiphtérique* (Roux), qui a rendu presque nulle la mortalité, autrefois si élevée, par la diphtérie (Voy. DIPHTÉRIE), le *sérum antistreptococcique* (Marmorek) préconisé contre la fièvre puerpérale, l'érysipèle, le *sérum antipesteux* (Yersin), etc. On utilise également la plupart des sérums dans un but préventif, c.-à-d. qu'on s'en sert pour procéder à une sorte de vaccination contre la maladie; c'est ainsi qu'on fait des inoculations préventives contre la rage, le charbon, le tétanos, avant l'apparition de ces maladies.

La s. est une science nouvelle; ses applications sont encore restreintes, mais d'après les résultats qu'elle a déjà donnés en si peu de temps, il est permis d'affirmer qu'elle deviendra la base de la thérapeutique de l'avenir; ce sera alors la fin de la vieille pharmacie, avec ses drogues multiples et sa posologie compliquée.

SÉRURIER (comte), maréchal de France (1742-1819)

SERVAGE. s. m. État de celui qui est serf. || Fig. Servitude. *S. amoureux*, soumission à celle qu'on aime.

Hist. — On désigne sous le nom de *Servage*, une condition intermédiaire entre la servitude ou l'esclavage proprement dit et la liberté personnelle. Le *Serf*, c.-à-d. l'homme soumis au s., était généralement attaché à un fonds qu'il était tenu de cultiver; mais il ne pouvait être vendu qu'avec la terre, et de même celle-ci ne pouvait être vendue qu'avec lui.

I. — Le s. a été connu de toute antiquité; évidemment il fut à l'origine la conséquence de la conquête. Ainsi, les Ilotes (εἱλῶτες) à Sparte, les Pénestes (πενέσται) en Thessalie, les Gymnètes (γυμνῆτες ou γυμνήσιοι) à Argos, les Hypécoi (ὑπήκοοι) dans la Crète, étaient de véritables serfs attachés à la terre ou à la glèbe, suivant l'expression latine. Dans les premiers siècles de l'histoire romaine, nous ne voyons rien qui ressemble au s., mais simplement des esclaves ruraux. Mais sous les derniers empereurs de Rome, c.-à-d. au IIIe et au IVe siècle de notre ère, la législation impériale nous révèle l'existence dans tout l'empire, sous le nom de *Colons* (coloni), d'une véritable classe de serfs attachés à la terre et n'en pouvant être séparés. Quoique la condition des colons se rapprochât beaucoup de celle des esclaves, elle en différait cependant sous plusieurs rapports fort importants. Aussi les textes, tout en appelant les colons *servi terræ*, les opposaient-ils aux esclaves proprement dits (*servi*); mais le mot *liberi* s'oppose à la fois au mot *coloni* comme au mot *servi*. Le maître pouvait infliger à ses colons des châtiments corporels comme à ses esclaves, et on leur appliquait le principe qui considère l'esclave fugitif comme voleur de sa propre personne. De même que l'esclave, le colon ne pouvait intenter une action judiciaire contre le propriétaire du fonds, sauf le cas d'un crime commis à son égard par le maître et celui d'augmentation arbitraire du *canon*, c.-à-d. de la rétribution annuelle que le colon était tenu de payer suivant la coutume. Ce canon, d'ailleurs, se payait, soit en fruits, soit en argent, toujours conformément aux usages locaux. Ce qui distinguait essentiellement le colon d'avec l'esclave, c'est que, tandis que celui-ci n'était qu'une chose, celui-là était une personne. Le propriétaire du fonds ne s'appelait plus *dominus*, mais *patronus*, et le colon avait acquis deux droits essentiels, celui de contracter un mariage légitime (*jus connubii*) et celui de posséder. Le droit de mariage avait été une conséquence directe, qu'on nous permette l'expression, de l'adhérence de l'homme à la terre. En effet, dès que l'esclave, la femme et leurs enfants ne pouvaient plus être séparés par le caprice du maître, la famille se fondait nécessairement. De plus, tandis que la famille est incompatible avec la condition de l'esclave proprement dit, son établissement, dans le s., s'accordait fort bien avec l'intérêt du patron, car, dans les travaux agricoles, les enfants trouvent naturellement l'emploi de leurs forces et de leurs aptitudes. Enfin, ajoutons l'influence du christianisme qui achevait alors la conquête du monde romain, et qui, en interdisant d'une manière absolue les unions illégitimes, avait élevé le mariage à la dignité de sacrement. Le colon n'avait à payer à son patron que le canon fixé par la coutume dont nous avons parlé. Ce qu'il obtenait de plus par son travail, était sa propriété. Pour tous les biens autres que le fonds de terre, le colon pouvait faire un testament, et dans le cas où il mourait intestat, ce qu'il possédait revenait à son plus proche parent.

II. — D'après Tacite, les Germains n'exigeaient pas de leurs esclaves un service personnel ou domestique, mais simplement des redevances en froment, en bétail ou en vêtements, comme on avait coutume chez les Romains de exiger des colons, et la servitude n'allait pas au delà de l'obligation de payer ces redevances. Ainsi, les esclaves chez les Germains étaient employés aux champs: ils étaient libres de fait; tout ce qu'ils devaient à leurs maîtres, c'était une partie des fruits de leur travail. En conséquence, lorsque les peuples germaniques envahirent les diverses parties de l'empire romain, les conquérants maintinrent l'institution du colonat, qui se trouvait si conforme à leurs mœurs et à leurs coutumes. Elle dut même recevoir une extension considérable. Malheureusement, nous ne pouvons que faire des conjectures à ce sujet, en l'absence de documents historiques précis. Mais ce qui est surabondamment établi, c'est que, dans notre pays, dès le IXᵉ siècle, c.-à-d. lors du complet établissement du régime féodal, l'immense majorité de la population était réduite à cet esclavage mitigé qui constitue le s. des temps modernes. Suivant les auteurs, plusieurs causes ont donné naissance au s. féodal. Tantôt c'est la conquête qui a rendu les populations vaincues esclaves du peuple vainqueur; tantôt ce sont les puissants qui, dans les temps de violence et d'anarchie, ont asservi, contre tout droit, les faibles, sans distinction de race. Dans ces mêmes siècles de barbarie, on vit même des hommes libres se constituer serfs volontairement, afin de trouver au moins dans le maître qu'ils se donnaient un protecteur intéressé à défendre leur vie et leurs biens. Parmi ces serfs dits un peu abusivement volontaires, la plupart se donnaient à l'Église, car le régime du clergé était généralement plus doux que celui des seigneurs. Enfin, on devenait quelquefois serf par le seul fait de l'habitation pendant un certain temps sur certains domaines. Au moyen âge, le trait caractéristique et essentiel du s., c'était l'incapacité d'être propriétaire. Ainsi, le serf ne possédait rien qui pût lui appartenir. Il détenait et travaillait pour son maître; il était, en quelque sorte, attaché à la terre, d'où le nom de villain ou vilain, sous lequel on le désignait habituellement, le mot villa signifiant, dans le latin de cette époque, métairie, domaine, exploitation rurale. Le serf pourvoyait à sa subsistance au moyen du fruit de son travail, et c'est à cette consommation que se bornait pour lui la faculté d'acquérir, encore même était-elle généralement fort restreinte par les exigences arbitraires du seigneur. Le serf, ne pouvant acquérir ni posséder, ne pouvait pas, pour la même raison, succéder ni tester, mais il exista de bonne heure, sous ce rapport, de nombreuses exceptions. Cependant, même aux époques où le s. fut le plus adouci, les biens du serf mort sans enfants légitimes ou sans avoir fait de testament étaient généralement dévolus au seigneur en vertu de ce qu'on appelait droit de mortaille, et l'on appliquait l'épithète de mortaillables à ceux qui étaient soumis à ce droit. Le serf ne pouvait pas, sans l'autorisation de son seigneur, entrer dans les ordres sacrés. Toutefois, s'il y avait été admis sans cette formalité, son ordination était considérée comme valable : seulement il n'était exempté que des services corporels, et il devait toujours payer les redevances pécuniaires. Le serf, étant un homme de mainmorte, c.-à-d. mort quant aux fonctions civiles et politiques, ne pouvait être fait chevalier, même après avoir été affranchi, sans des lettres spéciales du roi, et s'il enfraignait les éperons lui avaient obtenu ces lettres, on les lui brisait sur un fumier. Il était également interdit de sortir de la terre pour aller s'établir ailleurs; s'il le faisait, son seigneur avait le droit de le poursuivre et de le réclamer partout où il le trouvait : c'était ce qu'on appelait le droit de suite. Parfois cependant un seigneur permettait à son serf d'aller résider ailleurs, moyennant le payement d'une taxe, dite forfuyance. Suivant le droit féodal, le serf devait se marier avec une personne de sa condition et appartenant au seigneur qu'il servait lui-même. Pour s'unir avec une femme libre ou avec une femme serve d'une autre terre, il lui fallait la permission de son maître et il lui obtenait qu'en payant un droit dit de formariage. Sous ce rapport des charges matérielles et des services personnels auxquels les serfs étaient soumis, les usages variaient considérablement selon les lieux. Néanmoins, en général, les hommes de condition serve étaient ou taillables à volonté ou abonnés. Dans le premier cas, ils dépendaient entièrement, ou du moins en principe, du caprice de leur seigneur, tandis que, dans le second, ils ne devaient qu'une redevance déterminée. Dans les cas malheureusement trop fréquents où les serfs appartenaient à un maître barbare et cruel, ils étaient exposés aux outrages les plus odieux et à toutes sortes de mauvais traitements. Ainsi, par ex., Beaumanoir, qui écrivait à la fin du XIIIᵉ siècle, dit que, dans certains pays, les serfs étaient mis en prison à tort ou à raison. Indépendamment des serfs proprement dits, il y avait encore des hommes libres qui étaient soumis à des redevances serviles, parce qu'ils possédaient des terres de nature servile. Ces terres s'appelaient Rotures, Cotteries, Villenics, Villénages, Mainmortes, etc. Ceux qui les faisaient valoir et que l'on nommait, par un abus de langage, Roturiers, Vilains ou Cottiers, n'étaient point serfs de corps : il leur suffisait de renoncer à leur possession pour être affranchis de toute servitude. — On pouvait sortir de s. : par prescription, quand on avait passé 10, 20 ou 30 ans, suivant les lieux, sans servir; par l'insurrection; par l'achat de la liberté; et, enfin, par

l'affranchissement volontaire. Ce fut par l'insurrection, comme nous l'avons vu ailleurs, que se fondèrent certaines communes. Mais la voie de rachat fut celle qui affranchit le plus grand nombre de serfs. A l'époque des croisades, beaucoup de seigneurs leur rendirent la liberté, afin de se procurer l'argent nécessaire pour l'expédition. En outre, certains seigneurs se flattaient de fonder au loin des établissements nouveaux : ils laissaient donc la liberté aux lieux qu'ils pensaient quitter pour jamais. Dans ces moments de ferveur chrétienne, quelques serfs obtinrent aussi la liberté en se croisant avec leurs seigneurs. Les rois, ayant compris qu'en diminuant la puissance des seigneurs, ils accroissaient d'autant la leur, favorisèrent l'affranchissement des serfs par tous les moyens en leur pouvoir, et d'abord ils commencèrent par affranchir ceux de leurs propres domaines, mais non toutefois sans exiger de leurs serfs un certain prix pour cette liberté, qui ne fut pas un don pur et simple. En 1311, Philippe le Bel donna la liberté aux serfs du Valois, et, en rendant son ordonnance, se servit d'expressions qui prouvent combien l'opinion publique se prononçait contre le s. : « Attendu que toute créature humaine qui est formée à l'image de Notre-Seigneur, doit généralement être franche par son naturel, et comme, en aucun pays, cette liberté naturelle n'est si effacée par la servitude, que les hommes et les femmes qui les habitent sont considérés comme morts et ne peuvent disposer, à la fin de leur douloureuse et chétive vie, des biens que Dieu leur a prêtés en ce siècle, etc. » Quatre ans plus tard, Louis le Hutin parle encore de la liberté naturelle dans le célèbre édit de 1315, par lequel il affranchit en masse tous les serfs de la couronne : « Comme, selon le droit de nature, chacun doit naistre franc, comme, par aucuns usages ou coutumes..., moult de personnes de nostre commun pueple, soient enchéées en lieu de servitudes.... moult nous déplaist ; nous, considérant que nostre royaume est dit et nommé le royaume des Francs, et voullant que la chose en vérité soit accordant au nom,... par délibération de nostre grand conseil, avons ordené et ordonons : que généralement, par tout nostre royaulme, de tant comme il puet appartenir à nous et à nos successeurs, telles servitudes soient ramenées à franchises..., franchise soit donnée à bonnes et convenables conditions..., et que les autres seigneurs, qui ont hommes de corps, preignent exemple à nous de ceux ramener à franchise. » En exécution des ordres de Louis le Hutin, et de ceux de plusieurs de ses successeurs, il y eut, en effet, pendant le XIVᵉ siècle, un grand nombre d'affranchissements dans les terres du domaine royal, mais une foule de serfs refusèrent la liberté, parce qu'on voulut la leur vendre trop cher. Quant aux seigneurs, ils étaient trop intéressés au maintien de ce qui existait pour suivre le conseil du roi. De cette manière, le s. se maintint dans diverses parties du royaume. Ainsi, au XVIIIᵉ siècle, par ex., la nation fut indignée en apprenant que les chanoines de Saint-Claude, en Franche-Comté, avaient encore des serfs : 12,000 habitants du Jura étaient esclaves de 20 moines, et soumis, dans toute son étendue, au sauvage droit de mainmorte. Voltaire écrivit contre ce reste de la barbarie féodale avec son ironie mordante : « On dit qu'il n'y a plus d'esclaves en France, que c'est le royaume des Francs, qu'esclave et Franc sont contradictoires, que, s'il est vrai que plusieurs financiers y sont morts en dernier lieu avec joie de trente millions francs acquis aux dépens des descendants des anciens Francs, s'il y en a. Heureuse la nation de France d'être si franche ! Cependant, comment accorder tant de liberté avec tant d'espèces de servitudes, comme, par ex., celle de la mainmorte?... Quand nous avons fait quelques remontrances modestes sur cette étrange tyrannie, on nous a répondu : Il y a six cents ans qu'ils jouissent de ce droit; comment les en dépouiller ? Nous avons répliqué humblement : Il y a trente ou quarante mille ans plus ou moins que les fouines sont en possession de manger nos poulets; mais on nous accorde la permission de les détruire quand nous les rencontrons. » Enfin, ému par le cri universel de réprobation qui s'était élevé contre le s., Louis XVI, sous l'inspiration de Necker, rendit, le 8 août 1779, un édit qui abolissait le s., d'une manière absolue et immédiate, dans toutes les terres de la couronne; mais il n'osa pas le supprimer dans les terres des seigneurs : il se contenta de prendre des mesures pour y encourager les affranchissements et supprimer le droit de suite. Ainsi donc, il en fut de l'odieux s. comme de tant d'autres abus : il ne fallut rien moins que la révolution de 1789 pour l'abolir. En effet, les dernières traces du s. ne disparurent que dans la célèbre nuit du 4 août. D'autres décrets suivirent bientôt après, qui détruisirent tous les droits représentatifs de cette détestable institution.

III. — Le s. a pesé pendant des siècles sur la plus grande

partie de l'Europe. Dans divers pays il disparut graduellement par suite des progrès naturels de la civilisation : c'est ce qui eut lieu en France et en Angleterre. Dans le duché de Savoie, le s. fut complétement aboli en 1763; en Danemark, l'affranchissement des serfs date de 1778 et de 1804, dans le Slesvig et le Holstein (dans ce dernier pays. le s. n'avait été établi qu'en 1594, mais il y subsistait avec une rigueur à nulle autre comparable). En Allemagne, l'abolition du s. n'a pu être obtenue qu'à la suite des ébranlements successifs imprimés aux pays germaniques par les révolutions de la France. Ainsi, elle a été proclamée en 1808, pour la Bavière; en 1809, pour la Westphalie, pour le duché de Hesse-Darmstadt, etc. ; en Prusse, elle ne date que de 1811, et cette grande mesure ne fut prise que pour exciter le patriotisme allemand contre l'oppression française. Dans l'Oldenbourg, le s. n'a été aboli qu'en 1814, dans le Wurtemberg qu'en 1817. Dans la haute Lusace même, ses dernières traces n'ont disparu qu'en 1832. Dans les domaines de l'Autriche, l'affranchissement complet des serfs n'a eu lieu qu'en 1848. En 1807, l'influence française a fait disparaître le s. en Pologne; cependant l'honneur du premier essai fait pour l'abolir revient à la constitution de 1791. En Russie, le pouvoir avait décrété, depuis le commencement de ce siècle, diverses mesures ayant pour objet de protéger les serfs contre les exactions et les mauvais traitements des seigneurs, mais sans beaucoup d'efficacité. Après avoir aboli le s. sur les terres du domaine de la famille impériale, l'empereur Alexandre II, par un ukase du 19 février 1861, a proclamé l'affranchissement des serfs de la noblesse dont le nombre s'élevait à environ 21 millions. Une série de règlements ont toutefois été édictés, par la suite, en vue de permettre aux serfs, en se rachetant graduellement, d'arriver au bout de neuf ans, à la pleine jouissance de leurs droits nouveaux et à la pleine propriété de leurs terres.

SERVAL. s. m. T. Mamm. Espèce de *Carnivore.* Voy. Chat. = Pl. *Des serrals.*

SERVAN, avocat général au parlement de Grenoble et publiciste, né à Romans (Drôme) 1737-1807). || Son frère Joseph né à Romans, ministre de la guerre en 1792 (1741-1808).

SERVANDONI, peintre et architecte fr. (1695-1766), construisit le portail de l'église Saint-Sulpice, à Paris.

SERVANT. adj. m. Qui sert. *Frère s., Chevalier s.,* Voy. Frère. — *Gentilshommes servants,* Officiers qui servaient à table par quartier chez le roi. || T. Jurispr. féod. *Fief s.,* Voy. Fief, III, 2. || *Cavalier s.,* homme en servage amoureux, sigisbée. || T. Artill. *Servant,* se dit subst., Des artilleurs qui se trouvent à droite et à gauche d'une pièce pour la servir. *S. de droite, de gauche. Le premier, le second s.*

SERVANTE. s. f. (R. *servir).* Femme ou fille qui est employée aux travaux du ménage et qui sert à gages. *Une vieille s. d'auberge. Prendre une s. Changer de s. — S. maîtresse,* s. qui a pris trop d'autorité dans la maison. — Par formule de civilité, Les femmes disent, soit en parlant, soit en écrivant : *Je suis votre s., votre très humble et très obéissante s.* Fam. et iron., une femme dit encore, *Je suis votre s.,* Quand elle veut marquer à quelqu'un qu'elle n'est pas de son avis, qu'elle ne saurait faire ce qu'il désire. || Fig., Espèce de table qu'on met dans les repas tout près de la grande table, et sur laquelle on place des assiettes, des bouteilles, etc., pour suppléer au service des domestiques. || T. Typogr. Morceau de bois sur lequel s'appuie la frisquette. Voy. Typographie.

SERVE. s. f. (lat. *servare,* conserver). Mare creusée dans la cour d'une ferme.

SERVET (Michel), médecin et théologien esp. né en Aragon (1509-1553), vint étudier en France, et attaqua à la fois le catholicisme et le protestantisme de Calvin. Il niait la trinité et professait une sorte de panthéisme. Condamné à mort à Lyon, il fut obligé de fuir, resta quelque temps caché à Genève, mais fut reconnu, poursuivi par Calvin, et condamné à être brûlé vif, supplice inique et infâme.

SERVEUR. s. m. Se dit, au jeu de paume, de celui qui sert la balle.

SERVIABLE. adj. 2 g. Qui est prompt et zélé à rendre service, qui aime à rendre de bons offices. *C'est un homme s., très s.*

   Syn. — *Officieux, Obligeant.* — L'homme *serviable* est prompt et empressé à vous servir dans l'occasion, comme un serviteur l'est à l'égard d'un maître. L'homme *officieux* est affectueux et zélé, comme un client à l'égard de son patron. L'homme *obligeant* est charmé, flatté de vous servir dans le besoin, et il va au-devant de l'occasion pour obliger. L'homme *s.* se fait un plaisir d'être utile, mais il est circonspect; l'homme *officieux* se fait un plaisir de concourir à vos desseins, mais il peut être intéressé; l'homme *obligeant* ne considère que le plaisir de vous rendre heureux.

SERVIABILITÉ. s. f. Qualité de celui qui est serviable.

SERVIABLEMENT. adv. D'une manière serviable.

SERVIAN, ch.-l. de c. (Hérault), arr. de Béziers ; 3,000 hab.

SERVICE. s. m. (lat. *servitium,* m. s. de *servire,* servir). L'état ou les fonctions d'une personne qui sert en qualité de domestique. *Être au s. de quelqu'un. Entrer, se mettre en s. Il a fait des économies et quitté le s. — Le s. d'un domestique,* La manière dont un domestique s'acquitte de ses fonctions. *Il est très content du s. de ses domestiques. — Le s. d'un maître,* La manière dont un maître se fait servir. *Le s. de ce maître est dur et pénible. — Le s. de la chambre, de l'office, des écuries, etc.,* Les fonctions particulières d'un domestique attaché à la chambre, etc. *Il n'était pas propre au s. de la chambre, on l'a fait passer au s. des écuries.* — On dit encore d'un domestique, *Le s. d'un tel. Il est à mon s.* — Par formule de civilité, on dit aussi, *Je suis à votre s., tout à votre s,* pour faire entendre à quelqu'un qu'on est à sa disposition, qu'on est prêt à faire ce qui pourra lui être utile ou agréable. — Ou dit de même, *Ma voiture est à votre s., A votre disposition. J'ai mille écus à votre s.* — Fam, *Qu'y a-t-il pour votre s.?* se dit à quelqu'un qui paraît vouloir vous demander quelque chose. || L'emploi, la fonction de ceux qui servent l'État dans la magistrature, dans l'armée. *Ce président a tant d'années de s. Le s. de l'État. Le s. militaire. Les services administratifs et les services militaires comptent également pour la pension.*

   Je ne veux point ici vous vanter mes services.

                               RACINE.

— *Service* s'emploie aussi absol., mais alors il se dit surtout du service militaire. *Entrer au s. Se retirer du s. Il a vingt ans de s. S. actif.* Voy. Actif. *Activité de s.,* Voy. Activité. — *Être de s,* Être dans le temps où l'on est obligé de faire les fonctions de sa charge, de sa place, ou les exerce réellement, à moins d'un empêchement légitime; en T. de Guerre, Monter la garde, être de piquet, etc. *Il est de s. après-demain. Les hommes de s.* On dit, dans un sens anal., *Faire son s.* || *Ensemble d'opérations, de travaux, etc.,* pour lesquels sont nécessaires différentes personnes et différentes choses dans certaines administrations, dans certains établissements publics ou particuliers. *Le s. de l'artillerie et de la marine exige des connaissances toutes spéciales. Le s. de la poste. Selon les besoins du s.* || *Service* se dit aussi de tout ce que l'on fait pour être utile à quelqu'un, pour l'obliger, pour le tirer d'un embarras, d'un danger. *Pouvez-vous me rendre un s.? Il m'a rendu un grand s., un s. important. Il fait payer le plus léger s. Vendre, louer chèrement ses services. J'attends ce s. de votre amitié. Récompenser les services de quelqu'un. Faire valoir ses services. Rendre s. à sa patrie, à l'humanité. — Rendre un mauvais s., de mauvais services à quelqu'un,* Lui nuire, lui faire perdre l'estime d'autrui, ou simpl., Lui susciter de l'embarras. *Vous m'avez rendu un mauvais s. en lui parlant de moi.* || L'usage qu'on tire de certains animaux et de certaines choses. *Ce cheval est d'un bon s. Une étoffe de bon s.* — Fam., L'estomac, les jambes lui refusent le s., Son estomac, ses jambes ne font plus leurs fonctions qu'avec peine. || Se dit encore de certaines choses faites dans un but d'utilité spéciale. *Escalier, couloir, porte de s., Escalier, etc.,* qui, dans une maison, sont affectés aux domestiques, aux fournisseurs. *Pont de s., chemin de s.,* Pont, chemin provisoire qu'on établit, pour le transport des matériaux, dans les grands travaux publics. || T. Relig. *Se consacrer au s. de Dieu,* Embrasser la profession ecclésiastique ou religieuse; ou se donner entièrement aux œuvres de piété. || T. Jurispr. *Services fonciers*, se dit quelquefois des servitudes. — Autrefois, S. *féodal*, Les devoirs auxquels un vassal était obligé envers son seigneur. || T. Liturg. La célébration solennelle de l'office divin, de la messe, et de toutes les prières qui se font dans l'église. *Le s. est fort bien fait à Saint-Sulpice.* — Se dit particul. Des messes hautes et des prières publiques qui se disent pour un mort. *Nous avons été au s. d'un tel. Fonder un s. annuel. S. du bout de l'an.* Voy. AN. || T. Écon. domest. Un nombre de plats qu'on sert à la fois sur la table, et que l'on ôte de même. *Repas à trois services. Le premier s. Le second s. Enlever le premier s.* — Assortiment de vaisselle ou de linge qui sert à table. *S. d'argent. S. de porcelaine. S. de linge damassé.* || T. Jeu de paume. Le côté où est celui à qui on sert la balle. *Être du côté du s.* — Action de celui qui sert et jette la balle sur le toit. *Un s. difficile.* = Syn. Voy. BIENFAIT.

SERVIEN, diplomate fr. (1593-1659), fut employé dans des négociations importantes par Richelieu, par Mazarin, et prépara avec d'Avaux la paix de Westphalie.

SERVIETTE. s. f. [Pr. *serviè-te*] (esp. *servilleta*, m. s., le mot paraît venir de *servir* par une voie irrégulière). Linge qui fait partie du couvert que chacun trouve devant soi ou se mettant à table, et dont on se sert aussi à divers autres usages. *S. unie, damassée. Une douzaine de serviettes. Déplier sa s. Donner la s. à quelqu'un,* Lui présenter une serviette mouillée par un bout, pour se laver les mains et les essuyer. *C'était un honneur de donner la s. au roi.* || Grand portefeuille pliant destiné à recevoir des papiers d'affaires, de travail, etc.

SERVILE. adj. 2 g. (lat. *servilis*, m. s., de *servus*, esclave) Qui appartient à l'état d'esclave, de domestique. *Emploi s. Homme de condition s.* || Fig., Bas, rampant, *Ame, esprit s. Obéissance, complaisance s.*

> Ces tributs serviles
> Que payait à leur art le luxe de nos villes.
>   BOILEAU.

Flatterie basse et s. Des sentiments serviles. — *Crainte s.,* Voy. CRAINTE. || T. Littér. et Arts. Qui s'attache trop à l'imitation d'un original. *Imitateur s. Traducteur s.* On dit, dans un sens analogue, *Imitation s. Traduction s.* || T. Gramm. *Lettres serviles,* lettres hébraïques qui servent à former avec le radical les uns des noms, les temps des verbes, etc.

SERVILEMENT. adv. [Pr. *servile-man*.] D'une manière servile. *Il fait s. sa cour aux grands. Cela se traduit s. Il ne fait qu'imiter s. les ouvrages de son maître.*

SERVILIE. sœur de Caton d'Utique, épousa Junius Brutus, et en eut Marcus Brutus.

SERVILISME. s. m. Esprit, système de servilité.

SERVILITÉ. s. f. Esprit de servitude, bassesse d'âme. *La s. de son caractère le rend méprisable.* || Exactitude servile. *Cette traduction a trop de servilité.*

SERVIR. v. a. (lat. *servire*, m. s., de même orig. que *servare*, garder et *servus*, esclave). Remplir auprès de quelqu'un les fonctions de domestique, soit moyennant salaire, soit par acte d'amitié, de dévouement. *Il y a dix ans qu'il me sert. Elle sert bien sa maîtresse. Nul ne peut s. deux maîtres à la fois.* Absol., *Ce domestique est trop vieux, il ne peut plus s. Après avoir été prêché, il est réduit à s. — S. à la chambre, à la cuisine, etc.,* Être employé au service de la chambre, etc., *S. son maître à table,* Lui donner à boire, lui donner les assiettes, etc. On dit aussi simpl., *S. à table.* — Par ext., *S. le prêtre à l'autel,* Être auprès de lui pour répondre la messe, pour lui présenter l'eau et le vin, etc. On dit aussi ellipt., *S. la messe. Servir le prêtre qui dit la messe.* || Se dit aussi d'un marchand, d'un ouvrier, relativement aux personnes qu'il fournit, pour qui il travaille. *Le boucher nous a mal servis aujourd'hui.* || Être utile, aider, assister, rendre de bons offices. *S. ses amis. Il m'a bien servi dans telle affaire. Je vous servirai de mon crédit, de mon épée. S. l'État dans la magistrature, dans l'administration.* Absol., se dit du service militaire. *Il y a vingt ans qu'il sert. Il a longtemps servi sur mer, dans*

la marine. *Il servait alors dans l'infanterie, dans l'artillerie. J'ai servi sous tel général.* — *S. les passions de quelqu'un,* Lui fournir les moyens de les satisfaire. *Son bras a mal servi sa valeur,* Il a eu moins de force, de vigueur que de courage. *Si ma mémoire me sert bien,* Si elle ne me trompe pas. *Sa mémoire l'a mal servi en cette occasion,* Elle lui a fait défaut. *Les circonstances l'ont bien servi,* Elles lui ont été favorables, etc. || Fig., S. *Dieu,* Remplir à bien le culte qui lui est dû, et s'acquitter de tous les devoirs qu'impose la religion. || *Servir,* sign. encore faire ce qui est nécessaire pour qu'une machine, un appareil fonctionne régulièrement. *Il faut trois hommes pour s. cette pompe, cette grue. S. le canon. S. une batterie.* On dit aussi, *Ce feu d'artifice a été bien servi, mal servi.* || *Servir,* en parl. des mets, d'un repas, se prend dans plusieurs significations un peu différentes. *S. une table,* La couvrir de plats, de mets. On servit six tables en même temps.* — *S. des mets sur la table,* Les placer et les disposer sur la table. *S. le potage, l'entremets, le dessert. S. un gigot, un plat de légumes. Le dîner fut servi presque froid.* Absol., *A quelle heure voulez-vous qu'on serve? A-t-on bientôt servi? On a servi.* On dit dans le même sens. *Vous êtes servi.* — *S. un dîner, un déjeuner, etc.* sign. quelquef., Donner un dîner, etc. *Il nous servit un fort beau dîner. S. à déjeuner, à dîner, à souper,* Donner à une ou plusieurs personnes de quoi déjeuner, etc. *On nous servit à dîner. Il nous fit s. à déjeuner.* — *S. à quelqu'un d'une viande, d'un mets,* Donner d'un mets à quelqu'un avec qui on est à table. *On m'a servi un excellent morceau. Servez du saumon à monsieur.* On dit aussi, *S. à boire à quelqu'un.* — Absol., *S. quelqu'un,* Lui donner de ce qui est sur la table. *Vous ai-je servi? Je vous ai bien mal servi. C'était la maîtresse de la maison qui servait,* Qui distribuait les mets aux convives. — Fig., *tel mets, tel plat de son métier,* Voy. MÉTIER. *S. quelqu'un à plats couverts,* Voy. COUVRIR. || T. Jurispr. *S. une rente,* Payer l'intérêt d'une somme constituée en rente. *S. une redevance,* Acquitter une redevance. || T. Jeu. À certains jeux de table, Mettre les dés dans le cornet de celui qui doit jouer. — Au Jeu de ballon, de la longue paume, du volant, Jeter le ballon, la balle, le volant à celui contre qui l'on joue. — Au Jeu de paume, *S. la balle,* ou absol., *Servir,* Jeter la balle sur le toit à celui contre qui l'on joue. == SERVIR. v. n. *Servir à,* signifie Être destiné à tel usage, ou Être utile, propre, bon à telle chose. *Ce bateau sert à passer la rivière. À quoi sert cette machine? Les troupes qui servent à la défense des frontières. À quoi ce valet, ce cheval peut-il nous s.? Cela ne sert à rien. A quoi sert-il de s'emporter?* On dit quelquefois, *Que sert-il, Que sert de...? pour A quoi sert-il? Que sert-il de s'emporter? Que sert de s'emporter? Que servent de froides raisons contrevérités par les exemples?* — Signifie quelquefois, Être d'usage. *Ces vêtements, ces souliers pourront vous s. Ce cheval ne peut plus guère s. Je ferai encore s. ce tapis.* Fam. et proverb., *Cela sert comme un cautère, comme un emplâtre sur une jambe de bois, comme une cinquième roue à un carrosse,* etc., Cela est tout à fait inutile. || *Servir de,* Tenir lieu de, tenir la place de, faire l'office de. *Il m'a servi de père. Vous nous servirez d'interprète. Que cela vous serve d'exemple. L'air de la campagne lui servit de remède. S. de prétexte. S. d'excuse, de preuve.* — *Cela ne sert de rien,* N'est bon à rien. *Toutes ces recherches ne vous serviront de rien, si...,* Elles ne vous seront d'aucune utilité, si... On dit encore d'une chose absolument inutile, *De quoi cela sert-il?* La Fontaine a écrit : *Rien ne sert de courir, il faut partir à point.* || Fig., *S. de jouet, de marotte, de plastron,* Être en butte à toutes les raillerics d'une ou de plusieurs personnes. *S. de plastron,* sign. encore, Être exposé aux attaques de quelqu'un. — Fig. et fam., *S. de couverture,* Servir de prétexte. == SE SERVIR. v. pron. Faire son usage, ce que d'autres font faire par un domestique. *Il faut habituer les enfants à se s. eux-mêmes. Se s. soi-même.* || Prendre de ce qui est sur la table pour manger. *Servez-vous; point de façon. S.* On dit des mets qui paraissent sur les tables. *C'est un mets qui se sert sur les meilleures tables.* || Se s. *de,* Faire usage de. *Se s. de la bourse de son ami. Il se sert de mes meubles, de mes chevaux. Il ne se sert jamais de voiture. Il se sert trop souvent du même mot. Elle s'est servie de tel expédient. Il se sert bien de son crédit, de sa faveur. Le papier dont je me sers pour vous écrire.* — Se dit aussi des personnes. *Je se sert depuis longtemps de ce tailleur, de ce cordonnier.* == SERVI, IE. part. == Syn. Voy. EMPLOYER.

Conj. — *Je sers, tu sers, il sert; nous servons, vous*

serrez, ils servent. Je servais; nous servions. Je servis; nous servîmes. Je servirai; nous servirons. — Je servirais; nous servirions. — Sers; servons. — Que je serve; que nous servions. Que je servisse; que nous servissions. — Servir, servant, servi, ie.

Obs. gram. — Les deux locutions *Ne servir à rien* et *Ne servir de rien* ne sauraient s'employer indifféremment. La première exprime une inutilité momentanée, un défaut d'emploi. *Ce qui ne sert à rien aujourd'hui peut servir demain. Cet homme a des talents qui ne lui servent à rien. Ne servir de rien* exprime au contraire une inutilité absolue. Ce qui ne sert de rien ne peut être employé utilement, est hors de tout service. *Ce domestique est infirme, il ne me sert plus de rien.*

SERVITEUR. s. m. (bas lat. *servitor*, m. s., de *servire*, servir). Celui qui est au service, aux gages d'autrui, en qualité de domestique, ou pour quelque fonction subalterne. *Bon, fidèle s. Les devoirs des serviteurs envers leurs maîtres.* On dit communément *Domestique;* mais, en termes de l'Écriture, on dit toujours, *Serviteur.* — *C'est un grand s. de Dieu,* C'est un homme de grande piété, d'une grande charité, uniquement occupé de la prière et des bonnes œuvres. *S. des serviteurs de Dieu,* Qualification que le pape prend dans ses bulles. — *S. de l'État, du roi,* Un homme zélé et fidèle en ce qui regarde le service de l'État, du roi. *L'État ne doit pas oublier ses vieux serviteurs.* || Fam. T. de Civilité. *Serviteur,* sign. Attaché à, disposé à rendre service. *J'ai toujours été s. de votre père, de votre famille.* Vx. — *Votre s., votre très humble et très obéissant s.,* Formules de politesse dont on sert pour finir les lettres. *Je suis votre s.,* et quelquefois, *Serviteur,* Formules de civilité dont on se sert en saluant quelqu'un pour prendre congé. Fam. et ironiq., on dit encore. *Je suis votre s. Je suis son s.,* en parlant à quelqu'un pour marquer qu'on refuse ce qu'il demande, ou ce qu'il propose, ou que l'on n'est point du même avis. *Il prétend que je lui dois faire des excuses, je suis bien son s.,* et ellipt., *Serviteur, Je n'en veux rien faire, je n'en ferai rien.* — Fam., on dit aussi., *S. à la danse, S. aux grands dîners, etc.,* pour faire entendre qu'on a renoncé à la danse, etc., ou qu'on n'est plus en état de s'y livrer.

SERVITUDE. s. f. (lat. *servitudo,* m. s. de *servire,* servir). Captivité, état de celui qui est esclave. *Mettre, réduire en s. Délivrer, tirer de la s. Il était habitué à sa s.* — Se dit aussi des peuples et des nations. *Ce peuple abandonna son pays plutôt que d'accepter la s. Il délivra sa nation d'une s. honteuse.* || Fig., *La s. des passions.* L'état d'un homme assujetti au péché, livré à ses passions. En T. de morale chrétienne, on dit, dans un sens analog., *La s. du péché. La s. du démon.* || Contrainte, assujettissement. *Il est obligé de se rendre là tous les jours à telle heure, c'est une grande s. Il n'est pas d'état dans la société qui n'ait sa s.*

Législ. — En Droit, on donne le nom de *Servitude,* ou *Service foncier,* à une charge imposée sur un héritage pour l'usage et l'utilité d'un héritage qui appartient à un autre propriétaire. L'héritage auquel la s. est due s'appelle *fonds dominant,* et celui qui la doit, *fonds servant.* Toutefois la s. n'établit aucune prééminence d'un héritage sur l'autre. Ce qui caractérise essentiellement les servitudes, c'est qu'elles doivent avoir pour objet l'utilité d'un fonds et qu'elle ne peuvent être imposées, ni à une personne, ni en faveur d'une personne. Par là, elles diffèrent complètement des droits d'usufruit, d'usage et d'habitation (Voy. USUFRUIT), qui sont indépendants, pour celui qui les exerce, de la possession ou de la propriété du fonds. En conséquence, les servitudes ne peuvent être, ni vendues, ni louées, sans le fonds qui en profite; elles ne sauraient exister qu'entre héritages voisins, et s'exercer que sur un fonds dont on n'est pas propriétaire. La loi française reconnaît trois sortes de servitudes : celles qui dérivent de la situation des lieux, celles qui sont établies par la loi, et celles qui le sont par le fait de l'homme. (C. civ., 637-39.)

A. Les servitudes qui dérivent de la situation des lieux existent sans qu'il y ait nécessité d'aucun titre. Le Code en distingue trois sortes : 1° les obligations qui concernent l'écoulement des eaux; 2° le droit qu'a tout propriétaire de forcer son voisin au bornage de propriétés contiguës; 3° le droit de clore un héritage pour le soustraire à la vaine pâture. Ces deux derniers droits sont classés à tort parmi les servitudes : d'ailleurs nous en avons parlé aux mots BORNAGE et PÂTURAGE. L'écoulement des eaux constitue, au contraire,

dans certains cas, une véritable s. Ainsi, les fonds inférieurs sont assujettis, envers ceux qui sont plus élevés, à recevoir les eaux qui en découlent naturellement. Le propriétaire inférieur ne peut dès lors élever aucune digue qui empêche cet écoulement, et le propriétaire supérieur, de son côté, ne peut faire aucun ouvrage qui aggrave la s. du fonds inférieur. Dans aucun cas, un propriétaire ne peut établir des toits, de manière que les eaux pluviales s'écoulent sur le fonds de son voisin, à moins qu'il n'ait acquis par titre ou par prescription ce droit, qu'on appelle s. de *stillicide (jus stillicidii).* Celui qui a une source dans son fonds peut en user à sa volonté, sauf le droit que pourrait avoir acquis le propriétaire du fonds inférieur par titre, ou par une prescription non interrompue de trente ans à partir du moment où ce dernier a fait des ouvrages apparents destinés à faciliter la chute et le cours de l'eau dans sa propriété. Le propriétaire de la source ne peut en changer le cours lorsqu'elle fournit l'eau nécessaire aux habitants d'une commune, d'un village; mais il peut demander une indemnité, s'il n'y a pas prescription. Celui dont la propriété borde une eau courante, ne peut s'en servir au passage que pour l'irrigation de sa propriété. Celui dont cette eau traverse l'héritage peut en user dans l'intervalle qu'elle parcourt, mais à la charge de la rendre, à la sortie de ses fonds, à son cours naturel. Dans ces deux derniers cas, on doit observer les règlements particuliers et locaux, et, en cas de contestation, les tribunaux appelés à prononcer doivent concilier les droits de la propriété avec l'intérêt de l'agriculture. (C. civ., 640 à 645 et 681.)

B. Les servitudes établies par la loi ont pour objet l'utilité publique ou communale, ou bien l'utilité des particuliers. — Les premières sont du ressort du droit public et régies par des lois ou des règlements particuliers. Elles ont pour objet : la défense du territoire, et sont désignées sous le nom de *servitudes militaires* (Voy. PLACE); le marchepied et le chemin de halage le long des rivières navigables et flottables (Voy. COURS D'EAU); la construction ou réparation des chemins et autres ouvrages publics ou communaux. — Les servitudes qui ont pour objet l'utilité des particuliers, ont été établies par le législateur, parce qu'il lui a paru que l'avantage qui doit en résulter pour les uns est notablement supérieur au préjudice que les autres pourront en éprouver. Elles existent indépendamment de toute convention, et sont relatives à la mitoyenneté des murs, des fossés et des haies, à la distance requise pour certaines plantations et certaines constructions, à l'ouverture des vues ou des jours, et enfin au droit de passage dans les fonds enclavés. Comme il a été traité ailleurs de la mitoyenneté des murs et des fossés (Voy. MITOYEN) nous n'y reviendrons pas ici, et nous parlerons seulement des autres servitudes légales. — L'existence d'une haie vive, en général, celle des arbres plantés sur la limite d'un héritage, pouvant, sous plusieurs rapports, être nuisible à l'héritage voisin, la loi ne permet d'effectuer ces plantations qu'à une certaine distance ou à la ligne de séparation des deux héritages. A défaut de règlements et d'usages locaux, la loi fixe cette distance à 2 mètres pour les arbres à haute tige, et à 50 centimètres pour les autres arbres et pour les haies vives (670-671). — Celui qui fait creuser un puits ou une fosse d'aisances près d'un mur mitoyen ou non; celui qui veut y construire une cheminée, un four, une forge ou une machine à vapeur, y adosser une étable, ou établir contre ce mur un magasin de sel ou amas de matières corrosives, est obligé de laisser la distance prescrite ou de faire les ouvrages prescrits par les règlements et par les usages locaux (674). — Un propriétaire ne peut établir, ni vues droites ou fenêtres d'aspect, ni balcons, etc., donnant sur l'héritage clos ou non clos de son voisin, s'il n'y a un intervalle de 19 décimètres entre ledit héritage et la vue (ou mur) les pratique. L'intervalle est réduit à 6 décimètres, lorsqu'il s'agit de vues de côté ou obliques. Toutefois le propriétaire d'un mur non mitoyen joignant immédiatement l'héritage d'autrui, peut pratiquer dans ce mur des jours dits de *coutume* ou de *souffrance.* Ces jours doivent être établis à 26 décimètres du plancher pour le rez-de-chaussée, et à 19 pour les étages supérieurs. Ils doivent en outre être à verre dormant et garnis d'un treillis de fer à mailles d'un décimètre d'ouverture au maximum (676-680). — Tout propriétaire dont le fonds est enclavé et qui n'a aucune issue sur la voie publique, peut réclamer un passage sur les fonds de ses voisins, du côté où le trajet est le plus court de son fonds à la voie publique, à la charge toutefois de payer une indemnité proportionnée au dommage qu'il peut occasioner (682-685).

C. Tout propriétaire peut établir sur sa propriété, ou en faveur de sa propriété, telles servitudes que bon lui semble, pourvu cependant que les services établis ne soient imposés, ni à la personne, ni en faveur de la personne, mais seulement à un fonds et pour un fonds, et pourvu que ces services n'aient rien de contraire à l'ordre public. L'usage et l'étendue de ces servitudes se règlent par le titre qui les constitue, et, à défaut de titre, par les règles que nous allons faire connaître. Les servitudes sont établies, ou pour l'usage des bâtiments, ou pour celui des fonds de terre : dans le premier cas, elles sont appelées *urbaines*, alors même que les bâtiments sont situés à la campagne ; dans le second, elles se nomment *rurales*. Les servitudes sont encore dites *continues*, lorsque leur usage est ou peut être continuel sans avoir besoin du fait de l'homme : tels sont les conduites d'eau, les égouts, les vues, etc. Elles sont *discontinues*, lorsqu'elles ont besoin du fait actuel de l'homme pour être exercées : tels sont les droits de passage, de puisage, de pacage, etc. Enfin les servitudes sont *apparentes*, quand elles s'annoncent par des ouvrages extérieurs, comme une porte, une fenêtre, un aqueduc, et *non apparentes*, lorsqu'elles n'ont pas de signe extérieur de leur existence : telle est, par ex., la prohibition de bâtir sur un fonds ou de ne bâtir qu'à une hauteur déterminée (686-89). — Les servitudes continues non apparentes et les servitudes discontinues, apparentes ou non apparentes, ne peuvent s'établir que par titre. Celles qui sont continues et apparentes, comme les vues, les stillicides, etc., peuvent s'établir non seulement par titre, mais encore par la possession trentenaire. Elles peuvent en outre résulter de la simple destination du père de famille. Il y a *destination du père de famille*, lorsqu'il est prouvé que les deux fonds actuellement divisés ont appartenu au même propriétaire, et que c'est par lui que les choses ont été mises dans l'état d'où résulte la s. Si le propriétaire de deux héritages, entre lesquels il existe un signe apparent de s., dispose de l'un des héritages sans que le contrat contienne aucune convention relative à la s., elle continue d'exister activement ou passivement en faveur du fonds aliéné et sur le fonds aliéné. Une s. établie entraîne tout ce qui est nécessaire pour en user. Ainsi, la s. de puiser de l'eau à la fontaine d'autrui emporte nécessairement le droit de passage (690-96). — Celui auquel est due une s. a le droit de faire, mais à ses frais, tous les ouvrages nécessaires pour en user et pour la conserver. Si l'héritage pour lequel la s. a été établie vient à être divisé, elle reste due pour chaque portion, sans néanmoins que la condition du fonds assujetti puisse en être aggravée. Ainsi, par ex., s'il s'agit d'un droit de passage, tous les copropriétaires du fonds dominant seront obligés de l'exercer par le même endroit. Enfin, le propriétaire du fonds servant ne peut rien faire qui tende à diminuer l'usage de la s. ou à la rendre plus incommode ; et de son côté, celui qui a un droit de s. ne peut en user que suivant son titre, sans pouvoir faire, ni dans le fonds qui doit la s., ni dans le fonds auquel elle est due, de changement qui aggrave la condition du premier (697-702). — Les servitudes s'éteignent : 1° lorsque les choses se trouvent en un tel état qu'on ne puisse plus en user ; toutefois elles revivent si les choses sont établies de manière qu'on puisse en user ; 2° lorsque le fonds servant et le fonds dominant sont réunis dans les mêmes mains ; 3° lorsqu'il y a eu non-usage pendant trente ans. Les trente ans commencent à courir du jour où l'on a cessé d'en jouir, s'il s'agit de servitudes discontinues, ou du jour où l'on a fait un acte contraire à la s., s'il s'agit de servitudes continues (C. civ., 703-710).

Servitudes militaires défensives. — Dans l'intérêt de la défense nationale, certaines restrictions ont été apportées, autour des places fortes et des postes militaires, aux droits de jouissance inhérents à la propriété foncière. Ces restrictions, qu'on appelle *servitudes défensives*, sont régies par la loi du 10 juillet 1851, et par le décret du 10 août 1853. La loi a établi autour des places de guerre et des postes militaires trois *zones de servitudes* : la première s'étend à 250 mètres ; la seconde à 487 mètres ; la troisième à 974 mètres, s'il s'agit d'une place, et à 584 mètres s'il s'agit seulement d'un poste. Ces distances sont comptées à partir de la crête des parapets des chemins couverts les plus avancés, ou des murs de clôture ou d'escarpe, lorsqu'il n'y a pas de chemin couvert, ou enfin, quand il n'y a ni chemin couvert, ni mur de clôture ou d'escarpe, à partir du mur de la crête intérieure des parapets des ouvrages. Les limites extrêmes de ces zones sont fixées par des bornes, et rapportées à un plan spécial, dit de *délimitation*. Dans la première zone, la seule applicable à l'enceinte continue et aux forts extérieurs de Paris, il ne peut être fait aucune construction, quelle que soit sa nature, à l'exception des clôtures de haies sèches ou de planches à claire-voie ; les

haies vives et les plantations d'arbres ou d'arbustes sont spécialement interdites. Dans la seconde, il est interdit, autour des places de la première série, d'exécuter aucune construction de maçonnerie ou de pisé ; mais on peut élever des constructions de bois et de terre, sauf à les démolir sans indemnité, à la première réquisition de l'autorité militaire. Autour des places de la seconde série, on peut élever des constructions quelconques sous la condition de démolition sans indemnité à la première réquisition. Enfin, dans la troisième zone, on ne peut faire aucun chemin, aucun exhaussement de terrain, aucune fouille ou dépôt de matériaux, sans s'être préalablement concerté avec les officiers du génie. Toutefois, dans les trois cas, ces règles peuvent être modifiées par des exceptions, qui doivent toujours être l'objet d'autorisations spéciales du ministre de la guerre.

Des dispositions spéciales ont été édictées pour prohiber toute construction ou tout établissement dangereux dans le voisinage des magasins à poudre de la guerre ou de la marine, ou pour déterminer le champ de vue autour des postes électro-sémaphoriques dépendant du département de la marine (Voir les lois des 22 juin 1854 et 18 juillet 1895).

SERVIUS TULLIUS, 6° roi de Rome, de 582 à 534, gendre et successeur de Tarquin l'Ancien, donna au peuple romain une constitution nouvelle. Il fut tué par l'aîné des petits-fils de Tarquin l'Ancien, qui avait épousé sa fille Tullia.

SES. pl. de l'adj. possessif *Son, sa.* Voy. SON.

SÉSAC, roi d'Égypte, battit Roboam et pilla Jérusalem (Xe s. av. J.-C.).

SÉSAME. s. m. [Pr. *sé-zame*] (lat. *sesamum*, gr. σήσαμον). T. Bot. Genre de plantes Dicotylédones (*Sesamum*), de la famille des *Gesnéracées*, tribu des *Pédaliées*. Voy. GESNÉRACÉES.

SÉSAMOÏDE. adj. m. [Pr. *sé-za-moïde*] (gr. σησαμοειδές, m. s., de σήσαμον, sésame, et εἶδος, ressemblance). T. Anat. *Os sésamoïdes*, petits os courts et de texture fibreuse, qui se trouvent à la main et au pied dans l'épaisseur de certains tendons. *Les os sésamoïdes servent*, dit-on, *à prévenir la contusion des tendons dans les mouvements rapides et réitérés*.

SÉSAMOÏDIEN, IENNE. adj. [Pr. *sé-za-moïdi-in, iène*]. T. Anat. Qui appartient aux sésamoïdes du carpe ou du tarse chez le cheval. *Ligaments sésamoïdiens*.

SÉSÉLI. s. m. [Pr. *sé-zéli*] (gr. σέσελι, m. s.). Genre de plantes Dicotylédones de la famille des *Ombellifères*, tribu des *Sésélinées*. Voy. OMBELLIFÈRES.

SÉSÉLINÉES. s. f. pl. [Pr. *sé-zéliné*] (R. Séséli) T. Bot. Tribu de plantes de la famille des *Ombellifères*. Voy. ce mot.

SÉSERIN. s. m. [Pr. *sé-ze-rin*]. T. Icht. Genre de *Poissons osseux*. Voy. SCOMBÉROÏDES, IV.

SESIA. riv. d'Italie, sort du mont Rose, passe à Verceil et se jette dans le Pô (rive gauche), 170 kilomètres.

SÉSIADES. s. f. pl. [Pr. *sé-ziade*] (R. Sésie). T. Entom. Famille d'Insectes *Lépidoptères*. Voy. CRÉPUSCULAIRES.

SÉSIE. [Pr. *sé-zi*] (gr. σής, teigne). T. Entom. Genre d'Insectes *Lépidoptères*. Voy. CRÉPUSCULAIRES.

SÉSIÉIDES. s. f. pl. [Pr. *sé-zié-ide*] Voy. SÉSIADES et CRÉPUSCULAIRES.

SÉSOCHRIS, n. de deux rois d'Égypte, l'un de la IIe dynastie, l'autre de la IIIe.

SÉSONCHIS, Voy. SHASHONQOU.

SÉSONCHOSIS, Voy. OUSIRTESEN.

SESOSTRIS, Voy. RAMSÈS.

SESQUI. [Pr. *ses-kui*]. — Préfixe lat. formé par contraction des mots *semis que*, qui signifient *et demi*, s'emploie dans le langage de la Chimie, pour désigner un composé qui contient une fois et demi autant d'élément électro-négatif que n'en contient le composé désigné par le préf. proto. Ainsi par ex., on appelle sesquioxyde de manganèse, l'oxyde de manganèse qui, pour le même poids de manganèse, contient un poids d'oxygène égal à une fois et demi celui que contient le protoxyde de manganèse. S'emploie dans un sens analogue, pour la nomenclature des sels. Voy. CHIMIE, VI.

Autrefois on employait aussi l'expression sesqui, en termes de Mathématiques, pour désigner un certain rapport de deux grandeurs ou de deux quantités. On appelait rapport ses-quialtère, celui où l'une des quantités contient l'autre une fois et demie ; et rapport sesquidouble, celui où l'une des quantités contient l'autre deux fois et demie.

SESQUIQUADRAT. s. m. [Pr. seskui-koua-dra]. T. Astron. Aspect de deux planètes éloignées l'une de l'autre de quatre signes et demi (135°).

SESQUITERPÈNE. s. m. [Pr. ses-kui...]. T. Chim. Nom donné aux hydrocarbures terpéniques de la formule $C^{15}H^{24}$.

SESSEYEMENT. s. m. [Pr. sè-sè-ieman.] T. Gram. Prononciation trop forte des consonnes sifflantes.

SESSILE. adj. 2 g. [Pr. ses-sile] (lat. sessilis, m. s., de sedere, être assis). T. Hist. natur. Se dit de toute partie qui repose immédiatement sur une autre, par opposition aux parties du même genre qui sont portées sur un pédoncule ou un pédicelle. Fleur, fruit s. Stigmate s. Graine s. Des yeux sessiles. Une tumeur s.

SESSILIFLORE. adj. 2 g. [Pr. ses-si...] (lat. sessilis, sessile ; flos, floris, fleur). T. Bot. Qui a des fleurs sessiles.

SESSION. s. f. [Pr. sè-sion] (lat. sessio, m. s., de sedere, siéger). Temps pendant lequel un corps délibérant, un tribunal, etc., est assemblé. S. annuelle. La s. du sénat, de la chambre des députés. S. d'un conseil général. La s. de la cour d'assises. Ouverture, clôture de la s. || La séance d'un concile. Première, seconde s. — Par ext., L'article qui renferme les décisions prises dans la séance du concile.

SESTERCE. s. m. (lat. sextercius, m. s., de semis, demi, et tertius, troisième, pour sign. deux us et demi). T. Métrol. anc. Anc. monnaie romaine qui valait primitivement environ 20 centimes, mais dont la valeur a varié avec les époques. Voy. MONNAIE.

SESUVIUM. s. m. [Pr. sé-zu-viome]. T. Bot. Genre de plantes Dicotylédones de la famille des Aizoacées. Voy. ce mot.

SESTOS, v. de l'anc. Thrace, en face d'Abydos, sur l'Hellespont.

SÉTACÉ, ÉE. adj. (lat. seta, soie de cochon). T. Hist. nat. Se dit de certaines parties, quand elles sont grêles et raides comme une soie de cochon. Poils sétacés. Antennes sétacées.

SETARIA. s. m. (lat. seta, soie de cochon). T. Bot. Genre de plantes Monocotylédones de la famille des Graminées. Voy. ce mot.

SETERÉE. s. f. (R. setier). Étendue de terre qu'on ensemence avec un setier de grain.

SÉTEUX, EUSE. adj. [Pr. sé-teu, euze] (lat. setosus, de soie). T. Bot. Qui est composé de poils raides.

SETH, troisième fils d'Adam et d'Ève, fut le père des Asiatiques, suivant la Bible.

SÉTHOS Ier, roi d'Égypte, du XVe ou du XVIe s. av. J.-C., fit des expéditions contre les Assyriens, les Arabes, etc. Il fut le père de Rhamsès le Grand. || Prêtre égyptien, s'empara du trône (713 av. J.-C.), et repoussa une attaque de Sennachérib.

SÉTI. — Préf. formé du lat. seta, soie de cochon, et qui entre dans la composition d'un grand nombre de mots scien-

tifiques, tels que : Sétiforme, en forme de soie ; Sétiremule, Séticère, Séticorne, qui a une queue, qui a des antennes semblables à une soie ; Sétifère, Sétigère, qui porte des soies, etc.

SÉTICAUDE. adj. 2 g. (lat. seta, soie ; cauda, queue). T. Zool. Qui a la queue terminée par une soie.

SETIER. s. m. (lat. sextarius, m. s., de sextus, sixième, le setier romain valant le sixième du conge). T. Métrol. Mesure de capacité dont la valeur a varié suivant les temps et les pays. Voy. CAPACITÉ. || S. de terre, Autant de terre labourable qu'il en faut pour y semer un setier de blé. || Fam. Un demi s. de vin, Un quart de litre.

SETIF, ch.-l. d'arr. et subdivision militaire du dép. de Constantine (Algérie), à 130 kil. S.-O. de Constantine ; 12,000 hab.

SÉTIFÈRE. adj. 2 g. (lat. seta, soie ; fero, je porte). Qui porte des soies. || Qui produit de la soie. || Qui concerne la soie. Industrie s.

SÉTIFORME. adj. 2 g. (lat. seta, soie ; forma, forme). T. Hist. nat. Qui a la forme des soies.

SÉTIGÈRES. s. m. pl. (lat. seta, soie de cochon ; gerere, porter). T. Zool. Ancien ordre d'Annélides, qui est à peu près synonyme d'Oligochètes.

SÉTON. s. m. (lat. seta, soie, mèche). T. Chir. On appelle ainsi une longue bandelette de linge fin et effilé sur les bords, ou une longue mèche de coton, qu'on passe, avec une aiguille, à travers la peau et le tissu cellulaire pour entretenir un exutoire. Par extension, on applique également le nom à l'exutoire lui-même. Lorsqu'on veut pratiquer un s., l'opérateur fait à la peau un pli dont il traverse la base, soit avec un bistouri sur lequel on fait ensuite glisser un porte-mèche, soit avec une large aiguille plate, en forme de feuille de myrte, et tranchante des deux côtés depuis sa pointe jusqu'aux deux tiers de sa longueur, cette aiguille qui porte avec elle la bandelette ou la mèche préalablement enduite de cérat ou de beurre. La mèche introduite, on recouvre la plaie avec de la charpie que l'on maintient par un bandage peu serré. C'est ordinairement vers le troisième ou le quatrième jour, lorsque la suppuration est établie, qu'on lève cet appareil ; toutefois, si le lendemain de l'opération le malade éprouvait une inflammation trop vive, il faudrait le lever et appliquer des cataplasmes émollients, sans déranger la mèche. Le pansement que l'on fait ensuite tous les jours consiste à oindre de cérat, dans l'étendue de quelques centimètres, la portion de la bandelette qui est en dehors de la plaie, à tirer cette bandelette par son autre bout de manière à attirer dans la plaie la partie qui vient d'être enduite de cérat, et à couper celle qui y a séjourné. Quand il est nécessaire de renouveler la mèche de linge, on fait une boutonnière à l'extrémité de chaque bandelette, on introduit l'extrémité de l'ancienne dans la nouvelle, on les engage l'une dans l'autre, et l'on fait ensuite glisser la nouvelle mèche très près de l'une des ouvertures, on la retire, et l'on panse avec de la charpie sèche. On doit toujours avoir grand soin de ne comprendre dans l'incision du s. que la peau et le tissu cellulaire sous-cutané, car on a vu la lésion des faisceaux musculaires déterminer des accidents graves, parfois mortels.

Le s. était autrefois très employé pour le traitement de diverses affections : hydrocèle, cals vicieux, etc. ; mais il est maintenant complètement abandonné ; on l'utilisait aussi dans le but de produire la suppuration, par irritation, dans un endroit déterminé. Les vétérinaires en faisaient un fréquent usage. Les praticiens qui ont encore recours à cette méthode, condamnée par l'antisepsie, sont très rares aujourd'hui.

SETTIT, sous-affluent du Nil au nord de l'Abyssinie.

SETUBAL, v. du Portugal (Estrémadure), 15,000 hab. ; au fond de la baie du même nom.

SEUIL. s. m. [Pr. seul, l mouillée] (lat. soba, base, et aussi soulier). Pièce de bois ou de pierre qui est au bas de l'ouverture d'une porte, et qui la traverse. Il était assis sur le s. de la porte. Voy. PORTE. — Fig., Le s. de la vie.

‖ T. Archit. hydraul. *Le s. d'une écluse*, La pièce de bois sur laquelle s'appuie la porte d'une écluse, d'un pertuis. ‖ T. Géogr. Élévation de terrain qui forme un barrage naturel dans un fleuve ou qui forme l'ouverture d'un lac, et par-dessus lequel s'écoulent les eaux.

SEUILLET. s. m. [Pr. *seu-llè*, *ll* mouillées]. T. Mar. Pièce de bois qui borde, en bas, l'ouverture du sabord.

SEUL, EULE. adj. (lat. *solus*, m. s.). Qui est sans compagnie. *Il était s., tout s. Vous voilà bien s. Je l'ai trouvée seule. Ils se trouvèrent s. à s. Je les ai rencontrés seuls. Ils sont tous deux tout seuls.* ‖ Sans liaisons, sans amis, sans compagnons. *Le destin m'a condamné à vivre et à mourir s. Vivre s. dans le monde. Il est s. sur la terre.* ‖ Sans suite, sans accompagnement.

Me voici donc tremblante et seule devant toi.
RACINE.

Ce mot, employé s., a telle acception. Le mérite s. a peine à faire son chemin. Un malheur ne vient jamais tout s. Prov., *Cela va, cela ira tout s.*, Sans difficulté. — T. Mus. *Voix seule.* Voix qui n'est point mêlée à d'autres, qui chante pendant que les autres se taisent. ‖ A l'exclusion de toute autre personne ou de toute autre chose. *Les grands croient être seuls parfaits. Cette seule raison m'eût déterminé. Voilà les seuls motifs que vous puissiez alléguer. Par cela s., je crois avoir lieu de craindre.* ‖ Unique. *Un s. Dieu, un s. roi. Il n'y a qu'une seule personne en France capable de faire cet ouvrage. Il croit être le s. parfait, le s. sage. C'est le s. bien qui me reste. La seule loi qu'il faut suivre. Ce fut là sa seule réponse.* — *La seule pensée de cette action est criminelle.* La simple pensée de cette action est criminelle. On dit dans le même sens, *Il étonne de son s. regard. Il contient les séditieux par sa seule présence. La seule idée en fait frémir.* ‖ Subst., *Le gouvernement d'un s.*, La monarchie absolue. On dit de même, *Le pouvoir, l'autorité d'un s.*

SEULEMENT. adv. [Pr. *seule-man*]. Rien de plus, pas davantage. *Je vous demande s. votre parole. Nous serons trois s. Laissez-moi s. reposer un quart d'heure. Souffrez s. qu'il vienne vous parler. Je crains s. qu'il n'arrive trop tard.* ‖ Exclusivement. *Il va à l'Opéra s. pour les décorations. Il est sévère, mais pour les autres s.*

Suis-je leur empereur seulement pour leur plaire?
RACINE.

‖ *Pas s.*, Pas même. *Cet homme, que l'on disait mort, n'a pas s. été malade*, N'a pas même été malade. ‖ *Le courrier est arrivé s. d'aujourd'hui*, Il n'est arrivé que d'aujourd'hui. = NON SEULEMENT. loc. adv. Voy. NON.

SEULET, ETTE. adj. [Pr. *seu-lè*, *ète*]. Diminutif de Seul; ne se dit guère que dans les chansons pastorales. *Je n'irai plus au bois seulette.*

SEURRE, ch.-l. de c. (Côte-d'Or), arr. de Beaune; 2,400 hab.

SEURRE (GABRIEL), sculpteur fr. (1795-1867).

SÈVE. s. f. (lat. *sapa*, suc). Le fluide nourricier des plantes. *La s. monte. La s. circule dans les plantes comme le sang dans les animaux.* — On dit qu'*Un arbre est en s.*, Lorsque la s. circule en plus grande abondance et avec plus de rapidité que dans tout autre temps de l'année. ‖ Par analogie, Certaine force, certaine vigueur qui est dans le vin, et qui le rend agréable. *Ce vin est trop vieux, il n'a plus de s.* — Fig., *A cinquante ans, cet homme a encore toute la s. de la jeunesse. Il y a de la s. dans ce drame, dans ce roman*, etc.

Bot. — La *Sève* est le liquide nourricier que les racines absorbent dans le sein de la terre ou du milieu ambiant pour servir au développement de la plante. Ce liquide renferme sous la forme minérale saline (nitrates, phosphates, etc.), l'aliment de la plante verte, sauf l'acide carbonique que les organes pourvus de chlorophylle puisent dans l'air. Au printemps, la s. est un liquide essentiellement aqueux : aussi sa densité est-elle de fort peu supérieure à celle de l'eau. Sa saveur est douceâtre, mais parfois légèrement alcaline. Elle contient souvent des acides carbonique, acétique ou oxalique, libres ou com-

binés avec la chaux et la potasse, ainsi que diverses matières organiques. A une époque plus avancée, elle prend d'autres qualités, et sa consistance augmente par les différents principes qui s'y forment au fur et à mesure des progrès de la végétation. En outre, elle varie selon les différentes parties du végétal où on l'observe : elle devient en effet plus dense et plus sapide à mesure qu'elle s'élève dans l'intérieur de la tige. Enfin, bien qu'elle soit par sa nature essentiellement la même dans la plupart des végétaux, elle présente toutefois quelques différences dans plusieurs espèces. Ainsi, dans celle du Hêtre, on trouve du tanin; dans celle de la Vigne, des matières albuminoïdes; dans celle du Noyer, une matière gommeuse, etc. Très souvent, on y trouve du sucre. Un des exemples les plus remarquables à cet égard est celui de l'Érable à sucre de l'Amérique du Nord, qui fournit dans une bonne saison environ 8 ou 9 décalitres de s., d'où l'on peut extraire environ 2 kilogrammes et demi de sucre.

L'absorption des liquides nourriciers étant effectuée, voyons comment ces liquides qui constituent la *S. brute* sont transportés jusqu'aux organes verts où ils doivent être transformés en s. élaborée. Tandis que la s. brute est toujours ascendante, la s. élaborée considérée à partir des feuilles adultes les plus élevées, chemine soit en direction ascendante, si elle est destinée au sommet de la tige en voie de croissance, soit en direction descendante si elle est destinée aux autres parties du végétal; dans la racine la s. est toujours descendante, de telle sorte que sur la plus grande partie de son parcours, la s. élaborée est descendante : d'où le nom de *S. descendante* qu'on lui donne souvent.

La s. brute absorbée par les poils de la racine, se répand par osmose et diffusion, en direction radiale dans les diverses assises de parenchyme qui les séparent des faisceaux ligneux, et c'est ensuite dans les vaisseaux de ces derniers qu'elle continue sa route en direction ascensionnelle. Pour montrer que l'ascension de la s. brute se fait par les vaisseaux du bois, il suffit de sectionner, au printemps, une tige de Vigne, puis d'essuyer la section avec du papier buvard pour voir perler des gouttelettes de s. dans la région du bois et surtout par l'orifice des vaisseaux qui dans cette plante sont visibles à l'œil nu.

Plusieurs actions interviennent pour élever la s. jusqu'aux feuilles les plus élevées et assurer la continuité de ce mouvement ; ce sont : la *pression osmotique* des racines, l'*attraction capillaire* des vaisseaux, enfin la *transpiration* et la *consommation* de la s. dans les feuilles.

Dès le début, de l'air se trouve interposé à l'eau de la s. ascendante ; les bulles gazeuses deviennent de plus en plus abondantes depuis le printemps jusqu'à l'automne et l'hiver. Pendant cette dernière saison on ne trouve à peu près que de l'air dans les vaisseaux.

La s. élaborée est formée dans le parenchyme vert des feuilles par l'union des sels qu'elle renferme avec les produits de l'assimilation de l'acide carbonique. Cette s. élaborée, de consistance épaisse, est destinée à l'alimentation de la plante entière et elle se rend aux divers membres de la plante par les tubes criblés du liber, ainsi qu'on peut le constater par l'effet des décortications annulaires. Lorsqu'on enlève sur une branche d'arbre un anneau circulaire comprenant l'écorce et le liber, on constate que la végétation de cette branche est plus vigoureuse au-dessus de la décortication qu'au-dessous. En outre, le bourrelet par lequel la décortication tend à se cicatriser est toujours plus développé à la lèvre supérieure ce qui indique un afflux de s. descendante, le long des tissus extérieurs du bois. En outre si la plante forme des racines adventives sur les bords de la section, ces racines naissent toujours de la lèvre supérieure de la plaie et non de la lèvre inférieure.

SÉVERAC-LE-CHÂTEAU, ch.-l. de c. (Aveyron), arr. de Millau ; 3,200 hab.

SÉVÈRE. adj. 2 g. (lat. *severus*, m. s.). Rigide, rigoureux, qui juge et punit sans indulgence. *Un prince s. Un juge s. Ce père est trop s. à l'égard de ses enfants, envers ses enfants. Un magistrat doit être s. pour les perturbateurs du repos public.* — En parlant des choses. *Jugement, arrêt s. Loi s. Critique s. Une punition s. Il a la mine s., l'air s. Il lui a parlé d'un ton s.*

D'où vous vient aujourd'hui cet air sombre et sévère?
BOILEAU.

‖ Austère. *Une vertu s. Des mœurs sévères.* ‖ En Littér.

et dans les Arts, qui est noble et régulier, sans élégance affectée, sans ornements recherchés. *Une composition s. Un style s. Un dessin pur et s. Des ornements d'un goût s.* — Par anal., se dit d'une figure qui a plus de régularité que de charme. *Une beauté s., d'un genre s. Un caractère de beauté s.* = Syn. Voy. AUSTÈRE.

SÉVÈRE (ALEXANDRE), empereur romain. Voy. ALEXANDRE-SÉVÈRE.

SÉVÈRE (SEPTIME), empereur romain. Voy. SEPTIME-SÉVÈRE.

SÉVÈREMENT. adv. [Pr. *sévé-reman*]. D'une manière sévère; avec sévérité. *Juger, châtier, punir, traiter s. Cela est écrit s.*

SÉVERIN (saint), abbé d'Agaune en Valais; né en Bourgogne, m. en 508. Fête le 11 février.

SÉVERIN, pape en 640.

SÉVÉRITE. s. f. T. Minér. Halloysite blanche de Saint-Sever (Landes).

SÉVÉRITÉ. s. f. (lat. *severitas*, m. s.). Rigidité, rigueur; se dit par opposition à Indulgence. *La s. des lois. La s. d'une peine, d'un arrêt. La s. de la critique. Traiter avec s. User de s.* || Austérité. *La s. de son caractère, de ses mœurs.* || En Littérature et dans les Arts, correction, exactitude extrême, avec absence de tout ornement. *La s. de son style n'est pas goûtée par le public. J'aime la s. de cette composition.* = Syn. Voy. RIGUEUR.

SEVERN, fleuve d'Angleterre; se jette dans le canal de Bristol, 330 kilomètres.

SÉVEUX, EUSE. adj. [Pr. *sé-veu, euse*]. T. Bot. Qui a rapport à la sève, qui en a les propriétés.

SÉVICES. s. m. pl. (lat. *sævitia*, m. s., de *sævus*, cruel). T. Droit. Mauvais traitements; se dit de ceux qu'exerce un mari sur sa femme, un père sur ses enfants, ou un maître sur ses serviteurs. Les sévices sont une cause de séparation entre mari et femme (C. civ., art. 231) et une cause de révocation de donation entre vifs (C. civ., art. 955 et 1046).

SÉVIGNÉ (MARIE DE RABUTIN-CHANTAL, marquise DE), une des femmes les plus distinguées du XVIIe siècle, célèbre par les lettres qu'elle écrivit à sa fille, la comtesse de Grignan (1626-1696).

SÉVILLE, v. d'Espagne, ch.-l. de province, cap. de l'Andalousie; 134,600 hab. Superbes monuments. La prov. de Séville a 520,100 hab. = Nom des hab. : SÉVILLAN, ANE.

SÉVIR. v. n. (lat. *sævire*, m. s., de *sævus*, cruel). Punir, châtier avec rigueur *On a justement sévi contre ce scélérat. Les lois ne sauvaient trop s. contre ce genre de crimes. Il faut s. contre cet abus.* || Au Palais, se dit quelquefois pour exercer des sévices. *Cette femme se plaint que son mari a sévi plusieurs fois contre elle.* || En parlant d'un fléau, agir avec violence. *Le choléra sévit à Constantinople.*

SEVRAGE. s. m. Action de sevrer un enfant. *Le s.* a lieu ordinairement du douzième au quinzième mois. On doit procéder du s. d'un enfant peu à peu et non pas brusquement. || Maison de s., Pension où l'on prend des petits enfants pour les sevrer, pour les soigner au temps du sevrage.

SÈVRE NANTAISE, riv. de France, naît au plateau de Gâtine (Deux-Sèvres), et se jette dans la Loire à Nantes; 138 kilomètres.

SÈVRE NIORTAISE, petit fl. de France, descend des monts du Poitou, passe à Niort et finit dans la baie d'Aiguillon; 170 kil.

SEVRER. v. a. (lat. *separare*, séparer). Ôter à un enfant l'usage du lait de sa nourrice, pour le faire passer à une nourriture plus solide. *On n'a sevré cet enfant qu'à deux ans.* = Se dit aussi des animaux. *S. un veau, S. un chien.* || Par anal., *S. une marcotte*, La séparer de la plante qui

l'a produite. || Priver, frustrer quelqu'un de quelque chose. *On l'a sevré des avantages que cette place lui procurait.*

        Les plaisirs
Dont le penchant de l'âge a sevré leurs désirs.
                        MOLIÈRE.

= SE SEVRER. v. pron. Se priver. *Se s. des plaisirs du monde. Le malheur des temps l'a obligé à se s. de bien des choses.* = SEVRÉ, ÉE. part. = Conj. Voy. GELER.

SÈVRES (dép. des DEUX-), dép. formé par le Poitou, 352,300 hab. ; ch.-l. Niort, 3 autres arr. : Bressuire, Parthenay, Melle.

SÈVRES, ch.-l. de c. (Seine-et-Oise), arr. de Versailles, sur la Seine; 6,900 hab. Manufacture de porcelaine fondée en 1750.

SEVREUSE. s. f. [Pr. *sevreu-ze*]. Femme qui prend soin d'un enfant pendant le sevrage.

SEXAGÉNAIRE. adj. et s. 2 g. [Pr. *sè-gzajé-nère*] (lat. *sexagenarius*, m. s., de *sexaginta*, soixante). Qui a soixante ans. *Une femme s. C'est un s., une s.*

SEXAGÉSIMAL, ALE. adj. [Pr. *sè-gzajé-zimal*] (lat. *sexagesimus*, soixantième). T. Géom. Division sexagésimale, Division du cercle en 360 degrés ou 6 parties de 60 degrés chacune. *Le degré s. se subdivise en 60 minutes, et la minute en 60 secondes.*

SEXAGÉSIME. s. f. [Pr. *sè-gzajé-zime*]. T. Liturg. Dimanche qui précède de deux semaines le premier dimanche de carême. Voy. COMPUT.

SEXANGULAIRE. adj. 2 g. [Pr. *sè-gzangu-lère*] (lat. *sex*, six ; *angulus*, angle). Qui a six angles.

SEXDÉCIMAL, ALE. adj. [Pr. *seks-dé-simal*] (lat. *sexdecimus*, seizième). T. Minér. Qui a la forme de cristaux terminés par seize faces.

SEX-DIGITAIRE. adj. et s. 2 g. SEX-DIGITAL, ALE. adj. [Pr. *seks-diji...*] (lat. *sex*, six ; *digitus*, doigt). Le second de ces adjectifs se dit d'un pied ou d'une main qui a six doigts, et le premier de la personne qui a six doigts aux pieds ou aux mains. *Main sex-digitale. Ce jeune homme a été réformé comme sex-digitaire.*

SEXE. s. m. [Pr. *sek-se*] (lat. *sexus*, de *secare*, couper). L'ensemble des différences physiques qui caractérisent, chez les êtres organisés, chacun des individus dont le concours est nécessaire à la propagation de l'espèce. *Le s. masculin. Le s. féminin. La différence des sexes. L'existence des sexes distincts dans les végétaux était inconnue aux anciens.* || Se dit simpl. des appareils, mâle et femelle, qui servent à la génération. *Beaucoup de mollusques réunissent les deux sexes. Dans la plupart des fleurs, les deux sexes sont réunis.* || En parlant des hommes et des femmes considérés collectivement, on dit : *Les personnes des deux sexes, de l'un et de l'autre s.*

    Élevée au-dessus de son sexe timide.
                          RACINE.

Les deux sexes étaient confondus pêle-mêle dans l'assemblée. A la prise de cette place, on tua tout sans distinction d'âge ni de s. Cette femme montra un courage au-dessus de son s. || *Le beau s.*, ou absol., *Le s.*, les personnes du s.*, Les femmes.

SEXENNAL, ALE. adj. [Pr. *sè-ksenn-nal*] (lat. *sexennis*, m. s., de *sex*, six ; et *annus*, an). Qui a lieu tous les six ans.

SEXENNALITÉ. s. f. [Pr. *sè-ksenn-nalité*] (R. *sexennal*). Qualité de ce qui revient périodiquement tous les six ans.

SEXIFÈRE. adj. 2 g. [Pr. *sè-ksifère*] (lat. *sexus*, sexe; *fero*, je porte). T. Hist. nat. Qui est muni d'organes sexuels.

SEXIPARITÉ. s. f. [Pr. *sè-ksiparité*] (lat. *sexus*, sexe; *pareo*, engendrer). T. Hist. nat. Reproduction sexuelle. Voy. REPRODUCTION.

SEXJUGUÉ. ÉE. adj. [Pr. *seks-jughé, g* dur] (lat. *sex*, six; *jugum*, paire). T. Bot. Composé de six paires de folioles.

SEXLOCULAIRE. adj. 2 g. [Pr. *seks-locu-lère*] (lat. *sex*, six; *loculus*, loge). T. Bot. Partagé en six loges.

SEXTANT. s. m. [Pr. *seks-tan*] (lat. *sextans*, sixième partie). T. Astron. Le mot *Sextant* signifie proprement la sixième partie d'un cercle complet, de même que le mot *Quadrant* signifie la quatrième partie d'un cercle, et *Octant* la huitième partie du cercle ou la moitié du quadrant. Mais on désigne sous ce nom un instrument de physique qui sert à mesurer les distances angulaires des objets par réflexion, parce que son limbe représente un arc de cercle de 60 degrés, c.-à-d. qui vaut le sixième de la circonférence. Le s. est susceptible de nombreuses applications; mais il est surtout usité dans l'astronomie nautique, pour mesurer les hauteurs des corps célestes et leurs distances angulaires apparentes. — La construction du s. et des instruments à réflexion en général est fondée sur ce théorème élémentaire de catoptrique : « Si l'on observe un objet réfléchi par deux miroirs perpendiculaires au même plan, la distance angulaire de l'objet à son image est double de l'inclinaison des deux miroirs. » Ainsi, soient B et C (Fig. 1) les sections de deux miroirs perpendiculaires au plan de la figure et inclinés l'un sur l'autre d'un angle BOC; un rayon lumineux parti du soleil S et tombant sur le miroir B dans la direction SB, se réfléchira suivant la ligne BC, et à cette ligne BC il sera réfléchi de nouveau par le miroir C dans la direction CE. Prolongeons, d'une part, la ligne BC jusqu'en M, et, de l'autre, la ligne SB jusqu'en E où elle rencontrera la ligne CE. Comme les angles d'incidence et de réflexion sont toujours égaux, nous avons MCE = 2MCO, et CBE = 2CBO. Mais MCE = CBE + CEB, et MCO = CBO + COB; donc CBE + CEB = 2CBO + 2COB; et, par conséquent, attendu que CBE = 2CBO, nous avons aussi CEB = 2COB, c.-à-d. que la distance angulaire entre l'objet S et son image vue par l'œil situé au point E, dans la direction ECP, est double de l'inclinaison des miroirs. On remarquera que le lieu de l'image telle qu'on la voit du point E, est indépendant de la position des miroirs sur le plan, aussi longtemps que la ligne d'intersection de leurs plans et leur inclinaison par rapport l'un à l'autre restent constantes.

D'après ce que nous venons de dire, il est aisé de comprendre

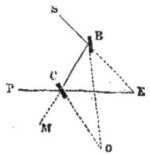

Fig. 1.

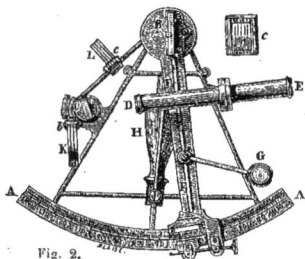

Fig. 2.

que si l'on pouvait imaginer un procédé commode pour mesurer l'inclinaison de deux miroirs perpendiculaires au même plan, lorsqu'ils sont placés de manière que l'image d'un objet S soit amenée à coïncider avec un objet P vu directement, on aurait un instrument à réflexion propre à mesurer les distances angulaires. Or, c'est ce qu'on est parvenu à réaliser par l'invention du *s.* Pour cela (Fig. 2), on a imaginé de fixer le cadre du miroir C au plan du secteur de cercle BAA, et le cadre du miroir B à l'alidade FF qui représente la ligne BO de la figure précédente, et qui est mobile autour du centre du limbe AA. Ce dernier est gradué, et l'alidade porte à son extrémité un index et un vernier qui

permettent de lire sur le limbe gradué la quantité dont le miroir B a tourné : une vis de pression et une vis de rappel servent à fixer l'alidade au limbe, et à lui donner, ainsi qu'au miroir B, un mouvement lent au moyen duquel on peut les amener exactement dans la position qu'ils doivent occuper. Dans la graduation du limbe, on marque les demi-degrés comme des degrés entiers, et les subdivisions en conséquence : de cette manière, l'angle donné par la lecture du limbe n'est pas l'inclinaison des deux miroirs, mais la distance de l'objet à son image. Par conséquent, 90° est indiqué par un arc de 45°; 120° par un arc de 60°, etc. Le miroir B, qu'on appelle le *grand miroir*, est entièrement étamé sur sa face postérieure; mais le miroir C, qu'on appelle le *petit miroir*, n'est étamé que dans sa moitié inférieure. La moitié supérieure est transparente, afin que l'œil situé en E puisse viser les objets, tels que P (Fig. 1), en même temps qu'il voit par réflexion dans ce même miroir les images des autres objets, tels que S, qui lui sont envoyées par le miroir B. Le petit miroir est ajusté par le constructeur de manière que lorsque le grand lui est parallèle, l'index qui se meut avec ce dernier corresponde au zéro de la graduation du limbe. La lunette ED fixée sur le rayon du secteur opposé au petit miroir et dirigée vers celui-ci, sert à recueillir les rayons de lumière qui en émanent pour les introduire dans l'œil. G est une loupe adaptée à l'alidade FF et qui est mobile autour du point *a* : on peut l'amener au-dessus des divisions du vernier afin d'obtenir une lecture plus exacte. Enfin, quand on a à observer des objets dont la lumière est trop intense, comme le soleil et même parfois la lune, on fait usage des plaques de verre coloré placées en K et en L. Les premières, mobiles autour de la charnière *b*, peuvent venir se placer derrière le petit miroir C afin de diminuer l'éclat de l'image directe. Les secondes, mobiles autour de la charnière *c*, peuvent s'interposer entre les deux miroirs afin d'affaiblir l'image doublement réfléchie. — Maintenant, lorsqu'on veut, à l'aide de l'instrument que nous venons de décrire, observer la distance angulaire de deux astres, on vise l'un directement, à travers la partie transparente du petit miroir; puis, au moyen de la poignée H dont l'instrument est muni, on le maintient dans le plan des deux astres, pendant que l'on fait mouvoir l'alidade, qui entraîne avec elle le grand miroir. Il arrive un moment où le second astre, par une double réflexion, apparaît dans la partie étamée du petit miroir. Alors on meut doucement l'alidade jusqu'à ce que cette image soit amenée au contact de l'astre vu directement, et l'on serre la vis de pression, puis on achève le pointé au moyen de la vis de rappel. Il ne reste plus qu'à lire sur le limbe la distance cherchée. Si c'est la hauteur d'un astre que l'on veut observer, on vise à l'horizon par la partie transparente du petit miroir, et l'on achève comme pour la distance angulaire. Dans les observations qui exigent beaucoup de précision, la lecture doit être corrigée de l'erreur de *collimation* qui résulte d'une fausse position du zéro, et d'un faux réglage de l'appareil. Cette erreur se détermine une fois pour toutes par des observations préalables que nous ne pouvons décrire ici.

Le s., tel que nous venons de le décrire, est le type des instruments à réflexion usités dans l'astronomie et dans la géodésie. Nous mentionnerons seulement l'*Octant*, qui ne diffère du s. que par ses dimensions, son limbe ne représentant qu'un arc de 45°, le quadrant dont le limbe mesure 90°, et le *Cercle de réflexion*, qui, comme son nom l'indique, est formé par un cercle entier. L'octant est employé de même que le s., dans l'astronomie nautique; mais on lui préfère en général celui-ci. Le cercle de réflexion n'est usité que dans les observatoires et dans certains travaux de géodésie. — On attribue généralement l'invention de s'octant à l'Anglais Hooke, en 1664 ou 1665. Cependant quelques auteurs en font honneur à Newton, dans les papiers de qui on en trouva une description après sa mort. Quoi qu'il en soit, c'est le célèbre Halley qui a donné, en 1731, le modèle du premier instrument construit d'après le principe de la double réflexion, dont on ait fait usage à la mer.

SEXTARIUS. s. m. [Pr. *seks-ta-rius*] T. [Métrol. anc. Mesure de capacité qui était la 48° partie de l'amphore et valait un peu plus d'un demi-litre. Voy. CAPACITÉ.

SEXTE. s. f. [Pr. *se-kste*] (lat. *sextus*, sixième). T. Liturg. Prière que l'on récitait à la sixième heure. Voy. BRÉVIAIRE. = SEXTE. s. m. T. Hist. Le sixième livre des décrétales de Boniface VIII.

SEXTIDI. s. m. [Pr. *seks-tidi*] (lat. *sextus*, sixième;

dies, jour). Le sixième jour de la décade. Voy. Calendrier *républicain*.

SEXTIL, ILE. adj. [Pr. *seks-til*] (lat. *sextilis*, sixième). T. Astrol. *Aspect s.*, se dit de la position de deux planètes quand elles sont éloignées l'une de l'autre de soixante degrés. || *Année sextile*, Dans le calendrier républicain, année qui avait un sixième jour complémentaire. Voy. Calendrier *républicain*.

SEXTULE. s. m. [Pr. *seks-tule*] (lat. *sextula*, m. s., dimin. de *sextus*, sixième). T. Métrol. anc. Mesure de poids qui était la sixième partie de l'once chez les Romains. Voy. Poids. || Poids qui pesait une drachme et un scrupule, ou quatre scrupules, et qui était autrefois employé chez les droguistes.

SEXTUOR. s. m. [Pr. *seks-tuor*] (lat. *sex*, six). T. Mus. Composition pour six voix ou pour six instruments. *Le s. du Don Juan de Mozart.*

SEXTUPLE. adj. 2 g. [Pr. *seks-tuple*] (lat. *sextuplus*, m. s., de *sex*, six). Qui vaut six fois autant. *Douze est s. de deux. Une valeur s.* || On dit aussi subst., au masc., *Le s. de deux est douze. Mon jardin est le s. du vôtre.*

SEXTUPLER. v. r. [Pr. *seks-tuplēr*]. Rendre six fois plus grand, multiplier un nombre par six. = Sextuplé, ée. part.

SEXUALITÉ. s. f. [Pr. *sè-ksualité*]. Ce qui forme le sexe.

SEXUEL, ELLE. adj. [Pr. *sè-ksuel*, *èle*] (lat. *sexualis*, m. s., de *sexus*, sexe). Qui caractérise le sexe dans les animaux et dans les plantes. *Différences sexuelles. Les parties sexuelles. Les organes sexuels.* || Qui tient au sexe. *Instinct s.*

SEY. s. m. T. Icht. Nom vulg. d'une espèce de poisson appelée aussi *Merlan vert*. Voy. Gadoïdes.

SEYANT, ANTE. adj. [Pr. *sè-ian*] (part. prés. de *seoir*). Qui va bien à la figure, à l'extérieur de quelqu'un. *Une robe seyante.* Voy. Seoir.

SEYBERTITE. s. f. [Pr. *sè-bertite*] (R. Seybert, n. propre). T. Minér. Silicate hydraté d'alumine, de chaux et de magnésie; en tables d'apparence hexagonale, ou en masses lamellaires, d'un brun rougeâtre, dans les calcaires traversés par de la serpentine.

SEYBOUSE, riv. d'Algérie passant à Guelma, et près de Bône; 130 kil.

SEYCHELLES ou **SÉCHELLES,** îles anglaises de l'océan Indien, au N.-E. de Madagascar; pop.; 10,000 hab.

SEYCHES, ch.-l. de c. (Lot-et-Garonne), arr. de Marmande; 1,200 hab.

SEYMOUR (Jeanne), 3e femme de Henri VIII d'Angleterre (1536), mère d'Édouard VI. || Son frère, Édouard Seymour, duc de Somerset, fut nommé protecteur à l'avènement de son neveu, Édouard VI (1547), puis décapité comme coupable de félonie (1552).

SEYNE, ch.-l. de c. (Basses-Alpes), arr. de Digne; 1,900 hab.

SEYNE (LA), ch.-l. de c. (Var), à 8 kil. de Toulon, sur la rade inférieure; 14,300 hab. Chantiers de construction.

SEYSSEL, ch.-l. de c. (Ain), arr. de Belley, sur le Rhône; 1,000 hab.

SEYSSEL, ch.-l. de c. (Haute-Savoie), arr. de Saint-Julien; 1,500 hab.

SÉZANNE, ch.-l. de c. (Marne), arr d'Épernay; 4,700 hab.

SÈZE (comte de), magistrat fr. (1748-1828), l'un des défenseurs de Louis XVI devant la Convention (26 décembre 1792).

SFAX, v. de Tunisie, prise par les Français en 1881; 30,000 hab. Port.

SFORZA, célèbre famille italienne qui joua un rôle considérable à Milan et dans toute l'Italie au XVe et au XVIe siècles.

SFORZA (Catherine, princesse de Forli, célèbre par son héroïsme (XVe s.).

SFORZANDO. adj. [Pr. *sfor-dzan-do*]. Mot ital. sign. en renforçant, employé en terme de mus. Voy. Musique, VI.

SGRAFFITE. s. m. [Pr. *sgra-fite*] (ital. *sgraffito*, égratigné). T. Peint. On appelle ainsi une sorte de fresque en blanc et en noir qui sert quelquefois, en Italie, à décorer l'extérieur des maisons. On commence par enduire les endroits qu'on veut peindre avec un mortier de chaux et de sable, auquel on a ajouté de la paille brûlée pour lui donner une teinte noirâtre, puis on recouvre cet enduit d'une couche de chaux délayée. Alors, au moyen de cartons piqués, on trace des dessins sur le mur en frappant sur les trous avec un petit sac rempli de poudre de charbon, et, lorsque les traits de dessin sont ainsi marqués en points noirs, l'artiste trace les objets au moyen d'une pointe de fer. Le fond noir ou gris qui est sous la couleur blanche paraît alors et forme les traits. Ce genre de dessin, que l'on appelle aussi *dessin à la manière égratignée*, a été surtout en usage au XVIe siècle. On attribue son invention à Polydore de Caravage.

SHAFTESBURY (comte de), homme d'État angl., auquel est dû le fameux bill de l'*habeas corpus* (1621-1683). || Son petit fils, né à Londres, philosophe, écrivain distingué (1671-1713).

SHAH. s. m. [Pr. *cha*]. Voy. Chah.

SHAKESPEARE (William), le plus grand poète dramatique anglais, et l'un des génies les plus extraordinaires de l'humanité, né à Stratford-sur-Avon, auteur d'*Hamlet*, de *Macbeth*, d'*Othello*, de *Roméo et Juliette*, etc. (1564-1616).

SHAKO. s. m. Voy. Schako.

SHAL. s. m. [Pr. *chal*]. T. Icht. Genre de *Poissons osseux*. Voy. Siluroïdes.

SHALL. s. m. [Pr. *chal*]. Voy. Châle.

SHANG-HAÏ, v. de Chine, à l'embouchure du fleuve Bleu; 355,000 hab. Port de commerce ouvert aux Européens.

SHANNON, fl. d'Irlande, formant plusieurs lacs et s'écoulant dans l'Atlantique.

SHASHONQOU, nom de quatre rois égyptiens de la XXIIe dynastie.

SHEFFIELD, v. d'Angleterre, comté d'York; 325,000 hab.

SHELING. s. m. T. Métrol. Voy. Shilling.

SHELLAND, auteur dramatique et orateur angl. (1751-1816).

SHELLEY, célèbre poète angl. (1792-1822). || Sa femme fut elle-même un écrivain distingué (1798-1851).

SHERIDAN, auteur dramatique et orateur angl. (1751-1816).

SHÉRIF. s. m. (saxon *shire-reeve*, gouverneur d'un *shire*). T. Relat. *Shérif*, ou comme l'écrivent les Anglais, *Sheriff*, vient de deux mots anglo-saxons, qui signifient gouverneur d'une circonscription territoriale appelée *shire*. C'est, en Angleterre, le titre du premier magistrat de chaque comté. Le s. jouit d'une grande autorité et d'une très haute considération. Parmi ses nombreuses attributions se trouvent la police du comté, la perception des impôts, la rentrée des amendes, l'exécution des jugements, l'élection des jurés, etc. Il préside en outre deux sortes de tribunaux, l'un civil (*county-court*), où se jugent les affaires au-dessous de 40 shillings, et l'autre criminel (*sheriff's turn*), espèce de cour d'assises où se jugent deux fois par an les délits et les crimes. Le s. nomme des *sous-shérifs*, ainsi que des *baillis* pour chacun des arrondissements du comté; mais il est responsable de leurs actes. Les shérifs sont généralement nommés par le roi sur une liste de six candidats dressée par les juges du comté. Les fonctions de s. sont gratuites, bien qu'elles entraînent des dépenses considérables. Pour ce motif personne ne peut être forcé de les remplir plus de deux fois dans l'espace de quatre ans. Hors ce cas d'exemption ou celui d'incapacité légale, nul ne peut refuser de remplir ces fonctions sous peine d'une amende de 500 livr. sterl. (12,500 francs).

SHETLAND (Îles), groupe d'îles au nord de l'Écosse, qui forment un comté; 32,000 hab.

SHETLAND (Nouvelles), archipel au S.-E. de la Terre-de-Feu dans l'océan Atlantique austral.

SHIKIMINE. s. f. [Pr. *chi-kimine*]. T. Chim. Principe vénéneux, cristallisable, soluble dans l'alcool, fusible à 175°, contenu dans les graines de la Badiane religieuse (en japonais *Shikimi*). — Ces graines contiennent aussi du *Shikimol*, qui est identique au Safrol, et de l'*acide shikimique* C¹¹H¹⁰O⁵ qu'on obtient sous forme de poudre cristalline, fusible à 181°, peu soluble dans l'alcool.

SHILLING. s. m. [Pr. *che-lin*]. T. Métrol. Monnaie d'argent usitée en Angleterre et valant 1 fr. 25. Voy. Monnaie.

SHOCK. s. m. [Pr. *chok*]. Mot. angl. qui sign. choc, secousse, et qui est passé dans la langue médicale pour désigner le bouleversement souvent dangereux que produit dans le système nerveux une blessure grave ou une opération chirurgicale importante. S. traumatique, S. opératoire.

SHOGONOFF (Andrea), marchand d'Arkangel qui découvrit la Sibérie, au XVI° siècle.

SHOREA. s. m. T. Bot. Genre de plantes Dicotylédones de la famille des *Diptérocarpées*. Voy. ce mot.

SHRAPNEL. s. m. [Pr. *chrap-nel*] (Nom de l'inventeur). T. Artill. Obus à balles. Voy. Projectile, 2°.

SHREWSBURY, v. d'Angleterre, ch.-l. du comté de *Shrop*; 22,000 hab.

SHROPSHIRE ou **SALOP**, comté d'Angleterre; 248,100 hab., ch.-l. *Shrewsbury*.

SI. conj. conditionnelle (lat. *si*, m. s.). En ce que, pourvu que, à moins que, supposé que. *Si vous donnerai tant, si vous me faites ce que vous m'avez promis. Si vous venez me voir, vous serez bien reçu. S'il était plus riche, elle l'épouserait.*

Comment l'aurai-je fait, si je n'étais pas né.

LA FONTAINE.

Ellipt., *Il parle comme s'il était le maître*, Comme il parlerait s'il était le maître. *Il est plus content que si on lui donnait un trésor*, Qu'il ne le serait si on lui donnait un trésor. — Que si, qui dit quelquefois pour si, au commencement des phrases : *Que si vous alléguez telle raison, je répondrai que...* — *Si tant est que*, S'il est vrai que, *Si tant est que la chose soit comme vous le dites, il faudra...* ‖ Se dit quelquefois pour exprimer le doute, l'incertitude. *Je ne sais si cela est vrai. Je doute si vous viendrez à bout de cette affaire. Dites-moi si vous irez là? Pourriez-vous me dire s'il a acheté son ouvrage? Est-ce vous qui viendrez, ou si c'est lui? Vous savez si je vous aime.* ‖ Se dit aussi, non d'une condition, non d'une chose douteuse, mais d'une chose certaine. *Si je suis gai, ou si je suis triste, c'est que j'en ai sujet. Je ne suis gai, je ne suis triste que parce que j'en ai sujet. Cet homme est pauvre, sans doute, mais pour cela doit-on le mépriser? Cet homme est pauvre, sans doute, mais pour cela doit-on le mépriser?* ‖ Se dit encore pour marquer opposition. *Si l'un est vieux et faible, l'autre est jeune et fort.* ‖ Se dit *que*, Excepté, hormis.

Si ce n'est toi, c'est donc ton frère.

LA FONTAINE.

Il vous ressemble, si ce n'est qu'il est beaucoup plus grand. On dit à peu près de même, *Si ce n'était la crainte de le contrarier, je ferais telle chose.* ‖ Cependant, néanmoins. *Vous avez beau reculer, si faudra-t-il que vous en passiez par là. Si faut-il en être éclairci. Si ferai. Si ferai-je.* Vx et fam. On disait de même autrefois, *Si est-*

ce que. — *Et si*, se disait encore dans le même sens. *Je souffre plus que vous, et si je ne me plains pas. Il est brave et vaillant, et si il est doux et facile.* Vx et fam. — *Si*, s'emploie substantiv., comme indiquant une restriction non énoncée. *Il a toujours un si ou un mais; Il ne donne jamais de louange qui ne soit suivie d'un si*, A la fin, il y a toujours quelque chose qui rabat de ce qu'il a dit, ou qui le détruit. On dit de même, *Il a toujours des si, des mais.* Proverb., *Avec un si, on mettrait Paris dans une bouteille.* ‖ Se dit quelquefois substant., avec la signific. de Cependant. *Voilà un bon cheval, il n'y a point de si. Quel si y trouvez-vous?* Popul.

Obs. gram. — *Si*, devant les pronoms *il* et *ils*, perd son *i*, qui est remplacé par une apostrophe; mais il ne le perd devant aucun autre mot, par quelque voyelle que celui-ci commence. Bien plus, il conserve son *i*, même devant *il* et *ils*, lorsqu'il signifie Cependant, Néanmoins. — On peut se servir de *si*, au premier et au second membre d'une période; mais souvent on change le *si* du second membre en *que*. *Si nous sommes jamais heureux, et que la fortune se lasse de nous persécuter, nous....*

SI. adv. (lat. *sic*, ainsi). Tellement, à tel point. *Je ne connus jamais un homme si brave. Ne courez pas si fort. Le vent est si violent, qu'il enlève les ardoises des toits.*

Qui te rend si hardi de troubler mon breuvage?

LA FONTAINE.

‖ Quelque, *Si petit qu'il soit. Si habile que vous puissiez être. Si peu qu'on le provoque, il entre en fureur.* ‖ *Si*, se dit quelquefois dans un sens comparatif, et sign. Autant, aussi; alors il ne s'emploie qu'avec la négation. *Il n'est pas si riche que vous. Il ne se porte pas si bien. Il ne fait pas de si beaux vers.* — Fam., on dit encore, sans négation, *Si peu que vous voudrez; si peu que rien*, Aussi peu que vous voudrez, très peu. = Si bien que. loc. conj. Tellement que, de sorte que. *La nuit nous surprit en chemin, si bien que nous nous égardâmes.* Fam. ‖ S'emploie quelquefois comme particule affirmative, pour répondre à une affirmation ou à un doute. *Vous dites que non, et je dis que si. Je gage que si, je gage que non. Vous n'avez pas été là? Si. Vous ne direz pas cela? Oh! que si.* Fam. ‖ *Si fait*, loc. fam., dont on se sert pour affirmer le contraire de ce qu'un autre a dit. *Il n'était pas à l'Opéra. Si fait, il y était. Si fait vraiment.*

SI. s. m. T. Mus. Nom de la septième note de la gamme. Voy. Gamme et Notation.

SIALAGOGUE. adj. 2 g. et s. m. (gr. σίαλον, salive; ἄγω, je pousse). T. Méd. Qui provoque l'excrétion de la salive.

SIALISME. s. m. (gr. σιαλισμός, m. s., de σίαλον, salive). T. Méd. Évacuation abondante de salive.

SIALORRHÉE. s. f. [Pr. *sia-lor-ré*] (gr. σίαλον, salive; ῥέω, je coule). T. Méd. Exagération morbide de la sécrétion salivaire.

SIAM. s. m. Sorte de jeu qui se joue avec des quilles et un disque de bois plat que l'on fait rouler, et au moyen duquel on doit les abattre.

SIAM. Royaume de l'Indo-Chine situé entre l'Inde anglaise à l'ouest (Birmanie) et l'Indo-Chine française à l'est (Annam et Cambodge), et au sud prolongé par la presqu'île de Malacca, entre le golfe du Bengale à l'ouest, le détroit de Malacca au sud et le golfe de Siam à l'est.

D'importantes ramifications de l'Himalaya descendent à travers le Siam du nord au sud, enfermant le bassin de la Ménam et se terminant l'une à l'extrémité de la presqu'île de Malacca au cap, l'autre au Cambodge.

En dehors du bassin de la Ménam, le Siam s'étend encore par-dessus ces ramifications dans le bassin du Mékong, à l'est. Il avait même dans le cours du XIX° siècle dépassé ce fleuve aux dépens de l'Annam, mais il est depuis comme étranglé entre les progrès constants de la colonisation anglaise et française. L'Angleterre s'était déjà emparée successivement de Dindings et de Malacca sur le détroit de ce nom, des îles du Prince de Galles (ou Poulo Pinang) capital Georgetown, et de Singapour. La France réduit à l'Annam tout le cours du Mékong et occupe encore à titre de garantie le port de Chantabani sur le golfe de Siam. Par une convention récente passée entre la France et l'Angleterre, ces deux puissances s'attribuent des sphères d'influence qui tendent à restreindre

le Siam au seul bassin de la Ménam. L'Indo-Chine française s'étendrait dans ce cas jusqu'à la ligne de partage des eaux de ce fleuve et du Mékong. L'Angleterre recevrait toute la presqu'île de Malacca. Voy. INDO-CHINE.
La capitale du Siam est Bangkok.

SIAMA, lac au nord de la Russie

SIAMANG. s. m. [Pr. *sia-mangh*] (mot malais). T. Mamm. Grande espèce de Gibbon qui habite le sud de l'Asie. Voy. GIBBON.

SIAMOIS, habitant du Siam. Deux frères Siamois furent célèbres en Europe sous le second Empire, parce que, jumeaux et réunis à la taille par une bande de chair, ils étaient venus à Paris pour tenter de faire faire une opération qui ne fut pas jugée possible.

SIAMOISE. s. f. [Pr. *sia-moua-ze*]. Étoffe de coton fort commune, imitée des toiles de coton fabriquées à Siam, S. de Rouen.

SIBÉRIE, vaste région de l'Asie septentrionale, qui s'étend de la mer Caspienne au détroit de Behring, et qui appartient aux Russes. Voy. RUSSIE.

SIBÉRITE. s. t. T. Minér. Tourmaline rouge de Sibérie

SIBILANT. ANTE. adj. (lat. *sibilare*, siffler). T. Méd Râle s., Bruit analogue à celui d'un sifflet. Voy. AUSCUL... TATION.

SIBIR, anc. ville de l'Asie septentrionale près de laquelle fut bâtie Tobolsk, et qui donna son nom à la Sibérie.

SIBOUR, archevêque de Paris, assassiné dans l'église St-Étienne-du-Mont (1792-1857).

SIBYLLE. s. f. [Pr. *sibi-le*] (lat. *sibylla*, m. s., dimin. d'une forme italique *sabus* ou *sabius*, sage). Prophétesse à laquelle on attribuait le don de prédire l'avenir. Voy. DIVINATION, II.

SIBYLLIN, INE. adj. [Pr. *sibi-lin*] (R. *sibylle*).
Hist. — Nous avons parlé au mot DIVINATION des prophétesses désignées chez les Grecs et chez les Romains sous le nom de *Sibylles* (Σίβυλλαι, *Sibylla*), et nous avons dit que, suivant Varron, c'était la sibylle d'Érythrée qui avait vendu à Tarquin le Superbe les fameux livres prophétiques appelés par excellence les *Livres sibyllins*. D'après la légende qui avait cours à Rome, cette s. vint offrir à ce prince neuf volumes de vers prophétiques et lui en demanda un prix fort élevé. Cette demande ayant paru exagérée à Tarquin, il refusa. Alors la s. jeta trois de ces volumes dans le feu et demanda le même prix pour les six restants : nouveau refus, nouveau sacrifice de trois volumes; après quoi, nouvelle demande du même prix pour les trois derniers volumes. Enfin, Tarquin, frappé de la conduite de la s., donna de ces livres le prix exigé; puis il les fit renfermer dans un coffre de pierre, qui fut déposé dans un caveau du temple de Jupiter Capitolin. En outre, il en confia la garde à deux officiers qui furent appelés *duumviri des livres sacrés* (*duumviri sacrorum*); plus tard, leur nombre ayant été porté à dix, puis à quinze, on les nomma *decemviri* et *quindecemviri*. Voy. DÉCEMVIR. Les livres sibyllins, que les auteurs romains appellent encore *fata sibyllina* et *libri fatales*, étaient rédigés en grec, et très vraisemblablement écrits sur des feuilles de palmier. Ils ne pouvaient être consultés que par les officiers chargés de leur conservation, et seulement sur l'ordre du sénat. On y avait recours dans les cas de prodiges et de calamités publiques; mais on ignore s'ils contenaient des prédictions, ou simplement des instructions pour s'attirer la faveur des dieux et apaiser leur colère. En considérant les circonstances où Tite-Live rapporte qu'on eut recours à ces livres, Niebuhr pense qu'on ne les consultait point, contrairement à ce qui avait lieu pour les oracles grecs, dans le but d'apprendre quelque chose sur les événements futurs, mais bien pour savoir quels honneurs religieux demandaient les dieux, lorsqu'ils manifestaient leur colère par des calamités publiques et par des prodiges. Ces livres périrent l'an 82 av. J.-C., dans l'incendie du temple de Jupiter Capitolin. Alors le sénat envoya, dans les différentes parties de l'Italie, de la Grèce et de l'Asie Mineure, des ambassadeurs chargés de recueillir tout ce qui subsistait encore de vers sibyllins, et la nouvelle collection fut placée dans le même endroit qu'occupait la première. Mais comme il circulait à Rome un grand nombre de livres prophétiques, dont plusieurs passaient pour être des oracles de la sibylle, Auguste ordonna de remettre au préteur urbain tous les livres de ce genre, et défendit à tout particulier d'en posséder. Plus de deux mille livres prophétiques furent apportés au préteur et livrés aux flammes, pendant que ceux qui étaient réputés authentiques furent placés dans deux cassettes d'or et déposés sous la base de la statue d'Apollon, dans le temple érigé à ce dieu sur le mont Palatin. Après Auguste, Tibère fit faire une nouvelle recension des livres sibyllins, et l'on en rejeta un certain nombre comme apocryphes. Enfin, sous Néron, un second incendie vint encore dévorer la collection officielle. Il ne resta donc plus, sous le nom révéré de livres et d'oracles sibyllins, que des recueils et des fragments dénués de toute authenticité. On trouve dans les écrivains chrétiens des premiers siècles de nombreuses invocations aux livres sibyllins qui, suivant eux, avaient prédit la venue du Messie, raconté par avance ses miracles, et même exposé très clairement le mystère de la Trinité. Mais il est depuis longtemps bien démontré que ces prétendus vers sibyllins sont des pièces apocryphes et fabriquées dans le cours du II° siècle de notre ère. — On doit à Gallœus une collection complète de ces prétendus oracles (*Oracula sibyllina*, Amstel., 1689). Aug. Mai (1817) et Struve (1818) en ont publié divers fragments. Enfin, Alexandre a donné (1841) une nouvelle édition de ces oracles

SICAIRE. s. m. [Pr. *si-kère*] (lat. *sicarius*, m. s., de *sica*, poignard). Assassin gagé. *Il fut tué par des sicaires que son ennemi avait envoyés à sa poursuite.*

SICAMBRES. s. m. pl. Tribu germanique qui se mêla aux Francs.

SICANES ou **SICULES**, peuplade libre qui émigra d'Espagne en Sicile.

SICARD (l'abbé), instituteur des sourds-muets après l'abbé de l'Épée (1742-1822).

SICCATIF, IVE. adj. [Pr. *si-katif*] (lat. *siccativus*, m. s., de *siccus*, sec). Syn. de Dessiccatif. *Huile siccative*, Voy. Huile. = Siccatif. s. m. Substance qui mêlée à l'huile en active la dessiccation. Les principaux siccatifs sont l'essence de térébenthine, la litharge, l'oxyde de zinc. Voy. Huile. || T. Techn. S. *brillant*, Sorte d'encaustique qu'on emploie pour les parquets d'appartements, et qui, une fois posée, sèche rapidement et n'a pas besoin d'être frottée.

SICCITÉ. s. f. [Pr. *sik-sité*] (lat. *siccitas*, m. s.). Qualité, état de ce qui est privé d'humidité. *Faites évaporer jusqu'à siccité.*

SICHÉE, mari de Didon (Mythol.).

SICHEM, anc. v. de l'anc. Palestine, auj. *Naplouse*.

SICIÉ (Cap), dans le dép. du Var, hauteur 360 m.

SICILE. Grande île de la Méditerranée, au S.-O de l'Italie; 3,600,000 hab. Cap. *Palerme*. V. pr.: *Messine, Catane, Syracuse*. Voy. Italie. = Nom des hab. : Sicilien, Enne. — Royaume des Deux-Siciles, anc. royaume de l'Italie méridionale comprenant la Sicile et plusieurs autres îles, ainsi que le royaume de Naples. Voy. Naples.

SICILIANITE. s. f. (R Sicile). T. Minér. Syn. de *Célestine*. Voy. Strontium.

SICILIENNE. s. f. [Pr. *sisi-liè-ne*]. Air originaire de Sicile, à 6/8, et d'un mouvement modéré. *Chaque mesure de la s. commence par trois croches dont la première est pointée*

SICILIQUE. s. m. (lat. *sicilicus*, m. s., propr. de Sicile). T. Métrol. Anc. Poids romain qui valait le quart de l'as. Voy. Poids.

SICLE. s. m. (lat. *siclus*, transcription de l'hébr. *cheqel*, m. s., de *chaqal*, peser). T. Métrol. Anc. Unité de poids usité en Égypte et chez les Hébreux, et dont la valeur variait de 6 à 12 grammes. Voy. Poids. = Monnaie d'argent des anciens Hébreux qui valait environ 3 francs. Voy. Monnaie.

SICULES. Voy. Sicanes.

SICYONE, anc. v. de Grèce (Péloponèse).

SIDA. s. m. (gr. σίδη, nom de diverses plantes, et entre autres, de la guimauve). T. Bot. Genre de plantes Dicotylédones de la famille des *Malvacées*, tribu des *Malvées*. Voy. Malvacées.

SIDDONS (mistress), célèbre tragédienne anglaise (1755-1831).

SIDÉRAL, ALE. adj. (lat. *sideralis*, m. s. de *sidus*, *sideris*, étoile). T. Astron. Qui a rapport aux étoiles. *Révolution sidérale*, Retour à la même étoile. *Année sidérale*, *Jour* s., Voy. Année, Jour.

SIDÉRATION. s. f. [Pr. *sidéra-sion*] (lat. *sidus*, *sideris*, astre). T. Méd. État d'anéantissement subit produit par certaines maladies qui semblent frapper avec la promptitude de la foudre, comme l'apoplexie. *La s. était autrefois attribuée à l'action malfaisante de certains astres.*

SIDÉRER v. a. (lat. *sidus*, *sideris*, astre). T. Méd. Frapper de sidération. = Sidéré, ée. part. || Fig. et Fam. *Il est sidéré*, il est stupéfait.

SIDÉRÉTINE. s. f. (gr. σίδηρος, fer; ρητίνη, résine). T. Minér. Voy. Fer, VII, E.

SIDÉRIQUE. adj. (gr. σίδηρος, fer). Qui contient du fer. *Météorite* s., Voy. Aérolithe.

SIDÉRITE. s. f. (gr. σίδηρος, fer). T. Minér. Variété bleue de quartz. || Syn. de *Sidérose*.

SIDÉRITIS. s. m. [Pr. l's finale] (gr. σίδηρος, fer). T. Bot. Genre de plantes Dicotylédones de la famille des *Labiées*.

SIDÉROBORINE. s. f. (gr. σίδηρος, fer, fr. *bore*). T. Minér. Syn. de Lagonite.

SIDÉROCALCITE. s. f. (gr. σίδηρος, fer; et fr. *calcium*). T. Minér. Syn. d'*Aphanèse*.

SIDÉROCHROME. s. m. [Pr. ...*krome*] (gr. σίδηρος, fer, et fr. *chrome*). T. Minér. Chromite de fer. Voy. Chrome.

SIDÉROCLEPTE. s. m. (gr. σίδηρος, fer; κλέπτης, dissimulé, propr. voleur). T. Minér. Produit d'altération du péridot.

SIDÉROCONITE. s. f. (gr. σίδηρος, fer; κονία, chaux). T. Minér. Variété de carbonate de chaux, colorée par de l'hydrate ferrique.

SIDÉRODOT. s. m. (gr. σίδηρος, fer). T. Minér. Variété de sidérose renfermant de la chaux.

SIDÉROGRAPHIE. s. f. [Pr. *sidérogra-fi*] (gr. σίδηρος, fer; γράφω, je dessine). Gravure sur acier. Voy. Gravure.

SIDÉROMANCIE. s. f. (gr. σίδηρος, fer; μαντεία, divination). T. Antiq. Divination qui se pratiquait au moyen d'un fer rouge. Voy. Divination, III, 5, A.

SIDÉROMÉLANE. s. m. (gr. σίδηρος, fer; μέλας, μέλανος, noir). T. Min. Obsidienne riche en oxyde ferrique.

SIDÉRONATRITE. s. f. (gr. σίδηρος, fer; et fr. *natron*, soude). T. Min. Sulfate de fer et de sodium.

SIDÉROPHYLLITE. s. f. [Pr. ...*fil-lite*] (gr. σίδηρος, fer; φύλλον, feuille). T. Min. Mica ferreux.

SIDÉROPLÉSITE. s. f. [Pr. ...*plé-zite*] (gr. σίδηρος, fer; πλησίον, proche). T. Min. Sidérose riche en magnésie.

SIDÉROSCHISOLITE. s. f [Pr. *sidéro-ski-zolite*] (gr. σίδηρος, fer; σχίζω, je fends; λίθος, pierre). T. Min. Variété de Cronstedtite.

SIDÉROSE. s. f. [Pr. *sidéro-ze*] (gr. σίδηρος, fer). T. Min. Carbonate ferreux. Voy. Fer, VII, C.

SIDÉROSILICITE. s. f. [Pr. *sidéro-sili-site*] (gr. σίδηρος, fer, et fr. *silicium*). T. Min. Syn. de l'*alagonite*.

SIDÉROSIS. s. f. [Pr. *sidéro-zis*] (gr. σίδηρος, fer). T. Méd. État morbide produit dans certaines professions par l'introduction et l'accumulation des poussières métalliques dans les voies respiratoires.

SIDÉROSTAT. s. m. [Pr. *sidéro-sta*] (lat. *sidus*, *sideris*, astre, étoile; *stare*, se tenir immobile). T. Astron. Appareil à miroir destiné à renvoyer dans une direction fixe les rayons lumineux émanés d'un astre. Il est identique à l'Héliostat. Voy. ce mot.

SIDÉROTANTALE. s. m. (gr. σίδηρος, fer, et fr. *tantale*). T. Min. Syn. de Tantalite.

SIDÉROTECHNIE. s. f. [Pr. *sidéro-tek-ni*] (gr. σίδηρος, fer; τέχνη, art). L'art d'exploiter et de travailler le fer

SIDÉROTECHNIQUE. adj. 2 g [Pr. *sidéro-tek-nike*]. Qui a rapport à la sidérotechnie.

SIDÉROXYDE. s. m. [Pr. *sidéro-kside*] (gr. σίδηρος, fer, et fr. *oxyde*). T. Min. Nom générique des oxydes de fer naturels. Voy. Fer, VII, B.

779

SIDÉROXYLE. s. m. [Pr. *sidéro-ksile*] (gr. σίδηρος, fer ; ξύλον, bois). T. Bot. Genre de plantes Dicotylédones (*Sidéroxylon*) de la famille des *Sapotées*. Voy. ce mot.

SIDÉRURGIE. s. f. (gr. σίδηρος, fer ; ἔργον, travail). Syn. de Sidérotechnie.

SIDÉRURGIQUE. adj. 2 g. (R. *sidérurgie*). Qui a rapport au travail du fer). *L'industrie s. Usine s.*

SIDI-BEL-ABBÈS, ch.-l. d'arr. du dép. d'Oran (Algérie), à 82 kil. d'Oran ; 20,200 hab.

SIDI-FERRUCH, baie à 26 kil. S.-O. d'Alger, où les Français débarquèrent en 1830.

SIDJAN. s. m. Genre de *Poissons osseux*. Voy. TEUTHYES.

SIDNEY (sir PHILIP), littérateur anglais (1554-1586), connu par son poème pastoral *l'Arcadie.* || ALGERNON SIDNEY, républicain anglais, impliqué dans un complot contre Charles II Stuart, fut décapité en 1683.

SIDOINE APOLLINAIRE, poète latin, né à Lyon (430-488), gendre de l'empereur Avitus, fut nommé préfet de Rome, puis élu par le peuple évêque de Clermont.

SIDON, auj. *Saïda,* anc. v. de la côte de Phénicie, au N. de Tyr.

SIDRE (golfe de la), anc. *Syrte,* golfe de la Méditerranée, sur la côte de Tripoli.

SIÈCLE. s. m. (lat. *sæculum,* m. s.). Espace de temps composé de cent années. *Le s. présent, futur. Le s. qui court. Les siècles passés. Ils vivaient dans le même s. Une suite immense de siècles. Le commencement, le milieu, la fin d'un s. A la fin, à la consommation des siècles.* — Chaque siècle commence l'année dont le millésime se termine par 01 et finit à la fin de l'année dont le millésime se termine par 00. Ainsi le premier siècle a commencé au commencement de l'an 1 et a fini à la fin de l'an 100 ; le deuxième siècle a commencé au commencement de l'an 101 et a fini à la fin de l'an 200, et ainsi de suite. Le XIXᵉ siècle s'est terminé le 31 décembre 1900, et le XXᵉ siècle a commencé le 1ᵉʳ janvier 1901. — *Les siècles les plus éloignés, les plus reculés.* Ceux qui ont précédé de beaucoup le nôtre, ou ceux qui viendront longtemps après. *Il rapporte là-dessus les exemples des siècles les plus éloignés, les plus reculés. Sa réputation ira jusqu'aux siècles les plus éloignés, les plus reculés.* Fig., *Les siècles futurs,* La postérité. *Cet ouvrage excitera l'admiration des siècles futurs.* || Se dit des quatre différents âges du monde, tels que les supposent. *Le s. d'or, le s. de fer,* etc. Voy. AGE (Myth.). || S'emploie souvent pour désigner un espace de temps indéterminé, et se dit alors ordinairement soit de l'époque où vivait la personne dont on parle, soit de celle où la personne qui parle, et en transportant au temps les qualités propres des générations qui vivaient alors. *Durant les siècles grossiers et barbares. C'est un s. d'ignorance et de corruption. Les beaux siècles de la Grèce, de Rome, de l'Église. Charlemagne était au-dessus de son s. C'est un homme qui fait honneur à son s. Il était dominé par les préjugés de son s. Les mœurs de notre s.* On peut dire, à la honte du s., que... — Se dit particulièrement d'un temps célèbre par le règne de quelque grand prince, ou par les actions, les ouvrages de quelque grand homme. *Le s. de Périclès. Le s. d'Alexandre. Le s. d'Auguste. Le s. des Médicis ou de Léon X. Le s. de Louis XIV. Le s. d'Homère, de Virgile.* || Par exagér. et fam., se dit d'un espace de temps quelconque, lorsqu'on le trouve trop long. *Il y a un s. qu'on ne vous a vu. Il a été un s. à revenir. Un s. de douleur, de tourments.* || T. Écriture sainte. *A tous les siècles. Aux siècles des siècles. Dans tous les siècles, des siècles, Éternellement, dans toute l'éternité. — Le s. futur,* La vie future. *Sacrifier les espérances du s. futur aux plaisirs du s. présent.* || T. Dévot. La vie mondaine, par opposition à la vie religieuse. *Les gens du s. Il est demeuré dans le s. Se retirer du s.*

SIÈGE. s. m. (R. *siéger*). Meuble fait pour s'asseoir. *Donner, prendre un s. Avancez des sièges. S. de paille, de jonc, de bois, de tapisserie,* etc., S. dont le fond est garni de paille, de jonc, etc. *S. de pierre, de marbre,* etc. gazon, banc de pierre ou de marbre, petite élévation de gazon qu'on pratique quelquefois dans les jardins. On dit, dans un sens analogue, *S. rustique.* || *Le s. d'un cocher,* L'espèce de coussin sur lequel s'assied le cocher qui conduit une voiture. — *Monter sur le s.,* se mettre à côté du cocher. — *Le s. d'une selle,* Voy SELLE. || La place où le juge s'assied pour rendre la justice. *Le juge étant sur son s.* — Par ext., se disait autrefois du corps et de la juridiction de certains juges subalternes. *S. royal. S. présidial. S. de la sénéchaussée. Ce s. était composé de tant d'officiers. C'était l'usage de tel s.* || Se dit du lieu où résident certaines autorités, comme un tribunal, un évêché, un gouvernement. *Le s. d'un tribunal. Il fut alors proposé de transporter le s. du gouvernement à Orléans. Constantinople est le s. du gouvernement, le s. de l'empire ottoman. S. épiscopal. S. patriarcal. S. pontifical. Le saint-s., le s. apostolique. Le saint-s. fut transféré à Avignon en 1305, puis rétabli à Rome en 1377.* — En parlant d'un évêque, du souverain pontife, *Siège* se dit encore pour désigner leur dignité. *Cet évêque occupa trois ans le s. de Lyon. Ce pape tint le saint-s. pendant tant d'années. Pendant la vacance du s. épiscopal, du saint-s. Le saint-s. devint vacant.* — *Saint-s.,* se dit encore de la cour de Rome et du pape même. *Il fut ordonné par le saint-s. Les décisions du saint-s.* || Se dit quelquefois pour domicile légal. *Le s. de cette société commerciale est établi à Paris, telle rue,* etc. || Fig., Le lieu où certaines choses semblent avoir établi leur demeure. *Athènes était alors le s. des sciences et des beaux-arts. Le cerveau est le s. de la pensée. Le s. du mal est dans telle partie.* || T. Méd. Le fondement. *Bain de s. On lui a mis des sangsues au s.* || T. Art milit. Se dit des opérations d'une armée devant une place forte pour la prendre. *Le s. sera long et difficile.* — *Mettre le s. devant une place. Presser, pousser un s. Lever le s.* — Voy. plus bas, et FORTIFICATION. || Fig. et fam. *Lever le s.,* S'en aller, se retirer d'une compagnie. — Se dit aussi d'une entreprise amoureuse.

Enfin cette beauté m'a la place rendue
Que d'un siège si long elle avait défendue.

MALHERBE.

Art milit. — On donne le nom de *siège* à l'ensemble des travaux et des opérations employés par une troupe pour se rendre maître d'une place forte ou d'un ouvrage de fortification permanente dans les meilleures conditions possibles. La *guerre de s.* (Voy. ce mot) s'applique aux procédés employés par l'*attaque* pour vaincre la résistance de la place, et par la *défense* pour prolonger cette résistance le plus possible. — De tout temps, on a employé à cet effet des méthodes qui peuvent se ranger en deux grandes catégories : 1ᵒ le s. régulier ou méthodique, qui a été traité au mot FORTIFICATION (Voy. à ce mot : *Attaque et Défense des Places*) ; 2ᵒ les méthodes irrégulières, brusquées ou de circonstance, comprenant la surprise, la vive force, le bombardement, le blocus et l'attaque brusquée à la von Sauer.

La *surprise* ou *coup de main* est une attaque dans laquelle l'assaillant cherche à pénétrer dans la place à l'improviste, en faisant appel à la ruse ou à la trahison, ou en profitant d'un défaut de vigilance de la défense, de manière à n'avoir à combattre que dans l'intérieur de la place ; le secret et le silence sont de rigueur, ce genre d'attaque ne peut réussir contre une place bien gardée et bien armée.

L'*attaque de vive force,* appelée aussi *escalade,* s'exécute en cherchant à prendre les remparts d'assaut, sans avoir au préalable ouvert un passage pour les colonnes d'attaque. Pas plus que le précédent, ce genre d'attaque ne peut réussir contre une grande place pourvue de forts détachés, d'un armement suffisant, avec une garnison nombreuse et vigilante. On pourra le tenter contre un fort d'arrêt ou un ouvrage d'une place peu, en ayant soin de l'exécuter à la pointe du jour.

Le *bombardement* (Voy. ce mot) a pour but principal de provoquer la démoralisation de la population civile, par l'action de projectiles incendiaires ou autres, dont l'effet destructeur soit suffisant pour amener la capitulation par suite de l'impuissance de la garnison et de la frayeur de la population. Ce moyen ne peut réussir d'emblée contre une place à forts détachés ou qui possède des abris à l'épreuve en quantité suffisante.

Le *blocus* (Voy. ce mot) ou *investissement* consiste à isoler une forteresse en l'entourant de troupes destinées à lui interdire toute espèce de ravitaillement et à amener la capitulation par l'épuisement des vivres. Ce moyen peut se rattacher à ce qui a été dit de l'investissement dans l'attaque régulière ; il ne peut réussir contre une place bien approvisionnée.

L'attaque brusquée, proposée par le général bavarois von Sauer, a pour objet surtout d'atteindre le personnel, impressionnable, par le tir courbe à mitraille dont les effets sont considérables. A cet effet, il commence par s'assurer la supériorité du nombre en hommes et en canons de campagne. Avec ceux-ci, placés à 3,000 ou 4,000 mètres des ouvrages, il espère, par un tir à shrapnells très nourri, annihiler l'artillerie des forts et des intervalles. Cela fait, il établit son infanterie à 2,000 mètres de la place, ce qu'il croit facile en raison de sa supériorité numérique, puis, sous la protection de cette infanterie, il organise ses batteries de tir courbe. Celles-ci chasseront les défenseurs des parapets, ce qui permettra à des colonnes d'attaque de s'avancer à proximité des ouvrages. Il suffira alors d'affoler le défenseur par un feu violent pour permettre le succès des colonnes d'assaut. Pour être plus sûr du résultat, la lutte est engagée non sur un secteur unique, mais sur tout le pourtour de la place. Les troupes de la défense, obligées ainsi de se tenir prêtes au combat sur tous les points, seront partout également faibles. — Cette méthode séduisante, mais par trop théorique, a soulevé de nombreuses critiques. Dans tous les cas, elle ne pourrait avoir des chances de succès que devant une place dont la garnison et l'armement seraient insuffisants. Elle n'est donc possible que dans des cas particuliers, et elle pourrait aussi être employée avantageusement dans certaines conditions aux lieu et place des méthodes de vive force et de bombardement indiquées plus haut. Elle peut enfin trouver une application utile à divers moments de l'attaque en règle.

Ainsi qu'on a pu le voir, la défense contre les divers procédés d'attaque irréguliers consiste dans une grande vigilance de la part des défenseurs, dans un bon armement, dans la constitution d'abris et d'approvisionnements suffisants, de manière à forcer toujours l'assiégeant à passer par les lenteurs d'un siège en règle.

Légis. — On donne le nom d'État de s. à l'état exceptionnel et temporaire sous lequel le gouvernement place une ville ou une contrée, en la soumettant au régime militaire. C'est le 10 fruct., an V (27 août 1797), sous le Directoire, que le gouvernement fut, pour la première fois, investi par la législature du pouvoir de déclarer en état de guerre ou de s. une commune ou une ville ouverte. Les lois qui régissent actuellement la matière sont celles du 9 août 1849 et du 3 avril 1878. D'après ces lois, l'état de s. ne peut être déclaré qu'en cas de péril imminent résultant d'une guerre étrangère ou d'une insurrection à main armée. Une loi peut seule déclarer l'état de s.; cette loi désigne les communes, les arrondissements ou départements auxquels il s'applique. Elle fixe le temps de sa durée. A l'expiration de ce temps, l'état de s. cesse de plein droit, à moins qu'une loi nouvelle n'en prolonge les effets. Des dispositions spéciales de la loi de 1878 permettent au Président de la République, sous des conditions rigoureusement déterminées, de déclarer l'état de s. en cas d'ajournement des Chambres. Lorsque l'état de s. est déclaré, les pouvoirs dont l'autorité civile était revêtue pour le maintien de l'ordre et pour la police, passent à l'autorité militaire, qui délègue aux magistrats civils les attributions qu'elle ne veut pas exercer. Tous ceux qui se rendent coupables de crimes ou de délits contre la sûreté de l'État et contre la paix publique, deviennent justiciables des conseils de guerre. En outre, l'autorité militaire a alors le droit : 1° de faire des perquisitions de jour et de nuit dans le domicile des citoyens; 2° d'éloigner les repris de justice et les individus qui n'ont pas leur domicile dans les lieux soumis à l'état de s.; 3° d'ordonner la remise des armes et munitions, et de procéder à leur recherche et à leur enlèvement; 4° enfin, d'interdire les publications et les réunions qu'elle juge de nature à exciter ou à entretenir le désordre. La levée de l'état de s. retire à l'autorité militaire les pouvoirs exceptionnels qui lui avaient été attribués; néanmoins, les conseils de guerre restent chargés de connaître des crimes et délits qui leur avaient été déférés.

SIEGÉNITE. s. f. [Pr. sié-jénite] (R. Siegen, n. de lieu, en Prusse). T. Minér. Syn. de Linnéite.

SIÉGER. v. n. (lat. sedere, être assis). Résider ; ne se dit que des autorités. Le gouvernement français siège à Paris. || Occuper le siège pontifical ou épiscopal. Tel pape, tel évêque siégea tant d'années. || Tenir ses séances. Cette commission siège au Louvre. || Occuper une place comme juge, comme membre d'une assemblée. Ce juge doit s. dans telle

affaire. Ces deux hommes siégeaient à la chambre des pairs. Les députés qui siégeaient à l'extrême gauche. || Fig., Ce n'est pas là que siège le mal, Ce n'est pas là qu'il est établi. = Conj. Voy. Protéger.

SIEN, IENNE. adj. possessif et relatif de la 3° pers. [Pr. si-in, si-è-ne] (lat. suum, acc. de suus, sua, son, sa). Qui est à lui, à elle. Cette découverte est toute à fait sienne. Voilà votre part, et voici la sienne. Vous avez dit votre avis, laissez-lui dire le s. Ce sont vos affaires comme les siennes. Il s'intéresse à votre gloire comme à la sienne propre.

Nos écrits sont mauvais; les siens valent-ils mieux?
BOILEAU.

— Fam., Un s. neveu, un s. ami, Son neveu, son ami, ou un de ses neveux, de ses amis. == SIEN. s. m. Le bien qui lui appartient. Il ne demande que le s. Il y a mis du s. || Fig., Mettre du s. dans quelque chose, Y contribuer de son travail, de sa peine. Il tire vanité de cet ouvrage comme s'il y avait mis beaucoup du s. — Fam., Il a mis du s. dans cette histoire. Il y a ajouté des détails de son invention. Siens, au plur., se dit des parents, des héritiers, des descendants, des domestiques, des soldats de celui dont on parle, etc. C'est un bon parent, il a soin des siens. Il a stipulé pour lui et pour les siens. Ce général fut abandonné par les siens. || En T. de l'Écrit., Dieu connaît, protège, éprouve les siens, Ceux qui se consacrent, qui se dévouent à lui. || Fam., Faire des siennes, Voy. FAIRE.

SIENNE. fl. côtier de France, reçoit l'Airon et la Soulle et s'écoule dans la Manche; 76 kil.

SIENNE. v. d'Italie, ch.-l. de la prov. du même nom dans l'ancienne Toscane; 25,300 hab. La prov. a 206,500 hab. == Nom des hab. : SIENNOIS, OISE.

SIERCK. anc. ch.-l. de c. (Moselle), arr. de Thionville; 2,300 hab. (à l'Allemagne depuis 1871).

SIERRA. s. f. [Pr. sier-ra]. Mot esp. qui sign. proprement scie, et aussi montagne, à cause de la forme dentée de leur profil sur l'horizon, et qu'on rencontre dans plusieurs noms de montagnes.

SIERRA-LEONE, colonie anglaise, sur la côte occidentale de l'Afrique; 61,000 hab. Cap. Free-Town.

SIESTE. s. f. (espag. siesta, m. s., du lat. sexta, sixième, pour dire la sixième heure du jour, c.-à-d. midi). Sommeil auquel on se livre après le dîner, pendant la chaleur du jour. Faire la s. Une longue s. Ma s. a été interrompue.

SIEUR. s. m. [Pr. sieur, en une seule syllabe] (contraction de seigneur). Titre dont on se sert dans les plaidoyers, les actes publics, et autres écritures de même sorte. Ledit s. N. Les sieurs NN. s'engagent. || S'emploie quelquefois, dans les lettres, missives et autres écritures particulières, pour désigner un inférieur. Vous direz au s. un tel qu'il fasse... || Un s., accompagné du nom de la personne, est une expression de mépris. Un s. Legros s'est présenté ici...

SIEVERSIA. s. m. [Pr. si-versia] (R. Sievers, n. d'un botan. all.). T. Bot. Genre de plantes Dicotylédones de la famille des Rosacées.

SIEYÈS (l'Abbé), homme politique fr. (1748-1836), joua un grand rôle à la Constituante, fut Directeur, et l'un des 3 Consuls en 1799.

SIFFLABLE. adj. 2 g. [Pr. si-flable]. Qui mérite d'être sifflé. Une pièce s. Un acteur s.

SIFFLAGE. s. m. [Pr. si-flaje]. T. Art. vétér. Maladie des voies respiratoires de certains animaux, notamment du cheval. Voy. CORNAGE.

SIFFLANT, ANTE. adj. [Pr. si-flan]. Qui produit un sifflement, ou qui est accompagné d'un sifflement. Une respiration sifflante. Une poitrine sifflante. Une voix, une prononciation sifflante. S, Z, sont des consonnes sifflantes. — Phrase sifflante, vers sifflant, Phrase, vers où il y a beaucoup d'S, et qu'on ne peut prononcer qu'avec une sorte de sifflement. Ex. :

Pour qui sont ces serpents qui sifflent sur vos têtes.
RACINE.

SIFFLASSON. s. m. [Pr. *si-fla-son*] (R. *siffler*). T. Ornith. Un des noms vulg. du *Bécasseau*. Voy. CHEVALIER.

SIFFLEMENT. s. m. [Pr. *sifle-man*]. Le bruit qu'on fait en sifflant. *Cet enfant nous étourdit par ses sifflements continuels. Le s. d'un merle. Le s. des serpents.* || Bruit aigu analogue à celui qu'on fait en sifflant, et qui est produit par une cause quelconque. *Le s. du vent. Le s. d'une flèche. Le s. des balles. Sa respiration est accompagnée d'un s. pénible.*

SIFFLER. v. n. [Pr. *si-fler*] (lat. *sibilare*, m. s.). Former un son aigu soit en serrant les lèvres et en poussant son haleine, soit en soufflant dans un sifflet, dans une clef forée, etc. *Il siffle fort bien. Je l'ai entendu s. S. pour appeler quelqu'un. Les voleurs sifflent pour s'avertir. — Il siffle en parlant,* Sa prononciation est accompagnée d'un certain sifflement. || Se dit du son analogue à celui d'un sifflet, que font entendre certains animaux, comme les merles, les oies, quand ils sont en colère, etc. *Il n'est pas un poète qui n'ait entendu s. des serpents; mais pas un naturaliste n'a pu entendre le sifflement.* || Se dit de même de certains bruits aigus, quelle que soit la cause qui les produit. *Le vent sifflait à travers les fentes de notre hutte. Le trait partit en sifflant. Les balles lui sifflaient aux oreilles. Sa poitrine siffle. On l'entend s. quand il dort. — SIFFLER. v. a. S. un air,* Le moduler en sifflant. *Ce merle siffle tous les airs qu'on lui apprend.* || *S. un oiseau,* S. près de lui pour lui apprendre à répéter des airs. *Il passe son temps à s. sa linotte.* — Fig. et fam., *S. quelqu'un,* L'instruire de ce qu'il aura à dire ou à faire en certaines occasions. *On l'a bien sifflé, il ne fera pas d'imprudence. On lui a sifflé sa leçon.* — Prov., *S. la linotte,* Voy. LINOTTE. || Témoigner sa désapprobation, son mécontentement, soit à coups de sifflet, soit par quelque autre bruit. *S. une comédie. S. un acteur. Sa tragédie a été sifflée.* — Fig., *Si vous faites cette proposition, on vous sifflera.*

Un honêt dont partout on siffle les écrits.
MOLIÈRE.

|| Fig. et pop., *S. un verre de vin,* L'avaler d'un trait. = SIFFLÉ, ÉE. part.

SIFFLET. s. m. [Pr. *si-flè*]. Petit instrument avec lequel on siffle. *S. de bois, d'argent. S. de berger.* — *Un coup de s.,* L'action de souffler dans cet instrument, et le bruit qui en résulte. *Le voleur qui faisait le guet donna un coup de s. pour avertir ses complices. On reçut le pauvre acteur à coups de s.* || Fig., Improbation manifestée par des coups de s., ou par quelque autre marque de mépris. *Cette pièce a essuyé les sifflets.* S'exposer *aux sifflets. La pièce est tombée au bruit des sifflets.* || Popul., Le larynx et la trachée-artère. *Couper, serrer le s. à quelqu'un.* — Fig. et fam., *Couper le s. à quelqu'un,* Le mettre hors d'état de répondre || Fig., Ce qui rappelle l'extrémité d'un s. *Greffe en s.*

SIFFLEUR, EUSE. s. [Pr. *si-fleur, euze*]. Celui, celle qui siffle. *Voilà un s. importun. On a mis les siffleurs à la porte* || S'emploie adjectiv., en parl. de certains animaux qui font entendre une sorte de sifflement. *Le canard s. Les oiseaux siffleurs.* — T. Art vétér. *Cheval s.* ou *corneur,* Voy. CORNAGE. = SIFFLEUR. s. m. Espèce d'oiseau palmipède du genre *Tadorne,* Voy. CANARD.

SIFFLOTER. v. a. [Pr. *siflo-ter*]. Siffler souvent. *Ne faire que s.* || Activ., *S. un air,* Le siffler négligemment.

SIFILET. s. m. [Pr. *si-filè*] (R. *six,* et *filets*). T. Ornith. Genre de *Passereaux*, Voy. PARADISIER.

SIGALON, peintre d'histoire fr., auteur d'une belle copie du jugement dernier de Michel-Ange (1790-1837).

SIGEAU ch.-l. de c. (Aude), arr. de Narbonne ; 3,500 hab.

SIGEBERT Ier, roi d'Austrasie, 3e fils de Clotaire Ier (535-575), épousa Brunehaut. Il fit la guerre à son frère Chilpéric, et il allait triompher, lorsqu'il fut assassiné par des émissaires de Frédégonde. || SIGEBERT II, roi d'Austrasie, succéda à son frère Thierri II en 613 et fut tué la même année par Clotaire II. || SIGEBERT III, succéda à son père Dagobert (638-650), roi d'Austrasie, et régna sous la tutelle de Pépin de Landen, puis de Grimoald.

SIGÉE (Cap), cap de l'anc. Asie Mineure, dans la Troade, à l'entrée de l'Hellespont.

SIGILLAIRE. s. f. [Pr. *sijil-lère*] (lat. *sigillum*, sceau) T. Bot. Genre de Lycopodinées fossiles de la famille des *Lépidodendracées.* Voy. ce mot.

SIGILLARIÉES. s. f. [Pr. *sijil-larié*] (R. *sigillaria*). T. Bot. Tribu de Lycopodinées fossiles de la famille des *Lépidodendracées.* Voy. ce mot.

SIGILLÉ, ÉE. adj. [Pr. *sijil-lé*]. Marqué d'un sceau. || T. Min. *Terre s.,* Sorte d'argile ocreuse qui vient des îles de l'Archipel en petits gâteaux ronds, sur lesquels on a imprimé un cachet. || T. Forest. *Souche sigillée,* marquée de taches qui ressemblent à l'empreinte d'un cachet.

SIGILLOGRAPHIE. s. f. [Pr. *si-jil-logra-fi*] (lat. *sigillum*, sceau, et gr. γράφω, je décris). Science de la description et de l'interprétation des sceaux. Voy. SCEAU.

SIGISBÉE. s. m. (ital. *cicisbeo*, m.s.). Se dit d'un homme qui fréquente régulièrement une maison, qui rend des soins assidus à la maîtresse et qui est à ses ordres. *Elle a son s. Il est le s. de madame une telle.* — Ce fut l'usage en Italie, pendant les XVIIe et XVIIIe siècles que toute dame devait avoir un s. que l'on appelait aussi, *Cavalier servant.*

SIGISBÉISME. s. m. La coutume d'avoir un sigisbée. *Le s. a presque complètement disparu en Italie.*

SIGISMOND (saint), roi des Burgondes de 516 à 524, battu par les fils de Clovis et tué par ordre de Clodomir. Fête le 1er mai.

SIGISMOND, empereur d'Allemagne, fut d'abord roi de Hongrie ; il fut battu par le sultan Bajazet à Nicopolis (1396) Proclamé empereur (1411-1437), il fit décider la réunion du concile de Constance, et livra Jean Huss à la justice religieuse.

SIGISMOND Ier *le grand,* roi de Pologne (1506-1548), soumit la Moldo-Valachie, donna à Albert de Brandebourg, grand-maître de l'Ordre teutonique, le titre de duc héréditaire de Prusse. || Son fils, AUGUSTE-SIGISMOND II, le dernier des Jagellons, réunit la Lithuanie à la Pologne (1569). || SIGISMOND III WASA, roi de Pologne et de Suède (1592-1632), souleva contre lui les Suédois, qui prirent pour roi son oncle Charles IX (1604), puis lutta contre Gustave-Adolphe.

SIGLE. s. m. (lat. *siglum*, m. s., de *singula littera,* lettre isolée). T. Paléogr. Lettre initiale, ou groupe de lettres désignant en abrégé un mot ou un membre de phrase. Voy. ABRÉVIATION.

SIGMARINGEN, petite v. de Prusse (prov. de Hohenzollern), sur le Danube ; 4,800 hab., cap. de l'anc. principauté de Hohenzollern-Sigmaringen.

SIGMOÏDE. adj. 2 g. (gr. σιγμοειδής, m. s. de Σ [*sigma*], lettre majuscule des Grecs ; εἶδος, ressemblance). T. Anat. Qui a la forme du sigma. *Cavités sigmoïdes,* Les deux cavités que présente l'extrémité supérieure du cubitus. — *Valvules sigmoïdes,* Valvules situées à l'origine des artères. Voy. CŒUR.

SIGNAL. s. m. [Pr. *gn* mouill.] (R. *signe*). Signe convenu entre deux ou plusieurs personnes, pour servir d'avertissement. *Faire un s. Donner le s. Au premier s., l'armée se mit en marche. Nous nous aperçûmes que d'abord les signaux du navire.* || Ensemble de signes formant un langage ou un alphabet conventionnel pour l'usage du télégraphe, des chemins de fer, etc., *S. optique. S. acoustique. S. télégraphique.* Voy. plus bas, et CHEMIN DE FER, TÉLÉGRAPHE. || Signe permanent servant de point de repère pour les opérations géodésiques. || Fig., *Donner le s.*, Donner le premier l'exemple d'une chose. *Donner le s. des applaudissements. C'est lui qui donna le s. de la révolte.* ¶ Fig., Ce qui annonce une chose. *La prise de la Bastille fut le s. de la révolution. Cette disgrâce fut le s. de sa perte.* = Syn. Voy. SIGNE.

Mar. — Les signaux usités dans la marine sont fort nombreux. Outre ceux qui servent à commander les manœuvres, les évolutions, etc., il existe des signaux de reconnaissance, de ralliement, de combat, de chasse, de danger, de détresse, etc. On les distingue en signaux de *jour*, de *nuit* et de *brume* qui sont tous décrits avec leur signification dans le livre des signaux déposé à bord de chaque bâtiment de guerre ou de commerce.

Les signaux de jours et les signaux de nuit se divisent eux-mêmes en signaux à grande distance et signaux à petite distance. *Signaux à petite distance de jour* : on se sert de pavillons, de trapèzes, flammes et triangles. Bien entendu chacun d'eux a sa valeur propre. Pour les signaux à petite distance, par ex. pour communiquer d'un bâtiment voisin à un autre, on emploie les signaux à bras, la position des bras correspondant aux lettres de l'alphabet. Les *Signaux à grande distance de jour* se font au moyen de pavillons, de flammes et de boules qui, hissés au haut des mâts, donnent la signification du signal suivant leurs positions. Quelques nations emploient aussi un sémaphore en tête des mâts ; ce dernier signal n'est pas encore réglementaire en France (1901).

Signaux de nuit à petites distances. — On emploie des fanaux électriques ou ordinaires : on communique de bâtiment à bâtiment au moyen d'un fanal électrique à éclipse permettant de faire des longues et des brèves comme en télégraphie. On se sert aussi de pavillons et de signaux lumineux dont le sens est donné par le dictionnaire télégraphique spécial.

Signaux de nuit à grandes distances. — Ils s'obtiennent au moyen de fusées qui, par la coloration de leurs groupes, donnent la signification du signal.

Signaux de brume. — Ils se font au moyen de sonneries de clairons et au besoin de coups de canon.

En plus de ces signaux, les navires des différentes nationalités de guerre ou de commerce peuvent communiquer avec la terre au moyen des sémaphores de la côte et du code international. Les navires devront, de jour comme de nuit, en temps de brume, faire entendre *fréquemment* la sirène à vapeur, les bâtiments à voiles le son d'une trompe. Enfin les uns et les autres, à l'ancre, doivent faire usage d'une cloche. Ce règlement a été adopté de concert avec l'Angleterre et soumis à l'adhésion de toutes les puissances maritimes.

La nuit, tous les bâtiments, sans exception, doivent, à la mer, avoir des feux de côté : deux fanaux à l'avant, un fanal à l'arrière : ces feux servent à indiquer leur position.

Chem. de fer. — Les signaux sont, pour les chemins de fer, le langage au moyen duquel les agents des gares, de la voie, des trains et des machines sont en communication les uns avec les autres en vue de réaliser la sécurité. Les signaux étant la véritable garantie de la circulation, il est essentiel que ce langage de convention soit très simple, qu'il ne laisse aucun doute à celui qui le perçoit et enfin qu'il fonctionne très régulièrement.

Dès que le réseau national a commencé à se développer, l'attention de l'Administration s'est fixée sur les inconvénients que pourrait avoir la diversité des signaux employés par les différentes Compagnies françaises ; le premier document officiel qui porte la trace de cette préoccupation date de 1857. Toutefois ce n'est qu'en 1885 (arrêté ministériel du 15 novembre) que l'Administration, sur le rapport de M. A. Picard, a institué une sorte de *Code* uniformisant le sens à attribuer aux signaux et aux sons, c.-à-d. le langage proprement dit des signaux, mais en laissant aux Compagnies toute latitude quant à leur structure, à leur manœuvre et à leur répartition sur la voie.

L'emploi des signaux est basé sur les quatre principes fondamentaux qui suivent :

1° *Tout employé, quels que soient son grade et ses fonctions, doit obéissance passive aux signaux.*

2° *Sur tous les points et à toute heure les dispositions doivent être prises comme si un train était attendu,* c.-à-d. que *les signaux doivent être assurés lorsque la voie n'est pas libre.*

3° *L'absence de tout signal indique que la voie est libre.*

4° *Lorsqu'un s. apparaît au mécanicien dans une posi-*tion *douteuse, il doit être considéré par lui comme fermé.*

Les signaux se divisent en deux catégories : *les signaux acoustiques* et *les signaux optiques.*

A. *Signaux acoustiques.* — Ces signaux peuvent être faits sur la voie ou sur les trains. Ceux qui sont faits de la voie ou des stations sont donnés avec la corne ou la trompe, le sifflet de poche, les pétards, les cloches électriques.

Sur les trains, les signaux acoustiques sont donnés soit avec la cloche ou le timbre du tender, soit avec le cornet du conducteur du train.

Le mécanicien communique avec les agents des trains ou de la voie par le sifflet de sa machine. Un coup prolongé appelle l'attention et annonce la mise en mouvement. À l'approche d'un faisceau d'aiguilles qui doivent être abordées par la pointe, le mécanicien demande la voie en donnant le nombre de coups de sifflet prolongés correspondant au rang de la voie qu'il doit prendre en comptant à partir de la gauche. Deux coups de sifflet brefs et saccadés ordonnent de serrer les freins ; un coup **bref**, de les desserrer.

B. *Signaux optiques.* — Comme il a déjà été dit à l'article *Chemin de fer*, les couleurs fondamentales employées pour ces signaux sont le *rouge* indiquant l'arrêt, le *vert* indiquant le ralentissement et le *violet* adopté pour les indicateurs de direction.

Les signaux optiques se subdivisent en 2 classes : les *signaux mobiles* et les *signaux fixes.*

1° *Signaux mobiles.* — Les signaux de cette classe sont susceptibles d'être transportés et employés en un point quelconque. Ils sont faits le jour, avec des drapeaux, des guidons,

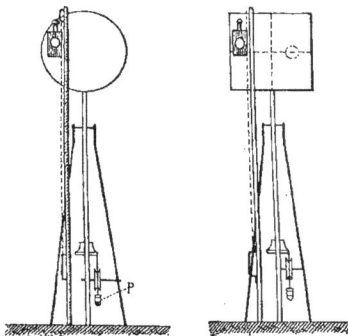

Fig. 1.   Fig. 2.

un objet quelconque ou même les bras ; la nuit, avec des lanternes à feu blanc ou de couleur. Le drapeau roulé indique la voie libre ; déployé, il commande, selon la couleur, l'arrêt ou le ralentissement. À défaut d'engins appropriés, l'arrêt est commandé soit en agitant vivement un objet quelconque, soit en élevant les bras de toute leur hauteur, soit enfin, la nuit, en agitant vivement une lumière quelconque.

2° *Signaux fixes.* — Les signaux de cette classe, de beaucoup les plus importants, sont établis et fonctionnent à demeure, sur un support, en un point invariable de la voie.

Toujours installés à gauche de la voie à laquelle ils s'adressent, ils sont constitués, en principe, par un voyant carré ou rond placé au sommet d'un mât tournant ; le voyant occupe une position perpendiculaire à la voie, c.-à-d. présente sa face au mécanicien du train arrivant, quand le s. doit donner l'indication d'arrêt ou de ralentissement ; on dit alors que le s. est fermé ; il s'efface par contre, en tournant de 90°, pour se mettre parallèlement à la voie, quand cette dernière est libre. Les voyants sont percés d'un ou de deux trous garnis de verres de couleur lesquels, placés devant une lanterne, permettent de donner, la nuit, les signaux lumineux conventionnels; dans la position effacée, le voyant découvre toujours le feu blanc de la lanterne lequel correspond à la voie libre.

Nous allons décrire sommairement les signaux fixes de la voie.

Le *disque* ou *s. rond* (Fig. 1) présente un voyant à face rouge (la nuit un seul feu rouge); il ne commande pas un arrêt immédiat et absolu, mais dès qu'un mécanicien l'aperçoit dans sa position fermée, il doit se rendre maître de la vitesse de son train et ne plus s'avancer qu'à une allure suffisamment modérée pour ne pas atteindre le point protégé par le s.; conséquemment le *disque* doit être suivi d'un poteau *limite de protection* indiquant le point à partir duquel le s. fermé assure une protection efficace; ce poteau est généralement placé à 800 mètres du disque.

Le *s. carré d'arrêt absolu* (Fig. 2) présente un voyant à damier blanc et rouge (la nuit un double feu rouge); il commande l'arrêt immédiat et absolu. Ce s. est ordinairement doublé par un pétard lequel se place automatiquement sur un des rails de la voie par la manœuvre même qui met le s. à l'arrêt.

Sur les voies autres que celles que suivent les trains en circulation, le s. d'arrêt absolu défini ci-dessus, peut être remplacé par un s. carré ou rond à face jaune (la nuit un seul feu jaune).

Le *sémaphore* est un appareil destiné à maintenir, entre les trains, les intervalles nécessaires (Voy. ÉLECTRO-SÉMAPHORE).

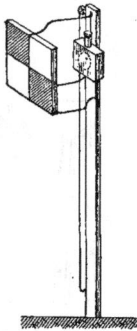 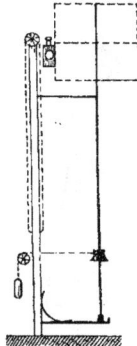

Fig. 3.   Fig. 4.

Le *disque de ralentissement* comporte un voyant rond à face verte (la nuit un seul feu vert); il commande le ralentissement et peut, dans certains cas, être accompagné d'un tableau blanc éclairé la nuit indiquant le chiffre auquel la vitesse doit être réduite.

L'*indicateur de bifurcation* (Fig. 3) est formé par une plaque carrée peinte en damier vert et blanc, éclairée la nuit par réflexion ou par transparence. Ce s. est disposé de manière à donner constamment la même indication. Toutefois il peut être aussi employé comme s. d'avertissement annonçant des signaux carrés d'arrêt absolu qui ne protègent pas des bifurcations; dans ce cas, le s. comporte un voyant tournant (Fig. 4). Quelquefois l'indicateur de bifurcation à damier vert et blanc est remplacé par une plaque transparente portant le mot BIFUR (Fig. 5).

L'*indicateur de direction* (Fig. 6) s'adresse aux trains abordant les aiguilles par la pointe; il comporte deux bras peints en violet, terminés en flamme par une double pointe, qui peuvent se développer à droite ou à gauche du support; la nuit le s. montre deux feux, l'un blanc, l'autre violet. L'*indicateur de direction* est manœuvré en même temps que l'aiguille et la direction donnée est celle du côté de laquelle le jour, le bras violet est effacé, ou la nuit, le feu blanc est visible.

Il faut citer aussi l'*indicateur de position d'aiguille*, s. de moindre importance, lequel est destiné à renseigner les agents sédentaires sur la direction donnée par les aiguilles.

 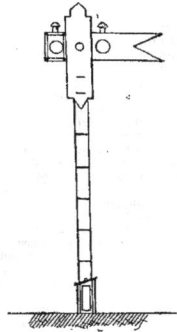

Fig. 5.   Fig. 6.

Nous ne décrirons pas en détail la structure et le mécanisme des signaux fixes à voyant mobile dont les types peuvent varier à l'infini; nous nous bornerons à dire qu'un appareil de cette nature se compose en principe d'un mât maintenu par un

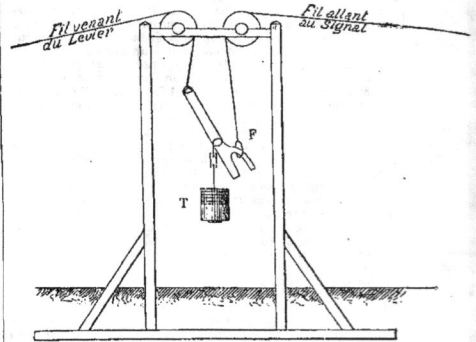

Fig. 7.

support et pouvant tourner dans une crapaudine. Au sommet de ce mât est fixé un voyant dont le centre est généralement à 3m,80 au-dessus du niveau des rails. L'ensemble est complété par un support-guide servant à la montée et à la descente de la lanterne (Fig. 1 et 2).

La manœuvre des disques est obtenue au moyen d'une transmission formée par un fil d'acier de 3 millimètres de diamètre actionné, à l'une de ses extrémités, par un levier de manœuvre et aboutissant, à l'autre, au pied du mât du s. sur lequel le fil s'attache par l'intermédiaire d'une petite manivelle. Sur le même mât, et par opposition au fil de transmission, est attaché, au moyen de poulies, un contrepoids de rappel P (Fig. 1) lequel sollicite le disque à se mettre toujours à l'arrêt. Dans ces conditions, lorsqu'on tire sur le fil de manœuvre, on fait tourner le disque vers la position voie libre en même temps que le contrepoids de rappel se trouve soulevé; par contre, lorsqu'on lâche le fil de manœuvre, le contrepoids ramène le disque à sa position d'arrêt. Dans ce mouvement de rotation le s. décrit une course angulaire de 90° limitée par deux butoirs.

Le parcours de la transmission étant généralement très long et atteignant parfois 2,000 mètres, la dilatation du fil en diminue la tension; elle augmente la flèche du fil et, si l'on n'y obviait, cette flèche pourrait être telle que l'action du levier ne fît plus que rétablir la tension du fil au lieu de faire tourner le s., de sorte qu'à un mouvement complet du levier de manœuvre correspondrait un mouvement nul ou incomplet du disque. De même la contraction du fil aurait pour effet de tirer sur le s. et de le mettre intempestivement à voie libre. Pour obvier à cet inconvénient, le fil allant du levier de manœuvre au s., est interrompu au milieu de sa longueur par un appareil dit compensateur (Fig. 7) dont le rôle est d'assurer une tension constante du fil tout en laissant un libre jeu à la dilatation. Chaque moitié de fil se retourne verticalement sur une poulie et vient s'attacher, le fil de gauche au moyen d'une chape, celui de droite au moyen d'un anneau, sur une ferrure F supportant le poids de tension T. L'appareil étant placé au milieu de la longueur du fil, les deux bouts de fil s'allongent ou se raccourcissent également pour les variations de température; le poids tendeur suit ces variations en se soulevant ou en s'abaissant, mais la tension du fil reste toujours la même, celle qui résulte du poids tendeur. Supposons maintenant qu'on mette en manœuvre, en tirant dessus, le fil venant du levier; ce fil soulève le poids tendeur; le fil allant au s. se trouve détendu et le poids de rappel du disque met ce dernier à l'arrêt. Qu'on manœuvre le levier en sens inverse, c.-à-d. que le fil de gauche se trouve détendu, l'effet inverse se produit; le poids tendeur descend, en entrainant par le fil de droite le poids de rappel du s. qui se met à voie libre. Il est bon d'ajouter que le poids tendeur T du compensateur doit être supérieur au poids de rappel du s.

Outre qu'un compensateur est destiné à assurer la manœuvre du disque, il doit encore être réalisé de telle sorte qu'en cas de rupture d'un des fils de la transmission, le s. revienne de lui-même à la position fermée. Le compensateur que nous venons de décrire remplit cette condition. En effet, supposons que la rupture vienne à se produire dans le fil de gauche, le contrepoids T, abandonné à lui-même, descend et entraine avec lui la ferrure F qui se dégage de l'anneau; le fil de droite n'étant plus retenu par le poids tendeur T, rien ne s'oppose à ce que le s., entraîne par son contrepoids de rappel, se mette à l'arrêt. Si par contre la rupture se produit dans le fil de droite allant au s., ce dernier, libéré comme dans le cas précédent, se met automatiquement à l'arrêt.

SIGNALEMENT. s. m. [Pr. signale-man, gn mouil.] [R. signaler]. Description d'une personne, faite par ses caractères extérieurs, et qu'on donne pour la faire reconnaître. Faire un s. Prendre le s. de quelqu'un. On a envoyé à la gendarmerie les signalements des assassins.

SIGNALER. v. a. [Pr. gn mouil]. Annoncer par des signaux. S. l'ennemi. S. une flotte. S. un écueil. — Dans ce sens, Signaler a quelquefois pour sujet la chose même qui sert de signal. Des feux allumés sur les hauteurs signalaient aux habitants la marche de l'armée ennemie. Des bouées signalent l'entrée de la passe. || Fig., se dit des choses qui restent après une autre comme pour rendre témoignage d'un fait. Les Huns signalaient leur passage par l'incendie et la dévastation. || Rendre remarquable, faire éclater ses qualités soit bonnes, soit mauvaises. Ce prince signala son règne par la répression des abus. Il signala son courage dans cette occasion. S. son éloquence. Le duc d'Albe signala sa cruauté par les milliers de supplices qu'il ordonna dans les Pays-Bas. Il signala sa bassesse en dénonçant son ancien ami. || Signaler, sign. encore dresser, donner le signalement de quelqu'un. Si vous pouvez me le s., je saurai bien le reconnaître. Il faudrait s. cet escroc à la police. || Par ext., Appeler l'attention sur une personne ou sur une chose. Il fut signalé à l'autorité comme un homme dangereux. Je signale ce fait à votre attention. = se Signaler. v. pron. Se distinguer, se rendre célèbre. Il s'est signalé en diverses occasions. Il s'est signalé par ses injustices, par ses friponneries.

Et vous vous signalez par d'illustres leçons!
RACINE.

= Signalé, ée. part. La terre signalée était le cap Fa-

rewell Le navire signalé était une frégate anglaise. || Adjectiv., Remarquable Une victoire signalée. Une faveur signalée. Un service signalé. Par antiphrase, Un signalé poltron Un poltron signalé.

SIGNALÉTIQUE. adj. 2 g. [Pr. gn mouil.]. Qui contient le signalement. Etat s.

SIGNALEUR. s. m. Celui qui signale.

SIGNATAIRE. s. 2 g. [Pr. signa-tère, gn mouil.]. Celui, celle qui a signé. Les signataires d'un acte, d'une pétition, d'une protestation.

SIGNATURE. s. f. [Pr. gn mouil.] (lat. signatura, m. s., de signare, signer) Le nom d'une personne écrit de sa main, soit à la fin d'une lettre, d'un billet, pour faire connaître que c'est elle qui a écrit ou fait écrire ce nom ou la lettre ou le billet, soit à la fin d'un contrat, d'un acte quelconque, pour le certifier, le confirmer, le rendre valable. Apposez ici votre s. Cette s. est fausse. Reconnaître sa s. La s. a été rendue obligatoire dans tous les actes par une ordonnance de François II rendue en 1554. || Action de signer. Ce ministre emploie par semaine plusieurs heures à la s. Il y a aujourd'hui s. J'assistais à la s. du contrat. — Mettre, envoyer un arrêt, une ordonnance, un brevet, un acte à la s. Les mettre entre les mains de celui qui doit les signer ou les faire signer. L'ordonnance est à la s. || S. en cour de Rome, La minute originale d'un rescrit de la cour de Rome, qui porte le seing du pape. Obtenir une s. en cour de Rome. — S. de justice, s. de grâce, Tribunaux établis à Rome pour connaître, le premier des affaires contentieuses, le second des matières bénéficiales. Préfet de la s. de justice, de la s. de grâce. Référendaire de l'une et de l'autre s. || T. Typogr. Numéro ou lettre apposée sur chacune des feuilles d'un ouvrage imprimé. Voy. Brochage. || En parlant des plantes, se disait autrefois de Certaines particularités de conformation ou de coloration, d'après lesquelles on les jugeait convenables dans telle ou telle maladie. Ainsi, on administrait le suc de Carotte dans le cas de jaunisse, parce que la carotte est jaune; la Pulmonaire était ainsi appelée, et on avoit usitée dans les affections du poumon, à cause des marbrures de ses feuilles qui offrent une grossière analogie avec l'aspect de cet organe.

SIGNE. s. m. [Pr. gn mouil.] (lat. signum, m. s.). Se dit de tout ce qui sert soit à représenter, soit à indiquer une chose. Les mots et les gestes sont les signes de nos pensées. Les lettres sont les signes des sons et des mots. L'argent n'est pas seulement le s. des marchandises : il en est l'équivalent, car il est lui-même une marchandise. La monnaie de papier est le s. des espèces métalliques. Les signes algébriques, chimiques, botaniques, etc. Voy. Algèbre, Chimie, Botanique, etc. Les signes de la musique, Voy. Notation. = Se dit aussi de toute chose qui, par la relation qui existe entre elle et une autre, est l'indice de celle-ci, la rappelle ou l'annonce. S. certain, infaillible. S. sensible, évident, remarquable.

No devrait-on pas à des signes certains
Reconnaître le cœur des perfides humains?

Les signes des maladies se divisent en signes commémoratifs, signes diagnostiques et signes pronostiques. C'est un bon, c'est un mauvais s. C'est bon s., mauvais s. Quand les hirondelles volent bas, c'est un s. de pluie. Il ne donne plus aucun s. de vie. — Fig., Il ne nous a donné aucun s. de vie, il n'a pas donné s. de vie, le moindre s. de vie, se dit d'un homme absent qui n'écrit pas, qui n'a donné aucune marque de son souvenir, quand il pouvait le faire. || Se dit encore de certaines marques ou taches naturelles qu'on a sur la peau. Avoir un s. au visage, un s. sur le bras. || Se dit aussi des démonstrations extérieures que l'on fait pour donner à connaître ce que l'on pense ou ce que l'on veut. Faire un s. de tête, Faire s. de la tête, des yeux, de la main. Parler par signes. Ils se faisaient des signes d'intelligence. Donner des signes d'amitié. Illuminer en s. de réjouissance. — Le s. de la croix, Voy. Croix. || Dans l'Écrit. sainte, se dit quelquefois pour signifier Un phénomène extraordinaire, un miracle. Le jugement universel sera précédé de plusieurs signes dans le ciel. Les Pharisiens demandaient à Jésus qu'il leur fît quelques signes pour prouver qu'il était le Messie. || Le s. des temps, les signes prédits par les prophètes et Fig. C'est un s. des temps, cela annonce ce à quoi il faut s'attendre. || T. Astron. Les douze signes du zodiaque. Chacune des douze divisions du Zodiaque. Voy. Constellation et Zodiaque. — On disait autrefois qu'un s. de zodiaque est ascendant, ou à l'ascendant, quand il est sur la partie de l'horizon qui s'étend du Nord au Sud en passant par l'Est.

Syn. — Signe, Signal. — Le signe fait connaître ce qui est; il est généralement tel par nature. Le signal avertit; il est toujours arbitraire. Les mouvements qui paraissent sur le visage sont ordinairement des signes de ce qui se passe dans le cœur; le son de la cloche est le signal qui appelle les fidèles à l'église. On s'exprime par signes avec les sourds-muets, parce que ce langage n'est au fond que le langage des gestes perfectionné; on convient d'un signal pour se faire entendre des gens éloignés. = Signe, Symptôme. Voy. Diagnostic.

Philos. — Un Signe, quand on prend ce mot dans sa signification la plus étendue, est un fait présent et sensible, qui nous en représente un autre absent, éloigné, ou inaccessible à nos sens. Ainsi, par ex., on dit que la fumée est le s. du feu, que l'éclair est le s. de l'orage, que la respiration est le s. de la vie, que les cris de l'enfant sont le s. de la souffrance qu'il éprouve, que telle institution, telle œuvre d'art, telle production littéraire est un s. de progrès ou de décadence dans la civilisation, etc. « Mais aucun fait, dit très bien le prof. Pellissier, ne peut servir de s. qu'à la condition de s'adresser à une intelligence douée de la faculté d'interprétation, c.-à-d. de comprendre le sens du s., spontanément ou après réflexion. Ainsi, l'intelligence humaine comprend spontanément les signes qui sont unis à la chose signifiée par un rapport naturel, comme le rire signe de la joie; tandis qu'elle a besoin d'une étude préliminaire pour comprendre les signes unis à la chose signifiée par un rapport arbitraire. Mais une fois ce rapport compris, la liaison du s. à la chose signifiée se fait dans l'esprit si facilement et avec une telle rapidité, que nous en avons à peine conscience, comme il arrive quand nous employons les mots de notre langue maternelle. » — Mais la philosophie ne s'occupe pas des signes pris dans une acception aussi étendue que celle dont nous venons de parler. Elle ne considère que les moyens dont l'homme se sert pour communiquer avec ses semblables et pour s'entretenir avec lui-même. Les signes d'une même espèce, produits par les mêmes moyens et coordonnés entre eux d'après certains rapports, forment ce qu'on appelle un langage. Voy. Langage, Écriture, Mot.

SIGNER. v. a. [Pr. gn mouil.] (lat. signare, m. s., de signum, signe). Mettre sa signature à la fin d'une lettre, d'un contrat, etc., pour le certifier, pour le rendre valable, pour s'engager soi-même. S. une lettre. S. un contrat. S. un arrêt. J'ai signé de confiance. Il déclara ne savoir s. — Fam., S. son nom, Écrire son nom, sa signature. Il signe son nom tant bien que mal. Il ne sait pas seulement s. son nom, ou absol., Il ne sait pas s. — S. à un contrat. Y mettre sa signature, comme témoin ou par honneur. Le roi lui a fait l'honneur de s. à son contrat de mariage, Tels et tels ont signé au contrat comme amis, comme parents. || Fig., Je le signerais de mon sang, je suis prêt à vous le s. de mon sang, se dit Lorsqu'on veut marquer que ce qu'on dit est très vrai, ou qu'on tiendra infailliblement sa promesse. Fam. || Apposer son nom, appliquer son monogramme, etc., à un imprimé, à une œuvre d'art. Il signait ses articles d'un △. Ce tableau n'est pas signé. Cet orfèvre signe tout ce qui sort de ses ateliers. || T. Techn. S. le bois de charpente, le marquer avec la rouannette. = se Signer. v. pron. Faire le signe de la croix. Se s. dévotement. Fam. = Signé, ée. part. Un ordre signé du ministre, signé de sa main.

SIGNET. s. m. [Pr. sinet] (Dimin. de signe). Petit ruban qui est attaché à la tranchefile d'un livre, et qui sert à marquer l'endroit du livre où l'on a interrompu sa lecture. — Se dit aussi de plusieurs petits rubans liés ensemble, qui tiennent à un peloton, et qu'on met au haut d'un missel, d'un bréviaire, etc., pour marquer les endroits qu'on veut retrouver aisément. || T. Bot. Nom vulg. du Polygonatum. Genre de plantes Dicotylédones de la famille des Liliacées, tribu des Asparagées. Voy. Liliacées.

SIGNETTE. s. f. [Pr. si-gnè-te, gn mouil.]. Caveçon de fer creux, garni de dents en fer et composé de pièces jointes par des charnières.

SIGNEUR. s. m. [Pr. gn mouil.]. Celui qui donne sa signature.

SIGNIFIANCE. s. f. [Pr. gn mouil.] (R. signifiant). Indice, marque. Pop.

SIGNIFIANT, ANTE. adj. [Pr. gn mouil.] (part. prés. de signifier). Qui signifie. Fam., Cela est très s., Cela veut dire beaucoup. Cette expression n'est pas assez signifiante, Elle n'exprime pas assez ce qu'on veut dire. Cette plaisanterie est peu signifiante, Elle est insipide.

SIGNIFICATIF, IVE. adj. [Pr. gn mouil.] (R signifier). Qui exprime bien, qui contient un grand sens, Ce mot est très s. Se servir de mots significatifs || Ton, geste, souris, etc., fort s., Qui exprime sensiblement la pensée, l'intention de la personne. || T. Arith. Chiffre s., se dit de tout chiffre qui a une valeur absolue, par opposition au zéro qui n'a qu'une valeur relative. Dans 6500, les chiffres significatifs sont 6 et 5.

SIGNIFICATION. s. f. [Pr. si-gni-fika-sion, gn mouil.] (lat. significatio, m. s., de significare, signifier). Ce qui signifie une chose. Dites-moi la s. de ces hiéroglyphes, de ce symbole. Ce mot a plusieurs significations. Ce mot a changé de s. — En parlant D'un verbe ou d'un adjectif verbal, on dit qu'il est pris dans la s. active ou dans la s. passive, selon qu'il sert à marquer l'action faite ou l'impression reçue. [. Degrés de s., Voy. Comparaison (Gram.) T. Philos. Anat. et Bot. Se dit de la correspondance de l'analogie que présentent certaines parties comparées avec d'autres qu'elles semblent répéter. Gœthe est le premier qui ait reconnu la s. des os du crâne, et fait voir qu'ils représentent des vertèbres.

Législ. — En termes de Procédure, on donne le nom de Signification à la notification que l'on fait, à la connaissance que l'on donne d'un arrêt, d'un jugement, d'un acte quelconque, par la voie judiciaire, c.-à-d. par le ministère d'un officier public, qui le plus ordinairement est un huissier. Aucune s. ne peut être faite, depuis le 1er octobre jusqu'au 31 mars, avant 6 heures du matin et après 6 heures du soir, et, depuis le 1er avril jusqu'au 30 septembre, avant 4 heures du matin et après 9 heures du soir. On ne peut non plus faire de s. les jours de fête légale, à moins d'une permission du juge, qui l'accorde seulement dans le cas où il y a péril en la demeure. Les significations se font, suivant les cas, soit par exploit à personne ou à domicile, soit par acte d'avoué à avoué. Les significations à domicile indiquent la personne à laquelle la copie est remise. Toutes les significations faites à des personnes publiques, préposées pour les recevoir, doivent être visées par elles, sans frais, sur l'original. En cas de refus, l'original est signé par le procureur de la République du ressort, et, sur ses conclusions, les refusants peuvent être condamnés à une amende qui ne peut être moindre de 5 francs.

SIGNIFICATIVEMENT. adv. [Pr. si-gnifikative-man, gn mouil.]. D'une manière significative. Il s'est exprimé fort significativement.

SIGNIFIER. v. a. [Pr. gn mouil.] (lat. significare, m. s., de signum, signe, et ficare, faire). Dénoter, marquer quelque chose, être signe de quelque chose. Il comprit ce que signifiait ce geste, ce regard. Que signifie ce discours, cette conduite? — Cela ne signifie rien, se dit des paroles qui ne veut point au fait et dont on ne peut rien conclure. || En parlant de la grammaire, exprimer. Ce mot latin signifie telle chose en français. Examinons ce que ce mot signifie au propre et ce qu'il signifie au figuré. || T. Prat. Notifier par voie de justice, par ministère d'huissier. S. un arrêt. S. un jugement. S. une requête. S. une adjudication. S. à domicile. S. à l'avoué. S. en greffe. Voy. Signification. — Par analogie, Déclarer, faire connaître une chose par paroles expresses. Je lui signifierai mes intentions. Je lui ai déjà signifié que je ne voulais pas qu'il mît le pied chez moi. = Signifié, ée. part. || T. Théol. Volonté signifiée, volonté par laquelle Dieu nous marque ce qu'il veut de nous. = Conj. Voy. Prier. = Syn. Voy. Notifier.

SIGNORELLI, peintre italien (1440-1525).

SIGNY-L'ABBAYE, ch -l. de c. (Ardennes), arr. de Mézières, 2,900 hab.

SIGNY-LE-PETIT, ch.-l. de c. (Ardennes), arr. de Rocroi ; 2.000 hab.

SIGONIUS, savant historien et antiquaire italien (1524-1583).

SIGOVÈSE, chef gaulois qui envahit la Germanie au VI° siècle av. J.-C.

SIKHS ou **SEIKHS**. Peuple de l'Hindoustan, soumis par les Anglais en 1840.

SI-KIANG, fleuve de Chine, prov. de Kouang-Si, se déverse dans le golfe de Canton ; 920 kil.

SIKIMINE. s. f. **SIKIMIQUE**. adj. 2 g. **SIKIMOL**. s. m. T. Chim. Voy. Smikimine.

SIKOK ou **SIKOKOU**, une des îles du Japon, 2,004.000 hab.

SIL. s. m. (lat. sil, m. s.). T. Minér. Terre ocreuse dont les anciens faisaient des couleurs rouges et jaunes.

SILANUS (Marcus-Junius), consul romain, fut vaincu par les Cimbres dans la Gaule Narbonnaise (109 av. J.-C.);

SILBERGROSCHEN ou **SILBERGROS** s. m. [Pr. silbergro-chenn, silbergró] (all. silber, argent; groschen, gros, monnaie). T. Métrol. Anc. monnaie allemande d'argent qui valait un trentième de thaler, soit environ 0 fr. 12.

SILENCE. s. m. [Pr. silan-se] (lat. silentium, m. s., de silere, se taire). Se dit proprement de l'homme, et sign. l'état où est une personne qui se tait, qui s'abstient de parler. Long, morne, profond s. Un s. prudent. Garder, observer, rompre le s. Faire s. Il ne répondit que par un s. respectueux. Il souffre en s. — Ellipt., en forme d'interjec., Silence, Faites ou Faisons silence. On dit aussi quelquefois, Du s., un peu de s. — Imposer s. Ordonner qu'on se taise. — Fig., Imposer s. aux médisants, à la calomnie, etc., les réduire au s., Faire que la médisance, que la calomnie ne trouve plus de crédit. || Cessation ou interruption d'un commerce de lettres entre personnes qui ont accoutumé de s'écrire. Il y a longtemps que vous ne m'avez écrit : quelle est la cause de votre s., de ce long s.? || Se dit encore pour faire connaître qu'un écrivain n'a rien dit sur le fait ou sur le sujet dont on parle. Il n'y a rien sur cet événement dans les auteurs contemporains; leur s. prouve que cet événement n'a pas eu lieu. Le s. des journaux sur ce fait est extraordinaire. On dit dans un sens analogue, J'ai adressé une demande à cette administration, mais elle garde le s. — Le s. de la loi, se dit pour signifier que la loi n'a pas prévu le cas dont il s'agit. — Passer une chose sous s., N'en point parler; se dit soit en parlant, soit en écrivant. || Fig., le calme, la cessation de tout bruit. Grand, profond s. Le s. de la nuit. Le s. des bois. Le s. des vents. Le s. du tombeau. Troubler le s.

Et le pâtre de la vallée
Troubla seul du bruit de ses pas
Le silence du mausolée.

MILLEVOYE.

— Le s. des passions, L'état de calme où l'âme se trouve quand elle n'est point agitée par les passions. Imposer s. à ses passions, Les réprimer de manière qu'elles ne troublent point le calme de l'âme. || Fig., Faire quelque chose dans le s., La faire secrètement, avec mystère. Ils concertèrent dans le s. la perte de leur oppresseur. || T. Mus. Repos manqué dans l'exécution d'un morceau de musique. — Le signe qui indique ce repos. Voy. NOTATION.

SILENCIAIRE. s. m. [Pr. silan-sière] (lat. silentiarius, m. s., de silentium, m. s.). Titre que portait, à la cour des empereurs de Constantinople, le secrétaire du cabinet du prince, ainsi que certains officiers qui étaient chargés de maintenir le silence et la tranquillité dans le palais.

SILENCIEUSEMENT. adv. [Pr. silan-sieu-ze-man]. D'une manière silencieuse, sans faire de bruit.

SILENCIEUX, EUSE. adj. [Pr. silan-sieu, euze]. (bas lat. silentiosus, m. s., de silentium, silence). Qui ne parle guère, qui garde habituellement le silence. Les hommes mé-

ditatifs sont s. Il est fort s. || Où l'on n'entend pas de bruit. Bois s. Retraite silencieuse.

Syn. — Taciturne. — L'homme silencieux ne parle pas, quand il pourrait parler; l'homme taciturne ne parle pas, même quand il devrait parler. Le silencieux n'aime point à discourir; le taciturne y répugne. L'homme naturellement silencieux l'est par timidité ou par modestie, par prudence, par paresse, par stupidité ; l'homme naturellement taciturne l'est par un tempérament mélancolique, par une humeur farouche ou difficile, par hypocondrie, etc. La préoccupation, la réflexion, la méditation, vous rendent actuellement silencieux, et la peine, le chagrin, la souffrance, vous rendent taciturne. Aussi le silencieux n'a-t-il qu'un air sérieux, tandis que le taciturne a l'air morne.

SILÈNE. s. m. (nom mythol.). T. Bot. Genre de plantes Dicotylédones (Silene) de la famille des Caryophyllées. Voy. ce mot.

SILÈNE. s. m. (gr. Σιληνός, lat. Silenus). T. Mythol. Voy. ci-après.

Mythol. — La mythologie grecque nous représente le demi-dieu ainsi nommé comme le précepteur et le compagnon assidu de Bacchus. Suivant les uns, Silène était le fils de Mercure et d'une nymphe; selon d'autres, il était né de l'un et de la Terre. Après avoir élevé Bacchus, il l'accompagna dans ses expéditions, et, au retour de ses guerres lointaines, il s'établit dans les campagnes de l'Arcadie, où il était honoré d'un culte particulier. Les poètes et les artistes représentaient Silène sous l'aspect d'un vieillard chauve, replet, à longue barbe, au regard vif et malin, mais habituellement dans un état d'ivresse. Le plus souvent il est monté sur un âne, et il marche à côté de Bacchus, ou bien il porte dans ses bras Bacchus enfant. — Il ne faut pas confondre ce dieu avec les Satyres âgés qu'on appelait également Silènes, et qui faisaient aussi partie du cortège du dieu de Nexos. Voy. SATYRE.

SILÉNÉES. s. f. pl. (R. Silène). T. Bot. Tribu de plantes Dicotylédones de la famille des Caryophyllées. Voy. ce mot.

SILÉSIE, prov. d'Allemagne (Prusse) ; 3,850.000 hab. Cap. Breslau. || Duché d'Autriche, 569,000 hab. Cap. Troppau. = Nom des hab. SILÉSIEN, ENNE.

SILEX. s. m. [Pr. si-leks]. (Mot lat. qui signifie caillou). T. Min. On désigne sous ce nom certaines pierres dures qui sont essentiellement composées de silice pure, car elles en contiennent environ 90 pour 100. Les Silex sont proprement des Calcédoines ou Agates opaques, de couleur noire, grisâtre ou blonde, et à cassure terne ou légèrement luisante. Le S. pyromaque, appelé communément Pierre à feu et Pierre à fusil, qui se rencontre fréquemment dans la craie sous forme de rognons de différentes grosseurs, à une cassure concholdale, et se divise aisément en fragments à bords tranchants, qui donne de vives étincelles quand on les frappe avec un briquet. Aussi, avant l'invention des allumettes dites chimiques et des armes à percussion, on faisait une grande consommation de ce s. Les meilleures pierres à fusil se tiraient du département de Loir-et-Cher, et l'on en exportait chaque année des quantités considérables. La dureté du s. a été jadis mise à profit par les hommes avant qu'ils eussent imaginé l'art d'exploiter le fer et le cuivre : ils en faisaient des haches, en armaient l'extrémité de leurs lances, etc. Voy. PIERRE. Aujourd'hui encore, cette sorte de s. sert à faire des brunissoires, des molettes à porphyriser, etc. Le S. corné, qui se trouve aussi en rognons dans les calcaires compacts de différents âges, est opaque, à cassure plate, avec un éclat semblable à celui de la corne. Enfin, on désigne encore quelquefois, sous le nom de S. molaire, le grès quartzeux plus ordinairement appelé Pierre meulière.

SILHOUETTE. s. f. [Pr. silouè-te] (Nom d'un contrôleur des finances). On appelle Silhouette un dessin représentant un simple profil tracé d'après l'ombre que projette un objet : le s. ne donne donc que le contour extérieur de l'objet représenté. Bien que le genre de dessin fût connu de l'antiquité, ainsi que le prouvent les vases étrusques dont les dessins monochromes ne sont guère que des silhouettes, ce nom est tout moderne. Il vient d'É. de Silhouette, contrôleur général des finances sous Louis XV. Ce ministre ayant proposé à la fois des réformes dans les dépenses et la création de nouveaux impôts, encourut en même temps la haine des courtisans et du public. Il tomba, et de toutes parts on s'empressa de le tourner en ridicule. Or, la mode de faire de petits portraits représentant le simple profil du visage tel qu'on l'obtient en découpant un papier sur lequel une bougie projette l'ombre de la personne, étant survenue en ce moment, on donna à ces dessins le nom du contrôleur déchu; car c'est là en effet le genre de portrait le plus économique que l'on puisse imaginer.

SILHOUETTE (Étienne de), financier fr. (1709-1767), contrôleur général des finances (1759), voulut opérer des réformes impopulaires qui le rendirent odieux. Voy. le mot précédent.

SILICATE. s. m. (lat. *silex, silicis,* silex). T. Chim. et Minér. Nom générique des sels et des éthers de l'acide silicique. Voy. Silicium.

SILICATÉ, ÉE. adj. (R. *silicate*). T. Minér. Se dit des roches qui contiennent des silicates, *Pierre s.* ‖ T. Techn. Se dit de certains objets, de certaines pierres qu'on a imprégnées de silicate de potasse pour les durcir. *Plâtre s. Toile silicatée.* Voy. Potassium, IV, 6° et Fluosilicate.

SILICATISATION. s. f. [Pr. *silikati-za-sion*] (R. *silicate*). T. Chim. et Techn. Durcissement des pierres tendres par l'action des silicates alcalins ou des fluosilicates. Voy. Potassium, IV, 6° et Fluosilicate.

SILICE. s. f. (lat. *silicea* [*terra*], de *silex, silicis,* caillou). T. Chim. et Minér. Sous le nom de *silice* on comprend l'anhydride silicique et ses différents hydrates. La s. joue dans la nature inorganique un rôle des plus importants. En effet, ce corps forme, soit à lui seul, soit en se combinant avec diverses bases, les deux cinquièmes des espèces minéralogiques, et il entre dans la composition des 98 centièmes des roches qui constituent l'écorce solide du globe. Les *Silicides,* c.-à-d. les espèces minéralogiques dans la composition desquelles entre la s., ont un assez grand nombre de caractères physiques communs, et qui servent souvent à les reconnaître au premier abord. La plupart offrent l'éclat vitreux, du moins dans les variétés cristallisées : il n'en est aucune qui présente l'éclat métallique. Leur dureté est presque toujours considérable; un grand nombre raient le quartz, et presque toutes les autres raient ou usent le verre lorsqu'elles sont cristallisées. C'est aux terrains de cristallisation qu'appartiennent presque toutes ces espèces. — La s. *anhydre* se rencontre dans la nature, soit en cristaux, soit à l'état amorphe. Elle constitue le Quartz hyalin ou Cristal de roche, qui se présente habituellement en prismes hexagonaux terminés par des pyramides, et la Tridymite, qui cristallise en lamelles d'apparence hexagonale ordinairement groupées par trois. À l'état amorphe la s. anhydre constitue les différentes variétés d'agate et de jaspe, le silex, les grès quartzeux et les sables siliceux. La s. *hydratée* comprend l'opale et ses variétés, le tripoli, le silex noctique, etc.; la s. *gélatineuse* se rencontre dans les dépôts des geysers. Voy. Quartz, Agate, Opale. Enfin la s. à l'état de dissolution se rencontre, en petites quantités, dans la plupart des eaux naturelles et peut ainsi être assimilée par les plantes; on la trouve en proportion beaucoup plus forte dans certaines eaux thermales, comme les eaux sulfureuses des Pyrénées, et surtout dans l'eau des geysers.

En s'unissant aux oxydes métalliques, la s. donne naissance à des *Silicates,* qui composent en très majeure partie la nombreuse classe des pierres. Ces silicates peuvent être partagés : en Silicates simples, anhydres ou hydratés, ex. : l'argile qui est du silicate d'alumine et certaines variétés de péridot qui sont du silicate de magnésie; en Silicates doubles à base d'alumine et d'un oxyde monobasique, lesquels peuvent être de même anhydres ou hydratés, ex. : la plupart des variétés de péridot qui sont des silicates doubles de fer et de magnésie; et en Silicates combinés avec d'autres sels, tels que des chlorures ou fluorures, des borates, des carbonates, etc. La plupart des Silicates naturels ne peuvent être fondus que lorsqu'on les traite par les carbonates de potasse ou de soude; ils se transforment alors en silicates alcalins qui sont facilement fusibles et solubles dans l'eau.

Pour les propriétés chimiques des silicates et de la s. Voy. Silicium.

SILICEUX, EUSE. adj. [Pr. *sili-seu, euze*] (lat. *silex, icis,* silex). T. Minér. Qui est formé de silice ou qui en contient. *Terre siliceuse.*

SILICICHLOROFORME. s. m. [Pr. *sili-si-kloroforme*]. T. Chim. Voy. Silicium.

SILICIÉ. adj. m. T. Chim. Qui contient du silicium ou qui y est combiné. *Hydrogène s.* Voy. Silicium.

SILICIFORMIQUE. adj. 2 g. T. Chim. Voy. Silicium.

SILICIQUE. adj. 2 g. T. Chim. Voy. Silicium.

SILICIUM. s. m. [Pr. *sili-siome*] (lat. *silex, silicis,* caillou). T. Chim. Le *Silicium* est un des corps les plus répandus dans la nature, quoiqu'on ne le rencontre jamais isolé. Mais, combiné avec l'oxygène, il forme l'acide silicique, qui, libre ou uni à diverses bases, constitue différentes substances extrêmement communes à la surface du globe. Voy. Silice. Il a été isolé à l'état de pureté, pour la première fois, par Berzélius, en 1823. — Le s. peut s'obtenir sous trois états : état amorphe, état graphitoïde et état cristallisé. Le s. *amorphe* se présente sous la forme de poudre d'un brun noisette sombre, sans éclat métallique. Chauffé à rouge, le s. s'allume. Si on le chauffe dans l'oxygène, il brûle et se transforme en acide silicique; mais sa combustion est incomplète, car l'acide silicique produit un vernis qui met le s. à l'abri de l'action de l'air. La potasse le dissout en dégageant de l'hydrogène; l'acide chlorhydrique le dissout également. Au rouge, le s. décompose les carbonates : l'acide carbonique lui cède alors une partie de son oxygène, et il se forme un silicate, ainsi que de l'oxyde de carbone, ou du charbon, si le s. est en excès. Le s. brûle avec éclat dans le fluor. À une température peu élevée il se combine directement au chlore, au brome et à l'iode. Lorsqu'il a été calciné, le s. n'a plus les mêmes propriétés. Il ne s'enflamme plus lorsqu'on le chauffe; la potasse n'a plus d'action sur lui, et l'acide chlorhydrique ne l'attaque que s'il est mêlé d'acide azotique. On prépare le s. amorphe en décomposant à chaud le fluosilicate de potassium bien sec par le sodium, et lavant à l'eau bouillante le produit de la réaction. — Le s. *graphitoïde* cristallise en lamelles hexagonales grises. On l'obtient en fondant le fluosilicate de potassium avec de l'aluminium; après refroidissement on traite la masse par l'acide chlorhydrique concentré, qui dissout l'aluminium, et par de l'acide fluorhydrique, qui élimine la silice. — Le s. dit *cristallisé* est une autre variété cristallisable, qui se présente en octaèdres réguliers, d'un gris d'acier, assez durs pour rayer le verre. Il se produit lorsqu'on fait passer lentement du chlorure de s. en vapeur sur de l'aluminium fondu. On le prépare plus rapidement en faisant réagir à la fois le sodium et le zinc sur le fluosilicate de potassium, et en volatilisant ensuite le zinc. — Ces deux dernières variétés résistent bien mieux que le s. amorphe à l'action de l'oxygène et à celle de la potasse; elles ne sont pas attaquées par les acides, si ce n'est par un mélange d'acides fluorhydrique et azotique. — Le silicium est un élément tétravalent dont le symbole est Si et le poids atomique 28.

Silice. — Le s. ne forme avec l'oxygène qu'une seule combinaison, l'*Anhydride silicique* SiO^2. C'est l'anhydride d'un acide faible auquel correspondent divers hydrates. Tous ces composés sont ordinairement compris sous la dénomination de *Silice*. Ils sont fort répandus dans la nature, ainsi que les silicates qui résultent de l'union de cet acide avec les bases. Voy. Silice. — L'anhydride, qu'on appelle aussi *Silice anhydre,* est solide, incolore, insipide, insoluble dans l'eau, infusible au feu de forge; mais, à la flamme du chalumeau à gaz oxhydrique, il se fond en un globule vitreux. Ce globule prend par la trempe une telle dureté, qu'en le frappant vigoureusement avec un fort marteau sur une enclume d'acier, il ne se brise pas et laisse une empreinte sur les outils. La silice fondue peut être étirée en fils qui, chauffés au rouge blanc et plongés dans l'eau, deviennent d'une grande flexibilité. Le chlore ne l'attaque point; mais si on la soumet à l'action simultanée du chlore et du charbon, elle se décompose en donnant naissance à du chlorure de s. et à de l'oxyde de carbone. Le potassium réduit la silice à une température élevée. D'autres métaux, notamment le fer et le platine, la réduisent en présence du charbon; il se forme alors de l'oxyde de carbone et un *Siliciure* métallique. Les alcalis caustiques et les carbonates se combinent par voie de fusion avec la silice, en formant des silicates solubles. — Les hydrates correspondant à cet anhydride paraissent être assez nombreux; mais ils sont instables et peu connus. L'*acide silicique normal* ou *ortho-silicique,* qui correspond à divers silicates et éthers siliciques, n'a pas été isolé d'une manière certaine ; il aurait pour formule Si(OH)⁴ ou SiO²,2H²O. L'acide méta-silicique (SiO³H² ou SiO²,H²O) est un solide vitreux, transparent, insoluble dans l'eau, attaquable par les dissolutions alcalines bouillantes. On admet en outre l'existence d'acides poly-siliciques tels que l'hydrate di-silicique 2SiO²,H²O, le di-hydrate tri-silicique 3SiO²,2H²O, etc. La silice gélatineuse est un précipité transparent qu'on obtient en traitant par un acide les solutions concentrées des silicates alcalins, ou en décomposant le fluorure de s. par l'eau. Lorsqu'on soumet à la dialyse une solution étendue de silicate alcalin sursaturée par l'acide chlorhydrique, le liquide retient en dissolution de la silice colloïdale ; c'est une solution limpide, à réaction acide, qui se convertit facilement en une gelée transparente ou opaline.

Autres combinaisons du Silicium. — Le s. peut se combiner avec divers métalloïdes, entre autres, avec le chlore, le brome, le soufre et le fluor. — Le *Chlorure de s.* SiCl⁴ peut se préparer par l'action, à une haute température, du chlore sec sur un mélange intime de silice et de charbon. C'est un liquide incolore, qui répand à l'air des fumées irritantes et qui bout à 59°. Il est décomposé par l'eau en silice et acide chlorhydrique. Le *Bromure* SiBr⁴ lui ressemble beaucoup et se prépare de même ; il bout à 153° et se solidifie à 12°. On connaît aussi un *Sesquichlorure* Si²Cl⁶ qui bout à 146° et un *Sesquibromure* Si²Br⁶ cristallisé. — Le *Fluorure de s.* SiFl⁴ est un corps gazeux, incolore, mais d'une odeur suffocante. Il est excessivement avide d'eau, répand à l'air des fumées acides très épaisses, et éteint les corps en combustion ; il n'attaque pas le verre. On parvient à le liquéfier, et même à le solidifier, sous l'influence d'une pression et d'un froid considérables. Au contact de l'eau, le fluorure de s. se décompose en silice gélatineuse et un *acide hydro-fluosilique*, dont nous avons déjà parlé (Voy. FLUOSILICATE). — Le *Sulfure de s.* qu'on prépare en faisant passer des vapeurs de sulfure de carbone sur un mélange fortement chauffé de silice et de charbon, a pour formule SiS². Il se présente en longues aiguilles soyeuses. L'eau le décompose en silice et acide sulfhydrique. — Le *Carborundum* (Voy. ce mot) est un carbure de s. remarquable par sa dureté.

L'Hydrogène silicié ou *Siliciure d'hydrogène* SiH⁴, qu'on appelle aussi *Silico-méthane* à cause de son analogie avec le méthane, s'obtient en traitant le siliciure de magnésium par l'acide chlorhydrique. C'est un gaz incolore, insoluble dans l'eau. Au contact de l'air il s'enflamme spontanément si l'on diminue sa pression ou s'il est mélangé d'un autre gaz. Il brûle également dans le chlore. Il réduit les sels de cuivre et d'argent. Une solution de potasse le décompose en donnant de l'hydrogène et du silicate de potasse.

Le s. s'unit directement au calcium, au magnésium, au cuivre, au fer et au platine, en donnant des *Siliciures métalliques*. Ces composés se forment aussi par l'action des métaux, à haute température, sur la silice mélangée de charbon. La présence du s., même en très petite quantité, rend les métaux aigres et cassants ; c'est ce qu'on observe notamment dans le fer.

Le s., qui est tétravalent comme le carbone, peut tenir la place de cet élément dans un certain nombre de composés organiques. C'est ainsi que le *Silicichloroforme* SiHCl³ représente du chloroforme dans lequel le carbone serait remplacé par du s. Ce composé se forme quand on chauffe le s. dans un courant d'acide chlorhydrique gazeux. C'est un liquide combustible, qui fume à l'air, et qui bout vers 37°. Traité par l'eau il se convertit en *Anhydride siliciformique* Si²O³H², poudre blanche, combustible, que l'eau décompose lentement en silice et hydrogène ; l'*Acide siliciformique* qui correspond à cet anhydride aurait pour formule SiO²H². On connaît aussi un acide *Silici-oxalique* Si²O⁴H². Enfin le *S.-éthyle* Si(C²H³)⁴, qu'on obtient par l'action du zinc-éthyle sur le chlorure de s., peut servir à préparer des composés siliciés possédant la constitution des alcools (*Silicols*), des éthers, des cétones, mais tous ces composés sont peu stables.

Silicates. — Les *Silicates*, c.-à-d. les sels que l'acide silicique produit en se combinant avec les bases, sont tous insolubles dans l'eau, à l'exception des silicates alcalins avec grand excès de base. Les solutions de ces derniers, traitées par l'acide chlorhydrique, donnent un précipité gélatineux qui se dissout dans un excès de réactif. La solution étant évaporée à siccité, puis reprise par l'eau, il reste de la silice tout à fait insoluble. Tous les silicates traités par l'acide fluorhydrique donnent du fluorure de s., qui se dégage avec des fumées blanches acides, et se décompose au contact de l'eau en abandonnant de la silice gélatineuse.

On donne aussi le nom de *Silicates* aux éthers formés par l'acide silicique. Tel est le *Silicate d'éthyle* normal Si(OC²H⁵)⁴ qu'on obtient en faisant agir l'alcool absolu sur le chlorure de s.

Usages du Silicium et de ses composés. — La silice, qui se présente dans la nature sous tant de formes différentes, reçoit une foule d'applications. Voy. QUARTZ, AGATE, OPALE, SILEX, SABLE, GRÈS, TRIPOLI. Les silicates naturels et les roches silicatées sont également employés, soit en joaillerie (Émeraude, Topaze, Grenat, etc.) soit dans la construction et les arts (Granit, Porphyre, Serpentine, Ardoise, Argile, Kaolin, Ponce, etc.). En fait de composés obtenus artificiellement on n'utilise guère que les fluosilicates et les silicates alcalins. Voy. POTASSIUM et FLUOSILICATE.

SILICIURE. s. m. (R. *silicium*). T. Chim. Nom des composés du silicium avec un corps simple ou avec un radical. Voy. SILICIUM.

SILICO. — Préfixe employé en chimie et en minéralogie pour indiquer la présence de l'acide silicique dans un composé. Par ex., les s.-*borates* sont des combinaisons de silicates et de borates. On connaît aussi des s.-*titanates*, des s.-*tungstates*, etc. — Quelquefois ce préfixe sert à indiquer la présence du silicium, comme dans s.-*méthane* (Hydrogène silicié) ; mais, dans ce cas, l'on préfère généralement employer le préfixe *Silici*, comme dans *Siliciformique*.

SILICONE. s. f. (R. *silicium*). T. Chim. Composé obtenu par l'action de l'acide chlorhydrique sur le siliciure de calcium. La s. se présente en lamelles orangées, transparentes, insolubles dans l'eau, combustibles. Sous l'action de la lumière solaire elle se transforme en anhydride siliciformique.

SILICULE. s. f. (lat. *silicula*, dimin. de *siliqua*, gousse). T. Bot. Nom particulier donné à la capsule des Crucifères quand elle est aussi longue que large. Voy. FRUIT.

SILICULEUX, EUSE. adj. [Pr. *siliku-leu, euze*]. Se dit des plantes dont le fruit est une silicule. || Subst. Les *siliculeuses*.

SILIQUE. s. f. (lat. *siliqua*, gousse). T. Bot. Nom donné à la capsule des Crucifères quand sa longueur dépasse de beaucoup sa largeur. Voy. FRUIT.

SILIQUE. s. f. T. Métrol. Anc. Monnaie d'argent usitée à Alexandrie et qui valait à peu près 4 fr. 50. || Petit poids en usage chez les Romains, qui valait le quart de l'once. Voy. POIDS.

SILIQUEUX, EUSE. adj. [Pr. *sili-keu, euze*] (R. *silique*). T. Bot. Qui a pour fruit des Siliques. || Subst. Les *siliqueuses*.

SILISTRIE, v. de Bulgarie, sur le Danube, 11,400 hab. Assiégée par les Russes en 1854.

SILIUS ITALICUS, poète latin, auteur d'un poème sur les Guerres puniques (25-100 ap. J.-C.).

SILLAGE. s. m. [Pr. les *ll* mouillées] (R. *siller*). T. Mar. La trace qu'un vaisseau laisse derrière lui en fendant l'eau. On dit aussi *Houache*. Les vagues étaient si hautes, qu'on ne pouvait remarquer le s. || Par ext., se dit de la marche du navire. Mesurer le s. d'un bâtiment. Ce navire double le s. de tel autre, Marche une fois plus vite. — Faire grand s., bon s., Naviguer heureusement et avec rapidité. Voy. LOCH. || Prov. Faire plus de remous que de s., faire plus de bruit que de besogne. || V. Techn. Veine de prolongement d'une mine de houille.

SILLE. s. m. [Pr. *sile*] (gr. σίλλος, raillerie). T. Hist. littér. Sorte de poème satirique, en usage chez les anciens Grecs. Voy. SATIRE.

SILLÉ-LE-GUILLAUME, ch.-l. de c. (Sarthe), arr. du Mans ; 3,200 hab.

SILLER. v. n. [Pr. *ll* mouillées] (orig. controversée, probablement du germain. *sila*, sillonner). T. Mar. Se dit d'un bâtiment qui fend les flots en avançant. Ce vaisseau sille *bien*. Peu us. == SILLER. v. a. T. Fauconn. Coudre les paupières d'un oiseau de proie, afin qu'il ne se débatte point. == SILLÉ, ÉE. part.

SILLERY, vge du dép. de la Marne, arr. de Reims; 650 hab. — Vignobles renommés.

SILLERY (BRÛLARD DE), chancelier de France (1544-1624).

SILLET. s. m. [Pr. *si-llé*, *ll* mouillées]. T. Luth. Petit morceau d'ivoire, d'ébène, de cuivre, etc., qui est appliqué au haut du manche d'un violon, d'une guitare, etc., et sur lequel portent les cordes.

SILLIMANITE. s. f. [Pr. *sil-limanite*](R. *Silliman*, nom d'un naturaliste améric.). T. Minér. Silicate d'alumine avec une petite partie de l'alumine remplacée par de l'oxyde ferrique. Se présente en longs prismes minces ou en masses fibreuses, d'un blanc jaunâtre ou brunâtre.

SILLOGRAPHE. s. m. [Pr. *si-lografe*] (gr. σίλλος, sille; γραφω, j'écris). T. Hist. littér. Poète auteur de silles. Voy. SATIRE.

SILLOMÈTRE. s. m. [Pr. les *ll* mouillées] (R. *siller*, et gr. μέτρον, mesure). T. Mar. Instrument destiné à mesurer le sillage ou la marche d'un bâtiment.

SILLON. s. m. [Pr. *ll* mouillées] (R. *siller*). Longue trace que le soc de la charrue fait dans la terre qu'on laboure. *Ces sillons ne sont pas assez profonds. Des sillons bien droits.* — Absol. et poétiq., se dit, au pluriel, pour désigner Les campagnes, les champs. *Trop de sang a abreuvé nos sillons.* || Fig. et poétiq., Trace que certaines choses laissent en passant. *Le navire laissait derrière lui un large s. La déesse traçait dans l'air un s. de lumière.*

Sa chute fit dans l'air un foudroyant sillon.
VICTOR HUGO.

|| Fig. *Faire son s.*, poursuivre lentement et patiemment son œuvre. || *Les sillons du temps*, les rides. || T. Anat. et Hist. nat. Se dit de certaines fentes ou rainures que présente la surface de quelques os et de divers organes. *Le s. longitudinal du foie.* — Se dit encore des replis qui se trouvent au palais des grands quadrupèdes, et particulièrement des chevaux.

SILLONNER. v. a. [Pr. *sillo-ner*, *ll* mouillées]. Faire des sillons; au sens propre, ne se dit guère qu'au participe. *Un champ bien sillonné.* || Fig., se dit de certaines choses qui font des traces en passant, qui laissent des traces de leur passage. *Le reptile s'avançait en sillonnant la vase. L'éclair, la foudre a sillonné la nue. Leurs vaisseaux sillonnent les mers.* == SILLONNÉ, ÉE. part. *Des montagnes sillonnées de ravins. Un front sillonné de rides.* || T. Anat. et Hist. natur. Se dit, adject., Des organes, des parties qui sont marquées de stries profondes, de fentes ou rainures.

SILO. s. m. (lat. *sirus*, gr. σιρός, m. s.). Fosse creusée dans la terre pour conserver les grains ou les racines. Voy. CÉRÉALES, RACINE.

SILO, v. de Palestine, dans la tribu d'Éphraïm; Josué y plaça l'arche d'alliance.

SILPHE. s. m. [Pr. *sil-fe*] (gr. σίλφη, blatte). T. Entom. Genre d'insectes Coléoptères. Voy. SILPHIDES et CLAVICORNES.

SILPHIDES. s. m. pl. [Pr. *sil-fide*] (gr. σίλφη, blatte; εἶδος, apparence). T. Entom. La famille des Silphides qui appartient au groupe des Coléoptères Pentamères se compose d'insectes dont la tête est enfoncée dans le corselet et l'abdomen formé de six anneaux mobiles; les pattes sont insérées à égale distance les unes des autres et présentent des hanches saillantes, triangulaires avec cinq articles très distincts aux tarses; les antennes qui ont de 10 à 11 articles se terminent en massue et les élytres présentent généralement en dehors un rebord saillant.

Cette famille comprend quelques espèces intéressantes par leurs mœurs. Les *Silphes* (*Silpha*) ou *Boucliers* ont la forme d'un bouclier déprimé. Ils vivent, pour la plupart, dans les corps morts. Ils exhalent une odeur nauséabonde, et quand on les touche, ils rejettent par la bouche une liqueur noirâtre.

Quelques-uns grimpent sur les plantes, et même sur les arbres élevés et dévorent les chenilles. Ces insectes sont répandus dans les deux hémisphères. Les espèces les plus communes dans nos pays sont : le *S. thoracique*, qui a le corps noir, le corselet rouge et les élytres marquées de trois lignes flexueuses; le *S. à quatre points*, qui se tient communément sur les jeunes chênes et dont le corps est noir, avec le corselet et les élytres jaunâtres, et deux points noirs sur chaque élytre; et, enfin le *S. obscur*, qui est long de 13 à 18 mill., et a le corps d'un noir obscur, finement ponctué, avec trois côtes sur les élytres. — Les *Nécrophores* (*Necrophorus*) sont remarquables par la finesse de leur odorat. Peu de

Fig. 1.

temps après qu'une taupe, une souris ou un reptile sont morts, on voit arriver de toutes parts une foule de nécrophores qui se glissent sous le cadavre, creusent la terre jusqu'à ce que le corps soit tombé dans ce trou et alors l'ensevelissent en rejetant sur lui la terre qu'ils avaient déblayée; ce qui exige au moins 24 heures d'un travail assidu. Cette habitude leur a fait donner le nom d'*Enterreurs* ou de *Porte-morts* (fig. 1. Nécrophores ensevelissant un mulot). Le cadavre enterré, ils s'en repaissent et y déposent leurs œufs qui se changent promptement en larves. Celles-ci, pour passer à l'état de nymphes, s'enfoncent profondément dans la terre et s'y construisent une loge ovale qu'elles enduisent d'une matière gluante. Ces insectes, comme beaucoup d'autres qui

Fig. 2.   Fig. 3.

vivent de charognes, exhalent une forte odeur de musc. Ils sont répandus partout, mais principalement dans le nord de l'Europe et de l'Amérique. Les espèces les plus communes en France sont : le *Nécrophore fossoyeur* ou *Point de Hongrie* (*N. vespillo*) (Fig. 2 grossie), long de 15 à 20 millim., noir avec l'extrémité des antennes rouge et deux bandes orangées sur les étuis; le *Nécrophore des morts*, plus petit que le précédent, qui vit dans les champignons; et le *Nécrophore germanique*, long souvent de plus de 27 millim., tout noir, avec une tache ferrugineuse sur le front. — Le genre *Sphérite* (*Sphærites*) a pour type le *Sphérite glabre* qui se trouve en Suède et en Autriche. — Le genre *Nécrode* (*Necrodes*) a des représentants en Europe, dans les contrées orientales du nouveau monde, aux Indes orientales et à la Nouvelle-Hollande. L'une des plus jolies espèces est la *Nécropode des rivages* (*N. littoralis*)(Fig. 3 un peu grossie), qui est commune le long de la Seine, au-dessous de Paris, sur les caresses d'animaux. Elle est noire avec trois côtes longitudinales sur les élytres. — L'espèce type du genre *Agyrte*

(*Agyries*) est l'*Agyrie marron* (*Ag. castaneus*), qui se trouve quelquefois aux environs de Paris.

La famille des *Scaphidides* diffère de la précédente par ses mandibules fendues ou bidentées à leur extrémité. Leur corps est ovalaire et convexe; leurs pieds sont allongés et grêles: leurs antennes sont longues et terminées par une massue allongée. Cette tribu ne comprend que deux genres. Les *Scaphidies* (*Scaphidium*) appartiennent à l'Europe, à l'Asie, à l'Afrique et à l'Amérique. Elles vivent dans les champignons, ou dans les vieux bois très humides et en décomposition. L'espèce type est la *Scaphidie à quatre taches*, qui est noire, avec quatre taches rouges sur les élytres, et qui est assez répandue dans toute l'Europe. — Le genre *Cholève* (*Choleva. Catops*) est propre aux parties septentrionales de l'Europe et de l'Amérique.

SILPHIUM. s. m. [Pr. *sil-fiome*] (gr. σίλφιον, sorte de plante fournissant un suc gommeux). T. Bot. Genre de plantes Dicotylédones de la famille des *Composées*, tribu des *Tubuliflores*.

SILURE. s. m. (gr. σίλουρος; m. s., de σεία, j'agite, et οὐρά, queue). Genre de *Poissons osseux*. Voy. SILUROÏDES.

SILURIEN, IENNE. adj. [Pr. *siluri-in, ième*] (R. *Silures*, ancien peuple qui habitait le pays de Galles actuel). T. Géol. Se dit de la première période de l'époque primaire. *Terrain s., Période silurienne*. Voy. PRIMAIRE.

SILUROÏDES. s. m. pl. (R. *Silure*). T. Icht. Les poissons désignés sous ce nom forment une famille des *Malacoptérygiens abdominaux*. Ils se distinguent des autres familles de cet ordre en ce qu'ils n'ont jamais de véritables écailles, mais seulement une peau nue, ou garnie de grandes plaques osseuses. Ils manquent à la fois de scapulaire, de coracoïdien et de sous-opercule, caractère qui ne se présente dans aucun autre poisson osseux. Les intermaxillaires suspendus sous l'ethmoïde forment le bord de la mâchoire supérieure, et les maxillaires sont réduits à de simples vestiges ou bien sont allongés en barbillons. Enfin, presque toujours la nageoire dorsale et les pectorales ont pour premier rayon une forte épine articulée, et très souvent il existe en arrière une dorsale adipeuse comme chez les Saumons. Les Siluroïdes habitent presque tous les pays chauds, et la plupart vivent dans les eaux douces. Plusieurs espèces ont la faculté de vivre longtemps hors de l'eau, et de faire, en rampant, de longs trajets par terre, pour aller chercher de nouveaux cours d'eau, lorsque ceux où ils se trouvaient viennent à se dessécher. D'autres ont l'habitude de creuser la vase; parfois même elles perforent des conduits assez durs. — Cette famille peut se diviser en quatre groupes assez distincts.

I. — Le premier, qui comprend le genre *Silure* ainsi que la plus grande partie des poissons de cette famille, est caractérisé par la nudité de la peau, par la bouche fendue au bout du museau, et en général par la forte épine qui constitue le premier rayon de la nageoire pectorale et qui s'articule sur l'os de l'épaule, de sorte que le poisson peut à volonté la rapprocher du corps ou la fixer perpendiculairement dans une situation immobile, ce qui en fait alors une arme dangereuse. — Les *Silures* proprement dits (*Silurus*) n'ont sur le devant du dos qu'une petite nageoire de peu de rayons; mais l'anale est fort longue et va très près de celle de la queue. Le type du genre est le *Silures glanis*, appelé *Saluth* par les Suisses, *Mal* par les Suédois, et *Wels* ou *Scheid* par les Allemands. C'est le plus grand des poissons d'eau douce de l'Europe, car il dépasse quelquefois 2 mètres et pèse jusqu'à 150 kilogrammes. Il est noir verdâtre, plus ou moins marbré de jaunâtre, et muni de six barbillons, quelquefois longs de 2 mètres. Il se trouve dans quelques lacs de la Suisse, et dans les rivières de l'Allemagne, de la Hongrie, etc. On a proposé d'acclimater ce poisson dans nos fleuves, mais il est trop vorace pour que la chose paraisse avantageuse. Sa chair d'ailleurs est médiocre, mais graisse: en quelques endroits, on emploie son lard comme celui du Porc. Nous nombreux, parmi les espèces étrangères, le *Scheid lamghur*, qui a été observé par Heckel dans les grandes chaînes de l'Asie, à 2,000 mètres de hauteur au-dessus du niveau de la mer. — Les *Bagres* ont à chaque mâchoire une bande de dents en velours, et, derrière celles de la mâchoire supérieure, une bande parallèle qui appartient au vomer. Ce genre n'a point de représentants en Europe, mais

il est répandu dans les eaux douces de toutes les autres parties du monde. — Les *Pimelodes* (*Pimelodus*) ont la peau nue, gluante, sans armures latérales, la première nageoire dorsale rayonnée et une seconde adipeuse, la bouche garnie de barbillons, le palais lisse et sans dents. Ils offrent dans le nombre de leurs filets et dans les formes de leur tête de nombreuses variations. Ce sont en général de petits poissons, car leur taille ne dépasse jamais 60 centimètres et se réduit souvent à 10. Tous ces poissons appartiennent à l'Asie, à l'Afrique et à l'Amérique. — Laissant de côté les autres genres qui appartiennent aux premiers groupes des Siluroïdes, nous mentionnerons encore le genre *Callichthe*, qui est remarquable en ce sens que, chez ces poissons, le corps est presque entièrement cuirassé sur les côtés par quatre rangées de pièces écailleuses. En outre, leur tête est recouverte d'un casque osseux, et leur bouche petite est sans dents. Les Callichthes sont longs seulement de 21 à 27 cent.; tous sont propres aux rivières de l'Inde et de l'Amérique. On ne peut les gerder dans les viviers, car ils finissent toujours par percer les parois du réservoir.

II. — Les *Malaptérures* (*Malapterurus*) se distinguent des vrais Silures par l'absence de nageoire rayonnée sur le dos et d'épine aux pectorales. Leur tête et leur corps sont

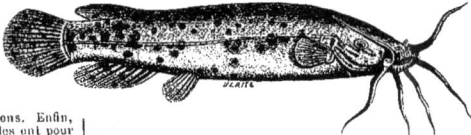
SILURE.

recouverts d'une peau lisse. On n'en connaît qu'une seule espèce, le *Malaptérure électrique* (Fig. ci-dessus), appelé par Linné *Silure électrique*. Ce poisson, qui habite le Nil et Sénégal, possède, comme le Gymnote et la Torpille, la faculté de donner des commotions électriques assez fortes, ce qui l'a fait appeler par les Arabes, *Rausch* ou *Tonnerre*. Le M. est long d'environ 40 centimètres; sa couleur est brun grisâtre avec de petites taches noires parsemées sur la surface du corps. L'organe électrique de ce poisson est situé entre la peau et les muscles, et présente l'apparence du tissu cellulaire graisseux abondamment pourvu de nerfs.

III. — Les *Asprèdes* ou *Platystes* (*Aspredo*) ont pour caractères particuliers: l'aplatissement de la tête et l'élargissement de la partie antérieure du tronc, la longueur de la queue, et la position des yeux, qui sont placés à la face supérieure. Ce qui les rend reconnaissables qui n'avaient rien de mobile à l'opercule, les pièces qui devraient le composer étant soudées au tympanique et au préopercule. Ils manquent de nageoire adipeuse, et leurs épines pectorales sont fortes et dentelées en scie. Les espèces de ce genre appartiennent aux eaux douces de la Guyane.

IV. — Enfin, les *Loricaires* (*Loricaria*), ainsi nommées à cause des plaques anguleuses et dures qui cuirassent entièrement leur corps et leur tête, se distinguent des autres Silures par leur bouche percée sous le museau. Nous citerons la *Loricaire cuirassée* (*Lor. cataphracta*), qui est d'un brun olivâtre clair et qui a environ 30 centimètres de longueur. Elle habite la Guyane, où on l'appelle vulgairement *Cuirassier*.

SILVANITE. s. f. T. Minér. Voy. SYLVANITE.

SILVAS. s. f. pl. (lat. *sylva*, forêt). Région de l'Amérique du sud couvertes de forêts impénétrables. Voy. DÉSERT.

SILVES. s. f. pl. (lat. *sylva*, forêt). Nom donné par quelques auteurs latins à des recueils de pièces détachées, qui n'ont aucun rapport entre elles. Les *Silves de Stace*.

SILVESTRE. Voy. SYLVESTRE.

SILVIO PELLICO. Voy. PELLICO.

SIMABA. s. m. (altér. de *simarouba*). T. Bot. Genre de plantes Dicotylédones de la famille des *Simarubacées*. Voy. ce mot.

SIMAGRÉE. s. f. (étym. controversée : altér. du lat. *simulacrum*, simulacre, ou bien, dérivé fantaisiste de *simius*, singe ou de *simus*, camus. D'autres font venir le mot de la loc. lat. *mala gratia*, de mauvaise grâce, et d'autres encore de la loc. française, *s'il m'agrée*, qui d'après Frisch désignait un jeu fort usité). Faux semblant. *Il a fait la s. de refuser cette place, mais sa résistance n'a pas été longue.*

> Qui n'adore pas de vaines simagrées
> N'a ni respect ni foi pour les choses sacrées.
> MOLIÈRE.

|| Se dit plus ordinairement de certaines manières affectées, de certaines minauderies. *Cette femme fait bien des simagrées. Voilà bien des simagrées.* Fam. dans les deux sens.

SIMAISE. s. f. Voy. CYMAISE.

SIMANCAS, v. d'Espagne, à 12 kil. de Valladolid ; 1,800 hab. Dans le château sont conservées les archives d'Espagne.

SIMARRE. s. f. [Pr. *sima-re*] (lat. *zamarra*, robe de chambre, de l'esp. *zamarra*, m. s.). Habillement long et traînant dont les femmes se servaient autrefois. *Une s. magnifique.* || Espèce de robe ou de soutane ample et longue que les prélats portent quelquefois à Rome et en Espagne, et qui, en France, est la marque distinctive du chef de la magistrature. *S. violette. S. de velours. Le chancelier était en s.*

SIMART, sculpteur fr. (1806-1857).

SIMARUBACÉES. s. f. pl. (R. *Simarube*). T. Bot. Fam. de végétaux Dicotylédones de l'ordre des Dialypétales supéro-variées diplostémones.

Caract. bot. : Arbres ou arbrisseaux. Feuilles alternes, rarement opposées, parfois simples, plus ordinairement composées pennées, dépourvues de stipules. Pédoncules axillaires ou terminaux. Fleurs blanchâtres, ou vertes, ou pourpres. Fleurs rarement hermaphrodites, le plus souvent unisexuées. Calice à 4 ou 5 divisions, et à préfloraison imbriquée. Pétales en même nombre, plus longs que le calice, à préfloraison imbriquée. Étamines deux fois plus nombreuses que les pétales, et dont chacune naît du dos d'une écaille hypogyne, quelquefois en même nombre que les pétales ; filets libres, parfois munis d'une écaille à la base. Disque nectarifère entre l'androcée et le pistil. Pistil formé de 5 carpelles contenant ordinairement 1, parfois 2, rarement 4 ovules anatropes ; ces carpelles sont tantôt complètement libres, ou libres dans la région ovarienne mais avec soudure des styles, tantôt complètement concrescents en un ovaire à 5 loges ; quelquefois deux carpelles seulement ou un seul. Fruit composé de 4 ou 5 drupes disposées autour d'un réceptacle commun ; quelquefois c'est une samare, une baie ou une capsule. Graines suspendues, parfois nilées, à tégument membraneux ; embryon ordinairement sans albumen ; radicule supère, courte ; cotylédons épais.

Cette famille, se compose de 130 genres et de 112 espèces, qui toutes sont propres aux régions tropicales de l'Amérique, de l'Inde et de l'Afrique, à l'exception d'une seule qu'on rencontre dans le Népaul.

Cette famille est divisée en deux tribus :

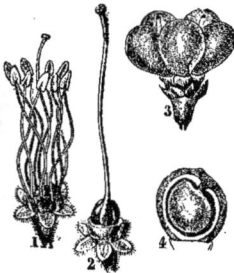

TRIBU 1. — *Simarubées.* — Carpelles libres (*Quassia, Simaba, Simaruba, Suriana, Cneorum, Brunellia*, etc.). [Fig. 1. *Quassia amara;* fleur dont on a enlevé la corolle, et où il reste le calice, les étamines et le pistil ; 2. Calice et pistil ; 3. Fruits ; 4. L'un d'eux coupé verticalement.] Les plantes de cette tribu sont remarquables par une amertume très prononcée, ce qui les fait employer comme toniques, stomachiques, fébrifuges, etc., dans les pays où elles croissent. Le *Simaruba versicolor* est doué d'une telle amertume, qu'aucun insecte ne l'attaque. Les Brésiliens font infuser cette plante dans de l'eau-de-vie, et ils s'en servent comme d'un spécifique contre la morsure des serpents. On l'emploie également avec succès dans la maladie pédiculaire, à laquelle le peuple est très sujet dans ces contrées. L'écorce et les feuilles du *Simaruba floribunda* et *ferruginea* sont chargées d'un principe amer très prononcé, et s'administrent, au Brésil, dans les fièvres et dans les hydropisies passives. Tout le monde connaît l'amertume extrême du bois du *Quassia amara*, qui est fourni par le *Quassia amara* et par le *Picræna excelsa* et que l'on emploie sous forme de copeaux en macération dans l'eau froide. On a aussi quelquefois employé le Quassia pour remplacer le houblon dans la fabrication de la bière. On se sert aussi en médecine de l'écorce de la racine du *Simaruba amer* (*S. amara*). On l'administre surtout dans les cas de diarrhée chronique. Cette écorce est très amère, et agit aussi comme purgative et même comme émétique. Le bois a des propriétés semblables, mais moins énergiques. Les semences du *Simaba Cedron*, connues sous le nom de *Cédron* sont réputées en Amérique, comme un spécifique contre la morsure des serpents, et les fièvres. Dans le nord de l'Inde, le *Nima quassioïdes* s'administre dans ses mêmes cas. Dans l'Inde on emploie aussi l'écorce du *Samadera indica*. La *Brucée antidyssentérique* et la *Brucée de Sumatra* (*Brucea antidysenterica* et *Nanatrana*) possèdent des propriétés tout à fait analogues à celles du Quassia. Le *Cneorum pulverulentum* des Iles Canaries a été préconisé comme succédané du quinquina. Le *Cneorum tricoccum*, qui habite les lieux pierreux de la région méditerranéenne est un petit arbrisseau dont les feuilles sont considérées comme un purgatif drastique énergique. Le *Simaruba amara* fournit un bois fort propre aux constructions, très assez semblable au Pin blanc par sa couleur et par ses qualités. A Cayenne on incinère le *Suriana maritima* pour retirer la soude qu'il contient. L'*Ailante glanduleux* (*Ailantus glandulosa*) que l'on désigne communément, mais à tort, sous le nom de *Vernis du Japon* est fréquemment cultivé comme arbre d'ornement des jardins et des boulevards. L'écorce de la racine est anthelmintique ; elle a été aussi conseillée contre la dysenterie et la diarrhée chronique.

TRIBU II. — *Picramniées.* — Carpelles concrescents (*Picramnia, Irvingia, Spathelia*, etc.). Les graines de l'*Irvingia gabonensis* pilées grossièrement et mises en bloc forment une masse brune, grasse au toucher qui porte le nom de *Pain de Dika*. Cette masse renferme environ 75 p. 100 d'un corps gras solide, *Beurre de Dika*, qui a de grandes analogies avec le beurre de Cacao. Les graines de l'*Irvingia Oliveri*, le *Cay-Cay* des Annamites, donnent un corps gras employé à la fabrication des chandelles.

SIMARUBE. s. m. (R. *simarouba*, mot de la Guyane). T. Bot. Genre de plantes Dicotylédones (*Simaruba*) de la famille des *Simarubacées*. Voy. ce mot.

SIMARUBÉES. s. f. pl. (R. *Simarube*). T. Bot. Tribu de plantes de la famille des *Simarubacées*. Voy. ce mot.

SIMBI. s. m. [Pr. *sin-bi*]. T. Bot. Syn. de *Sem.* Voy. ce mot et LÉGUMINEUSES.

SIMBIRSK, v. de Russie, ch.-l. de gouv. sur le Volga ; 30,000 hab. Le gouv. de Simbirsk a 2,000,000 hab.

SIMBLEAU. s. m. [Pr. *sin-blo*]. Cordeau avec lequel les charpentiers tracent de grandes circonférences. || Assemblage de ficelles montées sur le côté droit d'un métier à tisser, pour faire des étoffes figurées.

SIMÉON, 2e fils de Jacob et de Lia, donna son nom à une tribu des Hébreux.

SIMÉON (comte), homme politique fr. (1748-1842).

SIMÉON STYLITE (SAINT), anachorète, originaire de Cilicie, établit sa demeure sur le haut d'une colonne (390-459).

SIMIANE (marquise DE), fille du comte de Grignan et de Mme de Sévigné (1674-1757), publia les *Lettres* de Mme de Sévigné.

SIMIEN, IENNE. adj. [Pr. *simi-in*, *ièn*e] (lat. *simius*, singe). Qui appartient au singe. *L'espèce simienne*.

SIMIENS. s. m. pl. [Pr. *simi-in*] (lat. *simius*, singe). T. Mamm. Nom donné à l'ensemble des *Singes*.

SIMIESQUE. adj. 2 g. (lat. *simius*, singe). Qui rappelle le singe. *Grimace s*.

SIMILAIRE. adj. 2 g. [Pr. *simi-lère*] (lat. *similis*, semblable). Homogène, de même nature; se dit d'un tout qui est de la même nature que chacune de ses parties, ou de parties qui sont chacune de la même nature que leurtout. *Une masse d'or est un tout s., parce que chacune de ses parties est or; ses parties sont donc aussi similaires entre elles. Ce qu'on appelle système en anatomie est l'ensemble des parties similaires considérées dans l'organisme tout entier*. ‖ T. Comm. *Produits similaires*, Produits de même espèce. ‖ T. Math. *Nombres, lignes, surfaces similaires*, se dit des nombres, des lignes, des surfaces proportionnelles entre elles. ‖ T. Phys. *Rayons similaires*, rayons également réfrangibles.

SIMILARITÉ. s. f. Qualité de choses similaires.

SIMILI. s. m. (lat. *similis*, semblable). Faux diamant.

SIMILIFLORE. adj. 2 g. (lat. *similis*, semblable; *flos, floris*, fleur). T. Bot. Qui porte des fleurs semblables.

SIMILITUDE. s. f. (lat. *similitudo*, m. s., de *similis*, semblable). Ressemblance, rapport exact entre deux choses. *Il n'y a point de s. entre ces deux objets. Il y a entre ces deux espèces d'animaux une exacte s. de conformation*. ‖ T. Géom. Relation de deux figures semblables. Voy. plus bas. ‖ T. Rhétor. Figure par laquelle on fait voir quelque rapport entre deux choses d'espèces différentes, afin de faire comprendre l'une par l'autre. *Il nous fit comprendre cette vérité par une s. Les similitudes sont souvent employées dans la Bible*. == Syn. Voy. COMPARAISON.

Géom. — I. *Propriétés générales*. — La s. est le caractère de *deux figures semblables*. On dit que deux figures sont semblables quand l'une d'elles est égale à l'une des figures homothétiques de l'autre, ou, ce qui revient au même, quand elles peuvent être placées homothétiquement. Voy. HOMOTHÉTIQUE. On obtient ainsi deux figures semblables en prenant deux figures homothétiques et en les déplaçant d'une manière quelconque. La définition s'applique aussi bien dans l'espace que dans le plan. On appelle *homologues* les points des deux figures qui se correspondent quand les figures sont placées homothétiquement. Deux droites appartenant aux deux figures sont homologues quand l'une joint deux points qui sont homologues de ceux que joint l'autre. Les angles homologues sont ceux qui sont formés par des droites homologues. Il résulte des propriétés de l'homothétie que dans des figures semblables les droites homologues sont proportionnelles et les angles homologues égaux. En particulier, si deux polygones sont semblables, leurs angles sont deux à deux égaux, et leurs côtés homologues sont proportionnels. S'il s'agit de deux triangles, les côtés homologues sont ceux qui sont opposés aux angles égaux.

Le rapport constant de deux lignes homologues dans deux figures semblables s'appelle le *rapport de s*. des deux figures. Ainsi, dans les deux triangles semblables ABC, DEF (Fig. 1), le rapport de s. est :

$$\frac{DE}{AB} = \frac{EF}{BC} = \frac{FD}{CA}.$$

Les longueurs de deux lignes brisées homologues sont aussi entre elles dans le rapport de s., car si a, b, c... sont les éléments de la ligne brisée de la première figure, et a', b', c'... les éléments homologues de celle de la seconde figure, on aura :

$$\frac{a}{a'} = \frac{b}{b'} = \frac{c}{c'} = \ldots = k,$$

en appelant k le rapport de s.; on en déduit :

$$a = ka', \quad b = kb', \quad c = kc' \ldots \text{ etc.};$$

et, en ajoutant membre à membre :

$$a + b + c + \ldots = (a' + b' + c' \ldots) k$$

ou

$$\frac{a + b + c + \ldots}{a' + b' + c' + \ldots} = k, \quad \text{c. q. f. d.}$$

En particulier, les périmètres de deux polygones semblables sont proportionnels aux côtés homologues. Comme la longueur d'une ligne courbe est la limite de la longueur d'une ligne brisée inscrite dans cette courbe dont les côtés diminuent indéfiniment (Voy. LONGUEUR) et que, si l'on a deux lignes courbes semblables, il est toujours possible d'inscrire dans l'une une ligne brisée semblable à une ligne brisée inscrite dans l'autre, on voit que les longueurs de deux lignes courbes semblables appartenant à deux figures semblables sont entre elles dans le rapport de s. des deux figures, ou encore, sont proportionnelles aux lignes homologues. Par ex., deux cercles sont semblables parce qu'ils sont homothétiques (Voy. HOMOTHÉTIE), et les longueurs des deux circonférences sont proportionnelles aux rayons ou aux diamètres :

$$\frac{C}{C'} = \frac{R}{R'} = \frac{D}{D'}.$$

En changeant les moyens de place (Voy. PROPORTION), on a $\dfrac{C}{D} = \dfrac{C'}{D'}$, c.-à-d. que le rapport de la circonférence au diamètre est le même dans toutes les circonférences. C'est ce nombre constant que, depuis Archimède, on désigne par la lettre grecque π. Voy. CERCLE.

II. *Théorème fondamentaux*. — En s'appuyant sur le théorème de Thalès (Voy. PROPORTIONNEL), on démontre aisément les trois cas de s. des triangles :

1° *Deux triangles sont semblables s'ils ont deux angles égaux chacun à chacun;*

2° *Deux triangles sont semblables s'ils ont un angle égal compris entre deux côtés proportionnels chacun à chacun;*

3° *Deux triangles sont semblables s'ils ont leurs trois côtés proportionnels chacun à chacun.*

Soit en effet les deux triangles ABC, DEF (Fig. 1). Prenons AK = DE, et menons KL parallèle à BC. Le triangle AKL est homothétique du triangle ABC par rapport à A, et il suffit de prouver que le triangle DEF est égal au triangle AKL. Dans le premier cas, on suppose les angles D et E respectivement égaux à K et E : mais l'angle B est égal à l'angle AKL, et les deux triangles AKL, DEF sont égaux comme ayant un côté égal compris entre deux côtés égaux chacun à chacun. — Dans le second cas, on suppose l'angle D égal à l'angle A et :

$$\frac{DE}{AB} = \frac{DF}{AC}.$$

Mais le théorème de Thalès donne aussi :

$$\frac{AK}{AB} = \frac{AL}{AC},$$

et, puisque DE = AK, il faut que AL = DF, et les deux triangles AKL, DEF égaux comme ayant un angle égal compris entre deux côtés égaux chacun à chacun. Enfin, dans le troisième cas, on a par hypothèse :

$$\frac{DE}{AB} = \frac{DF}{AC} = \frac{EF}{BC}$$

et, dans les deux triangles homothétiques :

$$\frac{AK}{AB} = \frac{AL}{AC} = \frac{KL}{BC},$$

d'où l'on déduit : DF = AL, EF = KL, et les deux triangles AKL, DEF, sont égaux comme ayant leurs trois côtés égaux chacun à chacun.

Deux triangles sont semblables s'ils ont leurs côtés respectivement parallèles ou perpendiculaires.

En effet, les angles qui ont leurs côtés parallèles ou per-

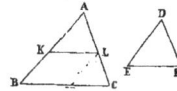

Fig. 1.

pendiculaires sont égaux ou supplémentaires. Or, dans les deux triangles il ne saurait y avoir deux couples d'angles supplémentaires, car la somme de ces quatre angles serait égale à quatre droits et la somme des six angles des deux triangles doit être égale à quatre droits. Il n'y a donc pas plus d'un couple d'angles supplémentaires; alors il y a deux couples d'angles égaux, et les deux triangles sont semblables d'après le premier cas. On remarquera que si deux triangles ont deux angles égaux chacun à chacun, les troisièmes angles sont égaux aussi, puisque, dans chaque triangle, la somme des trois angles vaut deux droits. Mais ces deux angles peuvent être aussi supplémentaires, seulement alors, ils sont droits. — Quand deux triangles sont semblables, parce qu'ils ont leurs côtés parallèles ou perpendiculaires, les côtés homologues sont ceux qui sont parallèles ou perpendiculaires.

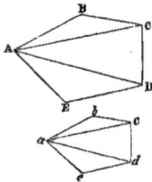

Fig. 2.

Deux polygones semblables peuvent être décomposés en un même nombre de triangles semblables et semblablement placés. Il suffit en effet de prendre dans les polygones deux sommets homologues A et a et de joindre chacun d'eux à tous les sommets du polygone correspondant (Fig. 2). Les deux polygones sont ainsi décomposés en triangles qui deviennent homothétiques quand on place les polygones homothétiquement, et qui, par conséquent, sont semblables.

Les théorèmes qui précèdent servent à trouver des relations entre les éléments d'une figure : ils sont par conséquent la base de cette partie de la géométrie qui a pour objet de découvrir et d'étudier les relations métriques entre les éléments des triangles, des polygones, des polyèdres, etc.

III. *Rapport des aires de deux figures semblables.* — *Le rapport des aires de deux figures semblables est égal au carré du rapport de similitude.*

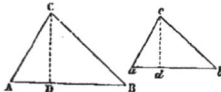

Fig. 3.

1° Considérons d'abord deux triangles semblables ABC, abc, et menons leurs hauteurs CD, cd (Fig. 3). L'aire d'un triangle ayant pour mesure la moitié du produit de sa base par sa hauteur, on aura :

$$\frac{(ABC)}{(abc)} = \frac{\frac{1}{2}(ABC)}{\frac{1}{2}(abc)} = \frac{AB \times CD}{ab \times cd} = \frac{AB}{ab} \times \frac{CD}{cd}.$$

Mais les hauteurs des deux triangles sont des lignes homologues, et l'on a par conséquent :

$$\frac{CD}{cd} = \frac{AB}{ab}.$$

Donc
$$\frac{(ABC)}{(abc)} = \left(\frac{AB}{ab}\right)^2, \quad \text{C. Q. F. D.}$$

2° Considérons maintenant deux polygones plans semblables ABCDE, abcde. Décomposons-les en triangles semblables, comme nous l'avons expliqué plus haut. En appliquant la propriété à chacun des triangles, nous aurons :

$$\frac{(ABC)}{(abc)} = \left(\frac{BC}{bc}\right)^2$$
$$\frac{(ACD)}{(acd)} = \left(\frac{CD}{cd}\right)^2$$
$$\frac{(ADE)}{(ade)} = \left(\frac{DE}{de}\right)^2$$

Les seconds membres sont égaux, puisque les polygones sont semblables; donc les premiers membres le sont aussi, et si l'on ajoute séparément les numérateurs et les dénominateurs, on formera un rapport égal à tous les autres, comme nous l'avons expliqué plus haut à propos des périmètres. Or on trouve ainsi le rapport des aires des deux polygones qui est bien égal au carré du rapport de s. C. Q. F. D.

3° Comme l'aire d'une figure plane limitée par une ou plusieurs lignes courbes est la limite de l'aire d'un polygone

inscrit, le théorème s'applique encore à toute aire plane limitée par des lignes droites ou courbes.

4° Si l'on considère dans l'espace des surfaces polyédriques, c.-à-d. des surfaces formées de portions de plans placées les unes à côté des autres, chacune d'elles étant limitée par ses intersections avec les plans voisins, les aires de ces deux surfaces seront les sommes des aires des polygones qui les composent. Alors par un raisonnement analogue à celui du n° 2, on verra que le théorème s'applique encore à ces surfaces.

5° Enfin le théorème s'applique à des aires prises sur des surfaces courbes et limitées d'une manière quelconque, parce que l'aire d'une surface courbe limitée est la limite vers laquelle tend l'aire d'une surface polyédrique inscrite dans la surface courbe, lorsque les arêtes de cette surface polyédrique sont infiniment petites. Ainsi le théorème est démontré dans toute sa généralité.

IV. — *Rapport des volumes de deux polyèdres semblables.* — Par un raisonnement analogue à celui qui nous a servi à établir que deux polygones semblables peuvent être décomposés en un même nombre de triangles semblables et semblablement placés, on prouvera que *deux polyèdres semblables peuvent être décomposés en un même nombre de pyramides triangulaires semblables et semblablement placées.* Seulement, au lieu de mener les arêtes de ces pyramides d'un des sommets de chaque polyèdre, il est préférable de choisir dans l'intérieur des polyèdres deux points homologues et de joindre chacun d'eux à tous les sommets du polyèdre correspondant. Chaque polyèdre est ainsi décomposé en autant de pyramides qu'il a de faces, et chacune de ces pyramides peut être décomposée en pyramides triangulaires par des plans passant par le sommet et les diagonales de la base. Du reste les pyramides ainsi obtenues qui se correspondent dans les deux polyèdres sont semblables parce qu'elles deviennent homothétiques quand on place les polyèdres homothétiquement. Or, *deux pyramides triangulaires semblables ont leurs volumes proportionnels aux cubes de leurs dimensions homologues.* On le démontre, en remarquant que les volumes des deux pyramides sont respectivement

$$\frac{B'h}{3} \text{ et } \frac{Bh'}{3},$$

B et B' étant les bases, h et h' étant leurs hauteurs. Le rapport des volumes est donc $\frac{Bh}{B'h'}$; mais d'après un théorème du paragraphe précédent, B et B' étant deux polygones semblables, on a $\frac{B}{B'} = \frac{a^2}{a'^2}$, si a et a' sont deux arêtes homologues; h et h' étant deux lignes homologues on a aussi $\frac{h}{h'} = \frac{a}{a'}$, et finalement le rapport des volumes est :

$$\frac{a^2}{a'^2} \times \frac{a}{a'} = \frac{a^3}{a'^3}.$$

Alors, un raisonnement tout semblable à celui que nous avons fait au n° 2 du paragraphe précédent prouvera que les *volumes de deux polyèdres semblables sont entre eux comme les cubes de leurs dimensions homologues.* Si, enfin, on observe que le volume d'un solide limité par des surfaces courbes est la limite du volume d'un polyèdre inscrit, on étendra le théorème à des solides, de sorte qu'on arrive à l'énoncé général :

Les volumes de deux solides semblables sont entre eux comme les cubes de leurs dimensions homologues, ou encore : *le rapport des volumes de deux solides semblables est égal au cube du rapport de s.* Par ex., deux sphères étant deux solides semblables, les volumes de deux sphères sont proportionnels aux cubes de leurs rayons.

SIMILOR. s. m. (lat. *similis*, semblable, et fr. *or*). T. Techn. Alliage de cuivre et de zinc, possédant la couleur de l'or. Voy. CUIVRE, IX.

SIMOÏS, auj. *Mendérés*, petit fleuve de la Troade.

SIMON (SAINT), l'un des douze apôtres, surnommé le *Chananéen.*

SIMON le *Magicien*, sectaire juif, voulut, dit-on, acheter des apôtres Pierre et Jean le don de faire des miracles.

SIMON (JULES), de son vrai nom JULES-FR. **SIMON-SUISSE**, professeur et philosophe fr., né en 1814, fut membre du

Gouvernement de la défense nationale au 4 sept. 1870 et ministre de l'Instruction publique du 5 sept. 1870 au 24 mai 1873, président du Conseil du 12 déc. 1876 au 16 mai 1877.

SIMONETTA, famille ital. (Calabre), dont plusieurs membres ont joué un rôle politique au XV⁰ siècle.

SIMONIAQUE. adj. 2 g. (bas lat. *simoniacus.* m. s.). Se dit des choses entachées de simonie. *Contrat s. Ordination s.* || Qui se rend coupable de simonie. *Un prêtre s.* — Subst., *C'est un s.*

SIMONIDE DE CÉOS, poète lyrique grec (556-467 av. J.-C.).

SIMONIE. s. f. (R. *Simon*, le magicien). T. Théol. et Droit canon. En termes de Droit canon, on donne le nom de *Simonie* au crime qui consiste à trafiquer des choses spirituelles. Il se dit de toute convention illicite par laquelle on donne ou l'on reçoit une rétribution pécuniaire ou une récompense temporelle quelconque pour quelque chose de spirituel et de saint. Ce crime est ainsi appelé de Simon le Magicien, qui, suivant le récit des Actes des Apôtres, voulut acheter de saint Pierre le pouvoir de conférer les dons du Saint-Esprit. On se rend coupable de s. quand on donne ou quand on reçoit de l'argent pour obtenir ou pour accorder les sacrements, les prières de l'Église, les bénédictions, les saints ordres, un bénéfice, une dignité ecclésiastique ; en un mot, une chose quelconque spirituelle ou annexée au spirituel, même lorsqu'on la donne ou qu'on la reçoit, non comme le prix de la chose spirituelle, mais seulement comme motif principal de l'obtenir ou de la donner. Mais il n'y a point de s., quand on demande ou quand on reçoit de l'argent ou quelque chose d'équivalent, pour l'administration des sacrements, pour la prédication, pour l'exercice de quelque fonction ecclésiastique, lorsque la chose donnée ou reçue est uniquement le prix du travail extrinsèque que l'ecclésiastique est obligé de faire. Jésus-Christ a dit que tout ouvrier est digne de salaire (Luc, x, 7). En conséquence, l'honoraire que l'on donne à un ministre de l'Église pour les fonctions qu'il remplit, n'est nullement l'achat, le prix, la rémunération de ses fonctions ; il n'est, ni une compensation de leur valeur, ni le motif pour lequel il s'en acquitte ; c'est simplement un moyen de subsistance légitimement dû de droit naturel à celui qui est occupé pour un autre, quelle que soit la nature de son occupation. De la même façon, s'il y a s. lorsqu'on exige du temporel comme prix de la profession religieuse, il n'y en a point à exiger des personnes qui veulent entrer en religion ce qui est nécessaire pour leur entretien, quand le monastère n'a pas de quoi les entretenir et s'entretenir lui-même commodément, ou lorsqu'il s'agit de sujets qui, à raison de leur âge ou de leurs infirmités, ne peuvent être qu'à charge à la communauté. Les peines portées par l'Église contre les simoniaques sont d'abord la nullité des actes entachés de simonie ; puis, l'obligation de restituer ce qui a été reçu ; et enfin, les censures ou l'excommunication, selon la gravité des cas.

SIMONOSAKI, port de la grande île japonaise de Hando, où a été signée en 1895 la paix entre la Chine et le Japon.

SIMOUN. s. m. (arabe *semoum*, m. s., de *sanim*, empoisonner). T. Météor. Vent brûlant qui souffle en Afrique. Voy. VENT.

SIMPHÉROPOL, ou **SINFÉROPOL**, v. de Russie, dans la Crimée, cap. de la Tauride ; 29,100 hab.

SIMPLE. adj. 2 g. [Pr. *sin-ple*] (lat. *simplex*, m. s.). Qui n'est pas composé. *L'or et l'argent sont des corps simples. Idée s. Les machines les plus simples sont les meilleures. En grammaire, il y a des mots simples et des mots composés.* Saison est un nom s.; Arrière-saison est un nom composé. Dire est un verbe s.; redire, prédire, sont des verbes composés. || Seul, unique. *Il n'a qu'un s. valet pour le servir. Il n'a qu'une s. couverture sur lui. Une s. lettre a terminé son affaire. Je ne ferai qu'une s. remarque. Il en sera quitte pour une s. amende.* — On dit d'une chose qui est aisée à comprendre, *Il ne faut pour cela que le s. bon sens.* — On dit quelquefois, *Un s. manoir, une s. maison de campagne,* en parlant d'une maison ordinaire, d'une demeure modeste, par opposition à château, etc.

> Son ingénuité
> N'altère point encor la simple vérité. (RACINE.)

|| Qui n'est point compliqué ; qu'il est très facile d'employer ou de comprendre, etc. *Une méthode, un procédé, un moyen très s., fort s. Le sujet, l'intrigue de ce drame est fort s.* — Fam., *C'est tout s.,* Cela est naturel, cela va sans dire. — *Donation pure et s.,* Donation qui est sans condition. On dit de même, *Démission pure et s.; Résignation pure et s.,* etc. || Qui est sans ornement, sans recherche, sans apprêt, sans affectation. *Je ne veux point de broderies, je ne veux qu'un habit tout s. Une mise s. et décente. Une nourriture s. et saine. Son discours fut s. et touchant. Son style s. et sans ornement.*

> Que le début soit simple et n'ait rien d'affecté.
>   BOILEAU.

|| En parlant des personnes, se dit par opposition à celles qui exercent quelque charge publique, qui remplissent quelque fonction particulière, qui ont un rang, un titre. *S. particulier,* Celui qui n'a point de fonctions publiques, ou n'occupe point un rang spécial dans la société. *S. gentilhomme,* Gentilhomme qui n'est point titré. *S. clerc.* Celui qui n'a que la tonsure cléricale ou les quatre ordres mineurs. *S. prêtre,* Celui qui n'a point de bénéfice. *S. religieux,* Celui qui n'a point de charge dans son ordre. *S. soldat, s. cavalier,* Fantassin, cavalier qui n'a point de grade. || Qui n'a point de faste, d'ostentation, de vanité, d'affectation. *C'est un homme fort s., malgré son rang et sa fortune. Sa femme n'est pas aussi s. que lui.* — *Être s. dans ses habits, dans ses meubles,* Éviter la recherche, le luxe dans les habits, etc. || Sign. encore Naïf, sans déguisement, sans malice, et par ext. Niais, qui se laisse facilement tromper. *Il est s. comme un enfant. Il faudrait être bien s. pour croire à ses protestations.* || T. Archit. *Bâtiment s.,* Celui qui n'a qu'un rang de pièces ; par opposition à *Bâtiment double,* Celui qui a deux rangs de pièces. || T. Bot. *Fleur s.,* sign. tantôt fleur unique, par opposition à *Fleur composée,* qui est formée d'une agrégation de fleurs sur le même réceptacle, tantôt et le plus souvent, fleur qui ne présente qu'une seule rangée de pétales normaux, par opposition à *Fleur double,* où il y a plusieurs rangs de pétales par transformation des étamines. *Calice s.,* Qui n'est pas accompagné d'un second calice extérieur. *Fruit s.,* Celui qui est formé par un seul carpelle, ou quelquefois celui qui paraît simple par la soudure de plusieurs carpelles. *Feuille s.,* Celle qui ne se compose pas de folioles articulées. *Tige s., pédoncule s., stigmate s., poil s.,* Qui ne se divise, qui ne se ramifie pas. || T. Droit can. *S. tonsure,* La tonsure cléricale, lorsqu'elle n'est pas jointe aux ordres ecclésiastiques. *Bénéfice à s. tonsure* ou *Bénéfice s.,* Voy. BÉNÉFICE. || T. Liturg. *Fête s., office s.,* se dit par opposition à fête, à office double ou semi-double. *S. vigile,* Une vigile sans jeûne. || T. Arith. *Nombre s.,* ancienne dénomination appliquée aux nombres premiers. Voy. NOMBRE. || T. Pharm. *Médicament s.,* Celui qui n'a subi aucune préparation pharmaceutique, ou qui ne contient qu'une seule substance. || T. Zool. *Animaux simples,* Ceux qui ne résultent pas de l'agrégation d'un certain nombre d'individus. ≡ SIMPLE. s. m. Se dit quelquefois par opposition à composé, à compliqué, à multiple. *Le s. et le composé. Parier le double contre le s.* || Se dit aussi en parlant des personnes. *Dieu aime les humbles et les simples. Il fait le s.; ne vous fiez pas à son ingénuité.* || Se dit le plus souvent des herbes et plantes médicinales indigènes. *La mélisse est un s. d'une grande vertu. Il connaît bien les simples. Cueillir des simples.*

SIMPLEMENT. adv. [Pr. *sin-ple-man*]. D'une manière simple. || *Il est vêtu bien s.,* Sans ornement, sans recherche. || *Il parle très s.,* Sans affectation, sans prétentions oratoires. || *Je vous raconterai les choses s.,* Naïvement, sans déguisement. || *C'est un bon homme, il y va s.,* hors s., *tout s.,* Bonnement, sincèrement, sans finesse. || *Cette pièce de théâtre est conduite s.,* L'action n'est pas compliquée. || *Il ne s'agit point de discuter, mais s. de s'entendre,* Mais seulement de s'entendre. || *Purement et s.,* Voy. PUREMENT.

SIMPLESSE. s. f. [Pr. *sin-plè-se*]. Simplicité naturelle, ingénuité accompagnée de douceur et de facilité. *Elle a de la s.* Vieux.

SIMPLET, ETTE. adj. [Pr. *sin-plè, ète*]. Qui a une simplicité ingénue.

SIMPLICAULE. adj. 2 g. [Pr. *sin-pliko-le*]. T. Bot. Qui a la tige simple.

781

SIMPLICE ou **SIMPLICIUS** (Saint). Pape de 468 à 483. — Fête le 2 mars.

SIMPLICIFOLIÉ, ÉE. adj. [Pr. *simpli-si-folié*] (lat. *simplex*, simple; *folium*, feuille). T. Bot. Qui a des feuilles simples.

SIMPLICITÉ. s. f. [Pr. *sin-pli-sité*] (lat. *simplicitas*, m. s.). Qualité de ce qui est simple. *La s. de l'âme.* — *La s. d'une méthode, d'un système, d'un plan, d'un procédé.*

> La simplicité plaît sans étude et sans art.
> BOILEAU.

> *Le drame antique se distingue d'abord par la s. de l'action.* — *La s. de sa mise, de ses manières, de ses goûts. Il affecte une grande s. dans ses mœurs, dans son langage, dans son style, dans ses habits, etc.* — *S. naturelle. S. de cœur, d'esprit. La s. d'un enfant.*

> Dans ses simplicités à tous coups je l'admire.
> MOLIÈRE.

|| Niaiserie, trop grande facilité à croire, à se laisser tromper. *Je ne vis jamais une si grande s. C'est une grande s. de croire cela.*

SIMPLIFICATEUR. s. m. [Pr. *sin-plifika-teur*]. Celui qui simplifie.

SIMPLIFICATION. s. f. [Pr. *sin-plifika-sion*]. Action de simplifier, ou le résultat de cette action. *Travailler à la s. d'une affaire, d'une méthode.*

SIMPLIFIER. v. a. [Pr. *sin-plifier*] (lat. *simplificare*, m. s., de *simplex*, simple, et *ficare*, faire). Rendre plus simple, moins composé, moins compliqué. *S. le récit d'un fait. S. un raisonnement, une question. S. une méthode, un procédé. S. une machine.* == SE SIMPLIFIER, v. pron. Devenir ou être rendu plus simple, moins compliqué. *Voilà qui se simplifie. Notre affaire se simplifie. Si cette machine pouvait se s., elle se répandrait partout.* == SIMPLIFIÉ, ÉE. part. = Conj. Voy. PRIER.

SIMPLISTE. s. et adj. 2 g. [Pr. *sin-pliste*]. Celui qui ne considère qu'une seule face d'une question.

SIMPLON (LE), montagne des Alpes centrales, entre le Valais et le Piémont (3,518 mètres), traversée par la route de Genève à Milan.

SIMULACRE. s. m. (lat. *simulacrum*, m. s., de *simulare*, rendre semblable). Image, statue, idole, représentation de fausses divinités; ne se dit guère qu'au plur. *Les simulacres des dieux. Adorer des simulacres.* || Spectres, fantôme; se met ordinairement avec Vain. *De vains simulacres.* || Fig., Une vaine représentation d'une chose. *Dans les derniers règnes des Mérovingiens, il n'y avait qu'un s. de royauté.* On dit à peu près dans le même sens, *Un s. de combat. On fit un s. de débarquement.*

SIMULATEUR, TRICE. s. Celui, celle qui simule.

SIMULATION. s. f. [Pr. *simula-sion*] (lat. *simulatio*, m. s.). Action de simuler. Déguisement, fiction, dans le but de tromper. *Il y a bien de la s. dans ce contrat. La s. d'une maladie.*

SIMULER. v. a. (lat. *simulare*, m. s., de *similis*, semblable). Feindre, faire paraître comme réelle une chose qui n'est point. *S. une vente, une donation. S. une dette. S. un combat. S. une attaque. S. une maladie.* = SE SIMULER. v. pron. Être simulé. *Cette donation, cette maladie ne peut se s.* == SIMULÉ, ÉE. part. *Acte simulé. Vente simulée. Réconciliation, paix simulée. Dévotion simulée. Combat simulé. Maladie simulée.*

SIMULTANÉ, ÉE. adj. (lat. *simultaneus*, m. s., de *simul*, ensemble). Qui se fait, qui s'accomplit, qui a lieu en même temps. *Ces faits, ces phénomènes sont simultanés. Toute l'assemblée se leva d'un mouvement s.*

SIMULTANÉITÉ. s. f. (R. *simultané*). Existence de deux ou de plusieurs choses dans le même instant. *La s. de ces deux faits.*

SIMULTANÉMENT. adv. En même temps, au même instant. *Ces deux coups de fusil sont partis s.*

SINAÏ, montagne d'Arabie, entre les golfes de Suez et d'Akaba, sur laquelle, d'après la Bible, Moïse aurait reçu de Dieu les tables de la loi.

SINA-KHEÏRIB. Voy. SENNACHÉRIB.

SINALBINE. s. f. (lat. *sinapis*, moutarde; *albus*, blanc). T. Chim. Glucoside contenu dans les graines de moutarde blanche. La s. cristallise en petites aiguilles brillantes, d'un jaune pâle, solubles dans l'eau et dans l'alcool bouillant. Sous l'influence de la myrosine, diastase contenue dans les graines de moutarde, elle se dédouble en glucose, en sulfate de sinapine et en un sénevol qui a pour formule C^8H^7OAzS.

SINANCIE. s. f. T. Méd. anc. Voy. CYNANCIE.

SINAPINE. s. f. (lat. *sinapi*, gr. σίναπι, moutarde). T. Chim. Alcaloïde répondant à la formule $C^{16}Az^{23}H2O^5$ et contenu, à l'état d'iso-sulfocyanate, dans les graines de moutarde blanche. Son sulfate se forme par l'action de la myrosine sur la sinalbine. La s. à l'état de liberté est très instable et n'est connue qu'en dissolution. L'eau de baryte la dédouble à l'ébullition en choline et en *acide sinapique* $C^{11}H^{12}O^5$ qui cristallise en petits prismes jaunes, fusibles à 192°.

SINAPIQUE. adj. 2 g. (lat. *sinapi*, gr. σίναπι, moutarde). Qui concerne la moutarde et ses produits.

SINAPISER. v. a. [Pr. *sinapi-zer*] (lat. *sinapizare*, m. s., de *sinapis*, moutarde). T. Méd. Ajouter de la moutarde à un topique, à un bain de pieds, etc., pour le rendre plus actif. *Il faudra s. ce cataplasme de farine de lin.* == SINAPISÉ, ÉE. part. || Adjectiv., *Un cataplasme, un manuluve sinapisé.*

SINAPISME. s. m. (lat. *sinapis*, moutarde). T. Méd. Tout le monde connaît le cataplasme ainsi appelé, et qui est d'un usage si fréquent quand on veut déterminer la rubéfaction et produire une révulsion sur une partie quelconque du corps. Pour faire un S., on prend de la *farine de moutarde* pure et on la mêle avec de l'eau froide ou avec de l'eau dont la température ne dépasse pas 40 degrés : l'eau bouillante qu'on emploie si souvent a pour effet de diminuer son activité. On obtient ainsi une pâte assez consistante que l'on étend sur un linge; on replie les bords de ce dernier sur les côtés, afin d'empêcher la pâte de s'étendre au delà du point sur lequel on veut agir, puis on l'applique sur la peau. L'addition de vinaigre à la farine de moutarde, comme on le fait parfois, affaiblit l'action du s., car ce liquide altère l'huile volatile à laquelle la moutarde doit sa propriété irritante. Il faut en général laisser le s. appliqué une demi-heure; lorsqu'on le retire, on lave la région avec de l'eau tiède et on l'essuie avec un linge sec; si l'irritation est trop vive, on peut couvrir la peau d'un linge enduit de cérat. Lorsqu'on ne veut produire qu'une légère rubéfaction, on se contente d'appliquer un *cataplasme sinapisé*, c.-à-d. simplement saupoudré de farine de moutarde : dans ce cas, on le laisse plus longtemps qu'un s. ordinaire. Quand, au contraire, on veut déterminer une révulsion puissante, on promène, sur diverses parties, des sinapismes qu'on ne laisse appliqués que 5 à 10 minutes au plus dans chaque endroit. On peut appliquer des sinapismes sur toutes les régions du corps, on évite de le faire au visage.

Il existe des sinapismes en feuilles (s. *Rigollot*); pour les préparer, on se sert de farine de moutarde préalablement privée de son huile grasse, par l'addition de sulfure de carbone par exemple, et on l'étend sur une feuille de papier à laquelle on la rend adhérente au moyen d'une solution de caoutchouc.

SINCALINE. s. f. T. Chim. Synonyme de *Choline*. Voy. NÉVRINE.

SINCÈRE. adj. 2 g. (lat. *sincerus*, entier). Vrai, franc, qui est sans artifice, sans déguisement. *C'est un homme s. Vous n'êtes pas s. Un cœur s. Un attachement, une amitié s. Une réconciliation s. Une foi s. Un s. repentir. Cet* aveu est s. || Qui n'est point altéré, qui est authentique. *Texte s. Les actes sincères des martyrs.*

Votre sincère aveu ne l'a pas pou surprise.
MOLIÈRE.

SINCÈREMENT. adv. [Pr. *sin-sère-man*]. D'une manière sincère. *Je vous parle s. Il agit s.*

SINCÉRITÉ. s. f. (lat. *sinceritas*, m. s.). Qualité de ce qui est sincère, franchise, véracité. *Je vous parle avec s. Il n'y a point de s. dans son procédé. Croyez à la s. de mes promesses. || La s. d'un acte, d'un texte,* Son authenticité, son intégrité.
Syn. — Franchise. — La *sincérité* empêche de parler autrement qu'on ne pense; la *franchise* fait parler comme on pense. La première est une vertu; la seconde est un effet du naturel. Un homme *sincère* ne veut point tromper; un homme *franc* ne saurait dissimuler. L'homme *sincère* est toujours estimable, l'homme *franc* plaît à tout le monde, sauf cependant aux personnes qui aiment la flatterie.

SINCIPITAL, ALE. adj. (lat. *sinciput*, m. s.). T. Anat. Qui a rapport au sinciput.

SINCIPUT. s. m. [Pr. *sin-si-put*] (Mot lat. dérivé de *semi*, demi, et *caput*, tête). Le sommet de la tête.

SIND, ou **SINDH.** Voy. INDUS.

SINDHYA, ou **SINDHYAH,** royaume mahratte de l'Hindoustan, vassal de l'Angleterre; 2,500,000 hab. Cap. *Goualior.*

SINDON. s. m. (lat. *sindon*, gr. σινδών, m. s.). Linge de toile. || Le linceul dans lequel Jésus-Christ fut enseveli. || T. Chir. Petit morceau de toile ou petit plumasseau arrondi qu'on introduit dans l'ouverture faite par le *Trépan.* Voy. ce mot.

SINÉCURE. s. f. (lat. *sine cura*, sans soin). Place ou titre qui produit des émoluments et qui n'oblige à aucune fonction, à aucun travail. *Cette place est une s.*

SINÉCURISME. s. m. Abus de ceux qui veulent maintenir ou multiplier les sinécures.

SINÉCURISTE. s. m. Celui qui jouit d'une ou de plusieurs sinécures. Ne se dit que par dénigrement.

SINE QUÂ NON. [Pr. *siné-koua-none*]. Loc. latine qui sign. *sans laquelle non,* et qui se dit en parlant d'une condition indispensable, sans laquelle rien ne se peut faire. *Condition s. quâ non.* || Subst., *C'est un s.* quâ non.

SINES (Cap), au S.-O. du Portugal.

SINGAPOUR, v. de l'Indo-Chine (Asie), au sud de la presqu'île de Malacca; 97,000 hab. (aux Anglais).

SINGE. s. m. (lat. *simius,* m. s., de *simus,* gr. σιμός, camus). T. Mamm. Animal à quatre mains, fort souple et fort agile, qui, dans sa conformation extérieure, a de grands rapports avec l'homme. — Par exagér., on dit d'un homme extrêmement laid. *Il est laid comme un s. Il a un visage de s.;* D'un homme fort malin, *Il est malin comme un s.;* D'un homme fort adroit, fort agile, fort souple de corps, *Il est adroit comme un s.* || Prov. *On n'apprend pas à un vieux s. à faire des grimaces,* Ceux qui ont de l'expérience n'ont pas besoin qu'on leur fasse la leçon. — *Monnaie de s.,* grimace. *Payer en monnaie de s.,* en paroles. || Fig., Qui contrefait, qui imite les gestes, les actions, les manières, le style de quelque autre. *Le courtisan est le s. de son maître. Cet écrivain affecte le style sentencieux et concis; c'est un s. de Tacite.* — Adjectiv., *L'enfant est, de sa nature, imitateur et s.* || Nom vulgaire donné au Pantographe. || T. Techn. Treuil qui sert sur les navires à élever et à descendre des fardeaux.
Mamm. — Les *Singes, Simiens* ou *Primates* constituent le premier ordre de la classe des Mammifères si on met l'homme à part. Cet ordre est essentiellement caractérisé par la conformation des membres postérieurs. En effet, ces membres sont plus ou moins impropres à la station bipède, et se

terminent, comme les antérieurs, par des mains véritables, les doigts étant allongés, très flexibles, et les pouces très mobiles pouvant être opposés aux autres doigts et former ainsi la pince. Parmi les autres caractères de cet ordre, nous signalerons surtout la situation des mamelles, qui sont pectorales, et la structure du cerveau, qui présente de chaque côté trois lobes, dont le postérieur recouvre le cervelet. D'ailleurs, les formes générales des Singes, ainsi que leur organisation intérieure, plus rapprochée de celle de l'Homme que dans les autres ordres, ont toujours fait ranger ces animaux à la tête de la série zoologique. Ils sont de tous les animaux ceux qui se rapprochent le plus de l'Homme par la forme comme par la taille: néanmoins, ainsi que nous l'avons dit en parlant des caractères qui séparent l'Homme de toute la série zoologique, ils en diffèrent essentiellement, même au point de vue anatomique. Les Singes ont le museau médiocrement prolongé, le nez peu saillant, le corps ordinairement trapu, et les membres habituellement grêles. La face, presque toujours nue, est parfois colorée en noir ou en rouge, ou marquée de taches blanches, rouges ou bleues. Le poil qui recouvre leur corps a un facies particulier, et se distingue dans beaucoup d'espèces de celui des autres Mammifères. Ses couleurs sont, tantôt élégantes et vives, tantôt tristes et uniformes, et elles brunissent avec l'âge. Chez plusieurs, ces poils fournissent des ornements variés simulant des crinières, des perruques, des aigrettes, des favoris, des barbes, etc. : ceux de la tête des Orangs ont la même implantation que ceux de l'Homme. Leur crâne est presque toujours arrondi et leur angle facial, très variable d'ailleurs, est loin d'exprimer avec exactitude leur degré d'intelligence. En outre, la grandeur de cet angle varie beaucoup du jeune âge à l'âge adulte ou vieux. La face, courte chez les jeunes, est beaucoup plus proéminente chez les adultes. Le cerveau des Chimpanzés et des Orangs est celui dont la forme approche davantage de celle du cerveau humain ; mais, bien qu'il soit mieux organisé que celui de certains idiots, il est cependant fort inférieur par le volume et par la disposition à celui de l'espèce humaine. Les Singes ont quatre extrémités, qui toutes ont le pouce opposable aux autres doigts, et ils se servent également bien des unes et des autres. Malgré cela, aux mains, le pouce n'est jamais aussi développé que chez l'Homme, et ces mains elles-mêmes sont loin d'avoir la même habileté. Dans quelques espèces, ce pouce est réduit à un simple tubercule ou même n'existe pas du tout. Tous les doigts ont des ongles, plats chez les Singes supérieurs, mais qui deviennent voûtés et arqués à mesure qu'on descend dans la série. La disposition de leurs extrémités postérieures, qui ne posent sur le sol que par le bord extérieur, l'étroitesse de leur bassin, et la laxité de l'articulation de leur genou empêchent qu'ils ne gardent longtemps la station verticale : toutefois ils peuvent, surtout lorsqu'ils s'aident d'un bâton, marcher quelque temps dans cette position, quoique d'un pas mal assuré. Ils sont au contraire admirablement organisés pour grimper, grâce à la flexibilité de leurs membres et à leurs mains postérieures, qui servent à la préhension comme les antérieures. Leur queue est nulle, courte, longue, ou très longue. Elle diffère également dans sa forme, selon qu'elle est lâche ou prenante. Les Singes d. *queue prenante* ou *préhensile* se servent de cet organe comme d'une cinquième main, à l'aide de laquelle ils se suspendent aux branches, et prennent leur élan : ils s'appuient encore sur elle lorsqu'ils s'accroupissent. Les espèces à queue prenante appartiennent toutes au nouveau continent. Celles de l'ancien monde offrent généralement, sur les tubérosités ischiatiques, des excroissances épidermoïdes appelées *Callosités*, sur lesquelles repose le corps dans la station assise. Les Singes sont essentiellement frugivores ; néanmoins leur système dentaire se rapproche beaucoup du nôtre. Ils ont à chaque mâchoire 4 incisives droites; leurs molaires n'ont, comme les nôtres, que des tubercules mousses, et varient en nombre suivant les Singes de l'ancien monde et ceux du nouveau. Quant à leurs canines, elles dépassent les autres dents, et prennent un tel développement, qu'elles exigent un vide dans la mâchoire opposée pour s'y loger, quand la bouche se ferme. — Les Singes habitent les forêts, où ils vivent ordinairement en troupes, et se tiennent presque toujours sur les arbres. Les femelles donnent naissance à un ou deux petits qu'elles élèvent avec une grande tendresse. L'intelligence de ces animaux est généralement fort remarquable, mais elle varie beaucoup d'un genre à un autre dans la même famille, d'une espèce à une autre dans un même genre, ainsi que d'un âge à l'autre dans la même espèce et le même individu. Dans le jeune âge, la plupart sont doux, intelligents, et faciles à apprivoiser. En vieillissant, ils perdent toutes leurs bonnes qualités et toute leur docilité. Ce changement est surtout manifeste chez les plus intelligents, tels que les Orangs, les Chimpanzés et les Magots. Ils deviennent aussi turbulents, aussi dangereux qu'ils étaient d'abord soumis et obéissants. Les Singes sont ordinairement remarquables par la variété, la mobilité, la finesse de leurs instincts, par les ruses qu'ils déploient pour s'emparer de ce qui leur plaît, par leur curiosité et par leur penchant à l'imitation qui les porte à reproduire nos gestes et nos actions. Leur caractère est mobile, capricieux, irritable, jaloux. Leurs sens les dominent au suprême degré, et chacun d'eux semble commander tour à tour.

Les Singes sont répandus dans les pays chauds et surtout dans les régions intertropicales des deux hémisphères. Mais les espèces qui habitent l'ancien continent diffèrent de celles qui habitent le nouveau monde par des caractères très tranchés. En conséquence, on divise ces animaux en 2 grandes sections : les *Singes de l'ancien continent* et les *Singes du nouveau continent*. Les premiers ont été appelés par Ét. Geoffroy Saint-Hilaire, *Catarrhiniens* (du gr. κατὰ, dessous ; ῥίν, ῥινὸς, nez), parce qu'ils ont les narines ouvertes au-dessous du nez, et rapprochées l'une de l'autre par le peu d'épaisseur de la cloison qui les sépare. En outre, leur système dentaire est composé, comme chez l'Homme, de 32 dents, savoir : $\frac{4}{4}$ incisives, $\frac{2}{2}$ canines et $\frac{10}{10}$ molaires. Ils ont aussi presque toujours des callosités ischiatiques et jamais de queue prenante. Enfin, ils ont souvent des *abajoues* ou poches creusées dans les joues et communiquant avec la bouche. Les seconds, au contraire, ont reçu de notre illustre zoologiste le nom de *Platyrrhiniens* (du gr. πλατὺς, large ; ῥὶν, nez), parce qu'ils ont le nez aplati, les narines séparées par une large cloison. Leur système dentaire se compose de 32 ou 36 dents, mais avec une formule différente de celle de l'Homme, même lorsque le nombre est identique. Les dents molaires sont au nombre de 12 à chaque mâchoire. Enfin, ils n'ont jamais de callosités ni d'abajoues, tandis qu'en général ils ont la queue prenante. — Les Singes de l'ancien continent forment 5 groupes ou familles, savoir : les ORANGS, appelés *Singes anthropomorphes* ou *Anthropoïdes*, les SEMNOPITHÈQUES, les CERCOPITHÈQUES, les MACAQUES et les CYNOCÉPHALES. Ceux du nouveau continent se composent seulement de trois groupes : les HÉLOPITHÈQUES, les CÉOPITHÈQUES et les HAPALIDES. Voy. ces mots.

SINGER. v. a. (R. *singe*). Imiter, contrefaire. *S. les manières d'un autre. S. le grand seigneur. S. le philosophe. Il singeait le style de Pascal.* Fam. = SINGÉ, ÉE. part. = Conj. Voy. MANGER.

SINGERESSE. adj. f. [Pr. *sinjerè-se*]. Qui tient du singe. *Manières singeresses.*

SINGERIE. s. f. (R. *singe*). Grimaces, gestes, tours de malice. *Il a fait mille singeries. Je ne prends nul plaisir à ses singeries.* || Imitation gauche ou ridicule. *Toute cette gravité apparente n'est qu'une singerie.*

SINGEUR. s. m. Celui qui singe.

SINGLER. v. a. (même mot que *cingler* avec une orthographe vicieuse). T. Archit. Mesurer au cordeau les parties courbes d'une construction, comme le cintre d'une voûte, les moulures, etc., qu'on ne peut mesurer avec la règle.

SINGLETON. s. m. [Pr. *sin-gle-ton*] (angl. *single*, simple). T. Jeu. Carte qui se trouve seule de sa couleur dans la main du joueur. Se dit surtout au whist.

SINGULARISER. v. a. [Pr. *singulari-zer*]. Rendre singulier, extraordinaire. *Ayez une conduite qui vous distingue, et non qui vous singularise. Je ne veux rien dans mon habillement qui me singularise.* = SE SINGULARISER. v. pron. Se faire remarquer par quelque singularité, par des opinions, des manières singulières; se dit ordinairement en mauvaise part *Il faut éviter de se s.* = SINGULARISÉ, ÉE. part.

SINGULARITÉ. s. f. (lat. *singularitas*, m. s., de *singularis*, singulier). Qui rend une chose singulière. *La s. de cet événement. Ce monument frappe par sa s. J'ai examiné toutes les singularités de cette province. Cet animal présente une s. fort curieuse.* || Manière extraordinaire

d'agir, de penser, de parler, etc., différente de celle de tous les autres. *La s. est une marque de bizarrerie ou d'orgueil. La s. de cette opinion révolta beaucoup de monde. Ses singularités le rendent ridicule.*

SINGULAXE. adj. 2 g. [Pr. *singula-kse*] (lat. *singulus*, unique ; *axis*, axe). T. Miner. Qui est à axe principal.

SINGULIER, IÈRE. adj. (lat. *singularis*, m. s., de *singulus*, unique). Particulier, qui ne ressemble point aux autres. *Propriété, méthode singulière.* || Extraordinaire, étonnant. *Voilà un fait bien s., une aventure fort singulière. Voilà un s. propos. Je vous trouve s. de me parler de la sorte. Il est bien s. qu'on n'ait pas songé à cela plus tôt. Ce qu'il y a de s., c'est que...* — Subst., *Il ne recherche pas le beau, mais le s.*

Dans ses façons d'agir il est fort singulier.

MOLIÈRE.

|| Signif. quelquefois. Rare, excellent. *Vertu, piété singulière. Une beauté singulière.* || En mauvaise part, Bizarre, capricieux, qui affecte de se distinguer. *Il est s. dans ses opinions, dans sa manière de penser, d'agir, de s'habiller. Cet homme est d'une humeur singulière.* || Combat s., Combat d'homme à homme. || T. Gram. *Le nombre s.*, ou subst., *Le singulier*, Voy. NOMBRE. = Syn. Voy. EXTRAORDINAIRE.

SINGULIÈREMENT. adv. Particulièrement, spécialement, principalement. *Il nous a recommandé ses enfants, et s. l'aîné. Il est s. attaché aux devoirs de son état. Il a été s. affecté de cette nouvelle.* || En mauvaise part, d'une manière affectée ou bizarre. *Il parle, il agit, il s'habille s. Il s'est conduit s. dans cette affaire,* D'une manière extraordinaire, difficile à expliquer.

SINGULTUEUX, EUSE. adj. (lat. *singultus*, sanglot). Qui a le caractère du sanglot. *Respiration singultueuse*, Celle qui est gênée, entrecoupée de sanglots.

SINIGALIA, v. d'Italie, sur l'Adriatique ; 20,000 hab. Patrie du pape Pie IX.

SINIGRINE. s. f. (mot formé de *sinapis nigra*, moutarde noire). T. Chim. Syn. de *Myronate de potasse*. Voy. MYRONIQUE.

SINISTRE. adj 2 g. (lat. *sinister*, placé à gauche). Malheureux, funeste. *Événement s. Aventure s. Raconter une histoire s. Cela présage quelque chose de s.* || Qui annonce ou qui fait craindre quelque malheur. *Un augure, un présage s.* — T. Astrol. L'aspect s. des astres, La position des astres quand elle annonce des événements funestes. Fig., *Vous considérez cela sous un aspect trop s.,* c.-à-d. Trop fâcheux, trop effrayant. || Signif. quelquefois. Méchant, pernicieux. *Cet homme a des projets sinistres.* — Avoir la physionomie s., avoir quelque chose de s. dans la physionomie, Avoir dans la physionomie quelque chose de sombre et de méchant. On dit aussi. *Avoir le regard s.*

SINISTRE. s. m. (R. *sinistre*, adj.). Se dit, en T. d'Assurances, des pertes et des dommages qui arrivent aux objets assurés. *On doit évaluer le s. Payer le s. Il y a eu cette année beaucoup de sinistres.*

SINISTRÉ, ÉE. adj. T. Assur. Qui a subi un sinistre. || On dit aussi. *Les sinistrés.*

SINISTREMENT. adv. [Pr. *sinistre-man*]. D'une manière sinistre. *C'est un homme qui pense s. de tout. Vous jugez toujours s. de l'état de vos affaires.* Peu usité.

SINISTRINE. s. f. (*sinister*, placé à gauche, à cause de son action sur la lumière polarisée). T. Chim. Matière amylacée qu'on a extraite de la scille maritime et qui paraît identique avec l'inuline.

SINNAMARI, riv. de la Guyane française à 100 kilomètres de Cayenne. || Village du même nom, à l'embouchure de cette rivière, servit en 1798 de lieu de déportation.

SINODENDRE. s. m. [Pr. *sino-dindre*] (gr. σίνειν, dévaslor; δένδρον, arbre). T. Entom. Espèce de *Coléoptère*. Voy. Lucanidés.

SINOLOGUE. s. m. (lat. *Sina*, Chine; gr. λόγος, discours). Celui qui sait la langue chinoise et qui en connait la littérature.

SINON. conj. (R. *si*, *non*). Autrement, sans quoi, *Faites ce qu'il souhaite*, s. *n'en attendez aucune grâce. Cessez ce discours*, s. *je me retire.* || Si ce n'est. *Il ne lui répondit rien*, s. *que... Il ne se mêle de rien*, s. *de manger et de boire. Tous ces peuples le regardaient*, s. *comme leur maître*, *au moins comme leur chef*.

SINON. Un des guerriers grecs qui assiégèrent Troie; celui qui persuada par perfidie aux Troyens de faire entrer dans leurs murs le cheval de bois renfermant l'élite des Grecs.

SINOPE, v. d'Asie Mineure, sur la mer Noire; 10,000 hab.

SINOPITE. s. f. (R. *Sinope*, nom de lieu). T. Minér. Argile ferrugineuse d'Asie Mineure, employée dans l'antiquité pour la peinture.

SINOPLE. s. m. (R. *Sinope*, nom de lieu). T. Minér. Variété de quartz ferrugineux d'un rouge vif, qu'on tirait autrefois du territoire de *Sinope*, dans le Pont.

SIOLKI (monts) en Chine, portion de la grande chaîne qui traverse l'Asie, du cap Oriental au cap Romania, comprise entre les monts Stanovoi et les monts Iu-chan.

SINTO. s. m. **SINTOÏSME.** s. m. T. Relat. — Le *Sintoïsme* est l'une des trois principales religions du Japon. Les deux autres sont le bouddhisme, et la religion de *siouto*, qui n'est autre chose que la doctrine de Confucius avec quelques légères modifications. Le sintoïsme, qui paraît être le culte le plus ancien du pays et le seul indigène, a pour base l'adoration des esprits célestes. La plus grande des divinités honorées par les *Sintos*, est la déesse *Ten-sio-tai-sin*, c.-à-d. le grand esprit de la lumière céleste. Après elle, vient le dieu *Tajo-keo-tai-sin*, le grand esprit créateur du ciel et de la terre. Au troisième rang, on trouve *Fatsman-no-tai-sin*, le dieu de la guerre et du destin. Au-dessous de ces trois grandes divinités viennent les *Siou-go-sin*, ou divinités tutélaires, parmi lesquelles on place les *Kami*, où les âmes des hommes vertueux. Les Sintos croient à l'immortalité de l'âme et à une rémunération future. Toutes les âmes sont jugées par des juges célestes : celles des hommes vertueux entrent dans le *taka-ama-hawara*, ou le plateau élevé du ciel, et deviennent *kamis*; les méchants, au contraire, sont relégués dans le *ne-no-kouni*, ou royaume des racines. On honore les kamis dans des temples appelés *mya*, au milieu desquels on place le symbole de la divinité consistant en bandes de papier attachées à des bâtons de l'arbre *finohi* (thuia du Japon) : c'est là que les Sintos présentent matin et soir leurs prières aux kamis, car c'est par leur intermédiaire qu'ils s'adressent à la déesse Ten-sio-tai-sin, nul ne pouvant la prier directement. En outre, en l'honore par des fêtes, appelées *matsouri*, qui ont surtout lieu au commencement et à la fin de chaque mois, et où l'on offre des sacrifices consistant en riz, gâteaux, poissons, etc. Le chef de la religion des Sintos est le *Mikado*. Voy. ce mot. Les prêtres peuvent se marier ; mais il y a eu outre des moines et des religieuses qui sont censés garder le célibat. On enterre les morts dans une bière, et autrefois, au décès des grands, on enterrait avec eux quelques-uns de leurs serviteurs. Les Sintos s'abstiennent de viande ; toutefois il ne leur est pas défendu de tuer des êtres vivants. Le nombre des sectateurs du sintoïsme diminue tous les jours au Japon ; le bouddhisme, qui est la religion des classes inférieures, finira par l'absorber entièrement.

SINUÉ, ÉE. adj. (lat. *sinus*, pli). T. Hist. nat. Se dit de tout organe dont les bords sont marqués de sinuosités.

SINUEUX, EUSE. adj. [Pr. *sinu-cu*, *euze*] (lat. *sinuosus*, m. s.). Tortueux, qui fait plusieurs tours et détours ; se dit surtout en poésie. *Les replis* s. *d'un serpent. Un sentier* s. *Le cours* s. *d'un ruisseau.* || T. Chir. *Ulcère* s., Ulcère étroit, profond et tortueux. = Syn. Voy. Tortueux.

SINUOSITÉ. s. f. [Pr. *sinuo-zité*] (R. *sinueux*). Tours et détours que fait une chose sinueuse; état de ce qui est

sinueux. *Cette rivière décrit des sinuosités*, *fait beaucoup de sinuosités. La* s. *des côtes de la mer. La* s. *des intestins. La* s *d'une plaie*, *d'une blessure.*

SINUS. s. m. [Pr. l's finale]. Mot latin qui signifie *repli* et s'emploie en hist. nat. pour désigner toute cavité sinueuse, et en Math. pour désigner l'une des fonctions circulaires.

Anat. — En Anatomie, on appelle *Sinus* les cavités qui sont creusées dans l'épaisseur de certains os du crâne et de la face, qui, par extension, certains canaux veineux dans lesquels aboutissent un grand nombre de vaisseaux. Les s. de la première espèce sont les S. *frontaux*, *sphénoïdaux*, et *maxillaires*. Les S. *frontaux* sont creusés dans l'épaisseur de l'os frontal et s'étendent obliquement le long de la voûte orbitaire et de la bosse nasale jusqu'à l'apophyse orbitaire externe : ils ont pour usage d'augmenter la capacité des fosses nasales et d'agrandir le siège de l'odorat; aussi sont-ils très développés chez les animaux qui ont l'odorat fin. Les S. *sphénoïdaux* sont creusés dans le corps de l'os sphénoïde et sont séparés par une cloison répondant à la ligne médiane. Le S. *maxillaire*, appelé aussi *Antre d'Highmore*, est creusé dans l'épaisseur de l'os maxillaire supérieur. Il est tapissé par un prolongement de la membrane pituitaire et communique avec le méat moyen des fosses nasales : il paraît servir aux mêmes usages que les s. frontaux. Les s. de la seconde espèce sont les S. *de la dure-mère crânienne* (Voy. Encéphale, I, F.) ; les S. *vertébraux*, grands vaisseaux veineux qui règnent de chaque côté dans toute la longueur du canal vertébral ; le S. *de la veine porte*, canal veineux situé horizontalement dans le sillon transversal du foie ; et les S. *utérins*, vaisseaux veineux très développés qui parcourent la matrice durant l'état de grossesse. — Le mot *Sinus* s'emploie aussi en Chirurgie, pour désigner toute cavité qui se forme au fond d'une plaie, et où le pus s'accumule. — Enfin, en Botanique, on appelle encore *Sinus*, les angles rentrants et arrondis que présente le bord d'une feuille ou de quelque autre partie.

Math. — On appelle *sinus* d'un arc x compté sur une circonférence dont le rayon est pris pour unité, la projection du rayon de l'extrémité de cet arc sur un axe qu'on obtient en faisant tourner le rayon de l'origine de l'arc d'un angle droit dans le sens positif. Le *cosinus* d'un arc est le s. du complément de cet arc, ou encore la projection du rayon de l'extrémité sur le rayon de l'origine. Voy. Trigonométrie. Nous donnerons seulement les deux séries qui fournissent le développement de ces deux fonctions suivant les puissances croissantes de l'arc :

$$\cos x = 1 - \frac{x^2}{1.2} + \frac{x^4}{1.2.3.4} - \frac{x^6}{1.2.3.4.5.6} - \cdots$$

$$\sin x = x - \frac{x^3}{1.2.3} + \frac{x^5}{1.2.3.4.5} - \frac{x^7}{1.2.3.4.5.6.7} + \cdots,$$

formules qui sont des applications de la série de Taylor (Voy. Série), et d'où l'on déduit immédiatement :

$$\cos x + i \sin x = e^{ix},$$
$$\cos x - i \sin x = e^{-ix},$$

et par suite, les expressions du sinus et du cosinus en exponentielles imaginaires :

$$\cos x = \frac{1}{2}(e^{ix} + e^{-ix}).$$

$$\sin x = \frac{1}{2i}(e^{ix} - e^{-ix}).$$

Voy. Exposant.

Le sinus et le cosinus hyperbolique peuvent être définis comme le sinus et le cosinus ordinaire, à condition de remplacer l'arc de cercle par un arc d'hyperbole équilatère et de prendre l'origine de cet arc au sommet de cette hyperbole. Ils sont donnés par les séries :

$$\cos \text{hyp} \, x = 1 + \frac{x^2}{1.2} + \frac{x^4}{1.2.3.4} + \frac{x^6}{1.2.3.4.5.6} + \cdots$$

$$\sin \text{hyp} \, x = x + \frac{x^3}{1.2.3} + \frac{x^5}{1.2.3.4.5} + \cdots$$

d'où l'on déduit facilement :

$$\cos \text{hyp} \, x = \frac{1}{2}(e^x + e^{-x}),$$

$$\cos \text{hyp} \, x = \frac{1}{2}(e^x - e^{-x}).$$

SINUSOÏDE. s. f. [Pr. *sinu-so-ide*] (R. *sinus*). T. Géom. Toute courbe représentée par l'une des équations :

$$y = a \sin ax$$
ou
$$y = a \cos ax$$

qui, du reste, se ramènent l'une à l'autre par un simple changement de coordonnées. C'est une courbe ondulée souvent employée en physique pour représenter les phénomènes ondulatoires (Fig. ci-dessus).

SION. s. f. Montagne sur laquelle était bâtie l'anc. Jérusalem. — S'emploie pour Jérusalem.

SION, v. de Suisse, sur le Rhône, ch.-l. du canton du *Valais*, 5,000 hab.

SIOUT, ou **ASSIOUT**, v. de la Haute-Égypte, sur le Nil, 32,000 hab, cap. de la prov. du même nom.

SIOUX, Indiens de l'Amérique du Nord, dans l'État d'Iowa. Leur race disparaît rapidement.

SIPHILIS, SIPHILITIQUE. Voy. SYPHILIS, etc.

SIPHOCAMPYLUS. s. m. [Pr. *sifo-kan-pilus*] (gr. σίφων, tube; καμπύλος, courbé). T. Bot. Genre de plantes Dicotylédones de la famille des *Campanulacées*, tribu des *Lobéliées*. Voy. CAMPANULACÉES.

SIPHOÏDE. adj. 2 g. [Pr. *si-foïde*] (gr. σίφων, siphon; εἶδος, forme). Qui a la forme d'un siphon. *Encrier s.* Voy. ENCRIER.

SIPHON. s. m. [Pr. *si-fon*] (lat. *siphon*; gr. σίφων, tube). T. Phys. Tube recourbé sur lui-même, de manière à présenter deux branches de longueur inégale. *Un s. pour transvaser les liquides. Baromètre à s.* — Appareil pour faire passer sous une rivière les eaux d'un égout, pour dériver une eau de source, etc. — Par exl., Bouteille d'eau gazeuse qui est munie d'une sorte de s. par où s'échappe le liquide. *Un s. d'eau de Seltz.* Voy. SELTZ. || T. Météor. Syn. de *Trombe.* Voy. ce mot. || T. Zool. Canal qui traverse les cloisons et fait communiquer entre elles les diverses loges de certaines coquilles. Voy. CONCHYLIOLOGIE, IV, et CÉPHALOPODES, II. — Nom donné à des tubes qui sortent de la coquille de certains mollusques. Voy. LAMELLIBRANCHES, et SIPHONIDES. — Sorte de gouttière qui prolonge certaines coquilles univalves. Voy. CONCHYLIOLOGIE, III, A.

Phys. — Le *Siphon* est un tube recourbé qui a une grande et une petite branche, et qui sert à faire passer un liquide

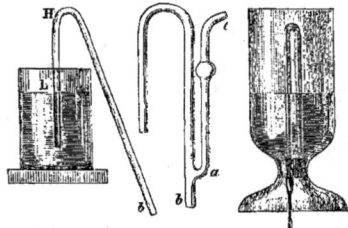

Fig. 1.   Fig. 2.   Fig 3.

d'un vase dans un autre. Pour se servir du s., on plonge la branche la plus courte dans le vase plein de liquide qu'il s'agit de vider (Fig. 1); puis on aspire avec la bouche, par l'orifice *b* de la longue branche, l'air que contient le tube : c'est ce qu'on appelle *amorcer* le s. Aussitôt le liquide monte par

la courte branche, descend par la grande, et s'écoule sans interruption aussi longtemps que la branche la plus courte plonge dans le fluide. Lorsque ce dernier est de ceux qu'on ne peut aspirer avec la bouche, on se sert (Fig. 2) d'un s. auquel est soudé un second tube *a*. On aspire l'air par l'orifice *t* du tube additionnel, en même temps qu'on ferme avec le doigt ou autrement l'ouverture *b* de la longue branche. On doit prendre garde de ne pas laisser le liquide s'élever jusqu'à la bouche. Une fois que la grande branche se trouve remplie de liquide, l'écoulement s'opère comme dans le cas précédent. — La théorie du s. est très simple. Quand on fait le vide dans le tube en aspirant l'air qu'il contenait (Fig. 1), la force qui oblige le liquide à monter n'est autre chose que la pression de l'air atmosphérique qui s'exerce à la surface L de ce dernier. La force de cette pression est égale au poids de la colonne atmosphérique diminué du poids d'une colonne de liquide dont la hauteur est LH. Le liquide qui s'écoule par l'orifice *b* de la longue branche est aussi, il est vrai, soumis à une pression atmosphérique exactement égale, moins le poids de la colonne liquide H*b*. Mais, comme la hauteur verticale de cette dernière est plus grande que la hauteur verticale de la colonne LH, il s'ensuit que la force effective qui agit en *b* est plus petite que celle qui agit en L : l'écoulement a donc lieu en vertu de la différence de ces deux forces. Il résulte de là que si les deux colonnes deviennent égales, l'équilibre de pression s'établit aux deux ouvertures du s.; dès lors l'eau ne monte plus et l'écoulement cesse : c'est pourquoi la branche extérieure du s. doit être plus longue que celle qui plonge dans le vase à vider.

De ce qui précède découlent plusieurs conséquences :

1° La vitesse de l'écoulement, conformément au théorème de Torricelli, sera d'autant plus grande que la différence de niveau entre l'orifice *b* et la surface L du liquide dans le vase sera plus grande. En appelant *h* la différence de niveau de *b* et L, la vitesse d'écoulement est donnée par la formule $V = \sqrt{2gh}$ (*g* est l'accélération de la pesanteur). Dans cette formule on a supposé la densité du milieu ambiant négligeable par rapport à celle du liquide que l'on transvase. C'est le cas qui se présente habituellement dans la pratique. Si le liquide ou fluide transvasé était moins dense que le milieu ambiant, le mouvement du liquide le plus léger aurait lieu en sens inverse, c.-à-d. du niveau le plus bas au niveau le plus élevé du s. Exemples : on pourra siphoner de l'huile à travers de l'eau, de l'hydrogène à travers l'air.

2° Le s. ne fonctionnerait pas dans le vide.

3° Il est indispensable, pour que le liquide puisse s'élever jusqu'au sommet H de la courbe que forment les deux branches du s., que la hauteur verticale au-dessus du niveau libre correspondant à la petite branche soit moindre que la longueur de la colonne qui fait équilibre à une pression atmosphérique. Ainsi un siphon ayant plus de 76 centimètres de longueur de L en H ne pourrait servir à transvaser du mercure.

Le s. est d'un usage journalier dans les arts. Des peintures égyptiennes nous montrent que, dès la plus haute antiquité, on se servait du s. pour transvaser les liquides. Il a été également employé avec avantage dans de grands travaux hydrauliques, comme pour détourner le cours des rivières, ou pour vider des étangs et des bassins sans endommager les digues. — La Fig. 3 représente un verre muni d'un s. disposé de manière que la courte branche s'ouvre près du fond, tandis que la plus longue traverse le pied du verre et s'ouvre au dehors. Lorsqu'on verse de l'eau dans un vase de ce genre, elle y reste comme dans un verre ordinaire, tant qu'elle n'arrive pas au sommet du s.; mais à peine l'a-t-elle dépassé, que le s. s'amorce par l'effet de la pression du liquide, et que le vase se vide complètement par l'orifice inférieur : ce petit appareil a reçu le nom de *vase de Tantale*. A l'aide de ce vase, il est encore facile d'obtenir un écoulement *intermittent*. Supposons que le vase soit constamment alimenté d'eau par un petit tube dont la dépense soit un peu moindre que celle du s., celui-ci n'entrera en action que lorsque le niveau de l'eau atteindra le sommet du s.; alors le vase se videra, et aussitôt l'écoulement cessera, pour recommencer dès que le liquide aura de nouveau atteint le niveau voulu. Ce vase représente donc en petit les phénomènes que nous offrent les fontaines intermittentes naturelles. Voy. INTERMITTENT.

SIPHONÉES. s. f. pl. [Pr. *si-foné*] (gr. σίφων, tube). T. Bot. Famille d'Algues de l'ordre des *Chlorophycées*.

Caract. bot. : Thalle continu sans cloisons avec un grand nombre de noyaux et de chloroleucites. Il est quelquefois rédait à un petit sac sphérique ou ovoïde, aminci et fixé à la base où il se prolonge quelquefois dans le sol ou un crampon incolore et rameux. Le plus souvent, il s'allonge en un tube ou *siphon*, ordinairement ramifié, forme d'où la famille tire son nom.

Les branches principales portent quelquefois des rameaux à croissance limitée, pennés dans les *Bryopsis*, dichotomes, dans les *Penicillus*, étalés en lames foliacées dans les *Caulerpa*, verticillés dans les *Acetabularia*, où ils sont simples et soudés entre eux en forme de parasol, et dans les *Dasyclodus* où ils sont ramifiés en ombelles. Ailleurs, le tube se ramifie très abondamment où les branches se serrent, s'enchevêtrant et se soudant en un thalle d'apparence massive et souvent de grande dimension, arrondi en sphère, ramifié en cordon, aplati en feuille ou alternativement étranglé et dilaté à la façon d'un *Opuntia*.

La multiplication s'opère quelquefois par des spores immobiles, le plus souvent par des zoospores munies d'un cil, d'une couronne de cils en avant, ou de cils très nombreux recouvrant toute la surface.

La formation des œufs s'opère le plus souvent par isogamie avec gamètes mobiles à deux cils, quelquefois par hétérogamie avec une oosphère très grosse, solitaire dans l'oogone, et de très petits anthérozoïdes à deux cils attachés latéralement et dirigés l'un en avant, l'autre en arrière (*Vaucheria*). Aussitôt formé, l'œuf s'entoure d'une membrane qui ne tarde pas à s'épaissir et à se cutiniser; plus tard, il germe en donnant naissance à un nouveau thalle.

La famille des Siphonées comprend 40 genres et plus de 400 espèces, habitant la plupart la mer, quelques-unes les eaux douces ou même la terre humide; plusieurs sont parasites des végétaux vivants. Les genres se groupent en cinq tribus de la façon suivante:

Tribu I. — *Botrydiées.* — Thalle simple, isogame (*Valonia, Botrydium, Codiolum*, etc.).

Tribu II. — *Bryopsées.* — Thalle rameux, à ramification latérale ou dichotome, non massif, isogame (*Bryopsis, Philobium, Derbesia, Penicillus, Caulerpa*, etc.).

Tribu III. — *Dasycladées.* — Thalle rameux à ramification verticillée, non massif, isogame (*Dasycladus, Neomeris, Acetabularia*, etc.).

Tribu IV. — *Codiées.* — Thalle rameux, massif, isogame (*Codium, Udotea, Halimeda*, etc.).

Tribu V. — *Vauchériées.* — Thalle rameux, non massif, hétérogame (*Vaucheria*).

SIPHONIA. s. m. [Pr. *si-fonia*] (R. *siphon*). T. Bot. Genre de plantes Dicotylédones de la famille des *Euphorbiacées*, tribu des *Crotonées*. Voy. EUPHORBIACÉES.

SIPHONIDES, ou **SIPHONIENS.** s. m. pl. [Pr. *si-fo...*] (gr. σίφων, tube, siphon; εἶδος, apparence). Le groupe des Siphonides comprend les *Enfermés* et les *Cardiacés* de Cuvier. Il renferme tous les Lamellibranches dont les bords du manteau sont en partie soudés en arrière et forment ainsi des organes tubiformes, rétractiles, qu'on appelle des *siphons*. Quand les siphons sont petits, ils ne laissent aucune trace sur la coquille; alors la ligne d'impression du manteau sur cette coquille (*impression palléale*) est continue. Quand les siphons sont bien développés, l'impression palléale présente à leur niveau une réflexion (*sinus*), plus ou moins considérable, vers l'intérieur. Dans le premier cas, la coquille du mollusque est dite *intégripalléale* et l'animal, *intégripallié*; dans le second cas, la coquille est dite *sinupalléale*, l'animal, *sinupallié*. Voy. ASTARTIDES, CARDIIDES, LAMELLIBRANCHES.

SIPHONIFÈRE. adj. 2 g. (lat. *siphon*, tube; *fero*, je porte). T. Zool. Qui porte un ou plusieurs siphons.

SIPHONOÏDE. adj. 2 g. [Pr. *si-fono-ide*] (gr. σίφων, siphon; εἶδος, forme). T. Hist. nat. Qui a la forme ou l'apparence d'un siphon.

SIPHONOPHORES. s. m. pl. [Pr. *si-fono-fore*] (gr. σίφων, tube; φορός, qui porte). Les Siphonophores forment un ordre d'*Hydroméduses*. Ce sont des colonies de petites Méduses transparentes avec des parties colorées brillamment qui flottent en haute mer au gré des vagues. Les individus qui composent la colonie ne sont pas tous semblables; les uns ont gardé la forme primitive de méduses, d'autres se sont renflées pour former une sorte d'appareil hydrostatique qu'on appelle une cloche natatoire, d'autres encore se réduisent à une bouche et à un estomac ou bien à un simple organe de défense. Parmi les nombreuses espèces de S., nous citerons seulement les *Physophores* qui vivent dans la Méditerranée, les *Physalies* ou *Galères* que l'on trouve dans l'Océan atlantique et les *Velelles* dont une espèce, *Velella spirans*, est assez commune dans la Méditerranée.

SIPHONOPS. s. m. [Pr. *si-fo-nops*] (gr. σίφων, tube; ὄψ, aspect). T. Zool. Genre de *Batraciens*. Voy. CÉCILIE.

SIPHONOSTOMES. s. m. pl. [Pr. *si-fo...*] (gr. σίφων, tube; στόμα, bouche). T. Zool. Nom donné par de Blainville à un groupe de Mollusques ayant une coquille univalve spirale prolongée par une sorte de gouttière ou siphon. Voy. CONCHYLIOLOGIE, III, A. || Sous ordre d'*Entomostracés*. Voy. ce mot.

SIPHONULE. s. m. [Pr. *sifo-nule*] (Dimin.). Petit siphon placé au bout de l'abdomen des pucerons.

SIPIRINE. s. f. T. Chim. Alcaloïde amorphe, soluble dans l'alcool, très peu soluble dans l'eau, accompagnant la bébirine dans l'écorce de Sipiri (Nectandra Rodiœi).

SIPONCLE. s. m. (altér. de *siphoncule*, dimin. de siphon, du gr. σίφων, tube). T. Zool. On désigne encore sous le nom de *Siponcle* (*Sipunculus*) un genre d'animaux dont la place dans la série zoologique a été très controversée. Cuvier et plusieurs auteurs les classaient parmi les Échinodermes sans pieds; actuellement ils forment le type des *Géphyriens inermes*. Nous citerons, comme ex., le S. *nu* qu'on trouve sur nos côtes, et le *S. comestible*, qui est très commun sur les côtes de la mer des Indes, et qui sert d'aliment aux habitants du pays. Voy. GÉPHYRIENS.

SIPPAGE. s. m. [Pr. *si-pa-je*]. Apprêt des cuirs à la danoise.

SIPPARA ou **OUROUK**, une des plus anciennes villes de Chaldée.

SIRAUDIN, auteur dramatique fr., né à Paris (1812-1883).

SIRDAR. s. m. Voy. SERDAR.

SIR-DARIA ou **SIHOUN**, ancien **JAXARTE**, fleuve de l'Asie (Turkestan), prend sa source dans le Khokand et se déverse dans le lac d'Aral; 1,500 kilomètres.

SIRE. s. m. (lat. *senior*, plus vieux, d'où *seigneur*, *sieur*). T. Hist. Dans l'ancien français, jusqu'au XIIe ou XIIIe siècle, sire et seigneur ou segnor, n'étaient qu'un seul et même mot. Sire était la forme du nominatif ou sujet, segnor, celle du régime (Voy. LANGUE, Ling., VI). Plus tard, quand le reste de la déclinaison latine eut définitivement disparu, les deux mots furent distingués. Sire devint le titre de certains seigneurs, dont les terres étaient qualifiées de Sireries : tels étaient les sires de Beaujeu, de Créquy, de Pons, de Coucy. On connaît la devise d'Enguerrand III de Coucy :

> Je ne suis Roi ne Duc, Prince ne Comte aussi ;
> Je suis le Sire de Coucy.

La qualification de *sire* se donnait encore à certains officiers, comme les juges et consuls des marchands, en la faisant suivre du nom de la personne. Enfin, on l'appliquait quelquefois, avec la simple signification de *sieur*, à de simples roturiers, *Sire Leblanc*, *Sire Pierre*; mais alors on plaçait plus souvent devant le pronom possessif *mes* pour *mon*. Depuis le XVIe siècle, le titre de *Sire*, comme qualification honorifique, fut réservé en France aux rois seuls, et alors on s'en servit d'une manière absolue, c.-à-d. sans autre dénomination, en parlant au roi on en lui écrivant : « *Sire*, Votre Majesté est très humblement suppliée, etc. » Il s'emploie de même en parlant à un empereur. En Angleterre, le mot *Sir*, équivalent de *sire*, est usité comme chez nous la qualification de *Monsieur*. Toutefois, placé devant le nom de la personne, il devient un titre honorifique, et désigne un baronnet ou un chevalier, comme : *Sir* Walter Scott, *Sir* John Herschel. — Enfin, en français, on dit encore dans le discours familier et par plaisanterie : *Oui, sire. Oui, beau sire.* On dit encore d'un homme sans considération, sans capacité : *C'est un pauvre sire, un triste sire.*

SIRÈNE. s. f. (lat. *siren*, gr. σειρήν, m. s.). T. Myth. Voy. ci-après. || T. Zool. Genre de *Batraciens*. Voy. PROTÉE.

Phys. — Instrument formé essentiellement de deux plaques circulaires percées de trous tournant l'une devant l'autre, et destiné à produire un son dont on peut facilement déterminer le nombre de vibrations par seconde quand on connaît le nombre des trous et la vitesse de rotation (Fig. ci-contre). La s. est employée à produire des signaux acoustiques qui s'entendent de fort loin. Voy. SON.

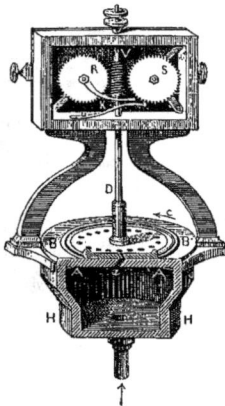

Myth. — Dans la Mythologie grecque, les *Sirènes* étaient des nymphes, filles du fleuve Achéloüs et de la muse Calliope. On en reconnaissait généralement trois : *Leucosie*, *Ligée* et *Parthénope*, c.-à-d. Blanche, Harmonieuse et Œil-de-vierge. Cérès, irritée contre ces nymphes de ce qu'elles avaient assisté indifférentes à l'enlèvement de Proserpine par Pluton, les métamorphosa en monstres, moitié femme et moitié oiseau, suivant certains auteurs, moitié femme et moitié poisson, suivant les autres : *Desinit in piscem mulier formosa superne*. Retirées dans les îlots situés entre la côte de Sicile et celle de l'Italie, les Sirènes attiraient les navigateurs par la douceur de leurs chants et les faisaient périr. D'après le récit de l'Odyssée, Ulysse échappa à leurs séductions en bouchant avec de la cire les oreilles de ses compagnons et en se faisant attacher au mât de son vaisseau. L'oracle avait prédit aux Sirènes qu'elles périraient lorsqu'un seul homme passerait devant elles sans être attiré par le charme de leur voix. En effet, quand elles se virent vaincues, elles se précipitèrent dans les flots pour ne plus reparaître. L'une d'elles, Parthénope, fut jetée sur la côte de la Campanie, où on lui érigea un tombeau, près duquel s'éleva plus tard la ville de Naples, l'ancienne Parthénope. — Par allusion à la voix mélodieuse de ces nymphes, on dit figurément d'une femme qui chante très bien, *Elle chante comme une s.*, *elle a une voix de s.*; mais plus souvent, par allusion à la séduction irrésistible que ces nymphes exerçaient sur ceux qui les entendaient, on dit : *C'est une s.*, en parlant d'une femme qui séduit par ses attraits, par ses manières insinuantes.

SIRÉNIENS. s. m. pl. [Pr. *siréni-in*] (R. *sirène*). Famille de *Cétacés*, comprenant ceux de ces animaux qui sont herbivores. Voy. CÉTACÉS.

SIRÉNOMÈLE. s. m. (gr. σειρήν, sirène ; μέλος, membre). T. Térat. Monstre qui a les deux membres abdominaux très incomplets, terminés en moignons ou en pointes, sans pied distinct.

SIRET (PIERRE), grammairien fr. (1745-1797).

SIRET (CHARLES), humaniste fr., auteur de l'*Epitome historiæ græcæ* (1760-1838).

SIREX. s. m. T. [Pr. *si-reks*]. Entom. Genre d'Insectes *Hyménoptères*. Voy. PORTE-SCIE.

SIREY (J.-B.), jurisconsulte fr. (1762-1845), aut. du *Recueil général des lois et arrêts*.

SIRIUS. s. m. [Pr. l's finale]. T. Astron. L'étoile α de la Constellation du Grand-Chien, la plus brillante étoile du ciel. Voy. CONSTELLATION et ÉTOILE.

SIRMIUM, v. de l'anc. Pannonie, sur la Save, station principale de la flottille romaine, fut détruite par les Avares au VIe siècle.

SIRMOND (LE PÈRE), jésuite fr., confesseur de Louis XIII, né à Riom (1559-1651).

SIROCO. s. m. (ital. *sirocco*, de l'ar. *charqui*, oriental). Nom donné au vent du S.-E. sur la côte de la Méditerranée. Voy. VENT. == On écrit aussi *Siroc* et *sirocco* qui est l'orthographe italienne.

SIROP. s. m. [Pr. *si-ro*) (bas lat. *syrupus*, de l'ar. *charab*, boisson). On appelle *Sirop*, toute liqueur qui a pour base une dissolution de sucre, à laquelle on ajoute, soit le suc de certains fruits, de certaines fleurs ou de certaines herbes, soit diverses autres substances, et qu'on fait cuire jusqu'à certaine consistance. La densité ordinaire des sirops est de 1,320; l'aréomètre y marque 35°, quand ils sont froids. Cependant ils n'ont pas tous la même concentration. On diminue la proportion du sucre pour ceux qui sont préparés avec des liqueurs vineuses ou des sucs acides peu altérables ; on l'augmente, au contraire, pour les sirops chargés de parties extractives ou mucilagineuses. On appelle *sirops simples* ceux qui ne contiennent qu'une seule substance unie au sucre, et *sirops composés* ceux qui contiennent plusieurs. — Le s. simple par excellence est le *S. de sucre*, qui est l'excipient commun de tous les sirops et qui se prépare de la manière suivante. 1° *A froid*. On prend : sucre blanc 1,800 grammes, eau distillée 1,000 grammes; on effectue la dissolution à froid et on filtre au papier. 2° *A chaud*. On prend : sucre blanc 1,700 grammes, eau distillée 1,000 grammes ; on fait dissoudre à chaud le sucre dans l'eau, et quand le liquide commence à bouillir on filtre au papier. Les autres sirops simples tirent leur nom de la substance qu'on ajoute au sucre. Beaucoup d'entre eux sont encore plus employés comme boissons d'agrément que comme médicaments : tels sont les sirops de *groseilles*, de *framboises*, de *cerises*, de *coings*, de *pommes*, de *limons*, d'*oranges*, de *vinaigre*, de *vinaigre framboisé*, etc. Le *S. d'amandes*, communément appelé *S. d'orgeat*, est également fort usité comme boisson rafraîchissante (Voy. ORGEAT). Parmi les sirops simples médicamenteux, nous citerons les sirops de *guimauve*, de *digitale*, de *gentiane*, de *nerprum*; le *S. de baume de Tolu*, le *S. diacode* (Voy. OPIUM), le *S. d'éther*, etc. — Les *sirops composés* sont en très grand nombre et ils rentrent dans la catégorie des substances médicamenteuses. Nous mentionnerons comme exemples le *S. antiscorbutique*, dans la composition duquel il entre des feuilles de cochléaria, de trèfle d'eau, de cresson, de la racine de raifort, des oranges amères et de la cannelle; le *S. de salsepareille composé*, autrement appelé *S. de Cuisinier*, dans la préparation duquel il entre de la racine de salsepareille, des fleurs sèches de bourrache, des roses pâles, des feuilles de séné, de l'anis et du miel blanc. Ce s. est très employé comme sudorifique. Quand on l'emploie comme antisyphilitique, on y ajoute quelques centigrammes de sublimé.

SIROSIPHON. s. m. [Pr. *siro-si-fon*] (gr. σειρά, chaîne ; σίφων, tube). T. Bot. Genre d'Algues de la famille des *Nostocacées*.

SIROSIPHONÉES. s. f. pl. [Pr. *siro-si-foné*] (R. *Sirosiphon*). T. Bot. Tribu d'Algues de la famille des *Nostocacées*. Voy. ce mot.

SIROTER. v. n. (R. *sirop*). Boire avec plaisir, à petits coups et longtemps. *Il se plaît à s.* || Activ., *Il sirote son vin.* Fam. == SIROTÉ, ÉE. part.

SIROTEUR, EUSE. s. Celui, celle qui aime à siroter.

SIRSACAS. s. m. [Pr. *sirsa-ka*] (mot hindou). Sorte d'étoffe de coton qui se fabrique aux Indes. *Une robe de s.*

SIRTES. s. f. pl. Voy. SYRTES.

SIRUPEUX, EUSE. adj. [Pr. *siru-peu*, *euze*] (bas lat. *syrupus*, sirop). Qui est de la nature ou de la consistance du sirop.

SIRVEN, protestant que le parlement de Toulouse avait condamné à mort, comme coupable d'avoir fait périr sa fille pour l'empêcher d'embrasser le catholicisme, et que les efforts de Voltaire firent acquitter en 1775.

SIRVENTE. s. m. [Pr. *sir-vante*] (R. *servir*, parce que c'est propr. un poème composé par un ménestrel au service de son maître). T. Hist. litt. Poème des anciens troubadours et trouvères. Voy. TROUBADOUR.

SIS, ISE. part. du v. *Seoir* [Pr. *si, si-ze*]. N'est usité qu'en style de Pratique, et sign. Situé, ée. *Un domaine sis à Gagny. Une maison sise rue Saint-Antoine.*

SISARA, général du roi d'Azor Jabin, fut tué dans son sommeil par Jahel.

SISME. s. m. (gr. σεισμός, secousse, tremblement de terre). T. Phys. Nom donné à tout mouvement brusque de l'écorce terrestre, quelle qu'en soit l'importance. Voy. TREMBLEMENT.

SISMIQUE. adj. 2 g. (gr. σεισμός, secousse, tremblement de terre). T. Phys. Qui a rapport aux sismes, aux tremblements de terre.

SISMOGRAPHE. s. f. (gr. σεισμός, secousse, tremblement de terre; γράφω, je décris). Instrument enregistreur qui enregistre tous les mouvements du sol. Voy. TREMBLEMENT.

SISMOLOGIE. s. f. (gr. σεισμός, secousse, tremblement de terre; λόγος, traité). T. Phys. Étude, science des tremblements de terre et des mouvements brusques de l'écorce terrestre. Voy. TREMBLEMENT.

SISMONDI (SIMONDE DE), historien et économiste d'origine italienne (1773-1842), auteur d'une *Histoire des républiques italiennes*, d'une *Histoire des Français*, etc.

SISMONDINE. s. f. (R. *Sismondi*, n. d'homme). T. Minér. Variété de Masonite en masses feuilletées paraissant noires, mais présentant une couleur vert foncé quand on la regarde sous une faible épaisseur.

SISON. s. m. [Pr. *si-zon*] (gr. σίσων, m. s.). Genre de plantes Dicotylédones de la famille des *Ombellifères*.

SISSONNE. s. f. [Pr. *si-sone*]. T. Mus. Ancienne danse caractérisée par un pas sauté composé de deux assemblés alternatifs avec pliés, dont l'invention est attribuée au comte de Sissonne.

SISSONNE, ch.-l. de c. (Aisne), arr. de Laon; 1,500 hab.

SISTERON, ch.-l. d'arr. du dép. des Basses-Alpes, sur la Durance, à 40 kil. N.-O. de Digne; 4,000 hab.

SISTOVA, v. de Bulgarie sur le Danube; 12,500 hab.

SISTRE. s. m. (lat. *sistrum*, gr. σείστρον, m. s.). T. Antiq. Le *Sistre* est un instrument de musique dont les anciens

Égyptiens se servaient dans leurs cérémonies, et notamment dans le culte d'Isis. Il consistait en une sorte de cerceau métallique traversé de plusieurs baguettes mobiles également

de métal, qui rendaient, lorsqu'on agitait l'instrument au moyen du manche dont il était muni, des sons aigus et retentissants (Fig. ci-contre). Apulée l'appelle *æreum crepitaculum*, et semble dire qu'on en jouait en donnant trois secousses successives (*tergeminos ictus*). Selon Plutarque, le mouvement des quatre tiges dans le cerceau qui formait le corps du s., représentait l'agitation, dans la sphère du monde, des quatre éléments par lesquels tout est continuellement détruit et reproduit. Quant au chat sculpté sur le sommet, il était le symbole de la lune. Cet instrument s'introduisit en Italie avec le culte d'Isis.

SISYGAMBIS, mère de Darius Codoman.

SISYMBRE. s. m. [Pr. *si-zin-bre*] (lat. *sisymbrium*, gr. σισύμβριον, espèce de cresson). T. Bot. Genre de plantes Dicotylédones (*Sisymbrium*) de la famille des *Crucifères*. Voy. ce mot.

SISYMBRIÉES. s. f. pl. [Pr. *si-zin-brié*] (R. *Sisymbre*). T. Bot. Tribu de végétaux de la famille des *Crucifères*. Voy. ce mot.

SISYPHE, fils d'Éole, fut condamné dans les enfers à rouler un rocher jusqu'au sommet d'une montagne, d'où, il retombait aussitôt; de là, figurément, le rocher de Sisyphe désigne une tâche ingrate, interminable.

SISYRINCHIÉES. s. f. pl. [Pr. *si-zi-rin-kié*] (R. *Sisyrinque*). T. Bot. Tribu de plantes Dicotylédones de la famille des *Iridées*. Voy. ce mot.

SISYRINQUE. s. m. [Pr. *si-zi-rin-ke*] (gr. σῦρις, manteau; ἔγχιον, museau). T. Bot. Genre de plantes Monocotylédones (*Sisyrinchium*) de la famille des *Iridées*. Voy. ce mot.

SITARIS. s. f. [Pr. *sitaris*]. T. Entom. Genre d'insectes Coléoptères. Voy. CANTHARIDES.

SITE. s. m. (lat. *situs*, situation). Partie de paysage considérée relativement à la vue qu'elle présente. *Un s. agréable, riant, sauvage, pittoresque. Les sites des tableaux du Poussin. Ce peintre choisit bien ses sites.*

SITHONIE, presqu'île centrale de la Chalcidique, entre Pallène et Acté.

SITIOLOGIE. s. f. (gr. σιτίον, aliment; λόγος, doctrine). Traité des aliments.

SITIOPHOBIE. s. f. (gr. σιτίον, aliment; φόβος, crainte). T. Méd. Refus absolu de nourriture.

SITKA (île), située sur la côte Nord-Ouest de l'Amérique septentrionale (territoire d'Alaska).

SITONE. s. f. (gr. σῖτος, froment). T. Entom. Genre d'Insectes Coléoptères. Voy. CURCULIONIDES.

SITÔT. adv. (R. *si*, et *tôt*). Aussi promptement. Voy. TÔT.

SITTELLE. s. f. [Pr. *sit-tè-le*] (dimin. du gr. σίττη, pic). T. Ornith. Les *Sittelles* sont de petits Passereaux qui appartiennent à la famille des *Ténuirostres*, dont ils constituent la première tribu. Ces oiseaux ont le bec droit, pointu, cunéiforme, comprimé vers le bout; des ongles forts, surtout celui du pouce qui est très crochu; des ailes moyennes et une queue médiocre qui, en général, ne leur sert pas à se soutenir comme celle des Grimpereaux et des Pies, et dont les plumes, par conséquent, ne sont point usées au bout. Ils diffèrent encore de ces dernières espèces, dont ils ont d'ailleurs les habitudes, en ce que leur langue ne s'allonge point. La plupart d'entre eux se tiennent sur les arbres qu'ils parcourent en tous sens, en frappant l'écorce de leur bec pour y découvrir des larves et des insectes. Leur caractère est doux et taciturne, et ils vivent ordinairement solitaires. — La *Sitelle d'Europe* (*Sitta europæa*) [Fig. ci-après], est de la taille du Rouge-gorge. Son plumage est d'un cendre bleuâtre en dessus, jaunâtre en dessous, avec une bande noirâtre qui descend derrière l'œil. Chez nous, on donne vulgairement à cet oiseau les noms de *Torchepot* et de *Pic-maçon*, à cause de l'habitude qu'il a de rétrécir, soit avec de la boue, soit avec des excréments d'animaux, l'ouverture des excavations des arbres où il fait son nid. — Les *Sittines* (*Xenops*) ne diffèrent des Sittelles que par un bec plus comprimé, et dont l'arête inférieure est plus convexe. Dans les *Anabates*, au contraire, c'est l'arête supérieure qui est un peu convexe. Plusieurs ont la queue longue,

E. BLAISE.

cunéiforme et un peu usée, ce qui prouve qu'elle les soutient en grimpant. Enfin, les *Synallaxes* (*Synallaxis*) ont le bec droit, peu allongé, très comprimé, grêle et pointu, avec la queue généralement longue et en pointe. Ces trois genres appartiennent au nouveau continent.

SITTINE. s. f. [Pr. *sit-tine*]. T. Ornith. Genre de *Passereaux*. Voy. SITTELLE.

SITUATION. s. f. [Pr. *situa-sion*] (R *situer*). Assiette, position d'une ville, d'une maison, d'un jardin, d'un terrain, etc. *Belle* s. *avantageuse, commode, agréable. Ce port est dans une s. favorable au commerce.* || En parlant des hommes et des animaux, sign. La position, la posture où ils sont. *Ce malade est dans un s. fort incommode. Il faut changer de s.* || Fam. *Cette dame est dans une s. intéressante,* est enceinte. || Par anal., L'état, la disposition des affaires. *Ses affaires sont dans une bonne, dans une mauvaise s. Il est inquiet sur sa s. Sa s. a bien changé, est bien changée. Sa s. est délicate, critique, désespérée. J'avoue qu'il y a des situations intolérables.* — En T. Fin. et Admin., se dit aussi de l'état où se trouve une caisse, un approvisionnement, etc. *On a vérifié la s. de la caisse, des magasins : tout était en règle. Dresser un état de s.,* un *tableau de s.* || Fig., L'état, la disposition de l'âme. *J'ai laissé son esprit dans une s. fort tranquille. Il était fort aigri, mais le voilà dans une s. plus favorable pour vous.* || T. Littér. En parlant d'une œuvre dramatique, d'un roman, etc., *Situation* se dit d'un moment de l'action qui excite vivement l'intérêt. *S. tragique, comique. S. neuve. S. commune. Dans cette tragédie, il y a des situations intéressantes. Le personnage est en s.,* il est placé en scène de manière à exciter une vive attention, à produire de l'effet sur les spectateurs. — *Vers de s.,* mot *de s.,* Vers ou mot qui tire de la situation sa force et son mérite. On dit de même, *Beauté de situation.*

Syn. — *État.* — *Situation* exprime quelque chose d'accidentel et de passager; *état* exprime quelque chose de constant et de durable. Sans argent, on peut être dans la s. d'un pauvre; mais on n'est pas dans l'*état* de pauvreté, si l'on ne manque de rien, si l'on a des ressources. Il arrive à chacun de nous de passer par une foule de *situations* pendant la vie; on n'a d'ordinaire qu'un *état.* On dit également *s.* et *état* des affaires; mais la s. des affaires est le point où elles en doivent naturellement pas rester; l'*état* des affaires est la disposition générale ou l'arrangement dans lequel elles restent ou peuvent rester.

SITUER. v. a. (lat. *situs*, site, position). Placer, poser en certain endroit, soit par rapport aux environs, soit par rapport aux différentes expositions. *Vous avez dessein de bâtir une maison, où voulez-vous la s.? Ce château est situé à mi-coteau. Le jardin est situé au midi.* = SITUÉ, ÉE. part. *Cette maison est bien située, mal située. Cette ville est avantageusement située pour le commerce.* || T. Prat. Une *maison, une pièce de terre sise et située....*

SIUM. s. m. [Pr. *si-ome*]. T. Bot. Genre de plantes Dico-

tylédones, de la famille des *Ombellifères*, appelé vulg. *Berle.* Voy. BERLE et OMBELLIFÈRES.

SIVA, le dernier des dieux de la trinité indienne, celui qui détruit pour créer.

SIVAÏSTE. s. m. Adorateur de Siva.

SIVATHERIUM. s. m. [Pr. *siva-té-riome*] (*Sivalik*, nom d'une montagne, et gr. θηρίον, bête sauvage). T. Paléont. Zool. Genre de *Ruminants* fossiles de grande taille, ayant deux paires de cornes.

SIWAS, v. de Turquie (Asie Mineure), ch.-l. de Vilayet; 50,000 hab.

SIX. adj. numéral **2** g. (lat. *sex*, m. s.). Nombre composé de deux fois trois. *Six hommes. Six écus. Six chevaux. Les six premiers jours du mois. Elle a trente-six ans.* || Se dit aussi pour Sixième. *Tome six. Page six. Charles six. Urbain six.* On écrit ordinairement, *Charles VI, Urbain VI.* || Six. s. m. Le nombre six. *Trois et trois font six. Le produit de six multiplié par deux.* = *Le six du mois, le six de sa maladie,* Le sixième jour du mois, etc. Fam., *Cette femme est dans son six.* Dans le sixième mois de sa grossesse. || Le chiffre qui sert à représenter le nombre six. *Le chiffre six* (6). *Soixante-six s'écrit par deux six* (66). On dit de même, *Numéro six* (N° 6). || T. Jeu. Une carte, un côté du dé marqué de six points. *Un six de cœur, de carreau,* etc. *On appelle sonnez le coup de dés qui amène deux six.* — Au Jeu de dominos, *Double-six,* La carte qui porte deux fois le point six. || T. Mus. *Mesure à six-quatre, à six-huit,* etc., Voy. NOTATION.

Obs. gram. — On ne prononce pas l'X dans *six* quand ce mot est suivi immédiatement d'un substantif qui commence par une consonne ou une *h* aspirée : *Six bataillons; Six héros.* On le fait sentir ou le prononçant comme un *z* quand il est suivi d'une voyelle ou d'une *h* muette : *Six amis, Six hommes.* Cet *x* se prononce également comme un *z* dans tous les mots dérivés de *six,* où il est suivi d'une voyelle, *Sixain, Sixième,* etc. Mais dans *Sixte,* il conserve le son qui lui est propre. Enfin l'*z* de *six* se prononce comme une *s* quand le mot six termine un membre de phrase. *Nous étions six.*

SIXAIN. s. m. [Pr. *si-zin*]. Petite pièce de poésie composée de six vers. — Se dit aussi de chaque stance dans un poème plus étendu, quand elle se compose de six vers. || Paquet de six jeux de cartes. *J'ai acheté deux sixains de cartes entières.* || T. Techn. Paquet de six milliers d'épingles; paquet de six pièces ou demi-pièces de ruban. || T. Mus. Groupe de deux triolets réunis. Voy. NOTATION. = On écrit aussi *sizain,* qui est même préféré par l'Académie.

SIXAINE. s. f. [Pr. *si-zène*]. Collection de six choses.

SIXIÈME. adj. **2** g. [Pr. *si-zième*]. Nombre ordinal de six, *Le s. rang. La s. année. Le s. jour.* || *La s. partie d'un tout,* Chaque partie d'un tout qui est ou que l'on conçoit divisé en six parties. = SIXIÈME. s. m. Le s. jour d'une période. *Le s. de janvier. Le s. de la lune.* On dit plus ordin., *Le six de janvier* ou *Le six janvier.* || La s. partie d'un tout. *Il est héritier pour un s. Il a un s. dans cette affaire.* = SIXIÈME. s. f. T. Jeu de cartes. Une suite de six cartes de même couleur. *Une s. de roi. Une s. majeure.* On dit plus ordin., *Une seizième.* || Dans les Collèges, on appelle *Sixième,* L'une des classes inférieures, et par ext., La salle où se tient cette classe. *Professeur, écolier de s. Cet écolier est en s. La s. de ce collège peut contenir cent écoliers.* — On dit aussi, au masc., *C'est un s.,* pour désigner un écolier qui est dans cette classe. *Ce rhétoricien a fait une faute de s.*

SIXIÈMEMENT. adv. [Pr. *sizié-me-man*]. En sixième lieu.

SIXTE. s. f. [Pr. *sik-ste*] (lat. *sextus,* sixième). T. Mus. Intervalle de deux notes séparées par quatre autres comme *do* et *la.* Voy. INTERVALLE. || T. Escrim. Parade qui se fait l'épée haute, dans la ligne du dehors, le poing en supination.

SIXTE Ier (SAINT), pape (119-127), fut martyrisé sous Adrien. || SIXTE II (saint), pape (257-258), martyrisé sous Valérien. || SIXTE III (saint), pape (432-440). || SIXTE IV (DELLA ROVÈRE), pape (1471-1484), fut ennemi des Médicis; construsii au Vatican, la chapelle Sixtine. || SIXTE-QUINT, pape (1585-1590), protégea les lettres et les arts, embellit Rome.

SIXTOLET. s. m. [Pr. *siks-tolè*] (R. *six*, et le final de *triolet*). T. Mus. Groupe de deux triolets réunis. Voy. NOTA-TION.

SIZAIN. s. m. [Pr. *si-zin*]. Voy. SIXAIN.

SIZE. s. f. Instrument pour peser les perles.

SIZERIN. s. m. (onom. du chant de l'oiseau). T. Ornith. Espèce de *Passereau*. Voy. LINOTTE.

SIZETTE. S. f. [Pr. *si-zè-te*] (R. *six*). Jeu de cartes qui se joue à six personnes, et où chaque joueur reçoit six cartes.

SIZUN. ch.-l. de c. (Finistère), arr. de Morlaix; 3,700 hab.

SKAGER-RACK, détroit entre la Norvège et le Jutland.

SKATOL. s. m. T. Chim. Voy. SCATOL.

SKIE. s. m. (mot norvég.). Sorte de patin très long usité en Norvège pour circuler sur la neige. Voy. PATIN.

SKOBELEFF, général russe (1843-1882).

SKODIQUE. adj. 2 g. (R. *Skoda*, nom d'un médecin all.). T. Méd. *Bruit s.* Bruit de tambour qu'on entend à la percussion de certaines parties du thorax dans certaines maladies.

SKOGBOLITE. s. f. T. Minér. Variété de Tantalite.

SKOPTZI. s. m. Nom donné à des fanatiques russes qui déclarent que l'homme est foncièrement mauvais et se donnent pour mission la destruction de la race humaine. Ils font vœu de virginité, et pour être sûrs de garder leur vœu, se soumettent à la castration.

SKUTTERUDITE. s. f. T. Chim. Syn. de *Modumite*.

SKYE, île du groupe des Hébrides.

SKYRO, anc. **SCYROS**, île de l'Archipel au N.-E. de l'Eubée.

SLAVE. adj. 2 g. et s. m. Nom d'une race européenne. Qui appartient à cette race. Individu qui en fait partie. *Les Slaves*, *les langues slaves*, *les peuples slaves*, *la race sl.*

Ethn. et **Lang.** — Les Slaves forment une grande famille de la race aryenne. Ils sont répandus dans toute l'Europe orientale, où ils occupent un espace plus considérable que tous les autres peuples européens réunis. Leur établissement en Europe date d'une haute antiquité; ils étaient connus des anciens sous les noms de *Spores*, ou *Serbes*, et de *Wendes* ou *Vénètes*. Au Ve siècle, ils s'avancèrent sur le Danube et sur l'Elbe, ce qui a fait croire pendant longtemps qu'ils étaient arrivés en Europe à cette date. Vaincus et dispersés au VIIe siècle par les Avares, peuple d'origine mongole, ils reparaissent aux VIIIe et IXe siècles, et fondent des États plus ou moins puissants : Pologne, Bohême, Russie, Serbie, Bulgarie, Croatie. Malgré l'antiquité de son établissement en Europe, la race sl. est entrée la dernière dans le grand mouvement de la civilisation occidentale; elle aspire aujourd'hui à y jouer un rôle important, et le développement qu'elle prend en Asie peut faire présumer qu'elle contribuera puissamment aux progrès à venir.

Les idiomes slaves diffèrent moins entre eux que ceux du rameau germanique. On a dit qu'un voyageur qui consulterait à fond une seule de ces langues pourrait se faire comprendre dans tout le monde sl., depuis le Kamtchatka jusqu'à l'Adriatique; c'est peut-être un peu exagéré. Quoi qu'il en soit, de toutes les langues de la grande famille aryenne, la langue sl., paraît la plus rapprochée de la souche commune, à l'exception toutefois du *lithuanien* qu'on a, il est vrai, longtemps compris parmi les langues slaves, mais qui doit en être détaché, et qui forme à lui seul une classe à part. Les caractères communs à toutes les langues slaves sont l'absence d'article, les sept cas de la déclinaison des substantifs, et la richesse des formes du verbe. Parmi les particularités de la conjugaison sl., nous citerons la forme *durative* qui implique la durée de

l'action, et la forme *perfective* qui désigne une action complètement et subitement accomplie. A cause même de sa signification pour ainsi dire instantanée, cette forme ne saurait avoir de présent, l'action dont il est question étant toujours passée ou future. Par ex., en tchèque, on dira avec la forme durative : *Jan mre dlouhouchivili*, Jean se meurt d'ennui, tandis que la forme perfective *Jan umre* doit se traduire par *Jean va mourir*. Pour les autres particularités des langues slaves. Voy. POLONAIS. — L'écriture varie beaucoup chez les peuples slaves; ceux d'entre eux qui ont adopté le rit grec ont des alphabets dérivés de celui que saint Cyrille avait inventé vers 865 pour écrire la traduction sl. des livres sacrés, tandis que ceux qui ont suivi le rit romain ont adopté l'alphabet latin, ou l'alphabet allemand plus ou moins modifié et compliqué de signes accessoires, car les 25 lettres de l'alphabet latin sont loin de suffire à représenter toutes les variétés si riches de la prononciation sl. Les alphabets dérivés de celui de saint Cyrille ont en général 42 lettres.

Schafarik a classé de la manière suivante les langues slaves :

1° *Langues slaves du sud-est* : *Russe*, *Bulgare*, avec le *Sl. ecclésiastique; Illyrien*, comprenant le *Serbe*, le *Slovène* et le *Croate*.

2° *Langues slaves de l'ouest* : *Polonais*, *Tchèque*, langue de la Bohême, *Slovaque*, *Serbe* de Lusace, et *Polabique* qui n'est plus parlé aujourd'hui.

SLAVONIE. Voy. ESCLAVONIE.

SLESWIG, province de Prusse enlevée au Danemark en 1864; 1,150,200 hab. cap. *Sleswig*; 17,000 hab.

SLIGO, comté d'Irlande prov. de Connaught; 111,600 hab. cap. *Sligo*; 12,000 hab.

SLIME. s. f. (mot angl.). T. Min. Boue légère provenant du traitement du minerai d'or et contenant encore de l'or. Voy. ON, IX.

SLOANITE. s. f. (R. *Sloane*, nom d'un natur. angl.). T. Minér. Produit d'altération de la Thomsonite.

SLOOP. s. m. [Pr. *sloup*] (angl. *sloop*, m. s.). T. Mar. Petit navire à mât vertical avec hunier, voile trapézoïde et grande voile carrée pour les mauvais temps.

SLOVAQUES, groupe de Slaves établi dans le nord de la Hongrie.

SLOVÈNES, Slaves de la Carinthie, de la Carniole, de la Styrie et de l'Istrie.

SLUICE. s. f. (mot angl.). T. Min. Sorte de canal de bois servant au lavage et à l'amalgamation du minerai d'or. Voy. On, IX.

SMACK. s. m. T. Mar. Mot tiré de l'angl., qui sert à désigner un grand sloop à un mât gréé d'une voile qu'on hisse avec la vergue.

SMALA. s. f. (ar. *zamala*, m. s.). — Chez les Arabes, ce mot désigne la réunion des tentes, des équipages, et les richesses de tout genre qui appartiennent à un chef. Dans la *Smala* se trouvent compris sa famille et ses serviteurs, ses chevaux, ses bestiaux, etc. Ce terme arabe est devenu familier à nos oreilles depuis la prise de la s. d'Abd-el-Kader par le duc d'Aumale, le 16 mai 1843. Mais aujourd'hui il est entré dans le langage administratif et il sert à désigner l'établissement, sur un territoire déterminé et appartenant à l'État, d'un escadron de spahis ou cavaliers indigènes avec leurs tentes, leurs familles, leurs serviteurs, leurs chevaux, bestiaux, etc. Ces smalas, dont la création est due à une ordonnance du 1er août 1862, se recrutent dans l'élite de la population arabe. Elles doivent être disséminées dans les trois départements, établies en général à proximité des frontières bien au centre d'un groupe de tribus remuantes qu'il importe de surveiller, et placées sous la protection d'un fort. Les terres attribuées à ces smalas sont choisies de manière à offrir aux spahis d'assez bonnes conditions pour qu'ils puissent se livrer, selon les localités, soit à l'agriculture, soit à l'élève des chevaux et des bestiaux. Chaque tente possède un lot de 15 à 20 hectares; mais ces terres ne sont concédées qu'à titre d'usufruit.

SMALKALDE, v. de Prusse, prov. de Hesse; 9,000 hab.

SMALT. s. m. (all. *schmalte*, m. s.). T. Chim. Substance bleue appelée aussi *Bleu d'azur*. Voy. AZUR.

SMALTINE. s. f. (R. *smalt*). T. Minér. Arséniure de cobalt CoAs², une partie du cobalt pouvant être remplacée par du fer ou du nickel. Se présente en masses cristallines d'un gris d'acier ou d'un blanc d'étain. Voy. COBALT. — La *safflorite* en est une variété très ferrifère.

SMARAGDITE. s. f. (lat. *smaragdus*; gr. σμάραγδος, émeraude). T. Minér. Variété d'actinote en agrégats fibreux d'un vert d'herbe.

SMECTIQUE adj. 2 g. (gr. σμῆγμα, substance savonneuse, de σμήχειν, nettoyer). T. Minér. Se dit des substances onctueuses comme le savon. *Argile* s., Voy. ARGILE.

SMECTITE. s. f. (gr. σμῆγμα, savon). T. Minér. Argile smectique.

SMEGMA. s. m. (gr. σμῆγμα, savon). T. Anat. Matière caséeuse sécrétée par les glandes voisines du prépuce. Voy. PÉNIS.

SMÉLITE. s. f. T. Minér. Variété de kaolin.

SMERDIS, fils de Cyrus, mis à mort par Cambyse. Un mage qui lui ressemblait prit son nom et régna en 522 av. J.-C. Mais l'imposture fut découverte au bout de quelques mois et le faux Smerdis fut massacré avec tous les mages.

SMÉRINTHE. s. m. (gr. σμήρινθος, petite corde). T. Entom. Genre d'insectes *Lépidoptères*. Voy. CRÉPUSCULAIRES.

SMILACE. s. m. (gr. σμίλαξ, nom de l'If et de plusieurs autres plantes). T. Bot. Genre de plantes Monocotylédones (*Smilax*) de la famille des *Liliacées*, tribu des *Asparagées*. Voy. LILIACÉES.

SMILACINE. s. f. (R. *smilace*). T. Chim. Substance cristallisable, soluble dans l'eau chaude, l'alcool et les alcalis, extraite de la racine de salsepareille (*Smilax sarsaparilla*).

SMILLE. s. f. T. [Pr. les *ll* mouillés] (lat. *smila*, gr. σμίλη, ciseau). Maçon. Marteau qui sert à piquer le moellon et le grès.

SMILLER. v. a. [Pr. les *ll* mouillés]. Piquer du moellon ou du grès avec la smille. = SMILLÉ, ÉE. part.

SMINTHURE. s. m. (gr. σμίνθος, rat; οὐρά, queue). T. Zool. Genre d'*insectes*. Voy. THYSANOURES.

SMITH (Canal et détroit DE), au N. de la baie de Baffin.

SMITH (ADAM), économiste et philos. écossais (1723-1790), dont les *Recherches sur la nature et les causes de la richesse des nations* posèrent les bases de la science économique.

SMITH (SIDNEY-), amiral angl. (1764-1840), dirigea la défense de Saint-Jean-d'Acre contre Bonaparte en 1799, et imposa à Menou la convention d'Alexandrie (1801).

SMITH (JOHN-SPENCER), diplomate angl. né à Londres (1769-1845).

SMITH (JOSEPH), fondateur de la secte des Mormons, aux États-Unis (1805-1844).

SMITHFIELD, v. des États-Unis (Rhode-Island); 12,000 hab.

SMITHSONITE. s. f. [Pr. *smit-sonite*] (R. *Smithson*, n. pr.). T. Minér. Carbonate de zinc, en petits cristaux rhomboédriques ou en croûtes et enduits, de couleur blanche, grise, verte ou brune. — La *Capnite* et la *Monheimite* sont des variétés ferrifères.

SMOGLEUR. s. m. (angl. *smuggler*, m. s.). Petit bâtiment du Nord destiné à faire de la contrebande. || Par extens., Marin qui fait la contrebande.

SMOLENSK, v. forte de Russie, au S.-O. de Moscou, sur le Dnieper, ch.-l. de gouv.; 35,800 hab. Le gouv. de Smolensk a 1,191,200 hab.

SMOLLETT, écrivain et historien écoss. (1720-1771).

SMORZANDO. adv. (mot ital. qui sign. *en affaiblissant*). T. Mus. Se place sur les partitions pour indiquer qu'on doit exécuter le passage en affaiblissant le son. = SMORZANDO. s. m. Passage joué de cette manière.

SMYRNE, grande ville de commerce de la Turquie d'Asie, sur le golfe de Smyrne; 215,000 hab. = Nom des hab. : SMYRNÉEN, ENNE, ou SMYRNIOTE. 2 g.

SNOB. s. m. (mot anglais). Sorte de poseur qui affecte les dehors de la correction mondaine, ou qui s'engoue sans raison.

SNOBISME. s. m. (R. *snob*). Qualité de snob. Pose qui fait parler et agir par un engouement non justifié.

SNOFROUX. Voy. KERFÉRÈS.

SNYDERS, peintre flamand (1579-1657).

SOBAT, affl. du haut Nil Bahr-el-Abiad dans le Kaffa, pays des Gallas.

SOBIESKY (JEAN), général du roi de Pologne Michel Koributh, battit les Turcs et s'empara de la Moldavie et de la Valachie. Élu roi sous le nom de Jean III (1674), il sauva Vienne menacée par les Turcs (1683).

SOBRARBE, anc. comté d'Espagne, qui fut le noyau du royaume d'Aragon.

SOBRE. adj. 2 g. (lat. *sobrius*, m. s.). Tempérant dans le boire et le manger. *C'est un homme fort* s. *S. dans ses repas. — Il a fait un s. repas*, Il a fait un repas où il a peu bu et peu mangé. On dit, dans un sens analogue, *Une vie s. Un régime s.* || Fig., Qui use de certaines choses avec discrétion, modération. *Cet homme est s. en paroles. Il faut être s. de serments, de louanges. En fait d'ornements, un écrivain, un architecte doit être s. et judicieux.*

Syn. — *Frugal, Tempérant*. — L'homme sobre se contente de peu, de ce que le besoin strict exige; l'homme *frugal* se contente de mets simples et communs; l'homme *tempérant* évite toute sensualité dans le boire et le manger. La *sobriété* est opposée à la voracité; la *frugalité*, à la gourmandise; la *tempérance*, à l'excès, ainsi qu'à la sensualité dans le boire et le manger. *Frugal* et *frugalité* ne se disent qu'au sens propre, et par rapport aux aliments, et la *sobriété* s'emploient quelquefois figurément au sens du retenue, de discrétion. *Tempérant* et *tempérance* se disent généralement de la vertu qui modère les passions et prévient tout excès dans quelque genre de plaisir que ce soit.

SOBREMENT. adv. [Pr. *sobre-man*]. D'une manière sobre. *Il vit s. Il mange s.* || Fig., Avec circonspection, avec retenue, avec discrétion. *Il faut parler s. de certaines matières. Usez très s. du pouvoir qu'on vous a confié.*

SOBRÉROL. s. m. (R. *Sobrero*, n. d'un chimiste). Hydrate de pinol. Voy. PINOL.

SOBRÉRONE. s. f. T. Chim. Syn. de *Pinol*.

SOBRIÉTÉ. s. f. (lat. *sobrietas*, m. s.). Tempérance dans le boire et le manger. *Grande s. La s. est utile à la santé.* || Fig., Retenue, réserve, modération. *Il faut user avec s. des plaisirs de la vie. Il faut employer avec s. cette espèce de figures. — Il faut,* a dit saint Paul, *être sage avec s.,* Les meilleures choses ne doivent pas être outrées.

SOBRIQUET. s. m. [Pr. *sobri-kè*] (vx fr. *soubz briquez*, qui sign. propr. coups sous le menton, puis a pris le sens de raillerie). Surnom qui, le plus souvent, se donne à une personne par dérision, et qui est fondé sur quelque défaut de corps ou d'esprit, ou sur quelque singularité. *S. offensant, injurieux, plaisant, ridicule. Donner un s.*

SOC. s. m. (orig. celt.). T. Agric. Partie de la charrue qui ouvre la terre et creuse le sillon. Voy. CHARRUE.

SOCCAGE. s. m. [Pr. *so-kajc*]. Opération qui consiste à faire évaporer l'eau salée pour en obtenir le sel. || Temps que dure cette opération.

SOCHET. s. m. [Pr. *so-chè*] (Dimin. de *soc*). Sorte de charrue sans roue.

SOCIABILISER. v. a. [Pr. *so-siabili-zer*]. Rendre sociable. = SOCIABILISÉ, ÉE. part.

SOCIABILITÉ. s. f. (R. *sociable*). Aptitude à vivre en société. La *s. est une disposition naturelle à l'espèce humaine. L'esprit de s. On remarque dans certaines espèces d'animaux une sorte de s.*

SOCIABLE. adj. 2 g. (lat. *sociabilis*, m. s., de *socius*, compagnon). Qui est né pour vivre en société, qui est naturellement porté à rechercher la société. *L'homme est naturellement s. Il y a des nations plus sociables les unes que les autres.* || Qui est d'un commerce doux et facile, qui a les qualités propres pour vivre en société. *Un homme s. Il est peu s. Une humeur, un esprit, un caractère s.*

SOCIABLEMENT. adv. [Pr. *sosiable-man*]. D'une manière sociable. *Il s'est conduit assez s.* Peu usité.

SOCIAL, ALE. (lat. *socialis*, m. s., de *socius*, compagnon). Qui concerne la société. *L'ordre s. Les institutions sociales. La vie sociale. L'économie sociale. Les vertus, les qualités sociales. Vice s. Les rapports sociaux. La science sociale. L'étude des faits sociaux. Les utopies décorées du nom de systèmes sociaux.* || T. Polit. *La question s.*, qui a trait non à la forme politique du gouvernement mais à l'organisation de la société. || Qui concerne une société de commerce. *La raison sociale de la maison de banque sera... La signature sociale. Le fonds s. Les engagements sociaux.* || T. Hist. *Guerre sociale*, Guerre que les peuples d'Italie, alliés de Rome, firent à la république du temps de Marius et de Sylla. — *Le contrat s.* Contrat que J.-J. Rousseau imagine entre les hommes qui se sont réunis pour vivre en société. || T. Bot. *Plantes sociales*, Les groupes d'espèces qui, se développant dans les mêmes conditions, habitent généralement les mêmes stations, de sorte que la présence de l'une peut annoncer la présence de l'autre.

SOCIALEMENT. adv. En société. || Relativement à la société, à la science sociale. || Dans l'ordre social.

SOCIALISME. s. m. (lat. *socius*, associé) [R. *social*]. Écon. sociale. — I. *Le socialisme jusqu'en 1848.* — On n'a jamais donné de définition précise du s., et il semble que cette définition soit impossible, tellement est vague l'idée qu'exprime ce mot, tellement sont nombreux et différents les systèmes groupés dans cette catégorie. Si, comme Proudhon, on qualifie de s. toute aspiration vers l'amélioration de la société, il faut reconnaître que tout homme raisonnable et réfléchi est socialiste. En réalité, le s. implique l'idée supplémentaire que cette amélioration ne peut être obtenue, comme le pensent les économistes, par le seul développement des efforts individuels que chacun poursuit dans son propre intérêt, et qu'il faut, pour l'obtenir, soit une crise révolutionnaire capable de changer l'ordre social, soit une suite de mesures législatives et coercitives capables d'empêcher ce que le conflit des intérêts individuels peut produire de mauvais et d'injuste. L'économiste espère tout de la liberté, le socialiste, en général, attend tout de l'État, sauf cependant les écoles anarchistes de Proudhon et de Bakounine qui veulent détruire la puissance de l'État; mais les anarchistes n'espèrent arriver à leur but qu'à la suite d'une formidable révolution. Ajoutons enfin que le caractère le plus général du s., c'est le désir d'égaliser les conditions humaines. Le socialiste hait la richesse qu'il considère comme la suprême injustice et, souvent, tous les moyens lui semblent bons pour arriver à supprimer ces inégalités sociales qui sont, dans l'ordre économique, ce qui le frappe le plus et ce qui excite le plus son indignation.

Les utopies anciennes. — De tout temps, il y a eu des hommes qui, frappés des imperfections de la société de leur époque, ont rêvé une société idéale exempte de maux, de vices et d'injustices. Dès l'antiquité, Platon, dans sa *République*, substitue la communauté des biens à la propriété individuelle, et établit le système théocratique des castes, tout en détruisant le mariage et la famille. En outre, il maintient l'esclavage comme la base de la société. Dans sa description des lois et des mœurs de l'île imaginaire d'*Utopie*, Th, Morus (1516) ne fait guère que reproduire et compléter les fictions de Platon. Il n'y a point de propriété individuelle ; tous les biens meubles et immeubles appartiennent à l'État; les magistrats distribuent les fonctions, les travaux et les tâches, puis ils recueillent tous les produits, et enfin ils les répartissent à chacun en raison de ses besoins. Morus admet, comme Platon, l'esclavage ; mais, en revanche, il conserve la famille. Campanella (1623) déploie plus d'imagination que le chancelier son prédécesseur. Les biens sont communs. Mais il imagine, avant Fourier, de loger tous les habitants de chaque commune dans un palais qui est le prototype du phalanstère ; le travail est rendu attrayant parce qu'on en change plusieurs fois par jour, ce qui implique les courtes séances, et parce qu'il s'exécute par groupes. Campanella a également la priorité sur l'école saint-simonienne, en ce qui concerne l'organisation du pouvoir. La *Cité du soleil* est gouvernée par un grand Métaphysicien. Or, comme le Métaphysicien est le plus intelligent et le meilleur des hommes, il jouit d'une autorité sans limites et sans contrôle, tant au spirituel qu'au temporel : c'est le pontife-roi absolu. Morelly, dans sa *Basiliade* (1753) et dans son *Code de la nature* (1755), n'a rien ajouté au fonds des idées développées par Morus et par Campanella. « Ce qui le distingue, dit Alf. Sudre, se sont les efforts qu'il a faits pour asseoir le système de la communauté sur une théorie morale et philosophique. On y trouve la condamnation des doctrines morales admises depuis l'origine des siècles par l'humanité, et la réhabilitation des passions, qui n'est au fond que le fameux dogme de l'impeccabilité soutenu par les anabaptistes. » Parmi les utopistes moins radicaux, il faut citer aussi Fénelon qui s'est plu, dans le *Télémaque*, à imaginer les descriptions si connues de *Salente* et de la *Bétique*.

De même que, de tout temps, il y a eu des esprits qui ont rêvé une société meilleure, de tout temps aussi, il s'est trouvé des hommes qui ont essayé d'organiser à leur usage une société différente de la société réelle, et, sous le prétexte de détruire celle-ci, ont vécu librement en dehors d'elle. Toutes ces sociétés fictives ont admis la communauté des biens; mais, pour la plupart, leur véritable base a été l'ascétisme religieux. Telles ont été, dans l'antiquité, les sectes des Esséniens et des Thérapeutes; tels ont été, après l'établissement du christianisme, une foule d'ordres monastiques et d'associations religieuses, soit orthodoxes, soit hétérodoxes. Il n'y a rien à dire de ce communisme ascétique, ni rien à conclure de sa pratique. Les Esséniens, les Moines catholiques, et certains sectaires protestants, comme les Frères moraves, sont simplement des solitaires qui vivent en commun entre eux, mais en dehors du monde et dans le but précisément de renoncer à ses jouissances et à ses bienfaits. Cependant, il faut reconnaître que l'esprit judaïque et celui du christianisme à ses débuts est nettement socialiste. Chez les Juifs, les prophètes fulminent contre les riches et annoncent à Israël un royaume de Dieu où régnera la justice et l'égalité. Les mêmes attaques contre les riches se retrouvent dans l'évangile : l'état de richesse y est nettement indiqué comme inconciliable avec la vertu, et dans le royaume de Dieu, il n'y a pas de place pour les riches. Certains Pères de l'église, renchérissant sur la parole de l'évangile, déclarent comme saint Basile et saint Jean-Chrysostome que le riche est un larron, ou, comme saint Jérôme que l'opulence est toujours le produit d'un vol, ou enfin, comme saint Ambroise, que la nature a établi la communauté, l'usurpation la propriété privée. Il est incontestable qu'il y a, dans toute cette propagande des premiers chrétiens autre chose qu'un rêve utopique d'une société meilleure, mais bien un désir et un espoir de modifier effectivement l'ordre social et de transformer la société à l'aide de la force et de la violence, ou tout au moins de l'autorité.

Cependant ces germes de révolution sont restés plus de dix siècles sans produire les effets de violence qu'on aurait pu en attendre. Le christianisme a certainement contribué à modifier l'état social de l'antiquité; mais il n'a produit ni bouleversements, ni révolutions violentes : cela fut de fait des invasions des barbares. Il faut arriver à l'époque de la Réforme pour voir les esprits pénétrés des idées du christianisme primitif, et remplis d'une violente exaltation mystique, s'efforcer de réaliser sur la terre cet idéal de justice et d'égalité prêché par les premiers Pères. La secte des Anabaptistes est célèbre à cet égard. Le fougueux Munzer, l'un de leurs chefs, prêche la communauté des biens et les doctrines du nivellement absolu : « Nous avons, s'écrie-t-il, un père commun, Adam. D'où vient donc la différence des rangs et des biens? Pourquoi gémissons-nous dans la pauvreté, tandis que d'autres nagent dans les délices? N'avons-nous pas droit à l'égalité des biens qui, de leur nature, sont faits pour être partagés sans distinction entre tous? Rendez-nous, riches du siècle, avares usurpateurs, ce que vous retenez injustement. » Il mène ses adeptes fanatiques à l'attaque des propriétés, et après une guerre terrible, il est vaincu et tué à Frankenhausen. Sa mort pourtant ne termina rien. Vaincus et dispersés, les anabaptistes se reformèrent opiniâtrément, et, sous la conduite du boulanger Mathison, ils firent de la ville de Munster le siège de leur empire, après avoir pillé les maisons bourgeoises et chassé leurs habitants. Mathison ayant été tué, le tailleur Bocold, plus connu sous le nom de Jean de Leyde, se proclama son successeur avec le titre de roi. Il établit la polygamie comme loi de l'État et épousa lui-même 17 femmes. La dispersion, et le supplice de ces fanatiques ne suffirent pas pour extirper leur secte, et longtemps l'Allemagne se ressentit de l'ébranlement causé par leur passage.

La Révolution française qui a remué tant d'idées et à qui les changements les plus radicaux coûtaient si peu, n'a cependant manifesté aucune tendance socialiste, dans le sens violent du mot. Il semble que l'on attendait les améliorations sociales comme une conséquence nécessaire de l'émancipation politique, et la justice économique comme une suite naturelle de l'égalité civile. Malgré la reprise des biens du clergé et les confiscations des propriétés des émigrés, mesures qui s'expliquent par les circonstances politiques, le principe même de la propriété a été hautement proclamé et respecté dans tous les partis. Ce n'est qu'à l'époque du Directoire qu'on voit apparaître les idées communistes dans le *Journal de Babœuf*, avec la déclaration qu'il faut obtenir à tout prix l'*égalité réelle*. Une conspiration s'organise à cet effet, mais elle est découverte. Babœuf et ses principaux complices, traduits devant la haute cour nationale furent, le 26 avril 1797, condamnés, les uns à mort, les autres à la déportation.

L'un des conspirateurs, échappé au bourreau, Buonarotti a raconté plus tard l'histoire de la conspiration, et le but qu'on s'était proposé d'atteindre. « Le peuple français devait être déclaré propriétaire unique du territoire national; le travail individuel déclaré fonction publique et réglé par la loi; les citoyens répartis en diverses classes, chargés d'une somme de travail exactement pareille, et obligés à remplir à tour de rôle les fonctions incommodes; le pouvoir social représenté par des magistrats chargés d'équilibrer l'ensemble de la production, de fixer le mouvement de la circulation et du commerce extérieur, de veiller à la répartition faite, par rations égales, à chaque citoyen, des produits généraux réunis dans les magasins publics. Interdiction absolue de toute discussion théologique. Cessation de tout salaire; point de corps privilégié par les lumières; point de prééminence intellectuelle et morale; aucun droit, même au génie, contre la stricte égalité de tous les hommes. Toutes les connaissances humaines, tout l'enseignement, se borneraient à apprendre à lire, à écrire, à compter, à quelques notions de la logique, pour savoir raisonner juste; enfin, à une connaissance suffisante des lois, de la topographie et de la statistique de la république. Cette limitation du savoir étant, aux yeux du comité, la plus solide garantie de l'égalité sociale, défense sévère devait être faite à la presse d'offrir ou de demander au delà. »

Le communisme. Owen, Cabet. — Tous les réformateurs n'ont pas tenté de recourir à la force et à la violence. Dans le courant du XIXᵉ siècle, trois sectes philosophiques ont affiché la prétention de réformer la société tout entière, mais sans aucune intervention de la force ou du pouvoir : nous voulons parler des sectes *Owéniste* et *Fouriériste*, ainsi nommées du nom de leurs auteurs, Rob. Owen et Ch. Fourier, et de l'*École de Cabet*. Ces réformateurs se sont contentés d'appeler à eux des hommes de bonne volonté pour expérimenter leurs théories; car tous proclamaient qu'au seul spectacle du bonheur dont jouiraient les adeptes dans la société modèle dont ils réclamaient l'essai, le monde entier enthousiasmé s'empresserait d'imiter ces modèles exemplaires merveilleux. La doctrine d'Owen (1812), que son auteur appelle lui-même *Système coopératif*, est le communisme pur et simple, mais pris dans toute la signification du mot. En effet, Owen ne nie pas seulement la propriété, il nie encore le mariage, la famille, la religion, les droits et les devoirs de l'homme, ainsi que sa liberté et sa responsabilité morale. Il est à peine besoin de dire que les essais de sociétés coopératives tentés par Owen, tant en Angleterre qu'aux États-Unis, ont échoué misérablement. Il en a été de même des tentatives faites par la secte communiste enrégimentée sous la bannière de Cabet et par les disciples de Fourier dont nous reparlerons tout à l'heure.

Il est presque inutile de réfuter le communisme dont l'absurdité est devenue si évidente qu'aucune secte socialiste contemporaine n'ose plus l'afficher. Disons-en cependant quelques mots. Tout à tous, et le produit du travail de tous également réparti entre tous, telle est la formule du *Communisme*. C'est donc à la propriété que s'attaque surtout cette forme du s.; mais elle ne s'en tient pas là, car elle est obligée, en même temps, de supprimer la liberté de l'homme, et enfin elle est amenée par la logique des faits à la destruction de la famille. — Le point de départ de ce système est que les hommes sont naturellement égaux. Doués des mêmes organes, des mêmes besoins, des mêmes facultés, ils doivent, en stricte justice, jouir en commun des mêmes biens. La propriété, en créant entre eux une inégalité odieuse, est la cause permanente des maux qui affligent la société. Détruire la propriété et établir la communauté des biens, tel est l'unique moyen qui se présente pour rentrer dans l'ordre de la nature, de la justice et de l'égalité. Mais il ne suffit pas de décréter l'abolition de la propriété, il faut encore l'empêcher de renaître. Or, pour atteindre ce but, il est nécessaire de refondre de fond en comble l'organisation sociale, et de décréter une série de mesures monstrueuses, en l'absence d'une seule desquelles tout le système croulerait immédiatement. Dans tout système communiste, c'est l'État qui est l'unique propriétaire de toutes choses : c'est lui qui assigne à chacun sa fonction, son travail et sa tâche, qui met à sa disposition les capitaux, c.-à-d. les instruments nécessaires au travail, puis qui recueille tous les produits, et enfin qui les distribue entre ceux qui auront contribué à les créer. Ainsi, la société représente un vaste assemblage d'ateliers appartenant à l'État, où travaille toute la population, après quoi l'État distribue à chacun la rémunération due à son travail. Dans ce vaste atelier, y aura-t-il un salaire égal ou inégal? Tel ouvrier est fort, laborieux, intelligent; tel autre faible, paresseux, borné : ne les payerez-vous pas différemment? Mais, si vous les payez différemment, voilà un commencement de richesse et de pauvreté, il faut donc un salaire égal. Mais si le salaire est égal pour le laborieux et pour le paresseux, pour celui qui est habile et pour celui qui ne l'est pas, quel intérêt l'ouvrier habile et laborieux aura-t-il à travailler? Comment l'empêcher, après un certain travail, de se croiser les bras? Pour obvier à cette première difficulté, il n'est qu'un moyen, c'est que le travail se fasse en commun, afin que tous se surveillent mutuellement. Mais ce n'est pas tout. Si, après le travail en commun, l'homme jouit de son salaire en particulier, avec sa femme et ses enfants, il arrivera nécessairement que l'un économisera, tandis que l'autre n'économisera rien. Aussitôt renaîtra la propriété individuelle. Pour empêcher l'épargne, devenue un crime, l'État devra recourir à une intolérable inquisition, ou, ce qui est plus sûr, forcer à vivre en commun, à manger en commun, à avoir des habits communs, etc. La société ainsi organisée pourra-t-elle maintenir enfin tous ses membres dans une égalité parfaite? Non. La diversité des professions est une condition nécessaire pour toute société qui veut vivre en dehors de la barbarie. Or, quoi que l'on fasse, la seule diversité des professions constituera nécessairement par elle-même une série d'inégalités. On n'empêchera pas que le travail ne soit tenu en plus grande estime que tel autre. Le travail que peu d'hommes peuvent faire et qui exige une intelligence supérieure, sera toujours plus estimé que le travail qui ne réclame que des efforts musculaires. De plus, à chaque profession correspondent des idées, des goûts, des besoins différents. Mais le principe de l'égalité ne permet pas de tenir compte de ces différences. Pour couper court à la difficulté, il n'y a évidemment qu'un remède, et il est fort simple : il consiste, comme le voulait Babœuf, à supprimer les arts et les sciences. Ainsi donc, nécessité du travail en commun pour prévenir la paresse; nécessité du travail en commun pour prévenir l'épargne; égalité dans une demi-barbarie pour échapper aux conséquences fatales des inégalités intellectuelles : telles sont les conditions nécessaires de l'établissement du régime communiste.

De plus, la mise en pratique du communisme entraîne certaines conséquences inévitables, soit dans l'ordre économique, soit dans l'ordre moral. D'abord, la production, en éteignant toute ardeur au travail. Pour que l'homme soit excité au travail, surtout au travail qui exige des efforts pénibles, il faut qu'il ait en vue son bien-être et celui de ses enfants. Qui fera beaucoup aura beaucoup, qui ne fera rien n'aura rien; à chacun selon ses œuvres : ainsi parlent la raison et la justice. Rétribuer chacun également, sans avoir égard à la peine, au temps, à l'intelligence, n'est-ce pas de toutes les inégalités la plus choquante? D'un seul coup on détruit toute activité, toute dignité, toute sagacité. L'obligation du travail en commun empêchera peut-être qu'on ne se croise absolument les bras; mais elle ne pourra rien contre la nonchalance. Au lieu de tuer, comme on le prétend, la concurrence, on la transforme; au lieu d'une lutte à qui travaillera le mieux, on sera une lutte à qui travaillera le moins. Enfin le s. invoque le beau mobile de la *fraternité* et du *dévouement*. C'est une pure chimère. « Il est insensé, dit Baudrillart, d'exiger que l'homme laboure, fabrique, etc. ; avec ce perpétuel enthousiasme que les occupations les plus hautes de la pensée et de la religion même ne comportent pas toujours. » Faire reposer les travaux vulgaires et quotidiens qu'exigent les besoins de la société sur l'oubli de soi-même et le dévouement, est une folle utopie. — Ce n'est pas tout. Le communisme ne se contente pas de tuer le travail et de réduire la production à un minimum sans cesse décroissant, il anéantit, autant qu'il est en son pouvoir, l'homme lui-même, car il le détruit comme être moral, c.-à-d. comme être libre et responsable. Où est la liberté de l'homme, lorsque l'État lui impose telle ou telle fonction, lui commande tel ou tel travail, lui assigne sa tâche quotidienne, l'oblige au travail en commun, à la consommation en commun, et le presse de toutes parts dans une servitude dont n'approchaient ni l'esclavage antique, ni celui des noirs d'Amérique ?

Durant les dernières années du règne de Louis-Philippe, les idées communistes, sous l'influence d'un utopiste passionné, Ét. Cabet, avaient déjà fait de nombreuses conquêtes parmi les classes ouvrières, lorsque la révolution de février vint encore exalter les espérances de tous ces hommes qui attendaient la révolution sociale promise par les réformateurs. Toutefois Cabet, il faut lui rendre cette justice, ne prétendait point expérimenter sur la société tout entière; il ne réclamait pas le pouvoir et ne pensait point qu'il fallût employer la force pour réorganiser le monde social. Il lui suffisait de fonder, à l'aide de ses adeptes, un groupe modèle, qui devait, suivant lui, donner la démonstration pratique et péremptoire de l'excellence de sa théorie. Mais, comme à côté de lui, il y avait une foule d'autres réformateurs qui affichaient la prétention de réformer la société par la force, et couraient à l'assaut du pouvoir pour soumettre le pays tout entier à leurs folles expérimentations, il devint le bouc émissaire du s., et fut, quoique le moins dangereux de tous, poursuivi avec le plus d'acharnement. Dans cet état de choses, il passa en Amérique avec ses disciples les plus dévoués, et tenta de réaliser à Nauvoo, dans le Texas, les rêveries qu'il avait décrites dans son roman utopique de l'*Icarie*. Or, il en fut de cet essai comme de ceux qu'avait tentés quelques années auparavant, Rob. Owen. La colonie icarienne fut une source de déceptions et de misères, et les adeptes furent, au bout de peu de temps, obligés de revenir en Europe, après avoir sacrifié, à la poursuite d'une chimère, tout le fruit de leur travail et de leurs économies.

En résumé, rien n'est plus inexact que le point de départ du communisme, et sa prétendue théorie de l'égalité, car aucun homme n'est égal à un autre homme; tous diffèrent par la force, la beauté, l'intelligence, la sensibilité, les aptitudes, etc. Organiser une société où il n'est pas tenu compte de ces différences, bien plus, où on les supprime autant qu'il est possible en soumettant tous les hommes au même niveau, c'est mutiler chaque homme sous quelque rapport, tantôt plus, tantôt moins; les plus mutilés sont les plus forts, les plus nobles, les plus intelligents. Au moral comme au physique, le communisme réduit l'homme au minimum d'existence. Aussi, Proudhon a-t-il donné du communisme la définition la plus exacte et la plus saisissante, lorsqu'il l'a appelé la *religion de la misère*.

Le Fouriérisme. — Considérée dans son point de départ, la théorie de Fourier était le contre-pied exact du communisme ; le *Fouriérisme*, ou, comme l'appelaient ses disciples, la *Théorie sociétaire* ou *phalanstérienne*, proclame que la société n'a rien à corriger à l'œuvre de la nature, que les inégalités natives sont les ressorts mêmes de l'harmonie sociale, que toutes les passions de l'homme sont d'institution divine, et, comme telles, doivent être respectées. Suivant lui, l'ordre social actuel n'est mauvais que parce qu'il gêne l'essor même des passions : la religion et la morale sont donc des chaînes absurdes, qu'il importe de briser au plus tôt. La science sociale a pour objet d'organiser un milieu social tel que les passions puissent s'y développer librement : elles produiront alors par leur jeu, les effets d'harmonie les plus inattendus; tandis qu'aujourd'hui, dans notre milieu mal organisé, dans notre monde à rebours, elles ne produisent en général que des effets nuisibles et subversifs.

« La passion, dit Ad. Franck est, pour Fourier, la même force, la même impulsion, qui joue un si grand rôle dans la nature physique sous le nom d'*attraction*, et dans la nature animale sous le nom d'*instinct*. Aussi le rôle de la raison n'est-il pas de la combattre, mais de lui aider à se satisfaire en variant, en multipliant ses jouissances et en combinant entre eux nos différents penchants, de manière que tous soient assouvis; car ce qui nous a fait penser que nos passions sont mauvaises et qu'elles ont besoin d'être réprimées, c'est qu'au lieu de les associer et de les coordonner entre elles, on les a constamment opposées les unes aux autres. Le devoir est donc une pure chimère, née de l'ignorance des lois de la nature; il n'a aucune place dans une société bien organisée.... La première et la plus directe des conséquences que Fourier tire de son principe par rapport à l'ordre social, c'est la suppression de la règle des mœurs, c'est la destruction complète de la famille.... Le mariage, dans une société qu'il veut organiser, n'est que le libre essor de l'amour et doit être constitué de telle sorte que « chacun des hommes puisse avoir toutes les femmes et chacune des femmes tous les hommes »…. Quant à la paternité que Fourier admet, sous le nom de *Familiisme*, parmi les passions radicales du cœur humain, elle n'est ou ne peut être dans son système qu'une affection grossière à laquelle aucun devoir, aucun droit n'est attaché, un instinct physique plutôt qu'un sentiment moral, comme l'instinct de la brute pour ses petits. D'ailleurs, comment le père connaîtra-t-il ses enfants dans cette promiscuité? Et s'il les reconnaît, quels devoirs aura-t-il à remplir envers eux, puisque l'État les prend dès leur naissance pour les élever à ses frais ?... Le nom de la nouvelle société, c'est l'*Harmonie*, et le fait qui la représente le plus immédiatement, il faut dire aussi le plus complètement, c'est le *Phalanstère*. On appelle *phalanstère* un bâtiment ou plutôt un palais d'une forme particulière, contenant une *Phalange*, c.-à-d. une association de 1600 à 2000 personnes, et entouré d'un terrain suffisant pour l'industrie et la subsistance de cette population. Le phalanstère a été souvent considéré comme la commune de la *société harmonienne*; mais en réalité, il forme un État indépendant et souverain : car la hiérarchie politique que Fourier veut établir entre les trois millions de phalanstères qu'il rêve pour notre globe, n'est accompagnée d'aucun pouvoir; les divisions qu'il imagine sous les noms d'*Unarchie*, *Duarchie*, *Triarchie*, etc., pour faire de la terre une seule république dont la capitale serait Constantinople, ne sont que des divisions géométriques et des mots vides de sens. Nous connaîtrons donc le système entier de Fourier, si nous arrivons à nous faire une idée exacte du phalanstère. — Les points capitaux de cette association, après tout ce que nous avons dit de son état moral, sont la constitution de la propriété et l'organisation du travail. En effet, la propriété doit être également éloignée de la division et de la communauté; car la division, c'est l'ordre actuel des choses, c'est le contraire de l'association; et la communauté absolue, c'est l'égalité, c.-à-d. la contrainte, la réduction de toutes les passions à une même mesure. Le travail doit avoir pour unique moteur l'attraction et se confondre avec le plaisir, en sorte qu'il n'y ait pas une fonction dans la société si, pénible et si rebutante qu'elle nous paraisse aujourd'hui, qui ne puisse être recherchée et accomplie avec passion. Voici d'abord comment Fourier a cru résoudre le premier de ces deux problèmes. Toute propriété ressemblera à celle des travaux publics que nous voyons aujourd'hui aux mains des compagnies. Il ne viendrait à l'esprit de personne de réclamer, pour les fonds qu'il a placés dans ce genre d'entreprises, un morceau du chemin de fer ou du canal; mais la valeur totale du canal ou du chemin de fer est estimée en numéraire, et l'on remet à chacun un titre, une ou plusieurs actions, représentant la part qui lui revient de cette valeur. C'est ainsi qu'au phalanstère toutes les propriétés, meubles ou immeubles, capitaux et instruments de travail, seront réunis en un fonds social qui ne pourra pas être divisé, mais sur lequel chaque sociétaire possédera, en raison de ses apports, des actions portant intérêt et transmissibles à volonté. La même inégalité que nous voyons consacrée dans la répartition du revenu ou du bénéfice consacré dans la répartition du revenu ou du bénéfice social. Après le prélèvement des dépenses communes, des frais de construction, des approvisionnements, des réserves, etc., ce qui restera à la bénéfice du bénéfice annuel sera divisé en trois parts inégales : 5/12es seront réservés au travail, 4/12es aux intérêts du capital, et 3/12es au talent, en sorte que tous les droits auront satisfaction : ceux de la propriété, ceux du travail, ceux de l'intelligence. Dans la part même du travail, on établira une différence entre les travaux nécessaires, les travaux utiles et les travaux d'agrément; les premiers seront mieux rétribués que les seconds, et les seconds que les troisièmes. Mais ce n'est pas tout : il faut aussi penser à ceux qui n'ont rien et qui ne trouveraient pas une ressource suffisante dans leur activité ou leur talent. Pour ceux-là, Fourier réclame sur les revenus communs un *minimum* assez considérable pour les faire vivre commodément et qui, augmentant avec les bénéfices de l'association, reçoit le nom de *minimum proportionnel*. Cette part faite indistinctement à l'oisiveté et au malheur ne doit pas être considérée comme un bienfait, comme un sacrifice digne de reconnaissance, mais comme une restitution. En effet, l'homme est né avec certains droits dont il jouissait dans l'état sauvage et qui lui assuraient une existence tranquille et heureuse : les droits de chasse, de pêche, de pâture, de cueillette, d'insouciance, de *ligne extérieure*, c.-à-d. de former des attroupements, et enfin de *vol*. Ces droits naturels d'une nouvelle espèce que Fourier veut substituer à ceux des philosophes, la société nous les a enlevés : elle doit donc les restituer en assurant, sans condition, à chacun de ses membres, un sort non moins heureux que celui dont il jouirait dans l'état de nature. — Quant au travail, qui supportera toutes ces charges, il ne pourra point faillir, puisqu'il sera une passion, et il deviendra une passion par la manière savante dont on saura l'organiser. D'abord, on travaillera en commun, chacun à ce qui lui plaît et avec qui il lui plaît, ce qui donnera à toutes les occupations le charme qu'on trouve aux vendanges et à toutes moissons. Ensuite, le travail sera extrêmement divisé, et par là-même très facile, très propre à satisfaire tous les goûts, à développer toutes les vocations; il recevra en outre de nouvelles forces de l'esprit d'émulation que produira cette division entre les différentes séries de travailleurs attachés aux diverses branches de l'industrie et les groupes composant chaque série. Enfin, un dernier attrait naîtra de la variété : car, grâce à la division du travail, une même personne pourra exercer jusqu'à trente professions et changer plusieurs fois dans un jour de groupe et de série. Ces trois conditions du travail correspondent à un même nombre de passions que Fourier appelle *mécanisantes*, et sur lesquelles reposent, d'après lui, la vie et l'harmonie de la société : la *Papillonne*, ou l'amour du changement; la *Cabaliste*, c.-à-d. l'esprit de rivalité d'émulation ; et la *Composite*, ou l'ivresse qui naît en nous du mélange de plusieurs plaisirs. Mais, indépendamment de ces passions générales, il y en a de particulières qui réclament certaines fonctions moins attrayantes en apparence que les autres. Ainsi, un grand nombre d'enfants ont le goût de la saleté; au lieu de les corriger, comme on le fait maladroitement sous le régime de la civilisation, on les enrégimentera sous le nom de *petites hordes*, et on leur confiera les travaux les plus immondes. D'autres se font remarquer par leur gourmandise : on fera les cuisiniers, les pâtissiers et les confiseurs du phalanstère. On se rendra réciproquement, par amitié ou par amour, les humbles services abandonnés aujourd'hui à la domesticité. »

Il est à peine utile de faire ressortir la puérilité d'un pareil système. Pour être parfaitement fidèle au principe de Fourier, il faut rétribuer chacun, non suivant ses œuvres, mais suivant ses désirs. Sans doute, le travail attrayant serait une réponse à cette objection; mais le travail attrayant, dans le sens absolu où Fourier le conçoit, le travail changé en passion dans toutes les fonctions possibles, c'est une chimère qu'il suffit d'énoncer pour la détruire.

Comme toutes les sectes socialistes qui ont essayé de réaliser leurs théories, l'école fouriériste a échoué dans les diverses tentatives qu'elle a faites, soit en France, soit en Amérique. Ces expérimentations ont démontré que le système sociétaire péchait par la base : jamais les adeptes eux-mêmes n'ont pu trouver que le travail fût attrayant ; le *far niente* fut la seule passion qui produisit ses effets.

Le Saint-Simonisme. — Les doctrines qui constituent ce qu'on appelle le *Saint-Simonisme* réunissent les deux vices primordiaux du système de Fourier et de la théorie communiste pure et simple, à savoir : la négation de toute morale, et la destruction de toute liberté individuelle. Mais le système de Saint-Simon est autrement étudié et autrement profond que ceux dont nous venons de parler. Il a eu une influence considérable sur le développement des idées socialistes; aussi devons-nous l'examiner attentivement. Ce qui distingue essentiellement le saint-simonisme, c'est qu'il est à la fois une religion et une institution politique, une Église et une société temporelle étroitement confondues. Suivant lui, la société s'organise selon le dogme religieux qu'elle professe. Dans le monde gréco-romain, la religion était le culte de la nature personnifiée dans ses forces diverses, la société était donc une société civile et temporelle; sous le règne du christianisme, où la religion est le culte d'un dieu par esprit, la société est surtout spirituelle et religieuse; et le pouvoir civil est constamment en lutte avec le pouvoir spirituel. Par le même motif, la chair et les passions étaient déifiées dans le monde antique, elles sont flétries dans le monde chrétien. Ce vieil antagonisme et cette lutte perpétuelle entre la nature et l'esprit, entre la chair et l'intelligence, doivent cesser par le saint-simonisme, qui apporte à la fois un dogme nouveau et une société nouvelle, dont l'organisation se déduit logiquement de la formule du dogme lui-même. Ce prétendu dogme nouveau n'est autre chose que le panthéisme, qui se trouve en effet formulé très explicitement dans la définition de Dieu donnée par l'auteur et le chef de la nouvelle religion. La morale qui en sort est la *réhabilitation de la chair*, et la légitimité ou plutôt la sainteté des passions. « Sanctifiez-vous dans le travail et dans le plaisir. »

L'organisation de la société nouvelle devant être, suivant la doctrine, la traduction exacte du dogme, de même qu'il y a un Dieu qui est tout, matière et esprit, il y aura aussi un seul chef revêtu du titre auguste de *Père*, réunissant les deux pouvoirs temporel et spirituel, à la fois empereur et pape, dont la volonté sera, en toutes choses, la loi suprême. De même que Dieu est par soi, de même ce chef ne procède, ni de l'élection par en bas, ni de l'investiture par en haut : il se proclame lui-même, en vertu de l'amour, de l'intelligence, de la force, de la bonté, qu'il sent en lui. Quant à la masse des hommes qui forment la société, le saint-simonisme les répartit en trois grandes classes, savoir : les *artistes* ou les *prêtres*, les *savants* et les *industriels*. A leur tête, le *Père* place trois grands dignitaires chargés, sous sa direction suprême, d'assigner à chacun son rang dans l'une d'elles. De plus, il est à peine besoin de le dire, chacune de ces grandes classes se divisant et se subdivisant indéfiniment, chaque division est confiée à la direction d'un chef désigné hiérarchiquement, et chaque individu cantonné dans l'une de ces subdivisions. La tâche du Père et de tous ceux qui le représentent aux divers degrés de la hiérarchie, a surtout pour objet de réaliser la formule saint-simonienne : « A chacun suivant sa capacité, et à chaque capacité suivant ses œuvres », ce qui ne saurait être bien difficile, toute cette série hiérarchique étant inévitablement composée d'hommes impeccables, ou plutôt d'anges d'intelligence, de sagesse et de bonté. Comme on le voit, le pouvoir, dans le saint-simonisme, n'est pas moins despotique que dans le communisme brutal de Babeuf. Il l'est même bien davantage, car il a la prétention de soumettre au même esclavage l'âme et le corps, le Père devant être, au nom de Dieu, le maître absolu de la chair et de l'esprit. La loi écrite est bonne pour une société dans l'enfance : la société nouvelle aura une *loi vivante*, c.-à-d. aura pour loi la volonté du Père et de chacun de ses délégués dans la hiérarchie du pouvoir. « Dans l'avenir, toute loi est la déclaration par laquelle celui qui préside à une fonction, à un ordre quelconque de relations sociales, fait connaître sa volonté à ses inférieurs, en sanctionnant ses prescriptions par des peines ou par des récompenses. » Il est impossible d'imaginer un anéantissement plus complet de la liberté humaine. Mais cet anéantissement de l'individualité implique l'abolition préalable de la propriété individuelle. Et de fait, pour que le Père puisse disposer des personnes, les classer suivant leur capacité présumée et les rétribuer suivant leurs œuvres, il est indispensable qu'il dispose également d'une manière absolue des biens de l'association. Dans le système saint-simonien, la propriété est *socialisée*, suivant l'expression consacrée. Mais le saint-simonisme, pour arriver à cette *socialisation* de la propriété, ne procède point par la dépossession violente des propriétaires, à la manière de certaines sectes communistes. C'est par une série de mesures transitoires, dont l'efficacité d'ailleurs ne saurait être contestée, qu'il parvient à son but. Ces mesures qui ont été réclamées plus tard par presque toutes les écoles socialistes sont : 1° l'abolition des successions en ligne collatérale, et l'établissement d'un impôt progressif élevé sur les successions en ligne directe et sur les donations entre-vifs; 2° l'établissement d'une grande banque nationale, appartenant à l'État, administrée par lui, et ayant pour fonction de commanditer les travailleurs et de les créditer en raison de leur capacité : le premier capital de la banque serait formé par le produit des successions collatérales et de l'impôt progressif ci-dessus; 3° l'abolition du régime hypothécaire, et la mobilisation de la propriété foncière : la source principale du crédit entre simples particuliers étant par là détruite, il en résulterait que le crédit de l'État augmenterait et que les épargnes annuelles se porteraient généralement à la banque nationale ; 4° le remplacement de l'impôt par l'emprunt : nouveau moyen d'absorber les épargnes privées, et de faciliter la substitution du crédit et de la commandite par l'État au crédit particulier et à la commandite individuelle ; 5° enfin, la baisse générale de l'intérêt. Cette baisse serait déterminée par la banque d'État, afin de diminuer le revenu des gens vivant de leurs épargnes et de les contraindre, pour avoir de quoi vivre, à placer leurs capitaux à fonds perdu dans la caisse de la banque, de sorte qu'au bout d'un certain temps, tous les capitaux du pays, tant mobiliers qu'immobiliers, se trouveraient concentrés entre les mains de l'État. L'État donc sera l'unique propriétaire et l'unique entrepreneur d'industrie : il distribuera les instruments du travail à chacun suivant ses œuvres. Au reste, quant à ce point si délicat de la répartition, l'école n'est jamais entrée dans de grands détails sur les procédés à suivre pour atteindre le but : sans doute, cela ne lui a pas paru nécessaire, car avec le principe de la *loi vivante*, on lève aisément toutes les difficultés. — Voici donc déjà les deux premières bases de la société détruites par le saint-simonisme, savoir : la liberté individuelle et la propriété, qui n'est autre chose que la garantie extérieure de l'individualité humaine. Reste encore la famille, que l'école affiche la prétention de respecter. Mais, outre que l'abolition de l'hérédité constitue déjà une atteinte irrémédiable à cette institution, la morale saint-simonienne, par sa réhabilitation de la chair et sa sanctification des passions, lui porte une seconde atteinte également mortelle. Il est vrai que le chef de l'école n'osa point prendre sur lui de promulguer le code nouveau qui, suivant lui, doit régir dans l'avenir les relations des deux sexes. En proclamant l'émancipation complète de la femme, en l'appelant à partager toutes les fonctions de l'homme « dans le temple, dans l'État et dans la famille », il déclara que c'était à la femme seule, à la *femme libre*, de dicter cette partie de la législation de la société future..

Les idées de Saint-Simon jouissaient d'une grande vogue à la fin du règne de Louis-Philippe ; elles ont eu une réelle influence sur la marche des événements de la Révolution de 1848. La création des ateliers nationaux et les désordres et les déceptions qui furent la suite de cette institution désastreuse ont précipité la réaction qui nous a valu le second empire. L'un des plus ardents socialistes de cette époque, Louis Blanc, avait formulé tout un programme qui, en lui-même n'avait rien de bien original, mais qui se distingue particulièrement par la haine de la *concurrence*. Tandis que les économistes voient dans la concurrence (Voy. ce mot) le principal, sinon le seul régulateur des faits économiques, Louis Blanc y voit au contraire la cause des maux et des injustices qui affligent notre société. Aussi tout son système est-il construit de manière à détruire l'infâme, par une série de mesures qui sont à peu près celles que demandait Saint-Simon et qui auraient pour effet de concentrer dans les mains de l'État toutes les propriétés et la direction de toutes les affaires industrielles sans laisser aucune place à la responsabilité ou à l'initiative individuelle. Le résultat final est l'une de ces formes d'organisation sociale que nous discuterons plus loin sous le nom de *collectivisme*.

Proudhon. — C'est dans une voie toute différente que s'est développée la pensée d'un homme original entre tous dont le nom a joui longtemps d'une grande notoriété. Nous voulons parler de P.-J. Proudhon. L'œuvre de Proudhon est très vaste ; mais elle est incohérente et remplie de contradictions : elle se signale par la vivacité et souvent la solidité de ses critiques. Nul plus que lui n'a montré le vide et l'impossibilité des systèmes proposés par les socialistes de son temps. Ses polémiques avec Louis Blanc et Pierre Leroux sont restées célèbres. Cependant, on ne peut se dispenser de le ranger parmi les socialistes parce que, s'il est dur pour les fabricants d'utopies, il est au moins aussi sévère pour les défenseurs du régime social actuel, et parce que, lui aussi, rêve une révolution de l'ordre économique. Seulement, tandis que les socialistes plus ou moins communistes, à la façon de Saint-Simon et de Louis Blanc, font reposer le bonheur de l'humanité sur les bienfaits d'une réglementation despotique, Proudhon, se rapprochant en cela des économistes, prétend au contraire qu'il faut arriver à réduire au minimum l'action de l'État. Il va même on ne sens beaucoup plus loin que les libertaires les plus décidés, car il déclare qu'après l'adoption de certaines mesures transitoires qui devront nécessairement être imposées par la législation, le rôle de l'État sera devenu inutile, de sorte que ce qu'on appelle aujourd'hui le *gouvernement* disparaîtra de lui-même. De là, le nom d'*anarchie*, ou absence

DICTIONNAIRE ENCYCLOPÉDIQUE. — T. VIII.

d'autorité donné à ce système fameux. Pour expliquer la nécessité d'en arriver là, Proudhon commence par faire le procès de la société moderne. Disciple d'Hegel pour qui il professait une admiration sans réserve, il voit dans chaque chose, et particulièrement dans chaque fait économique, deux principes contraires agissant en sens opposés, la *thèse* et l'*antithèse* qui se fondent et se concilient dans la *synthèse*. De là le titre d'un de ses principaux ouvrages, les *Contradictions économiques*, où, contrairement aux assertions de l'école économique dite orthodoxe, il affirme que le jeu des intérêts individuels, au moins dans l'ordre social actuel, ne peut amener qu'injustice et désordre ; il en conclut à la nécessité de réformer cet ordre, surtout en ce qui concerne la propriété, telle qu'elle est comprise actuellement ; il qualifie celle-ci de vol, et veut lui substituer un régime, assez mal défini du reste, qu'il appelle le régime de la possession. Il convient d'ajouter que plus tard, dans l'ouvrage intitulé la *Justice dans la Révolution et dans l'Église*, il renonce à synthèse des faits économiques, considère leurs contradictions comme inéluctables, et s'efforce seulement de réaliser l'équilibre entre la *thèse* et l'*antithèse*. Quoi qu'il en soit, il est arrivé à Proudhon qui arrive toujours à ceux qui se donnent pour mission la réforme des choses humaines, et qui ont assez de sagesse et d'intelligence pour comprendre la grandeur de leur tâche et ne pas se bercer d'illusions enfantines. Ils sont très forts dans la critique : ils mettent parfaitement en lumière les maux qu'ils voudraient voir disparaître ; mais quand ils en viennent à proposer les remèdes, ils se montrent d'une étrange insuffisance, et n'arrivent ou définitive qu'à proposer des mesures inefficaces, dangereuses ou absurdes. L'idée la plus originale de Proudhon en matière de réformes est celle de l'échange en nature au moyen des bons du travail. Cette idée sera reprise plus tard par Karl Marx et les collectivistes ; mais par ce moyen Proudhon espérait réaliser la chimère du crédit gratuit. Il réussit bien à fonder sur ces principes, en 1848, une banque d'échange ; mais la conception initiale était fausse, la banque ne put fonctionner et aboutit à une prompte faillite.

II. *Le socialisme contemporain.* — Pendant la seconde moitié du XIXe siècle, les théories socialistes subissent une évolution remarquable, à la suite de laquelle elles affectent une forme scientifique qui les rend très spécieuses et contribue à leur propagation. Ce n'est plus en France, mais en Allemagne, que les idées nouvelles se développent et trouvent cette expression d'apparence rationnelle sous laquelle elle se répandent aujourd'hui dans le monde entier. D'un autre côté l'idéal de justice absolue et la haine de la société moderne créait en Russie une sorte d'exaltation fanatique qui aboutissait à la création d'une école dont le programme hautement avoué se bornait à la destruction de tout ce qui existe. Trois noms célèbres dominent l'histoire de ce double mouvement : *Lassalle* et *Karl Marx* qui sont les pères du collectivisme, et le Russe *Bakounine* qui est le fondateur du nihilisme et l'apôtre des anarchistes.

L'anarchisme. — Il y a peu de chose à dire des anarchistes : on ne discute pas avec des fanatiques. Bakounine procède de Proudhon en ce sens que comme lui, il réclame l'absence de toute action gouvernementale, l'*anarchie* ; mais il mêle à ces revendications une sorte d'enthousiasme mystique très étranger à Proudhon. Il rêve une société *amorphe*, c.-à-d. sans forme à sans institution aucune, d'où le mot d'*amorphisme* donné à son système. Son but ne peut être atteint que par la *pandestruction* : il veut détruire tous les États et tous les Églises, toutes les lois religieuses, politiques, juridiques, financières, etc. Pour opérer cette destruction, il faut commencer par effrayer les individus : à cet effet tous les moyens sont bons : c'est la *propagande par le fait*. Destruction des immeubles et des récoltes, incendie, explosions de dynamite, assassinat par le poignard ou par le poison, la révolution sanglante tout sans distinction. Mais après ? Il restera au moins des hommes vivant et travaillant à côté les uns des autres : quel serait leur régime ? Quel qu'il soit, disent les anarchistes, il ne saurait être plus mauvais que le régime actuel. Au reste, déclare Bakounine, « tous les raisonnements sur l'avenir sont criminels, parce qu'ils entravent la destruction pure, et arrêtent la marche de la révolution ». Naturellement, une société secrète à statuts draconiens s'est fondée pour mettre cet effroyable programme en pratique : elle condamne à mort ceux qui lui font ou semblent lui faire obstacle et désigne les frères chargés d'exécuter la sentence. On a vu, par de trop nombreux attentats, que cette société a fonctionné assez convenablement suivant les vues de son fondateur, et il est certain qu'elle existe encore en Russie, quoique sans doute le nihilisme y ait déjà perdu du terrain. Mais, ce qu'il y a de plus étrange, c'est que le nihilisme ne s'est pas recruté parmi les misérables et les déshérités. Bien au contraire, c'est dans les classes instruites et plus ou moins aisées qu'il a trouvé ses adeptes les plus nombreux et les plus décidés; il a étendu ses ramifications sur toute la Russie; on y compte des étudiants, des fonctionnaires, des militaires, même. Il est vraisemblable que l'éclosion de cette sorte de fanatisme farouche peut s'expliquer d'une part par le caractère rêveur et mystique du peuple russe, mais d'autre part et surtout, par l'absence totale de liberté qui est le caractère dominant de l'état politique de la Russie. Là où la discussion libre et publique ne peut avoir lieu, les mécontents se réunissent en secret, s'exaltent les uns les autres, et les idées les plus extravagantes se développent facilement en l'absence de toute contradiction, favorisées par la surexcitation cérébrale de ceux qui les propagent en secret au péril de leur vie. Au lieu d'une opposition, on a des conspirateurs. Dans l'Europe occidentale les idées de Bakounine sont loin d'avoir rencontré la même faveur. À la vérité, on reconnaît bien dans les actes de la Commune de Paris en 1871, l'influence du révolutionnaire russe, mais, en 1871, Bakounine n'avait pas encore développé complètement son programme, ou du moins l'amorphisme et la pandestruction ne s'étaient pas encore répandus en France; les membres de la Commune de Paris ne pouvaient comprendre ce qui le séparait absolument des socialistes allemands, et ne voyaient en lui qu'un apôtre du s. un peu plus violent, et plus radical que les autres. Plus tard, il est vrai, l'anarchisme a fait son apparition dans les pays occidentaux; mais il ne semble pas qu'il y ait jamais eu d'organisation sérieuse. On a bien été effrayé de quelques explosions de dynamite; mais ces attentats étaient l'œuvre de fanatiques isolés ou de déclassés aigris et frisant l'aliénation mentale. Il est arrivé aussi que des malfaiteurs vulgaires se sont réclamés des doctrines anarchistes pour justifier leur conduite, et cette circonstance n'est pas de nature à favoriser la propagation de la doctrine. En somme l'anarchisme semble actuellement en décroissance. C'est une maladie aiguë dont on entrevoit la guérison.

Le collectivisme. — Il en est autrement du collectivisme qui sous les mille formes qu'il peut revêtir se développe au contraire avec une extrême rapidité dans le monde entier. Aussi mérite-t-il un examen attentif. Le collectivisme est la forme savante du communisme. Il reconnaît que le communisme pur est une utopie et une absurdité et il admet la propriété des biens de consommation; mais il déclare que toute propriété privée capital, tout capital, en un mot, doit appartenir à la communauté. Pour établir la nécessité de cette appropriation commune des capitaux, il s'appuie sur l'ancienne économie politique, et prétend que les lois économiques les plus incontestées conduisent à cette conclusion nécessaire. Cette théorie a été développée dans le livre de Karl Marx, le Capital (Das Kapital), qui peut être considéré comme la bible du parti. L'ouvrage de Karl Marx est d'une aridité extraordinaire. Il procède par raisonnements serrés qui sont parfois d'une logique extrême et qui ont l'apparence d'une rigueur inexorable. Il faut une attention soutenue pour y découvrir les points faibles. Cette circonstance explique son prodigieux succès. Mais la difficulté de lire et de suivre cette suite longue et sèche de syllogismes lui donne un aspect de livre de science qui a encore contribué à augmenter son autorité. Cependant l'ouvrage n'est pas entièrement original. Toutes les idées qui y sont développées avaient déjà été émises par un publiciste allemand peu connu : Rodbertus Jagetzow, qui fut ministre de l'agriculture en Prusse en 1848. Elles avaient été propagées par Lassalle avant la publication du livre de Karl Marx. C'est dans les écrits de Ricardo, l'un des économistes les plus connus et les plus appréciés, que la théorie collectiviste a puisé la base de son argumentation. Trois points principaux en forment le fondement : la théorie de la valeur, la loi des salaires connue sous le nom de loi d'airain, et enfin la théorie de la rente.

Théorie collectiviste de la valeur. — Adam Smith, et après lui Ricardo, avaient établi que toute richesse est le fruit du travail. Rodbertus, Lassalle, Marx en concluent que la valeur d'échange de tout produit doit être répartie entre tous ceux qui par leur travail ont contribué à la former, proportionnellement au temps que chacun y a employé. Ainsi, d'après eux, toute valeur d'échange représente un travail et se mesure la durée de ce travail. Ici, cependant, se présente une objection grave. Tous les hommes n'ont ni la même activité, ni la même facilité de travail. Tel ouvrier mettra deux heures à faire un ouvrage qu'un autre

effectuera en une heure. Faudra-t-il que la rémunération du premier soit le double de celle du second ? Les communistes de l'école de Louis Blanc n'auraient pas hésité à répondre oui. Karl Marx n'entre pas dans cette voie qu'il juge sentimentale et anti-scientifique. Il accorde que chacun doit être payé suivant son œuvre; mais il veut que cette œuvre soit payée en raison de la durée du travail qui est *socialement* et *en moyenne* nécessaire à la fabriquer. Ainsi, s'il faut en moyenne, dans l'état actuel de l'industrie, 10 heures pour fabriquer une paire de souliers, celle-ci sera payée à raison de ces 10 heures : tant mieux pour les habiles qui la feront en 8 heures; tant pis pour les maladroits qui y mettront 12 heures. L'unité de travail et de rétribution est ainsi *l'heure du travail social*. Cependant, il est clair qu'un pareil mode de rétribution ne peut s'établir sous le régime de la liberté : il arrivera nécessairement que certains produits seront plus demandés que d'autres, et que l'acheteur ne pourra les acquérir qu'en payant une prime à ceux qui les auront fabriqués, tandis que les produits les moins demandés ne s'écouleront que si les producteurs consentent à les vendre à un prix inférieur au nombre d'heures de travail social qui les représente. Pour éviter cette injustice, il faut donc l'intervention incessante de l'État et la suppression des échanges entre particuliers. L'ouvrier porte son produit dans les magasins nationaux et reçoit en échange un bon de travail avec lequel il peut choisir, dans ces magasins, les objets à sa convenance jusqu'à concurrence du même nombre d'heures de travail. De la sorte, l'ouvrier peut racheter son propre produit, ce qui n'a pas lieu dans la société moderne et ce qui est l'un des desiderata les plus chers à l'école collectiviste.

Nous discuterons plus loin l'application de ce système. Contentons-nous ici de faire observer que la théorie collectiviste de la valeur est radicalement fausse. Karl Marx a complètement méconnu la loi de l'offre et de la demande. Une des bizarreries de son livre est précisément qu'il n'y est jamais question de la concurrence, cet agent toujours actif du nivellement pour les profits de toutes sortes. Cela est réservé pour il, pour le tome second qui n'a jamais été publié; mais cette absence d'un des éléments essentiels de la question fausse toute la théorie. Il est vrai que toute richesse est le fruit du travail, à condition toutefois qu'on entende le mot travail dans son sens le plus général, mais il est faux que la valeur d'un produit soit proportionnelle au temps qu'il a coûté. Les collectivistes ont commis une faute grave de raisonnement : ils ont transformé une relation de cause à effet en une proportion numérique. En est ici radical de toute la théorie. Bastiat a parfaitement montré que la valeur de tout objet fabriqué se répartit intégralement entre tous ceux qui, par leur travail, ou les services qu'ils ont rendus aux producteurs, ont contribué à sa production. Ainsi se trouve légitimée la rétribution accordée à celui qui a prêté le capital et même la part prélevée par l'État sous forme d'impôt, car l'État, lui aussi, rend des services en assurant la sécurité des travailleurs. Cela explique pourquoi l'ouvrier ne peut racheter son produit avec son salaire, car bien d'autres éléments que son travail ont contribué à la production, et tous ces éléments méritent rétribution. Seulement la répartition de la valeur du produit entre les différentes catégories de service est très inégale et dépend d'une foule de circonstances qu'il est très difficile d'analyser, de sorte qu'il serait chimérique de vouloir attribuer à chacun la part qui lui revient en toute équité. En réalité, cette répartition se fait par le jeu de l'offre et de la demande et de la libre concurrence. Les services les plus difficiles à se procurer sont payés les plus chers : ceux qui s'offrent le plus sont payés à bas prix. Dans une société exposée aux attaques des voisins, la plus grosse part des services est à ceux qui rendent les services militaires, parce que ce sont eux qui sont les plus utiles. Dans une société où les travailleurs seront rares, les milliers les plus humbles seront rémunérés très chèrement. C'est ainsi, qu'à l'époque où l'on a découvert les gisements d'or de la Californie, certaines personnes se sont enrichies à crier les bottes des chercheurs d'or, parce que tout le monde voulait aller aux mines dans l'espoir d'une trouvaille heureuse, et que ceux qui consentaient à travailler étaient très peu nombreux. Quant à la valeur totale de l'objet, elle est déterminée par le désir plus ou moins grand qu'ont les hommes de le posséder sans aucun souci du temps qui a été nécessaire à le créer. Voy. VALEUR. Une société collectiviste n'échapperait pas aux nécessités de cette nature; mais l'équilibre ne pouvant y être établi que par l'action du pouvoir, et celui-ci, continuellement en butte aux réclamations de ceux qui se croiraient lésés, ne tarderait pas à perdre toute autorité morale et ne pourrait se maintenir que par la force brutale.

La même faute de raisonnement entraîne les collectivistes à d'autres erreurs. Il semble que par le mot travail, ils n'entendent que le travail manuel. Cependant le travail intellectuel doit avoir aussi sa part. Pour ne pas sortir du domaine industriel, n'est-il pas évident que la direction de l'entreprise, la capacité commerciale qui assure l'écoulement des produits, ont droit à une rémunération, et même à une rémunération d'autant plus élevée que les qualités qu'elles exigent sont à la fois plus rares et plus indispensables à la vie des travailleurs manuels? Il arrive assez souvent dans le commerce et la petite industrie que certains placiers gagnent plus que le patron qui les occupe, et celui-ci n'y voit aucune injustice, parce qu'il sait que le service rendu par le placier est indispensable à la prospérité de son entreprise.

La loi d'airain. — C'est surtout sur le rôle du capital que les erreurs sont les plus spécieuses et les plus dangereuses. Ce qui frappe l'esprit c'est que le possesseur de capitaux peut vivre dans l'opulence, tandis que l'ouvrier est plongé dans l'indigence. Cela semble une injustice, et en est une en effet, si injustice est synonyme d'inégalité sociale; mais a-t-on raison d'en conclure que le capital exploite le travailleur? Oui, si le capital ne rend aucun service au travailleur, non si le capital rend un réel service dont l'intérêt n'est alors que la légitime rémunération. Il va sans dire que les socialistes proclament la première alternative, tandis que les économistes soutiennent la seconde. Voici l'argumentation de Karl Marx : L'ouvrier, s'il travaillait pour lui, pourrait assurer sa vie en travaillant six heures par jour; mais l'ouvrier ne peut travailler sans l'aide du capitaliste. Alors celui-ci abuse de la situation : il le fait travailler 10 heures, lui paye son entretien qui équivaut à 6 heures et garde pour lui le résultat du travail des 4 autres heures, qui contribue à augmenter encore son capital. Ainsi le capital est du *travail cristallisé*, seulement c'est le travail des autres. A mesure que le capital augmente, la production devient plus facile; l'ouvrier pourra vivre avec 5 heures de travail au lieu de six. Alors le capitaliste ne lui payera plus que 5 heures et gardera le produit des cinq autres. Donc, toute l'amélioration produite par l'accumulation du capital retourne au capital et l'ouvrier n'en profite jamais.

Ainsi, on reconnaît que l'accroissement du capital est un progrès en ce sens qu'il augmente la production et la richesse, mais on affirme que l'ouvrier n'a aucune part de cette amélioration qui profite exclusivement aux capitalistes. Certains même vont plus loin et prétendent que tous les progrès de la civilisation et de l'industrie n'ont d'autre effet que de rendre les riches plus riches, et les pauvres plus pauvres. Suivant eux, l'opulence et la misère grandiraient parallèlement. Il est facile de prêcher la révolution sociale sur un pareil thème, mais est-ce bien ainsi que les choses se passent? Le point de départ de l'argumentation est que le capitaliste ne paye à l'ouvrier que ce qui est strictement nécessaire à son entretien et à sa reproduction. Cela est-il vrai? On l'affirme sur la foi de Ricardo qui a énoncé un principe analogue sous le nom de *loi naturelle des salaires*. Les socialistes l'ont appelé *loi d'airain*, et lui ont donné encore plus d'extension. Ricardo admet comme axiome que la population a une tendance à se multiplier et que cette multiplication n'est limitée que par la quantité des produits mis à la disposition des nouveaux venus. En d'autres termes, c'est la misère seule qui limite la population. D'où la conséquence inévitable que les moins bien partagés, ceux qui n'ont que leur bras pour vivre sont condamnés à ne recevoir que ce qui est strictement nécessaire pour qu'ils ne meurent pas. Si en effet, ils recevaient davantage, la population s'accroîtrait, les travailleurs s'offriraient en plus grand nombre et leur concurrence ferait baisser les salaires. Remarquons d'abord qu'en basant leurs revendications sur une semblable doctrine, en affirmant qu'ils « bâtissent sur Ricardo comme sur leur plus solide fondement », les socialistes font preuve d'une étrange inconséquence. La loi de Ricardo est indépendante de toute organisation sociale; il ne suppose même pas la concurrence des travailleurs, quoiqu'il en soit question dans la démonstration pour la rendre plus rapide. S'il est vrai que la population ne soit limitée que par la misère, il faut forcément admettre, ou que la population peut s'accroître indéfiniment, ce qui est absurde, ou que les moins bien partagés sont irrémédiablement condamnés à la misère la plus dure. Dans un état social où les conditions seraient parfaitement égalisées, c'est donc cette condition inférieure qui serait celle de tout le monde. Le collectivisme basé sur une pareille doctrine ne saurait donc être autre chose que le communisme de la misère, comme le disait Proudhon du communisme de son temps.

Heureusement, la loi d'airain n'existe pas, au moins dans le sens où l'entendent les socialistes. Ceux qui l'invoquent n'ont pas réfléchi que si c'était réellement une loi économique, elle aurait fonctionné depuis qu'il y a des hommes sur la terre et qu'alors on trouverait aujourd'hui, dans nos sociétés, toute une population aussi misérable que les plus misérables de nos ancêtres de l'âge de pierre. Il est vrai que les socialistes voient dans la loi d'airain, non une loi générale du développement de l'humanité, mais une conséquence de ce qu'ils appellent le régime capitaliste; mais alors, ils se séparent de Ricardo et perdent le droit de l'invoquer. La loi d'airain est démentie par les faits. Il n'est pas nécessaire, pour le faire voir, de remonter jusqu'à l'âge de pierre. Il suffirait de comparer le sort de nos paysans à celui des serfs du moyen âge. Dans notre siècle même, toute l'expérience sociale le contredit. Non seulement le salaire des ouvriers, compté en francs, s'est considérablement augmenté depuis un siècle; mais encore, sauf les loyers, la viande et certaines denrées alimentaires, presque tout a diminué de prix. Aussi la condition de l'ouvrier est-elle bien supérieure à ce qu'elle était il y a cent ans : il est mieux nourri, mieux logé, mieux habillé. Il jouit de plus de toutes les améliorations communes : facilité de transport, éclairage des villes, facilité d'instruction, bibliothèques, publications littéraires à bon marché, hôpitaux, consultations gratuites des médecins, etc., etc. Où donc est l'erreur du raisonnement de Ricardo? Entièrement dans le point de départ. Il n'est pas vrai que la population ne soit limitée que par la misère. Sans doute, la population est limitée par les quantités de produits, et particulièrement des produits alimentaires mis à la disposition des hommes; autrement rien n'arrêterait la puissance prolifique de la race humaine, et la population du globe serait incomparablement supérieure à ce qu'elle est. Seulement cette cause restrictive n'agit pas de la façon qu'ont proclamée Ricardo et avant lui Malthus. Les économistes même qui ont accepté la loi du salaire naturel ne l'ont fait qu'après lui avoir ajouté un correctif important. Ils ont dit : « Le salaire naturel est celui qui suffit strictement à faire vivre l'ouvrier et sa famille *dans les conditions où vivent les ouvriers de son pays et de son temps* ». On ajoute que cette condition est celle au-dessous de laquelle chacun aimerait mieux ne plus vivre, c'est donc bien la misère. Cependant cette nouvelle définition du salaire naturel détruit toute l'économie de la loi, car il ne s'agit plus d'une misère absolue ne laissant à l'homme que ce qu'il lui faut pour ne pas mourir de faim, il s'agit d'une misère toute relative, qui semble très dure par comparaison, et qui serait cependant l'aisance pour les ouvriers d'un autre lieu et d'une autre époque. Ajoutons que, par cette modification, la formule perd tout caractère de loi absolue, puisque cette condition inférieure au-dessous de laquelle les hommes ne veulent pas descendre, ce *standard of life*, comme disent les Anglais, est reconnu variable avec les lieux et les époques et susceptible d'augmentation. Ainsi modifiée, la loi ne signifie plus qu'une chose : l'homme qui n'a que son travail pour vivre et qui ne possède ni capital, ni capacité spéciale, est celui qui reçoit le moins dans la répartition des richesses sociales. Cette proposition paraît l'évidence même et il est difficile de la trouver souverainement injuste.

Quant à l'accroissement de la population, il est limité par le principe suivant : chacun tend à ce que ses enfants n'aient pas dans la société une condition inférieure à la sienne. Sans doute tout le monde n'y réussit pas. Souvent, les rejetons des familles opulentes tombent dans la gêne, et ceux des familles aisées dans la misère; mais le principe n'en agit pas moins pour limiter les naissances, et cela dans toutes les classes de la société. Il explique pourquoi les populations extrêmement misérables, comme celle de l'Irlande, sont en même temps les plus prolifiques, parce que, ne concevant pas de condition inférieure à la leur, elles n'ont aucun souci de ce que deviendront leurs enfants. C'est de ce fait bien constaté par l'expérience, qu'est venu le mot *prolétaire*. L'instinct de prévoyance s'éveille et grandit avec la richesse. Ceux qui jouissent d'une aisance relative ne veulent pas mettre au monde des êtres voués à la misère. D'autres, plus égoïstes, restent célibataires pour s'épargner les frais d'éducation des enfants; d'une manière ou d'une autre, la natalité diminue, et les dangereux effets d'un accroissement inconsidéré de la population se trouvent ainsi empêchés.

Le résultat final est entièrement contraire à celui qu'annoncent les partisans de la loi d'airain. Dès que la population ouvrière d'un pays est sortie de cette condition d'extrême misère qui exclut toute prévoyance, toute vue de l'avenir, et même tout espoir d'amélioration, le principe que nous avons énoncé commence à fonctionner. En même temps, chacun cherche à améliorer son sort, et celui de sa postérité : il rêve, sinon pour lui, du moins pour elle, une condition meilleure : le *standard of life* s'élève, et si les conditions économiques le permettent, si les progrès industriels se poursuivent sans que des malheurs publics tels que les guerres ou les révolutions ne viennent les arrêter, sans que des mesures législatives malencontreuses ne viennent leur faire obstacle ou fausser le jeu naturel des lois économiques, on voit les salaires s'élever, et les classes laborieuses recevoir leur part de l'augmentation générale des richesses. Sans doute, on peut regretter que cette part ne soit pas plus forte; mais enfin, on ne peut pas dire qu'elle est nulle. D'un autre côté, l'élément essentiel de l'accroissement de production, c'est l'accroissement du capital, et le capital ne peut se constituer que par l'épargne. On peut contester la légitimité d'une source de revenu quelconque; mais celui qui jouit de ce revenu peut à volonté le gaspiller ou l'épargner. S'il l'épargne, il augmente le capital total, et contribue à cette augmentation de production, dont, nous venons de le voir, chacun a sa part plus ou moins grande. Donc l'épargne rend service à tout le monde, et par suite, elle a droit à une rémunération qu'elle ne peut recevoir que sous la forme de l'intérêt du capital épargné. Donc le capital rend un réel service au travail, et il est faux de dire qu'il l'exploite injustement. On peut trouver que sa part de rétribution est trop élevée; mais le principe même de cette rétribution ne saurait être qualifié d'injustice. Remarquons enfin, pour en finir avec cette question du capital, qu'on en raisonne trop souvent d'une façon tout à fait superficielle. Il semble, quand on parle du capital, qu'on n'ait jamais dans l'esprit que les millions des plus fortunés. On oublie cette masse considérable de capitaux économisés peu à peu, sou à sou, en petit dire, par les classes moyennes et même les classes laborieuses. Les dépôts considérables des caisses d'épargne, la diffusion des petites coupures des emprunts de l'État et des villes sont la preuve manifeste de l'existence de ce capital possédé, par petites portions, par les plus modestes. N'est-il pas juste que cet effort d'épargne à la fois si méritoire et si utile ne reçoive sa récompense, et si l'on s'en tient à la pratique, n'est-il pas évident que toute épargne serait impossible et inutile, aussi bien chez le riche que chez le pauvre, si l'on refusait toute rétribution au capital?

La rente. — La théorie de la rente du sol a été exposée ailleurs. Voy. RENTE. Nous n'y reviendrons pas ici; mais nous devons signaler un ouvrage très important dans la littérature socialiste, et qui a eu une grande influence, surtout en Angleterre et en Amérique. C'est le livre *Progress and Poverty* de l'Américain Henry George. L'auteur y soutient une doctrine originale. Il prétend démontrer que, contrairement à l'opinion courante, le capital et le travail subissent le même sort en ce qui concerne la distribution des produits, c.-à-d. que l'intérêt et le salaire s'élèvent ou s'abaissent en même temps. On a donc tort de les poser en antagonistes. Leur ennemi commun est le propriétaire foncier : c'est à lui que va la plus grosse part de la richesse générale : c'est lui seul qui profite de tous les avantages qui résultent des progrès industriels. Cette assertion est donnée par Henry George comme la conséquence nécessaire de la théorie de Ricardo sur la rente, et l'auteur en conclut que la rente foncière est un véritable vol, et chose plus grave, un vol continu qui se poursuit sans interruption et prive tous ceux qui ne possèdent pas de terre, du fruit de leurs efforts et de leurs travaux. Pour le faire cesser, il n'y a qu'un moyen, c'est que l'État s'empare de toutes les terres du pays, sans offrir aux propriétaires aucune espèce de compensation, attendu qu'il serait étrange qu'on offrît une indemnité aux voleurs parce qu'on les empêche de continuer de voler. Quant au moyen de faire rentrer toutes les terres dans le domaine public, il est extrêmement simple. Il suffit d'élever l'impôt foncier jusqu'à ce qu'il absorbe la totalité de la rente. Nous n'entreprendrons pas de réfuter cette étrange théorie, car elle est démentie par les faits. Si elle était vraie, la propriété foncière aurait seule bénéficié des immenses progrès qui se sont accomplis dans le cours du XIXᵉ siècle, à quel taux formidable ne se serait-elle pas élevée? Le moindre lopin de terre vaudrait aujourd'hui des millions. Or, en fait, en France au moins, la rente loin d'augmenter, a diminué notablement presque partout, depuis 50 ans, à tel point que souvent, à l'expiration des baux, des fermes restent plusieurs années sans trouver de locataire. Quant à l'espèce d'antagonisme qu'on cherche à établir entre les propriétaires fonciers et les détenteurs d'autres capitaux,

il se comprendrait peut-être si la possession de la terre était le privilège d'une caste aristocratique; mais il n'a aucune raison d'être dans une société où la liberté absolue de transactions en matière de propriété foncière permet l'échange réciproque de la terre et des autres formes de capital. Dans ces conditions, il est impossible qu'une des formes de la propriété conserve un avantage quelconque sur les autres. S'il est vrai, comme le disent la plupart des économistes, que la valeur de la terre présente une tendance continuelle à la hausse, la plus-value espérée est immédiatement escomptée par les acheteurs de biens-fonds, et les terrains, à égalité de revenu, se vendent plus cher que les machines ou les créances industrielles. Deux capitaux d'un prix égal, l'un foncier, l'autre mobilier, peuvent offrir à leurs possesseurs des avantages de nature différente; mais ces avantages s'équivalent exactement, en ce sens qu'il se trouve toujours des gens prêts à les échanger les uns pour les autres, car, s'il en était autrement, le prix du capital le plus avantageux ne tarderait pas à s'élever. L'idée que la propriété foncière vole le capital industriel, alors que les deux formes de propriété sont constamment prêtes au troc, alors que le voleur et le volé sont toujours disposés à échanger leurs rôles, est une des conceptions les plus fantaisistes qu'ait fait naître le besoin de critiquer les rouages économiques de la société. Combien sont plus logiques les véritables collectivistes qui, ne faisant aucune distinction entre les différentes formes de capital, condamnent également toute appropriation individuelle du capital et veulent que la communauté soit seule propriétaire de tout ce qui peut être considéré comme un instrument ou une condition du travail.

III. *Critique du collectivisme.* — Le collectivisme complet. — Il est entendu que l'État doit être seul propriétaire de tout ce qui est capital et que la propriété individuelle ne peut s'appliquer qu'aux objets de consommation. Le principe est facile à poser; mais il est plus difficile de l'appliquer. A quoi reconnaîtra-t-on, d'une manière précise que tel objet déterminé est un capital ou un objet de consommation? Si l'on veut être logique, il faudra interdire la propriété des objets les plus usuels : il sera défendu de s'approprier une voiture, une machine à coudre, un marteau, une paire de ciseaux, car ces outils sont de véritables capitaux. Les provisions d'aliments, de linge, les meubles les plus vulgaires, lits, tables, chaises, etc., sont aussi des capitaux. A combien de pièces de vin limitera-t-on la provision qu'un père de famille peut conserver dans sa cave? Empêchera-t-on une famille d'avoir dans son appartement une ou deux chambres d'amis, sous prétexte que ces chambres pourraient être louées moyennant rétribution? Le système supprime l'héritage des biens capitalisés, ou plutôt, cette sorte d'héritage ne pourrait exister, puisque toute possession de capital est interdite; mais il reconnaît et maintient l'héritage des biens de consommation. Cependant, à la mort d'un citoyen économe, on découvre chez lui plus de meubles qu'il n'en faut pour l'usage de ses héritiers, des provisions de toutes sortes accumulées, toute une collection d'outils, une riche bibliothèque, du linge, des étoffes, en quantité suffisante pour habiller dix familles, etc. L'État va-t-il confisquer tout cet héritage, ou laissera-t-il les héritiers profiter de toutes ces marchandises, véritable capital qui peut devenir l'origine d'une suite d'échanges productifs, d'un véritable commerce, ou qui même, entre les mains de propriétaires habiles, peut leur servir à exploiter leurs concitoyens prodigues par le moyen du prêt onéreux? Ce n'est pas tout de confisquer le capital individuel : il faut empêcher de renaître. Donc, l'épargne devient un délit, ou bien il faut empêcher que l'épargne puisse être utile à ceux qui la font. Il faut alors interdire toute transaction entre particuliers. On répond que cette interdiction sera inutile parce que ces toutes choses, l'État travaillera à meilleur compte que les particuliers : au besoin, il laissera ses prix au-dessous du prix de revient, pour étouffer toute concurrence individuelle. C'est parfait, mais qui payera la différence?

Comme il n'y a plus de monnaie, que tout se paye avec des bons représentant des heures de travail, dire que l'État vend au-dessous du prix de revient, c'est dire qu'il livre pour deux heures de travail ce qui en a coûté trois. A ce régime, le magasin général sera bientôt vide et il faudra bien s'adresser au travail individuel. Mais, dit-on, la concurrence ne se produira pas sur toutes les sortes de marchandises, et ce qu'on perdra d'un côté sera compensé par ce qu'on gagnera d'un autre. On fera donc du bénéfice sur certaines catégories; outre que cela est contraire aux principes, ce bénéfice laissé une prime à la concurrence qui se hâtera de l'empêcher. Le système ne pourra fonctionner que si, pour toute catégorie industrielle, l'État fait mieux que le particulier, ce dont il est permis de douter. Et quel arbitraire dans ces éternelles combinaisons de tarifs donnant ici de la perte, là du bénéfice? Ne voit-on pas, dans cette latitude laissée aux administrateurs, le moyen facile de favoriser tel ou tel, de se faire des créatures? A quelles corruptions n'aboutirait pas un pareil régime?

Au reste, il est visible que ce système de compensation fonctionnerait fort mal et qu'on arriverait bien vite à la vraie solution qui serait la suppression de toute transaction libre, et à l'obligation pour chaque producteur de porter directement son produit dans les magasins de l'État, où il lui sera payé suivant le temps légal nécessaire à son exécution. Mais qui sera chargé d'apprécier la valeur de chaque objet, de fixer légalement, en un mot, le temps qu'il faut pour le faire, et à quelles réclamations ne donnera pas lieu cette fixation nécessairement arbitraire par quelque côté? Comment, d'autre part, maintiendra-t-on l'équilibre entre les diverses catégories de produits? Comment arrivera-t-on à fabriquer exactement ce qui suffit à la consommation sans jamais la dépasser? N'est-il pas clair qu'avec une pareille organisation, les magasins nationaux seront encombrés d'une foule de marchandises qui ne trouveront jamais d'acheteur, tandis que des produits demandés tous les jours manqueront pendant des mois. Aujourd'hui la loi de l'offre et de la demande règle tout : dès qu'un produit cesse d'être demandé, son prix s'abaisse, cesse d'être rémunérateur, et après une crise passagère, plus ou moins pénible, on cesse de le fabriquer. Si au contraire une sorte de marchandise est fabriquée en quantité insuffisante, son prix s'élève, et le bénéfice qui en résulte pour les fabricants invite ceux-ci à activer la production de cette marchandise; les capitaux et le travail se portent de ce côté, de sorte qu'en temps normal l'équilibre ne peut jamais être longtemps troublé. Dans une société collectiviste, il n'y aurait rien de pareil. Ce rôle de régulateur devrait être attribué à des inspecteurs, à des statisticiens qui indiqueraient constamment aux producteurs quels sont les objets qui sont les plus demandés. Mais par quel moyen déciderait-on l'ouvrier à abandonner la fabrication qu'il connaît, et où il est habile, pour une autre qu'il connaît mal où il sera malhabile et où, par suite, il sera moins rétribué. Pour nous expliquer par un ex., supposons que, comme au XVIIe siècle, arrive la mode des perruques. Il y aura des fabricants de perruques qui deviendront très habiles, car il faut reconnaître que le système offre bien une prime à l'habileté; mettons que la perruque vaille 5 heures de travail social. Un jour, comme cela arrive en ces matières, la mode des perruques cesse presque tout à coup et est remplacée par celle d'une sorte de chapeau, peu porté auparavant et valant également 5 heures de travail. Évidemment l'inspecteur du travail dira aux perruquiers : faites des chapeaux ; mais, si le chapelier met 5 heures à faire un chapeau, le perruquier en mettra 10. Il s'obstinera à porter au magasin national des perruques qui lui sont payées le double. Il n'y a que deux moyens pour l'inspecteur d'éviter l'accumulation de ces perruques invendables. Ou bien, il refusera toute perruque, ou bien il élèvera le prix des chapeaux et diminuera celui des perruques, de manière que l'ouvrier ait avantage à faire des chapeaux. Dans les deux cas, le perruquier sera lésé, et, en définitive, le salaire des ouvriers sera réglé comme aujourd'hui, par la loi de l'offre et de la demande, avec l'intermédiaire inutile de l'inspecteur du travail. Ainsi le collectivisme est incompatible avec la liberté du travail, et arrive nécessairement à l'embrigadement des ouvriers de toute espèce dans des ateliers nationaux ; mais nous ne voulons pas pousser plus loin la discussion de l'application du système. Il est visible que chaque étape de cette discussion arrivera à la suppression de quelque liberté, et que le résultat serait un effroyable despotisme dans lequel le corps des inspecteurs, directeurs d'ateliers nationaux, etc., jouirait d'une autorité absolue sur la personne et les biens de tous les citoyens.

Admettons cependant que, d'une manière ou d'une autre, on soit arrivé à faire fonctionner le système, et, par conséquent, à supprimer toute épargne. Chacun consumme exactement tout ce qu'il gagne. Comme le capital ne se constitue que par l'épargne, le capital social restera strictement stationnaire, et, par suite, toute amélioration sera impossible. Quand ce ne serait que pour entretenir ce capital et l'empêcher de périr, il faudra donc que l'État prélève une certaine part sur la vente des produits. Alors, comme aujourd'hui, l'ouvrier ne pourra racheter son propre produit. Ce qui coûte deux heures de travail devra être vendu deux heures et demie, afin que la demi-heure supplémentaire soit employée à réparer la machine et à la remplacer quand elle sera usée. Et s'il reste encore dans une pareille société des gens

qui, sans autre intérêt que l'amour de l'humanité, ou par vocation naturelle, s'occupent d'inventions mécaniques, d'améliorations industrielles, qui rétribuera leur travail? Leur donnera-t-on aussi des bons suivant le temps qu'ils passeront à inventer? On peut croire que la fonction d'inventeur patenté sera fort recherchée, tellement recherchée que, pour couper court à cette invasion de parasites, on sera obligé de réduire la rétribution à un prix dérisoire, c.-à-d. que pour six ou dix heures de ce prétendu travail on donnera un bon d'une heure ou deux de vrai travail. Cependant, il y aura peut-être des inventeurs sérieux. Ceux-là en seront quittes pour travailler gratuitement à leurs heures de loisir. Il est bien entendu que l'invention réellement faite ne sera pas rétribuée, car il faudrait, pour être équitable, la payer fort cher, et ce serait constituer à l'inventeur un véritable capital. Mais qui fera les frais des expériences de cet inventeur philanthrope? L'État, s'il a confiance dans le mérite de l'inventeur. Nouvelle source d'abus. Et, une fois l'invention faite et reconnue bonne et applicable, où sera le capital pour la mettre en pratique? Un seul moyen serait possible : ce serait d'élever provisoirement le prix de toutes les denrées, ou de tous les objets fabriqués, afin que la production en étant ralentie, une partie du travail national puisse être employée à la création de l'outillage nouveau. Croit-on qu'une pareille mesure passerait sans récriminations? Il semble tout à fait impossible que, dans une société collectiviste, on puisse accomplir une œuvre industrielle comparable à celle qui s'est accomplie sous nos yeux pendant un demi-siècle par la création de l'admirable réseau de chemins de fer qui sillonne aujourd'hui l'Europe et l'Amérique. Le collectivisme apparaît comme incompatible avec le progrès aussi bien qu'il l'est avec la liberté.

Le collectivisme agraire. — Il est une autre forme de collectivisme qui se présente avec des caractères beaucoup plus raisonnables : c'est le collectivisme incomplet ou collectivisme agraire. Il est peu répandu dans notre pays parce que la propriété territoriale y est très divisée; mais il est très répandu en Angleterre. On laisse aux particuliers la propriété des capitaux industriels ; mais on veut que le sol de tout le territoire appartienne soit à l'État, soit aux communes. Nous avons déjà discuté cette doctrine à propos du livre de Henry George. Examinons seulement si réellement il y aurait avantage, pour l'ensemble de la population, à ce que les terres fussent possédées par l'État au lieu de l'être par les particuliers. Plusieurs esprits très sérieux ont soutenu l'affirmative, en se fondant sur la théorie de la rente qui veut que toute propriété foncière ait tendance à la hausse. Cette hausse ne provient nullement du travail du propriétaire, mais uniquement de l'accroissement de la population, des plus grandes facilités offertes au commerce, de la création des routes, de l'extension des villes, toutes choses qui sont le fait du développement social. Il est donc juste que cette hausse profite à la communauté, et non à quelques-uns. Cela est désirable en effet; mais l'attribution des terres à l'État aurait-elle cet effet, et dans tous les cas l'avantage ne serait-il pas racheté par des inconvénients plus graves? Ce n'est pas tout que l'État possède les terres : il faut que le cultivateur les exploite. Quel est le système proposé? L'État mettra en adjudication des lots de culture, et l'adjudicataire lui payera la redevance à laquelle il se sera engagé : les adjudications seront renouvelées à des intervalles plus ou moins éloignés. Si les intervalles sont rapprochés, le cultivateur n'aura d'autre intérêt que celui de faire rapporter le plus possible à la terre, sans s'occuper de l'amélioration du fonds. C'est la ruine de l'agriculture. Il faut que les adjudications soient assez éloignées pour que le fermier ait l'espoir et le moyen de récupérer le fruit de son travail ; mais quand on approchera du terme, il est à craindre que le tenancier laisse péricliter le fonds. C'est encore mauvais. Un autre système consiste à ne jamais renouveler l'adjudication ; seulement le taux de la redevance sera modifié de temps en temps par l'autorité et calculé d'après le revenu du terrain. Cela est bien arbitraire, et il est à craindre que le tenancier n'ait pas grand intérêt à augmenter des revenus dont la fixe lui ravira la plus grande part. Cependant, soit avec ce système, soit avec celui des adjudications à longue échéance, il faut prévoir le cas de changement de tenancier. La solution est simple. Le tenancier a le droit de vendre sa concession. C'est donc une sorte de propriété qu'on lui concède. Cela ne diffère pas beaucoup du régime actuel, avec une forte aggravation de l'impôt foncier. Il y a, disent les partisans du système, une différence capitale : c'est qu'il sera interdit au tenancier de sous-louer. Cette interdiction semble une tyrannie : c'est une fantaisie. Qui empêchera le tenancier de vendre sa concession avec clause de rachat, et de se contenter de recevoir, au lieu du prix de vente, l'intérêt de ce prix calculé à l'amiable? Il faudra donc interdire la clause du rachat. La tyrannie s'accentue; mais en l'absence de cette clause, le tenancier ne pourra-t-il pas rentrer dans sa concession si l'acheteur ne lui a payé que les intérêts du prix de vente? Quoi qu'on fasse, il semble difficile d'empêcher qu'une nouvelle propriété ne se constitue sur les ruines de l'ancienne, et les mesures qui pourraient réellement empêcher cette reconstitution, sont celles qui ruineraient l'agriculture en s'opposant à toute amélioration et même à l'entretien des qualités productives du sol. Enfin, que fera-t-on de la propriété bâtie, des petits domaines? Sera-t-il interdit d'avoir à soi sa maison, son jardin? Ce sont là des détails, et les socialistes s'inquiètent peu des détails : il leur suffit de tracer dans ses grandes lignes l'esquisse de la société qu'ils rêvent. Mais la vie sociale est faite d'une infinité de petits détails par lesquels l'existence est rendue heureuse ou insupportable, et toute organisation de la société qui ne pourrait pas se plier à ces petites, mais innombrables exigences, serait assurée de ne pouvoir fonctionner.

IV. *Le socialisme chrétien.* — Un des caractères les plus remarquables de la propagande socialiste, c'est qu'elle est parvenue à rallier à sa théorie une fraction importante des églises qui se partagent la domination spirituelle dans notre monde occidental. Il y a un s. catholique et un s. protestant. Le s. chrétien se défend de toute théorie. Basant ses revendications sur l'évangile, il déclare que la société n'est pas intéressée à ce que la fortune aille s'accumuler chez les riches et qu'il faut tout faire pour améliorer le sort des pauvres et égaliser les conditions. Sans doute, le désir de voir régner plus de justice parmi les hommes est la cause principale de ce mouvement; mais il serait téméraire d'affirmer que les préoccupations politiques soient étrangères à la nouvelle attitude de ces partis religieux. Il paraît certain que les églises catholiques et protestantes ont cherché de notre temps à se concilier les classes pauvres, qui sont les plus nombreuses, et à augmenter ainsi leur autorité et leur puissance. En France, le s. catholique y a assez mal réussi; il a peu de partisans et peu d'influence. Il n'en est pas de même en Angleterre et en Allemagne. Dans ce dernier pays, en particulier, il y a même, sous ce rapport, une sorte de rivalité entre le s. catholique et le s. protestant. Du reste, les aspirations sont différentes, suivant les lieux. En Allemagne et en Autriche, catholiques et protestants voient le salut dans un retour au système des corporations de métiers, à peu près tel qu'il fonctionnait au moyen âge. Quelques essais ont même été tentés dans cette voie; on ne peut pas dire qu'ils aient réussi. Voy. CORPORATION. En Angleterre, la question agraire prime tout : les socialistes chrétiens y sont des partisans d'Henry George : ils rêvent la confiscation des terres par l'État, et la plupart d'entre eux vont jusqu'à repousser le principe d'une indemnité aux propriétaires actuels. Nous avons déjà fait ressortir combien il serait injuste de spolier les propriétaires fonciers, tandis qu'on respecterait le capital industriel. Il n'est pas douteux qu'une pareille mesure, si elle pouvait être acceptée, serait suivie, à bref délai, de la confiscation en masse de tous les capitaux.

V. *Le socialisme d'État.* — *Les socialistes de la chaire.* — M. de Bismarck se déclarait socialiste, tout en regrettant que ses trop nombreuses occupations ne lui permissent pas de s'occuper activement de la question. Il eut de nombreuses entrevues avec Lasalle et était convaincu que les mesures législatives pouvaient beaucoup pour améliorer le sort des travailleurs. Il semble que les socialistes allemands lui aient su peu de gré de la sollicitude qu'il leur témoignait, puisque leurs violences ont fini par provoquer contre eux le vote de lois d'exceptions véritablement très dures. Est-ce à cette haute influence du chancelier de l'empire qu'il faut attribuer l'évolution curieuse qu'a subie, en Allemagne, l'enseignement de l'économie politique? Toujours est-il que les professeurs des gymnases et des universités ont complètement rompu avec la tradition des anciens économistes. Ils déclarent qu'on ne peut formuler aucune règle, aucun principe général, et qu'il faut toujours envisager les études économiques dans un lieu et dans un temps déterminé, afin de tenir compte des influences que la législation et la coutume exercent sur le développement des richesses. Cela paraît séduisant; mais comment déterminera-t-on les effets que peut exercer telle ou telle mesure projetée ou l'on s'est interdit à l'avance toute spéculation théorique? La nouvelle école s'est qualifiée d'école *historique* ou d'école *expérimentale*, parce qu'elle prétend tirer exclusivement ses enseignements de l'expérience historique. La conséquence inévitable de cette manière de comprendre les études économistes est d'attribuer à l'État une influence considérable en matière économique et d'attendre de lui seul les améliorations que les économistes espèrent du libre jeu des initiatives individuelles. En théorie, la nouvelle école est la négation de tout esprit scientifique, et la substitution de l'empirisme à la science, car la science a précisément pour objet de distinguer ce qui est général, c.-à-d. qui ne dépend que de la nature humaine, de ce qui est particulier et contingent, c.-à-d. de ce qui dépend des mœurs et des législations variables. En pratique, c'est le règne de la force substitué à celui de la liberté. Une pareille doctrine ne pouvait que plaire au chancelier de fer qui semble avoir fait, en même temps que Napoléon III, le rêve d'un gouvernement à la fois socialiste et autoritaire, puisant son autorité dans les masses du prolétariat. De là vient le nom de *socialisme d'État* donné à l'ensemble des nouvelles idées. Quant aux professeurs qui les développent, ils ont pris celui de *socialistes de la chaire (Katheder-Socialisten).* Comme on doit s'y attendre, un pareil enseignement manque absolument d'homogénéité. En l'absence de tout principe, chacun se laisse aller à ses préférences et l'on trouve dans les ouvrages et les cours des socialistes de la chaire, exposées avec plus ou moins de réserve et acceptées plus ou moins partiellement, toutes les idées qui constituent le fonds des doctrines socialistes. Les doctrines enseignées s'échelonnent, depuis l'économie politique orthodoxe à peine modifiée sur quelques points, jusqu'au collectivisme presque complet.

VI. *L'Internationale.* — *Situation actuelle du socialisme.* — La *Société Internationale des Travailleurs* fut fondée en Angleterre, en 1864, sous l'influence de Karl Marx, pour remplacer le salariat, forme transitoire du travail, par l'association qui assurera, disait-on au travailleur, le produit intégral de son labeur; mais, pour obtenir un pareil résultat, il faut éviter la concurrence des ouvriers des différents pays; l'entente de tous est nécessaire. C'est pourquoi la société doit être internationale. Ce programme n'avait rien de subversif; il fut adopté par des hommes sérieux et raisonnables; ce ne fut que plus tard que les idées révolutionnaires prévalurent dans l'Association. Cependant, les débuts furent difficiles, et les progrès ne s'accentuèrent qu'après le congrès tenu à Genève en 1866. Du reste, on a beaucoup exagéré la puissance de l'Internationale; si les adhésions étaient nombreuses, les cotisations étaient mal payées et l'argent manquait; mais le public la croyait très riche et elle put faire réussir des grèves parce que les patrons s'imaginaient que les grévistes seraient longtemps soutenus. L'Internationale tenait tous les ans des congrès en Suisse, dans des villes différentes : Genève, Bâle, Lausanne, etc. A chaque congrès, le progrès des tendances révolutionnaires s'accentuait : c'est par là qu'elle devait périr. L'apogée de la Société date de 1870; mais à cette époque date aussi l'introduction des anarchistes, partisans de Bakounine, qui réussirent admirablement à y faire régner l'anarchie. Les nouveaux venus supportaient difficilement l'autorité de Karl Marx, qui était cependant le plus éclairé de tous les membres de la société, et le seul capable de la faire fonctionner convenablement. Une scission se produisit au congrès de La Haye en 1872. Bakounine et ses adhérents furent exclus, et l'on décida que le siège du conseil central serait transporté en Amérique. Cette émigration ruina l'association. Il y eut bien encore des congrès jusqu'en 1877; mais les idées anarchistes avaient reparu et s'étaient développées parmi les socialistes : aussi les questions discutées aux congrès deviennent d'un puérilité extraordinaire, et l'Internationale perd définitivement toute influence.

Cependant Bakounine avait fondé l'*Alliance de la démocratie socialiste*, société moitié ouverte, moitié secrète qui fut la cause de son expulsion des statuts de celle-ci défendaient aux adhérents de faire partie de sociétés secrètes. L'*Alliance* de Bakounine eut, pendant quelques années, une prodigieuse et déplorable influence. C'était, en somme, la société des nihilistes de Russie.

Aujourd'hui, le s. est divisé en un très grand nombre de sectes, qui se combattent ardemment les unes les autres, et où les questions de personne jouent un grand rôle. En Allemagne il y a les *socialistes démocrates* qui sont plus ou moins révolutionnaires, les *socialistes d'État* les *socialistes catholiques*, les *socialistes protestants*. En Angleterre on trouve surtout les agrariens dont les *socialistes chrétiens* forment le type; mais il y a aussi des partis collectivistes. Même situation en Amérique. En France, nous avons de nombreux partis socialistes; mais on peut les répartir en trois catégories : les *anarchistes* qui perdent du terrain tous les jours, les *collectivistes révolutionnaires* et les *possibilistes*. Contrairement aux révolutionnaires qui se désintéressent de toute action politique et n'attendent rien que d'un bouleversement, les possibilistes veulent que par l'élection, les idées socialistes pénétrent dans le parlement et dans le gouvernement, de manière que la transformation de la société s'accomplisse peu à peu par l'effet de la législation. C'est là le parti le plus raisonnable, et c'est aussi le plus puissant.

VII. *Conclusions.* — On a pu voir, par ce qui précède, combien les doctrines groupées sous le nom de s. sont vagues, incohérentes et contradictoires. On peut reconnaître, dans la genèse des idées socialistes, deux principes opposés : l'un est un idéal de justice et un sentiment de pitié pour les malheureux ; l'autre est simplement l'envie, et la haine qui en est la conséquence, et malheureusement il ne faudrait pas croire que cette envie est le privilège des classes pauvres. On trouve des gens qui, sans être réellement riches, sont cependant dans l'aisance et qui se déclarent socialistes, moins par pitié pour les pauvres que par haine pour les grosses fortunes. Là est le malheur du s. Les doctrines élaborées sous l'influence d'une pareille passion ne peuvent être que désastreuses. Elles poursuivent bien moins l'amélioration du sort des plus pauvres que la destruction de tout ce qui semble au-dessus du niveau commun, et aboutiraient fatalement à l'égalité dans la misère. Le premier sentiment au contraire pousse à bien plus : à l'augmentation des salaires qu'à la recherche d'une égalité plus ou moins chimérique. Il s'accommode de la raison et de la réflexion, et c'est de lui seul qu'il faut attendre les progrès futurs, malgré les erreurs inévitables où le précipitera un entraînement irréfléchi. Le monde entier est aujourd'hui entré dans la voie de s. d'État, et il faut s'attendre à une expérience qui, si elle n'est pas poursuivie trop longtemps, aura du moins pour effet de montrer le néant de ce qu'on appelle aujourd'hui les théories socialistes.

Cependant des progrès sérieux s'accomplissent sous nos yeux. Jamais, quoi qu'on en dise, les salaires n'ont été plus élevés, jamais l'intérêt du capital n'a été aussi bas. Grâce à la diffusion de l'instruction, les carrières libérales elles-mêmes sont moins lucratives qu'autrefois et exigent plus de capacité et plus d'assiduité au travail. N'est-ce pas un acheminement vers l'égalité ? Et cependant, jamais peut-être les ouvriers ne se sont trouvés aussi malheureux. Il y a à cet état des choses des causes plus morales qu'économiques, qui n'agissent pas seulement dans les classes les moins favorisées. Personne n'est content de son sort. Ce sont là des conditions fâcheuses pour préparer les améliorations futures. Il faudrait de la patience, de la persévérance, une saine et froide raison : on y veut substituer la passion, le désordre, les tentatives inconsidérées et les expériences hasardées. Là est le véritable danger. Le but à poursuivre est l'augmentation du bien-être minimum. Quant à l'inégalité, il faut en prendre son parti parce qu'elle a son utilité et qu'elle est le plus grand ressort de l'activité individuelle. Il faut qu'il y ait des riches afin que la possibilité de s'enrichir pousse au travail les gens capables et entreprenants. Tous ne réussissent pas ; mais tous contribuent à l'amélioration sociale par les efforts qu'ils s'imposent et qu'ils se seraient certainement pas sans l'espérance de réaliser la fortune, objet de leur ambition.

Sans doute tout n'est pas pour le mieux dans le meilleur des mondes, et la question sociale reste la préoccupation dominante de notre époque. Aucun esprit sérieux ne voudra se désintéresser de cet idéal de justice et de bien-être qui trouble toutes les consciences. Mais les solutions violentes et empiriques ne peuvent mener à rien. Ce n'est pas une révolution économique qu'il faudrait, c'est une révolution morale. On attend tout de l'État, on oublie que l'État ne peut rien créer, qu'il peut seulement détruire ou entraver la production. Cette conception de l'omnipotence de l'État est une illusion dangereuse parce qu'il est difficile d'apprécier à l'avance tous les effets d'une mesure législative et qu'elle trop souvent des résultats précisément contraires à ceux qu'on en attendait. Nous citerons seulement deux exemples. Le premier est emprunté à l'impôt sur les valeurs mobilières. Quoi de plus juste en apparence que de frapper d'un lourd impôt ces titres qui rapportent à leur propriétaire un revenu certain en l'absence de tout travail ? Cependant le résultat est qu'une entreprise fonctionnant au moyen d'un capital réparti par petites coupures entre un très grand nombre d'actionnaires, paye d'impôt qu'une entreprise similaire appartenant à un propriétaire unique. La loi favorise le riche au détriment du pauvre qui a réussi à réaliser quelques économies. Notre second exemple sera

fourni par la législation des sucres. Depuis Colbert, la législation s'est efforcée de maintenir la justice et l'égalité entre tous ceux qui contribuent à la production du sucre tant en France qu'aux colonies. Le résultat est une triple déception. En premier lieu on a mécontenté tout le monde ; en second lieu on a abouti à la fortune scandaleuse de quelques raffineurs qui sont les maîtres du marché et font peser lourdement leur suprématie aussi bien sur les consommateurs que sur les producteurs de betteraves ou de canne à sucre ; enfin, on est arrivé à ce résultat surprenant que les Français paient le sucre à peu près deux fois ce qu'il coûte, tandis que les Anglais l'achètent à un prix inférieur au prix de revient. Tels sont les effets les plus clairs du protectionnisme et du système des primes à l'exportation. En présence de pareils résultats, il est permis de se demander si l'État est bien qualifié pour faire régner la justice dans la production des transactions économiques. Cependant l'intervention du législateur ne doit pas être repoussée *à priori* en toutes circonstances : elle s'impose, au contraire, toutes les fois qu'un monopole de fait se trouve réalisé, et que la libre concurrence ne peut plus exercer son influence régulatrice. Tel est le cas des chemins de fer et des industries qui se sont constituées sous le régime d'une contralisation excessive ; mais chaque cas particulier devrait être l'objet d'un examen spécial, et il est absurde de vouloir soumettre au même régime un établissement comme le Creusot, par ex., et la couturière qui occupe cinq ou six ouvrières dans un atelier où elle travaille elle-même.

La définition précise du rôle de l'État, et la limite raisonnable de ses attributions apparaît aujourd'hui comme le premier problème qu'ait à résoudre la science économique. En dehors de cela, deux progrès importants sont à souhaiter. Le premier est l'éducation de la classe ouvrière qui, ne comprenant rien au mécanisme et aux nécessités de la production, est incapable de trouver dans son sein des hommes capables de diriger une entreprise. De là vient l'échec de presque toutes les sociétés coopératives de production qui ont toujours péri par l'insuffisance des gérants, même et surtout quand elles ont reçu l'assistance pécuniaire de l'État. Le second est la diffusion de la petite propriété. Le développement des sociétés par action permet aux plus petites épargnes de contribuer à l'outillage industriel du pays. La propriété foncière se développe dans deux tendances différentes. D'une part, le morcellement qui attache le paysan à la terre et permet la petite culture si productive dans certaines circonstances : culture de la vigne, culture maraîchère, etc., d'autre part la grande propriété nécessaire pour la grande culture industrielle qui gagne à se centraliser. Est-il chimérique de rêver une situation, où celle-ci serait monnolége comme l'envie, par l'attribution de grandes étendues de terrains à des sociétés agricoles comprenant un grand nombre d'actionnaires, la part de chaque actionnaire pouvant être représentée soit par un titre concédant la propriété de la propriété, soit par un lot déterminé du territoire mis en commun. Et ce résultat ne peut-il être obtenu, sans bouleversement et sans violence, par le seul intérêt qu'auraient, dans les pays de grande culture, les petits propriétaires à s'associer pour une exploitation commune ? Enfin, il faudrait mettre un terme au gaspillage formidable que fait l'État par les dépenses militaires et les frais exagérés d'administration. Les réformes à opérer sont innombrables ; mais la plupart devraient être faites dans le sens de la liberté, et non de l'autorité. Il est surtout un point où la liberté est indispensable : c'est en ce qui concerne les associations et la presse. Il ne faut jamais essayer d'empêcher les idées de s'exprimer. Sous le régime de la contrainte, on fait des conspirateurs et des anarchistes ; sous celui de la liberté, les conceptions chimériques ne tardent pas à montrer leur néant et à disparaître d'elles-mêmes, comme le montre bien l'exemple du communisme de Cabet et de Louis Blanc aujourd'hui répudié par tout le monde. S'il est une chose qui puisse étonner, c'est que le progrès se soit accompli, comme nous l'avons vu depuis un demi-siècle, malgré toutes les entraves qui y ont été apportées. Il ne faut jamais désespérer de l'avenir de l'humanité. Les ressources dont elles dispose sont innombrables et insoupçonnées, et, malgré les réactionnaires et les révolutionnaires, la société poursuivra son évolution dans le sens de l'augmentation du bien-être et de l'égalité ; mais ce sera l'œuvre lente et patiente des générations futures et la transformation ne se fera ni par l'omnipotence de l'État ni par les violences des révolutionnaires, mais par l'accord de toutes les bonnes volontés et le libre jeu des intérêts, et par un mécanisme qu'il est impossible de prévoir. De même que les rouages économiques de notre époque ne ressemblent pas à ceux de l'antiquité, de même, il est permis de prévoir que les sociétés futures sauront réaliser des institutions dont nous n'avons pas la moindre idée et qui deviendront d'admirables instruments de progrès.

Bibliogr. — Benoît Malon, *Histoire du Socialisme*, 1883; *Le Socialisme intégral*, 1890. — L. Reybaud. *Étude sur les réformateurs ou socialistes contemporains.* — De Laveleye, *Le Socialisme contemporain*, 1896. — P. Leroy-Beaulieu, *Le Collectivisme.* — Les nombreux ouvrages des économistes allemands.

SOCIALISTE. adj. 2 g. (R. *social*). Qui concerne le socialisme. *Les doctrines socialistes.* || En parlant des personnes, se dit subst. et sign., Partisan du socialisme. *C'est un s., une s.*

SOCIATIF, IVE. adj. (lat. *sociare*, associer). T. Gram. Qui marque l'association de deux objets. *Un cas s.*

SOCIÉTAIRE. s. et adj. 2 g. [Pr. *socié-tère*]. Personne qui fait partie de quelque société littéraire, musicale, et de certaines entreprises dramatiques. *Les sociétaires de la Comédie française.* || *Théorie s., Système s.*, Le système d'organisation sociale, autrement appelé *Système phalanstérien.* Voy. Socialisme.

SOCIÉTARIAT. s. m. [Pr. *sosiéta-ria*]. Qualité de sociétaire; réunion des sociétaires d'une entreprise.

SOCIÉTÉ. s. f. (lat. *societas*, m. s., de *socius*, compagnon). Assemblage d'hommes qui sont unis par la nature ou par des lois; commerce que les hommes réunis ont naturellement les uns avec les autres. *La s. naturelle. La s. civile. Les sociétés modernes. L'origine des sociétés. Troubler la s. Être le fléau de la s. Vivre en s. L'homme est né pour la s.* — Par analogie, on dit de certains animaux qui vivent rassemblés en troupes, qu'*ils vivent en s.* || Union de plusieurs personnes jointes pour quelque intérêt ou pour quelque affaire. *Une s. de commerce. Une s. en nom collectif. Une s. de banquiers. L'acte de s. interdit... Se mettre en s. La s. est en faillite, en liquidation. Être en s. au jeu. Ouvrage exécuté par une s. de gens de lettres.* || Association de plusieurs personnes qui se réunissent dans le but de cultiver et de faire avancer les sciences, les arts ou les lettres. *S. savante. S. littéraire. S. des beaux-arts. La s. d'agriculture, d'horticulture, de géographie. La s. philotechnique. La s. anatomique.* || Association de plusieurs personnes dans un but religieux, charitable, politique, etc. *La s. des jésuites. La s. de Saint-Vincent de Paul. La s. de la morale chrétienne. La s. philanthropique. La s. des francs-maçons. La s. des droits de l'homme. S. secrète. Voy. Association, et plus bas. S. de secours mutuels. Voy. Secours.* || Compagnie de personnes qui s'assemblent ordinairement pour la conversation, pour le jeu ou pour d'autres plaisirs. *S. agréable, choisie. Il vit dans les meilleures sociétés. Il faut le bannir de notre s.* — *Vers de s.*, Vers qui ont été faits pour être lus dans une réunion de personnes de connaissance, et qui ne sont pas destinés au public. || Se dit des habitants d'un pays, d'une ville, relativement aux rapports qui existent entre eux, à la manière dont ils vivent les uns avec les autres. *Il n'y a point de s. dans cette ville. Dans cette petite ville, on trouve une bonne s. Le ton, les agréments de la s. L'esprit de la s. Des talents de s.* || Le commerce ordinaire, habituel que l'on a avec certaines personnes. *Je trouve beaucoup d'agréments dans sa s. Il est d'une bonne s. Il ne faut pas faire s., lier s. avec les médisants. Cette personne est de mauvaise s.* Fam., on dit, *Je ne voudrais pas faire ma. s. de cet homme-là*, Je ne voudrais pas me lier avec lui, le fréquenter souvent. || T. Arithm. *Règle de s.*, Voy. Compagnie et Proportionnel. ⸗ Syn. Voy. Compagnie. ⸗ Philos. Voy. Sociologie.

Législ. — En termes de Droit, on appelle *Société* la réunion de deux ou plusieurs personnes qui mettent en commun une chose dans le but de se partager les bénéfices qui pourront en résulter. Les caractères essentiels de toute s. sont : 1° une mise fournie par chaque associé, laquelle peut être de l'argent ou d'autres biens, ou son industrie; 2° un intérêt commun; 3° un bénéfice en perspective; 4° ce bénéfice partageable entre les parties; 5° un objet licite. La loi distingue deux catégories de sociétés, les sociétés civiles et les sociétés commerciales. Les premières n'ont pas pour but des opérations commerciales, tandis que les secondes ont pour but exclusif ce genre d'opérations que nous avons énumérées au mot Commerçant. Elles diffèrent en droit: 1° en ce que les sociétés civiles n'exigent, pour être valables, aucune solennité, tandis que les

sociétés commerciales ne peuvent, en général, s'établir sans certaines formalités: 2° en ce que les premières, au cas d'insolvabilité, sont déclarées en déconfiture, pendant que les secondes sont soumises au régime de la faillite; 3° en ce que les discussions qui peuvent surgir entre les associés sont de la compétence des tribunaux civils pour les premières, et de celle des tribunaux de commerce pour les secondes.

I. — Les *Sociétés civiles* doivent être formées par une convention écrite lorsque leur objet est d'une valeur qui dépasse 160 francs.

A. Elles sont *universelles* ou *particulières*. On distingue deux sortes de *Sociétés universelles*, la s. de tous biens présents, et la s. universelle de gains. La *S. de biens présents* est celle par laquelle les parties mettent en commun tous les biens meubles et immeubles qu'elles possèdent, ainsi que les profits qu'elles en peuvent tirer. Mais les biens qui peuvent leur advenir par succession, legs ou donation, ne sauraient entrer dans la s. que pour la jouissance. La *S. universelle de gains* comprend tout ce que les parties peuvent acquérir par leur industrie, pendant l'existence de la s. Les meubles possédés par les associés au moment du contrat font partie de cette s. Quant à leurs immeubles, ils n'y entrent que pour la jouissance. Cette s. ne saurait exister que par une stipulation expresse qui en détermine le caractère. — La *S. particulière* est celle qui ne s'applique qu'à certaines choses déterminées, ou à leur usage, ou aux fruits à en percevoir. L'association pour une entreprise déterminée ou pour l'exercice de quelque métier ou profession est également une s. particulière. (C. C. art. 1832-42).

B. Toute s. commence à la date du contrat, à moins qu'il ne désigne une autre époque. Si la convention ne détermine pas la durée, elle est censée contractée pour la vie des associés, ou, s'il s'agit d'une affaire dont la durée est limitée, pour tout le temps que doit durer cette affaire. Chaque associé est débiteur envers la s. de tout ce qu'il a promis d'y apporter. Celui qui devait fournir une somme d'argent et qui ne l'a point fait, devient, de plein droit, débiteur des intérêts de cette somme à partir du jour où elle devait être payée, sans préjudice des dommages et intérêts, s'il y a lieu. L'associé qui s'est engagé à apporter son industrie, doit compte à la s. de tous les gains qu'il a faits par l'industrie qui est l'objet de cette s. Si les choses dont la jouissance seulement a été mise dans la s. sont des corps certains et déterminés qui ne se consomment point par l'usage, elles sont au risque de l'associé; elles sont au risque de la s., si elles se consomment, se détériorent en se gardant, ou si elles ont été prises d'après une estimation portée sur un inventaire. — Lorsque l'acte de s. n'a pas réglé la part de chaque associé dans les bénéfices ou pertes de la s., elle est en proportion de sa mise dans le fonds de la s. Quant à celui qui n'a mis dans la s. que son industrie, sa part doit être égale à celle de l'associé qui a le moins apporté. La convention par laquelle un des associés aurait la totalité des bénéfices est nulle de droit. Il en est de même de la stipulation qui affranchirait de toute contribution aux pertes les fonds ou effets apportés par un ou par plusieurs associés. Chaque associé est tenu, envers la s., des dommages qu'il lui a causés par sa faute; mais aussi il a action contre elle, non seulement à raison des sommes qu'il a déboursées pour elle, mais encore à raison des obligations qu'il a contractées de bonne foi pour les affaires de la s., et des risques inséparables de sa gestion. — Les sociétés sont gérées par un ou plusieurs administrateurs. Lorsqu'un associé, par une clause spéciale de l'acte de s., est chargé de l'administration, son pouvoir ne peut être révoqué, sans cause légitime et s'il n'y a fraude, tandis que, dans l'autre cas, le pouvoir est révocable comme un simple mandat, s'il a été conféré par un acte postérieur. Lorsque plusieurs associés sont chargés d'administrer sans que leurs fonctions soient déterminées, ils peuvent, sauf stipulation contraire, faire séparément tous les actes de cette administration. En l'absence de conventions spéciales, l'administration a lieu comme il suit : 1° les associés sont censés s'être donné réciproquement le pouvoir d'administrer l'un pour l'autre. Ce que chacun fait est valable, même pour la part de ses associés, sans qu'il ait pris leur consentement; sauf le droit qu'ont ces derniers ou l'un d'eux de s'opposer à l'opération avant qu'elle soit conclue; 2° chaque associé peut se servir des choses appartenant à la s., mais conformément à leur destination fixée par l'usage, et dans l'intérêt de la s.; 3° tout associé peut obliger les autres à faire avec lui les dépenses nécessaires à la conservation des choses de la s.; 4° enfin, un associé ne peut faire d'innovations sur les immeubles de la s., lors même qu'il les croirait avantageuses, sans le consentement des autres associés. — Dans les sociétés autres que celles du commerce, les associés ne sont pas tenus solidairement des dettes sociales, et l'un d'eux ne saurait obliger les autres, s'ils ne lui en ont conféré le pouvoir. Les associés sont tenus envers les créanciers de la s. chacun pour une somme et part égale, à moins qu'il n'y ait convention contraire. (C. C., 1843-64.)

C. Les causes d'extinction des sociétés civiles sont : 1° l'expiration du temps pour lequel elles ont été contractées; 2° l'extinction de la chose, ou la consommation de la négociation; 3° la mort naturelle de l'un des associés; 4° l'interdiction ou la déconfiture de l'un d'eux; 5° la volonté qu'un ou plusieurs d'entre eux expriment de n'être plus en s. Il peut être stipulé qu'au cas de mort d'un des associés la s. continuera avec son héritier ou avec les survivants. En l'absence de stipulation, l'héritier n'a droit qu'au partage de la s. en égard à la situation de la s. lors du décès, et il ne participe aux droits ultérieurs qu'autant qu'ils sont une suite nécessaire de ce qui s'est fait avant la mort de l'associé auquel il succède. La volonté seule des parties peut amener la dissolution d'une s. dans le cas où la durée de cette s. est illimitée. Elle s'opère par une renonciation notifiée à tous les associés; mais elle doit être de bonne foi et non faite à contretemps. Lorsque la s. est à terme, l'un des associés ne peut demander la dissolution avant l'époque fixée que lorsqu'il a pour cela de justes motifs, dont la gravité et la légitimité sont d'ailleurs laissées à l'arbitrage des juges. Si une s. à temps veut se proroger, la prorogation doit s'établir par un écrit revêtu des mêmes formes que le contrat de s. Enfin, le partage des bénéfices obtenus entre les associés doit se faire par les mêmes règles que la loi a fixées pour le partage des successions. (C. C., 1865-72.)

II. — Les Sociétés commerciales ont, en général, le caractère de personnes juridiques ou morales. La réunion d'intérêts qui résulte d'un contrat de s. constitue un être moral ayant une existence propre et distincte de celle des associés. En conséquence, les biens de la s. forment une masse et sont le gage exclusif des créanciers envers lesquels elle s'est engagée, de telle sorte que ceux-ci sont préférés, sur les biens sociaux, aux créanciers personnels des associés. La loi indique quatre sortes de sociétés commerciales : la S. en nom collectif, la S. en commandite, la S. anonyme et la S. en participation, dont chacune est soumise à certaines règles particulières. D'ailleurs les règles générales relatives aux sociétés civiles s'appliquent aussi aux sociétés commerciales dans les points qui n'ont rien de contraire aux lois et usages du commerce. (C. C., 1873.)

A. La S. en nom collectif est celle que contractent deux ou plusieurs personnes pour faire le commerce sous une raison sociale. La Raison sociale est le nom social sous lequel la s., et sous lequel elle contracte, s'engage, agit en justice, etc. Elle se formule ordinairement ainsi : Un tel et compagnie. La raison sociale ne peut contenir que des noms d'associés. Ces derniers doivent être tous connus, et indiqués dans l'acte de s., car ils sont tous solidairement responsables vis-à-vis des créanciers de la s. C'est ce dernier caractère qui sépare complètement la s. en nom collectif de toutes les autres espèces de sociétés. Toutefois, pour que la solidarité existe, il est nécessaire que l'engagement ait été pris par les ayants droit et sous la raison sociale de la s. Ordinairement, les associés, soit par l'acte de s., soit par un acte postérieur, confient à un ou plusieurs d'entre eux, qui prennent le nom d'Associés gérants, l'administration dans l'intérêt de tous. Dans ce cas, les gérants seuls ont le droit d'engager la s. Le gérant, ou s'il n'en existe pas, les associés font au nom de la s. tous les actes nécessaires au commerce qui est l'objet de l'association. Quant au siège de la s., il se trouve au lieu où elle a son principal établissement. C'est donc devant le tribunal de ce lieu qu'elle doit être assignée en cas de contestation ou de poursuite. (C. C., art. 20-22.)

B. La S. en commandite est celle qui est constituée entre un ou plusieurs associés responsables et solidaires, et un ou plusieurs associés bailleurs de fonds, appelés jusqu'à concurrence de leur mise seulement. Elle se compose d'un ou plusieurs associés qui gèrent et qu'on appelle Commandités, et de bailleurs de fonds étrangers à la gestion, et qu'on nomme Commanditaires ou bien Associés en commandite. Ces derniers, à la différence des associés en nom collectif, ne peuvent apporter dans la s. qu'un concours purement matériel, comme de l'argent, des immeubles, des marchandises, etc. Lorsque cette s. n'est formée qu'entre deux personnes, dont l'une est gérant responsable, pendant que l'autre est commanditaire, on a une s. en commandite pure. Lorsqu'elle comprend plusieurs associés solidaires, soit que tous gèrent ensemble, soit qu'un ou plusieurs gèrent pour tous, et un ou plusieurs associés commanditaires, la s. est à la fois en nom

collectif pour les premiers, et en commandite à l'égard des seconds. La s. en commandite, comme la précédente, est régie sous un nom social, qui doit être celui d'un ou de plusieurs des associés responsables et solidaires appelés gérants. Le nom d'un commanditaire n'en peut jamais faire partie. En outre, les commanditaires ne peuvent faire aucun acte de gestion, ni être employés pour les affaires de la s., même en vertu d'une procuration, sans se trouver, par cela même, engagés solidairement avec tous les associés soit pour tous les actes de la s., soit pour quelques-uns seulement, suivant les cas. (C. C., 23-8.)

Outre la s. en commandite simple ou par intérêts, dont nous venons de parler, il existe une forme particulière de s. en commandite appelée commandite par actions. Le Code de Commerce ne fait que la mentionner, en disant qu'elle est soumise aux règles de la commandite ordinaire. À l'époque où cette partie de la législation commerciale fut promulguée (20 septembre 1807), la commandite par actions était presque inusitée, et l'on n'avait pu encore reconnaître par l'expérience l'insuffisance, pour cette forme de s., des dispositions qui régissent la commandite ordinaire. Mais, depuis lors, l'immense développement qu'ont pris chez nous l'industrie et le commerce a rendu habituel l'usage de la s. en commandite par actions, et la pratique n'a pas tardé à révéler les lacunes de la législation de 1807. La commandite simple réunit deux éléments hétérogènes : un gérant maître absolu de l'opération et disposant à son gré du fonds social, et des commanditaires n'ayant qu'un droit de surveillance limité par la loi. S'ils restent étrangers à la gestion, ils sont à la merci du gérant; s'ils y participent, ils deviennent responsables. Cet état de choses s'aggravait encore dans la s. en commandite par actions, où nulle surveillance efficace n'était possible et où un gérant audacieux pouvait tout se permettre et ruiner les commanditaires. C'est afin de mettre un terme à cet inconvénient qui compromettait gravement le crédit industriel qu'a été votée la loi du 17 juillet 1856, abrogée et remplacée par celle du 24 juillet 1867. On sait que, dans une s. par actions, le capital social se divise en un certain nombre de fractions égales appelées actions, qui, réunies, donnent le total de ce fonds. D'après la loi de 1867, complétée par celle du 1er août 1893, la constitution des commandites par actions est subordonnée à des conditions multiples. Il faut d'abord que la valeur des actions ou coupures d'actions ne soit pas inférieure à 25 francs, lorsque le capital social n'excède pas 200000 francs, à 100 francs, lorsque ce capital est supérieur à 200 000 francs; de plus, la constitution est subordonnée à la souscription de la totalité du capital social et au versement par chaque actionnaire du montant des actions souscrites par lui, lorsqu'elles n'excèdent pas 25 francs et du quart au moins des actions, lorsqu'elles atteignent ou excèdent 100 francs. La souscription intégrale du capital et le versement préalable du quart de ces actions doivent être l'objet d'une déclaration notariée du gérant, qui doit annexer à cette déclaration la liste des souscripteurs, l'état des versements faits par eux, et l'acte sous seing privé ou notarié qui renferme les statuts de la s. Comme autres conditions la loi exige que l'évaluation des apports en nature et la cause des avantages particuliers, stipulés au profit des fondateurs, soient appréciées dans les formes exigées, enfin, qu'un Conseil de surveillance soit nommé, préalablement à toute opération commerciale. — Les règles qui précèdent comportent trois sanctions différentes : 1° la nullité de la s.; 2° la responsabilité pécuniaire des personnes qui par leur faute ont contribué à la nullité; 3° des peines édictées contre ceux qui se sont rendus coupables de certains faits déterminés. Ainsi la loi punit d'une amende de 500 à 10 000 francs l'émission des actions d'un taux inférieur au minimum que nous avons indiqué plus haut ou la négociation d'actions dont le versement immédiatement exigible n'aurait pas été effectué. La même pénalité frappe le gérant qui commence les opérations avant l'entrée en fonctions du Conseil de surveillance. Les sociétés en commandite par actions doivent comprendre une Gérance, des Assemblées générales d'actionnaires et un Conseil de surveillance. Il peut y avoir un ou plusieurs gérants, pris parmi les associés responsables. Ils ne diffèrent en rien des gérants des sociétés en nom collectif; ils représentent la s., administrent, contractent et agissent en son nom. Les assemblées d'actionnaires ont pour but de faire connaître aux commanditaires la situation des affaires de la s. et les droits qu'ils ont à faire valoir. C'est dans ces assemblées que les gérants rendent compte de leurs gestions. Le Conseil de surveillance doit se composer de trois membres au moins pris parmi les actionnaires et nommés par eux dans la première assemblée générale après la constitution définitive de la s. Ils sont chargés de veiller à ce que les gérants exécutent les conventions sociales; mais ils n'ont aucun droit de s'immiscer dans la gestion des affaires. Nommé d'abord pour un an, puis réélu dans les conditions fixées par les statuts, le Conseil doit vérifier les livres, la caisse, le portefeuille, les valeurs de la s., et faire chaque année son rapport à l'assemblée générale sur les inventaires et les propositions de distribution de dividende faites par le gérant. Enfin, il peut convoquer l'assemblée générale et provoquer la dissolution de la s. Les membres du Conseil de surveillance sont responsables individuellement de toute fraude ou faute qu'ils commettent dans l'exercice de leurs fonctions. Il en est ainsi notamment lorsqu'ils ont laissé passer sciemment dans les inventaires des inexactitudes graves et préjudiciables à la s. ou aux tiers; ou encore lorsqu'ils ont, en connaissance de cause, consenti à la distribution de dividendes non justifiés par inventaires sincères et réguliers.

C. La *S. anonyme* est celle qui n'existe pas sous une raison sociale, et qui n'est désignée par le nom d'aucun des associés. Elle doit être qualifiée par l'objet de son commerce ou de son industrie : telles sont la Banque de France, les Compagnies d'assurances, celles de chemins de fer, etc. L'autorisation du Gouvernement n'est plus nécessaire depuis la loi du 24 juillet 1867 pour la fondation des sociétés anonymes, sauf pour les associations de la nature des tontines et pour les sociétés d'assurances sur la vie, lesquelles restent soumises à l'autorisation préalable. Toutefois la même loi, complétée par celle du 1er août 1893, édicte un certain nombre de règles applicables soit à la constitution, soit au fonctionnement des sociétés anonymes. Les conditions constitutives requises par la loi sont les mêmes que celles qui sont exigées pour les commandites par actions dont nous avons donné plus haut l'exposé (taux minimum des actions ou coupures d'actions, versement intégral ou du quart, évaluation des apports en nature, constitution d'un Conseil de surveillance, etc.). Il faut en outre que le nombre des associés ne soit pas inférieur à 7. Le législateur a vu en effet dans la fixation de ce minimum une garantie de l'importance réelle de la s. L'administration des sociétés anonymes comporte trois organes : 1° les administrateurs; 2° les commissaires de surveillance; 3° les assemblées d'actionnaires.

Administrateurs. — L'administration des sociétés anonymes est confiée à un ou plusieurs mandataires à temps, révocables, salariés ou gratuits, pris parmi les associés. Ces mandataires peuvent choisir parmi eux un directeur ou, si les statuts le permettent, se substituer un mandataire étranger à la s. et dont ils sont responsables envers elle. Les administrateurs sont élus par l'assemblée générale des actionnaires; la durée de leur mandat est de 6 ans au plus : ils sont rééligibles sauf stipulation contraire. Toutefois, les statuts peuvent contenir la désignation des administrateurs ; dans ce cas la durée de leur mandat ne peut dépasser 3 ans. Les administrateurs doivent être propriétaires d'un nombre d'actions déterminé par les statuts : ces actions sont affectées à la garantie de leur gestion; elles sont frappées d'inaliénabilité et déposées dans la caisse sociale. Il est interdit aux administrateurs, sauf autorisation de l'assemblée générale, de prendre ou de conserver un intérêt direct ou indirect dans une entreprise ou marché concernant la s. Conformément aux règles du droit commun, les administrateurs sont responsables de leurs actes, soit individuellement, soit solidairement, suivant les cas.

Commissaires de surveillance. — Chaque année, l'assemblée générale des actionnaires désigne un ou plusieurs commissaires pris ou non parmi les associés, chargés de faire un rapport à l'assemblée générale de l'année suivante sur la situation de la s., sur le bilan et sur les comptes présentés par les administrateurs. A cet effet, les commissaires ont le droit, pendant le trimestre qui précède la réunion de l'assemblée générale, de prendre communication des livres et d'examiner les opérations de la s. L'état sommaire qui est dressé chaque semestre de la situation financière doit être mis à leur disposition. L'inventaire, le bilan et le compte des profits et pertes doivent de même leur être communiqués le quarantième jour, au plus tard, avant l'assemblée générale. Les commissaires de surveillance, à défaut de nomination par l'assemblée générale, sont désignés par ordonnance du président du Tribunal de commerce. Ils peuvent toujours, en cas d'urgence, convoquer l'assemblée générale.

Assemblées générales. — Ces assemblées se divisent en trois catégories : 1° l'assemblée constitutive; 2° les assemblées générales ordinaires; 3° les assemblées générales extraordinaires. L'assemblée constitutive est celle qui a pour objet de vérifier si la s. est régulièrement constituée et de nommer les administrateurs et les commissaires de surveillance. Elle doit être composée d'un nombre d'actionnaires représentant la moitié au moins du capital social, sinon elle ne peut prendre qu'une délibération provisoire, laquelle ne devient définitive que si elle est approuvée par une seconde assemblée composée d'un nombre d'actionnaires représentant le cinquième au moins du capital social. Une fois constituée, la s. doit tenir, chaque année au moins, une assemblée générale, dite ordinaire. Les statuts déterminent le nombre d'actions que l'on doit posséder pour y prendre part, le nombre de voix attribué à chaque actionnaire, suivant le nombre d'actions représentées. L'assemblée générale, pour prendre une délibération valable, doit être composée d'un nombre d'actionnaires représentant le quart au moins du capital social. Si ce nombre n'est pas atteint, il y a lieu de convoquer une nouvelle assemblée, laquelle, délibère valablement, quel soit le nombre de ses membres. L'objet des assemblées générales ordinaires consiste à entendre le rapport des administrateurs, à nommer les commissaires de surveillance, à remplacer, s'il y a lieu, les administrateurs. Quinze jours au moins avant la réunion de l'assemblée générale, tout actionnaire peut prendre, au siège social, communication de l'inventaire et de la liste des actionnaires et se faire délivrer copie du bilan résumant l'inventaire et du rapport des commissaires. Quant aux assemblées générales dites extraordinaires, elles ont pour objet de délibérer soit sur des modifications aux statuts, soit sur la continuation de la s. au delà du terme fixé par les statuts. Pour être régulièrement constituée, ces assemblées doivent comprendre un nombre d'actionnaires représentant la moitié au moins du capital social. — Les sociétés anonymes doivent prélever, chaque année, sur leurs bénéfices nets 1/20e au moins, affecté à la formation d'un fonds de réserve, jusqu'à concurrence du dixième du capital social.

D. *Sociétés à capital variable.* — La loi du 24 juillet 1867 a consacré l'existence des sociétés à capital variable ou sociétés coopératives, en décidant qu'il peut être stipulé dans les statuts de toute s. que le capital social sera susceptible d'augmentation par des versements successifs faits par les associés et d'admission d'associés nouveaux et de diminution par la reprise totale ou partielle des apports effectués. Les sociétés dont les statuts renferment la disposition ci-dessus sont soumises, indépendamment des règles générales qui leur sont propres suivant leur forme spéciale, à un certain nombre de prescriptions dont les principales sont les suivantes : 1° le capital social fixé par les statuts ne peut excéder 200 000 francs, mais il peut être augmenté, d'année en année, par des délibérations de l'assemblée générale, sans pouvoir être supérieur à 200 000 francs; 2° lorsque la s. est formée par actions, les actions ou coupures d'actions doivent être nominatifs, même après leur entière libération; d'autre part, le taux de l'action ne peut être inférieur à 50 francs; 3° chaque associé a le droit de se retirer, sauf conventions contraires. Toutefois les statuts doivent déterminer une somme au-dessous de laquelle le capital ne pourra être réduit par la reprise des apports. Cette somme ne peut être inférieure au dixième du capital social. Enfin, l'associé qui cesse de faire partie de la s. reste tenu pendant 5 ans envers les associés et les tiers de toutes les obligations existant au moment de sa retraite; 4° les statuts peuvent donner à l'assemblée générale ou au conseil d'administration le droit de s'opposer au transfert des actions.

E. *Sociétés de crédit agricole.* — En vue de favoriser le développement du crédit agricole, la loi du 5 novembre 1894 a institué un régime spécial pour les sociétés ayant exclusivement pour objet de faciliter ou de garantir les opérations concernant l'industrie agricole et effectuées par les syndicats ou par des membres de ces syndicats. Tout en attribuant à ces sociétés le caractère de sociétés commerciales, la loi édicte pour leur constitution, leur fonctionnement, leur publicité, leur dissolution, des règles plus simples que celles qui sont applicables aux autres sociétés. Ainsi elle s'en remet aux statuts pour la fixation du capital, sans exiger ni maximum ni minimum. Elle laisse également la plus entière liberté pour l'institution des organes de surveillance ou pour le choix des administrateurs. De plus, ces sociétés jouissent de certaines faveurs au point de vue fiscal : elles sont exemptées du droit de patente et de l'impôt sur le revenu des valeurs mobilières.

F. *Formalités de publicité des actes de société.* — La loi impose à toutes les sociétés commerciales une publicité commune indépendamment de certaines règles spéciales suivant la nature de la s. Elles doivent faire connaître au public, dans le mois de leur constitution, les conditions de leur existence : 1° par le dépôt d'un double de l'acte constitutif aux greffes de la justice de paix et du tribunal de commerce du lieu où la s. a son siège, en y annexant, s'il s'agit d'une s. par actions, la déclaration notariée de la souscription inté-

grale et du versement du quart, la liste nominative des souscripteurs, l'état des versements, une copie certifiée des délibérations des assemblées constitutives; 2° par l'insertion d'un
extrait des statuts et des pièces annexées dans l'un des journaux désignés pour recevoir les annonces légales. Les modifications apportées à la constitution des sociétés sont soumises à
cette même publicité. Si la s. a plusieurs maisons de commerce,
la publicité doit être faite dans chacun des arrondissements où
ces maisons sont situées. Les formalités de publicité prescrites
par la loi sont exigées à peine de nullité de la s. elle-même.

G. La *S. en participation* est, selon le Code de Commerce, relative à une ou plusieurs opérations de commerce.
Elle a lieu pour les objets, dans les formes, avec les proportions d'intérêt, et aux conditions convenues entre les participants. Enfin, elle n'est pas sujette aux formalités prescrites
pour les autres sociétés. La loi ne règle pas l'administration
des sociétés en participation, chacun des participants pouvant
agir dans l'intérêt commun, mais étant seul engagé envers les
tiers au regard desquels l'association n'existe pas.

II. *Dissolution, liquidation et partage des sociétés commerciales.* — Les sociétés commerciales sont dissoutes :
1° par l'expiration du temps pour lequel elles ont été contractées; 2° par l'extinction de la chose ou la consommation de la
négociation; 3° par la perte d'un apport promis et non réalisé; 4° par la mort, l'interdiction, la faillite ou la déconfiture de l'un des associés, sauf toutefois en ce qui concerne les
sociétés par actions, lesquelles sont des associations de capitaux et non de personnes déterminées; 5° par le consentement
de tous les associés; 6° enfin, par la nullité de la s. prononcée
pour vices de forme. Toute dissolution de s. doit être suivie
d'une *liquidation*, qui a pour but de fixer l'état de l'actif et
du passif social. Un ou plusieurs mandataires, appelés *liquidateurs*, sont chargés de cette opération. Cette liquidation
doit être suivie du *partage* de l'excédent du l'actif entre
les associés. Les actions des créanciers d'une s. sont régies
par le mode de prescription ordinaire, tant qu'existe la s. Mais
quand la s. est dissoute, les actions contre les associés non
liquidateurs, leurs veuves, leurs héritiers ou ayants cause, sont
prescrites par 5 ans après la dissolution de la s. Les actions
des associés entre eux sont soumises au droit commun. Les
associés liquidateurs peuvent, en cette dernière qualité, être
poursuivis par les tiers créanciers après les 5 ans révolus.

III. *Sociétés secrètes.* — On désigne sous cette dénomination les associations formées clandestinement en vue de tramer
des complots ayant pour but de changer l'ordre politique ou
social du pays. Jusqu'en 1830, ces sociétés étaient soumises
aux dispositions générales de l'article 291 du code pénal qui
interdit les associations de plus de vingt personnes. Une loi
du 10 avril 1834 édicta des dispositions spéciales à l'égard
des sociétés politiques qui échappaient à l'article 291 par le
fractionnement de leurs membres en sections de moins de
vingt personnes. Le décret du 28 juillet 1848, dans son article 13, encore actuellement en vigueur, dispose : 1° que les
sociétés secrètes sont interdites; 2° que ceux qui seront convaincus d'avoir fait partie d'une société secrète seront punis
d'une amende de 100 à 300 francs, d'un emprisonnement de
six mois à trois ans et de la privation des droits civiques de
un à cinq ans; 3° que ces condamnations pourront être portées au double contre les chefs de ces sociétés; enfin 4° que
ces peines seront prononcées sans préjudice de celles qui
pourraient être encourues pour délits prévus par les lois.

IV. *Droit administratif.* — Depuis la publication de
notre article sur les ASSOCIATIONS, le Gouvernement a soumis
au Parlement un important projet de loi relatif au contrat
d'association, lequel comporte 17 articles. Le titre premier
(articles 1 à 7) prévoit les conditions requises pour former
valablement une association. A la nécessité de l'autorisation
administrative prévue par l'article 291 du Code pénal serait
substituée l'obligation pour les fondateurs de faire une déclaration préalable à la préfecture ou sous-préfecture. Le
titre II (art. 8 et 9) vise les biens possédés par les associations. Le titre III (art. 10 à 12) traite des associations
reconnues légalement. Le titre IV (art. 13 à 14) se rapporte
aux associations qui ne peuvent se former sans autorisation.

SOCIÉTÉ (ÎLES DE LA). Voy. TAÏTI.

SOCIN, nom de deux hérésiarques italiens du XVIe siècle,
fondateurs de la secte des Sociniens ou Antitrinitaires.

SOCINIANISME. s. m. Hérésie des partisans de Socin,
qui rejettent particulièrement la Trinité et la divinité de
Jésus-Christ.

SOCINIEN, IENNE. s. [Pr. *sosini-in, ième*]. Celui, celle qui
professe le socinianisme. || Adjectiv., *La doctrine socinienne.*

SOCIOLOGIE. s. f. (lat. *societas,* société; gr. λόγος, discours). T. Philos. Science des sociétés humaines.

Philos. — Le mot s. a été créé par Auguste Comte qui
entendait désigner par là la science de l'homme vivant en
société. C'était pour lui la plus haute des sciences et le couronnement de tout l'édifice scientifique. Nous avons expliqué,
au mot SCIENCE, pourquoi la s. ne nous paraît pas pouvoir
constituer une science positive au même titre que la physique.
Elle dépend d'un élément qui semble échapper à toute spéculation strictement scientifique : la volonté humaine. Le fait
est que depuis Auguste Comte on a beaucoup écrit sur la s.;
mais ce n'est pas trop s'avancer de dire qu'aucun de ces
écrits n'est inspiré par le véritable esprit scientifique. Ce sont
des dissertations littéraires ou philosophiques plus ou moins
utiles ou intéressantes, des études historiques ou archéolo-
giques quelquefois de grand intérêt, ou l'exposition de systèmes
plus ou moins artificiels ou hasardés. On n'y trouve pas, comme
dans les véritables sciences, un principe fondamental, expérimental ou hypothétique, conduisant par voie de déduction à
des conséquences susceptibles d'être contrôlées par l'expérience. On ne peut même pas dire quel serait le programme
de la s.; on ne peut pas définir avec précision les questions
particulières dont elle devrait s'occuper, ni les problèmes
qu'elle aurait à résoudre. S'il arrive qu'une question bien
définie se pose, cette question est de nature historique ou
archéologique. En définitive, la s. n'est actuellement qu'un
mot d'aspect scientifique qui réunit sous une même rubrique
l'histoire et l'économie politique. L'économie politique seule
a des caractères qui la rapprochent d'une véritable science
parce qu'on y fait un large usage de la méthode déductive, et
qu'elle s'applique à un objet, *la richesse,* qui est susceptible
d'augmentation et de diminution. Et cependant l'économie
politique était souverainement méprisée d'Auguste Comte. Voy.
ÉCONOMIE POLITIQUE.

Beaucoup d'écrivains se sont occupés de l'origine des sociétés humaines. On connaît la célèbre théorie du *Contrat
social,* avancée par Jean-Jacques Rousseau. On suppose que
les hommes primitifs, après avoir vécu sans lien entre eux,
dans ce qu'on appelait l'*État de nature,* se sont réunis en
société parce qu'ils y ont trouvé avantage, et qu'ils ont ainsi
abandonné la plus grande partie de leurs droits pour les dé-
léguer à un pouvoir central chargé des intérêts de la communauté. La conséquence qu'on tirait Rousseau est que l'État n'a
de raison d'être qu'à cause des bienfaits que retirent de son
action les hommes qui en subissent la domination, et que tout
pouvoir dont les actes ne sont pas imposés par le seul intérêt
des individus est illégitime et tyrannique. Cette conception du
pouvoir central, qui connaît du principe de l'autorité par droit
divin ou par droit de conquête et se transmettant par héritage,
est profondément juste; mais le contrat social est une simple
fantaisie. Il n'y a jamais eu ni contrat ni convention à l'origine
des sociétés. L'homme est un être social par nature, par instinct, et la société s'est développée spontanément, sur des
bases et par des procédés très différents suivant les temps et
les lieux. Les lois se sont établies et formulées peu à peu,
non pas, comme on serait tenté de le croire, par la fantaisie
du législateur, mais par la nécessité de préciser les règles
acceptées par l'usage général, et de leur donner une sanction.
Les questions relatives à l'origine de nos institutions : famille,
propriété, religion, droit, etc., sont du plus haut intérêt;
mais elles relèvent uniquement de la méthode historique, en
l'absence de laquelle on ne peut que bâtir des hypothèses
fragiles et très éloignées de la réalité. C'est ainsi qu'au milieu
du siècle dernier on croyait que la société avait débuté par
la famille, organisée à peu près comme aujourd'hui, tandis
que l'étude attentive des peuplades sauvages, seul modèle où
l'on puisse trouver une image des anciennes sociétés, nous
montre des organisations par tribus, où la famille est constituée sur des bases fort différentes et quelquefois même n'existe
pas à proprement parler. La polygamie, la polyandrie, la
promiscuité même se rencontrent suivant les lieux. Il est
impossible d'établir à cet égard des règles certaines; tout ce
qu'on peut dire, c'est que la première forme de société paraît
être, non la famille, mais la tribu.

Auguste Comte affirmait que la s. dépendait surtout de la
biologie. Cette manière de voir a été adoptée par plusieurs
philosophes contemporains qui ont cru pouvoir tirer des enseignements de l'histoire naturelle des indications applicables
aux sociétés humaines. Le seul résultat original qui ait été
obtenu dans cette voie est l'assimilation de nos sociétés à des

organismes, et de l'individu à la cellule des corps organisés. Soutenue en Angleterre par Herbert Spencer, en France, par des philosophes tels que MM. Fouillée et Izoulet, cette assimilation a été le point de départ de réflexions judicieuses et intéressantes ; mais on n'y saurait voir un véritable principe scientifique. Nous en avons déjà parlé au mot PHILOSOPHIE ; nous n'y reviendrons pas ici, si ce n'est pour faire ressortir une différence capitale qui doit mettre en garde contre des conclusions hasardées. C'est que l'organisme, au moins chez l'homme et les animaux supérieurs, aboutit à une *unité*, une *personnalité* qui a conscience de son existence, qui est susceptible de sentiment, qui souffre, jouit, désire, etc. Il n'y a évidemment rien de pareil dans les sociétés humaines. Si une collectivité d'hommes est un organisme, c'est à coup sûr un organisme inconscient et impersonnel. La personnalité n'existe que chez les individus. On dit bien : la France est malheureuse ; mais cela est une métaphore : les Français pris individuellement sont seuls capables d'être heureux ou malheureux. C'est peut-être à cause de cela que l'assimilation dont il s'agit, pour ingénieuse qu'elle soit, s'est montrée assez peu féconde en résultats sérieux. En résumé, s'il se produit jamais, dans le vaste édifice des connaissances humaines, un chapitre digne du nom de s., ce chapitre est entièrement à faire, et personne ne peut dire aujourd'hui de quoi il se composera en dehors de l'histoire, de l'archéologie et de l'économie politique.

SOCIOLOGIQUE. adj. 2 g. Qui a rapport à la sociologie.

SOCIOLOGISTE. adj. 2 g. Relatif à la sociologie. || S. m. Savant qui s'occupe de sociologie.

SOCLE. s. m. (lat. *socculus*, soulier, dimin. de *soccus*, brodequin). T. Archit. Membre ordinairement carré, plus large que haut, qui sert de base aux piédestaux des statues, des colonnes, des vases, etc. || Par extens., Petit piédestal sur lequel on pose un buste, un vase, une pendule, etc.

SOCLETIÈRE. s. f. T. Pêche. Filet de fil très fin que l'on tend entre deux eaux, pour prendre de petites sardines.

SOCOTORA, île de la mer des Indes, au N.-E. du cap Guardafui, qui appartient à l'iman de Mascate ; 7,000 hab.

SOCQUE. s. m. [Pr. *so-ke*] (lat. *soccus*, m. s.). Sorte de chaussure antique. Voy. BRODEQUIN. || Chaussure de bois, haute de 6 à 10 centimètres, que portaient certains religieux, comme les récollets. || Chaussure de bois et de cuir, ou seulement de cuir, aujourd'hui inusitée, qui s'adaptait à la chaussure ordinaire, et servait à mieux garantir les pieds de l'humidité.

SOCQUEMENT. s. m. [Pr. *so-ke-man*]. Action de retirer les pelles de dessus les fourneaux dans une saline.

SOCQUER. v. a. [Pr. *so-ker*]. Faire le socquement. = Socqué, ée. part.

SOCQUEUR. s. m. [Pr. *so-keur*]. Ouvrier qui fait le socquement dans les salines.

SOCRATE, philosophe athénien, combattit les sophistes et condamna les excès de la démocratie. Accusé de corrompre la jeunesse et de détruire la religion, il fut condamné à boire la ciguë (469-400 av. J.-C.). Victime des mensonges conventionnels de la civilisation, Socrate reste, comme son disciple Platon, l'une des gloires les plus hautes de l'humanité pensante.

SOCRATIQUE. adj. 2 g. Qui appartient à Socrate. *Philosophie s. Ironie s.*, Voy. IRONIE.

SODA. s. m. (ar. *soda*, m s.) T. Méd. anc. Mal de tête.

SODAÏTE. s. f. (R. *soda*, n latinisé de la soude). T. Minér. Variété de Wernerite.

SODALITE. s. f. (R. *soda*, n. latinisé de la soude, et gr. λίθος, pierre). T. Minér. Silicate d'alumine et de soude, avec chlorure de sodium ; en cristaux dodécaédriques ou en grains et masses granulaires, de couleur blanche, verdâtre ou bleuâtre.

SODA-WATER. s. m. Mot anglais qui sign. *Eau de soude*, et qui désigne une eau gazeuse fréquemment employée dans certaines affections du tube digestif. *Le s.-water n'est autre chose qu'une dissolution de bicarbonate de soude dans de l'eau saturée de gaz acide carbonique.* || Sirop de groseille, de framboise, etc., mélangé avec de l'eau gazeuse.

SODÉ, ÉE. adj. (R. *soda*, n. latinisé de la soude). T. Chim. Qui contient de la soude. *Chaux sodée*, mélange de chaux vive et de soude caustique. || *Dérivé s.*, Dérivé produit par la substitution du sodium à l'hydrogène contenu dans des composés autres que les acides. *Alcool s., Phénol s.*

SODIQUE. adj. 2 g. (R. *sodium*). T. Chim. Qui renferme du sodium. *Sels sodiques*, Les sels de sodium. || Qui renferme de la soude. *Solution s.*

SODIUM. s. m. [Pr. *sodi-ome*] (R. *soda*, n. scientifique du genre soude). T. Chim.

1. — Le *Sodium*, qu'à l'étranger on appelle aussi *Natrium*, est un corps simple métallique, qui ressemble beaucoup au potassium, soit par ses caractères, soit par ses propriétés chimiques, et qui se range auprès de ce dernier métal. Il est d'un blanc éclatant, à reflet métallique ; à la température ordinaire, il est mou et très malléable ; on peut le couper facilement. Sa coupure fraîche présente un éclat métallique très vif, mais qui se ternit immédiatement au contact de l'air. Le s. est plus léger que l'eau, mais plus lourd que le potassium ; sa densité est 0,972. Il fond à 95° et, à l'état liquide, il peut se couler au contact de l'air sans subir d'altération. Par refroidissement lent, il cristallise en octaèdres quadratiques. Il bout et se volatilise à la température du rouge vif. Exposé à l'air sec, le s. ne s'oxyde que superficiellement. Aussi peut-on le conserver dans des boîtes closes, à l'abri de l'humidité, sans avoir besoin de le recouvrir d'une couche de naphte. Chauffé dans l'air sec, il n'entre en combustion qu'à une température assez élevée ; il brûle alors avec une flamme jaune et se transforme en protoxyde ou en peroxyde. Le s. décompose l'eau à la température ordinaire, avec dégagement d'hydrogène et en tournoyant à la surface du liquide ; seulement la température ne s'élève jamais assez pour déterminer l'inflammation de l'hydrogène qui se dégage, comme cela a lieu avec le potassium. Pour obtenir ce résultat, il suffit de projeter le métal sur de l'eau gommée ; la viscosité du liquide empêche le fragment métallique de se déplacer ; il y a alors moins de déperdition de chaleur, et la température s'élève assez pour que l'hydrogène s'enflamme. Le s. se combine directement avec la plupart des métalloïdes et s'allie avec un grand nombre de métaux. Il se dissout dans le mercure avec dégagement de chaleur ; l'*amalgame de s.* ainsi formé se détruit au contact de l'eau en donnant de la soude caustique et de l'hydrogène. En général, les propriétés chimiques du s. sont les mêmes que celles du potassium, mais ses affinités sont moins énergiques, surtout vis-à-vis des éléments halogènes ; on peut, par ex., faire fondre du s. en présence du chlore ou de l'iode parfaitement secs, sans que le métal soit attaqué. Le s. s'unit à l'hydrogène entre 300° et 400° et se transforme en *hydrure de s.* Na²H, corps mou, très fusible, présentant la couleur et l'éclat de l'argent. Légèrement chauffé dans un courant de gaz ammoniac sec, le s. donne naissance à un composé vert, cristallisable, combustible, décomposable par l'eau ; c'est l'*amidure de s.* AzH²Na, qui en perdant de l'eau se transforme en *azoture de s.* AzNa³. Les composés du s. sont tout à fait analogues à ceux du potassium et peuvent le remplacer dans la plupart de leurs applications. — Le symbole du s. est Na (de *natron*) et son poids atomique est 23.

Le s. a été découvert, en 1807, par Humphry Davy, le célèbre chimiste l'a obtenu en décomposant la soude caustique au moyen de la pile, par un procédé analogue à celui qui a été décrit en parlant du potassium (Voy. POTASSIUM, l). Plus tard, Gay-Lussac et Thénard firent connaître un nouveau procédé de préparation de ce métal. Il consistait à placer de la soude, c.-à-d. de l'hydrate de s., dans la partie inclinée d'un canon de fusil recourbé sur lui-même, et dont la partie horizontale contenait de la tournure de fer. Quand cette dernière portion du canon de fusil avait été portée au rouge, ils chauffaient doucement la soude qui fondait et coulait sur le fer incandescent. Ce dernier s'emparait de l'oxygène de la soude : le s. volatilisé allait se condenser dans un récipient contenant de l'huile de naphte. — Aujourd'hui il existe plusieurs procédés industriels pour fabriquer le s. en grand. Le plus ancien, imaginé par Brunner et perfectionné par H. Sainte-Claire Deville, consiste à chauffer au rouge blanc un mélange intime de houille sèche, de craie et de carbonate de soude pur et sec. L'opération se fait dans de grands cylindres en fer placés horizontalement dans un four à réverbère. Le charbon réduit le carbonate et met le s. en liberté ; la craie ne sert qu'à maintenir l'homogénéité du mélange. Le s. en vapeur va se condenser dans une boîte plate en fer; de là il s'écoule dans une marmite contenant de l'huile de schiste. Le procédé Cassiner consiste à décomposer au rouge la soude en chauffant par un mélange de carbone et de fer obtenu en chauffant des matières goudronneuses avec du fer finement divisé. Il se forme du carbonate de soude, de l'hydrogène qui se dégage, et du s. qui distille. L'avantage de ce procédé c'est qu'il n'exige qu'une température de 800° pour la décomposition de la soude. Enfin l'on peut encore obtenir le s. en électrolysant le sel marin; si par ex. l'électrode négative est constituée par du mercure, il s'y forme un amalgame de s. qu'il est facile de décomposer ensuite par la chaleur, de manière à isoler le s. et à récupérer le mercure.

II. — *Combinaisons oxygénées du sodium.* — On connaît deux combinaisons du s. avec l'oxygène : le *Protoxyde* Na^2O et le *Bioxyde* Na^2O^2. Ce dernier, qu'on appelle aussi *Peroxyde de s.*, se produit quand on chauffe le s. dans de l'oxygène sec ou en excès. Il est solide, incolore à froid, jaune à chaud. Il se dissout dans l'eau en donnant une solution douée de propriétés très oxydantes. Le protoxyde s'obtient en réduisant le peroxyde par la vapeur de s.

L'*hydrate de s.* est l'hydrate correspondant au protoxyde et a pour formule $NaOH$, c'est la *soude* proprement dite des chimistes; dans le commerce on l'appelle *Soude caustique*. On l'obtient en décomposant le carbonate de soude par la chaux, puis en purifiant, par dissolution dans l'alcool, la soude obtenue. Le procédé étant d'ailleurs le même que celui qui a été décrit à propos de la potasse, nous n'y reviendrons pas ici (Voy. POTASSIUM, III). La soude caustique se présente sous la forme d'une masse fibreuse, blanche, opaque, déliquescente; elle fond au-dessous du rouge et se volatilise à une température très élevée sans se décomposer. Elle se dissout dans l'eau avec dégagement de chaleur; la solution, qu'on appelle *Lessive de soude*, est très caustique. La soude présente en général les mêmes réactions que la potasse. Néanmoins il est facile de distinguer ces deux corps. En effet, si on les abandonne au contact de l'air, tous les deux deviennent liquides en absorbant l'humidité atmosphérique; mais la potasse conserve cet état, tandis que la soude finit par se transformer en un corps solide pulvérulent. Cela tient à ce que les deux bases se carbonatent aux dépens de l'acide carbonique de l'air. Or, le carbonate de potasse étant déliquescent, il reste dissous; le carbonate de soude, au contraire, étant efflorescent, il tombe en poussière.

III. *Combinaisons du Sodium avec les métalloïdes.* — La plus importante de ces combinaisons est celle que le s. forme avec le chlore en donnant naissance au *Chlorure de s.*, connu de tout le monde sous les noms de *Sel marin* et de *Sel de cuisine*; mais comme, à cause du haut intérêt qu'il présente, nous nous consacré à ce produit un article particulier (Voy. SEL), nous n'avons pas à y revenir. — L'*Iodure* NaI, qui existe dans les eaux mères des soudes de varech, le *Bromure* NaBr, le *Fluorure* NaFl et le *Cyanure* NaCAz ressemblent aux composés correspondants du potassium, et peuvent se préparer comme eux; mais il sont bien moins importants au point de vue des applications. — Le *Protosulfure* Na^2S se dépose en cristaux contenant 9 molécules d'eau, lorsqu'on fait passer du gaz sulfhydrique dans une solution concentrée de soude caustique. Si l'on emploie un excès d'acide, on obtient le *Sulfhydrate de s.* NaSH, qui reste en dissolution. Ces deux corps sont tout à fait semblables, par leurs propriétés, aux composés correspondants du potassium. Il en est de même pour les *Polysulfures de s.* que l'on peut préparer à l'état cristallisé en dissolvant du soufre dans une solution alcoolique de protosulfure de s. Le *Foie de soufre sodique* et le *Sulfure de soude liquide*, dont on se sert en pharmacie pour préparer des bains sulfureux, s'obtiennent comme les composés analogues du potassium, mais en employant du carbonate de soude au lieu de carbonate de potasse Voy. POTASSIUM, III.

IV. *Sels de sodium.* — Presque tous les sels du s. sont solubles dans l'eau; il en résulte qu'ils ne présentent guère que des caractères négatifs De même que les sels de potasse, ils ne précipitent pas par les carbonates alcalins; mais ils ne précipitent pas non plus par le chlorure platinique ni par l'acide tartrique qui précipitent les sels de potasse. Cependant l'acide periodique en excès précipite en blanc les sels de s., et l'antimoniate de potasse y détermine également un précipité blanc, si la liqueur a été rendue alcaline par un excès de potasse. Chauffés au chalumeau, les sels de s. colorent la flamme en jaune. Enfin, examinés au spectroscope, ils fournissent une raie jaune caractéristique tellement nette, qu'un trois-millio-

nième de milligramme de chlorure de sodium peut encore être apprécié. — Nous avons déjà parlé des sels binaires (chlorure, bromure, sulfure, etc.). Nous allons maintenant nous occuper des sels oxygénés du s., qui sont appelés communément *sels de soude.*

1° *Sulfates de soude.* — On en connaît deux, un *sulfate neutre* SO^4Na^2, et un *Sulfate acide* ou *bisulfate* SO^4NaH. — Le *Sulfate neutre*, appelé anciennement *Sel admirable* et *Sel de Glauber*, du nom du chimiste qui l'a découvert, est un sel incolore, doué d'une saveur fraîche et salée, puis amère. Il cristallise ordinairement en prismes monocliniques, accolés les uns aux autres, de manière à présenter l'aspect de cristaux cannelés. Ces cristaux contiennent 10 molécules d'eau. Ils s'effleurissent à l'air, à la température ordinaire. Mais, sous l'influence de la chaleur, ils fondent, vers 33°, dans leur eau de cristallisation; après quoi, ils se solidifient par suite de l'évaporation de cette eau. Enfin, si l'on chauffe au rouge vif, ce sel subit la fusion ignée sans se décomposer. Le sulfate de soude présente, sous le rapport de la solubilité, des phénomènes remarquables, que nous avons déjà signalés en parlant des sels en général. Voy. SEL, I, E. De plus, ce sel, se dissolvant dans l'eau et particulièrement dans l'acide chlorhydrique, produit un abaissement notable de température. Ainsi, avec un mélange de 15 parties de sulfate de soude et 12 d'acide chlorhydrique, on peut abaisser la température de +10° à — 20°. — Le sulfate de soude se trouve dans la nature à l'état anhydre et à l'état hydraté. Le sulfate anhydre est connu sous le nom de *Thénardite*. La Thénardite est blanche, soluble et transparente quand elle est pure; mais, à l'air, elle en absorbe l'humidité et perd sa transparence. Cette espèce minérale provient des salines d'Espartinos, près d'Aranjuez, en Espagne. Le sulfate de soude hydraté se trouve, soit en efflorescences, soit en croûtes cristallines, dans les gîtes de sel gemme. Il existe aussi à l'état de dissolution dans les eaux de la mer, ainsi que dans les eaux de plusieurs lacs et de différentes sources. On peut extraire, par les procédés de Balard, une assez grande quantité de sulfate de soude des eaux mères des marais salants; toutefois on prépare la plus grande partie de ce sel qui se trouve dans le commerce en décomposant le sel marin ou chlorure de sodium par l'acide sulfurique. On obtient en même temps de l'acide chlorhydrique qui, étant un produit secondaire, se trouve à très bas prix. Voy. CHLORE, III. — Le *Bisulfate de soude* prend naissance quand l'acide sulfurique réagit à une température peu élevée sur le sel marin ou sur l'azotate de soude. On l'obtient comme produit accessoire dans la fabrication de l'acide azotique. Chauffé au rouge sombre, il perd de l'eau et se transforme en *Pyrosulfate* $S^2O^7Na^2$. A une température plus élevée, ce dernier se décompose à son tour en sulfate neutre et en anhydride sulfurique.

2° *Carbonates de soude.* — Ces carbonates sont au nombre de trois, savoir : le *carbonate neutre* CO^3Na^2, le *bicarbonate* $(CO^3)^2Na^2H^2$, et le *sesquicarbonate* $(CO^3)^3Na^4H^2$.

A. Le *carbonate neutre* constitue ce qu'on appelle la *Soude du commerce*. Le sulfate ordinairement cristallisé en 10 molécules d'eau en prismes volumineux, incolores, inodores, d'une saveur âcre et alcaline; on sous les *cristaux de soude* du commerce. Ce sel se dissout facilement dans l'eau froide, mais davantage dans l'eau bouillante, et il présente un maximum de solubilité à 38°; il est, au contraire, insoluble dans l'alcool. Par la simple exposition à l'air, il perd une partie de son eau de cristallisation et s'effleurit. Chauffé à 34°, il fond dans son eau de cristallisation; à 100° il devient anhydre, et, à la chaleur rouge, il se fond en un liquide très fluide qui cristallise par le refroidissement. Si l'on fait arriver un courant de vapeur d'eau sur le carbonate fondu, le sel se décompose en dégageant de l'acide carbonique, et il se transforme en soude caustique. On peut de même, d'une manière inverse, le carbonater, en faisant arriver un courant d'acide carbonique sur l'hydrate de s. La chaux, la baryte et la magnésie, délayées dans l'eau, décomposent également ce sel, avec production de soude hydratée et de carbonate de l'une de ces bases.

On distingue dans le commerce deux catégories de carbonates de soude, ou, comme on dit, deux sortes de soudes, les *soudes naturelles* et les *soudes artificielles*. On appelle *Soudes naturelles* les soudes qui proviennent de l'incinération de diverses plantes qui abondent sur les rivages de la mer. On recueille ces plantes et, après les avoir fait sécher comme du foin, on les brûle dans des fossés en plein air. On entretient la combustion pendant plusieurs jours, en ajoutant successivement de nouvelles quantités de végétaux. La chaleur s'élève au point de fondre la cendre. L'opération terminée on a une masse dure, compacte, à demi fondue, et colorée en brun ou en gris par le charbon ; on la casse par morceaux pour la mettre en barils et l'expédier. Les plantes employées pour la fabrication des soudes naturelles brutes varient selon les pays. En Espagne, ce sont le *Salsola soda* (d'où les noms de *soude* et de *sodium*) et le *salsola kali*, que l'on nomme vulgairement *Barille* (*Barilla*) ; en Languedoc et en Provence, ce sont des *Salicornes* (*Salicornia herbacea* et *fruticosa*) ; à Ténériffe, c'est la *Ficoïde glaciale* (*Mesembrianthemum cristallinum*) ; enfin, sur les côtes nord-ouest de la France, ainsi qu'en Angleterre et en Écosse, ce sont diverses espèces de Fucacées, vulgairement appelées *Varechs* et *Goémons*. La soude naturelle la plus estimée est celle d'Espagne, que l'on désigne dans le commerce sous le nom de *soude d'Alicante* et *soude de Malaga ;* vient ensuite la *soude de Narbonne*. Ces sortes de soudes contiennent une proportion considérable de carbonate de soude, tandis que la soude de varechs brute, appelée *kelp* par les Anglais et les Écossais, ne contient qu'environ 2 pour 100 de ce sel, mais renferme beaucoup de sulfate et de chlorure de potassium. Elle contient en outre de l'iode et du brome, bien qu'en proportions fort minimes. — L'exploitation des cendres végétales a perdu toute son importance depuis qu'on fabrique les soudes artificielles. Mais une autre catégorie de soudes naturelles a bientôt fait son apparition. En effet, dans l'ouest des États-Unis, on a trouvé récemment des gisements très étendus de sels de soude, qui paraissent provenir du dessèchement d'anciens lacs salés, et qu'on ne tardera pas à exploiter sur une grande échelle.

Les *soudes artificielles* sont les carbonates plus ou moins impurs qu'on obtient industriellement par la transformation qu'on fait subir au sel marin (chlorure de sodium). Avant la Révolution, le commerce français tirait de l'Espagne presque toutes les soudes dont il avait besoin. Mais, pendant les guerres qui furent la suite de ce grand mouvement, les soudes espagnoles ne parvenant plus que difficilement en France, la Convention nationale fit un appel aux chimistes français, et les invita à rechercher un moyen facile et économique de transformer en carbonate de soude le chlorure de s. Divers procédés furent proposés et en effet ; mais ce fut celui du médecin Nicolas Leblanc qui fut jugé le meilleur. Longtemps il resta le seul usité ; aujourd'hui encore il joue un rôle très important dans la production de la soude. Le *procédé Leblanc* consiste à transformer d'abord le chlorure de s. en sulfate de soude, au moyen de l'acide sulfurique ; puis, à décomposer le sulfate de soude, sous l'influence de la chaleur, par un mélange de charbon et de craie (carbonate de chaux). Le charbon seul chauffé avec le sulfate de soude donnerait un sulfure alcalin. La craie, chauffée seule avec un sulfate de soude, donnerait du sulfate de chaux et du carbonate de soude ; mais, en présence de l'eau, ce dernier se reformerait du sulfate de soude et du carbonate de chaux, ce dernier étant insoluble. Au contraire, lorsqu'on fait agir simultanément les trois substances, employées en proportions convenables, il se forme du carbonate de soude, du sulfure de calcium qui est insoluble dans l'eau, et de l'acide carbonique qui se dégage. La réaction se représente par l'équation suivante : $SO^4Na^2 + CO^3Ca + 2C = CO^3Na^2 + CaS + 2CO^2$. Le mélange employé dans l'industrie est ainsi composé : sulfate de soude anhydre, 1,000 parties ; carbonate de chaux, 950 à 1.050 ; charbon,

450 à 600. L'opération s'exécute sur la sole d'un four à réverbère : la Fig. ci-dessus en représente la coupe. Le combustible brûlant sur la grille à gauche, c'est dans le compartiment A que la température est la plus élevée. On verse d'abord le mélange dans le compartiment B où il s'échauffe ; puis on le transporte dans le compartiment A où la réaction chimique s'effectue. On chauffe alors le mélange jusqu'à fusion et l'on brasse continuellement les matières à l'aide de ringards. Ce travail étant extrêmement pénible, on a remplacé, dans un grand nombre de fabriques, le four à réverbère par un *four tournant ;* ce dernier a la forme d'un cylindre horizon-

tal ; il est mobile autour de son axe et se meut sous l'action d'une machine à vapeur, de sorte que le brassage se fait mécaniquement. L'opération terminée, la matière à l'état pâteux est retirée du four ; on se solidifiant par le refroidissement elle forme une masse brune qui constitue la *soude brute*. On la réduit en poudre au moyen de meules verticales, et on la lessive dans des caisses à la manière du salpêtre. Cela fait, on verse les eaux provenant du lessivage de la soude brute dans la chaudière de tôle D, où elles se concentrent sous l'action de la chaleur. Enfin, on les dirige dans la chaudière C où l'évaporation s'achève, et d'où l'on retire ensuite le carbonate de soude complètement sec. Le produit blanc qu'on obtient ainsi est connu dans le commerce sous le nom de *sel de soude* ; il contient encore une certaine quantité de sel marin et de sulfate de soude. Pour le purifier complètement on le dissout dans de l'eau chaude jusqu'à ce que la solution marque 35° à l'aréomètre Baumé ; après que la liqueur s'est éclaircie par le repos, on la laisse se refroidir ; elle dépose alors les *cristaux de soude*, c.-à-d. du carbonate de soude cristallisé avec 10 molécules d'eau. Les *Marcs* ou *Charrées de soude* sont constitués par le résidu insoluble qu'a laissé le lessivage de la soude brute ; ce résidu, qui contient du sulfure de calcium et de l'hyposulfite, est utilisé pour l'extraction du soufre. — Depuis une trentaine d'années un nouveau procédé est venu créer une concurrence redoutable à l'industrie du procédé Leblanc. Essayé industriellement dès 1855 par Rolland et Schlœsing, le *procédé à l'ammoniaque* a pris une importance considérable à partir de 1865, grâce aux perfectionnements apportés par Solvay. Il consiste à faire passer un courant d'acide carbonique dans une dissolution concentrée d'ammoniaque et de sel commun ; il se forme du bicarbonate d'ammoniaque qui réagit sur le sel marin en donnant du bicarbonate de soude et du chlorhydrate d'ammoniaque selon la formule :

$$CO^2H(AzH^4) + NaCl = CO^3HNa + AzH^4Cl.$$

Le bicarbonate de soude, étant peu soluble dans la liqueur, se dépose à l'état pulvérulent ; après l'avoir recueilli et desséché, on le soumet à une légère calcination, ce qui le transforme en acide carbonique qui rentre dans la fabrication et en carbonate neutre très pur. Quant au chlorhydrate d'ammoniaque, qui est resté en dissolution, on le traite par la chaux, de manière à récupérer l'ammoniaque. La chaux et l'acide carbonique nécessaires à cette fabrication sont obtenus par la calcination du calcaire dans un four à chaux. Le procédé Solvay est très économique et a fait baisser le prix de la soude ; toutefois il a l'inconvénient de ne pas utiliser le chlore que renferme le sel marin. Le procédé Leblanc a pu soutenir la lutte, grâce aux bénéfices fournis par l'industrie annexe du chlore et par l'extraction du soufre des marcs de soude ; de plus, la plupart des usines réalisent une économie en fabriquant elles-mêmes l'acide sulfurique qui leur est nécessaire. — Aujourd'hui une nouvelle voie est ouverte à l'industrie de la soude, grâce aux *procédés électrolytiques*, qui fournissent à la fois la soude et le chlore sans qu'on ait besoin de recourir à l'acide sulfurique. Sous l'action du courant électrique, le sel marin se décompose en chlore qui se porte à l'électrode positive (anode) et en s. qui va à l'électrode négative (cathode). Lorsqu'on applique l'électrolyse au sel maintenu en fusion par l'action de la chaleur, on emploie comme anodes des baguettes de charbon et comme cathodes des plaques de plomb : le chlore se dégage à l'état gazeux le long des charbons, tandis que le s. va former un alliage avec le plomb ; cet alliage, traité par l'eau, fournit de la soude caustique et régénère le plomb. Lorsque l'électrolyse s'opère à froid dans une solution aqueuse de sel marin, le s. formé réagit sur l'eau et donne de la soude caustique au voisinage de la cathode ; il faut recueillir cette soude avant qu'elle se diffuse dans le liquide de la cuve, où elle décomposerait à son tour sous l'action du courant électrique ; à cet effet, l'une des parois de la cuve est constituée par du charbon poreux et sert de cathode ; la soude, au fur et à mesure de sa formation, suinte à travers cette paroi et va s'écouler au dehors. On peut aussi employer comme cathode du mercure ; il se forme un amalgame de s. que l'on traite par l'eau de manière à obtenir de la soude caustique et à récupérer le mercure.

L'*essai* des soudes du commerce se fait absolument de la même manière que celui des potasses. Voy. ALCALIMÉTRIE.

B. *Bicarbonate de soude*. — Ce sel s'obtient directement dans la fabrication de la soude à l'ammoniaque. On peut aussi le préparer en faisant passer un courant d'acide carbonique dans une dissolution saturée de carbonate neutre. Or, comme il est beaucoup moins soluble que ce dernier, il se dépose à l'état solide. A Vichy on utilise pour cette préparation le gaz carbonique qui se dégage du sol ou de l'eau minérale. Le bicarbonate est blanc et cristallise en prismes rectangulaires à quatre pans ; il a une réaction alcaline et une saveur salée. Au-dessus de 60°, il commence à perdre la moitié de son acide carbonique et repasse à l'état de carbonate neutre. Comme le bicarbonate de soude, vu son peu de solubilité dans l'eau, peut être facilement débarrassé des matières étrangères, toutes fort solubles, dont était souillé le carbonate neutre qui a servi à sa préparation, on peut avec avantage décomposer ce sel par la chaleur pour obtenir le carbonate neutre de soude à l'état de pureté. Le bicarbonate de soude, qu'on appelle aussi *sel de Vichy*, existe en dissolution dans certaines eaux minérales, telles que celles de Vichy (Allier) et de Vals (Ardèche) ; mais, tandis que les premières sont thermales, les secondes sont froides.

  C. *Sesquicarbonate de soude*. — Ce sel, plus soluble que le précédent, cristallise difficilement en fines aiguilles ; il est inaltérable à l'air et possède une réaction alcaline. On peut le considérer comme une combinaison de carbonate neutre et de bicarbonate ; sa solution aqueuse se dédouble facilement en donnant naissance à ces deux corps.

  Le sesquicarbonate de soude et le carbonate neutre se rencontrent en abondance dans certaines localités ; les minéralogistes leur donnent les noms de *Natron*, d'*Urao* et de *Trona*. — Le *Natron* (en latin *Natrum*) est un sel soluble, d'une saveur urineuse et caustique, jouissant d'une effervescence avec les acides. Il est principalement constitué par du carbonate neutre hydraté, plus ou moins impur. On le trouve en solution dans les eaux de certains lacs, et en croûtes épaisses ou en efflorescences pulvérulentes sur leurs bords. Le natron abonde surtout en Égypte, dans une vallée située à 20 lieues du Caire, et qu'on nomme Vallée des lacs de natron. Ces lacs se trouvent au milieu d'un terrain calcaire, qui renferme très probablement des dépôts de sel gemme. Les lacs *natrifères* de Debreczin, en Hongrie, sont également situés dans le voisinage de montagnes calcaires, près desquelles existent des dépôts sulfères considérables. Le *Trona* est surtout formé de sesquicarbonate. Il n'est pas efflorescent : aussi le trouve-t-on en masses solides, assez grosses et assez inaltérables à l'air que l'on puisse les employer comme pierres à bâtir. Cette espèce minérale existe en abondance dans le Fezzan, et en Égypte, ainsi qu'au Mexique et au Venezuela où elle porte le nom d'*Urao*.

  3° *Azotate* ou *Nitrate de soude* AzO³Na. — On obtient ce sel dans les laboratoires, en décomposant le carbonate de soude par l'acide azotique. Il est cristallisé en rhomboèdres qui ne diffèrent pas beaucoup du cube, d'où le nom de *Nitre cubique* sous lequel on le désigne souvent. L'azotate de soude a une saveur d'abord fraîche, puis brûlante. Il est tout à fait analogue à l'azotate de potasse : cependant il est beaucoup plus soluble dans l'eau, surtout à chaud, et il est déliquescent. Sa solution saturée bout à 122°. Le sel anhydre fond vers 318°. Fortement chauffé, il se transforme d'abord en azotite de soude, puis en soude caustique. L'azotate de soude existe en abondance au Chili, principalement entre Iquique et Antofagasta, où il forme à la surface du sol, mais au-dessous d'une légère couche d'argile, une couche d'épaisseur variable qui a une étendue de plus de 100 lieues carrées. Ce minerai, que dans l'Amérique du sud on appelle *Caliche*, contient en moyenne 50 pour 100 d'azotate de soude, 25 de sel marin, 15 de matières terreuses insolubles. Il est l'objet d'une exploitation très active et s'exporte en Europe où il est connu sous les noms de *Salpêtre du Chili*, *Nitre* ou *Nitrate du Chili*. Le raffinage s'opère en lessivant le minerai avec de l'eau et faisant cristalliser l'azotate de soude. Pour purifier complètement ce sel on le lave avec une solution saturée d'azotate de soude pur. Les eaux mères renferment des iodures et des iodates, et sont utilisées pour la préparation de l'iode.

  4° *L'Azotite de soude* AzO²Na cristallise en rhomboèdres transparents très solubles et déliquescents. Il se produit dans la décomposition de l'azotate sous l'action de la chaleur. Pour le préparer industriellement on chauffe de l'azotate de soude avec du plomb. La réaction donne naissance à de l'azotite de soude et à de l'oxyde de plomb. On extrait l'azotite par des lavages à l'eau bouillante et on le fait cristalliser. Quant au résidu insoluble d'oxyde de plomb, on le réduit par le charbon afin de régénérer le plomb.

  5° *Phosphates de soude*. — On connaît trois composés résultant de l'union de l'acide phosphorique avec la soude, savoir : le *phosphate normal* ou *trisodique*, improprement appelé *basique*, et répondant à la formule PO⁴Na³ ; le *phosphate disodique* PO⁴Na²H connu dans le commerce sous le

nom impropre de *phosphate neutre de soude* ; enfin le *phosphate monosodique*, communément appelé *phosphate acide*, dont la formule est PO⁴NaH². — Le plus important est le *phosphate neutre* du commerce, c.-à-d. le sel disodique. Pour le préparer, on traite la cendre d'os par l'acide sulfurique. Après une digestion de 24 heures, on reprend par l'eau, qui contient du phosphate acide de chaux, et l'on filtre. La solution, traitée par le carbonate de soude, donne un précipité de carbonate de chaux, tandis que le phosphate de soude reste dissous. Enfin, on décante, on évapore, et l'on fait cristalliser. Le phosphate disodique se dépose en grands prismes clinorhombiques, renfermant 12 molécules d'eau de cristallisation. Il perd 5 de ces molécules en s'effleurissant à l'air. Il possède une saveur salée et une réaction un peu alcaline. Sous l'action de la chaleur il se convertit en *pyrophosphate de soude* P²O⁷Na⁴ qui fond au rouge et qui se prend par le refroidissement en une masse vitreuse, assez soluble dans l'eau. — Le phosphate dit *acide*, c.-à-d. le sel monosodique, s'obtient en ajoutant une molécule d'acide phosphorique à une molécule de phosphate disodique. Il cristallise en prismes orthorhombiques contenant une molécule d'eau. Fortement chauffé, il se transforme en métaphosphate de soude. — Quant au *phosphate normal*, dit *basique*, on le prépare en ajoutant une molécule de soude caustique à une molécule de phosphate disodique, en solution aqueuse. Il possède une saveur salée et une réaction un peu alcaline. Il cristallise en prismes à 6 pans. Il possède une saveur et une réaction très alcalines.

  Le *Phosphate de soude et d'ammoniaque*, ordinairement appelé *sel de phosphore* ou *sel microcosmique*, se rencontre dans l'urine et dans le guano. On le prépare en ajoutant du sel ammoniac à une dissolution de phosphate disodique. Il cristallise en prismes clinorhombiques efflorescents, qui ont pour formule PO⁴HNa(AzH⁴)+4H²O. Sous l'action de la chaleur il se convertit en *Métaphosphate de soude* PO³Na. Ce dernier, fondu et en fusion, peut dissoudre un grand nombre d'oxydes et de sels métalliques en prenant diverses colorations caractéristiques. De là l'emploi du sel de phosphore dans l'analyse au chalumeau.

  6° *L'Arséniate de soude*, préparé en saturant l'acide arsénique par le carbonate de soude, a pour formule AsO⁴Na²H. Il cristallise avec 12H²O ou avec 8H²O suivant qu'il se dépose à froid ou au-dessus de 20°. On obtient aussi de l'arséniate de soude comme produit accessoire de la préparation de l'oxyde de nickel, quand on chauffe le speiss avec de la soude et de l'azotate de soude.

  7° *Borate de soude* ou *Borax*. Voy. BORE.

  8° *Chlorate* et *Hypochlorite de soude*. — Ces deux sels ne diffèrent du chlorate et de l'hypochlorite de potasse que par la base, et se préparent comme ces derniers. La dissolution d'hypochlorite de soude (*Eau de Labarraque*) a les mêmes propriétés que celle d'hypochlorite de potasse ou eau de Javelle.

  9° *Hyposulfite de soude*. — L'industrie retire ce sel des marcs de soude qu'on lessive après les avoir laissés s'oxyder à l'air. La lessive contient de l'hyposulfite de chaux et du sulfure de calcium. On y fait passer un courant d'air chaud ou de gaz sulfureux pour transformer le sulfure en hyposulfite de chaux. On concentre la liqueur et on y ajoute du sulfate de soude ; il se forme du sulfate de chaux qui se dépose et de l'hyposulfite de soude qui reste dissous. Ce dernier cristallise en gros prismes clinorhombiques, transparents, qui répondent à la formule S²O³Na²+5H²O. Il subit la fusion aqueuse vers 50°, devient anhydre à 215° et se décompose à 220°. Il est très soluble dans l'eau. La solution est peu stable et se décompose à l'ébullition. Traitée par un acide elle donne naissance à du soufre qui lui donne un aspect laiteux, et à du gaz sulfureux qui se dégage.

  10° *Silicates de soude*. — La silice forme avec la soude des combinaisons nombreuses dont les propriétés varient d'une manière très notable suivant les proportions des matières employées. En dissolvant de la silice hydratée dans une lessive de soude caustique on peut obtenir plusieurs variétés cristallisées de *Métasilicate* Si(ONa)², qui correspondent à divers degrés d'hydratation. Les *Verres solubles* à base de soude sont des silicates qu'on prépare ordinairement par voie sèche, en fondant de la silice soit avec la soude caustique, soit avec le carbonate ou l'azotate de soude. On les obtient aussi à l'état de solutions en dissolvant du quartz pulvérisé ou de la terre à infusoires dans de la soude chauffée sous pression. Tous ces silicates sont solubles dans l'eau, mais leurs solutions se prennent en gelée quand on les neutralise par un acide ou quand on les additionne de certains sels alcalins ou ammoniacaux.

11° Le *Manganate de soude* MnO^4Na^2 se forme lorsqu'on chauffe au rouge, en présence de l'air, un mélange de soude caustique et de peroxyde de manganèse. Dans cette réaction il y a fixation d'une certaine quantité d'oxygène, qui est empruntée à l'air, et qu'on peut ensuite extraire du manganate en soumettant celui-ci à l'action de la vapeur d'eau à 450°; on retrouve alors, comme résidu, de la soude avec du peroxyde de manganèse, et ce mélange peut servir de nouveau. C'est sur ces transformations qu'est basé le procédé Tessié du Motay pour la fabrication industrielle de l'oxygène.

Le *Permanganate de soude* se prépare comme celui de potasse et peut le remplacer dans ses applications.

12° Le *Stannate de soude* SnO^3Na^2 se prépare industriellement en chauffant l'azotate de soude avec de l'étain, ou en fondant la cassitérite avec de la soude caustique.

13° L'*Acétate de soude* $C^2H^3O^2Na$, qu'on appelait autrefois *Terre foliée minérale*, s'obtient en grand dans l'industrie de l'acide acétique. Voy. Pyroligneux. Il cristallise, avec 3 molécules d'eau, en prismes chlorhombiques très solubles dans l'eau et dans l'alcool. Chauffé, il fond dans son eau de cristallisation en absorbant une grande quantité de chaleur. Abandonné ensuite au refroidissement il se maintient longtemps à 58° en dégageant peu à peu cette chaleur de fusion. Cette propriété est utilisée pour le chauffage des voitures de chemin de fer. Voy. Chauffage.

V *Usages*. — Le *s.* est fréquemment employé comme réducteur énergique, de préférence au potassium qui est plus cher et moins maniable. Il sert à préparer le bore, le silicium, etc. En chimie organique on fait grand usage de l'amalgame de *s.* comme réducteur et hydrogénant en présence de l'eau. L'industrie consomme beaucoup de *s.* pour la fabrication du magnésium et de l'aluminium. Le *peroxyde de s.* est utilisé pour le blanchiment. La *soude caustique* peut remplacer avec avantage la potasse dans la plupart de ses applications. Elle trouve son principal emploi dans la fabrication des savons durs Elle sert aussi en grandes quantités à l'épuration des huiles de goudron et des huiles minérales, au blanchiment, à la fabrication du papier de bois, à la préparation de matières colorantes et d'une foule de produits chimiques, et en général, partout où l'industrie a besoin d'une base énergique. La soude caustique peut servir à la conservation du poli des ustensiles de fer, fonte, etc. Il suffit pour cela de les recouvrir d'une couche de gomme adragante additionnée de soude. Nous avons dit ailleurs les usages variés du *chlorure de s.* (Voy. Sel marin; quant au *sulfure de s.*, il n'est guère usité qu'en médecine pour préparer les bains sulfureux. Le *sulfate de soude* est un des purgatifs salins dont on fait le plus d'usage; on l'administre à la dose de 30 à 45 grammes. Mais, en outre, il s'en fait dans l'industrie une énorme consommation pour fabriquer la *s.* artificielle par le procédé Leblanc (Voy. plus haut, IV, 2°). Le *bisulfate* peut servir à fabriquer l'acide sulfurique fumant. Le *carbonate de soude* peut être employé à peu près aux mêmes usages que le carbonate de potasse. On en fait une énorme consommation pour la fabrication du savon et du verre, pour le blanchissage, le blanchiment, la teinture et l'impression des tissus; il sert aussi à préparer le borax, les hyposulfites et la plupart des sels de soude. Le *bicarbonate* s'emploie dans la fabrication de l'acide carbonique, des eaux gazeuses artificielles, des pastilles de Darcet, etc. La médecine en fait usage pour combattre les dyspepsies acides, et pour diminuer la plasticité du sang dans les maladies inflammatoires. On faisait autrefois une beaucoup plus grande consommation du *natron* et des *sesquicarbonates* de soude naturels qu'aujourd'hui. Les anciens employaient du *natron* dans la fabrication du savon, du verre, etc. On s'en sert encore à Marseille dans l'industrie savonnière. De plus, en Égypte, on le mêle au tabac en poudre pour lui donner du mordant, et les Indiens de Vénézuela emploient de même l'*urao* Les anciens Égyptiens faisaient beaucoup usage du natron dans les embaumements, ce sel empêchant la putréfaction des cadavres. L'*azotate de soude brut*, en raison de son bas prix, entre dans la composition des engrais artificiels Purifié, il sert à préparer l'acide azotique. On a cherché à employer ce sel pour la fabrication de la poudre, mais on y a renoncé, parce que la poudre à l'azotate de soude attire facilement l'humidité de l'air et s'enflamme moins rapidement que la poudre à l'azotate de potasse. En revanche, on s'en sert pour fabriquer l'azotate de potasse lui-même, à l'aide du chlorure de potassium. L'*azotate de soude*, comme agent de diazotation, est d'une grande importance pour la préparation des matières colorantes azoïques. Le *phosphate de soude* neutre constitue un excellent purgatif à la dose de 35 à 45 grammes, néanmoins il est peu usité. L'*arséniate de soude* est utilisé pour

le boucage dans l'impression des toiles peintes. En médecine il est employé contre les maladies scrofuleuses et les fièvres intermittentes. Les différentes sortes de verres ne sont autre chose que des *silicates de soude* et d'autres bases. Les *Verres solubles* à base de soude peuvent servir aux mêmes usages que le silicate de potasse. L'*hypochlorite de soude* est surtout usité comme désinfectant. On l'emploie à cet effet sous forme de dissolution qu'on appelle communément *liqueur de Labarraque*, du nom du pharmacien qui en a vulgarisé l'usage. L'*hyposulfite de soude* a reçu une certaine importance de ses applications à la photographie où il sert à fixer les images. Voy. Photographie; on s'en sert pour dissoudre le chlorure, le bromure et l'iodure d'argent. Il est aussi utilisé comme antichlore dans le blanchiment. Le *stannate de soude* est un mordant usité dans l'impression des tissus. Enfin l'*acétate de soude* sert à préparer l'acide acétique et ses éthers; il est aussi usité en médecine et en photographie; nous avons déjà signalé son emploi dans les chaufferettes pour voitures.

SODOME, v. de l'anc. Palestine, sur la mer Morte, fut détruite par le feu du ciel.

SODOMIE. s. f. (R. *Sodome*, ville de la Palestine, qui fut brûlée avec ses habitants par le feu du ciel, ainsi que les villes de Gomorrhe, Adama, Séboïm et Ségor). Vice contre nature.

SODOMITE. s. m. (lat. *Sodomita*, habitant de Sodome). Celui qui est coupable de sodomie.

SOEÏRA, Voy. Mogador.

SŒMMERING, chaîne de montagnes de l'Empire austro-hongrois, entre l'archiduché d'Autriche et le comté de Styrie.

SŒUR. s. f. [Pr. *seur*] (lat. *soror*, m. s.). Celle qui est née de même père et de même mère qu'une autre personne, ou de l'un des deux seulement. *S. aînée. S. cadette. Sœurs jumelles. Le frère et la s. Elle a pour lui l'affection d'une s.* Poétiq., *Les neuf Sœurs, les doctes Sœurs*, Les Muses. — *S. germaine* ou *S. de père et de mère*, Celle qui est née de même père et de même mère qu'une autre personne. *S. consanguine* ou *S. de père*, Celle qui n'est s. que du côté paternel. *S. utérine* ou *S. de mère*, Celle qui n'est s. que du côté maternel. Les expressions *S. germaine, consanguine, utérine*, ne sont guère usitées qu'en Jurisprudence. — Fam., *Demi-s.*, Celle qui n'est s. que du côté paternel ou du côté maternel. — *S. naturelle*, Celle qui est née de même père ou de même mère, mais hors du mariage. — *S. de lait*, Celle qui a eu la même nourrice qu'une autre personne; se dit surtout de la fille de la nourrice, par rapport au nourrisson qui a sucé le même lait. — *Belle-s.*, Voy. ce mot. || Fig., *La poésie et la musique sont sœurs*, Elles ont ensemble beaucoup de rapports. || Titre que les rois de la chrétienté donnent aux reines en leur écrivant. || Titre que toute religieuse prend dans les actes publics, et que les religieuses qui ne sont point dans les charges, ou qui n'ont point atteint un certain âge, se donnent entre elles, et qu'on leur donne aussi ordinairement. *S. Marie du Calvaire. La s. Thérèse.* — *Sœurs laies*, ou plus ordinairement, *Sœurs converses*, Les religieuses qui ne sont point du chœur, qui ne sont employées qu'aux œuvres serviles du monastère. — *S. écoute*, Religieuse désignée pour accompagner une autre religieuse ou une pensionnaire qui va au parloir. — *Sœurs du pot, sœurs gardes-malades.* Vx.— *Sœurs* est encore le titre qu'ont adopté certaines congrégations de femmes qui vivent en communauté sans être religieuses. *Les sœurs de la Charité. Les sœurs grises. Elle s'est faite s. grise.*

SŒURETTE. s. f. [Pr. *seu-rè-te*]. Petite sœur; ne se dit qu'en termes d'amitié et dans le langage familier.

SOFA ou **SOPHA**. s. m. (arabe *soffah*, m s.). Mot turc qui désigne une espèce d'estrade fort élevée et couverte d'un tapis. *Le grand vizir donne ses audiences sur le s. Quand le grand vizir reçoit les ambassadeurs, on met leur siège sur le s.*; et c'est ce qu'on appelle *Les honneurs du s.* || Sorte de lit de repos à trois dossiers dont on se sert comme d'un siège. *On confond souvent les canapés avec les sophas.*

SOFALA (Côte de), nom de la côte d'Afrique au S. de l'embouchure du Zambèze; appartient aux Portugais.

SOFFITE. s. m. [Pr. *so-fite*) (ital. *soffitto*, m. s.). T. Archit. La surface d'un membre d'architecture qui se présente horizontalement au-dessus de nos têtes, comme un plafond, le dessous d'un larmier, d'une architrave, orné de compartiments, de caissons, de rosaces, etc. *Le s. du larmier, de l'architrave, etc.*

SOFI ou **SOPHI.** s. m. T. Relat. Pendant longtemps les Occidentaux ont donné le nom de *Sofi* ou *Sophi* au souverain de la Perse : c'était l'effet d'une méprise. Soli est simplement un surnom qu'ont porté tous les souverains de la dynastie qui a précédé la dynastie actuelle, et les voyageurs peu instruits ont pris ce surnom pour un titre. La dynastie des Sofis fut fondée, en 1499, par Ismaël-Sofi, et fut renversée, en 1736, par le conquérant Nadir.

SOFI, SOPHI ou **SOUFI.** s. m. Voy. SOUFI, et PHILOSOPHIE, III, F.

SOFIA, cap. de la Bulgarie ; 30,400 hab.

SOGDIANE, anc. pays de la haute Asie, correspondant auj. au khanat de Bokhara et au Turkestan russe, et possédé en partie par la Russie ; cap. Samarcande.

SOGDIEN, roi de Perse (424 av. J.-C.), 2º fils d'Artaxerxès Iᵉʳ, tua son frère aîné Xerxès II, et fut lui-même mis à mort par son frère Ochus ou Darius II Nothus.

SOGNE (Golfe de), sur la côte de Norvège.

SOI. pron. sign. de la 3 personne et des 2 g. [Pr. *soua*] (lat. *se*, m. s.). Il se dit des personnes et des choses. *On doit parler rarement de soi. Chacun travaille pour soi. Prendre sur soi pour ne pas se mettre en colère. N'avoir rien à soi. L'amour de soi. Un bienfait porte sa récompense avec soi.*

On a souvent besoin d'un plus petit que soi.

                         LA FONTAINE.

|| *Être soi,* Garder son propre caractère, ne pas prendre celui d'un autre. *Il faut toujours être soi.* || *Être à soi,* Ne dépendre de personne, d'aucune chose. *Qu'il est fâcheux de ne pouvoir être à soi un quart d'heure dans toute une matinée. Quand on est au service de quelqu'un, on n'est plus à soi.* — *N'être pas à soi,* signifie aussi, avoir perdu le sens. *Dans le délire, on n'est plus à soi.* — *Revenir à soi,* Voy. REVENIR. || *Rentrer chez soi,* Rentrer dans sa maison. *Vivre chez soi,* Vivre sans liaison au dehors. — Substant. et fam., *Avoir un chez soi,* Avoir une habitation en propre. || *De soi,* De sa nature. *De soi le vice est odieux. La nature est aimable de soi.* || *En soi,* Dans sa nature. *La nature est aimable en soi.* — *Rentrer en soi, en soi-même,* Voy. RENTRER. || *Sur soi,* Sur son corps, sur sa personne. *La santé demande qu'on soit propre sur soi. Porter des armes sur soi.* || Fam., *A part soi,* Voy. PART. — *Tenir son quant-à-soi,* Voy. QUANT. ═ Soi-même, ne signifie rien de plus que *Soi* mis absolument ; mais il exprime l'idée avec un peu plus de force. *Se louer soi-même. Il faut conduire ses affaires soi-même. Rentrer en soi-même. Cela parle de soi-même.* ═ Soi-disant. adj. invar. T. Prat. Se dit quand on ne veut pas reconnaître la qualité que prend quelqu'un, *Un tel, soi-disant héritier, soi-disant locataire, etc.* || Se dit aussi, par raillerie et par mépris, dans le langage ordinaire. *Un tel soi-disant docteur. Ces soi-disant gentilshommes.*

Obs. gram. — Quand *Soi* se dit des personnes, on l'emploie dans les propositions générales ou indéterminées, et il est alors toujours précédé, ou d'un nom collectif, ou d'un pronom indéfini, comme *chacun, on, quiconque, aucun, celui qui, personne, tout homme, etc.,* ou bien encore d'un verbe employé, soit impersonnellement, soit à l'infinitif : *Quiconque n'aime que soi ne saurait avoir d'amis. Il dépend toujours de soi d'agir honorablement. Être trop content de soi est une sottise.* Cependant on peut s'employer dans les propositions qui présentent un sens déterminé, lorsque l'emploi de *lui* ou de *eux* pourrait donner lieu à une équivoque, comme dans cette phrase : *Ce jeune homme, en remplissant les volontés de son père, travaille pour soi,* car si l'on disait : *travaille pour lui,* on ne saurait si le jeune homme travaille pour ses intérêts ou pour ceux de son père. *Soi* indique une action qui tombe sur le sujet de la proposition, tandis que *lui* annonce que l'action passe au delà du sujet. Ainsi on doit dire : *Paul pense à soi,* si l'on veut signifier qu'il est l'objet de ses propres pensées ; et,

DICTIONNAIRE ENCYCLOPÉDIQUE. — T. VIII.

Paul pense à lui, si l'on veut exprimer qu'il pense à une autre personne dont il vient d'être question. — Lorsque *soi* se rapporte à des choses, il s'emploie avec le défini comme avec l'indéfini, et se joint toujours à une préposition. *De soi le vice est odieux. La vertu est aimable en soi. Le crime traîne toujours les remords après soi.* — *Soi,* étant un singulier, ne peut régulièrement se construire avec un pluriel. Cependant on dit : *De soi, ces choses sont indifférentes.*

SOIE. s. f. [Pr. *soua*] (lat. *seta,* m. s.). Se dit de l'oil long et rude de certains animaux. *Des soies de cochon, de sanglier.* || T. Bot. Se dit des poils raides et isolés, qui se trouvent souvent au sommet des feuilles, et des poils raides qui garnissent le sommet des enveloppes florales de certaines graminées, et aussi du pédicelle de l'œuf des *Mousses.* Voy. MOUSSE. || T. Comm. Fil délié, souple et brillant qui provient du cocon produit par certains Lépidoptères à l'état de larve. *S. écrue. S. torse. Dévider de la s. Une robe de s.* — Par ext., se dit des matières filamenteuses produites par quelques autres animaux, ainsi que des matières textiles provenant de différents végétaux. *On peut fabriquer des tissus avec la s. des jambonneaux. S. végétale. S. d'Orient.* — Fig., Le poil doux et long d'un chat d'Angora, d'un épagneul, etc. *Cet épagneul a de fort belles soies* || T. Entom. Se dit aussi des stylets effilés qui font partie de la bouche de certains insectes. || T. Méd. vétér. Syn. de *Seime.* Voy. ce mot. — *S. du porc,* Maladie particulière aux porcs, qui a son siège à l'un des côtés du cou, sur l'endroit qui correspond aux amygdales. La partie affectée présente une sorte de houppe formée par la réunion de douze à quinze soies, dont le tiraillement cause de vives douleurs. *La s. est une maladie grave et paraît être contagieuse.* || T. Techn. La partie de fer d'une épée, d'un sabre, d'un couteau, etc., qui entre dans la poignée, dans le manche. *La s. d'une épée. La s. de ce sabre est trop faible. La s. d'une lime.*

Techn. — I. *Soie véritable.* — Le cocon est constitué par trois enveloppes se recouvrant les unes les autres et qui ont des noms différents suivant leur situation par rapport à la chrysalide occupant le centre. L'enveloppe la plus extérieure est la *bourre* ou *ærainée* ou encore *frison.* Au-dessous se trouve la s. proprement dite. La troisième enveloppe, en contact direct avec la chrysalide, est constituée par une s. d'une extrême finesse dont les fils sont si bien agglomérés qu'on ne peut les dévider. En somme, le cocon peut être considéré comme une espèce de pelote creuse et de forme ovoïde, dont les parois se composent de couches de s. superposées enroulées régulièrement, toujours dans le même sens et rendues adhérentes au moyen d'une substance gommo-résineuse qui forme une sorte de fourreau à l'intérieur duquel est le brin de s. véritable. Cette gaine continue prend le nom de *grès;* elle se ramollit sous l'action de la chaleur, et il est possible de la faire disparaître parce qu'elle est soluble à chaud dans un bain alcalin. Le fil est fait d'un brin unique d'une longueur totale de 1,200 à 1,500 mètres au maximum et dont la disposition, dans chaque couche, offre une suite de courbures régulièrement dirigées comme les S. La première opération du travail de la s. en cocons, après l'étouffement des chrysalides, est l'*ouvraison* qui consiste à décoller ce brin, ou de le mettre en liberté; il est d'une si grande finesse, que l'on en réunit toujours plusieurs ensemble pour obtenir le fil le plus fin employé par l'industrie. Vient ensuite le *moulinage,* opération qui renferme le *dévidage* du cocon, le *tirage* de la s., puis le *filage,* ou la réunion de plusieurs brins en un seul. Toutes ces opérations s'exécutent simultanément, au moyen d'appareils fort simples, appelés *tours* ou *métiers à tirer,* qui sont ordinairement une bassine à eau chaude, une filière, un organe croiseur, un mécanisme de va-et-vient, et un dévidoir. L'eau de la bassine étant portée à la température voulue, on y jette un certain nombre de cocons, on les agite avec une écumoire pour les humecter et ramollir le vernis, et on les frappe légèrement avec un petit balai de bouleau ou de chiendent, dont les brindilles sont coupées de manière à retenir les brins qui s'y attachent. Cette opération, qu'on nomme *battage,* a pour objet de détacher la *Bourre* ou *Frison,* qui garnit la surface extérieure des cocons et provient du canevas grossier que le ver a établi autour de lui, aussitôt après la montée, afin de se procurer des points d'appui pour son travail ultérieur. Quand elle a dégagé cette bourre, l'ouvrière la met de côté : c'est ce qu'on appelle la *purge.* Cette bourre correspond aux étoupes du chanvre et du lin, et donne lieu à un déchet utilisable ultérieurement par peignage et cardage, et qui varie de 20 à 40 pour 100 du poids de

785

a s. Quand elle est enlevée, la fileuse saisit, toujours avec le petit balai, les brins continus des cocons, et alors commence le tirage et le filage proprement dits. La fileuse forme avec la quantité de brins nécessaires deux fils qu'elle fait passer dans les filières du tour, les croise l'un sur l'autre, les dirige dans les guides du va-et-vient, et enfin les porte sur le dévidoir. Elle met alors ce dernier en mouvement avec la main gauche, tandis que, de la droite, elle remplace les brins épuisés par de nouveaux afin de conserver au fil une grosseur invariable. Le passage à travers les filières et la croisure sont destinés à faire adhérer les brins entre eux, ainsi qu'à les arrondir, à rendre leur surface lisse et unie, et à maintenir leur diamètre constant, à les retordre une première fois en un mot. Quant au va-et-vient, il a surtout pour objet de donner aux fils le temps de se sécher, afin qu'ils n'arrivent pas sur le dévidoir assez humides pour se coller les uns avec les autres. Le fil qui résulte des opérations qui précèdent, constitue la S. grège. Comme on le voit, celle s. provient de la réunion des brins élémentaires chargés de gomme, et qui ne sont, pour ainsi dire, que collés ensemble. Pour la rendre propre aux divers besoins de l'industrie, on est donc obligé de la soumettre à de nouvelles manipulations, qui consistent à la doubler et à la tordre une seconde fois, afin d'augmenter la résistance des fils et d'empêcher les brins constituants de se décoller. L'ensemble de ces manipulations se fait avec une machine qui porte une série de longs fuseaux, et qu'on nomme Moulin à s., à cause d'une certaine ressemblance qu'on a cru remarquer entre ses pièces principales et celles des moulins à blé, d'où le nom de moulinage, donné à ses diverses opérations. On appelle également Mouliniers les hommes qui sont chargés du travail du moulinage. Le premier moulin d'origine européenne dont les textes fassent mention fut, dit-on, établi à Bologne, en 1372, par le Lucquois Borghesano : il est encore employé en France et en Italie, sauf quelques modifications de détails. Les produits du moulinage reçoivent des noms particuliers suivant la manière dont on les a obtenus. Ainsi, le Poil ou premiers tors résulte d'un simple tors de droite à gauche : on l'emploie principalement dans la rubanerie, la passementerie et la broderie. La Trame se compose de deux ou plusieurs fils tordus ensemble : elle est ordinairement employée au tissage comme trame. L'Organsin se compose de deux ou trois fils réunis par deux tors : on s'en sert, comme chaîne, pour la fabrication des étoffes. Disons en passant qu'on applique souvent le nom d'Organsinage au moulinage, et qu'on appelle les mouliniers Organsineurs ; mais c'est à tort.

Il existe un procédé différent, dû à Aubenas et permettant, lors de l'ouvraison de la s., de s'opposer de la façon la plus absolue à ce que les fils simples puissent se coller ensemble. Pour cela, la méthode consiste à faire parcourir un assez long espace à la s. dans le but de faire sécher chaque brin avant sa mise en bobine. De la bassine où baignent les cocons, la s. court le long d'un atelier et, avant de s'enrouler, elle reçoit une première torsion qui varie entre 120 et 600 tours suivant la nature de la s. que l'on veut obtenir.

Nous avons vu que la s. est enveloppée d'un enduit gommeux. C'est à la présence de cet enduit que l'on doit la possibilité de la tirer et de la mouliner, à cause de la solidité qu'il donne aux fils en collant les brins les uns contre les autres. Cependant, il devient nuisible lorsqu'il s'agit de teindre la s., parce qu'il s'oppose au blanchiment, lequel est indispensable, surtout quand on veut obtenir de belles nuances. On appelle Cuite ou Décreusage (par corruption de décruage), l'opération au moyen de laquelle on fait disparaître cet enduit ; et l'on applique l'épithète de cuite ou décreusée (décruée) à la s. qui l'a subie, par opposition à la s. grège ou s. crue, ou s. écrue, qui n'y a pas été soumise. Cette opération consiste à plonger la s. dans un bain chaud, formé avec la main, fait avec 30 parties de savon blanc pour 100 de s. (c'est le Dégommage) ; après quoi, on la maintient, pendant une heure et demie, dans une dissolution bouillante renfermant 20 pour 100 de savon (c'est la Cuite proprement dite). Toutefois on ne soumet pas à la cuite les soies destinées à faire les blondes et les gazes, parce qu'elles ont besoin de conserver la raideur naturelle que leur donne l'enduit gommeux. Dans ce cas, on préfère les soies de Chine, qui sont toujours d'un blanc parfait. On blanchit fréquemment aussi la s. à l'acide en l'immergeant une fois décreusée, dans un bain à 35° centigrades et marquant environ de 15 à 20° Baumé. Ce bain est formé d'un mélange d'acide azotique et d'acide chlorhydrique dans les proportions respectives de 1 d'acide azotique pour 4 d'acide chlorhydrique. On laisse tremper la s. pendant douze heures ; on la lave à grande eau et on

l'expose ensuite à l'action de l'acide sulfureux durant quelques heures. Enfin, on lave à l'eau de savon faible et en dernier lieu à l'eau bouillante. Indépendamment des espèces de soies qui précèdent, on distingue, dans le commerce, plusieurs autres sortes encore. Ainsi, on appelle Ovale ou S. ovalée, une s. grège composée de plusieurs brins réunis et faiblement moulinés, que l'on emploie pour faire des lacets, des broderies, les coutures de gants. La S. plate est une s. grège commune, formée de 20 à 25 brins tirés ensemble, et qui sert surtout pour broder la tapisserie. La Grenadine est une s. grège formée de deux fils tordus séparément une fois, puis une seconde fois ensemble, mais plus serrés. On emploie la plus commune pour faire des effilés et la grosse dentelle, et la plus fine pour faire les blondes noires. La Grenade ou Rondelettine ne diffère de la précédente qu'en ce qu'elle est plus tordue ; on l'appelle également S. retorse ; elle est surtout destinée à la passementerie et à la fabrication des boutons. La Demi-grenade s'obtient de la même manière, mais avec les cocons de mauvaise qualité : elle a les mêmes usages que la grenade. La Fantaisie n'est autre chose que de la bourre de s., ou frison, cardée et filée comme le coton. Elle est utilisée dans la bonneterie et pour la fabrication des châles dits de fantaisie. La Filoselle provient aussi de la bourre de s., ainsi que des cocons avariés. Elle est employée pour la passementerie et la bonneterie. Enfin, on appelle Fleuret monté ou Galette, une fantaisie commune, qui sert surtout dans la passementerie, où elle forme ordinairement la chaîne des galons d'or et d'argent.

Le haut prix de la s. a stimulé l'esprit de cupidité et la fraude chez les vendeurs. De bonne heure aussi on a donc cherché à déjouer les manœuvres frauduleuses dont cette industrie était l'objet, et aujourd'hui on peut dire que la science y est parvenue. — L'Essai des soies a pour objet de renseigner l'acheteur sur leur titre, c.-à-d. sur la grosseur des fils, ainsi que sur la régularité et les qualités physiques des soies mises en vente. Le titre dépend du nombre de cocons qui ont servi à former le fil, si la s. est grège, et du nombre des fils de grège qui ont servi à la produire, si elle est ouvrée. On le détermine en pesant une longueur déterminée de la s. à essayer, laquelle est généralement de 476 mètres, qu'on dévide sur un instrument particulier appelé éprouvette. On se sert pour unité de poids du grain, que l'on désigne sous le nom de denier, et dont 18,83 valent un gramme. D'après cela, on dit qu'une s. est de 10 ou 15 deniers, lorsque son écheveau de 476 mètres pèse 10 ou 15 grains Quant aux qualités physiques de la s., c.-à-d. à son élasticité et à sa ténacité, on les évalue au moyen d'un appareil très simple appelé Séricimètre, dont l'invention est due au Lyonnais Robinet. Après que le fabricant s'est assuré par l'opération de l'essai que la s. est propre à l'usage auquel il la destine, il faut qu'il constate son poids réel. Or, cette précieuse substance est tellement hygrométrique, qu'elle peut absorber plus de 25 pour 100 de son poids de vapeur d'eau, d'où il résulte que le même ballot peut avoir, suivant les circonstances, des poids très différents. Si, par ex., à sa sortie d'un magasin où l'air est très humide, on lui a trouvé le poids de 100 kilogrammes, il est possible qu'on ne lui en trouve plus que 80 et même 70, après qu'il aura séjourné dans un autre magasin où l'air est très sec. En 1750, le commerce de Turin, pour régulariser les transactions de ce genre, imagina de faire séjourner la s. vendue, durant un certain temps, dans des salles chauffées de 17 à 20 degrés Réaumur, et à ramener ainsi ces matières à un état de dessiccation analogue à celui que l'exposition à l'air libre dans la belle saison pourrait leur procurer. Cette opération, qui a pour effet de ramener toutes les soies au même degré de siccité, constitue ce qu'on appelle le Conditionnement des soies, et l'on appelle Condition publique des soies l'établissement où elle s'exécute. Cette sorte d'essai de la s. ne tarda pas à être adoptée dans toutes les villes qui sont le siège de ce genre de commerce. Le poids que présente la matière après le conditionnement se nomme le poids de condition, et c'est le seul sur lequel puisse porter le marché. Depuis 1841, on emploie à Lyon un procédé plus expéditif que le précédent. Il est dû à Trolliet, mais a été singulièrement perfectionné et rendu pratique par Léon Talbot. Il consiste à dessécher aussi rapidement que possible, dans une sorte d'étuve, un certain nombre d'écheveaux de s. pris au hasard dans le ballot que le négociant veut vendre ou acheter. Cette opération terminée, on calcule le poids réel du ballot par celui des écheveaux étuvés et l'on ajoute à ce poids un dixième pour l'humidité de tolérance. La s. perd au décreusage de 25 à 30 pour 100 de son poids. Elle gagne, au contraire, à la teinture, par l'addition de la matière colorante, un poids de surcharge qui peut aller jusqu'à 80 et même 85 pour 100. Ces causes de variation du poids brut de la s. présentent des changements continuels. On ne peut les déterminer exactement, à moins de faire chaque fois une opération chimique qui est assez longue et onéreuse, qui est même impossible dans une foule de circonstances. Or, cette quasi-impossibilité de connaître la perte réelle qu'éprouve le poids de la s. au décovrasge et l'augmentation qu'il gagne à la teinture a donné lieu à un système de vol organisé sur une grande échelle. En 1844, on évaluait à 6 millions la perte annuelle que ce vol de s., connu sous le nom vulgaire de *piquage d'onces*, occasionnait à l'industrie lyonnaise seulement. On a longtemps cherché en vain un moyen sûr et facile pour déjouer ces fraudes; enfin, le problème paraît avoir été résolu au moyen d'un ingénieux procédé, dû au mécanicien Arnault, de Lyon, mais dans l'exposition duquel nous ne saurions entrer.

On a essayé, à plusieurs reprises, de remplacer la soie du Bombyx du Mûrier par celle de quelques autres insectes de la même famille, notamment par celle du Bombyx de l'Ailante; mais, jusqu'à présent, aucun de ces essais n'a donné de résultats satisfaisants.

II. *Soie artificielle.* — Depuis longtemps l'industrie s'est écorriée à obtenir au moyen de différents textiles des soies artificielles qui, tout en offrant l'apparence extérieure de la s. véritable, aient un prix bien inférieur à celui de la précieuse matière, et par suite soient d'un accès facile aux plus petites bourses.

On a choisi de préférence des textiles d'origine végétale, le lin, le chanvre, le coton, sur lesquels par des procédés chimiques on faisait déposer une couche infinitésimale de s. dissoute dans l'acide acétique ou le chlorure de zinc. Pour arriver à ce résultat, on plonge dans une de ces dissolutions des écheveaux; la surface de chaque brin de fil se recouvre, au bout d'un certain temps d'immersion d'une pellicule de s. qui donne à l'ensemble son brillant caractéristique sinon ses qualités. La fibre végétale se trouve pour ainsi dire animalisée et peut dès lors être employée au tissage d'étoffes dont l'aspect extérieur est à peu près analogue à celui des tissus de s. On a également cherché à fabriquer une s. artificielle avec une sorte de collodion très chargé en coton, et en faisant passer l'épais liquide à travers des filières au sortir desquelles un ventilateur de forme spéciale active l'évaporation de l'éther dont les vapeurs sont recueillies, et il reste alors un fil très ténu possédant le brillant et l'éclat de la s. véritable, mais n'en ayant nullement la résistance. Enfin, d'autres industriels se sont adressés aux fibres du bois et sont parvenus à obtenir un fil à l'éclat soyeux et présentant une résistance suffisante pour pouvoir être utilisé.

III. *Historique.* — L'industrie de la s. est immémoriale en Chine et au Japon, d'où elle s'est peu à peu répandue dans les autres parties de l'Asie. En Europe, Aristote est le premier qui parle avec quelque clarté de cette précieuse substance. Après avoir décrit avec assez d'exactitude les métamorphoses de l'insecte qui la produit, il ajoute que le fil des cocons est dévidé sur des bobines dans l'île de Cos. Ce récit autorise à conclure que, dès le IVe siècle avant notre ère, il arrivait à Cos, où elle était manufacturée, de la s. écrue de l'intérieur de l'Asie. Au reste, c'est de cette île que sortaient, au commencement de l'empire, ces gazes légères (*coa vestis*) que les tissus romains recherchaient, et dont tous les poètes du temps vantaient la souplesse et la transparence. Un peu plus tard, les conquêtes romaines dans le pays des Parthes ayant rendu plus facile l'importation à Rome des productions de l'Asie centrale, que les Romains appelaient le pays des Sères, les tissus de Cos disparurent. À cette époque, les Romains croyaient encore que la s. était une sorte de laine végétale, et c'est plus tard, Pline l'Ancien décrit la formation de la s. par le *bombyx*. Pendant toute la durée de l'empire, les soieries jouirent à Rome d'une grande faveur. Elles étaient surtout portées par les dames, mais les hommes les adoptèrent aussi à diverses époques. Déjà, sous Tibère, le Sénat rendit un édit pour interdire la s. à ces derniers : *ne vestis serica viros fœdaret.* Ce qui faisait rechercher les tissus de s., ce n'était pas seulement leur beauté, mais leur haut prix, car ils se vendaient à peu près au poids de l'or. Les tissus de s. en usage chez les anciens étaient, tantôt unis, tantôt revêtus de riches broderies, qui s'exécutaient surtout en Égypte et dans l'Asie Mineure; d'autres fois ils étaient enrichis d'ornements de fil d'or et d'argent. Ces tissus n'étaient pas toujours de fabrique orientale; on en faisait aussi à Byzance, à partir du IVe siècle. Les uns étaient de s. pure, et les autres avaient leur

chaîne de laine ou de lin. Dans tous les cas, la matière première était tirée de l'Asie. Les Européens ne commencèrent à la produire que sous le règne de Justinien, vers 550, où quelques moines apportèrent à Constantinople des œufs de ver à s., recueillis à Khotan, ville de la petite Boukharie, et enseignèrent l'art de les élever. La sériciculture resta longtemps confinée dans la Grèce; mais, au XIIe siècle, Roger II, roi de Sicile, l'introduisit dans cette île, d'où peu après elle pénétra dans l'Italie méridionale, puis jusqu'en Lombardie et en Piémont. D'un autre côté, les Arabes, au VIIIe siècle, avaient déjà importé cette industrie d'abord dans l'Égypte et la Barbarie, et de là dans leurs provinces du sud de l'Espagne. Son introduction en France date du XIVe siècle, c.-à-d. de l'époque du transfèrement du Saint-Siège à Avignon par Clément V. Ce pape ordonna de planter des mûriers autour de la ville, afin de multiplier les vers à s. Cependant plusieurs écrivains rapportent cette double importation à Grégoire X, vers 1274. Quoi qu'il en soit, il est certain que les fabriques d'Avignon sont les plus anciennes de notre pays. Grâce aux encouragements que les papes ne cessèrent de leur prodiguer, elles acquirent promptement un très haut degré de prospérité. Mais bientôt il s'en établit d'autres, d'abord à Nîmes, puis à Lyon, en 1450, et à Tours, en 1470. Il en existait aussi à Rouen et à Paris au siècle suivant. Toutefois ce furent celles de Lyon qui se développèrent le plus rapidement. En 1680, cette ville ne comptait pas moins de 12,000 métiers, et occupait, depuis déjà longtemps, le premier rang. À la même époque, l'industrie de la s. était encore dans l'enfance en Angleterre; mais quelques protestants français, étant allés se fixer à Londres, firent faire à la fabrication anglaise des progrès considérables. D'autres industriels de notre pays, propagèrent également l'industrie séricicole en Prusse, en Suisse et en Hollande. À cette heure, la fabrication des soieries forme, après le travail du coton, la branche la plus importante de l'industrie des tissus. En Orient, elle est toujours exploitée sur la plus grande échelle, principalement en Chine, au Japon, dans l'Inde, dans l'Indo-Chine, et en Perse. En Amérique, c'est aux États-Unis qu'elle est le plus florissante. Quant à l'Europe, elle est répandue dans tous les États du midi et du centre, c.-à-d. en France, en Angleterre, en Suisse, en Allemagne, en Espagne, en Italie et en Turquie, mais c'est dans notre pays qu'elle occupe le plus de bras et donne lieu au mouvement d'affaires le plus considérable. En effet, les manufactures françaises produisent à elles seules presque autant que celles de tous les autres pays pris ensemble. Lyon est le centre principal de cette branche de la richesse nationale.

SOIERIE. s. f. [Pr. *soua-rî*]. Se dit de toutes sortes de marchandises de soie. *Les soieries de Lyon. Les soieries du Levant. Il fait le commerce des soieries. Magasin de soieries.* ‖ Se dit aussi d'une fabrique de soie, du lieu où on la prépare. *Établir une s.*

SOIF. s. f. [Pr. *souaf*] (lat. *sitis*, m. s.). Sensation produite par le besoin d'introduire des liquides dans le canal alimentaire. *S. ardente, brûlante. Avoir s. Mourir de s. Étancher, éteindre sa s. Boire sans s. Cela ne fait qu'irriter la s. Je n'ai ni faim ni s.* ‖ Fig., Désir immodéré. *La s. de l'or, des honneurs. La s. de la vengeance. Il est dévoré de la s. des richesses. Il avait s. de gloire. Il a s. de mon sang.* Prov. *Garder une poire pour la s. Avoir quelque chose en réserve, en cas de besoin.* — *On se saurait faire boire un âne qui n'a pas s.* On ne peut faire faire une chose, fût-elle agréable, à quelqu'un qui n'en a pas envie.

Physiol. — La **Soif** est une sensation interne analogue à celle de la faim et tout aussi obscure dans sa cause prochaine. Lorsque la proportion de l'eau du sang est diminuée et la s. vive, les sécrétions s'amoindrissent et les muqueuses, ordinairement lubrifiées par le mucus, tendent à se dessécher. Or, la sensibilité des muqueuses est très obscure, pour ne pas dire nulle, sur tous les points du système autres que ceux qui sont placés à l'entrée des voies digestives. C'est donc en ce point (bouche, gorge, pharynx) que nous rapportons la sensation de la s., parce que là nous avons la conscience de leur état de dessèchement. Ajoutons que le courant d'air de l'inspiration et de l'expiration, contribue encore, en favorisant l'évaporation, à rendre en ce point les membranes plus sèches. Le dessèchement des muqueuses n'est toutefois qu'un phénomène secondaire qui tient à l'état du sang. La sensation de la s., liée à ce dessèchement et à cette irritation locale, a vraisemblablement sa source dans la notion irréfléchie et instinctive de l'état du sang, c.-à-d. dans les centres nerveux. — Pour calmer la s., il n'est pas indispensable d'introduire de l'eau dans l'estomac: on arrive au même résultat par des injections aqueuses dans les veines et dans le tissu cellulaire sous-cutané, et par des bains.

SOIFFEUR. s. m. [Pr. *soua-feur*] (R. *soif*). Ivrogne. Pop.

SOIGNER. v. a. [Pr. *soua-gner*, gn mouillées] (R. *soin*). Avoir soin de quelqu'un ou de quelque chose. *Sa femme l'a bien soigné durant sa maladie. S. des enfants. S. un cheval. S. des arbres. S. sa santé. S. son ménage, ses affaires.* — En parlant d'un médecin, *S. un malade*, Le traiter. || Travailler avec une attention particulière. *Vous ne soignez pas assez vos ouvrages. Il soigne beaucoup son style. Ce peintre ne soigne pas assez son dessin.* = SOIGNER. v. n. Veiller à quelque chose. *Vous soignerez à cela. Qui soignera votre ménage pendant votre absence?* Vx. = SE SOIGNER. v. pron. Prendre grand soin de sa personne. *Il aime à se s. Vous ne vous soignez pas assez.* = SOIGNÉ, ÉE. part. *Ouvrage soigné. Style soigné.*

SOIGNEUSEMENT. adv. [Pr. *soua-gneu-zeman*, gn mouil.] Avec soin, avec attention, avec exactitude. *J'ai examiné s. cette affaire. Travaillez-y s.*

SOIGNEUX, EUSE. adj. [Pr. *soua-gneu, euze*, gn mouil.). Qui fait avec soin, avec attention ce qu'il fait. *Un ouvrier, un domestique s. Il faut être plus s.* || Qui est fait avec soin. *De soigneuses recherches.* || *Soigneux de*, Qui prend soin de quelque chose. *Il est s. de son honneur, s. de conserver sa réputation. Cette femme est soigneuse de sa réputation.*

SOIGNIES, v. de Belgique; 8,500 hab. Forêt.

SOIN. s. m. [Pr. *souin*] (lat. *somnium*, songe, ce qui occupe l'esprit?). Attention soutenue, application d'esprit à faire quelque chose *Il travaille avec s. Il écrit sans s. Cela demande du s., un s. tout particulier. Cet homme est négligent, il n'a s. de rien. Il y a mis tous ses soins.* || Se dit de la peine que l'on prend pour la conservation, le maintien, l'administration, la prospérité des personnes et des choses, ou pour parvenir à un but quelconque. *Les soins du ménage, d'une maison, d'une ferme. Voilà le fruit de vos soins. Tous vos soins devraient se borner à rechercher la vérité.* — Prendre *s.*, avoir s. de quelqu'un, de quelque chose, Voy. PRENDRE. || Sign. encore Charge, fonction, devoir de prendre s. de quelque chose, d'y veiller. *Je vous confie le s. de veiller sur mes affaires. Il laisse au temps le s. de venger sa mémoire.*

Et je charge un amant du soin de mon injure.

RACINE.

|| Au plur., se dit encore des attentions qu'on a pour quelqu'un, des services qu'on lui rend, des peines qu'on lui épargne. *Il lui prodigue les soins les plus empressés. Elle lui a donné les soins les plus tendres, les plus minutieux.* — *Rendre des soins à quelqu'un*, Le voir avec assiduité et lui faire sa cour. *Être aux petits soins avec quelqu'un*, Avoir pour lui des attentions recherchées, délicates; se montrer officieux, empressé à lui épargner les moindres peines. — *Donner des soins à un malade*, l'assister comme médecin. || Inquiétude, peine d'esprit, souci. *La vie des grands est pleine de soins. Libre de s., de soins.*

Syn. — Sollicitude, Souci. — Le s. est l'attention à faire et à bien faire ce qu'on fait; c'est le terme générique; le *souci* est le s. accompagné d'inquiétudes; la *sollicitude* est une suite, une multitude de soins et de soucis. Toute affaire exige du s.; toute crainte, tout danger nous donne du *souci*; toute charge, toute surveillance nous donne de la *sollicitude*.

SOIR. s. m. [Pr. *souar*] (lat. *serus*, tardif). La dernière partie, les dernières heures du jour. *Il travaille depuis le matin jusqu'au s. J'irai chez vous demains. Il se promène tous les soirs. Du s. au matin. Un beau s. d'été. La fraîcheur du s.* — Fig. et poét., *Le s. de la vie*, La vieillesse.

Rien ne trouble sa fin; c'est le soir d'un beau jour.

LA FONTAINE.

|| *A ce s.*, loc. fam. dont on se sert en quittant, dans le cours de la journée, une personne qu'on a l'intention de revoir dans la soirée. — *Bon s.*, Voy. BONSOIR.

SOIRÉE. s. f [Pr. *soua-rée*]. L'espace de temps qui est depuis le déclin du jour jusqu'à ce qu'on se couche *La s.*

m'a paru bien longue. *Les belles soirées de l'été. Passer la s. au jeu. Il passe toutes ses soirées chez son ami.* || Assemblée, réunion particulière qui a lieu dans la soirée, pour causer, jouer, faire de la musique, etc., *Il nous a donné une charmante s. Aller en s. Je l'ai invité à mes soirées.*

Syn. — Soir, Soirée. — Il existe entre ces mots exactement la même différence qu'entre *matin* et *matinée*. Voy. MATIN.

SOISSONNAIS, petit pays de l'Ile-de-France, compris aujourd'hui dans le dép. de l'Aisne; ch.-l. *Soissons*.

SOISSONS, ch.-l. d'arr. du dép. de l'Aisne, à 32 kil. S.-O. de Laon, sur l'Aisne; 12,400 hab. Évêché. = Nom des hab. : SOISSONNAIS, AISE.

SOISSONS (comte DE), fils de Thomas de Savoie, prince de Carignan, et de Marie de Bourbon, héritière du comté de Soissons (1635-1673), épousa Olympe Mancini, nièce de Mazarin (1657), qui, compromise dans le procès de l'empoisonneuse Voisin, s'enfuit de France et mourut à Bruxelles (1708). L'un de ses fils fut le prince Eugène.

SOIT. conjonct. alternative [Pr. *soua*] (lat. *sit*, subj. de *esse*, être; ce mot est propr. une ellipse de *que ce soit*). Ou. *S. l'un, s. l'autre. S. qu'il le fasse, s. qu'il ne le fasse pas.* || Quelquefois, au lieu de répéter *Soit*, on met *Ou*. *S. faiblesse ou bonté. S. qu'il le fasse ou qu'il ne le fasse pas.*

Soit que je vous regarde ou que je l'envisage.

RACINE.

= Soit. Façon de parler elliptique pour dire, que cela s., je le veux bien. *Vous le voulez. s.* — *Ainsi s.-il*, Voy. AINSI. || En T. Mathém., on dit aussi, *Soit*, pour supposons que telle chose soit donnée. *S. le polygone régulier...* On dit de même au plur., *Soient les deux parallèles...* = TANT SOIT PEU. loc. adv. Voy. PEU.

SOIXANTAINE. s. f. coll. [Pr. *soua-san-tène*]. Nombre de soixante ou environ. *Une s. de personnes. Une s. d'années.* || Âge de soixante ans. *Il a une s., La s., Soixante ans accomplis. Il a sa s. Il doit approcher de la s. Il a passé la s.*

SOIXANTE. adj. numéral 2 g. [Pr. *soua-sante*] (lat. *sexaginta*). Nombre composé de six dizaines. *S. hommes. S. deux chevaux. S. et un francs. S. et dix ans.* On dit aussi, mais moins bien pour l'euphonie, *S.-un, S.-dix.* — Se dit aussi pour Soixantième. *Page s.* = SOIXANTE. s. m. Le nombre soixante. *Le produit de s. multiplié par...* On dit encore, *Le nombre s.; Le numéro s.*

SOIXANTER. v. n. [Pr. *soua-santer*]. T. Jeu de piquet. Compter soixante avant que l'adversaire ait rien compté. = SOIXANTER. v. a. T. Agric. *S. du blé*, Le soumettre à une température de soixante degrés pour détruire les alucites, sans altérer le grain.

SOIXANTIÈME. adj. 2 g. [Pr. *soua-san-tième*]. Nombre ordinal de soixante. *S. chapitre. Il est le s. sur la liste.* || *La s. partie*, Chaque partie d'un tout qui est ou qu'on suppose divisé en soixante parties. = SOIXANTIÈME. s. m. La s. partie d'un tout. *Il a un s. dans cette affaire.*

SOL s. m. T. Métrol. Voy. Sou.

SOL. s. m. (lat. *solum*, m. s.). Terrain considéré, quant à sa nature ou à ses qualités productives. *Sol granitique, calcaire, argileux, etc. Sol léger, sablonneux, marécageux. Sol aride, ingrat, stérile. Un sol fertile. Ce sol est favorable à telle culture.* || La superficie du terrain sur lequel on bâtit, on marche, etc. *La propriété du sol emporte celle du dessus et du dessous. Il ne faut pas bâtir sur le sol d'autrui. Le sol de cette ville est inégal. A quelques pieds du sol.* || T. Mar. Place de l'arrimage des marchandises dans un navire. || T. Blas. Champ de l'écu. || T. Minéral. La partie de la roche sur laquelle une mine ou un filon est appuyé.

Agric. — Le sol, ou terre arable, c.-à-d. la couche superficielle terrestre propre à la culture des plantes, a été constitué par la désagrégation des roches ignées ou sédimentaires formant l'écorce du globe, roches qui ont été altérées sur place, ou recouvertes par des alluvions récentes. Aussi distingue-t-on dans les sols arables ceux qui ont été produits par la pulvérisation des masses rocheuses sous-jacentes, et ceux qui proviennent des terres de transport. Des causes multiples contribuent à la désagrégation sur place des roches les plus dures; contentons-nous d'indiquer les principales.

Quelques corps portés à une température élevée, puis refroidis brusquement, ont une tendance à se briser en fragments; les corps vitreux sont dans ce cas, et il est probable que certaines roches d'éruption doivent leur propriété de s'exfolier au refroidissement brusque qu'elles ont subi à leur arrivée à la surface du globe. En outre, la force expansive développée par l'eau, au moment où elle se congèle, favorise singulièrement la division des roches. Cette action s'exerce sur les masses les plus dures, et, *a fortiori*, sur les agglomérations sédimentaires beaucoup plus tendres. A ces actions purement mécaniques, s'ajoutent les influences de l'oxygène et de l'acide carbonique sur des roches complexes renfermant des métaux et des éléments incomplètement oxydés. Il faut sans doute des années pour que cette désagrégation des roches dures, exposées aux influences atmosphériques, se manifeste sensiblement, mais enfin elle produit, avec le temps, une couche plus ou moins épaisse d'une poussière sableuse dans laquelle les racines des plantes peuvent pénétrer; à moins que des pluies torrentielles et les vents ne transportent au loin et dans les lieux plus bas, ces détritus minéraux, qui vont alors former des dépôts sédimentaires si favorables à la végétation. La nature de ces dépôts varie autant que les couches géologiques qui ont contribué à leur formation. Ainsi les débris des montagnes granitiques ont formé des terres mélangées de silice, d'alumine, de chaux, de magnésie, de potasse et d'oxyde de fer; les montagnes quartzeuses n'ont fourni que des sables siliceux; les schistes argileux ont produit des limons presque entièrement formés d'argile; les amas de calcaire ont donné lieu à des dépôts de même essence. On peut reconnaître la nature différente de ces dépôts au moyen de la loupe, qui fait découvrir la plupart des minéraux simples ou des débris de roches qui, par leur mélange, concourent à former ces amas sédimentaires. — Cependant les débris des montagnes entraînés par les eaux dans les bas-fonds, ne représentent que rarement, dans les mêmes proportions, les principes essentiels des roches qui ont été attaquées et corrodées par les agents naturels. Cette différence tient à ce que ces divers principes n'ont pas la même densité et la même affinité pour l'eau. On conçoit que, parvenus au même degré de ténuité, les uns ont dû se déposer promptement, tandis que les autres ont été charriés, plus loin par le courant. C'est pour cette raison que la silice et l'oxyde de fer prédominent dans les dépôts formés en premier lieu, tandis que les argiles, la chaux, l'alumine, le manganèse se montrent successivement dans les dépôts les plus éloignés de leur point d'origine. Les sels alcalins sont aussi entraînés fort loin par les pluies, en raison de leur solubilité; de sorte que les détritus des roches feldspathiques sont toujours moins riches en potasse et autres sels solubles que les roches elles-mêmes. — La végétation de son côté, a contribué à la formation des sols arables, car il s'est fait en grand ce que nous pouvons constater en petit à la surface de certaines roches qui, d'abord nues et stériles, se couvrent peu à peu de plantes, et finissent par devenir des terres productives. Il s'établit d'abord sur cette surface, humectée par les pluies, les neiges et les brouillards, diverses fongosités, productions simples, qui ne demandent au rocher presque rien, qu'un point d'appui, mais qui lui laissent en échange leurs détritus, c.-à-d. une légère couche de matières organiques composée d'azote, de carbone, d'hydrogène et d'oxygène soustraits aux éléments de l'air et de l'eau. De cette couche déjà fertile s'élèvent bientôt des plantes plus complexes, des mousses, des lichens, dont les racines déliées s'insinuent dans les moindres fissures des roches et les font éclater par l'effet continu qu'elles exercent, action destructive, favorisée encore par l'humidité entretenue par ces petits végétaux et par toutes les influences atmosphériques. Cette première végétation est comme l'avant-garde des Graminées, des Cypéracées aux racines longues et traçantes, qui demandent encore peu de nourriture au sol, mais qui possèdent déjà une force plus puissante de désagrégation, et dont les débris plus considérables augmentent notablement l'épaisseur du dépôt. Celui-ci ne tarde pas à être envahi par les légions de Composées et de Légumineuses qui affermissent et améliorent assez le terrain pour qu'un jour les graines de plantes ligneuses, qu'y jettent les hasards des vents, le couvre de forêts. Le *sol arable* est ainsi constitué après une longue succession d'années. — Si nous voyons encore aujourd'hui des roches à nu, c'est que leur situation abrupte n'a pas permis l'établissement d'une végétation quelconque, ou que les pluies ont successivement entraîné dans des lieux plus bas, les pro-

duits de leur décomposition et de la végétation. C'est pour cette raison que le sol des vallées est toujours plus profond, d'une épaisseur inégale et d'une nature très variée; tandis que celui des plateaux offre peu de profondeur, mais beaucoup d'uniformité dans sa composition. — Enfin l'homme a puissamment concouru, pour sa part, à la formation du sol arable. Par l'épierrement et les labours, par des mélanges raisonnés de terres diverses, de détritus de plantes et d'excréments d'animaux, il a successivement modifié, changé, amélioré les propriétés du sol primitif, et introduit dans sa composition de nouveaux principes, des substances salines, des matières organiques, qui l'ont rendu propre à toutes les cultures. Aussi peut-on dire que si la nature a préparé les sols, l'homme a su les disposer de manière à les faire produire selon ses goûts et ses besoins. — L'épaisseur de la couche superficielle, dans laquelle les plantes peuvent se développer, varie à l'infini, depuis quelques centimètres, jusqu'à un mètre et plus dans les terres de bonne qualité. On appelle *sol superficiel* un terrain qui n'a pas plus de 10 à 13 centimètres d'épaisseur; *sol moyen*, celui qui a de 16 à 25 centimètres, et *sol profond*, celui qui mesure une profondeur de 30 à 40 centimètres et au delà. — Tout ce qui est au-dessous du sol agraire prend le nom de *sous-sol*. Cette partie n'est donc autre que la roche minérale dont la surface a été convertie peu à peu en terre arable par les diverses causes que nous avons indiquées. Toutefois, pour certains agronomes, le sous-sol proprement dit est constitué par la couche minérale dont la composition diffère complètement de celle des couches meubles qu'elle supporte, et qui repose ordinairement sur une surface imperméable à l'eau.

Le sol ne possède une grande richesse agricole que lorsqu'il réunit, dans une juste mesure, les trois ordres de principes que nous allons indiquer :

1° Éléments mécaniques : sable, graviers, argile, calcaire;

2° Éléments assimilables actifs : ammoniaque, nitrates, acides phosphorique, sulfurique, carbonique, chlore, silice; alcalis : potasse et soude, oxydes de fer et de manganèse, terres alcalines, chaux et magnésie;

3° Éléments assimilables en réserve : détritus organiques, humus charbonneux, minéraux indécomposés.

On divise les diverses espèces de sol en cinq grandes classes : *sols argileux, siliceux, calcaires, magnésiens et humifères.* — Les sols argileux ou glaiseux offrent les propriétés suivantes : ils sont plus ou moins colorés en brun, en jaune ou en rouge. Ils ont la langue. Ils ont beaucoup de compacité et de ténacité; ainsi quand on en prend une certaine quantité dans la main, la masse s'agglomère et garde longtemps la forme qu'on lui a donnée. Ils présentent de larges crevasses pendant les sécheresses. Ils se couvrent d'eau pendant les pluies, et adhèrent fortement aux pieds ainsi qu'aux instruments aratoires. Secs, ils absorbent l'eau en assez grande quantité, au moins deux fois leur poids, pour former une pâte liante et ductile. Quand on en plonge un fragment dans l'acide sulfurique, par ex., il ne se produit pas d'effervescence sensible. Ce fragment placé au milieu de charbons ardents durcit peu à peu; au bout d'une heure de forte chaleur, il est devenu compacte et sonore, et dans cet état, il ne peut plus m'absorber l'eau, ni se délayer. Peu de plantes croissent spontanément sur les sols argileux. Voici celles qu'on y rencontre ordinairement : sainfoin à feuille, laitue vireuse, tussilage, pas-d'âne, chicorée sauvage, lotier corniculé, agrostis traçante, aristoloche commune. — Ces sols offrent, dans la pratique de nombreux inconvénients. Composés de molécules qui ont une grande force d'agrégation, ils sont, plus que tous autres, rebelles à la culture; il faut choisir, pour les labourer, le moment où ils ne sont ni trop humides, ni trop secs; dans le premier cas, la division par tranches devient impossible, à cause de l'adhérence; dans le second, l'instrument tranchant ne peut les pénétrer à cause de la dureté. Le labour fait, il faut avoir recours, pour diviser les mottes, à l'intervention énergique des rouleaux à pointes, des cylindres très lourds, et des extirpateurs. Leur compacité les rend fort peu perméables aux eaux, aussi faut-il multiplier les tranchées et les rigoles pour les assainir. D'un autre côté, quand ils manquent d'eau, ils deviennent excessivement compacts et durs; ils compriment les racines, les empêchent de s'étendre et de jouir de la bienfaisante action de l'air, ce qui arrête la végétation et fait presque toujours périr la plante. Enfin les sols argileux ont la propriété de s'emparer de la plupart des éléments de l'engrais, de les retenir et de ne les céder aux plantes que lorsqu'ils en sont saturés, ce qui coûte fort cher à la culture pour les amener à ce degré de fertilité. L'analyse des eaux de drainage confirme pleinement ces aperçus ; si l'on y rencontre quelquefois des nitrates, on n'y trouve que rarement de la potasse, de l'acide phophorique et de l'ammoniaque. Les sols glaiseux produisent des herbes naturelles peu succulentes ; ils sont peu convenables aux prairies artificielles, à la plupart des récoltes racines. C'est surtout dans ces sortes de terrains que la maladie attaque la pomme de terre qui d'ailleurs est peu farineuse. Les fruits y sont de médiocre qualité ; mais ces terrains sont propres à la culture des fèves, des choux, du trèfle et nul autre ne peut les surpasser dans celle du froment d'automne, quand ils ont été convenablement amendés par des apports de chaux, d'acide phosphorique et de fumier. Cependant tous les sols argileux ne présentent pas au même degré ces défauts et ces propriétés, car tous n'ont pas la même composition. A l'argile pure, qui ne donnerait qu'une surface absolument stérile, viennent s'ajouter en proportions variables, le fer, la chaux, la silice sablonneuse ; éléments dont la présence annule ou diminue les défauts et apporte des qualités nouvelles.

Les *sols siliceux* sont sans consistance, pulvérulents, rudes au toucher, n'adhérant pas à la langue, très perméables. Ils peuvent retenir, selon leur état de division, de 20 à 30 pour 100 de leur poids d'eau qu'ils abandonnent avec une grande facilité. Une terre sablouse, délayée dans l'eau, laisse déposer, en moins d'une minute, une très forte proportion de sable plus ou moins divisé, qu'il est facile de séparer des autres matières terreuses par le lavage et la décantation. Cette terre fait peu ou pas d'effervescence avec les acides. Les sols siliceux sont desséchés, mais non durcis par la chaleur. Leur culture est peu coûteuse ; elle n'exige pas de labours fréquents, parce que les racines des plantes et les gaz de l'atmosphère les pénètrent facilement. Ce sont les milieux privilégiés des plantes bulbeuses et tuberculeuses, surtout de la pomme de terre ; ils sont très propres à la culture des trèfles hâtifs, du seigle, de l'orge, de l'avoine, mais inférieurs aux terres argileuses pour la production du froment. — Les inconvénients des sols siliceux peuvent se résumer ainsi. Ils manquent de consistance ; s'ils ont une position inclinée, les eaux les entraînent et lavent leurs engrais ; si la couche de sable est épaisse, eaux et engrais descendent dans les profondeurs des sous-sols, hors d'atteinte des racines. On a dit d'eux qu'ils coûtent cher à nourrir ; on peut ajouter qu'ils ont toujours soif. Il résulte des avantages et des inconvénients attachés aux sols où le sable siliceux domine, que leur fertilité dépend beaucoup du climat. Dans les contrées humides, où il pleut souvent, où jamais les hâles prolongés et de violentes insolations ne viennent enlever l'eau, ces terres sont susceptibles de donner de beaux produits. Le sol des environs de Lille, qui fournit de magnifiques récoltes de froment et de colza, présente, d'après Berthier, la composition suivante : sable siliceux, 70 ; argile, 15 ; calcaire, 2. Dans une zone chaude et sèche, où l'irrigation ne pourrait maintenir une indispensable fraîcheur, cette terre ne donnerait que du maigres récoltes de seigle, de sarrazin, de navets, de trèfle incarnat, et quelques légumes de printemps et d'automne. — Les espèces propres à former les taillis dans les sols sablonneux, sont : le bouleau, le hêtre, le charme, même le châtaignier et le chêne, si les sables sont fins et profonds.

Le *calcaire* ou *carbonate de chaux*, possède avec la silice et l'argile le privilège de former la masse du sol arable qui exerce sur la végétation une influence mécanique. Pas de terre fertile sans ces trois éléments réunis : argile, sable siliceux et calcaire ou carbonate en proportions variables selon les climats, mais, en outre, l'intervention chimique de la chaux est considérable. De même que la silice, le carbonate de chaux agit plus ou moins énergiquement sur les terrains, selon qu'il est à l'état grenu sableux ou à l'état impalpable. Grenu, il peut remplacer le sable siliceux, comme diviseur des sols compactes. Pulvérulent, il retient jusqu'à 80 pour 100 d'eau, qu'il abandonne plus rapidement que l'argile. Le carbonate de chaux rend l'argile plus friable et meuble. Le mélange intime se débat facilement en poudre fine lorsqu'il est exposé à l'air humide. S'il facilite le dessèchement des sols glaiseux, il donne, au contraire plus de consistance au sable. — La chaux favorise la décomposition des engrais de la forme, particulièrement dans les sols argileux où ces matières se trouvent empâtées, tandis qu'elle neutralise les acides qui se produisent avec tant de facilité dans les sols humifères, et dont la présence est funeste à la vie des plantes. Cependant son intervention paraît nécessaire à la formation de ces autres acides qui prennent naissance dans les organes des plantes, tels que les acides tartrique, acétique, malique, citrique, oxalique, tannique, etc. — Le carbonate de chaux en excès dans le sol présente aussi des

inconvénients. Il retient une trop grande quantité d'eau ; en séchant, il se recouvre d'une croûte qui, malgré son peu de consistance, s'oppose au passage de l'air et des pluies légères. Il consume, il brûle trop promptement le fumier et l'humus. Il accélère, il est vrai, l'absorption par les plantes qui partent vigoureusement, mais une partie de la matière azotée se dégage dans l'atmosphère sans utilité. Rien n'est réservé pour le temps où la végétation réclame le plus de nourriture, celui de la production du fruit. Arrivés à cette époque la plus intéressante de leur vie, les végétaux s'étiolent, déclinent et meurent de faim. Les proportions les plus utiles de carbonate de chaux, comme partie matérielle des terrains, ne sauraient être fixées, puisque, à l'état sableux, il peut être suppléé par la silice, et à l'état de division extrême par l'argile. Ce que l'on peut affirmer, c'est que lorsque la quantité dépasse 3 pour 100, le sol diminue de fertilité en raison de l'augmentation. — Voici les plantes principales qui croissent spontanément à la surface des sols calcaires et qui les caractérisent : brunelle à grandes fleurs, germandrée, genièvre commun, coquelicot, arrête-bœuf, chardons, gaude, etc.

On trouve la *magnésie* sous forme de carbonate dans presque tous les sols, en compagnie du calcaire ; sous cet état, elle n'a aucune action défavorable sur la végétation ; même quand, sous le nom de *dolomie*, elle est associée par parties égales à la chaux. Dans les terrains magnésiens stériles, ce n'est donc pas à la présence de la magnésie qu'il faut attribuer la stérilité, mais à l'état de cohésion de leurs parties, au manque d'engrais, d'argile ou des autres composants, à la grande quantité d'oxyde de fer, etc. On reconnaîtra les calcaires magnésiens en ce qu'il ne font qu'une effervescence lente, à froid, par les acides ; d'ailleurs leur dissolution ne précipite pas par l'acide sulfurique, lorsqu'elle est un peu étendue d'eau ; mais elle donne un précipité blanc gélatineux au moyen de l'ammoniaque, caractère que n'offre pas le calcaire pur.

Sous le nom générique de *sols humifères* on comprend les terres qui renferment une forte proportion de débris organiques, mais sous une autre forme que celle d'humus ou terreau proprement dit ; car dans leur état naturel, ces terres sont peu propres à la culture, et ce n'est qu'à l'aide d'amendements et de travaux de toutes sortes, qu'on parvient à les convertir en terre de rapport. Ce sont les *terres de bruyère* et les *terres tourbeuses.* — Les *terres de bruyère* sont constituées par du sable fin, plus ou moins ferrugineux, associé à une proportion notable de terreau ou d'humus provenant de la destruction des bruyères, des ajoncs, des fougères et d'autres plantes qui contiennent beaucoup de tanin. Très utiles pour certaines plantes de jardin, elles n'offrent que peu d'avantages pour la grande culture, parce qu'elles manquent de consistance ; elles s'échauffent d'ailleurs beaucoup sous l'influence des rayons solaires, à cause de leur couleur noire, et sont très arides en été. Les vastes landes de la Sologne, de la Bretagne, de la Gironde, nous offrent des terres de cette nature. C'est surtout l'acide acétique qui donne aux terres de bruyère la réaction qui les caractérise. — La *tourbe* des terrains humifères est une variété d'humus produite par la décomposition des plantes sous l'eau. Mais cette substance possède des propriétés bien différentes de celle du terreau. Elle est plus ou moins colorée en brun ; elle renferme presque toujours des débris d'herbes séchées non décomposées ; elle brûle facilement en donnant une fumée semblable à celle du foin brûlé, et en laissant pour résidu une braise très légère. La texture est tantôt compacte, tantôt grossièrement fibreuse, selon la nature des végétaux non décomposés qu'elle contient. Toutes les plantes aquatiques concourent à former la tourbe qui reste infertile pour les autres végétaux, parce que les substances terreuses, qui s'accumulent après leur décomposition, ne renferment pas d'alcalis (potasse ou soude), très rarement de la chaux et de l'acide phosphorique, mais des acides acétique, ulmique et tannique nuisibles à la végétation. Ces sortes de sols sont si peu favorables à la culture, qu'il y a presque toujours avantage à les exploiter pour la combustible qu'ils renferment, au lieu de les transformer en terres de rapport. Leur défrichement est long et pénible ; il faut commencer par les dessécher, puis les amender au moyen de chaux vive, de vase, d'argile, afin de leur donner de la consistance, de faire disparaître la facilité et de neutraliser les mauvais effets des sels ferrugineux qu'on y trouve souvent en quantités considérables. Ensuite on s'occupera des apports de phosphate, de chaux et de potasse, sous forme de sulfate, de carbonate, de chlorure, etc. — Ainsi améliorés, les terrains tourbeux constituent des sols très légers, qui conviennent à la culture des plantes à fortes racines. Ils produisent des récoltes abondantes d'orge et d'avoine, mais dont la qualité de grain ne répond pas à la quantité. Le meilleur moyen d'en tirer parti est souvent de les convertir en prairies à faucher. Cependant aux environs de Huguenau (Alsace) on trouve dans ces sortes de terrains de magnifiques houblonnières et on y cultive la garance avec un très grand succès. Les *moëres*, vastes sols tourbeux situés entre Saint-Omer et Dunkerque peuvent être cités comme des modèles d'ingénieuses cultures.

Indépendamment des matières que nous venons de passer en revue et dont la présence, en proportions toujours variables, constitue les bases des sols arables, d'autres matières salines sont encore nécessaires pour assurer leur fertilité. Il ne faut pas oublier ces silicates, phosphates, sulfates, carbonates et chlorures alcalins et alcalino-terreux, qu'on ne rencontre quelquefois qu'en très minimes quantités, mais qui se montrent dans toutes les terres superficielles, à peine de stérilité, même dans celles où la main de l'homme n'est pas encore intervenue pour les rendre plus propres à ses cultures. L'origine de ces matières salines est facile à saisir. Dans tous les terrains, on trouve, disséminés en toutes proportions, des fragments de minéraux dont se composaient les roches qui leur ont donné naissance; ce sont des silicates et des phosphates doubles ou triples, ayant pour bases la potasse, la soude, la chaux, la magnésie, l'alumine, etc., qui, bien que non solubles dans l'eau, sont cependant susceptibles d'être désagrégés, modifiés, attaqués par l'action combinée et incessante de l'eau, de l'oxygène, de l'acide carbonique, des alternatives de chaleur et de froid, et des actions mécaniques de la culture; de sorte que, peu à peu, ces matières se dédoublent et donnent naissance à de nouveaux composés solubles et absorbables par les racines des plantes. — Mais il existe une autre source des substances salines qui se répandent sur tous les sols; c'est l'évaporation continuelle qui s'opère à la surface des mers. En effet, l'eau, en s'élevant en vapeur dans l'atmosphère, entraîne avec elle une quantité notable de matières salines en dissolution. La preuve, c'est que l'air qui flotte sur la mer trouble en tout temps la solution de nitrate d'argent. Si l'on prend pour base les travaux de Barral et les analyses de Marchand, on arrive à cette conclusion que sur un hectare de terre dans le nord de la France, il tombe annuellement, en chiffres ronds, matières organiques azotées, 137 kilogr.; soude, 90 kilog.; chaux, 76 kilogr.; chlore, 59 kilogr.; acide sulfurique anhydre, 59 kilogr.; acide azotique, 11 kilogr ; ammoniaque, 11 kilogr.; magnésie, 9 kilogr.; peroxyde de fer, 4 kilogr.; sans compter la potasse, l'acide phosphorique, l'hydrogène sulfuré, l'iode, le brôme, etc., en quantités qui n'ont pas été déterminées. Si bien que les eaux pluviales, qui lessivent les terres sur leur passage, et entraînent à la mer une partie des matières solubles qui contribuent à leur fertilité, les ramènent incessamment. Cycle mystérieux, qui répand partout la vie et la fécondité, mais qui nous fait comprendre aussi comment les couches terrestres peuvent se couvrir spontanément d'espèces végétales et nourrir des générations successives de plantes sauvages, sans le concours de l'homme, et sans les apports supplémentaires d'engrais qu'il introduit dans les terres dont il veut augmenter la production. Voy. HUMUS, TERREAU, TOURBE.

SOL. s. m. T. Mus. L'une des notes de la gamme. Voy. GAMME, NOTATION.

SOLACIER. v. a. (lat. *solatium*, consolation). Consoler, soulager. = SE SOLACIER. v. pron. Se divertir. Vx. = Conj. Voy. PRIER.

SOLAIRE. adj. 2 g. [Pr. so-lère] (lat. *solaris*, m. s.) Qui concerne le soleil; qui a rapport au soleil. Les rayons solaires. Année s. Eclipse s. Spectre s. Cadran s., Voy. GNOMONIQUE. || Système s., Voy. PLANÈTE. || T. Anat. Plexus s., Voy. PLEXUS. || T. Bot. Fleurs solaires, Celles qui s'ouvrent seulement aux rayons du soleil.

SOLANACÉES. s. f. pl. (R. *Solanum*). T. Bot. Famille de végétaux Dicotylédones de l'ordre des Gamopétales supérovariées.

Caract. bot. : Plantes herbacées ou arbrisseaux. Feuilles alternes, indivises ou lobées, parfois géminées; les feuilles florales quelquefois doubles et très rapprochées. Inflorescence variable, souvent extra-axillaire; pédicelles dépourvus de bractées. Calice 5-partit, rarement 4-partit, persistant, in-

fère. Corolle gamopétale, hypogyne, à limbe 5-fide, rarement 4-fide, régulière ou un peu inégale, caduque; préfloraison plissée, ou imbriquée, ou même valvaire. Étamines insérées sur la corolle, en nombre égal aux segments du limbe avec lesquels elles alternent le plus souvent, toutes également longues, parfois inégales; quelquefois l'étamine antérieure est stérile ou fait complètement défaut; anthères s'ouvrant longitudinalement, rarement par des pores au sommet. Pistil formé quelquefois de 4-5 carpelles, ou de 10 à 12, mais le plus souvent de 2 carpelles concrescents en un ovaire ordinairement biloculaire; les loges sont quelquefois subdivisées par une fausse cloison; style unique; stigmate simple; ovules indéfinis, anatropes ou faiblement campylotropes. Fruit : tantôt une capsule, tantôt une pyxide, tantôt une baie, parfois enveloppée par le calice accrescent. Graines indéfinies; embryon droit ou courbe, souvent hors du centre, situé dans un albumen charnu; radicule près du hile. [Fig. 1. *Petunia violacea*; 2. Coupe transversale de l'ovaire. — 3. Fleur de *Solanum dulcamara*; 4. Fruit mûr du même; 5. Coupe d'une graine.]

La famille des Solanacées se compose de 66 genres et de 1,250 espèces, qui sont dispersées dans toutes les régions du globe, à l'exception des régions polaires; mais le plus grand nombre habite les contrées tropicales. Les espèces qui sont ainsi propres aux pays chauds appartiennent surtout au genre *Solanum*, qui contient à lui seul plus de 700 espèces. On n'en connaît qu'une espèce fossile. On divise cette famille en quatre tribus.

TRIBU I. — *Atropées*. — Étamines toutes fertiles; embryon enroulé; baie (*Atropa*, *Solanum*, *Lycopersicum*,

Physalis, *Capsicum*, *Nicandra*, *Lycium*, etc.). La *Belladone* (*Atropa belladona*) est un narcotique puissant et dangereux; nous lui avons consacré un article particulier, tant à cause de son fréquent emploi qu'à cause des nombreux accidents auxquels donnent lieu ses fruits, que les enfants mangent souvent, les prenant pour des grains de raisin (Voy. BELLADONE). La *Mandragore officinale* (*Mandragora officinalis*) possède des propriétés tout à fait analogues. Autrefois elle était singulièrement réputée comme aphrodisiaque, et l'on s'en servait pour préparer des philtres amoureux, par l'unique raison que sa racine longue, grosse et blanchâtre, est habituellement bifurquée de manière à représenter plus ou moins la forme de deux cuisses. Cette racine est appelée par les Arabes *Tufah-al-Scheitan*, c.-à-d. *Pomme du diable*, et plusieurs commentateurs la regardent comme le *Dudaïm* de l'Écriture. Dans l'Amérique du Sud, on considère également comme aphrodisiaque une plante assez voisine de la Mandragore : c'est l'*Himeranthus runcinatus*. Le genre *Morelle* (*Solanum*), est le plus important de la famille, à cause de l'espèce alimentaire si connue sous le nom de *Pomme de Terre*. C'est la *Morelle tubéreuse* (*S. tuberosum*). A cause de son importance nous lui avons consacré un article spécial. Voy. POMME. Plusieurs espèces du genre Morelle possèdent des propriétés toxiques. Leur principe actif est la *Solanine*, glucoside azoté qui ne forme pas des sels bien cristallisables, mais qui constitue un poison narcotique des plus énergiques : sa formule est $C^{44}H^{75}AzO^2$. Les feuilles mêmes de la Pomme de terre vulgaire fournissent un extrait doué de propriétés narcotiques prononcées, qui peut s'employer utilement dans le rhumatisme chronique, ainsi que dans les affections douloureuses de l'estomac et de l'utérus. Les feuilles de la *Douce-amère* (*S. dulcamara*), vulgairement appelée *Vigne de Judée*, sont narcotiques et ses baies sont suspectes. Ses jeunes rameaux s'administrent, soit sous forme de décoction, soit sous forme d'extrait, contre les affections dartreuses, le rhumatisme chronique, la goutte, etc. La *Morelle noire* (*S. nigrum*), vulg. *Morelle. Crève-chien, Herbe more, Raisin de loup*, etc., plante très commune dans toutes les parties du monde, excepté dans les plus froides, a des propriétés un peu plus actives. Elle entre dans le baume tranquille et dans l'onguent populéum. On fait avec ses feuilles des cataplasmes adoucissants et des décoctions sédatives employées en lotions. Nous devons aussi mentionner le *Coqueret somnifère* (*Physalis somnifera*, *Withania somnifera*) qui passe pour narcotique et diurétique. Dans l'Inde et en Égypte, ses feuilles, infusées dans l'huile, s'emploient comme topique contre les tumeurs inflammatoires. Cette tribu renferme encore quelques espèces qui jouissent de propriétés, soit toniques, soit diurétiques, soit sudorifiques. Parmi les premières, la plus remarquable est la *Morelle faux quinquina* (*S. pseudo-quina*), qui produit le *Quina* du Brésil. C'est un amer et un fébrifuge tellement énergique, que les Brésiliens croient généralement que c'est la véritable écorce des Jésuites. Cette écorce a été analysée par Vauquelin, qui y a trouvé deux principes amers, dont l'un est résinoïde et légèrement soluble dans l'eau. Parmi les Solanées regardées comme diurétiques, nous citerons : le *Coqueret alkékenge* (*Physalis alkekengi*), vulg. appelé *Baguenaude, Herbe à claque*, etc., dont les fruits sont connus sous les noms de *Cerise d'hiver, Cerise de Mahon, Mirabelle de Corse*, etc.; les *Physalis pubescens, viscosa, angulata*; le *Nicandra physaloides*; les *Solanum mammosum, paniculatum, nigrum* et *quincense*. La décoction des feuilles et des fleurs de la *Morelle penchée* (*S. cernuum*) passe pour un sudorifique énergique, et s'emploie comme telle dans la syphilis, etc. — On ne trouve une âcreté piquante que dans un seul genre de la Famille, à savoir, dans le genre *Piment* (*Capsicum*), dont les nombreuses espèces habitent surtout les régions tropicales. En conséquence, leurs fruits et leurs graines sont fort usités comme stimulants. Le condiment connu sous le nom de *Poivre de Cayenne* n'est autre chose que les fruits de diverses espèces de *Capsicum* réduits en poudre. On l'emploie en médecine, mêlé au quinquina, dans les affections intermittentes et soporeuses, ainsi que dans la goutte atonique, les dyspepsies flatulentes, la paralysie, etc. Mais il est surtout utile dans l'angine et dans la scarlatine malignes; on en prépare des gargarismes, ou bien on l'administre à l'intérieur. On s'accorde généralement à reconnaître que les Piments n'ont pas de propriétés narcotiques, cependant quelques auteurs prétendent que certaines espèces d'Amérique, telles que le *Capsicum toxicarium*, font l'exception à la règle, fait qui mérite confirmation. Les fruits de plusieurs espèces sont usités comme condiment dans la cuisine. Nous citerons seulement le *Piment annuel* (*C. annuum*), vulg. appelé *Faux Poivre, Poivre d'Inde, Poivre long, Corail des jardins*, etc., dont le fruit se mange soit cru, soit confit dans le vinaigre, et le *Piment à gros fruits* (*C. frutescens*), qu'on nomme communément *Poivre de Guinée*. Tout le monde connaît les usages culinaires des fruits de la *Tomate* (*Lycopersicum esculentum*), que l'on nommait autrefois *Pomme d'amour*, à cause des vertus aphrodisiaques qu'on lui attribuait. Les fruits connus sous le nom d'*Aubergines*, et qu'on mange soit cuits, soit crus ou marinés au vinaigre, proviennent de la *Morelle mélongène* (*S. melongena*); mais ils ne sont mangeables que lorsqu'on a enlevé le suc visqueux qu'ils contiennent. Dans l'Inde, on emploie de même la *Morelle à œufs* (*S. ovigerum*), vulg. appelé *Pondeuse*. Aux Colonies, on mange, sous le nom de *Brède*, comme chez nous les Épinards, les feuilles de la *Morelle noire* (*S. nigrum*). Cette plante vient aussi dans nos climats; quelques horticulteurs la cultivent, mais il ne faut pas oublier que les feuilles, bonnes dans la jeunesse de la plante, deviennent dangereuses en même temps que coriaces à l'époque de la maturité des baies. Plusieurs autres espèces du même genre sont estimées au Pérou comme alimentaires : ainsi, on y mange les baies du *Sol. muricatum*, du *Sol. nemorense* et du *Sol. quitoense*. Ces dernières sont appelées *Oranges de Quito*. Suivant Murill, les fruits de la Mandragore, vulg. appelés *Pommes de mandragore* et *Pommes de chien*, sont aussi inoffensifs qu'ils sont beaux et odorants. Dans la Terre de Van-Diemen, on mange le fruit de la *Morelle laciniée* (*S. laciniatum*), et les habitants du pays le nomment vulg. *Pomme de Kanguroo*. D'après Backhouse, si on

peut le manger impunément lorsqu'il est parfaitement mûr, il est âcre lorsqu'il n'est pas mûr, et il produit alors dans l'estomac une sensation brûlante. En Provence, les jeunes pousses du *Lyciet d'Europe* (*Lycium europæum*) se mangent en guise d'asperges, et l'on fait des salades avec ses feuilles. Enfin, on prend en manière de thé l'infusion des feuilles du *Lyciet commun* (*L. barbarum*). — Pour terminer, nous nommerons quelques espèces qui se cultivent comme plantes d'ornement, la *Solandre à grandes fleurs* (*Solandra grandiflora*), qui vient des Antilles; et la *Morelle faux piment* (*S. pseudo-capsicum*). Cette dernière est un petit arbuste remarquable par ses jolies petites baies globuleuses rouges ou jaunes. On l'appelle vulg. chez nous *Cerisier d'amour* et *Oranger du savetier*.

Tribu II. — *Hyoscyamées*. — Étamines toutes fertiles; embryon enroulé; capsule (*Hyoscyamus, Datura, Scopolia*, etc.). Le *Datura stramoine* (*Datura stramonium*), vulg. appelé *Stramoine, Pomme épineuse, Herbe des magiciens* et *Herbe du diable*, jouit de propriétés narcotiques très énergiques. Employée à doses fractionnées et graduées, cette plante détermine des vertiges, l'obscurcissement de la vue, la dilatation de la pupille, les hallucinations des sens, un délire agréable et passager : il suffit souvent pour cela de 15 à 20 centigrammes. A dose un peu élevée, c'est un narcotico-âcre des plus violents : il faut se hâter d'exciter le vomissement au moyen de l'émétique, et administrer ensuite du vinaigre, qui en paraît le meilleur antidote. On emploie à l'extérieur ses feuilles fraîches comme cataplasmes; on fait aussi usage de leur infusion ou décoction (4 à 12 grammes dans un litre d'eau) en fomentations. C'est surtout contre les névralgies qu'on emploie le Stramoine. On combat la sciatique au moyen de frictions avec la teinture alcoolique, ou bien on emploie par la méthode endermique 25 milligrammes à 10 centigrammes d'extrait. Ce dernier est aussi usité en frictions contre le rhumatisme chronique. Enfin, on prescrit parfois avec succès les fumigations de cette plante contre l'asthme : on prend ses feuilles, comme du Tabac, à l'aide d'une pipe. Le *Datura tatula*, vulg. *Herbe à la taupe*, et le *Datura metel*, jouissent des mêmes propriétés que le Stramoine. Les Orientaux se servent du dernier comme narcotique, et le premier passe pour plus énergique encore que le Stramonium. D'après quelques auteurs, les prêtres du temple de Delphes s'en servaient pour produire le délire frénétique de la Pythie, lorsqu'elle rendait les oracles. Il en était de même dans le temple du Soleil, à Sagomozo, au Pérou, où l'on employait les graines du *Datura sanguinea*. Les Péruviens préparent encore avec cette plante un breuvage enivrant, qui stupéfie, s'il est étendu, mais qui, lorsqu'il est concentré, produit un état d'excitation furieuse. La *Jusquiame noire* (*Hyoscyamus niger*), vulg. nommée *Hanebane, Herbe de Sainte-Apolline, Herbe aux engelures, Mort aux poules*, est aussi narcotique et vénéneuse. Ses feuilles sont plus actives que ses racines, et ses semences sont plus énergiques encore. On fait avec les feuilles des cataplasmes et des infusions narcotiques; mais on emploie surtout l'extrait alcoolique dans les cas de névralgie. Cet extrait entre dans les pilules de Méglin et les feuilles entrent dans le baume tranquille, ainsi que dans l'onguent populéum. La Jusquiame noire a pour principe actif un alcaloïde cristallisable, qui est très amer et très vénéneux, et qui se dissout très bien dans l'alcool et l'éther : on le nomme *Hyoscyamine*. Toutes les autres espèces de Jusquiame ont une action semblable. Dans quelques parties de la Grèce, on emploie les tiges de la *Jusquiame blanche* (*H. albus*) contre le mal de dents : à cet effet, on les fait sécher, puis on les fume en guise de tabac. En Angleterre, on emploie quelquefois au même usage les graines de la Jusquiame noire. Le rhizome de *Scopolia japonica* est employé comme succédané de la racine de Belladone. Le *Datura odoriférant* (*Dat. suaveolens*), plante du Mexique, vulg. nommée *Trompette du Jugement* est fréquemment cultivé dans les jardins.

Tribu III. — *Cestrées*. — Étamines toutes fertiles; embryon droit (*Cestrum, Fabiana, Nicotiana*, etc.). Le *Tabac*, dont l'usage est si répandu comme stimulant et narcotique, provient de diverses espèces du genre *Nicotiane* (*Nicotiana*). Tout le tabac d'Amérique est produit par le *Nic. tabacum* ou ses variétés; le tabac de Perse est fourni par le *Nic. persica*, et celui de Syrie par le *Nic. rustica*. Mais nous parlerons ailleurs des propriétés de ce genre. Voy. Tabac. Plusieurs espèces du genre *Cestreau* (*Cestrum hedinunda, auriculatum, laurifolium* et *pseudoquina*) sont employées comme toniques amers. Le *Cestreau à grosse feuilles* (*Cestrum macrophyllum*) et le *Cestreau nocturne* (*C. noctur-*

num) ont des propriétés narcotiques prononcées. Les tiges de la *Fabienne imbriquée* (*Fabiana imbricata*), plante du Brésil désignée sous le nom de *Pichi-Pichi*, sont employées comme diurétiques dans la gravelle.

Tribu VI. — *Salpiglossidées*. — Étamines en partie stériles ; embryon droit (*Salpiglossis, Schizanthus, Brunfelsia, Petunia*, etc.) Les baies cuites de la *Brunfelsie d'Amérique* (*Brunfelsia americana*) sont sucrées , aux Antilles, on en fait un sirop astringent employé dans les diarrhées rebelles. Dans le même pays, on tient en grande estime la *Franciscea uniflora*, et surtout sa grosse racine, qu'on a appelée *Manaca*. On prétend qu'elle exerce une stimulation énergique sur le système lymphatique, et l'on en fait un grand usage dans la syphilis : d'où le nom de *Mercure végétal* que lui donnent les habitants du pays. L'écorce intérieure et toutes les parties herbacées de la plante sont amères et nauséeuses. Elle passe en outre pour être purgative, émétisque, emménagogue et alexipharmaque : à haute dose, c'est un poison âcre. Les feuilles du *Duboisia myoporoides*, petit arbuste qui croît en Australie, sont mydriatiques.

Les *Salpiglossis, Schizanthus* et *Petunia* fournissent de nombreuses espèces qui sont cultivées comme plantes d'ornement

Erratum. — C'est par erreur que le genre *Nolana* et la tribu des *Nolanées* ont été indiqués comme appartenant à la famille des *Solanacées*; ils appartiennent à la famille des *Convolvulacées*, où ils ont été d'ailleurs signalés. Voy. CONVOLVULACÉES.

SOLANDRE. s. f. (mot forgé sur le modèle de *malandre* dont il est presque synonyme). T. Art vétér. Crevasse située au pli du jarret d'un cheval et d'où suinte une sanie fétide.

SOLANDRE. s. f. (R. *Solandre*, nom d'un natur. suédois). T. Bot. Genre de plantes Dicotylédones (*Solandra*) de la famille des *Solanacées*, tribu des *Atropées*. Voy. SOLANACÉES.

SOLANÉES. s. f. pl. T. Bot. Employé souvent comme synonyme de Solanacées ou pour désigner la tribu des Atropées. Voy. SOLANACÉES.

SOLANINE. s. f. (lat. *solanella*, morelle). T. Chim. Glucoside contenu dans la tige, les feuilles et les pousses de la pomme de terre, et dans différentes Solanées telles que la Morelle et la Douce-amère. La s. $C^{43}H^{75}AzO^2$ cristallise en fines aiguilles incolores, fusibles à 144°, peu solubles dans l'eau, très solubles dans l'alcool chaud. Elle est très vénéneuse. Les acides étendus et bouillants la dédoublent en un sucre dextrogyre et en *Solanidine* $C^{40}H^{61}AzO^2$ qui cristallise en longues aiguilles fusibles à 191° Les acides concentrés décomposent la s. en sucre et en *Solanicine* $C^{38}H^{39}AzO$, substance amorphe, basique, qui fond vers 250°.

La *Solanéine* est un glucoside amorphe, fusible à 208°, qui accompagne la s. dans la pomme de terre.

SOLANUM. s. m. [Pr. *sola-nome*] (lat. *solare*, consoler). T. Bot. Nom scientifique du genre *Morelle*. Voy. SOLANACÉES.

SOLARIDES. s. m. pl. (lat. *solaris*, qui a rapport au soleil). T. Zool. Famille de Mollusques *Gastéropodes*. Voy. PTÉNOGLOSSES.

SOLARIEN, IENNE. s. [Pr. *solari-in, ième*] (lat. *solaris*, qui a rapport au soleil). T. Astrol. Celui, celle qui est soumis à l'influence du Soleil.

SOLBATU, UE. adj. (R. *sole, battue*). T. Art vétér. *Cheval s.*, Cheval dont la sole a été comprimée par le fer ou par l'appui répété sur des corps durs.

SOLBATURE. s. f. Maladie d'un cheval solbatu. On dit aussi, *Sole battue*.

SOLDANELLE. s. f. [Pr. *solda-nè-le*] (dimin. de l'ital. *soldo*, sou, par allusion à la forme des feuilles). T. Bot. Genre de plantes Dicotylédones (*Soldanella*) de la famille des *Primulacées*. Voy. ce mot. || Nom vulgaire du *Convolvulus soldanella*, nommé aussi *Chou marin*, et *Chou de mer*. Voy. CONVOLVULACÉES.

SOLDAT. s. m. (ital. *soldato*, militaire à gage ; même

orig. que *solda*, sou). Homme de guerre qui sert à la solde d'un prince, d'un État.

Le premier qui fut roi fut un soldat heureux.
VOLTAIRE.

Un vieux s. Lever, enrôler, licencier des soldats. La maison fut envahie par des soldats. || Celui qui sert dans l'armée et qui n'a point de grade. *Un simple s. Maintenir la discipline parmi les soldats. Réprimer la licence du s.* — On dit d'un général, d'un officier qui montre plus de courage que de talent : *Il s'est conduit en s. plutôt qu'en capitaine*; et Fig., *Il n'est que s., ce n'est qu'un s.* || *S. de fortune,* soldat qui s'est élevé des derniers rangs de l'armée à une haute fortune. || Se dit de la profession militaire, et de ce qui la caractérise *La franchise d'un s. Il a porté à la cour les manurs d'un s. Il parle plutôt en s. qu'en politique.* = Se dit quelquefois adjectiv., *Il a l'air s.* || *S. de Dieu,* celui qui combat pour Dieu.

Soldats du Dieu vivant, défendez votre roi !
RACINE.

SOLDATESQUE. s. f. coll. (ital. *soldatesco*, m. s.) Se dit, par mépris, d'une troupe de soldats indisciplinés. *La bourgeoisie était exposée aux insultes de la s. Une s. furieuse, effrénée.* = SOLDATESQUE. adj. 2 g. Qui sent le soldat. *Un ton s. Des manières soldatesques.*

SOLDATESQUEMENT. adv. [Pr. *soldateske-man*]. D'une manière soldatesque.

SOLDE. s. f. (lat. *solidus*, sou). Paye que reçoivent ceux qui portent les armes pour le service de l'État. *Les troupes étrangères qui étaient à la s. de la France. Prendre des troupes à sa s., Recevoir double s. Officier à demi-solde.* = SOLDE. s. m. T. Comptab. Complément d'un payement. *S. par. Pour s. de tout compte.* || *S. de compte.* Ce qui reste à payer après règlement d'un compte. Voy. COMPTE. || T. Comm. Reste de marchandises qu'on vend au rabais pour les écouler.

SOLDER. v. a. Donner une solde à des troupes, les avoir à sa solde *S. des troupes.* || T. Comptab. Acquitter un compte, une dette, en faire l'entier payement. *S. un compte, un mémoire. Il vient de me s.* || T. Comm. *S. une marchandise,* la vendre au rabais. = SOLDÉ, ÉE. part. *Des troupes soldées. Ce corps n'est point soldé. Ce compte a-t-il été soldé ?*

SOLE. s. f. (R. *sol*). T. Agric. Chacune des parties d'une terre soumise à l'assolement. Voy. ASSOLEMENT.

SOLE. s. f. (lat. *solea*, semelle). T. Art vétér. Partie concave et semi-lunaire du surface plantaire du pied des quadrupèdes monodactyles. *Ce cheval a la s. fort tendre.* || T. Véner. Le milieu du dessous du pied des grandes bêtes, et particul. du cerf.

SOLE. s. f. (lat. *solea*, semelle). T. Charp Se dit des pièces de bois posées à plat pour servir d'appui ou de liaison à d'autres pièces. || T. Mar. Le fond d'un bâtiment qui n'a pas de quille. || T. Techn. Partie principale et à peu près plate d'un four sur laquelle on place le métal à affiner ou la substance à traiter. — Sorte d'appareil pour écraser les châtaignes.

SOLE. s. f. (lat. *solea*, semelle). T. Icht. Genre de *Poissons osseux*. Voy. PLEURONECTES.

SOLÉAIRE. adj. m. (lat. *solea*, sole du pied). T. Anat. *Muscle s.*, ou substant., *Le s.*, Muscle de la partie postérieure de la jambe. *Le muscle s. sert à étendre le pied sur la jambe,* et vice versâ. Voy. PIED.

SOLÉCISER. v. n. [Pr. *solési-zer*]. Faire des solécismes

SOLÉCISME. s. m. (lat. *solœcismus*, gr. σολοικισμός, m. s., de Σόλοι, ville de Cilicie où l'on parlait incorrectement le grec). Faute contre les règles de la syntaxe d'une langue. Voy. BARBARISME. || Fig. Faute contre quelque règle établie. *Un s. de conduite.*

Le moindre solécisme en parlant vous irrite,
Mais vous en faites, vous, d'étranges en conduite.
MOLIÈRE.

786

SOLEIL. s m. (lat. *sol*, m. s., par l'intermédiaire d'une forme diminutive). L'astre qui produit la lumière du jour. *La lumière du s. Les rayons du s. Le disque du s. Le s. est à son midi. Se chauffer au s. Se garantir du s. Le s. se lève. Le lever, le coucher du s. Le s. levant.* || Fig. *Adorer le s. levant,* faire sa cour au pouvoir naissant. *Le s. couchant.* — Fam., *Il fait du s.,* Le soleil n'est caché par aucun nuage. *Il fait déjà grand s., il fait encore grand s.,* il est déjà ou il est encore grand jour. *Il fait trop de s.,* Le soleil est trop ardent. *Voyager entre deux soleils,* Entre le lever et le coucher du soleil. *Avoir du bien au s.,* Avoir des propriétés en terres, en maisons, etc. Prov., *Il n'y a rien de nouveau sous le s.,* Sur la terre, dans le monde. Prov. et fig., *Le s. luit pour tout le monde,* Il est des avantages dont tout le monde a le droit de jouir. — Dans les combats singuliers, on dit *Partager le s. entre les combattants,* Les placer de telle sorte que le soleil n'incommode pas plus l'un que l'autre. || T. Méd. *Coup de s.,* Sorte d'érythème ou d'érysipèle causée par l'action des rayons solaires sur quelque partie du corps. — Par extens., se dit aussi de l'effet fâcheux produit sur un végétal par l'action d'un soleil ardent. || Fig. *Un coup de s.* Rougeur qui monte au visage. || Dans le langage de l'Écriture, *Le s. de justice,* Dieu. — Autrefois, on disait à peu près de même: *Cette femme est un s. de beauté. Ce juge est un s. d'équité.* || T. Artific. Pièce tournante. Voy. Pyrotechnie. || T. Bot. Nom vulgaire de l'*Helianthus annuus.* Voy. Composées, IV. || T. Liturg. Cercle d'or ou d'argent, garni de rayons dans lequel on place l'hostie. Voy. Ostensoir.

Astron. — Le Soleil est l'astre prépondérant de notre système, autour duquel tournent toutes les planètes y compris la Terre. Comme sa masse est environ 800 fois plus grande que celle de toutes les planètes réunies, l'attraction que chaque planète subit de la part du S. dépasse de beaucoup celles qu'elle subit de la part de toutes les autres planètes, de sorte que le mouvement de tous ces astres est à peu près le même que si toutes les planètes étaient attirées par un centre fixe. C'est ainsi qu'on a pu dire que le S. est le régulateur du mouvement des astres. Ce rôle mécanique du S. est considérable; son rôle physique n'est pas moins important: c'est lui qui envoie sur chaque planète la lumière, la chaleur, et toutes les autres formes de radiations dont la science commence à peine à soupçonner l'existence, de sorte que le S. est la source commune d'où les planètes reçoivent l'énergie qui se dépense à leur surface et qui y entretient les mouvements atmosphériques, les circulations des liquides et probablement, comme sur la Terre, une vie organique qui ou moins développée.

I. *Mouvement apparent du Soleil.* — Le S. se déplace parmi les étoiles. Ce phénomène a été reconnu depuis une très haute antiquité, car, il suffit d'observer les étoiles qui apparaissent au couchant peu après le coucher du S., ou celles qui se montrent à l'Orient un peu avant son lever pour reconnaître que ce ne sont pas toujours les mêmes. Ainsi les étoiles du couchant paraissent, au coucher du S., chaque jour un peu plus basses que la veille, ce qui indique que le S. s'en est rapproché. Au contraire, les étoiles de l'Orient paraissent, au lever du S. chaque jour un peu plus haut que la veille, ce qui montre que le S. s'en est éloigné. Ainsi le S. se meut parmi les étoiles en sens inverse du mouvement diurne. Au bout d'un certain temps, il a fait le tour du ciel et se retrouve à la même place qu'auparavant. Cette durée de la révolution apparente du S. est l'année sidérale; elle est d'environ 365 jours et 1/4. Les anciens savaient déjà mesurer le S. avec une assez grande précision: ils observaient sa position apparente au moyen de l'ombre que projette un style vertical. Voy. Gnomon. Depuis l'invention des lunettes, la précision des observations s'est accrue considérablement. Au moyen de l'*Instrument méridien* (Voy. Méridien), on peut déterminer chaque jour de beau temps, au moment où le S. arrive dans le plan méridien, c.-à-d. à midi, l'*ascension droite* et la *déclinaison* de cet astre. Voy. Ascension et Déclinaison. A la vérité le S. n'apparaît pas comme un point unique; mais on peut déterminer l'ascension droite du premier et du second bord, et prendre la moyenne des deux résultats. De même, on observe la déclinaison du bord supérieur, et celle du bord inférieur. Les deux moyennes ainsi obtenues sont les *coordonnées* du centre du S. Connaissant ces coordonnées, on peut reporter sur un globe céleste la position du centre du S., et en joignant tous les points ainsi obtenus pendant le cours de l'année, on obtient la *trajectoire apparente* du S. sur la sphère céleste. La discussion des nombreuses observations qu'on possède montre que cette trajectoire est un

grand cercle de la sphère incliné d'environ 23° et demi sur le plan de l'équateur. Ce grand cercle décrit par le S. en un an s'appelle l'*Écliptique* (Voy. ce mot). De plus, les observations montrent que le mouvement apparent du S. sur sa trajectoire n'est pas uniforme: vers le 1er janvier, le S. parcourt chaque jour un arc d'environ 1°.1'.10", tandis que vers le 1er juillet l'arc diurne parcouru par le S. n'est que de 57'.11". Aux autres époques de l'année, la longueur de l'arc diurne oscille entre ces deux limites extrêmes.

II. *Variations du diamètre apparent du Soleil et de sa distance à la Terre. Détermination de la forme de l'orbite relative du Soleil.* — Les anciens ne pouvaient pousser plus loin leur étude de mouvement apparent du S. parce qu'ils n'avaient aucun moyen de reconnaître si cet astre s'approche ou s'éloigne de nous: la *direction* dans laquelle on le voit pouvait donc seule être l'objet de leurs spéculations, tandis que la *position* du S. sur la ligne qui le joint à la Terre leur restait absolument inconnue. L'invention des lunettes a permis d'aborder cette partie du problème bien avant même qu'on sache mesurer la distance du S. à la Terre. En effet, pour déterminer la forme de la trajectoire relative du S. par rapport à la Terre, il n'est pas nécessaire de connaître exactement la distance des deux astres, il suffit de savoir à quelles époques et dans quelles proportions cette distance augmente ou diminue: on pourra ainsi définir une trajectoire *semblable* à la trajectoire réelle. Or, avec nos instruments à micromètres, il est facile de mesurer chaque jour le *diamètre apparent* du S., c.-à-d., l'angle sous lequel on voit un diamètre du S. On trouve ainsi que ce diamètre présente un maximum le 31 décembre, précisément à l'époque où la vitesse angulaire du S. est la plus grande, et un minimum le 1er juillet, au moment où cette vitesse est la moindre. Les nombres extrêmes sont 32' 36",5 et 31' 32",0. Or, il est clair que si le S. s'éloigne de nous, son diamètre apparent diminue, tandis qu'il augmente dans le cas contraire. On peut même aller plus loin. Si l'on considère le triangle rectangle qui a pour hypoténuse la distance *d* du centre de la Terre au centre du soleil, pour l'un des côtés de l'angle droit une tangente menée de la Terre au globe solaire, et pour autre côté le rayon *r* du S. au point de contact, on voit que le rayon du S. *r* est égal à la distance *d* multipliée par le sinus de l'angle opposé, lequel n'est autre que le demi-diamètre apparent: $r = d \sin \alpha$. Comme *r* est évidemment invariable, on en conclura que la distance *d* est inversement proportionnelle au sinus de l'angle α; mais, quand il s'agit d'aussi petits angles, on peut admettre sans erreur sensible que les sinus sont proportionnels aux arcs correspondants, et finalement on voit que la distance du S. à la Terre est inversement proportionnelle au diamètre apparent du S. Les mesures quotidiennes de ce diamètre fournissent donc une suite de valeurs d'où il est facile de déduire une suite de nombres proportionnels aux distances du S. aux mêmes dates. Si alors on trace sur un plan des droites OA, OB, OC (Fig. 1) respectivement parallèles aux directions suivant lesquelles on a observé le S., et si l'on prend

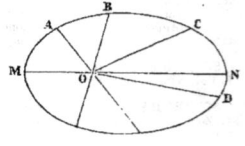

Fig. 1.

sur ces droites des longueurs OA, OB, OC, etc., respectivement proportionnelles aux nombres précédents, la courbe qui joindra les points ABC sera semblable à la trajectoire relative du S. Pour obtenir les directions des divers rayons OA,OB,OC, il suffit de remarquer que les mesures d'ascension droite et de déclinaisons faites à chaque observation du S., il est facile de déduire les angles que font avec la direction initiale du S., les directions successivement observées. Si par ex. S_1 et S_2 sont deux positions du soleil, il suffit de résoudre le triangle sphérique qui passe par le pôle du ciel P et les deux points S_1 et S_2; on connaît les côtés PS_1 et PS_2 qui sont les compléments des déclinaisons observées, et l'angle S_1PS_2 qui est la différence des ascensions droites. L'inspection de la courbe ainsi obtenue, ou, d'une manière plus précise, la discussion des nombres qui ont servi à la construire, montre que cette courbe est une *ellipse* dont la Terre occupe un des foyers. On appelle *excentricité* de cette ellipse le rapport entre la distance du foyer O au centre de la courbe et la moitié du grand axe MN. Elle a donc pour expression :

$$e = \frac{ON - OM}{ON + OM}$$

Cette excentricité peut se déduire aisément des mesures du diamètre apparent. Il suffit de se rappeler que ON et OM sont inversement proportionnelles à la plus petite et à la plus grande valeur du diamètre apparent. Si on désigne ces valeurs extrêmes δ' et δ'', on aura donc :

$$e = \frac{\delta'' - \delta'}{\delta'' + \delta'}$$

Le calcul donne pour valeur de e : 0,016771, ou environ $\frac{1}{60}$.

III. *Vitesse apparente du Soleil. Loi des aires.* — Nous avons déjà fait remarquer que la vitesse angulaire du S. n'est pas uniforme. L'examen attentif de la courbe représentée par la Fig. 1, et des différentes positions qu'y occupe, à diverses époques, le point qui représente le S. peut servir à déterminer la loi du mouvement. Cette loi n'était pas facile à découvrir. Il a fallu toute la patience et tous les laborieux calculs de Képler pour arriver à trouver une formule simple là où on n'apercevait d'abord que hasard et désordre. La vitesse du S. sur son orbite est réglée par la *loi des aires* qui consiste en ce que *l'aire décrite par le rayon vecteur qui joint la Terre au S. est proportionnelle au temps employé à la décrire*, ou encore : *le rayon vecteur qui joint la Terre au S. décrit des aires égales pendant des temps égaux.* Ainsi les temps que met le S. à aller de N en C d'une part, et de B en A d'autre part sont proportionnels aux surfaces des secteurs NOC et BOA. Il suit de là que plus le S. est loin de nous, plus petite est non seulement sa vitesse angulaire, mais aussi sa vitesse linéaire. Aux deux extrémités du grand axe de l'orbite, N et M qu'on appelle l'*apogée* et le *périgée*, les vitesses angulaires sont en raison inverse des carrés des distances ON et OM, et les vitesses linéaires en raison inverse des simples distances. Cette règle, qui se déduit aisément de ce que les triangles ONN', OMM' parcourus chacun pendant l'unité de temps sont équivalents, permet de déduire l'excentricité des valeurs maximum et minimum de la vitesse angulaire apparente du S. Si on désigne le maximum par α, et le minimum par β, on aura :

$$e = \frac{\sqrt{\alpha} - \sqrt{\beta}}{\sqrt{\alpha} + \sqrt{\beta}}.$$

En résumé, le mouvement apparent du S. dans le plan de l'écliptique est défini par les deux lois suivantes qui constituent les deux premières lois de Képler :

Le Soleil semble décrire une ellipse dont la Terre occupe un des foyers, et il se meut sur cette ellipse de manière que l'aire décrite par le rayon vecteur qui joint la Terre au Soleil est proportionnelle au temps employé à la décrire.

Le mouvement apparent du S. sur la sphère céleste suffit à expliquer toutes les circonstances que présentent les vicissitudes des saisons. Cette explication résulte simplement de ce que l'écliptique étant inclinée sur l'équateur, le S. s'éloigne de l'équateur tantôt d'un côté tantôt de l'autre. En été, il est au nord de l'équateur, en hiver au sud. Cette explication est développée dans tous les traités d'Astronomie et de Cosmographie ; mais nous ne nous y arrêterons pas ici parce que nous avons donné au mot SAISON, une explication des mêmes phénomènes fondée, non sur le mouvement apparent du S., mais sur le mouvement réel de la Terre autour du S.

IV. *Mouvement réel de la Terre autour du Soleil.* — Les apparences observées s'expliquent aussi bien si l'on admet que la Terre étant immobile, le S. tourne autour d'elle, comme nous venons de l'indiquer, ou bien que le S. étant immobile, c'est la Terre qui tourne autour de lui dans le même sens et dans le même temps. Dans les deux hypothèses le mouvement *relatif* qui est le seul observé reste le même. A part l'école pythagoricienne, toute l'antiquité s'était décidée pour l'hypothèse de l'immobilité de la Terre. Il était réservé à Copernic de faire prévaloir celle de l'immobilité du S. et du mouvement de la Terre qui est devenue aujourd'hui l'une des vérités les mieux démontrées de la science. C'est donc la Terre qui décrit, suivant la loi des aires, une ellipse dont le S. occupe un des foyers. Nous donnerons au mot TERRE, la preuve des mouvements de rotation et de translation du globe qui nous porte ; bornons-nous ici à faire remarquer que la formule précédente

n'est pas tout à fait exacte. En réalité, la Terre et le S. tournent tous deux autour de leur centre de gravité commun ; seulement, comme la masse du S. est considérable, par rapport à celle de la Terre, ce centre de gravité est dans l'intérieur du S., et très près de son centre, de sorte que le mouvement du S. qui résulte de ce chef est insensible. Enfin, le mouvement de la Terre, et par suite le mouvement apparent du S. n'est pas absolument conforme aux lois de Képler qui ne doivent être considérées que comme approximatives, parce que ce mouvement est troublé par les attractions des autres planètes. De là, dans le mouvement apparent du S. de petites inégalités que les astronomes savent calculer. Voy. PERTURBATION. Ce n'est pas le S. qui est le point fixe autour duquel tournent la Terre, et les planètes, c'est le centre de gravité commun à tout le système formé par le S., les planètes, les comètes, et tous les astres du système planétaire. Voy. PLANÈTE.

V. *Distance du Soleil à la Terre. Dimensions et Masse du Soleil.* — Nous avons expliqué, au mot *Planète*, par quelles méthodes on est parvenu à déterminer avec une certaine approximation la parallaxe, et par suite la distance moyenne du S. à la Terre. Voy. PLANÈTE, VI. Il est clair que, une fois cette distance connue, on peut, de la grandeur du diamètre apparent, déduire la véritable grandeur du diamètre solaire. Rappelons ici que la distance moyenne de la Terre au S est de 23 439 rayons terrestres qui valent 149 500 000 kilomètres. On se fera une idée de cette énorme distance, si l'on réfléchit qu'un train de chemin de fer à la vitesse de 100 kilomètres par heure mettrait, pour la parcourir 1 495 000 heures ou 62 292 jours qui font plus de 170 ans La lumière qui se propage à raison de 300 000 kilomètres par seconde met environ 8"18" pour nous arriver du S. Le rayon du S. est compris entre 108 et 109 fois le rayon de la Terre, ce qui représente environ 1 385 000 kilomètres. Le volume du S. est à peu près 1 284 000 fois celui de la Terre. On se fera une idée approximative des dimensions relatives de ces deux corps, en représentant le S. par une sphère de 10 centimètres de diamètre, et la Terre par une sphère de 1 millimètre de rayon (Voy. PLANÈTE, Fig. 11). Nous avons aussi expliqué au mot *Planète*, comment le calcul des attractions que la Terre exerce sur la Lune et le S. sur la Terre permet de déterminer la masse du S. comparée à celle de la Terre. On trouve ainsi que la masse du S. vaut 324 000 fois celle de la Terre. On voit que, proportionnellement la masse du S., comparée à celle de la Terre, est moindre que son volume : c'est dire que la densité moyenne du S. est bien inférieure à celle de la Terre : elle n'en est que le quart. Comparée à la densité de l'eau, la densité du S. n'est que 1,39. L'attraction que le S. exerce sur les corps placés à sa surface est facile à calculer avec les données précédentes. On la trouve 27,6 fois plus forte que celle que la Terre exerce à sa surface. Ainsi un corps qui pèse 1 kilogramme, si on le transportait à la surface du S. y serait soumis à une force de 27,6 kilogrammes. Voy. PLANÈTE, VI, X, et XI.

VI. *Taches du Soleil. Facules. Grains de riz. Rotation du Soleil.* — Lorsqu'on examine le S. avec de puissants télescopes, munis de verres colorés pour en absorber la chaleur,

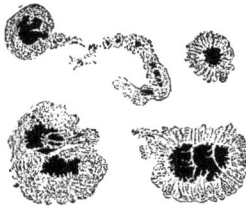

Fig. 2.

qui, sans cela, nous blesserait les yeux, ou mieux encore, lorsqu'on projette sur un écran blanc, l'image du S. fournie par une bonne lunette, on y observe fréquemment des taches noires plus ou moins grandes, qu'entoure une espèce de bordure moins sombre, qu'on appelle *Pénombre* (la Fig. 2 représente quelques-unes de ces taches) Il ne faudrait pas croire que le noyau des taches soit absolument noir : il ne paraît tel que par comparaison avec le reste de la surface solaire; mais il émet encore une assez grande lumière. Quelquefois, il se présente des taches assez étendues pour qu'on puisse les distinguer à l'œil nu. Ces taches ne sont pas permanentes. D'un jour à l'autre, et même d'heure en heure, elles semblent grandir, se rétrécir, changer de forme; d'autres fois elles disparaissent entièrement, tandis qu'il en apparaît de nouvelles dans la partie du disque où l'on n'en voyait pas d'abord. Dans le cas de disparition, la tache noire centrale se rétrécit de plus en plus et s'évanouit toujours avant la pénombre. Parfois, ces taches se séparent ou se partagent en deux ou plusieurs parties, et alors elles offrent l'apparence de cette extrême mobilité qui n'appartient qu'à l'état fluide, et de cette agitation extrêmement violente qui ne semble compatible qu'avec l'état atmosphérique et gazeux de la matière. L'échelle sur laquelle s'opèrent ces mouvements est immense. En effet, une seconde angulaire, vue de la Terre, correspond sur le disque du S. à 680 kilomètres environ, et un cercle de ce diamètre, est le moindre espace qu'on puisse distinguer nettement sur le disque du S. comme une aire visible. Or, on a observé des taches dont le diamètre linéaire était de plus de 114 000 kilomètres (Ricco, 30 juin 1883). Si l'on songe que le diamètre terrestre n'est que de 13 000 kilomètres, on voit que cette tache gigantesque était plus de 9 fois plus grande. Les taches solaires sont parfois fort nombreuses et distribuées en groupes variés : on en a compté jusqu'à 50. Dans le voisinage des grandes taches ou des grands groupes qu'elles forment, on aperçoit souvent de larges espaces de la surface solaire couverts de raies bien marquées, courbes ou comme ramifiées, qui sont plus lumineux que le reste et qu'on nomme *Facules*. On voit même fréquemment des taches se former auprès des facules, lorsqu'il n'en existait point auparavant. Il semble qu'on a sous les yeux les crêtes de vagues immenses qui se produisent dans les régions lumineuses de l'atmosphère solaire, sous l'influence d'une violente **agitation**.

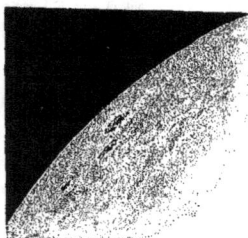

Fig. 3.

C'est vers les bords du disque solaire (Fig. 3) qu'on observe le plus ordinairement et qu'on voit le mieux les facules. — La région des taches ne dépasse pas, du moins en général, 26 degrés de chaque côté de l'équateur solaire; il est rare qu'on en voie au delà du 30° nord ou sud, et il n'y en a jamais dans les régions polaires. En second lieu, les taches sont moins fréquentes sur l'équateur même que sur les zones adjacentes. La zone comprise entre le 11° et le 15° degré de latitude abonde surtout en taches grandes et persistantes.

Ces taches ont permis de déterminer la rotation du S. On les voit apparaître sur le bord oriental de l'astre, s'avancer progressivement, et disparaître sur le bord occidental après 14 jours environ. On en conclut que le S. tourne sur lui-même de l'ouest à l'est, c.-à-d. dans le même sens que la Terre, autour d'un axe presque perpendiculaire au plan de l'écliptique, dans une période d'environ 27 jours. Seulement, il s'agit ici de la *rotation apparente* dont la durée est allongée par le déplacement qu'effectue la Terre sur son orbite pendant cette période de 27 jours. La durée de la *rotation vraie* du S. est de 25 jours, 4 heures environ. À la vérité, on ne trouve pas le même nombre suivant qu'on observe telle ou telle tache; la durée obtenue est d'autant plus grande que la tache observée est plus loin de l'équateur solaire. Ce qu'on mesure en réalité, c'est le temps que met la tache à revenir à son ancienne position, et ce temps dépend à la fois de la rotation propre du S. et du déplacement sur la surface solaire soit de la tache elle-même, soit de la masse gazeuse où elle est plongée. Les différences constatées montrent que ce mouvement propre est très considérable et variable avec la latitude; mais, comme nous le verrons plus loin, on a reconnu par l'analyse spectrale qu'il n'intéresse pas seulement les taches, mais toute la masse de gaz où elles sont plongées. En général, la durée de chaque tache n'est pas très grande.

Quelques-unes se forment et disparaissent dans l'intervalle d'un simple passage à travers le disque ; mais ces sortes de taches sont pour la plupart petites et insignifiantes. Souvent, au contraire, les taches persistent pendant une ou deux rotations. On les reconnaît, à leur réapparition, par leur situation eu égard à l'équateur, par leurs configurations respectives, par leur grandeur ou par d'autres particularités, et enfin par l'intervalle de temps qui s'écoule entre leur disparition sur un bord et leur réapparition sur l'autre. Enfin, dans quelques cas, rares il est vrai, on les a vues persister pendant plusieurs révolutions. La grande tache de 1779 se montra pendant 6 mois, et, en 1840, Schwabe en a observé une pendant 18 révolutions consécutives.

En dehors des taches, la surface du S. est loin de présenter un éclat uniforme : elle apparaît au contraire comme irrégu-

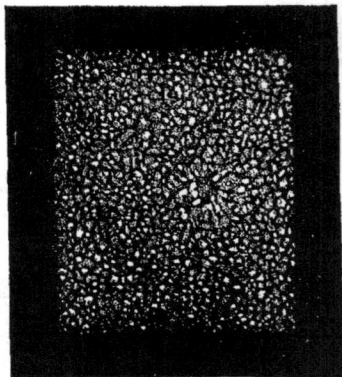

Fig. 4.

lière, et formée de grains brillants répartis sur un fond sombre (Fig. 4). Ces grains ont reçu de divers observateurs les noms de *lucules, grains de riz, feuilles de saule*. Dans les intervalles qui les séparent, on trouve de très petits espaces noirs qui sont comme de très petites taches et que W. Herschel a appelés des *pores*. Enfin, l'aspect général de cette granulation se modifie d'une région à une autre de la surface, de telle sorte qu'une photographie du S. faite avec les précautions suffisantes montre comme des courants ou des vagues lumineuses. Cet aspect a été désigné par M. Jansson par le nom de *réseau photosphérique*.

L'aspect des taches n'est pas le même quand elles sont vers le centre ou vers le bord du disque. Si elles sont vers le centre, la pénombre est répartie à peu près régulièrement tout autour du noyau; quand on les observe près du bord, on constate que la pénombre est toujours plus étroite du côté du bord que du côté opposé. Quelquefois même, la pénombre disparaît du côté du bord. Cette variation dans la configuration des taches ne peut être attribuée qu'à un effet de perspective tenant à ce que, près du bord, la tache nous apparaît obliquement, tandis que vers le centre, nous la voyons de face. Un peu de réflexion suffit pour comprendre que ces variations démontrent que la tache est *creuse*, la paroi creuse voisine du bord s'effaçant par sa position oblique, tandis que la paroi opposée reste bien visible.

VII. *Analyse spectrale de la photosphère*. — L'analyse spectrale, en permettant de tirer de l'étude attentive du spectre de la lumière solaire des conclusions très précises, a apporté à nos connaissances sur le S. une contribution importante. Voy. DISPERSION, V, et SPECTRE. Le spectre solaire se compose d'un spectre continu sur lequel se détachent un grand nombre de raies noires nommées raies de Fraunhofer, du nom du physicien qui les a le premier étudiées en détail. Du spectre continu, on conclut que la lumière du S. est émise par une substance liquide ou solide, et les raies noires prouvent que cette lumière traverse des gaz ou vapeurs dont chacune absorbe certaines radiations caractéristiques : les raies sont les solutions de continuité produites par cette absorption. On sait de plus, que la position des raies permet

une certaine analogie avec les flammes de nos foyers; elle est formée d'une masse de vapeurs métalliques au sein de laquelle se produit un précipité de matières solides ou liquides : ce sont ces particules liquides ou solides qui émettent

Fig. 5.

de déterminer les substances qui les produisent. On peut alors se faire une idée de la constitution de la *photosphère*, c.-à-d. de la région superficielle du S. d'où partent les radiations lumineuses et calorifiques. Cette photosphère présente

la lumière à spectre continu, et ce sont les vapeurs métalliques qui, par leur absorption produisent les raies noires. Les régions les plus lumineuses du S., lucules, grains de riz, feuilles de saule, etc., sont ainsi des nuages brillants qui se orment au sein d'une masse gazeuse beaucoup moins lumineuse. Quant à la constitution chimique de cette masse gazeuse, l'examen des raies du spectre permet d'en faire l'étude, et ce n'est pas un mince sujet d'étonnement, qu'on puisse, par l'examen des propriétés de la lumière du S., faire l'analyse chimique des gaz de la photosphère avec presque autant de certitude que l'on pouvait en porter un échantillon dans un laboratoire. On y trouve presque tous les métaux connus à la surface de la Terre : le Fer, le Sodium, le Cadmium semblent y dominer. L'Hydrogène et l'Hélium s'y rencontrent aussi en abondance. Il est remarquable que l'Oxygène y fait défaut. Le spectre solaire présente bien les raies de l'oxygène; mais l'augmentation de la largeur de ces raies quand le S. est près de l'horizon, et la diminution corrélative qu'on constate quand on observe le spectre solaire sur une haute montagne prouvent que ces raies sont produites par l'oxygène de l'atmosphère terrestre, puisque leur importance augmente avec la couche d'air traversée par la lumière. Il est vrai que l'on pourrait croire qu'il subsisterait néanmoins un résidu plus ou moins apparent des raies de l'oxygène si l'on pouvait observer le S. aux confins de l'atmosphère; mais l'étude attentive des variations observées suivant l'épaisseur de la couche d'air traversée par la lumière du S. n'est pas favorable à cette hypothèse, et il est vraisemblable que si l'oxygène n'est pas tout à fait absent de la photosphère, il ne s'y trouve qu'en très faible proportion, comparativement à l'hydrogène et aux vapeurs des métaux signalés plus haut.

L'analyse spectrale a fourni aussi un moyen de déterminer la durée de la rotation du S. La méthode employée, connue sous le nom de méthode *Fizeau-Doppler* a déjà été expliquée à propos de la détermination du mouvement des étoiles dans le sens du rayon vecteur. Voy. ÉTOILE, IX. Elle repose sur ce fait que les raies du spectre sont déviées vers le violet quand la source de lumière s'approche de nous, et vers le rouge quand elle s'éloigne; la grandeur de la déviation permet de déterminer la vitesse relative. Or, par l'effet de la rotation du S., le bord oriental de cet astre s'approche de nous, et le bord occidental s'en éloigne. Il en résulte qu'en observant avec le spectroscope les deux bords du S., on trouvera les raies déviées en sens inverse. L'observation vérifie cette induction, et les nombres qu'on en a déduits s'accordent avec ceux qui résultent de l'observation des taches. On a reconnu ainsi, d'une part que les nuages lumineux tournent avec la même vitesse que les taches, et d'autre part, que la diminution de vitesse angulaire avec la latitude se continue au delà de la zone où l'on observe plus de taches.

VIII. *Protubérances, éruptions. La chromosphère.* — Les éclipses de S. ont révélé que tout autour du S. se trouve une couche de gaz incandescents agitée de mouvements prodigieusement violents et d'où s'élèvent d'immenses gerbes de feu nommées *protubérances* et qui prennent le nom d'*éruptions* quand elles atteignent de grandes dimensions. Ce sont ces protubérances et ces éruptions qui, lors des éclipses totales, débordent le contour du disque lunaire et présentent ces apparences de flammes rougeâtres qui ont si fort intrigué les observateurs du milieu du XIXᵉ siècle. Ce fut pendant l'éclipse du 8 juillet 1842 qu'elles furent, pour la première fois, étudiées avec attention. Au début, on ne savait si ces apparences singulières devaient être attribuées à la Lune ou au S. Les éclipses suivantes ont montré qu'elles ne participent pas au mouvement de la Lune dont le disque les cache progressivement vers l'Orient tandis qu'il les découvre à l'Occident : elles ont donc leur cause dans le S. L'éclipse du 18 août 1868 fut la première où les protubérances aient pu être observées à l'aide du spectroscope. Cette éclipse est restée célèbre dans l'histoire de la science à cause des progrès considérables que son observation fit faire à nos connaissances relatives au S. D'abord on constata que le spectre des protubérances est un spectre discontinu formé de lignes brillantes, d'où il suit que la matière des protubérances est un gaz. En second lieu, l'étude de ce spectre montra que ce gaz se compose surtout d'hydrogène. On y a trouvé aussi les raies du calcium et une raie jaune ne correspondant à aucun élément alors connu. On supposa donc qu'il y avait dans les protubérances un corps inconnu auquel on a donné le nom d'*Hélium*. Ce gaz a été découvert en 1895 dans un minéral terrestre assez rare, la clévéite. Voy. HÉLIUM. Mais le résultat le plus remarquable des observations de l'éclipse de 1868 a été la découverte, faite simultanément par MM. Jansson et Lockyer d'un procédé permettant de voir les protubérances en tout temps, en dehors des éclipses. Ce procédé est extrêmement simple : il consiste à observer le S. au moyen d'un spectroscope dont on place la fente tangentiellement au bord du disque solaire. Ce

qui empêche de voir les protubérances en plein jour, c'est que leur lumière assez faible se trouve noyée dans la lumière beaucoup plus vive du S. Or, par l'emploi du spectroscope, la lumière blanche de la photosphère est disséminée sur toute l'étendue de son spectre continu, tandis que celle des protubérances se trouve concentrée dans un petit nombre de raies brillantes, de telle sorte que l'éclat de ces raies surpasse de beaucoup celui du spectre continu, ce qui permet de les apercevoir en tout temps. À l'aide de dispositions convenables, on peut non seulement voir les raies des protubérances, mais encore distinguer leur forme : les observations de cette nature ont été faites régulièrement depuis cette époque, et l'on possède aujourd'hui un nombre considérable de dessins de protubérances et d'éruptions. Nous en donnons ici (Fig. 5) quelques spécimens. On voit par ces dessins que les protubérances affectent les formes les plus variées. Il y en a qui atteignent des dimensions colossales. On en a observé, à plusieurs reprises, dont la hauteur, au-dessus du bord apparent du S. dépassait 200 000 kilomètres. C'est plus de la moitié de la distance de la Terre à la Lune. Au reste les protubérances et les éruptions changent de forme avec une rapidité surprenante, ce qui implique, pour la matière qui les compose des mouvements d'une vitesse prodigieuse. Les protubérances ne sont pas, comme les taches, confinées dans une certaine région du S. On les observe sur tout le pourtour du disque, ce qui prouve qu'elles se produisent sur toute la surface de l'astre. On a donné le nom de *chromosphère* (gr. χρῶμα, couleur), à cette couche de gaz incandescents où domine l'hydrogène, qui enveloppe le S. de toutes parts, et d'où s'élèvent ces gigantesques flammes roses.

IX. *La couronne.* — Les éclipses totales de S. ont encore montré l'existence, tout autour du S., d'une sorte d'atmosphère très ténue qui s'étend à une grande distance, quelquefois jusqu'à plus de deux diamètres du S. On n'est pas encore parvenu à voir la couronne en dehors des éclipses; mais les observations faites pendant les dernières éclipses ont déjà donné quelques résultats du plus haut intérêt. L'aspect général de la couronne est celui de jets de lumière qui s'échappent en ligne droite du bord du S. Du reste, cet aspect varie périodiquement avec les époques, ainsi que nous l'expliquerons plus loin. Le spectre de la lumière émise par la couronne est triple : il y a d'abord un spectre continu assez intense sur lequel se détachent quelques raies brillantes dont la plus forte est la raie verte de longueur d'onde 530 spéciale à la couronne et qu'on attribue à un corps inconnu nommé *coronium*. On y trouve aussi une raie bleue de longueur d'onde 423, et la photographie y a montré les raies H et K du calcium. Un troisième spectre est parfois visible à la partie supérieure de la couronne : c'est un spectre continu à raies noires identique à celui du S., et produit par la réflexion de la lumière solaire sur des particules solides. Ce premier spectre continu est produit par des particules incandescentes, et le spectre des raies brillantes révèle l'existence de gaz incandescents dans la couronne. L'application de la méthode Fizeau-Doppler à la lumière de la couronne a été faite par M. Deslandres pendant l'éclipse du 16 avril 1893, pour mesurer la rotation de la couronne. La conclusion, assurément très remarquable de cette observation, a été que la couronne tourne autour du S., avec la même vitesse angulaire que celui-ci, c.-à-d. à peu près comme si l'ensemble du S. et de la couronne ne formait qu'un seul corps solide. Les travaux de M. Deslandres, aussi bien pendant l'éclipse de 1893 que pendant les suivantes, ont aussi mis en relief une circonstance importante : c'est que la lumière coronale est riche en rayons rouges et infra-rouges, ce qui laisse l'espoir, subordonné aux progrès des procédés photographiques, de voir et d'étudier la couronne en dehors des éclipses. Pendant l'éclipse totale de S. du 28 mai 1900, M. Flammarion qui était allé l'observer en Espagne, a signalé la couronne comme formée de deux enveloppes solaires d'aspect différents; le premier très brillant, appartenant au globe du S. et constituant son atmosphère proprement dite, le second moins brillant, formé de particules circulant indépendamment autour de l'astre et s'étendant à de très grandes distances.

X. *Relations des phénomènes solaires. Leur périodicité.* — Les taches, les facules et les protubérances sont les manifestations les plus apparentes de l'activité solaire. Or ces phénomènes apparaissent comme liés entre eux de manière à reconnaître une cause commune : les facules se montrent dans le voisinage des taches; les protubérances les plus considérables se produisent au-dessus des taches. On ne peut observer les protubérances que sur le bord du disque; mais lorsqu'une grande tache est amenée au bord par la rotation solaire, il est de règle qu'on observe à cet endroit une éruption plus ou moins violente. Ainsi la même cause qui produit les taches en quelque région du S. y produit en même temps des facules et de grandes protubérances. Cette cause n'agit pas toujours avec la même intensité : il y a des époques où les phénomènes solaires sont rares et peu marqués, d'autres où ils apparaissent nombreux et sur une échelle considérable. De plus les périodes de repos relatif alternent périodiquement avec les périodes de grande activité. Cette période qui peut être fixée à 11ans,1 a été reconnue vers le milieu du XIXe siècle par Schwabe qui l'a déduite des statistiques des taches solaires observées. Le nombre et l'étendue de ces taches présentent un maximum tous les onze ans et un minimum dans l'intervalle. Plus tard on a constaté que la même période s'applique aussi aux facules et aux protubérances. Cette fluctuation de l'énergie solaire présente quelques caractères remarquables. Le temps qui s'écoule d'un maximum au minimum suivant est d'environ six ans et demi, tandis que du minimum au maximum, on ne compte que quatre ans et demi. La période d'accroissement est ainsi plus courte que la période de diminution. On observe la même circonstance dans les

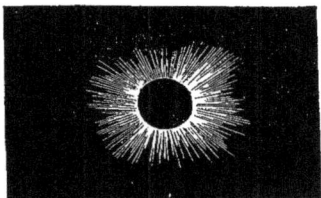

Fig. 6.

marées terrestres. A mesure qu'on approche des minima les taches se forment plus près de l'équateur; lorsque leur nombre augmente, elle se montrent à une latitude plus élevée. De plus, les variations ne suivent pas une marche absolument parallèle sur les deux hémisphères solaires, de sorte que le maximum arrive un peu plus tôt tantôt sur l'hémisphère nord, tantôt sur l'hémisphère sud. Le dernier maximum a eu lieu en 1894. Actuellement (1901), nous approchons du minimum.

Les variations de l'énergie solaire se font sentir aussi dans les formes de la couronne. Les éclipses récentes ont mis en

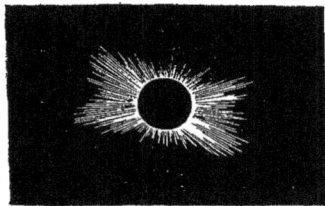

Fig. 7.

évidence une différence fort remarquable. Aux époques du maximum, la couronne s'étend presque uniformément tout autour du disque solaire; quand on s'approche du minimum, les jets coronaux qui émanaient des régions voisines des pôles disparaissent, de sorte qu'il se forme, dans cette région de la couronne, un vide que les astronomes ont nommé la *fente polaire*. Aux époques de minimum, les jets coronaux n'existent plus que dans le voisinage de l'équateur, ce qui donne à la couronne une forme quadrangulaire. [Fig. 6. Type de la couronne solaire aux époques de maximum de l'activité solaire. — Fig. 7. Type de la couronne aux époques de minimum.]

Les fluctuations de l'activité solaire se manifestent sur la Terre elle-même. Sans doute, un grand nombre de phénomènes météorologiques dépendent plus ou moins des variations d'énergie qui résultent des mouvements des atmosphères solaires; mais jusqu'à présent cette relation n'a été mise nettement en évidence qu'en ce qui concerne le magnétisme terrestre et les aurores boréales qui s'y rattachent intimement. La fréquence des aurores boréales et l'amplitude de l'oscillation diurne de l'aiguille aimantée sont soumises à la période undécennale, leur maximum coïncidant avec le maximum du nombre des taches solaires. De plus, chaque fois qu'une grande tache solaire est amenée par la rotation du S. sur le milieu du disque, on observe des mouvements irréguliers de l'aiguille aimantée, ce qu'on appelle une tempête magnétique. Voy. Aurore Boréale, Magnétisme, 1, 9. Ces coïncidences remarquables montrent bien que le S. n'agit pas seulement sur nous par la lumière et la chaleur qu'il nous envoie, mais encore par une action électrique nettement caractérisée. On a essayé aussi d'établir une relation entre l'activité solaire et certains phénomènes climatériques tels que variation de la température moyenne, abondance ou rareté des récoltes, etc.; mais les résultats des statistiques ne sont pas encore tout à fait concluants. On a cependant remarqué que les printemps froids se présentent plus particulièrement aux époques de minimum des taches solaires. On a cru reconnaître aussi que dans l'Inde, l'abondance des pluies présente un maximum principal qui correspond au maximum de l'activité solaire et un maximum secondaire correspondant à l'époque du minimum, tandis que les époques intermédiaires sont des périodes de sécheresse amenant trop souvent la famine.

XI. *Constitution physique du Soleil.* — W. Herschel est le premier qui ait essayé de tirer des observations du S. des renseignements précis sur la constitution physique de cet astre. S'appuyant sur ce fait bien constaté que les taches sont des cavités, il se représentait le S. comme formé d'un globe obscur qui peut être solide ou liquide, entouré d'une immense atmosphère dans laquelle flottent deux couches superposées de nuages incandescents, la plus basse, peu lumineuse, la plus haute très chaude et éclatante : c'est cette dernière couche de nuages qui nous envoie les radiations lumineuses et calorifiques. Les taches sont produites par des déchirures, des éclaircies dans ces deux couches de nuages. Si la déchirure n'intéresse que la couche supérieure, on a une tache incomplète réduite à la pénombre; mais en général, à la déchirure de la couche supérieure correspond une déchirure moins large de la couche inférieure qui laisse apercevoir le noyau obscur au centre de la pénombre. Cette théorie, qui a été acceptée par la plupart des astronomes de la première moitié du XIXe siècle et vulgarisée par Arago, explique assez bien les aspects que présentent les taches, surtout quand elles s'approchent du bord; mais elle ne saurait rendre compte de l'immense quantité de chaleur que le S. rayonne depuis des milliers de siècles, parce qu'elle réduit la partie d'où émanent les radiations à une mince couche superficielle de nuages. Si telle était la constitution du S., il y a longtemps que la photosphère serait refroidie. Il y a cependant dans la théorie d'Herschel, une idée fort juste, c'est que la couche superficielle seule est très rayonnante; mais il faut de toute nécessité que la masse entière du globe entretienne par sa chaleur un rayonnement ininterrompu pendant une si longue période de temps. M. Faye a expliqué comment cela pouvait se faire en faisant intervenir le phénomène connu des chimistes sous le nom de *dissociation*, phénomène qui, du reste, n'était pas découvert au temps d'Herschel. La dissociation consiste en ce que tous les corps composés sont séparés, *dissociés* en leurs éléments, dès que la température atteint un certain degré. Voy. Dissociation. Il suffit alors de supposer que la masse du S. est à une température trop élevée pour qu'aucune combinaison chimique y soit possible. Le S. est alors un mélange de gaz simples dissociés et simplement mélangés. Il est vraisemblable que la température augmente avec la profondeur, les parties centrales étant beaucoup plus chaudes; mais ce qui est certain, c'est que les couches superficielles se refroidissent par rayonnement. Il y a donc une région où les combinaisons chimiques peuvent s'opérer en dégageant de la chaleur : c'est la photosphère. Or les gaz dont le S. est formé sont en majorité des vapeurs métalliques; mais il doit y exister aussi des métalloïdes, et les combinaisons des métalloïdes et des métaux se font avec une forte condensation qui donne naissance à des produits solides. Nous en avons ici même des exemples par la combustion du zinc et du magnésium qui fournissent d'épaisses fumées blanches d'oxyde. La photosphère est donc le siège d'une précipitation continuelle de composés métalliques En raison de leur poids spécifique, ces fumées, ces poussières retombent lentement au travers de la masse gazeuze vers les régions inférieures plus chaudes. Là, elles sont de nouveau dissociées, et absorbent par cette dissociation une quantité de chaleur précisément égale à celle qui a été dégagée par la combinaison. Il est clair que la descente des fumées est accompagnée d'une ascension corrélative des gaz chauds. Par ce mécanisme, la chaleur qui est rayonnée par la surface est bien fournie par la combustion des matériaux; mais en réalité, elle est empruntée à la chaleur initiale des couches profondes, puisque celles-ci perdront pour dissocier les produits de la combustion, une quantité de chaleur strictement égale à celle qu'aura produite leur combustion. De la sorte, la masse entière participe au rayonnement superficiel, et comme la quantité de chaleur emmagasinée dans un globe de la dimension du S. est considérable, elle peut suffire au rayonnement pendant des millions d'années sans que la température ou la photosphère varie notablement, puisque cette température est la température limite où cesse la dissociation. Ce n'est pas la surface, ce sont les couches profondes beaucoup plus chaudes qui se refroidissent progressivement. Ainsi se trouvent expliquées deux circonstances capitales : constance du rayonnement solaire, et prolongation de ce rayonnement pendant une longue suite de siècles. Ajoutons que les gaz n'ayant qu'un pouvoir émissif très faible, tandis que les solides en ont un considérable, ce sont les nuages ou fumées de la photosphère qui seuls fournissent le rayonnement solaire. Quoique beaucoup plus chaudes, les couches gazeuzes inférieures n'envoient que peu de lumière et peu de chaleur rayonnante et paraissent obscures quand on les aperçoit à travers les déchirures des nuages photosphériques qui constituent les taches. M. Faye explique la formation des taches par des mouvements tourbillonnaires descendants, analogues à ceux qu'on observe dans nos rivières et notre atmosphère. Ces tourbillons se produisent toutes les fois que deux courants fluides circulent parallèlement avec des vitesses différentes; ils affectent la forme d'un entonnoir le long duquel les molécules fluides descendent lentement en décrivant des spires plus ou moins rapprochées. Sur le S., les tourbillons qui se produisent entraînent vers le bas les nuages blancs de la photosphère, qui glissent sur la surface de l'entonnoir tandis que le milieu reste transparent et laisse apercevoir les masses inférieures obscures. La pénombre est constituée par les parois inclinées de l'entonnoir sur lesquelles descendent les matériaux lumineux en filets plus ou moins séparés. Enfin les facules et les protubérances sont reliées aux taches par l'agitation qui se produit autour et au-dessus du tourbillon. Cette théorie rend assez bien compte de l'aspect des taches et de leurs déformations sur le bord du disque. On lui a objecté que si certaines taches semblent en effet indiquer un mouvement tourbillonnaire, il en est beaucoup d'autres où les filets de la pénombre sont dirigés en ligne droite vers le centre. Quoi qu'il en soit, les taches sont bien des déchirures dans la photosphère, et la partie de la théorie qui explique la formation des nuages blancs de la photosphère par une combinaison d'éléments suivie de dissociation dans des régions plus basses, paraît très vraisemblable et est généralement acceptée. On peut ajouter qu'à côté des phénomènes chimiques, il peut aussi se produire de simples phénomènes de condensation de vapeur. Une vapeur métallique qui se condenserait en gouttelettes à la surface du S., tandis que les gouttelettes produites retomberaient dans l'intérieur où elles se vaporiseraient de nouveau, produirait les mêmes effets qu'un mélange gazeux qui se combinerait à la surface pour se dissocier à l'intérieur, avec cette différence toutefois que la condensation d'une vapeur dégage beaucoup moins de chaleur qu'une combinaison chimique.

La théorie précédente pourrait être appelée la théorie chimique du S., par opposition à la théorie purement mécanique d'Herschel; mais le S. présente aussi des phénomènes électriques d'une très grande intensité qui sont mis en évidence par l'action de l'agitation solaire sur le magnétisme terrestre. La théorie électrique du S. a été commencée et poussée assez loin par M. Deslandres. Cet astronome a d'abord remarqué que le spectre de l'hydrogène qu'on observe dans les protubérances n'est pas celui de l'hydrogène simplement incandescent, mais bien le spectre de l'*hydrogène électrisé* tel qu'on peut l'obtenir sur la Terre dans les tubes de Geissler Il en a conclu que la chromosphère et, vraisemblablement la photosphère aussi, sont le siège des phénomènes électriques donnant naissance à des champs magnétiques d'une grande intensité. La rotation de la couronne est un fait en apparence paradoxal. Comment admettre qu'une matière aussi ténue que celle qui la constitue puisse tourner tout

d'une pièce à la façon d'un corps solide? Cela peut s'expliquer par les lois de l'induction. Si l'on admet que la couronne est elle aussi un champ magnétique, il arrivera que les mouvements relatifs des matériaux qui la constituent soit par rapport au S., soit les uns par rapport aux autres, détermineront des courants induits, qui produiront entre ces matériaux des attractions ou des répulsions. Mais d'après la loi de Lenz, les courants induits produisent des forces qui s'opposent aux mouvements qui les ont fait naître. Les phénomènes d'induction agissent à la manière d'un *frottement;* ils auront donc pour effet, tout comme le frottement, de diminuer et de faire presque disparaître les mouvements relatifs, de sorte qu'à la fin, à part des irrégularités plus ou moins importantes, l'ensemble se déplacera comme s'il était solide. Les phénomènes d'induction ne paraissent pas suffire à expliquer l'influence du S. sur le magnétisme terrestre; mais on peut invoquer des actions d'une autre espèce. Dans la chromosphère et dans les régions basses de la couronne paraissent se rencontrer toutes les conditions nécessaires à la production des rayons de Rœntgen ou rayons X : champ magnétique intense et présence de gaz très raréfiés. Voy. RAYON, III. Des raisons, dans le détail desquels nous ne pouvons entrer, permettent de supposer que ces rayons émanent surtout des facules qui sont, comme nous l'avons déjà fait remarquer, en relation intime avec les taches. Si l'on se rappelle que les rayons X ont la propriété de décharger les corps électrisés, on conçoit que ceux de ces rayons qui, émanés du S., viennent frapper notre atmosphère, diminuent le potentiel des régions élevées de cette atmosphère et sont ainsi capables de modifier profondément les manifestations de l'électricité terrestre sous toutes ses formes. Il est à présumer que ces considérations qui paraissent aujourd'hui nouvelles et hardies deviendront plus tard la base d'une théorie approfondie des phénomènes si variés confondus sous le nom de *physique du globe*.

XII. *Intensité de la radiation solaire. Température du Soleil.* — Saussure est le premier qui ait essayé de mesurer la quantité de chaleur que nous recevons du S. et en même temps la portion de cette chaleur absorbée par notre atmosphère. Il se servait d'un appareil fort simple qu'il avait nommé *Héliothermomètre.* Après lui, J. Herschel employa un instrument plus précis qu'il nomma *actinomètre.* Plus tard Pouillet inventa le *Pyrhéliomètre* qui se compose d'une lentille de 24 à 25 centimètres de diamètre au foyer de laquelle on place un vase d'argent contenant environ 600 grammes d'eau dans laquelle plonge un thermomètre. Les appareils usités aujourd'hui portent le nom d'*actinomètres* ou *actinographes.* Les derniers consistent essentiellement en thermomètres à réservoirs noircis munis d'un dispositif propre à enregistrer les indications. On appelle *constante solaire,* le nombre de calories que reçoit du S. une surface de 1 centimètre carré supposée placée normalement aux rayons solaires aux confins de l'atmosphère terrestre. Les observations faites comparativement dans les plaines et sur le sommet des montagnes ont montré que l'atmosphère absorbe environ deux tiers de l'énergie radiante émanée du S., de sorte qu'un tiers seulement arrive à la surface du sol. Quant à la valeur de la constante solaire, il est remarquable que les nombres trouvés ont été constamment en augmentant à mesure que les procédés d'observation se perfectionnaient. Il résulte des observations faites au sommet du Mont-Blanc par M. Hansky, en 1897, sous la direction de M. Janssen, que cette constante serait de 3,5 petites calories, c.-à-d. que la quantité de chaleur reçue du S. en une minute sur 1 centimètre carré serait capable d'élever de 3°,5 la température de 1 gramme d'eau. Rappelons qu'à la surface du sol nous ne recevons que le tiers de cette quantité de chaleur. Le reste est diffusé par l'atmosphère et renvoyé en grande partie vers les espaces célestes. Même avec cette réduction, la quantité de radiation que nous recevons du S. reste considérable, et M. Janssen a calculé que la quantité de chaleur reçue du S. en une année sur le globe entier est 600 000 fois plus grande que celle qui résulte de la combustion de la houille extraite des mines pendant le même temps.

La température du S. a donné lieu, de la part des astronomes à des évaluations fort peu concordantes. Ainsi, tandis que le Père Secchi attribue au S. une température de 5 millions de degrés, M. Vicaire croit que cette température ne dépasse pas 1 400 degrés. De tels écarts montrent la difficulté du problème. De plus, il convient de remarquer que l'expression *température du S.* n'a par elle-même aucun sens. Il est certain que les régions superficielles et les régions centrales présentent à cet égard des différences considérables. La seule question qu'on puisse essayer d'aborder est celle de la température de la photosphère, et il est en effet possible d'obtenir certains renseignements à cet égard en s'appuyant d'une part sur les lois établies par les physiciens au sujet des radiations, et d'autre part sur l'analyse approfondie des propriétés des radiations solaires. Nous ne pouvons entrer ici dans l'examen des considérations qui ont servi de base à cette étude. Disons seulement que la question a été traitée par M. Guillaume, dans une communication faite à la Société astronomique de France, et que, par deux procédés très différents, il est arrivé à des conclusions concordantes attribuant à la photosphère une température d'environ 6000 degrés. Ce résultat, sans doute, n'est pas définitif; mais par la discussion attentive des observations et des expériences sur lesquelles il repose, on peut se convaincre que c'est à coup sûr l'évaluation la plus sérieuse qui ait été obtenue jusqu'ici, et vraisemblablement celle qui s'approche le plus de la vérité.

On voit, par tout ce qui précède, combien nos connaissances sur le S. se sont étendues depuis un siècle. Ce résultat remarquable n'est pas dû à l'Astronomie seule, mais aussi aux progrès de la physique qui ont permis de pousser très loin l'étude des radiations lumineuses et calorifiques, et de découvrir dans les propriétés de ces radiations la trace de toutes les circonstances qui leur ont donné naissance. L'histoire des progrès de la physique solaire est un des plus beaux exemples de la solidarité des connaissances humaines et de l'appui que se prêtent mutuellement les sciences qui, à priori, ne permissaient avoir aucun lien. Sans doute, il nous reste beaucoup à apprendre, mais les progrès passés montrent avec quelle rapidité s'accroît le domaine scientifique : ils constituent notre principal motif d'espérer des progrès futurs, et le plus sûr garant que ces progrès ne feront pas défaut.

XIII. *Entretien de l'énergie solaire.* — Les radiations lumineuses et calorifiques que le S. émet continuellement constituent pour lui une perte considérable d'énergie qui se dissipe dans l'espace, et dont une minime partie seulement est recueillie par les planètes. On en conclut généralement que l'énergie du S. s'épuise peu à peu et qu'un temps viendra où le S. ne sera plus assez chaud pour entretenir la vie à la surface des planètes : le S. apparaît dès aujourd'hui comme en voie d'extinction. Certains astronomes n'ont pas voulu accepter cette conclusion et croient que l'énergie du S. se régénère à mesure qu'elle se dissipe dans l'espace. On a fait plusieurs théories par lesquelles on essayait de rendre compte de cette *régénération* de l'énergie dissipée. La plus sérieuse est la *théorie météorique* qui suppose que des masses de matière cosmique attirées par le S. tombent continuellement sur lui : la force vive de ces masses est anéantie et transformée en chaleur au moment où elles atteignent le S., et cet apport continuel d'énergie peut compenser, au moins en partie, le rayonnement solaire. On a calculé qu'il suffirait que le S. reçût chaque année une quantité de matières venant de l'infini égale à la centième partie de la masse de la Terre pour maintenir indéfiniment son rayonnement ; mais la masse du S. s'augmenterait et cette augmentation aurait pour effet d'accélérer le mouvement des planètes et en particulier, le mouvement de la Terre, dans des proportions qui ne sont pas compatibles avec l'expérience. Il y a aussi d'autres objections dans le détail desquelles nous ne pouvons entrer. Aussi l'appoint d'énergie fourni par la chute de météores sur le S., quoique probable, ne peut guère être considéré que comme représentant une partie seulement de l'énergie rayonnée, et il reste à peu près sûr que le S. finira par s'éteindre.

XIV. *Déplacement du Soleil dans l'espace.* — L'étude attentive des mouvements propres des étoiles a montré qu'une partie de ces mouvements devait être attribuée à ce que le S. lui-même se déplace entraînant avec lui toutes les planètes qui lui font cortège, y compris la Terre. La détermination de ce mouvement de tout le système solaire présente d'assez grandes difficultés; cette étude a été commencée par William Herschel. Les astronomes contemporains s'en sont occupés à plusieurs reprises; mais on ne peut pas dire que le problème soit résolu avec toute la précision désirable. Tout ce qu'on peut dire, c'est que le S. et le système solaire tout entier voyagent vers la constellation d'Hercule avec une vitesse d'environ 20 kilomètres par seconde. Il est peu probable que la trajectoire du système solaire soit rectiligne; mais la courbure en est très peu prononcée, de sorte que pendant une longue suite d'années, et même de siècles, cette trajectoire ne diffère pas pratiquement d'une ligne droite.

Bibliogr. — C. FLAMMARION, *Astronomie Populaire*; — Les traités d'astronomie; — Le P. SECCHI, *Le Soleil*, 1875; — YOUNG, *Le Soleil*, 1882; — L'abbé MOREUX, *Le Problème Solaire*, 1900; — L'ASTRONOMIE, Revue men-

suelle continuée par le *Bulletin de la Société astronomique de France*.

SOLEILLÉ, ÉE. adj. [Pr. *solé-llé, ll* mouillées]. Qui a reçu la chaleur, la lumière du soleil. Vx.

SOLEILLET (PAUL), voyageur fr. explorateur du Sahara (1842-1886).

SOLEMENT. s. m. [Pr. *sole-man*]. Filet de plâtre au pourtour des dormants de croisées, de portes, etc. || Ravalement pour soutenir l'égout d'un toit.

SOLÉMYE. s. f. **SOLEN.** s. m. (gr. σωλήν, canal ; μύαξ, moule). T. Zool. Genres de *Mollusques.* Voy. ENFERMÉS.

SOLENNEL, ELLE. adj. [Pr. *so-la-nel*] (lat. *solemnis*, de *solus in anno*, qui se fait une seule fois par an). Qui se fait avec beaucoup d'appareil et de cérémonies. *Fête solennelle. Une messe solennelle. Audience solennelle. Entrée solennelle. Jeux solennels.* — *Jour* s., Jour remarquable par quelque solennité. || T. Jurispr. Qui est revêtu de toutes les formes requises. *Acte* s. *Testament* s. *Arrêt* s. *Déclaration solennelle.* || T. Droit canon. *Vœu* s., Voy. VŒU. || Fam., *Un ton* s., Un ton trop emphatique, trop important. *Il a un ton* s., *Parler d'un ton* s.

SOLENNELLEMENT. adv. [Pr. *sola-nè-leman*]. D'une manière solennelle. *Ce mariage a été fait* s. *La paix a été publiée* s.

SOLENNISATION. s. f. [Pr. *sola-ni-za-sion*]. Action par laquelle on solennise. *La* s. *d'une fête.*

SOLENNISER. v. a. [Pr. *sola-ni-zer*] (lat. *solennizare*, m. s.). Célébrer avec cérémonie. T. Bot. *une fête. S. la naissance d'un prince.* = SOLENNISÉ, ÉE. part.

SOLENNITÉ. s. f. [Pr. *sola-nité*] (lat. *solennitas*, m. s.). Pompe, cérémonie publique qui accompagne une chose. *La* s. *d'un fête, d'un mariage. La* s. *de Pâques. La* s. *du jour. Il l'a reçu avec* s. *La solennités du culte catholique.* || Se dit absolument pour mariage.

     Le remords est bien près de la solennité.

             MOLIÈRE.

|| Par extens., se dit des formalités qui rendent un acte authentique. *La* s. *d'un testament, d'un serment.* — Fig., *Il mit beaucoup de* s. *dans cette action.* — Ironiq., *Il met de la* s. *dans ses moindres actions. La* s. *de son ton. Il parle avec solennité.*

SOLÉNOCONQUES. s. m. pl. [Pr. *soléno-kon-ke*] (gr. σωλήν, σωλῆνος, tube; κόγχη, coquille). T. Zool. Groupe de *Mollusques.* Voy. DENTALE.

SOLÉNOGLYPHES. s. m. pl. [Pr. *solénogli-fe*] (gr. σωλήν, σωλῆνος, tube; γλυφή, gravure). T. Erpét. Groupe de *Serpents.* Voy. ce mot.

SOLÉNOÏDE. s. m. (gr. σωλήν, tuyau; εἶδος, ressemblance). T. Phys. Courant électrique parcourant un conducteur en hélice. Voy. MAGNÉTISME.

SOLÉNOSTEMME. s. m. [Pr. *solénostè-me*] (gr. σωλήν, tube; στέμμα, couronne). T. Bot. Genre de plantes Dicotylédones (*Solenostemma*) de la famille des *Asclépiadées.* Voy. ce mot.

SOLÉNOSTOME. s. m. (gr. σωλήν, tube; στόμα, bouche). T. Icht. Genre de *Poissons osseux.* Voy. LOPHOBRANCHES.

SOLESMES, ch.-l. de c. (Nord), arr. de Cambrai ; 6,200 hab.

SOLESMES, vge de France (Sarthe), arr. de la Flèche; abbaye célèbre.

SOLEURE, un des cantons de la Suisse; 80,000 hab. Cap. *Soleure*; 8,000 hab. = Nom des hab. : SOLEUROIS, OISE.

SOLFATARE. s. f. (lat. *sol fatara*, soufrière). T. Géol. Terrain d'où se dégagent des vapeurs sulfureuses et où se dépose du soufre. Voy. SOUFRE, III, et VOLCAN.

SOLFÈGE. s. m. (ital. *solfeggio*, de *solfeggiare*, solfier). Recueil d'exercices gradués pour l'étude de la musique vocale. *Étudier le s. Le meilleur de tous les solfèges est le S. d'Italie.*

SOLFÉRINO, vge d'Italie, prov. de Brescia; 1,100 hab. Victoire remportée par les Français sur les Autrichiens le 24 juin 1859.

SOLFIATION. s. f. [Pr. ...sion]. Action de solfier.

SOLFIER. v. a. (ital. *solfeggiare*, m. s. de *sol*, *fa*). Chanter, en les nommant, les notes d'un exercice ou d'un morceau de musique. *S. un air*, *il solfie déjà tout couramment. Elle ne sait encore que s.* = SOLFIÉ, ÉE. part. = Conj. Voy. PRIER.

SOLIDAGE. s. f. (lat. *solidare*, consolider). T. Bot. Genre de plantes Dicotylédones (*Solidago*) de la famille des *Composées*, tribu des *Radiées*. Voy. COMPOSÉES.

SOLIDAIRE. adj. 2 g. [Pr. *soli-dère*] (lat. *solidare*, rendre solide). T. Jurispr. Qui emporte pour chacun l'obligation de payer la totalité d'une dette commune. *Une obligation s. Avoir action s. contre quelqu'un. Caution s. — Débiteur s., créancier s.*, Voy. CONTRAT, VIII, 4°. || Fig., se dit de personnes qui répondent en quelque sorte les unes des autres, qui profitent de la prospérité des autres ou qui souffrent de leur malheur. *Nous sommes solidaires, les torts de l'un de nous retombent sur tous les autres. Les enfants sont solidaires des fautes de leur père. Le commerce rend les peuples les plus éloignés solidaires entre eux.*

SOLIDAIREMENT. adv. [Pr. *soli-dère-man*]. D'une manière solidaire; tous ensemble et chacun pour tous. *Ils sont condamnés s. aux frais.*

SOLIDARISER. v. a. [Pr. *solidari-zer*]. Rendre solidaire.

SOLIDARITÉ. s. f. T. Jurispr. Obligation par laquelle deux ou plusieurs personnes sont tenues les unes pour les autres, et chacune pour toutes. *Le contrat porte s. Il y a s. entre eux. La s. doit être stipulée expressément.* — Se dit aussi de plusieurs créanciers dont chacun a le droit de réclamer seul la totalité de ce qui leur est dû. || Dans un sens général, mis en pratique par l'école phalanstérienne : sentiment d'humanité, de fraternité entre les hommes, de justice générale répandue entre tous les êtres humains. *La s. qui nous lie. Il y a entre les peuples une s. telle que la prospérité de l'un contribue à celle de tous les autres.*

SOLIDE. adj. 2 g. (lat. *solidus*, m. s.). Qui a de la consistance, et dont les parties demeurent naturellement dans la même situation; se dit par opposition à Fluide. *Les corps solides et les corps fluides. Les parties solides du corps humain. Nourriture s. Il commence à prendre des aliments solides.* || Qui a une fermeté capable de résister au choc des corps et à l'injure du temps; se dit par opposition à Fragile et à peu durable. *Cela n'est guère s.; si vous le laissez tomber, vous le casserez. Bâtir sur des fondements solides.* || Massif, plein; se dit par opposition à Creux. *Une colonne s. Cette statue n'est pas s. La tige de cette plante est s., mais celle-ci est fistuleuse.* || Fig., Qui est réel, effectif, positif, durable; par opposition à Vain, chimérique, frivole. *Un emploi, une place s. Ces idées sont plus spécieuses que solides. C'est un esprit très s. Il a un jugement s.* || Fig., Sur quoi l'on peut compter. *Une amitié s. C'est un ami s., un homme s. à qui l'on peut se fier.* || T. Géom. *Angle s.*, voy. POLYÈDRE. = SOLIDE. s. m. Un corps dont les parties adhèrent entre elles avec une force telle qu'elles résistent très sensiblement aux efforts qui tendent à les séparer. *Les solides et les fluides.* || Fig., Ce qui est réel, durable. *Chercher le s. Aller au s. Mon fils, attache-toi au s., c'est l'argent que je veux dire, et non pas la vertu.*

Géom. — En géométrie, on appelle solide toute portion limitée de l'espace ayant trois dimensions. Les limites d'un s. constituent sa *surface*. On distingue deux sortes de solides suivant qu'ils sont terminés par des *surfaces planes* ou par des *surfaces courbes*. — Les solides terminés par des surfaces planes se nomment *Solides polyèdres*, ou simplement *Polyèdres*. Voy. ce mot.

Parmi les *solides terminés par des surfaces courbes*, on distingue les *Solides de révolution* qui sont engendrés par la révolution d'une portion de plan autour d'une droite du plan. C'est ainsi, par ex., qu'un triangle rectangle tournant autour d'un des côtés de l'angle droit, engendre un *cône*, qu'un rectangle tournant autour d'un de ses côtés engendre un *cylindre*, et qu'un demi-cercle, tournant autour de son diamètre, engendre une *sphère*. Voy. CYLINDRE, CÔNE, SPHÈRE.

SOLIDEMENT. adv. [Pr. *solide-man*]. D'une manière solide. *Bâtir s. Établir s. sa fortune. Penser, raisonner s.*

SOLIDICORNE. adj. 2 g. (lat. *solidus*, solide; *cornu*, corne). T. Zool. Dont les antennes forment une masse solide.

SOLIDIFICATION. s. f. [Pr. *solidifi-ka-sion*]. Action de solidifier ou de se solidifier. *La s. des os s'opère progressivement. La s. du mercure. La s. de l'eau par le froid.* Voy. CONGÉLATION et FUSION.

SOLIDIFIER. v. a. (lat. *solidus*, solide; *ficare*, faire). Rendre solide ce qui était liquide, fluide. *C'est à Thilorier que l'on doit l'ingénieux appareil au moyen duquel on solidifie le gaz acide carbonique.* = SE SOLIDIFIER. v. pron. Devenir solide. *L'oxygène se solidifie en se combinant avec les substances oxydables. L'eau se solidifie par le froid.* = SOLIDIFIÉ, ÉE. part. = Conj. Voy. PRIER.

SOLIDISME. s. m. (R. *solide*). Nom donné à une doctrine médicale qui a eu de nombreux partisans au XVIII° siècle. Voy. MÉDECINE.

SOLIDISTE. adj. 2 g. Qui a rapport au solidisme. *Les doctrines solidistes sont depuis longtemps abandonnées.* = SOLIDISTE. s. m. Qui est partisan du solidisme. *Les humoristes et les solidistes.*

SOLIDITÉ. s. f. (lat. *soliditas*, m. s.). Qualité de ce qui est solide. *La s. des corps. La s. d'un bâtiment. La s. d'un discours, d'un raisonnement. La s. de vos objections. La s. de son caractère me rassure.* || T. Métrol. *Mesures de s.*, Celles qui servent à mesurer les solides. Voy. MÉTRIQUE.

SOLIDONGULÉ, ÉE. adj. (lat. *solidus*, solide; *ungula*, sabot). T. Mamm. Qui n'a qu'un seul sabot à chaque pied.

SOLIGNAC-SUR-LOIRE. ch.-l. de c. (Haute-Loire), arr. du Puy; 1,300 hab.

SOLILOQUE. s. m. (lat. *soliloquium*, m. s., de *solus*, seul, et *loqui*, parler). Syn. inusité de Monologue. *Les Soliloques de saint Augustin*, Titre d'un traité philosophique de ce Père, dans lequel il s'entretient avec sa raison.

SOLIMAN I°°, sultan des Turcs, de 1402 à 1410, fils de Bajazet I°°.

SOLIMAN II *le Grand*, sultan ottoman, succéda à son père Sélim I°° et régna de 1520 à 1566; il acheva la soumission de la Syrie et de l'Égypte, conquit l'île de Rhodes, envahit la Hongrie, échoua devant Vienne, se tourna contre la Perse et s'empara de l'Yémen. Il s'unit à François I°° contre Charles-Quint.

SOLIMENA, peintre ital. de l'école Napolitaine (1657-1747).

SOLIN. s. m. (R. *sol*). T. Archit. Chacun des intervalles qui se trouvent entre les solives. || L'enduit de plâtre qu'on fait le long d'un pignon, pour y joindre et retenir les premières tuiles. || Le plâtre qu'on met sur la poutre pour séparer les solives.

SOLINGEN, v. de Prusse (prov. du Rhin); 20,000 hab.

SOLIPÈDES. s. m. pl. (lat. *solus*, unique; *pes*, *pedis*, pied). T. Mamm. Nom donné autrefois à la famille des *Équidés*. Voy. CHEVAL.

SOLIS (JUAN DIAZ DE), navigateur espagnol, reconnut les côtes du Brésil, en 1515.

SOLIS (ANTONIO DE), historien espagnol (1610-1686), historiographe des Indes, a publié l'*Histoire de la conquête du Mexique*.

SOLISTE. s. m. (lat. *solus*, seul). T. Mus. Celui qui exécute les solos dans les morceaux d'ensemble. *C'est un s. remarquable.*

SOLITAIRE. adj. 2 g. (lat. *solitarius*, m. s., de *solus*, seul). Qui est seul; qui aime à vivre séparé du commerce des hommes, qui fuit le monde. *Homme s. Vous vivez trop s. Mener une vie s. Avoir l'humeur s.* — Par extens., se dit des animaux. *Les animaux féroces sont tous solitaires. Les vieux sangliers vivent solitaires au fond des bois.* || En parlant des lieux, sign. désert, inhabité, ou simpl., écarté des autres lieux habités. *Ce lieu est fort s. Un asile s. Un hameau s.* || T. Bot. Se dit d'un organe qui n'est accompagné d'aucun autre organe de la même nature. *Carpelle s. Fruit s. Fleurs solitaires.* || T. Méd. et Zool. *Ver s.*, Nom vulg. du *Ténia*. Voy. PLATHELMINTHES. == SOLITAIRE. s. m. Anachorète, moine qui vit dans la solitude. *Un pieux s. Les solitaires de la Thébaïde.* Voy. ERMITE. || Par ext., Tout homme qui vit dans la solitude, qui vit très retiré. *Vous avez vu fort répandu dans le monde, maintenant c'est un s.* || Jeu qu'on joue seul au moyen d'une petite table percée de trente-sept trous, et avec trente-six chevilles qu'on fiche dans ces trous. || T. Joaillier. Un diamant détaché, monté seul. Lorsque le diamant est petit, on le nomme *Étincelle. Il a acheté un beau s.* || T. Chasse. Vieux sanglier sorti de la compagnie. == Syn. Voy. DÉSERT.

SOLITAIREMENT. adv. [Pr. *solitè-reman*]. D'une manière solitaire. *Il a toujours vécu s.*

SOLITUDE. s. f. (lat. *solitudo*, m. s., de *solus*, seul). État d'une personne qui est seule, qui est retirée du commerce du monde. *Vivre dans la s. Aimer la s. Il supporte mal la s.*

La solitude effraie une âme de vingt ans.

MOLIÈRE.

Charmer sa s. par d'agréables occupations. || Lieu éloigné du commerce, de la vue, de la fréquentation des hommes. *Affreuse s. S. agréable, charmante. Se retirer dans une s.* — Par exag., on dit d'un lieu qui a cessé d'être fréquenté. *Ce lieu est devenu une s., n'est plus qu'une s.*; et Fig., *Depuis son départ, ma maison n'est plus qu'une s.*

SOLIVAGE. s. m. Supputation du nombre des solives qu'on peut extraire d'une pièce de bois.

SOLIVE. s. f. (lat. *solum*, sol). Pièce de bois de 8 à 10 centimètres d'équarrissage, qui sert à former les planchers. Voy. CHARPENTERIE.

SOLIVEAU. s. m. [Pr. *soli-vo*]. Petite solive.

SOLIVURE. s. f. Ensemble des solives d'un bâtiment.

SOLLICITATION. s. f. [Pr. *sol-li-sita-sion*] (lat. *sollicitatio*, m. s.). Action de solliciter. *C'est à la s. d'un de ses amis qu'il a fait telle chose. Céder, résister aux sollicitations. Avec des magistrats intègres, les sollicitations sont inutiles.* || Se dit aussi du soin qu'on prend, des démarches, des diligences qu'on fait pour le succès d'une affaire. *Il est chargé de toutes les sollicitations de son département.*

SOLLICITER. v. a. [Pr. *sol-li-siter*] (lat. *sollicitare*, m. s., de *sollus*, anc. forme de *solus*, seul, et *citare*, exciter). Exciter à faire quelque chose, et plus ordin., prier instamment quelqu'un à l'effet d'obtenir quelque chose. *S. à la révolte, au mal, au péché. Ils l'avaient sollicité d'entrer dans leur parti. Il me sollicite de l'aller voir.* — S. son rapporteur, ses juges, Les prier d'être favorables. — *S. quelqu'un de son déshonneur*, Lui proposer quelque chose de déshonorant. Vx. || Demander quelque chose fortement, avec instance. *S. son payement, son congé. S. la liberté, la grâce de quelqu'un. S. une audience. Beaucoup de gens sollicitent cette place.* — Un procès, une affaire, Faire les démarches, les instances nécessaires pour arriver à la décision, pour obtenir un jugement, pour s'assurer un heureux succès || Absol., se dit en parlant des places, des faveurs qu'on demande aux personnes puissantes. *Je viens de s. Je suis las de s. S. dans les bureaux. Mes amis ont sollicité pour moi.* || T. Méd. Provoquer l'activité d'un organe. *Il faudra solliciter les intestins par un léger purgatif. S. le vomissement.* == SOLLICITÉ, ÉE. part. *Une affaire bien sollicitée. Des juges bien sollicités.*

SOLLICITEUR, EUSE. s. [Pr. *sol-li-siteur*, *euze*]. Celui, celle qui postule, qui sollicite un emploi, une grâce, une faveur, soit pour lui-même, soit pour un autre. *Il y a vingt solliciteurs pour cette place. Je me rendrai votre s. Ce juge consigne à sa porte tous les solliciteurs sans distinction. Une solliciteuse pressante.* || Celui qui sollicite, qui est chargé de solliciter les procès, les affaires d'autrui. *Un s. diligent, actif. S. d'affaires, de procès.*

SOLLICITUDE. s. f. [Pr. *sol-li-situde*] (lat. *sollicitudo*, m. s., de *sollicitus*, agité, de *sollicitare*, inciter). Soin affectueux. *La s. maternelle. On l'a soigné avec une vraie, une tendre s.* || Souci, soin inquiet. *Cette affaire lui donne, lui cause beaucoup de s. Il vit dans une s. continuelle. Les sollicitudes d'un père.* || T. Écrit. *Les sollicitudes du siècle,* Les soins des choses temporelles. == Syn. Voy. SOIN.

SOLLIÈS-PONT, ch.-l. de c. (Var), arr. de Toulon; 2,700 hab.

SOLMISATION. s. f. [Pr. *solmi-za-sion*] (R. *sol, mi*). T. Mus. Action de solfier.

SOLMISER. v. a. [Pr. *solmi-zer*]. (R. *sol, mi*). Chanter, lire un morceau de plain chant, en prononçant le nom assigné à chaque note par la méthode des nuances. Vx.

SOLMONA ou **SULMONA,** v. d'Italie (prov. d'Aquila); 15,000 hab. Patrie d'Ovide.

SOLO. s. m. (mot ital. qui signifie *seul*). T. Mus. Pièce, morceau de musique, ou même simple passage, qui se chante à voix seule, ou qui se joue sur un seul instrument, soit sans accompagnement, soit avec simple accompagnement de piano ou de basse. *S. de harpe, de cor, de violon. Jouer un s.* == Pl. *Des solo,* ou à l'italienne *des soli.*

SOLOGNE, pays de France, ch.-l. *Romorantin*; c'est une région marécageuse qui s'étend dans les dép. du Loiret, du Cher et de Loir-et-Cher.

SOLON, législateur d'Athènes et l'un des sept sages de la Grèce (640-559 av. J.-C.).

SOLRE-LE-CHÂTEAU, c.-l. de c. (Nord), arr. d'Avesnes; 2,700 hab.

SOLSTICE. s. m. (lat. *solstitium*, m. s., de *sol*, soleil, et *stare*, s'arrêter). T. Astron. Les deux points de l'écliptique les plus éloignés de l'équateur, — Les deux époques de l'année où le soleil se trouve en ces points. *S. d'été. S. d'hiver.* Voy. ÉCLIPTIQUE et SAISON.

SOLSTICIAL, ALE. adj. (lat. *solstitialis*, m. s.). Qui a rapport aux solstices. *Les points solsticiaux.*

SOLUBILITÉ. s. f. Qualité de ce qui est soluble. *Les lois de la s. des sels.* Voy. SEL, I, E.

SOLUBLE. adj. 2 g. (lat. *solubilis*, m. s., de *solvere*, dissoudre). Qui peut être résolu. *Ce problème n'est pas s.* || Qui a la propriété de se fondre dans un liquide. *Ce sel est s. dans l'eau, l'alcool, etc.*

SOLUTÉ. s. m. (lat. *solutus*, dissous). T. Pharm. Liquide nouveau résultant de la dissolution d'un solide dans un premier liquide.

SOLUTIF, IVE. adj. Qui a la vertu de dissoudre, de résoudre.

SOLUTION. s. f. [Pr. *solu-sion*] (lat. *solutio*, m. s. de *solvere*, dissoudre). Dénoûment d'une difficulté; réponse faite à un problème donné, à une question scientifique posée. *Donnez la s. de cette difficulté. Une bonne, une mauvaise s. La s. d'un problème.* || T. Chim. Action de se fondre dans un liquide, et le produit qui résulte de cette action. *S. complète. La s. de ce sel n'est que partielle. Si l'on verse un acide dans la s.* Voy. DISSOLUTION et SEL. — Se dit aussi de certains médicaments obtenus par simple solution d'une substance active dans l'eau. *La s. arsenicale de Pearson.* || T. Méd. En parlant d'une maladie, *Solution,* se dit dans

le sens de Terminaison. — S. *de continuité*, Voy. Continuité. ‖ T. Prat. Libération, payement final. *Jusqu'à parfaite
s. et payement.*

SOLVABILITÉ. s. f. (R. *solvable*). Le pouvoir, les moyens
qu'on a de payer. *Sa s. est connue, est douteuse. Doutez-
vous de ma s.?*

SOLVABLE. adj. 2 g. (lat. *solvere*, payer). Qui a de quoi
payer. *Cet homme est s. Caution bonne et s.*

SOLYME, n. poétique de Jérusalem.

SOMAIN, com. de l'arr. de Douai (Nord); 1,600 hab. Entrepôt de houille.

SOMAIZE, littérateur fr., né en 1630, publia plusieurs
ouvrages pour défendre les Précieuses, entre autres le *Grand
Dictionnaire des Précieuses.*

SOMALIS. Peuple nègre de la côte orientale d'Afrique,
entre le golfe d'Aden et l'ancien sultanat de Zanzibar aujour-
d'hui possession anglaise. La côte des Somalis, qui ne possède

pas d'autre appellation géographique, se divise en deux parties
bien distinctes; l'une va de l'ouest à l'est, de la colonie française d'Obock au cap Gardafui ou Ras Assir et appartient en
majeure partie à l'Angleterre. Ses villes principales sont
Zeila, point de départ de l'une des routes qui se dirigent vers
le Harrar, province Abyssine, et plus à l'est, Berbera. Une
chaîne de montagnes qui longe cette côte atteint 2,800 mètres
d'altitude. La seconde partie s'étend du nord-est au sud-
ouest, du cap Gardafui à la rivière Djouba et appartient à
l'Italie. On y remarque le cap Ras Hafoun et quelques fleuves
tels que le Nogal et le Dohol. En face du cap Gardafui, l'île
Socotora est occupée depuis une vingtaine d'années par
l'Angleterre.
Les Somalis sont des peuples sauvages et pirates qui, au
temps de la navigation à voiles surtout, n'ont pas manqué de
profiter des naufrages alors fréquents sur ces parages. Le
principal commerce que l'on puisse y faire est celui de l'ivoire
et de la plume d'autruche.

SOMATIQUE. adj 2 g (gr. σωματικός, m. s., de σῶμα,
corps). Qui appartient au corps *Troubles somatiques*, par
opposition aux troubles psychiques. ‖ *Doctrine s.*, Celle des

aliénistes qui attribuent la folie non à des causes psychiques
mais à des lésions matérielles du système nerveux.

SOMATISTE. s. m. Médecin partisan de la doctrine somatique.

SOMATOLOGIE. s. f. (gr. σῶμα, corps; λόγος, discours).
Syn. d'Anatomie humaine. Inusité.

SOMATOPLEURE. s. f. (gr. σῶμα, σώματος, corps; πλευρά,
paroi). T. Anat. Feuillet externe du blastoderme après la
division du mésoderme. Voy Fœtus.

SOMATOSE. s. f. [Pr. somato-ze] (gr. σῶμα, σώματος,
corps). T. Pharm. Substance très nutritive préparée à l'aide
de la viande. C'est une poudre jaunâtre, inodore, à peu près
insipide. Elle contient les matières protéiques de la viande
sous des formes solubles et se dissout en toutes proportions
dans l'eau. Sa valeur alimentaire est environ 6 fois plus
grande que celle de la viande dégraissée.

SOMBRE. adj. 2 g. [Pr. son-bre] (lat. *sub umbra*, sous
l'ombre, ou plutôt *ex umbra*, à cause de l'anc. forme
essombre). Qui est peu éclairé, qui reçoit peu de lumière.
*Cette maison est bien s. Dans une forêt s. Un temps
s. — Il fait s.*, Le temps est s. — *Lumière s.*, Lumière
faible et qui éclaire mal. *Couleur s.*, Couleur peu éclatante
et qui tire sur le brun. ‖ Obscur, ténébreux. *Cette nuit est
bien s. Il fait s. dans cet appartement.* — Poétiq., *Les
royaumes sombres, les rivages sombres, les sombres
bords*, Les enfers, selon la croyance des anciens païens. ‖
Fig., Mélancolique, morne, taciturne, chagrin. *Un esprit s.
Un visage s. Des idées sombres. Une imagination ardente
et s. Vous êtes bien s. aujourd'hui.* ‖ T. Mus. *Timbre s.*,
sans sonorité. Voy. Voix. == Syn. Voy. Obscur.

SOMBRÉ, ÉE. adj. [Pr. son-bré]. T. Mus. *Timbre s., Voix
sombrée*, Se dit d'une voix voilée, sans sonorité. Voy. Voix.

SOMBREMENT. adv. [Pr. sonbre-man]. D'une manière
sombre.

SOMBRER. v. n. [Pr. son-brer] (R. *sombre*). T. Mar. Se
dit d'un vaisseau qui, étant sous voiles, est renversé sur le
côté et coule bas. *Ce navire va s.* ‖ Fig. Disparaître, se
perdre. *Sa fortune a sombré dans cette entreprise.* ==
Sombrer, v. a. Rendre sombre, couvert. *S. sa voix.* ‖ T.
Agric. Donner un premier labour à une jachère, à une
vigne, etc. — Sombré, ée. part.

SOMBRÉRITE. s. f. [Pr. son-bré-rite] (R. *Sombrero*,
n. de lieu). T. Minér. Phosphate de chaux impur contenu dans
le guano de Sombrero.

SOMBRERO. s. m. [Pr. son-brero] (mot esp. dérivé de
sombra, ombre). Chapeau de feutre à larges bords que portent les Espagnols, pour se garantir des rayons solaires.

SOMBREUIL (marquis de), ancien gouverneur des Invalides, comparut devant le tribunal de Maillard, à la prison de
l'Abbaye, et fut sauvé par le dévouement de sa fille (3 sept.
1792). Il fut guillotiné plus tard, en 1794. ‖ Sombreuil
(Mlle de), fille du précédent. On raconte qu'au moment des
massacres de septembre elle était venue supplier le fameux
Maillard en faveur de son père dont on lui accorda la grâce
à condition qu'elle boirait un verre de sang. C'est une légende.
Il est vrai qu'elle supplia Maillard; mais elle faillit s'évanouir
et les sans-culotte lui firent boire un verre d'eau ou d'eau et
de vin. Son père fut acquitté par Maillard avec beaucoup
d'autres.

SOMERS. homme d'État et écrivain angl., né à Worcester
(1650-1716).

SOMERSET, comté du S. de l'Angleterre; 469,400 hab. =
Ch.-l. *Bath.*

SOMERVILLITE. s. f. [Pr. somervil-lite] (R. *Somerville*,
n. d'un savant angl.). T. Minér. Variété de Mélilite. ‖ S'emploie aussi pour Sommervillite.

SOMMA, v. de la Terre de Labour (Italie), sur les flancs
du Vésuve; 7,000 hab.

SOMMAIL. s. m. [Pr. l'l mouillée]. T. Mar. Écueil dans une passe.

SOMMAIRE. adj. 2 g. [Pr. so-mère] (lat. summarium, m. s., de summa, somme, total). Succinct, court, abrégé, qui expose un sujet en peu de mots. Réponse s. Discours s. Traité s. Exposé s. || T. Jurispr. Matières sommaires, causes sommaires. Certaines affaires qui doivent être jugées promptement et avec peu de formalités, telles que les demandes purement personnelles, les appels des sentences des juges de paix, les demandes provisoires, comme les payements de rentes, de loyers, etc. Les articles 404 et 405 du Code de procédure déterminent les formes à suivre dans le jugement des causes sommaires. == SOMMAIRE. s. m. Abrégé, extrait. Le s. d'un livre, d'un discours. Faire un s. Lire le s. des chapitres. Mettre des sommaires en tête des chapitres d'un livre. = Syn. Voy. ABRÉGÉ.

SOMMAIREMENT. adv. [Pr. so-mère-man]. D'une manière sommaire, succinctement, brièvement. Je vous rapporterai s. ce qui s'est passé. Exposer s. les faits.

SOMMATEUR. s. m. [Pr. so-mateur]. Celui qui fait une sommation.

SOMMATION. s. f. [Pr. so-ma-sion]. Action de sommer, d'interpeller quelqu'un de dire ou de faire quelque chose. S. verbale, par écrit. Faire une s. Les trois sommations qui précèdent l'emploi de la force armée contre les attroupements séditieux. La place se rendit à la première s. || T. Procéd. Acte écrit contenant une sommation faite en justice. Faire une s. de payement. — S. respectueuse ou Acte respectueux, Voy. ACTE. || T. Math. Opération qui a pour but de trouver la somme de plusieurs quantités, La s. des suites.

Législ. — La s. est l'acte par lequel on signifie à une personne d'avoir à faire telle ou telle chose, sous peine d'y être contrainte par les voies de droit. C'est ainsi que les magistrats et officiers publics peuvent, après trois sommations, disperser par la force armée les attroupements. En matière de procédure civile, si un débiteur ne s'acquitte pas à l'échéance fixée, les huissiers font s. ou commandement de payer à ce dernier, sur la demande du créancier. Les avoués font également s. de communiquer des pièces, de fournir des défenses, etc. Enfin les notaires sont chargés des faire les sommations aux actes respectueux aux père, mère ou aïeuls qui refusent de consentir au mariage de leur descendant. Voy. ATTROUPEMENT, MARIAGE.

SOMMAYER. v. a. [Pr. so-mè-ier] (R. sommier). T. Techn. Placer sur une futaille des cercles appelés sommiers.

SOMME. s. f. [Pr. so-me] (lat. summa, m. s., superlatif de superus, qui est au-dessus). T. Math. Le résultat d'une addition. La s. des unités, des dizaines. La s. des termes d'une équation. || Une quantité d'argent. Grosse, petite s. Une s. exorbitante. La s. de trois cents francs. Ce palais a coûté des sommes immenses. — S. totale, La quantité qui résulte de plusieurs sommes jointes ensemble. La s. totale est de... On dit aussi adverbial., S. totale, en réunissant toutes les sommes, S. totale, il en coûte tant. || Fig., Cela ne peut qu'ajouter à la s. de nos maux. La s. du bien-être, dans les classes ouvrières, a fort augmenté depuis un demi-siècle. || Somme, est encore le Titre de certains ouvrages qui résument toutes les parties d'une science, d'une doctrine, etc. La S. de saint Thomas. La S. rurale. — EN SOMME, SOMME TOUTE. loc. adv. En résumé, pour conclusion. En s., vous pouvez faire ce marché. En s., c'est un orateur fort médiocre. S. toute, ce n'est pas un homme à qui vous deviez vous fier. S. toute, qu'en sera-t-il?

SOMME. s. f. [Pr. so-me] (lat. sagma, gr. σάγμα, m. s.). Bât. Vx. || Charge, fardeau qu'on porte sur un cheval, un âne, etc. S. de blé, de vendange. Bête de s.

SOMME. s. m. [Pr. so-me] (lat. somnus, m. s.). Repos causé par l'assoupissement naturel des sens; ne se dit guère que de l'homme. S. long, léger, profond. Faire un s.

Belle nécessité d'interrompre mon somme!
LA FONTAINE.

Dormir d'un profond s. On m'a réveillé dans mon premier s. — Fam., Il a fait la nuit tout d'un s., Il a dormi toute la nuit d'un sommeil non interrompu.

Syn. — Sommeil. — Le sommeil exprime proprement l'état de l'homme pendant l'assoupissement naturel de tous ses sens; c'est pourquoi on en fait usage avec tous les mots qui peuvent être relatifs à un état, à une situation. Être enseveli dans le sommeil; troubler, rompre, interrompre, respecter le sommeil de quelqu'un; un long, un profond sommeil, un sommeil tranquille, doux, paisible, inquiet, fâcheux. Le somme signifie principalement le temps que dure le sommeil, et le présente en quelque sorte comme un acte de la vie humaine; c'est pourquoi l'on s'en sert avec les termes qui se rapportent aux actes : un bon s., un s. léger, le premier s. On dit, faire un s., un petit s.; et l'on ne dirait pas, de même, faire un sommeil.

SOMME. riv. de France, prend sa source dans le dép. de l'Aisne, passe à Saint-Quentin, Péronne, Amiens, Abbeville, et se jette dans la baie de la Somme; 240 kilomètres.

SOMME (dép. DE LA), formé d'une partie de la Picardie; ch.-l. Amiens; 4 autres arr. : Abbeville, Doullens, Montdidier, Péronne; pop. 546,500 hab.

SOMME (villes DE LA), villes fortes de la Picardie au XVe siècle : Abbeville, Amiens, Péronne, Roye, Corbie; après la mort de Charles le Téméraire, Louis XI les réincorpora au domaine royal.

SOMMÉ, ÉE. adj. [Pr. so-mé] (anc. fr. som, sommet). T. Blason. Se dit de toute pièce sur une autre au-dessus d'elle, particulièrement des tours surmontées de tourelles, et de l'écu surmonté d'un casque ou d'une couronne. || T. Fauc. Faucon à plumage s., faucon dont les plumes ont toute leur longueur. || T. Chasse. Tête de cerf sommée de fourchure, dont le sommet est en fourche.

SOMMEIL. s. m. [Pr. so-meil, l mouillée] (lat. somnus, m. s., par l'intermédiaire d'une forme diminutive). Repos périodique des organes des sens et du mouvement, pendant lequel le corps répare ses forces. S. profond, tranquille, doux, paisible, inquiet, agité. Long s. Léger s. Le premier s. Goûter les douceurs du s. Troubler, rompre, interrompre le s. de quelqu'un. On ne peut le livrer du s. — Par ext., se dit du besoin de dormir. Avoir s. Il était accablé de s. Tomber de s. Vaincre le s. || Dans le style poétique et oratoire, on personnifie souvent le sommeil. Le s. est le frère de la Mort. Les pavots du s. Être dans les bras du s. S'arracher des bras du s. On dit de même, Être dans les bras, s'arracher des bras de Morphée. Fig., Le s. éternel, Le s. de la tombe, Le s. de la mort, La mort. || Fig., L'état d'inactivité, d'inertie où se trouvent certaines choses. Le s. de la nature. Le s. de la raison. Le s. des sens. || T. Bot. Le s. des plantes, État, disposition des feuilles et des fleurs pendant la nuit qui n'est pas la même que quand ces organes sont sous l'influence de la lumière du jour : certaines fleurs se ferment; les feuilles de certaines plantes s'affaissent, etc. || T. Zool. Le s. d'été et d'hiver des animaux. Voy. ESTIVATION et HIBERNATION.

Physiol. — 1. — Toute action occasionne un épuisement, demande une rémission, exige une réparation. C'est en vertu de cette grande loi de la nature, que l'on voit se succéder, chez l'homme et chez les animaux, dans les systèmes qui appartiennent à la vie animale ou de relation, une alternance régulière et nécessaire d'activité et de repos qui constitue la Veille et le Sommeil. Ainsi, l'excitation de l'organe encéphalique, lorsqu'il a été, durant un certain temps, mis en jeu par l'activité de l'esprit, rend peu à peu cet organe lui-même incapable de suffire à cette action et provoque le s. Cette cessation ou cette rémission de l'activité cérébrale pendant le s. amène aussi la réintégration de l'organe dans son premier état, c.-à-d. la réparation des changements matériels qui s'y sont produits et rend apte à être excité et à fonctionner de nouveau. L'activité intellectuelle, les effets prolongés de la vie animale, l'exercice soutenu et fatigant des sens, les grands efforts musculaires, entraînent cette détente, cette défaillance dans l'état organique du cerveau qui engendrent le besoin du s., et le déterminent. Pendant le s. le cerveau est anémié, ses vaisseaux renferment moins de sang qu'à l'état de veille. — D'après une théorie récente, les actes cérébraux seraient le résultat d'oscillations protoplasmiques, de mouvements de *neurones* (cellules nerveuses avec leurs prolongements). Après un certain temps d'activité, ces neurones deviennent moins excitables sous l'influence des impressions venant des nerfs sensitifs, leurs ramifications n'oscillent plus, ne se meuvent plus pour recueillir ces impressions ; cet état correspond au s. qui se trouve ainsi expliqué *histologiquement*. — Lorsque le s. commence à s'emparer de l'individu, les mouvements du corps s'alanguissent ; la marche devient plus lente et moins sûre ; les bras tombent le long du corps ; la tête s'incline ; les paupières s'alourdissent. Les sensations, d'abord confuses, s'éteignent graduellement ; l'œil finit par ne plus voir, l'oreille par ne plus entendre, la main par ne plus toucher, l'intelligence est totalement ou en grande partie réduite à l'inaction et la détente se propage au système entier de la vie animale. Le s. complet entraîne généralement la suppression des actes volontaires. Les mouvements organiques et ceux qui, bien qu'involontaires, reconnaissent cependant, jusqu'à un certain point, l'empire de la volonté, comme ceux de la respiration, persistent seuls, et ces derniers ne perdent que leur part de soumission aux ordres du cœur et les mouvements respiratoires sont un peu plus rares. Les fonctions de nutrition, la respiration, la digestion, les sécrétions, s'accomplissent pendant le s. comme pendant la veille ; toutefois la calorification est moins énergique, aussi l'homme a-t-il besoin d'être plus chaudement couvert durant son s. — En général, le s. coïncide avec la nuit et la veille avec le jour, parce que les excitants, nombreux pendant le jour, le sont peu pendant la nuit, où même n'exercent aucune action sur les sens, et par suite sur le cerveau. Néanmoins on peut modifier cette alternance en faisant du jour la nuit par habitude, et dormir autant dans la journée qu'on aurait fait pendant la nuit. Le besoin du s. est, comme le besoin des aliments, un besoin de conservation, il est soumis à l'influence de l'habitude, il reparaît et cesse ordinairement aux mêmes heures, et offre également sous ce rapport une certaine analogie avec la faim. Le repos quotidien, succédant à l'activité de la vie, est favorisé par le calme, par le silence, par l'obscurité : c'est pour réaliser ces conditions que l'homme prend différentes précautions, au moment de dormir, pour soustraire ses sens à tous les stimulants, à toutes les sollicitations extérieures. Cependant l'habitude peut rendre cette condition inutile et même la rendre défavorable, ainsi, par ex., le meunier s'endort au tic tac de son moulin et s'éveille quand il s'arrête. De même certaines personnes ayant contracté l'habitude de dormir avec de la lumière, s'éveillent quand celle-ci vient à s'éteindre. En outre, la durée nécessaire du s. varie selon les individus et les circonstances, on admet qu'un s. de sept à huit heures par jour est suffisant à l'adulte. Généralement, les individus gros, obèses en prenant une nourriture abondante, dorment plus longtemps et l'éprouvent un besoin plus impérieux du s. que les personnes maigres. Le s. est plus long et plus nécessaire dans la jeunesse que dans l'âge avancé, ce qui paraît tenir à la prédominance des phénomènes de nutrition pendant la première de ces deux périodes de la vie ; ainsi le nouveau-né dort presque toujours.

II. — Lorsque le s. est complet, les fonctions de la vie végétative, ainsi que nous venons de le voir, s'accomplissent régulièrement, il n'y a de suspension que pour les fonctions de la vie de relation, c.-à-d. pour la locomotion, la voix, les organes sensoriels et la pensée. Cependant nous exécutons fréquemment, durant le s., certains mouvements habituellement regardés comme volontaires ; tels sont ceux que nous faisons pour changer de position ; mais ces mouvements peuvent fort bien se produire par une simple action réflexe et par conséquent sans que la volonté y ait aucune part. Il peut même se produire, par suite des phénomènes réflexes, un certain travail cérébral, mais il ne peut s'agir d'élaborations incohérentes car pendant le s. il y a abolition de la fonction normale qui établit un lien, un enchaînement entre les sensations, la pensée et les manifestations de cette dernière ; en un mot, il n'y a plus coordination entre ces divers phénomènes qui relèvent du domaine de l'*imagination*.

Rêves. — Les idées qui entrent en jeu pendant le s., sont appelées *Rêves* et *Songes*, selon qu'elles sont incohérentes ou plus ou moins coordonnées entre elles. Le rêve est le résultat de l'activité qui peut se manifester dans quelques régions cérébrales pendant le s. Les idées du *rêve*, malgré leur incohérence parfois extrême, offrent les mêmes éléments intellectuels que dans l'état de veille ; seulement tout y est plus faible en même temps qu'intiniment plus machinal. On y trouve des sentiments, des passions, des idées qui, dans bien des cas, sont évidemment la suite ou la reproduction des sentiments, des idées, des passions dont était occupé l'esprit

peu de temps avant l'invasion du s. Si les idées s'y succèdent le plus souvent d'une façon bizarre et contradictoire, souvent aussi elles se dégagent si nettement, s'enchaînent avec tant de logique, qu'au moment du réveil, le songe a peine à être distingué de la réalité qui précède et de celle qui va suivre. Beaucoup de songes ont pour origine des sensations soit internes, soit externes, mal interprétées à cause de la faiblesse ou de l'absence du jugement et de la raison pendant le s. : l'*imagination* fonctionnant sans contrôle. Ainsi, parfois, celui qui dort dans une situation gênante, croit qu'on le tient attaché ; il a son bras sur sa poitrine, et il s'imagine être retenu par d'autres personnes ; il n'y a aucun rapport entre l'excitation et la réaction consécutive. On note parfois cependant un reste de volonté et de personnalité, on peut, par ex., avoir conscience qu'on fait un mauvais rêve, et faire un effort pour s'éveiller. Les cauchemars ou rêves pénibles sont souvent provoqués par une digestion difficile.

Dans quelques cas, les rêves ont revêtu le caractère de pressentiments, c.-à-d. que des états possibles se présentent à nous comme des réalités, et l'événement peut ensuite s'accorder avec notre rêve, sans qu'il y ait là rien de merveilleux, puisque tout ce qui est possible peut se réaliser. Ce sont évidemment des occurrences singulièrement rares qui ont donné lieu à la croyance, assez répandue et très ancienne, de la prévision par les songes. On doit se montrer très circonspect en la matière car souvent on ne tient pas compte de cent mille rêves qui n'ont pas été suivis d'effets, et l'on est vivement frappé d'un seul qui aura eu avec un événement une coïncidence fortuite. Il ne faut cependant pas nier systématiquement la part de vérité qui peut exister dans les affirmations de ce genre, car nos notions, dans le domaine psychique, se sont singulièrement accrues depuis quelque temps ; une observation plus attentive des faits relevant de la pensée, jointe à une connaissance plus approfondie du *moi*, ont permis de reconnaître qu'on rattachait à tort à la fantaisie ou à une pure coïncidence certaines manifestations qui devaient être prises en sérieuse considération ; les phénomènes *télépathiques* sont presque généralement admis maintenant et la question des *rêves prémonitoires* est à l'étude ; ce sujet mérite d'être abordé sans parti pris et on conçoit que les lois qui en régissent les divers phénomènes préoccupent un passionnent tout esprit curieux et vraiment scientifique. On peut consulter utilement à ce propos le livre de M. Camille Flammarion : l'*Inconnu et les problèmes psychiques*, très riche en documents sur ce sujet.

III. *Somnambulisme.* — « Pour dormir et rêver, dit J. Muller, il suffit de l'obscurcissement d'une grande partie des idées auxquelles l'esprit est accessible pendant la veille ; mais celles qui conservent encore de l'activité peuvent influer sur les organes du mouvement, lorsque le s. n'est pas trop profond. Tenir des discours cohérents tandis qu'on dort, se lever du lit, accomplir tel ou tel acte, ce sont des phénomènes de même espèce qui constituent un état spécial appelé *Somnambulisme*. Le plus simple degré du somnambulisme s'observe chez les enfants doués d'un système nerveux irritable, qui s'agitent pendant le s., appellent, crient, se laissent consoler, comprennent les discours qu'on leur adresse, ouvrent même les yeux et reconnaissent les personnes, mais qui, cependant malgré leur attitude à exercer des mouvements volontaires et à recevoir des impressions par les sens, sont longtemps encore avant qu'on puisse les arracher au rêve qui les tourmentait. Ici la conception est éveillée jusqu'à un certain point ; mais elle ne peut produire d'idées suffisamment claires pour ramener l'équilibre dans la masse troublée des idées. Cet état ressemble à celui d'un homme qui commence à s'éveiller, avec lequel on peut s'entretenir, mais qui ne donne que des réponses confuses, et qui mêle tout ce qui se passe autour de lui avec les images et les idées dont sa tête était pleine quand il rêvait. A un degré plus élevé de somnambulisme, l'homme qui rêve quitte son lit ; il vit complètement au milieu des idées et des sensations liées à la masse confuse de ses idées, accomplit de cette manière des actions complexes, souvent très hasardeuses, sans avoir la conscience du danger, et se comporte alors comme l'enfant que le danger ne fait pas trembler parce qu'il ne le connaît pas. Marcher sur un plan incliné ne présente aucune difficulté pourvu qu'on ignore que ce plan est placé à une grande distance du sol, et nous grimperions sans peine sur certains toits, s'ils étaient très rapprochés de terre. Le somnambule n'associe que ce qui a des relations avec la masse troublée de ses idées ; toutes les autres sont pour lui comme si elles n'existaient point ; il voit, il entend, et rien d'étranger au cercle d'idées dans lequel il vit ne le trouble tant qu'il ne s'éveille pas. »

Le somnambule a presque toujours les yeux largement ouverts, ses pupilles sont dilatées, son regard est fixe et semble ne pas s'attacher aux objets extérieurs ; il est hors de doute que le somnambule perçoit parmi les impressions de ces objets sur la rétine, au moins celles qui sont en harmonie avec ses idées actuelles. L'occlusion absolue des paupières n'empêcherait même pas complètement ce résultat, une action plus énergique de la partie cérébrale du sens pouvant donner au somnambule la faculté de recevoir des impressions lumineuses auxquelles il serait insensible dans l'état de veille. Mais le sens le plus éveillé chez le somnambule est celui du toucher qui lui vient en aide dans ses promenades périlleuses, qui lui permet d'écrire avec une correction extrême, de distinguer et de saisir les objets les plus ténus, etc. Certains somnambules lisent, écrivent, composent. On raconte que La Fontaine a ainsi écrit en dormant la fable des *Deux-Pigeons*.

L'accès de somnambulisme ne laisse aucun souvenir des scènes moitié fantastiques, moitié réelles, qui le constituent ; il peut se reproduire à des intervalles variables, parfois intermittents, il indique une prédominance de l'état nerveux et doit être considéré comme une *névrose* ; il est souvent du reste concomitant d'autres troubles de même catégorie : hystérie, épilepsie, etc. On le combat par l'hydrothérapie, le bromure et la suppression des excitants.

On désigne encore sous le nom de somnambulisme provoqué le sommeil hypnotique. Voy. HYPNOTISME.

IV. — Tous les animaux participent plus ou moins au s., qui même chez quelques-uns, se prolonge pendant de longues périodes de temps (Voy. HIBERNATION). Quelques animaux rêvent, comme les chiens, qui jappent en dormant. Chez plusieurs, surtout chez les animaux à sang froid, les périodes de s. sont moins tranchées et moins régulières ; cependant on doit regarder comme l'équivalent du s. l'inertie qui survient de temps en temps chez eux. Enfin, les êtres organisés, pourvus de nerfs et d'un centre d'activité vitale, ne sont pas les seuls qui soient soumis à la loi du s. ou de l'intermittence dans l'activité de certaines fonctions organiques : des périodes analogues d'intermittence s'observent également dans les végétaux.

SOMMEILLER. v. n. [Pr. *so-mè-ller*, *ll* mouillées]. Dormir d'un sommeil léger, imparfait. *Il n'avait pu dormir depuis quinze jours, mais il a sommeillé cette nuit. S. à diverses reprises. Il commence à s.* — Poétiq., *Tout sommeille*, Tout dort, tout est dans un profond repos. *La nuit, quand tout sommeille.* || Fig., Être dans un état d'inactivité, d'inertie. *La nature sommeille. Sa raison sommeille. Ses sens, ses passions sommeillaient encore.* — *Il n'y a guère d'auteurs qui ne sommeillent quelquefois,* Qui ne tombent dans quelque négligence.

SOMMELIER, IÈRE. s. [Pr. *some-lié*] (R. *somme*, charge, faix). Celui, celle qui, dans une communauté, dans une maison, a en charge le linge, la vaisselle, le pain, le vin et les liqueurs. Ne se dit guère aujourd'hui que Celui qui, dans un restaurant, a la charge du vin et des liqueurs.

SOMMELLERIE. s. f. [Pr. *some-lerie*]. La charge, la fonction de sommelier. || Le lieu où le sommelier garde le linge, la vaisselle, etc., qui lui sont confiés.

SOMMER. v. a. [Pr. *so-mer*] (bas lat. *summare*, dire en somme). Signifier à quelqu'un, dans les formes établies, qu'il ait à faire telle ou telle chose, sinon qu'on l'y obligera. *Je l'ai sommé de payer. On somma les mutins de se disperser. Étant sommé et interpellé de dire son nom. On somma le gouverneur de rendre la place.* — Par méton., *S. une place,* Sommer celui qui y commande de la rendre. || Fig. *S., quelqu'un de sa parole,* Lui demander qu'il tienne sa parole.

SOMMER. v. a. [Pr. *so-mer*] (R. *somme*). T. Mathém. Trouver la somme de plusieurs quantités algébriques. *S. une suite.* = SOMMÉ, ÉE. part.

SOMMERVILLITE. s. f. [Pr. *som-mer-vil-lite*] (R. *Sommerville*, n. d'une ville aux États-Unis d'Amérique). T. Minér. Variété de Chrysocolle.

SOMMET. s. m. [Pr. *so-mé*] (lat. *summus*, le plus élevé). Le haut, la partie la plus élevée de certaines choses. *Le s. d'une montagne. Les sommets des Alpes, des Pyrénées.*

Le s. d'une tour. Le s. de la tête. Voy. MONTAGNE. — Poétiq., *Le double s.,* Le Parnasse. || Fig., et dans le style soutenu, *Le s. des grandeurs, de la gloire,* Le comble des grandeurs, de la gloire. On dit de même, *Atteindre au s. de la perfection.* || T. Géom. *Le s. d'un angle,* Le point où se réunissent les deux côtés de l'angle. *Le s. d'un triangle,* Le sommet de l'angle opposé au côté que l'on considère comme la base. *Le s. d'un solide,* Le sommet de l'angle solide opposé à la base du corps. *S. d'une courbe,* Point où le rayon de courbure présente un maximum ou un minimum. *L'ellipse a quatre sommets.* || T. Conchyl. *S. d'une coquille univalve,* Point où finit la spire. — *S. d'une coquille bivalve,* Point où s'articulent les deux valves.

SOMMIER. s. m. [Pr. *so-mié*] (lat. *summarium*, abrégé). Gros registre où les commis inscrivent les sommes qu'ils reçoivent. *Le s. des gabelles. Le s. d'une abbaye.*

SOMMIER. s. m. [Pr. *so-mié*] (lat. *sagmarium*, m. s., du gr. σάγμα, bât, charge). Cheval de somme. *Les sommiers de tel messager.* || Matelas de crin servant de paillasse. — *S. élastique,* Matelas à l'intérieur duquel se trouvent des fils métalliques en spirale qui lui donnent de l'élasticité. || T. Archit. Pierre qui reçoit la retombée d'une voûte. || T. Charp. Pièce de bois de charpente qui porte sur deux pieds-droits de maçonnerie, et sert de linteau à une porte, à une croisée, etc. || T. Facteur d'instr. Pièce de bois qui supporte les organes sonores. Voy. ORGUE et PIANO. || T. Techn. Se dit encore de pièces de bois qui servent à soutenir le poids ou l'effort de certaines machines, telles que les presses typographiques. — Traverse en fer qui forme le bas d'une grille. — Pièce de bois sur laquelle tourne un moulin. — Pièce de bois qui porte une cloche.

SOMMIÈRE. s. f. [Pr. *so-mière*]. Place découverte dans une forêt.

SOMMIÈRES, ch.-l. de c. (Gard), arr. de Nimes ; 3,800 hab.

SOMMITE. s. f. [Pr. *som-mite*]. T. Minér. Néphéline cristallisée de la Somma, au Vésuve.

SOMMITÉ. s. f. [Pr. *somm-mité*] (lat. *summitas*, m. s., de *summus*, le plus élevé). Le sommet, la partie la plus élevée de certaines choses. *La s. d'une tour, d'un toit. L'armée occupa les sommités des montagnes,* ou absol., *les sommités.* || Fig., *Les sommités sociales,* Les hommes les plus éminents de la société par leur naissance, leur rang, leur fortune, leurs talents. — Fig., on dit encore. *Cet auteur n'a traité que les sommités de son sujet,* Il n'a pas approfondi son sujet, il s'est borné à en saisir les points les plus saillants. || T. Bot. L'extrémité de la tige fleurie de quelques plantes dont les fleurs sont trop petites pour être conservées isolément, et l'extrémité, la pointe des arbustes et des branches. *Ne prenez que la s. de ces herbes, de ces fleurs, etc. Des sommités d'absinthe, de lavande, etc. La s. des jeunes branches.*

SOMMO-SIERRA, chaîne de montagne de l'Espagne (Vieille Castille). || Défilé de Somo-Sierra, célèbre par la victoire des Français sur les Espagnols, en 1818.

SOMNAMBULE. adj. et s. 2 g. [Pr. *som-nan-bule*] (lat. *somnus,* sommeil ; *ambulare,* marcher). Celui, celle qui, dans le sommeil, marche, parle, ou fait certains actes qu'on ne fait en général qu'éveillé. *Il est s. C'est une s.* || Se dit abusivement d'une personne plongée dans le sommeil hypnotique, et de certaines personnes, généralement des femmes, qui font métier de se faire mettre dans le sommeil hypnotique, ou de simuler cet état pour prédire l'avenir, faire retrouver les objets perdus, etc.

SOMNAMBULIQUE. adj. 2 g. [Pr. *somnan-bulike*]. Qui a rapport au somnambulisme. *Crise s. Sommeil s.*

SOMNAMBULISME. s. m. [Pr. *som-nan-bulisme*]. État du somnambule. Voy. SOMMEIL, III.

SOMNIAL, ALE. adj. (lat. *somnialis*, m. s., de *somnium*, songe). Qui a rapport aux songes.

SOMNIFÈRE. adj. 2 g. [Pr. *som-nifère*] (lat. *somnifer*, m.

s. de *somnus*, sommeil, et *fero*, je porte]. T. Méd. Qui provoque, qui cause le sommeil. *Le pavol est s.* || Subst., *Le pavol est un s. très connu.* Voy. NARCOTIQUE.

SOMNILOQUE. adj. 2 g. (lat. *somnus*, sommeil; *loqui*, parler]. Qui parle durant le sommeil.

SOMNOLENCE. s. f. [Pr. *som-nolan-se*] (lat. *somnolentia*, m. s.). T. Méd. État intermédiaire entre le sommeil et la veille; disposition habituelle à dormir. *État de s. Cette s. est un symptôme fâcheux.*

SOMNOLENT, ENTE. adj. [Pr. *som-no-lan, ante*] (lat. *somnolentus*, m. s.). Qui a rapport à la somnolence. *État s.* || Fig., Qui manque d'activité, d'énergie. *C'était un gros garçon apathique et somnolent.*

SOMPORT (col DE), le même que le col de CANFRANC. Voy. ce mot.

SOMPTUAIRE. adj. 2 g. [Pr. *sonp-tuère*] (lat. *sumptuarius*, m. s. de *sumptus*, dépense). Ne se dit que dans les loc., *Lois.*, *Règlement s.*, *Impôt s.*, Qui a pour objet de régler, de restreindre ou de frapper la consommation des choses de luxe. Voy. CONSOMMATION, VI et VII.

SOMPTUEUSEMENT. adv. [Pr. *somp-tueu-zeman*]. D'une manière somptueuse. *Vivre s.*

SOMPTUEUX, EUSE. adj. [Pr. *sonp-tueu, euze*] (lat. *sumptuosus*, m. s., de *sumptus*, dépense). Magnifique, splendide, de grande dépense. *S. édifice. Habit s. Festin s.* || Se dit aussi des personnes. *Il est s. en habits, en équipages, etc.*

SOMPTUOSITÉ. s. f. [Pr. *sonp-tuo-zité*] (lat. *sumptuositas*, m. s., de *sumptus*, dépense). Grande et magnifique dépense. *S. en habits, en bâtiments, etc. On célébra cette fête avec une grande s. Son salon est meublé avec somptuosité.*

SON, SA, SES. adj. poss. (lat. *suum*, *sua*, *sui*, m. s.).

Obs. gram.—Ces adjectifs, qui correspondent aux pronoms de la troisième personne *soi, se, il*, se mettent toujours devant un substantif. Le premier est du genre masculin : *Son père, son bien* ; le second est du genre féminin : *Sa mère, sa patrie* ; enfin le troisième est des deux genres et le pluriel des deux précédents : *Ses parents, ses terres.* Bien que *son* soit masculin, l'euphonie veut qu'on l'emploie au lieu de *sa*, lorsqu'il est suivi d'un nom féminin qui commence par une voyelle ou par une H non aspirée. C'est ainsi que l'on dit, *Son avarice, son estime, son habileté.* Mais quand le mot suivant commence par un H aspirée, on doit toujours employer le féminin *sa*, comme *Sa haine, sa honte.* — On doit répéter *son, sa, ses* : 1° avant chaque substantif : *Son père et sa mère sont estimables*, et non, *Ses père et mère sont estimables* ; et 2° avant les adjectifs qui marquent un sens différent ou opposé : *Je connais ses grands et ses petits appartements*, et non, *ses grands et petits appartements.* Au contraire, on ne le répète pas, lorsque les adjectifs sont à peu près synonymes : *J'ai lu le récit de ses grandes et mémorables actions*, et non, *de ses grandes et de ses mémorables actions.*

Dans le langage familier, on joint parfois *son, sa*, au verbe *sentir*, et il équivaut alors à l'article : *Il sent son homme de qualité* ; *il sent son hypocrite, son tartufe*, Il a l'air d'un homme de qualité, d'un hypocrite, etc. On dit encore, *Posséder son Homère, son Cicéron, ses auteurs anciens*, etc., pour signifier, Connaître bien Homère, Cicéron, les anciens auteurs, etc.

Pour l'emploi comparé de *son, sa, ses* et de *en.* Voy. EN.

SON. s. m. (lat. *sonus*, m. s.). T. Physiq. Nous avons, au mot ACOUSTIQUE, parlé du *Son* en général, et indiqué de quelle manière il se propage, comment il se propage, etc.; ici nous nous occuperons exclusivement du *Son* musical, c.-à-d. du son qui se compose de vibrations continues, rapides et isochrones. Le son, ainsi défini, diffère essentiellement du *bruit*, en ce qu'il produit sur l'organe de l'ouïe une sensation continue, et en ce qu'il est comparable à d'autres sons, tandis que le bruit est généralement confus et a une durée trop courte pour être appréciée. L'oreille distingue dans le son trois qualités particulières : la *hauteur*, l'*intensité* et le *timbre*.

1. — La *Hauteur* du son provient du nombre de vibrations qui se succèdent dans un temps donné. Le son produit par un petit nombre de vibrations prend le nom de *son grave* ; le *son aigu*, au contraire, résulte d'un grand nombre de vibrations. Les sons intermédiaires ne sont graves ou aigus que d'une façon relative, c.-à-d. quand on les compare entre eux ou à un son déterminé. Le rapport de gravité et d'acuité de deux sons est ce qu'on appelle l'*Intervalle*. Deux sons qui résultent d'un même nombre de vibrations par seconde, quelle que soit d'ailleurs leur différence quant à l'intensité ou au timbre, ont la même hauteur, c.-à-d. sont également graves ou aigus, et l'on dit, en conséquence, qu'ils sont à l'unisson. On a imaginé divers appareils pour évaluer le nombre de vibrations qui correspond à un son déterminé quelconque. Le plus simple est la *Roue dentée de Savart* (Fig. 1 ci-dessous). Cet appareil se compose d'un banc de chêne ouvert intérieurement. Dans cette ouverture se trouvent deux roues, dont la plus grande A sert à faire tourner, au moyen de la corde sans fin D, la petite roue B. Cette dernière est garnie de dents qui, lorsqu'elle tourne, viennent choquer et font vibrer une petite lame E, fixée sur le banc. Un petit compteur, qui reçoit son mouvement de l'axe de la roue dentée, indique le nombre de tours que fait celle-ci, et, par conséquent, le nombre des vibrations de la lame dans un temps donné. Quand on fait tourner la roue dentée sur son axe avec un mouvement lent, on distingue les chocs successifs des dents sur la lame ; mais si l'on augmente progressivement la

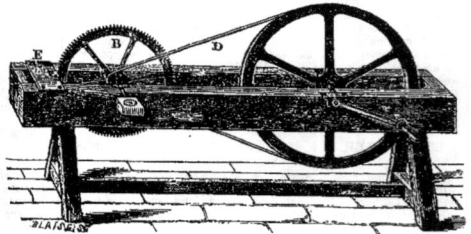

Fig. 1.

vitesse, on finit par entendre un son continu dont l'acuité s'accroît avec le nombre des tours. Une fois que le son produit par la lame est à l'unisson du son qu'on veut évaluer numériquement, on rend la vitesse de rotation constante. Alors le compteur indiquant le nombre de tours par la roue fait

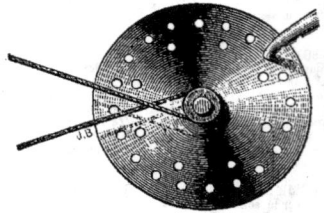

Fig. 2.

par seconde on n'a qu'à multiplier ce nombre par celui des dents de la roue pour avoir le nombre exact des vibrations. On doit à Seebeck une sirène dont le principe est très simple (Fig. 2). Un disque en carton ou en métal mince est percé d'un certain nombre de trous placés sur une même circonférence. Ce disque est animé d'un mouvement de rotation suffisamment rapide et bien régulier. Un tuyau dans lequel on lance un courant d'air vient déboucher en face du disque de manière que les trous passent à une faible distance de son ouverture. On voit que chaque fois qu'un des trous passe devant le tuyau, une bouffée d'air le traverse et produit un choc contre l'air ambiant de l'autre côté du plateau. S'il passe 500 trous à la seconde devant le plateau, on aura un son correspondant à 500 vibrations à la seconde. Comme le disque est mû d'une manière uniforme au moyen d'un mouvement d'horlogerie, il est facile de calculer le nombre de trous qui passent par seconde devant le tuyau.

On doit aussi une sirène à Cagniard-Latour. Cet appareil dont l'emploi est très commode se compose d'une boîte métallique HH dans laquelle on peut lancer de l'air au moyen d'une soufflerie (Fig. 3). Cette boîte est percée de 10 ou 12 trous placés sur une circonférence de sa face supérieure. Un plateau BB mobile autour d'un axe vertical D est percé du même nombre de trous. Les trous du plateau fixe ainsi que ceux du plateau mobile sont percés obliquement mais inclinés en sens inverse comme le montre la figure. On voit, qu'avec ce dispositif, la pression de l'air tend à faire tourner le plateau mobile dans le sens de la flèche et 10 ou 12 fois par tour (suivant le nombre des trous) les trous du plateau mobile coïncideront avec ceux du plateau inférieur fixe. A ce moment l'air s'échappera par tous les trous à la fois et produira un choc contre l'air ambiant. On entend d'abord une série de chocs mais en augmentant le vent, on ne perçoit plus les chocs séparés et l'on entend un son grave. En soufflant de plus en plus fort, la vitesse du plateau va en augmentant et le son devient de plus en plus aigu. Il est clair que le nombre de chocs est égal au nombre de tours du plateau, multiplié par le nombre des trous dont il est percé. L'appareil est muni d'un compteur de tours que l'on voit à la partie supérieure de la figure. La vis V engrène avec une roue à 100 dents reliée à une aiguille indicatrice qui se déplace sur un cadran divisé en 100 parties qui indique les unités. A chaque tour complet, cette roue fait avancer d'une dent une deuxième roue reliée à une aiguille qui se meut sur un cadran qui indique les centaines. Pour mesurer le nombre de vibra-

Fig. 3.

tions effectuées à la seconde par un son quelconque, on produit ce son, puis on fait fonctionner la sirène de plus en plus vite. Il arrive un moment où les deux sons sont à l'unisson. A ce moment on embraye le compteur de tours et l'on met en marche un compteur à secondes. On maintient l'unisson pendant une demi-minute environ, puis on arrête simultanément le compteur de tours, dont on lit les indications. Un calcul des plus élémentaires donne le nombre de tours à la seconde et on en déduit le nombre de vibrations comme nous l'avons dit.

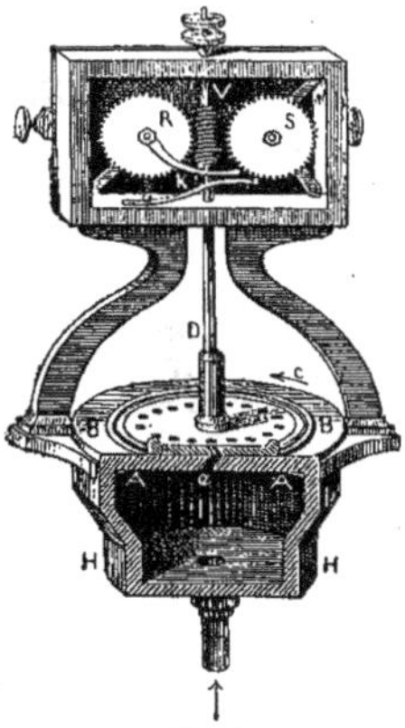

Cet appareil a reçu le nom de Sirène parce qu'il rend des sons sous l'eau quand on y lance un courant d'eau. Pour une même vitesse de rotation il rend le même son dans l'air ou dans l'eau.

Méthode graphique. — On peut facilement enregistrer les vibrations d'un corps sonore. Considérons, par ex., un diapason el munissons une de ses branches d'un petit style métallique. Faisons appuyer ce style sur un cylindre enduit de noir de fumée et animé d'un mouvement de rotation (en même temps qu'un pas de vis le fait avancer). Le style du diapason trace sur ce cylindre une hélice sinueuse et à chaque sinuosité correspond une vibration du diapason. Connaissant la vitesse de rotation du cylindre, il est facile de calculer le nombre de vibrations effectuées à la seconde par le diapason.

Le *Phonotaugraphe* (Voy. ce mot) est une application de la méthode graphique. La figure 4 montre une tige vibrante inscrivant ses vibrations sur un cylindre enduit de noir de fumée.

Rien n'est donc plus facile, grâce à ces appareils, que de déterminer la hauteur d'un son quelconque. Au reste, si l'on prend pour point de départ un son d'une hauteur quelconque, il suffit de connaître le nombre des vibrations dont il résulte pour connaître, par une simple proportion, le nombre des vibrations dont tous les sons de l'échelle musicale pris au-dessus ou au-dessous. Ainsi les physiciens ayant adopté pour point de départ l'*ut* qui correspond au son le plus grave du violoncelle, lequel est le résultat de 128 vibrations par seconde, les

Q. BLAVIGET.

Fig. 4.

nombres des vibrations pour la première gamme naturelle en montant seront comme il suit :

ut	ré	mi	fa	sol	la	si	ut
128	144	160	170	192	214	240	256

nombres qui, en effet, représentent exactement la proportion

1	9/8	5/4	4/3	3/2	5/3	15/8	2.

D'après cela, on voit que, pour les gammes supérieures, on obtiendra aussitôt les nombres de vibrations correspondants à chaque note, en multipliant successivement par 2, 4, 8, etc., les nombres de vibrations donnés pour la gamme ci-dessus. Pour les gammes inférieures, au contraire, il faudra diviser ces mêmes nombres par 2 et par 4. — En physique, on est convenu de distinguer les notes des diverses gammes au moyen d'indices particuliers. Ainsi, la gamme précédente, ou la première du violoncelle, se marque ut^1, $ré^1$, mi^1..., etc. Les gammes supérieures s'écriront ut^2, $ré^2$..., ut^3, $ré^3$, et ainsi de suite, tandis que les inférieures se notent ut_{-1}, $ré_{-1}$..., $ut_{-\gamma}$, $ré_{-\gamma}$, etc. Cela étant, le *la* du diapason qui est un la^3, doit donner 856 vibrations par seconde. Les musiciens ont adopté une gamme un peu plus aiguë (870 vibrations pour le *la*). Voy. DIAPASON.

II. — L'*intensité* ou la force du son dépend de l'amplitude des vibrations, mais nullement de leur nombre. En effet, un son quelconque peut conserver le même degré d'acuité ou de gravité, et prendre une intensité plus ou moins grande par la variation de l'amplitude des vibrations qui le produisent. C'est ainsi qu'une corde tendue donne des sons d'intensité différente, selon qu'on l'écarte plus ou moins de sa position d'équilibre; mais la durée des oscillations restant toujours la même, ces sons ont tous la même hauteur. Quand on se place à des distances différentes du lieu où le son est produit, l'intensité de la sensation qu'on en éprouve va en diminuant, et l'on admet théoriquement que l'intensité d'un son est en raison inverse du carré de la distance du corps sonore à l'organe auditif. Mais cette loi n'est admise que pour l'air libre, car nous avons vu ailleurs que le son se propage, en conservant presque toute son intensité, à travers des corps solides et même à travers les liquides, et que, dans les tuyaux, il obéit à des lois particulières. En outre, pour l'air et les milieux gazeux, l'intensité de la sensation est d'autant moins grande que le gaz dans lequel le son se propage est moins dense ou plus raréfié. Ainsi, par ex., dans l'hydrogène, qui est environ 14 fois moins dense que l'air, les sons nous paraissent beaucoup plus faibles, bien que la pression soit la même ; et l'inverse a lieu dans le gaz acide carbonique, à cause de la densité supérieure de ce dernier. L'intensité du son est encore modifiée par l'agitation de l'air et par la direction des vents. Enfin, elle augmente ou, en d'autres termes, le son est renforcé lorsqu'on fait vibrer à l'unisson d'autres corps élastiques ou une masse d'air. L'influence de ces corps peut se démontrer à l'aide d'un appareil fort simple imaginé par Savart.

Fig. 5.

(Fig. 5). Il consiste en un vase hémisphérique de bronze qu'on met en vibration au moyen d'un fort archet, et auprès duquel est un cylindre creux de carton, ouvert à l'extrémité antérieure et fermé à l'autre. Ce cylindre tourne à volonté, au moyen d'une poignée, sur un support qui se trouve fixé sur une pièce glissant librement dans le pied de l'appareil, de telle sorte qu'on peut éloigner et rapprocher, quand on veut, le cylindre du vase. Lorsqu'on fait vibrer l'appareil disposé comme dans la figure ci-dessus, il rend des sons d'une force et d'une rondeur surprenantes. Si, au contraire, on tourne le cylindre, on perd presque toute son intensité, et il s'affaiblit à mesure qu'on le recule, preuve que le renforcement du son provient des vibrations de l'air contenu dans le cylindre. Dans l'appareil, le cylindre doit avoir une profondeur déterminée, pour que l'air qu'il contient vibre à l'unisson avec le vase de bronze sinon celui-ci vibrerait seul.

III. — Lorsqu'une corde est mise en vibration et qu'elle produit un son grave et soutenu, une oreille attentive distingue facilement, outre le son *fondamental*, c.-à-d. outre le son qui résulte de ses vibrations totales, deux autres sons accessoires ou concomitants plus aigus, qu'on appelle *sons harmoniques*, et qui sont l'octave de la quinte et la double octave de la tierce. Par ex., si le son fondamental est ut^1, on entend très distinctement sol^2 et mi^3. Or, en représentant le nombre de vibrations du son fondamental par 1, celui de la tierce

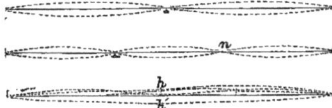

Fig. 6.

sera 4/5, celui de la double octave sera 5, de la quinte, 3/2, et de l'octave de celle-ci, 3 ; enfin, les deux octaves du son fondamental seront représentées par 2 et 4. On distingue donc les sons 1, 2, 3, 4, 5 — « Ce phénomène, dit Pouillet, trouve son explication dans l'expérience suivante que l'on doit à Sauveur. On place un chevalet mobile sous le milieu de la corde du sonomètre, et avec le doigt on appuie *très légèrement* sur ce point, tandis que l'on passe l'archet *près du chevalet fixe* pour ébranler l'une des moitiés de la corde Cette moitié s'ébranle, en effet ; mais l'autre moitié entre aussi en vibration très visiblement. La figure que prend alors la corde est représentée dans le dessin ci-dessus (Fig. 6). On peut ensuite placer le chevalet mobile à la fin du premier tiers de la corde. Alors, quand on ébranle le premier

tiers avec l'archet, les deux autres tiers entrent à l'instant en vibration ; mais chacun d'eux vibre séparément autour du nœud, c.-à-d. du point n, qui reste immobile, quoique libre. Sauveur s'appuie sur ces résultats curieux, pour conclure qu'une corde sonore ébranlée à vide ne vibre pas seulement dans toute sa longueur, mais que chacune de ses moitiés, chacun de ses tiers, chacun de ses quarts, etc., vibre séparément et produit le son qui convient à sa longueur, et que telle est la cause de la formation des sons harmoniques. En effet, que le milieu de la corde oscille de h en h' quand la corde vibre en totalité, cela n'empêche pas que la moitié ne vibre autour de lui, comme s'il était en repos : il en est de même de tous les nœuds correspondant à chaque tiers, à chaque quart. »

IV. — On appelle *Timbre*, ce caractère particulier des sons qui fait que, quoique ayant la même hauteur et la même intensité, on les distingue les uns des autres. Ainsi, personne ne confondra les sons de la flûte et ceux du cor, les sons du violon et ceux de la clarinette, quand bien même ces instruments donneraient tous la même note, et que l'intensité sonore est égale. Des différences semblables de sonorité se remarquent dans la voix humaine, selon l'âge et le sexe, ainsi que d'un individu à l'autre. Chaque sorte d'instrument, chaque voix a son timbre particulier qui dépend en grande partie des harmoniques qui accompagnent le son fondamental. Voy. Timbre.

SON. s. m. (lat. *summus*, ce qui est en haut du tamis, ou bien lat. *secundus*, seconde, sous-ent. mouture, origine suggérée par l'anc. forme *seon*). L'enveloppe corticale des graines des céréales, lorsqu'elle en a été séparée par la mouture et le blutage. || *Eau de son*, Celle dans laquelle on a mêlé du son pour la rendre émolliente. || Prov., *Il faut que les seigneurs aiment mieux le son que la farine*, ce qui est commun que ce qui est distingué. — *Moitié farine et moitié son*, Moitié de gré, moitié de force.

SONATE. s. f. (ital. *sonata*, m. s.). T. Mus. On appelle *Sonate*, une pièce de musique instrumentale, qui se compose au moins de trois parties, d'un *allegro*, d'un *adagio* et d'un *presto* ou *rondo*. Quelquefois même on y joint un *scherzo* ou *menuet*, comme dans les symphonies. La s. s'écrit avec un accompagnement de violoncelle ou de violon soutenu. Les plus grands maîtres se sont exercés dans ce genre qui était extrêmement en vogue au dernier siècle. Les sonates de Bach, de Mozart, de Beethoven pour le piano, de Tartini et de Viotti pour le violon, sont justement célèbres. Aujourd'hui, ce genre de composition est à peu près abandonné pour la *fantaisie* et l'*air varié*.

SONDAGE. s. m. Action de sonder. *Le s. a donné tant de brasses. Le s. de ce terrain a coûté beaucoup d'argent sans résultat.*

Techn. — Le *Sondage* est une opération qui consiste à *forer*, c.-à-d. à pratiquer dans le sol, avec des instruments appelés *sondes*, des trous d'un faible diamètre, mais d'une profondeur parfois considérable. Cette opération a le plus souvent pour objet de rechercher des nappes d'eaux souterraines propres à fournir des puits artésiens, ou de reconnaître, dans un terrain qui recèle des matières minérales, l'existence et l'allure des couches et des filons. Le s. à de grandes profondeurs s'opère de trois manières différentes.

Le *S. à la barre* ou *S. ordinaire* s'exécute au moyen d'une *sonde* à tige rigide, que l'on retire de temps en temps pour curer le trou. C'est le procédé le plus usité ; il est dû à Mulot et Degoussée. On distingue trois parties dans la *sonde* : la *tête*, la *tige* et l'*outil*. La tête sert à suspendre l'appareil. Elle offre un anneau tournant pour recevoir une chaîne de suspension, et un ou deux yeux dans lesquels on introduit des leviers pour faire tourner la sonde. La *tige* lie la tête à l'outil. Elle se compose d'un nombre plus ou moins considérable de barres de fer carrées, longues de 4 à 6 mètres, et solidement assemblées entre elles au moyen de pas de vis. On augmente le nombre de ces barres à mesure que la profondeur augmente elle-même. L'*outil* est destiné, soit à entailler la roche, soit à extraire les débris des roches broyées. Il doit donc varier de forme suivant le rôle particulier qu'il a à remplir. Les outils qui servent à attaquer le terrain se divisent à leur tour en plusieurs classes, selon qu'ils entaillent la roche par leur extrémité ou par leurs côtés, et aussi selon qu'ils agissent par percussion ou par rotation. Les outils agissant par rotation sont employés dans les terrains tendres et friables : on les appelle *Tarières* (Fig. 1). Ces tarières, comme on le voit, peuvent servir aussi à ramener les matières désagrégées. Ceux qui fonctionnent par percussion sont réservés aux roches dures, et on les nomme *Trépans* ou *Ciseaux*. Ils sont concaves ou convexes, ou terminés par un couteau droit ou par une pointe à deux ou plusieurs biseaux diversement disposés (Fig. 2). On enlève les débris qu'ils ont détachés, soit avec la tarière, soit, lorsqu'on a affaire à des sables ou à des argiles rendus presque liquides par l'eau, avec la *cuiller à soupape*. Cet instrument, dont la Fig. 3 offre la coupe, consiste en un cylindre creux, muni intérieurement, au-dessus de son ouverture, d'un boulet mobile qui la ferme exactement.

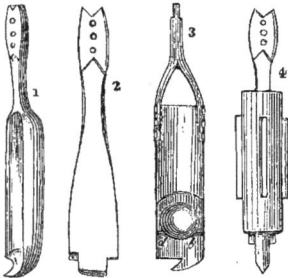

Lorsque la cuiller pénètre dans le sable, celui-ci soulève le boulet et pénètre dans le cylindre; mais, dès qu'on commence à retirer la sonde, le boulet retombe par son propre poids, bouche l'orifice *db*, et permet de ramener à la surface le sable. Quand le trou n'est pas assez grand, on l'élargit avec un *équarrissoir* qui consiste en un cylindre massif garni à sa surface de lames verticales dont le tranchant est aciéré (Fig. 4). Enfin on l'alèse, lorsque cela est nécessaire, au moyen d'un outil composé de deux disques de fer réunis ensemble par des barres carrées de fer aciéré qui sont bombées et agissent sur les parois en les rodant. Dans les sondages à grandes profondeurs, il arrive assez fréquemment que les outils se brisent et restent engagés au fond du trou : on éprouve souvent des difficultés extraordinaires pour les retirer. Les instruments à l'aide desquels on retire les parties brisées se nomment *outils accrocheurs*. Les plus usités sont la *caracole*, le *tire-bourre*, la *cloche à écrou* et l'*accrocheur à pinces* de Kind. Nous nous contenterons aussi de mentionner l'outil appelé *vérificateur du s.*, à l'aide duquel on reconnaît la nature du terrain traversé par la sonde, à quelque profondeur que ce soit. — Au commencement du travail, l'opération est facile. On traverse d'abord la terre végétale et même les argiles, s'il y en a, avec une tarière à bras, que l'on maintient dans une position bien verticale. Parfois cependant, on traverse des terrains par un puits d'un diamètre assez grand, au fond duquel on commence le s. Lorsque l'appareil de s. arrive dans les terrains ébouleux, sables aquifères, sables boulants, etc., on se trouve dans l'obligation avant de continuer les opérations, d'introduire dans le trou de sonde, pour empêcher qu'il ne se bouche, des tubes en tôle de fer ou d'acier qui maintiennent les parois du trou de sonde. C'est ce que l'on nomme le *tubage*. Arrivé au roc dur, on remplace la tarière par un trépan simple à biseau, que l'on soulève à bras, et qu'on laisse retomber en lui faisant faire chaque fois 1/5e à 1/6e de tour. Si le trou est sec, on y jette de temps en temps un peu d'eau, afin de rafraîchir le tranchant de l'outil et de l'empêcher de se détremper. Lorsqu'en procédant ainsi, on a atteint une profondeur de 8 à 10 mètres, la force humaine n'étant plus suffisante pour manœuvrer la sonde, on a recours à des machines qui renferment deux espèces d'organes, les uns servant à faire danser la sonde dans le trou, et les autres à la faire tourner. Dans les sondages profonds où les roches nécessitent un battage constant, la tige de la sonde éprouve des vibrations qui la font plier, en même temps que ses arêtes détériorent les parois du trou. Souvent aussi elle se courbe et demeure ainsi, ce qui rend très difficile sa manœuvre. Quelquefois encore, cette tige tordue se brise. L'ingénieur allemand Œynhausen, pour parer à ces divers inconvénients, partage la ligne des tiges en deux sections presque indépendantes l'une de l'autre par l'interpo-

sition d'une coulisse de telle sorte que lorsque, dans le battage, l'outil que porte sa partie inférieure vient frapper le fond du trou, sa partie supérieure reste suspendue à la chaîne de la machine et continue à descendre en glissant le long de la coulisse sans participer aux vibrations produites par le choc dans l'inférieure. Par conséquent, la partie supérieure de la tige sert uniquement à soulever la partie inférieure et à lui imprimer le mouvement de rotation qui lui est nécessaire. Un autre ingénieur allemand, Kind, a apporté aux appareils de forage des perfectionnements plus considérables encore. La sonde est également formée de deux parties indépendantes; mais, d'une part, Kind a diminué la longueur de la partie inférieure, en augmentant le poids de l'outil et l'équarrissage des tiges, et, de l'autre, il a composé la partie supérieure de longues tiges de bois qui pèsent un peu moins que le volume d'eau qu'elles déplacent dans le trou, de sorte que le poids à soulever par les ouvriers n'augmente pas avec la profondeur. Enfin, il a remplacé la coulisse par une espèce de mouvement à déclic, qui produit le même résultat et fonctionne beaucoup mieux.

Le *S. à la corde*, ou *S. chinois*, est à la fois le plus ancien et le plus simple des procédés connus; il a été introduit en Europe en 1828, par Jobard, de Bruxelles, qui y a apporté quelques perfectionnements. Il consiste à opérer le forage avec un outil suspendu à une longue corde, et qui agit toujours par percussion en dansant dans le trou. On imprime un mouvement de sonnette (Voy. SONNETTE) à la corde passant sur une poulie et sur laquelle agissent les ouvriers employés au battage. Quand à la sonde, elle varie de forme suivant les terrains; mais, dans tous les cas, sa levée ne dépasse presque jamais 60 centimètres. Dans les terrains durs, elle consiste ordinairement en une espèce de mouton terminé inférieurement par des dents acérées et muni supérieurement d'une tige à laquelle s'attache la corde. Enfin, le mouton est cannelé extérieurement de manière à permettre aux boues de se dégager, et il est creusé à l'intérieur de telle sorte qu'il forme un cône renversé, destiné à recevoir des détritus qui, pendant le battage, jaillissent à chaque coup par les cannelures. Quand ce cône intérieur est plein de débris, on relève l'outil pour le vider. Dans les terrains mous, on fait usage d'un cylindre creux de forte tôle acérée ayant à sa base deux soupapes en ailes de papillon, qui s'ouvrent de bas en haut. Ce cylindre est surmonté d'un mouton qui glisse le long d'une tige de fer. Aussitôt qu'il est arrivé au terrain qu'il s'agit d'attaquer, le mouton le frappe à petits coups et le force à entrer dans son intérieur en soulevant les soupapes.

Le *S. Fauvelle* porte le nom de l'ingénieur qui l'a imaginé vers 1845. Ce qui le caractérise essentiellement, c'est qu'il supprime le curage du trou, lequel a lieu spontanément et d'une manière continue par le fait même de la manœuvre de la sonde. Celle-ci est creuse, formée de tubes vissés bout à bout, et dont l'extrémité inférieure porte un outil perforateur tandis que son extrémité supérieure est en communication avec une pompe foulante au moyen de laquelle on injecte de l'eau à l'intérieur des tubes, jusqu'au fond du trou de s. Enfin, son outil a un diamètre plus grand que celui des tubes afin de réserver autour de ceux-ci un espace annulaire dans lequel l'eau monte lentement après avoir traversé toute la longueur des tubes. On fait alors agir l'outil comme à l'ordinaire, et, à mesure que la roche est broyée, ses débris sont aussitôt entraînés par le courant ascensionnel de l'eau. Il résulte de là que l'on n'a plus besoin de remonter la sonde pour débarrasser le trou des détritus, ce qui procure une économie de temps considérable. Un autre avantage non moins précieux, c'est que l'outil perforateur n'est jamais entravé par les détritus, et agit toujours librement au fond de l'excavation. Au lieu de faire remonter l'eau par l'espace annulaire, on la fait quelquefois remonter dans l'intérieur de la sonde. On adopte surtout cette disposition quand il s'agit d'enlever des graviers ou des pierres d'un certain volume.

SONDE, s. f. T. Techn. Outil destiné à sonder. Se dit du sondage des terrains (Voy. SONDAGE), et en T. Marine et Chir. Voy. ci-après. || Espèce de stylet qu'on enfonce dans un fromage, un jambon, un melon, etc., pour en retirer une petite partie et s'assurer de sa qualité. || L'instrument de fer dont se servent les commis des douanes et des octrois, pour reconnaître le contenu d'un ballot, d'un chargement, etc. || T. de Pêche. Petit appareil employé par les pêcheurs à la ligne, pour reconnaître la profondeur de l'eau dans laquelle ils veulent pêcher, afin de pouvoir déterminer la hauteur de la ligne où il convient de placer la flotte. La s. est tantôt un tronc de cône, tantôt un tronc de pyramide quadrangulaire, garni en dessus d'un petit anneau fixe et en dessous d'une petite plaque de liège dans laquelle on pique le dard de l'hameçon après l'avoir fait passer dans l'anneau.

Marine. — Les marins appellent *Plomb de sonde*, ou simplement *Sonde*, un appareil dont ils se servent pour mesurer la profondeur de l'eau et reconnaître la nature du fond qu'elle recouvre. Cet appareil se compose d'une pyramide de plomb attachée à une corde fine, nommée *ligne de s.*, qui est divisée en brasses au moyen de nœuds. La s. porte en dessous un espace creux où l'on met un peu de suif, pour que, quand elle touche le fond, elle puisse rapporter des échantillons de la nature de ce fond. Lorsqu'on veut *jeter la s.*, on arrête le navire, afin que la s. descende verticalement, et l'on reconnaît qu'elle a touché le fond à la diminution subite qu'éprouve son poids total. Cependant, comme le bâtiment n'est jamais parfaitement fixe, la ligne de s. s'écarte plus ou moins de la verticale, et l'on doit en tenir compte dans les évaluations. Les profondeurs déterminées à l'aide de la s. se nomment elles-mêmes *Sondes*, et on les indique sur les cartes marines. Les plus légers plombs de s. appelés *Sondes à main* ou *Sondes courantes* (Fig. ci-contre), pèsent ordinairement de 3 à 4 kilogrammes, mais ils ne peuvent être employés que dans les parages où la mer est peu profonde : le poids des plombs dont on se sert pour les grandes profondeurs atteint 30 et même 40 kilogrammes. On a imaginé des appareils à sonder bien supérieurs aux anciens ; on les désigne ordinairement sous les noms de *Sondes mécaniques* et de *Sondeurs*. On accorde en a inventé un qui consiste en un cône tronqué, de bronze à parois épaisses, dont le poids oscille entre 10 et 25 kilogrammes, et qui est muni d'une petite hélice et d'un cadran. En descendant, l'hélice tourne, et son diamètre est calculé de manière que chaque révolution indique une longueur connue. Le nombre de ces révolutions est marqué par l'aiguille du cadran, laquelle reste immobile aussitôt que l'appareil touche le fond. Il n'y a plus alors qu'à ramener le sondeur à bord, et on y lit, sur le cadran, de combien de mètres ou de brasses il s'est enfoncé. Nous mentionnerons encore le sondeur du Suédois Ericson, muni d'un tube de cristal sur lequel se trouve une échelle graduée et une soupape à la partie inférieure, soupape s'ouvrant de dehors en dedans. Quand on jette ce sondeur à la mer, l'eau monte dans le tube en comprimant l'air proportionnellement au poids que supporte le liquide, et comme cette pression augmente suivant la profondeur, il en résulte que le chiffre de l'échelle auquel l'eau s'est arrêtée indique la profondeur où l'instrument est descendu. — En terme de Marine, on appelle *S. de pompe* une tige de fer graduée qui plonge verticalement dans la soute la plus basse du navire, c.-à-d. à fond de cale, et qui sert à indiquer la quantité d'eau que fait le bâtiment.

Chir. — On désigne sous le nom de s. tout instrument destiné à être introduit soit dans un canal pour l'explorer, soit dans la cavité de certains organes pour en évacuer quelque liquide, soit dans le trajet de plaies ou fistules pour en reconnaître l'état. Les sondes dont on se sert le plus fréquemment sont celles qu'on introduit dans la vessie pour en évacuer l'urine, et qu'on appelle aussi *algalies* ; ce sont des tubes cylindriques longs d'environ 24 centimètres et ayant un diamètre de 2 à 5 millimètres. D'après leur forme les s. sont dites *droites* ou *courbes* ; la courbure n'existe qu'à leur extrémité inférieure et correspond à celle de l'urèthre (S. *Béniqué*). Les *sondes à béquille* sont à petite courbure, leur extrémité seule est légèrement coudée. Les sondes peuvent être métalliques (argent, étain, maillechort), flexibles ou molles et flexibles ; on introduit souvent ces dernières à l'aide d'un mandrin, elles sont dites *en gomme* ; la plupart sont en caoutchouc vulcanisé. On désigne plus particulièrement sous le nom de *bougies* les sondes molles pleines (non creusées d'un canal), qui sont destinées à la dilatation de l'urèthre dans les cas de rétrécissement ; les Béniqué, qui sont en métal, ont le même usage. Il existe des bougies creuses dites *bougies sondes*.

La s. de la femme est plus petite que celle de l'homme et légèrement courbée vers la pointe. Nous allons décrire succinctement les sondes les plus usitées en médecine.

En gynécologie, on emploie fréquemment pour les injections intra-utérines une *s. à double courant* dont l'intérieur est divisé en deux par une cloison longitudinale, et présente ainsi un double canal, de sorte qu'un liquide injecté par une partie ressort par l'autre.

La s. *cannelée* consiste en une tige d'acier droite, longue d'environ 16 centimètres et présentant, à une de ses faces,

une rainure longitudinale dans laquelle se loge la pointe du bistouri, pour l'incision des trajets fistuleux par exemple.

La s. *œsophagienne* est un long tube creux qu'on introduit dans la bouche et l'œsophage, pour faire le lavage de l'estomac ou pour introduire des aliments dans cet organe. On emploie également une s. pleine à bout olivaire pour l'exploration de l'œsophage.

La s. *de Laforest* sert à l'exploration des narines.

La s. *de Belloc* est employée pour le tamponnement des fosses nasales dans les cas d'épistaxis.

La s. *d'Anel* sert à sonder les points lacrymaux.

Le CATHÉTÉRISME est l'opération qui consiste à introduire une s. ou une bougie dans la vessie. C'est une opération délicate qui ne doit être pratiquée que par un chirurgien expérimenté, surtout quand on emploie des sondes rigides, le danger étant de faire sortir la sonde de l'urèthre pour l'introduire dans les tissus voisins ou dans des cavités pathologiques, fistules, etc., ce qu'on appelle *faire fausse route*. On désigne aussi d'une façon générale, sous le nom de cathétérisme, toute intervention ayant pour but l'exploration d'un canal ou d'une cavité au moyen d'une s. ou d'un stylet ; ainsi on dit cathétérisme des voies lacrymales, de la trompe d'Eustache, etc.

SONDE (Archipel DE LA), longue chaîne d'îles de la Malaisie, dont les principales sont *Sumatra, Java, Florès, Timor*; pop. 23 millions d'habitants. La plupart de ces îles appartiennent aux Hollandais. == Détroit de la SONDE qui sépare Sumatra de Java.

SONDER. v. a. Faire, avec l'un des instruments appelés *Sondes*, l'opération à laquelle cet instrument est destiné. S. *un terrain*. Y forer un trou profond pour y découvrir une nappe d'eau, de la houille, des minerais, etc. — *S. la profondeur de la mer*. S. *une rivière, un gué*. En déterminer la profondeur. — T. Chir. Introduire la sonde dans la vessie soit pour la vider, soit pour savoir si elle contient des calculs ou des graviers. S. *une plaie*. Y introduire une sonde pour en déterminer la profondeur ou l'étendue. S. *un homme pour savoir s'il a la pierre*. Ce chirurgien sonde avec beaucoup *de dextérité*. — T. Techn. Explorer avec la sonde l'intérieur d'un objet de consommation, d'un chargement de voiture. S. *un fromage*. S. *un melon*, etc. S. *une charrette de foin pour voir s'il y a des objets de contrebande*. || Par anal., Sonder quelqu'un, par le sens qu'on attribue au mot *sonde*, Pénétrer, chercher à pénétrer, à reconnaître. || Fig., S. *les dispositions, les intentions de quelqu'un. Je l'ai sondé là-dessus*.

> Jamais deux yeux plus beaux n'ont du ciel le plus pur
> Sondé la profondeur et réfléchi l'azur.
>
> A. DE MUSSET.

== SONDÉ, ÉE. part.

SONDEUR, EUSE. s. Celui, celle qui sonde.

SONDRIO. v. d'Italie; 4,500 hab., sur l'Adda.

SONGE. s. m. (lat. *somnium*, m. s., de *somnus*, sommeil). Rêve, imagination d'une personne qui dort. *Un beau s. Un s. agréable, riant. Un s. pénible, effrayant*. Faire un s. Expliquer, interpréter les songes. Ajouter foi aux songes. Prov., Tous songes sont mensonges.

> Je sais ce qu'est un songe et le peu de croyance
> Qu'un homme doit donner à son extravagance.
>
> CORNEILLE.

— Fig., *Les choses de ce monde ne sont qu'un s.*, Elles n'ont nulle solidité. *La vie n'est qu'un s.*, Elle passe comme un s. *Faire de beaux songes*, Se repaître de vaines espérances. On dit aussi, *C'est un s.*, ou *Il me semble que c'est un s.*, *que j'ai fait un s.*, Pour exprimer un grand étonnement d'une chose qui est arrivée. EN SONGE, loc. adv. Durant le sommeil, en rêvant. *J'ai vu cela en s.*. *Un ange lui apparut en s.*. — Voy. SOMMEIL. == Syn. Voy. RÊVE.

SONGE-CREUX. s. m. Homme qui rêve habituellement à des projets chimériques, ou qui affecte d'avoir des pensées profondes, et qui n'a que des idées vagues et vaines N'atten-

*des de ces hommes rien de solide; ce sont des s.-creux.
Il se donne pour un grand penseur; ce n'est qu'un s.-creux.* Fam. || Pl. *Des songe-creux.*

SONGE-MALICE. s. m. Celui qui pense toujours à faire des malices, de mauvais tours. Fam. et Vieux. = Pl. *Des songe-malice* ou *des songe-malices.*

SONGEONS, ch.-l. de c. (Oise), arr. de Beauvais;4,100 hab.

SONGER. v. n. (lat. *somniare*, m. s.). Faire un songe. *J'ai songé que je voyageais sur mer. Quand vous m'avez réveillé, je songeais de chasse. S. d'eau bourbeuse.* — S. de, sign. plus souvent, penser à, avoir l'esprit préoccupé de. *Il songe toujours de fêtes, de chasse, de parties de plaisir, etc. Il songe rarement d'affaires.* Fam. || Penser, considérer, faire attention, prendre garde. *S. à quelque chose. Quand j'y songe. Je songe à vous continuellement. Il ne songe qu'à lui. Il ne songe à rien. Songez à ce que vous dites. Songez qu'il y va de votre honneur.* — On dit parfois, en manière de reproche, à une personne qui fait ou qui dit quelque chose qui ne paraît pas raisonnable. *Vous n'y songez pas. Y songez-vous? A quoi songez-vous?* On dit encore, en manière d'avertissement ou de menace, ce qui est indiqué par le ton que l'on prend : *Songes-y. Songez-y bien.* || Absol. Se livrer à la rêverie.

Chacun songe en veillant, il n'est rien de plus doux.
      LA FONTAINE.

|| Avoir quelque vue, quelque dessein, quelque intention. *Il ne songe nullement au mariage. Il songe à se marier.* — Fam., *Cet homme songe toujours à mal, à malice, à la malice,* Il songe à faire quelque malice; ou, il prête un sens trop libre à des choses dites innocemment; ou, en général, il interprète malignement tout ce qu'on dit. || Absol. et fam., *Cet homme songe creux, ne fait que s. creux,* Il n'a dans l'esprit que des idées, des projets chimériques. = SONGER. v. a. Faire un songe. *J'ai songé telle chose cette nuit.* — Fig., *Ne s. que chasse, que combats, que bals, que fêtes, que concerts,* se dit des personnes qui, dans l'état de veille, ne sont occupées que de chasse, de combats, etc. || Fam., Penser. *J'ai songé une chose.* = SONGÉ, ÉE. part. = Conj. Voy. MANGER.

SONGERIE. s. f. Rêverie.

SONGEUR, EUSE. s. Celui, celle qui songe, qui fait des songes. || Fig., Celui, celle qui se livre à des rêveries. *C'est un s.* || On dit aussi adjectiv., *Je l'ai trouvé s. Elle était songeuse et distraite.*

SONG-KOÏ. Voy. ROUGE (fleuve).

SONICA. T. Jeu de Bassette. Se dit d'une carte qui vient, ou on gain ou en perte, le plus tôt qu'elle puisse venir pour faire gagner ou pour faire perdre. *Il a gagné s.* || S'emploie adverbial., et signifie alors A point nommé, justement. *On allait partir sans lui, il est arrivé s. Il a été payé s.* Vx.

SONIPÈDE. adj. 2 g. (lat. *sonipes*, m. s., de *sonus*, son; *pes*, pied). Qui fait du bruit en marchant.

SONNA ou **SUNNA.** s. f. (Pr. *sonn-na*) (ar. *sunnat*, m. s.). Recueil des dits et faits de Mahomet. Voy. MAHOMÉTISME.

SONNAILLE. s. f. (Pr. *so-na-lle,* ll mouillées) (R. *sonner*). Clochette attachée au cou des bêtes, lorsqu'elles paissent ou lorsqu'elles voyagent.

SONNAILLER. s. m. (Pr. *so-na-ller,* ll mouillées) (R. *sonnaille*). L'animal qui, dans un troupeau ou dans un attelage, va le premier avec la clochette.

SONNAILLER. v. n. (Pr. *so-na-ller,* ll mouillées). Sonner souvent et sans besoin. *On ne fait que s. dans ce couvent.* Fam.

SONNANT, ANTE. adj. (Pr. *so-nan*) (part. prés. de *sonner*). Qui rend un son clair et distinct. *De l'étain s. Airain s.* || *Espèces sonnantes,* Monnaie d'or, d'argent, etc. *On m'a payé en espèces sonnantes.* || *Horloge sonnante, montre sonnante,* Celle qui sonne les heures, à la différence de celle qui ne fait que les marquer. || *A l'heure sonnante,*

à l'heure précise. *Je suis arrivé à sept heures sonnantes. Soyez chez moi à midi s.* || T. Théol. *Proposition mal sonnante.* Voy. MALSONNANT.

SONNER. v. n. (Pr. *so-ner*) (lat. *sonare*, m. s.). Rendre un son. *Les cloches sonnent. J'entends s. la trompette. Cela sonne creux.* — S. de la trompette, du cor, ou absol., *Sonner,* Faire rendre des sons à ces instruments. *Il sonne bien du cor. Ces piqueurs sonnent bien.* On dit, en T de Chasse, S. *du gros ton. S. du grêle.* || T. Gramm. *Faire s. une lettre,* L'exprimer pleinement dans la prononciation. *Ne pas faire s. une lettre,* Ne la faire point ou presque point sentir. *Dans le mot Mer, il faut toujours faire s. l'R; mais cette lettre, dans l'infinitif* Aimer, *ne doit s. que devant une voyelle.* — Fig., *Ce mot sonne bien à l'oreille,* Le son en est agréable. *Ce vers, cette stance, cette période sonne bien,* L'arrangement des paroles en est harmonieux. — Fig., au sens moral, *Cette action sonne bien, ne sonne pas bien, sonne mal dans le monde,* Elle est bien ou mal reçue du public. On dit encore fam., *Faire s. bien haut une action, une victoire, une conquête, une qualité, un bon office, etc.,* Vanter, exagérer, faire valoir beaucoup une action, etc. || *Être annoncé, marqué par quelque son. Voilà midi qui sonne. Midi est sonné. L'horloge a sonné. La messe sonne à la paroisse.* = SONNER. v. a. Tirer du son d'une cloche, d'une sonnette, etc., lui faire rendre du son. *S. les cloches. S. la clochette. S. le tocsin.* Absol., *S. pour les morts. On a sonné toute la nuit.* — S. *à la porte de quelqu'un,* Tirer le cordon qui met en mouvement une sonnette placée à l'intérieur. *On sonne à votre porte. J'entends s.* || Indiquer, marquer, annoncer quelque chose par le son d'un instrument, d'une cloche, etc. *S. la charge, la retraite, le boute-selle.*

Comme il sonna la charge, il sonne la victoire.
      LA FONTAINE.

S. le débucher. S. le laisser-courre. S. la messe, les vépres. S. le premier, le premier coup de matines, ou simpl., *S. le premier, le dernier.* — S. *un voyageur,* Signaler, en faisant sonner un cadran, qu'un voyageur est monté dans un omnibus, un tramway, etc. || *S. ses gens, sa femme de chambre, etc.,* Sonner la sonnette pour faire venir ses domestiques, sa femme de chambre, etc. — Fig. et fam., *Ne s. mot,* Ne dire mot. *Tel est mon projet, mais je vous prie de n'en s. mot.* = SONNÉ, ÉE. part. *Il est midi sonné. Il est quatre heures sonnées.* Fig. et fam., *Il a cinquante ans sonnés.* Il a cinquante ans révolus.

SONNERIE. s. f. coll. (Pr. *so-nerie*) (R. *sonner*). Le son de plusieurs cloches ensemble. *La grosse s. La petite s. Il y a une bonne s. dans telle église.* || La totalité des cloches d'une église. *La s. de cette église a coûté cher.* || L'ensemble des pièces qui servent à faire sonner une montre, une pendule. *Montre à s. Retouchez la s.* Voy. HORLOGERIE. || Se dit encore des différents airs que sonnent les trompettes d'un régiment. *Les principales sonneries sont le réveil, la générale, le boute-selle, l'appel, la retraite, la charge.*

Phys. — *Sonnerie électrique.* — La sonnerie électrique se compose essentiellement d'un électro-aimant devant lequel se trouve une armature en fer doux attachée d'un côté à un ressort et munie de l'autre côté d'un marteau M peu éloigné

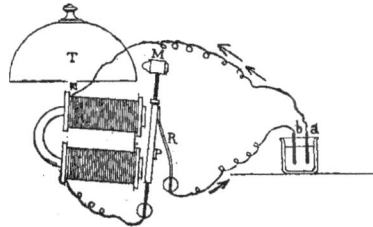

d'un timbre T (Fig.). Un des pôles de la pile a est relié à une des extrémités du fil de l'électro. L'autre extrémité du fil est relié au ressort qui porte P. Une pièce métallique ou un ressort R vient buter contre P. Cette pièce est en relation avec le second pôle b de la pile. Si l'on vient à fermer le circuit de la pile, l'armature P sera attirée et le marteau M viendra frapper le timbre. Mais le déplacement de l'armature a rompu le contact de P et de R. Le courant ne passe plus et l'armature revient en arrière ce qui détermine de nouveau le contact en R et un nouveau coup sur le timbre. Ces coups se suivent en succession rapide tant que l'on maintient les communications. Dès qu'on interrompt le circuit en un point quelconque de la ligne, la sonnerie cesse.

On se sert dans la pratique, pour lancer le courant à volonté, de petits interrupteurs très rudimentaires. Ils sont souvent composés de deux petites languettes métalliques que l'on relie aux deux bouts du fil du circuit interrompu. Dans l'état normal ces deux pièces sont légèrement écartées et le courant ne passe pas; mais lorsque l'on appuie sur l'une d'elles, celle-ci vient toucher l'autre et compléter le circuit. Dès que l'on cesse d'appuyer, l'élasticité du métal fait cesser le contact.

SONNET. s. m. [Pr. so-nè] (ital. sonetto, m. s., qui vient lui-même du vx fr. sonet, dimin. de son, lequel sign. petite chanson). T. Littér. Le Sonnet est une pièce de poésie qui se compose de 14 vers de même mesure, partagés en 2 Quatrains et 2 Tercets, qui tous doivent être divisés par le sens. Les deux quatrains doivent avoir les rimes masculines et féminines semblables, de façon à frapper avec deux sons huit fois l'oreille; le premier et le dernier vers de chaque quatrain riment ensemble, mais il convient que les tercets n'offrent pas les mêmes rimes que les quatrains. Les deux premiers vers du premier tercet riment ensemble. Si le premier vers du s. se termine par une rime masculine, le quatorzième vers doit se terminer par une rime féminine, et inversement. Le s. n'admet aucune licence poétique; tout y doit être clair, nettement exprimé, et l'idée qui le termine doit avoir quelque chose de relevé ou de piquant. Malgré les entraves auxquelles ce petit poème est assujetti, Boileau exagère singulièrement les difficultés qu'il présente, lorsqu'il dit:

> Un sonnet sans défaut vaut seul un long poème.

On appelle s. libertin un s. dans lequel on s'est affranchi de quelques-unes des règles rigoureuses précédentes, c.-à-d. qu'en conservant les quatrains construits sur deux rimes et les tercets sur trois, on n'a pas respecté la disposition des rimes telle qu'elle est indiquée plus haut.

Le s. est d'origine italienne et, suivant Ginguené, remonte au XIIIe siècle. Pétrarque n'en fut donc point l'inventeur, mais il le mit en vogue, et, après lui, cette forme de poésie devint tout à fait populaire en Italie. Quant aux poètes français, ce fut seulement au XVIe siècle, sous François Ier, qu'ils imitèrent les sonnets italiens : on fait honneur de cette importation généralement peu heureuse à Mellin de Saint-Gelais, Joachim du Bellay et Pontus de Thiard; ces trois derniers appartiennent à la fameuse pléiade dont Ronsard était le chef. Au XVIIe siècle, tous se piquaient de poésie, à l'exception toutefois des grands poètes, cultivèrent le s. avec ardeur. On cite encore quelques sonnets ridicules de cette époque qui sont devenus célèbres par les discussions auxquelles ils donnèrent lieu. Au siècle suivant, le s. fut complètement dédaigné et abandonné. Mais, de nos jours, plusieurs poètes ont essayé de le réhabiliter et y sont parvenus. Nous nous contenterons de citer Sainte-Beuve, Alfred de Musset, Joséphin Soulary, Sully-Prudhomme, José de Hérédia, etc. Le s. d'Arvers est célèbre. Voy. ANVERS.

SONNETTE. s. f. [Pr. so-nè-te] (dimin. de son). Clochette, ordinairement fort petite, dont on se sert pour appeler ou pour avertir. Une s. d'argent, de cuivre. Tirer, agiter la s. La s. du président. — Être assujetti à la s., être à la s., Être obligé de quitter ses occupations, son sommeil, au bruit d'une sonnette, comme l'est un domestique. || Grelot, petite sphère de cuivre ou d'argent creuse et fendue, dans laquelle il y a un petit morceau de métal qui sonne quand on l'agite. Collier à sonnettes. Attacher des sonnettes au cou d'un chien. S. de mulet. || T. Erpét. Serpent à sonnettes. Espèce de Reptile. Voy. CROTALE.

Mécan. — En termes de Mécanique, on nomme Sonnette, une machine qui sert à enfoncer les gros pieux ou pilotis dans le sol. La partie essentielle de la machine consiste en une masse de fer ou de fonte, appelée Mouton, qu'on élève à une certaine hauteur et qu'on laisse tomber de tout son poids sur la tête du pilotis qu'il s'agit d'enfoncer. Cependant, dans l'usage ordinaire, on prend souvent la partie pour le tout, et l'on donne le nom de mouton à l'appareil tout entier. — Il y a

plusieurs espèces de sonnettes : la S. à tiraude, la S. à déclic et la S. à vapeur qui elle-même se subdivise en S. à vapeur marchant au déclic et S. à vapeur à action directe; nous examinerons successivement ces différents types. La plus simple et la plus ancienne, la S. à tiraude, se compose de deux montants verticaux, ou coulisses de bois, consolidés par des jambes de force et fixés sur un cadre inférieur. Le mouton glisse entre ces deux montants. Il est attaché à une corde qui passe dans la gorge d'une poulie fixée à la partie supérieure des montants et dont l'extrémité opposée se termine par une suite de petites cordes reliées à un câble principal et que des hommes se distribuent. Le mouton pèse de 300 à 400 kilogrammes. La réunion des ouvriers qui le font mouvoir forme ce qu'on appelle un équipage. Ils le remontent en se courbant tous à la fois, et ils le laissent retomber en cessant simultanément d'exercer leur effort. La hauteur de la chute est d'environ 1^m,20, et l'équipage se repose quelques secondes après chaque volée, c.-à-d. après un nombre de coups qui varie de 30 à 60. — Dans la S. à déclic, au lieu que la corde se divise en plusieurs cordons qui aboutissent entre les mains d'autant d'ouvriers, elle vient s'enrouler sur un treuil à engrenage. Des ouvriers font tourner le treuil à l'aide d'une manivelle double et la corde, s'enroulant sur le treuil, élève le mouton. Mais ce dernier, arrivé au haut de sa course, est subitement abandonné à lui-même, et il retombe de tout son poids et de toute sa hauteur sur la tête du pilotis. Pour obtenir ce résultat, le mouton se compose de deux parties, qui constituent, l'une la tête, T, et l'autre le corps du mouton, M. La tête consiste en un bloc de fonte qui est directement attaché à la corde, et qui renferme à son intérieur une pince double (Fig. ci-contre), dont les branches supérieures B, B, sont maintenues écartées par les ressorts R, R. Tant que les branches supérieures restent écartées par l'action des ressorts, les inférieures R, R, sont au contraire rapprochées, et elles s'écartent à leur tour, si l'on force les supérieures B, B, à se rapprocher. Lorsque le mouton fonctionne, les branches P, P, s'engagent dans un anneau fixé à la partie supérieure du mouton M, et la corde, en s'enroulant autour du treuil, élève le mouton jusqu'au sommet des montants. Mais là, les branches supérieures B, B, de la pince rencontrent une ouverture H, qui va se se rétrécissant et qui les oblige à se rapprocher. Aussitôt les branches P, P, s'écartent et lâchent le corps du mouton, qui tombe seul. A cet instant les ouvriers qui manœuvrent le treuil l'abandonnent à lui-même, de sorte que la tête du mouton, cessant d'être retenue, tombe à son tour, grâce à son poids en entraînant la corde avec elle et en faisant tourner en sens inverse le treuil et la roue. Or, dès que la tête arrive sur le mouton, les branches P, P, s'ouvrent et entrent dans l'anneau; alors on fait engrener de nouveau le pignon avec la roue, et l'on remonte le corps en faisant tourner le treuil. Le mouton de la s. à déclic pèse de 600 à 700 kilogrammes, la hauteur de sa chute varie de 2 à 5 mètres, et cependant il ne faut que 4 hommes pour manœuvrer cette machine, tandis qu'il en faut 15 à 20 pour la s. à tiraude. Le seul inconvénient de la s. à déclic, comparée à celle à tiraude, consiste en ce qu'elle ne frappe pas un aussi grand nombre de coups dans un temps donné. — On a imaginé un grand nombre de dispositions pour appliquer un moteur mécanique aux sonnettes.

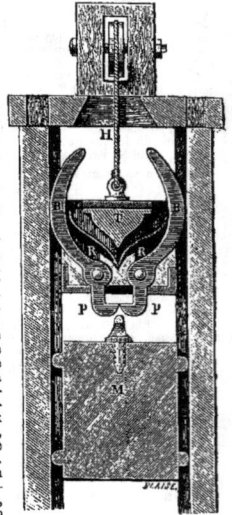

l'une des plus ingénieuses, qui est due à l'Anglais Bower, consiste à faire soulever le mouton de la s. à déclic au moyen de laquels fixés sur une chaîne sans fin, qui s'enroule sur un treuil ou sur une roue animée d'un mouvement continu de rotation. Une autre invention importante est celle de Janvier, ingénieur des ponts et chaussées, qui le premier a réalisé l'idée de la S. à vapeur, c.-à-d. de la s. à déclic dont le treuil est mis en mouvement par une locomobile. Le mouton de cette machine pèse 800 kilogrammes et frappe en moyenne 100 à 110 coups par heure. Enfin, pour les travaux de battage très considérables, quand il s'agit d'opérer très promptement, on a imaginé de se servir du marteau à vapeur, c.-à-d. qu'on a construit une s. à vapeur dont le mouton est directement fixé à l'extrémité de la tige d'un piston à vapeur à simple effet. Dans ces conditions un enfant suffit pour conduire cette s., puisque, en ouvrant le robinet d'admission, la vapeur soulève le piston et par suite le mouton, dont le poids atteint fréquemment plus de 1,000 kilogrammes et peut battre de 80 à 100 coups par minute, avec une chute de 98 centimètres.

SONNEUR. s. m. [Pr. so-neur]. Celui qui sonne les cloches, celui qui sonne de la trompette, d'un cor, etc. — Celui qui tire les cordes de la sonnette à enfoncer les pilotis || Prov., *Boire comme un s.*, Boire beaucoup et jusqu'à s'enivrer.

SONNEZ. s. m. [Pr. so-né]. T. Jeu de Dés et de Trictrac, qui se dit lorsque le coup de dés amène les deux six. *Il a rempli par un s. J'ai amené de suite deux s., qui m'ont fait perdre la partie.*

SONNINI, naturaliste fr., collaborateur de Buffon (1751-1812).

SONOMÈTRE. s. m. (lat. *sonus*, son ; gr. μέτρον, mesure). T. Physiq. Instrument destiné à mesurer et à comparer les sons. Voy. ACOUSTIQUE.

SONORA, un des États du Mexique, à l'extrémité N. de la république; 151,000 hab. Ch.-l. *Ures*; v. pr. *Arispe, Sonora.*

SONORE. adj. 2 g. (lat. *sonorus*, m. s., de *sonus*, son). Qui produit un son, des sons. *Corps s. L'airain est très s. Les vibrations sonores. Une respiration s.* || Qui a un beau son, un son agréable et éclatant. *Cet instrument est bien s. Une voix s. Un mot s. Cela rend le vers plus s.* || Qui renvoie bien le son. *Cette église est s.*

SONORITÉ. s. f. (lat. *sonoritas*, m. s.). Qualité de ce qui est s. *Cet alliage est remarquable par sa s.* || Propriété qu'ont certains corps de renforcer les sons ou les répercuter. *La s. d'un instrument, d'une église.*

SONORISATION. s. f. [Pr. *sonori-za-sion*]. Action de sonoriser.

SONORISER. v. a. [Pr. *sonori-zer*]. T. Ling. Rendre sonore une lettre sourde. = SONORISÉ, ÉE. part.

SONTAG (HENRIETTE), célèbre cantatrice allem., née à Coblentz (1805-1854).

SON-TAY, v. du Tonkin, sur le fleuve Rouge, prise par les Français en 1883; 40,000 hab.

SONTONAX, homme politique fr. (1763-1813).

SOPHA. s. m. Voy. SOFA.

SOPHI. s. m. Voy. SOFI et SOUFISME.

SOPHIA, Voy. SOFIA.

SOPHIE (SAINTE), veuve chrétienne, martyrisée vers 140. Fête le 30 septembre. = La magnifique église de ce nom à Constantinople lui était consacrée, ou peut-être, plutôt, à la sagesse (Σοφία).

SOPHIE, femme de l'empereur d'Orient Justin II, détermina par son arrogance la révolte de Narsès en Italie (568).

SOPHIE, princesse russe, fit couronner ses deux frères,

Ivan V et Pierre, et régna quelque temps sous leur nom (1682-1689).

SOPHIE-DOROTHÉE DE BRUNSWICK, épouse de George, électeur de Hanovre et roi d'Angleterre (1682), victime d'une injuste accusation, fut enfermée jusqu'à sa mort. Elle eut deux enfants, un fils qui fut George II, roi d'Angleterre, et une fille, Sophie-Dorothée, mère du Grand Frédéric.

SOPHISME. s. m. (lat. *sophisma*, gr. σόφισμα, m. s., de σοφός, sage). T. Logiq. En Logique, on donne le nom de *Sophisme* à un raisonnement faux et fait de mauvaise foi. C'est ce dernier caractère qui le distingue du *paralogisme*. Les sophismes, comme les paralogismes, peuvent provenir de différentes sortes d'erreurs sur lesquelles on fonde un raisonnement. Nous nous bornerons ici à citer les principales espèces de sophismes énumérés dans les traités de logique. — La *Pétition de principe* (de *petere principium*, aller au principe) consiste à poser en fait, à prendre pour moyen de démonstration, ce qui fait l'objet même de la question. C'est ainsi qu'Aristote fait une pétition de principe lorsqu'il veut prouver par le syllogisme suivant que la terre est au centre du monde. « La nature des choses pesantes est de tendre au centre du monde, et des choses légères de s'en éloigner ; or, l'expérience nous fait voir que les choses pesantes tendent au centre de la terre, et que les choses légères s'en éloignent ; donc le centre de la terre est le même que le centre du monde. » Il est clair, dit la *Logique* de Port-Royal, qu'il y a dans la majeure partie de cet argument une manifeste pétition de principe ; car nous voyons bien que les choses pesantes tendent au centre de la terre, mais d'où Aristote a-t-il appris qu'elles tendent au centre du monde, s'il ne suppose que le centre de la terre est le même que le centre du monde? Ce qui est la conclusion même qu'il veut prouver par cet argument. Le *Cercle vicieux* a une très grande analogie avec la pétition de principe. Il consiste à donner pour preuve d'une allégation une proposition que l'on prouve elle-même par la proposition que l'on avait démontrée avec son secours ; ce qui est en effet tourner dans un cercle sans issue. On fait un cercle vicieux, par ex., quand, après avoir prouvé l'immortalité de l'âme par son immatérialité, on veut prouver son immatérialité par son immortalité. — On commet le s. appelé *Fausse cause* (*non causa pro causa*), quand on prend pour cause ce qui n'est pas cause. Les anciens faisaient un s. de ce genre lorsqu'ils unissaient, par la relation de la cause à l'effet, la mort d'un personnage illustre et la présence d'une comète sur l'horizon, lorsqu'ils expliquaient l'ascension de l'eau dans les pompes par la prétendue horreur de la nature pour le vide, etc. — Le s. appelé *Dénombrement imparfait* provient de ce qu'on ne considère pas assez toutes les manières dont une chose peut être ou peut arriver. Il en résulte qu'on en conclut, ou qu'elle n'est pas, parce qu'elle n'est pas d'une certaine manière, quoiqu'elle puisse être d'une autre, ou qu'elle est de telle ou telle façon, quoiqu'elle puisse être encore d'une autre manière qu'on n'a pas considérée. — Le *S. de l'accident* (*fallacia accidentis*) consiste à considérer comme essentiel à un objet ce qui ne lui est qu'accidentel. On fait, par ex., un s. de ce genre, quand on attribue à la presse tous les mauvais effets qu'elle produit quand on en abuse; ou à la médecine les fautes de quelques médecins ignorants. — Lorsqu'on passe de ce qui est vrai relativement à ce qui est vrai absolument, lorsqu'on conclut de la partie au tout, du particulier au général, de l'accident à l'absolu, on fait ce qu'on appelle un s. *a dicto secundum quia ad dictum simpliciter*. Les Épicuriens, par ex., commettaient un s. de ce genre lorsqu'ils prouvaient que les dieux devaient avoir la forme humaine parce qu'il n'y en a point de plus belle, et que ce qui est beau doit être en Dieu. — Le s. appelé *Ignorance du sujet* (*ignorantia elenchi*) consiste à prouver autre chose que ce qui est en question. C'est ce qui arrive lorsqu'on attribue à son adversaire ce qui est éloigné de son sentiment pour le combattre avec plus d'avantage, ou qu'on lui impose certaines conséquences qu'on s'imagine pouvoir tirer de sa doctrine, bien qu'il les désavoue et les nie. — Tirer une conclusion générale d'une induction défectueuse, abuser de l'ambiguïté des mots sont encore des causes de sophismes fort nombreuses. On peut rapporter à cette dernière espèce de s. tous les syllogismes qui sont vicieux, soit parce qu'il s'y trouve quatre termes, soit parce que le milieu y est pris deux fois particulièrement, soit parce qu'il est pris en un sens dans la première proposition et un autre dans la seconde, soit enfin parce que les termes de la conclusion n'y sont pas pris dans le même sens que dans les prémisses. Ce serait faire un s. de ce genre que de dire : L'homme pense; or, l'homme est composé de corps et d'âme; donc le corps et l'âme pensent. Il suffit, en effet, pour que l'on puisse attribuer la pensée à l'homme entier, qu'il pense selon une de ses parties; d'où il ne s'ensuit nullement qu'il pense selon l'autre. Voy. RAISONNEMENT.

SOPHISTE. s. m. (lat. *sophista*, gr. σοφιστής, m. s., de σοφός, sage). Celui qui fait habituellement des arguments captieux.

Hist. — Le mot *Sophiste*, pris dans son sens étymologique, veut dire un homme habile dans un art quelconque; mais, au V° siècle avant notre ère, les Grecs l'appliquèrent d'une façon particulière aux hommes qui faisaient profession d'enseigner la philosophie et l'éloquence, l'art de bien agir et de bien dire : l'homme qui sait ces choses et les enseigne, n'est-il pas en effet l'homme habile par excellence? Néanmoins ce terme ne conserva pas longtemps cette signification honorable, car nous voyons Aristophane, Socrate, Platon, Xénophon, attacher à ce même mot un sens injurieux : dans leur bouche l'épithète de *s.* est une flétrissure. Cependant Aristophane et Platon n'appliquent pas cette qualification aux mêmes personnes, ou plutôt, Aristophane prend le mot s. dans un sens général, et Platon dans un sens particulier. Pour Aristophane, tout individu qui ne s'en tient pas au bon sens vulgaire et pratique, qui spécule sur les dieux et sur la nature, qui ose critiquer le culte national ou les institutions de la cité; en un mot, tout philosophe est un s.; en conséquence, à ses yeux, Socrate est un vrai s., et, comme tel, il le poursuit de ses railleries et de ses invectives. Pour le disciple de Socrate, pour Platon, au contraire, le s. est celui qui ne recherche pas la vérité pour elle-même, qui fait métier de philosophie et d'éloquence, et qui vend ses leçons au plus haut prix possible: aussi les appelle-t-il chasseurs de jeunes gens riches, pêcheurs à l'hameçon, charlatans faisant négoce de connaissances à l'usage de l'âme, etc.; en ce sens, Socrate était l'opposé du s. Aux yeux de Platon, ce qui caractérise essentiellement ce dernier, c'est qu'il met à prix ses leçons, et il tient cela pour déshonorant, de même qu'à Athènes et plus tard à Rome, on tenait pour déshonorant qu'un orateur tirât un prix de son éloquence. Quant à nous modernes, qui concevons que tout service doit être rémunéré, la manière d'agir des sophistes ne saurait nous choquer, et à ce point de vue nous ne pouvons accepter la flétrissure que leur inflige Platon. Comme on n'avait point encore imaginé ni les universités et les facultés, comme l'État ne payait pas de professeurs pour enseigner une philosophie ou une rhétorique plus ou moins officielles, la jeunesse qui voulait s'instruire dans ces sciences était bien obligée de recourir à des professeurs libres de philosophie et d'art oratoire, ce qu'étaient les sophistes, car ils n'étaient pas autre chose. Toutefois, attendu que le métier était plus ou moins lucratif, selon le talent et surtout selon la réputation du professeur, les hommes qui l'exerçaient ne reculaient devant aucun moyen d'accroître leur renommée. Or, le paradoxe étant un procédé qui a cet avantage de frapper plus fortement que la vérité pure, les sophistes luttaient entre eux à qui imaginerait les paradoxes les plus brillants et les plus subtils. En effet, loin de former une prétendue *école sophistique*, ainsi que l'ont naguère quelques modernes, les sophistes appartenaient ou du moins se rattachaient aux écoles philosophiques les plus diverses. Ainsi, par ex., Gorgias et Polus viennent de l'école d'Élée; Protagoras, Prodicus, Euthydème, Dionysodore, se rattachent à l'école de Milet; Diagoras, Métrodore et Anaxarque, à l'école d'Abdère. Chacun d'eux était naturellement poussé, tant par le désir de se rendre célèbre que par esprit de système, à exagérer les principes de l'école qu'il avait adoptée, et à ruiner ceux de l'école opposée. De là, une cacophonie de doctrines et une mêlée de subtilités, qui, compliquée d'une concurrence ardente de boutique, devait singulièrement choquer non seulement les philosophes qui recherchaient simplement la vérité par amour pour la vérité, mais encore les citoyens qui s'occupaient exclusivement de leurs affaires et de celles de la république, sans s'inquiéter des spéculations de la philosophie. Cependant ces professeurs de philosophie et d'éloquence, que l'on accable depuis plus de deux mille ans sous l'épithète flétrissante de sophistes, ont-ils donc commis tous les méfaits dont les accusent les philosophes et les historiens? Ils ont entravé, dit-on, les progrès de la philosophie, en opérant la dissolution des grandes écoles qui s'étaient produites jusqu'alors. Mais la philosophie n'avance qu'en passant au travers des ruines des systèmes : un système s'élève toujours sur des décombres, et, pour que la philosophie

de Socrate et de Platon pût se développer et trouver des disciples, il fallait que les doctrines anciennes eussent cessé de régner dans les esprits. Les sophistes, dit-on encore, ont abouti au scepticisme et engendré un esprit de doute universel. Mais tel est le résultat inévitable de la lutte des systèmes; ils se détruisent réciproquement, et la conséquence inévitable de ces luttes, que, depuis lors, nous avons vues renaître bien des fois, est une époque transitoire de doute et de découragement : ce n'est point là un crime, si crime il y a, à imputer aux sophistes en particulier; c'est un phénomène nécessaire dans la succession même des systèmes philosophiques. La sophistique, continue-t-on, corrompit la jeunesse de la Grèce et particulièrement la jeunesse athénienne, en la passionnant pour des subtilités frivoles, en lui apprenant à soutenir indifféremment le pour et le contre, en lui enseignant que le juste et l'injuste ne sont que des mots vides de sens, et cette corruption a été l'une des causes de la ruine de l'indépendance hellénique. C'est attribuer à des disputes d'école et à des principes purement théoriques une puissance qu'ils ne possèdent pas. Assurément les doctrines de Protagoras, par ex., auraient pu avoir ce résultat, si l'homme conformait nécessairement sa conduite aux principes abstraits qu'il professe. Mais il n'en est point ainsi : la conscience et la réalité ont des droits et une autorité contre lesquels les opinions les plus sophistiques ne sauraient prévaloir. La doctrine pure du sensualisme de Condillac aboutit aux mêmes conséquences que celle de Protagoras avec laquelle elle est identique au fond. La génération qui a été élevée dans cette philosophie fausse et étroite valait-elle donc moins que la génération actuelle qui a reçu les leçons d'une philosophie plus large et plus élevée? En outre, convient-il de prendre à la lettre les invectives de Platon contre les sophistes? Que ne prenons-nous aussi de même les diatribes d'Aristophane contre Socrate?

En somme, on a exagéré les méfaits des sophistes, et l'on a oublié que si une pareille confusion des doctrines a pu se produire, c'est parce qu'elle était déjà dans les idées. Cependant, il serait aussi peu vrai de nier leur mauvaise influence. Sans doute, l'homme ne conforme pas sa conduite aux idées philosophiques qu'il professe; mais ces idées ne sont pas non plus sans influence sur sa conduite. Les mœurs et les idées réagissent les unes sur les autres, et si de mauvaises mœurs facilitent l'établissement des mauvaises doctrines, celles-ci à leur tour contribuent à la continuation des mauvaises mœurs, et même à leur plus grande perversité. — Voy. au sujet des *Sophistes*, le très remarquable chapitre que G. GROTE leur a consacré dans son admirable *Histoire de la Grèce.*

SOPHISTERIE. s. f. Emploi du sophisme.

SOPHISTICATION. s. f. [Pr. *sofisti-ka-sion*]. Action de sophistiquer. || Action de dénaturer par un mélange frauduleux. Voy. FALSIFICATION.

SOPHISTIQUE. adj. 2 g. (lat. *sophisticus*, gr. σοφιστικός, m. s.). Qui est de la nature du sophisme, qui contient des sophismes. *Argument, raisonnement s. Un écrit s.* || Qui fait usage du sophisme. *Un esprit s. Un écrivain s. Éloquence s.* = SOPHISTIQUE. s. f. L'art des sophistes. Voy. SOPHISTE.

SOPHISTIQUEMENT. adv. D'une manière sophistique.

SOPHISTIQUER. v. a. (bas lat. *sophisticare*, m. s.). Subtiliser avec excès. *Cet auteur sophistique tout, sophistique toutes ses pensées.* Absol., *Il sophistique sans cesse. Il se plaît à s.* || Frelater, falsifier une liqueur, une drogue, en y mêlant quelque chose d'étranger. *S. du vin. S. une drogue.* = SOPHISTIQUÉ, ÉE. part.

SOPHISTIQUERIE. s. f. (R. *sophistiquer*). Excessive subtilité dans le discours, dans le raisonnement. *Il y a bien de la s. dans ce raisonnement-là.* Fam. || Frelaterie, altération dans les drogues, etc. *Il y a de la s. dans ce vin, dans ces drogues.* On dit plus ordinairement, *Sophistication.*

SOPHISTIQUEUR, EUSE. s. (R. *sophistiquer*). Celui celle qui subtilise avec excès. Fam. || Celui qui falsifie, celui qui altère les drogues.

SOPHOCLE, grand poète tragique grec, né à Colone près d'Athènes (496-405 av. J.-C.). Des cent pièces qu'on lui attribue, il n'en reste que sept : *Antigone, Electre, les Trachi-niennes, Œdipe roi, Ajax, Philoctète* et *Œdipe à Colone.*

SOPHONISBE, fille du Carthaginois Asdrubal, destinée d'abord à Masinissa, épousa Syphax, roi des Numides, et le détacha des Romains. Mais elle tomba au pouvoir de Lélius, lieutenant de Scipion, et pour ne point être traînée captive à Rome, elle s'empoisonna (203 av. J.-C.).

SOPHORA. s. m. (ar. *sophera*, m. s.). Genre de plantes Dicotylédones de la famille des *Légumineuses*, tribu des *Papilionacées*. Voy. Légumineuses.

SOPHORINE. s. f. T. Chim. Alcaloïde vénéneux provenant du *Sophora tomentosa* (Légumineuses). || Glucoside contenu dans la *graine de Chine* que fournissent les bourgeons du *Sophora japonica* (Légumineuses). L'acide sulfurique étendu dédouble ce glucoside en isodulcite et en *Sophorétine*, substance jaune ressemblant à la quercétine.

SOPHRON, poète grec, né à Syracuse (V° s. av. J.-C.), inventa ou perfectionna le *mime*, genre de comédie qui reproduisait les scènes de la vie privée.

SOPHRONISTE. s. m. (gr. σωφρονιστής, m. s., de σώφρων, sage). T. Antiq. grecq. Professeur de morale attaché à un gymnase grec.

SOPOR. s. m. (mot lat. qui sign. *sommeil*). T. Méd. État pénible de somnolence. Voy. Coma.

SOPORATIF, IVE adj. (lat. *soporare*, endormir). Qui a la vertu d'endormir, d'assoupir. *Les drogues soporatives.* — Fig., *C'est un écrit s.* || On dit subst., au masc , *L'opium est un s.* — Fig., *Ce discours est un vrai s.*

SOPOREUX, EUSE. adj. [Pr. *sopo-reu, euze*] (lat. *sopor*, sommeil). Qui est caractérisé ou qui est accompagné par un assoupissement profond. *État s. Maladies soporeuses.*

SOPORIFÈRE. adj. 2 g. (lat. *soporifer*, m. s., de *sopor*, sommeil, et *fero*, je porte). Syn. de *Soporatif*; mais *Soporifique* est le plus usité des trois. || Fig. et fam., *Un discours, un écrit s.*, Un discours, etc., ennuyeux à endormir.

SOPORIFIQUE. adj. 2 g. (lat. *sopor*, sommeil, *facere*, faire). Qui fait naître le sommeil.

SOPRANISTE. s. m. T. Mus. Chanteur qui a une voix de soprano.

SOPRANO. s. m. (ital. *sopra*, dessus). Se dit des voix les plus aiguës. Voy. Voix.

SOR. adj. m. Voy. Saur.

SORACTE, montagne d'Étrurie, sur la rive droite du Tibre (740 m.).

SORBE. m. s. (lat. *sorbum*, m. s.). Fruit du *Sorbier commun* (Sorbus domestica).

SORBET. s. m. [Pr. *sor-bè*] (ital. *sorbetto*, turc, *chorbet*, de l'ar. *chorba*, m. s.). Boisson glacée fouettée. Voy. Glace.

SORBÉTIÈRE. s. f. (R. *sorbet*). Vase où l'on congèle les préparations à glacer, en la faisant tourner dans un seau rempli de glace. Voy. Glace.

SORBIER. s. m. (R. *sorbe*). T. Bot. Genre de plantes Dicotylédones (*Sorbus*) de la famille des *Rosacées*, tribu des *Pirées*. Voy. Rosacées.

SORBINE ou **SORBINOSE.** s. f. [Pr. *sorbino-ze*]. T. Chim. Syn. de *Sorbose*.

SORBIQUE. adj. 2 g. (R. *Sorbier*). T. Chim. L'*acide sorbique* existe dans les baies du Sorbier. Il cristallise en aiguilles très solubles dans l'alcool et dans l'éther, assez solubles dans l'eau. Il fond à 134°. C'est un composé non saturé, acide monobasique, qui a pour formule $C^8H^8O^2$. Traité par l'amalgame de sodium il se convertit en acide *hydrosorbique*, liquide qui répond à la formule $C^6H^{10}O^2$.

SORBITE. s. f. (R. *Sorbier*) T. Chim. Matière sucrée qui possède la constitution et la plupart des propriétés de la mannite, et qu'on rencontre dans les fruits de presque toutes les Rosacées, mais surtout dans les baies du Sorbier des oiseaux. On peut la préparer en hydrogénant la sorbose ou la glucose. Elle possède 6 fonctions alcool et répond à la formule $CH^2OH(CHOH)^4CH^2OH$. Elle est très soluble dans l'eau et dans l'alcool chaud. Elle cristallise avec une demi-molécule d'eau, qu'elle perd à 102° après avoir subi la fusion aqueuse. Anhydre, elle ne fond qu'à 111°. Elle ne fermente pas sous l'action de la levure de bière et ne réduit pas la liqueur de Fehling.

SORBON (Robert de), théologien fr., chapelain de saint Louis et fondateur de la Sorbonne (1211-1274).

SORBONIQUE. s. f. (R. *Sorbonne*). Une des trois thèses que les bacheliers étaient obligés de soutenir dans la maison de Sorbonne pendant leur licence.

SORBONISTE. s. m. Gradué de la maison de Sorbonne.

SORBONNE s. f. [Pr. *sor-bone*] (R. *Sorbon*, son fondateur). T. Hist. École célèbre de théologie, devenue plus tard le siège de l'Université de Paris.
Hist. — En 1253, Robert de Sorbon, chapelain de saint Louis, fonda, à Paris, un établissement destiné à recevoir des ecclésiastiques séculiers qui, vivant en commun et ayant les choses nécessaires à la vie, devaient s'occuper exclusivement de l'étude et de l'enseignement gratuit. Dirigé par Robert de Sorbon lui-même, qui en rédigea les statuts, cet établissement prit d'abord le nom de *Collegium* ou *Congregatio pauperum magistrorum studentium in theologica facultate*, mais plus tard il reçut la dénomination de *Sorbonne* en mémoire de son fondateur. La Sorbonne, qui était régie par un proviseur, aidé d'un prieur, comprenait deux espèces de membres: les uns, dits de la *société*, avaient le droit de demeurer dans l'établissement, et de donner leur suffrage aux assemblées de la maison; les autres, dits de l'*hospitalité*, étaient de simples agrégés. Elle conférait en séance publique trois espèces de titres: ceux de bachelier, de licencié et de docteur. Pour avoir droit à devenir docteur en Sorbonne, il fallait avoir fait ses études dans ce collège et y avoir pendant dix ans argumenté, discuté et soutenu diverses thèses qu'on distinguait en *mineure*, en *majeure*, en *subbutine*, en *tentative*, en *petite* et en *grande sorbonique*. Dans cette dernière épreuve, le candidat devait, sans se reposer, et sans boire ni manger, soutenir une controverse contre vingt adversaires, depuis six heures du matin jusqu'à sept heures du soir. La célébrité des docteurs, l'affluence des élèves qui y venaient prendre leurs degrés, donnèrent à l'établissement un renom européen, qui ne cessa de s'accroître du XIV° au XVII° siècle. De simple annexe de la faculté de théologie, la Sorbonne ne tarda pas à l'absorber entièrement, et ses décisions firent autorité en matière de foi. Jusqu'au XVII° siècle, la Sorbonne joua, pour ainsi dire, un rôle public, grâce à l'influence considérable qu'elle possédait; mais, après les querelles du jansénisme, elle ne donna plus signe de vie que par les anathèmes qu'elle fulmina contre les ouvrages des philosophes du XVIII° siècle. En 1789, la Sorbonne fut frappée et supprimée comme tous les établissements ecclésiastiques alors existants; mais elle ne fut pas rétablie. Les bâtiments qu'elle occupait sont devenus le siège de l'Académie universitaire de Paris, ainsi que des Facultés des lettres, des sciences et de théologie. Ces bâtiments ont été construits, au XVII° siècle, par l'ordre du cardinal de Richelieu, sur les plans de l'architecte Lemercier. La chapelle de la Sorbonne renferme le tombeau de ce grand ministre : il consiste en un magnifique mausolée de marbre regardé comme le chef-d'œuvre du sculpteur Bouchardon.
Vers la fin du XIX° siècle, les bâtiments de la Sorbonne étaient devenus insuffisants au point qu'on avait dû établir des salles de cours et de conférences et des laboratoires dans les immeubles adjacents. Aussi s'est-on décidé à la reconstruire presque entièrement. On a conservé l'ancienne chapelle; mais presque tout le reste a été refait. La nouvelle Sorbonne occupe un emplacement beaucoup plus grand que l'ancien; elle a été établie avec un grand luxe qui en fait un des monuments les plus importants de Paris et l'un des mieux appropriés à sa destination. De nombreuses peintures décorent les salles intérieures. On admire particulièrement la belle fresque de Puvis de Chavannes qui orne le grand amphithéâtre. La nouvelle Sorbonne a été inaugurée en 1889.

SORBOSE. s. f. [Pr. *sorbo-ze*] (R. *Sorbier*, et la term. *ose* des sucres). T. Chim. Variété de lévulose qu'on obtient en faisant fermenter les baies du Sorbier des oiseaux. Elle forme des cristaux orthorhombiques, transparents, durs, très solubles dans l'eau. Sa saveur est aussi sucrée que celle du sucre de canne. Traitée par l'amalgame de sodium la s. se convertit en sorbite.

SORCELLERIE. s. f. [Pr. *sorsè-lerie*] (Vx fr. *sorceler*, faire des sortilèges, de *sorcier*). Opération de sorcier. *Il fut accusé de s.* || Fig. et par plaisanterie, en parl. de certains tours d'adresse, de certaines choses qui paraissent au-dessus des forces humaines, on dit : *Il faut qu'il y ait de la s. Cela ne peut se faire, cela ne peut se deviner sans s.*

Hist. — La *Sorcellerie* est la magie du moyen âge : c'est la goétie de l'antiquité appliquée à de nouvelles superstitions. On pourrait la définir : l'art d'opérer des prodiges par le secours du diable. Le *Sorcier*, ou le magicien du moyen âge, était l'allié de Satan et l'ennemi de Dieu. Tous les écrivains, soit religieux, soit laïques, de cette époque, représentent le sorcier comme évoquant les morts, prédisant l'avenir, transformant les éléments, faisant du prodige l'habitude de sa vie, et tout cela dans le but de se procurer des félicités coupables ou de troubler le bonheur des autres. Vieillard, il voulait se donner des sens nouveaux pour de nouvelles voluptés; jeune homme, il voulait faire tomber toutes les femmes dans ses pièges. Pour parvenir à ce but, il s'adressait à l'Esprit du mal, au chef des puissances infernales. Entre celui-ci et le sorcier, il intervenait d'abord un pacte solennel. Le démon se mettait aux ordres du sorcier pendant la vie de ce dernier; il consentait à devenir son esclave pendant quelques années; mais, en échange, il devenait maître de son âme pour l'éternité. Tout sorcier était tenu de se rendre régulièrement aux assemblées générales, appelées *Sabbats*, que présidait Satan en personne. Ces assemblées se tenaient toujours dans un lieu solitaire, sur les montagnes ou dans la profondeur des forêts. Néanmoins il y avait des localités consacrées pour les grandes assemblées qu'on pourrait appeler les états généraux de la s. : c'étaient le mont Vésuve pour les sorciers de France et d'Italie, et le Blocksberg, dans le Harz, pour ceux d'Allemagne. Le sabbat ordinaire se tenait habituellement le jeudi ou le mercredi. Quand il devait y avoir assemblée, Satan l'annonçait à l'aide d'un signe qui apparaissait dans les airs, et que les sorciers seuls pouvaient distinguer; souvent aussi c'était un mouton qu'il chargeait de son message. Les affidés montaient à cheval sur un manche à balai ou sur un bouc, et en un instant ils se trouvaient transportés au sabbat, quelle que fût la distance. Ils pouvaient également y aller en prononçant seulement certaines paroles, ou bien en s'oignant de pommades mystérieuses. La composition de ces pommades est donnée par plusieurs écrivains : toutes sont des préparations narcotiques propres à déterminer le délire et des hallucinations, comme la stramoine, la jusquiame, la belladone, le pavot somnifère, etc. Après avoir rendu hommage à Satan, qui se montrait presque toujours sous la forme d'un bouc, les sorciers, tant hommes que femmes, se livraient à des danses impudiques, prenaient part à des festins horribles et dégoûtants, etc. D'autres fois, ils parodiaient les cérémonies de l'Église, particulièrement celles du baptême et du sacrifice de la messe. Tous ces détails sont racontés le plus sérieusement du monde par tous les démonographes, qui les tenaient toujours d'après les aveux des sorciers et sorcières, voire jusqu'à faire le dénombrement de la cour infernale, où, indépendamment de Béelzébuth, le démon souverain, et des sept rois, ses principaux ministres, ils comptent des ducs, des comtes, des présidents, des chevaliers, et enfin 6666 légions formées chacune de 6666 démons inférieurs. Les crimes généralement imputés aux sorciers étaient au nombre de quinze : ils reniaient Dieu; ils le blasphémaient; ils adoraient le diable; ils lui vouaient leurs enfants; ils les lui sacrifiaient avant qu'ils fussent baptisés; ils les lui consacraient avant qu'ils fussent nés; ils lui promettaient d'attirer tous ceux qu'ils pourraient à son service; ils juraient par le nom du diable : ils commettaient des incestes; ils tuaient les personnes, les faisaient bouillir et les mangeaient; ils se nourrissaient de charognes et de la chair des bonnes; ils faisaient mourir les gens par le poison et par les sortilèges ou maléfices; ils faisaient périr le bétail; ils faisaient avorter les fruits et causaient la stérilité; enfin, ils avaient copulation charnelle avec le diable.

Nous venons de parler des *sortilèges* ou *maléfices*. Il y en avait de sept espèces, mais un des plus usités était l'*En-*

voûssure ou *Envoûtement*, qui consistait à piquer au cœur une figure de cire représentant la personne qu'on voulait faire périr lentement (Voy. **Envoûtement**). Un autre consistait à répandre sur les moissons certaines poudres malfaisantes qui les frappaient de stérilité. Les sorciers avaient surtout le pouvoir de jeter des *Sorts*. Parmi ces sorts, le plus redouté avait pour objet de *nouer l'aiguillette*, ce qui empêchait la consommation du mariage; néanmoins on pouvait s'en préserver de plusieurs manières, notamment en portant un anneau dans lequel était enchâssé l'œil droit d'une belette. Malgré leur méchanceté habituelle, les sorciers usaient quelquefois de leur puissance diabolique dans un but utile à l'humanité : ils faisaient volontiers de la médecine, et les malades ne craignaient pas de recourir à leurs remèdes impies. Mais quoi! n'était-ce pas là un moyen de gagner des âmes à Satan et en même temps de remplir leur bourse?

La croyance à la s. a persisté durant tout le moyen âge et jusque vers le milieu du XVIIe siècle. Nous ne voulons point dire qu'à partir de cette époque elle ait cessé, mais du moins elle commença de s'affaiblir, de sorte qu'à la fin du XVIIIe siècle, comme aujourd'hui, on ne retrouve plus cette déplorable superstition que dans les classes les plus infimes et les plus ignorantes de la société. Mais ce fut à l'époque de l'agitation religieuse causée par la Réforme que cette croyance produisit ses effets les plus désastreux. Il y eut alors une véritable épidémie de *démonomanie*. On ne vit partout que des sorciers et des possédés. On créa des tribunaux pour juger ces malheureux, on dressa des échafauds, on alluma des bûchers, et l'on brûla des milliers de victimes : la plupart de ces malheureux, prenant leurs hallucinations pour des réalités, avouaient les crimes absurdes dont on les accusait. Bien plus, il se rencontrait des sorciers qui, ayant horreur de leurs crimes imaginaires, venaient se dénoncer eux-mêmes et acceptaient le bûcher comme une légitime expiation. Un fait digne de remarque, mais qui s'explique naturellement, c'est que, parmi les gens atteints de cette forme d'aliénation mentale, il y avait beaucoup plus de femmes que d'hommes. Bodin dit qu'on trouve tout au plus un sorcier sur cinquante sorcières. De reste, les supplices, loin de diminuer le nombre des sorciers, l'augmentaient, au contraire, car ils avaient pour unique effet de frapper les imaginations malades. Sous Charles IX, on comptait, dit-on, 30,000 sorciers à Paris seulement. A cette époque, il y avait peu d'hommes, même parmi les plus éclairés, qui doutassent de la réalité de la s., et il eût été dangereux de manifester ses doutes. Ainsi, nous voyons Jean Bodin, l'un des esprits les plus élevés de ce siècle, rapporter sérieusement, dans sa *Démonologie*, publiée en 1581, qu'un homme des environs d'Angers, ayant vu une nuit sa femme se lever d'auprès de lui, s'oindre d'huile, puis sortir par la fenêtre à cheval sur son manche à balai, fut curieux de la suivre dans ce voyage aérien. S'étant frotté du même onguent, et ayant prononcé les mêmes paroles, il se vit tout à coup transporté à travers les airs assis sur la même monture. Il chevaucha ainsi bien loin jusqu'à un lieu où il vit avec grand effroi des hommes et des femmes de toute espèce, surtout un grand nombre de boucs : il y en avait entre autres un de taille gigantesque qui présidait la fête. Le pauvre homme, étonné de se voir en pareille compagnie, se signa : à l'instant tous s'enfuirent en poussant de grands cris, et il se retrouva tout nu au pied du mont Vésuve. De Naples à Angers la route était longue : si encore il avait eu la monture avec laquelle il était venu; mais il lui fallut revenir à pied par les voies ordinaires; aussi, de retour dans sa ville, il fit brûler sa femme comme sorcière. Un magistrat de la même époque, s'exprimait en ces termes au sujet de la s. : « Le crime de s. est un crime excepté, tant pour l'énormité d'iceluy que pour ce qu'il se commet le plus souvent de nuit, et toujours en secret; tellement qu'à cette occasion le jugement on doit être traité extraordinairement, sans qu'il soit besoin d'observer en cela l'ordre de droit ni les procédures ordinaires. » Et il ajoute plus loin : « Je dis qu'il faut condamner tous les sorciers, lors même qu'ils le tesmoignent de bons sentiments. J'ajouteray une autre raison bien poignante, savoir : que depuis que l'on a esté une fois empêtré dans les rets de Satan, on ne s'en peut retirer. » Au XVIIe siècle, on continua de condamner un assez grand nombre d'individus comme coupables de sortilèges. En 1619, P. de Lancre, conseiller au parlement de Bordeaux, placé à la tête d'une commission chargée de poursuivre les sorciers, en fit conduire au supplice 500 dans une seule année. Parmi les victimes les plus illustres de cette superstition, nous citerons seulement la maréchale d'Ancre, en 1617, et le curé Urbain Grandier, en 1634. Cependant, sous Louis XIV, le savant chanoine

Gassendi fit une expérience ingénieuse pour démontrer que les prétendus sorciers étaient simplement des hallucinés, et que les aveux faits par eux devant la justice étaient le résultat d'une véritable aliénation mentale. Dans une vallée des Basses-Alpes, où la s. comptait des adeptes et de nombreux croyants, il fit tomber quelques paysans dans un sommeil léthargique au moyen d'une préparation narcotique dont la recette lui avait été communiquée par un sorcier. En la leur administrant, il leur annonça qu'elle devait les transporter dans une assemblée infernale. En effet, à leur réveil, les dormeurs, qui n'avaient pas quitté leurs lits, firent un récit complet de ce qu'ils avaient vu au sabbat; ils donnèrent même le détail des impressions qu'ils y avaient éprouvées. En 1672, le Conseil du roi rendit un arrêt qui ordonna de mettre en liberté toutes les personnes détenues dans les prisons de Normandie pour cause de magie et de sortilèges. Plusieurs parlements voulurent persister à poursuivre ce crime imaginaire; mais Louis XIV ne tint pas compte de ces résistances. Néanmoins, en 1750, le jésuite Girard faillit être brûlé vif pour fait de sortilège par arrêt du parlement de Provence, et cette même année, on brûla à Wurtzbourg, en Bavière, une religieuse qui avouait avoir pratiqué divers maléfices, mais sans résultat, pour faire périr plusieurs personnes. En Angleterre, les supplices pour crime de s. ne furent pas moins nombreux qu'en France. On évalue à plus de 3,000 le nombre des individus qui y périrent victimes de cette absurde accusation pendant le cours du XVIIe siècle. En 1736, il y eut encore, dans ce pays, une accusation capitale pour cause de s., et, en Écosse, le dernier sorcier fut brûlé en 1722.

Aujourd'hui il n'existe plus de sorciers au sens propre du mot, c.-à-d. d'alliés authentiques du diable : les individus que l'on qualifie encore ainsi dans nos campagnes ne sont que des fripons de bas étage qui cherchent à exploiter la superstition et la crédulité des ignorants, ou, par exception, des personnes extraordinairement douées au point de vue de ces étranges phénomènes si mal connus, groupés aujourd'hui sous les noms d'hypnotisme, de magnétisme, de spiritisme, etc. Au reste, tout ce qu'on a raconté de la s. ne paraît pas pouvoir s'expliquer par le charlatanisme et l'hallucination. Il semble aujourd'hui certain qu'au milieu de ce fatras de superstitions odieuses et ridicules, il y avait un fonds de vérité dépendant précisément des phénomènes extraordinaires dont nous venons de parler. La suggestion y jouait certainement un grand rôle. Il faut attendre que cette région encore si obscure soit mieux explorée pour porter un jugement définitif sur la s. du moyen âge. Voy. Magnétisme (animal), Hypnotisme, Envoûtement.

Bibliogr. — Ch. Louandre; La sorcellerie; Eus. Salverte; Des sciences occultes; — J. Garinet : Histoire de la magie en France; — Rodolphe Reuss : La sorcellerie au XVIe et au XVIIe siècles ; — J. Baissac : Les Grands Jours de la Sorcellerie; — Jules Bois : Le Satanisme et la Magie; — Yve-Plessis : Bibliographie française de la Sorcellerie.

SORCIER, IÈRE. s. (bas lat. sortiarius, qui jette des sorts, de sors, sortis, sort). Celui, celle qu'on prétend avoir fait un pacte avec le diable, pour opérer des maléfices, etc. || Fig. et fam., Cet homme n'est pas s., n'est pas grand s., Il n'est pas fort habile. On dit de même : Il ne faut pas être grand s. pour faire, pour deviner, telle chose. Voy. Sorcellerie.

SORDAWALITE. s. f. T. Chim. Silico-phosphate d'alumine, de fer et de magnésie; en masses noires à Sordawala (Finlande).

SORDIDE. adj. 2 g. (lat. sordidus, m. s.). Sale, vilain. Il portait des vêtements sordides. || T. Méd. Ulcère s., Ulcère sanieux, qui fournit une suppuration de mauvaise nature. || Fig., se dit des personnes par rapport à l'avarice. C'est un homme avare, s. C'est un avare des plus sordides. || Se dit aussi de l'avarice et de ce qui s'y rapporte. Une avarice s. Gain s. Épargne s.

SORDIDEMENT. adv. (Pr. sordide-man). D'une manière sordide. Il vit s.

SORDIDITÉ. s. f. (lat. sordiditas, m. s.). Mesquinerie, avarice. Peu usité.

SORE. s. m. (gr. σωρὸς, amas). T. Bot. Nom donné aux amas de sporanges que portent les feuilles des Fougères. Voy. ce mot.

SORE. ch.-l. de c. (Landes) arr. de Mont-de-Marsan; 1,900 hab.

SORÉDIE. s. f. (Dimin. de sore). T. Bot. Corpuscules reproducteurs des Lichens. Voy. ce mot.

SOREL (Agnès). Voy. Agnès Sorel.

SORET. adj. m. Voy. Saure.

SORÈZE, bourg de France (Tarn), arr. de Castres; 2,400 hab. Anc. abbaye de Bénédictins.

SORGHO. s. m. (Pr. sor-go, g dur)(bas lat. sorgum, m. s.). T. Bot. Genre de plantes Monocotylédones de la famille des Graminées. Voy. ce mot.

Agric. — Cette plante, qui forme la base de la nourriture des habitants de l'Afrique centrale, est utilisée, dans le nord et le centre de la France, comme un excellent fourrage consommé en vert, à l'instar du maïs. On la cultive aussi, dans l'ouest pour faire des balais avec ses panicules ; les graines sont données aux poules. On sème tard, parce que la plante est sensible aux gelées, et clair, parce qu'elle devient presque aussi forte que le maïs. — Le S. sucré ressemble par son port au S. à balais, dont il n'est peut-être qu'une variété. Il forme une touffe composée de une à deux tiges principales qui s'élèvent de 2 à 3 mètres, dans les terrains riches, et de quatre à cinq tiges adventives moins hautes; les tiges principales sont terminées par une panicule conique et assez serrée de fleurs vertes d'abord, puis passant par des tons violets, pour arriver à un pourpre sombre, lors de la maturité; les graines sont assez petites, noires et luisantes; les feuilles sont lisses, flexueuses et retombantes. La plante est annuelle, comme le S. commun, mais elle ne mûrit bien ses graines qu'au sud de la Loire. Pour la faire mûrir plus au nord, il conviendrait d'avancer la végétation par des semis sur couche, ce qui n'est pas nécessaire quand on n'a en vue que l'exploitation de l'alcool, ou son emploi comme fourrage.

SORGUE, petite rivière de Fr. qui sort de la fontaine de Vaucluse et se jette dans le Rhône.

SORGUES, com. du c. de Bédarrides (Vaucluse) ; 4,000 hab.

SORICIDÉS. s. m. pl. (lat. sorex, soricis, souris; gr. εἶδος, aspect). T. Mamm. Famille d'Insectivores. Voy. Musaraigne.

SORITE. s. m. (lat. sorites, gr. σωρείτης, m. s., de σωρὸς, amas). T. Logique. Sorte de raisonnement formé par la réunion et l'enchaînement de plusieurs syllogismes. Voy. Raisonnement.

SORLINGUES. Voy. Scilly.

SORNAC, ch.-l. de c. de la Corrèze, arr. d'Ussel ; 1,800 hab.

SORNE. s. f. T. Métall. Scorie riche qui reste dans le creuset et dont une partie adhère à la loupe.

SORNETTE. s. f. (Pr. sor-nè-te) (anc. fr. sorner, berner). Discours frivole, bagatelle. Il ne dit que des sornettes. Voilà de plaisantes sornettes, Il me disait une s. Fam.

SORORAL, ALE. adj. (lat. soror, sœur). Qui appartient à des sœurs, à une sœur.

SORORICIDE. s, m. (lat. sororicida, m. s., de soror, sœur et cædere, tuer). Meurtre d'une sœur. || Meurtrier de sa sœur.

SOROSE. s. f. (gr. σωρὸς, amas). T. Bot. Nom donné par quelques auteurs aux fruits composés du Mûrier, de l'Ananas, etc. Voy. Fruit.

SOROSPORE. s. m. (gr. σωρὸς, amas, et fr. spore). T. Bot. Genre de Champignons (Sorosporium) de la famille des Ustilaginées. Voy. ce mot.

SOROSPORIÉES. s. f. pl. (R. Sorospore). T. Bot. Tribu de Champignons de la famille des Ustilaginées. Voy. ce mot.

SORRENTE, v. d'Italie sur le golfe de Naples ; 7,200 hab.

SORT. s. m. [Pr. *sor*] (lat. *sors, sortis,* m. s.). Dans le sens des anciens, la destinée considérée comme cause des divers événements de la vie. *Le s. le veut ainsi. Le s. l'a ainsi ordonné. Les caprices du s. Braver, affronter, supporter les coups du s. Être poursuivi, accablé par le s.* || L'effet de la destinée, de la rencontre fortuite des événements bons ou mauvais. *S. heureux, malheureux, déplorable.*

D'un sort fâcheux la maligne inconstance
Vient par un coup fatal faire tourner la chance.
                            BOILEAU.

Tel est le s. des souverains. Il est content de son s. — Particul., La condition, l'état d'une personne sous le rapport de la richesse. *Cette succession améliorera son s. Faire un s. à quelqu'un. On a assuré son s.* || La manière de décider quelque chose par le hasard. *Le s. est tombé sur un tel. Le s. en a décidé. Ces élections se font au s. Tirer au s. pour le recrutement. Tomber au s.* — *Sorts homériques, Sorts virgiliens, Sorts des saints,* Voy. DIVINATION, III, I. — Fig., *Le s. en est jeté,* Voy. JETER. *Le s. des armes. Le combat,* considéré relativement à l'incertitude du succès. *Il voulut tenter une seconde fois le s. des armes.* || Maléfice qu'un sorcier jette sur une personne, sur un animal ou sur une chose. *Le berger prétendait qu'on avait donné un s. à son troupeau. Lever un s.*

C'est quelque sort qu'il faut qu'il ait jeté sur toi.
                            MOLIÈRE.

|| T. Prat. Le *s. principal d'une rente,* Le fonds, la somme qui a été placée en rente. On dit mieux, *Le principal, le capital.* = Syn. Voy. HASARD.

SORTABLE. adj. 2 g. Convenable, qui convient à l'état et à la condition des personnes. *Un mariage, un parti s. Cet emploi n'est pas s. pour vous. Cela n'est pas s. à votre condition.*

SORTABLEMENT. adv. [Pr. ...ble-man]. D'une manière sortable. *Il s'est marié sortablement.*

SORTANT. adj. m. Qui sort. *Numéros sortants,* Les numéros qui sortent de la roue, à chaque tirage de la loterie. || Se dit aussi des organes d'un corps, d'une assemblée, qui cessent d'en faire partie, et qui doivent être remplacés ou réélus. *Député s. Les membres sortants* || Subst., *Les entrants et les sortants,* Les personnes qui entrent dans un lieu et celles qui en sortent.

SORTE. s. f. (lat. *sors, sortis,* condition). Espèce, genre. *Il y a bien des sortes d'oiseaux. Il a réuni dans son parc toutes sortes de bêtes. Un marchand qui a de toutes sortes d'étoffes. Il ne faut pas se fier à toute s. de gens, à toutes sortes de personnes. C'est une s. de bel esprit qui n'a que du jargon. Quelle s. de drogue est-ce là?* — *Un homme de sa s., un homme de votre s.,* se dit on bien et en mal, par estime et par mépris. *C'est trop vous rabaisser pour un homme de votre s.* || Façon, manière de faire une chose. *Ceux-ci s'habillent d'une s., et ceux-là d'une autre. De quelle s. faut-il le recevoir? De cette s., vous éviterez toutes les difficultés. Il a agi de la bonne s. dans cette affaire.* — Fam., *Parler de la bonne s. à quelqu'un, le traiter de la bonne s.,* Lui faire une verte réprimande. = DE LA SORTE. loc. adv. Ainsi, de cette manière. *Quel droit avez-vous pour parler, pour agir de la s.?* = EN QUELQUE SORTE. loc. adv. Presque, pour ainsi dire. *Se taire quand on est accusé, c'est en quelque s. s'avouer coupable.* = DE SORTE QUE, DE TELLE SORTE QUE, EN SORTE QUE. loc. conj. Tellement que, si bien que. *De s. qu'il fut contraint de se retirer. Faites de telle s., faites en s. qu'il soit content.*

SORTEUR, EUSE. adj. Qui sort souvent, qui quitte souvent le logis. Fam.

SORTIE. s. f. Action de sortir. *Il a toujours gardé la chambre depuis un mois, voilà sa première s. Faire sa s. du port pour mettre en rade. Depuis sa s. du royaume.* — *Faire une fausse s.,* se dit, au théâtre, lorsqu'un des personnages qui sont sur la scène feint d'en sortir, ou même on sort un instant et y rentre aussitôt. || Le moment où l'on sort. *Attendez la s. des juges, vous pourrez parler à votre rapporteur. A la s. de l'audience, de la messe, du spectacle. A la s. du printemps, de l'hiver.* || Se dit aussi du transport des marchandises qu'on fait passer d'un lieu dans un autre. *L'entrée et la s. des marchandises. Droits d'entrée et de s. Les sorties dépassent de beaucoup les entrées.* || Issue, endroit par où l'on sort. *Cette maison a deux, trois sorties. Elle a une s. sur la ville et une sur la campagne.* — Fig., *L'affaire était embarrassante; mais il s'était d'avance ménagé une s.* || T. Guerre. L'attaque que font des gens assiégés, lorsqu'ils sortent pour combattre les assiégeants et pour ruiner les travaux. *Les assiégés firent une grande, une vigoureuse s. Faire des sorties.* — Fig. et fam., *Faire une s. à quelqu'un,* Lui faire une rude réprimande, lui dire brusquement quelque chose de très dur. *Faire une s. contre quelqu'un,* S'emporter violemment contre une personne présente ou absente. *Je ne m'attendais pas à cette s.* Dans l'un et l'autre sens, on dit encore, *Faire une s. sur quelqu'un.* || T. Costume. *S. de bal,* vêtement de femme pour se garantir du froid au sortir d'un bal, d'une soirée.

SORTILÈGE. s. m. (lat. *sortilegium,* m. s., de *sors,* sort; *legere,* lire). Maléfice qu'un prétendu sorcier jette sur quelqu'un ou sur quelque chose. *Il fut brûlé pour s.* Voy. SORCELLERIE.

SORTIR. v. n. (lat. *surgere,* surgir, par une dérivation irrégulière, probablement par l'intermédiaire du participe *surrectus*). Passer du dedans au dehors. *S. de la chambre. S. de la ville. Le renard sort de son terrier. La rivière est sortie de son lit. Il sort de cette source une grande quantité d'eau. A peine le vaisseau sortait du port. Une épaisse colonne de fumée sortait du cratère. Le sang lui sortait de la bouche. Cette porte est sortie de ses gonds. Ne faire qu'entrer et s. Il vient de s. Il ne fait que de s. J'ai à s. ce matin.* || *S. de la messe, du sermon, de vêpres, du bal, du spectacle, du jeu, S. du lieu où l'on a entendu la messe, etc.

Sors vainqueur d'un combat, dont Chimène est le prix.
                            CORNEILLE.

Dans le même sens, on dit : *S. d'entendre la messe. S. de dîner.* On dit aussi *S. de table.* — *S. de prison,* En sortir par autorité de justice, être élargi. — *Ce jeune homme sort du collège,* sort de dessus les bancs, il vient d'achever ses études. — *Cet ouvrage sort de chez l'ouvrier, des mains de l'ouvrier,* Il vient d'être achevé. || Absol., *Sortir,* commencer à s., se dit particulièrement d'une personne qui, ayant été malade, se porte assez bien pour ne plus garder la chambre. *Les médecins ne lui ont pas encore permis de s.* || *S. de fille, s. de page,* cesser d'être fille, d'être page. Vx. || Fig. et fam., *Faire s. quelqu'un des gonds, hors des gonds,* Voy. GOND. — *Les yeux lui sortent de la tête,* se dit d'une personne dont les yeux ont une ardeur, une vivacité extraordinaire, par l'effet de quelque passion violente. *Le feu lui sort par les yeux,* Il a les yeux allumés de colère. || Fig., se dit d'un temps, d'une époque, d'un état, d'une condition, d'une situation où l'on cesse d'être. *S. de l'hiver, S. de l'enfance. S. de nourrice. S. de maladie. S. de la vie. S. de captivité. S. d'affaire. S. d'un grand péril. S. d'un grand embarras. S. de la misère. Il faut en s. à quelque prix que ce soit. J'en suis sorti à mon honneur.* — Au sens moral, *S. d'erreur, S. de son bon sens. S. de son sujet. S. de la matière, de la question.*

Ce style figuré dont on fait vanité.
Sort du bon caractère et de la vérité.
                            MOLIÈRE.

— *Cela sort des proportions ordinaires,* Est au-dessus des proportions ordinaires. || Se livrer, se dégager d'un endroit difficile. *Cette rue est si sale, qu'on ne peut sortir de la boue. Nous ne sortirons jamais de ces montagnes.* || Pousser au dehors, commencer à paraître. *Les fleurs commencent à s. Les blés sortent bien. Il lui sortit un furoncle. Cet enfant n'a plus la fièvre depuis que le rougeole lui est sortie. Il lui est sorti une dent.* On dit plus ordinairement : *Il lui a percé une dent.* || *Être issu. Il sort de bon lieu, de bonne race. Il sort de parents illustres. Il sent le lieu d'où il sort. Quand les étalons sont vieux, les chevaux qui en sortent sont faibles.* || En parlant des ouvrages de l'industrie, de l'art, etc., sign., Être produit. *Cela sort des mains d'un habile ouvrier. Les ouvrages qui sont sortis du pinceau de cet artiste. Cet écrit sort d'une bonne plume.* || T. Danse. *S. de cadence,* Ne plus danser en cadence. || T. Escr. *S. de mesure,* Se mettre hors d'état de porter une botte de pied ferme à son adversaire. || T. Mus. *S. de mesure.* Ne plus chanter, ne plus jouer en mesure. *S. du ton,* Détonner, ou Passer d'un ton dans un autre. || T. Peinture. *Cette figure sort bien,* Elle semble être de relief et s'avancer hors du tableau. — Par analogie, *Cette pensée sort bien, ne sort pas assez. Faire s. une pensée.* == SORTIR. S'emploie quelquefois activ., dans le sens de Tirer, faire sortir. *Il faut s. ce cheval de l'écurie. Il est temps de s. les orangers de la serre. — On l'a sorti d'une affaire fâcheuse.* Fam. == AU SORTIR DE, loc. prép. Au temps, au moment où l'on sort de. *Au s. de là. Au s. de cette maison. Au s. du lit, de la table. Au s. du berceau, de l'enfance.* == SORTI, IE. part.

Conj. — *Je sors, tu sors, il sort; nous sortons, vous sortez, ils sortent. Je sortais; nous sortions. Je sortis; nous sortîmes. Je sortirai; nous sortirons. — Je sortirais; nous sortirions. — Sors; sortons, sortez. — Que je sorte; que nous sortions. Que je sortisse; que nous sortissions. — Sortant; Sorti, ie.*

Obs. gram. — Sortir prend l'auxiliaire *avoir* quand on veut exprimer l'action, et l'auxiliaire *être* quand on veut exprimer l'état. *J'ai sorti ce matin et je suis revenu de bonne heure. Il est sorti et ne tardera pas à rentrer.* Cependant l'emploi de l'auxiliaire avoir commence à vieillir.

SORTIR. v. a. (lat. *sortiri*, obtenir par le sort). T. Palais. Obtenir, avoir. *Cette sentence sortira son plein et entier effet. J'entends que cette clause sortisse son plein et entier effet. — Cette somme de deniers, cet effet mobilier sortira nature de propre,* Sera réputé et partagé comme propre. Vx. == SORTI. IE. part.

Conj. — Ce verbe est régulier; mais il n'est d'usage qu'à la troisième personne et à quelques-uns de ses temps seulement. *Il sortit; ils sortissent. Il sortit; ils sortirent. Il sortira. Ils sortiront. Il sortirait; ils sortiraient. Qu'il sortisse; qu'ils sortissent.*

SOSIE. s. m. (Pr. *so-zi*]. Par allusion à un personnage de l'*Amphitryon* de Plaute, dont Mercure a pris la figure, se dit fam., D'une personne qui a une ressemblance parfaite avec une autre. *C'est son s.*

SOSIGÈNE, astronome d'Alexandrie; fut chargé par César de rectifier le calendrier (1er siècle av. J.-C.).

SOSPEL, ch.-l. de c. (Alpes-Maritimes), arr. de Nice; 3,800 hab.

SOSTRATE, architecte grec, construisit le phare d'Alexandrie (IIIe s. av. J.-C.).

SOT, SOTTE. adj. (Pr. *so, so-te*] (bas lat. *sottus,* m. s., d'origine inconnue). Qui est sans esprit, sans jugement. *Voilà un sot enfant. Il n'est pas si sot qu'il le paraît. Je ne suis pas si sot que de le croire.*

> Vous êtes un sot, en trois lettres, mon fils.
> MOLIÈRE.

|| Embarrassé, confus. *Il est resté sot, tout sot. Vous voilà bien sot.* || Se dit aussi des choses faites sans esprit, sans jugement. *Une sotte entreprise. Un sot projet. Un sot livre. Un sot orgueil. Une sotte fierté.* || En parlant des choses, signifie encore, Fâcheux, ridicule. *L'enlèvement de cette femme est une sotte aventure. Faire un sot mariage. Voilà une sotte affaire pour lui. Il a fait un sot mariage. Voilà une sotte aventure. Faire une sotte figure,* avoir l'air sot. Proverb., *A sotte demande, point de réponse.* || T. Hist. Mère sotte, sotte commune, l'église, le peuple, personnages allégoriques des Soties. == SOT, SOTTE. Se dit des personnes sans esprit, sans jugement. *Un sot, un sot. Vous êtes une sotte.*

> Un sot trouve toujours un plus sot qui l'admire.
> BOILEAU.

Taisez-vous, maître sot. Proverbe, *C'est un sot en trois lettres.* || Fam. et par ellipse, on dit, *Quelque sot,* Quelque sot le dirait, le ferait, y croirait, y serait trompé. || *Un s.,* un mari trompé.

> Elles font la sottise, et nous sommes les sots.
> MOLIÈRE.

SOTADIQUE. adj. 2 g. T. Versif. On appelle vers *récurrents,* vers *rétrogrades,* ou vers *sotadiques,* du nom du poète grec Sotadès, qui vivait au IIIe siècle et qui, dit-on,

les a inventés, des vers qui, sans que la mesure soit altérée ni les lettres changées de place, présentent les mêmes mots, quand on les lit de la fin au commencement, que lorsqu'on les lit dans leur ordre naturel. Tels sont les deux vers suivants :

> Roma tibi subito motibus ibit amor.
> Arca serenum me gere regem munere sacra.

On applique encore le nom de vers rétrogrades à ceux qui conservent la même mesure pour les pieds, en reprenant, non plus chaque lettre, mais chaque mot depuis le dernier jusqu'au premier.

> Præcipiti modo quod decurrit tramite flumen
> Tempore consumptum jam cito deficiet.

En retournant ces vers, on trouve cet autre distique :

> Deficiet cito jam consumptum tempore flumen
> Tramite decurrit quod modo præcipiti.

Ce jeu puéril n'est pas fort difficile en grec et en latin; mais il en est autrement en français. « Dans notre langue, dit Lud. Lalane, nous ne connaissons de vers rétrogrades que la chanson de Baudoin de Condé, l'un des poètes estimés du XIIIe siècle. Chaque strophe est de trois vers qui, retournés, forment une nouvelle strophe. Les derniers vers de chaque strophe riment ensemble. En voici une comme exemple :

> Amours est vie glorieuse,
> Tenir fait ordre gracieuse,
> Maintenir veult courtoises mours (mœurs). »

SOTHIAQUE. adj. 2 g. (R. *Sothis,* nom égypt. de l'étoile Sirius). T. Astron. *Année s., période s.,* Période de 1460 années vagues au bout de laquelle les saisons se retrouvaient aux mêmes dates de l'année. La durée exacte de cette période serait de 1507 années vagues, mais les anciens Egyptiens la croyaient de 1460, parce qu'ils croyaient l'année tropique de 365 jours et 1/4. Voy. ANNÉE et CALENDRIER.

SOTIE. s. f. T. Hist. litt. Sorte de farce satirique qu'on représentait au moyen âge. Voy. DRAMATIQUE, IV, A.

SOT-L'Y-LAISSE. s. m. [Pr. *so-li-lèse*]. Morceau très délicat qui se trouve au-dessus du croupion d'une volaille. == Pl. *Des sot-l'y-laisse.*

SOTTEMENT. adv. [Pr. *sote-man*], D'une manière sotte. *Il est allé s'engager s. dans cette affaire. Il a répondu s. Il s'est s. fait duper.*

SOTTEVILLE-LÈS-ROUEN, ch.-l. de c. (Seine-Inférieure) arr. de Rouen ; 17,200 hab.

SOTTISE. s. f. [Pr. *so-ti-ze*]. Défaut d'esprit et de jugement. *La s. des hommes est si grande, que... C'est s. à vous que de vous imaginer que...* || Se dit aussi des actions, des discours qui annoncent un manque d'esprit et de jugement.

> De tout temps
> Les petits ont pâti des sottises des grands.
> LA FONTAINE.

Il n'a fait que des sottises. Il n'ouvre la bouche que pour dire quelque s. — S. des deux parts, se dit de deux personnes qui ont tort chacune de leur côté. || Se dit aussi des paroles et des actions obscènes. *N'écoutez pas ce qu'il veut vous dire, c'est une s.* || Popul., se dit encore pour Injure. *Il m'a dit cent sottises.* == Syn. Voy. BÊTISE.

SOTTISIER. s. m. [Pr. *so-ti-zié*]. Recueil de sottises, ou plus souvent, Recueil de chansons et autres vers libres. Fam. || Celui qui tient des propos libres. *Cet homme est un grand s.* Fam.

SOTTO-VOCE. loc. adv. [Pr. *sot-to-vo-sé*] (mots ital. sig. sous la voix). T. Mus. A demi-voix. Voy. MUSIQUE, IV.

SOU. s. m. (lat. *solidus,* s.-ent. *nummus,* propr. monnaie épaisse). Autrefois, on écrivait *sol.* T. Métrol. Monnaie de compte, la vingtième partie de l'ancienne livre. *Trois livres six sous.* || La monnaie de cuivre qui avait cette valeur. *Un sou bien marqué. Il a sa poche pleine de sous,* de gros sous. Voy. MONNAIE. || Par extension, se dit des pièces de cuivre qui circulent comme valant la vingtième partie du franc. *Je n'avais que dix sous dans ma bourse.* En ce sens on dit *Une pièce de dix sous, de vingt sous, de cent sous, etc.* — Fam., *Il n'a pas un sou, pas le sou, pas le sou vaillant, il n'a ni sou ni maille,* Il n'a point d'argent. *Il n'a pas un sou de bien,* Il n'a aucune propriété. *Mettre sou sur sou,* Épargner sur les plus petites choses pour amasser. *Cette terre vaut mille francs comme un sou,* Elle les vaut amplement. || *Avoir un sou dans une affaire de finance, y être pour un sou, pour deux sous,* Y être intéressé pour un vingtième, pour un dixième. — *Au sou la livre,* Au prorata de la somme à partager, ou de la somme dont on est créancier. Ces locut. ont vieilli. Autrefois, on appelait encore *Sou pour livre,* Un droit additionnel d'un vingtième imposé sur différents objets, et qui était analogue à ce qu'on nomme aujourd'hui *Centimes additionnels.* — *Le s. du franc,* sou par franc d'achat que les fournisseurs donnent aux domestiques pour attirer et retenir leur clientèle. == Sou à sou. loc. adv. Par petites sommes. *Il m'a payé sou à sou. Il a amassé sa fortune sou à sou.* Fam.

SOUABE, contrée de l'anc. Allemagne (Wurtemberg, Bavière, Bade, Nord de la Suisse).

SOUABE (maison DE). Nom donné à la famille de Hohenstauffen qui a fourni des empereurs à l'Allemagne et qui possédait le duché de Souabe.

SOUAKIM, v. de Nubie sur la mer Rouge, occupée par les Italiens; 10,000 hab.

SOUAN-HOA, v. de Chine, Petchili; 80,000 hab.

SOUARI, s. m. T. Bot. Nom donné au fruit du *Caryocar butyrosum.* Voy. TERNSTRÉMIACÉES.

SOUBARDIER. s. m. Principal état d'une machine avec laquelle on tire les masses de pierre d'une carrière.

SOUBASSEMENT. s. m. [Pr. *souba-se-man*] (R. *sous,* et *base*). T. Archit. Espèce de piédestal continu sur lequel semble porter un édifice. Voy. ORDRE, 1, 2. || T. Tapiss. Bande d'étoffe que l'on met au bas d'un lit et qui descend jusqu'à terre.

SOUBISE (Rohan prince DE), capitaine calviniste (1583-1642).

SOUBISE (prince DE), maréchal de France, vaincu à Rosbach (1715-1787).

SOUBRELANGUE. s. f. (lat. *super,* sur, et fr. *langue*). T. Pathol. Genre d'ankyloglosse chez les enfants nouveau-nés. Voy. LANGUE, V, 1.

SOUBRESAUT. s. m. [Pr. *soubre-sô*] (lat. *super,* sur; *saltus,* saut). Saut subit, inopiné à contre-temps. *Ce cheval a fait deux ou trois soubresauts qui m'ont pensé désarçonner. || Avoir des soubresauts dans les tendons,* Y avoir des tiraillements, des mouvements spasmodiques. || Fig., *Cette nouvelle m'a donné un s., un violent s.,* Cette nouvelle m'a causé une grande et subite émotion.

SOUBRESAUTER. v. n. [Pr. *soubre-sôter*]. Faire des soubresauts.

SOUBRETTE. s. f. [Pr. *soubrê-te*] (provenç. *soubreto,* fém. de *soubret,* homme qui fait le renchéri; esp. *sobretarde,* le tard, la s. étant primitivement la servante entremetteuse qui allait le soir porter des lettres d'amour). T. Théat. Suivante de comédie. *Rôle de s. L'emploi des soubrettes. Jouer les soubrettes.* || Suivante, bonne vive et délurée.

SOUBREVESTE. s. f. (lat. *super,* sur; *vestis,* habit). Sorte de vêtement sans manches, qui se mettait par-dessus les autres vêtements, par-dessus la cuirasse.

SOUBUSE s. f. [Pr. *soubu-ze*] (R. *sous,* et *buse*). T. Ornith. Espèce de *Rapace* Voy. BUSARD.

SOUC. s. m T. Métall. L'une des principales pièces de l'ordon.

SOUCHE. s. m. (lat. *soccus,* soulier de bois). La partie du tronc d'un arbre qui reste dans la terre avec les racines, après que l'arbre a été coupé. *Il faudrait arracher ces souches. Une s. pourrie.* — Fig. et fam., *C'est une s., une vraie s.,* se dit d'une personne stupide et sans activité.

> Mais à tous mes discours tu fus comme une souche.
>
>   MOLIÈRE.

|| Fig., en parl. de généalogie, sign., le personnage duquel descend une race, une famille, une branche. *Cet homme illustre a été la s. de plusieurs grandes familles. Robert le Fort, quatrième fils de saint Louis, est la s. de la maison de Bourbon.* — *Faire s.,* Commencer une branche dans une généalogie, être le premier d'une suite de descendants. *De tous les enfants de saint Louis, il n'y en a eu que deux qui aient fait s.* — *Vouloir faire s. d'honnêtes gens,* Se marier dans le dessein d'élever ses enfants honnêtement. — T. Jurispr. *Succéder par s.,* Succéder par représentation. || T. Bot. Syn. de *Rhizome.* Voy. TIGE. || T. Comm. Le plus long des deux morceaux de bois ajustés, sur lesquels les boulangers et les bouchers font des entailles pour marquer les fournitures qu'ils font à crédit. *La s. reste entre les mains du marchand, et l'échantillon entre celles de l'acheteur.* — Par anal., La partie qui reste des feuilles d'un registre, lorsqu'on les a coupées en zigzags dans leur longueur, de manière qu'on rapprochant la partie coupée et détachée de celle qui y est restée, on reconnaisse si elles se correspondent exactement. *La s. d'un registre. Registre à s. Talon de s.* || T. Maçon. Partie du tuyau d'une cheminée établie au-dessus du toit. Voy. CHEMINÉE. || T. Techn. Douille qui fixe le soc au corps de la charrue — Tuyau d'où part un jet d'eau dans un bassin. — Imitation du cierge où l'on ajuste une bougie. — Vieux clou resté dans la corne d'un animal déferré.

SOUCHERIE. s. f. T. Métall. Ensemble des pièces de charpente qui composent l'équipage du gros marteau.

SOUCHET. s. m. [Pr. *sou-chè*] (Dimin. de *souche*). T. Maçon. Pierre qui se tire au-dessous du dernier banc des carrières. *Le s. est la moindre des pierres de taille.*

SOUCHET. s. m. [Pr. *sou-chè*] (R. *souche*). T. Bot. Genre de plantes Monocotylédones (*Cyperus*) de la famille des *Cypéracées.* Voy. ce mot. || T. Ornith. Groupe de *Canards sauvages.* Voy. CANARD.

SOUCHETAGE. s. m. (R. *soucheter*). Visite qui se fait dans un bois après la coupe des arbres pour compter les souches.

SOUCHETER. v. n. (R. *souche*). Vérifier après une coupe et d'après les souches, le nombre des arbres abattus.

SOUCHETEUR. s. m. Expert nommé pour assister au souchetage.

SOUCHEVER. v. a. (R. *sous* et *chevet*). T. Techn. Séparer un lit de pierres, par le bas, en l'attaquant par-dessous, après l'avoir isolé par des tranchées latérales.

SOUCHEVEUR. s. m. Ouvrier chargé de souchever.

SOUCHON. s. m. Petite souche, || T. Techn. Sorte de fer en barres.

SOUCHONG. s. m. Variété de *thé.* Voy. ce mot.

SOUCI. s. m. (lat. *sollicitus,* inquiet). Soin accompagné d'inquiétude. *S. cuisant, léger. De noirs soucis. Vivre sans s. Avoir, prendre du s. Etre dévoré de soucis.* Fam., *C'est le cadet, c'est le moindre de mes soucis,* se dit d'une chose dont on ne se met nullement en peine. || Fam., *Un sans-s.,* Un homme qui ne se tourmente de rien, que rien n'empêche de se divertir. || T. Bot. Genre de plantes Dicotylédones (*Calendula*) de la famille des *Composées,* tribu des *Radiées.* Voy. COMPOSÉES. — La fleur des espèces de ce genre. — Fam., on dit de quelqu'un qui a le visage extrêmement jaune: *Il est jaune comme un s., comme s.* — *S. d'eau,* Nom vulgaire du *Caltha palustris.* Voy RENONCULACÉES, III. == Syn. Voy. SOIN.

SOUCIER. v. a. Inquiéter, causer du souci, des soucis.

La détresse de son frère ne le soucie guère. Fam. et vieux.
— SE SOUCIER. v. n. S'inquiéter, se mettre en peine de, prendre intérêt à, faire cas de. *Je me soucie peu de ses menaces. Je ne me soucie point de cet homme-là. De quoi vous souciez-vous? Il ne se soucie de rien. Se s. peu de conserver ses amis. Je ne me soucie pas qu'il vienne.* Ironiq. *Je me soucie bien de cette femme-là; qu'ai-je besoin d'elle?* == Conjug. Voy. PLIER.

SOUCIEUX, EUSE. adj. [Pr. *sou-sieu*, *euze*]. Inquiet, pensif, chagrin, qui a du souci. *Cet homme m'a paru s.* || Qui marque du souci. *Un air s. Mine soucieuse.*

SOUCOUPE. s. f. (R. *sous*, et *coupe*). Petite assiette de porcelaine, de faïence, etc., qui se place sous une tasse ou sous un gobelet de même matière, propre à prendre du café, du chocolat, etc. || Espèce d'assiette qui a un pied, et sur laquelle on sert des verres et des carafes.

SOUDABLE. adj. 2 g. Qui se laisse souder.

SOUDAGE. s. m. T. Techn. Action de souder, et le résultat de cette action.

SOUDAIN, AINE. adj. [Pr. *sou-din*, *dène*] (lat. *subitaneus*, m. s., de *subitus*, subit). Subit, prompt. *Départ s. Mort soudaine. Cela a été bien s.*

Il ouvre un œil mourant qu'il referme soudain.

RACINE.

== SOUDAIN. adv. Dans le même instant, aussitôt après. *Il reçut l'ordre, et il partit s.*

Syn. — *Subit.* — « Ce qui est *subit*, dit Lafaye, est tel par le fait; ce qui est *soudain*, est tel par sa nature. L'expression, mort *subite*, donne l'idée d'un événement; l'expression, mort *soudaine*, signifie un genre de mort. Les choses *subites* se considèrent relativement par rapport à leur effet dans le temps, à la surprise qu'il leur arrive de causer, au lieu que les choses *soudaines* sont qualifiées en soi. » Ce qui est *subit* n'a pas été prévu, ce qui arrive *s.* arrive tôt, promptement : c'est tout ce qu'exprime ce mot. On dira d'un homme malade à mort : à peine lui eut-on donné ce remède qu'il mourut *s.*; et l'on dira de celui qui paraissait en santé : il mourut *subitement.*

SOUDAINEMENT. adv. [Pr. *soudè-neman*]. Subitement. *Il mourut s. Il est parti s.*

SOUDAINETÉ. s. f. [Pr. *sou-dè-neté*]. Qualité de ce qui est soudain. *La s. de son arrivée surprit tout le monde.*

SOUDAN. s. m. (Corrup. du mot *solthan*, sultan). À l'origine, *Solthan* ou *Soudan* était le titre que portaient les lieutenants généraux des califes; mais les croisés l'appliquèrent indistinctement aux souverains musulmans qui possédaient l'Asie Mineure, la Syrie et l'Égypte. La puissance de ces derniers ayant survécu à celle des autres, les historiens occidentaux employèrent ce mot d'une façon absolue pour désigner le souverain de l'Égypte.

SOUDAN. s. m. T. Chim. Nom donné à des matières colorantes de nuances variées qui ne sont solubles que dans l'alcool. Voy. COLORANTES, IV, 6.

SOUDAN. Immense région de l'Afrique, comprise entre le Sahara au nord, le Sénégal à l'ouest, la Guinée et le Congo au sud, l'Abyssinie à l'est, c.-à-d. environ entre le 8me et le 15me degrés de latitude nord et du 13me degré de longitude ouest de Paris au 33me degré de longitude est. Elle comprend pour le haut Sénégal, la boucle du Niger et l'affluent de ce fleuve, la Bénoué, le bassin du Lac Tchad et de son tributaire, le Chari; enfin le haut Nil et son affluent de gauche, le Bahr-el-Gazal.

Cette région est occupée par un grand nombre de royaumes nègres dont les principaux sont le Macina sur le Niger supérieur, le Mossi, le Gourounsi et le Gourma dans la boucle de ce fleuve, l'Adar sur la rive gauche, le Sokoto au nord de la Bénoué et l'Adamaoua au sud, le Bornou, le Damerghou, le Kanem, l'Ouadaï et le Baghirmi, entourant le lac Tchad à l'ouest, au nord, à l'est au sud, ce dernier sur les bords du Chari, puis à l'est, au nord du Bahr-el-Gazal le Darfour et le Kordofan, le Sennaar sur la rive droite du Nil (Voy. les cartes de l'Afrique, du Niger, du Congo et du Nil).

Dans ces immenses régions, pullulent toute la faune et toute la flore des régions équatoriales. L'ouest et le centre sont particulièrement riches. L'est est plus marécageux.

Nous avons vu aux articles *Niger* et *Nil* que le haut et moyen Niger et la boucle de ce fleuve appartiennent à la France jusqu'à Ilo, que le bas Niger et le Bénoué, y compris le Sokoto, appartiennent à l'Angleterre. À l'ouest du Tchad, la limite des possessions anglaise et française est marquée par une ligne fictive contournant le Sokoto et aboutissant à Burrona sur le lac. Au sud la limite des possessions anglaises et allemande est formée par une ligne fictive alliant du golfe de Guinée au Tchad, et celle des possessions allemandes et françaises par le Chari. Ces dernières sont séparées à l'est des possessions anglaises du Soudan égyptien par la ligne de partage des eaux des bassins du Congo et du Nil.

SOUDARD ou **SOUDART.** s. m. [Pr. *sou-dar*] (R. *solde*). Se dit, fam., d'un homme qui a longtemps servi à la guerre. *C'est un vieux s.*

SOUDE. s. f. (bas lat. *sodanum*, m. s., qu'on tire de *solidus*, solide; mais cela est peu probable). T. Bot. Genre de plantes Dicotylédones (*Salsola*) de la famille des Chénopodiacées. Voy. ce mot. || T. Chim. La *s.* du commerce est du carbonate de sodium. Pour le chimiste, la *s.* proprement dite est l'hydrate de sodium qui a pour formule NaOH; dans le commerce on désigne ce corps sous le nom de *s. caustique*. Les sels oxygénés de sodium sont ordinairement appelés des *sels de s.*; par ex., au lieu de carbonate de sodium, on dit habituellement carbonate de *s.* Voy. SODIUM.

SOUDER. v. a. (lat. *solidare*, m. s., de *solidus*, solide). Joindre des pièces de métal ensemble, de manière qu'elles forment un tout continu. — SE SOUDER. v. pron. Être soudé. *Ces deux métaux se soudent facilement l'un avec l'autre.* || T. Physiol. Se dit de deux ou plusieurs parties qui contractent une adhérence intime de manière à ne former qu'un seul organe. *Les deux moitiés du frontal se soudent de bonne heure. Ces carpelles se sont soudées en un seul ovaire.* == SOUDÉ, ÉE. part.

SOUDEUR, EUSE. s. Celui, celle qui soude.

SOUDIER, IÈRE. adj. Qui a rapport à la soude. *L'industrie soudière.*

SOUDOYER. v. a. [Pr. *sou-do-ier*] (R. *solde*). Entretenir des gens de guerre, leur payer une solde. *Ce prince peut s. vingt mille hommes. Les troupes étaient soudoyées à ses dépens.* Vieux; on dit ordin., *Solder.* || Par ext. S'assurer le secours de quelqu'un à prix d'argent. *S. des spadassins. Il avait soudoyé la moitié du parterre.* == SOUDOYÉ, ÉE. part. == Conj. Voy. EMPLOYER.

SOUDRE. v. a. (lat. *solvere*, m. s.). Résoudre. Vieux, et n'est usité qu'à l'infinitif.

SOUDRILLE. s. m. [Pr. *ll* mouillées]. T. Mépris, qui se dit d'un soldat libertin et fripon. Fam. et peu usité.

SOUDURE. s. f. T. Techn. Le travail de celui qui soude; la composition employée pour souder; et l'endroit où deux pièces de métal sont soudées. || T. Physiol. Union intime entre deux organes différents. *La s. des pétales.*

Techn. — On appelle *soudure*, en terme général, le résultat obtenu en approchant et superposant, l'une à l'autre, après les avoir préalablement décapées, deux surfaces métalliques de même nature et en les martelant jusqu'à ce que la liaison soit complète entre elles. Industriellement, on donne le nom de *s.* à l'opération ayant pour but de réunir d'une manière définitive, au moyen de certains procédés particuliers, des métaux dont le point de fusion diffère parfois considérablement. Dans ce cas, on a le plus souvent recours à des *alliages* (Voy. ce mot) dont chacun a quelque affinité avec les métaux qu'on veut souder. On emploie même des alliages particuliers pour souder deux surfaces d'un même métal. Ces alliages portent le nom de *soudures*. Pour le cuivre jaune, la *s.* dont on se sert se compose de 50 parties de cuivre et de 55 de zinc. Pour le fer, on emploie un alliage de laiton, de zinc et d'étain qu'on appelle *S. forte*. La *s.* de la tôle ou du fer mince est connue sous le nom de *Brasure* (Voy. ce mot): elle se compose de cuivre et d'étain. La *S. des ferblantiers* et celle *des plombiers* sont formées d'étain et de plomb :

la première contient 50 parties d'étain et 50 de plomb, et la seconde 33 d'étain contre 66 de plomb. Elles servent à réunir le bord des lames de plomb, de fer-blanc, de cuivre. C'est ce qu'on appelle la s. à l'étain. — Nous avons indiqué ailleurs (Voy. ORFÈVRE), les soudures qu'on emploie pour les métaux précieux. Pour les métaux dont le point de fusion est assez bas, il existe un procédé spécial de s., dit *procédé à basse température*. Il consiste à mélanger dans un mortier en porcelaine, une certaine quantité de poudre de cuivre obtenue chimiquement, avec de l'acide sulfurique concentré, et à broyer le tout ensemble, jusqu'à ce qu'on ait obtenu une bouillie épaisse et bien homogène. Cette pâte est ensuite lavée à grande eau afin de faire disparaître toute trace d'acide, puis on y verse peu à peu du mercure. On obtient ainsi un amalgame qui, au bout d'une journée, a acquis une grande dureté. Pour 100 parties de cet amalgame, on emploie 70 parties de mercure et 30 parties de cuivre. Quand on veut faire usage de cette s., on la chauffe légèrement de façon à l'amener à avoir la consistance de la cire fondue. Il suffit, après avoir imprégné les surfaces à souder de cette pâte molle, de les placer entre les mâchoires d'un étau pendant quelques minutes. Dès que l'amalgame est froid la s. se trouve faite; elle est extrêmement solide et résistante.

On a encore recours, pour obtenir la s. de certains métaux, de la fonte avec la fonte, du fer avec la fonte, à des matières pulvérulentes dites *Poudres à souder*. Celle de ces poudres que l'on emploie le plus fréquemment est composée de limaille de fonte douce que l'on mélange, dans des proportions déterminées, avec du borax. Le tout, bien trituré, est placé dans un creuset chauffé jusqu'à ce que la masse soit fondue. On a soin, pendant l'opération, de remuer constamment ce mélange. On laisse refroidir le verre noir résultant de cette fusion et on le broie. Pour souder deux morceaux de fonte ensemble ou un morceau de fer et de fonte, on chauffe ces parties au rouge sombre après les avoir saupoudrées de la mixture. Quelques légers coups de marteau appliqués à l'endroit où doit s'opérer la s. suffisent pour rendre ces métaux définitivement inséparables.

Soudure électrique. — On peut se servir de la chaleur dégagée par le courant électrique pour souder les métaux. Dans le procédé Thomson, les deux pièces sont soigneusement nettoyées et limées. On les encastre dans des étaux de manière qu'elles exercent une pression l'une contre l'autre, puis on fait passer le courant. C'est la surface de contact des deux pièces qui s'échauffe le plus rapidement, et, en peu de temps, se trouve amenée au blanc. Le joint est alors fait, on supprime le courant. M. Thomson se sert de courants alternatifs et a imaginé un transformateur qui peut donner une intensité de 10,000 ampères avec une force électro-motrice de un volt.

On peut aussi utiliser la chaleur de l'arc électrique pour souder (Procédés Bénardos et Howard). De puissants arcs sont disposés convenablement autour du joint que l'on veut faire de manière que la chaleur dégagée amène la fusion du métal.

SOUE. s. f. (lat. *sus*, porc). Étable à porcs.

SOUEH, un des sous-affluents du Nil, dans le Soudan égyptien.

SOUFFLAGE. s. m. [Pr. *sou-fla-je*]. L'art ou l'action de souffler le verre. || T. Mar. Revêtement de planches plus ou moins épaisses, dont on recouvre extérieurement la muraille d'un vaisseau, aux environs de sa flottaison, pour renforcer un côté trop faible, etc.

SOUFFLANT, ANTE. adj. T. Méc. Qui sert à souffler. *Machine soufflante*.

Techn. — Sous le nom de *Machines soufflantes* on désigne plus spécialement les appareils qui servent à lancer l'air destiné à activer la combustion dans les feux et fourneaux des usines métallurgiques; cependant, par extension, on comprend dans la même catégorie les instruments employés dans les foyers de forges et les foyers domestiques. Dans ce dernier cas, ces machines prennent le nom de *soufflets*. C'est pourquoi nous nous occuperons dans cet article du soufflet communément employé dans les ménages et de celui dont font usage les forgerons, serruriers, etc.

I. — Le *Soufflet* est l'appareil dont on se sert dans l'économie domestique pour activer la combustion en dirigeant un rapide courant d'air dans le foyer. Son origine est inconnue; mais nous savons qu'il était usité chez les Romains et chez les

Grecs, qui l'appelaient, ceux-ci φῦσα, ceux-là *follis*. Les peuplades les plus sauvages ont aussi, à l'heure actuelle, des soufflets, primitifs, il est vrai, composés le plus souvent de sortes d'outres en peaux d'animaux, mais qui leur rendent exactement les mêmes services que les nôtres. Le soufflet ordinaire se compose de deux planchettes ovales, nommées *Panneaux* ou *Flasques*, qui sont armées chacune d'un petit manche, et jointes ensemble à un bout et dans tout leur pourtour par une peau clouée sur leurs bords. Cette peau est soutenue intérieurement par deux ou trois cerceaux; elle est assez flexible pour se plisser dans l'espace qui sépare ces derniers, de manière à permettre aux planchettes de se rapprocher ou de s'écarter, en basculant sur leur ligne de réunion. Un trou formé en dedans par un morceau de cuir formant soupape est pratiqué dans l'un des panneaux. Enfin, on appelle *Tuyère* ou *Canon*, le tuyau par lequel s'échappe l'air du soufflet. Le jeu de l'appareil est des plus simples. En effet, lorsqu'on écarte les deux manches, la peau qui entoure les planchettes se développe, la capacité intérieure s'accroît, et l'air s'y précipite en soulevant la soupape. Quand, au contraire, on les rapproche, l'air comprimé referme la soupape et s'échappe par la tuyère. Comme on le voit, le courant d'air est intermittent; mais on peut le rendre continu en réunissant deux soufflets en un seul, l'un aspirant quand

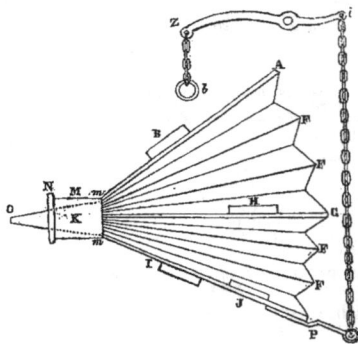

Fig. 1.

l'autre souffle, et réciproquement : c'est ainsi que sont construits les soufflets dits *à deux vents*. On les emploie généralement dans les ateliers où l'on travaille le fer, mais avec des dispositions particulières destinées à faciliter leur manœuvre. La Fig. 1 représente un *soufflet de forge*. M est une pièce cubique de bois, nommée *Tétard*, que consolide une frette de fer N, et qui est percée d'un trou K, pour donner passage au vent et le diriger dans la tuyère O, appelée ici *Buse*. A, G et P sont les flasques. Celle du haut A est renforcée par une traverse de bois B et chargée d'un poids qui tend toujours à l'affaisser. Celle du milieu G est immobile et garnie d'une soupape H. Enfin, la flasque inférieure P, également munie d'une traverse I, présente aussi une soupape J. Les deux soupapes H et J s'ouvrent de bas en haut, et ne sont jamais béantes en même temps. En FFFF sont des cerceaux qui soutiennent le cuir, et en *mm* les charnières sur lesquelles basculent les flasques A, P. Enfin, à l'extrémité du manche P est attachée une chaîne qui va se fixer supérieurement au bras I du levier IZ, tandis qu'une seconde chaîne *b* est suspendue au bras Z. Quand on tire cette dernière, le levier, basculant autour de son centre de rotation, élève la chaîne IP, qui rapproche la flasque P, de la flasque G; alors l'air comprimé qui se trouve dans leur intervalle est chassé en partie par la buse O, tandis que l'autre partie passe dans la capacité supérieure en soulevant la soupape H. Lorsqu'on cesse de tirer en *b*, la flasque P redescend en vertu de son propre poids, et l'air rentre dans la capacité inférieure par la soupape J; mais, en même temps, la flasque A s'abaisse, et force l'air qui se trouve enfermé dans cette même capacité à s'échapper par la buse, et ainsi de suite. L'action du soufflet est donc continue. La puissance de cet appareil est proportionnelle à ses dimensions, c.-à-d. que plus ces dimensions sont grandes, plus le soufflage est énergique. Aujourd'hui on construit des soufflets de forge qui diffèrent de celui que nous venons de décrire. Ils sont constitués par deux cylindres verticaux en tôle placés parallèlement l'un à l'autre. Les flasques sont intérieures et représentées par des pistons dont l'un monte en aspirant l'air, tandis que le second s'abaisse et refoule l'air emmagasiné. De cette manière on a un soufflet à double action qui fournit également un jet d'air continu sur le foyer de la forge.

II. — Dans les grandes usines métallurgiques où le soufflet serait insuffisant pour lancer la masse d'air qu'exige une combustion extrêmement active, on a remplacé tout d'abord cet instrument par des machines plus puissantes, construites d'après des principes différents. La plus simple de ces machines est celle qui est désignée sous le nom de *Trompe*. Elle paraît avoir été inventée au XVIIᵉ siècle. La trompe comporte un tuyau vertical **A** (Fig. 2); P est un réservoir, nommé *Péchère*, dans lequel afflue un courant d'eau qui tombe dans le tuyau. A la partie supérieure de ce dernier se trouve un étranglement G, dit *Goulet* ou *Étranguillon*, au-dessous duquel sont percés plusieurs trous *a*,*a*, appelés *Aspirateurs* ou *Trompilles*. En traversant l'étranguillon, la colonne liquide entraîne avec elle l'air qui lui est fourni par les aspirateurs; puis, arrivée dans la caisse inférieure, elle se

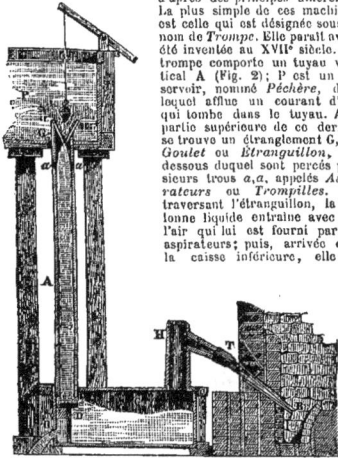

Fig. 2.

heurte contre un madrier ou *Tablier* D, sur lequel elle s'éparpille en laissant dégager l'air qui adhérait à ses filets. Celui-ci s'accumule dans la partie supérieure de la caisse C, où il acquiert une force élastique supérieure à celle de l'air atmosphérique. Ensuite il se rend, par le conduit coudé H, nommé *Homme* ou *Sentinelle*, puis par le tuyau flexible de peau de mouton, T, appelé *Canon de bourrée*, jusque dans la tuyère. Quant à l'eau, elle s'échappe par une ouverture postérieure O, qui est disposée de manière à être toujours noyée, afin d'éviter l'entrée de l'air. Ces appareils qui ont été très longtemps employés, ne produisent qu'un effet utile peu considérable, environ 15 pour 100 du travail moteur total. Aujourd'hui, on n'en fait guère usage que dans les pays de montagnes où les chutes d'eau sont communes, et où l'on dispose généralement d'un grand excès de force motrice.

III. — Les *Machines soufflantes à piston*, appelées aussi *Cylindres soufflants*, qui, dans l'industrie métallurgique, ont succédé aux Trompes, sont surtout employées dans les usines organisées sur une grande échelle. Ces machines ont été créées, au dernier siècle, par l'ingénieur anglais Smeaton. Elles offrent la plus grande analogie avec une pompe foulante et avec la machine à compression, et consistent essentiellement en deux grands cylindres de fonte parfaitement alésés, dans chacun desquels se meut un piston. Lorsque le piston est soulevé, l'air pénètre dans la cavité du cylindre, de sorte qu'en s'abaissant, le piston le comprime, et le force à abaisser la soupape qui sépare le cylindre du porte-vent. Aussitôt qu'il est au bas de sa course et a chassé l'air dans le porte-vent, le piston remonte, la soupape se referme et ainsi

de suite. Grâce aux deux cylindres, le mécanisme fonctionne sans intermittence; un piston monte, tandis que l'autre descend, et il n'y a pas d'interruption dans l'arrivée de l'air qui alimente le foyer. C'est sur le principe de cette machine qu'a été construit le soufflet à forge, dont nous avons parlé plus haut. Les machines soufflantes à piston sont le plus souvent mues par une machine à vapeur, mais quelquefois aussi par une roue hydraulique.

IV. — On appelle *Ventilateurs*, des machines dans lesquelles l'air est poussé par des ailes ou palettes animées d'un

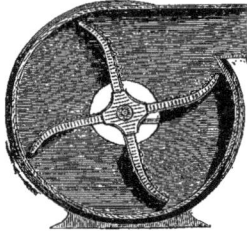

Fig. 3.

mouvement rapide de rotation autour d'un axe horizontal. Le ventilateur le plus usité dans les usines consiste en un tambour de fonte (Fig. 3) dans lequel tournent quatre ailes formées de plaques de tôle. Quand il fonctionne, l'air pénètre dans le tambour par les ouvertures situées près de l'axe, et il est vivement lancé par les ailes contre la circonférence interne de l'appareil, où il rencontre une autre ouverture qui

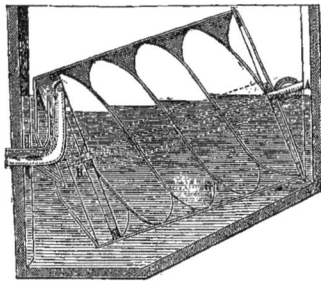

Fig. 4.

le conduit au porte-vent. Il convient de donner aux ailes du ventilateur une courbure légère en sens opposé à celui dans lequel elles se meuvent, afin qu'elles abandonnent plus aisément l'air en contact avec elles. Les machines de ce genre ont besoin d'être animées d'un mouvement très rapide, mais le vent qu'elles fournissent est d'une régularité parfaite. En outre, elles sont peu coûteuses, occupent peu de place, et sont d'une installation facile. Aussi, leur usage est-il fort répandu. Les ventilateurs ont reçu sur la fin du XIXᵉ siècle des perfectionnements importants qui ont pu être établis sur une connaissance plus approfondie de la mécanique des fluides, et de la thermodynamique. — On peut employer encore comme ventilateur la machine hydraulique connue sous le nom de *Tympan de Lafaye*, et que nous avons décrite ailleurs (Voy. NORIA, VI). Le tympan a été employé pour la première fois dans une usine de la Transylvanie. Dans ce cas, la machine constitue véritablement un ventilateur à ailes hélicoïdales fixes : c'est le tambour lui-même qui tourne.

V. — Nous terminerons en mentionnant la machine appelée *Cagniardelle*, du nom de son inventeur, le savant physicien Cagniard-Latour. Cette machine, qui date de 1809, n'est en réalité qu'une ingénieuse application de la vis d'Archimède. Elle se compose (Fig. 4) d'un cylindre de fonte un peu incliné, dans lequel se meut un axe central AB sur lequel est fixée une cloison hélicoïdale de tôle. Le cylindre plonge en partie dans l'eau. Lorsque l'arbre qui porte cette cloison se met en mouvement, ce qui se fait au moyen d'une roue d'engrenage, l'eau se meut horizontalement dans chaque spire en laissant un espace rempli d'air au-dessus de son niveau. A mesure que la machine tourne et que l'air passe d'une spire dans l'autre, il se comprime de plus en plus, et par conséquent détermine un abaissement progressif de la surface de l'eau avec laquelle il est en contact. Enfin, arrivé dans la dernière spire, il pénètre dans un tuyau coudé qui le conduit à la tuyère du fourneau auquel il est destiné. — Les quatre derniers appareils dont nous venons de parler s'emploient aussi à la ventilation et à l'aérage, soit des mines, soit de certains édifices.

SOUFFLE. s. m. [Pr. *sou-fle*] (R. *souffler*). Vent que l'on fait en poussant de l'air par la bouche. *Le s. ne suffit pas pour éteindre cette torche.* Par exagér., *Il est si faible qu'on le renverserait d'un s., du moindre s.* — Fig. et fam., *Cette objection, ce système, peuvent être renversés d'un s.,* Ils sont faciles à détruire. || La simple respiration. *Cet homme n'a qu'un s. de vie,* ou simpl., *n'a que le s.,* Il est extrêmement faible. *Il n'a plus que le s.,* Il est agonisant. || L'agitation de l'air causée par le vent. *Il ne fait pas un s. de vent. Le s. léger des zéphyrs.*

Comme le fruit en naissant arraché
Ou qu'un souffle ennemi dans sa fleur a séché.

RACINE.

|| Fig., Inspiration, influence. *Le poète semblait être animé d'un s. divin.* || *Le s. empoisonné de la haine, de la calomnie.* || *Le s. vital,* la force qui anime les êtres vivants. — *Le s. créateur,* la force par laquelle Dieu a animé les créatures vivantes ou l'inspiration par laquelle l'artiste crée son œuvre. || T. Méd. Nom donné à divers bruits qui se révèlent par l'auscultation. Voy. AUSCULTATION. = Syn. Voy. HALEINE.

SOUFFLÉ. s. m. [Pr. *sou-flé*]. T. Cuis. Mets léger dont la pâte renfle beaucoup, et que l'on fait cuire au four.

SOUFFLEMENT. s. m. [Pr. *sou-fle-man*]. Action de souffler. || T. Dr. S. *d'exploit,* Action de faire disparaître subrepticement un exploit.

SOUFFLER. v. n. [Pr. *sou-fler*] (lat. *sufflare*, m. s., de *sub,* sous, et *flare,* souffler). Faire du vent en poussant de l'air par la bouche. *S. sur une table pour en ôter la poussière. S. dans un instrument à vent pour en tirer du son. S. sur ses doigts,* Pour les réchauffer, et fig. avoir froid. || Fig. et fam., *N'oser s., ne pas s.,* Ne pas oser ouvrir la bouche pour faire des plaintes, des remontrances, etc. *Il faut qu'il endure tout et qu'il ne souffle seulement pas. On n'ose s. devant lui. Ne soufflez pas. Si vous soufflez.* — *S. aux oreilles de quelqu'un,* Lui inspirer de mauvaises pensées, le pousser à des actes mauvais. *Les flatteurs lui soufflent sans cesse aux oreilles. C'est ce méchant homme qui lui a soufflé aux oreilles.* || Repirer avec effort. *Dès que cet homme a monté six degrés, il souffle comme un bœuf. Ce cheval est poussif, voyez comme il souffle.* = Laisser *s. les chevaux,* Les faire arrêter pour prendre haleine. || Agiter l'air, pousser de l'air. — *La bise souffle rudement. Il souffle un vent frais. Le vent nous soufflait au visage. Ce soufflet est percé, il ne souffle plus.* — Fig., dans le langage de l'Ecriture, *L'Esprit souffle où il veut,* Dieu communique ses grâces à qui il lui plaît. = SOUFFLER, v. a. *S. le feu,* Souffler sur le feu pour l'allumer. *S. une chandelle,* S. sur la flamme d'une chandelle pour l'éteindre. *S. la poussière,* S. sur la poussière pour l'enlever. *S. un veau, un mouton,* S. entre la chair et le cuir d'un veau, d'un mouton qu'on vient de tuer, afin d'en séparer plus aisément la peau. *S. l'orgue,* Donner du vent aux tuyaux des orgues par le moyen des soufflets. *S. le verre, l'émail,* Façonner quelque ouvrage de verre, d'émail, en soufflant dans un tube de fer au

bout duquel est la matière que l'on travaille. || Fig., *S. la discorde, le feu de la discorde, la division,* etc., ou simpl., *S. le feu.* Exciter la discorde, la division, etc. On dit à peu près de même, *S. l'irréligion au cœur de quelqu'un. Il soufflait au prince l'esprit de vengeance.* — Fig. et fam., *S. le chaud et le froid,* Louer et blâmer une même chose, parler pour et contre une personne, selon les circonstances. *Ne vous fiez point à cet homme-là ; il souffle le chaud et le froid.* || Fig., *S. quelqu'un,* Dire bas à quelqu'un les endroits de son discours, de sa leçon, de son rôle, où la mémoire lui manque. *S. les comédiens.* Absolument, *Il souffle bien. Il souffle trop haut.* — Au sens moral, *S. quelqu'un,* Lui préparer les réponses qu'il doit faire. || T. Jeu de dames. *S. une dame,* L'ôter à celui contre qui l'on joue, parce qu'il ne s'en est pas servi pour prendre une autre dame qui était en prise. On dit de même, *Je vous souffle,* et absol., *S. n'est pas jouer.* — Fig. et fam., *S. à quelqu'un un emploi, un marché,* etc., Lui enlever un emploi, etc. *S. un exploit,* se dit d'un huissier qui ne remet pas la copie d'un exploit, quoique l'original porte qu'elle a été remise. || T. Chasse. *Ce chien a soufflé le poil au lièvre,* Il a presque appuyé le museau dessus, et il l'a manqué. On dit aussi, *Il lui soufflait au poil,* Il le suivait de très près. — Fig. et fam., *S. au poil de quelqu'un,* Le poursuivre de très près. || T. Art. vétér. *La matière souffle au poil,* se dit lorsque, par l'effet d'une suppuration dans la partie intérieure du sabot, le pus se fait jour à la couronne. || T. Mar. *S. un navire,* Le munir d'un soufflage. || Autrefois, *Souffler* se disait absol. de ceux qui cherchaient la pierre philosophale. *Il a dépensé tout son bien à s. Il y a longtemps qu'il souffle.* = SOUFFLÉ, ÉE. part. *Beignet soufflé,* Beignet dont la pâte renfle beaucoup. || *Omelette soufflée.* Omelette faite avec des blancs d'œufs, de la crème et du sucre battus ensemble. || T. Techn. *Poils soufflés,* se dit, dans l'opération du feutrage, des poils qu'on a soufflés pour séparer les légers des lourds.

SOUFFLERIE. s. f. [Pr. *sou-fleric*]. L'ensemble des soufflets de l'orgue. Voy. ORGUE. || Se dit aussi des soufflets, des machines soufflantes d'une forge, d'une usine. Voy. SOUFFLANT.

SOUFFLET. s. m. [Pr. *sou-flè*]. Instrument qui sert à faire du vent. Voy. SOUFFLANT. || Le dessus d'une calèche, d'un cabriolet qui se replie en manière de soufflet. *Ouvrir, fermer le s. Cabriolet à s.* On dit plus ordinairement *Capote.* || Un coup de plat ou du revers de la main sur la joue. *Appliquer, donner, recevoir un s.,* une grêle de *soufflets.*

Le soufflet sur ma joue est encore tout chaud.

RACINE.

— Fig., *Donner un s. au bon droit, à la raison, au sens commun,* Faire ou dire quelque chose de fort contraire au bon droit, etc. *Donner un s. à quelqu'un sur la joue d'un autre,* Faire à celui-ci des reproches qui retombent sur le premier. — Au sens moral, Mortification que l'on subit directement. On l'a frustré de la place qu'on lui avait promise, *voilà un vilain s. Il a reçu là un rude s.*

SOUFFLETADE. s. f. [Pr. *sou-fletade*]. Plusieurs soufflets appliqués coup sur coup. Peu usité.

SOUFFLETER. v. a. [Pr. *sou-fleter*]. Donner un soufflet, des soufflets à quelqu'un, *Il faudrait s. ce fripon-là. Il mérite d'être s.* = SOUFFLETER. v. pron. Ils se sont souffletés en plein boulevard. *Ah! que je devrais bien me s. pour cette sottise!* = SOUFFLETÉ. ÉE. part. = Conj. Voy. JETER.

SOUFFLEUR. EUSE. s. [Pr. *sou-fleur, euze*]. Celui, celle qui souffle par suite d'une respiration pénible. *C'est un s. perpétuel.* Fam. — On dit aussi adjectiv., *Cheval s.,* Cheval qui souffle extrêmement en courant. || Celui qui met un soufflet, des soufflets en mouvement. *S. d'orgues.* || Fig., Celui qui, placé près d'une personne qui parle en public, lit en même temps et prononce de manière à n'être entendu que d'elle seule, les mots qu'elle ne trouve pas dans sa mémoire. *Sans le s., il serait demeuré court en prononçant sa harangue. Cet acteur a souvent besoin du s. Le trou du s.* || Autrefois, celui qui cherchait la pierre philosophale par les opérations de l'alchimie. *Il s'est ruiné en faisant le s.* || T. Mamm. Espèce de *Dauphin.* Voy. ce mot. — Par ext. se dit quelquefois des Cétacés en général, parce qu'ils font jaillir l'eau de leurs évents en soufflant.

SOUFFLOT, architecte fr., construisit le Panthéon (1713-1780).

SOUFFLURE. s. f. [Pr. *sou-flure*] (R. *souffler*). T. Techn. Cavité qui se trouve dans l'épaisseur d'un ouvrage de fonte ou de verre. || Renflement du verre ou du métal occasionné par l'air qui n'a pu s'échapper.

SOUFFRABLE. adj. 2 g. [Pr. *sou-frable*]. Tolérable. Vx.

SOUFFRANCE. s. f. [Pr. *sou-franse*] (R. *souffrant*). Douleur, peine de corps ou d'esprit. *Cruelle, extrême s. Après de longues souffrances. Être dans la s.* || T. Jurispr. La tolérance qu'on a pour certaines choses que l'on pourrait empêcher. *Ces vues ne sont pas une servitude, c'est une s. du propriétaire. Un jour, des jours de s.* || T. Compt. Suspension par laquelle on diffère d'allouer ou de rejeter une partie mise en compte, jusqu'à ce que les pièces justificatives aient été rapportées. *Cet article est en s. Mettre, tenir une partie en s.* — Par extens., se dit des différentes affaires qui sont en suspens. *Cet homme laisse toutes ses affaires en s. Ce procès met mon commerce en s.* || T. Droit féod. Voy. FIEF, IV, 1. == SOUFFRANT, ANTE. adj. Qui souffre. *Il a le visage d'un homme s. Je suis tout s. aujourd'hui. La partie souffrante,* La partie du corps qui est affligée, affectée, malade. || Patient, endurant, *Il n'est pas d'une humeur souffrante.* Fam. || T. Théol. *L'Église souffrante.* Les âmes du purgatoire. Voy. ÉGLISE.

SOUFFRE-DOULEUR. s. m. [Pr. *sou-fre-douleur*]. Se dit D'une personne qu'on n'épargne point et qu'on expose à toutes sortes de fatigues. *Cet enfant est le s.-douleur de la maison.* || Celui qui est continuellement exposé aux plaisanteries, aux malices des autres. *Cet écolier est le s.-douleur de ses camarades. Ce sont de véritables s.-douleur.* || Se dit encore de certaines choses qu'on sacrifie à toutes sortes d'usages. *Ce cheval est un vrai s.-douleur. Je mets cet habit quand il fait mauvais, c'est le s.-douleur.* — Fam. dans les trois sens.

SOUFFRETEUX, EUSE. adj. [Pr. *sou-fre-teu, euze*] (vx fr., *souffraite*, manque, disette, du lat. *suffractus*, brisé). Qui souffre si la misère, de la pauvreté. *Un vieillard s.* Fam. || Qui éprouve momentanément quelque douleur, quelque malaise. *Je suis tout s. aujourd'hui. La pauvre enfant est toute souffreteuse.* Fam.

SOUFFRIR. v. n. [Pr. *sou-frir*] (lat. *sufferre*, supporter, de *sub*, sous, et *ferre*, porter). Pâtir, sentir de la douleur. *Il souffre beaucoup. S. cruellement. S. de la tête, de la poitrine. S. du froid, du chaud, de la faim, de la soif. Il a l'habitude de s. Il ne sait pas s.* — *Il a cessé de s.,* il est mort. || Au physique et au moral, Éprouver de la peine, du dommage. *Il souffre de votre humeur, de vos caprices. Je souffre à l'entendre. Je souffre de le voir dans un pareil état. Les enfants souffrent des divisions de leurs parents. S. dans sa réputation, souffrir son commerce. S. pour la vertu, pour la liberté, pour sa religion.* || Fig., en parlant Des choses, Éprouver quelque dommage sensible. *Les vignes, les blés ont souffert de la gelée, de la grêle. Ce sillage a beaucoup souffert des ravages de la guerre.* == SOUFFRIR. v. a. Endurer. *S. la douleur, le mal. S. les tourments, la mort, les affronts, les injures, la faim, la soif, la pauvreté, la persécution, le martyre. S. une perte, un dommage.* — Fig. et fam., *S. mort et passion.* Voy. PASSION. || Éprouver, essuyer. *S. une rude, une furieuse tempête,* Être agité d'une rude, d'une furieuse tempête; *S. un coup de vent,* Être battu d'un coup de vent; *S. un assaut,* Soutenir un assaut. *Cette place n'est pas assez forte pour s. un siège,* Pour le soutenir, pour y résister. || Supporter. *C'est un corps qui souffre la fatigue, le froid, la faim. Cet homme ne peut s. la mer. La Gaule souffrait impatiemment le joug des Romains. Il est si incommodé, qu'il ne saurait s. la voiture, ni le cheval.* — Ne pouvoir s. une personne, une chose, Avoir pour elle de l'éloignement, de l'aversion. *Cette mère ne peut s. sa fille. Personne ne peut le s. Il est d'une insolence que je ne puis s. Les vieillards ne pouvaient s. ses innovations.* Prov., *Le papier souffre tout,* Voy. PAPIER. || Tolérer, ne pas empêcher, quoiqu'on le puisse.

Pourquoi souffrez-vous cela? On souffre toutes sortes de religions dans tel pays. Il souffre tout à ses enfants. On souffre cela dans la conversation, mais non dans le style soutenu. || Permettre. *Souffrez que je vous dise. Je ne souffrirai pas que vous restiez tête nue.* || Admettre, recevoir, être susceptible. *Cela ne souffre point de retard, de délai, de comparaison. Cette raison ne souffre point de réplique. Cela souffre quelque difficulté. Cette règle souffre exception, souffre des exceptions. Ce passage souffre différentes interprétations.* == SOUFFERT, ERTE. part. == Conj. Voy. OUVRIR. == Syn. Voy. ENDURER et PERMETTRE.

SOUFI ou **SOFI**. s. m. (ar. *souf*, laine). T. Hist. Membre d'une secte mystique répandue dans tous les pays musulmans. Voy. PHILOSOPHIE, III, F.

SOUFISME. s. m. Doctrine des Soufis. C'est une sorte de panthéisme mystique. Voy. PHILOSOPHIE, III, F.

SOUFRAGE. s. m. Action de soufrer. *Le s. des allumettes. Le s. des toiles. Le s. d'un tonneau.* || T. Vitic. *S. de la vigne.*

SOUFRE. s. m. (lat. *sulphur*, m. s.). T. Minér. et Chim. Voy. plus bas. || T. Entom. Espèce de papillon diurne. Voy. DIURNES.

Chim. — I. *Propriétés générales du Soufre.* — Le *Soufre* est un corps simple, qui appartient à la classe des métalloïdes. Il est solide à la température ordinaire, d'un jaune clair, insipide, inodore, extrêmement friable, et mauvais conducteur de la chaleur et de l'électricité. Il se dissout dans l'alcool et la benzine, mais surtout dans le sulfure de carbone, dont 100 parties peuvent dissoudre jusqu'à 180 de s., à la température de 55°. Il se dépose alors en *octaèdres droits* à base rhombe (Fig. 1), identiques avec ceux que présente le s. naturel. Ce corps fond vers 113° et bout à 447°. Cristallisé par voie de fusion, il prend la forme de prismes clinorhombiques (Fig. 2), fusibles à 117°. Abandonnés à eux-mêmes, ces prismes tombent peu à peu en poussière. Mais si l'on examine cette poussière au microscope, elle apparaît comme formée de petits octaèdres identiques avec ceux dont il vient d'être question. La densité du s. fondu est de 2,05; celle du s. octaédrique 2,07; celle du s. prismatique 1,97. La vapeur de s. est d'un rouge orangé; sa densité est 6,66 à 500°, et 2,23 à 1000°. Le s. est très avide d'oxygène; il s'enflamme dans l'air à 250° et brûle avec une flamme bleue, en donnant naissance à de l'anhydride sulfureux qu'on reconnaît à son odeur piquante. A une température élevée, le s. se combine directement avec l'hydrogène. Enfin, il a une très grande affinité pour le chlore, le brome et l'iode, ainsi que pour les métaux. Ceux-ci, pour la plupart, peuvent brûler dans sa vapeur. Le symbole du s. est S, et son poids atomique 32. La molécule du s., à l'état de vapeur, a pour formule S^6 à la température de 500°, et S^2 au-dessus de 860°. Pour le s. en dissolution les expériences cryoscopiques donnent la formule S^8. Le s. est en général bivalent, comme l'oxygène; mais dans certaines combinaisons, il fonctionne comme un élément tétravalent.

II. *Polymorphisme et allotropie du Soufre.* — Quand on chauffe graduellement le s. fondu, entre 140° et 150°, il prend une coloration jaune foncée; à 190°, il prend une teinte orangée en même temps qu'une consistance visqueuse. A 230°, sa couleur est brune, et sa viscosité est au maximum; enfin, il redevient fluide, lorsqu'il approche de son point d'ébullition. Si, au voisinage de 250°, on le *trempe*, c.-à-d. si on le refroidit brusquement en le versant dans l'eau froide, il reste d'abord mou et brun, transparent et élastique. Mais, au bout de quelques jours, il redevient dur : on peut même le faire repasser brusquement à ce dernier état, en le portant à une température voisine de 100°. Il se dégage alors une certaine quantité de chaleur, car un thermomètre placé dans le s. mou marque un peu moins de 100° au moment où s'opère la transformation; mais aussitôt après il s'élève à 110°. Ainsi, le s. mou diffère du s. ordinaire par une certaine quantité de chaleur latente qu'il contient en plus. Lorsque le s. a été trempé au-

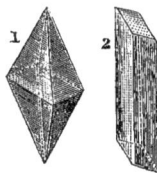

dessus de 150° il n'est plus entièrement soluble dans le sulfure de carbone et il y laisse un résidu amorphe plus ou moins abondant. Le s. mou, obtenu par la trempe à 230°, contient 30 pour 100 de cette variété insoluble; la fleur de soufre qu'on trouve dans le commerce en contient aussi une proportion notable. Le s. amorphe existe donc sous deux états allotropiques bien distincts. Le premier est le s. amorphe soluble, qu'on appelle aussi s. électro-négatif parce qu'il se dépose à l'élect- ode positive quand on électrolyse les dissolutions de sulfures métalliques ou d'acide sulfhydrique. On l'obtient encore sous forme de lait de s. quand on décompose les polysulfures par un acide. C'est une poudre blanchâtre, très soluble dans le sulfure de carbone et qui se transforme facilement en s. cristallisé. La seconde modification est le s. amorphe insoluble ou s. électro-positif. Celui-ci est d'une couleur jaune orange; il est complètement insoluble dans le sulfure de carbone, dans l'alcool et dans l'éther. Au contact des sulfures alcalins ou des alcalis, il se transforme peu à peu en s. cristallisé octaédrique. Chauffé à 111°, il se convertit rapidement en s. prismatique. On peut l'obtenir par l'action de l'eau sur le chlorure de s, ou par la décomposition spontanée de l'acide hyposulfureux. — A ces deux variétés amorphes il faut ajouter les deux variétés cristallisées dont nous avons parlé plus haut, c.-à-d. le s. octaédrique ou rhombique, et le s. prismatique ou clinorhombique, enfin le s. nacré qui se produit par la décomposition du bisulfure d'hydrogène au contact de l'alcool, et qui cristallise en lames nacrées, se transformant spontanément en octaèdres. Le s. rouge et le s. noir, qu'on obtient par une série de fusions et de solidifications, ne sont pas des variétés distinctes comme on l'avait cru d'abord, et leurs propriétés spéciales sont dues à des impuretés.

III. Gisements du Soufre. — On trouve le s. à l'état natif dans deux gisements principaux : dans les terrains volcaniques et dans les terrains de sédiments de tous les âges, et particulièrement dans les parties de ces terrains qui avoisinent les sources sulfureuses. On l'a rencontré aussi dans les terrains de cristallisation et dans quelques gîtes métallifères; mais il ne se rencontre là qu'accidentellement et toujours en très petite quantité. Tous les volcans en activité produisent du s., et c'est surtout dans les volcans à demi éteints et passés à l'état de soufrières ou solfatares, qu'on le trouve en grande abondance. Il se dégage constamment des fissures du sol, se dépose sur toutes les matières environnantes où il forme souvent des croûtes et des concrétions cristallines, quelquefois des cristaux translucides (s. vierge), et on le retrouve dans le sol même jusqu'à la profondeur de quelques mètres. Il abonde ainsi dans l'île de Vulcano, l'une des Lipari; à Pouzzoles, près de Naples, dont le vieux cratère porte le nom de solfatare par excellence, et où le s. exploité de toute antiquité, se renouvelle perpétuellement. Il est très abondant aussi en Islande et dans les volcans de la Guadeloupe et de l'île de la Réunion. Dans les terrains de sédiment, on rencontre le s. à tous les étages, mais seulement dans les lieux où il y a eu anciennement des phénomènes volcaniques ou des sources minérales sulfureuses. Il y est en amas irréguliers, associé à des sulfates ou au sel gemme, et ordinairement accompagné d'argiles ou de marnes. On le trouve aussi dans les marnes bitumineuses et gypseuses des terrains tertiaires. Les exploitations de la Sicile, qui sont les plus importantes du globe, se trouvent dans ce gisement. On se procure tout le s. dont on a besoin de deux manières : en le recueillant immédiatement dans les solfatares ou soufrières naturelles, et le séparant des matières terreuses avec lesquelles il est mélangé, ou en l'extrayant des pyrites, c.-à-d. des composés qu'il forme avec le fer et le cuivre, et qui sont abondamment répandus dans la nature.

IV. Extraction du Soufre. — En Sicile, où le s. fait l'objet d'un commerce très important (car ce pays fournit à lui seul presque tout le s. que l'on emploie dans les arts) l'exploitation de cette matière se fait de la manière la plus simple. Les terrains sont tellement riches, qu'ils renferment jusqu'à 30 et 50 pour 100 de s. Le plus souvent, à cause de la rareté du combustible, on emploie le procédé dit des calcaroni : on forme avec le minerai des meules analogues à celles de nos charbonniers, et on y met le feu par le haut; une partie du s. brûle peu à peu et fait fondre le reste. Ces meules ont de grandes dimensions et contiennent jusqu'à 1,200 mètres cubes de minerai; la partie inférieure est maintenue par un mur en calcaire; le sole est inclinée pour permettre l'écoulement du s. fondu. Ce procédé est le plus usité, bien qu'il entraîne une perte en s. de près d'un tiers. Là où le combustible n'est pas trop cher, on chauffe le minerai

dans des fours, ou bien l'on détermine la fusion du s. en faisant agir de la vapeur d'eau à 4 atmosphères sur le minerai enfermé dans de forts cylindres en tôle. Le procédé des doppioni, longtemps employé à Pouzzoles, repose sur la distillation du s. et convient surtout aux minerais pauvres. On place le minerai dans de grands pots de terre de la capacité de 20 litres, qui sont disposés sur deux rangées, dans un fourneau long appelé fourneau de galère, de façon que la flamme

Fig. 3.

les entoure complètement. Ces pots (Fig. 3) communiquent par un tube partant de leur partie supérieure avec d'autres pots semblables établis en dehors du fourneau, de manière que le s. se distille des premiers dans les seconds. Enfin, ces derniers portent au bas des ouvertures par où l'on fait écouler le s. fondu dans l'eau. Mais le s. ainsi obtenu est encore fort impur; il faut donc le raffiner; cette nouvelle opération se fait généralement dans les pays d'importation. A Marseille, où le raffinage du s. se fait sur une grande échelle, on opère de

Fig. 4.

la manière suivante (Fig. 4). On introduit le s. à raffiner dans une vaste chaudière cylindrique de fonte C, qui a la forme d'une cornue, et qui est capable de contenir 500 à 600 kilogrammes de s. On chauffe de façon à distiller ce dernier, et ses vapeurs se dégagent dans une chambre de maçonnerie de briques D, où elles se condensent sur les parois froides. Le s. ne doit être introduit que fondu dans la chaudière. Par là, on évite que les substances organiques qu'il coulent lorsqu'il est brut, ne donnent, en se décomposant, des matières susceptibles de former avec l'air de la chambre de condensation un mélange détonant. La chambre présente à sa partie supérieure une soupape qui permet aux gaz échauffés et dilatés de l'intérieur de s'échapper au dehors, sans cependant laisser rentrer l'air extérieur. Elle est en outre munie d'une porte fermée par une maçonnerie provisoire, qu'on n'ouvre que pour recueillir le soufre condensé à l'état solide, et d'une ouverture fermée par une plaque de fonte, qui sert à faire écouler le s. fondu ou condensé à l'état liquide. Ce dernier, quand on retire la cannelle qui traverse la plaque, s'écoule dans une chaudière où on le maintient à l'état de fusion. Enfin, un ouvrier y puise le s. liquide et le verse avec une cuiller dans des moules de bois où il prend la forme de bâtons : c'est ce qu'on appelle le *S. en canons*. Si l'on ne distille que 300 kilogrammes en 24 heures, la chambre de condensation ne s'échauffe pas assez pour que le s. devienne liquide. Alors il se dépose en poudre sur le sol, où l'on vient l'enlever à la fin de l'opération. La s. ainsi obtenu sous forme pulvérulente est appelé *fleur de s*. Il contient toujours un peu d'acide sulfureux et d'acide sulfurique qu'on peut lui enlever par des lavages à l'eau. — On peut aussi retirer, au moyen de la distillation, le s. que contiennent certains sulfures, comme les pyrites de fer, que l'on trouve abondamment répandus dans la nature. Cette opération se fait dans des cornues coniques en grès, disposées par séries dans des fourneaux de galère. On condense le s. dans un récipient de fonte contenant de l'eau froide. La pyrite de fer peut donner 20 à 25 pour 100 de s., et il reste un sulfure qui, exposé à l'air, se transforme en sulfate de fer. Ce procédé d'extraction du s. n'est applicable, industriellement parlant, que dans les lieux où le combustible est à bon marché. Il est employé depuis longtemps en Saxe et en Hongrie. Ajoutons que le s. ainsi obtenu est quelquefois souillé d'arsenic. Le même procédé sert à extraire le s. qui s'accumule à la longue dans le mélange de Laming servant à l'épuration du gaz d'éclairage. — On exploite aussi les marcs de soude provenant de la fabrication du carbonate de soude. *Voy.* Sodium, II, 2. En traitant ces marcs par l'acide chlorhydrique on met en liberté le s. qui y était contenu à l'état d'hyposulfite et de sulfure de calcium.

V. *Combinaisons oxygénées du soufre.* — Les combinaisons du s. avec l'oxygène sont l'*Anhydride sulfureux* SO^2, l'*Anhydride sulfurique* SO^3 et l'*Anhydride persulfurique* S^2O^7. Les principaux acides oxygénés du s. sont : l'*Acide sulfurique* SO^4H^2, l'*Acide sulfureux* SO^3H^2, l'*Acide hyposulfureux* ou *thiosulfurique* $S^2O^3H^2$, l'*Acide hydrosulfureux* SO^2H^2. Le groupe connu sous le nom de *série thionique* se compose des acides : *dithionique* $S^2O^6H^2$, *trithionique* $S^3O^6H^2$, *tétrathionique* $S^4O^6H^2$ et *pentathionique* $S^5O^6H^2$. Nous commencerons par les composés sulfureux et sulfuriques, qui sont de beaucoup les plus importants.

A. L'*Anhydride sulfureux*, SO^2 qu'on appelait autrefois *Esprit de soufre*, est gazeux à la température ordinaire. Il est incolore ; mais il possède une saveur acide et une odeur piquante fort désagréable que tout le monde connaît, car c'est celle que répand une allumette soufrée quand on l'enflamme. Respiré même en assez petite quantité, il provoque la toux, et produit la suffocation : à haute dose, il asphyxie brusquement. Ce gaz est près de deux fois et quart plus lourd que l'air, sa densité étant 2,234. Il éteint subitement les corps en combustion, rougit fortement la teinture de tournesol, dont il dégrade peu à peu la couleur, et résiste aux plus hautes températures sans se décomposer. Il est très soluble dans l'eau, qui, à la température de + 15°, dissout 50 fois son volume de ce gaz. Cette dissolution a l'odeur, la saveur et les autres propriétés de l'acide gazeux ; mais, abandonnée à l'air, elle absorbe l'oxygène et se forme de l'acide sulfurique. — L'anhydride sulfureux se liquéfie, sous la simple pression de l'atmosphère, à une température de 10° environ au-dessous de zéro. On peut le liquéfier à + 15°, en le soumettant à une pression de 2 atmosphères. Ainsi liquéfié, il est incolore et très mobile, et sa densité est 1,42. En se volatilisant à l'air, l'anhydride sulfureux liquide détermine un grand abaissement de température. Si, par ex., on verse ce liquide sur la boule d'un thermomètre enveloppée de coton, le froid produit est tel qu'il congèle le mercure. En faisant la même expérience sur le thermomètre à alcool, celui-ci descend à — 50° ou — 60°, selon que la température de l'air ambiant est plus ou moins élevée. En opérant dans le vide de la machine pneumatique et en présence de substances alcalines destinées à absorber les vapeurs d'anhydride sulfureux à mesure qu'elles se forment, on peut obtenir un froid de 68° au-dessous de 0°. Enfin, à la température de — 76°, l'anhydride liquide lui-même se solidifie. — L'hydrogène n'agit pas à froid sur le gaz sulfureux ; mais si l'on fait passer un mélange de ces deux gaz à travers un tube de porcelaine chauffé au rouge, l'anhydride sulfureux se décompose, il se forme de l'eau et le s. se dépose. Avec l'aide de la chaleur, le charbon décompose aussi le gaz sulfureux, il se produit du sulfure de carbone, et il se dégage de l'oxyde de carbone ou de l'acide carbonique, suivant l'élévation de la

température. Les métaux oxydables peuvent réduire le gaz sulfureux : le potassium y brûle en formant du sulfure, du sulfate et de l'hyposulfite de potassium ; l'étain donne naissance à de l'anhydride stannique et à du sulfure d'étain. L'anhydride sulfureux peut jouer le rôle d'un radical bivalent et former des composés d'addition ; il reçoit alors le nom de *sulfuryle*. C'est ainsi que, sous l'action de la mousse de platine, il fixe un atome d'oxygène en donnant naissance à l'anhydride sulfurique, que l'on peut considérer comme l'oxyde de sulfuryle. Mélangé avec le chlore et exposé aux rayons solaires il fixe deux atomes de chlore en formant du chlorure de sulfuryle. — L'*Acide sulfureux* SO^3H^2, qui résulte de l'action de l'eau sur l'anhydride, n'est connu qu'en dissolution. Il est bien plus oxydable que l'anhydride et se transforme rapidement en acide sulfurique, soit au contact de l'air, soit sous l'action du chlore ou de l'iode. Il réduit les sels ferriques, ainsi que le permanganate et le bichromate de potasse. Il réduit aussi l'acide iodique en mettant en liberté l'iode, que l'on peut déceler par l'empois d'amidon ; cette réaction très sensible est utilisée pour la recherche et le dosage de l'acide sulfureux. La plupart des matières colorantes végétales sont décolorées par l'acide sulfureux ; en général il ne les détruit pas, mais il paraît former avec elles des composés incolores instables. Lorsque, par ex., on a décoloré des violettes par l'acide sulfureux, il suffit de les tremper dans une liqueur alcaline pour régénérer la substance colorante.

Pour obtenir du gaz sulfureux, il suffit de brûler du s. au contact de l'air, ou de calciner des pyrites : c'est même ainsi qu'on le prépare dans l'industrie. Mais de cette façon il n'est jamais pur, car il contient tous les éléments de l'air autres

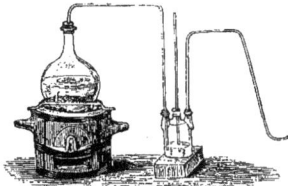

Fig. 5.

que l'oxygène, ainsi que des traces d'acide sulfurique. En conséquence, dans les laboratoires, on a recours à d'autres procédés. Le plus usité consiste à faire subir à l'acide sulfurique une désoxydation partielle. A cet effet, on verse dans un matras (Fig. 5) cinq parties d'acide sulfurique concentré et une de mercure ; on chauffe avec quelques charbons jusqu'à ce que le gaz commence à se dégager. Il se forme du sulfate de mercure, qui reste dans le matras. La réaction s'exprime par l'équation suivante :

$$2SO^4H^2 + Hg = SO^4Hg + SO^2 + 2H^2O.$$

Il est nécessaire de faire passer le gaz à travers un flacon laveur renfermant un peu d'eau pour retenir les gouttelettes d'acide sulfurique entraînées. Il faut aussi, si l'on veut obtenir le gaz bien sec, le faire passer par un tube rempli de chlorure de calcium. De plus, à cause de sa solubilité dans l'eau, il doit être recueilli sur le mercure. — Si l'on fait passer le gaz dans de l'eau maintenue à 0°, on obtient l'acide sulfureux à l'état d'hydrate cristallisé. La dissolution d'acide sulfureux peut se préparer d'une manière beaucoup plus économique, en chauffant l'acide sulfurique simplement avec du charbon ou même avec du bois et en recevant dans de l'eau le mélange gazeux qui se dégage. Ce mélange est formé de gaz sulfureux et d'anhydride carbonique ; mais, dans la plupart des applications, la présence de l'anhydride carbonique ne présente aucun inconvénient.

B. L'*Anhydride sulfurique* SO^3 donne naissance à deux acides : l'*acide sulfurique ordinaire* ou *normal* SO^4H^2, et l'*acide pyrosulfurique* $S^2O^7H^2$ qui constitue en majeure partie l'*acide fumant* du commerce.

1° L'*Anhydride sulfurique* SO^3 est solide à la température ordinaire, et se présente sous la forme d'aiguilles blanches et soyeuses. Sa densité est de 1,95 et la densité de sa vapeur 2,76. Récemment préparé il fond à 18° et se volatilise vers 30° A l'état liquide il dissout le s. en se colorant en bleu. L'anhydride sulfurique a une telle affinité pour l'eau, que, lorsqu'on le projette dans ce liquide, il produit un frémissement analogue à celui que détermine un fer rouge qu'on y plonge brusquement. C'est à cette affinité qu'il doit la propriété de carboniser les substances d'origine organique en leur enlevant les éléments de l'eau. Chauffé au rouge sombre il se dédouble en gaz sulfureux et en oxygène. — Pour préparer l'anhydride sulfurique on utilise la propriété que possède le platine très divisé de provoquer la combinaison de l'oxygène avec l'anhydride sulfureux. L'amiante platiné qu'on emploie à cet effet s'obtient en imprégnant l'amiante d'une solution de chlorure platinique que l'on réduit ensuite par la chaleur, ce qui produit un dépôt de platine très poreux. On fait passer un mélange d'oxygène et de gaz sulfureux bien secs sur l'amiante ainsi préparée au fer rouge; il se dégage des vapeurs d'anhydride sulfurique que l'on condense. On pourrait aussi préparer cet anhydride en décomposant par la chaleur le bisulfate de soude, ou bien en soumettant l'acide sulfurique fumant à une distillation ménagée.

2° L'*acide sulfurique fumant* s'appelle aussi *Acide de Nordhausen* et *Acide de Saxe*, parce qu'il a d'abord été fabriqué à Nordhausen, petite ville de la Saxe. C'est un liquide incolore, d'apparence oléagineuse, très acide et très corrosif. Au contact de l'air, il laisse échapper des fumées blanches : de là le nom sous lequel on le désigne. Il a une extrême affinité pour l'eau, et produit, quand on le projette dans ce liquide, le même effet qu'un fer rouge. Son avidité pour l'eau fait qu'il charbonne les substances organiques en leur enlevant de l'oxygène et de l'hydrogène pour former de l'eau; c'est à cette circonstance qu'il doit la couleur brune qu'il présente habituellement, car les poussières organiques qui sont en suspension dans l'air venant à tomber dans l'acide, elles s'y charbonnent et le noircissent. A la température ordinaire, l'acide fumant peut être considéré comme une simple dissolution d'anhydride sulfurique dans de l'acide normal. En effet il suffit de le chauffer vers 40° pour que l'anhydride se sépare et se volatilise. Mais lorsqu'on refroidit à 0° l'acide fumant on obtient des cristaux blancs qui répondent à la formule $S^2O^7H^2$ et qui constituent un acide particulier appelé *pyrosulfurique*, ou *disulfurique*, ou encore *anhydrosulfurique*. Ce corps est peu stable et ne fond qu'en se décomposant. Ses sels, les *pyrosulfates*, présentent plus de stabilité. — Le procédé de fabrication usité autrefois en Saxe, et encore à présent en Bohême, consiste à calciner un sulfate ferreux obtenu par l'oxydation des schistes pyriteux à l'air humide. La calcination s'opère dans de petites cornues en terre, disposées dans un long fourneau de galère; elle donne naissance à de l'acide fumant qui distille et à du colcotar qui reste dans les cornues. Aujourd'hui la majeure partie de l'acide fumant du commerce s'obtient par un procédé tout différent : on prépare directement de l'anhydride sulfurique et on le dissout dans l'acide ordinaire. Par ce moyen on peut obtenir non seulement le mélange correspondant à la composition de l'acide pyrosulfurique, mais des produits plus ou moins riches en anhydride, suivant l'usage auquel ils sont destinés.

3° L'*Acide sulfurique normal* SO^4H^2 ou *Acide sulfurique ordinaire*, ou *Acide sulfurique anglais*, est encore désigné quelquefois sous les anciens noms d'*Huile de vitriol* et d'*Acide vitriolique*. C'est un liquide incolore et inodore, de consistance oléagineuse. A 15°, il a pour densité 1,842 et il marque 66° à l'aréomètre Baumé. Lorsqu'il est absolument pur, il reste solide jusqu'à $+10°,5$ et il bout à 338°. Mais l'acide ordinaire du commerce, qui renferme toujours un peu d'eau, ne se congèle qu'à $-35°$, et entre en ébullition à $+325°$. C'est un des acides les plus énergiques que l'on connaisse : il rougit fortement le tournesol, même lorsqu'il est étendu dans un volume d'eau 1000 fois plus grand que le sien. Il est assez énergique pour déplacer tous les acides de leurs combinaisons, à l'exception des acides borique, phosphorique et silicique, qui, à chaud, le chassent des siennes à cause de leur grande fixité (Voy. SEL, I, G). L'acide sulfurique normal est extrêmement avide d'eau; il enlève même les éléments de l'eau à des corps qui ne la contiennent pas toute formée; c'est ainsi qu'il carbonise un grand nombre de substances organiques. Il est dangereux de verser de l'eau dans de l'acide sulfurique concentré; car l'élévation de température produite par la combinaison peut dépasser 100° et projeter une partie du liquide corrosif hors du vase. Pour opérer le mélange, on doit verser lentement l'acide dans l'eau, en agitant sans cesse. Après le refroidissement, on observe qu'il y a eu contraction de la masse. Cette contraction peut s'élever jusqu'à 8 centièmes du volume primitif. Si l'on remplace l'eau

par de la neige ou de la glace pilée, on peut produire de la chaleur ou du froid, selon les quantités relatives qu'on emploie de ces corps. Ainsi, 4 parties d'acide et 1 partie de glace donnent de la chaleur, tandis que 4 de glace et 1 d'acide donnent du froid. Il est facile d'expliquer ces phénomènes en apparence contradictoires. En effet, la fusion de la glace s'accompagne d'une absorption de chaleur et tend à refroidir le mélange; d'autre part, l'eau de fusion se combine avec l'acide en dégageant de la chaleur. Suivant les proportions respectives de l'acide et de la glace, l'un des deux effets indiqués doit l'emporter sur l'autre, et de là il résulte, tantôt un refroidissement, tantôt une élévation de température. Si l'on ajoute une molécule d'eau à l'acide normal, on obtient un hydrate $SO^4H^2 + H^2O$ appelé *Acide glacial*, qui cristallise à la température de $+8°$, et qui, à la température de 200°, perd son eau pour se transformer en acide ordinaire. Si l'on porte le nombre des molécules d'eau à deux, on obtient un nouvel hydrate $SO^4H^2 + 2H^2O$ qu'on doit regarder comme une combinaison définie, parce que les proportions d'acide sulfurique et d'eau qui le constituent correspondent au maximum de contraction. De même que le précédent, cet hydrate, sous l'influence de la chaleur, perd de l'eau et se transforme en acide normal. A mesure que l'on ajoute de l'eau à l'acide sulfurique ordinaire, le point d'ébullition s'abaisse; mais il est facile de le concentrer de nouveau par la distillation. Toutefois cette opération n'est pas sans danger, quand

Fig. 6.

on la fait dans une cornue de verre, à cause des soubresauts que produit le liquide en ébullition, par suite de son extrême viscosité. On évite ces soubresauts qui pourraient briser la cornue, en chauffant l'acide, non plus par le fond du vase, mais sur les parois latérales. A cet effet, on place la cornue dans une grille annulaire de fil de fer (Fig. 6), autour de laquelle on dispose les charbons. — Sous l'influence de la chaleur rouge, l'acide sulfurique se décompose en oxygène, eau et anhydride sulfureux. Sainte-Claire Deville a même proposé d'utiliser cette réaction pour la préparation industrielle de l'oxygène. Il suffirait, pour obtenir ce dernier gaz à l'état de pureté, de traiter le mélange gazeux provenant de la décomposition de l'acide sulfurique par un corps capable d'absorber l'anhydride sulfureux : la chaux, par ex. A l'aide de la chaleur, le charbon réduit l'acide sulfurique à l'état d'anhydride sulfureux, et passe lui-même à l'état d'anhydride carbonique. Il se transforme en anhydride sulfureux. Presque tous les métaux sont attaqués par l'acide sulfurique hydraté. Les uns, comme le zinc, donnent alors de l'hydrogène et un sulfate métallique. Les autres, comme le cuivre, donnent un sulfate, de l'eau et de l'anhydride sulfureux. L'acide sulfurique étendu d'eau attaque vivement le fer en dégageant de l'hydrogène; mais l'acide concentré, lorsqu'il est exempt de produits nitreux, n'a guère d'action, et l'on peut le conserver et le transporter dans des récipients en tôle ou en fonte. Le plomb, au contraire, résiste très bien à l'acide étendu, tandis qu'il est attaqué, surtout à chaud, par l'acide concentré. L'or n'éprouve d'altération dans aucun cas. Mais le platine n'est pas absolument inattaquable et les cornues de ce métal qui servent à la concentration de l'acide sont corrodées à la longue.

Fabrication de l'acide sulfurique. — Dans l'industrie, on prépare l'acide sulfurique en faisant réagir ensemble de l'anhydride sulfureux, de l'acide azotique, de l'air et de la vapeur d'eau. La réaction donne naissance à des composés azotés par l'intermédiaire desquels l'anhydride sulfureux fixe les éléments de l'eau et l'oxygène contenus dans l'air humide et se convertit ainsi en acide sulfurique. Il résulte de là qu'une quantité limitée d'acide azotique permet de transformer des quantités illimitées d'anhydride sulfureux en acide sulfurique, puisque en définitive cette transformation s'opère aux dépens de l'air humide. — Tout d'abord l'anhydride sulfureux s'unit à l'acide azotique et donne naissance à de l'*acide nitroso*-

sulfurique ou *sulfate acide de nitrosyle* $SO^4H(AzO)$ selon l'équation :

$$SO^2 + AzO^3H = SO^4H(AzO).$$

Sous l'action de l'eau, ce corps se décompose en donnant de l'acide sulfurique et en dégageant des vapeurs nitreuses formées d'anhydride azoteux :

$$2SO^4H(AzO) + H^2O = 2SO^4H^2 + Az^2O^3.$$

Si l'eau est en quantité suffisante cet anhydride se change en acide azoteux ; sinon, il se dissocie en bioxyde et peroxyde d'azote. Mais tous ces composés, lorsqu'ils rencontrent le mélange d'anhydride sulfureux, d'oxygène et de vapeur d'eau, à une température peu élevée, réagissent de manière à former une nouvelle quantité de sulfate de nitrosyle. Par ex., l'acide azoteux donne la réaction suivante :

$$AzO^2H + O + SO^2 = SO^4H(AzO).$$

Avec le bioxyde d'azote on aura :

$$2AzO + 3O + H^2O + 2SO^2 = 2SO^4H(AzO).$$

Avec le peroxyde on aura :

$$2AzO^2 + O + H^2O + 2SO^2 = 2SO^4H(AzO).$$

Le sulfate de nitrosyle ainsi formé pourra de nouveau se décomposer et ces alternatives se renouvelleront sans cesse

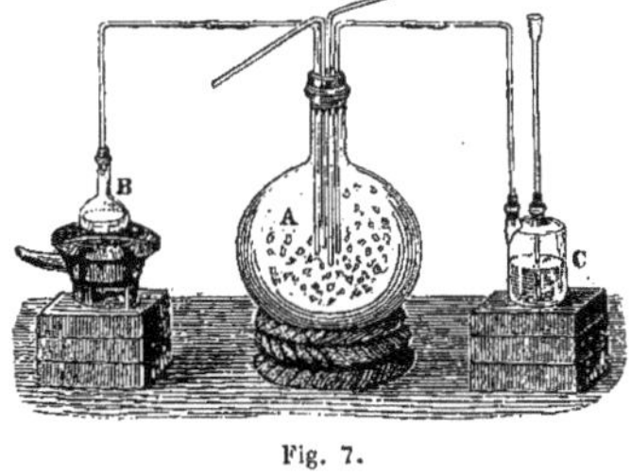

Fig. 7.

dans les différentes parties de l'appareil en donnant chaque fois une nouvelle quantité d'acide sulfurique. Partout, en effet, où le sulfate de nitrosyle rencontrera un excès d'eau

chambres de plomb, que l'on rencontre dans les appareils industriels, sont constitués principalement par ce sulfate acide de nitrosyle ; ils peuvent aussi contenir son anhydride, le pyrosulfate de nitrosyle $S^2O^7(AzO)^2$ qui jouit des mêmes propriétés.

L'expérience suivante permet de reproduire la plupart de ces réactions. Soit A (Fig. 7) un grand ballon rempli d'air humide. On peut y faire arriver : d'une part, un courant de gaz sulfureux obtenu en chauffant dans le ballon B du cuivre avec de l'acide sulfurique concentré, et, d'autre part, du gaz bioxyde d'azote qu'on prépare dans le flacon C, en faisant réagir du cuivre sur de l'acide azotique. Les deux autres tubulures qui traversent le bouchon du grand ballon servent à insuffler de l'air ou de la vapeur d'eau, et à donner issue aux gaz en excès. Introduisons tout d'abord du bioxyde d'azote : ce gaz s'oxyde aux dépens de l'air contenu dans le ballon en donnant des vapeurs rutilantes de peroxyde d'azote et d'anhydride azoteux. Chauffons maintenant le ballon B, de manière à faire arriver de l'anhydride sulfureux : l'atmosphère du ballon se décolore et les parois se tapissent peu à peu des cristaux des chambres de plomb. Introduisons enfin de la vapeur d'eau : les cristaux disparaissent en dégageant des vapeurs nitreuses et en donnant de l'acide sulfurique qui s'écoule en stries huileuses le long des parois. On pourra reformer des cristaux en introduisant une nouvelle quantité de gaz sulfureux ; puis les faire disparaître de nouveau par la vapeur d'eau, et ainsi de suite, pourvu qu'on insuffle du temps en temps de l'air.

Dans l'industrie, les réactions s'opèrent à l'intérieur des *chambres de plomb*; ce sont de grandes chambres construites en charpente, mais revêtues intérieurement de lames de plomb exactement soudées ensemble au moyen du chalumeau à gaz; elles communiquent entre elles par de gros tuyaux du même métal. L'anhydride sulfureux qui doit être transformé en acide sulfurique s'obtient, soit par la combustion du soufre, soit par le grillage des pyrites. La figure 8 se rapporte au premier cas. A gauche, au bas de la figure, se trouvent deux fourneaux accouplés (l'un d'eux est représenté en coupe) ; on y brûle du s. sur une large plaque de tôle ; la chaleur résultant de cette combustion fait bouillir de l'eau contenue dans deux chaudières. La vapeur d'eau provenant de ces chaudières s'échappe par de petits tuyaux, d'où elle se dégage dans les différentes chambres. L'anhydride sulfureux produit par le s. brûlé est conduit, avec l'air en excès, par la cheminée du fourneau, dans une petite chambre munie de tablettes de plomb qui alternent entre elles et sont légèrement inclinées. Sur ces tablettes on fait couler de l'acide sulfurique provenant des parties les plus éloignées de l'appareil et chargé de produits nitreux. Le courant ascendant des gaz chauds venant du fourneau rencontre, sur une large surface, cet acide nitrosé qui descend de tablette en tablette ; il décompose le sulfate de

Fig. 8.

ou une température suffisamment élevée, il se dédoublera en acide sulfurique et en composés nitreux. Au contraire, chaque fois que le mélange de vapeurs nitreuses, de gaz sulfureux ou d'air humide arrivera dans un espace où l'eau sera en quantité insuffisante et où la température ne sera pas trop élevée, il y aura une nouvelle production de sulfate de nitrosyle : ce corps se dissoudra dans l'acide sulfurique déjà formé, ou bien il se déposera à l'état cristallisé. Les *cristaux des*

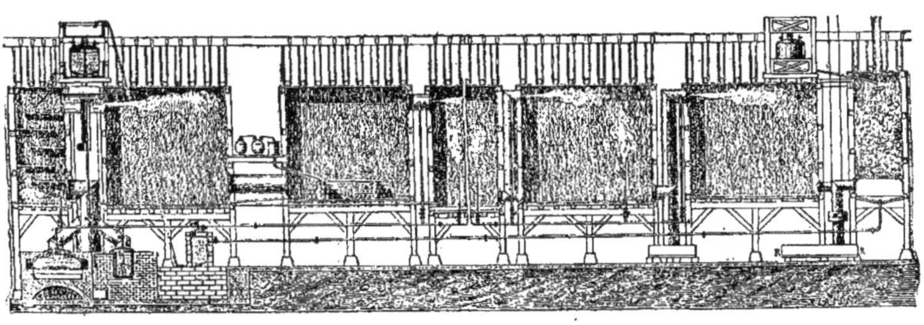

nitrosyle, volatilise et entraine les produits nitreux ainsi qu'une certaine quantité d'eau, de sorte que l'acide est purifié et subit un commencement de concentration. De là, le mélange gazeux, chargé de composés nitreux, passe dans une seconde chambre, où il est amené par un large tuyau. Une injection de vapeur dirigée dans cette seconde chambre, qui a environ 100 mètres cubes et à laquelle on donne le nom de *Dénitrificateur*, active le passage des gaz et fournit l'eau nécessaire aux réactions qui doivent avoir lieu. Dans le dénitrificateur il y a donc de l'anhydride sulfureux, de l'air, des vapeurs nitreuses et de la vapeur d'eau, c.-à-d. tous les éléments nécessaires à la production de l'acide sulfurique : une assez grande quantité de cet acide prend en effet naissance dans la chambre et tombe sur le sol. De cette chambre, les gaz en excès passent dans une autre, qui est de mêmes dimensions ; mais, dans celle-ci, on remarque deux pièces de terre cuite ou de porcelaine, ayant la forme d'un château d'eau à plusieurs cascades, sur le sommet desquelles on fait tomber un filet continu d'acide azotique, qui provient de bonbonnes de grès situées au dehors de la chambre. Cet acide azotique se décompose : il se forme de l'acide sulfurique, et les vapeurs nitreuses produites dans la réaction se mêlent avec les gaz qui traversent la chambre. L'acide sulfurique que l'on obtient ici est très chargé de composés nitreux et de sulfate de nitrosyle ; lorsqu'il est tombé sur le sol, il coule, par un petit tuyau, dans la chambre précédente, où il se trouve en contact avec des gaz qui renferment beaucoup d'anhydride sulfureux et qui lui enlèvent ses produits nitreux en décomposant le sulfate de nitrosyle : c'est pour cela que le sol de la chambre aux châteaux d'eau est un peu plus élevé que celui de la chambre qui précède : on voit aussi pourquoi cette dernière a été appelée *dénitrificateur*. Quant aux gaz, ils continuent leur route, et passent dans une chambre de plomb très vaste ayant de 1,000 à 1,200 mètres cubes (elle n'est représentée qu'en partie sur la figure) ; c'est là que les gaz mélangés réagissent de la manière la plus complète et que se forme la majeure partie de l'acide sulfurique. Des jets de vapeur qui arrivent dans cette *grande chambre* y font tourbillonner les gaz et favorisent les réactions. L'acide sulfurique produit s'y accumule sur le sol : on y fait aussi arriver l'acide *dénitrifié* du dénitrificateur, et c'est pour cela que le niveau de la grande chambre est inférieur à celui des autres. La température est très élevée dans cette chambre, et il y existe une quantité assez notable d'acide sulfurique à l'état de vapeur. En outre, les gaz renferment encore des produits nitreux qu'on peut leur enlever. Pour ce motif, au lieu de les laisser se perdre dans l'atmosphère, on fait passer le mélange, au sortir de la grande chambre, dans deux autres chambres plus petites qui font fonction de réfrigérants, où s'achèvent les réactions et où se condense la plus grande partie de l'acide sulfurique. De là, les gaz se rendent dans un troisième réfrigérant RR qui est refroidi extérieurement avec de l'eau ; puis ils passent dans la *tour de Gay-Lussac*, dernière chambre de plomb remplie de gros fragments de coke. Pendant qu'ils traversent de bas en haut cette masse de coke, pour s'échapper finalement dans l'atmosphère, ils rencontrent un courant continu d'acide sulfurique concentré provenant d'une bonbonne située à la partie supérieure de la chambre. Cet acide enlève aux gaz les vapeurs nitreuses qu'ils contiennent, et se rend ensuite dans un réservoir placé au-dessous de la deuxième chambre. C'est cet acide sulfurique chargé de produits nitreux que l'on fait remonter, au moyen d'un long tube et par la pression de la vapeur, dans un réservoir supérieur, d'où il est déversé sur les tablettes de la première chambre. L'emploi des chambres de plomb date, en Angleterre, de 1746. En France il ne remonte qu'à 1766 : c'est à un Anglais, Holker, qu'est due son importation. La première fabrique montée d'après le nouveau système fut établie à Rouen. Mais c'est Gay-Lussac qui a imaginé la chambre à coke et l'emploi de l'acide sulfurique pour ne rien perdre des vapeurs nitreuses produites dans l'opération. Ce simple perfectionnement a réduit de moitié la quantité d'acide azotique nécessaire à la transformation de l'acide sulfureux en acide sulfurique. Mais l'acide sulfurique ainsi produit marque au plus 50° à 55° à l'aréomètre de Baumé. On le concentre d'abord dans une chaudière de plomb, où pendant cette concentration, on soumet le liquide à l'action d'un courant d'anhydride sulfureux destiné à lui enlever les vapeurs nitreuses qu'il contient encore. Lorsque l'acide sulfurique arrive à marquer 60° ou 62° à l'aréomètre, on ne peut pousser plus loin la concentration, car alors l'acide bout entre 195 et 200°, et il commence à attaquer le plomb. On termine donc l'opération dans un alambic de platine. Enfin, quand l'acide marque 66°, la concentration est achevée. On le soutire à l'aide d'un siphon de platine, et on le transvase dans des cruchos de grès pour le livrer ainsi au commerce. L'usage des vases de platine ne remonte qu'à une cinquantaine d'années. Une cornue de grande dimension coûte jusqu'à 100,000 francs. Le platine, que l'on croyait inattaquable, est peu à peu corrodé ; on a essayé avec succès des alambics en or.

Au lieu d'employer le s. pour la fabrication de l'acide sulfurique, on peut utiliser les pyrites de fer et de cuivre, en les soumettant à l'opération du *grillage*, c.-à-d. à une calcination en présence d'un grand excès d'air : le s. contenu dans la pyrite s'oxyde aux dépens de l'air et l'on obtient ainsi de l'anhydride sulfureux à très bas prix. Ce procédé, qui se substitue de plus en plus au précédent, a amené des modifications importantes dans les appareils que nous avons décrits ci-dessus : on a dû imaginer des fours spéciaux pour le grillage des pyrites, et l'on a remplacé la première chambre et le dénitrificateur par un appareil appelé la tour de Glover du nom de son inventeur. Les fours à pyrite les plus usités sont divisés en plusieurs étages par des tablettes sur lesquelles on étale la pyrite pulvérisée. Un courant d'air, traversant le four de bas en haut, circule successivement sur tous les étages. Au sortir du four, le mélange gazeux, composé d'anhydride sulfureux et d'air, traverse une chambre en maçonnerie (*chambre à poussière*) où il dépose les particules solides qu'il avait entraînées. Les gaz sont encore à une température de 300° ; avant d'entrer dans les grandes chambres de plomb, ils doivent être refroidis à 60° ou 70°. C'est dans la *tour de Glover* que ce refroidissement s'opère, en même temps que la purification et la concentration de l'acide sulfurique. Cette tour est en plomb, avec revêtement intérieur en briques siliceuses ; elle est remplie, dans le bas, de galets de silex, et, dans le haut, de coke en gros fragments. Dans des cuves placées au sommet de la tour on a amené de l'acide sulfurique produit dans les chambres de plomb et l'acide nitrosé provenant de la tour de Gay-Lussac. Ces acides, après s'être mélangés, tombent en pluie et descendent à travers la masse de coke et de silex. En même temps, les gaz venant du four traversent cette masse de bas en haut ; grâce à leur température élevée, ils décomposent le sulfate de nitrosyle, et entraînent les produits nitreux ainsi que la majeure partie de l'eau que renferme l'acide sulfurique. Celui-ci, en arrivant au bas de la tour, est déjà fort concentré et marque 60° à 62° à l'aréomètre Baumé. Les gaz, qui sortent par le haut, sont composés d'anhydride sulfureux, d'air, de vapeurs nitreuses et de vapeur d'eau ; leur température n'est plus que de 60° à 70° ; ils entrent dans la grande chambre de plomb et dès lors tout se passe comme nous l'avons expliqué plus haut. L'acide sortant de la tour de Glover est souillé de poussières et impropre à certains usages. On obtient un acide plus pur en concentrant celui qu'on puise directement dans les chambres de plomb.

Un nouveau procédé pour la fabrication de l'acide sulfurique vient d'entrer dans la pratique industrielle. Le principe en est très simple : on prépare directement l'anhydride sulfurique en faisant passer un mélange de gaz sulfureux et d'air sur de l'amiante platiné ; ensuite, par l'action de l'eau sur cet anhydride, on obtient immédiatement de l'acide sulfurique aussi concentré qu'on le désire. La réussite de ce procédé pourra amener une révolution radicale dans l'industrie de l'acide sulfurique en supprimant les chambres de plomb et les appareils de concentration.

C. L'*Anhydride persulfurique* S^2O^7 est un corps cristallisé, très instable, qui prend naissance quand on fait agir l'effluve électrique sur un mélange d'anhydride sulfureux et d'oxygène. L'électrolyse de l'acide sulfurique étendu d'eau et refroidi donne une dissolution d'*Acide persulfurique* SO^4H, qui est également très instable et qui, par ses propriétés oxydantes, rappelle l'eau oxygénée.

D. L'*Acide hydrosulfureux* SO^3H^2, qui se forme par l'action du zinc sur l'acide sulfureux, n'est connu qu'en dissolution dans l'eau. Cette solution est jaune, très oxydable ; elle absorbe rapidement l'oxygène de l'air ; aussi jouit-elle de propriétés réductrices très énergiques. — L'*Hydrosulfite de soude*, moins instable, mais tout aussi avide d'oxygène, s'obtient par l'action du zinc sur une solution de bisulfite de soude. Il peut servir comme réducteur ; on l'emploie aussi pour doser l'oxygène que les eaux naturelles tiennent en dissolution.

E. L'*Acide hyposulfureux* n'est pas connu à l'état de liberté. Lorsqu'on cherche à l'isoler d'une de ses combinaisons salines, il se décompose et donne naissance à de l'acide sulfureux et à du soufre qui se dépose. Les hyposulfites se forment dans diverses réactions ; les principales sont l'action du soufre sur les sulfites neutres, et l'action de l'anhydride sulfureux ou de l'air sur les sulfures ou polysulfures alcalins. L'*hyposulfite de soude* est le mieux connu de tous ces sels ; nous en avons parlé à l'article SODIUM, IV, 9° et V.

F. Les acides de la *série thionique* sont liquides, incolores, monobasiques. Peu stables, ils se décomposent lorsqu'on concentre leurs solutions par l'ébullition. Sous l'action des agents d'oxydation ils se transforment facilement en acide sulfurique. On les prépare en décomposant leurs sels de baryte par l'acide sulfurique étendu. L'acide *dithionique* ou *hyposulfurique* se forme quand on fait passer à froid un courant de gaz sulfureux sur du peroxyde de manganèse en suspension dans l'eau. L'acide *trithionique* est très instable; on obtient son sel de potassium en chauffant une solution de bisulfite de potasse avec du s., ou en traitant l'hyposulfite par l'acide sulfureux. Les sels de l'acide *tétrathionique* prennent naissance par l'action de l'iode sur les hyposulfites; cette réaction est utilisée pour le dosage des hyposulfites. L'acide *pentathionique* paraît se produire quand on fait passer du gaz sulfhydrique dans une solution saturée d'acide sulfureux; ses sels sont très instables et tendent à se convertir en tétrathionates ou en trithionates.

VI. *Combinaisons du Soufre avec l'hydrogène.* — Le s. se combine avec l'hydrogène en deux proportions, en produisant un *Sulfure* et un *Bisulfure d'hydrogène*. Le premier, de beaucoup le plus important, s'appelle ordinairement *Hydrogène sulfuré* et *Acide sulfhydrique*.

L'*Acide sulfhydrique* H^2S est un corps gazeux, incolore, exhalant une odeur caractéristique d'œufs pourris. Sa densité est 1,1912. Ce gaz se liquéfie sous une pression de 17 atmosphères en formant un liquide très mobile, ayant pour densité 0,9. Il se solidifie à —85°. Le gaz acide sulfhydrique est soluble dans l'eau, qui, à + 15°, en dissout trois fois son volume, et dans l'alcool, qui en dissout le triple; sa solution aqueuse rougit le tournesol à la manière des acides faibles. Ce gaz est combustible et brûle à l'air avec une flamme bleue, en produisant de l'anhydride sulfureux et de l'eau. Lorsqu'on abandonne un mélange de gaz sulfhydrique et d'air dans un grand flacon, au contact d'un corps poreux et surtout du linge, sous l'influence d'une température de 40° à 50°, il se forme avec le temps une quantité notable d'acide sulfurique qui détruit promptement le linge. L'oxygène en dissolution dans l'eau décompose lentement l'acide sulfhydrique : il se forme de l'eau, et il se dépose du s. très divisé qui rend la liqueur laiteuse. L'hydrogène sulfuré est un corps très réducteur et il est décomposé par tous les agents d'oxydation; mais, à moins que ceux-ci ne soient très énergiques, il ne leur cède que son hydrogène, tandis que le s. se dépose. Le chlore, le brome et l'iode, décomposent immédiatement l'acide sulfhydrique : le s. qu'il contient est mis en liberté, et il se forme de l'acide chlorhydrique, bromhydrique ou iodhydrique. Un grand nombre de métaux décomposant aussi l'acide sulfhydrique; et se transforment en sulfures, le plus souvent noirs : c'est pour cela que l'acide sulfhydrique noircit l'argent. Avec les dissolutions des sels métalliques, l'acide sulfhydrique donne aussi des sulfures, les uns solubles en liqueur acide, les autres insolubles; ces réactions sont utilisées dans les laboratoires pour l'analyse qualitative des minéraux. — On prépare l'acide sulfhydrique en décomposant le protosulfure de fer par l'acide chlorhydrique ou par l'acide sulfurique. On se sert, dans ce cas, d'un appareil identique avec celui qu'on emploie pour préparer l'hydrogène. Comme le sulfure de fer contient toujours un peu de fer métallique, il se dégage constamment un peu d'hydrogène dans l'opération, et l'on n'obtient jamais l'hydrogène sulfuré pur. Cependant ce procédé est généralement en usage, car l'hydrogène dont il est souillé ne nuit en rien. Si l'on tient à obtenir le gaz pur, il faut avoir recours à la réaction de l'acide chlorhydrique et du sulfure d'antimoine. Cette dernière réaction, ne s'opérant qu'à une douce chaleur, doit être faite dans un petit ballon qui puisse être chauffé. Les équations suivantes rendent compte de ces deux modes de préparation :

$$FeS + 2HCl = H^2S + FeCl^2$$
$$Sb^2S^3 + 6HCl = 3H^2S + 2SbCl^3$$

Le *Bisulfure* ou *Persulfure d'hydrogène* H^2S^2 est un corps instable qui présente des analogies avec l'eau oxygénée. Pour le préparer on fait agir de l'acide chlorhydrique sur le polysulfure de calcium qu'on obtient en faisant bouillir un lait de chaux avec de la fleur de s. Le bisulfure d'hydrogène est un liquide jaunâtre, d'une odeur désagréable. Il se décompose en soufre et en acide sulfhydrique, lentement à la température ordinaire, rapidement à partir de 60°. Il se détruit également au contact des corps pulvérulents, et des oxydes d'or ou d'argent. Il décolore l'indigo et la teinture du tournesol.

VII. *Combinaisons du Soufre avec les autres métalloïdes.* — Les plus importantes sont le *sulfure de carbone*, les *sulfures d'arsenic* et les *Chlorures de s.* Nous en avons parlé ailleurs. Voy. CARBONE, ARSENIC et CHLORE. — En faisant réagir ensemble le phosphore et le s. on obtient plusieurs

Sulfures de phosphore, composés solides, décomposables par l'eau. Le plus stable est connu sous le nom de *Sesquisulfure de phosphore* et répond à la formule P^4S^3. Le *Pentasulfure* P^2S^5 est employé pour substituer du s. à l'oxygène dans les composés organiques.

VIII. — *Combinaisons du Soufre avec les métaux.* — A l'exception de l'or, du platine et de l'aluminium, tous les métaux se combinent directement avec le s., lorsqu'on les chauffe avec ce métalloïde, ou lorsqu'on fait passer celui-ci en vapeur sur le métal chauffé. Quelques-uns, tels que le cuivre, brûlent dans la vapeur du s., avec une vive incandescence. D'autres se combinent avec le s., même à la température ordinaire, s'il y a de l'eau en présence. Ainsi, par ex., un mélange de limaille de fer et de fleur de s. arrosé d'un peu d'eau, donne bientôt un dégagement considérable de chaleur, dû à la combinaison du fer avec le s. : il se produit du sulfure de fer, ainsi que de l'hydrogène sulfuré qui se dégage avec de la vapeur d'eau. Cette expérience est connue sous le nom de *Volcan de Lémery*, parce que ce chimiste, auquel elle est due, croyait pouvoir expliquer ainsi les éruptions volcaniques. On peut aussi obtenir les sulfures en réduisant les sulfates par le charbon à une température élevée. Enfin on peut les préparer par voie humide en traitant les dissolutions de sels métalliques par l'acide sulfhydrique ou par un sulfure alcalin. Les sulfures de la plupart des métaux se rencontrent dans la nature; tels sont la pyrite, la blende, la galène, le cinabre, etc.; on les emploie comme minerais d'où l'on extrait les métaux, sauf dans le cas des pyrites de fer. — Les sulfures métalliques sont en général les sels correspondant à l'acide sulfhydrique; ils en dérivent par la substitution d'un métal à l'hydrogène de l'acide. Lorsque la substitution ne porte que sur la moitié de cet hydrogène on obtient des *Sulfhydrates*. Dans le cas des métaux monovalents, la formule générale des sulfures est M^2S, et celle des sulfhydrates est MSH. Les sulfures des métaux bivalents ont pour formule MS. Par l'action du s. sur les sulfures ordinaires et sur les sulfhydrates on peut obtenir des *Polysulfures*, qui sont plus riches en s. et ne dérivent plus de l'acide sulfhydrique. — Les *sulfures* métalliques proprement dits sont insolubles dans l'eau, à l'exception de ceux des métaux alcalins ou alcalino-terreux. Ils sont généralement fusibles; quelques-uns sont même volatils. Ceux qu'on obtient par voie humide sont ordinairement noirs; néanmoins le sulfure de zinc est blanc; celui d'étain brun marron; celui de cadmium, jaune; celui de manganèse, rose; celui d'antimoine, orange. Parmi les sulfures naturels, la pyrite est d'un jaune d'or, le cinabre est rouge, la galène et le sulfure d'antimoine sont d'un gris métallique, le sulfure de zinc est jaunâtre; la plupart des autres sont noirs. Un grand nombre de sulfures se transforment en sulfates lorsqu'ils sont exposés à l'air humide. Tous s'oxydent quand on les chauffe dans un courant d'air : le plus souvent le s. s'élimine à l'état de gaz sulfureux et le métal passe à l'état d'oxyde; cette réaction est fréquemment utilisée en métallurgie sous le nom de *grillage*. Tous les sulfures sont attaquables par le chlore, qui les transforme en chlorures. Ceux des métaux des trois premières sections sont attaqués par les acides et dégagent du gaz sulfhydrique. Les *sulfures alcalins* (sulfures de potassium, de sodium, etc.) diffèrent des autres à plusieurs égards. Ils ont une réaction alcaline et une odeur d'hydrogène sulfuré. Ils sont solubles dans l'eau et dans l'alcool et tachent la peau en jaune; mais la tache ne persiste pas. Le grillage n'a lieu que pour les sulfures ou la chaleur ne décompose pas. Leur dissolution absorbe rapidement l'oxygène de l'air en donnant des sulfates; en même temps la liqueur jaunit par suite de la formation de polysulfures. — En fait de *Sulfhydrates* on ne connaît guère que ceux des métaux de la première section. Ils sont solubles dans l'eau et se comportent en général comme les sulfures alcalins. Ils s'en distinguent par leur action sur les solutions de sels métalliques; ainsi, par ex., avec le sulfate de manganèse, un sulfhydrate précipitera du sulfure de manganèse en dégageant du gaz sulfhydrique, tandis qu'un sulfure alcalin donnera ce même précipité sans dégagement de gaz. — Les *Polysulfures* sont tous colorés. Leurs dissolutions, traitées par les acides, dégagent du gaz sulfhydrique et déposent du s. Exposées à l'air, elles s'oxydent lentement et se transforment en hyposulfites et sulfates, avec mise en liberté de s. — Les sulfures et les polysulfures correspondent aux oxydes métalliques et peuvent être classés, comme ces derniers, en composés basiques et composés acides. Les sulfures basiques, tels que ceux de sodium, s'unissent aux sulfures acides pour donner des sels doubles appelés *Sulfosels* et correspondant aux oxysels. Quant aux sulfhydrates, ce sont les analogues des hydrates métalliques.

IX. *Sels formés par les acides oxygénés du Soufre.* — Nous ne parlerons ici que des *sulfates, des sulfites* et des *hyposulfites.*

A. *Sulfates.* — L'acide sulfurique, étant bibasique, donne naissance à des *Sulfates neutres* quand l'hydrogène de l'acide est totalement remplacé par un métal, et à des *Sulfates acides* ou *Bisulfates* quand la substitution ne porte que sur la moitié de l'hydrogène. Dans le cas des métaux monovalents les sulfates ont pour formule SO^4M^2, et les bisulfates SO^4MH. — La plupart des sulfates sont solubles dans l'eau; néanmoins le sulfate de chaux est peu soluble; les sulfates de strontiane, d'antimoine, de bismuth et de plomb le sont moins encore; enfin, le sulfate de baryte est complètement insoluble. En conséquence, tous les sulfates solubles donnent avec les sels solubles de baryte, un précipité de sulfate de baryte, qui est blanc, remarquable par sa pesanteur et insoluble dans un excès d'acide. La baryte est le réactif par excellence de l'acide sulfurique, et *vice versa* : en effet, elle décèle dans une liqueur la présence de l'acide sulfurique, lors même que la proportion de celui-ci est seulement 1/200000. Les sulfates alcalins et alcalino-terreux, ainsi que le sulfate de chaux, résistent à la température du rouge blanc; les autres se décomposent quand on les chauffe et donnent en général un mélange d'oxygène et de gaz sulfureux fort reconnaissable à son odeur. Quelques-uns cependant, comme le sulfate de peroxyde de fer, se décomposent à une température tellement basse que l'acide sulfurique peut s'échapper sans se décomposer. Tous les sulfates se décomposent quand on les chauffe avec du charbon; mais les produits de la décomposition varient selon la nature et la base et la température. Les sulfates alcalins et alcalino-terreux, à l'exception de celui de magnésie, chauffés avec le charbon à une haute température, se décomposent en laissant un sulfure pour résidu; les autres donnent, soit un sulfure, soit un oxyde, soit même du métal (le calcium d'argent, par ex., est dans ce dernier cas), lorsque la température est suffisamment élevée. Mais, quelle que soit la nature du sulfate, on peut toujours le ramener à l'état de sulfure alcalin en le chauffant avec un mélange de charbon et de soude. Le sulfure alcalin qui reste alors après la calcination, se reconnaît aussitôt quand on le traite par un acide, car il dégage de l'hydrogène sulfuré avec odeur d'œufs pourris.

B. Les *Sulfites* et les *Bisulfites* alcalins sont solubles dans l'eau, ainsi que les bisulfites alcalino-terreux; les autres sont insolubles ou peu solubles. Chauffés à l'abri de l'air, les sulfites se décomposent en donnant, soit un sulfate et un sulfure, soit un oxyde métallique et de l'anhydride sulfureux. Chauffés en présence de l'air, ils s'oxydent et donnent des sulfates ou des produits de décomposition de ces sulfates. L'acide sulfurique, versé sur un sulfite donne un dégagement de gaz sulfureux qu'on reconnaît à son odeur, et il ne se forme pas de dépôt de s.; ce caractère sépare nettement les sulfites des sulfates, ainsi que des hyposulfites. Enfin, dissous dans l'eau, les sulfites se transforment en sulfates, sous l'action de l'air ou des corps oxydants.

C. Les *Hyposulfites* des métaux alcalins ou alcalino-terreux, sont solubles. La chaleur décompose les hyposulfites alcalins en sulfates et sulfures. L'acide azotique concentré et l'eau de chlore font passer à l'état d'acide sulfurique tout le s. des hyposulfites. Mais les acides sulfurique et chlorhydrique versés sur un hyposulfite en dissolution produisent un dégagement de gaz acide sulfureux et un dépôt de s. Les hyposulfites alcalins, dissolvent dans l'eau, dissolvent un grand nombre de sels métalliques insolubles, tels que le bromure d'argent, en formant avec eux des sels doubles qui sont solubles.

X. *Du Soufre dans la nature.* — Nous avons dit, en parlant de l'extraction du s., qu'il se trouvait à l'état natif dans des roches de diverse nature, mais surtout auprès des volcans et dans certains terrains tertiaires. A l'état de combinaison, il est encore plus répandu dans la nature qu'à l'état natif. En effet, non seulement la plupart des métaux industriels, comme le cuivre, le plomb, le zinc, le fer, le bismuth, l'antimoine, l'argent, le mercure, etc., sont empruntés à des *sulfures,* mais encore il existe certains sulfates qui jouent un rôle important dans l'écorce du globe : il nous suffira de mentionner le plâtre ou sulfate de chaux, qui forme des dépôts si abondants dans diverses localités, notamment dans le bassin de Paris. De plus, on rencontre même, dans la nature, de l'acide sulfureux, de l'acide sulfurique et de l'acide sulfhydrique. Il se dégage en abondance de l'*anhydride sul-*

fureux dans le voisinage des montagnes soumises à l'action des feux souterrains. Tous les volcans en activité, excepté cependant ceux de l'équateur, suivant Boussingault, en exhalent de leurs cratères, surtout pendant et après leurs éruptions, et les solfatares en présentent un dégagement permanent. Certaines sources situées dans le voisinage de divers volcans de l'Amérique du Sud contiennent de l'*acide sulfurique* libre. Humboldt cite particulièrement le rio Vinagre, qui sort d'un volcan de Puracé, dans les Andes, et la source de Ruiz, qui vient du paramo de Ruiz, volcan de la Cordillère centrale. L'eau de la première de ces sources contient 1 gr. 11 d'acide sulfurique par litre, et celle de la seconde 5 gr. 181. A Java, il existe au sommet du mont Idienne un lac dont l'eau est chargée d'acide sulfurique, et l'on a même constaté la présence de cet acide dans l'eau de la mer qui baigne les îles volcaniques de Milo et de Santorin, dans la Méditerranée. Le gaz *acide sulfhydrique* se dégage également d'une manière permanente des entrailles de la terre, dans plusieurs localités volcaniques, notamment aux environs du lac d'Agnano et sur toute la surface de la solfatare de Pouzzoles. Lorsqu'on perce des puits artésiens dans les bancs de marne ou d'argile, il se dégage en abondance du gaz hydrogène sulfuré : c'est ce qu'on a observé dans tous les environs de Paris. En 1833, à Gagarino, près de Conegliano, dans le gouvernement de Trieste, il sortit d'un puits que l'on forait, et à une profondeur de 28 mètres, une si grande masse de ce gaz, qu'il en résulta de violentes éruptions de boue sableuse, et une colonne de flammes qui avait plus de 10 mètres de hauteur sur 2 de largeur. La putréfaction des matières organiques sulfurées, telles que l'albumine, donne naissance à de l'acide sulfhydrique, et c'est à ce gaz qu'est due l'odeur des œufs pourris. Les sources dites *sulfureuses* dégagent aussi parfois du gaz hydrogène sulfuré : telles sont celles d'Aix en Savoie; mais le plus souvent l'acide sulfhydrique qu'elles laissent exhaler provient de la décomposition partielle qu'éprouvent, sous l'influence de l'acide carbonique de l'air, les sulfures de sodium, de calcium et de magnésium qu'elles contiennent. — Enfin, le s. paraît être un élément essentiel à la vie de certains êtres organiques, car on le rencontre invariablement dans beaucoup de matières végétales ou animales. On sait depuis longtemps que les plantes de la famille des Crucifères, notamment la Moutarde, le Raifort, le Chou, le Cochléaria, etc., contiennent du s.; mais des recherches plus récentes ont démontré la présence de ce métalloïde dans les fleurs de Sureau, de Tilleul, d'Oranger, et dans beaucoup d'autres végétaux. Quant aux substances d'origine animale, nous citerons comme renfermant constamment une proportion déterminée de s.: la fibrine, l'albumine, la matière cérébrale, les œufs, les poils, les cheveux, la laine, etc. — On a constaté que le corps d'un homme de taille ordinaire renferme à peu près 110 grammes de s.

XI. *Applications industrielles.* — Le s. pur est surtout employé dans la fabrication de l'acide sulfurique, de la poudre à canon, des allumettes et des mèches soufrées. On l'emploie encore pour prendre des empreintes et faire des moulages, pour vulcaniser le caoutchouc, pour composer un lut qui sert à sceller le fer dans la pierre, ainsi qu'à mastiquer les joints des chaudières et des tuyaux de fonte. Enfin, l'on fait une grande consommation de ce métalloïde pour soufrer la vigne et combattre l'oïdium. — L'*anhydride sulfureux* liquéfié est employé pour la production du froid et la fabrication de la glace artificielle. Voy. FROID. Le gaz sulfureux est fort usité pour blanchir les matières animales, qu'il décolore sans les altérer, comme la soie, la laine, les plumes, la baudruche, la colle de poisson, etc. A cet effet, on lave ces matières et on les expose, encore humides, au gaz qui se produit par la combustion du s. dans l'air. On s'en sert également pour blanchir les ouvrages de paille ou de sparterie, pour détruire les insectes qui attaquent les blés, pour soufrer les tonneaux destinés à contenir des liqueurs fermentescibles; ce soufrage empêche l'acétification de ces dernières. L'acide sulfureux sert encore pour enlever les taches de fruits rouges sur le linge. Il suffit pour cela de tenir le linge préalablement mouillé au-dessus de quelques allumettes soufrées auxquelles on a mis le feu, puis de le laver afin d'enlever complètement la matière colorante altérée. Un emploi plus important du gaz sulfureux est celui qu'on en fait pour éteindre les feux de cheminée. Après avoir fermé le foyer avec une toile mouillée pour empêcher autant que possible l'accès de l'air, on jette dans le feu une bonne quantité de fleur de s. La petite quantité d'air qui pénètre encore dans le foyer est employée à brûler le s.; il se produit alors des torrents d'anhydride sulfureux, qui, en s'élevant dans le corps de la cheminée, étouffent immédiatement l'incendie, ce gaz étant tout à fait impropre à entretenir la combustion. — Les usages industriels de *l'acide sulfurique* sont d'une telle importance, que notre illustre chimiste Dumas a pu dire sans exagération : « Si l'on possédait un tableau exact des quantités d'acide sulfurique consommées annuellement dans divers pays et à diverses époques, il n'est pas douteux que ce tableau présenterait en même temps la mesure précise du développement de l'industrie générale pour ces époques et pour ces pays. » Les principales industries dans lesquelles l'acide sulfurique est employé sont : la fabrication de la soude artificielle; la transformation des phosphates en superphosphates et la préparation du phosphore; la fabrication des acides chlorhydrique, azotique, carbonique, etc.; la fabrication des aluns, du sulfate de fer, de l'éther, des eaux minérales gazeuses, du coton-poudre; la saccharification de la fécule; l'extraction du suif; l'épuration des huiles; la fabrication des bougies stéariques et de l'encre; la teinture en noir; le débourrage des peaux qu'on doit soumettre à l'opération du tannage; le décapage et le dérochage des métaux; l'affinage de l'or, etc. Enfin, les travaux des laboratoires de chimie en font une consommation considérable, car on est obligé de s'en servir à chaque instant. Pour tous ces usages, on emploie l'acide ordinaire. L'acide fumant sert à dissoudre l'indigo, à préparer les composés sulfoniques, et beaucoup de matières colorantes. — L'*acide sulfhydrique* n'a guère d'emploi que dans les laboratoires, où l'on s'en sert continuellement comme réactif. Quant aux *sulfures* et aux *sulfates*, nous indiquons les usages de chacun d'eux dans les articles divers consacrés aux différents éléments qui constituent leur base. — Voy. CHAUX, POTASSIUM, SODIUM, PLOMB, etc.

XII. *Action physiologique et emploi médical du Soufre et de ses composés.* — Le s. pur administré, soit à l'intérieur, soit à l'extérieur, agit comme excitant. Administré à l'intérieur, à doses faibles, c.-à-d. de 1 à 4 grammes, il est absorbé et exerce une action stimulante sur les muqueuses et sur la peau. En conséquence, on l'emploie ainsi dans les affections catarrhales chroniques, dans les engorgements scrofuleux, et comme diaphorétique. A doses plus élevées, c.-à-d. de 8 à 16 grammes, il n'est pas absorbé et agit comme purgatif; mais il est peu employé pour cet usage. Au contraire, on ne fait un très grand usage en applications topiques, car ce métalloïde et les sulfures alcalins sont depuis longtemps considérés comme des spécifiques de la gale et des maladies de la peau, particulièrement des affections squameuses. Le s. s'emploie alors sous forme de pommades, de cérats, de lotions, de bains, etc. — L'*anhydride sulfureux* est également usité en médecine, mais exclusivement sous forme de fumigations. Il constitue l'un des remèdes les plus efficaces contre la gale. A cet effet, on fait asseoir le malade nu dans une caisse qui l'enveloppe tout entier, sauf la tête, et l'on fait arriver dans la caisse, au moyen d'un tube, du gaz sulfureux obtenu par la simple combustion du s. Suivant J. Girardin, l'idée de faire servir le gaz sulfureux à la guérison de la gale appartient au chimiste Glauber (1639). « Dix fumigations, ajoute le savant professeur, suffisent pour une gale simple. Chaque fumigation ne revenant qu'à 5 centimes, le traitement complet d'un malade coûte 50 centimes. Il est impossible de guérir à meilleur marché. » Le gaz acide sulfureux s'emploie encore comme désinfectant : on s'en sert particulièrement pour assainir les lieux remplis de miasmes putrides, comme les lazarets, la cale des navires, et pour désinfecter les hardes, couvertures, matelas, etc., provenant de personnes qui ont été atteintes ou sont mortes de maladies réputées contagieuses. — L'*acide sulfurique* étant un des acides les plus corrosifs qui existent, on ne saurait l'employer pur : néanmoins on s'en sert quelquefois comme caustique, sous forme de pâte sulfo-safranique (Velpeau) ou sulfo-carbonique (Ricord), contre les chancres et les ulcères phagédéniques. Étendu d'eau, il sert à préparer des boissons acidules souvent usitées dans les fièvres bilieuses et typhoïdes, dans les dysenteries et les diarrhées chroniques, dans le scorbut et les hémorragies passives, etc. Dans ces cas, on ajoute le plus souvent à l'eau une certaine quantité d'*Eau de Rabel*, jusqu'à ce que la boisson ait une agréable acidité. Or, l'eau de Rabel n'est autre chose que de l'alcool additionné d'un quart de son poids d'acide sulfurique ordinaire. Nous avons dit, en parlant des maladies *saturnines*, l'utilité de la limonade sulfurique comme moyen prophylactique et curatif de ces redoutables affections (Voy. PLOMB, *Pathol.*). Les cas d'empoisonnement par l'introduction de l'acide sulfurique dans l'estomac sont rares, à cause de l'action corrosive de ce liquide. Cependant, si l'on a affaire à un empoisonnement de ce genre,

il faut sur le champ administrer au malade de la magnésie ou du bicarbonate de soude, et, à défaut de ces substances, de l'huile d'olive, du lait, ou de l'eau de savon. Ensuite, on provoque le vomissement pour déterminer le rejet de l'acide ingéré. — L'action de l'*acide sulfhydrique* sur l'économie est des plus délétère. L'animal qui le respire par tombe comme foudroyé. D'après les expériences de Thénard et Dupuytren, il tue les oiseaux quand il ne constitue que la 1500ᵉ partie de l'atmosphère. Les chiens les plus forts sont asphyxiés dans un air qui n'en renferme que $1/800$ᵉ, et les chevaux dans celui qui en contient $1/250$ᵉ. Cependant, Parent-Duchatelet a vu des ouvriers respirer sans être incommodés dans une atmosphère qui renfermait $1/100$ᵉ de ce gaz. L'acide sulfhydrique est un des produits constants de la putréfaction des matières organiques qui contiennent du s. au nombre de leurs éléments. De là son dégagement permanent dans les fosses d'aisances, dans les égouts des villes, dans la vase des marais et des fossés, dans les marais stagnants où séjourne l'eau de la mer, etc. Les vidangeurs désignent ce gaz sous les noms vulgaires de *Plomb* et de *Mitte*. La décomposition des matières organiques, lors même qu'elles ne contiennent pas de s., peut encore donner naissance à de l'hydrogène sulfuré, quand elles se trouvent en présence de sulfates, particulièrement du plâtre, car il se forme alors du sulfure de calcium, puis de l'acide sulfhydrique. C'est par l'action de l'hydrogène sulfuré dont elles sont chargées que les émanations des fosses d'aisances noircissent l'argenterie, les tableaux, les bronzes, etc.; c'est également parce qu'il se dégagent toujours un peu de gaz sulfhydrique que les œufs noircissent légèrement la surface des ustensiles d'argent qu'on emploie pour les servir. Fort heureusement il est facile de se préserver de l'action funeste de cet acide. Lorsque l'atmosphère d'un lieu se trouve viciée par la présence de ce gaz, il suffit d'y dégager un peu de chlore. Ce dernier, qui est également gazeux, se répand dans l'atmosphère et décompose immédiatement l'acide sulfhydrique en s'emparant de son hydrogène et en mettant le s. en liberté. Un fait, qui paraît au premier abord assez singulier, c'est que l'acide sulfhydrique, si délétère quand il est absorbé par la voie pulmonaire ou cutanée, est tout à fait inoffensif quand il est introduit dans les voies digestives : bien plus, les eaux qui contiennent de l'hydrogène sulfuré en dissolution, sont d'une digestion extrêmement facile. Évidemment, ce phénomène tient à ce que l'acide sulfhydrique est décomposé par les liquides que sécrète l'estomac. Tout le monde connaît les propriétés thérapeutiques des eaux thermales dites sulfureuses; d'ailleurs nous en avons parlé dans un autre article (Voy. EAU, *Eaux minérales*). Quant à l'emploi médical qu'on peut faire des divers sulfures et des nombreux sels auxquels les acides du s. donnent naissance, nous renverrons aussi aux articles qui leur sont consacrés sous le nom de leurs bases.

SOUFRER. v. a. Enduire ou pénétrer de soufre. *S. des allumettes. S. la vigne*, y répandre du soufre en poudre pour la préserver de l'oïdium. || Exposer à la vapeur du soufre. *S. des étoffes de laine, de soie.* — On dit à peu près de même, *S. du vin*, Faire brûler une mèche soufrée dans un tonneau où l'on veut mettre du vin, pour empêcher l'acétification du liquide. = SOUFRÉ, ÉE. part.

SOUFREUR. s. m. Homme chargé de soufrer les vignes malades. || Ouvrier employé dans les moulins à triturer le soufre.

SOUFRIÈRE. s. f. T. Géol. Endroit où l'on recueille du soufre. Voy. SOUFRE, III, et VOLCAN.

SOUFROIR. s. f. [Pr. *sou-froar*]. Salle où sont disposés des réchauds sur lesquels on brûle du soufre pour soufrer des étoffes.

SOUHAIT. s. m. [Pr. *sou-è*] (R. *sous*, et *hail*, vieux mot qui signifiait *gré, bonne volonté*). Désir, mouvement de la volonté vers un bien qu'on n'a pas. *S. juste, légitime, ardent. S. vain, inutile, téméraire. Faire, former des souhaits. C'est le but où tendent tous nos souhaits. Obtenir l'accomplissement de ses souhaits. Les souhaits de bonne année. Les vœux qu'on fait pour quelqu'un à la nouvelle année.* — *A vos souhaits*, Façon de parler familière dont on salue celui qui éternue. = A SOUHAIT. loc. adverb. Selon ses désirs. *Tout lui vient, lui arrive, lui réussit à s. Ses affaires vont à s. Avoir tout à s. L'individu que je vous envoie est un homme à s. pour l'emploi dont vous parlez.*

SOUHAITABLE. adj. 2 g. [Pr. *sou-ètable*]. Désirable. *C'est la chose du monde la plus s.*

SOUHAITER. v. a. [Pr. *sou-èter*]. Désirer, former un souhait, des souhaits. *S. sincèrement, ardemment. S. avec passion. S. la santé, la richesse.*

J'ai souhaité l'empire et j'y suis parvenu.

CORNEILLE.

Je souhaiterais pouvoir vous obliger. Il souhaite d'avoir un emploi. Je souhaite que mon exemple vous soit utile. Il serait ô s. que.... Ils se séparèrent en se souhaitant toutes sortes de prospérités. || Par formule de compliment, on dit : *S. le bonjour. Je vous souhaite le bonsoir. Il lui a souhaité la bonne année. Nous nous sommes simplement souhaité le bonjour.* || Fam., *Je vous en souhaite,* se dit A quelqu'un qui témoigne avoir envie d'une chose qu'on pense qu'il n'aura pas. *Vous espérez avoir cette place, je vous en souhaite. Il compte gagner beaucoup dans cette affaire, je lui en souhaite.* = SOUHAITÉ, ÉE. part.

Syn. — *Désirer.* — *Souhaiter* et *désirer* expriment également le sentiment qu'on éprouve pour une chose absente, à laquelle on attache une idée de plaisir et qu'on voudrait posséder; mais le *souhait* est moins fort que le *désir. Souhaiter,* c'est désirer vaguement, désirer quelque chose de vague, ou désirer secrètement. *Désirer,* c'est aspirer à posséder une chose déterminée. Tout le monde *souhaite* d'être heureux; on *désire* une chose qui doit ou qu'on suppose devoir rendre heureux. Le *désir* est plus personnel que le *souhait.* On *souhaite* volontiers aux autres d'être heureux; on *désire* être heureux soi-même.

SOUILLAC, ch.-l. de c. (Lot), arr. de Gourdon, sur la Dordogne ; 3,200 hab.

SOUILLARD. s. m. [Pr. *sou-llar, ll* mouillées] (R. *souiller*). Trou percé dans une pierre pour recevoir l'eau dans sa chute. || Par ext., La pierre même qui est percée pour recevoir l'eau. || Baie de bois assemblée sur des pieux qu'on pose au-devant des 'glacis, entre les piles d'un pont. || Chassis pour contenir les piliers dans une écurie.

SOUILLARDE. s. f. [Pr. *ll* mouillées]. Baquet pour recevoir les soudes lessivées.

SOUILLE. s. f. [Pr. *sou-ille, ll* mouillées] (lat. *suillus,* qui appartient au cochon, de *sus,* cochon). T. Chasse. Lieu bourbeux où se vautre le sanglier. || T. Marine. Enfoncement que forme dans la vase ou dans le sable mou, un navire échoué. *Le bâtiment fait sa s.*

SOUILLEMENT. s. m. [Pr. *sou-lleman, ll* mouillées]. Action de souiller.

SOUILLER. v. a. [Pr. *sou-ller, ll* mouillées] (lat. *suillus,* qui appartient au cochon, de *sus,* cochon). Gâter, salir, couvrir de boue, d'ordure, etc. *S. ses habits de bouc. S. ses mains de sang.* || Fig., *S. ses mains du sang innocent,* Faire mourir un innocent. — *S. le lit nuptial, la couche nuptiale,* Commettre un adultère. — Au sens moral, *S. sa conscience par une mauvaise action. S. sa gloire par des cruautés. S. son honneur, sa vie, sa réputation. Ne souillez pas vos regards de ce tableau. Je ne souillerai pas mes lèvres en répétant ses paroles.* = SE SOUILLER. v. pron. Être souillé. *Relevez votre robe, elle pourrait se s.* || Fig., *Se s. du sang innocent. Son âme s'est souillée de tous les crimes.* = SOUILLÉ, ÉE. part.

SOUILLON. s. 2 g. [Pr. *sou-llon, ll* mouillées] (R. *souiller*). Celui, celle qui souille, qui salit ses habits. *Un petit s. Une petite s.* N'est usité que dans le lang. fam., et se dit surtout en parlant des petites filles. || *S. de cuisine,* ou simpl., *Souillon,* Servante employée à laver la vaisselle et à d'autres services malpropres.

SOUILLONNER. v. a. [Pr. *sou-llo-ner, ll* mouillées] (R. *souillon*). Laisser souiller. Fam. = SOUILLONNÉ, ÉE. part.

SOUILLURE. s. f. [Pr. *sou-llure, ll* mouillées] (R. *souiller*). Tache, saleté sur quelque chose ; ne se dit qu'au Fig. *C'est une s. à son honneur, à sa réputation. La s. du péché. La s. de l'âme par le péché.* || Chez les Juifs, *Souil-*

lures légales, L'impureté contractée, soit par certaines maladies, soit par certains accidents qui, selon la loi mosaïque, rendent immonde. Voy. PURIFICATION.

SOUI-MANGA. s. m. (mot malgache : *soui,* sucre; *mangé,* manger). T. Ornith. Genre de *Passereaux.* Voy. COLIBRI.

SOUKAHRAS, v. d'Algérie (dép. de Constantine, arr. de Guelma) ; 8,000 hab.

SOUKOUM-KALÉ, v. et fort de Russie (Transcaucasie).

SOÛL, SOÛLE. adj. [Pr. *soû*] (lat. *satullus,* m. s., dimin. de *satur,* rassasié, de *satis,* assez). Pleinement repu, extrêmement rassasié. *Il a bien dîné, il est bien s. Il est si s., qu'il en crève. S. à crever.* Bas et pop. || Fig. et fam., Être las, rebuté, ennuyé d'une chose, par l'effet de la satiété. *Cet homme est s. de perdrix, de cailles. Être s. de musique, de vers, de spectacles, etc.* On dit encore, *Je suis si s. de cet homme, que je ne puis le souffrir. Vous en serez bientôt s.* || Signifie ordinairement Ivre, plein de vin. *Cet homme est toujours s. Cette femme est soûle dès le matin.* Proverb., *Être s. comme une grive.* = SOÛL. s. m. Se dit avec les adject. possessifs *Mon, ton, son, votre,* etc., et signifie alors, Autant qu'il suffit, autant qu'on veut, plus qu'on ne voudrait. *Il a mangé son s. de ce pâté. Il a bu et mangé son s. J'en ai tout mon s. Il a dormi tout son s. Laissez crier cet enfant tout son s.* — Se dit quelquefois avec l'article *Le. Il a eu du mal, de la peine, tout le soûl.*

SOULAGEMENT. s. m. [Pr. *soulaje-man*] (R. *soulager*). Diminution de mal, de douleur, adoucissement de peine ou de corps ou d'esprit. *Donner, apporter, recevoir du s. Sentir, demander, attendre du s. Elle est venue chercher ici un s. à ses peines. Il n'a éprouvé aucun s. de ce remède.*

Faibles soulagements d'un malheur sans remède.

CORNEILLE.

C'est un grand s. d'esprit. Elle consacre sa vie au s. des malheureux.

SOULAGER. v. a. (R. *sous,* et *léger*). Débarrasser d'une partie de quelque fardeau. *Il faut s. ce mulet, sa charge est trop lourde.* — *S. une poutre, un plancher,* Diminuer la charge que porte une poutre, etc. — *S. un navire dans une tempête,* Jeter à la mer une partie de sa plus grosse charge. || Fig., Diminuer, adoucir le travail, la peine, le mal, la douleur de quelqu'un. *Il a un commis qui le soulage beaucoup dans son travail. S. quelqu'un dans sa douleur.*

A raconter ses maux souvent on les soulage.

CORNEILLE.

S. la douleur, la misère de quelqu'un. = SE SOULAGER. v. pron. Diminuer ses fatigues, ses souffrances, etc. *Il avait un emploi qui l'accablait, il a pris deux commis pour se s. Il s'est soulagé par cet aveu. La douleur se soulage par la plainte.* || Absol., *Se s.,* Satisfaire un besoin naturel. = SOULAGÉ, ÉE. part. = Conj. Voy. MANGER.

SOÛLANT, ANTE. adj. Qui soûle, qui rassasie. *C'est un mets bien s.* Bas et vieux.

SOÛLARD, ARDE. s. [Pr. *sou-lar*]. Celui, celle qui s'adonne à une ivrognerie crapuleuse. *C'est un s. Une ignoble soûlarde.* Popul.

SOULARY (JOSÉPHIN), poète fr., né à Lyon, auteur de sonnets célèbres (1815-1891).

SOULAS. s. m. [Pr. *sou-la*] (lat. *solatium,* m. s.). Consolation, contentement. *Il voulut passer la journée en joie et s.* Vieux et n'est plus usité que dans le style marotique.

SOULCIE. s. m. [Pr. *soul-si*]. T. Ornith. Genre de *Passereaux.* Voy. MOINEAU.

SOÛLER. v. a. (lat. *satullare,* m. s., de *satullus,* soûl). Rassasier avec excès, gorger de vin, de viande, etc. *Il aime le gibier, le poisson, on l'en a soûlé.* Pop. — Fig., *S. ses yeux de sang, de carnage,* Prendre plaisir à voir répandre le sang. || Absol., sign. Enivrer. *Il suffit d'un verre de vin pour le s.* l'opil. = SE SOÛLER. v. pron. Se rassasier, ou s'enivrer. *J'aime ce mets, je m'en suis soûlé. Cet homme se soûle dès qu'il se met à boire.* Pop. — Fig., *Se s. de plaisirs, de toutes sortes de plaisirs.* Prendre toutes sortes de plaisirs avec excès. = SOÛLÉ, ÉE. part.

SOÛLERIE. s. f. Partie de plaisir où l'on s'enivre. Pop.

SOULEUR. s. f. (lat. *solus*, seul). Frayeur subite, saisissement. *Son apparition subite m'a causé une s. Vous lui avez causé bien des souleurs.* Fam. et peu usité.

SOULÈVEMENT. s. m. [Pr. *soulè-veman*]. Action d'une chose qui se soulève; état d'une chose soulevée. *Le s. des flots. Le s. d'un terrain, d'une côte. S. lent, graduel. S. subit et violent.* — *La théorie des soulèvements.* Voy. GÉOLOGIE, II, C, et MONTAGNE, IV. — *S. de cœur*, Nausée causée par le dégoût et l'aversion qu'on a pour quelque chose. *Cela me donna un s. de cœur.* || Fig., Commencement de révolte. *Le s. d'une ville, d'une province. Apaiser, réprimer un s. Cette mesure causa un s. parmi les paysans.* — Mouvement d'indignation. *Ces paroles causèrent dans l'assemblée un s. général contre lui.* = Syn. Voy. INSURRECTION.

SOULEVER. v. a. (lat. *sublevare*, m. s., de *sub*, sous, et *levare*, lever). Lever quelque chose de lourd à une petite hauteur. *S. un fardeau. S. une malade dans son lit. S. sa tête. Il est si faible, qu'il faut deux personnes pour le s.* || *La marée soulève les navires qui sont sur la vase,* Elle les détache de la vase et les met à flot. *La tempête soulève les flots,* Elle les agite. *Le vent soulève la poussière,* Il la fait voler en tourbillon. || Écarter une chose légère qui en cache une autre. *Elle souleva le voile qui me dérobait ses traits.* Fig., *Comment s. le voile qui nous cache l'avenir?* || Fig., Exciter à la rébellion, à la révolte. *Il a soulevé toute la province. S. la multitude. S. le peuple.* — Exciter l'indignation. *Cette proposition souleva toute l'assemblée. Son insolence souleva tout le monde contre lui.* || Fig., *S. une question,* La proposer, en provoquer la discussion. On dit, dans un sens anal., *S. une discussion.* = SOULEVER. v. n. *Le cœur lui soulève,* Il a mal au cœur, il a envie de vomir. On dit de même, *Cela fait s. le cœur.* || Fig., *Ses flatteries sont si fades, qu'elles font s. le cœur.* = SE SOULEVER. v. pron. Se dit dans la plupart des acceptions précédentes. *Soulevez-vous un peu. Il ne peut se s. La mer commence à se s. Les peuples se soulevèrent contre ce tyran. Tout le monde s'est soulevé contre cette proposition. A cette vue, mon cœur se souleva.* = SOULEVÉ, ÉE. part. = Conj. Voy. GELER. = Syn. Voy. ÉLEVER.

SOULEVEUR. s. m. Celui qui soulève. = adj. *Contrepoids souleveurs.*

SOULI, petite v. de l'Albanie dont les habitants se sont illustrés par leur résistance aux Turcs (1792-1803). = Nom des hab. : SOULIOTE. 2 g.

SOULIÉ (FRÉDÉRIC), romancier fr. (1800-1847).

SOULIER. s. m. [Pr. *sou-lié*] (lat. *solea*, semelle). Chaussure ordinairement de cuir qui couvre tout le pied, ou seulement une partie du pied, et qui s'attache généralement pardessus. *S. d'homme, de femme. S. pour homme, pour femme. Une paire de souliers vernis. Des souliers de velours. Décrotter, brosser, cirer des souliers.* Voy. CHAUSSURE et CORDONNIER. || Fig. et prov., *Être dans les petits souliers,* Être dans une situation gênante, critique, embarrassante. *Nous ne savez pas où le s. le blesse,* Voy. BLESSER. *Il n'est pas digne de dénouer les cordons des souliers d'un tel,* Il lui est fort inférieur en mérite. *N'avoir pas de souliers aux pieds,* Être dans la misère. *Mourir dans ses souliers,* Mourir sans être alité. *Se soucier de quelqu'un comme de ses vieux souliers,* Dire s'en soucier aucunement. *Ne pas faire plus de cas de quelqu'un que de la boue de ses souliers,* Le mépriser.

SOULIÈRE. s. f. T. Techn. Barre de fer aplatie en verge carrée.

SOULIGNEMENT. s. m. [Pr. *souli-gne-man*, *gn* mouil.]. Action de souligner.

SOULIGNER. v. a. [Pr. *gn* mouil.] (R. *sous*, et *ligne*). Tirer une ligne sous un mot, ou sous plusieurs mots. *On souligne dans un manuscrit ce qui doit être imprimé en italique.* = SOULIGNÉ, ÉE. part.

SOULIGNEUR. s. m. [Pr. *gn* mouil.]. Critique qui s'attache aux détails.

SOULOIR. v. n. [Pr. *sou-louar*] (lat. *solere*, m. s.). Avoir coutume. *Il soulait dire. Il soulait faire.* Vieux.

SOULOU (Îles), îles de la Malaisie (Océanie), dont les principales sont *Tarvi, Soulou* et *Basilan.*

SOULOUQUE, empereur d'Haïti, proclamé en 1849 sous le nom de Faustin Ier, et renversé en 1859 (1785-1867). Célèbre par sa sottise et sa cruauté.

SOULT (duc de Dalmatie), maréchal de France (1769-1851), se distingua à Zurich (1769) et à Austerlitz, où il décida de la victoire.

SOULTE ou **SOUTE**. s. f. [Pr. *soul-te* ou *soute*] (lat. *solatus*, part. pass. de *solvere*, payer). T. Jurispr. *S. de partage,* ou simpl., *Soulte,* Ce qu'un copartageant doit payer aux autres pour rétablir l'égalité des lots, lorsque celui qui lui est échu ne peut se diviser, et qu'il se trouve d'une plus grande valeur que les autres lots. — On dit encore, *S. d'échange,* Lorsqu'il s'agit de biens échangés qui ne sont pas d'égale valeur. || T. Comm. Le payement qu'on fait pour demeurer quitte d'un reste de compte. *Il a payé tant pour s. de tout compte.* On dit mieux, *Pour solde.*

SOULTZ, anc. ch.-l. de c. (Haut-Rhin), cédé à l'Allemagne en 1871; 4,700 hab.

SOULTZ-SOUS-FORÊTS, anc. ch.-l. de c. (Bas-Rhin), cédé à l'Allemagne en 1871; 1,700 hab.

SOUMET, poète fr. (1788-1845).

SOUMETTRE. v. a. [Pr. *sou-mètre*] (lat. *submittere*, de *sub*, sous, et *mittere*, envoyer). Réduire, ranger sous la puissance, sous l'autorité; mettre dans un état d'abaissement et de dépendance. *S. une province à ses lois, à son empire. S. à l'obéissance d'un souverain. S. les rebelles. On peut les vaincre, mais non pas les s. L'île fut soumise.* — Fig., *S. ses actions à la volonté d'autrui.* || *S. ses idées à celles de quelqu'un,* Subordonner ses idées à celles d'un autre; être prêt à s'en désister, s'il y est mieux éclairé. *Je soumets dans cette affaire mes idées aux vôtres.* On dit de même, *S. ses lumières, ses opinions, ses sentiments à ceux d'autrui.* — *S. une chose au jugement, à la censure, à la critique de quelqu'un,* S'engager à déférer au jugement qu'il en portera. || *S. une chose à quelqu'un, à l'attention, à l'examen de quelqu'un,* Appeler l'attention de quelqu'un sur une chose, la lui faire examiner. *Permettez-moi de vous s. une observation. Ce projet fut soumis à l'examen d'une commission. S. ses écrits au public.* — *S. une question à l'examen,* L'analyser. || *S. une chose à l'analyse,* L'analyser pour connaître de quels éléments elle est formée. = SE SOUMETTRE. v. pron. Se ranger sous la puissance, sous l'autorité; accepter la dépendance. *Se s. à une domination étrangère. Les rebelles se soumirent alors. Se s. à la raison.* || *Se s. aux ordres, à la volonté de quelqu'un,* Y conformer ses actions ou ses sentiments. *Se s. aux lois. Se s. aux préceptes de la raison.* || *Se s. à quelque chose, à souffrir quelque chose,* S'engager, consentir à subir quelque chose. *Si cela est, je me soumets à tout ce qu'on voudra. Je me soumets à tout ce qu'il vous plaira.* = SOUMIS, ISE. part. || Adject., Qui est disposé à l'obéissance. *Des sujets soumis. Un fils soumis et respectueux. Une fille soumise.* On dit de même : *Un air soumis; Des paroles soumises.*

> Les orages, les vents, les cieux te sont soumis.
>
> RACINE.

|| T. Police. *Fille soumise,* Prostituée, munie d'une carte et soumise aux règlements de la police. = Conj. Voy. METTRE. = Syn. Voy. ASSERVIR.

SOUMISSION. s. f. [Pr. *soumi-sion*] (lat. *submissio*, m. s., de *submissum*, sup. de *submittere*, soumettre). Disposition à obéir. *Il a toujours eu une grande s. pour ses supérieurs. Il a toujours été d'une grande s. envers son père, à l'égard de sa mère. Il se tient dans la s. où il doit être. Avoir une grande s. d'esprit pour les choses de la foi.* || L'action même d'obéir. *J'ai été très content de sa s. dans cette circonstance. S. volontaire, forcée.* || La déclaration par laquelle on reconnaît l'autorité, on se range à l'obéissance. *Celle ville a fait sa s. tel jour. A peine le gouvernement fut-il établi, que les soumissions lui arrivèrent de toutes parts.* || Soumissions, au plur., se dit des respects qu'un inférieur rend à ceux qui sont au-dessus de lui. *C'est un homme qui exige de grandes soumissions.* — Se dit aussi des démonstrations respectueuses dont un inférieur use à l'égard d'un supérieur, pour apaiser son indignation, pour lui faire satisfaction. *Le roi reçut ses soumissions avec bonté.* || T. Admin. fin. Offre par écrit de faire une acquisition ou de se charger d'une entreprise à des conditions qu'on indique. Voy. ADJUDICATION et ENCHÈRE. — Se dit quelquefois pour Souscription. *Il fit sa s. pour mille francs dans le payement de la contribution.* || T. Procéd. *Faire sa s.*, Déclarer qu'on s'oblige à l'exécution de ce qui est demandé ou de ce qui est jugé. *Faire sa s. au greffe.*

SOUMISSIONNAIRE. s. 2 g. [Pr. *soumi-sio-nère*]. T. Admin. fin. Celui ou celle qui fait sa soumission pour quelque marché ou pour quelque payement. *Il y avait plusieurs soumissionnaires pour cette entreprise.*

SOUMISSIONNER. v. a. [Pr. *soumi-sio-ner*]. Faire sa soumission pour quelque marché ou pour quelque payement. *S. un marché, une fourniture, un emprunt. S. pour tel prix, pour telle somme.* = SOUMISSIONNÉ, ÉE. part.

SOUPAPE. s. f. (esp. *sopapo*, m. s., et aussi coup sous le menton, de *so*, sous, et *papo*, partie charnue sous le menton). T. Mécan. Tout organe mobile qui, dans une machine, sert à fermer ou à ouvrir un orifice, un passage, et qui s'ouvre et se ferme suivant la pression qu'il supporte. Voy. POMPE. || Tampon de forme conique qui, dans un réservoir, sert à boucher le trou par lequel l'eau peut aller dans les canaux. *Levez la s. pour faire aller les jets d'eau.*

Méc. — Nous avons vu aux mots LOCOMOTIVE, MACHINE, POMPE, en quoi consistent certains organes indispensables à leur fonctionnement et qui prennent les noms de *S. de sûreté, S. de retenue, S. de pompe aspirante* ou *foulante*, etc.; nous n'aurons donc pas à y revenir. Nous nous occuperons exclusivement ici, des soupapes ayant des formes spéciales, tout en indiquant en premier lieu, le dispositif adopté pour régler leur marche, dispositif qui les différencie d'une manière absolue du *Clapet* proprement dit. Voy. CLAPET.

Ce qui distingue principalement la *S. du clapet*, c'est le mode de soulèvement et d'abaissement de la première. Ces deux mouvements s'opèrent toujours verticalement; ils se trouvent obtenus de la façon la plus rigoureuse, au moyen de guides qui s'opposent à ce que l'organe se déplace hors de mesure et l'obligent, au moment voulu, à clore hermétiquement l'ouverture située au-dessous tout en retombant sur les bords de l'orifice qui constituent la *base* de la s.

En dehors des types de soupapes mentionnés ci-dessus, nous citerons : la *S. à ailettes* dans laquelle le corps de S. qui est presque constamment conique, se trouve guidé dans son double mouvement d'ascension et de descente, par un disque métallique muni d'ailettes extérieures faites de même matière. La *S. à chapeau cylindrique* et celle à *chapeau plat*, suivant que la partie qui se meut est cylindrique ou plate. La *S. sphérique* ou *à boulet*, qui est constituée par une sphère creuse en métal reposant sur une *base* en forme de calotte sphérique concave. Le fonctionnement de cette s. est réglé et modéré dans l'ascension, au moyen d'une double arcade ne laissant au boulet que la possibilité de se soulever très faiblement au-dessus de sa base lorsqu'il dégage l'orifice qu'il doit recouvrir. La *S. à lanterne* est ainsi dite parce que son corps cylindrique porte tout autour de sa périphérie un certain nombre de petits trous permettant au fluide liquide ou gazeux, de pénétrer dans le corps de pompe en les traversant. La *S. à double siège* ou *à double base* a sur les précédentes un avantage marqué. Elle permet, tout en se déplaçant très peu, de livrer passage à une grande quantité de gaz, de vapeur ou d'eau, tout en se soulevant au moindre effort. Elle est formée de deux parties l'une mobile et l'autre fixe, celle-ci comprenant une plaque circulaire recouvrant un certain nombre de cloisons dirigées suivant les rayons du cylindre.

Nous dirons encore quelques mots des *soupapes électriques*, destinées à ne laisser propager l'électricité que dans une direction unique déterminée. Le plus ancienne a été imaginée en 1855 par Gaugoin qui lui avait donné le nom d'*œuf-soupape*. Elle était constituée par un œuf en verre dont une partie de la surface extérieure était recouverte d'une matière isolante. Avec cet appareil, Gaugoin montra la facilité que possède l'électricité de passer en partie d'une électrode couverte d'une substance isolante à une autre électrode nue, sans que le passage inverse pût s'obtenir. On s'est servi de cette propriété pour dédoubler les courants lancés alternativement en sens contraire dans le même circuit. La *s. électrique de Riess* est basée sur la propriété dont jouissent les pointes de faciliter l'écoulement de l'électricité. Cette s. se compose d'une pointe métallique isolée et placée à proximité d'un corps électrisé. L'électricité qui s'écoule par cette pointe étant contraire à celle du corps, la neutralise et s'oppose à l'écoulement de l'électricité de ce corps. La s. de Riess reçu une application ; elle sert à régulariser le débit d'électricité que fournit la machine de Holtz.

SOUPÇON. s. m. [Pr. *soup-son*] (lat. *suspicio*, m. s., de *suspicere*, regarder, de *susum*, en haut, et *spicere*, regarder). Opinion, croyance désavantageuse, accompagnée de doute. *S. injuste, injurieux, téméraire, fondé, mal fondé. Léger, violent s. Avoir. prendre, donner du s., des soupçons. Éclaircir, détruire, dissiper un s. Sa conduite excita un s., les soupçons. Cela confirme, fortifie mes soupçons. J'ai quelque s. de sa fidélité. Au moindre s., je l'éloignerai de moi.* — *Un cœur exempt de s.*, Qui ne soupçonne pas. *Une conduite exempte de soupçons*, Qui ne peut être soupçonnée. || Simple conjecture, simple opinion que l'on s'est faite d'une chose. *Ce n'est pas une certitude, ce n'est qu'un s. J'ai le s. que c'est lui qui est venu.* || Fam., se dit d'une apparence très légère, ou de la plus petite quantité possible d'une chose. *Il a un s. de fièvre, Donnez-moi un s. de cette liqueur. Je n'en veux qu'un s.*

Syn. — *Suspicion.* — *Soupçon* est le terme vulgaire; *suspicion* est un terme de palais. Le s. à pour objet toutes sortes de fautes ou de mauvaises actions; la *suspicion* tombe proprement sur les délits. Le s. peut être sans fondement; la *suspicion* doit reposer sur des indices, sur des raisons apparentes. Le s. fait qu'on est soupçonné; la *suspicion* suppose qu'on est suspect, c.-à-d. soupçonné et méritant de l'être.

SOUPÇONNABLE. adj. 2 g. [Pr. *soup-sona-ble*]. Qui mérite d'être soupçonné. *Il accusait à grands cris l'homme le moins s. de ce méfait.*

SOUPÇONNER. v. a. [Pr. *soup-so-ner*]. Avoir une croyance désavantageuse, accompagnée de doute, touchant quelqu'un ou quelque chose. *S. un homme d'un crime, d'une trahison. On le soupçonnait d'hérésie. On soupçonne sa dévotion d'hypocrisie. Il est fortement, violemment, véhémentement soupçonné de ce crime. S. sans raison, sans cause. Je le soupçonnais d'avoir trompé son mari.* || Former une simple conjecture, avoir une simple opinion touchant une chose. *Je soupçonne qu'il est l'auteur de ces vers. Je ne suis pas assuré de cela, mais je le soupçonne.* — Fam., *Vous ne soupçonnez pas ce que c'est que ce caractère, que cette entreprise, etc.*, Vous n'en avez pas, vous ne pouvez en avoir une juste idée. = SOUPÇONNÉ, ÉE. part.

SOUPÇONNEUR. s. m. [Pr. *soupso-neur*]. Celui qui soupçonne.

SOUPÇONNEUSEMENT. adv. [Pr. *soup-so-neu-ze-man*]. D'une manière soupçonneuse.

SOUPÇONNEUX, EUSE. adj. [Pr. *soup-so-neu, euze*]. Enclin à soupçonner, qui soupçonne aisément. *C'est un homme s. Elle est défiante et soupçonneuse. Être d'un caractère s.* = Syn. Voy. OMBRAGEUX.

SOUPE. s. f. (all. *suppe*, m. s.). Potage fait de tranches de pain sur lesquelles on verse du bouillon. *S. grasse. S. maigre. S. à l'oignon. S. aux choux, aux herbes, à la purée. S. au lait. S. à la tortue. Une assiette à s. Une assiette de s. Distribuer des soupes aux indigents. Tremper, servir la s.* Par méton., *Tailler la s.*, Tailler des tranches de pain pour faire la s. — Prov., *S'emporter comme* une soupe au lait, Se mettre facilement et promptement en colère. || Tranche de pain coupée fort mince. Mettez deux ou trois soupes dans un bouillon, dans du vin sucré. — S. au vin. S. au perroquet ou à perroquet, Des tranches de pain dans du vin. — Fig. et fam., Mouillé, trempé comme une s., Très mouillé; ivre comme une s., Fort ivre. — Tremper une s. à quelqu'un, le battre. || On dit d'un cheval blanc tirant sur l'isabelle, qu'Il est s. de lait. On dit, dans le même sens, Un pigeon s. de lait, ou de plumage s. de lait. || Marchand de s., Chef d'une maison d'éducation qui ne songe qu'au profit. || T. Techn. Fourrage vert ou sec infusé dans l'eau qu'on donne au bétail pour l'engraisser.

SOUPÉ. s. m. Voy. SOUPER.

SOUPENTE. s. f. [Pr. sou-pante] (vx fr., soupendre, de sous et pendre). Assemblage de plusieurs larges courroies cousues ensemble, qui sert à soutenir le corps d'une voiture. Une des soupentes du cabriolet est cassée. || Les longues et larges bandes de cuir croisées qui servent à maintenir un cheval dans l'appareil qu'on nomme travail. || Réduit, ordinairement en planches, pratiqué dans la hauteur d'une cuisine, d'une écurie, etc., pour loger des domestiques ou pour quelque autre usage. || S. de cheminée, Espèce de potence ou lieu de fer qui retient la hotte d'une cheminée de cuisine. || Pièce de bois suspendue pour retenir le treuil de la roue d'une machine.

SOUPER ou **SOUPÉ.** s. m. (R. soupe). Le repas ordinaire du soir. Grand s. S. fin, délicat. Qu'avez-vous à s.? || Après-s., Le temps qui s'écoule depuis le s. jusqu'à ce qu'on aille se coucher. On dit aussi, Après-soupé.

SOUPER. v. n. Prendre le repas ordinaire du soir. On vous attend à s. Je ne soupe jamais. De quoi avez-vous soupé?

SOUPÈSEMENT. s. m. [Pr. soupè-ze-man]. Action de soupeser.

SOUPESER. v. a. [Pr. soupe-zer] (R. sous, et peser). Lever un fardeau avec la main, et le soutenir pour juger à peu près combien il pèse. = SOUPESÉ, ÉE. part.

SOUPETTE. s. f. [Pr. soupè-te]. Petite tranche de pain.

SOUPEUR, EUSE. s. Celui, celle qui est dans l'usage de souper. Il y a aujourd'hui peu de soupeurs.

SOUPIÈRE. s. f. (R. soupe). Vase large et profond qui a ordinairement deux anses, et dans lequel on sert la soupe. || Ce que contient la soupière.

SOUPIR. s. m. [Pr. 'r finale] (lat. suspirium, m. s., de suspirare, soupirer). Respiration plus forte et plus longue qu'à l'ordinaire, qui est produite par la contraction volontaire et lente du diaphragme et des muscles intercostaux, et qui est provoquée par le trouble des fonctions du cœur résultant d'une cause morale. Grand, long s. S. de douleur, d'amour. De tendres soupirs. Pousser des soupirs. Il pousse de gros soupirs, des soupirs entrecoupés. Retenir, étouffer ses soupirs. La douleur s'exhale par des soupirs. — C'est l'objet de ses soupirs, se dit d'une fille, d'une femme dont quelqu'un est fort amoureux. — Rendre le dernier s., les derniers soupirs, Mourir. Recevoir, recueillir les derniers soupirs de quelqu'un, L'assister à ses derniers moments. Jusqu'au dernier s., Jusqu'au dernier moment de la vie. Je vous servirai jusqu'au dernier s. || T. Poésie. Son plaintif. Les soupirs de la brise dans le feuillage, etc. || T. Mus. Silence qui dure la moitié d'une pause. Voy. NOTATION.

SOUPIRAIL. s. m. [Pr. soupi-ral, l mouillé] (R. soupirer). Ouverture pratiquée à la partie inférieure d'un édifice, pour donner de l'air, du jour à une cave ou à un lieu souterrain. Des soupiraux. || Ouverture pratiquée à plomb dans le sommet d'une voûte. Ouverture pratiquée dans un moule de carbonisation. || Par anal., Les volcans sont des soupiraux que le feu central s'est ouverts à travers la croûte terrestre.

SOUPIRANT, ANTE. adj. Qui soupire. = Subst., Celui qui aspire à se faire aimer d'une femme. Elle a beaucoup de soupirants. Fam.

SOUPIRER. v. n. (lat. suspirare, m. s., de susum, en haut, et spirare, souffler). Pousser, faire des soupirs. S. de douleur, d'amour, de regret. S. du fond du cœur. Il soupire sans cesse. || Prov. Cœur qui soupire n'a pas ce qu'il désire, Cœur content soupire souvent. || S. après, S. pour, Désirer ardemment, rechercher avec passion. Il y a longtemps qu'il soupirait après cette place. Il soupire pour cette femme. = SOUPIRER. v. a. N'est d'usage qu'au figuré et en poésie. S. ses peines, ses douleurs. — Les vers que soupirait Tibulle. = SOUPIRÉ, ÉE. part. = Syn. Voy. ASPIRER.

SOUPLE. adj. 2 g. (lat. supplex, suppliant, de sub, sous, et plicare, plier). Flexible, maniable, qui se plie aisément sans se rompre, qui n'excite aucune sensation de raideur et de résistance. Du cuir fort s. Des branches souples. L'osier est s. Voici une étoffe extrêmement s. — Fig. et fam., Cet homme est s. comme un gant. Voy. GANT || En parlant des personnes et des animaux. Qui a une grande facilité à se mouvoir. Il faut être bien s., avoir le corps bien s., les reins bien souples pour faire de pareils tours. Ce cheval a le jarret s. Avoir des mains souples. — Par analogie, Une voix s. || Fig., Docile, complaisant, soumis, qui a l'humeur accommodante, l'esprit flexible aux volontés d'autrui. Pour réussir à la cour, il faut être s. Il a l'esprit s. Il est d'un caractère s. On dit dans le même sens et même péjorativement. Avoir l'échine, les reins souples. = Syn. Voy. DOCILE.

SOUPLEMENT. [Pr. souple-man]. adv. D'une manière souple, avec souplesse.

SOUPLESSE. s. f. [Pr. sou-plè-se] (R. souple). Flexibilité, qualité de ce qui est souple. La s. de l'osier. La s. d'un ressort de carrosse. La s. d'une étoffe. || Facilité à mouvoir, à plier son corps, ses membres. Il a une s. de corps, une s. de mains étonnante. Le singe est un animal qui a beaucoup de s. Ce cheval a de la s. dans les jarrets. || Par anal., se dit de la voix, de l'esprit, du style. Sa voix a de la s. Il a beaucoup de s. dans l'esprit. Son style manque de s. || Fig., Docilité, complaisance, soumission, flexibilité aux volontés d'autrui. Avoir de la s. dans les affaires, dans le commerce du monde. Il a beaucoup, il a trop, il n'a pas assez de s. dans le caractère. Ayez de la s., si vous voulez faire votre chemin. — Au pl., se dit quelquefois absol., pour désigner des actes qui marquent de la s., de la servilité dans le caractère. Ce n'est que par des souplesses qu'il est parvenu si haut. || Fig., Tours de s., Moyens subtils, adroits, cachés, artificieux, dont certaines gens se servent pour arriver à leurs fins. Ce n'est que par des tours de s. qu'il est parvenu à ses fins. Il a fait mille tours de s. pour supplanter cet homme.

SOUQUENILLE. s. f. [Pr. souke-ni-lle, ll mouillées] (Dimin. du vx fr. sequanie ou souxanie, m. s.). Espèce de surtout fort long et fait de grosse toile que portent ordinairement les cochers et les valets. Les soupiraux [*sic*] palefreniers quand ils pansent les chevaux. || Fam., Vêtement délabré. Il traîne partout sa s.

SOUQUER. v. a. [Pr. sou-ker]. T. Marine. Raidir un cordage, une amarre, pour lui donner plus de force. = SOUQUER. v. n. S. sur la rame, appuyer sur la rame, faire force de rames.

SOUQUETAGE. s. m. [Pr. souke-taje]. Voy. CHOQUETAGE.

SOURABAYA, v. et port de Java sur le détroit de Madura 121,400 hab.

SOURBASSIS ou **SOURBASSIE.** s. f. [Pr. sourba-si]. T. Comm. Soie très belle et très fine qui vient de la Perse.

SOURCE. s. f. (R. sours, sourse, anc. part. pass. de sourdre). L'eau qui commence à sourdre, à sortir de terre en un endroit pour prendre son cours vers un autre, et l'endroit d'où l'eau sort. S. vive, claire, limpide. Eau de s. Découvrir, trouver une s. Cette rivière est navigable dès sa s. Remonter une rivière jusqu'à sa s. Les sources du Nil. S. intermittente. Voy. INTERMITTENT. Sources minérales. Voy. EAU, Eaux minérales. S. jaillissante ou geyser. Voy. VOLCAN. || Fig., se dit des pays qui sont abondants, fertiles en certaines choses et qui les répandent au dehors.

Le Pérou est une s. de métaux précieux. La Champagne et la Bourgogne sont une s. de bons vins. || Fig. et Poét.

Qui changera mes yeux en deux sources de larmes ?

RACINE.

|| Fig., Le principe, la cause, l'origine, le premier auteur de quelque chose. *La vanité de l'homme est la s. de ses plus grandes peines. Ses infortunes eurent leur s. dans un amour-propre indomptable. Ce préjugé prend sa s. dans un sentiment louable. Dans la monarchie, le prince est la s. de tout pouvoir politique et civil. Il faut remonter à la s. de ce bruit. Il sait toujours des nouvelles, il est à la s., il puise à la s. Je tiens cette nouvelle de bonne s., De personnes bien informées. — Les sources de la vie.* Les principaux organes nécessaires à la vie. || T. Théol. *Les sources de la grâce,* Les sacrements. || T. Littérat. Se dit des textes originaux. *Pour écrire l'histoire, il faut connaître les sources. Cet historien a puisé dans les meilleures sources.* || Fig. et fam., en parlant de ce qu'une personne dit ou écrit d'une manière naturelle, facile, conforme à son génie, au caractère de son esprit, aux sentiments de son cœur, on dit : *Cela coule de s. Il écrit facilement, on voit que cela coule de s.* = Syn. Voy. ORIGINE.

Techn. — *Art de découvrir les sources.* — On conçoit qu'il ne s'agit ici ni de ressusciter les contorsions de la baguette de coudrier, ni de dévoiler les mystères de la clef magnétique, pas même d'expliquer les éternuements de l'huissier Tourmaire qui prenait un rhume de cerveau quand il approchait d'une s., fût-elle à trois cents pieds sous terre. La géologie qui est une science positive, d'invention moderne, dont les ingénieurs hydrographes se sont inspirés, va nous tracer des règles plus sûres pour découvrir ces canaux souterrains qui conduisent les sources, perdues pour le bien général, vers leurs réservoirs naturels, les rivières et les mers. Heureusement l'eau, si nécessaire à l'homme, aux animaux, à la végétation, coule à la surface du globe, divisée en nombreuses veines et veinules plus abondantes qu'on ne suppose ordinairement. L'examen le plus superficiel de la croûte terrestre et de ses surélévations, les collines et les montagnes, les sondages que l'homme a eu l'idée d'exécuter dans les profondeurs du sol, pour extraire les matières nécessaires à son industrie, lui ont bientôt appris que la partie solide du globe n'est pas homogène dans toute son étendue. Elle se compose, en effet, de divers minéraux disposés en amas plus ou moins considérables. Ces amas désignés sous le nom de *roches* reconnaissent leurs origines très différentes. Les unes sont des matières refroidies, formées par voie de cristallisation ignée, alors que la terre entièrement fluide à une époque reculée, perdait une partie de sa chaleur par rayonnement dans l'espace. Toutefois quelques-unes de ces matières ont été expulsées postérieurement de l'intérieur vers la circonférence, soit aux époques des grandes convulsions souterraines, soit par les cratères des volcans. Il faut ranger dans ces deux catégories, les granites avec toutes leurs modifications, les porphyres, les masses de cristal de roche et de quartz, les basaltes, etc. Ces matières constituent notamment le noyau des plus hautes montagnes terminées en pointes ou crêtes, comme les Alpes, les Cordillères, etc.

Les autres minéraux sont disposés en couches ; c'est le plus grand nombre. Ils présentent les caractères de dépôts formés au sein des eaux. On nomme *stratification* les dispositions assez régulières de ces dernières matières rassemblées, lits par lits, sur les fonds des marais, des lacs et des mers, aux diverses époques de leur formation. Les dépôts eux-mêmes sont dits *stratifiés,* circonstance qui distingue éminemment les roches formées par voie aqueuse de celles qui ont été produites par fusion.

En résumé, la croûte terrestre, dont l'épaisseur n'est que de quelques kilomètres, le noyau étant encore chaud et pâteux, est composée : 1° de masses rocheuses non stratifiées, ou massifs ignés ; 2° de couches stratifiées, le plus ordinairement très anciennes, ayant pris souvent des positions très inclinées, jusqu'à la verticale, par suite des bouleversements survenus à la surface du globe ; 3° de couches stratifiées sensiblement horizontales, en général de formation plus récente ; 4° d'alluvions anciennes et modernes, débris minéraux ou organiques déposés au fond des marais, ou charriés par les eaux à l'embouchure des fleuves.

Les trois premières catégories de terrains ne sont pas nécessairement superposées. Souvent une et quelquefois deux, manquent absolument. Ainsi dans la basse Normandie, dans la Bretagne, le Limousin, les terrains primitifs, d'origine ignée, ayant été maintenus constamment au dessus des eaux,

n'ont été recouverts par aucune formation aqueuse. D'autres terrains ne présentent que des stratifications fortement inclinées remontant aux premières apparitions de la vie organique sur le globe. Ailleurs les stratifications horizontales atteignent de telles profondeurs, qu'il est indifférent, pour le but que nous cherchons, de savoir ce qu'il y a par dessous.

A l'époque de leur formation, conséquence de quelque grande convulsion terrestre, ou de l'entraînement par les eaux diluviennes, les vallées étaient dénudées et stériles. Au fond des ravins désolés venaient se joindre, formant leurs angles, les lignes abruptes des coteaux opposés. Cependant les efforts combinés du temps, des pluies et des agents atmosphériques ont attaqué les roches, désagrégé les couches tendres, entraîné leurs débris, et plus tard ceux des plantes, au fond des excavations. Ces amas ont lentement recouvert les bas-fonds, exhaussé le sol, élargi les surfaces et préparé la fertilité. Les pentes, favorisées par de faibles inclinaisons, ont retenu quelques épaves des assises supérieures. Bientôt la végétation a couvert la plaine et le vallon, grimpé le long du coteau, gagné le sommet des collines qu'elle protégera désormais contre des entraînements nouveaux. Toutes ces couches superposées, soit qu'elles appartiennent aux terrains anciens ou aux formations plus récentes, ont acquis plus ou moins de solidité. Les unes sont restées à l'état arénacé, friables, tandis que d'autres ont acquis une consistance résistante, quelquefois une excessive dureté par le ciment des siècles. Ces dernières s'observent facilement dans la construction des collines et des montagnes. Leurs arêtes solides dessinent des gradins, comme les marches d'escaliers gigantesques, reconnaissables malgré l'épais manteau du sol et de la végétation qui recouvre leur ossature.

Résistants ou non, ces bancs se distinguent par deux propriétés que nous devons retenir. Les uns se laissent plus ou moins facilement pénétrer par les eaux. Les autres sont *imperméables.* Ceux-ci sont presque toujours *formés d'argiles,* dont les couches, plus ou moins épaisses, se rencontrent fréquemment à tous les étages des terrains de sédiment. Les couches de pierre plus compactes offrent souvent des fissures par lesquelles les eaux descendent plus bas.

Maintenant que la structure des collines et des montagnes nous est connue, voyons ce que deviennent les pluies qui tombent sur leurs flancs, leurs sommets et les plateaux ; car *toutes les sources sont alimentées par les eaux du ciel.* — Si les pluies sont abondantes, la terre n'a pas le temps de les absorber entièrement ; une partie coule sur le sol et descend, sans quitter la surface, vers le ruisseau ou la rivière. Nous suivrons tout à l'heure le chemin qu'elle a parcouru. L'autre partie, et c'est de beaucoup la plus considérable, pénètre dans la terre. Une fraction, que l'on peut estimer au quart, est absorbée par la végétation ou vaporisée. Les trois autres quarts, obéissant aux lois de la pesanteur, descendent par les interstices des terrains poreux, jusqu'à ce qu'ils soient arrêtés par une couche imperméable. — Nous avons vu que ces couches, par suite des révolutions de la croûte terrestre, ont pris des inclinaisons plus ou moins accentuées. L'eau suivra donc la pente de la couche imperméable où, depuis des siècles, elle s'est ménagé des canaux ou veinules, pour aller s'enfoncer dans les profondeurs de la terre, si la pente approche de la verticale, ou plus ordinairement, sourdre à l'extrémité inférieure d'un banc imperméable interrompu par une échancrure de terrain, une vallée. — Si la colline était dénudée, nous verrions la s. sortir de son flanc, au-dessus de l'assise qu'elle n'a pu pénétrer, descendre la paroi où elle a creusé un sillon, et gagner le fond de la vallée. Mais les coteaux sont ordinairement recouverts d'une épaisse couche de détritus sous laquelle la s. a percé son lit d'écoulement. Elle chemine ainsi invisible jusqu'à la rivière. Nous allons chercher où et comment on peut la trouver.

Il importe d'abord d'étudier la formation et l'écoulement des fleuves et des rivières visibles, parce que les cours d'eau apparents ou cachés obéissent aux mêmes lois de la pesanteur et des accidents de stratification. — Tout fleuve ou ruisseau possède un bassin, une s., un lit, un confluent ou embouchure. Le bassin d'un fleuve se compose de toutes les vallées et dépressions de terrains qui versent leurs eaux dans son canal, son lit. Le bassin d'une rivière ou d'un ruisseau est la réduction du bassin du fleuve, une branche, un rameau de l'arbre. La s. est le surgeon le plus éloigné de l'embouchure. Les affluents arrivent de chaque côté du cours d'eau principal qui occupe toujours la partie la plus basse ; ils se jettent, non vis-à-vis les uns des autres, mais alternativement, non pas dans un angle rentrant, mais au sommet d'un angle saillant. — Lorsque le bassin d'un cours d'eau est formé de plusieurs affluents, ce bassin présente, dans le commencement, une largeur considérable qui diminue jusqu'à son embouchure. — Si les deux coteaux, qui forment le vallon, ont des inclinaisons de même valeur, le cours d'eau marche au fond de ce vallon, à égale distance de l'une et l'autre coteau. Mais il se rapprochera du plus rapide. — Si l'un des coteaux est un escarpement, le cours d'eau coule à sa base et le suit jusqu'à ce qu'un angle saillant l'arrête brusquement et l'oblige à se porter vers le coteau opposé.

Il est de règle que les nombreux filets d'eau, qui se forment dans le sein des montagnes et des collines, descendus sur les couches imperméables, se partagent et se réunissent sans terre, *comme les eaux pluviales à la surface*. De sorte que le faîte d'une colline indique exactement la ligne de partage des eaux visibles et souterraines. Chacun des deux versants conduit tous les petits cours d'eau, qui s'y sont formés, dans le vallon vers lequel il est incliné, le *cours d'eau invisible sous le cours d'eau ou torrent pluvial visible*; parce que dans les terrains stratifiés, les assises qui composent les deux coteaux suivent une direction sensiblement parallèle à la surface. Si les deux coteaux sont formés de terrains non stratifiés, les filets d'eau souterrains tendent encore vers les versants, à cause des affaissements de terrains et du vide formé par la vallée qui procure un écoulement facile. — Les collines affectent souvent la forme allongée ; elles s'élèvent entre deux vallons et se terminent par un plateau d'une largeur plus ou moins considérable. Les assises qui constituent ces collines, terrains stratifiés, sont parallèles à la surface du plateau. Celui-ci offre l'un ou l'autre des aspects suivants. — Ou la crête est vers le milieu, alors les deux versants ont leurs couches inclinées en sens opposés ; chacun amène dans son vallon les eaux qu'il a reçues. — Ou la crête est à une extrémité : dans ce cas, l'un des coteaux est rapide, souvent escarpé, ses assises accusent des gradins. Alors toutes les eaux s'en vont dans le vallon le plus éloigné. Elles suivent le versant qui possède la pente la plus douce ; le *coteau le plus rapide n'a jamais d'eau*.

Lorsqu'un vallon, ou pli de terrain, n'offre pas de cours d'eau, c'est que celui-ci est caché. Il s'est enfoncé à travers un sol poreux qui dissimule sa présence, et il court sur une couche imperméable située à une profondeur indéterminée. D'où il suit qu'on peut établir cette autre règle : *Dans chaque vallée, gorge ou pli de terrain, il existe un cours d'eau apparent ou caché*; quelquefois l'un et l'autre.

La s. invisible a son point de départ, comme la s. visible, dans une plage élevée, souvent marécageuse, et dont l'inclinaison est à peine sensible, ou à la naissance d'un vallon creusé plus ou moins profondément, quelquefois en *forme de cirque*. Cette dernière disposition recèle les cours d'eau les plus importants. — De distance en distance, le ruisseau naissant reçoit un affluent nouveau qui lui arrive du fond d'un pli ; il fait une courbe pour aller le recevoir, s'il a de l'importance.

Veut-on se rendre compte comment se forme une s. souterraine dans un espace de terrain donné ? Il faut observer, pendant une forte pluie, la marche des eaux non absorbées et leur réunion pour former le torrent qui s'établit momentanément à la surface du sol. On peut tenir pour certain que le cours d'eau permanent et caché se forme et s'écoule de la même manière, et que ses veines et saillies suivent perpendiculairement les mêmes lignes sous terre. — Cependant cette concordance peut être dérangée : 1° par les stratifications discordantes du coteau ; mais le cas est rare ; 2° par les travaux faits de main d'homme ; 3° par les cours d'eau visibles livrés à eux-mêmes dans les plaines ou dans les vallées comblées en partie par des terrains de transport. — Dans ces deux derniers cas, il faut reconstruire dans son esprit le terrain tel qu'il était primitivement pour s'inspirer de ce tracé, ou encore, observer les plans inclinés qui forment les deux coteaux opposés, prolonger de l'œil leurs lignes sous les matières de transport jusqu'au point d'intersection. C'est là que se trouve le cours d'eau invisible.

Points d'attaque pour rencontrer une source. — Si le cours d'eau souterrain réglait sa marche parallèlement à la surface du sol, en quelque endroit de son parcours qu'on creusât vers le fond où le bord de la colline, on serait assuré de le trouver partout à la même profondeur, mais il n'en est pas ainsi. Les pentes des cours d'eau apparents et cachés ne concordent en ce sens que fortuitement. Si les eaux marchent perpendiculairement, la distance qui les sépare est très variable. Les endroits où l'on découvre une s. à de moindres profondeurs sont : 1° A sa formation, le point central du premier pli de terrain ; le centre du cirque où se réunissent tous les filets

DICTIONNAIRE ENCYCLOPÉDIQUE. — T. VIII.

d'eau ; 2° pendant son parcours, le bas de chaque pente ou gradin de la colline ; l'approche du confluent. — Par contre, les points où les sources coulent le plus avant en terre sont les sommets de chaque angle saillant dessinés par les inflexions de la ligne qui descend du faîte au pied des coteaux. — Telles sont les règles générales. Mais il se présente dans la pratique des exceptions. Une observation attentive fait d'ailleurs éviter ces causes d'erreur. Il est évident, par ex., que si les roches qui forment les collines sont dépourvues de bancs imperméables, toute la contrée est sans eau. Si ces roches de formation schisteuse ont de fortes inclinaisons, elles conduisent les eaux dans les profondeurs du sol où elles séjournent, s'échauffent à la chaleur intérieure, dissolvent les sels terreux à la faveur de l'acide carbonique très abondant dans ces régions souterraines, et ressortent ordinairement, dans des contrées basses et éloignées, par des failles ou cassures produites à l'époque de quelque bouleversement du sol. Telle est l'origine des sources thermales.

Terrains favorables à la découverte des sources. — Ces terrains doivent réunir les conditions suivantes : 1° à la surface, une couche perméable d'au moins quelques mètres d'épaisseur ; 2° au dessous, une couche imperméable convenablement inclinée. La présence d'un banc imperméable peut être indiquée par l'étude géologique des assises du terrain et par l'observation de quelques signes extérieurs. Des plantes aquatiques, du jonc, des menthes, des prêles, ou quelques touffes d'herbes plus vertes dénoncent les infiltrations d'une s. à travers le sol. Un arbre plus vert, plus vigoureux que ses voisins, révélera un cours d'eau d'une plus grande profondeur. Dans ces divers cas, il faut toujours chercher le filet d'eau plus haut, en se conformant aux règles établies.

Terrains qui manquent de sources. — Les sources font défaut dans les terrains volcaniques ou friables, dans les collines affaissées, les éboulements, les alluvions modernes, les coteaux dont les assises relevées ou des inclinaisons dépassant 45 degrés dans les collines recouvertes d'une calotte d'argile. On doit encore s'abstenir de chercher des sources dans le calcaire caverneux, les dolomies, les craies et les marnes, parce que, dans ces masses poreuses, descendent à de grandes profondeurs.

SOURCIER, IÈRE. s. m. [Pr. *sour-sié*] Celui, celle qui prétend avoir des moyens particuliers pour découvrir des sources.

SOURCIL. s. m. [Pr. *soursi*] (lat. *supercilium*, m. s., de *super*, sur, et *cilium*, paupière). Eminence arquée et garnie de poils qui s'élève au-dessus de l'œil. || Fig., *Froncer le s.*, Montrer sur le visage de la mauvaise humeur, du mécontentement. || T. Techn. Partie supérieure, linteau d'une porte.

SOURCILIER, IÈRE. adj. [Pr. *soursi-lié*]. Qui a rapport aux sourcils. *Muscle s. Arcade sourcilière.*

SOURCILIER. s. m. [Pr. *soursi-lié*] (R. *sourcil*). T. Techn. Corniche au-dessus des ouvreaux au four à glaces.

SOURCILLER. v. n. [Pr. les *ll* mouillées] (R. *sourcil*). Remuer le sourcil en signe de mécontentement, d'impatience. *Cet écolier n'ose pas s. devant son maître. Il a écouté mes reproches sans s. Il a entendu cette mauvaise nouvelle sans s. Il n'a pas sourcillé en entendant son arrêt*, Il n'a laissé paraître aucune marque d'altération sur son visage.

SOURCILLER. v. n. [Pr. les *ll* mouillées] (R. *source*). Sourdre, sortir de terre, en formant une source. Vx.

SOURCILLEUSEMENT. adv. [Pr. *soursi-lleu-zeman*, *ll* mouillées]. D'une manière sourcilleuse.

SOURCILLEUX, EUSE. adj. [Pr. *sour-si-lleu, euze, ll* mouillées] (R. *sourcil*). Poétiq., Haut, élevé. *Rochers s. Montagnes sourcilleuses.* || Fig., *Un front s.*, Un front où se peint l'orgueil, ou un front empreint de tristesse, un front chagrin, inquiet.

SOURD, SOURDE. adj. [Pr. *sour*] (lat. *surdus*, m. s.). Qui ne peut entendre, par quelque défaut de l'organe de l'ouïe. *Il est devenu s. Elle est un peu sourde. Cette maladie l'a rendu s. d'une oreille. Il est s.-muet, s.-muet de naissance.* Fam., *Il est s. comme un pot.* Proverb., *Faire la sourde-oreille*, Voy. OREILLE. — Fig., *Être s. aux prières, aux cris, aux raisons, aux remontrances*, Être inexorable,

792

inflexible, insensible aux prières, etc. || Se dit aussi de certaines choses qui manquent de sonorité. *Cette église, cette salle est sourde. Ce violon est s. Une voix sourde.* — *Bruit s.*, Bruit qui n'est pas éclatant. *On entend un bruit s. qui sort de cette caverne.* On dit dans un sens anal., *De sourdes rumeurs, de sourds gémissements;* et Fig., on dit d'une nouvelle qui n'est pas encore publique ni certaine. *Il court un bruit s.* || Fig. et en mauvaise part, Qui se fait secrètement, sans bruit, sans éclat. *Des pratiques sourdes. De sourdes menées. Une sourde tyrannie.* || T. Méd. *Douleur sourde*, Douleur interne qui n'est pas aiguë. || Mathém. *Quantités sourdes*, Quantités incommensurables. — T. Techn. *Lime sourde*, Lime qui ne fait pas de bruit quand on l'emploie, et Fig, et Fam., Une personne qui agit secrètement pour quelque mauvais dessein, ou qui, sous un air taciturne, cache de la malignité. — *Couteau s.*, plane de corroyeur, peu tranchante. — *Lanterne sourde*, Voy. LANTERNE. — *Pierre sourde*, Pierre précieuse qui a quelque chose d'obscur, de sombre, de brouillé. = SOURD, SOURDE. s. Personne affectée de surdité. *Un s. Une sourde. Faire le s. Une sourde-muette. L'institution des sourds-muets.* — Fam., *Frapper comme un s.*, Frapper sans mesure et sans pitié. Prov., *Il n'est pire s. que celui qui ne veut pas entendre*, se dit de quelqu'un qui fait semblant de ne pas entendre une proposition, une demande à laquelle il ne veut pas répondre.

Méd. — La surdité plus ou moins complète est la conséquence d'un grand nombre de maladies de l'oreille. Voy. OREILLE, III. Nous ne parlerons ici que de la surdité congénitale ou *surdi-mutité*.

Sourds-muets. — I. — La *Surdi-mutité* est la privation simultanée de l'ouïe et de la parole. La *mutité* est exclusivement la conséquence de la *surdité* c.-à-d. de l'absence de l'ouïe. Ce n'est point, comme on le croyait autrefois, parce que leur langue ou leurs organes vocaux sont mal conformés, que les *sourds-muets* sont privés de la faculté de parler, mais parce que leur surdité ne leur permet pas de connaître et de saisir les éléments qui constituent le langage oral. La mutité n'accompagne jamais que la surdité congénitale, ou du moins la surdité survenue avant que l'enfant ait appris à parler. Lorsque la surdité est accidentelle et se produit chez un adulte, celui-ci conserve la faculté de parler : toutefois, comme il cesse de s'entendre lui-même, son langage ne tarde pas à s'altérer : il parle plus bas, accentue mal ses paroles et finit quelquefois par articuler les mots d'une manière si défectueuse, qu'il ne peut plus être compris que par les personnes de son entourage. Le s.-m. reconnaît comme causes habituelles : l'hérédité, la consanguinité, les malformations de crâne et de l'oreille. La guérison est impossible à obtenir. Quant à la *surdité accidentelle*, ses causes sont très variables : elle peut être la conséquence de maladies infectieuses (fièvre typhoïde, scarlatine) ou de troubles locaux (végétations adénoïdes, otites, etc.). L'éducation des sourds-muets a fait de grands progrès dans ces derniers temps ; à la *mimique*, seule méthode employée jusqu'à ces dernières années, on tend à substituer la *méthode orale;* on arrive ainsi à faire parler les sourds-muets à qui on fait préalablement étudier les mouvements des lèvres et de la langue, nécessaires à l'articulation des sons. La curabilité de la s. accidentelle dépend de sa cause et du genre de lésion qui en est résulté. Voy. OREILLE, III.

II. — D'après la statistique la plus récente, les enfants sourds-muets en âge scolaire sont au nombre de 6,000, dont mille ne sont pas susceptibles d'une instruction normale, en raison du développement incomplet de leurs facultés intellectuelles. Sur ce nombre, ainsi réduit à 5,000, 3,600 enfants trouvent place dans des écoles spéciales; 14 à 1500, faute de places disponibles dans ces établissements, sont malheureusement privés d'instruction. Les écoles destinées à l'enseignement des enfants sourds-muets sont au nombre d'environ 70, en France. Trois appartiennent à l'État, savoir, les écoles de Paris, Bordeaux et Chambéry, la première ne reçoit que des garçons, la seconde que des filles, la troisième reçoit les enfants des deux sexes. Les autres établissements sont dirigés par des particuliers, et en majorité par des associations religieuses; plusieurs reçoivent des subventions des départements où ils sont situés ou des départements voisins. — Dans les écoles nationales, l'âge d'admission est fixé à 9 ans au moins et 12 ans au plus. Les demandes d'admission doivent être adressées au Ministre de l'intérieur, et être accompagnées des actes de naissance et de baptême de l'enfant s'il s'agit d'un catholique, et de diverses pièces constatant le fait et les causes de son infirmité, et attestant qu'il n'est atteint d'aucune autre maladie et qu'il a été vacciné. Un certificat d'in-

telligence doit, en outre, être joint au dossier, s'il s'agit d'une demande de bourse. Toutes ces pièces doivent être légalisées. L'enseignement dure 8 ans à Paris et à Bordeaux, 7 ans à Chambéry. Il comprend l'étude du français, le calcul, l'écriture et le dessin linéaire, et se complète par l'apprentissage d'une profession, comme celle de compositeur typographe, lithographe, peintre sur porcelaine, ébéniste, tailleur, cordonnier, etc. Les enfants incapables sont rendus à leurs parents. Enfin, ceux qui, avant les 6 ans révolus, sont en état d'exercer une industrie, sont placés dans des ateliers, soit par les soins de l'administration, soit par ceux de sociétés de patronage. La plus importante de ces associations est celle qui a son siège à Paris, et qui porte le nom de *Société centrale d'éducation et d'assistance pour les sourds-muets en France*, fondée en 1860. Ajoutons que l'école nationale de Paris constitue une véritable école normale de professeurs pour les sourds-muets.

III. — Il existe dans notre législation quelques dispositions relatives aux sourds-muets. Ces dispositions deviennent de jour en jour d'une application plus rare par suite des progrès de la science moderne qui permet à un grand nombre de sourds-muets de naissance d'acquérir un certain usage de la parole. Le s.-muet qui sait écrire ou seulement signer peut faire, comme toute autre personne, les contrats et autres actes de la vie civile, et sa signature atteste le consentement qu'il a donné. Celui qui ne sait pas écrire, mais dont il est possible de connaître la volonté, au moyen des personnes qui se font entendre de lui par signes, n'est point privé du droit de contracter : il est seulement obligé d'avoir recours à un ministère ou à un notaire. En ce qui concerne les donations entre-vifs, les sourds-muets peuvent en faire avec le concours de leur interprète; mais, pour les accepter, il faut, s'ils ne savent pas écrire, qu'ils soient assistés d'un curateur spécialement nommé à cet effet. Ceux qui savent écrire peuvent tester sous forme olographe ou mystique; mais ils ne pourraient faire leur testament devant notaire, car ils ne sauraient se faire comprendre que par un intermédiaire; or la loi veut que le notaire et les témoins soient en état de comprendre personnellement ce qui se dit et se passe sous leurs yeux. Quand un s.-muet est jugé pour un crime ou un délit, ou est appelé à déposer comme témoin, le magistrat lui donne d'office pour interprète la personne qui a le plus d'habitude de converser avec lui. S'il sait écrire, le greffier lui remet par écrit les questions et observations, et il fait connaître de la même manière ses réponses ou déclarations. — Il a été composé un grand nombre d'ouvrages sur l'éducation des sourds-muets; nous nous contenterons de citer : *La véritable manière d'instruire les sourds-muets*, par l'abbé de l'Épée (1784); *Manuel d'enseignement pratique des sourds-muets*, par Bébian (1827); et pour la période contemporaine, les ouvrages du grand instituteur des sourds-muets, J. J. Valade-Gabel sur l'enseignement intuitif, enfin, le traité de Ludovic Goguillot : *Comment on enseigne la parole aux sourds-muets*. Les questions d'assistance et d'éducation des sourds-muets ont fait l'objet de plusieurs congrès internationaux qui se sont tenus à Paris (1889 et 1900), à Chicago (1893), à Genève (1896). Voy. notamment le compte rendu du Congrès international des sourds-muets par M. Jeanvoine et M. Guillard, auteur de nombreuses études sur les questions sociales et d'enseignement intéressant les sourds-muets.

SOURD. s. m. [Pr. *sour*]. T. Erpét. Nom vulgaire de la Salamandre. = SOURDE. s. f. Nom vulgaire de la petite bécassine.

SOURDAUD, AUDE. s. [Pr. *sour-dô, ôde*] (R. *sourd*). Celui, celle qui n'entend qu'avec peine. *C'est un s.* Fam.

SOURDELINE. s. f. (ital. *sordellina*, m. s.). Musette originaire d'Italie, à quatre chalumeaux pouvant se fermer ou s'ouvrir à volonté.

SOURDEMENT. adv. [Pr. *sourde-man*]. D'une manière sourde, peu retentissante, qui fait peu de bruit. *Le tonnerre grondait s.* || Fig., D'une manière secrète et cachée. *Il a fait cela s. Traiter une affaire s. Des bruits s. répandus.*

SOURDEVAL, ch.-l. de c. (Manche), arr. de Mortain; 3,800 hab.

SOURDIÈRE. s. f. Espèce de volet couvert de toile.

SOURDINE. s. f. (ital. *sordina*, m. s., de *sordo*, sourd).

T. Mus. Trompette peu sonore, dont on se servait autrefois pour donner aux soldats le signal d'une marche à petit bruit. *Sonner la s.* — Épinette dont les cordes sont mises ou vibration par de petites pièces de bois surmontées de drap, qui adoucissent les sons. — Petit appareil qu'on met à certains instruments pour en amortir les sons. *La s. du violon et de la basse est un morceau de bois en forme de peigne qu'on place sur le chevalet. La s. du cor est un cône de carton, percé d'un trou à sa base et qu'on place dans le pavillon.* || T. Horlog. Dans les montres à répétition. Ressort qui, étant poussé, retient le marteau et l'empêche de frapper sur le timbre. = A LA SOURDINE. loc. adv. Fig. et fam., Avec peu de bruit, secrètement. *Les ennemis ont délogé à la s. Il s'est marié à la s. Négocier une affaire à la s.*

SOURDIS (FRANÇOIS DE), archevêque de Bordeaux (1375-1628). || HENRI DE SOURDIS, frère du précédent, archevêque de Bordeaux (1593-1645).

SOURD-MUET, SOURDE-MUETTE, adj. Voy. SOURD.

SOURDON. s. m. T. Zool. Nom vulgaire du *Cardium edule.* Voy. CARDIACÉS.

SOURDRE. v. n. (lat. *surgere*, élever, jaillir, de *sursum*, en haut, et *regere*, diriger). Sortir de terre, jaillir; se dit des eaux, et n'est guère en usage qu'à l'infinitif et à la 3e personne du présent de l'indicatif. *On voit l'eau s. de tous côtés. L'eau qui sourd du rocher.* || Fig. Sortir, résulter; ne se dit qu'à l'infinitif. *C'est une affaire, une entreprise dont on a vu s. mille inconvénients.* Peu usité.

SOURIANT, ANTE. adj. Qui sourit.

SOURICEAU. s. m. [Pr. *souri-so*]. Le petit d'une souris.

Un souriceau tout jeune et qui n'avait rien vu.
LA FONTAINE.

SOURICIÈRE. s. f. Piège pour prendre des souris. — Fig. et fam., *Se mettre, se jeter dans la s.*, Se mettre inconsidérément dans quelque embarras dont on ne peut sortir. || Popul., Lieu public ou autre surveillé par la police, et où l'on arrête les gens suspects. *Établir une s.*

SOURIQUOIS, OISE. adj. [Pr. *souri-koua, aze*]. De la race des souris. *Le peuple s.* Vx.

SOURIRE. v. n. (lat. *subridere*, m. s., de *sub*, sous, et *ridere*, rire). Rire sans éclater, et seulement par un léger mouvement de la bouche et des yeux. *S. obligeamment, malicieusement, dédaigneusement. Il ne répondit rien, mais il se mit à s. Elle souriait de mon embarras.* || *S. à quelqu'un*, Lui témoigner de l'amour, un sourire, de l'estime, de la complaisance, de l'affection, etc. *Cette dame lui souriait.* — Fig., *La fortune lui sourit, le favorise.* || *S. à quelqu'un*, se dit aussi des choses qui présentent un aspect agréable, des idées riantes. *Cette affaire lui sourit beaucoup. Ce lieu me sourit; j'aimerais à l'habiter. Je ne sais quelle espérance lui sourit.* = Conj. Voy. RIRE.

SOURIRE. s. m. Action de sourire. *S. agréable, spirituel, fin, malin, dédaigneux, moqueur. Elle a le s. gracieux. Il a toujours le s. sur les lèvres.*

Syn. — Le *Sourire* est la manière d'exprimer une joie douce et délicate de l'âme; le *souris* en est l'expression actuelle et passagère. On voit le *sourire*, il repose sur le visage; on aperçoit le *souris*, il s'évanouit bientôt. Le *sourire* prolongé devient *sourire*. Enfin le *sourire*, comme nous l'avons dit en parlant du rire, est un jeu de physionomie tout à fait volontaire, tandis que le *souris* est plus particulièrement l'expression naturelle et instinctive du sentiment qui nous anime.

SOURIS. s. m. [Pr. *sou-ri*] (R. *sourire*). Ris léger et de courte durée. *S. agréable, malicieux, moqueur. Un doux s. Un léger souris.* Vx.

SOURIS. s. f. [Pr. *sou-ri*] (lat. *sorex, soricis*, m. s.; gr. ὕραξ). Petit quadrupède de l'ordre des Rongeurs. Voy. RAT. — Vulgairement, on appelle encore, *S. d'eau*, la Musaraigne aquatique; *S. de terre*, le Mulot; *S. de montagne*, le Lemming et la Gerboise. — Fam., *On entendrait trotter une s.*,

se dit Pour exprimer un grand silence. Par exagér., *On le ferait coucher dans le trou d'une s., dans un trou de s.*, se dit d'un homme qui a peur ou qui est embarrassé. — *Être éveillé comme une potée de souris*, être vif, alerte. — Fig. et prov., *La montagne a enfanté une s.*, Voy. ENFANTER. — *Quand les chats n'y sont pas les souris dansent*, en l'absence du maître, on se donne licence. — *Souris qui n'a qu'un trou est bientôt prise*, celui qui n'a qu'un expédient est bien vite à bout. — *C'est le nid d'une souris dans l'oreille d'un chat*, c'est une chose inadmissible. || *Couleur gris de s.*, se dit d'un gris argenté. — *Cheval s.*, Un cheval de cette couleur.* || T. Art milit. Appareil destiné à mettre le feu à un fourneau de mine. — *Pas de s.*, escalier étroit donnant accès au fond d'un fossé de fortification. || T. Boucher. Muscle charnu qui tient à l'os du manche d'un gigot de mouton, près de la jointure || T. Maréch. Un cartilage des naseaux du cheval. || Espace de la main entre le pouce et l'index.

SOURNOIS, OISE. adj. [Pr. *sour-noua, nouaze*]. Qui est caché et dissimulé. *Cet enfant est bien s. Air s. Une mine sournoise.* || Substantiv., *C'est un s., une sournoise.*

SOURNOISEMENT. adv. [Pr. *sour-noua-zeman*]. D'une manière sournoise.

SOURNOISERIE. s. f. [Pr. *sour-noua-zerie*]. Caractère du sournois; Action qui révèle ce caractère.

SOUS. prép. [Pr. *sou*] (lat. *sub*, m. s.; gr. ὑπό, sanscr. *upa*). Marque la situation d'une chose à l'égard d'une autre qui est au-dessus. *Sous le ciel. Sous la couverture. Sous la cheminée. Fouir sous terre, cent pieds sous terre. S'asseoir sous un arbre, sous un dais. Porter un paquet sous le bras. Mettre un oreiller sous sa tête. Mettre une lettre sous enveloppe. N'avoir pas de quoi mettre sous la dent. Il avait caché la clef sous le lit.* || Fig., *Il cachait une belle âme sous l'extérieur le plus grossier, Son extérieur grossier ne faisait pas soupçonner la noblesse de ses sentiments.* || Par exagér. et par menace, *Je le ferai mourir sous le bâton*, Je l'assommerai à coups de bâton. || *Cela s'est passé sous mes yeux*, se dit d'une chose dont on a été témoin oculaire. *Mettre une chose sous les yeux de quelqu'un*, La lui présenter pour qu'il l'examine et qu'il en décide. *Il a fait élever cet enfant sous ses yeux*, Auprès de lui. || *S. la main, sous main*, Voy. MAIN. || *Être sous les armes*, Voy. ARMES. *Être sous les drapeaux*, etc., Voy. DRAPEAU. || *Camper, se retirer sous une ville, sous le canon d'une ville*, Camper, se retirer auprès d'une ville dont on est le maître, et qui peut tirer sur ceux qui viendraient attaquer le camp. — *Être sous le feu d'un bataillon, d'un bastion, etc.*, Être exposé à son feu. || *Être sous la clef, sous clef*, Être dans un lieu fermé à clef. *Être sous les verrous*, Être en prison. *Ce papier est sous le scellé.* Il est enfermé dans un meuble, dans une chambre où l'on a mis le scellé. || *Être inscrit sous tel numéro*, Avoir tel numéro d'inscription. *Cette pièce est inventoriée sous telle cote.* Voy. COTE. || T. Man. *Ce cheval est sous lui*, se dit d'un cheval dont les quatre extrémités se rapprochent sous le ventre. || T. Marine. *Être sous voiles*, se dit d'un bâtiment qui a ses voiles déployées. *Sous le vent*, se dit du côté opposé à celui d'où le vent souffle. *Les manœuvres qui sont sous le vent*, Les manœuvres du bord opposé à celui qui reçoit le vent. *Cette île nous restait sous le vent*, Cette île était d'un côté du bâtiment, tandis que le vent nous venait de l'autre. — *Sous*, se dit quelquefois en parlant de la situation de deux lieux dont l'un est plus élevé que l'autre. *La Ferté-sous-Jouarre.* || *Sous*, marque encore Le temps durant lequel un homme a vécu, un événement est arrivé, etc. *Il vivait sous tel roi, sous le pontificat de tel pape. Sous la république. Sous l'empire. Sous l'administration d'un tel. Je ferai telle chose sous quinze jours, sous peu de temps, ou elliptiq., sous peu, Dans quinze jours, dans peu de temps.* = *Sous*, se dit souvent Fig., pour marquer La subordination et la dépendance. *Il a tant d'hommes sous lui, sous son commandement, sous son autorité, sous ses ordres. Ceux qui ont vécu sous la loi de Moïse. Il est sous la tutelle de son oncle. Être sous la garde de quelqu'un. Être né sous une malheureuse planète. — Être sous la protection de quelqu'un*, En être protégé. *Sous de même, Se mettre sous la protection de quelqu'un*, et *Prendre quelqu'un sous sa protection.* — T. Marine. *Naviguer sous pavillon français, sous pavillon neutre.* = *Sous*, se dit quelquefois dans le sens de Avec. *Affirmer sous ser-*

ment. — *Sous tel nom, sous tel titre, etc.*, Avec tel nom, avec tel titre. *Il se présenta chez eux sous un faux nom, sous un nom supposé. Il a publié un recueil sous le titre de Mélanges.* On dit encore, *Plaider sous le nom de quelqu'un*, Se servir du nom de quelqu'un pour plaider. — *Faire un acte, une promesse, sous seing privé*, Reconnaître cet acte, cette promesse par sa simple signature, non authentique, et sans l'intervention des notaires. *Sous prétexte de charité, sous le voile de la dévotion, sous apparence de dévotion; sous ombre, sous couleur de lui rendre service*, En se servant du prétexte de la dévotion, du voile de la charité, en feignant de vouloir lui rendre service. — *Passer quelque chose sous silence*, N'en point parler. || Signifie encore Moyennant. *Sous telle et telle condition. Sous le bon plaisir du roi.* — *Cela est défendu sous peine de la vie, sous peine d'amende, etc.*, On encourra telle peine si l'on contrevient à cette défense. *Cela est ordonné sous peine de désobéissance*, On encourra les peines attachées à la désobéissance si l'on ne fait pas telle chose. — *Confier, dire une chose sous le secret, sous le sceau du secret, sous le sceau de la confession*, Voy. Confession. || *Sous ce rapport*, A cet égard. *Il vous est inférieur sous ce rapport, sous plusieurs rapports, sous plus d'un rapport.* = Sous main. loc. adv. Voy. Main.

Obs. gram. — La prép. *sous* se joint à beaucoup de mots de la langue pour en former d'autres qui indiquent : 1° Une infériorité de position : *Sous-costal, Sous-diaphragmatique, Sous-épineux, Sous-faîte, Sous-gorge, Sous-orbitaire, Sous-sternal*, etc. 2° Une infériorité de qualité, de rang, de fonction : *Sous-bibliothécaire, Sous-chef, Sous-commissaire, Sous-directeur, Sous-préfet*, etc. 3° Une infériorité d'ordre, *Sous-bail, Sous-fermier, Sous-locataire, Sous-location, Sous-ordre, Sous-multiple*, etc. 4° Une proportion inférieure, soit quant aux dimensions, comme dans *Sous-arbrisseau* et *Sous-frutescent*, soit quant à la quantité, comme dans les termes de chimie, *Sous-sel, Sous-oxyde, Sous-azotate*, etc.

SOUS-AFFERMER. v. a. [Pr. *sou-za-fer-mer*]. Donner ou Prendre à sous-ferme. *Le fermier principal m'a sous-affermé ce pré.* = Sous-affermé. part.

SOUS-AFFRÉTER. v. a. [Pr. *sou-za-fré-ter*]. Affréter un navire de quelqu'un qui l'avait lui-même affrété. = Sous-affrété, ée. part.

SOUS-AIDE. s. m. [Pr. *sou-zède*]. Celui qui en aide un autre. *Sous-aide de cuisine.* || T. Admin. milit. Voy. Aide. = Pl. *Des sous-aides.*

SOUS-AMENDEMENT s. m. [Pr. *sou-zamande-man*]. Amendement à un amendement. = *Des sous-amendements.*

SOUS-AMENDER. v. a. [Pr. *sou-za-mander*]. Amender un amendement. == Sous-amendé, ée. part.

SOUS-APONÉVROTIQUE. adj. 2 g. [Pr. *sou-za...*]. T. Anat. Qui est situé au-dessous d'une aponévrose.

SOUS-ARBRISSEAU. s. m. [Pr. *sou-zar-bri-so*]. T. Bot. Plante dont la tige ligneuse inférieurement persiste, tandis que les jeunes rameaux qu'elle porte se détruisent chaque année. On dit aussi *Plante frutescente.* = *Des sous-arbrisseaux.*

SOUS-ARCHIVISTE. s. m. [Pr. *sou-zarchiviste*]. Archiviste en second. = Pl. *Des sous-archivistes.*

SOUS-AXILLAIRE. adj. 2 g. [Pr. *sou-zaksil-lère*]. T. Bot. Inséré au-dessous d'une partie axillaire.

SOUS-BAIL. s. m. [Pr. *sou-bal, l mouillée*]. Bail que le preneur fait à un autre, d'une partie ou même de la totalité de ce qui lui a été loué ou donné à ferme. = Pl. *Des sous-baux.*

SOUS-BAILLEUR, ERESSE. s. [Pr. *sou-ba-lleur, llerèsse, ll mouillées*]. Celui, celle qui donne à bail une partie de ce qu'il a pris à ferme. == Pl. *Des sous-bailleurs, des sous-bailleresses.*

SOUS-BARBE. s. f. [Pr. *sou-barbe*]. T. Man. La partie postérieure de la mâchoire inférieure du cheval, sur laquelle

porte la gourmette. || T. Marine. Pièce de bois qui soutient l'étrave d'un vaisseau dans le chantier. || T. Techn. Traverse d'une écluse dans un marais salant. = Pl. *Des sous-barbe.*

SOUS-BIBLIOTHÉCAIRE. s. m. Bibliothécaire en second. = Pl. *Des sous-bibliothécaires.*

SOUS-BIEF. s. m. Canal qui rejoint la décharge des eaux, au-dessous du bief. = Pl. *Des sous-biefs.*

SOUS-BOIS. s. m. [Pr. *sou-boua*]. Ce qui croît sous une futaie. || T. Peint. Représentation de cette partie d'un bois. = Pl. *Des sous-bois.*

SOUS-CHEF. s. m. Employé placé dans la hiérarchie administrative, immédiatement au-dessous du chef. =. Pl. *Des sous-chefs.*

SOUS-CLAVICULAIRE. adj. 2 g. T. Anat. Qui est sous la clavicule.

SOUS-CLAVIER, IÈRE. adj. (R. *sous* et lat. *clavis*, clef). T. Anat. Qui est sous la clavicule. *Muscle s.-clavier. Artère s.-clavière.*

SOUS-COMMISSAIRE. s. m. [Pr. *souko-mi-sère*]. T. Mar. Officier placé dans la hiérarchie immédiatement au-dessous du commissaire. = Pl. *Des sous-commissaires.*

SOUS-COMMISSION. s. f. [Pr. *souko-mi-sion*]. T. Parlem. Commission secondaire formée pour l'étude de questions plus spéciales parmi les membres d'une commission et désignée par cette commission même. = Pl. *Des sous-commissions.*

SOUS-COMPTOIR. s. m. [Pr. *sou-kon-touar*]. T. Comm. Comptoir secondaire dépendant d'un comptoir principal. = Pl. *Des sous-comptoirs.*

SOUS-CONJONCTIVAL, ALE. adj. T. Anat. Qui est placé sous la conjonctive.

SOUS-COSTAL, ALE. adj. (R. *sous* et lat. *costa*, côte). T. Anat. Qui est sous les côtes. *Muscles sous-costaux.*

SOUSCRIPTEUR. s. m. (lat. *subscriptor*, m. s.). Celui qui prend part à une souscription. *Une liste de souscripteurs.*

SOUSCRIPTION. s. f. (Pr. *sous-krip-sion*) (lat. *subscriptio*, m. s., de *subscriptum*, sup. de *subscribere*, souscrire). Signature qu'on met au-dessous d'un acte pour l'approuver. *Ils ont approuvé cet acte par leur s.* — La *s. d'une lettre*, La signature de celui qui l'a écrite accompagnée de certains termes de civilité. *La s. de votre lettre n'était pas assez respectueuse.* || L'engagement que prennent plusieurs personnes de fournir chacune une certaine somme pour une entreprise, pour une dépense commune, et quelquefois les sommes mêmes qui sont fournies. *Ouvrir une s. pour un acte de bienfaisance. Payer le montant de sa s. Les souscriptions s'élèvent à tant.* — L'engagement de prendre, moyennant un prix convenu, un ou plusieurs exemplaires d'un ouvrage qui doit être publié dans un certain espace de temps. *Les conditions de la s. Cet ouvrage a été publié par s.* — Par ext., La connaissance que le libraire donne à celui qui a souscrit.

SOUSCRIRE. v. a. (lat. *subscribere*, m. s., de *sub*, sous, et *scribera*, écrire). Écrire son nom au bas d'un acte, d'un billet, pour l'approuver. *Ils ont souscrit ce contrat. S. une lettre de change.* || Fournir ou s'engager à fournir une certaine somme pour quelque entreprise, pour quelque dépense commune. *On proposa d'ériger une statue à Corneille, et je souscrivis pour tant.* — En Librairie, S'engager à prendre, moyennant un prix convenu, un ou plusieurs exemplaires d'un livre, d'un ouvrage qui doit être publié dans un certain espace de temps. *Je souscrirai pour cet atlas, pour cette collection de portraits.* || Fig., Souscrire à, Consentir, approuver ce qu'un autre dit ou propose. *Je souscris à tout ce que vous dites. Je n'ai pas voulu s. à cet arrangement. Quant à moi, j'y souscris.* == Souscrit, ite. part. == Conj. Voy. Écrire.

SOUS-CUTANÉ, ÉE. adj. (R. *sous* et lat. *cutis*, peau). T.

Anat. Qui est situé sous la peau. *Veines sous-cutanées.* — Qui se fait sous la peau. *Injection sous-cutanée.*

SOUS-DÉLÉGUER. v. a. Voy. SUBDÉLÉGUER, qui est plus employé. Cependant le part. *Sous-délégué, ée,* est plus usité pour les affaires ordinaires que *Subdélégué.*

SOUS-DIACONAT. s. m. [Pr. *soudiako-na*]. Le moins élevé des ordres sacrés, ou office de sous-diacre. Voy. DIACRE et ORDRE. = Pl. *Des sous-diaconats.*

SOUS-DIACRE. s. m. Ecclésiastique dont la dignité est au-dessous de celle du diacre. Voy. ORDRE et DIACRE. = Pl. *Des sous-diacres.*

SOUS-DIAPHRAGMATIQUE. adj. 2 g. T. Anat. Qui est sous le diaphragme.

SOUS-DIRECTEUR, TRICE. s. m. Directeur, directrice en second. = Pl. *Des sous-directeurs, des sous-directrices.*

SOUS-DIVISER. v. a. [Pr. *soudivi-zer*]. Voy. SUBDIVISER.

SOUS-DIVISION. s. f. [Pr. *soudivi-zion*]. Voy. SUBDIVISION.

SOUS-DOMINANTE. s. f. T. Mus. Note qui est immédiatement au-dessous de la dominante. Voy. TON. = Pl. *Des sous-dominantes.*

SOUS-DORSAL, ALE. adj. T. Anat. Qui est placé sous la région dorsale.

SOUS-DOUBLE. adj. 2 g. T. Math. Qui est la moitié. *Deux est s.-double de quatre.*

SOUS-DOUBLÉ, ÉE. adj. *En raison s.-doublée,* En raison des racines carrées.

SOUS-ÉCONOME. s. m. Économe en second. = Pl. *Des sous-économes.*

SOUS-ÉGALISAGE. s. m. [Pr. *sou-zégali-za-je*]. Opération de sous-égaliser. = Pl. *Des sous-égalisages.*

SOUS-ÉGALISER. v. a. [Pr. *sou-zégali-zer*]. Faire passer la poudre au sous-égalisoir.

SOUS-ÉGALISOIR. s. m. [Pr. *sou-zégali-zouar*]. Tamis en crin et crible ou peau employés dans les poudreries pour séparer la poudre du poussier et des grains trop fins. = Pl. *Des sous-égalisoirs.*

SOUS-ENTENDRE. v. a. [Pr. *sou-zantandre*]. Ne point exprimer dans le discours une chose qu'on a dans la pensée. *Quand je vous ai dit cela, j'ai s.-entendu que... — Cette clause, cette condition se s.-entend toujours,* Elle est réputée toujours y être. On dit de même, *Cela est toujours s.-entendu.* || T. Gramm. Ne pas exprimer certains mots qui peuvent être aisément suppléés, *Dans les mots,* Une bouteille de vin, *on s.-entend* pleine, *Dans* Dormir toute la nuit, *on s.-entend* pendant. = SOUS-ENTENDU, UE. part. || Subst., *Il y a là quelque s.-entendu, des sous-entendus.*

SOUS-ENTENTE. s. f. [Pr. *sou-zantante*]. Ce qui est sous-entendu artificieusement par celui qui parle. *Il ne parle jamais qu'il n'y ait quelque s.-entente à ce qu'il dit.* = Pl. *Des sous-ententes.*

SOUS-ÉPIDERMIQUE. adj. 2 g. T. Anat. Qui est placé sous l'épiderme.

SOUS-ÉPINEUX, EUSE. adj. [Pr. *sou-zépineu, euze*]. T. Anat. Qui est situé au-dessous de l'épine de l'omoplate. *Muscle s.-épineux. Fosse s.-épineuse.*

SOUS-FAÎTE. s. m. T. Charp. Pièce de charpenterie placée au-dessous du faîte. Voy. COMBLE, I, 1. = Pl. *Des sous-faîtes.*

SOUS-FERME. s. f. Sous-bail, convention par laquelle un fermier principal cède la totalité ou une partie de sa ferme à un fermier particulier. *Prendre la s.-ferme d'une terre.* = Pl. *Des sous-fermes.*

SOUS-FERMER. v. a. Voy. SOUS-AFFERMER.

SOUS-FERMIER, IÈRE. s. Celui, celle qui prend des biens ou des droits à sous-ferme. = Pl. *Des sous-fermiers, des sous-fermières.*

SOUS-FRÉTER. v. a. Fréter à un autre bâtiment qu'on avait frété pour soi. = SOUS-FRÉTÉ. ÉE. part.

SOUS-FRUTESCENT, ENTE. adj. [Pr. *soufrutes-san, ante*]. Voy. SUFFRUTESCENT.

SOUS-GARDE. s. f. T. Arquebuse. Assemblage des pièces qui sont placées sous le bois d'un fusil. = Pl. *Des sous-garde.*

SOUS-GENRE. s. m. [Pr. *sou-janre*]. T. Hist. nat. Genre secondaire établi dans un genre préexistant et renfermant une ou plusieurs espèces. = Pl. *Des sous-genres.*

SOUS-GORGE. s. f. T. Sellier. Pièce de cuir attachée à la bride et passant sous la gorge du cheval. Voy. BRIDE. = Pl. *Des sous-gorge.*

SOUS-HÉPATIQUE. adj. 2 g. T. Anat. Qui est placé sous le foie.

SOUS-INTENDANCE. s. f. Charge de sous-intendant. = Pl. *Des sous-intendances.*

SOUS-INTENDANT. s. m. Intendant en second. Voy. INTENDANT. = Pl. *Des sous-intendants.*

SOUS-JACENT, ENTE. adj. [Pr. *sonja-san, ante*]. Qui est placé dessous. *Tissu s.-jacente.* || T. Géol. *Roches s.-jacentes,* granits.

SOUS-JUPE. s. f. Jupe de dessous. = Pl. *Des sous-jupes.*

SOUS-LACUSTRE. adj. 2 g. Qui est placé sous les eaux d'un lac.

SOUS-LE-VENT (Iles). Iles de la mer des Antilles, bordant la côte du Venezuela.

SOUS-LIEUTENANCE. s. f. Grade, emploi de sous-lieutenant. = Pl. *Des sous-lieutenances.*

SOUS-LIEUTENANT. s. m. Officier du grade le moins élevé. Voy. LIEUTENANT. = Pl. *Des sous-lieutenants.*

SOUS-LIGNEUX, EUSE. adj. [Pr. *souli-gneu, euze, gn* mouil.]. T. Bot. Qui n'a pas tout à fait la consistance du bois.

SOUSLIK. s. m. [Pr. *sous-lik*] (russe *souslik*, qui aime le sol). T. Mamm. Genre de *Rongeurs.* Voy. MARMOTTE.

SOUS-LOCATAIRE. s. 2 g. Celui, celle qui loue une portion d'une maison, et qui la tient du principal locataire. = Pl. *Des sous-locataires.*

SOUS-LOCATION. s. f. [Pr. *souloka-sion*]. Action de sous-louer; sous-bail. = Pl. *Des sous-locations.*

SOUS-LOMBAIRE. adj. 2 g. [Pr. *soulon-bère*]. T. Anat. Qui est situé sous les lombes.

SOUS-LOUER. v. a. Donner à loyer une partie d'une maison ou d'une terre, dont on est locataire ou fermier. *Je vous s.-louerai deux chambres. Il a s.-loué la moitié de sa ferme.* || Prendre à loyer, du locataire principal, une portion de maison. *J'ai s.-loué de M. un tel.* = SOUS-LOUÉ, ÉE. part.

SOUS-MAIN. s. m. [Pr. *sou-min*]. Sorte de cahier de feuilles de papier ou de buvard, recouvert de moleskine ou de toile cirée, qu'on met sous ce qu'on écrit pour amortir la dureté de la table. = Pl. *Des sous-main.*

SOUS-MAÎTRE, ESSE. Celui, celle qui, dans un établissement d'éducation, surveille les élèves et donne des leçons. = Pl. *Des sous-maîtres, des sous-maîtresses.*

SOUS-MARIN, INE. adj. Qui est au fond de la mer, qui est recouvert par l'eau de la mer. *Volcan s.-marin. Forêts* s.-marines. *Construction s.-marine.* || *Navigation s.-marine,* Celle qui consiste à faire naviguer des bâtiments entre deux eaux. — *Bateau s.-marin.* Dans ce sens, on dit substantivement, *Un s.-marin, des s.-marins.* Voy. NAVIGATION.

SOUS-MAXILLAIRE. adj. [Pr. *soumak-sil-lère*]. T. Anat. Qui est situé au-dessous de la mâchoire. *Glande s.-maxillaire,* Voy. SALIVE.

SOUS-MENTONNIÈRE. s. f. [Pr. *souman-tonière*]. Bride qui sert à attacher le shako sous le menton. = Pl. *Des sous-mentonnières.*

SOUS-MINER. v. a. Miner sans qu'on s'en aperçoive. = SOUS-MINÉ, ÉE. part.

SOUS-MULTIPLE. adj. 2 g. T. Mathém. *Quantité s.-multiple,* Celle qui se trouve contenue dans une autre un certain nombre de fois. *Sept est un nombre s.-multiple de vingt-huit.* || On dit aussi subst., au masc., *Trois est un des s.-multiples de douze.*

SOUS-NORMALE. s. f. T. Géom. La partie de l'axe d'une courbe qui est comprise entre les deux points où l'ordonnée et la normale à la courbe menée du point considéré viennent rencontrer cet axe. *La s.-normale de la parabole est constante et égale à la moitié du paramètre.* = Pl. *Des sous-normales.*

SOUS-OCCIPITAL, ALE. adj. [Pr. *sou-zok-sipital*]. T. Anat. Nom donné aux parties situées au-dessous de l'os occipital.

SOUS-ŒIL. s. m. [Pr. *sou-zeul. l* mouillée]. Petit bourgeon qui pousse au-dessous des véritables bourgeons des arbres. = Pl. *Des sous-yeux.*

SOUS-ŒUVRE. s. m. [Pr. *sou-zeuvre*]. T. Techn. Fondement d'une construction. Ne se dit que dans la loc. *en sous-œuvre. Reprendre un mur en s.-œuvre,* Par les fondations. || Fig., *Reprendre un travail en s.-œuvre,* Dans ses parties essentielles.

SOUS-OFFICIER. s. m. [Pr. *souzv-fi-sié*]. Militaire d'un grade inférieur à celui d'un sous-lieutenant et supérieur à celui du caporal. Voy. MILITAIRE. = Pl. *Des sous-officiers.*

SOUS-ONGULAIRE. adj. 2 g. [Pr. *sou-zon-gu-lère*]. Qui est sous l'ongle.

SOUS-ORBITAIRE. adj. 2 g. [Pr. *sou-zor-bitère*]. T. Anat. Qui est placé au-dessous de la cavité orbitaire. *Le canal s.-orbitaire. Les nerfs s.-orbitaires.*

SOUS-OPERCULE. s. m. [Pr. *sou-zoperkule*]. T. Icht. Petite pièce osseuse qui se trouve chez certains poissons au-dessous de l'opercule. = Pl. *Des sous-opercules.*

SOUS-ORDRE. s. m. [Pr. *sou-zordre*]. T. Procéd. Ordre ou distribution de la somme qui a été adjugée à un créancier dans un ordre, laquelle est répartie entre les créanciers de ce créancier opposants sur lui. *Ouvrir un s.-ordre.* — *Opposants, créanciers en s.-ordre,* Ceux qui sont opposants, non pas en partie saisie, mais sur un créancier de la partie saisie. || Par ext., *En s.-ordre,* se dit de ceux qui ne sont dans une affaire que subordonnément. *Il n'est pas en chef dans cette affaire, il n'y est qu'en s.-ordre.* || *S.-ordre* se dit quelquefois de celui qui est soumis aux ordres d'un autre, ou qui travaille sous lui à une affaire quelconque. *Cet homme n'est qu'un s.-ordre. Il devrait veiller sur ses s.-ordres.* = Pl. *Des sous-ordres.*

SOUSOU. s. m. [Pr. *sou-zou*]. T. Mamm. Genre de Cétacés. Voy. DAUPHIN.

SOUS-PÉRIOSTÉ, ÉE. adj. Qui se rapporte à ce qui est sous le périoste.

SOUS-PIED. s. m. [Pr. *sou-pié*]. Bande de cuir ou d'étoffe qui passe sous le pied, et s'attache des deux côtés au bas d'une guêtre ou d'un pantalon, de manière à l'empêcher de remonter. = *Des sous-pieds.*

SOUS-POUTRE. s. f. T. Charp. Poutre placée sous une autre. = *Des sous-poutres.*

SOUS-PRÉCEPTEUR. s. m. Précepteur en second. = Pl. *Des sous-précepteurs.*

SOUS-PRÉFECTORAL, ALE. adj. Qui appartient à une sous-préfecture.

SOUS-PRÉFECTURE. s. f. Subdivision d'une préfecture qui est administrée par un sous-préfet. *Le chef-lieu de la s.-préfecture.* || Se dit aussi des fonctions de sous-préfet, de la demeure du sous-préfet, et du lieu où il a ses bureaux. *Obtenir une s.-préfecture. Aller à la s.-préfecture.* = Pl. *Des sous-préfectures.*

SOUS-PRÉFET. s. m. Fonctionnaire subordonné au préfet, qui administre un arrondissement. Voy. DÉPARTEMENT. = Pl. *Des sous-préfets.*

SOUS-PRÉFÈTE. s. f. La femme du sous-préfet. = Pl. *Des sous-préfètes.*

SOUS-PRESSION. s. f. [Pr. *souprè-sion*]. Pression exercée en dessous. = Pl. *Des sous-pressions.*

SOUS-PRIEUR, EURE. s. Religieux ou religieuse qui dirige le monastère sous les ordres du prieur ou de la prieure. = Pl. *Des sous-prieurs, des sous-prieures.*

SOUS-PUBIEN, IENNE. adj. [Pr. *soupubi-in, ièn*c]. T. Anat. Qui est situé au-dessous du pubis. *Trou s.-pubien. Ligament s.-pubien. La fosse s.-pubienne.*

SOUS-SCAPULAIRE. adj. 2 g. T. Anat. Qui est situé sous l'omoplate. *Muscle s.-scapulaire. Fosse s.-scapulaire.*

SOUSSE. v. et port de Tunisie; 40,000 hab.

SOUS-SECRÉTAIRE. s. m. *S.-secrétaire d'État,* Haut fonctionnaire qui est placé dans l'ordre hiérarchique après le ministre, et dont les attributions consistent à seconder et même à suppléer celui-ci dans la partie purement administrative de ses travaux. = Pl. *Des sous-secrétaires.*

SOUS-SECRÉTARIAT. s. m. Fonctions d'un sous-secrétaire d'État. = Pl. *Des sous-secrétariats.*

SOUS-SEING. s. m. [Pr. *sou-sin*]. T. Prat. Acte sous-seing privé, fait entre des particuliers, sans l'entremise d'un officier public. Voy. DROIT. = Pl. *Des sous-seings.*

SOUS-SEL. s. m. T. Chim. Se dit des sels qui renferment plus de base que les sels neutres. Voy. SEL, I, A. = Pl. *Des sous-sel.*

SOUSSIGNÉ, ÉE. [Pr. *sou-signé*] (part. pass. du v. Soussigner, qui n'est point en usage). T. Pratiq. Dont la signature est ci-dessous. *Je s., je soussignée, reconnais que... Pardevant les notaires soussignés....*

SOUSSIGNER. v. a. [Pr. *sou-signer*]. Écrire sa signature au bas d'un acte, d'un écrit. Vx et Inus.

SOUS-SOL. s. m. La couche sur laquelle repose la terre végétale. *La propriété du sol et du s.-sol. Le s.-sol est argileux.* || Dans certaines maisons, étage inférieur situé en partie au-dessous du niveau du sol, et où l'on établit ordinairement des cuisines, des dépôts de marchandises, etc. = Pl. *Des sous-sols.*

SOUS-SPHÉNOÏDAL, ALE. adj. T. Anat. Qui est placé sous le sphénoïde.

SOUS-STERNAL, ALE. adj. Qui est situé sous le sternum.

SOUS-STYLAIRE. s. f. Voy. SOUSTYLAIRE.

SOUS-TANGENTE. s. f. [Pr. *soutan-jante*]. T. Géom. Partie de l'axe d'une courbe comprise entre l'ordonnée d'un point et la tangente menée en ce point. = Pl. *Des sous-tangentes.*

SOUS-TENDRE. v. a. [Pr. *sou-tandre*]. Mener d'un point d'une courbe à un autre une ligne droite qui forme la corde de l'arc compris entre ces points.

SOUS-TITRE. s. m. Second titre placé après le titre principal d'un livre. = Pl. *Des sous-titres.*

SOUSTONS, ch.-l. de c. (Landes), arr. de Dax ; 3,800 hab.

SOUSTRACTIF, IVE. adj. Qui exprime une soustraction, qui doit être soustrait.

SOUSTRACTION. s. f. [Pr. *sous-trak-sion*]. Action de soustraire. *S. de papiers, d'effets. Coupable de s.*

Arith. — La *s.* est l'opération inverse de l'addition. Elle a pour but, étant donnés deux nombres A et B, d'en trouver un troisième C tel que la somme de B et C soit égale à A. On dit alors qu'on *retranche* ou qu'on soustrait B de A ; un représente la s. par le signe — . Le résultat de l'opération s'appelle *reste, excès* ou *différence.* Il résulte de la définition que les deux égalités :

$$A - B = C \quad \text{et} \quad A = B + C$$

veulent dire exactement la même chose.

La s. n'est pas toujours possible, on ne peut la faire que si le nombre A duquel on retranche le nombre B est plus avancé que celui-ci dans la suite naturelle des nombres ; on dit alors que A est plus grand que B. C'est pour éviter les inconvénients qui résultent de cette impossibilité de certaines soustractions qu'on a inventé les nombres négatifs. Voy. NÉGATIF.

Les propriétés de la s. sont des conséquences immédiates de celles de l'addition. Nous nous bornerons à signaler les deux suivantes qui servent à la théorie de l'opération :

1° *Pour retrancher une somme d'une autre somme, il suffit de retrancher chaque partie de la somme qu'on veut retrancher d'une des parties de l'autre somme,* si *toutefois cela est possible.* Par ex. si l'on veut retrancher D + E + F de A + B + C, le théorème se traduit par l'égalité :

$$A + B + C - (D + E + F) = (A - D) + (B - E) + (C - F),$$

à condition que D, E, F soient respectivement plus petits que A, B, C. Pour démontrer ce théorème, il suffit de montrer que :

$$(A - D) + (B - E) + (C - F) + D + E + F = A + B + C.$$

Or, comme il est permis de grouper d'une manière quelconque les termes d'une somme, le premier membre peut s'écrire :

$$(A - D + D) + (B - E + E) + (C - F + F)$$

Mais, par la définition même de la s., la première somme entre parenthèses est égale à A, le second à B, le troisième à C. Le théorème est donc démontré.

2° *Le reste d'une soustraction ne change pas si l'on ajoute un même nombre aux deux termes.* — Il faut démontrer l'égalité :

$$A - B = (A + C) - (B + C).$$

Or, d'après le théorème précédent :

$$A + C - (B + C) = (A - B) + (C - C) = A - B + 0 = A - B.$$

C. Q. F. D.

Il résulte évidemment de ce théorème qu'on peut aussi retrancher un même nombre des deux termes d'une s., c.-à-d. que :

$$A - B = (A - C) - (B - C).$$

En effet, il suffit de poser $A - C = A'$ $B - C = B'$ d'où $A = C + A'$, $B = C + B'$, pour que l'égalité précédente devienne :

$$(A' + C) - (B' + C) = A' - B'$$

qui est identique à celle qui vient d'être démontrée.

Règle de la soustraction. — Tout nombre étant composé d'unités, de dizaines, de centaines, etc., il résulte du premier théorème pour retrancher deux nombres donnés, il suffit de retrancher les unités du plus petit nombre de celles du plus grand, les dizaines des dizaines, etc.; alors, on écrira le plus petit nombre au-dessous du plus grand, de manière que les chiffres qui représentent des unités de même ordre soient les uns au-dessous des autres, et l'on retranchera, si cela est possible, chaque chiffre de celui qui est au-dessus de lui, opération très simple qui se fait immédiatement. Par ex., soit à retrancher 3564 de 8976. On dit :
4 de 6 reste 2 ; 6 de 7, reste 1 ; 5 de 9 reste 4 ; 3 de 8 reste 5. Le reste est 5412. Mais il

8976
3564
——
5412

arrive souvent que le chiffre placé au-dessous est plus grand que celui qui est écrit au-dessus de lui. Alors, on invoque le 2° théorème. Pour

rendre la s. partielle possible, on ajoute dix unités au chiffre écrit au-dessus, et, pour ne pas changer le reste, on ajoute aussi dix unités du même ordre au nombre écrit au-dessous ; seulement on ajoute ces dix unités sous la forme d'une *unité de l'ordre suivant,* c.-à-d. que, commençant l'opération par la droite, on retranche chaque chiffre de celui qui est au-dessous de lui si cela est possible, et, si ce n'est pas possible, de ce chiffre augmenté de dix ; dans ce cas on retient 1 qu'on ajoute au chiffre suivant du nombre qu'on veut retrancher avant de retrancher ce chiffre de celui qui est au-dessus de lui. Soit par ex. à retrancher 7987 de 27646. On dira :
7 de 16 reste 9, et je retiens 1 ; 8 et 1 de retenue 9, de 14 reste 5, et je retiens 1 ; 9 et 1 de retenue, 10, de 16 reste 6, et je retiens 1 ; 7 et 1 de retenue 8, de 17 reste 9, et je retiens 1 ; 1 de 2, reste 1. Le reste est 19 659.

27 646
7 987
——
19 659

On fait la preuve de la s. en ajoutant le reste au plus petit nombre : on doit retrouver le plus grand.

Pour la s. des quantités autres que les nombres entiers, Voy. FRACTION, NÉGATIF, COMPLEXE, POLYNÔME, etc.

SOUSTRAIRE. v. a. (lat. *subtrahere*, m. s., de *sub*, sous, et *trahere*, tirer). Enlever frauduleusement une chose de l'endroit où elle était. *Il a soustrait du dossier les pièces les plus importantes. Il a soustrait des effets de la succession.* — *S. les aliments à un malade,* Lui retrancher quelque chose de sa nourriture ordinaire. Peu usité. ‖ Dérober à, préserver de. *Rien ne peut le s. à ma fureur. Qui pourra me s. à ses importunités?* = *S. les sujets de l'obéissance,* ou mieux *à l'obéissance du prince,* Les faire révolter contre leur prince. ‖ T. Math. Effectuer une soustraction. = SE SOUSTRAIRE. v. pron. S'affranchir, se délivrer de, se dérober à. *S. à la puissance paternelle. Se s. au châtiment, à la tyrannie.* == SOUSTRAIT, AITE. part. — Conj. Voy. TRAIRE.

SOUS-TRAITANT. s. m. Sous-fermier ; celui qui se charge de quelque partie d'un travail, d'une fourniture, d'une entreprise, dont un autre a été chargé. = Pl. *Des sous-traitants.*

SOUS-TRAITÉ. s. m. Traité par lequel on reprend une affaire des mains d'une personne qui en avait déjà traité. = Pl. *Des sous-traités.*

SOUS-TRAITER. v. n. Prendre une entreprise, une affaire de la seconde main. — Se dit aussi de celui qui la cède.

SOUSTRAYEUR. s. m. [Pr. *sous-trè-ieur*]. Celui qui soustrait.

SOUS-TRIPLE. adj. 2 g. T. Math. Se dit d'un nombre qui est compris trois fois dans un autre. *Trois est s.-triple de neuf.*

SOUS-TRIPLÉ, ÉE. adj. *En raison s.-triplée,* En raison des racines cubiques.

SOUSTYLAIRE, ou **SOUS-STYLAIRE.** s. f. (R. *sous* et *style*). T. Gnomon. Se dit de la ligne qui est l'intersection du plan du cadran et du plan méridien passant par le style.

SOUS-TYRAN. s. m. Tyran subalterne. = Pl. *Des sous-tyrans.*

SOUS-UNGUÉAL, ALE. adj. [Pr. *sou-zon-guéal*] (R. *sous,* et lat. *unguis,* ongle). T. Pathol. Qui se produit sous l'ongle. *Panaris s.-ungual.* Voy. PANARIS.

SOUS-VENDRE. v. a. [Pr. *sou-vandre*]. Vendre à un tiers une portion de ce qu'on a acheté.

SOUS-VENTE. s. f. [Pr. *sou-vante*]. Vente d'une portion de ce qu'on a acheté. = Pl. *Des sous-ventes.*

SOUS-VENTRIÈRE. s. f. [Pr. *sou-vantrière*]. Courroie qui passe sous le ventre du cheval, qui s'attache par ses deux extrémités aux timons d'une voiture. = Pl. *Des sous-ventrières.*

SOUS-VERGE. s. m. Cheval non monté placé à la droite

du porteur dans un attelage dont les conducteurs sont montés. == Pl. Des sous-verge.

SOUS-VICAIRE. s. m. Second vicaire. == Pl. Des sous-vicaires.

SOUS-YEUX. s. m. pl. [Pr. sou-zieu]. T. Bot. Voy. Sous-œil.

SOUTACHE. s. f. (hongr. szuszak, boucle de poils, de cheveux). T. Manufact. Se dit de certains ouvrages de passementerie en forme de tresse ou de galon plat.

SOUTACHER. v. a. Orner avec de la soutache. Il faut s. le corsage de la robe. == Soutaché, ée. part.

SOUTANE. s. f. (bas lat. subtana, m. s., de subtus, sous, parce que la s. se portait sous le manteau). Sorte de robe longue et d'ampleur variable, que portaient autrefois, concurremment avec les ecclésiastiques, les magistrats, les professeurs, les avocats, les médecins. Aujourd'hui la S. n'est plus portée que par le clergé, et consiste uniformément en un habit descendant jusqu'aux talons, boutonné de haut en bas et à manches étroites. Le concile de Trente ordonna, sous certaines peines, aux ecclésiastiques de porter cet habit, et il prescrivit la couleur noire, dont l'usage était établi depuis longtemps dans l'Église. Pour les dignitaires de l'Église, la couleur de la s. varie : ainsi, elle est violette pour les prélats, les évêques, les archevêques, etc., rouge pour les cardinaux, et enfin blanche pour le pape.

SOUTANELLE. s. f. [Pr. soula-nèle] (Dimin.). Petite soutane qui ne descend que jusqu'aux genoux.

SOU-TCHÉOU. v. de Chine (Kiang-Sou). La plus grande ville de l'empire chinois sur le canal impérial ; 2,000,000 hab.

SOUTE. s. f. T. Pratiq. Voy. Soulte.

SOUTE. s. f. (ital. sotto, au-dessous). T. Mar. Se dit des retranchements faits dans les étages inférieurs d'un navire, et qui servent de magasins pour les munitions de guerre, pour les provisions, etc. La s. au charbon, aux voiles, aux poudres, au biscuit.

SOUTENABLE. adj. 2 g. Qui se peut soutenir par de bonnes raisons. Cette opinion, cette proposition, cette cause est s. Il a élevé une question qui n'est pas s. || Qui se peut endurer, supporter. Ce genre de vice, ce procédé n'est pas s.

SOUTENANCE. s. f. Action de soutenir une thèse.

SOUTENANT, ANTE. adj. et s. Qui soutient. La force soutenante. || Celui, celle qui soutient une thèse. Le s. a bien répondu.

SOUTÈNEMENT. s. m. [Pr. soutè-neman]. T. Maçonn. Appui, soutien. Mettre un pilier, un étai pour servir de s. à un mur. Mur de s. || T. Procédure. Se dit des raisons que l'on donne par écrit, à l'appui des articles d'un compte. Fournir des soutènements.

SOUTENEUR. s. m. Celui qui se fait le champion d'une maison de jeu ou de quelque autre mauvais lieu. || Celui qui se fait le défenseur d'une fille publique et qui vit à ses dépens.

SOUTENIR. v. a. (lat. sustinere, m. s., de sub, sous, et tenere, tenir). Porter, appuyer, supporter une chose. Cette colonne soutient tout le bâtiment. Cet arc-boutant soutient la muraille. Soutenez ce malade de peur qu'il ne tombe. || Fig., S. un État, un empire, Empêcher sa chute, arrêter sa décadence. S. le faix, le fardeau des affaires, s. une maison, une famille, Avoir l'administration principale des affaires, faire subsister une maison, une famille, etc. — S. une dépense, Fournir tout ce qu'il faut pour une dépense. Il ne soutiendra pas longtemps la dépense qu'il fait. On dit aussi, Comment fait-il donc pour s. un pareil train ? — S. la conversation, Fournir à la conversation, empêcher qu'elle ne vienne à languir. — S. son rang, sa dignité, Vivre, agir, parler d'une manière convenable à son rang, à sa dignité. Fam., S. sa noblesse. — S. sa réputation, Faire

des actions ou des ouvrages qui répondent à la réputation qu'on s'est acquise. On dit de même, S. l'honneur, la gloire de sa famille, de son pays. — S. son caractère, Se conduire, parler d'une manière conforme à l'idée qu'on a donnée de soi. — S. le courage de quelqu'un, L'empêcher de céder à la crainte ou au découragement. On dit, dans un sens analog., Cette pensée, cet espoir, cette illusion le soutient. || Sustenter, donner de la force. La bonne nourriture soutient. Ces aliments ne soutiennent pas assez. — Par extens., Fournir à quelqu'un de quoi vivre. C'est lui qui soutenait cette pauvre famille. Ces hommes sont uniquement occupés au travail qui soutient leur vie. || Défendre, appuyer. S. une proposition, un système. S. une cause, une discussion. S. le pour et le contre. S. le parti de quelqu'un. S. le gouvernement. S. son droit. S. l'innocence. — S. une thèse, Répondre, dans une dispute publique, à tous les arguments présentés contre la thèse. || Fig., Favoriser quelqu'un, l'appuyer de crédit, de recommandation, etc. Il ne serait plus en place si on ne le soutenait. Il le soutient dans toutes ses disputes, dans toutes ses querelles. C'est un tel qui l'a soutenu dans cette affaire. On s'est lassé de le s. || Supporter, résister à quelque attaque, à quelque chose dont il est difficile de se défendre. Il soutint l'assaut des ennemis. Il soutenait alors une guerre difficile contre toute l'Europe. S. un siège. Les arbres n'ont pu s. la force du vent. S. la fatigue. On ne peut s. les rayons du soleil. — S. la torture, Subir la torture sans rien avouer. — Il y a des vins qui ne peuvent s. la mer, Il y a des vins qui ne peuvent être transportés par mer, sans se gâter. — Fig., Cet ouvrage n'a pu s. le grand jour de l'impression, Il a paru beaucoup moins bon après sa publication qu'auparavant. || Fig., au sens moral., Souffrir, endurer d'inquiétant, sans trouble, quelque chose de fâcheux, d'inquiétant. Il n'a pu s. sa disgrâce, son malheur. Il a soutenu ce revers avec un très grand courage. Je ne puis s. cette idée cruelle. || Assurer, affirmer qu'une chose est vraie. Il soutient un mensonge comme un autre soutiendrait une vérité. Il le lui soutiendrai en face. Il soutient l'avoir vu. — Fam., S. son dire, Persister dans son affirmation. Fig., S. la gageure, Voy. Gageure. || T. Guerre. S. une troupe, L'appuyer, la secourir dans le besoin. On a commandé cinq cents hommes pour s. les travailleurs. || T. Manège. S. un cheval, Lui tenir la bride serrée pour l'empêcher de fléchir ou de tomber. || T. Mus. La basse soutient le dessus, Elle lui sert de fondement. Les instruments soutiennent la voix, Ils l'empêchent de baisser, de fléchir. Ce chanteur soutient bien sa voix, Il prolonge le son avec la même force ; et, Il soutient bien ses cadences, Il fait ses cadences longues et égales. == se Soutenir. v. pron. Se tenir debout, se tenir droit. Il est encore si faible, qu'il ne peut se s. Il a peine à se s. sur ses pieds. La tige de cette plante se soutient d'elle-même. — Par analogie, Ce bâtiment se soutient bien, Il est bien d'aplomb et offre de la solidité. || Être porté ou se retenir de manière à ne pas tomber ou s'enfoncer. Les oiseaux se soutiennent en l'air au moyen de leurs ailes. Les nageurs se soutiennent sur l'eau par les mouvements de leurs bras et de leurs jambes. || Être défendu avec avantage. Une pareille proposition ne saurait se s. || Fig., Persister dans le même état, se maintenir. Une république ne peut se s. que par la liberté. Cette personne se soutient bien, Elle conserve sa santé, sa vigueur et sa fraîcheur plus longtemps que son âge ne semble le permettre. — En parlant d'une maladie, Le mieux se soutient, Le malade continue d'aller mieux. — Le cours des effets publics se soutient, Il reste au même taux sans baisser. — La conversation ne se soutint pas longtemps, Elle tomba bientôt. — Cette pièce de théâtre se soutient, Elle continue d'être représentée. Le succès de cet ouvrage se soutient, Il continue. — Ce discours se soutient bien, Il est également bon d'un bout à l'autre. Ce livre commence bien, mais il ne se soutient pas. On le dit également d'un auteur : Ce jeune écrivain avait bien débuté, mais il n'a pas su se s. Cette étoffe se soutient, Elle est ferme, elle ne s'amollit pas. Cette couleur se soutient, Elle conserve son éclat, elle ne change point. == Soutenu, ue. part. Discours, langage, style soutenu, Discours, langage, style constamment élevé et noble, par oppos. à discours, langage, style familier. || Dans ce roman, dans cette pièce de théâtre, les caractères sont soutenus, bien soutenus, Les personnages y gardent constamment les mêmes mœurs et les mêmes caractères. || T. Blas. Se dit, par opposition à Sommé, D'une pièce qui en a une autre au-dessous d'elle. — Conj. Voy. Tenir. == Syn. Voy. Défendre et Maintenir.

SOUTERRAIN, AINE. adj. [Pr. *soutè-rin*, *ène*] (lat. *subterraneus*, m. s., de *sub*, sous, et *terra*, terre). Qui est sous terre, qui vient de dessous terre. *Chemin, conduit s. Feux souterrains. Vapeurs souterraines.* || Fig., et en mauvaise part, *Employer des voies souterraines,* Employer des pratiques cachées pour parvenir à ses fins. = SOUTERRAIN. s. m. Excavation pratiquée sous terre, et ordinairement voûtée, qui sert à différents usages. *Les souterrains de cette place sont très vastes.* || Fig., se dit des pratiques secrètes pour parvenir à quelque fin. *Les souterrains de la politique.* Peu usité.

SOUTERRAINE (LA), ch.-l. de c. (Creuse), arr. de Guéret; 4,800 hab.

SOUTERRAINEMENT. adv. [Pr. *soutè-rène-man*]. D'une manière souterraine.

SOUTHAMPTON (comté de) ou *Hampshire*, comté de l'Angleterre mérid., sur la Manche; 412,500 hab.; ch.-l. *Winchester*; v. pr. *Portsmouth*; *Southampton*.

SOUTHAMPTON, v. d'Angleterre, sur la Manche; 65,300 hab. Service de paquebots pour le Havre.

SOUTHAMPTON, île située au N. de la baie d'Hudson.

SOUTHEY, poète angl., né à Bristol (1774-1843).

SOUTIEN. s. m. [Pr. *souti-in*] (R. *soutenir*). Ce qui soutient, ce qui appuie. *Ce pilier est le s. de toute la voûte, de toute la salle.* || Fig., Appui, défense, protection. *Le s. de l'État, de la religion. Il est le s. de sa famille. Vous êtes mon s.* || T. Prat. *Fournir ses pièces au s.,* Fournir les pièces justificatives. = Syn. Voy. APPUI.

SOUTIRAGE. s. m. Action de soutirer.

SOUTIRER. v. a. (R. *sous*, et *tirer*). Transvaser du vin ou un liquide quelconque d'un vase dans un autre, de manière que la lie reste dans le premier. *Il faut s. ce vin.* — Par ext., *A l'aide d'un cerf-volant armé d'une pointe métallique,* Franklin parvint à s. le fluide électrique des nuages orageux. || Fig., Obtenir par adresse, par finesse, ou par importunité. *Cet homme lui a soutiré beaucoup d'argent. Il s'est laissé s. ses meilleurs effets.* = SE SOUTIRER. v. pron. Être soutiré. *Ce vin doit se s. avec précaution.* = SOUTIRÉ, ÉE. part.

SOUTRAIT. s. m. [Pr. *sou-trè*]. T. Techn. Planche inférieure de la presse à papier.

SOUVAROFF ou **SOUWAROW,** général russe (1729-1800), se distingua dans les guerres contre les Polonais et contre les Turcs, et fut d'abord vainqueur des Français en Italie (1799), mais il fut battu ensuite dans le Saint-Gothard et dans la vallée de la Reuss.

SOUVENANCE. s. f. Souvenir, mémoire. *J'en ai quelque s. Je n'en ai point s.* Vieux.

SOUVENIR. s. m. (R. *souvenir*, v.). Impression, idée que la mémoire conserve d'une chose. *S. agréable, fâcheux, importun. Perdre le s. d'une chose. Le s. de la mort,* La pensée qu'on doit mourir. Voy. MÉMOIRE. || La faculté même de la mémoire. *Je ne saurais effacer cette action de mon s. Elle vivra toujours dans mon s.* || Par extens., Ce qui rappelle la mémoire d'une chose. *Ses blessures sont pour lui de glorieux souvenirs de ses victoires. Acceptez cette bague, ce sera pour vous un s. de mon amitié. C'est un s. d'amitié.* || Tablettes où l'on écrit les choses qu'on veut se rappeler, et planchette divisée en sept parties disposées en crans, dont chacune porte le nom d'un des jours de la semaine, afin qu'on puisse y placer le mot de la chose qu'on veut pouvoir se rappeler au jour dit.

SOUVENIR (SE). v. pron. (lat. *subvenire*, se présenter à l'esprit, de *sub*, sous, et *venire*, venir). Avoir mémoire d'une chose. *Se s. de son enfance. Souvenez-vous de nos conventions, de nos promesses. Je ne me souviens pas qu'il m'ait dit cela. Je ne me souviens pas s'il y était. Faites-*moi *s. d'aller là. Ceci me fait s. que.* — *Se s. de loin,* Se souvenir de choses qui sont arrivées il y a longtemps. || Garder la mémoire, soit d'un bienfait pour le reconnaître, soit d'une injure pour s'en venger. *Il m'a fait plaisir, je m'en souviendrai toute ma vie. C'est un homme qui ne se souvient ni des bienfaits, ni des injures.* — Par menace, *Je m'en souviendrai,* J'en marquerai mon ressentiment. *Il s'en souviendra,* Il s'en repentira. On dit de même, *Souvenez-vous en,* J'en veux dire. On dit de même, *Souvenez-vous en.* || Ne pas perdre une chose de vue, y occuper avec intérêt. *Souvenez-vous de mon affaire. Je me souviendrai de votre recommandation.* || Impersonnellement. *Il me souvient de ce fait. Il me souvient d'avoir lu. Il me souvient que... Vous en souvient-il? Il lui en souviendra toute sa vie. S'il m'en souvient bien.* — On dit aussi d'une chose dont le souvenir est presque effacé. *C'est du plus loin qu'il m'en souvienne.* = Conj. Voy. VENIR.

SOUVENT. adv. de temps [Pr. *sou-van*] (lat. *subinde*, parfois, de *sub*, sous, et *inde* en). Fréquemment, plusieurs fois en peu de temps. *Il arrive s., assez s., le plus s., fort s., très s. que. En faisant s. une chose, on en contracte l'habitude.* Syn. — *Fréquemment.* — *Souvent* signifie beaucoup de fois, maintes fois; *fréquemment* veut dire fort souvent, très ordinairement. *Souvent* n'indique que la pluralité des actes; *fréquemment* annonce leur répétition, une habitude formée, constante. On fait *souvent* ce qu'il est ordinaire que l'on fasse; on fait *fréquemment* ce qu'on est le plus accoutumé à faire, ce que l'on fait sans cesse.

SOUVENTEFOIS. adv. [Pr. *souvan-tefoua*] (On écrit aussi *Souventes fois*). Souvent, fréquemment. Vx.

SOUVERAIN, AINE. adj. [Pr. *souve-rin*, *rène*] (bas lat. *superanus*, m. s., de *super*, sur). Suprême, très excellent, qui est au plus haut point en son genre. *L'être s. Le s. bien, Un remède s. Bonté, vertu souveraine. S. bonheur.* — Se dit aussi en mauvaise part, *Il est ennuyeux au s. degré. J'ai pour lui un s. mépris.* || Se dit en particul. de l'autorité suprême, et de ceux qui en sont revêtus. *Puissance, autorité, dignité souveraine. Un prince s., S. seigneur. Souveraine maîtresse.* — Souveraine, Tribunal qui juge sans appel; *Jugement s.,* Jugement en dernier ressort. = SOUVERAIN. s. m. Celui qui possède, en qui réside l'autorité souveraine. *Il faut obéir au s. Dans les démocraties, c'est le peuple qui est le s.* || Se dit partic. D'un monarque. *Grand, puissant s. Tous les souverains de l'Europe. Les petits souverains d'Allemagne.* — On dit aussi *Souveraine,* en parlant d'une femme qui gouverne un État. *Les ordres qu'il a reçus de sa souveraine.* || T. Métrol. Nom de certaines monnaies d'or de différents pays. Voy. MONNAIE. Syn. — *Suprême.* — L'idée distinctive et caractéristique de *souverain* est celle de puissance; l'idée caractéristique de *suprême* est celle de l'élévation la plus haute. Ce qui est *souverain* l'emporte sur tout le reste en force ou en efficacité; ce qui est *suprême* a la prééminence sur tout. Ainsi l'autorité indépendante fait le *souverain* et la *souveraineté*; en même temps, cette autorité est *suprême*, puisqu'il n'y a point de pouvoir qui ne soit au-dessous d'elle. De là vient qu'on dit un remède *souverain* et le rang *suprême*. Dieu est l'être *suprême*, en tant qu'il est l'être par excellence et par essence.

SOUVERAINEMENT. adv. [Pr. *souverè-neman*]. Excellemment, parfaitement. — Fam. et en mauvaise part, *Cet ouvrage est s. mauvais. Cet homme est s. ennuyeux.* || D'une manière souveraine, sans appel. *Commander s. Juger, décider s.*

SOUVERAINETÉ. s. f. [Pr. *souverè-neté*] (R. *souverain*). Autorité suprême. *S. absolue, limitée. S. élective, héréditaire. Les droits de la s. Aspirer à la s. Usurper la s. La s. de la raison. Il possède ces terres en toute s.* — *S. nationale* ou *S. du peuple,* La théorie d'après laquelle la s. réside dans la nation, d'où tous les pouvoirs doivent émaner, soit directement, soit indirectement. *S. de droit divin,* La théorie qui fait découler tous les pouvoirs du souverain de fait, d'après la maxime : Toute puissance vient de Dieu. || L'étendue de pays où un prince exerce l'autorité souveraine. *Sa s. s'étend depuis tel endroit jusqu'à tel autre.*

SOUVESTRE (ÉMILE), littérateur et romancier fr. (1806-1854).

SOUVIGNY, ch.-l. de c. (Allier), arr. de Moulins; 3,300 hab.

SOUZA (marquise DE), romancière française (1761-1836).

SOY. s. m. [Pr. *souè*]. Sorte de sauce, dont l'usage est venu du Japon.

SOYÈRE. adj. fém. [Pr. *so-tère*]. Se dit de l'industrie de la soie.

SOYEUX, EUSE. adj. [Pr. *so-ieu, euze*]. Épais de soie, bien garni de soie; se dit des étoffes de soie. *Taffetas bien s. Ce satin est plus s. que l'autre,* || Fin et doux au toucher comme de la soie. *Cet enfant a les cheveux s. De la laine soyeuse. Une peau soyeuse.* || Qui est couvert de poils doux, fins et luisants comme de la soie. *Les feuilles du saule blanc sont soyeuses en dessous.* || Qui a l'aspect de la soie. *État s. Poils s.*

SOZOMÈNE, historien religieux grec du V° siècle après J.-C.

SPA, v. de Belgique (prov. de Liège); 6,800 hab.

SPACIEUSEMENT. adv. [Pr. *sposieu-ze-man*] (R. *spacieux*). Au large, en grand espace. *Il est logé fort s.*

SPACIEUX, EUSE. adj. [Pr. *spasi-eu, euze*] (lat. *spatiosus,* m. s. de *spatium,* espace). Qui est de grande étendue. *Un jardin s.*

SPACIOSITÉ. s. f. [Pr. *spa-sio-zité*]. Qualité de ce qui est spacieux.

SPADAÏTE. s. f. (R. *Spada,* nom d'un naturaliste ital.). T. Minér. Silicate hydraté de magnésie.

SPADASSIN. s. m. [Pr. *spada-sin*] (ital. *spadaccino,* m. s. de *spada,* épée). Bretteur, ferrailleur. *Les gens braves méprisent les spadassins.*

SPADASSINER. v. n. [Pr. *spada-siner*]. Faire le spadassin, ferrailler.

SPADICE. s. m. (lat. *spadix, spadicis,* branche de palmier avec son fruit). T. Bot. Nom donné à une variété d'épi qui porte le plus souvent des fleurs unisexuées et qui est accompagné à sa base d'une grande bractée membraneuse ou ligneuse, appelée *Spathe.* Voy. INFLORESCENCE, I.

SPADILLE. s. m. [Pr. les *ll* mouillées] (espag. *spadilla,* petite épée, dimin. de *espada,* petite épée). Au jeu de l'Hombre, l'as de pique, parce que, dans les cartes usitées en Espagne, cet as est désigné par une épée. *S. m'est rentré.*

SPADONE. s. m. (ital. *spadone,* m. s., de *spada,* épée). Individu auquel on a enlevé un testicule.

SPAGIRIE. s. f. (gr. σπάειν, séparer; ἀγείρειν, rassembler). Nom donné autrefois à la chimie, parce qu'elle a pour but d'analyser les corps et de les recomposer.

SPAGIRIQUE. adj. 2 g. (R. *spagirie*). Se dit d'un système médical dans lequel on expliquait les changements qui s'opèrent dans le corps humain, en santé et en maladie, comme les alchimistes expliquaient ceux du règne inorganique. *Médecine s.*

SPAGIRISTE. s. m. (R. *spagirie*). Médecin qui est partisan de la médecine spagirique.

SPAHI. s. m. (pers. *sipahi,* soldat). Sous le nom de *Spahis* ou de *Sipahis,* les Turcs désignent un corps de cavalerie légère, dont Amurat I°° passe pour avoir été l'organisateur, dans la seconde moitié du XIV° siècle. Leurs armes étaient le sabre, la lance ou le javelot, appelé *djérid;* une large épée était en outre suspendue à la selle du cheval. Les spahis, pendant la guerre, n'étaient soumis à aucune discipline, mais ils se distinguaient par l'impétuosité avec laquelle ils se battaient. Depuis 1826, les spahis sont organisés à l'européenne et font partie de la cavalerie régulière.

Lors de la conquête de l'Algérie, la France créa sous ce nom un corps de cavaliers indigènes, que l'ordonnance du 10 septembre 1832 divisa en spahis réguliers et spahis irréguliers. L'uniforme des premiers consiste en un gilet bleu, un pantalon bleu très ample, une veste garance ouverte par devant et un burnous garance. Ils portent en outre une longue ceinture de laine rouge et un turban de la même couleur. Selon l'usage du pays, ils sont armés d'un sabre et d'un fusil. La distinction des grades est la même que dans les corps de hussards. A partir du grade de capitaine, les officiers sont tous français, et la moitié des officiers inférieurs, ainsi que des sous-officiers, doivent être aussi français. L'avancement pour les indigènes est exclusivement au choix. Les spahis sont groupés en 4 régiments de 5 escadrons, et affecté le 1°° à la division d'Alger, le 2° à la division d'Oran, le 3° à la division de Constantine, le 4° à la division d'occupation de Tunisie. Au 1°° sont en outre rattachés l'escadron des spahis sénégalais et l'escadron des spahis soudanais.

Les spahis irréguliers n'existent plus sous ce nom. Mais certains indigènes notamment dans les régions frontières de l'Algérie sont armés et formés en *goums,* on leur donne communément le nom de *goumiers.* Voy. SMALA.

SPALACIDÉS. s. m. (gr. σπάλαξ, taupe). T. Mamm. Famille de *Rongeurs.* Voy. SPALAX.

SPALATO ou **SPALATRO,** v. de Dalmatie, non loin des ruines de Salone, sur un golfe de l'Adriatique; 16,000 hab.

SPALLANZANI, naturaliste ital. célèbre par ses travaux sur la circulation du sang, la digestion, et la reproduction (1729-1799).

SPALAX. s. m. [Pr. *spa-laks*] (gr. σπάλαξ, taupe). T. Mamm. Le *Spalax* est un petit animal fort singulier qui constitue le type de la famille des *Spalacidés.* Cette famille, la quatrième de l'ordre des Rongeurs dans la classification d'Is. Geoffroy Saint-Hilaire, est ainsi caractérisée par le savant naturaliste : Animaux fortement claviculés; quatre molaires au plus de chaque côté; yeux excessivement petits. Elle comprend quatre genres, appelés *Spalax, Bathyergue, Géoryque* et *Nyctoclepte.* — Les *Spalax,* vulgairement appelés *Rats-taupes,* ont le corps allongé et cylindrique et les quatre pattes courtes et propres à fouir, car elles sont munies de cinq doigts terminés par des ongles obtus et forts. Leur tête est très large, plate en dessus et terminée par un museau cartilagineux très obtus. Leurs mâchelières, au nombre de 3, sont tuberculeuses comme celles des Rats et des Hamsters, toutefois un peu moins inégales; leurs incisives, au nombre de 2, sont trop grandes pour être recouvertes par les lèvres, et l'extrémité des inférieures est en coin tranchant et non en pointe. Leurs yeux ne sont nullement apparents; le rudiment du globe de l'œil, de la grosseur d'une graine de pavot, est recouvert par une bande tendineuse. Enfin ils n'ont pas de trace d'oreille externe, et la queue manque

G.F.

totalement. Ces animaux sont essentiellement souterrains : comme les Taupes, ils vivent dans l'intérieur de la terre, où ils se creusent des galeries; mais ils se nourrissent exclusivement de racines et de graines. Le type du genre est le *S. zemni* (S. *typhlus*) [Fig. ci-dessus], qu'on appelle aussi *Zemni, Slepetz* ou *Rat-taupe aveugle.* Cet animal, long de 19 centimètres, possède un pelage très doux, composé de poils fins et courts dont la base est cendré noirâtre et l'extrémité roussâtre. Il établit son terrier dans les plaines unies et fertiles; sa démarche est irrégulière et brusque, et il marche aussi bien en arrière qu'en avant. Au moindre bruit, il s'arrête, écoute, et, quand on l'attaque, se défend avec courage. On trouve cet animal en Syrie, en Perse, en Pologne, en Hongrie, en Grèce, et surtout en Russie. — Les *Bathyergues* ou *Oryctères* (*Bathyergus*), ont 4 molaires de chaque côté des deux mâchoires et les incisives très développées. Leur museau est terminé par une espèce de houtoir; les yeux sont très petits, et l'oreille externe ne se montre que par des peils; enfin la queue est courte et plate. Ils vivent sous la terre et se nourrissent comme les Spalax. Nous nous contenterons de mentionner le *Bathyergue maritime* (*Bath. maritimus*), désigné par Cuvier sous le nom d'*Oryctère des dunes*. Il est très bas sur jambes, et a près de 35 centimètres de longueur. Sa couleur est d'un blanc jaunâtre qui prend une teinte grise sous le corps. Il habite le cap de Bonne-Espérance, d'où le nom de *Grande Taupe du Cap* que lui donne Buffon. — Les *Géorygues* (*Georychus*) ont la tête arrondie, les incisives nues, 3 molaires de chaque côté et sans replis, la queue très courte. Ces animaux se trouvent, comme les précédents, au cap de Bonne-Espérance, où ils vivent dans des terriers. L'espèce type est le *Géorygue du Cap* (*Geor. capensis*). Il est de la taille du Surmulot. Son pelage est brun en dessus, plus foncé sur la tête et cendré en dessous. Cet animal est la *Taupe du Cap* de Buffon, et le *Cricet* d'Et. Geoffroy Saint-Hilaire. — Le genre *Nyctoclepte* ne renferme qu'une espèce, le *Nyctocleptes malaccensis*, qui habite la presqu'île de Malacca, ainsi que les îles de Java et Sumatra. Cet animal a la tête moins aplatie que le Spalax, les yeux petits, mais visibles, ainsi que les oreilles, les ongles propres à fouir, la queue moins longue que le corps et les proportions robustes. Sa taille égale presque celle du Lapin de garenne. Comme les espèces précédentes, il est nocturne et fouisseur. On le trouve surtout dans les plantations de bambous.

SPALME. s. m. T. Mar. Voy. ESPALME.

SPALMER. v. a. Voy. ESPALMER.

SPALT. s. m. (ital. *spalto*, m. s., du lat. *asphaltus*, m. s.). Sorte d'asphalte, matière colorante.

SPALT. s. m. (all. *spalt*, m. s., de *spalten*, fendre). T. Métall. Pierre écailleuse employée pour faciliter la fusion de certains métaux.

SPANDAU. v. forte de Prusse, près de Berlin; 32,000 hab.

SPANIOLITE. s. f. (gr. σπάνιος, rare; λίθος, pierre). T. Minér. Variété de panabase renfermant du mercure.

SPANISH TOWN, cap. de la *Jamaïque*; 6,000 hab.

SPARADRAP. s. m. (bas lat. *sparadrapus*, m. s., orig. inconnue). T. Pharm. En Pharmacie, on désigne sous ce nom des feuilles de papier ou des tissus de toile, de coton, de soie, qu'on recouvre uniformément d'une couche médicamenteuse et qu'on imprègne d'un mélange résineux ou emplastique. On prépare les *Sparadraps* avec un instrument appelé *Sparadrapier*, qui consiste en une tablette de bois au-dessus de laquelle est une lame de fer taillée en biseau et appuyant à ses extrémités par deux montants. On fait passer entre la tablette et cette lame la toile sur laquelle on coule l'emplâtre, et la lame en retranche tout l'excédant. Les sparadraps, étant destinés à être appliqués sur la peau, doivent être composés de manière à pouvoir y adhérer facilement. Les plus usités sont : le *Sparadrap diachylon gommé*; les *S. vésicants*, le *S. de Thapsia*. Nous mentionnerons encore le *S. à deux faces* ou *Toile de mai* qui se prépare avec du suif, de la cire jaune, de la térébenthine, de l'huile d'olive et du minium en poudre.

SPARATTOSPERMA. s. m. [Pr. *sparat-to-sperma*] (gr. σπαράττειν, déchirer; σπέρμα, graine). T. Bot. Genre de plantes Dicotylédones de la famille des *Bignoniacées*. Voy. ce mot.

SPARCETTE. s. f. [Pr. *sparsè-te*]. Nom vulg. du Sainfoin.

SPARE. s. m. (lat. *sparus*, m. s., mot qui sign. propr. lance). T. Icht. Tribu de *Poissons osseux*. Voy. SPAROÏDES.

SPARGANIER. s. m. (gr. σπαργάνιον, m. s., de σπάργανον, bandelette, ruban). T. Bot. Genre de plantes Monocotylédones (*Sparganium*) de la famille des *Typhacées*. Voy. ce mot.

SPARGOUTE. s. f. (lat. *spargere*, répandre). Nom vulgaire du genre *Spergula*. Voy. CARYOPHYLLÉES et SPERGULE.

SPAROÏDES. s. m. pl. (R. *spare*, et gr. εἶδος, apparence). T. Icht. Les *Sparoïdes* constituent une famille de Poissons osseux, de l'ordre des *Acanthoptérygiens*. Ces poissons se rapprochent des Sciénoïdes par leur palais dénué de dents; leurs formes générales sont les mêmes; ils ont aussi des écailles plus ou moins grandes, mais point aux nageoires. De plus, leur museau n'est pas bombé; les os de leur tête ne sont pas caverneux; leur opercule est dépourvu d'épines et leur préopercule de dentelures. Enfin, aucun d'eux n'a plus de six rayons aux branchies. On peut, à l'exemple de Cuvier, partager cette famille en quatre tribus, les *Spares*, les *Dentés*, les *Canthères* et les *Bogues*.

A. Les *Spares* (*Sparus*) ont, sur les côtés des mâchoires, des molaires rondes en forme de pavé. Cette tribu comprend

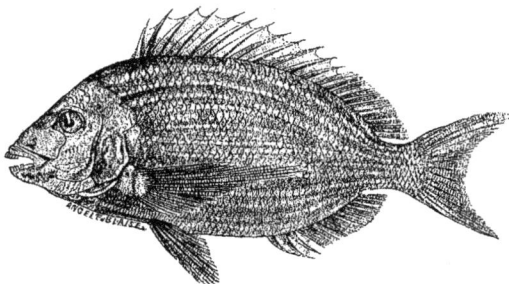

cinq genres. Les *Sargues* (*Sargus*) ont, en avant des mâchoires, des incisives tranchantes, presque semblables à celles de l'homme. La Méditerranée en possède plusieurs dont les couleurs consistent en bandes verticales noires sur un fond argenté. Le *S. rayé* (*S. lineatus*) [Fig. ci-dessus] habite la mer des Indes. — Les *Charax* ont les molaires petites, grenues et sur un seul rang, tandis qu'elles sont sur plusieurs rangs dans les Sargues: telle est l'espèce de Charax appelée *Puntazzo* par les habitants des côtes de la Sardaigne. Les *Daurades* (*Chrysophrys*) ont sur le devant quelques dents coniques ou émoussées, et, sur les côtés, des molaires rondes, formant au moins trois rangées à la mâchoire supérieure. La *D. vulgaire* (*Sparus aurata*), appelée *Chrysophrys* (sourcil d'or) par les Grecs, et *Aurata* par les Romains, a le dos gris et argenté à reflets verdâtres, le ventre brillant d'un bel éclat argenté, et 18 à 20 bandelettes longitudinales dorées. Elle a entre les yeux une bande transversale d'un beau jaune d'or à reflets, d'où le nom que lui donnaient les Grecs. Ce poisson est très commun dans la Méditerranée et dans les étangs du Midi, où il s'engraisse et devient d'un goût très délicat. La Daurade était un des poissons que les Romains élevaient dans leurs viviers. — Les *Pagres* (*Pagrus*) diffèrent des précédents parce qu'ils n'ont que deux rangées de petites dents molaires arrondies; en outre, leurs dents de devant sont en cardes ou en velours. Le *P. de la Méditerranée* (*P. mediterraneus*) est argenté, glacé de rougeâtre, sans tache noire. — Les *Pagels* (*Pagellus*) ont les dents à peu près comme les Pagres, avec un museau plus allongé. Parmi les espèces qui se trouvent dans nos mers, nous citerons le *P. commun* (*P. erythrynus*), dont le corps, haut, comprimé, est argenté et glacé de rose clair. Une espèce voisine, appelée *Housseau* par les Marseillais, s'en distingue par une large tache noire irrégulière à l'épaule.

B. Les *Dentés* (*Dentex*) sont caractérisés par des dents coniques même sur les côtés des mâchoires; quelques-unes des antérieures s'allongent en grands crochets; leur joue est écailleuse. Cette tribu comprend 3 genres, savoir : les genres *Dentex*, *Pentapode* et *Erythrin*. Nous nous contenterons de mentionner le *D. vulgaire*, poisson commun dans la Méditerranée. Il est argenté, nuancé de bleuâtre vers le dos et atteint un mètre de longueur.

C. Les *Canthères* (*Cantharus*) ont des dents en velours ou en cardes serrées tout autour des mâchoires, le corps élevé, épais et le museau court. Cette tribu ne se compose que du seul genre *Canthère*, dont nous avons deux espèces dans nos mers. L'une est le *C. vulgaire* (*C. vulgaris*), qui est gris argenté et rayé longitudinalement de brun; l'autre (*C. brama*), vulg. appelée *Brème de mer*, est à peu près de la même couleur.

D. Les *Bogues* (*Boops*) ont les dents du rang extérieur tranchantes et la bouche petite, nullement protractile. Cette dernière tribu comprend les genres *Bogue*, *Scathare*, *Oblade* et *Crénidens*, qui ne diffèrent les uns des autres que par quelques particularités dans le système dentaire. Nous citerons simplement le *Bogue vulgaire* (*Boops vulgaris*) et l'*Oblade commune* (*Oblada melanurus*), qui se trouvent dans la Méditerranée. Le premier de ces poissons est rayé en long, de couleur d'or sur un fond d'argent; le second est argenté, rayé de noir, avec une large tache noire de chaque côté de la queue.

Le genre FILOU (*Epibulus*), compris autrefois parmi les Spares, est aujourd'hui rattaché à la famille des *Labridés*. Voy. ce mot.

SPARSIFLORE. adj. 2 g. (lat. *sparsus*, dispersé; *flos*, fleur). T. Bot. Qui a des fleurs éparses ou en petit nombre.

SPARSIFOLIÉ, ÉE. adj. (lat. *sparsus*, dispersé; *folium*, feuille). T. Bot. Qui a des feuilles éparses ou peu nombreuses.

SPARSILE. adj. 2 g. (lat. *sparsus*, épars). T. Astron. anc. Se disait des étoiles qui ne faisaient partie d'aucune constellation. On les appelait aussi *informes*. Voy. CONSTELLATION.

SPART, ou **SPARTE.** s. m. (gr. σπάρτος, m. s.). T. Bot. Nom vulgaire du *Lygeum spartium*, plante de la famille des *Graminées.* || On donne aussi ce nom à l'*Alfa* (*Stipa tenacissima*), de la même famille. Voy. GRAMINÉES.

SPARTACUS, gladiateur, né en Thrace, se mit à la tête d'une armée de gladiateurs et d'esclaves, battit les préteurs et les consuls romains en Campanie, et fut vaincu et tué par Crassus (73 av. J.-C.).

SPARTAÏTE. s. f. T. Minér. Calcaire manganésifère de Sparta (New Jersey).

SPARTALITE. s. f. T. Minér. Synonyme de *Zincite*.

SPARTAN, ou **SPARTON.** s. m. T. Mar. Cordage fabriqué avec des tiges de genêt.

SPARTE. s. m. Voy. SPART.

SPARTE, ou **LACÉDÉMONE,** v. de l'anc. Grèce, capitale de la Laconie et de la république de Sparte. Après plusieurs siècles de gloire et de puissance, elle fut soumise par les Romains (146 av. J.-C.). Aujourd'hui elle n'est plus qu'un bourgade de 3,600 hab. = Nom des hab. : SPARTIATE, 2 g.

SPARTÉINE. s. f. (R. *spart*). T. Chim. Alcaloïde contenu dans le Genêt à balais (*Spartium scoparium*). C'est un liquide huileux, qui possède une odeur spéciale et une saveur amère et qui bout à 311°. Sa formule est C¹⁵H²⁶Az². La sp. est un poison narcotique; on l'emploie comme médicament cardiaque.

Par oxydation la sp. fournit de l'*oxy-spartéine* C¹⁵H²⁴Az²O, base cristallisable, fusible à 84°; puis de la *dioxy-* et de la *trioxy-spartéine.*

SPARTERIE. s. f. Se dit des ouvrages faits avec le sparte. *Un magasin de s. Magasin de s.*

SPARTIEN, un des six auteurs de l'*Histoire Auguste* ou recueil de biographies d'empereurs romains depuis Adrien jusqu'à Dioclétien, vivait à la fin du IVe siècle.

SPARTIER. s. m. T. Bot. Genre de plantes Dicotylédones (*Spartium*) de la famille des *Légumineuses*, tribu des *Papilionacées.* Voy. LÉGUMINEUSES.

SPARTON. s. m. Voy. SPARTAN.

SPASME. s. m. (gr. σπασμός, contraction). T. Méd. Sous ce nom, on désigne toute contraction musculaire anormale. Ce mot a été employé dans le sens de *convulsion*, de *contracture*; il signifie plus généralement une contraction musculaire localisée d'origine réflexe. Le sp. des fibres lisses cutanées donne la *chair de poule*. On peut observer du sp. des principaux conduits ou orifices de l'économie : œsophago, glotte, urèthre, intestin, etc.; il existe alors de véritables rétrécissements spasmodiques entravant momentanément le fonctionnement de ces organes. L'hystérie, le nervosisme favorisent le développement du sp.; cependant quelques lésions locales (ulcérations) peuvent le déterminer; c'est ainsi que dans la fissure anale il existe du sp. du sphincter. On doit rechercher, pour le traitement, s'il existe quelques troubles locaux et alors on provoquer la disparition. Le bromure, l'hydrothérapie sont la base du traitement des spasmes purement nerveux.

SPASMODIQUE. adj. 2 g. T. Méd. Qui a rapport au spasme, qui tient du spasme, ou qui en est accompagné. *Mouvement s. Affection s. État s.*

SPASMOLOGIE. s. f. (gr. σπασμός, contraction; λόγος, discours). Traité des spasmes ou convulsions.

SPATANGUE. s. m. **SPATANGOÏDES.** s. m. pl. (gr. σπάτος, cuir; ἄγγος, vase; εἶδος, apparence). T. Zool. Genre et Ordre d'*Échinodermes.* Voy. ÉCHINIDES.

SPATH. s. m. (mot all.). T. Minér. Sous ce nom les anciens minéralogistes réunissaient plusieurs sortes de minéraux caractérisés par un tissu lamelleux, chatoyant, et susceptibles d'un facile clivage. Mais ces caractères purement physiques étant insuffisants pour déterminer un genre quelconque, le terme de *Spath* n'a plus aujourd'hui de place dans la classification scientifique. Néanmoins on désigne encore par habitude certains minéraux par ce mot suivi d'une épithète plus ou moins significative. Ainsi, on appelle : *Spath adamantin*, le Corindon adamantin (Voy. CORINDON); *Sp. calcaire*, le Carbonate de chaux (Voy. CHAUX); *Sp. fluor*, *Sp. fusible*, et *Sp. vitreux*, le Fluorure de calcium (Voy. CHAUX); *Sp. d'Islande*, une variété de Carbonate de chaux (Voy. CHAUX); *Sp. du Labrador*, la Labradorite (Voy. FELDSPATH); *Sp. magnésien*, la Dolomie (Voy. CHAUX); *Sp. pesant*, le Sulfate de baryte. Voy. BARYUM.

SPATHACÉ, ÉE. (R. *spathe*). T. Bot. Qui est muni d'une spathe.

SPATHE. s. f. (lat. *spatha*, gr. σπάθη, m. s., propr. instrument de tisserand et aussi épée). T. Bot. Bractée qui enveloppe les inflorescences de certaines plantes Monocotylédones. Voy. INFLORESCENCE, I.

SPATHIFORME. adj. 2 g. (R. *spathe*, et *forme*). T. Bot. Qui a la forme d'une spathe.

SPATHIQUE. adj. 2 g. T. Minér. Qui ressemble au spath ou en contient. — *Fer sp.* Carbonate de fer naturel. Voy. FER, IV, 1 et VII, C.

SPATULE. s. f. (lat. *spathula*, dimin. de *spatha*). Instrument de chirurgie et de pharmacie qui est rond par un bout et plat par l'autre, et dont on se sert pour remuer ou étendre les onguents, les emplâtres, etc. || Instrument dont on se sert pour délayer et broyer les couleurs. || Instrument dont les sculpteurs se servent pour modeler la glaise ou la cire. || Instrument dont les fondeurs se servent pour la confection des moules. || Instrument dont les maçons se servent pour rejointoyer.

SPATULE. s. f. T. Ornith. Les *Spatules* ou *Palettes* (*Platalea*), qu'on désigne encore sous le nom vulgaire de *Becs-à-cuiller*, tirent leur nom de leur bec long, aplati, flexible, large partout, mais surtout à l'extrémité où il a la forme d'une sp. De sa base partent deux sillons légers et allant jusqu'au bout, sans rester parallèles aux bords. Ces oiseaux de ce genre, à cause de cette disposition du bec, ne peuvent saisir ni retenir de grosse proie; aussi vivent-ils d'Insectes, de Mollusques et de frai de Poisson. Ils fréquentent ordinairement les marais boisés et l'embouchure des fleuves; ils sont d'un caractère doux et s'apprivoisent aisément. Une des 3 espèces connues habite l'Europe, c'est la **Sp.** *blanche* (*Pl. Leucorodia*) [Fig. ci-dessous], qui est ainsi nommée parce qu'elle a le plumage tout blanc, excepté sous la poitrine où se

dessine un plastron d'un jaune roux. Elle porte à l'occiput une huppe touffue et très longue qu'elle ne prend qu'à la seconde année. Elle est assez commune en France sur nos côtes maritimes, surtout en Picardie et en Normandie. Les deux autres espèces sont la **Sp.** *rose* (*Pl. ajaga*), particulière aux climats chauds d'Amérique, et la **Sp.** *à front nu* (*Pl. nudifrons*) qui se trouve au Sénégal et au Cap de Bonne-Espérance.

SPATULÉ, ÉE. T. Bot. Se dit d'une partie qui est rétrécie à la base, large et arrondie au sommet, comme une spatule.

SPÉCIAL, ALE. adj. (lat. *specialis*, m. s., de *species*, espèce). Exclusivement déterminé à quelque chose en particulier. *Pouvoir s. Autorisation, procuration, faveur spéciale. Il a des connaissances spéciales. Ce sera l'objet s. de mes études. Mathématiques spéciales,* Classe où l'on étudie la partie des mathématiques qui correspond au programme d'admission aux grandes écoles. — *Des hommes spéciaux,* Qui ont des connaissances spéciales.

SPÉCIALEMENT. adv. [Pr. *spé-siale-man*]. D'une manière spéciale, qui désigne une personne, une chose particulière. *Il lui a donné tous ses meubles, et s. ses livres. Tous les savants, et s. les chimistes.*

SPÉCIALISATION. s. f. [Pr. *spé-siali-za-sion*]. Action de spécialiser.

SPÉCIALISER. v. a. [Pr. *spé-siali-zer*]. Rendre spécial. = **SE SPÉCIALISER.** v. pron. Acquérir des connaissances spéciales. = **SPÉCIALISÉ, ÉE.** part.

SPÉCIALISTE. adj. et s. m. Celui qui s'occupe exclusivement d'une branche particulière d'une science, d'un art. *C'est un s. Les médecins spécialistes.*

SPÉCIALITÉ. s. f. Désignation d'une chose spéciale. On dit, en matière d'hypothèques, *Sans que la s. déroge à la généralité.* || T. Admin. fin. L'application d'un certain fonds à la dépense particulière à laquelle il était destiné. *On a dérogé à la s.,* On n'a pas appliqué le fonds à la dépense, suivant ce qui avait été prescrit. || Branche d'études, de travaux, de commerce, etc., à laquelle une personne se consacre. *Les spécialités scientifiques. Il faut se faire une s. Ce tailleur ne fait que des pantalons; c'est sa s.*

SPÉCIATIF, IVE. adj. (lat. *speciatus*, m. s., de *species*, espèce). Qui désigne une espèce.

SPÉCIEUSEMENT. adv. [Pr. *spé-sieu-zeman*]. D'une ma-

nière spécieuse, avec apparence de vérité. *Il déguise les choses si s., qu'il semble n'avoir jamais tort. Il a exposé le fait si s., qu'il a séduit tout le monde.*

SPÉCIEUX, EUSE. adj. [Pr. *spé-sieu, euze*] (lat. *speciosus*, m. s., de *species*, apparence). Qui a une apparence de vérité, de justice. *Prétexte s. Raisons spécieuses. Ce qu'il dit est fort s. Ce raisonnement est s., mais il manque de solidité. Cela n'est que s.* || T. Math. *Arithmétique, spécieuse,* Ancien nom de l'algèbre.

SPÉCIFICATIF, IVE. adj. (lat. *specificativus*, m. s.). Qui sert à spécifier.

SPÉCIFICATION. s. f. [Pr. *spé-sifi-ka-sion*] (lat. scolast. *specificatio*, m. s., de *species*, espèce, et *ficare*, faire). La détermination des choses particulières en les indiquant d'une manière précise. *Il fut dit dans le contrat qu'il payerait en denrées, sans autre s.*

SPÉCIFICITÉ. s. f. Qualité de ce qui est spécifique.

SPÉCIFIER. v. a. (lat. *species*, espèce; *ficare*, faire). Exprimer, déterminer en particulier, en détail, d'une manière précise. *Il faudrait s. les choses. Cela est spécifié dans le marché. En lui léguant ses meubles, le testateur a spécifié les meubles meublants. La loi ne peut pas s. tous les cas particuliers.* = **SPÉCIFIÉ, ÉE.** part.

SPÉCIFIQUE. adj. 2 g. (lat. scolast. *specificus*, m. s., de *species*, espèce, et *ficare*, faire). Propre spécialement à quelque chose. *Différence s. Qualité s. Remède s.* — *Caractères spécifiques,* Les différences qui distinguent entre elles les espèces d'un même genre. || T. Phys. *Chaleur s.,* Voy. **CALORIMÉTRIE.** *Pesanteur s.,* Voy. **DENSITÉ.** || Se dit subst. d'un remède qui exerce une action spéciale sur un organe, sur une maladie particulière. *Le quinquina est le s. de la fièvre intermittente.*

SPÉCIFIQUEMENT. adv. [Pr. *spé-sifi-ke-man*]. D'une manière spécifique. *L'or est s. plus pesant que le plomb.*

SPÉCIMEN. s. m. [Pr. *spé-si-mène*]. Mot emprunté du lat. et qui sign. Modèle, échantillon. *Un s. de la nouvelle édition est joint au prospectus. Cette plante est un beau s. du genre. Des spécimens.*

SPÉCIOSITÉ. s. f. [Pr. *spé-sio-zité*]. Qualité de ce qui est spécieux.

SPECTACLE. s. m. (lat. *spectaculum*, m. s., de *spectare*, regarder). Se dit de tout ce qui attire les regards, l'attention, qui arrête la vue. *Beau, triste, horrible s. S. magnifique. S. ravissant, délicieux. S. instructif, touchant, tragique. J'ai détourné les yeux de ce s. Jouir du s. de la nature. Il vint nous étaler le s. de sa misère.* || Représentation théâtrale donnée au public. *Salle de s. L'opéra est un s. fort coûteux. Assister à un s. Courir les spectacles. On ne voit que lui au s. Il y a beaucoup de s. dans cet opéra, dans cette tragédie, etc.,* Il y a beaucoup de pompe, de magnificences dans la représentation de cet opéra, etc. On dit, dans un sens anal., *Une pièce à s., à grand s.* || Par extens., se dit de certaines choses qui ont pour le public l'attrait d'une représentation théâtrale. *Le couronnement d'un roi est un beau s. Les feux d'artifice, les illuminations sont des spectacles fort agréables au peuple.* || *Être en s.,* Être exposé à l'attention publique. *Dans cet emploi considérable, il est en s. à tout le monde. Servir de s.,* Être exposé à la risée, au mépris du public. *Se donner en s.,* Voy. **DONNER.**

SPECTATEUR, TRICE. s. (lat. *spectator, trix*, m. s.). Celui, celle qui est témoin oculaire d'un événement, d'une action, etc. *Il n'a point eu de part à cette action, il n'en a été que simple s. Elle a été spectatrice de tous ces événements.* || Celui qui assiste à une représentation théâtrale, à quelque exercice, à quelque cérémonie publique. *Les acteurs et les spectateurs. Il y avait beaucoup de spectateurs à cette revue.*

SPECTRAL, ALE. adj. Relatif au spectre de la lumière. — *Analyse spectrale.* Voy. **SPECTRE** et **DISPERSION.**

SPECTRE. s. m. (lat. *spectrum*, m. s., de *spectare*,

regarder). Fantôme présentant les formes d'un être mort, et que l'on croit voir, bien qu'il n'ait d'existence que dans l'imagination. *Il dit avoir vu un s. épouvantable. Un s. lui apparut.* Voy. LARVES. — Fam. et par exag., on dit d'une personne grande, hâve et maigre. *C'est un s.* ‖ **Fig.** Apparition effrayante.

> Vous n'avez jamais vu le spectre de la faim.
>   A. DE MUSSET.

‖ **T. Zool.** Famille d'Insectes *Orthoptères* appelée aussi *Pharmide.* Voy. ORTHOPTÈRES. ‖ **T. Météor.** *Sp. aérien.* Voy. plus bas.

Phys. — Nous avons énoncé au mot DISPERSION, les principales propriétés des spectres lumineux.

L'étude détaillée de ces différents spectres se fait au moyen d'un appareil, le *spectroscope.* La Fig. 1 montre la disposition d'un spectroscope ordinaire. Un prisme triangulaire en verre

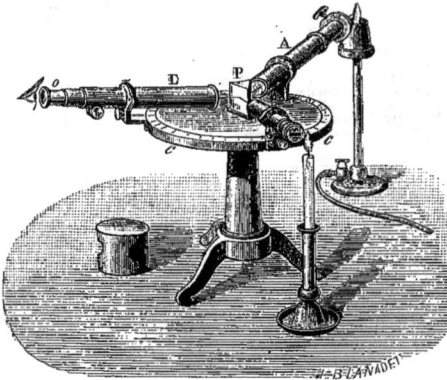

Fig. 1.

lourd P est placé au milieu d'une plate-forme circulaire *cc* qui porte trois tubes. Le premier A a reçu le nom de *collimateur.* Il porte à l'extrémité la plus éloignée du prisme une plaque métallique munie d'une fente dont on peut modifier la largeur

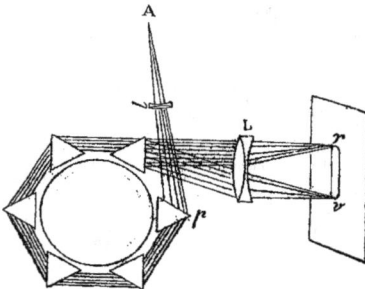

Fig. 2.

à volonté en tournant une vis que l'on voit sur la figure. Cette fente reçoit les rayons lumineux de la source que l'on étudie; elle est, de plus, située exactement dans le plan focal d'une lentille convergente fixée à l'autre extrémité du collimateur. Les rayons émanés des différents points de la fente donnent alors lieu à des faisceaux de lumière parallèle. Ces rayons traversent ensuite le prisme P, subissent le phénomène de

la dispersion et sont reçus dans une petite lunette astronomique L. L'objectif donne une image réelle du s. dans son plan focal et l'oculaire la transforme en une image vi-

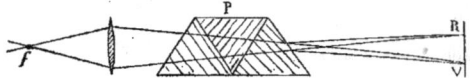

Fig. 3.

suelle virtuelle. Quant au troisième tube que l'on voit sur la figure; c'est le micromètre. Il se compose d'un tube portant à l'une de ses extrémités une lame de verre sur laquelle on a tracé des divisions très rapprochées qui constituent le micromètre proprement dit. Ces divisions sont éclairées au moyen d'une lumière quelconque, une simple bougie suffit, comme dans la Fig. 1. Ce micromètre est placé au foyer d'une lentille convergente qui donne lieu à des faisceaux de lumière parallèle qui tombent sur la troisième face du prisme P sur laquelle ils se réfléchissent de manière à être reçus dans la lunette astronomique L. Il en résulte que l'observateur voit superposés le s. qu'il étudie et l'image des divisions du micromètre. Ces dernières peuvent alors lui servir de point de repère. En général, on convient de régler l'appareil de manière que la division 50 du micromètre coïncide avec la raie D du sodium, le prisme étant dans la position qui donne le minimum de déviation.

On augmentera beaucoup la puissance du spectroscope c.-à-d. sa dispersion, en remplaçant le prisme unique de l'appareil que nous venons de décrire par une série de prismes disposés comme dans la Fig. 2.

Spectroscope à vision directe (Fig. 3). — Les dispositions précédentes donnent une déviation totale très grande. Dans beaucoup de cas, il est très commode de pouvoir observer dans une direction différant peu de celle de la lumière incidente. On se sert alors de prismes alternativement en flint et en crown disposés les uns derrière les autres comme dans la Fig. 3. Les angles des prismes sont calculés de manière que le jaune moyen ne soit pas dévié. Les rayons rouges viennent en R et les rayons violets en V. Ces appareils comportent en général trois ou cinq prismes; ils peuvent être rendus très portatifs.

Spectroscope à réseaux. — On construit aujourd'hui des spectroscopes très puissants basés sur la *diffraction* (Voy. ce mot) produite par un réseau. On obtient des spectres excessivement brillants, par réflexion de la lumière sur un réseau très serré tracé sur une plaque de métal poli. M. Rowland se sert de réseaux qui ont environ 500 traits par millimètre. Ces réseaux remplacent avantageusement les prismes dans beaucoup de cas.

Étendue du spectre. — Le sp. se prolonge bien au delà de la partie visible, aussi bien du côté du rouge que du côté du violet. Le sp. *infra-rouge* est formé de rayons calorifiques: on l'observe au moyen de la pile thermo-électrique; le sp. *ultra-violet* comprend des rayons chimiques. On l'observe par la photographie. Voy. DISPERSION, VII.

Applications. Spectroscopie. Analyse spectrale. — Il suffit d'introduire une petite quantité d'une substance dans la flamme d'un bec Bunsen et d'examiner la lumière pour voir paraître des lignes brillantes absolument caractéristiques. C'est ainsi que le sodium donne lieu à un s. composé d'une raie brillante jaune que dédoublent les instruments puissants. Le potassium donne un s. qui présente une raie rouge et une raie violette; le lithium une raie rouge. Le calcium, le baryum, le strontium donnent des spectres un peu plus riches en lignes, mais néanmoins très faciles à reconnaître.

Wheatstone, le premier, a remarqué que le nombre et la disposition des lignes lumineuses dans le s. sont caractéristiques de tel ou tel métal. Mais c'est à Kirchhoff et à Bunsen, tous deux professeurs à Heidelberg, que l'on doit d'avoir généralisé cette observation, d'avoir tiré de là une méthode d'analyse d'une délicatesse inouïe, et déduit des faits qu'ils ont observés les conséquences les plus extraordinaires, bien que de l'exactitude la plus rigoureuse. Ils ont vu que tous les sels d'un même métal mis en contact avec une flamme produisent dans le s. des raies colorées, brillantes, identiques de teinte et de situation; que les sels de métaux différents produisent des raies différentes de teinte et de position; qu'une quantité infiniment petite d'un métal suffit pour en faire apparaître les caractères spécifiques; et enfin, que chacun des éléments de la chimie actuelle imprime au s. des flammes au sein desquelles sa vapeur se répand un caractère propre qui signale sa présence. Ainsi donc, cette découverte fournit une méthode d'analyse chimique aussi extraordinaire par sa simplicité et son exquise sensibilité que par sa généralité et sa certitude, car elle indique, dans tout composé ou dans tout mélange, quels éléments s'y trouvent, quels éléments y manquent, et, chose

servait de véhicule en contenait par centimètre cube environ un vingt-millionième de milligramme! Dans les autres métaux, cette puissance d'irradiation, sans être aussi prononcée, constitue cependant pour tous un caractère d'une sensibilité inouïe. La seule difficulté pour mettre en pratique une méthode d'analyse aussi délicate a été de préparer des corps assez purs pour en obtenir des réactions absolument distinctes; mais elle ne pouvait arrêter un chimiste aussi habile que Bunsen.

A l'aide de ce procédé si merveilleux de simplicité, Bunsen

Fig. 4.

plus merveilleuse encore, elle y manifeste, avec une incomparable précision, la présence même de tout élément inconnu jusqu'ici. La méthode est tellement délicate et le s. se montre tellement impressionnable, que la puissance de ce nouveau moyen d'analyse dépasse tout ce que l'imagination aurait pu rêver. Bunsen, par ex., ayant fait brûler dans un coin de son laboratoire quelques parcelles d'une matière organique mêlée à 2 ou 3 milligrammes de chlorate de soude, quelques minutes après, les flammes de tous les becs de gaz étaient modifiées dans leur partie transparente, de manière à donner à travers le prisme la raie caractéristique du sodium. L'air qui lui

et Kirchhoff ont reconnu que des éléments réputés très rares, tels que le lithium, faisaient en réalité partie des matières les plus communes, et, rectifiant les anciennes analyses chimiques les plus dignes de confiance, ils ont signalé, dans des roches et des sédiments très répandus à la surface de la terre, certains éléments que rien n'y faisait soupçonner. Enfin, l'apparition dans le s. de raies n'appartenant à aucun corps simple connu leur a permis de deviner l'existence de nouveaux éléments, puis de la démontrer à l'aide des procédés ordinaires de l'analyse chimique. — Un jour, en 1860, il arriva que dans les résidus d'évaporation des eaux minéraies de Durkheim, il se trouvait un composé insaisissable à l'analyse chimique, et qui faisait naître dans le s. une raie bleue jusqu'alors inconnue; de même, dans la roche micacée appelée lépidolithe, d'où l'on tire le lithium, il y avait une raie rouge occupant dans le s. une position inusitée. Sur ces seuls indices, nos deux savants évaporèrent 80 tonnes des eaux de Durkheim, et mirent en traitement plusieurs kilogrammes de lépidolithe. Les premières leur donnèrent un métal nouveau, qu'ils appelèrent *Cæsium*, c.-à-d. bleu, pour rappeler le rayon coloré qui avait annoncé son existence, et la lépidolithe leur abandonna un second métal jusqu'alors inconnu, qui reçut le nom de *Rubidium*, c.-à-d. rouge, par allusion à la raie rouge du s. qué produit sa présence dans la flamme. En 1861, M. Crookes examinant des dépôts provenant d'une fabrique à acide sulfurique au spectroscope constata l'apparition d'une belle raie verte due à un corps qui n'était pas encore connu. Il donna à ce corps le nom de *thallium* (du gr. θαλλός, branche verte). Un an plus tard, ce corps fut isolé et étudié par Lamy qui démontra sa nature métallique. L'*indium* caractérisé par une raie dans l'indigo a été découvert au spectroscope. Le *gallium*, métal rare, a été découvert en 1875 au moyen du spectroscope par M. Lecoq de Boisbaudran. Enfin, en 1895, M. Ramsay a isolé pour la première fois sur la terre un corps que les astronomes avaient déjà observé dans le s. des protubérances solaires et auquel ils avaient déjà donné le nom de *hélium*.

Il arrive souvent que la chaleur du bec Bunsen n'est pas suffisante pour produire le s. du corps que l'on cherche, il faut alors avoir recours à l'étincelle électrique. On peut, par ex., faire éclater l'étincelle d'une bobine de Ruhmkorff entre la dissolution d'un métal et un fil de platine. Les spectres des métaux usuels et des métalloïdes donnent un très grand nombre de raies; leur complication rend leur étude difficile.

Pour étudier les gaz, on peut avoir recours à la méthode de Plücker qui consiste à analyser au spectroscope la lumière que donnent ces corps dans les tubes de Geissler.

Absorption. Renversement des raies. — Un corps solide ou liquide incandescent donne un prisme continu, tandis que les gaz incandescents donnent, comme nous l'avons vu, un sp. formé de lignes brillantes. C'est pourquoi, pour observer le sp. d'un corps sous forme de raies brillantes et colorées, il faut introduire le corps dans la flamme très chaude et peu éclairante d'un bec Bunsen. Les flammes ordinaires devant leur grand éclat relatif à des matières solides en suspension donnent un sp. continu. Lorsque l'on interpose une substance sur le trajet d'un faisceau de lumière blanche et que l'on analyse cette lumière au moyen du spectroscope on voit le s. cesser d'être continu et présenter des lacunes, soit sous formes de raies noires, soit sous forme de bandes sombres plus ou moins estompées. C'est remarquable que les raies noires produites par l'absorption d'un gaz ou d'une vapeur métallique occupent précisément la place des raies brillantes que fournissent ce gaz ou cette vapeur incandescente. C'est ce phénomène qu'on appelle le *renversement des raies*. On le met en évidence par une expérience de cours très brillante. On place une lampe alimentée par de l'alcool salé devant un bec de lumière oxhydrique : celle-ci est produite, comme on sait, par la combustion d'un mélange d'oxygène et d'hydrogène projeté sur un morceau de chaux vive qui, se trouvant ainsi porté à une haute température, devient très lumineux. En place devant le tout un spectroscope et un appareil de projection qui projette le sp. sur un écran. La lumière oxhydrique donnerait un sp. continu sans raies noires; la flamme de l'alcool salé donnerait au contraire le sp. de raies brillantes du sodium où domine la raie jaune dont nous avons déjà parlé. On commence par allumer la lampe à alcool, et l'on voit sur l'écran cette raie jaune assez brillante. On allume ensuite la lumière oxhydrique : le sp. continu apparaît immédiatement; mais à la place de la raie jaune on observe une raie noire très nette. On fait reparaître la raie jaune brillante en éteignant la lumière oxhydrique. Parmi les substances qui présentent des bandes d'absorption, nous citerons : la vapeur d'hypo-azotide, la vapeur d'iode, la dissolution de permanganate de potassium, les sels de didyme. Enfin, une foule de matières colorantes naturelles ou artificielles présentent des spectres d'absorption assez nettement caractérisés pour que l'on puisse s'en servir en analyse. C'est ainsi que le spectroscope pourra servir à reconnaître le sang, grâce au sp. d'absorption caractéristique de l'hémoglobine.

Spectre solaire. Raies de Frauenhofer. — Voy. DISPERSION.

Application de la spectroscopie aux astres. — En adaptant un spectroscope à une lunette astronomique ou à un télescope on peut analyser la lumière des astres et en tirer des conclusions importantes relatives à leur composition. La spectroscopie a aujourd'hui pris une place importante dans l'astronomie physique. Voy. SOLEIL, NÉBULEUSE, ÉTOILE, etc.

Spectres magnétiques. — Voy. MAGNÉTISME, 1, 4..

Météor. — *Spectres aériens. Spectres du Brocken.* — On désigne sous ce nom un phénomène d'optique atmosphérique qui a d'abord été observé au sommet du Brocken, et qui consiste en ce que, au lever du Soleil, les ombres des voyageurs situés au sommet de la montagne se projettent sur les nuages, formant ainsi dans le ciel l'apparence de spectres gigantesques. Souvent, ces ombres sont entourées d'irisations ou quelquefois d'anneaux concentriques présentant les couleurs de l'arc-en-ciel. Nous donnons ici (Fig. 4) une figure de ce phénomène observé en Andalousie, le 4 avril 1885. M. Camille Flammarion a observé le 15 avril 1868 à 4 heures de l'après-midi un phénomène analogue pendant un voyage aérostatique. L'ombre du ballon où il se trouvait apparut nettement sur les nuages; l'ombre de la nacelle était entourée de plusieurs cercles concentriques colorés. Dans tous ces cas, l'ombre des objets projetés sur une nappe de nuage est facile à expliquer. Quant aux cercles concentriques et colorés, ils s'expliquent comme ceux de l'anthélie par la réfraction et la réflexion de la lumière solaire sur les gouttelettes des nuages; mais il s'y joint des phénomènes de diffraction. Aussi la théorie de ces cercles colorés est-elle beaucoup plus compliquée que celle de l'arc-en-ciel et même que celle des halos.

SPECTROSCOPE. s. m. (R. *spectre*, et gr. σκοπέω, j'examine). T. Phys. Appareil destiné à étudier les spectres lumineux. Voy. SPECTRE.

SPECTROSCOPIE. s. f. (R. *spectroscope*). T. Phys. Branche de la physique qui s'occupe de l'étude des spectres lumineux. Voy. SPECTRE.

SPÉCULAIRE. adj. 2 g. (lat. *specularis*, m. s. de *speculum*, miroir). Se dit de certains minéraux à lames brillantes et réfléchissant la lumière. *Pierre sp.*, Nom donné aux feuilles de mica dont les anciens se servaient en guise de vitres. *Fer sp.*, l'Oligiste laminiforme. Voy. FER, VII, B. *Fonte sp.* Voy. SIEGEL, FER, VIII, 3°, et ACIER. = SPÉCULAIRE. s. f. T. Bot. Genre de plantes Dicotylédones (*Specularia*) de la famille des *Campanulacées*. Voy. ce mot.

SPÉCULATEUR, TRICE. s. (lat. *speculator, trix*, m. s.). Celui, celle qui a coutume d'observer. Vx. || Celui, celle qui s'attache uniquement à la théorie. (On dit même spéculatif.) || Celui, celle qui fait des spéculations de finance ou de commerce. *Un sp. habile.*

SPÉCULATIF, IVE. adj. (lat. *speculativus*, m. s.). Qui s'attache à l'étude des choses théoriques, sans avoir égard à la réalité, à la pratique, ou qui est propre à cette étude. *Les philosophes spéculatifs. C'est une tête spéculative. C'est un esprit trop sp.* || Se dit aussi des choses qui sont l'objet de ces considérations purement abstraites. *Science, philosophie spéculative. C'est un ouvrage purement sp.* || *Spéculatif*, se dit quelquefois subst., au masc., en parlant de ceux qui raisonnent sur des matières quelconques, d'une manière générale et abstraite, sans tenir compte des faits ou des difficultés pratiques. *Les spéculatifs ont débité là-dessus force rêveries.*

SPÉCULATION. s. f. [Pr. *spékula-sion*] (lat. *speculatio*, m. s.). Étude, recherche purement rationnelle. *Une belle sp. Les spéculations de la métaphysique. A quoi ont abouti toutes ces spéculations? Une science de pure sp.* — Se dit aussi des résultats obtenus par ces recherches. *Il nous a communiqué ses spéculations sur cette matière.* || Se dit souvent dans le sens de Théorie, par oppos. à Pratique. *Cela est bon dans la sp. et ne vaut rien dans la pratique. Cela n'est bon que dans la sp.* || Particul., se dit de toute opération de finance, de banque ou de commerce, dont le succès dépend d'une circonstance aléatoire qu'on essaye de prévoir ou de calculer. *Faire des spéculations. Se livrer à des spéculations hasardeuses. Se ruiner par de fausses spéculations. Ses spéculations ont mal réussi, mal tourné, lui ont réussi, lui ont mal tourné.*

SPÉCULATIVEMENT. adv. D'une manière spéculative.

SPÉCULATOIRE. s. f. [Pr. *spékula-touare*]. Interprétation des phénomènes de la nature d'après les sciences occultes.

SPÉCULER. v. a. (lat. *speculari*, m. s., qui vient lui-même de *specere*, voir). Regarder ou observer curieusement, soit à la vue simple, soit avec des lunettes, les objets célestes ou terrestres. *Il passe la nuit à sp. les astres*, ou simpl., *à sp. Il spécule sans cesse.* Vx ; on dit, *Observer.* — **SPÉCULER.** v. n. Méditer attentivement sur quelque matière. *Ce n'est pas tout que de sp., il faut réduire en pratique. Il passe sa vie à sp. sur les matières politiques.* || Particul., Faire des spéculations financières, commerciales, etc. *Il spécule sur les fonds publics. Sp. sur les vins, sur les blés. Il a spéculé fort heureusement.* — Par anal., Sp. *sur la curiosité publique. On est toujours sûr de réussir quand on spécule sur l'ignorance et la crédulité des hommes.* = **SPÉCULÉ, ÉE.** part.

SPÉCULUM. s. m. [Pr. *spé-ku-lome*]. Mot latin qui signifie *Miroir*, et qui sert à désigner divers instruments de chirurgie en forme de tube, qu'on introduit dans certaines cavités pour y projeter de la lumière réfléchie afin d'en examiner l'intérieur. *Sp. brisé. Sp. à charnières. Sp.* de *l'anus*, de *l'oreille*, de *l'utérus*.

SPÉE. s. f. S'est dit, par corrupt. pour *Cépée.*

SPEECH. s. m. [Pr. *spitch*] (angl. *speech*, m. s.). Discours, généralement en réponse à un toast. Fam.

SPEISS. s. m. [Pr. *spaïss*] (Mot all.). T. Chim. Produit qu'on obtient dans la fabrication du smalt et qui sert à la préparation du nickel. Voy. NICKEL.

SPEISSCOBALT. s. m. [Pr. *spaïss-kobalt*] (R. *speiss*, et *cobalt*). T. Minér. Syn. de *Smaltine.*

SPEKE, voyageur anglais (1827-1864), explora le centre de l'Afrique et reconnut les lacs Tanganyika, Victoria et Albert, d'où il supposa que le Nil s'écoulait, prévision qui fut vérifiée plus tard. Voy. NIL.

SPENCER. s. m. [Pr. *spin-sère*] (Mot emprunté de l'anglais, et qui vient, dit-on, d'un lord Spencer qui aurait imaginé cette sorte de vêtement afin de faire valoir l'élégance de sa taille). Sorte de vêtement qui a la forme d'un habit qu'on aurait coupé à la ceinture. *Un sp. de drap, de velours.* || Corsage de femme sans jupe.

SPENSER (EDMOND), poète anglais (1552-1599), auteur de la *Reine des fées.*

SPERCHIUS, fl. de la Grèce anc., sort du Pinde, et se jette dans le golfe Maliaque.

SPERGULE. s. f. T. Bot. Genre de plantes Dicotylédones (*Spergula*) de la famille des *Caryophyllées.* Voy. ce mot.

Agric. — Cette plante est un fourrage annuel, propre surtout aux sables frais, qui fournit une bonne nourriture aux bestiaux. Dans une partie des Pays-Bas, le beurre des vaches qui en sont nourries est regardé comme ayant une qualité supérieure et désigné sous le nom de *beurre de spergule.* On sème la graine de cette plante quelquefois au printemps, mais la saison ordinaire est celle de Sp. est culture dérobée, sur les chaumes retournés par un léger labour après la moisson. On fait consommer sur place, ou en vert à l'étable, ressource qui dure jusqu'aux gelées. Quelquefois on fauche et on fane la Sp. semée de bonne heure, mais ce foin perd beaucoup par la dessiccation qui, d'ailleurs, est difficile à cause de la nature aqueuse de la plante. La graine de Sp. est très fine ; elle demande à être fort peu recouverte. On sème 12 kilogr. à l'hectare. La sp. est considérée comme une plante améliorante, d'après Bella qui l'indique comme un des meilleurs engrais végétaux ; elle pourrait donc être enfouie en vert, avec avantage. — On cultive deux espèces de Sp., la petite et la grande. Mais cette dernière, malgré ses tiges plus élevées, ne paraît pas fournir une plus grande quantité de fourrage, parce qu'elle croît moins épaisse ; elle exige d'ailleurs un sol très fertile.

SPERKISE. s. f. T. Minér. Sulfure de fer. Voy. FER, VII, D

SPERMACETI. s. m. (lat. *sperma*, *ceti*, sperme de baleine). T. Chim. Blanc de baleine. Voy. BLANC.

SPERMACOCE. s. m. T. Bot. Genre de plantes Dicotylédones de la famille des *Rubiacées*, tribu des *Coffées.* Voy. RUBIACÉES.

SPERMAGÉNÈSE. s. f. [Pr. *sperma-jé-nèse*] (gr. σπέρμα, sperme ; γένεσις, naissance). Formation du sperme. Terme à peu près synonyme de *Spermatogénèse.*

SPERMATIDE. s. f. (gr. σπέρμα, σπέρματος, semence). T. Histol. Voy. SPERMATOGÉNÈSE.

SPERMATIE. s. f. [Pr. ...*ti*] (gr. σπέρμα, semence). Nom donné par les botanistes à des spores (Conidies) exogènes enfermées, linéaires et disposées au sommet et sur les flancs de branches cloisonnées et rameuses.

SPERMATINE. s. f. (R. *sperme*). T. Chim. Matière albuminoïde contenue dans le liquide spermatique. Elle est soluble dans l'eau et se coagule par l'alcool, mais non par la chaleur. Desséchée, elle cesse d'être soluble et ne peut plus que se gonfler dans l'eau.

SPERMATIQUE. adj. 2 g. (lat. *spermaticus*, gr. σπερματικός, m. s., de σπέρμα, semence). T. Anat. Qui a rapport au sperme, à la semence. *Canaux, artères spermatiques.* — *Animalcules spermatiques.* Voy. SPERME.

SPERMATOCYTE. s. m. (gr. σπέρμα, σπέρματος, semence ; κύτος, cavité). T. Histol. Voy. SPERMATOGÉNÈSE.

SPERMATOGÉNÈSE. s. f. [Pr. *spermatojé-nèze*] (gr. σπέρμα, σπέρματος, sperme ; γένεσις, naissance). T. Biol. Formation des spermatozoïdes dans le testicule. Les spermatozoïdes se forment dans l'épithélium qui tapisse les canalicules séminifères ou *tubes séminipares* du testicule. Si l'on fait une coupe transversale de ces canalicules, chez un mammifère adulte en plein fonctionnement sexuel, on voit que l'épithélium séminal est un épithélium stratifié formé d'un grand nombre de couches cellulaires plus ou moins distinctes. Ces cellules sont de trois ou quatre sortes : 1° les cellules germinatives ou génératrices ou les *spermatogonies* qui forment la couche basale ou périphérique de l'épithélium ; 2° les *spermatocytes* qui forment la couche moyenne ; 3° les *spermatides* qui forment la couche interne. Toutes ces cellules dérivent les unes des autres par division, formant une sorte de lignée séminale dont la fin est le spermatozoïde. Les spermatides sont en effet des cellules qui vont se transformer directement en spermatozoïdes ; pour cela, la chromatine du noyau se condense en une masse compacte qui devient la tête du spermatozoïde, un filament apparaît sur un des côtés de cette tête et s'allonge pour former la queue du spermatozoïde, le corps cellulaire disparaît en partie en se liquéfiant, sauf une petite portion qui reste pour former le segment intermédiaire.

La s. apparaît pour la première fois chez l'homme entre 18 et 21 ans ; elle se continue ensuite assez régulièrement jusqu'à l'âge le plus avancé. Chez quelques mammifères domestiques, la s. semble être également continue ; mais chez la plupart des mammifères elle n'a guère lieu qu'aux périodes du rut ; cette périodicité dans le fonctionnement du testicule est du reste la règle chez tous les animaux ; c'est ce qui explique les différences de grosseur, parfois énormes, que l'on observe dans les testicules des oiseaux sauvages, par ex., aux différentes époques de l'année.

SPERMATOGONIE. s. f. (gr. σπέρμα, σπέρματος, semence ; γονεία, production). T. Histol. Voy. SPERMATOGÉNÈSE.

SPERMATOLOGIE. s. f. (gr. σπέρμα, σπέρματος, semence ; λόγος, discours). Traité sur le sperme.

SPERMATORRHÉE. s. f. [Pr. *spermator-ré*] (gr. σπέρμα, sperme, ῥέω, je coule). T. Méd. On désigne sous ce nom l'éjaculation involontaire, l'émission du sperme se produit ainsi, d'une façon normale, chez l'homme à partir de la puberté ; sa fréquence varie selon les individus et leur degré de continence ; elle survient habituellement la nuit après un rêve érotique et s'accompagne de sensations voluptueuses.

Ce phénomène devient pathologique quand il se répète trop souvent, survient plusieurs fois dans la même nuit sans orgasme vénérien et quand il se manifeste à l'état de veille, pendant la journée, sans érection préalable. La fréquence de ces pollutions nocturnes et diurnes finit par épuiser l'organisme et retentit d'une manière fâcheuse sur l'état général qui devient mauvais ; on observe alors les symptômes suivants : amaigrissement, facies terreux, yeux cernés, palpitations, troubles digestifs, hypochondrie, etc. Les excès vénériens (abus du coït, onanisme, etc.), la neurasthénie, prédisposent à la s. qui se manifeste également de préférence chez les névropathes et au cours de certaines maladies cérébro-médullaires : parfois cependant il s'agit simplement de lésions de l'appareil génito-urinaire (malformations, phimosis, etc.), dont la guérison amène la cessation de la s. Le traitement dépend donc de la cause ; un examen général et local du sujet doit être fait ; l'hydrothérapie, l'électricité, la strychnine sont souvent utiles ; dans d'autres cas, il faut recourir aux calmants (bromure, aconit, camphre, etc.). L'hygiène doit être sévère.

SPERMATOZOAIRE. s. m. (gr. σπέρμα, sperme; ζωάριον, petit animal). Ancienne dénomination des SPERMATOZOÏDES. Voy. ce mot.

SPERMATOZOÏDE. s. m. (gr. σπέρμα, semence; ζώον. animal ; εἶδος, aspect). T. Biol. Le s. est l'élément sexuel mâle qui forme le principe fécondant du sperme. Découvert en 1677 par un étudiant en médecine, Louis Ham, élève du premier micrographe, Leeuwenhoek, le s. fut pris d'abord pour un ver parasite et encore jusqu'à ces dernières années le désignait-on sous le nom d'animalcule spermatique ou de spermatozoaire. L'aspect de cet élément en effet celui de certains vers microscopiques ; il se présente sous la forme d'un filament plus ou moins long renflé à une extrémité en une sorte de tête et effilé à l'autre en une sorte de queue; entre les deux, à la base de la tête, se trouve un segment intermédiaire. A l'état vivant, quand on l'observe dans le liquide spermatique, dans le mucus vaginal ou dans une solution salée à 10 pour 1,000 d'eau, on remarque que le s. se déplace avec une grande rapidité, à la manière des anguilles; il nage par le moyen des mouvements de sa queue en se dirigeant toujours la tête en avant, mais on remarque aussi que cet élément ne sait pas éviter les corps qu'il rencontre; il bute en effet contre les cellules, les cristaux spermatiques ou autres éléments qui se trouvent sur son chemin et on voit sa queue continuer à frétiller comme s'il voulait vaincre l'obstacle. Ces mouvements sont assez rapides pour faire parcourir 3 millimètres en une minute aux spermatozoïdes de l'homme; ils se continuent très longtemps après la mort dans les organes mâles ou bien dans les organes femelles lorsqu'ils y ont été lancés par l'éjaculation. C'est ainsi qu'on en a trouvé de vivants trois jours après la mort d'un supplicié ; dans le vagin, ils peuvent rester vivants pendant près d'une semaine.

Les spermatozoïdes sont des cellules modifiées et parfaitement adaptées au rôle qu'ils ont à remplir ; leurs mouvements leur permettent de remonter les voies génitales de la femelle pour aller chercher l'ovule à sa sortie de l'ovaire; leur grande résistance leur permet d'attendre un certain temps la venue de cet ovule. C'est pourquoi les spermatozoïdes de l'immense majorité des animaux sont construits sur le modèle que nous avons décrit. Les différences tiennent surtout à des questions de volume. L'étude du développement de ces éléments (Voy. SPERMATOGÉNÈSE) a montré que ces derniers temps que la plus grande partie de leur masse était formée par le noyau d'une cellule mère ; la partie cellulaire serait représentée surtout par le segment intermédiaire et la queue serait un flagellum ou une réunion de cils vibratils. Le s. serait donc une cellule ciliée. Voy. FÉCONDATION, SPERME.

SPERME. s. m. (gr. σπέρμα, semence). T. Physiol. Le sp. est le liquide séminal, destiné à la fécondation ; c'est un liquide épais, blanchâtre, alcalin ; son odeur est caractéristique; il se coagule spontanément après l'éjaculation, qui consiste dans l'évacuation de 4 à 8 grammes de ce liquide; ce poids varie avec la fréquence du coït. Il contient une matière albuminoïde (spermatine), différents sels inorganiques (phosphates, chlorures, sulfates), des cellules épithéliales, des granulations, etc. Le sp. prend naissance dans le testicule et, en suivant les voies séminales (canal déférent, vésicules séminales, urèthre), il subit différentes modifications dans sa composition première, par suite du mélange des liquides qu'il rencontre dans ces organes (produit des vésicules séminales, de la prostate, des glandes de Cowper). Le sp. éjaculé tache le linge; on reconnaît son origine en on examinant les résidus au microscope qui permet de découvrir l'élément caractéristique du sp. le spermatozoïde (Voy. ce mot et SPERMATOGÉNÈSE). Cependant, dans certains cas, les spermatozoïdes font défaut, particulièrement à la suite d'inflammations testiculaires (orchites) ; c'est là une cause d'infécondité, mais non d'impuissance.

SPERMINE. s. f. T. Chim. Base qu'on rencontre dans le liquide spermatique des mammifères et dans les produits sécrétés par le microbe de la phtisie. La s. est cristallisable, très soluble dans l'eau, peu soluble dans l'alcool; elle présente une réaction alcaline et absorbe l'acide carbonique de l'air. Elle existe dans le sperme à l'état de phosphate, qui, par évaporation lente, se dépose en cristaux incolores, peu solubles, qui fondent vers 170° en se décomposant.

SPERMIOLE. s. f. (lt. sperma). T. Erpét. Substance blanche et visqueuse dans laquelle sont enveloppés les œufs de la grenouille et du crapaud.

SPERMIQUE. adj. 2 g. (gr. σπέρμα, graine). Qui a rapport à la graine.

SPERMODERME. s. m. (gr. σπέρμα, graine; δέρμα, peau). T. Bot. Nom donné au tégument de la graine. Voy. GRAINE.

SPERMOGONIE. s. f. (gr. σπέρμα, semence; γονεία, production). T. Bot. Sorte de bouteille qu'on observe dans certains Champignons (Discomycètes, Pyrénomycètes et Lichens, etc.) et qui renferme des Spermaties. Voy. ce mot.

SPERMOPHILE. s. m. (gr. σπέρμα, semence; φίλος, qui aime). T. Mamm. Genre de Rongeurs. Voy. MARMOTTE.

SPERONARE. s. m., ou **SPERONADE.** s. f. T. Mar. Petit bâtiment maltais, non ponté et qui gréé une voile à livarde sur un seul mât placé à l'avant.

SPESSARTINE. s. f. (R. Spessart, nom de lieu). T. Minér. Sorte de Grenat. Voy. ce mot.

SPET. s. m. (esp. espeto, broche). T. Icht. Nom vulgaire d'une espèce de Sphyrène. Voy. PERCOÏDES.

SPETZIA ou **SPEZZIA**, île de l'archipel, sur la côte E. de la Morée, à l'entrée du golfe de Nauplie; 15,000 hab. La ville a 5,500 hab.

SPEUSIPPE, philosophe grec, neveu de Platon, lui succéda dans la direction de l'Académie, de 347 à 339 av. J.-C.

SPEZZIA (LA), v. d'Italie, port militaire, sur le golfe de la Spezzia, à 85 kil. S.-E. de Gênes ; 13,000 hab. = V. de l'archipel. Voy. SPETZIA.

SPHACELAIRE. s. f. (R. sphacélie). T. Bot. Genre d'Algues (Sphacelaria) de la famille des Phéosporées. Voy. ce mot.

SPHACÉLARIÉES. s. f. pl. (R. Sphacélaire). T. Bot. Tribu d'Algues de la famille des Phéosporées. Voy. ce mot.

SPHACÈLE. s. m. (gr. σφάκελος, m. s.). T. Chir. Gangrène qui occupe toute l'épaisseur d'un membre. — Se dit aussi d'une partie gangrenée. Voy. GANGRÈNE.

SPHACÉLER. v. a. T. Méd. Frapper de sphacèle, de gangrène. = SE SPHACÉLER. v. pron. = SPHACÉLÉ, ÉE. part. Membre s. = Conj. Voy. CÉDER.

SPHACÉLIE. s. m. (gr. σφάκελος, gangrène, parce que l'usage des farines altérées par l'ergot de seigle peut donner la gangrène). T. Bot. Nom donné au mycélium du Claviceps purpurea avant qu'il se soit condensé pour produire l'Ergot. Voy. PYRÉNOMYCÈTES.

SPHACTÉRIE, petite île de la mer Ionienne, sur la côte de Messénie, à l'entrée de la baie de Navarin.

SPHÆRALCEA. s. m. [Pr. *sfé-ral-sé-a*] (gr. σφαῖρα, sphère; ἀλκέα, sorte de mauve). T. Bot. Genre de plantes Dicotylédones de la famille des *Malvacées*, tribu des *Malvées*. Voy. MALVACÉES.

SPHÆRIDIDES. s. m. pl. [Pr. *sfé-ridide*] (R. *Sphéridie*). T. Zool. Les *Sphæridides* forment une petite famille de Coléoptères pentamères voisine de celle des *Hydrophilides*, mais ce sont tous des animaux terrestres. Leur corps est presque hémisphérique, avec le sternum fort saillant. Leurs jambes sont aplaties et fortement denticulées sur les bords. Ce sont des insectes de petite taille qui habitent pour la plupart les bouses et autres matières excrémentielles. Quelques espèces se tiennent près du bord des eaux. Elles sont pour la plupart européennes. Les *Sphéridies* (*Sphæridium*) forment le principal genre de cette tribu. Parmi les espèces qu'on trouve dans nos climats, nous citerons le *Sphéridie à quatre taches* (*S. scarabœoides*), long de 4 à 5 millimètres, d'un noir luisant, lisse, avec l'écusson allongé, et une tache d'un rouge de sang à la base de chaque étui. Pendant l'été, cette espèce est commune dans les bouses de vache.

SPHAGNACÉES. s. f. pl. (R. *Sphagnum*, du gr. σφαγνός, mousse, n. scientifique du genre Sphaigne). T. Bot. Famille de Mousses de l'ordre des Sphaginées.

Caract. bot. : Protonéma tantôt filamenteux, quand les spores germent dans l'eau, tantôt dilaté en une lame ramifiée, quand les spores germent sur un support solide. Tige feuillée se fixant d'abord par des rhizoïdes qui disparaissent plus tard et dont la plante adulte est dépourvue. Feuilles formées, à l'exception des deux à quatre premières, de deux sortes de cellules : les unes incolores, perforées au centre et destinées à l'absorption de l'eau; les autres, entourant les premières, pourvues de chlorophylle et de forme tubuleuse. L'écorce de la tige présente une différenciation analogue.

Anthéridies et archégones dans tous les cas, sur des axes distincts. Anthéridies latéralement sphériques, longuement pédicellées, s'ouvrant au sommet par des valves qui se recourbent vers le bas. Archégones terminaux enveloppés par un périchèze. Sporogone porté par un pseudopode formé par l'allongement du rameau fructifère lui-même, pourvu d'un court pédicelle qui est implanté dans l'extrémité du pseudopode creusée en vaginule. Columelle hémisphérique coiffée par l'assise sporifère qui a la forme d'une calotte. Archégone se déchirant d'une manière irrégulière à la maturité; sporogone s'ouvrant par un simple opercule.

La famille des Sphagnacées ne contient que le seul genre Sphaigne (*Sphagnum*) avec 160 espèces vivant dans les marécages ou sur un sol assez sec dans l'atmosphère humide des montagnes. Ces mousses jouent un rôle considérable dans la nature, car ce sont les plantes les plus importantes des marais tourbeux et leurs restes forment aussi la partie principale de la tourbe.

SPHAGNINÉES. s. f. pl. (R. *Sphagnum*, n. scientifique du genre Sphaigne). Ordre de végétaux renfermant toutes les Mousses à sporogone brièvement pédicellé, soulevé par un pseudopode et ayant une assise sporifère en cloche recouvrant une columelle hémisphérique. Cet ordre comprend deux familles : les *Andréacées* et les *Sphagnacées*. Voy. ces mots.

SPHAIGNE. s. f. [Pr. *sfè-gne, gn* mouil.] (gr. σφαγνός, mousse). T. Bot. Genre de Muscinées (*Sphagnum*) de la famille des *Sphagnacées*. Voy. ce mot.

SPHALÉRITE. s. f. [Pr. *sfa...*] (gr. σφαλερὸς, trompeur). T. Minér. Syn. de Blende.

SPHARGIS. s. m. [Pr. *sfar-jis*]. T. Erpét. Genre de *Tortues*, appelé aussi *Luth*. Voy. CHÉLONIENS, IV.

SPHÉCODE. s. m. [Pr. *sfé-kode*] (gr. σφήξ, σφηκός, guêpe; εἶδος, forme). T. Ent. Genre d'Insectes *Hyménoptères*. Voy. ANDRÉNÉTYES.

SPHÉGIDES ou **SPHÉGIENS.** s. m. pl. [Pr. *sfé-jide, sfeji-in*] (gr. σφήξ, guêpe). Groupe d'Insectes *Hyménoptères*. Voy. FOUISSEURS.

SPHÈNE. s. m. (gr. σφήν, coin). T. Minér. Silico-titanate de chaux, en cristaux monocliniques très réfringents, fréquemment aplatis et maclés de manière à présenter une gouttière. La couleur est très variable; les cristaux jaunes ou verts se trouvent ordinairement dans les calcaires cristallins; les cristaux bruns ou rouges, dans le granit, le gneiss, la syénite, le micaschiste, etc.

SPHÉNISCIDÉS. s. m. pl. [Pr. *sfénis-sidé*] (R. *Sphénisque*). T. Ornith. Famille de *Palmipèdes*. Voy. BRACHYPTÈRES.

SPHÉNISQUE. s. m. [Pr. *sfé-niske*] (gr. σφηνίσκος, cheville, de σφήν, coin). T. Ornith. Genre de *Palmipèdes*. Voy. BRACHYPTÈRES.

SPHÉNO-BASILAIRE. adj. 2 g. [Pr. *sfénoba-zilère*]. T. Anat. Qui a rapport à l'os sphénoïde, et à l'apophyse basilaire.

SPHÉNO-ÉPINEUX, EUSE. adj. [Pr. *sféno-épi-neu, neuse*]. T. Anat. Qui a rapport à l'épine du sphénoïde.

SPHÉNOÏDAL, ALE. adj. T. Anat. Qui a rapport au sphénoïde. *Fente* ou *suture sphénoïdale. Sinus sphénoïdaux.*

SPHÉNOÏDE. adj. et s. m. (gr. σφηνοειδής, m. s., de σφήν, coin, et εἶδος, forme). T. Anat. Os du crâne qui est inséré comme un coin entre les autres os de la partie antérieure. Voy. CRÂNE.

SPHÉNO-PALATIN, INE. adj. T. Anat. Qui a rapport à l'os sphénoïde et à l'os palatin. Se dit de certains ganglions nerveux. Voy. NERF, I, 2.

SPHÉNO-PARIÉTAL, ALE. adj. T. Anat. Qui a rapport à l'os sphénoïde et à l'os pariétal.

SPHÉNOPHYLLE. s. m. (gr. σφήν, σφηνός, coin; φύλλον, feuille). T. Bot. Genre de Lycopodiacées fossiles de la famille des *Lépidodendracées*. Voy. ce mot.

SPHÉNOPHYLLÉES. s. f. pl. [Pr. *sféno-fil-lé*] (R. *sphénophylle*). T. Bot. Tribu de végétaux fossiles de la famille des *Lépidodendracées*. Voy. ce mot.

SPHÉNOPTÉRIDE. s. f. [Pr. *sfé-nop-téride*] (gr. σφήν, σφηνός, coin; πτέρις, πτερίδος, fougère). T. Bot. Genre de Fougères fossiles de la famille des *Sphénoptéridées*. Voy. ce mot.

SPHÉNOPTÉRIDÉES. s. f. pl. [Pr. *sfé...*] (R. *Sphénoptéride*). Famille de Fougères fossiles caractérisée par des feuilles à nervures pennées ou bipennées vers la base. Le genre Sphénoptéride est le plus important de cette famille; il comprend environ 150 espèces, dont les unes se rapprochent des Polypodiacées et les autres des Hyménophyllées.

SPHÉNO-TEMPORAL, ALE. adj. [Pr. *sféno-tam-poral*]. T. Anat. Bot. Qui a rapport au sphénoïde et au temporal.

SPHÉRANTHE. s. m. (gr. σφαῖρα, sphère; ἄνθος, fleur). T. Bot. Genre de plantes Dicotylédones de la famille des *Composées*, tribu des *Radiées*. Voy. COMPOSÉES.

SPHÈRE. s. f. (gr. σφαῖρα; lat. *sphæra*, m. s.). T. Géom. Corps solide qui est d'une rondeur parfaite. Voy. ci-après. || Par extens., se dit de tout corps qui a la forme d'une sph. *La sph. terrestre. Les sphères planétaires. Sph. céleste*, Voy. plus loin. || Se dit encore de la représentation artificielle tant de la sph. terrestre, que de la sph. céleste. *Acheter une sph. Sph. armillaire. Les différentes positions de la sph.* — Par ext., La connaissance des sphères est une science. *La sph. de Jupiter. Saturne parcourt sa sph. en trente années.* || T. Physiq. et Fig., Sph. d'activité, Voy. ACTIVITÉ. || Fig., Étendue de pouvoir, d'autorité, de connaissances, de talent. *Cela est hors de sa sph. Cela n'est pas de votre sph. Sortir de sa sph.,* — *Sortir de sa sph.,* se dit quelquefois d'une personne qui sort des bornes de son état, de sa condition. || Fig., *Étendre, agrandir, élargir la sph. des connaissances humaines,* Ajouter aux connaissances que les hommes possèdent.

Géom. — La sph. est la surface qui est le lieu des points

situés à une même distance d'un point fixe appelé centre. Il résulte de cette définition que sur chaque demi-droite tirée du centre, il y a un point de la sph. et un seul, d'où il suit que la sph. est une surface fermée qui enveloppe le centre. Une autre conséquence de la définition, c'est que la surface peut glisser sur elle-même dans tous les sens : c'est en effet ce qui arrive si on déplace la surface en laissant son centre immobile, puisqu'alors, tous les points, restant à la même distance du centre, ne peuvent quitter la surface. La sph. est engendrée par la rotation d'un demi-cercle PAP' (Fig. 1) autour de son diamètre PP' (Fig. 1). La distance constante de tous les points au centre est le *rayon*, OA = OP'. Le *diamètre* est une ligne droite qui passe par le centre et qui est limitée à la surface, PP'. Tout diamètre est égal au double du rayon.

Fig. 1.

Positions relatives d'un plan et d'une sphère. — Si la perpendiculaire OI menée du centre d'une sph. sur un plan P est plus grande que le rayon, toute oblique OA menée du centre à un point quelconque du plan sera à plus forte raison plus grande que le rayon, et tous les points du plan seront extérieurs à la sph. On dit que le plan est lui-même *extérieur*. Si la perpendiculaire OI est juste égale au rayon, le point I sera sur la sph.; mais tous les autres points du plan seront à l'extérieur, puisque toute oblique telle que OA sera plus grande que le rayon. Le plan n'aura qu'un point commun avec la sph., et sera dit *tangent*. Si enfin OI est inférieur au rayon, on pourra mener du centre O de la sph., sur le plan P, une infinité d'obliques OA égales au rayon, et le lieu des pieds de toutes ces obliques sera l'*intersection du plan et de la sph.* Le plan sera *sécant*. Comme les obliques s'écartent également du pied de la perpendiculaire, tous les points A seront à la même distance du pied I, et l'intersection sera un cercle. De ce qui précède résultent les deux théorèmes suivants :

Toute section plane d'une sph. est un cercle. Tout plan tangent à la sph. est perpendiculaire à l'extrémité du rayon du point de contact.

Pôles d'un cercle de la sphère. Grands et petits cercles. — On appelle pôle d'un cercle, les extrémités du diamètre perpendiculaire au plan de ce cercle. Chacun des deux pôles d'un cercle est équidistant de tous les points de ce plan, car toutes les obliques, telles que PA, PB, PD, etc. (Fig. 2), sont égales comme s'écartant également du pied I de la perpendiculaire. Il en est évidemment de même des obliques P'A, P'B, etc., menées de l'autre pôle. Il résulte de cette propriété qu'on peut tracer des cercles sur la sph. au moyen d'un compas à branches courbes. Voy. COMPAS. Il suffit de

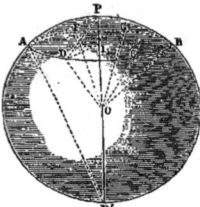
Fig. 2.

mettre la pointe au pôle P, pour que l'extrémité de l'autre branche décrive le cercle ABD. Le rayon d'un cercle de la sph. est plus petit que le rayon de la sph. à moins que le plan de ce cercle ne passe par le centre de la sph. Alors le rayon du cercle est égal à celui de la sph. Pour cette raison, les cercles dont le plan passe par le centre sont appelés *des grands cercles*, tandis que, par opposition, les autres sont dits *petits cercles*. Par deux points pris au hasard sur la sph. on peut en général faire passer un grand cercle, et un seul, parce que ces deux points et le centre de la sph. déterminent un plan. Cependant, si les deux points donnés sont les extrémités d'un même diamètre, on en peut faire passer une infinité. Comme le rayon d'un point d'un grand cercle, et le rayon perpendiculaire à son plan lequel aboutit à son pôle sont perpendiculaires, on voit que la *distance* polaire d'un grand cercle, c.-à-d. l'ouverture qu'il faut donner au compas pour tracer un grand cercle est l'hypoténuse d'un triangle rectangle isocèle dont les côtés de l'angle droit sont égaux chacun au rayon de la sph. Cette distance polaire d'un grand cercle est donc égale au rayon de la sph. multiplié par $\sqrt{2}$.

PROBLÈME : *Étant donnée une sphère solide, déterminer*

son rayon. — Fixons l'une des pointes du compas d'épaisseur sur un point quelconque P de la surface de la sph. (Fig. 2), puis, avec une ouverture arbitraire faisons décrire à l'autre pointe le cercle ADCBF. Soit P' le pôle opposé de P. Remarquons que le triangle PAP' est rectangle comme inscrit dans un demi-cercle, et que nous pouvons connaître le côté AP et la hauteur AI de ce triangle. Prenons sur le petit cercle trois points à volonté A, D, C; relevons au compas les distances rectilignes AD, AC et DC; reportons-les sur un plan et construisons avec ces trois longueurs pour côtés le triangle *ade* (Fig. 3), et faisons passer une circonférence par les trois sommets de ce triangle. Cette circonférence est égale à la circonférence ADCBGF, puisque toutes les deux sont circonscrites à des triangles égaux ; en conséquence, le rayon *ai* de l'une est aussi égal au rayon AI de l'autre. Cela posé, par le point *i* (Fig. 3) menons une droite indéfinie xy perpendiculaire au rayon *ai*; du point *a* comme centre, avec une ouverture de compas PA égale à celle qui nous a servi à décrire sur la sph. la circonférence ADCBGF, traçons un arc de cercle qui coupera xy en un point p; puis, joignons *ap*. Enfin, au point *a*, menons ap' perpendiculaire à ap, les triangles paP et PAP' seront égaux, et pp' sera le diamètre de la sph. — On obtient le plus de précision possible en prenant les trois points

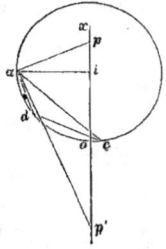
Fig. 3.

A, D, C à peu près égale distance les uns des autres, condition qui n'a pas été respectée sur la figure. Remarquons aussi que la construction précédente n'exige pas qu'on possède la sph. entière ; il suffit qu'on en ait un fragment assez grand pour pouvoir tracer le petit cercle. Enfin, on peut encore trouver le rayon d'une sph. au moyen de l'instrument appelé SPHÉROMÈTRE. Voy. ce mot.

Surface de la sphère. — On appelle Zone la partie de la surface sphérique comprise entre deux cercles parallèles : ces cercles sont les *bases* de la zone, et la distance de leurs plans est sa *hauteur*. On nomme *Calotte sphérique* une partie de la surface sphérique résultant de l'intersection de la sph. par un plan : le cercle formé par la section est la *base* de la calotte, et la perpendiculaire élevée au centre de ce cercle jusqu'à la calotte en est la *hauteur*. On doit regarder la calotte comme une zone dont l'une des bases est réduite à zéro.

THÉORÈME 1. *La surface engendrée par un segment de droite AB tournant autour d'un axe xy situé dans son plan et ne le traversant pas, est égale à la longueur de la circonférence dont le rayon est la perpendiculaire CF élevée sur le milieu de la génératrice et prolongée jusqu'à l'axe, multipliée par la projection A'B' de cette génératrice sur l'axe.* — La proposition est évidente dans le cas où la droite génératrice est parallèle à l'axe, car alors la surface engendrée est cylindrique. Si le segment AB n'est pas parallèle à l'axe xy, la surface engendrée est la surface d'un tronc de cône. Tirons CD perpendiculaire à xy. Attendu que la surface latérale d'un tronc de cône droit, à bases parallèles, est égale à la circonférence moyenne multipliée par l'apothème, on aura :

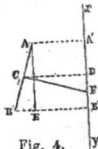
Fig. 4.

$$\text{surf. AB} = 2\pi CD \times AB.$$

Mais, les triangles rectangles ABE et CFD sont semblables comme ayant leurs côtés perpendiculaires chacun à chacun, et nous donnent :

$$\frac{AB}{CF} = \frac{AE}{CD}, \text{ ou } CF \times AE = CD \times AB.$$

Donc, à cause de AE = A'B', on a surf. AB = $2\pi CF \times A'B'$.

THÉORÈME 2. *La surface engendrée par une ligne brisée régulière BCDE, tournant autour d'un de ses diamètres, est égale à la longueur de la circonférence inscrite multipliée par la projection de la génératrice sur l'axe.* — On appelle *ligne brisée régulière*, une ligne brisée convexe qui a tous ses côtés et tous ses angles égaux, et qui par conséquent est inscriptible et circonscriptible à une circonférence.

Soit O (Fig. 5) le centre de la ligne brisée et des circonférences circonscrite et inscrite. Projetons les sommets B,C,D,E, de la ligne brisée sur l'axe AC, et menons les apothèmes OB, OP, OT. La surface totale engendrée par la ligne brisée se compose des surfaces particielles engendrées par les segments

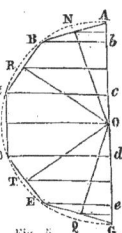

Fig. 5.

BC, CD, DE. Ainsi nous aurons, d'après le théorème précédent, surf. BC = 2πRO × bc; surf. CD = 2πPO × cd; surf. DE = 2πTO × de. Remplaçant les apothèmes égaux par l'apothème OP, et additionnant, on trouve surf. BCDE = 2πOP (bc + cd + de); ce qu'il fallait démontrer.

THÉORÈME 3. *La surface d'une zone est égale à la longueur de la circonférence d'un grand cercle multipliée par la hauteur de la zone.* — Si l'on suppose que les côtés de la ligne brisée régulière (Fig. 5) deviennent de plus en plus nombreux, cette ligne brisée tend à se confondre avec la demi-circonférence qui passe par les sommets B, C, D, E, G, et qui aurait pour diamètre l'axe AG.

En même temps, l'apothème OP de la ligne brisée croît et tend à égaler le rayon OA de la circonférence circonscrite. En conséquence, la surface que décrit la ligne brisée prise dans sa totalité diffère de moins en moins de la *surface sphérique* décrite par la demi-circonférence elle-même; de même celle que décrit chacune des portions de cette ligne, BCD, par ex., tend à se confondre avec la *zone sphérique* engendrée par l'arc correspondant BCD; enfin, celle que décrit la portion BCD tend aussi à se confondre avec la *calotte sphérique* produite par l'arc ABC. Or, quel que soit le nombre des côtés de la ligne brisée, l'aire de la surface qu'elle décrit est toujours égale au produit de sa projection sur l'axe par la circonférence qui lui est inscrite. Par conséquent, l'aire d'une zone est égale à sa hauteur multipliée par la circonférence d'un grand cercle, c.-à-d. par la circonférence qui a le même rayon que la sph. — Si l'on désigne par Z la surface d'une zone, par H sa hauteur, par R le rayon de la sph., on a Z = 2πRH.

THÉORÈME 4. — *La surface totale de la sph. équivaut à celle de quatre grands cercles,* car la sph. est une zone dont la hauteur est égale au diamètre. Sa surface S sera donc donnée par la formule :

$$S = 2\pi R \times 2R \quad \text{ou} \quad S = 4\pi R^2.$$

Volume de la sphère. — On nomme *Secteur polygonal régulier* la portion du plan comprise entre une ligne brisée régulière et les deux rayons menés à ses extrémités; *Secteur circulaire,* la surface comprise entre un arc de cercle et les rayons des deux extrémités, et *Secteur sphérique* le solide engendré par un secteur circulaire tournant autour d'un axe situé sur son plan et passant par son centre.

THÉORÈME 1. *Le volume engendré par la révolution d'un triangle tournant autour d'un axe mené dans son plan par un de ses sommets et ne le traversant pas est*

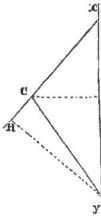

Fig. 6.

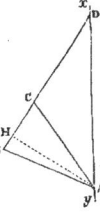

Fig. 7.

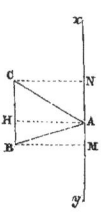

Fig. 8.

égal à la surface engendrée par le côté opposé au sommet fixe multipliée par le tiers de la hauteur issue de ce sommet fixe. — Il y a trois cas à distinguer : 1° L'un des côtés du triangle se confond avec l'axe de rotation. Soit le triangle ABC (Fig. 6) dont le côté AB se confond avec l'axe

xy. Menons CD perpendiculaire sur AB. Le volume engendré par la rotation du triangle ABC autour de xy se composera de deux cônes engendrés par ACD et BCD. Or, ces cônes ont pour mesure, le premier $\frac{1}{3}\pi \overline{CD}^2 \times AD$, et le second $\frac{1}{3}\pi \overline{CD}^2 \times BD$. Ainsi, le volume du solide engendré par ABC = $\frac{1}{3}\pi \overline{CD}^2 (AD + DB) = \frac{1}{3}\pi \overline{CD}^2 \times AB = \frac{1}{3}\pi CD \times CD \times AB$. Maintenant, traçons DB, la perpendiculaire AH sur la direction du côté opposé CB. Les deux produits CD × AB et BC × AH sont égaux puisqu'ils représentent tous deux le double de la surface du triangle. On aura donc :

vol. ABC = $\frac{1}{3}\pi CD \times CB \times AH = \frac{1}{3}\pi CD \times CB$.

Or, le produit πCD × CB exprime la surface conique engendrée par le côté CB. Donc, il vient enfin vol. ABC = $\frac{1}{3}AH$ × surf. CB, ce qui est identique avec l'énoncé de la proposition. Si l'un des angles A ou B du triangle était obtus, le cône engendré par le triangle serait la différence de deux cônes au lieu d'en être la somme; mais la démonstration serait à peine modifiée, et la conclusion serait la même. — 2° Considérons le triangle ABC (Fig. 7) dont aucun côté ne coïncide avec l'axe xy. Prolongeons le côté BC jusqu'à la rencontre de ce dernier en D, et abaissons AH perpendiculaire sur BC. D'après ce qui vient d'être démontré, le volume engendré par le triangle ABD est égal à $\frac{1}{3}AH$ × surf. BD, et le volume engendré par le triangle ACD est égal à $\frac{1}{3}AH$ × surf. CD. Mais le volume engendré par le triangle ABC est la différence des deux précédents : en conséquence, nous aurons vol. ABC = $\frac{1}{3}AH$ × (surf. BD — surf. CD) = $\frac{1}{3}AH$ × surf. BC. — 3° Supposons que le côté BC du triangle soit parallèle à l'axe xy (Fig. 8). Le volume engendré par BAC vaut le volume du cylindre BMNC, moins les volumes des deux cônes BAM et CAN. Or, le cylindro = $\pi \overline{AH}^2 \times BC$; le cône BAM = $\frac{1}{3}\pi \overline{AH}^2 \times AM$; et le cône CAN = $\frac{1}{3}\pi \overline{AH}^2 \times AN$. Mais la somme des deux cônes = $\frac{1}{3}\pi \overline{AH}^2 \times BC$; donc le volume engendré par le triangle ABC = $\pi \overline{AH}^2 \times BC - \frac{1}{3}\pi \overline{AH}^2 \times BC = \frac{2}{3}\pi \overline{AH}^2 \times BC = \frac{1}{3}AH \times 2\pi AH \times BC$. Or, le facteur $2\pi AH \times BC$ exprimant la surface cylindrique engendrée par le côté BC, nous pouvons écrire vol. ABC = $\frac{1}{3}AH$ × surf. BC. Si l'un des angles B et C du triangle était obtus, le volume engendré par le triangle serait la somme d'un cylindre et d'un cône diminuée d'un autre cône; la démonstration serait très peu modifiée, et la conclusion subsisterait encore. Le théorème est donc complètement général.

THÉORÈME 2. *Le volume engendré par un secteur polygonal régulier OABCD* (Fig. 9) *qui tourne autour d'un de ses diamètres ne le traversant pas est égal au produit de la surface décrite par la ligne brisée du secteur, multiplié par le tiers de l'apothème OH.* — En effet, le volume engendré par le secteur polygonal régulier OABCD sera la somme des volumes engendrés par les triangles OAB, OBC,

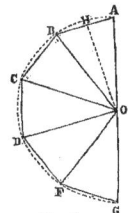

Fig. 9.

OCD, qui tous ont leur hauteur égale à OH. Nous avons donc : vol. OAB = surf. AB × $\frac{1}{3}$OH; vol. OBC = surf. BC × $\frac{1}{3}$OH; vol. OCD = surf. CD × $\frac{1}{3}$OH. Enfin, ajoutant ces volumes, nous obtenons vol. OABCD = surf. ABCD × $\frac{1}{3}$OH.

THÉORÈME 3. *Le volume d'un secteur sphérique est égal à la surface de la zone qui lui sert de base, multipliée par le tiers du rayon.* — Soit (Fig. 9) le secteur circulaire OBCD tournant autour d'un de ses diamètres. Supposons que le nombre des côtés du secteur polygonal régulier inscrit dans l'arc BCD augmente indéfiniment, le périmètre du second tendra à se confondre avec l'arc du secteur circulaire OBCD; de même l'apothème augmentera sans cesse jusqu'à devenir égal au rayon OB. En même temps, le volume engendré par le secteur polygonal régulier deviendra égal au volume engendré par le secteur circulaire, c.-à-d. au secteur sphérique. Mais, tandis que le nombre des côtés du secteur polygonal régulier augmente, le volume engendré par la révolution de ce dernier reste toujours égal au produit de la surface de son périmètre par le tiers de son apothème. Par conséquent, le volume du secteur sphérique est égal à la surface de la zone qui lui sert de base, multipliée par le tiers du rayon. — Si l'on nomme

R le rayon de la sph., H la hauteur de la zone qui lui sert de base, le volume du secteur sphérique sera exprimé par la formule : volume secteur sphérique $= \frac{2}{3} \pi R^2 H$.

THÉORÈME 4. *Le volume d'une sph. est égal au produit de sa surface par le tiers du rayon.* — En effet, en vertu de ce qui précède, la sph. entière n'est autre chose qu'un secteur sphérique engendré par un demi-cercle tournant autour de son diamètre. Par conséquent, la mesure du secteur sphérique sera aussi celle du volume de la sph. — *Remarque.* La surface de la sph. étant représentée, comme nous l'avons vu, par l'expression $4\pi R^2$, nous aurons pour celle de son

volume $4\pi R^2 \times \frac{1}{3} R = \frac{4}{3} \pi R^3 = \frac{4\pi R^3}{3}$. Pour évaluer le volume de la sph. en fonction du diamètre D, il faut remplacer dans la formule précédente R par $\frac{D}{2}$, ou R^3 par $\frac{D^3}{8}$; on a donc $\frac{1}{6}\pi D^3$.

Corollaire : Les volumes de deux sphères sont entre eux comme les cubes de leurs rayons ou de leurs diamètres.

Géog. et astron. — I. La Terre est un corps rond qui, dans une première approximation, peut être considéré comme sphérique. De là le nom de *sph. terrestre* donné à la représentation approchée de la Terre au moyen d'une sph. On

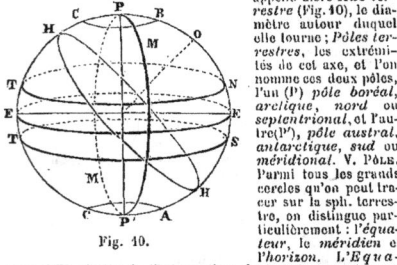

appelle alors *axe terrestre* (Fig. 10), le diamètre autour duquel elle tourne ; *Pôles terrestres*, les extrémités de cet axe, et l'on nomme ces deux pôles, l'un (P) *pôle boréal, arctique, nord* ou *septentrional*, et l'autre(P'), *pôle austral, antarctique, sud* ou *méridional*. V. PÔLE. Parmi tous les grands cercles qu'on peut tracer sur la sph. terrestre, on distingue par-

Fig. 10.

ticulièrement : l'*équateur*, le *méridien* et l'*horizon*. L'*Équateur* (EE) résulte de l'intersection de la sph. terrestre par un plan qui passe par son centre et qui est perpendiculaire à son axe. Il divise donc la Terre en deux *hémisphères*, savoir : l'*hém. boréal, arctique, nord* ou *septentrional*, qui est celui que nous habitons, et l'*hém. austral, antarctique, sud* ou *méridional*, qui est opposé au précédent. L'équateur se nomme aussi *Ligne équinoxiale*, parce que les peuples qui habitent dans les pays par lesquels il passe ont constamment les jours égaux aux nuits. Les navigateurs l'appellent simplement la *Ligne*. Voy. ÉQUATEUR. Nous avons dit ailleurs que la distance angulaire d'un lieu à l'équateur est la *latitude* de ce lieu. Voy. LATITUDE. Le *Méridien* (MM) résulte de l'intersection de la sph. par un plan qui passe par l'axe de la Terre. En conséquence, son plan est perpendiculaire sur celui de l'équateur, et il partage la Terre en deux *hémisphères*, l'un *oriental* et l'autre *occidental*. Le méridien a été ainsi nommé, parce que tous les peuples qui sont sous le même méridien ont midi dans le même temps. Il y a une infinité de méridiens : chaque lieu de la Terre a le sien. Voy. MÉRIDIEN, LONGITUDE. Le grand cercle appelé *Horizon* résulte de l'intersection de la Terre par un plan qui passe par le centre de la sph., perpendiculairement à la verticale du lieu d'observation. Cet horizon est en conséquence appelé hor. *géocentrique* ou *mathématique*. Il est évident que ce cercle varie suivant la position de l'observateur à la surface terrestre. Voy. HORIZON. Parmi les petits cercles qu'on peut tracer sur la sph. terrestre, on considère seulement ceux qui sont parallèles à l'équateur ; on leur donne le nom de *parallèles*, ou de *cercles de latitude*, parce que tous les points d'un même parallèle ont la même latitude. Voy. LATITUDE. Parmi les parallèles, on distingue les *cercles polaires* et les *tropiques*. Les *Cercles polaires* sont à une distance angulaire du pôle égale à l'inclinaison de l'écliptique, soit d'environ 28° et demi ; l'un, le *cercle arctique* ou *boréal* (CB), est situé dans l'hémisphère septentrional, et l'autre, nommé *antarctique* ou *aus-*

tral (CA) Ils limitent les zones voisines de chaque pôle dans lesquelles le soleil peut rester plus de 24 heures sans se lever ou sans se coucher. Voy. SAISON, SOLEIL. Les *Tropiques* sont à une distance de l'équateur égale à l'obliquité de l'écliptique, soit environ 28° et demi. L'un des tropiques, celui qui est au nord de l'équateur, est le *Trop. du Cancer* (TN) ; l'autre est au sud, c'est le *Trop. du Capricorne* (TS). Les tropiques limitent, de part et d'autre de l'équateur une zone dans laquelle le soleil passe au zénith deux fois par an, de sorte que dans ces régions le soleil semble s'élever jusqu'au zénith, puis revenir sur ses pas, d'où leur nom de *tropiques*. Quant à leurs dénominations particulières, elles sont empruntées aux constellations où se trouve le soleil, à chacun des deux solstices c.-à-d. quand il est au zénith de chacun d'eux. — Les cercles polaires et les tropiques partagent la sph. terrestre en cinq portions qu'on nomme *Zones*, c.-à-d. bandes. Celles qui sont renfermées dans chaque cercle polaire, étant privées du soleil une grande partie de l'année, on n'en recevant jamais les rayons que très obliquement, ont mérité le nom de *zones glaciales*. La bande circulaire comprise entre les deux tropiques et qui est coupée dans son milieu par l'équateur, a reçu le nom de *zone torride*, parce qu'elle reçoit les rayons du soleil dans une direction presque verticale ; on l'appelle mieux *zone intertropicale*. Enfin, les deux autres zones comprises dans chaque hémisphère entre le cercle polaire et le tropique n'ont jamais le soleil à plomb, mais reçoivent les rayons moins obliquement que les zones glaciales ; on les nomme *zones tempérées*. Les anciens géographes avaient encore établi une division de la Terre en *climats*, fondée sur la durée du jour comparée à celle de la nuit au solstice d'été. Comme nous l'avons indiqué ailleurs, nous n'y reviendrons pas ici. Voy. CLIMAT, I.

II. — On appelle *Sphère céleste* une sph. idéale sur laquelle on projette par la pensée les étoiles du ciel. Dans une première étude de l'astronomie on peut ne se faire aucune idée des distances des astres à la Terre. Chaque astre ne définit ainsi que la direction dans laquelle il est vu. Comme il est plus facile de raisonner des figures tracées sur une surface que des figures formées par des droites concourantes, on imagine une sph. de rayon arbitraire, mais très grand, et l'on remplace chaque astre du ciel par le point où le rayon visuel correspondant viendrait en percer la surface. Cette considération de la sph. céleste qui n'est pour nous qu'un artifice géométrique, parce que nous savons que les astres sont isolés les uns des autres et à des distances très différentes, était, au contraire, pour les anciens la représentation d'une réalité, parce qu'ils croyaient que les étoiles étaient effectivement fixées sur une sph. de cristal.

Par suite du mouvement de rotation de la Terre, le ciel tout entier semble tourner autour de nous, comme s'il était effectivement formé d'une sph. solide. Voy. MOUVEMENT DIURNE. Pour bien comprendre ce qui a rapport à la sph. céleste, il faut concevoir que son rayon est tellement grand que toutes les distances terrestres disparaissent devant lui ; de sorte que la Terre serait réduite à un simple point occupant le centre de la sph. céleste. Cependant cette réduction à zéro des dimensions terrestres ne compromet en rien les *directions qui* dépendent de la position de l'observateur, telles que la direction de la verticale, celle de l'horizon, celle du méridien, etc. On appelle *pôle du monde* ou *pôle du ciel* les deux points opposés de la sph. céleste qui semblent rester immobiles dans le mouvement diurne, et *axe du monde* le diamètre qui passe par ces deux pôles et autour duquel le ciel semble tourner. L'axe du monde n'est autre chose que l'axe terrestre prolongé, et les pôles du monde, les deux points où cet axe perce la sph. céleste. L'*équateur* céleste est le grand cercle perpendiculaire à l'axe du monde : son plan passe par l'œil de l'observateur et est aussi perpendiculaire à l'axe du monde. Il coïncide avec le plan de l'équateur de la sph. terrestre. Le plan du méridien du lieu d'observation laisse sur la sph. céleste une trace qui est un grand cercle et qui s'appelle aussi le *méridien* ; seulement, par suite du mouvement diurne, ce méridien n'est pas lié aux étoiles ; celles-ci viennent au contraire successivement le traverser. Voy. MÉRIDIEN. On appelle au contraire *cercles horaires* les grands cercles de la sph. céleste qui passent par les deux pôles et qu'on suppose invariablement liés aux étoiles ; chaque cercle horaire vient successivement coïncider avec le méridien. Enfin les *parallèles célestes* sont les petits cercles parallèles à l'équateur. Toutes les étoiles situées sur un même cercle horaire ont la même ascension droite ; toutes celles qui sont sur un même parallèle ont la même déclinaison. Voy. ASCENSION DROITE, DÉCLINAISON, COORDONNÉES, MÉRIDIEN. L'éclip-

tique est le grand cercle que semble décrire le Soleil en une année. Voy. SOLEIL, ÉCLIPTIQUE. Enfin, on appelle *colures* deux grands cercles perpendiculaires à l'écliptique et passant, l'un par les équinoxes, l'autre par les solstices, d'où les noms de *colure des équinoxes*, et *colure des solstices* qu'on leur a donnés.

En considérant les diverses positions qu'un observateur peut prendre à la surface du globe terrestre, on distingue trois situations principales de la sph. Supposons que l'observateur se trouve en un point entre le pôle et l'équateur, le plan de son horizon géométrique (HH) coupera l'équateur sous un angle oblique : on dit alors qu'il a le *sph. oblique*. Ce cas est évidemment le plus général : c'est particulièrement celui de nos contrées françaises qui se trouvent à peu près éga-

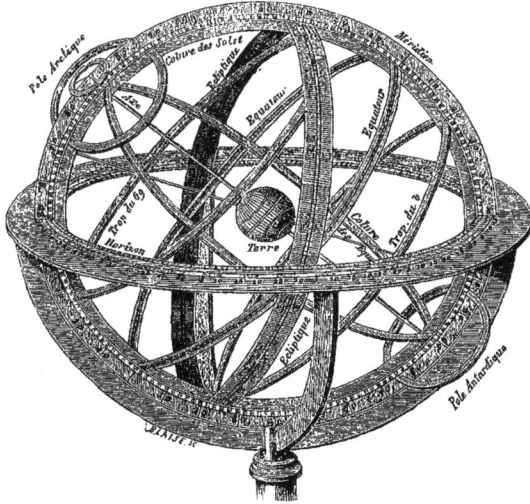

Fig. 14.

lement éloignées du pôle et de l'équateur terrestres. Mais il y a deux cas extrêmes dignes de remarque. L'un est celui où l'observateur est placé au pôle même de la Terre : alors la verticale coïncide avec la ligne des pôles, le plan de l'horizon avec l'équateur céleste, et le pôle est au zénith. Par conséquent, tous les parallèles diurnes des astres sont parallèles à l'horizon ; toutes les étoiles sont circompolaires ; elles ne se lèvent ni ne se couchent jamais ; l'observateur, comme on dit, a la *sph. parallèle*. L'autre cas est celui où l'observateur se trouve sur l'équateur terrestre ; alors sa verticale est située dans le plan de l'équateur, le plan de son horizon coïncide avec la ligne des pôles terrestres, et les deux pôles célestes se trouvent à la fois à l'horizon. Par conséquent, les astres qui, dans leur mouvement diurne, paraissent décrire des parallèles à l'équateur, semblent monter et descendre à plomb par rapport à l'horizon, lequel coupe ces parallèles en deux parties égales. Ainsi, comme la durée de la rotation diurne est de 24 heures, il en résulte que toutes les étoiles restent 12 heures au-dessus et 12 heures au-dessous de l'horizon. Dans ce cas, on dit que l'observateur a la *sph. droite*.

III. — Pour faciliter l'étude de la géographie et des principaux phénomènes célestes, on a imaginé plusieurs instruments diversement disposés. — La *Sph. terrestre artificielle*, appelée plus simplement *Globe terrestre*, se compose de deux parties principales : un pied qui supporte un cercle

horizontal d'une certaine largeur, qu'on appelle *horizon* parce qu'il représente l'horizon géocentrique, et un *globe*, sur lequel on a dessiné les mers et les continents entourés d'un cercle vertical auquel on donne le nom de *méridien*. Ce globe peut se mouvoir dans l'horizon, si l'on fait glisser le méridien dans deux échancrures : il peut également tourner dans le méridien, auquel il est fixé par les extrémités d'une aiguille de métal qui figure l'*axe terrestre*. Le cercle horizontal est immobile et porte plusieurs indications, telles que les noms des points cardinaux, ceux des mois, et les signes du zodiaque.

La *Sph.* ou *Globe céleste* est destinée, comme son nom l'indique, à l'étude du ciel. On y voit tracés les cercles que décrivent les astres, les étoiles elles-mêmes et les constellations, avec leurs positions respectives. Les constellations y sont indiquées, tantôt par les figures d'hommes et d'animaux imaginées par les anciens astronomes, tantôt par des lignes géométriques auxquelles on conserve les noms des figures.

Parmi les instruments dont on se sert pour faciliter l'explication des phénomènes célestes, le plus ancien est la *Sph. armillaire*, dont l'invention est généralement attribuée au philosophe Anaximandre, qui florissait au VIe siècle avant notre ère. Il consiste en un assemblage de plusieurs cercles de métal, de bois ou de carton, au centre desquels est placé un petit globe qui figure la terre (Fig. 11). Ces cercles, que les anciens appelaient *armilles*, c.-à-d. bracelets, sont employés pour représenter les astres dans le système de Ptolémée, c.-à-d. dans l'hypothèse de la Terre immobile au centre de l'univers. Quoique le véritable système du monde soit aujourd'hui hors de toute discussion, la sph. de Ptolémée est cependant très commode ; elle sert à démontrer les mouvements *apparents* des corps célestes. On distingue dans la sph. armillaire de Ptolémée 10 cercles, savoir : 6 grands et 4 petits. Les *grands cercles* sont l'*horizon*, le *méridien*, l'*équateur*, l'*écliptique*, et les deux *colures* ; les petits cercles sont les deux *tropiques* et les deux *cercles polaires*. On remarque encore dans la sph. le *zodiaque*, qui est représenté par une bande assez large, l'*axe du monde* avec ses pôles, le centre de la Terre, le *zénith* et le *nadir*, les quatre points cardinaux par rapport à la terre, les *points cardinaux* par rapport au ciel, c.-à-d. les *points équinoxiaux* et *solsticiaux*, et enfin les 4 *points collatéraux*, c.-à-d. ceux où les tropiques coupent l'horizon. Signalons encore les *Cercles horaires*, qui passent par les pôles de la sph., et qui, par leur distance au méridien, marquent les heures.

SPHÉRICITÉ. s. f. (lat. *sphæricus*, sphérique). État de ce qui est sphérique. *La sph. de la terre*. || T. Physiq. *Aberration de sph.*, Voy. LENTILLE.

SPHÉRIDIDES. s. m. pl. Voy. SPHÆRIDIDES.

SPHÉRIDIE. s. m. [Pr. *sfé-ridi*] (gr. σφαῖρα, sphère ; εἶδος, apparence). T. Entom. Genre d'Insectes *Coléoptères*. Voy. SPHÆRIDIDES.

SPHÉRIE. s. f. [Pr. *sfé-ri*] (gr. σφαῖρα, sphère). T. Bot. Genre de Champignons (*Sphæria*) de la famille des *Pyrénomycètes*. Voy. ce mot.

SPHÉRIÉES. s. f. pl. [Pr. *sfé-rié*] (R. *Sphérie*). T. Bot. Tribu de Champignons de la famille des *Pyrénomycètes* Voy. ce mot.

SPHÉRIQUE. adj. 2 g. (lat. *sphæricus*, gr. σφαιρικός, m. s.). Qui est rond comme une sphère. *Corps, figure s.* || T. Géom. Qui appartient à la sphère. *Triangle s. Trigonométrie s.* Voy. TRIANGLE, TRIGONOMÉTRIE.

SPHÉRIQUEMENT. adv. [Pr. *sféri-ke-man*]. D'une manière sphérique, en forme sphérique.

SPHÉRISTE. s. m. (gr. σφαιριστής, m. s., de σφαῖρα, balle, paume). T. Antiq. grecque, Celui qui enseignait les différents exercices où l'on se servait de balles.

SPHÉRISTÈRE. s. m. (gr. σφαιριστήριον, m. s.). T. Antiq. Salle destinée au jeu de paume dans les gymnases antiques. Voy. GYMNASE, et PAUME.

SPHÉRISTIQUE. s. f. (gr. σφαιριστική, m. s.). Cette branche de la gymnastique des anciens où l'on se servait de balles. Voy. GYMNASTIQUE, et PAUME.

SPHÉRITE. s. f. [Pr. *sfé-rite*] (gr. σφαῖρα, sphère). T. Minér. Phosphate hydraté d'alumine, en concrétions globulaires, d'un gris bleuâtre ou rougeâtre. || T. Géol. Boule de calcaire compacte argilo-siliceux qu'on rencontre dans le *Supra-Jurassique*. Voy. SECONDAIRE, B, 3°.

SPHÉROCARPE. adj. 2 g. (gr. σφαῖρα, globe; χαρπός, fruit). T. Bot. Qui porte des fruits arrondis.

SPÉRHOCÉPHALE. adj. 2 g. (gr. σφαῖρα, sphère; χεφαλή, tête). Qui est disposé en tête arrondie.

SPHÉROÏDAL, ALE. adj. [Pr. *sfé-ro-idal*] (R. sphéroïde). T. Géom. Qui ressemble à une sphère. *Figure sphéroïdale.* || T. Physiq. *État s. des liquides.* Voy. CALÉFACTION.

SPHÉROÏDE. s. m. [Pr. *sféro-ide*] (gr. σφαιροειδής, m. s., de σφαῖρα, sphère; εἶδος, forme). T. Géom. Solide qui ressemble à une sphère sans en avoir exactement la forme. *Le s. terrestre. S. aplati, allongé.* Voy. TERRE.

SPHÉROÏDIQUE. adj. 2 g. Qui a rapport au sphéroïde.

SPHÉROLITE. s. f. [Pr. *sfé-rolite*] (gr. σφαῖρα, sphère; λίθος, pierre). T. Minér. Nom donné à des globules qu'on rencontre dans certaines obsidiennes et qui sont formés de fibres rayonnant du centre à la circonférence. Dans la fabrication du verre on observe quelquefois la formation de globules qui présentent la même texture.

SPHÉROME ou **SPHÉROMIENS.** s. m. pl. [Pr. *sfé...*] (gr. σφαίρωμα, corps sphérique). T. Zool. Genre et famille de Crustacés *Isopodes.* Voy. ISOPODES.

SPHÉROMÈTRE. s. m. (gr. σφαῖρα, sphère; μέτρον, mesure). T Phys. Instrument qui sert à mesurer la courbure des

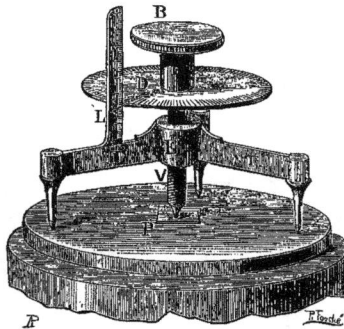

surfaces sphériques, principalement celle des verres d'optique. Il se compose essentiellement d'un trépied T (Fig. ci-dessus), dont le centre porte un écrou E dans lequel est engagée une vis micrométrique V terminée à sa partie inférieure par une pointe mousse P, et à sa partie supérieure par un bouton B, et un plateau divisé D, tournant devant une règle L, ce qui

permet de lire le nombre de tours et la fraction de tours dont on a fait tourner la vis. Supposons l'appareil réglé au zéro quand la pointe P est dans le plan de base du trépied. Pour mesurer la courbure d'une surface, on place le s. sur cette surface et on abaisse la vis jusqu'à ce que la pointe P soit en contact avec la surface. La lecture de la division marquée sur la règle à la hauteur du plateau, et celle de la division du plateau, indiquent de combien de tours et de quelle fraction de tours il faudrait faire tourner la vis pour la soulever depuis le plan de base jusqu'au sommet de la calotte sphérique sur laquelle elle repose. On en déduit la longueur de la flèche de la calotte, et par suite le rayon de la sphère. Le même appareil peut aussi servir à mesurer l'épaisseur d'une lame.

SPHÉROMÉTRIQUE. adj. 2 g. [Pr. *sfé...*]. Qui a rapport au sphéromètre.

SPHÉROPLÉE. s. f. [Pr. *sfé...*] (gr. σφαῖρα, sphère; πλέος, plein). T. Bot. Genre d'Algues (*Sphæroplea*) de la famille des *Conferacées.* Voy. ce mot.

SPHÉROPLÉÉES. s. f. pl. [Pr. *sfé...*] (R. *Sphéroplée*). T. Bot. Tribu d'Algues de la famille des *Conferacées.* Voy. ce mot.

SPHÉROSIDÉRITE. s. f. [Pr. *sfé-ro-sidérite*] (gr. σφαῖρα, sphère; σίδηρος, fer). T. Minér. Sidérose globulaire et fibreuse.

SPHÉROSTILBITE. s. f. (R. *sphère,* et *stilbite*). T. Minér. Variété de stilbite en globules radiés dont l'intérieur est assez dur pour rayer le verre, tandis que la surface peut se rayer à l'ongle.

SPHÉRULE. s. f. (Dimin.). Petite sphère.

SPHEX. s. m. [Pr. *sfeks*] (gr. σφήξ, guêpe). T. Entom. Genre d'Insectes *Hyménoptères.* Voy. FOUISSEURS.

SPHINCTER. s. m. (lat. *sphincter,* gr. σφίγκτηρ, m. s., de σφίγγειν, serrer). T. Anat. Muscle annulaire qui sert à fermer ou à resserrer les ouvertures ou conduits naturels du corps. *Le s. de la vessie, de l'anus, etc.*

SPHINGIDES. s. m. pl. [Pr. *sfin-jide*] (gr. σφίγξ, sphinx) T. Entom. Famille d'Insectes *Lépidoptères.* Voy. CRÉPUSCULAIRES.

SPHINGITES. s. m. pl. [Pr. *sfin-jite*] (gr. σφίγξ, sphinx). T. Entom. Syn. de *Crépusculaires,* l'une des sections de l'ordre des *Lépidoptères.* Voy. CRÉPUSCULAIRES.

SPHINX. s. m. [Pr. *sfinks*] (gr. σφίγξ, sphinx, monstre de la fable). T. Entom. Genre d'Insectes *Lépidoptères.* Voy. CRÉPUSCULAIRES.

SPHINX. s. m. [Pr. *sfin-ks*] (gr. σφίγξ, m. s.). T. Antiq. En Égypte, il existe un très grand nombre de statues antiques qui représentent un corps de lion ou de chien accroupi,

Fig. 1.

avec une poitrine et une tête d'homme ou de femme : parfois cependant la tête humaine est remplacée par une tête de bélier ou de faucon. Ce sont ces statues que l'on désigne sous le nom de S. (Fig. 1 et 2). On appelle aussi *Hieracosphinx* et *Criosphinx* celles qui ont une tête de faucon ou de bélier. Suivant les uns, le s. à corps de lion et à tête de femme était l'image symbolique du Nil pendant son inondation, celle-ci ayant lieu pendant que le soleil parcourt les signes de la Vierge et du Lion. Selon d'autres, cette sorte de s. était l'emblème de Neith, déesse de la sagesse. Mais il est évident que chaque forme particulière de s. devait avoir une signification symbolique spéciale. Ordinairement on plaçait les statues de s. à l'entrée des temples; quelquefois elles formaient des allées immenses. A Louqsor, on en a découvert 1500 dans une seule avenue. La plus célèbre des statues égyptiennes appartenant à cette classe, est le s. colossal qui s'élève au pied de la pyramide de Chéphren. Il a été taillé dans le roc et adhère par conséquent au sol. Pline l'ancien lui assigne 62 pieds romains d'élévation, ou environ 20 mètres. Sa longueur totale est 39 m. 48 cent. ; la tête et le cou (les seules parties qui à cette heure ne soient pas enfouies sous le sable) ont ensemble 8 m. 77 de hauteur, et la circonférence de la tête est de 27 mètres. Ce s. est en partie mutilé. Une excavation de quelques pieds qui existe au-dessus de sa tête servait vrai-

Fig. 2.

semblablement à y fixer des ornements et une coiffure. En 1817, le capitaine Caviglia dégagea des sables toute la partie antérieure du colosse, et découvrit entre ses pattes un petit temple monolithe resté enfoui depuis des siècles et muni de deux canaux de ventilation. Sur le second doigt de la patte gauche de devant, on lit une inscription en vers grecs avec la signature d'Arrien. L'inscription porte que la tête de ce s. est le portrait du roi Thoutmosis, de la XVIII° dynastie, qui régnait 1700 ans avant notre ère.

Le S. de la Mythologie grecque est un monstre vivant qui paraît tirer son origine du s. égyptien. En effet, il avait un corps de lion avec la tête et la poitrine d'une femme : seulement l'imagination des poëtes y ajouta des ailes d'aigle. Suivant la Fable, ce monstre avait été suscité par Junon irritée contre les Thébains à cause des amours de Jupiter et d'Alcmène. Posté sur la route de Delphes ou de Daulis à Thèbes, le S. proposait des énigmes aux passants, et dévorait ou jetait à la mer ceux qui ne les devinaient pas. Le trône de Thèbes, et la main de la reine ayant été promis à celui qui délivrerait la ville de ce monstre, Œdipe tenta l'entreprise et se présenta au S., qui lui proposa cette énigme : « Quel est l'animal qui a quatre pieds le matin, deux à midi et trois le soir? » — C'est l'homme, répondit Œdipe, car, dans son enfance, il se traîne sur les pieds et les mains ; il marche sur les deux pieds dans la force de l'âge, et, dans la vieillesse, il s'aide d'un bâton. » Aussitôt le monstre, ainsi que l'avait prédit l'oracle, se brisa la tête contre les rochers, et Thèbes fut délivrée.

SPHRAGIDE. s. f. [Pr. *sfra-jide*] (gr. σφραγίς, sceau, et argile propre à recevoir des empreintes). T. Minér. Variété d'argile onctueuse.

SPHRAGISTIQUE. s. f. [Pr. *sfra-jistike*] (gr. σφραγιστικός, qui a rapport aux sceaux, de σφραγίς, sceau, cachet). Science des sceaux. Voy. SCEAU.

SPHYGMIQUE. adj. 2 g. (gr. σφυγμικός, m. s.). Qui a rapport au pouls.

SPHYGMOGRAPHE. s. m. (gr. σφυγμός, pouls; γράφω, j'inscris). Instrument destiné à enregistrer les battements du cœur et des artères. Inventé en 1850 par Vierordt, et perfectionné depuis par le Dr Marey, il se compose essentiellement d'une membrane très délicate qu'on applique sur le pouls ou sur les régions précordiales, et qui transmet ses vibrations à une aiguille mobile sur un papier noirci. Les courbes ainsi tracées par l'aiguille donnent tous les renseignements relatifs aux mouvements du cœur ou de l'artère explorée.

SPHYGMOMÈTRE. s. m. (gr. σφυγμός, pouls; μέτρον,

mesure). T. Méd. Instrument qui sert à mesurer la vitesse et la régularité du pouls. Le sph. a été inventé en 1834 par le Dr Hérisson. Il est aujourd'hui remplacé par le sphygmographe.

SPHYRÈNE. s. f. (gr. σφύραινα, m. s., de σφύρα, marteau). T. Icht. Genre de *Poissons osseux.* Voy. PERCOÏDES, III.

SPIAUTÉRITE. s. f. T. Minér. Sulfure de zinc en masses fibreuses rayonnées, cristallisant dans le système hexagonal.

SPIC. s. m. (lat. *spica*, épi). T. Bot. Un des noms vulgaires du *Lavandula Spica.* Voy. LABIÉES. || T. Chir. Sorte de bandage croisé. Voy. BANDAGE.

SPICANARD. s. m. [Pr. *spika-nar*] (lat. *spica*, épi, et fr. *nard*). T. Bot. Nom donné autrefois au rhizome de l'*Andropogon Nardus.* Voy. CHAMINÉES.

SPICIFÈRE. adj. 2 g. (lat. *spica*, épi ; *fero*, je porte). T. Zool. Qui porte des épis. Ne se dit que dans cette expression, *Paon* s., Voy. PAON.

SPICIFORME. adj. 2 g, (lat. *spica*, épi ; *forma*, forme). T. Didact. Qui a la forme d'un épi.

SPICILÈGE. s. m. (lat. *spicilegium*, m. s., de *spica*, épi, et *legere*, cueillir). Recueil, collection de pièces, d'actes, etc.

SPICOL. s. m. T. Chim. Nom donné au cinéol contenu dans l'essence d'aspic (*Lavandula spica*).

SPICULAIRE. adj. 2 g. (lat. *spiculum*, javelot). T. Minér. Qui a la forme d'un javelot.

SPICULE. s. m. (lat. *spiculum*, javelot). T. Zool. Nom donné aux cristaux de silice ou de carbonate de chaux qui se trouvent dans le squelette des éponges. Voy. SPONGIAIRES. || Se dit aussi de certains organes en forme de dard.

SPICULÉ, ÉE. adj. (lat. *spiculus*, dimin. de *spica*, épi). T. Bot. Se dit de l'épi composé de plusieurs épillets sessiles ou subsessiles serrés contre le rachis.

SPIEGEL. s. m. [Pr. *spi-ghel*, *g* dur] (mot all. sign. *miroir*). T. Métall. Fonte très carburée et riche en manganèse. Voy. FER, VIII, 3°, et ACIER. — On dit aussi *Fonte spéculaire.*

SPIELBERG, citadelle de la ville de Brunn en Moravie (Autriche), prison d'État, où fut détenu Silvio Pellico.

SPIGÉLIE. s. f. (R. *Spigel*, n. d'un natur. holl.). T. Bot. Genre de plantes Dicotylédones (*Spigelia*) de la famille des *Loganiées.* Voy. ce mot.

SPILANTHE. s. m. (gr. σπίλος, tache; ἄνθος, fleur). T. Bot. Genre de plantes Dicotylédones (*Spilanthes*) de la famille des *Composées*, tribu des *Radiées.* Voy. ce mot.

SPINA-BIFIDA. s. m. (mots latins qui sign. *épine bifide*). T. Méd. Affection congénitale de la colonne vertébrale, caractérisée par une division osseuse siégeant généralement dans la partie lombaire du rachis ; la moelle et ses enveloppes peuvent faire hernie au niveau de cette solution de continuité et former une tumeur habituellement fluctuante et saillante sous la peau ; le liquide constitué par la sérosité arachnoïdienne est assez abondant, d'où le nom d'*hydrorachis* donné encore à cette maladie. Il s'agit d'une affection sérieuse, pouvant facilement se compliquer de méningite et contre laquelle les divers traitements institués (compressions, ponctions, injections iodées) n'ont donné que des résultats douteux.

SPINAL, ALE. adj. (lat. *spinalis*, m. s., de *spina*, épine). T. Anat. Qui appartient à la colonne vertébrale ou épine du dos. *Le nerf sp. Artères spinales.*

SPINA-VENTOSA. s. m. [Pr. *spina-vinto-za*] (mots latins sign. épine remplie de vent). T. Méd. Sous ce nom, on a décrit des hyperostoses ou des exostoses, mais il est maintenant réservé à l'*ostéite tuberculeuse* qui se développe au niveau des phalanges, des métacarpiens, du métatarse. Ce qui caractérise essentiellement le sp.-vent., c'est que l'os est boursouflé ; il se tuméfie, se dilate dans toute sa périphérie et acquiert ainsi un volume énorme ; la peau est rosée. Plus fard, il s'établit une fistule laissant échapper le pus et les produits tuberculeux. La douleur est très obtuse et à peine perçue par le malade. Le traitement doit être général (toniques) et local (grattages, pansements).

SPINELLANE. s. f. (Pr. *spinel-lane*) (lt. *spinelle*). T. Minér. Synonyme de *Noséane*.

SPINELLE. s. m. (Pr. *spinè-le*) (Dimin. du lat. *spina*, épine). T. Minér. On range sous ce nom diverses espèces minérales qui sont constituées par de l'aluminate de magnésie MgAl²O⁴, dans lequel l'alumine peut être remplacée partiellement par de l'oxyde ferrique, et la magnésie par de l'oxyde ferreux ou de la chaux. Les espèces qui composent ce genre sont généralement cristallisées en octaèdres réguliers, fréquemment maclés. Ces minéraux sont infusibles, moins durs que le Corindon, mais plus durs que le Quartz. Ils ont l'éclat vitreux et la cassure imparfaitement conchoïde. Leur densité varie de 3,5 à 4. Enfin, on les trouve dans les roches de cristallisation ou dans les terrains meubles formés de leurs détritus. Les principales espèces du genre *Sp.* sont employées dans la joaillerie, surtout le *Sp. rouge*, qui, dans le commerce, est communément appelé *Rubis sp.* et *Rubis balais*, selon sa nuance. Voy. RUBIS. — On emploie de même un *Sp. bleu* qui contient 3 à 4 p. 100 d'oxyde ferreux ; un *Sp. vert* (*Chlorospinelle*) où une partie de l'alumine est remplacée par le peroxyde de fer; et des *Spinelles noirs* : le *Pléonaste* renfermant de l'oxyde ferreux, et la *Picotite* contenant en outre du sesquioxyde de chrome.

Un autre aluminate également fort recherché dans le commerce du joaillier est la *Cymophane*, appelée autrement *Chrysobéryl*. C'est un aluminate de glucine, qui se rapproche du *sp.* par sa formule GlAl²O⁴; mais ses cristaux appartiennent au système orthorhombique et sont ordinairement groupés de manière à présenter une apparence hexagonale. La Cymophane est une pierre jaune ou d'un vert jaunâtre, infusible au chalumeau, rayant le Quartz, mais rayée par le Sp. Elle a un pouvoir biréfringent considérable et présente parfois un chatoiement d'un blanc laiteux mêlé de bleuâtre, circonstance qui lui a valu son nom. On rencontre cette substance disséminée dans les gneiss et les pegmatites de l'Amérique septentrionale, ainsi que dans les sables du Brésil et de Ceylan. Elle est susceptible d'un beau poli et produit un très bel effet lorsqu'elle est taillée en facettes. Dans le commerce, on lui donne les noms de *Chrysolithe orientale* et de *Topaze orientale*, et on la confond souvent avec le Corindon jaune. On nomme quelquefois *Chrysopale* la Cymophane chatoyante qui offre des reflets bleuâtres avec une teinte laiteuse.

SPINELLÉ, ÉE. adj. (Pr. *spinel-lé*). T. Bot. Couvert de petites épines ou aiguillons.

SPINICORNE. adj. 2 g. (lat. *spina*, épine; *cornu*, corne). T. Entom. Qui a les antennes épineuses.

SPINIFÈRE. adj. 2 g. (lat. *spina*, épine; *fero*, je porte). Qui porte des épines.

SPINIFORME. adj. 2 g. (lat. *spina*, épine; *forma*, forme). Qui a la forme d'épine.

SPINESCENT, ENTE. adj. (Pr. *spines-san*, *ante*) (lat. *spinescens*, part. pass. de *spinescere*, devenir épineux, de *spina*, épine). T. Bot. En forme d'épine, ou terminé en épine.

SPINOLA (marquis de), général, né à Gênes (1569-1630), se distingua au service de l'Espagne dans les guerres du commencement du XVIIᵉ siècle.

SPINOZA, ou **SPINOSA.** (BARUCH DE), philosophe, né à Amsterdam (1632-1677), donna au panthéisme sa forme la plus rigoureuse. Voy. SPINOZISME, PANTHÉISME.

SPINOZISME, ou **SPINOSISME.** s. m. (Pr. *spino-zisme*). Doctrine philosophique professée par Spinoza.

Philos. — Nous avons déjà parlé, au mot PANTHÉISME, de la philosophie de Spinoza. Nous allons essayer ici de donner un résumé de l'ensemble de ses idées. C'est dans l'ouvrage connu sous le nom d'*Éthique*, et dont le titre exact est *Ethica more geometrico demonstrata et in quinque partes distincta*, que se trouve l'exposé systématique de la doctrine de Spinoza. Cet ouvrage parut en 1677, l'année même de la mort de l'auteur. Frappé de la puissance de déduction des raisonnements géométriques, Spinoza a voulu employer la même forme; aussi son livre est-il écrit à la manière d'un traité de géométrie : il procède par définitions, axiomes et théorèmes suivis de scholies et de corollaires. Au reste, Spinoza attachait une grande importance à la méthode déductive, qu'il considérait comme seule capable de conduire à la vérité. Il fait remarquer avec beaucoup de raison que l'expérience ne peut nous donner que des idées des choses, et qu'il est illusoire de chercher la vérité d'une idée dans sa conformité avec l'objet qu'elle représente, puisque cet objet en lui-même échappe fatalement à notre connaissance et que l'idée seule est tout ce que nous pouvons saisir. Il semblerait que la conséquence de pareilles prémisses devrait être le scepticisme : il n'en est rien parce que toutes les idées sont originairement vraies, et ne deviennent fausses que quand elles sont incomplètes et comme mutilées, ou quand elles renferment des éléments contradictoires. Par ex., l'idée d'un cheval ailé est fausse non pas parce qu'on n'a jamais vu de cheval ayant des ailes, mais parce qu'il y a contradiction entre l'anatomie du cheval et celle de l'oiseau; mais la même idée redeviendra vraie si on la complète en ajoutant qu'on modifierait convenablement l'anatomie du cheval pour construire sans contradiction l'être chimérique auquel on pense. Alors cette idée sera vraie quoique peut-être l'être qu'elle représente n'ait jamais existé et n'existera jamais dans le temps et dans l'espace; mais l'existence dans le temps et l'espace n'est qu'une forme secondaire d'existence, et l'idée possède une existence supérieure au temps et à l'espace. Ainsi pour Spinoza la vérité tout entière réside dans l'absence de contradiction, c.-à-d. qu'on en possédera tout ce qui est donné à l'homme d'en posséder, si l'on développe par la voie déductive toutes les conséquences d'une seule idée, pourvu que la simplicité même de cette idée primordiale garantisse qu'elle est complète en elle-même et ne contient pas de contradiction. On entrevoit aussi que le monde ainsi compris ne peut être construit que sur la base de la nécessité logique et que la distinction du nécessaire et du contingent ne saurait exister. Le mot contingent n'exprime que notre ignorance des raisons qui font que telle ou telle chose qualifiée de contingente dérive nécessairement de celles que nous reconnaissons nécessaires.

Quelle est donc cette idée primordiale d'où va découler tout le système? Ce sera la plus simple de toutes, celle d'*existence*. Spinoza distingue trois sortes de choses qui existent. Les unes n'existent que dans une autre chose : telles sont les qualités et propriétés des corps; d'autres semblent exister par elles-mêmes, comme les corps de l'homme lui-même; mais en y réfléchissant, on voit que ces choses ont commencé d'exister et finiront d'exister; elles tirent leur existence d'une cause qui leur est étrangère et non pas de leur propre essence : ce n'est pas l'existence en soi et pour soi. Quoique l'expérience ne nous montre que ces deux espèces de choses, l'idée même d'existence exige qu'il y en ait une troisième ou l'essence sera l'existence même. Mais un être de cette nature doit être unique et infini. Il est unique, car s'il y en avait deux, ils auraient la même essence, et par conséquent seraient identiques. Il doit être infini, car s'il était fini, son existence serait limitée, il y aurait dans son essence une cause de limitation, et cette essence ne serait pas la seule existence. Cet être est Dieu. Dieu est la substance unique et nécessaire, et il n'y a pas d'autre substance que Dieu. Spinoza appelle *substance* ce qui est en soi et conçu par soi et dont l'idée n'a pas besoin pour être formée de l'idée d'une autre chose quelconque. La substance est nécessaire, car son existence est inséparable de l'idée que nous en avons, et comprise dans cette idée même, et cette existence ne dépend de rien autre chose que d'elle-même. L'idée de la substance est donc l'idée de l'être total, absolu, parfait : c'est aussi l'idée du vrai. La substance est Dieu et le nom de substance ne convient qu'à Dieu seul. Dieu est éternel et indivisible. La pensée et l'étendue sont deux attributs des êtres que nous observons. Tout ce que nous connaissons possède l'un de ces deux attributs. Donc ce sont deux attributs de l'être en général, et par conséquent deux attributs de Dieu ; mais comme Dieu est infini, il doit avoir une infinité d'attributs; mais nous ne connaissons que ces deux-là. Quant à toutes les choses autres que Dieu, elles n'ont qu'une existence relative qui ne peut leur venir que de la source unique de l'être, c.-à-d. de Dieu. Dieu seul est la cause de tout, et les êtres particuliers n'existent qu'en Dieu : ce sont les modes des attributs de Dieu. Rien n'existe que Dieu, ses attributs, et les modes de ceux-ci qui se sont développés par la voie de la nécessité. C'est nécessairement, c.-à-d. par les conséquences mêmes des lois de sa nature, que Dieu se développe dans le temps, donnant naissance aux divers modes de ses attributs. Cependant Dieu est libre, mais non pas dans le sens où le vulgaire entend ce mot; Dieu est libre parce que toutes ses pensées, toutes ses actions dérivent de sa propre nature et non de l'action d'une autre nature agissant sur la sienne.

De même que Spinoza reconnaît en Dieu deux attributs, l'étendue et la pensée, de même il reconnaît dans l'homme deux attributs, le corps et l'âme. L'âme n'est que l'idée du corps : c'est un attribut du corps; mais elle est immortelle, parce que l'idée existe en dehors du temps et de l'espace, et que le corps peut périr sans que l'idée du corps périsse.

La morale de Spinoza est tout intellectuelle. Il semblerait que la logique de son système dût aboutir à la négation de la liberté. Il fait cependant à celle-ci une certaine part. Il dit que l'homme agit lorsque quelque chose a lieu en lui ou hors de lui dont il est la cause adéquate, c.-à-d. qui est explicable par sa seule nature; l'homme pâtit au contraire lorsque quelque chose a lieu en lui ou hors de lui dont il n'est pas la cause adéquate, c.-à-d. qui n'est pas explicable par sa nature seule. Ainsi ce que le vulgaire appelle action n'est que passion, car nous croyons agir librement alors que nos actes sont déterminés par tout ce qui nous entoure et ne peuvent s'expliquer par notre nature seule : il y a toujours dans ces actes un mobile qui dépend des événements extérieurs à nous. Fuir pour éviter un danger, faire du bien à nos semblables pour nous les attacher par la reconnaissance, ou par simple commisération, ne sont pas des actions. La véritable action ne peut s'exercer que sur les idées. Aussi l'homme ne peut-il modifier le cours des événements, et la plupart des hommes sont les esclaves de leurs passions. On arrive bien, dans les sociétés humaines, à faire régner un ordre apparent en opposant les passions les unes aux autres; par ex., on réprime la passion du vol par la peur de la prison ou par la crainte du déshonneur qui sont d'autres passions; mais c'est la cité des esclaves où l'homme subit un double esclavage, celui des lois s'ajoutant à celui des passions. L'homme ne peut s'affranchir que par la raison qui ne supprime pas les passions, mais qui les règle. La vertu consiste uniquement à agir d'après les lois de sa propre nature, c.-à-d. à faire des actions qui soient explicables par elle. La vertu ne diffère pas de l'effort par lequel on persévère dans l'être. Alors, on fera par raison ce qu'on faisait auparavant par crainte des châtiments, et l'on sera affranchi. Mais pour en arriver là, il faut se former des idées adéquates, car c'est seulement sur les idées que la volonté humaine a quelque prise, et que la liberté a quelque prise; mais qu'est-ce qu'une idée adéquate? Les idées existent en Dieu, comme tout le reste. Spinoza dit que nous avons une idée adéquate d'une chose lorsque l'idée que nous en avons est l'idée même que Dieu en a; au contraire nous avons une idée inadéquate lorsque notre idée n'est qu'un fragment de l'idée de Dieu. Les idées inadéquates forment le premier degré de la connaissance : telles sont les idées que nous avons de notre corps, de notre âme, et des objets extérieurs. Les idées adéquates forment le second degré de la connaissance; elles se forment les unes des autres par déduction : telles sont les idées de la géométrie. Les actions résultent des idées adéquates, les passions des idées inadéquates. L'âme se réjouit dans la mesure où elle conçoit des idées adéquates, parce qu'alors elle agit réellement, et elle sait qu'elle agit. Agir conformément à la vertu, c'est donc agir conformément à la raison, c.-à-d. faire des actes dont on est la cause suffisante ou adéquate. Mais une connaissance adéquate n'est possible que par l'idée de Dieu, par tout ce est en Dieu et est conçu par lui. Il suit de là que « le souverain bien de l'âme et la suprême vertu de l'âme est de connaître Dieu. »

Spinoza distingue enfin une connaissance du troisième degré par laquelle l'esprit, non content de comprendre la suite des déductions qui l'ont amené à concevoir une idée vraie, veut savoir comment et il est capable d'avoir cette idée. Par cette connaissance de troisième degré, la vérité de l'idée apparaît instinctivement, indépendamment de la démonstration qui en a été faite; mais comme Dieu est au fond de toute vérité, ce genre de connaissance implique la connaissance immédiate et intuitive de Dieu. Il y a plus : cette connaissance s'accompagne d'une joie de l'âme; mais se réjouir en même temps qu'on pense à Dieu, c'est aimer Dieu. Ainsi la connaissance du troisième degré est identique à l'amour de Dieu. Lorsque l'âme s'élève jusque-là, elle atteint la suprême vertu : elle agit véritablement, et elle sait qu'elle agit conformément aux lois de sa nature dont une parcelle de la nature divine. Toutes les vertus particulières découlent facilement de cette vertu générale qui est à la fois la raison complète et l'amour de Dieu, et qui nous conduit à la béatitude,

de sorte que « la béatitude n'est pas la récompense de la vertu, mais la vertu même ».

Nous avons fait, au mot PANTHÉISME, la critique du système de Spinoza, et nous avons expliqué l'influence qu'il eut sur le développement de la philosophie. Bornons-nous ici à quelques remarques. On a beaucoup vanté la puissance de logique de Spinoza, et il faut bien reconnaître qu'il fallait avoir le véritable génie de la déduction pour édifier un système aussi considérable sur la seule idée d'existence. Cependant cette logique n'est pas à l'abri de toute critique. La démonstration par laquelle il fait de l'étendue un attribut de Dieu n'est nullement probante, et les philosophes qui croient en Dieu continuent à le placer en dehors du temps et de l'espace. Au reste Spinoza s'est complètement mépris sur l'idée d'espace : il croit que nous avons de l'étendue une idée adéquate, c.-à-d. parfaitement exacte. Cela est si peu vrai qu'on discute encore sur la nature de l'espace et sur le nombre possible de ses dimensions, quoique nous n'en connaissions que trois. Voy. ÉTENDUE. — Spinoza semble dominé par l'idée de la perfection du raisonnement mathématique. Il ne connaît pas d'autre mode de causalité que la nécessité syllogistique. Voilà pourquoi il nie la liberté de Dieu, et parle du développement nécessaire des attributs de Dieu et de leurs modes suivant les lois de la nature de Dieu; mais que peuvent bien être les lois de la nature d'un être dont l'essence est la seule existence. La rigueur logique aurait exigé qu'on fît voir comment l'idée seule d'existence pouvait conduire à celle de lois entraînant un développement nécessaire d'attributs et de modes. La vérité paraît être que la causalité et la nécessité logique ne sont pas deux choses identiques, et cette distinction suffit pour laisser dans le monde une place à la liberté. — Enfin la morale nous paraît la partie la plus faible du système, et cela est bien remarquable dans un livre intitulé Éthique. D'abord, il est bien évident qu'il n'y a pas de morale sans liberté, et comment accorder la liberté à l'homme alors qu'on lui refuse à Dieu? Il est vrai que Spinoza fait consister le suprême vertu à agir conformément à sa nature; mais ce précepte même laisse supposer qu'on peut agir autrement. De plus, il y a dans la doctrine une sorte d'identification de la vertu avec la connaissance philosophique qui semble bien éloignée de la morale pure et simple, et qui est même contraire à l'opinion universelle, parce qu'elle aboutirait à refuser toute moralité aux ignorants et aux pauvres d'esprits, et à créer pour ainsi dire, dans le domaine moral, une sorte d'aristocratie intellectuelle. Il faut bien reconnaître que cette conception purement métaphysique de la morale a quelque chose d'étroit et ne comporte pas cette puissance de persuasion nécessaire à toute doctrine qui prétend fournir aux hommes des mobiles d'action. Cela ressemble au stoïcisme antique, et il n'est pas sûr que ce lui soit supérieur. Kant s'est élevé beaucoup plus haut. Quoi qu'il en soit, Spinoza, dont la vie fut au reste très digne, reste, malgré ses erreurs, un des penseurs les plus profonds de l'humanité, et son œuvre est l'une des plus fécondes qui aient été écrites dans les temps modernes.

SPINOZISTE, ou SPINOSISTE. s. 2 g. [Pr. spino-ziste]. Celui ou celle qui admet les principes du spinozisme.

SPINTHÈRE. s. m. (gr. σπινθήρ, étincelle). T. Minér. Sphène en cristaux verdâtres qu'on rencontre dans les calcaires.

SPINTHRIEN, ENNE. adj. [Pr. spin-tri-in, enne] (lat. spintria, homme qui se livre à la débauche contre nature, de sphincter, sphincter de l'anus). T. Numism. Se dit des médailles obscènes des premiers temps de l'empire romain. Voy. NUMISMATIQUE.

SPIRAL, ALE. adj. (lat. spiralis, m. s.). Qui a la figure d'une spirale. Forme, ligne spirale, Des ressorts spiraux. Coquilles spirales. || T. Bot. Vaisseaux spiraux. Vaisseaux dont l'épaississement est en forme de spire; on dit plus communément Trachées. == SPIRAL. s. m. T. Horlog. Petit ressort en forme de spirale qui est fixé au balancier d'une montre et dont l'élasticité produit les oscillations isochrones du balancier. Dans les chronomètres, le sp. a la forme d'une hélice. Voy. HORLOGERIE.

SPIRALE. s. f. (lat. spiralis, de spira, enroulement). T. Géom. Courbe qui fait une ou plusieurs révolutions autour d'un point où elle commence et dont elle s'écarte toujours de plus en plus. || En sp., En forme de sp. Un escalier en sp., Colonne en sp., Colonne torse.

Géom. — En Géométrie, on désigne sous le nom de *Spirales*, une classes de courbes caractérisées par cette propriété générale, qu'elles s'éloignent toujours de plus en plus d'un point central que l'on nomme leur pôle, à mesure qu'elles tournent autour de lui. Il existe diverses sortes de spirales, que l'on distingue soit par le nom des propriétés qui les caractérisent, soit par le nom de ceux qui les ont découvertes. Telles sont la *Sp. logarithmique*, la *Sp. parabolique*, la *Sp. d'Archimède*, la *Sp. de Pappus*, etc. La plus célèbre de ces courbes est la sp. d'Archimède. On peut concevoir sa génération de la manière suivante. Imaginons (Fig. ci-jointe) qu'une ligne droite PABC tourne uniformément autour de son extrémité P, et concevons qu'en même temps un point parti du centre P parcourt cette ligne droite d'un mouvement uniforme et arrive ainsi successivement en *a*, A, *b*, B, *c*, C, *d*, ce point décrira la sp. Le point P s'appelle *pôle*, et la portion de la ligne qui accomplit la révolution et qui est située entre le pôle et un point quelconque de la courbe est le *rayon vecteur* à ce point. La sp. d'Archimède a pour équation polaire $\rho = a\omega$, ρ étant le rayon vecteur, et ω l'angle polaire. — La sp. logarithmique est celle dans laquelle le rayon vecteur croît en progression géométrique tandis que l'angle polaire croît en progression arithmétique. Elle a pour équation $\rho = e^{a\omega}$. Cette courbe jouit de cette propriété remarquable que sa tangente fait un angle constant avec le rayon vecteur. De plus, la longueur d'un arc quelconque, et l'aire comprise entre deux rayons vecteurs sont proportionnelles à l'accroissement du rayon vecteur, et s'expriment aussi par des formules exponentielles. Des arcs vus du pôle sous le même angle sont des figures semblables. Quant ω croît indéfiniment par des valeurs négatives, ρ tend vers o, c.-à-d. que la courbe tourne indéfiniment autour du pôle en s'en rapprochant, mais sans jamais l'atteindre. C'est un *point asymptote*. Au contraire, si l'on suit la courbe dans l'autre sens, on s'éloigne du pôle d'une quantité qui s'accroît rapidement à chaque spire.

SPIRALÉ, ÉE. adj. T. Bot. Roulé en spirale.

SPIRALEMENT. adv. [Pr....*le-man*]. D'une manière spirale.

SPIRANTHE. s. m. (gr. σπεῖρα, spire; ἄνθος, fleur). T. Bot. Genre de plantes Monocotylédones (*Spiranthes*) de la famille des *Orchidées*. Voy. ce mot.

SPIRATION. s. f. [Pr. *spira-sion*] (lat. *spiratio*, souffle, de *spirare*, souffler). T. Théol. Manière dont le Saint-Esprit procède du Père et du Fils.

SPIRE. s. f. (lat *spira*; gr. σπεῖρα, m. s., enroulement). T. Géomét. Un tour d'une ligne spirale, ou d'une hélice. — Par ext., La ligne spirale elle-même. || Dans les Sciences et Arts, chacun des tours ou l'ensemble des tours que présente soit un objet en spirale, soit une série d'objets disposés selon une ligne spirale.

SPIRE, ch.-l. de la Bavière rhénane, sur le Rhin ; 14,500 hab. — Ancienne capitale du cercle du Rhin. — Charles-Quint y tint une diète qui mit les réformés hors la loi (1529).

SPIRÉE s. f. (lat. *spiræa*, gr. σπειραία, m. s., de σπεῖρα, enroulement). T. Bot. Genre de plantes Dicotylédones (*Spiræa*) de la famille des *Rosacées*, tribu des *Spirées*. Voy. ROSACÉES.

SPIRÉES. s. f. pl. (R. *spirée*). T. Bot. Tribu de végétaux de la famille des *Rosacées*. Voy. ce mot.

SPIRIFÉRACÉS. s. m. pl. (lat. *spira*, spire; *fero*, je porte). T. Zool. Sous-ordre de *Brachiopodes Inarticulés*. Voy. BRACHIOPODES.

SPIRIFÈRE. adj. 2 g. (lat. *spira*, spire; *fero*, je porte). T. Zool. Qui est muni d'une spire. = SPIRIFÈRE. s. m. Genre fossile de *Brachiopodes*. Voy. SPIRIFÉRIDES.

SPIRIFÉRIDES. s. m. pl. (R. *Spirifère*). T. Paléontol. Famille de *Brachiopodes articulés* dont les bras sont soutenus par deux tiges calcaires symétriques entourées en spirale; l'ensemble de cet appareil forme deux cônes divergents dont le sommet est voisin du bord de la coquille (Fig. 2). Toutes les espèces de cette famille vivaient surtout dans les temps primaires; elles ont disparu complètement à l'époque jurassique. Nous représentons, fig. 1 et 2, une espèce du genre

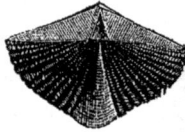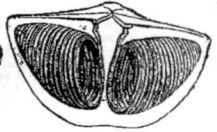

Fig. 1.   Fig. 2.

Spirifère (*sp. hystericus*); en 2 une des valves de la coquille ouverte pour montrer l'appareil brachial en place.

SPIRIFORME. adj. 2 g. (lat. *spira*, spire; *forma*, forme). Qui est en forme de spire.

SPIRILLE. s. m. [Pr. les *ll* mouillées] (dimin. de *spire*). T. Bot. Genre d'Algues (*Spirillum*) de la famille des *Bactériacées*.

SPIRITE. adj. 2 g. (lat. *spiritus*, esprit). Qui a rapport au spiritisme. *Revue sp. La doctrine sp.* || Subst. Partisan du spiritisme. Voy. SPIRITISME.

SPIRITISME. s. m. (lat. *spiritus*, esprit). T. Philos. Le sp. est la doctrine de ceux qui croient à la survivance de l'âme après la mort et à la possibilité de communications entre les vivants et les âmes des morts. Réduit à cette simple opinion, il est plus ancien que les plus anciens documents historiques, et peut-être aussi ancien que l'humanité. Partout, dans l'histoire, dans la légende, chez les peuples sauvages, nous trouvons des récits de pareilles communications obtenues soit on songe, soit par l'évocation des âmes. Au XIXe siècle, le sp. a pris un caractère tout particulier, et a prétendu se recommander de l'expérience en s'appuyant sur tout un ensemble de faits plus ou moins rares, plus ou moins difficiles à reproduire et dont l'authenticité est encore un sujet de controverse. Cependant, les plus simples de ces faits, mis à l'origine sur le compte de la charlatanerie et de l'hallucination, ont été étudiés d'une manière impartiale, et ont rendu plus réservées les dénégations systématiques du début.

I. *Les faits.* — Nous allons d'abord rapporter, sans aucun commentaire, les phénomènes que racontent les publications spirites et les personnes qui ont assisté à des séances plus ou moins intéressantes. Le sp. contemporain paraît avoir débuté aux États-Unis par le phénomène des *tables tournantes* dont on a parlé pour la première fois dans le courant de 1843. Plusieurs personnes se tiennent debout ou assises autour d'une table ronde posent leurs mains sur le bord de cette table. Au bout d'un temps variant en général de 10 à 30 minutes, la table fait entendre de légers craquements, puis elle éprouve un mouvement oscillatoire, comme incertain, et enfin, elle se met à tourner sur elle-même quelquefois avec une vitesse extrême. Les personnes qui font la chaîne affirment qu'elles n'ont communiqué au meuble aucune impulsion. Le phénomène en lui-même a peu d'importance, car on peut l'expliquer par une pression inconsciente que les assistants exerceraient sur la table. Au moyen d'une expérience ingénieuse, Faraday a cru démontrer que ce sont bien les mains des personnes présentes qui entraînent la table ; mais cette expérience prouve seulement que s'il se produit une force extraordinaire, cette force est appliquée dans le sens des faces inférieures des mains. Il interposait entre les mains et la table plusieurs feuilles de carton enduites d'un mastic assez adhérent pour que le mouvement de l'une se communique à l'autre, mais pas assez pour que les feuilles de carton ne puissent glisser l'une sur l'autre. La table tournait comme à l'ordinaire, seulement les cartons supérieurs avaient glissé sur ceux d'au-dessous dans le sens même du mouvement, ce qui montre bien que la table n'avait reçu qu'une partie du déplacement par les cartons supérieurs. Cependant les amateurs du merveilleux n'acceptaient pas l'explication de Faraday et attribuaient le mouvement de la table à un fluide particulier émané des assistants et qu'on disait être le même que celui par lequel agissent les magnétiseurs sur les personnes magnétisées. Les tables tournantes firent leur apparition en Allemagne, en 1846; en France, elle faisaient fureur en 1853. Mais déjà, en Amérique, les tables ne s'étaient plus contenté de tourner, elles s'étaient mises à parler, et elles parlèrent en France dès la fin de 1853. Voici le procédé le plus généralement employé pour faire parler les tables, procédé connu sous le nom de *typtologie*. Disons d'abord que le phénomène ne réussit pas toujours. Il faut qu'il y ait dans l'assistance une personne douée d'un pouvoir particulier et qu'on appelle un *médium*. Les assistants s'étant assis autour de la table, et ayant posé leurs mains dessus, il arrive bientôt, quelquefois au bout de moins d'une minute, que la table bascule sur deux pieds en se penchant du côté du médium; elle exécute ensuite plus ou moins rapidement une suite d'oscillations semblables. Alors quelqu'un appelle une à une les lettres de l'alphabet : la table exécute une oscillation à chaque lettre; puis sur une lettre particulière, elle se soulève un peu plus, retombe brusquement, et s'arrête. On note la lettre désignée, et l'on recommence. La suite des lettres ainsi obtenues forme des mots et des phrases; quelquefois une conversation peut ainsi s'engager entre les assistants et la table. Les spirites expliquent ce phénomène en disant qu'un esprit agit sur la table par l'intermédiaire du *médium* (d'où le nom qu'on lui donne) et que c'est avec lui qu'on converse. Cet esprit donne lui-même son nom. Le plus souvent c'est un parent décédé de quelqu'un des assistants; quelquefois une personne vivante absente de la réunion et qui se dit endormie; d'autres fois un personnage illustre; parfois encore un être abstrait ou allégorique comme la Sagesse, l'Âme de la terre, etc. Les médiums ne sont pas très rares; beaucoup de personnes sont médiums sans le savoir, et en somme le phénomène des tables parlantes est assez commun et assez facile à observer, avec une table légère. Avec une table lourde, il devient beaucoup plus rare.

Le procédé précédent est long et fastidieux. On a imaginé de le simplifier en attachant un crayon à une petite planchette ou à une petite boîte qu'on place sur une large feuille de papier. Le crayon se déplace sur le papier, et le crayon écrit ce que l'esprit veut dire. Plus tard, on a supprimé la tablette et mis directement le crayon dans la main du médium. Alors l'esprit guide cette main qui écrit sans que son propriétaire sache ce qu'elle écrit. Les médiums doués de cette faculté sont appelés médiums écrivains mécaniques : ils sont très rares. Bien plus nombreux sont les *médiums intuitifs* qui écrivent volontairement sous la dictée de l'esprit : ils entendent intérieurement ce que celui-ci veut dire et le transcrivent immédiatement. Les communications obtenues par l'intermédiaire des médiums écrivains constituent la principale occupation des réunions spirites. Ce sont le plus souvent des paroles d'amitié et d'encouragement que les défunts adressent aux vivants, ou des exhortations de morale et des dissertations philosophiques qu'un esprit qui se dit le *guide* de la réunion adresse aux assistants; mais les esprits peuvent se révéler de bien d'autres manières, et les phénomènes que relatent les spirites sont d'une assez grande variété : chaque médium, du reste, ne produit qu'une catégorie limitée de phénomènes qui, d'après les relations des spirites, peuvent être classés comme il suit :

1° *Phénomènes purement mécaniques.* — Les plus simples sont ceux qui se produisent avec le contact des mains du médium et dans le sens de la pression des mains : tel est le phénomène des tables tournantes; telle est encore l'oscillation de la table parlante. Les phénomènes de ce genre sont très communs, mais ils n'ont aucune valeur démonstrative, parce qu'il est toujours facile de les simuler, et qu'en tous cas, ils peuvent s'expliquer par une action inconsciente du médium. Viennent ensuite les mouvements qui se produisent en contact avec *les mains du médium, mais s'effectuant en sens inverse de la pression des mains.* Le plus remarquable est celui de la table qui se soulève complètement de manière à ne plus porter sur le sol; quelquefois ce soulèvement ne s'opère qu'après plusieurs oscillations, mais d'autres fois il s'effectue d'emblée avec assez de douceur pour que les pieds placés sur la table n'éprouvent aucun déplacement. Quand la table est soulevée, elle peut rester quelques secondes en cet état, et si l'on appuie dessus, elle s'abaisse légèrement pour se relever quand la pression cesse, comme si elle reposait sur un ressort; enfin, elle retombe plus ou moins doucement sur le sol. On signale aussi des mouvements de corps *sans contact des mains du médium* : projection d'objets à travers la salle, déplacement des meubles, instruments de musique qui rendent des sons sans que personne y touche, etc. Les phénomènes de cet ordre ne se produisent généralement que dans l'obscurité. A cet ordre de faits appartient la *lévitation*, qui consiste en ce que le corps du médium est soulevé plus ou moins haut au-dessus du sol.

2° *Phénomènes de pénétration de la matière.* — Par

ex., un objet enfermé dans un coffret fermé à clef et scellé sort de ce coffret; des anneaux entrelacés se séparent sans qu'il existe dans leur substance aucune solution de continuité; un livre sort d'une bibliothèque et traverse un rideau tendu, etc. Ces phénomènes exigent généralement l'obscurité.

3° *Apports.* — Dans les séances de sp. des objets divers, particulièrement des fleurs et des fruits, arrivent sur la table et dans la salle sans qu'on puisse savoir d'où ils viennent. Ici encore l'obscurité paraît nécessaire.

4° *Lueurs. Apparitions.* — On a aperçu, dans l'obscurité, des objets usuels voltigeant dans l'air et devenant lumineux; d'autres fois, ce sont des mains phosphorescentes qu'on aperçoit dans l'espace; plus rarement une tête, une figure, et plus rarement encore, apparaît une sorte de fantôme. Les revues spirites relatent sous ce rapport des phénomènes variés formant pour ainsi dire une gradation continue depuis la simple lueur vague jusqu'à l'apparition d'un personnage complet qui va, vient, parle, et qu'on peut même toucher. Ces fantômes apparaissent quelquefois dans des séances obscures; mais on en a observé en pleine lumière. Le plus souvent l'apparition est inopinée : elle se produit dans une chambre, dans la rue, dans la campagne, et c'est un mourant qui se montre ainsi à un parent, à un ami, à l'instant même où il cesse de vivre. M. Camille Flammarion, dans son livre *l'Inconnu*, a recueilli un tel nombre d'apparitions de cette nature, citées par des personnes dignes de foi qu'il est difficile de ne pas admettre la réalité de cette sorte de phénomènes.

5° *Phénomènes qui révèlent une action intelligente.* — Ce sont ceux que les spirites appellent proprement les *communications* et qui sont pour eux de véritables conversations entre les esprits et les vivants. On peut les obtenir par la typtologie et l'écriture des médiums dont nous avons déjà parlé; ils se produisent aussi dans le cas d'une apparition qui parle; mais on en signale encore deux autres modes : l'*écriture directe* et l'*incarnation temporaire*. L'écriture directe consiste en ceci : on place sur une table, hors de la portée de la main, ou dans une boîte fermée, un crayon et du papier, et au bout d'un certain temps le papier est couvert d'écriture. Dans l'incarnation temporaire, le médium, assis dans un fauteuil, semble perdre sa personnalité; sa physionomie s'altère et se modifie, le timbre de sa voix, sa manière de s'exprimer changent, c'est un ami, un autre, une personnalité étrangère, un esprit, s'étant emparé de ses organes. Il répond aux questions qu'on lui pose, donne des détails et des renseignements sur des choses qu'il ignore, mais que connaît l'esprit qui s'est substitué à lui. Quelquefois l'esprit se dit médecin et donne des consultations aux malades : on a cité des guérisons obtenues de cette manière.

6° *Photographie spirite.* — Les esprits ne se contentent pas d'apparaître aux yeux des mortels; ils se font aussi photographier. Un procès célèbre a eu lieu en 1875. Un nommé Buguet offrait aux amateurs, pour la somme de 20 francs, la photographie d'un esprit de leur famille. Le client posait comme à l'ordinaire devant l'objectif; mais quand on développait le cliché on y trouvait, à côté de l'image du modèle, une tête plus ou moins nette qui était le portrait de l'esprit. Nombre de personnes ont reconnu leur père, leur mère, leur sœur, leur enfant, etc. Beaucoup aussi n'ont rien reconnu du tout. Buguet fut accusé d'escroquerie. On découvrit chez lui tout un matériel destiné à produire les images spirites : c'étaient des poupées de plâtre sans tête, et des têtes de carton découpées dans d'anciennes photographies. Buguet lui-même a raconté comment il opérait. Le client était reçu par la caissière qui le faisait causer de manière à savoir ce qu'il désirait. Alors le photographe prenait une de ses poupées, la drapait dans un linge blanc, et plaçait au-dessus une tête de carton approprié correspondant aux indications qu'on avait su soutirer au client. Cette poupée était photographiée après la pose sur le même cliché. Cependant, il est arrivé à l'audience, que de nombreux témoins, malgré ces explications, ont persisté à reconnaître un des leurs dans les épreuves qu'on leur avait remises. Ni les objurgations du président, ni l'affirmation même de l'accusé, n'ont pu leur faire convenir qu'ils avaient été dupés. Buguet fut condamné à la prison, mais très peu de temps après il s'enfuit ou fut gracié et alla s'établir en Belgique. Là, son premier acte fut de publier une sorte de manifeste où il déclarait qu'il avait en effet fraudé parce que le phénomène ne se produisait pas régulièrement, mais qu'un certain nombre de ses photographies étaient authentiques et que s'il ne l'avait pas fait déclaré à l'audience, c'est qu'il avait été circonvenu par les ennemis des spirites. Évidemment Buguet était un trompeur, et sa rétractation n'a aucune valeur. Il est très légitime de supposer qu'en voyant la foi invincible de ses clients, il ait voulu continuer son commerce lucratif; mais enfin, ces affirmations nombreuses de reconnaissances formelles, venant de personnes honorables qui, après tout, n'étaient ni des fous ni même des exaltés, et dont quelques-unes ne croyaient même pas aux esprits avant de venir chez Buguet, sont de nature à faire réfléchir. Du reste, Buguet n'est pas le seul qui ait fait de la photographie spirite, et il s'en fait encore aujourd'hui.

II. *Contrôle et authenticité des faits.* — Les phénomènes que les spirites prétendent avoir observés sont évidemment contraires à ce qu'on appelle un peu pompeusement l'ordre régulier de la nature. Autrefois, ils auraient été qualifiés de miracles; mais tous ne présentent pas au même degré le caractère extraordinaire qui les distingue. Il ne faut pas croire que les spirites eux-mêmes admettent tout ce qu'ils entendent raconter. Chacun à cet égard établit une sorte de limite au delà de laquelle il refuse de croire sans avoir vu. Quoi qu'il en soit, le premier soin de la critique est de contrôler les observations et de juger de l'authenticité des faits. Or, cette discussion est extraordinairement difficile, car on se heurte d'une part à la crédulité des spectateurs qui exagèrent ce qu'ils ont vu, et d'autre part, quand on veut voir par soi-même, à la fraude des médiums. Il n'est pas aussi aisé qu'on pourrait le croire de se mettre à l'abri de la fraude. Il est facile d'imaginer telle ou telle condition qui met le médium dans l'impossibilité de frauder; mais alors le médium refuse de s'y soumettre, disant que le phénomène ne se produira pas. Par ex., beaucoup de personnes n'ajoutent aucune créance aux séances obscures, elles exigent qu'on leur fasse voir en pleine lumière ce qui ne peut réussir que dans l'obscurité. Cela n'est pas de l'expérimentation sérieuse; dans l'ignorance totale où l'on est des conditions nécessaires à la production des phénomènes, il faut accepter celles qui sont imposées par le médium, et n'employer d'autres moyens de contrôle que ceux qui sont compatibles avec ces conditions; mais ce n'est pas toujours facile à réaliser. Ce contrôle est d'autant plus nécessaire que plus les phénomènes attendus sont extraordinaires, plus le médium est sujet à frauder, même sans le vouloir et inconsciemment. Les médiums extraordinaires présentent une certaine analogie avec les sujets qui sont aptes à produire les phénomènes de l'hypnotisme, et l'on sait aujourd'hui que ceux-ci sont toujours enclins à tromper l'opérateur et qu'ils le font inconsciemment. Cette tendance à la fraude, aujourd'hui bien reconnue, démontre d'une part la nécessité du contrôle; mais elle montre aussi que de ce qu'on aura surpris le médium en flagrant délit de fraude, il n'est pas permis de conclure qu'il trompe toujours, et que tout ce qu'il obtient n'est que charlatanerie et prestidigitation. Quant aux phénomènes qui accusent une cause intelligente, ils portent leur contrôle en eux-mêmes. Il est évident qu'on n'a aucun moyen de vérifier l'assertion d'un homme qui prétend qu'un esprit lui guide la main ou lui dicte des réponses aux questions qu'on lui pose; mais si cet homme écrit des choses qu'il ignore et qui sont reconnues vraies, s'il raconte des événements qu'il n'a pas vus, s'il décrit des lieux qui lui sont inconnus, s'il écrit dans une langue qui lui est étrangère, il faut bien reconnaître qu'il y a dans son action quelque chose d'extraordinaire et écarter toute hypothèse de fraude. Le difficile est alors de distinguer ce que peut savoir le médium et ce qu'il ignore Ajoutons cependant que le médium écrivain est en général bien moins porté à la fraude que le médium à effets physiques. S'il est très légitime de soupçonner la fraude chez un homme dont l'existence se passe à donner des séances spirites et qui vit de la rémunération qu'on lui accorde pour ces séances, il est bien difficile de ne pas croire à la bonne foi d'un homme qui mène une vie honorable, qui gagne souvent péniblement sa vie dans un emploi modeste et qui, toutes les semaines ou toutes les quinzaines, se rend gratuitement dans une réunion de gens comme lui pour y écrire des paroles de consolation, des exhortations à la charité, des dissertations philosophiques qui souvent n'ont pas grande valeur, mais qui du moins témoignent en général d'une grande élévation morale. Si cet homme était un trompeur, on ne voit pas quel mobile pourrait le pousser à continuer cette fraude inutile pendant des années.

Les phénomènes spirites affirmés avec tant d'insistance par de nombreux témoins ont quelquefois attiré l'attention des hommes de science, rarement en France, plus souvent en Amérique et en Angleterre. A plusieurs reprises, des hommes soucieux de connaître la vérité se sont réunis dans ces deux pays pour entreprendre à cet égard une enquête, qu'ils espéraient décisive. Ces enquêtes ont donné des résultats con-

tradictoires. Les unes ont abouti à la négation la plus complète, et à l'explication de tout ce qui avait été dit par la fraude et le charlatanisme; mais d'autres ont au contraire donné des résultats positifs, et ont conclu à la réalité de presque tout ce que racontaient les spirites. Vers 1872, le célèbre chimiste anglais William Crookes entreprit de débrouiller ce qu'il pouvait y avoir de vrai dans ces phénomènes extraordinaires. Son enquête commença par l'étude des phénomènes les plus simples; il observa des mouvements s'effectuant en sens inverse des pressions que subissaient les objets mus; il constata des variations apparentes du poids de certains corps sous l'influence du médium et mesura même la force qui produisait ces phénomènes et à laquelle M. Flammarion avait donné, en 1865, le nom de *force psychique*. Plus tard, il fut amené à s'occuper de phénomènes plus compliqués, et il finit par obtenir des apparitions d'un esprit, ayant l'aspect d'une jeune fille, avec laquelle il eut de nombreuses conversations, et qui se matérialisa au point qu'il put la peser et l'ausculter. Le résultat de ces recherches fut publié en 1874 et communiqué à la Société Royale de Londres sous le titre de *Researches in the Phenomena of Spiritualism*. Un peu plus tard, une société se fonda en Angleterre pour l'étude des phénomènes spirites sous le nom de *Society for psychical Research*; en 1886, cette société publia sous le nom de *Phantasms of the Living*, deux énormes volumes contenant les procès verbaux des enquêtes rigoureuses faites principalement par trois savants, MM. Gurney, Myers et Podmore et qui prouvent la réalité d'un grand nombre de faits de nature variée, particulièrement des apparitions de mourants. Le livre intitulé *l'Inconnu et les Problèmes psychiques*, publié en 1900 par M. Camille Flammarion, est le résultat d'une vaste enquête entreprise surtout sur ce sujet particulier des manifestations de mourants. La conclusion en est formelle : en présence du nombre des témoignages et de la qualité des témoins, qui appartiennent à toutes les classes de la société, il est impossible de douter : le fait des manifestations de mourants se produisant à distance sous la forme de voix entendues, d'apparitions, etc., est assurément un fait assez rare, mais il existe certainement. On remarquera combien une pareille conclusion est importante. Il suffit en effet qu'on ait un seul ordre de phénomènes, parmi tous les phénomènes spirites, soit mis hors de doute, pour que nos idées sur ce qu'on appelle *les lois de la nature, l'ordre invariable des choses* se trouvent singulièrement modifiées. Une seule constatation de ce genre nous rendra très réservés en ce qui concerne les autres dérogations aux prétendues lois naturelles, et, sans nous dispenser de soumettre à la critique la plus sévère les récits des témoins, nous empêchera au moins de nous enfermer dans une dénégation systématique au nom de l'impossibilité de ce qu'on nous raconte. Dans un autre ordre d'idées, il est un fait également bien prouvé, car il a été observé nombre de fois par des témoins irrécusables : c'est le fait de la table qui se soulève entièrement : celui-là est particulièrement remarquable, précisément à cause de sa simplicité, de la facilité de son observation et de la difficulté qu'il y a à le simuler autre part que sur une scène de théâtre machinée. Quant aux autres phénomènes, et particulièrement ceux qui témoignent d'une cause intelligente, il est évident qu'ils sont d'autant moins sûrs qu'ils sont plus extraordinaires et plus rares ; mais les plus extraordinaires restent douteux, les plus simples, au contraire, seront d'autant plus facilement admis qu'ils sont relatés par plus de personnes, et que les constatations précédemment faites nous empêchent de leur opposer le prétendu argument de l'impossibilité. En particulier, le phénomène de la table parlante semble indiscutable à celui qui l'a observé à plusieurs reprises, quoiqu'il puisse être facilement simulé ; mais ici, il y a lieu de distinguer. Nous avons dit qu'il était assez commun avec une table lourde. Cela semblerait indiquer qu'il est souvent simulé avec une table légère ; mais l'explication n'est pas la, car, dans la majorité des cas, le phénomène est obtenu dans des réunions de famille et dans des circonstances qui excluent toute idée de fraude ; seulement, avec une table légère, la force qui met le meuble en mouvement, quelle que soit sa nature, est appliquée aux mains mêmes des assistants, tandis que pour mettre en mouvement une table lourde, on mode d'action ne suffit plus : la force doit être appliquée au bois même de la table. Le phénomène est d'un ordre plus élevé, et l'on conçoit qu'il soit plus rare.

III. *Interprétation des faits. Explications diverses.* — Les spirites expliquent tout par l'action consciente et volontaire des esprits. On comprend que les savants qui sont arrivés à se convaincre de la réalité de certains phénomènes en aient cherché une explication rationnelle. Jusqu'à présent, aucune explication basée sur les lois ordinaires de la physique et de la physiologie n'est satisfaisante. Prenons par ex. le phénomène le plus simple, celui de la table tournante qui glisse et se déplace sur le plancher sans que les pieds quittent terre. Nous avons donné au début l'explication de Faraday et l'expérience qui semble en démontrer l'exactitude : cette explication a été désignée plus tard sous le nom très expressif d'*intégration des petits mouvements*. Eh bien, elle ne suffit pas à rendre compte de la violence et de la puissance des déplacements de la table. On a fait à ce sujet l'expérience suivante : le médium impose ses mains sur une table légère qu'une autre personne retient vigoureusement de manière à empêcher tout mouvement ; après une lutte plus ou moins longue, la table repousse celui qui la retient et s'élance avec vivacité dans la pièce. On remplace alors le médium par une autre personne qui cherche à produire le même effet en poussant volontairement la table avec ses mains ; elle ne peut y parvenir : ses mains glissent sur la table sans que celle-ci exécute aucun mouvement. Il y a donc, dans ce phénomène très simple, autre chose que l'intégration des petits mouvements, et l'expérience des cartons de Faraday prouve simplement que la force qui agit est appliquée immédiatement au-dessous des mains du médium. Enfin les mouvements qui s'effectuent en sens inverse de la pression des mains, tels que le soulèvement complet d'une table, et à plus forte raison les mouvements sans contact, ne peuvent s'expliquer par les principes ordinaires de la physique. On peut contester l'authenticité des mouvements sans contact ; mais les mouvements avec contact et en sens contraire de la pression des mains sont certains, comme nous l'avons dit plus haut. Ils suffisent à formuler une première conclusion très nette : l'organisme humain peut, dans certaines circonstances, agir mécaniquement sur la matière autrement que par la pression des membres, mais le mécanisme de cette action nous est totalement inconnu.

Les phénomènes plus compliqués, en particulier les lueurs et les apparitions, ont été attribués à l'hallucination ou à la suggestion ; cette explication peut être admise quand une seule personne voit l'apparition, mais elle devient inadmissible si l'apparition est vue de toute l'assistance : comment supposer que dix ou vingt personnes aient au même temps la même hallucination ou subissent au même degré et au même instant l'influence suggestive du médium ? Enfin les apparitions qui coïncident avec le décès d'une personne plus ou moins éloignée écartent absolument l'idée d'une hallucination. A la vérité, on pourrait n'y voir qu'une coïncidence fortuite ; mais comme les hallucinations sont déjà des phénomènes rares, la probabilité que cette hallucination reproduise l'aspect de la personne morte et se présente au moment même du décès devient extraordinairement faible, et est absolument en désaccord avec le nombre bien constaté des phénomènes de ce genre. Les phénomènes d'hypnotisme et de suggestion avaient déjà montré que le cerveau d'un homme peut agir sur le cerveau d'une autre homme autrement que par les communications ordinaires du langage visuel ou auditif ; les phénomènes du sp. nous permettent d'étendre cette donnée au cas des manifestations de mourants Les apparitions d'esprits peuvent encore s'expliquer d'une manière analogue, en dehors de toute intervention d'esprit proprement dit : l'image qui s'hypothèse existe à l'état de souvenir soit dans le cerveau du médium, soit dans celui d'un des assistants. Les communications de cerveau à cerveau dont nous sommes bien forcés d'admettre l'existence et qu'on a nommées *communication de pensée, télépathie*, etc., peuvent alors faire comprendre comment cette image peut devenir visible pour tous les assistants. Les conversations avec les esprits, l'écriture des médiums, et en général tous les phénomènes relatés par les spirites, peuvent reconnaître une cause analogue. En somme, on peut admettre l'authenticité de tous ces faits, et refuser d'y voir l'œuvre des esprits : la télépathie suffit, logiquement, à les expliquer. En réalité, il est une observation faite depuis longtemps, c'est que les communications que l'on reçoit des esprits reflètent plus ou moins la pensée des assistants : les esprits sont républicains dans un milieu républicain, monarchistes dans une réunion de monarchistes, et cette circonstance est bien de nature à rendre probable l'explication par la télépathie. On a fait remarquer aussi que, depuis que les esprits communiquent avec les hommes, ils ne leur ont jamais apporté aucune idée nouvelle et n'avaient même jamais rien dit qui ne fût connu de quelque être humain. Il est vrai que les spirites n'accepteront pas cette proposition et citeront des cas qui semblent la contredire, particulièrement quelques

exemples de prédictions qui se sont réalisées ; seulement il faudrait que ces cas très rares et isolés fussent absolument authentiques. Mais il y a plus : la théorie qui explique tout par la télépathie est logiquement inattaquable : en d'autres termes, il est impossible d'imaginer une expérience qui prouve l'existence des esprits. Quand même on serait en présence d'une communication apprenant quelque chose d'exact et d'inconnu à l'humanité tout entière, il ne serait pas nécessaire de recourir aux esprits ; il suffirait d'admettre que le médium a pris connaissance inconsciemment de ce qu'il dit, par un de ces phénomènes de seconde vue analogues à ceux qu'on observe dans la pratique de l'hypnotisme. Du moment qu'on reconnaît que l'organisme peut agir sur la matière sans l'intermédiaire de ses membres, et sur le cerveau de son semblable sans l'intermédiaire du langage, il n'est pas plus difficile d'admettre qu'il puisse être impressionné par les objets extérieurs autrement que par l'intermédiaire des sens. Les faits de prédiction eux-mêmes ne prouveraient rien, car si la vision anticipée de l'avenir est possible à l'esprit désincarné, on ne voit pas pourquoi elle serait impossible au médium placé dans ces conditions exceptionnelles où la vie de relation s'accomplit autrement que par l'intermédiaire des organes et des sens.

Cependant, nous ne voulons tirer aucune conclusion, car il faut bien réfléchir que s'il est impossible de prouver la réalité de l'action des esprits, il est non moins impossible, et précisément pour la même raison, de démontrer que les esprits n'interviennent pas dans les phénomènes spirites. Il en est de cette question comme de celle de la réalité du monde extérieur. Les philosophes idéalistes nient cette réalité ; pour eux il n'y a que des idées, et le monde qui nous entoure n'est qu'une fantasmagorie. Aucun raisonnement ne peut leur démontrer qu'ils se trompent, l'idéalisme est logiquement inattaquable. Voy. BERKELEYISME, IDÉALISME. Aussi n'est-ce pas par le raisonnement que nous croyons à la réalité du monde extérieur : c'est une croyance qui s'impose à nous, dont nous sommes tout à fait incapables de rendre compte, et qui se fortifie de jour en jour par l'ensemble de tous les petits faits de la vie ordinaire. Les spirites convaincus, et il y en a beaucoup, croient aux esprits de la même manière : ils en reçoivent des communications continuelles ; ils reconnaissent la manière de parler de leurs amis défunts, des êtres chers qu'ils ont perdus ; ils vivent ainsi entourés d'un monde particulier dont ils sentent l'action dans une foule de petits faits qui passent inaperçus pour les autres, et qui confirment chaque jour leur croyance. Le monde est-il réel ou n'est-il qu'une fantasmagorie produite par l'imagination et par ce que les physiologistes appellent la *cérébration inconsciente* ? Il est bien clair que ceux qui ne sont pas spirites se prononceront pour la seconde hypothèse ; mais aucun raisonnement, aucune expérience n'est capable de décider démonstrativement entre les deux affirmations.

La question de l'existence des esprits doit donc être considérée comme en dehors du domaine scientifique. L'homme de science ne peut se décider que par l'expérience aidée du raisonnement ; et il ne considère donc pas comme de son ressort les problèmes dont la solution échappe à ce mode d'investigation. Cependant le sp. offre à la curiosité des savants un domaine immense et presque absolument inexploré : la critique des faits, leur classement, l'étude des conditions dans lesquelles ils se produisent, la puissance et les limites des actions télépathiques, constituent des sujets de recherches qui suffiront à occuper plusieurs générations ; malheureusement les savants hésitent à entreprendre des études de cette nature. Ils ne se sentent pas sur leur terrain habituel. Le phénomène ne se reproduit pas à volonté : il est capricieux, vague, manque de netteté et de précision. Jusqu'à présent on s'est borné à enregistrer au hasard des circonstances et des médiums dont on disposait, des faits plus ou moins extraordinaires, et malgré la précision des témoignages, et la qualité des témoins, l'authenticité des phénomènes est constamment remise en question. Du reste, en cette matière, le doute est très légitime : ainsi que nous l'avons déjà expliqué, le médium fraude souvent, et malgré toutes les précautions qu'il prend, le savant est parfois dupe de cette fraude. Toutes ces raisons expliquent la répugnance qu'ont les hommes de science pour de pareilles études et disent assez le compromettre leur réputation sans être assurés de recueillir une moisson suffisante de résultats incontestables. En somme, l'étude scientifique des phénomènes spirites présente des difficultés considérables, et il ne faut pas s'étonner si cette étude à peine commencée aujourd'hui ne peut avancer qu'avec une extrême lenteur.

IV. *La doctrine spirite.* — Les spirites, en ce qui concerne leurs idées religieuses et philosophiques, forment deux ou trois sectes dont la plupart des opinions sont communes, mais qui diffèrent entre elles sur quelques points particuliers, notamment sur la réincarnation. Nous allons résumer la doctrine des spirites français, telle qu'elle est exposée dans les ouvrages d'Allan Kardec, qui, d'après l'auteur, ont été dictés par les esprits eux-mêmes. Cette doctrine est extrêmement simple.

L'homme est composé de trois parties : le *corps*, l'*esprit* et le *périsprit*. A la mort, l'esprit quitte le corps comme on quitte un vêtement hors de service; mais le périsprit survit au corps et accompagne l'esprit. Le périsprit est matériel quoique composé d'une matière infiniment plus subtile que la matière ordinaire : c'est un véritable corps qui localise l'esprit dans l'espace et qui constitue pour lui un système d'organes lui permettant d'agir sur la matière. Pendant la vie, l'esprit agit sur le corps par l'intermédiaire du périsprit; mais en général, et sauf en des circonstances exceptionnelles, l'esprit ne peut faire agir son périsprit sur d'autres corps que sur le sien. Après la mort, n'ayant plus de corps, il est devenu incapable de toute action mécanique; mais il peut retrouver une partie de cette puissance par l'intermédiaire d'un médium. Les médiums sont des êtres doués de cette faculté que leur périsprit peut se mettre en rapport avec des esprits. Alors l'esprit peut agir sur le périsprit du médium, et par là sur son corps et même sur des corps étrangers : c'est ainsi que les esprits se manifestent soit en mouvant les objets, soit en révélant leur pensée au médium sur lequel ils peuvent agir.

L'esprit est immortel. Il n'est pas éternel, car il a été créé; mais il a été créé dans un état rudimentaire et a dû s'élever progressivement vers la vie spirituelle et morale par ses propres efforts et par l'aide de ses semblables. Les *incarnations* sont un des moyens d'accomplir ces progrès. Dans les phases primitives de sa vie, l'esprit s'incarne dans des corps d'animaux de plus en plus élevés dans la hiérarchie zoologique, jusqu'à ce qu'ayant pris conscience de lui-même et de la loi morale, il se soit élevé à la dignité d'homme. A partir de là, il ne s'incarnera plus que dans des corps humains. L'incarnation est utile parce qu'elle offre à l'esprit une activité spéciale et qu'elle le soumet, par la vie matérielle, à des épreuves qui le fortifient et le font progresser. L'existence se poursuit ainsi par des alternatives de vie incarnée, et désincarnée. Il est clair que, pendant la vie incarnée l'esprit ne se souvient pas de ses existences antérieures; mais il retrouve la mémoire complète pendant la phase désincarnée. La sanction de la loi morale résulte des effets mêmes de la conduite de l'esprit pendant sa phase d'incarnation. S'il s'est bien conduit, il sent à son retour dans la vie spirituelle qu'il est devenu meilleur, et il en éprouve de la satisfaction; de plus, ses incarnations suivantes seront heureuses. Si au contraire il s'est mal conduit, il souffre plus tard des conséquences de ses mauvaises actions et est amené soit par lui-même, soit par les esprits qui l'entourent, à s'incarner dans des conditions pénibles, pour racheter ses fautes et s'améliorer par des épreuves douloureuses. Nombre de communications reçues dans les *groupes* contiennent des récits d'épreuves et de châtiments de cette sorte. Ajoutons qu'un autre mode de sanction résulte de ce que la vie d'esprit est monotone et fastidieuse à celui qui n'a pensé qu'aux jouissances terrestres et qui n'a déployé son activité que pour des motifs intéressés, tandis qu'elle est pleine de charme pour celui qui a vécu de la vie de la pensée et de la charité. Il en résulte que le premier est porté à se réincarner le plus tôt possible dans des conditions les plus déplorables, tandis que l'autre peut attendre des circonstances plus favorables. Les spirites croient en Dieu et à l'efficacité des prières : ils prient Dieu et les bons esprits, et les séances où l'on recherche surtout des communications et non des phénomènes physiques, débutent presque toujours par une prière. Quant à la destinée finale de l'âme, ils s'en inquiètent peu, parce qu'ils croient que le progrès ne se fait qu'avec beaucoup de lenteur, et ils s'occupent plus de l'avenir immédiat que de ce qui peut leur être réservé dans plusieurs siècles. Cependant, on enseigne que quand l'esprit s'est assez avancé pour devenir supérieur aux esprits qui peuplent la terre, il émigre vers une planète supérieure d'où cependant il peut revenir par exception sur la terre pour y accomplir une *mission*. Les grands philosophes et les moralistes, les hommes supérieurs qui ont rendu de grands services à l'humanité, sont de semblables *missionnaires*, et parmi eux le Christ est d'un ordre encore supérieur. Enfin on laisse entendre qu'après des siècles de cette vie d'épreuves, l'esprit finira par se dépouiller de son périsprit pour devenir *un pur esprit*; mais on ne s'explique pas sur ce que peut bien être la vie d'un pur esprit. Au reste, ceci est trop lointain et trop

éloigné de notre condition présente pour qu'il y ait lieu d'y attacher un intérêt pratique. En définitive, la morale du sp. est celle du christianisme et des grands philosophes, mais sans aucun ascétisme. On ne recommande pas le mépris absolu des biens terrestres et des plaisirs des sens; on dit seulement qu'il ne faut pas s'y attacher, parce que ce ne sont pas de véritables biens. La grande affaire est de pratiquer la justice et la charité et de travailler à son avancement et à celui de ses frères; ce précepte comprend le devoir de s'instruire et d'instruire ses semblables; mais le progrès intellectuel est considéré comme bien inférieur au progrès moral.

La doctrine spirite donne une satisfaction suffisante aux besoins religieux de l'humanité et à son instinct de moralité; aux yeux de la raison, elle est tout aussi acceptable que les dogmes des religions positives : elle est même plus miséricordieuse que le dogme catholique, car elle ne reconnaît pas de peines éternelles, et proclame que tous les hommes seront sauvés tôt ou tard. Au point de vue de la métaphysique, elle prête évidemment à de nombreuses critiques; mais, à les bien prendre, ces critiques ne sont pas plus graves que celles que les philosophes ont adressées aux différents dogmes religieux. Signalons seulement la difficulté de comprendre en quoi peut bien consister le phénomène de l'incarnation, comment et à quel moment il s'accomplit, comment se règlent les conflits entre deux ou plusieurs âmes qui voudraient s'incarner dans le même corps en formation, et autres difficultés du même genre qui prêtent facilement à la raillerie. On ne conçoit pas bien clairement non plus ce que peut être l'état d'une âme créée à l'état rudimentaire, et comment, elle peut, par son propre effort, s'élever de cet état à un autre plus avancé. Seulement, il faut bien reconnaître que toutes les doctrines spiritualistes donnent lieu à des difficultés du même genre. Comme nous ne pouvons nous faire aucune idée de ce que peut être la vie d'un esprit, il nous est impossible de nous représenter ce genre d'existence, et toutes les fois qu'on a essayé de le faire, on s'est heurté à des invraisemblances plus ou moins choquantes. Si l'on veut bien y réfléchir sans parti pris, on reconnaîtra que les idées que les spirites se font de la vie éternelle, pour simplistes qu'elles soient, ne sont nullement inférieures aux descriptions qu'on nous a données du paradis, du purgatoire et de l'enfer.

Biblogr. — Allan Kardec, *Le Livre des Esprits*, et ses autres ouvrages, 1857-1865; — W. Crookes, *Researches in the Phenomena of Spiritualism*, traduit en français, 1874; — Gurney-Myers et Podmore, *Phantasms of the Living*, 1886; — A. de Rochas, *Les Forces non définies*, 1887; *L'Extériorisation de la sensibilité*, 1895, etc.; — Eugène Nus, *Choses de l'autre monde*; — G. Delanne, *Le Spiritisme devant la science*; — Camille Flammarion, *L'inconnu, et les problèmes psychiques*; — *Rapport sur le Spiritualisme*, par la Société dialectique de Londres, éd. française, 1900; — Les nombreuses revues spirites.

SPIRITUALISATION. s. f. [Pr.... za-sion] (R. *spiritualiser*). Interprétation du sens propre ou littéral d'un passage en un sens allégorique ou spirituel. *La s. de la Bible.*

SPIRITUALISER. v. a. [Pr. ... li-zer] (lat. *spiritus*, esprit). Convertir le sens littéral d'un passage en un sens allégorique. *Il y a des théologiens qui ont spiritualisé toutes les histoires de la Bible.* || Attribuer une âme, une intelligence à. *S. la matière.* || Affranchir de tout caractère matériel ou physique. *S. l'amour.* — Spiritualisé, ée. part.

SPIRITUALISME. s. m. (lat. *spiritus*, esprit). T. Philos. Dans le langage de la Philosophie, on donne le nom de *Spiritualisme* à la doctrine qui distingue substantiellement l'esprit et la matière, en proclamant la supériorité du premier sur la seconde. Le s. est donc également opposé au *matérialisme*, qui n'admet d'autre existence que la matière, à l'*idéalisme* proprement dit, qui arrive à nier le monde extérieur, et au *panthéisme*, qui identifie la matière et l'esprit en les considérant comme deux aspects d'une même et unique substance. Le s., au contraire, admet comme existences essentiellement distinctes, Dieu, la personne humaine et la nature extérieure. Il proclame l'immortalité de l'âme, et admet pour la vie future un système de peines et de récompenses; mais les diverses écoles spiritualistes varient quant à la nature de ce système. Le christianisme proclame l'éternité des peines. Certains philosophes les croient temporaires; d'autres admettent la réincarnation et même la métempsychose.

Le s. a été très vivement attaqué, dans tous les temps, mais particulièrement dans le XVIIIe et le XIXe siècle. Cependant les doctrines contraires se heurtent à des objections au moins aussi graves que celles qu'on a soulevées contre lui. De plus, le s. est la seule doctrine philosophique qui s'accorde avec la personnalité et la liberté humaines et qui puisse ainsi servir de base à la morale. Voy. DIEU, ÂME, CERTITUDE, MATÉRIALISME, PANTHÉISME, PHILOSOPHIE, etc.

SPIRITUALISTE. s. 2 g. Celui ou celle qui professe le spiritualisme. || Adjectiv., *Philosophie s. Les doctrines spiritualistes reprirent faveur.*

SPIRITUALITÉ. s. f. (lat. *spiritualitas*, m. s., de *spiritus*, esprit). T. Phil. Se dit par opposition à Matérialité. *La s. de l'âme.* || Se dit quelquefois de la théologie mystique, quand elle s'occupe de la direction de l'âme dans les voies de la perfection. *Livre de spiritualité.*

SPIRITUEL, ELLE. adj. (lat. *spiritualis*, m. s., de *spiritus*, esprit). Incorporel, qui est esprit. *Les anges sont des substances spirituelles.* || Qui a de l'esprit. *Un homme fort s. Une femme très spirituelle.* || Ingénieux, où il y a de l'esprit. *Une réponse spirituelle. Un ouvrage s.* — *Il a l'air, la physionomie spirituelle,* A son air, à sa physionomie, on présume qu'il a de l'esprit. || Qui regarde la religion, l'Église, par opposition à Temporel. *La puissance temporelle et la puissance spirituelle.* — Subst., *Le s. et le temporel. Il ne s'occupe que du s.* || Allégorique, par opposition à Littéral. *Jacob et Esaü, dans le sens s., représentent les bons et les méchants.* || T. Dévotion. Qui regarde la conduite de l'âme, l'intérieur de la conscience, par opposition à Sensuel, charnel, corporel. *L'homme s. La vie spirituelle. Livres spirituels. Cantique s. Père s. Exercice s.* — *Communion spirituelle,* La part que ceux qui ne communient point prennent à l'action du prêtre quand il communie, en s'unissant avec lui en esprit. || T. Mus. *Concert s.,* Concert public que l'on donne les jours de la semaine sainte, et qui se compose exclusivement de morceaux de musique dont les sujets sont religieux. || T. Peint. *Touche spirituelle,* se dit de certains coups de pinceau par lesquels un peintre rend avec esprit les objets qu'il s'est proposé de représenter.

SPIRITUELLEMENT. adv. [Pr. *spirituè-le-man*]. D'une manière spirituelle, avec esprit. *Il lui répondit fort s. Ce tableau est composé s. Les arbres, dans ce paysage, sont touchés s.* || En esprit. *Communier s. avec le prêtre.*

SPIRITUEUX, EUSE. adj. [Pr. *spiritu-eu, euze*] (lat. *spiritus*, esprit). Se dit des liqueurs qui contiennent de l'esprit-de-vin ou alcool. *Ce vin est fort s. L'usage des liqueurs spiritueuses est dangereux.* = Subst., *Il fait abus des spiritueux.*

SPIRITUOSITÉ. s. f. [Pr. *spirituo-zité*]. Qualité d'un liquide spiritueux, degré d'alcoolisation.

SPIRIVALVE. adj. 2 g. (R. *spire* et *valve*). T. Conchyl. Se dit d'une coquille enroulée obliquement. Voy. CONCHYLIOLOGIE, III, A.

SPIRLIN. s. m. T. Icht. Espèce de *Poisson osseux.* Voy. ABLE.

SPIROCHÈTE. s. m. [Pr. *spiro-kè-te*] (gr. σπεῖρα, enroulement; χαίτη, crinière aigrette). T. Bot. Genre d'Algues (*Spirochæte*) de la famille des *Bactériacées.* Le S. *Obermeieri* se trouve dans le sang des malades atteints de la fièvre récurrente.

SPIROGYRE. s. m. (gr. σπεῖρα, spire; γῦρος, tour). T. Bot. Genre d'Algues (*Spirogyra*) de la famille des *Conjuguées.* Voy. ce mot.

SPIROMÈTRE. s. m. (lat. *spiro*, je respire, et gr. μέτρον, mesure). T. Physiol. Appareil destiné à mesurer la quantité d'air expiré. Il en existe de différents modèles ; mais le principe est le recueillir l'air expiré soit dans une poche de caoutchouc, soit dans une cloche contenant de l'eau, et à mesurer ensuite le volume de l'air ainsi recueilli.

SPIROPORE. s. m. (R. *spire* et *pore*). T. Zool. Genre de *Bryozoaires.* Voy. BRYOZOAIRES, II, B.

SPIRULE. s. f. (dimin. de *spire*). T. Zool. Genre de *Mollusques.* Voy. CÉPHALOPODES, I.

SPITHAME. s. f. (gr. σπιθαμή, m. s.). T. Métrol. Anc. mesure de longueur usitée chez les Grecs et qui valait la moitié de la coudée, ou environ 0^m,23.

SPITZBERG, groupe d'îles dans l'océan Glacial arctique, au nord de la Laponie (à la Russie).

SPLANCHNIQUE. adj. 2 g. [Pr. *splank-nike*] (gr. σπλαγχνικός, m. s., de σπλάγχνον, entrailles). T. Anat. Qui appartient, qui a rapport aux viscères. *Nerfs splanchniques.* — *Cavités splanchniques,* Celles qui contiennent les viscères.

SPLANCHNOLOGIE. s.f. [Pr.*splank-noloji*] (gr. σπλάγχνον, viscère ; λογος, discours). Partie de l'anatomie qui traite des viscères. Voy. ANATOMIE.

SPLANCHNOPLEURE. s. f. [Pr. *splan-kno-pleure*] (gr. σπλάγχνον, viscère ; πλευρά, flanc). T. Embryol. Feuillet interne du mésoderme. Voy. FŒTUS.

SPLANCHNOTOMIE. s. f. [Pr. *splan-kno-tomi*] (gr. σπλάγχνον, viscère ; τομή, section). Dissection des viscères.

SPLEEN. s. m. [Pr. *spli-ne*] (gr. σπλήν, rate) Mot angl. qui sign. Rate, et se dit pour Hypochondrie.

SPLENDEUR. s. f. [Pr. *splan-deur*] (lat. *splendor*, m. s.). Grand éclat de lumière. *La s. du soleil. La s. des astres.* || Fig., Magnificence, pompe. *Cette ville a conservé des restes de son ancienne s. Il vit avec beaucoup de s. La s. de la nature.* || Fig., au sens moral, Grand éclat d'honneur et de gloire.

La splendeur de son sort doit hâter sa ruine.

RACINE.

La s. de son rang, de son nom. La s. de sa race. Cet empire a perdu son ancienne s. = Syn. Voy. CLARTÉ.

SPLENDIDE. adj. 2 g. [Pr. *splan-dide*] (lat. *splendidus*, m. s., de *splendor*, éclat). Magnifique, somptueux. *Un homme s. Un festin s. Avoir une cour s*

SPLENDIDEMENT. adv. [Pr. *splan-dide-man*] D'une manière splendide. *Il vit s. Il nous traite s.*

SPLÉNECTOMIE. s. f. (gr. σπλήν, rate ; ἐκτομή, amputation). T. Chir. Extirpation de la rate. On dit aussi *splénotomie.*

SPLÉNIQUE. adj. 2 g. (lat. *splenicus*; gr. σπληνικός, m. s., de σπλήν, rate). T. Anat. Qui appartient, qui a rapport à la rate. *Artère, veine s.*

SPLÉNITE. s. f. (gr. σπλήν, rate). T. Méd. Inflammation de la rate. Voy. RATE.

SPLÉNITIQUE. adj. 2 g. (lat. *spleneticus*, m. s., du gr. σπλήν, rate). Qui a rapport à la rate. || Qui a le spleen.

SPLÉNIUS. s. m. (gr. σπλήνιον, compresse). T. Anat. Muscle aplati qui est situé à la partie postérieure du cou et supérieure du dos.

SPLÉNOMÉGALIE. s. f. (gr. σπλήν, σπληνός, rate ; μέγας, μεγάλος, grand). T. Méd. Augmentation du volume de la rate.

SPLÉNO-PNEUMONIE. s. f. (gr. σπλήν, rate, et fr. *pneumonie*). T. Méd. Pneumonie accompagnée d'une inflammation de la rate.

SPLÉNOTOMIE. s. f. (gr. σπλήν, σπληνός, rate ; τομή, section). T. Chir. Extirpation de la rate. On dit aussi *splénectomie.*

SPLÜGEN (Col DE), au pied du mont Splügen, entre Coire et le lac de Côme.

SPODE. s. f. (gr. σποδός, cendre). T. Chim. Nom donné autrefois à l'oxyde de zinc obtenu par sublimation. Voy. ZINC.

796

SPODUMÈNE. s. m. (gr. σποδούμενος, couvert de cendre, de σποδός, cendre ; à cause de la couleur cendrée que prend le minéral sous le chalumeau). Silicate d'alumine et de lithine, en gros cristaux monocliniques ou en masses laminaires clivables, verdâtres.

SPOHR (Louis), compositeur allemand (1784-1859), auteur d'opéras, de quatuors, etc.

SPOLÈTE, v. d'Italie (prov. de Pérouse) ; 20,000 hab.

SPOLIATEUR, TRICE. s. (lat. spoliator, trix, m. s.). Celui, celle qui spolie. || Adject., Un acte s. Une mesure spoliatrice.

SPOLIATION. s. f. [Pr. ... sion] (lat. spoliatio, m. s.). Action par laquelle on dépossède par violence ou par fraude. Avant la s. de la succession. Ce sont des spoliations.

SPOLIATIVE. adj. f. (R. spolier). T. Méd. Saignée s., Celle qui est pratiquée dans le but de diminuer la masse du sang.

SPOLIER. v. a. (lat. spoliare, m. s.). Dépouiller par force ou par fraude. On l'a spolié de son héritage. = SPOLIÉ, ÉE. part. = Conj. Voy. PRIER.

SPONDAÏQUE. adj. et s. m. (lat. spondaïcus, gr. σπονδειακός, m. s.). T. Versif. Voy. HEXAMÈTRE.

SPONDÉE. s. m. (lat. spondeus, gr. σπονδεῖος, m. s.). T. Versif. grecque et lat. Pied composé de deux syllabes longues, comme templum. || On donne le nom de Dispondée à un mot qui forme deux spondées, comme incrementum.

SPONDIAS. s. m. T. Bot. Genre de plantes l'i-otylédones, de la famille des Anacardiacées. Voy. ce mot

SPONDYLE. s. m. (lat. spondylus, gr. σπόνδυλος, vertèbre). T. Anat. Ancien nom des vertèbres, et particulièrement de la deuxième vertèbre cervicale. Voy. VERTÈBRE. || T. Zool. Genre de Mollusques Acéphales. Voy. OSTRACÉS, I.

SPONGIAIRES. s. m. pl. [Pr. spon-jière] (lat. spongia, éponge). T. Zool. Les spongiaires forment le premier embranchement des Métozaires, c.-à-d. des animaux formés de cellules différenciées. Voy. PROTOZOAIRES. Ils renferment des animaux dont le corps présente la plus grande simplicité d'organisation. Il est en effet formé de masses molles soutenues par un squelette rudimentaire et perforées dans tous les sens par un système de canaux plus ou moins compliqué.

La partie molle, le corps même de l'animal vivant, est formé de deux ordres de cellules ; les unes sont accolées entre elles pour former des membranes épithéliales qui tapissent toutes les surfaces du corps : la surface extérieure et les surfaces internes des canaux. Les autres, situées sous les membranes épithéliales, sont séparées par une substance molle, filante, plus ou moins abondante, suivant les individus ; parmi ces cellules on trouve différentes formes qui répondent à plusieurs fonctions : les unes sont des cellules digestives ou excrétives, d'autres des cellules conjonctives, d'autres encore des cellules reproductives.

Le squelette des Spongiaires est formé ordinairement de parties solides, séparées et isolées ou unies entre elles pour former une charpente continue. Les unes se présentent sous la forme d'aiguilles, d'épines ou d'étoiles solides formées de silice ou de carbonate de chaux ; on les appelle des sp.cules ; d'autres sont des filaments ou fibres plus ou moins longs, très souvent enchevêtrés et unis entre eux, formés d'une substance particulière, semblable à la soie et à l'élastine, la spongine, qui résiste à l'action des acides.

Le système de canaux dont est creusé le corps des Éponges a pour but d'amener dans l'intérieur de ces animaux des courants d'eau chargés de substances nutritives. Ces canaux s'ouvrent à l'extérieur par deux ordres d'orifices : les uns très petits et très nombreux servent d'entrée à l'eau ; on les appelle des pores inhalants ou ostioles ; les autres plus

grands et moins nombreux rejettent l'eau qui a traversé le corps de l'éponge ; ce sont les pores exhalants ou oscules.

L'eau qui traverse ces canaux est maintenue en mouvement par la présence de cils vibratiles qui tapissent certaines régions élargies des canaux (corbeilles vibratiles).

La reproduction des Spongiaires se fait par bourgeons et par œufs. Les bourgeons restent souvent attachés sur l'animal souche qui devient ainsi d'autant plus gros et compliqué qu'il avance en âge. Les œufs servent surtout à la dissémination des individus ; de l'œuf sort en effet une petite larve ciliée qui nage pendant quelque temps et va se fixer sur un corps étranger loin de sa mère ; c'est alors que la jeune Éponge va grandir et bourgeonner à son tour. Enfin, un autre mode de reproduction des Spongiaires est représenté par les Gemmules. Ce sont des amas de cellules en général arrondis, qui sont entourés d'une coque solide dans laquelle on trouve un grand nombre de petits corps siliceux appelés Amphidisques. Ces gemmules se forment à l'automne et restent pendant tout l'hiver à l'état de vie latente pour reformer une nouvelle éponge après la mauvaise saison.

Tous les spongiaires vivent fixés au fond des eaux à l'état adulte; la très grande majorité est marine; quelques-unes seulement vivent dans les rivières d'Europe et d'Amérique. On divise les Spongiaires en deux grands sous-embranchements d'après la nature de leur squelette : les *Éponges calcaires* et les *Éponges cornéo-siliceuses*. Nous ne parlerons ici que de l'espèce qu'on trouve en France, renvoyant au mot ÉPONGE pour tout ce qui concerne les espèces industrielles.

La *Spongille fluviatile* (*Spongilla* ou *Ephydatia fluviatilis*) appartient au sous-embranchement des Éponges cornéo-siliceuses. Aux environs de Paris, dans les canaux, dans la rivière de l'Orge ou dans la Seine à Juvisy, par ex., elle forme de larges encroûtements jaunâtres qui tapissent les berges, les parois et les portes des écluses, les racines d'arbres, etc. Les masses de la spongille peuvent atteindre des dimensions très considérables; généralement elles sont jaune sale, mais peuvent acquérir aussi des colorations vertes ou grises.

Nous figurons ici (Fig. ci-contre) une éponge siliceuse qui a été pêchée à une profondeur de 1,000 à 1,500 mètres dans l'Océan Atlantique. Cette éponge est fixée ici sur une espèce de polypier.

SPONGIEUX, EUSE. adj. [Pr. *sponji-eu*, *euze*] (lat. *spongiosus*, m. s.). Poreux, de la nature de l'éponge, semblable à l'éponge. *Le poumon est s. Os s. La pierre ponce est spongieuse. Tissu s.*

SPONGILLE. s. f. [Pr. les *ll* mouillées]. T. Zool. Genre de *Spongiaires*. Voy. ce mot.

SPONGINE. s. f. (lat. *spongia*, éponge). T. Chim. Substance organique fondamentale des éponges. Elle possède la plupart des propriétés de la fibroïne; elle s'en distingue cependant par son insolubilité dans les liqueurs cupro-ammoniacales. La s. contient une proportion notable d'iode qu'on retrouve à l'état d'iodures dans la cendre des éponges qu'on a incinérées.

SPONGIOBLASTE. s. m. (gr. σπογγά, éponge; βλάστη, bourgeon). T. Anat. Nom donné à certaines cellules nerveuses qu'on trouve dans la rétine. Voy. HISTOGÉNIE, II, 4 et ŒIL, I, 3.

SPONGIOLE. s. f. (Dimin. du lat. *spongia*, éponge). T. Bot. Nom donné par les anciens botanistes aux poils absorbants de la racine.

SPONGIOPLASMA. s. m. (gr. σπογγά, éponge; πλασμα, ouvrage façonné). T. Histol. Partie solide du protoplasma. Voy. HISTOLOGIE, I.

SPONGIOSITÉ. s. f. [Pr. *sponjio-zité*]. Qualité de ce qui est spongieux.

SPONGITE. s. f. (lat. *spongitis*, gr. σπογγίτης, m. s.). Pierre remplie de trous et qui imite l'éponge.

SPONGOÏDE. adj. 2g. (gr. σπόγγος, éponge; εἶδος, forme). Qui a l'apparence de l'éponge.

SPONTANÉ, ÉE. adj. (lat. *spontaneus*, m. s., de *sponte*, de son propre mouvement). Que l'on fait volontairement, de son propre mouvement. *Mouvement s. Action spontanée. Cela a été tout s. de sa part.* || T. Physiol. Se dit des mouvements qui s'exécutent d'eux-mêmes ou sans cause extérieure apparente. *Les mouvements du cœur, du cerveau, des artères, etc., sont des mouvements spontanés.* — *Maladie spontanée*, Celle qui survient sans cause apparente. — *Évacuation spontanée*, Celle qui n'est pas provoquée par un remède. — *Lassitude spontanée*, Celle qui ne résulte pas de la fatigue. — *Accouchement s.*, Voy. ACCOUCHEMENT. — *Génération sp.* Voy. GÉNÉRATION.

SPONTANÉITÉ. s. f. Qualité de ce qui est spontané. *La s. d'une action, d'un mouvement.*

SPONTANÉMENT. adv. D'une manière spontanée. *Une résolution prise s. Un mouvement qui s'exécute s. Une maladie qui se développe s.*

SPONTINI, compositeur de musique ital. (1779-1851).

SPONTON. s. m. Voy. ESPONTON.

SPORADES, nom des îles de l'Archipel, situées entre les Cyclades et l'Asie Mineure, et dont les plus connues sont *Théra, Pathmos, Cos, Carpathos* (en partie à la Turquie, en partie à la Grèce). || *Sporades boréales*, et *Sporades australes.* Deux groupes de petites îles disséminées dans l'Océan Pacifique, dans la POLYNÉSIE. Voy. OCÉANIE.

SPORADIQUE. adj. 2 g. (gr. σποραδικός, m. s., de σποράς, isolé, de σπείρειν, disséminer). T. Méd. Se dit par opposition à *épidémique* et *endémique*, des maladies qui attaquent quelques individus isolés. Voy. ÉPIDÉMIE.

SPORADIQUEMENT. adv. D'une manière sporadique.

SPORADOSIDÈRE. adj. 2 g. [Pr. *sporado-sidère*] (gr. σποράς, isolé; σίδηρος, fer). T. Astron. Se dit des météorites qui contiennent des grains de fer isolés. Voy. AÉROLITHE.

SPORANGE. s. m. T. Bot. Cavité où sont renfermées les spores.

SPORANGIFÈRE. adj. 2 g. (R. *sporange*, et lat. *fero*, je porte). T. Bot. Qui porte des sporanges.

SPORE. s. f. (gr. σπορά, graine). T. Biol. Cellule reproductrice asexuée des végétaux cryptogames et des Protozoaires.

SPORIDIE. s. f. (gr. σπορά, graine; εἶδος, apparence). T. Bot. Syn. de *Spore*. Voy. ce mot.

SPORIFÈRE. adj. 2 g. (R. *spore*, et lat. *fero*, je porte). T. Bot. Qui porte des spores.

SPOROCARPE. s. m. (gr. σπορά, graine; καρπός, fruit). T. Bot. Nom donné à la capsule qui, chez les Hydroptéridées, renferme les sporanges.

SPOROGONE. s. m. (gr. σπορά, semence; γονία, coin). T. Bot. Nom donné au sporange des Muscinées et des Floridées formé par le développement de l'œuf.

SPOROPHORE. s. m. (gr. σπορά, semence; φορός, qui porte). Se dit de tout organe qui porte des spores.

SPOROZOAIRES. s. m. pl. (gr. σπορά, graine; ζωάριον, petit animal). T. Zool. Les Sporozoaires forment une classe de *Protozoaires.* Ce sont probablement des infusoires dégradés par le parasitisme, car tous vivent en parasite chez d'autres animaux. Leur corps, entouré d'une membrane plus ou moins forte, est généralement à peu près immobile et dépourvu de tout organe spécial de locomotion. Tous se reproduisent par spores d'où leur nom. Les Sporozoaires comprennent deux grands ordres : 1° les *Coccidies* qui sont sphériques et vivent en parasites dans l'intérieur des cellules rénales, hépatiques, digestives, etc.; 2° les *Grégarines* qui ont le corps allongé et divisé en deux ou trois régions; elles vivent librement dans le tube digestif ou autres cavités internes des Vers et des Arthropodes.

SPORT. s. m. [Pr. *spor*]. Mot angl. qui sign. divertissement, et qui s'applique à tous les exercices qui ont pour objet de développer la force musculaire, l'adresse et le courage, surtout quand il s'y joint un élément d'émulation. Tels sont les courses à pied, à cheval, à bicyclette, le canotage, la chasse, l'escrime, la natation, le tir aux armes à feu, les jeux de boule, de cricket, de foot-ball, etc.

SPORTSMAN. s. m. (angl. *sport*, sport, et *man*, homme) Homme qui s'adonne à un ou à plusieurs sports.

SPORTULE. s. f. (lat. *sportula*, m. s., de *sporta*, panier). T. Antiq. rom. Don que les patrons faisaient à leurs clients.

SPORULATION. s. f. [Pr. ...*sion*] (R. *sporuler*). T. Biol. Production des spores. Mode particulier de reproduction des Protozoaires. Voy. PROTOZOAIRES.

SPORULE. s. f. (Dimin. de *spore*). T. Bot. Syn. de *Spore*.

SPORULER. v. n. (R. *sporule*). T. Biol. Produire des spores.

SPRÉE, riv. d'Allemagne, passe à Berlin, et se jette dans le Havel, affluent de droite de l'Elbe; 370 kil.

SPRINGFIELD, nom de plusieurs villes des États-Unis d'Amérique : une dans le Massachusetts, 33,400 hab.; une autre, cap. de l'Illinois, 20,000 hab.; une autre, dans l'Ohio, 30,000 hab.

SPULLER (Eug.), publiciste et homme politique fr. (1835-1896).

SPUME. s. f. (lat. *spuma*, écume). Salive écumeuse.

SPUMEUX, EUSE. adj. [Pr. *spumeu, euze*] (lat. *spumosus*, m. s., de *spuma*, écume). T. Méd. Qui est mêlé d'écume. *Crachats spumeux*.

SPURZHEIM, médecin allem. (1776-1832).

SPUTATION. s. f. [Pr. *spula-sion*] (lat. *sputare*, cracher). T. Méd. Action de cracher. *S. fréquente*.

SQUALE. s. m. [Pr. *skoua-le*] (lat. *squalus*, m. s.). T. Ieht. Les *Squales* (*Squalus*) constituent une grande famille de Poissons cartilagineux de l'ordre des *Sélaciens*. Les poissons qui la composent ont le corps allongé, une queue grosse et charnue, les nageoires pectorales de médiocre grandeur. Les ouvertures de leurs branchies répondent aux côtés du cou, et

Indien, est remarquable par la disposition de ses couleurs. Elle a les nageoires et le dessus du corps noirs, avec quelques taches blanches et des bandes transversales de cette dernière teinte. Cette espèce atteint jusqu'à 5 mètres de longueur.

II. — Les *Squales* proprement dits ont le museau proéminent, sous lequel sont situées des narines sans sillon. Leur nageoire caudale est plus ou moins fourchue. Cuvier les partage en plusieurs groupes d'après la présence ou l'absence, soit des évents, soit de la nageoire anale.

A. Le premier de ces groupes comprend les *espèces sans évents, mais pourvues d'une nageoire anale*. Le genre *Requin* (*Carcharias*) est fort nombreux en espèces. Outre l'absence d'évents et la présence d'une anale, il est caractérisé par ses dents tranchantes, pointues et le plus souvent dentelées sur leurs bords; par son museau déprimé avec les narines sous son milieu, et par les trous de ses branchies, dont les derniers s'étendent sur les pectorales. Le *Requin* proprement dit (*C. verus*) se reconnaît à ses dents blanches comme l'ivoire, en forme de triangle isocèle, à côtés rectilignes, et dentées à la mâchoire supérieure, les inférieures étant en pointe étroite sur une base plus large. Ces dents sont mobiles et leur nombre augmente avec l'âge. Chez les jeunes, on n'en compte qu'un rang; chez les adultes on en compte jusqu'à 6 rangs tant en haut qu'en bas. La bouche, fortement fendue au-dessous du museau, est énorme; son contour est égal à peu près au tiers de la longueur de l'animal, et la longueur de celui-ci dépasse souvent 8 mètres. La force de ce Squale est extrême et la vitesse de sa

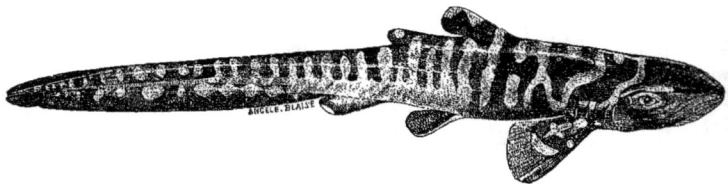

Fig. 1.

non au-dessous du corps, comme dans les Raies. Les Squales diffèrent encore des Raies par la mobilité de leurs dents; le plus grand nombre d'entre eux, en effet, ont ces organes simplement attachés sur le derme qui recouvre les mâchoires : ces dents sont en outre de forme très variable et souvent disposées sur plusieurs rangs. Leurs yeux sont latéraux; leur museau est soutenu par trois branches cartilagineuses qui tiennent à la partie antérieure du crâne; enfin, la ceinture humérale est suspendue dans les chairs et n'est point articulée avec le crâne ou avec la colonne vertébrale. Ces poissons ont en général la peau rugueuse et la chair coriace. Plusieurs sont vivipares, les autres produisent des œufs revêtus d'une corne jaune et transparente, dont les angles se prolongent en cordons cornés. La plupart atteignent une grande taille et sont célèbres par leur voracité. Cuvier partageait cette famille en 5 grands genres qui ont été dispersés depuis en familles, savoir : les *Roussettes*, les *Squales* proprement dits, les *Marteaux*, les *Scies* et les *Anges*.

1. — Les *Roussettes* (*Scyllium*) se distinguent des autres Squales par leur museau court et obtus, par leurs narines percées près de la bouche et contournées en un sillon qui règne jusqu'au bord de la lèvre. Leurs dents ont une pointe au milieu et deux plus petites sur les côtés. Elles ont toutes des évents et une anale. Leurs dorsales sont en arrière et leur caudale est allongée, non fourchue et tronquée au bout. On en trouve deux espèces dans nos mers : la *Grande Roussette* (S. *canicula*) ou *Chien de mer*, au corps gris, couvert de taches noirâtres, et dont la taille est de 1 mètre à 1m,30; et la *Petite Roussette* (S. *catulus*), appelée aussi *Rochier*, qui est de la taille de la précédente, mais qui a les taches plus rares et plus larges. Ces poissons sont vivipares et extrêmement voraces. Leur peau desséchée est connue dans les arts sous le nom de *peau de Roussette* ou *peau de Chien de mer*, et sert, par la multitude de petits tubercules pierreux dont elle est hérissée, à polir des corps durs, tels que l'ivoire. On parle parfois en vert, et alors on l'emploie, sous le nom de *Galuchat*, pour recouvrir des étuis, des gaines, etc. La *Roussette tigrée* (S. *tigrinum*) [Fig. 1], qui habite l'océan

marche est prodigieuse; quant à sa voracité, elle dépasse toute expression. Les Phoques, les Thons, les Morues, forment sa nourriture ordinaire; mais il dévore également les cadavres qu'on jette à la mer. Il engloutit des hommes entiers, et le zoologiste danois Muller assure que, près de l'île de Sainte-Marguerite, on prit un Requin qui pesait 1,500 livres et dont le ventre contenait un cheval tout entier qu'on avait probablement jeté d'un vaisseau. C'est par allusion à cette voracité, qui est si souvent fatale aux nageurs, que l'on a donné à ce poisson le nom sous lequel on le désigne, et qui est une corruption du mot *requiem*, le repos éternel. On prétend communément que les Requins, à cause de la position inférieure de leur bouche, sont obligés de se renverser sur le dos pour saisir les objets qu'ils convoitent, ce qui favorise la fuite de beaucoup de leurs victimes. Cependant Vancouver, qui les a observés souvent, regarde cette assertion comme fausse, et il a vu le contraire. On rencontre le Requin vrai dans toutes les mers du globe. Nous pronons encore sur nos côtes deux espèces de ce genre, appelées communément *Renard* et *Bleu*. La première (C. *vulpes*) est aussi appelée *Faux*, et doit ses noms vulgaires à la longueur du lobe supérieur de sa queue, qui est falciforme et égale à la longueur de son corps. Sa taille varie de 2 mètres et demi à 5 mètres. La seconde (C. *glaucus*) est ainsi nommée de la couleur bleu d'ardoise qu'offre la partie supérieure de son corps. Ce Squale a les pectorales très longues et très pointues, et a communément une longueur de 5 mètres. Une espèce des mers de l'Inde est remarquable par la couleur noire de l'extrémité de ses nageoires : de là le nom de *Requin mélanoptère* (C. *mélanopterus*) [Fig. 2], sous lequel on la désigne. Le genre *Lamie* ou *Touille* [*Lamna*] diffère du précédent par son museau pyramidal, et par les trous des branchies qui sont tous en avant des pectorales. La seule espèce connue dans nos mers est le S. *nez* (L. *cornubica*), que sa grandeur a fait souvent confondre avec le Requin.

B. Les Squales qui ont à la fois des évents et une anale, forment les genres *Milandre, Emissole, Griset, Pèlerin* et *Cestracion*. Les *Milandres* (*Galeus*) ont la forme des Requins ; mais, outre qu'ils sont pourvus d'évents, ils ont les dents dentelées seulement à leur côté extérieur. Nous en avons une espèce dans nos mers. Les *Emissoles* (*Mustelus*) ont les formes des précédents ; mais ils s'en distinguent par leurs dents en petits pavés. Nos mers en renferment deux espèces. Les *Griseis* (*Notidanus*) ne diffèrent des Milandres que par l'absence de la première dorsale. Le *Griset* proprement dit (*N. griseus*) a le museau déprimé et arrondi du Requin, et le corps cendré dessus et blanchâtre dessous. Il vit dans la Méditerranée. Les *Pèlerins* (*Selache*) ont la forme

tête dont le règne animal n'offre pas d'autre ex. Cette tête est aplatie horizontalement, tronquée en avant, et ses côtés se prolongent transversalement en branches qui la font ressembler à la tête d'un marteau. Les yeux sont situés aux extrémités des branches, et les narines à leur bord antérieur. L'espèce la plus commune dans nos mers est le *Marteau commun* (*Z. malleus*) [Fig. 3], vulgairement appelé *Maillet*. Son corps est grisâtre et sa tête noirâtre. Il atteint quelquefois 4 mètres de longueur, et son poids s'élève jusqu'à 340 kilogrammes. On pêche encore sur les côtes de la Méditerranée une espèce

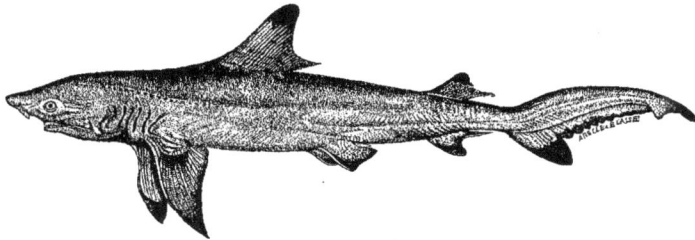

Fig. 2.

des Requins et les évents des Milandres ; mais ils s'en distinguent par la grandeur de leurs ouvertures branchiales qui entourent presque tout le cou, et par leurs dents petites, coniques et sans dentelures. La seule espèce connue, le *Selache maximus*, dépasse en grandeur le Requin, ainsi que les autres Squales ; en effet, il excède quelquefois 10 mètres de longueur, mais il n'a point la férocité du premier. Ce poisson habite la mer du Nord ; cependant on le rencontre de temps à autre sur nos côtes par les vents forts du nord-ouest. Le genre *Cestracion* (*Cestracio*) ne renferme qu'une seule espèce, qui est propre à l'Australie.

G. Les Squales *munis d'évents, mais dépourvus d'anale*, constituent les genres *Aiguillat*, *Humantin* et *Leiche*. Les *Aiguillats* (*Spinax*) ressemblent au Requin par leur forme générale ; mais, outre la présence d'évents et l'absence d'anale, ils s'en distinguent par une forte épine en avant de chacune des deux dorsales. L'*Aiguillat commun* (*S. acantha*) n'est pas rare sur nos côtes et se voit souvent sur nos marchés. Il est brun dessus et blanchâtre dessous. Sa peau s'emploie dans les arts aux mêmes usages que celle de la Roussette. Le genre *Humantin* ou *Centrine* (*Centrina*) ne diffère du précédent que par la position de la seconde dorsale qui est au-dessus des ventrales, et par la brièveté de la queue, qui donne à ces poissons une taille ramassée. Nous en avons sur nos côtes une espèce dont la taille varie de 1m,30 à 1m,65, et dont la peau fort dure est brune en dessus et blanchâtre en dessous. Les *Leiches* ou *Liches* (*Scymnus*) ont tous les caractères des Humantins, excepté les épines aux dorsales.

III. — Les *Marteaux* (*Zygæna*) ont le corps des Requins ; mais ils sont essentiellement caractérisés par une forme de

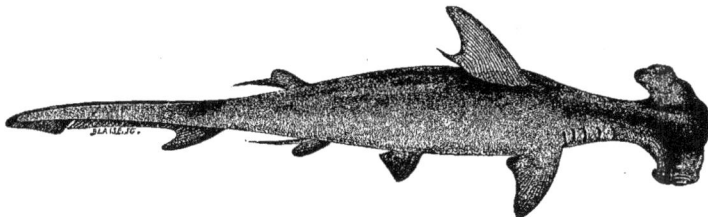

Fig. 3.

qui a la tête en forme de cœur, et qu'on nomme vulgairement *Pantouflier* : c'est le *Zygæna tiburo* des ichthyologistes.

IV. — Les *Scies* (*Pristis*) ont la forme allongée des Squales ; le corps est aplati en avant et leurs branchies sont percées en dessous comme dans les Raies. Mais ce qui les caractérise essentiellement, c'est le prolongement considérable que prend l'extrémité du museau, dont la forme est celle d'une lame d'épée armée de chaque côté de fortes épines osseuses, pointues et tranchantes implantées comme des dents. Ce bec, qui leur a valu leur nom, est une arme puissante avec laquelle ces poissons ne craignent point d'attaquer les plus gros Cétacés. Les dents de leurs mâchoires sont en petits pavés, comme chez les Emissoles. Ces Squales nagent avec rapidité, et on les rencontre dans les différentes mers, sous toutes les latitudes. L'espèce commune (*P. antiquorum*) parvient à une taille considérable. Elle a parfois jusqu'à 5 mètres de long, et son bec atteint de 1m,50 à 1m,60.

V. — Le genre *Ange* ou *Squatine* (*Squatina*) forme le passage entre la famille des Squales et celle des Raies ; mais nous l'avons décrit ailleurs. Voy. ANGE.

SQUAMARIÉES. s. f. pl. [Pr. *skoua-marié*] (R. squame). T. Bot. Tribu d'Algues de la famille des *Cryptonémiacées*. Voy. ce mot.

SQUAME. s. f. [Pr. *skoua-me*; (lat. *squama*, écaille). Se prend quelquefois dans le sens d'Ecaille proprement dite, mais se dit le plus souvent, en T. Bot., Des organes plus ou moins analogues à des écailles qui forment l'involucre des Composées, ou qui composent le bulbe de certaines plantes ; et, en T. Méd., Des petites lames d'épiderme qui, dans diverses maladies cutanées, se forment à la surface e la peau pour se détacher ensuite. Voy. Dermatose.

SQUAMELLE. s. f. [Pr. *skoua-mèle*] (Dimin.). T. Hist. nat. Petite squame.

SQUAMEUX, EUSE. adj. [Pr. *skouameu, euze*] (lat. *squamosus*, m. s., de *squama*, écaille). T. Anat., Bot. et Méd. Qui ressemble à une écaille; qui est formé ou composé de squames; qui est caractérisé par la présence de squames. *La portion squameuse du temporal. Involucre, bulbe s. Affections squameuses.*

SQUAMIFÈRE. adj. 2 g. [Pr. *skoua-mifère*] (lat. *squama*, écaille; *fero*, je porte). T. Zool. Qui a le corps couvert d'écailles.

SQUAMIFLORE. adj. 2 g. [Pr. *skoua-miflore*] (lat. *squama*, écaille; *flos, floris*, fleur). Dont la fleur se compose d'une ou plusieurs écailles.

SQUAMIFOLIÉ, ÉE. adj. [Pr. *skoua-mifolié*] (lat. *squama*, écaille; *folium*, feuille). Qui a des feuilles en forme d'écailles.

SQUAMIFORME. adj. 2 g. [Pr. *skoua-miforme*] (lat. *squama*, écaille; *forma*, forme). Qui a la forme d'une écaille.

SQUAMIPENNES ou **SQUAMMIPENNES.** s. m. pl. [Pr. *skoua-mipène*] (lat. *squama*, écaille; *penna*, nageoire). T. Icht. Cuvier avait nommé ainsi une famille de Poissons osseux de l'ordre des *Acanthoptérygiens*, parce que la partie molle et souvent la partie épineuse des nageoires, tant dorsales qu'anales, sont recouvertes d'écailles qui les encroûtent et rendent ces organes difficiles à distinguer de la masse du corps. Ce dernier est en général très comprimé et écailleux. Cette famille se divise en 3 tribus. La première comprend les espèces que Linné avait réunies

sous le nom de *Chétodons*, c.-à-d. dents-soies, parce qu'en effet leurs dents sont très fines et rassemblées sur plusieurs rangs serrés comme les crins d'une brosse. Au reste, ces poissons n'ont de dents que sur les mâchoires : le palais est lisse. Les Chétodons appartiennent aux mers des pays chauds et surtout à celles des Indes orientales, où l'on en voit des variétés infinies le long des côtes rocheuses. Tous sont remarquables par leurs couleurs éclatantes, disposées sur des fonds rose, pourpre, azuré, etc. De plus, leur chair est bonne à manger. Les *Chétodons* proprement dits (*Chœlodon*) ont le corps plus ou moins elliptique, leurs rayons épineux et mous se continuant en une courbe à peu près uniforme. Leur museau est plus ou moins avancé, et quelquefois leur préopercule a une fine dentelure. Ils se montrent en outre par la distribution de leurs couleurs et par une bande verticale noire dans laquelle est l'œil. Nous citerons comme type de ce genre le *Chétodons de Meyer* (Fig. ci-dessus). Les *Chelmons* se distinguent des précédents par leur museau long et grêle, ouvert seulement au bout, et formé par l'intermaxillaire et par la mâchoire inférieure prolongés outre mesure. Le *Chelmons rostré* (*Ch. rostratus*), qui se trouve à Java, où il habite les eaux douces ou marines indifféremment,

est célèbre par une habitude des plus singulières. Il lance à plus de 30 centimètres de distance des gouttes d'eau sur les insectes posés sur les plantes aquatiques et les fait ainsi tomber dans l'eau pour s'en nourrir. Les *Holacanthes* (*Holacanthus*) ont le préopercule armé d'une longue épine horizontale, et la forme de leur corps est un ovale régulier. Ces poissons, qui se rencontrent dans les mers tropicales des deux hémisphères, sont les plus brillants de la famille, et leurs couleurs sont généralement disposées par rayures. On les nomme vulgairement *Demoiselles*, et on les recherche à cause de l'extrême délicatesse de leur chair. Les *Pomacanthes* (*Pomacanthus*) ont la forme plus élevée que les précédents, parce que le bord de leur dorsale monte plus rapidement. On n'en connaît que d'Amérique. Les genres *Hentochus* ou *Cocher*, et *Ephippus* ou *Cavalier*, sont également exotiques. — La seconde tribu des Squamipennes comprend aussi des espèces à palais lisse comme les précédentes, mais elles ont des dents en carde ou en velours sur les mâchoires. Les *Platax* ont, en avant de leurs dents en brosse, un premier rang de dents tranchantes, divisées chacune en trois pointes. Leur corps est beaucoup plus haut qu'il n'est long : ce sont des poissons de la mer des Indes et de l'océan Pacifique. Nous ne ferons que nommer les genres *Psettus, Pimeléptère* (*Pimelepterus*) et *Dipterodon*, qui tous les trois sont également étrangers. — La troisième tribu comprend les genres dont le palais est muni de dents. Ainsi, les *Castagnoles* (*Brama*) ont des dents en cardes, aux mâchoires et aux palatins. Leur profil est élevé, et leur museau très court. La Méditerranée en possède une espèce, le *Cast. de Ray* (*Br. Raii*), qui est d'un blanc argenté un peu obscur. La chair de ce poisson, qui pèse de 5 à 6 kilogrammes, est savoureuse, blanche et estimée. Les genres *Pempheris* et *Toxotes* ou *Archer* appartiennent à la mer des Indes. Ce dernier, qui ne comprend qu'une seule espèce, doit son nom à l'instinct qu'il partage avec le Chétodon rostré. Comme ce dernier, l'Archer lance à plus d'un mètre de hauteur des gouttes d'eau sur les insectes qui se tiennent sur les herbes aquatiques ou qui volent au-dessus : il est rare, dit-on, qu'il manque son coup.

SQUAMULE. s. f. [Pr. *skoua-mule*] (dimin.). T. Hist. nat. Petite squame.

SQUARE. s. m. [Pr. *skouè-re* ou *skou-are*]. Mot anglais qui sign. *Carré*, et qui se dit d'une place publique de forme quelconque, dont le centre est occupé par un jardin entouré d'une grille.

SQUARREUX, EUSE. adj. [Pr. *skouar-reu*] (lat. *squarrosus*, raboteux). T. Bot. et Path. Se dit de toute partie qui est rude au toucher, raboteuse et roide.

SQUATINE. s. f. T. Icht. Genre de *Poissons cartilagineux*. Voy. Ange.

SQUELETTE. s. m. [Pr. *ske-lète*] (gr. σκελετὸν, desséché [σῶμα, corps]). L'ensemble des os d'un corps mort et décharné, dans leur situation naturelle. — Fig. et fam., on dit d'une personne extrêmement maigre et décharnée, *C'est un s., un vrai s., un s. ambulant.* || Fig., se dit des ouvrages d'esprit où le sujet est présenté d'une manière sèche et aride. *Il a fait de ce poème un s. en le traduisant. Il a trop abrégé son discours, c'est un s.* Se dit aussi du dessin, du plan général d'une œuvre, sans développement. || T. Chim. Ensemble d'atomes formant une chaîne fermée dans la molécule d'un corps. Voy. Noyau.

Anat. — Le mot *Squelette* désigne proprement l'ensemble des os du corps chez les animaux vertébrés. Cependant, par extension, on l'applique souvent à l'ensemble des parties plus ou moins dures et solides qui forment comme la charpente d'un très grand nombre d'invertébrés, telles que les anneaux cornés des insectes, les téguments crétacés des Crustacés, etc.; mais souvent on désigne ces dernières parties sous le nom de *Dermato-squelette*. Nous prendrons ici le terme de s. dans son acception primitive, et nous nous bornerons à indiquer la disposition des diverses pièces osseuses qui forment le s. dans l'espèce humaine.

Tous les os qui entrent dans la structure du s. se rapportent à trois divisions principales, la *tête*, le *tronc*, et les *membres*, ou *extrémités*, que l'on distingue en *supérieurs* ou *thoraciques* et *inférieurs* ou *abdominaux* (Fig. ci-après). — La partie essentielle et fondamentale de tout l'édifice est la *Colonne vertébrale* ou *Rachis*, vulgairement appelée *épine du dos*, à cause de sa situation à la région postérieure du corps. Cette colonne (Fig. 1 et 2) se compose de 24 pièces superposées, appelées *Vertèbres*, et séparées les unes des autres par une substance fibro-ligamenteuse, qui leur donne une certaine mobilité. Comme chaque vertèbre est percée d'un trou, la colonne qui résulte de leur ensemble représente un cylindre creux où est logée la moelle épinière. Les vertèbres sont désignées suivant la région qu'elles occupent, en *cervicales, dorsales* et *lombaires*. Les cervicales (*vc*, Fig. 2) sont au nombre de 7, les dorsales de 12 et les lombaires (*vl*) de 5. A sa partie supérieure, la colonne vertébrale supporte la *tête*, et sa cavité se continue avec la cavité crânienne. Voy. CRÂNE. Inférieurement, au contraire, le rachis se continue avec le *Sacrum* (*sa*), qui n'est en réalité qu'un assemblage de cinq vertèbres soudées entre elles. Ce dernier os présente en avant et en arrière une série de trous qui livrent passage aux nerfs provenant de la moelle épinière, comme font les *trous de conjugaison* que laissent les vertèbres rachidiennes en s'unissant ensemble. Au-dessous du sacrum, se trouve un petit os pyramidal mobile formé aussi de 3 vertèbres qu'on peut dire avortées, car elles ne forment point un anneau comme les précédentes : cet os a reçu le nom de *Coccyx*. Les vertèbres qui, par leur soudure, constituent le sacrum et le coccyx, sont souvent désignées sous le nom de *fausses vertèbres*. Les 12 vertèbres dorsales s'articulent latéralement de chaque côté avec un arc osseux, dont l'ensemble forme essentiellement la cage thoracique. Ces arcs, au nombre de 24, constituent les *côtes* (*c*) : tous sont cartilagineux dans leur extrémité antérieure. Les 7 premières côtes de chaque côté s'articulent directement avec le *Sternum* (*st*), os aplati et allongé, qui est situé au-devant de la poitrine, et correspond à la colonne vertébrale en arrière. Ces côtes sont appelées côtes *vraies* et *sternales*, par opposition aux suivantes, qu'on nomme côtes *fausses* et *asternales*, parce qu'elles ne s'articulent pas directement avec le sternum. Enfin, les deux inférieures de chaque côté sont aussi appelées côtes *flottantes*, parce que leur extrémité antérieure est mobile. Le sternum présente en haut une échancrure appelée *fourchette* du sternum, et en bas un appendice cartilagineux qu'on nomme *appendice sternal* ou *xiphoïde*. L'espèce de cage conoïde que forment les côtes en s'articulant avec le sternum en avant et avec la colonne vertébrale en arrière constitue le *Thorax* ou la *Poitrine*. Elle sert à loger le cœur, le poumon et les gros vaisseaux, et, grâce à la disposition de ses parties, elle jouit d'une grande mobilité, indispensable d'ailleurs à l'exécution des mouvements respiratoires. La partie inférieure de la colonne vertébrale nous offre également une grande cavité formée par une ceinture osseuse, mais qui est absolument immobile ; c'est le *Bassin* ou la *Cavité pelvienne*. Le bassin se compose seulement de trois os, savoir : du *sacrum* en arrière, et sur les côtés, ainsi qu'en avant, de deux os plats et larges, qu'on appelle *os coxaux, os iliaques* et *os innominés*. Au reste, l'*Os coxal* de chaque côté (*cx*) résulte de la soudure de trois os primitifs, l'*Ilium*, qui est postérieur et latéral, le *Pubis*, qui est antérieur, et l'*Ischion*, qui est inférieur et latéral. L'os coxal de chaque côté se joint en avant et sur la ligne médiane par sa partie *pubienne* avec la partie pubienne de l'os coxal du côté opposé : leur jonction forme ce qu'on nomme la *symphyse pubienne*. On appelle *Trou sous-pubien* ou *trou obturateur* l'ouverture que l'on voit au-dessous de la branche horizontale du pubis de chaque côté, et *Cavité cotyloïde* la cavité hémisphérique où se loge la tête du fémur. — La forme du bassin est celle d'un cône, dont la surface, très évasée en haut, se rétrécit brusquement à sa partie moyenne. Cet étranglement, qui forme le *détroit supérieur* du bassin, a pour effet de diviser la cavité pelvienne en deux cavités secondaires : l'une, supérieure, ovalaire transversalement et fortement échancrée en avant ; l'autre, inférieure, représentant une sorte de canal qui se termine en bas par une ouverture très irrégulière, improprement appelée *détroit inférieur*. Les axes de ces deux cavités sont inclinés l'un sur l'autre d'un angle de 30° environ. Le bassin soutient et renferme la plus grande partie des intestins, les organes géni-

taux internes, la vessie et le rectum. Celui de la femme, en raison de sa destination, diffère notablement de celui de l'homme. Chez celui-ci il y a prédominance des dimensions en hauteur, tandis que le contraire a lieu chez celle-là. Chez la femme, les fosses iliaques sont plus larges, plus déjetées en dehors que chez l'homme ; les deux cavités cotyloïdes sont aussi plus écartées, ce qui détermine un plus grand éloignement des fémurs et imprime à la démarche de la femme un caractère particulier, etc.

Les membres thoraciques se divisent en 4 parties, qui sont : l'*épaule*, le *bras*, l'*avant-bras* et la *main*. L'épaule

Fig. 1.

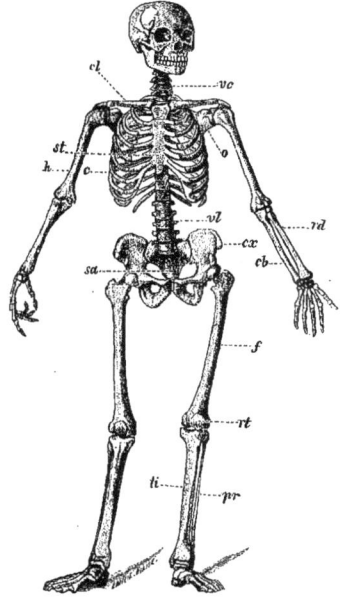

Fig. 2.

se compose de 2 os, l'*omoplate* et la *clavicule*. La *Clavicule* (*cl*) est un os long de forme sinueuse qui occupe la partie postérieure du thorax, et s'articule d'un côté, avec le sternum, et de l'autre, avec l'acromion. L'*Omoplate* (*o*) est un os plat, mince et triangulaire, qui constitue la partie postérieure de l'épaule. Sa face postérieure est divisée en deux parties appelées *fosses sus-épineuses* et *sous-épineuses*, par une saillie considérable qu'on nomme *épine de l'omoplate*. L'extrémité libre de l'épine scapulaire constitue l'*apophyse acromion* et s'articule avec la clavicule, tandis que l'angle externe de l'omoplate présente une cavité ovalaire, la *cavité glénoïde*, destinée à l'articulation du bras avec l'épaule, et surmontée par l'*apophyse coracoïde*. Le bras est formé par un seul os, l'*Humérus* (*h*), qui s'articule, par sa tête arrondie, avec l'omoplate, et, par son extrémité inférieure, avec les os de l'avant-bras, c.-à-d. avec le radius et le cubitus. Le *Cubitus* (*cb*) est un peu plus long que le radius ; on remarque à sa partie supérieure deux apophyses, l'une horizontale, appelée *apophyse coronoïde*, et l'autre verticale, nommée *Olécrâne*, qui est reçue dans une cavité correspondante de l'humérus. Le *Radius* (*rd*) a la faculté de se mouvoir sur le cubitus ; c'est par son changement de position que s'opèrent les mouvements de *pronation* et de *supination*. La *main*, dernière partie du membre thoracique, a été décrite ailleurs. Voy. MAIN. — Les membres abdominaux, de même que les précédents, se divisent en 4 parties, la *hanche*, la *cuisse*, la *jambe* et le *pied*. La hanche est constituée par un seul os, l'*os coxal*, dont nous avons parlé tout à l'heure. Il en est de même de la cuisse, qui est formée par un seul os, le *Fémur*. Ce dernier (*f*) est le plus long et le plus volumineux de tous les os. Il présente à son extrémité supérieure une *tête* arrondie, qui se loge dans la cavité cotyloïde, et qui est elle-même soutenue par un *col*, lequel fait un angle obtus avec le corps de l'os. Au-dessus du col on voit une grosse apophyse, nommée *grand trochanter*; puis au-dessous et à la partie interne, on en remarque une seconde appelée *petit trochanter*. L'extrémité inférieure du fémur est d'un volume considérable, et offre deux éminences articulaires convexes, nommées *condyles*. C'est entre ces deux éminences que se trouve la *Rotule* (*rt*), os triangulaire et convexe qui fait partie de l'articulation du genou. Cet os est uni au tibia par le *ligament rotulien*, tandis que sa partie supérieure donne attache au tendon du triceps fémoral. De même que l'avant-bras, la jambe est formée de deux os, le *tibia*, à la partie interne, et le *péroné*, à la partie externe du membre. Le *Tibia* (*ti*) est, après le fémur, le plus volumineux et le plus long des os du s. Son extrémité supérieure est beaucoup plus grosse que l'inférieure; celle-ci offre, en bas, une surface articulaire concave et quadrilatère qui repose sur l'os du pied appelé *Astragale*, et, en dedans, une éminence très apparente, qui constitue la *Malléole* interne ou, comme on dit vulgairement, la *Cheville interne*. Le *Péroné* (*pr*) est le plus grêle de tous les os longs. Son extrémité supérieure, ou *tête*, présente une facette articulaire qui s'adapte sur le tibia; l'inférieure constitue la *malléole* ou *cheville externe*, et s'articule avec l'astragale et le tibia. Le *pied* forme la base de sustentation de tout le corps, mais ayant décrit ailleurs cet organe, nous n'examinerons pas de nouveau les parties qui le composent.

Quand on consulte les auteurs, on est étonné qu'ils ne s'accordent point sur le nombre des os qui constituent la charpente du corps humain. Ces différences ont pour cause les modifications considérables que les os subissent par les progrès de l'âge. « Il y a cependant, dit Sappey, un âge déterminé pour faire le dénombrement des os; cet âge est celui où chacune des pièces du s. a atteint son entier développement et ne porte l'empreinte d'aucune altération sénile : il varie de vingt-cinq à trente ans. A cette époque, le nombre des os s'élève à 198, ainsi répartis : Colonne vertébrale (y compris le sacrum et le coccyx), 26; Crâne, 8; Face 14; Hyoïde, 1 ; Thorax (côtes et sternum), 25; Membres thoraciques (32 pour chacun), 64; Membres abdominaux (30 pour chacun), 60. Dans ce nombre n'entrent point certains os surnuméraires qui se développent fréquemment dans les parois du crâne (*os wormiens*), et quelques autres, appelés os *sésamoïdes*, qui apparaissent tantôt d'une manière constante, comme la *rotule*, tantôt d'une manière variable dans certains tendons. »

On dit qu'un s. est *naturel*, lorsque toutes les pièces qui entrent dans sa composition sont maintenues ensemble par les liens qui assurent leur contact dans l'état normal ; on l'appelle, au contraire, *artificiel*, lorsque les mêmes pièces sont réunies par des liens étrangers à l'organisation. On a même fabriqué un mot particulier : *Squelettopée*, pour désigner l'art de préparer un s. ou les différents os d'un s. — Voy. les mots OS. HISTOLOGIE, CRÂNE, VERTÈBRE, ainsi que les articles généraux consacrés aux différents ordres d'animaux vertébrés.

SQUILLE. s. f. [Pr. les *ll* mouillées]. T. Zool. Genre de Crustacés. Voy. STOMAPODES. || T. Bot. Nom vulg. des bulbes de la *Scille maritime*. Voy. LILIACÉES, 1.

SQUINE. s. f. [Pr. *ski-ne*]. T. Bot. Nom donné au rhizome du *Smilax China*. Voy. LILIACÉES, II.

SQUIRRE, ou mieux **SQUIRRHE.** s. m. [Pr. *ski-re*] (gr. σκίρρος, m. s., de σκίρος, corps dur et opaque). T. Méd. Voy. CANCER.

SQUIRREUX ou **SQUIRRHEUX, EUSE.** adj. [Pr. *skir-reu, euze*]. Qui est de la nature, qui offre l'aspect du squirrhe. *Tumeur squirrheuse*.

ST, ST. [On pron. *Sit, sit*, en faisant sentir l'I faiblement]. Onomatopée qui exprime un son que forme quelquefois la voix lorsqu'on appelle quelqu'un.

STAAL (baronne DE), née de Launay, femme de lettres françaises, auteur de curieux *Mémoires*, fut dans sa jeunesse femme de chambre de la duchesse du Maine (1693-1750).

STABAT. s. m. [Pr. le *t* final] (Mot lat. qui sign. *était debout*). On nomme ainsi, du mot par lequel elle commence, une prose célèbre qu'on chante à l'église le vendredi saint, et qui rappelle les souffrances de la Vierge Marie pendant le crucifiement de Jésus. Cette prose rimée, écrite en bas latin, mais dans un style net et touchant, est généralement attribuée à un religieux nommé Jacopone da Todi, mort en 1306. Un grand nombre de compositeurs ont mis le *Stabat* en musique. Parmi les plus célèbres, nous nommerons Palestrina, Hœndel, Pergolèse, Haydn, Neukomm et Rossini; mais le chant simple qu'y adapte l'Église peut rivaliser, par son expression triste et mélancolique, avec les compositions des plus grands maîtres.

STABIES, anc. v. de Campanie, fut engloutie par l'éruption du Vésuve (79 ap. J.-C.).

STABILITÉ. s. f. (lat. *stabilitas*, m. s.). Qualité de ce qui est stable. *La s. d'un édifice*. *Ce pont manque de s*. On dit plus ordinairement *Solidité*. — Fig., *La s. d'un État*. *La s. des lois*. *Il n'y a point de s. dans les choses du monde*. || L'état de permanence dans un lieu. *Faire vœu de s. dans une communauté religieuse*. || T. Mécan. La propriété qu'un corps, dérangé de son état d'équilibre, a de revenir à cet état. *La s. d'une balance. Ce navire a peu de s*. Voy. STATIQUE. — *St. des corps flottants*. Voy. HYDROSTATIQUE.

STABLE. adj. 2 g. (lat. *stabilis*, m. s. de *stare*, se tenir debout). Qui est dans un état, dans une assiette, dans une situation ferme. *Un édifice s. Cet échafaud n'est pas assez s*. En ce sens, on dit plus ordinair., *Solide*. || T. Mécan. *Équilibre st*., équilibre auquel un corps tend à revenir quand il en est écarté par quelque cause. Voy. STATIQUE. || Fig., Assuré, durable, permanent. *Le temps qu'il fait n'est pas s. Une paix ferme et s. Il n'y a rien de s. ni d'assuré dans sa fortune. Ce n'est point un esprit s. Rien n'est s. en ce monde*.

STABLEMENT. adv. [Pr. *stable-man*]. D'une manière stable.

STABULATION. s. f. [Pr. *...sion*] (lat. *stabulum*, étable). T. Écon. rurale. Séjour des animaux à l'étable; ne se dit que du séjour permanent des bœufs et des moutons dans l'étable, quand on se propose de les engraisser. *La s. a ses avantages et ses inconvénients*.

STACCATO. adv. et s. m. [Pr. *stak-kato*] (mot ital. dérivé de *staccare*, détacher). T. Mus. En détachant toutes les notes. — Morceau qui doit être joué de cette manière. Voy. MUSIQUE, IV.

STACE, poète latin, auteur de la *Thébaïde* (61-96).

STACHYS. s. m. [Pr. *sta-kis*] (gr. στάχυς, épi). T. Bot. Genre de plantes Dycotylédones de la famille des *Labiées*. Voy. ce mot.

STACHYTARPHETA. s. m. [Pr. *staki-tarfeta*] (gr. στάχυς, épi; ταρφεύς, dense). T. Bot. Genre de plantes Dicotylédones de la famille des *Verbénacées*. Voy. ce mot.

STACKHOUSIE. s. f. [Pr. *sta-kou-zi*] (R. *Stackhouse*, nom d'un botan. angl.). T. Bot. Genre de plantes Dicotylédones (*Stackousia*) de la famille des *Célastracées*. Voy. ce mot.

STACKHOUSIÉES. s. f. pl. [Pr. *stakou-zié*] (R. *stackhousie*). T. Bot. Tribu de végétaux de la famille des *Célastracées*. Voy. ce mot.

STADE. s. m. (lat. *stadium*, gr. στάδιον, m. s.). T. Antiq. Voy. plus bas. || T. Métrol. anc. Mesure itinéraire usitée chez les Grecs dont la valeur a varié suivant les époques et était d'environ 200 mètres. Voy. ITINÉRAIRE. || T. Méd. Chaque période d'une maladie, et particulièrement. Chacun des trois temps que présente un accès de fièvre intermittente. Voy. FIÈVRE.

Antiq. — Chez les Grecs, on donnait le nom de *Stade* (στάδιος ou στάδιον) à l'arène dans laquelle avaient lieu les courses à pied et toute espèce de luttes gymnastiques. Elle était ainsi nommée parce que, à Olympie, les deux piliers qui marquaient la longueur de la course étaient exactement distants d'un *stade*, c.-à-d. de 600 pieds grecs ou 184^m,80. Le s., moins vaste que l'hippodrome, consistait en une enceinte étroite et oblongue, terminée en demi-cercle à l'une de ses extrémités, et à l'autre par une ligne droite : tout autour se trouvaient des sièges pour les spectateurs. La Fig. ci-dessous représente la restauration du s. d'Éphèse. A est une

construction chargée de sièges : elle a 23^m,40 de profondeur. B et C indiquent les côtés du s., et D l'hémicycle de l'extrémité : ils ont la même profondeur que la première construction. F est l'arène, et E une partie semi-circulaire qui ne servait à rien dans les courses, mais qui avait sans doute son utilité dans d'autres jeux ; *bb* sont deux projections angulaires en maçonnerie ; *ee*, les entrées ; la distance de O à P est la longueur du s. olympique. Après la conquête de la Grèce par les Romains, la forme du s. s'altéra au point de ne pas différer de celle de l'amphithéâtre.

STADIA. s. m. (R. *stade*). T. Géom. On donne le nom de *Stadia* à un instrument destiné à mesurer les distances, et dont on fait surtout usage à l'armée pour régler le tir avec précision. Sa forme la plus simple, c'est. consiste en une petite tige que l'on tient verticalement devant l'œil droit, et en tendant le bras afin qu'elle se trouve toujours à la même distance. On fait passer deux rayons visuels, l'un rasant le haut de la tige et passant par le sommet de la coiffure de l'homme servant de but, l'autre passant par les pieds de ce même homme et rasant le pouce de celui qui tient l'instrument. La hauteur du but étant supposée constante, c.-à-d. de 1^m,80 pour un fantassin, et de 2^m,50 pour un cavalier, l'angle sous lequel est vu le fantassin ou le cavalier sera d'autant plus petit que la distance sera plus considérable.

Si donc, par ex., après avoir déterminé la longueur de la s. pour une distance de 50 mètres, on divise cette longueur en 8 parties égales, et qu'ensuite, pointant un homme dans la campagne, on reconnaît qu'il correspond à deux parties seulement de la s., on en conclura qu'il se trouve à 50 m. × 4 ou à 200 mètres. L'instrument qui précède ne peut servir que pour les petites distances, parce que ses divisions et son pointage sont très confus pour les grandes. Mais il est facile de construire sur ce principe des instruments plus exacts. L'un des plus employés est celui que représente la Fig. ci-dessus. Il consiste en une plaque de cuivre dans laquelle on a évidé un trapèze à deux côtés parallèles AB et C, dont l'un, AB, est la hauteur apparente d'un fantassin placé à 100 mètres, par ex., et dont l'autre, C, est la hauteur de ce même fantassin placé à la distance de 1,200 mètres, limite de la vision ordinaire. Les longs côtés du trapèze sont gradués de manière à indiquer les distances intermédiaires. Enfin, un curseur *ab* glisse dans une coulisse, de manière à être constamment parallèle à AB : il forme, à proprement parler, le s., dont la hauteur *ab* est déterminée par l'écartement des côtés au point où le curseur est arrêté. Lorsqu'on veut se servir de cet instrument, il faut, sans quoi les résultats donnés ne seraient pas comparables entre eux, qu'on le tienne bien verticalement et toujours à la même distance de l'œil. A cet effet, il est muni d'un bout de ficelle long de 65 centimètres et terminé par un nœud, que l'on tient entre les dents. La main droite tient la plaque et le pouce gauche est au curseur. Le s. porte deux graduations différentes sur chacun de ses côtés ; l'une est relative aux hommes à pied et l'autre aux cavaliers.

L'augmentation de la portée des armes à feu a nécessité des instruments plus précis. Il en existe plusieurs modèles, qui se composent essentiellement d'une lunette munie d'un réticule.

On juge de la distance par la grandeur de l'image d'un homme ou d'un cavalier dans le plan focal de la lunette, et on apprécie la grandeur de cette image en la rapportant aux fils plus ou moins nombreux dont est muni le réticule.

STADION (comte DE), homme d'État autrichien (1763-1824), poussa à la guerre contre Napoléon Ier.

STAËL-HOLSTEIN (Mme DE), femme de lettres française, fille de Necker (1766-1817), fut exilée par Napoléon Ier, visita l'Allemagne, et se retira à Coppet, en Suisse. Elle ne rentra en France qu'avec Louis XVIII. Ses principaux ouvrages sont : *Corinne, De l'Allemagne, Considérations sur la Révolution française.*

STAFFA, une des Hébrides, en face du comté d'Argyle, où se trouve la grotte de Fingal. Voy. BASALTE.

STAFFARDE, vge près de Salaces (Italie), où Catinat battit le duc de Savoie (1690).

STAFFELITE. s. f. [Pr. *staf-félite*] (R. *Staffel*, n. de lieu). T. Minér. Phosphate de chaux impur, en mamelons verdâtres, translucides.

STAFFORD, comté de l'Angleterre, au centre, 981,100 hab. ; ch.-l. *Stafford* ; 12,000 hab.

STAFFORD (comte DE), homme d'État angl. impliqué dans la prétendue conspiration papiste que Titus Oates dénonça en 1678. Il fut décapité (1612-1680).

STAFF-SYSTÈME. s. m. (angl. *staff*, bâton ; *system*, système). T. Ch. de fer. Nom donné à un procédé très simple capable d'assurer la sécurité absolue sur les lignes à voie unique. La ligne est composée de sections limitées à chaque gare. Chaque section s'étendant d'une gare à la suivante possède un bâton dit bâton pilote, et aucun train ne peut quitter la station si le mécanicien ou le chef du train n'a en main le bâton pilote de la section qu'il va parcourir. Ainsi le chef du train arrivant de la gare A à la gare B dépose en cette dernière le bâton pilote de la section AB et y prend celui de la section BC qu'il déposera à la gare C. Ce bâton pilote sera ensuite ramené de la gare B par un train marchant en sens inverse. Il est clair que ce procédé ne permet pas à deux trains de s'engager à la fois sur la même section, puisque le second n'ayant pas de bâton pilote ne pourrait partir. Tout danger de collision est ainsi complètement écarté. Malheureusement le *staff-système* exige qu'il y ait autant de trains montants que de trains descendants, que les trains allant dans les deux sens alternent régulièrement et que tous les trains s'arrêtent à toutes les stations. Ces exigences gênent l'exploitation ; elles empêchent les trains express. Aussi, malgré ses avantages et sa simplicité, le staff-système n'est-il que peu employé.

STAGE. s. m. (bas lat. *stagium*, demeure, mot formé de *stare*, se tenir debout et du suff. *agium* qui représente le suff. lat. *aticum*). Autrefois on désignait sous ce nom la résidence que devait faire chaque nouveau chanoine afin de pouvoir jouir des revenus attachés à la prébende dont il avait pris possession. Aujourd'hui, on appelle *Stage* le temps d'épreuve dont les aspirants à certaines fonctions doivent justifier pour être admis à les remplir. C'est ainsi que les notaires, les avoués, les huissiers, avant de pouvoir être nommés, doivent justifier d'un s. dont la durée est variable. Nous avons mentionné ailleurs le s. auquel sont assujettis les jeunes avocats qui veulent être inscrits sur le tableau de l'ordre. Voy. BARREAU. Les lois des 15 mars 1850 et 30 octobre 1886 obligent ceux qui veulent diriger un établissement d'instruction primaire ou secondaire à un stage d'au moins deux ans. Pour être nommé instituteur public titulaire, il faut avoir exercé un s. de deux ans au moins dans une école publique ou privée. De même les règlements applicables au personnel des administrations centrales de l'État prévoient en général un s. d'un an pour la titularisation, en qualité de rédacteur ou d'expéditionnaire. Confirmant les règlements antérieurs, le décret du 31 juillet 1893 exige des aspirants au doctorat en médecine un s., dans les hôpitaux dont la durée est fixée à trois ans.

Nous signalerons en terminant un projet de loi relatif au *s. scolaire* déposé à la chambre des députés par le Gouvernement en novembre 1899. Ce projet consisterait à exiger un s. de trois ans dans les établissements publics d'instruction de tout aspirant aux fonctions publiques pour lesquelles sont requises les études secondaires ou supérieures, ainsi que des candidats aux examens ou concours d'admission aux écoles du Gouvernement établies pour le recrutement des services publics. Les dernières années d'études entreraient seules en ligne de compte pour le stage scolaire.

STAGIAIRE. adj. et s. m. Celui qui fait son stage. *Avocat s. Les jeunes stagiaires. Instituteur s.*

STAGIRE. anc. v. de la Chalcidique (Macédoine) auj. *Stavro.* Patrie d'Aristote.

STAGMARIA. s. m. (gr. στάγμα, goutte). T. Bot. Genre de plantes Dicotylédones de la famille des *Anacardiacées.* Voy. ce mot.

STAGNANT. ANTE. adj. [Pr. *stag-nan*, g dur] (part. prés. de *stagner*). Qui ne coule point. *Une eau stagnante.* || Se dit aussi du sang et des humeurs, lorsqu'ils cessent de circuler et s'accumulent dans quelque partie du corps, ce qui détermine l'altération de ces liquides. *Une humeur stagnante.*

STAGNATION. s. f. [Pr. *stag-na-sion*, g dur] (R. *stagner*). État de ce qui est stagnant. *La st. des eaux. La st. du sang, des humeurs.* || Fig., se dit des affaires de commerce, des opérations de crédit qui languissent, qui sont suspendues. *La st. des affaires. Le commerce est dans un état de st. complet.*

STAGNER. v. n. [Pr. *stag-ner*, g dur] (lat. *stagnare*, m. s., de *stagnum*, étang). Etre stagnant.

STAGNICOLE. adj. 2 g. [Pr. *stag-nikole*, g dur] (lat. *stagnum*, étang, *colere*, habiter). Qui vit dans les étangs.

STAHL, célèbre médecin et chimiste allemand, fut professeur à Hall. Il est l'inventeur, en chimie, de la théorie du *phlogistique,* et, en médecine, du système de l'*animisme* (1660-1734).

STALACTITE. s. f. (gr. σταλακτός, qui tombe goutte à goutte, de σταλάζω, je coule goutte à goutte). T. Minér. Sorte de dépôt, en forme de cône ou de cylindre, qui pend du haut d'une caverne, et qui est formé par les matières solides qu'abandonnent les eaux qui filtrent à travers le plafond de la caverne. Voy. CRISTALLOGRAPHIE, XII, 2.

STALAGMITE. s. f. (gr. σταλαγμός, suintement, de σταλάζω, je coule goutte à goutte). T. Minér. Protubérance ou colonne formée sur le sol d'une caverne par les dépôts calcaires ou siliceux que laissent les gouttes d'eau qui tombent du plafond de la caverne. Voy. CRISTALLOGRAPHIE, XII, 2.

STALLE. s. f. [Pr. *sta-le*] (bas lat. *stallus,* de *stare,* se tenir). Dans les églises, on appelle *Stalles* ou *Chaises de*

chœur, des sièges de bois placés autour du chœur, séparés par des accoudoirs, et souvent pourvus d'un pupitre au-devant. Chaque st. se hausse et se baisse à volonté. Lorsqu'elle est baissée, elle offre un siège assez bas; lorsqu'elle est levée, elle présente sous le siège une sorte d'appui en forme de cul-de-lampe, qu'on appelle *Miséricorde* ou *Patience,* parce

que, dans le principe, la règle étant que l'on chantât debout, on n'ajouta cette espèce de demi-siège que par tolérance, afin de soulager les personnes âgées. Dans les cathédrales et dans les grandes églises, les stalles sont surmontées par derrière de panneaux élevés et enrichis de sculptures souvent remarquables par leur élégance. La Fig. ci-contre représente une st. du XVᵉ siècle. — Par extension, dans les théâtres, on appelle *Stalles,* des sièges séparés et ordinairement numérotés, qui sont placés à l'orchestre, au balcon et aux galeries. Enfin, on emploie encore ce terme pour désigner, dans les écuries, chacun des compartiments distincts assignés aux chevaux, afin que ces animaux ne puissent se battre entre eux et se blesser.

STAMBOUL, nom turc de Constantinople.

STAMBOULOF, homme politique bulgare (1853-1895).

STAMINAIRE. adj. 2 g. [Pr. *stami-nère*] (lat. *stamen, staminis,* filament, étamine). T. Bot. Se dit des fleurs doubles dont les pétales surnuméraires sont dus à la transformation des étamines.

STAMINAL, ALE. adj. (lat. *stamen, staminis,* filament, étamine). Qui a rapport aux étamines.

STAMINÉE. adj. f. (lat. *stamen, staminis,* filament, étamine). Se dit des fleurs unisexuées pourvues d'étamines.

STAMINIFÈRE. adj. 2 g. (lat. *stamen, staminis,* filament, étamine; *fero,* je porte). Qui porte des étamines.

STAMINIFORME. adj. 2 g. (lat. *stamen, staminis,* filament, étamine; *forma,* forme). Qui est en forme d'étamine.

STAMINODE s. m. (lat. *stamen, staminis,* filament, étamine, et gr. εἶδος, ressemblance). Etamine stérile.

STANCE. s. f. (ital. *stanza,* m. s., du lat. *stare,* se tenir, s'arrêter). En poésie, on appelle *Stance,* un certain nombre de vers formant un sens complet et assujettis, pour la mesure et pour le mélange des rimes, à une règle qui s'observe dans toute la pièce. Le nombre de vers dont se compose une st. peut varier de trois à douze. Selon que les stances ont trois, quatre, six ou huit vers, elles portent les noms de *tercet,* de *quatrain,* de *sixain,* d'*octave.* La *Divine comédie* de Dante est écrite en tercets, et la *Jérusalem* de Tasse en octaves. On donne encore le nom de *Stances,* au pluriel, à toute pièce de poésie qui se compose d'un certain nombre de stances; c'est ainsi que l'on dit de *belles stances,* des *stances héroïques,* etc. Enfin on nomme *Stances irrégulières* certaines pièces de vers composées de stances qui diffèrent entre elles par la mesure des vers et par l'entrelacement des rimes.

STANGUE. s. f. (ital. *stanga,* barre). T. Blas. Verge de l'ancre.

STANHOPE (JACQUES, comte), général et diplomate anglais (1675-1721), se distingua dans la guerre de la succession d'Espagne, et, ministre de Georges Iᵉʳ, contribua aux traités de la Triple et Quadruple alliance. — Son petit-fils Charles, savant écrivain angl. (1753-1816). || Son arrière-petite-fille, lady STANHOPE (1776-1830), après avoir exercé une grande influence sur Pitt, son oncle, se retira en Syrie, où elle acquit beaucoup d'ascendant sur les peuples de l'Orient.

STANISLAS Iᵉʳ LECZINSKI (1677-1766), fut nommé roi de Pologne après la déposition d'Auguste II (1704), grâce à l'appui de Charles XII de Suède. Mais, après la défaite de son protecteur, il fut obligé de se réfugier en France. Il tenta, sans succès, de reprendre sa couronne à la mort de son rival, et reçut en échange les duchés de Lorraine et de Bar (1738). Il embellit Nancy et y fonda une Académie. Sa fille, MARIE LECZINSKA, épousa Louis XV, en 1725.

STANISLAS II PONIATOWSKI, roi de Pologne, succéda à Auguste III, roi de Pologne, son règne ne fut qu'une longue anarchie (1764-1795), et il laissa consommer les trois démembrements de la Pologne (1772-73, 1793, 1795).

STANNATE. s. m. [Pr. *stann-nate*] (R. *stannique*). T. Chim. Nom générique des sels formés par l'acide stannique. Voy. ÉTAIN, II.

STANNÉTHYLE. s. m. [Pr. *stann-nétile*] (lat. *stannum*, étain, et fr. *éthyle*). T. Chim. Nom donné aux composés organométalliques formés par l'union de l'étain et du radical éthyle. En chauffant l'iodure d'éthyle avec un alliage de sodium et d'étain, on obtient : l'*étain-diéthyle*, Sn(C²H⁵)² liquide huileux insoluble dans l'eau; l'*étain-triéthyle* Sn(C²H⁵)³ qui bout vers 270°, et l'*étain-tétréthyle* Sn(C²H⁵)⁴ qui est soluble dans l'eau, et qui bout à 181°.

STANNIFÈRE. adj. 2 g. [Pr. *stann-nifère*] (lat. *stannum*, étain; *fero*, je porte). T. Minér. Qui contient de l'étain.

STANNINE. s. f. [Pr. *stann-nine*] (lat. *stannum*, étain). T. Minér. Sulfure d'étain. Voy. ÉTAIN, VII.

STANNIQUE. adj. 2 g. [Pr. *stann-nike*] (lat. *stannum*, étain). T. Chim. Oxyde st., Acide st. Voy ÉTAIN, II.

STANOVOÏ (Monts), chaîne de montagnes de la Sibérie, s'étendant de la source de l'Amour au cap Oriental.

STANZ, l'une des deux cap. du canton d'Underwald (Suisse); 2,000 hab.

STAPÉLIE. s. f. (R. *Van Stapel*, n. d'un méd. holl.). T. Bot. Genre de plantes Dicotylédones (*Stapelia*) de la famille des *Asclépiadées*. Voy. ce mot.

STAPHISAGRINE. s. f. [Pr. *stafi-zagrine*] (R. *Staphisaigre*). T. Chim. Alcaloïde amorphe, fusible à 90°, peu soluble dans l'eau, contenu dans les semences de staphisaigre.

STAPHISAIGRE. s. f. [Pr. *stafi-sègre*] (gr. σταφὶς, raisin; ἀγρία, sauvage). T. Bot. Nom vulgaire du *Delphinium Staphisagria*, plante de la famille des *Renonculacées*, tribu des *Helléborées*. Voy. RENONCULACÉES.

STAPHYLÉES. s. f. pl. (R. *Staphylea*, n. scientifique du genre Staphylier). T. Bot. Tribu de végétaux de la famille des *Sapindacées*. Voy. ce mot.

STAPHYLIER. s. m. (gr. σταφυλὴ, grappe). T. Bot. Genre de plantes Dicotylédones (*Staphylea*) de la famille des *Sapindacées*. Voy. ce mot.

STAPHYLIN. s. m. (gr. σταφυλίνος, m. s., de σταφυλή, grappe). T. Entom. Genre d'Insectes *Coléoptères*. Voy. BRACHÉLYTRES. ‖ T. Anat. Se dit du muscle qui appartient à la luette.

STAPHYLINIDES. s. m. pl. (R. *Staphylin*). T. Entom. Fam. d'*Insectes Coléoptères* qui porte encore le nom de BRACHÉLYTRES. (Voy. ce mot.)

STAPHYLOCOQUE. s. m. (gr. σταφυλὴ, grappe; κόκκος, grain). T. Microbiol. Les staphylocoques sont des micro-organismes réunis en grappes; les plus importants sont le s. *pyogène aureus*, et le s. *albus* qui provoquent des suppurations limitées (furoncle, panaris, adénite, etc.)

STAPHYLÔME. s. m. (lat. *staphyloma*, gr. σταφύλωμα, m. s., de σταφυλή, plomb d'un fil à plomb). T. Méd. Affection de l'œil caractérisée par une saillie de la cornée, généralement consécutive à une perforation de cette membrane. Le s. peut troubler la vision ; les désordres qu'il provoque dépendent de son siège et de son volume; ils nécessitent son ablation.

STAPHYLOPLASTIE. s. f. (gr. σταφυλή, luette; πλάσσω, je forme). T. Chir. Restauration du voile du palais aux dépens des tissus voisins.

STAPHYLORRAPHIE. s. f. (gr. σταφυλή, luette; ραφή, suture). T. Chir. Suture du voile du palais quand il est affecté de division congénitale.

STARGARDT, v. forte de Prusse (Poméranie) ; 22,000 hab.

STAROSTE. s. m. Sous ce nom, dérivé du slave *stary*, qui signifie vieux, on désignait autrefois les gentilshommes polonais qui tenaient en fief un domaine de la couronne et qui en percevaient les revenus, à la charge de payer une redevance au roi. Ces fiefs, appelés *Starosties*, étaient héréditaires, et, en cas de vacance, le roi devait en investir un nouveau dignitaire. Les titulaires de certaines starosties exerçaient les droits de haute et de basse justice ; dans d'autres, les starostes ne jouissaient que des revenus.

STAROSTIE. s. f. Fief et dignité du *Staroste*. Voy. ce mot.

STARTER. s. m. [Pr. *star-tère* ou *star-teur*] (angl. *starter*, m. s., de *to start*, faire partir). Celui qui donne le signal du départ dans les courses, en abaissant un drapeau.

STASE. s. f. [Pr. *sta-ze*] (gr. στάσις, station). T. Pathol. Séjour du sang ou des humeurs dans quelque partie du corps, par suite de la cessation ou du ralentissement de leur mouvement. S. sanguine. S. du sang.

STASSFURTITE. s. f. T. Minér. Boracite amorphe de Stassfurt (Prusse).

STATÈRE. s. m. (gr. στατὴρ, m. s.). T. Métrol. anc. Monnaie d'or usitée en Égypte et en Grèce et qui valait 20 drachmes grecques, soit environ 19 francs. Voy. MONNAIE.

STATÈRE. s. f. (lat. *statera*, m. s.). T. Archéol. Balance romaine. Voy. BALANCE.

STATHME. s. m. (gr. σταθμός, m. s., et lieu où l'on s'arrête, de ἴστημι, je m'arrête). T. Métrol. anc. Mesure itinéraire usitée en Perse et dans l'Asie mineure et qui a varié suivant les temps de 10,000 à 20,000 mètres. Voy. ITINÉRAIRE.

STATHOUDER. s. m. **STATHOUDÉRAT.** s. m. Le titre de *Stathouder*, qui signifie simplement *lieutenant*, fut, à l'origine, porté par les gouverneurs nommés dans chaque province des Pays-Bas par les princes suzerains de la maison de Bourgogne et d'Autriche. Lorsque les Pays-Bas eurent conquis leur indépendance, chacun des sept États qui composaient la république des Provinces-Unies, mit à sa tête un st. qui commandait les forces militaires, et dont le pouvoir était plus ou moins étendu. Toutefois la même personne pouvait exercer le *Stathoudérat* dans plusieurs États. En 1651, ce titre fut aboli dans quelques provinces et remplacé par celui de *grand pensionnaire*; mais il fut conservé dans les autres, car, en 1672, Guillaume III, depuis roi d'Angleterre, fut nommé st. de Hollande et de plusieurs autres provinces. Enfin, en 1747, Guillaume IV reçut le titre de *St. général* pour les sept Provinces, et la dignité du stathoudérat fut déclarée héréditaire dans sa famille à la condition que les membres qui y prétendraient à titre d'hérédité ne fussent ni rois ni électeurs, et qu'ils appartinssent à la religion réformée. Dès lors le stathoudérat constitua une véritable royauté déguisée sous un titre démocratique. En effet, le st. était à la fois capitaine et amiral général de tous les territoires composant les Provinces-Unies. De plus, il avait le droit de nommer les généraux, les présidents des Cours de justice, ainsi que la plupart des fonctionnaires administratifs dans les villes, à la condition de choisir ces derniers sur une liste de candidats présentée par les États de chaque province, etc. Enfin, ses revenus étaient considérables et sa cour offrait tout le luxe de celle d'un roi. La puissance du st. ne fit que s'accroître jusqu'à l'invasion des Français en Hollande (1794). A cette époque le stathoudérat fut aboli, et, lors du rétablissement du st. héréditaire dans les Pays-Bas, le congrès de Vienne l'autorisa à prendre le titre de roi.

STATICE. s. f. (gr. στατικὸς, astringent, de στατὸς, arrêté). T. Bot. Genre de plantes Dicotylédones de la famille des *Plombaginées*. Voy. ce mot.

STATION. s. f. [Pr. *sta-sion*] (lat. *statio*, m. s., de *stare*, se tenir debout). Pause, demeure de peu de durée qu'on fait dans un lieu. Je ne suis pas resté longtemps dans cet endroit, je n'y ai fait qu'une s. ‖ Le lieu où se tiennent les voitures publiques en attendant les voyageurs. Prendre une voiture à la s. ‖ L'endroit où s'arrêtent les trains de chemins de fer pour y prendre ou déposer les voyageurs. Les trains express ne s'arrêtent qu'aux stations principales. ‖ Endroit où l'on vient prendre les eaux. St. balnéaire, St. thermale. ‖ Se dit encore des églises, des chapelles, etc., que l'on va visiter pour y faire certaines prières, afin de gagner les indulgences. S. pour gagner le jubilé. Les *stations des sept églises, à Rome. Les stations du chemin de la croix. Faire ses stations*, Visiter les églises désignées pour y gagner les indulgences. — *Donner une s. à un prédicateur.* Le nommer pour prêcher dans une église pendant l'avent ou pendant le carême. *L'évêque lui a donné telle église pour s.* On dit dans le même sens, *Cette église est une bonne s.* || Dans les opérations d'Arpentage, de Géodésie, d'Astronomie, se dit aussi des différents lieux où l'on se place pour faire l'observation convenable. *Un coup de niveau est compris entre deux stations.* || T. Astron. L'état d'une planète, lorsqu'elle paraît n'avancer ni reculer dans le zodiaque. Voy. PLANÈTE, II. || T. Bot. Voy. GÉOGRAPHIE *botanique.* || T. Mar. *Être en s.,* se dit des vaisseaux auxquels on a assigné une certaine étendue de mer, un certain parage, pour y établir leur croisière pendant un temps fixé. *Ce bâtiment est en s. dans tel parage.* On dit en des sens analogues, *S. navale. Quitter, relever la s.* || T. Antiq. rom. *Soldats stationnaires,* Soldats qui étaient distribués en différents lieux pour avertir leur chef de ce qui s'y passait. || T. Méd. *Maladies stationnaires,* Maladies qui règnent plus généralement et plus constamment que les autres pendant une ou plusieurs années. || T. Mar. Se dit subst., ou masc., d'un petit bâtiment de guerre mouillé en tête d'une rade, pour exercer une sorte de police sur les bâtiments qui entrent et qui sortent. *Le capitaine du s.*

STATIONNAIRE. adj. 2 g. [Pr. *sta-sio-nère*] (lat. *stationarius,* m. s.). Qui arrête son mouvement, en restant un certain temps à la même place. *Le cortège demeura quelque temps s.* || T. Astron. Se dit d'une planète lorsqu'elle semble n'avancer ni reculer dans le zodiaque. *Jupiter était alors s., et Mercure rétrograde.* || Fig., au sens moral, se dit de certaines choses qui semblent rester au même point, sans avancer ni rétrograder. *La science ne saurait rester s. La civilisation chinoise est s. depuis des siècles.* || T. Antiq. rom. *Soldats stationnaires,* Soldats qui étaient distribués en différents lieux pour avertir leur chef de ce qui s'y passait. || T. Méd. *Maladies stationnaires,* Maladies qui règnent plus généralement et plus constamment que les autres pendant une ou plusieurs années. || T. Mar. Se dit subst., ou masc., d'un petit bâtiment de guerre mouillé en tête d'une rade, pour exercer une sorte de police sur les bâtiments qui entrent et qui sortent. *Le capitaine du s.*

STATIONNALE. adj. [Pr. *sta-sio-nale*] (lat. *stationalis,* stationnaire). On appelle *Églises stationnales,* Celles où l'on fait des stations dans les temps de jubilé.

STATIONNEMENT. s. m. [Pr. *sta-sio-neman*]. Action de stationner; se dit en parl. des voitures. *Le s. est interdit dans cette rue.*

STATIONNER. v. n. [Pr. *sta-sio-ner*]. Faire une station, s'arrêter dans un lieu; se dit surtout en parlant des voitures et des navires. *Les voitures de place ne peuvent s. devant les théâtres. Notre bâtiment stationnait alors sur la côte de Guinée.*

STATIQUE. s. f. (gr. στατιχὴ, m. s., de στατός, arrêté, stationnaire, du rad. στα qui est dans ἵστημι, je place, et dans le lat. *stare,* se tenir debout). T. Mécan. Partie de la mécanique ayant pour objet de déterminer les conditions dans lesquelles les forces appliquées à un corps ou à un système de corps se font équilibre. Nous avons donné au mot ÉQUILIBRE la définition précise de ce terme, et au mot FORCE, la définition de la *résultante* de plusieurs forces appliquées à un corps solide ainsi que le moyen de la déterminer par la règle du polygone. Au mot MÉCANIQUE nous avons expliqué comment tout corps pouvait être considéré comme un *système à liaisons,* et comment ces liaisons pouvaient être remplacées par des forces fictives appelées *forces de liaison,* de telle sorte qu'on peut remplacer le système à étudier par un système de points matériels absolument libres sollicités par les forces extérieures et les forces de liaison. Enfin, nous avons dit que, pour déterminer complètement les forces de liaison, il suffisait d'admettre que ces forces sont incapables de produire du travail dans tous les déplacements qui respectent les liaisons. Voy. MÉCANIQUE, TRAVAIL. Dans cet article nous allons démontrer le *principe du travail virtuel* qui permet d'écrire les conditions d'équilibre; puis nous ferons l'application de ce principe à la st. des corps solides, et enfin nous dirons quelques mots de la stabilité de l'équilibre.

1. *Principe du travail virtuel.* — On appelle *déplacement virtuel* d'un système à liaisons tout déplacement de ce système compatible avec les liaisons, que ce déplacement ait réellement lieu ou non. Quand le système se déplace réellement, son déplacement *réel* est un des déplacements vir-

tuels possibles. *La condition nécessaire et suffisante pour que le système soit en équilibre, c'est que, pour tout déplacement virtuel infiniment petit, la somme des travaux des forces qui agissent effectivement sur le système soit nulle.* On voit que, d'après cet énoncé, il ne faut pas tenir compte des forces de liaison. La condition est évidemment nécessaire, car, si le système est en équilibre, et qu'on le remplace par un système de points entièrement libres, en faisant intervenir les forces de liaison, il faudra que chaque point soit isolément en équilibre, c.-à-d. que toutes les forces qui agissent sur lui, tant les forces effectives que les forces de liaison, se détruisent mutuellement. Chaque point n'est donc soumis à aucune force. Donc, quel que soit le déplacement, le travail total sera nul; mais ce travail se compose de deux parties : le travail des forces effectives, et celui des forces de liaison. Or, pour tout déplacement virtuel, le travail des forces de liaison est nul. Donc, le travail des forces effectives est nul aussi. — Maintenant, la condition est suffisante. Supposons, en effet, que la condition étant vérifiée, le système ne soit pas en équilibre. On peut supposer que le système était primitivement en repos. Alors, puisqu'il n'est pas en équilibre, il va se déplacer, et le déplacement qu'il subira sera un des déplacements virtuels possibles. Mais, chaque point peut être considéré comme libre, si on fait intervenir les forces de liaison. Donc, chaque point se déplacera dans le sens de la résultante de toutes les forces qui agissent sur lui, y compris les forces de liaison. Donc le travail correspondant au déplacement de chaque point sera positif. Donc la somme des travaux de toutes les forces sera positive. Mais le travail des forces de liaison est nul. Il faut donc que, pour le déplacement réel, le travail des forces effectives soit positif. Il y aurait donc au moins un déplacement virtuel pour lequel le travail de toutes les forces effectives n'était pas nul. Alors la condition n'était pas vérifiée, ce qui prouve qu'elle est suffisante pour assurer l'équilibre.

Pour montrer comment le principe du travail virtuel suffit à trouver les conditions d'équilibre, considérons un système formé de n points entre lesquels existent k liaisons. Chaque point ayant trois coordonnées, il y a $3n$ variables; mais ces $3n$ variables sont assujetties à vérifier les k équations de liaison. On pourra donc, au moyen de ces k équations exprimer k coordonnées en fonction des $3n - k$ autres, de sorte qu'il ne restera que $3n - k$ variables indépendantes. D'autre part, un déplacement quelconque infiniment petit est défini par des accroissements dx, dy, dz, attribués aux coordonnées de tous les points, le nombre de ces accroissements étant $3n$, et, si on désigne par X, Y, Z, les projections sur les axes de coordonnées de la résultante des forces effectives appliquées à un des points du système, le travail élémentaire pour tout le système sera :

$$\Sigma (X dx + Y dy + Z dz),$$

le signe Σ indiquant que la somme doit être étendue à tous les points du système. Mais les $3n$ différentielles dx, dy, dz, etc., peuvent s'exprimer en fonction de $3n - k$ d'entre elles. Si on fait cette substitution, le travail s'exprimera par une fonction linéaire de ces $(3n - k)$ différentielles qui sont indépendantes. Pour que ce travail soit nul, quel que soit le déplacement virtuel, il faut qu'il soit nul quelles que soient les valeurs qu'on donne aux $3n - k$ différentielles. Cela exige que ces $3n - k$ coefficients de ces différentielles soient nuls séparément. On obtient ainsi $3n - k$ équations d'équilibre qui jointes aux k équations de liaison permettent de déterminer les $3n$ coordonnées des points du système et, par suite, la position d'équilibre.

Dans les applications, la détermination des forces de liaison est indispensable. En effet, les liaisons sont réalisées matériellement par des organes solides, supports, bielles, tringles, chaînes, cordes, dents des roues d'engrenage, etc. Les forces de liaison s'exercent par l'intermédiaire de l'élasticité de ces pièces. Elles sont égales aux *réactions* des pièces sur le système. Mais les réactions sont limitées par la résistance des pièces. Si l'équilibre exigeait des réactions trop fortes, les pièces casseraient. Il faut donc calculer d'avance ces réactions afin de construire les organes de la machine assez solidement pour qu'ils puissent y résister. Chaque point du système est en équilibre comme s'il était libre, sous l'action des forces effectives et des forces de liaison qui lui sont appliquées. Donc la force de liaison qui est appliquée à chaque point du système est égale et opposée à la résultante des forces effectives. Le calcul des forces effectives revient donc au calcul des forces de liaison. Or, on suppose que celles-ci sont connues en fonction des coordonnées de leur point d'application, et ces points d'application sont connus puisqu'on a su déterminer la position d'équilibre.

II. *Statique des corps solides.* — Nous avons dit au mot CINÉMATIQUE que le mouvement le plus général d'un corps solide peut se décomposer en une translation et une rotation autour d'un axe passant par un point choisi arbitrairement. Les déplacements virtuels sont donc des translations et des rotations autour d'un axe passant par ce point. Soit donc un point O pris arbitrairement dans l'espace. Pour qu'il y ait équilibre, il faut et il suffit que le travail des forces qui agissent sur le solide soit nul : 1° Pour toute translation ; 2° pour toute rotation autour d'un axe passant par O. Dans une translation quelconque, tous les points du solide décrivent des segments égaux et parallèles, et leurs coordonnées subissant respectivement les accroissements dx, dy, dz, qui sont les mêmes pour tous les points du système. Si X, Y, Z, sont les composantes, suivant les trois axes, de l'une des forces appliquées au solide, le point d'application de cette force se déplacera de dx, dy, dz, et le travail élémentaire de la force sera $X dx + Y dy + Z dz$. La somme des travaux élémentaires sera donc :

$$dx \Sigma X + dy \Sigma Y + dz \Sigma Z,$$

le signe Σ indiquant que la somme doit être étendue à toutes les forces qui agissent sur le système. Pour que ce travail soit nul quelle que soit la translation, c.-à-d. quelles que soient les valeurs des différentielles dx, dy, dz, il faut et il suffit que l'on ait séparément :

$$\Sigma X = 0 \qquad \Sigma Y = 0 \qquad \Sigma Z = 0,$$

c.-à-d. que les *sommes des projections de toutes les forces sur trois axes rectangulaires quelconques doivent être nulles* ou, ce qui revient au même, que *la somme des projections de toutes les forces sur un axe quelconque soit nulle.* Telles sont les trois équations de translation qui expriment aussi que *si on transporte toutes les forces données parallèlement à elles-mêmes en un même point; et qu'on les compose, leur résultante doit être nulle.*

Pour la rotation, on démontre aisément que si un corps solide tourne autour d'un axe OA, le travail de toutes les forces qui agissent sur lui, correspondant à l'angle de rotation angulaire infiniment petit da, est égal au produit de da par la somme algébrique des moments de toutes les forces par rapport à l'axe OA. Donc, pour que le travail virtuel soit nul, il faut que cette somme des moments soit nulle. Mais la rotation autour d'un axe OA peut se décomposer en trois autres autour des axes de coordonnées OX, OY, OZ. Donc, il suffit que les sommes des moments de toutes les forces par rapport aux trois axes OX, OY, OZ, soient nulles. Si x, y, z sont les coordonnées du point d'application de la force X, Y, Z, on obtient, par cette condition les *trois équations dites de rotation :*

$$\Sigma(Zy - Yz) = 0 \qquad \Sigma(Xz - Zx) = 0 \qquad \Sigma(Yx - Xy) = 0.$$

On peut encore dire que les conditions de rotation se réduisent à ce que *l'axe résultant de l'axe des moments de toutes les forces par rapport à un point O soit nul.* Voy. MOMENT.

En résumé, les conditions d'équilibre d'un corps solide entièrement libre se réduisent à six qui sont exprimées par les trois équations de translation et les trois équations de rotation.

Si le corps solide est fixé en un point O, les déplacements virtuels se réduisent à des rotations autour d'axes passant par ce point, et alors les conditions d'équilibre se réduisent aux trois équations de rotation relatives à trois axes rectangulaires passant par ce point.

Si, enfin, le corps est fixé en deux points, il ne peut plus que tourner autour d'un axe qui coïncide avec la droite joignant les deux points. Alors il n'y a plus qu'une condition qui s'exprime par l'équation de rotation relative à cet axe. Cette équation exprime aussi que : *pour qu'un corps solide assujetti à tourner autour d'un axe fixe soit en équilibre, il faut et il suffit que la somme algébrique des moments des forces qui agissent sur lui par rapport à cet axe soit nulle.* Cette condition contient toute la théorie du levier. Voy. LEVIER.

Des systèmes équivalents. — On dit que deux systèmes de forces S et S' sont *équivalents*, si l'on peut trouver un troisième système Σ tel que chacun des deux systèmes S et Σ et S' et Σ se fasse équilibre quand on l'applique à un corps solide. Si une force unique R est équivalente à un système S, on dit qu'elle est la *résultante* de ce système. Ainsi, plusieurs forces appliquées à un même point admettent une résultante

qui se détermine par la règle du polygone. Voy. FORCE. Dans toutes les questions qui sont relatives à l'équilibre, on peut toujours remplacer un système de forces par un système équivalent. En effet, il résulte du théorème des travaux virtuels que l'équilibre d'un système matériel n'est pas troublé si l'on fait agir sur ce système en plus des forces qui agissent déjà, de nouvelles forces qui, si elles agissaient seules, se formient équilibre. Si le système était en équilibre avant l'addition des nouvelles forces, il le sera après, et s'il ne l'était pas d'abord, il ne le serait pas après. De même on peut toujours supprimer des forces qui se font équilibre. D'après cela, nous pouvons remplacer le système des forces S par le système S,S',Σ en ajoutant S',Σ; puis nous pouvons supprimer S,Σ qui se fait équilibre, et il ne restera que S'. Il résulte des conditions générales d'équilibre que les conditions pour que deux systèmes soient équivalents sont que : 1° *la somme des projections des forces du premier système sur un axe quelconque soit égale à la somme des projections des forces du second système sur le même axe, et que 2° l'axe résultant des axes des moments de toutes les forces du premier système par rapport à un point de l'espace soit le même que l'axe résultant des axes des moments des forces du second système par rapport au même point.* De là résulte en cas très simple d'équivalence : deux forces égales et de même sens appliquées suivant la même droite, mais non au même point sont équivalentes. En d'autres termes, on peut toujours transporter le point d'application d'une force en un point quelconque de la droite suivant laquelle elle agit : on peut faire glisser la force sur sa ligne d'action.

Un système de forces ne peut admettre qu'une seule résultante. En effet, s'il y en avait deux R et S, il faudrait que R et S fussent équivalentes. La condition relative aux projections exigerait que R et S fussent égales, parallèles et de même sens, et la condition des moments, qu'elles agissent suivant la même droite; mais, d'après ce qu'on vient de voir, des forces égales, parallèles et de même sens ne peuvent pas être considérées comme différentes.

Si un système de forces admet une résultante, la résultante d'une part, le système des forces données d'autre part, forment *deux systèmes équivalents.* Si les forces sont appliquées à un corps solide, il faudra que les projections de la résultante sur trois axes soient égales aux sommes des projections des forces données sur les mêmes axes, et que l'axe du moment de la résultante par rapport à un point quelconque de l'espace soit le résultante des axes des moments des forces par rapport au même point. Il est clair en effet que si ces conditions sont vérifiées, et si on change le sens de la résultante, toutes les conditions d'équilibre seront vérifiées.

Enfin, pour que deux forces se fassent équilibre sur un corps solide, il faut et il suffit qu'elles soient *égales et directement opposées,* mais il n'est pas nécessaire qu'elles soient appliquées au même point; ces conditions sont en effet nécessaires et suffisantes pour assurer la nullité de la somme des deux projections et de l'axe du moment résultant.

Composition des forces appliquées dans un même plan. — Si toutes les forces qui agissent sur un corps solide sont situées dans un même plan, la somme de leurs projections sur une axe perpendiculaire au plan sera nulle, et la somme de leurs moments par rapport à tout axe situé dans leur plan sera aussi nulle. Donc les six équations d'équilibre se réduisent à trois à savoir : deux équations de translation, correspondant à deux translations parallèles au plan de la figure, et une seule équation de rotation, celle qui est relative à un axe perpendiculaire au plan. Mais le moment d'une force située dans un plan P par rapport à un axe OZ perpendiculaire au plan P n'est autre chose que le moment de cette force par rapport au point O, pied de l'axe. Donc : *les conditions nécessaires et suffisantes pour qu'un système de forces agissant dans un même plan sur un corps solide se fasse équilibre, c'est que les sommes des projections de toutes les forces sur des axes quelconques pris dans le plan soient nulles, et que la somme algébrique des moments de toutes les forces par rapport à un point du plan soit nulle.*

Composition des forces parallèles. — Il est facile de démontrer que deux forces parallèles admettent une *résultante qui leur est parallèle, égale à leur somme algébrique et passe par un point situé sur la droite qui joint les points d'application des deux forces et tel que le rapport de ses distances aux deux points d'application soit égal à l'inverse changé de signe du rapport des deux forces.* Soient, en effet, les deux forces P et Q (Fig. 1 et 2) appliquées en A et en B, et C un point de AB tel que $\dfrac{CA}{CB} = -\dfrac{Q}{P}$. Le point C sera entre A et B si P et Q sont de même sens (Fig. 1) parce qu'alors le rapport $\dfrac{Q}{P}$ sera positif et $-\dfrac{Q}{P}$ négatif. C sera sur le prolongement de AB si P et Q sont de signes contraires (Fig. 2). Appliquons en C une force R égale à la somme algébrique de P et Q, c.-à-d. à leur somme arithmétique si P et Q sont de même sens, et si elles sont de sens contraire, à leur différence, dans le sens de la plus grande. Comme la figure est plane, il suffit, pour montrer que R est la résultante de P

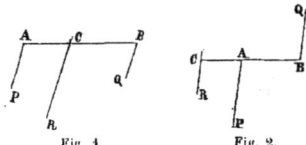

Fig. 1. Fig. 2.

et Q de faire voir : 1° que la projection de R sur n'importe quel axe du plan est égale à la somme algébrique des projections de P et Q ; 2° que le moment de R par rapport à un point quelconque du plan est égal à la somme algébrique des moments de P et Q par rapport au même point. Or la première condition est évidemment remplie, puisque les trois forces sont parallèles et que $R = P + Q$. Quant à la seconde, prenons le centre des moments au point C. Le moment de R est nul ; les moments de P et Q sont égaux en valeur absolue, puisque les distances δ et δ' de C à P et Q sont proportionnelles à CA et CB et qu'on a en valeur absolue :

$$\frac{P}{Q} = \frac{CB}{CA},$$

d'où l'on déduit $\dfrac{P}{Q} = \dfrac{\delta'}{\gamma}$ et $P\delta' = Q\delta$. De plus il est visible que, dans les deux cas, ces moments ont des signes contraires. Donc la somme algébrique est aussi nulle.

Si l'on prend un point quelconque O sur la droite AB, on aura en grandeur et en signe :

$$CA = CO + OA, \qquad CB = CO + OB,$$

et l'équation de définition devient :

$$\frac{P}{Q} = -\frac{CO + OB}{CO + OA},$$

qui, toutes réductions faites, donne :

$$(P + Q)\,OC = P\cdot OA + Q\cdot OB,$$

ou :

$$R\cdot OC = P\cdot OA + Q\cdot OB,$$

équation qui ne diffère pas de celle que fournirait le théorème des moments pris par rapport au point O, puisque les trois distances OC, OA, OB, sont proportionnelles, en grandeur et en signe, aux distances du point O aux trois forces.

Il y a cependant un cas où deux forces parallèles n'admettent pas de résultante : c'est quand elles sont égales et de sens contraire. La règle précédente donnerait une résultante nulle ; mais son point d'application C serait infiniment éloigné. Un pareil système de deux forces égales et de sens contraire s'appelle un *couple*. Nous y reviendrons plus loin.

Un système quelconque de forces parallèles se réduit à une force unique ou à un couple. En effet, tant qu'il y a plus de deux forces, on peut toujours trouver deux qui ne forment pas un couple ; on peut alors composer celles-là ce qui réduit d'une unité le nombre des forces du système. Quand il n'en reste plus que deux, elles admettent une résultante ou forment un couple. La résultante est égale à la somme algébrique des composantes. Le point d'application de la résultante est indéterminé puisqu'on peut faire glisser la résultante sur sa ligne d'action ; mais si l'on change la direction des forces données sans changer ni leur grandeur, ni leur point d'application, la résultante, sans changer de grandeur, pivotera autour d'un point fixe qui est appelé le *centre des forces parallèles*. Soient en effet A_1, A_2, A_3, etc., le point d'appli-

cation des forces F_1, F_2, F_3... etc. On prendra d'abord sur la droite $A_1 A_2$ un point G_1 tel que :

$$\frac{G_1 A_1}{G_1 A_2} = -\frac{P_2}{P_1},$$

et l'on appliquera au point G_1 une force $P_1 + P_2$ qui pourra remplacer les forces P_1 et P_2. On prendra ensuite sur $G_1 A_2$ un point G_2 tel que :

$$\frac{G_2 A_1}{G_2 A_2} = -\frac{P_3}{P_1 + P_2},$$

et l'on appliquera en un point G_2 une force $P_1 + P_2 + P_3$ qui remplacera les trois forces P_1, P_2, P_3, et ainsi de suite jusqu'à ce qu'on ait trouvé la résultante unique appliquée au point G. On voit ainsi que la détermination de ce point G ne dépend pas de la direction des forces données, mais seulement de leurs grandeurs et de leurs signes. Donc, quelle que soit cette direction, la résultante passera toujours par le point G qui est le centre des forces parallèles.

La détermination du centre des forces parallèles conduit à la détermination du centre de gravité des corps pesants. Voy. Gravité. Elle se fait aisément par la considération des moments des forces parallèles par rapport à un plan qui leur est parallèle. *On appelle moment d'une force F par rapport à un plan P qui lui est parallèle, le produit de l'intensité F de la force par sa distance Aa au plan.* On donne un signe à la force suivant son sens, et à la distance Aa suivant que la force est d'un côté ou de l'autre du plan, de sorte que le moment est exprimé dans tous les cas, en grandeur et en signe, par le produit : $F \times Aa$. On a alors le théorème suivant : *Le moment de la résultante de plusieurs forces parallèles par rapport à un plan est égal à la somme algébrique des moments des composantes par rapport au même plan.* Il suffit de démontrer le théorème pour deux forces, car il s'étend de

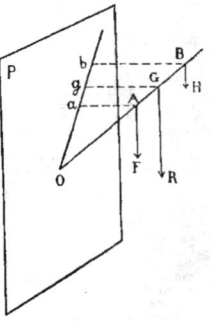

Fig. 3.

proche en proche à un nombre quelconque de forces. Soient donc les forces F et H, appliquées en A et B, leur résultante R appliquée en G (Fig. 3). Si le plan des trois forces est parallèle au plan P, les trois distances sont égales, et le théorème résulte de ce que $R = F + H$. S'il n'en est pas ainsi, soit O l'intersection de AB avec P. Projetons la droite OAGB sur le plan P, en $Oagb$. Nous avons vu précédemment qu'on avait dans tous les cas :

$$R \times OG = F \times OA + H \times OB.$$

Mais OG, OA, OB, sont respectivement proportionnelles, en grandeur et en signe, aux trois distances Gg, Aa, Bb. Si donc on multiplie les trois termes de l'équation précédente par la valeur commune des trois rapports :

$$\frac{Gg}{OG} = \frac{Aa}{OA} = \frac{Bb}{OB},$$

on aura l'égalité

$$R \times Gg = F \times Aa + H \times Bb$$

qui exprime le théorème et qui est vraie dans tous les cas.

Pour appliquer ce théorème, traçons trois axes de coordonnées rectangulaires Ox, Oy, Oz. Soient x, y, z, les coordonnées d'un des points d'application, et F la force qui lui est appliquée, X, Y, Z, les coordonnées du centre des forces parallèles où est appliquée la résultante qui est égale à ΣF. On peut supposer les forces parallèles au plan yOz, et prendre les moments par rapport à ce plan. Les distances ne sont autres que les coordonnées x. On aura donc :

$$X \Sigma F = \Sigma F x.$$

On aurait deux autres équations analogues en supposant les

forces parallèles à l'un des autres plans coordonnés par rapport auquel on prendrait les moments, et l'on en tire :

$$X = \frac{\Sigma F x}{\Sigma F}, \qquad Y = \frac{\Sigma F y}{\Sigma F}, \qquad Z = \frac{\Sigma F z}{\Sigma F},$$

le signe Σ indiquant qu'il faut faire la somme des quantités qui le suivent relatives à toutes les forces du système.

Théorie des couples. — On appelle *moment* d'un couple le produit de l'une des deux forces du couple par la distance des deux forces, et l'on représente ce moment par un segment de droite qui s'appelle l'*axe* du couple. L'*axe* d'un couple est un segment dont la longueur a la même valeur numérique que le moment du couple, qui est perpendiculaire au plan du couple et qui est dirigé de manière qu'un observateur placé les pieds à l'origine et la tête à l'extrémité de ce segment verrait s'effectuer dans un sens convenu à l'avance et qu'on appelle le sens direct, la rotation que le couple imprimerait à un corps solide.

Il est aisé de démontrer que l'axe d'un couple a la même longueur, la même direction et le même sens que la résultante des axes des moments des deux forces du couple par rapport à un point quelconque de l'espace. (Voy. Moment.) D'abord le théorème est presque évident si l'on prend les moments par rapport à un point O situé dans le plan du couple, car, dans ce cas, les axes des deux moments ayant la même direction s'ajoutent algébriquement, et cette somme algébrique est égale au produit de l'une des deux forces du couple par la différence algébrique des distances du point O aux deux forces ; mais cette différence algébrique est précisément, et dans tous les cas, la distance des deux forces. Supposons maintenant que le point O soit en dehors du plan du couple. Menons par O trois axes rectangulaires dont l'un Ox sera parallèle aux forces AF, BG, du couple, un autre Oy, parallèle au plan du couple, et le troisième Oz perpendiculaire au plan du couple. On pourra prendre les moments par rapport à ces trois axes, la résultante de ces trois moments sera l'axe résultant cherché. Or, les deux forces étant parallèles à Ox ont un moment nul par rapport à Ox. Pour avoir leurs moments par rapport à Oy, il faut les projeter sur le plan xOz. Or elles se projettent suivant une même droite, et comme elles sont égales et opposées, leurs moments ont la même valeur absolue et des signes contraires : la somme est nulle. Il ne reste donc plus que les moments par rapport à Oz, qui est perpendiculaire au plan AFBG ; ces moments sont les mêmes que si on les prenait par rapport au point où l'axe Oz perce le plan, et nous venons de voir que leur somme est bien égale à l'axe du couple.

Il résulte de ce théorème que deux couples dont les axes sont égaux, parallèles et de sens contraires se font équilibre, car ils constituent un système de forces dont la somme des projections sur un axe quelconque est nulle et dont la résultante des moments par rapport à un point quelconque de l'espace est nulle. De là résulte aussi que des couples dont les axes sont égaux, parallèles et de même sens sont *équivalents*, et qu'on peut les remplacer l'un par l'autre. Enfin, on peut en conclure que plusieurs couples se font équilibre si la résultante de leurs axes est nulle, et de là découle que plusieurs couples peuvent être remplacés par un seul dont l'axe est la résultante des axes des couples donnés. En effet, un couple unique d'une part, et le système des couples donnés d'autre part, peuvent être équilibrés l'un et l'autre par un couple égal et contraire au couple unique, puisqu'alors la résultante des axes sera nulle. On dit que les couples donnés se composent en un seul qui est le *couple résultant.* Si on applique cette règle à des couples agissant dans des plans parallèles, on voit, d'une part, qu'il est possible de les transporter dans un seul plan parallèle à leurs plans, et d'autre part, que pour les composer, il suffira de faire la somme algébrique des moments des couples donnés.

Réduction des forces appliquées à un corps solide. — Il est aisé de démontrer que toutes les forces appliquées à un corps solide se réduisent à une force unique R et à un couple. D'après un principe démontré plus haut, on peut toujours ajouter aux forces données des forces qui se font équilibre. Considérons un point O que nous appelons le *centre de réduction* et que nous supposons invariablement lié au solide. Soit F une des forces données. Appliquons au point O des forces F' et — F' égales et opposées, parallèles et égales à F. On peut remplacer la force F par le système de la force F' et du couple F, — F'. Opérons de même pour toutes les forces données. Nous aurons ainsi, d'une part, les forces F' appliquées en O qui se composeront en une résultante R, et d'autre part les

couples F, — F' qui se composeront en un couple unique G. On voit que la force R n'est autre chose que la résultante des forces données qu'on aurait transportées parallèlement à elles-mêmes au point O. Donc la résultante R est indépendante du choix du centre de réduction. Au contraire, le couple G dépend essentiellement de ce choix. Lorsque la résultante R est nulle, c'est que la somme des projections des forces données sur un axe quelconque est nulle, c.-à-d. que les équations de translation sont satisfaites.

Le couple G peut être déplacé comme on veut dans l'espace pourvu que son axe reste le même ; on peut donc supposer que l'une des forces de ce couple est appliquée en O. Alors cette force se composera avec R, et le système sera réduit à *deux forces* dont l'une sera la seconde force du couple, et dont l'autre sera appliquée au point O qui est arbitraire. La réduction à deux forces de toutes les forces appliquées à un corps solide peut se faire d'une infinité de manières, même quand on donne le point O où doit être appliquée l'une des deux. On démontre que les deux forces sont déterminées si l'on se donne la droite D suivant laquelle doit agir l'une des deux ; alors l'autre agit suivant une droite Δ qui est dite *conjuguée* de D. Les différents modes de réduction des forces appliquées à un solide peuvent servir à résoudre de nombreux problèmes.

III. *Stabilité de l'équilibre.* — On dit qu'un système à liaisons est en équilibre stable, si les forces qui agissent sur lui tendent à le ramener à sa position d'équilibre dès qu'il a subi un déplacement infiniment petit quelconque. Il peut arriver que, pour tout déplacement, les forces tendent à éloigner le système de sa position d'équilibre ; il peut arriver aussi que pour certains déplacements les forces ramènent le système à sa position d'équilibre, et que pour d'autres déplacements, elles l'en écartent. Dans ces deux cas, l'équilibre est *instable*. Il y a un cas très étendu où l'on peut donner pour la stabilité une condition très nette : c'est le cas où il y a une *fonction des forces*. Il y a une fonction des forces lorsque le travail des forces agissant sur le système quand celui-ci passe d'une position à une autre ne dépend que des positions extrêmes et nullement des positions intermédiaires qu'il a dû produire. Dans ce cas, le travail est nul toutes les fois que le système reprend la même position. On peut choisir une position initiale quelconque, et le travail nécessaire pour passer de cette position à une autre quelconque est une fonction des paramètres qui servent à fixer la position du système. Cette fonction qu'on appelle la fonction des forces, parce qu'elle peut servir à déterminer facilement les forces agissant sur le système. On l'appelle aussi, quelquefois *potentiel ;* mais le plus souvent le mot *potentiel* désigne la fonction des forces changée de signe. Remarquons que la fonction des forces n'est pas complètement définie, puisque sa valeur dépend de la position qu'on a choisie pour position initiale : on pourra ajouter à cette fonction une constante arbitraire. Soient α, β, γ... les paramètres qui servent à fixer la position du mobile, et F(α, β, γ...) la fonction des forces. Quand il y a équilibre, le travail étant nul pour tout déplacement virtuel, la différentielle de F sera nulle quelles que soient les variations infiniment petites qu'on donnera à α, β, γ..., c.-à-d. que toutes les dérivées partielles de F seront nulles, et réciproquement. Ainsi déjà, on obtiendra les conditions d'équilibre en écrivant que toutes les dérivées partielles de la fonction des forces sont nulles, ce qui donnera autant d'équations que d'inconnues.

La condition nécessaire et suffisante pour que l'équilibre soit stable, c'est que la fonction des forces soit maximum. — Ce théorème est rendu très vraisemblable par ce fait que si le système partant du repos se meut sous l'action des forces qui lui sont appliquées, le travail des forces sera nécessairement positif. Lors donc que la fonction des forces est maximum, les forces ne peuvent plus produire aucun travail, et le système reste en repos. Si on écarte le système infiniment peu de cette position d'équilibre, on diminue la fonction des forces, et les seuls mouvements possibles où le travail soit positif sont ceux qui le rapprochent de sa position d'équilibre : ce sont donc les seuls qui peuvent se produire. Cependant, la démonstration rigoureuse du théorème ne laisse pas que d'être assez pénible.

L'exemple le plus simple est celui d'un système à liaisons qui n'est soumis qu'à la seule action de la pesanteur. Dans ce cas le travail est le poids du système multiplié par le déplacement vertical du centre de gravité. La fonction des forces est proportionnelle à la distance du centre de gravité au-dessous d'un plan horizontal arbitraire. Le système est en équilibre si, pour tous les déplacements possibles, la trajectoire du centre de gravité est parallèle à un plan horizontal, et l'équilibre est stable quand le centre de gravité est le plus bas possible. Par ex., un corps solide fixé en un point est en équilibre quand la verticale passant par son centre de gravité passe au point fixe, parce qu'alors ce centre de gravité ne peut se déplacer que sur une sphère dont le plan tangent est horizontal. L'équilibre est stable si le centre de gravité est au-dessous du point de suspension, instable s'il est au-dessus. De même un ellipsoïde homogène pesant reposant sur un plan horizontal est en équilibre s'il repose par l'un de ses sommets; mais pour que l'équilibre soit stable, il faut qu'il repose par l'une des extrémités de son petit axe, parce que c'est alors que le centre de gravité est le plus bas.

L'équilibre est dit *indifférent* lorsque le système reste en équilibre, quels que soient les déplacements qu'on puisse lui faire subir. Tel est le cas d'un corps solide pesant suspendu par son centre de gravité, et d'une sphère homogène pesante reposant sur un plan horizontal.

IV. *Statique graphique*. — La st. graphique a pour objet la substitution de constructions géométriques aux calculs numériques, pour la résolution des problèmes de mécanique qui intéressent l'art de l'ingénieur, et particulièrement pour l'étude des conditions d'équilibre, de stabilité et de résistance des ouvrages d'art de toutes sortes. L'avantage de cette nouvelle méthode graphique sur les anciennes méthodes de calcul devient de plus en plus évident à mesure que la st. graphique est mieux étudiée et plus employée. Non seulement le tracé des épures est beaucoup plus expéditif et beaucoup moins fatigant que les longues manipulations de chiffres; mais encore les procédés graphiques comportent des vérifications incessantes, qui ne permettent pour ainsi dire pas de laisser échapper la moindre erreur; en même temps l'esprit suit aisément toutes les phases de la résolution du problème, ce qui constitue encore une garantie de plus.

Si l'on voulait rechercher les premières origines de l'idée de remplacer les calculs par des constructions graphiques, il faudrait remonter jusqu'à Euclide et aux géomètres grecs. On trouve, en effet, dans les *Éléments* d'Euclide un grand nombre de problèmes résolus graphiquement, qui répondent exactement à certains problèmes d'algèbre ou d'arithmétique. Telles sont, par ex., la construction de la moyenne proportionnelle entre deux longueurs, la construction de deux longueurs connaissant leur somme ou leur différence et leur produit, etc. Mais, comme nous l'avons expliqué au mot GÉOMÉTRIE, les Grecs ne s'occupaient jamais de la mesure des lignes qui figuraient dans leurs figures de géométrie, de sorte qu'ils ne paraissent pas avoir bien saisi la correspondance étroite entre la méthode graphique et la méthode arithmétique. Quant à ce qui est des temps modernes, nous ferons remarquer que depuis longtemps on enseigne un chapitre de géométrie relatif à la *construction des formules algébriques*, de manière à bien montrer que la solution d'un problème, même traité par l'algèbre, peut être obtenue, soit par la réduction des formules en nombres, soit par des constructions graphiques. En 1839, Cousinery publia un ouvrage ayant pour titre le *Calcul par le trait*; mais ce livre est resté à peu près oublié pendant près de trente ans. Ce n'était, au reste, qu'une sorte de traité de construction graphique des formules algébriques, qui ne saurait, à aucun titre, être considéré comme un ouvrage de st. La science qui nous occupe n'a pas pour objet de remplacer le calcul numérique d'une formule par une épure, mais bien de substituer, autant que possible, des considérations géométriques aux méthodes algébriques elles-mêmes, de manière à ne faire appel à l'analyse que le moins possible; de plus, comme son nom l'indique, elle se borne à traiter les questions de st. et de résistance des matériaux. Le fondateur de la st. graphique est Culmann qui publia, en 1866, à Zurich, son ouvrage si estimé : *Die graphische Statik*. D'abord enseignée à l'École polytechnique de Zurich, la st. graphique fut très appréciée en Allemagne, où elle se répandit rapidement. Les Français furent plus longtemps avant de s'en occuper; ce n'est qu'en 1880 que parut la traduction française de l'ouvrage de Culmann. Depuis cette époque la st. graphique a fait de notables progrès, et plusieurs géomètres, parmi lesquels nous citerons M. Maurice Lévy, ont cherché à perfectionner ses méthodes, et à étendre son domaine.

En même temps les ingénieurs ont compris son importance et l'ont définitivement introduite dans la pratique. Aujourd'hui, plusieurs grandes usines se servent presque exclusivement des méthodes graphiques.

Il nous est impossible d'entrer dans des détails étendus sur les procédés techniques de la st. graphique; nous nous bornerons à faire comprendre les principes fort simples sur lesquels elle repose.

Le point de départ est la règle du polygone pour trouver la résultante de plusieurs forces, et le théorème qui s'en déduit, à savoir que la condition nécessaire et suffisante pour que plusieurs forces appliquées au même point se fassent équilibre, c'est que les droites qui représentent ces forces portées les unes à la suite des autres avec leur longueur et leur direction propre forment un polygone fermé. Une condition non moins importante à établir, c'est celle de l'équilibre de plusieurs forces situées dans un même plan. Il faut d'abord que la somme des projections de toutes ces forces sur un axe quelconque soit nulle, c.-à-d. que transportées parallèlement à elles-mêmes les unes à la suite des autres, elles forment un polygone fermé. Mais ce n'est pas suffisant, car dans ces circonstances les forces données pourraient se réduire à un couple. Pour trouver la condition supplémentaire, raisonnons sur quatre forces, par ex., F_1, F_2, F_3, F_4 (Fig. 4); soit $f_1 f_2 f_3 f_4$ le polygone fermé formé par ces forces placées les unes à la suite des autres, polygone que nous appellerons *polygone des forces*. Prenons un point quelconque o dans le plan de ce polygone et joignons-le aux quatre sommets $f_1 f_2 f_3 f_4$. Prenons maintenant un point arbitraire A_1 sur la force F_1, et menons par ce point une parallèle $A_1 X$ à $o f_4$ et une parallèle $A_1 A_2$ à

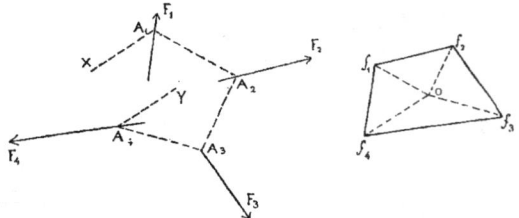

Fig. 4.

$f_1 o$ laquelle rencontre en A_2 la force F_2; par A_2 menons $A_2 A_3$ parallèle à $f_2 o$ qui rencontre F_3 en A_3, puis $A_3 A_4$ parallèle à $f_3 o$ et enfin $A_4 Y$ parallèle à $f_4 o$. Décomposons maintenant chacune des forces F_1, F_2, F_3, F_4 suivant les deux côtés de la ligne brisée $X A_1 A_2 A_3 A_4 Y$ qui la rencontrent. Il est visible que F_1 sera remplacée par deux forces égales respectivement à $f_1 o$ et $O f_1$; F_2 par deux forces égales à $f_2 o$ et $o f_2$ et ainsi de suite. Sur chaque côté de la ligne brisée $A_1 A_2 A_3 A_4$ seront donc appliquées deux forces égales et contraires qui se détruisent, et il ne restera plus que le couple formé par les deux forces contraires égales à $o f_4$ et appliquées suivant $A_1 X$ et $A_4 Y$. La condition d'équilibre cherchée est donc que le polygone $X A_1 A_2 A_3 A_4 Y$ se ferme. Ce polygone a reçu le nom de *polygone funiculaire*, parce qu'il représente la figure d'équilibre d'un fil auquel seraient appliquées les forces F_1, F_2, F_3, F_4, les tensions des différents cordons étant représentées respectivement par $o f_1, o f_2, o f_3, o f_4$. On l'appelle aussi quelquefois *polygone articulé*, et cette dénomination est même préférable, parce que, pour certaines dispositions de la figure, les tensions de quelques cordons pourraient être remplacées par des compressions : c'est ce qui arriverait notamment pour tous les cordons, si dans la figure 4 on changeait le sens de toutes les forces. Quoiqu'il en soit, on voit que les conditions d'équilibre sont : 1° que le polygone des forces soit fermé; 2° que le polygone funiculaire soit fermé.

Il est clair que la même méthode permettra de trouver facilement la résultante de plusieurs forces agissant dans un même plan. D'abord on obtiendra la grandeur et la direction de cette résultante au moyen du polygone des forces : ce polygone est ouvert, et la résultante est la droite qui le ferme. Ensuite, il faut la placer de manière que le polygone funiculaire soit fermé, c.-à-dire qu'il suffit de la faire passer par le point de rencontre des côtés extrêmes de ce polygone. Ainsi, sur la Fig. 5, la résultante des trois forces f_1, f_2, f_3 sera égale et parallèle à $f_3 a$ et de sens contraire, et elle passera par le point de rencontre D des côtés extrêmes du polygone funiculaire.

Le point o qu'on nomme le *pôle* a été choisi arbitrairement, ainsi que le point A sur la force F_1. Il y a donc une infinité de manières de tracer le polygone funiculaire. On démontre aisément la propriété suivante qui est fondamentale dans la méthode de Culmann :

Si pour le même système de forces on construit deux polygones funiculaires avec deux pôles différents o et o', les points de rencontre des côtés correspondants de ces deux polygones sont sur une même droite parallèle à la ligne des pôles oo'. Dans le cas particulier où les deux polygones funiculaires seraient égales avec le même pôle, en changeant le point A, les côtés correspondants seraient parallèles, ce qui est évident sur la figure.

Une application importante des principes précédents est la réduction de plusieurs forces parallèles à deux forces paral-

Fig. 5.

lèles agissant suivant des droites données. Soient F_1, F_2, F_3 (Fig. 5) les forces données, et AX,BY les deux droites données; nous allons chercher deux forces dirigées suivant AX et BY et capable d'équilibrer le système F_1, F_2, F_3; elles seront évidemment égales et opposées aux deux résultantes cherchées $R_1 R_2$. Le polygone des forces se réduit à la seule droite af_1f_3, la somme des deux résultantes $R_1 R_2$ étant égale à af_3. Prenons un pôle quelconque o, et construisons le funiculaire $AA_1A_2A_3A_4$ qui se ferme par la droite A_2A. Menons

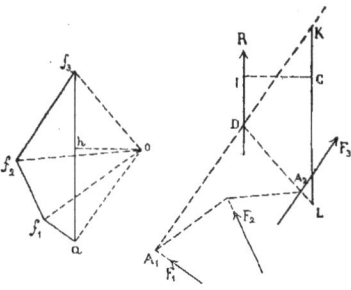

Fig. 6.

or parallèle à AA_4; les forces cherchées sont respectivement égales à or suivant AX et rf_3 suivant BY.

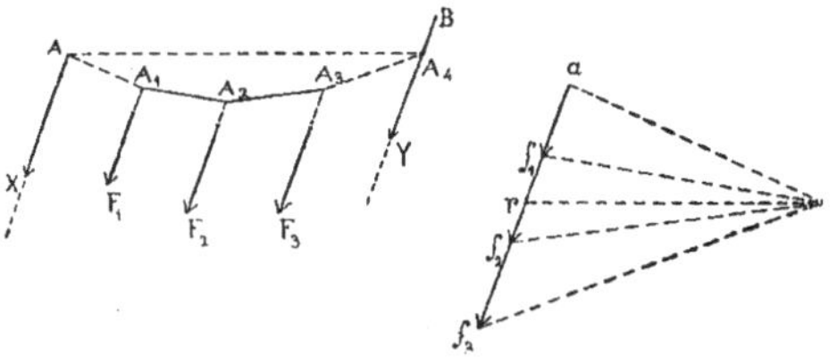

On peut aussi réduire un système de forces quelconques à trois forces agissant suivant trois droites données non parallèles. Il suffit pour cela de chercher d'abord la résultante des forces données et de la décomposer en deux forces dont l'une est dirigée suivant l'une des trois lignes droites données, et l'autre suivant la diagonale du quadrilatère formé par ces trois droites et la résultante considérée. On décompose ensuite cette dernière composante suivant les deux autres côtés du quadrilatère.

Les moments des forces par rapport à un point peuvent aussi se représenter très simplement. Considérons trois forces F_1, F_2, F_3 (Fig. 6) traçons le polygone des forces $af_1f_2f_3$ et le polygone funiculaire dont les côtés extrêmes parallèles à oa et of_3 se coupent en D. La résultante serait égale à af_3 et appliquée en D. Abaissons du centre C des moments, la perpendiculaire CI sur R. Le moment sera $R \times CI$. Menons par le point C la droite LK parallèle à la résultante, et abaissons oh perpendiculaire sur af_3; les deux triangles DLK et af_3o étant semblables on a :

$$\frac{LK}{CI} = \frac{af_3}{oh}$$

ou
$$CI \times R = LK \times oh = M.$$

Donc le moment M est égal au produit de la distance polaire de la résultante par la parallèle à cette résultante, menée par le centre des moments et comprise entre les côtés extrêmes du polygone funiculaire. Si oh est égale à l'unité de longueur, cette parallèle LK représente exactement le moment.

STATIRA, femme de Darius Codoman.

STATISTICIEN, IENNE. s. [Pr. *statisti-in, iène*]. Celui, celle qui se livre à des recherches de statistique.

STATISTIQUE. s f. (lat. *status*, état, situation). Science d'observation qui consiste à dénombrer et à classer certains faits sociaux. La s. qu'on a aussi appelée *arithmétique politique* et *arithmétique sociale*, s'applique à tout ce qui est susceptible de dénombrement : populations, nombre d'individus engagés dans telle ou telle profession, criminalité, instruction, maladies, mortalité, production, échange, transport des marchandises, etc. C'est l'observation numérique appliquée à tout ce qui intéresse l'homme vivant en société, et les documents qu'elle fournit sont du plus haut intérêt pour tous ceux qui veulent étudier le fonctionnement des rouages sociaux et les conséquences des mesures législatives, des mœurs et des coutumes, etc. Elle est indispensable au médecin, à l'économiste, à l'homme politique. Cependant, c'est à tort que certains auteurs ont voulu y faire entrer l'étude des conséquences des chiffres qu'elle fournit et des lois sociales qui semblent s'en dégager. Autre chose est d'observer et de dénombrer les faits, autre chose de soumettre les indications ainsi obtenues aux calculs des probabilités et aux spéculations de la logique. Le rôle de la statistique est d'observer, de compter et de présenter ses comptes sous forme de tableaux plus ou moins instructifs. Cette œuvre faite, elle doit céder la place à la partie de la science capable de mettre en œuvre les matériaux qu'elle fournit. La s. est à la science sociale en général ce que les mesures de laboratoire sont à la physique. Elle peut servir à contrôler des théories ou à en faire éclore de nouvelles; mais à elle seule, elle est impuissante à fournir une règle au législateur, parce qu'après avoir exposé les faits avantageux ou désavantageux, il reste à en trouver la cause, ce qui est autrement difficile. Du reste la s. elle-même n'est pas une œuvre aisée. Il est difficile de faire, en quoi que ce soit, un dénombrement complet, difficile de classer les résultats obtenus par catégories bien nettes, et trop souvent des statistiques incomplètes ou contradictoires, et de plus, mal interprétées, ont paru donner tort ou raison aux théories les plus opposées.

STATUAIRE. adj. 2 g. (lat. *statuarius*, m. s., de *statua*. statue). Qui a rapport aux statues. *Colonne s.*, Qui porte une statue. *Marbre st.*, Propre à faire des statues. Voy. MARBRE. = STATUAIRE. s. m. Sculpteur qui fait des statues. *Un habile s.* = STATUAIRE. s. f. Art de faire des statues. Voy. SCULPTURE.

STATUE. s. f. (lat. *statua*, m. s., de *statum*, sup. de *stare*, être debout). Figure de plein relief représentant un homme, une femme ou un animal. *S. d'argile, de bois, de marbre, d'argent*, etc. *S. de grandeur naturelle. S. colossale. S. équestre. La s. de Jupiter, de Minerve. Dresser, élever, ériger des statues. On lui décernua s. On abattit, on mutila ses statues.* || Fig., *C'est une s.*, se dit d'une personne qui est habituellement sans action et sans mouvement.

C'est une belle s., se dit d'une femme qui est belle, mais froide, sans physionomie et sans esprit. — *Animer la s.*, faire naître l'animation ou l'amour chez une personne qui jusque là était demeurée froide. (C'est l'application de la légende de Pygmalion et de Galathée.)

STATUER. v. a. (lat. *statuere*, m. s., de *status*, état). Ordonner, régler, décider. *L'assemblée n'a rien statué sur cet objet. Nous avons statué et ordonné. Le juge n'a rien statué sur cette requête.* = STATUÉ, ÉE. part.

STATUETTE. s. f. [Pr. *statuè-te*] (Dimin. de *statue*). Petite statue.

STATU-QUO (IN) [Pr. *statu-ko*]. Mots latins qui sign. dans l'état où sont actuellement les choses; se dit surtout en diplomatie, et dans le langage familier. *Laissons les choses in s.-quo.* || On dit aussi subst., Dans le *s.-quo. Maintenir le s.-quo.*

STATURE. s. f. (lat. *statura*, m. s., de *statuere*, mettre debout). Hauteur de la taille d'une personne. *Il est de grande s., de moyenne s., d'une s. colossale.*
Syn. — *Taille.* — *Stature*, se dit uniquement de la hauteur du corps; *taille*, se rapporte aussi bien à l'épaisseur qu'à la grandeur du corps. On peut donc dire également d'une *taille* et d'une *s.*, qu'elle est haute, moyenne ou petite; mais on dit seulement de la *taille*, qu'elle est noble ou fine, belle ou difforme, svelte ou lourde, etc. D'un autre côté, si l'on veut parler d'une *taille* extraordinaire ou de la grandeur d'une race, on se servira du mot s., tandis qu'on se servira du mot *taille* en parlant d'un individu ordinaire. Enfin, tandis qu'on considère dans la s. toute la hauteur, on ne considère quelquefois la *taille* que dans la configuration du buste distingué du reste du corps. C'est ainsi qu'on parle peu de la s. des femmes, mais beaucoup de leur *taille*.

STATUT. s. m. [Pr. *statu-tu*] (lat. *statutum*, ce qui est établi, part. passé de *statuere*, établir). Loi, règlement, ordonnance. *Statuts réels*, Les lois qui sont relatives aux biens-fonds; et, *Statuts personnels*, Celles qui concernent les personnes. || Se dit plus ordinairement des règles établies pour la conduite d'une compagnie, d'une communauté, d'un ordre, etc. *Les statuts d'une confrérie. Les statuts des chevaliers du Saint-Esprit. Les statuts de l'Académie française. Les corps de métiers avaient des statuts. Faire, dresser des statuts.* || En Espagne et en Italie, *La loi constitutionnelle* du pays porte le nom de *Statut*; et, en Angleterre, on appelle *Statuts*, Les lois votées par le Parlement, par opposition à la coutume ou aux lois non écrites.

STATUTAIRE. adj. 2 g. [Pr. *statu-tère*]. Conforme aux statuts d'une société. *La réserve s.*

STATUTAIREMENT. adv. [Pr. *statu-tère-man*]. D'une manière statutaire.

STAUNTONIA. s. m. [Pr. *stôun-tonia*] (R. *Staunton*, n. d'un voyageur angl.). T. Bot. Genre de plantes Dicotylédones de la famille des *Berbéridées*, tribu des *Lardizabalées*.

STAUROTIDE. s. f. (gr. σταυρός, croix; εἶδος, figure). T. Minér. Silicate d'alumine et de fer, avec un peu de magnésie. Ses cristaux sont des prismes orthorhombiques, d'apparence hexagonale, de couleur brune ou rouge foncé, et sont ordinairement groupés en forme de croix. Voy. CRISTALLOGRAPHIE, X.

STAVANGER, v. de Norvège; 24,000 hab.

STAVRO, n. actuel de STAGIRE. Voy. ce mot.

STAVROPOL, v. de Russie, au N. du Caucase; 35,500 hab.

STEAMER et **STEAMBOAT**. s. m. [Pr. *stimeur*, *stimbote*.] (angl. *steam*, vapeur; *boat*, bateau). T. Mar. Bateau à vapeur.

STÉARATE. s. m. (gr. στέαρ, suif). T. Chim. Nom générique des sels et des éthers de l'acide stéarique.

STÉARGILITE. s. f. (gr. στέαρ, suif, et *argile*). T. Minér. Variété d'argile smectique ressemblant à du savon.

STÉARINE. s. f. (gr. στέαρ, suif). T. Chim. Glycéride de l'acide stéarique. Voy. GRAISSE. Dans le commerce on donne le nom de st. à l'acide stéarique.

STÉARINIER. s. m. (R. *stéarine*). Fabricant de bougies stéariques.

STÉARIQUE. adj. 2 g. (gr. στέαρ, suif). T. Chim. *L'acide stéarique* est un acide gras, monobasique, qu'on rencontre, à l'état de glycéride, dans un grand nombre d'huiles et de graisses végétales ou animales, principalement dans le suif de mouton et de bœuf. Il est solide, incolore, inodore, insipide, insoluble dans l'eau, soluble dans l'alcool et dans l'éther. Il fond vers 70°. Il cristallise dans l'alcool en lamelles nacrées, et dans l'éther en aiguilles brillantes. Sa formule est $C^{18}H^{36}O^2$. Ses sels, les *stéarates*, sont généralement insolubles dans l'eau; les stéarates alcalins sont un peu solubles, mais un excès d'eau les décompose. Parmi les éthers de l'acide st., le plus important est la stéarine. Voy. GRAISSE. — L'acide azotique bouillant attaque vivement l'acide st. en donnant naissance aux acides subérique, pimélique, adipique, succinique, valérique, caprique, etc.
Les bougies stéariques sont constituées en majeure partie par de l'acide st. Voy. BOUGIE.
Pour *l'aldéhyde stéarique*. Voy. OCTADÉCYLIQUE.

STÉAROLIQUE. adj. 2 g. (R. *stéarique* et *oléique*). T. Chim. *L'acide stéarolique* a été obtenu en traitant l'acide oléique par le brome, puis par la potasse alcoolique. Il cristallise en aiguilles fusibles à 48°, insolubles dans l'eau. Sa formule est $C^{18}H^{32}O^2$. Sous l'action du permanganate de potasse il s'oxyde en donnant de *l'acide stéaroxylique* $C^{18}H^{32}O^5$ cristallisable, fusible à 86°.

STÉARONE. s. f. (gr. στέαρ, suif et la term. *one* des cétones). T. Chim. Cétone obtenue en chauffant l'acide stéarique avec de l'anhydride phosphorique. La st. cristallise en lamelles nacrées, fusibles vers 86°, insolubles dans l'eau, solubles dans l'alcool.

STÉAROPTASE. s. f. (gr. στέαρ, suif, et la term. de *diastase*). T. Chim. Diastase qui produit la saponification d'un corps gras. Voy. DIASTASE.

STÉAROPTÈNE. s. f. (gr. στέαρ, suif; πτηνός, volatil). T. Chim. Partie solide qu'on peut extraire d'une huile essentielle. Voy. ESSENCE.

STÉARRHÉE. s. f. [Pr. *stéar-ré*] (gr. στέαρ, graisse, suif; ῥέω, je coule). T. Méd. Écoulement de matières grasses avec les selles. Selles graisseuses.

STÉASCHISTE. s. m. (gr. στέαρ, suif, et fr. *schiste*). T. Minér. Roche talqueuse. Voy. ROCHE.

STÉATITE. s. f. (lat. *steatitis*, gr. στεατίτις, m. s., de στέαρ, graisse). T. Minér. Silicate de magnésie, communément appelé pierre de lard. Voy. TALC.

STÉATOCÈLE. s. m. (gr. στεατοκήλη, m. s., de στέαρ, στέατος, graisse, et κήλη, tumeur). T. Chir. Tumeur du scrotum produite par l'accumulation d'une matière stéatomateuse.

STÉATOMATEUX, EUSE. adj. [Pr. *stéatoma-teu*, *euze*]. Qui est semblable à du suif, qui est de la nature du stéatôme.

STÉATÔME. s. m. (lat. *steatoma*, gr. στεάτωμα, m. s., de στέαρ, στέατος, graisse). Tumeur enkystée graisseuse. Voy. LOUPE et TANNE.

STÉATORNIS. s. m. (gr. στέαρ, στέατος, graisse; ὄρνις, oiseau). T. Ornith. Ce genre ornithologique aussi nommé ne comprend qu'une seule espèce, qui a été découverte par Humboldt et Bonpland dans une immense caverne des montagnes calcaires de Caripé, province de Cumana, dans la Colombie. La place de cet oiseau dans la série ornithologique n'est pas facile à déterminer, car il tient à la fois de l'Engoulevent et des Rapaces nocturnes. En effet, il a le bec fort, comprimé sur les côtés, très fendu, à mandibule supérieure terminée par un crochet et pourvue d'une arête vive ainsi que d'une forte dent, et à commissures garnies de vibrisses roides et fasciculées. Les narines sont nues et obliques, les tarses gros et courts, les doigts bien séparés et terminés par des ongles tranchants, non pectinés. Il a la taille du Pigeon ; son facies et son port sont ceux d'un oiseau de proie nocturne ; son plumage est rouge marron, mêlé de brun à reflets verdâtres, et taché de noir et de blanc. Enfin, on affirme, fait assez étrange, qu'il se nourrit de substances végétales. On le place généralement dans le groupe des *Passereaux fissirostres*. Le S., que les habitants du pays nomment *Guacharo*, ne se trouve que dans les cavernes profondes creusées au sein des montagnes qui forment la chaîne de Cumana. Il fuit la clarté du jour et ne sort que pendant la nuit ou après le coucher du soleil. Les Guacharos sont dans le pays l'objet d'une chasse active, car ils fournissent en abondance une graisse demi-limpide, inodore, usitée pour la cuisine et pour l'éclairage. Les Indiens de Caripe et les religieux qui vivent dans le couvent de ce nom n'emploient pas d'autre graisse pour la préparation de leurs aliments.

STÉCHAS ou **STŒCHAS**. s. m. [Pr. *sté-kas*]. T. Bot. Nom vulgaire du *Lavandula Stœchas*, plante Dicotylédone de la famille des *Labiées*.

STEELE (RICHARD), écrivain et journaliste angl., né à Dublin (1671-1729).

STEENVOORDE, ch.-l. de c. (Nord), arr. d'Hazebrouck ; 4,400 hab.

STEEPLE-CHASE. s. m. [Pr. *stiple-chèse*] (mot. angl. formé de *steeple*, clocher, et *chase*, chasse). Course au clocher — Course de chevaux avec obstacles artificiels. Voy. COURSE, II.

STÉGANOGRAPHIE. s. f. (gr. στεγανός, couvert, caché, de στέγω, je couvre ; γράφω, j'écris). Syn. de *Cryptographie*, plus usité aujourd'hui. Voy. CRYPTOGRAPHIE.

STÉGANOGRAPHIQUE. adj. 2 g. Qui appartient à la stéganographie.

STÉGOCÉPHALES. s. m. pl. (gr. στέγος, toit ; κεφαλή, tête). T. Paléont. Ordre de *Batraciens* qui n'est plus représenté actuellement que par des espèces fossiles. C'étaient des Amphibiens très inférieurs à colonne vertébrale mi-partie osseuse, mi-partie cartilagineuse ; le trou pariétal renfermait l'œil pinéal, était très large ; le dessous de la tête était presque toujours protégé par de fortes écailles.

Les stégocéphales se rencontrent dans les terrains primaires du carbonifère ou Trias, mais ils sont surtout abondants dans le Permien d'Europe, d'Amérique et de l'Inde. On les divise en plusieurs groupes : 1° Les *Branchiosauriens* dont le corps ressemblait à celui des Salamandres ; genre principal Branchiosaurus ; 2° les *Aïstopodes* dont le corps était celui d'un serpent ; 3° les *Microsauriens* qui ressemblaient aux lézards ou aux salamandres, mais avec une queue plus allongée ; genres : Hylonomus, Petrobates ; 4° les *Labyrinthodontes* qui avaient plutôt des caractères de crocodiles. Voy. AMPHIBIENS, ARCHÉGOSAURE, BRANCHIOSAURUS et LABYRINTHODONTES.

STÉGODONTE. s. m. (gr. στέγος, toit ; ὀδούς, ὀδόντος, dent). T. Paléont. Genre d'*Éléphants* fossiles. Voy. PROBOSCIDIENS.

STÉGOSAURIENS. s. m. pl. [Pr. *stégo-sôri-in*] (gr. στέγος, toit, maison ; σαύρα, lézard). T. Paléont. Zool. Famille de Reptiles *Dinosauriens*. Voy. ORTHOPODES.

STEIN (baron DE), homme d'État, né à Nassau (1757-1831), entra au service de la Prusse. Ministre des finances après la paix de Tilsitt (1807), il déploya une activité infatigable pour relever la Prusse.

STEINHEILITE. s. f. [Pr. *stè-nè-lite*] (R. *Steinheil*, n. d'un botan. fr.). T. Minér. Variété de Cordiérite.

STEINKERQUE. s. f. [Pr. *stin-kerke*] (R. la bataille de Steinkerque). T. Hist. Cost. Grand mouchoir de batiste ou de soie que les femmes nouèrent autour du cou en laissant pendre les deux bouts par devant (XVIIe-XVIIIe siècles).

STEINKERQUE, v. de Belgique ; victoire du maréchal de Luxembourg, en 1692.

STEINMANNITE. s. f. [Pr. *stènn-mann-nite*] (R. *Steinmann*, n. d'homme). T. Minér. Sulfure de plomb impur renfermant de l'antimoine et de l'arsenic.

STÈLE. s. f. (gr. στήλη, colonne). T. Archéolog. et Archit. Petit monument monolithe ayant la forme d'un obélisque ou d'un fût de colonne sans base ni chapiteau. || Espèce de colonne brisée ou de cippe, destinée à porter une inscription. Voy. CIPPE. || Poteau ou pilier de pierre court et rond qu'on plaçait pour marquer les limites entre des terres ou des nations voisines.

STELLAIRE. adj. 2 g. [Pr. *stel-lère*] (lat. *stellaris*, m. s., de *stella*, étoile). T. Astron. Qui a rapport aux étoiles. *L'astronomie s. La radiation s.*

STELLÈRE. s. m. [Pr. *stel-lère*] (R. *Steller*, n. d'un natur. all.). T. Mamm. Genre de *Cétacés*. Voy. ce mot.

STELLÉRIDES. s. m. pl. [Pr. *stel-léride*] (lat. *stella*, étoile). T. Zool. Ordre d'*Astérides*. Voy. ÉCHINODERMES.

STELLIFÈRE. adj. 2 g. [Pr *stel-lif-ère*] (lat. *stella*, étoile ; *fero*, je porte). Qui porte des taches étoilées ou des parties disposées en étoile. || *Plage s.* Plage céleste riche en étoiles.

STELLIFORME. adj. 2 g. [Pr. *stel-liforme*] (lat. *stella*, étoile ; *forma*, forme). Qui a la forme d'une étoile.

STELLINERVÉ, ÉE. adj. [Pr. *stel-linervé*] (lat. *stella*, étoile et *nervure*). T. Bot. Dont les nervures sont disposées en étoile.

STELLION. s. m. [Pr. *stel-lion*] (lat. *stellio*, lézard). T. Erpét. Genre de *Sauriens*. Voy. AGAMIENS.

STELLIONAT. s. m. [Pr. *stel-liona*]. T. Jurisp. Sous ce nom, qui vient du latin *stellio*, petit lézard à couleur changeante, dont les anciens faisaient l'emblème de l'adresse et de la fraude, les Romains désignaient toute espèce de vol ou de fraude qui n'avait pas reçu un nom particulier. Le droit français actuel n'applique le nom de *Stellionat* qu'à deux sortes de fraudes : 1° lorsqu'on vend ou qu'on hypothèque un immeuble dont on sait n'être pas propriétaire ; 2° lorsqu'on présente comme libres des biens hypothéqués, ou qu'on déclare des hypothèques moindres que celles dont ces biens sont grevés. La peine dont le Code civil frappait les *Stellionataires* était la contrainte par corps abolie en 1867. La seule incapacité qui subsiste actuellement à leur égard consiste dans la privation, en cas de faillite, du bénéfice de la réhabilitation (Code de Commerce, article 612).

STELLIONATAIRE. s. 2 g. [Pr. *stel-lionatère*]. Celui, celle qui se rend coupable de stellionat.

STELLITE. s. f. [Pr. *stel-lite*] (lat. *stella*, étoile, et gr. λίθος, pierre). T. Minér. Variété de Pectolite.

STELVIO, montagne et col des Alpes entre le Tyrol, l'Italie et la Suisse.

STEMMATE. s. m. [Pr. *stem-mate*] (gr. στέμμα, couronne). T. Entom. Œil simple d'un insecte. Voy. ŒIL, IV.

STÉMONITÉES. s. f. pl. (gr. στήμων, chaîne de tisserand). T. Bot. Tribu de champignons de la famille des *Endomyxées*. Voy. ce mot.

STENAY, ch.-l. de c. (Meuse), arr. de Montmédy ; 3,500 hab.

STENDHAL, Voy. BEYLE.

STÈNE. s. m. (gr. στενός, étroit). T. Entom. Genre d'insectes *Coléoptères*. Voy. BRACHÉLYTRES.

STÉNÉLYTRES. s. m. pl. [gr. στενός, étroit ; ἔλυτρον, étui). T. Entom. Les *Coléoptères* ainsi nommés par Latreille forment la 3e famille des *Hétéromères* de l'illustre entomologiste. Les *Sténélytres* sont caractérisés parce que leurs antennes ne sont ni grenues, ni perfoliées, et n'ont point, du moins chez le plus grand nombre, leur extrémité épaissie. Ils ont en outre le corps généralement oblong et arqué en dessus, avec des pieds allongés. Enfin, ils sont en général plus agiles que les Taxicornes qui sont leurs plus proches voisins. Ils vivent sur les feuilles, sur les fleurs et sur les vieilles écorces des arbres. Latreille partageait cette famille en 5 tribus qui ont été érigées en famille, depuis ; savoir : les *Hélopiens*, les *Cistélides*, les *Serropalpides*, les *OEdémérites* et les *Rhynchostomes*. Les *Hélopiens* ont les antennes presque filiformes, c.-à-d. peu ou point élargies vers l'extrémité, et recouvertes à leur insertion par les bords de la tête. Celle-ci est enfoncée dans le thorax jusqu'aux yeux, et l'extrémité des mandibules est toujours bifide ou bidentée. Le corps, de consistance toujours solide, est arqué en dessus, et les pieds ne sont pas propres au saut. A l'état de larves ces insectes vivent dans le vieux bois ; mais à l'état parfait, ils fréquentent habituellement les fleurs et valent à l'ardeur du soleil. Ils ont alors des couleurs vives, souvent métalliques et très éclatantes. Dans le genre *Hélops*, qui donne son nom à la tribu, nous citerons l'*Hélops bleu* (*H. cærulens*) [Fig. ci-contre, un peu grassie], ainsi nommé de sa couleur bleue et un peu cuivreuse ; son corselet est légèrement arrondi sur les bords et ses élytres sont striées. On le rencontre chez nous sous les mousses et les écorces des arbres. Les *Cistélides* se distinguent des précédents en ce que l'insertion de leurs antennes n'est pas recouverte ; en outre, leurs tarses sont dentelés inférieurement en forme de peigne. Nous mentionnerons le genre *Cistèle* (*Cistela*), et comme type de ce genre la *Cistèle soufrée* (*C. sulfurea*), qui est jaune soufre, avec les élytres striées et les yeux noirs. Cette espèce, qui est longue d'environ 9 millimètres, est commune dans toute la France. — Le *Rhynchostome* doit son nom à la conformation de sa tête, qui se prolonge en avant sous la forme d'un museau allongé ou d'une trompe aplatie, à la base de laquelle se trouvent les antennes. Nous nommerons seulement dans ce petit groupe, qui forme le passage aux Curculionides, le genre *Myctère* (*Mycterus*), qui a pour type le *Myctère charançon* (*M. curculioides*).

STÉNO. s. m. (gr. στενὸς, étroit). T. Mamm. Genre de Cétacés appelés aussi *Delphinorhynque*. Voy. DAUPHIN.

STÉNOGRAPHE. s. m. (gr. στενὸς, serré ; γράφω, j'écris). Celui qui possède et exerce l'art de la sténographie.

STÉNOGRAPHIE. s. f. (R. *sténographe*). Le terme de *Sténographie*, ainsi que ceux de *Tachygraphie*, *Brachygraphie*, *Okygraphie*, *Sémiographie*, etc., qui sont moins usités, sert à désigner des systèmes d'écriture abrégée qui ont pour objet de transcrire le discours au fur et à mesure qu'il est prononcé. L'art sténographique n'était point inconnu des anciens. Suivant Diogène Laërce, Xénophon, pour recueillir les entretiens de Socrate, faisait usage d'un système d'écriture abrégée. Chez les Romains, Ennius, au rapport d'Isidore de Séville, avait inventé 1100 signes abréviatifs, appelés *notes* (*notæ*) ; mais, Eusèbe attribue cette invention à Tullius Tiron, affranchi de Cicéron. Quoi qu'il en soit, si ce dernier ne créa pas les signes sténographiques des Romains, il dut au moins y introduire de grands perfectionnements, puisqu'on les appela de son nom *Notes tironniennes*. La s. moderne est née en Angleterre au XVIe siècle, mais ses progrès réels ne commencèrent qu'au siècle suivant, lorsqu'on sentit le besoin de recueillir les discours improvisés à la tribune parlementaire. Malgré les divers systèmes qui existaient alors, l'art sténographique était si peu cultivé chez nous au commencement de la révolution, qu'aucun journal ne put trouver des hommes capables de reproduire les séances de la Constituante. Sous la Législative, la même cause fit recourir à un moyen véritablement primitif. Cinq ou six rédacteurs rangés autour d'une table et se servant de l'écriture ordinaire, écrivaient des phrases ou des parties de phrases qui étaient ensuite réunies pour former un tout. Ce procédé reçut le nom de *Logographie*, et les personnes ainsi employées à recueillir les discours prenaient le titre de *Logographes*. La s. proprement dite fut un peu plus cultivée sous le Directoire ; mais, sous le Consulat et l'Em-

pire, son rôle se trouva singulièrement réduit. Enfin, l'inauguration du véritable gouvernement représentatif par la Restauration donna un emploi régulier aux hommes qui cultivaient la s., et fit en même temps éclore une foule de systèmes. On vit alors paraître successivement les ouvrages d'Astier, de Conen, de Prépau, de Grosselin, d'Aimé Paris, d'Hipp. Prévost, etc. Aujourd'hui les méthodes sténographiques s'élèvent à un fort grand nombre. Mais toutes les écritures sténographiques ont cela de commun, qu'elles emploient des caractères de convention aussi simples que possible. La ligne droite, tantôt perpendiculaire, tantôt horizontale, tantôt oblique à gauche ou à droite ; l'arc de cercle tourné en haut ou en bas, à droite ou à gauche ; le cercle entier ; la boucle ajoutée à l'une des extrémités de la ligne droite, et enfin le point : tels sont les éléments de toute s. Ajoutons que, quel que soit le système adopté par les sténographes de profession, chacun d'eux le modifie à son gré, et imagine des monographies à son usage pour représenter certains mots qui reviennent souvent, des signes particuliers pour certaines désinences, etc., de telle sorte qu'un sténographe ne peut guère lire ce qu'a écrit un de ses confrères.

STÉNOGRAPHIER. v. a. Écrire en abréviations, d'après les règles de la sténographie. S. *un discours*. = STÉNOGRAPHIÉ, ÉE. part. == Conj. Voy. PRIER.

STÉNOGRAPHIQUE. adj. 2 g. Qui appartient à la sténographie.

STÉNOGRAPHIQUEMENT. adv. Par les procédés sténographiques.

STÉNOLOPHE. s. m. (gr. στενὸς, étroit ; λόφος, crête). T. Entom. Genre d'Insectes *Coléoptères*. Voy. CARABIQUE.

STÉNOPÉIQUE. adj. 2 g. [Pr. *sténo-pé-ike*] (gr. στενὸς, étroit ; ποιεῖν, faire). Qui rend étroit ; *fente s.* appareil qui facilite la vision.

STÉNOPTÈRE. s. m. (gr. στενὸς, étroit ; πτερὸν, aile). T. Entom. Genre d'Insectes *Coléoptères*. Voy. LONGICORNES.

STÉNORHYNQUE. s. m. [Pr. *sténo-rin-ke*] (gr. στενὸς, étroit ; ῥύγχος, bec). T. Zool. Genre de *Mammifères* et genre de *Crustacés*. Voy. PINNIPÈDES et BRACHYOURES.

STÉNOSE. s. f. [Pr. *sténo-ze*] (gr. στενὸς, étroit). Rétrécissement pathologique, d'un conduit, d'un canal, d'un orifice. On dit s. du pylore, de l'œsophage, etc.

STÉNOSTOME. s. m. (gr. στενὸς, étroit ; στόμα, bouche). T. Zool. Nom que l'on donne à un genre de *Serpents* non venimeux dont les espèces habitent les pays chauds, en Afrique et en Amérique, ainsi qu'à un genre de *Poissons osseux* appartenant au groupe des *Lophobranches*.

STENTOR. s. m. [Pr. *stan-tor*]. Nom d'un guerrier qui était au siège de Troie, et qui avait, dit-on, une voix si éclatante, qu'elle faisait seule plus de bruit que celle de cinquante hommes criant tous ensemble. Fig. et fam., *Une voix de s.*, Une voix forte et retentissante. || T. Mamm. Genre de singes. Voy. ALOUATE.

STÉPHANIEN, ENNE. adj. [Pr. *stéfani-in*, *ième*] (gr. Στέφανος, n. pr. qui est le même qu'*Étienne*). T. Géol. Se dit du terrain carbonifère supérieur qu'on rencontre à Saint-Étienne. Voy. PRIMAIRE, C.

STÉPHANITE. s. f. (gr. στέφανος, couronne). T. Minér. Synonyme de Psaturose.

STÉPHANOMIE. s. f. (gr. στέφανος, couronne). T. Zool. Genre d'*Hydrozaires*. Voy. ACALÈPHES.

STEPHENSON (GEORGE), ingénieur angl. (1781-1848), perfectionna la locomotive (1814), et construisit la première ligne de chemin de fer en 1825. Il inventa, en particulier, la coulisse qui porte son nom. Voy. LOCOMOTIVE. || Son fils ROBERT (1803-1859) fut associé à tous ses travaux, et se fit une réputation particulière par la construction des ponts tubulaires.

STEPPE. s. m. [Pr. *stè-pe*] (russe, *stepj*, lande). T

Géogr. Vaste plaine couverte de buissons, de pâturage. Voy. DÉSERT.

STEPPEUR. adj. et s. m. [Pr. *ste-peur*] (angl. *tostep*, marcher). Se dit d'un cheval qui projette fortement les membres antérieurs en avant, pendant l'allure du trot.

STÉRAGE. s. m. Action de stérer, c.-à-d. d'évaluer en stères. Le *s. du bois*.

STERCORAIRE. adj. 2 g. (lat. *stercus, stercoris*, fiente). T. Didact. Qui a rapport aux excréments. *Fistule st.* — Fig. *Littérature st.* = STERCORAIRE, s. m. T. Ornith. Nom vulgaire donné à certains *Palmipèdes*. Voy. GOÉLAND. || T. Entom. Qui vit dans les excréments. Syn. de *Coprophage*. Voy. SCARABÉIDES.

STERCORAL, ALE. adj. (lat. *stercus, stercoris*, fiente). T. Physiol et Chir. Qui a rapport aux matières fécales. *Matières stercorales*.

STERCORINE. s. f. (lat. *stercus*, excrément). T. Chim. Substance qu'on rencontre dans les matières fécales et qui paraît provenir d'une transformation de la cholestérine. Elle cristallise en fines aiguilles transparentes, solubles dans l'éther et dans l'alcool.

STERCORITE. s. f. (lat. *stercus*, excrément). T. Minér. Phosphate hydraté d'ammoniaque et de soude, en masses cristallines ou noduleuses dans un guano de l'Afrique.

STERCULIE. s. f (lat. *stercus*, excrément, à cause de l'odeur). T. Bot. Genre de plantes Dicotylédones (*Sterculia*) de la famille des *Malvacées*, tribu des *Sterculiées*. Voy. MALVACÉES.

STERCULIÉES. s. f. pl. (R. *Sterculie*). T. Bot. Tribu de végétaux de la famille des *Malvacées*. Voy. ce mot.

STÈRE. s. m. (gr. στερεὸς, solide). T. Métrol. Unité de volume égale au mètre cube, pour les bois de chauffage et de charpente. Voy. MÉTRIQUE.

STÉRÉOBATE. s. m. (lat. *stereobates*, gr. στερεοβάτης, m. s., de στερεὸς, solide, et βάσις, base). T. Archit. Espèce de soubassement qui est sans moulure et qui affecte la forme d'un vaste socle.

STÉRÉOCHIMIE. s. f. [Pr. *stéré-o-chimi*] (gr. στερεὸς, solide; fr. *chimie*). T. Chim. Partie de la Chimie théorique qui traite de la forme des molécules chimiques, c.-à-d. de la position relative que les atomes d'une molécule occupent dans l'espace. Ce qui a donné naissance à la stéréochimie, c'est, comme nous l'avons déjà dit au mot ISOMÉRIE, la nécessité d'expliquer certaines isoméries dont on ne peut pas rendre compte par la théorie ordinaire des valences. Le Bel et Van't Hoff ont fondé la st. sur l'hypothèse suivante : les quatre valences d'un atome de carbone sont égales et s'exercent suivant des directions symétriquement distribuées dans l'espace; par conséquent, les quatre atomes ou radicaux monovalents, qui s'unissent à l'atome de carbone pour former une molécule, se disposent aux sommets d'un tétraèdre régulier dont le centre est occupé par le carbone. Soit ABCD (Fig. 1) un pareil tétraèdre, le sommet C étant en avant du plan de la figure; l'arête DB, cachée par la partie antérieure du tétraèdre, est représentée en ligne pointillée; l'atome de carbone est supposé au centre du tétraèdre, et les directions des valences vont de ce centre aux quatre sommets. Si deux des atomes ou radicaux placés aux sommets sont identiques, le tétraèdre possède un plan de symétrie et il n'y a qu'une configuration possible. Mais si le carbone central est entouré de quatre atomes ou radicaux tous différents, ce qu'on exprime en disant qu'il est *asymétrique*, on pourra obtenir, avec les mêmes éléments, deux tétraèdres distincts, non superposables. C'est le cas des deux acides lactiques, l'un dextrogyre, l'autre lévogyre, dont les formules stéréochimiques sont figurées ci-dessous (Fig 2) : Ces deux isomères sont dits *énantiomorphes* : ils

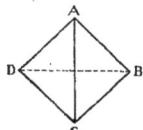

Fig. 1.

sont comme l'image l'un de l'autre par rapport à un miroir (qui serait placé par ex., en MM' perpendiculairement au plan de la figure); au point de vue des propriétés physiques et chimiques, ils diffèrent uniquement par le sens de leur action sur la lumière polarisée : l'un fait tourner le plan de polarisation d'un certain angle à droite, l'autre produit une déviation égale à gauche. Le mélange ou la combinaison en quantités égales des deux variétés énantiomorphes fournit une variété

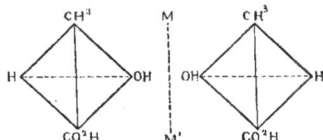

Fig. 2.

qui n'a plus d'action sur la lumière polarisée et est dite *racémique* ou *inactive par compensation*; celle-ci, du reste, peut toujours être dédoublée en ses deux composantes actives. — Tous les composés dont la molécule contient un atome de carbone asymétrique doivent, d'après la théorie précédente, pouvoir exister sous trois formes : une dextrogyre, une lévogyre et une racémique. Mais un grand nombre de ces composés n'étaient connus autrefois que sous l'une de ces formes, et c'est la théorie stéréochimique qui a conduit à découvrir les autres variétés.

Comme exemple d'un corps possédant deux carbones asymétriques nous choisirons l'acide tartrique. Les isomères possibles sont au nombre de trois :

Le premier n'a pas d'action sur la lumière polarisée, car il

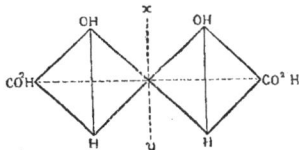

Fig. 3.

possède un plan de symétrie (dont nous avons représenté la trace en *xy*, Fig. 3); il est *inactif par nature*. C'est l'acide mésotartrique de Pasteur. Les deux autres isomères sont asymétriques et, par conséquent, doués du pouvoir rotatoire; ils constituent les deux variétés dextrogyre et lévogyre

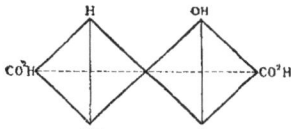

Fig. 4.

de l'acide tartrique actif. En comparant l'une quelconque de ces variétés avec l'acide mésotartrique on a des *isomères stéréochimiques* proprement dits, qui diffèrent par l'ensemble de leurs propriétés physiques (forme cristalline, solubilité, point de fusion, etc.). Les deux variétés actives sont l'une par rapport à l'autre, des *isomères énantiomorphes* (Fig. 4 et 5) et ne diffèrent que par le sens de leur pouvoir rotatoire. Par leur combinaison elles donnent naissance à la variété *racémique*, qui est inactive par compensation, mais que l'on peut dédoubler en ses composantes actives, tandis que l'acide mésotartrique n'est pas dédoublable.

En appliquant la théorie stéréochimique aux aldoses, c.-à-d. aux sucres qui possèdent la constitution de la glucose ordinaire, on trouve huit isomères stéréochimiques, pouvant présenter des propriétés physiques différentes; chacun de ces isomères admet deux variétés énantiomorphes, douées de pou-

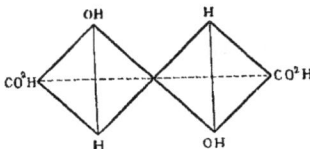

Fig. 5.

voirs rotatoires égaux et inverses, et une variété racémique. L'existence de ces nombreux isomères a été établie par les travaux récents d'E. Fischer, et c'est la meilleure confirmation de la théorie stéréochimique.

Une autre cause d'isomérie stéréochimique, c'est la présence, dans une molécule, d'une liaison éthylénique, c.-à-d. de deux atomes de carbone reliés ensemble par deux valences, comme dans l'éthylène. Dans ce cas les deux tétraèdres sont en contact par une arête commune.

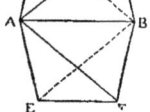

Fig. 6.

Dans la Fig. 6, nous représentons en AB cette arête commune, que nous supposerons dans le plan de la figure, les sommets D et F étant en avant de ce plan, et les sommets C et E en arrière. Si deux des atomes ou radicaux attachés aux sommets C, D, E, F, sont différents, la molécule admettra deux configurations non superposables. C'est ce qu'on remarque par ex. dans les acides maléique et fumarique, dont la formule de constitution est la même $CO^2H — CH = CH — CO^2H$, mais dont les formules stéréochimiques sont différentes (Fig. 7, acide maléique à gauche; acide fumarique à droite) : On voit facilement que ces deux figures ne sont pas superposables. Elles représentent des isomères stéréochimiques qui diffèrent par l'ensemble de leurs propriétés physiques. Ces isomères n'ont pas

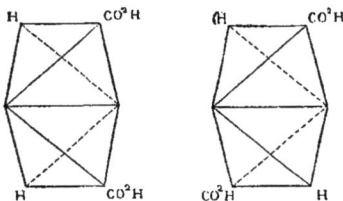

Fig. 7.

d'action sur la lumière polarisée, car chacune des deux figures admet au moins un plan de symétrie. Le même genre d'isomérie se retrouve dans tous les dérivés bi-substitués de l'éthylène. — On donne souvent le nom d'isomère cis à celui où deux groupes identiques, tels que CO^2H, sont d'un même côté du plan de la figure (c'est ici l'acide maléique); et l'on appelle isomère trans ou cis-trans celui où l'un des groupes est en avant et l'autre en arrière (acide fumarique).

Le plus souvent, quand on veut représenter des isomères stéréochimiques, on peut se dispenser de figurer les tétraèdres; on emploie les formules de constitution ordinaires en les écrivant de telle sorte qu'elles figurent la projection des formules stéréochimiques sur le plan de la figure. C'est ainsi que, par

ex., les trois acides tartriques seront représentés sans ambiguïté par les formules suivantes :

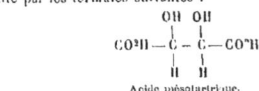

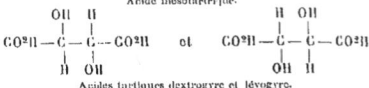

$$CO^2H — \overset{OH}{\underset{}{C}} — \overset{OH}{\underset{}{C}} — CO^2H$$

Acide mésotartrique.

$$CO^2H — \overset{OH}{\underset{H}{C}} — \overset{H}{\underset{OH}{C}} — CO^2H \quad et \quad CO^2H — \overset{H}{\underset{OH}{C}} — \overset{OH}{\underset{H}{C}} — CO^2H$$

Acides tartriques dextrogyre et lévogyre.

STÉRÉOCHIMIQUE. adj. 2 g. T. Chim. Qui a rapport à la stéréochimie. *Isomères stéréochimiques.* Voy. STÉRÉOCHIMIE.

STÉRÉOCHROMIE. s. f. [Pr. stéré-o-kromi] (gr. στερεός, solide; χρῶμα, couleur). T. Techn. Méthode de fixation des couleurs dans les peintures murales qui consiste à recouvrir les surfaces peintes d'une solution de silicate de potasse.

STÉRÉOGRAPHIE. s. f. (gr. στερεός, solide; γράφω, j'écris). T. Persp. Art de représenter les solides sur un plan.

STÉRÉOGRAPHIQUE. adj. 2 g. Qui a rapport à la stéréographie. *Projection s. de la sphère.* Voy. PROJECTION.

STÉRÉOGRAPHIQUEMENT. adv. D'une manière stéréographique.

STÉRÉOMÉTRIE. s. f. (gr. στερεός, solide; μέτρον, mesure). La branche de la géométrie pratique qui apprend à mesurer le volume des solides. Voy. VOLUME.

STÉRÉOMÉTRIQUE. adj. 2 g. Qui appartient à la stéréométrie.

STÉRÉOPTÈNE. s. m. (gr. στερεός, solide; πτηνός, volatil). T. Chim. Syn. de *Stéaroptène.* Voy. ce mot.

STÉRÉOSCOPE. s. m. (gr. στερεός, solide; σκοπεῖν, voir). On désigne sous ce nom un ingénieux instrument d'optique, imaginé en 1838 par Wheatstone et perfectionné depuis par Brewster, à l'aide duquel certaines images planes paraissent en relief. Tel qu'on le construit maintenant, le *Stéréoscope*

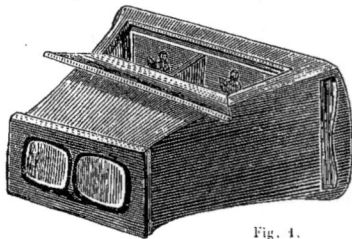

Fig. 1.

consiste en une boîte qui a la forme d'une pyramide rectangulaire tronquée (Fig. 1), séparée en deux parties égales par une cloison, et qui porte à la base d'une de ses grandes faces une ouverture pour éclairer deux images planes d'un même objet et prises sous un angle différent, que l'on place au fond de chaque compartiment. Les deux images sont regardées simultanément avec les deux yeux appliqués contre les deux lentilles, dont l'écartement est tel que chacune des images puisse se peindre également dans l'œil correspondant. — Lorsque nous regardons avec les deux yeux un corps situé à peu près à la distance de la vue distincte ou à la distance de 25 centimètres environ, les images que forme ce corps sur la rétine ne sont nullement identiques, car chaque œil voit le corps d'un côté particulier. Soit, par ex. une pyramide quadrangulaire (Fig. 2). Si nous la regardons avec l'œil gauche seulement, en fermant l'œil droit, nous la verrons comme la représente la Fig. 3; si c'est avec l'œil droit comme la montre la Fig. 4. Néanmoins, en la regardant avec les deux yeux, nous ne percevons qu'une seule image. Maintenant plaçons dans le s. deux projections de notre pyramide telles qu'elles sont vues par chacun des yeux isolément, c.-à-d. la Fig. 3 dans le compartiment destiné à l'œil gauche, et la Fig. 4 dans celui qui est affecté à l'œil droit, nous n'aurons que l'impression d'une seule image, et cette image fera naître

en nous la sensation d'un corps *solide* placé au point de rencontre des axes oculaires. Au lieu d'être des figures géométriques, les deux représentations, peintes ou dessinées, peuvent être de toute autre nature. Elles peuvent consister en paysages ou en portraits exécutés préalablement en double, à l'aide de deux appareils photographiques convenablement placés. En présentant au foyer du s. les deux épreuves ainsi obtenues, on a l'illusion du relief à un haut degré, illusion qui résulte de la combinaison de deux images *différentes* en une seule. Il serait très difficile de dessiner les deux images destinées au s. en donnant à chacune la perspective qui lui convient. Aussi, a-t-on recours, pour obtenir ces images à la photographie. Il suffit, en effet, de photographier simultanément le même objet, ou le même paysage au moyen de deux chambres noires dont les objectifs sont écartés l'un de l'autre, pour obtenir automatiquement deux images stéréoscopiques. Il est clair que ces deux chambres noires peuvent être montées dans la même boîte; mais on obtient aussi des résultats satisfaisants avec un appareil muni d'un seul objectif, si l'on tire deux clichés successifs après avoir déplacé l'appareil horizontalement. Certains auteurs ont affirmé que pour obtenir le meilleur effet, il convenait de séparer les deux objectifs d'une distance juste égale à celle des deux yeux. Cependant, un peu de réflexion montre qu'on doit obtenir beaucoup mieux en écartant davantage les deux objectifs. En effet, si l'écartement des deux yeux est suffisant pour donner des images quelques uns différentes des premiers plans, il ne donne des lointains que deux images presque identiques. Aussi, l'expérience a démontré qu'on obtient un relief beaucoup plus saisissant quand on emploie des objectifs dont l'écartement est le double ou le triple de celui des deux yeux.

STÉRÉOSCOPIQUE. adj. 2 g. Qui a rapport au stéréoscope. *Dessin, image, épreuve stéréoscopique.*

STÉRÉOTOMIE. s. f. (gr. στερεὸς, solide; τομή, coupe). T. Géom. La *Stéréotomie* est une des branches les plus importantes de la Géométrie descriptive, dont elle n'est d'ailleurs qu'une application. Ainsi que l'expliquent les deux mots qui composent ce terme, la s. est proprement l'art de tailler les solides, c.-à-d. le bois et la pierre qu'on emploie dans les constructions. Cependant le mot s'applique plus spécialement à la taille des pierres. L'établissement des murs droits et en biais, verticaux et en talus, exige l'étude de la coupe des pierres. Pour qu'un mur soit bien construit, il faut en effet autre chose qu'une bonne qualité de pierres présentant un volume convenable, il faut encore une bonne disposition de ces pierres : la s. donne les meilleures formes à adopter. Si l'effort est vertical, il faut placer les pierres suivant leur *lit de carrière;* si l'effort est oblique ou horizontal, il faut que le lit de carrière soit normal à l'effort. Les joints doivent alterner dans les surfaces pleines. En général, dans la coupe des pierres, on doit : 1° augmenter les surfaces planes suivant lesquelles les pierres se touchent; 2° éviter de faire toucher les pierres suivant des surfaces brisées ou courbes; 3° éviter les angles aigus, et faire les coupes perpendiculaires entre elles. L'appareillage des voûtes exige aussi l'emploi de précautions toutes particulières. Mais la partie la plus compliquée de la s. est celle qui traite de la rencontre des solides et de l'intersection des surfaces. En effet, l'arête droite ou courbe, suivant laquelle se coupent les surfaces qui se rencontrent, exige un appareil particulier qui varie suivant les différents cas. La géométrie descriptive donne les différentes courbes obtenues par les intersections des surfaces, et la s. donne la manière de disposer les pierres pour former cette intersection. Chaque cas particulier exige une coupe particulière et une disposition spéciale des joints. Quant à la taille

des pierres proprement dite, on emploie deux méthodes, la méthode *par équarrissement* et la méthode *par berceau,* qui d'ailleurs peuvent se combiner ensemble. La première consiste à tailler une face parfaitement plane sur la pierre; sur cette face on rapporte une sorte de panneau qui affecte exactement la forme de la pierre et suivant lequel on la taille; pour la face suivante, on se sert d'un second panneau qui affecte la forme de la seconde face, et ainsi de suite. La méthode par berceau consiste à se servir d'un angle formé de deux pièces de bois assemblées à pivot articulé. Après avoir dressé une face, on applique le berceau sur cette face et l'on trace l'arête de la face suivante; en appliquant plusieurs fois cet instrument sur l'arête, on arrive à déterminer exactement la seconde surface plane, et l'on opère de la même manière pour les autres. On taille ordinairement la pierre dans un endroit disposé à cet effet, près de l'édifice à construire, avant de la mettre en place : c'est ce qu'on appelle la taille *sur chantier.* On nomme taille *sur le tas* celle qui ne peut se faire qu'après la pose. Dans ce cas sont les moulures, les ornements d'architecture, et le *ravalement,* qui consiste à régulariser les parements et qui se fait en même temps que le *rejointoiement,* c.-à-d. le remplissage des parties apparentes des joints et des lits avec du mortier. On se sert dans la taille de la pierre de différents instruments dont la forme varie selon la dureté de celle-ci, sa nature et l'usage auquel on la destine; mais il ne saurait entrer dans notre cadre de les décrire.

Pour la taille des bois. Voy. CHARPENTERIE.

STÉRÉOTOMIQUE. adj. 2 g. Qui appartient à la stéréotomie.

STÉRÉOTYPAGE. s. m. (R. *stéréotyper*). T. Typogr. Action de stéréotyper, ou l'ouvrage qui en résulte. *Procédé de s.* Les anciens procédés de s. sont aujourd'hui remplacés par ceux du *clichage.* Voy. ce mot.

STÉRÉOTYPE. adj. 2 g. (gr. στερεὸς, solide; τύπος, type). *Ouvrage s., édition s.,* Ouvrage, etc., imprimé avec des planches stéréotypées.

STÉRÉOTYPER. v. a. (R. *stéréotype*). Convertir en planches solides des pages préalablement composées en caractères mobiles. *S. une page, une feuille.* || Imprimer un livre avec des planches solides, au lieu de formes composées de caractères mobiles. *On a stéréotypé Racine, Corneille, etc.* = STÉRÉOTYPÉ, ÉE. part.

STÉRÉOTYPEUR. s. m. Celui qui stéréotype.

STÉRÉOTYPIE. s. f. L'art de stéréotyper. || Atelier où l'on stéréotype.

STÉRER. v. a. Évaluer en stères. = STÉRÉ, ÉE. part.

STÉRIGMATE. s. m. (gr. στήριγμα, étai). T. Bot. Nom donné aux prolongements que portent les basides et à l'extrémité desquels se développe une spore.

STÉRILE. adj. 2 g. (lat. *sterilis,* m. s.). Qui ne produit ou qui ne rapporte rien. *Champ s. Désert s. Un arbre s. Un figuier s. Une femme s. Une vache s.* — T. Bot. *Fleur s.,* Celle qui n'est pas susceptible de féconder ou d'être fécondée. || Par anal., *Année s.,* Année dans laquelle la récolte est mauvaise. On dit aussi Fig., *Ce siècle a été s. en grands hommes,* Il y a peu de grands hommes dans ce siècle; *Le temps est s. en nouvelles,* Il y a peu de nouvelles en ce moment. || T. Microbiol. Se dit d'un milieu nutritif où ne se développe aucun microbe soit parce qu'il a été rendu impropre à la vie des microbes, soit parce qu'il a été mis à l'abri des germes. || Fig., *Un esprit s., un auteur, un poète s.* etc., Qui ne produit rien de lui-même.

Fuyez de ces auteurs l'abondance stérile.

                BOILEAU.

— On dit encore, *Travail s.,* Celui qui n'a aucun produit pour résultat; *Savoir s.,* Celui dont on ne tire aucun profit ou du moins aucun parti; *Sujet s.,* Sujet qui, de lui-même, fournit très peu de matière à l'écrivain; *Louanges stériles,* Celles qui ne sont accompagnées d'aucune récompense, quoiqu'elles dussent l'être; *Admiration s.,* Celle qui ne va point jusqu'à faire imiter ce qu'on admire; *Gloire s.,* Celle dont on ne retire aucune utilité.

STÉRILEMENT. adv. [Pr. *stérile-man*]. D'une manière stérile.

STÉRILISATION. s. f. [Pr. *stérili-za-sion*]. Action qui fait devenir stérile. || T. Microb. St. d'un milieu nutritif.

STÉRILISER. v. a. [Pr. *stérili-zer*]. Frapper de stérilité. *Les cendres vomies par le volcan stérilisèrent les plaines fertiles qui l'entouraient.* || T. Microbiol. Rendre un milieu nutritif impropre à la culture des microbes. *St. du lait, du bouillon.* || Fig., *Une pareille éducation est faite pour s. les plus belles facultés.* == STÉRILISÉ, ÉE. part.

STÉRILITÉ. s. f. (lat. *sterilitas*, m. s.). Qualité de ce qui est stérile. *La s. d'un champ. Des campagnes frappées de s. La s. de l'année. Chez les Orientaux, la s. d'une femme est une sorte d'opprobre.* || Fig., *La s. d'un auteur. La s. d'un sujet. — Il y a dans cet ouvrage une grande s. de pensées,* Cet ouvrage renferme peu ou point de pensées. *Il y a s. de nouvelles,* Il y a peu ou point de nouvelles.
Agric. — Une plante est stérile lorsqu'elle ne se reproduit pas par graine. Cet état peut être causé par diverses circonstances. Ainsi beaucoup de végétaux exotiques ne fleurissent pas, ou ne peuvent mûrir leurs fruits, parce que la chaleur du milieu où on les a transplantés est insuffisante pour permettre le développement normal de leurs organes. Mais il existe aussi des plantes qui, sous leur ciel natal et dans les meilleures conditions de développement, restent naturellement stériles; et il est à remarquer que ce sont toujours des espèces douées de la faculté de se reproduire par de nombreux drageons. Les bananiers à fruits comestibles, la canne à sucre, etc., sont dans ce cas, par tous les pays où on les cultive. En Europe, la nummulaire (*Lysimachia nummularia*), la canne de Provence (*Arundo Donax*), le chiendent (*triticum repens*), et plusieurs autres graminées très drageonnantes, ne donnent presque jamais de graines, quoiqu'elles fleurissent régulièrement. Il y a même des poires, des pommes, des oranges sans pépins; on dirait que toute la vitalité des arbres, qui produisent ces fruits, s'est épuisée à former des péricarpes charnus. Aucun de ces genres de s. ne peut être considéré comme une maladie, ni surtout comme un état fâcheux. Il en est tout autrement lorsqu'il s'agit des céréales et autres plantes cultivées pour leurs graines; alors la s. tient le plus souvent au défaut de fécondation, soit par le manque de pollen dans le cas de diœcie, soit par suite d'accidents atmosphériques, qui ont délayé, entraîné le pollen, ou mortifié les ovaires. D'autrefois, ce sont les insectes qui ont ravagé les organes reproducteurs, ou des parasites (vibrion, carie et autres urédinées) qui les ont fait avorter. Dans ces différents cas, l'agriculteur doit faire tous ses efforts pour conjurer le mal, surtout pour en éviter préventivement le retour, par tous les moyens dont l'expérience a fait connaître l'efficacité.

STERLET. s. m. [Pr. *ster-lè*]. T. Icht. Nom vulg. du Petit *Esturgeon*. Voy. GANOÏDES.

STERLING. adj. invar. (anglo-saxon *easterling*, homme de l'Est, nom sous lequel on désignait les marchands de Hambourg). T. Métrol. *Livre s.* Monnaie de compte d'Angleterre ayant la valeur du souverain, soit environ 25 francs. Voy. MONNAIE.

STERNAL, ALE. adj. Qui appartient au sternum.

STERNBERGITE. s. f. (R. *Sternberg*, n. d'homme). T. Minér. Sulfure d'argent et de fer; en cristaux tabulaires d'un brun de tombac, tachant le papier, et se laissant facilement cliver en lamelles flexibles.

STERNE. écrivain ang., né en Irlande (1713-1768).

STERNE. s. f. (lat. *sterna*, m. s.). T. Ornith. Les *Sternes* (*Sterna*) appartiennent à l'ordre des *Palmipèdes* et à la famille des *Longipennes*, qu'on appelle vulgairement *Hirondelles de mer*, à cause de leurs ailes longues et pointues, de leur queue fourchue, de leurs pieds courts qui leur donnent un port et un vol analogues à ceux des hirondelles, dont le bec presque droit, aussi long ou plus long que la tête, comprimé, tranchant et effilé. Les membranes qui unissent leurs doigts sont fort échancrées; aussi nagent-ils peu, et volent-ils presque continuellement, tantôt s'élevant très haut dans les airs, tantôt rasant l'eau avec rapidité et

saisissant leur proie au vol. Lorsqu'ils veulent prendre du repos, ils se rendent à terre ou se posent sur les rochers isolés au milieu de la mer. A toute heure du jour, les Sternes poussent en volant des cris aigus et perçants qui redoublent lorsqu'il y a imminence de tempête. Elles se nourrissent de mollusques, de zoophytes, ainsi que de petits poissons vivants ou morts, car elles sont très voraces. Elles sont d'ailleurs d'un naturel sociable et vivent en troupes nombreuses. Ces oiseaux nichent sur les bords de la mer ou des grands étangs, et pondent à nu. Souvent les œufs des divers couples sont si rapprochés, que les couveuses se touchent. Parmi les nombreuses espèces de ce genre, la plus commune au printemps, sur nos eaux douces, est le *Pierre Garin* (*St. hirundo*) [Fig. ci-dessous], qui à l'état adulte, est blanc, avec le manteau cen-

dré clair et la calotte noire. Ses pieds sont rouges et son bec est également rouge avec le bout noir. Sa longueur est de 32 centimètres et son envergure d'au moins 64. La *Petite Hirondelle de mer* (*St. minuta*) ne diffère de l'espèce précédente que par sa taille moindre d'un tiers et par son front blanc. — Le *Noddi*, vulg. appelé *Oiseau fou* (*St. stolida*), mérite d'être distingué des Sternes comme sous-genre. Il diffère surtout du genre Sterne proprement dit, par sa queue qui n'est pas fourchue et qui égale presque les ailes. Cette espèce habite l'Amérique centrale et ne visite l'Europe qu'accidentellement. Son plumage est brun chocolat dessus et dessous.

STERNÉBRAL, ALE. adj. (mot composé de *sternum* et *vertèbre*). T. Anat. Qui a rapport au sternum. *La colonne sternébrale,* Le sternum. Voy. Os, I.

STERNO-CLÉIDO-MASTOÏDIEN, ENNE. adj. [Pr...*kléi...*] (R. *sternum*, gr. κλείς, κλειδός, clef, et *mastoïdien*). T. Anat. Se dit d'un muscle qui s'insère sur le sternum, la clavicule et l'apophyse mastoïdienne. Se dit aussi de ce qui a rapport à ce muscle, ou à la région qu'il occupe.

STERNO-MASTOÏDIEN, ENNE. adj. (R. *sternum* et *mastoïdien*). T. Anat. Qui a rapport au sternum et à l'apophyse mastoïdienne. — Nom d'un muscle situé à la partie antérieure du cou.

STERNOXES. s. m. pl. [Pr. *ster-nokse*] (gr. στέρνον, sternum; ὀξύς, pointu). T. Entom. Latreille désignait sous ce nom les insectes composant la première section de la famille des *Serricornes*. Les Coléoptères qui le composent se reconnaissent aisément à leur corps de consistance ferme et solide, et de forme ordinairement ovalaire; à leur tête engagée verticalement jusqu'aux yeux dans le corselet, et à leur prosternum allongé, dilaté ou avançant jusque sous la bouche, en même temps qu'il se prolonge postérieurement en une pointe qui est reçue dans un enfoncement de l'extrémité antérieure du mésosternum. Ces insectes se partagent naturellement en deux familles, appelées *Buprestides* et *Elatérides*. Voy. ces mots.

STERNUM. s. m. [Pr. *ster-nome*] (lat. *sternum*, gr. στέρνον, m. s.). T. Anat. Os plat qui occupe la partie antérieure de la poitrine, et sur lequel s'articulent les côtes et les clavicules. Voy. Os, I, et SQUELETTE.

STERNUTATOIRE. adj. 2 g. et s. m. [Pr. *sternutatouare*] (lat. *sternutatio*, éternument). T. Méd. On désigne sous ce nom, les diverses substances irritantes qui, introduites dans les narines et mises en contact avec la muqueuse pituitaire, provoquent l'éternument. On fait principalement usage du tabac, ou encore des poudres de bétoine, de cabaret, de marjolaine, des fleurs du muguet, etc. Au reste, l'emploi des *sternutatoires* est rarement indiqué. On les employait surtant dans les ophthalmies chroniques et chez les individus sujets à la céphalalgie.

STÉROPE. s. m. (gr. στερεός, solide; πούς, pied). T. Entom., Genre d'Insectes *Lépidoptères.* Voy. DIVARES.

STERTOREUX, EUSE. adj. [Pr. *sterto-reu, euse*] (lat. *stertor,* ronflement). T. Physiol. *Respiration stertoreuse,* Celle qui fait entendre, dans les mouvements d'inspiration et d'expiration, un son qui imite le bruit de l'eau bouillante.

STÉSICHORE, poète lyrique grec (VIe siècle avant l'ère moderne).

STÉTHOSCOPE. s. m. (gr. στῆθος, poitrine; σκοπεῖν, examiner). T. Méd. Instrument destiné à faciliter l'auscultation. Voy. AUSCULTATION.

STÉTHOSCOPIE. s. f. L'examen ou l'art d'examiner à l'aide du stéthoscope.

STÉTHOSCOPIQUE. adj. 2 g. Qui est fourni par le stéthoscope ou par l'auscultation. *Signe s.*

STETTIN, v. d'Allemagne (Prusse), port sur l'Oder; 116,100 hab.

STETTULE. s. f. [Pr. *stet-tule*] (Dimin.). T. Bot. Petite étoile ou rosette de feuilles qui termine la tige de certaines mousses.

STEUBEN (baron DE), peintre allem. (Bade), 1788-1856.

STEWARD (DUGALD), célèbre philosophe de l'école écossaise (1753-1828).

STHÉNIE. s. f. (gr. σθένος, force). T. Méd. Excès de force, exaltation de l'action organique; se dit par oppos. à *Asthénie.*

STIBIAL, ALE. adj. (lat. *stibium,* antimoine). Qui appartient à l'antimoine.

STIBICONISE. s. f. [Pr. ...*koni-ze*] (gr. στίδι, antimoine; κόνις, poussière). T. Minér. Variété hydratée de cervantite.

STIBIÉ, ÉE. adj. (gr. στίδι, antimoine, mot égypt. d'après les étymologistes grecs). T. Méd. Se dit des remèdes où il entre de l'antimoine. *Pommade stibiée. Tartre s.,* Voy. ANTIMOINE.

STIBINE. s. f. (gr. στίδι, antimoine). T. Minér. Sulfure d'antimoine. Voy. ANTIMOINE. || T. Chim. Nom générique des composés organo-métalliques dérivant de l'hydrogène antimonié SbH3. Ces composés sont très analogues aux arsines. Telle est la *triméthylstibine* Sb(CH3)3, liquide bouillant à 80°, insoluble dans l'eau. En s'unissant à l'iodure de méthyle, elle donne naissance à *l'iodure de tétraméthyl-stibonium* (CH3)4SbI, composé analogue à l'iodure d'ammonium.

STIBLITE. s. f. (gr. στίδι, antimoine). T. Minér. Synonyme de *Stibiconise.*

STIBNITE. s. f. (gr. στίδι, antimoine). T. Minér. Synonyme de *Stibine.*

STIBYLE. s. m. (gr. στίδι, antimoine, et le suff. *yle,* du gr. ὕλη, matière). T. Chim. Nom donné au radical monovalent SbO, qui est contenu dans certains sels d'antimoine, notamment dans l'oxychlorure SbOCl. On l'appelle aussi *antimonyle.*

STICK. s. m. (mot angl.) Canne courte et non souple dont on se sert en guise de cravache pour monter à cheval.

STICTIQUE. adj. 2 g. (gr. στικτικός, ponctué). Marqué de points.

STIGMATAIRE. adj. 2 g. Qui est marqué de stigmates.

STIGMATE. s. m. (gr. στίγμα, στίγματος, marque). Marque que laisse une plaie, une cicatrice. *Il vient d'avoir la petite vérole, il en porte encore les stigmates. — Les stigmates*

de la justice, Les marques du fer rouge qu'on imprimait autrefois sur l'épaule des voleurs. || Fig. et fam., *Il en porte encore les stigmates,* se dit d'un homme qui vient d'être maltraité publiquement. d'essuyer en public des reproches humiliants. — *Un s. flétrissant, honteux,* Une note d'infamie. *Rien ne peut faire disparaître ce s. flétrissant.* || T. Méd. Marques diverses, quelquefois sanguinolentes, qui se forment sur la peau des hystériques sous l'influence de la suggestion ou de l'imagination surexcitée. C'est ainsi que bon nombre de saints, de religieuses, etc., portaient sur leurs corps les marques des cinq plaies de Jésus-Christ. On y voyait un miracle, et on les appelait des *stigmatisés.* || T. Bot. Non donné à la portion d'aspect glanduleux qui termine le pistil. Voy. PISTIL. || T. Entom. Orifice des trachées à l'extérieur. Voy. INSECTE.

STIGMATIFÈRE. adj. 2 g. (R. *stigmate,* et lat. *fero,* je porte). T. Hist. nat. Qui porte des stigmates.

STIGMATIQUE. adj. 2 g. (R. *stigmate*). T. Bot. Qui appartient au stigmate d'une plante, qui en fait partie.

STIGMATISER. v. a. [Pr. *stigmati-zer*] (R. *stigmate*). Marquer une personne avec un fer rouge ou autrement. *On stigmatisait autrefois les esclaves fugitifs.* || Fig., Blâmer, critiquer quelqu'un avec dureté et publiquement. *On l'a cruellement stigmatisé dans ce pamphlet, dans cette satire.* == STIGMATISÉ, ÉE. part. || Subst. T. Théol. Celui, celle qui porte sur la peau les marques des cinq plaies de Jésus-Christ. Voy. STIGMATE.

STIL. s. m. Voy. STIL-DE-GRAIN.

STILBE. s. m. (gr. στίλβη, éclat). T. Bot. Genre de plantes Dicotylédones de la famille des *Verbénacées.* Voy. ce mot.

STILBÉES. s. f. pl. (R. *Stilbe*). T. Bot. Tribu de végétaux de la famille des *Verbénacées.* Voy. ce mot.

STILBÈNE. s. m. (gr. στίλβω, je brille). T. Chim. Hydrocarbure répondant à la formule C6H5.CH = CH.C6H5. C'est le diphényléthylène symétrique. On l'obtient en décomposant le sulfure de benzyle par la chaleur, ou en faisant arriver du toluène sur de l'oxyde de plomb chauffé au rouge sombre. Le s. cristallise en tables incolores, assez solubles dans l'alcool bouillant; il fond à 124° et bout à 306°. Il s'unit directement à deux atomes de brome, en donnant le *bromure de s.* (C6H5.CHBr)2, composé cristallisable, insoluble, qu'on peut envisager comme un dérivé brome du bibenzyle. Ce bromure, chauffé avec de la potasse alcoolique, se transforme successivement en *bromostilbène* (C6H5.CBr:)2, liquide huileux et jaunâtre, puis en tolane.

Le *glycol stilbénique* est identique avec *l'hydrobenzoïne.* Voy. BENZOÏNE.

La diamine correspondante au s. est le *diamido-stilbène* (C6H4.AzH2.CH:)2 qui cristallise en aiguilles ou en lamelles fusibles à 226°. On l'obtient en réduisant le dérivé para-nitré du toluène. L'acide *diamido-stilbène-disulfonique* se prépare en chauffant le dérivé sulfonique du para-nitro-toluène avec de la soude caustique. Cet acide, de même que le diamidostilbène, sert à préparer des couleurs directes pour colon. Voy. COLORANTES, IV, 6.

L'oxyde de s. est identique avec la *désoxybenzoïne.* Voy. ce mot.

Dibenzoyl-st. Voy. LÉPIDÈNE.

STILBÉNIQUE. adj. T. Chim. Qui se rapporte au stilbène.

STILBITE. s. f. (gr. στίλβω, je brille). T. Minér. Silicate hydraté d'alumine et de chaux, avec un peu de potasse ou de soude; en beaux cristaux orthorhombiques blancs, rouges ou bruns, ordinairement aplatis et groupés en forme de gerbe.

STIL-DE-GRAIN. s. m. T. Chim. Matière colorante jaune fournie par les baies du Nerprun tinctorial. Voy. COULEUR.

STILICON (FLAVIUS), général de Théodose et d'Honorius, défit le Goth Alaric à Pollentia (403) et le Suève Ricimer à Fésules (406). Accusé de vouloir donner le trône à son fils, il fut tué par ordre d'Honorius (408).

STILLANT, ANTE. adj. [Pr. *stil-lan*] (lat. *stillans,* m.

s., part. prés. de *stillare*, de *stilla*, goutte). Qui tombe goutte à goutte.

STILLATION. s. f. [Pr. *stil-la-sion*] (lat. *stillatio*, m. s., de *stillare*, couler goutte à goutte, de *stilla*, goutte). T. Physiq. Action d'un liquide qui tombe goutte à goutte. *Les stalagmites se forment par s.*

STILLATOIRE. adj. 2 g. [Pr. *stil-la-touare*] (lat. *stillare*, couler goutte à goutte). Qui filtre, qui tombe goutte à goutte.

STILLICIDE. s. m. [Pr. *stil-li-side*] (lat. *stillicidium*, m. s., de *stilla* goutte, et *cadere*, tomber). Eau qui tombe goutte à goutte. || T. Jurispr. *Servitude de s.* Voy. SERVITUDE.

STILLINGIA. s. m. [Pr. *stil-lin-jia*] (R. *Stilling*, nom d'un bot. angl.). T. Bot. Genre de plantes Dicotylédones de la famille des *Euphorbiacées*, tribu des *Crotonées.* Voy. EUPHORBIACÉES.

STILPNOMÉLANE. s. m. (gr. στιλπνὸς, brillant ; μέλας, μέλανός, noir). T. Minér. Silicate hydraté de fer, d'alumine et de magnésie ; en masses cristallines noires ou vert foncé.

STILPON, philosophe grec, de l'école de Mégare, florissait vers 300 av. J.-C.

STIMULANT, ANTE. adj. T. Physiol. Qui stimule, qui est propre à exciter l'action organique des divers systèmes de l'économie. *Potion stimulante.* — Subst., *Employer les stimulants. L'éther est un s. diffusible.* || Fig., Ce qui excite, aiguillonne l'esprit. *L'émulation est un s. qu'il faut employer avec prudence.*
Médec. — En termes de Médecine, on qualifie de *Stimulant* toute substance qui jouit de la propriété d'exciter plus ou moins promptement et d'une manière manifeste l'action propre, soit d'un organe, soit d'un système d'organes tout entier. On distingue des stimulants *diffusibles*, qui ont une action prompte et de peu de durée et des stimulants *persistants* qui, en général, agissent moins promptement, mais dont l'action est plus durable. Parmi les premiers qui sont surtout des antispasmodiques, nous nommerons : l'éther, l'ammoniaque, les huiles volatiles, le camphre, etc. On range parmi les seconds la mélisse, l'armoise, la cannelle, la girofle, la muscade, les résines, les térébenthines, le thé, le café, l'alcool, etc. Voy. CONTRE-STIMULISME.

STIMULATEUR, TRICE. s. Celui, celle qui stimule. = Adj. Qui stimule, qui excite.

STIMULATION. s. f. [Pr. ... sion] (lat. *stimulatio*, m. s.). T. Physiol. Action des stimulants, et l'effet qui en résulte. *La s. produite par ce remède n'est pas persistante.*

STIMULE. s. m. (lat. *stimulus*, aiguillon). T. Bot. Poil fin et raide dont la piqûre cause des démangeaisons.

STIMULER. v. a. (lat. *stimulare*, aiguillon). Aiguillonner, exciter. *Il a de bonnes intentions, mais il faut le s.* || T. Physiol. Exciter, animer. *Il ne faut s. l'estomac qu'avec précaution.* = STIMULÉ, ÉE. part. = Syn. Voy. AIGUILLONNER.

STIMULEUX, EUSE. adj. [Pr. *stimu-leu, euze*]. T. Bot. Qui est garni de stimules.

STIMULUS. s. m. [On fait sentir l'S finale]. T. Physiol. Mot lat. qui signifie *Aiguillon*, et qu'on applique à tout ce qui peut produire une excitation dans l'économie animale.

STIPE. s. m. (lat. *stipes*, m. s.). T. Bot. S'emploie pour désigner la tige aérienne des Palmiers et des Fougères arborescentes.

STIPE. s. m. (lat. *stipa*, paille). T. Bot. Genre de plantes Monocotylédones (*Stipa*) de la famille des *Graminées*, dont une espèce (*Stipa tenacissima*) est la plante textile connue sous le nom d'*Alfa.* Voy. GRAMINÉES.

STIPELLE. s. f. [Pr. *stipè-le*] (Dimin. de *stipule*). T. Bot. Nom donné aux stipules qui se trouvent à la base des folioles des feuilles composées. Voy. STIPULE.

STIPENDIAIRE. adj. 2 g. [Pr. *stipan-dière*] (lat. *stipendiarius*, m. s. de *stipendium*, solde). Qui est à la solde de quelqu'un. *Des troupes stipendiaires.* Peu us.

STIPENDIER. v. a. [Pr. *stipan-dier*] (lat. *stipendiare*, m. s.). Payer, gager quelqu'un, l'avoir à sa solde. *S. des troupes.* || Se dit plus ordinairement de gens qu'on veut employer à l'exécution de mauvais desseins. *S. des bandits.* = STIPENDIÉ, ÉE. part. *Des gens stipendiés*, et substantiv., *De vils stipendiés.* = Conj. Voy. PRIER.

STIPIFORME. adj. 2 g. T. Bot. Qui a la forme d'un stipe.

STIPITÉ, ÉE. adj. (lat. *stipes, stipitis*, tige). T. Bot. Élevé sur un pied ou sur un support. *Ovaire s. Aigrette stipitée.*

STIPULACÉ, ÉE. adj. T. Bot. Qui donne naissance à des stipules. Voy. BOURGEON.

STIPULAIRE. adj. 2 g. Qui provient des stipules. *Vrille stipulaire.*

STIPULANT, ANTE. adj. T. Jurispr. Qui stipule. *Un tel s. et acceptant. Les parties stipulantes dans ce contrat.*

STIPULATION. s. f. [Pr. ... sion] (lat. *stipulatio*, m. s.). Chose stipulée. Clause, convention, condition qui entre dans un contrat. *S. expresse.*

STIPULE. s. f. (lat. *stipula*, dimin. de *stipa*, paille). T. Bot. On désigne sous le nom de *Stipules* des appendices foliacés ou squamiformes qui accompagnent les feuilles chez un grand nombre de plantes. En général, il existe deux stipules qui naissent de chaque côté de la feuille et sont insérées au même niveau. Tantôt les stipules sont libres, tantôt elles sont soudées dans une étendue variable avec le pétiole, et les feuilles qui sont accompagnées de ces appendices sont ordinairement pétiolées. Ainsi, par ex., les stipules sont libres

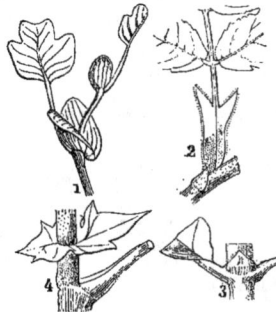

dans le Saule et le Tulipier de Virginie (Fig. 1) ; elles sont, au contraire, adhérentes au pétiole dans le Trèfle et le Rosier (Fig. 2). Les botanistes les appellent *cautinaires* dans le premier cas, et *pétiolaires* dans le second. Dans ce dernier, les stipules suivent le sort de la feuille elle-même, et tombent ordinairement avec elle ; au contraire, les stipules caulinaires peuvent se détacher avant la feuille, même de très bonne heure, comme on le voit dans certaines plantes pourvues de stipules *caduques.* Chez diverses plantes où les feuilles sont opposées, les stipules voisines sont soudées par leurs bords en contact, de sorte qu'au lieu de quatre stipules, il semble qu'il n'y en ait que deux : le Café (Fig. 3) offre un exemple de cette disposition : la s. alors est appelée *interpétiolaire.* Mais si ces stipules sont adhérentes par leur autre bord au pétiole de la feuille, elles constituent avec la base des pétioles une gaine qui entoure la tige. Dans le cas de feuilles alternes, on observe également de ces soudures remarquables. Assez souvent, les deux stipules de la feuille s'unissent par leur bord interne, et il en résulte l'apparence d'une s. unique interposée entre la tige et la naissance de la feuille : c'est ce qu'on nomme une s. *axillaire*. De même, les deux stipules peuvent, au lieu de se souder par leurs bords internes, se souder par leurs bords externes : dans ce cas, il semble qu'il n'y a qu'une s. unique opposée à la feuille. Enfin, bien que la base des stipules n'occupe en général qu'une portion limitée de la circonférence des tiges, on la voit parfois s'étendre et embrasser entièrement celle-ci ; dans ce cas, les stipules représentent assez fréquemment une gaine (*ochrea*) de longueur variable, qui entoure la tige, et qui, quoique tenant inférieurement à la feuille, se trouve plus intérieure qu'elle : nous citerons comme exemples le Platane (Fig. 4) et la famille entière des Polygonacées. Il arrive assez souvent que les stipules sont inéquilatérales, leur limbe se développant peu ou point, du côté en contact avec le pétiole de la feuille : elles peuvent être semi-lunaires ou falciformes, semi-sagittées, etc. Quelquefois il n'existe qu'une seule s., l'autre avortant constamment, comme dans l'Azara. D'autres fois, elles se transforment en épines, comme dans le Câprier. — Les stipules naissent en général après la feuille qu'elles accompagnent, mais elles se développent souvent beaucoup plus rapidement qu'elle, de façon à la recouvrir complètement dans le bourgeon. C'est ce qu'il est aisé de constater dans la plupart des arbres de notre pays, tels que les Saules, les Chênes, les Châtaigniers, etc. Ces sortes de stipules sont caduques et tombent quand le bourgeon est épanoui. Les folioles qui composent les feuilles composées sont parfois accompagnées de stipules, qu'on nomme alors *Stipelles*.

STIPULÉ, ÉE. adj. Qui est pourvu de stipules.

STIPULÉEN, ENNE. adj. [Pr. *stipulé-in*, *ène*] T. Bot. Qui doit son origine à des stipules transformées.

STIPULER. v. a. (lat. *stipulari*, m. s., de *stipula*, petite paille, parce qu'en faisant un contrat, on rompait un fétu dont chaque partie gardait un morceau). T. Jurispr. Convenir d'une chose dans un contrat, par un contrat ; demander, exiger, faire promettre à quelqu'un en contractant, l'obliger à telle et telle chose. *Ils ont stipulé*, il *a été stipulé que... Il a stipulé une garantie dans le contrat.* == STIPULÉ, ÉE. part.

STIPULEUX, EUSE. adj. [Pr. *stipu-leu*, *euze*]. T. Bot. Qui est muni de grandes stipules.

STIPULIFÈRE. adj. 2 g. (R. *stipule*, et lat. *fero*, je porte). T. Bot. Qui porte une ou deux stipules.

STIRATOR. s. m. (ital. *stirare*, étirer). Cadre de bois qui sert à tenir bien tendu le papier sur lequel on peint à l'aquarelle ou au lavis.

STIRBEY (Bibesco, prince), hospodar de Valachie, prépara l'union des Principautés (1804-1869).

STIRLING, v. d'Écosse, ch.-l. de comté ; 14,000 hab. Le comté de Stirling a 112,400 hab.

STOBÉE, auteur grec d'une compilation de poètes et de prosateurs anciens (IVᵉ s. ap. J.-C.).

STOCK. s. m. Mot anglais qui sign. *Provision*, et qui se dit en T. Comm. *Le s. de coton à l'entrepôt est presque épuisé*. || A la Bourse de Londres, on appelle *Stocks*, ce que l'on nomme chez nous *Fonds consolidés*.

STOCKE-ON-TRENT, v. d'Angleterre, près de Newcastle ; 493,000 hab.

STOCKFISCH. s. m. [Pr. *stok-fiche*] (angl. *stock*, stock, *fisch*, poisson). Se dit de tout poisson salé et séché, et particulièrement d'une espèce de morue séchée à l'air. Voy. GADOÏDES.

STOCKHOLM, cap. du royaume de Suède, bâtie sur sept îles entre le lac Mælar et la Baltique ; 258,000 hab.

STOCKPORT, v. d'Angleterre (Chester) ; 60,000 hab.

STOCKTON, v. d'Angleterre ; 41,000 hab.

STŒCHIOMÉTRIE. s. f. [Pr. *ste-kio-métrie*] (gr. στοιχεῖον, élément ; μέτρον, mesure). T. Chim. Partie de la Chimie qui a

pour objet les lois des combinaisons et l'application de ces lois aux calculs chimiques. Voy. CHIMIE, VII à X.

STOFF. s. m. (angl. *stuff*, de l'anc. franç. *estoffe*, étoffe). Étoffe de laine sèche et brillante qui se fabriquait primitivement en Angleterre.

STOFFLET, général vendéen, prit part à presque tous les combats de la guerre de Vendée, fut fusillé à Angers (1752-1796).

STOÏCIEN, IENNE. adj. [Pr. *sto-i-si-in*, *iène*] (lat. *stoicus*, gr. στοϊκός, m. s., de στοά, portique). Qui appartient à la doctrine de Zénon. *Un philosophe s.* == STOÏCIEN. s. m. Partisan des doctrines stoïciennes. *Les stoïciens étaient de cet avis*. || Par extens., Un homme ferme, sévère et inébranlable. *C'est un vrai s. Il a souffert en s.* Voy. PHILOSOPHIE.

STOÏCISME. s. m. La philosophie de Zénon. || Par ext., Fermeté, austérité, telle qu'était celle des stoïciens. *C'est par s. qu'il vit ainsi. Il a supporté ce malheur avec un s. admirable.*

Philos. — Le st. se recommande surtout par la pureté de sa morale. De toutes les doctrines philosophiques de l'antiquité, c'est à coup sûr la plus élevée et celle qui a produit les hommes les plus remarquables, les caractères les plus fermes. C'est dans les deux premiers siècles de l'empire romain que le st. eut le plus d'influence. On lui doit, en partie, la prospérité qui a signalé le siècle des Antonins, et l'empereur *Marc-Aurèle*, l'une des plus belles figures du génie antique, professait le stoïcisme. Il a même écrit des livres de philosophie en langue grecque. Voy. PHILOSOPHIE.

STOÏCITÉ. s. f. Fermeté, stoïcisme pratique.

STOÏQUE. adj. 2 g. (lat. *stoicus*, m. s.). Qui tient de l'insensibilité et de la fermeté qu'affectaient les stoïciens. *Vertu s. Cœur, âme s. Visage s.*

STOÏQUEMENT. adv. [Pr. *stoi-keman*]. En stoïcien, avec le courage et la fermeté d'un stoïcien.

STOLA. s. f. (lat. *stola*, gr. στολή, m. s.). T. Antiq. rom. Chez les Romains, la *Stola* était un vêtement de femme qui

Fig. 4.   Fig. 2.

se portait par-dessus la chemise (*tunica intima*) et qui consistait en une robe très large et descendant jusqu'aux pieds. Deux ceintures, dont l'une passait sous le sein et l'autre au-dessus des hanches, la fixaient au corps ; des agrafes serraient aux bras les manches dont la forme était variable. La s. différait de la tunique par la présence d'un ornement particulier appelé *instita*, ainsi qu'on le voit dans la Fig. 1 (d'après une fresque des thermes de Titus), était une sorte de longue queue qui s'attachait à la ceinture et qui tombait par derrière en recouvrant la partie postérieure des pieds. Par-dessus la s., on portait ordinairement le *pallia* ou *pallium* (Fig. 2). La s. était le vêtement caractéristique des matrones romaines, comme la toge était celui des citoyens. Les courtisanes n'avaient pas le droit de s'en revêtir ; elles ne pouvaient porter qu'une toge de couleur sombre, et il en était de même des femmes renvoyées pour cause d'adultère. —

Chez les Grecs, la στολή était commune aux hommes et aux femmes, ce mot désignant toute espèce de robe en général.

STOLON. s. m. (lat. *stolo*, rejeton, même orig. que *stare*, se tenir debout). T. Bot. Nom donné à certaines tiges rampantes, longues et flexibles qu'on appelle vulg. *coulants*, qui émettent au contact du sol des racines adventives et peuvent ainsi multiplier la plante par marcottage naturel. || T. Zool. Sorte de bourgeon, qui chez certains animaux inférieurs donne naissance à un individu nouveau.

STOLONIFÈRE. adj. 2 g. (R. *stolon*, et lat. *fero*, je porte). Se dit des plantes qui émettent des stolons.

STOLP, v. d'Allemagne (Poméranie) ; 22,400 hab.

STOLZITE. s. f. (R. *Stolz*, n. d'homme). T. Minér. Syn. de *Scheelitine*.

STOMACAL, ALE. adj. (lat. *stomachus*, estomac). Relatif à l'estomac. *Digestion stomacale, sucs stomacaux.*

STOMACHIQUE. adj. 2 g. [Pr. *stoma-chike*] (lat. *stomachicus*, gr. στομαχικός, m. s.). Salutaire à l'estomac. *Poudre, elixir, vin s.*

STOMAPODES. s. m. pl. (gr. στόμα, bouche; πούς, ποδός, pied). T. Zool. Les *Stomapodes* constituent un ordre de Crustacés de la division des *Podophthalmes*. Les Crustacés qui le composent se rapprochent des Décapodes par la forme générale du corps ; mais ils en diffèrent par la concentration des anneaux de la tête et du thorax qui est portée moins loin, et par le développement des appendices abdominaux. Les anneaux céphaliques antérieurs sont mobiles. De plus, les branchies ne sont pas renfermées dans une cavité située de chaque côté du thorax ; elles sont libres, c.-à-d. fixées, en forme de houppes, aux fausses pattes abdominales ; chez plusieurs, elles sont réduites à l'état de rudiments, et chez quelques-uns même, on ne voit rien qui puisse être considéré comme un organe spécial de respiration. Dans ce cas, il y a tout lieu de croire que cette fonction s'exerce par la surface générale des téguments. L'appareil buccal se compose d'une

en frappant l'eau de leur queue. La *Squille mante* (S. *mantis*) [Fig. ci-dessous] est commune dans la Méditerranée. Elle est longue d'environ 18 centim. Les *Gonodactyles* (*Gonodactylus*) ont le dernier article de leurs pattes ravisseuses droit, styliforme, plus ou moins renflé à la base, et ne présentant que des vestiges de dents sur son bord préhensile, qui est élargi. L'espèce type du genre, appelée *Gonodactyle goutteux* (G. *chiragra*), habite la Méditerranée.

STOMATE. s. m. (gr. στόμα, στόματος, bouche). T. Bot. Nom donné aux organes formés par des cellules différenciées de l'épiderme, destinés à permettre l'échange qui doit s'établir entre le milieu extérieur et les tissus profonds du végétal. Voy. ÉPIDERME.

STOMATITE s. f. (gr. στόμα, bouche). T. Méd. La s. est l'inflammation de la muqueuse de la bouche ; elle comprend plusieurs variétés bien distinctes que nous allons indiquer. La *s. érythémateuse* est caractérisée par la rougeur vive de la muqueuse, une douleur constante exaspérée par le chaud ou le froid et du gonflement ; la mastication est difficile, l'haleine fétide. Elle peut être provoquée par l'évolution de la dent de sagesse, la carie dentaire, l'irritation produite par la fumée du tabac ou les mets épicés, en un mot par toutes les causes favorisant le développement ou l'action des microorganismes infectieux qui séjournent dans la bouche. — L'inflammation peut s'étendre à la langue (glossite), aux gencives (gingivite).

Cette maladie cède généralement après quelques jours de durée ; les gargarismes et les collutoires antiseptiques (chlorate de potasse, acide borique) en ont facilement raison ; la cause devra être supprimée.

La *s. mercurielle* se manifeste chez les ouvriers manipulant les composés hydrargyriques (étameurs de glace, chapeliers, etc.) et chez les malades soumis au traitement mercuriel (frictions à l'onguent napolitain, protoiodure de mercure, calomel, etc.). L'affection s'annonce par une douleur à l'angle des mâchoires et un goût métallique prononcé, puis l'haleine devient fétide et la *salivation* très abondante ; les gencives sont tuméfiées. Il faut immédiatement supprimer la cause et soustraire l'organisme à l'influence du mercure ; le chlorate

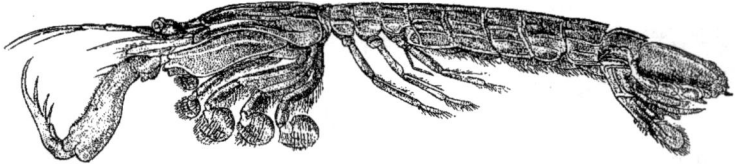

lèvre supérieure, d'une paire de mandibules, d'une lèvre inférieure, de deux paires de mâchoires et d'une seule paire de pattes-mâchoires, qui souvent manquent. Les pattes sont en général au nombre de 7 ou 8 paires, et presque toujours pourvues d'un appendice qui peut être considéré comme l'analogue d'une palpe. Trois ou un plus grand nombre des dernières paires de pattes sont toujours natatoires, tandis que celles de la première paire, ou même des quatre premières paires, sont souvent préhensiles ; mais, au lieu d'être armées d'une pince didactyle, elles sont seulement munies d'une griffe mobile qui se rabat sur l'article précédent. Souvent la plupart de ces organes sont rapprochés de la bouche ou même appliqués contre elle ; d'où le nom de *Stomapodes* donné à toute la division. Ces Crustacés sont marins et habitent de préférence les contrées situées entre les tropiques ; aucun ne remonte au delà des zones tempérées. — Parmi les 5 genres compris dans cet ordre, nous ne nommerons que les genres *Squille* et *Gonodactyle*, qui sont représentés dans nos mers. Les *Squilles* (*Squilla*) ont le corps svelte et assez rétréci derrière la carapace. La griffe qui termine les pattes ravisseuses a la forme d'une lame de faux dont le bord tranchant est garni de longues dents pointues. La main est également comprimée et ordinairement armée d'épines sur son bord préhensile. Ces Crustacés sont fort abondants dans les mers des régions chaudes, et l'on en trouve jusque dans la Manche. Ils se trouvent éloignés des côtes, à d'assez grandes profondeurs, et nagent avec vitesse

de potasse est utilisé à l'intérieur et en gargarismes. Si le traitement n'est pas institué rapidement, la s. peut provoquer des désordres plus graves (gingivite, périostite) et passer à l'état chronique.

La *s. ulcéro-membraneuse* est une affection épidémique et considérée comme contagieuse ; le germe pathogène est encore inconnu ; elle est précédée de quelques prodromes (malaise, fièvre) qui durent 3 ou 4 jours puis apparaissent les *ulcérations* qui en constituent le principal caractère ; elles se développent d'un seul côté de la bouche (plus souvent à gauche) au niveau des gencives, à la face interne des joues, aux lèvres, aux amygdales ; ces ulcérations sont recouvertes d'un enduit jaunâtre ou grisâtre, le fond en est saignant ; les tissus voisins sont œdématiés ; il s'agit d'une sorte de *gangrène* ; après une dizaine de jours, l'élimination des tissus sphacélés se produit et la cicatrisation survient. Cette affection s'accompagne de vives douleurs rendant la mastication très difficile, l'haleine est fétide, la salivation abondante ; les ganglions sous-maxillaires sont tuméfiés. L'isolement, le chlorate de potasse à l'intérieur (4 grammes), les pansements des ulcérations avec une solution antiseptique (acide borique, sublimé) constituent tout le traitement.

On trouvera aux mots : MUGUET (s. crémeuse), APHTE (s. *aphteuse*), SCORBUT (s. scorbutique) NOMA (gangrène de la bouche), la description des autres stomatites.

STOMATOPODES. s. m. pl. Syn. de STOMAPODES.

STOMOXE. s. m. [Pr. *stomokse*] (gr. στόμα, bouche; ὀξύς, pointu). T. Entom. Genre d'insectes *Diptères*. Voy. ATHÉRICÈRES.

STOP. Impératif du verbe anglais *to stop*, arrêter, qui se dit, dans la navigation à la vapeur, comme terme de commandement, pour ordonner de s'arrêter.

STOPPAGE. s. m. [Pr. *sto-pa-je*]. Action de refaire une partie du drap ou d'étoffe quelconque maille par maille.

STOPPER. s. m. (angl. *to stop*, m. s.). T. Mar. Machine en forme de mâchoire de crapaud qui sert à arrêter les câbles-chaînes.

STOPPER. v. a. [Pr. *sto-per*]. Refaire une étoffe maille par maille.

STOPPER. v. a. (angl. *to stop*, m. s.). Arrêter la marche d'une locomotive, d'un bateau à vapeur, d'une machine.

STOPPEUR, EUSE. s. [Pr. *sto-peur, euze*]. Ouvrier, ouvrière qui fait le stoppage.

STORAX. s. m. (gr. στύραξ, n. d'une sorte de gomme). Bot. et Pharm. Le *Storax* appelé aussi *Styrax calamite* est un produit oléo-résineux qui découle de l'*Aliboufier* (*Styrax officinale*). Voy. STYRACÉES.

STORE. s. m. (lat. *storea*, natte). Espèce de rideau qui se lève ou se baisse par un ressort, et qu'on met devant une fenêtre, à une portière de voiture, etc., pour se garantir du soleil. *Levez, abaissez les stores.*

STORTHING. s. m. Nom du Parlement norvégien. Voy. DIÈTE.

STOURNE. s. m. (lat. *sturnus*, étourneau). T. Ornith. Genre de *Passereaux*. Voy. MERLE.

STOUT. s. m. [Pr. *sta-oul*] (mot angl.). Bière anglaise noire. Voy. BIÈRE.

STOWE (HARRIET BEECHER, mistress), romancière américaine, née en 1814, auteur de *la Case de l'oncle Tom*, roman contre l'esclavage qui eut un immense succès (1852).

STRABISME. s. m. (gr. στραϐός, louche). T. Méd. Le *Strabisme* est une anomalie oculaire dans laquelle l'un des deux yeux s'écarte involontairement de l'axe visuel, de sorte que les deux organes ne peuvent jamais être dirigés en même temps sur le même point; la vision binoculaire est supprimée. Le st. peut être *double*, les deux yeux sont affectés et peuvent se diriger tous les deux en haut, ou l'un en haut et l'autre en bas, ou bien tous deux en dedans. Le s. peut être *convergent*, il est dans ce cas associé à l'hypermétropie, ou *divergent* ce qui arrive fréquemment dans la myopie. Chez certains individus, le s. est accidentel, tandis que, chez d'autres, il est congénital. Dans tous les cas, il provient de l'inégalité de force ou de dimensions dans les muscles qui meuvent le globe oculaire; une contracture de l'un des muscles de l'œil peut déterminer le s. Cette affection était attribuée autrefois à différentes causes : convulsions, affections cérébrales, position donnée au nouveau-né par rapport à la lumière, taies de la cornée; mais il est démontré aujourd'hui que le s. est la conséquence d'une anomalie de la réfraction. Parmi les moyens usités pour combattre le s., mentionnons le traitement orthopédique qui consiste dans l'emploi de verres destinés à corriger la défectuosité de la réfraction, et le traitement chirurgical; on pratique la section du tendon du muscle contracturé, ou on reporte, en avant ou en arrière, l'insertion scléroticale, d'un des muscles de l'œil. Cette opération est appelée *Strabotomie*.

STRABON, célèbre géographe grec, né vers 60 av. J.-C., mort dans les premières années du règne de Tibère, auteur d'une *Géographie* qui comprend la description de tous les pays alors connus.

STRABOTOMIE. s. m. (gr. στραϐός, louche; τομή, action de couper). T. Chir. Opération pour corriger le strabisme.

STRADELLA, compositeur et chanteur ital. (1644-1683).

STRADIVARIUS, célèbre luthier de Crémone (1664-1746). = Son nom est employé pour désigner un violon excellent et de grand prix.

STRAFFORD (THOMAS WENTWORTH, comte DE), homme d'État anglais (1593-1641), fut chargé par Charles Iᵉʳ de réprimer les troubles d'Écosse (1640). Plus tard, accusé de haute trahison pour ce fait, il fut condamné à mort par la Chambre des communes, et Charles Iᵉʳ le laissa exécuter.

STRAFFORD-SUR-AVON, v. d'Angleterre, dans le comté de Warwick; 35,000 hab. Patrie de Shakespeare.

STRALSUND, v. et place forte de Prusse, dans la Poméranie, sur le détroit de Gellen, qui sépare l'île de Rügen du continent; 29,000 hab.

STRAMOINE. s. f. (lat. *stramonium*, m. s.). T. Bot. Nom vulgaire du *Datura Stramonium*. Voy. SOLANACÉES, II.

STRANGULATION. s. f. [Pr. ...*sion*] (lat. *strangulare*, étrangler). La *Strangulation*, ou *Étranglement*, consiste dans une compression exercée sur une étendue plus ou moins considérable du cou, de manière à intercepter, d'une part, l'accès de l'air dans les organes de la respiration, et, de l'autre, le retour vers le cœur du sang porté au cerveau par le système artériel. La *Suspension* ou *Pendaison* est un mode de st. qui diffère du précédent en ce que le corps est suspendu par le cou. Dans les deux cas, la mort est déterminée par l'asphyxie, ou par la congestion cérébrale, ou encore par ces deux causes réunies. Dans la s. la langue est tuméfiée, la langue fait saillie entre les arcades dentaires; il existe de nombreuses ecchymoses sur la face, la conjonctive, le cou. La s. est généralement le résultat d'un homicide, mais cependant elle peut être attribuée au suicide; dans le premier cas il existe des traces de lutte. En présence d'un cas de s., si la vie persiste encore, on doit pratiquer la respiration artificielle, faire des injections d'éther et des tractions rythmées de la langue.

STRANGURIE. s. f. (lat. *stranguria*, gr. στραγγουρία, m. s., de στράγξ, goutte, et οὖρον, j'urine). T. Méd. Difficulté d'uriner, où l'urine ne s'écoule que goutte à goutte. Voy. RÉTENTION.

STRAPASSER. v. a. [Pr. *strapa-ser*] (ital. *strapazzare*, m. s.). Maltraiter de coups. *On l'a bien strapassé.* Vx. ‖ T. Peint. Peindre ou dessiner à la hâte et sans correction, en affectant la négligence ou la facilité. *S. une figure. Il est accoutumé à s. ses tableaux.* Peu usité. — STRAPASSÉ, ÉE. part.

STRAPASSON. s. m. [Pr. *strapa-son*]. Peintre qui strapasse. Vx.

STRAPASSONNER. v. a. [Pr. *strapa-so-ner*]. Syn. de strapasser.

STRAPONTIN. s. m. (*stratus*, couché; *pons, pontis*, pont). Siège garni que l'on met sur le devant dans les voitures, dans les grands carrosses, et qu'on peut relever et abaisser à volonté.

STRAS ou **STRASS.** s. m. [Pr. l's finale]. On appelle proprement *Strass*, du nom du joaillier allemand qui l'a inventée au commencement de ce siècle, l'espèce de verre incolore avec laquelle on imite le diamant; mais, par extension, on applique aussi cette dénomination aux verres colorés qui servent à imiter les autres pierres précieuses. Le *Strass* blanc, ou s. proprement dit, est un verre composé de silice, de potasse, de borax, d'arsenic et d'oxyde de plomb. Toutes ces matières premières doivent être d'une pureté parfaite, surtout lorsqu'il s'agit d'imiter le diamant : dans ce cas même, la silice employée n'est autre que du cristal de roche. Mais lorsqu'on veut seulement imiter des pierres de couleur, on peut remplacer le cristal de roche par du silex ou par du sable blanc. Les pierres de couleur, en effet, se fabriquent toutes avec du s. blanc, auquel on ajoute divers oxydes métalliques. On obtient le *S. jaune*, ou *fausse topaze*, avec un mélange de s. blanc, de verre d'antimoine et de pourpre de Cassius; le *S. bleu*, ou *faux saphir*, en ajoutant de l'oxyde de cobalt au s. blanc en fusion; le *S. vert*, ou *fausse émeraude*, au moyen de l'oxyde de cuivre et de l'oxyde de chrome; le *S. violet*, ou *fausse améthyste*, avec du pourpre de Cassius et des oxydes de cobalt et de manganèse; le *S. rouge*, ou *faux rubis*, avec le verre d'antimoine, l'oxyde de manganèse et le pourpre de Cassius, etc. L'art d'imiter les pierres précieuses naturelles au moyen de vitrifications colorées est très ancien, puisque Pline en parle comme d'un art très lucratif, porté de son temps à un haut degré de perfection. Grâce aux progrès de la chimie, l'art de contrefaire les pierres précieuses a atteint aujourd'hui un tel degré de perfection, que les pierres fausses égalent souvent en beauté les pierres du plus grand prix. La fabrication et la mise en œuvre de ces pierres sont en France, en Bohême et en Saxe, l'objet d'une industrie importante. En France, la fabrication du s. a lieu principalement dans les cristalleries : mais c'est à Paris que se fait la mise en œuvre, qui comprend la taille et la montage.

STRASBOURG, anc. ch.-l. du dép. du Bas-Rhin, sur l'Ill, à 1 kil. du Rhin, à 508 kil. E. de Paris ; cédé à l'Allemagne en 1871 ; 123,600 hab. Évêché. Belle cathédrale. Cette ville fut occupée par Louis XIV en 1681. === Nom des hab. : STRASBOURGEOIS, OISE.

STRASSE. s. f. [Pr. *stra-se*] (ital. *straccio*, m. s.). Bourre ou rebut de la soie.

STRATAGÉMATIQUE. adj. 2 g. Qui a rapport aux stratagèmes.

STRATAGÈME. s. m. (gr. στρατήγημα, m. s., de στρατὸς, armée, et ἄγειν, conduire). Ruse de guerre, feinte qui a pour but de tromper l'ennemi, de lui faire faire certaines démarches. *Un merveilleux s. Trouver un s. User de s.* ‖ Fig., Finesse, tour d'adresse, subtilité, surprise dont on use dans toutes sortes d'affaires. *Un plaisant s. Imaginer un s. Recourir à un s. Se servir d'un s.*

STRATE. s. f. (lat. *stratus*, couché). T. Géol. et Minér. Syn. de *Couche*.

STRATÈGE. s. m. (gr. στρατηγὸς, m. s., de στρατὸς, armée, et ἄγω, je conduis). T. Antiq. grecq. Le titre et la charge de *Stratège* paraissent avoir été presque exclusivement propres aux États démocratiques de l'ancienne Grèce. A Athènes, les stratèges furent institués, après la réforme de la constitution par Clisthènes, pour exercer les fonctions qui auparavant étaient attribuées au roi ou à l'archonte polémarque. Ils étaient au nombre de 10, un par chaque tribu, et désignés, non par le sort, mais par les suffrages du peuple. Les stratèges avaient le commandement des expéditions militaires, la suprême direction dans les préparatifs de la guerre, et le règlement de toutes les matières qui touchaient à la fois aux choses militaires et à l'État. Ainsi, les stratèges levaient et enrôlaient les soldats, surveillaient la perception et l'emploi des taxes de guerre, présidaient les cours militaires, et même, dans le cas d'événements imprévus, ils convoquaient extraordinairement les assemblées du peuple. Enfin les stratèges commandaient, non-seulement les armées de terre, mais encore les armées navales, d'où le nom de στρατηγὶς ναῦς donné au vaisseau amiral.

STRATÉGIE. s. f. (gr. στρατηγία, m. s., de στρατὸς, armée, et ἄγω, je conduis). T. Guerre. Il est fréquent de voir confondre les mots *Stratégie* et *Tactique* : ce sont cependant deux parties fort distinctes de l'art de la guerre. « La *Stratégie*, dit l'archiduc Charles d'Autriche, qui est, à proprement parler, la science du général en chef, conçoit et forme le plan des opérations de la guerre, en embrasse l'ensemble et détermine leur marche. La *Tactique*, qui est l'art indispensable à tout chef de troupes, enseigne la manière d'exécuter les plans de la s. Les plans généraux d'opérations militaires et les mouvements d'armées, qui en sont la conséquence, sont donc *stratégiques*, et les mouvements ou l'emploi particulier des troupes sont *tactiques*. » Ces deux définitions ont été traduites d'une façon pittoresque par cette formule : la s. est l'art de faire la guerre sur la carte, la tactique sur le terrain. — Pour quelques auteurs, la s. est la conception, et la tactique, l'exécution ; pour certains autres, la s. est la *science des opérations*, celle des *combats*. La définition la plus logique paraît être celle qu'a donnée Jomini : la s. est l'art de diriger les armées sur les théâtres d'opérations ; la tactique, l'art de les diriger sur les champs de bataille. Il est extrêmement difficile, pour ne pas dire impossible, d'établir pour la s. des règles invariables,

applicables dans tous les cas, de les présenter sous la forme d'un nombre limité d'équations où l'on puisse donner dans chaque cas la valeur des inconnues. « Ces inconnues, dit le général de Vaudoncourt, sont déjà très nombreuses par elles-mêmes, variables entre elles et dans des circonstances qui sont également variables : telles sont, en effet, les intentions politiques et matérielles de la guerre, la nature du pays où elle doit se faire, la quantité et l'espèce des ressources que nous pouvons y rencontrer, le nombre, l'espèce et la valeur militaire de nos troupes comparativement à celles que nous aurons à combattre, les ressources que nous pouvons tirer de notre propre pays, etc. Ce n'est pas cependant qu'il n'y ait des principes généraux, ou si l'on veut, fondamentaux, qui doivent présider à toutes les combinaisons de la s., et dont il n'est pas permis de s'écarter dans les opérations qui sont les conséquences de ces combinaisons. Mais ces principes sont en petit nombre et se rattachent tous à un principe primitif dont ils ne sont que des applications, et qui est lui-même le but invariable auquel on doit tendre dans toute guerre. Ce but est de causer à son ennemi le plus grand dommage possible, en réduisant à la moindre expression les sacrifices qu'il faut faire pour y parvenir. Un des premiers corollaires qu'on en peut déduire est cette règle, qui doit servir de base absolue à toutes les opérations actives de la s. : se trouver toujours le plus fort partout où l'on voudra atteindre son adversaire ou résister à un choc dont il nous menacera lui-même ». De cette règle fondamentale se déduisent les quatre règles suivantes, qui n'en sont que des expressions partielles : 1° Porter par des combinaisons stratégiques le gros des forces d'une armée, successivement sur les points décisifs d'un théâtre de guerre et, autant que possible, sur les communications de l'ennemi, sans compromettre les siennes ; 2° manœuvrer de manière à engager le gros des forces contre des fractions seulement de l'armée ennemie ; 3° au jour de bataille, diriger également par des manœuvres tactiques le gros de ses forces sur le point décisif du champ de bataille ou la partie de la ligne ennemie qu'il importerait d'accabler ; 4° faire en sorte que ces masses ne soient pas seulement présentes sur le point décisif, mais qu'elles y soient mises en action avec énergie et ensemble, de manière à produire un effet simultané.

Autrement dit, la s. a pour but d'amener, de concentrer, au moment voulu, les troupes en quantité suffisante aux points où celles seront nécessaires pour livrer bataille. En outre, pour éviter à ces troupes toute fatigue inutile et les maintenir en bon état matériel et moral, il faut s'assurer du logis, de la liberté dans les marches, des facilités de vie qui économisent les forces tant que la situation le permet, de manière à reculer les inconvénients de leur concentration jusqu'au moment où elle devront combattre.

On ne doit pas, comme autrefois, attendre que la guerre soit déclarée pour arrêter un *plan* ou *système d'opérations*, qui soit en rapport avec le but de la guerre, le caractère de l'ennemi, la nature et les ressources du pays, les moyens d'attaque et de défense, les secours qu'on peut recevoir de part et d'autre. Actuellement la guerre effective commence aussitôt après sa déclaration et les grandes opérations quelques jours plus tard. Il est donc indispensable de préparer d'avance la guerre dans tous ses détails, en faisant intervenir dans cette préparation les éléments suivants : 1° la *mobilisation* (Voy. ce mot), c.-à-d. le passage du pied de paix au pied de guerre, en portant tous les corps et services à l'effectif prévu dans le plan de mobilisation, par l'incorporation des réserves, la réception des chevaux, du matériel, des vivres et des munitions nécessaires, de manière que chaque unité soit, à son départ, complète sous tous les rapports. Dans cette opération, il faut tenir compte non-seulement de ses propres procédés, mais aussi de ceux de l'adversaire. Il en résulte un ensemble de mesures exigeant de si nombreux détails que, pour éviter la confusion et pour terminer le plus promptement possible la mobilisation, il est extrêmement important de la préparer minutieusement, car une avance de quelques heures peut avoir une influence considérable sur le cours de la campagne. En effet, le premier prêt a l'initiative de ses mouvements, à plus de chances, à forces égales, d'obtenir les premiers succès ; il aura la supériorité dans la direction de la guerre et dictera la loi au lieu de la recevoir ; 2° la *concentration*, c.-à-d. la réunion des divers éléments des armées sur le point de la frontière d'où celles-ci partiront pour commencer les opérations. Un plan de transports de concentration, préparé de concert entre le grand état-major et les compagnies de chemins de fer, prévoit l'heure, le jour, le lieu d'enlèvement de chaque unité de transport, le trajet qu'elle suivra, le jour, l'heure et le point précis de son débarquement. Dans l'élaboration de ce plan, il faut faire entrer en ligne de compte non seulement les ressources en voies ferrées dont on dispose et leurs procédés de mise en œuvre, mais également ceux qu'emploiera l'adversaire. Les autres voies de communication seront également utilisées de la manière la plus complète; 3° le *déploiement stratégique*, opération que les chemins de fer ont créée et qui a pour effet de porter les corps d'armée des quais militaires d'où ils viennent de débarquer sur les débouchés par lesquels ils commenceront leur marche en avant.

Les transports de concentration pourront commencer d'autant plus tôt que la mobilisation se sera effectuée plus rapidement, et l'exécution plus ou moins bien réglée de ces transports pourra assurer une concentration plus ou moins rapide et, par suite, une avance ou un retard par rapport à l'adversaire. Celui qui aura l'avance sera par là même en mesure de prendre l'offensive et, par suite, de réduire son adversaire à la défensive. On voit donc que le *plan de mobilisation*, le *plan de concentration* et le *plan d'opérations* ont entre eux le rapport le plus étroit et doivent être préparés avec le plus grand soin.

Le *plan d'opérations*, qu'il serait plus juste d'appeler *projet d'opérations*, doit faire entrer en ligne de compte tous les facteurs et prévoir toutes les hypothèses. On doit tout d'abord faire un plan se basant sur l'offensive, qui présente toute sorte d'avantages, et ne se résigner à la défensive que si elle est absolument imposée, soit par l'avance de l'ennemi, soit parce que, cherchant le succès dans l'offensive sur le théâtre principal d'opérations, on se résigne à la défensive sur un théâtre secondaire. En outre, il est facile de déduire, de l'examen de la situation politique, quels seront les adversaires et les zones frontières où se dérouleront les premières opérations. Il y aura lieu d'établir un projet correspondant à chacune des situations, qui dépendent du nombre et des ressources des adversaires, de l'attitude des autres puissances, etc. Dans le cas où l'on est obligé de faire face sur deux frontières, on est amené à établir un plan d'opérations distinct pour chacun des champs d'action des armées, et un plan d'ensemble pour les deux théâtres de guerre. Si ces divers projets ont été bien étudiés, l'un d'eux pourra toujours s'appliquer d'une manière générale à une situation quelconque et il sera facile d'y apporter rapidement les modifications de détail que comporteront les circonstances. Après la mise à exécution des projets d'opérations, on entre dans la partie active de la s., dans l'exécution et alors viennent les opérations, dont les divers théâtres doivent également faire l'objet d'études préalables approfondies. C'est de l'étude des *théâtres d'opérations* et des conditions plus ou moins favorables qu'ils présentent que dépend le choix des lignes d'opérations et des combinaisons d'une campagne. Le théâtre d'opérations d'une ou de plusieurs armées embrasse le terrain qu'on cherche à envahir et celui qu'on peut avoir à défendre. Dans tous les cas, le stratégiste doit considérer les données principales suivantes : bases d'opérations, points stratégiques, objectifs, lignes d'opérations, de communications, de défense, front d'opérations ou stratégiques, marches stratégiques.

On donne en principe le nom de *base d'opérations* à l'étendue de territoire avec lequel l'armée doit rester en communication pour en tirer ses ressources et ses renforts, s'y réfugier en cas de revers, en partir dans le cas d'offensive et s'y appuyer dans le cas de défensive. Ces bases sont constituées actuellement par les zones fortifiées, assurant la concentration des armées avant leur entrée en action. Mais les magasins, les dépôts, les hôpitaux, etc., sont établis plus en arrière : les magasins, dans de vastes gares dites *stations-magasins*; les dépôts des corps dans les lieux de mobilisation; les hôpitaux, dans l'intérieur du pays, où les malades et blessés sont transportés par chemin de fer. On voit donc que c'est le pays lui-même qui, au point de vue des renforts, des ravitaillements et des évacuations, s'est substitué au rôle attribué autrefois à la base d'opérations. Il y a intérêt à avoir une base plus étendue que celle de l'ennemi, puisqu'on peut ainsi avoir ses mouvements plus libres et menacer les flancs de l'ennemi sans craindre pour ses propres communications. Lorsque les bases sont égales et parallèles, les deux adversaires sont presque forcément exposés à se heurter de front. Les bases coudées, embrassant dans un angle concave deux des côtés du théâtre de la guerre, offrent d'incontestables avantages, notamment de pouvoir choisir sa ligne d'opérations ou de retraite, et même d'en changer le cas échéant. À mesure que l'armée s'éloigne de son point de départ, ses lignes de communication, en s'étendant, deviennent plus exposées aux entreprises de l'adversaire. Il en résulte la nécessité de se

créer une base secondaire plus voisine, constituant un nouveau point d'appui. Lorsque la base est rectiligne, le prince Charles la préfère parallèle à celle de l'ennemi, comme moins facile à couper; Jomini la préfère perpendiculaire comme servant à couper l'ennemi plus facilement.

Les *points stratégiques* sont les parties des théâtres d'opérations dont la possession augmente la puissance d'action d'une armée, soit en menaçant les communications de l'ennemi, soit en conservant les siennes propres. Ils doivent être choisis de manière à faciliter les combinaisons de mouvements des différentes colonnes d'une armée. Tels sont les nœuds de communications importants, les têtes de ponts, les grands confluents, les plateaux d'où plusieurs cours d'eau, les cols importants, les débouchés de forêts ou de marais, les grands centres de population et notamment les capitales des États, les places fortes, etc. Les points stratégiques sont dits *géographiques* ou *permanents*, lorsqu'ils dépendent de la nature des lieux; de *manœuvre* ou *éventuels*, lorsqu'ils dépendent de la position même de l'ennemi. Pour les armées, ils forment des *objectifs*.

On entend par *objectif* le but vers lequel tendent les opérations et qu'on veut atteindre. Le premier des objectifs stratégiques doit toujours être la principale armée ennemie. Ce n'est qu'après avoir détruit les armées de l'adversaire qu'on peut songer à prendre des objectifs géographiques ou politiques. Après les armées, les objectifs les plus importants sont d'habitude les grandes stations de chemins de fer, les places fortes, les nœuds de communication, la capitale. L'objectif est dit *principal* quand il représente le point d'arrivée en fin d'opérations; il n'est que *secondaire*, quand il vise une position facilitant l'occupation de l'objectif principal. C'est du choix des objectifs que dépend celui des lignes d'opérations.

On admet que la *ligne d'opérations* d'une armée est le faisceau des voies de communications qui la conduisent de sa base à son objectif, mais il est plus précis de dire que la ligne d'opérations d'une armée est la direction général suivie par ses colonnes. « Si l'art de la guerre, dit Jomini, consiste à mettre en action le plus de forces possibles au point décisif, le choix de la ligne d'opérations, étant le premier moyen d'y parvenir, peut être considéré comme la base fondamentale d'un bon plan de campagne ». Les conditions principales à rechercher pour ces lignes sont : 1° qu'elles traversent une zone fertile et qu'elles soient sûres; 2° qu'elles offrent un assez grand nombre de voies parallèles (et autant que possible de voies ferrées) assez rapprochées pour permettre aux diverses colonnes de s'entr'aider, et assez distantes pour assurer le cantonnement et la nourriture de ces colonnes; 3° les plus avantageuses sont celles qui conduisent une armée sur les communications de l'ennemi sans compromettre les siennes. Leur choix dépend de la direction des bases, de la configuration du terrain et des emplacements de l'ennemi. Napoléon a posé le principe suivant relativement à la situation qu'il convient de donner à la ligne d'opérations par rapport au front stratégique : « La ligne d'opérations d'une armée qui a ses deux ailes appuyées peut appuyer indifféremment un côté de la gauche ou de la droite. Si elle n'a qu'une aile appuyée, la ligne d'opérations doit appuyer à l'aile soutenue; si les deux ailes sont en l'air, elle doit être perpendiculaire sur le milieu de la ligne de marche de l'armée ». Une seule ligne d'opérations est nécessaire, et la campagne de 1796, en Allemagne, a clairement démontré les dangers que fait courir à une armée une ligne d'opérations double. Un ennemi actif et résolu peut accabler successivement chacune des parties de l'armée avant qu'elle soit secourue par l'autre. Dans ce cas, l'adversaire a une *ligne* d'opérations *intérieure*, tandis que celles de l'armée opposée sont des lignes *extérieures*. Les lignes intérieures offrent l'avantage de permettre de gagner le plus directement possible au point quelconque du théâtre d'opérations, de provoquer la division des forces ennemies ou de profiter de leur division pour écraser successivement les colonnes divisées. Les lignes d'opérations sont complétées par des lignes de communications.

Les *lignes de communications* sont de deux espèces très différentes : celles qui relient entre elles les colonnes sont perpendiculaires à la ligne d'opération; celles qui relient une colonne à sa base, c.-à-d. à leurs magasins, sont parallèles à la ligne d'opérations. On comprend la nécessité des premières, pour empêcher les colonnes d'être écrasées séparément, mais cette liaison peut actuellement être assurée dans tous les cas par le télégraphe. Les communications de l'armée avec ses magasins ont une importance plus grande que celle de la ligne d'opérations, car ce sont elles qui assurent les conditions d'existence de cette armée, en lui permettant de recevoir ses ravitaillements de toute espèce et de se débarrasser de ses non-valeurs. Aussi une armée ne doit-elle jamais compromettre sa ligne de communications. La *ligne de retraite*, qui est la ligne d'opérations d'une armée qui se replie, n'est pas forcément la ligne de communications de l'armée qui a marché en avant, mais c'est le cas le plus fréquent.

Les *lignes de défense* sont destinées à couvrir un pays contre une invasion, à protéger le front d'une position, à assurer une retraite. Elles sont formées par les obstacles de terrain derrière lesquels une armée organise sa résistance et doivent être organisées de manière à avoir leurs flancs à l'abri des mouvements tournants, leur front protégé par un obstacle d'un accès difficile et leurs derrières pourvus de routes de retraite défendues par des positions.

Le *front d'opérations* est l'espace de terrain compris entre les fronts de marche de deux armées opposées. Le *front de marche* ou *stratégique* est la ligne fictive qui réunit toutes les têtes de colonnes d'une armée, ou autrement dit, la largeur de la zone d'opérations à hauteur des têtes de colonnes. C'est par l'indication des localités dans lesquelles doivent se trouver les têtes de colonnes que le commandement détermine chaque jour le front stratégique et qu'il peut coordonner les mouvements des différents corps. Ce front varie suivant la distance à laquelle on se trouve de l'ennemi et il se resserre d'autant plus qu'on se rapproche de ce dernier, mais en principe il doit être sensiblement inférieur à la distance qui le sépare de celui de l'ennemi. Au moment où les rencontres sont possibles, son étendue ne doit guère dépasser 25 kilomètres, de manière à permettre à l'armée de se concentrer en un jour pour combattre. Il doit en outre être appuyé sur ses flancs et présenter des communications faciles avec tous les points de la ligne d'opérations.

Les *marches stratégiques* sont celles qu'on entreprend, après la concentration et hors du voisinage immédiat de l'ennemi, pour se porter de la base de concentration à un premier objectif, ou d'un objectif à un autre. Ces marches sont très importantes et étudiées d'avance avec le plus grand soin, car elles conduisent aux premières rencontres et amènent les batailles décisives. Mais lorsque ces marches auront abouti au contact des masses ennemies, elles cessent d'être stratégiques et deviennent tactiques. Voy. TACTIQUE.

En résumé, malgré les transformations incessantes des institutions militaires, les progrès réalisés dans l'armement, l'invention des chemins de fer et des télégraphes, la s., qui est indépendante des armes, a varié beaucoup moins que la tactique. Ses principes, basés sur la raison et la logique, sont restés immuables; leur application seule a exigé des procédés nouveaux, des moyens d'exécution autres et des études plus complètes, pour être en mesure de parer à toutes les éventualités et de prévoir toutes les combinaisons.

STRATÉGIQUE. adj. 2 g. (gr. *στρατηγικός*, m. s.). Qui a rapport, qui appartient à la stratégie. *Études, opérations stratégiques.* ‖ *Routes stratégiques*, Voy. ROUTE.

STRATÉGIQUEMENT. adv. [Pr. *stratéji-ke-man*]. Selon la stratégie.

STRATÉGISTE. s. m. Celui qui connaît la stratégie. *Un habile s.*

STRATÉGUE. s. m. Autre forme inusitée de stratège.

STRATIFICATION. s. f. [Pr. *...sion*] (lat. *stratum*, couche; *ficare*, faire). T. Géol. La disposition des masses minérales et des terrains par strates ou couches. ‖ Opération par laquelle on dispose des substances par couches.

Hortic. — Pour hâter la germination de quelques graines, et en général des noyaux, on les stratifie avant de les semer. Cette opération consiste à les placer, soit en pleine terre, ou dans des vases, en lits séparés les uns des autres par de petites couches de terre ou de sable de 0^m,03 à 0^m,06 d'épaisseur environ. On ferme les vases et on les enterre à l'automne, au pied d'un mur, au midi, à 0^m,30 de profondeur. Vers la fin de février, si ces graines ne commencent pas à germer, on les arrose légèrement. Au mois de mars, on les retire pour les mettre en place. Voy. SEMIS.

STRATIFIER. v. a. (lat. *stratum*, couche; *ficare*, faire). Disposer par couches. == STRATIFIÉ, ÉE. part.

STRATIFORME. adj. 2 g. (lat. *stratum*, couche; *forma*, forme). Qui est formé par la réunion d'un certain nombre de couches.

STRATIGRAPHIE. s. f. [Pr. *stra-tigra-fî*] (lat. *stratum*, couche; gr. *γράφω*, je décris). T. Géol. Partie de la géologie qui étudie les couches stratifiées.

STRATIGRAPHIQUEMENT. adv. [Pr. *stratigrafi-ke-man*]. Suivant les lois de la stratigraphie.

STRATIOME. s. m. **STRATIOMYDES.** s. m. pl. (gr. *στρατιώτης*, soldat; *μυῖα*, mouche). T. Entom. Genre et tribu d'Insectes *Diptères*. Voy. NOTACANTHES.

STRATIOTÉES. s. f. pl. (R. *Stratiote*, l'un des genres de la tribu, du gr. *στρατιώτης*, m. s.). Tribu de végétaux de la famille des *Hydrocharidées*. Voy. ce mot.

STRATOCRATIE. s. f. [Pr. *strato-kra-si*] (gr. *στρατός*, armée; *κράτος*, puissance). Gouvernement militaire. Inus.

STRATOGRAPHIE. s. f. (gr. *στρατός*, armée; *γράφω*, je décris). Description d'une armée et de tout ce qui la compose, des différentes armes, de la manière de camper, etc. *Végèce a donné la s. des Romains.* Peu usité.

STRATOÏDE. adj. 2 g. (R. *strate*, et gr. *εἶδος*, apparence). T. Minér. Qui a l'apparence d'une masse stratifiée.

STRATONICE, fille de Démétrius Poliorcète, épousa Séleucus 1er, roi de Syrie (299 av. J.-C.), puis Antiochus, son fils.

STRAUSS, théologien wurtembergeois, auteur d'études sur les origines du christianisme (1808-1874).

STRAVADIUM. s. m. [Pr. *stravadi-ome*]. T. Bot. Genre de plantes Dicotylédones de la famille des *Myrtacées*, tribu des *Lécythidées*. Voy. MYRTACÉES.

STRÉLITZ. s. m. pl. (russe, *streletz*, tireur). On désigne sous ce nom un corps d'infanterie russe qui fut institué, vers 1545, par Ivan IV le Terrible, et qui formait la garde de ce prince. Les *Strélitz*, dont le nombre s'éleva parfois jusqu'à 40,000, étaient des soldats braves, mais indisciplinés, et, comme ils jouissaient de nombreux privilèges, ils devinrent bientôt, par leurs fréquentes révoltes, aussi redoutables à leurs maîtres que les Janissaires aux sultans de Turquie. S'étant insurgés au commencement du règne de Pierre le Grand, à l'instigation de la princesse Sophie, celui-ci en fit exécuter un grand nombre en 1698, et le reste fut exilé à Astrakhan; mais ils se révoltèrent de nouveau dans cette ville, et le tsar les détruisit définitivement en 1705.

STREPSIPTÈRES. s. m. pl. (gr. *στρέψις*, torsion; *πτερόν*, aile). T. Entom. Syn. de *Rhipiptères*.

STREPTOCOCCIQUE. adj. 2 g. [Pr. *strepto-kok-sike*]. T. Méd. Qui a rapport aux streptocoques. *Infections s.*

STREPTOCOQUE. s. m. (gr. *στρεπτός*, tordu; *κόκκος*, grain). Les streptocoques sont une variété de microorganismes disposés en chaînettes (Voy. INFECTION). Le *s. pyogène* est particulièrement virulent; les suppurations qu'il provoque sont graves. L'ostéomyélite aiguë, la fièvre puerpérale, les pleurésies purulentes, les arthrites suppurées, sont dues au s.; il en est de même de l'érysipèle. C'est pour combattre les affections streptococciques (*streptococcies*) que l'on fait usage du *sérum antistreptococcique* (Marmorck). Voy. SÉRUMTHÉRAPIE.

STREPTOPE. s. m. (gr. *στρεπτός*, tordu; *πούς*, pied). T. Bot. Genre de plantes Monocotylédones (*Streptopus*) de la famille des *Liliacées*, tribu des *Asparagées*. Voy. LILIACÉES.

STRETTE. s. f. (ital. *stretto*, serré). T. Mus. La dernière et la plus brillante partie d'une fugue. Voy. FUGUE.

STRIATION. s. f. [Pr. *...sion*]. Disposition par stries.

STRICAGE. s. m. T. Techn. Action de finir, de mettre la dernière main au drap.

STRICT, ICTE. adj. (lat. *strictus*, serré). Ne se dit qu'au sens moral, et sign., Rigoureux. *Devoir s. Obligation stricte. Sens s. et rigoureux,* ‖ Se dit aussi des personnes, et sign., Exact, sévère. *Il est s. en affaires. C'est un homme très s.* == Syn. Voy. ÉTROIT.

STRICTEMENT. adv. [Pr. *strikte-man*]. D'une manière stricte. *Il remplit s. ses devoirs*

STRICTURE. s. f. (lat. *strictus*, serré). T. Chir. État d'un conduit naturel resserré.

STRIDENT, ENTE. adj. [Pr. *stri-dan, ante*] (lat. *stridens*, m. s., de *stridere*, crier en grinçant). Qui rend un son aigu et perçant. *Voix stridente.*

STRIDEUR. s. f. Qualité d'un bruit perçant et vibrant.

STRIDULATION. s. f. [Pr. ...*sion*] (lat. *stridulus*, striduleux). Bruit aigu produit par les cigales.

STRIDULEUX, EUSE. adj. [Pr. *stridu-leu, euze*] (lat. *stridulus*, m. s., de *stridere*, grincer). T. Méd. Un peu strident. *Respiration striduleuse. Laryngite striduleuse.* Voy. LARYNX, III, A.

STRIE. s. f. (lat. *stria*, m. s.). Ligne très fine soit en creux, soit en relief, soit marquée par un trait coloré, que présente une surface. *Les stries d'une coquille. Les élytres de cet insecte sont marqués de stries longitudinales. Les stries de la tige d'une plante. Il y a des stries dans ce cristal. Ses crachats présentent des stries sanguines.* || T. Archit. Se dit des cannelures avec listel qui ornent une colonne, un pilastre.

STRIÉ, ÉE. adj. (lat. *striatus*, m. s.). Dont la surface présente des stries. *Coquille striée. Graine striée. Élytres striés. Crachats striés de sang.* || T. Anat. *Corps striés.* Voy. ENCÉPHALE, I, A. || T. Archit. *Colonne striée.* Celle qui est ornée dans toute sa hauteur de cannelures avec listel.

STRIGE. s. f. (lat. *striga*, gr. στρίξ, στρίγγος, espèce d'oiseau de nuit). Syn. de *Vampire.* Voy. ce mot.

STRIGIDÉS. s. f. pl. (lat. *strix, strigis*, chouette). T. Ornith. Nom que l'on donne encore aux *Rapaces nocturnes.* Voy. CHOUETTE.

STRIGILE. s. m. (lat. *strigilis*, m. s., et étrille). T. Antiq. Racloire pour frotter la peau au bain. Voy. THERMES.

STRIGILIFORME. adj. 2 g. (lat. *strigilis*, étrille; *forma*, forme). Qui a l'apparence d'une étrille.

STRIGINÉES. s. f. pl. (lat. *strix, strigis*, chouette). T. Ornith. Une des divisions de la famille des *Strigidées.* Voy. CHOUETTE.

STRIURES. s. f. pl. Syn. de *Stries;* se dit particulièrement en parlant des coquilles et des colonnes striées.

STROBILAIRE. adj. 2 g. Qui concerne le strobile.

STROBILE. s. m. (gr. στρόβιλος, pomme de pin). T. Bot. Syn. de *Cône.* Voy. FRUIT. || T. Zool. L'une des formes larvaires de la Méduse aurita. Voy. MÉTAMORPHOSE. — Nom donné au Ténia adulte. Voy. SCOLEX.

STROBILIFORME. adj. 2 g. Qui a la forme d'un strobile.

STROMA. s. m. (gr. στρῶμα, tapis). T. Anat. Partie superficielle de certains organes tels que l'iris de l'œil et les ganglions nerveux. || T. Bot. Cordons formés de filaments mycéliens qui portent les organes reproducteurs chez certains Champignons.

STROMAPORES. s. m. pl. (gr. στρῶμα, tapis; πόρος, conduit). T. Zool. Fam. de *Bryozoaires.* Voy. BRYOZOAIRES, B.

STROMATÉE ou STROMATÉ. s. m. (gr. στρῶμα, tapis). T. Icht. Genre de Poissons osseux. Voy. SCOMBÉROIDES, IV

STROMBE. s. m. [Pr. *stron-be*] (gr. στρόμβος, toupie). T. Zool. Genre de Mollusques *Gastéropodes.* Voy. STROMBIDÉS.

STROMBIDÉS. s. m. pl. [Pr. *stron-bidé*] (rad. *strombe*). T. Zool. Les Strombidés forment une famille de *Mollusques Gastéropodes.* Ils comprennent des espèces dont la coquille présente un canal droit ou infléchi vers la droite. Le bord externe

de l'ouverture se dilate avec l'âge, mais en conservant toujours un sinus vers le canal sous lequel passe la tête quand l'animal s'étend. L'opercule est très petit. L'animal que loge cette coquille a la propriété de pouvoir sauter par la détente de la partie postérieure de son pied; aux pédoncules oculaires sont annexés de longs tentacules. Les principaux genres de cette famille sont les genres *Strombe, Rostellaire* et *Ptérocère.* Nous dirons seulement deux mots des Strombes, les deux autres genres ayant fait le sujet d'articles spéciaux.

Le genre *Strombe* (*Strombus*) présente une coquille dont le bord externe entier est étalé en forme d'aile; avec une ouverture longue et étroite. Les espèces vivantes sont assez nombreuses; la plupart habitent les mers tropicales; quelques-unes sont fort grandes. On les recherche surtout à cause de la belle coloration de leur ouverture. On n'en connaît qu'un petit nombre de fossiles. Nous figurons ici le *Strombe variable.*

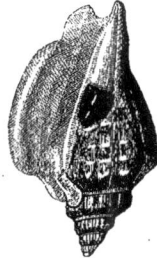

STROMBOLI, une des îles Lipari, près de la Sicile (volcan toujours en activité).

STROME. s. m. Voy. STROMA.

STROMEYERINE ou STROMEYERITE. s. f. [Pr. *stroma-ierine, ite*] (R. *Stromeyer*, n. d'un médecin all.). T. Minér. Sulfure d'argent et de cuivre, en cristaux ou en masses compactes d'un gris d'acier foncé.

STROMNITE. s. f. (R. *Stromness*, une des îles Orcades). T. Minér. Carbonate de strontiane contenant une forte proportion de sulfate de baryte.

STRONGLE. s. m. (gr. στρογγύλος, rond). T. Zool. Genre de Vers *Nématodes* qui a donné son nom à la famille des *Strongylidés.* Cette famille renferme des vers dont l'œsophage très musculeux présente un revêtement chitineux tapissé de pointes ou de dents; l'ouverture buccale entourée de papilles conduit dans une bouche qui est souvent armée de parties dures, chitineuses. Le canal déférent s'ouvre en arrière dans un cloaque.

Le genre S. (*Strongylus*) a la bouche petite entourée de six papilles et deux spicules-copulateurs chez le mâle; les espèces qu'il renferme vivent presque toutes dans les poumons et dans les bronches des Vertébrés; ce sont par ex.: *S. paradoxus* dans les bronches du porc, *S. filaria*, dans celles du mouton.

Le genre *Eustrongylus* ne possède qu'un seul spicule chez le mâle. Le S. *géant* (E. *gigas*), qui a de 50 centimètres à 2 mètres de long, vit dans les reins de quelques Mammifères, surtout des Carnivores aquatiques, tels que les Phoques et les Loutres.

STRONGYLIDÉS. s. m. pl. (R. *Strongle*). T. Zool. Fam. de Vers *Nématodes* dont le genre type est le genre *Strongle.* Voy. ce mot.

STRONTIANE. s. f. [Pr. *stron-siane*] (R. *Strontian*, n. de lieu en Écosse). T. Chim. Nom sous lequel on désigne l'oxyde et l'hydrate de strontium.

STRONTIANITE. s. f. [Pr. *stron-xianite*] (R. *Strontian*). T. Minér. Carbonate de strontiane, ordinairement en masses fibreuses, blanches ou verdâtres.

STRONTIANOCALCITE. s. f. [Pr. *stron-sia...*] (R. *strontiane* et *calcium*). T. Minér. Carbonate de chaux et de strontiane.

STRONTIUM. s. m. [Pr. *stron-siome*] (R. *strontiane*). T. Chim. Le *Strontium* est un corps simple qui se range dans la catégorie des métaux alcalino-terreux, entre le Baryum et le Calcium. Il est malléable, de couleur jaunâtre, et semblable au baryum, avec lequel il présente en outre une analogie complète dans toutes ses combinaisons. Le symbole de ce métal est Sr. et son poids atomique est 87. Le s. brûle au contact de l'air, se change en un protoxyde, SrO, appelé *Strontiane*. Cet oxyde, qu'on prépare ordinairement par la calcination de l'azotate de s., est une masse grisâtre, infusible, plus caustique que la chaux. Il se combine énergiquement avec l'eau, en donnant l'*Hydrate de strontiane* Sr(OH)^2, très soluble dans l'eau et cristallisable. La strontiane forme avec les acides des sels généralement incolores. Le *Carbonate de strontiane* se trouve dans la nature; les minéralogistes le désignent sous le nom de *Strontianite*, parce que ce minéral a d'abord été trouvé au cap Strontian, en Écosse : c'est de là aussi qu'est venu le nom de S., donné au métal. Le *Sulfate de strontiane* constitue également une espèce minérale : on l'appelle *Célestine*, et on l'a rencontré dans diverses localités, notamment dans les terrains gypseux de Montmartre. La strontiane est utilisée pour l'extraction du sucre des mélasses. L'*azotate de strontiane*, qu'on obtient en dissolvant le carbonate dans l'acide azotique, est employé par les artificiers, parce qu'il a la propriété de colorer en un beau rouge pourpre la flamme des corps en combustion. Au reste, cette propriété est commune à la strontiane et à tous ses sels. Seulement l'azotate brûle beaucoup plus aisément. — La strontiane a été découverte, en 1793, par Hope et Klaproth, dans la strontianite d'Écosse, et c'est Humphry Davy qui, le premier, en 1808, en a isolé le s. au moyen de la pile voltaïque.

STROPHANTE. s. m. (gr. στροφός, tordu ; ἄνθος, fleur). T. Bot. Genre de plantes Dicotylédones (*Strophantus*) de la famille des *Apocynées*. Voy. ce mot.

STROPHANTINE. s. f. (R. *strophante*). T. Chim. Glucoside contenu dans le *Strophantus hispidus* (Apocynées). La s. s'obtient en paillettes cristallines blanches, solubles dans l'eau, très solubles dans l'alcool. C'est un poison cardiaque.

STROPHE. s. f. (gr. στροφή, tour, de στρέφω, je tourne). T. Littér. anc. Première partie de l'ode. Voy. ODE. — Auj. le mot s. désigne une division d'un morceau lyrique composée d'un nombre déterminé de vers, de telle sorte que la pièce entière se compose d'une suite de strophes semblables. La composition de chaque strophe sous le rapport du rythme et des rimes varie à l'infini ; toute liberté est laissée à cet égard au poète.

STROPHULUS. s. m. [Pr. *stro-fu-lus*] (lat. *strophus*, gr. στρόφος, bandelette). T. Méd. Inflammation cutanée fréquente chez les enfants à la mamelle, et caractérisée par des papules prurigineuses blanches ou rouges qui siègent le plus souvent sur la face et sur les membres, et qui disparaissent par résolution ou par une desquamation furfuracée.

STROUD, v. d'Angleterre (dans le comté de Glocester); 35,000 hab.

STROZZI, famille de Florence, attachée au parti guelfe, puissante aux XVe et XVIe siècles ; elle résista vainement aux Médicis.

STRUCTURE. s. f. (lat. *structura*, m. s., de *struere*, bâtir). La manière dont un édifice est bâti. *La s. de ce bâtiment est agréable et légère. Ce palais est d'une belle, d'une magnifique s.* || Dans les sciences, la manière dont les différentes parties qui composent un corps sont disposées relativement les unes aux autres. *La s. du corps humain. La s. des animaux, des végétaux. La s. d'un cristal, d'un minéral.* || Fig., *La s. d'un discours, d'un poème,* L'ordre, la disposition, l'arrangement des parties. *En examinant la s. de ce discours, on reconnaît l'habile orateur.*

STRUENSÉE (comte DE), premier ministre de Christian VII, roi de Danemark, tenta de réformer l'État et l'armée, mais un complot se trama contre lui sous la direction du comte de Rantzau, il fut condamné à mort et décapité (1737-1772).

STRUMES. s. f. pl. (lat. *struma*, m. s., de *struere*, amasser). T. Méd. Syn. de *Scrofule*.

STRUMEUX, EUSE. adj. [Pr. *stru-meu, euze*] (lat. *strumosus*, m. s.). Syn. de *Scrofuleux. Ganglions s. Affections strumeuses.*

STRUTHIONIDÉES. s. f. pl. (lat. *struthio*, gr. στρουθίων, autruche). Famille ou ordre d'*Oiseaux*. Voy. AUTRUCHE.

STRUVE (WILLIAM), célèbre astronome russe, fondateur de l'Observatoire de Poulkova (1793-1864).

STRUVITE. s. f. (R. *Struve*, n. d'homme). T. Minér. Phosphate ammoniaco-magnésien hydraté, trouvé dans le guano.

STRYCHNINE. s. f. [Pr. *strik-nine*] (lat. *strychnos*, gr. στρύχνος, morelle). T. Chim. Alcaloïde contenu dans la noix vomique, la fève de saint Ignace et dans diverses plantes du genre Strychnos. On l'extrait ordinairement de la noix vomique à l'aide de la chaux et de l'alcool. La s. a pour formule C²¹H²²Az²O². Elle cristallise en prismes presque insolubles dans l'eau, peu solubles dans l'alcool et dans le chloroforme, doués d'une saveur extrêmement amère. C'est une base monacide qui présente une réaction alcaline, et qui s'unit facilement aux acides pour donner des sels cristallisables. Oxydée par le permanganate de potassium, elle se transforme en *acide strychnique*, qui est monobasique et qui répond à la formule C¹¹H¹¹AzO³,H²O.

La s. est très vénéneuse, ainsi que ses sels. C'est le type des poisons tétaniques. On ne l'emploie en médecine qu'à la dose de quelques milligrammes ; une dose de 3 centigrammes pourrait amener la mort. On se sert de la s. pour empoisonner les animaux nuisibles, en particulier les grands fauves.

STRYCHNIQUE. adj. 2 g. [Pr. *strik-nike*] (R. *strychnine*). T. Chim. *Acide s.* Voy. STRYCHNINE.

STRYCHNOS. s. m. [Pr. *strik-nos*] (lat. *strychnus*, gr. στρύχνος, morelle). T. Bot. Genre de plantes Dicotylédones de la famille des *Loganiées*. Voy. ce mot.

STRYGE. s. m. Fausse orthogr. pour *strige*.

STRYMON, fl. de Macédoine (Kara-Sou).

STUART (MONT), montagne d'Australie.

STUART, famille royale d'Écosse et d'Angleterre. || Robert II commença la dynastie des Stuarts en Écosse (1370). || Marie, 1574-1587. Voy. MARIE STUART. || Jacques VI devint roi d'Angleterre en 1603, sous le nom de Jacques Ier. || Anne Stuart fut la dernière de cette famille qui régna sur l'Angleterre (1702-1714). || Jacques II Stuart. Voy. Jacques. || Charles-Édouard, dit *le Prétendant*, était petit-fils de Jacques II.

STUC. s. m. (anc. haut all. *stucchi*, croûte). T. Archit. Enduit imitant le marbre, formé de plâtre gâché dans de l'eau contenant de la gélatine. Voy. CHAUX. **(Techn.)**

STUCATEUR. s. m. (ital. *stuccatore*, m. s.). Ouvrier qui travaille en stuc.

STUD-BOOK. s. m. [Pr. *steud-bouk*] (mot angl. formé de *stud*, haras, et *book*, livre). Registre où sont inscrits le nom, la généalogie, les progrès et les victoires des chevaux pur sang. Voy. COURSE

STUDERITE. s. f. (R. *Studer*, n. d'un géologue suisse). T. Minér. Variété de panabase arsénifère.

STUDIEUSEMENT. adv. [Pr. *studieu-ze-man*]. Avec soin, avec application.

STUDIEUX, EUSE. adj. [Pr. *studi-eu, euze*] (lat. *studiosus*, m. s., de *studium*, étude). Qui aime l'étude. *Il est fort s.*

STUDIOSITÉ. s. f. [Pr. *studio-zité*] Caractère du studieux.

STUFFING-BOX. s. m. [Pr. *steu-finn-boks*] (mot angl. formé de *stuffing*, bourrant, et *box*, boîte). T. Méc. Boîte à étoupe employée pour empêcher les fuites entre la tige d'un piston et le bord de l'ouverture par où il pénètre dans le cylindre.

STUHLWEISSEMBOURG ou **ALBE ROYALE**, v. de Hongrie; 25,600 hab.

STUPÉFACTION. s. f. [Pr. *stupéfak-sion*] (lat. *stupefactio*, m. s.). T. Méd. Narcotisme; engourdissement d'une partie du corps qui suspend plus ou moins complètement le sentiment et le mouvement. *La stramoine produit la s* ‖ Fig., Étonnement extraordinaire et comme extatique. *A cette nouvelle, il fut frappé de s. Rester en s. Revenir de sa s.*

STUPÉFAIT, AITE. adj. (lat. *stupefactus*, m. s.). Qui est interdit et immobile de surprise, *Il demeura tout s. Il en fut s.* Fam. == Syn. Voy. ÉBAHIR.

STUPÉFIANT, ANTE. adj. T. Méd. Qui stupéfie. *Remède s.* ‖ Subst., *Tous les narcotiques sont des stupéfiants.* Voy. NARCOTIQUE.

STUPÉFIER. v. a. (lat. *stupefacere*, m. s., de *stupidus*, stupide, et *ficare*, faire). T. Méd. Engourdir, diminuer ou suspendre le sentiment et le mouvement. *Le propre de l'opium est de s.* ‖ Fig., Causer une grande surprise. *Cette nouvelle l'a stupéfié. Ce discours stupéfia toute la compagnie.* == STUPÉFIÉ, ÉE. part. == Conj. Voy. PRIER.

STUPEUR. s. f. (lat. *stupor*, m. s.). T. Méd. État d'engourdissement des facultés intellectuelles, accompagné d'une sorte d'immobilité et d'une expression d'étonnement ou d'indifférence dans la physionomie. ‖ Fig., Sorte d'immobilité causée par une grande surprise ou par un grand effroi. *Nous étions tous dans la s., plongés dans la s. Il sortit enfin de sa s.*

STUPIDE. adj. 2 g. (lat. *stupidus*, m. s.). Qui a un esprit lourd et pesant, qui manque de jugement, de réflexion, etc. *Un homme s. Il est si s., qu'on ne peut rien faire de lui.* — Subst., *C'est un vrai s.* ‖ Qui marque la stupidité. *Un air s. Un silence s. Insensibilité s.* ‖ Autrefois st. signifiait frappé de stupeur. Corneille a dit : *Je demeure stupide.* == Syn. Voy. IMBÉCILE.

STUPIDEMENT. adv. [Pr. *stupide-man*]. D'une manière stupide.

STUPIDITÉ. s. f. (lat. *stupiditas*, m. s., de *stupidus*, stupide). Pesanteur d'esprit, défaut d'imagination et de jugement. *Admirez la s. de cet homme.* ‖ Parole, action stupide. *Ne dit, il ne fait que des stupidités.*

STUQUER. v. a. [Pr. *stu-ker*]. Enduire de stuc. == STUQUÉ, ÉE. part.

STURIONIENS [Pr. *sturioni-in*] ou **STURIONIDES.** s. m. pl. (lat. *sturio*, *sturionis*, esturgeon). T. Icht. Famille de Poissons *Cartilagineux.* Voy. GANOÏDES, I.

STURM, savant mathématicien fr., né à Genève (1803-1855). — *Théorème de Sturm.* Voy. ÉQUATION, 9°.

STURNIDÉS. s. m. pl. (lat. *sturnus*, étourneau). T. Zool. Famille de *Passereaux conirostres* comprenant des espèces d'oiseaux à taille moyenne, à ailes longues portant dix rémiges primaires, à bec fort, conique ou peu recourbé, sans soie à la base de la mandibule inférieure ; pattes fortes et assez hautes.

Tous les s. sont des oiseaux chanteurs et vivent en sociétés plus ou moins nombreuses surtout à l'époque de la reproduction. Leur corps paraît lourd et cependant ils sont très agiles aussi bien sur le sol que dans les arbres, les taillis ou les fourrés de roseaux où ils vivent habituellement. Leur nid est peu compliqué ; ils le placent dans le creux d'un mur ou d'un rocher et pondent de quatre à sept œufs.

Les sturnidés renferment les genres *Étourneau, Martin* et *Pique-bœuf* dont nous avons parlé à leur ordre alphabétique et les genres *Acridothères* et *Meinates* dont nous allons parler ici.

Les Acridothères (*Acridotheres*) sont des Oiseaux des Indes qui se reconnaissent immédiatement à ce que la mandibule supérieure du bec emboîte la mandibule inférieure, jusqu'au niveau des narines ; à partir de ce point, c'est au contraire la mandibule inférieure qui emboîte la supérieure. De plus, la tête de ces Passereaux est pourvue d'une huppe. Une des espèces les plus communes dans l'Inde, l'Assam et le Burma est l'*Acridothère triste* (*A. tristis*) qui tire son nom de la coloration blanche et noire de son plumage ; dans l'Inde on l'appelle vulgairement *Meina* et ou l'a consacré à la déesse Rani que l'on représente tenant un de ces oiseaux sur le poing.

Les Meinates (*Gracula*) vivent dans les mêmes régions que les Acridothères ; ils se reconnaissent à deux lambeaux

charnus, vivement colorés, mobiles, qui sont situés de chaque côté de la tête, en arrière des yeux ; ils ont également une huppe. L'espèce la plus célèbre est le *Meinate religieux* (*G. religiosa*) que les indigènes confondent quelquefois avec le précédent sous le nom de *Mino* ou de *Meinate.* C'est un grand passereau d'une couleur noire pourprée à reflets verts ou arrière ; les lambeaux mobiles qu'il porte de chaque côté de la tête sont d'un brun jaune vif ; le bec et les pattes sont jaunes tirant plus ou moins sur l'orange. On le trouve assez souvent élevé en captivité soit dans son pays d'origine, soit dans nos jardins zoologiques.

STUTTGART, cap. du royaume de Wurtemberg, à 585 kilomètres de Paris ; 139,700 hab.

STYCÉRINE. s. f. (mot formé sur le modèle de *glycérine*, avec le gr. στύραξ, substance épaisse). T. Chim. Dérivé phénylé de la glycérine. C'est une masse gommeuse, jaune, ambrée, très soluble dans l'eau et dans l'alcool.

STYLAIRE. adj. 2 g. T. Bot. Qui appartient au style.

STYLE. s. m. (lat. *stylus*, gr. στύλος, m. s.). T. Antiq. Sorte de poinçon ou de grosse aiguille avec la pointe de laquelle les anciens écrivaient sur des tablettes enduites de cire. L'autre bout était aplati et servait à effacer l'écriture quand on voulait corriger ou supprimer ce qu'on avait écrit : d'où vient que, *Retourner le s.*, signifiait *Effacer, corriger.* ‖ Fig. et par ext., La manière d'exprimer par écrit les pensées. *S. noble, élevé. S. simple, tempéré, familier. S. enflé, ampoulé. S. languissant, mou, lâche. S. diffus, décousu, inégal, obscur, embarrassé. S. poétique, oratoire, epistolaire, historique, didactique. S. lapidaire. Les finesses, les grâces du s.* — *Il n'a point de s.*, se dit d'un auteur qui n'a point une manière d'écrire qui soit à lui, ou qui écrit d'une manière commune. ‖ *S. du palais*, Les formules selon lesquelles on dresse les actes judiciaires. *S. de palais*, Les termes dont on se sert que dans la procédure et dans les plaidoiries. On dit encore de même, *S. de pratique, S. de notaire, S. de chancellerie, etc.* ‖ Fig. et fam., La manière d'agir, de parler. *Il peut bien avoir parlé de la sorte, avoir fait telle chose ; c'est bien là son s.* ‖ Fig. et par ext., en parl. Des œuvres de l'art, se dit de la manière d'exécuter particulière à l'artiste, ainsi que du caractère de la composition, *Cette peinture est dans le s. de tel maître. Ce tableau est d'un bon s. Cet édifice est de plus grand s. Le s. égyptien. Le s. étrusque. L'ouverture de cet opéra est d'un s. excellent s. Le s. ancien. Le s. moderne. Le s. des compositeurs italiens.* ‖ Autrefois, se disait de la manière de procéder de justice. *Le s. du Châtelet, du parlement. C'est le s. de la chancellerie.* ‖ T. Astron. Le s. d'un cadran solaire. Voy. GNOMONIQUE. ‖ T. Bot. Partie du pistil qui surmonte l'ovaire et porte le stigmate. Voy. PISTIL. ‖ T. Calendrier. *Nouveau s., vieux s.*, Voy. CALENDRIER. == Syn. Voy. DICTION.

Littér. — I. — En parlant des ouvrages d'esprit, on donne le nom de *Style* à la manière dont l'écrivain exprime ses pensées, au caractère particulier qu'il imprime à la langue dont il se sert, et en termes de Rhétorique, on désigne sous le nom d'*Élocution*, qui signifie proprement l'expression de la pensée par la parole, cette partie de l'art qui traite des qualités du s. et pose les règles, soit générales, soit particulières, auxquelles doivent se soumettre l'écrivain et l'orateur. L'étude du s. est de la plus haute importance. En effet, le s. prête aux choses un lustre, un agrément, une valeur qu'elles n'auraient pas sans lui. Presque toujours les choses frappent moins que la manière dont on les dit. En effet, comme les hommes ont tous à peu près les mêmes idées de ce qui est à la portée de tout le monde, il n'y a de différence que dans le s.

On distingue dans le s. des qualités *générales* et des qualités *particulières* : les premières sont essentielles, quel que soit le sujet qu'on traite ; les secondes varient selon les sujets.

II. — Les qualités essentielles du s. sont la pureté, la clarté, la précision, le naturel, la convenance et l'harmonie. — La *pureté* du s. consiste dans l'emploi d'expressions correctes, c.-à-d. que la règle ou l'usage autorise ; l'art de parler purement et correctement suppose la connaissance de la grammaire ; s'acquiert ensuite par la lecture et par l'usage. — La *clarté* naît à peu près des mêmes moyens qui font la pureté du s. Comme nous ne parlons que pour communiquer aux autres nos idées et nos sentiments, ce serait manquer au but même du langage que de parler sans se faire entendre. Quatre conditions sont nécessaires pour donner au discours le mérite de la clarté : 1° n'employer que le terme propre; 2° présenter ses idées dans leur ordre naturel ; 3° éviter toute ambiguïté dans l'expression; 4° avoir soin d'enfermer la période dans des limites, raisonnables et ne pas la charger de trop de phrases incidentes. « Pour écrire nettement, dit La Bruyère, tout écrivain doit se mettre à la place de ses lecteurs, examiner son propre ouvrage comme quelque chose qui lui est nouveau, qu'il lit pour la première fois, où il n'a nulle part et que l'auteur aurait soumis à sa critique, et se persuader ensuite qu'on n'est pas entendu seulement à cause que l'on s'entend soi-même, mais parce qu'on est en effet intelligible. » Il est rare, ajouterons-nous, que l'écrivain qui manque de clarté s'entende lui-même parfaitement : quand son s. est obscur, soyez assuré que sa pensée manque de netteté et de précision. D'autres fois c'est le peur de paraître trop simple qui fait tomber dans l'obscurité; on désire paraître fin, délicat, mystérieux, profond, et l'on devient inintelligible. Ce défaut est malheureusement assez commun dans la littérature contemporaine. — La *précision* consiste à n'employer, pour exprimer sa pensée, que les termes les plus justes, que ceux qui sont nécessaires pour exprimer complètement ce qu'on veut dire, sans circonlocutions inutiles. « Le style précis, dit Voltaire, a le premier de tous les mérites, celui de rendre la marche du discours semblable à celle de l'esprit. » — Le *naturel* consiste à employer des expressions qui n'ont rien d'affecté et qui semblent trouvées sans effort. L'expression même la plus brillante perd de son mérite, dès que le recherche s'y laisse voir. Rien n'est plus opposé au s. naturel que le langage figuré, poétique, chargé de métaphores, d'antithèses, d'affectation d'esprit, qu'on appelle S. *académique*, vraisemblablement parce qu'il était jadis fort en usage chez les jeunes écrivains qui concouraient pour les prix de l'Académie française. — La *convenance* consiste à assortir et à approprier le s. aux matières qu'on traite. Traiter un sujet élevé d'un s. humble, un sujet simple avec magnificence, un sujet pathétique froidement, c'est manquer aux convenances du s. L'écrivain véritablement digne de ce nom sait dire les petites choses avec simplicité, les grandes avec mouvement et grandeur. — Enfin, l'*harmonie* du s. consiste dans le choix des mots et dans leur arrangement dans la phrase. Bien qu'elle soit surtout essentielle à la poésie, elle est également une des conditions nécessaires de la prose, particulièrement en ce qui concerne la texture, la coupe et l'enchaînement des phrases et des périodes. Mais il est impossible dans la rhétorique de formuler aucune règle à ce sujet : elle doit se borner à recommander la lecture et l'analyse des grands écrivains.

III. — Les qualités *particulières* du s. varient d'après la nature des sujets qu'on traite ou des objets qu'on veut peindre. Il doit exister en effet une différence entre l'expression de la passion et celle de la raison, entre la langue du poète et celle du prosateur. En conséquence, les anciens, en se fondant sur l'observation de la nature, avaient distingué trois sortes de styles, le S. *simple* le S. *tempéré* et le S. *sublime*. Ces divisions ne sauraient être exclusives, car l'âme humaine est si mobile, elle a, dans un court espace de temps, des sentiments si opposés, que le s., en les reflétant, change incessamment de caractère. Dans un seul discours, par ex., on voit souvent un orateur prendre tous les tons. — Le S. *simple*, qui se caractérise par l'absence de toute recherche, convient au genre épistolaire, à l'histoire et aux discussions ordinaires. Il s'attache surtout à l'expression naturelle, et ses délicatesses, ses traits les plus charmants doivent paraître sans étude et sans art. — Le S. *tempéré* tient le milieu entre le s. simple et le s. sublime. Il est plus orné que le premier, moins fort et moins élevé que le second. Il est surtout propre aux sujets agréables, et il a principalement pour but de plaire. Les qualités dont doit posséder ces sujets : l'*élégance*, la richesse, la finesse et la délicatesse. L'*élégance* est la réunion de la justesse et de l'agrément : elle résulte du choix des expressions, des tours heureux, des images gracieuses. Dans la *Phèdre* de Pradon, Hippolyte dit à Aricie :

Depuis que je vous vois, j'abandonne la chasse,
Et quand j'y vais, ce n'est que pour penser à vous.

Dans la *Phèdre* de Racine, Hippolyte exprime la même idée :

Mon arc, mes javelots, mon char, tout m'importune;
Je ne me souviens plus des leçons de Neptune;
Mes seuls gémissements font retentir les bois,
Et mes coursiers oisifs ont oublié ma voix.

Les vers de Pradon sont ridicules et plats ; ceux de Racine d'une élégance ravissante. La *richesse* du s. consiste dans la variété des tours, jointe à l'éclat des pensées, des figures, des images, et particulièrement dans le nombre des idées qu'un seul mot éveille, dans les rapports qu'il embrasse, dans l'importance des objets qu'il montre à l'esprit. Mais la richesse ne doit pas dégénérer en ornements superflus; elle doit éviter tout ce qui a plus d'éclat que de solidité. La *finesse* laisse deviner une partie de la pensée; l'écueil de la finesse est le raffinement ou l'équivoque. « Rien n'est plus opposé à la véritable éloquence, dit Le Clerc, que l'emploi de ces pensées fines et la recherche de ces idées légères, déliées, sans consistance, et qui, comme la feuille de métal battu, ne prennent de l'éclat qu'en perdant de la solidité. » La *délicatesse* est la finesse transportée dans l'expression du sentiment. L'abus de la délicatesse est l'afféterie. — Le s. qualifié de *sublime* par les anciens, et que nous appellerions plutôt S. *élevé*. S. *oratoire*, est le langage propre aux grands sujets. Les qualités qui conviennent à ce genre, c.-à-d. aux sujets élevés ou pathétiques, sont l'énergie, la véhémence et la magnificence. L'*énergie* réside souvent dans la force que l'image communique à l'idée. D'autres fois elle résulte du contraste des idées. Dans tous les cas, elle a pour effet de produire dans l'esprit de l'auditeur ou du lecteur une impression profonde. La *véhémence* résulte du tour et du mouvement impétueux de l'expression. La *magnificence* est la richesse unie à la grandeur. Mais la recherche de la magnificence conduit souvent à l'enflure, qui exprime en termes pompeux une idée fausse, ou qui substitue les grands mots aux grandes pensées.

STYLER, v. a. (R. *style*). Former, dresser, habituer. *Il est fort stylé dans les affaires. On l'a stylé à cela. Un domestique bien stylé.* Fam. = STYLE, ÉE. part.

STYLET, s. m. [Pr. *sti-lè*] (lat. *stylus*, poinçon). Sorte de poignard à petite lame. Voy. POIGNARD. ‖ T. Chir.Petite tige métallique très fine et très flexible qui sert à sonder les plaies fistuleuses, à passer des mèches de séton, etc. Le *s.* est terminé à l'une de ses extrémités par un petit renflement ovalaire, et quelquefois percé d'un chas à l'autre.

STYLIDE, s. m. (R. *style*). T. Bot. Genre de plantes Dicotylédones (*Stylidium*) de la famille des *Stylidiées*. Voy. ce mot.

STYLIDIÉES, s. f. (R. *Stylide*). T. Bot. Famille de végétaux Dicotylédones de l'ordre des Gamopétales inférovariées.

Caract. bot. : Plantes herbacées ou suffrutescentes, non laiteuses, à tige raccourcie ou allongée en hampe. Feuilles éparses, quelquefois verticillées, souvent rapprochées en rosette, entières et à bords nus ou ciliés. Stipules nulles. Fleurs en épis, en grappes, ou en corymbes, ordinairement terminales, rarement axillaires ; les pédicelles ordinairement munis de 3 bractées. Calice adhérent, présentant 5 divisions, bilabié ou régulier, persistant. Corolle gamopétale tombant tard ; limbe irrégulier, rarement régulier, à 5 divisions, imbriqué dans la préfloraison. Étamines 2 : filets soudés avec le style en un gynostème assez long ; anthères jumelles, quelquefois simples, reposant sur le stigmate. Pistil formé de 2 carpelles concrescents en un ovaire biloculaire et polysperme, quelquefois uniloculaire ; souvent surmonté d'une glande unique en avant, ou de 2 glandes opposées; style 1, soudé avec les étamines; stigmate entier ou bifide; ovules anatropes nombreux. Fruit capsulaire avec 2 valves et 2 loges ; mais la cloison se séparant parfois des bords infléchis des valves, la capsule devient alors en quelque sorte uniloculaire. Graines petites, dressées, parfois pédicellées, attachées à l'axe de la cloison; embryon petit, et situé dans un albumen charnu. [Fig. 1. *Stylidium calcaratum*: 2 et 3, Anthères et stigmate formant l'extrémité du gynostème; 4 Capsule ouverte; 5.

Graine.] — Cette famille se compose de 4 genres (*Stylidium, Forsteria, Phyllachne, Leuwenhookia*) et de plus de 100 espèces qui habitent principalement dans les marais d'Australie. On ne connaît à ces plantes aucune sorte d'utilité.

STYLIFORME. adj. 2 g. T. Bot. Qui a la forme d'un style.

STYLISTE. s. m. Écrivain qui a du style.

STYLITE. adj. m. (gr. στυλίτης, m. s., de στύλος, colonne). Surnom donné à quelques solitaires qui, pour mieux s'isoler du monde, avaient placé leurs cellules au sommet de colonnes ou de portiques en ruine. *S. Siméon Stylite.*

STYLOBATE. s. m. (gr. στυλοβάτης, m. s. de στύλος, colonne; βάσις, appui). T. Archit. Piédestal qui porte un rang de colonnes. Voy. Ordre.

STYLODISCUS. s. m. [Pr. *stilo-dis-kus*] (gr. στύλος, style; δίσκος, disque). T. Bot. Genre de plantes Dicotylédones de la famille des *Euphorbiacées*, tribu des *Phyllanthées*. Voy. Euphorbiacées.

STYLOGLOSSE. adj. 2 g. (R. *styloïde*, et gr. γλῶσσα, langue). T. Anat. Qui a rapport à l'apophyse styloïde et à la langue. = STYLOGLOSSE. s. m. Nom d'un muscle qui va de l'apophyse styloïde aux deux extrémités de la langue.

STYLO-HYOÏDIEN, ENNE. adj. [Pr. *stilo-io-idi-in, iène*] (R. *styloïde* et *hyoïdien*). T. Anat. Qui est relatif à l'apophyse styloïde et à l'os hyoïdien.

STYLOÏDE. adj. 2 g. (gr. στύλος, colonne; εἶδος, forme). T. Anat. Qui a la forme d'un stylet. *L'apophyse s. du temporal; L'apophyse s. du* Radius.

STYLO-MASTOÏDIEN, ENNE. adj. [Pr. *stilomasto-i-di-in, iène*] (R. *styloïde* et *mastoïdien*). T. Anat. Qui est relatif aux apophyses styloïde et mastoïdienne.

STYLOMMATOPHORES. s. m. pl. [Pr. *stilom-mato-fore*] (gr. στύλος, style; ὄμματα, yeux; φορος, qui porte). T. Zool. Ordre de Mollusques *Gastéropodes* comprenant les Pulmonés terrestres. Voy. Pulmonés.

STYLO-PHARYNGIEN. ENNE. adj. [Pr. *stilofarinji-in, iène*] (R. *styloïde* et *pharyngien*). T. Anat. Qui a rapport à l'apophyse styloïde et au pharynx. ‖ s. m. Nom d'un muscle.

STYLOPS. s. m. (gr. στύλος, style; ὤψ, face). T. Entom. Genre d'*Insectes*. Voy. Rhipiptères.

STYLOSPORE. s. f. (gr. στύλος, colonne, et fr., *spore*). T. Bot. Nom donné aux spores que renferment les pycnides. Voy. Pycnide.

STYPAGE. s. m. (gr. στύπη, étoupe). T. Chir. Procédé d'anesthésie locale au moyen du froid produit par l'évaporation du chlorure de méthyle. On reçoit le jet qui s'échappe du siphon sur un tampon d'ouate sèche qu'on promène ensuite sur la partie qu'on veut insensibiliser. Le s. est usité pour l'ouverture des abcès et pour calmer les douleurs névralgiques.

STYPHÉLIE. s. f. (gr. στυφέλος, âpre). T. Bot. Genre de plantes Dicotylédones (*Styphelia*) de la famille des *Épacridées*. Voy. ce mot.

STYPHÉLIÉES. s. f. pl. (R. *Styphélie*). T. Bot. Tribu de plantes de la famille des *Épacridées*. Voy. ce mot.

STYPHNIQUE. adj. 2 g. [Pr. *stif-nike*] (gr. στυφνός, astringent). T. Chim. L'*acide styphnique* ou *oxypicrique* est un dérivé tri-nitré de la résorcine et répond à la formule C⁶Hi₄Az₂O²³s(OH)². On le prépare en traitant la résorcine par l'acide azotique fumant. On l'obtient aussi par l'action de l'acide azotique sur les gommes-résines, le bois de santal, le bois de Brésil, le bois de sapan. L'acide s. cristallise en prismes hexagonaux jaunes, solubles dans l'eau bouillante, dans l'alcool et dans l'éther. Il fond à 174°; à une température plus élevée, il se décompose avec explosion. Il joue le rôle d'acide bibasique et présente beaucoup d'analogie avec l'acide

picrique. Ses sels, les *styphnates* ou *oxypicrates*, détonent sous l'action de la chaleur.

STYPHNOLOBIUM. s. m. [Pr. *stifno-lobiome*] (gr. στυφνός, astringent; λόβος, gousse). T. Bot. Genre de plantes Dicotylédones de la famille des *Légumineuses*, tribu des *Papilionacées*. Voy. Légumineuses.

STYPTÉRITE. s. f. (gr. στυπτηρίς, astringent). T. Minér. Sulfate d'alumine hydraté.

STYPTICITE. s. f. (gr. στυπτικός, astringent). T. Minér. Syn. de *Fibroferrite*.

STYPTICITÉ. s. f. Qualité de ce qui est styptique.

STYPTIQUE. adj. 2 g. et s. m. (gr. στυπτικός, m. s.). T. Méd. Syn. d'*Astringent*.

STYRACÉES. s. f. pl. (R. *Styrax*). T. Bot. Famille de végétaux Dicotylédones de l'ordre des Gamopétales supérovariées. *Caract. bot. :* Arbres ou arbrisseaux. Feuilles alternes, sans stipules, ordinairement dentées. Fleurs axillaires, tantôt solitaires, tantôt groupées en grappes, avec des bractées squamiformes. Calice à 4-5 divisions imbriquées, persistant. Corolle gamopétale, à 4-5 divisions imbriquées dans la préfloraison. Étamines 5 ou 10, en un grand nombre; anthères biloculaires, s'ouvrant en dedans. Pistil formé de 3-5 carpelles

concrescents en un ovaire, offrant 3 à 5 loges opposées aux lobes du calice, lorsqu'elles sont en même nombre; les cloisons quelquefois à peine adhérentes au centre. Ovules anatropes 2 ou en nombre indéfini dans chaque loge, tous suspendus, ou bien les supérieurs ascendants, les inférieurs suspendus; style simple; stigmate légèrement capité. Fruit drupacé ou baccien, surmonté par le calice ou enfermé dans celui-ci; toutes les loges, à l'exception d'une seule, avortent ordinairement. Graines ascendantes ou suspendues, avec un embryon mince, placé au milieu d'un albumen charnu ou corné; radicule longue dirigée vers le hile; cotylédons plats. [Fig. 1. *Styrax officinale;* 2. Fleur ouverte; 3. Coupe transversale de l'ovaire; 4. Fruit; 5. Id., dont on a enlevé la moitié du péricarpe; 6. Graine; 7. Sa coupe verticale.]

La famille des *Styracées* se compose de 7 genres (*Styrax, Symplocos, Diclidanthera, Lithocarpus,* etc.) et d'environ 220 espèces dispersées dans les régions tropicales et sous-tropicales des deux hémisphères. Un très petit nombre, parmi lesquelles sont les *Halesia,* se trouvent dans les latitudes tempérées. On a trouvé dans le tertiaire 6 *Styrax* et 5 *Symplocos.* — Quelques espèces du genre *Symplocos* donnent une teinture jaune : tel est le *S. tinctoria,* de la Caroline, dont la racine est en outre amère et aromatique. D'autres, comme *S. Alstonia,* s'emploient en guise de Thé, à cause de la légère astringence qu'on trouve dans leurs feuilles. Le *Storax,* ou *Styrax calamite, Styrax en larmes,* et le

Benjoin, oléo-résines odorantes, qui contiennent de l'acide benzoïque et un principe aromatique particulier, proviennent de deux espèces du genre *Styrax*. Le *Storax* découle du *S. officinal*, vulg. appelé *Aliboufier*, qui habite la Syrie; et le *Benjoin*, du *S. benzoin*, qui est propre à l'archipel Indien. Ces deux produits sont considérés comme expectorants, et stimulent particulièrement les fonctions de la muqueuse des voies aériennes. La teinture de Benjoin est en outre très employée dans la parfumerie. Les *Styrax reticulata*, *ferruginea* et *aurea* du Brésil, exsudent une oléo-résine odorante tout à fait analogue : on l'emploie en guise d'encens dans les églises. Le *Symplocos taurina* est recherché au Bengale à cause de son écorce, qui sert de mordant pour les couleurs rouges.

STYRACINE. s. f. (R. *styrax*). T. Chim. La *styracine*, qui a pour formule $C^{24}H^{19}O^2C^{3}H^{10}$, est l'éther produit par la combinaison de l'acide et de l'alcool cinnamiques. On la rencontre dans le styrax liquide et dans le baume du Pérou. Elle cristallise en fines aiguilles, incolores et inodores, fusibles à 44°, solubles dans l'alcool.

STYRAX. s. m. [Pr. *sti-raks*] (gr. στύραξ, sorte de gomme). T. Pharm. Nom donné à l'oléo-résine qui s'écoule du *Liquidambar orientalis*. Voy. SAXIFRAGACÉES, XI. || T. Bot. Genre de plantes Dicotylédones de la famille des *Styracées*. Voy. ce mot. — *S. catamite*. Voy. STORAX et STYRACÉES.

STYRIE. s. f. Province de l'empire d'Autriche; 1,281,600 hab. ch.-l. *Gratz*.

STYROL ou **STYROLÈNE.** s. m. (R. *styrax*). T. Chim. Syn. de *Cinnamène*.

STYRONE. s. f. (R. *styrax*). T. Chim. Syn. d'*Alcool cinnamique*.

STYX. s. m. [Pr. *stiks*]. T. Mythol. g. L'un des cinq fleuves des enfers. Voy. ACHÉRON. || *Jurer par le Styx*, Faire un serment terrible, irrévocable.

SUAGE. s. m. (R. *suer*). T. Mar. Se dit des graisses et du suif dont on enduit de temps à autre un vaisseau.

SUAGER. v. a. T. Mar. Enduire un vaisseau de graisse. = SUAGÉ, ÉE. part. = Conj. Voy. MANGER.

SUAIRE. s. m. [Pr. *su-ère*] (lat. *sudarium*, linge pour essuyer la sueur). Linceul dans lequel on ensevelit un mort. *Un mort enveloppé de son s.* || *Le saint s.*, Linge que l'on dit avoir servi à ensevelir Jésus-Christ. *Saint s.*, se dit aussi d'une petite représentation en peinture du saint suaire. *Il m'a apporté d'Italie un saint s.*

SUANT, ANTE. adj. Qui sue. *Il est venu tout s. Avoir les mains suantes.* || T. Techn. *Chaleur suante*, degré de chaleur qu'on donne au fer pour le souder.

SUARD, littérateur fr. (1733-1817).

SUAVE. adj. 2 g. (lat. *suavis*, m. s.). Qui est d'une douceur agréable aux sens, et particulièrement à l'odorat. *Un parfum, une odeur s. Un goût s. Une mélodie s. Une couleur, un coloris s.* || Au sens moral, *Plaisir s. Sentiments suaves.*

SUAVEMENT. adv. [Pr. *suave-man*]. D'une manière suave.

SUAVITÉ. s. f. (lat. *suavitas*, m. s.). Qualité de ce qui est suave. *La s. de cette odeur, de ces parfums. La s. d'une mélodie. La s. de son pinceau.* || Grande douceur dans la physionomie. *La s. de ses traits, de son regard.*

SUB—. Préfixe qui n'est autre qu'une préposition latine sign. *Sous*, qui entre dans la composition d'un grand nombre de mots, soit pour désigner un degré d'infériorité de position (*Sublingual*, *Sublunaire*), ou de rang (*Subalterne*, *Subdélégué*), soit pour atténuer la valeur du terme auquel on l'associe (*Subdelirium*, *Subinflammation*, *Suborbiculaire*, etc.).

SUBALTERNE. adj. 2 g. (lat. *subalternus*, m. s., de *sub*, sous, et *alter*, autre). Subordonné, inférieur, secondaire. *Officier s. Magistrat s. Juridiction, justice s. Fonction, emploi s. Dans ce drame, Les personnages* subalternes *sont trop nombreux.* — Se dit aussi substantivement, en parlant des personnes. *C'est un de ses subalternes.* || Fig., *C'est un esprit s.*, se dit d'un homme dont l'esprit est médiocre et incapable de grandes choses.

SUBALTERNEMENT. adv. D'une manière subalterne.

SUBALTERNISATION. s. f. [Pr. *subalterni-za-sion*]. Action de subalterniser.

SUBALTERNISER. v. a. [Pr. *subalterni-zer*]. Mettre dans une position subalterne. = SUBALTERNISÉ, ÉE. part.

SUBALTERNITÉ. s. f. Position subalterne.

SUBBRACHIENS. s. m. pl. [Pr. *sub-brachi-in*] (lat. *sub*, sous, et *brachium*, bras). T. Icht. Les *Subbrachiens* constituaient, dans la méthode de Cuvier, le second ordre des *Malacoptérygiens*, ou le troisième ordre de la classe des *Poissons*. Ils sont caractérisés par leurs ventrales attachées sous les pectorales et immédiatement suspendues aux os de l'épaule. Cet ordre contenait 4 familles qui sont encore souvent gardées dans les classifications actuelles; savoir : les *Gadoïdes*, les *Pleuronectes*, les *Discoboles* et les *Échénéis*. Voy. ces mots.

SUBCYLINDRIQUE. adj. 2 g. (R. *sub*, préf., et *cylindrique*). T. Didact. Presque cylindrique.

SUBDÉLÉGATION. s. f. [Pr. …*sion*]. Action de subdéléguer; commission par laquelle une personne est autorisée à agir en la place d'une autre. || Autrefois, se disait particulièrement des fonctions de certains administrateurs qui étaient subordonnés aux intendants de province, et du territoire où s'exerçait leur autorité.

SUBDÉLÉGUER. v. a. (R. *sub*, préf., et *déléguer*). Commettre avec pouvoir d'agir, de négocier; se dit surtout lorsqu'un homme, investi de quelque autorité par son gouvernement, commet quelqu'un pour agir en sa place. *L'intendant de la province subdélégua tel officier pour informer.* = SUBDÉLÉGUÉ, ÉE. part. *Un inspecteur subdélégué.* || Se dit aussi subst., *Les intendants des provinces avaient des subdélégués dans les principales villes de leur intendance.*

SUBDELIRIUM. s. m. [Pr. *subdéliri-ome*] (lat. *sub*, sous; *delirium*, délire). T. Méd. Délire incomplet.

SUBDIVISER. v. a. [Pr. *subdivi-zer*] (lat. *subdividere*, m. s., de *sub*, sous, et *dividere*, diviser). Diviser les parties d'un tout qu'on a déjà divisé. = SE SUBDIVISER. v. pron. *Les deux branches de cette rivière se subdivisent en plusieurs canaux.* = SUBDIVISÉ, ÉE. part.

SUBDIVISION. s. f. [Pr. *subdivi-zion*] (lat. *subdivisio*, m. s.). Division d'une des parties d'un tout déjà divisé. *Les divisions et les subdivisions d'un territoire.*

SUBDIVISIONNAIRE. adj. 2 g. [Pr. *subdivi-zio-nère*]. Relatif à une subdivision.

SUBDURAL, ALE. adj. (R. *sub*, préf., et *dure-mère*). T. Anat. Qui est au-dessous de la dure-mère.

SUBÉQUILATÉRAL, ALE. adj. [Pr. *subékui-latéral*]. (R. *sub*, préf., et *équilatéral*). T. Conchyl. Se dit d'une coquille bivalve dont chaque valve est composée de deux parties presque symétriques. Voy. CONCHYLIOLOGIE, III, B.

SUBÉRANE. s. m. (lat. *suber*, liège). T. Chim. Syn. d'*Heptaméthylène*.

SUBÉREUX, EUSE. adj. [Pr. *subé-reu, euze*] (lat. *suber*, liège). Qui est de la nature du liège, qui en présente la consistance.

SUBÉRIFIER. v. a. (lat. *suber*, liège; *ficare*, faire). Transformer en liège ou en une substance semblable au liège. = SE SUBÉRIFIER. v. pron. Subir cette transformation. = SUBÉRIFIÉ, ÉE. part.

SUBÉRINE. s. f. (lat. *suber*, liège). T. Chim. Matière extraite du liège. Voy. CHÊNE.

SUBÉRIQUE. adj. 2 g. (lat. *suber*, liège). T. Chim. L'*acide subérique* se produit quand on oxyde le liège ou certaines matières grasses (acide stéarique, acide oléique, huile de lin, beurre de coco, etc.), au moyen de l'acide azotique. Il cristallise en longues aiguilles peu solubles dans l'eau froide, très solubles dans l'eau chaude. Il fond à 140° et se sublime au-dessus de 150°. Il est bibasique et répond à la formule CO²H(CH²)⁶CO²H. Chauffé avec la baryte ou la chaux, il se décompose en hexane et en subérone.

SUBÉRONE. s. f. (lat. *suber*, liège, et la term. *one*, des cétones). T. Chim. Cétone répondant à la formule C⁶H¹²CO et dérivant de l'heptaméthylène. Obtenue en distillant l'acide subérique sur de la chaux ou de la baryte, elle est liquide, douée d'une odeur de menthe, et bout à 180°.

SUBÉRO-PHELLODERMIQUE. adj. 2 g. [Pr. ...*fel-lo*...] (lat. *suber*, liège; gr. φελλòς, écorce; δέρμα, peau). T. Bot. Qui a rapport au liège et au phelloderme.

SUBERVIE, général fr. (1776-1856).

SUBGLOBULEUX, EUSE. adj. (R. *sub*, préf., et *globuleux*). T. Didact. Qui a la forme d'un globe imparfait.

SUBHASTATION. s. f. [Pr. *subasta-sion*] (lat. *subhastatio*, m. s., de *sub*, sous, et *hasta*, pique). T. Cout. Vente publique au plus offrant et dernier enchérisseur, soit de meubles, soit d'immeubles. Vx.

SUBHASTER. v. a. (lat. *subhastare*, m. s., de *sub*, sous, et *hasta*, pique). T. Anc. dr. Vendre par autorité de justice. = SABHASTÉ, ÉE. part.

SUBHISPIDE. adj. 2 g. (R. *sub*, préf., et *hispide*). T. Didact. Qui est recouvert de quelques poils rudes, longs et épais.

SUBIACO, v. d'Italie, sur le Teverone, à 50 kilomètres de Rome; 7,000 hab.

SUBICTÉRIQUE. adj. 2 g. (R. *sub*, préf., et *ictère*). T. Méd. Qui a rapport à une teinte atténuée de l'ictère.

SUBINFLAMMATION. s. f. [Pr. *sub-infla-ma-sion*] (R. *sub*, préf., et *inflammation*). T. Méd. Inflammation légère.

SUBINFLAMMATOIRE. adj. 2 g. [Pr. *sub-infla-ma-touare*] (R. *sub*, préf., et *inflammatoire*). T. Méd. Qui a rapport à une inflammation légère.

SUBINTRANT, ANTE. adj. (lat. *subintrans*, part. prés. de *subintrare*, entrer dessous). T. Méd. Se dit de l'accès d'un mal périodique qui vient avant que le précédent soit terminé. *Accès s. Fièvre subintrante.*

SUBIR. v. a. (lat. *subire*, m. s., de *sub*, sous, et *ire*, aller). Souffrir, supporter de gré ou de force ce qui a été ordonné, prescrit ou imposé. *S. la loi du vainqueur. S. la peine à laquelle on est condamné. S. le joug. Il faut s. son sort, sa destinée. S. la mort. S. une opération. S. le mépris.* — *S. la question*, Être mis à la question. — *S. un interrogatoire*, Comparaître devant le juge et répondre à ses interrogations. *S. un examen*, Passer à l'examen, suivant les formalités ordinaires. On dit de même, *S. une épreuve.* — *S. son jugement*, Subir la peine prononcée par le jugement. || Se dit quelquefois des choses. *La constitution anglaise a subi l'épreuve du temps*, L'expérience a démontré son excellence. — *S. des changements, des modifications, une réforme*, etc., se dit des choses qui viennent à être changées, à être modifiées, etc. *Cette administration a subi bien des changements. Les mœurs subirent une réforme.* == SUBI, IE. part.

SUBIT, ITE. adj. [Pr. *su-bit*] (lat. *subitus*, m. s.). Qui arrive tout à coup. *Mouvements. Changements. Mort subite. Résolution subite. Son départ a été fort s.* == Syn. Voy. SOUDAIN.

SUBITEMENT. adv. [Pr. *subite-man*]. D'une manière subite. *Il est mort s. Cela est arrivé bien s.*

SUBITO. adv. Mot. lat. qui sign. Subitement, tout à coup. *Il est parti s.* Fam.

SUBJECTIF, IVE. adj. (bas lat. *subjectivus*, m. s., de *subjicere*, mettre dessous). T. Philos. Qui a rapport au sujet pensant. Voy. OBJECTIF.

SUBJECTION. s. f. [Pr. *subjek-sion*] (lat. *subjectio*, m. s., de *subjicere*, mettre dessous). T. Rhétor. Sorte d'interrogation oratoire. Voy. INTERROGATION.

SUBJECTIVEMENT. adv. D'une manière subjective.

SUBJECTIVER. v. a. T. Philos. Rendre subjectif. Prendre l'objectif pour le subjectif. Voy. OBJECTIF.

SUBJECTIVISME. s. m. Profession vicieuse sur la subjectivité.

SUBJECTIVITÉ. s. f. Caractère de ce qui est subjectif.

SUBJONCTIF. s. m. (lat. *subjunctivus*, m. s., de *sub*, sous, et *jungere*, joindre). T. Gramm. L'un des modes du verbe. Voy. MODE.

Obs. gram. — Le *Subjonctif* est le mode de l'indécision, du doute, de même que l'indicatif est le mode de l'affirmation. En conséquence, on doit mettre au s. le verbe de la proposition subordonnée : — 1° Lorsque le verbe de la proposition principale exprime le crainte, le doute, l'appréhension, la surprise, l'admiration, le souhait, le commandement, la défense, etc., parce que la chose exprimée par le verbe subordonné est incertaine, douteuse, ou tout au moins n'offre rien d'absolument positif. Ainsi l'on dit : *Je crains, je doute, je veux, je m'étonne, j'ordonne, je désire que vous fassiez. J'appréhende qu'il ne vienne. Je nie que cela soit.* Mais on dira avec l'indicatif : *Je pense, je soupçonne, j'imagine que vous avez étudié la chimie.* — 2° On emploie le s. lorsque la proposition principale est négative ou interrogative, parce qu'alors elle exprime le doute, l'incertitude : *Je ne présume pas, je ne soupçonne pas, je ne pense pas qu'il ait étudié la chimie. Pensez-vous, croyez-vous que son frère revienne? Croyez-vous qu'il parle?* Néanmoins, lorsqu'on n'interroge que pour affirmer ou nier avec plus de force, cette simple formule oratoire n'exprime point le doute et n'appelle pas le s. : *Croyez-vous que les Limousins sont des sots? Madame, oubliez-vous que Thésée est mon père, et qu'il est votre époux?* — 3° Après les verbes impersonnels ou employés impersonnellement, on met généralement au s. le verbe de la proposition subordonnée : *Il faut, il importe, il convient, il est possible qu'il vienne. Il vaut mieux que je ne te voie pas. Il suffit que je vous l'aie commandé.* Toutefois on dit à l'indicatif : *Il s'ensuit, il arrive, il résulte qu'on se trompe. Il est vrai, sûr, certain que vous êtes mon ami. Il me semble que je le connais. Il lui semblait qu'il n'y avait rien de plus beau*, parce que ces verbes expriment tous une idée positive. Mais ils exigent le s., dès qu'ils sont interrogatifs ou accompagnés d'une négation : *Est-il sûr qu'il vienne? Il me semble pas que l'on puisse agir autrement.* — 4° Après on *dirait*, on *croirait*, on *eût dit*, on *eût cru*, on doit employer le s. lorsque la phrase subordonnée énonce une chose invraisemblable ou peu probable :

On dirait que le ciel, qui se fond tout en eau,
Veuille inonder ces lieux d'un déluge nouveau.

Dans le cas contraire, il faut l'indicatif : *On dirait qu'il est mort. On eût cru, à l'entendre, qu'il était riche comme Crésus.* — 5° Après les pronoms *qui, que, dont, où*, etc., on fait usage du s. ou de l'indicatif, selon que la proposition secondaire exprime une idée indécise, indéterminée, ou bien une idée positive. *Je veux épouser une femme qui me plaise; J'épouserai une femme qui me plaira. Montrez-moi un chemin qui conduise à Corbeil; Montrez-moi le chemin qui conduit à Corbeil. Je veux aller dans une retraite où je sois tranquille; J'irai dans une retraite où je serai tranquille.* — 6° Lorsque le pronom relatif *qui* a pour antécédent un substantif modifié par un adjectif précédé de l'un des superlatifs, *le plus, le moins, le mieux, le plus, la moins, le mieux, les plus*, etc., il faut le s., si le verbe subordonné dépend directement du superlatif et explique en quelque sorte un fait incertain : *Le plus grand théâtre qu'il y ait pour la santé, c'est la conscience.* Dans le cas contraire, c'est l'indicatif qu'il faut employer : *Ulysse, le plus sage des rois de la Grèce qui ont renversé Troie. Je fais le meilleure contenance que je puis. Le moins de servitude qu'on peut est le meilleur.* — 7° On fait encore usage du s., lorsque le pronom relatif correspond à l'un des adjectifs, *nul, aucun, seul, premier, second, dernier*, etc., ou bien lorsqu'il se rapporte à quelque substantif ou adverbe ayant un sens négatif, comme *personne, rien, peu, guère, trop*, etc. *Il n'y a aucun homme qui ne sache. Cet homme est le premier qui ait eu cette idée. Je ne connais personne qui ait autant d'audace. Le seul bien qu'on ne puisse nous enlever, c'est.... Il n'y a rien qui plaise autant que la modestie.* Cependant si l'idée exprimée est positive, il faut l'indicatif : *Il est le seul que je crois devoir excepter. Voilà la première lettre qu'il m'a écrite.* — 8° Les adjectifs pronominaux *quelque que, quelque*, et les expressions *qui que, quoi que, si que*, signifiant *quelque*, veulent au s. le verbe de la phrase subordonnée : *Quelque effort qu'il fasse. Qui que ce soit. Quoi qu'il dise. Si mince qu'il puisse être.* — 9° On emploie également le s. après les conjonctions ou locutions conjonctives, *quoi que, bien que, bien que, encore que, quoique, de peur que, sans que, en cas que, pourvu que, à moins que, pour que, soit que, c'est peu que, c'est assez que,* etc. *Afin qu'on puisse l'entendre. Avant qu'il ne fût venu. De peur que sa puissance ne m'atteigne. Au cas qu'il en soit ainsi.* — 10° Il faut aussi le s. après la conjonction *que* prise pour *avant que, à moins que, afin que, de ce que, quoique, sans que, si, que,* etc. *Il n'écrit rien qu'il n'ait profondément médité.* — 11° Le s. est encore exigé après les locutions, *sinon que, si ce n'est que, de façon que, de sorte que, de manière que, comme si,* quand le verbe qui précède exprime l'incertitude, le doute, le commandement, et que celui qui suit exprime une idée d'avenir : *Vivez de manière que chacun puisse vous estimer.* — Dans toute la langue, il n'existe qu'un seul verbe qui prenne le s. sans qu'un autre mot le précède ; c'est le verbe *Savoir*, employé à la première personne et accompagné au présent d'une négation : *Je ne sache rien qui soit plus digne d'admiration.*

Quant à l'emploi que l'on doit faire des temps du s., il dépend du temps de l'indicatif auquel se trouve le verbe de la phrase principale. Le principe général qui doit nous diriger est le suivant : 1° Le présent et le prétérit du s. correspondent aux mêmes temps de l'indicatif, à l'exception du prétérit indéfini qui correspond au parfait du s. et non au présent ; 2° l'imparfait et le plus-que-parfait du s. correspondent aux mêmes temps de l'indicatif et du conditionnel. Néanmoins, comme l'idée seule qu'on a ne peut déterminer le choix à faire entre ces temps, les grammairiens ont établi quelques règles à ce sujet. — 1° Lorsque le verbe de la proposition principale est au présent ou au futur de l'indicatif, on emploie le présent du s. dans la proposition subordonnée, si l'on veut exprimer un présent ou un futur. *Il faut que celui qui parle se mette à la portée de ses auditeurs. Il faudra qu'ils se rendent à la force de la vérité.* Si, au contraire, on veut exprimer un passé, on emploie le prétérit du s. : *Il suffit qu'il n'ait rien négligé dans cette affaire. Je douterai toujours qu'il ait loyalement agi.* Enfin, si la phrase renferme une expression conditionnelle, on met le second verbe à l'imparfait ou au plus-que-parfait du s. : *Je ne doute pas qu'il ne réussît s'il avait votre appui. Je ne crois pas que sans cette circonstance l'affaire eût pu réussir.* — 2° Lorsque le verbe de la proposition principale est à l'imparfait, à l'un des prétérits ou à l'un des conditionnels, le verbe de la proposition subordonnée se met à l'imparfait du s., si l'on veut lui faire exprimer un présent ou un futur : *Il voulait qu'on le trouvât aussi simple qu'avant sa subite élévation. Les Romains ne voulaient pas de victoires qui coûtassent trop de sang. Je voudrais bien que vous lussiez ce mémoire.* Mais si l'on veut exprimer un passé, on met le verbe au plus-que-parfait du s. : *Sparte était sobre avant que Socrate eût loué la sobriété.* — 3° Lorsque le verbe de la proposition subordonnée exprime une action qui peut se faire dans tous les temps, on emploie le présent au lieu de l'imparfait du s. : *Il a trompé quoiqu'il soit son frère.* — Enfin, il importe de remarquer qu'après le prétérit indéfini, on emploie bien plus fréquemment le prétérit du s. que le plus-que-parfait. *Je n'ai jamais trouvé personne qui m'ait dit cela. Il a fallu que vous eyez bien travaillé pour achever si vite cette œuvre.*

SUBJUGATION. s. f. [Pr. *subju-ga-sion, g* dur]. Action de subjuguer

SUBJUGUER. v. a. [Pr *subju-gher, g* dur] (lat. *subjugare*, m. s., de *sub*, sous et *jugum*, joug). Dompter, soumettre, courber sous le joug. *S. une province. Les Romains subjuguèrent les Gaules. L'homme est parvenu à*

s. *les animaux les plus puissants.* ‖ Fig. Prendre un ascendant absolu. *Sa femme le subjugua bientôt. Il se laisse s. par ses valets. S. les esprits. La sagesse doit s. les passions.* = SUBJUGUÉ, ÉE. part. = Syn. Voy. ASSERVIR.

SUBJUGUEUR. s. m. [Pr. *subju-gheur, g* dur]. Celui qui subjugue.

SUBLAMELLAIRE. adj. 2 g. [Pr. *sublamel-lère*] (R. *sub*, préf., et *lamellaire*). T. Didact. Composé de lamelles incomplètes.

SUBLET. s. m. [Pr. *su-blè*]. T. Icht. Genre de *Poissons osseux*. Voy. LABRIDÉS.

SUBLIMATION. s. f. [Pr. *...sion*] (lat. *sublimatio*, action d'élever). T. Chim. Lorsqu'un corps solide, soumis à l'action de la chaleur, se transforme directement en vapeur et se solidifie ensuite par refroidissement sans passer par l'état liquide, on dit qu'il *se sublime*, et cette transformation porte le nom de s. La température à laquelle se produit la s. dépend de la nature du corps et de la pression extérieure. Pour toute substance volatile il y a une pression déterminée au-dessous de laquelle cette substance ne peut plus exister à l'état de liquide stable, et se sublime quand on élève suffisamment sa température ; si, au contraire, on la chauffait sous une pression plus forte, elle se liquéfierait avant de se réduire en vapeur. Le plus souvent cette limite, au-dessus de laquelle le corps ne peut plus se sublimer, est fort inférieure à la pression atmosphérique ; il n'existe donc qu'un petit nombre de substances susceptibles de se sublimer dans les circonstances ordinaires ; tel est, par ex., le cas de l'arsenic. — On donne aussi le nom de s. à l'opération par laquelle on volatilise, à l'aide de la chaleur, les parties volatiles d'un corps, pour les recueillir à l'état cristallisé, pulvérulent ou compact. En principe, la s. ne diffère de la distillation que parce que le produit qu'on recueille est solide au lieu d'être liquide. Les appareils de s. sont analogues aux appareils distillatoires. Pour les substances très volatiles comme le camphre ou l'iode, il suffit d'une cornue ou d'un matras de verre placé sur un bain de sable ; les vapeurs vont se condenser à la partie supérieure du vase. Si le corps est moins volatil et qu'on opère sur une grande échelle, on emploie des cornues de terre ou des chaudières de fonte, chauffées à feu nu, et l'on dirige les vapeurs dans une chambre spacieuse ; c'est ainsi qu'on prépare la fleur de soufre et le calomel à la vapeur. La s. sert à extraire les parties volatiles contenues dans un mélange solide ; elle sert aussi à raffiner les substances volatiles. Souvent le produit sublimé se dépose en cristaux très nets ; aussi emploie-t-on quelquefois la s. dans l'analyse chimique pour reconnaître un corps à sa forme cristalline.

SUBLIMATOIRE. s. m. [Pr. *sublima-touare*] (R. *sublimer*). Vase dans lequel on recueille les produits de la sublimation. = Adj. 2 g. Qui sert à sublimer.

SUBLIME. adj. 2 g. (lat. *sublimis*, élevé). Se dit de ce qu'il y a de plus grand, de plus relevé dans les choses esthétiques, morales ou intellectuelles. *Un spectacle s. Un génie s. Vertu s. Caractère s. Pensée s. Vérité s. Une image s. Vers s. Le genre s. Style s.*, Voy. STYLE. ‖ Subst., *Il y a du s. dans cette action. Le s. du sentiment. Le s. de l'art, c'est.... Traité du Sublime.* ‖ T. Anat. On appelle Sublime, par oppos. à profonds, certains muscles situés superficiellement. ‖ T. Méd. *Respiration s.*, Celle qui est grande et s'accompagne de mouvements anormaux d'élévation du thorax dans l'inspiration.

Philos. — I. — Le *Sublime* est plus que le beau. Celui-ci nous met en présence du type *idéal* des choses finies ; celui-là nous met en présence de l'*infini* ; le beau est l'harmonie limitée, mais parfaite ; le s. est l'incommensurable ; aussi l'harmonie n'est point un de ses éléments nécessaires. Le beau plonge notre âme dans un état de jouissance pure, et toutefois il permet à notre jugement de s'exercer librement ; le s. nous saisit, nous enlève à nous-même : il ébranle l'âme trop puissamment pour qu'elle puisse se rendre compte de ce qu'elle éprouve. Le s. se manifeste dans le *monde physique*, dans le *monde moral* et dans l'*art*. — Dans le monde physique, on peut, avec Kant, distinguer deux sortes de s. : le S. *mathématique* et le S. *dynamique*. Le premier nous offre le spectacle de la grandeur sous la forme de l'étendue, comme la mer calme, le silence de la nuit, les espaces célestes, l'aspect des Pyramides. Le second manifeste la puissance :

ainsi l'orage et la tempête, le déchaînement des forces de la nature et la lutte des éléments. « Toutefois, ainsi que le fait observer Ch. Bénard, cette distinction très réelle n'est pas aussi absolue qu'on pourrait le croire. Outre que la puissance est aussi une grandeur, l'étendue, dans le monde physique, ne va guère sans le mouvement, et, quand elle paraît immobile, elle en est encore l'emblème. L'action, le mouvement, la puissance, là où ils ne sont pas, apparaissent encore comme opposition ou contraste. Tout dans la nature est animé, ou révèle l'animation, la force, la vie. La vue des Pyramides rappelle les efforts des générations d'hommes dont les bras ont élevé ces masses gigantesques. » — Dans le monde moral, le s. se manifeste exclusivement par l'idée de la puissance. C'est surtout l'énergie de la force morale et de la liberté humaine, dans son antagonisme contre les passions et la douleur, qui sont capables de le produire. La vertu devient s. lorsqu'elle surmonte tous les obstacles, lorsqu'elle demeure inébranlable, comme le juste d'Horace, sous les ruines du monde. Bien plus, les passions mêmes et les fautes prennent souvent quelques traits du s. : il suffit pour cela que la grandeur et l'énergie s'y montrent à un haut degré. — Toutes les formes de l'art sont susceptibles de représenter le s., mais cependant avec une puissance différente. La sculpture, qui n'exprime l'idée que par la forme pure, est proprement l'art du beau. La pureté, la noblesse, la sérénité, constituent son domaine. La régularité, la proportion, l'harmonie, sont ses lois nécessaires : la représentation de la puissance au moyen de l'action et du mouvement lui est interdite. Elle ne peut atteindre le s. que par la représentation de la puissance intellectuelle de l'homme : c'est ce qu'avait fait Phidias, dont le Jupiter Olympien est peut-être la seule œuvre véritablement s. qu'ait produite la statuaire. La peinture atteint plus aisément le s., non seulement parce qu'elle dispose d'un espace beaucoup plus vaste et de moyens plus variés, mais encore et surtout parce qu'elle peut donner davantage à l'expression, au mouvement, et en outre mettre en regard la nature extérieure et la nature humaine : nous citerons la *Transfiguration* de Raphaël et le *Déluge* du Poussin. Réduite à elle-même, la musique, suivant nous, bien qu'elle exprime les plus profonds sentiments de l'âme, n'a pas la puissance d'atteindre le s., et cela parce qu'il reste toujours dans son expression quelque chose de vague et d'indéterminé. Au contraire, elle y parvient fréquemment quand elle reçoit une signification précise par son association avec la parole humaine, comme dans les hymnes religieux et dans la musique dramatique. « Les arts les plus propres à représenter le s., dit encore Ch. Bénard, sont l'architecture et la poésie : l'une, parce qu'elle dispose de grandes masses que l'œil embrasse dans son ensemble ; l'autre, parce qu'elle parle à l'imagination, et qu'ainsi elle peut, sans choquer le sens du beau, exprimer le terrible dans ce qu'il a de plus effrayant. La poésie lyrique surtout, par son caractère spécial d'élévation et d'enthousiasme, est particulièrement susceptible d'atteindre au s. : aussi est-ce cette forme de l'art qui nous en offre les plus nombreux exemples.

Littér. — En Littérature, on distingue plusieurs sortes de s., le s. *de pensée*, le s. *de sentiment* et le s. *d'expression* ou *d'images*. Le S. *de pensée* consiste en une idée noble et grande qui frappe vivement notre esprit. Tel est le célèbre verset de la Genèse : *Dieu dit, que la lumière soit, et la lumière fut*. Telle est encore cette pensée de Bossuet : *Chez les païens, tout était Dieu, excepté Dieu lui-même.* Le S. *de sentiment* peint un mouvement de l'âme, un sentiment généreux, une fierté héroïque. L'explosion : *Me, me! adsum qui feci!* de Nisus voulant, dans l'Énéide, mourir à la place d'Euryale ; le vers de Corneille : *Soyons amis, Cinna, c'est moi qui t'en convie* ; le *Qu'il mourût!* du vieil Horace ; la réponse de Porus vaincu à Alexandre, qui lui demandait comment il voulait être traité : *En roi!* appartiennent au s. de sentiment. Enfin, le S. *d'expression* ou *d'images* peint les objets avec une grandeur qui frappe d'admiration. C'est ce que fait Homère lorsqu'il nous montre les coursiers de Neptune franchissant d'un bond l'immensité de l'espace, ou bien Racine, dans cette strophe de la tragédie d'*Esther* :

J'ai vu l'impie adoré sur la terre.
Pareil au cèdre, il cachait dans les cieux
  Son front audacieux ;
Il semblait à son gré gouverner le tonnerre,
Foulait aux pieds ses ennemis vaincus.
Je n'ai fait que passer, il n'était déjà plus.

Parmi les ouvrages où il est traité du s. au point de vue philosophique, nous nous contenterons de citer la *Critique du Jugement* de Kant, le *Cours d'Esthétique* de Jouffroy, la *Science du Beau* par Ch. Lévêque. Quant au s. considéré

exclusivement au point de vue littéraire, on pourra consulter, outre l'écrit si connu de Longin, tous les traités de Rhétorique.

SUBLIMÉ. s. m. (R. *sublimer*). T. Chim. Le produit de la sublimation ; ne se dit que de certaines préparations de mercure. S. *doux*, Calomel ; *S. corrosif*, Chlorure mercurique. Voy. MERCURE.

SUBLIMEMENT. adv. [Pr. *sublime-man*]. D'une manière sublime. Peu usité.

SUBLIMER. v. a. (lat. *sublimare*, élever, de *sublimis*, élevé). T. Chim. Vaporiser un corps solide par la chaleur sans le liquéfier. Le plus souvent on reçoit les vapeurs dans un vase approprié où elles se condensent à l'état solide. *S. de la fleur de soufre. S. du mercure.* Voy. SUBLIMATION. = SE SUBLIMER. v. pron. *Tous les métaux sont susceptibles de se s. avec l'aide de la chaleur.* = SUBLIMÉ, ÉE. part.

SUBLIMISER, v. a. [Pr. *sublimi-zer*]. Rendre sublime. = SE SUBLIMISER. v. pron. Devenir sublime.

SUBLIMITÉ. s. f. (lat. *sublimitas*, m. s.). Qualité de ce qui est sublime. *La s. du style, des pensées. La s. de cette science. La s. de ses principes. La s. de ses vertus. La s. de son rang.*

SUBLINGUAL, ALE. adj. [Pr. *sub-lin-goual*] (lat. *sub*, sous ; *tingua*, langue). T. Anat. Qui est placé sous la langue. *Artère sublinguale. Glande sublinguale.* Voy. SALIVE.

SUBLUNAIRE. adj. 2 g. (lat. *sublunaris*, m. s.). Se dit des choses qui sont sur la terre ou dans son atmosphère, et, par conséquent, entre la terre et l'orbite de la lune. *La région s. Les corps sublunaires. — Le globe, le monde s.*, La terre.

SUBMATITÉ. s. f. (R. *sub*, préf., et *matité*). T. Méd. Se dit d'un son voilé, obscur, perçu par la percussion. Voy. PERCUSSION.

SUBMERGEMENT. s. m. [Pr. *submerje-man*]. Action de submerger.

SUBMERGER. v. a. (lat. *submergere*, m. s., de *sub*, sous, et *mergere*, enfoncer). Inonder, couvrir d'eau. *Les Hollandais rompirent leurs digues, et submergèrent tout le pays.* || On dit d'un navire qui a péri en enfonçant dans l'eau, qu'il *a été submergé*, et de *Ceux qu'il portait ont été submergés*, quand ils ont été noyés. = SUBMERGÉ, ÉE. part. || T. Bot. *Plantes submergées*, Les plantes aquatiques qui vivent toujours dans l'état de submersion.

SUBMERSIBLE. adj. 2 g. (lat. *submersus*, part. pass. de *submergere*, submerger). Qui peut être submergé à volonté. *Bateau s.* || T. Bot. Qui s'enfonce dans l'eau après la floraison. *Plantes submersibles.*

SUBMERSION. s. f. (lat. *submersio*, m. s.). Grande inondation qui couvre totalement le terrain inondé. *La fonte des neiges a causé la s. de toute la vallée.* || Action d'enfoncer entièrement dans l'eau. *La s. d'un navire. Mort par s.* Voy. NOYEN.

SUBMISSION. s. f. [Pr. *submi-sion*]. Soumission. Vx.

SUBODORER. v. a. (lat. *subodorari*, m. s., de *sub*, préf., et *odorari*, flairer). Sentir de loin, à la trace. Peu usité. = SUBODORÉ, ÉE. part.

SUBORDINATION. s. f. [Pr. ... *sion*] (lat. *subordinatio*, m. s., de *sub*, sous, et *ordo*, ordre). Ordre établi entre personnes qui dépendent les unes des autres. *Établir, maintenir, détruire la s. La s. maintient la discipline dans les armées. C'est un homme ennemi de toute s.* || La dépendance d'une personne à l'égard d'une autre. *Il est toujours demeuré dans une grande s. à l'égard d'un tel. Il y a s. du lieutenant au capitaine.* || La dépendance où certaines choses sont à l'égard de quelques autres. *La s. des causes. Il y a entre ces phénomènes une s. évidente. La s. de la pharmacie à la médecine.* || T. Gramm. Syntaxe de s., relative aux rapports des propositions principales avec les propositions incidentes qui en dépendent.

SUBORDONNÉMENT. adv. [Pr. *subordo-né-man*]. En sous-ordre. Peu usité.

SUBORDONNER. v. a. [Pr. *subordo-ner*] (R. *sub*, préf., et *ordonner*). Établir un ordre de dépendance de l'inférieur au supérieur. *Les règlements de cette maison subordonnent tous les employés au directeur.* || En parlant des choses. *Dieu a subordonné certaines causes à d'autres. Les lois du royaume ont subordonné certaines juridictions à d'autres. Les épisodes, dans un poème, doivent être subordonnés à l'action principale.* ⚌ SE SUBORDONNER. v. pron. Être subordonné. *Il faut, dans les sciences, que les théories se subordonnent aux faits.* ⚌ SUBORDONNÉ, ÉE. part. *Les prêtres sont subordonnés aux évêques.* || Subst., *Il est bien dur envers ses subordonnés.* || T. Gramm. *Proposition subordonnée*, qui dépend, dans la syntaxe, d'une autre proposition.

SUBORNATION. s. f. [Pr. ... *sion*] (R. *suborner*). Séduction par laquelle on engage quelqu'un à faire quelque chose contre son devoir. *S. de témoins. Il a eu part à la s. de cette fille. Procès en s.*

SUBORNEMENT. s. m. [Pr. *suborne-man*]. Syn. de Subornation.

SUBORNER. v. a. (lat. *subornare*, m. s., de *sub*, sous, et *ornare*, orner). Séduire, porter à faire une action contre le devoir. *S. des témoins. Il a suborné cette fille.*

L'infâme
Tente le noir dessein de suborner ma femme.
MOLIÈRE.

S. des domestiques. ⚌ SUBORNÉ, ÉE. part. ⚌ Syn. Voy. CORROMPRE.

SUBORNEUR, EUSE. s. Celui, celle qui suborne. *S. de filles. S. de témoins. C'est une suborneuse.* || Adjectiv., *Des discours, des conseils suborneurs.*

SUBRÉCARGUE. s. m. (esp. *sobrecargo*, m. s., de *sobre*, sur, et *carga*, cargaison). T. Comm. marit. Préposé chargé de veiller à la conservation de la cargaison, d'en faire la vente et d'acheter d'autres marchandises au retour. *Il faut qu'un s. se conforme aux instructions de son armateur.*

SUBRÉCOT. s. m. [Pr. *subré-ko*] (provenç. *sobrescot*, m. s.). Le surplus de l'écot, ce qu'il en coûte au delà de ce qu'on s'était proposé de dépenser. *Ils voulaient ne dépenser que dix francs, il y a eu trois francs de s. par tête.* || Fig., ce dit d'une demande qui vient par-dessus les autres, et à laquelle on ne s'attendait point. *Nous étions convenus de cela; il m'a demandé telle chose par s.* — Fam. et vx. dans ces deux sens.

SUBREPTICE. adj. 2 g. (lat. *subrepticius*, m. s., de *subrepere*, dérober, de *sub*, sous, et *rapere*, ravir). T. Jurispr. et Chancell. Se dit des lettres, grâces, provisions, concessions, etc., qui sont obtenues sur un faux exposé, par opposition à Obreptice, qui se dit de celles qui sont obtenues sur un exposé où l'on a omis d'exprimer quelque chose d'essentiel. *Lettres subreptices, obreptices.* || Par ext., se dit de certaines choses qui se font furtivement et illicitement. *Édition s.*

SUBREPTICEMENT. adv. [Pr. *subrepti-se-man*]. D'une manière subreptice; se dit par opposit. à Obrepticement, qui a le même sign. d'une manière obreptice.

SUBREPTION. s. f. [Pr. *subrep-sion*] (lat. *subreptio*, m. s., de *subrepere*, se glisser sous, de *sub*, sous, et *rapere*, ravir). Surprise qu'on fait à un supérieur en obtenant de lui des grâces sur un faux exposé; par oppos. à Obreption, qui sign. Surprise par laquelle on obtient des grâces sur un exposé où l'on a omis quelque chose d'essentiel. || *Moyens d'obreption et de s.*, moyens par lesquels on prouve que des lettres accordées en chancellerie sont obreptices ou subreptices, pour en obtenir la nullité. Vx.

SUBROGATEUR. adj. m. Se dit d'un acte comportant subrogation.

SUBROGATION. s. f. [Pr. ... *sion*] (lat. *subrogatio*, m. s.).

T. Jurispr. Acte par lequel on subroge. *S. légale, conventionnelle. S. de personnes, de choses. S. de payement.* Voy. PAYEMENT.

SUBROGATOIRE. adj. 2 g. [Pr. *subroga-touare*]. *Acte s.*, Qui a pour effet de subroger.

SUBROGER. v. a. (lat. *subrogare*, m. s., de *sub*, sous, et *rogare*, demander). T. Jurispr. Substituer, mettre à la place de quelqu'un, de quelque chose. *S. quelqu'un en ses droits. J'ai été subrogé en son lieu et place, en ses droits, noms et actions.* || Se dit aussi des choses. *Les immeubles échangés pendant le mariage contre les biens personnels de l'un des époux n'entrent point en communauté, et sont subrogés au lieu et place des immeubles aliénés.* || *S. un rapporteur*, Nommer un juge en la place d'un autre qui était rapporteur. ⚌ SUBROGÉ, ÉE. part. || *Subrogé tuteur.* Voy. TUTELLE. ⚌ Conj. Voy. MANGER.

SUBSÉQUEMMENT. adv. [Pr. *sup-sé-ka-man*] (R. *subséquent*). T. Jurispr. Ensuite, après. *Il a déclaré verbalement qu'il ne voulait pas se prévaloir de cette donation, et s. il a renoncé en forme.*

SUBSÉQUENT, ENTE. adj. [Pr. *sup-sé-kan, ante*] (lat. *subsequens*, m. s., de *subsequi*, suivre, de *sub*, sous, et *sequi*, suivre). Qui suit, vient après. *Par un acte s., par un traité s. Un testament s. annule le premier.*

SUBSIDE. s. m. [Pr. *sup-side*] (lat. *subsidium*, secours, de *sub*, sous, et *sedere*, être assis). Se disait autrefois, par opposition à impôt, des sommes que la nation accordait au souverain pour les nécessités de l'État. *Nouveau s. Demander des subsides. Voter un s., des subsides. Le clergé accorda, par forme de s., deux millions de livres.* || Se dit aussi dans le sens d'impôt, de taxe. *Imposer des subsides.* || Se dit encore des secours d'argent qu'un prince donne à un autre prince son allié. *L'Angleterre s'engagea à fournir à l'Autriche un s. de cinquante millions.*

SUBSIDIAIRE. adj. 2 g. [Pr. *sup-sidi-ère*] (lat. *subsidiarius*, m. s., de *subsidium*, secours). Qui sert à fortifier un argument, un moyen principal dans une discussion, dans une affaire contentieuse; ce qu'on allègue à la suite des raisons qu'on a déjà employées. *Des moyens subsidiaires. Raison s.* || T. Jurispr. *Conclusions subsidiaires*, Conclusions conditionnelles qu'on prend en second lieu, et pour le cas seulement où les conditions principales ne seraient pas adjugées. — *Hypothèque s.*, Seconde hypothèque qui sert à assurer davantage la première, et qui n'a d'effet qu'au défaut de l'autre. On dit, dans le même sens, *Caution s.*

SUBSIDIAIREMENT. adv. [Pr. *sup-sidière-man*] D'une manière subsidiaire, en second lieu. *Il aura s. recours contre son vendeur. Il conclut s. à ce que....*

SUBSISTANCE. s. f. [Pr. *sup-sistanse*] (R. *subsister*). Nourriture et entretien. *Il travaille pour la s. de sa famille. Pourvoir à la s. d'une armée. Fournir à la s. de quelqu'un. Il a sa s. assurée. Il n'a aucun moyen de s.* || Au pl., Les productions de la terre qui font subsister. *Se procurer des subsistances. L'armée tirait ses subsistances de tel pays.* || T. Admin. militaire. *Mettre un homme en s. dans un régiment*, Recueillir un soldat isolé dont le corps est éloigné, le nourrir et le solder jusqu'à ce qu'il puisse rejoindre son drapeau. ⚌ Syn. Voy. ALIMENT.

SUBSISTANT, ANTE. adj. [Pr. *sup-sistan*]. Qui est, qui existe. *Pour certains philosophes, la matière est éternelle et subsistante par elle-même.*

SUBSISTER. v. a. [Pr. *sup-sister*] (lat. *subsistere*, m. s., de *sub*, sous, et *sistere*, se tenir). Exister encore, continuer d'être. *Les pyramides d'Égypte subsistent depuis plus de trois mille ans. La plupart des grands édifices des Romains ne subsistent plus. Cette espèce si faible et entourée de tant d'ennemis ne subsiste que grâce à son extrême fécondité.* || Demeurer en force et en vigueur; se dit surtout en parlant des coutumes, des lois, des traités qu'on invoque, des propositions qu'on avance et autres choses semblables. *Cette loi subsiste encore. Cette coutume ne subsiste plus. Tandis que les traités subsisteront. Malgré vos objections, ma remarque subsiste. L'amitié ne peut s.*

sans l'estime. || Vivre et s'entretenir. *Il ne saurait s. avec un aussi modique traitement.*

    La priant de lui prêter
    Quelque grain pour subsister.
             LA FONTAINE.

Il subsiste misérablement. Faire s. une armée. Il ne subsiste que d'aumônes. = Syn. Voy. ÊTRE.

SUBSTANCE. s. f. [Pr. *sub-stanse*] (lat. *substantia*, m. s., de *sub*, sous, et *stare*, se tenir debout). Se dit de toute sorte de matière. *S. pierreuse. S. métallique. S. liquide, fluide. S. soluble. S. insoluble. S. inflammable. Cette s. s'emploie en médecine. Notre organisme convertit en sa propre s. les matières assimilables introduites dans l'estomac. La s. grise, la s. blanche du cerveau.* — Fig., *Il s'est engraissé de la s. du peuple.* — *La s. pensante,* l'âme. *La s. étendue,* la matière. || Absol., *Ce qu'il y a meilleur, de plus nourrissant dans une chose. Les plantes attirent la s. de la terre. Il n'y a guère de s. dans ces sortes d'aliments.* — Fig., *Ce qu'il y a de plus essentiel dans un discours, dans un acte, dans une affaire, etc. La s. d'un livre. La s. d'une lettre. Je n'ai pu retenir ce qu'il a dit; mais en voici la s.* On dit aussi, *Il y a beaucoup de paroles et peu de s. dans ce discours, dans ce livre,* Il y a beaucoup de verbiage et peu d'idées. = EN SUBSTANCE, loc. adv. Sommairement en abrégé, en gros. *Voici en s. de quoi il s'agit. Je vous dirai en s. ce que ce livre contient.*

Philos. — Le mot *Substance* signifie proprement ce qui se tient, ce qui est caché sous les qualités et les phénomènes, ou, en d'autres termes, ce qui supporte les qualités par lesquelles les êtres nous apparaissent. — L'origine de l'idée de s. a été fort controversée par les philosophes; cependant l'analyse nous la révèle sans beaucoup de difficulté. Lorsque nous nous observons nous-même, abstraction faite de notre propre corps et en dehors de toute influence extérieure, nous voyons que nos pensées se succèdent les unes aux autres, que nos états affectifs changent suivant le cours de notre pensée elle-même, que nos désirs, nos volitions varient en raison de la succession de nos pensées et de nos états affectifs. Ces pensées, ces états affectifs, ces volitions, sont des phénomènes multiples, successifs, contingents, relatifs. Or, nous ne pourrions pas même les constater comme tels, si nous n'avions en nous l'idée de l'un, de l'identique, du permanent, bien plus, si notre être, sujet de ces phénomènes, n'était pas un, identique et permanent. C'est ce que nous sommes en effet, et, tandis que l'expérience psychologique, que l'observation interne, constatent les phénomènes divers dont nous sommes, pour ainsi dire, le théâtre, la conscience atteint directement le sujet des états, la cause des pensées et des volitions dont nous venons de parler. Nous nous sentons un être un et identique, une force active, libre et permanente. Cette force une, identique, active, permanente, c'est notre moi, c'est notre propre s.; et dans toutes les langues elle est désignée par une expression métaphorique équivalente à celle d'*âme* ou d'*esprit.* — Mais nous ne sommes pas seulement capables de saisir les phénomènes et les attributs dont notre moi est le sujet; nous percevons aussi les phénomènes également variables, contingents, fugitifs, dont les choses qui constituent le non-moi, le monde extérieur, sont le théâtre. Or, par une induction nécessaire, par une loi fatale de notre esprit, nous concevons que sous le multiple, ce divers, ce successif extérieur, il existe également quelque chose de un, d'identique et de permanent. Nous transportons hors de nous le rapport de phénomène à s., et nous l'étendons à tout ce qui tombe sous nos sens. Nous acquérons ainsi la notion de la s. matérielle. Descartes ayant remarqué que les phénomènes qui tombent sous nos sens nous apparaissent toujours sous la condition de l'étendue a fait de celle-ci la propriété caractéristique de la s. matérielle. Il disait que l'esprit est la s. *pensante* et la matière la s. *étendue.* Ces qualifications ne sont pas conformes à la réalité des choses, car d'une part l'esprit n'est pas seulement capable de penser : il *sent* et il *agit,* et d'autre part l'étendue n'est pas la seule propriété commune à toute sorte de matière : on peut même se représenter la matière comme formée d'atomes inétendus. Voy. ATOME, MATIÈRE, CARTÉSIANISME. Cependant, si les qualificatifs de Descartes ne peuvent être acceptés, au moins la distinction fondamentale entre la s. esprit et la s. matière a-t-elle été conservée très nette par tous les philosophes spiritualistes. Enfin l'esprit et la matière ne nous apparaissent pas comme devant leurs propriétés à eux-mêmes. Nous nous demandons pourquoi ils sont, et pourquoi ils sont tels qu'ils sont et non autrement. Ce sont, suivant le langage des philosophes des êtres *contingents.* Dès lors le principe de causalité nous oblige à concevoir une cause de leur existence et des propriétés qu'ils manifestent, et il faut que cette cause soit *absolue* et *nécessaire,* qu'elle existe par soi et pour soi, autrement on lui rechercherait encore une cause et ainsi de suite indéfiniment. On conçoit alors l'existence d'une s. qualifiée de *nécessaire, d'absolue, d'infinie,* cause première de toutes les autres. Cette s. absolue est Dieu.

Les idées que nous venons de résumer sont loin d'être acceptées par tout le monde. Beaucoup de philosophes ont nié une ou plusieurs des trois substances dont nous venons de parler. Nier la s. esprit et la s. divine pour ne laisser subsister que la s. matérielle, c'est être *matérialiste.* Ce système n'explique ni la personnalité humaine, ni la cause du monde physique. Voy. MATIÈRE, MATÉRIALISME. Nier la s. matière, c'est être *idéaliste.* Voy. IDÉALISME. D'autres philosophes ne comprennent pas la s. qui n'existe pas par soi, et pour soi : ils déclarent qu'une pareille s. ne peut être qu'un phénomène; alors, ils ne reconnaissent d'autre s. que Dieu. Ce sont les *Panthéistes.* Voy. PANTHÉISME, SPINOZISME. D'autres enfin, vont jusqu'à nier la notion même de s. S'appuyant sur ce fait incontestable que nous ne connaissons et ne pouvons connaître du monde extérieur que les phénomènes, -à-d. les modifications qui nous sont révélées par les sens, ils déclarent non seulement que toute s. est insaisissable et inconnaissable, mais encore que la notion même de s. est vide et contradictoire. Ce sont les *phénoménistes* ou *phénoménalistes.* Il nous semble qu'il n'y a qu'une querelle de mots dans les critiques que font les phénoménalistes à l'idée de s., et que leur opinion revient à comprendre sous le nom de phénomène ce que les autres appellent s. Ils disent, en effet, rien n'existe que les phénomènes, tandis que leurs adversaires appellent phénomènes les actions que les choses extérieures exercent sur nos sens, ce qui suppose qu'il existe quelque chose, cause de ces actions, et c'est ce quelque chose qui est la s. Si les premiers entendaient le mot phénomène dans le même sens, leur conclusion serait ou qu'il n'y a rien n'existe, ou que les phénomènes n'ont pas de cause; mais ils ne nient pas le principe de causalité; ils disent seulement que la cause des phénomènes perçus réside au fond dans une s., mais dans d'autres phénomènes. Le phénoménalisme pur serait soit l'idéalisme, soit le scepticisme absolu. Au reste est-il bien exact que nous ne puissions connaître que les phénomènes? Cela serait vrai si l'on admettait que toutes nos connaissances viennent des sens; mais il y a au moins une s. que nous connaissons autrement : c'est la s. que nous sommes. Il est vrai que les phénoménalistes, et les phénoménalistes nient que nous soyons une s.; mais alors ils nient la personnalité humaine, et cette négation est peut-être la plus grave objection qu'on puisse faire à leur système, car, enfin, beaucoup d'hommes auront de la peine à croire qu'ils ne sont qu'une suite variée de phénomènes et qu'il n'y a-rien de commun entre leur être d'aujourd'hui et leur être d'autrefois. Au reste, il faut bien reconnaître que la notion de s. est très obscure, et l'on peut même se demander si les discussions dont elle est la base ont quelque utilité et quelque fécondité. Sans nier la s. on peut ne pas s'en occuper, et c'est ce que font les savants : ils se servent cette notion n'a aucune place, parce que la science se borne à étudier les phénomènes. Mais la science n'est pas la métaphysique, et l'idée de s. est proprement du domaine de celle-ci.

SUBSTANTIALISER. v. a. [Pr. *substansia-lizer*]. Considérer comme substance. SUBSTANTIALISÉ, ÉE. part.

SUBSTANTIALITÉ. s. f. [Pr. *substan-sialité*] (lat. *substantialitas,* m. s.). T. Philos. Ce qui est essentiel à la substance.

SUBSTANTIEL, ELLE. adj. [Pr. *sub-stansi-el, èle*] (lat. *substantialis,* m. s.). Qui est succulent, nourrissant. *Une nourriture substantielle. On a tiré de cette viande ce qu'elle avait de s.* || Fig., en parlant des ouvrages d'esprit, *On a extrait de ce livre ce qu'il y a de plus s.* || T. Philos. scolast. *Forme substantielle,* Ce qui détermine l'essence de la substance.

SUBTANTIELLEMENT. adv. [Pr. *substansi-èle-man*]. Quant à la substance.

SUBSTANTIF, IVE. adj. (lat. *substantivus,* m. s., de

substantia, substance). Qui a rapport à la substance. || T. Gram. *Verbe s.* Voy. VERBE. || T. Chim. *Matières colorantes. Substantives*, Celles qui se fixent directement sur la fibre du tissu. Voy. COLORANTES, II. == SUBSTANTIF. s. m. T. Gram. Se dit de tout nom qui désigne un être, une chose, une idée qui est l'objet de notre pensée. *Homme, animal, terre, chaleur, beauté, vertu, abstraction, etc.*, sont des *substantifs. Le s. et l'adjectif doivent s'accorder en genre et en nombre.* Voy. NOM.

SUBSTANTIFIER. v. a. Faire d'un mot un substantif. == SUBSTANTIFIÉ, ÉE. part.

SUBSTANTIVEMENT. adv. [Pr. *substantive-man*]. En manière de substantif. *Cet adjectif s'emploie aussi s.*

SUBSTANTIVER. v. a. T. Gramm. Employer comme substantif. == SUBSTANTIVÉ, ÉE. part.

SUBSTITUER. v. a. (lat. *substituere*, mettre à la place, de *sub*, sous, et *statuere*, placer). Mettre une chose, une personne à la place d'une autre. *S. un mot à un autre. A des meubles riches et massifs, on en a substitué de plus simples et de plus commodes. Elle substitua son propre fils à l'enfant qu'elle nourrissait.* — Fig., au sens moral, *S. au sens littéral un sens allégorique. S. aux bonnes mœurs des pratiques vaines.* || T. Jurispr. Appeler quelqu'un à une succession après un autre héritier ou à son défaut. *Il laissa tous ses biens à son frère, et lui substitua son neveu.* — Laisser à quelqu'un son héritage par testament, pour qu'il en jouisse après le premier héritier. *Il avait substitué cette terre aux aînés de sa maison.* == SE SUBSTITUER. v. pron. Se mettre à la place. *Il se substitua à son frère, grâce à la ressemblance qui existait entre eux. Dans cette réaction, le chlore se substitue à l'hydrogène. Dans cette maladie, le tissu adipeux se substitue au tissu musculaire.* == SUBSTITUÉ, ÉE. part. *Biens substitués.* == Conj. Voy. JOUER.

SUBSTITUT. s. m. [Pr. *substi-tu*] (lat. *substitutus*, substitué). Celui qui tient la place d'un autre; qui exerce les fonctions d'un autre, en cas d'absence ou d'empêchement légitime. *Vous serez mon s. pendant mon absence.* || Magistrat qui remplace le procureur de la République ou le procureur général. Voy. MINISTÈRE, II.

SUBSTITUTIF, IVE. adj. (lat. *substitutus*, part. pass. de *substituere*, substituer). Qui a la propriété de remplacer. || T. Méd. *Médication substitutive*, qui substitue à l'affection morbide une autre affection plus facile à guérir. *Médicament s.*, qui produit une médication substitutive.

SUBSTITUTION. s. f. [Pr. *substitu-sion*] (lat. *substitutio*, m. s.). Action de substituer, mettre une chose, une personne à la place d'une autre. *La s. d'un titre faux a fait perdre ce procès. Une s. d'enfant.* || T. Alg. Remplacement, dans une formule algébrique, d'une quantité par une autre qui lui est égale, mais qui est exprimée d'une autre manière. || T. Législ. Voy. plus bas. — *S. de part.* Voy. PART.

Chim. — En termes de Chimie, on entend par *Substitution* le remplacement, dans une molécule, d'un atome ou d'un groupe d'atomes par un autre atome ou groupe de même valence. Un atome univalent ne peut remplacer qu'un atome ou un groupe univalent; un atome bivalent peut se substituer à deux atomes univalents, ou à un seul atome bivalent; et ainsi de suite. Les corps qu'on obtient en opérant une ou plusieurs substitutions dans un composé donné sont appelés *produits de substitution* de ce composé, par opposition aux produits d'addition qui résultent de la combinaison complète de deux corps. Par ex., sous l'action du chlore, le méthane CH^4 ne donne que des produits de substitution tels que CH^3Cl ou CH^2Cl^2; mais l'éthylène C^2H^4 fournit d'abord un produit d'addition $C^2H^4Cl^2$, et ce dernier peut ensuite se changer en produits de substitution tels que $C^2H^3Cl^3$ et C^2Cl^6.

Législ. — On donne le nom de *Substitution* à la disposition par laquelle un légataire ou un héritier est obligé de transmettre à une personne désignée des biens qu'il n'a reçus que sous cette condition, mais après en avoir joui pendant sa vie. On nomme *Grevé*, celui qui doit rendre le bien à sa mort, et *Appelé*, celui qui doit succéder à l'héritier premier institué. — Dans notre ancien droit, on distinguait deux sortes de substitutions : la *S. vulgaire*, par laquelle un tiers est appelé à recueillir la libéralité dans le cas où le premier

institué n'en profite pas, et la *S. fidéicommissaire*, par laquelle on gratifie quelqu'un à la charge par lui de conserver et de rendre à un tiers les objets ainsi transmis. La première n'a pas cessé d'exister dans notre législation et n'a pu donner lieu à aucune contestation; mais il n'en a pas été de même de la seconde. La *s. fidéicommissaire*, en effet, avait été instituée dans le but de perpétuer les biens dans les familles, en procurant les moyens de favoriser les aînés mâles au préjudice des autres enfants. Elle a le double inconvénient d'introduire des ferments de discorde dans les familles et de retirer du commerce une grande masse d'immeubles frappés d'inaliénabilité. Aussi déjà l'ordonnance d'Orléans de 1560 et celle du mois d'août 1747 avaient-elles interdit de substituer au delà du deuxième degré. La loi du 14 novembre 1792 vint prohiber formellement toute s. fidéicommissaire. Le Code civil (art. 896) renouvela cette défense. Toutefois il permit aux pères et mères de donner la *quotité disponible* de leurs biens, en totalité ou en partie, à un ou à plusieurs de leurs enfants, à charge de la rendre à tous les enfants nés ou à naître, au premier degré seulement, des donataires. La même faculté fut aussi accordée à celui qui ne laisse que des frères ou des sœurs, en faveur de tous les enfants du grevé, nés, ou à naître, sans exception ni préférence d'âge ou de sexe (art. 1048-50). Mais la loi du 17 mai 1826 est allée plus loin. Elle a étendu à toute personne, en faveur des enfants de tout donataire ou légataire, jusqu'au deuxième degré inclusivement, le droit précédemment réservé à l'aïeul ou à l'oncle. Bien plus, elle a autorisé la substitution au profit de l'un des enfants du donataire à l'exclusion des autres. La loi du 7 mai 1849 a expressément abrogé la loi de 1826, tout en maintenant les droits résultant des substitutions déjà établies en vertu de cette dernière loi. Par suite, les dispositions du Code civil sont seules en vigueur aujourd'hui. — Le principe des *majorats* dérivait de celui de la s. En effet, le *Majorat* constituait une s. perpétuelle : c'était une propriété immobilière dont les revenus étaient affectés au soutien d'un titre nobiliaire, transmissible dans la descendance masculine du titulaire par ordre de primogéniture. Les majorats avaient été abolis en même temps que les substitutions; mais ils furent rétablis sous l'empire, lorsque Napoléon voulut reconstituer une noblesse héréditaire. Le sénatus-consulte de 1806 distinguait deux sortes de majorats : ceux *de propre mouvement*, formés de biens donnés par l'empereur; et les *majorats sur demande*, établis sur les propres biens de ceux qui étaient autorisés à les former. La loi du 12 mai 1835 a interdit toute institution de majorats pour l'avenir, et déclaré que les majorats sur demande existant à ce jour ne pourraient s'étendre au delà de deux degrés, l'institution non comprise. La loi du 7 mai 1849 a admis qu'à l'avenir la transmission, limitée à deux degrés, à partir du premier titulaire, n'aurait lieu qu'en faveur des appelés déjà nés ou conçus lors de la promulgation, ou si, s'il n'existait pas d'appelés à cette époque, ou si ceux qui existaient décédaient avant l'ouverture de leur droit, les biens des majorats deviendraient immédiatement libres entre les mains des possesseurs. Les lois de 1835 et de 1849 laissent subsister les majorats de propre mouvement antérieurement constitués.

SUBSTRATUM. s. m. [Pr. *substra-tome*] (Mot latin formé de *sub*, sous; *stratum*, couché). T. Philos. Se dit quelquefois pour Substance.

SUBSTRUCTION. s. f. [Pr. *substruk-sion*] (lat. *substructio*, m. s. de *sub*, sous, et *structus*, construit). T. Archit. Construction souterraine, construction d'un édifice sous un sol. || Se dit particul. Des édifices antiques sur les ruines desquels on a élevé des constructions modernes.

SUBSTRUCTURE. s. f. (R. *sub*, préf., et *structure*). Structure qui est en dessous, qui supporte.

SUBTERFUGE. s. m. [Pr. *supter-fuje*] (lat. *subterfugium*, m. s., de *subter*, sous; *fugere*, fuir). Moyen détourné et artificieux pour se tirer d'embarras en matière d'affaires ou de discussion. *Chercher des subterfuges.* User de *subterfuges. Ce s. est connu.*

SUBTIL, ILE. adj. [Pr. *sup-til*] (lat. *subtilis*, m. s., de *sub*, sous, et d'un radical qui est dans *texere*, tisser, *tela*, toile). Délié, fin, menu; se dit par opposition à Grossier, épais. *Matière subtile. Poussière subtile. Émanation subtile. Trait de pinceau, trait de plume fort s.* || Qui est de nature à pénétrer, à s'insinuer promptement. *Un venin, un poison*

s. || Fig., se dit des organes des sens lorsqu'ils sont très fins, très délicats. *Le chien a l'odorat fort s. Il a l'œil s., la vue, l'oreille, l'ouïe subtile. Avoir des sens très subtils.* || Fig., Qui est adroit à faire des tours de main, et dont la dextérité ne laisse pas apercevoir la manière dont ils se font. *Cet escamoteur est fort s. Un s. voleur.* On dit à peu près dans le même sens : *Le renard est un animal fort s. Le singe est fort s.* On dit encore, *Ce tour, ce vol est s.* Il est fait avec beaucoup d'adresse. || Fig., au sens moral, *Esprit s. Argument s. Pensée subtile. Ce raisonnement est plus s. que solide. Un homme s. dans la discussion. Ce que vous dites-là est trop s. pour moi. Cela est bien s., je crains qu'on ne le comprenne pas.*

Syn. — *Fin, Délié.* — L'homme *fin* est celui dont l'esprit pénétrant et délicat a particulièrement le don des reparties et le talent de plaisanter spirituellement; l'homme *s.* est fin en matière de raisonnement, de discussion; enfin, l'homme *délié* est fin dans les affaires et fertile en expédients.

SUBTILEMENT. adv. [Pr. *sup-tile-man*]. D'une manière subtile, très adroite. *Dérober, escamoter s. Il se dégagea s. d'entre les mains des gendarmes. Discuter, raisonner s. Cela est s. imaginé.*

SUBTILISATION. s. f. [Pr. *sup-tili-za-sion*]. Action de subtiliser.

SUBTILISER. v. a. [Pr. *sup-tili-zer*]. Rendre subtil, délié, pénétrant. *Cela subtilise le sang.* Vx. — Fig., *On anéantit souvent la morale à force de la s.* || Fam., Attraper, tromper subtilement. *Si vous n'y prenez garde, il vous subtilisera.* == se SUBTILISER. v. pron. Devenir plus subtil. *Son esprit se subtilise de jour en jour.* == SUBTILISER. v. n. Raffiner, chercher beaucoup de finesse dans une question, dans une affaire. *On s'éloigne souvent de la vérité à force de s. Il ne faut pas tant s. dans les affaires.* == SUBTILISÉ, ÉE. part.

SUBTILISEUR. s. m. [Pr. *sup-tili-zeur*]. Personne, écrivain qui aime à subtiliser.

SUBTILITÉ. s. f. [Pr. *sup-tilité*] (lat. *subtilitas*, m. s). Qualité de ce qui est subtil, ou de celui qui est subtil. *La s. des atomes. La s. de l'air, de l'électricité. La s. du poison. S. des sens. S. d'esprit. La s. d'un escamoteur. La s. en affaires est souvent voisine de la friponnerie. Il raisonne avec beaucoup de s. La finesse ou la critique dégénère en s.* || Au plur., se dit des ruses qu'une personne emploie dans les affaires, et des raisonnements, des distinctions qui sont trop subtils et qui échappent à l'intelligence. *Je ne suis point la dupe de ses subtilités. Les subtilités de la scolastique.*

SUBTRIGONE. adj. 2 g. (R. *sub*, préf., et *trigone*). T. Didact. Qui a la forme d'un triangle imparfait.

SUBTROPICAL, ALE. adj. (R. *sub*, préf.. et *tropical*). T. Hist. nat. Qui habite la partie de la zone tempérée voisine des tropiques.

SUBULÉ, ÉE. adj. (lat. *subula*, alène). T. Hist. nat. Qui est en forme d'Alène. *Antennes subulées. Feuilles subulées.*

SUBULICORNES. s. m. pl. (lat. *subula*, alène; *cornu*, corne). T. Entom. Famille d'Insectes dans laquelle Latreille rangeait les *Libellules* et les *Éphémères.*

SUBULIPALPES. s. m. pl. (lat. *subula*, alène, et fr. *palpe*). T. Entom. Section d'Insectes Coléoptères de la famille des *Carabiques.* Voy. ce mot.

SUBURBAIN, AINE. adj. [Pr. *subur-bin, bène*] (lat. *suburbanus*, m. s., de *sub*, sous, et *urbs*, ville). Qui entoure, qui avoisine une ville. *Les communes suburbaines. Maison suburbaine.*

SUBURBICAIRE. adj. 2 g. (lat. *suburbicarius*, m. s., de *sub*, sous, et *urbs*, ville). Se dit des provinces d'Italie qui composaient le diocèse de Rome, et des églises établies dans ces provinces. *Provinces suburbicaires. Église s. Les évêques suburbicaires.*

SUBVENIR. v. n. (lat. *subvenire*, m. s., de *sub*, sous, et

venire, venir). Secourir, soulager. *Il faut s. aux misérables. S. à quelqu'un dans ses besoins.* || En parlant des choses, Pourvoir, suffire. *On ne peut pas s. à tout. On a subvenu à ses besoins. S. aux pressantes nécessités de l'État.* == Conj. Voy. VENIR : mais il importe de remarquer que, dans les temps composés, *Subvenir* prend toujours l'auxiliaire *Avoir.*

SUBVENTION. s. f. [Pr. *subvan-sion*] (lat. *subventio*, m. s., de *subventum*, sup. de *subvenire*, subvenir). Espèce de subside qui a pour objet de pourvoir, dans un cas pressant, à une dépense imprévue de l'État. *S. de guerre. La s. fut votée sur-le-champ.* || Fonds que l'État accorde pour soutenir une entreprise. *Le gouvernement a accordé une s. à ce théâtre. Ce journal recevait une s. annuelle.*

SUBVENTIONNER. v. a. [Pr. *subvan-sio-ner*] (R. *subvention*). Donner des fonds pour soutenir une entreprise; ne se dit que du gouvernement. *S. un théâtre, un journal, une entreprise.* == SUBVENTIONNÉ, ÉE. part. *Les théâtres subventionnés,* Le Théâtre-Français, l'Odéon, l'Opéra, l'Opéra-Comique.

SUBVERSIF, IVE. adj. (lat. *subversum*, sup. de *subvertere*, subvertir, de *sub*, sous, et *vertere*, tourner). Qui renverse, qui détruit; ne se dit qu'au fig., et il en est de même des deux mots suivants. *Principe s. Doctrine subversive de toute morale.*

SUBVERSION. s. f. (lat. *subversio*, m. s.). Renversement. *Ce principe est la s. de toute morale. L'esprit de parti amène la s. de tous les principes. La s. des fortunes privées.*

SUBVERTIR. v. a. (lat. *subvertere*, m. s., de *sub*, en dessous, et *vertere*, tourner). Renverser, détruire. *S. les lois, la constitution de l'État. S. les principes de la morale. S. la foi.* == SUBVERTI, IE. part.

SUBVERTISSEMENT. s. m. [Pr. *subverti-se-man*]. État de ce qui est subversif.

SUBVERTISSEMENT. s. m. [Pr. *subverti-se-man*]. Renversement des lois, des règles morales. Vx.

SUC. s. m. (lat. *succus*, m. s.). Le liquide qu'on obtient en exprimant des matières animales ou végétales. *Suc aqueux, huileux, résineux. Le suc de cette viande est nourrissant. Cette viande n'a pas de suc. Le suc de ce fruit est acide. Exprimer le suc d'une herbe.* || Se dit de certains liquides qui se trouvent dans le corps des animaux, dans les plantes, ou dans la terre. *Les sucs nourriciers. Les sucs gastrique, pancréatique. Le suc propre des végétaux. Les sucs de la terre.* || Fig., Ce qu'il y a de bon, de substantiel dans une chose. *Il a profité de la lecture de ce livre, il en a pris tous le suc.*

Engraisse-toi, mon fils, du suc des malheureux

             BOILEAU.

SUCCÉDANÉ, ÉE. adj. et s. m. [Pr. *suk-sédané*] (lat. *succedaneus*, m. s., de *succedere*, succéder). T. Méd. Se dit de médicaments qu'on peut substituer à d'autres, parce qu'ils ont à peu près les mêmes propriétés. *Un bon s. Les succédanés du quinquina.*

SUCCÉDER. v. n. [Pr. *suk-séder*] (lat. *succedere*, m. s., de *sub*, sous, et *cedere*, s'avancer). Venir après, prendre la place de. *La nuit succède au jour. Les saisons succèdent, se succèdent les unes aux autres. Les revers succèdent aux prospérités. Les générations d'hommes, d'animaux, de plantes, se succèdent sans interruption.* || S. à quelqu'un, Posséder après lui une charge, un emploi, une dignité, etc. *Il a succédé à un tel dans son emploi. Ils se sont succédé de père en fils dans cette charge.* — *S. à un royaume, à l'empire, à la couronne,* Parvenir à la dignité royale, etc., après un autre. *On dit à peu près dans le même sens, S. au crédit, à la faveur, aux honneurs de quelqu'un.* || Recueillir l'héritage d'une personne par droit de parenté. *Les enfants succèdent au père. Il lui a succédé dans tous ses biens. S. ab intestat.* — Être habile à s., Être capable de s. || Réussir, avoir une heureuse issue. *Tout ce qu'il entreprend lui succède. Tout succède à ses vœux.*

SUCCENTURIÉ. adj. m. [Pr. *suk-santurié*] (lat. *succenturiatus*, qui doit secourir; ou *proprem.*, qui est destiné à compléter une centurie, de *sub*, sous, et *centuria*, centurie). T. Anat. *Ventricule s.*, Renflement du tube digestif qui existe chez les Oiseaux et contient les glandes gastriques. Voy. ESTOMAC, C, et OISEAU, IV.

SUCCÈS. s. m. [Pr. *suk-sè*] (lat. *successus*, m. s., de *successum*, sup. de *succedere*, succéder). Issue bonne ou mauvaise dans une affaire, dans une entreprise. *Un bon s. Un heureux s. Malheureux s. S. inattendu, inespéré. Je désespère du s. de cette affaire. Son expérience a eu un plein s. Cet ouvrage a obtenu un s. durable.* — Absol., se dit en bonne part. *Le s. de ses armes. Avoir du s. au théâtre. Sa tragédie a obtenu un grand s. Cultiver la poésie avec s. Le s. l'enhardit. Le s. a couronné ses efforts.* — *S. de circonstance*, Celui qui est principalement dû aux circonstances pour lesquelles l'ouvrage qui l'obtient a été fait. — *S. du moment*, Succès passager qu'on doit surtout à la disposition actuelle des esprits. *S. d'estime*, Succès sans éclat qu'obtient un ouvrage qui a du mérite, sans offrir de grandes beautés. *S. de vogue*, Succès bruyant qui n'est pas toujours une garantie du mérite d'un ouvrage. On dit, dans un sens analogue, *S. d'enthousiasme; S. fou*, etc. == Syn. Voy. RÉUSSITE.

SUCCESSEUR. s. m. [Pr. *suk-sè-seur*] (lat. *successor*, m. s.). Celui qui succède et entre à la place d'un autre dans ses biens, dans une dignité, dans un emploi, etc. *S. légitime. Un digne, un indigne s. Son s. au pontificat. Il désigna son s. à l'empire. Se donner un s. Il n'eut point de s.*

SUCCESSIBILITÉ. s. f. [Pr. *suksè-sibilité*] (R. *successible*). Droit de succéder. *L'ordre des s. au trône.*

SUCCESSIBLE. adj. 2 g. [Pr. *suksè-sible*] (lat. *successum*, sup. de *succedere*, succéder). Qui est ou qui rend habile à succéder. *Des parents successibles, au degré s.*

SUCCESSIF, IVE. adj. [Pr. *suksè-sif*] (lat. *successivus*, m. s.). Qui se succède sans interruption. *Mouvement s. Progrès s. L'ordre s. des nuits et des jours.* || Se dit aussi de certaines choses qui se suivent de près, qui arrivent à peu d'intervalle l'une de l'autre. *Des découvertes successives. Des guerres successives.* || T. Jurispr. *Degrés successifs*, Les degrés de parenté dans lesquels on peut hériter. Voy. FAMILLE, III, et SUCCESSION. — *Droits successifs*, Les droits qu'on a à une succession ; et l'impôt que l'on doit payer pour une succession que l'on recueille. — *Délits successifs*, dont chacun isolément n'est pas réputé coupable, mais dont la répétition habituelle constitue un délit.

SUCCESSION. s. f. [Pr. *suksè-sion*] (lat. *successio*, m. s., de *succedere*, succéder). Suite, série de personnes ou de choses qui se succèdent les unes aux autres sans interruption, ou à peu d'intervalle l'une de l'autre. *Dans la longue s. de rois qui ont gouverné la France. Il y a eu dans cette place une s. de gens de mérite. La s. des êtres. Une s. d'idées. Une s. de sons, d'accords. La s. des jours et des nuits. La vie est une s. de biens et de maux. Tout ce règne fut une s. de fautes. Il n'est rien arrivé de semblable dans toute la s. des temps, des siècles.* — *Par s. de temps*, Par une longue suite de temps. || Transmission des biens et des droits d'une personne morte à une autre qui lui survit. *S. directe, collatérale. S. légitime. S. testamentaire. Les droits de s. à la couronne. Il arriva au trône par droit de s.* — Par extension, Les biens, les droits ainsi transmis. *Une riche s. On procéda au partage de la s. La s. est chargée de dettes. Il lui est échu deux successions en un an.* || *Poudre de s.*, poison.

Législ. — I. *Définitions.* — La *Succession* est un des modes d'acquérir la propriété : c'est la transmission des droits actifs et passifs d'une personne morte à une personne vivante. On désigne également sous le nom de *s.* l'universalité des biens qui font l'objet de la transmission. — La loi distingue deux sortes de *s.* suivant que la transmission est réglée d'avance par la volonté du propriétaire au moyen d'une donation ou d'un testament, ou que la propriété des biens est déférée par la seule déclaration de la loi, en l'absence de dispositions de la part du défunt. Dans le premier cas, la *s.* est dite *contractuelle* ou *testamentaire*, et *légitime* ou *ab intestat* dans le second. Les successions contractuelles ne sont soumises par la

loi qu'à une seule limitation, celle de ne pouvoir dépasser la *quotité disponible* (Voy. DONATION et TESTAMENT). Le reste des biens constitue ce qu'on appelle la *réserve*; c.-à-d. la portion qui revient de plein droits à certains héritiers, descendants ou ascendants. La faculté de *déshériter* n'est pas reconnue par la loi à l'égard de ces deux catégories d'héritiers pour la partie de biens qui leur est attribuée à titre de réserve. Nous n'avons à nous occuper ici que de la *s. légitime.*

II. *De l'ouverture des successions et des qualités requises pour succéder.* — Les successions, dans l'état actuel de la législation, ne s'ouvrent que dans un seul cas, celui de la mort naturelle. C'est au moment même de la mort que prend naissance le droit de l'héritier, c.-à-d. de celui qui est appelé à succéder, soit par la loi, soit par la volonté du défunt. Il est de principe que jamais la propriété ne doit demeurer un moment incertaine; de là vient cette ancienne maxime de notre droit coutumier : *le mort saisit le vif*, en vertu de laquelle l'héritier prend immédiatement la place du défunt dont il continue la personne et les droits. En conséquence, la *Saisine*, c.-à-d. la possession de plein droit de l'héritage, s'opère en faveur de l'héritier, sans acte de sa part, sans que sa volonté ait été exprimée, et même à son insu, sauf la faculté qu'il a de détruire l'effet de la saisine par une renonciation. Toute succession s'ouvrant par le fait du décès, la *survie*, ne fût-elle que d'un instant, donne au survivant la saisine des biens du prédécédé. La question de survie est donc de la plus grande importance dans la transmission des héritages. En conséquence, la loi a même établi des présomptions légales de survie pour le cas où plusieurs personnes respectivement appelées à la s. l'une de l'autre périssent dans un même événement, comme un incendie ou un naufrage, sans qu'il soit possible de savoir laquelle doit précéder la première. La présomption de s. est alors déterminée par les circonstances du fait ou, à leur défaut, par la force de l'âge ou du sexe (C. C., 718-22). Les *qualités requises pour succéder* consistent à n'être ni *incapable* ni *indigne*. Sont incapables de succéder : 1° l'enfant qui n'était pas encore conçu au moment de l'ouverture de la s.; 2° celui qui, étant conçu à cette époque, ne naît pas viable. Sont *indignes* de succéder : 1° celui qui est condamné pour attentat à la vie du défunt; 2° celui qui a porté contre le défunt une accusation capitale jugée calomnieuse; 3° l'héritier majeur qui, ayant connaissance du meurtre du défunt, ne l'a pas dénoncé à la justice. Toutefois le défaut de dénonciation ne peut être opposé aux ascendants et descendants du meurtrier, ni à ses alliés au même degré, ni à son conjoint, ni à ses frères et sœurs, oncles et tantes, neveux et nièces. Les enfants de l'indigne, qui viennent à la s. de leur chef, et sans le secours de la représentation, ne sont pas exclus pour la faute de leur père; mais celui-ci, en aucun cas, ne peut réclamer sur les biens de la s. l'usufruit que la loi accorde aux père et mère sur les biens des enfants (725-30).

III. *Des divers ordres de succession.* — Les successions légitimes ou *ab intestat* sont de deux sortes, régulières et irrégulières. La *s. régulière* est celle qui est déférée aux parents du défunt; la *s. irrégulière* celle qui est attribuée soit à l'époux survivant soit à l'État. Les héritiers *réguliers* sont saisis de plein droit des biens, droits et actions du défunt, tandis que les successeurs *irréguliers* doivent demander la délivrance de leurs droits aux héritiers légitimes avec lesquels ils se trouveraient en concours, ou, s'ils sont appelés à la totalité de la s., se faire envoyer en possession par justice (723-24). Le Code admet quatre *ordres de successions régulières* : 1° celui des descendants; 2° celui des ascendants; 3° celui des collatéraux; 4° celui des enfants naturels légalement reconnus ou de leurs père et mère. Il existe deux règles communes à tous les ordres de s., bien qu'elles soient sujettes à recevoir des exceptions plus ou moins nombreuses. La première, c'est que la s. n'est dévolue aux héritiers du second ordre qu'autant qu'il n'existe pas d'héritiers du premier, et ainsi de suite. La deuxième, c'est que, dans chaque ordre, le parent le plus proche exclut, en thèse générale, le plus éloigné. Nous avons dit ailleurs (Voy. FAMILLE) comment s'établit la proximité de parenté, ce qu'on entend par *ligne directe* ou *collatérale*, ce qu'on compte les degrés; nous n'avons donc pas à y revenir. Autrefois notre droit coutumier, s'attachant à la nature et à l'origine des biens qui composaient une s., les distinguait d'abord en *meubles* et en *immeubles*, puis distinguait ces derniers en *propres* et *acquêts*. La s. aux meubles et acquêts était en général dévolue en raison de la proximité du degré de parenté; mais on considérait l'origine des propres pour les attribuer aux parents

.. côté et de la ligne d'où ils procédaient. La législation actuelle, pour éviter les difficultés auxquelles donnait lieu la recherche sur l'origine des biens, ne considère en principe, sauf certains cas particuliers, dans le partage des biens d'une s., ni leur nature ni leur origine. Nous verrons plus loin que la succession, déférée aux ascendants ou aux collatéraux, se divise, comme sous l'ancien régime de la *fente*, à l'époque de la féodalité, entre les deux lignes paternelle et maternelle, mais, à la différence de ce qui avait lieu autrefois, le code civil n'admet pas la *refente*, c.-à-d. la subdivision dans chaque ligne entre la branche paternelle et la branche maternelle qui la composent.

A. *Des successions déférées aux descendants.* — Les enfants ou leurs descendants succèdent à leurs père et mère, aïeuls et aïeules ou autres ascendants, sans distinction de sexe ni de primogéniture, et lors même qu'ils sont issus de différents mariages. Ils succèdent par égales portions et par tête, lorsqu'ils sont tous au premier degré et appelés de leur chef. Ils succèdent au contraire par *souche*, lorsqu'ils viennent tous ou en partie par *représentation* (745). La *Représentation* est une fiction de la loi qui met les représentants d'un héritier décédé, dans la place, dans le degré et dans les droits de cet héritier. Elle a lieu à l'infini dans la ligne directe descendante, et elle est admise dans tous les cas, soit que les enfants du défunt concourent avec les descendants d'un enfant prédécédé, soit que, tous les enfants du défunt étant morts avant lui, les descendants desdits enfants se trouvent entre eux en degrés égaux ou inégaux. Lorsque la représentation a lieu, le partage s'opère par *souche*, c.-à-d. que les *représentants* réunis prennent la part qu'aurait eue le *représenté*, s'il avait vécu. Si, par ex., un père meurt en laissant deux fils Pierre et Paul, la s. se partage entre eux par moitié. Si Pierre était prédécédé en laissant deux enfants, ces deux enfants ont droit à la moitié qu'aurait eue leur père. Si Paul était également prédécédé en laissant trois enfants, ces trois enfants n'ont aussi droit qu'à la moitié: ils prendraient la moitié de la s., et les deux enfants de Pierre l'autre moitié. Lorsqu'une même souche a produit plusieurs branches, la subdivision se fait également par souches dans chaque branche et les membres dans la branche partagent entre eux par tête (739, 40, 43). Les descendants sont préférés à tous autres parents, et ils excluent les ascendants comme les collatéraux.

B. *Des successions déférées aux ascendants.* — Lorsque le défunt ne laisse ni postérité, ni frères, ni sœurs, ou descendants d'eux, la s. se divise en deux parts égales, l'une pour les ascendants de la ligne paternelle, l'autre pour ceux de la ligne maternelle. Comme dans cet ordre de s., la représentation n'a pas lieu, l'ascendant le plus proche, dans chaque ligne, recueille la moitié affectée à sa ligne. Les ascendants au même degré partagent par tête. Les ascendants d'une ligne ne recueillent la totalité de la s. qu'au cas où il n'existe aucun parent au degré successible dans l'autre ligne. Mais les ascendants jouissent en outre d'un droit de s. singulier, qu'on appelle *droit de retour légal*, pour lequel ils sont préférés aux frères et sœurs ou descendants d'eux. Lorsqu'un ascendant a fait donation d'une partie de sa fortune à son descendant, à la mort de celui-ci, il succède, à l'exclusion de tous autres, et toutefois la postérité du donataire qui se trouvait tacitement comprise dans la libéralité, aux choses par lui données lorsqu'elles se trouvent en nature dans la s. Si les objets ont été aliénés, l'ascendant recueille le prix qui peut en être dû. Enfin, il succède aussi à l'action en reprise que pouvait avoir le donataire, par ex., à une faculté de rachat (746-7).

C. *Des successions collatérales.* — Lorsqu'une personne meurt sans postérité, et ne laisse non plus après elle ni son père ni sa mère, ses frères, ses sœurs ou leurs descendants sont appelés à la s., à l'exclusion des ascendants plus éloignés et des autres collatéraux. Ils succèdent de leur chef ou par *représentation*. Si la personne morte sans postérité laisse à la fois son père et sa mère, ainsi que des frères et sœurs ou descendants d'eux, la s. se divise en deux parties égales. Une moitié est déférée au père et à la mère qui héritent ainsi chacun d'un quart, et l'autre moitié appartient aux frères et sœurs ou descendants d'eux. Si l'un des ascendants est prédécédé, les frères et sœurs sont appelés pour les trois quarts. Le partage de la s. a lieu entre les frères et sœurs par portions égales, s'ils sont tous du même lit. S'ils sont de lits différents, la s. se divise en deux parts, moitié pour le côté paternel, moitié pour le côté maternel. Les *germains*, qui sont parents des deux côtés, prennent part dans chaque ligne, et les *utérins* ou *consanguins*, chacun dans leur ligne seulement. Soit, par ex., un frère germain qui se

trouve en concours avec un frère utérin: le frère germain recueille d'abord la moitié comme représentant exclusivement la ligne paternelle, et l'autre moitié, affectée à la ligne maternelle, se divise par égale part entre lui et son frère utérin, de telle sorte que le frère germain a les trois quarts de la s. et le frère utérin seulement un quart. S'il existait de plus un frère consanguin, le frère germain partagerait avec ce frère dans la ligne paternelle, et avec le frère utérin dans la ligne maternelle, de telle sorte qu'il aurait en tout la moitié, tandis que chacun de ses frères n'aurait qu'un quart; mais s'il n'y a de frères ou de sœurs que d'un côté, ils recueillent la s., à l'exclusion de tous autres parents de l'autre ligne. Quant aux descendants de frères ou de sœurs, la représentation est admise en leur faveur, dans tous les cas où elle a lieu dans la ligne directe descendante (750-2, 748-9, 742).

A défaut de postérité, de frères et sœurs ou descendants d'eux, et d'ascendants, la s. est dévolue aux simples collatéraux, moitié à ceux de la ligne maternelle, et moitié à ceux de la ligne paternelle. S'il y a concours de parents collatéraux au même degré, ils partagent par tête. S'il existe des ascendants dans l'une des deux lignes, la s. se partage, moitié entre les ascendants survivants et moitié entre les collatéraux de l'autre ligne. En outre, le père ou la mère survivant a l'usufruit du tiers de la moitié dévolue aux simples collatéraux. Les collatéraux d'une ligne n'ont droit à la totalité de la s. qu'autant qu'il n'existe dans l'autre ligne aucun parent au degré successible. Le droit de s. ne s'exerce que jusqu'au douzième degré (753-5).

D. *Des successions irrégulières.* — 1° *Des successions déférées aux enfants naturels et des droits de leurs père et mère.* — La loi n'accorde de droits aux enfants naturels sur les biens de leurs père ou mère décédés que lorsqu'ils ont été légalement reconnus. Les enfants naturels légalement reconnus sont appelés en qualité d'héritiers à la s. de leurs père ou mère décédés. La loi n'accorde aucun droit aux enfants naturels sur les biens des parents de leur père ou de leur mère. Le droit héréditaire de l'enfant naturel dans la s. de ses père ou mère est fixé ainsi qu'il suit : si le père ou la mère a laissé des descendants légitimes, ce droit est du de la moitié de la portion héréditaire qu'il aurait eue s'il eût été légitime. Le droit est des trois quarts, lorsque les père ou mère ne laissent pas de descendants, mais bien des ascendants ou des frères ou sœurs ou des descendants légitimes de frères ou sœurs. L'enfant naturel a droit à la totalité de biens lorsque ses père ou mère ne laissent ni descendants, ni ascendants, ni frères ou sœurs, ni descendants légitimes de frères ou sœurs. En cas de prédécès des enfants naturels, leurs enfants et descendants peuvent réclamer les droits de leur auteur. Les dispositions qui précèdent ne sont pas applicables aux enfants adultérins ou incestueux; la loi ne leur accorde que des aliments, lesquels sont réglés, eu égard aux facultés du père et de la mère, au nombre et à la qualité des héritiers légitimes. Lorsque le père ou la mère de l'enfant adultérin ou incestueux lui ont fait apprendre un métier ou lorsque l'un d'eux lui a assuré des aliments de son vivant, l'enfant ne peut élever aucune réclamation contre leur s. Quant aux droits des père et mère, ils sont ainsi réglés : la s. de l'enfant naturel décédé sans postérité est dévolue au père ou à la mère qui l'a reconnu, ou par moitié à tous les deux, s'il a été reconnu par les deux (Code civil, art. 756 à 765, modifiés par la loi du 25 mars 1896).

E. *Des successions irrégulières.* — 1° *Des droits des frères et sœurs sur les biens des enfants naturels.* — En cas de prédécès des père et mère de l'enfant naturel décédé sans postérité, les biens qu'il en avait reçus passent aux frères et sœurs légitimes, s'ils se retrouvent en nature dans la s.; les enfants en reprises, s'il en existe, ou le prix des biens aliénés, s'il en est encore dû, retournent également aux frères et sœurs légitimes. Tous les autres biens passent aux frères et sœurs naturels ou à leurs descendants (Code civil, art. 766, modifié par la loi du 25 mars 1896).

2° *Des droits du conjoint survivant et de l'État.* — Lorsque le défunt ne laisse ni parents au degré successible, ni enfants naturels, les biens de sa s. appartiennent en pleine propriété au conjoint non divorcé qui lui survit et contre lequel n'existe pas de jugement de séparation de corps passé en force de chose jugée. Ce conjoint, lorsqu'il ne succède pas à la pleine propriété, a, sur la s. du prédécédé un droit d'usufruit qui varie suivant la qualité des héritiers laissés par le défunt. Cet usufruit qui ne peut porter, dans aucun cas, sur plus de la moitié de la s., cesse, en cas de nouveau mariage, s'il existe des descendants du défunt. En l'absence d'héritiers et à défaut de conjoint survivant, la s. est acquise à l'État (Code civil, art 767, modifié par la loi du 9 mars 1891 et art. 768 et suivants).

IV. *De l'acceptation et de la répudiation des successions.* — Lorsqu'une s. s'ouvre, l'héritier peut l'accepter purement et simplement, si elle lui semble avantageuse ; y renoncer, si elle est mauvaise ; l'accepter sous bénéfice d'inventaire, dans le cas où elle est douteuse. Nul n'est tenu d'accepter une s. qui lui est échue ; mais la renonciation ne se présume pas : elle doit être expresse.

A. L'*Adition* ou *Acceptation* pure et simple oblige au payement de toutes dettes et legs, quand bien même ces dettes ou ces legs excéderaient la valeur des biens recueillis. L'acceptation peut être expresse ou tacite. Elle est expresse, quand on prend le titre ou la qualité d'héritier dans un acte authentique ou privé ; elle est tacite, quand l'appelé fait un acte qui suppose nécessairement l'intention d'accepter et qu'il n'aurait droit de faire qu'en sa qualité d'héritier, comme la vente de ses droits successifs, etc. Il en est autrement des actes purement conservatoires, de surveillance et d'administration : ces sortes d'actes n'impliquent point acceptation. Lorsque l'héritier meurt avant d'avoir accepté ou répudié la s., les effets de la saisine qui s'est opérée en sa personne se transmettent à ses héritiers sous la même faculté de répudier. Quand il y a plusieurs héritiers, ils doivent se mettre d'accord sur le parti à prendre, sinon la loi les oblige à accepter sous bénéfice d'inventaire (774-83).

B. La *Renonciation* ne se présume pas : elle ne peut avoir lieu que par une déclaration au greffe du tribunal de première instance dans le ressort duquel la s. est ouverte. La part de l'héritier qui renonce accroît à ses cohéritiers ; s'il est seul, elle est dévolue au degré subséquent ; mais la renonciation peut être rétractée tant que la s. n'a pas été acceptée par d'autres héritiers. Les créanciers de celui qui renonce au préjudice de leurs droits peuvent se faire autoriser en justice à accepter la s. du chef de leur débiteur. La renonciation n'est alors annulée qu'en faveur des créanciers et jusqu'à concurrence de leurs créances : elle ne l'est point au profit de l'héritier qui a renoncé. Quant aux héritiers qui ont diverti ou recélé des effets d'une s., ils sont déchus de la faculté d'y renoncer et se trouvent par le fait même héritiers purs et simples, sans pouvoir prétendre à aucune part dans les objets divertis ou recélés. La faculté d'accepter ou de répudier une s. se prescrit par le laps de temps requis pour la prescription la plus longue des droits immobiliers (784-92).

C. On appelle *Bénéfice d'inventaire* l'avantage accordé à un héritier, en faisant constater par un inventaire les biens qui composent la s., de n'être tenu des charges qui la grèvent que sur les biens ainsi constatés ; de pouvoir se décharger du payement de ces dettes en abandonnant les biens de la s. aux créanciers et aux légataires ; enfin, de conserver contre la s. le droit de réclamer le payement de ces créances. L'acceptation sous bénéfice d'inventaire se fait par une déclaration au greffe. Elle n'a d'effet qu'autant qu'elle est précédée ou suivie d'un inventaire fidèle et exact des biens de la s. Cet inventaire doit être fait dans le délai de 3 mois à partir du jour de l'ouverture de la s. L'héritier, après ces 3 mois écoulés ou à partir du jour de la clôture de l'inventaire, s'il a été terminé avant les 3 mois, a un délai de 40 jours pour délibérer sur son acceptation ou sur sa renonciation. Après ces délais, l'habile à succéder peut entrer en poursuivi comme héritier pur et simple ; mais il peut obtenir de la justice des prorogations de délai, et de plus il conserve la faculté de n'accepter que sous bénéfice d'inventaire, tant qu'il n'a pas fait acte d'héritier ou qu'il n'existe pas contre lui de jugement passé en force de chose jugée qui le condamne comme héritier pur et simple. L'*héritier bénéficiaire*, c.-à-d. qui n'a accepté que sous bénéfice d'inventaire, administre les biens de la s., mais il doit rendre compte aux créanciers et aux légataires. Il ne peut vendre les meubles et les immeubles qui en dépendent sans formalités de justice, sous peine d'être réputé héritier pur et simple. Il est également déchu du bénéfice d'inventaire lorsqu'il s'est rendu coupable de recel, ou lorsqu'il a omis, sciemment et de mauvaise foi, de comprendre dans l'inventaire des objets de la s. (793-810).

D. Lorsque, après les délais pour l'inventaire et délibérer, il ne se présente personne qui réclame une s., qu'il n'y a pas d'héritier connu, ou que les héritiers connus y ont renoncé, la s. est réputée *vacante*. Le tribunal, dans le ressort duquel elle est ouverte, nomme un curateur sur la demande des personnes intéressées ou sur la réquisition du procureur de la République. Ce curateur, après avoir fait

faire inventaire, administre la s., répond aux demandes formées contre elle, etc. (811-14).

V. *Du Partage de la succession, des Rapports et du Payement des dettes.* — A. Lorsque la s. est dévolue à plusieurs héritiers, ils deviennent copropriétaires par indivis des biens héréditaires ; mais l'indivision forcée offrant les plus graves inconvénients, nul ne peut être contraint à y demeurer. Ce principe est d'ordre public, et les particuliers ne peuvent y déroger. En conséquence, le partage peut toujours être provoqué par tout cohéritier, nonobstant toutes prohibitions et conventions contraires. Toutefois la loi permet de convenir que le partage sera suspendu pendant un temps limité à cinq ans, et cette convention peut être renouvelée. Si tous les héritiers sont présents et majeurs, le partage peut être fait dans la forme et par tel acte que les parties jugent convenable. Mais si tous les héritiers ne sont pas présents, s'il y a parmi eux des mineurs ou des interdits, les scellés doivent être posés dans le plus bref délai, un inventaire doit être dressé, et le partage doit être fait en justice. C'est encore en justice qu'a lieu le partage, lorsque l'un des cohéritiers refuse d'y consentir, ou lorsqu'il s'élève des contestations, soit sur le mode d'y procéder, soit sur la manière de le terminer. Le tribunal du ressort prononce comme en matière sommaire, ou commet, s'il y a lieu, pour les opérations du partage, un des juges sur le rapport duquel il décide. Les opérations du partage consistent d'abord dans l'estimation par experts des meubles et immeubles de la s. Si les immeubles ne peuvent se partager commodément, il doit être procédé à la vente par *licitation* devant le tribunal. Cependant, si toutes les parties sont majeures, elles peuvent s'accorder sur le choix d'un notaire pour faire la licitation. Après que les meubles et immeubles ont été estimés et vendus, s'il y a lieu, le juge commissaire renvoie les parties devant un notaire dont elles conviennent, ou qu'il nomme d'office, si elles ne s'accordent pas sur le choix. On procède devant le notaire aux comptes que les copartageants peuvent se devoir, à la formation de la masse générale, à la composition des lots, et aux fournissements à faire à chacun des copartageants. Chaque cohéritier fait *rapport* à la masse des dons qui lui ont été faits et des sommes dont il est débiteur. On procède alors à la composition d'autant de lots égaux qu'il y a d'héritiers copartageants ou de souches copartageantes. Ces lots sont faits par un des cohéritiers ou par un expert désigné par le juge. L'inégalité des lots en nature doit être compensée par le payement d'une somme d'argent ou la prestation d'une rente : c'est ce qu'on appelle *Retour de lots* ou *Soulte*. Enfin, chaque copartageant ayant été admis à proposer ses réclamations, on procède au tirage des lots. Toute personne, même parente du défunt, qui n'est pas son successible et à laquelle un cohéritier cède son droit à une s., peut être écartée du partage, soit par tous les cohéritiers, soit par un seul, à condition qu'on lui rembourse le prix de la cession. Ce droit, appelé *Retrait successoral*, est admis par la loi dans le but d'empêcher des étrangers cupides de s'immiscer dans les affaires des familles, et de compliquer les opérations du partage par l'esprit tracassier qu'ils ne manqueraient guère d'y apporter. Après le partage, remise doit être faite à chacun des copartageants des titres particuliers aux objets qui lui seront échus (815-43).

B. Le *Rapport* est, comme nous l'avons vu, une des opérations préparatoires du partage. Il a pour but de maintenir l'égalité entre les héritiers, égalité que le législateur suppose avoir été dans le vœu du donateur ou testateur, tant qu'il n'a point manifesté une intention contraire. En conséquence, tout héritier venant à une s., lors même qu'il ne l'accepterait que sous bénéfice d'inventaire, doit rapporter à ses cohéritiers les dons entre vifs qu'il a reçus du défunt, même indirectement. Il ne peut retenir les dons ni réclamer les legs à lui faits par celui-ci à moins qu'ils ne lui aient été expressément faits par *préciput* et hors part, ou avec dispense de rapport. Les dons faits à un futur successible sans dispense de rapport sont appelés *Avancements d'hoirie*, et réputés faits à compte ou par anticipation de sa part dans la s. Lorsque les dons ou legs ont été faits par préciput, c.-à-d. avec dispense de rapport, l'héritier, en venant à partage, ne peut les retenir que jusqu'à concurrence de la quotité disponible : l'excédent est sujet à rapport. D'un autre côté, l'héritier qui renonce à la s. peut retenir le don entre vifs ou réclamer le legs à lui fait jusqu'à concurrence de la portion disponible. La dispense expresse de rapport ne peut résulter que d'une déclaration contenue dans l'acte même de libéralité ou faite postérieurement dans la forme des donations entre vifs ou des dispositions testamentaires. — La loi dispense du rapport : les dons et.

legs faits au fils de celui qui se trouve successible à l'époque de l'ouverture de la s.; les dons faits au père de celui qui vient de son chef à la s. du donateur; les dons et legs faits au conjoint d'un époux successible; les frais de nourriture, d'entretien, d'éducation, d'apprentissage, les frais ordinaires d'équipement, ceux de noces et présents d'usage, et les profits que l'héritier a pu retirer de conventions ou associations faites sans fraude avec le défunt, pourvu, à l'égard des associations, que les conditions aient été réglées par un acte authentique; enfin, les immeubles qui ont péri par cas fortuit et sans la faute du donataire. Les donations déguisées faites sous la forme d'une vente ou de tout autre acte à titre onéreux sont, d'après la jurisprudence de la Cour de cassation, censées faites avec dispense de rapport. — Ce qui a été employé pour l'établissement d'un des cohéritiers ou pour le payement de ses dettes est sujet au rapport. Le rapport se fait *en nature* ou *en moins prenant*. Il peut être exigé en nature à l'égard des immeubles non aliénés par le donataire. Dans tous les autres cas, il se fait en moins prenant, c.-à-d. que le donataire impute seulement sur sa part les valeurs qu'il doit rapporter. Dans tous les cas, il doit être tenu compte au donataire des impenses qu'il a faites, soit pour améliorer, soit pour conserver la chose, et celui-ci, de son côté, doit tenir compte des dégradations et détériorations survenues par sa faute ou négligence. Le cohéritier qui fait le rapport d'un immeuble peut en retenir la possession jusqu'au remboursement effectif des sommes qui peuvent lui être dues pour impenses et améliorations. Le rapport du mobilier ne se fait qu'en moins prenant et sur le pied de la valeur du mobilier lors de la donation. Celui de l'argent a lieu également en moins prenant dans le numéraire de la s. Ajoutons que le rapport n'est dû que par le cohéritier à son cohéritier et non aux légataires et aux créanciers de la s. (843-69).

G. Les héritiers sont tenus des dettes et charges de la s. personnellement pour leur part et portion, et hypothécairement pour le tout, c.-à-d. que les créanciers de la s. ou les légataires ne peuvent demander à chacun des héritiers qu'une portion de la dette ou du legs proportionnée à la qualité de l'hérédité qu'il recueille, à moins qu'il ne détienne quelque immeuble de la s. Dans ce cas, il peut être contraint de payer la totalité des legs ou des créances hypothécaires qui grèvent cet immeuble jusqu'à concurrence de sa valeur. Dans les créances indivisibles, un seul héritier peut également être actionné pour la totalité de la créance. Mais, entre eux, les cohéritiers ne contribuent au payement des dettes et charges de la s. que dans la proportion de ce que chacun d'eux prend. En conséquence, lorsque l'un d'eux, par suite de l'action hypothécaire ou de l'indivisibilité de la créance, a payé au delà de ce qu'il devait, il a recours contre ses cohéritiers et contre les légataires universels pour se faire rembourser; mais si l'un d'eux est insolvable, sa part dans la dette hypothécaire est répartie sur tous les autres au marc le franc. Les biens qu'un héritier recueille dans une s. deviennent le gage de ses propres créanciers. Toutefois les créanciers et légataires du défunt peuvent se faire payer avant les créanciers de l'héritier, en demandant la *séparation des patrimoines*. Ce droit peut s'exercer, à l'égard des meubles, pendant trois ans, et, à l'égard des immeubles, tant qu'ils existent dans la main de l'héritier. Dans ce dernier cas, les créanciers doivent faire inscrire leur privilège dans l'année de l'ouverture de la s. Quant aux créanciers de l'héritier, ils ne sont point admis à demander la séparation des patrimoines contre les créanciers de la s. (870-82).

VI. *Des effets du partage et de sa rescision.* — Chaque cohéritier est censé avoir succédé seul et immédiatement à tous les effets compris dans son lot ou à lui échus sur licitation : c'est ce qu'on exprime en disant que le partage est simplement *déclaratif* et non *attributif* de propriété. La conséquence de ce principe, c'est d'affranchir les biens dévolus par le partage à l'un des héritiers de toutes les charges et hypothèques que ses cohéritiers auraient établies sur ces mêmes biens. Mais, d'autre part, le droit qu'a chaque cohéritier sur les biens qui composent son lot, et un droit semblable appartenait à chacun des autres. La loi déclare donc les cohéritiers respectivement garants les uns envers les autres des troubles et évictions qui procèdent d'une cause antérieure au partage, et chacun d'eux est obligé, en proportion de sa part héréditaire, d'indemniser son cohéritier de la perte que lui a causée l'éviction. Toutefois la garantie n'a pas lieu : 1° si l'éviction a été exceptée par une clause expresse de l'acte de partage; 2° si c'est par la faute que le cohéritier souffre l'éviction (883-6). — Les partages, comme toute convention, peuvent être rescindés pour dol ou violence.

De plus, comme ils ne constituent point une opération de commerce, ils doivent avoir l'égalité pour base. En conséquence, ils sont du petit nombre d'actes pour lesquels la loi accorde la rescision pour *lésion*, lorsque l'un des cohéritiers est lésé de plus d'un quart, en estimant les objets suivant leur valeur à l'époque du partage. On ne peut assimiler à la lésion le cas où un objet de la s. aurait été omis; alors il y a lieu simplement à un supplément à l'acte de partage. L'action en rescision n'est plus admissible : 1° quand, après le partage, il y a eu transaction sur les difficultés réelles que présentait cet acte; 2° lorsqu'il y a eu vente de droits successifs faite sans fraude à l'un des cohéritiers; 3° lorsque le cohéritier a aliéné son lot en tout ou en partie, après avoir découvert qu'il y avait eu dol ou quand la violence a cessé. Le principal but de l'action en rescision étant de rétablir entre les copartageants l'égalité, la loi a laissé au défendeur la faculté de prévenir les embarras d'un nouveau partage, en fournissant au demandeur le supplément de sa portion héréditaire, soit en numéraire, soit en nature (887-92).

SUCCESSIVEMENT. adv. [Pr. suksè-sivemau] (R. *successif*). L'un après l'autre. *Toutes ces choses arrivèrent s.*

SUCCESSIVITÉ. s. f. [Pr. suksè-sivité]. Qualité de ce qui est successif.

SUCCESSORAL, ALE. adj. [Pr. suksè-soral]. Qui a rapport aux successions. *Loi successorale.* — *Retrait s.* Voy. SUCCESSION, V.

SUCCIN. s. m. [Pr. suk-sin] (lat. *succinum*, m. s.). Ambre jaune. Voy. AMBRE.

SUCCINAMIDE. s. f. [Pr. suk-sinamide] (R. *succinique*, et *amide*).

SUCCINATE. s. m. [Pr. suk-sinate] T. Chim. Voy. SUCCINIQUE.

SUCCINCT, INCTE. adj. [Pr. suk-sin, suk-sin-te] (lat. *succinctus*, ceint fortement, de *sub*, préf., et *cinctus*, part. pass. de *cingere*, ceindre). Court, bref; se dit par opposition à Prolixe. *Un discours s. Une relation succincte.* || Se dit aussi des personnes, par rapport au discours. *Cet homme est s. dans ses réponses, Je serai s.* || Fig. et par plaisant., *Un repas s.*, Un repas léger, où il y a peu à manger. || T. Entom. Se dit d'une chrysalide attachée par la queue et par un lien transversal en forme de ceinture. Voy. DIURNES. = Syn. Voy. COURT.

SUCCINCTEMENT. adv. [Pr. suk-sin-te-man]. D'une manière succincte, en peu de mots. *Parlez s. J'exposerai le fait aussi s. que possible.* — || Fig. et fam., *Déjeuner, dîner, souper s.*, Légèrement.

SUCCINIMIDE. s. f. [Fr. suk-sinimide]. T. Chim. Voy. SUCCINIQUE.

SUCCINIQUE. adj. 2 g. [Pr. suk-sinike] (R. *succin*). T. Chim. L'*acide succinique* a été découvert en 1550 par Agricola, qui le retirait du succin par distillation. Il existe aussi dans la plupart des lignites. On l'a rencontré dans la laitue, l'absinthe, le pavot, la chélidoine, etc. On l'a aussi signalé dans la glande thyroïde et la rate du bœuf, dans le thymus du veau et dans l'urine de divers animaux. Il se produit de l'acide s. dans la fermentation alcoolique; aussi le rencontre-t-on toujours, quoiqu'en faible proportion, dans le vin et la bière. Il se forme en plus grande quantité dans la fermentation du malate de chaux ou du tartrate d'ammoniaque. C'est en faisant fermenter une solution aqueuse de ce dernier corps que l'on prépare ordinairement l'acide s. : le produit de la fermentation est traité par un lait de chaux et fournit du succinate de calcium que l'on décompose par l'acide sulfurique. Maxwell Simpson a réalisé la synthèse de l'acide s. en préparant son nitrile par l'action du cyanure de potassium sur le bromure d'éthylène, et en transformant ensuite ce nitrile en acide à l'aide de la potasse alcoolique. — L'acide s. est bibasique et répond à la formule C^8H^4. CH^2. CH^2. CO^2H. Il cristallise en prismes orthorhombiques assez solubles dans l'eau, moins solubles dans l'alcool. Il fond à 185° et bout à 235° en se transformant partiellement en anhydride. Chauffé avec un excès de chaux, il se transforme en acide propionique, puis en éthane. Traité par le brome à 180°, il donne des dérivés bromés : *l'acide bromosuccinique*, qui a pour formule $C^4H^5Br^2O^4$, et deux acides *di-bromosucciniques* isomériques $C^4H^4Br^2O^4$. — Ses sels, les *succinates*, sont généralement peu solubles dans l'eau, sauf ceux des métaux alcalins. Le succinate ferrique est une gelée rouge, complètement insoluble; aussi emploie-t-on le succinate d'ammoniaque comme réactif des sels de fer. — Les *éthers succiniques* s'obtiennent en traitant l'acide ou ses sels par l'alcool à éthérifier, en présence d'acide chlorhydrique ou sulfurique. Le *succinate d'éthyle* est un liquide peu soluble dans l'eau et doué d'une odeur agréable ; il bout à 217°. Le *succinate acide d'éthyle*, qu'on appelle quelquefois *acide éthylsuccinique*, est un liquide sirupeux, inodore, qu'on obtient en chauffant l'anhydride s. avec de l'alcool ordinaire.

L'anhydride s. $C^4H^4O^3$ se prépare en chauffant l'acide s. avec de l'anhydride phosphorique. Il cristallise en longues aiguilles qui fondent à 120° et qui distillent à 250°. Traité par le perchlorure de phosphore il donne naissance au *chlorure de succinyle*, liquide qui fume à l'air et qui bout à 190°; ce chlorure s. est un mélange de deux isomères dont la formule est $C^4H^4O^2Cl^2$.

L'amide s. ou la *succinamide* $COAzH^2.CH^2.CH^2.COAzH^2$ s'obtient par l'action de l'ammoniaque sur le succinate d'éthyle. Elle cristallise en prismes incolores, solubles dans l'eau bouillante, presque insolubles dans l'eau froide et dans l'alcool. Chauffée avec l'eau de chaux ou l'eau de baryte, elle se transforme en *acide succinamique* $CO^2H.CH^2.CH^2.COAzH^2$ dont le dérivé amidé constitue l'asparagine.

Le *nitrile s.*, qu'on appelle aussi *succinonitrile* ou *cyanure d'éthylène*, a pour formule $CAz.CH^2.CH^2.CAz$. On le prépare en chauffant le chlorure ou le bromure d'éthylène avec du cyanure de potassium. Il fond à 55° et bout à 266°. Par hydrogénation il se convertit en butylène-diamine. Sous l'action de la potasse alcoolique il donne de l'ammoniaque et du succinate de potassium.

La *succinimide* ou *imide s.* répond à la formule :

$$CO.CH^2.CH^2.CO.$$

$$AzH$$

On l'obtient en traitant l'anhydride s. par le gaz ammoniac, ou en décomposant le succinate d'ammoniaque par la chaleur. La succinimide cristallise en tables transparentes, très solubles dans l'eau ; elle fond à 126° et bout à 288°. Elle fonctionne comme un acide, l'hydrogène du groupe AzH pouvant être remplacé par un métal.

Certains composés succiniques, comme le chlorure et l'amide, se présentent sous deux formes isomériques dont l'une se rapporte à l'acide s. et l'autre à un acide-alcool qui aurait pour formule $CH^2OH.CH^2.CH^2.CO^2H$. Une autre série d'isomères dérive de *l'acide iso-succinique*. Ce dernier répond à la formule $CH^2.CH(CO^2H)^2$; il cristallise en prismes incolores qui fondent à 130° et se décomposent en acide propionique et anhydride carbonique.

SUCCINITE. s. f. [Pr. *suk-sinite*] (R. *succin*). T. Minér. Grenat grossulaire présentant la couleur de l'ambre jaune.

SUCCINYLE. s. m. [Pr. *suk-sinile*] (R. *succinique*, et le suff. *yle*, du gr. *ύλη*, matière). T. Chim. Nom donné au radical bivalent — $CO.CH^2.CH^2.CO$ — contenu dans l'acide succinique et ses dérivés. *Chlorure de s.* Voy. **SUCCINIQUE.**

SUCCION. s. f. [Pr. *suk-sion*] (lat. *suctum*, sup. de *sugere*, sucer). Action de sucer, d'aspirer. *Force de s. L'application des ventouses produit une s. artificielle.*

SUCCIS, ISE. adj. [Pr. *suk-si*, *size*] (lat. *succisus*, coupé, de *sub*, sous, et *cædere*, couper). T. Bot. Dont la pointe paraît coupée. *Se dit surtout des racines qui présentent ce caractère.* Voy. **RACINE.**

SUCCOMBER. v. n. [Pr. *su-kon-ber*] (lat. *succumbere*, m. s.). Être accablé sous un fardeau que l'on porte. *S. sous le poids. Ce mulet est trop chargé, il succombera sous le faix.* — Fig., S. *sous le faix, sous le poids des affaires. S. sous le travail. Il succomba sous les efforts de ses ennemis. S. à la fatigue, à la douleur.* || Se laisser vaincre, céder. *S. à la tentation. Parfois le sage succombe.*

Je croyais ma vertu moins prête à succomber.
RACINE.

Elle finit par s. || Signif. quelquefois. Mourir, périr, et alors s'emploie toujours absol. *Le malade a succombé. Il succombera lors de cette épidémie. Ceux qui succombèrent dans le combat.* || Fig., Avoir du désavantage en une chose qu'on entreprend contre quelqu'un. *Vous attaquez un homme trop puissant, vous succomberez. N'entreprenez pas cette affaire-là, vous y succomberiez.*

SUCCOTRIN. adj. m. [Pr. *suk-kotrin*] (R. *Socotora*, n. d'une île où croît cette espèce). T. Bot. Nom donné à une variété commerciale d'*Aloès* fourni par l'*Aloe soccotrina*. Voy. **ALOÈS.**

SUCCUBE. s. m. [Pr. *suk-kube*] (lat. *succuba*, m. s., de *sub*, sous; *cubare*, coucher). Démon qui, suivant l'opinion populaire, prend la forme d'une femme pour avoir commerce avec un homme. Voy. **INCUBE.**

SUCCULEMMENT. adv. [Pr. *su-kula-man*]. D'une manière succulente.

SUCCULENT, ENTE. adj. [Pr. *su-ku-lan*, *antt*] (lat. *succulentus*, m. s., de *succus*, suc). Qui a beaucoup de suc, qui est fort nourrissant ; se dit des aliments. *Viande succulente. Bouillon s. Nourriture succulente.* || T. Bot. *Plantes succulentes*, Celles qui ont des feuilles charnues comme les Crassulacées. = Syn. Voy. **SAVOUREUX.**

SUCCURSALE. s. f. [Pr. *su-kursale*] (lat. *succurrere*, secourir, de *sub*, sous ; et *currere*, courir). Se dit d'un établissement qui est subordonné à un autre, et créé pour suppléer à l'insuffisance du premier. *Les succursales de la Banque de France. Une s. du mont-de-piété. Cet hospice a une s. Les succursales de la maison d'éducation de Saint-Denis.* || Se dit particulièrement d'une église qui supplée à l'insuffisance d'une église paroissiale. *Le desservant d'une s.* — On dit aussi adjectiv., *Une église s.*

SUCCURSALISTE. s. m. [Pr. *sukur-saliste*]. Desservant d'une succursale.

SUCCUSSION. s. f. [Pr. *suk-ku-sion*] (lat. *succussio*, de *succutere*, secouer): de *sub*, sous ; et d'un rad. *cutere*, frapper). T. Méd. Mode d'exploration employé par Hippocrate et les anciens médecins, qui consiste à imprimer au corps du malade une forte secousse, pour écouter ensuite si l'on entend dans la poitrine le bruit particulier que produit la fluctuation d'un liquide épanché. || Dans la médecine homœopathique, agitation des liqueurs à chaque dilution. Voy. **HOMŒOPATHIE.**

SUCEMENT. s. m. [Pr. *suse-man*]. Action de sucer.

SUCER. v. a. (lat. *sugere*, m. s., par une dérivation irrégulière). Attirer un fluide dans sa bouche en faisant le vide dans cette cavité à l'aide d'une forte inspiration ; se dit également du suc qu'on attire et du corps qui le contient. *L'enfant suce le lait, le sein de la nourrice. La belette suce le sang des pigeons. S. une orange. S. un os, la moelle d'un os. S. une plaie. Les abeilles sucent les fleurs.* — Fig., S. *avec le lait une doctrine, une opinion, un sentiment,* Être de bonne heure imbu d'une doctrine. *Ce sont des principes qu'il a sucés avec le lait.*

Ce n'est point une erreur avec le lait sucée.
CORNEILLE.

Il a sucé la vertu, la piété avec le lait. || Fig. et fam., Tirer peu à peu le bien, l'argent d'une personne. *Il a des gens d'affaires qui le sucent. C'est une vraie sangsue qui le suce jusqu'aux os.* = SUCÉ, ÉE. part. = Conj. Voy. **AVANCER.**

SUCET. s. m. [Pr. *su-sè*] (R. *sucer*). T. Icht. Espèce de Poissons. Voy. **CYCLOSTOMES.**

SUCEUR, EUSE. s. Celui, celle qui suce. = SUCEURS. s. m. pl. T. Icht. Nom donné quelquefois aux *Cyclostomes.* Voy. ce mot. || T. Entom. Nom donné par Cuvier à un groupe d'insectes contenant les *Poux* et les *Puces.* Voy. ces mots.

SUCHET (duc d'ALBUFÉRA), maréchal de France (1770-1826) ; se distingua à Austerlitz, à Iéna et en Espagne.

SUÇOIR. s. m. [Pr. su-sonar] (R. sucer). T. Zool. Nom donné à la bouche de certains poissons, de certains insectes, etc., parce qu'elle est conformée pour la succion. || T. Bot. Se dit des organes de certains végétaux parasites qui s'implantent sur les tiges ou les racines de certaines plantes vivantes et en absorbent la sève.

SUÇON. s. m. [Pr. su-son]. Espèce d'élevure qu'on fait à la peau en la suçant fortement. *Faire un s.* || Linge contenant du pain mouillé de lait sucré que certaines nourrices font sucer à leur nourrisson. || Bâton de sucre d'orge.

SUÇOTER. v. a. [Pr. suso-ter]. Sucer plusieurs fois et à plusieurs reprises. Fam. == Suçoté, ée. part.

SUCRAGE. s. m. Action de sucrer. — *S. des vins.* Opération qui consiste à additionner le moût de sucre afin d'augmenter la proportion de l'alcool développé par la fermentation.

SUCRASE. s. f. [Pr. su-kraze] (R. sucre). T. Chim. Diastase qui produit l'interversion du sucre. Voy. DIASTASE.

SUCRATE s. m. (R. sucre). T. Chim. Nom générique des combinaisons que le sucre ordinaire forme avec les bases.

SUCRE, cap. de la Bolivie; 25,000 hab.

SUCRE, lieutenant de Bolivar, président de la République bolivienne (1793-1830).

SUCRE. s. m. (arabe *sukkar*; gr. σάχχαρον, lat. *saccharum*, m. s.). Substance liquide, ou le plus souvent cristallisée, d'une saveur très douce, qu'on tire de certains végétaux. *S. de canne. S. d'érable. Raffiner le s. Casser du s. Du s. en poudre. Morceau de s. Rôtie au s. Un pain de s.* —*Confitures à mi-s.,* Confitures où l'on ne met que la moitié du s. qu'on a coutume de mettre dans les autres. || Fig. et fam., *Cet homme est tout s. et tout miel,* Il est fort doucereux. — *Casser du s. sur la tête de quelqu'un,* en dire du mal. || Fam., *En pain de s.,* En forme de cône. *Une montagne, un chapeau en pain de s.* || T. Chim. Voy. plus loin. — *S. de Saturne,* nom donné autrefois à l'acétate de plomb. Voy. PLOMB, IV.

Techn. — Le S. proprement dit, c.-à-d. le *S. ordinaire,* est le seul dont il sera question dans cet article. Plus loin, sous le nom de MATIÈRES SUCRÉES, nous nous occuperons des nombreuses substances que les chimistes comprennent sous le nom générique de *sucres.* Plusieurs de ces substances ont également reçu la sanction du langage ordinaire : *S. d'amidon, S. de fécule, S. de raisins,* voy. GLUCOSE; *S. de lait,* voy. LACTOSE; *S. de fruits, S. incristallisable,* voy. LÉVULOSE. Quant au *S. de gélatine,* décrit à l'article GLYCOCOLLE, il n'a d'autre rapport avec les matières sucrées que sa saveur douce.

Le *S. ordinaire,* qu'on appelle aussi *S. de canne, S. de betterave, S. cristallisable,* constitue le Saccharose des chimistes. Il est très répandu dans le règne végétal. On le rencontre surtout dans la Canne à sucre, le Sorgho, le Maïs et autres Graminées; dans la sève des Palmiers, des Bouleaux, des Érables, etc.; dans les racines de la Betterave, de la Carotte, du Navet, de la Patate, de l'Asphodèle rameux; dans les Melons, les Citrouilles, les Châtaignes; dans les Dattes, les Figues d'Inde, les Bananes, et autres fruits des tropiques; dans les tubercules de la Gesse et du Souchet comestible; dans les gousses des Légumineuses; dans le nectar des fleurs; dans les exsudations concrètes des Frênes, des Mélèzes, etc. Mais c'est principalement la Canne et la Betterave qui fournissent la plus grande partie du s. consommé dans le monde entier. Toutefois, dans l'Amérique du Nord, on le retire aussi d'une espèce d'Érable (*Acer Saccharinum*) qui en contient une assez grande proportion. Il suffit, pendant l'hiver, de percer avec une tarière un trou dans le tronc de l'arbre et de recueillir le liquide sucré qui s'en écoule et qu'on fait ensuite évaporer dans des chaudières. En Chine, on retire du s. du Sorgho; en Hongrie, de la Citrouille; et, dans l'Asie méridionale, de certains Palmiers.

A. *Sucre de Canne.* — 1° *Historique.* Le *S. de Canne* paraît être connu et usité de temps immémorial dans l'Asie méridionale, c.-à-d. dans le pays originaire de la plante qui le fournit. Les Grecs le connurent à l'époque de l'expédition d'Alexandre dans l'Inde; mais les quantités que leur commerce put se procurer furent si minimes, qu'ils le regardèrent simplement comme un médicament réservé aux riches malades. Ils l'appollent *Miel de roseau, Sel indien* et *Saccharum* : c'est de ce dernier mot, dont les Romains firent *Saccharum,* qu'est venu le français *Sucre.* Le s. était encore très rare à Rome sous l'empire. Comme les auteurs latins ne parlant pas de son éclatante blancheur, il est à croire que les anciens ignoraient l'art de le raffiner. Toutefois plusieurs sinologues pensent que les Chinois étaient, sous ce rapport, plus avancés que les autres peuples, et qu'ils savaient, dès la plus haute antiquité, non seulement extraire le s. de la Canne, mais encore l'épurer et lui donner par la cristallisation la forme et la consistance d'un sel. Quoi qu'il en soit, il est certain que les Arabes ont connu le s. raffiné bien longtemps avant les Européens, et que ce produit n'a été apporté dans l'Europe occidentale qu'à l'époque des premières croisades ou un peu auparavant. Paucirole prétend, il est vrai, que le raffinage fut imaginé, vers 1471, par un industriel vénitien, mais son assertion est contredite par des textes antérieurs. En effet, il est question du s. raffiné, sous le nom de *s. blanc,* dans un titre dauphinois de l'an 1333, et, sous celui de *cafetin,* dans une ordonnance du roi Jean, qui porte la date de 1353. Enfin, tous les procédés de la cristallisation et de l'épuration du s. se trouvent décrits dans un ouvrage traduit de l'anglais, en 1372, par un moine augustin, d'après l'ordre du roi Charles V. La plus grande partie du s. venait alors de l'Inde, par la voie d'Alexandrie. Cependant on en tirait des quantités assez importantes des îles de Rhodes, de Chypre et de Candie, où les Arabes avaient acclimaté la Canne au Xe siècle, et même de la Sicile, où cette plante avait été importée au milieu du XIIe. Vers 1420, dom Henri, régent de Portugal, fit prendre dans cette dernière île des pieds de Cannes et les transporta dans celle de Madère, où ils réussirent admirablement. Peu de temps après, les Espagnols dotèrent les Canaries de cette précieuse culture. Ils naturalisèrent également la Canne à s. dans l'Andalousie et dans les royaumes de Valence et de Murcie. On essaya aussi de l'introduire en Italie, en Provence et en Languedoc, mais ce fut sans succès. Enfin, en 1506, Pierre d'Arrança apporta le même végétal à Hispaniola, la moderne Haïti, où il réussit tellement que, douze ans après, cette île possédait vingt-huit sucreries; les procédés d'extraction y avaient été appliqués, pour la première fois, par Michel Ballestro et Gonzalès de Velosa. A la fin du XVIe siècle, sous le règne de Henri IV, le s. était encore si rare dans notre pays, qu'on l'achetait à l'once chez les pharmaciens. Dans la première moitié du siècle suivant, ce produit n'arrivait plus chez nous d'Alexandrie ou d'Alexandrie ou des îles de la Méditerranée, mais de Madère et des Canaries. On en recevait aussi beaucoup de l'Inde par les Hollandais, qui s'étaient emparés des établissements portugais dans cette partie de l'ancien monde. Ce s. de Hollande était désigné, dans le commerce, sous le nom de S. de palme, parce que les pains étaient enveloppés dans des feuilles de palmier. Ce fut en 1643 que les Anglais commencèrent à cultiver la Canne à la Barbade : les Français les imitèrent à Saint-Christophe, en 1644, et à la Guadeloupe, en 1648. Quelques années après, les premiers dépouillèrent les Hollandais du commerce du s., et dès 1660 leurs navires approvisionnaient toutes les provinces du Nord. A la même époque, le s. d'Amérique arrivait déjà en si grande abondance, qu'il suffisait à une grande partie de la consommation de l'Europe. Enfin, vers 1695, nos colonies des Antilles se trouvèrent en état d'alimenter notre marché. C'est au commencement du XVIIIe siècle que l'usage du s. devint un peu général; néanmoins ses progrès ne furent un peu rapides qu'une cinquantaine d'années plus tard. En France, par exemple, la consommation totale, en 1700, ne dépassait pas un million de kilogrammes.

2° *Canne à sucre.* — La Canne à s. (*Saccharum officinarum*) est une plante bisannuelle, une sorte de roseau gigantesque qui appartient à la famille des Graminées. Sa hauteur varie de 3 à 6 mètres, selon les variétés et selon que la nature du sol est plus ou moins favorable à la culture. Ses racines sont courtes, minces et peu fournies. Sa tige, qui est simple, est partagée de 10 en 10 centimètres par des nœuds articulaires qui la coupent entièrement, et d'où partent des feuilles, longues de 1 mètre environ sur 3 à 5 centimètres de largeur, qui alternent les unes par rapport aux autres, et tombent à mesure que la plante mûrit. Vers le douzième mois de la croissance, il pousse à l'extrémité de cette tige un jet à surface convexe, avec sa nœuds, qui acquiert en peu de temps une hauteur de 2 mètres à 2m,50, et se termine par une ample panicule divisée en plusieurs ramifications noueuses dont les diverses parties se couvrent d'un grand nombre de fleurs blanches. Ce jet, qui est toujours pauvre en matière sucrée, se nomme la *Flèche*. Dans certaines contrées, les graines qu'il donne servent à la reproduction de la Canne; mais, plus fréquemment, on l'emploie, à cause de son peu de rendement, à faire des boutures, lesquelles, avec les rejetons qui poussent quand on a coupé la maîtresse tige, servent à regarnir les champs de cannes. La Canne à s. peut être avantageusement cultivée dans les climats tempérés, jusqu'au 40° ou au 42° de latitude. Toutefois le climat le plus favorable à sa croissance est celui de la zone torride. Pour arriver à un état complet de maturité, il lui faut, suivant les pays, de 10 à 12 mois de végétation active. De plus, pour être très productive, elle exige une terre substantielle, médiocrement légère, un peu limoneuse, très divisée ou facile à diviser, préparée par de bons labours et amendée avec les détritus de la récolte précédente qu'on enterre à demi pourris ou réduits en cendres. Lorsqu'une pièce de terre est bien entretenue, elle produit pendant plusieurs années sans avoir besoin d'être replantée. On cultive en Amérique trois variétés principales de Cannes à s. : la *C. commune* ou *créole*, qui est la plus anciennement connue et qui fut transportée aux Antilles en 1506; la *C. d'Otahiti*, qui a été introduite dans le nouveau monde à la fin du dernier siècle; et la *C. violette*, qui y a été apportée de Batavia en 1782. Quand la Canne est mûre, ce qui arrive avant sa floraison, c.-à-d. 9 mois après sa plantation, dans l'Inde, et, en Amérique, au bout de 12 à 20 mois seulement, sa tige est pesante, très lisse, cassante et d'un blanc jaunâtre. Enfin, les intervalles situés entre les nœuds sont remplis d'une moelle fibreuse et spongieuse qui renferme un suc très abondant. On retranche alors la flèche, et l'on coupe la tige très près de terre. Suivant Péligot, 100 parties de cannes fraîches contiennent 72 d'eau, 18 de s. et autres substances solubles, et 10 de matières ligneuses. Elles renferment donc 90 pour 100 de suc; mais les tiges sont si difficiles à écraser, qu'elles n'en donnent guère que les deux tiers.

3° *Extraction du sucre*. — La fabrication du s. consiste, en principe, à extraire le suc des tiges, et à le concentrer par l'évaporation pour faire cristalliser la matière sucrée. On obtient le suc en soumettant les cannes à une forte pression. On se sert souvent pour cela d'une espèce de grossier laminoir, appelé *moulin*, qui se compose de trois cylindres de fer cannelés ou striés, montés sur un axe, et élevés verticalement sur une table horizontale entourée d'une rigole. Le cylindre du milieu est mû par une force quelconque, et il communique son mouvement aux deux autres au moyen d'engrenages. Quand la machine marche, un ouvrier présente un paquet de cannes entre deux de ces cylindres; ces derniers les entraînent et les écrasent, tandis que le jus qu'elles fournissent s'écoule dans la rigole de la table. Afin de mieux épuiser les cannes, un second ouvrier, qui est placé derrière le moulin, les saisit à mesure qu'elles se présentent, et les fait passer de l'autre côté du cylindre du milieu. Aujourd'hui cet appareil grossier n'est plus employé que dans les anciennes sucreries. Dans les nouvelles, on a adopté des presses beaucoup plus énergiques qui consistent en trois gros cylindres creux de fonte, dont on peut régler l'écartement à volonté, et qui sont fixés horizontalement dans un bâti très solide et aussi de fonte. Comme dans le moulin, le mouvement est communiqué à l'un des cylindres, qui fait tourner les deux autres. Au-dessus de ces presses, un seul homme suffit à la manœuvre, laquelle consiste à étaler les cannes sur une trémie d'alimentation qui les conduit aux cylindres. Ceux-ci les attirent en tournant, et le jus exprimé se rend dans un réservoir. On obtient ainsi 60 à 65 kilogrammes de jus pour 100 kilogrammes de cannes, tandis que les anciens moulins en donnent à peine 50. Les cannes écrasées se nomment *Bagasses* : on les fait sécher pour les employer comme combustible. Quant au suc obtenu, qu'on appelle *Vesou* ou *Vin de canne*, il contient, suivant Péligot, pour 100 parties : sucre, 20,90; eau, 77,17; sels minéraux, 1,70; matières organiques, 0,23. C'est donc, en réalité, de l'eau sucrée presque pure contenant 1 partie de s. pour environ 4 d'eau. Comme le vesou s'altère promptement, par l'effet des petites quantités de substances organiques azotées qu'il renferme, on le clarifie le plus rapidement possible, en y ajoutant quelques millièmes de chaux et en le faisant chauffer jusqu'à 60° centigrades dans une grande chaudière de cuivre, qu'on nomme *Clarificateur*. A mesure qu'il s'échauffe, il se forme des écumes composées d'albumine, de matière colorante verte, de parenchyme, de silice, etc., qui s'élèvent à la surface et qu'on enlève avec soin. Cette opération constitue la *Défécation*. Quand elle est terminée, ce que l'on reconnaît à ce qu'il ne se produit plus d'écume, on laisse reposer le liquide pendant une heure, puis on le fait passer dans une première chaudière de cuite, où on l'évapore

rapidement jusqu'à ce qu'il marque 25° à l'aréomètre. Alors on le filtre à travers une étoffe de laine, puis on le fait couler dans une seconde chaudière de cuite, placée à côté de la précédente, où on le concentre à consistance de sirop très épais. En se refroidissant, on débouche les trous, afin de faire écouler la partie du sirop qui ne s'est point cristallisée. Ce sirop, épais et de couleur brune, constitue la *Mélasse*, et s'emploie principalement pour faire le rhum : il se compose ordinairement de 63 pour 100 de s. cristallisable, 13 de s. incristallisable, 15 d'eau, et 9 de matières minérales et de substances azotées ou mucilagineuses. Quant au s. cristallisé, on le fait sécher lentement, puis on le livre au commerce sous les noms de *S. brut*, de *Moscovade* et de *Cassonade*. En général, 100 parties de vesou fournissent 10 à 12 parties de s. On ne recueille pas, comme on voit, tout le s. que renferme la canne, puisque, ainsi que nous l'avons dit, elle en contient 20,90 : cela tient à l'imperfection des procédés usités dans les colonies. On obtient un meilleur rendement et des produits plus beaux en adoptant le procédé suivant, qui exige, il est vrai, des appareils plus dispendieux : après la défécation, l'on décolore le jus au noir animal, puis on le chauffe à la vapeur on le concentre dans des chaudières à double fond où l'on fait le vide à l'aide d'une pompe pneumatique. L'abaissement de pression permet d'effectuer la concentration à une température assez basse; la proportion de s. qui, sous l'action de la chaleur, se transforme en mélasse est d'autant moindre que la température est moins élevée, et le rendement en s. cristallisé est d'autant plus fort.

B. *Sucre de Betterave*. — La présence du s. dans la Betterave paraît avoir été signalée pour la première fois, vers 1605, par notre célèbre agronome Olivier de Serres. En 1747, un savant chimiste allemand, Margraff, se livra à des expériences suivies sur ce sujet; mais le s. des colonies était alors à trop bas prix pour que l'extraction du s. indigène pût constituer une industrie viable. Les travaux d'Achard, de Berlin, entrepris 25 ans plus tard, sous la protection de Frédéric II, n'eurent pas un meilleur succès, et cela pour le même motif. Cependant il était parvenu, chimiquement parlant, à des résultats du plus haut intérêt, et, en 1799, il avait présenté au roi de Prusse Fréd. Guillaume III des échantillons de pains de s. indigène. Pour que l'extraction du s. de Betterave pût prendre rang dans l'industrie, malgré l'élévation du prix de revient de ce produit, il fallait des circonstances qui fissent enchérir le s. colonial au delà de toutes les prévisions. Or, ces circonstances se trouvèrent réalisées pendant la Révolution et sous l'Empire, par l'effet de la domination absolue de l'Angleterre sur toutes les mers du globe, et du système connu sous le nom de *blocus continental*. Voy. COMMERCE, V, 4. Le s. colonial ne pouvant plus arriver en Europe, on songea sérieusement à le remplacer par celui que la Betterave pouvait fournir. En 1810, le gouvernement impérial fit répéter les expériences d'Achard. En 1812, il ordonna la culture de 100,000 arpents de Betteraves, et institua des écoles de chimie et des fabriques pour l'extraction du s. indigène. Bientôt la chute de l'empire vint arrêter ce mouvement, et les fabriques qui s'étaient montées se seraient pas à périr, du moins pour la plupart. Toutefois quelques-unes survécurent et purent soutenir la lutte avec le s. de Canne, grâce à la protection excessive que les fabricants parvinrent à obtenir pour leur s. de la part du gouvernement de la Restauration. Enfin, les progrès de la chimie aidant, les fabriques de s. indigène, vers 1830, purent à leur tour menacer d'une ruine prochaine les sucreries coloniales, où la fabrication n'avait pas cessé de se faire suivant la vieille routine. Aujourd'hui, la fabrication du s. indigène constitue une industrie florissante en France, en Belgique et en Allemagne. Dans notre pays, elle s'est pour ainsi dire concentrée dans les départements du Nord, principalement dans ceux de l'Aisne, de la Somme, de l'Oise, du Pas-de-Calais et du Nord. Ce dernier produit même à lui seul presque autant que tous les autres ensemble.

En France, on exploite de préférence la Betterave blanche de Silésie, parce qu'elle se travaille plus facilement et se conserve mieux après la récolte. On l'arrache un peu avant sa maturité, et, à mesure qu'on procède à cette opération, un ouvrier, armé d'une bêche tranchante, coupe les collets des racines, afin d'arrêter la végétation, qui sans cela continuerait à se développer, au détriment de la matière sucrée. Lorsque le temps est favorable, on laisse les betteraves étendues sur le sol pendant quelques jours, afin de diminuer, autant que possible, la proportion d'eau qu'elles contiennent, puis on les emmagasine dans des caves ou silos jusqu'au moment du travail. D'après Péligot, la Betterave contient en moyenne, pour 100 part. : eau, 85; sucre, 10; albumine et autres matières solubles, 2,5; matières ligneuses, 2,5; d'où l'on voit qu'elle est beaucoup moins riche en substance sucrée que la Canne. En outre, le rendement diminue d'autant plus que l'extraction de la matière sucrée se fait à une époque plus éloignée de l'arrachage. La première manipulation manufacturière qu'on fait subir à la betterave consiste à la débarrasser des pierres et de la terre qui s'y sont attachées, des collets que le décolletage a pu y laisser, et des radicules chevelues qui y adhèrent. Ce nettoyage est suivi d'un lavage, après quoi l'on extrait le jus par expression ou par diffusion. Dans le *procédé par expression*, on réduit la racine en une pulpe très fine à l'aide d'une râpe mécanique, puis on exprime cette pulpe, soit au moyen de puissantes presses hydrauliques, soit d'une manière continue à l'aide d'une série de cylindres compresseurs. Dans le *procédé par diffusion*, la betterave est découpée par un *coupe-racines* (Voy. ce mot) en *cossettes* ou lanières d'égale épaisseur, que l'on épuise ensuite par de l'eau, à la température de 60° à 75°, dans des appareils cylindriques appelés *diffuseurs*. Le liquide parcourt une série de ces appareils en agissant d'abord sur les cossettes les plus épuisées, puis sur d'autres de plus en plus riches, jusqu'au dernier diffuseur qui contient des cossettes fraîches. La matière épuisée est comprimée dans une presse, et il ne reste dans la pulpe que 2 à 3 kilogrammes de s. pour 100 kilogrammes de betteraves, tandis qu'on perd 15 à 20 kilogrammes de s. avec le procédé par expression. Dans les grandes exploitations, afin de réduire les frais du transport des betteraves, les ateliers de râperie ou de diffusion sont disséminés sur les lieux de production et envoient leurs jus, par l'intermédiaire d'une canalisation souterraine, à une sucrerie centrale où s'effectuent toutes les opérations ultérieures. — Comme le jus de betterave est bien plus impur et, par suite, plus altérable que le vesou de canne, il faut se hâter d'en séparer toutes les matières étrangères qu'il renferme. Cette opération, qu'on nomme *Défécation*, s'opère à l'aide de la chaux préalablement hydratée. La chaux se combine avec les matières albuminoïdes, les substances gommeuses, les acides malique, pectique, etc., et forme avec tous ces corps des composés insolubles; elle élimine de même les matières grasses et une partie des substances colorantes; elle décompose les sels à base d'ammoniaque, de potasse ou de soude, fait volatiliser la première de ces bases, et laisse les deux autres s'unir au s. dans le jus. L'excès de chaux qui ne s'est pas combiné avec les matières étrangères s'unit au s. lui-même, en formant un *sucrate* ou *saccharate* soluble. Ordinairement on emploie un grand excès de chaux (2 à 3 pour 100), de manière à transformer tout le s. en sucrate, et l'on régénère ensuite ce s. par le procédé de la *double carbonatation*. Le jus est introduit avec le lait de chaux dans de grandes chaudières à double fond que l'on chauffe à la vapeur. On fait passer dans le liquide un courant de gaz carbonique en élevant la température jusqu'à 70°. Le sucrate se décompose en donnant du s., qui reste en dissolution, et du carbonate de chaux insoluble. On arrête la carbonatation quand le liquide ne contient plus que 1 à 2 millièmes de chaux libre, et l'on porte la température au voisinage de 100° pour chasser le gaz carbonique dissous. La liqueur trouble est abandonnée au repos pendant un quart d'heure; les impuretés passent dans des écumes ou se déposent avec le carbonate de chaux. On décante la liqueur éclaircie, on l'additionne de 5 millièmes de chaux et on la soumet à une seconde carbonatation, à la température d'ébullition, jusqu'à ce que toute la chaux soit éliminée; enfin l'on décante de nouveau. Le jus clair est un mélange de s. contenant encore quelques impuretés, de la potasse, de la soude et des matières colorantes; pour le décolorer et achever la purification on le filtre sur une épaisse couche de noir animal en grains. La défécation étant achevée, il faut concentrer le jus par évaporation jusqu'au point où le s. se dépose en sirop. Mais l'action prolongée de la chaleur et une trop grande élévation de la température ont pour effet de changer le s. cristallisable en s. incristallisable; il faut donc opérer le plus promptement et à la température la plus basse possible. On satisfait aujourd'hui à ces deux conditions, qui, au premier abord, semblent contradictoires, en chauffant le liquide sous des pressions inférieures à la pression atmosphérique, ce qui permet d'obtenir une évaporation rapide à des températures relativement basses. On emploie à cet effet des chaudières où l'on fait le vide à l'aide d'une pompe aspirante et d'un condenseur, et qui sont garnies de serpentins ou de tubes pour la circulation de la vapeur d'eau servant au chauffage. L'opération comprend deux phases : la concentration du jus et la cuite du sirop. La *concentration du jus* s'effectue dans un *appareil à triple effet* constitué par trois de ces chaudières accouplées; la première est chauffée à 60° par de la vapeur d'eau et contient du jus concentré qui y bout sous une pression de 110 millimètres; les vapeurs produites par cette ébullition servent à chauffer la deuxième chaudière: dans celle-ci le jus bout sous la pression de 380 millimètres et ses vapeurs vont chauffer la troisième chaudière où la pression est de 650 millimètres. Le jus suit une marche inverse : il se concentre d'abord dans la troisième chaudière jusqu'à 10° Baumé; puis il passe dans la deuxième où la concentration atteint 17°; enfin il va dans la première chaudière et se concentre à 25°; il prend alors le nom de *sirop*. Après l'avoir décoloré par filtration sur du noir animal, on procède à la *cuite du sirop*. Cette opération consiste à concentrer le sirop jusqu'au point de cristallisation du s.; elle s'effectue dans une chaudière unique que l'on chauffe à la vapeur et où l'on fait le vide. Au fur et à mesure de l'évaporation, on introduit de nouvelles quantités de sirop jusqu'à ce que la chaudière soit assez pleine de liquide prêt à cristalliser. Ordinairement on prolonge encore la concentration de manière à produire les cristaux dans la chaudière même (*cuite en grains*). On fait alors écouler la masse dans des bacs où le s. achève de se séparer en grains bien cristallisés, mais encore empâtés de sirop. On essore dans une *turbine*, cage cylindrique en toile métallique, que l'on fait tourner autour de son axe avec une vitesse de 1200 tours à la minute. Sous l'action de la force centrifuge, le sirop est projeté à travers la toile, tandis que les grains de s. restent à l'intérieur. On obtient ainsi le s. de *premier jet*, en petits cristaux blancs qu'on livre au commerce sous le nom de *s. cristallisé*. Le sirop sortant de la turbine est soumis à de nouvelles cuites et donne des s. de *second* et de *troisième jet*, qui ont besoin d'être raffinés avant d'être livrés à la consommation. Enfin, quand le sirop ne peut plus fournir de cristaux par la cuite, il constitue la *mélasse*.

C. *Traitement des mélasses*. — Une certaine quantité de s. reste dans les mélasses, avec des matières organiques et des sels minéraux qui l'empêchent de cristalliser. On peut l'extraire en grande partie à l'aide de deux procédés indiqués par Dubrunfaut. Dans le procédé dit *d'osmose* on enlève à la mélasse les sels qui s'opposent à la cristallisation; cette élimination se fait par voie de dialyse dans un appareil appelé *osmogène* dont nous avons parlé à l'article DIALYSE. La mélasse ainsi purifiée peut donner, par de nouvelles cuites, 15 à 18 pour 100 de s. Le second procédé consiste à traiter la mélasse à l'ébullition par de la baryte ou de la strontiane, qui forment avec le s. des combinaisons insolubles; on isole ces sucrates par filtration, on les purifie par des lavages, enfin on les décompose par l'acide carbonique et le s. en liberté. — Les mélasses épuisées sont livrées aux distillateurs qui les font fermenter et en retirent l'alcool. Le résidu de la distillation constitue les *vinasses de betterave*; on en extrait des méthylamines, du chlorure de méthyle et des sels de potasse.

D. *Raffinage du sucre*. — Les sucres de second et de troisième jet, ainsi que les cassonades de canne, sont plus ou moins impurs et colorés en jaune ou en brun. On est donc obligé de raffiner ce s. brut, c.-à-d. de le purifier et de l'amener à l'état de s. blanc avant de le livrer à la consommation. Le raffinage du s. se fait dans de vastes établissements appelés *Raffineries*. On commence par dissoudre le s. brut dans 30 pour 100 environ de son poids d'eau, après quoi on chauffe la dissolution dans une chaudière semblable à celle qu'on emploie pour la défécation du s. de betterave. On a la remue avec une spatule de bois, on y jette 5 pour 100 de noir animal fin, qu'on délaye avec soin. Enfin, quand l'ébullition commence, on ajoute 1/2 pour 100 de sang de bœuf. L'albumine de ce sang, en se coagulant, enveloppe toutes les particules en suspension, et les entraîne à la surface sous forme d'écumes. Au lieu de sang de bœuf, on peut employer le phosphate d'ammoniaque ou l'albumine ou gelée. Le sirop se trouvant ainsi bien clarifié, on le soutire et on le filtre. L'appareil employé à cet effet est appelé *filtre Taylor*, du nom de son inventeur. Il se compose d'une caisse rectangulaire de bois, dans laquelle sont tendus verticalement, par leurs deux bouts, 20 à 25 sacs de coton pelucheux. On verse le liquide dans l'espace libre qui environne les sacs; il pénètre dans ces derniers de dehors en dedans, puis s'écoule dans un double fond par une ouverture ménagée au bas du sac; enfin un robinet le conduit de là dans un réservoir extérieur. Au sortir de l'appareil, le sirop est encore plus ou moins coloré. On le décolore en le faisant passer à travers une couche épaisse de noir animal en grains. On lui fait subir la cuite, à une température qui ne dépasse pas 70°, jusqu'à ce qu'il marque 42° à 43° Baumé. On porte alors sa température à 80° et l'on procède à l'*empli*, c.-à-d. qu'on le verse dans les *formes*, vases en terre cuite où s'opère la cristallisation. Ces vases, disposés dans un atelier où la température est de 25°, ont la forme d'un cône renversé, et sont percés à leur partie inférieure d'un trou qu'on a bouché par un tampon de linge. Au bout d'un jour on enlève les tampons pour laisser égoutter la partie du liquide qui ne s'est pas cristallisée. Cette opération, qu'on appelle l'*Purge* ou *Égouttage*, durait autrefois cinq à six jours; on l'accélère beaucoup en faisant le vide sous les formes, de sorte que l'air aspiré à travers les pains de s. entraîne rapidement le sirop. Après l'égouttage, le s. renferme toujours un peu de mélasse adhérente aux cristaux et dont on ne peut le séparer que par le *Terrage* ou le *Clairçage*. Le terrage consiste à recouvrir la base du pain de s. avec une couche d'argile blanche délayée en bouillie un peu épaisse. L'eau qui imbibe cette terre, filtre lentement à travers la masse, dissout la mélasse et l'entraîne avec elle. Le clairçage a lieu de la même manière : seulement, on remplace l'argile par un sirop de s. blanc, appelé *Clairce*. Le blanchiment du s. étant alors terminé, on *loche* les pains, c.-à-d. qu'on les fait sortir des formes, enfin on les dessèche dans une étuve à 50° ou 55°. Pour le s. qu'on veut livrer à la consommation en petits morceaux réguliers, on se sert de formes plates et rectangulaires qui donnent des plaquettes de s. au lieu de pains coniques; lorsque ces plaquettes sont sèches on les débite en barres, à l'aide de petites scies, puis on morceaux rectangulaires. — Le s. épuré et blanchi comme nous venons de le dire est livré au commerce sous le nom de *S. raffiné*. Celui de première qualité s'appelle *S. royal* ou *Raffinade*; il est très blanc, dur et sonore, à grain fin, serré et brillant. On obtient sa blancheur en le soumettant à plusieurs clairçages ou terrages successifs, parfois même on y ajoute un peu d'indigo pour rendre sa nuance plus éclatante. Le *S. tapé* est presque aussi beau que le précédent. On le prépare avec des pains encore humides, c.-à-d. sortant des formes, qu'on égrène et qu'on passe à travers un tamis métallique. On remplit de cette poudre des formes de bronze très lisses et très pesantes, puis un ouvrier, saisissant chacune de celles-ci, la soulève et la laisse retomber trois fois. Ce choc répété suffit pour agglomérer fortement toute la masse, qui présente alors un pain conique et compact, que l'on retire de la forme et que l'on fait sécher à l'étuve. Cette variété de s. est très recherchée des limonadiers, parce qu'elle est très légère, ce qui permet, à poids égal, d'en obtenir un plus grand nombre de morceaux. Le s. appelé *Lump*, *Bâtard* ou *Pièce*, suivant la grosseur des pains, est fait avec les mélasses sorties des formes pendant l'égouttage, le terrage et le clairçage. Il est à gros grain et à texture lâche; souvent il est taché et humide. On fait avec les mêmes matières les *Vergeoises* et les *Farines*, sucres pulvérulents, à saveur de mélasse, qui sont presque aussi colorées que la cassonade et se vendent souvent à sa place.

E. *Du sucre considéré au point de vue chimique.* — Le *S. ordinaire* ou *Saccharose* répond à la formule $C^{12}H^{22}O^{11}$; on peut le regarder comme formé par l'union d'une molécule de glucose et d'une molécule de lévulose, avec élimination d'une molécule d'eau. Quand on le fait cristalliser lentement, il se présente sous forme de gros cristaux monocliniques, hémiédriques, anhydres, insolubles à l'air, et dont la densité est 1,606. Mais le s. du commerce offre une cristallisation confuse, dont la cassure ressemble à celle du marbre blanc. Lorsqu'il est tout à fait pur, le s. est incolore et sans odeur. Sa saveur douce et agréable, que tout le monde connaît, est sensiblement modifiée par la pulvérisation et le râpage. Lorsqu'on le brise ou qu'on le broie dans l'obscurité, il devient phosphorescent.

Le s. se dissout dans un tiers de son poids d'eau froide, et, en toutes proportions, dans l'eau bouillante; mais il est peu soluble dans l'alcool ordinaire et ne se dissout point dans l'alcool absolu ni dans l'éther anhydre. Les solutions aqueuses du s. sont dextrogyres, c.-à-d. qu'elles dévient à droite le plan de polarisation de la lumière. Soumises à une ébullition prolongée, elles s'altèrent par suite d'un dédoublement appelé interversion dont nous parlerons plus loin. À la température ordinaire la même altération se produit lentement dans les solutions exposées à l'air, et celles-ci finissent par subir la fermentation alcoolique. — Les dissolutions concentrées du s. dans l'eau sont désignées sous le nom de *Sirops*. On peut déterminer leur degré de concentration à l'aide de l'aréomètre Baumé; mais le plus souvent, lorsqu'on cuit un sirop, on se contente de l'évaluation grossière, mais rapide, que donnent les preuves usitées dans la pratique. La preuve au *filet* consiste à prendre une goutte de sirop entre le pouce et l'index et à écarter brusquement les doigts; la goutte s'étend en un filet de 2 à 5 centimètres qui se brise et remonte vers l'index en forme de crochet; dans ce cas, le sirop contient 85 à 88 parties de s. et son point d'ébullition est compris entre 109° et 112°. Pour la preuve au *soufflé*, on trempe une écumoire dans le sirop et, après l'avoir retirée, on souffle fortement dessus; il doit se former à chaque trou des bulles sphériques; suivant qu'elles sont petites ou grosses on a le *petit* ou le *grand soufflé*, et le sirop contient 89 ou 91 parties de s.; l'ébullition se fait entre 116° et 121°. Pour la preuve au *cassé*, le doigt mouillé d'eau est trempé dans le sirop et aussitôt après dans l'eau froide; le s. doit pouvoir se rouler dans les doigts en une boule qui se casse quand on la projette sur le carreau; cette preuve indique un sirop contenant environ 93 parties de s. et bouillant entre 122° et 128°. — Quand on concentre un sirop jusqu'à 40° Baumé et qu'on le maintient, pendant plusieurs jours, dans une étuve chauffée à 60°, il se dépose des cristaux prismatiques volumineux et très réguliers, que l'on désigne dans le commerce sous le nom de *S. candi*. Pour obtenir cette variété de s., on tend des fils dans les cristallisoirs : les cristaux s'y attachent et s'accroissent au milieu de la liqueur, au lieu de se déposer sur le fond et de se gêner dans leur développement. Le *S. d'orge* et le *S. de pommes* se faisaient autrefois avec des dissolutions de s. dans une décoction d'orge ou de pommes. Aujourd'hui on les prépare avec un sirop ordinaire, que l'on peut colorer et aromatiser de diverses façons, et qu'on cuit au cassé; on coule alors le s. sur une table de marbre légèrement huilée, et, pendant qu'il est chaud, on le divise et on le roule en bâtons, ou bien on le coule dans des moules cylindriques. Dans cet nouvel état, le s. est transparent et amorphe, mais il se désagrége par suite d'une cristallisation lente. On retarde cette conversion en s. opaque en introduisant un peu de vinaigre dans le sirop. Le *S. lors* ou *Pénide* se fait également avec du s. cuit au cassé; mais, après l'avoir coulé sur le marbre, on l'étire et le tordant jusqu'à ce qu'il ait perdu sa transparence et soit devenu blanc et comme argenté.

Le s. anhydre fond vers 160° en un liquide transparent et épais, qui se colore légèrement quand on le maintient quelque temps à cette température; par refroidissement il se prend en une masse vitreuse (s. d'orge). Si on le chauffe davantage, il perd une molécule d'eau et se convertit en glucosane. Puis, vers 200° il perd encore de l'eau, et se change en une substance brun rougeâtre, très soluble dans l'eau, mais insipide, infermentescible et incristallisable : c'est le *Caramel*, si employé dans l'économie domestique, pour colorer certaines préparations culinaires. Enfin, à une température plus élevée, le s. chauffé à l'abri de l'air se décompose complètement, en dégageant du méthane, de l'oxyde de carbone, de l'anhydride carbonique, de l'acétone, etc., et laisse un résidu volumineux de charbon très poreux et très pur. — Le s., en présence de l'eau, a une grande tendance à s'hydrater pour se dédoubler en glucose et lévulose selon l'équation :

$$C^{12}H^{22}O^{11} + H^2O = C^6H^{12}O^6 + C^6H^{12}O^6.$$

Saccharose.   Glucose.   Lévulose.

Cette hydrolyse est appelée *interversion*, et le mélange de glucose et de lévulose ainsi formé a reçu le nom de *s. interverti* ou *inverti*, parce qu'il dévie à gauche le plan de polarisation de la lumière, tandis que le s. non altéré le dévie à droite. C'est ce dédoublement qu'on observe fréquemment dans les confitures de fruits; il s'y forme des grains cristallins de glucose, tandis qu'il reste un liquide brun et sirupeux, qui contient la lévulose. Dans les solutions aqueuses de s., l'interversion s'opère peu à peu pendant l'ébullition; elle se produit même à froid, mais avec une grande lenteur. Elle s'effectue, au contraire, très rapidement en présence des acides étendus. Enfin elle peut être provoquée par certains ferments tels que l'invertine. Voy. DIASTASE. Le s. n'est pas directement fermentescible tant qu'il n'est pas altéré, et ce n'est qu'après avoir été interverti qu'il devient capable de subir la fermentation alcoolique. — Tous les acides dilués intervertissent le s.; par une ébullition prolongée on peut ensuite obtenir de l'acide lévulique. L'acide sulfurique concentré charbonne le s. L'acide azotique l'oxyde en donnant naissance aux acides saccharique et oxalique. En traitant à froid le s. en pondre par un mélange d'acide azotique fumant et d'acide sulfurique concentré, on obtient un éther tétra-nitrique, la *Nitrosaccharose* $C^{12}H^{18}O^7(AzO^3)^4$ qui est une masse blanche, fusible à 20°, insoluble dans l'eau et très explosive. Le s. peut former avec l'anhydride acétique un éther huit fois acétylé, et possède par conséquent huit fonctions alcool. — Sous l'action des alcalis, le s. ne brunit pas comme la glucose, mais se combine avec eux pour former des *Saccharates* solubles. Il se comporte de même avec la chaux, la baryte et la strontiane. C'est ainsi que l'eau sucrée dissout de grandes quantités de chaux en donnant un Saccharate monobasique $C^{12}H^{22}O^{11},CaO$ qui est très soluble dans l'eau; mais, à l'ébullition, cette solution se trouble et dépose un saccharate tribasique insoluble $C^{12}H^{22}O^{11},3CaO$. Dans le cas de la baryte, c'est le sel monobasique qui est insoluble; dans le cas de la strontiane, c'est le s. bibasique. Tous ces saccharates se décomposent en régénérant le s. lorsqu'on les traite par un acide, et même par l'anhydride carbonique. L'eau sucrée attaque assez rapidement le plomb au contact de l'air en formant des saccharates de plomb qui sont vénéneux. Le s. peut aussi s'unir à certains sels, en particulier le chlorure de sodium, avec lequel il forme un composé déliquescent; c'est pourquoi la présence du sel marin dans les jus sucrés ou dans les mélasses empêche une partie du s. de cristalliser, et que les betteraves qui croissent au bord de la mer ou dans des terrains salés sont peu propres à la fabrication du s.

F. *Usages, production et consommation.* — Les usages du s. sont trop connus pour que nous croyions utile de les énumérer. Nous nous bornerons à rappeler qu'il constitue un des meilleurs agents de conservation pour les substances organiques. Il sert, en outre, à préparer toutes les liqueurs de table et à rendre plus agréables une multitude de préparations économiques. Enfin, les mélasses des colonies sont employées pour la fabrication du rhum, et celles de la betterave pour la fabrication de l'alcool. Comme toutes les matières non azotées, le s. est incapable de soutenir la vie à lui seul. Consommé avec excès, il peut produire des accidents plus ou moins graves, tels que des ulcérations dans la bouche, le ramollissement des gencives et le scorbut. Le médecin anglais Starck a même fini par succomber à l'usage immodéré de cette substance. Carminati a encore démontré que le s. exerce une action délétère sur les animaux inférieurs, et qu'il tue presque instantanément certains animaux à sang froid, notamment les Lézards et les Grenouilles. Il purge les Brebis, mais il ne cause aucun accident au Chien, quand on le mêle à d'autres aliments. Mais, si le s. employé seul est incapable d'entretenir la vie, il est utile et bienfaisant quand on l'associe à d'autres substances. Ainsi, par ex., les nègres, qui en mangent à discrétion, dans les colonies, pendant l'exploitation des Cannes, se portent mieux alors qu'en tout autre temps, quoiqu'ils soient assujettis à un travail infiniment plus rude. Certaines personnes prétendent que le s. de betterave est moins sucré et moins sain que le s. de canne. C'est un préjugé dénué de fondement : « Les sucres qui proviennent de ces diverses plantes, dit Chaptal, sont rigoureusement de la même nature, et ne diffèrent en aucune manière, lorsqu'on les a portés par le raffinage au même degré de pureté. Le goût, la cristallisation, la couleur, la pesanteur, sont absolument identiques, et l'on peut défier l'homme le plus habitué à juger ces produits, on à les consommer, de les distinguer l'un de l'autre. » Toutefois cette identité absolue du s. de canne et du s. de betterave n'est vraie qu'alors qu'ils sont parfaitement purs, car, lorsqu'ils sont à l'état brut, il est toujours possible de les distinguer. Ainsi, par ex., la cassonade de canne a une saveur mielleuse et agréable, que celle de betterave ne possède jamais au même degré.

La production du s. de betterave s'est développée surtout

	1876	1886	1896	1900
Allemagne	358	846	1637	1798
Autriche-Hongrie.	322	395	781	1108
France	462	296	625	978
Russie	247	528	717	906
Belgique	105	120	220	303
Hollande	31	33	103	171

en France, en Allemagne, en Autriche, en Belgique et en Hollande. Elle suit depuis longtemps une progression rapidement ascendante : pour l'année 1867 elle était déjà d'environ 650 millions de kilogrammes; elle atteint le chiffre de 1,500 en 1876, dépasse 2,000 à partir de 1886, et 4,500 à partir de 1895; enfin, en 1900, elle s'élève à 5,600 millions de kilogrammes. La progression pour les principaux pays producteurs se verra dans le tableau ci-dessus qui donne, en milliers de kilogrammes, la production annuelle de ces pays à différentes époques.

Quant au s. de canne, sa production annuelle est à peu près stationnaire et reste comprise, depuis une dizaine d'années, entre 2,500 et 3,000 millions de kilogrammes. Pour la campagne de 1899-1900 on l'évalue à 2,700. La production du s. de betterave pour cette même année étant 5,600, cela fait un total de 8,300 millions de kilogrammes de s. pour le monde entier.

La consommation a progressé en même temps que la production. De 1874 à 1894, c.-à-d. dans un espace de vingt années, la consommation par tête en France a passé de 7 kilg. 8 à 15,2; en Allemagne de 6,7 à 11,3; en Angleterre de 22,6 à 37,4; en Belgique de 8,3 à 11,4; aux États-Unis de 17,6 à 31,6; en Hollande de 8,6 à 12,5; en Italie de 2,9 à 3,8; en Suisse de 6,7 à 15,4; en Suède de 6 à 11.

G. *Falsification du sucre.* — On falsifie surtout le s. en y mêlant de la glucose, et quelquefois de la craie, du plâtre et différentes farines; mais ces dernières substances ne servent guère qu'à frauder la cassonade et le sucre blanc râpé. La présence de la glucose peut se reconnaître par l'examen seul du produit suspect. Ainsi, un sucre rude au toucher, dur, sonore, à grains brillants et parfaitement cristallisés, est ordinairement pur, tandis qu'au contraire il est suspect de renfermer de la glucose, lorsqu'il est mou, onctueux au toucher et terne, et qu'il s'égrène sous les doigts. Un excellent procédé chimique pour reconnaître la présence de la glucose est celui qu'ont proposé Chevallier et Kuhlmann, et qui est basé sur la différence d'action qu'exercent les alcalis sur la glucose et sur le s. de canne. On met dans une capsule de porcelaine 20 grammes d'eau, 1/2 gramme de potasse et 10 grammes de s., puis on chauffe le mélange au bain-marie ou sur une lampe à alcool. Après une minute ou deux d'ébullition, le s. mêlé de glucose prend une coloration d'autant plus brune, que la substance étrangère s'y trouve en plus forte proportion, tandis que, s'il est pur, il devient à peu près jaune comme le petit-lait. La falsification par la farine, le sable et le plâtre, se découvre en faisant fondre un peu de sucre dans un verre d'eau froide. S'il y a des matières minérales, elles se précipitent aussitôt au fond du vase. Si c'est de la farine, le dépôt se forme avec moins de lenteur et le liquide a un aspect laiteux.

II. *De la Saccharimétrie.* — La Saccharimétrie a pour objet de déterminer la quantité de s. qui existe dans une liqueur sucrée. On peut faire cette détermination à l'aide du réactif de Fehling. Voy. FEHLING. Comme la liqueur sucrée pourrait déjà contenir une certaine quantité de glucose, on détermine cette proportion par un premier dosage; puis on prélève une nouvelle portion de la liqueur primitive, on la fait bouillir avec de l'acide chlorhydrique afin d'intervertir le saccharose, et l'on procède à un second dosage. La différence entre les deux résultats donne la proportion de s. interverti; on en déduit facilement la teneur en saccharose de la liqueur primitive, car 100 parties de s. interverti correspondent à 95 parties de s. ordinaire. — Pour les liqueurs sucrées qui ne renferment que de la saccharose, le dosage se fait le plus souvent en déterminant le pouvoir rotatoire de la solution. Cette méthode, pour laquelle Soleil et Clergel ont construit des appareils spéciaux, constitue la *saccharimétrie optique.* L'appareil le plus employé est le *Saccharimètre de Soleil.* Voy. POLARISATION, VII. Pour doser un échantillon de s., on en dissout 16 gr. 471 dans 100 centimètres cubes d'eau, on introduit la solution dans le tube du saccharimètre, et l'on ramène la teinte sensible en agissant sur le compensateur; celui-ci est gradué de telle sorte que le nombre lu sur la graduation indique immédiatement la proportion saccharose dans l'échantillon employé.

Législ. — *Impôts sur les sucres.* — Le régime fiscal des sucres a subi de nombreuses et profondes modifications depuis quelques années. Il est aujourd'hui déterminé par la loi du 7 avril 1897, complétée par le décret du 18 juillet de la même année et par celui du 19 août 1898. Un décret du 15 août 1900 fixe les primes d'exportation allouées aux sucres indigènes. Pour plus de détails, consulter le *Dictionnaire de l'Administration française* de Maurice Bloch, aux mots *Sucres.*

Chim. — MATIÈRES SUCRÉES. — I. — Le nom de *s.* ou de *matière sucrée* a été donné par les chimistes à un très grand nombre de substances, solides cristallisables ou liquides sirupeux, qui ont à un degré plus ou moins fort la saveur douce du s. ordinaire et qui possèdent toujours plusieurs fonctions alcool. Au point de vue de la constitution chimique ces corps se partagent en trois classes.

1re CLASSE. — *Sucres ne possédant que des fonctions alcooliques.* — Ces composés présentent les réactions générales des alcools polyvalents. Ils ne réduisent pas la liqueur de Fehling, ne forment pas d'hydrazones avec la phénylhydrazine, ni d'oximes avec l'hydroxylamino. Ils prennent naissance par l'hydrogénation des s. de la 2e classe; inversement ils peuvent reproduire ces derniers par oxydation.

On peut subdiviser les sucres de la 1re classe d'après le nombre de leurs fonctions alcooliques. Les trois premiers groupes sont représentés par le *Glycol*, la *Glycérine* et l'*Érythrite*, qui possèdent respectivement deux, trois et quatre fonctions alcool. Puis vient le groupe des *Pentites*, c.-à-d. l'*Arabite*, la *Xylite*, l'*Adonite*, isomères stéréochimiques qui répondent à la formule $CH^2OH(CHOH)^3CH^2OH$, et la *Rhamnite* $CH^3(CHOH)^4CH^2OH$. Le groupe des *Hexites* comprend la *Mannite*, la *Sorbite* et la *Dulcite* qui ont pour formule $CH^2OH(CHOH)^4CH^2OH$, et de plus la *Rhamno-hexite* $CH^3(CHOH)^5CH^2OH$. Dans le groupe des *Heptites* on connaît la *Perséite* et la *Volémite* qui ont pour formule :

$$CH^2OH(CHOH)^5CH^2OH.$$

2e CLASSE. — *Sucres possédant une fonction aldéhyde ou cétone avec plusieurs fonctions alcool.* — Les sucres de cette classe, qui comprend la grande, sont les plus nombreux et les mieux étudiés. Ils sont caractérisés par les combinaisons qu'ils forment avec la phénylhydrazine et avec l'hydroxylamino. Ils réduisent la liqueur de Fehling. Sous l'action de l'acide chlorhydrique, ils s'unissent aux alcools et aux phénols pour former les glucosides. Par hydrogénation ils se convertissent en s. de la 1re classe. Par une oxydation ménagée, ils donnent naissance à des acides-alcools, d'abord à un acide monobasique, puis à un acide bibasique. Tous les sucres de cette 2e classe qu'on obtient quand on fait réagir les acides minéraux dilués sur les sucres de la 3e classe, ou sur les glucosides naturels, ou encore sur certains hydrates de carbone tels que l'amidon et la dextrine.

Ces sucres reçoivent le nom générique d'*Aldoses* quand ils possèdent une fonction aldéhyde; ceux, bien moins nombreux, qui ont une fonction cétone sont appelés *Cétoses*. On les subdivise en *Bioses*, *Trioses*, *Tétroses*, etc., d'après le nombre de leurs fonctions alcooliques et aldéhydiques ou cétoniques.

Biose : l'*Aldéhyde glycolique* $CH^2OH.CHO.$

Trioses : l'*Aldéhyde glycérique* $CH^2OH.CHOH.CHO$ et la *Cétone glycérique* $CH^2OH.CO.CH^2OH.$

Tétroses : l'*Aldéhyde érythrique*

$$CH^2OH.CHOH.CHOH.CHO.$$

Pentoses : l'*Arabinose*, le *Xylose* et le *Ribose* sont des isomères stéréochimiques qui répondent à la formule $CH^2OH(CHOH)^3CHO$; la *Rhamnose* ou *Isodulcite* a pour formule $CH^3(CHOH)^4CHO.$

Hexoses de formule $C^6H^{12}O^6$: 1° Le *Glucose* ordinaire (s. de raisins), le *Galactose*, le *Gulose*, l'*Idose* et le *Mannose* sont des aldoses dont la formule est $CH^2OH(CHOH)^4CHO$; 2° la *Lévulose* ou *Fructose* (S. de fruits) et le *Sorbose* répondent à la formule $CH^2OH(CHOH)^3CO.CH^2OH$ et sont des cétoses; 3° il existe en outre plusieurs sucres en $C^6H^{12}O^6$ dont la constitution n'est pas complètement connue; tels sont la *Cérasinose* et la *Formose*.

Les groupes supérieurs, c.-à-d. les *Heptoses*, les *Octoses*, les *Nonoses*, etc., sont représentés par un certain nombre de sucres qu'on a obtenus par synthèse chimique.

3e CLASSE. — *Sucres résultant de la soudure, avec perte d'eau, de deux ou plusieurs molécules d'aldoses ou de cétoses.* — Les matières sucrées de cette classe sont souvent désignées sous le nom générique de *Saccharoses*. Elles ont une tendance à fixer de l'eau pour se dédoubler en plusieurs molécules de glucoses. Ce dédoublement s'opère sous l'influence des agents d'hydratation, et en particulier sous l'action des acides étendus; il peut aussi être provoqué par certaines diastases.

Un premier groupe se compose des sucres qui, en se dédoublant ainsi, donnent naissance à deux molécules d'hexoses. Le *Saccharose* proprement dite, c.-à-d. le S. ordinaire de canne ou de betterave, donne une molécule de glucose ordinaire et une molécule de lévulose; le mélange ainsi formé constitue le s. interverti. La *Lactose* ou S. de lait et la *Mélibiose* se dédoublent en glucose et galactose. La *Maltose*

donne deux molécules de glucose, de même que la *Tréhalose* (S. de champignons) et la *Turanose*.

Le second groupe comprend les sucres dont le dédoublement donne naissance à trois molécules. La *Raffinose* ou *Mélitose* se scinde en lévulose, glucose et galactose. La *Mélézitose* donne trois molécules de glucose. La *Gentianose* et la *Stachyose*, moins bien connues, paraissent correspondre à six molécules d'hexoses.

II. — *Isoméries dans les groupes de sucres.* — Nous n'insisterons pas ici sur les isomères chimiques tels que la glucose et la lévulose qui, tout en ayant la même formule brute, ne possèdent pas les mêmes fonctions; cette différence de fonctions explique aisément la différence des propriétés chimiques et se traduit par des formules de constitution distinctes. Mais nous appelons l'attention sur ce fait qu'une même formule de constitution s'applique souvent à plusieurs sucres différant entre eux par leurs propriétés physiques. De plus, chacun de ces corps se présente ordinairement sous trois variétés optiques : une dextrogyre, une lévogyre et une racémique. Ces isoméries physiques et optiques, qui avaient fort embarrassé les chimistes, ont été expliquées par la stéréochimie. Dans le groupe des hexoses, en particulier, la théorie prévoit l'existence de 8 isomères stéréochimiques qui possèdent la constitution de la glucose et dont les formules ont été fixées par Fischer. Par exemple, pour la glucose et la mannose les formules stéréochimiques peuvent s'écrire comme il suit :

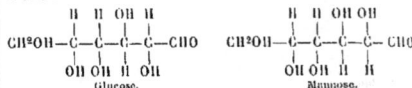

$$CH^2OH\underset{OH\ OH\ H\ OH}{-C-C-C-C-CHO} \qquad CH^2OH\underset{OH\ OH\ H\ H}{-C-C-C-C-CHO}$$

Glucose.   Mannose.

Chacun de ces 8 isomères présente deux variétés énantiomorphes (Voy. STÉRÉOCHIMIE), l'une dextrogyre, l'autre lévogyre, et une variété racémique provenant de la combinaison des deux autres. Pour la glucose, par ex., l'une des variétés énantiomorphes sera représentée par la formule donnée ci-dessus; l'autre correspondra à la formule :

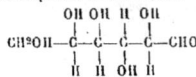

$$CH^2OH\underset{OH\ OH\ H\ OH}{-C-C-C-C-CHO}$$

La synthèse chimique d'un s. ne donne jamais les variétés actives, c.-à-d. celles qui agissent sur la lumière polarisée; on n'obtient que la variété racémique formée par la combinaison du s. dextrogyre et du s. lévogyre. Mais on peut dédoubler ce racémique en ses deux composants. Une première méthode s'applique aux sucres capables de fermenter sous l'action des micro-organismes. S'il s'agit par ex. de la fructose racémique, on soumet à l'action de la levure; celle-ci s'attaque de préférence à la fructose lévogyre (lévulose) et la détruit, ne laissant dans la solution que la fructose dextrogyre qu'on pourra ainsi isoler. Une autre méthode consiste à transformer la matière sucrée en un acide monobasique, à combiner cet acide avec une base active telle que la strychnine ou la morphine, et à séparer les sels dextrogyre et lévogyre ainsi formés. En partant par ex. de la glucose racémique, on la transforme par oxydation en acide gluconique, on combine cet acide avec la strychnine et l'on fait cristalliser. Les cristaux qui se déposent sont de deux sortes et portent des facettes hémiédriques les uns à droite, les autres à gauche, suivant qu'ils proviennent du gluconate dextrogyre ou lévogyre. Après avoir isolé à la loupe un cristal possédant par ex. l'hémiédrie droite, on redissout la masse saline et l'on projette ce cristal dans la solution saturée. Celle-ci, ainsi amorcée, ne laisse déposer d'abord que le gluconate dextrogyre que l'on pourra séparer et qui servira à préparer l'acide gluconique dextrogyre. Pour repasser à la glucose, on transforme par la chaleur l'acide gluconique en lactone et l'on réduit celle-ci par l'hydrogène naissant; on obtient la glucose dextrogyre.

On connaît aussi, comme nous le verrons tout à l'heure, des méthodes qui permettent de passer d'un isomère stéréochimique à un autre.

III. *Synthèses des sucres.* — Un certain nombre de matières sucrées ont été obtenues par synthèse totale en partant soit de l'aldéhyde méthylique, soit de la glycérine, soit de l'acroléine. Nous avons déjà parlé de ces synthèses aux mots GLYCÉRIQUE, FORMOSE et LÉVULOSE.

Un s. étant donné, on peut obtenir ses isomères par différentes méthodes dont nous allons donner des exemples : 1° La lévulose, traité par l'hydrogène naissant, se transforme en mannite; celle-ci, oxydée ensuite par l'eau bromée, ne présence du carbonate de soude, ne reproduit pas la lévulose. mais fournit son isomère, la mannose. — 2° En transformant une aldose en acide bibasique et réduisant cet acide, on peut arriver à une aldose différente. Par ex. après avoir oxydé la glucose ordinaire de manière à la convertir en acide saccharique, on transforme ce dernier successivement en acide gluonique, en lactone et en gulose. Voy. GULONIQUE et GULOSE. — 3° Par une oxydation ménagée, on transforme une aldose ou un acide monobasique; celui-ci, chauffé avec de la quinoléine ou de la pyridine, se transforme partiellement en un isomère. C'est ainsi que l'acide mannonique, obtenu par l'oxydation de la mannose, se convertit en acide gluconique qui, par réduction, donne la glucose. Voy. GLUCONIQUE.

Enfin l'on possède des méthodes générales à l'aide desquelles on peut transformer un s. en ses homologues supérieur ou inférieur, c.-à-d. lui ajouter ou lui retrancher une fonction alcool. Pour passer d'une aldose à son homologue inférieur, on la convertit d'abord en une oxime que l'on traite par le chlorure d'acétyle; le dérivé acétylé ainsi obtenu est soumis à l'action de l'azotate d'argent ammoniacal qui le saponifie et lui enlève en même temps de l'acide cyanhydrique; il suffit alors d'hydrater le produit de la réaction, à l'aide de l'acide chlorhydrique aqueux, pour obtenir la nouvelle aldose. C'est ainsi qu'en partant de la glucose on arrive à l'arabinose. En appliquant à celle-ci le même procédé, on la transformerait en une tétrose. — Pour passer, au contraire, d'une aldose à son homologue supérieur, la méthode la plus féconde est celle qui a été imaginée par Maxwell Simpson et appliquée surtout par Kiliani et par Fischer. On combine l'aldose avec de l'acide cyanhydrique, ce qui la convertit en un alcoolnitrile; la saponification de ce nitrile donne l'acide monobasique correspondant à l'aldose supérieure; on transforme, à l'aide de la chaleur, cet acide en une lactone que l'on traite par l'amalgame de sodium en présence d'acide sulfurique, et l'on obtient la nouvelle aldose. Par ex., en partant de l'arabinose, on préparera l'acide mannonique, puis la lactone mannonique, enfin la mannose qui est l'homologue supérieur de l'arabinose. En répétant ces opérations sur la mannose elle-même, on obtiendra successivement les homologues suivants, c.-à-d. la manno-heptose, la manno-octose, etc. Voy. MANNOSE.

L'application de ces diverses méthodes a permis à E. Fischer de préparer un grand nombre de matières sucrées dont on n'avait jamais soupçonné l'existence.

SUCRER. v. a. Mettre du sucre dans quelque chose. *S. du café. S. des fraises, des confitures.* == Sucré, ée. part. Un *verre d'eau sucrée.* || Adjectiv., se dit des fruits, des légumes, etc., qui ont la saveur du sucre. *Ces poires sont très sucrées.* || Fig. et proverbial., on dit d'une femme qui, par des manières affectées, fait la modeste, l'innocente, la scrupuleuse qu'*Elle fait la sucrée.* On dit de même, Un air sucré.

SUCRERIE. s. f. Lieu destiné pour faire du sucre. *Il possède une grande s. à la Martinique.* || Le lieu où on le raffine. *Il y a une belle s. dans ce faubourg.* On dit mieux, Raffinerie. || Au plur., se dit surtout des choses où il entre beaucoup de sucre, comme dragées, confitures, etc. *Je n'aime point les sucreries.*

SUCRIER, IÈRE. adj. Relatif à la fabrication du sucre. *L'industrie sucrière, ouvrier sucrier.* == Subst. Celui, celle qui dirige une fabrique de sucre. == Sucrière. s. f. Sorte de sucrier en faïence.

SUCRIER. s. m. Pièce de vaisselle où l'on met le sucre en poudre ou en morceaux. *S. d'argent, de porcelaine, de cristal.*

SUCRIN. adj. m. Qui a le goût du sucre, *Un melon s.,* et subst., *Un s.* Voy. MELON.

SUD. s. m. [Pr. le d]. La partie de l'horizon qui est opposée au nord, et qui se trouve au-dessous du soleil à midi, dans nos climats. *Orléans est au sud de Paris. Naviguer du côté du sud. Le vent est au sud, vient du sud. Le vent du Sud. L'Amérique du Sud.* || T. Marine. Faire le sud, Faire route vers le sud. || Absol., signifie quelquefois, Le vent

du sud. *Le sud souffle depuis longtemps.* || Adject., *Le vent est sud.* Il vient du sud. *Le pôle sud,* Le pôle austral ou antarctique. *Degrés de latitude sud,* Comptés au sud de l'équateur. == Sud-est, Sud-ouest. s. m. La partie de l'horizon qui est entre le sud et l'est, entre le sud et l'ouest. *Cette ville est au s.-est, au s.-ouest de Paris. On vira au s.-ouest. Le vent du s.-est, du s.-ouest.* || Absol., Le vent qui souffle de l'un de ces points de l'horizon. — On dit aussi adject., *Le vent est s.-est, s.-ouest.* || S.-sud-est, S.-sud-ouest, Le vent qui tient le milieu entre le sud et le sud-est, entre le sud et le sud-ouest.

SUDAMINA. s. m. pl. (mot lat. fictif, formé de *sudare,* suer). T. Méd. Très petites vésicules transparentes, à peine visibles à l'œil nu et reposant sur une peau normale, non enflammée. On trouve les s. dans un grand nombre de maladies : fièvre typhoïde, suette, et parfois au cours des fièvres éruptives. — Les sudamina sont souvent accompagnés de sueurs abondantes, mais celles-ci peuvent manquer; ils sont généralement dus à l'hyperthermie qui accompagne les fièvres.

SUDATION. s. f. [Pr. *suda-sion*] (lat. *sudatio,* m. s.). Transpiration produite dans un but hygiénique.

SUDERMANIE, anc. prov. de Suède. Cap. *Nikoping.*

SUD-EST. s. m. Voy. SUD.

SUDÈTES (Monts), chaîne de montagnes de l'Allemagne. Longueur 200 kil.

SUDORIFÈRE. adj. 2 g. (lat. *sudorifer,* m. s., de *sudor,* sueur; *fero,* je porte). T. Anat. Qui conduit la sueur. *Vaisseaux sudorifères, Glandes sudorifères.* Voy. PEAU, II, C.

SUDORIFIQUE. adj. 2 g. et s. m. (lat. *sudor,* sueur; *facere,* faire). T. Méd. Qui provoque la sueur. On désigne sous le nom de *Sudorifiques,* et parfois aussi sous celui de *Diaphorétiques,* les médicaments qui augmentent la transpiration cutanée. Comme toute boisson aqueuse et chaude, administrée en certaine quantité, provoque la sueur, on a qualifié de sudorifiques une foule de substances inertes qui ne déterminent la transpiration qu'en raison du véhicule employé. En fait, l'eau chaude prise en grande quantité a une action s. incontestable, et l'on peut la rendre plus énergique encore en y faisant infuser des substances aromatiques (Thé, Café, Camomille, Menthe, etc.), ou en y ajoutant des substances douées d'une action stimulante générale (alcool, ammoniaque, etc.). Parmi les substances végétales plus spécialement regardées comme sudorifiques, nous citerons la Bourrache, la Bardane, le Sureau, les bois de Gaïac et de Sassafras, et les racines de Squine et de Salsepareille : ces quatre dernières sont ce qu'on appelle les *quatre bois sudorifiques.* Le Codex indique encore, sous le nom d'*espèces sudorifiques pour infusion,* un mélange de bois de Sassafras râpé, de fleurs de Sureau, de Bourrache et de Coquelicot. On classe encore parmi les sudorifiques diverses préparations antimoniales, la poudre de Dover, etc.; mais l'action s. de ces médicaments est une action secondaire. La plupart des substances sudorifiques s'éliminent par la peau en excitant les glandes sudorales. — Certains médicaments comme le jaborandi et son alcaloïde, la pilocarpine, excitent les extrémités des nerfs sudoraux et augmentent ainsi l'activité des glandes sudoripares. Enfin, on doit placer au premier rang, car leur action s. est primitive et énergique, les bains de vapeur, ainsi que les affusions ou bains d'eau froide, administrés de manière à provoquer une réaction énergique à la surface de la peau.

SUDORIPARE. adj. 2 g. (lat. *sudor,* sueur; *parere,* engendrer). T. Anat. Qui sécrète la sueur. *Glandes sudoripares.* Voy. PEAU, II, C.

SUD-OUEST. s. m. Voy. SUD.

SUE (EUGÈNE), romancier fr., auteur des *Mystères du Peuple,* du *Juif Errant,* etc. (1804-1857).

SUÈDE, Royaume du nord de l'Europe, qui occupe la partie orientale de la presqu'île scandinave. La S. est bordée au nord et à l'ouest par la Norvège, à l'est par la Russie, le golfe de Bothnie et la mer Baltique, au sud par la même mer, au sud-ouest par les détroits du Sund et du Cattégat qui la séparent du Danemark. Elle s'étend du 69° degré jusque près du 55° degré de latitude nord. Sa superficie est de 450,574 kmq.

La chaîne des monts Dofrines qui traverse dans sa longueur la presqu'île scandinave sépare la Suède de la Norvège. La partie septentrionale porte le nom de montagnes de Laponie, la partie centrale celui de monts Kiœllen. Elle se divise alors en deux branches dont l'une aboutit au cap Lindesness en Norvège, l'autre, plus basse, au cap Falsterbo en Suède.

Les principaux fleuves qui en descendent, en Suède, sont :

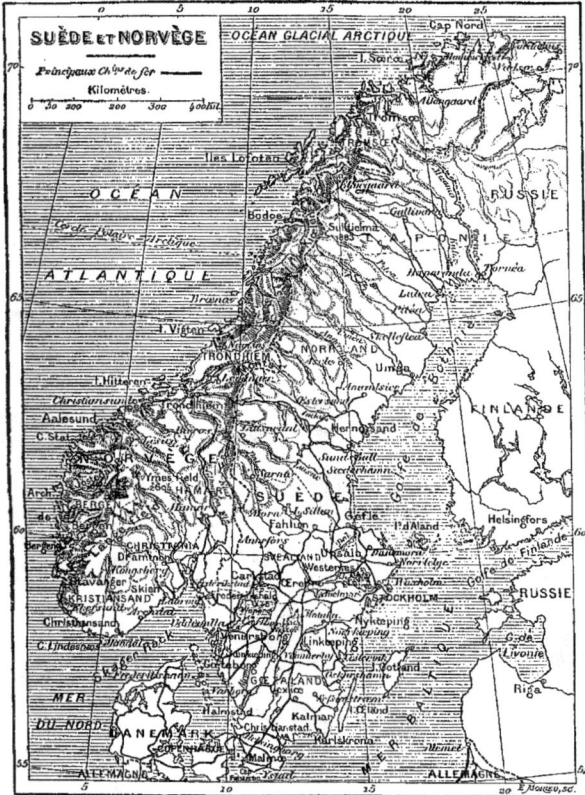

SUÈDE et NORVÈGE

vers la Baltique, le Dal, l'Umėa, la Pitéa et la Tornéa ; vers le Cattégat, le Gotha. Dans la région méridionale, très basse, s'étendent de grands lacs dont les plus importants sont le Wener, le Wetter et le Mœlar. En face des côtes on remarque les îles Œland et Gottland et l'archipel de Stockholm.

Comme la Norvège, la Suède fut peuplée primitivement par les Lapons, aujourd'hui refoulés vers le nord, et plus tard au commencement de l'ère chrétienne, par les Goths ou Scandinaves. Leur nom se retrouve encore dans la Gothie, la Gotha, Gothembourg. Puis peu à peu dans la première partie du moyen âge se formèrent les royaumes d'Upsal dans le centre, et de Leithra dans le sud et les îles, le premier empiétant sur la Norvège, le second s'étendant jusqu'au Jutland en Danemark.

Ces deux royaumes ne tardèrent pas à s'unifier, perdant il est vrai leurs possessions en Norvège et en Danemark, mais gagnant une partie de la Finlande (XIVe siècle).

En 1397, le Congrès de Calmar groupa en une seule puissance les trois États scandinaves, Suède, Norvège et Danemark, ce dernier étant alors de beaucoup le plus puissant. Les Suédois rompirent cette union en 1448 ; les Danois restés maîtres de la Norvège et des provinces suédoises de Gothie, de Scanie, de Blecknigie et d'Hallaud, la rétablirent il est vrai de 1520 à 1523, mais le suédois Gustave Wasa secoua définitivement le joug danois. Son petit-fils Gustave-Adolphe, monté sur le trône en 1611, lutta avec succès contre le Danemark, la Russie, la Pologne, prit une part glorieuse à la guerre de Trente Ans en Allemagne, où il fut l'allié de la France, et mourut sur le champ de bataille de Lutzen (1632), victorieusement suppléé par la suite par ses lieutenants Banner et Torlenson. Le traité de Westphalie qui termina cette guerre en 1648, fit de la Suède la première puissance du nord et lui annexa en Allemagne la Poméranie citérieure, les villes de Stettin, Brême, Verden, Camin, Mecklembourg, Wismar, les îles de Wollin et de Rugen, avec trois voix à la diète de l'Empire.

Cette puissance s'accrut encore sous Charles X, le roi de Neige qui, vainqueur d'abord de la Pologne, se rejeta sur le Danemark, le soumit tout entier et mourut à Copenhague en 1660. Sous Charles XI, la Suède conserva encore les provinces polonaises de Livonie et d'Esthonie, et ce roi se fit donner le pouvoir absolu par la diète de 1680. Mais c'est sous un Charles XII, l'Alexandre du Nord, que ce nouvel empire se gonfla outre mesure et craqua tout d'un coup. Après des victoires éclatantes sur les Russes et les Polonais, le jeune conquérant fut enfin vaincu à Pultawa, et après une assez longue captivité chez les Turcs, alla se faire tuer devant Frederickshall en Norvège. La Suède dut abandonner une partie de la Poméranie et des îles à la Prusse, le Sleswig au Danemark, la Livonie, l'Esthonie, l'Ingrie, et la Carélie à la Russie. Le pays épuisé se divisa en deux factions, les chapeaux soutenus par la France, et les bonnets soutenus par la Russie. Les victoires de Gustave III en Russie (1788-1790) n'amenèrent aucun résultat. Les Suédois achevèrent de perdre, pendant les guerres de l'Empire, la Finlande et la Poméranie.

En 1811, le roi Charles XIII ayant perdu son fils, le Comité des États croyant plaire à Napoléon élut pour héritier le maréchal français Bernadotte, prince de Ponte Corvo. Mais celui-ci se tourna du côté de la Russie, prit part à l'écrasement des Français en 1813, et se fit annexer la Norvège arrachée au Danemark, fidèle allié de la France. Depuis, l'Union subsiste malgré des tendances nettement séparatistes en Norvège.

La Suède se divise administrativement en trois parties : au nord le Norrland, au centre la Suède proprement dite, au sud la Gothie. Les principales villes sont Stockholm, capitale, Helsingborg, Carlscrona, Carlborg, Upsal, Malmö, Calmar, Danemora, Gotheborg.

La population totale est de 5 millions d'habitants, dont 20 et quelques mille Finnois et Lapons.

L'agriculture est très pauvre. Les mines, par contre, sont

abondantes. Aussi les fonderies constituent-elles la principale industrie du pays.

Liste chronologique des rois de Suède. — Éric IX, le Saint ou le Législateur, vers 1148. — Charles VII, 1160. — Canut-Éricson, 1168. — Sverker III, 1193. — Éric X, Canutson, 1210. — Jean I, 1216. — Éric XI, le Bègue, 1223. — Waldemar Ier, 1250. — Magnus Ier, Ladulas, 1279. — Birger II, 1290. — Magnus II (déjà roi de Norvège), 1327 — Éric XII, 1350. — Hacuin, 1362. — Albert, 1365. — Marguerite, 1397. — Éric XIII, le Poméranien, 1412. — Christophe, 1440. — Charles VIII, Canutson, 1448. — Sténon-Sture, administrateur, 1471. — Jean de Danemark, 1481. — Sténon-Sture, administrateur de nouveau, 1501. — Svante-Sténon-Sture, administrateur, 1503. — Sténon-Sture II, administrateur, 1512. — Christian, roi de Danemark, 1520. — Gustave Ier, Wasa, 1523. — Éric XIV, 1560. — Jean III, 1568. — Sigismond, roi de Pologne, 1591. — Charles IX, 1604. — Gustave II, Adolphe, 1611. — Christine Ire, 1632. — Charles X, Gustave, 1654. — Charles XI, 1660. — Charles XII, 1697. — Ulrique-Éléonore, 1712. — Frédéric Ier, 1719. — Adolphe-Frédéric II, de Holstein-Eutin, 1751. — Gustave III, 1771. — Gustave IV, Adolphe, 1792. — Charles XIII, 1809, obtient la Norvège en 1814. — Charles XIV (Jean Bernadotte), 1818. — Oscar Ier, son fils, 1844. — Charles XV, 1859. — Oscar II, frère du précédent, 1872.

SUÉDOIS, OISE. adj. [Pr. *sué-doua, douaze*]. Qui a rapport à la Suède. Qui habite ce pays ou en est originaire. — Subst. *Un s., une suédoise.* = SUÉDOIS. s. m. La langue parlée en Suède. C'est une langue du groupe scandinave remarquable par la richesse de la conjugaison, et la variété de l'accentuation. On y distingue en effet l'accent tonique, l'accent musical, et l'accent prosodique. Une particularité curieuse de cette langue est le rôle de l'article qui est indéfini s'il est placé devant le substantif, et défini s'il est placé après : en *scald*, un poète, *scalden*, le poète.

SUÉE. s. f. (R. *suer*). Inquiétude subite et mêlée de crainte. *Il eut une rude s.*

SUER. v. n. (lat. *sudare*, m. s.). Exhaler de la sueur. *Il suait à grosses gouttes. S. de la tête, du visage. Les mains lui suent. S. d'ahan*, des efforts qu'on fait.

L'attelage suait, soufflait, était rendu.

LA FONTAINE.

|| Fig. et fam., on dit qu'*Une personne fait s.*, Pour exprimer l'impatience, l'ennui ou le dégoût qu'on éprouve à ce qu'elle dit, à ce qu'elle fait. || Fig., Travailler beaucoup, se donner beaucoup de peine pour venir à bout d'une chose. *J'ai bien sué pour cette affaire, sur cet ouvrage.* || Par ext., se dit de l'humidité qui sort de certaines choses ou s'attache à leur superficie. *Les murailles suent pendant le dégel. Il faut laisser s. ces foins.* — SUER. v. a. S. *du sang,* Rendre du sang par les pores. — Fig. et fam., *Cet homme sue de l'encre, de l'huile,* Sa sueur a quelque chose de noir, de gluant, d'huileux. || Fig. et fam., S. *sang et eau,* Faire de grands efforts, se donner une grande peine pour quelque chose. S. *l'ennui,* exhaler l'ennui de toute sa personne. || T. Techn. *S. le fer,* le soumettre à une chaude complète. = SUÉ, ÉE. part. = Conj. Voy. JOUER.

SUÉNON, nom de trois rois de Danemark (du Xe au XIIe siècle).

SUÉTONE, historien latin, auteur des *Vies des douze Césars* (65-135 ap. J.-C.).

SUETTE. s. f. [Pr. *sué-te*] (R. *suer*). La *suette* ou *suette miliaire* est une maladie épidémique et contagieuse, caractérisée par des sueurs abondantes et une éruption; elle se répand rapidement et atteint en même temps un grand nombre d'individus. Elle est probablement d'origine microbienne.

Après un stade d'incubation, dépassant rarement 24 heures, la *période d'invasion* commence avec quelques prodromes : fièvre, vomissements, épistaxis; bientôt apparaissent les *sueurs* qui sont très abondantes surtout la nuit; le lit est en quelque sorte inondé, le malade demande constamment à boire, il urine peu et présente une constipation marquée; la température atteint 40°. Cet état dure environ 3 jours et précède la période d'*éruption*, caractérisée par la *miliaire*; celle-ci est constituée par de petites vésicules rappelant les sudamina et se développant successivement au cou, au dos,

aux membres; le visage est épargné. Il peut exister également en même temps un exanthème rappelant celui de la rougeole ou de la scarlatine; dans ce cas la miliaire est rouge. La fièvre est moins accusée; les sueurs sont moins abondantes. La durée de cette période est, en moyenne, de six jours après lesquels commence la période de *desquamation;* les débris épidermiques peuvent être furfuracés, ou sous forme de lambeaux comme dans la scarlatine; les urines sont abondantes.

La s. a une durée de dix jours environ; dans les cas graves, la mort survient généralement dès la première période, le malade a du délire et présente un état comateux; mais cette terminaison funeste peut se produire à une période plus avancée de la maladie.

Les antithermiques au début, et plus tard les toniques, constituent la base du traitement.

SUEUR. s. f. (lat. *sudor*, m. s.). Le liquide de la transpiration cutanée lorsqu'il se rassemble en gouttelettes à la surface de la peau. *S. abondante, aigre, fétide. S. froide. S. rentrée. La s. inondait son visage. Il était tout en s., tout dégouttant de s.* Voy. PEAU, II, et III. — S. *de sang,* sang qui s'échappe par les pores dans certaines maladies. || La sécrétion de ce liquide. *Cela provoque la s. Il lui prend des sueurs de temps en temps.* — Proverb., *Gagner sa vie, manger son pain à la s. de son corps, à la s. de son front,* En travaillant beaucoup, en se donnant beaucoup de mal. || Fig., au plur., se dit des peines qu'on s'est données pour réussir à quelque chose. *Après bien des fatigues et des sueurs, il est venu à bout de son entreprise.*

SUÈVES, s. m. pl. peuples de l'anc. Germanie, au delà de l'Elbe.

SUEZ, v. d'Égypte (Afrique), sur le golfe du même nom, à l'extrémité du canal de Suez, dans la mer Rouge; 20,000 hab. || Isthme de Suez, langue de terre qui sépare l'Afrique de l'Asie, et que l'on a percée de 1859 à 1869. || Canal de Suez. Voy. CANAL.

SUFFÈTES. s. m. pl. [Pr. *su-fète*]. T. Hist. anc. A Carthage, les deux principaux magistrats de la république étaient appelés *Suffètes* (*choffetim*). Les auteurs grecs les désignent sous les noms de προστύοντες et de βασιλεῖς, et Aristote les compare aux rois de Lacédémone. Les derivains romains les nomment aussi *reges,* mais plus souvent *consules* et *dictatores,* et semblent les considérer comme tout à fait analogues à leurs propres consuls. Les suffètes étaient électifs et choisis parmi les citoyens appartenant aux plus nobles familles de Carthage. La charge de s. paraît avoir été une magistrature essentiellement civile. C'étaient les suffètes qui convoquaient le sénat, présidaient ses séances, proposaient les affaires à discuter, et recueillaient les votes : ils étaient également chargés de faire exécuter les décisions du sénat, de rendre la justice, etc. On les voit aussi quelquefois commander les armées; mais ces cas-là semblent avoir été des exceptions. On cite rarement une seule chose qui certaine, c'est qu'elles n'étaient pas à vie. — Il y avait aussi des *suffètes* à Cadix et dans les principales colonies carthaginoises : mais, dans ces villes, ces magistrats ne remplissaient que de simples fonctions municipales.

SUFFIONI. s. m. pl. (mot ital.). Syn. de *Fumarolles.* Voy. ce mot ainsi que BORE et VOLCAN.

SUFFIRE. v. n. [Pr. *su-fire*] (lat. *sufficere*, m. s., de *sub*, sous, et *facere,* faire). Pouvoir fournir, pouvoir subvenir, pouvoir satisfaire à quelque chose. Quand il se dit des choses, il sign. qu'Elles sont de la qualité ou dans la quantité nécessaire; et quand il se dit des personnes, il signifie qu'Elles ont les talents et les moyens nécessaires pour faire ce qu'elles se proposent ou qu'on exige d'elles. *Cent écus par an lui suffisent pour sa subsistance. S'il perd le procès, tout son bien n'y suffira pas. Peu de bien suffit au sage. Sa dépense est trop grande, il n'y peut pas s.*

Rien ne suffit aux gens qui nous viennent de Rome.

LA FONTAINE.

On ne peut pas s. à tout. Prov., *A chaque jour suffit sa peine.* Voy. JOUR. — *Se s. à soi-même,* Trouver en soi les moyens de satisfaire à ses besoins ou d'être heureux. — Fam., *Cela me suffit, cela suffit,* et simplem., *Suffit, Voilà qui est bien ;* c'est assez, n'en parlons plus. || On dit aussi unipersonnellement, *Il suffit de vous dire. Il suffit que vous le désiriez. Qu'il vous suffise de savoir. Vous êtes content, il suffit.*

Dans le crime il suffit qu'une fois on débute. (BOILEAU.)

Conj. — *Je suffis, tu suffis, il suffit; nous suffisons, vous suffisez, ils suffisent. Je suffisais; nous suffisions. Je suffis; nous suffîmes. Je suffirai; nous suffirons.* — *Je suffirais; nous suffirions.* — *Suffis; suffisons.* — *Que je suffise; que nous suffisions. Que je suffisse, que nous suffissions.* — *Suffire; Suffisant; Suffi.*

SUFFISAMMENT. adv. [Pr. *sufi-za-man*] (R. suffisant). Assez. *Il a du bien s. pour vivre. Il y a du monde s. Ce fermier n'aura pas de blé s. pour vivre et pour semer. Je l'en ai s. instruit.* = Syn. Voy. ASSEZ.

SUFFISANCE. s. f. [Pr. *sufi-zanse*] (R. suffisant). Ce qui suffit, ce qui est assez. *Avoir s. de blé, de vivres, etc. Il en a sa s. Prenez-en votre s.* Fam. — Proverb., *Qui n'a s. n'a rien,* Quelque bien que possède un homme, s'il ne sait s'en contenter, il est aussi malheureux que s'il n'avait rien. || Capacité, aptitude pour son emploi. *Le roi étant informé de sa capacité et s.* Vx. || Vanité sotte, présomption impertinente. *Il a une s. insupportable. Il est plein de s. Un air, un ton de s.* = A SUFFISANCE. EN SUFFISANCE. loc. adv. et fam. En quantité suffisante, assez. *Il y a eu du vin et du blé en s.*

SUFFISANT, ANTE. adj. [Pr. *sufi-zan*] (Part. prés. de suffire). Qui suffit. *Cette somme est suffisante. Cette grange est suffisante pour contenir la récolte. Cent hommes suffisants pour défendre ce château. Il est s. pour payer. Bonne et suffisante caution.* — T. Théol. *La grâce suffisante,* Voy. GRÂCE. || T. Philos. *Le principe de la raison suffisante,* c.-à-d. que tout effet suppose une cause qui puisse en rendre raison. || Vain, présomptueux, *Je la trouve bien suffisante. Qu'il est s.! Il a l'air s., le ton s.* — On dit aussi subst., *C'est un s., une suffisante. Faire le s.*

SUFFIXE. s. m. [Pr. *suf-fikse*] (lat. suffixus, m. s., de *sub,* sous, et *fixus,* placé). On désigne sous le nom de *Suffixes* les terminaisons des mots, en tant qu'elles ne font point partie du radical, et s'en distinguant en outre comme modifiant sa valeur ou ajoutant une signification particulière à celle du radical lui-même : telles sont par ex., les terminaisons *ment* et *ure* dans les mots *déchirement* et *déchirure;* les terminaisons *ence* et *ion,* dans *apparence* et *apparition;* les terminaisons *age* et *erie,* dans *raffinage* et *raffinerie,* etc. Notre intention n'est point ici de faire un travail complet sur cette partie de la langue; il nous suffira d'indiquer les suffixes qui se rencontrent le plus fréquemment et de marquer leurs principales significations.

ABLE, du lat. *abilis,* capable, exprime une disposition, une aptitude, la possibilité d'être ou de devenir, comme dans *aimable, blâmable, haïssable, profitable.*

ACE, de la désinence latine *ax,* désigne la possession de la qualité, de la propriété contenue dans le radical : *tenace, efficace, vivace, vorace, contumace.*

ACE, ASSE, ACHE, du sanscr., *ká,* suff., diminutif et péjoratif: *populace, hommasse, bravache, maniaque.*

ACLE vient de la terminaison latine *aculum,* qui désignait soit un diminutif, soit plus souvent ce qui fait la chose : *miracle,* ce qui fait qu'on s'étonne; ou ce qui contient : *tabernacle, habitacle.*

ACHE. Voy. ACE.

ADE marque, soit une action fréquente et rapide, comme *promenade, embrassade, fusillade, galopade;* soit une chose qui se distingue par le nombre, la grandeur, la complexité, les ornements, comme *colonnade, balustrade, peuplade, bourgade, ambassade, cavalcade, mascarade, façade, roulade,* etc.

AGE, du lat. *aticum,* exprime tantôt une action, comme *chauffage, collage, tricotage, blanchissage;* tantôt le résultat d'une action, le produit d'une industrie, d'un art : *équarissage, bandage;* tantôt un ensemble, une réunion, une chose plusieurs fois répétée : *nuage, ombrage, marécage, engrenage, langage, parentage, caquetage.*

AIE, suff. collectif : *châtaigneraie, pommeraie, futaie, cordraie.*

AIL désigne l'usage ou la destination des choses : *gouvernail, soupirail, berceau, bétail, attirail, épouvantail.*

AILLE, suff. collectif et péjor.: *muraille, futaille, bataille, ferraille, marmaille, canaille, valetaille.*

AIN, du lat. *anus,* indique : 1° un rapport de situation, de lieu, d'origine, etc.; *terrain, prochain, lointain, Romain, Africain, châtelain, diocésain, riverain;* 2° la possession d'une qualité indiquée par le radical, comme dans, *hautain, humain, mondain, puritain, républicain.*

AINE, joint à un nom de nombre, lui donne la signification de collectivité, ou d'à peu près : *neuvaine, dizaine, douzaine, trentaine, centaine.*

AIRE du lat. *aris* signifie, lorsqu'il termine un adjectif, qui tient à, qui a rapport à : *agraire,* qui a rapport au champ (*ager*), *itinéraire,* qui a rapport au chemin (*iter, itineris*), *monétaire, exemplaire, originaire,* etc. Lorsqu'il termine un substantif, il désigne une profession, un art, une situation : *notaire, vétérinaire, militaire, missionnaire, pensionnaire,* etc.

AIS désigne en général le pays auquel on appartient : *Français, Portugais, Lyonnais.*

AL, du lat. *alis,* sert à former des adjectifs au moyen des substantifs : *amical, antimonial, intestinal, labial, adverbial, municipal, seigneurial, radical, local, hivernal, matinal, total, natal.*

ALGIE, du gr. ἄλγος, douleur, sert à former des noms médicaux : *névralgie,* douleur des nerfs (νεῦρα), *odontalgie,* douleur de dent (ὀδούς, ὀδόντος), etc.

AN, en lat. *anus,* termine quelques mots qui indiquent le lieu, le pays, la profession, l'opinion d'une personne, comme *Persan, Toscan, artisan, courtisan, chambellan, mahométan, partisan.*

ANCE et **ENCE,** du lat. *antia, entia,* expriment : 1° un état présent ou une action présente, comme *repentance, souffrance, séance, naissance;* 2° une action, une qualité, un état permanents et habituels, comme *adhérence, vaillance, constance, prudence.*

ANDE, du lat. *andus,* terminaison du participe d'obligation, désigne une chose, une action qu'on doit faire, comme *offrande, demande, réprimande, propagande, dividende, multiplicande.*

ANT, désinence du participe présent, sign. qui fait l'action : *fécondant, nourrissant, consolant, séduisant.*

AQUE, du gr. ἀχος, ou du lat. *acus, icus,* sign. qui a rapport à : *élégiaque, syriaque, hypocondriaque.*

ARD, suff. augmentatif comme dans *richard,* très riche, devenu plus souvent péjoratif : *campagnard, grognard, traînard, pleurard, pillard, braillard.*

ASSE. Voy. ACE.

ASSERIE, suff. péjor., formé de *asse* suivi du suff. *erie, rêvasserie, finasserie, avocasserie.*

AT, du lat. *atus,* désigne, soit le résultat d'une action, comme *attentat, certificat, agrégat;* soit un titre, une dignité, un emploi, un office, comme *doctorat, professorat, notariat.*

ÂTRE, qui remonte au sanscr. était primitivement augmentatif; il est devenu péjoratif, comme tous les mots très vieux : *bleuâtre, blanchâtre, acariâtre, opiniâtre, gentillâtre.*

AUD, du lat. *alte,* hautement, augm. devenu péjoratif : *lourdaud, salaud, rougeaud, moricaud.*

BOND, lat. *bundus,* qui est attaché à, du sanscr. *baud* et *bund,* lier : *furibond,* à qui une furie semble attachée, *moribond,* à qui la mort est attachée, *nauséabond,* etc.

BRE, du lat. *ber* ou *bris,* sanscr. *br,* signifie, qui porte en soi, qui contient ce qui est exprimé par le radical : *célèbre, salubre, funèbre, lugubre.*

BULE, lat. *bulum,* du sanscr. *br,* ce qui porte, ce qui contient : *conciliabule,* lieu où se tient le conseil (*consilium*), *vestibule,* lieu où sont portés les vêtements (*vestes*).

CEAU, CELLE, CEAU, CELLE, du lat. *cellus, cella,* dimin. : *jouvenceau, arbrisseau, demoiselle, étincelle.*

CÈLE, du gr. κήλη, tumeur, suff. usité en médecine *sarcocèle, hydrocèle, varicocèle.*

CELLE. Voy. CEAU.

CULE, CLE, CULE, du lat. *culus,* suff. dimin. : *faucille, article, animalcule, corpuscule.* — Signifie aussi ce qui sert à quelque chose : *couvercle, tentacule, véhicule.*

COLE, du lat. *colere,* habiter, sert à former naturelle à désigner le lieu d'habitation : *alpicoles,* qui vit sur les Alpes; *arvicol,* qui vit dans les champs cultivés (*arva*), *cuticole,* qui vit dans la peau (*cutis*).

CULE. Voy. CILE.

É, terminaison des participes passés, exprime : 1° l'action soufferte, l'effet : *diffamé, ensanglanté;* 2° la qualité du sujet : *zélé, dissimulé, décidé, conjuré.*

EAU, ELLE, probabl. contr. de *ceau,* désigne, soit un diminutif, comme dans *pigeonneau, chevreau, ormeau, prunelle;* soit une idée particulière qui modifie celle du radical : *tombeau, vaisseau, barreau, troupeau, tonneau.*

ÉE donne au radical une signification concrète particulière, désigne le détail de choses faites ou d'événements passés, et montre la chose dans son contenu, dans sa variété : *Année, journée, matinée, veillée, destinée, renommée, rangée*, etc.

EL, du lat. *alis*, autre forme de AL : *mortel, individuel, intellectuel, éternel, perpétuel, continuel, substantiel, mercuriel*, etc.

ELLE. Voy. EAU.

ENCE. Voy. ANCE.

ERIE, désinence toute française, marque, soit l'action, l'habitude de faire ou le résultat de cette action, comme *batterie, tromperie, fourberie, rêverie*, soit une profession, un métier, le lieu où il s'exerce, et souvent encore les produits industriels résultant de ce métier : *bonneterie, draperie, menuiserie, laiterie, quincaillerie*, etc.

ERNE, du lat. *ernus*, indique un simple rapport de situation : *interne, externe, alterne.*

ESQUE, de même que l'italien *esco*, ajoute au radical l'idée de quelque chose qui n'est pas ordinaire, qui est étrange, peu importe que ce soit une qualité ou un défaut : *gigantesque, chevaleresque, romanesque, arabesque, pédantesque.*

ESSE, suffixe tout français exprime, tantôt une qualité abstraite : *adresse, sagesse, mollesse, tendresse*, tantôt un titre de femme : *princesse, prophétesse, prêtresse, diaconesse.*

ESTE, ESTRE, du lat. *estis, estris*, de *stare*, se tenir, exprime le lieu, l'habitation, la manière d'être : *céleste, alpestre, sylvestre, terrestre.*

ET, ETTE, de même que la désinence italienne *etto*, est diminutif : *jardinet, lacet, poulet, livret, cervelet, propret, amourette, brochette, fourchette, trompette.*

EUR, du lat. *or*, désigne, lorsqu'il termine un substantif masculin, celui qui fait habituellement une action, un métier ou profession d'une chose, ou celui qui a la force, la capacité d'agir : *danseur, penseur, voleur, receleur, entrepreneur, dominateur, moteur.* Lorsqu'il termine un substantif féminin, il désigne une qualité abstraite : *pâleur, douceur, chaleur, stupeur, vigueur, pudeur, valeur.*

EUX, du lat. *osus*, marque la possession d'une qualité, la plénitude, la grande quantité, l'abondance : *amoureux, ombreux, fangeux, glorieux, audacieux, mystérieux, vaniteux.*

FÈRE, du lat. *fero*, je porte : *métallifère*, qui contient des métaux ; *fructifère*, qui porte des fruits, etc.

FIQUE, du lat. *ficus*, dérivé lui-même de *ficare*, fréq. inusité de *facere*, faire, signifie qui fait, qui produit : *béatifique, soporifique, frigorifique, honorifique.*

GÉNÈSE, du gr. γένεσις, naissance, formation : *histogénèse*, formation des tissus (ἱστός) ; *parthénogénèse*, reproduction sans fécondation (παρθένος, vierge).

GÈRE, du lat. *gero*, je porte : *lanigère*, qui porte de la laine.

GRAPHE, du gr. γράφω, j'écris, désigne ce qui écrit, ce qui inscrit : *autographe, biographe, géographe, météorographe.*

GRAPHIE, sert à former les substantifs abstraits correspondant aux mots terminés en *graphe* : *biographie, géographie*, etc.

IBLE, du lat. *ibilis*, a le même sens que *able* : *tangible, extensible, visible, flexible, compréhensible.*

ICE, du lat. *itia*, exprime une qualité abstraite : *justice, avarice, malice.*

IDE, du lat. *idus*, marque une propriété, une qualité : *lucide, sapide, fluide, rapide, valide, timide, stupide.*

IDE, du gr. εἶδος, aspect, indique une ressemblance : *sphéroïde, pétaloïde* ; sert en zool. à former des noms de familles : *scombroïdes, curculionides*, etc.

IE, qu'on trouve en grec et en latin sous la forme *ia*, indique une qualité abstraite : *folie, perfidie, vilenie, industrie, impéritie*, etc.

IÈME, du lat. *esimus*, sert à former les noms de nombres ordinaux et les noms de fractions : *deuxième, vingtième, centième.*

IEN, du lat. *ianus*, signifie, qui appartient à, qui est de la nature de : *virgilien, cornélien, larpeïen.* Ce suffixe exprime, tantôt un rapport de temps et de lieu : *quotidien, athénien, indien* ; tantôt la société, l'école, la profession à laquelle on appartient : *chrétien, platonicien, académicien, théologien, comédien, pharmacien, opticien, mécanicien.*

IER du lat. *arius* et *aris*, signifie : 1° qui fait un métier, qui a un état, qui a la fonction de produire une chose : *serrurier, vitrier, drapier, nourricier, pommier, figuier* ; 2° qui sert à un certain usage : *chandelier, balancier, escalier, fruitier, moutardier* ; 3° enfin, il ajoute parfois au radical une désignation défavorable, comme dans *aventurier, minaudier, tracassier.*

IÈRE, lorsqu'il n'est pas la désinence féminine d'un mot en

ier, sert à désigner : 1° des instruments, des objets et des choses qu'on emploie à divers usages, comme *fourtière, poivrière, salière, aiguière, jarretière, croupière* ; 2° un lieu, une habitation, et alors il renferme parfois une idée de collectivité, comme *foudrière, tanière, taupinière, chaumière, fourmilière* ; 3° enfin, un lieu où se fait une exploitation, une extraction de produits, et alors aussi il ajoute le plus souvent au radical une idée de collectivité, comme *marnière, sablonnière, poudrière, pépinière, houblonnière, sapinière, cressonnière.*

IF, du lat. *ivus*, désigne la puissance, la faculté de faire : *actif, impératif, dérivatif, révulsif, craintif, convulsif.*

IFICA, du lat. *ficare*, fréq. de *facere*, faire, avec un *i* euphonique, signifie, faire passer d'un état à un autre : *pacifier, bonifier, vérifier, sanctifier*, etc.

IL, ILE, du lat. *ilis*, désigne une disposition à, une capacité : *subtil, civil, agile, docile, facile, ductile, fragile*, etc.

ILLE, comme le lat. *illus*, est diminutif : *flottille, aiguille, coquille, charmille, mantille.*

ILLER est fréquentatif : *frétiller, sautiller, gaspiller, mordiller, tortiller.*

IME, du lat. *imus*, marque presque toujours le superlatif : *illustrissime, richissime, infime, intime, minime* ; quelquefois aussi il marque relation, conformité : *maritime, légitime.*

IN, vient du lat. *inus*, et désigne : 1° un rapport d'origine, d'extraction, d'habitation : *alexandrin, florentin, angevin, girondin, citadin* ; 2° appartenance, relation : *marin, salin, alcalin, cristallin, utérin* ; 3° une idée diminutive : *enfantin, ignorantin, diablotin, doguin, blondin, roussin, purpurin*, etc.

INE, du lat. *ina*, est le féminin de *in* ; en outre, cette terminaison désigne quelquefois le lieu où s'exerce un métier, une industrie : *cuisine, saline, usine.*

IQUE, du lat. *icus*, gr. ικος, désigne un rapport essentiel, et sert à faire des adjectifs, et des noms de science qui sont proprement des adjectifs pris substantivement : *philosophique, poétique, héroïque, comique, pudique, fanatique, harmonique, monastique, rustique, physique, arithmétique, acoustique.*

IS, désinence toute française, marque le résultat matériel d'une action, un assemblage et parfois un mélange confus : *hachis, coloris, abatis, fouillis, cliquetis, ramassis.*

ISE, sert à former des substantifs, et ajoute au radical une idée familière qui désigne presque toujours un défaut : *sottise, bêtise, balourdise, gourmandise, couardise, fainéantise.* Il n'a pourtant pas de sens défavorable dans *entreprise, surprise.*

ISER, est une désinence d'infinitif qui signifie, rendre, imiter : *utiliser, ridiculiser, égaliser, subtiliser, pindariser.*

ISME, qui vient du gr. ισμος, s'emploie surtout en matière de spéculation et de science pour désigner une doctrine, un système, une opinion qu'on professe, une méthode qu'on suit, ou le résultat de cette opinion, etc. : *christianisme, mahométisme, matérialisme, sensualisme, jésuitisme, libéralisme, fanatisme, charlatanisme, pédantisme, gallicisme, barbarisme.*

ISSIME, du lat. *issimus*, désinence du superlatif : *richissime, rarissime.*

ISTE, du gr. ιστης, présente un sens analogue à *isme*, mais s'applique aux personnes et non aux doctrines : signifie, qui s'applique à, qui prend parti pour, qui s'occupe de : *chimiste, artiste, flûtiste, dogmatiste, spiritualiste, machiniste.*

ITE, suff. employé en médecine pour désigner l'inflammation : *blépharite*, inflammation des paupières (βλέφαρον), *hépatite*, inflammation du foie (ήπαρ), *ostéite*, des os.

IVE, forme fém. de IF, sert à faire des substantifs et désigne la force, la puissance, la faculté : *imaginative, invective, prérogative, expectative, tentative, récidive, affirmative.*

LITHE ou LITE, du gr. λίθος, pierre : *monolithe*, fait d'une seule pierre, *aérolithe*, pierre qui vient de l'air ; très usité en minéralogie : *chrysolithe, stéolithe.*

LOGIE, LOGUE, du gr. λόγος, discours, traité, servent à former le premier des noms de sciences particulières, et le second les noms de ceux qui cultivent ces sciences : *archéologie*, science de choses anciennes (άρχαῖος), *archéologue*, qui cultive l'archéologie, *géologie, géologue* (γῆ, terre), etc.

MENT, du lat. *mentum*, qui vient lui-même de *mens, mentis*, esprit, termine des substantifs et indique, tantôt l'action, la mise à exécution, l'application de l'idée signifiée par le radical : *enrôlement, entraînement, perfectionnement, encouragement, rayonnement, raisonnement* ; tantôt le résultat de cette action, comme *perfectionnement, payement*, *raffermissement, acquittement;* tantôt enfin une manière d'être, comme *contentement, isolement, tempérament, encombrement.*

MENT, du lat. *mente,* esprit, est la terminaison des adverbes : *promptement,* du lat. *prompta mente,* d'un esprit prompt. Plus tard il est devenu un simple suff. pouvant s'adapter à tout adjectif.

MÈTRE, du gr. μέτρον, mesure, termine les noms d'instruments de mesure : *calorimètre, thermomètre, baromètre.*

MÉTRIE est la terminaison des noms des sciences correspondant aux substantifs terminés en *mètre* : *calorimétrie, géométrie,* etc.

MONIE, du lat. *monia,* ajoute un radical quelque chose d'adouci, de plus faible, mais en même temps de plus constant et de plus durable : *parcimonie, acrimonie.*

OIR sert à désigner, soit un instrument destiné à tel ou tel objet, comme *battoir, pressoir, ébauchoir, miroir, mouchoir;* soit un lieu ayant une destination propre, comme *abattoir, promenoir, parloir, montoir.*

OIRE, terminant un substantif, est la forme féminine du suff. précédent : *baignoire, balançoire, bassinoire, écritoire, rôtissoire, écumoire, réfectoire, observatoire, préloire, répertoire, vésicatoire.* — Terminant un adjectif, il vient du lat. *orius,* et signifie qui est de la nature de, qui touche à : *inflammatoire, préparatoire, blasphématoire, contradictoire, vexatoire, déclamatoire.*

OIS, le même que AIS : *gaulois, villageois, bourgeois.*

OLENT, du lat. *olens,* qui vient lui-même de *olere,* sentir, indique que le radical sent en quelque sorte, a l'odeur de la chose exprimée : *sanguinolent, violent, somnolent.*

ON, signifie : tantôt une action ou son résultat, comme *moisson, leçon, façon, oraison, déclinaison, floraison;* tantôt un diminutif, comme *carafon, cordon, poêlon, aiglon, sablon,* ou un augmentatif, comme *canon, ballon, salon;* tantôt enfin, un qualificatif familier ou désignant une profession habituelle et vulgaire, comme *fanfaron, fripon, brouillon, marmiton.*

OSE, du lat. *osus,* variante d'EUX : *grandiose, morose.*

OT, qui vient de l'itualien *otto,* ou un suff. dimin. et familier : *ballot, caillot, bachot, vieillot.*

OYER ajoute au radical l'idée d'une action qui se répète : *tournoyer, guerroyer, côtoyer, verdoyer, flamboyer.*

PARE, du lat. *parere,* engendrer : *ovipare,* qui produit des œufs, *primipare,* qui accouche pour la première fois.

PHILE, du gr. φίλος, ami, s'emploie surtout en histoire naturelle pour désigner le lieu d'habitation, la nourriture préférée, etc. : *hydrophile,* qui aime l'eau (ὕδωρ), *géophile,* qui vit dans la terre (γῆ), etc.

PHOBE, du gr. φόβεω, je crains, exprime l'horreur, l'aversion : *hydrophobe,* qui a horreur de l'eau (ὕδωρ), *gallophobe,* qui déteste les Français (les Gaulois, *Galli*), etc.

PHORE, du gr. φορός, qui porte : *Christophe,* abrév. de *Christophore,* qui porte le Christ, *balanophore,* qui porte un gland (βάλανος), *métaphore,* qui porte changement (μετά).

SEAU, SELLE. Voy CEAU.

SION, TION, termin. de substantifs qui, en latin, sont terminés en *tio, sio, ssio,* et qui, en général, correspondent à un verbe qui a le même radical. Ils désignent l'action de faire ce qui est exprimé par le verbe correspondant : *action, progression, salutation, correction, dévastation, épuration, affirmation, négation,* etc. Mais souvent aussi ils expriment le résultat de l'action, l'effet produit, obtenu : *correction, dévastation, épuration, fraction, section, notion, sensation, imagination,* etc.

TÉ, du lat. *tas,* indique une qualité abstraite : *bonté, beauté, humilité, sommité.*

TEUR. Voy. EUR.

TRICE, fém. de TEUR. Voy. EUR. S'emploie quelquefois pour des noms féminins qui n'ont pas le masculin correspondant : *cantatrice, impératrice.*

U exprime l'état, la manière d'être : *barbu, menu, charnu, touffu, assidu, continu, exigu,* etc.

UDE, du lat. *udo,* désigne une qualité abstraite : *inquiétude, étude, habitude, solitude.*

ULE, du lat. *ulus,* et désigne : 1° un diminutif fort employé dans les mots scientifiques : *globule, canule, formule;* 2° un défaut, un travers de médiocre conséquence : *crédule.*

URE exprime, la chose qui résulte d'une action, d'un travail : comme *reliure, dorure, polissure, enjolivure, balayures, épluchures, signature, brisure, déchirure, fracture, posture, mixture.*

VORE, du lat. *vorare,* dévorer, indique le genre de nourriture : *carnivore, frugivore, herbivore,* etc.

SUFFOCANT, ANTE. adj. [Pr. *sufo-kan*] (lat. *suffocans,* part. prés. de *suffocare,* suffoquer). Qui suffoque, qui fait perdre ou qui gêne la respiration. *Chaleur suffocante. Vapeur suffocante. Catarrhe s.,* Voy. CATARRHE.

SUFFOCATION. s. f. [Pr. *sufo-ka-sion*] (lat. *suffocatio,* m. s., de *suffocare,* suffoquer). Étouffement, perte de respiration, ou grande difficulté de respirer.

SUFFOQUER. v. a. [Pr. *sufo-ker*] (lat. *suffocare,* m. s., de *sub,* sous, et *faux, faucis,* la gorge). Étouffer, faire perdre la respiration; se dit ordinairement du manque de respiration qui arrive par quelque cause intérieure ou par l'effet de quelque vapeur nuisible. *Son catarrhe le suffoquait. La douleur le suffoquait. Les larmes, les sanglots la suffoquent. Être suffoqué par la vapeur du soufre.* Absol., *Il fait un air brûlant qui suffoque.* || Fig. et fam., *Cela suffoque,* se dit d'un récit, d'un événement qui excite le trouble et d'indignation. = SUFFOQUER, v. n. Perdre la respiration. *Il est près de s. Il va s. Il suffoque.* || S. de colère, d'indignation. Être animé d'une vive colère, etc., que l'on renferme avec effort au dedans de soi. = SUFFOQUÉ, ÉE. part. || Adject., *Viandes suffoquées,* La chair des bêtes dont on n'a point fait sortir le sang. *Par le premier concile de Jérusalem, il est ordonné de s'abstenir de viandes suffoquées.*

SUFFOLK, comté d'Angleterre, au S.-E.; 377,000 hab. Ch.-l. *Ipswich;* 50,500 hab.

SUFFOLK, capitaine angl. qui fut forcé de lever le siège d'Orléans devant Jeanne Darc (1429).

SUFFRAGANT. adj. et s. m. [Pr. *sufra-gan, g* dur] (lat. ecclés. *suffraganeus,* m. s., de *suffragari,* seconder). T. Droit ecclés. Se dit d'un évêque qui dépend d'un archevêque. Voy. ÉVÊQUE. — Se dit quelquefois pour Coadjuteur. || Fig. Remplaçant.

> Si votre femme, de sa grâce,
> Ne vous donne aucun suffragant.
>
> LA FONTAINE.

SUFFRAGE. s. m. [Pr. *su-fraje*] (lat. *suffragium,* m. s.). Voix ou avis que l'on donne dans une assemblée où l'on délibère sur quelque chose. *Donner son s. Recueillir les suffrages. Il a eu tous les suffrages. Il a été élu à la pluralité des suffrages. Dans cette délibération, les suffrages furent partagés. Le s. universel,* où tous les citoyens sont électeurs. *Le s. restreint,* où tous les citoyens ne sont pas électeurs. Voy. VOTE. || Approbation. *Cette pièce a mérité tous les suffrages. J'ambitionne votre s. Le s., les suffrages du public. On doit être jaloux d'obtenir un pareil s.*

> Chacune avait sa brigue et de puissants suffrages.
>
> RACINE.

|| T. Liturg. Se dit de certaines prières qui se disent dans l'office à la fin de laudes et de vêpres, en certains jours de l'année, pour la commémoration des saints. *Suffrages de l'Église,* Les prières que l'Église universelle fait pour les fidèles. *Suffrages des saints,* Les prières que les saints font à Dieu en faveur de ceux qui les invoquent. — Ironiq., *Menus suffrages,* Certaines oraisons de dévotion particulière. || Fig. *Menus suffrages,* choses accessoires, petites privautés.

> Époux, quand ils sont sages,
> Ne prennent garde à ces menus suffrages.
>
> LA FONTAINE.

SUFFREN, marin fr., souvent appelé le *Bailli de Suffren* se distingua dans les guerres contre les Anglais (1726-1788).

SUFFRUTESCENT, ENTE. adj. [Pr. *suf-frutes-san, sante*] (lat. *sub,* sous; *frutex,* arbrisseau). T. Botan. Se dit des plantes qui sont de la nature d'un sous-arbrisseau ou qui en ont le port. — On dit aussi, *Sous-frutescent, ente.*

SUFFUMIGATION. s. f. [Pr. *suf-fumiga-sion, g* dur] (lat. *suffumigatio,* m. s., de *sub,* sous, et *fumigatio,* fumigation). Syn. de Fumigation. Inus.

SUFFUSION. s. f. [Pr. *suf-fu-zion*] (lat. *suffusio,* m. s., de *sub,* sous, et *fusum,* sup. de *fundere,* répandre). T. Méd. Épanchement; ne se dit que d'un épanchement superficiel. *S. de sang, de bile.*

SUGER, abbé de Saint-Denis (1102-1152), fut admis dans les conseils de Louis VI, puis fut principal ministre de Louis VII et régent du royaume pendant la 2ᵉ croisade. Il construisit la basilique de Saint-Denis et écrivit en latin une *Vie de Louis VI*.

SUGGÉRER. v. a. [Pr. *sug-jérer*] (lat. *suggerere*, de *sub*, *sous*, et *gerere*, porter). Mettre, insinuer, faire entrer dans l'esprit de quelqu'un, inspirer à une personne quelque chose, quelque dessein. *S. un expédient, une idée, un projet. Je prendrai le parti que la prudence me suggérera. Il lui a suggéré de faire telle chose.* || *S. un testament*, Faire faire un testament par adresse, par artifice ou par insinuation, à l'avantage ou au désavantage de quelqu'un. = Suggéré, ée. part.

SUGGESTIF, IVE. adj. [Pr. *sug-jestif*] (angl. *suggestive*, m. s., de *to suggest*, suggérer). Qui a le pouvoir de suggérer. *Lecture suggestive.*

SUGGESTION. s. f. [Pr. *sug-jestion*] (lat. *suggestio*, m. s.). Instigation; ne se dit qu'en mauvaise part. *Pernicieuse, dangereuse s. Une s. diabolique. Céder aux suggestions de l'amour-propre.* || Ordre donné par le magnétiseur à une personne en état de somnambulisme et qui est exécuté par celle-ci a son réveil et à l'heure dite sans qu'elle ait le souvenir et la conscience de l'ordre reçu. La s. qu'on se fait a soi-même s'appelle *auto-s.* C'est par *auto-s.* qu'on se réveille à l'heure voulue après s'être endormi avec l'intention bien arrêtée de s'éveiller à cette heure. Voy. Hypnotisme. = Syn. Voy. Insinuation.

SUGILLATION. s. f. [Pr. *sujil-lasion*] (lat. *sugillatio*, de *sugere*, sucer). T. Méd. Ecchymose, ou petit épanchement de sang qui se produit sous l'épiderme, dans les affections scorbutiques, typhoïdes, etc. || Se dit aussi des taches violacées qui se produisent sur les cadavres par l'afflux du sang, sous l'influence de la pesanteur, et qu'on appelle plus souvent *Lividités cadavériques.*

SUGILLER. v. a. [Pr. *sujil-ler*]. Faire une sugillation.

SUICIDE. s. m. (lat. *sui*, *caedes*, meurtre de soi-même). Action de celui qui se tue lui-même. || Celui qui s'est tué lui-même.

Philos. — Par *Suicide*, on entend l'action par laquelle un homme se donne volontairement la mort pour se soustraire aux contrariétés et aux misères de la vie. On ne saurait donc assimiler au suicide le cas où l'homme s'immole pour le bien de ses semblables ou s'expose à une mort certaine, soit pour sauver la vie d'une ou de plusieurs personnes, soit pour atteindre un but moral plus élevé par le sacrifice de son existence. Qui oserait en effet flétrir du nom de s. le noble sacrifice de sa vie fait par d'Assas? Qui n'applaudirait à Socrate et aux martyrs du christianisme, se soumettant volontairement à la mort pour rester fidèles jusqu'au bout au culte de ce qu'ils croient la vérité? On ne peut non plus incriminer le s. qui est la conséquence de l'aliénation mentale, dans laquelle la conscience de ce qu'il y a de moral ou d'immoral dans une action n'existe point, ni par conséquent où il n'y a plus ni liberté véritable, ni responsabilité. Mais il n'en saurait être de même du s. véritable, de celui qui a pour cause la fougue des passions, la crainte de la douleur, le désespoir ou le remords : celui-ci mérite la réprobation la plus sévère. Il est condamné par toutes les doctrines religieuses et philosophiques qui considèrent que la vie ne nous a pas été donnée pour nous seuls, mais pour l'accomplissement d'une fin que nous pouvons ignorer, mais vers laquelle cependant, nous devons tendre de tous nos efforts en nous laissant guider par les lumières de la conscience. La croyance générale chez tous les peuples, soit anciens, soit modernes, a été que le s. est un crime. — Dans l'antiquité, les Pythagoriciens et les Platoniciens condamnaient le s. comme étant l'acte d'un lâche qui abandonne sans ordre une faction. Virgile a placé dans son enfer, livrés au supplice d'éternels regrets, ceux qui se sont donné la mort. Les Stoïciens seuls considéraient le s. comme un acte innocent, sinon comme un acte héroïque : ils disaient avoir le droit de sortir de la vie comme d'une chambre pleine de fumée, ou de la déposer comme un vêtement incommode. Chez plusieurs peuples, la législation frappait le s. de peines posthumes. Ainsi, à Athènes, on mutilait son cadavre et on le privait des honneurs de la sépulture; à Thèbes, on flétrissait sa mémoire. Au moyen âge, son corps était traversé d'un pieu ou traîné

sur une claie, et ses biens étaient confisqués. Enfin, les canons de l'Église condamnent le s. comme un acte de révolte contre la volonté divine, et refusent à celui qui s'en est rendu coupable les prières ecclésiastiques et la sépulture en terre sainte. — Voy. Stoendlin, *Hist. des opinions sur le s.*, 1824.

SUICIDER (se). v. pron. Se tuer soi-même. *Elle s'est suicidée.* = Suicidé, ée. part. || Subst., *Les canons de l'Église refusent aux suicidés la sépulture ecclésiastique.*

SUIDAS, lexicographe grec (Vᵉ siècle ap. J.-C.).

SUIDÉS. s. m. pl. (lat. *sus*, *suis*, cochon). T. Mamm. Famille de Mammifères dont le cochon est le type. Voy. Cochon.

SUIE. s. f. (orig. inconnue, sans doute celtique). La *Suie* est une matière noire ou d'un brun noirâtre, floconneuse ou pulvérulente, grasse au toucher, d'une odeur désagréable et d'une saveur amère, qui provient de la décomposition des matières combustibles et que la fumée dépose en croûtes luisantes sur les parois des conduits de cheminées. Elle se compose principalement de carbone, d'huile empyreumatique, d'acide acétique et de sels ammoniacaux. La suie du charbon de terre ne diffère pas notablement de celle du bois. Dans l'industrie on l'emploie à divers usages. Les fabricants de couleurs en forment des trochisques de couleur bistre ou noire. Les teinturiers en font une couleur jaune appelée *Bidane*, qui sert à teindre les draps. Elle entre dans la composition des encres typographiques noires, et on l'utilise en agriculture comme amendement. En médecine, la s., nettoyée et pulvérisée, a été fort employée autrefois comme détersive, antifébrile, anthelminthique et antispasmodique. Elle faisait aussi la base d'une pommade usitée contre diverses affections cutanées et principalement contre la teigne.

SUIF. s. m. (lat. *sebum*, m. s.). La graisse consistante provenant des animaux ruminants, comme bœuf, mouton, chèvre, etc., lorsqu'elle a été fondue. || T. Bot. *Arbre à s.*, Le *Stillingia sebifera*, Voy. Euphorbiacées, II. || T. Mar. *Donner un s. à un bâtiment*, Enduire sa carène avec un mélange de s., de brai et de soufre fondus ensemble. || T. Min. *S. minéral*, Voy. Talc.

Techn. — Les *Suifs* de bœuf et de mouton sont les meilleurs et les plus généralement employés. Celui de mouton est le plus estimé, à cause de sa dureté et de sa blancheur; mais chaque mouton ne donne en moyenne que 2 kilogrammes de s., tandis que le bœuf en donne 26. Le s. de veau est blanc et mou; de plus, chaque animal n'en fournit guère que 1 kilogramme. Quant au s. de porc, qu'on appelle communément *Flambart*, il est mou et peu estimé. Dans le commerce, on désigne la graisse dosséchée et propre à faire du s., sous le nom de *S. en branches* ou de *S. en rames*. L'extraction de la matière grasse contenue dans le tissu adipeux se fait en fondant les matières grasses préalablement dépécées ou hachées. Cette opération peut s'effectuer de diverses manières. Dans l'ancien procédé de la *fonte aux cretons*, on introduit les matières dans une grande chaudière, et l'on chauffe en ayant soin d'agiter la masse : on obtient bientôt un bain de graisse fondue que l'on retire avec une *poche* fixée à un manche. Quand on a extrait toute la partie qui peut se séparer à l'état liquide, il reste, sous le nom de *Boulée*, une masse solide qu'on porte sous une presse qui en fait encore sortir une proportion considérable de graisse. Le résidu que l'on obtient alors, et que l'on appelle *Cretons*, est communément employé pour la nourriture des chiens. Ce procédé laisse exhaler des émanations dégoûtantes, qui ont fait classer les fonderies de s. au premier rang des établissements insalubres et dangereux. On l'a beaucoup amélioré au moyen de dispositions qui obligent les vapeurs infectes à passer dans le foyer pour y être brûlées. Dans le procédé de la *fonte à l'acide*, qui est dû à Darcet (1818), on verse dans la chaudière un mélange d'eau et d'acide sulfurique, et ensuite la graisse brute, et l'on chauffe seulement à la température de l'ébullition en agitant sans cesse. L'acide détruit, en dissout les membranes du tissu adipeux, et la graisse vient former à la surface de la chaudière un bain que l'on enlève successivement. Ce procédé est bien supérieur au précédent : 1° parce qu'il ne donne que très peu d'odeur; 2° en ce que, n'exigeant pas une aussi haute température, le danger d'incendie est beaucoup moindre; 3° en ce qu'il ne laisse presque pas de cretons. Le procédé de la *fonte à l'alcali* présente les mêmes avantages; il diffère du précédent en ce que l'acide sulfurique est remplacé par une solution faible de soude caustique. Les suifs obtenus par ces deux dernières méthodes sont très blancs et n'ont que très peu d'odeur; en outre le rendement est plus élevé qu'avec l'ancien procédé; mais les crétons ne peuvent plus servir à la nourriture des animaux. Quel que soit le procédé employé, le s. obtenu est coulé dans des jattes cylindro-coniques, où il se fige en forme de pains; on l'appelle alors *S. en jatte*, *S. en pains* ou *S. de place*. C'est sous cette forme qu'on le livre aux chandeliers et aux fabricants de bougies stéariques. Une partie sert aussi à fabriquer du savon. Dans le commerce, on distingue encore sous le nom de *Petit s.*, la matière grasse qu'on extrait des os avant de les employer à la fabrication de la gélatine, du noir animal, etc. Ce s., qui a peu de consistance et contient beaucoup d'eau, trouve un emploi dans les savonneries.

Pour la fabrication du beurre artificiel connu sous le nom de *Margarine*, on n'emploie que de la graisse de bœuf fraîche; après l'avoir broyée et lavée, on la fond avec de l'eau à la température la plus basse possible. On recueille la graisse fondue, on la laisse refroidir lentement à 25°, puis on l'exprime au filtre-presse; le résidu solide est un s. dur qui est employé pour la fabrication des bougies; la partie liquide exprimée par la presse prend une consistance butyreuse si on la laisse revenir à la température ordinaire; on la baratte avec 25 p. 100 de lait frais et on la traite ensuite comme le beurre ordinaire. Voy. GRAISSE.

On donne quelquefois le nom de *S. végétal* à des matières grasses qu'on extrait des semences de certaines plantes en Chine et dans l'Inde, et qui sont utilisées pour la fabrication des bougies et des savons. Quant au *S. minéral* du Pays de Galles et de Liège, c'est une variété d'ozocérite.

SUIFFER. v. a. [Pr. *sui-fer*]. Enduire de suif. == SUIFFÉ, ÉE. part.

SUI GENERIS. Mots latins sign. « de son genre ». *Odeur sui generis*. Odeur spéciale, particulière; qui ne rappelle aucune autre.

SUILLIENS. s. m. pl. [Pr. *sui-li-in*] (lat. *suillus*, qui a rapport au cochon, de *sus*, *suis*, cochon). T. Mamm. Famille de *Mammifères*. Voy. COCHON.

SUINT. s. m. [Pr. *su-in*] (lat. *sucidus*, humide). T.

Techn. Matière grasse, liquide, que sécrètent les bêtes à laine, et qui imprègne leurs poils. Voy. LAINE. || Écume qui surnage sur le verre en fusion.

SUINTEMENT. s. m. [Pr. *suin-teman*]. Action de suinter. *Le s. d'une plaie*. *Le s. d'une roche*, *d'une muraille*.

SUINTER. v. n. (R. *suint*). Se dit d'un liquide, d'une humeur qui sort, qui s'écoule presque imperceptiblement. *L'eau suinte à travers le plancher*. *Du vin qui suinte entre deux douves*. Il *suinte de sa plaie des sérosités roussâtres*. || Se dit aussi du vase, du lieu d'où coule le liquide, l'humeur. *Ce tonneau suinte*. *Cette muraille suinte*. *La plaie est fermée, mais elle suinte encore*.

SUINTINE. s. f. (R. *suint*). Substance grasse extraite du suint. On peut l'utiliser pour l'imperméabilisation des tissus, le travail du cuir, l'entretien de la chaussure, etc. Convenablement purifiée, elle fournit la *lanoline*. Voy. ce mot.

SUIPPES, ch.-l. de c. (Marne), arr. de Châlons-sur-Marne; 2,700 hab.

SUIR, riv. d'Irlande, s'écoulant dans la baie de Waterford; 150 kilomètres.

SUISSE. adj. et s. 2 g. [Pr. *sui-se*]. Qui habite la Suisse, qui en dépend. == SUISSE. s. m. Nom donné au domestique à qui est confiée la garde de la porte d'une maison, parce qu'autrefois ce domestique était pris ordinairement parmi les Suisses. *Le s. de l'hôtel*. — On dit maintenant, *Portier* ou *Concierge*. || *Le s. d'une église*, Celui qui est chargé de la garde d'une église et qui précède le clergé dans les processions, etc. *La hallebarde d'un s*. || Prov. *Point d'argent, point de s.*, par allusion aux Suisses qu'on louait comme soldats mercenaires.

Point d'argent, point de Suisse, et ma porte était close,
                             RACINE.

|| T. Mamm. Voy. ÉCUREUIL.

SUISSE. Confédération de cantons allemands, français et italiens dans la partie septentrionale du massif des Alpes, entre la France à l'ouest, l'Allemagne au nord, l'Autriche à l'est, l'Italie au sud.

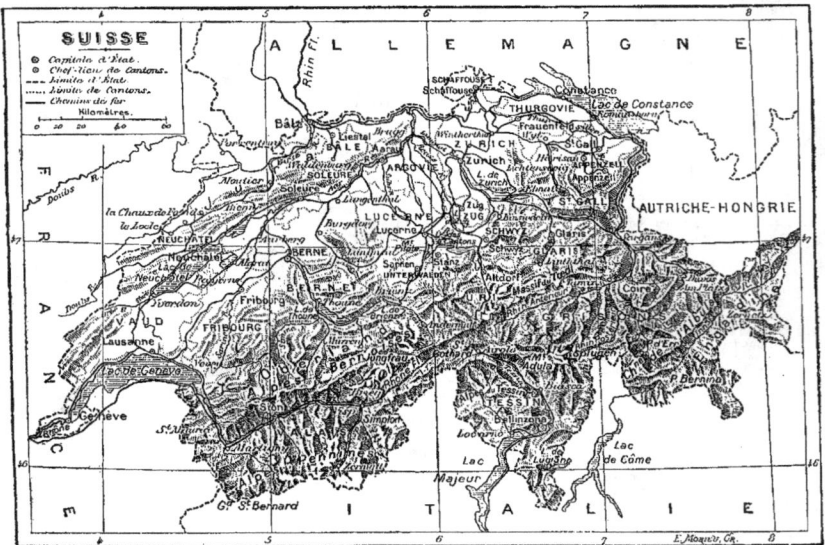

SUISSE

Les Alpes et leurs ramifications forment à elles seules presque toute l'orographie de la Suisse : ce sont les Alpes centrales, les Alpes bernoises, les Alpes pennines et les Alpes rhétiques.

Il faut y ajouter le Jura qui forme la frontière du côté de la France. De ces montagnes descendent :

1° Le Rhin qui se dirige d'abord vers le nord, traverse le lac de Constance, et suit de l'est à l'ouest la frontière allemande, recevant trois affluents importants la Thur, l'Aar, et la Birse. La Thur reçoit elle-même la Sitter; l'Aar traverse les lacs de Brientz et de Thun, reçoit à gauche la Sarre et la Thièbe, à droite la Reuss qui traverse le lac des 4 cantons et la Limmat, qui traverse le lac de Zurich;

2° Le Rhône qui traverse le lac de Genève;

3° Le Tésin, qui traverse le lac Majeur et se jette ensuite en Italie, dans le Pô.

4° L'Inn, tributaire du Danube en Allemagne.

Ces hautes vallées furent dans l'antiquité peuplées par des tribus gauloises, les Helvètes, les Boïes, les Nantuates. Du nom de la plus importante, on donna, on donne encore à cette contrée le nom d'Helvétie. Soumise par les Romains, elle fit partie de la grande Séquanaise et, lors de la grande invasion, devint la proie des Burgondes à l'ouest, des Alamans à l'est. Aux différents partages de l'Empire de Charlemagne, elle fut successivement rattachée en totalité ou en partie à la Lotharingie, aux royaumes de Bourgogne et d'Arles, l'Allemagne empiétant petit à petit jusqu'à l'accaparer presque entièrement. Les ducs de Zaehringen en eurent la régence; mais après l'extinction de cette famille elle fut divisée en un grand nombre de petits États, un bon nombre ecclésiastiques, dépendant directement de l'Empire. Or, un duc d'Autriche s'en étant fait céder un certain nombre par les abbés et chanoines souverains, trois de ces États : Schwitz, Uri et Unterwalden, refusèrent l'hommage au duc. La répression et la tyrannie ne firent qu'accentuer la révolte (1307) à laquelle la tradition a mêlé les exploits d'un personnage sans doute légendaire, Guillaume Tell. Les Autrichiens furent écrasés à Morgarten (1315); puis aux trois cantons révoltés se réunirent successivement Lucerne (1332), Zurich (1351), Glaris et Zug (1352), Berne (1358). L'État de Schwitz donna son nom à la Confédération (en français Suisse); au siècle suivant, l'Empereur et le Pape appelèrent contre elle les bandes françaises délivrées de l'anglais (1444), mais, vaincues par le Dauphin qui fut plus tard Louis XI, les Suisses prirent de sanglantes revanches sur Charles le Téméraire de Bourgogne à Granson et à Morat (1476).

L'indépendance de la Suisse fut dès lors assise et sa neutralité établie par le traité de Westphalie (1648). Pendant ces siècles, les Suisses que la nécessité de se défendre avait rendus guerriers fournirent de mercenaires les plus importantes armées de l'Europe et surtout celles de France, d'Italie et d'Autriche.

Pendant la révolution française, la guerre civile éclata, en Suisse, entre les aristocrates et les démocrates : ceux-ci, soutenus par une armée française, triomphèrent et la *République Helvétique* fit un traité d'alliance avec la France. Après la chute de l'Empire elle redevint confédération Suisse; le Traité de Vienne (1815) proclama de nouveau sa neutralité, lui annexa la haute vallée du Rhône, en amont du lac de Genève, laquelle avait fait partie de l'Empire, et porta sa frontière de la Birse au Jura.

Les cantons sont aujourd'hui au nombre de 22, dont 5 français (Genève, Vaud, Fribourg, Neuchâtel et Valais); 3 italiens (Tésin et Grisons); les autres sont allemands (Saint-Gall, Appenzell, Glaris, Uri, Unterwald, Schwitz, Berne, Lucerne, Zug, Soleure, Bâle, Argovie, Zurich, Turgovie et Schaffhouse).

La capitale de la Confédération est Berne. La ville la plus peuplée est Genève. Les principales industries sont l'horlogerie, la soierie, les broderies, les mousselines, les cotonnades.

La confédération est dirigée par un conseil fédéral de 7 membres nommés par le Conseil d'État composé de 44 membres et par le Conseil national composé de 120 membres.

La population est d'environ 3,000,000 d'habitants, dont 2,000,000 de langue allemande, 700,000 environ de langue française, 150,000 de langue italienne, le reste, de dialectes divers.

SUITE. s. f. coll. (bas lat. *sequita*, de *sequere*, suivre). Ceux qui suivent, ceux qui vont après. *On laissa passer les trois premiers, et l'on ferma la porte à toute la s.* || Ceux qui accompagnent quelqu'un; ceux qui sont auprès, autour de lui pour lui faire honneur. *Une s. brillante, nombreuse. Une*

grande s. de courtisans. Ce prince va toujours sans s. et sans escorte. — *Carrosses de s.,* Les carrosses qui sont chez un prince, chez un ambassadeur, pour l'usage de ses domestiques. || Ce qui suit, ce qui est après. *Pour bien entendre ce passage, il faut lire la s. Voyons la s. Attendons la s.* — Continuation; ce qui est ajouté à un ouvrage pour le compléter, le terminer. *La S. de don Quichotte. La S. des Annales de Baronius.* || Série, succession; se dit des personnes et des choses, *Une longue s. d'aïeux. Une longue s. de rois. Cette campagne a été une s. de victoires. Une s. de pensées, d'images* — *La s. des temps,* La succession des siècles. || Se dit aussi d'un certain nombre de choses de même espèce que l'on range selon l'ordre des temps ou des matières. *Une belle s. de médailles, de monnaies, d'estampes. Une belle s. de livres d'histoire, d'historiens.* || En parlant des événements, se dit surtout pour marquer leur enchaînement, leur dépendance. *Ce qui lui arrive est une s. naturelle, inévitable de son imprudence. Cette affaire peut avoir des suites fâcheuses, de fâcheuses suites, ou simplement, des suites. Il faut en prévenir les suites. Il est mort des suites de sa chute. Il avait eu une fort bonne idée, mais il n'y a point donné de s. La s. a fait voir ce qu'on pouvait attendre de lui.* || Signifie encore, ordre, liaison. *Il n'y a point de s. dans ce discours. Il y a de la s. dans ses idées, dans ses raisonnements, dans ses réponses.* — Fig., *Cet homme n'a point de s. dans l'esprit, n'a pas un esprit de s., n'a pas l'esprit de s.,* il n'est pas capable d'une attention continue, de persévérance. *Il n'y a point de s. dans sa conduite.* Il y a beaucoup d'inégalité dans sa conduite. || T. Palais. *N'avoir point de s.,* N'avoir ni enfants ni proches parents. — *Les meubles n'ont pas de s. par hypothèque,* il ne peut y avoir d'hypothèque sur les meubles. || *Suites de couches,* phénomènes morbides qui surviennent après l'accouchement et en sont la conséquence. = A LA SUITE, locut. prép. *Entrer, marcher à la s. de quelqu'un,* Entrer après lui. *Être à la s. d'un ambassadeur,* L'accompagner, être de son cortège. *Être à la s. du tribunal,* Suivre le tribunal pour quelque affaire que l'on y a. *Être à la s. d'une affaire,* La poursuivre, la solliciter, ou bien être attentif à tout ce qui se passe dans le cours d'une affaire, en observer tous les incidents. || Absol., *Officier à la s.,* Officier qui attend son tour pour être mis en activité. — DE SUITE, locut. adv. L'un après l'autre, sans interruption. *Faites-les marcher de s. Il ne saurait dire deux mots de s.* || Se dit aussi de l'ordre dans lequel les choses doivent être rangées. *Ces livres, ces médailles ne sont point de s. Mettez-les bien de s.* = DANS LA SUITE. PAR LA SUITE. loc. adv. Plus tard, dans un temps subséquent. *Il devint par la s. un ouvrier laborieux. Tel fut d'abord mon plan; mais je le modifiai dans la s.* = PAR SUITE. loc. prép. Par une conséquence naturelle, par un résultat nécessaire. *On rejeta cet article, et par s. tous les amendements proposés. Par s. de nos conventions, vous devez....* = TOUT DE SUITE. loc. adv. Sur-le-champ, sans délai. *Il faut que les enfants obéissent tout de s. Il faut faire ce remède tout de s.*= Syn. Voy. CONTINUATION.

SUITÉ, ÉE. adj. T. Techn. Qui a une suite. || *Jument suitée,* suivie d'un poulain.

SUITES. s. f. pl. T. Véner. Les testicules d'un sanglier. Ce mot est une corruption de *Luites,* qui est le vrai mot.

SUIVANT, ANTE. adj. Qui est après, qui va après, *Le livre s. contient l'histoire de.... Le jour s., il partit. Il allégua les raisons suivantes.* || *Demoiselle suivante,* ou subst., *Suivante,* Demoiselle attachée au service d'une dame; ne se dit guère que dans les pièces de théâtre. = SUIVANT, ANTE. s. Celui, celle qui accompagne, qui escorte une personne. *Elle avait de nombreux suivants. La nymphe, entourée de ses suivantes.* — Poétiq., *Les suivants d'Apollon,* Les poètes. || Fam., on dit d'un homme qui n'a ni enfants, ni proches parents, *Il n'a ni enfants, ni suivants.* || T. Chasse. Jeune animal qui suit encore sa mère. = SUIVANT. prép. Selon, conformément. *S. votre sentiment. S. l'opinion d'Aristote, S. Descartes.* || A proportion, en raison de. *Travailler s. ses forces. Il faut se gouverner s. le temps et le lieu.* = SUIVANT QUE. locut. conj. Selon que. *Je le récompenserai s. qu'il m'aura servi.*

Suivant qu'on m'aime ou hait, j'aime ou hais à mon tour.

CORNEILLE.

SUIVER. v. a. Enduire de suif. *S. un mât de cocagne.* = **Suivé**, ée. part. Vx. On dit mieux suiffer.

SUIVEUR. s. m. Celui qui suit.

SUIVRE. v. a. (lat. *sequi*). Aller, marcher après un autre. *Il marchait le premier, et les autres le suivaient. Allez devant, je vous suivrai. S. de loin, de près. S. à la piste, à la trace. S. pas à pas. Je l'ai fait s. partout où il est allé. Les jeunes animaux suivent leur mère.* — *S. de l'œil, des yeux,* Regarder une personne ou une chose qui s'éloigne.

> Suivre de l'œil un char fuyant dans la carrière.
> 　　　　　　　　　　　　　　RACINE.

Elle le suivit longtemps des yeux. Il suivait de l'œil le vaisseau qui s'éloignait à toutes voiles. — Fig., au sens moral, *Sa fortune ordinaire le suivit dans cette nouvelle campagne. Il est partout suivi du mépris public.* — Proverb., *Qui m'aime me suive,* Que celui qui a de l'amitié pour moi fasse ce que je ferai, qu'il m'imite, ou qu'il prenne mon parti. || Accompagner, aller avec. *Je l'ai suivi dans tous ses voyages. Deux amis le suivirent dans son exil.* || Être, venir après, par rapport au temps, au lieu, à la situation, au rang, etc. *L'été suit le printemps. La nuit suit le jour. L'âge mûr suit la jeunesse. Des désastres inouïs suivirent ses premiers succès.* — Fig., se dit des choses qui sont la conséquence d'une autre. *L'envie suit la prospérité. La satiété suit la jouissance. La honte qui suit le crime.* || Aller après pour atteindre, pour prendre. *S. un lièvre, un cerf. La gendarmerie a suivi l'assassin pendant trois jours.* || Surveiller, épier, observer. *Il faut s. cet homme-là. J'ai suivi sa conduite, ses démarches. Je l'ai suivi dans ses progrès. S. la marche d'une maladie. Si vous aviez suivi cette affaire, cette intrigue. S. la génération des idées.* || Aller, continuer d'aller dans une direction tracée, ou en prenant quelque objet pour direction. *S. un chemin. S. un sentier. S. une allée. S. son chemin. S. les pas, les traces de quelqu'un. S. le cours d'un fleuve, les bords de la mer. Le bateau suivait le courant de l'eau.* — Lorsqu'on prépare un manuscrit pour l'impression, on se sert quelquefois des loc., *En suivant,* ou *Faites suivre,* ou *Suivez,* qui sign., Ne faites point d'alinéa et continuez la ligne commencée. || Fig., *S. le chemin, le sentier de la vertu. S. les traces de ses ancêtres. S. le fil de ses idées, d'un raisonnement.* Fam., *S. sa pointe,* Continuer son entreprise. — *S. une affaire, une entreprise, etc.,* S'attacher à une affaire avec persévérance, et ne rien négliger de ce qui peut la faire réussir. *Je suivrai cette affaire. Suivez votre procès, si vous ne voulez le perdre. Cet homme ne suit rien.* — *S. le parti de quelqu'un,* Prendre son parti. On dit de même : *S. une doctrine, une opinion,* Faire profession d'une doctrine, etc.; et *S. Aristote, Platon, Descartes,* Être du sentiment d'Aristote, etc. — *S. une profession, un métier, une carrière,* L'exercer. *S. la cour, s. le barreau,* S'attacher à la cour, fréquenter le barreau. — *S. un prédicateur, un professeur,* Être assidu à ses sermons, à ses leçons. On dit dans le même sens : *S. un cours, des cours. S. les leçons de tel collège, de tel maître.* On dit encore, *S. le théâtre, le spectacle,* Y aller assidûment. — *S. quelqu'un dans un discours, dans un raisonnement,* Être attentif à un discours, etc., en sorte qu'on n'en perde rien. *Il est difficile de s. cet orateur.* || Fig., S'abandonner à, se laisser conduire par. *S. son imagination, son idée, sa pensée, sa fantaisie. S. sa passion, ses caprices, son inclination, ses goûts, ses penchants.* || Fig., Se conformer à. *S. la mode, l'usage, les coutumes d'un pays. S. un plan. S. les avis, l'exemple de quelqu'un. S. les ordres qu'on a reçus. S. une méthode. S. la règle.* = se **Suivre.** v. pron. Se se suivaient les uns les autres. Proverb., *Les jours se suivent et ne se ressemblent pas,* Voy. RESSEMBLER. || Être placés à la suite l'un de l'autre. *Ces pages, ces numéros se suivent bien, ne se suivent pas,* Sont dans leur ordre naturel, ou n'y sont pas. — Fig., *Les parties de ce discours se suivent bien, ne se suivent pas,* Elles sont bien ou mal liées entre elles. ≡ **Suivre.** v. n. Procéder, découler, résulter. *Votre seconde proposition ne suit pas de la première. Elle ne suit pas nécessairement de vos prémisses.* || On dit de même impersonnell., *Il suit de ce que vous dites que je n'avais pas tort. Suit-il de là que vous ayez raison.* = **Suivi, ie.** part. *Ce professeur est fort suivi,* Il attire un grand nombre d'auditeurs. On dit de même, *Cette pièce de théâtre est fort suivie.* || Adjectif., Qui est continu, sans interruption. *Un travail suivi. Des relations suivies. Une correspondance suivie.* || Dont toutes les parties ont l'ordre et la liaison nécessaires. *Un discours, un raisonnement suivi. Une pièce bien suivie.*

Conj. — *Je suis, tu suis, il suit; nous suivons, vous suivez, ils suivent. Je suivais; nous suivions. Je suivis; nous suivîmes. Je suivrai; nous suivrons. — Je suivrais; nous suivrions. — Suis; suivons. — Que je suive; que nous suivions. Que je suivisse; que nous suivissions. — Suivre. Suivant. Suivi, ie.*

SUJET, ETTE. adj. [Pr. *su-jè, jète*] (lat. *subjectus*, m. s., propr. mis dessous, de *sub*, sous, et *jacere*, jeter). Soumis à, dépendant de. *Nous sommes tous sujets aux lois du pays où nous vivons. Je ne veux pas être s. à ces conditions.* — Fam., *Être s. à l'heure,* Être obligé de se trouver en quelque endroit, de faire quelque chose, à une certaine heure précise. On dit de même, *Être s. au coup de cloche,* et, dans un sens anal., *Être s. au coup de sonnette.* || Assujetti à supporter quelque charge, à payer certains droits. *Tout propriétaire est s. à l'impôt foncier. Autrefois les paysans étaient sujets à la corvée. Ces denrées sont sujettes à l'octroi.* || Astreint à quelque nécessité inévitable. *Tous les hommes sont sujets à la mort. La vieillesse est sujette à beaucoup d'infirmités.* || Se dit absol. d'une personne qui est tenue fort dépendante. *Ce maître tient ses domestiques fort sujets,* Il exige d'eux un service fort assidu. *Ce père tient son fils de court et fort s.,* Il ne lui laisse presque aucune liberté. *Cette femme est fort sujette auprès de son mari,* Elle est obligée d'être continuellement auprès de lui. *C'est un emploi, un métier, une place où il faut être extrêmement s.,* où l'on est fort s., Où il faut beaucoup d'exactitude et d'assiduité. || Sujet, signif. encore, qui a coutume de faire quelque chose, qui s'y trouve porté par inclination, par habitude. *Il est s. à boire, à s'enivrer. Il est s. au vin. Il est s. à la colère. Elle est sujette à cette faute.* Prov., *Il est s. à caution,* Voy. CAUTION. || Sign. également, qui est exposé à éprouver fréquemment de certains accidents. *Tout homme est s. à se tromper. Il est s. à de grandes maladies. S. à la goutte, à la migraine. Ce pays est s. aux inondations, aux tremblements de terre. Ces couleurs sont sujettes à changer.* — *Cette démarche est sujette à bien des inconvénients, cette entreprise est sujette à bien des difficultés,* Il y a des inconvénients à faire cette démarche, il y a bien des difficultés à surmonter pour réussir dans cette entreprise. *Ce passage est s. à plusieurs interprétations différentes,* Il est susceptible de différentes interprétations. = **Sujet,** Soumis. *C'est un sujet né du roi. Je ne suis pas au sujet. Les sujets de la république helvétique.* || Se dit encore, mais seulement au masculin, d'une personne considérée par rapport à sa capacité, à ses talents ou à ses mœurs. *L'homme dont vous parlez n'est pas un s. capable de remplir cet emploi. C'est un bon s., un digne s. C'est un mauvais s., un mince s., un s. médiocre.*

SUJET. s. m. [Pr. *su-jè*] (R. *sujet,* adj.). Cause, raison, motif. *Il vous a querellé sans s., pour un s. fort léger. J'ai s. de me plaindre. Il lui a donné des sujets de plainte. Il a plus d'un s. d'affliction, de douleur, de larmes. Voilà le s. de leur rupture. Il fut arrêté au s. de ce couplet. À ce s., je vous dirai que....* || La matière sur laquelle on compose, on parle, on écrit. *S. fécond. S. stérile. S. difficile. S. rebattu, usé. S. neuf, heureux. Le s. de la conversation, de la discussion. Traiter un s. à fond. Cette anecdote lui a fourni le s. de sa pièce. Il domine son s. Il est au-dessous de son s. Il est plein de son s.* — Syn. Voy. MATIÈRE. || L'objet d'une science. *Les corps naturels sont le s. de la physique. Les corps naturels sont le s. de la médecine, c'est le corps humain.* — T. Anat. Le cadavre que l'on dissèque. *La difficulté de se procurer des sujets a longtemps nui beaucoup au progrès des études anatomiques.* || T. Hortic. Le végétal sur lequel on pose ou l'on doit poser une greffe, et particul., les sauvageons qu'on élève pour les transplanter et les greffer. *Cette pépinière ne fournit que des sujets languissants.* || T. Logiq. et Gramm. Le s. d'une proposition. Voy. PROPOSITION et ANALYSE. || T. Méd. Ce malade est un bon, un mauvais s., Il est d'une bonne ou d'une mauvaise constitution. || T. Mus. Le thème, la phrase que le musicien doit développer. Voy. FUGUE. || T. Philos. Se dit du moi, par opposition à *Objet,* et au s. de la substance, par opposition à qualité. *Comment expliquer, dans ce système, le passage du s. à l'objet? Existe-t-il une relation néces-*

saire entre les qualités et le s. qui les supporte? Voy.
Objectif.

SUJÉTION. s. f. [Pr. ...*sion*] (lat. *subjectio*, m. s., de *subjectum*, sup. de *subjicere*, propr. mettre dessous). Dépendance, état de ce qui est astreint, de ce qui est obligé à quelque chose, à quelque nécessité. *Vivre, tenir, demeurer dans la s. S'affranchir de la s. Tous les besoins de la vie sont de grandes sujétions. Tout état de s. est dur par lui-même.* || L'assiduité d'un domestique auprès de son maître, d'une femme auprès de son mari, etc. *C'est un homme auprès duquel il faut une grande s.* || L'assiduité que demande une charge, un emploi. *C'est un emploi d'une grande s.* || Se dit encore de certaines incommodités, de certaines servitudes auxquelles une maison est sujette. *C'est une maison fort incommode, et où il y a de grandes sujétions.* = Syn. Voy. Assujettissement.

SULCATURE. s. f. (lat. *sulcare*, sillonner). T. Géol. Trace en forme de sillon.

SULFACIDE. s. m. (lat. *sulfur*, soufre, et fr. *acide*). T. Chim. Composé analogue aux oxacides ou à leurs anhydrides, mais contenant du soufre à la place de l'oxygène.

SULFAMIDE. s. f. (lat. *sulfur*, soufre, et fr. *amide*). T. Chim. La s. est l'amide neutre de l'acide sulfurique et répond à la formule $SO^2(AzH^2)^2$. Elle prend naissance dans la réaction du gaz ammoniac sur le chlorure de sulfuryle. Elle forme de grands cristaux incolores, fusibles à 81°, très solubles dans l'eau. — L'amide acide qui lui correspond, c.-à-d. *l'acide sulfamique* $SO^2(AzH^2)OH$, s'obtient à l'état de sel ammoniacal lorsqu'on fait réagir le gaz ammoniac sur l'anhydride sulfurique.

SULFANILIQUE. adj. 2 g. (lat. *sulfur*, soufre, et fr. *aniline*). T. Chim. *L'acide s.* est un dérivé amidé et sulfonique du benzène ; il répond à la formule $C^6H^4(AzH^2)(SO^3H)$. L'acide s. ordinaire contient les groupes AzH^2 et SO^3H en position para. On le prépare en chauffant à 190° le sulfate acide d'aniline obtenu par l'action directe de l'acide sulfurique sur l'aniline. Il cristallise en lames orthorhombiques brillantes, contenant une molécule d'eau. Il est soluble dans l'eau chaude, insoluble dans l'alcool et dans l'éther. C'est un acide assez énergique qui décompose et qui forme des sels bien cristallisés. Il sert à fabriquer diverses matières colorantes azoïques. — On emploie également son isomère, *l'acide métasulfanilique*. Pour préparer celui-ci, on chauffe à 100° le nitrobenzène avec de l'acide sulfurique fumant et l'on réduit le produit de la réaction à l'aide de la tournure de fer.

SULFANTIMONIATE. s. m. (lat. *sulfur*, soufre, et fr. *antimoine*). T. Chim. Nom donné aux sulfosels dérivés du pentasulfure d'antimoine. Ils sont généralement colorés. Ceux des métaux alcalins sont solubles et cristallisables. Le *s. de sodium* $Sb^5S^4Na^3,9H^2O$, connu sous le nom de *Sel de Schlippe*, forme de beaux cristaux jaunes tétraédriques, très solubles dans l'eau. On le prépare en chauffant le trisulfure d'antimoine avec du soufre et du carbonate de soude. On l'emploie en médecine comme succédané du kermès minéral. — On connaît aussi des *sulfantimonites*, sels résultant de la combinaison du trisulfure d'antimoine avec un sulfure basique.

SULFARSÉNIATE. s. m. (lat. *sulfur*, soufre, et fr. *arsenic*). T. Chim. Nom donné aux sulfosels qui correspondent un pentasulfure d'arsenic As^2S^5. Ils se forment par la combinaison de ce pentasulfure ou un sulfure basique ou par l'action de l'acide sulfhydrique sur la solution d'un arséniate. Les sulfarséniates des métaux alcalins sont jaunes, solubles dans l'eau et cristallisables ; tel est le s. de potassium AsS^4K^3. Traités par l'acide chlorhydrique ils donnent un précipité d'*acide sulfarsénique* AsS^4H^3.

On connaît aussi des *sulfarsénites*, sulfosels correspondant au trisulfure d'arsenic. Ils sont généralement colorés en jaune, en rouge ou en brun ; ceux des métaux alcalins sont solubles et cristallisables. Ils dérivent d'un *acide sulfarsénieux* qui aurait pour formule AsS^3H^3.

SULFATAGE. s. m. T. Techn. et Agric. Action de sulfater.

SULFATE. s. m. T. Chim. Nom générique des sels et des éthers formés par l'acide sulfurique. Voy. Soufre, IX, A.

SULFATÉ, ÉE. adj. T. Minér. Qui est combiné avec l'acide sulfurique. *Baryte sulfatée*, Sulfate de baryte.

SULFATER. v. a. (R. *sulfate*). T. Techn. Imprégner des pièces de bois d'un sulfate métallique pour les conserver. *S. des poteaux de télégraphe, des échalas.* Voy. Bois (*Conservation des bois*). || T. Agric. Amender les terres avec du sulfate de chaux ou plâtre. Voy. Amendement. — *S. les vignes.* Répandre sur les feuilles une dissolution de sulfate de cuivre pour les préserver du mildiou. Voy. Mildiou.

SULFATO. T. Chim. Préfixe indiquant la présence d'un sulfate dans un composé.

SULFAZOTÉ, ÉE. adj. (R. *sulfureux*, et *azote*). T. Chim. On a donné le nom de *Sels sulfazotés* à une série de sels sulfoniques et azotés que Frémy a obtenus par l'action de l'acide sulfureux sur les azotites alcalins.

SULFHYDRATE. s. m. T. Chim. Voy. Soufre, VIII.

SULFHYDRIQUE. adj. T. Chim. *Acide* ou *gaz s.* Voy. Soufre, VI.

SULFHYDROMÈTRE. s. m. T. Chim. Tube gradué qui est rempli d'une solution alcoolique d'iode, et qui sert à déterminer la quantité d'acide sulfhydrique ou de sulfure contenue dans les eaux minérales sulfureuses. Le s. *a été imaginé par le professeur Dupasquier, de Lyon.*

SULFIMIDE. s. f. (lat. *sulfur*, soufre, et fr. *imide*). T. Chim. La s. est l'imide de l'acide sulfurique et répond à la formule SO^2AzH. On ne connaît que sa solution aqueuse, qui se décompose par l'évaporation. Elle joue le rôle d'un acide monobasique en remplaçant son hydrogène par des métaux. — On appelle aussi *sulfimides* les imides qui correspondent aux dérivés sulfoniques des acides organiques. La sulfimide benzoïque, qui provient du dérivé sulfonique de l'acide benzoïque, est bien connue sous le nom de *Saccharine*. Voy. ce mot.

SULFINDIGOTIQUE. adj. 2 g. (lat. *sulfur*, soufre, et fr. *indigo*). T. Chim. Voy. Indigotine.

SULFINE. s. f. (lat. *sulfur*, soufre). T. Chim. Nom donné à des radicaux monovalents constitués par l'union du soufre avec 3 radicaux hydrocarbonés. Leurs iodures s'obtiennent en traitant les sulfures organiques par les iodures alcooliques. C'est ainsi que l'iodure et le sulfure d'éthyle donnent naissance à *l'iodure de triéthylsulfine* $(C^2H^5)^3SI$. Ces iodures de sulfines, ainsi que les chlorures et les bromures correspondants, sont généralement cristallisables, solubles dans l'eau, et doués de propriétés basiques. Lorsqu'on les traite par l'oxyde d'argent humide, on obtient des hydrates tels que *l'hydrate de triéthulsulfine* $(C^2H^5)^3SOH$. Ces hydrates sont des bases énergiques, comparables aux alcalis caustiques. — Dans tous ces composés, le soufre fonctionne comme élément tétravalent.

SULFINIQUE. adj. 2 g. (lat. *sulfur*, soufre). T. Chim. Les *acides sulfiniques* se forment par la réduction des chlorures d'acides sulfoniques et contiennent le groupe SO^2H uni à un radical organique. Ils s'oxydent facilement en donnant naissance aux acides sulfoniques.

SULFINONE. s. f. (lat. *sulfur*, soufre). T. Chim. Les *Sulfinones* ou *Oxydes de sulfines* répondent à la formule R^2SO, où R représente un radical hydrocarboné monovalent. Le soufre y fonctionne comme élément tétravalent. Ces composés sont solides, solubles dans l'eau et se comportent comme des oxydes basiques vis-à-vis des acides. On les obtient par l'oxydation ménagée des sulfures organiques ; c'est ainsi que le sulfure d'éthyle donne la *diéthylsulfinone* $(C^2H^5)^2SO$. Une oxydation plus énergique donne naissance aux sulfones.

SULFITE. s. m. T. Chim. Nom générique des sels et des éthers de l'acide sulfureux. Voy. Soufre, IX, B.

SULFO.— (lat. *sulfur*, soufre). T. Chim. Préfixe indiquant la présence du soufre dans un composé, en particulier lorsqu'elle résulte d'une substitution du soufre à l'oxygène. Au lieu de *sulfo* on se sert souvent du préfixe *thio* qui a la même signification. Quelquefois cependant on établit une différence entre ces deux préfixes: par ex. pour les dérivés de l'acide carbamique $CO(AzH^2)OH$, certains chimistes emploient de préférence *sulfo* pour indiquer la substitution dans le groupe CO, et *thio* pour la substitution dans le groupe OH.

SULFOBASE. s. f. [Pr. *sulfoba-ze*] (lat. *sulfur*, soufre, et fr. *base*). T. Chim. Sulfure ou sulfhydrate jouant le rôle de base vis-à-vis des sulfacides.

SULFOCARBAMIDE. s. f. (lat. *sulfur*, soufre, et fr. *carbamide*). T. Chim. Syn. de *Sulfo-urée*.

SULFOCARBAMIQUE. adj. 2 g. (lat. *sulfur*, soufre, et fr. *carbamique*). T. Chim. Les acides *sulfocarbamiques* sont les dérivés sulfurés de l'acide carbamique. On connaît des éthers ou des sels correspondant aux acides *thiosulfocarbamique* $CS(AzH^2)SH$, *thiocarbamique* $CO(AzH^2)SH$ et *oxysulfocarbamique* $CS(AzH^2)OH$. Le premier de ces acides a été isolé; il cristallise en aiguilles incolores, très solubles dans l'eau et dans l'alcool. Son sel ammoniacal, le *thiosulfocarbamate d'ammonium*, se prépare en faisant agir le sulfure de carbone sur une solution alcoolique d'ammoniaque; il cristallise en longs prismes jaunes, déliquescents. Avec les solutions des amines primaires, on obtiendrait de même les thiosulfocarbamates de ces amines. Quant aux éthers thiosulfocarbamiques, ils prennent naissance par l'union directe de l'acide sulfhydrique avec les éthers rhodaniques.

SULFOCARBIMIDE. s. f. (lat. *sulfur*, soufre, et fr. *carbimide*). T. Chim. Voy. SULFOCYANIQUE.

SULFOCARBONATE. s. m. (lat. *sulfur*, soufre, et fr. *carbonate*). T. Chim. Nom donné à des sels et à des éthers qui dérivent des carbonates par la substitution du soufre à l'oxygène. Ces composés se rapportent à 5 types : les *monosulfocarbonates* dont la formule générale est $CS(OX)^2$, en désignant par X un métal ou un radical monovalent; les *thiocarbonates* $CO(SX)(OX)$; les *dithiocarbonates* $CO(SX)^2$; les *sulfothiocarbonates* ou *xanthates* $CS(SX)(OX)$; enfin les *sulfodithiocarbonates* $CS(SX)^2$. C'est à ce dernier type qu'appartiennent les sulfocarbonates ordinaires, en particulier le s. de potassium, qu'on obtient par l'action du sulfure de carbone sur le sulfure de potassium, et qu'on emploie pour la destruction du phylloxera.

SULFOCARBONIQUE. adj. 2 g. T. Chim. L'acide *s.* qui correspond aux sulfocarbonates ordinaires n'a pas été isolé. Son anhydride est le sulfure de carbone. Voy. CARBONE.

SULFOCONJUGUÉ, ÉE. adj. (lat. *sulfur*, soufre, et fr. *conjugué*). T. Chim. Synonyme de *Sulfonique*.

SULFOCYANATE. s. m. (lat. *sulfur*, soufre, et fr. *cyanate*). T. Chim. Voy. SULFOCYANIQUE.

SULFOCYANIQUE. adj. 2 g. (lat. *sulfur*, soufre, et fr. *cyanique*). T. Chim. Les composés *sulfocyaniques* et *isosulfocyaniques* peuvent être considérés comme des composés cyaniques et isocyaniques dont l'oxygène serait remplacé par du soufre. Ils se partagent en deux groupes de composés isomères, les uns dérivant de l'acide rhodanique $CySH$, c.-à-d. $Az\equiv C-SH$, les autres de la sulfocarbimide $S\equiv C\equiv AzH$. Le nom d'*acide sulfocyanique* devrait s'appliquer au premier de ces corps, et celui de *sulfocyanate* à ses sels et à ses éthers, tandis que la sulfocarbimide est l'éther qu'elle forme devraient s'appeler *acide isosulfocyanique* et *isosulfocyanates*. Mais, comme ces dénominations ont été souvent interverties, nous ne désignerons l'acide sulfocyanique proprement dit et ses dérivés que sous les noms d'acide rhodanique et de rhodanates.

I. — L'*acide rhodanique* a pour formule $CySH$, c.-à-d. $Az\equiv C-SH$. On le prépare en décomposant son sel de mercure par l'acide sulfhydrique. C'est un liquide incolore, qui possède une saveur et une réaction acides, et qui est très soluble dans l'eau et dans l'alcool; il se prend en cristaux à −12°. Il se décompose facilement en acide cyanhydrique et acide persulfocyanique.

Ses sels, les *Rhodanates* ou *Sulfocyanates* métalliques, sont la plupart solubles dans l'eau et dans l'alcool, et ont une tendance à former des sels doubles. Leurs solutions, ainsi que l'acide rhodanique lui-même, donnent avec les sels ferriques une coloration rouge sang intense. Cette réaction très

sensible est utilisée dans l'analyse chimique; elle a permis de constater l'existence de rhodanates dans la salive ainsi que dans l'urine de l'homme et de divers animaux. Le *Rhodanate d'ammonium* $CySAzH^4$ se prépare en chauffant le sulfure de carbone avec une solution alcoolique d'ammoniaque. Il cristallise en tables très déliquescentes, et fond vers 150°. A 170° il se transforme partiellement en sulfo-urée. A la distillation sèche, il laisse un résidu de mélam. Sous l'action des corps oxydants il donne un dépôt jaune de persulfocyanogène.

Le *Rhodanate de potassium* $CySK$ s'obtient en chauffant du ferrocyanure de potassium avec du carbonate de potasse et du soufre. Il cristallise en longs prismes quadratiques, très déliquescents, très solubles dans l'alcool. Sa solution donne avec le chlorure mercurique un précipité blanc de *Rhodanate mercurique* (CyS^2Hg). Ce dernier, aggloméré en petits cylindres, constitue les *Serpents de Pharaon*; lorsqu'on le chauffe il dégage de l'azote, du sulfure de carbone, du cyanogène et des vapeurs de mercure, et développe un résidu extrêmement volumineux, formé principalement par du mellon.

Les éthers rhodaniques s'obtiennent par l'action des iodures alcooliques sur le rhodanate de potassium, ou par l'action du chlorure de cyanogène sur les mercaptides. Traités par l'hydrogène naissant, ils se dédoublent en mercaptans et en acide cyanhydrique. Chauffés vers 180°, en vases clos, ils se transforment partiellement en leurs isomères, les sénévols. Oxydés par l'acide azotique, ils donnent des acides sulfoniques. Le *Rhodanate de méthyle* $CySCH^3$ est un liquide à odeur alliacée, bouillant à 133°. Le *Rhodanate d'allyle* $CySC^3H^5$ bout à 161°; il est isomérique avec l'essence de moutarde; il s'en distingue en ce qu'il ne se combine pas à l'ammoniaque.

II. — La *Sulfocarbimide* ou *Thiocarbimide* ou *Acide isosulfocyanique*, qui aurait pour formule $S\equiv C\equiv AzH$, n'a pas été isolé. Ses éthers sont ordinairement désignés sous le nom de *Sénévols*. Pour les préparer, on fait agir le sulfure de carbone sur les amines primaires, en solution alcoolique : le produit de la réaction est un thiosulfocarbamate que l'on décompose en le chauffant avec du chlorure mercurique. Les Sénévols sont en général liquides, insolubles ou peu solubles dans l'eau; ils possèdent une odeur piquante et des propriétés vésicantes. Ils s'unissent à l'ammoniaque ou aux amines pour former les dérivés de la sulfo-urée; par là ils se distinguent de leurs isomères, les éthers rhodaniques. L'*Essence de moutarde* ou *Essence de raifort* est constituée par l'*Allylsénévol* ou *Isosulfocyanate d'allyle* C^3H^5AzCS. Elle n'existe pas toute formée dans les plantes, mais elle se produit par le dédoublement du myronate de potassium (Voy. MYRONIQUE). Pour la préparer on laisse quelque temps le tourteau des graines de moutarde noire en contact avec de l'eau, puis on distille l'essence formée. C'est un liquide incolore, d'une odeur très piquante, provoquant les larmes. Appliqué sur la peau, il produit la rubéfaction et la vésication. Il bout à 150°. Peu soluble dans l'eau, il se dissout en toutes proportions dans l'alcool et dans l'éther. L'essence de moutarde blanche est un *oxybenzylsénévol* qui a pour formule $SCAzC^7H^7O$. L'essence de *Cochlearia officinalis* est un *butylsénévol* $SCAzC^4H^9$ qui bout à 159°.

SULFOLÉIQUE. adj. 2 g. (lat. *sulfur*, soufre, et fr. *oléique*). T. Chim. Voy. OLÉIQUE.

SULFONAL. s. m. (lat. *sulfur*, soufre). T. Chim. Sulfone répondant à la formule $(CH^3)^2C(SO^2C^2H^6)^2$. Le s. cristallise en prismes incolores, inodores, insipides, fusibles à 125°, très solubles à chaud dans l'alcool et dans l'eau, mais peu solubles à froid. On le prépare en oxydant, à l'aide du permanganate de potasse, le mercaptol obtenu par la combinaison de l'acétone et du mercaptan. Le s. est un médicament soporifique pouvant remplacer le chloral et la morphine; on l'emploie à la dose de 0,5 à 3 grammes.

SULFONATION. s. f. [Pr. ...*sion*] (R. *sulfonique*). T. Chim. Transformation d'un composé en un dérivé sulfonique.

SULFONE. s. f. (lat. *sulfur*, soufre). T. Chim. Nom générique des composés qui renferment le radical bivalent SO^2 uni à deux radicaux hydrocarbonés. Ce sont des corps solides neutres. On les prépare en oxydant les sulfures des radicaux alcooliques par l'acide azotique ou par le permanganate de potasse. C'est ainsi qu'avec le sulfure d'éthyle on obtient la *Diéthylsulfone* $C^2H^5.SO^2.C^2H^5$ qui fond à 70° et qui bout à 248°. L'oxydation des mercaptols ou des mercaptals donne des *disulfones* qui renferment deux groupes SO^2. Les disulfones éthyliques possèdent des propriétés soporifiques ; tel est le *sulfonal*. Voy. ce mot.

SULFONER. v. a. T. Chim. Transformer en un dérivé sulfonique. = SULFONÉ, ÉE. part.

SULFONIQUE. adj. 2 g. (lat. *sulfur*, soufre). T. Chim. Les *acides sulfoniques* sont des composés organiques qui renferment le groupe monovalent SO^2.OH, le soufre de ce groupe étant directement attaché à un atome de carbone. Les dérivés qui prennent naissance lorsque ce groupe se substitue à un atome d'hydrogène dans un corps organique sont appelés les *dérivés sulfonés* ou *sulfoniques* de ce corps. Deux ou plusieurs substitutions pareilles dans la même molécule engendrent les dérivés *Disulfoniques*, *trisulfoniques*, etc. Dans la série aromatique on obtient facilement les acides sulfoniques en traitant les composés aromatiques par l'acide sulfurique fumant, plus ou moins riche en anhydride. Les dérivés ainsi obtenus possèdent en général une grande stabilité et sont d'autant plus solubles dans l'eau que le nombre des groupes SO^2OH substitués est plus élevé. Ils jouent un rôle important dans l'industrie des matières colorantes artificielles ; car un grand nombre de ces couleurs, étant insolubles dans l'eau, ne peuvent être utilisées qu'en les transformant en acides sulfoniques ou en leurs sels de soude, qui sont solubles. Certains dérivés sulfonés, tels que l'acide sulfanilique, servent de matières premières pour la fabrication de colorants azoïques. Enfin la plupart des phénols se préparent en partant de dérivés sulfonés que l'on fait fondre avec un alcali caustique.

Dans la série grasse, les dérivés sulfoniques sont moins stables et plus difficiles à préparer. Certains d'entre eux, comme l'acide isothionique, s'obtiennent par l'action de l'anhydride sulfurique. Il s'en produit aussi lorsqu'on oxyde les mercaptans, ou lorsqu'on chauffe les iodures alcooliques avec des sulfites. Les acides sulfoniques de la série grasse sont généralement des liquides sirupeux, très solubles dans l'eau, décomposables par la chaleur. En les traitant par le perchlorure de phosphore on obtient les chlorures correspondants, qui, au lieu du groupe SO^2OH, contiennent le groupe SO^2Cl. La réduction de ces chlorures par la poudre de zinc, en présence d'alcool ou d'éther, donne naissance aux acides sulfiniques.

SULFOPURPURIQUE. adj. 2 g. T. Chim. *Acide s.* Voy. INDIGOTINE.

SULFOSEL. s. m. [Pr. *sulfo-sel*] (lat. *sulfur*, soufre, et fr. *sel*). T. Chim. Composé analogue aux oxysels, mais renfermant du soufre à la place de l'oxygène.

SULFOVINATE. s. m. **SULFOVINIQUE.** adj. 2 g. T. Chim. Voy. ÉTHYLSULFURIQUE.

SULFO-URÉE. s. f. (lat. *sulfur*, soufre, et fr. *urée*). T. Chim. Urée sulfurée, répondant à la formule $AzH^2.CS.AzH^2$. On l'obtient en chauffant le rhodanate d'ammoniaque. Elle forme des cristaux orthorhombiques, fusibles à 172°, très solubles dans l'eau et dans l'alcool. Chauffée à 140° avec de l'eau, elle reproduit le rhodanate d'ammoniaque. Traitée en solution aqueuse par l'oxyde de mercure, elle perd de l'acide sulfhydrique et se convertit en cyanamide.

Les dérivés de substitution de la s.-urée sont analogues à ceux de l'urée, ils n'en diffèrent que parce qu'ils renferment du soufre à la place de l'oxygène. — Les *uréines sulfurées* résultent de la substitution d'un radical hydrocarboné à l'hydrogène de la s.-urée. On les prépare en combinant les sénévols avec l'ammoniaque ou avec les amines. C'est ainsi que l'essence de moutarde (allylsénévol) chauffée avec une solution aqueuse d'ammoniaque fournit l'*Allyl-sulfo-urée* ou *Thiosinnamine* $AzH^2.CS.AzH(C^3H^5)$ qui se présente en cristaux orthorhombiques, fusibles à 78° L'action du sulfure de carbone sur les diamines peut donner des sulfo-uréines à chaîne fermée. Par ex. avec l'éthylène-diamine on obtient l'*Ethylène-sulfo-urée*, dérivé sulfuré de l'éthylène-urée ; c'est une substance amère, cristallisable, fusible à 194°, soluble dans l'alcool. — Les *uréides sulfurées* résultent de la substitution d'un radical acide dans la s.-urée ; elles se forment lorsqu'on traite ce corps par les anhydrides ou les chlorures d'acides. La *Thiohydantoïne*, dérivé sulfuré de l'hydantoïne, est une sulfo-uréide à chaîne fermée ; on l'obtient en chauffant la s.-urée avec de l'acide chloracé-

tique ; elle cristallise en longues aiguilles qui se décomposent vers 200°.

La s.-urée et ses dérivés de substitution se décomposent quand on les chauffe avec les alcalis aqueux et donnent de l'anhydride carbonique, de l'acide sulfhydrique et de l'ammoniaque ou des amines.

SULFURE. s. m. (lat. *sulfur*, soufre). T. Chim. Composé résultant de la combinaison du soufre avec un corps simple ou avec un radical. — Pour les sulfures des métalloïdes et des métaux, Voy. SOUFRE. — Les sulfures des radicaux organiques répondent à la formule générale R.S.R, dans laquelle R désigne le radical. On peut les préparer par l'action des iodures alcooliques sur les sulfures des métaux alcalins, en solution dans l'alcool. C'est ainsi que l'iodure d'éthyle, avec le s. de potassium, fournit le s. d'éthyle. Ces sulfures organiques sont en général des liquides volatils, neutres, que les agents d'oxydation transforment en sulfones, et qui peuvent s'unir aux iodures alcooliques pour former des sulfines. Les sulfures correspondant aux hydrocarbures saturés se rencontrent dans le pétrole américain. L'ail ordinaire et un grand nombre de crucifères renferment du *s. d'allyle* $(C^3H^5)^2S$, liquide d'une odeur âcre et pénétrante, qui bout à 190°. Une autre variété d'ail, l'*Allium ursinum*, contient du *s. de vinyle* $(C^2H^3)^2S$, qui bout à 101°.

SULFURER. v. a. T. Chim. Faire passer à l'état de sulfure. = SULFURÉ, ÉE. Qui est combiné avec le soufre. *Hydrogène s.*, l'acide sulfhydrique. Voy. SOUFRE, VI. — *Argent s.*, *Plomb s.*, etc. Sulfure d'argent, de plomb, etc.

SULFUREUX, EUSE. adj. [Pr. *sulfu-reu, euse*]. T. Chim. Qui tient de la nature du soufre. *Matière sulfureuse.* *Exhalaisons sulfureuses.* || Qui contient du soufre. *Eaux sulfureuses. Acide s., Anhydride s.* Voy. SOUFRE, V, A.

SULFURIQUE. adj. 2 g. (lat. *sulfur*, soufre). T. Chim. *Acide s.* Voy. SOUFRE, V, B. || *Éther s.* Voy. ÉTHER.

SULFURYLE. s. m. (lat. *sulfur*, soufre, et le suff. *yle*, du gr. ὕλη, matière). T. Chim. Nom que l'on donne à l'anhydride sulfureux quand il joue le rôle d'un radical basique. Voy. SOUFRE, V, A. — Le *Chlorure de sulfuryle* SO^2Cl^2 est le chlorure qui correspond à l'acide sulfurique. Il se forme par l'union directe de l'anhydride sulfureux et du chlore ; on l'obtient aussi par l'action du perchlorure de phosphore sur l'acide ou l'anhydride sulfurique. C'est un liquide qui fume à l'air et qui possède une odeur piquante. Il bout à 70° et se décompose à 400°. Au contact de l'eau, il se dédouble en acide sulfurique et acide chlorhydrique. — Le *Chlorure de disulfuryle* ou *pyrosulfuryle* $S^2O^5Cl^2$ correspond à l'acide pyrosulfurique. On peut l'obtenir en distillant l'anhydride sulfurique sur le sel marin. C'est un liquide huileux, qui absorbe avidement la vapeur d'eau contenue dans l'air, en donnant naissance à l'*acide chlorosulfurique* $SO^2(OH)Cl$; celui-ci, sous l'action de l'eau en excès, se transforme en acides sulfurique et chlorhydrique.

SULLA. s. m. (mot arabe). T. Bot. Variété de sainfoin.

SULLY (MAURICE DE), prélat fr., commença la réédification de Notre-Dame de Paris en 1163.

SULLY (MAXIMILIEN DE BÉTHUNE, baron DE ROSNY, puis duc DE), ami et conseiller de Henri IV (1560-1641) ; nommé surintendant des finances en 1599, il rétablit l'ordre et l'économie dans l'État, protégea l'agriculture, créa des routes, des canaux. Il se retira après l'assassinat du roi. Il a laissé un recueil intitulé : *Mémoires des sages et royales Économies d'État de Henri le Grand.*

SULLY-SUR-LOIRE, ch.-l. de c. (Loiret), arr. de Gien ; 2,651 hab. Érigé en duché en faveur du ministre de Henri IV (1606).

SULPICE (SAINT), évêque de Bourges de 624 à 644, aumônier de Clotaire II.

SULPICE SÉVÈRE, écrivain ecclésiastique, né en Aquitaine, mort vers 410, auteur d'une *Histoire sacrée* et d'une *Histoire de saint Martin de Tours.*

SULTAN. s. m. (ar. *soultan*, m. s.). T. Relat. Le mot

Sultan, qui signifie en arabe homme puissant, est, en Orient, le titre de divers souverains mahométans; mais, lorsqu'on parle simplement de *Sultan*, on désigne par là l'empereur des Turcs, dont toutefois le titre véritable est *padischah*. Chez les Turcs, dans le langage ordinaire, on qualifie de *sultan* la personne à qui l'on parle : dans ce cas, il répond à notre terme de politesse, *monsieur*. Les Européens désignent les femmes ou plutôt les concubines du sultan, car l'empereur ne se marie pas, sous le nom de *Sultanes;* mais les Turcs les appellent simplement *kadines*, c.-à-d. dames. Ils ne donnent le titre de *sultane* qu'aux filles du Grand Seigneur, qui le conservent même après leur mariage. Les filles qui naissent d'elles portent le nom de *Kanum-sultanes*, c.-à-d. de princesses du sang. Enfin, la mère du sultan, si elle existe encore à l'avènement de son fils, prend le titre de *Sultane Validé*, c.-à-d. sultane mère.

SULTAN. s. m. Meuble de toilette à l'usage des dames, et qui consiste en une corbeille recouverte d'une étoffe de soie. *Un beau s. Un s. brodé.* Vx.

SULTANE. s. f. T. Relat. Voy. SULTAN. || Adjectiv., en T. Ornithol., *Poule s.*, le Talève. Voy. FOULQUE. = SULTANE. s. f. Sorte de vaisseau de guerre turc, portant environ soixante-dix canons.

SULTANIN. s. m. (R. *sultan*.) T. Métrol. Nom d'une ancienne monnaie d'or, qui se frappait en Turquie.

SUMAC. s. m. (arabe *sommak*, m. s.). T. Bot. Genre de plantes Dicotylédones (*Rhus*) de la famille des *Anacardiacées*. Voy. ANACARDIACÉES, I et COLORANTES, III, F.

SUMATRA, la plus grande et la plus occidentale des îles de la Sonde; 6,000,000 hab. Cap. *Padang*, ch-l. des possessions hollandaises. = Nom des hab. : SUMATRIEN, ENNE.

SUMBAVA, île de l'Océanie (Malaisie); 50,000 hab. (aux Hollandais). Belle race de chevaux.

SUMBULIQUE. adj. 2 g. (R. *Sumbul*, n. d'une plante Ombellifère indéterminée qui croît en Perse). T. Chim. *Acide s.*, autre nom de l'acide *angélique.* Vx.

SUMÈNE, ch.-l. de c. (Gard), arr. du Vigan; 2,900 hab.

SUMMUM. [Pr. *som-mome*] mot latin qui sign. le plus haut point, le plus haut degré. *Le s. de l'admiration.*

SUND, détroit qui sépare l'île danoise de Seeland de la côte de Suède, fait communiquer le Cattégat avec la Baltique.

SUNDERLAND, v. d'Angleterre, dans le comté de Durham; port sur la mer du Nord, 125,400 hab. — Houille.

SUNDERLAND (comte DE), homme politique angl. né à Paris (1640-1702).

SUNIUM (Cap), auj. cap Colonna, pointe S. de l'Attique.

SUNNA. Voy. SONNA, et MAHOMÉTISME.

SUNNITE. s. m. [Pr. *sunn-nite*] (R. *sunna*). Membre d'une des grandes sectes mahométanes. Voy. MAHOMÉTISME.

SUPER—. Préf., qui est une prépos. latine sign. *sur*, et qui entre dans la composition d'un grand nombre de mots pour exprimer une supériorité de position ou de rang.

SUPER. v. a. (orig. germ. all. *saupen*, holl. *zuipen*, angl. to *soop*, boire, humer). T. Mar. Pomper, aspirer. *La pompe supe l'étoupe, la cale est à sec.* = SUPER. v. n. Se boucher. *La voie d'eau a supé*, L'ouverture s'est bouchée soit par des fucus, soit par quelque autre corps que le hasard y a introduit.

SUPERBE. s. f. (lat. *superbia*, m. s.). Orgueil, présomption, arrogance. *Il faut humilier sa s. La s. précipita le démon dans les enfers.* Vieux, et ne se dit guère qu'en langage de dévotion.

Abattons sa superbe avec sa liberté.
CORNEILLE.

SUPERBE. adj. 2 g. (lat. *superbus*, orgueilleux, de *super*, sur, et d'un rad. qui est le même que *vis*, force). Orgueilleux, arrogant, qui s'estime trop, qui présume trop de lui. *C'n vainqueur s. C'est un homme fort s.*

Cette femme superbe entre le front levé.
RACINE.

Il affecte des airs superbes. Tarquin le S. Subst., *Dieu humiliera les superbes.* = Qui est de belle apparence, magnifique, riche, somptueux. *Une femme s. Un s. cavalier. Un s. coursier. Une maison, un jardin s. Un arbre s. Un canal s. Une s. architecture. Des bijoux superbes. Dîner s. La cérémonie était s. Il fait un temps s. C'est un homme s. en habits, en équipages.* || Se dit aussi des ouvrages d'esprit. *Un s. discours. Un poème s. Une s. pensée. Un vers s.*

SUPERBEMENT. adv. [Pr. *...be-man*]. D'une manière orgueilleuse. *Plus on lui parle avec soumission, plus il répond s.* Vx. || Avec magnificence. *Il était vêtu s.*

SUPERBINE. s. f. T. Chim. Substance très vénéneuse contenue dans les racines de la *Gloriosa superba* (Liliacées).

SUPERCHERIE. s. f. (ital. *soperchieria*, excès, de *superchio*, qui excède la mesure). Tromperie, fraude avec finesse. *User de s. Il m'a fait une s.*

SUPERCRÉTACÉ, ÉE. adj. (R. *super*, préf., et *crétacé*). T. Géol. Qui est placé au-dessus de la craie. *Terrain s.*

SUPÈRE. adj. 2 g. (lat. *superus*, qui est en haut). T. Bot. Se dit d'un organe situé au-dessus d'un autre. *Calice s. Ovaire s.*

SUPERFÉTATION. s. f. [Pr. *...sion*] (lat. *superfœtatio*, m. s., de *super*, sur et *fœtus*, fœtus). T. Physiol. Conception d'un second fœtus pendant le cours d'une grossesse. *La possibilité de la s. est un sujet de controverse parmi les physiologistes.* || Fig., Rédondance, double emploi de pensée et d'expression. *Ce chapitre, ce passage est complètement inutile, c'est une s., une véritable s.*

SUPERFICIAIRE. adj. 2 g. [Pr. *superfi-sière*]. Qui appartient à la superficie.

SUPERFICIALITÉ. s. f. T. Néol. État de ce qui est superficiel.

SUPERFICIE. s. f. (lat. *superficies*, m. s., de *super*, sur, et *facies*, face). T. Géom. La surface ou l'étendue d'un corps solide considéré uniquement quant à sa longueur et à sa largeur. *La s. des corps. La s. de la terre.* Voy. SURFACE. || Les dimensions d'une surface. *Quelle est la s. de ce champ? Mon jardin a tant de mètres carrés de s. Mesures de s.*, Voy. AGRAIRE. || T. Dr. *La s.* cède au fonds, ce qui est bâti ou planté sur un fonds de terre appartient au propriétaire du fonds. — *Droit de s.*, propriété de ce qui est bâti ou planté sur le fonds, détachée par convention de la propriété du fonds. || Se dit quelquefois de la partie extérieure des corps. *Enlever la s. d'un corps.* || Fig., se dit de ceux qui ne prennent qu'une légère connaissance des choses. *Il ne connaît que la s. de beaucoup de choses. Il s'arrête à la s. Son esprit manque de profondeur, il n'a que de la s.*

L'esprit de ce pays n'est qu'en superficie.
RÉGNARD.

— S'arrêter à la s., ne pas approfondir.

SUPERFICIEL, ELLE. adj. [Pr. *superfi-siel, èle*] (lat. *superficialis*, m. s.). Qui n'est qu'à la superficie. *Cette plaie n'est que superficielle.* || Qui avoisine la superficie. *Les veines superficielles.* || Fig., et au sens moral, Qui s'arrête à l'extérieur, qui effleure et n'approfondit pas. *Il n'a qu'une idée, qu'une notion superficielle de cette chose. C'est là qu'un travail s. C'est un homme s., un observateur s.*

SUPERFICIELLEMENT. adv. [Pr. *superfisiè-leman*]. D'une manière superficielle. *Ce coup n'a touché que s.* || Fig., Il ne sait les choses que s. *Les matières ne sont traitées dans ce livre que s.*

SUPERFIN, INE. adj. (R. *super*, préf., et *fin*): T. Comm. Se dit pour exprimer un degré supérieur de finesse dans des choses de même nature. *Papier s. Drap s. Liqueur super-fine.* || Subst., *C'est du s.*

SUPERFLU, UE. adj. (lat. *superfluus*, m. s., de *super*, par-dessus; *fluere*, couler). Qui est de trop. *Ces ornements sont superflus. Dépense superflue.* || Inutile. *Des paroles superflues. Des raisonnements, des regrets superflus.*

Que nous servent, hélas ! ces regrets superflus ?

RACINE.

= SUPERFLU. s. m. Ce qui est de trop, ce qui est au delà du nécessaire. *Loin d'avoir le s., c'est à peine s'il a le nécessaire. Il donne le s. de son bien aux pauvres.*

Le superflu, chose très nécessaire.

VOLTAIRE.

SUPERFLUITÉ. s. f. (lat. *superfluitas*, m. s.). Abondance vicieuse, ce qui est superflu. *La s. est condamnable en toutes choses. S. en habits. S. de paroles. A quoi bon cette s. ? Il faut retrancher toutes ces superfluités.*

SUPÉRIEUR, EURE. adj. (lat. *superior*, m. s.). Qui est situé au-dessus, en haut. *La région supérieure de l'air. La partie supérieure d'un édifice. Les membres supérieurs.* || Fig., Qui est au-dessus d'un autre en rang, en dignité, en mérite, en force. *Officier s. Les grades supérieurs. Les classes supérieures de la société. Un génie, un esprit s. Un talent s. S. en science, en savoir, en mérite. Les enne-mis étaient supérieurs en nombre. Ce tableau est bien s. à tel autre. Ces tissus sont d'une qualité supérieure.* — *Cours supérieures, tribunaux supérieurs,* Les tribunaux qui jugent en dernier ressort. *Classes supérieures,* Celles par où finit le cours des études classiques. — *Il est s. aux événements, aux revers, au danger,* etc., Il a un courage à l'épreuve des événements, etc. *Il est s. à sa place,* Il a plus de talents que n'en exige la place qu'il occupe. *Être s. à sa position,* avoir plus de mérite qu'il n'en faut pour la position qu'on occupe. || T. Astron. *Planètes supérieures,* Voy. PLANÈTE. || T. Géogr. Se dit de la partie d'un pays qui est la plus rapprochée de la source d'un fleuve ou la plus éloi-gnée de la mer. *La Germanie supérieure. La Pannonie su-périeure. Les provinces supérieures de l'Asie,* celles qui sont le plus rapprochées de la source des fleuves qui les tra-versent. = SUPÉRIEUR, EURE. s. Celui, celle qui est au-dessus d'un autre en rang, en dignité, qui a le droit de commander à un autre. *Il faut respecter ses supérieurs. Les relations de s. à inférieur.* || Dans les couvents, *Le s., le père s.; la supérieure, la mère supérieure,* Celui ou celle qui dirige, qui gouverne un monastère.

Obs. gram. — *Supérieur* étant déjà un comparatif n'admet pas les degrés de comparaison. On ne doit pas dire *plus s. ni le plus s.*

SUPÉRIEUR (Lac), grand lac des Etats-Unis (Amérique), entre le Canada et l'Etat de Michigan.

SUPÉRIEUREMENT. adv. Au-dessus, à la partie supé-rieure. *S. se trouve un récipient où se condense le liquide vaporisé.* || D'une manière supérieure. *Ces deux auteurs ont écrit sur le même sujet, mais l'un bien s. à l'autre.* || Absolum., Très bien, parfaitement. *Il écrit s. Il peint s. Il chante s. Elle joue s. du piano.*

SUPÉRIORITÉ. s. f. (bas lat. *superioritas,* m. s.). Prédomi-nence, autorité, excellence au-dessus des autres. *Sa nais-sance, sa charge lui donne une grande s., lui donne la s. sur beaucoup de gens. Il fait trop sentir sa s., la s. de son rang, de sa naissance. S. de génie, de mérite. S. de courage, de forces. Il a une incontestable s. dans son art. Il a la s. dans son art. Il a la s. sur vous presque en toutes choses. L'Espagne perdit la s. qu'elle avait eue jusqu'alors sur les autres puissances de l'Europe.* || La dignité de supérieur dans un couvent, dans une commu-nauté. Peu usité.

SUPERLATIF, IVE. adj. (lat. *superlativus,* de *super,* préf., et *latus,* par dessus, porté). T. Gramm. Qui exprime la qualité portée au plus haut degré. *Adjectif, adverbe s.* = SUPERLATIF. s. m. *Vous faites abus des superlatifs. Cet adjectif, cet adverbe est au s.* Voy. COMPARAISON. — *Le*

s. relatif, qui marque le degré superlatif par rapport à quel-que personne ou chose déterminée. || Adv., *Cela est bon, est mauvais au s.,* Cela est extrêmement bon, extrêmement mauvais. On dit de même, *Cet homme est bête au s.*

SUPERLATIVEMENT. adv. Au superlatif. *Elle est s. laide.* Ne se dit que par plaisanterie.

SUPÉRO-EXTERNE. adj. 2 g. [Pr. *supéro-eks-terne*]. T. Anat. Placé supérieurement du côté extérieur. *L'angle s.-ex. de l'orbite de l'œil.*

SUPÉROVARIÉ, ÉE. adj. (R. *supère* et *ovaire*). T. Bot. Se dit des plantes qui ont l'ovaire supère.

SUPERPHOSPHATE. s. m. (R. *super*, préf., et *phos-phate*). Phosphate de chaux qu'on a rendu soluble par un traitement à l'acide sulfurique. Voy. ENGRAIS.

SUPERPOSER. v. a. [Pr. *superpo-zer*] (lat. *super*, par-dessus; *ponere*, poser). Poser une ligne, une surface, un corps sur un autre. = SUPERPOSÉ, ÉE. part. *Plans superpo-sés. Couches superposées.*

SUPERPOSITION. s. f. [Pr. *superpo-zi-sion*] (lat. scolast. *superpositio,* m. s.). Action de superposer, ou état de choses superposées. *On démontre quelquefois en géométrie par s. La s. des couches terrestres se présente dans un ordre qui n'est jamais interverti.*

SUPERPURGATION. s. f. [Pr. ... *sion*] (R. *super,* préf., et *purgation*). T. Méd. Purgation excessive, causée par des substances trop irritantes ou données à contretemps.

SUPERSÉCRÉTION. s. f. [Pr. ...*sion*] (R. *super,* préf., et *sécrétion*). Sécrétion excessive.

SUPERSÉDER. v. n. T. Jurispr. Différer pour un temps. Vx.; on dit *Surseoir.*

SUPERSTITIEUSEMENT. adv. [Pr. *superstisieu-ze-man*]. D'une manière superstitieuse. *Il est s. attaché à cette dévotion.* || Fig., Avec une exactitude excessive. *Il ne faut pas s'attacher s. aux choses indifférentes.*

SUPERSTITIEUX, EUSE. adj. [Pr. *supersti-sieu, euze*] (lat. *superstitiosus,* m. s., de *superstes, superstitis,* qui est superflu, de *super,* par-dessus, et *stare,* se tenir debout). Qui a de la superstition. *Une femme superstitieuse. Un peuple s.* — Subst., *C'est un s.* || Où il y a de la supersti-tion. *Culte s. Cérémonies, pratiques superstitieuses.* || Fig., Qui pèche par excès d'exactitude en quelque matière que ce soit. *Il est si exact, si ponctuel, qu'il en est presque s.*

SUPERSTITION. s. f. [Pr. ... *sion*] (lat. *superstitio,* m. s., de *superstes,* qui est superflu). Fausse idée que l'on a de certaines pratiques de religion auxquelles on s'attache avec trop de crainte ou trop de confiance.

Et tout ce vain amas de superstitions.

RACINE.

Les esprits faibles sont sujets à la s. Rien n'est plus opposé à la véritable dévotion que la s. Les femmes ont beaucoup de penchant à la s. || Se dit aussi des pratiques superstitieuses. *Les superstitions mahométanes. Les su-perstitions de l'Inde, etc.* || Le vain présage qu'on tire de certains accidents purement fortuits. *Croire que, lorsqu'on se trouve treize à table, il en doit mourir un dans l'an-née, c'est une s. Il y a de la s. à croire qu'une salière renversée et le sel répandu sur la table présagent un malheur.* || Fig., Tout excès d'exactitude, de soin, en quelque matière que ce soit. *Il est si jaloux de l'exactitude gram-maticale, qu'il va sur cela jusqu'à la s.*

SUPERSTITIOSITÉ. s. f. [Pr. *supersti-sio-zité*]. Ten-dance à la superstition.

SUPERSTRUCTURE. s. f. (R. *super,* préf., et *structure*). T. Chem. de fer. Ensemble des travaux exécutés au-dessus des terrassements et des ouvrages d'art. Voy. CHEMIN DE FER.

SUPERVOLUTIF, IVE. adj. (lat. *super,* au-dessus; *vol-vere,* rouler). T. Bot. Qui est roulé sur.

SUPIN. s. m. (lat. *supinum*, de *supinus*, couché sur le dos). T. Gramm. L'un des modes du verbe en latin, et dans quelques autres langues, notamment en suédois. Voy. NODE.

SUPINATEUR. s. m. (lat. *supinare*, mettre sur le dos). T. Anat. Qui fait exécuter le mouvement de supination ; se dit de deux muscles de l'avant-bras, de la main. *Le long s. Le court s.*

SUPINATION. s. f. [Pr. ... sion] (lat. *supinatio*, m. s.). T. Physiol. On dit que *l'avant-bras et la main sont en s.*, lorsqu'ils sont portés en dehors de manière que la face antérieure de celle-ci devienne supérieure, et l'on appelle *Mouvement de s.*, Le mouvement que les muscles supinateurs font, pour cela, exécuter à l'avant-bras et à la main. || T. Pathol. Se dit aussi de l'attitude d'un malade couché à la renverse sur son lit, la tête jetée en arrière, les jambes et les bras étendus. *La s. est le signe d'une grande faiblesse.*

SUPPÉ (FRANZ DE), compositeur autrich., né en Dalmatie (1820-1895).

SUPPLANTATION. s. f. [Pr. *su-planta-sion*]. Action de supplanter.

SUPPLANTEMENT. s. m. [Pr. *su-plante-man*]. Syn. de supplantation.

SUPPLANTER. v. a. [Pr. *su-planter*] (lat. *supplantare*, m. s., de *sub*, sous, et *planta*, plante du pied). Faire perdre à quelqu'un le crédit, la faveur, l'autorité, l'emploi qu'il avait auprès d'une personne, le ruiner dans son esprit et se mettre à sa place. *Il a supplanté son rival. S. tous ses concurrents.* || Avec le pron. personnel, *Ils partageaient les bonnes grâces du prince, et ne tendaient qu'à se s. l'un l'autre.* = SUPPLANTÉ, ÉE. part.

SUPPLANTEUR. s. m. [Pr. *su-planteur*]. Celui qui supplante.

SUPPLÉANCE. s. f. [Pr. *su-pléanse*]. Action de suppléer, de remplacer. *La s. d'une chaire. Il a la s. à telle justice de paix.*

SUPPLÉANT. s. et adj. m. [Pr. *su-pléan*] (part. prés. de *suppléer*). Celui qui est chargé de remplacer quelqu'un, de remplir ses fonctions à son défaut. *On lui a donné un s. Le s. d'un juge de paix. Juge s. Professeur s.* || On dit quelquefois au fém., Suppléante. *Cette dame est sa suppléante au bureau de charité.*

SUPPLÉER. v. a. [Pr. *su-pléer*] (lat. *supplere*, m. s., de *sub*, sous, et *plere*, emplir). Fournir ce qui manque, ajouter ce qu'il faut de surplus. *Ce sac doit contenir telle somme, et ce qu'il y aura de moins, je le suppléerai. — S. ce qui manque dans un auteur*, Remplir les lacunes qui se trouvent dans ses ouvrages. || *S. les cérémonies du baptême*, Faire à l'église la cérémonie du baptême sur un enfant qui a été ondoyé. || Ajouter à une phrase ce qui y est sous-entendu. *Dans cette phrase, Il est allé à Notre-Dame, il faut s. l'église do.* || *S. quelqu'un*, Tenir sa place, faire ses fonctions, le représenter. = SUPPLÉER. v. n. Réparer le manquement, le défaut de quelque chose. *Suppléez à mon défaut. Il suppléera à tout. Son mérite suppléait au défaut de sa naissance.* = SUPPLÉÉ, ÉE. part. = Conjug. Voy. CRÉER.

SUPPLÉMENT. s. m. [Pr. *su-plé-man*] (lat. *supplementum*, m. s., de *suppléer*, suppléer). Ce qu'on donne pour suppléer, ce qu'on donne en sus. *On lui a donné tant en argent pour s. de partage. S. de dot. Obtenir un s. de solde.* || *Le s. d'un auteur, d'un livre, d'un journal*, Ce qu'on a ajouté à un livre pour suppléer à ce qui y manquait, à un journal lorsqu'il ne suffit pas à contenir ce qu'on veut publier. *Le S. de Tacite par Brotier. Il y a un s. au Journal officiel de tel jour.* || T. Géom. *Le s. d'un angle*, l'angle qu'il faut lui ajouter pour faire deux droits. Voy. ANGLE. || T. Gramm. Se dit des mots que la plénitude du sens veut qu'on ajoute à ceux qui composent la phrase usuelle et elliptique. *Dans cette phrase, A la Saint-Martin, les mots fête de* sont le s. *Il y a certaines ellipses dont il est difficile de donner le s.* Vx || T. Théâtre. *Prendre un s.,*

Échanger le billet qu'on avait acheté contre un autre d'une place supérieure, en payant le surplus du prix. *Bureau de s. ou des suppléments*, Le bureau où l'on fait cet échange. = Syn. Voy. COMPLÉMENT.

SUPPLÉMENTAIRE. adj. 2 g. [Pr. *su-plé-man-tère*]. Qui sert de supplément. *Articles supplémentaires. Crédit s.*, Voy. BUDGET. || *Jurés supplémentaires*, Ceux qui suppléent les jurés titulaires. Voy. JURY. || T. Géom. *Angles supplémentaires*, ceux dont la somme vaut deux droits. Voy. ANGLE.

SUPPLÉTIF, IVE. adj. [Pr. *su-plétif*] (lat. *suppletivus*, m. s.). Qui complète, qui sert de supplément. *Articles supplétifs. Serment s.* Voy. SERMENT.

SUPPLÉTOIRE. adj. 2 g. [Pr. *suplé-touare*]. T. Jurispr. Qui sert de supplément. *Serment s.* Voy. SERMENT.

SUPPLIANT, ANTE. adj. [Pr. *su-plian*]. Qui supplie. *De fier qu'il était, il est devenu s. Elle est là, suppliante et prosternée. Une posture suppliante. Des paroles suppliantes. Être en posture de s.* = SUPPLIANT, ANTE. s. *Mine de s. Une foule de suppliants.* || Se dit particul. d'une personne qui présente une requête en justice ou à quelque puissance pour obtenir une chose. *Expose très humblement le s., la suppliante, que.... Le s. demande que....* Aujourd'hui on dit, au Palais, *Requérant, ante*, et dans les Administrations, *Pétitionnaire*.

SUPPLICATION. s. f. [Pr. *su-plika-sion*] (lat. *supplicatio*, m. s., de *supplicare*, supplier). Prière humble et soumise. *Une très humble s. De basses supplications. Faire une s., des supplications.* || Autrefois, on appelait *Supplications*, Les remontrances de vive voix que le Parlement faisait au roi en certaines occasions. || T. Antiq. Chez les Romains, on désignait sous le nom de *Supplications* certaines prières publiques que le sénat ordonnait dans diverses occasions.

SUPPLICATOIRE. adj. 2 g. [Pr. *supli-katouare*]. Qui a le caractère de la supplication.

SUPPLICE. s. m. [Pr. *su-plise*] (lat. *supplicium*, m. s., propr. prière, de *supplicare*, supplier). Punition corporelle ordonnée par la justice. *Le s. de la roue, du gibet, du fouet, de la marque, du carcan,* etc. *Le s. de la croix. Le s. des parricides. Infliger des supplices. On avait préparé son s. Instrument de s. La cruauté des supplices est la preuve la plus irrécusable de la barbarie d'un peuple.* — *Condamner quelqu'un au dernier s.*, Le condamner à mort. *Mener quelqu'un au s.*, Le mener à un s. qui est suivi de mort. — *Les supplices éternels.* Les peines de l'enfer. || Par extens., *Ce qui cause une vive douleur dans le corps et qui dure quelque temps. La gravelle est un s., un véritable s.* || Fig., *Tout ce qui cause une peine, une affliction, une inquiétude violente et durable.*

Je vais comme au supplice à cet illustre emploi.

         CORNEILLE.

C'est un s. pour moi d'entendre cet homme, que d'entendre cet homme. L'avarice, l'ambition, l'envie ont leurs supplices. || Fig. et fam., *Être au s.*, Souffrir beaucoup de quelque mal, de quelque affliction, etc. *Depuis que j'ai cet accès de goutte, je suis au s. Je suis au s., quand il faut que je l'entende.* On dit de même, *Avec ses ennuyeux discours, il me met au s.*

SUPPLICIER. v. a. [Pr. *su-plisier*] (R. *supplice*). Faire souffrir le supplice de la mort. *Il fut supplicié en place de Grève.* On dit plus ordin., *Exécuter.* = SUPPLICIÉ, ÉE. part. || Subst., *Un supplicié. Le lieu où l'on enterre les suppliciés.* = Conj. Voy. PRIER.

SUPPLIER. v. a. [Pr. *su-plier*] (lat. *supplicare*, m. s., qui est dit pour *sub-placare*, de *sub*, sous, et *placare*, apaiser). Prier avec soumission, avec instance. *Je vous supplie de faire telle chose. Je vous en supplie très humblement.* || Autrefois, on commençait les requêtes par cette formule, *Supplie humblement un tel....* = SUPPLIÉ, ÉE. part. = Syn. Voy. PRIER.

SUPPLIQUE. s. f. [Pr. *su-plike*] (ital. *supplica*, m. s., du lat. *supplicare*, supplier). Requête qu'on présente pour demander quelque grâce. *Présenter une s. Une s. tendante à...* || Fig. et fam., *Ayez égard à ma s.*, Ayez égard à ma prière, à ma demande.

SUPPORT. s. m. [Pr. *su-por*] (R. supporter). Ce qui soutient une chose, ce sur quoi elle pose. *Ce pilier est le s. de toute la voûte. Cette plante a besoin d'un s.* || Fig., Aide, appui, soutien. *Il est le s. de sa famille. Je n'ai d'autre s. au monde que lui.*

J'ai perdu mon support, ma consolation.
                                        MOLIÈRE.

= Syn. Voy. APPUI.

Art hérald. — En termes de Blason, on donne le nom de *Supports* et de *Tenants* à des figures peintes à côté de l'écu et qui paraissent le supporter ou le tenir. Lorsque ces figures représentent des animaux, on les appelle plus ordinairement *supports*, en réservant le nom de *tenants* à celles qui représentent des êtres humains. Ainsi, les deux anges qui

soutiennent l'écu des Montmorency (Fig. ci-dessus) sont proprement des tenants. On emploie encore le terme de *soutien*, lorsque c'est à un arbre ou à un objet de ce genre que l'écu semble attaché. Les supports sont la partie la plus apparente des ornements extérieurs de l'écu, mais il n'y a pas de règle qui en détermine d'une manière précise le nombre et la position. Les animaux sont ordinairement au nombre de deux, un de chaque côté de l'écu, debout et affrontés, ou ayant leurs têtes contournées. Tantôt ce sont des animaux figurant déjà sur l'écu ou des êtres de fantaisie; tantôt ces animaux jouent le rôle de signes parlants, comme les deux ours qui supportent l'écu de la famille des Ursins; ou bien encore ils rappellent des faits d'armes accomplis dans les tournois ou sur les champs de bataille. Les deux supports sont ordinairement semblables; parfois cependant ils sont différents, comme on le voit dans l'écu d'Angleterre, qui présente, à droite un léopard et à gauche une licorne. Il y a des animaux, tels que le lion, le léopard, le dragon, que l'on emploie seuls pour s. Il en est de même de l'aigle, auquel on fait tenir l'écu entre les serres. L'usage des supports et des tenants ne paraît pas remonter au delà du XIVᵉ siècle.

SUPPORTABLE. adj. 2 g. [Pr. *su-portable*]. Tolérable, qu'on peut supporter, souffrir. *Le froid qu'il fait est s. C'est une douleur s. L'humeur de cet homme n'est pas s. Cette injure n'est pas s.* || Excusable. *Cela n'est pas s. à un homme, dans un homme de son âge. Cette expression n'est pas très exacte, mais elle est s. Une pièce, un auteur, un livre s.*, qui n'a rien de remarquable, mais aussi rien dont on soit choqué.

SUPPORTABLEMENT. adv. [Pr. *su-portable-man*]. D'une manière supportable, tolérable. *Cela est écrit s.* Peu us.

SUPPORTER. v. a. [Pr. *su-porter*] (lat. *supportare*,

m. s., de *sub*, sous, et *portare*, porter). Soutenir, servir de support. *Ces piliers supportent toute la maison.* || Souffrir, endurer. *Il supporte sans se plaindre le froid, le chaud, toutes les injures de l'air. Ses yeux ne peuvent s. l'éclat de la lumière. Il supporte impatiemment son mal. Il ne saurait rien s.* || Avoir toute la charge, tout l'embarras de quelque chose. *Avoir à s. les frais, la dépense. Vous en supporterez les conséquences.* || Recevoir tout l'effort de quelque chose sans en être ébranlé. *S. l'attaque de l'ennemi. S. le choc sans plier.* || Souffrir avec patience. *Il y a de la charité à s. les infirmités d'autrui. Je ne puis s. son humeur, ses manières.* || Être à l'épreuve de. *Ce vase peut s. le feu. Ce navire ne peut plus s. la mer. Cet ouvrage ne supporte pas l'examen, la critique.* — SE SUPPORTER. v. pron. *Une pareille injure ne peut se s. Il faut savoir se s. les uns les autres.* = SUPPORTÉ, ÉE. part. == Syn. Voy. ENDURER.

SUPPOSABLE. adj. 2 g. [Pr. *su-po-zable*]. Qu'on peut supposer. *Cela n'est pas s.*

SUPPOSER. v. a. [Pr. *su-po-zer*] (lat. *supponere*, m. s., de *sub*, sous, et *ponere*, placer). Poser une chose pour établie, pour reçue, afin d'en tirer ensuite les conséquences. *Vous commencerez par s. ce qui est en question. Supposons le fait vrai, quelle conséquence en voudrez-vous tirer? Supposez que la guerre éclate.* || Admettre l'existence d'une chose sans en être certain, présumer ou tenir en mal. *Je suppose qu'il est honnête homme. Vous me supposez un crédit, un mérite, des talents que je n'ai pas. Vous le supposez donc bien intéressé?* || Alléguer ou produire pour vraie une chose fausse ou controuvée. *S. des faits. S. un complot. Pourquoi s. ce qui n'est pas? S. un testament.* — *S. une personne*, Présenter une personne au lieu d'une autre, comme si elle était cette autre personne même. *S. un enfant*, Le présenter comme étant né de parents dont il n'est pas réellement issu.* || Se dit aussi d'une chose qui demande, qui exige qu'une autre chose soit ou ait été. *Le crédit suppose la confiance. L'obligation suppose un droit. Dans le syllogisme, une conséquence suppose deux prémisses.* == SUPPOSÉ, ÉE. part. *Un nom supposé. Un acte supposé. Des faits supposés.* || *Cela suppose*, Dans cette supposition. *Supposé tel événement, telle circonstance, etc.* On dit de même, *Supposé qu'il vienne. La chose supposée de la manière que vous dites...*

SUPPOSITIF, IVE. adj. [Pr. *su-po-zitif*]. Qui se rapporte à une supposition.

SUPPOSITION. s. f. [Pr. *su-po-zi-sion*] (lat. *suppositio*, m. s., propr. action de placer dessous). Proposition que l'on suppose vraie ou possible pour en tirer quelque conséquence. *Dans la s. que vous faites, il faudrait que... Cette s. est inadmissible. Dans cette s., il aurait tort d'agir ainsi.* || Conjecture, opinion favorable ou défavorable qui ne résulte pas de preuves positives. *Ce qu'il dit est une pure s., une s. gratuite. Cette s. est injurieuse pour lui. Vous faites là d'étranges suppositions.* || Production d'une fausse pièce, allégation d'un fait controuvé. *La s. d'un contrat, d'un testament, d'un titre. La s. d'un fait.* — *S. de nom, de personne*, L'action de prendre un nom, une personne à la place d'un autre. — *S. d'enfant*, L'action de faire passer un enfant pour fils ou fille de ceux dont il n'est pas né. *S. de part*, Voy. PART. || T. Mus. Addition à la basse de notes étrangères à l'accord, qui le transforment en accord différent. == Syn. Voy. HYPOTHÈSE.

SUPPOSITOIRE. s. m. [Pr. *su-po-zi-touar*] (lat. *suppositus*, placé dessous). T. Méd. Se dit de substances médicamenteuses solides, en forme de cône long, qu'on introduit dans l'anus, soit pour provoquer une évacuation alvine, soit pour agir comme adoucissantes ou fébrifuges. *Un s. de beurre de cacao.*

SUPPÔT. s. m. [Pr. *su-po*] (lat. *suppositus*, placé dessous). Celui qui est membre d'un corps, et qui remplit certaines fonctions pour le service de ce corps. *La justice et ses suppôts. Autrefois les imprimeurs et les libraires étaient suppôts de l'université.* Vx. || Aujourd'hui, se dit de celui qui est le fauteur, le partisan de quelqu'un dans le mal, et qui sert à ses mauvais desseins. *C'est un des plus dangereux suppôts de ce parti. Les vils suppôts d'un tyran.* — Fig. et fam., on dit d'un méchant homme, *C'est un s. de Satan.*

805

SUPPÔT s. m. [Pr. *su-po*] (lat. *suppositum*, m. s.). T. Philos. Ce qui sert de support aux propriétés des corps. Vx.

SUPPRESSIF, IVE. adj. [Pr. *su-prè-sif*]. Qui supprime, qui cause une suppression.

SUPPRESSION. s. f. [Pr. *su-prè-sion*] (lat. *suppressio*, m. s., de *suppressum*, sup. de *supprimere*, supprimer). Action de supprimer. La *s.* d'un contrat. La *s.* d'un libelle. La *s.* d'un ordre religieux. La *s.* de plusieurs emplois. La *s.* d'un impôt. Le tribunal a ordonné la *s.* de son factum. — Édit de *s.*, Édit qui éteignait et supprimait quelque charge, quelque impôt. || T. Jurispr. *S.* d'état, Crime de celui qui supprime les preuves de l'état civil d'une personne. *S.* d'enfant ou de part, Voy. PART. || T. Méd. Suspension ou disparition, soit d'une évacuation habituelle ou périodique, soit d'une affection cutanée dont l'éruption avait déjà commencé. *S.* de la transpiration. La *s.* des règles. *S.* d'hémorrhoïdes. *S.* de la rougeole.

SUPPRIMABLE. adj. 2 g. [Pr. *su-primable*]. Qui peut, qui doit être supprimé.

SUPPRIMER. v. a. [Pr. *su-pri-mer*] (lat. *supprimere*, m. s., de *sub*, sous, et *premere*, presser). Empêcher, arrêter ou interdire la publication d'un écrit, d'un livre, etc. On supprima tel livre, tel journal. Cet article fut supprimé par la censure. La cour a supprimé son mémoire comme calomnieux. — Se dit aussi d'un acte, d'une pièce dont on veut ôter la connaissance, Il voulait *s.* un acte qui était contre lui. Il supprima une pièce essentielle. || Taire, passer sous silence, ne pas exprimer. Cet avocat a supprimé les circonstances les plus favorables à sa cause. Supprimez ces détails. Il faut *s.* ce passage. On a supprimé un mot essentiel. || Retrancher, Ce discours est trop long, il en faut *s.* la moitié, *S.* une lettre dans un mot. || Abolir, annuler. On a supprimé quelques emplois inutiles. *S.* un impôt. || T. Méd. Suspendre, faire cesser une excrétion soit naturelle, soit artificielle. Gardez-vous de *s.* cette éruption. *S.* un vésicatoire. *S.* les règles, les hémorrhoïdes. = SUPPRIMÉ, ÉE. part.

SUPPURATIF, IVE. adj. [Pr. *su-puratif*]. T. Méd. Qui facilite la suppuration. Onguent *s.* || Qui a rapport à la formation du pus. Dégénérescence suppurative. || Subst., au masc., Un bon *s.* Les suppuratifs sont ordinairement des vésicants étendus dans un corps gras.

SUPPURATION. s. f. [Pr. *su-pura-sion*] (lat. *suppuratio*, m. s.). Action de suppurer. Voy. PUS.

SUPPURÉ, ÉE. adj. [Pr. *su-puré*]. Qui a suppuré. Un bubon *s.*

SUPPURER. v. n. [Pr. *su-purer*] (lat. *suppurare*, m. s., de *sub*, sous, et *pus*, *puris*, pus). Rendre, jeter du pus. La plaie commence à *s.* Elle suppure beaucoup.

SUPPUTATION. s. f. [Pr. *su-puta-sion*] (lat. *supputatio*, m. s.). Action de supputer, d'estimer ou de compter différentes quantités. *S.* exacte, juste, fausse. *S.* d'un compte, d'une dépense. La *s.* des temps. Il s'est trompé dans sa *s.*

SUPPUTER. v. a. [Pr. *su-puter*] (lat. *supputare*, m. s., de *sub*, sous, et *putare*, penser). Calculer, compter à quel montant plusieurs nombres. *S.* un compte. Supputez à quoi se monte la dépense de cette maison. Supputons combien il y a d'années. Il supputait sur ses doigts combien lui coûtait cet achat. = SUPPUTÉ, ÉE. part. = Syn. Voy. CALCULER.

SUPRA MASTITE. s. f. (lat. *supra*, au-dessus; gr. *μαστός*, mamelle). T. Pathol. Phlegmon superficiel de la mamelle. Voy. MAMMITE.

SUPRAMONDAIN, AINE. adj. [Pr. *supramon-din, dène*] (lat. *supra*, au-dessus et *monde*). Qui est au-dessus du monde visible.

SUPRANATURALISME. s. m. (lat. *supra*, au-dessus; *natura*, nature). La doctrine qui admet l'intervention de Dieu dans les choses de ce monde, comme la révélation, les miracles, etc.; se dit par opposition à Rationalisme.

SUPRANATURALISTE. adj. 2 g. Qui appartient au supranaturalisme. Les doctrines supranaturalistes. || Se dit, subst., de ceux qui professent ces doctrines. La lutte des supranaturalistes et des rationalistes.

SUPRASENSIBLE. adj. 2 g. [Pr. *supra-san-sible*] (lat. *supra*, au-dessus, et *sensible*). Qui est au-dessus de la réalité sensible, qui ne tombe pas sous les sens.

SUPRÉMATIE. s. f. [Pr. *supréma-si*] (R. *suprême*). Supériorité de puissance, de rang; excellence au-dessus de tous les autres. La confédération des villes latines reconnaissait la *s.* de Rome. La *s.* du pape. Il prétend à la *s.* dans son art. Cette nation a conservé la *s.* dans le commerce, dans la navigation. || En Angleterre, le droit qu'ont les rois et les reines d'être chefs de la religion anglicane. C'est Henri VIII qui a établi la *s.* des rois d'Angleterre. Prêter le serment de *s.*, Prêter un serment par lequel on reconnaît ce pouvoir.

SUPRÊME. adj. 2 g. (lat. *supremus*, m. s., superlatif de *superus*, qui est au-dessus). Qui est au-dessus de tout dans son genre, dans son espèce. Pouvoir, autorité *s.* Dignité *s.* Bonté *s.* L'Être *s.* Le chef *s.* de l'État. Il est parvenu au *s.* degré de la science. Cette femme est belle au *s.* degré. Elle est laide au *s.* degré. Il est ennuyeux au *s.* degré. || Sign. aussi, qui termine tout. Voilà le but *s.* où il aspire, son vœu *s.* — On dit aussi, en poésie et dans le style soutenu : L'instant, le moment, l'heure *s.*, L'heure de la mort; Les volontés suprêmes d'un mourant, Ses dernières dispositions : Les adieux suprêmes, les adieux du mourant. Les honneurs suprêmes, Les funérailles. = Syn. Voy. SOUVERAIN.

SUPRÊME. s. m. T. Cuis. Mets fait avec les parties les plus délicates de la volaille, accompagnées d'un coulis. Un *s.* de volaille aux truffes.

SUPRÊMEMENT. adv. [Pr. *suprême-man*]. D'une manière suprême.

SUR, URE. adj. (all. *sauer*, m. s.). Qui a un goût acide et aigre. Cette pomme est sure.

SÛR, ÛRE. adj. (lat. *securus*, m. s.). Certain, indubitable, vrai. C'est une chose sûre. Rien n'est plus sûr. C'est une chose moralement sûre. Je vous donne cela pour sûr. || Qui doit arriver infailliblement, ou qu'on regarde comme devant nécessairement arriver. Rien n'est si sûr que la mort. C'est un profit sûr. Ses dispositions avaient rendu la victoire sûre. — L'affaire est sûre, Elle est certaine. || Qui produit ordinairement son effet. Ce remède est un remède sûr. Ce procédé, ce moyen est sûr. Cette règle est sûre. — Avoir la mémoire sûre, Avoir une mémoire qui ne trompe jamais. — Avoir le goût sûr, Discerner parfaitement la qualité des mets, du vin, et Fig., Bien juger des ouvrages d'esprit. Dans ce dernier sens, on dit encore : Avoir le jugement, le tact sûr. — Avoir la main sûre, Avoir une main ferme, qui ne tremble pas. Ce cheval a le pied sûr, La jambe sûre, il est sûr, Il ne bronche jamais. — Avoir un coup sûr à quelque jeu, à quelque exercice, Avoir un coup presque immanquable. Avoir jeu sûr, Avoir si beau jeu, qu'on doit nécessairement gagner. Jouer à jeu sûr, Voy. JEU. Parier à coup sûr, Voy. PARIER. || En qui on se peut fier. C'est un ami sûr. Un banquier sûr. Un domestique sûr. L'instinct est un guide sûr. — Le temps n'est pas sûr, Il est à craindre qu'il ne devienne bientôt mauvais. || Où l'on est en sûreté, dont on n'est exposé à aucun danger. Les chemins sont sûrs. Ce port est sûr. Le lieu n'est pas sûr. Cette échelle est sûre. Ce navire est sûr. — Il ne fait pas sûr en ce lieu, On n'y est pas en sûreté. Mettre quelqu'un en lieu sûr.

> À vous mettre en lieu sûr je m'offre pour conduite.
> MOLIÈRE.

Le mettre en lieu de sûreté, où il n'a rien à craindre; ou encore, le mettre en un lieu où l'on soit assuré de sa personne. || Être sûr de, Savoir une chose d'une manière certaine. Je suis sûr de ce que je vous dis. Je ne suis pas tout à fait sûr de ce fait. — Être sûr de quelqu'un, Compter fermement sur lui, sur son secours; être certain de ses bons sentiments, de ses bonnes opinions. Êtes-vous bien sûr de cet homme-là? — Être sûr de son fait, de son coup,

Être certain du succès de ce qu'on a entrepris. — T. Jeu. *Être sûr de sa partie*, Avoir fait sa partie de manière qu'on est assuré de gagner; on Fig. et fam., Avoir si bien pris ses mesures dans une affaire, qu'on est assuré qu'elle réussira. En parlant de Mus., *Être sûr de sa partie*, La savoir de manière qu'on est certain de la chanter ou de l'exécuter sans faire de faute. || *Le plus sûr*, se dit, subst. et absol., pour sign. Le parti le plus sûr. *Aller au plus sûr*. Prendre *le plus sûr*. *Le plus sûr dans cette occurrence était de ne rien dire*. = A coup sûr, loc. adv. Infailliblement. *A coup sûr il viendra. Vous réussirez à coup sûr*. = Pour sûr, loc. adv. et fam. Immanquablement. *Pour sûr, vous le trouverez*. = Syn. Voy. CERTAIN.

SUR. prép. (lat. *super*, au-dessus). Marque la situation d'une chose à l'égard d'une autre qui est au-dessous. *Sur la terre. Sur une montagne. Sur le haut d'une maison. Sur un vaisseau. Sur un cheval. Sur un arbre. Se coucher sur un lit. Posez cela sur la table. Monter sur une échelle. S'appuyer sur un bâton. Garder son chapeau sur la tête.* — *Se soutenir, revenir sur l'eau*, Se soutenir à la surface de l'eau. — *Avoir, porter une chose sur soi*, L'avoir, la porter dans sa poche. || *Sur*, précédé et suivi du même mot, marque Superposition, entassement, accumulation. *Cette façade présente ordre sur ordre. Entasser pierres sur pierres. Mettre sou sur sou.* — Fig., *Il fait folies sur folies. Il a eu trois maladies coup sur coup.* || *Sur*, marque encore la situation supérieure ou voisine des choses dont on parle. *Ce château domine sur la campagne. Il a deux fenêtres sur la rue. Cet appartement donne sur le jardin. Cet hôtel ouvre sur deux rues.* — Ellipt., *Il est toujours sur les livres*, c.-à-d. courbé, penché sur les livres, il lit, il étudie continuellement. On dit de même, *Pâlir sur les livres.* — T. Mar., *Ce navire chasse sur ses ancres*. Voy. CHASSER. || Se dit aussi de ce qu'on touche, de ce qu'on frappe. *Donner un coup sur la tête. Frapper sur une enclume. Passer la main sur une étoffe*. || Joignant, tout proche. *Les villes qui sont sur la Seine, sur le Rhin. Châlons-sur-Marne. Une maison sur le grand chemin. Ce village est sur la frontière. Se promener sur le bord de la mer.* || A la surface de. *Graver sur le marbre, sur le cuivre. Graver son nom sur l'écorce d'un arbre. Peindre sur toile, sur verre. Passer le balai, l'éponge sur une chose. Écrire sur le sable, sur du papier.* — On dit, dans un sens anal., *Écrivez cela sur vos tablettes, sur le compte. Son nom est sur la liste. Il l'a mis sur son testament.* || *Sur*, sert encore à indiquer la matière, le sujet sur lequel on travaille. *Il travaille sur l'or, sur l'argent. Il travaille sur tel sujet. Il est peintre sur émail, sur porcelaine. Il a écrit un commentaire sur Platon. Prendre des notes sur un mémoire.* — *Faire des paroles sur un air*, Accommoder des paroles à un air déjà fait. On dit de même : *Faire de la musique sur des paroles. Cette chanson est sur tel air. Faire des vers sur un sujet donné. Faire des variations sur un air.* || Fig., se dit de toute imposition sur les choses et sur les personnes. *Les impositions sur les biens-fonds, sur les denrées. Taxe sur les boissons. Il leva un nouveau subside sur son peuple.* On dit dans un sens anal., *Assigner une pension sur une terre. Prendre sur sa nourriture, sur sa dépense. On lui retiendra tant sur ses gages.* || Fig., *Sur*, marque encore la supériorité, la domination, la juridiction, l'excellence, l'avantage, l'action, l'influence d'une personne, d'une chose à l'égard d'une autre. *Régner sur plusieurs nations. Avoir autorité, pouvoir, juridiction sur quelqu'un. Avoir l'œil, veiller sur quelqu'un. Il a de l'ascendant sur cet homme. Prendre le pas sur quelqu'un. Je ne peux rien sur lui. Cela influe beaucoup sur la santé.* || *Sur*, signifie quelquefois parmi. *Sur dix, il n'en survécut pas un seul. Il eut deux cents voix sur trois cents.* || Vers, du côté de. *Tourner sur la droite, sur la gauche. Tirer sur quelqu'un. Souffler sur quelque chose. Il plaça la cavalerie sur les ailes. Il opéra sa retraite sur telle ville. L'huissier s'est porté sur les lieux.* On dit à peu près dans le même sens : *Revenir sur ses pas. Fermer la porte sur soi.* — T. Comm. *Tirer une lettre de change sur quelqu'un, tirer sur quelqu'un*. Voy. TIRER. || Touchant, concernant, à l'égard de. *Il y a diversité d'opinions sur ce point. On ne s'accorde pas sur cette date. Qu'a-t-on jugé sur ce différend? Il m'a éclairé sur ma véritable situation. Je l'ai félicité sur son succès. Je suis tranquille sur son compte.* || D'après, en conséquence, en considération de, moyennant. *Juger sur les apparences, sur la mine, sur l'étiquette du sac. Se modeler sur quel-*

qu'un. Il partit sur l'avis qu'on lui donna. Il s'excusa sur son âge. J'ai fait cela sur sa prière. Sur la foi des traités. Prêter une somme sur nantissement, sur gage. — *Se fonder sur quelque chose*, S'en autoriser, la faire valoir à l'appui de ce qu'on prétend ou de ce qu'on avance. *Je me fonde sur une possession trentenaire.* On dit de même, *Je suis fondé sur une loi, sur un arrêt. Sur quoi votre prétention est-elle fondée?* — *Écrire, croire sur parole*, sur la foi d'autrui.] *Se dit encore pour* marquer l'affirmation, la garantie de quelque chose. *Sur mon honneur. Sur ma conscience. Sur ma foi. Sur mon âme. Sur ma parole.* — *Jurer sur les saints Évangiles*, Faire un serment en mettant la main sur le livre des Évangiles. || En parlant du temps, *Sur* sign. Durant, vers, environ. *Il vint sur l'heure du dîner, sur le midi, sur le soir. Sur le tard. Sur la brume. Sur l'heure. Sur ces entrefaites. Sur le point de partir. Il est sur son déclin. Il est sur son départ.* || *Sur*, s'emploie encore dans une foule de façons de parler, qui constituent de véritables idiotismes; mais l'explication de ces diverses locutions se trouve aux mots qui servent à les former. || Enfin, *Sur* entre dans la composition de plusieurs mots, où il marque supériorité de position, de rang, de qualité, de quantité, etc. On trouvera à leur place alphabétique les mots ainsi composés qui sont consacrés par l'usage. = SUR TOUTE CHOSE, SUR TOUTES CHOSES, loc. adv. Principalement, par préférence à toute autre chose. *Je vous recommande, sur toutes choses, de...* Voy. SURTOUT.

Sur toute chose
Observe exactement la loi que je t'impose.
CORNEILLE.

= SUR LE TOUT. loc. adv. et fam. En somme, en résumé, *Sur le tout je m'en rapporte à vous.* || *Brocher sur le tout*, Voy. BROCHER. || T. Blas. *Sur le tout, sur le tout du tout*. Voy. ÉCU. = SUR ET TANT MOINS, loc. adv. Voy. MOINS.

SURA, anc. v. de Babylonie, sur l'Euphrate; titre d'évêché *in partibus infidelium*.

SURABONDAMMENT. adv. [Pr. *surabonda-man*] (R. *surabondant*). Plus que suffisamment. *Il en a parlé s*.

SURABONDANCE. s. f. (R. *sur*, préf., et *abondance*). Très grande abondance. *S. de grâces, de faveurs. S. de droit. S. de blé, de vin. S. d'idées, de paroles.*

SURABONDANT, ANTE. adj. Qui surabonde. *Pour preuve surabondante de son bon droit, il allègue...* || Superflu. *Vous avez déjà fait comprendre ce que vous voulez dire; ce que vous ajoutez est s.* || T. Minér. *Cristallisation surabondante*, dans laquelle un des angles subit deux décroissements. = Subst. *Le s.* Ce qui est surabondant.

Tout le surabondant doit place au nécessaire.
CORNEILLE.

SURABONDER. v. n. (R. *sur*, préf., et *abonder*). Être très abondant. *Les denrées surabondent dans ce pays. Le vin surabonde cette année.*

SURACHAT. s. m. Achat au-dessus du cours légal, de monnaies d'or et d'argent pour les exporter ou les fondre.

SURACHETER. v. a. Acheter une chose plus qu'elle ne vaut. Peu us. = SURACHETÉ, ÉE. part.

SURACTIVITÉ. s. f. T. Méd. Activité exagérée d'un organe.

SURADDITION. s. f. [Pr. *surad-dision*] Action d'ajouter de nouveau à ce que l'on avait déjà ajouté; ce que l'on ajoute de nouveau.

SURAIGU, UË. adj. Excessivement aigu. || T. Méd. *Inflammation suraiguë*. || T. Mus. Fort aigu. *Notes suraiguës*, notes qui dépassent les notes aiguës ordinairement employées.

SURAJOUTER. v. a. Ajouter en outre de ce qui a déjà été ajouté. = SURAJOUTÉ, ÉE. part.

SUR-ALLER. v. n. [Pr. *sura-ler*]. T. Vén. Se dit d'un limier ou d'un chien qui passe sur la voie sans se rabattre et sans rien dire. = SE SUR-ALLER. v. pron. Revenir sur ses voies.

SUR-ANDOUILLER. s. m. [Pr. *surandou-llé, ll* mouillées]. T. Vén. Andouiller plus grand que les autres, qui se trouve à la tête de quelques cerfs.

SURANNATION. s. f. [Pr. *sura-na-sion*] (R. *suranner*). Cessation de validité d'un acte qui n'était valable que pour un temps déterminé. || *Lettres de s.*, Lettres qu'on obtenait du roi pour rendre la validité à celles qui étaient surannées.

SURANNER. v. n. [Pr. *sura-ner*] (R. *sur*, préf., et *an*). Avoir plus d'un an de date; se dit surtout des lettres de chancellerie, des passeports, etc. *Il a laissé s. ses lettres, son passeport.* = SURANNÉ, ÉE. part. Se dit de certains actes publics lorsque l'année ou le temps pour lequel ils étaient valables, est expiré. *Procuration surannée. Passeport suranné. Ces lettres sont surannées.* || Fig., se dit des choses, des personnes qu'on regarde comme déjà vieilles. *Cet hôtel est un peu suranné. Cette mode est surannée. Une façon de parler surannée. C'est un galant suranné. Une beauté surannée.*

SUR-ARBITRE. s. m. On dit ordinairement, *Tiers arbitre.* Voy. ARBITRE.

SURARD ou **SURAT.** adj. m. [Pr. *su-rar, su-ra*] (R. *sureau*). *Vinaigre s.*, Vinaigre préparé avec des fleurs de sureau.

SURATE ou **SOURATE,** v. de l'Hindoustan anglais (prov. de Bombay); 109,900 hab.

SURBAISSÉ, ÉE. adj. [Pr. *surbè-sé*]. T. Archit. Se dit des arcades et des voûtes formées par un segment de cercle moins élevé que le plein cintre.

SURBAISSEMENT. s. m. [Pr. *surbè-seman*]. La quantité dont une arcade, une voûte est surbaissée.

SURBAISSER. v. a. [Pr. *surbè-ser*] (R. *sur*, préf., et *baisser*). T. Techn. Faire moins haut que la demi-circonférence. = SURBAISSÉ, ÉE. part.

SURBANDE. s. f. (R. *sur*, préf., et *bande*). T. Méd. Bande qu'on applique sur une compresse. || T. Techn. Chemin que peut faire en arrière le chien d'un fusil quand il est armé. || T. Artill. Bande de fer qui retient les tourillons d'une bouche à feu dans l'encastrement.

SURBAU. s. m. (R. *sur*, préf., et *bau*). T. Mar. Chacune des pièces de bois clouées sur les baux d'un navire et qui forment le cadre des écoutilles.

SURBOUCHAGE. s. m. Action de surboucher.

SURBOUCHER. v. a. Boucher une bouteille, par-dessus le bouchon, avec une coiffe d'étain ou autre. = SURBOUCHÉ, ÉE. part.

SURBOUT. s. m. [Pr. *sur-bou*] (R. *sur*, préf., et *bout*). T. Techn. Pièce de bois tournant sur un pivot, qui porte dans certaines machines des assemblages de charpente.

SURCASE. s. f. [Pr. *sur-kaze*] (R. *sur*, préf., et *case*). T. Jeux. Au trictrac, case où il y a plus de deux dames.

SURCENS. s. m. [Pr. *sur-sans*] (R. *sur*, préf., et *cens*). T. Jurispr. féod. Rente seigneuriale dont un héritage était chargé par-dessus le cens.

SURCHARGE. s. f. Nouvelle charge ajoutée à une autre. *Cette s. l'accablera.* || Fig., Surcroît, augmentation de peines, de maux. *Il avait de la peine à vivre, et pour s. il lui est survenu deux enfants. Cet impôt est une s. que bien des gens ne pourront supporter.* || Se dit aussi d'un mot écrit sur un autre mot. *Faire une s. Les surcharges sont absolument interdites dans les actes, dans les pièces comptables, dans les registres ; la rectification des erreurs doit se faire au moyen de ratures et de renvois.*

SURCHARGER. v. a. (R. *sur*, préf., et *charger*). Imposer une charge excessive, un trop grand fardeau. *Vous avez surchargé ce cheval, il ne saurait aller. Ce mur est trop surchargé, il croulera.* || Fig., *Vous surchargez cet enfant de travail. Je suis surchargé d'affaires. Cette province est surchargée d'impôts.* — Absol. *On a surchargé cette ville, ce département,* On l'a imposé plus qu'il n'aurait dû l'être. || Faire une surcharge dans l'écriture. *S. un mot, une ligne.* = SE SURCHARGER. v. pron. *Se s. d'aliments, de nourriture,* Manger excessivement. On dit de même, *Se s. l'estomac.* || Fig., *Se s. de travail, d'affaires.* = SURCHARGÉ, ÉE. part. *Un mot surchargé.* || T. Blas. Se dit d'une pièce honorable chargée d'un ou de plusieurs meubles, qui sont eux-mêmes chargés.

SURCHAUFFEMENT. s. m. [Pr. *sur-cho-feman*]. T. Techn. Action de surchauffer.

SURCHAUFFER. v. a. [Pr. *sur-cho-fer*] (R. *sur*, préf., et *chauffer*). T. Métall. Donner trop de feu au fer, le brûler en partie. = SURCHAUFFÉ, ÉE. part. T. Techn. *Vapeur surchauffée,* vapeur chauffée au-dessus de sa température de saturation.

SURCHAUFFURE. s. f. [Pr. *sur-cho-fure*]. Défaut du fer surchauffé.

SURCHOIX. s. m. [Pr. *sur-choua*] (R. *sur*, préf., et *choix*). Ce qui est de première qualité.

SURCOMPOSÉ, ÉE. adj. [Pr. *surkon-pozé*] (R. *sur*, préf., et *composé*). T. Gram. Se dit des temps des verbes dans la conjugaison desquels on redouble l'auxiliaire *Avoir : J'aurais eu fait,* vous auriez eu dit sont des temps surcomposés. Peu us. || T. Bot. *Feuille surcomposée,* Feuille composée dont les folioles sont elles-mêmes composées. Voy. FEUILLE. || T. Minér. *Cristal s.,* qui a un grand nombre de facettes résultant de diverses lois de décroissement.

SURCOSTAL, ALE. adj. (R. *sur*, préf. et *costal*). T. Anat. Qui est placé au-dessus des côtes. *Muscles surcostaux.*

SURCOUF (ROBERT), corsaire, né à Saint-Malo (1773-1827), célèbre par ses courses contre les Anglais, surtout dans la mer des Indes.

SURCOUPE. s. f. T. Jeux. Action de surcouper. || *Être en s.* Jouer avant un adversaire qui est en mesure de surcouper.

SURCOUPER. v. a. T. Jeu de cartes. Couper avec un atout supérieur à celui qu'un autre joueur vient de jouer. = SURCOUPÉ, ÉE. part.

SURCROISSANCE. s. f. [Pr. *sur-kroi-sanse*]. Action de surcroître.

SURCROÎT. s. m. [Pr. *sur-kroua*] (R. *sur*, préf., et *croître*). Augmentation, ce qui est ajouté à quelque chose. *Un grand, un notable s.*

Compliments de consolation
Qui sont surcroît d'affliction.
LA FONTAINE.

S. de provisions. S. de biens, d'honneurs. Il arriva un s. de compagnie. Pour s. de bonheur, il est arrivé que.., Quel s. de douleur !

SURCROÎTRE. v. a. [Pr. *sur-krouatre*] (R. *sur*, préf., et *croître*). Augmenter sans mesure, accroître au delà des bornes. *On vint tout à coup à s. le prix des marchandises.* Vx.

SURCUISSON. s. f. [Pr. *sur-kui-son*] (R. *sur*, préf., et *cuisson*). Action de soumettre une substance déjà cuite à une température plus élevée encore.

SURDENT. s. f. [Pr. *sur-dan*]. Dent surnuméraire qui existe hors de la rangée des autres dents. *Les surdents sont ordinairement des dents de la première dentition qui ne sont point tombées.* || Les vétérinaires appellent aussi *Surdents,* Les irrégularités formées par l'usure défectueuse des molaires du cheval.

SURDI-MUTITÉ. s. f. (lat. *surdus*, sourd; *mutus*, muet). T. Méd. Affection de sourd-muet. Voy. OREILLE, III, et SOURD.

SURDITÉ. s. f. (lat. *surditas*, m. s.). T. Méd. Affection de celui qui est sourd. Voy. OREILLE, III et SOURD. || Fig. État de celui qui reste sourd aux avis, aux remontrances.

SURDON. s. m. (R. *sur*, préf., et *don*). T. Comm. Forfait stipulé en faveur de l'acheteur, en cas d'avarie pour certaines marchandises.

SURDORER. v. a. Dorer doublement, solidement. = SURDORÉ, ÉE, part.

SURDORURE. s. f. Action de surdorer.

SURDOS. s. m. [Pr. *sur-do*] (R. *sur*, et *dos*). T. Sellier. Longue bande de cuir qui se met sur le dos du cheval. Voy. HARNAIS.

SUREAU. s. m. [Pr. *su-ro*]. T. Bot. Genre de plantes Dicotylédones (*Sambucus*) de la famille des *Caprifoliacées*. Voy. ce mot.

SURÉDIFIER. v. a. Édifier par-dessus. = SURÉDIFIÉ, ÉE. part.

SURÉGALISAGE. s. m. [Pr. *surégali-zaje*]. Action de surégaliser.

SURÉGALISER. v. a. [Pr. *surégali-zer*, g dur] (R. *sur*, préf., et *égaliser*). T. Techn. S. la poudre, en séparer les grains trop gros. = SURÉGALISÉ, ÉE. part.

SURÉGALISOIR. s. m. [Pr. *surégali-zouar*, g dur]. T. Techn. Crible en peau, avec lequel on surégalise.

SURÉLÉVATION. s. f. [Pr. ... sion]. Action de surélever. La s. d'une maison. La s. des tarifs de douanes.

SURÉLEVER. v. a. Élever plus haut. S. un bâtiment. || Faire monter les eaux d'un canal ou d'une rivière à un niveau plus élevé. || Porter des prix, des tarifs à un chiffre plus élevé. = SURÉLEVÉ, ÉE. part.

SURELLE. s. f. [Pr. *surè-le*] (Dimin. de sur, aigu). T. Bot. Nom vulg. de l'Oxalide petite oseille (*Oxalis*, *acetosella*) plante Dicotylédone de la famille des *Géraniacées*, tribu des *Oxalidées*. Voy. GÉRANIACÉES.

SÛREMENT. adv. [Pr. *sure-man*] (R. *sûr*). Avec sûreté, en assurance. De l'argent placé s. Vous pouvez marcher s. par là. || Certainement. Cela est s. arrivé comme on le dit.

SURÉMINENT, ENTE. adj. [Pr. *surémi-nan*, *ante*]. Éminent au suprême degré. Savoir, mérite s. Vertu suréminente. Peu us.

SURÉMISSION. s. f. [Pr. *surémi-sion*]. Émission exagérée de billets, de titres, etc.

SURENA. général des Parthes, fit périr Crassus et son armée (53 av. J.-C.).

SURENCHÈRE. s. f. [Pr. *suran-chère*]. Enchère qu'on fait au-dessus d'une autre enchère.

SURENCHÉRIR. v. n. [Pr. *suran-chérir*]. Faire une surenchère.

SURENCHÉRISSEMENT. s. m. [Pr. *suranchéri-se-man*]. Enchérissement ajouté à un enchérissement.

SURENCHÉRISSEUR, EUSE. s. [Pr. *suran-chéri-seur*, *euze*]. Celui, celle qui fait une surenchère.

SURENVELOPPE. s. f. [Pr. *suran-velo-pe*]. Enveloppe mise par-dessus une autre enveloppe.

SURÉPINEUX ou **SUS-ÉPINEUX, EUSE.** adj. [Pr. *surépi-neu*, *suzé-pineu*, *euze*]. T. Anat. Qui est au-dessus d'une épine. Ligament s. cervical. Fosse sus-épineuse de l'omoplate.

SURÉROGATION. s. f. [Pr. ... sion] (lat. *supererogatio*, m. s., de *super*, au delà et *erogare*, donner). Ce qu'on fait de bien au delà de ce qu'on est obligé de faire, ce qui n'est pas précisément d'obligation; se dit proprement des choses prescrites ou conseillées par la religion. Tout ce qui n'est point d'obligation est regardé comme œuvre de s. || Dans le lang. ordin., Ce qu'on fait au delà de ce qu'on s'est obligé ou de ce qu'on a promis de faire.

SURÉROGATOIRE. adj. 2 g. [Pr. *suréro-gatouare*, g dur] (lat. *supererogatorius*, m. s.). Qui est au delà de ce qu'on est obligé de faire. Œuvre s. Cela est s.

SURÉROGATOIREMENT. adj. [Pr. *suréroga-toua-re-man*, g dur]. D'une manière surérogatoire.

SURESNES. vge du dép. de la Seine, arr. de Saint-Denis; 8,400 hab.

SURESTARIE. s. f. (lat. *super*, au delà; *stare*, rester). T. Droit com. Retard apporté dans le chargement d'un navire frété. Frais de ce.

SURESTIMATION. s. f. [Pr. ... sion]. Estimation d'une chose au delà de sa valeur.

SURESTIMER. v. a. Estimer une chose au-dessus de sa valeur. = SURESTIMÉ, ÉE. part.

SURET, ETTE. adj. [Pr. *su-rè*, *rète*] (Dimin. de Sur). Un peu acide, un peu aigre. Ce fruit est s., à un petit goût s.

SÛRETÉ. s. f. (lat. *securitas*, m. s., de *securus*, sûr). État de ce qui est à l'abri de tout danger. Grande, pleine, entière s. Pourvoir à sa s. Dormir en s. Voyager en s. Mettre son bien en s. Cela compromettrait votre s. La s. publique est bien établie. Prov., La méfiance est la mère de la s., ou Méfiance est mère de s. — Être en lieu de s., Être dans un lieu où l'on n'a rien à craindre pour sa personne. On dit de même, Se rendre, se mettre en lieu de s., et Mettre quelqu'un en lieu de s.; mais cette dernière phrase sign. plus souvent, Mettre quelqu'un en prison, s'assurer de sa personne. || En s. de conscience, Sans que la conscience soit blessée. Vous ne pouvez pas faire cela en s. de conscience. Vous pouvez penser ainsi en toute s. de conscience. || Caution, garantie que l'on donne pour l'exécution d'un traité. Je veux avoir mes sûretés. Avec cet homme, il faudra prendre vos sûretés.

Contre cet accident j'ai pris mes sûretés.

MOLIÈRE.

Vous voulez que je vous donne mon argent; où est ma s.? Pour s. de quoi.... — Places de s., Les places qu'un souverain, qu'un État donne ou retient pour assurer l'exécution d'un traité. || Assurance, fermeté du pied pour marcher, de la main pour écrire, pour faire une opération. Il y a peu d'animaux dont le pied ait plus de s. que les chèvres et les mulets. Ce chirurgien a une grande s. de main. — On dit aussi, Figur., S. de tact, de coup d'œil. || T. Techn. Serrure, verrou de s., Serrure, verrous faits de manière qu'on les ouvre moins facilement que les autres. Voy. SERRURE. — Chaîne de s., chaîne qui retient solidement la montre, ou qui empêche une porte de s'ouvrir complètement. — Soupape de s. Soupape qui s'ouvre d'elle-même pour donner issue à la vapeur, à un gaz comprimé, etc., dès que la pression atteint une valeur fixée à l'avance et qu'il serait dangereux de dépasser. Voy. CHAUDIÈRE.

SUREXCITABILITÉ. s. f. [Pr. *surek-sitabilité*]. T. Méd. Disposition à la surexcitation.

SUREXCITABLE. adj. 2 g. [Pr. *surek-sitable*]. Susceptible d'être surexcité.

SUREXCITATION. s. f. [Pr. *surek-sita-sion*] (R. *sur*, préf., et *excitation*). T. Physiol. Augmentation exagérée de l'énergie vitale dans un tissu, dans un organe. || Fig., La s. des esprits était telle qu'on craignait une émeute. Il était dans un état de s. effrayante.

SUREXCITER. v. a. [Pr. *surek-siter*] (R. *sur*, préf., et *exciter*). Déterminer de la surexcitation. = SUREXCITÉ, ÉE. part.

SURFACE. s. f. (R. *sur*, préf., et *face*). L'extérieur, le dehors d'un corps. *S. plate, unie, raboteuse. La s. de l'eau. La s. de la terre. Une grande s. de terrain. Sur toute la s. de la terre.* || Fig. et Fam., dehors, apparence. *Il s'arrête à la s. des choses. Il faut savoir aller au delà de la s. Chez cet homme, il n'y a que s. et apparence.*

Syn. — *Superficie. Aire.* — On dit en général la s. de la terre, la s. des eaux, et non la superficie, à moins qu'on ne veuille exprimer une mesure : la superficie de la Terre est de 883 millions de kilomètres carrés. La superficie de la France, d'un département, etc. — En géométrie *Aire* désigne l'étendue d'une s. limitée, tandis que le mot s. s'applique à la forme, abstraction faite de toute limite.

Géom. — La s. est la partie de l'espace qui est commune à un solide et à l'espace environnant. La s. n'a pas d'épaisseur, et n'a par conséquent que deux dimensions. On peut aussi se représenter une s. comme engendrée par une ligne qui se déplace dans l'espace, et qui reçoit le nom de *génératrice.* Ce mode de génération permet de définir certaines classes de surfaces. Ainsi on appelle *surfaces réglées* celles qui sont engendrées par le déplacement d'une ligne droite. Parmi les surfaces réglées on distingue les surfaces *développables* qui peuvent s'appliquer sur un plan sans déchirure ni duplicature et qui sont engendrées par une droite qui se meut de telle façon que deux de ces positions infiniment voisines sont dans un même plan. Voy. DÉVELOPPABLE. Les surfaces réglées qui ne sont pas développables sont dites *gauches.* Les surfaces développables les plus simples sont les *cônes,* les *cylindres* et le *plan.* Voy. ces mots. — Les *surfaces de révolution* sont engendrées par la révolution d'une ligne qui tourne autour d'un axe fixe.

Une s. est représentée par une équation entre les trois coordonnées d'un de ses points : $F(x,y,z) = 0$. On distingue alors les surfaces *algébriques* dont l'équation est algébrique et les surfaces *transcendantes* qui ne sont pas algébriques. Les surfaces algébriques se classent d'après le degré de leur équation. L'équation du premier degré représente un plan. Les surfaces du second degré sont appelées *quadriques.* La sphère est une quadrique.

On peut aussi représenter une s. au moyen de trois équations qui expriment les coordonnées de chacun de ses points en fonction de deux paramètres u et v :

$$x = f(u,v) \quad y = g(u,v) \quad z = h(u,v).$$

Si on laisse v invariable, et qu'on fasse varier u, ces trois équations définissent une ligne tracée sur la surface. A chaque valeur de v correspond ainsi une ligne différente, et la s. est le lieu de toutes ces lignes.

Si par un point M d'une s. on trace sur cette s. différentes lignes, les tangentes à toutes ces lignes sont dans un même plan qui est le *plan tangent* à la s. en M. Il peut y avoir exception pour certains points qui sont dits *singuliers.* Alors les tangentes aux différentes courbes tracées sur la s., au lieu de former un plan, forment un cône. La perpendiculaire au plan tangent menée par le point de contact s'appelle la *normale* à cette s.

La courbure des lignes qu'on peut tracer sur une s. donne lieu à une théorie fort importante qui a été établie par Euler, et perfectionnée depuis. D'abord la courbure au point M d'une courbe tracée sur une s. est la même que celle de la section faite dans la s. par le plan osculateur à la courbe en M. Il suffit donc de considérer les sections planes de la s. On distingue les sections *normales* dont le plan passe par la normale, et les sections obliques. Meunier a démontré que le rayon de courbure en un point d'une section oblique est égal au rayon de courbure de la section faite par le plan normal qui passe par la tangente multipliée par le cosinus de l'angle que fait le plan de la section oblique avec le plan normal. Grâce à ce théorème, il ne reste à considérer que les sections normales. Euler a démontré qu'à chaque point M d'une s. correspond une conique tracée dans le plan tangent et qu'il a appelée *indicatrice.* Le rayon de courbure de toute section normale est proportionnel au carré du rayon qui joint le point M au point où le plan sécant rencontre l'indicatrice. Voy. INDICATRICE. Il y a lieu de distinguer si l'indicatrice est une ellipse ou une hyperbole. Dans le premier cas, toutes les sections normales ont leur courbure dirigée dans le même sens, et le plan tangent ne coupe pas la courbe. Le rayon de courbure de la section normale présente un maximum et un minimum correspondant aux sections dirigées suivant le grand axe et le petit axe de l'indicatrice. Les surfaces qui présentent ce caractère sont dites à *simple courbure.* L'ellipsoïde en est un exemple. Si l'indicatrice est un cercle, toutes les sections normales ont la même courbure, et le point qui présente cette particularité est appelé un *ombilic.* La sphère est une s. dont tous les points sont des ombilics. — Si l'indicatrice est une hyperbole, il convient de lui adjoindre l'hyperbole conjuguée tracée dans l'autre angle des asymptotes. Alors le plan tangent coupe la surface suivant deux droites qui sont précisément les asymptotes de l'indicatrice. La courbure d'une section normale est dirigée dans un sens ou dans l'autre suivant que la tangente à cette section est dans l'un ou l'autre des deux angles des asymptotes. Le rayon de courbure de cette section peut devenir infiniment grand si la section est dirigée suivant l'une des asymptotes de l'indicatrice. Il présente deux minima qui correspondent aux sections dirigées suivant les axes de l'indicatrice. Les surfaces qui présentent ces caractères sont dites à *courbures opposées* ou *à double courbure.* Une selle de cheval, un col de montagne, la gorge d'une poulie, sont les exemples qu'on en donne le plus souvent. Les rayons de courbure des sections normales faites suivant les directions des axes de l'indicatrice sont appelés les *rayons de courbure principaux.* Ils sont de même signe dans le cas des surfaces à simple courbure, de signes contraires dans les surfaces à courbures opposées. Voy. COURBURE.

On appelle *ligne de courbure* toute ligne tracée sur une s. telle qu'elle soit en chacun de ses points tangente à l'un des axes de l'indicatrice. Par chaque point de la s. passent deux lignes de courbure qui sont rectangulaires. Les normales menées à une s. par tous les points d'une ligne (C) tracée sur la s. forment une s. réglée qu'on appelle *normalie.* Les normalies sont, en général, des surfaces gauches. La condition nécessaire et suffisante pour qu'une normalie soit développable est que la courbe (C) soit une ligne de courbure. Les lignes de courbure jouissent encore de nombreuses propriétés sur lesquelles nous ne pouvons nous étendre davantage.

On appelle *ligne asymptotique* toute ligne tracée sur une s. de manière qu'elle soit en chaque point tangente à l'une des asymptotes de l'indication. Par conséquent les lignes asymptotiques ne sont réelles que sur les surfaces à courbures opposées. Le plan osculateur d'une ligne asymptotique est tangent à la s., et réciproquement, toute ligne tracée sur une s. dont le plan osculateur est en chaque point tangent à la s. est une ligne asymptotique. Par chaque point d'une s. passent deux lignes asymptotiques réelles ou imaginaires.

On appelle *ligne géodésique* toute ligne tracée sur une s. de manière que son plan osculateur soit en chaque point normal à la s. Par chaque point de la s. passent une infinité de lignes géodésiques ; mais la ligne géodésique est déterminée si on donne un de ses points et la tangente en ce point. Les lignes géodésiques jouissent de cette propriété qu'elles sont le plus court chemin pour aller d'un point de la s. à un autre sans quitter la s. Par ex., les lignes asymptotiques d'une s. développable sont celles qui se transforment en droites quand on applique la s. sur le plan. Les lignes géodésiques d'une sphère sont des grands cercles.

L'aire d'une portion de s. limitée se calcule comme étant la limite de l'aire d'une s. polyédrique inscrite dans la portion de s. considérée lorsque les faces de ce polyèdre deviennent infiniment petites. Si l'on désigne x,y,z, les coordonnées d'un point de la surface, et par γ l'angle qui fait la normale en ce point avec l'axe des z l'aire est donnée par l'intégrale double

$$S = \iint \frac{dx\,dy}{\cos \gamma},$$

étendue à toute la projection de l'aire considérée sur le plan des xy.

L'équation de la surface détermine z en fonction de x et de y, et si l'on désigne suivant l'usage, par p et q les dérivées partielles de z par rapport à x et y, on a :

$$\cos \gamma = \frac{1}{\sqrt{1+p^2+q^2}},$$

de sorte que l'intégrale précédente devient :

$$S = \iint \sqrt{1+p^2+q^2}\,dx\,dy,$$

La théorie des surfaces prête à des développements très étendus et soulève un grand nombre de questions difficiles qui n'ont pas encore été résolues. Consulter, outre les traités du calcul infinitésimal : DARBOUX, *Leçons sur la théorie des surfaces,* 1887.

SURFAIRE. v. a. (R. *sur,* et *faire*). Demander plus qu'il ne faut d'une chose qui est à vendre. *S. sa marchandise.* —

Absol., *Les marchands surfont ordinairement. Ne me sur-faites pas.* || Fig., Vanter outre mesure. *On m'avait beau-coup vanté ce livre; je l'ai lu et je trouve qu'on l'a un peu surfait.* = Surfait, aite. part.

SURFAIX. s. m. [Pr. *sur-fè*] (R. *sur*, préf., et *faix*). T. Sellier. Bande de cuir ou d'étoffe avec laquelle on attache une couverture sur un cheval, ou qui retient les quartiers de la selle. Voy. Selle.

SURFIN, INE. adj. (R. *sur*, préf., et *fin*). T. Comm. Qui a une qualité supérieure de finesse.

SURFONDU, UE. adj. (R. *sur*, préf., et *fondu*). T. Physiq. Se dit d'un liquide en état de surfusion. Voy. Congélation.

SURFRAPPÉ, ÉE. adj. [Pr. *surfra-pé*] (R. *sur*, préf., et *frappé*). T. Numis. Se dit d'une médaille qui a été frappée deux fois et porte des empreintes différentes. Voy. Numismatique, 1.

SURFUSION. s. f. [Pr. *surfu-zion*] (R. *sur*, préf., et *fusion*). T. Physiq. État d'un corps qui reste liquide au-dessous de sa température de fusion et de solidification. Voy. Congélation.

SURGE. s. f. (provenç. *surje*, m. s.). T. Techn. Laine grasse qui n'a été ni lavée ni dégraissée. Voy. Laine.

SURGEON. s. m. [Pr. *sur-jon*] (vx fr. *sorjon*, syn. de *source*). T. Bot. Rejeton qui naît du collet ou de la souche d'un arbre, et qui, séparé avec une partie de la racine, peut former un nouvel individu. *Les surgeons empêchent un arbre de porter beaucoup de fruits. Couper les surgeons.* — Figur., Un descendant. *Un s. de la race de Charlemagne.* Vx. || *S. d'eau*, Petit filet d'eau qui jaillit naturellement de terre ou d'une roche.

SURGÈRES. ch.-l. de c. (Charente-Inférieure), arr. de Rochefort; 3,400 hab.

SURGIR. v. n. (lat. *surgere*, m. s., contract. de *surrigere*, de *sursum*, en haut, et *regere*, diriger). Arriver, aborder. *S. au port. S. à bon port.* || Fig., Naître, apparaître. *La discussion a fait s. de nouvelles difficultés. On a vu tout à coup s. la réputation de cet écrivain.*

SURGISSEMENT. s. m. [Pr. *surji-se-man*]. Action de surgir.

SURGLACER. v. a. (R. *sur*, préf., et *glacer*). T. Cuis. Mettre un glacé de sucre sur un mets, une pâtisserie. = Surglacé, ée. part.

SURHAUSSEMENT. s. m. [Pr. *surose-man*]. Action de surhausser; État de ce qui est surhaussé. *Le s. d'une voûte, d'un édifice. Le s. des marchandises.*

SURHAUSSER. v. a. [Pr. *suro-ser*] (R. *sur*, préf., et *hausser*). Élever plus haut; se dit surtout des voûtes qu'on élève au delà de leur plein cintre. *Cette voûte est surhaussée.* || Mettre à un plus haut prix ce qui était déjà assez cher. *S. le prix d'une chose. Il a surhaussé sa marchandise.* = Surhaussé, ée. part.

SURHUMAIN, AINE. adj. [Pr. *suru-min, mène*]. Qui est au-dessus de l'humain, soit au physique, soit au moral. *Une taille surhumaine. Un ouvrage s. Un effort s.*

SURIANE. s. f. T. Bot. Genre de plantes Dicotylédones (*Suriana*) de la famille des Simarubacées. Voy. ce mot.

SURICATE. s. m. T. Mamm. Genre de Mammifères Carnivores. Voy. Civette.

SURIMPOSER. v. a. [Pr. *surin-pozer*] (R. *sur*, préf., et *imposer*). Mettre par-dessus. || Surtaxer. = Surimposée, ée. part.

SURIMPOSITION. s. f. [Pr. *surin-po-zi-sion*]. Action de surimposer. Augmentation des taxes.

SURINAM, fl. de l'Amérique du Sud, arrose la Guyane, se jette dans l'Atlantique; 350 kil.

SURINTENDANCE. s. f. [Pr. *surin-tan-danse*] (R. *sur*, préf., et *intendance*). Inspection et direction générale au-dessus des autres; charge, commission de surintendant, de surintendante. *La s. des bâtiments. La s. des finances. La s. de la maison d'éducation de Saint-Denis.* || La demeure du surintendant. *Il était logé à la s.*

SURINTENDANT. s. m. [Pr. *surin-tan-dan*]. (R. *sur*, préf., et *intendant*). Celui qui a l'intendance d'une chose au-dessus des autres. || Partic., Celui qui était ordonnateur, administrateur en chef des finances du roi. *Un tel fut nommé s. des finances*, ou simpl., *Surint. Le s. Fouquet.*

SURINTENDANTE. s. f. [Pr. *surin-tan-dante*]. La femme du surintendant. *Madame la s.* || La dame qui avait la première charge de la maison de la reine. *S. de la maison de la reine.* || Titre qu'on donne à la principale directrice des maisons d'éducation établies pour les filles des membres de la Légion d'honneur. *S. de la maison de Saint-Denis.*

SURIR. v. n. (R. *sur*). Devenir aigre.

SURIRELLE. s. f. [Pr. *suri-rèle*] (R. *Suriray*, n. d'un botan. anglais). T. Bot. Genre d'Algues de la famille des *Diatomacées.* Voy. ce mot.

SURIRELLÉES. s. f. pl. (R. *Surirelle*, l'un des genres de la tribu). T. Bot. Tribu d'Algues de la famille des *Diatomacées.* Voy. ce mot.

SURJALER ou **SURJAULER.** v. n. (R. *sur*, préf., et *jas*). T. Mar. Être engagé sous le jas et remonter par-dessus. *Câble surjalé.* = Surjaler. v. a. Soulever l'ancre pour dégager le câble quand il a passé sous le jas. = Surjalé, ée. part. Voy. Ancre.

SURJET. s. m. [Pr. *sur-jè*] (lat. *super*, sur; *jectus*, jeté). Espèce de couture qu'on fait en tenant les deux étoffes qui doivent être jointes, appliquées l'une sur l'autre, bord à bord, et en les traversant toutes deux à chaque point d'aiguille. *Faire un s.*

SURJETER. v. a. Coudre un surjet. = Surjeté, ée. part.

SURLANGUE. s. f. (R. *sur*, préf., et *langue*). T. Vétér. Inflammation aiguë de la langue.

SURLENDEMAIN. s. m. [Pr. *surlan-demin*]. Le jour qui suit le lendemain. *Le s. de son départ.*

SURLIER. v. a. (R. *sur*, préf., et *lier*). T. Mar. Envelopper avec un petit cordage le bout d'un gros cordage pour qu'il ne se détorde pas. = Surlié, ée. part.

SURLONGE. s. f. (R. *sur*, préf., et *longe*). T. Boucher. La partie du bœuf qui reste après qu'on a levé l'épaule et la cuisse, et où l'on prend les aloyaux.

SURMARCHER. v. n. (R. *sur*, préf., et *marcher*). T. Chasse. Revenir sur ses voies.

SURMENAGE. s. m. État d'un homme ou d'un animal surmené, et Action de surmener.

SURMENER. v. a. (R. *sur*, et *mener*). Fatiguer d'une manière exagérée par un excès de travail physique et intellectuel. Se dit des hommes et des animaux. *S. un cheval. S. ses élèves, ses ouvriers.* = Surmener. v. pron. *Ce jeune homme s'est surmené pour passer son examen.* = Surmené, ée. part.

SURMONTABLE. adj. 2 g. Qu'on peut surmonter. *Cet obstacle, cette difficulté est s.*

SURMONTEMENT. s. m. [Pr. *surmonte-man*]. Action de surmonter.

SURMONTER. v. a. Monter au-dessus. *La rivière a surmonté les digues.* — Absol., *L'huile mêlée avec de l'eau surmonte toujours.* || Être placé au-dessus d'un objet. *Des trophées, des groupes surmontent les acrotères du fronton. Cette colonne est surmontée d'une statue. Ce lit est surmonté d'un riche baldaquin.* || Fig., Vaincre, dompter. *S. ses ennemis. S. sa colère, sa haine. S. son amour, etc. S. tous les obstacles, toutes les difficultés.* || Figur., Surpasser. *Il a surmonté tous ses concurrents. S. quelqu'un en générosité, en science, en éloquence.* Peu us. = SE SURMONTER. v. pron. Se dominer, se dompter. *C'est un homme qui sait se s. Se s. soi-même.* = SURMONTÉ, ÉE. part. || T. Blas. Se dit de toute pièce au-dessus de laquelle il y en a une autre qui la touche immédiatement. *Au chevron d'or surmonté d'une étoile.*

SURMOULAGE. s. m. Action de surmouler. || Moulage obtenu en surmoulant.

SURMOULE. s. m. T. Techn. Moule fait sur un exemplaire déjà coulé en moule.

SURMOULER. v. a. (R. *sur*, préf., et *mouler*). Faire un moule sur une figure de plâtre coulé. = SURMOULÉ, ÉE. part.

SURMOÛT. s. m. [Pr. *sur-mou*] (R. *sur*, préf., et *moût*). Vin tiré de la cuve sans avoir cuvé, ni avoir été pressuré.

SURMULET. s. m. (R. *sur*, préf., et *mulet*). T. Icht. Espèce de *Poisson osseux.* Voy. MULLIDÉS.

SURMULOT. s. m. (R. *sur*, préf., et *mulot*). T. Mamm. Espèce de *Rongeur.* Voy. RAT.

SURNAGER. v. n. (R. *sur*, préf., et *nager*). Se soutenir sur la surface d'un liquide. *Le liège surnage sur l'eau. Quand on met de l'huile dans de l'eau, l'huile surnage.* || Dans le lang. scientifique, *Surnager* s'emploie quelquefois activement. *On sépare l'huile qui surnage l'eau.* || Fig., Subsister; se dit par opposition aux choses qui se détruisent, s'anéantissent. *A la longue, les erreurs tombent et la vérité surnage. Parmi ses nombreux ouvrages tombés dans l'oubli, celui-là seul a surnagé.*

SURNATURALISME. s. m. Doctrine de ceux qui admettent des causes surnaturelles.

SURNATUREL, ELLE. adj. Qui est ou paraît au-dessus des forces de la nature. *Effet s. Puissance, vertu, qualité surnaturelle.* || Par exag., Extraordinaire, singulier, fort au-dessus du commun. *Cet enfant a un esprit s. C'est d'une adresse surnaturelle. Il a un bonheur s.* = SURNATUREL. s. m. L'ensemble des phénomènes qui sont ou paraissent au-dessus des forces de la nature.

Philos. — Par *surnaturel*, les religions entendent l'action directe de Dieu, de la providence, en dehors du cours ordinaire de la nature. Les philosophes rationalistes ne croient pas à ce genre de s. Aujourd'hui le mot désigne surtout un ensemble des phénomènes mal connus, mais dont l'authenticité ne peut plus guère être niée et qui sont groupés sous les noms d'*hypnotisme, magnétisme animal, spiritisme*, etc. On s'accorde généralement à reconnaître que ces phénomènes n'ont de s. que le nom, qu'ils rentrent dans les lois ordinaires de la nature, et que s'ils nous semblent en sortir, c'est uniquement à cause de notre ignorance relativement à ces lois. Voy. HYPNOTISME, MIRACLE, MAGNÉTISME, SPIRITISME, etc.

SURNATURELLEMENT. adv. [Pr. *surnaturè-leman*]. D'une manière surnaturelle.

SURNEIGER. v. a. Recouvrir de neige. = SURNEIGÉ, ÉE. part. || T. Chasse. *Voies surneigées*, ou subst. *Surneigées*, voies recouvertes par la neige depuis que l'animal a passé.

SURNINE. s. f. SURNINÉES. s. f. pl. T. Ornith. Genre et sous-famille de *Rapaces Nocturnes.* Voy. CHOUETTE.

SURNOM. s. m. [Pr. *sur-non*] (lat. *super, nomen*, en sus du nom). Mot ajouté au nom propre d'un individu et qui le distingue de ceux qui s'appellent comme lui. Voy. NOM.

SURNOMBRE. s. m. [Pr. *sur-nonbre*]. Quantité qui est en plus du nombre voulu.

SURNOMMER. v. a. [Pr. *surno-mer*]. Ajouter une épithète au nom d'une personne pour marquer quelqu'une de ses actions, ou de ses qualités bonnes ou mauvaises, pour la désigner par quelque chose de remarquable. *Guillaume, duc de Normandie, fut surnommé le Conquérant. Un des ducs de Guise fut surnommé le Balafré. Guillaume fut surnommé le Taciturne.* = SURNOMMÉ, ÉE. part.

SURNUMÉRAIRE. adj. et s. 2 g. (lat. *supernumerarius*, m. s., de *super*, au-dessus, et *numerus*, nombre). Qui est au-dessus du nombre déterminé. *Employé s. Officier s.* || Particulièr., Commis qui travaille sans appointements dans une administration, jusqu'à ce qu'on le nomme commis en titre. *Une place de s. Il est s. dans cette administration. S. de l'enregistrement, des contributions directes*, etc.

SURNUMÉRARIAT. s. m. [Pr. ...*ria*]. Le temps pendant lequel on est employé comme surnuméraire. *Il a fait deux ans de s. Être admis au s.*

SURON. s. m. T. Comm. Se dit de ballots de marchandises, couverts de peaux de bœuf ou de vache ayant le poil en dedans, qui viennent de l'Amérique méridionale. *S. de quinquina, de jalap, d'indigo.*

SUROS. s. m. [Pr. *su-ro*] (R. *sur*, et *os*). T. Art vét. Exostose qui se développe quelquefois, chez le cheval, sur l'un des côtés du canon antérieur. *Quand le s. a une forme allongée, il prend le nom de fusée; quand il y a un s. de chaque côté du canon, on le nomme s. chevillé.*

SUROXYDATION. s. f. [Pr. *suro-ksida-sion*]. Action de suroxyder.

SUROXYDER. v. a. [Pr. *suro-ksider*]. T. Chim. Oxyder davantage. = SUROXYDÉ, ÉE. part.

SURPASSER. v. a. [Pr. *surpa-ser*] (R. *sur*, préf., et *passer*). Excéder, être plus haut, plus élevé. *Cela surpasse la muraille de deux mètres. Il me surpasse de toute la tête.* || Fig., Être au-dessus, *Il les surpasse tous en richesses, en science, en vertu. Il le surpasse en méchanceté. Le succès a surpassé notre attente. Cet effort surpasse mon courage. Cette science surpasse mon esprit, ma portée. Cette dépense surpasse mes moyens.* || Causer un étonnement qui confond les idées. *Cet événement me surpasse.* = SE SURPASSER. v. pron. Faire mieux qu'on ne fait à son ordinaire ou qu'on n'a fait jusqu'à présent. *Il a parlé d'une manière admirable, il s'est surpassé lui-même, il s'est surpassé.* = SURPASSÉ, ÉE. part.

SURPAYE. s. f. [Pr. *sur-pèye*]. Gratification accordée en sus de la paye ordinaire.

SURPAYER. v. a. [Pr. *sur-pè-ier*]. Payer au delà de la juste valeur. *Cette étoffe ne vaut pas davantage, c'est la s. que d'en donner tant.* || En parlant des personnes, Leur payer au delà de ce qui leur est dû. *C'est vous s. Vous êtes surpayé par là.* = SURPAYÉ, ÉE. part.

SURPEAU. s. f. [Pr. *sur-po*] (R. *sur*, préf., et *peau*). Syn. d'*Épiderme.* Peu usité.

SURPLEUVOIR. v. a. [Pr. *surpleu-vouar*] (R. *sur*, préf., et *pleuvoir*). Laver par la pluie. || T. Chasse. *Voies surplues*, Voies que la pluie a lavées depuis que l'animal a passé.

SURPLIS. s. m. [Pr. *sur-pli*] (lat. *superpellicium*, m. s., de *super*, sur, et *pellicium*, pelisse). Le *Surplis* est une courte tunique blanche, aux larges manches ou, à défaut de manches, ornée de deux ailes plissées qui pendent plus ou moins bas par derrière, et que les ecclésiastiques portent par-dessus la soutane, lorsqu'ils s'acquittent de quelque fonction de leur ministère. Le s. doit être de chanvre ou de lin. Ce n'est guère que l'aube munie de manches. Au reste, sa forme a subi, selon les temps et les pays, diverses modifications.

SURPLOMB. s. m. [Pr. *sur-plon*] (R. *sur*, préf., et *plomb*), État, défaut de ce qui n'est pas à plomb, de ce dont le haut avance plus que la base ou le pied. *Ce mur est en s., il penche.*

SURPLOMBEMENT. s. m. [Pr. *surplon-beman*]. Action de surplomber.

SURPLOMBER. v. n. [Pr. *sur-plonber*]. Être hors de l'aplomb, être en surplomb. *Ce mur surplombe.*

SURPLUS. s. m. [Pr. *sur-plu*] (R. *sur*, préf., et *plus*). Ce qui reste, l'excédant. *Je vous abandonne le s. Vous me payerez le s. un autre jour.* = AU SURPLUS. loc. adv. *Au reste. Au s. vous saurez... Il a quelques défauts; mais un s. il est honnête homme.*

SURPOIDS. s. m. [Pr. *sur-poua*]. Excédent de poids. ‖ T. Chem. fer. *Voyageur qui a du s.*, Dont le bagage a un poids supérieur à celui qui lui est alloué gratuitement.

SURPRENANT, ANTE. adj. Qui surprend, qui est étonnant, qui cause de la surprise. *Discours s. Nouvelle surprenante. Effet s. Cette femme est d'une beauté surprenante.*

SURPRENDRE. v. a. [Pr. *sur-prandre*] (R. *sur*, préf., et *prendre*). Prendre quelqu'un sur le fait, le trouver dans une action, dans un état où il ne croyait pas être vu. *S. un voleur qui force une serrure. On l'a surpris en faute, en flagrant délit.* ‖ Prendre à l'improviste, au dépourvu; survenir inopinément. *Nos gens ont surpris l'ennemi. La ville a été surprise. Le sage n'est jamais surpris par les événements. La pluie nous a surpris. La nuit nous surprit en chemin.*

> J'ai surpris ses soupirs qu'il me voulait cacher.
>
> RACINE.

La mort le surprit au milieu de ses projets. — Fig., *Le feu a surpris cette viande, cette pâtisserie*, Un feu trop vif l'a brûlée avant qu'elle fût cuite. ‖ Tromper, abuser. *Il s'est laissé s. à son air de candeur, à ses promesses, par ses promesses. S. la bonne foi, la crédulité, l'ignorance de quelqu'un. Il a surpris la religion de ses juges.* ‖ Obtenir par artifice, par des voies indues. *Il a surpris mon consentement, ma signature. S. le secret, la confiance de quelqu'un.* — *S. des lettres*, Les intercepter, les prendre furtivement. ‖ Se dit des actions, des gestes, qui échappent à quelqu'un, et qui font connaître sa pensée malgré lui. *J'ai surpris ses soupirs, ses larmes qu'il voulait me cacher.* — *S. quelqu'un, chez quelqu'un un moment de faiblesse*, Apercevoir en lui un moment de faiblesse. ‖ Étonner. *Cette conduite m'a extrêmement surpris. Cette conduite me surprend beaucoup. Je fus bien surpris de sa démarche. Ne surprenez pas votre cheval; que vos mouvements soient suivis.* = SE SURPRENDRE. v. pron. Se dit d'une chose que l'on fait involontairement. *Je me suis surpris à pleurer comme un enfant. Parfois je me surprend à rire de ses bouffonneries.* = SURPRIS, ISE. part. ‖ Subst., *Faire le s.*, Feindre l'étonnement. = Conj. Voy. PRENDRE. = Syn. Voy. ÉTONNER et DUPER.

SURPRISE. s. f. [Pr. *sur-prize*]. Action par laquelle on surprend. *Il s'est rendu maître de cette place par s. Il a usé de s. Il faut regarder partout, craindre de s. Pour éviter les surprises, je ne traiterai avec lui que par écrit. Se défier de la s. des sens.*

> Ces surprises des sens que la raison surmonte.
>
> CORNEILLE.

‖ Étonnement, trouble. *Cet accident a causé une grande s., une profonde s. Je ne reviens pas de ma s. Aller de s. en s.* ‖ *Boîte à s.*, boîte qui fait brusquement apparaître un objet inattendu. ‖ *Cadeau inattendu*, *Faire à quelqu'un une s. pour sa fête.* = Syn. Voy. ÉTONNER.

SURPRODUCTION. s. f. [Pr. *surproduk-sion*]. Excès de production.

SURRÉNAL, ALE. adj. [Pr. *sur-rénal*] (lat. *supra*, au-dessus; *renes*, reins). T. Anatom. Qui est placé au-dessus des reins. *Capsules surrénales.* Voy. REIN.

SURREY, comté d'Angleterre, au S.-E.; pop.; 1,437,000 hab.; ch.-l. Guildford. Le N.-E. de ce comté est couvert par les faubourgs de Londres.

SURSATURATION. s. f. [Pr. ...*sion*] (R. *sur*, préf., et *saturation*). T. Chim. État d'une dissolution dans laquelle le solide dissous ne se dépose pas quoiqu'il soit en quantité supérieure à celle qui correspond à la saturation. Voy. SEL, I, E.

SURSATURER. v. a. (R. *sur*, préf. et *saturer*). Saturer et au delà. = SURSATURÉ, ÉE. part. *Une solution sursaturée de sucre.* — Voy. SEL, I, E.

DICTIONNAIRE ENCYCLOPÉDIQUE. — T. VIII.

SURSAUT. s. m. [Pr. *sur-so*] (R. *sur*, préf., et *saut*). Mouvement brusque occasionné par quelque sensation subite et violente. *A ce mot, il fit un s.* ‖ *S'éveiller en s.*, S'éveiller subitement comme si l'on éprouvait une sensation brusque et vive.

SURSAUTER. v. n. (R. *sur*, préf., et *sauter*). Avoir une commotion brusque produite par quelque sensation subite et violente.

SURSÉANCE. s. f. (R. *sur*, préf., et *séance*). Délai, temps pendant lequel une affaire est sursise. *S. de huit jours, de deux mois.* ‖ *Lettres de s.*, Lettres qu'un débiteur obtenait du sceau, pour faire suspendre les poursuites de ses créanciers.

SURSEMER. v. a. (R. *sur*, préf. et *semer*). Semer par-dessus quelque chose. ‖ Semer une nouvelle graine dans une terre déjà ensemencée. ‖ Parsemer. = SURSEMÉ, ÉE. part. ‖ *Cochon sursemé*, Dont la langue est parsemée de taches, ce qui est un signe de ladrerie.

SURSEOIR. v. a. [Pr. *sur-souar*] (R. *sur*, préf., et *seoir*). Suspendre, remettre, différer; ne se dit guère que des affaires et des procédures. *S. le payement d'une dette, le poursuite d'une action contre un débiteur. S. le jugement d'un procès.* ‖ On dit aussi neutral., *S. à.* On a *sursis au jugement de l'affaire*, *à l'exécution de l'arrêt.* = SURSIS, ISE. part.

Conj. — *Je sursois, tu sursois, il sursoit; nous sursoyons, vous sursoyez, ils sursoient. Je sursoyais; nous sursoyions. Je sursis; nous sursîmes. Je sursoirai; nous sursoirons.* — *Je sursoirais; nous sursoirions.* — *Sursois; sursoyons.* — *Que je sursoie; que nous sursoyions. Que je sursisse; que nous sursissions.* — *Surseoir. Sursoyant. Sursis, sursise.*

SURSIS. s. m. [Pr. *sur-si*] (part. pass. de *surseoir*). Délai accordé par le juge, et pendant lequel la poursuite d'une affaire est suspendue. Délai accordé par l'autorité militaire. *Obtenir un sursis.*

SURSOLIDE. s. m. (R. *sur*, préf., et *solide*). T. Math. Quatrième puissance d'une grandeur. Vx.

SURTAUX. s. m. [Pr. *sur-to*] (R. *sur*, préf., et *taux*). Taxation excessive; ne se disait que dans les locut., *Se plaindre en s.*, et *Former une plainte en s.*, Se plaindre à l'autorité compétente d'avoir été taxé trop haut. Vx.

SURTAXE. s. f. [Pr. *surta-kse*] (R. *sur*, préf., et *taxe*). Taxe ajoutée à d'autres, nouvelle taxe. *Payer la taxe et la s.* ‖ Taxe excessive et illégale. *Se faire décharger d'une s.*

SURTAXER. v. a. [Pr. *surta-kser*,] (R. *sur*, préf., et *taxer*). Charger d'une nouvelle taxe. *On proposa de s. les sucres étrangers.* ‖ Taxer trop haut. *Il se plaint qu'on l'a surtaxé. On a surtaxé cette denrée dans le tarif des douanes.* = SURTAXÉ, ÉE. part.

SURTONDRE. v. a. (R. *sur*, préf., et *tondre*). T. Techn. Enlever le poil d'une peau préparée à la chaux. = SURTONDU, UE. part.

SURTONTE. s. f. T. Techn. Action de *surtondre*, d'enlever le poil des peaux.

SURTOUT. adv. [Pr. *sur-tou*] (R. *sur*, préf., et *tout*). Principalement, plus que toute autre chose. *Il lui recommanda s. de bien appliquer la loi.*

> N'en dites rien surtout, car vous me feriez battre.
>
> LA FONTAINE.

Faites telle chose, mais s. n'oubliez pas.

SURTOUT. s. m. [Pr. *sur-tou*] (R. *sur*, et *tout*). Sorte de justaucorps fort large que l'on mettait sur tous les autres vêtements. *Il a un s. sur son habit.* ‖ Grande pièce de vaisselle d'argent, de cuivre doré, etc., qu'on place au milieu des grandes tables, et sur laquelle il y a des figures, des vases de fleurs, de fruits, etc. ‖ Couverture de paille d'une ruche. ‖ Petite charrette fort légère, en forme de grande manne, et qui sert à porter des bagages. ‖ T. Fond. Partie extérieure du moule d'une cloche. Voy. CLOCHE.

SURTRONCATURE. s. f. T. Minér. Troncature sur une troncature. Voy. ce mot.

SURVALEUR. s. f. Excès de valeur (des monnaies).

SURVEILLANCE. s. f. [Pr. *survè-llance, ll* mouillées]. Action de surveiller. *Une s. continuelle. Être placé sous la s. de quelqu'un.* || *Conseil de s.,* chargé de contrôler la gestion d'une Société financière, commerciale.

Légis. — La s. de la haute police sous laquelle certains condamnés étaient placés autrefois, après leur libération, consistait dans la faculté pour le gouvernement d'assigner une résidence déterminée au condamné, après l'expiration de sa peine, et de ne lui permettre de changer cette résidence que sous les restrictions imposées par la loi. Ce système qui avait pour but de prévenir la récidive, avait été introduit dans la législation par le sénatus-consulte du 28 floréal an XII, maintenu par le code pénal, mais ensuite profondément modifié par les lois des 28 avril 1838 et 23 janvier 1874. Aux termes de cette dernière loi, le condamné devait déclarer, au moins 15 jours avant sa mise en liberté, le lieu qu'il voulait habiter; sinon, ce lieu était désigné par le Gouvernement. Le libéré ne pouvait quitter le lieu de sa résidence avant six mois de séjour et à la charge de prévenir le maire huit jours à l'avance. Pour se rendre à sa résidence, le condamné recevait une feuille de route réglant son itinéraire, ainsi que la durée de son séjour dans chaque lieu de passage, et, dans les 24 heures de son arrivée, il devait se présenter au maire de la commune qu'il devait habiter. Jusqu'en 1875, sur la feuille de route, étaient inscrites les lettres C, R, ou F, suivant que le libéré avait subi une peine correctionnelle, ou la réclusion, ou les travaux forcés. En cas de rupture de ban, les tribunaux correctionnels pouvaient condamner le libéré à un emprisonnement de 5 ans au maximum. Sauf dispositions contraires du jugement ou de l'arrêt, la peine de la s. frappait de plein droit et pour une durée de 20 ans, tout condamné aux travaux forcés à temps, à la détention et à la réclusion, pour un temps égal à la durée de la peine, tout individu condamné au bannissement.

Par les obligations et les formalités qu'elle imposait, la peine de la s. de la haute police était un obstacle au relèvement du condamné. Aussi est-ce à bon droit que la loi du 27 mai 1885 a édicté la suppression de cette mesure et l'a remplacée simplement pour l'*interdiction de certains séjours,* consistant dans la défense faite au condamné de paraître dans les lieux dont l'interdiction lui est signifiée, avant la libération, sous peine d'emprisonnement. Voy. INTERDICTION DE SÉJOUR.

SURVEILLANT, ANTE. [Pr. *survè-llan, ll* mouillées]. Celui, celle qui surveille. *Un s. éclairé. Il faut leur donner une bonne surveillante. Les surveillants d'un jardin public. Il est s. des travaux.* || Adject.. *Cet homme est trop s.; cet autre ne l'est pas assez.*

SURVEILLE. s. f. [Pr. *survè-lle, ll* mouillées]. Avantveille, le jour qui précède immédiatement la veille. *La s. de Noël. La s. de sa mort, de son départ. La s. du combat.*

SURVEILLER. v. a. [Pr. *survè-ller, ll* mouillées]. Veiller particulièrement et avec autorité sur une personne ou sur une chose. *S. quelqu'un, S. une affaire. S. des travaux.* || S'emploie quelquefois neutralem. *Un s. éclairé. Il faut leur donner quelqu'un pour y s.* = SE SURVEILLER. v. pron. *Vous vous corrigerez aisément de ce défaut, en vous surveillant vousmême. Les concurrents se surveillent les uns les autres.* = SURVEILLÉ, ÉE. part.

SURVENANCE. s. f. (R. *survenir*). T. Jurispr. Arrivée que l'on n'a point prévue; ne se dit guère qu'en parlant de la naissance d'enfants. *Une donation est révoquée de droit par s. d'enfants.*

SURVENANT, ANTE. adj. et s. Qui survient. *Il y a place pour les survenants.*

SURVENDRE. v. a. [Pr. *sur-vandre*]. Vendre plus cher que les choses ne valent. *S. sa marchandise. Tout a été survendu à cet encan.* Absol., *Vous avez tort de s.* = SURVENDU, UE. part.

SURVENIR. v. n. Arriver inopinément. *En ce moment il survint du monde. Il me survient des affaires. Il sur-* vint un orage. *Il est survenu du désordre dans la famille.* || Arriver de surcroît. *S'il survient le moindre accident, c'est un homme mort.* = SURVENU, UE. part.

SURVENTE. s. f. [Pr. *sur-vante*]. Vente à un prix excessif.

SURVENTER. v. n. [Pr. *sur-vanter*]. T. Mar. Venter plus violemment.

SURVENUE. s. f. Arrivée inopinée. Peu usité.

SURVERSEMENT. s. m. (R. *sur*, préf., et *versement*). Surabondance d'eau; débordement.

SURVÊTIR. v. a. Vêtir plus qu'il n'est nécessaire. = SURVÊTU, UE. part.

SURVIDER. v. a. (R. *sur*, préf., et *vider*). Retirer une partie de ce qui est dans un vase, dans un vaisseau, dans un sac trop plein. *Il faut s. ce sac.* = SURVIDÉ, ÉE. part.

SURVIE. s. f. (R. *sur*, préf., et *vie*). T. Jurispr. État de celui qui survit à un autre. || *Gains de s.* Voy. GAIN. || La vie future après la mort.

SURVILLE (CLOTILDE DE), femme poète du XVᵉ s., sous le nom de laquelle un anonyme publia des poésies en 1803 et en 1826.

SURVINER. v. n. T. Techn. Mettre un excès de vinage.

SURVIVANCE. s. f. (R. *survivre*). Droit, faculté de succéder à une personne dans sa charge après sa mort. *Le roi lui accorda la s. de son gouvernement pour son fils. Brevet de s.* || La vie future après la mort. *Il faut distinguer les arguments qui prouvent seulement la survivance, et ceux qui prouvent l'immortalité de l'âme.* Voy. IMMORTALITÉ.

SURVIVANCIER, IÈRE. s. Celui, celle qui a la survivance d'une charge. *Souvent le s. exerçait du vivant du titulaire et de son consentement.*

SURVIVANT, ANTE. adj. et s. Qui survit à un autre. *L'époux s. Le s. des époux. Le s., la survivante aura tout le bien.*

SURVIVRE. v. n. (R. *sur*, préf., et *vivre*). Demeurer en vie après une autre personne. *Selon l'ordre de la nature, les enfants doivent s. à leur père. Il survécut à ses enfants.* — Autrefois on disait aussi activ., *S. ses enfants. Il a survécu sa femme.* || Fig., *S. à son honneur, à sa réputation, à sa fortune,* Vivre encore après la perte de son honneur, etc. On dit de même, *S. à la ruine de sa patrie, etc.* || Fig., *S. à soi-même, se s. à soi-même,* Perdre avant la mort l'usage des facultés naturelles, comme l'ouïe, la vue, la mémoire, la raison; se dit particul. de ceux qui tombent en enfance. || Fig., *Se s. dans ses enfants, dans ses ouvrages,* Laisser après soi des enfants, des ouvrages qui perpétuent le souvenir du nom qu'on portait, du talent qu'on possédait.

SUS. prép. dérivée de *Sur,* et qui a la même signification. Il ne s'emploie au propre que dans cette phrase, *Courir sus à quelqu'un,* Courir sur lui pour le prendre, pour l'arrêter. || Mais il entre dans la composition de quelques mots du langage ordinaire, comme *Suscription, Susdit, Susnommé,* et de plusieurs termes appartenant au langage scientifique, comme *Sus-carpien, Sus-épineux, Sus-orbitaire,* etc., où il sign. Situé au-dessus. || Enfin, dans le langage fam., il s'emploie quelquefois comme interjection. *Sus, mes amis, sus donc, levez-vous. Or sus, dites-nous.* = EN SUS. loc. prép. Au delà. *Il a touché une gratification en sus de ses appointements. Je l'ai payé et je lui ai fait un cadeau en sus.* || En parlant de sommes, *La moitié, le tiers, le quart en sus,* sign., dans le langage ordinaire, l'addition de la moitié, du tiers, du quart de la somme indiquée. *Quatre francs et le quart en sus font cinq francs;* mais, en termes de finances, on entend par là une quantité qui, ajoutée à une somme, donne une somme totale dont cette quantité est le tiers ou le quart. *Le tiers en sus de six mille francs est trois mille francs. Le quart en sus de douze mille francs est quatre mille francs.*

SUSANNITE. s. f. [Pr. *su-zann-nite*] (R. *Susannah*, n. de lieu). T. Minér. Sulfate-carbonate de plomb répondant à la même formule SO⁴Pb,3CO³Pb que la Leadhillite. La s. cristallise en petits rhomboèdres jaunâtres ou verdâtres, trouvés dans la mine Susannah à Leadhills (Écosse).

SUS-CARPIEN, IENNE. adj. [Pr. *sus-karpi-in*, *iène*]. T. Anat. Qui est situé sur le carpe.

SUSCEPTIBILITÉ. s. f. [Pr. *su-septibilité*] (R. *susceptible*). T. Physiol. Aptitude à ressentir les impressions. *Chacun des organes des sens a une s. propre pour certains stimulants.* || Se dit aussi de l'exaltation de la sensibilité physique et morale que l'on observe partic. dans les affections nerveuses. || Au sens moral, disposition à se choquer trop aisément. *Il est d'une extrême s. Ménager, blesser la s. de quelqu'un.*

SUSCEPTIBLE. adj. 2 g. [Pr. *su-septible*] (lat. *susceptibilis*, m. s., de *susceptum*, sup. de *suscipere*, recevoir, de *sub.* sous, et *capere*, prendre). Capable de recevoir certaine qualité, certaine modification. *La matière est s. de toutes sortes de formes. Cette terre est s. d'amélioration. L'esprit de l'homme est s. de bonnes, de mauvaises impressions. Être s. d'amour, de haine.* — *Cette proposition, ce passage est s. de plusieurs sens, d'interprétations différentes,* Cette proposition peut être entendue dans plusieurs sens différents ; ce passage peut être interprété de bien des façons différentes. || Absol., en parlant des personnes, qui s'offense aisément. *Un esprit, un caractère s. Elle est trop s.* || T. Comm. *Marchandises susceptibles,* qui prennent facilement et qui peuvent transmettre la contagion. = Syn. Voy. CAPABLE.

SUSCEPTION. s. f. [Pr. *su-sep-sion*] (lat. *susceptio*, m. s., de *susceptum*, sup. de *suscipere*, recevoir). Action de prendre les ordres sacrés. *La s. des ordres sacrés oblige à des devoirs sévères.* || Se dit aussi de deux fêtes de l'Église catholique : *La s. de la sainte croix,* et *La s. de la sainte couronne.*

SUSCITATEUR. s. m. [Pr. *sus-sitateur*]. Celui qui suscite.

SUSCITATION. s. f. [Pr. *sus-sita-sion*] (lat. *suscitatio*, m. s.). Action de susciter. Suggestion. Vx et inusité.

SUSCITEMENT. s. m. [Pr. *sus-site-man*]. Action de susciter.

SUSCITER. v. a. [Pr. *sus-siter*] (lat. *suscitare*, m. s., de *sub*, sous, et *citare*, exciter). Produire, faire naître. *Dieu a suscité des prophètes. Il suscita les libérateurs de son peuple.* || Se dit ordinairement en mauvaise part, et signifie Faire naître à quelqu'un des inimitiés, des embarras dans le dessein de lui nuire. *Il lui a suscité des ennemis. Il s'est suscité, par ses épigrammes, des ennemis implacables. S. un procès, une querelle. S. des embarras, des obstacles.* On dit dans un sens anal., *Son mérite, sa gloire lui a suscité bien des envieux,* etc. || T. Écrit. sainte. *S. lignée à son frère,* Épouser la veuve de son frère mort sans enfants. Voy. LÉVIRAT. = SUSCITÉ, ÉE. part.

SUS-COCCYGIEN, ENNE. adj. [Pr. *sus-koksi-ji-in*, *iène*]. T. Anat. Qui est contre ou au-dessus du coccyx.

SUS-CONDYLIEN, ENNE. adj. [Pr. *sus-kondili-in*, *iène*] (R. *sus*, préf., et *condyle*). T. Anat. Qui est placé au-dessus d'un condyle.

SUSCRIPTION. s. f. [Pr. *sus-krip-sion*] (lat. *suscriptio*, m. s., de *super*, sur, et *scribere*, écrire). Adresse écrite sur le pli extérieur d'une lettre. *J'ai mis la s. à cette lettre.*

SUSDÉNOMMÉ, ÉE. adj. [Pr. *susdéno-mé*] (R. *sus*, préf., et *nommer*). Qui a été nommé plus haut.

SUSDIT, ITE. adj. (R. *sus*, préf., et *dit*). T. Pratiq. Nommé ci-dessus. *La susdite maison. Au s. terme. Le s. acquéreur.* || Fam. et par plaisant., se dit subst., en parlant des personnes. *Le s. La susdite.*

SUS-DOMINANTE. s. f. T. Mus. Note d'une gamme qui est immédiatement au-dessus de la dominante. Voy. TON.

SUSE, anc. v. d'Asie une des capitales de l'empire des Perses.

SUSE, v. d'Italie, au pied des Alpes, près d'un défilé appelé *Pas de Suse;* 5,000 hab.

SUS-ÉPINEUX, EUSE. adj. [Pr. *suzé-pineu, neuze*]. T. Anat. Voy. SURÉPINEUX.

SUS-HYOÏDIEN, ENNE. adj. [Pr. *sus-io-idi-in*, *iène*] (R. *sus*, préf., et *hyoïde*). T. Anat. Qui est placé au-dessus de l'os hyoïde.

SUSIANE, anc. prov. de l'empire des Perses.

SUS-MENTIONNÉ, ÉE. adj. [Pr. *sus-man-sio-né*]. Mentionné ci-dessus.

SUS-NASAL, ALE. adj. [Pr. *sus-na-zal*]. T. Anat. Situé au-dessus du nez.

SUSNOMMÉ, ÉE. adj. et s. [Pr. *sus-no-mé*]. T. Prat. Celui, celle qui a été nommée plus haut. *Les sus-nommés.*

SUS-ORBITAIRE. adj. 2 g. [Pr. *suzor-bitère*]. Qui est placé au-dessus de l'orbite de l'œil.

SUSPECT, ECTE. adj. [Pr. *sus-pè, pekte*] (lat. *suspectus*, m. s., part. pass. de *suspicere*, soupçonner). Qui inspire de la méfiance, des soupçons bien ou mal fondés. *Cet homme m'est s. Tout ce qui vient de sa part m'est s. Vous êtes s. de partialité.*

Tout m'est suspect, je crains que tout ne soit séduit.
RACINE.

Dès ce moment je le tins pour s. Le témoignage de cet homme m'est s. Une opinion suspecte d'hérésie. Un contrat s. de fraude. Une conduite, une démarche suspecte. Des mœurs suspectes. || Lieu, pays s. de peste, de contagion, ou Absol., *Lieu, pays s.,* Lieu, pays qu'on soupçonne être infecté de peste, d'une contagion. = SUSPECT s. m. S'est dit, sous la Terreur, des citoyens qu'on soupçonnait d'être hostiles au nouvel état de choses. *La loi des suspects.*

SUSPECTER. v. a. [Pr. *suspek-ter*] (lat. *suspectum*, sup. de *suspicere*, soupçonner, propr. regarder en bas, de *susum*, en haut, et *spicere*, regarder). Soupçonner, tenir pour suspect. *Vous le suspectez à tort. Je suspecte fort la fidélité de ce domestique. On suspecte sa conduite, ses mœurs, sa doctrine.* = SE SUSPECTER. v.pron. *Tous les détenus se suspectaient mutuellement.* = SUSPECTÉ, ÉE. part.

SUSPENDRE. v. a. [Pr. *sus-pandre*] (lat. *suspendere*, m. s., de *susum*, en haut, et *pendere*, pendre). Attacher, tenir une chose par l'air, de sorte qu'elle pende. *S. une lampe. S. un lustre au plafond. S. la caisse d'une voiture.* || Fig., Interrompre, discontinuer pour un temps, différer, surseoir. *Les troupes suspendirent leur marche. J'ai suspendu mon travail. S. des travaux. S. ses coups. S. les hostilités. S. une saisie, l'exécution d'un arrêt. S. les effets de son ressentiment.* — *S. son jugement sur quelque chose,* attendre pour porter son jugement qu'on soit plus éclairé. || T. Comm. *S. ses paiements,* se déclarer hors d'état de payer ce qu'on doit aux échéances. || Fig., Interdire à une personne de ses fonctions sans lui ôter son caractère. *S. un prêtre de ses fonctions. On a suspendu le maire de cette commune.* = SE SUSPENDRE. v. pron. Se soutenir en l'air en se tenant à une chose. *Se s. à une branche, à une corde.* = SUSPENDU, UE. part. *Voiture suspendue. Pont suspendu,* etc. *Un fonctionnaire suspendu de ses fonctions.* || Par extens., se dit des choses qui paraissent se soutenir d'elles-mêmes. *Les nuages sont suspendus dans l'atmosphère. Les corps célestes sont suspendus sur nos têtes.* — *Être suspendu aux lèvres de quelqu'un,* Être attentif à chacune de ses paroles.

SUSPENS. adj. m. [Pr. *sus-pan*] (lat. *suspensus*, part. pass. de *suspendere*, suspendre). *Un prêtre s.,* Un prêtre auquel on a interdit pour un temps ou provisoirement l'exercice de ses fonctions ecclésiastiques. = EN SUSPENS. loc. adv. Dans l'incertitude, sans savoir à quoi se déterminer. *Je suis en suspens de ce que, sur ce que je dois faire. Tenir quelqu'un en s. Rester en s.* || *Cette affaire est demeurée en s.,* Elle est encore indécise.

SUSPENSE. s. f. [Pr. *sus-pan-se*]. Censure par laquelle un ecclésiastique est déclaré suspens, et l'état où un ecclésiastique est mis par cette censure. *Ce prêtre a encouru la s. Un prêtre qui dit la messe pendant sa s. devient irrégulier.* || T. Mar. Cordage auquel est suspendu un fardeau.

SUSPENSEUR. adj. m. [Pr. *suspan-seur*] (lat. *suspensor*, m. s.). T. Anat. Qui suspend, qui soutient. *Le ligament s. du foie. Muscle s. du testicule.* || T. Mar. Se dit adj. et subst. d'un cordage auquel est suspendu un fardeau.

SUSPENSIF, IVE. adj. [Pr. *suspan-sif*] (lat. *suspensivus*, m. s.). T. Jurispr. Qui suspend, qui arrête et empêche d'aller en avant, de continuer. *Il y a des cas où le simple appel est s.; il y en a d'autres où il n'est que dévolutif.* — *Le veto s.* Droit qu'a le chef du pouvoir exécutif dans certaines constitutions, de suspendre la promulgation d'une loi. || T. Gramm. *Points suspensifs* ou *de suspension.* Voy. PONCTUATION.

SUSPENSION. s. f. [Pr. *sus-pansion*] (lat. *suspensio*, m. s.). L'action de suspendre ou l'état d'une chose suspendue. *La s. du pendule par un fil de soie. Le point de s. d'une balance. Mort par s.* || T. Physiq. *S. à la Cardan.* Voy. CARDAN. || L'état de parties solides qui nagent dans un liquide sans s'y dissoudre ni s'y précipiter. *Les molécules organiques qui restent en s. dans le liquide.* || Support de lampe qu'on suspend dans une salle à manger, une église, etc. || Surséance, cessation d'opération pour quelque temps. *Une s. de poursuite. La s. d'un payement. Il y a s. entière des facultés intellectuelles.* — *S. d'armes.* Voy. ARMES. || L'action d'interdire pour un temps un fonctionnaire public. *On a prononcé contre cet avoué une s. de trois mois. Ce maire vient d'être frappé de s.*

Rhétor. — En Rhétorique, on donne le nom de *Suspension* à une figure qui consiste à tenir l'auditeur dans l'incertitude de ce qu'on va dire et à lui montrer tout autre chose que ce qu'il attendait. La s. excite la curiosité de l'auditeur, et tend à frapper plus fortement son esprit par la surprise qu'il éprouve. Un des plus beaux modèles de s. est celui que nous a laissé Bossuet dans l'oraison funèbre de la reine d'Angleterre. « Combien de fois a-t-elle remercié Dieu humblement de deux grandes grâces, l'une de l'avoir faite chrétienne; l'autre.... Messieurs, qu'attendez-vous? peut-être d'avoir rétabli les affaires du roi son fils? Non, c'est de l'avoir faite reine malheureuse. » — En termes de Grammaire, on appelle aussi *suspension* un sens interrompu brusquement, mais qui reste inachevé. Dans l'écriture et dans l'impression, la marque par une série de points.

SUSPENSOIR. s. m. [Pr. *suspan-souar*] (R. *suspendre*). T. Chir. Bandage destiné à maintenir des topiques sur des parties saillantes, ou à soutenir des organes qui pendent. Se dit le plus souvent du s. du scrotum qui est une poche destinée à soutenir les testicules.

SUSPENSOIRE. s. f. [Pr. *suspan-souare*] (R. *suspendre*). T. Techn. Chacune des tringles qui supportent le tablier d'un pont suspendu. Voy. PONT, I, D.

SUSPENTE ou **SURPENTE.** s. f. [Pr. *sus-pante* ou *surpante*] (R. *sus* ou *sur*, préf., et *pendre*). T. Mar. Corde amarrée à un mât et à laquelle on attache le palan. — Étrope double supportant les basses vergues hissées.

SUSPICION. s. f. [lat. *suspicio*, m. s., de *suspicere*, soupçonner]. Soupçon, défiance. *Grande, juste s. S. de fraude, de simonie. Avoir, donner s. Entrer en s. Pour cause de s.* = Syn. Voy. SOUPÇON.

SUSPIRIEUX, EUSE. adj. [Pr. *suspiri-eu, euze*] (lat. *suspirium*, soupir). T. Méd. *Respiration suspirieuse,* Celle dans laquelle se produit le bruit qui constitue le soupir.

SUSQUEHANNAH, rivière des États-Unis, se jette dans la baie de Chesapeake; 200 kil.

SUS-RELATÉ, ÉE. adj. Qui est relaté plus haut.

SUSSEX, comté d'Angleterre; 490,600 hab.; ch.-l. *Lewes.*

SUSSEXITE. s. f. [Pr. *sus-sek-site*] (R. *Sussex*, n. d'un comté d'Angleterre). T. Minér. Borate hydraté de manganèse et de magnésie.

SUSSEYEMENT. s. m. [Pr. *sus-sè-ye-man*]. T. Gramm. Vice de la parole qui consiste à donner au *ch* la prononciation de l'*s* et au *j* celle du *z.*

SUSSEYER. v. n. [Pr. *sus-sè-yer*]. Avoir le défaut de susseyement.

SUSTENTATION. s. f. [Pr. *sustan-ta-sion*] (lat. *sustentatio*, m. s.). Action de soutenir par des aliments. || Position d'un corps sur un autre qui le soutient.

SUSTENTER. v. a. [Pr. *sustan-ter*] (lat. *sustentare*, m. s., fréq. de *sustinere*, de *susum*, en haut, et *tenere*, tenir). Nourrir, entretenir la vie au moyen d'aliments; ne se dit que des personnes. *Il faut peu de chose pour le s. Il n'a pas même de quoi se s.* = SUSTENTÉ, ÉE. part.

SUTHERLAND, comté d'Écosse; 23,400 hab., cap. *Dornoch.*

SUSUM. s. m. [Pr. *su-zome*]. T. Bot. Genre de plantes Monocotylédones de la famille des *Joncacées.* Voy. JONCACÉES, IV.

SUSURRATION. s. f. [Pr. *su-zu-ra-sion*]. Action de susurrer.

SUSURRER. v. n. [Pr. *su-zu-rer*] (lat. *susurrare*, murmurer). Parler à voix basse.

SUSURRUS. s. m. [Pr. *su-zur-rus*]. T. Méd. Mot latin qui signifie *Murmure,* et par lequel on désigne un bruit particulier qu'on entend dans certaines tumeurs anévrysmales.

SUTTI ou **SUTTIE.** s. f. (sanscr. *sati,* pur). Dans l'Inde brahmanique, on désigne sous le nom de *Sutti* ou *Suttie,* diverses cérémonies de purification religieuse, et plus particulièrement l'usage où sont les veuves de se brûler sur un bûcher en même temps que le cadavre de leur mari. Bien que cet acte de fanatisme ne se trouve point ordonné par les livres sacrés des Hindous, il n'en est pas moins considéré par les sectateurs du brahmanisme comme hautement méritoire. Dans le principe, le gouvernement anglais toléra ces sortes de sacrifices humains, car il se borna à exiger des victimes la déclaration qu'elles se sacrifiaient ainsi volontairement. Mais comme cette mesure se trouva complètement inefficace, en présence d'un fanatisme invétéré, lord W. Bentinck, en 1829, abolit cet usage barbare dans toute l'étendue des possessions anglaises. Néanmoins il ne se passe presque pas d'année où il n'y ait des sacrifices de ce genre sur divers points de l'immense territoire de l'Inde.

SUTURAL, ALE. adj. T. Bot. Qui a rapport aux sutures. *Déhiscence suturale.*

SUTURE. s. f. (lat. *sutura*, m. s. de *suere*, coudre). Action de coudre, et partie. L'opération qui consiste à coudre les lèvres d'une plaie pour en obtenir la réunion. — Fig., le travail que l'on fait pour empêcher que l'on ne s'aperçoive de quelque retranchement opéré dans quelque ouvrage d'esprit. *Au moyen d'une s. habilement faite, on ne s'aperçoit pas qu'il a retranché telle scène, tel chapitre.* || T. Anat. Mode d'articulation de deux parties qui sont réunies par des dentelures. Voy. ARTICULATION. || T. Bot. et Hist. natur. Ligne plus ou moins apparente qui indique le lieu de réunion, d'adhérence de parties primitivement séparées ou distinctes. *La s. de ces valves est marquée par un sillon. S. périnéale.*

Chir. — En chirurgie, on désigne ainsi l'opération qui a pour but le rapprochement définitif des bords d'une plaie rendue préalablement aseptique. Pour les plaies superficielles on a souvent recours aux *sutures sèches* qui nécessitent simplement l'emploi du diachylon ou du collodion, mais les plaies un peu profondes réclament des *sutures sanglantes,* pour lesquelles on se sert d'aiguilles de formes diverses (généralement celles de Reverdin) et de fils de crin de Florence, catgut, fil d'argent, soie. Il existe différents procédés de s. dont le choix dépend du chirurgien et aussi du siège de la plaie; nous mentionnerons les principaux. La *S. entrecoupée* ou *à points séparés* se pratique avec une aiguille courbe enfilée de cordonnet. On traverse l'un des bords de la plaie, de dehors en dedans, puis on traverse l'autre de dedans en dehors. On noue les deux bouts du fil, en faisant une rosette, mais de manière que le nœud ne touche pas les bords de la plaie. On répète l'opération, à distance convenable sur toute la longueur de la plaie. La *S. encheviliée* ou *emplumée* se pratique au moyen d'une aiguille courbe qu'on passe comme pour la s. entrecoupée. Mais le fil dont on arme l'aiguille est double, de telle sorte qu'une de ses extrémités représente une anse. Tous les points étant placés, on dédouble chaque extrémité des ligatures. A travers toutes les anses, lesquelles sont du même côté, on glisse parallèlement à la plaie un bout de sonde, une tige de plume, ou un rouleau de gaze ; de l'autre côté, on dédouble les fils et on les noue sur une cheville semblable, avec une force suffisante pour rapprocher les bords de la plaie. La *S. entortillée* se fait avec des aiguilles ou même avec des épingles ordinaires. On enfonce l'aiguille à 3 ou 8 millimètres du bord de la division de dehors en dedans pour le premier lambeau, puis de dedans en dehors pour le second, de manière que la pointe ressorte de l'autre côté de la plaie à égale distance. L'aiguille ainsi placée a donc ses extrémités libres, l'une d'un côté et l'autre de l'autre côté de la division. Alors on l'assujettit en formant autour de ses extrémités, avec un fil ciré, des 8 de chiffre dont l'entrecroisement répond aux bords de la réunion. On place de cette manière autant d'aiguilles que l'exige l'étendue de la plaie. On coupe ensuite la pointe de l'aiguille afin d'éviter toute piqûre de la peau. La s. entortillée ne s'emploie guère que pour la réunion des plaies de la joue et du bord libre des lèvres. Citons encore la *s. en surjet*, la *s. en capitons*. Les s. sont recouvertes d'un pansement antiseptique qui est généralement enlevé, sauf en cas d'inflammation, au bout de huit jours ; on retire alors les fils et la plaie est cicatrisée.

On nomme *s. perdue* celle qu'on fait dans les organes profonds ; les fils ne sont pas retirés. On emploie le soie qui s'enkyste sans causer d'irritation de voisinage, ou le catgut qui se résorbe et disparaît au bout d'un certain temps.

SUTURER. v. a. Pratiquer une suture. = SUTURÉ, ÉE. part.

SUZANNE, femme juive faussement accusée par des vieillards, et sauvée du supplice par Daniel.

SUZE (LA), ch.-l. de c. (Sarthe), arr. du Mans ; 2,600 hab.

SUZERAIN, AINE. adj. [Pr. *suze-rin, rène*] (lat. *susum*, en haut). T. Féod. Se dit d'un seigneur qui possède un fief dont d'autres fiefs relèvent. *Seigneur s. Dame suzeraine.* || Substant., *Le vassal et le s.*

SUZERAINETÉ. s. f. [Pr. *suze-rè-neté*]. Qualité de suzerain.

SVANBERGITE. s. f. (R. *Svanberg*, n. d'un chimiste suédois). T. Minér. Sulfato-phosphate hydraté d'alumine, de soude et de chaux.

SVEABORG, v. de Russie, place forte et port sur le golfe de Finlande ; 6,200 hab.

SVELTE. adj. 2 g. (ital. *svelto*, m. s. de *svellere*, tirer, dégager, du lat. *exvellere*, m. s., de ex., hors de, et *vellere*, arracher). Léger, délié, dégagé. *Figure sv. Colonne sv. Cette femme est sv., a la taille sv.*

SVELTESSE. s. f. [Pr. *sveltè-se*]. Caractère de ce qui est svelte.

SWALKI, v. de Russie (Pologne) ; 20,000 hab.

SWAMMERDAM, célèbre naturaliste holland. (1637-1680).

SWANSEA, v. d'Angleterre (Pays de Galles) ; port de mer sur le canal de Bristol ; 65,600 hab.

SWARTZIE. s. f. (R. *Swartz*, n. d'un bot. all.). T. Bot. Genre de plantes Dicotylédones (*Swartzia*) de la famille des *Légumineuses*, tribu des *Césalpiniées*. Voy. LÉGUMINEUSES.

SWA-TAO, v. de Chine ; 30,000 hab. Port ouvert.

SWEDENBORG, philosophe suédois (1688-1772). Mystique et illuminé, il fonda une espèce de religion sous le nom de *Nouvelle Jérusalem.*

SWEDENBORGIEN, ENNE. adj. [Pr. *své-din-borji-in, ène*]. Qui appartient à la doctrine de Swedenborg ; qui professe cette doctrine.

SWETCHINE (Mme), dame russe (1782-1857), vint s'établir à Paris (1818) et tint un salon très fréquenté : elle a beaucoup écrit.

SWIETEN (VAN). Méd. holland. né à Leyde (1700-1772).

SWIETÉNIE. s. f. [Pr. *svi-té-ni*] (R. *Swieten*, n. d'un méd. holl.). T. Bot. Genre de plantes Dicotylédones (*Swietenia*) de la famille des *Méliacées*, tribu des *Swieténiées*. Voy. MÉLIACÉES.

SWIETÉNIÉES. s. f. pl. [Pr. *svi-té-nié*] (R. *Swieténie*). T. Bot. Tribu des végétaux de la famille des *Méliacées*. Voy. ce mot.

SWIFT (JONATHAN). littérateur anglais, auteur des *Voyages de Gulliver* (1667-1745).

SYAGRIUS, général romain, vaincu par Clovis à Soissons (486).

SYBARIS, v. de l'Italie ancienne, fameuse par la mollesse de ses habitants.

SYBARITE. s. m. (lat. *sybarites*, gr. Συβαρίτης, habitant de Sybaris). Celui qui mène une vie molle et voluptueuse ; se dit par allus. aux anciens habitants de la ville de Sybaris. *C'est un s. Il mène une vie de s.*

SYBARITIQUE. adj. 2 g. Qui appartient à un sybarite, aux sybarites.

SYBARITISME. s. m. Mollesse et délicatesse raffinée.

SYBEL (H. DE), histor. all. (1816-1896).

SYCÉPHALIEN, IENNE. adj. [Pr. *si-séfali-in, iène*] (gr. σύν, avec ; κεφαλή, tête). T. Térat. Se dit de monstres où il y a fusion de deux têtes.

SYCOCÉRYLIQUE. adj. 2 g. (gr. σῦκον, figue ; lat. *cera*, cire, et gr. ὕλη, matière). T. Chim. L'alcool s. est cristallisable, insoluble dans l'eau et dans les alcalis, soluble dans l'alcool ordinaire, dans l'éther et dans le benzène. On l'obtient par la saponification de son éther acétique, *l'acétate de sycocéryle*, qui accompagne la sycorétine dans la résine exsudée par le *Ficus rubiginosa*.

SYCOMANCIE. s. f. (gr. σῦκον, figue ; μαντεία, divination). Divination au moyen de feuilles de figuier. Voy. DIVINATION. III, 5°, E.

SYCOMORE. s. m. (gr. συκόμορος, m. s., de συκῆ, figuier, et μορέα, mûrier). T. Bot. Nom vulgaire de l'*Acer pseudoplatanus*, arbre de la famille des *Sapindacées*, tribu des *Acérées*. Voy. SAPINDACÉES.

SYCONE. s. m. (gr. σῦκον, figue). T. Bot. Nom donné au fruit de la Figue. Voy. FRUIT. = SYCONES. s. m. pl. T. Zool. Nom donné à une famille d'Éponges calcaires. Voy. CALCISPONGIAIRES.

SYCOPHAGE. adj. 2 g. (gr. σῦκον, figue ; φαγεῖν, manger). Qui vit de figues.

SYCOPHANTE. s. m. (lat. *sycophanta*, gr. συκοφάντης, m. s., de σῦκον, figue, et φαίνω, je montre). A une époque incertaine de l'histoire d'Athènes, une loi avait été portée, vraisemblablement dans un temps de disette, pour interdire l'exportation des figues hors de l'Attique. Tout citoyen avait le droit de dénoncer à l'autorité publique les infractions à cette loi. Sans doute, il y eut alors une foule de dénonciations fausses faites par des motifs de jalousie, de haine particulière, d'intérêt individuel, de sorte que, lorsque la prohibition fut levée, le nom de S., littéralement *dénonciateur de figues*, devint un terme injurieux qu'on appliqua d'une manière générale à tous les délateurs, et aux calomniateurs de tout genre. Dans notre langue, le mot *s.* est rarement employé, et il ne se dit guère que d'un bas flatteur

SYCORÉTINE. s. f. (gr. σῦκον, figue; ῥητίνη, résine). T. Chim. Matière résineuse contenue dans l'exsudation du *Ficus rubiginosa*, d'où on l'extrait à l'aide de l'alcool froid.

SYCOSIS. s. m. [Pr. *siko-zis*] (gr. σῦκον, figue). T. Méd. Le s. appelé aussi *Mentagre* est l'inflammation des follicules pileux avec propagation aux tissus voisins et production de papules surmontées d'une pustule au centre de laquelle on trouve généralement le poil plus ou moins altéré; ces lésions n'existent pas dans les folliculites simples. Les noyaux indurés peuvent avoir le volume d'un pois. Le s. se manifeste de préférence au niveau de la barbe (lèvre supérieure, menton, joues); il peut être d'origine microbienne et il apparaît surtout chez les arthritiques; l'usage de certains fards ou cosmétiques, le défaut de propreté des rasoirs et autres objets de toilette, ont été incriminés. Cette affection laisse souvent des cicatrices indélébiles, elle peut produire une alopécie persistante.

Le s. *parasitaire* de Bazin n'est autre que la *tricophytie* de la barbe (Voy. TRICOPHYTIE), nous ne le décrirons pas ici.

Le traitement du s. consiste dans l'application de pansements humides antiseptiques; il faut évacuer le pus, couper les poils, au besoin épiler autour des pustules. Après la disparition de l'inflammation, on emploie les pommades à l'oxyde de zinc, au précipité jaune. L'état général du malade ne doit pas être négligé.

SYDENHAM, médecin et chimiste angl. (1624-1689).

SYDNEY, v. d'Australie (Nouvelle-Galles du Sud); 224,300 hab.

SYÈNE, v. de l'Égypte anc., près de la frontière du Sud, auj. *Assouan*. Voy. ce mot.

SYÉNITE. s. f. (R. *Syène*, v. d'Égypte). T. Minér. La *Syénite* est une roche granitique essentiellement composée de feldspath lamellaire, de quartz et d'amphibole, et qui se distingue du granit en ce qu'elle contient de l'amphibole au lieu de mica. Son nom lui vient de la ville de Syène, en Égypte, parce qu'on a longtemps cru, bien qu'à tort, que les Égyptiens tiraient de ce lieu la s. qu'ils employaient dans leurs monuments. La s. est très dure et susceptible de prendre un beau poli. En conséquence, on s'en sert surtout pour les monuments d'art qui doivent servir d'ornement. Ainsi, le piédestal en forme de rocher, du poids de 800,000 kilogrammes, qui porte la statue de Pierre le Grand, à Saint-Pétersbourg, est en s. de Finlande. A Paris, c'est une s. de Bretagne qui sert de piédestal à l'obélisque de Louqsor, lequel est aussi formé de s. On en trouve également de fort belle à Meritzburg, en Saxe, à Brunn, en Moravie, et dans d'autres lieux de l'Allemagne. La s. forme des amas considérables dans les terrains de transition. Elle est assez répandue dans les montagnes de la Norvège, où elle contient souvent du zircon, et dans les Vosges.

SYÉNITIQUE. adj. 2 g. T. Minér. Qui a rapport à la syénite, qui en contient. *Roche s. Granit s.* Voy. GRANIT.

SYLLA, dictateur romain, chef du parti des nobles, vainquit Jugurtha et ensuite Marius : il fit d'affreuses proscriptions et abdiqua ensuite la dictature (138-78 av. J.-C.).

SYLLABAIRE. s. m. [Pr. *sil-labère*] (R. *syllabe*). Petit livre élémentaire dans lequel les enfants apprennent à lire.

SYLLABATION. s. f. [Pr. *sil-laba-sion*]. Lecture des mots en les divisant par syllabes.

SYLLABE. s. f. [Pr. *sil-labe*] (gr. συλλαϐή, m. s., de σὺν, avec, et λαμϐάνειν, prendre). T. Gramm. Son simple ou composé, qui se prononce par une seule émission de voix. *Dans le mot* Avoir, A *fait une* s., *et* Voir *en fait une autre. Un mot d'une, de deux, de trois syllabes. Un vers de dix syllabes. S. longue, brève.*

SYLLABIQUE. adj. 2 g. [Pr. *sil-labike*] (lat. *syllabicus*, gr. συλλαϐικὸς, m. s.). Qui a rapport aux syllabes. *Augment s. Valeur s.*

SYLLABIQUEMENT. adv. [Pr. *sil-labike-man*]. Par syllabes, d'une manière syllabique.

SYLLABISATION. s. f. [Pr. *sil-labiza-sion*]. Action d'épeler en décomposant par syllabes.

SYLLABISER. v. a. [Pr. *sil-labi-zer*]. Ranger, diviser par syllabes. == SYLLABISÉ, ÉE. part.

SYLLABISME. s. m. [Pr. *sil-labisme*]. Système d'écriture dans lequel on représente par un seul signe la syllabe.

SYLLABUS. s. m. [Pr. *sil-labus*] (gr. σὺν, avec, λαμϐάνω, je prends). Titre d'un document publié en 1864 par le pape Pie IX. Le mot s. signifie ici sommaire, résumé, et le titre complet a été ainsi traduit : *Résumé renfermant les principales erreurs de notre temps qui sont signalées dans les allocutions consistoriales, encycliques et autres lettres apostoliques de N. T. S. P. le Pape Pie IX*. Les « erreurs » qui sont ainsi anathématisées sont pour la plupart les idées qui servent de base à la constitution de la société contemporaine : tolérance, liberté de conscience, distinction et séparation de l'autorité ecclésiastique et de l'autorité civile. Le s. est une protestation contre l'ordre social actuel et une revendication de la théocratie en faveur du clergé catholique.

SYLLEPSE. s. f. [Pr. *sil-lepse*] (gr. σύλληψις, compréhension, de σὺν, avec, et λῆψις, action de prendre). En termes de Grammaire, on appelle *Syllepse*, une figure qui consiste à faire accorder le mot avec l'idée plutôt qu'avec le mot auquel il se rapporte grammaticalement. On distingue la S. *du nombre*, la S. *du genre*, et la S. *de la personne*. On fait une s. de nombre quand on dit : *Il est six heures*; *La plupart des hommes sont bien fous*; etc. Racine a fait un heureux emploi de cette sorte de s. dans ces vers d'Athalie :

> Entre le *pauvre* et vous, vous prendrez Dieu pour juge,
> Vous souvenant, mon fils, que, caché sous ce lin,
> Comme *eux* vous fûtes pauvre, et comme *eux* orphelin.

La régularité de la construction demandait *comme lui*, puisque ce pronom se rapporte au mot *pauvre*; mais le poète, plein de son idée, ne voyait que les *pauvres* et les *orphelins* en général. *Comme eux* est donc l'expression qui répond le mieux au sentiment qui l'occupait. Les vers suivants de Voltaire nous offrent un exemple de s. de genre :

> Jeune et charmant objet...
> Vous n'êtes point *tombée* en de barbares mains.

Ces vers du même poète contiennent une s. de personne :

> Étouffe tes soupirs, malheureuse Constance,
> *Soyons* en tous les lieux digne de *ma* naissance.

Enfin, on désigne encore sous le nom de S., une figure par laquelle le même mot se trouve à la fois employé au propre et au figuré, comme dans cette phrase : *Galatée est pour Corydon plus douce que le miel du mont Hybla.*

SYLLEPTIQUE. adj. 2 g. [Pr. *sil-leptike*]. Qui a rapport à la syllepse.

SYLLIS. s. f. [Pr. *sil-lis*]. T. Zool. Genre de *Vers*. Voy. DORSIBRANCHES.

SYLLOGISER. v. n. [Pr. *sil-loji-zer*]. Raisonner par syllogisme.

SYLLOGISME. s. m. [Pr. *sil-lojisme*] (lat. *syllogismus*, m. s.). T. Logique. Argument composé de trois propositions dont la troisième dite *conclusion* est la conséquence des deux autres appelées *prémisses* et aussi *majeure* et *mineure*. Ex. : *Tous les corps sont pesants*; l'air est un corps; donc l'air est pesant. Voy. RAISONNEMENT.

SYLLOGISTIQUE. adj. 2 g. [Pr. *sil-lojis-tike*] (lat. *syllogisticus*, gr. συλλογιστικὸς, m. s.). Qui appartient au syllogisme. *Méthode syllogistique.*

SYLPHE. s. m. (mot gaul.). Dans la mythologie du moyen âge, se disait de certains esprits qu'on prétendait vivre dans l'air.

SYLPHIDE. s. f. Femme de Sylphe. ‖ Fig. Femme gracieuse et légère. *Avoir une taille de sylphide*, Avoir une taille svelte.

SYLPHIDES. s. m. pl. T. Entom. Fausse orthographe pour *Silphides*.

SYLVAIN. s. m. [Pr. *sil-vin*] (lat. *sylvanus*, de *sylva*, forêt). T. Myth. anc. Nom donné par les Grecs et par les Romains à certaines divinités qui présidaient aux bois, aux forêts. Voy. SATYRE. || T. Entom. Genre d'Insectes *Lépidoptères*. Voy. DIURNES, 9°.

SYLVANDRE. s. m. [Pr. *sil-vandre*] (lat. *sylva*, forêt ; gr. ἀνήρ, ἀνδρὸς, homme). T. Entom. Genre d'Insectes *Lépidoptères*. Voy. DIURNES, 12°.

SYLVANE. s. m. (lat. *sylva*, forêt). T. Chim. Dérivé méthylé du furfurane, répondant à la formule C^5H^6O. C'est un liquide incolore qui bout à 63°. On le trouve parmi les produits de la distillation sèche du bois de pin.

SYLVANE. s. m. ou **SYLVANITE**. s. f. (lat. *sylva*, forêt). T. Minér. Tellurure d'or et d'argent, d'un gris d'acier clair, formant ordinairement sur le quartz des dendrites imitant les caractères hébraïques, ce qui lui a valu le nom de *Tellure graphique*.

SYLVATIQUE. adj. 2 g. (lat. *sylvaticus*, m. s., de *sylva*, forêt). Se dit des plantes qui croissent naturellement sous les arbres des forêts.

SYLVES. s. f. pl. Voy. SILVES.

SYLVESTRE. adj. 2 g. (lat. *sylva*, forêt). Qui appartient aux bois. || T. Bot. Qui croît dans les bois.

SYLVESTRE Ier (SAINT), pape de 314 à 335. — Fête le 31 décembre. || SYLVESTRE II, pape de 999 à 1003. C'était un français nommé *Gerbert*. || SYLVESTRE III, antipape en 1044.

SYLVESTRÈNE. s. m. (R. *sylvestre*). T. Chim. Hydrocarbure terpénique de la formule $C^{10}H^{16}$, contenu dans l'essence de pin sylvestre de Suède. C'est un liquide dextrogyre, qui bout à 176° ; son odeur ressemble à celles du citron et de la bergamote. Il s'unit à l'acide chlorhydrique pour former un chlorhydrate dextrogyre, fusible à 72°. Avec le brome, il donne un tétra-bromure fusible à 135°.

SYLVIADÉES. s. f. pl. (lat. *sylva*, forêt). T. Ornith. Nom donné par divers auteurs aux oiseaux qui forment la section des Becs-fins de Cuvier.

SYLVICOLE. adj. 2 g. (lat. *sylva*, forêt ; *colere*, habiter). Qui habite les forêts, qui a rapport à la sylviculture. || T. Ornith. Se dit des oiseaux qui habitent de préférence les lieux boisés. *Les espèces sylvicoles*.

SYLVICULTEUR. s. m. (lat. *sylva* forêt ; *cultor*, cultivateur). Celui qui cultive les forêts ou les arbres forestiers.

SYLVICULTURE. s. f. (lat. *sylva*, bois ; *cultura*, culture). La *sylviculture* est la branche de l'art agricole qui s'occupe de la culture des arbres et arbrisseaux forestiers. Cette culture peut être envisagée sous les quatre points de vue suivants : 1° lorsque les arbres, disséminés sans ordre sur toute une surface du sol, sont reproduits, après l'exploitation, soit à l'aide de nouvelles tiges qui naissent sur les anciennes souches, soit au moyen d'ensemencements naturels ou artificiels ; si ces surfaces boisées présentent une étendue considérable, elles prennent le nom de *forêts* et celui de *bois* quand elles sont plus restreintes ; 2° lorsque les arbres sont plantés régulièrement en lignes parallèles et qu'on leur laisse acquérir tout leur développement avant de les abattre : ce mode de culture prend le nom de *plantation d'alignement* ; 3° quand les arbres, maintenus à une faible hauteur, sont disposés pour servir de clôture ; ils forment alors ce qu'on appelle une *haie vive* ; 4° enfin lorsque les espèces ligneuses sont destinées à fournir des branches flexibles employées dans l'agriculture et l'industrie, cette culture prend, le plus souvent, le nom d'*Oseraie*. — Nous allons d'abord faire une étude rapide des diverses espèces ligneuses employées pour l'une ou l'autre de ces quatre destinations. Nous suivrons dans chaque groupe l'ordre alphabétique.

1. *Arbres non résineux.* — *Alizier commun.* — Tige élevée d'environ 10 mètres ; circonférence 1 mètre. Bois très dur, grain fin, serré, susceptible d'un beau poli, prenant bien la teinture. Cet arbre se plaît dans les terres argilo-calcaires,

un peu sèches ; il supporte bien les climats rigoureux, et repousse parfaitement de souche après qu'il a été exploité. — *Argousier* (*Hippophæ rhamnoïdesitas*), arbre de moyenne grandeur, à rameaux épineux, propre aux terrains siliceux et frais ; il croît spontanément sur les sables des dunes et sur les bords des torrents. Ses racines traçantes le rendent très propre pour fixer les terres et former des haies vives dans les marais salants. — *Arroche*. Arbrisseau de 1^{m}50 de hauteur, dont les feuilles un peu charnues sont persistantes. Cette espèce qui pousse spontanément en Provence, dans les terres argilo-calcaires des bords de la mer, peut être employée à la formation des haies vives dans les marais salants ; elle se multiplie de drageons. — *Aubépine* ; tige de 8 mètres d'élévation, bois d'un blanc jaunâtre, très dur, difficile à travailler. Cet arbrisseau, dont le principal mérite est de faire des haies vives d'une grande solidité croît dans tous les terrains et se multiplie par le semis et par la bouture en plançon. — *Aune commun* (*Alnus communis*) ; tige de 15 à 20 mètres de hauteur ; bois mou, de couleur rougeâtre, se conservant parfaitement sous l'eau. Cet arbre est un des plus aquatiques de l'Europe : il vit bien dans les terrains les plus marécageux ; on le cultive en futaie et en taillis ; multiplication de semis ou de bouture plançon. — *Bouleau blanc* (*Betula alba*) ; tige de 13 mètres d'élévation ; bois nuancé de rouge, assez élastique, d'un grain fin et prenant bien le poli. Cet arbre s'accommode de tous les terrains, quelque mauvais qu'ils soient, depuis les plus secs jusqu'aux plus humides ; il supporte aussi les climats les plus rigoureux ; multiplication de semis. — *Charme commun* (*Carpinus betulus*) ; tige de 15 mètres d'élévation et de 1^m,40 de circonférence ; bois blanc, dur, pesant, d'un grain serré, employé dans le charronnage, placé au premier rang comme bois de chauffage. Cet arbre vient bien à toutes les expositions ; il se plaît dans les terres calcaires, argileuses, profondes et un peu fraîches. Cultivé en futaie, on l'exploite à l'âge de 90 ans ; on le multiplie de semis. — *Châtaignier* ; arbre de première grandeur. Son bois, analogue à celui du chêne, s'en distingue par l'absence de rayons médullaires partant du centre et se dirigeant vers la circonférence à travers les fibres et l'aubier. Le châtaignier est très employé dans la charpente, la menuiserie, les ouvrages de fente, la tonnellerie ; ses jeunes tiges sont les meilleures pour la confection des cercles, des échalas ; enfin ses fruits aussi sains qu'abondants, en font un arbre précieux. Il se plaît dans tous les terrains et ne redoute que les sols calcaires, les argiles compacts et humides ; il prospère partout où la vigne fructifie bien. Cultivé en futaie, le châtaignier peut être exploité à l'âge de 110 ans ; mais il vit bien au delà de ce terme. Il repousse très bien de souche, et forme d'excellents taillis exploitables de 7 à 15 ans. — *Chênes*. On distingue cinq espèces principales de *chênes indigènes*. — Le *Chêne rouvre* ou à *glands sessiles* (*Quercus robur*) ; tige de 35 à 40 mètres d'élévation et de 3 mètres de circonférence. Bois de la plus grande importance, soit comme combustible, soit pour les constructions civiles et navales, ou pour les arts mécaniques. Son écorce broyée joue, sous le nom de *tan*, un rôle important dans la fabrication des cuirs. Les terrains qui conviennent le mieux à cet arbre sont les sols argilo-siliceux profonds, et les sables siliceux, pourvu qu'ils soient humides. Cette espèce de chêne est l'arbre par excellence des climats tempérés. Il redoute également l'excès du froid et de la chaleur. Le terme de son exploitation en futaie se fait attendre entre 150 et 200 ans. Il n'existe pas d'espèce qui se soutienne plus longtemps en taillis ; il peut durer plusieurs siècles sans qu'on ait à craindre le dépérissement. La transplantation des chênes réussit fort mal, en général ; il est plus avantageux de semer à demeure, dans la proportion de 120 décalitres à l'hectare. — Le *Chêne à glands pédonculés* acquiert de plus grandes dimensions et croît plus vite que le précédent. Son bois est moins noueux et se fend avec plus de facilité, mais il demande un terrain plus profond, plus frais et un climat plus tempéré. Il est rare dans la région du nord de la France. — Le *Chêne tauzin* ou *angoumois* (*Q. tauzo*), s'élève à 20 ou 24 mètres ; son bois est dur, noueux, peu convenable pour les ouvrages de fente, mais estimé pour la construction et le chauffage. Propre surtout au midi de la France, il s'accommode des terrains arides. — Le *Chêne yeuse* ou *chêne vert* (*Q. ilex*), à feuilles persistantes, offre une tige de 10 mètres d'élévation. Son bois très dur, pouvant prendre un beau poli, est employé pour des essieux, des poulies, des leviers, des maillets, etc. Il aime les terrains secs, siliceux, et ne s'accommode que du climat du midi de la France : cependant, il remonte jusqu'à la Loire, dans les terrains qui avoisinent l'Océan. — Le *Chêne kermès* (*Q. coccifera*) est un arbrisseau à feuilles persistantes, dont la tige mince dépasse rarement 4 à 5 mètres. Il est propre à la formation des haies vives, et nourrit un petit insecte du genre *coccus*, très employé jadis dans la teinture. Il aime les terrains secs et ne peut vivre que sous le climat du midi de la France. — *Cornouiller mâle* (*Cornulus mascula*) tige de 6 à 8 mètres d'élévation; végétation très lente; bois nuancé de rouge, très dur, susceptible d'un beau poli. Cette espèce n'est pas cultivée dans les forêts; elle s'y propage naturellement. On la rencontre dans le nord et le midi de la France. — *Érables*. On cultive le plus souvent quatre espèces d'érables indigènes. L'*Érable champêtre* (*Acer campestris*); tige de 10 à 12 mètres d'élévation; bois dur, d'un blanc jaunâtre, liant, pouvant recevoir un beau poli, recherché par les luthiers, les tourneurs, les ébénistes. Cet arbre se plaît dans tous les climats de la France et préfère les coteaux formés de terre légère suffisamment fraîche. Il sert surtout pour la formation des taillis, où on l'associe utilement au charme. On répand la semence dans les proportions de 30 kilogrammes à l'hectare. — L'*Érable sycomore* (*Acer pseudo platanus*), et l'*Érable plane* (*A. platanoïdes*) sont deux espèces de première grandeur; leurs bois blancs, marbrés, d'un tissu serré susceptible de recevoir un beau poli, sont employés par les charrons, les ébénistes, les tourneurs, les sculpteurs, les facteurs d'instruments de musique, les armuriers. Elles habitent les climats tempérés et préfèrent les terrains siliceux un peu frais. On les sème comme l'érable champêtre. — L'*Érable de Montpellier* (*A. Monspessulanum*) est un arbre de moyenne grandeur, à feuilles persistantes, très convenable pour former des haies vives, il croît spontanément dans le midi, s'accommode aussi du climat de Paris, et préfère les terrains secs, un peu calcaires. On le multiplie au moyen de graines. — *Frêne élevé* (*Fraxinus excelsior*) arbre de première grandeur; bois blanc, assez dur, très élastique. On en fait les grandes pièces de charronnage qui ont besoin d'avoir du ressort; mais on s'abstient de l'employer dans la construction des charpentes, parce qu'il est sujet à la vermoulure. Il s'accommode de tous les terrains un peu frais, pourvu qu'ils ne soient ni trop argileux, ni trop calcaires. Son exploitation en futaie paraît préférable. — *Fusain d'Europe* (*Evonymus europeus*); tige de 4 à 5 mètres d'élévation; bois léger, d'un blanc jaunâtre, à grain fin, propre à la marqueterie et aux ouvrages de tour. Le charbon préparé avec les jeunes rameaux est fréquemment employé par les dessinateurs. Cet arbrisseau, non cultivé, croît spontanément dans les bois, et s'accommode de tous les terrains. — *Hêtre des bois* (*Fagus sylvestris*). L'un des plus hauts arbres de nos forêts; il atteint presque l'élévation du chêne; toutefois son tronc présente, en général, moins de grosseur, et sa vie est plus courte. Son bois moins élastique, moins résistant ne convient pas à la charpente; mais il est d'une grande utilité pour la boissellerie. Cet arbre se plaît dans les sols argileux suffisamment graveleux, des climats tempérés; il est également propre aux futaies et aux taillis. On répand les semences dans les mêmes proportions que celle du chêne. — *Houx commun* (*Ilex aquifolium*); tige de 8 à 10 mètres d'élévation. Son bois dur, solide, à grain fin et serré, prend la couleur noire mieux qu'aucun autre; on en fait aussi des manches d'outils, des alluchons pour les roues de moulin, des engrenages et des ouvrages de tour. Plus nuisible qu'utile dans les forêts, on le réserve, dans le nord de la France, pour la confection de haies vives, à cause de sa résistance et de ses feuilles luisantes, persistantes, armées de piquants solides. C'est avec son écorce qu'on fait la meilleure glu pour prendre les oiseaux. Cet arbrisseau demande un terrain argileux, l'exposition au nord, ou les ombrages. — *Mérisier* (*Prunus avium*); tige de 10 à 12 mètres d'élévation; bois ferme, roussâtre, serré, facile à travailler et prenant un beau poli. Cet arbre se plaît dans les terrains calcaires ou siliceux, il redoute les sols humides, aime les climats tempérés, et croît également bien en futaie ou en taillis. Les oiseaux friands de ses drupes charnues et sucrées se chargent de semer ses noyaux à l'aventure. — *Micocoulier* (*Celtis australis*); tige de 12 à 15 mètres d'élévation, bois compact, liant, d'une souplesse extraordinaire. Peu d'arbres peuvent rivaliser d'utilité avec lui, à cause des nombreux usages qu'on peut faire de son bois. Il est utilisé par les menuisiers, les ébénistes, les sculpteurs, les carrossiers, les facteurs d'instruments. Cultivé en taillis très serrés, dans un sol frais et substantiel, il fournit, tous les deux ans, aux environs de Narbonne, ces longues et fortes pousses propres à faire des lignes et surtout ces manches de fouet connus sous le nom de *perpignans*. Le micocoulier s'accommode de tous les terrains, même des plus

arides; il peut se développer convenablement dans toutes les parties de la France et faire bonne figure soit en taillis, soit comme arbre d'alignement. — *Noisetier commun* (*Corylus avellana*); grand arbrisseau très connu, cultivé en taillis; il préfère les terrains frais et légers. Son bois fait un bon chauffage. — *Orme commun* (*Ulmus campestris*); tige de 20 à 25 mètres d'élévation, et quelquefois de 4 à 5 mètres de circonférence. C'est un des meilleurs de nos bois indigènes pour le charronnage. C'est encore le meilleur pour se chauffer. Cette espèce a produit plusieurs variétés, au nombre desquelles il convient de citer l'*Orme tortillard*, remarquable par ses filets ligneux qui se croisent et s'enchevêtrent sans cesse; l'*Orme fongueux*, remarqué par son écorce analogue à celle du liège; enfin l'*Orme pédonculé*. Toutes ces variétés se plaisant dans les terrains légers, de consistance moyenne, suffisamment humides et surtout dans les sols argilo-calcaires; on les exploite en taillis et en futaie; dans le nord de la France, on les destine surtout à former des avenues. — Le groupe des *Peupliers* cultivés généralement, est constitué par six ou huit espèces qui ne sont employées que comme arbres d'alignement. On les plante le plus souvent, de simples boutures, aux bords des pièces d'eau, des rivières ou ruisseaux, ou pour tirer quelque produit des surfaces marécageuses. Leurs bois mous, blancs, liants, peu sujets à la vermoulure, sont employés par les menuisiers, les emballeurs et les charpentiers. — *Platane d'occident* (*Platanus occidentalis*); tige de 30 à 36 mètres d'élévation: bois d'un tissu serré, ayant beaucoup d'analogie avec celui du hêtre. Cet arbre demande un sol substantiel et humide; il s'accommode de tous les climats de la France, et produit en plantations d'alignement, un fort bel aspect par le développement de sa végétation. On le multiplie de semis, de boutures par rameaux avec talon, et de marcottes en crochets. — *Robinier faux acacia* (*Robinia pseudo acacia*); tige de 25 mètres d'élévation; bois très dur, pesant, élastique, jaune veiné de brun, d'un grain fin et serré, d'une croissance rapide, susceptible d'un beau poli, très résistant à la pourriture. Cet arbre, acclimaté depuis 150 ans, environ, est très utilisé dans la carrosserie et la menuiserie; peu délicat sur la nature du sol, il préfère cependant les pentes siliceuses exposées au nord et vit bien sous tous les climats de la France. Il peut être aménagé en futaies exploitables tous les 30 ou 40 ans, et en taillis coupés tous les 6 ou 8 ans. On le multiplie par graines, par boutures et par marcottes à l'aide de racines. — Les *Saules* indigènes sont au nombre d'une quinzaine, nous ne citerons que les plus importants. Tous se multiplient facilement par bouture. — *Saule marsault* (*Salix caprea*). Cette espèce, à végétation très rapide, est surtout employée pour faire des taillis et des palissades; elle vit bien dans tous les sols un peu frais. — *Saule blanc*; autre espèce, dont la tige peut s'élever à 12 ou 14 mètres, avec 2 mètres de circonférence. On la cultive surtout en *têtard* au bord des eaux. — Les saules à osier fournissent la plus grande partie de la matière mise en œuvre par le vannier. Leurs rameaux longs et flexibles sont, en outre, employés comme ligatures. Les principales espèces sont les suivantes. — *Saule osier jaune* (*Salix vitellina*), remarquable par la couleur jaune de ses rameaux. — *Saule viminal* ou *osier blanc* (*S. viminalis*), qui se distingue par la longueur et la flexibilité de ses rameaux. — *Saule helix. Saule pourpre* ou *osier rouge* (*S. purpurea*), espèces peu différentes reconnaissables à la couleur de leurs rameaux. Pour la culture de ces arbres. Voy. OSIER. — *Sorbier domestique* ou *Cormier*; tige de 12 à 16 mètres d'élévation; bois de couleur rougeâtre, très dur, très compact, très solide, à grain fin, serré, susceptible de recevoir un beau poli; il est très recherché des armuriers, des ébénistes, des mécaniciens, des tourneurs et des graveurs. Il est peu délicat sur la nature du sol, mais il redoute les expositions trop chaudes. On le multiplie de graines, il est utilisé dans les plantations d'alignement.

II. — *Arbres résineux*. — *If*. (*Taxus baccata*); tige de 10 à 12 mètres d'élévation; bois d'un beau rouge orange, très dur, d'un grain fin, très propre aux ouvrages de marqueterie. Cet arbre d'un accroissement très lent, n'est pas difficile sur le choix des terrains. On le rencontre rarement dans les forêts. — *Mélèze d'Europe* (*Larix europea*); tige de 35 à 40 mètres d'élévation, feuilles caduques; bois très estimé pour la charpente; il fournit une résine connue sous les noms de térébenthine de Venise ou de Briançon. Cet arbre se développe dans tous les climats tempérés de l'Europe et particulièrement sur le versant septentrional des hautes montagnes; on répand la semence dans la proportion de 6 kilogrammes par hectare. *Pin sylvestre* (*Pinus sylvestris*) : tige de 25 à 30 mètres;

son bois fourni par des arbres développés dans le nord de l'Europe, est un des plus précieux pour les constructions navales; la charpente et la menuiserie en font une grande consommation sous le nom de bois du Nord. L'un de ses principaux mérites en France, où il est de moins bonne qualité, c'est qu'il permet d'utiliser les sols les plus arides, dans lesquels il donne des produits utilisables. On répand sa semence dans la proportion de 15 kilogrammes à l'hectare. — *Pin de Bordeaux* (*P. maritima*); tige moins élevée que celle du pin sylvestre et moins bien filée; son bois est aussi de moins bonne qualité; on l'emploie pour la charpente et le chauffage des fours. On extrait de sa tige une très grande quantité de résine. Il redoute les hivers du nord de Paris. On sème à 15 hectolitres de graines à l'hectare. — *Pin de Corse* (*P. Laricio*). Cet arbre surpasse le pin sylvestre en grosseur et en élévation ; mais son bois est plus mou, ce qui le rend peu propre à la mâture. On répand la semence à raison de 20 kilogrammes à l'hectare. Il exige un sol plus substantiel que le pin sylvestre. Dans la forêt de Fontainebleau, on l'a greffé en fente herbacée sur ce dernier, pour tirer un meilleur parti des terrains siliceux de cette forêt. — *Sapin de Normandie* (*Abies taxifolia*); tige de 50 mètres d'élévation, très droite; son bois très léger et le plus vibrant de tous, est recherché, à cause de ces qualités, par les luthiers pour les instruments à cordes. Cette espèce demande un sol substantiel, un climat tempéré, une exposition au Nord. On répand sa semence dans la proportion de 31 kilogrammes par hectare. — *Sapin épicéa* (*A. picea*); tige haute de 20 à 26 mètres ; bois de moins bonne qualité que celui du sapin commun ; on en retire la résine connue sous le nom de *poix de Bourgogne*. Cet arbre prospère surtout dans le nord de l'Europe et sur le versant septentrional des hautes montagnes dans les pays tempérés. On n'emploie que 15 kilogrammes de semence à l'hectare.

III. — Nous renvoyons aux mots : *semis, pépinières, plantation, repiquage, stratification, taillis, dunes*, les considérations générales dans lesquelles nous sommes entrés et qui suffisent pour la création et l'aménagement des surfaces qu'il s'agit de boiser. Si un grand nombre d'espèces forestières à feuilles caduques peuvent être multipliées au moyen des boutures simples ou par rameaux, avec talon, ou par racines (Voy. BOUTURE), presque toutes les espèces résineuses ne peuvent être renouvelées qu'à l'aide de la graine. On ne peut même les transplanter avec succès que dans les premières années de leur existence. Voy. HABILLAGE.

IV. *Travaux d'entretien.* — Quand le sol forestier est exposé à un excès d'humidité, il est toujours avantageux de l'assainir au moyen de rigoles, de drains ou de fossés, parce que les bois qu'on y fera croître acquerront une plus grande valeur. Dans les taillis âgés de 5 à 6 ans, on procède à un premier nettoiement qui consiste à couper les ronces, les épines, les viornes, les genets, la bruyère, les brins ou jeunes tiges difformes qui croissent sur les mêmes souches que les brins robustes, le houx qui accaparent des espaces qui pourraient être plus utilement occupés; enfin les plants de noprun, bourdaine et autres arbrisseaux semblables, qui n'ont qu'une courte durée. Toutefois, on ne devra pas oublier, en pratiquant ces opérations, que le sol forestier ne doit rester découvert dans aucune de ses parties, pas même dans les endroits que la négligence aurait laissés uniquement garnis d'épines et autres arbustes de peu de valeur; car, aussitôt qu'un vide s'est produit, le sol desséché par le soleil devient stérile, et les arbres voisins dépérissent. On supprime aussi les brins par trop nombreux qui se sont développés sur chaque souche. Mais cette éclaircie doit être faite aussi avec prudence et progressivement. Pour les taillis qui ne doivent durer que 15 à 20 ans, on n'éclaircit qu'une seule fois, et on laisse un nombre de brins assez considérable, soit 12 à 15 sur chaque souche. C'est à ce moment qu'on pratique aussi l'élagage des brins conservés. Si malgré les précautions que l'on a prises pour prévenir le développement de nouveaux jets, à la place de ceux qu'on a coupés, quelques bourgeons paraissaient au pied des souches, on ferait passer dans ce taillis, âgé d'au moins 10 ans, un troupeau de moutons pour brouter les brins nouveaux.

Éclaircie des futaies d'arbres non résineux. — La première opération à effectuer dans les jeunes massifs de chênes et de hêtres consiste à enlever, vers la vingt-cinquième année, tous les bois blancs qui gêneraient leur développement. Mais cette première suppression est insuffisante pour des arbres dont l'exploitation n'aura lieu qu'à l'âge de 100 à 150 années, et qui sont souvent fort rapprochés. Ils devront donc être eux-mêmes successivement enlevés, jusqu'à ce qu'il existe

entre eux un espace suffisant. Cet espacement est subordonné au degré de fertilité du sol et à la nature des espèces végétales. Dans tous les cas, ces éclaircies successives devront être pratiquées au moment où les sujets à enlever commenceront à souffrir. On les pratique, d'ordinaire, tous les 12 ou 15 ans. Quant à l'élagage des arbres de haut jet, l'opération est le plus souvent inutile en plein bois. En effet, ces arbres sont toujours maintenus tellement serrés, que les ramifications inférieures, privées de lumière, ne peuvent se développer. Mais cette opération peut être utile en ce qui concerne les arbres plus ou moins isolés pendant leur jeunesse, tels que ceux qui, sous les *baliveaux*, sont réservés dans les taillis, ou encore ceux qui croissent à la lisière des futaies. Il faut alors la pratiquer avec une grande circonspection et avec les soins indiqués au mot *élagage*.

Éclaircie des arbres résineux. — L'expérience a démontré que ces essences ont besoin d'être très rapprochées pour développer leurs tiges bien filées. On ne doit supprimer que les arbres qui sont dépassés par les autres et sur le point d'être étouffés. Quant à la distance à laisser entre eux, elle varie suivant les espèces et la nature du sol; les mélèzes et les épicéas doivent être tenus plus serrés que les pins. L'élagage de ces arbres est toujours une mauvaise opération.

V. *Travaux d'exploitation.* — L'exploitation des bois se compose de deux opérations : l'*aménagement* et l'*exploitation proprement dite.* — L'aménagement est l'art de diviser la forêt en coupes successives, de manière à assurer une succession constante, annuelle et à peu près égale de produits. En général, l'exploitation périodique la plus restreinte doit embrasser un intervalle d'au moins 10 ans, parce que ce laps de temps est nécessaire pour que les produits ligneux aient acquis quelque valeur. Mais on a toute latitude pour choisir une période d'aménagement beaucoup plus longue; elle peut varier de 10 à 150 ans, et même au delà. La principale question à résoudre est de savoir à quel âge on doit régler l'aménagement d'une forêt pour en obtenir le produit le plus avantageux. — Ce choix entre les diverses époques d'exploitation peut être d'abord déterminé, soit par les besoins du propriétaire qui cherche à réaliser ses produits à des époques plus ou moins rapprochées; soit par la nature du sol et par les espèces qui dominent dans le taillis; soit enfin par l'usage auquel on destine les produits. Veut-on faire servir le bois aux ouvrages de fente, à l'exploitation des mines, etc., il faudra laisser vieillir le taillis. Ce taillis est-il composé uniquement de châtaigniers, de coudriers, destinés à faire des cercles, il faudra le couper à l'époque où les brins sont propres à cet usage. Un taillis de frênes s'exploite lorsque les perches ont atteint les dimensions propres aux ouvrages de charronnage. Un taillis de chênes doit être coupé avant le temps, où la qualité de l'écorce commence à se détériorer. — Mais, abstraction faite de ces circonstances particulières, si l'on avait en vue d'obtenir le produit le plus avantageux sous tous les rapports, on devrait conduire l'aménagement jusqu'à sa dernière limite. En effet, si un bois âgé de 10 ans ne développait chaque année qu'un volume de produit ligneux égal à la quantité fournie pendant chacune des années précédentes, il n'y aurait d'autre avantage à l'exploiter à un âge plus ou moins avancé que celui d'avoir du bois d'un échantillon plus fort; mais l'expérience a démontré que le volume des arbres se développe suivant une progression qui s'approche de celle des carrés des nombres. Ainsi, si l'on suppose que le produit d'un hectare de bois, âgé de 10 ans équivaut à 100, le produit du même bois présentera la progression suivante, en avançant en âge :

A 20 ans, il équivaudra à 400
A 40 ans, — à 1,600
A 60 ans, — à 3,600
A 80 ans, — à 6,400

On pourrait donc conclure que l'aménagement devrait être conçu de manière que l'exploitation n'arrive qu'au moment où le plus grand nombre des arbres présente des signes de décrépitude; en outre les recherches publiées récemment par quelques forestiers ont démontré que la valeur de la superficie permanente, ou la richesse propre des forêts, augmente sans cesse, à mesure qu'on allonge la durée de l'aménagement, et que cette plus-value compense, et au delà, la perte des intérêts composés des capitaux engagés. Mais on conçoit qu'il n'y a qu'un être moral, comme l'État, dont l'existence continue indéfiniment, qui puisse adopter un aménagement de 100 à 200 ans. Les communes, les particuliers ont besoin de réalisations à plus courtes échéances.

Exécution de l'aménagement. — Lorsque la question de durée des coupes est résolue, on partage la surface de la forêt en autant de fractions qu'il y a d'années dans le mode de révolution adopté, et on limite chacune de ces fractions par un abornement. La configuration de ces *coupes* ou *ventes* doit, en outre, être déterminée de manière que l'exploitation soit d'une surveillance facile, et que chaque lot aboutisse sur une route destinée à l'enlèvement du bois. Ces ventes sont ordinairement séparées par des chemins tracés en ligne droite. Il est important de conserver autant que possible la contiguïté des coupes qui doivent être exploitées successivement et d'éviter que leur traite se fasse à travers les jeunes recrus. Il faut encore éviter d'ouvrir la série des coupes au sud et au sud-ouest, à cause des influences trop vives de la chaleur et des vents d'orage.

Exploitation proprement dite. — En général, les coupes de forêts sont vendues sur pied, et ce sont les acquéreurs qui tirent le meilleur parti possible de la vente, en donnant à chaque espèce d'arbre, ou à chaque partie du même arbre, la destination la plus avantageuse. Quelquefois aussi le propriétaire se charge de ces soins; il y trouve son avantage, pourvu qu'il possède les connaissances spéciales nécessaires. Il faut d'abord qu'il sache séparer les divers produits qui sont les plus propres aux usages suivants : 1° Bois de chauffage; 2° Cercles de futailles; 3° Échalas; 4° Perches propres à divers usages; 5° Écorces pour le tannage; 6° Bois propre à faire du charbon. — Dans une futaie, il faudra être en mesure de distinguer : les bois pour la marine ou la charpente; les bois propres aux usages de fente; les bois pour la menuiserie et l'ébénisterie ou le charronnage; les bois recherchés par les sabotiers, enfin les bois de chauffage gros et menus. — Ces divers produits sont d'abord mis à part dans le cours de l'exploitation; on les façonne ensuite selon leur destination. Nous avons indiqué, en faisant l'étude spéciale des principales espèces d'arbres forestiers, les divers usages auxquels le bois de chacune d'elles peut être employé.

Évaluation des produits de la coupe. — Si la coupe est exploitée par le propriétaire et vendue en détail, après qu'il en a fait façonner les diverses sortes de bois, il n'est pas difficile d'en évaluer la valeur; car il suffit de faire réunir en masses régulières ces diverses qualités et d'en déterminer la quantité en mètres cubes; mais, si l'on veut évaluer les produits sur pied, l'opération est plus difficile. Pour un bois en futaie, on sera obligé, si l'on veut une évaluation à peu près exacte, de mesurer isolément chaque tige, pour en connaître le volume en mètres cubes. A cet effet, on mesure d'abord la circonférence à 1m,15 du sol, au moyen d'une chaînette divisée en centimètres. On détermine la hauteur de la tige au moyen d'un instrument spécial composé de deux alidades, l'une fixe, l'autre mobile, et d'un limbe en quart de cercle; le tout est fixé sur un pied qu'on fiche en terre. On dispose horizontalement l'alidade fixe, au moyen d'un petit niveau, en la dirigeant vers le tronc de l'arbre; on fait monter l'alidade mobile jusqu'au point où elle permet de voir, dans sa direction, le sommet de la tige; on la fixe au moyen d'une vis de pression, et il ne s'agit plus que de lire sur le limbe le nombre de mètres et de décimètres qui expriment la hauteur de la tige au-dessus de l'instrument. Il faut ajouter à cette hauteur la distance entre le sol et le point de la tige où l'alidade fixe est dirigée. La grosseur du sommet de la tige est aussi déterminée à 1m,15 de ce sommet. Pour connaître cette troisième mesure, il faut tenir compte de la grosseur de la tige vers la base, et de sa hauteur, puis se rappeler que, dans les futaies sur taillis, la grosseur de la tige d'un arbre décroît de 0m,08 par mètre de hauteur et que, dans les futaies pleines, cette décroissance n'est que de 0m,04 par mètre. On aura ainsi tous les facteurs voulus pour établir la grosseur moyenne et évaluer la tige de chaque arbre en mètres cubes. Ajoutons que, de cette évaluation, on devra déduire l'épaisseur de l'écorce, qui est équivalente au cinquième de la circonférence des arbres. Pour évaluer une coupe de taillis sur pied on peut faire abattre un quart d'hectare dans la meilleure partie de la coupe, un autre quart dans la plus mauvaise, et obtenir ainsi une moyenne. Quoi qu'il en soit de ces modes d'estimation, il est certain qu'ils laissent toujours une large marge à l'incertitude, et que l'estimation à vue d'œil, par des hommes entendus et rompus à ce genre de travaux, présentera toujours plus de précision.

Exploitation des futaies. — On peut y procéder de plusieurs manières; mais elles sont loin de présenter les mêmes avantages. Les plus usitées sont le jardinage et les coupes par éclaircies. — *Jardinage.* Ce mode, qui embrasse toute l'étendue de la forêt, consiste à enlever, çà et là, les arbres

qui dépérissent et ceux qui sont parvenus à l'âge de maturité. Ce procédé présente surtout les inconvénients suivants : il donne un revenu beaucoup plus faible; l'extraction des arbres cause des dégâts notables; les jeunes plants de recru, étouffés par les grands arbres, se développent très lentement, et beaucoup périssent pendant leur jeunesse. — *Coupes par éclaircies.* Lorsqu'un massif est jugé prochainement exploitable, il est mis en défense quelques années à l'avance c.-à-d. que le pâturage et le pacage y sont interdits, pour conserver les graines. Quand le moment de l'exploitation est arrivé, on procède à l'assiette de la première coupe, ou *coupe sombre*, en désignant pour l'abatage les arbres situés dans les parties les plus épaisses, de manière que ceux qui restent conservent un ombrage et une protection suffisants à toute l'étendue du sol. Cette opération délicate a pour double objet de permettre au semis de lever, et d'empêcher l'envahissement des herbes. L'air circule alors à travers les massifs, la lumière commence à s'y introduire, et les jeunes plants, protégés contre les gelées, la chaleur et la sécheresse, se développent convenablement. Lorsque le plant, répandu uniformément sur le sol, a pris une hauteur de quelques années, on procède à une seconde coupe, dite *coupe claire*. La coupe définitive est pratiquée quelques années après.

Exploitation des taillis. — Deux procédés peuvent être employés : le furetage et la coupe pleine. On appelle *furetage* le mode de procéder qui consiste à couper les plus gros brins et à laisser subsister les plus petits jusqu'à l'époque où ils auront acquis la dimension marchande des premiers. Dans les bois où ce système est pratiqué, l'exploitation revient tous les 10 ans dans la même partie de la forêt. Il y a donc, sur chaque souche, des brins de plusieurs âges. On conserve les sujets de semence. Ce mode d'exploitation peut être utilement pratiqué dans les terrains secs, légers et surtout pour le hêtre; mais il a pour effet de rendre impossibles les repeuplements naturels; les souches s'épuisent et laissent bientôt des vides nombreux qu'il est difficile de combler. Aussi l'exploitation à *coupe pleine* est-elle généralement préférée.

Abatage des arbres des hauts jets. — L'abatage des futaies se fait de deux manières : les arbres sont coupés à blanc ou en pivotant. — Pour la *coupe à blanc*, on se sert souvent de la cognée. On fait d'abord une entaille tout à fait à la base de la tige, du côté où l'on veut diriger la chute de l'arbre. Lorsque cette première entaille est assez profonde, comprenant environ la moitié du diamètre de l'arbre, on en fait une seconde du côté opposé, en augmentant sa profondeur jusqu'à la chute de l'arbre; si cet arbre penche du côté opposé à celui où on veut qu'il tombe, on fixe, près du sommet, un câble avec lequel on le tire, ou on exerce, au moment favorable, une poussée au moyen de longues perches placées en arcs-boutants. Quelquefois on remplace la cognée par une scie, dite passe-partout. Dans ce cas, on fait d'abord une légère entaille avec la cognée; puis on y introduit la scie. Lorsque cette première section est assez profonde, on en pratique une semblable du côté opposé; on y introduit un coin, et, en le chassant progressivement, on détermine la chute de l'arbre. — La *coupe en pivotant* consiste à faire une tranchée autour de l'arbre, et à couper ses racines latérales; l'arbre tombe, et l'on gagne ainsi 0m,40 ou 0m,50 sur sa longueur. — *Coupe des taillis.* Ceux-ci se régénèrent surtout par les nouveaux jets qui naissent des souches après chaque coupe; il importe donc de les exploiter de manière à placer ces souches dans les conditions les plus avantageuses pour faciliter de nouvelles productions. Le procédé le plus en usage consiste à couper les brins sur les souches sans attaquer celles-ci; de sorte qu'après trois ou quatre coupes successives les souches s'élèvent au-dessus du sol et deviennent volumineuses. Mais, lorsque ces souches viennent à périr, rien ne remplit le vide qu'elles laissent. On a proposé de les couper entre deux terres, à chaque exploitation, ou, au moins, à les ravaler immédiatement au-dessous du collet. Il en résulte que les nouveaux brins qui surgissent naissent presque toujours du sol et s'y enracinent; la souche principale meurt, mais chaque brin donne lieu à une souche nouvelle. Ce procédé n'est pas sans inconvénient, mais on peut y remédier en laissant intactes les souches de hêtre, d'aune, les grosses souches de chêne et de hêtre qui produisent encore des jets vigoureux, et en ravalant, au contraire, celles de charme, d'orme, de tremble et les vieilles de chêne et de frêne. Dans les cas, la coupe des brins devra être faite le plus près possible de la souche, et le ravalement de celle-ci immédiatement au-dessous du collet.

Époque la plus favorable pour la coupe des bois. — A l'exception des arbres résineux, que l'on peut abattre à toutes les époques de l'année, de nombreuses expériences ont démontré que la saison la plus favorable est l'hiver. On a reconnu notamment que les bois coupés pendant le repos de la végétation ne se gâtent ni ne se gercent aussi facilement ; ils sont moins attaqués par les insectes et fournissent plus de chaleur. L'abatage des taillis pendant la végétation présente encore un autre désavantage, c'est que les recrus qui naissent sur les souches sont maigres, chétifs, et ont à peine le temps de s'aoûter avant l'hiver. Dans le nord, on ne doit commencer l'exploitation des taillis qu'après les grands froids, c.-à-d. en février, pour les terminer dans les premiers jours d'avril. — *Vidange des coupes.* Il est fort important de ne pas laisser trop longtemps dans les coupes les bois abattus ; ils empêchent les nouveaux jets de pousser, et le passage des hommes, des charrettes et des chevaux nuit beaucoup à ceux qui sont nés.

VI. *Arbres forestiers d'alignement.* — Ces arbres sont destinés à la production des bois de service, ou à la formation des avenues pour l'ornementation des habitations. Nous renvoyons au mot *taille* les soins d'entretien à donner à ces derniers. — Les premiers ont pour objet de former des abris indispensables pour certaines localités exposées aux vents violents ou aux chaleurs brûlantes. Dans plusieurs contrées de la France, tous les corps de bâtiments sont ainsi entourés. Dans d'autres, les pâturages, les prairies sont bordés de plantations. L'importance de ces arbres augmente beaucoup si on les considère au point de vue de la production des bois de service ; leur valeur peut même devenir considérable, s'ils reçoivent les soins de protection convenables, attendu que leur végétation s'effectue dans des conditions bien meilleures que dans les forêts, où l'humidité du sol, le défaut de lumière nuisent toujours à la qualité du bois. Ajoutons que le bénéfice net donné par l'exploitation de ces arbres sera d'autant plus élevé que le produit aura été obtenu sur un sol qui ne donnait aucune rente. On recommande expressément, pour ces sortes de plantations, un peu de potasse, entre chaque arbre, un espace suffisant pour que les sujets puissent prendre tout le développement qu'ils comportent. Quelques propriétaires croyant profiter du bénéfice des plantations très drues, tout en échappant aux inconvénients, ont planté, alternativement, dans la même ligne, deux espèces d'arbres s'accommodant du même terrain, mais arrivant à l'âge d'exploitation à des époques différentes ; par exemple, des ormes qu'on peut exploiter à cent ans, et des peupliers vers la trentième année. Tous les essais aménagés de cette façon ont échoué. Les distances convenables pour les chênes, les ormes, les châtaigniers, les platanes sont de 8 mètres sur une ligne et de 10 mètres sur deux lignes. Ces distances sont diminuées d'un mètre pour les tilleuls, les aliantes, les noyers, les sapins communs ; elles sont diminuées de 2 mètres pour le mûrier blanc, les pins, les érables ; enfin, on les réduit à 5 mètres sur une ligne, et à 6m,25 sur deux lignes, pour le pin sylvestre, l'acacia, le micocoulier, le charme, l'aune, le peuplier d'Italie, etc.

VII. — *Engrais.* — On peut admettre comme composition moyenne du bois, desséché à 140°, les chiffres suivants :

Carbone	51
Oxygène. . . . . }	43 dans les proportions
Hydrogène . . . . . . }	qui forment l'eau
Azote	1
Substances minérales . .	5
Total	100

Ainsi l'eau et l'atmosphère fournissent au végétal tous les éléments ligneux qui brûlent dans le foyer. Après la combustion, il reste un résidu fort minime, la cendre dont la composition doit attirer toute l'attention de la s. Cette cendre renferme, comme substances principales, un peu de potasse, une quantité plus faible d'acide phosphorique, plus faible encore de magnésie, de soude, et presque la moitié de son poids de chaux. Les quantités relatives de la plupart de ces substances sont d'ailleurs très variables, selon l'espèce du végétal. Ainsi, tandis que le bois de chêne offre en cendres alcalines un 40e de son poids et ses feuilles un 20e, le bois de pin n'en fournit qu'un 10e, et ses feuilles sont 10 fois moins riches en potasse que celles du chêne. Voilà pourquoi les sols calcaires, pauvres en alcalis, ne produisent que des résineux, tandis que ceux qui sont formés d'argile et de débris de roches primitives présentent les plus belles forêts de chênes et autres arbres à larges feuilles. La s. n'a donc pas à se préoccuper de fournir de la potasse aux arbres qui s'élèvent

sur ces derniers terrains ; mais des apports de chaux, surtout sous forme de marne, procurent à ces arbres une végétation vigoureuse. Ajoutons que presque tous les calcaires renferment de l'acide phosphorique et de la magnésie. — Les microbes ou ferments naturels du sol condensent l'azote nécessaire. — Voy. HAIES. — *Législation forestière.* Voy. FORÊT.

SYLVIE. s. f. (lat. *sylva*, forêt). T. Ornith. Syn. de *Fauvette.*

SYLVINE. s. f. (lat. *sylva*, forêt). — T. Minér. Chlorure de potassium, en beaux cristaux dans la Carnallite de Stassfurt, en enduits dans les fumerolles du Vésuve.

SYLVIQUE. adj. 2 g. (lat. *sylva*, forêt). T. Chim. *L'acide s.* se rencontre dans la colophane. Il est solide, cristallisable, soluble dans l'alcool chaud, l'acide acétique, l'essence de térébenthine et le pétrole. Il fond vers 160°. C'est un acide monobasique.

SYMBIOSE. s. f. [Pr. *sin-bi-oze*] (gr. σύν, avec ; βίος, vie). T. Biol. Vie en commun de deux organismes différents qui se prêtent un mutuel appui, ce qui distingue la s. du parasitisme dans lequel l'organisme parasite vit aux dépens de l'autre. L'exemple de s. le plus frappant et le mieux étudié nous est fourni par les lichens qui se composent d'un champignon et d'une algue associés pour une vie commune. Voy. LICHEN.

SYMBLÉPHARON. s. m. [Pr. *sin-bléfa-ron*] (gr. σύν, ensemble ; βλέφαρον, paupière). T. Méd. Adhérence des paupières au globe de l'œil. Voy. ŒIL, III, M.

SYMBOLE. s. m. [Pr. *sin-bole*] (lat. *symbolum* ; gr. σύμβολον, m. s., de σύν, ensemble, et βάλλω, je jette). Figure, image qui sert à désigner quelque chose, soit au moyen du dessin, de la peinture, de la sculpture, soit avec le secours d'expressions figurées. *Le chien est le s. de la fidélité. La colombe est le s. de la simplicité. La girouette est le s. de l'inconstance. La palme et le laurier sont les symboles de la victoire.* Voy. ALLÉGORIE. || Chez les catholiques, *Symboles sacrés,* ou simpl. *Symboles,* Les signes extérieurs des sacrements. || Le formulaire qui contient les principaux articles de la foi. *Les trois symboles de la foi sont le s. des apôtres, le s. de Nicée et le s. attribué à saint Athanase.* Absol., *Le s.,* Celui des apôtres. || T. Chim. *Symboles chimiques,* Les lettres par lesquelles les chimistes désignent les corps simples dans les formules et équations. Voy. CHIMIE, X. || T. Numism. Signes de nature diverse que portent les médailles. Voy. NUMISMATIQUE, I.

SYMBOLIQUE. adj. 2 g. [Pr. *sin-bolike*] (lat. *symbolicus,* gr. συμβολικός, m. s.). Qui sert de symbole. *L'hermine est une figure s. Langage s.* = SYMBOLIQUE. s. f. La science qui a pour objet l'étude des symboles, en tant qu'ils sont les signes de certaines vérités religieuses, morales, ou de certains phénomènes physiques et naturels. *S. et mythologie des peuples de l'antiquité, par Creuzer.*

SYMBOLIQUEMENT. adv. [Pr. *sinboli-keman*]. D'une manière symbolique.

SYMBOLISATION. s. f. [Pr. *sinboli-za-sion*]. Action de symboliser.

SYMBOLISER. v. n. [Pr. *sinboli-zer*] (R. *symbole*). Avoir du rapport, de la conformité. *Les alchimistes disent que les planètes symbolisent avec les métaux.* — Syn. SYMBOLISER. v. a. Représenter, indiquer par des figures, par des images. *Chez les Romains, le mois de mars était symbolisé par un homme vêtu d'une peau de louve.* = SYMBOLISÉ, ÉE. part.

SYMBOLISME. s. m. (R. *symbole*). Système de symboles destinés à rappeler des faits ou à exprimer des croyances. *La mythologie est un s.* — Système historique qui interprète comme des symboles les faits racontés par certains historiens et les légendes de la fable.

SYMÉLIEN, IENNE. adj. [Pr. *siméli-in, ièn*] (gr. σύν, avec ; μέλος, membre). T. Térat. Se dit des monstres caractérisés par la fusion médiane des deux membres d'une même paire.

SYMÉTRIE. s. f. (lat. *symmetria*, gr. συμμετρία, m. s., de σύν, ensemble, et μέτρον, mesure). Proportion et rapport de grandeur, de forme, de position que les parties d'un tout ont entre elles et avec l'ensemble de ce tout; se dit particulièrement de la correspondance et de la similitude exactes qui existent entre les divers points de deux moitiés soit latérales, soit supérieure et inférieure d'une chose que l'on conçoit partagée, dans le premier cas, par un plan vertical, et, dans le second, par un plan horizontal. *Une belle s. Une s. agréable. Les symétries des différents ordres d'architecture ont été fixées par les anciens. Cela est contre la s. La s. du corps humain. La s. d'une fleur, d'un cristal. Dans la classe des Mollusques, le corps est remarquable par l'absence de cette s. qui nous frappe chez les animaux supérieurs.* || Se dit de toutes les choses arrangées suivant une certaine proportion, un certain ordre. *Ces tableaux sont arrangés avec s. La s. d'une plantation. Garder, observer la s. Négliger, déranger la s. La s. d'un discours.* || *S. du style,* Correspondance des mots et des membres d'une phrase entre eux, ou de plusieurs phrases entre elles. *Il y a trop de s. dans le style de cet écrivain.* — Se dit, dans le même sens, en termes de Musique. *L'absence de toute s. dans ses phrases mélodiques déroute l'auditeur.*

Géom. — On distingue en géométrie trois espèces de s. : 1° On dit que deux figures sont *symétriques par rapport à un axe* lorsqu'elles se correspondent point par point de manière que la droite qui joint deux points correspondants rencontre l'axe de s., lui est perpendiculaire, et est divisée par cet axe en deux parties égales. Il résulte de cette définition que l'une des figures viendra coïncider avec l'autre si on la fait tourner de deux angles droits autour de l'axe. Ainsi, deux figures symétriques par rapport à un axe sont égales. Il n'y a rien de plus à en dire.

2° On dit que deux figures sont *symétriques par rapport à un centre* lorsqu'elles se correspondent point par point de manière que la droite qui joint deux points correspondants passe par le centre de s. et y est divisé en deux parties égales. Ce genre de s. est un cas particulier de l'homothétie : les deux figures sont homothétiques par rapport au centre de s., et leur rapport d'homothétie est égal à — 1.

3° On dit que deux figures sont *symétriques par rapport à un plan* lorsqu'elles se correspondent point par point, de manière que la droite qui joint deux points correspondants est perpendiculaire à ce plan et est divisée par ce plan en deux parties égales. Une figure quelconque et son image donnée par un miroir plan sont symétriques par rapport au plan du miroir.

On démontre aisément que deux figures symétriques d'une troisième par rapport à deux centres différent C et C' sont égales. On les fait coïncider en faisant subir à la première une translation représentée par le double du segment CC'. Il en résulte que pour étudier les propriétés d'une figure symétrique d'une figure donnée par rapport à un centre, on pourra choisir arbitrairement la position du centre de s. On en conclut que deux figures symétriques d'une troisième, l'une par rapport à un centre C, l'autre par rapport à un plan P sont égales. On peut en effet, d'après ce que nous venons de dire, supposer que le centre de s. C est dans le plan P. Alors on reconnaît que les deux figures sont symétriques par rapport à la perpendiculaire au plan P menée par le point C. Donc elles sont égales. Il résulte de là que toutes les figures symétriques d'une figure donnée soit par rapport à un centre, soit par rapport à un axe, sont égales. Si on convient d'étendre la signification du mot symétrique et de dire que deux figures sont symétriques lorsque l'une d'elles est égale à l'une des figures symétriques de l'autre, et si de plus on n'a pas égard à la position des figures, mais seulement à leur forme et à leur dimensions, de manière à considérer des figures égales comme identiques, on pourra dire qu'*il n'y a qu'une figure symétrique d'une figure donnée.*

Toute figure plane est égale à sa symétrique. On le reconnaît immédiatement en prenant pour plan de s. le plan même de la figure. Il en résulte que la figure symétrique d'un segment de droite est un segment égal, et que la figure symétrique d'un angle est un angle égal. La figure symétrique d'un angle dièdre est un dièdre égal, comme on le voit immédiatement en prenant pour centre de s. l'arête du dièdre. Il en résulte que deux polyèdres symétriques ont leurs arêtes respectivement égales, et leurs angles plans ou dièdres, respectivement égaux; leurs faces sont des polygones égaux. Cependant les deux polyèdres symétriques ne sont pas superposables, au moins en général. Ce qui est certain, c'est que la superposition est impossible si l'on s'astreint à faire coïncider les éléments symétriques. On peut se rendre compte de ce fait en considérant deux angles trièdres SABC et SA'B'C' qui sont opposés par le sommet et par conséquent symétriques par rapport à ce sommet. Si l'on place le trièdre SABC sur sa tête comme si l'on voulait s'en coiffer, supposons qu'on ait l'arête SA à sa droite, l'arête SB à sa gauche et l'arête SC devant soi. Alors on aura l'arête SA' à gauche, l'arête SB' à sa droite et l'arête SC' derrière soi. Retournons maintenant la figure de manière à nous coiffer avec le trièdre SA'B'C'. On peut opérer ce retournement en faisant tourner l'angle A'SB' dans son plan de manière qu'il vienne prendre la place de l'angle ASB. Alors SA' viendra sur SA à droite, SB' sur SB à gauche; mais SC' restera derrière, tandis que SC reste en avant. La superposition est donc impossible. Il y a cependant des cas où deux figures symétriques sont superposables; mais alors ce ne sont pas les éléments symétriques qui coïncident, et la superposition ne peut réussir que si la figure présente des éléments égaux α et β, de manière que l'élément α' symétrique de α dans l'autre figure vienne coïncider avec β. Par ex., un trièdre isocèle est superposable avec son symétrique. Si dans le trièdre SABC, la face BSA est égale à la face CSA, on pourra l'appliquer sur son symétrique SA'B'C' en faisant coïncider SA' avec SA, SB' avec SC et SC' avec SB. Voy. **TRIÈDRE.**

On dit aussi qu'une figure est symétrique par rapport à un axe, un centre ou un plan, lorsqu'elle se compose de deux parties symétriques, de telle sorte que, si on construit sa figure symétrique, on la reproduit elle-même. Par ex., une sphère est symétrique par rapport à son centre, par rapport à un quelconque de ses diamètres et par rapport à tout plan passant par son centre.

SYMÉTRIQUE. adj. 2 g. Qui a de la symétrie. *Toutes les parties du corps humain sont symétriques à l'origine. Ordre, arrangement s. Des phrases symétriques. Figures, polyèdres symétriques.*

SYMÉTRIQUEMENT. adv. Avec symétrie.

SYMÉTRISER. v. n. [Pr. *simétri-zer*]. Faire symétrie. *Les deux pavillons de ce bâtiment symétrisent.* = v. a. Rendre symétrique. = **SYMÉTRISÉE**, ÉE, part.

SYMMAQUE, préfet de Rome en 384 ap. J.-C., puis consul en 391, fut le dernier avocat du paganisme en Occident.

SYMMAQUE, pape de 440 à 514.

SYMPATHIE. s. f. [Pr. *sin-patie*] (lat. *sympathia*, du gr. συμπάθεια, m. s. de σύν, ensemble, et πάθος, affection). Faculté que nous avons de participer aux peines et aux plaisirs des autres. *La s. sert en nous de contrepoids à l'intérêt personnel.* || Sentiment instinctif d'attraction qu'on éprouve pour quelqu'un.

    Il est des nœuds secrets, il est des sympathies,
    Dont par le doux rapport les âmes assorties
    S'attachent l'une à l'autre.

            CORNEILLE.

Une grande, une forte s. Éprouver de la s., une vive s. pour quelqu'un. Les effets de la s. || Rapport de convenance, de concordance que certaines choses ont entre elles. *Il y a une s. naturelle entre certains sons et les émotions de notre âme. Il y a de la s. entre ces deux couleurs.* || Correspondance que les anciens croyaient exister entre les qualités de certains corps. *Suivant les astrologues, il y avait s. entre les diverses planètes et certains organes du corps humain. Dans la théorie des alchimistes, c'est par s. que le mercure s'unit à l'or, que le fer s'attache à l'aimant.* — *Poudre de s.,* Poudre que l'on jetait sur le sang sorti d'une blessure, et que l'on prétendait agir sur la personne blessée, bien qu'elle fût éloignée. *La poudre de s. n'était autre chose que du sulfate de zinc desséché au feu.* — *Encre de s.* Voy. **ENCRE, VII.**

Physiol. — En Physiologie, on désigne sous ce nom le rapport qui existe entre les actions de deux ou de plusieurs organes plus ou moins éloignés, et en vertu duquel l'excitation ou l'affection de l'un détermine l'action ou l'affection de l'autre. La théorie des *Sympathies* était naguère un véritable mystère physiologique. Aujourd'hui, on les considère comme des cas particuliers des actions réflexes. On distingue les sympathies physiologiques et les sympathies pathologiques, les premières s'accomplissant dans organisme sain, les autres dans l'organisme malade. Comme exemple de s. physiologique, on peut citer la tendance au sommeil qui se manifeste pendant le travail de la digestion. Les sympathies pathologiques consistent en ce que les lésions des organes déterminent des désordres dans le fonctionnement d'autres organes. Ce ne sont que des exagérations de la s. physiologique.

SYMPATHIQUE. adj. 2 g. [Pr. *sin-patike*]. Qui appartient à la cause ou aux effets de la sympathie. *Vertu s. Qualités sympathiques. Une personne s.*, qui inspire la sympathie. — *Affections sympathiques,* Celles qui surviennent dans un organe sain, par la réaction d'un autre organe malade, sans qu'aucune cause morbifique agisse directement sur le premier. || *Encre s.* Voy. ENCRE.

Anat. — *Nerf grand sympathique.* — Chaîne nerveuse à ganglions placés de chaque côté de la colonne vertébrale; elle se divise en 4 segments de même nom que les régions correspondantes de la colonne vertébrale.

Sympathique cervical. — Filet placé en avant des muscles prévertébraux et présentant 3 ganglions : 1° *Le ganglion cervical supérieur* siège au-dessous de la base du crâne en avant du muscle droit antérieur du cou. Ce ganglion émet des filets pharyngiens et cardiaques (nerf cardiaque supérieur). — 2° *Le ganglion cervical moyen* correspond à la 5° vertèbre cervicale et émet le nerf cardiaque moyen et le plexus thyroïdien inférieur; 3° *Le ganglion cervical inférieur* est placé à cheval sur le col de la première côte; ses filets se rendent aux vaisseaux et forment le plexus cardiaque inférieur.

Sympathique thoracique. — Chaîne de 12 ganglions. Les filets fournis par les inférieurs, forment les nerfs splanchniques dont dépendent les ganglions semi-lunaires et le plexus solaire.

Sympathique lombaire. — Renferme 5 ganglions dont les rameaux forment le plexus lombo-aortique donnant lui-même naissance au plexus mésentérique inférieur.

Sympathique sacré. — Comprend 4 ganglions correspondant aux trous sacrés antérieurs, et émettant, en avant, des filets viscéraux dont le plus grand nombre va prendre part à la formation du plexus hypogastrique. De chacun de ces ganglions partent des fibres qui se rendent aux nerfs spinaux correspondants.

Les cellules nerveuses de ce système appartiennent au type dit cellules ganglionnaires; les fibres sont des fibres grises de Remak sans myéline.

L'action propre des ganglions du s. a été appelée par Claude Bernard interférence nerveuse, action d'arrêt ou de paralysie; le rôle le plus important de ses filets est leur rôle vaso-moteur.

SYMPATHIQUEMENT. adv. [Pr. *sin-patike-man*]. D'une manière sympathique.

SYMPATHISER. v. n. [Pr. *sin-pati-zer*]. Avoir de la sympathie; se dit au sens moral. *Leurs humeurs ne sympathisaient pas ensemble. Il est difficile de trouver deux personnes qui sympathisent entièrement.*

SYMPÉTALIQUE. adj. 2 g. [Pr. *sin-pétalike*] (gr. σύν, avec, et fr. *pétale*). T. Bot. Se dit des étamines lorsque, réunissant les pétales, elles n'ont qu'une corolle polypétale, semblant monopétale.

SYMPHONIE. s. f. [Pr. *sin-fonic*] (lat. *symphonia*, gr. συμφωνία, m. s., de σύν, avec, et φωνή, son). Concert d'instruments de musique, et particul., Composition musicale faite pour être exécutée par l'orchestre seulement. *Les symphonies de Haydn. La s. héroïque de Beethoven.* || Se dit aussi des instruments de musique qui accompagnent les voix. *Musique vocale avec s., sans s.* || Se dit encore du corps des symphonistes. *Les voix sont prêtes; faites venir la s.*

Mus. — On donne le nom de *Symphonie* à une œuvre lyrique divisée en plusieurs parties déterminées et qui doit être jouée par un orchestre complet. Elle se compose ordinairement de la succession de quatre morceaux de caractère complètement différent : l'*allegro*, l'*andante*, le *menuet* ou *scherzo*, et le *finale* ou *rondeau*. L'*allegro* comprend deux grandes périodes susceptibles d'être répétées à la volonté du compositeur. L'*andante*, dont la coupe est arbitraire, ne comporte jamais le même développement que l'allegro : il est ordinairement d'un caractère tendre ou mélancolique. Le *menuet* doit surtout avoir un caractère d'originalité. Le *finale* se traite dans la coupe du rondeau, avec des développements harmoniques analogues à ceux de l'allegro; mais les idées qu'il exprime doivent être aussi légères et vives que

celles de l'allegro doivent être majestueuses et solennelles. En général, on traite l'allegro, le finale et même le menuet sur une même tonique. — La s. tient le premier rang dans la musique de concert. Son origine remonte à un certain genre de pièces instrumentales qu'on nommait autrefois en Italie *ricercari*, et en Allemagne *partien*, lesquelles se composaient de chansons variées, d'airs de danse et de morceaux fugués, destinés à être exécutés par des violes, des basses de violes, des luths, etc. Lorsque ces pièces passèrent de mode, on leur substitua des morceaux coupés en deux parties et d'un mouvement assez vif, suivis d'un autre morceau d'un mouvement plus lent, puis d'un rondeau qui tirait son nom de la répétition d'une phrase principale. Mais c'est Haydn qui a donné à la s. sa forme actuelle, et qui doit être regardé comme son véritable créateur. Après lui, Mozart et surtout Beethoven, puis Saint-Saëns, en ajoutant au développement des pensées et en étendant les formes de l'orchestration, semblent avoir porté la s. à son plus haut degré de perfection. — Le terme de s. est aussi employé dans une acception plus générale, en opposition avec le terme *mélodie*. Il n'y a pourtant pas antinomie entre ces deux mots; la s. n'exclut pas nécessairement la mélodie. L'absence, plus apparente que réelle, de mélodie dans les compositions symphoniques contemporaines, tient surtout de la richesse de l'instrumentation, qui habille les motifs mélodiques de commentaires instrumentaux denses parfois à l'excès, et les ensevelit, souvent jusqu'à les étouffer, dans le réseau trop complexe des leit-motiv initiaux. L'école wagnérienne a beaucoup contribué à écraser la mélodie sous les développements instrumentaux de la s. Elle a exercé une influence qui tend d'ailleurs à s'alléger sur la musique française qui, poussée par son besoin de clarté et de netteté trop longtemps contentée de la mélodie seule. Symphonistes et mélodistes, après une lutte qui rappelle celle des romantiques et des classiques, n'attendent plus, pour faire la paix, qu'un chef-d'œuvre qui scelle l'union loyale de la science symphonique et de l'inspiration mélodique.

SYMPHONISTE. s. m. [Pr. *sin-foniste*]. Celui qui compose des symphonies ou qui sa partie dans une symphonie.

SYMPHORIEN (SAINT), martyr à Autun, vers 179. Fête le 22 août.

SYMPHYSANDRE. adj. f. [Pr. *sinfi-zandre*] (gr. σύμφυσις, réunion; ἀνήρ, mari). T. Bot. Se dit d'une fleur ou d'un androcée dont toutes les étamines sont soudées par leur filet.

SYMPHYSE. s. f. [Pr. *sin-fize*] (gr. σύμφυσις, m. s., de σύν, ensemble, et φύσις, croissance). T. Anat. L'ensemble des moyens par lesquels sont unis les os qui sont en rapport par des surfaces planes. *La s. sacro-iliaque. La s. des os pubis* ou *s. pubienne.* Voy. ARTICULATION. || *Opération de la s.,* ou *Symphyséotomie,* Opération qui consiste à pratiquer la section du fibro-cartilage unissant ensemble les deux os pubis.

SYMPHYSÉOTOMIE. s. f. [Pr. *sinfi-zéo-tomi*] (gr. σύμφυσις; symphyse; τομή, section). T. Chir. Opération de la symphyse. Voy. SYMPHYSE.

SYMPIÉZOMÈTRE. s. m. [Pr. *sin-piézo...*] (gr. συμπιέζω, je comprime, de σύν, avec, πιέζω, je serre, et μέτρον, mesure). T. Physiq. On désigne sous ce nom un instrument destiné à mesurer la pesanteur de l'atmosphère au moyen de la compression d'une colonne de gaz. Il consiste en un tube de verre ABC [Fig. ci-contre], long d'environ 46 centimètres et terminé à ses deux extrémités par un renflement ou petite cuvette d'environ 5 centimètres de hauteur sur 14 millimètres de diamètre. La partie supérieure A est hermétiquement fermée, tandis que l'autre extrémité C se ferme avec un bouchon. On remplit la partie A*m* du tube avec un gaz différent de l'air ordinaire, avec de l'hydrogène par ex., tandis que la partie inférieure *m*B*n* est remplie avec une huile fixe ou quelque autre liquide sur lequel l'air n'a pas d'action et qui lui-même n'a pas d'action sur le gaz. Le tube étant ouvert en C, l'huile subit la pression de l'atmosphère et monte à une hauteur *m* qui correspond à la différence des pressions de l'atmosphère et de la colonne gazeuse renfermée dans la partie supérieure du tube. Par conséquent, lorsque la pression atmosphérique augmente, le gaz se trouve comprimé et la colonne d'huile monte. Le changement déterminé dans le volume du gaz par le changement de pression se mesure au moyen d'une échelle dont les divisions entièrement arbitraires sont déterminées expérimentalement. Mais, comme le volume du gaz enfermé est aussi modifié par les changements de température, il est nécessaire de corriger les résultats obtenus. A cet effet, on ajoute à l'instrument un thermomètre ordinaire pour indiquer la température. De plus, l'échelle barométrique qui mesure la compression du gaz peut glisser sur une autre échelle divisée de manière à représenter le changement de volume produit dans le gaz par un changement de température sous la même pression et correspondant à la graduation du thermomètre. Ainsi donc, quand on veut observer le s., on note d'abord la température marquée par le thermomètre. L'index ou aiguille fixée au sommet de l'échelle glissante est alors placée en regard du degré de température indiqué par l'échelle fixe, et le numéro sur l'échelle mobile qui correspond au sommet de la colonne d'huile donne la pression atmosphérique. — Cet ingénieux instrument a été inventé par Adie, d'Edimbourg, puis perfectionné par Gaudin et par Bunten. Cet appareil est presque abandonné aujourd'hui. Cependant quelques constructeurs ont imaginé des baromètres à air qui dérivent du s.

SYMPLASTE. s. m. (gr. σὺν, avec ; πλάσσειν, façonner). T. Bot. Ensemble de cellules provenant de la fusion en un seul des protoplasmas de ces cellules, tandis que les noyaux restent distincts.

SYMPLECTIQUE. adj. 2 g. [Pr. *sin-plekti-ke*] (gr. συμπλεκτικὸς, m. s. de σὺν, avec et πλέκω, je plie). T. Hist. nat. Qui est entrelacé avec un autre corps.

SYMPLÉSITE. s. f. [Pr. *sin-plé-zite*] (gr. σὺν, avec ; πλησίος, voisin). T. Minér. Arséniate de fer et de calcium.

SYMPLOCARPE. s. m. [Pr. *sin-plokar-pe*] (gr. σύμπλοκος, associé ; καρπὸς, fruit). T. Bot. Genre de plantes Monocotylédones (*Symplocarpus*) de la famille des Aroïdées, tribu des Callées. Voy. Aroïdées.

SYMPLOCOS. s. m. [Pr. *sin-plo-kos*] (gr. σύμπλοκος, entrelacé, de σὺν, avec, et πλέκω, je tresse). Genre de plantes Dicotylédones de la famille des Styracées. Voy. ce mot.

SYMPODE. s. m. [Pr. *sin-pode*] (gr. σὺν, avec ; ποῦς, ποδὸς, pied). T. Bot. Se dit d'un tronc, en apparence simple, qui se trouve constitué par une superposition de segments de génération successive.

SYMPODIQUE. adj. 2 g. [Pr. *sin-podike*] (R. sympode). T. Bot. Se dit d'organes ramifiés en sympode.

SYMPOSIAQUE. s. m. [Pr. *sin-pozi-ake*] (gr. συμπόσιον, banquet, de σὺν, avec, et πόσις, action de boire). T. Antiq. Entretien tenu dans un banquet. Les Symposiaques de Plutarque.

SYMPOSIARQUE. s. m. [Pr. *sin-pozi-arke*] (gr. συμποσίαρχος, m. s., de συμπόσιον, banquet, et ἀρχὴ, commandement). T. Antiq. gr. Le chef d'un banquet. Voy. Repas.

SYMPTOMATIQUE. adj. 2 g. [Pr. *sin-ptoma-tike*] (lat. symptomaticus, gr. συμπτωματικὸς, m. s.). T. Méd. Qui est l'effet ou le symptôme de quelque autre affection. Maladie s. Fièvre s. Abcès s. || Médecine s., Méthode de traitement qui consiste à traiter les symptômes principaux à mesure qu'ils se manifestent.

SYMPTOMATOLOGIE. s. f. [Pr. *sin-ptomatolo-jie*] (gr. σύμπτωμα, symptôme ; λόγος, traité). Partie de la médecine qui traite des symptômes des maladies.

SYMPTÔME. s. m. [Pr. *sin-ptome*] (lat. symptoma, gr. σύμπτωμα, m. s., de σὺν, avec, et πίπτω, je tombe). Toute modification dans les fonctions qui peut avoir une signification pathologique. C'est un s. fâcheux. Un heureux s. Voy. Diagnostic. || Fig., Indice, présage. La fermentation qui agite ce pays est le s. d'une révolution prochaine. Symptômes d'amour, d'ambition.

SYMPTOSE. s. f. [Pr. *sin-plo-ze*] (gr. σύμπτωσις, m. s., de σὺν, avec, et πίπτω, je tombe). T. Méd. Affaissement des parties.

SYNADELPHE. s. m. (gr. σὺν, ensemble ; ἀδελφὸς, frère). T. Tératol. Se dit d'un monstre qui n'a qu'un tronc, et huit membres. Voy. Tératologie.

SYNADELPHIE. s. f. État des monstres synadelphes.

SYNAGOGUE. s. f. (gr. συναγωγὴ, assemblée, de σὺν, avec, et ἀγωγή, action de conduire, de ἄγω, je conduis). Temple du culte israélite. || Enterrer la s. avec honneur, locution employée par les Pères de l'Église, en parlant des chrétiens qui continuèrent à pratiquer les cérémonies de l'ancien culte, tant que le temple subsista. || Enterrer la s. Prov. Bien finir quelque chose.

Hist. — Les écrivains hellénistes appelaient Synagogues les lieux où les Juifs s'assemblaient, non seulement pour prier et pour faire la lecture des livres saints, mais encore pour entendre les leçons des rabbins et discuter les affaires publiques. L'origine des synagogues paraît être postérieure au retour des Juifs de la captivité de Babylone : elles furent d'abord en petit nombre ; mais, dans la suite, elles se multiplièrent tellement, qu'au temps de Jésus-Christ il n'y avait point de ville de Judée qui n'eût une s., et la seule ville de Jérusalem en comptait plus de 400. Après la destruction du temple de Jérusalem par Titus et la dispersion du peuple Juif, les synagogues tinrent jusqu'à un certain point lieu du temple détruit. Dans toutes les villes où les Juifs ont une s. dans toutes les villes où ils sont en assez grand nombre pour faire les frais de son entretien. Dans les synagogues modernes, on trouve, du côté de l'orient, l'armoire sainte qui contient les livres de la loi, et une estrade appelée almanon ou bima, sur laquelle se font les lectures et les autres actes du service religieux. Les prières se récitent chaque jour matin et soir. Elles sont écrites en hébreu et se disent en partie à voix basse et en partie à haute voix, quelquefois alternativement par la communauté et le rabbin. Des sermons sont faits les jours de sabbat et de fête. Les hommes se tiennent au milieu de la s., ils assistent aux cérémonies du culte la tête couverte d'une espèce de voile qu'ils nomment Taled. Les femmes occupent des places séparées dans les galeries latérales.

SYNALÈPHE. s. f. (gr. συναλείφειν, réunir, de σὺν, avec, et ἀλείφειν, oindre, de ἀ, préf., et λίπος, graisse). T. Gramm. Réunion, jonction de deux mots en un seul. Quelqu'un, pour Quelque un, est une s.

SYNALLAGMATIQUE. adj. 2 g. [Pr. *sinal-lag-matike*] (gr. συναλλαγματικὸς, m. s., de συναλλάξις, échange, de σὺν, avec, et ἀλλάσσω, j'échange, de ἄλλος, autre). T. Jurispr. Se dit d'un contrat qui contient obligation réciproque entre les parties. Voy. Contrat.

SYNALLAXE. s. m. [Pr. *si-nal-lakse*] (gr. συνάλλαξις, échange). T. Ornith. Genre de Passereaux. Voy. Sittelle.

SYNANTHÉRÉES. s. f. pl. (gr. σὺν, ensemble, et fr. anthère). T. Bot. Syn. de Composées. Voy. ce mot.

SYNANTHRÈNE. s. m. (gr. σὺν, avec ; ἄνθραξ, charbon). T. Chim. Hydrocarbure cristallisable de la formule C¹⁴H¹⁰, contenu dans l'anthracène brut.

SYNANTHRINE. s. f. (R. Synanthérées). T. Chim. Hydrate de carbone analogue à l'amidon et contenu dans les racines de l'Aunée, du Dahlia, et du Topinambour.

SYNANTHROSE. s. f. [Pr. *sinan-troze*] (R. Synanthérées). T. Chim. Matière sucrée contenue dans les tubercules du Dahlia et du Topinambour. La s. est analogue au sucre de canne et a pour formule C¹²H²²O¹¹. On l'obtient sous la forme d'une masse amorphe, très déliquescente, sans action sur la lumière polarisée. Elle forme avec la baryte un composé insoluble. Les acides étendus la dédoublent en glucose et lévulose. Sous l'action de la levure de bière, elle subit le même dédoublement ; ensuite le mélange de glucose et de lévulose subit la fermentation alcoolique.

SYNAPTASE. s. f. [Pr. *sinapta-ze*] (gr. συνάπτω, je réunis, de σὺν, avec, et ἅπτω, j'attache). T. Chim. Voy. Émulsine.

SYNARTHROSE. s. f. [Pr. *sinar-troze*] (gr. συνάρθρωσις, m. s., de σὺν, avec, et ἄρθρωσις, articulation). T. Anat. Nom générique des articulations qui se font par continuité des surfaces osseuses, et sans mobilité possible des deux parties. Voy. ARTICULATION.

SYNASCIDIES. s. f. pl. [Pr. *sinas-sidi*] (gr. σὺν, avec, et fr. *ascidie*). T. Zool. Les *Synascidies* appelées encore *Ascidies composées* ou *Agrégées* sont des Tuniciers qui vivent en colonies distinctes. Tels sont les *Botrylles* que l'on trouve communément sur nos côtes. Voy. TUNICIERS.

SYNBRANCHE. s. m. (gr. σὺν, avec; βράγχια, branchies). T. Icht. Genre de *Poissons osseux*. Voy. ANGUILLE.

SYNCARPE. s. m. (gr. σὺν, avec; καρπός, fruit). T. Bot. Se dit d'un fruit composé. Voy. FRUIT.

SYNCELLE. s. m. (gr. σύγκελλος, qui demeure avec, de σὺν, avec, et κέλλω, je navigue). Se disait, dans l'Église grecque, d'un officier placé auprès des patriarches, des évêques, etc., pour inspecter leur conduite.

SYNCÉPHALE. s. m. (gr. σὺν, avec; κεφαλή, tête). T. Bot. Genre de Champignons (*Syncephalis*) de la famille des *Mucorinées*. Voy. ce mot.

SYNCÉPHALÉES. s. f. pl. (R. *Syncéphale*). T. Bot. Tribu de Champignons de la famille des *Mucorinées*. Voy. ce mot.

SYNCHONDROSE. s. f. [Pr. *sin-kon-droze*] (gr. σύγχόνδρωσις, m. s., de σὺν, avec, et χόνδρος, cartilage). T. Anat. Union de deux os par un cartilage. *Les côtes s'articulent avec le sternum par s.*

SYNCHRONE. adj. 2 g. [Pr. *sin-krone*] (gr. σύγχρονος, m. s., de σὺν, avec, et χρόνος, temps). Syn. d'*Isochrone*. *Pendules synchrones*, dont les durées d'oscillations sont égales.

SYNCHRONIQUE. adj. 2 g. [Pr. *sin-kronike*] (gr. σὺν, avec; χρόνος, temps). Qui arrive en même temps. N'est guère usité que dans cette loc., *Tableau s.*, Tableau où l'on rapproche les événements arrivés en différents lieux, à la même époque.

SYNCHRONISER. v. a. [Pr. *sinkro-ni-zer*]. Établir un synchronisme. = SYNCHRONISÉ, ÉE. part.

SYNCHRONISME. s. m. [Pr. *sin-kronisme*] (gr. συγχρονισμός, m. s., de σὺν, avec, et χρόνος, temps). Rapport de deux choses qui se font dans le même temps. *Le s. des oscillations de deux pendules.* || Se dit aussi d'événements qui sont arrivés dans le même temps. *Le s. de deux événements.*

SYNCHYSE. s. f. [Pr. *sin-kize*] (gr. σύγχυσις, m. s., de σὺν, avec, et χέω, je verse). T. Gramm. Confusion, transposition de mots qui troublent l'ordre et l'arrangement d'une phrase, d'une période.

SYNCLINAL, ALE. adj. [Pr. *sin-klinal*] (gr. σὺν, avec; κλίνω, je penche) T. Géol. *Ligne s.*, Ligne de faîte d'une colline où les strates sont restées horizontales. Voy. ANTICLINAL.

SYNCOPAL, ALE. adj. Qui a rapport à la syncope.

SYNCOPE. s. f. (lat. *syncopa*, gr. συγκοπή, retranchement, suspension, de συγκόπτω, je retranche, de σὺν, avec, et κόπτω, je coupe). T. Gramm., Musiq. et Pathologie.

Gram. — La *Syncope* est le retranchement d'une lettre ou d'une syllabe au milieu d'un mot. Elle se distingue par là de l'aphérèse qui est le retranchement a lieu au commencement du mot, et de l'apocope où il a lieu à la fin. C'est par s. qu'on dit en latin : *nil* pour *nihil*, *liberum*, pour *liberorum* et en français : *j'avourai* pour *j'avouerai*, *gaîté* pour *gaieté*, etc.

Mus. — On appelle *Syncope* la liaison de deux sons semblables dont le premier se trouve au temps faible et le second au temps fort de la mesure. Dans l'harmonie, elle sert ordinairement à préparer une dissonance; mais on l'emploie également dans la mélodie, où elle donne, selon les circonstances, de l'énergie, de la grâce et de l'originalité. La s. est quelquefois désignée sous le nom de *Ligature*.

Méd. — On donne le nom de *Syncope*, *défaillance*, *évanouissement*, *lipothymie*, à un état caractérisé par la suspension subite et momentanée de l'action du cœur, avec in-

terruption de la respiration, abolition de la sensibilité et des mouvements volontaires. Le cœur cessant de se contracter assez énergiquement et le sang n'arrivant plus au cerveau, l'action de celui-ci s'anéantit, la face devient pâle, le pouls petit, les extrémités se refroidissent; il y a perte de connaissance. Ce phénomène a lieu dans l'imminence d'un certain nombre de maladies, et aussi chez les personnes nerveuses; il s'annonce par un état de malaise, par des vertiges, des tintements d'oreilles. La douleur physique, les émotions peuvent déterminer la s. Le meilleur moyen de remédier à cet état est de faire en sorte que le cerveau reçoive du cœur le sang en plus grande abondance. Il faut coucher le malade dans la position horizontale, desserrer ses vêtements, pratiquer des frictions sur le corps, ou faire des aspersions d'eau froide ou d'eau vinaigrée; on fait inspirer de l'éther; parfois des injections d'éther sont nécessaires. Tel est le traitement symptomatique; mais on doit tenir compte également des causes qu'on cherchera à combattre.

SYNCOPER. v. n. T. Mus. Faire une syncope. *Il y a dans cet air plusieurs notes qui syncopent.* = SYNCOPÉ, ÉE. adj. T. Gramm. *Mot syncopé*, Mot du milieu duquel on a retranché une lettre ou une syllabe. || T. Mus. *Note syncopée*, Note qui fait une syncope.

SYNCRÉTISME. s. m. (gr. συγκρητισμός, m. s., propr. alliance à la façon des Crétois, contre un ennemi commun, de σὺν, avec, et κρητίζειν, imiter, les Crétois). T. Philos. Réunion, rapprochement forcé de deux ou de plusieurs doctrines entièrement différentes et inconciliables. *Le s. diffère de l'éclectisme en ce qu'il n'a aucun caractère scientifique et critique, en ce qu'il est une juxtaposition confuse au lieu d'être un système.* || T. Théol. Conciliation, rapprochement de diverses sectes, de diverses communions.

SYNCRÉTISTE. s. m. (R. *syncrétisme*). Celui qui cherche à rapprocher des systèmes opposés, ou celui qui veut concilier des sectes diverses.

SYNDACTYLES. s. m. pl. (gr. σὺν, ensemble; δάκτυλος, doigt). T. Ornithol. Les *Syndactyles* constituent une section

de l'ordre des *Passereaux*. Les oiseaux qui composent cette famille sont essentiellement caractérisés par cette particularité anatomique, que leur doigt externe, presque aussi long que celui du milieu, est uni à ce dernier jusqu'à la deuxième articulation : c'est ce qu'exprime leur nom. Cette famille comprend 6 genres : *Guêpier*, *Momot*, *Eurycère*, *Todier*, *Martin-pêcheur* et *Calao*. — Les *Guêpiers* (*Merops*) ont le bec allongé, triangulaire à sa base, légèrement arqué, et terminé en pointe aiguë; les tarses courts et grêles, les ailes longues et pointues; enfin, la queue longue, égale, étagée ou fourchue. Ces oiseaux appartiennent aux contrées les plus chaudes de l'ancien continent. Nous n'en avons en Europe qu'une espèce, qui se rencontre quelquefois dans le midi de la France : c'est le *Guêpier commun* (*M. apiaster*) [Fig. ci-contre], bel oiseau au dos fauve, au front et au ventre bleu d'aigue-marine, et à la gorge jaune entourée de noir. Les Guêpiers se nourrissent d'insectes, mais particulièrement de Guêpes, d'Abeilles et autres Hyménoptères. On dit qu'ils chassent au vol, à la manière des Hirondelles. Toutefois le Guêpier commun emploie un moyen plus simple. Lorsqu'il a découvert l'entrée des galeries souterraines qu'habitent les Guêpes, il s'établit tout à côté et gobe à son aise tous les individus qui cherchent à gagner leur nid ou qui en sortent. La destruction que les Guêpiers font des Guêpes et des Abeilles est considérable, car ils vivent par grandes troupes, même à l'époque de la reproduction. Pour nicher, ils choisissent de préférence les petits coteaux voisins de la mer, les rives escarpées des fleuves dont le terrain est sablonneux. Là ils creusent des galeries profondes quelquefois de 2m,50 à 3 mètres, et y établissent leur nid. On voit souvent, pendant le jour, les jeunes Guêpiers abandonner leur lit de mousse pour venir s'établir à l'entrée de la galerie ; mais, à la moindre apparence de danger, ils regagnent bien vite les profondeurs de leur habitation provisoire. — Les *Momots* (*Prionites*) ont les pieds et le port des Guêpiers, mais ils en diffèrent par un bec plus fort, à bords crénelés aux deux mandibules, et par une langue barbelée comme une plume, à la manière des Toucans. Ces oiseaux appartiennent à l'Amérique. Il en est de même des *Todiers* (*Todus*) ; mais ces derniers ont le bec allongé, plus large que haut, aplati et obtus à son extrémité. Le *Todier vert* de Saint-Domingue est vulgairement appelé *Perroquet de terre*, à cause de sa belle couleur verte et de l'habitude qu'il a de se tenir presque toujours sur le sol. Dans le genre *Eurycère* (*Eurycerus*), le bec est épais, renflé, celluleux, aussi haut que long, avec la mandibule supérieure carénée, élevée et discoïde sur le front. On n'en connaît qu'une espèce, l'*Eurycère de Prévost*, qui est de la grosseur d'un Merle, avec le corps noir, le manteau et les rectrices roux. Il habite Madagascar. Les genres *Calao* et *Martin-pêcheur* ont été l'objet d'articles particuliers.

SYNDACTYLIE. s. f. (gr. σύν, avec ; δάκτυλος, doigt). T. Chir. Vice de conformation de la main consistant en ce que deux ou plusieurs doigts sont réunis partiellement ou complètement.

SYNDÉRÈSE. s. f. [Pr. *sin-déré-ze*] (gr. συνδιαίρεσις, m. s., de σύν, avec, et διαιρέω, je divise). T. Théol. État de contrition, de déchirement où se trouve l'âme quand, faisant un retour sur elle-même, elle compare ce qu'elle est à ce qu'elle devrait être. || T. Philos. scolast. L'amour pur du bien, ou l'amour du bien absolu.

SYNDIC. s. m. (lat. *syndicus*, gr. σύνδικος, défenseur, de σύν, avec, et δίκη, procès). Avant la révolution, on désignait sous le nom de *Syndic*, le principal magistrat municipal dans certaines villes du midi de la France, ainsi que les commissaires élus par les corporations d'arts et métiers pour représenter la communauté et veiller à l'exécution de ses statuts (Voy. COMMUNE et CORPORATION). Pendant la Révolution, lorsque la Constituante eut divisé la France en départements et en districts, appelés depuis arrondissements, on nomma *Procureur* s. le magistrat qui remplissait, dans ces deux sortes de circonscriptions, des fonctions assez analogues à celles des préfets et des sous-préfets actuels (Voy. DÉPARTEMENT). Mais ces titres ont disparu. Aujourd'hui, le nom de S. n'est plus employé que pour désigner certains mandataires chargés de veiller aux intérêts d'une association, d'une compagnie, etc. Tels sont les syndics de la chambre des notaires, des avoués, des commissaires-priseurs, qui ont pour mission spéciale l'instruction et la poursuite des affaires communes ; les syndics des agents de change, chargés de correspondre avec le gouvernement en ce qui concerne le cours du change. En matière de faillite, les *Syndics* sont les délégués qui représentent les créanciers (Voy. FAILLITE). Enfin, dans la Marine, on donne le nom de *Syndics des gens de mer* à des agents nommés par le ministre de la marine et salariés, dont les fonctions consistent à assurer le recrutement maritime, tant dans les sous-quartiers maritimes, appelés *Syndicats*, que dans les contrées éloignées des centres de population. Ils exercent en outre, à l'égard des marins classés et de leurs familles, le patronage attribué, dans les grands centres, aux commissaires pour les quartiers.

SYNDICAL, ALE. adj. Qui appartient au syndicat. *Les onctions syndicales. La chambre syndicale.*

SYNDICAT. s. m. [Pr. *sindi-ka*]. La charge, la fonction de syndic. *On l'a nommé au s. Accepter le s.* || Le temps pendant lequel on exerce la fonction de syndic. *Pendant son s.* || Réunion de capitalistes spéculant pour amener la hausse ou la baisse de certaines valeurs. || Associations de banquiers, de commerçants ou d'industriels, de propriétaires, formées pour l'accomplissement d'une œuvre commune. *Former un s. Ils se sont constitués en s.* || Association d'ouvriers de la même profession fondée pour la défense de leurs intérêts. || *S. maritime.* Voy. SYNDIC.

Écon. polit. et Législ. — *Syndicats de banquiers.* — Ils sont constitués pour la réalisation d'une entreprise trop importante pour qu'une seule maison puisse s'en charger. Le plus souvent il s'agit d'un emprunt considérable dont les banquiers syndiqués font l'avance et dont ils placent ensuite les titres dans le public à leurs risques et périls. Ces sortes de syndicats sont très légitimes et même très utiles. Il n'en est pas de même de ceux qui se produisent quelquefois pour accaparer des titres d'une valeur et de devenir ainsi les maîtres des cours.

Syndicats de commerçants et d'industriels. — Ces sortes d'associations ont généralement pour objet de substituer une entente commune à la libre concurrence. Ainsi les syndiqués s'engagent à ne pas vendre leur marchandise au-dessous d'un prix donné ; mais le plus souvent les syndicats commerciaux cherchent à accaparer plus ou moins complètement la marchandise qui fait l'objet de leur commerce. Les associations de cette nature semblent plus nuisibles qu'utiles, même à ceux qui en font partie. D'une part, elles faussent le jeu des libertés économiques et amènent trop souvent la ruine de ceux qui n'ont pas voulu faire partie du syndicat ; mais, comme en dernière analyse elles sont constituées en vue d'une spéculation, il arrive souvent que la spéculation échoue, et le résultat se traduit par des faillites considérables. En Amérique, il existe des syndicats commerciaux, qui portent le nom de *Trust*, et qui présentent un caractère particulier. Voy. TRUST.

Syndicats de propriétaires. — Dans plusieurs circonstances, la loi a admis l'existence d'*associations* dites *syndicales* formées entre les propriétaires intéressés pour l'exécution et l'entretien de certains travaux d'amélioration agricole. C'est ainsi que la loi permet la formation d'associations en vue du dessèchement d'un marais, ou lorsqu'il s'agit de tirer d'un cours d'eau le plus grand profit possible au point de vue de l'agriculture et de l'industrie ou encore dans le but de défendre les vignes contre le phylloxera.

Syndicats de communes. — Depuis la loi du 22 mars 1890, les communes d'un même département ou des départements limitrophes sont autorisées à former des syndicats en vue d'accomplir une œuvre d'intérêt commun. Les délibérations prises à cet effet par les conseils municipaux sont transmises au Ministre de l'intérieur qui provoque, s'il y a lieu, un décret rendu en Conseil d'État autorisant la création de l'association projetée. Les syndicats de communes sont des établissements publics investis de la personnalité civile, gérés par un comité composé des membres élus par les conseils municipaux intéressés, possédant leur propre budget destiné à la création et à l'entretien des institutions ou services pour lesquels ils ont été constitués. Les recettes de ce budget comprennent la contribution des communes associées, le revenu des biens, meubles et immeubles de l'association, les subventions de l'État, du département ou des communes, les produits des dons ou legs, etc. Les syndicats peuvent être dissous soit de plein droit, à l'expiration du temps pour lequel ils ont été constitués, soit d'office, par décret rendu sur l'avis conforme du Conseil d'État, soit également par décret sur la demande motivée de la majorité des conseils municipaux, soit enfin par le consentement de toutes les communes intéressées.

Syndicats professionnels. — Proclamant la liberté du travail, la loi des 14-27 juin 1791 avait supprimé toutes corporations de métier. Le Code pénal de 1810 avait maintenu et sanctionné l'interdiction du législateur de 1791 L'expérience ne tarda pas à démontrer la nécessité qui s'imposait aux patrons et ouvriers de se grouper, de s'unir, de se concerter en vue de lutter contre les risques inhérents à leur profession. Aussi, malgré l'interdiction contenue dans la loi, vit-on se constituer, grâce à une sage tolérance des pouvoirs publics, de nombreuses associations professionnelles, surtout depuis 1870. En supprimant toute entrave au libre fonctionnement de ces institutions, la loi du 21 mars 1885 leur a conféré l'existence légale et la capacité d'acquérir et de posséder, pourvu toutefois que ces associations se meuvent dans la sphère des attributions qui leur sont reconnues par ladite loi. Désormais, les syndicats ou associations professionnelles, même de plus de 20 personnes exerçant la même profession, des métiers similaires ou des professions connexes concourant à l'établissement de produits déterminés, peuvent se constituer librement, sans l'autorisation du Gouvernement. Les syndicats professionnels ont exclusivement pour objet l'étude et la défense des intérêts économiques, industriels, commerciaux et agricoles. Les fondateurs de tout s. professionnel doivent déposer les statuts et les noms de ceux qui, à un titre quelconque, sont chargés de l'administration ou de la direction. Ce dépôt doit être fait à la mairie de la localité où le s. est établi, et, à Paris, à la préfecture de la Seine. Les membres de tout s. professionnel chargé de l'administration ou de la direction doivent être Français et jouir de leurs droits civils. Les syndicats professionnels ont le droit d'ester en justice : ils peuvent employer les sommes provenant des cotisations. Toutefois ils ne peuvent acquérir d'autres immeubles que ceux qui sont nécessaires à leurs réunions, à leurs bibliothèques et à des cours d'instruction professionnelle. Ils peuvent constituer des caisses spéciales de secours mutuels et de retraites, créer et administrer des offices de renseignements pour les offres et les demandes de travail. Les syndicats régulièrement formés peuvent se concerter librement pour l'étude et la défense de leurs intérêts économiques et fonder ainsi des *unions de syndicats.*

Chambres syndicales. — Les agents de change qui exercent leur ministère près d'une Bourse pourvue d'un parquet élisent, chaque année, une *chambre syndicale*, composée d'un syndic et d'un nombre d'adjoints variable suivant l'importance des membres de la corporation exerçant dans la ville. Les attributions générales de la chambre syndicale sont : 1° de prononcer ou de provoquer l'application de mesures disciplinaires ; 2° de prévenir ou concilier tous les différends que les agents de change peuvent avoir, à raison de leurs fonctions ; 3° de représenter collectivement tous les membres de la compagnie pour faire valoir leurs droits, privilèges et intérêts communs (Décret du 7 octobre 1890). — Un décret du 5 janvier 1867 réunit, dans chaque place, sous la juridiction d'une seule chambre syndicale, les courretis d'assurances, les courtiers interprètes et conducteurs de navires et les agents de change autres que ceux qui sont institués près des Bourses départementales pourvues d'un parquet.

SYNDICATAIRE. s. m. Celui qui fait partie d'un syndicat, en particulier d'un syndicat de bourse.

SYNDIQUER. v. a. Former un syndicat. = SE SYNDIQUER. v. pron. Se former en syndicat. = SYNDIQUÉ, ÉE. part. et subst. *Les syndiqués*, Les membres d'un syndicat.

SYNDROME. s. m. (gr. συνδρομή, concours, de σύν, avec, et δρόμος, course). T. Pathol. Ensemble des symptômes caractéristiques d'une maladie.

SYNECDOCHE ou **SYNECDOQUE.** s. f. (gr. συνεκδοχή, m. s., de σύν, avec, ἐκ, en dehors, et δέχομαι, je reçois). T. Gramm. La *Synecdoche* ou *Synecdoque* est une figure de mots qui consiste à prendre un mot dans un sens nouveau, soit en augmentant, soit en diminuant sa compréhension. L'emploi de cette figure a lieu lorsqu'on prend : 1° Le tout pour la partie, comme *Les peuples qui boivent la Seine*, c.-à-d. qui boivent de l'eau de la Seine ; 2° La partie pour le tout, comme *Cent voiles* pour Cent vaisseaux ; et *Mille âmes* pour Mille habitants ; 3° Le genre pour l'espèce : *L'animal* pour Tel ou tel animal ; *Les mortels* pour Les hommes ; 4° L'espèce pour le genre, comme *La saison des roses* pour La saison des fleurs ; 5° Le singulier pour le pluriel : *Le Germain révolté* pour Les Germains ; 6° Le nom de la matière pour la chose qui en est faite : *Fer* pour Arme ; *Airain* pour Trompette, cloche, etc. ; 7° Enfin, le mot abstrait pour le mot concret, *Jeunesse* pour Jeunes gens, *Vieillesse* pour Vieillards, etc.

SYNÉCHIE. s. f. (gr. σύν, avec ; ἔχειν, tenir). T. Méd. Adhérence de l'iris avec la cornée ou avec la capsule cristalline. Voy. Iris, D.

SYNÉRÈSE. s. f. [Pr. *sinéré-ze*] (lat. *synæresis*, gr. συναίρεσις, m. s., de σύν, avec, et αἱρέω, je prends). T. Gram. Contraction de deux syllabes en une seule. Voy. CONTRACTION.

SYNERGIDES. s. f. pl. (gr. σύν, ensemble ; ἔργον, travail). T. Bot. Nom donné aux deux cellules placées au sommet du sac embryonnaire. Voy. OVULE.

SYNERGIE. s. f. (gr. σύν, ensemble ; ἔργον, travail). T. Physiol. Se dit de l'action simultanée, du concours d'action entre divers organes, dans l'état de santé.

SYNERGIQUE. adj. 2 g. Qui a rapport à la synergie.

SYNÉSIUS. évêque de Ptolémaïs et écrivain grec (360-415), né à Cyrène, défendit son pays contre les barbares. On a de lui des *Lettres*, des *Hymnes*, un *Traité des songes*, etc.

SYNÉVROSE. s. f. [Pr. *sinévro-ze*] (gr. συνεύρωσις, m. s., de σύν, avec, et νεῦρον, nerf, ligament). Union de deux os au moyen de ligaments. Inus.

SYNGÉNÉSIE. s. f. [Pr. *sinjéné-zie*] (gr. σύν, avec ; γένεσις, génération). T. Bot. Nom donné à la 19ᵉ classe du système de Linné comprenant les plantes dont les étamines sont soudées par leurs anthères. Cette classe correspond à la famille des *Composées*. Voy. BOTANIQUE.

SYNGÉNITE. s. f. (gr. σύν, avec ; γένεσις, génération). T. Minér. Sulfate hydraté de chaux et de potasse.

SYNGNATHE. s. m. (gr. σύν, avec ; γνάθος, mâchoire). T. Icht. Genre de *Poissons osseux*. Voy. LOPHOBRANCHES.

SYNIZÉSIS. s. f. [Pr. *sini-zé-zis*] (gr. συνίζησις, conjonction, de σύν, avec, et ἵζω, je fais asseoir). T. Méd. Occlusion de la pupille produite par une inflammation spontanée ou consécutive à l'opération de la cataracte.

SYNODAL, ALE. adj. (lat. *synodalis*, m. s.). Qui appartient au synode. *Assemblée synodale. Statuts synodaux.*

SYNODALEMENT. adv. En synode. *Les curés s. assemblés.*

SYNODE. s. m. (lat. *synodus*, gr. σύνοδος, réunion, de σύν, avec, et ὁδός, route). Assemblée dans laquelle un évêque, entouré de son clergé, règle les affaires de son diocèse. *Convoquer, tenir un s.* || Se dit aussi d'une assemblée de ministres protestants, orthodoxes, etc., pour ce qui regarde leur religion. *S. national, général. S. provincial.* — Voy. CONCILE.

SYNODIQUE. adj. 2 g. (lat. *synodicus*, gr. συνοδικός, m. s., de σύν, avec, et ὁδός, route). T. Hist. eccl. *Lettres synodiques*, Lettres écrites au nom des conciles, aux évêques absents. || T. Astron. Se dit des révolutions des planètes considérées relativement à leur position à l'égard du soleil. *Période s. d'une planète*, le temps qui s'écoule entre deux conjonctions supérieures consécutives ou deux oppositions consécutives de cette planète. Voy. PLANÈTE, et ANNÉE. *Mois s.* ou *Révolution s. de la Lune.* La période des phases. Voy. LUNE.

SYNODIQUEMENT. adv. En synode.

SYNONYME. adj. 2 g. et s. m. (lat. *synonymus*, gr. συνώνυμος, m. s., de σύν, ensemble, et ὄνομα, nom). T. Gramm. On appelle mots *Synonymes*, des mots qui ont la même signification. Les termes synonymes renferment toujours une idée commune, et en cela ils sont semblables ; néanmoins il n'existe de synonymes parfaits dans aucune langue, car il n'y a pas de mots à signification absolument identique ; les synonymes les plus rapprochés se distinguent constamment l'un de l'autre par quelque idée particulière à chacun d'eux. Ainsi, par ex., il semble au premier abord que les deux mots *hypothèse* et *supposition*, formés l'un et l'autre de mots grecs et latins absolument correspondants, devraient constituer des synonymes parfaits ; cependant ces deux mots ne sauraient s'employer l'un pour l'autre. Le premier est du langage scientifique, le second du langage ordinaire ; mais ils diffèrent surtout en ce que le premier est une conjecture, une chose qu'on donne comme possible ou même réelle, tandis que le second est une théorie, une pure conception de l'esprit. Il en est de même de tous les mots, tels que *monologue* et *soliloque*, *épithète* et *adjectif*, etc., qui, dérivés de langues diverses où ils ont absolument la même signification, passent dans une autre langue. Dans la langue nouvelle qui les a empruntés, chacun d'eux reçoit une acception particulière, l'usage les différenciant par des nuances plus ou moins tranchées. Les mots qualifiés de synonymes se divisent en deux classes, selon qu'ils ont les mêmes radicaux ou des radicaux différents. Ceux de la première classe, comme *terre*, *terrain*, *terroir* et *terreau*, *grain* et *graine*, *réforme* et *réformation*, *atténuer* et *exténuer*, sont appelés synonymes grammaticaux. Ceux de la seconde, tels que *abattre*, *renverser* et *ruiner*; *paresse*, *indolence* et *nonchalance*; *peuple* et *nation*, sont appelés synonymes *étymologiques*. Dans les synonymes de la première espèce, le rapport commun aux différents mots d'un groupe synonymique est donné par le radical. En conséquence, pour constater la différence qui s'oppose à leur parfaite synonymie, il suffit de déterminer la valeur, soit du suffixe, soit du préfixe, soit de toute autre circonstance grammaticale accompagnant ce radical. Les synonymes de la seconde espèce se déterminent de différentes manières, mais spécialement par l'analyse du radical de chacun d'eux. Mais, dans un très grand nombre de cas, le meilleur moyen pour déterminer le sens propre d'un mot est l'étude des grands écrivains de notre langue. — La connaissance des synonymes est d'une grande importance lorsqu'on veut écrire et parler correctement. « Elle fait acquérir au style, dit Fr. Guizot, cette propriété d'expression, cette précision, pierre de touche des grands écrivains. » Entre plusieurs mots présentant une idée, il est nécessaire de savoir choisir, lorsqu'on tient à les placer à propos et à parler avec justesse. On attribue au sophiste Prodicus le premier travail sur les synonymes de la langue grecque, et l'on voit dans Athénée que le philosophe Chrysippe avait aussi écrit un livre de synonymes. Toutefois le seul ouvrage grec sur ce sujet qui soit parvenu jusqu'à nous est le traité du grammairien Ammonius, qui vivait au IVe siècle après J.-C. Les Latins ne nous ont laissé aucun ouvrage semblable. Cependant on trouve dans Varron, Cicéron, Sénèque, Quintilien et quelques autres écrivains, divers passages dans lesquels les synonymes sont clairement définis. Les traités sur les synonymes latins que nous avons sont dus à des philologues modernes : tels sont les ouvrages de Laur. Valla, d'Aus. Popma, de Dœderlein, etc., qui aujourd'hui doivent céder la place au *Traité des synonymes de la langue latine*, de Barrault et Grégoire. Chez nous, au moment où la langue se fixait, divers écrivains, tels que Vaugelas, Ménage, Bouhours, la Bruyère, s'occupèrent de recherches synonymiques. Au siècle suivant, Girard publia (1736) un *Traité des synonymes* qui obtint une vogue merveilleuse, et que ne firent pas oublier les ouvrages bien supérieurs de Beauzée (1769), de Roubaud (1785), et d'autres écrivains. Nous citerons encore les *Dictionnaires des synonymes* dus à Guizot (1809) et à Em. Haag (1835). Mais un ouvrage infiniment supérieur à tous les précédents est celui de B. Lafaye. Son grand *Dictionnaire des synonymes de la langue française* (1858) offre le répertoire complet de tous les termes qui ont une signification assez rapprochée pour qu'il soit besoin d'indiquer leur différence. De plus, et c'est là ce qui constitue l'originalité du livre, les synonymes grammaticaux, c.-à-d. à radicaux semblables, y sont pour la première fois traités à un point de vue véritablement philosophique.

SYNONYMIE. s. f. (lat. *synonymia*, gr. συνωνυμία, m. s.). Qualité des mots synonymes. *La s. des deux mots* Courroux et Colère. ‖ T. Hist. natur. Le rapprochement, la concordance de divers noms qui ont été donnés à un même animal, à une même plante. *La s. de cette espèce est fort embrouillée.* ‖ T. Rhétor. Figure qui consiste à répéter la même idée en termes différents pour frapper davantage l'esprit.

SYNONYMIQUE. adj. 2 g. Qui appartient à la synonymie.

SYNONYMIQUEMENT. adv. D'une manière synonymique.

SYNOPTIQUE. adj. 2 g. (gr. συνοπτικὸς, m. s. de σὺν, ensemble, et ὄπτομαι, je vois). Qui permet d'embrasser, de saisir du même coup d'œil les diverses parties d'un ensemble, qui en offre une vue générale *Tableau s. d'une science*, *d'un système. Tableau s. d'histoire de France.* ‖ *Évangiles synoptiques.* Vx. Voy. BIBLE.

SYNOQUE. adj. et s. f. (gr. σύνοχος, continu, de σὺν, avec, et ἔχω, j'ai). T. Méd. *La fièvre s.*, ou *La s.* Maladie qui n'est autre que l'embarras gastrique, quand il est accompagné de fièvre. Vx. Voy. EMBARRAS.

SYNOVIAL, ALE. adj. T. Anat. Qui a rapport à la synovie. — *Membrane synoviale*, membrane qui tapisse les cavités des articulations et sécrète une viscosité qui en facilite le glissement.

SYNOVIE. s. f. (gr. σὺν, avec; ὠὸν, œuf; la s. a été nommée ainsi par Paracelse, par comparaison avec le blanc d'œuf). T. Anat. Liquide sécrété par les membranes séreuses qui tapissent les articulations, et qui facilite le mouvement de ces articulations. Voy. ARTICULATION et SÉREUX.

SYNOVITE. s. f. (R. *synovie*). T. Méd. Inflammation des membranes synoviales.

SYNTAGMATITE. s. f. (gr. σύνταγμα, réunion de choses mises en ordre, de σὺν, avec, et τάγμα, ordre, arrangement). T. Minér. Amphibole noire du Vésuve.

SYNTAXE. s. f. [Pr. *sinta-kse*] (lat. *syntaxis*, gr.σύνταξις, m. s., de σὺν, ensemble, et τάξις, arrangement). T. Gramm. Arrangement, construction des mots et des phrases selon les règles de la grammaire. *Observer la s. Les règles de la s. Apprendre la s.* ‖ Par extens., le livre qui comprend ces règles. *Cet écolier a perdu sa s.*

Gramm. — Les mots *Syntaxe* et *Construction*, dérivés, le premier du grec, et le second du latin, ont une étymologie semblable, et leur signification à l'origine était à peu près identique; mais l'usage a attribué à chacun d'eux une signification différente. Ainsi, la *syntaxe* a pour objet la manière de rendre les divers rapports qui existent entre les idées; et la *construction* s'occupe de l'arrangement des mots entre eux et de la coordination des phrases et des périodes. En conséquence, la première considère la forme des mots et règle les modifications qu'ils doivent subir pour entrer dans une phrase correcte; et la seconde considère uniquement l'ordre des mots. Bien que l'observation des règles de la s. et celle des règles de la construction soient également nécessaires pour donner au discours toute la clarté dont il est susceptible, il est à remarquer que, dans certaines langues, la clarté du discours dépend surtout de la s., tandis que, dans d'autres, elle dépend principalement de la construction. « Les langues, dit très bien B. Julien, qui, comme la nôtre, ont des terminaisons peu variées, ne peuvent pas admettre des inversions aussi nombreuses que celles des langues anciennes. La s. proprement dite y est donc moins souveraine, et l'arrangement des mots, c.-à-d. la construction, joue au contraire le plus grand rôle dans notre manière d'exprimer nos pensées. » Les règles particulières de la s. ont été exposées aux mots GENRE, NOMBRE, ADJECTIF, ARTICLE, PARTICIPE, COLLECTIF, etc. Quant aux difficultés qui se présentent assez fréquemment dans cette partie de la grammaire, elles se trouvent résolues dans ce dictionnaire en leur lieu et place.

SYNTAXIQUE. adj. 2 g. [Pr. *sinta-ksike*]. Qui appartient à la syntaxe. *L'ordre s. Les règles syntaxiques.*

SYNTHÈSE. s. f. [Pr. *sin-tè-ze*] (lat. *synthesis*, gr. σύνθεσις, composition, de σὺν, avec, et θέσις, action de placer). T. Logiq. Méthode de raisonnement qui consiste à descendre des principes aux conséquences, des effets aux causes. — Réunion dans un exposé dogmatique de propositions diverses obtenues par des raisonnements séparés. ‖ T. Mathém. Méthode de raisonnement qui consiste à partir des choses connues pour déterminer les inconnues par voie de déduction.‖ T. Chim. Préparation d'un corps composé en partant de ses éléments. Voy. CHIMIE, XI. ‖ Dans tous ces sens, le mot s. s'oppose au mot *analyse*. Voy. ANALYSE, MÉTHODE. ‖ T. Chir. Réunion de parties divisées, ou Rapprochement de parties écartées. *La première sorte de s. est appelée S. de continuité, et la seconde, S. de contiguité.* ‖ T. Pharm. Composition des remèdes.

SYNTHÉTIQUE. adj. 2 g. (gr. συνθετικὸς, m. s.). Qui appartient à la synthèse. *Méthode s. Démonstration s.* Se dit par oppos. à *analytique.* ‖ T. Ling. *Langue s.*, qui exprime des rapports complexes par un seul mot et qui groupe, dans des phrases périodiques, les idées accessoires autour de l'idée principale. Voy. LANGUE, IV. ‖ T. Log. *Jugement s.* où l'attribut au lieu d'être une qualité tirée de la nature du sujet lui est uni accidentellement.

SYNTHÉTIQUEMENT. adv. D'une manière synthétique. *Démontrer s. une proposition. Il faut procéder s.*

SYNTOMIDE. s. f. (gr. σὺν, avec; τομὴ, coupure). T. Entom. Genre d'Insectes Lépidoptères (*Syntomis*). Voy. CRÉPUSCULAIRES.

SYNTONIDES s. f. pl. T. Chim. Nom donné à des substances analogues à la syntonine qui résultent de l'action des acides étendus sur les albumines. On dit aussi, à tort, *syntonines*.

SYNTONINE. s. f. (gr. σὺν, avec; τείνω, je tends). T. Chim. Matière protéique qui se forme par l'action des acides dilués sur la myosine. C'est une masse gélatineuse, insoluble dans l'eau, soluble dans l'acide chlorhydrique étendu, dans les alcalis dilués et dans l'eau de chaux. Sa solution chlorhydrique est lévogyre, coagulable à l'ébullition; le sel marin, l'acétate ou le phosphate de soude la précipitent. Pour préparer la s. on fait digérer de la chair musculaire avec de l'acide chlorhydrique dilué et l'on précipite par le phosphate de soude.

SYPHAX, roi de Numidie, vaincu et pris par Masinissa, figura au triomphe de Scipion, et fut mis à mort (203 av. J.-C.).

SYPHILIDE. s. f. [Pr. *sifi-lide*]. T. Méd. Nom donné aux éruptions syphilitiques. Voy. SYPHILIS.

SYPHILIS. s. f. [Pr. *sifi-lis*]. T. Méd. La s. ou *vérole* est une maladie virulente, contagieuse, connue depuis le VI° siècle; elle a été décrite depuis sous diverses dénominations : *mal français*, *mal napolitain*, etc.; elle n'est pas toujours *vénérienne*, elle peut être acquise en dehors des relations sexuelles ou la même, avoir été transmise par les parents comme dans la s. *héréditaire*. Le virus syphilitique, c.-à-d. le liquide sécrété par les chancres ou les plaques muqueuses, provoque la maladie quand il est mis au contact d'une érosion ou plaie de la peau ou d'une muqueuse; le sang d'un syphilitique est également virulent. On s'explique ainsi que de nombreux cas de s. surviennent en dehors de tout coït impur et soient dus, par exemple, à l'usage commun à plusieurs individus, dont l'un est contaminé, de mêmes objets ou ustensiles : verres à boire, pipes, sièges de latrines, etc. Certaines professions exposent à la s. contractée dans ces conditions; les médecins y sont particulièrement exposés pendant l'examen ou le traitement des malades; des sages-femmes ont également été contaminées au cours d'un toucher vaginal, le chancre apparaît alors au doigt. La s. confère l'immunité; les cas de récidive sont très rares; elle paraît être d'origine microbienne. — L'évolution de la maladie correspond à trois périodes dites : *primitive*, *secondaire*, *tertiaire*.

Accidents primitifs. — A la suite du coït infectant ou du moment de la contamination, il s'écoule une période d'*incubation* de 25 jours environ, mais parfois plus longue, après laquelle le *chancre induré* apparaît à l'endroit même où a pénétré le virus; il siège le plus souvent, chez l'homme, à la verge, au prépuce ou au gland. Le chancre est constitué par une ulcération presque toujours unique, légèrement suintante, indolore et donnant à la palpation une sensation de résistance comme si l'on pressait entre les doigts un corps dur ou une feuille de parchemin. L'apparition du chancre amène le développement d'adénites des régions correspondantes; les ganglions lymphatiques sont durs mais ne suppurent pas comme dans le cas de *chancre mou*. Voy. CHANCRE. La durée du chancre induré est de trois semaines.

Accidents secondaires. — Peu de temps après, le malade se plaint de fatigue, de lassitude, de douleurs aux membres et à la tête, il pâlit; ces symptômes indiquent l'infection de l'organisme. Trois semaines environ après le début du chancre, on voit apparaître les *syphilides* qui se manifestent le plus souvent sous forme de *roséole*, c.-à-d. d'une éruption caractérisée par de petites taches rosées; mais on peut trouver des *papules* et des *pustules* qui, lorsqu'elles siègent au front, forment le *chapelet* ou *couronne de Vénus*. Ces lésions cutanées ne provoquent pas de démangeaisons. A in même époque, on constate la présence de *plaques muqueuses*, petites ulcérations siégeant aux lèvres, sur la langue, à la gorge et parfois aussi à l'anus. La durée de ces plaques est assez longue; elles sont très virulentes. L'*alopécie* fait rarement défaut à la fin de cette période, les cheveux tombent facilement; le malade se plaint de maux de tête augmentant d'intensité le soir, *céphalée vespérale*. Les ganglions situés à la nuque, de l'aisselle, du cou, etc., sont hypertrophiés. La s. peut s'arrêter à cette période.

Accidents tertiaires. — Il existe un temps assez long, parfois quelques années, avant l'apparition des accidents de la 3° période; ceux-ci sont multiples: *syphilides ulcéreuses* de la peau et des muqueuses, *exostoses*, *nécrose osseuse* localisée souvent au nez qui s'aplatit ou à la voûte palatine qui est perforée, *gommes* (tumeurs se développant dans divers or-

ganes); celles du cerveau produisent des troubles nerveux, variables suivant leur siège : paralysies, névralgies, etc. La gravité des accidents tertiaires dépend du siège des lésions; la mort peut en être la conséquence; le virus syphilitique paraît agir d'une façon plus active chez les sujets lymphatiques ou débilités qui sont prédisposés aux accidents *phagédéniques*.

La s. des parents est une cause d'avortement.

SYPHILIS HÉRÉDITAIRE. — Cette affection se manifeste chez le nouveau-né par du *pemphigus* de la paume des mains et de la plante des pieds, du *coryza* et des *plaques muqueuses*. — Plus tard, elle est caractérisée par des déformations osseuses (*tibia en lame de sabre*), des lésions dentaires, oculaires (Hutchinson), etc.

TRAITEMENT. — Nous n'insisterons pas sur les mesures prophylactiques adoptées dans les différents pays pour enrayer le développement de la s. Disons simplement qu'on ne saurait trop vulgariser les précautions hygiéniques à prendre contre les différents modes de contamination.

Le chancre sera traité par des lotions avec une solution de sublimé, suivies d'applications d'iodoforme et de salol. Les plaques muqueuses persistantes seront cautérisées au nitrate d'argent.

Le *mercure* sous différentes formes : protoiodure, liqueur de Van Swieten, onguent napolitain (frictions), huile grise (injections sous-cutanées), et l'*iodure de potassium* sont les seuls produits médicamenteux efficaces dans le traitement de la s.; l'iodure est particulièrement utile à la période tertiaire; on peut également prescrire un traitement mixte, c.-à-d. à la fois *mercuriel et ioduré* (sirop de Gibert).

Pendant l'administration du mercure, le malade doit prendre des soins de la bouche pour éviter la stomatite; des gargarismes avec une solution de *chlorate de potasse*, sont utiles.

La durée du traitement est de deux ans au moins, avec plusieurs interruptions de quelques semaines chaque année, pendant lesquelles le malade sera tonifié et prendra du phosphate de chaux, du fer. — L'hygiène du syphilitique doit être sévère; il évitera les fatigues, son alimentation sera nutritive et il ne devra pas se marier avant la fin du traitement.

La s. *héréditaire* est passible d'un traitement analogue.

SYPHILITIQUE. adj. 2 g. Qui appartient à la syphilis. *Maladie s. Symptômes syphilitiques*. || Subst. Un, une s. Celui, celle qui a la syphilis.

SYRA ou **SYROS**, île de l'Archipel, une des Cyclades (la Grèce); 26,500 hab. Cap. *Hermopolis* ou *Syra*, grand port de commerce.

SYRACUSE, v. de Sicile (Italie), célèbre dans l'antiquité, réduite aujourd'hui à 20,000 hab. Patrie d'Archimède. = Nom des hab. : SYRACUSAIN, AINE.

SYRACUSE, v. des États-Unis (New-York); 52,000 hab.

SYR-DARIA ou **SIHOUN**, fleuve d'Asie qui arrose Khodjend et se jette dans la mer d'Aral.

SYRIAQUE. adj. 2 g. T. Ling. Se dit de la langue que parlaient les anciens peuples de Syrie. *La langue s. Manuscrit s*. || On dit, subst. et au mascul., *Étudier*, *connaître le s*. Voy. SÉMITIQUE.

SYRIE. Province de la Turquie d'Asie, à l'extrémité orientale de la Méditerranée, et qui, bornée à l'ouest par cette mer, s'étend dans l'intérieur des terres derrière la Phénicie et la Palestine jusqu'à l'Euphrate au N.-E. et jusqu'aux confins de l'Arabie déserte, au S.-E.

Ses bornes ont beaucoup varié depuis l'antiquité; 600 ans avant J.-C. elle s'étendait jusqu'entre les hauts cours du Tigre et de l'Euphrate, au N.-O. de la Mésopotamie, dans une région qu'on appelait alors Syrie entre les fleuves. Par la suite, elle fit successivement partie des empires de Cyrus, de Darius et d'Alexandre; et, après la mort de ce dernier, elle échut, avec le gouvernement de Babylone, à l'un de ses généraux, Séleucus Nicator. C'est sous les descendants de ce dernier, les Séleucides, dont la plupart portèrent le nom d'Antiochus, qu'elle atteignit son plus grand développement. Mais elle s'affaiblit rapidement et en 64 av. J.-C., elle fut réduite en province romaine par le consul Lucullus. Après la dislocation de l'empire romain, elle fit partie intégrante de l'empire d'Orient et devint la proie des Arabes au VII° siècle. Passée au pouvoir des Turcs au XI° siècle, elle n'a plus cessé de faire partie de l'empire ottoman, malgré la fondation de royaumes croisés sur ses rivages du XI° au XIII° siècle et malgré une invasion de Mongols au commencement du XIV°.

Il n'en existe pas moins de nombreux chrétiens en Syrie, notamment les Maronites, dans la montagne du Liban. Ceux-ci ayant été pressurés en 1860 par une peuplade voisine, les Druses, Napoléon III, alors empereur des Français, envoya un corps expéditionnaire les délivrer.

Les principales villes de la Syrie sont les ports d'Alexandrette (anciennement Séleucie), Batakieh (Laodicie), Tripolis, Byblos et Beyroute (Beryte), puis sur le fleuve Assie (Oronte), Antioche, Famieh (Apamée), Hama, Horus (Eurèse), enfin Alep, Balbeck (Heliopolis), Damas, et, en plein désert, Tadmor (Palmyre)

SYRIEN, ENNE. adj. Qui habite la Syrie, qui concerne ce pays. == Le s. La langue Syrienne. Voy. SYRIAQUE.

SYRINGA. s. m. (gr. σύριγξ, σύριγγος, tuyau, chalumeau). T. Bot. Nom scientifique du genre Lilas. Voy. LILAS, et OLÉACÉES. S'emploie aussi comme synonyme de Seringat. Voy. ce mot.

SYRINGINE. s. f. (R. Syringa). T. Chim. Glucoside contenu dans l'écorce du Lilas et du Troëne. La s. est un dérivé de la coniférine et répond à la formule $C^{17}H^{24}O^9$. Elle cristallise en aiguilles incolores, fusibles à 191°, très solubles dans l'alcool, très peu solubles dans l'eau. Sous l'influence de l'émulsine ou des acides étendus, elle se dédouble en glucose et en Syringénine $C^{11}H^{14}O^4$, substance analogue à l'alcool coniférylique.

SYRINGOMYÉLIE. s. f. (gr. σύριγξ, canal; μυελός, moelle), Comme l'indique son nom, cette affection est caractérisée anatomiquement par la présence de cavités dans la moelle épinière. La nature des symptômes varie avec le siège des lésions que l'on peut rencontrer dans toute la moelle; mais c'est dans la région postérieure qu'on les trouve surtout; il en résulte des troubles sensitifs principalement marqués aux membres supérieurs et consistant en thermo-anesthésie et analgésie; le malade sent les objets, mais il ne perçoit pas la chaleur ni la douleur; on peut lui faire une piqûre ou une brûlure sans qu'il accuse d'autre sensation que celle du contact. Les autres symptômes sont l'atrophie musculaire, des contractures, des troubles trophiques divers : œdème, douleurs dans les articulations, panaris à répétition, etc. ; il existe fréquemment de l'inégalité pupillaire. La s. survient chez les jeunes garçons ; c'est une maladie grave à longue durée. Le malade, s'il n'est pas emporté par une maladie intercurrente, finit par devenir cachectique et succombe au cours d'une syncope.

SYRINGOTOME. s. m. (gr. σύριγξ, fistule; τέμνειν, couper). Instrument pour la fistule de l'anus, par incision. Vx.

SYRINGOTOMIE. s. f. (R. syringotome). Opération de la fistule de l'anus, par incision. Vx.

SYRINX. s. f. [Pr. si-rinks] (gr. σύριγξ, m. s.). T. Antiq. Flûte de Pan. Voy. FLUTE.

SYRPHE. s. m. (gr. σύρφω, je suce). T. Entom. Genre d'Insectes Diptères. Voy. ATHÉRICÈRES.

SYRTE. s. f. (gr. σύρτις, de σύρειν, attirer). T. Géogr. Les anciens désignaient sous le nom de Syrtes des bancs de sable mouvants, tantôt amoncelés, tantôt dispersés par les vents et les courants sur la côte de l'Afrique septentrionale. Ces bancs de sable, célèbres par les dangers qu'ils faisaient courir dans la navigation des côtes, se trouvaient surtout dans deux golfes nommés la Grande et la Petite s. Le premier, appelé aujourd'hui golfe de Sydra, était entre le territoire de Tripoli et le plateau de Barca; le second, appelé golfe de Gabès, se trouve au sud de la baie de Tunis, entre Tunis et Tripoli.

SYSSERSKITE. s. f. T. Minér. Variété d'iridosmine qu'on rencontre dans les platinifères.

SYSSIDÈRE. adj. 2 g. et s. f. (gr. σὺν, avec; σίδηρος, fer). Se dit des météorites composés d'une masse de fer renfermant des particules pierreuses. Voy. AÉROLITHE.

SYSTALTIQUE. adj. 2 g. (lat systalticus, gr. συσταλτικός,

m. s., de συστέλλειν, resserrer). T. Physiol. Qui a lieu par contraction. Mouvement s. du cœur, des artères, Syn. de Systole.

SYSTÉMATIQUE. adj. 2 g. (lat. systematicus, gr. συστήματικός, m. s.). Qui appartient au système. Ordre s. || En mauvaise part, qui tient à un système imaginaire, qui repose sur ce système plutôt que sur les faits et sur la raison. Idées systématiques. Opinion s. || Qui fait des systèmes, qui s'attache aux systèmes. Écrivain s. Esprit s. || Faire une opposition s., être décidé à faire de l'opposition quand même, quoi qu'il arrive.

SYSTÉMATIQUEMENT. adv. D'une manière systématique.

SYSTÉMATISATION. s. f. [Pr. sistémati-za-sion]. Action de systématiser, ou le résultat de cette action.

SYSTÉMATISER. v. a. [Pr. sistémati-zer]. Réduire en système. Il n'y a de science que là où l'on a systématisé les notions particulières. == SYSTÉMATISÉ, ÉE. part.

SYSTÉMATOLOGIE. s. f. (gr. σύστημα, système; λόγος, discours). Histoire des systèmes.

SYSTÉMATOLOGIQUE. adj. 2 g. Qui a rapport à la systématologie.

SYSTÈME. s. m. (lat. systema, gr. σύστημα, m. s., de σὺν, avec, et ἵστημι, je place). Ensemble de propositions, de principes vrais ou faux, coordonnés et enchaînés de façon à former une doctrine. S. philosophique. Le s. de Platon. Le s. de Spinoza. S. astronomique. Le s. de Ptolémée, de Copernic. Le s. de la prédestination. Défendre, combattre, soutenir un s. — Se dit souvent en mauvaise part. Il a imaginé, il a fait un nouveau s. Il est partisan du nouveau s. médical. Il porte trop loin l'esprit de s. || Dans les Sciences physiques, se dit de l'arrangement de plusieurs corps ou de diverses parties autour d'un centre, ainsi que de tout ensemble de forces ou de corps qui concourent à un but commun. Le s. du monde. Le s. planétaire ou solaire. Le s. stellaire. Les systèmes cristallins. Ce cristal appartient au s. rhomboédrique. || En Hist. natur., se dit de toute distribution méthodique des êtres, dans le but d'en rendre l'étude plus facile. Le s. sexuel de Linné. || En Anatomie, on appelle Système, Chaque ensemble d'organes ou de tissus de même nature et destinés à des fonctions analogues. Le s. nerveux, osseux, musculaire. Le s. circulatoire. S. artériel, veineux, capillaire, etc. || Par anal., se dit en parlant de l'organisation, du gouvernement d'un État. Le s. féodal. Le s. monarchique. Le s. représentatif. || Dans le langage ordinaire, se dit de la manière dont on se propose d'employer pour réussir à une chose. S. de conduite. S. de gouvernement. S. de modération, de persécution, de tyrannie. Il faut changer de s. Il sacrifie tout à son s. — Se faire un s. d'une chose, S'y tenir avec entêtement et vouloir y donner une apparence de raison. Il s'est fait un s. de sa mauvaise conduite. || T. Mus. Ensemble des intervalles élémentaires compris entre deux sons. || T. Adm. S. pénitentiaire. Voy. PÉNITENTIAIRE.

SYSTOLE. s. f. (lat. systole, gr. συστολή, contraction, de σὺν, avec, et στέλλω, je prépare). T. Physiol. Contraction d'un ventricule ou d'une oreillette du cœur. Voy. CŒUR.

SYSTYLE. s. m. et adj. 2 g. (lat. systulos, gr. σύσ.υλος, de σὺν, avec, et στῦλος, colonne). T. Archit. Sorte d'entre-colonnement. Voy. ENTRE-COLONNEMENT.

SYZYGIE. s. f. [Pr. si-zi-ji] (lat. syzygia, gr. συζυγία, m. s., de σύζυγος, joint, de σὺν, avec, et ζυγός, joug). T. Astron. La conjonction ou l'opposition d'une planète avec le soleil ; se dit particulièrement de la lune. Voy. LUNE.

SZABADKA. Voy. MARIA-THÉRÉSOPOL.

SZARVAS, v. de Hongrie; 22,700 hab.

SZEGEDIN, v. de Hongrie, sur la Theiss; 73,700 hab.

SZENTÈS, v. de Hongrie; 28,700 hab

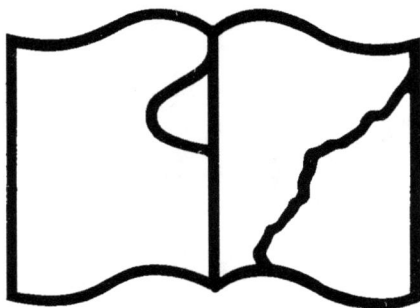

Texte détérioré — reliure défectueuse
NF Z 43-120-11

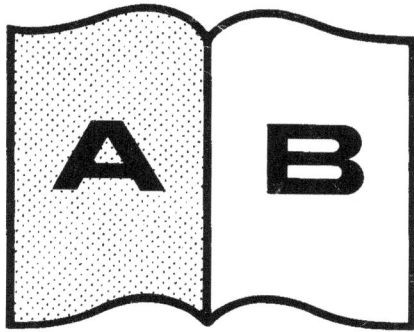

Contraste insuffisant

NF Z 43-120-14

www.ingramcontent.com/pod-product-compliance
Lightning Source LLC
Chambersburg PA
CBHW060543280326
41932CB00011B/1387